바울과 하나님의 신실하심

하

바울과 하나님의 신실하심

톰 라이트
박문재 옮김

하

PAUL AND
THE FAITHFULNESS OF
GOD

크리스챤 다이제스트

국립중앙도서관 출판시도서목록(CIP)

바울과 하나님의 신실하심 (하) / N.T.라이트 [지음]
; 박문재 옮김. -- 파주 : 크리스챤다이제스트,
2015
p. ; cm

원표제: Paul and the faithfulness of God
원저자명: N. T. Wright
영어 원작을 한국어로 번역
ISBN 978-89-447-0403-1 94230 : ₩44000
ISBN 978-89-447-0398-1 (세트)

바울(인명)[Paulus]
그리스도[Jesus Christ]

232-KDC5
232-DDC21 CIP2014038586

| 전권 차례 |

상권

제1부: 바울과 그의 세계

제2부 사도의 사고체계

하권

제3부 바울의 신학

제4부 역사 속에서의 바울

| 차 례 |

제3부 바울의 신학

제4부 역사 속에서의 바울

中

가운데

사각형을 아래로 똑바로
신속하게 양분하는 막대,
밖에서 시작된 것 같은 획,
관통하는 화살,
그 과녁은 "중간," "가운뎃점," "한복판."
가장자리에 끌리는 우리의 사고들의 초점을 다시 잡아주는
중간의 분명한 선.
황금의 중용. 중도의 길.

발사와 완수.
진정한 굴대와 노래하는 아치.
적중. 황소의 눈.

또한, 가운데 왕국의 표지.
중심 잡힌 자기 확신.
중국의 동쪽이나 서쪽에 있는 다른 모든 것.
자신만만한 교구민들.
시인 카바나(Kavanagh)는 알았을까,
어떤 왕조가 어떻게
모든 것의 축을 알아
그들의 세계를 관통하는 선을 그었는지를.

그 선이 있는 곳.
모든 곳의 중심.
화살인 너는 여기에 있다.

미홀 오 쉴(Micheal O'Siadhail)

제 3 부
바울의 신학

서론

세계관으로부터 신학으로. 이것은 이것이냐 저것이냐의 문제도 아니고, 그런 식으로 구분되어서도 결코 안 된다. 본서에서 내가 중점적으로 논증하고자 하는 것은 바울의 세계관을 분석할 때에만 바울의 신학이 현재의 모습으로 존재하지 않으면 안 되었던 이유를 알 수 있게 된다는 것이다. 이것은 역으로 말해도 사실이다. 즉, 우리는 바울의 신학을 분석할 때에 그의 세계관이 현재의 모습을 띠게 된 이유를 더 잘 알 수 있게 된다. 하지만 우리는 한 권의 책 속에서 이 둘에 대한 논증을 순차적으로 제시할 수는 없다. 세계관과 신학은 물고기와 미끼의 관계와는 정반대로 닭과 달걀의 관계처럼 함께 꼭 붙어 있다. 어떤 사람들처럼, 우리가 "세계관"을 "우주론" 같은 것으로 대체한다면, 세계관에 신학을 더한 이 이중적인 실체에 관한 설명은 예컨대 잉버그 페데르센(Engberg-Pedersen)이 (신학에 "우주론"을 더해서) 스토아 철학을 설명하였을 때와 비슷한 모습을 띠게 될 것이다.[1] 나는 "세계관"을 "우주론"으로 대체하는 것은 부적절하고 혼란만 가중시킬 우려가 있다고 생각하지만, 어쨌든 내가 하고자 하는 것은 그런 사람들이 하고 있는 것과 비슷한 것이라는 것 정도는 말해 둘 필요가 있을 것이다.

내가 나의 논증의 중요한 핵심으로서 이제 제시하고자 하는 가설은 바울 신학의 전체와 그 부분들, 바울이 살았던 다중적인 역사적 배경들, 그가 직면하였던 다중적인 사회적 또는 교회적 압력들과 질문들, 특히 그의 실제의 서신들의 실제 본문들을 다 포괄해서 제대로 다루는 가운데 바울의 신학을 이해할 수 있는 방법이 있다는 것이다. 또한, 나는 이러한 포괄적이고 전체적인 목표를 오늘날의 바울 연구 내에 위치시켜서, 바울에 대한 이런 식의 접근방법이, 지금까지 부각되어 왔고 너무나 자주 서로 대치해 왔던 서로 다른 흐름들이나 주제들("사법적 관점," "참여적 관점," "변성론적 관점," "묵시론," "계약적 관점," "구원사" – 그 밖에도 "수직적," "수평적"이라는 오래되고 이원론적인 색채가 강한 기하학적 은유들을 포함한 수많은 다른 것들)을 바울 특유의 신학 속에서 한데 결합시키고 조화를 이루게 할 것

1) 고대에서 "신학"의 의미들에 대해서는 위의 제3장 제2절 3), 특히 각주 69를 보라.

임을 논증하고자 한다. 여느 위대한 사상가의 경우와 마찬가지로, 바울에게도 사고의 거친 모서리들과 돌출 부분들이 여기저기에 존재한다는 것은 두말할 필요가 없다. 그러나 내가 제시한 관점에서 보게 되면, 바울의 글들 중에서 아주 작은 핵심적인 부분에서만이 아니라 그의 글들의 대부분에 걸쳐서 광범위하게 내적인 통일성과 정합성이 존재한다는 것이 드러나게 될 것이다. 본서는 바로 그러한 것들을 입증하는 주된 논증이다.

나는 한 서신 전체, 한 대단락 전체, 한 장이나 소단락 전체 속에서의 일련의 사고의 흐름을 근거로 한 논증을 반복적으로 제시할 것이다. 내가 보기에는, 다른 사람들이 바울의 신학이나 그 특정한 측면들을 다루는 연구서들에서 내가 방금 말한 대로 거의 하지 않는 것이 이상하다. 특히, 해당 본문의 논증을 충실히 드러내 주는 것을 목표로 하는 많은 주석서들이 그렇게 하지 않고, 도리어 바울 서신이 마치 개별적인 격언들과 신학적 진술들에 종종 "성경으로부터의 증거들" 등등을 더한 모음집인 양 다루는 것은 정말 이상하다.[2] 그것과는 정반대로 내가 공리로 받아들이는 것은, 바울은 마치 이상한 모양을 한 진주들이 여기저기 아무렇게나 박혀 있는 것처럼, 서로 독립적이고 "우연히 생겨난" 사건들에 직면해서 그때그때 자신의 다양한 주제들을 따로따로 단편적으로 제시한 것이 아니라, 자신의 논증들 전체를 치밀하게 의도적으로 구상하여 통일적으로 제시하였다는 것이다.[3] 어쨌든, 내가 말하고자 하는 요지는 바울의 신학적 주제들 및 상호 간의 연결 관계에 대한 분석은 그의 서신들 및 그 구성 부분들의 통일성과 정합성을 보여줄 뿐만 아니라, 거기에서의 사고의 흐름에 대한 이해도 높여줄 것이라는 것이다. 이러한 가설을 입증하기 위한 최선의 논증방법은 그 가설이 사실이라고 전제하고서 논증을 전개하여 도출되는 결론을 실제로 확인해 보는 것이다. 에른스트 케제만(Ernst Käsemann)은 이것을 자신의 역작인 로마서 주석의 처음 부분에서 이렇게 표현한다:

> 나는 정반대의 증거를 얻을 때까지는, 이 본문 속에는 중심적인 관심사와 두드러진 내적 논리가 존재한다는 전제 위에서 — 지금은 우리가 그것들을 완전히 이해할 수는 없겠지만 — 논의를 진행해 나갈 것이다.[4]

2) 이것의 고전적인 예는 Betz, 1979이다.

3) 나는 Morna Hooker가 줄줄이 연결되어 있는 작은 "단위들"을 상호간의 관계를 전혀 고려하지 않은 채로 연구하는 양식비평이 그러한 단위들을 "하나의 줄에 꿰어져 있는 진주들"이라고 지칭하곤 했다는 저 유명한 말을 기억한다(Hooker, 1972). 그녀는 이것이 전형적으로 남성적인 접근방식이고, 여자라면 누구나 진주들이 서로 상대적으로 배치되어 있는 모습도 각각의 진주만큼이나 중요하다는 것을 안다고 말하였다.

그의 진술의 전반부("중심적인 관심사와 내적 논리가 존재한다고 전제하는 것")는 석의로의 초대이고, 후반부("그것들을 이해할 수 있느냐의 문제")는 석의의 특별한 도전이다. 바울 신학에 관한 연구는, 적어도 내 경우에는, 바울이 어느 특정한 때에 어떤 글을 쓰고 있을 때에 그 근저에 있는 주제들과 개념들을 명확히 해명함으로써, 본문에 전제된 "중심적인 관심사"와 "두드러진 내적 논리"를 이해하는 데 기여하기 위한 것이다. 곧 분명해지겠지만, 바울의 글들의 기저에 전제되어 있던 것들 중의 하나는, 그가 살던 세계 속에는 "많은 신들, 많은 주들"이 존재하였지만, 그가 사용한 '테오스'(theos)라는 단어는 그가 한 분 유일하신 하나님이자 창조주, 이스라엘과 계약을 맺었던 바로 그 하나님을 가리키는 것이었다는 것이다. 이것이 본서에서 내가 "신"이라는 단어가 아니라 "하나님"이라는 단어를 사용하는 이유이다.

제3부에서의 나의 논증은 다음과 같이 세 단계로 전개되는 단순한 구조로 되어 있다.

1. 나는 제2성전 시대의 유대 "신학"의 세 가지 주된 요소들, 즉 유일신론, 선민론, 종말론을 나의 논증의 틀로 사용할 것이다. 앞에서 이미 말했듯이, 나는 제2성전 시대의 유대인들이 조직신학이라고 할 만한 저작들을 쓰지 않았다는 것을 알고 있지만, 이 당시에 널리 받아들여지고 있던 신념들을 이 세 가지 주제로 요약하는 것은 지극히 합당하다는 것도 알고 있다.[5] 또한, "바울 신학"과 관련된 수많은 논문들이 그 중심적이고 지배적인 주제, 또는 심지어 유일한 주제는 구원론일 것이라고 전제해 왔는데, 나의 주장은 그런 것을 무시하고 완전히 다른 방향으로 나아가고 있는 것으로 보일 것이라는 것도 나는 잘 알고 있다. 하지만 앞으로 분명히 밝혀지게 되겠지만, 나는 "선민론"이라는 주제가 바울의 구원론을 이해하는 데 가장 좋은 틀이고, "선민론"은 한 분 유일하신 하나님과 그가 약속한 미래(그리고 한 분 유일하신 하나님의 실체가 파악되었을 때에만 전면적으로 드러나게 되는 악이라는 문제)에 관한 신념들이라는 좀 더 큰 틀 내에서만 제대로 이해될 수 있다고 믿는다. 이런 식으로, 구원론은 여전히 중심에 위치한다. 나의 주장이 지닌 강점 중의 일부는 바울의 구원관을 둘러싸고 마치 벌집 주변에 모여 있는 벌들처럼 여전

4) Käsemann, 1980 [1973], viii.

5) 위의 제2장 제5절을 보라. Eisenbaum, 2009, ch. 5은 동일한 세 가지 기본적인 구성요소들을 강조하는데, 우리는 그의 다른 주장들에 대해서는 전혀 동의하지 않지만, 이것은 주목할 만한 가치가 있다: 예배, 토라, 속량. 여기에서 당연히 "예배"는 유일신론에, "토라"는 선민론과 계약에, "속량"은 새로운 피조세계에 대한 이스라엘의 소망에 그 초점이 있다.

히 앵앵거리고 있는 수많은 논쟁들을 교통정리해서 분명하게 해결해 주는 것이라고 나는 믿는다.

유일신론, 선민론, 종말론이라는 이 각각의 주제들은 물론 그 자체로 초기 기독교에서는 말할 것도 없고 제2성전 시대의 유대교 내에서도 논란이 있는 복잡한 문제들이었다.[6] 그러나 우리가 이 주제들이 주후 1세기의 한 바리새인에게 무엇을 의미했었는가 하는 문제로 돌아와서 찬찬히 살펴보면, 이 주제들이 실제로 유대적 사고를 형성하고 있을 뿐만 아니라, 서로 견고하게 결합되어서 통일된 전체를 이루고 있었다는 것이 드러난다: 한 분 하나님, 하나님의 한 백성, 이스라엘과 세계를 위한 하나의 미래. 각각의 주제는 다른 주제들로 말미암아서 제자리를 유지하고, 부분적으로는 다른 주제들과의 관련 속에서 정의된다.

따라서 나의 전체적인 가설과 관련해서 내가 첫 번째로 제시하고자 하는 것은 바울은 철저히 유대적인 사상가로 계속해서 남아 있었고, 이 세 가지 주제들은 그가 자신의 서신들에 등장하는 광범위한 관심사들에 대하여 핵심적인 해법들을 제시하거나 역설할 때마다 중요한 토대들로 작용하고 있다는 것이다. 나의 이러한 첫 번째 (신학적인) 주장은 바울이 당시의 사상 세계들과 관련하여 어떠한 위치에서 있었는가 하는 것에 관한 나의 기본적인 전제(이전 세대는 "종교사적" 전제라고 말하였을 것이지만, 나의 경우에는 "역사적인 전제")와 서로 연결되어 있다. 당시 및 다른 시대들의 수많은 다른 유대 사상가들과 마찬가지로, 그는 자신이 물려받은 유대 전통(그의 경우에는 바리새파의 관점)을 하나님의 목적들에 대한 새로운 이해를 중심으로 근본적이고 철저하게 개작하고 재편하여 새로운 해석학적인 원칙을 획득하였다. 달리 말하면, 우리가 다메섹 도상에서 바울에게 일어난 사건을 무엇이라고 설명하든("회심"? "부르심"?), 그 사건은 그가 자신의 유대적인 삶과 사고에 관한 모든 것을 다 버리고서 (비유대적인 요소들을 차용해서든 아니든) 새로운 사고체계를 만들어낸 것이 아니라, 자신의 기존의 유대적 세계관과 신학을 십자가에 못 박힌 예수가 죽은 자 가운데서 다시 살아났다는 실로 가공할 만한 놀라운 계시의 빛 아래에서 철저하게 재고하고 수정하는 결과를 가져왔다는 전제 위에서 나는 논증을 진행해 나가고자 한다는 것이다.[7] 여러분이 이러한 전제를 바울이 "묵시론적" 신학을 갖게 되었다는 것을 의미하는 것으로 받아들인다면, 그것도 괜찮다. 하지만 이러한 전제가 의미하는 것은, 바울이 지닌 "묵시론"이라고 주장

6) 위의 제2장을 보라.
7) 이러한 전제가 바울 연구사 내에서 차지하는 위치에 대해서는 *Interpreters*를 보라.

해 온 몇몇 도식들과는 반대로, 그가 적어도 그의 사고 있어서는 철저하게 유대적인 지도 위에 계속해서 머물러 있었다는 것이다. 많은 사람들이 믿고자 해 왔던 것과는 달리, 그는 자신의 책상 위에서 유대적인 지도를 치워 버리고, 그 대신에 이전과는 판이하게 다르고 본질적으로 비유대적인 새로운 "계시"를 올려놓은 것이 결코 아니었다.

2. 이것은 우리를 이 가설의 두 번째 단계로 데려다 준다. 나는 이 세 가지 중심적이고 서로 연결되어 있는 주제들 각각에 대해서, 바울이 이 주제들 하나하나를 한편으로는 메시야 예수, 다른 한편으로는 성령을 중심으로 재고하고 개작하고 재편하였다는 것을 논증하고자 한다.[8] 웨인 믹스(Wayne Meeks)의 표현을 빌리면, "십자가에 못 박힌 메시야에 대한 믿음으로부터, 하나님의 행동방식에 관한 새로운 지배적인 패러다임이 생겨났다."[9] 바울이 이 세 가지 핵심적인 유대적 신념들을 기독론과 성령론을 중심으로 수정하였다는 이 가설은 필연적으로 예수와 성령에 관한 다음과 같은 중요한 하위가설들을 내포하게 된다: 예수는 자신의 행위를 통하여 직접 이스라엘의 하나님을 계시하였다는 것(제9장), 바울은 예수를 "메시야"로 보았고, 이것은 한 분 유일하신 하나님의 백성으로서의 이스라엘에 관한 바울의 관점에 영향을 미쳤다는 것(제10장), 성령은 새로운 성전에 거하는 살아 계신 하나님의 임재이고(제9장) 계약 갱신을 이루어 나가는 존재라는 것(10장). 이 각각의 하위가설들은 연구서들에서 흔히 개별적으로 길게 다루어지는 주제들 속으로 우리를 던져 넣는데, 실제로 그 주제들은 모두 바울이 "선민론"을 다룰 때에 그 주위에 서로 복잡하게 얽혀 있는 한 무리의 구원론적인 주제들이다. 물론, 여기에서 그 모든 주제들을 그런 식으로 포괄적으로 자세하게 다룰 수는 없을 것이지만, 나는 그러한 논쟁들을 이렇게 좀 더 큰 틀 내에 위치시키는 것이 새로운 명료성을 가져다주고, 내가 제시한 새로운 주장들이 적어도 최근의 연구에 의해서 밝혀진 몇몇 중요한 것들 위에 세워지게 되기를 소망한다.

이러한 촘촘하게 서로 얽혀 있는 주제들을 다른 식으로 정렬하는 방식들이 존재할 것임을 의심할 여지가 없지만, 나는 내가 제안하는 방식이 적어도 두 가지 중요

8) 이 논증에 대한 이전의 아주 간단한 개요로는 Wright, 2005a [*Fresh Perspectives*], chs. 5, 6, 7을 보라.

9) Meeks, 1983, 180. 또한, 168도 보라: "바울에게 있어서 중심적인 문제는 단지 유일신론의 함의들을 설명하는 것이 아니라, 역사 전체에 걸친 하나님의 단일한 목적이 어떻게 십자가에 못 박힌 메시야라는 '새로운 사건'(novum)을 포괄할 수 있는지를 설명해내는 것이었다." 나는 Meeks가 바울이 그 문제를 해결한 방식을 온전히 설명해 내었다고 생각하지는 않지만, 그의 이 말은 정확히 옳다.

한 장점들을 지니고 있다고 생각하는데, 첫 번째는 바울을 제2성전 시대 유대교 내에 위치시키는 것을 가능하게 해주는 것은 물론이고, 그 점이 특별히 강조되고 부각될 것이라는 점이고, 두 번째는 바울이 전통적인 개념들을 상당한 정도로 철저하게 개작하고 수정하였다는 것이 선명하게 부각될 것이라는 점이다.[10] (예컨대) 바울은 예수나 성령, 율법이나 구원에 대하여 말할 때, 새로운 관념들을 자유롭게 만들어내어서 자신의 독자들에게 안겨준 것이 아니었다. 그는 이스라엘의 메시야가 십자가에 못 박혔다가 죽은 자 가운데서 다시 살아났고, 하나님의 영이 이전과는 새로운 방식으로 부어졌다고 말하는 것이 무엇을 의미하는지를 전통들(특히, 성경의 전통들)에 비추어서 철저하게 사고하였다.

3. 이 가설의 세 번째 단계는 바울은 기독론과 성령론을 중심으로 이렇게 재정의된 한 무리의 주제들, 즉 유일신론과 선민론과 종말론을 본서의 제4부에서 다루어지게 될 세 가지 방향으로 정립하였다는 것이다. 나는 여기에서 그 방향들을 제4부에서 다루어질 순서와는 역순으로 열거하고자 한다.

첫 번째는 이렇게 재정의된 세 가지 주제는 그가 자신의 서신들을 쓰는 주된 목적들을 지배하고 이끌어 나갔다는 것이다. 그가 서신들을 쓴 것은, 그가 행한 기도 및 목회 사역과 마찬가지로, 주후 1세기의 터키와 헬라와 이탈리아의 세계 전역에 걸쳐서 "메시야 안에 있는" 공동체들을 건설하고 유지하는 것을 목표로 한 것이었다. 지금까지 이루어져 온 바울 서신들에 대한 모든 석의 및 역사적이거나 신학적인 재구성, 즉 그의 서신들을 이해하고자 한 시도들의 진정한 목표가 무엇인지를 사람들이 까맣게 잊어버리고 있는 것으로 보이기 때문에, 이 점을 여기에서 지적하는 것은 중요하다. 하지만 사람들은 까맣게 잊어버리고 있다고 할지라도, 그 공동체들을 건설하고 유지하고자 한 것은 그의 서신들이 내내 지향하고 있던 진정한 목표였고, 본서가 최종적으로 제16장에서 도달하게 될 지점도 바로 그것이다.

두 번째는 바울이 실제로 제2성전 시대 유대교의 중심적인 신념들을 재정의한 것이라면, 우리는 바로 그 유대 세계 내에서 특히 성경을 어떻게 읽어야 하느냐에 초점을 맞춘 일련의 치열한 논쟁이 그와 다른 유대인들 간에 적어도 암묵적으로라도 진행되었다는 것을 발견할 수 있을 것이라고 예상할 수 있다는 것이다. 이러한 논쟁은 어떤 때에는 갈라디아서에 나오는 논쟁처럼 대낮에 (아주 긴 그림자들을 드리우는 아주 밝은 빛 가운데서) 이루어지기도 하였고, 어떤 때에는 좀 더 비공식적이고 암묵적으로 이루어지기도 하였다. 하지만 프랜시스 왓슨(Francis Watson)

10) Keck, 1984, 231을 보라.

등이 보여 주었듯이, 우리는 바울의 성경 읽기가 동시대의 다른 성경 읽기들과 어떤 식으로 서로 병행적으로 존재하면서 흔히 긴장관계 속에 있었는지를 원칙적으로 알 수 있다.[11] 이것은 또 하나의 구체적인 가설, 이번에는 바울의 성경 읽기가 현실적으로 작동한 방식과 관련한 가설을 그 속에 내포하고 있다. 나는 바울이 성경에 나오는 말씀들을 각각 독립적이고 개별적인 것으로 읽었고 그런 것으로 가져와서 사용하였다고 보는 사람들의 견해에 반대하고, 도리어 바울은 하나의 큰 전체를 이루고 있는 성경으로부터 특정한 어구들과 문장들을 그 큰 맥락 속에서 가져와서 사용하였고, 자신의 공동체들도 성경의 좀 더 큰 서사들 내에서 살아가기를 바랐다고 보는 사람들의 견해를 따른다.[12] 이것은 바울을 역사 속에 "위치시키는" 작업에 있어서 마지막 요소이고, 우리는 제1부 제2장과 대응되는 제15장에서 이것을 다루게 될 것이다.

세 번째는 이렇게 기독론과 성령론을 중심으로 재정의된 유대 신학은 이번에도 어떤 때에는 명시적으로 어떤 때에는 암묵적으로 바울 당시의 이교 세계와 끊임없이 접전을 벌였다는 것이다.[13] 우리는 제1부에서 이미 우리가 사용하였던 세 단계를 통해서 이것을 추적할 것이다: (1) 바울은 자신이 전하는 복음은 그것이 지닌 변화시키는 능력으로 인해서 당시의 철학자들이 추구하였던 참된 인간에 관한 이교적인 꿈을 뒷전으로 밀어내 버렸다고 믿었다. (2) 바울은 고대 말기의 "종교" 세계가 통상적인 세계에 영향을 미치고 있던 초인간적인 능력과 지성을 지닌 존재들에 대한 믿음을 통해서 희미하게 엿보았던 실체가 바로 성령에 의해서 생성된 영성과 '코이노니아'(koinōnia)라고 보았고, 자신의 교회들에게 바로 그러한 영성과 '코이노니아' 가운데서 살아가도록 권면하였다. (3) 바울은 이스라엘의 참 메시야인 예수가 온 세계의 주라는 사실이 전 세계적인 단일 왕국을 꿈꾸었던 로마 제국의 야망을 뒷전으로 밀어내 버렸다고 믿었다. 나는 제4부에서 이 주제들도 제1부에서 다루었던 것과 서로 대응이 되도록 역순으로 다루고자 하기 때문에, 제12장에서는 "제국"을, 제13장에서는 "종교"를, 제14장에서는 "철학"을 다루게 될 것이다. 그리고 각각의 경우에 나는 오늘날의 수많은 연구들 중에서 한두 가지를 선택해서 대

11) Watson, 2004, e.g. 517; 최근의 것으로는 cf. e.g. Moyise, 2010.

12) 반대견해로는 Tuckett, 2000; Stanley, 2004; "체험을 밑받침하는 미드라쉬"라고 말한 Segal, 2003, 164-7. 이 모든 것에 대해서는 위의 제7장과 아래의 제15장, *Perspectives*, ch. 32에 실린 논문을 보라.

13) Horrell, 2005, 46은 이 점에 대해서는 "광범위한 의견일치"가 형성되어 있다고 말하지만, 초기 기독교의 관념들을 이교 세계의 관념들로부터 이끌어내고자 한 Bultmann이 남긴 유산은 지금도 여전히 살아 있다. Malherbe, 1987, 32f.의 지적을 보라.

화상대로 삼을 것이다. 나의 전체적인 가설에서 이 세 번째 부분 — 제2부와 제3부의 세계관과 신학이 제1부에서 살펴본 배경들에 영향을 준 방식들을 지도로 그려내는 것 — 은 나의 전체적인 논증에서 아주 중요한 부분을 이룬다.

이미 이것으로부터 한 가지 흥미로운 성찰이 도출되는데, 그것은 이렇게 해서 바울은, 그가 고린도후서 10:5에서 말하고 있듯이, "모든 생각을 포로로 사로잡아서 메시야에게 복종하게" 할 수 있었다는 것이다. 몇몇 스토아 철학자들이 "에피쿠로스학파"의 개념이나 "이원론적인" 개념을 살짝 가져와서는, 그러한 개념들이 사실은 자신들의 입장을 밑받침하고 있는 것들임을 보여 준 것과 마찬가지로, 얼마든지 바울도 실제로는 자기가 의도한 것을 강화하기 위해서, 이교 철학의 세계로부터 표현들과 개념들을 가져와서 사용할 수 있었다.[14] 그리고 이것은 흔히 간과되는 흥미로운 강조점, 즉 바울은 적어도 암묵적으로, 그리고 이따금씩은 명시적으로 진정한 의미에서의 "공적인 신학"(public theology)을 주창하고 있다는 것을 보여준다는 것이다 — 그의 신학은 고대 헬라-로마라는 광대한 세계 속에서 자신의 작은 공동체들이 살아남아야 한다는 현실적인 요구를 훨씬 뛰어넘는 것이었고, 하나님을 반영한 참된 인간의 모습을 보여주는 삶을 살고 있던 공동체들을 창설해 내고 유지시키고자 하는 그의 시도 속에 강력하게 암시된 것이었다. (우리가 처음 시작했던 지점으로 되돌아가서 말한다면) 결국 바울은 뼛속까지 유대식의 창조의 유일신론자였고, 이것은 그가 피조세계와 인간을 매우 진지하게 받아들여서, 이 둘을 훼손하는 것이 아니라 이 둘의 선함을 긍정하는 구속관을 견지하였다는 것을 의미한다. 인간이 우상 숭배에 의해서 이미 훼손되었다는 사실은 하나님의 구원계획 속에서 인간 및 인간이 지니고 있던 특별한 지위와 소명을 폐기처분하는 것이 포함되어 있다는 것을 의미하는 것도 아니었고, 피조세계 자체가 썩어짐에 종속되어 왔다는 사실은 창조주가 선한 피조세계를 갱신하고자 하는 계획을 포기하였다는 것을 의미하는 것도 아니었다. 바울에게 있어서 복음은 인간을 더욱 인간답게 만들어서, 하나님의 형상을 지니고, 하나님의 지혜를 세계에 반영함과 아울러, 가장 앞장서서 피조세계를 이끌어 찬송을 조물주에게 돌려 드리는 소명을 제대로 수행하도록 만드는 것이었다. 이러한 관점은 처음부터 현실의 공적인 삶에 대하여 강력하면서도 종종 전복적인(subversive) 의미를 지니는 것이었다.[15]

이 모든 것의 결과(이것에 대해서는 제16장에서 다루게 될 것이다)는 주후 1세

14) Gill, 2003, 49; White, 2003, 136을 보라.
15) 예컨대, 빌 1:27.

기 디아스포라 유대교의 세계라는 관점에서 볼 때에는 지극히 파격적인 것으로 보일 수밖에 없었던 공동체들을 세우고 유지하는 것이었다.[16] 이 공동체들은 한편으로는 매우 유대적일 뿐만 아니라 정말 "보수적으로" 유대적인 공동체들로 보였지만, 다른 한편으로는 유대인들을 그들의 이웃인 이교도들로부터 구별시켰던 관습들과 계명들을 실천하지 않았기 때문에 이교에 매우 "동화된" 공동체들로 보였을 것이다. 그러나 바울은 자신의 신학에서 새롭게 수정하여 제시한 요소들로 인해서 이 공동체들은 그들 자신의 내적인 통일성과 정합성을 지니고 있는 것으로 믿었는데, 그 요소들은 그가 조상들로부터 물려받은 유대 신학으로부터 벗어나서 그 외부에서 나름대로 독자적이고 이질적인 신학을 구축해서 그 신학의 핵심들로 삼았던 그런 요소들이 아니라, 자신이 계승한 유대 신학 내에서 그 신학이 뼛속까지 긍정해 왔던 것의 바로 심장부에 존재하였던 요소들이었다.[17]

내가 염두에 두고 있고 여기서 개략적으로 제시하고 있는 가설은 다음과 같이 정방형 상자 위에 표시해 볼 수 있다. 이 상자를 앞에서 보면, 유대 신학의 주된 요소들이 보인다: 유일신론, 선민론, 종말론:

이 세 요소는 상자의 앞면에서 뒷면까지 관통해 있다. 하지만 이 상자의 측면들

16) Barclay, 1996, 381-95를 보라.

17) 이것은 Rüpke, 2007 [2001], ch. 5 같은 학자들에 의한 고대 종교에 대한 암묵적인 비판의 허를 찌른다. Rüpke는 "기독교 신학"을 주후 2세기에 호교론적인 목적으로 만들어져서 새로운 제사장 계급을 위한 정치적 통제의 무기가 된 것으로 본다. 바울에게 있어서 "신학"은 이러한 세계관을 지닌 공동체가 번성하는 것은 그만두고라도 생존하기 위해서 필수적인 활동이었다. Watson, 2007 [1986], 26이 바울의 사고가 "모든 점에서 기독교 공동체들의 창시자로서의 그의 활동과 결부되어 있다"는 것을 우리가 보지 못한다면, 그를 단지 "사상가"로 보는 것만으로는 충분하지 않다고 역설한 것은 옳다. 그렇다, 바울은 그 공동체들을 창시한 자였을 뿐만 아니라, 유지시키고 가르치고 격려하는 자였다.

을 보면, 이제 메시야 예수, 주, 성령이라는 세 범주 각각을 재정의한 두 가지 새로운 주제들이 보인다:

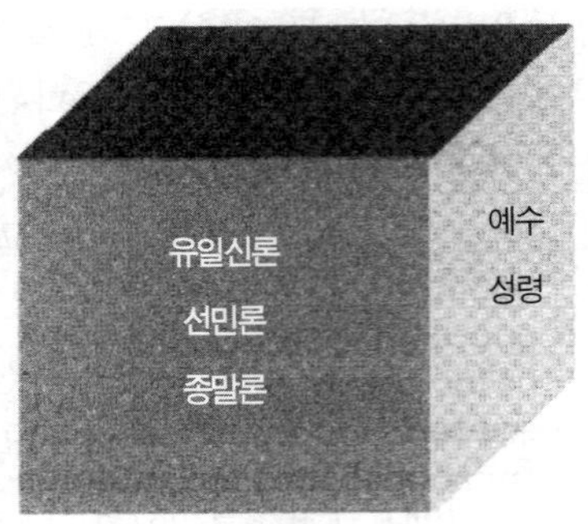

이 두 요소는 상자의 측면들 모두를 빙 둘러 있기 때문에, 이제 상자 속에는 온통 예수와 성령을 중심으로 재정의된 유일신론, 선민론, 종말론이 들어 있다. 물론, 예수와 성령이 하나님을 대체한 것은 아니고, 유대적인 유일신론의 핵심에 이미 자리 잡고 있는 창조주 하나님은 이 두 새로운 요소들과 나란히 있다:

이제 상자의 아랫면과 윗면이 자신의 역할을 할 차례이다. 아랫면에는 전통에 의한 것임과 동시에 창조적이기도 한 바울의 사상의 토대가 된 유대 성경이 자리 잡고 있다는 것은 의심할 여지가 없다. 그리고 윗면에는 바울이 끊임없이 접전을 벌였던 이교 세계가 있어서, 그는 때로는 그들의 사상에 대체로 동의하는 가운데 그들의 사상을 뛰어넘어 허를 찔러 얘기하기도 하고, 때로는 날카롭게 대결하기도 한다.

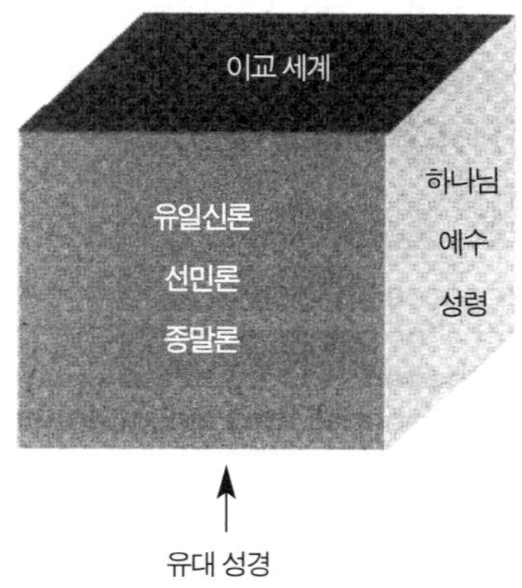

물론, 이 모든 것은 복잡하기는 하지만, 그럴 수밖에 없다. 좀 더 손쉽게 이해할 목적으로 이러한 복잡성을 줄여 보고자 하는 시도들은 진짜 기차를 제작하는 대신에, 어린이들이 사용하는 공작용 점토로 기차 모형을 만들어 보겠다고 하는 것과 같다. 그런 모형 기차는 부분적으로는 실물과 비슷해 보이고 친숙하게 느껴질지는 몰라도, 현실의 궤도 위를 달릴 수는 없다. 내가 제시하는 가설의 복잡성은 (a) 바울이 살았던 세계(들), (b) 그가 받았다고 믿었던 소명, 특히 (c) 그의 사고의 핵심적인 내용을 이루고 있던 창조주 하나님과 그 하나님의 목적들에 관한 그의 신념들의 복잡성과 대응된다. 우리가 이러한 것들에 일정 정도 제대로 접근하여 다루었을 때, 내가 제시한 모형의 기차는 본 궤도 위에서 잘 달리게 되어서, 우리는 우리가 일차적으로 다루고자 하는 바울의 여러 서신들이 이 상자 내에 서로 잘 맞춰져서 정합성을 지닌 채로 질서정연하게 가지런히 놓일 수 있게 된 것을 발견하게 될 것이다.

결국은, "정합성"(coherence), 즉 모든 것이 일관되게 잘 들어맞아가는 것이 가장 중요하다. 우리는 많은 바울 연구자들의 조소에도 아랑곳하지 않고 자신들의 기분이 내킬 때마다 (이를테면) 에베소서나 데살로니가후서를 바울의 진정한 서신이 아니라고 딱 잘라 배제해 버리는 그런 식의 옹졸한 일관성을 추구하는 것이 아니라, 대국적인 견지에서의 일관성을 추구하고 있다. 그리고 이것은 오늘날의 일부 사람들과 고대의 스토아 철학자들이 소중히 여겼던 덕목이다.[18] 바울은 자신의

18) 스토아 철학의 목표로서의 "일관성"에 대해서는 Gill, 2003, 42; *Epict. Disc.* 3.2.1-15; Schofield, 2003b, 236을 보라.

청중들에게 신념과 삶의 "일관성"을 끊임없이 역설한다. 우리는 서로 다른 주요한 주제들과 그 주제들이 맥락에 따라서 서로 다르게 표현된 것들이 비록 언제나 정확히 동일한 용어들로 표현되고 있지 않을지라도 서로를 더욱 강화시켜 주는 역할을 할 수 있는 그런 일관성과 정합성을 추구한다.[19)]

나는 내가 제시한 이 가설은 처음부터 옳을 개연성을 강력하게 지니고 있다고 생각한다. 왜냐하면, 지금까지는 바울의 사고를 유대교와 별로 유기적인 관계에 있지 않다는 전제 아래에서 행한 "설명"이 오랜 세월 동안 인기를 끌어 왔지만, 이제 우리는 그가 실질적으로 유대적인 인물이자 사상가였다고 생각하는 쪽으로 훨씬 더 많이 기울어 있기 때문이다. 그리고 이것은 바울과 관련한 우리의 논점이 다음과 같이 수정되었다는 것을 의미하는 것이다: 실질적으로 유대적인 사상가였던 바울이 어떻게 종종 너무나 비유대적인 것으로 들리는 것들을 말할 수 있었는가? 본서에서 나의 주장은 정확히 바로 그 질문에 대한 대답이다. 유대 사상을 한 분 유일하신 하나님, 하나님의 한 백성, 하나의 미래라는 전통적인 관점에서 보는 것과 그러한 것들을 메시야의 도래와 성령의 수여라는 관점에서 새롭게 정의하는 것은 "이것은 매우 유대적인 도식이다"라고 말함과 동시에, "메시야와 성령을 중심으로 한 이러한 재정의는 실제로 근본적이고 철저한 수정이다"라고 말하는 것이다. (물론, 우리는 예수의 부활에 관한 초기 그리스도인들의 믿음에 대해서도 정확히 동일한 말을 할 수 있을 것이다. 그러한 믿음은 오직 유대 세계 내에서 이해할 때에만 의미를 지니게 되는 것이었기는 하지만, 그 어떤 유대인도 이전에 생각하지 못했던 일이었기 때문에, 그들이 이전에 생각해 왔던 것들에 대한 근본적이고 철저한 수정을 불러오지 않을 수 없었다.)[20)] 나는 이런 식으로 전통과 재정의에 대하여 말하는 것 자체가 철저하게 유대적이라고 생각한다 -물론, 철저하게 바울적인 것이기도 하지만.

우리는 바울이 가장 유대적인 모습이었을 때에 세계에 대하여 가장 도전하는 모습이었다는 것을 발견하고서 놀라거나 이상하게 생각하지 말아야 한다. 내가 앞에서 바울의 사고를 구성하고 있던 여러 요소들을 그려 넣은 "상자"를 보면, 바울이 자기가 철저하게 개작하고 수정한 신학을 한 분 유일하신 하나님과 세계, 이스라

19) 바울의 "일관성"에 대해서는 Horrell, 2005; Sanders, 1977, 518; 2008, 329; Achtemeier, 1996; Beker, 1980, e.g. 143(그는 오직 "일관된 묵시론"이라고 하는 것만이 옳을 것이라고 말한다); Roetzel, 2003, 87(이 책의 제3장은 "유기적인 지성으로서의 바울"[Paul as Organic Intellectual]이라는 도발적인 제목으로 되어 있다)을 보라.

20) *RSG, passim.*

엘과 열방들, 예수와 그의 영을 지닌 백성에 관한 설명 — 겉보기에는 아무리 우스꽝스럽고 정치적으로 위험스러운 것으로 보일지라도 좀 더 넓은 비유대 세계에 전파되었을 때에 바로 그 세계를 변화시킬 수 있고 변화시키게 될 소식이라고 그가 보았던 설명 — 으로 이해하였다는 것이 드러난다. 결국, 바울은 한 분 유일하신 하나님이 십자가에 못 박혔다가 다시 살아난 메시야를 통해서, 자신의 손을 들어 올려 세계를 관통하는 선을 하나 긋고, 정방형 상자를 신속하게 둘로 양분하는 막대를 두어서, 가장자리에 끌려서 거기로 가 있던 세상 사람들의 마음을 다시 이 새롭고 기이한 중심으로 돌려놓았다고 믿었다. 실제로, 이것은 제국들이 생각하는 방식이다. 바울은 또 하나의 제국, 다른 종류의 제국을 믿었고, 그 제국을 하나님의 나라라고 불렀다.

이제 본격적인 논의를 시작해 보자. 우리는 유대적인 삶과 사고의 중심이었던 한 분 창조주 하나님으로부터 시작한다.

제 9 장

새롭게 계시된 한 분 유일하신 이스라엘의 하나님

1. 주후 1세기 유대교의 "유일신론"

"유일신론"이라는 단어는 우리에게 이 단어가 탄생한 17세기 유럽 신학을 떠올리게 하여서 무미건조하고 추상적으로 들린다.[1] 그러나 한 분 유일하신 이스라엘의 하나님을 믿는 것이 다소의 젊은 사울에게 무엇을 의미하였을지를 알고자 한다면, 우리는 철학적 사변이 아니라 피와 숨소리, 기도와 박해, 가족과 살덩이로 이루어진 또 다른 배경을 바라보지 않으면 안 된다. 다소의 사울이 이스라엘의 하나님과 토라를 위하여 나사렛당이라는 이상한 새로운 분파와 싸움하기 위하여 길을 나선지 대략 한 세기 후에, 우리는 토라와 "왕국"의 마지막 위대한 교사였던 랍비 아키바(Rabbi Akiba)가 로마의 칙령을 무시하고 계속해서 토라를 가르치고, 바르 코크바(bar-Kochba)의 반란에 동조하였다는 죄목으로 고문과 죽음의 길을 들어서 있는 것을 발견한다.

탈무드(Talmud)는 그 장면을 이렇게 서술한다:

> 그 때는 셰마를 암송할 때였다. 그들이 쇠빗으로 그의 육신을 빗질하는 동안, 그는 하늘의 왕권을 받아들이고 있었다[즉, 그는 셰마를 암송하고 있었다].[2] 그의 제자들이 그에게 말하였다: "선생님, 어떻게 이렇게까지 하실 수 있는 것입니까?"[즉, "당신은 이렇게 고문을 당하는 가운데서도 어떻게 여전히 기도할 수 있는 것입니까?"] 그가 그들에게 말하였다: "나는 '그가 너의 목숨을 가져가신다고 할지라도'라는 의미로 [내가 해석한] '너

1) 이 용어의 기원과 유익성(또는, 무익성)에 대해서는 특히 Macdonald, 2003, 2004; Bauckham, 2008/9, 62-71에 나오는 논의; Fredriksen, 2007, 35-8; Moberly, 2004를 보라. 이 절 전체와 관련해서는 *NTPG*, 248-60과 위의 제2장, 특히 제5절, 그리고 McGrath and Truex, 2004; Hurtado, 2010, 964에 실린 추가적인 참고문헌을 참조하라.

2) 위의 제2장 제2절과 제5절; tBer, 14b-15a를 보라.

의 목숨을 다하여'라는 이 어구 때문에 평생 동안 괴로웠다. 그래서 나는 언제 이 계명을 지킬 기회를 내게 주실 것이냐고 기도하였다. 그리고 이제 나는 마침내 그럴 기회를 얻었는데, 내가 어떻게 그 계명을 이루지 않겠느냐?" 그는 '에하드'(echad, "한 분")라는 단어를 길게 발음하면서 죽었다.[3)]

이것과 병행이 되는 전승에 따르면, 아키바를 고문하던 로마 병사들 중의 한 사람이 그들이 그를 천천히 죽이고 있는 동안에 그가 셰마를 암송하고 있는 모습을 보고서 그 이유를 물었다고 한다. 또한, 아키바는 고통을 전혀 느끼지 못하는 것으로 보였기 때문에, 심지어 주술사라는 비난을 받기까지 하였다고 한다. 아키바는 이 때에도 비슷한 대답을 한 것으로 전해진다. 즉, 지금까지 자기는 자신의 힘과 마음을 다하여 주를 사랑할 수 있었지만, 이제는 자신의 목숨을 다하여 주를 사랑할 때가 왔다는 것이다. 그렇게 대답한 후에, 그는 계속해서 셰마를 암송하다가, '아도나이 에하드'(adonai echad, "야웨는 한 분이시다")가 그의 입술에 있는 동안에 숨을 거두었다.[4)]

바로 이것이 제2성전 시대에서 "유일신론"이 의미하는 것이었다. 그리고 바로 이것이 평생을 하나님과 토라에 전적으로 헌신하고 예루살렘 성전의 재건에 온 힘을 쏟아 왔고(예루살렘 성전은 하드리아누스 황제가 성전 부지에 이교 신전을 짓겠다고 결정하였음에도 불구하고, 아니 그런 결정으로 인해서 더욱더 유대인들의 소망의 구심점이 되어 있었다), 결국에는 시므온 벤 코시바(Simeon ben-Kosiba)를 '바르 코크바'(bar-Kochba), 곧 "별의 아들"로 추대하여 유대인 최후의 대규모 반란을 도모하였던 좀 더 엄격한 랍비 학파의 마지막 위대한 선생에게 유일신론이 의미하는 것이었다.[5)] 그것은 창조주 이스라엘의 하나님의 왕권을 전 세계에, 특히 유대인들의 삶을 규정하였던 바로 그러한 실천들을 금지함으로써 주후 70년의 승리를 공고히 하고 있었던 로마인들 위에 다시 견고히 세우는 것을 목표로 한 "하나님 나라" 운동이었다. 앞에서 이미 보았듯이, "천국의 멍에를 스스로 메는" 가장 내밀하고 인격적인 방식은 하루에 두 번 이상 셰마로 기도하는 것이었다. "한 하나님"인 야웨를 부르며 생각과 마음과 목숨(nephesh – '네페쉬')을 다하여 그를 사랑하기로 결단하는 것은 이 한 분 유일하신 하나님, 창조주, 이스라엘의 하나님의 왕권에 대한 총체적인 헌신, 이교의 모든 우상들 및 그 우상들을 섬기는 잔인한 제

3) bBer. 61b. 후대의 일부 전승들에서는 아키바를 악한으로 보지만, 그러한 견해가 널리 퍼져 있었던 것은 아닌 것 같다.

4) jBer. 9.14b.

5) 바르 코크바에 대해서는 cf. Schäfer, 2003; Bloom, 2010, ch. 16; Eshel, 2010.

국들에 대한 배척을 의미하는 것이었다. 우리는 바로 이것이 이 시기의 한 독실한 유대인에게 "유일신론"이 의미하였던 것의 핵심이었다고 말할 수 있다.[6)]

아키바의 죽음(주후 130년대 중반)은 바울의 죽음(주후 60년대 중반)이 있은지 대략 70년 후에 일어났다. 바울 시대에서 대략 동일한 기간 이전으로 거슬러 올라가면, 거기에서 우리는 경건한 저자들이 다소의 사울이 지니고 있었던 것으로 추정될 수 있는 "유일신론"을 연상시키는 앞서 말한 사례와 비슷한 마카베오 가문의 "열심"에 대하여 글을 쓰고 있는 모습을 발견하게 된다:

> 유다가 자기와 함께 한 사람들에게 말하였다. "그들의 수를 두려워하지 말고, 그들의 비난을 두려워하지 말라. 애굽 왕 바로가 군대를 이끌고 추격해 왔을 때, 우리 조상들이 홍해에서 어떻게 구원을 받았는지를 기억하라. 그러니 이제 우리는 하늘을 향하여 부르짖어서, 주께서 우리 조상들과 맺은 계약을 기억하시고 우리에게 은총을 베푸셔서 오늘 이 군대를 우리 앞에서 분쇄하시는지 아니하시는지를 보자. 그 때에 이스라엘을 속량하시고 구원하시는 분이 계신다는 것을 모든 이방인들이 알게 될 것이다."[7)]

> 오, 주여, 주 하나님이여, 만물의 창조주시여, 당신은 경외심을 불러일으키시고 강하시며 의로우시고 긍휼이 많으시며(phoberos kai ischyros kai dikaios kai eleēmōn -'포베로스 카이 이스퀴로스 카이 디카이오스 카이 엘레에몬'), 오직 당신만이 왕이시고 인자하시며(ho monos basileus kai chrēstos -'호 모노스 바실류스 카이 크레스토스'), 오직 당신만이 너그러우시고, 오직 당신만이 의로우시고 권능이 많으시며 영원하십니다(ho monos chorēgos, ho monos dikaios kai pantocratōr kai aiōnios -'호 모노스 코레고스, 호 모노스 디카이오스 카이 판토크라토르 카이 아이오니오스'). 당신은 이스라엘을 모든 해악에서 건지십니다. 당신은 조상들을 택하셨고 성별하셨습니다. 당신의 백성 온 이스라엘을 위하여 이 희생제사를 받으시고, 당신의 분깃을 보존하시며 거룩하게 하소서. 우리의 흩어진 백성들을 한데 모으시고, 이방인들 가운데서 노예들로 살아가는 자들을 해방시키시며, 배척당하고 멸시당하는 자들을 돌아보시고, 이방인들로 하여금 당신이 우리의 하나님이신 것을 알게 하소서. 교만하여 압제하고 무례히 행하는 자들을 벌하소서. 모세가 약속한 대로, 당신의 백성을 당신의 거룩한 처소에 심으소서.[8)]

6) 위의 제2장, 특히 제2절과 제5절을 보라. 학계의 상당한 주목을 받았음에도 불구하고, 이 유일신론의 핵심은 천사들이나 중간적인 존재들에 대한 믿음과 별 관련이 없었고 전혀 훼손되지 않았다(아래에 나오는 바울의 기독론에 관한 설명을 보라).

7) *1 Macc.* 4.8-11, cf. 4.30-3; 7.36-8.

8) *2 Macc.* 1.24-9. 유일신론과 성전의 연결 관계에 대해서는 14.34-6을 보라. 비슷한 관점에서, 대제사장 시몬의 좀 더 긴 기도에 대해서는 cf. *3 Macc.* 2.1-21. 이 모든 것을 비롯해서 좀 더 자세한 것은 Bickerman, 1979를 보라.

"오직 당신만이 … 오직 당신만이 … 오직 당신만이"(ho monos … ho monos … ho monos – '호 모노스 … 호 모노스 … 호 모노스'). 이것은 진정으로 "유일신론"이다. 즉, 그것은 철학적인 사변도 아니며, 손쉽게 일반화해서 얘기하는 종교적인 개념도 아니고, 이스라엘의 하나님은 신이라고 자처하는 모든 존재들 가운데서 유일하게 창조주로서의 모든 속성들을 지닌 만물의 창조주라는 분명하고 명쾌하고 선명한 믿음이다. 거기에는 정치적으로 위험천만한 '바실류스'(basileus, "왕") 라는 속성도 포함되어 있는데, 이것으로 인해서 마카베오 문헌과 그 때로부터 이백 년이 지난 후의 아키바 시대에 유일신론과 "하나님의 나라"는 견고하게 연결된다.[9] 이것은 하나님과 율법에 대하여 "열심"이 있었던 유대인들이 자신들의 하나님과 그 하나님에 대한 자신들의 헌신을 이해한 방식이다. 우리는 다소의 사울의 믿음이 이것과 달랐다고 추정할 이유가 전혀 없다. 이 장 전체에 걸친 나의 논지는 사울이 예수에 대하여, 그리고 성령에 대하여 믿게 된 어떤 것은 새롭게 이해된 — 또는, 그였다면 아마도 "새롭게 계시된"이라는 표현을 사용했을 것이다 — 바로 이 유일신론의 관점에서 볼 때에 가장 잘 이해될 수 있다는 것이다. 우리는 이것을 알기 위해서는 먼저 이 유일신론이 당시에 어떤 식으로 표현되었는지를 간단하게 요약해 볼 필요가 있다.

제2성전 시대에 "열심"있는 유대인들이 지니고 있었던 유일신론은 특히 지독한 고난이라는 맥락 속에서 표현되었다. 순교자들은 자신들을 죽은 자 가운데서 다시 살릴 것이라고 믿고 있던 만유의 창조주, 한 분 참된 하나님을 불렀다. 따라서 제2장에서 이미 보았듯이, 일곱 아들을 둔 어머니는 자신의 막내아들의 귀에 그가 필요로 하였던 신학적인 격려를 들려준다:

> 내 아들아, 나는 네가 하늘과 땅과 거기에 있는 모든 것을 보고서, 하나님이 존재하지 않았던 것들로부터 그것들을 만드셨다는 것을 깨닫게 되기를 부탁한다. 그리고 인류도 동일한 방식으로 생겨났단다. 이 도살자를 두려워하지 말고, 네가 네 형들에게 부끄럽지 않은 동생이라는 것을 증명해 보이거라.

그리고 이 막내아들 자신도 폭군을 향하여 비슷한 대답을 한다:

> 당신은 모든 것을 보고 계시는 전능하신 하나님의 심판을 아직 피한 것이 아니오. 나의 형제들은 하나님의 계약 아래에서 잠시 고난을 겪은 후에 영원히 흐르는 생명을 마셨지

9) 나는 적어도 마카베오1서와 마카베오2서는 주전 2세기 말이나 1세기 초에 씌어진 것으로 본다.

> 만, 당신은 하나님의 심판하심으로 말미암아 당신의 오만방자함에 대한 의로운 벌을 받게 될 것이니까요. 나는 나의 형들처럼 하나님께서 우리 민족에게 머지않아 긍휼을 베푸시고, 재난과 역병을 통해서 당신으로 하여금 오직 그만이 하나님이시라는(monos autos theos estin - '모노스 아우토스 테오스 에스틴') 것을 시인하게 하시며, 나와 내 형들을 통해서 우리 민족 전체 위에 임한 전능자의 의로우신 진노가 끝나게 되기를 기도하면서, 우리 조상들의 율법을 위하여 나의 몸과 목숨을 기꺼이 내놓고자 하오.[10)]

"오직 그만이 하나님이시다." 여기에서 우리는 다시 한 번 유일신론을 본다. 즉, 창조주 이스라엘의 하나님은 "하나님"이라는 이름으로 불릴 자격이 있는 유일하게 초인간적인 존재라는 것이다. 이것을 인정할 수밖에 없게 만들 증거는, 한편으로는 이 하나님이 이스라엘을 건지는 구원, 즉 그들을 고난과 죽음으로부터(from) 건지는 것이 아니라, 고난과 죽음을 통과한(through) 그들을 마지막 날의 부활을 통해서 건지는 구원이라는 형태로, 다른 한편으로는 이 하나님이 다른 신들을 섬기며 오만방자함과 어리석음과 잔인함으로 행해 온 모든 자들을 영원히 심판하는 형태로 주어질 것이다. 이것은 제2성전 시대의 유대교에서 "유일신론"이 어떤 것이었는지를 잘 보여준다.

물론, 상황이 사람들이 생각한 것과는 판이하게 다른 방향으로 돌아가고 있는 것처럼 보일 때, 이러한 유일신론은 그들에게서 인격적인 긴장만이 아니라 신학적인 긴장을 증대시키게 된다. 따라서 우리는 주후 70년의 끔찍한 사건들의 여파로 인해서 당혹스러워하면서도 여전히 결연한 유일신론을 에스라4서에서 만나게 된다:

> 오, 주여, 내가 당신 앞에서 이 모든 것을 말한 이유는 당신이 우리를 위하여 이 세계를 창조하셨다고 말씀하셨기 때문입니다. 아담에게서 난 다른 열방들에 대해서는, 당신은 그들은 아무것도 아니며, 입 안의 침과 같은 존재이고, 그들이 아무리 많아도 양동이의 한 방울 물과 같다고 하셨습니다. 오, 주여, 그런데 아무것도 아닌 존재인 이 열방들이 우리를 지배하고 삼키고 있는 반면에, 당신이 당신의 장자이자 독생자로 부르시고 당신이 가장 사랑하시는 당신의 백성이며 당신을 위한 열심이 특심한 우리는 그들의 수중에 떨어져 있습니다. 이 세계가 진정으로 우리를 위해 창조된 것이라면, 우리가 이 세계를 우리의 유업으로 소유하지 못할 이유가 어디에 있습니까? 이런 일이 언제까지나 지속되어야 하는 것입니까?[11)]

10) *2 Macc.* 7.28f., 35-8. 위의 제2장 제5절을 보라.

11) *4 Ez.* 6.55-9; 그 직전의 본문(6.38-54)은 창세기 1:1-26에 나오는 창조 이야기를 자세하게 재현하는 가운데 아담을 만물의 통치자로 부각시키는(6.54) 내용으로 되어 있다. 이러한 일련의 사고는 3.4-

창조주 하나님, 이스라엘의 하나님인 하나님: 하나님이라는 존재를 이런 식으로 인식한 것은 이스라엘 특유의 신정론 문제의 원천이자 "세계를 유업으로 받는 것"에 대한 지속적인 소망의 근거가 되었다.[12] 또한, 이것은 특히 그들 자신이 "포로기"의 연장 속에서 살아가고 있다고 믿은 유대인들이 끊임없이 되뇐 후렴구였다. 그들의 하나님은 참 하나님인데, 이 하나님이 이스라엘을 건지고 구원하게 될 때, 그 진실이 열방들에게 밝혀지게 될 것이다.[13]

살아 계신 창조주인 이스라엘의 하나님과 열방의 "신들"간의 대비는 『요셉과 아세넷』(*Joseph and Aseneth*)의 사랑 이야기(이 말이 옳은 말이라면) 같은 글들에서 선명하게 부각된다.[14] 아세넷의 회개 기도는 이스라엘의 성경에 나오는 그 어떤 글 못지않게 그러한 대비를 잘 보여준다:

> 능력 있는 요셉의 주 하나님, 지극히 높으신 이는 다른 신들을 섬기는 모든 자들에 대하여 질투하시는 두려우신 하나님이시기 때문에, 우상들을 섬기는 모든 자들을 미워하십니다. 따라서 요셉이 나를 미워하게 된 것도 내가 말 못하는 죽은 우상들을 섬기고 송축하며 그 제물들을 먹었고, 내 입이 그 우상들의 상으로 인해 더럽혀져서, 우상들의 제물로 더럽혀진 내 입술로 인하여 하늘의 주 하나님, 지극히 높으신 이, 능력 있는 요셉의 전능자의 이름을 담대하게 부를 수 없었기 때문입니다.
>
> 그러나 나는 많은 사람들이 히브리인들의 하나님은 참 하나님이시고 살아 계신 하나님이시며, 긍휼이 풍성하신 하나님이시고, 불쌍히 여기시며 오래 참으시고 온유하셔서, 비천한 자의 죄를 물으시거나 환난을 당하는 자의 불법한 행위들을 환난의 때에 드러내시는 분이 아니라고 말하는 것을 들어 왔습니다. 그래서 나는 다시 용기를 내어 그에게로 향하고 그에게 피하여, 나의 모든 죄를 그에게 고백하고, 나의 간구를 그 앞에 쏟아놓고자 합니다 …[15]

유대인과 이방인 간의 판이하게 다른 종류의 관계는 유딧서에서 발견된다. 거기에서 눈부시게 아름다운 유대인 과부 유딧은, 이교도들의 왕 홀로페르네스(Holofernes)가 자신의 승리를 확신하고서 만취하였을 때에 그의 머리를 베어 유

36에서도 볼 수 있다.

12) "세계를 유업으로 받는 것"에 대해서는 로마서 4:13과 Wright, 2002 [*Romans*], 495f.에 나오는 거기에 설명, 그리고 시편 2:8; 위의 제2장 제4절 2) (2)에 나오는 유대적인 "제국"에 대한 논의를 보라.

13) 예를 들어, *Bar.* 2.11-15.

14) 나는 이 본문이 기독교적인 것이라기보다는 유대적인 것이라고 생각하는 사람들의 견해에 동의한다. 이 본문이 씌어진 정확한 연대를 알 수 없지만, 기원전후의 세기들에 씌어진 것으로 보인다. Kraemer, 1998; Humphrey, 2000을 보라.

15) *JosAs* 11.7-11, tr. C. Burchard in Charlesworth, 1985, 218f.

대 민족을 그의 군대로부터 구할 목적으로 그 왕을 성적으로 유혹하는 계책을 사용한다. 유딧서의 절정은 제2성전 시대의 고전적인 유일신론이 장엄하게 표현되어 있는 유딧의 기도이다:

> 당신은 비천한 자들의 하나님이시고, 압제 받는 자들을 돕는 분이시며, 약한 자들을 붙잡아 주는 분이시고, 버림받은 자들을 보호해 주시는 분이시며, 소망 없는 자들의 구원자이십니다. 내 아버지의 하나님, 이스라엘의 기업이신 하나님, 천지의 주이시며 물들의 창조자이시고 당신이 만드신 만유의 왕이신 하나님이여, 제발 청컨대 내 기도를 들어 주소서! 나의 속이는 말들[그녀가 홀로페르네스를 속이기 위하여 하게 될 말들]이 당신의 계약과 당신의 거룩한 집과 시온 산과 당신의 자녀들이 소유한 집에 대하여 잔혹한 일들을 계획해 온 자들에게 상함과 해함을 가져다주게 하소서. 당신의 민족 전체와 모든 지파로 하여금 당신이 하나님이시고 모든 능력과 권능의 하나님이시라는 것과 이스라엘 백성을 보호하실 이는 오직 당신 외에는 다른 이가 없다는 것을 알고 깨닫게 하소서![16]

유딧의 계략이 통하였고, 유딧은 홀로페르네스의 머리를 베어서 가지고 돌아온다. 이스라엘 백성은 그녀를 치하하고, 이러한 구원을 베푼 한 분 창조주 하나님을 찬송한다.[17] 이것은 제2성전 시대의 유일신론이 무엇인지를 행동으로 보여준 예이다.

이 동일한 유일신론은 『솔로몬의 시편』의 마지막에 나오는 두 개의 시편에 표현되어 있는 호전적인 메시야 소망을 두르고 있다:

> 주여, 당신은 우리의 영원한 왕이십니다.
> 오, 하나님이여, 당신은 우리 영혼의 자랑입니다.
> 한 사람이 이 땅에서 살아가는 시간이 얼마입니까?
> 사람들은 자기에게 주어진 시간만큼 자신에게 소망을 두며 살아갑니다.
> 그러나 우리는 우리의 구원자 하나님께 소망을 둡니다.
> 왜냐하면, 우리 하나님의 능력은 영원하여 우리에게 긍휼을 베푸시고,
> 우리 하나님의 나라는 영원하여 열방들을 심판하실 것이기 때문입니다.
> 주여, 당신은 다윗을 선택하셔서 이스라엘의 왕으로 삼으셨고,
> 그의 후손들이 영원할 것이라고 그에게 맹세하셨습니다 …
> 주여, 그들을 위하여 그들의 왕 다윗의 아들을 일으키셔서,
> 오, 하나님, 당신이 정하신 때에 당신의 종 이스라엘을 다스리게 하소서 …

16) *Jdth.* 9.11-14.

17) 축하의 말: 13:17-20. 승리의 노래(16:1-17)는 출애굽기 15:1-18에 나오는 미리암의 노래를 반영하고 있다.

하나님께서 이스라엘에게 자신의 긍휼을 보내어 우리를 건지셔서,
저 더럽고 속된 원수들로 인하여 부정하게 되지 않게 해주소서.
오직 주만이 우리의 영원한 왕이십니다.[18)]

오, 주여, 당신의 긍휼하심이 당신의 손으로 지으신 것들 위에 영원히 있습니다.
당신은 이스라엘에게 풍성한 선물을 주셔서
이스라엘에 대한 당신의 선대하심을 보여 주십니다 …
하나님이여, 당신이 긍휼하심을 베풀어 복을 주실 그 날,
곧 당신의 메시야가 다스리게 될 저 정하신 날을 위하여 이스라엘을 정결하게 하소서 …
우리 하나님은 크시고 영화로우셔서 지극히 높은 하늘들에 사시면서,
별들을 각각의 궤도에 배열하셔서 날마다 때들을 구분하시는 분이십니다.[19)]

다른 수많은 본문들도 거의 이것과 동일한 방향을 보여준다. 우리가 느슨하게 "유일신론"이라고 줄여서 부른 것을 다소의 사울에게 돌릴 수 있는 사상과 실천의 세계 속에서 찾고자 한다면, 우리는 그것을 정교하게 서술된 종교적이거나 철학적인 사변의 영역이나, 하나님이 한 분이라는 사실이 훼손되지 않는 한도 내에서 하나님이 천사들을 최대 몇 명까지 대동할 수 있느냐 하는 것에 관한 논쟁들이 아니라, 이스라엘의 열망들, 곧 하나님 나라에 대한 이스라엘의 기대들 속에서 찾아야 한다. 다소의 사울을 불타오르게 만들었던 유일신론은 하나님을 창조주이자 심판주로 부르고 특별히 이스라엘의 하나님으로 부르는 것을 의미하였고, 아울러 특히 종종 고문과 죽음으로 이어진 이교의 폭군들에 의한 격렬한 탄압을 포함한 현실의 사건들이라는 틀 속에서 그렇게 하는 것을 의미하였다. 유대적인 유일신론은 기도, 특히 셰마를 기도하는 것에 뿌리를 두고 있었다. 그런 기도를 한다는 것은 한 분 유일하신 하나님이 지닌 고유한 본성을 교묘한 말로 긍정하는 것이 아니라, 이 한 분 창조주 하나님이 온 세계를 다스리는 왕이라는 것을 고백하고서, 생각과 마음과 목숨을 다해 이 하나님과 그 나라를 섬기는 일에 충성하여 자신을 바치는 것을 의미하였다.

내가 서두에 이런 말들을 하는 이유는 최근의 학계를 보면, 논의의 초점을 옮길 필요성이 절실한 것으로 보이기 때문이다. 물론, 『아리스테아스의 서신』(*Letter of Aristeas*)과 필로(Philo)와 요세푸스(Josephus)에서 발견되는 것과 같은, 하나님

18) *Pss. Sol.* 17.1-4, 21, 45f.(tr. R. B. Wright in Charlesworth, 1985, 665-9).
19) *Pss. Sol.* 18.1, 5, 10(tr. R. B. Wright in Charlesworth, 1985, 669).

이 한 분이라는 것에 관한 온갖 거창한 진술들의 정형화된 전통을 아는 것도 중요하다.[20] 그러나 그러한 진술들은 모두 유대적인 신념을 외부인들에게 설명한다는 틀 속에서 이루어진 것이기 때문에, 철학적인 성찰에서 사용되는 것과 흡사한 언어로 되어 있어서, 이 "가르침"이 현실의 삶 속에서 지니고 있었던 생생한 풍미와 극적인 모습을 담아내지 못하고 있다("가르침"이라는 단어 자체가 유일신론 속에 내포되어 있던 살아 있는 믿음과 사회정치적 과제를 희석시키고 무미건조한 교리라는 잘못된 방향으로 사람들의 상상력을 이끌어 갈 소지가 있는 말이다). 마찬가지로, 제2성전 시대에서 많은 유대인들은 여러 다양한 중간적인 존재들, 즉 하나님을 대신하여 행하거나 그러한 자격을 가진 존재로서 환영을 받고 어떤 관점들에서는 거의 신처럼 보이는 영적인 존재들에 대하여 말하는 환경 속에서 살아갔다는 것도 우리는 알 필요가 있다. 이 분야에서는 많은 연구가 행해져 왔지만, 나는 사람들이 종종 생각하는 것과는 달리, 그러한 존재들에 대한 연구는 바울과 초기 그리스도인들을 이해하는 데에는 별로 중요하지 않다는 리처드 보컴(Richard Bauckham)의 말에 동의한다.[21] 도리어, 우리의 현재의 관심사들을 위하여 중요한 "유일신론"에 대한 그림은 하나님과 이스라엘과 토라와 하나님의 나라를 향한 열심이라는 이 전통의 빛 아래에서 다시 그려져야 하고, 이 작업을 제대로 해내기 위해서는, 주후 1세기의 유대적 유일신론을 그것이 원래 있었던 자리, 곧 당시의 실제의 삶 속에 다시 가져다 놓아야 한다. 특히 주후 1세기의 "열심"있는 한 바리새인의 세계관과 신학을 명확하게 해명해 내고자 한다면, 우리는 더욱더 그렇게 하지 않으면 안 된다.

신약학계가 이제 주후 1세기의 "유일신론"의 본질과 의미를 논의하기 시작하게 된 것은 삼사십 년 전과 비교해서 사정이 이루 말할 수 없이 좋아진 것임은 두말할 필요가 없다. 우리는 "하나님"을 기정사실로 전제하였던(또는, 나쁘게 말하면, "인간"이라는 개념 아래에 집어넣어 버렸던) 실존주의적인 석의가 판을 쳤던 기나긴 겨울에는 유일신론이라는 말조차도 거의 들을 수 없었다.[22] 닐스 달(Nils Dahl)이

20) 예를 들면, *Arist.* 132(이것은 모든 사람들이 사실상 유대인들이 섬기는 바로 그 신을 섬기고 있고, 단지 제우스나 주피터 같이 서로 다른 이름들로 부를 뿐이라는 상대주의적인 입장과 양립될 수 있다 [*Arist.* 16]); Philo, *Dec.* 65; Jos. *Ap.* 2.190-92; *Ant.* 3.91. 위의 제4장 제2절 4)과 제3절, 그리고 Hurtado, 2005, 111-33을 보라.

21) 특히, Bauckham, 2008/9, *passim*.

22) Bultmann, 1951-5, vol. 1 part 2: "그리스도에 관한 모든 단어는 곧 인간에 대한 단언이고, 그 반대도 성립된다; 그리고 바울의 기독론은 동시에 구원론이다. 따라서 바울의 신학은 그의 인간론으로 다루어질 때에 가장 잘 설명될 수 있다 …"(1.191).

"유대인들과 이방인들의 한 분 유일하신 하나님"에 관하여 쓴 짧은 논문은 지금은 유명해졌지만, 그 논문이 간행되었을 때만 해도, 그것은 완전히 돌출행동에 속하는 것이었고, 그런 주제 속에 무엇인가를 논의할 만한 가치가 있는 내용이 있다는 생각을 가진 사람은 거의 아무도 없었다.[23] 그러나 우리가 하나님과 인간을 중재하는 거의 신적인 존재들에 관한 복잡한 내용들을 연구한 후에, 주후 1세기의 "열심" 있는 유대인들이 날마다 그리고 매 시간마다 그 이름을 불렀던 한 분 유일하신 하나님과 관련해서 생각하고 말하고 기도하였을 때, 과연 그들의 사고 속에 무엇이 있었던 것인가 하는 문제로 다시 눈을 돌린다면, 그것은 한층 더 좋은 일이 될 것이다. 그리고 이러한 작업을 위해서 우리에게는 마카베오 가문(the Maccabees)을 시작으로 해서 아키바(Akiba)에 이르기까지 이어지는 현실의 역사, 즉 우리가 느슨하게 "유일신론"이라 부르는 것이 지적인 사변이나 추상적인 토론의 문제가 아니라 삶과 죽음의 문제였던 때들의 역사가 필요하다.[24]

내가 웨인 믹스(Wayne Meeks)의 연구와 맥을 같이 하여 이미 주장하였듯이, 우리가 사도 바울에게 돌릴 수 있는 "유일신론"이 그의 세계관 및 그의 공동체들의 형성과 관련해서 한 역할이, 유대적인 유일신론이 다소의 사울이 바리새인으로서 지니고 있었던 세계관 내에서 한 역할과 상당한 정도로 달랐다면, 이것은 더욱더 중요하다. 여기에서 우리는 본서의 중심이라고 할 수 있는 것, 즉 본서에서 논증을 전개해 나갈 때에 중심축 역할을 하는 것에 점점 접근해 가고 있다. 유일신론 및 바울이 유일신론의 틀을 다시 짠 것은 과녁의 한복판을 꿰뚫는 화살이다. 앞에서 우리는 이미 바울의 세 개의 세계를 살펴보았고, 그런 후에 그 자신이 지니고 있었을 뿐만 아니라 다른 사람들에게도 가르치기 위하여 심혈을 기울였던 세계관을 살펴보았다. 이제 우리는 이 한복판을 관통하여 지나가서, 우리가 "신학"이라고 부르는 서로 연관되어 있기는 하지만 판이하게 다른 일련의 질문들, 즉 하나님에 관한 질문, 세계에 관한 질문, 인간에 관한 질문, 이스라엘에 관한 질문, 미래에 관한 질문으로 나아가는 중요한 발걸음을 내딛는다. 나는 이미 바울의 세계관은 한편으로는 제2성전 시대의 유대교와 매우 흡사한 것이었지만, 다른 한편으로는 판이하게 달랐기 때문에, 그러한 특별하고 혁신적인 세계관이 안정성과 통일성을 얻으려면, 신학, 특히 하나님과 그의 신실하심이라는 문제를 다시 치밀하게 다루어서 새롭게 정립하지 않으면 안 되었다는 것을 말한 바 있다. 그것이 지금 우리가

23) Dahl, 1977, 178-91. 또한, 자신의 책의 제9장의 제목을 "하나님과 고린도후서"로 붙인 Young and Ford, 1987을 보라.

24) Bauckham, 2008/9, 특히 이 대목에서는 제2장과 제3장을 보라.

가고 있는 지점이다.

좀 더 명시적으로 분명하게 얘기해 보자. 우리가 앞에서 이미 인용한 구절들만으로도, 제2성전 시대의 유일신론이 "열심" 있는 한 바리새인의 세계관 내에서 아주 중요한 역할을 하였다는 것은 충분히 드러나는데, 그러한 유일신론은 유대적인 정체성이 세워진 견고한 반석이었다. 그러나 제5장에서 보았듯이, 그러한 세계관의 주된 상징적 실천(할례, 음식법 등등)이 '아디아포라'(adiaphora, "아무 상관이 없는 것들")로 여겨지게 되었을 때, "신학," 그리고 그 중에서도 특히 "유일신론"은 근본적으로 새로워진 형태의 세계관을 떠받침에 있어서 이전과는 비교할 수 없을 정도로 큰 하중을 짊어져야 하였다. 우리는 이것을 좀 더 구체적으로 표현해 볼 수 있다. 바울의 공동체들은 자신의 정체성을 꼭 부여잡고서, 한편으로는 통일성과 연합을 유지하고, 다른 한편으로는 성결을 유지할 수 있기 위해서는, 그들이 믿고 신뢰하는 하나님이 누구인지를 알아야 했는데, 이것은 저 멀리 초연히 존재하는 초자연적인 실체들에 대하여 공상하기를 좋아하는 자들이 안락의자에서 던지는 질문이었던 것이 아니라, 언제라도 안티오코스 에피파네스 아래에서의 박해를 또 다시 촉발시키거나, 하드리아누스 황제가 바르 코크바의 반란을 분쇄한 것 같은 일을 그들로 하여금 맛볼 수 있게 해줄 가능성을 안고 있는 사회적 · 문화적 · 정치적 도전들에 직면해 있던 자들이 매일같이 생사의 문제로 던지는 질문이었다. 바울의 공동체들은 그런 종류의 위협에 직면해 있었기 때문에 — 바울의 말들 속에는 통상적으로 그들에게 그런 위협이 있다는 뜻이 함축되어 있다 — 마카베오2서에 나오는 막내아들처럼 자신들의 결단을 강화하고, 『솔로몬의 시편』의 저자처럼 자신들의 믿음을 꼭 부여잡으며, 특히 아키바가 기도했던 것처럼 기도할 필요가 있었다. "많은 신들, 많은 주들"이 있는 세계 속에서, 그들은 하나님 나라의 백성, 셰마를 기도하는 백성, 유대식의 유일신론자들이 되어야 했다. 그들은 자신들의 신학의 양대 기둥인 저 위대한 창조론과 심판론을 상기하며, 이 둘 모두와 관련된 하나님에 관한 이야기를 말하고, 그 이야기 내에서 그들 자신이 어느 지점까지 와 있는지를 알 필요가 있었다. 오직 그렇게 할 때에만, 바울의 공동체들은 그가 그들이 살도록 부르심을 받은 것으로 믿었던 그런 모습으로, 즉 유대인과 이방인으로 구성되었지만 그러한 두 범주를 뛰어넘는 새로운 기이한 실체로 정의되는 '에클레시아 투 테우'(ekklēsia tou theou)로 살아갈 수 있을 것이었다.[25] 그들은 한 분 유일하신 하나님의 백성이어야 했지만, 이전과는 완전히 새로운 방식으로 그런 백성

25) 고전 10:31f.; 위의 제6장 제3절 2)과 아래의 제15장 제3절 3)을 보라.

이어야 했다. 이전에 유대적인 세계관 내에서 사회적이고 문화적인 경계 표지들이 수행하였던 일을 행할 새로운 신학이 생겨나야 했다. 이것은 바울을 몰아부쳐서 정말 깜짝 놀랄 만한 굉장한 신학적인 틀들을 다시 만들어내게 만든 도전이었는데, 최근까지만 해도 학자들은 내가 제안하고 있는 방식으로 질문을 던지지 않았기 때문에 석의와 주석에서 거의 이 틀을 알아차리지 못하고 간과할 수밖에 없었다.[26]

따라서 제2성전 시대의 유일신론과 관련해서 핵심적인 문제는 한 분 유일하신 하나님의 내적인 본성에 관한 특정한 주장 같은 것이 아니었다.[27] 지난 20년 동안에 유대 사상에 있어서의 "중간적인" 존재들 — 천사들, 족장들, "지혜" 등등 — 의 역할과 지위에 관하여 이루어져 온 방대하고 매력적인 논의들은, 내가 보기에는, "유일신론"이 실제에 있어서 진정으로 무엇을 의미하였는지에 관한 논의에서 대체로 논점을 벗어난 것으로 보인다.[28] 특히, 그러한 "유일신론"이 선한 존재(천사들)이든 악한 존재(귀신들)이든 인간이 아닌 권세들이나 지적인 존재들의 실재에 대한 인식으로 인해서 훼손되거나 약화될 수 있다고 본 것은 완전히 방향을 잘못 짚은 것이었다. 왜냐하면, 이스라엘의 하나님이 세계 속에 존재하는 인간이 아닌 유일한 지적인 존재라고 생각한 것은 제2성전 시대의 유일신론의 일부가 아니었기 때문이다.[29] (또한, 인간이 아닌 다른 권세들의 존재에 관한 그러한 사변들을

26) Meeks도 이런 질문이 제기되어야 한다고 말한 바 있다. 바울 신학에 대한 최근의 연구들은 바울의 사상에 나타난 "하나님"에 대하여 어느 정도 관심을 가져 오긴 하였지만, 이 주제를 부각시키거나 이런 식으로 부각시킨 적은 없었다. 따라서 Schnelle, 2005 [2003], 393f.가 "유대적인 유일신론이 바울의 세계관의 기초"라고 말한 것은 옳지만, 그는 바울이 이 유일신론을 어떻게 발전시켰는지에 대해서는 아주 짧게 다루고 있기 때문에, 꼭 필요한 관점들을 제공해 주지는 못한다. 마찬가지로, Dunn도 이 주제를 흥미롭게 다루고 있기는 하지만(Dunn, 1998, 27-50), "유일신론"이 당시의 구체적인 쟁점들과 어떤 식으로 관련되어 있었는지를 깊이 파고들지 않고, 관련 자료들을 재빨리 훑고 지나가 버린다. Schreiner, 2001, 18-35도 바울의 사상 내에서의 하나님의 중심성에 대하여 감동적인 서론을 제공해 주고 있기는 하지만, 내가 바울의 신학적 사고만이 아니라 그의 세계관에서도 실제로 중심적인 것이었던 것으로 제시하고 있는 주제에 가까이 다가가지는 않는다.

27) 여기에서 나의 입장은 Bauckham, 2008/9의 입장과 가깝고, 내가 Wright, 1986a ["Constraints"], 206-9에서 처음으로 개략적으로 제시하고서 Wright, 1991 [*Climax*], ch. 6에서 따른 입장과 맥을 같이 한다.

28) Hurtado, 1988을 비판하고 있는 Rainbow, 1991을 보라; 그러나 훨씬 더 자세한 Hurtado, 2003과 거기에 대한 아래에서의 논의를 보라. 또한, Fredriksen, 2007에 나오는 이 범주 전체에 대한 비판도 보라.

29) 반대견해로는 Westerholm, 2004, 363 등이 있다. Bauckham, 2008/9, 99은 "우상들" 배후에 "귀신들"이 있다는 것은 당시에 "유일신론에서는 상식"이었다고 지적한다.

"이원론"이라고 지칭하는 것도 크게 오도하는 것이다. 왜냐하면, 그러한 권세들 중 하나 이상이 한 분 유일하신 하나님과 대등한 적수인 경우에만, "이원론"이라는 주장이 유효할 수 있기 때문이다.)[30] "유일신론"과 관련해서 "한 분 유일하신 하나님의 내적 본질에 관한 사변들은 논점을 벗어난 것"이라는 말이 나온 것은 아키바(Akiba)가 다니엘서 7장의 천상 장면에 나오는 "보좌들"은 "하나는 하나님을 위한 것이고 하나는 다윗을 위한 것"이라는 사변을 말함으로써 결과적으로 "하늘에 두 권세"가 있는 것이 되어 버린 것에 대하여 당시의 랍비들이 반발하였을 때였다.[31] 앞에서 보았듯이, 아키바는 두 번째 보좌에 앉게 될 후보자를 이미 마음속에 점찍어 두고 있었다. 즉, 그는 시므온 벤 코시바(Simeon ben-Kosiba)가 참된 "다윗의 아들"이라고 생각해서, 이제 마침내 "인자 같은 이"가 높임을 받아 저 마지막 큰 "짐승"에 대한 하나님의 심판을 집행하게 되기를 소망하고 있었던 것이다. 그러나 아키바의 대적들이 거기에 반발해서 하나님이 한 분이라는 개념을 사용해서 그를 공격한 것은 일차적으로 그의 철학적인 신학의 근거들을 비판하기 위한 것이었다기보다는, 그가 하나님의 나라라는 개념을 중심으로 혁명적인 자세를 취한 것에 반대하였고, 바르 코크바를 메시야로 생각한 그의 견해에도 동의하지 않았기 때문일 가능성이 크다.[32] 내가 알고 있는 이 시기 이전, 즉 주후 130년 경 이전의 증거들 중에는, 유대 사상가들이 한 분 유일하신 하나님의 내적 본질과 관련된 문제들을 놓고 논쟁하였음을 보여주는 증거는 전혀 없다. 그러한 논쟁들이 일어났다면, 그 논쟁들은 예수에 관한 그리스도인들의 주장에 대한 반발로 일어났을 것이 거의 확실하고, 그렇게 설명하는 것이 최선의 설명이다.[33]

30) *NTPG*, 252-9를 보라.

31) bHag. 14a를 보라; cf. bSanh. 38a. 고전적인 연구서는 Segal, 1977(특히, 47-50)이다. Ezek. Trag. 68-82a도 비슷한 질문을 제기하는데, 거기에서 모세는 한 사람이 하나님의 보좌에 앉아 있는 주목할 만한 장면에 대한 꿈을 꾼다(이것은 아마도 다니엘서 7장에서 가져온 것으로 보인다). 그런 후에, 모세의 장인 이드로는 이 꿈이 모세를 가리키는 것이라고 해몽해 준다(82b-89). Hurtado, 1988, 57-9는 이것을 기독교 이전에 "하나님의 대리인" 역할을 하는 인물들에 대한 묘사의 한 예라고 보고, Horbury, 1998, 31는 이 본문이 모세에게 적어도 왕적인 의미를 부여하는 다른 본문들과 함께 모세를 메시야의 원형으로 묘사하고 있는 것으로 본다.

32) Segal이 주장하듯이, 아키바가 자신의 "두 보좌" 입장을 철회하고 좀 더 추상적인 관념, 즉 두 보좌는 한 분 유일하신 하나님의 두 가지 속성(정의와 은혜)을 표상하는 것이라고 주장한 것처럼 묘사한 것은 이 위대한 인물이 혁명에 실패한 후에 그에 대한 전승을 세탁하고자 한 시도임에 거의 틀림없다.

33) '듀테로스 테오스'(deuteros theos, "두 번째 신")에 대하여 주장하는(스토아 사상의 영향을 받아서?) Philo는 이것의 예외로 생각될 수 있을 것이다(cf. *Quaest. Gen.* 2.62); 그러나 우리는 그의 견해가 당시에 널리 논의되었음을 보여주는 증거를 전혀 갖고 있지 않다.

학자들은 초기 그리스도인들이 예수에게 높은 지위를 돌렸을 때, 그것은 그리스도인이 아닌 유대인들에게 큰 문제를 야기시켰을 것임에 "틀림없다"고 자주 단언해 왔음에도 불구하고, 기독교 제1세대 전체에 걸쳐서 그러한 것을 보여주는 증거는 실제로 전혀 없다는 것은 흥미롭다. 바울은 그를 너무 지나치게 나가고 있다고 생각했던 신중한 유대인 유일신론자들과의 대화 속에서 자기가 예수에 관하여 말한 것들을 논증할 필요가 없었다. 우리는 유대적인 주류 세계관의 몇몇 핵심적인 측면들을 역설한 자들과의 격렬한 논쟁들을 포함해서 바울의 교회들 속에서 벌어진 몇몇 논쟁들의 핵심을 뚫어지게 살펴보아도, 그가 자신이 예수에 관하여 행한 수많은 단언들을 놓고서 논쟁하여야 했다는 것을 결코 발견할 수 없다. 우리는 바울의 그러한 단언들의 실제적인 내용을 곧 살펴보게 되겠지만, 이러한 논쟁의 부재 자체는 이 시기의 "유대적인 유일신론"이 무엇을 의미하였고 무엇을 의미하지 않았는지를 우리에게 말해 주는 한편, 한 분 참 하나님과 관련한 예수의 정체성에 관한 바울의 믿음이 이미 확고하게 뿌리를 내리고 있었고 그 신념은 초기 기독교에서 이미 기정사실이 되어 있었다는 것도 우리에게 말해 준다.

따라서 우리가 살펴보고 있는 시기에서 유대적인 유일신론의 주된 초점은 한 분 유일하신 하나님에 대한 분석을 중심으로 한 내향적인 것이 아니었고, 한 분 유일하신 하나님과 세계의 관계에 대한 질문을 중심으로 한 철저히 외향적인 것이었다. 따라서 후자의 질문을 파헤쳐 보면, 다른 몇몇 특징들이 뚜렷하게 드러난다. 다른 모든 것의 토대가 되는 첫 번째 특징은 유대적인 유일신론자는 하나님이 창조한 세계(world)를 바라보았을 때에 자기가 보고 있는 것은 선한 하나님이 지은 선한 세계(cosmos)라고 생각하였다는 것이다. 공간과 시간과 물질의 세계, 하늘들에 있는 광명체들, 땅에서 기어다니는 것들, 낮과 밤이나 여름과 겨울, 파종기와 추수기 같은 여러 시기들과 계절들, 인간과 짐승과 식물들의 삶의 주기, 혼인과 출생, 음식과 잠과 놀이, 일과 휴식 같은 특정한 활동들과 기능들 -이 모든 것들은 선한 것들이었고, 적절한 때에 적절한 방식으로 누려야 할 것들이었다. 모든 것에는 정해진 때가 있었다. 이스라엘의 하나님이 "한 분"이라는 것을 긍정하는 것은, 실천적인 관점에서는, 인간에게 선한 선물로 주어진 세계, 기이한 아름다움과 엄청난 능력과 무언의 찬송으로 가득한 세계에 즐겁고 천진난만한 마음으로 참여하고 송축하는 것을 의미하였다.[34] 특히 하나님의 지혜로운 질서를 세계 속에 반영하는 인간의 소명으로 인해서, 이런 종류의 유일신론은 하나님의 정의를 세계에 가져오

34) 예를 들면, cf. 시 19편; 104편; 그리고 실제로는 욥 26장; 38-41장.

는 인류 전체의 소명을 포함하고 있었다: 인간 사회 속에서의 정의는 동산에서 모든 것들이 번성하는 것과 같은 그런 질서이다. 따라서 인간이 통치 체제를 세우고 운영해서, 법들을 제정하고 집행하며 송사들을 판결하여, 하나님의 세계에 균형을 가져오기 위하여 끊임없이 일해야 하는 것은, 원칙적으로 창조의 유일신론의 내적 구조의 일부였다. 인간의 정부는 선한 것이었다. 그것은 한 분 유일하신 하나님이 세계를 운영하고자 의도한 방식이었다. 인간의 판결은 무엇이 행해져야 하고 무엇이 행해지지 않아야 하는지에 관한 지혜롭고 합당한 결정들을 하는 것이었기 때문에 선한 일이었다. 사회라는 관점에서 볼 때, 무정부상태는 '토후 와보후'(tohu wa-bohu), 즉 한 분 유일하신 하나님의 창조 역사를 통해서 질서가 생겨나기 이전에 존재하였던 원시의 혼돈(chaos)으로 되돌아가고자 하는 위험스러운 것으로 보아졌을 것이다. 세계, 그리고 질서정연한 인간의 삶을 포함한 인간의 삶은 모두 하나님이 준 선한 것이었다. 악은 한 분 유일하신 하나님과 대등한 적대 세력이 아니었다. 악은 하나님의 세계를 다스리게 되어 있던 인간의 소명의 타락한 모습을 포함해서, 선한 피조세계의 타락한 모습이었다.

따라서 유일신론은 근본적으로 및 성경적으로 존재론적인 이원론에 대한 부정을 의미하는 것이었다.[35] 세계 자체를 부정하고, 마치 세계가 어둡고 암울한 곳인 듯이 여기며, 영혼이 물질적인 육신 안에 갇혀 있다고 불평하고, 인간 통치자들과 권력 구조들의 존재 자체를 불쾌해하는 것은 유일신론의 세계관의 일부가 아니었다.[36] 바르 코크바(bar-Kochba) 혁명의 끔찍한 실패가 사람들의 세계관을 완전히 뒤집어 놓아서, 오늘날 우리가 영지주의라고 부르는 것을 발전시키도록 몰고 가기 이전이었던 주후 1세기에, 수많은 유대인들이 그러한 방향으로 나아가도록 유혹을 받았을 것이라고 생각하는 것은 실제로 전혀 근거가 없다.[37] 주후 1세기의 유대인들이 흔히 정치적으로나 문화적으로 엄청난 압박감 아래에서 살아갔다는 것을 감안하더라도, 그들이 이원론을 거부하고 저항하였다는 사실은 창조의 유일신론이 그들의 마음과 생각과 삶 속에 얼마나 강력하게 스며들어 있었는지를 잘 보여

35) 이원론의 유형들에 대해서는 *NTPG*, 252-6을 보라.

36) 여기서도 Philo는 예외라고 할 수 있다; 또한, cf. Wis. 9.15 — 이것이 그 한 예라고 해야 하는지는 확실하지 않다. 출애굽 서사를 반영해서 "불평하는 것"을 금하는 것은 빌립보서 2:14-16에도 반영되어 있다.

37) 여기서 다시 한 번 우리는 쿰란 문헌이나 에스라4서의 좀 더 암울한 분위기를 반대사례들로 인용할 수도 있겠지만, 이 두 문헌들은 여전히 기본적으로 피조세계가 선하다고 보고 있다. 영지주의의 출현 — 그리고 그것과 관련된 모든 것들, 특히 그 용어 자체에 관한 현재의 논쟁들 — 에 대해서는 아주 많은 문헌들이 있지만, 그 중에서 특히 대표적인 것으로 King, 2003; Williams, 1996을 보라.

준다.

제2성전 시대의 고전적인 유일신론의 일부로서 이렇게 피조세계를 송축하는 것은 (앞에서 보았듯이) 하나님이 자신의 "말씀"이나 "지혜"를 통해서 활동하고 역사한다는 관점에서 표현될 수 있었다. 오늘날에는 일반적으로 인정되고 있듯이, 이것은 창조주와 맞먹을 만한 제2의 별개의 신적 존재를 영악하게 만들어 내거나 찾아내었다고 주장하기 위한 것이 결코 아니었다.[38] 그것은 바람을 병 속에 담기 위한 방식, 즉 철저히 초월적이고 거룩한 창조주가 먼저 공간과 시간과 물질을 창조한 후에, 그것들을 유지하고 운행하기 위하여 지금 여기에서 활동하고 있는 것에 대하여 말하기 위한 방식이었다. 그것은 하나님이 창조할 때에 말씀으로 창조하였다는 것(이것은 싸움이나 씨름을 할 필요도 없이 단지 말씀만으로 창조가 이루어졌음을 보여줌으로써 하나님의 주권을 강조한 것이다)[39]과 지극히 지혜롭게 창조하였다는 것(이것은 임의적으로 아무렇게나 어리석게 행해진 창조가 아니라, 합당한 질서와 아름다움 속에서 이루어진 창조였다는 것을 보여줌으로써 피조세계의 선함을 강조한 것이다)을 말하기 위한 방식이었다. 우리는 이미 이것을 자세하게 살펴보았기 때문에, 앞으로 진행해 나가면서 단지 그것을 상기하기만 하면 될 것이다.

피조 질서가 선하다는 것에 대한 이러한 깊은 수준의 확신은 그런 확신에 서 있지 않는 경우에는 주후 1세기 유대적인 유일신론자들이 우상 숭배 및 거기에 수반된 모든 것들에 대하여 취하였던 부정적인 태도로 보아질 수 있고 흔히 실제로 그렇게 보아져 온 것을 제대로 이해할 수 있게 해주는 맥락으로서의 역할을 한다. 기독교 이전의 유대교가 실제로 어느 정도나 "유일신론"을 견지하고 있었는지, 그리고 포스트모더니즘적인 관점에서 볼 때에 그것이 선한 것이었는지를 해명하기 위한 연구가 그동안 많이 이루어져 왔고, 그 중의 일부는 매우 도움이 되는 것이었다. 본서의 분량과 관련해서 다행스러운 것은 그 문제는 우리의 일차적인 관심사가 아니라는 것이다.[40] 고대 이스라엘은 우리가 오경에 대한 표면적인 수준의 읽기를 통해서 추정할 수 있는 것보다 한 분 유일하신 하나님에 대한 헌신이 훨씬 덜 하였고, 오직 포로기를 겪으며, 벨(Bel)과 느보(Nebo) 등과 같은 우상들에 대한 숭배

38) Bauckham, 2008/9, 217 등; 반대견해로는 M. Barker 등이 있다.

39) 시 33:8f.(이것을 토대로 해서 열방들에게 이스라엘의 하나님을 경외하라고 명한다); 147:15, 18(이것을 토대로 해서 이 창조주 하나님의 백성으로서의 이스라엘과 주변의 열방들을 구별한다); 148:5f.(피조세계 전체를 송축하고, 그 피조세계 내에서의 이스라엘의 특별한 지위를 송축한다[148.14]).

40) MacDonald, 2003; 그리고 Fretheim, 2007의 최근의 연구를 보라.

를 통해서 생성되고 유지되는 그런 사회가 얼마나 끔찍한지를 서서히 깨닫게 되면서, 이사야서 40-55장에서 발견되는 것과 같은 장엄한 비전, 곧 단지 수많은 하위 신들보다 우월한 신이 아니라, 오직 홀로 영화롭고 유일무이하며 전능하고 위엄 있는 절대적으로 한 분뿐인 하나님 야웨에 관한 비전이 열리게 되었을 가능성이 크다. 그리고 오직 그때에야, 이 깜짝 놀란 민족에게, 그들의 하나님은 자신의 계약과 관련된 목적들을 이루기 위하여, 열방들의 일에 간섭하여 자신의 뜻대로 처리하며, 섬들을 마치 미세한 먼지처럼 다루고, 여전히 반역하며 엉망진창이 되어 있는 이스라엘을 포로생활에서 건지며, 새로운 이방 통치자를 불러 일을 맡겨 자신의 도구로 사용할 권세를 지니고 있다는 인식이 생겨나게 되었을 것이다. 분명한 것은 우리는 신명기사가를 비롯한 여러 선지자들이 왕정 시대에 거듭 비일비재하게 일어났었다고 증언하였던 것과 동일한 문제점들을 포로기 이후에는 듣지 못한다는 것이다.[41] 여기에서 이것이 좋은 일이었느냐 나쁜 일이었느냐 하는 것 — 달리 말하면, 제2성전 시대 유대인들이 유일신론을 확고하게 견지한 것이 유대인들과 그리스도인들이 대체로 생각해 온 것처럼 건강한 것이었느냐, 아니면 당연히 전체적인 체제들 및 그 체제들이 인간의 사회와 삶에 가져다 준 결과들에 관심을 갖는 일부 포스트모더니즘적인 도덕주의자들이 생각해 온 것처럼 건강하지 못한 것이었느냐 하는 것 — 은 이것과는 별개의 문제이다.[42] 또한, 이사야서 40-55장이 몇몇 다른 본문들에 나오는 소극적이고 배타적인 유일신론과는 반대로 우리 같은 현대인들이 열렬히 환영할 수 있는 넓은 마음으로 관용하고 "포용하는" 유일신론을 결국 꽃피우게 된 것이냐 아니냐, 또는 "점진적인 계시" 같은 주장이 자신을 밑받침하기 위하여 사용하고 있는 성경 본문들을 과연 제대로 해석하고 있는 것이냐 아니냐 하는 것도 마찬가지로 별개의 문제이다.[43] 우리의 목적을 위하여 중요한 것은 마카베오 가문에서 아키바에 이르기까지의 역사의 흐름과 관련해서와 마찬가

41) 고대 이스라엘의 "유일신론"을 다루는 문헌들이 급증하고 있는 것을 개관하고 있는 것으로는 MacDonald, 2003; Bauckham, 2008/9, ch. 2이 있다. 초기 기독교에 대해서도 비슷한 점들을 지적하였지만, 여기에서 지적해 두어야 할 것은 우리는 공동체의 실제적인 실천과 믿음은 성경 기자들이 체계적으로 제시한 원칙들과 긴장관계에 있었으리라는 것을 예상하여야 하고, 그런 것을 이상하게 생각하지 말아야 한다는 것이다. 신명기 전통에 서 있는 본문들은 그러한 다양한 실제적인 실천들을 전제하고서, 그러한 것들을 교정하고자 한다. 여기에서 우리가 마치 "종교 체험"이 주된 것이고 성경이 부차적인 것이라도 된다는 듯이, 당시의 "종교 체험에 대한 증언"에 있어서 성경에 나오는 글들을 "권위 있는" 것으로 보는 경우에만, 문제가 발생한다. 이것은 따로 논의해야 할 문제이다.

42) Moberly 2004; Bauckham, 2008/9 ch. 2에 나오는 논의를 보라.

43) Clements, 1984 등에 나오는 논의를 보라.

지로, 주후 1세기 유대인들이 자신들의 하나님을 생각하고, 그들 자신을 하나님의 율법에 헌신하며, 무엇보다도 하루에 두 번 이상 셰마를 암송하며 기도하였을 때, 그들은 자신들이 마음과 생각과 목숨을 다하여, 우상들 및 우상들을 만들고 섬기는 것, 우상들을 섬기는 것과 수반되는 삶의 방식, (특히) "이방의 신들"과 그 신전들과 그 우상들을 숭배하는 것을 중심으로 형성된 현실의 인간들의 삶과 체제들에 반대하고 있다는 것을 알았다는 것이다. 그런 의미에서 저 최근의 저자들이 당시의 유일신론을 "배타적"이라고 말한 것은 절대적으로 옳다. 이 유일신론은 "아리스테아스"(Aristeas)처럼, 이스라엘을 비롯한 모든 사람은 동일한 신을 예배하지만, 단지 이 신을 여러 다른 이름으로 불러서, 여기에서는 야웨라고 부르고 저기에서는 제우스라고 부르는 것이라고 말하는 것이 결단코 아니었고,[44] 도리어 시편 기자처럼, 이방의 "신들"은 단지 우상들에 불과하지만 오직 야웨는 하늘들을 만든 분이라고, 즉 야웨는 단지 (하늘이라는) 집에서 살아가는 분이 아니라, 바로 그 집을 지은 분이라고 말하는 것이었다.

주후 1세기에 유대인들로부터 사랑을 받았던 다니엘서 같은 책들 속에는 그러한 유일신론이 장엄하게 묘사된다. 다니엘서의 전반부에서는, 다니엘과 그의 친구들이 자신들의 유대적인 삶의 방식으로 인해 계속된 도전에 직면하는데, 이 도전은 어떻게 보면 삶과 비교적 직결되어 있다고 할 수 있는 식단 문제로부터 시작되지만, 신속하게 다른 요구들로 옮겨가서, 그들은 먼저 왕이 세운 거대한 신상에게 절하라고 요구하고(3장), 다음으로는 왕에게 기도하고, 오직 왕에게만 기도하라고 요구한다(6장). 우리는 "오직 왕에게만"이라는 어구 속에서 유대적인 유일신론의 요구를 그대로 흉내 내고 있는 것을 느낌과 동시에, 이 둘이 머지않아 격렬하게 충돌하게 될 것임을 예감하게 된다.[45] 다니엘의 세 친구는 신상에 절하기를 거부하고, 맹렬히 불타는 풀무불 속으로 던져진다(외경에 의하면, 그들은 거기에서 창조에 관한 위대한 찬송을 하며, 세계의 모든 것들에게 창조주를 찬양하라고 외쳤다고 하는데, 이것은 이교의 도전에 대한 최선의 응답이었을 것이다). 한편, 다니엘은 예루살렘을 향하고 있는 창문을 열어 놓고서 이스라엘의 하나님에게 기도하는 것을 계속하다가, 결국 사자 굴에 던져진다. 물론, 이 각각의 사건에서 다니엘과 세 친구는 건짐을 받고, 이교의 왕은 이스라엘의 하나님이야말로 유일하게 참된 하나님이라는 것을 인정한다.[46]

44) *Arist.* 16. 이런 종류의 혼합주의에 대해서는 216f., 268f., 275, 624에 나오는 논의들을 보라.
45) Bauckham, 2008/9, 210 n. 67은 몇몇 본문들을 열거한다.

물론, 이것들은 정형화되고 틀에 박힌 이야기들이지만, 우리가 다소의 사울 시대에 유일신론이 어떤 것이었고 당시 사람들에게 어떻게 느껴졌는지, 사람들은 실생활에서 유일신론이 무엇을 의미한다고 생각하였는지를 알고자 한다면, 이 이야기들은 우리에게 강력한 단서를 제공해 줄 것이다. 이사야서 40-55장에서와 마찬가지로, 이 이야기들 속에서도 우상을 숭배하던 거대한 제국은 무너진다: 느부갓네살은 미쳐서 실성하고 자신의 나라를 잃으며, 벨사살은 자신의 보좌를 잃고, 다리우스는 다니엘의 하나님이 유일하신 하나님이며 그 하나님의 나라는 결코 망하지 않을 것임을 인정한다. 마카베오 서신들에서 끊임없이 후렴구로 반복되고 있는 것과 마찬가지로, 다니엘서에서 참 하나님을 대적하는 이교 통치자들은 이렇게 교만하게 앉아 있는 높은 곳에서 떨어져 박살이 난다. 그런 후에, 이 모든 것을 배경으로 해서, 다니엘서의 후반부에서는 환상들이 전개되는데, 거기에서 "다니엘"은 앞에서 말할 것과 동일한 유일신론이 무엇인지를 계속해서 말해 주는 꿈들을 꾸고 환상들을 본다: 7장에는 2장에 나오는 신상의 네 부분을 강력하게 연상시키는 네 왕국을 나타내는 네 짐승이 등장하고, 그 후에 한 분 유일하신 하나님은 요동하지 않는 왕국을 세운다.[47] 유일신론과 하나님의 나라: 여기에서도 또다시 이 둘은 서로 결합되어 나온다. 왕국들, 특히 제국들은 자신들이 중심이라는 신념을 보여주는 표시들을 세운다: "중심"을 나타내는 표시는 "중심 왕국"(Middle Kingdom)을 나타내는 표시이기도 한데, 다른 모든 것은 중심 왕국의 동쪽이나 서쪽에 존재한다. 유대적인 유일신론은 처음부터 그러한 주장에 대하여 "아니다"라고 말하는 방식이었고(그러한 주장을 하는 왕국이 애굽이든 바벨론이든 헬라이든 수리아이든 로마이든 상관없이), 대신에 온 땅을 만든 하나님은 자신이 정한 방식과 때를 따라서 자신의 왕국을 세우고, 이 세계를 관통하는 자신의 선을 그어, 가장자리에 유혹되어 거기에 가 있던 인간의 사고들을 다시 가운데로 모을 것이라고 말하는 방식이었다(포스트모더니즘주의자들은 유대인들이 이교 체제를 거부한 것은 극단적으로 자유방임주의적인 상대주의를 지지해 주는 것이라고 상상해 왔기 때문에 이 말을 들으면 기겁을 하겠지만).

여기에서도 또다시 시편들은 이 모든 것을 시로 옮겨 놓는다. 야웨는 하늘들과 땅을 만들었다; 그는 이스라엘의 하나님이다; 그는 자신의 왕을 시온에 세울 것이

46) 단 3장, 특히 vv. 28f.; 6장, 특히 vv. 26f. 그 중간에는 느부갓네살이 낮아져서 한 분 유일하신 하나님을 인정하게 되는 장면(4장, 특히 vv. 34-7)과 비슷한 강조점을 지닌 벨사살의 연회 장면(5장, 특히 vv. 18, 21, 23)이 나온다.

47) 2:44f.; 7:13f., 18, 26f.

고, 도처에서 숨을 헐떡이며 광분하는 열방들을 비웃을 것이다. 시편들은 이스라엘의 하나님이 열방들, 아니 실제로는 온 세계를 심판할 것이라는 주장을 거듭거듭 반복해서 선포한다. 시편들은 어떤 때에는 열방의 왕들이 와서 이 한 분 유일하신 하나님을 예배하는 데 합류하게 될 것이라고 말하기도 하고, 어떤 때에는 이사야서 11장에서처럼, 하나님의 메시야가 열방을 다스려서 땅 끝까지 정의를 베풀 것이라고 말하기도 한다. 이렇게 시편들 속에는 슬픔과 탄식과 암울함 속에서조차도 여전히 언제나 송축의 분위기가 존재한다. 우리는 시편 88편의 암울함("당신은 사랑하는 자와 친구를 내게서 떨어뜨려 놓으셨습니다") 속에서나, 시편 89편의 왕적인 영광("그의 통치는 이 바다에서 저 바다까지, 이 강에서 땅 끝까지 이를 것이다") 속에서나, 시편 136편에서 함박웃음이 가득 터져나오는 즐거움("막강한 왕들을 죽이신 이에게 감사하라 그 인자하심이 영원함이로다 아모리인의 왕 시혼을 죽이신 이에게 감사하라 그 인자하심이 영원함이로다") 속에서나, 시편 137편에서 철저하게 쓸쓸하고 스산한 마음을 토로하는 장면("우리가 어떻게 낯선 땅에서 야웨의 노래를 부르겠습니까?") 속에서나, 한결같이 유대적인 유일신론을 뚜렷하게 볼 수 있다. 유일신론은 문제점들을 해결해 주기보다는 도리어 더 강화시켰다. 이교도는 어깨를 으쓱해 보이며, 아마도 자신의 원수에게서 뇌물을 먹은 악신이 자기에게 불행을 가져다준 것 같다고 말하고는, 그 책임을 악신에게 돌릴 것이고, 이원론자는 자신의 불행을 어둠의 세력 탓으로 돌릴 것이다. 하지만 유일신론자에게는 그런 선택지들이 열려 있지 않았기 때문에, 다시 한 분 유일하신 하나님에게 소망을 건다: "너희는 알지 못하였는가? 너희는 듣지 못하였는가? 야웨는 영원하신 하나님이시다."[48)]

이러한 신념 세계 내에서는, 악이 정확히 어떤 식으로 활동하는지에 관한 사변이 발전될 소지가 많았다. 악은 인간의 어리석음에 의한 것을 모두 더한 것보다 더 많아 보였다. 우상 숭배는 어둠의 세력들을 세계 속으로 들어오게 하였고, 그러한 세력들은 신들과 여신들의 이름으로 활개를 치면서, 야웨와 동일한 수준은 아니지만 실제적인 해악을 사람들에게 끼치는 것으로 보였다. 제2성전 시대의 유대인들이 그러한 세력들에 관하여 정확히 어떤 생각을 지니고 있었고, 그 세력들에게 어떤 종류의 존재론적인 지위를 부여하였는지에 관한 문제는 우리가 여기에서 자세하게 다룰 필요가 없다.[49)] 당시의 유대인들이 그러한 세력들이 존재한다고 믿었다

48) 사 40:28. 한 분 유일하신 하나님의 "정의/계약에 대한 신실하심"(dikaiosynē - '디카이오쉬네')은 다니엘서 9장의 위대한 기도 속에서의 문제이자 대답이다; 위의 제2장 제4절 2) (2)와 (3)을 보라.

49) 이 분야 전체에 대해서는 이제 A. T. Wright, 2005를 보라.

면, 과연 그러한 신념이 어떤 식으로든 한 분 유일하신 하나님에 대한 믿음을 훼손하였을 것인가 그렇지 않은가 하고 묻는 것은 청개구리식의 질문에 불과하다. 물론, 그런 일이 일어나는 것은 언제나 가능하였다. 우리는 후대의 혼합주의적인 종교나 유대적인 영지주의 속에서 실제로 그런 일들이 일어난 것을 본다. 그러나 당시의 유대인들은 인간 이외의 지적인 존재들 가운데는 천사들을 비롯한 선한 세력들도 있고, 귀신들을 비롯한 악한 세력들도 있다고 믿었고, 그러한 세력들의 존재를 믿는 것은 "유일신론" 자체와는 아무 상관이 없었다. 한 분 하나님이 존재한다는 사실은 그 밖의 다른 비물질적인 세력들이 존재하지 않는다는 결론을 필연적으로 수반하는 것이 결코 아니었다. 쿰란을 비롯한 여러 곳에서 권면을 위한 부적들이나 그 비슷한 물건들이 발견된 것은 공간과 시간과 물질의 세계를 초월하는 세계들의 존재를 진정으로 믿는 사람들도 그들에게 유익하거나 해로운 세력들이 그 세계들에 살고 있다는 것을 얼마든지 믿을 수 있다는 것을 보여주는 것이었고, 이것은 우리에게 별로 놀랄 일이 될 수 없다. 그러한 세력들의 존재를 믿는 것은 그들이 한 분 유일하신 하나님, 창조주, 이스라엘의 하나님을 믿는 것을 전혀 방해하거나 훼손시키지 못한다. 하나님 이외에 공간과 시간을 초월하는 다른 모든 존재들을 모조리 제거해 버려야만 "유일신론"이 될 수 있다고 생각한 것은 주후 1세기의 유대적인 유일신론이 아니라, 계몽주의의 무미건조하고 메마른 이신론(Deism)이다. 제2성전 시대의 유일신론에서는, 만유 위에 뛰어난 한 분 하나님, 만유를 만들어내고 다스리는 유일하신 창조주가 있다고 해서, 천상계에 사는 다른 존재들이 있어서는 안 된다고 생각하지 않았고, 도리어 실제로는 그런 존재들이 있다는 것을 믿었다.

하나님보다 열등하지만 인간이 아닌 선한 세력들이나 권세들이 존재한다는 믿음이 한 분 유일하신 하나님이 오직 한 분뿐이라는 강력한 믿음을 훼손하지 않았던 것과 마찬가지로, 귀신의 세력들이 존재한다는 믿음도 한 분 유일하신 하나님의 선하심에 대한 강력한 믿음을 훼손하지 않았다. 그러한 세력들의 존재에 대한 믿음은 단지 우리에게 이 하나님을 믿는다는 것이 지금 이대로의 세계 속의 모든 것이 아무런 문제도 없고 소망할 것도 없을 정도로 좋다는 것을 믿는다는 것을 의미하는 것이 아니었다는 것만을 상기시켜 줄 뿐이다. 오직 그것뿐이다. 다시 한 번 말해 두지만, 유일신론은 문제점들을 해결해 주기보다는 도리어 더 강화시켰다: 이 모든 일이 왜 일어나고 있는 것인가? 여기서도 또다시, 이 질문에 대하여 유일신론은 인내와 용기를 필요로 하는 이루어내기 어려운 해법을 제시한다: 야웨의 정의가 승리할 것이고, 그의 신실하심이 나타날 것이며, 모든 육체가 그의 구원을 보게 될 것이다.

리처드 보컴(Richard Bauckham)이 이것을 "종말론적 유일신론"이라고 명명한 것은 우리에게 도움이 된다. 결국, 야웨는 한 분일 것이고, 그의 이름도 하나일 것이다.[50] 아래에서 나는 (우리가 제2장에서 이미 보았듯이) 한편으로는 그 근저에 있는 출애굽 서사, 다른 한편으로는 그것과 밀접하게 연결된 것, 즉 이스라엘의 하나님이 시온으로 돌아올 것에 대한 기대를 중심으로 한 이러한 종말론적인 초점이 오늘날의 수많은 논쟁들에서 빠져 있는 열쇠라는 것을 논증할 것이다. 이 주제는 우리로 하여금 바울을 비롯한 초기 그리스도인들이 예수와 성령에 관하여 믿었던 것의 핵심에 도달할 수 있게 해주고, 좀 더 구체적으로는 그들이 왜 그리고 어떻게 그러한 믿음을 갖게 되었는지를 이해할 수 있게 해준다. 그들이 뿌리를 내리고 있던 유일신론은 출애굽의 하나님, 즉 포로기 때에 예루살렘을 버렸지만 장차 친히 돌아와서 자기 백성을 구원하고 그들 가운데 거하겠다고 약속한 하나님을 믿은 것이었다. 나는 초기 기독론은 이런저런 중간적인 존재에 대한 기독교 이전의 유대인들의 신념들을 수정한 것이 아니라, 한 분 유일하신 하나님, 특히 이 한 분 하나님이 행하기로 약속한 것에 관한 기독교 이전의 유대인들의 신념들을 철저하게 구체화한 것이었음을 곧 논증하고자 한다.

그러한 신념을 가지고 살아가고 기도하였던 사람들이 그 신념을 실천 속에 반영한 공동체를 형성한 것은 자연스러운 일이었다. 그들은 농경과 관련되어 있었던 동시에 구원사적인 성격을 지닌 것이기도 하였던 절기들을 통해서, 피조세계의 선함과 이스라엘을 위한 야웨의 구원 역사들을 송축하였다. 그들은 우상 숭배의 위험성들이 생겨날 때마다 우상 숭배에 빠지지 않도록 세심한 주의를 기울이라는 경고를 받았다. 포로기 이전 시대에 이러한 가르침이 어느 정도나 효과가 있었을 것인지에 대하여 의문이 제기되어 온 것은 옳고, 실제로 이 가르침은 제2성전 시대에 좀 더 확고하게 지켜졌던 것으로 보인다. (우리가 나중에 살펴보게 될 그런 종류의 유일신론과는 반대되는) 이런 종류의 유일신론이 어떻게 그러한 공동체를 만들어 내고 유지시켰으며, 우리가 제2장에서 살펴본 상징적 실천과 서사의 세계에 깊이 뿌리를 내리게 되었는지를 아는 것은 그리 어렵지 않다. 물론, "무엇이 잘못되었는가"라는 질문에 대하여 유일신론이 제시한 기본적인 대답은 우상 숭배와 그 우상 숭배 위에 세워진 이교 제국의 권력이라는 것이었다. 그 밖의 다른 분명한 대답들,

50) 스가랴서 14:9 — 이것은 (9:9f.를 사용해서) 야웨가 모든 원수들을 패배시키고 온 땅 위에 자신의 나라를 세우는 것에 대하여 말하는 본문의 정점이다. 특히, Bauckham, 2008/9, 96f.를 보라.

즉 이교도 또는 이원론자의 대답들은 받아들여질 수 있는 것이 아니었고, 철학적인 대답들, 즉 그 어떤 것도 "잘못된" 것이 있을 수 없다는 대답(스토아 사상)이나, 일들은 사람이 원하는 대로 되지 않는 것이기 때문에 단지 최선을 다할 수밖에 없다는 대답(에피쿠로스 사상)은 한결같이 만족스럽지 못한 것들이었다. 유대적인 유일신론자는 세계를 유심히 바라보면서, 악이 피조세계 자체 속에 내재된 악성 때문이 아니라 우상 숭배의 결과라는 것을 깨닫고, 이스라엘의 하나님이 자신의 정의와 평화의 나라를 세우게 될 그 날을 고대하였다. 이렇게 해서, 이런 종류의 유일신론은 하나님의 백성과 하나님의 미래에 관한 비전을 만들어 내고 유지시켰다. 즉, 여기에서 우리가 설명해 온 것에서 볼 수 있듯이, 유일신론, 선민론, 종말론이라는 이 세 가지는 이 한 분 참 하나님의 백성인 이스라엘이 된다는 것이 의미하였던 것의 하부구조를 이룬다는 것이다.

2. 바울에 의해 재천명된 유일신론

1) 한 분 유일하신 하나님을 위한 고난

이 장, 그리고 일정 정도는 본서 전체의 중심적인 주장은 바울은 바로 이 "유일신론"을 메시야 예수와 성령을 중심으로 분명하고 확고하며 노련하고 극적으로 수정하였다는 것이다. 바울과 그의 '에클레시아'(ekklēsia)들이 그들보다 앞서 마카베오 사람들이 직면하였던 것과 같은 도전들을 피하지 않고 직면한 것은 예수를 위한 것이었고, 성령의 능력을 힘입었기 때문이었다. 제국들은 사람들이 재미있는 종교적인 관념들을 만들어 내거나, 그렇지 않아도 이미 붐비는 만신전에 또 다른 신을 더하거나, 새로운 유형의 사적인 영성을 발전시키는 것은 얼마든지 용납할 수 있었다. 종교적인 상대주의 위에서 제국들은 번성한다. 신들은 많으면 많을수록 더 좋다. 왜냐하면, 신들이 많을수록, 지배 이데올로기가 도전받을 가능성은 그만큼 줄어들기 때문이다.[51] 다니엘과 그의 친구들이 직면하였던 도전들에서 알 수 있듯이, 제국들이 불멸과 이 세계 속에서의 신의 임재에 관한 거의 모든 가르침들을 다 끌어 모아서, 새롭게 출현한 권력 — 그것이 주후 1세기의 아우구스투스이

51) 물론, 이것은 서구 계몽주의의 제국적인 세계 내에서의 "분파주의"에도 적용되지만, 이것은 또 다른 이야기이다.

든, 20세기의 히틀러이든 — 에 새로운 방식으로 귀속시키는 것은 쉬운 일이다.[52)] 우리는 바울이 유일신론을 메시야 예수를 중심으로 재정의하였음을 분명하게 보여주는 핵심적인 구절들을 살펴보기 전에, 바울의 서신들에서 우리에게 이교도 폭군들에 직면한 마카베오 가문의 유일신론자들과 아키바의 음성을 들려주는 것 같은 한두 구절을 먼저 살펴보고자 한다:

> [28]우리가 아는 것은 하나님은 그를 사랑하는 자들, 곧 그의 뜻대로 부르심을 받은 자들에게는 모든 것이 합력하여 선을 이루게 하신다는 것이다. [29]하나님은 자기가 이미 아신 자들을 자기 아들의 형상의 본을 따라 빚어지게 하기 위하여 미리 정하셨는데, 이것은 그 아들이 큰 권속의 장자가 되게 하기 위한 것이다. [30]그리고 하나님은 미리 정하신 자들을 부르셨고, 부르신 자들을 의롭다고 하셨으며, 의롭다고 하신 자들을 영화롭게 하셨다.[53)]

바울이 이전의 네 개의 장에서 보여준 사고의 흐름을 요약해서 제시한 이 대목은 유대식의 유일신론에 관한 집약적이면서도 장엄한 진술이다. 그러나 이러한 진술은 이 대목보다 한층 더 한 그 무엇, 즉 한 분 참 하나님을 굳게 붙잡고서 온갖 부류의 폭군들에 대하여 완강하게 저항하는 모습을 보여주는 철저하게 유대적이고 철저하게 유일신론적인 것으로 이어진다:

> [31]그러므로 우리가 이 모든 것에 대하여 무엇이라고 말하겠는가?
> 하나님이 우리를 위하시는데, 누가 우리를 대적하는가?
> [32]모름지기 하나님은 자기 아들도 아끼지 않으시고,
> 우리 모두를 위하여 그 아들을 내어주셨다.
> 그런데 어떻게 하나님이 자기 아들과 더불어서
> 모든 것을 우리에게 거저 주시지 않으시겠는가?
> [33]누가 하나님이 택하신 자들을 쳐서 고발하겠는가?
> 그들을 올바르다고 선언하시는 이는 하나님이시다.
> [34]누가 정죄하겠는가?
> 죽으셨을 뿐만 아니라 다시 살아나신 이는 메시야 예수이시고,
> 그는 하나님의 우편에 계셔서 우리를 위하여 기도하고 계신다.
> [35]누가 우리를 메시야의 사랑에서 떼어놓을 수 있겠는가?
> 고난이나 역경이나 박해나 기근이나 헐벗음이나 위험이나 칼이겠는가?[36]
> 성경은 이렇게 말한다:

52) 이것을 통해서 나는 Syme, 1939이 생각하는 것과 같은 정확한 유비를 주장하고 있는 것이 아니다; 위의 제5장을 보라.

53) 롬 8:28-30.

> 당신으로 인해서 우리가 종일 죽임을 당하고 있고,
> 도살당하게 되어 있는 양들로 여김을 받고 있다.
> [37]그러나 이 모든 일에서 우리는 우리를 사랑하신 이로 말미암아 완벽하게 승리한다.
> [38] 내가 확신하노니, 죽음이나 삶, 천사들이나 통치자들, 현재의 것들이나 미래의 것들,
> 능력들, [39]높음이나 깊음, 그리고 어떤 피조물도 우리를 우리 주 메시야 예수 안에 있는
> 하나님의 사랑으로부터 우리를 떼어놓지 못할 것이다.[54)]

나는 이 본문이 바울 서신들에 나오는 그 어떤 본문 못지않게 잘 알려져 있다고 생각하고, 또한 이 본문은 그럴 만한 가치가 있다고 생각한다. 그러나 내가 우려하는 것은 우리가 이 본문에 아주 친숙하기 때문에, 도리어 적어도 이 본문을 처음 들었던 주후 1세기의 그리스도인들 중 일부에게는 좀 더 명백하였던 것을 볼 수 없었을 수도 있다는 것인데, 그것은 이 본문은 한 분 유일하신 하나님, 만유의 창조주이자 주, 생명을 주는 분, 자기 백성을 사망 자체를 포함한 모든 폭군들로부터 건져 주는 분이자 그들의 현재의 고난을 통해서 자신의 새로운 피조세계를 탄생시키고 그들로 하여금 그 새로운 세계 안에서 새롭고 영화로운 삶을 살게 하는 분에 대한 승리의 찬송이었다는 것이다. 이 본문은 이교 세계의 모든 권세들에 맞서서 제2성전 시대의 유일신론을 찬란하게 표현한 것이다. 바울이 36절에서 인용하고 있는 시편은, 그 자체가 하나님의 능력 있는 구속 역사들을 되돌아보면서, 하나님을 "왕"으로 부르며 그의 이름을 송축하는 고전적인 유일신론적인 기도이다. 그 시편 기자는 "우리는 하나님을 버리거나 하나님과의 계약에 대하여 거짓되게 행하지 않았고, 우리는 훌륭한 유일신론자들이었다"고 말한다:

> 만일 우리가 우리 하나님의 이름을 잊어버렸거나,
> 우리의 손을 이방 신을 향하여 폈다면,
> 하나님께서는 그것을 알아내지 않으셨겠습니까?
> 왜냐하면, 하나님은 마음의 은밀한 것들을 아시기 때문입니다.
> 당신으로 인해서 우리는 종일 죽임을 당하고 있고,
> 도살 당하게 되어 있는 양들로 여김을 받고 있습니다.[55)]

바울은 마지막 두 행을 인용하면서, 내내 좀 더 큰 맥락을 염두에 두고 있었던 것으로 보인다. 27절에서 그는 하나님은 "마음을 살피시기" 때문에, 속량함을 기

54) 롬 8:31-9.
55) 시 44:20-2.

다리며 신음하는 하나님의 백성 안에서 역사하는 "성령의 생각"을 안다고 말하였었다.[56] 그가 8:18-27에서 묘사하고 있는 사람들은 그들의 "유업"인 새로워진 피조세계 전체를 받기 위하여 가는 도중에 있고, 그들이 현재 겪는 고난은 그들이 이미 현세와 격렬하게 충돌하는 새로운 세계 속에서 살고 있음을 보여주는 표지이다. 로마서 8장에 나오는 이 대목은 이 시편 전체를 반영하여 철두철미 유일신론적이지만, 그 시편과는 달리, 하나님에게 일어나라고 호소하는 대신에("깨소서 어찌하여 주무시나이까 일어나 우리를 도우소서"[57]), 예수가 이미 죽었다가 다시 살아났다는 사실을 송축하면서, 그 사실에 근거하여, 이미 승리를 얻었다고 확신을 가지고 주장한다.[58] 이 확신을 지니고 있는 백성은 새로운 유일신론, 갱신된 셰마(Shema)의 백성이다: "우리가 아는 것은 하나님은 그를 사랑하는 자들, 곧 그의 뜻대로 부르심을 받은 자들에게는 모든 것이 합력하여 선을 이루게 하신다는 것이다." "그의 뜻대로 부르심을 입었다"는 것은 분명히 이스라엘과 관련된 어구이다. 이 대목에서 몰아치듯 등장하는 극적인 진술 속에서 우리는 매일 두세 차례 셰마로 기도하던 자들, 즉 "그를 사랑하는 자들"이라면 누구나 분명하게 연상할 수 있는 것을 놓치기 쉽다: "오, 이스라엘아, 들으라. 야웨는 우리 하나님이시고, 야웨는 한 분이시니, 너희는 너희 하나님 야웨를 사랑하라 … " 여기 마카베오 가문과 아키바의 중간쯤에서, 우리는 그들이 지녔던 유일신론만큼이나 유대적이고 투쟁적이며 위험스럽고 믿음에 투철하며 셰마에 토대를 두고 있지만, 근본적이고 철저하게 다른 유일신론을 발견한다. 그 동일한 하나님은 이제 자기가 사랑하는 아들을 보내어 죽게 한 아버지로 계시된다.[59] 그 동일한 고난은 이제 하나님의 아들의 죽음의 빛 아래에서 이해된다. 그 동일한 믿음과 소망과 사랑은 이제 다른 계기, 즉 하나님의 아들의 부활에 의해서 출현하게 된 새로운 피조세계를 토대로 하고 있다.

우리는 이 동일한 것을 고린도후서 4장에서도 본다. 거기에서 바울은 자신의 사

56) 나는 이 점에 대해서는 Sylvia Keesmaat에게 빚지고 있다고 믿는다: Keesmaat, 1999, 128-33을 보라.

57) 44:23, cf. 26.

58) 롬 8:34: 메시야가 다시 일으키심을 받았다(egertheis - '에게르테이스'); 시 44[LXX 43]:24, exegerthēti - '엑세게르테티'; 롬 8:34, 그가 하나님의 오른편에 계신다; 시 44[LXX 43]:4, 하나님의 오른손이 자기 백성을 구원하셨다. 이러한 반영들은 Hays, 1989a, 57-63의 선구적인 통찰에 의해서 파악된 것들을 뛰어넘는다 - 물론, 그가 이미 밝혀낸 반영들은 바울의 좀 더 큰 목적들을 이해하는 데 지금도 여전히 대단히 중요하기는 하지만.

59) 8:32. 이 주제의 고대적인 맥락은 Levenson, 1993에 의해서 분별 있게 연구되어 왔지만, 불행히도 그는 바울에 대한 몇몇 표준적인 오해들을 되풀이한다(210-19).

도직의 성격에 대한 변호의 일환으로서, 태초의 창조 사건까지 거슬러 올라간다:

> "어둠으로부터 빛이 비치라"고 말씀하신 하나님이 메시야 예수의 얼굴에 있는 하나님의 영광을 아는 빛을 우리 마음에 비추셨다.[60]

창조와 새 창조, 이 둘 모두에서 동일한 하나님이 일한다. "이 세상의 신"은 믿지 않는 자들의 마음을 눈멀게 하여, 하나님의 형상인 메시야에 의해서 계시된 빛을 보지 못하게 한다(4:4). 새로운 피조세계 아래에서 살아가는 사람들이 다음과 같은 상태에 처해 있다고 할지라도, 어쨌든 새 창조는 일어나고 있다:

> [8]우리가 온갖 압박 아래 있더라도 완전히 뭉개지지는 않고, 우리가 당황하는 일을 당할지라도 속수무책인 처지에 처하지는 않으며, [9]우리가 박해를 받더라도 버림받지는 않고, 우리가 내팽개쳐지는 일이 일어나더라도 망하지는 않는다. [10]우리가 예수의 죽음을 항상 몸에 지니고 다니는 것은 예수의 생명이 우리 몸에 나타나게 하기 위한 것이다. [11]우리가 여전히 살아 있지만 예수로 인하여 항상 죽음에 넘겨지고 있는 것은 예수의 생명이 우리의 죽을 인성에 나타나게 하기 위한 것이다.[61]

죽음을 정면으로 응시하는 가운데 창조주 하나님의 능력을 의지하는 새로운 피조세계의 백성이 되는 것은 우리가 고대의 유대 영웅들 속에서 보았던 것과 같은 종류의 유일신론이다. 여기서 바울은 또다시 하나의 시편을 인용하는데, 이번에는 우리가 시편 116편으로 알고 있는 시편이다: "내가 믿었기 때문에 말하였나이다." 왜? 그것은 아마도 이 시편 전체가 이 시편 기자가 야웨에 대한 자신의 변함없는 충성(달리 말하면, 자기가 다른 신들을 따라 어그러진 길로 가지 않았다는 것)을 고하고서, 그렇기 때문에 야웨가 그를 현재의 환난에서 건져줄 것임을 믿는다고 천명하는 내용이기 때문일 것이다.[62]

우리는 이 동일한 현상 — 우상 숭배자들의 손에 의해 고난을 당하는 와중에서도 창조와 계약의 한 분 유일하신 하나님을 변함없이 믿고 충성한다는 증언을 통해 표현된 제2성전 시대 유일신론의 전형적인 패턴 — 의 추가적인 예를 빌립보서

60) 고후 4:6.

61) 고후 4:8-11.

62) 또한, cf. 고후 6:3-10. 거기에서 바울이 겪은 환난들에 관한 강력한 목록은 "구원의 날"에 대한 이사야서의 천명(6:2, 여기에는 사 49:8이 인용된다)과 하나님의 거룩한 백성, 그의 새로운 성전, 우상들로부터 떠나는 것과 관련된 호소(6:14-7:1, 여기에는 레 26:12; 사 52:11; 삼하 7:14이 인용되고, 유일신론 전통과 관련된 것들이 다수 반영되어 있다) 사이에 끼워 넣어져 있다.

에서 발견한다. 앞으로 보게 되겠지만, 빌립보서는 유대적인 유일신론을 가장 분명하고 탁월하게 기독론적으로 재정의한 것들 중의 하나를 시범적으로 보여준다. 그러나 지금 우리가 중점을 두고 살펴보고자 하는 것은 마카베오 가문으로부터 아키바에 이르기까지의 하나의 긴 흐름이고, 우리는 빌립보서의 이 대목에서도 바울이 그 흐름의 한복판에 서 있다는 것을 다시 한 번 발견하게 된다:

> [14]너희가 행하는 모든 일에서 원망과 시비가 있어서는 안 된다. [15-16]그런 식으로 한다면, 아무도 너희를 흠 잡을 수 없을 것이고, 너희는 비틀어지고 타락한 세대 가운데서 하나님의 순전하고 흠 없는 자녀들이 되어서, 생명의 말씀을 붙잡고, 세상에서 그들 가운데 빛들처럼 빛을 발하게 될 것이다. 그것은 내가 메시야의 날에 자랑할 일이 될 것이고, 내가 헛된 경주를 하거나 쓸데없는 일을 하지 않았다는 것을 증명해 줄 것이다.
> [17]내가 너희의 믿음의 제사와 섬김에서 전제 같이 부어질지라도, 나는 축하할 것이고, 너희 모두와 함께 축하할 것이며, [18]마찬가지로 너희도 축하하고, 나와 함께 축하하게 될 것이다.[63)]

마카베오 가문의 순교자들과 마찬가지로, 바울은 자기가 죽게 되더라도, 그 죽음은 자기 백성을 위한 하나님의 계획과 직접적으로 연관된 희생제사라고 본다.[64)] 그리고 그 백성은 하나님이 어두운 이교 세계 가운데서 빛을 비추는 자들로 세운 자들이다 — 이것은 바울이 곧 이어서 빌립보서 3:17-21에서 자세하게 설명하는 내용이다. 우리가 앞으로 제10장에서 보게 되겠지만, 그들이 고대하는 해방의 "날"은 이제 고대 이스라엘 백성이 소망하였던 "주의 날"이 아니라 "메시야의 날"이다. 그러나 그러한 수정을 감안하더라도, 분명히 우리는 여전히 동일한 세계 속에 있다.

이 동일한 것을 보여주는 마지막 예는 제2성전 시대의 유일신론을 복음을 중심으로 개정한 고전적이고 비타협적인 진술로 시작되는 데살로니가전서에 나온다:

> [9]그들은 스스로 말하기를, 우리가 너희로부터 환영을 받았고, 너희가 어떻게 우상들을 버리고 하나님께로 돌아와서 살아 계시고 참되신 하나님을 섬기며, [10]그의 아들, 곧 그가 죽은 자 가운데서 다시 살리신 이이자 우리를 장래의 진노에서 건지실 예수께서 하늘로부터 강림하시기를 기다리고 있다고 한다.[65)]

63) 빌 2:14-17.

64) Cp. 골 1:24-29. 여기에서 제의적 뉘앙스는 Bauckham의 "제의적 유일신론"이라는 표현을 반영한 것이다. 마카베오 서신을 반영한 것들에 대해서는 4 Macc. 1.11; 6.28f.; 17.20-2 등을 보라.

65) 살전 1:9f.

여기서도 또다시 이것은 한 분 유일하신 하나님과 그의 나라에 대한 충성으로 인한 고난에 대하여 말하는 새롭고 어두운 진술이 어떤 의미인지를 제대로 이해할 수 있게 해주는 맥락이 되고 있다. 이제는 단지 이교도들만이 아니라, 믿지 않는 유대인들도 그들을 대적하고 박해한다:

> [11]너희가 알거니와, 우리는 아버지가 자기 자녀들에게 하듯이 너희 각자를 격려하고 힘을 주며, 너희를 그의 나라와 영광 속으로 부르시는 하나님께 합당한 방식으로 행하여야 한다는 것을 너희에게 분명히 말하였다.
>
> [13]그러므로 우리는 너희가 우리에게 들은 하나님의 말씀을 받을 때에 단순한 사람의 말이 아니라 너희 믿는 자들 속에서 역사하는 하나님의 말씀으로 제대로 받은 것을 늘 하나님께 감사한다. [14]나의 사랑하는 권속들아, 너희는 메시야 예수 안에서 유대에 있는 하나님의 모임들을 본받아서, 그들이 유대인들에게서 고난을 받음과 같이, 너희도 너희 동족에게서 동일한 고난을 받았다. [15]유대인들은 주 예수와 선지자들을 죽였고 우리를 쫓아내었다. 그들은 하나님을 진노하시게 하고, 모든 백성을 대적하고 있다. [16]그들은 우리가 이방인들에게 전하여 구원받게 하는 것을 금하고 있다.[66]

이 대목이 어떤 식으로 작동하고 있는지에 대해서는 우리가 나중에 살펴볼 것이지만, 마카베오 가문으로부터 아키바에 이르기까지의 흐름 속에서 이 대목을 잠깐 살펴보기만 해도, 바울이 유일신론의 지극히 실천적인 의미, 즉 한 분 유일하신 하나님에 대한 충성은 주변 세계로부터의 박해를 의미한다는 것을 알고 있었다는 것이 금방 드러난다. 이제 우리는 핵심적인 것으로 넘어가기 전에, 먼저 그가 제2성전 시대 유일신론의 기본적인 구조를 어떤 좀 더 큰 주제들 속에서 재확인하고 있는 것인지, 즉 그가 이 유일신론을 메시야 예수를 중심으로 명시적이고 극적으로 수정하고 있는 방식을 살펴보지 않으면 안 된다.

2) 재확인된 유일신론: 창조주이자 심판주인 하나님

앞에서 보았듯이, 제2성전 시대의 유대적인 유일신론은 초자연적인 존재가 다수가 아니라 하나라거나, 이 하나님은 나뉠 수 없는 단일한 실체라는 믿음이었던 것이 아니라, 한 분 참 하나님은 세계의 창조주로서 다른 온갖 부류의 존재들 위에 우뚝 서 있는 존재이고, 장차 만유를 심판할 심판주이며, 창조와 최후에 모든 것을

66) 살전 2:11-16. 이 본문과 관련해서 후대의 삽입의 문제들에 대해서는 Fee, 2009, 90-2; 그리고 아래의 제11장 제6절 3) n. 442를 보라.

바로잡게 될 종말의 날 사이의 기간 동안에 자신의 피조세계, 특히 이스라엘에 관한 좀 더 작은 다중적인 이야기들 전체에 걸쳐 오직 하나의 목적과 계획만을 가지고 있다는 것을 믿는 신념이었다. 피조세계가 선하다는 것, 하나의 단일한 거대 서사가 존재한다는 것, 이 하나님이 마지막에 세계를 바로잡게 되리라는 것에 대한 이러한 강조는 모두 바울에 의해서 강력하게 재확인되고 재천명된다:

> 19하나님을 알 수 있게 해주는 것들이 그들에게 분명하게 보여지고 있는데, 이는 하나님이 그것을 그들에게 분명하게 보여 주셨기 때문이다. 20세계가 창조된 이래로, 그의 영원하신 능력과 신성은 그가 만드신 것들 속에 보여지고 알려져 왔다.[67]

> 그러나 하나님의 말씀이 실패하였다는 것은 사실일 수 없다.[68]

> 33오, 하나님의 부요하심과 지혜와 지식의 깊음이여!
> 우리는 그의 판단들을 살필 수 없고,
> 우리는 그의 길들을 헤아릴 수 없다.
> 34"누가 주의 마음을 알았느냐?
> 누가 그의 모사가 되었느냐?
> 35누가 주께 먼저 드려서 갚으심을 받았느냐?"
> 36이는 만물이 주에게서 나오고 주로 말미암고 주께로 돌아감이라.
> 그에게 영광이 영원토록 있을지어다. 아멘.[69]

> 그러나 각각 합당한 차례를 따라 될 것이다. 메시야께서 첫 열매로서 부활하시고, 다음으로 메시야에게 속한 자들이 그가 왕으로 오실 때에 부활하게 될 것이다. 24그 후에 그가 모든 통치와 모든 권세와 능력을 멸하고 왕적인 통치를 아버지 하나님께 바칠 때에 끝이 오리라. 25그는 "자신의 모든 원수들을 발 아래에 두실" 때까지 계속해서 다스리셔야 한다. 26사망은 멸망 받게 될 최후의 원수이다. 27"그가 만물을 자기 발 아래에 두실" 것이기 때문에, 만물을 자기 아래 두게 될 것이라고 말씀하실 때, 만물을 자기 아래 두실 자가 거기에 포함되지 않을 것은 분명하다. 28만물이 그 아래에 두어지게 될 때, 아들 자신도 합당한 질서 속에 두어져서, 만물을 그의 아래에 두신 이 아래에 있게 될 것이고, 이렇게 해서 하나님이 모든 것 속에서 모든 것이 되실 것이다.[70]

67) 롬 1:19f.

68) 롬 9:6.

69) 롬 11:33-6.

70) 고전 15:23-8. 특히, 25절에서 시편 110:1을, 27절에서는 시편 8:6을 인용하고 있는 것을 주목하라.

피조세계에 대한 이러한 강력한 강조는 바울이 고린도전서 10:26 같은 구절들 속에서 피조 질서를 긍정적으로 평가하는 배경을 이루는데, 거기에서 그는 시장에서 파는 고기는 어떤 것이라도 먹으라고 조언하면서, 그 근거로 시편 24:1을 인용한다: "땅과 거기에 충만한 것이 주의 것이다."[71] 이것은 그가 고린도전서 7장에서 혼인 및 혼인 내에서의 성관계는 하나님이 준 것으로서 선한 것이라고 강조한 것에도 그대로 적용된다. 그는 사람이 독신의 소명을 받을 수도 있다는 것을 인정하지만, 그것은 피조 질서의 선함을 부정하는 이원론과는 아무 상관이 없는 것이라 것도 분명히 하기 위하여 애쓴다.[72] 또한, 피조세계에 대한 이러한 긍정적인 견해는 바울이 심지어 이교들 가운데에도 메시야 백성의 선한 행실을 알아볼 뿐만 아니라 그 행실을 본으로 삼아 배울 수 있는 도덕적인 지각이 존재한다는 것을 보여주는 그러한 본문들을 설명해 준다.[73] 또한, 바울로 하여금 정확히 제2성전 시대의 통상적인 관점과 맥을 같이 해서, 시민 정부들과 권세들은 하나님이 준 것으로서 선한 것이라고 단언할 수 있게 해준 것 — 물론, 그들에게 하나님이 그들에게 부여한 의무를 일깨워 주고 그것과 관련해서 그들에게 책임을 물을 수 있는 권리가 사람들에게 있다고 말하고, 메시야 안에서 계시된 한 분 유일하신 하나님의 궁극적인 주권을 열렬히 선포해야 한다는 점도 지적하고 있는 것으로 보이기는 하지만 - 도 바로 그러한 피조세계에 대한 긍정적인 견해였다.[74]

특히, 우리는 바울이 이교의 우상 숭배를 강력하게 배척하고 있음을 주목하여야 한다. 우리는 그가 데살로니가 교인들에게 그들이 "우상들을 버리고 하나님께로 돌아와서 살아 계시고 참되신 하나님을 섬기고 있다"는 것을 상기시켜 준 것을 이미 앞에서 보았는데, 그것은 그에게는 늘 기본적인 것이었다. 마찬가지로, 이교 세계가 우상 숭배로 인해서 하나님의 형상을 지닌 인간성을 균열시키고 파열시켰다는 유대인들의 표준적인 비난도 그에게는 늘 기본적인 것이었다:

> [20]세계가 지어진 이래로, 그의 영원하신 능력과 신성은 그가 만드신 것들 속에 보여지고

71) 이 동일한 절은 tBer. 35a에서 모든 음식은 하나님에게 속한 것이기 때문에 음식에 대하여 축사하는 것이 중요하다는 것을 말하기 위하여 인용된다. mTam. 7.4에 의하면, 시편 24편은 레위인들이 성전에서 매 주간의 첫 날에 노래하였다. 여기에서 예수를 '퀴리오스'로 지칭하고 있을 가능성에 대해서는 아래의 제9장 제3절 3) (4)를 보라.

72) 고전 7:1-11, 25-40.

73) 예컨대, 롬 12:17; 14:18; 고전 5:1; 고후 8:21; 빌 4:8. 이 점에 대해서는 Horrell, 2005, 266, 272를 보라.

74) 롬 13:1-7, 이것에 대해서는 아래의 제12장 제3절 3)을 보라.

> 알려져 왔다. 따라서 그들에게는 변명의 여지가 없다: [21]그들은 하나님을 알았지만, 그를 하나님으로 존귀하게 대하지도 않았고 감사하지도 않았다. 그 대신에, 그들은 쓸데없는 방식들로 생각하는 법을 배웠고, 그들의 지혜롭지 못한 마음은 어두워졌다. [22]그들은 스스로 지혜롭다고 자처하였지만, 사실은 어리석게 되어 버렸다. [23]그들은 영원히 죽지 않으시는 하나님의 영광을 죽을 수밖에 없는 인간 — 그리고 새들, 짐승들, 파충류들 — 의 형상으로 바꿔치기하였다. [24]그래서 하나님은 그들을 그들의 마음의 원하는 것들 속의 더러움에 내어 주셨고, 그 결과 그들은 그들의 몸을 서로 욕되게 하였다. [25]그들은 하나님의 진리를 거짓 것으로 바꿔치기하여, 창조주보다 피조물을 섬겼다. 그는 영원히 찬송 받으시기에 합당하신 이이시다. 아멘.[75)]

> [14]그러므로 나의 사랑하는 자들아, 우상 숭배로부터 멀리 도망가라. [15]나는 지능이 있는 사람들에게 말함 같이 말하는 것이니, 너희는 스스로 나의 말을 달아보아야 한다. [16]우리가 축복하는 축복의 잔은 메시야의 피에 참여하는 것이다, 그렇지 않은가? 우리가 떼는 떡은 메시야의 몸에 참여하는 것이다, 그렇지 않은가? [17]떡이 하나이기 때문에, 우리가 여럿일지라도, 우리는 모두 한 떡에 참여하는 것이기 때문에 한 몸이다.
> [18]육신의 이스라엘을 생각해 보라. 제물을 먹는 자들은 제단에 참여하는 것이다, 그렇지 않은가? [19]그렇다면, 내가 무엇을 말하고 있는 것인가? 저 우상의 음식이 실재이거나, 우상이 실재하는 존재인가? [20]아니다. 이방인들이 제사를 드릴 때, 그들은 그 제사를 하나님이 아니라 귀신들에게 드린다. 나는 너희가 귀신들과 상을 같이 하는 자들이 되기를 원하지 않는다. [21]너희는 주의 잔과 귀신들의 잔을 겸하여 마실 수 없다. 너희는 주의 상과 귀신들의 상에 겸하여 참여할 수 없다. [22]너희가 주께 도발하여 질투하시게 하고자 하지 않는 것이 분명하냐? 우리는 주보다 더 강하지 않다, 그렇지 않은가?[76)]

여기서 바울은 정확히 제2성전 시대의 유대인들의 세계 및 그들의 통상적인 논증 형태 안에 서 있다. 한 분 하나님이 존재한다는 사실은 우상들 -사람들이 실제로 존재한다고 믿고 조각상이나 신상을 통해 표현한 신들 -은 단지 인간의 상상력이 만들어 낸 허구적인 것들이라는 것을 의미한다. 그러나 그것은 우상들이 영적으로 아무 상관이 없다는 것을 의미하지는 않는다. 화려하고 웅장한 이교 숭배의 배후에 자신의 정체를 숨기고 가장해서 숨어 있는 귀신들은 이 "우상들"을 미끼로 사용해서, 사람들을 살아 계신 하나님으로부터 멀리 끌어내어, 하나님의 형상을 지닌 그들의 참된 인간성을 타락시킨다. 결국, 하나님의 "형상"은 오직 하나만 존재하고, 바울에게 있어서 그 하나님의 형상은 참된 인간인 메시야 예수였다.[77)] "메

75) 롬 1:20-5; Wis. 12.23-7에 나오는 밀접한 병행을 주목하라.

76) 고전 10:14-22(강조는 물론 추가한 것이다). 시편 24편을 반영하다가 10:26에서는 명시적으로 인용하고 있는 것에 대해서는 아래를 보라.

시야 안에" 있는 자들은 그 "형상"을 따라 새로워질 수 있다.[78] 바울은 그러한 단언을 함에 있어서 또 하나의 핵심적인 시편인 8편을 근거로 제시한다: "하나님께서 만물을 그의 발 아래에 복종시키셨다."[79] 그리고 이 구절은 이교의 고전적인 행위에 대한 또 하나의 규탄이자 전형적으로 유대적인 주장, 즉 한 분 유일하신 하나님은 메시야 안에서 세계를 심판하고 자기 백성을 구원할 것이라는 주장을 가리켜 보여준다:

> [18]너희가 알다시피, 메시야의 십자가의 원수들처럼 행하는 자들이 몇몇 있다. 나는 너희에게 그들에 대하여 충분히 자주 말하였고, 지금도 눈물을 흘리면서 또다시 말하고 있다. [19]그들은 멸망으로 가는 길 위에 있고, 그들의 배는 그들의 하나님이며, 그들은 그들 자신의 수치 속에서 영광을 발견한다. 그들이 늘 생각하는 것은 온통 땅에 있는 것들이다.
>
> [20]너희가 알다시피, 우리는 하늘의 시민들이고, 거기로부터 장차 다시 오실 구주이자 주이신 왕 예수를 간절히 기다리고 있다. [21]우리의 현재의 몸은 비루한 헌 것이지만, 그는 장차 그 몸을 변화시켜서 그의 영화로우신 몸과 같이 되게 하실 것이다. 그리고 장차 그는 자기로 하여금 만물을 자신의 권세 아래에 복종시킬 수 있게 해주는 그 능력을 통해서 이 일을 행하실 것이다.[80]

이렇게 바울은 피조 세계, 음식, 혼인과 성, 정치 구조들은 하나님이 준 것으로서 선한 것이고, 인간도 하나님의 형상을 지니고 살아가라는 소명을 받은 선한 존재이며, 창조주가 장래의 심판을 통해서 시편들에서 한 약속들을 따라 이 세계를 바로잡게 될 것이고, 우상들을 섬기는 것은 사람들을 비인간적으로 만드는 위험한 행위라는 것을 재확인하고 재천명한다. 도처에서 그는 자기가 제2성전 시대의 고전적인 유일신론자이고, 그러한 사실을 온전히 알고 있었음에 틀림없다는 것을 보여준다.

3) 실천에 있어서의 유일신론: 한 하나님, 따라서 한 백성

바울이 근본적으로 자신의 조상들이 대대로 믿어 왔던 유대적 유일신론을 확고하

77) 고후 4:4; 골 1:15; 아래를 보라.

78) 롬 8:29; 골 3:10; 엡 4:24.

79) 창세기 1:26-8을 되돌아보고 있는 시편 8:6; 이 시편은 바울에 의해서 고전 15:27에서 인용된다; cf. 엡 1:22.

80) 빌 3:18-21. 또다시 시편 8:6을 참조하고 있는 것을 주목하라.

게 견지하고 있었음을 보여주는 추가적인 확실한 증표는 두 개의 짧지만 아주 중요한 본문들에 나온다. 이 두 본문에서 우리는 바울이 자신이 물려받은 기본적인 유일신론을 활용해서, 육신적인 이스라엘이 아니라, 그가 메시야 안에서 갱신된 하나님의 백성이라고 보았던 무리가 하나라는 것을 논증한다.

첫 번째 본문은 로마서 3:21-31이다. 바울은 1:17에서 언급한 내용을 반영해서, 10:12-13에 나오는 병행 본문을 미리 암시하는 가운데, 3:23에서 "아무런 구별이 없다"고 역설한다. 그가 앞서 전개한 논의, 특히 2:1-16은 그가 여기에서 아무 상관이 없다고 선언하고 있는 "구별"이 유대인과 이방인 간의 구별이라는 것을 충분히 분명하게 보여준다. 3장에서 그는 예수가 세계의 주라고 말하는 진술이 아니라, 죄가 세계에 퍼져 있음을 말하는 진술로 시작한다: "모든 사람이 범죄하여 하나님의 영광에 미치지 못하였다"(3:23). 하지만 유일신론을 근거로 해서 유대인과 이방인이 하나라고 한 진술은 여섯 절 이후에 그가 10:4-13에서처럼 이신칭의는 민족과는 아무 상관 없이 모든 사람들에게 동일하게 적용된다고 역설할 때에 무대 중심으로 되돌아온다:

> [29]또는, 하나님은 오직 유대인만의 하나님이신가? 하나님은 열방들의 하나님도 되시는 것이 아니던가? 하나님은 물론 열방들의 하나님도 되신다. [30]왜냐하면, 하나님은 한 분이시기 때문이다. 하나님은 할례자들에 대해서도 믿음을 토대로 해서, 무할례자들에 대해서도 믿음으로 말미암아 "옳다"고 선언하실 것이다.[81)]

이것은 바울의 글들 가운데서 셰마를 가장 분명하게 상기시키는 구절들 중의 하나이다. 그가 여기에서 스가랴서 14:9을 반영하여 말하고자 하는 요지는 하나님이 한 분이라는 것은 공동체가 하나라는 근거가 된다는 것이다. 그리고 여기에서 언급되고 있는 공동체는 '피스티스'(pistis, "믿음")에 의해서 구별되는 자들, 즉 3:22에 나오는 "메시야의 신실하심" — 이것 자체도 하나님 자신의 신실하심과 진실하심과 정의에서 나온 것이다 — 에 대한 응답으로서의 "믿음"에 의해서 구별되는 자들로 이루어진다.[82)] 우리는 여기에서도 또다시 우리의 현재의 장의 기본적인 논점, 즉 머리부터 발끝까지 예수와 관련된 사건들을 중심으로 재편된 유대식의 유일신론은 연합된 공동체 및 그 믿음과 예배와 성결을 유일한 가시적인 상징으로

81) 롬 3:29f.

82) 로마서 3장(3:3, 4, 5, 6, 7, 21)에서 하나님의 신실하심, 진실하심, 정의가 합류되고 있다는 것에 대해서는 아래의 제10장 제3절 2)와 제4절 3) (7)를 보라; 그리고 cf. *Perspectives*, 503f.

하는 근본적으로 수정된 세계관을 위한 필요불가결한 닻이라는 사실을 확인한다.

바울은 자신의 세계관의 닻인 유일신론에 대하여 아주 강력하게 말할 때에 즉시(오늘날의 구약사가들의 견해가 무엇이든) 유대 전통 내에서 가장 탁월한 유일신론자였던 아브라함에게로 옮겨간다는 것은 흥미롭다. 아브라함은 하나님을 생명을 수여하는 분이자 무로부터(ex nihilo)의 창조자로 믿음으로써, 이교의 우상 숭배자들에게서는 찾아볼 수 없었던 완전히 다른 방식으로(1:16-25) 하나님에게 영광을 돌렸다고 바울은 분명하게 말한다.[83] 이런 종류의 믿음은 정확히 우리가 제2성전 시대의 유일신론에서 발견하는 바로 그것이고, 아브라함은 바로 그러한 믿음의 본을 보였기 때문에, "많은 민족의 조상"이 되었다(4:17). 이 장 전체에 걸쳐서 내내 바울은 "예수를 죽은 자 가운데서 다시 살리신 하나님"을 믿는 믿음은 그러한 전형적인 유형의 유일신론과 동일시되어야 한다는 것과 이 믿음만이 하나님이 아브라함에게 약속한 단일한 권속을 정의하는 유일한 특성이라는 것을 역설한다.[84] 이것은 곧바로 10:1-13과 직결된다.

또한, 그것은 갈라디아서 3장에 나오는 밀접한 병행본문과도 직결되는데, 거기에서는 유일신론에 관한 진술이 바울의 글들 가운데서 가장 압축적으로 표현되어 있어서 아주 난해해진 본문들 중의 하나의 중심에서 등장한다:

> 그렇다면, 율법은 왜 주어진 것인가? 율법은 범죄함으로 인해서, 약속된 권속이 생겨날 때까지 더해진 것이었고, 한 중보자의 손을 빌려서 천사들에 의해 주어졌다. [20]하지만 그는 "하나인" 권속의 중보자가 아니지만, 하나님은 한 분이시다.[85]

나는 다른 곳에서 이 압축된 진술이 정확히 3:14, 18, 22, 29을 정점으로 하는 3:6로부터 4:7까지 이어진 논증 내에 자리하고 있다는 것을 자세하게 논증한 바 있다.[86] 바울은 이러한 일련의 사고를 통해서, 하나님이 아브라함에게 약속한 권속이 "하나라는 것"을 강조한다:

> 너희가 알다시피, 너희 중에서 세례를 받아 메시야와 합한 자는 누구든지 메시야로 옷 입었다. [28]더 이상 유대인이나 헬라인은 없고, 더 이상 노예나 자유민은 없으며, 더 이상 "남자와 여자"도 없다. 너희는 모두 메시야 예수 안에서 하나이다.

83) cf. Wright, 2002, 500.
84) 아브라함에 대해서는 *Perspectives*, ch. 33을 보라.
85) 갈 3:19f.
86) *Climax*, ch. 8.

> 그리고 너희가 메시야에게 속하여 있다면, 아브라함의 권속이고, 약속을 유업으로 물려받을 자들이다.[87]

너희는 "모두 하나" 이고, 메시야에게 속하여 약속들을 유업으로 물려받을 아브라함의 권속이다. 이것들이 여기에서 지배적인 주제들이다. 한편, 3:10-14이 분명히 하고 있듯이, 모세의 토라는 이것을 성취하기 위하여 도입되었다.[88] 3:15-18이 역설하고 있듯이, 하나님은 여전히 하나의 단일한 "자손"을 의도하고 있고, 이 자손은 '호 크리스토스'(ho Christos), 즉 3:27에서 말한 것처럼, 자기 자신 속에 자신의 모든 백성을 담고 있는 메시야이다.[89] 일단 우리가 이 모든 것을 파악하게 되면 (내가 방금 제시한 각각의 단계는 학계에서 대체로 무시해 온 관점이고, 이 논증은 그런 식으로 차례대로 차근차근 진행되어야 하기 때문에, 실제로 이것을 파악하기는 쉽지 않다), 3:19-20에서 유일하게 남는 난점은 바울 특유의 지나친 압축의 문제이다. 하지만 여기에서 또다시 바울은 유일신론 자체가 단일하고 연합된 공동체가 서 있는 토대라는 것을 역설하고 있다. 이러한 주장은 이 공동체를 다시 나누고자 하는 그 어떤 시도 — 갈라디아서에서 이 시도는 안디옥에 왔던 "야고보에게서 온 어떤 이들"(2:12)의 가르침에 부화뇌동한 "선동가들" 이 한 일을 가리킨다 — 에 대해서도 정면으로 맞서 싸운다. 우리는 19절과 20절을 아주 조금만 확장해서 의역하면, 그 의미가 무엇인지를 알아낼 수 있다:

> 그렇다면, 하나님께서는 왜 토라를 주신 것인가? 토라는 범죄함으로 인해서(달리 말하면, 약속을 지니고 있던 이스라엘 자신이 범죄하였기 때문에), 약속된 단일한 "자손," 곧 메시야와 그의 백성이 도래할 때가 이르기까지 더해진 것이었다. 토라는 한 중보자, 곧 모세의 손을 빌려서 천사들을 통해 주어졌다. 하지만 모세는 "하나인" 권속, 곧 아브라함에게 약속된 "단일한 자손"의 중보자가 아니지만, 하나님은 한 분이시기 때문에 단일한 권속을 원하신다.

이러한 의역은 압축된 헬라어와 완벽하게 맞아떨어질 뿐만 아니라, 더 중요한 것은 이 장 전체에 걸쳐서 이어지는 바울의 좀 더 큰 논증과도 완벽하게 맞아떨어지고, 그가 나중에 로마서 3장과 4장에서 말하는 것을 정확히 반영한다는 것이다.

87) 갈 3:27-9.

88) *Climax*, ch. 7을 보라. 그 요지는 로마서 4:15과 매우 비슷하다: 토라는 진노를 가져오지만, 토라가 없다는 것은 범죄함이 없다는 것을 의미한다.

89) *Perspectives*, ch. 31을 보라.

또한, 마찬가지로 중요한 것은 여기에서 다시 한 번 하나님의 약속에 대한 아브라함의 믿음이라는 맥락 속에서 유일신론이 단일한 권속의 토대가 되고 있다는 것이다. 이번에는 바울은 아브라함의 믿음을 무로부터(ex nihilo)의 창조주로서의 하나님에 대한 믿음이라는 관점에서가 아니라 장차 있을 출애굽이라는 관점에서 강조한다:[90] 유대인이든 이방인이든 온 인류가 노예가 되어 있었지만, 하나님은 자신의 약속을 이루기 위하여 "때가 찼을 때"(hote de ēlthen to plērōma tou chronou – '호테 데 엘텐 토 플레로마 투 크로누,' 4:4), 자기 아들과 자신의 영을 보내어, 노예들을 건져내어서 "아들들"의 신분을 수여하였다. 앞에서 보았듯이, 단일한 계획이 이제 이루어져서 열매를 맺게 되었다는 관념은 그 자체가 유일신론에서 흘러나온 것이다. 왜냐하면, 이 단일한 계획을 성취하기 위한 모든 과정을 내내 주관해 온 분은 바로 하나님이기 때문이다. 그리고 그러한 성취는 원래의 출애굽에서와 마찬가지로, 하나님의 정체성에 대한 새로운 계시를 의미하는 것이었기 때문에, 바울은 4:9에서 "이제 너희는 하나님을 알게 되었다, 아니 하나님에 의해 아신 바 되었다"고 말한다.[91] 이렇게 해서, 아브라함에게 주어졌던 약속들이 이제 메시야 안에서 성취되었다는 요지를 중심으로 갈라디아서 2:11로부터 4:11까지 내내 이어지는 사고의 흐름은 근본적으로 수정된 제2성전 시대 유일신론에 관한 복잡하지만 강력한 진술을 구성하고, 다른 세계관 상징들이 배제된 상태에서 이 진술은 아브라함과 출애굽과 메시야에 관한 바로 이러한 신학적인 서사를, 자신의 토대를 견고히 하고 공동체적인 삶을 안정되게 하기 위해 절실하게 필요로 하였던 단일한 권속의 토대로 제시된다.

우리는 이 모든 것을 에베소서 전체가 탁월하게 들려주는 것을 볼 수 있지만, 그 서신에서 말하는 핵심들은 현재의 장의 다음 절에 나오는 바울의 수정된 유일신론에 대한 설명에 의거하고 있기 때문에, 우리는 그런 것들을 살펴보는 것을 나중으로 미루어야 할 것 같다.

3. 새롭게 계시된 유일신론(1): 예수

90) Levenson, 1993이 지적하였듯이, 이것은 창세기에 나오는 아브라함 이야기와 단단히 섞여 짜여 있다.

91) cf. 고전 8:1-3 – 이 본문은 여기에서와 비슷하게 소규모의 수사이지만, 명시적으로 바울의 수정된 유일신론에 근거를 둔 논증 내에 있다.

1) 서론: 바울과 "기독교의 기원"

바울은 자기가 당시의 고전적인 유대적 유일신론을 재천명하고 있다는 것을 알고 있었을 것임에 틀림없는 것과 마찬가지로, 자기가 그 유일신론을 예수를 중심으로 아주 극적으로 다시 그렸다는 사실도 알고 있었을 것임에 틀림없다.[92] 나는 이 대담한 주장이 옳다는 것을 이하의 서술에서 입증할 것이다.

하지만 바울이 어떻게 예수에 대하여 그가 말하였던 방식으로 말할 수 있게 되었는지를 이해하기 위해서는, 우리는 이 질문을 좀 더 큰 질문 내에 둘 필요가 있다: 가장 초기의 그리스도인들은 예수에 관하여 무엇을 말하였고, 왜 그렇게 말하였던 것인가? 통상적으로 바울은 어떻게 초기 그리스도인들이 예수의 "신성"에 대한 자신들의 충격적인 신념을 받아들여서 정교하게 표현하게 되었는지에 관한 기나긴 논쟁들 속에서 최초의 증인으로 소환되어 왔고, 이것은 합당하다. 그리고 이러한 좀 더 큰 논쟁들은 지금까지 바울이 읽혀져 온 방식에 강력한 영향을 미쳐 왔다. 다소 뻔한 얘기이긴 하지만, 이러한 문제들은 "기독교의 기원과 하나님 문제"에 대한 탐구의 중심에 있다.

바울의 기독론을 중심으로 한 초기 기독론에 관한 문제는 적어도 한 세대 동안 폭풍의 눈이 되어 왔고, 제기되어 온 질문들이나 거기에 대하여 답하는 방식들에 있어서도 그동안 상당한 변화가 있어 왔다. 이른바 "기독론적 칭호들"을 연구하던 진부한 관행은 더 이상 통하지 않게 되었고, 지금은 이 주제와 상당한 관계가 있을 것으로 생각되고 있는 제2성전 시대의 유대 본문들에 대한 세밀한 분석들에 관심이 모아지고 있는데, 우리는 그렇게 된 이유들을 나중에 분명하게 알게 될 것이다.[93] 하지만 내가 보기에는, 그 근저에 있는 질문은 계몽주의 이후의 서구의 담론의 전제들, 즉 예수가 "신"이었느냐 아니냐에 관한 질문 — 그리고 최초의 그리스도인들이 어느 단계에서 어떤 견지에서 예수를 그런 식으로 생각하게 되었는가 하는 하위 질문 — 이 서구 세계에서 서로 경쟁하고 있는 두 "정통주의들"을 가르는 일종의 리트머스 시험지가 되어 버린 현실에 의해서 여전히 왜곡되어 있다. 첫 번째 부류의 "정통주의"는 계몽주의의 우위를 주장하며, 예수는 원래 위대한 선생이

92) 이 주제에 대한 나의 이전의 성찰들은 Kreitzer, 1987의 도움을 받았다. 그의 연구 성과는 이하의 몇몇 내용 중에도 반영되어 있지만, 나는 자주 그와 견해를 달리하였고, 특히 그가 대수롭지 않게 넘겨 버린 중요한 주제들을 가져와서 부각시켰다.

93) 칭호에 대한 이전의 연구들 중에서 가장 잘 알려져 있는 것은 아마도 Cullmann, 1963 [1957]일 것이다; 또한, 특히 Moule, 1977을 보라.

었는데, 상당 기간이 지난 후에 그의 추종자들이 그를 "신격화한" 것이라고 본다. 두 번째 부류의 "정통주의"는 자신들이 기독교 전통을 대변한다고 주장하면서, 예수의 "신성"을 부활시키고자 한다. 하지만 어느 쪽도 이 질문만큼이나 동일하게 중요하였던 복음서들의 중심적인 메시지이자 바울의 근저에 있던 중심적인 주제였던 것, 즉 하늘에서와 마찬가지로 땅에서도 "하나님의 나라"가 임하는 것과 관련된 초기 기독교의 질문과는 마치 아무런 상관이 없다는 듯이, 이 질문이 제기되고 답변되어 왔다는 사실을 통상적으로 알아차리지 못해 왔다. 또한, 어느 쪽도 그러한 동일하게 중요하였던 질문을 생략해 버렸을 때, 그것이 "하나님"이나 "신적인"이라는 단어들의 의미에 큰 영향을 미쳐 왔다는 것을 잠시 작업을 멈추고 성찰한 적이 없었다. 특히 중요한 것은 어느 쪽도 이 성육신한 하나님이 실제로 어떤 존재였는가 하는 것의 역학을 무시하더라도, "예수는 신적인 존재였는가"라는 질문과 "초기 그리스도인들은 그것을 언제 깨달았는가"라는 하위질문에 대한 "정통적인" 대답을 제시할 수 있다는 것을 알아차리지 못해 온 것으로 보인다는 것이다. 이 방대하면서도 곤혹스러운 쟁점들은 좀 더 자세하게 다루어질 필요가 있지만, 여기에서는 지면상 그렇게 할 수 없다. 그러나 우리는 적어도 이 길게 이어져온 논쟁들의 배후에 있는 통상적인 전제들을 수정하는 것까지는 아니더라도 적어도 분명히 해둘 필요가 있다는 것을 밝히지 않고서는, 이 장에서의 논의를 계속해 나갈 수 없다. 우리가 폭풍의 눈을 볼 수 있다고 해서, 그것이 찻잔 속의 폭풍이라는 것을 의미하는 것은 아니다.[94)]

초기 그리스도인들이 예수를 어떤 존재로 생각하였느냐 하는 문제는 서로 다른 두 축을 조율하는 가설적인 선을 따라 왔다 갔다 해 왔다: (a) "고등 기독론"(예수를 신으로 보는 견해 — 역주)은 얼마나 이른 시기에 출현하였는가? (b) "고등 기독론"은 기본적으로 유대적인 것이었는가, 아니면 비유대적인 것이었는가? 이 질문과 관련된 작업가설은 예수가 어떤 의미에서 "신적인" 존재였다는 관념이 그가 죽은 지 40년 이후에 초기 그리스도인들에게 오직 서서히 출현하게 된 것이었고, 본질적으로 비유대적인 환경 내에서 출현한 것이라면, 그 관념은 후대에 발전된 진정성이 없는 것으로 배척될 수 있는 반면에, 그러한 관념이 이른 시기에 유대적인 환경 내에서 출현한 것이라면, 진정성이 없는 것이라고 말할 수 없거나, 쉽게 그런 것으로 단정할 수 없다는 것이었다. 내가 방금 언급한 계몽주의 이후의 오도하기 쉬운 양극화된 해법의 관점에서 보면, 이것은 당연히 계몽주의를 기반으로 한 정통주의는

94) 나는 Wright, 2012a [*HGBK*]에서 이러한 문제들을 다른 맥락에서 논의한 바 있다.

고등 기독론을 후대에 비유대적인 환경 속에서 발전된 것으로 치부하고자 했고, 거기에 반발한 이른바 기독교적 정통주의는 고등 기독론이 초기에 (어떤 의미에서) 유대적인 환경 내에서 발전된 것임을 논증하고자 했다는 것을 의미한다.

우리는 이러한 거북스럽고 부자연스러운 논쟁 전체가 오늘날에 와서 볼 때에 의심스러운 것임에 틀림없는 전제들 위에 세워진 두 가지 판이하게 다른 축을 중심으로 이루어져 왔다는 것을 알 필요성이 절실하다. 첫 번째는 20세기 중반 동안에 "유대적인" 관념과 "비유대적인" 관념에 대한 평가가 백팔십도 달라지는 일들이 종종 벌어져 왔다는 것이다. 헤겔(Hegel)을 비롯한 계몽주의 사상가들의 사고의 흐름이 "유대교"를 잘못된 신앙으로 전제하였던 루터의 바울 읽기와 결합되면서, "유대적인" 관념들은 좋게 말하면 부적절한 것이고, 나쁘게 말하면 위험스러운 것으로 여겨졌다. 백 년 전에 종교사학파는 유대적인 모든 것들을 배척하는 가운데, 예수에 관한 바울의 견해를 수많은 '퀴리오이'(kyrioi, "주들")가 있었던 이교적인 환경으로부터 "도출해 내고자" 열을 올렸다. 즉, 그들에게 예수는 단지 몇몇 고유한 특징들을 지닌 새로운 제의의 신일 뿐이었고, 그들은 바울이 의도적으로 자신의 청중이었던 이교도들이 이해할 수 없는 "메시야적"이라는 유대적인 범주를 버리고, 이교 세계에서 이해될 수 있었던 다른 어떤 것으로 대체한 것이라고 보았다. 이것의 하위범주로서, 많은 학자들은 동부 지중해 세계에서 카이사르 숭배가 출현하고 있던 당시에 바울이 통상적으로 카이사르와 관련된 표현들 중 일부를 가져다가 예수에게 적용한 것이라고 주장하였다. 특히 부셋(Bousset)과 불트만(Bultmann)에 의해서 대표되는 20세기 초의 학계의 그러한 경향은 기독교를 받아들일 만한 괜찮은 종교로 제시하고자 하는 것이 그 목적이었는데, 적어도 바울 이래로 기독교가 일종의 이교가 되어 버렸다고 본 면면히 이어져 온 유대적인 변증과 우연히 충돌하게 되었다.[95]

이 모든 것은 제2차 세계대전 후에 바뀌었다. 바울 연구에서 이러한 변화를 두드러지게 보여준 것은 한편으로는 사해 두루마리의 발견으로 인해 야기된 흥분, 다른 한편으로는 나치의 유대인 대학살이 드러나면서 초래된 끔찍한 절망(그리고 죄책감?)의 분위기를 타고 출간된 데이비스(W. D. Davies)의 획기적인 저서인 『바울과 랍비 유대교』(*Paul and Rabbinic Judaism*)였다.[96] 전후의 분위기 속에서 많은 학자들은 비록 유대교는 "신적인 메시야"나 그런 것과 조금이라도 비슷한 것

95) cf. Schoeps, 1961 [1959]; Maccoby, 1986 등.
96) Davies, 1980 [1948].

에 대한 믿음을 갖고 있었던 것은 아닐지라도, 예수와 관련된 바울의 표현들은 여전히 어릴 때부터 그의 몸에 배어 있던 유대교에 뿌리를 두고 있다는 것을 보여 주어 왔다. 그러한 견해에 의하면, 예수를 "주"(kyrios – '퀴리오스')라고 지칭하는 본문들은 이교 사상에서 빌려온 것이 아니라, 많은 경우에 야웨를 "주"로 지칭하고 있는 칠십인역 본문들을 직간접적으로 인용한 것들이었다. '유앙겔리온'(euangelion, "복음")이라는 단어와 마찬가지로, "주"라는 단어에 있어서도, 우리는 바울이 이 단어들을 고대 유대의 자료들로부터 가져와서 주변의 이교 세계와 대결하는 데 사용하고 있는 것으로 보아야 한다 — 물론, 이것은 지금까지 종교사적 관점에서 늘 난색을 표해 온 견해이기는 하지만.

우리는 나중에 이러한 문제들로 다시 돌아와서 살펴보게 될 것이지만, 내가 여기에서 이런 얘기를 하는 것은 단지 상황이 얼마나 근본적으로 변하였는지를 보여주기 위한 것일 뿐이다. 지금은 특히 비독일계 신학에 있어서는, 이전의 세대들이 당연시 여겼던 견해, 즉 "초기 유대적인" 기독교는 그러한 유대적인 기독교에서 벗어날 필요가 있었는데, 그러한 단절을 앞장서서 이끌었고, 온갖 중요한 변화와 혁신을 주도하였던 인물이 바로 바울이었다는 바우어(F. C. Baur)의 견해가 옳았다고 여기는 것은 생각하기조차 어려운 일이다. 하지만 이전의 세대들과 오늘날의 세대가 공유하고 있는 분위기, 즉 어떤 운동의 요소들에 대한 역사적이고 문화적인 분석은 가치평가와 관련된 전제들과 직접적으로 연결되어 있기 때문에, 어떤 관념을 "유대적인" 것이라거나 "비유대적인" 것임을 보이는 것은 곧 그 관념이 "좋다"거나 "나쁘다"는 신호를 보내는 것이라고 여기는 분위기를 탈피하는 문제는 모든 진영의 학자들에게 여전히 한층 더 어려운 일이다. 하지만 방금 앞에서 보았듯이, 그러한 신호들은 이런저런 식으로 바뀔 수 있기 때문에, 그러한 신호들의 유용성은 의문시된다.

두 번째 경향은 흔히 첫 번째 경향과 긴장관계에 있어 왔지만, 여전히 강력한 영향력을 행사하고 있다. 개신교는 후대에 교회에서 발전시킨 것들을 넘어 원천에 호소하여, 중세 교회를 등지고 성경과 교부들을 바라보았고, 기독교가 시작된 처음으로 다시 돌아간다면, 어리석음을 벗어 버리고 믿음을 재발견할 것이라고 믿었다. 하지만 계몽주의와 더불어서, "나쁜 시대"는 조용히 자신의 영역을 확장하였다. 이제 성경과 계몽주의 중간에 있는 모든 것이 심판 아래 놓이게 되었고, 성경 자체도 초기의 참된 신앙을 보여주는 증표들, 즉 진정으로 예수의 것이거나 적어도 바울의 것임을 보여주는 증표들을 찾아내기 위하여 갈기갈기 분해되었다. 아울러, 낭만주의는 어떤 운동이든 "최초의" 형태가 영감에 가득한 진정한 것이고, 시간이 흐르면서 주어진 은사들(charisma)이 위원회들로, 경배와 찬양이 행정으로, 자발적이고 전복적인 영성이 안정된 체제들과 급료를 받는 직업성직자로 변질될 때, 원래의 비전은 희미해지게 된다는 주장을 내포하고 있었다.

좀 더 최근의 종교사학파 운동과 그 배후에 어른거리던 낭만주의는 이렇게 서로 결합되어서, 적어도 지난 반세기 동안, 한편으로는 어떤 것들이 "유대적인" 것들인가를 찾아내서, 다른 한편으로는 그 유대적인 것들이 바로 "최초의" 것들이라고 주장함으로써, "유대적인" 것들과 "최초의" 것들을 발견해내는 이중적인 업적을 이루어낸 것으로 칭송을 받아 왔다. "고등 기독론"이라 불리는 것은 최초의 것이자 유대적인 것이라고 말할 수 있다는 것을 발견한 것 — 이것은 특히 저 위대한 튀빙엔(Tübingen) 학파의 마르틴 헹엘(Martin Hengel)이 아주 자세하게 논증하였다 — 은 금맥을 발견한 것이었다. 이 발견은 사람들로 하여금 새로운 결사들 또는 적어도 동호회들을 구성하고서 깃발을 올리거나 적어도 샴페인을 터트리게 하기에 충분한 일이었다.[97]

물론, 이 모든 것은 여러 수준에서 문제를 제기하고 천착해 볼 필요가 있는 것들이다. 주후 1세기의 유대 세계는 그 자체가 이미 철저하게 헬레니즘화 되어 있었기 때문에, 이전 세대들이 최초의 "유대 기독교"에서 헬레니즘 이전의 흐름, 정확히 말하면 비헬레니즘적인 흐름을 찾고자 하였던 것을 또다시 반복하는 것은 아무것도 보이지 않는 캄캄한 방에서 애초부터 없었던 검은 고양이를 찾고자 하는 것과 같은 것이라고 학자들로 하여금 생각하게 만든 책임은 헹엘(Hengel) 자신에게 있었다.[98] 마찬가지로, 신학은 물론이고 인류학을 괴롭혀 왔던 "최초"에 대한 유별난 취향, 즉 "최초의"바울적인 기독교가 나중에 "발전된" 제2바울 서신들을 기반으로 한 기독교보다 우월함은 물론이고(따라서 에베소서는 배제되었다), 초기의 "유대적인 기독교"보다 우월하다고 주장한(따라서 다윗 가문의 메시야직이나 계약 신학 같은 우려스러운 "유대적인" 개념들을 담고 있는 "바울 이전의" 정형문구들을 찾아내어 배제하고자 하는 시도가 행해졌다) 그들의 취향은 실제로는 초기의 자유주의적인 개신교 학자들에 의해서도 도전을 받았지만, 그 후로도 계속해서 도전을

97) "초기 고등기독론 클럽"(Early High Christology Club)의 회원들에게 분배된 커피 잔에 새겨진 글귀들은 시간이 가면서 희미해져 가는 경향을 보여주고 있는 것은 애석한 일이다(Capes, DeConick, Bond, et al., 2007, ix). 이 거장의 저작에 대해서는 특히 Hengel, 1976; 1983; 1995; 2006을 보라.

98) Hengel, 1974. 좀 더 최근의 것으로는 "유대교"와 "헬레니즘"이라는 구조물들이 19세기에 뿌리를 두고 있음을 밝힌 Meeks, 2001과 Martin, 2001의 강력하고 중요한 논문들을 보라.

받아 왔다.[99] 어쨌든, 본질적으로 역사적인 작업을 행하고자 한 시도, 즉 특정한 초기 기독교의 신념들과 모티프들이 등장한 시기와 그 문화적 배경을 탐구하고자 한 시도는 언제나 아무리 좋게 말해도 실제로 무엇이 진실이냐는 문제에 대한 불안한 안내자일 뿐이었다. 설령 기독교의 첫 10년 동안의 모든 그리스도인들이 온전히 발전된 삼위일체 신학을 아주 확고하게 믿었고, 그들이 여전히 명실상부한 유대인인 채로 그러한 견해를 견지할 수 있다고 믿었음을 한 점의 의혹도 없이 보여주는 문서들이 우리에게 입수되었다고 할지라도, 그것은 흥미로울 수는 있겠지만, 신학적으로는 여전히 이 문제를 결정지어 주지는 못할 것이다. 왜냐하면, 유대 사상가들은 아주 초기의 그리스도인들조차도 속아 넘어간 것이라고 결론을 내릴 것이고, 계몽주의 이후의 대학자들은 아주 초기의 그리스도인들의 사고가 시작되자마자 부패해 버린 것이라고 탄식할 것이기 때문이다.

우리는 지금 여기에서 그런 문제들을 자세하게 말할 수 없지만, 내가 이 문제들을 잠깐 얘기한 것은 주어진 대답들만이 아니라 던져진 질문들이 전제하고 있는 토대들까지 철저하게 검토되지 않으면 안 된다는 것을 보여주기 위한 것이다. 하지만 그렇다고 해서, 내가 최근의 수십 년 동안에 헹엘(Hengel)을 비롯한 여러 학자들에 의해 이루어진 놀라운 학문적인 업적들을 깎아내리거나 거기에 먹구름을 드리우고자 하는 것은 결코 아니다. 특히, 래리 허타도(Larry Hurtado)와 리처드 보컴(Richard Bauckham)은 헹엘만큼이나 나름대로 놀라운 업적을 이루어서, 이제는 사람들이 부셋(Bousset)과 불트만(Bultmann)은 물론이고 심지어 던(Dunn), 케이시(Casey), 버미즈(Vermes)가 활동하던 이전 시대로 돌아가서, 예수는 한두 세대 후에야, 그리고 (던은 아니지만, 케이시와 버미즈의 주장처럼) 오직 초기 그리스도인들이 자신들의 유대적인 유산을 상실한 후에야 비로소 "신적인 인물"로 여겨지기 시작하였다는 말을 입 밖에 낼 생각조차 할 수 없게 만들었다.[100] 우리는 이 이야기를 지금은 흔하게 들을 수 있고, 실제로 이 이야기는 신약학의 한 분야를 구출해낸 구원사(Heilsgeschichte)의 일부가 되어 있다. 고등 기독론은 후대의 비유대적인 것임에 틀림없다는 관념은 사실 아주 광범위하게 거부되어 왔기

99) "바울 이전의" 자료들을 이런 식으로 다룬 분명한 예는 로마서 1:3f.; 3:24-6(또는, 그 일부)이다. 한편으로는 그 내용이 분명한 서신의 도입부, 다른 한편으로는 문맥상으로 절정에 해당하는 압축된 진술을 이런 식으로 상대화시켜 버리거나 한 쪽으로 밀어내 버린 것이 석의에 미쳐 온 효과들은 헤아릴 수 없을 정도로 많다.

100) 특히, Hurtado, 2003; Bauckham, 2008/9; Dunn, 1980; Casey, 1991; Vermes, 1973(최근의 것으로는 Vermes, 2009; 2010)을 보라.

때문에, 최근의 한 유대인 학자인 대니얼 보야린(Daniel Boyarin)은 정반대의 방향으로 극단적으로 나아가서, 초기 기독론의 모든 요소는 아닐지라도 대부분의 요소들, 특히 유대인들이 대망하였던 메시야의 "신성"은 사실 기독교 이전의 유대교 자체 속에 이미 존재해 있었다고 주장하기까지 하였다.[101]

그러한 수정된 주장들이 받아들여질 수 없다고 할지라도 — 보야린은 본문들이 지지해 주는 것 이상으로 너무 나아갔다는 것이 내 견해이기 때문에 — 우리는 여전히 초기 그리스도인들은 이미 바울 시대에 예수의 "신성"에 대한 믿음을, 지금까지 그 누가 생각했던 것보다 훨씬 더 강력하게(powerfully), 그리고 실제로는 시적으로(poetically) 정교하게 표현하고 있었다는 것을 알아야 한다. 사실, 바울은 예수에 대한 자신의 (매우 "고등한") 견해를 이미 주어져 있는 것으로 전제할 수 있었다. 그는 심지어 고린도 교인들에게조차도 "그런데 어떻게 너희 중에 예수는 단지 놀라운 인간일 뿐이고 그 이상의 존재가 아니라고 말할 수 있는 것이냐?" 라고 말하지 않는다. 또한, 기독론은 그가 (예컨대) 예루살렘 교회와 다투거나 이견이 있었던 그런 문제가 아니었던 것으로 보인다.[102] 통상적인 전제들과 단언들에도 불구하고, 초기 "유대 기독교"가 (후대의 "에비온파"처럼) 예수와 이스라엘의 하나님을 동일시하는 것을 부정하였음을 보여주는 역사적 증거는 전혀 없다.

이 모든 것이 처음부터 우리에게 말해주는 것은 바울의 예수관은 단지 사적으로 받은 계시의 결과였을 수 없다는 것이다. 심지어 다메섹 도상의 체험이 실제로 그가 예수의 얼굴에서 하나님의 영광을 보게 된 계기이자 통로가 되었다고 할지라도, 그것은 단지 "자기보다 먼저 '메시야 안에' 있는 자들"(그는 로마서 16:7에서 이렇게 표현한다)이 다른 통로들을 통해서 도달하였던 지점을 그가 유별난 통로로 도달하게 된 것일 뿐이었다. 고린도전서 15:3-11에 나오는 복음에 관한 요약에서 볼 수 있듯이, 우리는 바울이 한 분 유일하신 하나님의 실재 내에서 예수에 관한 자신의 견해와 관련해서, "나나 그들이나 이같이 전하였고 너희도 이같이 믿었다"고 말하지 않았을 것이라고 생각할 이유가 전혀 없다.[103] 그러나 우리는 여전히 이렇게 물어야 한다. 아니, 바울에 대해서 이렇게 미리 얼핏 보기만 해도, 우리는 이렇게 묻지 않을 수 없게 된다: 초기 그리스도인들을 바로 그러한 방향으로 몰고 간 것은 도대체 정확히 무엇이었는가? 초기 그리스도인들의 그러한 믿음의 전신이라

101) Boyarin, 2012. 이런 종류의 견해의 전신은 O' Neill, 1995이었다.

102) 이것을 고린도후서 11:4에서 "또 다른 복음"과 관련된 "또 다른 예수"에 관한 문제로 읽지 않는다면. 전자에 대한 병행은 갈라디아서 1:6-9에서 찾아볼 수 있다. 그러나 이것은 대단히 사변적이다.

103) 고전 15:11.

고까지는 말할 수 없다고 할지라도, 어쨌든 예수 자신이나 그의 부활이나 초기 교회 속에서 경험된 그의 임재가 촉매 작용을 해서 그러한 믿음으로 나아가게 하여서, 요한복음이나 바울의 서신들만이 아니라, 바울이 자신의 서신들 속에서 사용하였던 것으로 보이는 바울 이전의 정형문구들에서도 통상적으로 고백되고 있는 초기의 고등 기독론을 탄생시킨 기독교 이전의 일련의 관념들은 과연 무엇이었는가?[104)]

바로 이것이 내가 이 장에서 새로운 주요한 제안을 하고자 하는 지점인데, 나는 이 문제와 관련된 최근의 연구사를 사실은 좀 더 자세하게 다루어야 함에도 불구하고, 지면이 한정되어 있기 때문에 그 대부분을 전제하고 논의를 진행해 나갈 것이지만,[105)] 적어도 아주 중요한 점들에 대해서는 짚고 넘어갈 것이다.

여기에서 이전의 견해는 예수가 직접 적어도 "인자"라는 표현의 사용을 통해서, 자기가 이스라엘의 하나님과의 모종의 동등성 또는 동일성을 주장하고 있음을 분명히 하였고, 초기 기독교는 그의 부활을 그의 그러한 주장을 확증해 주는 것으로 보았다고 말하였을 것이다. 나는 그러한 견해를 전적으로 오도하거나 잘못된 것이라고 보지는 않지만, 절망적인 순환논법이라고 본다. 예수 자신이 직접 말하지 않았는데도, 어떤 사람이 주후 50년대 중반에 이미 확고하게 자리 잡고 있음이 확인되는 기독론을 고안해 내었을 것이라고 보는 것은 거의 불가능한 일임은 분명하다.[106)] 지난 세대에 많은 학자들은 만약 불트만 학파에서 그렇게 모호하게 흐려놓지만 않았더라면 누구나 육안으로 분명히 볼 수 있었을 것, 즉 예수의 죽음과 부활의 드라마는 말할 것도 없고, 예수 자신의 삶, 그의 인격, 그의 언행이 그를 알고 있던 사람들에게 지속적인 영향을 미쳤을 것임에 틀림없다는 것을 강조해 왔다.[107)]

104) 예를 들면, 고전 8:6; 빌 2:6-11; 골 1:15-20, 이 모든 것에 대해서는 아래를 보라.

105) 중요한 연구서들과 논문집들이 쏟아지는 가운데서도 특히 주목할 만한 것들로는 Horbury, 1998; Eskola, 2001; Stuckenbruck and North, 2004; Lee, 2005; Longenecker, 2005; 그리고 Hurtado, 2005, McGrath, 2009, Dunn, 2010 간의 좀 더 작은 논쟁들이 있다. 이것들 위로 우뚝 솟아 있는 것은 Fee, 2007의 방대하고 자세한 석의 저작이다. 여기에 언급조차 되지 않은 수많은 저서들은 그만두고라도, 이러한 저작들에 대해서만이라도 제대로 다루고자 한다면, 적어도 본서 분량 정도의 또 한 권의 책이 필요할 것이다. 나는 현재의 장에서 제시한 나의 제안들이 적어도 내가 그러한 책을 쓴다면 본서 내에서 어느 지점에 속하게 될 것인지 — 이것은 단행본 연구서들에서는 흔히 무시되지만 사실은 더 중요하다 —를 보여주고, 이 아주 중요한 주제가 바울 신학의 다른 주된 초점들과 어떤 식으로 통합되는지를 보여주기를 바란다.

106) 이것은 Lee, 2005, chs. 4 and 5의 강력한 중심적인 논지이다. 예수의 자기이해에 대한 나의 입장에 대해서는 *JVG*, ch. 13을 보라.

107) 이 점은 Moule, 1977; Hengel, 1983, xi, 178f. 등에 의해서 여러 가지로 주장된다.

우리는 루이스(C. S. Lewis)의 친구들이 죽은 지 사오십 년 된 이 위대한 인물을 회상하는 책들을 여전히 내고 있고, 제2차 세계대전 동안에 윈스턴 처칠(Winston Churchill)과 함께 일하였던 사람들이 여전히 그의 기질과 기지와 엄청난 주량을 회상하는 이야기들을 들려줌으로써 사회적으로 대접을 받고 있는 것 속에서 이것을 확인할 수 있기 때문에, 나는 이 모든 것을 당연한 것으로 전제할 수 있다고 생각하고, 앞에서 말한 두 사람은 위대한 인물들이기는 하지만 결함이 있는 인간들이었지만, 예수는 그렇지 않았다는 이 엄청난 차이를 생각하면, 더욱더 그렇다고 본다. 그러나 이것과 관련해서, 예수의 가르침이 그가 활동하던 장소와 시간에 살던 유대인들 가운데서 어떻게 들려지고 이해되었는가, 그리고 초기 교회가 예수에 관하여 기억하고 있었던 것들을 해석함에 있어서 그들의 사고의 모판이 되었을 것을 어떻게 발견하였는가 하는 것에 대한 설명은 여전히 요구된다.

이전의 견해의 두 번째 주장은 다메섹 도상에서의 바울의 체험은 바로 그 자리에서 장차 그가 발전시켜 나가게 될 기독론적 범주들을 그에게 제공해 주었다는 것이다.[108] 여기에서도 또다시 나는 다메섹 도상에서의 저 놀라운 경험이 적어도 부분적으로 바울의 예수관의 형성에 기여하였다는 사실을 주목하는 것은 상당히 일리가 있다고 생각한다.[109] 하지만 바울의 이 경험을 토대로 해서 그 위에 그의 기독론을 세우는 데 몰두해 온 사람들은 그리스도인이 되기 이전의 바울의 머릿속에 있던 유대적인 범주들이 이 경험에 의해서 재구성된 것이라는 사실을 직시하고서, 그 유대적인 범주들을 상기하지 않으면 안 된다. 그리고 바울의 회심은 그의 기독론과 다른 기독론들, 즉 바울 이전의 가장 초기의 교회들의 기독론들(물론, 이것들은 우리에게는 알려져 있지 않지만, 다메섹 도상의 사건 이전에 이미 존재해 있었을 가능성이 크다), 또는 히브리서나 요한복음에 반영되어 있는 것들과 같이 후대에 발전된 기독론들을 거의 설명해 줄 수 없다.[110]

우리 시대에 제기되어 온 두 가지 가장 중요한 가설들 중의 하나는 래리 허타도(Larry Hurtado)의 가설이다.[111] 그는 부셋(Bousset)에 의해 대변된 이전의 종교사

108) 특히, Kim, 1981; 최근의 것으로는 Churchill, 2010을 보라.

109) cf. *RSG*, ch. 8.

110) 바울에 있어서의 고등 기독론과 관련된 추가적인 주장은 Moule, 1977에 의해서 제시되었는데, 그것은 "그리스도 안에서"라는 바울의 표현은 예수가 "인간 이상의 존재"가 되었다는 견해를 반영한 것이라는 주장이다. 나는 그것이 이 어구를 이해하는 최선의 길이라고 보지 않는데, 이것에 대해서는 아래의 제10장을 보라.

111) Hurtado, 2003; 그리고 그가 Hurtado, 1988에서 이전에 했던 말을 보라.

적 가설에 대한 자신의 주된 공격 속에서, 예수의 가장 초기의 제자들로 하여금 먼저 그를 예배하게 이끌고(그들의 유일신론을 훼손시킨다는 그 어떤 의식도 없이), 다음으로 이스라엘의 성경을 다시 읽어서, 한 분 유일하신 하나님에 관한 본문들 속에서 그를 "발견해 낸" 후에, 이 새롭고 놀라운 믿음을 집약해서 그에 대하여 말하는 방식들을 발전시키도록 이끈 것은 높아지신 예수(the exalted Jesus)에 대한 그들의 체험이 바로 살아 계신 하나님의 임재에 대한 체험과 동일하다는 인식이었다고 주장한다. 또한, 그는 그들을 나중에 삼위일체적이고 성육신적인 신학으로 나아가지 않을 수 없게 만든 최초의 단초가 된 것은, 이전에 사용되던 어구를 다시 수정해서 표현해 본다면, 그들 속에서 체험된 부활한 주에 대한 "초기 그리스도인들의 경험"이었다고 말한다.[112)]

허타도(Hurtado)는 이것과 관련해서 두 가지 서로 얽혀 있는 문제에 대하여 상세하게 논증해 나간다. 첫째, 기독교 이전의 유대인들의 세계는 서로 다른 많은 본문들과 운동들 속에서 거의 신적이라고 할 수 있는 존재들에 관한 관념들을 지니고 있었다: 족장들(에녹, 아브라함, 모세), 천사들, 메시야, 그리고 "지혜" 같은 추상적인 실체들. 둘째, 초기 그리스도인들은 예배와 기도 속에서 부활하여 높아진 예수의 임재에 대한 자신들의 체험을 토대로 해서, 기독교 이전의 유대적인 관념들을 하나로 통합해서 새로운 패턴으로 정렬할 수 있었다. 그들은 자신들의 그러한 체험에 이끌려서, 이전에는 한 분 유일하신 하나님에게만 해당된 관점들 속에서 예수를 생각하게 되었고, 그들 자신을 여전히 유일신론적인 유대인들로 생각하는 가운데 예수를 그런 존재로 예배하게 되었는데, 전에서 생각할 수 없었던 이러한 개념을 그 자체로 통일성을 갖추고 있을 뿐만 아니라 이전의 유대적인 사상과 표현의 패턴들과도 조화되고 일관성이 있는 언어로 만들어내는 데에는 유대인들 가운데서 거의 신적이라고 생각되었던 앞서 언급된 존재들이 활용되었다.[113)]

나는 그러한 견해에 정면으로 도전할 마음이 없다. 실제로 나는 허타도(Hurtado)가 이 현상들을 설명하고 분석하면서, 기독교 초기의 중요한 시기의 중심적이고 주요한 특징을 보여주고, 백 년 전에 아주 인기가 높았을 뿐만 아니라 지금도 여전히 종종 학자들의 배후에 어른거리고 있는 부셋(Bousset) 등의 가설들을

112) 바울과 관련해서 "삼위일체론적" 개념들과 표현들을 사용하는 것의 적합성에 대해서는 cf. Gorman, 2009, 109.

113) 또한, Hurtado, 1999a에 나오는 짤막한 서술을 보라. 관련 주제들에 대한 일련의 중요한 연구들은 Newman, Davila and Lewis, 1999에서 찾아볼 수 있다.

완전히 배제한 것은 기본적으로 옳다고 믿지만,[114] 그의 견해 속에는 여전히 한 가지 요소가 결여되고 있다고 본다. 일단 우리가 그 요소를 제자리에 갖다 놓게 되면, 그 요소가 결여되었을 때에는 흐릿하였던 모든 것들이 뚜렷하고 명료해질 것이다.

앞에서와 비슷한 논증 내에서 또 다른 차원은 최근에 크리스 틸링(Chris Tilling)에 의해 제시되어 왔다.[115] 그는 초기 그리스도인들과 예수의 관계에 관한 바울의 설명들은 이스라엘과 한 분 유일하신 하나님의 관계에 관한 성경의 설명들과 꼭 들어맞는다는 것을 상당히 자세하게 지적해 왔다. "제2성전 시대 유대교가 오직 하나님에게만 귀속시켰던 것, 즉 하나님과 관련해서만 말하였던 것들을 바울은 그리스도에 대하여 말할 때에 사용하였다."[116] 나는 우리가 앞으로 바울이 예수를 어떻게 보았는지에 대하여 말할 때마다, 틸링(Tilling)의 이 논점을 허타도(Hurtado)의 논증들과 더불어서 반드시 고려하여야 한다고 믿는다.

그러나 내가 초기 기독론에 관한 최근의 연구들 중에서 한층 더 중요하다고 여기는 가설은 앞에서 이미 여러 차례 언급하였던 리처드 보컴의 가설이다. 보컴은 기독교 이전의 유대교 속에서 옛적의 족장들이나 주요한 천사들이나 심지어 메시야 같은 존재들에게서 성육신의 "전신들"을 발견해 내고자 하는 시도를 거부한다.[117] 그는 특히 요한계시록이 유일신론에 의거해서 천사 숭배를 강력하게 배척하고 오직 "하나님과 어린 양"만을 예배하는 것을 당연한 것으로 받아들였음을 극명하게 대비해서 보여준 자신의 이전 저작을 토대로 해서, 신약의 광범위한 글들 속에 다시 등장하는 구약의 많은 주제들을 추출해낸다.[118]

보컴의 주된 제안은 바울을 비롯한 신약의 글들은 예수는 "이 한 분 유일하신 하나님의 유일무이한 정체성 안에" 포함된다고 하는 "'하나님의 정체성'을 중심으로 한 기독론"을 제시한다.[119] 그는 "정체성"이라는 개념을 후대의 신학에서 등장하는

114) Bousset, 1970 [1913]을 보라.

115) Tilling, 2012.

116) Tilling, 2012, 256. 바울 서신에서 신자들이 메시야와 "혼인한" 것으로 보고 있는 로마서 7:4-6; 고린도후서 11:2이 야웨의 신부로서의 이스라엘이라는 성경적인 주제와 직결되어 있다는 것은 두말할 필요가 없다.

117) Bauckham, 2008/9, 3-5, 13-16, 20, 221-32(이후에 언급되는 Bauckham의 책은 다른 표시가 없으면 이 책을 가리킨다). 기독교 이전의 하나님의 메시야직에 대해서, 그는 Horbury, 1998의 주장들에 반대하는 논증을 펼치는데, 내 생각에는 설득력이 있다.

118) Bauckham, 1981; 1993, ch. 4(그는 여기서 예컨대 계 5:9-14과 19:10; 22:8f.을 대비시킨다)을 보라.

119) Bauckham, 2008/9, 3.

"본질"(essence) 또는 "본성"(nature)이라는 개념들과 대비시켜서, "정체성"(identity)이 무엇을 의미하고 무엇을 의미하지 않는지를 분명하게 밝힌다:

> 정체성은 하나님이 누구(who)인가에 관한 것인 반면에, 본성은 하나님 또는 신이 어떤 존재(what)인가에 관한 것이다 … 제2성전 시대 유대교가 한 분 유일하신 하나님의 유일무이성이 무엇으로 이루어져 있고, 하나님이 어떤 점에서 이방인들에 의해서 신들로 숭배되었던 존재들을 포함한 다른 모든 실체와 달라서 유일무이한 것으로 생각하였던 것인지를 알고자 한다면, 우리는 하나님의 본성에 대한 정의가 아니라, 유일무이한 하나님의 정체성을 특징짓는 방식들을 찾아내어야 한다.[120)]

이스라엘의 하나님은 이스라엘과의 계약 관계 속에서 자기 자신과 자신의 이름을 "야웨"(YHWH)로 계시함으로써, 단지 자기가 어떤 존재인지만이 아니라 자신이 누구인지도 나타내었다:

> [출애굽기 34:6 등에 나오는] 하나님의 행위들과 하나님의 성품 묘사는 서로 결합되어서 자기 백성에 대하여 은혜로 행하고 있을 뿐만 아니라 앞으로도 그렇게 행할 것으로 기대될 수 있는 분의 일관된 정체성을 보여준다. 야웨라 불리는 분은 자신의 일관된 행위들과 성품을 통해서 자기가 한 분 동일한 존재라는 것을 보여준다.[121)]

이스라엘의 계약의 하나님은 특히 자기가 만물의 유일한 창조주이자 만물의 유일한 통치자라는 것을 계시한다. 이 계시 하나만으로도 이 하나님이 다른 모든 존재들과 어떻게 구별되는지를 아주 분명하게 드러내기에 충분하다. 왜냐하면, 이 계시는 다른 모든 존재들은 하나님이 창조한 것의 일부이고, 그가 다스리는 세계의 일부라는 것을 분명하게 보여주는 것이기 때문이다. 이것은 당연히 오직 하나님만을 예배할 것을 요구하는 것임을 의미한다. 옛 문헌들에 불쑥불쑥 등장해서 종종 자기가 신이라고 주장하기도 하는 여러 다양한 중간적인 존재들은 하나님과 같은 반열의 보좌 위에 앉아 있는 것이 아니라, 한 분 유일하신 하나님 앞에서 그의 종들로서 서 있는 존재들이기 때문에, (요한계시록에 나오는 천사들처럼) 자신들이 예배 받는 것을 명시적으로 거부한다.[122)] 하지만 신적인 "말씀"이나 "지혜"라는 개념들은, 비록 후대의 유대 문헌들 속에서 인격화되어서 등장할지라도, "한 분

120) Bauckham, 2008/9, 7(강조는 원래의 것).

121) Bauckham, 2008/9, 8.

122) Bauckham, 15. Bauckham(16)은 "에녹의 비유들"에 나오는 "인자"라는 존재는 이것에 대한 유일한 예외라고 지적한다.

유일하신 하나님과 그 밖의 다른 나머지 존재들 사이에 모종의 애매모호한 지위를 점하는" 피조된 존재들이나 신에 준하는 실체들로 생각될 수 없고, 단지 한 분 유일무이한 하나님의 활동을 생생하게 묘사하는 방식들로서, "하나님의 유일무이한 정체성에 속한다."[123]

보컴의 다음과 같은 주장은 단순하고 인상적이다:

> 이 가장 가능성이 높은 기독론 — 예수를 하나님의 유일무이한 정체성 안에 포함시키는 기독론 — 은 신약의 모든 글들에 등장하는 것으로 보아서, 그 글들 중 어떤 것이 씌어지기 전에 이미 초기 교회의 신앙에서 중심적인 것이었다.

또한, 이 기독론은 고대의 유대적인 유일신론으로부터 조금이라도 후퇴한 것이 전혀 아니었다:

> … 이 고등 기독론은 우리가 앞에서 개략적으로 살펴본 유대적인 유일신론에 대한 이해 내에서 전적으로 가능한 것이었다. 이 기독론은 새로운 것이기는 하였지만, 최초의 그리스도인들이 모든 유대인들과 명백히 공유하였던 유일신론적인 신앙과 모순되는 것이 전혀 없었다. 유대적인 유일신론과 이 고등 기독론이 어떤 식으로 긴장관계에 있었을 것이라고 생각하는 것은 우리가 본문들에 의거해서 내쫓아 버려야 할 이 분야에 널리 만연되어 있는 망상들 중의 하나이다.[124]

따라서 우리는 본문들로 다가갈 때, "기능적" 기독론과 "실체적" 기독론 간의 이전의 열매 없는 논쟁들을 뛰어넘어서, "하나님의 정체성을 중심으로 한 기독론"을 발견하게 된다.[125] 보컴(Bauckham)은 바울의 글들에서 그러한 기독론을 설명해 나간다.

보컴은 여기서 유대적인 유일신론은 세 가지 측면을 지니고 있다는 것을 분명히 한다: 창조, 종말론, 제의. 즉, 하나님은 유일한 창조주이고, 마지막에 세계 전체에 걸친 자신의 나라를 세울 것이며, 오직 그만이 예배를 받아야 한다는 것이다.[126] 그

123) Bauckham, 17.

124) Bauckham, 19. 저 마지막 말만이 많은 신학부나 성서학부의 게시판에 게시해 둘 만한 가치가 있다. 또한, 58도 보라: "예수에게 참되고 온전한 신성을 부여하기 어렵게 만든 것은 실제로는 유대적인 범주들이 아니라 헬라 철학의 범주들이었다." 니케아 신조를 비롯한 여러 신조들은 헬라 철학에 항복한 것이 아니라, 거기에 저항해서, 그들에게 가능한 표현들을 사용하여 최선을 다해서 신약성서의 기독론적 유일신론을 재현하고자 한 것이었다.

125) Bauckham, 30.

런 후에, 그는 예수에 관한 바울의 표현들을 전문적이고 자세하게 설명하고 나서, 바울은 그 밖의 다른 나머지 초기 기독교와 마찬가지로 바로 이 하나님의 삼중적인 정체성을 주저 없이 예수에게 돌렸다는 결론을 내린다. 즉, 예수는 창조를 행한 주체이고, 만물을 화해시키는 분이며, 예배 받아야 할 분이라는 것이다.

나는 이 모든 것에 동의하지만, 거기에는 한 가지가 빠져 있고, 바로 그 한 가지를 제시하고 설명하는 것이 내가 현재의 장에서 해야 할 일이다. 우리가 그렇게 할 때, 온갖 종류의 다른 증거들이 이 그림 속으로 다시 돌아와서, 한층 더 크고 포괄적이며 만족스러운 전체를 이루게 될 것이라고 나는 생각한다.

내가 생각하기에는, 보컴의 입장이 지닌 강점은 학자들이 지금까지 잘못된 곳에서 찾아왔던 것을 제대로 찾아서 강조하여 보여주고 있다는 것이다. 지금까지의 질문은 "유대교에서 주후 1세기 이전에 '신으로 승격된'(exalted) 것으로 여겨진 어떤 존재들 — 천사들, 중보자들, 메시야들 등등 — 이 있어서, 그런 존재가 등장하여, 그 추종자들이 그의 '신으로 승격된' 상태를 표현하고자 하였을 때에 활용할 수 있었던 유대적인 범주들이 존재하였는가"라는 형태로 제기되어 왔다. 어떤 그러한 발전이 갑자기 생겨났을 가능성은 말할 것도 없고, 초기 기독교 운동 전체가 어느 시점에 예수에 대한 최초의 인식을 동시에 뛰어넘어서, 동일한 표현들을 고안해내어, 동일한 방향, 즉 초기의 온전한 고등 기독론으로 움직여 갔을 것을 가능성도 없어 보인다. 어쨌든 그러한 설명 속에서는 저 두 번째 움직임은 여전히 매우 이상해 보인다. 즉 중간적인 존재들이 신으로 승격된 일들이 일어났을 가능성이 있었다고 해도, 그런 일들은 초기 기독교에서 고등 기독론이 출현한 현상을 여전히 설명해 주지 못한다는 것이다.

그러나 나는 그런 식으로 질문을 제기하는 것은 그 출발점이 잘못된 것이라고 믿는다. 설명되어야 할 현상이 아주 초기부터 예수의 추종자들이 이전에는 오직 이스라엘의 하나님에게만 합당하다고 생각되어 왔던 표현들(그리고 예배 같은 실천들)을 예수에게 사용하였다는 사실이라면, 우리는 아예 처음부터 한 분 유일하신 하나님과 거의 같은 대접을 받았다고 하는 "신으로 승격된 존재들"이 아니라 한 분 유일하신 하나님에서 시작하지 못할 이유가 어디 있겠는가? 그렇다면, 그 질문은 "유대교에는 초기 그리스도인들이 예수에 대하여 말하고자 한 것들을 제대로 표현하기 위하여 가져와서 사용할 수 있었던 하나님 자신에 관한 어떤 신념들, 이야기들, 관념들이 있었던 것인가"가 되어야 한다.

126) Bauckham, 184.

그리고 거기에 대한 대답은 "그렇다, 있었다"가 될 것이다. 이것이 내가 보컴(Bauckham)의 적극적인 제안에 동의하는 지점이고, 나는 그 지점을 뛰어넘어 좀 더 큰 시야를 확보할 수 있는 곳으로 중요한 한 걸음을 내딛고자 하는 것이다. 보컴이 "종말론적 유일신론"(eschatological monotheism)에 대하여 말하면서도, 그것을 이러한 방향으로 발전시키고 있지 않은 것은 어쩌면 이상한 일이 아니라고 할 수 있다. 제2성전 시대 유일신론의 중심은 우리가 제2장에서 개략적으로 살펴본 신념, 즉 이스라엘의 하나님은 바벨론 포로기 때에 예루살렘과 성전을 버렸지만 언젠가는 다시 돌아올 것이라는 신념이었다. 하나님은 친히 돌아올 것이고, 영광 중에 돌아올 것이며, 심판하고 구원하기 위하여 돌아올 것이다. 하나님은 다시 돌아와서, 자기 백성을 노예로 삼았던 원수들을 무너뜨리고 새로운 출애굽을 이루어낼 것이다. 하나님은 다시 돌아와서, 자기 백성 가운데 성막을 세우고 영광 중에 임재해 계실 것이다. 하나님은 다시 돌아와서 온 세계를 다스릴 것이다. 하나님은 다시 돌아와서, 왕이 되어 통치할 것이다.[127] 하나님의 이러한 역사는 기독교 이전의 유대인들의 관점에서는 여전히 미래의 일이기는 하였지만, 그들이 "하나님의 정체성"과 관련해서 믿고 있었던 것의 결정적으로 중요한 일부였다. 그리고 이것은 바울의 예수관만이 아니라 초기 교회 전체의 예수관도 가장 잘 설명해 준다.[128] 유대인들이 오랫동안 기다려 왔던 시온으로의 야웨의 귀환이야말로 기독론의 기원을 풀어주는 감춰진 단서라고 나는 생각한다.

독실한 유대인들은 그 귀환을 고대하였다. 그들은 그 귀환이 성경 전체에 걸쳐서 예언되어 있다고 보았고, 그 귀환의 날이 오기를 기도하였다. 그런 유대인들 중 일부가 예수와 관련된 사건들을 보고서 크게 놀라며, 그 일이 마침내 일어났다고 추론하였다. 왜냐하면, 그 사건들은 이스라엘의 하나님이 다시 돌아와서 다스렸을 때에 일어날 일들과 같아 보였기 때문이었다. 여기서 다시 한 번, 예수와 관련된 저 예기치 않았던 깜짝 놀랄 만한 묵시론적 사건들은 제2성전 시대 유대교의 길고 암울한 서사라는 맥락 내에서 그 의미를 얻게 되었다. 바울이 자신의 첫 번째 서신

127) 시온으로의 야웨의 귀환에 대해서는 *JVG*, 615-24; 아래의 제11장 제2절을 보라. 내가 여기에서와 다른 곳들에서 취하고 있는 방향을 보여주는 중요한 저서는 Adams, 2006이다. Adams는 "하나님의 오심"에 관한 본문들을 '파루시아'와 연결시킨다. 나는 그러한 본문들이 초기 기독론의 많은 부분, 그리고 실제로는 성령론 전체에 영향을 주고 그 근저에 있다고 주장하고 있다.

128) Bauckham, 2008/9, 232은 가장 초기의 기독론이 어떻게 시작되었는지에 대하여 그 어떤 주장을 하기를 꺼려하면서, "초기 기독교 운동을 탄생시킨 유일무이한 사건들에 대한 응답이었을" 것임에 틀림없다고 말하고, 이것에 대해서는 "추가적인 연구와 성찰"이 필요하다는 말로 결론을 맺는데, 본서의 이 장은 부분적으로 그러한 초대에 대한 응답의 시작이다.

을 쓰기 훨씬 전에, "바울 이전의" 정형문구들이 초기의 기독교 공동체 속에서 형성되기 훨씬 전에, 그리고 심지어 부활한 예수가 다메섹 도상에서 바울에게 나타나기 전에, 이미 초기 그리스도인들은 이스라엘의 한 분 유일하신 하나님이 친히 다시 돌아왔다고 믿었다 — 예수라는 이름으로. 이러한 주장을 밑받침해 주는 증거들은 신약성서 도처에서 발견되지만, 우리가 곧 살펴보게 될 바울 서신들 속에서 특히 뚜렷하게 발견된다.

하지만 이 단계에서조차도 우리는 다음과 같은 것들을 유의하여야 한다. 오늘날에는 사람들이 신약성서를 접하였을 때, 예수의 "신성"이라는 문제를 자신의 생각 속에서 가장 크게 부담스러운 것들 중의 하나로 여기고서, 한 사람의 인간이 어떻게 "신"으로 여겨지게 될 수 있었을까 하는 생각 때문에 고민스러워 하는 반면에, 최초의 예수 추종자들에게 이 문제는 정반대로 다가왔을 것이다. 즉, 이런저런 인간들이나 천사들을 거의 신과 같은 존재로 여기고 있던 그들은 그러한 범주들을 예수에게 적용해서 (말하자면) 예수를 한 분 유일하신 하나님의 수준으로 끌어올리려고 한 것이 아니라, 보컴(Bauckham)이 올바르게 강조하였듯이, 성경을 통해서 한 분 유일하신 하나님의 정체성을 분명히 알고 있던 그들이 이 하나님의 약속들을 깊이 숙고하며, 하나님이 시온으로 다시 돌아와서, 옛적에 출애굽 때에 행하였던 일들을 다시 행하여, 세계를 심판하고 자기 백성을 구원할 때에 어떤 일들이 벌어지게 될 것인지를 생각하고 있었던 것을 배경으로 그 문제를 생각하였다는 것이다. 예수가 유월절을 자신의 결정적인 행위, 즉 그의 결정적인 수난(Passion)을 위한 계기로 선택한 데에는 다 그럴 만한 이유가 있었다. 따라서 그것은 예수의 추종자들이 예수 안에서, 무엇보다도 특히 예수의 죽음과 부활 — 물론, 죽음 자체가 근본적으로 재평가되어야 한다는 것을 계시한 사건으로서의 부활 — 속에서 이스라엘의 하나님이 자기가 오랫동안 약속해 왔던 일을 마침내 행하였다고 믿게 된 그런 문제였다. 그 하나님이 다시 돌아와서 왕이 되었다. 그 하나님이 자기 백성을 "찾아 왔고" 그들을 "속량하였다."[129] 그 하나님이 다시 돌아와서 자기 백성 가운데 거하고 있다. 예수는 하나님이 친히 행하겠다고 말하였던 것을 행하였다. 초기 기독론은 인간과 하나님을 이어주는 중간적인 존재들에 관한 이전의 유대적인 언급들에 대한 기억, 또는 예배와 기도 속에서의 예수의 인격적인 임재에 관한 강력한 인식 — 물론, 이것도 중요한 것이었기는 하지만 — 에 토대를 둔 기이한 새로운

129) 눅 1:68; 7:16; 19:44. 누가복음 24:21에서는 엠마오로 가던 두 사람이 예수가 "이스라엘을 속량해 줄" 인물이기를 바랐다는 말을 하지만, 이사야서 41:14; 43:14f.; 44:6, 24을 비롯한 많은 본문들은 야웨 자신이 자기 백성을 속량해 줄 구속자일 것이라고 말한다.

믿음으로 시작된 것이 아니었다는 것이 나의 주장이다. 나는 전자는 아무 상관이 없는 것이었고, 후자는 중요하기는 하지만 본질적으로 이차적인 것이었다고 본다. 가장 중요한 것은 예수는 자신의 삶과 죽음과 부활을 통해서 새로운 출애굽을 성취해 내었고, 이스라엘의 하나님이 자기가 친히 행하겠다고 말하였던 일을 예수가 친히 행하였다는 것이다. 예수는 하늘에서와 마찬가지로 땅에서도 하나님의 나라를 개시시켰다. 학자들은 유대인들이 거의 신과 같은 존재들로 여겼던 인간이나 천사나 그 밖의 다른 중간적인 존재들 속에서 기독교 이전의 유대적 관념들을 찾아내고자 너무나 오랜 세월을 허비해 왔다. 하지만 정작 중요하게 살펴보아야 하였던 것은 이스라엘의 하나님에 관한 기독교 이전의 유대적인 관념들이다. 최초의 예수 추종자들은 하나님과 관련된 표현들을 예수에게 적용할 수 있다는 것을 발견하였을 뿐만 아니라, 한 분 유일하신 하나님에게 예수와 관련된 표현들을 적용할 수밖에 없다는 것도 발견하였다.

이 모든 일은 바울이 펜을 들어 서신을 쓰기 이전에 일어났던 것으로 보인다. 그러나 이렇게 이미 온전한 형태를 갖춘 기독론은 바울의 서신들에 등장해서, 고대 유대의 유일신론의 새롭게 계시된 형태를 자처하며 생명력을 발산하게 된다. 특히, 이 기독론은 여러 주제들을 풍부하게 압축해서 결합시켜 놓은 출애굽 신학이다: 희생제사, 노예생활로부터의 속량, 야웨라는 이름의 새로운 계시, 토라의 수여, 구름 기둥과 불기둥, 그리고 새롭게 건축된 성막을 통한 하나님의 영광의 임재. 또한, 이 기독론은 "시온으로의 귀환" 신학인데, 여기서 이 신학은 별개의 신학이었던 것이 아니라, 에스겔서 또는 이사야서 40-66장, 스가랴서 또는 말라기서에 나오는 것과 같이 출애굽 소망에 초점이 맞추어질 수밖에 없었던 포로기 이후의 맥락 속에 자리한 신학이었다: 야웨가 애굽으로 강림하여 자기 백성을 구원하고, 이스라엘이 범죄한 이후에도 성막에 거하는 데 동의하여 성전으로 다시 돌아왔다. 그리고 야웨의 귀환이라는 주제는, 가장 최근의 해석자들이 신약의 기독론에서 중요한 것으로 보아 왔지만, 그것이 무엇을 의미하고 왜 중요한지를 이해하지 못하였던 한 흐름을 이해하게 해주는 길을 열어준다. 제2성전 시대의 모든 문헌들 중에서 이스라엘의 하나님이 마침내 이미 성전에 다시 돌아왔다고 주장하였던 유일한 본문은 벤시락서 24장이었다. 벤시락서는 하나님이 지혜라는 존재로 "다시 돌아왔다"고 보았다. 지혜는 위로부터 보내심을 받아서 거룩한 산 위에 "성막을 지어 거하고" 있고, 사람들은 토라를 통해서 거기에 거하는 지혜를 알 수 있다. 솔로몬의 지혜서가 아주 분명하게 보았듯이, 이스라엘의 왕이 자기에게 약속된 온 세계에 대한 통치권을 위해 하나님에게 구하여야 할 가장 중요한 것은 출애굽 자체를 실질적으로 이끈 저 하나님의 "지혜"였다. "지혜 기독론"은 잡다한 추상물들을 무작위적으로 긁어모아 거의 신과 같은 위치에 놓은 것들 중의 일부였던 것이 아니라, 제2성전 시대 유대인들, 그리고 나중에는 수많은 초기 그리스도인들이 이스라엘의 하나님의 기이하고도 예기치 않은 귀환에 대하여 말하는 한 가지 방식이었다. 또한, 그것은 제2성전 시대의 일부 유대인들, 그리고 나중에는 수많은 초기 그리스도인들이 장차 오실 왕의 직무와 자질에 관하여 말하는 한 가지 방식이기도 하였다. 여기에 초기 기독교적 혁신의 핵심이 있다. 내가 알고 있는 한, 예수 이전에 이러한 여러 실들을 한데 엮어서 하나로 꿴 인물은 아무도 없었고, 예수와 관련된 사건들이 최초의 그리스도인들로 하여금 바로 그 일을 행하지 않을 수 없게 만들었다. 바울은 최초의 그리스도인들이 그렇게 한데 꿰어놓은 것을 성찰해서 송축하는 가운데 큰 걸음으로 몇 걸음 더 진전시켰지만, 그러한 관념 자체를 만들어낸 것은 아니었다.

따라서 다음과 같은 모든 주제들은 서로 상대방 속으로 침투해 들어가고 서로를 뒤덮으며 서로를 전제하는 등 서로 상호작용을 한다: 출애굽, 속량, 성막, 임재, 귀환, 지혜, 왕권. 하나님의 정체성의 중심에 있는 종말론적인 유일신론에 대한 제2성전 시대의 믿음을 더 많이 이해할수록, 우리는 초기 그리스도인들이 어떻게 즉시 예수를 지금 신약성서에 나와 있는 그런 분으로 여기게 되었는지를 더 잘 볼 수 있게 되고, 어떻게 바울이 이미 정립되어 있던 그러한 믿음을 가져와서 자신의 글들의 몇몇 결정적인 대목들에서 활용할 수 있었는지를 더 잘 볼 수 있게 된다.

따라서 이제 핵심적인 본문들을 살펴볼 때가 되었다.

2) 예수 및 출애굽과 귀환과 지혜의 하나님

(1) 갈라디아서 4:1-11

우리가 바울의 서신들 속에서 출애굽 신학(또는, 좀 더 정확히 말하자면, "새로운 출애굽" 신학)의 증표들을 찾고자 한다면, 출발점으로 삼기에 자연스러운 본문들 중의 하나는 갈라디아서에서 중심축을 이루는 압축된 본문인 4장의 첫 열한 절이다:

> 나는 그것을 이렇게 표현하고자 한다. 유업을 이을 자가 실제로 모든 것의 주인이라고 할지라도, 어린 아이인 동안에는 종과 다름이 없어서, 그의 아버지가 정한 때까지는 후견인과 청지기 아래에 있는 법이다.
>
> 우리도 그것과 같아서, 어린 아이였을 때에는 "세계의 요소들" 아래에서 "노예생활"을

하였다. 그러나 때가 차자, 하나님은 자기 아들을 보내어 여자에게서 나게 하시고 율법 아래에 나게 하셨으니, 이는 율법 아래에 있는 자들을 속량하시고 우리로 아들의 명분을 얻게 하기 위한 것이었다.

그리고 너희가 아들이기 때문에, 하나님은 자기 아들의 영을 우리 마음 가운데 보내셔서, "아빠, 아버지"라고 부르게 하셨다. 그러므로 너는 이제 더 이상 종이 아니고 아들이다! 그리고 네가 아들이면, 너는 하나님으로 말미암아 유업을 받을 자이다.

하지만 너희가 그 때에는 하나님을 알지 못하였기 때문에, 본질에 있어서 신이 아닌 존재들에게 노예생활을 하였다. 그러나 이제는 너희가 하나님을 알게 되었을 뿐만 아니라 더욱이 하나님에 의해 아신 바 되었는데, 어찌하여 다시 저 약하고 천박한 요소들로 돌아가서 다시 그들을 섬기려고 하는가? 너희가 날과 달과 절기와 해를 지키고 있으니, 나는 너희를 위하여 내가 수고한 것이 모두 헛되게 되면 어쩌나 하고 염려하고 있다.

제2성전 시대 유대적인 문헌들 및 거기에 나오는 거미줄 같이 얽혀 있는 복잡한 간접인용(allusion)과 반향(echo)에 친숙한 사람은 누구든지 이 대목을 읽어나가면, 그 즉시 이것이 실제로 압축된 출애굽 이야기라는 것을 금방 알아차릴 것이다.[130] 여기에는 한 무리의 노예들이 나오고, "때가 차자" 행동을 시작하는 주권적인 하나님이 나온다. 이 하나님은 노예들을 속량하여 자신의 "아들들"이라고 부른다. 우리는 이러한 모든 요소들 속에서 출애굽의 반향들이 울려 퍼지는 것을 듣는다. 그러나 그뿐만이 아니다. 앞에서 이미 보았듯이, 출애굽 서사에서 또 다른 중심적인 요소들 중의 하나는 이스라엘의 하나님이 임재하여서, 극적으로 행동하여 자기 백성을 구원하고, 그들의 여정을 인도하여, 결국 그들 가운데서 성막 속에 계속해서 거한다는 것이다. 그리고 이러한 임재에 관한 약속은 바벨론 포로기 때에 성전을 버렸던 이 동일한 하나님이 마침내 시온으로 다시 돌아올 것이라는 제2성전 시대의 소망을 위한 궁극적인 준거점들 중 하나였다. 하나님이 자신의 유일무이한 "아들"을 "보내고" 그런 후에 다시 "그 아들의 영"을 보냈다는 것은, 벤시락서에서 이스라엘의 하나님이 다시 돌아와서 마침내 성전에 거하게 된 방식으로 말하였던 것, 즉 하나님이 지혜를 "보내어" 성전에 거하게 한 것에 대한 반향이다. 바울은 벤시락서에 나오는 이 본문의 구체적이고 세세한 부분들에 동의하고 있는 것은 아니지만, 그 요지는 성령에 대한 그의 이해에서 중심적인 역할을 한다. 즉, 그는 이스라엘 백성이 광야를 여행하는 동안에 구름 기둥과 불 기둥이 그들과 함께 하였던 것처럼, 성령이 신자들 속에 "내주해" 있는 것은 이스라엘의 하나님이 성막에 임재해 계시는 것이라고 보았다는 것이다.

130) 예를 들면, Keesmaat, 1999, chs. 5, 6을 보라.

이 문제에 대하여 사람들이 품을 수 있는 한 치의 의혹이나 의심도 다 떨쳐 버리기 위해서, 바울은 계속해서 출애굽에 대한 몇몇 추가적인 반향들을 서술해 나간다. 즉, 그는 이제 속량을 받아 "아들들"로 호칭되는 자들은 자신들의 "유업"을 받으러 가는 길 위에 있는 광야의 이스라엘과 같다고 말한다. 그들은, 출애굽기 4장에 나오는 이스라엘 백성과 똑같이, 한 분 참 하나님의 계시를 통해서 이전의 무지했던 삶으로부터 건짐을 받았다. 바울은 8절에서 "너희는 노예생활을 하였다"(edouleusate – '에둘류사테')라는 단어를 사용하는데, 이 단어는 창세기 15:13 — 그가 갈라디아서의 이전 장의 대부분을 할애해서 철저하게 설명하였던 바로 그 장 — 에서 동일한 내용을 말하기 위해 사용된 단어였다. 그가 8절과 9절에서 행하는 경고는 광야에서 이스라엘 백성이 거듭거듭 직면하였던 바로 그 도전을 반영하고 있다: 어떻게 너희가 노예생활로 되돌아가고자 하고, 또다시 애굽으로 달려갈 생각을 할 수가 있는 것이냐?[131] 달리 말하면, 그는 갈라디아의 그리스도인들이 현재 처해 있는 곤경과 당혹스러움을 출애굽 서사라는 저 잘 알려져 있는 지도 위에 위치시켜서 거기로부터 교훈을 이끌어 내고자 최선을 다하고 있다: 노예생활로 되돌아가려고 하지 말고, 너희 속에 내주하는 하나님의 임재의 인도하심을 받아 계속해서 너희의 유업을 향하여 나아가라. (물론, 이것은 우리가 곧 다시 살펴보게 될 로마서 8장에 좀 더 자세하게 서술되어 있다.)

이것은 바울이 종말론적인 하나님의 정체성을 중심으로 한 제2성전 시대의 유일신론을 수정하고 개작한 것과 관련해서 우리에게 무엇을 말해 주는가? 첫 번째는 이것이 실제로 출애굽 서사라면, 이것은 정의상 모든 유대적인 유일신론의 토대가 된 이야기들 중의 하나에 관한 서술이라는 것이다. 이스라엘의 하나님이 계약에 대한 자신의 신실하심과 구원의 능력을 계시한 것은 바로 출애굽 때였다. 바울은 출애굽기 3:13-15 등에 나오는 이스라엘 백성의 경우와 마찬가지로, 예수 및 성령과 관련된 사건들은 한 분 유일하신 하나님이 실제로 누구인가에 관한 새롭고 온전한 계시였다는 것을 분명히 한다. 핵심적인 어구는 9절의 첫 부분에 나온다: "이제 너희는 하나님을 알게 되었을 뿐만 아니라 더욱이 하나님에 의해 아신 바 되었는데 … "달리 말하면, 예수 및 성령과 관련된 사건들이 계시해 준 한 분 참 하나님은 이미 주도적으로 행하여 갈라디아 교인들을 "알았고"그들과 상호적인 관계를 맺은 분이기 때문에, 너희는 그 하나님이 하늘에 있는 존재라고 생각하여 어떤 분인가를 알아내기 위해 하늘을 뚫어져라 바라보고 살필 필요가 없다는 것이다.

131) 예를 들면, 민 14:1-4; 느 9:17 등을 보라.

그러나 이렇게 갈라디아 교인들로 하여금 그를 "알게" 함과 동시에 그에 의해 "알려진" 바 되게 한 바로 그 하나님은, 정확히 지혜 전승들의 관점에서, 즉 야웨의 기이한 귀환에 관한 약속을 반영한 관점에서, 자기 아들을 보내었고 이제 그 아들의 영을 보내고 있는 하나님으로 정의된다. 바울은 8-9절에서 참 하나님과 이교의 신들 간의 전형적으로 유대적인 대비를 개략적으로 묘사하고 있지만, 여기에서 참 하나님은 자기 아들을 보내고 성령을 보내는 하나님으로 등장한다.

그런 후에, 이것은 우리의 눈을 다시 한 번 "아들"로서의 예수를 중점적이고 다각적으로 그리고 있는 4절을 되돌아보게 이끄는데, 문맥상으로 볼 때에 분명한 것은, 거기에서 염두에 두고 있는 것들 중의 하나는 하나님의 "아들"로서의 이스라엘이라는 표상이라는 것이다. 이것이 하나님이 "그 아들의 영"을 보내어 내주하게 한 자들도 "아들들"로 불리는 이유이다.[132] 그러나 이 지점에서 우리는 "아들"이라는 말 속에는 메시야의 뉘앙스도 마찬가지로 분명하게 내포되어 있다는 것을 알게 되는데, 이렇게 "아들"이라는 말 속에 여러 가지 것들이 수렴되어 있는 방식에 대해서는 우리가 나중에 좀 더 자세하게 살펴볼 필요가 있다. 그래도 어떤 의심이 남아 있다면, 로마서 8장에 나오는 밀접한 병행은 이 문제를 좀 더 분명히 해준다. 왜냐하면, 거기에는 하나님의 아들/메시야와 유업이라는 두 주제가 시편 2:7-8에 대한 강력한 간접인용을 통해서 서로 결합되어 있기 때문이다:

> 내가 야웨의 영을 전하리니, 그가 내게 말씀하셨다:
> "너는 내 아들이라, 오늘 내가 너를 낳았다.
> 내게 구하라. 내가 열방으로 네 유업
> (tēn klēronomian sou - '텐 클레로노미안 수')이 되게 하고,
> 땅 끝이 네 소유가 되게 하리라."

이렇게 갈라디아서 4:4의 예수는 하나님 백성의 대표자임과 동시에 다윗 가문의 메시야이다 — 나중에 설명하겠지만, 이것은 거의 우연이라고 할 수 없다. 그러나 문맥은 그 이상의 것이 여기에 들어 있음을 아울러 보여준다.

"하나님의 아들"이라는 어구는, 우리가 알고 있는 한, 기독교 이전의 유대 세계에서 이스라엘의 하나님의 화신인 인간으로 생각되는 어떤 인물을 가리키는 칭호로 사용되지 않았다 -그런 인물이 존재하지 않았다는 이유 때문에. 그러나 나의 주장은 초기 교회의 신학적인 글이 처음으로 출현한 시점에서 이미 "성육신한 하나

132) 갈 4:7과 3:26; 거기에서 반영하고 있는 것은 출 4:22f.이다; cf. 렘 31:9.

님"을 직설적이고도 명료하게 가리키는 의미로서의 "하나님의 아들"이라는 후대의 용법이 출현하였다는 것이다. 사실, "하나님의 아들"이라는 어구는 훨씬 더 복잡한 일련의 사고 과정을 개략적으로 압축해서 표현한 것이었고, 통상적으로 바울에 대한 거의 가현설적인(docetic) 읽기를 초래하는 결과를 가져왔다. 원래 "하나님의 아들"이라는 어구는 바울 당시에 "성육신한 신적인 존재"를 의미하지 않았지만, 여기 갈라디아서 4장에서는 다음과 같은 주제들이 서로 명시적으로 결합됨으로써 그러한 존재를 의미하게 된 것이다: (a) 이스라엘의 하나님이 마침내 다시 돌아와서 자기 백성을 구해내고 있다는(그리고 지금 그들에게 애굽으로 다시 돌아가지 말라고 경고하고 있다는!) "새로운 출애굽"이라는 주제, (b) 이스라엘의 하나님의 지혜로운 임재가 "보내심을 받아" 자기 백성 가운데 거하며 그들을 속량하고 있다는 "지혜"라는 주제, (c) 한 분 유일하신 하나님이 자기 아들을 보낸 분이자 성령을 보내고 있는 분으로서 행위를 통하여 자신을 계시하였다는 "하나님의 새로운 계시"라는 주제, (d) 이 서신의 이 지점까지 부각되어 왔던 '크리스토스'(Christos)가 이제 특히 출애굽 서사의 의미를 부각시키기 위한 목적으로, 시편 2:7과 사무엘하 7:14과 시편 89:26-27의 고전적인 본문들과 맥을 같이 하여, "하나님의 아들"로 지칭되면서 등장한 "메시야"라는 주제.[133] 따라서 갈라디아서 4:4에서 언급되고 있는 예수는 이스라엘의 메시야임과 동시에 새로운 출애굽 백성의 대표자일 뿐만 아니라, 이전에 약속한 대로 다시 돌아와서 자기 백성을 구원하고 있는 한 분 유일하신 하나님의 화신이다. 이것은 특히 출애굽과 메시야를 중심으로 한 종말론적인 유일신론을 하나님의 정체성으로 하는 기독론이다.[134]

우리는 나중에 갈라디아서 4장으로 다시 돌아가서, 성령이 이 동일한 그림을 꽉 채우는 방식을 꼼꼼하게 살펴볼 것이기 때문에, 이제 한층 더 복잡하게 압축되어 있는 본문인 로마서 8:1-4을 살펴볼 것이다.

(2) 로마서 8:1-4

나는 다른 곳에서 로마서 6-8장 전체는 (다른 무엇보다도 특히) 출애굽 서사를 대규모로 개작하여 다시 말하고 있는 것임을 논증한 바 있다. 이 장들은 노예들을 해방시키는 수단이 되었던 물 속을 통과하는 여정으로 우리를 데려가고(6장), 토라

133) 갈라디아서에 나타난 예수의 메시야직에 대해서는 cf. *Perspectives*, ch. 31.

134) 이 대목에서 "메시야" 범주들의 통합에 대해서는 아래의 제9장 제3절 3) (1)를 보라.

가 수여되는 산으로 데려가서, (a) 하나님이 이스라엘에게 율법을 지켜 생명을 얻으라고 초대하면서도, (b) 이스라엘로 하여금 그 과정에서 자신들의 내면에 있는 죄와 맞닥뜨리게 하는(7장) 역설을 보게 한 후에, 또다시 애굽으로 되돌아가려고 하지 말라는 암울한 경고와 함께 "유업"을 향하여 본향으로 행진해 나아가는 길로 데려간다:

> 너희는 너희로 하여금 노예생활을 하게 만드는 영을 받아서 또다시 두려움의 상태로 되돌아간 것이 아니지 않는가? 너희는 양자의 영을 받았고, 그 영 안에서 우리는 "아빠, 아버지"라고 부르짖고 있는 것이다. 우리가 그렇게 할 때, 성령이 친히 우리 자신의 영이 말하고 있는 것, 곧 우리가 하나님의 자녀들인 것을 밑받침해 주는 증언을 한다. 그리고 우리가 자녀들이면, 또한 상속자, 곧 하나님의 상속자이고, 메시야와 함께 한 상속자들이니, 우리가 그와 함께 영광을 받기 위하여 고난도 함께 받게 된다.[135]

이 본문에 분명하게 반영되어 있는 시편 2편은 이 본문을 출애굽 이야기와 장차 와서 온 세계와 피조 질서 전체를 자신의 '클레로노미아'(klēronomia, "유업")로 받게 될 왕에 관한 약속 사이에 위치시킨다. 달리 말하면, 이 본문은 메시야를 중심으로 새롭게 구성된 새로운 출애굽 신학으로서, 이 지도 위에서 교회를 다시 한 번 이스라엘 백성이 한 분 유일하신 하나님의 임재에 의한 인도하심을 통해서 광야를 통과하고 있는 지점에 위치시킨다. 나중에 보게 되겠지만, 이것은 성령에 대한 바울의 이해에도 그대로 적용된다.

그러나 지금 우리의 일차적인 관심사는 유일신론에 대한 기독론적인 재정의이고, 우리는 앞에서 본 갈라디아서의 한 대목에서와 마찬가지로 여기 로마서 8:1-4에서도, 예수가 누구인가 및 그가 무엇을 행하였는지 — 좀 더 구체적으로 말하자면, 한 분 유일하신 하나님이 예수 안에서와 예수를 통해서와 예수로서 무엇을 행하였는지 — 에 관한 추가적인 풍부하고 복잡한 진술을 발견한다. 이 장의 처음 두 절은 방송국 아나운서들이 "미끼"(tease)라 부르는 것, 즉 나중에 자세하게 설명하기 전에 먼저 압축해서 도발적으로 던지는 말에 해당한다:

> 그러므로 이제 메시야 예수 안에 있는 자들에게는 결코 정죄함이 없다! 왜 그런가? 메시야 예수 안에 있는 생명의 성령의 법이 죄와 사망의 법에서 너를 해방하였기 때문이다.[136]

그런 후에, 여느 때와 마찬가지로, 바울은 자기가 앞에서 압축해서 제시한 말이

135) 롬 8:15-17.

무엇을 의미하는지를 자세하게 풀어서 얘기하기 위하여, 복음 사건들의 중심에서 무슨 일이 일어난 것이었는지를 설명해 나간다. 내가 흔히 학생들에게 말해 왔듯이, 그가 복음 사건들을 요약한 가장 중심적인 진술들 중의 하나는 이런 것이다:

> 하나님은 율법이 (인간의 육신으로 말미암아 연약하여) 할 수 없었던 것을 행하셨으니, 곧 자기 아들을 죄 있는 육신의 모양으로 보내어, 속죄 제물로 삼아서 바로 그 육신 속에서 죄를 정죄하신 것이었고, 이것은 우리가 육신을 따라서가 아니라 성령을 따라 살아갈 때, 우리 속에서 율법의 바르고 합당한 요구가 이루어질 수 있게 하기 위한 것이었다.[137)]

"하나님이 자기 아들을 보내셨다." 여기서 또다시 우리는 메시야적에 관한 언어("하나님의 아들")와 솔로몬이라는 가상의 인물을 통해서 이미 왕권이라는 관념과 밀접하게 연결되어 있었던 "지혜"에 관한 언어를 한데 결합해서, 하나님의 분신인 이를 "보냈다"고 말하는 지혜 모티프를 본다.

사실, 솔로몬의 지혜서는 로마서 8장과 매우 밀접하게 연관된 주제들에 대한 나름대로의 복잡한 성찰을 제시한다. 내가 말하고자 하는 것은 바울이 거기로부터 이러한 관념들을 가져왔다는 것이 아니라, 단지 당시에 바울이 사용한 것과 병행되는 주제들이 두드러지게 존재하였다는 것이다. 솔로몬의 지혜서의 처음 여섯 장은 "악인들"이 "의인들"을 죽이지만, 그런 후에 하나님의 심판에 직면하게 되고, "의인들"이 부활해서 거룩한 자들 가운데서 유업을 갖는 "하나님의 아들들"로 나타나는 것(5:5)을 보게 되는 것을 묘사한다. 이것은 6장에서 시편 2:10("그러므로 왕들아, 지혜롭게 행하며, 땅의 통치자들아, 경고를 받으라")을 강력하게 연상시키는 땅의 통치자들을 향한 긴 경고로 이어진다. 지혜는 땅의 통치자들에게 요구되는 것이고, 솔로몬은 거기에서 자기가 기도를 통해서 지혜를 얻었다고 증언한다(7:1-22). 지혜는 "하나님의 역사를 흠 없이 그대로 보여주는 거울이고 하나님의 선하심의 형상"(7:26)이기 때문에, 지혜를 얻는 통치자들은 백성들을 지혜롭게 다스릴 수 있게 된다. 솔로몬의 기도의 핵심으로 알려져 있는 것은 자기가 하나님의 뜻을 행할 수 있도록 "지혜"를 보내 달라는 것이었다. 그 기도는 이스라엘의 옛 성경에 나오는 글들과 초기 그리스도인들의 글들을 반영한 울림들로 가득한 매우 의미심장한 한 편의 시이다:

136) 롬 8:1-2. 이 본문에 대해서는 Wright, 1991 [*Climax*], ch. 10과 2002 [*Romans*], 573-7에 나오는 논의들을 보라.

137) 롬 8:3-4.

> 지혜는 당신과 함께 있고, 당신이 하시는 일들을 알고 있으며,
> 당신이 세상을 만드셨을 때에 거기에 있었습니다.
> 지혜는 당신이 보시기에 기뻐하실 일이 무엇인지를 알고 있고,
> 당신의 계명들을 따라 옳은 것이 무엇인지를 알고 있습니다.
> 거룩한 하늘로부터 지혜를 보내 주시고,
> 당신의 영광의 보좌로부터 지혜를 보내 주셔서,
> 내 곁에서 나와 함께 일하게 하시고,
> 당신을 기쁘게 해드리는 일이 무엇인지를 나로 배우게 해주소서.
> 왜냐하면, 지혜는 모든 것을 깨닫고 모든 것을 알고 있어서,
> 내가 하는 일들 속에서 나를 지혜롭게 이끌어 줄 것이고,
> 자신의 영광으로 나를 지켜줄 것이기 때문입니다.
> 그러면, 내가 하는 모든 일들이 당신이 받으실 만하게 될 것이고,
> 내가 당신의 백성을 의롭게 다스림으로써,
> 내 아버지의 보좌들(헬라어로 thronōn - '트로논')에 합당하게 될 것입니다.
> 누가 하나님의 모략을 알 수 있겠으며,
> 누가 주께서 무엇을 원하시는지를 헤아릴 수 있겠습니까? …
> 당신이 위로부터 지혜를 주시고 당신의 거룩한 영을 보내 주시지 않으신다면,
> 누가 당신의 모략을 알겠습니까?[138)]

여기에서 바울을 반영한 것들이 너무나 많아서, 그 모든 것들을 도표로 만드는 것조차 지루한 일이 될 것이다. 어쨌든 여기에서 나의 목적은 신속하게 요점을 짚고 넘어가는 것이다. 솔로몬의 지혜서는 이 기도 직후에 즉시 지혜의 안내와 인도를 따라서 인류, 특히 이스라엘에 관한 이야기를 수정해서 다시 길게 말하는 것으로 넘어간다. 마지막 열 장은 주로 출애굽 자체에 대한 길게 이어지는 기사로 되어 있고, 거기에 부수적으로 애굽 사람들과 가나안의 우상 숭배자들의 악함, 우상 숭배 일반, 하나님의 백성이 되는 것의 유익들, 오직 하나님만을 의지하고 순종하라는 것 등에 관한 묵상들이 나온다. 그리고 이렇게 창조주 이스라엘의 하나님에게 순종하는 자들은 "하나님의 아들"로 인정을 받게 될 것이라는 말도 나온다(18.13). 여기에서 우리는 정확히 우리가 앞서 말하였던 여러 주제들이 서로 결합되어 나오는 것을 본다: 출애굽, 속량, 지혜, 왕권, 그리고 한 분 이스라엘의 하나님에게 계속해서 신실하게 행하고, 그가 과거에 행한 구원하심이 미래에 또다시 결정적으로 있게 될 것임을 믿으라는 암묵적인 독자를 향한 권면.

이것은 정확히 우리가 로마서 6-8장에서 발견하는 바로 그것이기 때문에, "지

138) Wis. 9.9-13, 17.

혜"라는 단어가 거기에 나오지 않는다고 할지라도, 우리는 8:3에 언급된 "자기 아들을 보내셨다"는 어구의 배후에 동일한 관념이 있다고 말하는 것을 주저하지 않아야 한다. 토라의 성취와 연결시키고 있는 것도 또 하나의 단서를 제공해 준다.[139] 메시야인 하나님의 아들에게 할당된 소임에 관한 자세한 내용은 우리가 다음 장에서 살펴보게 될 것이기 때문에, 여기서 우리는 바울의 가장 결정적이고 확실한 단락들 중의 하나에서 메시야의 죽음과 부활에 관한 새로운 계시를 중심으로 철저하게 수정된 하나님의 정체성을 보여주는 고전적인 유일신론을 발견할 수 있다는 것만을 지적해 두고자 한다.

물론, 로마서 8:1-4은 8:5-11로부터 따로 떼어서 볼 수 없고, 로마서 10:6-13과도 밀접하게 연관되어 있어서, 우리는 나중에 이 두 본문에 대해서 살펴볼 것이기 때문에, 현재로서는 바울이 이 지도 위에서 교회를 옛적에 이스라엘 백성이 심각한 반역의 위험에 처해 있던 지점에 위치시키기 위하여 출애굽 서사를 상기시키고 있는 또 하나의 본문으로 넘어갈 것이다.

(3) 고린도전서 8-10장

최근에는 고린도전서 8:6을 바울이 기독론을 중심으로 수정한 유일신론이 놀랍도록 선명하게 표현되어 있는 핵심 본문들 중의 하나로 검토하는 것이 관례처럼 되었는데, 거기에는 그럴 만한 이유가 있다.[140] 그러나 사실 이 서신에서 이교 문화의 세계 내에서 예수의 충성스러운 추종자로서 어떻게 살아가야 하는가 하는 문제에 대하여 말하고 있는 이 본문은 몇 가지 점에서 유일신론과 그 수정이라는 주제를 들려주고 있기 때문에, 로마서 1:3-4이 로마서의 나머지 전체와 관련하여 그러하듯이, 고린도전서 8:6은 나중에 실천적으로 자세하게 해명될 것을 압축하고 집약해서 먼저 제시한 기독론적인 진술로 보는 것이 타당하다. 하나님의 정체성을 중심으로 한 유대적인 "유일신론"의 경우와 정확히 똑같이, 이 유일신론을 구성하는 요소들은 창조와 제의이다. 즉, 이 본문 전체는 현재의 피조세계가 선하다는 것과 이교의 우상 숭배의 올무들은 그 어떤 모양이라도 다 피하고 오직 한 분 유일하신 하나님만을 예배하고 섬겨야 한다는 것을 역설한다. 특히, 이 본문 전체는 종말론적

139) 여기에서와 다른 곳들에서 토라의 성취에 대해서는 아래의 제10장 제4절 3) (10)를 보라.

140) 내가 이전에 Wright, 1986a ["Constraints"], 204-9; Wright, 1991 [Climax], ch. 6에서 한 서술을 보라.

이다. 교회는 "말세가 임해 있는"(10:11) 백성이다. 이 본문에서는 논증의 중심으로서 위대한 출애굽 서사를 상기시킨다: 바울이 9장에서 사도로서의 자신의 "자유"에 대하여 말한 것은 그리스도인들이 메시야 안에서 누려야 할 "자유"를 예시하기 위한 것이지만, 여기에서 유월절 사건을 통해서 얻어진 자유를 말하는 이유는 그러한 자유를 이스라엘 백성처럼 광야에서 방탕하거나 반역하는 일들을 하기 위한 기회로 사용해서는 안 된다고 말하기 위한 것이다(10:1-13). 맥락도 서로 다르고, 어조도 서로 다르지만, 우리는 여기에서 신학적으로나 석의적으로 갈라디아서 4장(그리고 실제로는 자유에 대하여 말하고 있는 갈라디아서 5장)이나 로마서 8장에서와 동일한 기반 위에 있다.

그리고 오경이 고대 세계와 오늘날에 있어서 유대인들에게 유일신론이 무엇을 의미하는 것인지를 집약해 놓은 기도를 이러한 맥락 -출애굽, 광야 여정, "유업"으로 들어갈 것에 대한 기대 -속에서 제시하고 있음은 두말할 필요가 없다. 이 기도는 이교의 시험들에 의해 둘러싸여 있는 상황 속에서 한 분 유일하신 하나님에 대한 충성을 고백하는 기도이다. 이 기도는 고도로 압축되어 있어서 번역하기가 어렵기로 악명이 높고, 바울이 그 기도를 개작한 것도 마찬가지로 고도로 압축되어 있어서 번역하기가 쉽지 않다:

> '셰마 이스라엘 아도나이 엘로헤누 아도나이 에하드
> 와합타 에트 아도나이 엘로헤카 베콜 레바브카 우베콜 나프셰카 우베콜 메오데카'
> (shema ' israēl YHWH elohēnu YHWH echad
> w' ahabtha eth YHWH eloheka becol lebabka ubecol
> naphsheka ubecol m' odeka)
>
> 이스라엘아, 들으라. 야웨는 우리의 하나님이시고, 야웨는 한 분이시다.[141]
> 너는 마음을 다하고 목숨을 다하고 힘을 다하여 네 하나님 야웨를 사랑할지어다.[142]

이것은 주후 1세기의 한 유대인이 주변의 이교 문화 내에서 어떻게 행하여야 하

141) NRSV는 난외주에서 대안들을 제시한다(여기서는 NRSV에서 "주"로 표현한 것을 "야웨"로 대체하였다): "우리 하나님 야웨는 한 분 야웨이시다" 또는 "야웨는 우리의 하나님이고, 야웨는 한 분이시다." RV는 본문에서는 "주 우리 하나님은 한 주이시다"라고 한 후에, 난외주에서는 세 가지 대안들을 제시한다: (a) "주 우리 하나님, 주는 한 분이시다," (b) "주는 우리의 하나님이시고, 주는 한 분이시다," (c) "주, 오직 주만이 우리의 하나님이시다."

142) 신 6:4f.

는지를 생각할 때에 가장 먼저 생각이 났을 법한 본문이다.

이 본문은 다소의 사울에게나 그로부터 백 년 후의 아키바에게나 소중한 말씀이었을 것임에 틀림없다. 그러나 사도 바울 — 또는, 그 이전의 다른 누구 — 이 이 유명한 기도를 어떻게 수정하였는지를 보면, 정말 기가 막힐 정도로 대단하다. 그는 한 분 유일하신 하나님에 대한 충성을 고백하는 이 중심적이고 결정적이며 놀랍도록 선명한 기도를 고쳐서, 그 한복판에 예수를 위치시켜 놓았다.

삼사십 년 전만 해도 거의 눈에 띄지 않았던 이러한 결론이 지금은 바울의 기독론을 이해하는 데 불가피한 핵심적인 것으로 여겨지게 된 것은 지난 세대에 오늘날의 신약학계에서 벌어진 상당히 극적인 변화이다.[143] 그러나 오늘날 이러한 결론을 인정하는 학자들은 특히 이렇게 수정된(바울은 아마도 더 명확히 하고 강화한 것이라고 말할 것이지만) 유일신론이 새로운 운동과 그 공동체의 중심적인 세계관 상징과 관련하여 어떤 방식으로 기능하고, 그들의 공통적인 삶에 어떤 방식으로 질서를 부여하였는지를 더 천착할 필요가 있다. 우리는 빌립보서 2장의 경우와 마찬가지로(아래를 보라) 여기에서도, (한 분 유일하신 하나님 및 그 속에서의 예수에 관하여, 기도를 하는 가운데 성경에 뿌리를 두고 새롭게 사고한 것인) 신학이 어떻게 저 하나인 공동체의 비전을 지탱해 주어서, 그 공동체로 하여금 사방에서 압력을 받는 가운데서 이러한 신학 활동을 통해서 앞으로 나아가는 길을 발견하게 하였는지를 보게 된다.

첫 번째로, 우리는 아직도 기본적인 요지조차 파악하지 못하였을 경우를 대비해서 먼저 그 기본적인 요지를 살펴보아야 한다. 우리는 셰마가 제2성전 시대의 유대적인 유일신론자들에게 얼마나 중심적인 것이었는지를 앞에서 이미 살펴본 바 있다. 셰마는 이 "유일신론"을 추상적인 교리(계몽주의 철학자들은 이것을 "이신론들"이 진화해서 궁극적으로 도달하게 되는 목표지점이라고 보았다)가 아니라, 기도와 사랑과 충성이라는 개인적인 깊은 응답을 불러일으키는 지극히 개인적인 실

143) 위의 각주 100에 나와 있는 참고문헌들을 보라. Fee, 1987 또는 Barrett, 1971b [1957], ad loc. 이 셰마의 반영에 주목하지 않은 것은 눈에 띈다. 예를 들어, Fitzmyer, 2008, 342f.와 대비해 보라(Fitzmyer, 343이 신명기 10:17을 비교한 것도 도움이 된다). Bauckham, 2008/9, 211 n. 69에 언급된 그 밖의 다른 논의들도 보라; 그리고 예컨대, Hays, 1997, 139f.; Waaler, 2008; Lincicum, 2010, 138-40 등도 참조하라. Lincicum은 Lindemann, 2000, 188을 인용해서, 고린도전서 8:1-6을 "바울 서신에서 신학적으로 가장 중요한 본문들 중의 하나"라고 설명하는데, 이것은 현재의 장이 동의하고 강조하는 판단이다. 나를 비롯한 여러 학자들이 지금 취하고 있는 이 본문에 대한 읽기를 여전히 반대하는 사람들로는 Dunn, 2010, 108f.(Dunn, 1980, 180에서는 그가 다른 견해를 취하였음을 주목하라!); McGrath, 2009, 38-45.

체로 고백하는 상징 행위였다. 그것은 개인적인 것임과 동시에 세계적인 것이었다. 셰마를 기도한다는 것은 하나님 나라의 멍에를 짊어지고서, 어떤 대가를 치르더라도, 하나님의 뜻이 하늘에서와 마찬가지로 땅에서도 이루어지도록 하기 위하여 헌신하겠다고 결단하는 것이었다. 그것은 출애굽 때에 여러 가지 일들로 자기 자신을 계시하였고 지금은 자기 백성에게 그들의 유업을 주고 있는 한 분 유일하신 하나님의 이름을 부르며 그 하나님에 대한 충성을 선언하는 것이었다. 바울은 이 본문에서 정확히 바로 그런 방식으로 셰마를 사용하고 있는 것이고, 하나의 교리에 관한 고립적이고 분리된 진술이나 "신령한" 여담으로 말하고 있는 것이 아니며, 단지 앞 절에 나온 "많은 '신들'과 많은 '주들'"에 철퇴를 가하기 위해서가 아니라,[144] 이교 세계의 한복판에서 하나님 나라의 백성으로서 살아가고 있는 — 또는, 바울이 그렇게 살아가라고 가르치고 있는 — 공동체의 토대로 삼기 위하여 여기서 셰마를 사용하고 있는 것이다. (우리가 곧 보게 되겠지만, 하나님 나라에 관한 바울의 드문 명시적인 언급들 중의 하나가 로마서에 나오는 이것과 병행되는 논의의 관련 본문에 나온다는 것은 참으로 흥미롭다.)[145]

그러나 그가 여기에서 사용하는 셰마는 재정의된 셰마이기 때문에, 그 중심에는 예수, 특히 십자가에 못 박힌 예수가 있다: 이 수정된 기도 속에는 십자가에 대한 명시적인 언급이 나오지 않지만, 바울이 이 기도를 공동체가 직면해 있는 도전에 적용하자마자, 그가 거기에서 십자가를 전제하고 있다는 것이 분명하게 드러난다. 일단 우리가 원래의 셰마가 출애굽이라는 맥락 속에 두어져 있고, 고린도전서 8-10장에서의 바울의 논증이 새로운 출애굽이라는 맥락 속에서 전개되고 있다는 것을 깨닫게 되면, 그 근저에 있는 요지는 분명해진다. 출애굽이 이스라엘의 하나님이 자기 백성을 구원하기 위하여 친히 강림하였을 때에 개시되었던 것과 마찬가지로, 새로운 출애굽은 사람들이 오랫동안 기다렸던 이 동일한 하나님의 귀환이 하나님이 예수 안에서 및 예수로서 강림하였을 때에 개시되었다. 다시 한 번 반복해서 말해 두지만, 여기에서 바울은 셰마를 모든 것으로부터 분리되고 고립된 교리적인 여담이나 금언으로 활용해서 실천적인 윤리적 논증에 사용하고 있는 것이 아니라, 종말론적이고 유일신론적인 하나님의 정체성에 관한 진술로 사용하고 있다는 것이다. 이것은 이스라엘의 하나님이 마침내 다시 돌아왔을 때에 일어날 것이라고 기대되었던 일들과 동일한 것이었다.

144) Dunn이 이제 주장하고 있듯이(앞의 각주를 보라).

145) 롬 14:17. 갈라디아서 3:20에서 단일하고 연합된 공동체와 관련해서 유일신론을 고도로 압축해서 사용하고 있는 것도 보라.

이러한 수정 작업은 어떻게 이루어졌던 것인가? 디아스포라에 살던 대부분의 유대인들이 매일 암송하였던 칠십인역 신명기 6:4에 나오는 이 기도의 헬라어 형태는 다음과 같이 되어 있다:

'아쿠에 이스라엘' (akoue Israēl)	이스라엘아, 들으라
'퀴리오스 호 테오스 헤몬' (kyrios ho theos hēmon)	야웨는 우리의 하나님이시고
'퀴리오스 헤이스 에스틴' (kyrios heis estin)	야웨는 한 분이시다.

그리고 이 기도는 다음과 같이 이어진다: "너는 마음을 다하고 '프쉬케'(psychē)를 다하고 힘을 다하여 네 하나님 야웨를 사랑할지어다."[146)]

바울의 글들 속에 성경에 대한 간접인용들과 반영들이 있다는 것에 대하여 조금이라도 의심이 있다고 할지라도, 여기에서는 그런 의심이 들어설 여지가 없다.[147)] 우상들과 신전들이 즐비한 이교적인 환경의 흉용한 물결을 어떻게 헤쳐나갈 수 있느냐 하는 고전적인 질문에 직면하였을 때에 가장 먼저 떠오르는 것은 제2성전 시대의 유일신론이고, 그 유일신론이 어떤 것이었느냐를 살펴보고자 하였을 때에 가장 먼저 떠오르는 것은 셰마이다. 우상들로 가득한 세계에서 예수의 추종자들에게 가장 기본적이었던 것은 단순한 것이었다: "우리는 이교의 다신론자들이 아니라 유일신론자들이다." 셰마를 토대로 한 간접인용들과 반영들은 이전의 세 절로부터 동력을 얻는데, 먼저는 "누구든지 하나님을 사랑하면"(3절)이고, 다음으로는 "하나님은 한 분밖에 없다"(4절)는 것이며, 마지막으로는 수사학적으로 절정에 해당하는 5절과 6절이다. 이 핵심적인 절은 다음과 같은 과정을 거쳐 세워진다:

> [4]그러므로 우상들에게 바쳐진 음식에 대하여는 우리가 "우상들은 세상에서 아무 것도 아니고," "하나님은 한 분밖에 없다"는 것을 안다. [5]비록 하늘에나 땅에나 "신들"이라 불리는 자들이 많이 있어서, 많은 "신들"과 많은 "주들"이 있다. [6]그러나 우리에게는
>
> 한 하나님 곧 아버지가 계시니,
> 만물이 그에게서 났고, 우리도 그에 대하여 있고,
> 또한 한 주 메시야 예수께서 계시니,

146) 신 6:5. 물론, '프쉬케'(psychē)는 통상적으로 "혼"으로 번역되지만, 아키바 사건이 보여 주듯이(위의 제9장 제1절), "목숨"을 의미하는 히브리어 '네페쉬'(nephesh)를 번역한 것으로도 이해되었다.

147) 이제 Dunn의 대안적인 주장은 6절은 단지 5절의 "많은 신들과 많은 주들"에 대한 반응으로 형성되었다는 것이지만, 그 정반대일 가능성이 대단히 높다. 왜냐하면, 바울은 자신의 수정된 셰마를 인용하기 전에 이미 몇 절 앞에서 그 셰마를 간접적으로 인용한 것으로 보아서, 주변의 이교 세계의 종교적 맥락을 미리 언급하고 설명하는 표현을 앞에 두었을 가능성이 크기 때문이다.

만물이 그로 말미암아 있고, 우리도 그로 말미암아 있다.[148]

이 본문은 지독하게 압축되어 있다. 얼핏 보아도, "우리도 그에 대하여"(we to him)라는 어구와 "우리도 그로 말미암아"(we through him)라는 어구가 가장 먼저 우리를 당혹스럽게 만든다. 하지만 실제로 헬라어 본문을 보면, 한층 더 압축되어 있다:

'알 헤민'(all' hēmin)	그러나 우리에게는
'헤이스 테오스 호 파테르'(heis theos ho patēr)	한 하나님 아버지
'엑스 후 타 판타'(ex hou ta panta)	만물이 그에게서
'카이 헤메이스 에이스 아우톤'(kai hēmeis eis auton)	그리고 우리는 그에게
'카이 헤이스 퀴리오스 예수스 크리스토스' (kai heis kyrios Iēsous Christos)	그리고 한 주 예수 메시야
'디후 타 판타'(di' hou ta panta)	만물이 그로 말미암아
'카이 헤메이스 디아우투'(kai hēmeis di' autou)	그리고 우리는 그로 말미암아.

사실, (셰마의 서두의 행들에 동사가 하나도 나오지 않는 것과 마찬가지로) 이 정형문구 속에는 동사가 전혀 나오지 않지만, 바울과 그의 청중들에게는 동사가 여기에 나올 필요가 없었을 것이다. 그들은 앞서의 번역문에서처럼 첫 번째 행에는 "~가 있다"(there is)가 생략되었고, 다음의 주된 두 행에서는 "있다"(are)가 반복해서 생략되었다고 보아서, 이 문구를 이렇게 이해하였을 것이다: "한 분 하나님 아버지가 계시니, 만물도 그에게서 났고, 우리는 그에 대하여 있고, 한 주 메시야 예수가 계시니, 만물이 그로 말미암아 있고, 우리도 그로 말미암아 있다."

이렇게 보충을 해 넣어도, 이 문구는 상당히 모호한 것으로 생각되었을 것이다. 따라서 아마도 우리는 첫 번째 주된 행에 "그리고 우리는 그에게 속해 있다"라는 난

148) 나는 이미 출간된 번역본에서 6절의 압축된 두 행을 확장해서, "만물이 그에게서 나오고, 우리도 그에 대하여 및 그를 위하여 살아간다"와 "만물이 그로 말미암아 존재하고, 우리도 그로 말미암아 살아가고 있다"로 번역하였다. "살아가다"라는 표현을 추가한 것은 영어 표현을 매끄럽게 하기 위한 것이고, "그리고 그를 위하여"를 추가한 것은 '에이스 아우톤'(eis auton)이 지닌 "~를 향한 운동"이라는 의미만이 아니라 "목적"의 의미를 좀 더 온전하게 드러내기 위한 것이다. 예컨대, 하나님을 "우리의 존재의 최종목적지"로 본 Thiselton, 2000, 636을 보라.

외주를 달아야 할 것이다 -물론, "그에게"라고만 하였을 때에는 "속해 있다"는 것 이상의 것, 즉 "우리는 그와의 관계 속에서 존재한다"거나 "우리는 그를 향하여 살아간다"는 것 같은 것을 의미하는 것으로 보이기는 하지만. 두 번째 행에서는 아마도 우리는 메시야의 구원 사역과 관련된 좀 더 명시적인 내용, 즉 단지 "그리고 우리는 그로 말미암아 살아간다"는 의미가 아니라, "그리고 우리는 그로 말미암아 구원을 받았다"는 의미를 고려하여야 할 것으로 보인다.[149] 또는, 이러한 문구들은 아마도 우리가 그런 식으로 제약하고 한정해서 보지 말아야 할 그런 종류의 문구들이어서, 의도적으로 여러 가지 것들을 한꺼번에 환기시키도록 신비한 채로 두어진 것일 수도 있다.[150]

우리는 우리의 현재의 목적을 위해서는 그러한 문제들을 굳이 해결할 필요는 없다. 왜냐하면, 이 대목이 우리에게 주는 진정한 충격은 셰마를 확장해서 예수를 거기에 포함시키고 있다는 사실 자체라는 것은 두말할 필요가 없기 때문이다. 바울이 여기에서 자기가 행한 것을 6절에서 아무런 보충설명이나 해명 없이 행할 수 있었다는 사실은, 나와 보컴을 비롯한 여러 학자들이 이미 말했던 대로, 이러한 신학적인 혁명은 이전에 이미 일어나 있었고, 이 시점에서는 논란의 여지가 없을 정도로 기독교의 일부가 되어 있었다는 것을 웅변적으로 말해 준다. 만일 이러한 입장들이 고린도 교인들이 이해하기 힘들거나 논란이 될 소지가 있는 것이었다면, 바울은 틀림없이 거기에 대해서 길게 논증하였을 것이지만, 6절에 나오는 깜짝 놀랄 만한 신학적인 주장에 대해서 논증은커녕 더 이상 추가적인 설명조차 할 필요가 없었다. 따라서 심지어 우리는 어린 시절부터 날마다 정해진 시간들에 셰마로 기도하는 것이 습관이 되어 있었던 바울이 이 때쯤에는 이미 여러 해 동안, 고린도전서 15:20-28에서 말하고 있는 것처럼, 메시야 예수의 나라가 바로 아버지 하나님의 나라가 현재적으로 임한 것임을 기정사실로 여기고서, 이렇게 새로운 방식으로 셰마를 기도하였고, 다른 사람들에게도 그렇게 기도하라고 가르쳐 왔을 것이라고 추측

149) 이것은 창조와 관련된 역할을 구원론으로 대체하는 것을 의미하지는 않는다. 주석서들은 이제 통상적으로 Murphy-O'Connor, 1978의 주장을 그런 취지로 다룬 후에(예컨대, Thiselton, 2000, 635f.; Fitzmyer, 2008, 343) 통상적으로 반박한다.

150) 나는 모든 글자들을 논리적인 좌뇌를 사용해서 빠짐없이 왼쪽에서 오른쪽으로 써야 하였던 사람들과는 달리, 히브리인들은 자신의 글자들을 모음 없이 자음만을 오른쪽에서 왼쪽으로 써내려 갔기 때문에 우뇌가 발달해서, 그들의 사고는 열려 있었다고 말한 Jonathan Sacks의 주장(Sacks 2011, 41-7)을 기억한다. 히브리어/헬라어라는 절대화된 이분법은 그만두고라도, 우뇌/좌뇌의 절대화된 이분법에 온전히 동의할 때에만, 우리는 이 주장을 받아들일 수 있겠지만, 그럼에도 불구하고 이 주장은 셰마도 열려 있었고, 셰마에 대한 바울의 수정 작업도 열려 있었다는 중요한 점을 지적하고 있다.

해 볼 수도 있다.

이러한 수정의 의미는 분명하다. 바울이 수정을 통해서 행한 것(또는, 어떤 다른 사람이 수정한 것을 바울이 여기에서 인용하고 있는 것)은 원래의 기도에서 '테오스'(theos, "하나님")와 '퀴리오스'(kyrios, "주")를 분리해 내어서, 그 각각에 짧은 보충설명을 덧붙이는 것이었다. 즉, 그는 "하나님"에는 "아버지"라는 단어와 하나님이 만물의 근원이자 최종목적지라고 말하는 어구를 덧붙였고, "주"에는 "메시야 예수"라는 어구와 예수가 만물을 존재하게 한 수단이라는 것, 즉 우리 인간을 포함한 만물이 예수로 말미암아 지음 받았다고 말하는 어구를 덧붙였다. "한 하나님(아버지), 한 주(메시야 예수)." 이것은 언어상으로는 작은 발걸음이었지만, 신학적으로는 거대한 도약이었다. 예수는 "제2의 하나님"이 아니다. 만일 예수가 제2의 하나님이라면, 유일신론 전체는 폐기되고 말 것이었다. 예수는 거의 신에 가까운 중간적인 존재가 아니다. 그는 이스라엘의 하나님의 정체성을 계시한 분이기 때문에, 이제는 아무도 예수를 생각함이 없이는 이 하나님에 대하여 말할 수 없고, 창조주이자 이스라엘의 하나님인 한 분 유일하신 하나님을 생각함이 없이는 예수에 대하여 말할 수 없게 되었다.

이 장 및 여기에서의 모든 논의가 거기로부터 흘러나온다는 사실이 그 점을 잘 말해 준다. 우상들이 길거리마다 넘쳐나고, 우상의 제물로 바쳐져 "더럽혀진" 고기들이 저잣거리마다 넘쳐나는 "많은 신들과 많은 주들"을 숭배하는 세계 속에서, 유대적인 유일신론이 말할 수 있는 것은 "우리에게는 한 분이 계신다"는 것이다. "우리에게는 두 분이 계신다"고 말하였거나 그런 의미를 내비쳤다면, 그것은 "우리는 단지 상당히 까다로운 새로운 형태의 이교이다"라고 말하는 것이 되었을 것이다. 하지만 바울은 이 서신 전체에 걸쳐서 자기가 이교 세계에 맞서 유대적인 유일신론의 토대 위에 서 있다고 선언하고 있다. 여기에서 시작되어서 10장 끝까지 이어지는 긴 논증은 바로 이러한 논점을 전개하고 있다.

특히, 바울이 그러한 논증으로 옮겨가는 방식은 그가 6절을 단지 장식용으로 전통을 간접적으로 인용한 미사여구로 덧붙여 놓은 것이 아니라, 이후에 이어지는 논증을 위한 추진력으로 삼고자 하였음을 보여준다. 한 하나님이 있고, 한 주가 있다 … 그러므로 이교의 우상들, 만신전에 있는 신들과 여신들(물론, 다른 지역들에서와 마찬가지로 고린도에서도 활발하게 행해졌던 황제와 그 가족에 대한 제의를 포함해서)은 존재하지 않는 것들이다. 칼리굴라, 클라우디우스, 네로 등과 같은 신들도 물론 "존재하는" 것이 아니었다. 그들은 단지 현실 세계 속의 인간에 불과한 자들이었다. 요지는 그들은 신으로 자처하지만, 사실은 그렇지 않다는 것이었다.

"신들"로서의 그들은 존재하는 것이 아니었다. 바울은 나중에 이교도들이 우상들의 이름을 부르며 섬길 때, 그것은 열등한 무형의 초자연적인 실체들인 귀신들을 섬기는 것이고, 그들이 신이라고 부르는 우상들은 그들을 속이는 가짜 신들일 뿐이라고 말한다.[151] 그 결과는 극적이다. 즉, 이러한 신이나 주가 아닌 우상들에게 바쳐진 음식은 그저 음식일 뿐이기 때문에, 신학적이거나 제의적이거나 사회학적으로 중요한 의미가 있는 일은 그 음식과 관련해서 실제로 일어나지 않는다는 것이다. 한 분 유일하신 하나님과 한 주를 섬기는 자는 양심이 깨끗하여 거리낌이 없다면 그런 음식을 얼마든지 먹을 수 있다. 이것이 바울이 8장에서 어느 정도 제시하고 나서 나중에 10장에 가서 다시 다루는 논지이다.

이제 우리는 이스라엘의 하나님이 마침내 예수 안에서 및 예수로서 다시 돌아왔다는 새로운 출애굽 신앙을 따라 이런 식으로 수정된 제2성전 시대의 유일신론이 메시야의 추종자들의 단일한 공동체와 그 핵심적인 세계관 상징의 토대가 되고 있다고 말하는 것이 무엇을 의미하는지를 알게 되었다. 수정된 셰마는 이 공동체의 연합(unity)과 성결(holiness)을 유지시킨다. 성결의 문제(우상으로 "더럽혀진" 음식을 먹어도 되는가?)에 대하여 대답하기 위한 출발점은 이러한 재정의된 확고한 유일신론을 깨닫고 있는 사람들은 양심에 아무 거리낌을 가질 필요 없이 모든 음식을 먹을 수 있다는 것이다. "신들"은 아무런 실체가 없는 헛된 것들이기 때문에, 그런 것들에 대해서는 신경을 쓸 필요가 없다. 따라서 네가 우상에게 바쳐진 음식을 먹는다고 해서, 그것이 "성결"을 해치는 것은 결코 아니다. 그러나 네가 그렇게 하는 것이 "연합"과 관련해서는 어떠한 영향을 미치는가? 또한, 그것은 이러한 일들과 관련해서 아직도 양심에 거리낌을 느끼는 사람들, 즉 바울이 말한 식으로 표현하자면, 믿음이 "약한 자들"과 관련해서는 어떠한 영향을 미치는가? 그것은 믿음이 "약한 자들"과 동일한 공동체에 몸담고 있는 믿음이 "강한 자들"의 양심에는 어떠한 영향을 미치는가? 이러한 질문들에 대한 대답은 이 세계관이 지금 의거하고 있는 유일신론의 중심에 십자가에 못 박힌 메시야가 있다는 것이 무엇을 의미하는지를 철저하게 숙고해 보라는 것이다. 앞으로 빌립보서 2장을 살펴볼 때에 보게 되겠지만, 이 십자가는 한 분 유일하신 하나님에 대한 계시의 중심에 있고, 따라서 이 세계관의 중심에 자리하고 있다. 믿음이 "약한" 신자가 그 양심에 거리껴 하는데도, 신자들이 이 재발견된 "유일신론"에 근거해서, 당당하게 앞장서서 우상에게 바쳐졌던 고기를 먹는다면, 그들은 바로 그 "유일신론"의 가장 깊은 본질 자체를 일축해 버

151) 이 점에 대해서는 Rowe, 2005a, 308f.를 보라.

리는 것이 될 것이다. 메시야의 죽음은 단지 하나님이 인간의 죄들을 처리하기 위하여 고안해 낸 편리한 방식인 것이 아니다. 메시야의 죽음은 한 분 유일하고 참된 하나님의 마음과 성품을 반영한 사건이고, 그것이 반영하고 있는 것은 이 한 하나님과 한 주의 이름을 부르는 공동체의 삶의 구석구석에서도 빛을 발하는 것이 마땅하다. 그런데 그렇게 하지 않고, "네가" 세상에는 오직 이 한 하나님과 한 주만이 있다는 "지식"을 이용해서, 믿음이 "약한 자"를 아랑곳하지 않고 거리낌 없이 우상 제물을 먹는다면, "너는" 그 신자로 하여금 진짜 우상 숭배를 하도록 장려하는 꼴이 되고 만다:

> [11]그렇게 되면, 네 "지식"으로 그 믿음이 약한 자가 멸망하게 되는데, 그는 메시야께서 위하여 죽으신 형제이다. [12]이것은 너희가 형제에게 죄를 지어 그 약한 양심을 상하게 하고, 그렇게 함으로써 메시야에게 죄를 짓게 된다는 것을 의미한다.[152)]

따라서 신학에 있어서의 혁명은 단지 예수를 셰마 내에 포함시킨 것만 아니라, 십자가에 못 박힌 메시야를 거기에 포함시킨 것도 해당된다. 여기에 고린도전서 1:23에서 말하고 있는 것과 같은 궁극적인 "거리끼는 것"이 있지만, 이 점을 깨닫지 못하고 행동한다면, 그것은 "약한 형제"를 걸려 넘어지게 할 새로운 "거리끼는 것"이 되고 말 것이다.[153)] 바울은 이렇게 말하고 있는 것으로 보인다: 십자가에 못 박힌 메시야라는 "거리끼는 것"과 형제의 멸망이라는 "거리끼는 것"중에서 어느 한 쪽을 택하라. 하나님의 중심에 십자가가 있다는 것은 연합되고 거룩한 권속이라는 세계관 상징의 중심에 십자가가 있다는 것을 의미한다. 이 모든 것은 개시된 종말론적 유일신론에 대한 믿음, 즉 이스라엘의 하나님이 예수라는 인격으로 다시 돌아왔다는 믿음으로부터 직접적으로 도출된다.

셰마를 수정함으로써 생겨난 직접적인 결과인 이러한 결정적으로 중요한 변화는, 우리가 앞에서 보았던 유대적인 맥락, 즉 셰마를 기도하는 것은 하나님의 나라를 기원하며 거기에 헌신하는 것이라는 맥락을 떨쳐 버리는 것이 아니다. 바울은 음식과 성일을 "아무 상관이 없는 일들"로 여기라는 자신의 호소에 대한 근거를 제시하기 위하여 본질적으로 유일신론적인 논증을 사용한 로마서 14장의 아주 비슷한 본문에서 이렇게 설명한다:

152) 고전 8:11f.

153) 바울 서신에는 '스칸달리조'(skandalizō)가 네 번 사용되고 있는데, 그 중의 두 번이 여기 8:13에서 사용되고 있다(cf. 비슷한 맥락 속에 놓여 있는 롬 14:21; 또한, 고후 11:29).

> [17]하나님의 나라는 먹는 것과 마시는 것에 관한 것이 아니라, 성령 안에서의 의와 평화와 기쁨에 관한 것이다. [18]메시야를 이와 같이 섬기는 자는 누구든지 하나님을 기쁘시게 하고 다른 사람들로부터 공경을 받을 만하다.[154)]

달리 말하면, 바울은 한 하나님과 한 주의 통치를 따라 살아가는 자들의 공동체 — 십자가에 못 박힌 메시야의 공동체이자 메시야 및 그의 죽음과 부활에 의해서 정의되는 공동체(14:9) — 를 하나님의 주권적인 통치가 그것 속에서 탄생하고 그것을 통하여 탄생하는 그런 공동체로 보고 있다는 것이다. 옛적의 셰마를 기도할 때와 마찬가지로, 수정된 셰마를 기도하는 것은 하나님 나라의 멍에를 짊어지는 것이었다. 고린도전서 8장과 로마서 14장을 함께 놓고 보면, 우리는 바울에게 있어서 셰마를 새로운 방식으로 기도하는 자들은, 과거에 십자가 위에서의 메시야 예수의 승리를 통하여 실현되었을 뿐만 아니라 미래에 사망 자체를 포함한 모든 원수들에 대하여 메시야가 이룰 승리를 통하여 실현하게 될 한 분 참 하나님의 주권적인 통치에 헌신하는 자들이었다고 말할 수 있다(고전 15:20-28). 하지만 이 두 승리 사이에 제3의 승리가 있을 것인데, 그것은 메시야의 권속의 지체들이 자신의 권리를 주장하며 살아가는 것이 아니라, 서로의 필요와 양심을 살피고 헤아리며 살아가는 법을 배울 때에 실현되는 조용하지만 중요한 승리이다. 그렇다면, 이 공동체는 어떻게 하나님의 연합되고 거룩한 백성으로서 함께 살아가는 법을 배울 것인가? 그들은 마음과 생각을 새롭게 하여 기도하면서 한 하나님과 한 주의 정체성을 깨달음으로써 그렇게 살아가는 법을 배우게 되는데, 이것은 바울이 자신의 글들 속에서 누차 강조한 주된 목표였다.

우리는 이제 고린도전서 8-10장으로 다시 돌아가서, 이번에는 이 장들을 긴 논증의 결론으로 살펴볼 차례이다.[155)] 바울은 믿음이 "강한 자들"로 하여금 자신들에게 주어진 자유를 고집해서는 안 된다는 자신의 호소의 근거로 제시하기 위하여, 자기가 사도로서 "자유"와 "권리들"을 지니고 있는데도 그러한 자유와 권리들을 고집하지 않는 쪽으로 행해 왔다는 것을 설명하는 데 9장 전체를 할애하였다. 그런 후에, 그는 10장에서 우상 숭배에 대한 엄중한 경고로 옮겨가는데, 이것은 아마도 자신의 말을 들은 신자들 중에는 자신들은 믿음이 "강한 자들"이기 때문에, 우상 숭배와 거기에 수반되는 행위들을 다시 한 번 "장난삼아" 해보아도 되지 않겠느냐

154) 롬 14:17f.

155) 8-10장을 73절로 이루어진 단일한 논증으로 취급하는 것은 그것이 58절로 된 15장보다 상당히 더 길다는 것을 의미한다.

고 말하는 사람들이 일부 있을 수도 있다는 것을 알았기 때문일 것이다. 그는 그렇게 해서는 안 된다고 말한다: 너희는 새로운 출애굽 백성이고(10:1-13), "말세가 임해 있는" 백성이다(10:11).[156] 너희는 첫 번째 출애굽 백성의 잘못들로부터 교훈을 배워야 하고, "그 반석은 곧 메시야이시다"라는 것이 무엇을 의미하는지를 깨달아야 한다(10:4).[157] 이것은 믿음이 "강한 자들"도 "유일신론"으로부터 잘못된 결론, 즉 우상들은 원래 존재하지 않기 때문에, 그 신전들을 종종 찾아간다고 해서 문제될 것은 없을 것이라는 결론을 이끌어 내어서는 안 된다는 것을 의미한다. 바울은 성경을 근거로 한 자신의 기본적인 원칙에서 조금도 뒤로 물러나지 않는다: "땅과 거기에 충만한 것이 주의 것이다." 시편 24편의 첫 행은 창조의 유일신론에 대한 너무나 분명한 진술을 제시하는 가운데, "시장에서 파는 것은 무엇이든지 양심을 토대로 한 그 어떤 판단도 내리지 말고 먹으라"(10:25)는 전혀 애매하지 않은 분명한 허락을 주고 있다.

그러나 이 인용문 속에는 우리가 눈으로 보는 것보다 더 많은 것이 내포되어 있다. 바울은 자신이 인용한 한 절 이상의 것을 염두에 두고 있는 경우가 흔하기 때문에, 우리가 이 시편 전체를 살펴보게 되면, 다른 관점들이 드러나게 된다.[158]

첫째, 이 시편은 단지 "주"가 만물을 만들었고 지금은 만물을 소유하고 있기 때문에, 그의 백성은 그 모든 것들을 누릴 수 있다는 사실만을 말하고 있는 것이 아니라, 성전에 올라가는 것을 중심으로 해서 유일신론적인 예배와 거룩한 삶을 살라고 하는 강력한 호소이다:

> 야웨의 산에 오를 자가 누구이고, 그의 성소에 설 자가 누구일까? 손이 깨끗하고 마음이 순수하며 거짓된 것들을 향하여 자신의 영혼을 들지 않고 거짓으로 맹세하지 않는 자들이로다.[159]

156) 위의 제8장 제5절 각주 62를 보라.

157) 바울은 이스라엘 백성이 마실 물을 주었던 "반석"을 그들과 동행하였던 하나님의 임재를 나타내는 비유로 이해한 것으로 보인다. 하나님에 대한 중요한 칭호로서의 "반석"에 대해서는 신 32:4, 15, 18, 30f.를 참조하라; cf. 창 49:24; 삼상 2:2; 삼하 22:2; 23:3; 시 18:2; 62:2; 78:35; 사 17:10; 26:4; 30:29; 44:8; 합 1:12. 이 본문들 중 다수는 고전적인 유대적 유일신론, 이스라엘의 하나님의 유일무이한 정체성과 권능에 대한 명시적인 진술들이다; cf. Waaler, 2008에 실린 유익한 논의.

158) 놀랍게도, Hays는 Hays, 1989a에서나 Hays, 1997, 175f.에서나 이 점을 발전시키지 않는다; 이것은 이 본문에 대한 그의 석의에서나 바울의 성경 사용에 관한 그의 좀 더 거시적인 명제에서 별로 중요하지 않았던 것이었던 모양이다. Witherington, 1995, 227은 이제 결례와는 상관없게 된 음식에 대하여 말하기 위하여 유대인들에게 주어진 통상적인 은혜를 인용하는 것은 아이러니라고 보지만, 이 시편 전체가 다른 의미층들에 어떻게 기여하는지를 보지는 않는다.

159) 시 24:3f.

그들은 "거짓된 것들을 향하여 자신의 영혼을 들지 않는 자들," 달리 말하면 거짓 신들인 우상들을 섬기지 않는 자들이다. 그렇다. 우리는 바울이 이 시편의 첫째 절을 인용할 때, 거기에서 "유일신론은 주가 만물을 소유하고 계시고 너희에게 만물을 거저 주신다는 것을 의미한다"는 음성을 듣지만, 또한 거기에서 "너희는 오직 그만을 섬겨야 하고, 우상 숭배에 의해서 생겨나는 행실들을 버려야 한다"는 음성도 듣는다. 이것은 정확히 고린도전서 10장의 바로 그 메시지인데, 우리는 22절에 나오는 성경에 대한 또 하나의 간접인용("분명히 너희는 주를 노여워하시게 하고 싶지 않을 것이니, 우리는 그보다 강하지 않다, 그렇지 않은가?"), 즉 바울이 좋아하는 신명기 32장의 여러 본문들 중의 하나를 반영하고 있는 것에서 이것을 확인할 수 있다.[160)]

그러나 이것이 전부가 아니다. 이 시편 기자가 권하는 유일신론적인 성결을 따르는 자들은 "야웨로부터 복을 받을 것이고, 그들의 구원의 하나님으로부터 신원하심을 얻을 것이다."[161)] 바울은 우상 숭배를 피해야 할 핵심적인 동기가 무엇인지를 이미 말한 바 있다: 우리는 메시야의 상에서 먹고 마시는 백성이기 때문에, 귀신들의 상을 겸하여 받아서는 안 된다(10:16-22). 그가 이렇게 말하는 것은 이 시편에 대한 또 하나의 반영이다:

> [16]우리가 축복하는 축복의 잔은 메시야의 피에 참여하는 것이다, 그렇지 않은가? 우리가 떼는 떡은 메시야의 몸에 참여하는 것이다, 그렇지 않은가? [17]떡이 하나이다. 그러므로 우리가 여러 명이어도, 우리 모두가 한 떡에 참여하기 때문에, 우리는 한 몸이다.[162)]

"축복"은 중요한 것이기 때문에, 우리는 그 축복을 짓밟아서는 안 된다. 예배에 참여하기 위해서는 손과 마음이 깨끗하고 정결하여야 한다는 이 시편의 제의적 맥락은 정확히 바울의 호소와 부합한다. 그는 성결로의 부르심이라는 유대적인 요소

160) 32:21: "그들은 신이 아닌 것으로 나를 질투하게 만들었고, 그들의 우상들로 나를 격동시켰다." 여기에서 바울이 인용한 본문들과 그 의미에 대해서는 Hays, 1997, 169f.를 보라. 또한, 이사야서 40-55장의 몇몇 좀 더 두드러진 진술들을 예감하게 해주는 신명기 32:39의 강력한 유일신론이 나오는 고린도전서 10장을 보라: "이제 나, 곧 내가 그라는 것을 보라. 나 외에는 신이 없다. 나는 죽이기도 하고 살리기도 한다. 나는 상처를 주기도 하고 고치기도 한다. 나의 손으로부터 건져낼 수 있는 자는 아무도 없다." 또한, 그 다음 절의 절반을 인용하고 있는 로마서 10:19을 보라; 아래의 제11장 제6절 4) (3)를 보라. 신명기 32장에 대한 그 밖의 다른 언급들은 로마서의 후반부에서도 발견된다: 롬 12:19 = 신 32:35; 롬 15:10 = 신 32:43.

161) 시 24:5.

162) 고전 10:16f.

를 버린 것이 아니라, 단지 재정의했을 뿐이다. 바울이 이 시편의 마지막 절들을 어떤 식으로 이해하였을 것인지 — 적어도 고린도전서에 있어서 — 에 대해서는 전혀 의문의 여지가 없다:

> 영광의 왕이 들어가시도록, 문들아, 너희 머리를 들지어다.
> 옛적부터 있던 문들아, 들릴지어다.
> 영광의 왕이 누구신가?
> 　강하고 능하신 야웨, 전쟁에 능하신 야웨이시로다.
> 영광의 왕이 들어가시도록, 문들아, 너희 머리를 들지어다.
> 　옛적부터 있던 문들아, 들릴지어다.
> 이 영광의 왕이 누구신가?
> 　만군의 야웨, 그는 영광의 왕이시로다.[163)]

땅과 하늘이 만나는 곳으로 지금 들어간 전쟁에 능한 영광의 왕, 그의 추종자들에 의해서 그러한 왕으로 송축되고 있는 바로 그 왕 — 바울은 이 왕이 바로 메시야 예수라고 말하였을 것이다. 메시야 예수는 전쟁에 능한 왕, 최초의 승리를 이미 거두었고 계속해서 최종적인 승리를 거두게 될 왕이다(고전 15:20-28). 결국, 이것은 바울이 고린도전서 10:26에서 시편 24:1을 인용하였을 때, 거기에 등장하는 '퀴리오스'(kyrios, "주")를 8:6에서와 마찬가지로 예수를 가리키는 것으로 이해하였을 개연성을 높여준다.[164)] 고린도전서 8-10장에서의 바울의 논증 전체는, 십자가에 못 박혔다가 다시 살아난 메시야를 중심으로 수정된 후에 이 메시야로 말미암아 생겨난 새로운 종말론적인 상황 속에서(10:11) 그의 이름을 부르고 그의 상에서 먹으며 그의 복에 참여하고 그의 승리를 송축하는 공동체의 삶에 재적용된 제2성전 시대의 유일신론에 뿌리를 두고 있다. 이 공동체는 자신들이 토대로 삼고 의지할 유대적인 여러 세계관 상징들 중 그 어떤 것도 가지고 있지 않았지만, 이 새로운 신학은 이 연합되고 거룩한 공동체에게 안정적인 토대를 제공해 주었다. 그리고 이 새로운 신학 — 십자가에 못 박힌 예수가 중심에 자리 잡음으로써 창조와 종말과 제의라는 세 가지 차원을 갖추게 된 유일신론 — 은 셰마에 대한 바울의 철저한 수정 속에서 가장 풍부하고 압축된 표현을 발견하였다. "우리에게는 한 '테오스'(theos)가 계시고 한 '퀴리오스'(kyrios)가 계신다."

163) 시 24:7-10.

164) Hays, 1997, 175f.; 또한, Capes, 1992; 2004; 특히, Bauckham, 2008/9, 186-219에 나오는 최근의 자세한 논의; 아래의 제9장 제3절 3) (2)에 나오는 이 주제에 대한 설명을 보라.

(4) 창조, 출애굽, 지혜: 골로새서 1장

우리는 이미 제2성전 시대에 있어서의 "지혜"라는 주제를 다각도로 살펴보았고, "지혜"가 왕과 성전이라는 주제들과 밀접하게 연결되어 있는 가운데 거의 모든 곳에 등장하여, 세계의 창조주를 이스라엘의 하나님, 토라의 수여자, 성전에 거하는 분, 자신이 택한 왕을 통하여 역사하는 분, 계약을 갱신하는 분으로 계시하는 서사와 상징의 저 거대한 흐름을 표현하고 있다는 것을 알았다. 달리 말하면, "지혜"는 (어떤 사람들이 부분적인 연구들을 토대로 생각하는 것처럼) 제2성전 시대의 신학에 덧붙여진 부차적인 것에 불과한 것이 아니라, 그 신학에 풍미를 더해 주는 흥미로운 은유 또는 의인화라는 것이다.

"지혜"에 대하여 말하는 것은 여러 주제들을 한데 묶어서 하나의 풍부하고 통일된 그림을 그리는 것이다. 결국, 이 "지혜"에 대하여 말하는 것은 창조주 하나님은 선하고 지혜로우며 일들을 이루어내고 철저하고 아름답게 창조해내는 분이라는 것, 피조세계는 이 하나님의 장엄하고 조화로운 작품이 공연되는 무대라는 것, 이스라엘(지혜를 담고 있는 그릇으로 인식된 토라를 수여받은 자들)은 하나님의 형상을 반영한 참된 인류라는 것, 성전은 하나님이 "거하는" 곳이라는 것을 말하고, 특히 장래에 대한 하나님의 계획, 즉 지혜자들과 선견자들과 묵시론자들과 신비가들에게 신비들 속에서 얼핏얼핏 알려지게 된 저 비밀한 지혜를 말하는 것이다. "지혜"는 이 모든 것 속에서 발견될 수 있고, 그 밖의 다른 곳에서도 발견될 수 있다.

이 모든 것을 감안하고, 우리가 바울의 예수관에 대하여 지금까지 말한 모든 것을 감안한다면, 그가 이 "지혜"가르침을 이런저런 식으로 예수에게 적용하였을 것이라는 가설을 세우는 것은 충분히 합리적일 것이다. 우리가 이미 잠깐씩 암시하였듯이, 앞에서 살펴본 본문들 중 몇몇은 바로 그렇게 하고 있다. 창조주가 토라 안에서와 토라로서 지혜를 세계와 성전과 이스라엘 속으로 "보내는" 것과 마찬가지로, 로마서 8:3과 갈라디아서 4:4에 의하면, 하나님은 자기 아들을 "보낸다":

> 지혜가 스스로를 칭송하고, 사람들 가운데서 자신의 영광에 대하여 말한다 …
> "나는 지존자의 입으로부터 나와서 안개처럼 땅을 덮었으며 …
> 바다의 물결들과 온 땅과 모든 사람들과 나라들을 장악하였다.[165]
> 이 모든 것들 가운데서 나는 안식처를 구하였다. 나는 어느 곳에 거할 것인가?

165) 다른 칠십인역 사본들은 '헤게사멘'(hēgēsamēn) 대신에 '에크테사멘'(ektēsamēn)을 사용해서, "내가 한 소유물을 얻었다"고 읽는다.

> 그 때에 만물의 창조주께서 내게 명하셨고,
> 나의 창조주께서 내가 장막을 칠 곳을 택해 주셨다.
> 그는 "너의 거처를 야곱 안에 두고, 이스라엘 안에서 네 유업을 받으라" 고 말씀하셨다.
> 시대들이 시작되기 전인 태초에 그가 나를 창조하셨고,
> 만세 동안 나는 존재하기를 그치지 않을 것이다.
> 나는 성막에서 그를 섬겼기 때문에, 시온에 견고히 자리 잡게 되었다 …
> 이 모든 것은 지존자의 계약의 책,
> 즉 모세가 야곱의 회중들을 위한 유업으로서 우리에게 명한 율법이다.[166)]

이 유명한 "지혜" 에 관한 시는 위에서 우리가 로마서 8장과 관련해서 인용한 시, 즉 솔로몬의 지혜서 9장에 나오는 "솔로몬의 기도"와 일치한다. 이 시들은 모티프와 간접인용에 있어서 풍부하고 많은 것들을 압축해서 담고 있다. 이 시들은 당시의 유대적인 유일신론의 거의 모든 중요한 측면을 한데 결합시켜 놓았다: 선한 피조세계, 하나님이 자신이 창조한 세계를 다스리도록 하기 위하여 지은 인간, 토라를 통해서 이스라엘에게 주어진 계시, 출애굽에서의 하나님의 강력한 구원 역사 및 하나님이 성전을 자신의 거처로 삼아 임재하게 된 것, 하나님이 지혜와 "거룩한 영"을 보내어 인류, 특히 이스라엘, 그리고 무엇보다도 다윗 가문의 왕을 인도하고 지도한 것. 벤시락서는 이스라엘의 한 분 하나님이 "지혜"라는 형태로 실제로 다시 돌아와 성전에 거하고 있고, 우리는 "계약의 책"인 토라를 연구하고 가르침으로써 그 "지혜"를 얻을 수 있다고 말하고 있다. (이 책이 성전 제의와 토라에 대한 가르침에서 중심적인 인물인 대제사장에 관한 묘사를 그 절정으로 삼고 있다는 점에서, 이것은 별로 놀랄 일이 아니다.) "지혜"는 땅의 왕들(그리고 특히 이스라엘의 왕)은 세계를 창조할 때에 주도적인 역할을 하였던 하나님의 "숨"을 구하여 얻어서 그들에게 맡겨진 엄청난 일들을 해낼 수 있다고 말한다.

이것은 바울이 가져와서 자신의 엄청난 기독론이라는 통로를 통해서 우리가 앞에서 살펴본 본문들 속으로 부어 넣은 일련의 전통적인 믿음을 결합시킨 것이고, 창조와 구속이 메시야 예수를 통해서 성취되었다고 말하는 고린도전서 8:6, 하나님이 자기 "아들을 보냈다"고 말하는 로마서 8:3과 갈라디아서 4:4, 그리고 우리가 다음 절에서 살펴보게 될 본문들, 즉 메시야가 살아 계신 하나님의 거처인 새로운 성전이라고 말하는 본문들 속에 잠복해 있는 일련의 주제들이며, 당시의 가장 위대한 유일신론적인 시들에 속하는 벤시락서 24장과 솔로몬의 지혜서 9장과 바룩서 3

166) Sir. 24.1, 3, 6-10, 23.

장과 어깨를 나란히 하는 이 시에 등장하는 일련의 주제들이다.[167)]

하지만 고린도전서 8:6이 원래의 셰마와 다른 것과 동일한 방식으로, 이 시는 앞선 세 개의 시들과 다르다. 우리는 빌립보서 2:6-11에서와 마찬가지로 여기에서도, 예수가 새롭게 기록된 유일신론적인 송영의 중심에 있는 것을 발견한다:

> 15그는 보이지 아니하시는 하나님의 형상이시고,
> 모든 피조물 중에서 첫 번째로 나신 분이시다.
> 16하늘과 여기 땅에 있는 만물이 그 안에서 창조되었다.
> 우리가 볼 수 있는 것들과 볼 수 없는 것들
> — 보좌들과 주권들과 통치자들과 능력들 —
> 곧 만물이 다 그로 말미암아 그리고 그를 위하여 창조되었다.
> 17그는 다른 모든 것보다 먼저 계시고,
> 만물이 그 안에 함께 서 있다.
> 18그는 지존으로서 몸인 교회의 머리이시다.
> 그는 그 모든 것의 시작이고,
> 죽은 자들 가운데서 먼저 나신 분시니,
> 이는 친히 만물의 으뜸이 되려 하심이다.
> 19아버지께서는 모든 충만으로 예수 안에 거하게 하시고,
> 20그의 십자가의 피로 화평을 이루어,
> 만물, 곧 땅에 있는 것들이나 하늘에 있는 것들이
> 그로 말미암아 자기와 화목하게 되기를 기뻐하셨다.[168)]

내가 이 잘 알려져 있는 시를 이런 식으로 번역한 것은 서로 다른 여러 요소들 간의 균형을 드러내기 위한 것이지만, 더 중요한 것은 영어에서보다 헬라어로 더 분명하게 나타나는 단락 구조와 구분들을 좀 더 분명하게 드러내고(나는 여기에서 이 시를 번역하고 배열한 방식을 통해서 이 점을 분명하게 부각시키고자 애썼다), 특히 17절 및 18절의 처음 두 행을 중심으로 해서 한편으로는 15절과 16절, 다른 한편으로는 18b, 19, 20절이 서로 대칭구조로 되어 있다는 것을 드러내기 위한 것이다.[169)]

지금 이 자리는 이 기절할 만큼 경이로운 본문에 대한 자세한 석의를 진행할 수 있는 자리도 아니고,[170)] 버니(C. F. Burney)[171)]가 (a) 잠언 8:22("야웨께서 그의 길의

167) 또한, 우리는 욘 1:1-18도 포함시켜야 한다. Bar. 3에 대해서는 위의 제2장 제4절 (iii)을 보라.
168) 골 1:15-20.
169) *Climax*, ch. 5에 나오는 자세한 내용을 보라.
170) 모든 주석서들은 당연히 이 본문을 주목한다. 중요한 연구서들, 특히 Stettler, 2000을 보라.

시작에서[히브리어로는 reshith darcō – '레쉬트 다르코,' 헬라어로는 archē hodōn autou – '아르케 호돈 아우투'] 나를 창조하셨다")과 창세기 1:1("태초에" [히브리어로는 bereshith – '베레쉬트,' 헬라어로는 en archē – '엔 아르케'])의 연결관계, (b) 성경의 가장 처음에 나오는 전치사 '베'(be)가 의미할 수 있는 것 세 가지와 '레쉬트'(reshith)라는 단어가 의미할 수 있는 것 네 가지를 파헤칠 때에 제시한 탁월한 가설이 얼마나 올바른 것인지를 의심하는 자들을 상대로 변론할 수 있는 자리도 아니다.[172] 멀리 있는 자들이 아득한 반향들과 가까운 간접인용들, 기이하고 예기치 않은 운율들과 이전에는 감지되지 않았던 패턴들을 듣게 되는 일이 얼마든지 일어날 수 있을 것이지만, 여기에서 내가 말하고자 하는 요지는 우리가 여기에서 시적인 구성 및 (랍비들과 비슷하게?) 성경에 대한 간접인용들과 관련해서 아주 미묘한 것들을 알아차릴 수 있다고 할지라도, 액면 그대로만 보아도 이 시는 정확히 제2성전 시대의 유일신론과 바울의 글들 전체에 걸쳐서 특징적으로 나타나는 초기의 고등 기독론을 혼합해 놓은 것임을 보여준다는 것이다. 이 시는 창조주이자 이스라엘의 하나님인 한 분 유일하신 하나님, 이 하나님이 "그로 말미암아" 또는 "그 안에서" 자신의 일의 모든 단계를 이룬 바로 그분에 관한 고전적인 진술이다. 그리고 우리는 여기에서 "일"은 다시 한 번 출애굽이라는 것을 주목한다 (1:13-14에 관한 아래의 설명을 보라). 달리 말하면, 우리는 우리가 지금까지 살펴본 다른 본문들에서 여기에서와는 판이하게 다른 맥락들 속에서 보아 왔던 주제들

171) 나는 그가 이것을 썼다고 믿기 때문에 그를 "바울"이라고 지칭한다; 그리고 나는 몇몇 가설들에서 말하는 것처럼, 골로새가 바울 이후의 것이기는 하지만, 그 시는 골로새서 이전의 것이라면, 그 시의 저자는 바울일 가능성이 또다시 등장한다는 점을 지적하고자 한다.

172) Burney, 1925. 창세기 1:1과 잠언 8:22 사이의 어딘가에 있는 추가적인 반영은 잠언 3:19인데, 거기에서는 야웨가 "지혜로"(behokmah - '베호크마,' tē sophia - '테 소피아')로 땅을 세웠다고 말한다. Burney의 주장을 반대하는 사람들로는 대표적으로 Barclay, 1997, 67(Wilson, 2005, 149도 그를 따른다)가 있고, 찬성하는 사람들로는 Bird, 2009b, 49f. 등이 있다. 바울의 독자들은 그 근저에 있는 히브리 본문에 대한 그러한 미묘한 석의를 이해하지 못하였을 것이라는 Barclay의 반론은 나는 핵심을 벗어난 것이라고 생각한다. 왜냐하면, 바울이 자신의 최초의 청중들이 알아낼 수 있는 것보다 더 많은 것들을 말한 경우는 비단 이 본문만은 아니었을 것이기 때문이다(예컨대, 로마서 2:29에서 그의 요지는 히브리어로 "유다"가 "찬송"을 의미한다는 사실에 의거해 있다는 것을 참조하라). 1970년대 중반에 자주 나와 식사를 함께 하였던 역사가 고 Thomas Braun은 여러 언어로 단어유희들을 행하고 오행시들을 지을 수 있었는데, 우리는 관련된 모든 언어를 다 알지는 못하였어도 그런 것들을 함께 즐길 수 있었다. 대부분의 시인들은, 그리고 실제로는 산문 작가들도 많은 독자들이 놓칠 수 있는 것들을 암시적으로 표현하는 일이 많다. 어떤 사람들이 성령과 지혜의 부름을 잘 듣지 못한다고 하여서, 그것이 지혜와 성령이 임재해 있지 않다거나 역사하고 있지 않다는 것을 의미하는 것은 아니다. 우리는 지혜와 성령의 길들의 가장자리만을 추적할 수 있을 뿐이다. *Perspectives*, ch. 32에 실린 바울의 성경 사용에 관한 논문을 보라.

의 동일한 결합을 여기에서도 보게 된다는 것이다.

그렇다면, 우리는 제2성전 시대의 유일신론에 대한 기독론적인 재정의와 관련해서 이 본문에 대하여 무엇이라고 말해야 하는가? 이 시는 사람들이 오랫동안 기다려 왔던 자기 백성과 세계로의 이스라엘의 하나님의 귀환이라는 특정한 차원을 추가하는 가운데, 보컴(Bauckham)이 "하나님의 정체성을 중심으로 한 기독론"(christology of divine identity)이라 부른 것을 어떻게 표현하고 있는 것인가?

먼저, 유일신론에 대해서 살펴보자. 두 개의 주된 단락의 대칭구조는 시편들을 비롯한 고대 이스라엘의 시가들, 특히 이사야서 40-55장에 나오는 시가의 특징인 창조와 구속의 대칭 구조를 보여준다: 창조주는 구속주이기도 하고, 그 역도 성립한다. 구속이 일어난다면, 그것은 사람들이 오랫동안 기다려 왔던 창조주의 귀환의 결과일 것이다. 이것은 이미 시작하기도 전에 하나님은 자기 백성을 악한 피조세계로부터 건지기 위하여 다시 올 것이라는 것과 같은 그 어떤 종류의 이원론적 주장도 아예 배제해 버리는 효과를 갖는다. (이 시가 영지주의 진영에서 유래하였다는 종종 제기되어 온 주장은 언제나 터무니없는 것이었다.)[173] 피조세계는 하나님에 의해 주어진 것으로서 선한 것이고, 18b-20절에 나오는 구속 사역은 피조세계를 버리고 무엇인가 다른 방식으로 다시 시작하는 것과는 아무런 상관이 없으며, 정확히 새로운 피조세계를 목표로 한다. 이 시는 선한 피조세계 내에서 지금까지 발생해 온 문제점들을 과소평가하지 않는다. 이것이 이 시가 20절에서 언급하는 것 같이 "화해"의 과제가 수행되어야 하였다고 말하는 이유이다. 그러나 그러한 문제점들은 창조주 하나님이 다룰 수 있는 역량을 벗어나 있는 것들이 아니었다. 창조주는 여기에서 3인칭으로 언급되고 있는 이, 즉 하나님이 태초에 만물을 "그로 말미암아" 창조하였다고 한 바로 그 이를 통해서 저 구속 사역을 이루었다. 이것은 하나님이 세계의 중심을 가로지르는 직선을 그어서, 놀라움에 사로잡혀 있던 골로새 교인들과 이것을 듣고 있던 다른 사람들에게 "너희가 있는 곳이 바로 이 곳이다"라고 선언한 것이다. 세계의 모든 권력 구조들을 비롯해서 하늘과 땅과 거기에 있는 모든 것은 "그 안에서, 그로 말미암아, 그를 위하여" 창조되었고, 지금 "그에 대하여, 그로 말미암아" 화해를 이루고 있다.

그렇다면, "그"는 도대체 누구인가? "그"가 메시야 예수라는 것은 두말할 필요

173) Käsemann, 1964 [1960], 155: 이 시는 그가 "기독교적 삽입들"이라 부르는 것과는 상관없는 "영지주의적 구속자의 초역사적이고 형이상학적인 드라마"를 담고 있다. 이것은 Fossum, 1989 등에 의해서 확고하게 배척된다; 또한, Wilson, 2005, 125를 보라.

가 없지만, 흥미로운 것은 그는 바로 직전에 "아들"이라는 그의 신분과 그의 "나라"라는 관점에서 묘사되고 있다는 것이다. 이 시는 이 어린 교회를 위한 바울의 기도로부터 흘러나오고 있고, 이 기도는 한 분 유일하신 하나님이 행동을 통해서 자신을 계시한 후에 자기 백성 가운데 거하게 되었던 계기가 된 출애굽 사건에 역사적 토대를 둔 구원과 "구속"을 반영하고 있다:

> [12]나는 너희가 너희로 하여금 빛 가운데서 하나님의 성도들의 유업에 참여하기에 합당하게 하신 아버지께 감사하는 법을 배우게 되기를 기도한다. [13]그는 우리를 어둠의 권세로부터 건지셔서, 그의 사랑하시는 아들(직역하면, "그의 사랑의 아들"[tou huiou tēs agapēs autou - '투 휘우 테스 아가페스 아우투'])의 나라로 옮기셨다. [14]우리는 그 아들 안에서 구속, 곧 죄 사함을 얻었다.[174)]

이렇게 이 시는 우리가 이미 앞에서 살펴본 주제들과 밀접하게 연결된다. 예수로 말미암아 이루어진 일은 이스라엘의 한 하나님이 자신의 나라를 건지는 행위였다. 그러나 우리는 이 시가 특히 기독론적으로 기여하고 있는 것은 창조와 구속이 하나님의 아들 메시야로 "말미암아" 성취된 것에 대한 훨씬 더 명시적인 서술, 달리 말하면, 우리가 고린도전서 8:6의 간결한 기도 속에서 보았던 전치사 '디아'(dia, "말미암아")를 통해 확대된 보충설명 속에서 분명하게 볼 수 있다. 이렇게 바울은 벤시락서와 솔로몬의 지혜서에 제시된 유대적인 지혜 전승을 가져와서 활용하면서 상대화시킨다.[175)] 그는 너희가 "지혜'를 원한다면, 너희는 그 모든 것을 메시야 안에서 갖고 있다고 말한다(그가 2:3에서 말하고 있는 것은 정확히 이것이다): 너희는 지금 우리가 예수라고 알고 있는 분, 곧 "아버지의 사랑의 아들"안에서 및 그 아들로 말미암아 지혜를 발견할 수 있는데, 이 아들 안에서 만물이 창조되었고, 이 아들로 말미암아 만물이 화해를 이루게 되었다. 솔로몬의 지혜서 9장이나 열왕기상 3장을 알고 있는 사람이라면 누구나 여기에서 다윗의 상속자이자 솔로몬의 참된 후계자인 메시야를 지혜의 살아 있는 화신으로 묘사하고 있다는 것을 놓칠 리가 없었을 것이고, 그러한 본문들과 벤시락서 24장을 알고 있을 뿐만 아니라 솔로몬의 성전 건축이 그가 하나님의 지혜를 받은 후에 행한 주된 업적이었다는 것을 알고 있는 사람이라면 누구나 여기에서 이 메시야를 장차 새롭게 지어질

174) 골 1:12-14.

175) "지혜 기독론"과 그 문제점들에 대해서 자세한 것은 Gathercole, 2006b, ch. 8; Macaskill, 2007, 144-52를 보라.

것으로 기대되었던 바로 그 성전 자체(아래를 보라)로 묘사되고 있다는 것을 분명히 알았을 것이다.

버니(C. F. Burney)가 창세기 1:1에 대한 좀 미묘한 석의를 행한 것이 옳은 것이었느냐의 여부와는 상관없이(나는 그가 옳았다고 생각하지만), 이 시가 메시야를 "형상"(15절)과 "시작"(18b절)이라고 말하였을 때, 주후 1세기 유대인들은 성경의 첫 대목을 떠올렸을 것임에 틀림없다. 그리고 우리가 이전의 논의에서 가능한 것으로 여겼던 것처럼, 주후 1세기 유대인들이 창세기 1장의 6일 패턴 속에서 성전 건축과 관련된 패턴 — 하늘과 땅을 비롯한 피조세계 전체를 창조주의 거처로 삼기 위한 일 — 을 감지하였다고 한다면, 우리는 이 시 속에서 성전과 관련된 표현, 즉 하나님이 완성된 건물로 들어와 내주하게 된 것에 관한 표현을 발견하는 것은 별로 놀랄 일이 아니다. 더 놀라운 것은 우리는 이 시가 이제 메시야가 새로운 피조세계 속에 거하고 있다고 말할 것으로 기대한 것과는 반대로, "신성의 충만"이 메시야 안에 거한다고 말하고 있다는 것이다(19절). 이제 메시야는 하늘과 땅이 서로 만나는 참 성전이 되었고(하나님의 대리인으로서 하늘과 땅을 창조하는 일을 주도한 그에게, 이것은 지극히 합당한 것이었다), 십자가에서 흘린 그의 피로 인하여 하늘과 땅이 하나님과 화해하고 서로에 대하여 화해하는 통로가 되었다. 따라서 이 시 속에서 우리는 13절에 나오는 하나님의 아들의 나라라는 개념 위에서 강력하게 암묵적으로 세워진 지혜 기독론 내에 성전 기독론이 자리하고 있는 것을 보는데, 이것은 벤시락서 24장과 솔로몬의 지혜서 9장이 보여주는 좀 더 큰 맥락을 감안한다면, 우리가 충분히 예상할 수 있는 것이다. 이것은 이스라엘의 하나님의 귀환에 관한 바울의 또 하나의 진술이다. 바울은 우리가 첫 번째 라운드에서 이 점을 간과했을 것을 대비해서, 다음 장에서 이것을 다시 한 번 말한다:

> [9]너희가 알다시피, 그 안에는 신성의 모든 충만한 분량이 육체로 거하여 왔다. [10]게다가, 너희도 그 안에서 충만해 있다. 왜냐하면, 그는 모든 통치와 권세의 머리이시기 때문이다.[176]

이 본문과 고린도후서 5장(하나님의 화해의 사랑의 결과로 생겨난, 메시야로 말미암은 새로운 피조세계) 간의 다중적인 공명들을 감안할 때, 나는 우리가 거기에 나오는 기독론과 관련된 핵심적인 진술도 동일하게 화해와 새 창조의 성취를 위하

176) 골 2:9f.

여 메시야 안에 신성이 충만하게 내주한 것에 관한 표현으로 받아들여야 한다고 본다:

> [16]그러므로 이 순간부터 우리가 어떤 사람도 단순히 인간적인 관점에서 보지 않는다. 비록 우리가 한때는 메시야를 그런 식으로 보았지만, 이제 더 이상 그런 식으로 보지 않는다. [17]이렇게 누구든지 메시야 안에 있으면, 새로운 피조물이다. 이전 것들은 지나갔고, 보라, 모든 것이 새로워졌다. [18]이 모든 것이 하나님께로부터 온다. 그는 메시야로 말미암아 우리를 자기와 화해하게 하셨고, 우리에게 화해의 직분을 주셨다. [19]그것이 어떻게 된 것이냐 하면, 하나님께서 메시야 안에서 세계를 자기와 화해하게 하셨고, 그들의 범죄를 그들에게 돌리지 아니하시고, 화해의 말씀을 우리에게 맡기셨다.[177)]

흠정역에 의하면, "하나님께서는 그리스도 안에서 세계를 자기 자신과 화해하게 하셨다." 우리는 이것을 마치 메시야가 단순한 수단이었다는 듯이("하나님이 앗수르를 통해서 이스라엘을 벌하였다"고 말하는 것처럼), "그리스도를 통해서"라고 약화시켜서 표현해서는 안 된다. 지금은 충분히 광범위한 토대 위에서 그려진 바울의 기독론적 유일신론에 관한 그림이 우리에게 있기 때문에, 우리는 그가 그런 것보다 훨씬 더 깊은 것, 즉 우리가 지금 살펴보고 있는 골로새서 본문과 비슷한 고린도후서 4장에 나오는 좀 더 초기의 진술 — 이것에 대해서는 다음 항목에서 살펴볼 것이다 — 과 맥을 같이하는 어떤 것을 말하고 있는 것이라고 단언할 수 있다.

골로새서로 다시 돌아가 보면, 우리는 이 기독론적인 유일신론 또는 유일신론적인 기독론이 이 본문의 가운데에 위치해 있는 짤막한 구절들인 17절과 18a절 — 이 두 부분은 각각 '카이 아우토스'(kai autos, "그리고 그는")로 시작된다 — 에 의해서 채워지고 있는 것을 발견한다. "그" — 달리 말하면, 메시야/지혜 — 는 시간적인 의미에서나 존재론적인 우선순위라는 의미에서나 "다른 모든 것보다 앞서" 계신다. 즉, 그는 죽을 수밖에 없는 존재인 인간들만이 아니라 천사들보다 우월하고, 인간들과 천사들과는 다른 질서에 속한 분이라는 것이다. 또한, "그 안에서 만물이 함께 서 있다"는 것은 제2성전 시대의 유대인들이 한 분 유일하신 하나님이

177) 고후 5:16-19. 예컨대, Furnish, 1984, 318에 나오는 핵심적인 내용에 관한 논의를 보라(그가 "성육신적인" 읽기를 여기서의 맥락에 이질적인 것으로 여겨 배척하고 있는 것은 4:1-6에 비추어 볼 때에 문제가 있는 견해일 수 있지만); 또한, Bieringer, 1987, 특히 304-7을 보라. 나는 학자들이 이 본문 속에서 "성육신적인" 신학을 찾아내고자 하지 않은 이유(또 하나의 예는 Thrall, 1994, 432-4이다)는 부분적으로는 적어도 그들이 그러한 관념들은 오직 나중에 교부 시대에 발전되었다고 전제하였기 때문이지만, 나는 그 관념들은 이미 바울의 수정된 유대적 유일신론의 일부였다는 것을 논증한 바 있다.

세계를 통치하는 수단이라고 믿었던 유일신론적인 섭리가 메시야/지혜를 통해서 행사된다는 것을 의미한다. 다음으로, 18a절을 보면, "그"는 단지 "몸인 교회"와 관련해서만 머리인 것이 아니다. 즉, 여기에서 "머리"는 단지 몸에 전적으로 붙어 있는 "머리"에 대한 은유에서 그치는 것이 아니라, "다른 모든 것보다 뛰어난 가장 높은 존재"라는 의미에서도 "머리"이다. 그는 "교회"가 새로운 피조세계(여기에서 또다시 우리는 고린도후서 5:17과의 분명한 공명들을 본다), 또는 적어도 그러한 훨씬 더 큰 프로젝트의 시작으로서의 자신의 정체성을 발견하는 지점이다.

따라서 이것은, 원래의 피조세계가 선하다고 단언하고, 그 피조세계의 갱신이 동터 오고 있음을 알리는 아주 분명하게 창조와 연결되어 있는 기독론적 유일신론이다. 또한, 이것은 하나님의 지혜인 예수 자신이 이미 자기 백성에게 다시 돌아와서 그 가운데 거하고 있는 이스라엘의 하나님이라는 의미에서, 그리고 메시야의 부활을 통해 개시된 것이 미래에 최종적으로 성취될 것을 내다보고 있다는 의미에서 종말론적인 유일신론이기도 하다. 또한, 이 모든 것은 예배와 감사를 위한 것이라는 점에서 제의적 유일신론이기도 하다. 왜냐하면, 이 모든 것의 목표는 골로새 교인들로 하여금 아버지 하나님이 행한 모든 일에 대하여 감사하는 법을 배우게 하는 것이기 때문이다(1:12). 사실, 감사는 이 서신 전체의 주된 주제이다.[178] 그리고 이 감사는 그들의 창조주이자 구원자이자 주에 대한 하나님의 백성의 합당한 응답이기 때문에, 창조와 계약의 유일신론과 정확히 짝을 이룬다. 이것은 시편들이 행하고 있는 바로 그것이다. 이것은 창조주 하나님의 선하심, 그리고 이제 메시야 안에서 및 메시야를 통해서 자기 백성을 구원한 저 특별한 선하심을 기쁜 마음으로 송축하고 있는 것이다. 골로새서 전체, 특히 이 서신의 주된 주제를 압축해서 보여주는 이 시는 메시야 예수를 중심으로 철저하게 재정의되고 수정된 제2성전 시대의 유일신론을 가장 정교하고 세련되게 표현한 것들 중의 하나이다.

(5) 고린도후서 3장과 4장

우리는 고린도후서 4장의 시작 부분이 우리가 골로새서 1장에서 본 주제들과 밀접한 관계를 갖고 있다고 방금 전에 말한 바 있지만, 그 유사성은 단순히 표면적인 것 그 이상이다. 이 본문은 출애굽을 깊이 반영하여서, 예수 안에서 이스라엘의 하나님이 마침내 다시 돌아왔다는 개념을 토대로 수정된 하나님의 정체성을 중심으

178) 1:3; 1:12; 2:6; 3:15, 17; 4:2.

로 한 기독론이라는 문제에 대하여 직접적으로 말하고 있다.

바울이 자신의 청중과 모세의 청중을 비교하고 있는 고린도후서 3장의 끝부분을 해석하는 것이 복잡하기 때문에, 이 점은 흔히 간과된다. 모세의 청중의 마음은 완악하였기 때문에, 모세는 자신의 얼굴에 있는 영광을 수건으로 가려야 하였다. 하지만 바울의 청중의 마음은 새로운 계약에 의한 성령의 역사로 말미암아 변화를 받았고, 이것을 통해서 한 분 유일하신 하나님이 모세의 토라가 할 수 없었던 것을 이루었기 때문에(3:1-6), 그들은 이제 수건 없이 주의 영광을 바라볼 수 있게 되었다. 이 본문은 본서의 다른 곳에서 좀 더 자세하게 다루어질 것이다.[179]

많은 주석자들은 바울이 인용해서 사용하는 구절의 성경적 맥락은 그가 말하고자 하는 것과 아무 상관이 없다고 단순하게 전제해 버린다. 실제로, 주석자들 중에는 바울은 모세를 자신의 논증 속으로 끌어들이기를 원하지 않았지만, 그의 대적들이 모세를 끌어들였기 때문에, 그도 어쩔 수 없이 모세를 언급할 수밖에 없었던 것이라고 분명하게 말한 사람들이 많다. 고린도 교회에서 바울의 대적들이 모세를 인용해서 그를 공격했을 가능성의 여부를 떠나서, 고린도후서에서 적어도 3:7부터 4:6에 이르는 현재의 본문은 오경에서 가장 중요하고 깊은 의미를 지닌 사건들 중의 하나이자, 야웨의 귀환 — (하나님이 어떤 존재인가 하는 질문과 반대되는) 하나님이 누구인가 하는 질문(보컴이 던진 질문)에서 아주 중요한 부분을 차지하고 있던 종말론적인 유일신론의 저 측면 — 과 관련된 제2성전 시대 유대인들의 기대와 지속적으로 연관되어 있던 사건에 관한 긴 성찰이다. 하나님은 자기가 돌아올 것이라고 약속하였었다. 그리고 야웨가 그렇게 다시 돌아와서, 에스겔서 43장에서처럼 회복된 성전에 거하게 될 것이라는 기대는 출애굽기 32-40장에 나오는 성경의 전례를 되돌아본 것이었다. 거기에서 야웨는, 이스라엘 백성이 금송아지와 관련된 죄를 범한 후에, 자기가 더 이상 그들의 여정에 함께 하지 않을 것이라고 모세에게 선언하고,[180] (모세가 이미 성막의 설계도를 받은 상태였지만), 자기가 거기에 거하지 않을 것이기 때문에, 성막도 짓지 말라고 말한다. 그러자 모세는 백성을 위하여 중보기도를 하는데, 이것은 출애굽기 전체, 그리고 일정 정도는 오경 전체에서 전환점을 이루는 감동적인 장면이다: 과연 야웨는 자기 백성 가운데 계속해서 거하여 그들을 약속한 유업으로 이끌어 올라갈 것인가, 그렇지 않을 것인가? 작은 에덴 동산

179) 아래의 제10장 제4절 3) (4)를 보라.

180) 바울은 고린도전서 10:7에서 이 동일한 사건을 언급하고, 예컨대 로마서 1:23(cf. 시 106:20) 등도 마찬가지이다.

과 같은 소우주인 성막은 이스라엘 백성 가운데 세워질 것인가, 세워지지 못할 것인가?

이 본문이 복잡한 이유 중의 일부는 히브리어 '파님'(panim, "얼굴")의 반복적인 사용에 있다. (칠십인역에서는 이 본문에서 "얼굴"을 "하나님 자신"의 동의어로 취급해서 번역한다.) 야웨는 자기와 모세가 서로 "대면해서"(panim elpanim – '파님 엘파님') 대화하곤 하였다고 말하였음에도 불구하고,[181] 여기서는 자신의 얼굴을 본 사람은 아무도 살아남을 수 없다는 이유로, 모세조차도 자기 얼굴을 보지 못할 것이라고 엄숙하게 선언한다. 이렇게 해서, 모세의 간절한 기도에 대한 응답으로, 이스라엘의 하나님의 "얼굴"이 백성과 함께 동행하게 될 것이지만, 모세는 하나님의 영광을 보는 것은 허락되는 반면에(이것은 하나님의 특성들에 대한 자세한 설명으로 이루어져 있는 것으로 보이기 때문에, 우리는 여기서 또다시 "하나님이 누구인가"에 관한 것을 보게 된다), 하나님의 얼굴을 보지는 못하게 된다:

> 모세가 야웨께 아뢰었다. "보시옵소서, 주께서 내게 이 백성을 인도하여 올라가라 하셨으면서도, 나와 함께 보낼 자를 내게 알게 하지 아니하셨습니다. 주께서 전에 말씀하시기를, 나는 너를 이름으로 알고, 너는 내 앞에 은총을 입었다고 하셨습니다. 내가 주의 목전에서 은총을 입었다면, 주의 길을 내게 보이셔서, 내게 주를 알게 하시고, 나로 주의 목전에서 은총을 입게 하소서. 또한, 이 민족이 주의 백성이라는 것도 헤아려 주소서." 야웨께서 말씀하셨다. "나의 임재[panai - '파나이']가 너와 함께 가겠고, 내가 네게 쉼을 주리라." 그러자 모세가 야웨께 아뢰었다. "주의 임재[paneika - '파네이카']가 가지 않으시려거든, 우리를 이 곳에서 올려 보내지 마소서. 주께서 우리와 함께 가시지 않는다면, 어떻게 나와 주의 백성이 주의 목전에서 은총을 입었다는 것을 알겠습니까? 주께서 우리와 함께 행하심으로, 우리, 곧 나와 주의 백성이 천하 만민 중에서 구별될 것입니다."
>
> 야웨께서 모세에게 말씀하셨다. "네가 요구한 바로 그 일을 내가 하리니, 너는 내 목전에서 은총을 입었고, 내가 너를 이름으로 알기 때문이다." 모세가 아뢰었다. "원하건대, 주의 영광을 내게 보여 주소서." 야웨께서 말씀하셨다. "내가 내 모든 선한 것을 네 앞으로 지나가게 하고, 야웨라는 이름을 네 앞에 선포하리라. 나는 은혜 베풀 자에게 은혜를 베풀고 긍휼히 여길 자에게 긍휼을 베풀 것이다." 그가 말씀하셨다. "그러나 네가 내 얼굴[panai - '파나이']을 보지 못할 것이니, 이는 나를 보고 살아 있을 자가 없을 것이기 때문이다." 야웨께서 계속해서 말씀하셨다. "보라, 내 곁에 한 장소가 있으니, 너는 그 반석 위에 서라. 내 영광이 지나갈 때, 내가 너를 반석 틈에 두고, 내가 다 지나갈 때까지 내 손으로 너를 덮었다가 손을 거두리니, 네가 내 등을 볼 것이지만, 내 얼굴[panai - '파나이']은 보지 못할 것이다."[182]

181) 칠십인역에서는 '에노피오스 에노피오' (enōpios enōpiō).
182) 출 33:12-23.

그런 후에, 이 일이 그대로 일어난다. 하나님의 영광이 모세 앞에 나타나지만, 모세는 하나님의 얼굴을 보지 못한다. 하나님으로부터 여러 가지 명령들과 금령들이 주어진 후에, 마침내 모세는 산을 내려가서, 겁에 질려 기다리고 있던 백성들에게 돌아간다. 바로 이 시점이 하나님과 대화를 하고 내려온 모세의 얼굴에서 빛이 난 때이다. 백성들이 두려워하였기 때문에, 모세는 그들에게 말할 때에는 자신의 얼굴에 수건을 썼고, 회막에 들어가서 하나님과 대화할 때에는 그 수건을 벗었다.

이 일이 있은 후에야 비로소 성막이 마침내 세워지고, 거기에 있어야 할 모든 설비들과 제사장들의 제복이 갖추어진다. 그런 다음에, 마침내 다음과 같은 일이 일어난다:

> 구름이 회막을 덮었고, 야웨의 영광이 성막에 충만하였다. 구름이 회막 위에 덮였고, 야웨의 영광이 성막에 충만하였기 때문에, 모세가 회막에 들어갈 수 없었다.[183)]

이스라엘의 죄에도 불구하고 주어진 하나님의 임재; 이스라엘의 수치에도 불구하고 주어진 하나님의 영광. 이러한 마지막 장면은 토라를 받게 되기까지 이스라엘이 계속해서 반역한 것에 관한 길고도 극적이었던 이야기의 끝과 에덴 동산에서 시작되었던 더 긴 서사의 끝에서 안도의 한숨을 길게 내쉬게 만든다. 우상 숭배와 반역과 죄에도 불구하고, 이스라엘은 새로운 인류, 즉 한 분 유일하신 하나님의 영광이 그들 가운데 거하는 가운데 약속된 유업을 향한 그들의 여정을 인도해 주는 그런 백성으로 세움을 입었다. 사실, 성막은 새로운 피조세계의 증표였기 때문에, 성막에 충만하였던 영광은 언젠가는 온 세계에 충만하게 될 것이다.[184)]

이 모든 것 속에는 깊이 숙고해 보아야 할 많은 신비들이 존재한다는 것은 의심의 여지가 없다. 그러나 바울이 여기에서 이 이야기를 가져와 들려주고 있다는 것은 분명해 보인다.[185)] 출애굽 서사를 읽었고 현재의 성전이 좌절감이 들 정도로 초라하고 형편없다는 것을 알고 있던 제2성전 시대의 유대인이라면 누구나 이 본문의 마지막 장면이 야웨가 모든 일에도 불구하고 새로운 은혜의 역사를 통해서 자기 백성과 함께 거하게 되었다는 의미를 지니고 있다는 것을 알았을 것이고, 그런 동일한 일이 다시 한 번 일어나서, 이사야서 40:5의 예언들("그 때에 야웨의 영광이 나타나겠고, 온 백성이 함께 그 영광을 보리라")이 실현되고, 이사야서 64:1의

183) 출 40:34f.
184) 민수기 14:21, 그리고 위의 제2장 제5절에서 열거한 이 주제에 관한 다양한 서술들을 보라.
185) 그는 출애굽기 33:19을 인용하고 있는 로마서 9:15에서 이것을 간접인용한다.

기도("주께서 하늘을 찢으시고 강림하셔서, 산들이 주의 임재 앞에서 진동하게 하소서")가 응답되기를 바랐을 것이다. 달리 말하면, 출애굽 서사는 이스라엘의 종말론적인 유일신론이 성취되어서, 야웨가 마침내 자기 백성에게로 다시 돌아오게 될 순간을 가리켜 보여주고 있다는 것이다.

이것은 고린도후서 4:3-6에 나오는 예수에 관한 진술의 온전한 취지를 보여주는 맥락이다:

> [3]하지만 우리의 복음이 여전히 "수건에 가려져" 있다면, 그것은 망하는 자들에게 가려져 있는 것이다. [4]거기에서 일어나고 있는 일은 이 세상의 신이 믿지 아니하는 자들의 마음을 눈 멀게 하여서, 하나님의 형상이신 메시야의 영광의 복음의 빛을 보지 못하는 것이다. [5]우리는 우리를 전파하는 것이 아니라, 오직 메시야 예수가 주이시라는 것과 우리 자신이 예수를 인하여 너희의 종이 된 것을 전파하는 것이다. [6]"어둠으로부터 빛이 비치라"고 말씀하셨던 그 하나님께서 메시야 예수의 얼굴에 있는 하나님의 영광을 아는 빛을 우리 마음에 비추셨기 때문이다.

하나님의 형상인 메시야, 세계의 '퀴리오스'(kyrios)인 메시야, 새로운 피조세계를 만들어낸 메시야, 우리의 마음이 그 얼굴에서 "하나님의 영광을 아는 지식"을 깨닫게 되는 메시야. 이 모든 것은 골로새서 1장과 매우 흡사하게 지혜 기독론, 성전 기독론, "영광" 기독론을 표현하고 있다. 달리 말하면, 이것은 예수를 중심으로 재구성된 제2성전 시대의 전형적인 유일신론이라는 것이다.[186] 특히, 이것은 "얼굴"과 "영광"이라는 쌍둥이 주제에 새로운 기조를 부여한다. 자신의 얼굴을 모세에게 보이고자 하지 않았던 하나님이 예수 안에서 및 예수로서 자기 백성에게 자신의 얼굴을 보였다. 출애굽기 33-34장의 긴 논의의 맥락 속에서 "메시야 예수의 얼굴에 있는 하나님의 영광"에 대하여 말하는 것은 오직 한 가지 의미만을 지닐 수 있는데, 그것은 우상 숭배와 죄로 인해서 포로기 때에 이스라엘을 버렸지만 언젠가는 다시 돌아올 것이라고 약속하였던 하나님이, 출애굽 때에 자신의 "임재"를 거두겠다고 경고하고서도 이내 다시 돌아왔듯이, 마침내 메시야 예수 안에서 및 메시야 예수로서 다시 돌아왔다는 것이다. 우리는 고린도후서 4장을 야웨의 귀환에 대한 기대라는 빛 아래에서 읽을 때, 거기에서 창조와 제의의 유일신론, 특히 무엇보다도 종말론적인 유일신론의 표현으로서의 고등 기독론을 분명하게 들을 수 있다. 바울의 모든 고등 기독론과 마찬가지로, 여기서의 초점은 십자가에 못 박힌 분으로서의 예수에 두드러지게 맞춰져 있다는 것은 두말할 필요가 없다. 그는 메시야직을 예수의 십자가를 중심으로 재정의하였

186) 특히, Newman, 1992를 보라; 나는 그의 전체적인 논증을 강화시켰기를 바란다.

다. 그리고 우리가 이제 곧 빌립보서 2장에서 보게 되겠지만, 그는 그렇게 함으로써 "하나님"이라는 단어 자체의 의미를 극적으로 재정의하였다.

(6) 빌립보서 2:6-11

바울이 자기가 무엇을 하고 있는 것인지를 알고 있었다는 것은 의문의 여지가 없다. 그는 서신들을 쓸 때, 셰익스피어와 마찬가지로, 서신들에 나오는 그 어떤 것도 아무런 의도 없이 그저 쓴 것이 아니었다.[187] 만일 제2성전 시대의 지성인이었던 한 유대인이 우리가 앞에서 살펴본 그런 의도를 가지고 있지 않았다면, 그는 예수에 대하여, 그리고 이스라엘의 한 분 유일하신 하나님에 대하여 그의 서신들이 보여 주는 그런 내용을 쓸 수 없었을 것이다. 그가 하나님의 정체성을 중심으로 한 유일신론을 예수를 중심으로 수정하여 다시 재편한 것은 자의적인 것이었거나, 한 번 신학적인 공상을 해본 것이 결코 아니었다. 또한, 그것은 단지 하나님과 세계와 우상 숭배와 장래의 심판에 관한 그의 견해의 가장자리에 붙어 있던 그런 것이 아니었고, 정반대로 그런 것들에 관한 그의 견해 전체의 한복판이자 중심에 자리하고 있는 것이었다:

> [9]그러므로 하나님이 그를 지극히 높여,
> 자신의 은총 속에 있는 그에게
> 모든 이름 위에 뛰어난 이름을 주셔서,
>
> [10]이제 하늘에 있는 자들과 땅에 있는 자들과 땅 아래에 있는 자들로
> 모든 무릎을 예수의 이름에 꿇게 하시고,
>
> [11]모든 입으로 메시야 예수를 주라 고백하여,
> 하나님 아버지께 영광을 돌리게 하셨다.[188]

이것은 빌립보서 2장에 나오는 저 유명한 시의 후반부이다. 한 권의 책 전체를 오직 이 본문만을 주제로 삼아서 쓴 저작들이 여럿 출간되어 있고, 우리에게는 여기에서 이 시가 무엇이라고 소리치고 있는지에 관한 자세한 석의를 수행할 지면도 없다.[189] 또한, 나는 이 시의 원래의 저자 문제에 대해서도 다루지 않을 것이다. 바

187) Levin, 1983, 152은 연출자 Peter Brook이 『한여름밤의 꿈』에 대하여 말한 것을 인용한다.
188) 빌 2:9-11.

울은 이 시를 스스로 썼을 수도 있다. 저자들이 자기가 이전에 쓴 글들을 인용하는 경우는 흔하다. 또는, 바울은 당시에 알려져 있던 다른 사람의 글을 가져와서 사용한 것일 수도 있다. 하지만 저자들은 다른 사람의 글이 자신의 의도와 맞는지의 여부를 아주 신중하게 검토함이 없이 그 글을 아무렇게나 가져와서 함부로 사용하지는 않는다. 사람들은 단지 장식용으로 자신의 나무에 다른 새들이 날아와 둥지를 틀게 하지 않는다. 따라서 나는 이 시가 적어도 현재의 맥락 속에서는 바울이 이 시점에서 말하고자 하였던 바로 그것을 의도적으로 진술하고 있는 것으로 볼 것이다.[190)]

우리의 목적과 관련해서 우리가 이 시에 대하여 말해야 할 것은 일곱 가지이지만, 중요성의 정도는 각각 다르다.

첫 번째이자 가장 중요한 것은 이 시 전체는 제2성전 시대의 종말론적인 유일신론을 장엄하게 재천명하고 있다는 것이다. 여기에서 성경에 대한 핵심적인 간접인용은 10절에 나오고, 거기에서 상기시키고 있는 이사야서 45장의 본문은 이스라엘의 성경 전체에서 유일신론을 천명하고 있는 가장 중요한 본문들 중의 하나라는 것이 학자들의 통설이다:

> 너희, 열방 중에서 살아남은 자들아, 모여 오라, 함께 가까이 나아오라.
> 나무 우상을 가지고 다니며 구원하지 못하는 신에게 계속해서
> 기도하는 자들은 지식이 없는 자들이다.
> 너희는 너희의 사정을 널리 알리고 진술하고, 함께 의논하여 보라.
> 이 일을 오래 전에 말한 자가 누구냐? 예전부터 이것을 널리 알린 자가 누구냐?
> 나, 여호와가 아니냐? 나 외에 다른 신이 없다.
> 나는 의로운 하나님이고 구원을 베푸는 하나님이다. 나 외에 다른 이가 없다.
> 땅의 모든 끝이여, 내게로 돌이켜, 구원을 받으라. 나는 하나님이고, 다른 이는 없다.
> 내가 내 자신을 두고 맹세하고,
> 내 입에서 의로운 말이 나갔으니 돌아오지 아니할 것이다:
> "내게 모든 무릎이 꿇겠고, 모든 혀가 맹세하리라."
> 사람들이 나에 대해 말하게 될 것이다. 의로움과 힘은 오직 야웨께만 있으니,
> 그에게 분노한 모든 자들이 그에게 나아가 수치를 당하겠고,

189) 최근의 것으로는 Bauckham, 2008/9, 41-5, 197-210을 보라. Martin and Dodd, 1998에 수록된 논문들은 중요하지만(특히, 오늘날의 석의적인 논쟁들에 대한 배경으로서), 그 논문들의 품질이 균일하지 못하다.

190) 자세한 것은 *Climax*, ch. 4을 보라; 내가 여기에서 천착한 시각들 중 몇몇은 당시에는 내가 볼 수 없었다.

이스라엘의 모든 자손은 야웨로 말미암아 승리하고 자랑하게 되리라.[191)]

그런 후에, 선지자는 벨과 느보, 그리고 그러한 신들을 섬기는 바벨론 사람들을 통렬하게 규탄하는 말을 이어간다.[192)] 야웨는 자신의 영광을 다른 신과 나누지 않을 것이고, 조각한 신상들이 오직 그만이 받아야 할 찬송을 훔치게 내버려 두지 않을 것이다.[193)] 바울은 어떤 다른 것을 말하고 있었던 이 시의 마지막 부분을 표면상으로 그럴 듯하게 장식하기 위한 목적으로, 이렇게 장엄한 유일신론을 담고 있는 이 이사야서 본문을 덧붙인 것이 결코 아니었다. 이사야서에서 길게 이어지는 시(사 40-55장)는 이스라엘의 하나님이 모든 악을 물리치고 승리해서 세계의 참된 주로 즉위한 기이한 승리의 역사를 송축하는 동일한 유일신론에 관한 진술이고, 세계의 권세들과 통치자들에 맞서 하나님 나라 신학을 선포하는 중심적인 진술이다.

또한, 아마도 그것은 특히 시온으로의 야웨의 귀환에 관하여 말하는 중심적인 진술일 것이다. 영광이 다시 돌아올 것이고(40:5), 파수꾼이 그것을 보고 "좋은 소식"이라고 널리 알릴 것이며(40:9), 야웨가 능력 가운데서 올 것이고, 그의 "팔"이 그를 위하여 다스릴 것이다(40:10). 야웨는 창조주로 와서, 우상들을 쓸모없는 쓰레기로, 땅의 군주들을 하찮은 자들로 만들어 버릴 것이다(40:12-26). 그는 자기 백성이 본향으로 가는 여정에서 그들과 함께 할 것이다(43:2). 그는 자신의 의 때문에 그렇게 행할 것이고, "오직 그에게 모든 무릎이 꿇을 것이고 모든 혀가 맹세하게 될 것"이라고 한 약속은 "다시 돌아오지 않을 의로운 말씀"이 될 것이다(45:23).[194)] 그는 "내 영광 이스라엘을 위하여" 시온에 구원을 둘 것이고(46:13),[195)] 자신의 의로 가까이 있게 할 것이며, 그의 팔로 만민을 다스리게 할 것이다(51:5). 이 좋은 소식을 전하는 사자들은 이스라엘이 그토록 고대해 왔던 저 위대하고 중심적인 사건을 보게 될 것이다:

평화를 알리고 좋은 소식을 전하며
구원을 전하여 시온을 향하여 "네 하나님이 다스리신다"고 말하는
사자의 산 위에 있는 발이 어찌 그리 아름다운가.
들으라! 네 파수꾼들이 목소리를 높여 일제히 기쁨으로 노래하니,

191) 사 45:20-5; 빌립보서 2:10에 반영되어 있는 강조된 부분은 23b절이다.
192) 46:1—47:15.
193) 사 42:8; 48:11.
194) 또한, cf. 55:11.

이는 그들이 야웨께서 시온으로 돌아오시는 것을 똑똑히 보고 있음이라.
너, 예루살렘의 폐허들아,
목청을 높여 함께 노래하라.
이는 야웨께서 자기 백성을 위로하셨고,
예루살렘을 속량하셨음이라.
야웨께서 열방의 목전에 자신의 거룩한 팔을 나타내셨으니,
땅의 모든 끝들이 우리 하나님의 구원을 보게 되리라.[196)]

이스라엘의 한 분 유일하신 하나님이 이 모든 일을 행하여, 자기 백성을 위로하고 회복시키며(54장), 함께 와서 이 복에 참여하라는 초대장을 온 세계에 보낼 것이다(55장). 자신의 목적을 이루는 데에 실패하는 법이 없는 하나님의 능력의 "말씀"이 이 모든 일을 이루게 될 것이다(40:8; 45:23; 55:11).

이사야서의 이 긴 시는 이 모든 것만으로도 사람들의 이목을 사로잡기에 충분한 것으로 보인다. 그러나 이 예언의 양탄자가 지닌 신비한 힘은 네 가지 핵심적인 계기들을 서로 엮어 짜서 하나의 기이하고 암울한 분위기를 연출하고 있는 연작시에서 발견되는데, 이 연작시는 "종"의 소명과 그가 이루게 될 일들에 대하여 말하고 있는 시들이다. 여기에서 "종"은 어떤 차원에서는 "이스라엘" 자체이고, 또 다른 차원에서는 "이스라엘"과 대비되는 존재로서, 그들이 스스로 행할 수 없는 일을 그들을 위하여 행하는 존재로 등장한다.[197)] 그리고 이 "종"의 정체는 수치와 욕을 당하는 모습을 보이고 있는 상태에서는 확인되지 않다가(53:1), 마지막 절정에 해당하는 시에서 마침내 "야웨의 팔"임이 드러난다. 선지자는 결코 이 수수께끼를 풀어서 설명해 주고 있지는 않지만, 어쨌든 이 "종"의 사역, 특히 자신의 고난과 죽음을 통해서 대속을 이루는 사역은 하나님의 "의"를 행동으로 보여주는 것이고, 하나님의 "구원"을 이루는 것이며, 무엇보다도 이스라엘의 한 분 하나님 야웨가 마침내 영광 중에 시온으로 다시 돌아왔다는 것이 무엇을 의미하는지를 온전히 보여

195) 칠십인역에서 '토 이스라엘 에이스 독사스마'(tō Israēl eis doxasma)로 옮겨진 마지막 어구인 '레이스라엘 티프아르티'(leisraēl tiph'ārthi)는 야웨가 시온으로 돌아올 때에 이스라엘을 자신의 "아름다움"으로 영화롭게 할 것이라는 약속을 표현하고 있는 것으로 보인다.

196) 사 52:7-10.

197) "야웨의 종"에 대하여 노래한 시들은 흔히 42:1-4(또는, 1-9?); 49:1-6(또는, 1-13?); 50:4-9; 52:13—53:12로 제시되어 왔다. 그러나 이 본문들은 나머지 본문들과 "깨끗하게 단절되어" 있는 것이 아니라, 좀 더 큰 전체 속에 밀착해서 짜여 있다(예컨대, cf. 41:8; 42:19; 43:10; 44:26; 50:10). 다윗 가문에서 나올 "종" 또는 메시야로서의 "종"에 대한 언급은 겔 34:23f.와 슥 3:8에도 나온다. 자세한 논의는 Balzer, 2001, 특히 124-8; Childs, 2001, 특히 323-5; Goldingay and Payne, 2006, 40 등을 보고, 간단하게 다룬 것으로는 Collins, 2009를 보라.

주는 것이다. 야웨는 다시 돌아와서, 단지 이스라엘의 왕이 아니라, 세계의 왕으로 즉위하였다.

물론, 이것은 이사야서 40-55장에 대한 "바울적인" 석의이다. 내가 아는 한, 이 본문은 예수의 공생애 이전에는 이런 식으로 읽혀지고 있지 않았다.[198] 그러나 우리가 이 본문의 중심적인 주제들을 이런 식으로 도출해내어서 빌립보서 2:6-11과 대면시킬 때, 바울의 이 시 전체가 원래의 이사야서의 시에 대한 새로운 묵상이고, 여기서 또다시 바울은 하나님의 정체성을 중심으로 한 이스라엘의 유일신론에서 핵심을 이루는 종말론을 기독론적으로 수정하고 있는 것일 개연성이 대단히 농후하다는 것을 발견하게 된다. 이것은 야웨가 시온으로 다시 돌아왔을 때에 어떤 일들이 벌어지게 되었는지를 보여준다. 자신의 영광을 다른 신과 나누기를 거부하였던 하나님이 그 영광을 예수와 나누어 가졌다. 왜냐하면, 예수는 이스라엘의 하나님이 자기가 "다시 돌아왔을" 때에 이루겠다고 밝힌 핵심적인 일을 이루어 내었기 때문이다. 따라서 나는 최근에 리처드 보컴(Richard Bauckham)이 제시한 주장, 즉 빌립보서의 이 시는 이사야서에 나오는 "고난 받는 종"에 관한 본문을 준거로 삼고 있는 것이 거의 틀림없다는 주장을 다시 한 번 재확인하고자 한다.[199] 하나님의 구원 계획을 이루기 위하여 스스로 낮아져서 죽기까지 내내 순종하였다가 그 후에 신원함을 받은 이라는 관념이 이사야서에 나오는 "종의 노래," 특히 네 번째 노래를 반영하고 있다는 것은 너무나 분명하고, 아울러 바울이 빌립보서의 이 시의 절정에서 이사야서 45장을 염두에 두고 있었다는 것도 너무나 분명하기 때문에, 우리는 이사야서 40-66장 전체에 나타나 있는 성경의 풍부한 신학을 (그렇게 했을 때의 신학적인 결과들을 두려워하여) 여기에서 배제해 버리는 것보다는, 바울이 그 본문을 간접인용 함으로써 그 신학 전체를 여기로 가져왔다고 보는 것이 더 합리적이다. 나의 논증에서 보컴을 뛰어넘는 것이 있다면, 그것은 이러한 결과가 지닌 함의를 이

198) 예수가 자신의 소명을 이사야서 40-55장에 비추어서 이해하였다는 주장에 대해서는 cf. *JVG*, 588-91, 601-4.

199) 특히, 이사야서 52:13(내 종이 "높임을 받게 될 것이다" [hypsōthēsetai - '휩소테세타이']) 과 빌 2:9(그러므로 하나님이 "그를 지극히 높이셨다" [auton hyperypsōsen - '아우톤 휘페립소센']) 을 보라; Bauckham, 2008/9, 205f.은 바울이 이사야서 40-66장의 좀 더 큰 그림 전체를 어떤 식으로 염두에 두고 있었을지를 보여 주면서, 바울은 "종"을 야웨가 자기 백성을 구원하고 자신의 유일무이한 창조와 구원의 권능을 계시하기 위하여 사용할 수단으로 보았다고 말한다. 이것은 표현들의 정확한 반영에 의거한 것이 아니다(예를 들면 Hooker, 1959, 120f.의 반론들과는 달리); 악명높게도, 여기에서 "종"을 나타내는 칠십인역의 역어는 '파이스' (pais), 즉 폭넓게 사용되었던 "아이"라는 의미를 지닌 단어였기 때문에, 바울의 독자들을 잘못된 방향으로 인도하였던 것 같다. 단어들과 주제들의 명시적인 반영들은 하나의 닻으로서의 역할을 할 뿐이고, 중요한 것은 사고의 전체적인 흐름이다.

끌어낸 것이다. 즉, 바울은 다른 곳에서와 마찬가지로 여기에서도 야웨의 귀환에 관한 고대 이스라엘의 소망을 기독론에 초점을 맞추어 다시 그려내고 있다는 것이다.

빌립보서의 이 본문과 관련해서 우리가 주목해야 할 첫 번째의 것은, 성경에 고전적으로 표현된 고대의 유대적인 소망이라는 맥락 속에서 읽혀졌을 때, 이 시는 성취에 관한 진술이라는 것이다. 즉, 이 시는 어떻게 이스라엘의 하나님이 다시 돌아와서 자기가 전에 약속하였던 일을 행하였는지를 보여준다.

두 번째는 이스라엘의 하나님의 절대적인 유일무이성과 모든 우상들에 대하여 거둔 그의 승리에 대한 이 장엄하고 환희에 찬 선언은 자신의 영광을 아무와도 나누고자 하지 않았던 하나님이 그 영광을 예수와 나누어 가졌다는 것을 말하기 위한 수단으로 선택된 본문이라는 것이다. 예수의 이름 앞에 "모든 무릎이 꿇게 될 것이고, 모든 혀가 시인하게 될 것이다"(이사야서 45:23의 칠십인역 본문은 "하나님을 시인하게 될 것이다"[exomologēsetai tō theō -'엑소몰로게세타이 토 테오']로 되어 있다). 그러나 그들이 이제 시인하게 될 것은 단지 이사야서에서 말하고 있는 것과 같이 "하나님"이 아니라, "메시야 예수가 '퀴리오스'(kyrios)이시다"라는 것이 될 것이다('퀴리오스'는 영어로는 마지막 단어로 나오지만, 헬라어 본문에는 첫 번째 단어로 나온다: kyrios Iēsous Christos -'퀴리오스 예수스 크리스토스'). 그리고 바울이 예수와 관련해서 '퀴리오스'(kyrios)라는 단어를 사용한 것은 칠십인역에서의 이 단어의 용법을 잘 알고 있던 자신의 독자들로 하여금 이 단어를 야웨를 가리키는 것으로 이해하기를 의도하였다는 것은 바울에 있어서 다른 많은 경우들에서와 마찬가지로 여기에서도 의심이나 이의가 있을 수 없다.

바울이 한 이 일을 표현하기에 가장 적합한 단어는 "폭탄선언"이라는 단어일 것이다. 그는 자기가 무엇을 하고 있는지를 정확히 알고 있었을 것임에 틀림없다. 그의 유대적인 유일신론의 중심에는 아주 최근에 유대 땅에서 죽었다가 다시 살아난 한 인간이 있었다. 예수는 만신전에 추가된 새로운 신이 아니었다. 그것은 예수 안에서 이스라엘의 한 분 유일하신 하나님 야웨가 세계의 역사, 인간의 역사, 이스라엘의 역사 내에서 이스라엘과 인류와 세계를 위하여 그들이 스스로 할 수 없었던 일을 행한 것이었다. 예수는 이스라엘의 하나님의 정체성의 일부였고, 이스라엘의 하나님은 예수의 정체성의 일부였다. 이스라엘은 자신의 하나님이 기나긴 부재 후에 다시 돌아오기를 대망해 왔었다. 바울은 복음서 기자들과 마찬가지로 그 대망이 예수 안에서 성취되었다고 보았다.

세 번째는 바울이 예수가 "모든 이름 위에 뛰어난 이름"을 받았다고 말하였을 때, 그 이름은 하나님의 거룩한 이름, 즉 야웨였다는 것도 마찬가지로 의심의 여지가 없다는 것이다.[200] 따라서 이 주제는 바울이 다른 곳에서 하나님 또는 예수의 "이름"에 대하여 언급하고 있는 구절들과 연결되어 있음에 틀림없다. 이제 사람들은 "예수"라는 이름을 들으면, 그 이름 앞에 무릎을 꿇어야 한다. 왜냐하면, 하나님이 그 이름에 "모든 이름 위에 뛰어난 이름"을 수여하였기 때문이다. 이제 메시야 예수는 '퀴리오스'(kyrios), 곧 야웨(YHWH)이다. 이것은 바울이 어떤 일들이 "그의 이름을 위하여" 행해지고 있다고 말하거나, 예수로 말미암아 하나님의 이름을 위하여 일어나고 있다고 말할 수 있었던 이유였다. 우리는 여기에서 이렇게 간단하게 말하고 있지만, 이것은 바울의 사고를 서로 이어주는 중요한 이음새였고,[201] 바울이 예수에게 이전시킨 유일신론의 주요한 모티프 — 다른 모든 "이름들"과는 대조적으로 전 세계에 걸쳐서 불려지게 될 한 분 참 하나님의 "이름"[202] — 였다.

네 번째는 바울이 예수에 대하여 말하는 데 이렇게 분명한 "야웨 본문"을 사용한 것은 그의 다른 비슷한 본문들을 동일한 방식으로 읽을 수 있는 가능성 — 이것은 최근에 광범위하게 연구되어 왔다 — 을 열어 준다는 것이다. 우리는 적절한 때에 이 범주에 속한 다른 중심적인 본문들 중 몇몇을 살펴볼 것이다.[203]

우리가 빌립보서 2:9-11에서 분명하게 짚고 넘어가야 할 다섯 번째의 것은 이 주목할 만한 정도로 유일신론적인 구조 내에서 바울은 '퀴리오스'(kyrios)인 예수와 "아버지"를 상당한 정도로 차별화하고 있다는 것이다. 고린도전서 15:26-28이 만물이 메시야의 발 아래에 복속되었을 때, 메시야가 자신의 왕권을 아버지에게 넘겨주어, 하나님이 "모든 것 가운데 모든 것"이 될 것이라고 말하고 있는 것과 마찬가지로, 여기에서는 예수를 '퀴리오스'로 시인하는 것은 아버지 하나님에게 영광을 돌리는 것이라고 말한다. 우리는 이 주목할 만한 현상을 어떤 식으로 설명하여야 하는가(우리는 이 현상이 다른 본문들 속에서도 반복되고 있는 것을 곧 보게 될

200) 이제는 예컨대 Bauckham, 2008/9, 199f.를 보라. 하지만 Bauckham이 지적하듯이(199 n. 38), 바울은 "예수"라는 이름은 "야웨께서 구원하신다"(YHWH yesha' - '아도나이 예샤아')의 축약된 형태로서 야웨라는 이름을 그 자체 속에 담고 있기 때문에, "예수"라는 이름은 "하나님의 이름을 새롭게 대체한 것이거나 그 새로운 형태"로 여겨질 수 있다는 사실을 암시하고 있었을 수 있다.

201) 예수의 이름: 롬 1:5; 10:13(아래를 보라); 고전 1:2, 10; 5:4; 6:11; 엡 1:21; 5:20; 골 3:17; 살후 1:12; 3:6. 하나님의 이름: 롬 9:17; 15:9; 딤전 3:1; 딤후 2:19; cf. 롬 2:24. 그런 까닭에, 세례, 기도, 축귀 등과 같은 초기 기독교의 실천을 "예수의 이름으로" 행하거나, "그의 이름을 위하여" 고난 받는 것은 중요한 의미가 있었다.

202) cf. 엡 1:21.

203) 아래의 제9장 제3절 3) (2).

것이다)?

유일신론적인 진술 내에서의 이러한 차별화를 설명하는 한 가지 방식은 이것과 비슷해 보이는 현상에 관한 기독교 이전의 유대적인 개념들을 근거로 삼는 것이다: 예를 들면, 필로(Philo)의 '듀테로스 테오스'(deuteros theos, "제2의 하나님"), 또는 어떤 이들이 고대 이스라엘 내에서의 "두 번째 신"으로 여긴 가설적인 "대천사."[204] 리처드 보컴(Richard Bauckham)의 연구는 이런 식으로 설명하는 길을 어느 정도 차단해 주었다.[205] 제2성전 시대 유대교에는 한 분 유일하신 하나님을 여러 가지 다르게 표현하는 방식들이 있었는데, 그러한 방식들을 곰곰이 생각해 보면, 그 중에는 우리가 바울의 이 본문에서 발견하는 것을 밝혀줄 이정표로 삼을 만한 것들이 몇 가지 있을 수도 있지만, 최근에 죽은 어떤 사람에 대하여 그런 식의 표현을 사용한 경우는 결코 없었다. 물론, 다니엘서 7장 등에서 이끌어낸 것일 가능성이 높은, 메시야에 관하여 활발하게 개진된 아주 다양한 견해들은 예외로 여겨질 수도 있다. 왜냐하면, 우리가 앞에서 보았듯이, 아키바(Akiba) 자신도 다니엘서 7장으로부터 당시에 아무도 의문을 제기하기 어려웠던 정통적인 가르침을 이끌어 내었기 때문이다 — 하지만 그 가르침에 허점이 없었던 것은 아니었고, 후대의 랍비들은 그 누구에게서나 허점을 찾아낼 수 있을 정도로 영리하긴 하였지만.[206] 이렇게 유대교의 몇몇 흐름들 속에서 이루어진 메시야직의 의미에 관한 이러한 조심스럽고 위험한 탐구는 초기 기독교에 혁신을 위한 원재료를 제공해 주었을 가능성이 있기는 하지만, 그런 식으로 말하는 것은 악보를 출판하는 회사에 소속된 한 작곡가가 베토벤(Beethoven)의 첫 번째 교향곡의 첫 번째 화음을 쓰는 데 필요한 오선지와 연필과 음표들을 가지고 있다고 해서, 베토벤의 그 교향곡이 그 작곡가에게서 유래하였다고 말하는 것과 비슷하다. 작곡하는 데 필요한 원재료는 음악이 나오기 위한 필수적인 조건이기는 하지만, 새롭게 탄생한 곡이 왜 그런 식으로 탄생하게 되었는지를 설명해 주지는 못한다. 모호하지 않고 분명하고 생생한 바울의 진술들은 우리가 제2성전 시대에서 그와 시간적으로 근접해 있던 유대인들에게서 발견하는 그 어떤 진술과도 두드러지게 다른 범주에 속하기 때문에, 우리가 그의 진술들을 설명할 수 있는 길은 하나뿐임이 분명하다: 그로 하여금 기존의 범주들

204) 예를 들어, Barker, 1992와 관련 저작들을 보라. 또한, 창세기 18장에 나오는 아브라함에 대한 계시 같은 성경 본문들을 설명할 때에 "또 다른 신"이라는 관념에 대해서는 Justin Martyr, *Dial.* 50, 56을 보라. '듀테로스 테오스' (deuteros theos)라는 어구는 Philo, *Quaest. Gen.* 2.62에서 발견된다.

205) Bauckham, 2008/9, 191 등.

206) Segal, 1977을 보라.

을 이런 식으로 두드러지게 새로운 방식으로 사용해서 그러한 것들을 뛰어넘는 것들을 만들어내게 몰고 간 것은 예수와 관련된 사건들, 즉 예수의 메시야적인 삶과 죽음, 특히 그의 부활과 높아지심 — 이 두 가지가 없었다면, 당연히 그의 삶과 죽음은 애초부터 메시야적인 것으로 여겨지지 않았을 것이다 — 이었다.[207]

빌립보서 2:9-11과 관련해서 우리가 주목해야 할 여섯 번째의 것은 이 시의 전반부가 이 시가 지닌 의미에 기여하고 있는 방식이다. 나는 이것에 대해서 이미 다른 곳에서 아주 자세하게 썼기 때문에, 여기에서는 짤막하게 요약해서 제시할 것이다. 이 시는 바울에 의한 도입부가 붙어 있는 세 연으로 된 시이다:

> 5너희가 너희 중에서 생각해야 할 방식은 이것이니,
> 너희가 메시야 예수께 속하였기 때문에 갖게 된 사고이다.
>
> 6그는 하나님의 형체이셨고,
> 마땅히 하나님과 동등됨을 취할 것으로 여기셔야 하였지만,
> 그렇게 하지 아니하셨다.
>
> 7도리어 그는 자기 자신을 비워,
> 종의 형체를 가지시고서,
> 사람들과 같이 되셨다.
>
> 8그런 후에, 그는 사람의 모양으로 나타나셔서,
> 자기를 낮추시고,
> 순종하시다가 죽으셨으니,
> 곧 십자가에 죽으셨다.[208]

이 여섯 번째 핵심 속에는, 마치 묵시론처럼, 여섯 가지의 세부적인 내용들이 포함되어 있다. 첫째, 이 시는 예수가 사람으로 잉태되어 태어나기 전에는 "하나님의 형체"를 지니고 있었던 분으로 규정되어야 하는 인간이었고, 이미 "하나님과 동등하였기" 때문에, 사람들이 흔히 생각해 온 것과는 달리 그러한 지위를 찬탈하거나 (그는 이미 그런 지위를 지니고 있었기 때문에 굳이 그럴 필요가 없었다) 버린 것이 아니고, 사람들의 생각과는 달리 자기 자신을 높이기는커녕 자신을 비우고 스

207) 어떤 요인들이 서로 결합되어서 "초기 기독론"을 탄생시켰는가 하는 문제는 아래에서 자세하게 다루어진다.

208) 빌 2:5-8.

스로 낮아져서 섬기다가 죽는 삶을 살아감으로써, 사람들로 하여금 하나님이 어떤 분인가를 올바르게 해석할 수 있게 해준 인간이었던 것으로 묘사하고 있다는 것은 의심의 여지가 없다.[209)]

둘째, 나는 이 시에 반영되어 있는 성경의 많은 내용들 중에는 창세기 1-3장에 나오는 아담에 대한 반영도 포함되어 있다고 보는 것이 옳다는 생각을 계속해서 견지하고 있다. 아담은 하나님을 대신하여 피조세계를 다스릴 존재로 지음을 받았는데, 빌립보서 2:9-11은 원래 아담에게 주어졌던 이 역할이 예수 안에서 성취된 것으로 묘사한다. 아담은 "하나님과 동등됨"을 탐하여 사망의 벌을 자초한 반면에, 예수는 이미 그러한 동등됨을 지니고 있었음에도 불구하고, 최고의 "순종"의 행위로서 아담과 같은 죽음을 자원하는데, 우리는 여기에서 로마서 5:12-21의 저 유명한 아담/메시야 본문이 울려 퍼지고 있음을 본다.[210)] 이 시가 그러한 것보다 훨씬 더 많은 것들을 말해 주고 있다고 해서, 그것이 우리가 거기에서 아담을 배제하여도 된다는 것을 의미하는 것은 아니다. 도리어, 2:7이 창세기 1:26을 반영하고 있고, 이 시 전체가 시편 8:5-6을[211)] 반영하고 있다는 사실은 우리에게 아담에 대한 준거가 주된 주제는 아닐지라도 무시해서는 안 될 주제라는 것을 경고해 준다.[212)] 이미 앞에서 본 것처럼, 하나님이 결국 이스라엘의 곤경을 해결함으로써 아담의 곤

209) 특히, *Climax*, ch. 4을 보라. 6절, 그 중에서도 특히 논란이 되고 있는 '하르파그모스'(harpagmos)의 읽기에 대한 나의 제안들은, 반대가 없는 것은 아니지만(예컨대, Martin, 1997 [1967], lxv-lxxiv; 여기는 그의 제안들에 대한 나의 이전의 비판들을 반박하는 그의 비판에 답할 자리는 아니다), 최근의 주석서들과 연구서들에서 널리 받아들여져 왔다.

210) 메시야의 "순종"은 여기 2:8에서처럼 로마서 5:19에서도 그 절정에서 등장한다; 바울은 5:15f.의 "은혜의 선물"과 5:18의 '디카이오마'(dikaiōma)를 통해서도 이 범주를 다룬다.

211) MT/LXX 8:6-7.

212) 창 1:26: 우리의 형상과 모양을 따라(kath' homoiōsin - '카트 호모이오신') 사람(anthrōpos - '안트로포스')을 만들고 땅에 있는 모든 피조물들을 다스리게 하자; 빌 2:7, 메시야가 사람들과 같이 되셨고(en homoiōmati anthrōpōn - '엔 호모이오마티 안트로폰') 결국에는 하늘에 있는 것이나 땅에 있는 것이나 땅 아래에 있는 모든 것을 다스리게 되었다. 메시야가 "하나님과 자신의 동등함을 활용할 어떤 것으로 여기지 않으셨다"는 2:6b/c의 문구는 창세기 3:5, 22("너희가 하나님과 같이 될 것이고" … "아담이 우리 중 하나 같이 되었다")의 정확한 반영은 아니지만, 2:8의 "순종" 주제가 로마서 5:19과 서로 공명되고 있다는 것에 비추어 볼 때, 나는 그러한 간접인용의 존재 가능성이 아주 높다고 본다. 아울러, 고린도전서 15:27에서 빌립보서 2:10f.와 매우 비슷한 입장으로 끝나는 "아담/메시야" 본문 내에서(15:24, 28: 메시야가 아버지 하나님께 복종하여, 하나님이 모든 것 가운데서 모든 것이 되게 하기 위하여; 빌 2:11: 모든 혀가 메시야 예수를 '퀴리오스'로 시인하여 아버지 하나님께 영광을 돌리게 하셨다) 시편 8:7이 언급되고 있는 것을 참조하라. 시편 8:5(MT/LXX 8.6)에서 인간의 영광은 하나님이 준 "통치권"으로 인간이 다른 피조물들을 다스릴 때에 모든 피조물들이 인간에게 "복종하게" 되는 것으로 설명된다(panta hypetaxas hypokatō tōn podōn autou - '판타 휘페탁사스 휘포카토 톤 포돈 아우투,' 8:7 LXX);

경도 해결하고, 나아가 피조세계 전체에 하나님의 나라를 다시 세우게 되리라는 것은 바울의 전체적인 서사 세계의 일부이다.

셋째, 우리는 빌립보서의 이 본문에서 제국 이데올로기에 대한 분명한 암시를 보아야 한다 — 내가 25년 전에 이 본문에 대해 글을 썼을 때에는 이 점을 보지 못하였다. 제국 이데올로기는 이미 알렉산더 대왕 이래로 아주 분명하게 존재해 왔고, 바울 당시에는 아우구스투스와 그의 후계자들을 통해서 새로운 형태로 세계를 뒤덮어가고 있었다. 카이사르(Caesar)가 "주"가 아니라, 예수가 "주"이다. 카이사르는 예수의 이름 앞에 무릎을 꿇어야 할 자들 중의 하나일 뿐이다. 빌립보 교인들은 카이사르가 열렬하게 선포하고 있던 "구원론"과 반대되는 그들 자신의 "구원론"을 제대로 이해하고자 한다면, 이것을 알아야 한다.[213)]

넷째, 바울이 확고한 유일신론 위에 서 있는 이 시를 여기에 소개한 일차적인 목적은 교회의 연합을 위한 것이었다. 5절은 1-4절과는 다른 새로운 주제를 보여주는 것이 아니라, 1-4절에서 자세한 논증을 통해 열정적으로 호소하고 있는 교회의 연합을 어떻게 이룰 수 있는지 그 방법을 보여주는 것이다. 즉, 빌립보 교인들은 동일한 방식으로 생각하여야 하고, 한 마음과 한 뜻이 되어야 하며, 동일한 사랑을 품어야 하고, 야심과 허영을 버려야 하며, 상대방에게 가장 유익이 되는 것들을 구하여야 한다는 것이다. 겉보기에 불가능할 것 같은 이러한 이상을 그들이 행할 수 있는 것은, 바울이 고린도전서 2:16에서 말하고 있는 것과 같이, 그들이 "메시야 안에" 있고 "메시야의 마음"을 지니고 있기 때문이다. 그리고 바울은 여기 2:6-8에서 "메시야의 마음"이 무엇인지를 설명한다. 이 마음을 배우고 이 길을 따르는 것이

로마서 3:23(인간이 "하나님의 영광"을 상실하였다)에서부터 8:20f.(피조세계가 인간에게 굴복한 가운데 인간이 영광을 얻게 됨으로써 자신들도 썩어짐으로부터 해방되기를 기다리고 있다)에 이르기까지의 일련의 사고의 흐름을 참조하라. 빌립보서 2장에서 "아담 기독론"이라 불리는 것을 찾아낼 수 있다는 것은 기독교 이전의 유대인들이 하나님의 형상으로서의 인간을 "숭배한다"는 관점에서 생각할 수 있었다거나(예컨대, Fletcher-Louis, 1999, 특히 115-17은 이 주장에 반대한다), 그것을 그리스도의 "선재"를 배제하는 증거로 사용될 수 있다는 것(예컨대, Dunn, 1980; Murphy-O'Connor, 1978가 이 주장에 반대한다)을 의미하지 않는다. Bauckham(2008/9, 41, 또한 205에도 반복된다)은 Dunn의 양자택일식 논법("선재"이거나 "아담")을 받아들이는 것으로 보이지만, 그것은 내가 도전하고 있는 반립법이다. 나는 2:9-11이 "아담 기독론" 그 이상을 표현하고 있지 않다고 말하는 해석을 배제하고자 하는 Bauckham의 관심을 공유하지만, "다른 피조물들에 대한 인간의 지배권을 회복시키는 것"과 "모든 피조물에 대한 야웨 자신의 유일무이한 통치를 굳건히 하는 것"을 대립적인 것으로 이해하는 것에 대해서는 반대한다. 위의 제7장과 맥을 같이 해서, 나는 후자는 전자를 통해서 실현된다고 본다. 바울은 이것이 창세기 1:26-28의 배후에 있는 의도였다고 보았을 것이다.

213) 아래의 제12장 제3절 2); Oakes, 2001; Hellerman, 2005를 보라; 반대견해로는 Cohick, 2011.

야말로, 우리가 앞에서 보았듯이, 바울의 세계관의 중심적인 특징일 정도로 너무나 중요한 교회의 "연합"을 이룰 수 있는 유일한 방법이다. 우리는 여기에서 바울이 우리가 말하고자 하는 핵심적인 논점이자 본서 전체의 중심축인 것을 전개해 나가고 있는 것을 본다. 즉, 교회에서 제2성전 시대 유대교의 상징적 실천(할례, 음식법, 안식일, 성전 등등)이 배제된 상황에서, 이 세계관 상징이 제대로 서기 위해서 필요하였던 것은 이 공동체로 하여금 견고하게 설 수 있게 해줄 확고하고 탄탄한 유일신론이라는 기둥이었고, 이 탄탄한 유일신론은 바울에 의해서 메시야 예수를 중심으로 철저하게 재편된 것이었다. 메시야를 중심으로 형성된 유일신론, 메시야가 자기 자신을 비우고 십자가에 못 박힌 사건을 초점으로 해서 명확하게 기술된 유일신론이야말로 이 공동체로 하여금 연합과 성결을 유지할 수 있게 해줄 유일한 것이었다.

다섯째, 이렇게 현재의 위치에 놓여 있는 이 시는 3:2-11의 교회론을 향하고 있다. 우리가 다음 장에서 보게 되겠지만, 기독론적 유일신론의 패턴이 기독론적인 선민론의 패턴으로 이어지는 것은 당연하고 합당하다.

여섯째이자 마지막으로, 이 시의 중심축 — 다른 모든 것은 이 중심축을 중심으로 대칭 구조를 이룬다 — 은 8절의 마지막 행, 즉 '타나투 데 스타우루'(thanatou de staurou, "십자가의 죽음에 이르기까지")이다. 어떤 사람들이 주장해 왔듯이, 바울이 각각 3연씩 세 번 반복되도록 주의 깊게 대칭적으로 구성된 이전의 시 중간에 이 행을 첨가한 것일 가능성도 있지만, 마찬가지로 이 시의 원래의 저자, 또는 바울(그가 이 시를 지었다고 한다면)이 십자가 위에서의 메시야의 수치스러운 죽음을 이 시 전체의 초점으로 삼아서, 하나님 나라에 관한 복음으로 온갖 부류의 제국들과 대결하고자 하는 하나님의 뜻이 마침내 계시된 것으로 보는 것이 역설적이기는 하지만 전적으로 합당한 것이라고 여기고, 이 행을 의도적으로 이 서사의 한 복판의 중심에 둔 것일 가능성도 있다. 이 시의 중심에, 그리고 하나님의 뜻의 정점에, 그리고 만물이 맥동하는 심장부에 수치와 영광의 증표가 서 있고, 다른 모든 것은 예수의 동쪽에 있거나 서쪽에 있다. 하나님과 동등한 이, 하나님이라는 이름을 지닌 이는 순종을 통하여 높아졌고, 다른 모든 군왕들은 이 분에 대하여 충성을 맹세하느냐 하지 않느냐의 여부로 갈라진다.

다시 2:9-11로 되돌아가자. 이 시와 관련하여 우리가 주목하여야 할 여섯 번째의 것을 다시 여섯 가지로 나누어서 세부적으로 다 살펴보았기 때문에, 우리는 마침내 일곱 번째이자 마지막으로 주목해야 할 것을 살펴볼 차례이다. 이 시 전체를 관통하는 사고의 흐름은, 수치와 비천함과 고난을 겪다가 마침내 높아져서 자신의 나라들에서 고위직(요셉의 경우에는 애굽 왕 바로 다음으로 두 번째로 높은 총리)에 오르게 된 요셉으로부터 다니엘에 이르기까지의 고대 이스라엘과 유다의 영웅들에 관한 이야기들을 두드러지게 상기시킨다.[214] 이러한 이야기들은 이스라엘의 하나님이 자신의 나라와 영광으로 이교도들과 대결하는 분이자, 자신의 신실한 종들을 여러 가지로 고난을 겪게 하고 나서 결국에는 이방 나라들로 하여금 세계를 다스리는 이는 하나님 자신이라는 것을 알게 하는 데 사용하는 분이라고 거듭거듭 말하는 방식이다.

따라서 이 시가 성경 전체에 울려 퍼지고 있는 이러한 이야기들을 반영하고 있다는 것은 이 시 속에 유대 고유의 유일신론적인 이야기들이 반영되어 있다는 것을 의미한다. 바울은 성경에서 가장 단호하게 유일신론을 천명하는 본문들 중의 하나인 이사야서 45:23을 단지 메시야의 정체성과 메시야가 이룬 일들의 신비를 풀기 위한 열쇠로 삼기 위해서 인용하였던 것은 아니었다. 이 열쇠를 자물쇠에 넣고 돌렸을 때에 활짝 열려진 문은, 이스라엘의 한 분 하나님은 자신에게 순종하여 고난 받는 종을 통해서 자신의 주권적인 뜻을 이루어낸 후에, 그 종을 높여 권세와 영광을 수여한다는 성경 전체의 비전으로 통하는 문이다. 이런 식으로 순종하여 고난 후에 영광을 받은 이가 이스라엘의 하나님 자신이었다는 철저하게 새롭게 드러난 측면은 물론 극적이고 깜짝 놀랄 만한 것이기는 하였지만, 좀 더 큰 그림을 왜곡시키거나 뒤집는 것은 아니었다. 사실, 저 좀 더 큰 그림은 이스라엘의 하나님이 친히 다시 와서 자기 백성을 구원하고 자신의 나라를 굳게 세울 것이라는 약속을 언제나 포함하고 있었다 — 물론, 이 일이 우리가 마태, 마가, 누가, 요한의 글에서 발견하는 이야기처럼 전개될 것이라고 상상한 사람은 아무도 없었지만. 하나님이 메시야 예수를 '퀴리오스'(kyrios)로 높였다고 하는 바울의 묘사는 결코 유대적인 유일신론을 파괴하는 것이 아니라 완성시키는 것이었다.

나는 바울의 또 다른 서신에 나오는 흥미롭고 매력적인 절을 여기에 하나 덤으로 소개하고자 한다. 바울은 고분고분하지 않은 고린도 교인들에게 서신을 쓰는 가운데, 자기가 거기에 당도할 때에 맞춰서 예루살렘 교회에 보낼 기금을 마련해 놓았으면 좋겠다고 말함으로써 그들을 조금 괴롭게 하면서, 거의 지나가는 말로 하듯이, 예수에 관하여 한 마디를 떨어뜨려 놓는데, 이 구절은 우리가 방금 살펴본

214) 창 37—50장(초점은 41:37-43에 맞춰져 있다); 단 2:48; 3:30; 5:29. Levenson, 1993은 요셉과 관련해서도 이 주제를 다루지만, "사랑 받는 아들들"이 아니었던 다니엘과 그의 친구들은 그의 시야에서 벗어나 있다.

본문을 염두에 두고 있지 않은 경우에는 얼마든지 여러 가지 다른 방식으로 해석될 수 있는 것처럼 보이지만, 특히 빌립보서 2장의 빛 아래에서 보면, 세계를 구원하기 위한 목적으로 사람이 된 예수가 원래 하나님이었음을 나타내기 위한 것으로 해석되어야 한다는 것이 분명해진다:

> 너희는 우리 주 왕 예수의 은혜를 알고 있다: 그는 부요하셨지만, 너희 때문에 가난하게 되셨는데, 이는 자신의 가난함으로 말미암아 너희를 부요하게 하기 위한 것이었다.[215)]

당연히 여기에서 우리는 예수가 "사람들을 부요하게 만든" 수단은 십자가였다고 말할 수 있고, 바울은 여기에서 고린도 교인들에게 자기를 희생하고 내어주기를 부탁하고 있는 것이기 때문에, 이 서신의 맥락과 잘 부합한다고 말할 수 있다. 그러나 예수가 "부요함"에서 내려와 "가난하게" 되었다고 말하는 것은 갈릴리에서의 그의 초기의 "성공적이었던" 나날들과 십자가를 향해 나아가야 하였던 그의 후기의 서글픈 발걸음을 서로 대비시키는 적절한 방법인 것으로 보이지 않기 때문에, 그런 식으로 해석하는 것보다는, 대부분의 주석자들처럼, 이 절을 빌립보서 2:6-8과 동일한 맥락 속에서 읽는 것이 훨씬 더 적절하다. 물론, 십자가는 그 길의 끝에 있지만, 십자가를 향한 이 길은 영원 전부터 "하나님과 동등하였던" 이가 사람이 되는 것에서 시작된다. 그리고 다시 한 번 말하지만, 이 절에서 충격적인 것 가운데 일부는 바울은 다른 주제에 대하여 얘기하다가 갑자기 아무런 추가적인 설명도 없이 이 절에 나오는 말씀을 툭 던질 수 있었다는 것이다. 이것은 바울과 고린도 교인들 간에는 서로 논쟁하고 다투고 있어서 해결해야 할 일들이 많았지만, 적어도 이것만은 서로 당연한 것으로 전제할 수 있었다는 것을 보여준다. 즉, 그가 여기에서 말하고 있는 것과 그것이 내포하고 있는 의미는 그의 모든 교회들에서, 그리고 실제로는 초기 교회 전체에 걸쳐서 어디에서나 통용되던 것이었다는 것이다. 만일 그렇지 않았다면, 그는 다른 것들을 말하는 도중에 느닷없이 아주 자연스럽게 이런 말을 할 수는 없었을 것이다.

(7) 예수와 야웨의 귀환: 결론

215) 고후 8:9, 이것에 대해서는 Furnish, 1984, 417을 보라: "바울은 이 땅에서의 예수의 삶의 방식에 대해서가 아니라, 은혜의 행위로서의 그의 성육신과 죽음에 대해서 말하고 있다"(강조는 원래의 것); 마찬가지로, Thrall, 2000, 532-4; 반대견해로는 Dunn, 1980, 121-3.

지금까지 내가 논증해 온 것은 바울은 "하나님의 정체성"을 중심으로 한 유대식의 유일신론을 한편으로는 아주 확고하게 재천명하였지만, 다른 한편으로는 아주 철저하게 예수를 중심으로 재구성하였다는 것이다. 특히, 나는 바울의 그러한 수정된 유일신론을 보여주는 몇몇 핵심적인 본문들에서, 오래 전에 예루살렘을 버려 멸망하게 한 야웨가 언젠가는 다시 돌아와서 자기 백성을 구원하고 성전에서의 자신의 영광스러운 임재를 다시 견고하게 할 것이라는 소망의 토대가 되었던 저 출애굽에 기반을 둔 서사의 울림들을 감지해 낼 수 있다는 것을 논증하였다. 이미 앞에서 보았듯이, 바울이 자신의 이런저런 논증 속에서 이런저런 방식으로 전달하고자 하였던 것이 바로 이것이었음을 보여주는 탁월한 증거들이 존재한다. 그는 한 분 유일하신 하나님이 누구이고 장차 누구로 밝혀질 것인가에 관한 제2성전 시대 유대인들의 신앙 내에서 예수가 누구인지를 보아야 한다고 믿었고, 이것은 그 자체 속에 창조와 제의의 차원도 지니고 있었던 당시의 유일신론의 종말론적인 차원을 온전히 표현한 것이었다. 따라서 그는 이스라엘의 하나님이 메시야 예수 안에서 실제로 다시 돌아왔다고 보았기 때문에, 하나님의 임재의 방식으로 여겨졌던 "지혜," 하나님이 세계들을 창조할 때에 활동하였던 저 "지혜"에 관하여 이전에 말해져 왔던 모든 것을 메시야 예수에게 옮겨서 적용할 수 있었다. 또한, 그는 독실한 유대인들이 야웨라는 신성한 이름 대신에 즐겨 사용하였던 히브리어 '아도나이'(adonai)를 헬라어로 번역한 '퀴리오스'에 대하여 언급하는 성경 본문들을 메시야 예수에게 적용할 수 있었고, 메시야 예수를 바로 그러한 '퀴리오스'로 섬기고 예배하며, 기도 속에서 그 이름을 부를 수 있었다.[216] 또한, 그는 옛적의 독실한 이스라엘 백성들이 야웨에 대한 자신들의 관계에 대하여 말하였던 것과 같은 방식으로, 메시야 예수와 그의 백성의 관계를 이해하고 말할 수 있었다. 여기까지는 아주 좋고 아무런 문제가 없다.

그러나 이러한 것들만으로 우리가 바울만이 아니라 그의 이전이나 동시대의 모든 그리스도인들이 이러한 믿음을 갖게 된 이유를 이해하는 데 충분한 것인가? 나는 그렇지 않다고 생각한다. 우리는 바울(그리고 아마도 그보다 앞서거나 동시대의 그리스도인들)이 이스라엘의 하나님에게 속한 범주들 속에서, 특히 사람들이 오랫동안 기다려 왔던 시온으로의 이 하나님의 귀환에 대하여 말한 서사 내에서 예수를 생각하였다는 것을 증명해 왔지만, 왜 그들이 그런 식으로 생각하게 된 것

216) 아래의 제9장 제3절 3) (2)를 보라.

인지에 대해서는 아직 제대로 설명하지 못하였다. 이것은 우리를 현재의 장의 두 번째 주된 가설로 데려다 준다.

3) 부활하여 즉위한 메시야로서의 예수

(1) 메시야와 "하나님의 아들"

나는 최초의 예수 추종자들이 그를 다시 돌아온 야웨의 화신이라고 생각하게 된 이유가 두 가지라고 본다. 첫 번째 이유는 예수의 메시야직과 관련된 것인데, 우리는 이제 그것을 살펴볼 것이다. 두 번째 이유는 그들이 자신들의 마음속에서와 그들 가운데서 이루어진 성령의 역사라고 이해한 일들을 통해서 예수의 임재를 인식하게 된 것과 관련된 것인데, 이것에 대해서는 현재의 장의 다음 절에서 살펴보게 될 것이다.

이러한 세 가지 노선의 접근방식(야웨의 귀환, 예수의 메시야직, 예수의 지속적인 임재에 대한 인식) 중 그 어떤 것도 그 자체로는 우리가 이미 바울에게서 당연시되었음을 확인한 바 있는 가장 초기의 기독론의 출현을 위한 충분한 조건이 되지 못한다. 또한, 나는 이 세 가지 중에서 두 가지가 함께 결합되었다고 해도, 세 번째 요소가 없이는 충분한 조건이 되지 못하였을 것이라고 본다. 오직 이 세 가지가 함께 결합되었을 때에야, 이 극적이고 이례적인 믿음이 아주 초기부터 그토록 확고하게 형성된 이유를 말해 주는 역사적인 가설이 성립될 수 있다. 이 세 가지 노선의 접근방식은 하나하나 떼어 놓고 보면 이러한 믿음을 형성하는 데 필수적이기는 하지만 불충분한 요소이지만, 이 셋이 결합된 총체는 그러한 믿음을 형성하는 데 궁극적으로 충분한 것이 될 수 있었다.

이런 말은 상당히 추상적으로 들릴 수 있기 때문에, 나는 지금부터 그것을 좀 더 구체적으로 얘기해 보고자 한다. 첫째, 당시에는 야웨가 언젠가는 다시 돌아올 것이라는 소망을 품고 있던 유대인들이 많았지만, 그들 중에서 초기 기독론과 조금이라도 비슷한 것을 생각하고 있었던 사람은 아무도 없었다. 둘째, 많은 사람들이 이런저런 지도자가 이스라엘의 메시야일 수 있다고 믿었지만, 아키바(Akiba)조차도 자기가 메시야일 것이라고 생각하였던 "별의 아들"이 어떤 의미에서든 "신적인 존재"일 것이라고는 생각하지 못하였다 — 아키바에 관한 기사가 사실이라면. (이 위대한 현자가 메시야가 다니엘서 7:9에 나오는 "보좌들" 중에서 두 번째 보좌에 앉아 있는 분이라고 생각하였을 때에 염두에 두고 있었던 것이 무엇이었는지에 대해서는 우리가 알 수 없다.) 셋째, 초기 그리스도인들은 예수의 임재와 능력을 보여주는 많은 생생한 "체험들"을 하였을 것임에 틀림없지만, 나는 그러한 체험들 자체가 우리가 가장 초기의 기독론에서 발견하는 것과 같은 일련의 초점이 뚜렷하고 분명한 성경의 반영들과 신학적으로 정교한 표현들을 생성해 내었을 것이라고는 생각하지 않는다. 따라서 이 세 가지 노선의 접근방법들 중 어느 하나만으로는 우리의 가장 초기 자료인 바울에게서 발견되는 것과 같은 증거들을 만들어 내지 못하였을 것이다.

그러나 (a) 사람들이 야웨의 귀환에 대한 기대를 갖고 있었고, (b) 장차 메시야가 죽은 자 가운데서 부활하여 신원함을 받아서 "하나님의 아들"이 되고, 하나님에 의해 높임을 받아 하늘에 올라 "주"로 즉위하게 될 것이라고 믿었으며, (c) 메시야의 추종자들이 결국 그가 새로운 방식으로 그들 가운데 능력으로 친히 임재해 있다고 확신하게 되었다면, 우리가 이미 바울 당시에 확고하게 정립되어 있었음을 확인한 바 있는 저 기독론이 거의 즉각적으로 출현하게 된 사실이 온전히 설명된다. 이 세 가지 요소들이 함께 융합되어서, 그 각각이 만들어낼 수 없었던 어떤 것을 만들어내게 된 것이다.

이러한 논점은 캐리 뉴먼(Carey Newman)과 래리 허타도(Larry Hurtado)가 제시한 중요한 주장들을 좀 더 큰 맥락 속에 위치시킨다. 뉴먼(Newman)은 자기 시대보다 20여 년 앞서서, 바울의 기독론의 기원은 "영광"이라는 모티프 속에서 찾을 수 있을 것이라고 주장하였다. 즉, 높아진 그리스도의 "영광"에 관한 바울의 체험들이 그로 하여금 성경에서 말하는 하나님의 "영광"을 예수 안에서 발견할 수 있다고 확신하게 만들었다는 것이다.[217] 뉴먼은 야웨의 귀환이라는 주제, 또는 그것이 낳은 저 성전 기독론을 공식적으로 연구하지는 않았다. 그러나 우리가 영광스러운 그리스도에 관한 바울(그리고 다른 사람들)의 "체험들"에 대한 뉴먼의 개념을 그러한 맥락 속에 둔다고 할지라도, 나는 우리가 바울에게서 실제로 발견되는 기독론을 설명하는 데에는 여전히 충분하지 않다고 본다. 특히, 그러한 체험들은 "하나님의 아들"이라는 저 지극히 놀라운 칭호를 설명해 주지 않는다. 이 칭호는 메시야직과 관련이 있다(그리고 메시야가 출애굽 서사에서처럼 하나의 공동체를 지칭하는 칭호로서의 "하나님의 아들," 곧 이스라엘을 나타낸다는 것과도 관련이 있다). 그리고 예수가 메시야라는 믿음은 단지 "높아지심"만이 아니라 부활과 더 관련이 있다. 따라서 우리는 하나님의 "귀환,"(부활에 의해서 증명된) 메시야

217) Newman, 1992.

직, 성령으로 말미암은 예수의 지속적인 임재에 관한 인식을 함께 결합할 때에만, 우리 앞에 있는 이 기독론과 관련된 현상을 설명할 수 있게 된다.

마찬가지로, 허타도(Hurtado)가 부셋(Bousset)의 영향력 있던 주장이 사실은 그 방향이 한참이나 잘못된 것임을 밝히는 데 결정적인 기여를 한 것은 맞지만, 내가 보기에는, 그의 견해는 충분히 앞으로 나아가지 못하였고, 예수에 관한 초기 기독교의 견해와 여러 중간적인 존재들에 관한 기독교 이전의 유대적인 견해들이 서로 병행된다는 사실(실제로는 매우 부분적인 것들인데도)에 너무 지나친 무게를 두고 있다. 내가 생각하기에는, 허타도가 초기 기독교 예배라는 맥락을 기독론이 형성된 모판으로 강조한 것까지는 정확히 옳지만, 야웨의 귀환과 관련된 유대인들의 소망, 특히 부활로 말미암아 극적으로 확증된 예수의 메시야직에 대한 믿음, 이 두 가지를 고려하지 못한 것은 잘못이다. 뉴먼과 마찬가지로, 허타도도 부활 사건이 지닌 의미 자체를 지나치게 축소해서, 사실상 예수가 "영광을 받은 것"이라는 개념 정도로 이해하고서, 후자에 대한 초기 그리스도인들의 인식이 환상들과 계시들을 통해 왔다고 상정하는 것으로 보인다. 물론, 그러한 환상들과 계시들이 주어졌다는 것은 분명한 사실이지만, 내가 말하고자 하는 요지는, 한편으로는 야웨의 귀환이라는 주제, 다른 한편으로는 부활에 의해서 확증된 예수의 메시야직에 대한 확신이 없었다면, 초기 그리스도인들은 우리가 바울에게서 발견하는 저 초기 기독론을 생성해 내지 못했으리라는 것이다.[218] 가장 초기의 기독론이 생겨난 "이유"(why)와 "내용"(what)을 설명하는 데에는 이 세 가지 요소가 모두 결합되어야 한다.

따라서 우리는 예수의 메시야직에 대한 초기 그리스도인들의 확신이 바울의 글들 속에 반영되어 있는 가장 초기의 기독론에 기여하였다는 나의 가설을 살펴보지 않으면 안 된다.

그 출발점은 부활 사건 자체의 의미이다. 예수가 십자가에 못 박혀 죽은 지 삼일 후에, 지금까지 그 어떤 전례도 없었고 생각하지도 못했던 변화된 몸을 입고 육체로 다시 살아난 것이 확인되었을 때, 이 사건은 그의 최초의 추종자들로 하여금 그가 진정으로 이스라엘의 메시야라는 것을 확신할 수 있게 해주었다. 나는 다른 곳에서 이 논점을 이미 논증하였기 때문에, 여기에서는 그것을 반복하지 않을 것이다.[219]

218) 내가 보기에는, 이것은 Hurtado, 2003, 71-4에서 부각된다 — 물론, 이 동일한 질문들은 다른 대목들에서도 등장하기는 하지만.

물론, 어떤 사람이 부활하였다고 해서, 그 자체가 그가 메시야임을 증명해 주는 것은 아니라는 점을 유의하는 것은 중요하다. 마카베오 가문의 순교자들이 장차 자신들이 부활할 것을 예고하였다고 해서, 사람들은 그들을 메시야들로 본 것은 아니었다. 만일 예수 옆에서 십자가에 못 박혔던 강도들 중의 한 명이 삼일 후에 다시 살아났다는 것이 확인되었다면, 사람들은 세상은 정말 신기한 곳이라고 말하기는 하였을 것이지만, 그가 메시야라고 말하지는 않았을 것이다. 예수는 메시야를 참칭한 자로서 십자가에 못 박힌 것으로 알려져 있었기 때문에(십자가에서 그의 머리 위에 붙어 있던 "유대인들의 왕"이라는 "명패"는 역사적으로 확실한 것으로 여겨져야 한다), 그의 부활은 법정의 선고를 뒤집어서, 그가 진정으로 메시야라는 것을 하나님이 명명백백하게 선언한 것으로 이해되었다.

예수의 추종자들은, 그가 메시야라면, 성경에서 그러한 인물에 대하여 말하고 있던 핵심적인 본문들이 어떤 의미로든 실현된 것임에 틀림없다는 것을 알았다. 그리고 그런 본문들 속에는, 쿰란을 비롯한 다른 글들 속에 반영된 것들 외에도, 메시야가 어떤 의미에서든 "하나님의 아들"이라는 것을 보여주는 사무엘하 7:12-14과 시편 2:7도 당연히 포함되어 있었다. 이것은, 예수 자신이 이스라엘의 하나님을 부를 때에 "아버지," 즉 "아바"(Abba)라는 단어를 사용한 것과 맞물려서, 최초의 제자들로 하여금 자연스럽게 그를 일차적으로 메시야를 가리키는 의미에서의 "하나님의 아들"로 생각하게 만들었다. 초기 그리스도인들은 사무엘하 7:12에서 "내가 네 씨를 네 뒤에 일으키리라"는 구절을 붙잡았을 것임에 틀림없는데, 이 구절은 칠십인역에는 '카이 아나스테소 토 스페르마 수 메타 세'(kai anastēsō to sperma sou meta se), 즉 "내가 네 씨를 네 뒤에 부활시키리라"로 되어 있다. 우리는 그 증거를 멀리서 찾을 필요가 없다. 왜냐하면, 로마서 1:3-4에 나오는 진술이 이 본문을 토대로 생겨난 것이기 때문이다: 육신을 따라 다윗의 씨로부터 난 예수는 죽은 자 가운데서의 부활로 말미암아 "하나님의 아들"로 확인되었다.[220)]

우리는 이러한 논증이 실제로 어떻게 작동하는지를 주의 깊게 살펴볼 필요가 있다. 나는 기독교 이전에도 유대인들은 이미 장차 출현하게 될 메시야가 어떤 의미에서이든 "신적인" 존재일 것임을 믿고 있었다고 말하고 있는 것이 아니다. 물론, 그런 방향으로 말하고 있는 것으로 해석될 수 있는 것들로 제시되고 있는 본문들이 있기는 하지만, 호베리(Horbury)와 보야린(Boyarin) 같은 학자들이 최선을 다

219) cf. *RSG*, ch. 19.
220) 아래의 제10장 제3절 1) (2)를 보라.

했음에도 불구하고, 나는 최초의 예수 추종자들 이전에 그러한 본문들을 그런 의미로 읽은 사람이 있다는 것을 여전히 확신하지 못하고 있다. 또한, 나는 최초의 예수 추종자들 이전에 사무엘하 7:12을 메시야의 부활에 관한 예언으로 읽은 사람이 있다고 말하고 있는 것이 아니다(메시야가 죽을 것이라고 생각했음을 보여주는 기독교 이전의 증거가 존재하지 않는다는 점에서, 이것은 별로 놀라운 일이 아니다[221]). 내가 말하고자 하는 것은 예수가 십자가에 못 박히기 전에 자신이 메시야라고 한 주장이 참되다는 것을 입증해 준 부활 사건이 한편으로는 야웨의 귀환에 대한 기대, 다른 한편으로는 예수의 영의 임재와 결합되어서, "메시야에 관한" 기존의 본문들에 대한 새로운 읽기가 생겨남으로써, 온전한 기독론적인 인식이 제자들 가운데서 생겨날 수 있게 되었다는 것이다. 나는 기독교 이전의 유대인들이 사무엘하 7장이나 시편 110편("야웨께서 내 주에게 말씀하시기를, '내가 네 원수들을 네 발등상으로 만들 때까지 내 오른편에 앉아 있으라'고 하신다"), 또는 다니엘서 7장("인자 같은 이"가 높임을 받아서 "옛적부터 계신 이"의 보좌 옆에 있는 보좌에 앉게 될 것이라는 내용)을 초기 기독론을 예감하게 하는 방식이나, 그런 기독론을 발생시킨 원인이 되었다고 할 수 있는 방식으로 읽고 있었다고 생각하지 않는다. 내가 주장하는 것은 (a) 하나님이 다시 돌아와서 이스라엘의 원수들을 쳐부수고 자기 백성을 구원할 것이라는 널리 퍼져 있던 기대와 (b) 초기 그리스도인들로 하여금 예수가 진정으로 메시야라는 결론을 내리지 않을 수 없게 만들었던 부활 사건이, (c) 예수를 경배하며 그의 임재와 능력을 인식하고 있던 맥락 속에서, 기존에 유대인들 가운데서 내내 읽혀져 왔지만 한 번도 그런 식으로 읽혀지지는 않았던(우리는 오직 예수의 말씀들 속에서만 그러한 읽기를 볼 수 있다!) 메시야에 관한 본문들이 생명을 얻어 피어날 수 있는 바로 그런 조건들을 만들어 내었다는 것이다.[222] 이렇게 해서, 가장 초기의 기독론은 성경 속에 확고하게 닻을 내리게 되었다. 그러나 우리가 알아야 할 것은 성경의 해당 본문들에 대한 그러한 읽기는 고도로 혁신적인 것이기는 하였지만, 그 자체만으로는 그러한 기독론을 생성해낼 수 없었으리라는 것이다.

특히, 내가 방금 언급한 본문들은 초기 기독교 내에서 이전과는 비교할 수 없을 정도로 갑자기 주목을 받게 되었다. 사무엘하 7장은 기독교 이전 시기에도 실제로 "메시야" 본문으로 사용되기는 하였지만,[223] 앞에서 말했듯이, 메시야의 부활에 관

221) 죽는 메시야에 대하여 암시하는 말은 70년대 이후의 에스라4서(7:29)에 나온다; 이것은 다니엘서 9:26에 대한 읽기에 의거한 것이겠지만, 기독교 이전의 저술가들 중에 이 본문을 그런 식으로 해석한 사람이 있었음을 보여주는 증거는 전혀 없다.

222) 예수의 관련 말씀들에 대해서는 *JVG*, 특히 chs. 11, 12, 13을 보라.

한 예언으로 읽히지도 않았고, 메시야인 "하나님의 아들"의 도래가 곧 야웨의 귀환이라는 의미로 읽히지도 않았다. 시편 110편은 이전까지는 "메시야" 본문으로 읽힌 적이 없다가, 초기 기독교에서 그러한 본문으로 갑자기 전면에 등장하였다.[224] 다니엘서 7장은 기독교 이전의 유대교 분파들 속에서도 중요하였다는 것은 분명하고, 이 본문에 대한 주후 1세기의 가장 두드러진 다시 읽기들 가운데에는, "세계 통치자"를 예언하고 있는 것으로 본 요세푸스(Josephus)의 읽기와, 사자가 독수리에 대하여 승리를 거두는 것으로 각색한 에스라4서의 읽기가 포함되어 있지만, 이 둘 중의 어느 경우에도 "인자"라는 인물을 이스라엘의 하나님의 화신으로 보지는 않았다.[225]

내가 보기에 가장 두드러지는 것은 "하나님의 아들"이라는 메시야적인 칭호가 특히 바울에 의해서 내가 제시하고 있는 여러 요소들의 바로 그러한 결합을 표현하는 데 이상적인 수단으로 여겨져서 사용되기 시작하였다는 것이다. 시편과 사무엘하의 해당 본문들이 잘 보여주고 있듯이, "하나님의 아들"이라는 칭호의 핵심에는 오래 전부터 메시야적인 의미가 자리 잡고 있었다. 그러나 초기 그리스도인들은 예수가 메시야라는 것과 예수 안에서 이스라엘의 하나님이 친히 다시 돌아왔다는 것을 결합시켜 표현하면서도, 그들이 "지혜"를 통해서 부분적으로 설명하고 있었던 한 분 유일하신 하나님의 정체성 내에서의 야웨 하나님과 예수 간의 차별성을 표현하는 데 "하나님의 아들"이 가장 이상적인 문구라는 것을 발견하였다: "그 때가 온전히 도래하였을 때, 하나님은 자기 아들을 보내어 … " 실제로, "지혜"라는 관념은 정확히 이러한 연결을 만들어내는 데 도움을 주었다. 왜냐하면, 솔로몬의 지혜서 7-9장에 의하면, "지혜"는 한 분 유일하신 하나님 자신의 표현임과 동시에 다윗의 참된 상속자가 반드시 갖추어야 할 것이었기 때문이다. 그리고 갈라디아서 4장과 로마서 8장에서 이미 보았듯이, "아들의 지위"(sonship)라는 범주는 그 즉시, 성경 자체가 그렇게 하고 있듯이, 하나님의 백성 전체를 가리키는 것으로 확장될 수 있었다. 우리가 성령을 추가할 때에만, 이 등식이 완성되기는 하지만, 일단 그렇게 했을 때에는, 예수가 지닌 "아들의 지위"는 그의 모든 백성과 공유된다: "너희는 아들들이기 때문에, 하나님께서 우리 마음에 그의 아들의 영을 보내셔서,

223) 4Q174 10-14.

224) Nestle-Aland에서 이것을 인용한 것으로 열거한 본문들은 다음과 같다: 마 22:44; 26:64; 막 12:36; 14:62; 16:19; 눅 20:42f.; 22:69; 행 2:34f.; 롬 8:34; 고전 15:25; 엡 1:20; 골 3:1; 히 1:3, 13; 8:1; 10:12.

225) 제2성전 시대에 있어서 다니엘서에 대한 이해에 대해서는 위의 제2장에 나오는 여러 논의들을 보라.

'아바, 아버지'라고 부르게 하셨다." "하나님의 영으로 인도함을 받는 모든 자는 하나님의 아들들이다 … 너희는 양자의 영을 받았고, 그 영 안에서 우리는 '아바, 아버지'라 부르짖는다." "너희가 알다시피, 하나님은 자기가 미리 아신 자들을 자기 아들의 형상의 본을 따라 빚어내시기 위하여 미리 정하셨으니, 이는 그로 하여금 큰 권속의 장자가 되게 하시기 위한 것이었다."[226)]

따라서 "하나님의 아들"이라는 이 범주를 좀 더 천착해 보는 것은 중요하다. 사람들은, 마치 이 범주를 사용해서 바울의 글들 속에 나타나 있는 고등 기독론을 "증명할" 수 있기라도 한다는 듯이, "하나님의 아들"이라는 어구를 그런 논증의 근거로 활용해 왔다. 우리는 이전의 주석서들이 로마서 1:3-4과 관련해서, 바울이 예수를 "육신을 따라서는" 다윗의 씨로부터 태어난 후에 부활을 통해서 "권능 있는 하나님의 아들"로 지칭되었다고 선언한 것은 예수의 "인성"과 "신성"을 천명하고 있는 것이라고 설명하는 것을 흔히 본다.[227)] 바울이 예수를 "하나님의 아들"로 지칭한 것은 고등 기독론, 그러니까 실제로는 니케아 신조에 표현된 기독론을 표현한 것이라는 견해는 지금까지 별 의심 없이 받아들여져 왔다. 즉, 사람들은 바울이 비유대적인 자료들로부터 "하나님의 아들"이라는 어구를 가져와서 사용하였을 것이라는 것에 대하여 별 의심을 갖지 않았다.[228)] "하나님의 아들"이라는 어구와 거기에 수반된 관념들이 비유대적인 세계에서 유래하였다는 주장은 부셋(Bousset)의 견해이고, 허타도(Hurtado)는 그러한 견해를 올바르게 거부하였지만, 바울이 "하나님의 아들"이 지닌 메시야와 관련된 의미를 취함과 동시에, 이 메시야 안에서 이스라엘의 한 분 하나님이 마침내 자기 백성에게 다시 돌아왔다는 의미를 적절하게 표현할 수 있는 수단으로 이 어구를 선택하였다는 것은 보지 못하였다.[229)] "하나님의 아들"에 대한 이전의 읽기가 의문시된 것은 마르틴 헹엘(Martin Hengel) 같은 학자들이 이 어구는 당시에 세 가지 의미를 지닐 수 있었고, 그 세 가지 의미들은 모두 이스라엘의 성경에 뿌리를 두고서, 제2성전 시대 문헌들 속에서 여러 가지로 다시 표현된 것들이라는 것을 밝혔을 때였다. 이 어구는 첫 번째로 창세기와 욥기에서처럼 천사들이나 천사 같은 존재들을 가리키는 데 사용되었고,[230)] 두 번째로는 특히 출애굽 때의 이스라엘 백성 전체를 가리키는 데 사용되었

226) 갈 4:6; 롬 8:14f., 29.
227) 예를 들면, Lightfoot, 1904, 245.
228) 예컨대, 여전히 A. Y. Collins, 1999.
229) Hurtado, 2003, 22f.
230) 창 6:2; cf. 욥 1:6; 2:1; 38:7.

으며,[231] 세 번째는 종종 장차 올 메시야라는 의미에서 다윗의 아들을 가리키는 데 사용되었다.[232] 이 중에서 첫 번째 의미는 바울의 사고 속에 없었던 것으로 보이지만(바울이 예수를 "하나님의 아들"이라고 하였을 때에 창세기와 욥기에 언급된 것과 같은 천사 같은 존재들을 염두에 두었을 것이라고 진지하게 주장한 학자는 지금까지 아무도 없었다), 두 번째, 특히 세 번째 의미는 바울의 사고와 극히 밀착되어 있다 — 이스라엘의 왕의 역할 중의 일부는 이스라엘 민족의 삶 전체를 자기 자신 속에 집약해서 가지고 있는 것으로 생각되었기 때문에, 결국 이 둘은 서로 밀접하게 연결되어 있다. 이것에 대해서는 우리가 다음 장에서 좀 더 자세하게 살펴볼 것이지만, 우리의 현재의 과제는 "하나님의 아들"이라는 어구가 지닌 "메시야적인" 의미가, 하나님이 자기 아들을 "보내는" 형태로 자기 백성에게 다시 돌아왔다는 관념과 연결되면서, 적어도 바울에게서(아마도 초기 그리스도인들 가운데서도 그랬겠지만) 새로운 의미를 지니게 된 경위를 살펴보는 것이다. 바울은 이 어구가 지닌 메시야적인 의미를 내버린 것이 아니었다. 우리가 그의 글들의 여러 대목들에서 볼 수 있듯이, 그러한 의미는 여전히 전제되고 상당한 비중을 차지하고 있다. 그러나 그는 이 어구 속에 숨겨져 있던 추가적인 의미를 발견해 내었다. 따라서 우리는 메시야직이라는 것이 결국 이스라엘의 하나님을 가리키기 위한 범주였다는 것이 드러난 것이라고 말할 수도 있을 것이다.

이것은 이미 바울의 정신적인 설비의 일부로 존재하였던 어떤 것이 활짝 열려서 이전에는 긴가민가 했던 더 깊은 진리를 드러낸 것으로 보이는 지점이다. 지금까지 사람들은 흔히 기독교 이전의 메시야 기대와 사변 속에서 성육신에 관한 어떤 단초들을 찾아내고자 시도해 왔지만, 우리가 이제껏 살펴보았듯이, 그러한 시도들은 여전히 불확실하고 애매모호하다.[233] 우리가 바울에게서 보는 것은 확고하고 분명하다:

> [8]하나님께서 우리에 대한 자신의 사랑을 나타내신 방식은 이것이니, 우리가 여전히 죄

231) 출 4:22f.(하나님의 장자로서의 이스라엘); 렘 31[LXX 38]:9("나는 이스라엘에게 아버지가 되었고, 에브라함은 내 장자이다"); 호 11:1("이스라엘이 아이였을 때, 내가 그를 사랑하였고, 내 아들을 애굽에서 불러내었다"). 또한, cf. Pss. Sol. 18.4.

232) 삼하 7:14; 대상 17:13; 시 2:7, 12; 89:26f. 사무엘하와 시편 2편의 인용문들은 둘 다 4Q174 10-13에 포함되어 있다; cf. 4Q246 2.1. Hengel, 1976은 지금도 여전히 이 증거에 대한 고전적인 서술이다.

233) 특히, 예를 들면 O'Neill, 1980; Horbury, 1998; 그리고 이제는 Boyarin, 2012를 보라. 대부분의 학자들은 아직 이러한 제안에 대하여 확신을 가지고 있지 못하다고 말하는 것이 옳을 것이다. 초기의 고등 기독론의 발전을 이해하는 데 그러한 것을 전제할 필요가 없다는 것은 분명하다.

인이었을 때에 메시야께서 우리를 위하여 죽으신 것이다. [9]우리는 그의 피로 말미암아 의롭다 하심을 받은 것이니, 그로 말미암아 하나님의 장래의 진노하심에서 구원을 받게 될 것임은 더 말할 필요도 없지 않겠는가! [10]너희가 알다시피, 우리는 원수들이었을 때에 그의 아들의 죽으심으로 말미암아 하나님과 화해하게 되었다. 그렇다면, 이미 화목하게 된 우리가 그의 살아나심으로 말미암아 구원을 받게 될 것임은 더 말할 필요도 없지 않겠는가![234]

[3]하나님은 율법이 (인간의 육신으로 말미암아 연약하여) 할 수 없는 것을 행하셨으니, 자기 아들을 죄 있는 육신의 모양으로 보내어 속죄 제물로 삼으셔서 바로 그 육신에서 죄를 정죄하셨다. [4]이것은 우리가 육신을 따르지 않고 성령을 따라 살아갈 때에 율법의 바르고 합당한 판결이 우리 안에서 이루어질 수 있게 하기 위한 것이었다.[235]

[29]하나님은 자기가 미리 아신 자들을 자기 아들의 형상의 본을 따라 빚어내시기 위하여 미리 정하셨으니, 이는 그로 큰 권속의 장자가 되게 하시기 위한 것이었다.[236]

[31]그러므로 우리가 이 모든 일에 대하여 무슨 말을 하겠는가? 하나님이 우리를 위하신다면, 누가 우리를 대적하겠는가? [32]하나님은 자기 아들을 아끼지 아니하시고 우리 모두를 위하여 내어주셨는데, 어떻게 그 아들과 함께 모든 것을 우리에게 거저 주시지 않으시겠는가? [33]누가 하나님께서 택하신 자들을 고발하겠는가? 그들을 의롭다고 하신 이는 하나님이시다. [34]누가 정죄하겠는가? 죽으셨을 뿐만 아니라 다시 살아나신 이는 메시야 예수이시다. 그는 하나님의 오른편에 계신 자이고, 우리를 위하여 간구하시는 자이시다. [35]누가 우리를 메시야의 사랑에서 끊어 놓겠는가? … [38]내가 확신하노니, 사망이나 생명이나 천사들이나 통치자들이나 현재 일이나 장래 일이나 능력들이나 [39]높음이나 깊음이나 다른 그 어떤 피조물이라도 우리를 우리 주 메시야 예수 안에 있는 하나님의 사랑에서 끊어 놓을 수 없을 것이다.[237]

[20]나는 그리스도와 함께 십자가에 못 박혔다. 하지만 나는 살아 있다. 그러나 이제 내가 살아 있는 것이 아니라, 내 안에 메시야께서 사시는 것이다. 그리고 내가 여전히 육체 가운데서 살아가는 것은 나를 사랑하셔서 나를 위하여 자신을 버리신 하나님의 아들을 믿는 믿음 안에서 살아가는 것이다.[238]

234) 롬 5:8-10.

235) 롬 8:3f.

236) 롬 8:29.

237) 롬 8:31-5, 38f. 로마서 8장 전체는 (다른 많은 내용들 중에서도 특히) 메시야/하나님의 아들로서의 예수가 자신의 죽음 및 이제 좀 더 어린 자녀들로서 자신의 "아들로서의 지위"를 공유하게 된 자들의 마음속에 성령을 보냄으로써 하나님의 뜻을 이루었다는 것을 주된 주제로 다루도록 구조화되어 있는 것이 분명하다(8:15-17과 갈 3:28f., 4:4-7 간의 밀접한 병행들을 주목하라).

238) 갈 2:19b-20.

[4]그러나 때가 차자, 하나님이 자기 아들을 보내어 여자에게서 태어나게 하시고 율법 아래에 나게 하셨으니, [5]이는 율법 아래에 있는 자들을 속량하셔서, 우리로 하여금 아들들이 되게 하시기 위한 것이었다. [6]그리고 너희가 아들들이기 때문에, 하나님은 자기 아들의 영을 우리의 마음 가운데 보내셔서, "아바, 아버지"라고 부르게 하셨다. [7]그러므로 너는 더 이상 종이 아니고 아들이다. 그리고 네가 아들이라면, 너는 하나님으로 말미암아 유업을 받을 자이다.[239)]

이러한 풍부한 의미를 압축하여 보여주는 각각의 본문들은 한데 결합되어서 하나의 거대한 논증의 흐름을 만드는 가운데, "하나님의 아들"이 전통적으로 지녀왔던 두 가지 의미, 즉 (a) 메시야와 (b) 자신 속에 이스라엘 전체를 집약해 가지고 있는 존재로서의 "하나님의 아들"을 보여준다. 로마서 8장과 갈라디아서 4장 같은 본문들에서 이 둘이 서로 연결되어 있다는 사실은 바울이 이스라엘의 왕을 자기 자신 속에 자기 백성을 집약해 가진 인물로 보았음을 강력하게 시사해 주는 증거의 일부인데, 이것에 대해서는 우리가 나중에 다시 살펴볼 것이다. 그러나 하나님이 "아들"을 보냈다는 관념으로 인해서 새로운 요소가 도입된다. 이제 사람들은, 이사야가 그랬던 것처럼, 하나님이 "종" 또는 선지자 또는 메시야를 "보냈다"고 말할 수 있게 되었다. 하나님이 "보냈다"는 이러한 관념은 "하나님의 아들"에 대하여 말하는 그 어떤 본문과도 직접적으로 연결되어 있지 않지만, 우리는 "보내심"과 관련된 다음과 같은 본문들 속에서 바울의 언어의 울림을 들을 수 있는 것으로 보인다:

너희는 내게 가까이 나아와서 이것을 들으라!
처음부터 나는 은밀하게 말하지 아니하였고,
그것이 존재하게 된 때로부터 내가 거기에 있었다.
그리고 이제 주권자이신 야웨께서
"나"와 그의 영을 "보내셨다"(apestalken me - '아페스탈켄 메').[240)]

주권자이신 야웨의 영이 내 위에 있으니, 이는 야웨께서 내게 기름을 부으셨음이라.
야웨께서 눌린 자들에게 좋은 소식을 전하게 하시려고
나를 보내셨다(apestalken me - '아페스탈켄 메') … [241)]

239) 갈 4:4-7.
240) 사 48:16.
241) 사 61:1.

어떤 인물을 야웨의 구원 역사를 행하기 위하여 성령으로 무장시켜서(또는, 성령을 동반시켜서) 보낸다는 것은 바울이 좋아하는 두세 개의 성경 본문들 중의 하나였던 이사야서 40-66장의 좀 더 큰 틀과 잘 들어맞는다. 우리는 바울이 이러한 본문들을 염두에 두고 있었다는 것을 입증할 수 없지만, 굳이 그럴 필요도 없다. 내가 지적하고자 하는 핵심은 여기에서 하나님이 어떤 인물을 "보냈다"는 것은 그 인물이 이스라엘의 하나님의 영으로 무장해야만 해낼 수 있는 구원 역사를 행하는 사명을 수여받고서 이 하나님으로부터 보내심을 받아서 이 땅에 왔다는 의미를 함축하고 있다는 것이다. 하지만 이것만으로는, 우리가 "메시야는 '하나님으로부터 보내심을 받았기' 때문에 어떤 의미에서 '신적인' 존재이다"라고 말하기에 충분하지 않다. 즉, 이것은 우리가 이미 확인한 패턴 내에서 중요한 세부적인 것들을 채워넣는 데에는 쓸모가 있지만, 오직 이것을 말하는 본문만을 긁어모아서 하나의 기독론을 구성하기에는 부족하다는 것이다. 그러나 이것 외에도 두 가지 추가적인 요소들이 이것과 동일한 방향을 강력하게 보여준다. 즉, 로마서 8장과 갈라디아서 4장에 나오는 "하나님이 아들을 보냈다"는 진술과 우리가 방금 앞에서 언급한 그 밖의 다른 "하나님의 아들" 본문들은 바울이 예수를 (말하자면) 이스라엘의 하나님의 분신(second self)으로 보았음을 보여주는 추가적인 증표들일 수 있다는 것이다.

첫째, "지혜"라는 인물이 하나님으로부터 "보내심을 받았다"는 개념, 즉 하나님이 먼저 "지혜로 말미암아" 세계를 창조한 후에 그 세계 속으로 "지혜"를 보냈다는 개념이 존재한다. 둘째, 로마서 5장과 8장에는 이 아들의 죽음을 아버지 하나님의 사랑을 드러낸 사건으로 묘사하는 주목할 만한 그림이 존재한다. 그런데 어떤 의미에서든, 아버지 하나님과 아들이 아브라함과 이삭(이것은 아버지가 아들을 죽음에 내어주는 것과 관련해서 성경에 분명하게 언급된 패러다임이다)보다 훨씬 더 밀접하게 동일시되지 않는다면, 우리는 이런 것들이 무엇을 의미하는지를 이해할 수 없게 된다. 아브라함의 경우에, 그것은 순종을 시험하는 것이었고, 하나님을 향한 그의 사랑이 자기 아들에 대한 그의 사랑보다 더 큰 지 아닌지를 알아보기 위한 도전이었다. 그러나 하나님이 자기 아들을 내어준 것은 세계, 즉 자기 백성 이스라엘만이 아니라 피조세계 전체에 대한 하나님의 사랑을 보여준 일이었다.

이것은 아마도 바울의 글들 속에 "아케다' 사건(Aqedah, 창세기 22장에 나오는 아브라함이 이삭을 "묶은 일"을 가리킴)에 대한 언급이 전혀 없는 이유일 것이다. 내가 생각하기에는, 바울은 이 유사해 보이는 사건을 무시할 수 없었기 때문에, 로마서 8:31-32에서 그 사건을 간접적으로 내비치고 있는 것으로 보인다.[242] 그러나 이 두 그림 간의 차이점들은 유사점들만큼이나 중요하다. 하나님이 아들을 보낸 일은 전통적인 그림 속에서 단지 배역만을 다르게 해서 "아브라함을 하나님으로 대체하고 이삭을 예수로 대체한" 가운데 기존의 줄거리를 이어나간 것이 결코 아니었다.[243] 그것은 실제로 상당히 다른 서사였기 때문에, 우리는 바울이 '아케다' 전승의 성장에 의해서 가려져 왔던 좀 더 큰 이야기, 즉 이스라엘의 하나님이 자신의 구원 계획을 이루기 위하여 자기 종이나 "지혜"를 보내는 것에 관한 동일하게 성경적인 이야기를 드러내기 위하여, 아브라함과 이삭에 관한 이야기(그리고 이 이야기가 내포하고 있던 민족적 편견)를 상대화시키고, 이 이야기에 대한 기존의 지배적인 이해를 수정하여, 그 더 큰 이야기를 부각시키고 있는 것이라고까지 말할 수 있다.[244]

그렇다면, 바울은 왜 이렇게 하나님이 자기 아들을 보냈다는 것을 강조하고 있는 것인가? 그것은 아마도 그가 이미 기독론적인 유일신론(보컴이 올바르게 지적하고 있듯이, 창조와 계약만이 아니라 종말론과 제의를 중심으로 한 기독론적인 유일신론)에 대하여 말하고 기도하는 방식들을 발전시켰거나, 이전의 전승으로부터 물려받았기 때문일 가능성이 아주 크다. 이미 살펴보았듯이, 이러한 유일신론을 말하는 방식들은 예수를 "주"(kyrios – '퀴리오스')로 지칭하였던 반면에, "하나님"을 "아버지"로 지칭함으로써 만물의 근원이자 최종목적지로 표현하고 있었다. 따라서 우리는 이 기독론적인 유일신론이 몇 단계에 걸쳐 발전된 과정에 대한 가설을 다음과 같이 제시할 수 있을 것이다. 물론, 이런 문제들의 경우에 언제나 그러하듯이, 각각의 단계들이 일어난 연대를 밝힐 수는 없지만, 우리는 매우 초기의 그리스도인들이 예수의 부활로 인한 충격과 그것이 촉발시킨 새로운 성경 연구를 통해서 아주 초기부터 다음과 같이 서로 연결되어 있는 여러 가지 일들을 수행하였을 것이라고 생각할 수 있다:

1. 그들은 헬라어 '테오스'(theos)와 '퀴리오스'(kyrios)가 히브리어의 '엘로힘'(elohim)과

242) Jewett, 2007, 536f.은 이 논쟁을 개관하면서, 실제로 "아끼지 않다"와 "넘겨주다"라는 표현들은 칠십인역이나 고대 세계 전반에서 아주 널리 사용되었다는 점을 지적하고, '아케다'(Aqedah) 사건이 여기에서 바울의 사고 속에 있었다는 것을 부인하는 많은 사람들의 견해에 동의한다. 반면에, Hurtado, 1999b, 231f.는 그러한 견해에 동의하지 않고, 여기에서 그러한 간접인용이 의도되고 있고, "이 진술에 강력한 환기시키는 효과를 부여하고" 있을 가능성이 높다고 본다. 하지만 이것은 신학적인 수도를 아브라함의 이야기에서 예수의 죽음으로 이전시키는 정도의 것은 아니다.

243) 예를 들면, Levenson, 1993에 나오는 좀 더 폭넓은 논의를 보라.

244) 바울이 아케다(Aqedah) 모티프를 사용하였을 가능성과 관련된 논쟁에 대하여 자세한 것은 Jewett, loc. cit.에서 찾아볼 수 있다.

'야웨'(YHWH)에 해당하는 단어들이라는 것을 알고서, 하나님과 예수 간의 연합과 차이를 강조하기 위한 목적으로, 고린도전서 8:6에서처럼 만물의 근원이자 최종목적지인 하나님을 지칭하는 데에는 '테오스'를 사용하고 예수를 지칭하는 데에는 '퀴리오스'를 사용하였다.

2. 그들은 하나님/ '테오스'/ '엘로힘'을 가리키기 위하여 성경적인 용어였던 "아버지"를 사용하였다.

3. 예수가 다윗 가문의 자손인 메시야였다는 것과 예수 자신이 스스로 이 칭호를 사용하였다는 점 때문에, 원래 메시야에 대한 칭호였던 "하나님의 아들"이라는 어구는 이미 예수를 가리키는 데 사용되고 있었지만, 이것이 이제 하나님을 "아버지"로 지칭하게 된 것과 결합되자, 그 자연스러운 결과로서 그들은 '테오스'로 지칭된 하나님을 구체적으로 예수라는 "아들"과 관련된 "아버지"로, 그리고 '퀴리오스'로 지칭된 예수를 구체적으로 이 "아버지"와 관련된 "아들"로 보게 되었다 — 이 둘의 연결 관계가 명시적으로 표현되고 있지는 않지만.

4. 그들은 "하나님과 주"라고 말하는 방식을 따라 "아버지와 아들"이라고 말하게 되었다.

5. 그들은 시온으로의 야웨의 귀환(벤시락서 24장)과 다윗의 아들이 왕으로서의 직무를 수행할 때에 갖추어야 할 것(솔로몬의 지혜서 7~9장)이라는 관점에서 이미 사용되고 있던 "지혜" 전승들을 활용해서, 아버지가 아들을 "보냈다"고 말하거나(롬 8:3; 갈 4:4), 아버지가 사람들을 "자신의 사랑의 아들의 나라"로 옮겼다고 말하거나(골 1:12-13, 그리고 1:15-20에는 "지혜"에 관한 장엄한 시가 뒤따른다), 만물이 '퀴리오스'로 말미암아 창조되었다고 말하는 데 사용하였다(고전 8:6; 골 1:16).

6. 그들은 한 분 유일하신 하나님의 계획 속에서 정점에 해당하는 결정적으로 중요한 구원 역사, 즉 하나님이 옛적부터 했던 약속들, 곧 자기 백성을 구원하고 그들 가운데 거하겠다고 한 약속들을 성취함으로써, 마침내 자기 자신을 온전히 계시한 새로운 출애굽이라는 관점에서 이 일련의 모든 일들을 이해하였다.

나는 이 모든 것이 필연적으로 가설일 수밖에 없다는 점을 강조해 두고자 한다. 예수 운동의 첫 20년에 속한 새로운 증거가 나오지 않는다면(이것은 기독교 고고학자들의 오랜 꿈이다!), 이러한 일련의 사고 과정이 실제로 일어났었다는 것을 증명하는 것은 불가능하다. 그리고 "일련의 사고 과정"이라는 것은 연대기적인 기간과는 무관하다. 어떤 사람 안에서 성경에 대한 지식이 잘 쌓여져 있는 사고가 성령에 의해서 그 지각과 명철이 변화되고 예수를 경배하는 데 맞춰진 마음과 만났을 때, 그 사람은 우리가 서서히 주의 깊게 복원해 나갈 수밖에 없는 것을 순식간에 깨달을 수 있다. 그리고 내게는 바로 그러한 설명이 우리가 실제로 소유하고 있는 자료들의 몇몇 측면들을 반영하는 설명인 것으로 보이는 것은 어쩔 수 없는 일이다. 흥미로운 것은, 위의 네 번째 단계는 상당히 분명해 보이기는 하지만, 바울은 예수를 "아들"로 지칭하는 것과 직접적으로 연결시켜서 "아버지"라는 단어를 사용하는 경우는 극히 드물다는 것이다. 우리가 이미 논의한 본문들 중에서 거기에 가장 가까운 것들은, 하나님이 신자들의 마음에 아들의 영을 보내어서 그들로 하여금 "아바, 아버지"라고 부르게 하였다는 본문들과 "아버지"가 "우리를 자신의 사랑의 아들의 나라로 옮기셨다"고 말하고 있는 골로새서 1:12-14 정도이다.

이 모든 것은 바울이 기독교 이전의 유대 세계에서 장차 임할 메시야에게 거의 신과 같은 지위를 부여하고 있다는 것을 알고서, 그러한 개념 위에서 자신의 논증을 전개해 나간 것이 아니라는 것을 보여준다. 도리어, 그는 그러한 결론을 도출해내기 위하여 차근차근 작업을 해나가는 모습을 보여준다. 그가 지금까지 우리가 살펴본 그런 의미들에서 메시야를 "신적인" 존재로 여겼던 것은 일반적으로 메시야가 "신적인" 존재일 것임을 "누구나 다 알고 있었기"(또는, 일부 사람들이 생각하였기) 때문이 아니라, 예수 자신으로 인한 것이었다. 예수라는 인물 자체 및 그의 죽음과 부활과 높아지심과 관련된 일련의 사건들은 이스라엘의 하나님이 예수를 통해서 및 예수로서 친히 자기 백성에게 다시 돌아와서 그들 가운데 임재하고 있는 것임을 너무나 확고하게 보여주는 것들이었기 때문에, 초기 그리스도인들과 바울이 메시야와 관련된 범주들, 특히 "하나님의 아들"이라는 두드러진 어구를 되돌아보고, 그러한 구절들과 어구 속에서 이전에는 생각하지 못하였던 정체성과 그 정체성을 풍부하고도 적절하게 표현할 수 있는 방식에 대한 암시들을 분별해 낼 수 있었다는 것은 자연스러운 일이었다. 특히, 바울은 예수 안에서 이스라엘의 하나님이 늘 약속하였던 대로 마침내 다시 돌아왔다는 폭탄선언 같은 충격적인 사실을 깨달았다. 전에 금송아지 사건 때에 경고하였던 대로, 이스라엘의 하나님의 "영광"이 너무나 오랜 세월 동안 성전을 떠나 있었지만, 이제 그 영광이 마침내 다시 돌아왔다. 그리고 출애굽 때에는 그 영광이 돌아왔어도, 하나님이 자신의 얼굴을 숨겨서, 모세가 오직 하나님의 등만을 볼 수 있었지만, 지금 다시 돌아온 하나님의 영광은 "메시야 예수의 얼굴에서" 힘 있게 빛을 발하고 있었기 때문에, 성령이 내주하는 사람들은 "수건을 벗은 얼굴로" 그 영광을 볼 수 있었다.[245]

따라서 이 모든 것은 우리로 하여금 로마서 1:3-4의 근저에 있는 기독론 및 본질적으로 유일신론적인 그 틀과 주장을 새롭게 생각하게 만든다:

> [1]메시야 예수의 종 바울은 사도로 부르심을 받아 하나님의 복음을 위하여 구별되었으니, [2]이 복음은 하나님이 자신의 선지자들을 통하여 자기 아들에 관하여 성경에 미리 약

245) 고후 3:12—4.6. 위의 제9장 제3절 2) (5)와 아래의 제11장 제4절을 보라.

속하신 것이었던 바, [3]그의 아들에 관하여 말하자면, 육신의 관점에서는 다윗의 씨에서 나셨고, [4]거룩함의 영이라는 관점에서는 죽은 자들 가운데서의 부활로 말미암아 능력으로 하나님의 아들로 확인되셨으니, 곧 우리 주 메시야 예수이시다.
[5]그로 말미암아 우리가 은혜와 사도의 직분을 받아서, 그의 이름을 위하여 모든 열방 중에서 믿어 순종하게 해 왔다.[246)]

우리가 바울의 가장 위대한 서신의 장엄하고 엄숙한 이 서두에서 가장 먼저 보는 것은 제2성전 시대 유일신론을 보여주는 증표들이다.[247)] 그가 한편으로는 한 분 참 하나님의 복음의 근원을 이사야서의 선포로 거슬러 올라가서 살펴보면서, 다른 한편으로는 이 복음이 제국 전역에 선포되고 있다고 말하고 있는 것은 이미 온 세계를 주관하고 있는 창조주 하나님, 이 세계가 자신들의 것이라고 주장하는 우상들 및 통치자들과 대결하는 창조주 하나님에 대하여 말하고 있는 것이다. 이것은 바울의 사도직 자체가 "모든 열방들"을 대상으로 하여 말하는 수정된 유일신론에 근거하고 있음을 보여주는 5절에 의해서 한층 더 부각된다. 이 도입부가 이 서신의 신학적인 서술의 극적인 결론부인 15:7-13과 수미쌍관법적인 구조 속에서 서로 연결되어 있다는 것은 지금은 예전보다는 더 자주 지적되고 있는데, 결론부에서 바울은 이사야서 11:10을 인용하는 가운데 다윗 가문의 메시야가 "열방을 다스리기 위하여 일어나리니, 열방이 그에게 소망을 두리라"(15:12)고 말하는데, "일어날 것"이라는 표현이 암시하는 부활 사건과 "그에게 소망을 둘 것"이라는 예배로의 부름은 메시야가 어떤 존재인지 그 정체성을 드러내 준다. 이것은 창조와 계약과 제의, 특히 종말론으로 채색되어 있던 제2성전 시대의 유일신론에 깊이 물들어 있는 언어이고, 우리가 알고 있는 한, 예수 이전에는 그 누구도 그러한 연결관계를 생각하지는 못하였을지라도, 제2성전 시대의 메시야 기대들과 정확히 접목되어 있다.

게다가, 로마서 1:4은 부활 사건은 예수가 이미 지니고 있었던 신분, 곧 그가 하나님의 아들 메시야라는 것을 "확인해 주었다"고 말한다. 다윗의 혈통에 속한 다른 많은 인물들이 왔다가 사라졌고, 그런 인물들 중에는 십자가에 못 박힌 자들도

246) 롬 1:1-5.

247) 이것은 흔히 1:16-17에 나오는 "하나님의 의"로 나아가기 위하여 — 그리고 예수가 다윗 가문의 메시야라는 것이 강조되는 것으로부터 바울을 보호하고자 하는 열심에서 — 황급히 서둘러서 주변화되어 왔는데, 그러한 행태는 마치 바울이 자기가 온전히 동의하지도 않는 정형어구들이 포함되어 있는 한 번 쓰고 버릴 쓸데없는 말로 지극히 장엄한 서신의 도입부로 삼은 것처럼 생각하는 것이다(Fee, 2007, 243). 이 점과 이 본문에 대한 석의에 대해서는 Wright, *Romans*, 416-9를 보라.

있었을 것이다(로마군이 이전의 반란들을 진압하는 과정에서 수많은 젊은 유대인들이 십자가 처형을 당하였기 때문에). 예수가 하나님의 아들 메시야라는 것을 확인해 준 것, 초기 그리스도인들로 하여금 "그는 진실로 하나님의 아들이었다"고 말하게 만들었던 것은 그의 죽음이 아니라 그의 부활이었다. 왜냐하면, 이 부활 사건은 그가 공생애 기간 동안에 명시적으로나 암묵적으로 주장해 왔던 것들이 옳다는 것을 증명해 주는 것이었고, 그가 내내 지니고 있었던 정체성을 드러내 준 사건이었으며, 지금까지는 생각하지도 못하였던 대속적 죽음으로서의 그의 죽음의 결정적이고도 새로운 의미를 드러내 준 사건이었기 때문이었다.[248]

내가 다른 곳에서 그랬던 것처럼, 여기에서 우리는 "부활"은 예수에게 어떤 새로운 신분이나 정체성을 부여하거나 창출해 낸 사건이 아니라, 단지 이전에 존재하였던 것을 드러내 주고 확인해 준 사건이라는 것을 강조해 두지 않으면 안 된다.[249] 여기에서 핵심 단어인 '호리스텐토스'(horisthentos, 한글개역개정에는 "선포되셨다"로 번역됨 — 역주)는 "경계를 정하다"라는 어원에서 유래하여서 "정의하다" 또는 "결정하다"를 의미하게 된 단어로서, 어떤 주장이나 신분을 새롭게 도입하는 것이 아니라, 기존에 행해진 주장을 공적으로 분명히 하거나 옳다는 것을 확인해 주는 것을 뜻한다. 이 단어가 이런 의미로 사용되고 있다는 것은 세 가지 이유에서 아주 분명하다. 첫 번째는 우리가 앞서 살펴본 본문들 중에서 로마서 5장과 8장은 하나님의 아들의 죽음이 하나님의 사랑을 드러낸 것이라고 말하고 있는데, 그 말이 의미를 가지기 위해서는, 예수는 십자가에 못 박힐 때에 이미 "하나님의 아들"이었어야 한다는 것이다. 두 번째는 로마서 1:3-4에서 "다윗의 아들"이라는 예수의 메시야로서의 신분을 언급한 것은 이미, 시편 2편과 사무엘하 7장에 의하면, 예수가 "하나님의 아들"이었다는 의미를 함축하고 있는 것이기 때문에, 3절과 4절의 논리적인 순

248) 내가 "이제까지는 생각하지도 못했던"이라고 말한 것은, 복음서들은 예수가 자신의 추종자들에게 이것을 미리 설명하고자 한 것으로 묘사하고 있지만, 제자들은 그것을 이해하지 못하였다고 아울러 말하고 있기 때문이다: 예컨대, 막 10:35-45을 보라.

249) 우리는 여전히 여기에서 '호리제인'(horizein)은 이전에 소유하고 있지 않았던 새로운 지위가 수여된 것을 가리킨다는 주장을 만난다: 예를 들면, Skarsaune, 2002, 307 n. 12. Jewett, 2007, 104은 Allen, 1970이 "1:4에 나오는 '호리스텐토스'(horisthentos)가 다니엘서의 아람어 부분에 나오는 것과 아주 비슷한 표현으로 되어 있는 시편 2:7의 왕의 칙령과 관련된 표현으로부터 유래하였음을 보여 주었다"고 주장하고, 이것을 토대로 해서, 여기서 이 단어는 메시야직에 "임명된" 것을 의미한다는 결론을 이끌어낸다. 그러나 로마서 1:4에 대해서는 아주 짧게 다루고 있는 Allen의 논증은 빈약할 뿐더러, 처음부터 시편 2:7의 칠십인역 본문에 나오는 "칙령"은 '프로스타그마'(prostagma)임을 인정하고 있고, 다니엘서와의 잠재적인 연관 가능성에 대해서는 단지 "생각해 볼 수 있는" 것이라고 말하고 있다.

서는 다윗 가문의 메시야가 하나님의 아들이라는 신분을 지니고 있다는 주장이 부활에 의해서 입증되었다는 의미임을 보여준다는 것이다. 세 번째는 3절과 4절은 모두 "자기 아들에 관한 … 하나님의 복음"이라는 어구에 의해서 도입되고 있기 때문에, 이 일련의 문장들의 주어는 "아들"이라는 것이다. 부활 이후에 하나님의 아들로서의 예수의 지위에 대하여 말하고 있는 이 절에서 새로운 것이 있다면, 그것은 예수는 늘 하나님의 아들이었지만, 지금은 "능력을 통해서" 그 지위가 확인되었다는 것뿐이다.[250)]

실제로 바울은 다른 곳에서 하나님이 "자기 아들을 보냈다"고 말할 때, 갈라디아서 4:4에서 그 아들이 사람으로 잉태되어 태어났다는 것을 분명하게 언급하고 있고("여자에게서 태어나서"), 우리는 로마서 8:3에도 마찬가지로 그러한 의미가 내포되어 있고, 빌립보서 2:6-8에도 울려 퍼지고 있다고 추정할 수 있다:

> 하나님은 자기 아들을 죄 있는 육신의 모양으로(en homoiōmati sarkos hamartias - '엔 호모이오마티 사르코스 하마르티아스') 속죄 제물로 보내셔서 바로 그 육신 속에서 죄를 정죄하셨다.[251)]

> 도리어 그는 자기를 비워 종의 형체를 취하여 사람들과 같이 되셔서(en homoiōmati anthrōpōn genomenos - '엔 호모이오마티 안트로폰 게노메노스') 사람의 모양으로 나타나 자기를 낮추시고 죽기까지 순종하셨으니, 곧 십자가에 죽으셨다.[252)]

이렇게 우리는 빌립보서 2장에서 바울이 사람 예수를 처음부터 "하나님과 동등하였던" 이로 규정하였다는 확고한 증거를 보았던 것과 마찬가지로, 로마서 8:3과 갈라디아서 4:4에서 하나님이 "아들을 보내셨다"는 어구가 시편 2편, 사무엘하 7장, 시편 89편에서 이 어구가 지니고 있던 메시야적인 의미를 그대로 유지하는 가운데,[253)] "성육신"이라 불리게 된 주제를 거기에 분명하게 결합시키고 있는 것을 똑똑히 보아야 한다. 내가 "성육신"이라고 지칭한 것은, 단지 메시야 또는 "이스라엘"이라는 의미에서만이 아니라, 빌립보서 2장과 고린도전서 8장과 골로새서 1장

250) 예를 들면, Cranfield, 1975, 62. Cf. Fitzmyer, 1993, 234f. Fitzmyer는 이것을 "인정받은"으로 번역한다: "부활 이전에 예수 그리스도는 자신의 인간적 실존의 연약함 가운데서 하나님의 아들이었다가, 부활에 의해서 권능 가운데서 하나님의 아들로 인정받았다…"

251) 롬 8:3.

252) 빌 2:7f.

253) 롬 8:17에 나오는 시편 2편의 중요한 반영들을 주목하라: 메시야로서의 "아들"이 받을 "유업"은 이제 온 세계이다; 또한, cp. 고전 15:20-28.

같은 본문들이 송영과 시와 기도의 형태로 표현하고자 하였던 그런 의미에서 "하나님의 아들"인 이가 한 사람으로 잉태되어 태어나게 된 것을 가리킨다.

물론, 바울은 자신의 몇몇 서신들의 서두의 정형화된 인사말이나 전체에 대한 도입부에서 통상적으로 아버지 하나님과 주 예수를 명시적으로 한데 결합해서 언급한다. 그의 표준적인 인사말은 "아버지 하나님과 메시야 주 예수로부터의 은혜와 평화"를 전하는 것이다. 골로새서와 데살로니가전서를 제외한 그의 모든 서신들이 이 패턴을 따르고 있고, 사용하는 단어들까지 거의 동일하다.[254] 바울이 습관적으로 사용하는 어구를 보면, 그가 "아버지"와 "아들"을 직접적으로 함께 결합해서 사용하는 것보다는 "아버지"와 "주"를 결합해서 사용하는 것을 선호한다는 것이 두드러지기는 하지만, "아버지"와 "아들"을 결합한 어구도 아무런 어려움 없이 사용될 수 있었다는 것은 두말할 필요가 없다.

이 모든 것은 메시야의 정체성 규정과 관련된 또 하나의 요소를 보여주는데, 그것은 메시야는 "하나님의 아들"일 뿐만 아니라, '퀴리오스'(kyrios), 즉 "주"이기도 하다는 것이다. 그리고 바울이 "주"라는 표현을 통해서 무엇을 말하고자 하였는지에 대하여 조금이라도 의심이 있을 경우를 대비해서, 최근에 여러 학자들은 바울이 예수가 누구인지를 야웨라는 "신적 정체성"내에서 설명하는 추가적인 방식으로 이 용어를 사용하였다는 것을 반복적으로 보여 주어 왔다.

(2) 특히 성경 인용문들 속에 나오는 '퀴리오스' 로서의 예수

흔히 바울은 신성사문자인 야웨(YHWH)를 '퀴리오스'라는 단어로 나타낸 칠십인역의 성경 인용문들을 사용하여 예수에 대하여 말하였다는 것은 지금은 상식에 속

254) 롬 1:7(그리고 하나님과 예수를 다양하게 연결시키고 있는 1:1, 3f., 6, 9 등과 같은 서두의 여러 언급들); 고전 1:3; 고후 1:2; 갈 1:3(또한, 1:1도 보라: 바울의 사도직은 "메시야 예수와 그를 죽은 자 가운데서 다시 살리신 아버지 하나님으로 말미암은" 것이다); 엡 1:2; 빌 1:2; 살후 1:2; 몬 1:3. 골로새서 1:2은 단지 "아버지 하나님으로부터 너희에게 은혜와 평강"으로 되어 있다; 아주 훌륭한 것들을 포함한 몇몇 사본들에는 당연히 "그리고 주 메시야 예수"라는 어구가 추가되어 있지만, 다른 많은 사본들에 이 어구가 포함되어 있지 않다는 사실은 "더 어려운 읽기"(lectio difficilior)인 짧은 읽기가 원래의 것임을 보여주는 매우 강력한 증거를 제공한다. 데살로니가전서 1:1은 "아버지 하나님과 주 메시야 예수 안에서 데살로니가 사람들의 교회"라고 말하고 있기 때문에, 그 뒤에 나오는 "너희에게 은혜와 평강"이라는 구절에 이 어구를 반복하지 않는다. 디모데전서 1:2과 디모데후서 1:2은 표준적인 패턴을 따르고 있지만, "은혜와 평강"에 "긍휼"을 추가한다. 디도서 1:4은 이 서신에서 계속해서 "구주"와 그 동일어원의 표현들이 강조되고 있는 것과 맥을 같이 하여(1:3, 4; 2:10, 11, 13; 3:4, 5, 6) "아버지 하나님과 우리 구주 메시야 예수로부터 은혜와 평강"으로 되어 있다.

한다.[255] 우리는 고린도전서 8:6과 빌립보서 2:11에서 바울이 이스라엘의 성경 전체에서 가장 분명한 "유일신론적인" 본문들 중 두 구절을 인용하고 있다는 것을 이미 살펴본 바 있다(전자에는 "셰마," 후자에는 이사야서 45장). 이 두 본문에서 그는 칠십인역 본문에서는 원래 야웨를 나타내었던 '퀴리오스'를 이제는 예수를 가리키는 것으로 이해하여야 한다는 자신의 의도를 분명하게 드러낸다. 물론, 그가 칠십인역에서 가져온 인용문들 중에는 '퀴리오스'가 꼭 예수를 지칭하는 것이 아니라 단지 이스라엘의 하나님을 가리키는 경우도 많다. 따라서 '퀴리오스'에 대한 그의 용법은 경직되어 있었거나 틀에 박혀 있지 않았다고 할 수 있다. 그러나 많은 구절들에서 '퀴리오스'가 예수를 가리키는 것인지 이스라엘의 하나님을 가리키는 것인지는 분명하기 때문에, 우리가 방금 말한 두 본문은 바울이 제2성전 시대의 유일신론을 예수를 중심으로 재정의한 주요한 혁명적 조치의 일부에 포함되어야 한다.[256]

우리가 이 실마리를 풀어나가기 위해 출발점으로 사용하기에 좋은 본문은 로마서 14:11이다. 우리는 이 본문을 다른 주제와 관련하여 이미 살펴본 바 있는데, 거기에서 바울은 빌립보서 2장에서와 마찬가지로 이사야서 45:23을 인용한다. 이 본문에 나오는 '퀴리오스'는 하나님을 가리키는 것인지, 아니면 예수를 가리키는 것인지가 즉각적으로 분명하게 드러나지 않는 경우들 중의 하나이다:

> [7]우리 중에는 우리 자신에 대하여 살아가는 자가 아무도 없고, 우리 자신에 대하여 죽는 자도 아무도 없다. [8]우리는 살아도 주에 대하여 살고 죽어도 주에 대하여 죽는다. 그러므로 사나 죽으나, 우리는 주의 것이다. [9]메시야께서 죽으셨다가 다시 살아나신 이유는 이것이니, 곧 죽은 자와 산 자의 주가 되기 위한 것이다. [10]그런데 네가 어찌하여 네 동료 그리스도인을 정죄하며, 어찌하여 동료 그리스도인을 멸시하는 것이냐? 우리는 다 하나님의 심판대 앞에 출두하여야 한다. [11]성경은 말한다:
> 주께서 말씀하시기를, 내가 살아 있노니, 모든 무릎이 내게 꿇을 것이고
> 모든 혀가 하나님께 찬송을 드리리라 하신다.
> [12]그러므로 우리 각 사람이 하나님께 자기 자신을 해명하여야 한다.[257]

255) 잘 알려져 있듯이, 많은 사본들에서 칠십인역은 히브리어 "야웨"(YHWH)를 번역하지 않고, 종종 히브리어 자음들을 그대로 쓰거나, 시각적으로 비슷한 헬라어 문자들이나 헬라어로 음역한 것(IAO나 이것과 비슷한 것)을 쓴다. 흔히 그러하듯이, 사본들에 나오는 '퀴리오스'(kyrios)는 야웨의 역어가 아니라, 제2성전 시대에 이미 야웨를 우회적으로 표현하기 위하여 사용되었던 '아돈'(adon, "주")의 역어이다. Bauckham, 2008/9, 190 n. 27이 '퀴리오스'는 야웨의 번역어가 아니라 대체어였다고 말한 것은 옳지만, 야웨를 대체한 히브리어를 번역한 말이라고 하는 것이 정확할 것이다.

256) 특히, Capes, 1992; 2004; Bauckham, 2008/9, 191-94를 보라.

257) 롬 14:7-12.

이 본문을 읽는 한 가지 자연스러운 방식은 10절의 "하나님의 심판대," 이사야서 인용문의 "하나님께 찬송," 12절의 "하나님께 해명하여야" 한다는 것에 대한 언급들은 모두 이사야서 인용문에 나오는 "주"가 창조주이자 아버지이며 심판주인 하나님을 가리키는 것임을 보여주는 것으로 해석하는 것이다. 하지만 그럼에도 불구하고, 여전히 여기에 나오는 "주"도 빌립보서 2장에 나오는 것과 마찬가지로 예수를 가리키는 것으로 읽어야 한다는 주장이 제기될 수 있다.

이사야서에서 가져온 인용문에 나오는 "주"가 예수를 가리키는 것이라는 주장의 근거는 이 본문의 앞부분에서 9절이 "죽으셨다가 다시 살아나신"(apethanen kai ezēsen –'아페타넨 카이 에제센') 메시야가 지금 죽은 자와 산 자의 주로서 다스리고 있다는 것을 강조하고 있고, 이 주제는 인용문의 첫 부분에 나오는 "주께서 말씀하시기를, 내가 살아 있노니"(zō egō, legei kyrios – '조 에고, 레게이 퀴리오스')라는 어구 속에서 다시 사용되고 있다는 것이다.[258] 나는 이것이 이 본문의 맥락을 결정하고 있기 때문에, 빌립보서 2:10-11의 경우에서와 마찬가지로, 인용문의 대구 중에서 첫 번째 행은 예수를, 두 번째 행은 하나님을 가리킨다고 주장한 학자들의 견해를 따르고 싶다.[259] 따라서 이 본문은 (장래의 심판주인[260]) 메시야로서의 예수의 정체성과 자기 백성에게 다시 돌아온 야웨의 화신으로서의 예수의 정체성을 한데 결합시킨 본문들 중의 하나일 가능성이 높다.

'퀴리오스'가 하나님의 이름을 나타내는 성경 인용문 내에서 예수를 '퀴리오스'로 지칭하고 있다는 것에 대해서 논란이 덜 하지만 마찬가지로 중요한 본문은 로마서에서 방금 언급한 본문보다 더 앞에 나오는 10:13이다:

> 12유대인과 헬라인 간에는 차별이 없으니, 이는 동일한 주께서 모든 사람의 주이시고, 그를 부르는 모든 사람에게 부요하시기 때문이다. 13"누구든지 주의 이름을 부르는 자는 구원을 받으리라."[261]

258) 바울이 이사야서 45:23을 인용하기 위한 도입부로서 49:18로부터 '조 에고'(zō egō)를 빌려온 이유는 분명하지 않다; Wagner, 2002, 336-8에 나오는 논의를 보라.

259) Capes, 2004, 129. 그는 Black, 1973, 167을 따르고, Cranfield, 1975, 1979, 710 등에 반대한다.

260) 사 11:1-10 같은 분명한 본문들과 마찬가지로 시 2:7-9 등으로부터도. 신약에서는 예컨대, cf. 행 10:42; 17:31; 롬 2:16; 고후 5:10.

261) 롬 10:12f.

이 본문은 로마서 9-11장의 중심적인 본문, 즉 이 논증의 나머지 부분들의 중심축 역할을 하는 본문의 정점에 해당한다.[262] 바울은 아브라함에서 메시야까지에 이르는 이스라엘에 관한 장엄한 이야기를 전개해 나가면서(9:6–10:4), 아무리 역설적인 것으로 보일지라도, 처음부터 하나님이 지니고 있던 단일한 뜻과 약속이 '크리스토스'(Christos) 안에서 그 '텔로스'(telos), 즉 종착지에 도달하였다는 것을 논증한다. 그 결과, 신명기 30장에서 말한 계약의 갱신이 개시되었고, 그 갱신에 참여하는 길은 예수를 '퀴리오스'로 시인하고, 하나님이 그를 죽은 자 가운데서 다시 살렸다는 것을 믿는 것이다(10:9). 그런 후에, 바울은 두 개의 성경 인용문을 통해서 그러한 논지를 강화하고 밑받침하는데, 첫 번째 인용문은 이사야서 28:16("누구든지 그를 믿는 자는 부끄러움을 당하지 아니하리라")에서 가져온 것이고, 아주 중요한 두 번째 인용문은 요엘서 3:5의 칠십인역 본문에서 가져온 것이다: "누구든지 주의 이름을 부르는 자는 구원을 받으리라."[263] 문맥을 살펴보면, 여기에 나오는 "주"가 사람들이 '퀴리오스'라고 부르며 시인하는 이, 곧 예수를 가리킨다는 것과 바울은 요엘서 본문에서 '퀴리오스'/야웨가 지닌 의미 전체를 가져와서 자신의 본문에서 예수에게 적용하고자 하고 있다는 것이 분명하게 드러난다. 여기서도 본질적으로 메시야적인 이 서사(이스라엘의 기나긴 이야기의 종착지로서의 '크리스토스'에 대하여 말하는 서사)는 이 '크리스토스'가 칠십인역의 '퀴리오스'와 동일시되어야 한다는 것을 보여준다는 것이 다시 한 번 드러난다.

이것은 원래는 "야웨의 이름을 부르는 자들"을 의미하였던 구절이 (a) 성경이 하나님의 백성을 가리킴과 동시에 다른 신들을 배제하고 오직 하나님에 대한 그들의 충성을 나타내는 통상적인 방식과 (b) 초기 그리스도인들이 예수의 추종자들을 구분짓는 통상적인 방식이 어쩌다가 우연히 서로 겹쳐서(물론, 이 두 가지는 그 자체로는 사실이지만) 하나님과 예수를 둘 다 가리키게 된 것이 아니다.[264] 이 두 가지는 그런 것보다 더 유기적인 연결관계를 지니고 있다. 요엘서에 나오는 진술은 이스라엘이 회개하여 야웨만이 자신들의 하나님이고, "다른 신은 없다"고 고백하게 될 때에 계약의 갱신이 일어나게 될 것임을 가리켜 보여준다는 점에서 신명기의 해당 본문과 일치한다.[265] 신명기 30장은 사람들의 마음이 변화될 것이라고 내

262) Rowe, 2000; Wright, 2002 [*Romans*], 665f.; 아래의 제11장 제6절 4) (2)를 보라.

263) EVV 욜 2:32. 이 본문(2:28-32 = MT 3:1-5)은 초기 기독교의 종말론적인 담론에서 널리 사용되었다: 예컨대, cf. 마 24:29; 막 13:24; 행 2:17-21, 39; 계 6:12, 17; 8:7; 14:1.

264) 예를 들어, 고전 1:2과 행 2:21; 9:14, 21; 22:16; 딤후 2:22; 성경적 배경에 대해서는 cf. 창 4:26; 대상 16:8; 시 99:6; 105:1; 116:4, 13, 17; 사 12:4.

다보았고, 요엘서는 하나님이 모든 육체에 자신의 영을 부어줄 것이라고 예언하는데, 바울은 로마서의 다른 곳에서 이 영으로 말미암아 사람들의 마음이 변화를 받는 일이 일어나게 될 것이라고 말한다.[266] 사람들의 마음이 변화되는 것과 하나님이 자신의 영을 부어주는 것은 바울의 사고 속에서 자연스럽게 결합되어서, 이 두 본문은 장차 도래할 종말론적인 순간을 상정한다. 신명기의 경우에는 그 순간은 궁극적인 "포로생활로부터의 귀환"이 될 것이라고 말하는 반면에, 요엘서에서는 하늘들과 땅에서 "크고 두려운 야웨의 날"을 알리는 징조들이 나타날 것이라고 말한다.[267] 요엘 선지자는 그 때에 "누구든지 야웨의 이름을 부르는 자는 구원을 얻으리라"고 말한다. 이렇게 로마서 10장은 빌립보서 2장을 비롯해서 우리가 지금까지 살펴본 다른 본문들과 밀접하게 연결되어 있다. 이것은 우리가 지금까지 그려온 그림, 즉 바울은 유대적인 유일신론을 명시적으로 메시야적인 맥락 안에서 종말론적인 형태로 기독론을 중심으로 수정하였다는 것을 강화시켜 주고 확대시켜 준다.[268]

이것이 옳다면, 우리가 방금 살펴본 주제, 즉 예수는 다시 돌아온 야웨의 화신이라는 주제와 연결되어 있는 로마서 10:6을 "성육신"과 관련시켜서 읽을 수 있는 길이 열린다.[269] 나는 다른 곳에서 로마서 10:6-8에서 수행된 신명기 30장에 대한 바

265) 욜 2:27.

266) 롬 2:25-9; 7:4-6; 8:5-8.

267) 욜 2:31(LXX 3:4).

268) 이 모든 것에 대해서는 Capes, 2004, 127f.를 보고, 특히 Davis, 1996을 참조하라. 내 판단에는, 이러한 바울 본문들은 그가 예수에게 적용한 구약의 가장 분명한 야웨 본문들이다; Capes는 고전 1:31; 2:16(Bauckham, 2008/9, 182를 보라); 고후 10:17도 언급한다. 그가 하나님에게 적용하는 본문들은 롬 4:7f.; 9:27, 29; 11:34; 15:9, 11; 고전 3:20; 고후 6:18이다. 또한, 로마서 11:11에 나오는 '퀴리오스'도 예수를 가리킨다고 볼 수 있지만, 기본적인 논지를 증명하는 데 그 증거가 꼭 필요한 것은 아니다. Bauckham, 2008/9, 191-3은 예수를 '퀴리오스'로 지칭하는 성경 본문들을 최대로 열거한다: 우리가 이미 말한 롬 10:13(욜 2:32); 롬 14:11; 빌 2:10f.(사 45:23) 외에도, 그는 고전 2:15(sic: sc.=2:16)(사 40:13); 고전 1:31; 고후 10:17(렘 9:24; 고린도전서의 본문들이 내게는 더 확실해 보인다); 고전 10:22(신 32:21a); 살전 3:13(슥 14:5b; cf. 살후 1:7; 아래를 보라); 살후 1:9(사 2:10, 19, 21); 살후 1:7, 12(사 66:5, 15)을 열거한다. 칠십인역의 여러 본문들과 공명하는 가운데, 9절의 "주"를 7절의 "주 예수"와 12절의 "주 메시야 예수"가 둘러싸고 있는 데살로니가후서 1장의 본문들에서 '퀴리오스'를 예수에 적용하고 있는 것이 분명해 보인다.

269) 이 모든 것에 대해서도 Capes, 2007, 139-48을 보라. 반대견해로는 Dunn, 1980, 184-7 등이 있다. 또한, Capes(136-9)는 로마서 9:32f.에 나오는 "돌"은 야웨를 "걸려 넘어지게 하는 돌"이라고 말하는 예언(사 8:14; 28:16)을 반영하는 가운데, 그것을 메시야에게 재적용하고 있기 때문에, "바울은 그리스도를 야웨와 연결시켜서, 성경이 하나님에게 돌리고 있는 종말론적인 역할을 그리스도에게 돌린다"

울의 석의는 10:4에 나오는 "율법의 종착지"(telos nomou – '텔로스 노무')인 메시야의 도래를 정점으로 한, 아브라함으로부터 현재까지에 이르는 이스라엘에 관한 서사 전체에 대한 그의 이해와 정확히 부합한다는 것을 보여준다.[270] 바울은 먼 훗날에 일어나게 될 일에 대한 신명기 30장의 예언이 마침내 성취되었다고 선언한다. 즉, 메시야와 성령으로 인해서 "토라를 행하는" 새로운 방식이 가능해졌고, 그런 방식으로 "토라를 행하는" 자는 누구든지 구원을 얻게 된다는 것이다. 하지만 바울은 이 본문 속에서 또 다른 차원의 의미를 발견하고 있는 것으로 보이는데, 그것은 사람들이 "메시야를 모셔 내리기 위하여" 하늘로 올라갈 필요도 없고(10:6), "메시야를 죽은 자 가운데서 모셔 올리기 위해서" 음부로 내려갈(10:7) 필요도 없다는 것이다. 두 번째 구절의 의미는 분명하지만, 첫 번째 구절의 의미는 무엇인가? 주석자들의 견해는 갈린다. 어떤 사람들은 이것이 성육신을 가리키는 것이라고 보고, 어떤 사람들은 재림을 의미하는 것이라고 본다.[271] 그러나 바울이 여기에서 자신의 사고를 전개해 나가는 과정에 비추어 보면, 전자일 가능성이 아주 높다. 그는 10:9에서 "네가 네 입으로 예수가 주시라고 고백하고, 하나님이 그를 죽은 자 가운데서 다시 살리신 것을 네 마음에 믿으면, 구원을 받으리라"고 말한다. 여기서 후반부가 10:7과 대응된다고 한다면, 우리는 전반부는 10:6과 대응시키기 위한 것이었다고 보아야 한다:

> "네가 네 입으로 예수가 주시라고 고백하고"(10:9a) "메시야를 모셔 내리기 위하여"(10:6)
> "하나님이 그를 죽은 자 가운데서 다시 살리신 것을 믿으면"(10:9b) "메시야를 죽은 자 가운데서 모셔 올리기 위하여"(10:7)

그러나 방금 보았듯이, 바울은 즉시 "예수는 주시다"라는 고백을 야웨를 반영하는 "주"라는 칭호들로 가득한 칠십인역 본문의 강력한 단언을 통해서 상세하게 설명한다: "동일한 주께서 모든 사람의 주이시고, '누구든지 주의 이름을 부르는 자

(139)고 주장한다. 하지만 Capes는 여기에서는 물론이고 다른 곳들에서도 야웨의 귀환이나 그 관련성에 관한 주제를 천착하지는 않는다.

270) Wright, 2002 [*Romans*], 655-8; 아래의 제10장 제4절 3) (10)와 제11장 제6절 4) (2)를 보라.

271) 전자에 대해서는 Cranfield, Fitzmyer, Moo, 후자에 대해서는 Käsemann과 Dunn을 인용하고 있는 Wright, 2002 [*Romans*], 663을 보라. 나의 현재의 논증은 전자를 옹호하는 주장을 상당히 강화시킨다. Jewett, 2007, 625-7은 이 문제를 무시하고, 그 대신에 바울이 메시야의 오심을 촉진시키기 위한 열심 있는 유대인들의 시도들에 반대하는 변증을 펼쳤을 가능성에 초점을 맞춘다.

는 구원을 받으리라"(10:12-13). 이것은 바울이 10:6에서 단지 순전히 인간적인 의미에서 "메시야의 오심"이나 그의 재림을 생각하고 있었던 것이 아니라, 이스라엘에 관한 서사의 정점에서 야웨가 친히 메시야로 오신다는 관념을 생각하고 있었다는 것을 의미한다.

결국, 바울은 계약의 갱신에 있어서 결정적으로 중요한 요소였던 것, 즉 야웨가 심판과 구원을 행하기 위하여 친히 하늘로부터 나타나 자기 백성에게 다시 올 것이라는 믿음을 중심으로 한 좀 더 큰 제2성전 시대의 서사를 내내 들려주고 있는 것이었다. 많은 사람들이 이 본문에서 탐지해 낸 "지혜"에 대한 반영들은 분명히 존재하지만, 그것들은 다른 곳에서와 마찬가지로 여기에서도 더 큰 실체를 가리키는 역할을 한다. 왜냐하면, 앞에서 보았듯이, "지혜" 자체가 토라라는 형태로 이루어지는 일종의 야웨의 "귀환"에 대하여 말하는 방식이었기 때문이다. 바울이 가장 세심하게 구축한 논증들 중의 하나의 한복판에 자리 잡고 있는 이 단락의 중심에 있는 이 압축되고 결정적으로 중요한 본문에서 우리가 보고 있는 것은 바울이 10:6에 나오는 "야웨의 귀환" 기독론에 뿌리를 두고 있는 10:12-13(그리고 아마도 10:9에서도)의 야웨 기독론(YHWH-christology)을 토대로 이스라엘에 관한 서사를 수정해서 다시 들려주고 있는 것이다. 다시 한 번 말해 두지만, 이스라엘의 하나님은 토라가 할 수 없었던 일을 친히 행하였다. 그리고 곧 보게 되겠지만, 이것은 바울이 자기가 앞으로 펼쳐나갈 논증을 9장의 서두에서 미리 요약하여 제시하고 있는 것을 제대로 읽어 낼 수 있게 해주는 강력한 함의들을 지닌다.

하지만 그것을 살펴보기 전에, 우리는 아주 많은 '퀴리오스' 본문들 중에서 특히 두드러진 또 하나의 '퀴리오스' 본문을 살펴볼 필요가 있다. 우리는 앞에서 이사야서 40-55장과 신명기 6장을 이스라엘의 성경에서 가장 분명하고 선명한 유일신론적인 진술들을 보여주는 최우선적인 후보들이라고 말한 바 있다. 그런데 우리는 이제 그 후보군에 스가랴서 14:5-9을 추가하여야 한다:

> 그 때에 나의 하나님 야웨께서 임하실 것이고, 모든 거룩한 자들이 그와 함께 하리라. 그 날에는 추위와 서리가 없을 것이다. (야웨께서 아시나니) 낮이 계속되는 날이 있으리니, 그 날은 낮도 아니고 밤도 아닐 것이다. 왜냐하면, 저녁 때에도 빛이 있을 것이기 때문이다. 그 날에 생수가 예루살렘에서 솟아나서, 절반은 동해로, 절반은 서해로 흐르리니, 여름에도 겨울에도 그러하리라. 또한, 야웨께서 온 땅의 왕이 되시리니, 그 날에는 야웨께서 홀로 한 분이실 것이고, 그의 이름이 홀로 하나일 것이다.

회복된 예루살렘으로부터 강들이 흘러나가는 새로운 피조세계에 관한 이 예언은 에스겔서의 마지막 부분(따라서 창세기 2장도 아울러)을 반영하고 있고, 야웨가 자신의 무수한 거룩한 자들을 거느리고 시내 산으로부터 강림하는 모습을 그린 신명기 33:2의 저 오래된 비전도 사용하고 있다. 이러한 결합은 시사해 주는 바가 크다. 왜냐하면, 그것은 야웨의 최종적인 "오심"은 시내 산 현현의 재현이 될 것임과 동시에 창세기 2장의 회복이 될 것이라고 말하는 것이기 때문이다. 오경은 자신의 원(circle)을 완성하고, 선지자들은 장차 그렇게 될 것임을 보여준다. 몇몇 시편들과 다니엘서와 그 밖의 다른 곳들에서처럼, 야웨가 장차 온 땅의 왕이 될 때에 마침내 그의 주권은 온전히 실현될 것이고, 이것은 모든 피조세계의 갱신을 의미할 것이다. 그리고 놀라운 것은 만유에 대한 야웨의 통치가 확립되는 것은 셰마 자체의 일종의 종말론적인 성취를 의미한다는 것이다: "야웨는 홀로 한 분이실 것이고, 그의 이름은 홀로 하나일 것이다." 이스라엘의 헌신과 충성의 기도로서 시작되었던 셰마는 마침내 전 세계적인 보편적 실체가 될 것이다.[272)]

바울은 데살로니가전서 3:13에서 이러한 일련의 과정에 대하여 운을 뗀다:

> [11]하나님 우리 아버지와 우리 주 예수께서 우리의 길을 인도하셔서 너희에게로 갈 수 있게 해 주시고, [12]또한 주께서 우리가 너희에 대하여 그러한 것 같이, 너희 피차간과 모든 사람에 대한 너희의 사랑이 더욱 많아 차고 넘치게 하셔서, [13]너희의 마음이 강건해지고, 우리 주 예수께서 그의 모든 거룩한 자들과 함께 강림하실 때에(en tē parousia tou kuriou Iēsou meta pantōn tōn hagiōn autou - '엔 테 파루시아 투 퀴리우 예수 메타 판톤 톤 하기온 아우투') 하나님 우리 아버지 앞에서 거룩함에 흠이 없게 하시기를 기원한다. 아멘.[273)]

하지만 여기에서도 그 반향들은 좀 더 넓게 울려 퍼진다. 우리는 본서의 제11장에서 바울의 수정된 종말론을 다룰 때에 다시 이 본문을 살펴볼 것이지만,[274)] 이 본문이 스가랴서를 간접인용 하고 있다는 것은, 이스라엘의 하나님이 한 분이라는 것이, 빌립보서 2:9-11에서처럼, 모든 피조세계가 함께 예수를 '퀴리오스'(kyrios), 즉 이스라엘의 하나님의 이름을 지닌 주권자로 고백하게 될 종말의 현실의 토대가 되는 것으로 보고 있음을 보여준다.

272) 예를 들면, Smith, 1984, 289; Petersen, 1995, 148을 보라.

273) 살전 3:11-13. 13절에서의 간접인용은 칠십인역 스가랴서 14:5이 '카이 헥세이 퀴리오스 호 테오스 무 카이 판테스 호이 하기오이 메트 아우투'(kai hēxei kurios ho theos mou kai pantes hoi hagioi met' autou, "내 하나님 야웨께서 오실 것이고, 그의 모든 거룩한 자들도 그와 함께 올 것이다")로 되어 있다는 점에서 더욱 두드러진다.

274) 아래의 제11장 제4절을 보라.

바울에 의하면, 이러한 종말론적인 비전은 메시야 예수와 그의 백성 안에서 이미 현실이 되었다. 여기에서 우리는 "메시야 안에" 있는 하나님의 백성이라는 중심적인 세계관 상징과 관련하여 수정된 유일신론을 본다. 우리는 본서의 제10장에서 이것을 좀 더 자세하게 살펴보겠지만, 여기 이 단계에서도 무슨 일이 진행되고 있는 것인지를 짤막하게 살펴볼 필요가 있다. 예수가 "아버지 하나님"의 유일무이한 아들로서 "인간의 얼굴을 한 하나님"으로 와서 야웨 자신을 사람들에게 보여 주었다(아래를 보라)고 본 바울의 믿음은 그가 예수의 단일한 공동체, 즉 하나님의 유일한 백성은 오직 하나이기 때문에 어떤 종류의 분열도 있어서는 안 되고, 메시야 주 예수의 아버지인 한 분 유일하신 하나님을 "한 마음과 한 목소리로" 섬겨야 한다고 본 것의 토대였다.[275] 스가랴서가 최종적인 실체라고 보았던 것, 그리고 바울 자신이 데살로니가전서 3:13과 고린도전서 15:20-28 같은 본문들에서 여전히 고대하고 있었던 것은 이미 메시야의 죽음과 부활을 통해서 개시되었다. 로마서 10:12-13이 말하고 있듯이, 예수를 '퀴리오스'라고 고백하고, 하나님이 그를 죽은 자 가운데서 다시 살린 것을 그 마음에 믿은 사람들 사이에서는 이제 더 이상 유대인과 이방인이라는 "차별이 없다"는 사실은 '호 가르 아우토스 퀴리오스 판톤'(ho gar autos kyrios pantōn), 즉 "동일한 '주'는 모든 사람의 주시다"라는 믿음에 확고하게 근거한 것이다.

로마서 10장에서 메시야에 관한 범주와 "하나님"에 관한 범주가 이렇게 결합되어 있는 것은 우리로 하여금 바울이 예수에 대하여 말하고 있는 본문들 가운데서 가장 논란이 심한 본문들 중의 하나인 로마서 9:5로 눈을 돌리게 만든다.

(3) 로마서 9:5 — 바울은 예수를 "하나님"이라 불렀는가?

바울이 예수를 '테오스'(theos)라고 부르지 않았다고 선험적으로 주장하는 두 가지 서로 판이하게 다른 사고 노선들이 있어 왔다. 한편으로는, 현대적인 해석의 주류에 속하는 학자들은 바울이 예수를 어떤 의미에서든 "신적인" 존재라고 생각하였을 리가 없다는 이유로(종종 유대인이 감히 그런 생각을 품는다는 것은 상상도 할 수 없다는 전제 위에서), '테오스'라는 단어를 예수에게 돌리는 것은 이미 문제가 심각한 것이라고 주장해 왔다.[276] 따라서 그들은 디도서 2:13의 본문("복스러운

275) 롬 15:6.
276) 예를 들어, Dunn, 1988b, 528f.

소망과 우리의 크신 하나님이자 구주이신 메시야 예수의 왕적인 영광의 나타남")을 "우리의 크신 하나님"과 "우리의 구주 메시야 예수"로 구분하여 번역해야 한다고 말하거나, 디도서 자체를 바울이 쓴 서신이 아닌 것으로 치부하였지만, 논란이 되는 로마서 9:5은 어떻게 할 수가 없었다.

다른 한편으로는, 내가 이제까지 제시해 온 것과 같은 논증을 따라서, 바울은 통상적으로 예수와 하나님을 정확히 구별하고자 하는 맥락들(고전 8:6과 15:28, 빌 2:11 같은) 속에서 하나님을 "아버지 하나님"으로, 예수를 '퀴리오스'로 지칭한다고 주장한 사람들이 있어 왔다. 이 노선을 따르는 자들은 누구든지 바울이 실제로 예수가 하나님의 거룩한 이름으로 불릴 자격이 있다고 믿고 있다는 것을 깨달았을 것이지만, 그가 디도서 2:13에서 '테오스'라는 단어를 아버지 하나님이 아니라 하나님의 아들을 가리키는 데 사용함으로써 물을 흐리고 있는 것은 여전히 그들에게 특이해 보였을 수 있다. 바울은 왜 '퀴리오스'만을 고집하지 않았던 것일까?

하지만 바울이 로마서 9:5에서 실제로 예수를 '테오스'로 불렀다고 볼 만한 강력한 근거들이 존재한다. 나는 다른 곳에서 이것에 대하여 이미 논증을 하였기 때문에, 여기에서는 단지 요약해서 제시하고자 한다.[277] 우리가 주목해야 할 핵심적인 것은 바울은 여기에서도 또다시 다음과 같은 두 범주를 결합시키고 있다는 것이다: (a) 메시야로서의 예수와 (b) 한 분 참 하나님의 최종적인 도래.

로마서 9:5은 바울이 이스라엘에게 주어진 특권들을 열거하고 있는 짤막한 목록을 마무리하는 구절이다. 이 목록 전체를 끊어 읽기 없이 문자 그대로 직역하면 다음과 같다:

> 그들은 양자됨과 영광과 계약들과 율법 수여와 예배와 약속들이 있는 이스라엘 사람들이고 조상들도 그들의 것이고 육신으로 하면 메시야가 그들에게서 나셨으니 그는 만유 위에 계셔서 영원토록 찬양 받으실 하나님이시다 아멘.

마지막 구절은 실제로 "만유 위에 계셔서 … 하나님"이라고 말하고 있고, 그것을 실제로 메시야에게 돌리고 있는 "전통적인" 해석이 결국 옳다는 견해가 번역자들과 주석자들 사이에서 점점 힘을 얻어 왔다.[278] 문법적으로도 이러한 번역이 분명히 더 나은 것으로 보인다. 그러나 그러한 방향의 해석을 가장 강력하게 지지해

277) Wright, 2002, 629-31과 거기에 언급된 이전의 몇몇 문헌들. 이제는 Jewett, 2007, 567f.도 보라.

주는 논거는 이 절은 1:3-4의 경우와 비슷하게, 로마서의 처음 여덟 장을 강령적으로 요약하고 있는 진술이고, 그런 후에 바울은 10:1-13, 특히 (앞에서 보았듯이) 야웨의 이름을 상기시키는 '퀴리오스'를 사용한 "모든 사람의 주"라는 어구가 세 장으로 된 대단락의 중심에 자리한 10:12-13에서 다시 한 번 지금까지 자신이 진술한 것들을 요약하고 있다는 것이다. 바울을 그토록 근심하게 하고 괴롭게 만든 것은 그의 동포인 이스라엘 사람들이 이 '퀴리오스'를 배척한 것이었기 때문에, 그가 여기에서 제시하고 있는 이중적인 내용은 어떻게 그가 이 문제와 계속해서 씨름해 나가고자 하는지를 보여준다. 즉, 메시야는 "육신을 따라서는" 이스라엘에 속하지만, 유대인이나 이방인이나 모든 사람 위에 계신 하나님이기도 하다는 것이다. 이것은 이스라엘의 불신앙이라는 비극과 하나님의 더 위대한 계획에 대한 전망, 곧 9-11장의 주된 논증을 구성하는 이 둘 간의 대화를 보여주고 집약하고 있다.

따라서 나는 로마서 9:5은 바울의 글들 속에서 직접적으로 예수를 '테오스'라고 하고 있는 유일한 본문이지만(디도서 2:13을 제외하였을 때), 그런 이유 때문에 이 지극히 자연스러운 읽기를 부정해서는 안 된다고 본다. 물론, 이것은 신학적으로는 우리가 이미 살펴 본 유일신론에 토대를 두고서 예수를 하나님으로 보는 고등 기독론에 어떤 내용을 더해 주는 것은 없지만, 이 서사와 관련된 드라마에는 아주 많은 것을 더해 준다. 왜냐하면, 바울의 글들에 나오는 모든 전환점들에서와 마찬가지로, 그러한 전환점 중의 하나인 로마서 9장의 시작 부분에서 우리는 정확히 바울에게서 예상할 수 있는 바로 그것을 발견하는 것이기 때문이다. 바울은 자신과 동시대의 유대인들에게 다가갈 수 있는 예수 이외의 토대를 발견하기 위해서, 로마서 9-11장에서 예수에 대한 얘기를 어느 정도 누그러뜨리고 있는 것이라는 학자들의 생각은 언제나 자포자기식으로 취하는 태도였다.[279] 우리는 그렇게 생각하는 대신에, 9:5로부터 시작해서 10:1-13까지, 그리고 다시 거기에서 시작해서 11:33-

278) Metzger, 1973; cf. NIV; NRSV; 또한, UBS(3)와 Nestle-Aland(27). Wright, 2002, 630 n. 327; Kammler, 2003; 최근의 것으로는 Jewett, 2007, 567f.를 보라.

279) Krister Stendahl은 자신의 마지막 저작(Stendahl, 1995, 7, 38)에서, 로마서 9~11장에서 10:17 이후에는 예수에 언급이 나오지 않는다는 것은 의미가 있다고 주장한다. 달리 말하면, 거기에서 바울은 예수를 떠나서 오직 하나님에게만 집중하고 있다는 것이다. 이러한 주장은 내게 너무나 이상해 보인다. Hultgren, 2010, 433은 한 걸음 더 나아가, 로마서 11:33-36에 나오는 송영을 주석하면서, "9장부터 11장에 이르기까지 그리스도가 언급된 마지막 본문은 9:1-5"이라고 말한다. 이것은 바울이 "그의 이름을 부르고" "그를 믿는다"고 말하고 있는 10:14은 말할 것도 없고, 10:4, 6, 7, 17('크리스토스'), 10:9("주 예수"), 10:12-13("주")를 완전히 무시한 것이다. 십자가에 못 박히고 부활한 메시야이자 주인 예수는 주의 깊고 세심하게 구조화된 9-11장의 논증 전체의 바로 중심에 있다는 것은 명백하다(10:1-13). 아래의 제11장 제6절 4) (2)를 보라.

36(이 본문 속에 고린도전서에 나오는 기독론적인 본문들이 반영되어 있다는 사실이 보여 주듯이, 이 본문은 철저히 기독론에 근거한 것이다[280])에서의 강력하게 유일신론적인 송영에 이르기까지 하나의 연속적인 흐름을 볼 수 있어야 한다. 그러나 이것에 대한 좀 더 자세한 설명은 다음 장으로 미루어야 할 것 같다.

여기에서 우리가 물어야 할 중요한 것은 이것이다: 그렇다면, 이 절에서 메시야를 '테오스'로 지칭하는 것이 수정된 유일신론과 어떤 관계가 있는 것인가? 거기에 대한 대답은 간단히 말해서 이런 것이다. 즉, 로마서 9-11장 전체는 사실 계약의 하나님과 이스라엘에 관한 이야기를 들려주면서, 처음에 아브라함을 부른 한 분 유일하신 하나님이 자기가 한 약속들과 계약에 대하여 참되게 행하여 왔기 때문에 내내 "의로우셨고"(dikaios – '디카이오스'), 이제 메시야 안에서와 메시야를 통해서 그 계약을 갱신하여서, 모든 믿는 자들로 하여금 "의"(dikaiosynē – '디카이오쉬네')를 얻을 수 있게 하였다고 역설하는, 제2성전 시대의 유일신론을 중심으로 한 하나의 거대한 논증이고, 이 논증에서 10:1-13은 그 중심 단락이며, 이 중심 단락의 정점인 10:12은 우리가 이미 살펴본 기독론적인 유일신론에 관한 진술인 '호 가르 아우토스 퀴리오스 판톤'(ho gar autos kyrios pantōn, "이 동일한 주는 모든 사람의 주시다")이라는 어구를 통해서 이 논증 전체를 결집해서 요약하고 있다는 것이다. 이것은 우리가 11장 끝부분에 나오는 유일신론에 대한 영광스럽고 고전적인 송영을 바울이 야웨의 화신이라고 믿었던 메시야 및 그 삶과 죽음과 부활로부터 따로 떼어서 이해해서는 안 된다는 것을 다시 한 번 강력하게 보여준다. 거기에서 더 나아가, 우리는 메시야가 이스라엘에게 주어진 특권의 목록의 마지막에 오는 것과 마찬가지로(메시야는 10:4에서 이 서사의 '텔로스'[telos, "종착지"]로 제시된다), 이 본문은 이스라엘에게 주어진 모든 특권들 중에서 가장 큰 특권("만유 위에 계시는" 하나님의 백성이 되는 것)으로서만 아니라, 유대적인 종말론에서 최종적인 "하나님의 도래"가 이 모든 것의 중심이라는 것을 보여주는 것으로서, 한 분 유일하신 하나님을 마지막에 언급하고 있는 것이라고 볼 수 있다. 다시 한 번 말해두지만, 예수와 관련된 사실들은 바울로 하여금 이전에 따로 떨어져 있었던 것들, 즉 한편으로는 메시야에 관한 믿음들, 다른 한편으로는 야웨의 오심에 대한 소망을 한데 끌어 모아 결합시킬 수 있게 해주었다.

이것은 우리로 하여금 우리가 이미 제시한 논지로 되돌아가서, 이제는 거기에 새로운 의미를 부여해서 다시 한 번 말할 수 있게 해준다. 이러한 것들은 그 어느 것도

280) 예컨대, cf. 고전 2:16; 8:6.

가장 초기의 교회 내에서 논쟁거리가 되지 않았던 것으로 보인다. 이것은 20세기의 대부분에 걸친 초기 기독론에 관한 연구가 보여준 경향과는 반대로, 우리가 "고등" 기독론이라고 생각하는 것이 길어 보아야 예수의 부활 이후의 20년 내에 철저하게 확립되었음을 보여준다. 사실, 이것과 정반대의 논증이 인기를 끌었을 때에 사용하곤 하였던 논증방식을 따르자면, 우리는 만일 이 고등 기독론이 주후 40년대 후반에 이르러서야 받아들여졌다고 한다면, 적어도 바울의 초기 서신들 속에 이러한 기독론을 둘러싼 분열이나 논쟁의 흔적이 조금은 남아 있어야 당연한데도, 실제로는 그러한 흔적이 전혀 남아 있지 않다는 점에서, 이 기독론이 훨씬 더 이른 시기에 잘 정립되었을 것임에 틀림없다고 말할 수도 있지만, 우리는 그렇게 말하지 않는다. 예수와 야웨를 동일시한 것은 아주 초기부터 나중에 기독교라 불리게 된 것의 일부였던 것으로 보인다. 그것은 당시의 기독교 내에서 통용되고 있던 것이었기 때문에, 바울은 그것을 자신의 논증들이나 시들, 기도들과 툭 던지는 말들 속에서 아주 자연스럽게 활용할 수 있었다. 이스라엘의 한 분 하나님의 정체성 내에서 예수를 인식한 것과 그러한 인식을 (유일신론이 진정으로 중요시하는) 예배 속에서 구체화시킨 것은 처음부터 "이 도"(the way)의 일부였던 것으로 보인다.

4. 새롭게 계시된 유일신론(2): 성령

1) 서론

지금까지 우리는 바울이 의식적이자 의도적으로 제2성전 시대의 유대적인 유일신론이라는 틀 내에서 예수에 대하여 말함으로써, 그렇게 해서 시작된 만신전에 예수를 추가하거나, 수사학의 도움을 빌려 제2의 하나님으로 슬쩍 집어넣고자 한 것이 아니라, 유대적인 유일신론의 한 분 유일하신 하나님의 내밀한 본질과 존재와 정체성이 복음 사건들을 통해서 예수에 의해 알려지게 되었다는 것을 선포하고자 하였음을 보여주는 실질적인 증거들을 살펴보았다. 사실, 이것만으로도 충분히 놀랍고 엄청난 말이라고 할 수 있지만, 바울은 거기에서 더 나아가, 자기 아들을 보낸 하나님이 "그 아들의 영"도 보냈다고 말한다. 이것은 기독론적인 재정의만큼 두드러지지는 않지만, 그럼에도 불구하고 놀라운 일이었다.

사람들은 (우리가 아주 자주 보는 "이위일체적인" 정형문구들과 요한계시록에 나오는 "하나님과 어린 양"에 관한 묘사에서 확인할 수 있듯이[281]) 하나님이 성령을 보낸 일은 별로 두드러지지 않았기 때문에, 성령과 관련된 인식도 서서히 발전했을 것이라고 생각할 수 있다. 이를테면, 교회는 먼저 기독론을 아주 신속하게 해결하고 나서, 성령이 과연 예수와 마찬가지로 신적인 존재인지 아닌지를 놓고서 시간을 가지고 숙고하였다고 생각하는 것이 자연스러울 수 있다는 것이다. 게다가, 나중에 교회의 공의회들에서 교리가 발전한 과정, 그러니까 주후 4세기에 이르러서야 카파도키아("갑바도기아") 교부들이 성령의 "신성"을 정의하기 위하여 모였다는 사실도 그러한 생각이 옳을 수 있음을 보여준다. 그러나 나는 여기에서 성령에 관한 교회의 인식이 아주 초기에 확립되었을 것이라는 주장을 제기하고자 한다. 우리가 교부 시대, 특히 바실리우스(Basil, 주후 329-379년)와 두 명의 그레고리우스(Gregory)가 성령론에 대하여 쓴 대작들에서 발견하는 것은 제2성전 시대 유대교를 예수와 성령을 중심으로 개작한 언어로 아주 초기부터 이미 온전한 형태로 존재하였던 성령론을 당시의 사람들이 이해할 수 있는 언어로 다시 쓰고자 한 시도라는 측면이 훨씬 더 강해 보인다는 것이다.[282]

따라서 우리는 기독론과 성령론에 관한 많은 저자들의 통상적인 전제는 철저하게 잘못된 것이라고 말할 수 있다. 이러한 주제들에 관한 신약성서의 서술은 불분명하거나 애매모호하였기 때문에, 초기 교부들이 예수와 성령을 신적인 존재로 보는 고등론을 만들어 내었고, 사람들은 이 견해를 기독교의 초기 시대로 투영해서 잘못 읽은 것이라는 주장은 사실이 아니다. 도리어, 가장 초기의 그리스도인들은 정확히 그들이 지니고 있던 제2성전 시대의 유대적인 유일신론을 토대로 해서, 별 어려움 없이 하나님의 정체성 내에서 예수와 성령이 어떤 존재인지를 곧바로 인식할 수 있었고, 초기 교부들은 최초의 그리스도인들의 그러한 인식을 헬레니즘 철학이라는 판이하게 다른 범주들로 다시 표현해 내기 위하여 애썼던 것으로 보인다. 기독론도 그랬고, 성령론도 마찬가지였다. 유대교의 "하등한" 개념에서 출발해서 헬라 철학의 도움을 받아 점차 "고등한" 개념으로 발전해 갔다는 주장은 완전히 잘못된 것이다. 유대적인 맥락은 철저하게 "고등한" 기독론과 성령론을 위한 틀을 제공해 주었고, 이러한 개념들을 유대적인 핵심 범주들의 도움을 받지 않고서 헬레니즘 철학의 언어로 다시 표현하고자 하는 시도가 행해지면서, 난해한 교리라는 인식이 점차 자리 잡게 되었다.

281) 계 5:13 등.

282) 최근에 역사적 성령론을 간략하게 다룬 것으로는 Kärkkäinen, 2012를 보라. 바울 서신에서 성령과 관련된 모든 내용들은 Fee, 1994에 훌륭하게 수집되어 있다; Levison, 2009의 최근의 강력한 연구는 유일신론과 관련한 성령 이해가 아니라 그리스도인들의 체험에 있어서 성령의 역할을 다루고 있다.

예수의 초기 추종자들 사이에서 성령은 가장 중요한 주제가 아니었다는 것은 물론 사실이다. 성령은 그들이 손가락으로 가리키거나 "객관적으로" 논의할 수 있는 외부의 대상이 아니었고, 공동체 전체로 하여금 예배하고, 하나님의 백성에게 요구되는 거룩한 삶을 살아가며, 기도하고, 믿으며, 그들 가운데 있는 살아 계신 하나님에 대한 임재 의식 속에서 예배하고, 그들 속에 소망이 차고 넘치게 하며, 사랑하고, 생각이 새로워짐으로 변화를 받으며, 육신과 삶의 치유 속에서 하나님의 능력을 경험하고, 마음과 뜻을 다하여 하나가 되게 만드는 존재였다. 초기의 그리스도인들은 우리가 흔히 세계관에 대하여 아주 자주 말해 왔던 것을 성령에 대하여 말하였을 것이다: 성령은 여러분이 바라보는 대상이 아니라, 여러분으로 하여금 다른 모든 것들을 볼 수 있게 해주는 존재이다. 바울과 그의 동시대인들에게 성령은 그들이 논의해야 할 어떤 "가르침"이나 "교리"가 아니었고, 그들로 하여금 다른 모든 것들을 논의하게 해주고, 나아가 하나님을 예배하며 기도하고 사랑하며 일할 수 있도록, 그들 속에 내주하는 생명의 숨(breath)이었다. 따라서 우리는 성경 속에 유일신론에 관한 것 같은 그런 담론이 성령과 관련해서는 상대적으로 드문 것을 이상하게 여겨서는 안 된다.

그러나 성령이 임할 때, 성령의 존재는 아주 분명해진다. 특히 우리가 명심해 두어야 할 것은 정확히 기독론의 경우와 마찬가지로 성령론에서도 통상적인 논의들에서 생략되곤 하는 것들이 가장 중요한 것들이라는 것이다. 바울은 성령에 대하여 (a) 유대인들이 오랫동안 기다려 왔던 시온으로의 야웨의 귀환, 즉 이스라엘의 하나님이 마침내 다시 돌아와서 자신의 성전에 거하게 될 것과 관련된 언어와 (b) 야웨가 출애굽 때에 자기 백성과 함께 하며 그들의 광야 유랑 길을 인도한 것과 밀접하게 연관된 성경의 언어를 사용한다. 이러한 특징들은 적어도 바울에게 있어서 성령은 단지 후대의 신학이 "삼위일체" 중의 제3위로 규정한 일반적이거나 준인격적인 신적 존재가 아니었다는 것을 보여준다. 바울에 관한 한, 성령은 예수와 마찬가지로 야웨가 친히 장차 행하겠다고 약속한 일을 수행하는 존재였다. 성령은 한 분 유일하신 하나님의 임재의 추가적이고 지속적인 현현이었다.

2) 새로운 "셰키나"로서의 성령

바울이 교회 전체와 각각의 그리스도인을 살아 계신 하나님이 그의 영을 통하여 거하는 곳으로 정의할 수 있었다는 것은 물론 잘 알려져 있다. 그러나 유대 신학에서 성전, 특히 종말론이 핵심이라는 사실이 그동안 밝혀지지 않았고, 특히 시온으로의 야웨의 귀환이라는 주제가 유대교의 종말론적인 유일신론에 관한 논의들 속에서 고려되지 않았기 때문에, 잘 알려져 있던 이 주제가 지니고 있던 온전한 의미는 드러나지 않아 왔다. 또한, 그 결과, 이러한 맥락 속에서 다루어져야 할 몇몇 본문들이 합당한 주목을 받아 오지 못하였다. 내가 말하고자 하는 요지는 간단하게 말할 수 있다. 즉, 바울이 각각의 그리스도인이나 교회 전체가 성령이 "거하는" "성전"이라고 말하였을 때, 제2성전 시대의 한 유대인에게서 나온 그 말은 오직 (a) 야웨가 자신이 약속한 대로 자기 성전으로 다시 돌아왔다는 것과 (b) 야웨가 이렇게 유대인들이 오랫동안 기다려 왔던 영광스러운 임재를 위하여 선택한 방식은 성령이었다는 것을 의미할 수 있다는 것이다. 우리가 앞에서 이미 그랬듯이, 제2성전 시대 유일신론의 종말론적인 측면을 활용해서 하나님의 정체성을 중심으로 한 기독론에 대하여 말할 수 있었던 것과 마찬가지로, 증거들은 우리로 하여금 성령론에 대해서도 정확히 그 동일한 것을 행하지 않을 수 없게 만든다.[283)]

바울의 글들에 나오는 분명한 "성전" 본문들의 목록은 신속하게 작성될 수 있는데, 그 중 세 개는 고린도 서신에 나오고, 하나는 에베소서에 나온다. 주목할 만한 것은 이러한 본문들은 바울이 자신의 교회관에서 중심적인 것들이었던 두 가지 특성, 즉 연합과 성결을 호소하는 맥락 속에서 등장한다는 것이다.

첫 번째 본문은 고린도전서 3장이다. 거기에서 바울은 교회 내에서 개인들을 숭배하는 문제점에 직면해서, 사역자들마다 맡겨진 일들이 다르다고 설명한다. 그는 "나는 심었고, 아볼로는 물을 주었지만, 자라나게 하신 이는 하나님이셨다"(3:7)고 말한 후에, 비유를 농부의 밭에서 건축자의 건물로 바꾸고서, 자기는 터를 닦아 두었고, 다른 사람들은 그 터 위에 집을 짓고 있는 것이라고 말한다. 집을 지을 때에 중요한 것은 사용되는 재료의 질이다. 그 재료가 "금이나 은이나 보석들"이 될 것인가, 아니면 "나무나 풀이나 짚"이 될 것인가(3:12)? 진실은 조만간에 밝혀질 것이다. 왜냐하면, 그것을 시험할 날이 장차 불로 나타날 것이고, 각 사람이 한 일은 더욱 밝게 빛을 발하게 되거나, 완전히 타버리고 말 것이다. 사람들은 바울이 집을 짓는 것과 관련된 비유를 말하고 나서 이 모든 것을 토대로 결국 무엇을 말하고자 하는지를 궁금해하며 이리저리 추측하였을 것이다. 흔히 그렇듯이, 마침내 그는 이 본문의 정점에서 이 비유의 근저에 있는 것을 마침내 명시적으로 드러낸다:

283) 이 주제와 관련된 제2성전 시대 유대적 맥락을 좀 더 천착해 보는 것이 원칙적으로 좋을 것이다: 예컨대, "성결의 영"의 도래가 그 공동체를 속죄가 이루어진 참된 "집"으로 만든다고 말하는 1QS 9.3-6을 참조하라.

> 너희는 알지 못하는 것이냐? 너희는 하나님의 성전이다! 하나님의 영이 너희 안에 사신다(oikei en hymin - '오이케이 엔 휘민')! 누구든지 하나님의 성전을 더럽힌다면, 하나님은 그 사람들을 멸하실 것이다. 하나님의 성전은 거룩하니, 너희도 바로 그러하다.[284)]

바울이 이 말을 통해 말하고자 하는 것이 무엇인지를 놓치는 것은 불가능하다. 이것은 단순한 비유도 아니고, 바울의 비옥한 상상력에서 무작위적으로 퍼올려진 어떤 표상도 아니다. 이전에 바리새인이었던 사람이 복음을 통해서 교회의 터를 닦고 그 위에 집을 짓는 것은 유대인들이 오랫동안 기다려 왔던 성전을 재건하는 일이고, 성령의 내주는 유대인들이 오랫동안 기다려 왔던 시온으로의 야웨의 귀환이라는 것이라고 말할 의도가 없었다면, 그는 결코 이런 글을 쓸 수 없었을 것이다. 어떤 세력이나 능력이 "성전"에 "거한다"고 말하는 것은 고대 이교 세계에서도 이미 어떤 신의 임재를 나타내는 것으로 해석되었을 것이고, 주후 1세기의 유대적 맥락 속에서 그렇게 말하는 것은 오직 하나님의 성령의 내주를 유대인들이 오랫동안 기다려 왔던 "셰키나"(Shekinah, "영광")의 귀환과 동일시한다는 것만을 의미할 수 있었다. 하나님의 성령이 교회를 거처로 삼았다는 것은 출애굽기 40장과 에스겔서 43장이 예기치 않게 충격적이라고 할 수 있을 정도로 철저하고 새로운 방식으로 성취된 것이었다.[285)] 하지만 이것이 바울이 말하고자 하였던 바로 그것이라는 것은 의심의 여지가 없다.

바울이 고집을 부리며 반항하고 엉망진창이었던 고린도 교회를 두고서 이런 말을 했다는 것은 아주 심하게 아이러니컬한 일로 들리지만, 그는 고린도 교회를 정말 성령이 거하는 하나님의 성전으로 보았다. 이 새로운 성전은 상처를 입을 수 있고, 파벌 싸움으로 인해 파괴될 수도 있었다. 그러나 16절과 17절은 그들이 "성전 같은"(as if) 존재들이라고 말하는 것이 아니라, "성전"이라고 말한다. 바울은 하나님의 성령이 고린도 교회의 신자들의 교제 속에 거하고 있다고 분명하게 말한 것이다. 이렇게 교회는 그 모습 그대로 이미 새로운 성전이고, 그 안에 거하는 성령

284) 고전 3:16f. 많은 주석자들이 지적하듯이, 바울이 여기에서 좀 더 큰 성전 경내를 가리키는 '히에론'(hieron)이 아니라 성전의 지성소를 가리키는 '나오스'(naos)를 사용한다는 것은 사실이다(예컨대, Thiselton, 2000, 315f.를 보라). 그러나 영어에서 "성전"은 열린 공간들과 중앙 성소를 포함하는 여러 건물들로 이루어진 하나의 복합체를 가리키는 것이 아니라 어쨌든 하나의 건물을 가리킨다는 점에서, 여기서 "성전"이라는 번역이 부적절한 것은 아니다.

285) Fee(1994, 114f.)는 우리의 예상대로 이 점을 보고 있지만, 이상하게도 이것이 초기의 유대적인 고등 성령론에 대하여 어떤 함의들을 지니는지에 대해서는 그리 깊이 파헤치지 않고, 마치 이것이 적어도 어떤 차원에서는 단지 바울이 사용한 또 하나의 표상이라는 듯이 말한다.

은 새로운 "셰키나"이다. 이것은 제2성전 시대의 한 유대인이 성령을 자신이 할 수 있는 한에서 가장 높인 것이었다.

이것은 이번에는 한층 더 놀랍게도 개별 그리스도인과 관련시킨 두 번째 구절에도 분명히 그대로 적용된다. 여기서 바울의 도전은 성결, 특히 성적인 성결에 관한 것이다:

> 음행으로부터 멀리 도망가라. 사람이 범할 수 있는 모든 죄는 몸 밖에서 일어나지만, 음행은 너희 자신의 몸에 대한 범죄를 포함하고 있다. 너희의 몸은 너희 안에 계시는 성령, 곧 하나님이 너희에게 주신 성령의 전이기 때문에, 너희는 너희 자신의 것이 아니라는 것을 알지 못하느냐? 너희는 하나님이 아주 비싼 값으로 산 것이니, 너희 몸으로 하나님께 영광을 돌리라.[286]

"교회" 전체가 새로운 성전이고, 거기에 내주한 성령이 그 성전 안에서 "셰키나"의 역할을 하고 있다는 것을 그대로 인정하면서도, 교회 내의 개별 그리스도인들은 그러한 일반적인 진리에 만족한 채 그 진리를 자기 자신에게 적용하지 않는 일은 언제나 벌어질 수 있다(우리는 고린도전서에 나오는 여러 본문들에서 그러한 가능성을 본다). 하지만 바울은 그런 일을 상상할 수 없었다. 왜냐하면, 그가 방금 교회 전체에 대하여 한 말은 각각의 그리스도인에게도 그대로 적용되기 때문이었다. 개별 그리스도인이 자신의 몸에 대하여 범죄한다면, 그것은 하나님의 성전을 더럽히는 것이고, 옛적의 약속들을 충격적인 방식으로 성취하여 마침내 그 성전으로 다시 돌아와 거하게 된 "셰키나"를 무시하는 것이다.[287] 이것이 지닌 윤리적인 함의도 분명하고, 이것이 십자가 신학과 관련하여 지닌 함의들("너희는 하나님이 아주 비싼 값으로 산 것이다")도 강력하지만, 우리의 현재의 목적을 위해서 중요한 것은 이것은 수정된 유일신론을 아주 두드러지게 보여준다는 것이다. 여기서 다시 한 번 우리는 바울은 제2성전 시대 유대교의 언어와 소망들에 푹 잠겨 있었기 때문에, 오직 야웨의 귀환에 관한 약속들이 예수 안에서만이 아니라 성령 안에서도 성취되었다는 것을 온전히 확신하였을 때에만, 이런 글을 쓸 수 있었을 것이라는 결론을 내리지 않을 수 없다.

세 번째 본문인 고린도후서 6:14-7:1은 종종 고린도후서의 사고의 흐름 속으로

286) 고전 6:18-20.

287) 또다시 Fee(1994, 136)를 보라. 그러나 그는 이번에도 내가 강조하고 있는 논지를 발전시키지 않는다.

중간에 끼어든 것으로 여겨져 왔다.[288] 실제로 이 서신은 이 대목에서 바울의 사도직에 관한 긴 변증(2:14–6:13)에서 앞에서 이미 할 말을 다 했던 것으로 보였던 마게도냐로의 자신의 여행에 관한 설명(1:15–2:13에서 7:5-16로 이어짐)으로 갑자기 방향을 트는 과정에서 덜커덕거리는 것이 사실이다. 하지만 이것은 바울이 분주하게 움직이면서 이것저것 생각하면서 이 글을 쓰고 있었을 가능성이 높다는 것을 보여준다. 나는 어떤 후대의 편집자가 여러 단편적인 글들을 한데 모아 꿰매고 봉합하여서 현재의 고린도후서를 만들어 내었다는 견해보다는, 고린도후서는 원래부터 여러 단편들이 현재의 순서로 배열된 서신이었다고 보는 최근의 주석자들의 견해에 동의한다. 이것은 여기에서 또다시 성결을 지키라는 권면의 일부로 등장하는 매우 주목할 만한 이 "성전" 본문을 바울이 쓴 것이 아닌 것으로 볼 합당한 이유가 없다는 것을 보여준다:

> 너희는 믿지 않는 자들과 멍에를 함께 메지 말라. 의와 불법이 어떻게 함께 할 수 있겠느냐? 빛과 어둠이 어떻게 사귈 수 있겠느냐? 메시야와 벨리알이 어떻게 조화될 수 있겠느냐? 믿는 자가 믿지 않는 자와 무엇을 함께 하겠느냐? 하나님의 성전과 우상들 사이에 어떻게 일치되는 것이 있을 수 있겠느냐? 우리는 살아 계신 하나님의 성전이다. 하나님께서 이와 같이 말씀하셨다:
>
> "내가 그들 가운데 살며(enoikēsō en autois - '에노이케소 엔 아우토이스')
> 그들과 함께 두루 행할 것이다.
> 나는 그들의 하나님이 될 것이고, 그들은 나의 백성이 될 것이다.
> 그러므로 너희는 그들 중에서 나와서 너희 자신을 구별하라." 야웨께서 말씀하신다.
> "너희는 부정한 것을 만지지 말라.
> 내가 너희를 기쁘게 받아서,
> 너희에게 아버지가 될 것이고,
> 너희는 내게 자녀가 되리라."
> 전능하신 야웨께서 말씀하신다.
>
> 그러므로 나의 사랑하는 자들아, 우리는 이와 같은 약속들을 가지고 있으니, 안팎으로 우리를 더럽히는 모든 것으로부터 우리 자신을 깨끗하게 하고, 하나님을 두려워하는 가운데 온전히 거룩해지자.[289]

288) 예컨대, Furnish, 1984, 371-85; Thrall, 1994, 25-36에 나오는 자세한 논의.

289) 고후 6:14–7:1. Fee, 1994, 336f.가 이 본문에는 마지막 절에 이를 때까지는 '프뉴마'(pneuma)가 나오지 않고, 마지막 절에서도 인간의 영을 가리키는 것으로 보는 것이 더 자연스러운 것처럼 보일지라도, 이 본문이 강력한 함의를 통해서 성령에 대하여 말하고 있다고 본 것은 옳다.

이 본문에 나오는 성경으로부터 간접인용한 여러 구절들은 "우리는 살아 계신 하나님의 성전이다"라는 직설적인 진술로부터 이미 연역해낼 수 있는 것들을 한층 더 풍부하게 해주고 강화시켜 준다. 첫째, 여기에는 하나님이 자기 백성 가운데 자신의 성막을 두고, 그들과 함께 거하며, "그들 중에 다닐" 것이라는 토라에 나오는 약속이 있다. 출애굽 때의 사건들에 뿌리를 두고서 성결의 필요성을 역설하는데 적용된 이 약속은 출애굽기와 레위기 등에서 반복적으로 언급된다.[290] 이 동일한 약속은 에스겔서 37장(이 장은 물론 포로 된 이스라엘의 "부활"을 예언하고 있는 장이다)에서는 계약에 토대를 둔 약속인 "나는 그들의 하나님이 될 것이고, 그들은 내 백성이 될 것이다"라는 어구와 직접적으로 연결된다.[291]

이것은 이 본문에 등장하는 성전으로서의 교회에 관한 관념이 이스라엘의 하나님이 자기 백성 가운데 다시 한 번 거하게 될 새로운 출애굽이라는 주제와 명시적으로 연결되어 있다는 것을 이미 충분하게 말해 준다. 그러나 그것이 전부가 아니다. "나와서 너희 자신을 구별하라"는 권면은 이사야서 52:11로부터 가져온 직접적인 인용문이다:

> 떠나라, 떠나라, 거기서 나오라.
>   부정한 것을 만지지 말라.
> 그 가운데서 나오라.
>   야웨의 기구를 메는 너희여, 너희 자신을 정결하게 하라.[292]

그러나 이 본문은 이사야서의 해당 예언시 전체의 주된 주제이자 거듭 반복해서 언급되고 있는 위대한 약속의 정점에 해당하는 본문의 일부이다: 이스라엘의 하나님이 다스린다; 그가 자기 백성을 위로하였다; 파수꾼들이 야웨가 시온으로 다시 돌아오는 것을 똑똑히 보고서 기뻐 노래한다. 바벨론으로부터 나와서, 그 곳의 우상 숭배에 의해서 부정하게 되거나, 그 곳의 임박한 멸망으로 인하여 해를 당하지 말라는 경고는, 출애굽 때처럼 이스라엘의 하나님이 친히 임재하여, 자기 백성의 광야 길을 인도할 것이라는 진술로 곧장 이어진다: "야웨께서 너희 앞에서 행하실 것이고, 이스라엘의 하나님이 너희 뒤에서 호위하실 것이다."[293] 실제로, 이 본문 전체는 새로운 출애굽이라는 틀 내에 있다. 즉, 이스라엘의 하나님은 옛적에 애굽

290) 출 29:45f.; 레 26:11-13; 민 5:3; 35:34; 신 6:15; 7:21.
291) 겔 37:27; cf. 34:24, 30; 36:28; 37:23 등.
292) 또한, cf. 렘 51:45.
293) 사 52:12; cf. 출 13:21f.; 14:19.

에 있던 자기 백성에게 그러하였듯이, 이제 앗수르에 의해 압제당하고 있는 자기 백성을 현재의 노예상태로부터 건져내기로 작정하였다는 것이다.[294] "나와서 너희 자신을 구별하라"(또는, "나와서 따로 있으라")는 명령은 이스라엘의 하나님이 새로운 출애굽을 행하여 다시 자기 백성 가운데 거할 것이라는 약속으로부터 직접적으로 나온다. 이것은 교회가 "살아 계신 하나님의 성전"이라는 바울의 믿음의 토대이다.

그는 거기에서 그치지 않는다. 이렇게 해서 바벨론으로부터 피한 자들은 새로운 다윗의 권속이자 약속된 메시야의 백성이다. "나는 너희에게 아버지가 될 것이고, 너희는 내게 아들이 되리라"는 말씀은 하나님이 장차 "일으켜서" 성전을 짓게 할 다윗의 "아들"에 관한 약속을 환기시키는 것이자 그 약속이 이제 많은 사람들에게로 확대될 것임을 보여주는 것이다:

> 내가 네 몸에서 날 네 씨를 네 뒤에 일으키고 그의 나라를 견고하게 하리라. 그는 내 이름을 위하여 집을 건축할 것이고, 나는 그의 나라의 보좌를 영원히 견고하게 하리라. 나는 그에게 아버지가 되고, 그는 내게 아들이 되리라.[295]

"전능자 야웨께서 말씀하신다"는 마지막 장식문구조차도 동일한 것을 가리키는 것으로 드러난다.[296] 그리고 성결을 온전하게 하기 위하여 모든 부정한 것들로부터 떠나서 정결하게 하라는 끝부분의 권면도 살아 계신 하나님이 자신이 늘 약속해 온 대로 자기 백성에게 와서 거하게 된 곳으로서의 교회라는 주제 전체와 아주 밀접하게 연결되어 있다.

물론, 이 주목할 만한 본문의 그 어디에서도 성령이 언급되고 있지 않다는 것은 사실이다(7:1의 "육과 영"이라는 어구 속에 나오는 "영"을 성령으로 해석한다면 모르겠지만). 그러나 고린도후서 3장이 이 본문의 좀 더 큰 맥락의 일부인 것을 고려하면, 우리는 성전으로서의 교회에 관한 이 자세한 설명 속에는 새로운 형태의 "셰키나," 즉 새로운 출애굽을 이룬 하나님이 자신의 성전에 임재한 형태로서의 성령이 전제되고 있다고 보아야 한다. 그리고 다시 한 번 우리는 교회로 하여금 연합하고 거룩하여 진정으로 교회 되게 해준 것이 바로 이 신학 — 한 분 참된 하나님을 예수와 성령이라는 실체들의 빛 속에서 철저하게 성경을 토대로 묵상하여 생겨

294) 사 52:4f.
295) 삼하 7:12-14.
296) 삼하 7:8.

난 신학 — 이라는 것을 깨닫게 된다.

이러한 두 가지 특징은 명시적인 "성전" 본문들 중의 마지막 본문에서도 강력하게 입증된다. 에베소서는 출애굽에 기반을 둔 찬송이라는 맥락 속에서 하나님의 계획은 "하늘과 땅에 있는 모든 것을 메시야 안에서 통일하는"(1:10) 것이었다고 말하는 것으로 시작된다. 그런 후에, 이 서신은 2장에서 믿음으로 말미암아 은혜로 죄인을 구원하는 하나님의 은혜에 의한 강력한 구속 역사(2:1-10)로 인해서 유대인과 이방인이 단일한 권속으로 연합하게 되었음을 논증한다. 고린도전서 3장에서와 마찬가지로, 여기에서도 이러한 연합이 "성전" 표상으로 바뀌게 될 것이라는 암시들이 미리 주어진다. 왜냐하면, 유대인과 이방인을 갈라 놓았던 중간의 담, 그리고 메시야 안에서 허물어진 담은 예루살렘 성전에서 오직 유대인들만이 들어갈 수 있었던 안쪽 지역과 "이방인의 뜰"을 구분해 놓았던 담을 가리키는 것일 가능성이 높기 때문이다.[297] 또한, 이것은 "평화"에 관한 "좋은 소식"이 가까이 있는 자들과 먼 데 있는 자들 모두에게 전하여졌다고 말하는 이사야서 52장과도 그리 멀지 않다.[298]

바울은 이 모든 것을 적재적소에 배치해 놓고서, 마침내 성전 주제를 명시적으로 제시한다:

> 너희는 이제 더 이상 외인도 아니고 나그네도 아니다. 너희는 하나님의 거룩한 백성과 동일한 시민들이고, 하나님의 권속의 지체들이다. 너희는 사도들과 선지자들의 터 위에 지어져 있고, 왕이신 예수께서 친히 모퉁잇돌이시다. 그의 안에서 이 건물 전체가 서로 잘 연결되어 주 안에서 성전이 되어 가고 있다. 너희도 성령에 의해서 하나님이 거하실 처소로(eis katoikētērion tou theou - '에이스 카토이케테리온 투 테우') 그의 안에서 함께 지어져 가고 있다.[299]

에베소서와 제2성전 시대의 기대들이라는 맥락 속에서, 이것은 오직 단 하나만을 의미할 수 있는데, 그것은 야웨가 언젠가는 시온으로 다시 돌아와서 갱신된 성전에 영원히 거하게 될 것이라는 소망이 이제 비록 철저하게 새롭고 충격적이며

297) 엡 2:14; cf. 롬 5:1-2에 나오는 "나아감"이라는 주제. Fee, 1994, 682, 686는 성전 주제가 등장한 것은 단지 바울이 정치적 표상으로부터 권속의 표상으로 옮겨갔고, 그런 후에 참된 성전의 표상으로 "나아간" 까닭이기 때문에, 이러한 표상들을 "지나치게 중시할 필요는 없다"고 주장한다. 바울이 한 번에 여러 개의 비유들을 한데 혼합하여 사용하였다고 하더라도, 나는 성전 주제가 이 서신 전체에서 좀 더 유기적으로 작동하고 있다고 본다.

298) 엡 2:17에 반영되어 있는 사 52:7.

299) 엡 2:19-22.

예기치 않은 방식을 통해서이기는 하지만 이루어졌다는 것이다. 하나님의 살아 계신 임재, 영화로운 "셰키나"의 역할은 이제 성령이 맡게 되었다. 다시 한 번 말하지만, 제2성전 시대 유대인들의 관점에서 보면, 이것보다 더 "고등한" 성령론은 있을 수 없다. 성령은 하나님의 정체성, 특히 야웨의 "귀환"을 중심으로 한 종말론에 의해서 형성된 정체성 내에 통합된다.[300)]

일단 우리가 성령의 내주가 바로 하나님이 오래 전부터 약속하였던 "셰키나"의 임재라는 것을 깨닫게 되면, 그늘 속에 가려져 있던 다른 본문들도 바로 그러한 것을 말하고 있음이 드러나는데, 그러한 본문들 중에서 가장 두드러진 것은, 성령의 "내주"라는 주제에 대하여 말하면서, 우리가 앞에서 본 고린도전서 본문들에 나오는 것과 동일한 단어를 강력하게 반영하고 있는 로마서 8장이다:

> (하나님의 영이 너희 안에 거하시면[oikei en hymin -'오이케이 엔 휘민']) 너희는 육신의 사람들이 아니라 성령의 사람들이다. (누구든지 메시야의 영이 없는 자는 그의 사람이 아님을 주의하라). 그러나 메시야께서 너희 안에 계시면, 몸은 죄로 말미암아 죽은 것이지만, 영은 계약 정의로 말미암아 살아 있는 것이다. 따라서 예수를 죽은 자 가운데서 살리신 이의 영이 너희 안에 거하시면(oikei en hymin -'오이케이 엔 휘민'), 메시야를 죽은 자 가운데서 살리신 이가 너희 안에 거하시는 그의 영으로 말미암아(dia tou enoikountos autou pneumatos en hymin -'디아 투 에노이쿤토스 아우투 프뉴마토스 엔 휘민') 너희 죽을 몸도 살리시리라.[301)]

우리는 여기에서 우리가 방금 분명히 한 사실, 즉 메시야와 성령은 둘 다 성전으로 다시 돌아와서 거하게 된 "셰키나"라는 관점에서 이해될 수 있다는 것으로부터 예상할 수 있는 것을 보고 있다는 것은 두말할 필요가 없다. 즉, 바울은 메시야와 성령을 곧바로 동일시하거나 서로 대체해서 사용하고 있지는 않지만, 이 둘을 밀접하게 연결시키면서, 이 둘 사이를 왔다 갔다 할 수 있었다는 것이다. 또한, 바울이 "믿음으로 말미암아 메시야께서 너희의 마음에 자신의 거처를 정하게 하시고(katoikēsai – '카토이케사이')"라고 기도하고 있는 에베소서 3:17에 대해서도 마찬가지로 말할 수 있다. 이 구절에 대해서는 바울이 종종 사용하는 "너희 안에 계

300) Fee, 1994, 689f.: "여기에는 에덴 동산에서 시작되었다가 상실한 후에, 출애굽기 40장의 성막과 열왕기상 8장의 성전을 통해서 회복된 하나님의 임재의 표상들의 궁극적인 성취가 있다." 하지만 Fee는 포로기 이후에 오랫동안 지속된 야웨의 귀환에 관한 소망과 관련해서 명시적으로 이 주제를 추적하지는 않는다; 그리고 바울이 사용한 어구에 제2성전 시대의 종말론적 유일신론과 관련한 특별한 의미를 부여하는 것은 바로 그것이다.

301) 롬 8:9-11.

시는 메시야"라는 어구(훨씬 더 많이 사용되는 "메시야 안에 있는 너희"라는 어구와 상반되는)가 "너희 안에 계시는 성령"과 동일한 기능을 한다는 것을 보게 될 다음 장에서 좀 더 자세하게 살펴보게 될 것이지만, 주된 요지는 이 구절도 성전 본문이라는 것이다.[302]

결국, 이것은 우리가 로마서 8:1-4에 압축되어 있는 주제들과 로마서의 이 대단락 전체의 근저에 있는 좀 더 큰 출애굽 서사로부터 어느 정도 예상할 수 있었던 것이다. 로마서의 이 본문은, 일단 토라에 의해서 초래된 문제점이 해결되자, 출애굽기 33-40장에서처럼 "세키나"가 새롭게 지어진 성막으로 와서 거할 수 있게 되었음을 보여준다. 우리가 곧 바울의 수정된 유일신론 내에서의 성령에 대하여 다시 다루게 될 때에 보게 되겠지만, 이것은 즉시 우리가 자연스럽게 예상할 수 있는 주제를 등장시킨다. 즉, 야웨가 다시 돌아와서 새롭게 지어진 성전이나 성막에 거하게 되었다면, 우리는 출애굽 서사에서 이 하나님의 임재가 자기 백성을 인도하여 광야를 통과해서 그들에게 약속된 유업으로 나아가게 하는 장면이 나올 것이라고 예상할 수 있다는 것이다. 하지만 지금 우리에게 중요한 것은 성령론의 결론인데, 나는 이 결론을 바울을 석의할 때만이 아니라 조직신학자들도 아주 비중 있게 다루어야 한다고 본다. 그 결론은 성령은 다시 돌아온 "세키나"의 역할을 맡았다는 것이다. 우리는 거기에 덧붙여서, 바울의 유대 세계 속에서 이것보다 더 "고등한" 성령론은 생각할 수 없는 것이었다는 점도 아울러 다시 한 번 지적해 두지 않을 수 없다.

바울의 글들 속에서 성전 본문으로 여겨질 수 있는 나머지 한 본문은 골로새서에 나온다. 이 서신에도 하나님의 "말씀이 너희 가운데 풍성히 거한다"는 언급이 나오고, 제2성전 시대 유대교와 신약성서에서 "말씀"의 용법을 감안하면, 우리는 거기에도 한 분 유일하신 하나님이 친히 임재하여 가르침과 권면과 지혜와 (특히) 찬송 가운데서 역사한다는 인식이 존재한다고 말할 수 있다.[303] 그러나 내가 염두에 두고 있는 본문은 바울이 1:15-20에 나오는 지혜에 관한 시에서 예수에 대하여 말하였던 것, 특히 1:19의 성전 표상("아버지께서는 모든 충만으로 그의 안에 거하게 하시기를 기뻐하셨다[eudokēsen katoikēsai – '유도케센 카토이케사이'])을 골

302) Jewett, 2007, 490은 세키나(Shekinah), 그리고 야웨가 자기 백성 가운데, 또는 심지어 자기 백성 "안에" "거하는" 것과 관련한 성경(출 29:45f.) 및 성경 이후(*T. Lev.* 5.2; *T. Zeb.* 8.2)의 여러 약속들과의 연결 관계를 언급하지만, 그것을 야웨의 귀환에 관한 약속과 연결시켜서 논증을 전개해 나가지는 않는다.

303) 골 3:16; 에컨대, cf. Wis. 18:14-16; 욘 1:1-18.

로새 교인들에게 적용하고 있는 지점에 나온다. 그는 2:9에서 이 기독론적인 진술("그의 안에는 신성의 모든 충만이 육체로 거하였다"[en autō katoikei pan to plērōma tēs theotētos sōmatikōs – '엔 아우토 카토이케이 판 토 플레로마 테스 테오테토스 소마티코스'])을 다시 반복한 후에, 자신의 청중을 그 동일한 실체로 이끈다: "너희는 그의 안에서 충만하여졌으니(este en autō peplērōmenoi – '에스테 엔 아우토 페플레로메노이') 그는 모든 통치와 권세의 머리이시기 때문이다." 물론, 여기에서는 단지 이 주제만이 아니라, 훨씬 더 많은 것들이 얘기되고 있지만, 우리는 바울이 교회를 한 분 유일하신 하나님의 살아 계신 임재가 거하는 곳으로 보았다는 것을 고찰할 때에 이 본문을 무시해서는 안 된다.

이 모든 것은 바울이 하나님의 정체성을 중심으로 한 제2성전 시대의 유일신론, 특히 종말론적인 형태의 유일신론을 수정하고 개작하였을 때 사용하였던 또 하나의 밀접하게 연결된 주제를 우리에게 보여준다. 즉, 성령은 "새로운 성전," 곧 메시야 안에 있던 하나님의 백성에게 와서 "거한" 분임과 동시에, 이스라엘의 하나님이 광야에서 불로 임재하여 자기 백성에게 행하였듯이, 그들을 그들에게 약속된 땅이자 본향으로 인도하는 분이라는 것이다.

3) 성령과 새로운 출애굽

바울의 글들에서 이러한 성령관을 두드러지게 표현하고 있는 본문들은 특히 세 개가 있고, 각각의 본문에서는 서로 비슷한 특징들이 두드러지게 등장한다. 첫 번째는 성령은 하나님 자신의 영임과 동시에, 예수의 영 또는 메시야의 영으로 불린다는 것이다. 이렇게 성령이 어느 쪽으로도 지칭될 수 있었다는 것은 그 자체로 우리에게 예수가 어떻게 인식되고 있었는지에 대하여 아주 많은 것을 말해 준다. 예수의 영과 하나님의 영이 기본적으로 동일하다면, 그것은 예수가 이미 "하나님"이라는 단어의 의미 내에 확고부동하게 자리 잡고 있었다는 것을 보여준다. 두 번째는 해당 본문들은 유대적인 유일신론(창조와 계약과 종말론과 제의를 중심으로 한 유일신론)에 대하여 두드러지게 말하고 있는 진술들이라는 것이다. 이것은 우리가 예수의 경우와 관련해서 보았던 것과 동일한 패턴이다.

첫 번째 증거 본문은, 내가 생각하기에 아주 초기의 것, 그러니까 아마도 주후 40년대 말의 것으로 보이기 때문에, 한층 더 주목할 만하다. 이러한 연대에 대해서는 우리가 이미 다른 것과 관련해서 앞에서 잠깐 살펴본 바 있다. 여기에서 바울은 하나님의 새로운 백성, 곧 아브라함에게 약속된 단일한 권속의 탄생에 대하여 말하고 있다. 그는 출애굽에 관한 이야기를 다시 들려주는 방식으로, 이 새로운 백성에 대하여 꽤 유대적으로 말한다. 즉, 하나님은 자기 백성을 그들의 노예상태로부터 건져준 후에, 그들을 자기 "아들들"이라 부르며, 자신의 기이한 임재를 통해서 그들의 여정에 동행하여, 그들을 그들에게 약속된 "유업"으로 인도한다는 것이다 (물론, 그들은 여러 단계에서 반역을 행하여 애굽으로 다시 돌아가려고 애를 쓰지만). 이 모든 일을 행할 때, 하나님은 자신의 이름을 계시한다: 이제 마침내 이 새로운 백성은 하나님이 진정으로 누구인지를 알게 된다(이것은 현존하는 출애굽기에서 마침내 그들이 자신들의 조상들이 온전한 의미도 모른 채 사용해 왔던 "이름"의 의미를 알게 되었다는 것을 의미할 수 있다).[304]

따라서 바울은 갈라디아서의 정점에 해당하는 본문에서 그것을 이렇게 표현한다:

> 3우리는 어린아이들이었을 때에 "세계의 요소들" 아래에서 "종노릇"을 하였다. 4그러나 때가 차자, 하나님이 자기 아들을 보내어 여자에게서 나게 하시고 율법 아래에 나게 하셨으니, 5이는 율법 아래 있는 자들을 속량하시고, 우리로 아들의 명분을 얻게 하기 위한 것이었다. 6너희는 아들들이기 때문에, 하나님은 자기 아들의 영을 우리의 마음 가운데 보내어 "아빠, 아버지"라 부르게 하셨다. 7그러므로 너희는 더 이상 종이 아니고 아들이다. 그리고 너희가 아들이라면, 너희는 하나님으로 말미암아 유업을 받을 자이다.
>
> 8그러나 그 때에는 너희가 하나님을 알지 못하였기 때문에, 본질상 신이 아닌 자들에게 종노릇 하였지만, 9이제는 너희가 하나님을 알 뿐만 아니라, 더욱이 하나님에 의해 아신 바 되었는데, 어찌하여 다시 저 일련의 연약하고 천박한 "요소들"로 돌아가서 다시 그들에게 종노릇 하려고 하는 것이냐? 10너희는 날들과 달들과 절기들과 해들을 지키고 있다. 11나는 내가 너희를 위하여 수고한 것이 아무 소용이 없게 될까봐 염려한다.[305]

달리 말하면, 그들은 어떻게든 슬쩍 애굽으로 다시 돌아가고, 그들이 전에 건짐을 받았던 저 노예생활로 다시 돌아가고자 애를 쓰고 있다는 것이다.[306] 바울이 이 서신 전체를 통해서 변증하고자 하는 것은 토라를 받아들이는 것은 메시야 예수의 복음으로 말미암아 너희가 건짐을 받은 저 이교에 의한 노예생활과 본질적으로 다를 것이 하나도 없는 그런 노예생활을 받아들이는 것이라는 것이다.[307] 물론, 여기

304) Zimmerli, 1978, 17-21.

305) 갈 4:3-11.

306) 이 주제 전체와 로마서 8장에 나오는 이것과 비슷한 진술에 대해서, 나는 Sylvia Keesmaat에게 많은 빚을 졌다: Keesmaat, 1999, esp. ch. 5을 보라.

307) cf. 1:4.

에서 바울이 이러한 목적의 변증을 위하여 출애굽 서사를 활용하고 있다는 것은 지독한 아이러니이다. 원래의 출애굽 서사에서는 토라의 수여는 애굽으로부터의 구원 사건의 절정이었고, 비전과 계시의 순간이었으며, 하나님이 자기 백성에게 자기 자신과 자신의 뜻을 드러내 보인 최고의 순간이었다. 하지만 바울은 옛적에 토라와 하나님이 친히 성막에 임재하여 자기 백성과 함께 한 것, 이 두 가지가 행하였던 역할은 이미 메시야와 성령으로 대체되었다고 믿었다. 하나님이 자기 아들을 보냈고, 그 아들의 영을 보내어, 출애굽 서사에서 보는 것처럼, "너희"를 더 이상 노예들이 아니라 아들들이 되게 하였다. 이 모든 압축된 설명의 와중에서 우리가 놓치지 않아야 할 중요한 것은 하나님이 이렇게 아들과 성령을 보냄으로써 우리는 이제 하나님의 이름을 알게 되었다는 것이다. 우리는 야웨가 누구인지를 진정으로 온전히 알게 되었다. 이 계시로부터 뒤로 물러나는 것은 애굽으로 다시 돌아가는 것이다. 유대적인 유일신론에 관한 고전적인 서사가 말하고 있는 것은 아브라함의 하나님이 자기 백성을 노예생활로부터 건져 내어 그들의 유업이 있는 본향으로 인도함으로써 계약을 이루어 가고 있다는 것이다. 이 새로운 출애굽 서사에서 계시된 하나님은 자기 아들을 보내고 성령을 보내는 하나님이다.[308)]

두 번째 본문은 이 짧고 선명한 성령론적인 유일신론과 아주 유사한 단락을 포함하고 있다. 로마서 8장(이 장에서는 바울의 모든 핵심적인 주제들을 만나볼 수 있다)에서, 성령 본문들은 여기저기에서 산발적으로 돌출해서 우리를 당혹스럽게 만들지만, 그 전체가 더해져서 우리가 앞에서 본 것과 동일한 의미를 들려준다. 성령은 유대적인 유일신론의 한 분 유일하신 하나님이 친히 능력으로 나타난 것이다. 이 하나님은 토라를 주어서 마침내 자기 백성으로 하여금 그 토라를 성취하여 계약 갱신의 축복들로 나아갈 수 있게 한 바로 그 하나님이고, 장차 자기 백성을 죽은 자 가운데서 다시 살릴 하나님이며, 자기 백성을 그들의 참된 유업이 있는 본향으로 인도하고 있는 하나님이고, 모든 피조물과 자기 백성이 신음하는 와중에서 그들의 "마음을 살펴서" 함께 신음하는 하나님이며, 그 어떤 것도 자기 백성에 대한 그의 사랑을 끊어 놓을 수 없는 그런 하나님이다. 이것은 역사상 씌어진 가장 위대한 서신들 중의 하나에서 가장 위대한 본문들 중의 하나라는 것은 두말할 필요가 없다. 한 가지 주제를 부각시킨다고 해서, 이 본문의 진면목이 다 드러나는 것은 아니지만, 우리가 여기에서 노골적으로 꼭 집어서 살펴보고자 하는 주제가 이 본문에서 어떻게 표현되고 있는지를 제대로 이해하기 위해서는, 적어도 이 본문과

308) 요한복음에서 "나를 보내신 아버지"가 이스라엘의 하나님에 대하여 말하고 정의하는 통상적인 방식들 중의 하나인 것과 마찬가지로.

관련된 맥락 전체를 훑어보지 않으면 안 된다:

> [1]그러므로 이제 메시야 예수 안에 있는 자들에게는 결코 정죄함이 없다. [2]왜 그러한가? 이는 메시야 예수 안에 있는 생명의 성령의 법이 죄와 사망의 법에서 너를 풀어 주었기 때문이다. [3]하나님께서는 율법이 (인간의 육신으로 말미암아 연약하여) 할 수 없었던 그것을 하셨다. 하나님은 자기 아들을 죄 있는 육신의 모양으로 보내어 속죄 제물로서 그 육신 안에서 죄를 정죄하셨다. [4]이것은 우리가 육신을 따르지 않고 성령을 따라 살아갈 때 우리 안에서 율법의 원래의 올바른 판결이 이루어질 수 있게 하기 위한 것이었다.
>
> [5]그것이 이것과 같음을 보라. 인간의 육신에 의해서 결정되는 삶을 살아가는 자들은 그 생각이 육신과 관련된 일들에 집중되지만, 성령에 의해서 결정되는 삶을 살아가는 자들은 그 생각이 성령과 관련된 일들에 집중된다. [6]생각이 육신에 집중되면, 너희는 죽게 될 것이지만, 생각이 성령에 집중되면, 너희는 생명과 평화를 갖게 될 것이다. [7]육신에 집중된 생각은 하나에 대하여 적대적이어서, 하나님의 법에 순복하지 않을 뿐만 아니라, 사실은 할 수도 없다. [8]육신에 의해서 결정되는 자들은 하나님을 기쁘시게 할 수 없다.
>
> [9]그러나 (너희 안에 하나님의 영이 거하신다면) 너희는 육신의 사람들이 아니라, 영의 사람들이다(누구든지 메시야의 영이 없는 자는 메시야의 사람이 아니라는 것을 주의하라). [10]메시야께서 너희 안에 계시면, 몸은 죄로 말미암아 죽은 것이지만, 영은 계약 정의로 말미암아 살아 있는 것이다. [11]예수를 죽은 자 가운데서 살리신 이의 영이 너희 안에 거하시면, 메시야를 죽은 자 가운데서 살리신 이가 너희 안에 거하시는 그의 영으로 말미암아 너희 죽을 몸도 살리시리라.
>
> [12]그러므로 나의 사랑하는 권속이여, 우리는 빚진 자이지만, 인간의 육신에게 빚진 것은 없으니, 육신대로 살아야 하는 것은 아니다. [13]너희가 육신을 따라 살아간다면 반드시 죽을 것이지만, 성령으로써 몸의 행실을 죽이면 살리라.
>
> [14]하나님의 영에 의해 인도함을 받는 자는 다 하나님의 자녀들이다. [15]너희는 종살이의 영을 받지 않았는데, 다시 두려워하는 상태로 되돌아간 것이냐? 너희는 양자의 영을 받았기 때문에, 그 영 안에서 "아빠, 아버지"라고 부르짖는 것이다. [16]그런 일이 있을 때, 우리 자신의 영과 더불어서, 우리가 하나님의 자녀들이라는 것을 증언하시는 분은 바로 성령이시다. [17]우리가 자녀들이면, 우리는 상속자들, 곧 하나님의 상속자들이요 메시야와 함께 한 상속자들이니, 우리가 그와 함께 영광을 받기 위하여 고난도 함께 받고 있다.[309)]

그런 후에, 바울은 19-21절의 절정 부분에서 모든 피조세계가 새롭게 될 것이라는 약속을 제시하고 나서, 그들이 현재 처해 있는 현실로 돌아온다:

> [22]내가 설명해 보겠다. 우리는 피조세계 전체가 지금 이 시간까지도 함께 신음하며 함께 고통을 겪고 있는 것을 안다. [23]그뿐만이 아니다. 우리, 곧 성령의 첫 열매를 우리 안에 가지고 있는 우

309) 롬 8:1-17.

> 리도 속으로 신음하며, 우리가 양자 될 것, 즉 우리 몸의 속량을 간절히 기다리고 있다. [24]우리는 소망 가운데서 구원을 얻었다. 그러나 너희가 소망을 볼 수 있다면, 그 소망은 소망이 아니다. 자기가 볼 수 있는 것을 누가 소망하겠는가? [25]그러나 우리가 보지 못하는 것을 소망한다면, 우리는 간절하게, 그리고 또한 인내로써 그것을 기다린다.
>
> [26]마찬가지로 성령도 우리 옆에서 우리의 연약함을 도우신다. 우리는 무엇을 기도해야 마땅한지를 알지 못하지만, 저 동일한 성령은 말로는 표현할 수 없는 신음들로 우리 대신에 간구하신다. [27]그리고 마음을 살피시는 이는 성령이 무엇을 생각하고 있는지를 아시는데, 이는 성령이 하나님의 뜻대로 하나님의 백성을 위하여 간구하시기 때문이다.[310)]

나는 이 놀라운 글에 대해서 길게 강해하고 싶은 유혹을 뿌리치고서, 우리의 현재의 목적을 위하여 단지 세 가지만을 언급하고자 한다.[311)]

첫 번째는 이 본문 전체에 걸쳐서 제2성전 시대의 유일신론이 숨 쉬고 있다는 것이다. 이 본문의 근저에 있는 서사는 창조주가 자신이 만든 선한 피조세계가 부패하고 망쳐지자, 이미 오래 전에 마련해 두었던 계획들, 즉 이 피조세계를 구원하고 회복시킬 계획들을 실행하기로 결심하는 것에 관한 서사이다. 토라를 통해서 표현된 계약과 관련된 이러한 계획들은 "육신의 연약함," 달리 말하면, 토라를 받은 사람들에게 그 토라를 행할 수 있는 힘이 없었다는 사실로 인해서 무효가 되어버린 것 같았다. (이것이 로마서 7:7-25이 말하고 있는 것이다.) 그러나 하나님은 메시야와 성령을 보내어, 인간들을 구원할 뿐만 아니라 피조세계를 회복시키고, 생명을 주는 자신의 영을 인간의 코에 불어 넣어 인간에게 없던 생명을 수여함으로써, 토라가 할 수 없었던 일을 행하였다. 로마서 8:9-11(우리가 다른 것과 관련해서 방금 전에 살펴보았던 본문)에 에스겔서 37장을 반영한 것들이 나온다는 사실은 이것이 무엇인지를 분명하게 보여준다. 즉, 부활은 계약의 회복과 갱신을 가리킨다는 것이다. 또한, 8:12-17에 출애굽기의 반영들이 나온다는 사실은,[312)] 갈라디아서 4장에서와 마찬가지로, 우리가 8:12-17에서 성령이 하나님의 백성들 속에 내주하여 그들이 진정으로 하나님의 자녀들이라는 것(그리고 그들로 하여금 하나님을 "아바, 아버지"로 부를 수 있게 해준다는 것)을 확인시켜 주는 사역이 원래의 출애굽 서사에서 야웨가 성막에 임재해 있으면서 광야 길을 가는 이스라엘 백성에게

310) 롬 8:22-7.

311) 세부적인 내용들 중 많은 부분은 본서의 다른 곳들에서, 그리고 물론 Wright, 2002 [*Romans*], 596f.에서 다루어진다.

312) 또한, 메시야의 것이자 지금 그의 백성과 공유되고 있는 "유업"에 관한 언급에서 시편 2편의 반영들에 주목하라.

행하였던 일을 수행하고 있는 것으로 이해해야 한다는 것을 보여준다.[313] 이 모든 것은 창조와 출애굽, 계약의 갱신과 성취 등과 같은 다중적인 울림들을 활용해서, 성령, 곧 메시야의 영이자 "예수를 죽은 자 가운데서 다시 살리신 이"의 영의 내주라는 관점에서 이스라엘의 하나님의 임재를 표현하고 있는 고전적인 유대적 유일신론이다.[314]

두 번째는, 기독론의 경우와 마찬가지로, 성령은 외부로부터 "하나님"에게 덧붙여진 이질적인 신적 세력이거나, (한층 더 나쁘게는) 이제 막 열린 만신전에 추가된 새로운 하나님이 아니었다는 것이다. 물론, 이스라엘의 성경을 읽은 사람들은 이스라엘 민족의 삶에서 역사하거나 선지자들을 통해서 말씀하는 등 하나님의 영의 역사들에 대하여 알고 있었기 때문에, 바울로서는 예수에 대하여 그렇게 말하는 것보다는 성령에 대하여 그렇게 말하는 것이 조금 더 쉬웠을 것이다.[315] 하지만 바울이 한 분 이스라엘의 하나님이 출애굽 서사에서 행하였고 장차 종말에 친히 행하겠다고 약속하였던 일을 성령이 수행하였다고 말한 것은 그가 예수에 대하여 말하였을 때와 마찬가지로 깜짝 놀랄 일이었다.

세 번째는, 우리는 갈라디아서 4장에서와 마찬가지로 이 대목에서도, 아무리 신중하게 생각해 보아도, 초기의 삼위일체적인 유일신론이라고 할 수밖에 없는 것을 본다는 것이다. 물론, 여기에는 후대의 삼위일체 논쟁들의 전매특허라고 할 수 있는 것들이 하나도 등장하지 않는다. 즉, "위격," "본질," "본성" 등과 같은 분석적이거나 철학적인 전문용어들이 여기에는 나오지 않는다는 것이다. 그러나 제1세대 기독교의 심장부인 이 본문 속에는 후대의 신학자들이 그런 종류의 논의를 할 수밖에 없게 만드는 신학, 즉 이스라엘의 하나님이 단지 "아들"과 "성령"을 통해서만이 아니라 "아들"과 "성령"이 되어서 자신이 옛적에 하였던 약속들을 지극히 특별한 방식으로 성취하고 있다고 말하는 신학이 등장하는데, 이것은 후대의 삼위일체 신학자들이 그들에게 좀 더 도움이 되었을 제2성전 시대 유대교의 범주들을 제쳐두거나 유보해 두고서, 헬라 철학의 언어로 표현하기 위하여 최선을 다했다는 점을 감안하면, 그래도 그들로서는 최선의 대답들을 내놓았다고 할 수 있는 중요한 질문이다.

로마서 8장이 로마서 5장과 연결되어 있다는 것에 관한 단상. 우리는 바울의 수

313) Keesmaat, 1999, chs. 2-4.

314) 4:24f.에서 병행되고 있는 하나님에 대한 이러한 우회적 표현을 주목하라.

315) cf. 창 41:38; 출 31:1-3; 35:31; 민 11:17, 25; 27:18; 신 34:9; 삿 3:10; 6:34; 11:29; 13:25; 14:6, 19; 15:14; 삼상 11:5-11; 16:13; 미 3:7f.; 사 11:2; 42:1; 48:16; 61:1; 63:11; 학 2:4f.; 슥 4:6; 7:12.

정된 제2성전 시대 유일신론에 대한 탐구를 시작하였을 때, 고난에 관한 그의 몇몇 진술들을 살펴보는 과정에서, 그가 로마서 8:28에서 "셰마"로 기도하는 것과의 어떤 연결 관계를 암시하고 있다는 것을 알아내었다. 그 구절은 우리가 지금 다루고 있는 본문의 직후에 나오는데, 여기에서는 전후 연결 관계를 보기 위해서 도입부라고 할 수 있는 27절과 함께 다시 한 번 살펴보기로 하자:

> [27]마음을 살피시는 이는 성령이 무엇을 생각하고 있는지를 아시는데, 이는 성령이 하나님의 뜻대로 하나님의 백성을 위하여 간구하시기 때문이다. [28]사실, 하나님은 그를 사랑하는 자들, 곧 그의 뜻대로 부르심을 입은 자들에게는 모든 것이 합력하여 선을 이루게 역사하신다는 것을 우리는 안다. [29]하나님은 자기가 미리 아신 자들을 자기 아들의 형상의 본을 따라 조형되게 하기 위하여 본받게 미리 정하셨으니, 이는 그로 큰 권속의 장자가 되게 하기 위한 것이었다. [30]또한, 하나님은 자기가 미리 정하신 자들을 부르셨고, 부르신 자들을 의롭다고 하셨으며, 의롭다고 하신 자들을 영화롭게 하셨다.[316)]

8:27과 8:28의 연결 관계를 파악하는 것은 중요하다. 즉, 바울은 "하나님을 사랑하는 자들"이라는 범주를 느닷없이 허공에서 새롭게 가져온 것이 아니라, "하나님을 사랑하는"이라는 표현이 바로 자기가 지금 설명하고 있는 체험의 중심부에서 무슨 일이 진행되고 있는 것인지를 설명해 주는 가장 적절한 표현임을 보여주고 있다는 것이다. "마음을 살피시는 이"는 하나님의 백성의 저 깊은 내면에서 말로 표현할 수 없는 어떤 것을 성령이 신음으로 표현할 때에 그 신음소리를 듣고 이해한다. "하나님을 사랑하는 자들에게는," 달리 말하면, "이스라엘아, 들으라"는 말로 시작되는 "셰마"에서 마음과 목숨과 힘을 다하여 야웨를 사랑하라는 저 위대한 명령, 즉 유대적인 유일신론이 요구하는 "순종"을 행하는 자들에게는 하나님이 모든 일이 합력하여 선을 이루도록 역사한다고 바울은 말한다. 성령은 하나님의 백성으로 하여금 셰마를 지킬 수 있게 해 준다.

사실, "셰마"(Shema)라는 단어는 단지 "너희의 귀로 하여금 소리를 받아들이게 하라"는 뜻에서의 "들으라"를 의미하는 것이 아니라, "듣고 순종하라"는 것을 의미한다.[317)] 따라서 이런 빛 가운데서 보면, "믿음의 순종"(hypakoē pisteōs – '휘파코에 피스테오스')이라는 바울의 주목할 만한 어구는 "셰마"와 밀접하게 연결되어 있다고 말할 수 있다. 즉, "믿음의 순종"이라는 것은 "듣고서 순종하는 것"이 바로

316) 롬 8:28-30.

317) cf. Rüterswörden, 2006 [1994-5], 255-259, 262, 275f., 278.

"믿음"(pistis – '피스티스')이라는 것이다. 앞에서 본 바와 같이, 특히 바울적인 의미에서의 '피스티스'를 지닌 모든 자들은 하나님의 백성에 속한다는 것을 역설하기 위하여 "셰마"를 상기시키는 로마서 3:30에 이미 반영되어 있는 이러한 연결 관계는 우리로 하여금 로마서 8:28에 나오는 "하나님을 사랑하는 것"을 미리 암시해 주는 복선으로서의 역할을 하는 로마서 5:5을 돌아보게 만든다:

> [3]또한, 우리는 우리의 환난들 속에서도 송축하는데, 이는 환난은 인내를, [4]인내는 잘 형성된 성품, 곧 소망을 낳는 성품을 낳는다는 것을 알기 때문이다. [5]그리고 소망은 우리를 부끄럽게 하지 않는데, 이는 우리에게 주어진 성령으로 말미암아 하나님의 사랑이 우리 마음에 부어졌기 때문이다.[318)]

대부분의 주석자들은, 나에게는 그렇지 않지만 아우구스티누스(Augustine) 자신에게는 신학적으로 중요하였던 이 본문에 대한 석의에 반발해서, 로마서 5:5의 "하나님의 사랑"(agapē theou – '아가페 테우')을 5:8-10과 8:31-39에 나오는 주제에 대한 복선으로서 자기 백성에 대한 하나님의 사랑을 가리키는 것으로 읽어 왔다. 그러나 바울은 8:28에서는 "하나님을 향한 우리의 사랑"을 얘기했다가 바로 그 다음 절에서는 "우리를 향한 하나님의 사랑"을 얘기하는 등 언제든지 이 둘 사이를 왔다 갔다 할 수 있었고, 8:28의 "하나님을 향한 우리의 사랑"이라는 것이 신자의 내면 깊은 곳에서 우러나오는 말로 표현할 수 없는 신음을 "마음을 살피시는 이"가 듣고 안다는 사실을 가리키는 것이라는 점에서, 나는 5:5에 나오는 "하나님의 사랑"은 자기 백성을 향한 하나님의 사랑이 아니라, 하나님을 향한 그들의 사랑을 가리키는 것이라고 본다. 이러한 해석은 5:5 앞에 나오는 본문의 강조점이 자기 백성에 대한 하나님의 행위가 아니라, 신자의 삶이 성령에 의해서 변화되어 가는 과정에 두어져 있다는 것과 부합한다: 환난, 인내, 연단된 성품, 소망, 그리고 이 모든 것의 바탕에 있는 사랑, 곧 8:27-28에서와 마찬가지로 성령에 의해서 가능하게 된 사랑.

어쨌든, 5:5을 자기 백성에 대한 하나님의 사랑이 그들의 마음에 부어졌다는 것으로 해석하는 경우에는, 그것이 무엇을 의미하는지가 분명하지 않다.[319)] 반대로, "셰마" 및 그 동일한 주제를 다시 진술하고 있는 8:27-28에 의하면, 신자들의 마음은 하나님을 향한 그들의 사랑이 있는 곳이기도 하고, 하나님을 사랑할 때에 사용

318) 롬 5:3-5.
319) 이것은 고 G. B. Cair가 나와의 대화에서 여러 번 강조하였던 것이다.

하는 수단이나 통로이기도 하다. 따라서 여기에서 다시 한 번 우리는 성령론적인 유일신론을 본다. 즉, 한 분 참 하나님의 인격적인 임재와 능력이 부어진 것으로 이해되는 성령은 자기 백성으로 하여금 "셰마"가 요구한 것, 즉 마음을 다하고 힘을 다하고(6:12-23; 8:12-17) 뜻을 다하고(8:5-11; 12:1-2) 아키바의 경우처럼 필요한 경우에는 목숨을 다하여(8:31-39) 하나님을 사랑하는 것을 행할 수 있게 해준다는 것이다.

성령론적인 유일신론의 두드러진 예로서 세 번째이자 마지막 본문은 지금까지 본 것들과는 판이하게 다른 성격을 지닌다. 여기에서 바울은 자기가 사랑하지만 자신을 격노하게 만들고 있던 고린도 교인들을 향하여, 그들에게는 한 분 참 하나님으로부터(from) 온 온갖 다양한 진정한 은사들이 주어져 있기는 하지만, 그들의 공동체 자체가 한 분 동일한 하나님의(of) 은사이기 때문에, 그들로 하여금 서로 물고 뜯으며 분열시키는 수단이 아니라, 하나의 연합된 "몸"안에서 서로를 세우기 위한 수단으로 은사들을 사용하는 법을 배울 필요가 있다고 말한다. 하지만 그는, 모든 은사들의 원천이 동일하고, 그렇기 때문에 '에클레시아'(ekklēsia)가 하나라는 것에 대하여 여러 가지로 강조하고자 할 때, 서로 다르지만 연결되어 있는 세 가지 방식으로 그것에 대하여 말한다:

> [4]은사들은 서로 다르지만, 성령은 동일하고, [5]직분은 서로 다르지만, 주는 동일하며, [6]사역은 서로 다르지만, 각 사람 가운데서 이 모든 것을 행하시는 하나님은 동일하다.[320)]

바울은 고린도전서 8:6에서 "셰마"를 확장해서 거기에 예수를 포함시켰던 것과 마찬가지로, 여기에서도 우리가 그에게서 충분히 예상할 수 있는 단순한 진술("모든 은사는 한 분 유일하신 하나님으로부터 온다")을 확장시켜서, 거기에 성령과 예수를 명시적으로 포함시킨다.

이것은 적어도 바울이 하나님, 예수, 성령을 등장시켜서 갑자기 급조해 낸 삼위일체적인 구조가 아니라는 것은 분명하다. 만일 그가 그렇게 한 것이라면, 그것은 연합을 위한 현재의 논증 내에서 완전히 핵심을 잘못 짚은 것이 되었을 것이고, 어쨌든 이 서신 전체가 지금까지 구축해 온 신학적인 하부구조, 그리고 더 나아가 바울의 신학 전체를 직접적으로 훼손시켰을 것이다. 따라서 이 본문은 후대의 신학

320) 고전 12:4-6. 여기에서 "삼위일체론적인" 표현의 문제는 논란이 되어 왔지만(자세한 것은 Thiselton, 2000, 933-5), 많은 석의자들은 이것과 같은 것이 말해져야 한다는 것에 동의한다(예컨대, Barrett, 1971a, 284; Whiteley, 1964, 129는 이 대목에서 "삼위일체적의 기본 설계도"라는 말을 한다).

자들이 삼위일체론이라고 부르게 된 것에 관한 초기의 비철학적인 진술인 것으로 보인다. 바울은 자기가 서술하고 있는 일들은 하나님과 예수와 성령이 함께 자기 백성 가운데서 역사한 결과라고 말할 수밖에 없어서, 그 모든 일들이 모두 한 분 동일한 하나님이 한 일들이라는 것을 아주 강력하게 역설해야 하는 지점에서조차도 그렇게 말하고 있는 것으로 보인다:

> [11]이 모든 일은 동일한 한 성령이 자신의 역사를 통해 행하시는 것이고, 성령은 자신의 뜻대로 각 사람에게 서로 다른 은사를 나누어 주신다.
> [12]내가 설명해 보겠다. 몸은 하나이지만 많은 지체가 있고, 몸의 지체들은 많지만 한 몸인 것과 마찬가지로, 메시야도 그러하다. [13]우리는 유대인이든 헬라인이든 노예이든 자유민이든 다 한 성령으로 세례를 받아 한 몸이 되었고, 또한 하나님은 우리 모두에게 한 성령을 주어 마시게 하셨다.[321)]

일단 우리가 이 점을 파악하고 나면, 그리 분명하게 유대적인 유일신론을 단언하고 있는 것 같지 않는데도, 우리가 방금 살펴본 본문들과 서로 공명하는 또 다른 본문이 보이게 되고, 바울이 한 분 이스라엘의 하나님과 관련하여 예수에 대하여 말하였던 방식이 그가 성령에 대하여 말할 때에도 그대로 사용되고 있다는 것을 볼 수 있게 된다. 이제 우리는 바울의 다른 서신들과는 판이하게 다른 고린도후서로 나아가고자 하는데, 거기에서 바울은 많은 싸움을 통하여 연단된 가운데 이전보다 훨씬 더 적대적인 청중에 직면해 있는 모습으로 등장하는 것으로 보인다. 우리는 앞에서 유일신론적인 기독론을 다룰 때에 중요하였던 본문을 여기에서는 유일신론적인 성령론이라는 관점에서 다시 한 번 살펴보고자 한다.

고린도후서 2:14-6:13은 기이한 성격을 지닌 바울의 사도직을 다루는 내용으로 되어 있다. 바울의 사도직이 고린도 교인들에게 얼마나 기이하게 보였는가 하는 것은 그들이 바울은 거의 사도로 볼 수 없다는 다른 교회 지도자들의 말을 믿고서, 바울이 고린도 교회로 돌아오고자 한다면, 새롭게 추천서를 써 올 것을 요구한 이 한 가지 일만으로도 잘 드러난다(3:1). 이러한 뻔뻔스러운 도전에 대해서, 바울은 아이러니컬하게도 자신의 사도직은 메시야가 직접 수여한 것이라는 것, 그리고 특히 자기가 끊임없이 환난과 어려움을 겪는 것은 자신의 사도로서의 지위를 훼손하

321) 고전 12:11-13. Richardson, 1994, 218f.은 이 본문 전체가 얼마나 철저하게 하나님 중심적인지를 지적한다; Martin, 1995, 87은 바울이 이 본문 전체에 걸쳐서 강조하는 것은 연합이라는 것을 역설한다.

는 것이 아니라 도리어 실제로는 그 지위를 확증해 주고 밑받침해 주는 것이라고 자신을 변호한다. 물론, 이렇게 변호하는 글의 많은 부분은 메시야 자체에 관한 것이 아니고, 성령으로 말미암은 바울의 사역이 하나님의 신실하심을 집약해서 보여주고 실제로 구현하고 있는 것이라는 내용, 즉 하나님의 신실하심이 메시야 및 그의 죽음과 부활에 의해서 드러난 후에 진정으로 사도적인 사역에 의해서 구현되고 있다는 것에 관한 것이다.[322]

고린도후서 3장에서 장엄하게 묘사되고 있는 "새 계약" 본문에서 부각되고 있는 것은 성령의 역사이다.[323] 여기에서 바울은 한 쪽 구석에 있다가 싸우기 위하여 앞으로 걸어나온다:

> [1]우리가 "우리 스스로를 추천하기를" 시작하여야 하느냐? 우리가 어떤 사람들처럼 공식적인 추천서를 너희에게 제출하거나 너희로부터 받거나 할 필요가 있는 것이냐? [2]너희가 우리의 공식적인 추천서이다! 그것은 우리의 마음에 씌어져 있어서, 모든 사람이 그것을 알 수 있고 읽을 수 있다. [3]너희는 메시야께서 우리를 사자들로 삼아 보내신 추천서이니, 이는 먹으로 쓴 것이 아니라 살아 계신 하나님의 영으로 쓴 것이고, 돌판에 쓴 것이 아니라 맥박이 뛰고 있는 마음판에 쓴 것이다.

여기에서 바울이 준거로 삼고 있는 것은 예레미야서와 에스겔서에 나오는 하나님의 약속이다: 이스라엘의 하나님은 자기 율법을 자기 백성의 마음에 쓰고, 그들의 육신으로부터 돌 같은 마음을 제하고 그 대신에 살 같은 마음을 줌으로써 계약을 갱신할 것이다.[324] 이 장에서 우리가 지금까지 말해 온 것에 비추어 보면, 이렇게 율법을 지키는 것과 관련된 거점으로 "마음"을 언급하고 있는 것은 시간을 거슬러 우리를 곧바로 신명기로 데려다 준다. 즉, 고린도후서의 이 본문은 한편으로는 신명기에 나오는 "셰마" 및 모세가 명하는 말씀들을 "마음에" 간직하라고 말하고 있는 바로 그 다음 절(신 6:6)과 연결되고, 다른 한편으로는 하나님의 백성이 수치스러운 포로기를 거친 후에 마음과 목숨을 다하여 하나님을 찾게 될 계약 갱신에 관한 약속과 연결된다:

322) 고린도후서 5:21에 대해서는 Wright, 2009 [*Justification*], 135-44 (UK edn.), 158-67 (US edn.), *Perspectives*(ch. 5)에 실린 논문을 보라; 그리고 Meeks, 1983, 186가 즉흥적으로 한 흥미로운 말을 보라: 고린도후서 5:21은 "자신의 선교 활동에 대한 변호의 정점에 있다." 아래의 제10장 제3절 4) (1)을 보라.

323) 이것에 대해서는 Wright, 1991 [*Climax*], ch. 9을 보라. 이 본문은 물론 광범위하게 연구되어 왔다: 예를 들면, Hafemann, 1995.

324) 렘 31:33; 겔 36:26 (cf. 11:19).

> 거기로부터 너희는 너희 하나님 야웨를 구하게 될 것이고, 너희의 마음과 목숨을 다하여 찾는다면 그를 발견하게 될 것이다 …
>
> [너희가] 너희 하나님 야웨께로 돌아와서, 너희와 너희 자손들이 마음과 목숨을 다하여, 내가 오늘 너희에게 명하고 있는 대로 그에게 순종한다면, 너희 하나님 야웨께서는 너희의 처지를 회복시켜 주시고 너희에게 긍휼을 베푸실 것이다 … 또한, 야웨께서는 너희의 마음과 너희 자손들의 마음에 할례를 행하셔서, 너희로 하여금 살게 하기 위하여 마음과 목숨을 다하여 너희 하나님 야웨를 사랑하게 하실 것이다 … 말씀이 너희에게 매우 가까워서, 너희가 지켜야 할 것이 너희의 입과 너희의 마음에 있을 것이다.[325)]

달리 말하면, 바울은 성령으로 말미암아 이루어지는 자신의 사도로서의 직무, 그리고 실제로는 고린도 교인들의 삶은 신명기와 예언서 전통 속에서 두드러지게 나타나 있는, 한 분 참 하나님인 야웨만을 섬기고 다른 신들을 버리는 것과 직접적으로 연결된 새 계약에 관한 저 복합적인 약속들의 성취라고 말하고 있다는 것이다. 즉, 성령은 메시야의 백성들로 하여금 새로운 계약 가운데서 토라를 성취할 수 있게 해준다는 것이다. 바울은 계속해서 이렇게 말한다: "하나님께서는 우리를 새 계약의 청지기들, 곧 율법 조문이 아니라 성령의 청지기들이 될 수 있게 하셨으니, 율법 조문은 죽이는 것이지만, 성령은 살리는 것이기 때문이다."[326)]

그러나 이것은 바울이 이제 자신의 기본적인 논지를 밑받침하기 위하여, "담대함"과 "자유"를 기조로 한 그의 거침없는 사도직 수행이 고린도의 문화에 젖어 있던 속물들에게는 매우 거슬리는 것이지만 사실은 복음의 내적 본질 자체에 의해서 그 옳음이 입증된다는 사실을 이제 극적으로 제시할 수 있는 추가적인 가능성을 열어 준다. 이스라엘의 삶을 이끄는 기함(旗艦)은 토라와 성전이었고, 성전에는 모세조차도 대면하여 보는 것은 허락되지 않았고 단지 그 뒷모습만 볼 수 있었던 한 분 참 하나님의 광채(금송아지의 수치와 반대되는), 즉 "셰키나"("영광")가 거하였다. 바울은 지금 성령의 역사를 통해서, 그러니까 겉보기에 비천하고 이상하며 초라하고 괴상하며 교양 없어 보이는 사도의 삶과 사역을 통해서 그들에게 주어지고 있는 것이 바로 그 "영광"이라고 말한다. 이 본문을 제대로 이해할 수 있게 해주는 열쇠는 바울이 대비시키고 있는 것은 모세와 메시야, 또는 모세와 바울 자신이 아니라, (a) 모세로부터 들었던 자들과 (b) 사도의 증언을 듣고 받은 자들이라는 것을 깨닫는 것이다. 로마서 8:3이 말하고 있는 것처럼, 율법이 자신이 약속한 것을 행할 수 없었던 이유는 율법 자체에 어떤 내재된 약점이 있기 때문이 아니라, "율법

325) 신 4:29; 30:2f., 6, 14.
326) 3:6; 가장 밀접하고(대단히 시사하는 바가 많은) 병행들은 롬 2:27-9; 7:4-6이다.

이 육신으로 말미암아 연약하였기" 때문이었다. 달리 말하면, 율법을 받은 인간에게 결함이 있어서 율법을 제대로 지킬 수 없었기 때문이었다는 것이다. 그러나 이제 성령으로 말미암아 우리는 율법의 요구를 행할 수 있게 되었고, 실제로 그렇게 행하고 있다고 바울은 말한다:

> [7]그러나 이것에 대해서 한 번 생각해 보라: 돌에 써서 새긴 죽게 하는 문자의 직분도 영광스러운 것이었고, 사실 너무나 영광이 있어서, 이스라엘 자손들이 모세의 얼굴의 영광, 곧 결국 없어지게 될 영광으로 인해서도 그 얼굴을 주목할 수 없었다면, [8]성령을 나누어 주는 직분도 영광이 있지 않겠는가? [9]정죄의 직분이 영광이 있는 것이라면, 의롭게 하는 직분은 얼마나 더 큰 영광이 있겠는가! [10]사실, 영광이었던 것이 그것을 훨씬 능가하는 새로운 영광으로 말미암아 이에 영광일 것이 없게 되었다. [11]없어질 것도 영광으로 말미암았다면, 길이 있을 것은 얼마나 더 큰 영광이 있겠는가. [12]우리가 이 같은 소망이 있기 때문에 아주 거침없이 말하는 것이다.[327)]

바울의 글들이 아주 자주 그러하듯이, 물론 여기에도 역설이 존재한다. 복음 속에 실제로 "영광"이 나타나 있다면, 우리는 고린도 교인들이 "그렇다면 우리는 왜 그것을 볼 수 없는 것이냐?"고 반문할 것이라고 생각해 볼 수 있다. 그러한 반문에 대하여 바울은 이렇게 응수할 것이다: "바로 그것이 핵심이다. 그것이 우리가 우리 눈에 보이는 것을 따라서가 아니라 믿음으로 행하는 이유이다"(5:7). 그러나 그럼에도 불구하고, 이것이 진정으로 새 계약의 직분이자 사역이라면(이것에 대한 바울의 믿음은 궁극적으로 예수의 부활과 성령의 수여에 대한 그의 믿음에 의거해 있다), 그 "영광"은 실제로 하나님의 모든 백성이 볼 수 있게 나타나고 있다는 것도 사실이다. 그렇다면, 그들은 그 영광을 보기 위해서 어디로 가야 하는가? 그들이 예루살렘 성전으로 가거나, 모든 이스라엘 백성들이 밖에서 두려워 떨며 기다리는 동안에 모세가 이스라엘의 하나님을 만났던 저 광야의 성막으로 다시 되돌아가야 하는 것은 물론 아니다. 바울에게 있어서 이 "영광"이 지금 나타나고 있는 곳, 달리 말하면 새로운 성전은 성령이 역사하고 있는 메시야 백성의 교제 속에 있다:

> [15]바로 이 날까지 모세의 글을 읽을 때마다 수건이 그들의 마음을 덮고 있다. [16]그러나 "언제든지 주께로 돌아가면 그 수건이 벗겨진다." [17]이제 여기서 "주"는 성령을 의미한다. 그리고 주의 영이 있는 곳에는 자유함이 있다. [18]우리 모두가 수건을 벗은 얼굴로 거울을

327) 고후 3:7-12. 여기에서 "자유"는 '파르레시아'(parrhesia, "담대함," "솔직하게 말하는 것")이다.

> 보는 것 같이 주의 영광을 보기 때문에, 너희가 "주," 그러니까 성령에게서 기대할 수 있는 것처럼, 영광에서 영광으로 그 동일한 형상으로 변화되어 가고 있다.[328]

이것은 나중에 4:5-6에서 그 근저에 등장하는 기독론과 짝을 이루는 성령론이라는 것은 두말할 필요가 없다.[329] 여기에서 3:16에 나오는 인용문은 출애굽기 34:34에서 가져온 것으로서, 모세가 이스라엘 백성 가운데 있을 때에는 그들로 하여금 하나님의 영광의 광채가 있는 자신의 얼굴을 보지 못하게 수건을 쓰고 있다가, 성막으로 돌아가서 주 앞에 설 때마다 수건을 벗었던 것을 가리킨다. 바울이 이 인용문에 나오는 '호 퀴리오스'(ho kyrios, "주")를 성령을 가리키는 것으로 본 것은 특이하다 – 물론, 그는 아무도 성령과 주 사이에 큰 간격이 있는 것처럼 생각하지 못하도록 하기 위하여, 즉시 거기에 "주의 영"이라고 주를 달기는 하지만. 그러나 여기서 중요한 것은 사도 자신의 특징적인 스타일인 "자유함," 즉 거침없음을 성령으로 말미암은 하나님의 역사의 내적 본질에 의거해서 정당화하고 있다는 것이다. 결국, 문제는 "우리 모두는" 어디에서, 그리고 어떻게 "거울을 보는 것 같이 주의 영광을 보는가" 하는 것에 있다. 거기에 대한 대답은 분명히 "우리"가 서로를 보고 있을 때, 즉 고린도 교인들이 사도를 보고, 사도가 고린도 교인들을 보고, 고린도 교인들이 서로를 볼 때라고 나는 믿는다. 바울이 몇 절 뒤에 말하고 있듯이(4:4), 고린도 교인들 각 사람은 "하나님의 형상" 그 자체인 저 동일한 주를 자기 나름대로 "반영하고" 있기 때문에, 그들이 알든 모르든, 그리고 그 결과를 좋아하든 좋아하지 않든, 그것이 문화적으로 거슬리는 것이든 아니든, "성령"인 "주"는 그들 속에서 역사하고 있고, 그들은 "그 동일한 형상"으로 변화되어 가고 있다.

이렇게 해서, 메시야가 하나님의 형상으로서 자신의 얼굴을 통해 "하나님의 영광을 아는 지식의 빛"을 비추었다고 한 우리의 이전의 논의는 현재의 논의와 결합된다(바울은 방금 전에 자기가 어느 지점에 있었는지를 잊지 않았다). 그 빛이 비치고 있었던 곳은 "우리의 마음 속"이었다. 달리 말하면, (이 서신에서 3장과 4장이라는 구분은 당연히 아무 상관이 없기 때문에) 이것은 바울이 3:3과 3:6에서 말한 것을 성령이 행할 때에 일어나는 일이라는 것이다.

이 모든 것을 종합해 보면, 우리는 성령에 관한 이 주된 본문들로부터 다음과 같은 결론에 도달한다. 즉, 바울은 성령의 특별한 역사를 아주 강하게 부각시키고 있는 바로 그 지점들에서, 제2성전 시대의 유대적인 유일신론의 사고 구조를 강화하

328) 고후 3:15-18.

329) 위의 제9장 제3절 2) (4)를 보라.

는 서사 틀 내에서 그렇게 하고 있다는 것이다. 그는 새로운 출애굽, 신명기적인 계약의 성취/갱신, "셰마"를 지킬 수 있게 한 것, 마음으로부터 하나님을 사랑하게 한 것, (특히) 참된 성전인 공동체를 세운 것은 성령의 역사로 말미암은 것이라고 말한다. 흥미로운 것은, 앞에서 보았듯이, 6장에서 사도직과 관련된 변호가 끝나자마자, 바울은 참된/새로운 성전인 바로 그 공동체에 대한 설명을 시작한다는 것이다.[330)]

4) 유일신론과 성령: 결론

바울의 신학적인 배경을 감안하였을 때, 이 모든 것은 바울이 통상적으로 여러 다양한 맥락들 속에서 메시야와 마찬가지로 성령도 야웨 자신이 친히 임재한 것으로 여겼음을 보여주는 방식으로 성령에 대하여 말하고 있다는 것을 보여준다. 이러한 결론은 한두 단어들에 대한 반영 — 물론, 이 점도 중요하다 — 에 의거한 것이 아니고, 바울이 출애굽 서사의 토대가 되는 여러 요소들을 반복적이고 일상적으로 상기시키고 있다는 것, 그리고 예수와 관련된 일들을 분명하게 새로운 출애굽 사건으로 보았고, 성령이 내주하여 인도하는 교회의 삶을 새로운 판본의 광야 유랑의 때로 보았다는 것에 의거한 것이다. 이렇게 "하나님의 정체성"을 중심으로 한 기독론은 "하나님의 정체성"을 중심으로 한 성령론과 대응이 되고 있고, 이 둘의 초점은 특히 야웨의 귀환에 관한 유대적인 종말론에 맞춰져 있다.

따라서 우리가 그러한 기독론과 성령론에 관한 내용이 아주 풍부하게 발견되는 고린도후서 끝부분에서, 바울의 가장 명시적인 "삼위일체적인" 축도들 중의 하나를 발견할 수 있는 것은 어쩌면 지극히 당연한 일인 것 같다:

> 메시야 주 예수의 은혜와 하나님의 사랑과 성령의 교제가 너희 모두와 함께 있기를 기원한다.[331)]

이 축도는 우리 시대에는 수많은 목회자들의 입에서 아무런 성찰도 없이 기계적으로 흘러나오지만, 바울의 경우에는 힘들게 얻어진 것이었다. 바울은 제2성전 시대의 유대적인 유일신론을 확고하게 견지하였다. 이 유일신론은 피조 질서를 열등

330) 6:14—7:1(위의 제6장 제2절 1)를 보라).
331) 고후 13:13.

한 하나님의 초라한 실수로 보았던 이원론 및 거리낌 없이 점점 더 많은 "신들"과 "주들"을 더하여 만신전을 확대해 나갔던 이교에 맞서서 이제 탄탄한 삼중적인 구조를 갖추게 되었다. 바울은 철저하게 수정된 판본의 "셰마"로 기도할 때에 "한 하나님, 한 주"를 언급한다. 그러나 그는 그 기도를 하며, "아버지 하나님과 메시야 주 예수"로부터 오는 은혜와 평화를 구할 때, 성령이 역사하여서 그러한 기도와 간구를 할 수 있게 해주는 것이라고 믿는다. 이렇게 해서, "한 하나님, 한 주, 한 성령"이라는 삼중 구조가 완성된다.

그리고 이것은 당연히 우리로 하여금 에베소서를 바라보게 만든다.

5. 유일신론과 하나로 연합된 권속: 에베소서

에베소서의 후반부를 여는 진술보다 "하나됨"(oneness)을 더 강조해서 선포하고 있는 구절을 생각하기는 어렵다:

> [4]몸도 하나이고, 성령도 하나이다. 이와 같이 너희는 너희의 부르심에 수반된 한 소망으로 부르심을 받은 것이다. [5]주가 한 분이시고, 믿음도 하나이며, 세례도 하나이고, [6]만유 위에 계시고 만유를 통일하시고 만유 가운데 계시는 만유의 아버지이신 하나님도 한 분이시다.[332)]

이 주목할 만한 진술이 나오게 된 것은 빌립보서 2:1-4 같은 본문들을 반영한 앞서의 세 절에 나오는 하나가 되라는 호소의 근거를 제시할 필요가 있었기 때문이었다: "사랑," "겸손," "온유," "오래 참음," 평화 가운데서 함께 연합되어 "성령이 하나 되게 하신 것을 힘써 지키라"는 것.[333)] 메시야를 따르는 사람들이 진정으로 새로운 인류이자 이스라엘의 한 분 유일하신 하나님의 참된 백성이라는 것을 보여줄 수 있는 것은 결국 그들의 연합(unity)이다. 고린도전서 12장에서와 마찬가지로, 메시야가 성령으로 말미암아 그들에게 주는 다양한 은사들은 각 사람이 자신의 은사를 이기적이고 분파적인 목적을 위해 사용하여 공동체의 삶을 분열시키는 수단이 아니라, 다음과 같은 공동체의 삶을 이루기 위한 수단이 되어야 한다:

332) 엡 4:4-6.
333) 4:1-3.

> [13]우리는 다 우리의 믿음과 충성, 그리고 하나님의 아들을 아는 일에 하나가 되어야 한다. 그랬을 때, 우리는 메시야의 충만이라는 기준으로 쟀을 때에 장성한 사람(Man)의 수준까지 이르게 될 것이다. [14]그 결과, 우리는 더 이상 어린 아이들이 되지 않을 것이다. 우리는 폭풍이 이는 바다에서 온갖 교훈의 풍조와 사람들의 속임수들과 그들의 간사하고 기만적인 유혹에 흔들려서 이리저리 요동하지 않게 될 것이다. [15]우리는 오직 사랑 안에서 참된 것을 말하여, 범사에 그에게까지, 곧 머리 되신 메시야에게까지 자라가야 한다. [16]그는 몸이 각 마디를 통하여 서로 지지를 하는 가운데 연결되고 결합되어, 각 지체가 자신에게 합당한 일을 하게 하여, 그 몸을 자라게 하신다. 그러므로 몸은 사랑 안에서 세워져 가는 것이다.[334)]

이 본문은 우리가 본서의 현재의 장, 그리고 어느 정도는 본서 전체가 논증해 나가고 있는 바로 그 논지를 볼 수 있는 지점이다. 우리는 제6장에서 바울의 세계관의 상징적 실천 — 세계관이 가시적이고 유형적으로 드러난 것 — 이 연합된 공동체라는 구체적인 실체였고, 바울은 그 실체를 구현하기 위하여 이런저런 위험에 맞서 항변하고 이런저런 시각에서 왜 교회가 연합되어야 하는지를 구구절절이 글들을 썼다는 것을 보았다. 그러나 바울은 메시야의 십자가 위에서의 죽음으로 인해서 제2성전 시대의 유대교가 지니고 있던 공동체를 떠받치고 강화시켜 주는 상징적 실천은 이제 소용없는 것이 되었다고 이미 선언한 상태였기 때문에, 바울의 세계관을 떠받쳐줄 수 있는 것은 오직 재정의된 탄탄한 유일신론뿐이었다. 이것이 우리가 그의 서신들 전체에 걸쳐서 보아 온 것이다. 에베소서 4장은 이 모든 것이 어디로 귀결되는지를 보여주는 바울 자신의 설명이거나, 그의 세계관과 신학을 철저하게 꿰뚫고 있었던 어떤 사람의 글이다.

유일신론에 근거해서 교회의 연합을 호소한 이 주목할 만한 본문은 에베소서 1장부터 3장까지에 나오는 체계적이고 논리 정연한 설명에 견고하게 닻을 내리고 있다. 이 본문의 중심부에서 우리는 새로운 인류이기도 한 새로운 성전을 또다시 발견하고, 바울은 이 연합을 강조하여 말할 때, 또다시 한 분 유일하신 하나님과 메시야인 주 예수와 성령을 근거로 그렇게 하고 있다. 전에 서부 소아시아에 살던 이교도들이었던 그들에게, 바울은 "너희는 더 이상 외인들이나 나그네들도 아니고, 하나님의 백성으로부터 분리되어 있지도 않으며, 새로운 성전으로 지어져 가고 있다"[335)]고 말한다. 이스라엘의 삶의 중심적인 상징이자 제2성전 시대 유대인들

334) 4:13-16.

335) 2:19-22. "새로운 인류"에 대해서는 2:15f.를 보라: "이 모든 것을 행하는 것의 핵심은 그의 안에서 둘로부터 하나의 새 인류[hena kainon anthrōpon - '헤나 카이논 안트로폰']를 만들어 화목하게 하

이 열망하였던 것이 이교 세계 전역에 걸쳐서 조금씩 다시 세워지고 있다. 그것은 이제 더 이상 돌과 나무와 세련된 장식물들로 이루어진 성전이 아니고, 메시야가 친히 모퉁잇돌이 된 가운데 "주 안에서" 사람들로 지어져 가고 있는 성전이고, 그 성전 안에는 살아 계신 하나님이 성령의 인격과 능력으로 거하고 있다. 이것은 분명히 유대적인 유일신론이 틀림없지만, 과연 동일한 것이 맞느냐 하는 논란을 불러일으킬 정도로 철저하게 수정되고 재편된 유대적인 유일신론이다. 이것은 메시야를 믿는 자들의 공동체로 하여금 유대교나 이교의 상징적 실천 없이도 자신들의 세계관 내에 확고하게 서 있을 수 있게 해주기 위한 바로 그 목적으로 발전된 신학이다(유대인들은 자신들의 상징적 실천이 배제된 것을 보고서, 이 공동체를 이교에 가까운 것이라고 비난하고, 이교도들은 이 신학이 본질적으로 유대적인 성격을 지니고 있는 것을 보고서, 무신론이라고 공격하겠지만). 이것을 이런 형태로 정교하게 빚어낸 사람이 바울이었든지 아니면 다른 사람이었든지와는 상관없이, 이것은 진정으로 바울 신앙의 정수이다.[336)]

일단 우리가 이 점을 파악하기만 한다면, 이 서신의 서두에 나오는 장엄한 삼중적 유일신론(threefold monotheism)도 어렴풋이 볼 수 있게 된다. 또한, 여기에서 다시 한 번 출애굽기와 신명기의 맥락임을 보여주는 신호인 선민론과 대속론을 중심으로 한 이스라엘 성경의 서사적 틀을 사용하면, 우리는 "셰마"(Shema)와 마찬가지로 문체와 내용에서 철두철미하게 유대적인 축복 기도이자, 고린도전서 8:6에 고도로 압축되어 짤막하게 나오는 판본이 보여 주듯이, 그 중심에 예수를 배치시켜 부각시킨 형태로 확장된 "베라카"(berakah)를 발견한다:

> [3]메시야 우리 주 예수의 아버지이신 하나님을 찬송하자. 하나님께서는 메시야 안에서 하늘에 속한 모든 신령한 복으로 우리를 복 주셨다. [4]그는 창세 전에 메시야 안에서 우리를 택하셔서, 우리로 사랑 안에서 자기 앞에서 거룩하고 책망할 것이 없게 하셨다. [5]그는 자신의 기쁘신 뜻을 따라 우리를 예정하시고, 메시야 예수로 말미암아 자기 아들들로 삼으셨다. [6]이는 그가 자신의 사랑하시는 자 안에서 우리에게 부어 주신 은혜, 자신의 은혜의 영광이 합당한 찬송을 받게 되는 것이 그가 원하셨던 것이고 그에게 기쁨을 주는 것이었기 때문이었다.
>
> [7-8]메시야 안에서 그의 피로 말미암아 우리는 그가 우리에게 후히 베풀어 주신 은혜의 풍성함을 인하여 구원을 받았는데, 그것은 우리의 죄가 사함을 받은 것이었다. 그는 모

는 것이었다. 하나님은 그의 안에서 적대감을 없앰으로써 십자가로 말미암아 한 몸 안에서 우리 둘을 자신과 화해하게 하셨다."

336) Bruce, 1977, ch. 36.

든 지혜와 총명으로 [9]자신의 계획의 비밀을 우리에게 알리셨으니, 이것은 때가 찼을 때를 위한 청사진으로서 메시야 안에서 그 계획을 나타내고자 하셨기 때문이었다. [10]그의 계획은 하늘에 있는 것이나 땅에 있는 것이 다 메시야 안에서 통일되게 하는 것이었다. [11]메시야 안에서 우리는 유업을 얻었으니, 모든 일을 자신의 계획과 뜻을 따라 행하시는 이의 의도를 따라 정해진 것이었다. [12]이것은 우리, 곧 메시야 안에서 처음으로 소망을 가진 우리로 하여금 그의 영광의 찬송으로 살게 하기 위한 것이었다.

[13]그의 안에서 너희도 진리의 말씀, 곧 너희의 구원의 복음을 듣고 믿어서, 그의 안에서 약속의 성령으로 인치심을 받았다. [14]성령은 하나님의 특별한 소유인 백성이 마침내 회복되고 해방될 때까지 우리의 유업의 보증이신데, 이것도 그의 영광의 찬송을 위한 것이다.[337)]

이 본문은 그 다양한 주제들과 풍부한 깊이에 있어서 로마서 8장과 맞먹는다고 할 수 있지만, 여기에서 우리는 몇 가지만 짧게 살펴볼 것이다. 앞에서 이미 말했듯이, 철저하게 유대적인 성격을 지닌 이 기도는 창조주이자 계약의 하나님인 분의 단일한 계획, 즉 "때가 무르익었을 때에" 하늘에 있는 것들과 땅에 있는 것들을 포함한 만유 전체를 메시야 안에서 통일시키고자 하는 계획을 중심으로 구축되어 있다.[338)] 보컴(Bauckham)의 표현을 빌리면, 이것은 고린도전서 15:20-28과 비견될 수 있고, 거기에서와 동일한 수단, 즉 메시야의 구원 사역을 통해서 성취된 "종말론적 유일신론"이다. 거기에서 강조점은 악과 사망의 세력들에 대한 메시야의 승리에 두어져 있고, 여기에서 강조점은 유월절을 반영하는 메시야의 대속적인 죽음(그의 피로 말미암은 구원)에 두어져 있다. 갈라디아서 3-4장과 로마서 8장에서와 마찬가지로, 여기에 나오는 "유업"이라는 주제는 우리에게 다시 한 번 출애굽기와 신명기에 나오는 이스라엘의 "유업"(가나안 땅), 시편 2편에서 말하는 메시야의 "유업"(세계 열방), 몇몇 유대적인 본문들에서 후자를 성찰하면서 아브라함에게 약속된 "유업"을 단지 가나안 땅이 아니라 세계 전체라고 본 것을 상기시킨다.[339)] 이 모든 것은 구조와 세부적인 내용에 있어서 제2성전 시대의 유대교의 삶과 기도에 깊이 뿌리를 내리고 있다. 그리고 우리는 이 모든 것은 구조와 세부적인 내용에 있어서 다시 생각되고 개작되어서, 이제는 메시야와 성령을 중심으로 한 기도가 되었다고 말할 수 있을 것이다. 이것은, 창조와 계약이라는 특징을 상실함이 없이, 기독론과 성령론을 중심으로 한 유일신론으로 재편되고, (우리가 두 개의 추가적

337) 엡 1:3-14.

338) 1:10; 위의 제8장 제5절을 보라.

339) 로마서 4:13에서처럼; 다른 유대 본문들에 대해서는 아래의 제10장 제4절 3) (7)과 Wright, 2002 [*Romans*], 495f.를 보라.

인 형용사들을 덧붙여도 된다면) 종말론적이고 제의적인 유일신론으로 표현되었다고 할 수 있는 창조와 계약의 유일신론이다. 이러한 틀, 그리고 이러한 내용물은 가장 초기의 그리스도인들이 복음 자체로부터 생성된 것을 제외하고는 아무런 상징적 실천을 지니고 있지 않았던 세계관만으로 살아남아 견고하게 서기 위해서 필요로 하였던 것이었다. 한 분 창조주 하나님에게 예배하고 기도하는 삶을 그대로 구현한 이 신학은 이 공동체 속에서 생겨나기 시작한 세계관에 반드시 필요하였던 것이었다.

이러한 신학이 필요하였던 것은, 특히 제2성전 시대 유대교 전반의 경우와 마찬가지로, 그 유대교 내에서의 현저한 돌연변이였던 이 공동체도 그러한 세계관을 가지고 살아가면서, 자신들이 세계를 주관하고 있다고 주장한 정사들 및 권세들과 조만간 정면으로 부딪쳐서 충돌하게 될 수밖에 없었기 때문이었다. 유대교는 디아스포라 지역에서 특히 주후 1세기에 황제 숭배를 중심으로 한 제국 제의가 급증하는 가운데서, 각 지역의 제의에 참여하지 않고 조상 대대로 전해져 온 자신들의 신앙을 따라 행하는 것을 로마로부터 허락을 받고서, 자신들의 이웃인 이교도들이나 로마 제국과 원만한 관계를 유지하기 위하여 최선을 다해 왔었다.[340] 바울은 메시야의 권속, 즉 유대의 "왕족"에 속해 있다고 자처하면서 유대적인 이야기를 입에 올리며 세계가 자신들의 유업이라고 주장하는 사람들이 직면하게 될 도전들을 잘 알고 있었다. 왜냐하면, 그들은 인류 역사 전체는 카이사르의 출생이나 즉위가 아니라 바로 이 순간을 기다려 왔고, 모든 공간과 시간과 물질은 로마에서 세계 통치자로 자처하는 이가 아니라 바로 이 왕 안에서 통일되었으며, 이 메시야는 죽은 자 가운데서 다시 살아나서, "모든 통치와 권세와 능력과 주권과 현세만이 아니라 내세에서 일컬어지는 모든 이름 위에"[341] 높이 들림을 받은 이라고 주장하는 사람들이었기 때문이다. 이렇게 단일한 권속, 새로운 인류, 새로운 성전이 세워진 것은 권력의 세계에 대하여 파급효과를 지닌 중요한 정치적 행위였고, 이 세계관을 받아들인 사람들은 거기에 수반되는 도전과 위험성을 아주 잘 알고 있었다. 바울은 이미 이 세계관을 받아들인 결과들을 겪고 있었지만, 그러한 고난들은 단지 그의 결심을 더욱 단호하게 해줄 뿐이었다. 그는 자기가 할 일은 다음과 같은 것이라고 말한다:

340) 위의 제5장과 아래의 제12장을 보라.
341) 1:21.

> [9][그것은] 만물을 창조하신 하나님 안에 창세전부터 감추어져 있던 은밀한 계획이 어떠한 것인지를 모든 사람에게 분명하게 보여주기 위한 것이다. [10]그 계획은 이것이니, 이제 교회로 말미암아 하늘에 있는 통치자들과 권세들에게 하나님의 온갖 풍부하고 다양한 지혜를 알게 하고자 하는 것이다. [11]이것이 영원부터 하나님의 계획이었고, 하나님은 우리 주 메시야 예수 안에서 그것을 이루셨다. [12]우리는 그의 안에서 그의 신실하심으로 말미암아 담대함과 온전한 확신을 가지고 하나님께 나아간다. [13]그러므로 내가 너희에게 부탁하는데, 너희를 위한 내가 겪는 환난들로 인하여 낙심하지 말라. 그것은 너희의 영광이다![342]

이 본문의 핵심적인 구절은 10절인데, 거기에서 바울은 이전에 감추어져 있던 하나님의 지혜(여러분은 이것을 "구원사"에 "묵시론"을 더한 것이라고 해도 상관없다)를 나타내는 것이 모든 시대에 걸친 하나의 유일한 계획이었다고 말하면서, 이렇게 이 둘을 결합시킨 것을 토대로 삼아서, 메시야 안에서 하나님의 백성이 얼마나 긴밀하게 연합되어 있는지를 보여주고, 이 백성으로 하여금 (자신들의 힘으로 인류를 연합시킬 수 있다고 생각하기를 좋아하는) 세계의 권세자들이 "주"가 아니라 예수가 주라는 소식을 가지고 그들과 맞서게 하고 있다. 교회가 하나님이 원래 의도한 모습으로 존재할 때, "하나님의 온갖 풍부하고 다양한 지혜"(hē polypoikilos sophia tou theou – '헤 폴뤼포리킬로스 소피아 투 테우'), 즉 무수한 색채를 지니고 있고 무수한 광채를 지니고 있는 하나님의 지혜가 드러난다. 이것은 포스트모더니즘을 기반으로 한 우리의 저급한 사이비 도덕에 비추어서 바울이 "차이"(difference)를 축하하는 것이 아니라 "동일성"(sameness)을 강조한다고 비난하는 자들에 대한 바울의 대답일 것이다.[343] 그는 그들의 비난에 대하여 "절대로 그렇지 않다"고 대답할 것이다. "동일성"을 강조하는 것은 카이사르이고, 메시야 안에서는 하나님의 풍부하게 다양한 피조세계가 찬양되고 송축된다. 사실은 이것이 카이사르를 비롯한 모든 세속적인 통치자들이 공식적으로든 비공식적으로든 메시야를 두려워하는 이유이다.

그리고 이것이 우리가 이 서신의 끝부분에서 모든 것이 기본적으로 잘되고 있다고 의기양양하고 요란하게 단언하는 말이 아니라, 여전히 메시야의 백성 앞에 놓여 있는 싸움을 똑똑히 보고 명철한 판단을 내리는 말이 발견되는 것을 이상하게 생각하지 않는 이유이다. 다시 한 번 말하지만, 우리가 오늘날에 사용하는 범주들

342) 3:9-13.
343) cf. Boyarin, 1994.

로는 바울이 진정으로 말하고 있는 것에 가까이 다가갈 수 없다. 에베소서의 처음 네 장에 나오는 신학과 교회론은, 서구인들(특히, 개신교도들)에게는, 마치 이미 실현된 종말론, 즉 하나님은 교회를 이미 견고히 세웠기 때문에 교회가 해야 할 일은 자신의 존재 자체를 계속해서 기뻐하고 축하하는 것뿐이라고 선포하는 듯이 들린다. 하지만 그들에게 들리는 그런 것은 바울이 실제로 전하고자 애썼던 것에 대한 패러디조차 되지 못한다. 감옥에서 이 서신을 쓰고 있었던 바울은 자기가 예수의 부활을 토대로 그려나간 이 경이로운 비전은 오직 고난 속에 있을 때에만 볼 수 있었던 것이었고, 정치적이거나 "영적인" 능력들과 권세들 및 끊임없이 벌어지는 악하고 타락한 일들로 인하여 비탄에 젖어 있을 때에만 단언될 수 있었던 것이라는 사실을 너무나 잘 알고 있었다:

> [10]주 안에서와 그의 능력의 힘 안에서 강하여져라. [11]하나님의 전신 갑옷을 입으라. 그래야 너희는 마귀의 술수를 대적하여 설 수 있게 될 것이다. [12]우리가 싸우고 있는 싸움은 혈과 육에 대한 것이 아니다. 그것은 지도자들에 대한 것이고, 권세들에 대한 것이며, 이 어두운 시대에서 세계를 통치하는 능력들에 대한 것이고, 하늘에 있는 악한 영들에 대한 것이다 … [13]이런 이유로, 너희는 하나님의 전신 갑주를 취하여야 한다. 그래야만 악이 장악하고 있을 때, 너희는 능히 그들을 대적해서 필요한 모든 일을 행한 후에 여전히 서 있을 수 있다. [14]그러므로 견고히 서라! 진리의 허리띠를 띠고, 의의 흉패를 붙이며, [15]싸움을 위해 준비되어 있는 평화의 복음이라는 신발을 신으라. [16]이 모든 것 위에 믿음의 방패를 잡으라. 너희가 이 방패를 잡았다면, 악한 자의 모든 불화살을 꺼버릴 수 있을 것이다. [17]구원의 투구와 성령의 검 곧 하나님의 말씀을 취하라.
>
> [18]모든 일에 온갖 형태의 기도와 간구로 성령 안에서 기도하라. 너희는 이를 위하여 늘 정신을 바싹 차리고 깨어서, 하나님의 모든 성도를 위하여 끈질기게 중보기도 하여야 한다. [19]또한, 나를 위하여 중보기도 하라. 하나님께서 내가 입을 열어 전해야 할 말씀들을 주셔서, 나로 하여금 복음의 비밀스러운 진리를 크고 분명하게 알릴 수 있게 해주시라고 기도하라. [20]결국, 그것이 내가 사슬에 묶인 사신이 된 이유이다. 내가 그것을 담대하게 전할 수 있도록 기도하라. 이것이 내가 마땅히 해야 할 일이다.[344)]

"사슬에 묶인 사신"! 우리가 제2성전 시대의 유대 세계에서 예상할 수 있듯이, 다양한 종류의 영적인 악과 첨예하게 충돌하는 강력하고 실천적인 수정된 유일신론으로 무장한 복음을 들고 세계가 행하는 방식들에 맞서서 그것을 뛰어넘고자 하였을 때, 그 길에는 치욕과 영광이 동시에 있을 수밖에 없었다. 바울이 "실제로 존

344) 엡 6:10-20.

재하는 것이 아닌 것들"이라고 분명하게 밝혔음에도 불구하고(고전 8:4), 고린도의 우상들이 현실에서는 귀신 세력이 몸을 숨기고 있는 피난처가 될 수 있었던 것(고전 10:20)과 마찬가지로, 카이사르를 비롯한 제국의 권세들(에베소서 1:21에 나오는 "일컬어지는 이름들")은 예수의 높아지심으로 인하여 그 지위를 박탈당하였음에도 불구하고, 여전히 진짜 원수인 귀신들의 무리와 그 주인인 사탄에게 살과 피로 된 은신처를 제공해 주어서, 언제라도 그들을 통해서 어둠의 역사를 이룰 수 있는 상황이었다. 우리는 바울의 신학에 내재된 수정된 유일신론은 이 순간에 그 어느 때보다도 진정으로 유일신론으로서의 진면목을 발휘하고 있었다고까지 말할 수 있을 것이다. 왜냐하면, 복음으로 인해서 바울과 그의 공동체들은 충성된 유대인들이 지난 수백 년 동안 직면해 왔던 것과 같은 그런 싸움에 직면해 있었고, 그들이 그런 상황에 처해 있다는 것을 스스로 알고 있었기 때문이다. 지금 사도 바울은 다니엘과 그의 친구들, 마카베오 가문에 속한 사람들을 비롯해서, 무시무시한 공격 아래에서도 한 분 참 하나님의 이름을 부르며 그 하나님에 대한 충성심을 끝까지 굽히지 않았던 실명과 무명의 많은 신앙 영웅들에 관한 이야기들을 자신의 유일신론의 일부라고 주장하고 있다. 이것은 창조와 계약의 유일신론이었고, 기독론과 성령론의 유일신론이었으며, 종말론과 제의의 유일신론이었는데, 이제 반제국주의적인 유일신론이 되었다. 세계를 관통하는 선이 새롭게 그어졌다. 이 모든 것은, 우리가 바울의 사고와 기도와 가르침과 삶의 토대였던 유일신론을 이해하고자 한다면, 반드시 우리의 마음속에 담아 두어야 하는 그림의 일부이다. 그리고 결국, 바울은 이 유일신론을 위하여 자신의 목숨을 내놓았다.

6. 수정된 유일신론과 하나님의 나라: 고린도전서 15:20-28

이것은 마침내 다소의 사울의 삶의 토대가 되었던 기독교 이전의 형태로든, 아니면 그가 너무나 놀라운 모습으로 탈바꿈시켜 놓았던 기독교적인 형태로든, 유일신론의 진정한 논점이라고 할 수 있는 것으로 우리를 데려다 준다. 애석한 일이지만, 현재의 장을 읽는 사람들 중에는 그 진정한 논점이라는 것은 바울이 "예수(또는, 성령)가 '신적인 존재'라는 것을 믿었다는 것을 증명하는" 것이 아니겠느냐고 말할 사람들이 있을 것이다. 이것은 내가 다른 곳에서 이미 큰 문제라고 밝힌 것과 맥을 같이 하는 것이다. 거기에서 나는 수많은 세대의 그리스도인들이 복음서들을 읽을 때에 거기에서 진정으로 말하고 싶어 하는 것은 예수가 어떤 의미에서 "성육신한 하나님"인지 아닌지 하는 문제일 것이라고 생각해 온 것이야말로 정말 문제라고 말하였었다.[345] 복음서들의 경우와 마찬가지로 바울의 경우에도, 문제를 그런 식으로 바라보는 것은 바울에게서 실제로 일어난 일을 볼 수 없게 만들기가 너무나 쉽다. 앞에서 보았듯이, 한 바리새인이 "셰마"를 기도하였을 때, 그의 그러한 행위는 "하나님 나라의 멍에를 짊어지는" 것이었다. 마찬가지로, 바울이 우리가 지금까지 살펴본 방식들로 예수(그리고 성령)에 관하여 썼을 때, 그가 그런 글을 쓴 것은 예수와 성령의 "신성"을 단언하는 것 자체를 목적으로 한 것이 아니라(그가 그것을 단언하고 있다는 것은 두말할 필요가 없지만), 예수와 성령 안에서 및 예수와 성령을 통해서 한 분 유일하신 하나님이 완전히 새롭고 예기치 않은 방식으로 자신의 나라를 견고히 세웠다는 것을 단언하기 위한 것이었다. 따라서 우리가 앞서 살펴본 '퀴리오스'(kyrios)가 지닌 온전한 의미에서 어떤 사람이 "예수가 주이시다"라고 선언하였다고 했을 때, 그 선언이 지닌 핵심적인 의미는 아주 중요한 교리적인 신앙고백을 한 것에 대하여 그가 만족감을 느끼는 데 있는 것이 아니었고, 이 '퀴리오스'의 깃발 아래로 들어가서, 적어도 암묵적으로는 "주"를 자처하는 다른 모든 존재들에 대항할 결심을 하고, 바울과 그 무리들이 참여하고 있던 하나님 나라 사역에 동참하겠다고 선언한 것이라는 데 있었다.[346] 내가 다른 곳에서 말하였듯이, 한 분 유일하신 하나님의 나라가 개시되었다고 큰 소리로 외치는 것이 이 음악의 곡조라면, 성육신에 대한 믿음은 이 음악의 기조라고 할 수 있다.

따라서 우리가 현재의 장의 앞부분에서 살펴본 핵심적인 본문들 중의 하나인 빌립보서 2장은 예수의 신성을 전제로 해서, 그가 만유를 다스리게 되었다는 것이 사실이라는 것과 그 주권을 얻게 된 방식(낮아짐과 죽으심을 통해서 얻었다는 것)을 확증하는 본문이다. 그런 후에, 바울은 이 예수를 '퀴리오스'로 영접한 자들이 "그들 자신의 구원을 이루어낼" 필요성이 있다는 것을 강조하는데, 나는 바울이 이 "구원"을, 이미 빌립보 지역의 모든 주민에게 제시되어 있었고, 그들이 잘 알고 있었던 또 다른 '퀴리오스' 아래에서의 "구원"과 반대되는 것으로 상정하고 있다고 말한 바 있다. 마찬가지로, 고린도전서 8-10장의 논의 전체를 몰아가는 원자폭탄 같은 힘을 지닌 작은 구절인 8:6이 예수가 "셰마"의 중심에 있다는 바울의 믿음을 소우주적인 형태로 진술하고 있는 것은 그 교리적인 내용 자체를 제시하기 위한 것이 아니라(오늘날 많은 사람들은 이 구절을 이렇게 읽고자 하고, 일부만이 그렇게

345) 특히, Wright, 2012a [*HGBK*]를 보라.
346) 예를 들면, 골 4:11.

읽기를 피하고자 한다), 이 "한 하나님, 한 주"의 활동에 의해서 세워진 공동체는 십자가에 못 박힌 이의 통치 아래에 산다는 것이 무엇을 의미하는지를 배워서, 오직 그들을 함정에 빠뜨리고자 하는 의도밖에는 없는 '다이모니아'(daimonia, "귀신들")와 노닥거림으로써 하나님의 권능을 시험해 보고자 해서는 안 된다는 것을 강조하기 위한 것이다.[347)]

우리가 일단 바울의 유일신론(그리고 그 개정판)의 깊은 뿌리가 어디에 있는지를 깨닫기만 한다면, 그에게 있어서 (그 어떤 형태의 것이든) 유일신론은 단순한 신앙이 아니라 "행하여야 할 과제"(agenda)였다는 것은 놀라운 일이 아니게 된다. 그 뿌리는 시편들(특히, 그가 좋아하였던 시편 2편, 8편, 110편), 이사야서(특히, 11장과 40-55장), 신명기에서 발견된다. 이 모든 본문들은 이스라엘의 하나님이 열방을 통치하는 세계의 한 분 유일하신 주라고 말하는 본문들이다. 이 본문들은 개인이 어떤 교리를 믿어서 신앙을 갖게 되는 것에 대하여 말하는 본문들이 아니고, 사람들이 어떤 명제에 동의해서 구원을 얻게 되는 것에 대하여 말하는 본문들은 더더욱 아니다. 이 본문들은 하나님의 나라라는 엄연한 사실에 대하여 말하는 본문들, 즉 하나님이 자기가 택한 왕을 세워서, 이교의 우상들과 그 우상들을 섬기는 체제들을 쓸어버리고 친히 승리를 거둔 후에, 영광 중에 예루살렘과 성전과 자기 백성에게로 다시 돌아와서 다스릴 것이라는 소망에 대하여 말하는 본문들이다.

어떤 추상적이고 교리적인 도식이 아니라, 바로 이것이 바울이 재정의하는 작업을 통해서 새롭고 예기치 않은 판본의 유일신론을 만들어내었을 때에 대본으로 사용한 유일신론이었다. 따라서 바울이 예수를 하나님의 아들이라고 말할 때, 그 진술은 시편 2편으로부터 그리 멀리 있지 않다. 바울이 예수를 마지막 아담이라고 말할 때, 다니엘서가 그의 사고의 표면 아래 멀지 않은 곳에 숨겨진 채로 자리 잡고 있다고 우리는 앞에서 이미 말한 바 있다. 다니엘서가 시편과 예언서들에 영감을 준 하나님 나라 비전을 상당 부분 공유하고 있다는 것은 두말할 필요가 없다. 많은 사람들이 골로새서와 에베소서를 세계에 안주해서 편안하게 살아가던 제2세대 기독교의 특징들을 보여주는 것으로 보고서 이 두 서신을 바울의 진정한 서신이 아닌 것으로 치부해 왔음에도 불구하고, 이 두 서신은 이스라엘의 성경에 뿌리를 두고서 세계의 권세들에 맞서는 예수관, 즉 하나님 나라라는 주제를 가지고 당시의 제국의 문화와 정치에 맞서고 있음을 보여주는 온갖 증표들을 보여주는 예수관을 증언하고 있다. 주후 1세기에 열심 있는 바리새인에게, 유일신론은 결코 머릿속에

347) 고전 10:20-2.

서 편안하게 이루어진 단언일 수 없었고, 이론가가 객관적으로 깊이 숙고해서 내놓은 견해일 수 없었다. 그것은 언제나 기도할 때마다 떠올려야 했던 것이었고, 하나님 나라를 위한 사역과 삶 속에서 실행에 옮겨야 했던 것이었다. 주후 1세기에 열심이 있던 사도에게도 사정은 마찬가지였다. 단지 하나님 나라가 왕의 죽음으로 말미암아 이미 성취된 상태에서, 그의 증인들은 고난과 죽음을 통해서 계속하여 하나님 나라의 일을 수행하여야 한다는 결정적으로 중요한 요소가 거기에 추가되었을 뿐이었다. 바울은 에베소서 3:13에서 "너희를 위한 나의 환난들로 인하여 낙심하지 말라"고 쓴다. "그것들은 너희의 영광이다!"

우리가 다음 장에서 보게 되겠지만, 이것은 바울이 예수를 정확히 메시야로 보고 환호한 것이 아주 중요한 이유이고, 아마도 메시야라는 범주가 신약학계에서 그토록 오랫동안 철저하게 배제된 이유이기도 할 것이다. 이것에 대해서는 우리가 나중에 논의할 것이기 때문에, 나는 여기에서는 단지 이것만을 말해 두고자 한다. 즉, 신학자들에게 메시야라는 범주가 별 상관이 없는 낯선 것으로 보였던 것은 그들이 예수의 "신성"을 증명하거나 거기에 의문을 제기하는(또는, 적어도 예수의 "신성"에 대한 증거가 가장 초기의 기독교 자료들 속에 존재하였다는 것에 대하여 의문을 제기하는) 일에 온 노력을 집중하였기 때문이었다는 것이다. 메시야라는 범주는 유대적인 것이고 정치적인 것이다. 그런데 그런 범주가 바울의 "기독교"신학에서 무슨 역할을 할 수 있겠으며, 십자가에 못 박힌 예수라는 저 너무나 분명한 핵심적인 주제와 어떻게 어울릴 수 있겠는가? 그러나 (지금은 좌초되어 할 말이 없게 된) 그러한 사고방식은 바울이 자신의 실제 서신들에서 여러 다양하고 풍부한 주제들을 하나로 통합해 낸 것과는 한참이나 거리가 멀다. 사실, 이것은 본서의 현재의 장과 이후의 두 장을 서로 단단하게 묶어 주고 있는 주제이다. 우리가 바울에게서 발견하는 유일신론에 대한 재정의가 예수에 초점이 맞춰져 있는 것은 예수 안에서 및 예수를 통해서, 특히 십자가 위에서의 그의 죽음을 통해서 하나님의 나라가 개시되었다는 것을 부각시키기 위한 것이기 때문에, 우리는 메시야직이라는 범주를 원래 있어야 할 자리, 즉 바울의 사고의 중심에 다시 갖다 놓지 않으면 안 된다.[348] 예수는 이스라엘의 하나님의 화신이자 이스라엘의 운명을 걸머진 자가 되어서, 옛 원수를 무찌르고 새로운 출애굽을 이룬 후에, 이제 그의 영으로 말미암아 자기 백성을 그들에게 주어진 유업 — "천국"이 아니라 피조세계 전체의 회복 — 으로 이끌어가고 있는데, 하나님의 나라가 개시된 것은 바로 예수의 이러한 사역 때문이었다.

348) 또한, *Perspectives*, ch. 31에 수록된 "Messiahship in Galatians"에 관한 논문을 보라.

이 모든 것은 우리가 다른 곳에서 살펴보았던 한 본문, 수정된 유일신론에 대한 하나의 최후의 강력한 표현이라고 할 수 있는 본문에 고전적으로 표현되어 있다:

> 그러나 사실 메시야께서는 잠자고 있는 자들의 첫 열매로서 죽은 자 가운데서 다시 살아나신 것이다. 이는 사망이 한 사람으로 말미암았기 때문에, 죽은 자 가운데서의 부활도 한 사람으로 말미암기 때문이다. 아담 안에서 모든 사람이 죽었으니, 이제 메시야 안에서 모든 사람이 살게 될 것이다.
>
> 그러나 각각 합당한 순서대로 될 것이다. 메시야는 첫 열매로서 다시 살아나시고, 다음으로는 그가 왕으로 오실 때에 메시야에게 속한 자들이다. 그런 후에, 그가 모든 통치와 모든 권세와 능력을 멸하시고 왕적인 통치를 아버지 하나님께 바칠 종말이 온다. "그가 자신의 모든 원수를 자기 발 아래에 둘" 때까지, 그는 반드시 계속해서 통치를 하여야 한다. "그가 만물을 자기 발 아래에 두었다"고 되어 있기 때문에, 사망은 멸망 받게 될 마지막 원수이다. 만물이 그의 발 아래에 두어졌다고 하였으니, 만물을 자기 아래에 둔 이가 거기에 포함되지 않을 것은 분명하다. 만물이 자기에게 복종하게 되었을 때, 아들 자신도 만물을 그에게 복종하게 하신 이에게 복종하게 될 것인데, 이것은 하나님이 모든 것 가운데서 모든 것이 되시기 위한 것이다.[349)]

물론, 예전이나 지금이나 바울에게서 철저하게 "성자 종속설"을 보여주는 기독론을 보고자 열망해 온 사람들은 이 본문의 마지막에 나오는 문장들을 꼬투리로 삼아서, 이 문장들은 바울에게 있어서 예수는 한 분 유일하신 하나님과 진정으로 동일한 존재가 아니었다는 것을 보여준다고 주장해 왔다.[350)] 하지만 그러한 주장은 다른 곳, 특히 고린도전서에 나오는 바울의 기독론적인 유일신론과 첨예하게 충돌한다. 핵심은 이것이다. 이 본문은 현재의 물리적인 세계를 부패시키고 소멸하게

349) 고전 15:20-8.

350) 이 질문은 적어도 Origen 시대로 거슬러 올라가고(예컨대, *De Princ*. 3.5.6f.를 보라), 성자 종속설(Subordinationism)이 381년의 콘스탄티노플 공의회에서 단죄되는 것으로 끝난 아리우스파 논쟁과 성령 이단론(Pneumatomachian Heresy) 논쟁을 지배하였다(cf. *ODCC* s.vv.). 물론, 이것은 바울을 포함한 가장 초기의 그리스도인들이 후대의 교부들이 바랐던 것만큼 "정통적이지" 않았다고 의심해 왔던 많은 사람들에게 하나의 도전으로서의 역할을 해 왔다. 심지어 Hays(1997, 266)조차도 "삼위일체론이 바울 시대에는 아직 정형화되지 않았다"고 전제하면서도, "바울이 후대에 종속설적 기독론이라 불리게 된 입장을 지니고 있었다는 인상을 떨쳐버리는 것은 불가능하다"고 말한다. 이러한 견해와는 반대로, Fitzmyer, 2008, 575는 이 본문은 바울이 예수에 대하여 "아들"이라는 절대적인 표현을 사용하는 유일한 대목이고, 따라서 이것은 "바울이 아버지에 대한 아들의 본래적인 관계를 단언한 것과 같기" 때문에, "후대의 기독교 신학의 삼위일체론에서의 두 위격의 관계에 대한 설명을 위한 신약의 도약대들 중의 하나"를 제공해 주고 있다고 지적한다. 또한, Thiselton, 2000, 1238을 참조하라: "초기의 소박한 교의에 대한 지나친 반응은 우리로 하여금 그리스도, 성령, 하나님 각각에 대한 바울의 이해에 대하여 말하는 것을 지나치게 소극적이 되게 해 왔다."

만드는 사망 자체가 패배당하고 멸해질 것임을 역설함으로써, 한편으로는 이교 사상을 용납하지 않음과 동시에, 다른 한편으로는 모든 이원론을 배제한 채로("모든 것 안에서 모든 것"!), 창조주 하나님의 나라가 온 세계에 굳게 서게 될 것이라고 선언하고 있다는 점에서, 분명히 제2성전 시대의 유일신론에 속한다. 그러나 이 유일신론 내에서 예수에게는 고대 이스라엘에서 야웨 자신의 역할이라고 말해졌던 바로 그 역할이 주어진다. 시편과 이사야서에서는 야웨는 모든 원수들에 대하여 승리를 거두는 유일한 분이라고 말한다. 야웨가 모든 원수들에 대하여 승리를 거두게 될 것이라는 주제는 출애굽기 15장으로 거슬러 올라가고, 그 승리는 다름 아닌 이스라엘의 하나님의 것임을 분명히 하고 있는 시편과 이사야 40-66에서 거듭거듭 등장한다.

특히, 여기에서 메시야가 하게 될 일로 돌려지고 있는 사망 자체를 멸하는 일은 이스라엘의 한 분 유일하신 하나님이 장차 행할 일의 일부로 말해진다:

> 만군의 야웨께서 이 산에서 만민을 위하여
> 기름진 것과 오래 저장하였던 포도주로 연회를 베푸시리니,
> 곧 골수가 가득한 기름진 것과 오래 저장하였던 맑은 포도주로 하실 것이다.
> 또한, 그는 이 산에서
> 만민의 얼굴을 가린 가리개와
> 열방 위에 덮인 덮개를 제하실 것이고,
> 사망을 영원히 삼켜 버리실 것이다.
> 그 때에 주 야웨께서[351] 모든 얼굴에서 눈물을 씻기시고 … [352]

이사야가 야웨가 이룰 것이라고 선언한 바로 그 일을 실제로 이룬 이는 메시야 예수이다. 따라서 이 본문은 우리가 앞서 내린 기독론적인 결론들을 훼손시키기는 커녕 도리어 강화시켜 주고, 더 나아가 계몽주의 이후의 석의에서 자주 고려대상에서 추방되어 온 하나님 나라에 관한 더 큰 비전이 바울에게 여전히 아주 중요하였다는 것을 보여준다.

다시 한 번 말하지만, 핵심은 메시야의 부활로 인해서 새로운 일이 일어났다는 것이다. 여기에서 또다시 우리는 초기 기독교의 예배라는 맥락 및 주의 임재에 대한 인식 속에서 바울의 유일신론적인 기독론을 견고히 하는 데 힘을 더해 준 두 가지

351) 히브리어로 "주"(sovereign, NRSV에서는 "LORD")는 '아도나이'(adonai)이고, "야웨"(YHWH)는 '엘로힘'(elohim)의 모음들을 갖는다. 칠십인역에서는 단순하게 '호 테오스'(ho theos)로 표기된다.

352) 사 25:6-8. 바울은 고린도전서 15:54에서 8절의 첫 부분(사망이 삼켜지게 될 것이라고 말하는 부분)을 인용한다.

흐름의 융합을 보는데, 첫 번째는 이스라엘의 한 분 하나님이 다시 돌아와서 친히 구원 역사를 이루겠다고 약속하였다는 것이었고, 두 번째는 자기가 메시야라고 주장하였던 나사렛 예수가 죽은 자 가운데서 다시 살아났다는 것이었다. 앞에서 보았듯이, 이러한 사고 노선들은 초기 교회로 하여금 그들이 좋아하던 본문들, 특히 시편 110:1과 시편 8:6을 토대로 해서, 예수가 메시야로서의 자신의 지위와 즉위를 통해서 야웨가 행할 일을 성취하였다는 깨달을 수 있게 해주었고, 이것이 정확히 우리가 여기에서 발견하는 것이다. 이 두 시편이 둘 다 메시야가 만물을 "자기 발 아래에 둘" 것에 대하여 말하고 있다는 것은 지금 메시야가 참된 인간(시편 8편)과 메시야(시편 110편)로 즉위하여 아버지의 오른편에 앉아 있다는 것을 보여주는 것이었다. 27절과 28절을 근거로 삼아서, 예수가 그 어떤 신적인 지위를 공유하고 있다는 것도 부정하고자 하는 것은 이 본문에 대한 천박한 읽기가 될 뿐이다.[353] 이 본문 전체는 우리가 예컨대 고린도전서 8:6, 빌립보서 2:6-11, 골로새서 1:15-20 등에서 보았던 것과 정확히 맥을 같이 하는 수정된 유일신론의 종말론적인 차원에 관한 것이다. 그리고 이 재정의된 유일신론이 정신적인 동의를 요구하는 일종의 낯설고 자의적인 교리로서 독자적으로 존재하는 것이 아니라는 것은 여기에서 너무나 분명하다. 내가 이전에 사용한 예시를 사용해서 말해 본다면, 이 재정의된 유일신론은 바울이 말하고 있는 것의 문법이자 구문론이고, 그가 쓰고 있는 문장은 한 분 유일하신 하나님이 왕이 되어 통치하고 있다는 것에 관한 것이다.

하지만 이 모든 것은 주후 1세기에 또 하나의 질문, 어떤 점들에서는 판이하게 다른 질문을 제기하였고, 오늘날 바울 해석자들에게도 그런 질문을 제기하고 있다: 그렇다면, 바울은 예수가 이제 결정적인 승리를 거두게 된 그 세력들을 어떻게 여겼던 것인가? 아주 자주 새로운 출애굽으로 보아진 하나님 나라라는 개념이 예수와 관련된 사건들에 의해서 변화되었다면, 인류 전체, 특히 이스라엘을 그토록 오랫동안 사슬로 묶어 두었던 저 강력한 노예주인과 악 자체에 대한 개념들은 어떻게 된 것인가? 또한, 이것을 다른 식으로 표현해 본다면, 바울이 다른 대부분의 제2성전 시대의 유대인들과 마찬가지로 "구원"에 대한 소망을 피력하고 있다고 하였을 때, 그는 사람들이 무엇으로부터 구원받을 필요가 있다고 생각했던 것일까?

353) 물론, 바울이 "아들이 모든 것을 자기 아래에 두신 이 아래에서 원래의 자리에 위치하게 될 것"이라고 말하고 있다는 사실은, "종속"이라는 단어가 나중에 지니게 된 뉘앙스가 없는 상태에서 "종속"이라는 말로 요약될 수 있다. "궁극적인 종속" 같은 표현을 사용하는 것(Kreitzer 1987, 158-60)이 가능한지의 여부는 별개의 문제이다.

7. 수정된 유일신론의 어두운 면: 악에 대한 새로운 이해

1) 서론: 유대적 유일신론과 "악의 문제"

유일신론이 강조되면 될수록, 악의 문제는 더욱더 심각해진다. 다음과 같은 질문은 불가피하다: 한 분 하나님이 존재한다면, 세계는 왜 이렇게 엉망진창인 것인가? 하나님이 존재하는데도 악이 존재한다는 역설은 유일신론을 신봉하는 이론가들을 몰아부쳐서 여러 가지 해법들을 내놓게 만들어 왔다. 내가 여기서 "해법들"이라고 말한 것은 두 가지를 의미하는데, 첫 번째는 도대체 무슨 일이 진행되고 있는지를 이해하기 위한 분석적인 "해법"이고, 두 번째는 실제적인 악과 그 결과들을 줄이거나 경감시키거나 거기로부터 사람들을 건져내는 실천적인 "해법"이다. 다양한 형태의 유대교 전통 속에서는 두 번째의 해법이 훨씬 더 큰 비중을 차지해 왔다. 마르크스(Marx)가 말하였듯이, 철학자들은 단지 세계를 해석하는 일을 해 왔지만, 진짜 중요한 것은 세계를 변화시키는 것이다.[354)]

물론, 두 가지 손쉬운 빠져나갈 수 있는 출구가 존재한다. 첫 번째는 우리에게 "악"으로 보이는 것은 단지 외적으로만 그렇게 보이는 것일 뿐이라고 말하는 것이고, 두 번째는 "하나님" 또는 "신들"은 이 세계로부터 초연히 존재하기 때문에, 이 세계에서 나쁜 일들이 일어나더라도, 그것들은 하나님이나 신들과는 아무 상관이 없다고 말하는 것이다.[355)]

첫 번째 출구는 스토아학파의 것이다. "하나님"과 세계는 거의 동일하다. 세계는 신의 화신이고, 모든 것이 돌아가는 방식은 다 신이 정해 놓은 것이다. 세계가 마음에 들지 않는다면, 세계를 떠날 자유가 인간에게 주어져 있다. 스토아학파를 유일하게 당혹스럽게 한 것은, 아리스토텔레스(Aristotle)의 경우와 마찬가지로, 사람들은 아무리 지혜롭고 높은 덕을 갖추게 되었다고 할지라도, 여전히 의지의 연약함이라는 문제, 즉 진정으로 '퓌시스'(physis, "본성, 자연")와 조화를 이루며 살아갈 수 없다는 문제에 직면할 수밖에 없기 때문에, 온전한 덕을 갖추어서 완전한 인간이 되는 것은 절대로 불가능한 것이었다.[356)]

354) 이것은 Marx, 1932 [1845]에 나오는 "포이어바흐에 관한 테제"(Thesis on Feuerbach) 중 열한 번째 테제이다. 나는 Wright, 2006a [*Evil*]에서 여러 가지 "악의 문제들"에 대하여 쓴 바 있다.

355) 이하의 서술에 대해서는 위의 제3장을 참조하라.

356) Arist. *Nic. Eth.* Book 7을 보라; 좀 더 큰 전승과 논의들에 대해서는 Gosling, 1990을 보라. Socrates가 이 문제를 부인한 것은 유명하다(Plato, *Protag.*).

두 번째 출구는 에피쿠로스학파가 제시한 것이다. 스토아학파가 악의 실재 자체를 부정했다고 한다면, 에피쿠로스학파는 신들이 세계와 어떤 상관이 있다는 것 자체를 부정하였다. 신들은 세계와 단절되어 사람이 볼 수 없는 저 높은 곳에서 초연하게 살아가고 있고 세계에 개입하지 않는다. 세계는 독자적으로 자체적인 동력 아래에서 돌아가고 있고, 지진이나 암을 비롯해서 그 밖의 다른 모든 흥미로운 현상들도 현재의 질서의 자연스러운 과정들이다. 그러나 신들은 세계의 그러한 모습으로부터 안전하게 벗어나 그 너머에 초연히 존재하고, 원자들의 무작위적인 운동들의 결과로서 일어나는 그런 모든 일들에 대하여 아무런 책임이 없다. 이것은 1755년에 일어난 리스본의 지진 이래로 계몽주의가 "자연의 악"이라는 문제를 "해결한" 방식이다. 서구 세계는 결과들을 다루며 살아 왔다.[357] 이것은 "문제"를 다루는 극단적인 방식이고, 유대적인 방식과 정반대쪽에 있는 극단이다. 유대인들은 창조주 하나님에게 하소연하며, 어떤 조치를 취하여 문제를 해결해 달라고 매달리는 반면에, 에피쿠로스학파 사람들은 "신"이라는 존재가 세계의 문제에 개입되어 있거나 개입될 수 있다는 것 자체를 부정한다. 후대의 유대 랍비들이 "에피쿠로스학파"를 뜻하는 '아피코로스'(apikoros)라는 단어를 지독한 욕설로 사용한 것은 결코 이유가 없는 것이 아니었다.

고대의 두 거대한 철학 학파들인 스토아학파와 에피쿠로스학파는 "무엇이 잘못되었는가"와 "해법은 무엇인가"라는 세계관 질문들에 대하여, 이렇게 일종의 유신론(스토아학파의 경우에는 일종의 유일신론)을 그 대답으로 제시하였다. 그들은 분석적인 "해법들"에 있어서는 서로 달랐지만, 실천적인 "해법들"과 관련해서는 그저 어깨를 으쓱하며 "알아서 잘 대처하라"고 말할 수밖에 없었다. 스토아학파는 자신의 통제 밖에 있는 일들에 대해서는 후회를 하거나 회한을 가져서는 안 된다고 스스로를 설득하는 방식으로 대처하였고, 에피쿠로스학파는 고통스럽고 괴로운 세계에서 한 발자국 뒤로 물러나서, 가능한 한 조용히 즐거움을 누리는 쪽을 선택하는 방식으로 대처하였다.

일부 고대 사상가들은 이 두 가지 해법을 거부하고, 해법의 경계를 좀 더 넓혀서, 여러 가지 유형의 이원론을 제시하였다. 고대의 조로아스터교(Zoroastrianism)나 그 사촌인 후대의 마니교(Manicheism)의 역사를 복원하는 일은 쉽지 않지만, 그들은 한 신이 존재하고, 그 신에 대항하는 대등한 악의 세력이 존재한다

357) Wright, 2006a [*Evil*], ch. 1과 특히 Neiman, 2002를 보라. 고대 에피쿠로스 사상의 부활은 서구 모더니즘의 주된 특징들 중의 하나이다: Wilson, 2008; Greenblatt, 2011.

는 사상 체계를 가지고 있었던 것으로 보이는데, 이 체계 내에서 선과 악, 빛과 어둠은 기나긴, 아니 끝없이 계속되는 투쟁 속에서 서로 얽혀 있는 것으로 여겨졌다.[358] 한편, "아카데미 학파" 철학자들은 어떤 것이 진실인지를 확신할 만한 충분한 증거가 없다고 보고서, 그저 공적인 삶에 관한 어떤 견해와 그 견해를 담고 있는 "공적인 종교"를 따라서 살아 나갔다. 거기에는 "악의 문제"에 대한 인식은 별로 없었고, 신들이 개입되어 있든 그렇지 않든, 세계가 변화와 부침을 거듭해 나가면서 만들어 내는 무작위적인 비통하고 당혹스러운 일들만이 존재할 뿐이었다.

철학적 사고를 하지 않았던 평범한 고대의 이교들에게 있어서 "악의 문제"는 어떤 이유에서 신들이 노하거나 그들의 원수들에게서 뇌물을 받아먹고서 그들의 가족이나 도시에 해악을 가하였을 때에나 일깨워지는 문제였다. 그런 사람들은 예나 지금이나 자신의 어깨를 으쓱하며, 그들에게 슬픔과 비통함을 가져다준 일들에 대하여 근심하였고, 인간으로서 통상적으로 느끼거나 행하는 죄책감과 기쁨, 도덕적인 시도와 도덕적인 실패 등과 같은 것들을 경험하였으며, 거의 모든 세계관에서 이런 일들에 수반되는 일련의 소망들과 두려움들을 겪었다. 그들은 제사와 기도, 서원 제물, 주문 등을 비롯하여, 현대 세계에서와 마찬가지로 고대 세계에서도 좀 더 깊은 생각을 지닌 사람들이 "미신"이라고 불렀던 수많은 술수들을 사용해서, 어떻게든 신들의 마음을 자신들 쪽으로 돌려놓으려고(또한, 그렇게 해서 신들의 힘을 자신들의 원수들을 공격하는 데 사용하려고) 최선을 다하였다. 악이 왜 일어나는가를 추정하고자 할 때, 다신론은 유일신론보다는 좀 더 유리한 위치에 있기는 하지만, 어쨌든 현실에서 그 악의 원인을 밝혀내는 것은 정말 힘들고 복잡한 일이었다.

우리가 특히 (일차적인 자료들 중에서는) 로마서의 앞부분의 여러 장에 나오는 악과 죄와 사망에 관한 바울의 설명, 그리고 (오늘날의 저작들 중에서는) "곤경과 해법"이라는 문제에 대한 샌더스(Ed Sanders)와 더글러스 캠벨(Douglas Campbell)의 접근방식 속에 밀집되어 있는 분석의 문제점들에 대하여 어느 정도 상당한 성과를 얻고자 한다면, 우리는 다음과 같은 질문들로 시작하는 것이 중요하다. "악의 문제"에 대한 바울의 분석은 어떤 것이었는가? 그가 로마서 1:18-3:20에 나오는 보편적인 죄성에 관한 긴 설명 속에서 진정으로 말하고자 한 것은 무엇

358) 조로아스터교(Zoroastrianism, 그 창시자로 알려진 Zoroaster에 대해서는 이런저런 다양한 전설들이 전해진다)에 대해서는 Boyce, 1991 [1975]; Choksy, 1999를 보라. 주후 3세기 페르시아 출신의 선생인 Mani의 가르침인 마니교(Manicheism)는 영지주의 자체와는 거의 분명하게 구별되는 이원론의 한 형태였다: Jonas, 1963 [1958], 40f. 등; Fowden, 1999, 95; Lieu, 1999를 보라.

이었는가? 그것은 그가 다른 곳에서 악과 죄에 대하여 말하고 있는 것과 과연 부합하는가? 그는 악과 죄에 관한 관점에서 시작해서, 예수가 그 대답이라는 것을 발견한 것이었는가, 아니면 자신의 머리를 혼란스럽게 만들고 있었던 예수와 관련된 사실에서 출발해서, 만일 하나님이 예수를 통해서 사람들을 구원하는 역사를 시작하였다면, 모종의 문제가 이미 존재하고 있었음에 틀림없다고 추론한 것이었는가? 그리고 다른 문제는?

이 장에서 다루고자 하는 것은 바로 그러한 질문이다. 진지한 철학이나 종교라면 세계가 지닌 문제점들에 대한 설명을 제시하여야 하고, 그 설명은 특히 하나님(또는, 신들)과 세계와 인간에 관한 좀 더 큰 이해와 밀접하게 연결되어 있을 것이다. 제2성전 시대의 대부분의 유대인들이 지니고 있던 유일신론도 예외가 아니었다. 여기에서 내가 논증하고자 하는 것은 악에 관한 바울의 설명은 제2성전 시대 유대교의 유일신론적인 일련의 "해법들"— 한편으로는 분석적인 "해법들," 다른 한편으로는 실천적인 "해법들"— 에 속한다는 것이다. 다시 한 번 말해 두지만, 우리가 이것과 관련해서 바울에게서 보는 것은 유대적인 유일신론을 근본적으로 재천명함과 동시에, 예수와 성령의 빛 아래에서 철저하게 수정한 바로 그것이다. 우리가 이 두 가지를 이해하고자 한다면, 고대 유대교의 유일신론이 악에 대하여 생각하였던 방식들을 좀 더 자세하게 파악할 필요가 있다.

제2성전 시대 유대인들의 유일신론은 우리가 스토아학파 철학자들 같은 "유일신론자들"을 비롯한 주변의 이교 세계관들 속에서 보는 것보다 훨씬 더 심각한 악의 문제를 발생시켰다. 일단 여러분이 이스라엘의 성경 속에 나오는 것과 같은 창조와 계약의 유일신론을 제시하거나 받아들인다면, 여러분은 몇 가지 주된 문제들 속으로 빠져 들어가게 된다. 한 분 하나님이 존재하고, 그가 선한 세계의 창조주임과 동시에 지금도 여전히 기본적으로 세계를 책임지고 있다면, 그리고 그가 이스라엘과 계약 관계 속에 있다면, 스토아학파나 에피쿠로스학파가 제시한 해법은 더 이상 통하지 않고, 진지한 이원론도 때로는 매력적인 것으로 보일지라도 해법이 될 수는 없게 된다. 따라서 만일 욥기가 존재하지 않았더라도, 반드시 그런 책을 만들어내는 것이 필요하였을 것이다.

하지만 고대 이스라엘은 선한 피조세계 내에 왜 악이 존재하는가를 체계적으로 분석해서 "해법"을 제시하고자 하지 않았다. 욥기도 이 문제를 "해결한" 것이 아니라, 몇몇 시편들과 마찬가지로, 단지 기본적인 유일신론적인 신조를 강력하게 재확인하고, 세상의 일들이 그런 식으로 돌아가는 것에 대하여 통렬하게 탄식한 것이었다. 토라에서는 악의 근원을 에덴 동산의 아담과 하와에게서 찾거나 -하지만 흥미로운 것은 이것이 주후 1세기 말 이전에 악의 문제에 대한 궁극적인 분석으로 제시되었음을 보여주는 증거는 없다[359] — 창세기 6장에서처럼 외계의 천사들의 침입으로 말미암아 악이 세상에 들어왔다고 보았다. 또한, 창세기 11장에 나오는 바벨탑 이야기는 제국의 교만에서 악을 찾거나, 좀 더 구체적으로 이스라엘 내에서의 악과 관련해서는 금송아지를 만든 아론의 원죄를 책망하기도 하였다(출애굽기 32장).

물론, 이러한 "해법들"은 상호배타적인 것이 아니었고, 고대의 유대인들이 자신들의 성경을 그런 식으로 읽은 것도 아니었다. 악에 관한 여러 다양한 설명들은 과학적인 "설명들"이 아니라, 어둡고 수수께끼 같은 실체들을 보여주는 이정표 같은 역할을 하였다. 인간의 반역, 우상 숭배, 교만은 현재의 세계 너머에 있는 어둠의 세력과 어우러져서 세계와 인간과 이스라엘을 감염시켰다. 그러한 서사들은 악의 문제 내에 존재하는 서로 다른 요인들을 보여주었지만, 거기에서 더 나아가지 않고 멈추어 버렸고, 오늘날의 철학자들이 "자연의 악"이라고 부르는 것(지진, 질병 등)에 관한 문제에 대하여 그 어떤 해법도 제시하지 않았다. 선지자들은 특정한 사건들을 한 분 유일하신 하나님이 경고하는 것임을 강조하긴 하였지만 — 이러한 노선의 사고는 바울의 글들 중에서도 한 본문에 반영되어 있다[360] — 아무도, 그리고 욥기조차도 그런 일들이 왜 선한 피조세계 내에 존재하는 것인지 그 이유를 묻지 않았던 것으로 보인다. 선지자들이 종종 피조세계가 장차 변화될 것이라고 예언한 것은 적어도 몇몇 선지자들은 악의 문제가 세계 전체에 만연되어 있다는 것을 어렴풋이 감지하고 있었다는 사실을 증언해 준다. 그러나 그들은 종말론적인 해법을 제시하기만 하였고, 먼저 그런 문제가 왜 존재하게 되었는지를 분석하지는 않았다.[361]

하지만 성경은 선한 피조세계 속에 왜 "악"이 존재하는지에 대한 체계적인 설명이라는 의미에서의 "해법"은 전혀 제시하지 않았지만, 그 대신에 장차 어떤 일이 행해지게 될 것인가 — 특히, 창조주 하나님이 장차 어떤 일을 행하게 될 것인가 — 하는 관점에서는 "해법"을 제시하였다. 성경이 내놓은 "해법"은 먼저 계약과 관련된 것이었고, 다음으로는 종말론적인 것이었다. 즉, 그것은 "악이 어디로부터 왔는가"에 대한 대답이 아니라, "창조주 하나님이 장차 악에 대하여 어떻게 할 것인가"

359) 우리는 창세기의 편집자가 그것을 그런 관점들에서 보고, 아브라함을 아담에 대한 "대답"으로 제시하였던 것이라고 볼 수 있기는 하지만: 아래의 제10장 제2절 1)을 보라.

360) 고전 11:30.

361) 예컨대, 사 65:17-25 (cp. 11:1-10).

에 대한 대답이었다. 옛 서사에 의하면, 창조주 하나님은 창조 프로젝트가 망칠 위기에 직면하여, 아브람을 불러서, 모든 열방이 아브람으로 말미암아 복을 받게 될 것이라고 약속한 후에, 아브람의 이름을 열방들의 아버지라는 뜻을 지닌 "아브라함"으로 바꾸어 주었다. 이것은 하나님이 조만간에 피조세계를 바로잡을 것임을 보여주는 것이었다. 하지만 이 일은 후대에 일어날 일, 그것도 아주 먼 훗날에 있을 일임이 드러났다. 아브라함의 권속은 자체 내에, 아리스토텔레스와 스토아학파의 경우처럼 "연약한 의지"라는 문제, 에피쿠로스학파의 경우처럼 종종 "신의 부재"라는 문제, 아카데미 학파의 경우처럼 하나님의 은총이나 임재를 보여주는 모든 증표들이 다 사라져 버린 것 같은 당혹스러운 느낌이라는 문제, 역사 속에서 많은 사람들을 이원론자가 되게 한 요인으로 작용하였던 무적인 것 같은 악의 세력이라는 문제 중에서 어느 하나가 아니라 네 가지 모두가 결합해서 생겨난 긴장감을 지니고 있었다. 이스라엘은 신명기 전통의 좀 더 큰 암묵적인 서사 내에서 이루어진 반복되는 주기를 겪으며 살아갔다: 우상 숭배, 하나님의 진노, 계약에 따른 벌(궁극적으로는 포로생활), 그 후에 주어진 무조건적인 회복에 관한 약속. 하나님의 선민이 무력에 의해 바벨론으로 포로가 되어 잡혀갈 때에는, 거룩한 땅에 관한 계약상의 약속 내에 자리 잡고 있던 피조세계의 갱신에 관한 언질들은 모조리 무너져 내리는 것처럼 보였다. 불경건한 자들이 승리를 거두었다. 모든 것이 '토후 와보후'(tohu wa-bohu, "혼돈과 공허") 상태로 되돌아갈 것이라는 예레미야의 경고가 현실화되는 것처럼 보였다.

이 모든 것은 시편에 아주 생생하게 등장한다. 이러한 약속과 예언적 비전은 열방들이 야단법석을 떨 때에 계약의 하나님이 자기 아들을 시온의 왕으로 세움으로써 그 문제를 해결할 것이라고 말하는 시편 2편, 장차 이스라엘의 왕이 다시 돌아와서 세계의 왕이 되어 피조세계 전체를 심판하고 단번에 세계를 바로잡을 것이라고 송축하는 시편 96편과 98편 속에서 생생하게 드러난다. 그러나 시편에는 고통 속에서의 부르짖음도 있다. 시편 73편과 74편에는 다양한 패턴의 탄식과 하소연, 기도가 나오고, 시편 88편은 이 유감스럽고 서글픈 문제 전체를 계약의 하나님의 임재 속에서 풀지 못하고 남겨두며, 시편 89편 등은 계약상의 저 큰 약속들을 송축하는 가운데, 이스라엘이 현재 처한 곤경에 대하여 탄식한다. 피조세계 전체와 관련된 좀 더 큰 문제들에 대하여 시편과 선지자들이 제시한 대답("하나님은 세계를 속량할 수단으로서 이스라엘을 선택하였고, 언젠가는 심판하고 구원하기 위하여 다시 돌아올 것"이라는 계약과 종말론에 의거한 대답)은 단지 문제를 더 증폭시킬 뿐이었다. 계약은 실패한 것처럼 보였고, 소망은 무한히 연기된 것처럼 보였다. 나는 본서의 제2장에서 일련의 화음들이 최종적으로 기대된 협화음으로 끝나지 않고 점점 더 긴장감을 더하는 불협화음으로 증폭되었다는 식으로 이것을 설명한 바 있다. 또는, 우리는 이것을 한 모퉁이만 돌면 이제 끝날 것 같았는데, 모퉁이를 돌고 나니 또 하나의 힘겨운 길이 눈앞에 펼쳐지는 일이 끝없이 반복되는 여정에 비유할 수도 있을 것이다. 그렇게 해서, 이제 이 여정은 도저히 참을 수 없는 것이 되어 버렸고, 이 여정이 이제는 끝나야 한다는 의식은 거의 강박적인 수준에 도달하였다.

독실한 유대인일수록, 이 문제는 더욱더 절박하게 다가왔던 것으로 보인다: "우리가 금식하는데도, 당신은 왜 본 체 만 체하시는 것입니까?"[362] 이교도들이 여전히 세계를 좌지우지하였다. 이교와의 결탁을 비롯해서 이스라엘 내에서 행하여진 악은 하나님의 징벌을 받지 않는 것은 물론이고, 도리어 정치적으로나 경제적으로 이득을 보는 것 같았다. 이스라엘 사람들 중에는 새로운 상황과 타협하여 살아가는 사람들이 있었고, 바울의 서신이 나오기 250여 년 전에 씌어진 벤시락서는 세계 또는 이스라엘의 문제점들을 특별히 심각한 것으로 여기는 것 같지 않아 보인다: 토라를 따르고 성전 제의를 거행하라.

그러면 모든 것이 잘 될 것이다. 주후 2세기에 나온 쿰란 두루마리들은 벤시락서와는 전혀 다른 견해를 취하여, 그들 자신의 분파를 제외한 모든 사람들을 "어둠의 아들들"로 규정하였다. 주후 70년에 일어난 예루살렘 성전의 파괴에 직면해서, 두 명의 저자는 (우리가 아는 한) 그 때까지 아무도 하지 않았던 일을 행하였다. 즉, 그들은 악의 문제의 기원을 단지 이교의 우상 숭배, 이스라엘을 죄로 이끌었던 금송아지들(아론이 만든 것과 느밧의 아들 여로보암이 만든 것들), 창세기 6장의 비밀에 싸인 악한 천사들이 아니라, 아담의 원죄에서 찾았다.[363] 달리 말하면, 바울의 유대 세계는 이미 인간의 악을 포함한 전반적인 악의 문제 및 그 악을 해결하기 위하여 행해질 수 있는 모든 해법들에 관한 일련의 선택지들(고대의 다양한 비유대적인 신념들 내에 위치한 고대의 다양한 유대적 신념들)을 우리에게 제공해 준다는 것이다.[364]

다시 한 번 말하자면, 이러한 접근방식들 중 그 어떤 것도 지혜로운 창조주가 만

362) 사 58:3. 이 선지자는 하나의 대답을 제시한다: 너희는 잘못된 이유들에 근거해서 그것을 행하고 있었다. 그러나 설령 사람들이 올바른 이유들에 근거해서 그것을 행하고 있었다고 할지라도, 문제는 남아 있었다: 야웨는 여전히 친히 와서 구원하고 심판하는 것을 연기하였다.

363) *4 Ez.* 6; *2 Bar.* 이스라엘의 이후의 모든 죄들은 처음에는 아론의 금송아지, 나중에는 여로보암이 만든 금송아지들로부터 왔다는 랍비들의 주장에 대해서는 bSanh. 102a를 보라.

364) 사후의 삶과 관련해서, 훨씬 더 폭넓은 이교적인 견해들과 나란히 공존하였던 여러 가지 유형의 유대적인 믿음과 비교해 보라: cf. *RSG*, chs. 2, 3, 4.

든 선한 피조세계 내에 애초에 왜 "악"이 존재하는 것인지를 설명하고자 시도하지 않는다는 것이다. 그것들은 모두 긴장관계를 설명하고 표현하는 방식들일 뿐이고 해결하려고 하는 방식들은 아니라는 것이다. 사실, 그것들은 악은 부조리한 것이고 일탈되어 있는 것이며 뭔가가 맞지 않는 것이라고 말하는 방식들이다. 사람이 악을 진정으로 이해할 수 없다는 사실은 그 자체가 창조의 유일신론의 한 요소이고, 악은 선한 피조세계를 왜곡시키고 파괴하는 성향을 지닌 세력일 뿐만 아니라 인간의 이해를 거부하는 침입자임을 보여주는 것이다. 만일 사람이 악을 이해할 수 있다면, 그리고 사람이 악이 "작동하는" 틀을 엿볼 수 있다면, 그 악은 이미 반창조적이고(anti-creation) 반하나님적인(anti-God) 진정한 악이 아니게 될 것이다.[365)]

우리는 고대 세계에서 대부분의 사람들에게 있어서 "악에 대해서 무엇이 행해질 수 있는가"라는 문제는 "구원"의 문제가 아니었다는 것을 알아야 하고, 이것은 바울의 맥락의 일부로서 중요한 것이다. 대부분의 고대인들은 단기간의 위험들과 질병들, 또는 그들을 괴롭히는 일들 같은 것들을 제외하고는 자신들이 "어떤 것으로부터 구원을 받아야 한다"고 생각하지 않았다. 물론, 일시적으로 신들이 노하였다고 생각된 경우에는, 어떻게든 신들의 진노를 가라앉히는 일은 그들에게 중요하였다. 마침내 출현한 신비종교들과 영지주의는 실제로 모종의 "구원"을 제시하였지만, 그런 것들은 예외에 속하는 것들이었고, 그들이 제시한 "구원"은 대부분의 유대 문헌들에서 말하고 있는 것과는 판이하게 다른 것이었다. 기본적으로 플라톤적인 세계관 내에서 발전된 영지주의자들은 세계로부터(from) 구원 받기를 원하였다. 후대의 많은 그리스도인들이 이러한 노선을 취하면서 상당한 혼란을 야기시켜 왔고, 이러한 혼란은 오늘날까지 지속되고 있다. 하지만 고대 유대인들이 말한 구원은 통상적으로 세계 또는 이스라엘의(of) 구원을 가리키는 것이었다. 즉, 세계 또는 적어도 한 민족 위에 악이 더 이상 그 어떤 힘도 가지지 않게 되는 것이 바로 "구원"이었다. 고대의 평균적인 이교도들이나 유대인들은 자기가 어떻게 해야 죽은 후에 자신의 영혼이 몸을 떠나 천국에 들어갈 수 있을지를 고민하지 않았다.

우리가 두 가지 극단적인 입장, 한편으로는 현재의 세계 속에서 일어나는 모든 일들은 신과는 관계 없이 무작위적이고 맹목적으로 우연히 일어나는 것이라고 본 에피쿠로스학파의 입장, 다른 한편으로는 창조와 계약, 제의와 종말론을 중심으로 구성된 제2성전 시대의 유대적 유일신론을 보면, 이것이 분명하게 드러난다.

오늘날의 서구 세계에서는 극단적인 에피쿠로스 사상이 판치고 있다. 세계에서

365) Sacks, 2011, ch. 12의 강력한 논의를 보라.

일어나는 일들이 무작위적으로 우연히 일어나는 것이라면, 애초부터 어떤 것을 "악"이나 "잘못"이라고 생각할 이유가 없지 않은가? "악"이라든지 "잘못"이라든지 그런 모든 범주들은 단지 우리의 감정을 투사한 것으로 보아야 하지 않는가(이 논리에 의하면, "도둑질은 잘못된 것이다"는 단지 "나는 도둑질을 좋아하지 않는다"는 의미일 뿐이다)? 그렇다면, 우리는 에피쿠로스학파 이후의 오늘날의 서구 도덕의 세계 속에서 일어난 일을 도덕정서설(emotivism)로의 환원이라고 말해야 하지 않겠는가? "신"을 제거하라. 그러면 "악의 문제"는 더 이상 존재하지 않게 되고, 모든 것은 어떤 것을 좋아하느냐 좋아하지 않느냐의 "태도들"이나 "선입견들"의 문제가 될 뿐이다. 하지만 사람들은 그런 식으로 생각하며 살아가기가 쉽지 않기 때문에, 그러한 주관적이고 감정적인 분석을 뛰어넘는 것으로 보이는 한두 개의 확고한 지점들을 중심으로 새로운 "도덕들"을 만들어 내어서, 예컨대 아돌프 히틀러(Adolf Hitler)는 악인이고, 생태운동에 나서는 것은 선한 일이며, "전적 타자인 하나님을 받아들이는 것"은 중요한 일이라는 등등의 말을 한다. 이것은 아예 도덕이 없는 것보다는 나아보이기는 하지만, 그런 식의 돛을 올리고 도덕의 바다를 항해하고자 하는 사람들은 배가 난파해서 침몰하고 상어 떼가 다가오는 와중에서 어쩌다가 파편에 의지해서 겨우 살아남은 한 줌의 생존자들과 같다고 할 수 있다.

그러나 당신이 유일신론자, 즉 제2성전 시대의 유대식의 다양한 창조의 유일신론자라면, 당신에게는 이 모든 것들이 전혀 다르게 보인다. 당신은 악이라는 것이 왜 존재하는지에 대한 거창한 이론을 가지고 있지 않을 것이다. 기독교 이전에는 후대에 등장한 "타락"(Fall)에 관한 가르침 같은 것이 없었기 때문이다. 그러나 독실한 유대인인 당신은 매일의 삶 속에서 악이 어떻게 행해지고 있는지에 대해서는 아주 잘 알고 있을 것이다. 당신은 세계의 대부분, 즉 비유대적인 세계가 우상들을 섬기고 있는 것을 본다. 유대인인 당신은 우상 숭배가 당신에게 지독하게 나쁘다는 것을 안다. 우상들은 당신의 삶을 파괴해서, 당신으로 하여금 인간 이하의 행동이나 비인간적인 행동을 하도록 유인한다. 게다가, 우상들은 세계와 관련해서도 나쁘고 해롭다. 당신은 하나님의 형상을 지닌 인간으로서 하나님을 섬기고, 하나님 대신에 세계를 돌보는 데 필요한 지혜를 배우도록 되어 있다. 그러나 당신이 우상들을 섬긴다면, 당신은 우상들처럼 되고 비인간화되어서, 하나님이 인간에게 맡긴 책임들을 수행할 수 없게 된다. 우리는 이러한 많은 것들을 시편에서 알 수 있고, 솔로

366) cf. 시 115:3-8; 135:15-18; Wis. 15.14-17. 우상 숭배에 대해서는 이제 Barton, 2007; Beale, 2008을 보라.

몬의 지혜서 같은 주후 1세기의 작품들로부터 알 수 있다.[366)]

아울러, 이미 앞에서 보았듯이, 유대적인 관점에서 볼 때, 우상들과 그 신전들은 귀신들에게 한 사람이나 한 가족이나 한 나라를 잠식해 나가기 위한 발판을 마련해 주는 통로가 될 수 있다. 이러한 분석 내에서, 귀신들은 속임수에 능한 추잡한 작은 존재들이다. 귀신들은 신전들에 안치되어 있는 신상들이 나타내는 그런 "신들"(실제로는 존재하지 않는 제우스를 비롯해서 그가 거느린 악한 족속)이 아니지만, 그럴지라도 인간에게 상당한 해악을 끼칠 수 있다. 달리 말하면, 우상 숭배는 단지 당신이 때때로 행하는 별 것 아닌 일이 아니라는 것이다. 우상 숭배를 행한다는 것은 인간이 세계에 대하여 수행해야 할 책임을 저 더럽고 파괴적인 세력에게 넘겨주는 것을 의미한다. 인간의 삶 속에서 우상 숭배는 사람들의 습관을 형성하고 그들의 성품을 형성해서 사람들을 점점 더 파멸로 몰아간다. 우상 숭배는 사람들을 노예로 만들고, 궁극적으로는 사람들을 죽인다. 우상 숭배는 피조세계를 무너뜨려서 혼돈(chaos)으로 몰아넣는다. 이렇게 해서, 우리는 다소의 사울이 지니고 있던 것과 같은 제2성전 시대의 유대적인 관점에서 본 "인간의 죄라는 문제"에 도달한다. 밖에는 우상 숭배자들이 있고, 우리 유대인들은 그들의 길로 이끌려가서는 안 된다. 우리가 그들의 길로 이끌려 간다면, 우리는 또다시 노예생활을 하게 된다. 새로운 애굽에서.

물론, 저 유감스러운 금송아지 사건과 그 후속편인 바알브올 사건 이래로, 우상 숭배는 이스라엘 속에 굳건히 뿌리를 내렸다.[367)] 신명기 32장에 나오는 모세의 노래도 우상 숭배를 하지 말라고 신신당부하였고, 지혜 전승도 "우매한 자"가 유혹되어 우상 숭배에 빠질 위험성에 대하여 끊임없이 경고하였다. 선지자들은 관행처럼 이 문제를 역설하였는데, 북왕국 이스라엘의 선지자였던 아모스는 먼저 주위의 열방들에서 벌어지고 있는 우상 숭배를 지적하고 나서, 다음으로는 유다에서 행해진 우상 숭배에 대하여 지적한 후에야(이 때에 그의 청중들은 유다에 대하여 들으면서 옳다고 맞장구를 치며 자신들은 남쪽 사람들과 다르다고 생각했을 것이다), 자신의 본국인 북왕국 이스라엘의 우상 숭배에 대하여 지적하는 표준적인 수사학적 기법을 사용하기도 하였다. 바울도 로마서 2:1에서 바로 그러한 수사학적 기법을 활용하는데, 이것에 대해서는 우리가 나중에 다시 살펴볼 것이다.

"평범한" 유대인들 — 글을 남기지도 않았고, 분파에 속하지도 않았으며, 혁명에 가담하지도 않은 유대인들 — 이 자신들이 사는 세계, 자신들의 나라, 그들 자

367) 금송아지에 대해서는 cf. 출 32:1-35; 바알브올에 대해서는 민 25:1-18.

신의 삶 속에서 무엇이 잘못되었는지에 대하여 나름대로 각양각색의 방식으로 생각하고 기도하였으리라는 것은 의심의 여지가 없다. 성경은 고대 세계나 현대 세계에 속한 사람이라면 누구나 원하였을 분명한 도덕규범을 유대인들에게 가르쳤고, 그들이 그 규범을 어겼을 때에는 어떻게 하여야 하는지에 대해서도 지침을 주었다: 회개와 제사. 그렇다고 해서, 이것은 고대 유대교에는 양심으로 인해 괴로워하는 사람들이 없었다는 것을 의미하는 것이 아니다. 시편 51편은 "상하고 통회하는 심령"이라는 관념을 (어떤 사람들의 이상한 주장처럼) 아우구스티누스(Augustine)가 만들어낸 것이 아니라는 것을 보여준다. 하지만 회개와 제사라는 장치가 존재하였다는 것이 의미하는 것은 유대적인 준거 틀은 유대인들에게 그들이 계속해서 죄책감을 느끼고 괴로워하며 살아가지 않아도 된다는 것을 가르쳐 주었다는 것이다. 그들은 자기가 잘못했다고 고백하고, 자신의 잘못을 속하는 데 적절한 제사를 드릴 수 있었다. 물론, 그들이 계속해서 "고의적으로" 범죄하기로 작정한 경우에는, 적어도 이론상으로는 괴로워하는 양심의 문제가 아니라 징벌에 대한 경고의 문제가 되었을 것이다.[368] 그러나 제2성전 시대의 대부분의 저자들에게 있어서 "이 문제"는 좀 더 넓은 비유대적인 세계로 확대될 수 있었던 것으로 보인다. 이스라엘은 이미 심각하게 범죄하였고, 그 범죄에 합당한 벌을 받아, 신명기가 늘 경고한 대로 이방 땅에 끌려가 포로생활을 하였었다는 점을 감안하면, 이제 이 문제는 바벨론 사람들이나 헬라 사람들이나 수리아 사람들 같은 이교도들, 그리고 궁극적으로는 로마 사람들에게 그 책임이 있는 것으로 보여졌다.

그리고 그것이 유대인들에게 이 문제가 그들의 인내심의 한계를 뛰어넘을 정도로 첨예한 문제로 증폭된 이유였다는 것은 두말할 필요가 없다. 로마인들이 주후 70년에 예루살렘 성전을 장악하였을 때에는, 마카베오 혁명의 경우처럼 신속한 역전도 없었고, 하늘로부터 갑자기 벼락이 떨어져서 로마인들을 몰살시키는 일도 없었으며, 마지막 순간에 영광스러운 천사들이 내려와서 이스라엘을 구원하는 일도 없었다. 물론, 이스라엘의 하나님께서 죄를 해결할 또 다른 수단을 마련해 주셨기 때문에 이제 성전은 불필요하게 되었다고 선언한 사람들도 있기는 하였다.[369] 이 일은 어떤 식으로든 설명이 절실하게 필요한 일로 보였다. 예루살렘의 멸망과 거기에 수반된 공포스러운 일들을 살아서 볼 수 있었던 지독하게 운 좋은 — 아니, 지독하게 운이 나쁜 — 유대인들은 대부분 이 사건을 에스라4서와 바룩2서가 설

368) "고의적으로 범죄하는 것"에 대해서는 cf. 민 15:30f.; 신 17:12(cp. 히 10:26). 미쉬나(Mishnah)의 '케린토트'(Kerithoth) 편은 그러한 종류의 죄들과 예외적인 경우들을 다룬다; cf. mKer. 1.2; 3.2.

369) Johanan ben Zakkai에 대해서는 *NTPG*, 162f.와 거기에 나오는 전거들을 보라.

명하고 있는 방식으로 보았을 것으로 우리는 추정해 볼 수 있다. 즉, 그들은 이 사건을 "형언할 수 없을 정도의 극도의 재앙"으로 보았다. 그들이 생각해 낼 수 있었던 유일한 설명 — 물론, 그들은 이것을 체계적으로 자세하게 설명하지 않았지만, 충분히 분명하게 보여 주었다 — 은 세계에 만연되어 있는 악의 질병은 그 누가 생각한 것보다도 더 깊은 질병이어서, 이스라엘도 다른 모든 사람들처럼 그 질병에 의해 치명적으로 감염되어 있다는 것이었다. 이 질병은 저 멀리 아담으로까지 소급되었고, 그것이 이스라엘이 하나님의 심판인 이 재앙으로부터 벗어나기를 기대하였지만 아무런 소용이 없었던 이유였다. 이스라엘은 세계의 나머지 사람들과 마찬가지로 아담의 죄악에 종속되어 있었다. 우리가 아는 한, 이러한 개념은 랍비들에 의해서 받아들여지지 않았기 때문에, 앞에서 이미 보았듯이, 그들에게는 후대의 기독교에서 볼 수 있는 "타락론" 같은 그런 명시적인 교리가 없었다. 세계의 문제들이 아담까지 소급된다는 것은 엄연한 사실이었다.

그것은 창세기의 구조 자체 속에 내재되어 있었고, 훨씬 후대의 몇몇 랍비들에 의해서 인정되었다. 이 문제가 너무나 깊고 심각해서 이스라엘조차도 범죄할 수밖에 없게 만들었다고 이해하게 된 것은 주후 70년의 사건이 있은 후에 등장한 묵시론들에서 일어난 혁신이었다. 그것은 유대적인 사상가들에게는 새로운 관념이었다. 하지만 하나의 예외가 있었다.

우리는 바울이 그 한 가지 예외를 제시하고 있는 방식을 살펴보기 전에, 먼저 가장 중요한 점을 지적하고자 하는데, 그것은 다소의 사울에게 있어서는 세계에는 아무런 "문제"도 없고 "잘못된 것"도 없었기 때문에 한 분 유일하신 하나님이 어떤 해법을 제시할 일도 없었다고 보는 것은 제2성전 시대의 세계관이 어떤 것이었는지를 전혀 보지 못한 우물 안 개구리식의 근시안적인 안목에서 나온 견해일 뿐이라는 것이다. 마르틴 루터(Martin Luther) 식의 영혼을 살피는 글들과 같은 내용들을 당시의 유대 문헌들 속에서 찾아보기가 쉽지 않다고 해서, 그것이 그러한 문헌들이 세계에 아무런 "문제"가 없다고 보았다는 것을 의미하지는 않는다. 당연히 문제가 존재하였다: 수많은 세대들을 거치면서, 인간의 우매함과 수고로움과 땀, 인간의 우상 숭배와 음행의 얼룩과 냄새가 풍기는 독은 온 세계로 퍼져 나갔고, 거룩한 땅은 물론이고, 이스라엘의 통치자들의 마음과 생각 속에도 침투하였다. 이것은 주후 1세기의 한 독실한 바리새인이 알았을 법한 "문제"였고, 이 문제는 충치 먹은 이빨처럼 그를 끊임없이 아리고 아프게 만들어서, 다른 모든 기쁨들과 슬픔들을 다 잊게 만들고, 오로지 성경을 찾아보고 기도하면서, 적어도 자기는 그 속에 거짓이나 죄책이 없는 참된 이스라엘 사람이자, 어둠 속에 있는 자들에게 빛이고

(이사야가 말했던 것처럼), 하나님이 준 토라 안에서 인간의 삶이 어떻게 되어야 하고 세계가 어떻게 되어야 하는지에 관한 열쇠를 가지고 있는 자로서, 이 문제의 일부가 아니라, 이 문제에 대한 해법의 일부라는 것을 계속해서 확인하려고 애쓰게 만들었다.

따라서 이 독실한 바리새인은 이러한 제2성전 시대의 문제에 직면해서, 다니엘이 다니엘서 9장에서 그러하였듯이, 이스라엘의 하나님이 전에 애굽에서 행하였던 일을 장차 또다시 행할 것이라고, 즉 하나님이 자기 백성을 불쌍히 여겨서 아브라함과 이삭과 야곱과의 계약을 기억하고, 자신의 약속들에 신실하기 위하여, 사람들이 오랫동안 기다려 왔던 구원 역사를 마침내 행할 것이라고 소망하며 기도하였을 것이다. 또한, 이 바리새인은 하나님이 이사야서 11장에서 약속한 것을 행하여 메시야를 보낼 것이라고 생각하였을 것이다. 저 위대한 바리새파 랍비였던 아키바(Akiba)가 바르 코크바를 "별의 아들"로 환호하였을 때, 사람들은 그가 제시한 연대 계산이나 그가 내세운 후보나 그가 제시한 석의와 신학에는 동의하지 않았지만, 메시야가 장차 이스라엘을 이교도들로부터 구원하고 성전을 재건하며 마침내 하나님의 나라를 견고히 세우기 위하여 임할 것이라는 사상 자체에 동의하지 않은 것은 아니었다.[370] 이것이 주후 1세기 유대적인 유일신론이 "문제"를 보았던 방식이었고, 이것이 당시의 많은 유대인들이 고대하였던 "해법"이었다.

지금까지의 나의 논지는 다음과 같이 요약해 볼 수 있다:

1. "악"에 관한 모든 견해들은 흔히 유신론적이었던 기본적인 세계관으로부터 필연적으로 따라나온 것이었다.
2. 대부분의 천박하고 아무런 생각이 없는 낙관주의자들의 세계관을 제외한 모든 세계관은 흔히 개개인을 포함한 인간과 세계가 심각하게 잘못되어 있다는 모종의 관념을 지니고 있다.
3. 특히, 유일신론자들은 다신론자들이 직면하지 않는 한 가지 문제에 직면하게 되고, 역사적으로 그 문제에 대하여 여러 다양한 대답들이 있어 왔다.
4. 제2성전 시대의 유대적인 유일신론자들, 즉 창조와 계약의 유일신론자들은 일반적인 유일신론에 수반되는 문제를 특히 심각하게 형태로 직면하지 않을 수 없었다:

(a) 세계는 하나님이 창조한 것인데도, 거기에 악이 있다는 것.

370) 제2성전 시대 유대교에서 메시야 사상이 만연되어 있었다는 것에 대해서는 의심하는 사람들이 많지만, Horbury, 1998; 2003을 보라.

(b) 인간은 하나님의 형상을 지니고 있는데도 하나님에게 반역한다는 것.
(c) 이스라엘은 하나님의 계약 백성으로 부르심을 받았는데도, 열방들의 전철을 밟고 있다는 것.

5. 그들이 이 문제에 대하여 대답한 방식은 다음과 같은 것들이었다:
(a) 창세기와 출애굽기에 나오는 여러 옛적의 서사들을 다양하게 활용한 것.
(b) 제의적 유일신론에 의거한 것(특히, 제사 제도).
(c) 종말론적인 유일신론에 의거한 것(야웨가 언젠가는 다시 돌아와서, 자기 백성을 구원하고 만물을 새롭게 하며 온 세계 위에 자신의 주권적인 통치를 세움으로써 계약에 대한 자신의 신실하심을 드러내리라는 소망과 약속).

다소의 사울의 유일신론은 (4)에 요약된 문제들을 만들어내었고, (5)에 제시된 해법들을 요구하였다. 창조의 유일신론에 의해서 초래된 문제는 하나님이 이스라엘을 선민으로 택하였다는 사실에 의거해서 대답될 수 있었고, 계약의 유일신론에 의해서 야기된 부차적인 문제는 종말론에 의거해서 해결될 수 있었다. 이제 내가 현재의 장의 나머지 부분에서 논증하고자 하는 것은 사도 바울은 이러한 "해법들"을 유지하였다는 것, 달리 말하면, 그는 여전히 확고하게 제2성전 시대의 유일신론자로서 생각하고 있었다는 것, 그리고 그가 유일신론과 관련해서 그랬던 것과 마찬가지로, 이 해법들에 대해서도 메시야와 성령의 빛 아래에서 철저하게 수정하였다는 것이다. 달리 말하면, "무엇이 잘못되었는가"에 관한 그의 새로운 시각은 그가 여기저기에서 긁어모은 것들로부터 만들어낸 것이 아니라, 유일신론에 관한 그의 새로운 이해로부터 나왔다는 것이다. 그는 자신이 지니고 있던 제2성전 시대 유일신론을 예수와 성령의 빛 아래에서 개작하고 다시 표현하였던 것과 마찬가지로, 악이 무엇인가와 거기에 대하여 어떤 해법이 제시될 수 있는가에 관한 자신의 제2성전 시대의 유일신론적인 이해도 동일한 빛 아래에서 개작하고 다시 표현하였다. 십자가에 못 박혔다가 다시 살아난 메시야인 예수의 복음, 그리고 하나님의 성령이 세계에 강림하여 사람들의 삶과 공동체들을 변화시키고 있다는 사실에 대한 인식은, 그로 하여금 악의 문제와 거기에 대한 하나님의 해법에 대한 제2성전 시대 주류 유일신론의 이해를 훨씬 더 생생하고 분명하게 알 수 있게 해주었다.

따라서 나의 주장은 바울이 창조와 계약의 유일신론을 철저하게 다시 생각하여 수정한 것 속에는 악의 문제를 더욱 철저하게 살피고 거기에 따라 마찬가지로 철저한 해법을 제시한 것도 포함되어 있었다는 것이다. 예루살렘의 멸망이라는 사건이 묵시론자들을 다시 성경으로 돌아가게 만들었고, 궁극적으로는 아담 속에서 악의 문제의 근원을 볼 수 있게 하였던 것과 마찬가지로, 바울에게 있어서 바로 그런 역할을 한 것은 예수와 관련된 사건들이었다. 불협화음은 결국 메시야가 십자가의 나무 위에서 힘줄들이 끊어지면서 비명을 지르는 지점까지 도달하였고, 그 뒤에 이어진 부활 사건으로 인하여 예기치않게 더할 나위 없는 협화음의 노래가 울려 퍼지게 되었을 때, 바울은 일어나 그 노래를 함께 부를 수 있게 되었다. 그 노래 속에서 유일신론과 선민론과 종말론이라는 각각의 선율은 새롭게 결합되어 있었다. 이 세 파트는 서로 어우러져서 크고 힘찬 새로운 화음을 만들어 내었고, 바울은 그 노래를 듣는 순간 거기에 합류하여 함께 합창할 수밖에 없었다. 물론, 이것은 또다시 부차적인 문제를 발생시켰는데, 이 문제는 로마서 8장에서 한 가지 형태로 등장하고(예수의 부활과 만물이 궁극적으로 새로워질 그 날 사이에 낀 그리스도인의 "아직"[not yet]의 삶), 로마서 9-11장에서 또 다른 형태로 등장한다(믿지 않는 이스라엘의 문제). 바울은 자기가 이스라엘의 성경에서 발견하였고 단한 순간도 의심하지 않았던 저 동일한 신학, 즉 창조와 계약의 유일신론(따라서 제의와 종말론의 유일신론)이라는 관점에서 이 두 가지 문제에 대하여 한 치도 움츠러들지 않고 단호하게 대답을 제시한다. 그는 원래의 문제에 대하여 하나님이 준 해법 — 달리 말하면, 메시야와 성령 — 이 다른 나머지 문제들도 잘 해결해 줄 수 있을 것이라고 믿었다.

2) 바울 신학에 있어서 "곤경과 해법"

(1) 서론

내가 앞에서 논증한 것처럼, 세계와 인간과 이스라엘의 "곤경"에 대한 제2성전 시대의 관점이 제2성전 시대의 기본적인 유일신론의 복사판이라면, 당연히 이 "곤경"에 대한 바울의 수정된 인식은 그의 수정된 유일신론의 관점에서 이해될 수 있어야 한다. 그리고 이러한 주장은 바울 신학에 있어서 "곤경과 해법"에 관한 현재의 논쟁에 기여하는 방식으로 표현될 수 있다.

다른 많은 논쟁들과 마찬가지로, 이 논쟁도 1977년에 샌더스(Ed Sanders)에 의해서 처음으로 제기되었다.[371] 바울은 "문제" 또는 "곤경"에 직면해 있다가, 예수 속에서 "해법"을 발견한 것인가, 아니면 다메섹 도상에서의 계시로 인한 충격으로

371) Sanders, 1977, 442f.("문제에 선행하는 것으로서의 해법"); 474f. Sanders는 Bultmann 등(예컨대, Bultmann, 1951-5, 1.190, 227)을 명시적으로 반박하면서, Bornkamm, 1971 [1969], 120이 "죄-구원"이라는 석의적으로 통상적인 도식을 유지하는 가운데서도 비슷한 반박을 하고 있다고 지적한다.

인해서, 이스라엘의 하나님이 자기에게 "해법"을 주신 것으로 보아서, 지금까지 자기가 생각하지도 않아 왔던 모종의 "곤경"이 존재해 왔음에 틀림없다고 생각하게 된 것인가? 아니면, 다른 그 어떤 것이었는가? 적어도 아우구스티누스(Augustine) 이래로, 특히 루터(Luther) 이후로 표준적인 전제는 바울은 자신에게 율법의 가차 없는 요구들을 충족시킬 수 있는 힘이 없기 때문에 자기를 지은 조물주와 화평을 누릴 수 없다는 것을 깨닫고서, 양심의 가책이라는 문제 아래에서 괴로워하다가, 십자가에 못 박힌 예수가 이 모든 것에 대한 대답임을 발견하였다는 것이었다. 샌더스는 다른 대안을 제시하였다. 즉, 바울은 자신이 고백한 대로 실제로 선하고 흠 없이 승승장구하던 유대인이었기 때문에(빌립보서 3:4-6), 토라와 관련해서 어떤 잘못된 것이 있다는 것을 전혀 알지 못하고 있다가, 다메섹 도상에서 받은 예수의 새로운 계시로 인해서, 모종의 "문제"가 존재해 왔고 그 문제에 대한 "해법"이 예수임에 틀림없다는 결론을 내릴 수밖에 없게 되었다는 것이다. 그런 후에, 샌더스는 이러한 입장을 사용해서, 토라에 관한 바울의 기괴해 보이고 모순되는 것처럼 보이는 진술들을 설명한다. 즉, 그 진술들은 깊이 숙고하거나 논리적으로 정리해서 제시된 것들이 아니라, 단지 바울이 다메섹 도상에서의 자신의 체험에 의거해서 자기가 어릴 때부터 믿어 온 유대교와 그 율법에 무엇인가가 잘못된 것이 있음에 틀림없다고 믿고서, 그것이 무엇인지를 정확히 알아낼 시간이나 의향이 없이, 이것저것 생각나는 대로 얘기한 것이었기 때문에, 그는 이 주제에 관한 변증 속에서 서로 아귀가 잘 맞지 않는 괴상한 일련의 말들을 툭툭 던질 수밖에 없었다는 것이다.

바울에 대하여 글을 쓰는 많은 저자들, 특히 이러한 쟁점들이 첨예하게 등장하는 로마서에 대한 많은 주석서들에서는, 여전히 이런저런 형태의 표준적인 아우구스티누스적인 접근방식이 여전히 "대세"로 자리 잡고 있다. 특히 대중적인 차원에서는, 로마서는 오랫동안 "죄와 구원"이라는 관점에서 읽혀져 왔다. 즉, 샌더스가 반론을 제기한 개신교 체계뿐만 아니라, 일정 정도는 중세 시대 이래의 서구 신학의 전 범위와도 맥을 같이 하여, 그동안 로마서가 이해되어 왔다는 것이다. 이러한 전통은 지금도 계속되고 있다.[372]

하지만 많은 사람들이 샌더스가 제시한 후자의 접근방식을 따라 왔다.[373] 샌더스

372) Hultgren, 2010을 비롯해서, 주류 개신교 석의 내에서 다른 많은 사람들의 저작들을 보라. Thielman, 1989는 여러 가지 논쟁들에 대한 짧지만 영리한 초기 평가를 제공한다.

373) 이제는 Sanders, 2007; 2008b, 327-9와 그의 이전의 저작을 언급하고 있는 부분들을 보라; 또한, cf. Räisänen, 1986 [1983]; 2008, 326f. 및 여러 수정들과 질문들. Watson, 2004, 426은 Sanders와 마

는 다른 것들에서와 마찬가지로 이것과 관련해서도 사실 모종의 개혁 신학의 입장을 반영하고 있는데, 이 경우에 그의 견해 속에는 칼 바르트(Karl Barth)와 그의 몇몇 추종자들의 입장이 반영되어 있다.[374] 바르트는 그 어떤 형태의 "자연 신학"에 대해서도 강경하게 반대하는 입장을 취하였는데, 그 이유는 부분적으로는 그가 자신의 스승들이 지니고 있던 자유주의적 신학을 배척하였기 때문이었고, 부분적으로는 나치(Nazi) 이데올로기에 반대하였기 때문이었다. 그는 악과 죄를 아는 지식을 포함한 모든 지식은 오직 예수 그리스도의 복음의 빛 속에서만 주어진다고 역설하였다. 샌더스(Sanders)는 이러한 입장을 신학적으로 온건하게 대변해서, 바울은 예수 안에서 "구원"을 발견하였기 때문에, 그 이유를 자세하게 알아보지도 않고서, 다른 모든 체계들을 배척해 버렸다고 주장하였다.

하지만 "통상적인" 서구적 견해와 샌더스 등의 견해는 내가 위에서 개략적으로 제시한 "악의 문제"에 관한 설명을 토대로 — 그리고 바울의 본문들 자체를 토대로 — 재고되어야 한다. "곤경과 해법"에 관한 질문은 제2성전 시대의 유대적 유일신론 및 그러한 유일신론을 바울이 기독론과 성령론을 중심으로 개정한 것에 비추어서 수정될 필요가 있다. 달리 말하면, 우리는 샌더스의 혁명을 그가 했던 것보다 훨씬 더 앞으로 진척시켜야 한다는 것이다. 개인의 죄와 구원, 그러한 문제들과 관련한 이스라엘의 토라의 역할 같은 관념들은 바울에게서 여전히 중요할 뿐만 아니라, 사실 아주 중요하다. 그러나 우리는 그러한 관념들을 중세적이고 종교개혁적인 이론들의 틀을 통해서 접근하는 대신에, 훨씬 더 큰 유대적인 틀, 즉 유일신론 대 우상 숭배, 토라를 지키는 것 대 부도덕, 그리고 이러한 대립물들에 수반된 사회적이고 문화적이며 정치적인 의미들, 특히 이스라엘의 성경과 후대의 전통들 내에서 종종 엿볼 수 있고 바울에 의해서 좀 더 자세하게 밝혀진 좀 더 큰 세계적이고 심지어 "우주적인" 관점 내에 다시 위치시켜야 한다. 달리 말하면, 우리는 "악의 문제"를 한편으로는 "자연의 악," 다른 한편으로는 "인간의 죄"로 나눈 비교적 최근의 구분법에 동조하지 말아야 하고, 특히 "구원"은 인간을 현세로부터 건져내는

찬가지로, 율법에 대한 바울의 설명 속에서 기독론에 의해서 발생한 "모순"을 본다. 이제 바울에 있어서 "곤경에서 해법으로"의 연속에 대한 주된 도전을 주도하고 있는 것은 Campbell, 2009이다. 그는 Sanders가 Bultmann과 관련해서 배척하고 있는 것을 좀 더 넓은 개신교 전통으로 확대해서 강력하게 전개해 왔다. Campbell의 경우에, 그가 배척하는 것은 먼저 "인간의 죄"를 확정하고 그런 후에 치유책을 제시하고자 하는 "근본주의적인" 시도이다. 그러한 시도가 석의에 미친 영향들에 대해서는 아래를 보라.

374) 유대교 내에서의 토라의 역할에 대한 Sanders의 "긍정적" 설명과 토라를 이미 속량 받은 자들을 위한 삶의 방식으로 보는 칼빈주의적인 견해를 비교해 보라. Barth에 대해서는 Barth, 1936–1969, 2.2.92f.를 참조하라: "오직 은혜를 통해서만 은혜의 결여 자체를 알 수 있다." Martyn, 1997a, 95, 266은 이것을 가져와서 강조하고, 자신의 전체적인 구도의 주제로 삼는다.

것을 의미한다고 여기는 고전적인 서구적 전제(지속적인 주류 전통과 샌더스의 수정주의적 제안들에서 여전히 분명하게 드러나는)를 받아들여서는 안 된다는 것이다. 제2성전 시대 유대인들은 그러한 문제들을 성찰하였을 때, 모든 차원에서의 온갖 잡다한 불행한 재난들을 "악"이라고 보았고, 피조 세계로부터 건져내지는 것이 아니라 (개인적이거나 정치적이거나 우주적인) 악으로부터 건짐을 받는 것을 "구원"이라고 보았다. 그들의 유일신론은 "정의"를 구하는 부르짖음과 "구원"을 바라는 호소로 표현되었는데, 이것들은 이사야서 40-55장의 대주제들 중의 두 가지였다. 달리 말하면, 그들은 피조세계 내에서의(within) 철저한 변화를 구하였다는 것이다. 바울의 수정된 유일신론은 메시야 안에서 성령으로 말미암아 이미 정의는 행하여졌고 구원은 주어졌다고 선언하였다. 이것은 그에게 "문제"를 훨씬 더 선명하게 볼 수 있게 해주었지만, 그는 "문제"에 대하여 언급한 이전의 이런저런 단편들을 긁어모아서 "문제"가 어떤 것인지를 확실하게 알게 된 것이 결코 아니었다.

우리는 이것과 관련하여 가장 기본적인 핵심을 아주 분명하게 단언할 수 있다. 즉, 바울은 이미 "문제"를 알고 있었고, 우리가 앞에서 보았듯이, 모든 독실한 유대인들도 마찬가지였다. 그들이 알고 있던 "문제"가 중세 도덕주의자가 제시한 괴로운 양심이라는 "문제"와 동일한 것이 아니었다고 해서, 그들이 "문제"를 몰랐다고 할 수는 없는 일이다. 그들이 지니고 있던 "문제"는 창조와 계약의 유일신론에 의해서 생성된 문제였다: 세계는 왜 이토록 엉망진창이고, 이스라엘은 왜 여전히 속량을 받지 못하고 있는 것인가? 바울에게 있어서 예수가 십자가에 못 박혔다가 부활한 메시야라는 계시는 계약의 하나님이 이러한 문제들에 대한 해법을 제시한 것을 의미하였다. 그러나 하나님은 해법을 제시하면서, 문제들도 재정의하여서, 그들의 사정이 지금까지 내내 그 누구도 생각한 적이 없을 정도로 훨씬 더 나빴다는 것을 계시하였다. 통상적인 유대적 유일신론이 "곤경"에 대한 특정한 분석을 만들어 내었던 것과 마찬가지로, 바울의 수정된 유일신론도 수정된 분석을 만들어 내었다. 따라서 세계와 인간과 이스라엘의 문제에 대한 그의 이해는 어떤 의미에서는 여전히 제2성전 시대 유대교 내에 자리 잡고 있는 것이었다고 하여도, 복음을 통해서 새롭게 계시된 것이었다고 말할 수 있다. 따라서 연속성과 불연속성이라는 통상적인 문제는, 바울의 신학, 그리고 실제로는 초기 기독교의 신학에 속한 아주 많은 것들과 마찬가지로, 이 점과 관련해서도 제기된다. 우리는 여기서 세계와 인간과 이스라엘 속에 기존에 존재하였던 이 "곤경"은 샌드멜(Sandmel) 등이 샌더스와 대화하는 가운데 상정하였던 여러 "곤경들"과 판이하게 다른 것이었고, 그런 것들보다 훨씬 더 큰 것이었다는 점을 유의하여야 한다.[375)]

달리 말하면, 바울은 "곤경"에 대한 자신의 원래의 이해로부터 원래의 "곤경"의 모든 차원들을 계시해 준 "해법"으로 옮겨갔다는 것이다:

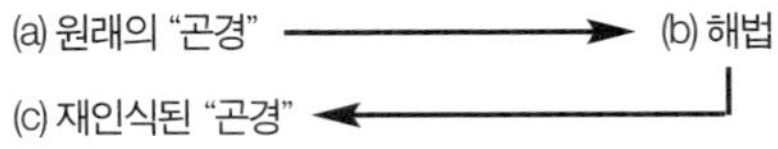

(a)와 (c)가 동일하지 않다는 것은 분명하지만, 이 둘이 전혀 다른 것은 아니다. (c)의 재인식된 곤경은 바울이 (b)의 해법에 의해서 어쩔 수 없이 (a)를 철저하게 수정한 것이다. 샌더스가 바울이 이제 "곤경"에 대하여 말하고 있는 것은 그가 파악하였던 해법의 복사판이라고 지적한 것은 절대적으로 옳다. 그러나 그가 (c)의 재인식된 곤경이 완전히 새로운 것(달리 말하면, (a)의 존재를 부정하는 것)이었고, (c)에 관한 바울의 표현들, 특히 유대 율법을 비판한 그의 신랄한 말들은 자신의 변증 과정 중에서 단지 무작위적이고 산발적으로 터져 나온 말들에 불과하다고 주장한 것은 둘 다 잘못된 것이다 — 이것에 대해서는 내가 곧 논증할 것이다.

그렇다면, 재인식된 곤경은 무엇이었는가? 바울이 파악한 "해법"은 어떻게 그로 하여금 우리가 앞 절에서 설명한 원래의 "곤경"을 철저하고 근본적으로 다시 볼 수 있게 — 아니, 다시 보지 않으면 안 되게 — 하였는가? 나는 이것을 세 단계로 구분해서 먼저 개략적으로 제시하고 나서, 그런 후에 해당 본문들에 대한 석의를 통해서 자세하게 입증하고자 하는데, 바울로 하여금 이 "곤경"을 갑자기 선명하게 볼 수 있게 해준 것은 십자가와 부활과 성령의 결합이었다.

1. "곤경"에 관한 바울의 수정된 관점에서 가장 명백한 요소는 메시야가 십자가에 못 박혔다는 사실로부터 직접적으로 왔다. "만일 '의롭게 되는 것'이 율법으로 말미암아 오는 것이라면, 메시야는 헛되이 죽으신 것이다."[376] 이것은 다른 모든 것의 기초가 되었다.
2. 아주 명백한 것은 아니었을지라도 마찬가지로 중요하였던 것은 메시야가 부

375) Sanders, 1977, 443 n. 5는 Sandmel을 인용해서, 바울은 그가 말하지 않은 "지하의" 곤경을 지니고 있었을 것이라고 주장한다: "인간의 필요에 적합하지 않은 율법의 난점." 나는 빌립보서 3장과 고린도후서 3장이 그러한 것을 직접적으로 부인하는 것으로 보인다는 Sanders의 말에 동의한다. 그러나 Sandmel의 설명은 내가 상정하고 있는 것과 같은 "곤경," 즉 세계의 전체적인 상태와 특히 이스라엘의 상태"를 제대로 말하고 있지 않다. 이러한 논쟁은 "종교"를 따로 분리해서 보아 온 경향 속에서 너무나 오랫동안 시들해져 왔다.

376) 갈 2:21.

활하였다는 사실이었다. 부활 사건은 그로 하여금 만유 전체에 대한 창조주의 목적을 훨씬 더 선명하게 이해할 수 있게 해주었고, 그 결과 피조세계 전체가 신음하며 고통해 왔다는 "곤경"과 문제도 그에게 아주 선명해졌다.

3. 성령의 변화시키는 역사를 통해서 이스라엘의 하나님이 친히 임재해 계신다는 것이 계시되자, 바울은 인간의 곤경이 얼마나 깊은 것인지를 재인식하지 않을 수 없게 되었다. 유대인들을 포함한 모든 인간은 마음이 굳어져 있기 때문에 그 내면 깊은 곳에서 새로워지지 않으면 안 되었다.

나는 이 세 가지를 각각 따로 항목을 달리해서 살펴볼 것이지만, 여기에서 먼저 다메섹 도상에서 무슨 일이 일어난 것인지에 관하여 개략적으로 살펴보는 것이 도움이 될 것이다. 다소의 사울은 거기에서 예수가 부활하였다는 사실에 직면하고서, 그가 메시야였고, 지금은 높임을 받아서 하나님의 오른편에 있는 영광과 권세의 자리에 앉아 있다는 결론을 얻게 되었고, 아울러 예수가 이사야가 꿈꾼 방식으로 이스라엘을 이교도들로부터 구원하지도 않았고, 이스라엘의 모든 사람들로 하여금 율법을 지키도록 이끌지도 않았으며, 성전을 정화하거나 재건하지도 않았고, 세계에 정의와 평화를 가져다주지도 않았지만, 기존의 유대적인 유일신론은 최근에 십자가에 못 박혔다가 부활한 예수를 중심으로 재편되지 않으면 안 된다는 결론을 내리게 되었다. 이것은 다소의 사울이 지니고 있던 기대들을 가공할 정도로 뒤집어 버리고 역전시켜 버린 대격변이었기 때문에, 다음 세대의 유대인들에게 일어난 예루살렘의 멸망과도 비견될 만한 충격적인 사건이었다. 예루살렘 멸망이라는 저 충격적인 사건이 그러하였듯이, 다메섹 도상의 사건도 다소의 사울로 하여금 아담에 이르기까지의 인류 역사 전체를 근본적으로 철저하게 다시 생각하지 않을 수 없게 만들었다. 우리는 다메섹 도상에서 다소의 사울에게 일어난 일을 하나의 시각에서 다음과 같이 표현해 볼 수 있다: 생각하면 할수록 해답은 없고 질문들만이 꼬리를 물고 생겨났던 하나의 질문에 대한 "대답"이 그에게 계시되었다. 그가 지금까지 생각해 왔던 문제보다 훨씬 더 깊고 암울한 문제에 대한 "해법"이 그에게 주어졌다. 그것은 어떻게 해야 정확하게 원을 그릴 수 있는지를 고민해 오던 사람에게 완벽한 구면체를 만드는 비법이 갑자기 주어진 것과 같았다. 다메섹 도상의 체험 후에, 다소의 사울은 "내가 오랫동안 생각해 왔던 문제에 대한 해법을 이제야 찾았다"고 생각한 것도 아니었고, 샌더스(Sanders) 등이 주장하였듯이, "나는 '문제'가 있다는 것을 몰랐었는데, 이렇게 '해법'이 주어진 것을 보니, 모종의 문제가 있어 왔던 것임에 틀림없어"라고 생각한 것도 아니었다. 그는 (평소처럼 자신의 기억 속에 잘 저장해 두었던 성경을 쭉 훑어보면서) 이 "해법"(십자가에 못 박힌 예수의 부활)이 이 "문제들"에 대하여 무엇이라고 말하고 있는 것인지를 자문하였다. 바울은 자신에게 처방된 약들을 마련하기 위해서, 의사가 준 처방전을 살펴보다가, 그 처방전을 통해서, 자신의 병이 자기가 생각해 왔던 것보다 훨씬 더 심각하다는 결론을 내리게 된 사람과 같았다.

바울에게 주어진 대답들은 아무렇게나 주어진 것도 아니었고, 앞뒤가 안 맞는 것도 아니었다. 그는 인간의 죄라는 문제, 특히 유대 율법이라는 문제에 관하여 쓸 때, (샌더스 등이 주장한 것과는 달리) 방에 말벌이 있다는 것을 확실히 알지도 못하면서 그럴 것이라고 추측해서 말벌을 찾아 쫓아내기 위해 방 구석구석을 휘젓고 다니는 사람과 같은 심정으로 그 글을 쓴 것도 아니었고,[377] 사람이라면 누구나 다 수긍할 수 있는 내용들로 인간의 죄에 대하여 글을 쓴 것도 아니었다.[378] 그는 십자가에 못 박혔다가 부활한 메시야가 유대적인 유일신론의 중심에 있다는 사실은 세계와 이스라엘의 "곤경"에 대한 근본적이고 철저한 수정을 요구한다는 결론에 도달하였다.[379] 이렇게 해서, 하나님의 정체성을 중심으로 한 제2성전 시대의 유일신론에 대한 그의 철저한 수정은 세계와 이스라엘의 "곤경"에 대한 제2성전 시대의 이해에 대한 철저한 수정으로 고스란히 이어졌다. 바울은 "곤경"에 대한 원래의 이해를 그대로 갖고 있다가, 단지 예수가 거기에 대한 "해법"이라는 것을 발견한 것도 아니었고, 곤경이 있는지도 모르고 있다가 자기에게 "해법"이라고 하는 것이 주어지자, 그제야 무엇인가 "곤경"이라고 할 만한 것을 주섬주섬 챙기지 않을 수 없었던 것도 아니었다. 그에게는 이미 "곤경"에 대한 인식이 있었다. 이것은 모든 유대인들, 특히 "열심"을 지니고서 한 분 유일하신 하나님에게 헌신하는 삶을 살았던 유대인들도 마찬가지였다. 따라서 바울이 기존의 유대적인 "유일신론"을 예수와 성령을 중심으로 다시 생각하고 수정하였을 때, 그러한 유일신론 내에 자리 잡고 있던 "곤경"에 대한

377) Sanders, 2008b, 329-33는 바울이 "통일적"이기는 하지만 "체계적이지 않다"는 것이 자신의 견해라고 지적한다. 그러나 그의 "해법 대 곤경" 모형의 취지는 적어도 부분적으로는 바울이 율법에 대하여 말하고 있는 것 속에 존재하는 것처럼 보이는 "모순들"을 설명해 내는 것이었다; 그는 한편으로는 로마서 2:1-16이 바울의 사상의 나머지 부분과 부합하는 것으로 보이지 않다고 주장하였고(Sanders, 1983, 123-35), 다른 한편으로는 로마서 7:7-25이 "일관되지 못하고" "뒤틀린" 설명들을 제시하고 있기 때문에(1983, 79-81), "바울이 다른 곳들에서 일관되게 유지하고 있는 견해를 실존적으로 표현하고 있는 것이 아니다"라고 주장한다(1983, 78).

378) Campbell, 2009를 보라: Campbell은 바울 자신이 이런 일을 저질렀다고 생각하지 않지만, 현재의 로마서 1:18-3:21이 제시하고 있는 것은 그런 것이라고 생각한다.

379) Keck, 1984는 바울이 묵시론자들의 문제점을 더욱 철저하게 다루었다는 쪽으로 논증을 진행해 나간다.

인식도 똑같은 방식으로 다시 생각되고 수정될 수밖에 없었다.

이제 우리는 아래에서 "수정된 곤경"의 세 범주를 자세하게 살펴볼 차례이다.

(2) 수정된 "곤경" (1): 십자가의 빛 아래에서

십자가에 못 박힌 메시야는 "문제"가 바울이나 유대인들이 이전에 생각해 왔던 것보다 훨씬 더 심각한 것임에 틀림없다는 것을 의미하였다. 세계의 문제들에 대한 해법이 율법의 빛을 이교의 어둠 속에 비추는 이스라엘의 소명에 있다면, 굳이 메시야가 십자가에 못 박혀야 할 이유가 어디 있겠는가? 그들이 생각해 왔던 것보다 더 무게 있는 해법이 주어졌다면, 그럴 필요가 있었을 것임에 틀림없다. 믿는 유대인들과 믿는 이방인들은 단일한 새로운 권속에 함께 속해 있는 자들이라고 바울이 역설한 것만이 아니라, 유대인이나 이방인이나 할 것 없이 모두 다 죄 아래 있다고 역설한 것의 근저에 있는 것도 이것이고, 그가 (창세기 1-12장의 서사에 이미 내포되어 있었던 것인데도) 자기 이전의 그 어떤 유대인도 하지 않았던 것, 즉 "문제"의 근원을 추적하여 아담과 하와에게서 그 원인을 찾아낸 이유도 거기에 있다. 이 점에서, "곤경"에 대한 바울의 재성찰과 관련해서 십자가가 행한 역할은 에스라4서와 바룩2서에서 발견되는 비슷한 재성찰과 관련해서 예루살렘의 멸망이 행한 역할과 같은 것이었다. 왜냐하면, 그들이 예루살렘의 멸망은 유대인들이 이방인들과 똑같이 인간의 원죄에 붙잡혀 있음에 틀림없음을 보여주는 것이라고 결론을 내렸던 것과 마찬가지로, 바울이 추론한 것은 메시야가 십자가에 못 박혔다면, 그것은 오직 이스라엘 전체도 모든 인간이 처해 있는 것과 동일한 곤경에 처해 있다는 것을 말해 주는 것일 수밖에 없다는 것이었기 때문이다. 유대인들을 포함해서 모든 사람은 원죄에 감염되어 있다는 혁신적인 관념은 바울이 성경 속에서 발견해낸 것이었지만, 그가 그것을 발견해낼 수 있게 해주었던 것은 십자가에 못 박힌 메시야에 관한 계시였다.

우리는 이 동일한 논점을 다른 식으로 접근할 수도 있는데, 그것은 장차 임할 최후의 심판에 관한 바울의 개념에 무슨 일이 일어났는지를 살펴보는 것이다. 다소의 사울은 성경의 수많은 증언들을 토대로, 이스라엘의 하나님이 언젠가는 능력과 영광 중에 세계를 심판하기 위하여 다시 올 것이라고 추호의 의심도 없이 믿었다. 또한, 그는 이사야서 11장 같은 본문들을 토대로 해서, 하나님이 장차 임할 메시야 안에서 및 그 메시야를 통해서 세계를 심판할 것이라고 믿었을 것이다. 사도 바울은 예수가 메시야라는 것이 그의 부활을 통해서 입증되었다고 믿었기 때문에, 장차 "메시야 예수를 통해서" 심판이 행해질 것이라고 믿었다.[380] 그러나 메시야를 중심으로 수정된 "곤경"에 대한 바울의 인식 속에서 달라진 것은 단지 장차 심판주가 될 이의 이름을 알게 된 것만이 아니었다. 메시야는 십자가에 못 박힌 예수였기 때문에, "악의 문제"는 바울이 이전에 생각해 왔던 것보다 훨씬 더 깊은 것일 수밖에 없었고, 특히 이스라엘 자체도 거기에 깊이 연루되어 있다는 것도 너무나 분명해졌다. 하나님의 선민인 이스라엘이 현 상태에서 긍정될 수 있는 것이었다면, 달리 말해서, "의롭게 되는 것"이 토라를 통해서 얻어질 수 있는 것이었다면, 굳이 메시야가 죽을 필요는 없었을 것이었다. 따라서 문제는 "죄"(Sin)라는 것이 드러난다. 모든 인간을 포로로 사로잡고 있는 우주적 세력으로서의 "죄"(Sin)와 모든 인간의 마음속에 자리 잡고 있는 치명적인 질병으로서의 "죄"(sin).

이것은 특히 갈라디아서 2:15-21의 취지이다. 바울이 거기에서 유대인 출신의 메시야 추종자들과 이방인 출신의 메시야 추종자들이 각각 다른 상에서 먹어서는 안 된다는 것을 논증하는 이유는 메시야의 십자가가 유대인-이방인이라는 구분이 의미하는 것보다 더 깊은 문제 -그리고 그 문제에 대한 해법 -를 계시해 주었기 때문이었다.

그는 2:17-18에서 십자가를 유대인들을 끔찍한 딜레마로 몰아넣는다고 설명한다. 즉, 너희는 (a) 이방인들을 포함한 너희의 모든 동료 신자들과 식탁 교제를 함께 함으로써, 유대인과 이방인을 구별하는 토라를 폐기하거나, (b) "이방 죄인들"이 이제는 "메시야 안에" 있다고 할지라도, 너희가 전에 허물었던 담, 즉 너희 자신과 "이방 죄인들"의 세계 중간에 세워져 있었던 율법이라는 장애물을 다시 세우거나, 둘 중의 어느 하나를 택하여야 한다는 것이다. 너희가 첫 번째를 선택한다면, 너희는 무할례자인 이방인들과 교제를 나누는 자들이 될 것이기 때문에, 율법과 관련된 전문용어로 표현하자면 "죄인"이 될 수밖에 없다. 그리고 너희가 두 번째를 선택한다면, 너희는 이제 다른 모든 유대인들과 똑같은 처지에 놓이게 되었기 때문에, 너희가 이전에 율법을 범하였던 일들로 인해서(이전에 이방인들과 식탁 교제를 함께 하였던 것을 포함해서), 토라는 너희를 "범법자"로 고발하게 될 것이다. 너희 앞에 놓여 있는 선택지는 "죄인"이 되거나 "범법자"가 되는 것, 이렇게 둘밖에 없다. 다음 장에서 바울은 이스라엘의 성경이 "모든 것을 죄의 권세 아래 가두었

380) 롬 2:16. 이것은 드물게 나오는 "메시야로 말미암아"라는 표현들 중의 하나이다; 통상적으로 바울은 예수와 관련해서 "말미암아"라는 표현을 사용할 때에는 "예수로 말미암아"라고 말한다. 이것은 그가 특히 메시야에 의한 장래의 심판에 대하여 생각하고 있다는 것을 보여주는 것임이 거의 확실하다. ("메시야 예수로 말미암아"라는 이독은 좋은 사본들의 지지를 받고 있기는 하지만, 분명히 "더 쉬운" 읽기이다; Fitzmyer, 1993, 312; Jewett, 2007, 193 등을 보라.)

다"(3:22)고 설명한다. 복음을 통해서 "문제"의 깊이가 어느 정도인지 그 실상이 처음으로 적나라하게 드러난다. 이것이 하나님에 의해 제시된 해법이 무지막지한 이유이다: 죽음과 새로운 삶. 이 해법 외에는 다른 어떤 것도 유효하지 않다. 메시야의 십자가가 바로 그렇게 말하고 있다:

> [19]내가 율법으로 말미암아 율법에 대하여 죽었으니, 이는 하나님에 대하여 살려 함이다. 나는 메시야와 함께 십자가에 못 박혔다. [20]하지만 나는 살아 있다. 그러나 그것은 이제 내가 아니고, 내 안에 살아 계시는 메시야이다. 나는 여전히 육체 가운데 살아가지만, 나를 사랑하셔서 나를 위하여 자기 자신을 주신 하나님의 아들의 신실하심 안에서 살아가는 것이다. [21]나는 하나님의 은혜를 폐하지 않는다. 만일 "의롭게 되는 것"이 율법으로 말미암아 오는 것이라면, 메시야께서는 헛되이 죽으신 것이다.[381)]

이 본문이 무엇을 말하고자 하는지는 굳이 설명할 필요가 없을 정도로 분명하다. 메시야의 죽음은 이전에 (선지자들과 신명기를 제외하고) 아무도 상상하지 못했던 것, 즉 "문제"는 그리스도인이 되기 이전의 한 바리새인이 생각해 왔던 것보다 훨씬 더 깊다는 것을 계시해 주었기 때문에, 메시야를 믿는 자들의 공동체 내에서 또다시 민족적인 구별을 운운하는 것은 부질없는 짓이다. 훨씬 더 깊다는 것이 드러난 이 문제에 대한 유일한 해법은 메시야와 함께 죽어서 옛 정체성을 죽이고, 메시야와 함께 다시 살아나서 민족적인 구별이 더 이상 유효하지 않은 새로운 정체성을 발견하는 것뿐이다.

따라서 이제 바울에게 있어서 "구원"은 단지 바로 이 현세적인 "구원"의 도래 이전에 죽은 모든 의로운 유대인들에게 약속된 "내세"에서의 부활("사망으로부터의 구원")을 의미하는 것도 아니었고, 그러한 구원과 결부되어 있었던 이교도들의 압제로부터의 구원을 의미하는 것도 아니었다. 내세에 대한 그러한 비전은 마카베오 문헌들 속에서 자세하게 표현된 소망이었고, 우리는 그것이 다소의 사울을 지탱해 주었던 비전이기도 하였다는 것을 확신할 수 있다. 그러나 메시야의 십자가와 부활의 빛 아래에서 "문제"에 대한 좀 더 깊은 분석이 가능해졌고, "구원"의 좀 더 깊은 의미도 드러날 수 있었다. 이제 "구원"은 "이교의 우상 숭배와 부도덕이라는 분명한 징후를 지닌 질병으로부터의 구원," 달리 말하면, "죄로부터의 구원," 즉 이스라엘을 포함한 인류 전체가 치명적으로 감염되어 있는 "죄"(hamartia – '하마르티아')로부터의 구원을 의미할 수밖에 없었다. 일단 우리가 이렇게 "문제"가 얼

381) 갈 2:19-21.

마나 심각한 것인지를 얼핏 보게 되면, 토라는 하나님이 준 선하고 거룩한 법이지만, 문제를 더 악화시킬 뿐만 아니라, 사실은 문제를 더 악화시켜서 나중에 단번에 처리될 수 있게 될 지경까지 몰고 가게 하기 위하여 주어진 것임이 분명해진다-바울은 이것을 알았고, 우리도 이것을 곧 잠시 살펴본 후에 특히 다음 장에서 자세하게 살펴볼 것이다.

내가 이렇게 "죄"를 부각시키는 방식으로 문제를 규정하는 것을 보고서, 바울에 대하여 "옛 관점"을 지니고 있는 사람들은 아마 안도의 한숨을 쉴 지도 모르겠다. 하지만 우리는 늘 그래 왔고, 지금도 그렇다(우리는 몇몇 독자들이 우리를 그렇게 생각한다고 말하는 것을 실제로 듣고 있다). 문제는 죄이고, 해법은 구원이다. 그들은 이 원래의 지점으로 돌아오는 데에는 중간에 우여곡절도 많았고 시간도 많이 걸리기는 하였지만, 일단 안전하게 집으로 돌아왔기 때문에, 더 이상 이 재미있는 "새 관점들"에 대해서 염려하지 않아도 되겠다고 생각할 것이다. 그러나 우리가 그 초점이 현저하게 축소되어 개인에게 맞춰져 있고 흔히 본질적으로 플라톤적인 "구원관"을 말하고 있다고 그들이 생각한다면, 그것은 오산이다. 그들은 구원이라는 것은 "영혼"이 공간과 시간과 물질로 이루어진 이 악한 세계로부터 "구원 받고," "순전히 영적인" 세계가 아닌 저 물질적인 세계를 강조하는 듯이 보이는 모든 것("인간의 공로"를 포함해서)으로부터 구원을 받는 것이라고 생각한다. 하지만 이렇게 현저하게 축소되어 흔히 마르키온주의적이고(Marcionite) 종종 위험스러운 마니교적인(Manichean) 그들의 세계관은 인간의 책임 영역으로 주어진 피조세계 전체를 물려받는 "영광"을 위하여 인간이 창조된 것이라고 역설하는 로마서 3:21-8:39의 논증 전체와 상반된다. 사실, "구원"에 대한 바울의 재정의는 기독교 이전의 유대 문헌들 속에서 발견되는 (그의 관점에서 볼 때) 천박한 "죄" 개념을 근본적으로 철저하게 수정한 것이었다. 그렇게 해서, 그는 "영혼 구원"이라는 플라톤적인 구원론을 더욱 공고히 한 것이 아니라, 창조주와 피조세계의 문제의 중심에 내내 있어 왔던 문제에 대한 진단을 내놓았다. 즉, 하나님의 영광과 지혜로운 주권을 세계 속에 반영하도록 하기 위하여 지음 받은 인간이 "영원히 찬송 받으실 창조주보다 피조물을 더 경배하고 섬겨" 왔다는 것이다.[382]

바울에 의하면, 인간이 "구원을 받아" 죄와 그 결과들로부터 건짐을 받아서, 하나님의 형상을 지닌 자들로서 마음에 할례를 받고 생각이 변화되어 다시 자신의 소명을 제대로 수행할 수 있게 될 때, 피조세계는 인간이 자신에게 주어진 의무를 방기함

382) 롬 1:25.

으로써 일어나게 된 썩어짐의 종노릇하는 것에서 건짐을 받을 수 있고 받게 될 것이고, 이 좀 더 큰 장면의 일부로서 사람들은 죄의 당연한 결과였던 사망으로부터 건짐을 받고 다시 일으키심을 받아 새로운 삶을 살게 될 것이다.[383] 이것은, 가톨릭이든 개신교이든, 자유주의 진영이든 보수주의 진영이든, 전통적인 서구의 구원론이 통상적으로 생각해 왔던 것보다 훨씬 더 큰 그림이다. 이것은 이스라엘의 성경 속에서 자신이 지은 세계 전체에 대한 창조주의 신실하심, 자기 백성에게(to) 행하겠다고 한 약속만이 아니라 자기 백성을 통해서(through) 행하겠다고 한 약속, 즉 "너의 권속 안에서 땅의 모든 권속이 복을 받게 될 것"이라는 약속에 대해서도 신실하신 계약의 하나님에 관한 그림이다.

이 좀 더 큰 그림 내에서 우리는 마침내 바울이 율법에 대하여 말하고 있는 것들을 이해할 수 있게 된다. 우리는 이미 제7장에서 이것에 대하여 개략적으로 말하였고, 아래의 제10장에서 "선민론"에 대하여 다룰 때에 이것에 대하여 다시 살펴볼 것이지만, 여기에서도 다음과 같이 요지만은 간단하게 알아둘 필요가 있다. 바울에 대한 전통적인 읽기 내에서 "율법" 문제는, 율법은 죄, 그러니까 실제로는 죄인들을 정죄하는 반면에, "복음"의 대답은 메시야가 친히 그러한 정죄를 담당하였다고 선언하였다는 것이었다. 물론, 그것은 바울이 말하고 있는 것들 중의 일부이기는 하지만, 샌더스(Sanders) 등이 말한 것처럼, 바울이 율법에 관하여 말하고 있는 것의 많은 부분은 그렇게 지나치게 단순화된 요약과 부합하지 않는다. 레이제넨(Räisänen) 등의 지지를 받은 샌더스의 견해는 바울이 자기가 율법을 배척하는 이유들을 숙고한 적이 없었기 때문에, 율법에 관한 그의 변증은 무작위적임과 동시에 어떤 의미에서는 앞뒤가 잘 맞지 않게 되었다는 것이다. 이 두 가지 설명과는 달리, 바울은 십자가를 토대로 "곤경"에 대한 새로운 시각을 갖게 되자, 율법은 율법 아래 있는 자들에게 "의"를 가져다줄 수도 없고(그렇지 않다면, 메시야가 십자가에 못 박힐 필요가 전혀 없었을 것이기 때문에), "유대인"으로 하여금 세계의 빛이 될 수 있게 해줄 수도 없을 뿐만 아니라(율법은 "이방인"에게만이 아니라 "유대인"에게도 필요하였던 인격적인 변화를 가져다줄 수 없었기 때문에), 새롭게 드러난 이스라엘을 선택한 하나님의 계획 내에서 원래 인간을 정죄하는 기이하면서도 중요한 역할을 하게 되어 있었다는 것을 깨닫게 되었다. 이것은 우리에게 로마서 7장과 로마서 9-11장의 신비들을 보여주는데, 이것들에 대해서는 우리가 나중에 다시 살펴볼 것이지만, 여기에서 강조해 두어야 할 것은 다소의 사울은 "율법이 지닌

383) 롬 1:32.

문제점"을 전혀 알지 못했던 것으로 보이는 반면에, 사도 바울은 새롭게 밝혀진 이스라엘의 "문제"와 그 문제에 대한 해법이라는 둘 모두에서 율법이 결정적으로 중요한 역할을 한다는 것을 알았다는 것이다. 이것과 관련해서 십자가는 실제로 율법에 대한 완전히 새로운 관점을 만들어 내었는데, 그것은 (단지 "율법"은 "순종해야 할 선한 것"에서 "이제 폐기되어야 할 나쁜 것"으로 바뀐 것으로 보는) 전통적인 읽기나 (바울은 율법과 관련해서 두서없이 중구난방으로 잡다한 얘기들만 늘어놓고 있다고 보는) 샌더스, 특히 레이제넨의 수정된 읽기들의 관점에서는 표현될 수 없다. 우리는 율법에 대한 이 새로운 관점을 다음 장에서 좀 더 분명하게 보게 될 것이다.

(3) 수정된 "곤경"(2): 부활의 빛 아래에서

바울이 기존에 지니고 있던 "곤경"에 대한 인식을 좀 더 큰 맥락 속에 위치시키고 그 실상을 좀 더 선명하고 뚜렷하게 드러내는 역할을 한 두 번째 계기는 예수의 부활이었다. 부활 사건은 예수가 수치스러운 십자가 처형을 당했다고 할지라도 실제로는 이스라엘의 메시야였다는 것을 입증해 주었고, 그가 장차 도래할 심판의 날에 모든 사람을 심판할 심판주라는 것을 말해 주는 것이었을 뿐만 아니라, 이스라엘과 인간은 물론이고 피조세계 전체까지 겪고 있던 가장 깊은 차원에서의 "곤경"에 처한 만유에 대하여 하나님이 의도한 "미래"의 궁극적인 성격을 보여주는 것이기도 하였다.

이사야서의 끝부분에 나오는 "새로운 피조세계"에 관한 본문은 여전히 그 새로운 세계 내에도 사망이 존재할 것임을 상정한다.[384] 하지만 이사야서 25:6-9에는 그러한 것을 뛰어넘는 내용이 나오고, 바울은 그 내용이 하나님이 장차 이루기로 작정한 약속이라는 것을 깨닫고서, 계약의 하나님은 이제 예수에 대하여 행한 일을 자신의 모든 백성만이 아니라 피조세계 전체에 대해서도 행할 것이라고 말한다. 하나님은 "사망을 영원히 삼켜 버리실" 것이다.[385] 하나님이 (인간을 피조세계로부터[from] 구원하는 것이 아니라) 궁극적으로 피조 질서 전체를 구원할 것이라고 본 바울의 시각은 그가 메시야에 관하여 믿었던 것으로부터 직접적으로 도출된 인식이었고, 이것은 그로 하여금 "악"을 인간의 죄나 인간의 죽음 전체를 합한 것보다

384) 사 65:17-25.

385) 고전 15:54에 인용된 사 25:8.

더 큰 총체적인 것으로 이해하지 않을 수 없게 만들었다. "죄"와 "사망"은 창조주의 선한 세계를 타락시키고 멸망시키는 초인간적인 세력들이었지만, 오직 메시야의 승리가 지닌 기절초풍할 만한 예기치 않은 성격에 비추어 보았을 때, 메시야에게 패배당한 원수들의 정체는 적나라하게 드러날 수 있었다.

바울이 인식한 "문제"에 대한 이러한 관점은 우리로 하여금 "권세들"(the powers)에 관한 바울의 언어를 주변적인 것으로 치부해 버리는 것이 아니라 그의 신학의 중심에 통합할 수 있게 해준다.[386] 우상 숭배는 귀신들로 하여금 우상 뒤에 숨어서 자신의 정체를 감추고서 원래 그들의 것이 아닌 권세를 얻을 수 있게 해주기 때문에, "문제"는 개인적인 것(마음이 죄에 감염되고, 생각이 부패하여 우상 숭배를 하게 되면서, 비인간적인 행실을 보이는 것 등: 아래를 보라)임과 동시에 우주적이다. 바울이 그리스도인이 되기 이전에 바리새파 사상 내에서 문제라고 보았던 우상 숭배를 행하는 악한 이교도들은 그의 갱신된 사고 속에서는 하나의 세력으로서의 "죄," 여러 가지로 다양하게 설명되는 "권세들," 사망 그 자체로 대체되었다. 이제 바울에게 있어서 마지막 싸움에서 패배시켜야 할 "원수"는 "죄"와 "사망"이었다. 이 둘은 사실 십자가 위에서 이미 패배 당하였지만, '파루시아'(parousia, "재림")의 때에 최종적으로 온전히 패배 당하게 될 것이다.[387] 이러한 양자포괄적인(both/and) 입장은 다음 장에서 우리로 하여금 바울 연구의 몇몇 부분들이 최근까지 빠져 있는 불행한 양자택일식의(either/or) 입장을 피할 수 있게 해줄 것이다. 바울에게 있어서, 아담과 하와로까지 거슬러 올라갈 수 있는 인간의 실제적인 죄라는 문제는, 십자가와 부활의 빛 아래에서 바라보았을 때, 초인간적인 권세인 "죄"와 마찬가지로 강력한 힘을 지니고 있던 "사망"이라는 좀 더 큰 문제, 그러니까 만유 전체의 좀 더 큰 문제 내에 둥지를 틀고 있는 것이었다.

전통적인 그림을 이런 식으로 다시 그렸을 때, 우리는 바울의 수정된 유일신론을 다룰 때에 그 끝에서 도달하였던 지점에 다른 길을 통해 다다르게 된다 -사실, 이것은 우리가 출발할 때에 이미 거기에 내재되어 있던 것이었지만. 앞에서 보았듯이, 한 유대인이 "셰마"를 기도하는 것은 "하나님 나라의 멍에를 짊어지는" 것이었다. 한 분 유일하신 하나님이 메시야를 통해서 "권세들"에 대하여 거둔 승리는, 이미 앞에서 보았듯이, 고린도전서 15:20-28 등에서 발견되는 저 "하나님 나라 신학"의 중심적인 요소들 중의 하나이다. 제2성전 시대의 유일신론에서 중요하였던

386) 이 주제에 관한 많은 저작들 중에서 Wink의 것들이 뛰어나다(Wink, 1984; 1986; 1992). 또한, cf. Caird, 1956; Reid, 1993.

387) cf. 고전 2:6-8; 15:20-8; 골 2:15.

것은 추상적인 교리 분석이나 거기에 대한 정신적 동의였던 것이 아니라, 한 분 유일하신 하나님의 충성스러운 예배자이자 추종자로 행하는 것이었던 것과 마찬가지로, 바울의 수정된 유일신론에서 중요하였던 것도 단지 신조의 문구에 집착하는 것이 아니라, 이미 "메시야와 함께 일으키심을 받은" 자들로 이루어진 새로운 인류의 일부가 되는 것이었다.

이것은 대안을 뚜렷하게 부각시켜 준다. 한 분 유일하신 하나님이 메시야 안에서 및 메시야를 통해서 이미 자신의 나라를 개시하였다면, 세계의 "권세들"은 이 하나님에 대하여 책임을 져야 한다. 이것은 죄와 사망을 필두로 해서, 로마서 8:37-39에서 한 분 유일하신 하나님의 통치를 대적하는 것들로 열거된 모든 권력 구조들에 이르기까지, 모든 "권세들"에 적용된다. 이렇게 한 분 유일하신 하나님의 나라의 개시에 관한 수정된 유일신론적인 설명은 세계와 인간과 이스라엘의 "문제"에 대하여 심지어 이전의 이른바 "묵시론적" 비전들이 제시하여 왔던 설명들보다도 더 깊고 넓은 분석을 제시한다. 하나님이 복음을 그 해법으로 제시한 "곤경"은 피조 질서 전체가 처한 곤경이었고, 인간에게 해당되는 구체적인 곤경은 그 더 큰 그림 내에서 아주 중요한 요소이기는 하였지만, 그 그림 전체를 다 포괄하는 것은 결코 아니었다.

한 마디로 말해서, 이 모든 것은 더글러스 캠벨(Douglas Campbell)이 로마서 1-3장에 대한 "통상적인" 읽기를 통해서 확인해 낸 "문제"는 로마서 자체가 제시하는 문제가 아니라, 로마서에 대한 하나의 특정한 읽기 전통이 제시한 문제라는 것을 의미한다.[388] 또한, 그것은 우리가 샌더스(E. P. Sanders)의 다소 실용적인 견해에 묵시론적이고 신학적인 깊이를 더한 마틴(J. L. Martyn) 등의 지적, 즉 예수와 관련된 복음 사건들과 예수에 관한 복음 선포에서 일어나는 "묵시" 또는 "계시" 속에는 복음이 그 "해법"인 "문제" 자체의 성격를 드러내는 것도 포함된다는 지적을 온전히 받아들일 수 있다는 것을 의미한다.[389] 하지만 그렇다고 해서, 이 새롭게 인식된 "문제"가 주후 1세기의 한 바리새인이 이미 알고서 고민해 왔을 기존의 문제를 더 철저하게 이해한 것이라는 사실이 단 한순간이라도 부정되는 일은 결코 있을 수 없

388) Campbell, 2009, Parts I, II, III를 보라.

389) 하지만 우리는 Karl Barth가 석의를 토대로 이러한 결론에 도달한 것은 축하 받아 마땅하다는 주장(Martyn, 1997a, 266)을 조용히 웃어넘길 수 있을 것이다. 신학적으로 선입견을 토대로 수행된 석의에 의거해서 어떤 주장을 제시하고 있다는 것이 분명한 경우가 있다고 한다면, 그것은 바로 거기에서다. Barth에게 있어서는 모든 것이 오직 예수 그리스도 안에서만 계시되어야 하였고, 그렇지 않은 경우에는 독일의 그리스도인들에게 "자연신학"으로 빠질 수 있는 잠재적으로 위험한 틈을 주는 것이라고 생각하였다.

다. 주후 1세기의 한 바리새인이 "해법"이라고 생각하였던 것, 즉 그가 이스라엘의 하나님이 전에 아브라함에게 한 약속들에 대한 자신의 신실하심을 나타내어 계약 정의를 행할 때에 문제가 해결된다고 생각하였던 것은, 복음을 통해서 적절하게 수정되기만 한다면, 얼마든지 옳은 것이었다고 여전히 긍정될 수 있었다는 것이다. 바울이 새롭게 인식한 "문제"는, (더글러스 캠벨이 주장해 왔듯이) "근본주의적인" 입장에 서서, 로마서 1:18-25과 그 뒤에 이어지는 본문을 (누구라도 본문을 보면 금방 추론해낼 수 있는) "인간의 문제"에 대한 설명으로 보고, 그것을 발판으로 삼아서, 먼저 사람들에게 그들이 죄인이라는 것을 인정하고, 그 다음에 기독교의 메시지를 그들의 문제에 대한 대답으로 받아들이라고 설득하는 그런 것이 아니었다. 우리는 합리적인 이성이 발달하기 이전인 주후 1세기의 세계에서 그런 식의 논증은 많은 문제를 불러일으켰을 것이라고 의문을 제기할 수 있겠지만, 어쨌든 그런 것은 캠벨이 근본적으로 반대하였던 것이다.

우리가 앞에서 말한 그런 의미에서는, 예수에 관한 메시지는 실제로 인간의 곤경이 적나라하게 드러나게 되는 것보다 논리적으로 선행한다고 말할 수 있다. 이것을 설교자의 언어로 표현해 본다면, 우리는 십자가 아래에서 "무엇이 잘못되었는지"를 알게 된다는 말이 될 것이다. 그러나 온전히 드러나게 된 그 곤경이 이전에 생각되었던 "곤경"과 아무 상관이 없었다거나, 이제 온전히 드러나게 된 "해법"이 제2성전 시대의 한 유대인, 특히 한 독실한 바리새인이 생각했던 "해법"과 아무 상관이 없었다고 말하는 것은 어리석은 짓이 되고 말 것이다.[390] 내가 말하고자 하는 요지는 메시야 예수는 메시야가 해야 했던 일을 행하였고, 그가 그렇게 했을 때, 사람들은 지금까지는 자신들이 절반만 얘기해 왔거나 들어 왔었다는 것을 깨달았다는 것이다. 이것을 바울은 성경은 모세와 선지자들과 시편을 통해서 "문제"에 대하여 내내 말해 왔지만, 자기를 비롯한 유대인들은 성경이 끊임없이 말하는 것에 대하여 귀를 막고 살아 왔었다고 말할 것이다.[391]

(4) 수정된 "곤경"(3): 성령의 빛 아래에서

"곤경"에 대한 바울의 이전의 이해는 예수, 특히 예수의 죽음과 부활에 대한 그의

390) 또한, 복음의 빛 아래에서 본 "곤경"과 인간들이 느끼는 다양한 "곤경들" 간에 서로 겹치는 부분이 존재하지 않는다고 보는 것은 목회적으로도 어리석은 짓이 될 것이지만, 이것은 우리가 여기에서 다룰 범위를 넘어서는 문제이다.

391) cf. 롬 10:19-21.

이해에 의해서 철저하게 수정되었을 뿐만 아니라, 성령, 특히 하나님의 백성의 마음을 새롭게 하는 성령의 역사에 대한 그의 이해의 빛 아래에서 철저하게 수정되었던 것으로 보인다. 물론, 이것은 성경 속에 통상적으로 등장하는 주제였지만, 우리는 다소의 사울은 마음을 새롭게 하는 길은 토라를 연구하고 실천하는 것이라고 말하는 정도로 만족하였을 것이라고 추측할 수 있다. 하지만 사도 바울은 성령이 토라에 지금까지 순복해 오지 않았던 이방인들 가운데서 역사하여, 그들의 마음과 생각을 새롭게 해서, 예수를 주로 고백하고 창조주 하나님이 예수를 죽은 자 가운데서 다시 살렸다는 것을 믿을 수 있게 할 뿐만 아니라, 이전에는 도저히 넘을 수 없었던 경계들을 뛰어넘어 서로를 사랑할 수 있게 하는 것을 보고서, 이전과는 철저하게 다르게 생각할 수밖에 없다는 것을 발견하였다.[392] 아니, 성령은 실제로 그들로 하여금 이전에는 상상할 수 없는 방식들로 행하게 만들었고, 이전에는 너무나 당연한 것으로 여겨졌던 일들을 행하지 않게 만들었다.[393]

다른 초기 그리스도인들과 마찬가지로, 바울은 하나님의 성령이 복음을 믿은 자들에게 부어져서, 영적인 은사들 및 갈라디아서 5장에 언급된, 좀 더 서서히 자라지만 오래 지속되는 성령의 "열매"를 통해서 그들의 삶을 변화시켜 가고 있다고 믿었다.[394] 몇몇 구절들에서 바울은 이렇게 성령의 내주를 통해서 변화된 인간의 성품이 사실은 이스라엘의 율법이 내내 목표로 해 왔지만 힘이 없어서 그렇게 할 수 없었던 바로 그런 종류의 인간의 삶이라는 것을 분명히 한다. 결국, 바울은 성령이 주어진 것을 종말론적인 핵심 은사들 중의 하나라고 본 것이었다. 즉, 성령 강림은, 예수의 부활과 더불어서, 새로운 시대가 마침내 동터 왔고, 사람을 변화시키는 새로운 능력이 세계 속으로 유입되었다는 것을 보여주는 또 하나의 증표였다.[395] 따라서 이것은 다소의 사울이 이전에 알지 못했었던 "문제"를 새롭게 엿볼 수 있게 해주는 데 일조하였는데, 그것은 토라는 그 자체만으로는 토라를 지키고자 하는 자들의 아담적인 인간 본성, 즉 육신을 따른 이스라엘에 작용해서는, 토라가 원래 약속하였던 "생명"을 줄 수 없었다는 것이었다. 그 생명은 이 독실한 유대인에게 다가가면 뒤로 물러나는 어른거리는 신기루 같이 보였었다. 또한, 이러한 시각에서, 바울이 다메섹 도상에서 받았던 계시도 이스라엘이 처해 있던 진정한 곤경을 드러내

392) 롬 10:9-11; 골 1:8.

393) 예를 들면, cf. 고전 6:9-11; 갈 5:16-26 등.

394) 물론, 다른 유대 공동체들도 비슷한 것들을 주장하였는데, 그 분명한 예는 쿰란 공동체이다: cf. 1QS 3.6; 1QH 8.20; 20.11f.; CD 5.11-13; 7.4. 특히, Levison, 1997을 보라.

395) cf. 롬 1:4; 갈 3:1-5를 비롯한 많은 대목들.

보여 주었다 —-이것은 로마서 7장과 8장에서 자세하게 설명된다. 한 분 유일하신 하나님은 예수의 부활 속에서, 예수의 모든 백성에 대한 부활의 약속 속에서, 그리고 그들의 현재의 삶을 도덕적으로 새롭게 형성하는 것 속에서 이 "생명"을 계시하였고, 이것은 토라가 그 자체로는 실제로 죄나 사망을 해결할 수 없어서 "행할 수 없었던 일"이었다.

성령의 임재와 능력은 이렇게 바울이 예수 자신의 계시로 말미암아 얼핏 보았던 것과 동일한 궁극적인 문제를 가리키고 있었다. 신명기와 예레미야서 등은 장차 사람들의 마음이 새롭게 될 것에 대하여 말하였었는데, 바울이 다른 초기 그리스도인들과 마찬가지로 그러한 마음의 새로워짐을 경험하였고, 다른 사람들이 그런 경험을 하는 것을 보았을 때, 그들은 그것이 그들에게 얼마나 절실하게 필요한 것이었는지를 깨닫게 되었을 것임에 틀림없다. 여기에서도 바울은 하나님이 이스라엘에게 그들의 완악한 마음에 대하여 경고하였던 성경 본문들 속에서 그 단서들을 발견하였다. 그러나 우리는 그가 그러한 단서들을 찾기 위해서 성경으로 나아가게 된 것은 한 분 유일하신 하나님의 영이자 예수의 영이 그의 수정된 유일신론 가운데서 그만이 아니라 온갖 출신배경을 지닌 회심자들의 마음과 생각에 이전에 상상할 수 없었던 효과들을 낳았기 때문이었다고 추정할 수 있다. 사람들에게 부어진 성령이 사람들의 내면 깊은 곳의 생각과 동기들을 변화시켜서, "셰마"가 명한 대로 "하나님을 사랑할"수 있게 하였다는 사실 — 이것은 성령의 이 역사가 유대적인 유일신론 내에서 이루어진 것임을 또다시 확인해 준다 — 은 바울에게 그가 예수의 복음으로 "치유되어야"한다고 믿었던 "질병"의 성격에 대한 극히 중요한 단서를 제공해 주었다. 사람들의 마음이 새롭게 될 것이라는 주제는 쿰란에서도 발견된다. 누구든지 신명기 30장을 알고 있었고, 이제 계약이 갱신되었다고 믿었다면, 그는 마음이 새롭게 된 것, 또는 마음의 할례가 그 증표라고 주장하였을 것이다.[396] 그러나 마음이 새롭게 되는 것을 바울이 스스로 경험하고, 자신의 회중들 속에서 도저히 변화될 수 없을 것 같았던 사람들이 그런 경험을 하는 것을 보았을 때 (그는 몇몇 불미스러운 행동거지들을 열거한 후에 고린도 교인들에게 "너희 중에도 그런 사람들이 있었다"고 쏘아붙인다), 마음과 그 상태라는 문제는 기존에는 여러 문제들 중의 하나에 불과한 것이었다가 이제는 제2성전 시대 유대교에서는 생각할 수 없을 정도로 아주 중요한 문제로 바뀌게 되었다.[397]

396) 예를 들면, 1QS 5.5에는 신 30:6(cf. 롬 2:29)이 반영되어 있다. 쿰란의 성령관에 대해서는 cf. CD 2.12.

397) cf. 고전 6:11. 이 주제는 예수에게 이런 의미를 지니고 있었다: 예컨대, 막 7:1-23; 10:5-9을 보

이 모든 것은 우리가 바울이 새롭게 인식한 "곤경"의 한 가지 핵심적인 측면과 그가 그러한 인식에 어떻게 도달하게 되었는지를 아는 데 도움이 된다. 이것은 특히 이스라엘의 소망, 즉 "종말론"이 이미 실현되기 시작하였지만 아직 온전히 완성된 것은 아니라는 바울의 인식이 지닌 중요성과 결부되어 있다.

우리는 그것을 이렇게 표현해 볼 수 있다. 사망 자체가 진정한 원수라면, 사람들은 야웨가 사망을 단번에 처리하였어야 한다고 생각하였을 수 있다. "부활"은 단지 메시야에게만이 아니라 모든 사람과 세계 전체에 일어났어야 하였다고 말이다. 그러나 만일 그렇게 되었더라면, 하나님의 목적, 즉 하나님이 늘 의도해 왔던 대로, 그 내면이 변화되어 하나님의 형상을 회복해서 하나님을 대신하여 피조세계에 대한 하나님의 원래의 목적을 이루어낼 백성을 새롭게 창조해 내고자 하는 목적은 성취될 수 없게 될 것이었다. 바울은 택함 받은 백성이 메시야와 성령을 통해서 재창조되어 가는 개시된 종말론(inaugurated eschatology)에 대하여 눈을 뜨게 되자, "문제"의 한 가지 핵심적인 차원을 볼 수 있게 되었는데, 그것은 창조주는 언제나 인간을 통해서 자신의 계획을 이루고자 하였지만, 오직 "종말"을 현재 속으로 가져오는 것을 통해서만 그러한 목적이 성취될 수 있었고, 이 새로워진 인류가 생겨날 수 있었다는 것이었다.

따라서 바울이 하나님의 계획을 성취할 새로운 "하나님의 백성"이 절실하게 필요하다는 것을 알게 되었다면, 그것은 그가 이전에 지니고 있던 견해들이 상당히 수정되었음을 보여주는 것이었다. 그가 그리스도인이 되기 이전에 지녔던 신념 속에서는, 이스라엘의 하나님은 언젠가 다시 와서 만물을 회복시키고 자기 백성을 구원하게 되어 있었고, 바로 그러한 "내세"를 유업으로 물려받게 될 백성은 현세 속에서 토라를 소유하고 지키는 자들이었다. 내가 다른 곳에서 논증하였듯이, 이것은 실질적으로 사도 바울이 과거를 돌아보면서 "공로로 말미암는 칭의"로 규정한 바로 그것이다: 현세에서 토라를 지키는 자들은 장래에 하나님 앞에서 옳다 함을 받게 될 것이다. 그러나 메시야의 십자가와 부활, 성령의 변화시키는 은사를 통해서 창조주의 새로운 세계와 새로운 인류가 최종적인 "종말"에 앞서 개시되었다는 사실은 바울에게 있어서 이 일들, 즉 죄와 사망이라는 문제를 그런 식으로 보는 것 — 우리도 내내 그래 왔다 — 은 근본적으로 문제가 있다는 것을 보여주는 것이었다. 메시야의 죽음과 부활이 진정으로 계약의 하나님에게 늘 있어 왔던 계획을

라; cf. *JVG*, 282-7. 마태복음 5-7장에 나오는 "산상수훈"의 핵심은 물론 마음의 변화에 관한 것이다: *JVG*, 287-92를 보라.

드러낸 것이고, 세계를 회복함으로써 자신의 신실하심과 정의를 행동으로 보여준 것이었다면, 저 "공로로 말미암는 칭의"는 배제될 수밖에 없었다. 창조주 하나님은 자신의 계획을 이루기 위해서는 계약 백성 자체를 재편하여야 했다 — 사실, 이것도 창세기, 신명기 등에서 하나님이 늘 약속하고 보여준 것이었음이 나중에 드러났지만. 달리 말하면, "죄" 문제는 단지 개개인이 하나님의 진노에 직면해 있다는 그런 문제가 아니었고, 이스라엘이 다른 모든 사람들과 똑같이 죄에 물들어서 그들에게 주어진 하나님의 목적을 이룰 수 없었다는 것이었다. 이것이 우리가 다음 장에서 살펴보게 될 바울의 근본적으로 수정된 선민론의 핵심이 유일신론의 틀 내에서 규정된 "악의 문제"에 관한 바울의 근본적으로 수정된 견해가 서로 맞닿아 있는 지점이다. 메시야와 성령 안에서 요구됨과 동시에 주어진 것은 최종적인 날이 오기 전에 앞서 새로운 백성이 "의롭다 하심을 얻어," 새롭게 재편된 계약 백성이자 아브라함의 권속이 되는 것이었다. 십자가가 바울에게 이스라엘이 온 세계가 지닌 죄와 사망의 문제를 똑같이 지니고 있다는 것을 드러내 주었을 때, 그것은 계약의 권속인 "이스라엘"이라는 범주가 폐기되었다는 것을 의미하는 것이 아니었다. 메시야 안에서 자신의 약속들을 성취한 창조주는 이제 성령으로 말미암아 이 갱신된 권속, 즉 최종적인 날이 오기 전에 앞서 이미 "의롭다 함을 얻어" 자기 백성으로 선언된 권속을 통해서 자신의 계획을 진척시켜 나가고 있다.

우리가 이렇게 하나님에 의해 주어진 해법을 토대로 해서 "곤경"에 대한 정의가 수정된 것을 위의 제2장에 개략적으로 설명된 제2성전 시대의 유대교라는 그림 위에 그 좌표를 표시해 보면, 한 가지가 분명해지는데, 그것은 지금 주어지고 있는 것은 이스라엘의 "포로생활," 즉 지리적으로 바벨론에서 포로로 살아 왔던 때로부터 당시에 이르기까지 계속되고 있었던 이스라엘의 포로상태라는 문제에 대한 "해법"이라는 것이었다. 이사야서 40-55장과 다니엘서 9장 같은 고전적인 본문들에서, 이스라엘의 "포로생활"은 그들의 우상 숭배와 죄의 결과였다. 왜냐하면, 포로생활은 신명기 28장과 29장에 나오는 계약상의 징벌이었기 때문이다. 이렇게 "원래의 곤경" 속에 포함되어 있었다가 나중에 "수정된 곤경"에서 새로운 틀 내에 철저하게 수정된 일련의 요소들의 중심 가까이에서, 우리는 하나님이 자신의 계약과 거기에 내포되어 있는 "정의"에 대한 신실하심을 드러내는 새로운 역사를 통해서 죄 문제를 해결하고 자신의 택함 받은 백성을 완전히 새로운 종류의 권속으로 다시 만들어낼 필요성을 발견한다. 바울이 "칭의"에 대하여 말할 때, 그는 이러한 복합적인 문제에 대하여 메시야와 성령을 통해서 주어진 새로운 해법을 제시하고 있는 것이다. 다시 말하면, 그는 창조주 하나님은 사람들이 이전에는 상상하지도 못하였던 방식으로, 즉 이스라엘의 죄만이 아니라 세계 전체의 죄를 포함하는 "죄" 문제를 해결해서, 전 세계에 걸쳐 존재하게 될 새롭게 갱신된 신실한 권속을 만들어내는 방식으로 자신의 오래된 계획을 이루어 가고 있다는 것이다.

그렇다면, 우리가 십자가와 부활과 성령이라는 이 세 가지 요소를 한데 결합시킬 때, 어떤 일이 일어나는가? 바울은 세계와 인간과 이스라엘의 곤경에 관한 자신의 이전의 이해를 자신의 수정된 유일신론에 부합하게 수정하였다. 그리고 이 모든 것의 배후에는 예수와 성령 안에서 계약의 하나님이 마침내 다시 돌아와서 심판과 구원에 속한 역사를 결정적으로 성취하였다는 초기 기독교의 강력한 신앙이 자리 잡고 있었다. 갑자기 비쳐진 이러한 밝은 빛은 어두운 그림자들을 드리웠다: 이것이 정말 야웨가 다시 돌아온 것을 보여주는 것이라고 하였을 때, 온갖 의문들이 생겨났다. 예수의 부활로 인해서 그가 메시야라는 것이 확인되긴 하였지만, 그가 십자가에 못 박힌 메시야라는 사실은 여전히 변함이 없었고, 하나님의 아들이자 유일하게 참된 "아들"인 메시야가 한 분 유일하신 하나님의 기이한 계획과 뜻을 이루기 위하여 죽어야 하였다면, 그것은 오직 이스라엘의 곤경이 유대인들이 생각해왔던 것보다 훨씬 더 심각하다는 것을 의미할 수 있었다. 또한, 부활 자체도 진정한 원수는 "이방인들"도 아니고, 심지어 저 무시무시한 공포의 이교 제국도 아니라는 것을 보여 주는 것이었다. 진정한 원수는 창조를 거스르는 궁극적인 세력인 "사망" 자체와 그 심복인 "죄" — 몇 가지 점들에서는 "사탄"에게 복무한다고 할 수 있는 의인화된 악의 세력 — 였다. 마지막으로, 성령 체험은 마음의 완악함(hardness of heart)과 생각의 맹목성(blindness of mind)이 인류 전체에 걸쳐서 풍토병으로 깊게 자리 잡고 있다는 것을 드러내 보여 주었다. 이 모든 것들은 이스라엘의 성경 속에 나와 있었지만, 우리가 아는 한, 제2성전 시대의 유대인들 중에는 그러한 것들을 한데 결합해서, 우리가 바울에게서 발견하는 것과 같은 신학을 얘기한 사람은 아무도 없었다. 이것은 흡사 선포되고 체험된 복음 자체가 운전기사가 되어서 자기 택시에 바울을 태워서, 모든 인간과 피조세계 전체가 반드시 건짐을 받을 필요가 있었던 "곤경"에 대한 이러한 새로운 이해라는 지점까지 데려와 준 것 같이 보인다.

이렇게 해서, 바울은 예수의 죽음과 부활과 즉위, 그리고 성령의 강림을 통해서 "문제"였던 "원수"의 진정한 본질이 마침내 드러났다고 믿게 되었다. 이사야의 눈이 떠져서 선명하게 보이게 되었을 때, 앗수르나 바벨론이 이스라엘이 직면한 궁극적이고 진정한 문제가 아니라는 것을 보았듯이, 다소의 사울은 다메섹 도상에서 "부활한 예수"가 자신이 메시야이자 주(lord)라는 것을 나타내었을 때에 "계시된" 것의 일부로서, 로마를 비롯한 이교가 진정한 문제가 아니라는 것을 깨달았다.[398] 진정한 문제는 죄와 사망이었다 — 우리가 아는 한, 이 원수들은 당시 이전에는 아담까지 소급된 적이 없었다. 사람들이 전혀 예기치 않은 메시야의 승리를 통해서 패배당한 것이 죄와 사망이었다면, 바로 그것들이 지금까지 내내 진정한 문제였음이 분명하다. 에스라4서 및 바룩2서와 마찬가지로, 바울은 새로운 사건들의 압력에 등 떠밀려서 이전보다 더 깊이 숙고하고 더 멀리까지 거슬러 올라가지 않을 수 없었다.[399]

그렇게 해서, 에스라4서 및 바룩2서 같이, 바울은 아담의 "죄"를 분별해낼 수 있었고, 지금 만성병을 앓고 있는 이스라엘에게서 분명하게 볼 수 있듯이, 이스라엘을 비롯한 모든 인간 속에서 죄를 통하여 역사해 온 "사망"을 분별해낼 수 있었다.[400] 에스라4서와 바룩2서는 성전이 무너졌는데도 메시야는 아직 오지 않았다고 보았지만, 바울에게 있어서는 메시야는 이미 와서 십자가에 못 박혔다가 부활하였고, 성전도 세워졌다. 이 둘 간의 병행들은 차이들만큼이나 중요하다. 이 둘 모두에 있어서 일어난 사건들은 "곤경"에 대한 좀 더 근본적인 이해를 촉구하는 것이었다.[401]

"곤경"에 대한 이해가 깊어지면서 중요한 것은 바울은 필연적으로 "구원"에 대해서도 새로운 시각을 얻게 되었다는 것이다. 구원은 이스라엘이 이교의 침입으로부터 건짐을 받는 것만으로는 충분한 것이 아니게 되었다. 이제 "구원"은 하나님이 궁극적인 원수들로부터 건져내 주는 것임이 드러났다. 예수의 죽음과 부활은 바울이 지니고 있던 바리새파적인 믿음, 즉 장차 의로운 유대인들은 몸으로 부활하여 한 분 유일하신 하나님의 나라에 참여하게 될 것이라는 믿음을, 근본적으로

398) 앗수르와 바벨론에 대해서는 이사야서 23:13을 참조하고, 이것에 대해서는 Seitz, 1993, 168f.를 보라. 또한, 앗수르의 위협에서 벗어나서 안도한 후에, 너무나 쉽게 바벨론과 동맹을 맺는 데 동의하는 히스기야에게 이사야 선지자가 앗수르는 실패하였지만 바벨론은 성공할 것이라고 말해 주는 장면인 이사야서 39:1-7도 보라.

399) 바룩2서에 나타난 아담에 대해서는 Murphy, 2005, 35f.를 보라.

400) "죄"와 "사망"은 창세기 3장에서 분명하게 연결되어 있지만, 바울 이전에 그것들을 우주적인 세력으로 격상시켜서, 이 둘의 결합을 자신의 신학에서 하나의 주제로 다룬 사람이 과연 있었는지는 분명하지 않다; Jewett, 2007, 374를 보라: "아담에 관한 중간 시대의 논의들과는 대조적으로, 사망과 죄는 여기에서 모든 인간을 종으로 삼은 우주적인 세력들로서의 역할을 하는 것으로 보인다."

401) Perriman, 2010은 예루살렘의 임박한 멸망은 바울의 마음도 사로잡고 있었다고 주장한다. 나는 대부분의 석의자들과는 달리 그러한 주장을 싫어하지는 않지만(아래의 제11장을 보라), 그것은 여전히 생각해야 할 것들이 많이 남아 있는 문제이다.

철저하게 수정된 동일한 소망, 즉 장차 만유가 총체적으로 새로워지고, 이 한 분 유일하신 하나님의 백성이 영원히 죽지 않는 몸을 받아 그 세계 속에서 살아가게 될 것이라는 소망으로 변화시켰다.[402] 이것은 로마서 5:12-21에 나오는 내용을 자세하게 설명하고 있는 로마서 8장이 바울의 글에서 결정적으로 중요한 정점의 순간인 이유이다. "사망이나 생명이나, 천사들이나 통치자들이자, 현재 일이나 장래 일이나, 능력들이나, 높음이나, 깊음이나, 다른 그 어떤 피조물도"라는 표현은 바울의 글에서 이사야가 바벨론을 조롱하며 부른 노래에 해당한다. 그는 한 분 유일하신 하나님과 그의 백성, 피조세계를 속량하여 새롭게 하고자 하는 그의 계획을 대적할 가능성이 있는 만유의 모든 세력들을 거침없이 열거해 나간다. 그런 후에, 그는 이 모든 것들 중 그 어떤 것도 지금 메시야 안에서 계시된 창조주와 계약의 하나님의 사랑을 막을 힘이 없다고 선언한다.

물론, 이전의 유대 저자들 중에도 이것에 대하여 어느 정도 말한 사람이 있었다. 그러나 바울에게 있어서는 "원수"와 "문제"의 성격과 정도가 그것들을 무너뜨린 하나님의 역사를 통해서 드러났다. "용"이 얼마나 무시무시하고 끔찍하며 공포스러운 존재였는지, 그 전모는 그 용이 땅바닥에 죽어 엎드러져 있을 때에야 명백하게 드러나게 되었다. 부패시키고 파괴를 일삼는 정사들과 권세들이 정치적인 원수들의 배후에 있고, 지역과 개개인들의 "죄"를 통해 역사하고 있다는 성경의 경고들을 비롯해서, 진정한 원수가 어떤 존재인지에 대한 암시들은 이미 있어 왔다. 다소의 사울이든 사도 바울이든 창세기 3장, 창세기 6장, 창세기 11장이 제시한 부분적인 분석들 중에서 어느 하나를 선택해야 한다고 생각한 것이 아니라, 인간의 반역, 세계의 어두운 세력들, 제국의 교만은 모두 함께 결합되어 있다고 생각하였을 것이다. 성경 교육을 받았고 사려 깊었던 한 바리새인은 이미 그런 것을 알아차렸을 것이다. 그러나 복음의 빛이 바울에게 비치자, 그에게 이 모든 것은 새롭게 보였다. 그는 이전에는 담벼락의 눈에 보이는 곳에 자라고 있는 곰팡이들만을 보았었는데, 이제는 그 곰팡이들이 그 뒤에서 배어나오는 습기의 증거라는 것을 볼 수 있게 되었다. 단지 열방들의 죄만이 아니라 이스라엘 속에 깊이 뿌리 박혀서 끊임없이 괴롭혀 왔던 죄는 죄와 사망의 정사들과 권세들이 우상을 숭배하는 좀 더 넓은 세계에서만이 아니라 계약 백성 속에서도 내내 역사하여 왔었다는 것을 분명하게 보여주는 증표였다.

402) 고전 15:50-7.

잠시 후에 보게 되겠지만, 이것이 바울이 로마서에서 복음은 단지 계약에 대한 하나님의 신실하심만이 아니라 하나님의 진노도 드러낸다고 선언할 수 있었던 이유이다. 바울은 계약에 대한 하나님의 신실하심을 이미 믿고 있었지만, 그것이 실제로 어떤 모습일지는 알지 못했었는데, 이제는 그것을 안다. 또한, 그는 장차 있을 하나님의 진노를 믿고 있었지만, 그 진노가 어떤 것일지를 온전히 알지 못하였었다. 하지만 이제 십자가에 못 박혔다가 다시 살아나 즉위한 예수에 관한 복음 메시지를 체험하고, 새롭게 부어진 성령이 어떤 일을 할 수 있는지를 알게 되면서, 그는 그 진노도 분명하게 알 수 있었다.

특히, 이것은 바울이 이제 "문제"가 어떻게 이스라엘에게 영향을 주었는지에 대해서도 분명한 시각을 갖게 된 것을 의미하였다. 따라서 우리는 "율법 문제"라고 할 수 있는 것에 관한 바울의 설명이나 논의가 앞뒤가 안 맞는 일반적인 말들을 그때그때 즉흥적으로 내놓은 것들에 불과한 것이 아니었음을 알 수 있다.[403] "문제"에 대한 그의 새로운 시각은 실제로 복음에 의해 형성되었다. 그것은 단지 그의 이전의 신앙으로부터 주어져 있던 것도 아니었고, 그가 "그리스도 안에서 구원을 발견하고서" "자기에게 문제가 있어 왔음에 틀림없다고 추론하고" 유대 율법과 그 문제를 연결시켜 생각해낸 것도 아니었다. 또한, 바울은 토라가 예수를 저주하였지만(이것과 관련해서 통상적으로 갈라디아서 3:13이 인용된다), 한 분 유일하신 하나님이 예수를 죽은 자 가운데서 다시 살린 것으로 보아서, 하나님은 토라가 그러한 저주를 선고한 것이 잘못되었다고 — 그리고 심지어 마귀적이라고 — 선언한 것이기 때문에, 율법은 폐기되어야 마땅하다고 추론한 것도 아니었다.[404] 오직 바울은 이스라엘도 아담 안에 있었기 때문에, 아무리 하나님이 이스라엘을 자신의 선민으로 택하여 하나님의 빛을 온 세계에 드러내는 사명을 수여하였다고 할지라도, 이스라엘은 죄와 사망의 엄중한 숙명에서 벗어날 수 없었다는 것을 아주 분명하게 본 것이었다. 따라서 율법, 즉 하나님의 거룩하고 의로우며 선한 토라가 주어진 목

403) "비일관성"의 문제에 대해서는 특히 *Climax*, 4-7을 보라.

404) 저 상상력이 풍부하지만 전적으로 틀린 노선의 사고는 많은 사람들에 의해 주장되어 왔다. 그것은 바울의 복음의 기원에 관한 이전의 개신교적인 분석의 핵심 가까이에 있다: 율법은 그리스도를 저주하였지만, 하나님은 그를 다시 살렸기 때문에, 율법은 잘못된 것이었고, 따라서 "그리스도는 율법의 마침이다"; Stuhlmacher, 1986 [1981], 139f., 157f. 또한, 이 "저주"가 바울이 배척한 "율법주의"에 의해 선언된 바로 그 저주였다는 것을 부정하는 Burton, 1921, 168-72; 이것을 "율법에 대한 바울의 고소"라는 제목을 다루고 있는 Esler, 1998, 184-94를 보라. 사실, 바울의 논증은 이 "저주"가 하나님에 의해서 원래 주어진 것이었다는 믿음에 의거하고 있다(cf. 3:21과 롬 7:13, 이것에 대해서는 아래의 제10장 제3절 4) (3)를 보라; Räisänen, 1986 [1983], 249도 이것을 올바르게 보고 있다.

적은 이스라엘을 아담적인 상태로부터 건져내기 위한 것이 아니라, "죄"라는 세력을 최종적으로 정죄하기 위해서 이스라엘에게서 더욱더 밖으로 끌어내고 더 분명하게 드러내기 위한 것이었다. 내가 다른 곳에서 논증하였듯이, 이것이 로마서 7:1–8:4의 요지이다.[405] 위의 제7장에서 보았듯이, 율법은 (바울이 본) 하나님의 계획의 서로 다른 단계에서 각각 다른 역할을 한다. 일단 우리가 바울이 실제로 정교하게 설명하고 있는 방식으로 하나님의 계획을 이해하기만 한다면, 그 계획이 복잡다단할 수밖에 없다는 것은 당연한 일이지만, 거기에는 그 어떤 모순이나 비일관성도 없다는 것이 확인된다.

이것은 마침내 우리를 "복음"이 그 해법인 "문제"에 관한 바울의 가장 철저한 진술로 데려다 준다.

3) 로마서 1:18–2:16의 문제

로마서의 서두의 주요한 대단락인 1:18–2:16에 의해서 제기되는 문제는 아주 세밀한 부분에서 첨예화된다.[406] 왜 바울은 1:18이 시작되는 부분에서 '데'(de)가 아니라 '가르'(gar)를 사용하고 있는 것인가(apokalyptetai gar orgē theou – '아포칼립테타이 가르 오르게 테우')? 다시 말해서, (영어로 말해 본다면) 왜 바울은 여기에서 "그러나"라는 역접을 의미하는 단어를 사용하지 않고, 이유를 나타내는 단어를 사용해서, "왜냐하면, 하나님의 진노가 나타나기 때문이다"라는 식으로 말하고 있는 것인가? 그렇다면, 1:18의 "진노의 나타남"은 1:17의 "의의 나타남"과 어떤 관계에 있는 것인가?

우리는 이것에 대하여 두 가지 표준적이지만 별 볼일 없는 하찮은 대답들을 무시해 버릴 수 있다. 첫 번째 대답은, 바울이 접속사들을 느슨하거나 부주의하게 사용한 것이라고 단정하고서, 여기에서 '가르'는 실질적으로는 '데'를 의미할 수 있다고 주장함으로써 매듭을 풀려고 하는 것이 아니라 아예 잘라내 버린다.[407] 이러

405) Wright, 2002 [*Romans*], 549-81; 그리고 예컨대, 1991 [*Climax*], ch. 10.

406) 나는 로마서 1:18–2:16을 이 서신의 첫 번째 대단락인 1:18-4:25 내의 첫 번째 단락으로 본다. 로마서의 단락구분에 대해서는 Wright, 2002 [*Romans*], 396-406을 보라.

407) 예를 들면, Fitzmyer, 1993, 277. 그는 이 불변화사를 "대비를 표현하는" 것으로 보는 사람들과 "단순한 이행을 위한 불변화사"로 보는 사람들을 인용하지만, 각각의 경우를 밑받침해 주는 병행 예들을 제시하지 않는데, 특히 실제로 바울에게서 그러한 예들을 제시하는 것은 어려울 것이다. 반면에, Jewett, 2007, 151f.은 1:18–2:16이 "구원"(1:16)이 필요한 이유를 설명하기 때문에 '가르'(gar)를 "온전히 진지

한 견해는 바울이 '가르'(gar)라는 단어를 사용할 때마다, 그것은 정확히 이유를 나타낸다는 것, 특히 이 단어가 여기에서처럼 서로 긴밀하게 연결되어 있는 일련의 문장들 속에 등장할 때에는 더더욱 그러하다는 사실을 무시하는 것이다:

> 나는 로마에 복음을 전하기를 간절히 원한다. 그것은 내가 복음을 부끄러워하지 아니하기 때문이고, 이 복음은 모든 믿는 자에게 구원을 주시는 하나님의 능력이 되기 때문이다 … 그것은 복음에는 하나님의 의가 나타나 있기 때문이다 … 그것은 하나님의 진노가 … 하늘로부터 나타나기 때문이다. 왜냐하면, 하나님을 알 수 있게 해주는 것이 그들에게 분명하게 주어져 있기 때문이다. 그것은 … 하나님의 보이지 아니하는 것들이 … 분명히 보여 알려졌기 때문이다.[408)]

17절과 18절이 단락을 구분하는 표시로 서로 분리되어 있다고 해도, 이러한 일련의 사고가 끊어지는 것은 결코 아니다. 따라서 우리는 우리의 견해가 틀렸고 다른 견해가 명확하게 옳다는 것이 증명될 때까지는, 바울은 '가르'가 나오는 각각의 지점에서 "이유"를 보여주고자 한 것이라고 보아야 한다. 이렇게 본다면, 우리는 '가르'("왜냐하면")가 나오는 자리에 '데'("그러므로")를 넣어서 이 대목을 거꾸로 읽어나가도 된다: "하나님의 보이지 아니하는 것들이 분명히 보여 알려졌다. 그러므로 하나님을 알 수 있게 해주는 것이 그들에게 분명하게 주어졌다. 그러므로 하나님의 진노가 나타났다. 그러므로 하나님의 의가 나타났다. 그러므로 복음은 구원을 주시는 하나님의 능력이다. 그러므로 나는 복음을 부끄러워하지 않는다."

이렇게 읽었을 때, 이 본문은 여기까지는 의미가 아주 잘 통하지만, 중간쯤에서 또다시 우리를 헷갈리게 만드는데, 적어도 우리 서구에 있어서의 석의 전통은 이 수수께끼 같은 것을 약간 바꾸어서 이렇게 표현한다: "하나님의 진노"라는 것은 정확히 무엇이고, 그 진노는 어떻게 "나타났다"는 것인가? 하지만 우리는 바울이 말하고자 의도하지 않은 것을 그가 그렇게 말하였다고 주장하거나, 그가 동의하지 않는다고 말하기 위해 인용한 다른 사람의 말에 대하여 우리는 동의한다고 말할 권리가 없다(아래를 보라). 만약 우리가 석의를 행할 때에 그런 식으로 한다면, 그것은 마라톤 선수가 경주 중간에 난코스를 피해서 결승점에 바로 도착하기 위해서 버스를 타는 것과 같다.

하게" 받아들여야 한다고 역설한다. 하지만 이것은 1:17과 1:18 간의 연결고리의 핵심에 다가가고 있는 것은 아니다.

408) 1:15-20. "왜냐하면"(for)이라는 단어를 반복해서 사용하면, 오늘날의 구어 영어에서는 대단히 딱딱하게 들리는데, 이것이 내가 나의 사역에서 이 단어를 다른 것으로 바꾸어서 표현하는 이유이다.

두 번째의 표준적이지만 하찮은 대답은 18절의 '가르'(gar)는 "너희는 … 하기 때문에 하나님의 의의 이러한 나타남을 필요로 한다"는 것을 압축해서 말하는 방식이었다는 견해이다. 달리 말하면, 18절은 하나님의 의가 어떻게 나타났는가를 설명하고 있는 것이 아니라, 왜 그러한 나타남이 필연적이었는지를 설명하고 있다는 것이다: "복음은 하나님의 의를 나타내어 믿음에서 믿음에 이르게 하여 구원을 주시는 하나님의 능력이다: [그리고 너희 모두가 이것을 필요로 하는 것은] 너희는 모두 하나님의 진노 아래 있는 죄인들이어서, 너희가 구원 받을 다른 길이 없기 때문이다." 이것은 적어도 루터(Luther) 이래로 서구적인 석의에서 어느 정도 표준적인 읽기로 자리를 잡아 왔다. 이 읽기는 '가르'(gar)의 의미를 보존하는 것으로 보이지만, 그 대신에 '아포칼립테타이'(apokalyptetai)를 희생시킨다. 즉, 눈을 조금만 뜬 사람이라면 누구나 인류가 엉망진창 가운데 있다는 것을 볼 수 있기 때문에, 이제 새로운 것이 "나타난" 것은 없다. 이 읽기는 단지 표준적인 "곤경-해법" 모형을 베낀 것에 불과하다: "우리가 이미 알고 있듯이(그리고 누구나 볼 수 있듯이) 여기에 죄악된 인류가 있고, 자신의 노력을 통해서 아무도 의롭다 함을 얻을 수 없다. 그러므로 여기에 너는 자신의 노력을 통해서 의롭다 함을 얻고자 할 필요가 없고 그 대신에 믿음으로 말미암아 의롭다 함을 얻을 수 있다고 네게 말하는 복음이 있다." 나는 이것이 아주 최근에 캠벨(Campbell)이 무너뜨리고자 애써 왔던 읽기라고 본다. 하지만 그런 읽기는 내 자신이 제시한 적이 없는 읽기이다.[409] 내가 다른 곳에서 이미 논증하였고, 다음 장에서 또다시 입증할 것이지만, 그러한 읽기는 무엇보다도 석의라는 차원에서 실패한 읽기이다. 그 이유는 간단하다. 바울은 실제로 그렇게 말하고 있는 것이 아니기 때문이다. 바울은 무엇인가가 새롭고 극적이며 예기치 않은 형태로 드러났고 밝혀졌으며 알려졌다고 생각하는 것으로 보인다. 1:18-32에 대한 표준적인 서구적 이해에서는 인간의 죄악된 상태 및 하나님의 대응이 그리 새로운 것이 아니라고 말하지만, 바울은 무엇인가 아주 새로운 것이 드러났다고 생각하는 것으로 보인다.

배럿(C. K. Barrett)이 제시한 세 번째 해법도 내 마음에 만족스럽지 못한 것은 마찬가지이다. 그는 바울 시대에 사람들은 인간의 타락이 증가한 것을 볼 수 있었고, 자신들이 저지른 악들에 대하여 좀 더 분명한 응보들을 거두었다는 점에서 하나님의 진노의 결과도 증가하였다는 것을 볼 수 있었기 때문에, 실제로 하나님의 진노의 새로운 나타남이 존재하였던 것이라고 주장하였다. 그러한 주장은 석의라

409) Campbell, 2009, Part III (313-466).

는 차원에서는 좀 더 개선되었다고 볼 수 있지만, 내용면에서는 더 나아진 것이 없는 것으로 보인다. 우선, 우상 숭배와 사람들을 비인간화시키는 그 효과에 대한 바울의 변증은 제2성전 시대 유대교 내에서 거의 새로운 것이 아니었다는 것이다.[410] 다음으로는, 나는 바울이 로마서 1:18-32에 설명된 일련의 지속적이고 내재적인 도덕적 타락의 과정을 가리키기 위하여 "하나님의 진노"라는 어구를 사용하였다는 도드(Dodd)의 주장을 우리가 받아들여서는 안 된다고 생각한다(하지만 배럿은 그의 주장을 받아들이는 것 같다). 1:32이 보여 주고 있듯이("그들은 이같은 일들을 행하는 자들은 사형에 해당한다고 하나님께서 정하셨다는 것을 안다"), 바울에게 있어서 "진노"는 죄인들에 대한 하나님의 징벌이 집행되는 것을 가리킨다. 따라서 여기에는 실제로 본질적으로는 장래에 속하는 판결이 이미 그 그림자를 드리우고 있다는 의미가 내포되어 있을 수 있는데, 이것은 개시된 종말론 내에서의 칭의(종말에 의롭다고 선고될 판결이 이미 현재에서 내려진 것)와 짝을 이루는 일종의 소름끼치는 어두운 측면이다. 그러나 다른 것들은 그만두고라도, 바울이 "하나님의 진노가 나타났다"고 말하면서, 그것을 1:16-17에서의 복음의 나타남과 아주 밀접하게 연결시킬 때, 다른 확실한 근거가 나타나지 않는 한, 우리는 이 "나타남"은 이미 세계 속에서 일어나고 있던 것들을 가리키는 것이라는 주장에 대해서는 분명하게 거부하여야 한다.

다른 식으로 불만족스러운 네 번째 주장은 샌더스(Ed Sanders)가 직접 탁자 위에 올려 놓은 것으로서, 여기에서 바울은 단지 인류에 대한 유대교의 표준적인 비판을 되풀이하면서, 그가 다른 곳에서 말한 것과 실제로는 부합하지 않는 일종의 회당 설교에 해당하는 것(2:1-16)을 함께 버무려 놓고 있다는 것이다.[411] 이것은 우리로 하여금 절망감을 느끼게 하는 견해이다. 더글러스 캠벨(Douglas Campbell)이 최근에 내놓은 극적인 제안은 한층 더 절망스럽다. 그는 1:18-32은 바울의 견해가 아니라, 그가 나중에 반박하기 위하여, 유대인 또는 유대 그리스도인의 어떤 잘못된 관점을 자신이 설정한 가상의 대적의 입에 넣어 말하게 한 "등장인물의 대사"라고 주장한다. 캠벨은 당시의 이교 세계에서 채택되고 논의되었던 수사학상의 문체들과 책략들을 토대로 해서 거의 천재에 가까운 방식으로 자신의 그러한 주장을 뒷받침한다.[412] 그는 우리가 칼 바르트(Karl Barth)의 아류임을 확인하였던 입장(마

410) 예를 들면, Wis. 13.1-19; 15.1-19를 보라.
411) Sanders, 1983, 123-35(위를 보라).
412) Campbell, 2009, 519-41.

틴[J. L. Martyn] 등의 주석자들이 채택한 것)과 아주 비슷한 좀 더 큰 신학적 입장을 천명하고 있다는 것은 두말할 필요가 없다. 즉, 그는 우리가 "아래로부터" 전체적인 신학체계를 구축하여, 아리우스주의(Arianism)나 더 나쁜 것으로 빠지지 않기 위해서는, 조금이라도 "자연 신학"에 근접하는 것들은 다 조심하여야 한다고 말한다.[413] 이 원칙에 의하면, 예수 안에서 주어진 새로운 계시는 이전의 논의들에서 사용된 적이 있는 용어들을 단지 수정해서 사용해서도 안 되고, 완전히 다 폐기처분하여야 하고, 그런 것들 대신에 완전히 새로운 용어들을 만들어 사용하지 않으면 안 된다. 그러나 그것이 바울 자신의 본문의 중요한 대목들까지 폐기처분하는 것을 의미하는 것이라면, 우리가 그런 주장에 대하여 이의를 제기할 수 있는 것은 당연하다. 물론, 우리는 우리 시대에 이르기까지 아무도 바울의 어떤 구절의 진정한 의미를 꿰뚫어 보지 못하였을 가능성도 늘 염두에 두기는 하여야 한다(바울의 진정한 의도라고 주장하며 로마서를 캠벨처럼 이렇게 읽은 사람이 고대 세계에 존재하였음을 보여주는 증거는 전혀 없다). 그러나 캠벨은 정확한 석의를 해내고자 하는 목적보다는 더 큰 이유들로 인해서 그런 극적인 해법을 제시하고 있는 것이 분명하기 때문에, 우리는 석의 자체만으로는 더 나은 해법을 찾을 수 없을 경우에만 그런 해법을 받아들여야 할 것이다.

하지만 사실 우리는 석의를 통해서 더 나은 해법을 찾을 수 있다. 첫 번째로 중요한 것은 여기에서 "하나님의 진노"는 실제로 미래의 사건이라는 것을 주목하는 것이다(이 "진노"가 1:24-31에 묘사되어 있는 것과 같은 질서정연한 세계 내에서의 도덕적 타락의 과정이라고 주장하고자 애쓴 도드[C. H. Dodd]와 핸슨[A. T. Hanson]의 견해와는 달리).[414] 다른 곳들에서 바울이 "하나님의 진노"에 대하여 말할 때, 그 "진노"는 이 세계 속에서 지속되고 있는 과정이 아니라, 역사 속에서 미래의 어느 결정적인 정점의 순간에 세계 위에, 특히 우상 숭배자들 위에 임하게 될 어떤 것이다. 그것은 데살로니가전서 1:10에서 말하는 "장차 임할 진노"이고, 이렇게 본질적으로 미래의 사건을 가리키는 이 단어의 용법은 그 밖의 다른 관련된 본문들 속에도 반영되어 있다.[415] 심지어 로마서 2:5에서는 1:17과 1:18을 반영해서, 미래의 특정한 "날"을 "하나님의 의로우신 심판이 나타날"(apokalypseōs dikaiokrisias tou theou – '아포칼립세오스 디카이오크리시아스 투 테우') 날이

413) *Interpreters*에 나오는 논의를 보라.
414) Dodd, 1959 [1932], 특히 47-50; Hanson, 1957.
415) 가장 분명한 것들은 롬 2:5(두 번), 8; 3:5; 5:9; 엡 5:6/골 3:6이다.

라고 말하기까지 한다. 얼핏 보면, 이것은 마치 바울이 1:18에서 말한 '아포칼립테타이'(apokalyptetai)를 2:5에서 다시 보충설명하고자 하였고, 그런 후에 그것을 다시 한 번 밑받침하고 확인해 주기 위해서 2:16을 도입한 것처럼 보인다.

이것은 우리의 논의에 어떤 도움이 되는가? 왜냐하면, 우상 숭배자들에게 임할 한 분 유일하신 하나님의 장래의 "진노"라는 이러한 관념은 어쨌든 바울의 시대에 새롭게 등장한 것이 아니었기 때문이다. 그것은 마카베오 가문의 순교자들이 안티오코스 에피파네스(Antiochus Epiphanes)의 머리에 떨어지기를 소리쳐 기도하였던 바로 그것이었고, 솔로몬의 지혜서가 한 분 유일하신 하나님을 비웃고 잔인하게 행하는 악인들에게 임할 것이라고 생각하였던 바로 그것이었다. 그렇다면, 바울은 어떻게 하나님의 진노가 무엇인가 새로운 방식으로 "하늘로부터 나타났다"고 말할 수 있었는가?

그 대답은 바울에게 있어서 하나님의 진노의 "나타남"은, 앞 절에서 하나님의 의의 "나타남"과 마찬가지로, 메시야 예수의 "나타남"으로 인해서 일어난 것의 일부였다는 것이다. 바울은 제2성전 시대의 유일신론을 그 한복판에 예수를 위치시킴으로써 철저하게 수정하였던 것과 마찬가지로, 제2성전 시대 유일신론으로부터 가장 직접적으로 도출되는 결론, 즉 한 분 유일하신 하나님이 장차 와서 우상 숭배와 악을 단번에 단죄하고 마침내 세계를 바로잡을 것이라는 약속도 철저하게 수정하였다. 그리고 이러한 철저한 수정은 그가 메시야에 대하여 믿었던 것들을 중심으로 이루어졌다. 일단 1:18-2:16을 전체적으로 보면, 우리는 이 본문 전체가 "복음"자체의 일부였던 새로운 소식(news), 즉 하나님의 심판이 메시야 예수를 통해서 집행될 것이라는 소식(2:16)에 대한 "계시"라는 틀 내에 있다는 것을 알게 된다. 2:5에 나오는 장래의 그 "날"은 하나님이 인간의 은밀한 일들을 메시야를 통해서 심판하는 "날"이다.[416)]

어떤 의미에서는 이것도 거의 "새로운 것"(news)이라고 할 수 없는 것이었다. 적어도 시편 2편이 나온 이래로, 유대인들은 장차 다윗 가문의 왕이 임하여 악한 이교도들과 악한 이스라엘 사람들 또는 유대인들에 대한 하나님의 징벌을 집행할 것이라고 생각하여 왔다. 그러나 바울이 1:18-2:16에서 말하는 것은 거기에서 더

416) '디아 크리스투'(dia Christou)를 주목하라: 이 표현은 이례적인 것이지만, 바로 이 대목에서는 정확히 부합한다. 아레오바고 연설의 절정이 장차 있을 메시야의 심판이라는 것은 의미심장하다(행 17:31). 이것은 이 본문을 바울에 대한 누가의 왜곡의 한 예로 보는 자들에게는 반갑지 않은 소식일 것이지만, 아마도 이 논증은 그들의 생각과는 정반대로 작동되어야 할 것이다.

나아간다. 하나님의 의를 실현하고 드러내는 이, 우상 숭배자들에 대한 하나님의 진노를 집행할 이가 메시야로 계시된 십자가에 못 박히고 다시 살아난 예수라는 사실은 필연적으로 지금까지 "하나님의 진노"를 바라보았던 방식을 근본적으로 바꾸어 놓고, "문제"가 훨씬 더 심각하다는 것을 드러내 준 것이었기 때문에, 이제 "문제"는 단순히 "악한 이교도들과 거기에 야합한 유대인들"이라는 관점에서 보는 것은 불가능하게 되었고, 이전에 인간의 마음이 너무나 거짓되다고 한탄하였던 예레미야 같은 사람들만이 생각할 수 있었던 인간의 훨씬 더 깊고 암울한 질병이라는 관점에서 보아야 했다.[417] 신명기사가 같은 저자들은 오직 하나님에 의한 근본적이고 철저한 수술로만 이스라엘 백성의 깊은 병이 치유될 수 있다고 역설하였고,[418] 당연히 더러움은 단지 "부정한" 음식을 통해서 사람들 속으로 들어가는 것이 아니라 사람들의 내면으로부터 부글부글 솟아나오는 것이라고 생각하였던 것으로 보이는 나사렛 예수 같은 사람들도 있었을 것이다.[419]

내가 앞에서 논증하였듯이, 이것은 바울이 성령의 빛 아래에서 유대적 유일신론을 수정한 것이 그 유일신론에 수반되었던 "문제"에 대한 수정으로 이어진 지점이다. 이스라엘의 하나님이 자신의 메시야를 보냈고, 그 메시야가 십자가에 못 박혔다가 죽은 자 가운데서 부활하였다면, 그것 자체가 이미 사람들이 지금까지 성경의 옛 약속들과 경고들을 읽어 왔던 방식에 대한 주요한 해석학적 변화를 예고하는 것일 수밖에 없었다. 다윗의 아들이자 하나님의 아들인 예수의 복음 안에서 "계시된" 것(1:3-4)은 장래의 심판주의 이름만이 아니었고, 그 심판의 깊이와 모든 사람에게 공평하게 심판이 이루어질 것이라는 사실도 계시되었다. 성령이 이 땅에 와서 역사하여, 전혀 생각지도 않고 있었던 비유대인들의 마음과 생각을 포함해서 사람들의 마음과 생각을 변화시켰을 때에 "계시된" 것은 새로운 종류의 삶의 가능성만이 아니었고, 사람들이 이전에 앓고 있던 질병의 깊이와 그 질병이 모든 사람 속에 깊이 자리 잡고 있다는 사실도 계시되었다. 바울이 한 분 유일하신 하나님이 메시야를 통해서 사람들의 마음의 은밀한 것들을 심판할 것이라고 선포하였을 때, 거기에는 이 모든 의미가 내포되어 있었다.

417) 렘 17:9.

418) 로마서 2장과 신명기 간의 공명들에 대해서는 Lincicum, 2010, 149f. 등을 보라.

419) 막 7:1-23 등. 마음의 은밀한 것들에 대한 심판의 강조는, 바울은 의심할 여지 없이 하나님의 진노가 "현세적인" 사건들 속에서 이루어지고 있다는 성경의 통상적인 비전을 공유하였지만(위의 제2장 제4절 4)를 보라), 여기에서는 그러한 어떤 단일한 사건을 넘어서는 그 무엇에 대하여 말하고 있음을 보여준다고 나는 생각한다(반대견해로는 Perriman, 2010).

따라서 바울이 2:1에서 수사학적인 기법을 사용해서 툭 던지는 "찌르는 말"은 그러한 수사법을 사용하지 않았을 때보다 훨씬 더 깊이 사람들의 심령에 박힌다. 그는 (바울과 거의 동시대인이었던 솔로몬의 지혜서의 저자 같은) 진지하게 생각하는 유대인들과 (바울과 거의 동시대에 산 또 한 명의 인물이었던 세네카 같은) 진지하게 생각하는 이교도들을 설득해서, 자기가 1:18-32에서 행한 이교도들의 행실에 대한 대대적이고 통렬한 비판에 동의하게 만든 후에, 이제는 유대인들에게로 방향을 돌려서, "너희도 동일한 방식으로 행하고 있다"고 허를 찌른다. 그리고 그는 복음 안에서 "계시된" 것에 비추어서, 장래의 심판에서 유대인들과 이방인들은 정확히 동일한 기준을 따라 심판을 받게 될 것이라고 역설할 수 있었다. 유대인들과 이방인들이 각각 지녀온 이점들과 불리한 점들은 온전히 고려될 것이다(2:12-15). 하나님은 그 심판에서 모든 것을 공평하게 처리할 것이고, "특정한 민족에 대한 특혜 조항" 같은 것은 없을 것이다.[420]

만일 어떤 사람이 "그들은 이스라엘 사람들로서, 그들에게는 영광과 아들이라는 신분과 율법이 주어졌지만" 그들에게 특혜는 없을 것이라고 말하는 것을 다소의 사울이 들었다면, 그는 충격을 받았을 것이지만, 어쨌든 그것도 제2성전 시대 유대교 내에서 완전히 새로운 것은 아니었다. 그가 십자가에 못 박힌 메시야의 추종자가 되고 나서, 이스라엘의 실패에 대하여 그런 고통을 느꼈다면, 이전에는 무엇이라고 말하였던 것일까?[421] 하나님의 정의라는 개념이 유대교 내에서 필수적인 것으로 자리 잡고 있기는 하였지만, 그러한 정의는 이스라엘이 계약의 하나님과 특별한 관계에 있다는 관념에 의해서 상쇄되었다. 이 두 가지를 함께 붙잡고 있을 때에 발생하는 문제점은 오늘날까지도 여전히 존재한다.[422]

우리가 종종 "인간의 곤경"이라 부르는 것에 관한 바울의 발전된 그림이 우리가 기독교 이전의 유대교에서 발견하는 그림보다 더 깊이 들어가는 이유가 거기에 있고, 이것은 전혀 뜻밖의 놀라운 일이 아니다. 바울이 자기가 이전에 생각해 왔던 것보다 훨씬 더 잘못되어 있었고 지독하게 잘못되어 있었던 것이 무엇인지에 대한 단서를 찾기 위해서 인간의 기원에 관한 성경의 이야기를 근원부터 파고들 수밖에 없었던 것은 복음의 "새로운 것"의 일부였다. 우리가 말할 수 있는 한에서, 바울은 이제 이스라엘도 아담 안에 있고, 토라는 단지 그 곤경을 강화시킬 뿐이라는 것을 설명해 줄 수 있는 발판을 마련하기 위해서, 인간의 죄를 아담으로까지 소급시키는 전

420) 하나님의 공평하심에 대해서는 특히 Bassler, 1982, 그리고 Jewett, 2007, 209f. 등을 보라.
421) 롬 9:4.
422) 예컨대, Kaminsky, 2007; Thiessen, 2011, 142-8 등을 보라.

례 없는 신학적 설명을 발전시키는 독자적인 발걸음을 내디딘 것이었다. 바울 시대 전후의 수많은 유대 사상가들처럼, 모든 인간은 '예체르 하라아'(yetzer hara', "악한 성향")를 지니고 있지만 '예체르 핫토브'(yetzer hatob, "선한 성향")로 그것을 억제하여야 한다고 말하는 것으로는 충분하지 않았다.[423] 그렇게 말하는 것은 단지 겉만 보고 말하는 피상적인 것이었고, 실제로는 그 아래에는 훨씬 더 깊은 문제, 즉 죄라는 질병의 문제가 있었다. 그리고 그 질병은 그 근원까지 소급되어야 했다. 몇몇 반대주장들에도 불구하고, 1:18-25에 나타나 있는 일련의 사고는 분명히 이스라엘의 원죄(금송아지)를 암시하고 있기도 하지만, 기본적으로는 "아담"을 염두에 둔 것이다.[424]

이 주제는 나선형 구조로 되어 있는 로마서의 논증 속에서 거듭거듭 등장한다.[425] 바울은 1:18−2:16에서 자기가 말한 것을 5:12-21에서 다시 언급하고(여기서 초점은 율법은 단지 율법을 받은 아담적인 인류, 즉 이스라엘의 곤경을 강화시킬 뿐이라고 말하는 5:20에 두어진다), 7:1-25에서 또다시 전개한 후에, 9:6-29에서 다시 한 번 언급한다. 즉, 그는 계속해서 "아담과 이스라엘, 아담과 이스라엘 … "이라고 반복해서 말하는 것이다. 그러나 그는 하나님의 정의와 구원 계획에 관한 추가적인 진술을 통해서 1:17을 1:18과 균형을 맞추고 있듯이, 이 주제가 반복되는 각각의 경우에서 인간과 이스라엘의 깊은 곤경의 "계시"에 대한 대답을 제시한다.[426] 바울은 다른 곳에서는 자주 이렇게 아담을 근거로 해서 "곤경"을 근본적이고 철저하게 재정의하는 일을 하지 않지만, 로마서에 나오는 이 주제에 대한 설명을 보면, 그가 매우 주의 깊고 세심하게 숙고해서 그러한 설명을 이끌어 내었다는 것이 분명하게 드러난다.[427]

이렇게 해서, "구원"의 필요성(1:16)은 한층 더 강화되고 근본적인 것이 되었다. (바울은, 오늘날의 수많은 저자들과는 달리, "칭의"를 말하고자 할 때에 "구원"을

423) Marcus, 1986a, 17f.를 보라.

424) cf. Hooker, 1959-60; 또한, cf. Adams, 1997a; 그리고 Jewett, 2007, 160-2에 나오는 추가적인 논의.

425) '하마르티아' (hamartia, "죄")라는 단어가 그 동일 어근의 여러 단어들이 로마서에 나오는 빈도는 바울의 다른 모든 서신들에 나오는 빈도를 모두 합한 것보다도 훨씬 더 많다; '타나토스' (thanatos, "사망")와 그 동일 어근의 '타나토오' (thanatoō, "죽이다")와 '아포테네스코' (apothnēskō, "죽다")가 로마서에 나오는 빈도는 바울의 다른 모든 서신들에 나오는 빈도를 모든 합한 것과 비슷하다. 이것은 "죄"와 "사망"이 다른 서신들에서보다도 로마서에서 중점적으로 다루어지고 있음을 분명하게 보여준다.

426) 5:20b-21; 7:4-6, 그리고 8:1-11; 9:30−10:13을 보라.

427) 예를 들면, 고전 15:21f.; 고후 11:3.

말하거나, "구원"을 말하고자 할 때에 "칭의"를 말하지 않는다.) 이제 "구원"이 필요한 "문제"는 단지 이교의 우상 숭배자들과 그들의 악한 삶이라는 문제만도 아니고, 이방인들의 침략이나 압제라는 문제만도 아니게 되었다. 바울이 좋아하였던 본문들 중의 하나였던 이사야서 40-55장을 보면, 바벨론의 포로생활이 "문제" 중의 하나였고, 실제로 거기에 초점이 맞춰져 있다는 것은 의심의 여지가 없다. 그러나 이스라엘의 도덕적이고 영적인 상태가 절망적이라는 것과 그것을 고치기 위하여 마련된 치료책의 성격(특히, "종" 본문들에서)에 대한 끊임없는 언급은 궁극적인 "곤경"은 훨씬 더 깊은 데 있다는 것을 보여준다. "문제"는 인간의 마음 아주 깊은 곳에 있고, 이 점에서는 유대인도 다른 사람들과 다를 것이 없다. 바울이 바로 그러한 본문들 속에서 사람의 "마음"(그 마음이 악하고 완악하며, 언젠가 그 은밀한 것들이 드러나게 되리라는 것)을 그토록 강하게 강조하고 부각시키는 이유가 거기에 있다.[428] "마음"이라는 차원에서는 "유대인"은 다른 사람들과 하등 다를 것이 없다.

모든 인간이 물들어 있는 "죄"라는 문제는 이렇게 제2성전 시대의 그 어떤 유대인에게서도 볼 수 없을 정도로 아주 크게 바울의 글들(특히, 로마서) 속에서 부각되어 있는데, 그 이유는 한 가지, 즉 나사렛 예수가 십자가에 못 박힌 메시야였다는 계시가 그로 하여금 그러한 결론을 내리지 않을 수 없게 만들었기 때문이었다. 한 분 유일하신 하나님이 예수를 죽은 자 가운데서 다시 살리는 방식으로 제시한 "해법"은 바울이 지금까지 알고 있었던 "문제"와 부합하는 해법이 아니었기 때문에, 그는 결국 그 "문제"라는 것이 자기가 생각해 왔던 것보다 훨씬 더 심각하고 깊다는 것을 알게 될 수밖에 없었다. 우상 숭배와 음행은 단지 이교도들의 "문제"이고, 유대인들은 토라를 잘 지킴으로써 그러한 질병에 물드는 것을 피할 수 있고, 더 나아가 토라를 통해서 세계 전체를 바로잡을 수 있는 것이 전혀 아니었다.[429] 도리어, 우상 숭배와 음행은 유대인들을 포함한 모든 인간이 겪고 있는 질병이 이방인들에게서 나타난 징후였다. 이것은 바울이 메시야가 십자가에 못 박혔다가 지금은 높임을 받아 한 분 유일하신 하나님의 본질적인 정체성이라는 것이 확인되었다는 사실로부터 알게 된 것이었다.

물론, 로마서는 2:17-29에서 "유대인" 문제에 관한 논의로 나아간다. 나는 다른

428) 롬 1:21, 24; 2:5, 15, 29; cf. 5:5; 6:17; 8:27; 10:6-10; 그것과는 달리 16:18을 보라. 이것은 하나의 예외를 제외하고는 로마서에 어느 정도 특유한 주제인 것으로 보인다: 고린도전서 4:5은 로마서 2장에서의 여러 용례들과 밀접하게 상응된다.

429) 2:17-20. 이것에 대해서는 *Perspectives*, ch. 30에 수록된 논문을 보라.

곳에서 이 본문을 자세하게 다루었기 때문에, 여기에서는 단지 이것만을 말해 두고자 한다.[430] 다소의 사울에게 있어서, 창조주 하나님이 세계의 문제를 이스라엘을 통해서 해결할 것이라는 사실은 하나의 공리였다는 것이다. 이것이 "선민론"이 의미하는 것이었다. 그러나 사도 바울은 메시야의 십자가와 부활을 알게 되고 성령을 체험하고서, 그런 것들에 대하여 내내 말해 왔던 성경의 가르침들을 주의 깊게 살펴본 결과, 이스라엘 자체도 절망적인 상태에 있다는 것을 깨달았다. 이제 필요한 것은 창조주 하나님이 자신의 계획을 실행해 나갈 때에 사용할 수 있는 새로운 백성을 만들어내는 것이었다. 2:17-29에서 이미 개략적으로 서술된 이러한 일련의 사고는 로마서 3:21–4:25에 나오는 "해법"에 관한 바울의 설명이 아주 중요한 이중적인 초점을 가지게 된 이유를 설명해 준다. 창조주 하나님은 1:18–2:16에 개략적으로 서술된 "죄"라는 문제를 해결하였지만, 2:17–29에 개략적으로 서술되고 3:1-9과 3:10-20의 압축된 서술들을 통해서 다시 한 번 강조된 "계약 백성"이라는 문제도 해결하였다. 바울에게 있어서 이 두 가지 문제는 창조주 하나님이 계약에 대한 자신의 신실하심 가운데서 이제 드러내 보인 "해법"인 메시야의 신실하심으로 인하여 서로 결합되었다. 이것은 바울이 새롭게 인식한 "곤경"을 서술하는 1:18–3:20에서, 새롭게 드러난 "해법"을 서술하는 3:21–4:25로 이행해 갈 때에 그 근저에 있는 논리이다.

4) 유일신론과 악의 문제: 결론

따라서 나의 결론은 바울은 자신이 지니고 있던 제2성전 시대의 유대적인 유일신론을 예수와 성령을 중심으로 다시 생각하여 수정하였고, 그렇게 수정된 관점은 그가 왜 그리고 어떻게 인간의 "곤경"만이 아니라 이스라엘의 곤경, 또한 세계 전체의 곤경에 대한 자신의 이전의 평가를 수정한 것인지를 우리에게 분명하게 보여준다는 것이다. 예수와 관련된 복음 사건들은 "구원의 복된 소식"에 관한 "계시"였을 뿐만 아니라, 모든 인간과 피조 질서 전체가 과연 어떤 "문제"로부터 구원을 받아야 하는 것인지에 관한 "계시"이기도 하였다.

바울의 견고한 유일신론은 하나님을 반역한 초인간적인 "권세들"이 사람들을 유혹하여 우상 숭배로 이끌어 들여서 창조와 인간을 멸하고자 하는 자신들의 계획

430) *Perspectives*, ch. 30을 보라.

에 동조하게 만든다는 사실을 온전히 드러내었다. 인간의 마음속에 있는 죄, 인간의 생각 속에 자리 잡고 있는 어둠, 인간의 삶 속에서의 비인간화된 행위는 모두 어둠의 세력들이 제국들과 그 통치자들을 포함한 우상들을 통해 역사해서 사람들을 장악하여 한 분 창조주 하나님의 계획을 무너뜨리고자 하는 것과 동일선 상에 있는 것들이었다.[431] 그리고 세계의 빛이 되도록 부르심을 받은 이스라엘도 그 어둠에 참여하고 있었다.[432] 이스라엘도 마찬가지로 "아담 안에" 있었다. 다시 한 번 에베소서는 우리가 로마서에 대한 석의를 통해서 도달할 수밖에 없었던 지점을 우리에게 아주 분명하게 보여준다. 즉, "너희 이방인들"은 죄 가운데 있어서 "권세들"의 지배를 받고 있었고, "우리 유대인들"도 마찬가지로 동일한 상태에 있었다는 것이다:

> [1]너희는 허물들과 죄들로 인하여 죽어 있었다. [2]그것은 너희가 이 세계의 "현세"와 보조를 맞춰서, 또한 공중의 권세를 잡고 있는 자, 곧 지금도 하나님께 불순종하는 삶을 살아가는 자들 가운데서 역사하는 영과 보조를 맞춰서 걸어온 길이었다. [3]사실, 그것은 우리 모두가 육체가 원하는 것들을 따라 행해 왔던 것이다. 우리는 우리의 육체와 우리의 마음이 우리에게 강권하는 것을 행하여 왔다. 그 결과가 무엇이었는가? 우리도 다른 이들과 마찬가지로 우리의 본성적인 상태 가운데서 진노에 종속되어 있었다.[433]

물론, 이 모든 것은 단지 "문제"를 부각시킨다. 본문이 메시야가 "해법"이라고 말하고, 앞에서 보았던 것처럼, 이 "해법"은 "문제"를 더욱 근본적이고 철저하며 생생하게 드러내었다고 말한다고 할지라도, 다음과 같은 질문이 또다시 고개를 든다. 메시야는 정확히 어떤 "해법"을 제시하였는가? 특히, 이 새롭게 제시된 "해법"은 유대교의 세계, 좀 더 구체적으로 말해서 바리새파적인 유대교 내에서 상정되어 왔던 "해법"과 어떤 관계에 있는가?

이것은 마침내 새롭게 구축되었지만 여전히 유대적인 색채가 강하였던 바울 신학의 중심에서 선민론이라는 질문 — 이것에 대해서는 다음 장에서 살펴볼 것이다 — 을 불러일으킨다. 바울이 물려받은 전통적인 도식 속에서는, 한 분 유일하신 하

431) 우리는 이것들을 서로 대립적인 것으로 보아서는 안 된다. 쿰란 문헌 등에서 볼 수 있는 것처럼, 유대 사상가들은 얼마든지 인간의 연약함과 초인간적인 악의 세력들의 역사를 거의 동시에 말할 수 있었다: 예컨대, cf. CD 2.14—3.12; 4.13—5.19.

432) 이것이 이스라엘이 그 소명에도 불구하고, 이 문제에 대한 해법을 제시할 수 없었던 이유이다. 이것은 로마서 2:17-29의 핵심이다(cf. *Perspectives*, ch. 30).

433) 엡 2:1-3.

나님은 이스라엘을 자신의 백성으로 불러서, 이 백성에게 세계의 문제들에 대한 "해법"이 되라는 사명을 주었다. 그러나 한 분 유일하신 하나님이 이제 한 하나님/한 주, 아니 하나님과 주와 성령으로 계시되었고, 이 격동을 불러일으킨 계시의 중심에 십자가에 못 박힌 메시야가 있다는 것이 밝혀지자, "문제"는 유대인들이 오랫동안 알아 왔던 것보다 훨씬 더 소름 끼칠 정도로 깊다는 것이 드러나서 재정의될 수밖에 없었고, 하나님의 선민 자체도 "해법"이 아니라 다른 사람들과 마찬가지로 "문제"의 일부였다는 것이 드러났다. 그렇다면, "선민론"은 어떻게 된 것인가? 아브라함 이래로 하나님의 선민이 한 분 유일하신 하나님이 세계의 문제, 인류가 반역하여 에덴 동산에서 쫓겨나 포로생활을 하게 된 것이라는 문제를 해결할 "방식"이라고 생각해 왔던 것은 도대체 어떻게 된 것인가? "아브라함과 그의 씨"에게 주어진 약속들은 어떻게 된 것인가? 하나님이 이스라엘에게 토라를 수여하여 "제사장의 나라"가 되라는 소명을 준 것은 어떻게 된 것인가? 이사야가 이스라엘에게 주어진 위대한 소명을 말하면서 이스라엘이 세계의 빛이 될 것이라고 예언하였던 것은 어떻게 된 것인가?

하지만 그 대답은 뜻밖의 것이거나 놀라운 것이 아니었다. 많은 다양한 요소들이 서로 무리 없이 조화를 이루며 결합되어서 단일한 전체를 형성하고 있는 바울 신학의 중심에서, 우리는 세계의 문제들에 대하여 하나님이 옛적부터 행해 온 해법은 결코 바뀐 것이 아니라는 그의 열정적인 확신을 발견한다. 분명히 창조주 하나님은 아브라함의 씨를 통해서 세계를 구원할 것이었고, 분명히 이스라엘은 세계의 빛이 될 것이었다. 그러나 바울은 이 모든 것이 이스라엘의 메시야와 성령 안에서 성취되었고, 이스라엘의 메시야와 성령을 중심으로 재정의되었다고 믿었다. 이스라엘과 토라가 행할 수 없었던 것을 이스라엘의 하나님이 이제 행하였다. 하나님은 자신의 약속들에 대하여 신실하였다. 이사야서 40-55장과 다니엘서 9장이 늘 말해 왔던 대로, 하나님은 자신의 '체다카'(tsedaqah, 히브리어로 "의"), 자신의 '디카이오쉬네'(dikaiosynē, 헬라어로 "의")를 나타내었다. 하나님은 자신의 의를 나타내어, 이스라엘과 온 인류와 세계의 "곤경"을 모든 차원에서, 곧 "죄"와 "사망"이라는 궁극적인 문제들에 이르기까지 남김없이 다 해결하였다.

8. 결론

우리는 바울의 유일신론을 검토하면서 시작하였던 지점으로 다시 돌아왔다. 우리가 다소의 사울에 대하여 무엇인가를 알고 있다면, 그것은 그가 하루에 여러 번 “셰마”를 기도하였다는 것이다. 그는 그렇게 하면서, 자기가 “하나님 나라의 멍에를 짊어지고” 있고, 이스라엘만이 아니라 세계 전체에 대한 한 분 유일하신 하나님의 주권에 헌신하고 있다고 믿었다. 우리는 바울이 이 한 분 유일하신 하나님에 관한 자신의 새로운 사고의 중심에 서서, 셰마의 중심에 “주”인 예수를 두고서 셰마를 철저하게 수정하였고, 의도적으로 “주”라는 단어를 사용함으로써 칠십인역에서 하나님의 이름인 야웨를 나타내는 데 사용하였던 ‘퀴리오스’(kyrios)를 거기에 반영하였다. 이 수정된 셰마는 모든 것으로부터 독립되고 고립된 “신학적인 진술”이자 한 분 유일하신 하나님에 대한 준철학적인 잡다한 성찰인 것이 아니었고, 복음의 “지금” 안에서 이 한 분 유일하신 하나님을 섬기고 그의 나라를 위하여 일한다는 것이 무엇을 의미하는지에 관한 바울의 가장 중심적인 몇몇 성찰들에 동력을 제공해 준 박동하는 심장이었다. 따라서 우리는 예수를 그 중심에 위치시켜 수정된 이 셰마가 사도 바울의 지속적인 유일신론적인 기도의 삶의 중심이 되었다고 보아야 한다.

이것을 토대로, 하나의 추정이기는 하지만 어쨌든 우리가 실제로 알고 있는 것들과 잘 부합하는 것을 말할 수 있는데, 그것은 고린도전서 8:6에 나오는 기도는 바울이 로마 감옥에서 처형을 기다리며 드렸던 기도였으리라는 것이다. 바울에게 있어서 하나님의 나라는 이제 십자가에 못 박혔다가 다시 살아난 메시야를 통해서 알려지게 된 바로 그 나라였지만, 어쨌든 그는 아키바와 마찬가지로 하나님 나라의 멍에를 스스로 짊어지고 있었다. 바울은 이 위대한 기도문의 수정된 형태를 가지고서 기도하였기 때문에, 그 기도는 더욱더 합당한 것이 될 수 있었다. 왜냐하면, 이 기도문은 고문과 죽음에 직면해 있던 아키바에게 있어서는 위대한 “그럼에도 불구하고”의 역할을 하였던 반면에, 바울에게 있어서는 “왜냐하면”으로서의 역할을 하였을 것이기 때문이다. 바울이 셰마의 중심에 십자가에 못 박힌 예수가 있다는 것을 알았다는 것은, 로마인들에 의한 자신의 죽음을 통해서 자기 나라를 얻었을 뿐만 아니라, 자기를 따르는 자들이 비슷한 고난을 통해서 그들 자신의 영광을 유업으로 받게 될 것임을 약속하였던 “주”를 섬기는 데 바울이 동의하였다는 것을 의미하는 것이었다. “이 모든 일에서 우리는 우리를 사랑하신 이로 말미암아 온전히 승리를 거두고 있다.” 나는 바울이 자신이 물려받은 오래된 기도 전통을 자기가 새롭게 깨달은 신학과 함께 엮어 짜서 새롭게 만들어 낸 혁명적인 형태의 셰마를 사용해서 매일 성령 안에서 기도하였을 것이라고 생각한다:

'알 헤민 헤이스 테오스, 호 파테르, 엑스 후 타 판타 카이 헤메이스 에이스 아우톤,
(all' hēmin heis theos, ho patēr, ex hou ta panta kai hēmeis eis auton)
카이 헤이스 퀴리오스 예수스 크리스토스, 디 후 타 판타 카이 헤메이스 디아우투.'
(kai heis kyrios Iēsous Christos, di' hou ta panta kai hēmeis di'autou)

우리에게는 아버지이신 한 하나님이 계시니,
만물이 그로 말미암아 있고 우리도 그의 것이며,
메시야 예수이신 한 주가 계시니,
만물이 그로 말미암아 있고 우리도 그로 말미암아 있다.

이것은 바울의 수정된 유일신론의 정수이다. 그가 이 기도를 드린 것은 군사가 검을 들고 원수를 향해 나아간 것과 같은 것이었기 때문에(물론, 바울은 로마 시민이어서 아키바보다는 좀 더 자비로운 죽음을 기대할 수 있었을 것이기는 하지만), 이 유일신론을 원래 있어야 할 자리, 즉 마음과 뜻과 힘을 다하여 하나님의 왕 되심과 십자가에 못 박힌 예수의 주 되심을 증언하는 것에 정확히 둔 것이었다. 그리고 마침내는 자신의 목숨을 다하여.

제 1 0 장

새롭게 다시 만들어진 하나님의 백성

1. 서론

우리는 이제 본서 제3부의 중심적인 장이자 일정 정도는 우리의 전체 주제의 심장부라고 할 수 있는 장에 이르렀다. 나는 먼저 중요한 단어 하나에 대하여 한 마디 해두는 것으로 논의를 시작하고자 한다.

우리가 이하의 서술에서 꽤 일관되게 사용하게 될 "택하심"(election)이라는 단어는 통상적으로 두 가지 의미로 사용되지만, 우리는 이 단어를 그런 의미로 사용하는 것이 아니다. 첫 번째는 "택하심"은 "선택"을 의미하지만, 내가 이 단어를 사용할 때의 의미는 선거 제도와는 아무런 상관이 없다는 것이다. 내가 사용하는 "택하심"이라는 단어 속에는 "선거"와 관련된 "민주적인" 의미가 전혀 없고, 이것은 유대교의 것이든 기독교의 것이든 "택하심"에 관한 교리가 오늘날의 서구 세계에서 의심을 받아 온 한 가지 이유일 수 있다. 중요하였던 것은 이스라엘이 한 분 유일하신 하나님을 선택한 것이 아니라, 하나님이 이스라엘을 선택하였다는 것이다. 마찬가지로, 예수도 그의 추종자들에게 "너희가 나를 택한 것이 아니라, 내가 너희를 택하였다"고 말하였다.[1)]

두 번째는 이런 의미에서의 "택하심"은 16세기와 17세기의 정교한 신학 체계들 속에서 발전시킨 "택정론"과 관련된 전문적인 의미와 별 상관이 없다는 것이다. 특히 칼빈의 신학에서, 그러나 실제로는 루터를 비롯한 대부분의 종교개혁자들, 그리고 웨스트민스터 신앙고백 같은 고전적인 정형문구들에서, "예정"과 짝을 이루어 등장하는 "택정"은 하나님이 어떤 사람들을 구원으로 영원히 선택하였다는 것을 의미하였는데, 그러한 택하심의 결과로 하나님이 그 밖의 다른 모든 사람들

1) 요 15:16.

을 그들이 피할 수 없는 영원한 형벌에 처하기로 "선택하였다"는 것도 아울러 명시적으로 밝힌 경우도 종종 있었다.[2] 나는 이러한 신학이 어떻게 해서 생겨났고, 이 신학을 만들어내고 가르친 사람들이 무엇을 피하고자 애썼는지를 알고 있다고 생각한다(그들은 구원이 어떤 식으로든 인간의 의지나 노력, 성취에 의해 좌우된다고 말하는 주장을 원천적으로 봉쇄하고자 한 것이었다). 그러나 이것은 오늘날 주후 1세기의 유대교와 나중에 "기독교"라 불리게 된 그 기이한 변종에 관하여 글을 쓰는 대부분의 저자들과 내가 "택하심"이라는 용어를 사용하는 방식이 아니다.[3]

나는 한 분 유일하신 하나님이 역사상으로 "이스라엘"로 알려져 왔고 바울 당시에는 포로기 이후에 좀 더 작은 집단이 된 '호이 유다이오이'(hoi Ioudaioi, "유대인들")로 불리게 된 아브라함의 권속을 선택한 것을 강조하기 위하여 "택하심"(즉, "선민론")이라는 용어를 사용한다.[4] "택하심"이라는 단어가 이스라엘에 적용될 때, 그것은 통상적으로 단지 하나님이 이 백성을 선택하였다는 의미만이 아니라, 좀 더 구체적으로 하나님이 특정한 목적을 위해서 이 백성을 선택하였다는 추가적인 의미를 지니게 된다.

아주 많은 것이 이것에 달려 있고, 이 주제는 필연적으로 논쟁을 불러일으킬 수

2) 16세기와 17세기의 교리에 대한 고전적인 서술로는 웨스트민스터 신앙고백(Westminster Confession) 등을 참조하라: "하나님의 작정하심에 의해서 그의 영광을 나타내기 위하여 어떤 사람들과 천사들이 영원한 생명을 얻도록 예정되어 있고, 어떤 사람들과 천사들은 영원한 사망으로 미리 정해져 있다"(제3조, Free Presbyterian Church of Scotland 1970, 29). 칼빈의 입장에 대해서는 Calvin, 1961 [1552]과 *Institutes*(Calvin 1960 [1559]), 3.21를 보라. 종교개혁자들은 Augustine(e.g. *De Praedestinatione Sanctorum*)과 Aquinas(*ST* 1a, qu. 23)에 나오는 비슷한 주제들을 가져와서 사용하였다. Barth, 1936-69, 2.2 ch. 7(교리사에 대한 중요한 요약을 포함하고 있다, ib. 12-24)에 나오는 택정론에 대한 서술은 장엄하기는 하지만, 내가 보기에는, 기독교 전통으로부터 온 "택정론"을 주후 1세기의 유대적이고 바울적인 "선민론"과 결합시키고자 한 결함 있는 시도이다.

3) "선민론"이 제2성전 시대의 유대적인 관념들에 관한 논의들에서 어떻게 사용되고 있는지에 대한 간단한 요약으로는 Gathercole, 2010 등을 보라. 나는 Roetzel, 2003, ch. 6의 제목이 "The Grammar of Election"으로 되어 있다는 것을 주목한다; Roetzel과 나는 이 주제와 관련하여 많은 것들에 대하여 견해 차이가 있지만, "택하심"이라는 단어는 원래 하나님의 백성에 대한 바울의 신학적 이해에 사용하여야 마땅하다는 것에 대해서는 이견이 없다.

4) 헬라어에서 이 단어는 민족적인 함의(유다 지파의 지체들 — 이 시기의 "유대인들"은 유다 지파 사람들만이 아니라 다소의 사울 같은 베냐민 지파와 레위 지파 사람들도 포함하고 있었지만)와 아울러서 지리적인 함의("유대" 땅의 거민들)도 지니고 있었던 것으로 보이고, 물론 디아스포라 지역들에는 동쪽의 바벨론으로부터 서쪽의 이탈리아, 프랑스, 심지어 스페인에 이르기까지 상당한 정도의 유대인 공동체들이 존재하였다. 최근의 논의들 중에서는 Mason, 2007; Schwartz, 2007; Barclay, 2011, e.g. 9f. n. 19; Thiessen, 2011, 149 n. 2 등을 보라.

밖에 없기 때문에, 우리는 이것을 차근차근 단계를 밟아서 살펴보지 않으면 안 된다. 그러나 이 장과 앞 장의 긴밀한 통일성을 보여주기 위해서, 나는 서론을 빌려서 이것을 말하고자 한다. 앞에서 보았듯이, 창조의 유일신론자는 특별한 "문제"에 직면하게 된다. 실제로 창조의 유일신론자가 창조주 하나님이 해결해야 할 "문제"를 지니고 있다고 말하는 것은 당연하다. 왜냐하면, 세계는 창조주가 원래 원하였던 것으로 생각되는 그런 상태에 있지 않아 보이기 때문이다. 앞에서 이미 보았듯이, 여기에서 여러 유형의 유일신론이 나뉜다. 에피쿠로스학파나 스토아학파 등등과는 달리, 한 분 유일하신 하나님이 세계를 창조하였고 여전히 세계와 긴밀하게 연결되어 있으며 세계에 대하여 책임이 있다고 믿는 창조의 유일신론자는 한 가지 문제에 봉착할 수밖에 없다: 왜 세계는 이렇게 나쁜 상태로 존재하는가? 한 분 유일하신 하나님이 이스라엘을 선택해서 이스라엘을 통해 세계를 변화시키겠다고 약속하였다고 믿는 창조의 유일신론자에게 있어서는 이 문제가 더욱 심각해진다. 그렇다면 이스라엘은 왜 이런 모습이란 말인가? 이스라엘을 통해 세계를 변화시키겠다는 하나님의 약속은 이제 어떻게 성취될 것인가?

세계의 이러한 이상한 상태가 어떻게 존재하게 되었는가 하는 문제(철학적으로는 "악의 문제")에 대한 이론들이 고대 이스라엘 사람들 가운데서 종종 제기되기는 하였지만, 이 문제는 대체로 그들을 크게 괴롭혔던 것으로 보이지는 않는다. 마르크스(Marx)가 잘 보았듯이, 중요한 것은 세계를 분석하는 것이 아니라 변화시키는 것이었고, 바로 그것이 처음에 하나님이 이스라엘을 "택한" 목적이었던 것으로 보인다. "만일 인간이 범죄하지 않았다면, 창조주 하나님은 무엇을 행하였을 것인가"라고 묻는 것은 쓸데없는 질문이지만, 우리는 그것을 역으로 생각해서, 적어도 이스라엘의 성경에서 아브라함의 부르심과 이스라엘을 하나님의 특별한 백성으로 선택한 일은 단지 인간의 보편적인 죄와 악이라는 맥락 속에서 일어난 일일 뿐만 아니라, 어느 정도는 인간의 보편적인 실패와 관련된 일이기도 하다고 말할 수 있다. 이스라엘은 열방들과는 "다른" 민족이 되도록 부르심을 받았다. 아니, 이스라엘은 바로 그러한 "다름"을 통해서 "차이를 만들어 내도록" 부르심을 받았다. (한 유식한 유대인 통신원이 수 세기의 전통을 반영해서 사용한 표현을 빌리자면) 이스라엘은 "하나님의 이름으로 세계를 수리하는" 임무로 부르심을 받았다.

이것이 우리가 "선민론"("택하심")이라고 부르는 것을 의아해하는 사람이 있을 것을 우려해서, "선민론"을 세계와 피조세계와 인류를 건지는 일, 요컨대 구원과 연결시키는 이유이다. 하나님이 아브라함을 택한 것은 구원하기 위한 선택이었고, 아담과 하와로부터 시작해서 바벨탑에 이르기까지 인류의 실패에 대한 하나님의 대답이었다. 현재의 장의 중심에 있는 문제는 그것이 어떤 종류의 "구원"인 것인가, 그리고 그 구원은 어떤 식으로 이루어질 수 있는가 하는 것이다. 그러나 우리가 유일신론과 선민론과 종말론을 강조한다고 해서, "구원" 및 거기에 수반되는 모든 것을 한 쪽으로 밀어 놓거나 주변적인 것으로 취급하는 것이 아님을 아는 것이 중요하다. 또한, 어떤 사람들이 나를 비롯한 여러 학자들을 비난해 왔던 것과는 달리, 우리는 "구원론을 교회론 아래로 종속시키고" 있는 것도 아니다. 도리어, 우리는 "구원"에 관한 성경적인 신학을 원래 있었던 것으로 보이는 자리, 즉 하나님이 이스라엘을 택한 목적이자 목표라는 자리로 되돌려놓고자 하는 것이다. 그리고 이 문제 — 우리가 "선민론"을 설명할 때에 직면하는 문제이자, 바울이 밤낮으로 고민하였던 문제 — 의 일부는 이스라엘을 구원하기 위한(for) 택하심과 이스라엘을 통해서(through) 세계를 구원하기 위한 택하심 간의 관계였다. 바울에게 있어서 이 문제는 다른 모든 문제들과 마찬가지로 메시야의 죽음과 부활 속에서 최종적으로 해결되었다. 현재의 사고의 흐름을 따라가다 보면, 우리는 그 종착점에서 바로 이 메시야의 죽음과 부활을 만나게 될 것이다.

나는 이제 곧 본서의 제2장과 맥을 같이하여, 바울이 선민론에 관한 이러한 새로운 견해의 한 판본을 지니고 있었고, 그가 지니고 있었던 견해가 당시에 널리 공유되었던 것이었는지의 여부, 또는 이전의 이스라엘의 신앙을 대표하는 것이었는지의 여부(또는, 우리 시대에 널리 퍼져 있는 유대적인 신앙을 대표하는 것이었는지의 여부)와는 상관 없이, 그 견해는 그가 지니고 있었던 것이고, 그가 말한 것들은 그 견해를 맥락으로 할 때에만 그가 원래 의도하였던 의미를 지니게 된다는 것을 논증할 것이다. 또한, 나는 유일신론에 일어났던 일이 그대로 선민론과 관련해서도 일어났다는 것, 즉 바울은 유대적인 선민론을 예수와 성령의 빛 아래에서 철저하게 수정하였다는 것을 이 장 전체에 걸쳐서 논증할 것이다. 우리는 그가 그렇게 하는 것을 유심히 살펴보면, 그의 가장 잘 알려져 있는(그리고 종종 가장 논란이 많은) 가르침들이 새로운 의미로 다가오는 것을 보게 된다: 십자가, "칭의"와 율법, "기독교 윤리." 그리고 우리는 이러한 가르침들을 그러한 맥락 내에서 설명할 때, 그러한 주제들을 가장 중점적으로 다루는 서신들에서 왜 이스라엘의 문제 — 아브라함, 모세, 토라, 계약의 약속들의 문제 — 가 그토록 크게 부각되고 있는 것인지를 깨닫기 시작한다. 그동안 바울에 대한 서구적인 많은 읽기에서는 "유대적인 배경"(이천 년에 걸친 하나님의 부르심과 목적이 단지 "배경"에 지나지 않는다는 듯이 치부해 버리는 이런 용어를 들었다면, 바울은 너무나 어이없어 하였을 것이다)을 말 그대로 뒷전으로 밀어내 버리고서, 바울의 서신들에 대하여 무지막지

한 폭력을 행사해 왔다. 로마서 9-11장이 그동안 처해 있었던 운명을 한 번 생각해 보라. 우리는 그러한 읽기 전통에 맞서, 구원론적인 관심을 원래의 유대적인 맥락 내에 다시 갖다 놓음으로써, 바울로 하여금 원래의 자신의 방식으로 구원론에 대하여 말하게 하고자 한다 — 즉, 그 자신의 유대적인 방식으로, 그리고 그의 철저하게 수정된 지극히 유대적인 방식으로:

> 하지만 바울과 그의 진영에 있어서, 메시야가 율법에 의해 저주 받은 그러한 방식으로 죽었다는 예기치 않았고 거의 생각할 수 없었던 주장은 하나님의 백성이 구성되고 경계가 지어지는 방식과 관련해서 이전과의 날카로운 단절을 의미하는 것이었다.[5]

이것은 지극히 옳은 말이다. 선민론은 메시야를 중심으로 재정의되었다. 하나님이 이스라엘을 선택한 것은 최종목적지로 가기 위한 이정표이자 중간 과정이었고, 하나님의 전체 계획 속에서 전부가 아니라 단지 일부일 뿐이었다.

이것은 현재의 장이 우리가 통상적으로 바울 신학의 중심적인 주제들이라고 여겨 온 것, 특히 구원을 중심으로 한 여러 쟁점들에 대하여 논의하면서 새롭고 명료한 시각을 얻게 될 장이 될 것임을 의미한다. 나는 다른 곳에서 이미 이 주제들과 관련해서 현재 어떤 논의들이 진행되고 있는지를 설명한 바 있기 때문에, 여기에서는 단지 현재의 장을 그러한 학문적인 논의의 장에 두기 위하여 간단하게 그 논의들을 요약해서 제시하고자 한다.[6]

우리는 이 주제들과 관련된 현재의 논의를 크게 보아서 일곱 가지의 강조점으로 구분할 수 있는데, 나의 견해는 이 일곱 가지 강조점들은 자신만의 고유한 역할이 있고, 그것들이 지금은 서로 판이하게 다르고 심지어 대립되기까지 하는 것처럼 보일지라도, 우리가 바울이 이 주제들을 이해하였던 방식을 제대로 알게 되기만 하면, 각각의 강조점은 다른 강조점들을 필요로 한다는 것이 드러나게 되리라는 것이다. 우리가 비교적 최근의 과거에 속한 단어들과 개념들의 의미를 파악하고자 할 때에도, 이런 일이 비일비재하게 일어나는데, 하물며 우리의 세계와는 판이하게 달랐던 주후 1세기의 한 유대인의 세계로 거슬러 올라갔을 때에는 그런 일이 얼마나 더 극심하게 일어나겠는가?[7]

5) Meeks, 1983, 168.

6) *Interpreters*를 보라.

7) Lewis, 1960 [1942], 16가 Milton이 사용한 "solemnity"라는 개념이 어렵다고 한 말을 참조하라: "이 단어는 최근의 발전들에 의해서 여러 가지 의미로 나누어지거나 분해되었기 때문에, 우리는 이제, 우리에게 서로 연관이 없어 보이지만 사실은 이전에는 이 단어의 여러 조각들이었던 관념들을 하나로 꿰

그 중에서도 으뜸 되는 자리는 아마도 칭의(justification)의 문제에게 돌아갈 것으로 보이는데, 그 이유는 단지 너무나 오랜 세월 동안 많은 사람들이 로마서, 갈라디아서, 빌립보서 3장에서 설명된 칭의론을 바울 신학의 핵심이자 정수로 여겨왔기 때문이다. 물론, 바울은 칭의라는 개념을 통해서 정확히 무엇을 말하고자 한 것인지, 칭의 문제는 구원이라는 좀 더 큰 그림과 어떤 관계에 있고, 다른 여섯 가지 강조점들과는 신학적으로나 석의적으로 어떤 관계에 있는지에 대해서는 여전히 의문들이 남아 있다. 나는 여기에서 내가 논의하는 것들이 이 모든 의문들을 푸는 데 도움이 될 수 있기를 바란다.[8] "칭의"라는 표현은 (아마도 틀림없이) 그 자체로나, 바울이 로마서 2장과 3장에서 거기에 대하여 말하는 방식에서나, 모든 인간이 먼저 죄인으로 피고석에 서 있다가(로마서 3:19-20) 놀랍게도 "의롭다"는 선고가 내려지는 것을 듣게 된다는(로마서 3:21-26) 법정적 관념을 지니고 있기 때문에, 칭의라고 할 때의 강조점은 흔히 법정적인 것이라고 말해진다. 하지만 우리는 칭의의 "법정적" 성격을 명시적으로 말하고 있는 것은 로마서가 유일무이하다는 것을 유념하여야 한다. 만일 우리에게 로마서가 없고 오직 갈라디아서와 빌립보서만 있는데도, 우리가 거기에 나오는 "의"와 "칭의"라는 표현이 "법정적"이라고 생각하였다면, 그 유일한 이유는 이 단어들이 지닌 의미 때문일 것인데, 사실은 이 단어들의 의미를 그런 식으로 이해하는 것 자체에 문제가 있다.[9]

칭의에 관한 논의들은 흔히 인간론(anthropology)이라 불리는 두 번째 범주와 짝을 이룬다. 내가 생각하기에는, 인간론이라는 용어는 통상적으로 세속적인 학문 분과(인간의 기원, 분류, 문화를 연구하는 학문)를 지칭하는 반면에(영어에서

어서 이 단어를 표현하지 않으면 안 된다."

8) 내가 Wright, 2002 [*Romans*]에서 핵심 본문들을 설명한 것과 Wright, 2009 [*Justification*]에서 바울의 가르침을 설명한 것을 보라.

9) 잘 알려져 있듯이, 헬라어 어근 '디카이오스'(dikaios)는 영어로는 두 방향으로 표현될 수 있는데, 하나는 "옳은, 옳음, 옳다는 것을 보이다, 옳다고 함"(just, justice, justify, justification)이고, 다른 하나는 "의로운, 의"(righteous, righteousness)이다. 이 두 방향의 영어 단어군들은 어느 쪽도 이 헬라어와 동일한 범위의 의미와 뉘앙스를 표현해낼 수 없다 — 특히, 바울의 헬라어가 칠십인역의 용법 및 그 근저에 있는 히브리어의 용법으로부터 오는 의미와 뉘앙스를 지니고 있다는 점을 감안하면 더욱 그렇다. 영어의 이 두 방향의 역어들 중에서 오직 후자("의로운")만을 사용하고자 한 Sanders와 이 헬라어를 이용해서 파격적인 용어들(dikaiosify, dikaiosness 등)을 새롭게 만들어 내고자 한 Westerholm의 시도는, 충분히 이해할 수 있는 일이지만, 학계에서 받아들여지지 않았다. Martyn이 독일어의 Recht와 Rechtfertigung과 유사하게 이 헬라어에 대한 역어로 사용한 "바로잡다"(rectify)는 그 자체가 많은 의미와 뉘앙스들을 지니고 있고, 이것 자체가 이 헬라어에서 "법정적인" 의미를 제거하고, (이른바) "묵시론적"이거나 "우주론적인" 의미들을 부여하기 위한 그의 시도이다. 아래를 보라.

anthropology는 경우에 따라 인간론이나 인류학으로 번역된다 — 역주), 바울 연구에서 사용되는 이 용어는 그런 것과는 다른 초점과 특질을 지니기 때문에 적합하지 않은 것으로 보인다. 바울의 구원론의 중심에 다가가는 하나의 방식으로서의 "인간론"은 특히 루돌프 불트만(Rudolf Bultmann)과 연관되어 있는데, 그가 "하나님에 관한 모든 단언은 동시에 인간에 관한 단언이고, 그 반대도 마찬가지다"라고 선언한 것은 유명하다. 그리고 이 선언은 곧장 "이런 이유와 이런 의미에서 바울의 신학은 동시에 인간론이다"라는 결론으로 이어졌다. 불트만이 그 점을 좀 더 자세하게 발전시키고 있는 다음과 같은 말은 그가 무엇을 말하고자 하는지를 보여줌과 동시에, 그의 신학적인 도식 전체에 대한 서론 역할을 한다:

> 하나님에 관한 모든 단언은 하나님이 사람에게 무엇을 행하고 사람에 대하여 무엇을 요구하는지를 말해 준다 … 바울의 기독론도 이러한 관점에 의해서 지배되고 있다. 거기에서 바울은 그리스도의 형이상학적인 본질이나, 하나님에 대한 그리스도의 관계나, 그리스도의 "본성들"을 사변적으로 논하고 있는 것이 아니라, 하나님이 세계와 인간의 구원을 위하여 그리스도를 통해서 역사하고 있다는 것에 대하여 말하고 있는 것이다. 따라서 그리스도에 관한 모든 단언도 인간에 관한 단언이고, 그 반대도 마찬가지다. 바울의 기독론은 동시에 구원론이다.
>
> 그러므로 우리는 바울의 신학을 그의 인간론, 즉 첫 번째는 믿음의 계시 이전의 인간에 관한 가르침, 두 번째는 믿음 아래 있는 인간에 관한 가르침으로 볼 때에 가장 잘 이해할 수 있다. 왜냐하면, 그런 식으로 할 때, 바울 신학이 지닌 인간론적이고 구원론적인 지향성이 드러나게 되기 때문이다.[10]

불트만은 이렇게 바울 신학 전체를 "믿음 이전의 인간"과 "믿음 아래 있는 인간"이라는 두 표제로 포괄하였다. 우리는 그의 그러한 주장 자체를 여기에서 자세하게 다루고자 하는 것이 아니라, 단지 그런 주장이 다른 여섯 가지 강조점들 또는 주제들과 어떤 관계에 있는지만을 다루고자 한다. 이 주장은 자주 칭의론과 결합되어서, 칭의는 "자신의 자아에 대한 새로운 이해로 이전의 이해를 대신하게 만드는"사건을 가리키는 것으로 여겨진다.[11] 이것은 흔히 매우 개인주의적인 의미로 받아들여져서, 바울은 어떤 한 개인이 복음을 통해 은혜의 말씀을 듣고서 죄를 깨닫

10) Bultmann, 1951-5, 1.191. 이후의 각주들에서 언급되는 것은 Bultmann의 이 저작이다.

11) Bultmann, 1.269. 이 본문 전체는 Bultmann이 여기에서 "헬라의 이상주의적인" 그림을 배척하고 영지주의적인 신화들에 관한 이론들을 제시함으로써, 나중에 처음에는 Käsemann, 다음으로는 Martyn이 이른바 "구원사"에 반대하여 "묵시론"을 옹호하게 되는 길을 열어주었다는 점에서 흥미롭다.

고 믿기로 결심할 때에 일어나는 일을 구원이라고 묘사하고 있는 것으로 여겨진다. 이러한 구원관은 흔히 "합체적인"(incorporative) 관념들, 특히 "구원사적" 관념들과 반대되는 것으로 여겨져서, 한편으로는 교회 전체, 다른 한편으로는 이스라엘의 연속된 역사를 강조하는 것은 각 개인의 인격적인 믿음에 대한 합당한 강조를 위협하거나 약화시키는 것으로 보아진다. 불트만은 실제로 "구원사"에 대하여 언급하면서, 구원사는 "개개인이 아니라 인류를 지향하고" 있다고 말할 수 있었지만,[12] 그가 뒤이어 행한 핵심적인 본문들에 대한 석의는 그 둘을 한데 통합하는 것이 어렵다는 것을 보여줄 뿐이었다. 사람들은 "묵시론"(apocalyptic)이라는 단어를 불트만이 사용한 "이전"과 "이후"라는 도식과 비슷하게 세계 속으로 갑자기 뚫고 들어온 복음의 계시를 가리키는 데 사용하긴 하였지만, 주후 1세기적인 의미에서의 "묵시론"은 불트만의 도식 속에서 그 어떤 자리도 얻을 수 없었다. "본질의 변화"(transformation)라는 관념은 명시적으로 배제되었다:

> 그 어떤 단절도 일어나지 않는다. 본질이나 본성과 관련된 인간의 마법적이거나 신비한 변화 같은 것은 일어나지 않는다.[13]

여기에서 배제되고 있는 것은 분명히 내적 변화와 관련된 모든 개념이다. 우리는 여기서 "은혜"를 "본성" 속에서 일어난 것이나 일어나고 있는 어떤 것과 결부시키는 모든 관념을 배제하는 16세기의 종교개혁 사상이 반영되고 있는 것을 본다. 나의 마지막 범주이자 내가 주장하는 것인 "계약"(covenant)과 관련해서는, 불트만은 음행에 대한 에베소서의 엄중한 경고에 이 범주를 적용한다: "음행과 온갖 더러운 것과 탐욕은 너희 중에서 거론조차 하지 말라."[14] 이 루터파 실존주의자는 유대적인 것에 속하는 모든 것들은 바울에게 있어서 해법의 일부가 아니라 문제의 일부라고 생각하였기 때문에, 계약과 관련된 모든 관념은 유대 율법과 마찬가지로 "믿음 이전의 인간"에 속한 것이라고 보았다.

칭의론과 인간론 다음으로는, "그리스도 안에 있음"이라는 개념이 논의되고 있다.

12) Bultmann, 1.269.

13) Bultmann, 1.268f. Bultmann은 "인간에 대한 헬라의 이상주의적인 그림 내에서 이해된 것으로서의 연속적인 발전 개념"을 배제하면서도, 변화라는 관념을 피하기 위하여 모종의 연속성을 단언할 필요가 있었다는 점에서, 이것은 많은 것을 보여주는 본문이다. "신비주의"에 관한 개신교의 신경과민은 오늘날의 글들에까지 침투해 있다: 예컨대, Longenecker는 "신비적"이라는 단어를 사용하지만, "그것이 인격의 제거를 의미하는 것은 아니다"라고 말한 Schreiner, 2010, 172 n. 86을 보라.

14) 엡 5:3.

이것은 종종 "합체"(incorporation) 또는 "참여"(participation)로 지칭되고, 앨버트 슈바이처(Albert Schweitzer)는 이것을 "신비주의"라는 자칫 오도될 수 있는 명칭으로 불렀다. 슈바이처(Schweitzer)와 브레데(Wrede) 이래로, "합체설"과 "칭의론"(또는, 여러분이 원한다면, "참여설"과 "법정설") 간의 대립은 바울에 관한 논쟁들에 있어서 주된 전선을 형성해 왔는데,[15] 이것은 루터파 신학과 개혁파 신학 간의 이전의 논쟁을 반영한 것이다. 루터파는 칭의를 강조해서, "그리스도 안에 있음"을 부차적이고 보조적인 주제로 보았던 반면에, 개혁파는 그 반대로 보거나, 적어도 "칭의"는 "그리스도 안에 있다"는 좀 더 큰 그림 내에서 볼 때에만 진정으로 원래의 의미를 지닐 수 있다고 역설하였다. (이것과 관련해서 "칭의"를 앞세우는 사람들은, 통상적으로 "그리스도 안에 있음"에 주된 초점을 맞추고자 하는 것은 교회론을 구원론보다 우선시하거나, 개인보다 교회를 우선시하는 것이라고 의심한다. 그리고 흔히 "인간론"이 등장하는 것도 이것과 관련해서이다.) 석의적으로 볼 때, 이러한 전선은 흔히 로마서 1-8장에 대한 해석을 두고 서로 맞붙어 왔는데, 칭의가 바울 신학의 중심이라고 본 사람들은 1-4장을 강조하고, 나머지 부분을 거기에서 설명된 교리의 "함의들" 또는 "적용들"로 보았던 반면에, "그리스도 안에 있음"이 바울 신학의 중심이라고 본 사람들은 5-8장을 강조하였다. 학문적인 논쟁들이라는 관점에서 보면, 샌더스(E. P. Sanders)는 바울과 관련하여 "합체설"에 무게를 실어주고 새로운 추진력을 제공해 주기는 하였지만, 그러한 개념 자체가 이해하기 어려운 것임을 인정함으로써, 새로운 연구를 위한 문을 활짝 열어 놓았다.[16]

네 번째 범주는 이 일곱 가지 강조점들 가운데서 가장 오도하기 쉬운 명칭을 지니고 있는 것으로 보인다. 로마서가 8장에서 끝나는 것이 아니라, 9-11장으로 이어진다는 것은 두말할 필요가 없다. 지금까지 일부 학자들은 바울이 말하고자 하는 진정한 핵심은 바로 9-11장에 있다고 주장해 왔다. 이것을 설명하기 위해서, 그들은 종종 "구원사"(salvation history)라는 표현을 사용하여, 중요한 것은 "아브라함에서 시작해서 현재에 이르기까지의 선민의 이야기 속에서 이스라엘의 하나님은 어떤 존재였는가"하는 것이라고 지적해 왔다. 현재까지 이러한 주장이 지닌 난점으로 알려져 있는 것은 "구원사"라는 표현 자체가 적어도 그 반대자들에 의해서 내재적인 점진적 과정 또는 발전이라는 관념과 결부되어 왔다는 것이다. 따라

15) Neill and Wright, 1988 [1964] 403-5를 보라.

16) Sanders, 1977, 549; 아래의 제10장 제3절 1) (4)를 보라.

서 구원사라는 개념은 고전적인 개신교가 언제나 배척해 온 그런 것이었고(하나님의 근본적으로 새로운 말씀을 들을 필요가 있는데도 자신의 독자적인 동력으로 굴러가는 기관이 되어 버린 것으로 묘사된 중세 교회에 관한 통상적인 관념과 이 표현이 그들에게는 아주 흡사하게 들렸기 때문에), 1920년대에 칼 바르트(Karl Barth)와 그의 추종자들도 그 개념을 배척하였으며(헤겔적인 자유주의가 독일 신학으로 하여금 세계가 독자적으로 발전되어 가고 있다고 생각하게 만들어서, 결국에는 제1차 세계대전이라는 재앙을 초래하였던 것이기 때문에, 새로운 용어가 필요하다는 이유로), 1930년대에는 고백 교회가 이 개념을 배척하였다("독일 그리스도인들"이 "구원사'를 들먹이며, 독일 민족이 세계를 지배하는 위치로 올라서야 한다고 주장하였고, 바르트 등이 그런 주장에 대하여 단호하게 "아니다"라고 말하여야 하였기 때문에).[17] 그러나 단지 로마서 9-11장만이 바울의 이 위대한 서신 속에서 무수한 황금실들에 의해서 앞의 여덟 개의 장 및 뒤의 네 개의 장과 연결되어 있는 것이 아니라, 아브라함에게 주어진 약속들의 성취, 또는 (그것을 가장 일반적으로 표현해 본다면) 한편으로는 이스라엘의 성경 속에서의 하나님의 말씀과 역사, 다른 한편으로는 메시야 안에서의 하나님의 새로운 말씀과 역사 간의 단지 소극적인 관계만이 아닌 적극적인 관계라는 이 주제는 갈라디아서 2장과 3장과 4장 같은 본문들 속에서 다른 통상적인 주제들과 밀접하게 엮여 짜여 있고, 그 밖에도 다른 많은 곳들에 나타나 있다. 우리가 바울이 아브라함으로부터 메시야와 그 이후에 이르기까지 단절 없이 계속해서 내재적으로 발전되어 온 과정을 염두에 두고 있었음을 내비치는 그 어떤 주장도 단호하게 거부한다고 할지라도 — 사실, 우리가 바울이 다른 많은 제2성전 시대 저자들과 마찬가지로 "구원사"라는 관점과 아울러 "저주사"라는 관점에서도 생각하였던 것으로 보인다는 사실을 충분히 고려한다고 할지라도 — 우리는 앞 장 전체에 걸쳐서 재확인한 것, 즉 하나님이 이제 메시야 안에서 나타났고 성령은 실제로 이스라엘의 한 분 유일하신 하나님이며, 하나님의 말씀은 실패하지 않았다고(로마서 9:6) 한 바울의 분명한 단언을 온전히 고려함이 없이는, 바울의 구원론에 관한 논의를 결론지을 수 없다. 이런 이유와 이

17) 이 "아니다!"에 대한 최근의 고전적인 서술은 Käsemann이 바울에 대한 Stendahl의 읽기를 배척하고 있는 것에 잘 나타나 있다(Käsemann, 1971 [1969], ch. 3; 또한, cf. e.g. Käsemann, 1980 [1973], 264). *Perspectives*, ch. 1(= Wright, 1978)에 실려 있는 나의 논의들을 보라. Käsemann이 Stendahl이 무엇을 말하고자 한 것인지를 진정으로 이해하였던 것인지, 아니 어떤 점들에서는 그의 좀 더 분명한 공격대상이었던 Cullmann, 1967 [1965]의 매우 미묘한 입장을 정말 파악하고 있었던 것인지는 여전히 의문이다.

런 의미에서, 나를 비롯한 여러 사람들은 종종 "계약"이라는 단어를 사용해 왔고, "계약"이라는 용어는 흔히 "구원사"와 혼동을 일으켜서, 사람들로 하여금 "구원사"라는 관념에 대하여 반발하도록 만들어 왔던 것들과 비슷한 이유들로 인해 배척당하고 있음에도 불구하고, 나는 여기에서 다른 것들과 구별해서 아래에서 일곱 번째 범주로 거론하고자 한다.

"구원사"의 정반대편 극에 자리하고 있는 것처럼 보이고, 실제로도 "구원사"와 대비되는 개념으로 정의되는 것은, 케제만(Käsemann)이 최초로 제시한 후에 최근에 여러 학자들이 지지해 온 "묵시론"이라는 관념이다. 나는 이것에 대해서 이미 다른 곳에서 논의한 바 있다.[18] "묵시론"이라는 관념의 강조점은 복음 사건들 속에서 이루어진 것은 전혀 새로운 하나님의 역사였다는 것, 이전에 생각하지 못했던 일들이 새롭게 계시되었다는 것, 이전에는 눈 멀어서 진실을 보지 못하였던 사람들의 눈이 열려 진실을 보게 되었다는 것이다. 이 "신묵시론적"(neo-apocalyptic) 읽기를 선두에서 이끄는 기함은 루이스 마틴(J. Louis Martyn)이 쓴 갈라디아서 주석이다. 거기에서 그는 지금까지 많은 주석자들이 바울 자신의 믿음들이라고 보았던 갈라디아서 3장과 4장의 몇몇 요소들 -특히, 아브라함과의 계약을 긍정적으로 설명한 것 -은 바울의 믿음들이 아니라 그가 격렬히 반대하고 있던 갈라디아 교회들에 침투한 "교사들"의 견해들이었다고 주장한다.[19] 마틴의 주장은 여전히 많은 문제점들을 지니고 있는데, 그 중에서도 특히 그의 주장대로라면 로마서를 제대로 설명해 낼 수 없다는 것과 그가 제2성전 시대의 실제의 "묵시론적" 본문들의 것이라고 보이지 않는 관점에 "묵시론"이라는 명칭을 붙여서 사용하는 것이 과연 적절한가 하는 것이 문제이다. 그러나 그의 주장에는 강점도 있는데, 그것은 바울을 전체적으로 설명하고자 한다면, 그가 자신의 글들의 도처에서 두드러지게 보여주고 있는 "근본적이고 철저한 새로움"(radical newness)에 관한 인식이라는 요소가 반드시 고려되지 않으면 안 된다는 것을 보여준 것이다.

최근에 좀 더 많은 주목을 받아 온 여섯 번째 요소는 "본성의 변화"(transformation), 또는 심지어 "신화"(deification)라는 관념이다. 이것이 동방정교회 신학의 주된 주제와 부합한다는 것은 분명하고, 서구, 특히 개신교 사상과 정면으로 배치한다는 것도 마찬가지로 분명하다. 그럼에도 불구하고, 최근의 몇몇 저자들

18) 색인에 나오는 "묵시론"; *Interpreters*에 나오는 논의를 보라.

19) Martyn, 1997a; 또한, de Boer, 2011을 보라. Martyn은 de Boer, 1988(이 책은 Martyn의 감독 아래에서 씌어졌다)에 아주 많이 의존하고 있다; 또한, de Boer, 1989 및 de Boer 2011, xxiii에 열거된 다른 저작들을 보라.

은, 바울의 표현들 자체 및 그러한 표현들이 좀 더 넓은 헬라-로마 문화 속에서 지니고 있던 울림들에 비추어 보았을 때, 하나님의 생명이 신자들을 본성적으로 변화시켜서 메시야의 본을 따라 내면으로부터 빚어가고 있다는 관념이 바울에게 있었고, 아마도 그의 사고 속에서 전면에 위치해 있었을 것임에 틀림없다고 지적해 왔다.[20] 그들의 이러한 주장은 바울이 종종 말하고 있는 어떤 것을 근거로 삼고 있는 것임에 분명하다. 바울은 그의 가장 특징적인 단락들 중의 하나의 정점에서 "메시야가 내 안에 사신다"고 선언한다. 그러나 이것이 석의적으로나 신학적으로 우리가 위에서 열거한 다섯 가지 강조점들 중 그 어떤 것과도 어떤 식으로 서로 들어맞는지는 지금까지 분명하게 설명되지 못해 왔다.

나를 비롯한 여러 사람들이 나머지 요소들에 대한 대안으로서가 아니라 그 요소들을 하나로 묶어낼 수 있는 관점으로서 논증해 온 일곱 번째이자 마지막 요소는 "계약"이라는 관념이다. 샌더스(E. P. Sanders)는 랍비들이 "계약"이라는 단어 자체를 자주 사용하지 않는 이유는 그것을 모든 곳에서 이미 전제하고 있기 때문이라고 말하면서, 랍비 유대교를 비롯한 여러 가지 형태의 팔레스타인 유대교는 "계약"을 중심으로 읽어야 한다고 끈질기게 주장해 왔다는 점에서, 그런 주장을 해놓고도 그가 그러한 방향으로 움직여 가지 않은 것은 사실 뜻밖이다.[21] 그러한 주장은 바울의 글들에도 그대로 적용될 수 있을 뿐만 아니라, 내가 보기에는 반드시 적용되어야 한다. 그리고 본서는 다른 무엇보다도 바로 그러한 주장이 옳음을 입증하기 위한 논증이다. 하지만 그 입증은 석의를 통해서 이루어져야 한다. 따라서 "계약"이 바울의 구원론에서 주도적인 주제임이 증명되기 위해서는, 특히 갈라디아서와 로마서의 핵심 본문들에서, 바울이 복음 사건들 안에서 일어난 일들이 아브라함에게 주어진 약속들의 성취로 일어났고, 계약에 따라 살았던 이스라엘의 삶의 일종의 확장 또는 근본적인 발전이라고 할 수 있는 공동체적인 삶을 사는 백성이 형성되는(또는, 재형성되는) 결과가 생겨났다는 것을 강조하고 있음이 뚜렷하게 드러나야 한다. "계약"이라는 단어는, 문제를 이런 식으로 바라봄으로써, 온갖 종류의 극도로 단순화된 발전 도식을 피하고, 그 대신에, 예컨대 바울이 신명기에 나오는 포로생활과 그 회복이라는 주제를 복원하였음을 부각시키기 위하여 사용되는 것이기 때문에, 역사 속에서의 단절 없는 내재적인 발전이나 진보라는 관념

20) Gorman, 2009; Blackwell, 2011; Litwa, 2012.

21) Sanders, 1977, 236f., 420f. "계약"에 관한 최근의 주된 저작은 Hahn, 2009이다. 거기에서 Hahn(19-21)은 바울에 있어서의 "계약" 주제들에 관한 최근의 연구를 요약해서 제시하는데, 이것은 이 주제에 대한 현재의 논의가 얼마나 혼란스럽게 진행되어 왔는지를 잘 보여준다.

과는 거리가 멀다. 따라서 나는 바울의 글들에서 겉보기에 서로 별개인 것처럼 보이는 여러 강조점들을 한데 묶기 위하여 바울의 핵심 본문들을 읽는 방식을 가리키는 약어 또는 편의상의 명칭으로 "계약"이라는 단어를 사용하고자 한다. 모든 학문은 약어들을 사용하고, 그것은 바울을 설명할 때도 마찬가지이다. 바울이 자신의 관련 본문들 속에서 '안트로포스'(anthrōpos, "인간")라는 단어를 거의 사용하지 않는다고 해서 바울의 "인간론"이라는 명칭을 반대하는 사람들이 있다면, 그런 사람들은 바울이 '디아테케'(diathēkē, "계약")라는 단어를 자주 사용하지 않는다는 이유로, 그의 신학을 말할 때에 "계약"이라는 용어를 사용하는 것을 반대해도 무방할 것이다.[22] 그런 사람들이라면, 바울이 종종 헬라어 '아포칼립테오'(apokalypteō)라는 단어를 사용한다는 것을 근거로 삼아서, 오늘날 "묵시론"이라 불리는 이론은 정당하다고 말할지도 모르겠다.

우리가 해결하여야 할 문제 가운데 일부는 바울의 신학 내에 존재하는 서로 다른 요소들 간의 균형 및 바울 자신이 사용하였던 핵심적인 용어들이 지닌 정확한 의미와 관련이 있다. 칭의 문제에 직면했을 때, 대부분의 석의자들은 바울이 신자들은 (a) 현재적으로 '디카이오쉬네'(dikaiosynē, "의")의 상태를 누리고 있고, (b) 장래에 최후의 심판에서 옳다고 인정함을 받게 될 것이며, (c) 복음과 성령으로 말미암아 변화된 성품을 지니고 있다고 가르쳤다는 데 동의할 것이다. 문제는 "칭의"라는 용어 자체가 보여주는 이러한 요소들이 서로 어떤 관계에 있는 것인가, 그리고 이 요소들 중 일부 또는 전부가 성경의 약속들 및 역사와 어떤 관계에 있고 그러한 것들에 대한 사람들의 견해에 어떤 영향을 미치는가 하는 것이다. 마찬가지로, 많은 석의자들은 바울은 신자들이 "메시야 안에"(en Christō – '엔 크리스토') 있고, (어떤 의미에서) 아브라함의 권속에 속해 있으며, 예수와 관련된 사건들에 의한 새롭고 극적인 역사로 말미암아 생겨난 새로운 때를 누리고 있고, 그럼에도 불구하고 오래 전부터 하나님이 행해 온 역사들과 약속들에 대하여 모종의 연속성 안에 서 있는 것으로 여겼다는 것에 동의할 것이다. 여기서도 문제는 이 모든 요소들이 서로에 대하여 어떤 관계에 있는가 하는 것이다. 또한, 우리는 갈라디아서 2:19-21이나 빌립보서 3:2-11 같은 본문들에서 이 모든 관념들이 한데 뒤섞여 쏟아부어져 있는 것을 본다. 그러나 그러한 본문들은 너무나 압축되어 있기 때문에, 바울이 서로 다른 여러 개념들에 대하여 부여한 정확한 의미들을 살펴보기 위한 최

22) 예를 들면, 갈라디아서에서. 잠재적으로 중요할 수 있는 유일한 용례는 2:16에 나온다.

적의 본문들이 아닐 수 있다.

이 일곱 가지 입장(그리고 그것들의 많은 하위 변종들)을 지지하는 자들과 구체적인 증거들을 제시하며 논쟁을 벌이는 것은 지면관계상 허락될 수 없기 때문에, 우리가 아래에서 그런 식으로 논증해 나갈 수 없다는 것은 두말할 필요가 없다. 따라서 나는 바울의 서신들 내에 등장하는 일련의 사고의 흐름을 설명해 나감으로써, 그 과정에서 앞에서 말한 일곱 가지 주제들이 자연스럽게 분류되고 정리되게 하는 방식을 택하고자 한다. 그럼에도 불구하고, 나는 여기에서 다루어지는 주제와 밀접하게 연관된 이스라엘과 그 미래라는 주제를 다루는 제11장과 더불어서 이 장에서 제시하는 나의 제안을 통해서, 이 일곱 가지 강조점들이 자신에게 합당한 본래의 자리를 찾아들어가서 원래 자신에게 주어진 역할을 하면서 하나의 통일적인 전체를 이루게 되기를 소망한다.

간단히 말해서, 이 일곱 가지 요소들은 서로에 대하여 정확히 평행선을 그리며 존재하는 것이 아니라는 것이다. 그것들은 정확히 동일한 질문에 대한 일곱 가지 서로 다른 대답들이 아닌데, 사실은 지금까지 그렇게 보아 온 것이 문제이다. 즉, 바울의 구원론에 있어서 중심적인 주제들에 대한 설명 속에서, 각각의 주제들은 구원과 관련하여 해결되어야 할 "곤경"을 바울이 그 곤경에 대하여 말하고 있는 특정한 맥락과 관련된 부분에 대한 설명이라는 것이다.[23] 이것이 "곤경"에 관한 설명을 앞 장의 끝부분에서 제시하는 것이 적절하였던 또 하나의 이유이다(바울의 수정된 유일신론을 살펴보아야 하였다는 내적인 필연적인 논리와 더불어서).

나는 바울의 구원론을 제2성전 시대의 선민론을 수정한 것이라는 관점에서 바라보고 있기 때문에, 이미 모종의 "구원사" 쪽으로 기울어 있는 것으로 보일 수 있고, 아마도 실제로 그럴 것이다. 하지만 그것은 케제만(Käsemann)이나 마틴(Martyn)이 반발하고 있는 그런 종류의 "구원사"는 아니다. 도리어, 본서의 중심에 자리 잡고 있는 가설은, 바울이 제2성전 시대의 유대적 이해에 있어서의 기본적인 범주들과 구조들을 메시야와 성령을 중심으로 수정하였고, 메시야의 죽음과 부활이 지닌 극적인 성격 및 새롭게 주어진 성령의 능력으로 인해서, 이 "수정본"은

23) 또한, 이것들 각각은 바울이 "종교사"라고 생각될 수 있는 것 속에서 어떤 "위치"에 있는지를 여전히 전제하고 있다: 바울을 지극히 유대적인 사상가라고 생각하는 사람들은 "참여론"과 "구원사" 등을 옹호하는 경향을 보이는 반면에, 바울의 복음이 그의 태생적인 유대교와의 단절을 가져왔다고 보는 사람들은 "칭의론," "인간론," "묵시론" 등을 옹호하는 경향을 보인다. 이것은 지금까지 사람들을 대단히 오도해 왔다. Neill and Wright, 1988 [1964], 403-30; 위의 제2장 제4절 3); *Interpreters*에 나오는 설명을 보라.

단지 소소한 것들을 조금 고친 것이 아니라, 토라와 선지자들과 시편에서 이미 늘 약속되어 왔던 것이라고 할지라도, 근본적으로 새로운 것이었다는 관점에서 볼 때, 바울의 사상은 가장 잘 이해될 수 있다는 것이다. 하지만 그것이 근본적으로 새로운 것이었다고 할지라도, 바울의 신학은 바울 사상의 비유대적 기원설을 주장하는 사람이 통상적으로 생각해 온 것처럼 비유대적인 것에서 가져온 체계였던 것이 아니라 여전히 유대적인 신학의 "수정본"이었다는 사실은 변하지 않는다. 따라서 나는 유대 자료들로부터 유일신론과 선민론에 관한 기본적인 믿음들을 가져오고, 이 둘이 합쳐져서 생성해 낸 모종의 형태의 종말론을 거기에 더한 것을 나의 가설의 틀로 삼았다. 우리는 이미 앞에서 바울의 수정된 유일신론을 살펴본 바 있기 때문에, 이제는 "선민론"을 살펴보고자 하는데, 나는 우리가 그렇게 할 때, 바울의 각각의 강조점들을 그 석의적인 맥락들 및 다른 모든 강조점들과의 적절한 관계성 속에서 이해하고 정확하게 표현할 수 있게 되기를 소망한다.

2. 이스라엘과 그 목적

1) 아담과 아브라함

우리는 선민론, 즉 하나님이 이스라엘을 부른 것과 그렇게 부른 목적에 대한 제2성전 시대의 이해의 기본적인 형태를 요약하는 것으로 이 논의를 시작할 필요가 있다. 우리는 이 총서 제1권을 비롯한 다른 곳에서 이미 이 모든 것에 대하여 썼지만,[24] 이것을 얼버무리거나 아예 한쪽으로 제쳐놓고자 하는 사람들에게 똑똑히 상기시키기 위하여 여기에서 다시 한 번 요약해서 제시하지 않으면 안 된다. 적어도 바울에게 있어서, 창조주 하나님이 아브라함을 처음에 부른 것은 아담의 죄와 그 결과들을 무효화하기 위한 것이었다. 선민론과 관련해서 바울의 기본적인 논지는 이 하나님은 자기가 장차 행하겠다고 아브라함에게 약속하였던 일을 메시야와 성령을 통해서 행하였다는 것이었다.

이것은 아주 간단해 보이지만, 실은 그렇게 간단하지가 않다. 첫째로는, 아브라함을 부른 하나님의 목적에 대한 그러한 이해가 과연 맞는가 하는 문제가 있다. 둘

24) 특히, Wright, 1991 [*Climax*] 21-6과 *NTPG*, 262-8.

째로는, "계약"과 관련된 문제가 있다. "계약"이라는 것은 바울이 천명하고 있는 어떤 것을 설명하는 데 사용하기에 합당한 용어인 것인가, 아니면 그가 단호하게 반대하는 어떤 것인가? 다음으로는, 우리는 강한 맞바람을 맞으며 미끄러운 바위산을 올라가고 있다는 문제가 있다. 왜냐하면, 오늘날 학계를 주도하고 있는 분위기는, 온통 아브라함과의 "연속성"을 전혀 인정하지 않고, 근본적으로 새로운 것이 세계 속으로 "침입하여" 뚫고 들어와서, 기존의 범주들, 특히 아브라함과 그 권속에 관한 긴 서사를 철저하게 무너뜨렸다는 식으로 바울을 읽는 이른바 "묵시론적" 읽기가 대세를 장악하고 있기 때문이다.[25]

하지만 또 한 가지 다른 문제가 있는데, 그것은 방금 앞에서 말한 문제와 대칭되는 것으로서, 우리는 다시 부활한 반기독교적인 변증이라고 말할 수밖에 없는 것, 즉 아브라함에게 주어진 약속들이 나사렛 예수를 통해서 "성취"되었다는 의미를 조금이라도 내비치거나 입 밖에 내기만 해도, 저 사악한 "대체주의"(supersessionism, 기독교가 유대교를 대체했다는 이론 — 역주)를 입에 올렸다면서 온 몸을 부들부들 떨며 분노하는 옹졸하고 성마른 포스트모더니즘적인 도덕주의와 싸워야 한다는 것이다. 그러한 풍토 속에서 우리가 역사적으로 합당한 석의에 의거해서 반드시 말해야 하는 것들을 어떻게 말할 수 있겠는가?

이 모든 것 속에서 및 이 모든 것을 통해서 우리는 현재의 장에서, 바울이 이것과 관련해서 사용한 몇몇 핵심적인 용어들, 특히 전통적으로 "의"로 번역되어 온 저 복된 단어인 '디카이오쉬네'(dikaiosynē)에 대한 성경적인 준거틀을 살펴볼 것이다. 사실, 우리는 이것만을 쓰려고 해도 책 한 권이 필요할 것이다.

그러면, 이제 아브라함에게 주어진 약속들로부터 시작해 보자.[26] 나는 사람들이 어떤 것들에 대하여 이미 잘 알고 있을 것이라고 생각했다가도, 실제로는 그렇게 썩 잘 알거나 이해하고 있지 않는 것을 흔히 보기 때문에, 내가 전에 말했던 것들을 다시 반복해서 말하는 것에 대하여 사과하지 않을 것이다. 실제로 내가 이제 짤막하게 다시 들려줄 이야기에 나오는 거의 모든 부분은 바울을 이해하는 데 아주 중요하다. 창세기와 출애굽기에 친숙한 독자들은 다음 페이지로 건너뛰고 싶은 유혹을 받을 수 있겠지만, 나는 그들에게 마음을 차분히 가라앉히고 이 이야기가 어떻게 작동하는지를 곰곰이 생각해 보기를 권한다. 왜냐하면, 바울은 메시야 예수

25) "묵시론"과 관련된 위의 설명을 보라; 그리고 *Interpreters*를 보라.

26) 나는 이 족장을 그때그때마다 "아브람"(창 17:5 이전의 그의 이름)과 "아브라함"으로 구별해서 부르지 않고, 내내 "아브라함"으로 통일해서 부르고자 한다. 바울과 아브라함에 대해서는 *Perspectives*, ch. 33을 보라.

의 빛 아래에서 이 서사를 다시 읽고서, 자신의 가장 심오한 신학에 속한 것들을 발견해 내었기 때문이다.

첫 번째의 것은 비교적 단순하게 고찰해서 가장 심오한 결론들을 얻어낼 수 있는 것이다. 현재 형태의 창세기 내에는 거기에서 이 이야기를 들려주는 화자가 아담과 아브라함을 서로 연결해서 두 가지 병행되는 것을 말해 주고자 하고 있음을 보여주는 강력한 증표들이 존재한다. 아브라함의 부르심은 아담의 창조 및 아담의 타락 둘 모두와 연결되어 있다. 즉, 아담의 창조는 아브라함에게서 다시 반복되고, 아담의 타락은 하나님이 아브라함을 거기에서 구원하는 것을 통해서 서로 연결된다.[27] 여기에서 내가 말하고자 하는 것은 단지 이것이 창세기 자체 속에 분명하게 나타나 있다는 것이 아니라, 아브라함의 부르심에 대한 이러한 인식은 그의 이야기의 여러 요소들과 결합되어서 제2성전 시대 유대교에서 이해되었고, 그러한 이해는 다시 랍비 세계로 이어졌다는 것, 그리고 우리가 바울을 그 자신의 세계 내에서 해석하고자 한다면, 이 암묵적인 서사를 아주 진지하게 받아들여야 한다는 것이다.

우리는 아담에게 주어진 명령들을 그대로 반영하는 형태로 아브라함에게 주어진 약속들을 묘사하는 창세기 본문에서 시작할 것이다. 먼저, 최초의 인간들에게 주어진 명령을 보라:

> 하나님이 그들을 복주시며 그들에게 말씀하셨다. "생육하고 번성하여 땅을 채우고 땅을 정복하라. 바다의 물고기와 공중의 새들과 땅에서 움직이는 모든 생물을 다스리라."[28]

다음으로, 아브라함에게 주어진 약속을 보라:

> 나는 네게로부터 큰 민족을 만들고, 네게 복주어, 네 이름을 크게 하리니, 너는 복이 될 것이다. 나는 너를 축복하는 자들을 복줄 것이다 …
>
> 나는 나와 너 사이에 내 계약을 맺을 것이고, 너를 지극히 창대하게 할 것이다 … 나는 너를 지극히 번성하게 할 것이다 … 나는 너와 네 후의 네 씨에게 … 가나안 온 땅을 줄 것이다 …

27) Levenson, 1993이 창세기의 다른 곳들에서는 단어 및 주제와 관련된 연결고리들을 날카롭게 찾아내 왔었는데도, 여기에서는 오직 이것의 한 부분에 대해서만 설명한다. 내가 알고 있는 주석자들 중에서, 이 핵심적인 연결고리들을 부각시키고 있는 사람은 오직 Cassuto, 1961-4, 2.124f.; 1961, 39f.뿐이다.

28) 창 1:28.

> 너는 이것을 행하였기 때문에 … 나는 진실로 너를 복줄 것이고, 네 자손들을 하늘의 별과 바다가의 모래처럼 번성하게 할 것이다 … 너로 말미암아 땅의 모든 민족이 복을 받으리니, 이는 네가 내 목소리에 순종하였음이라.[29)]

다음으로, 이삭에게 주어진 약속을 보라:

> 나는 너와 함께 있어 너를 복주리니, 너와 너의 씨에게 내가 이 모든 땅들을 줄 것이고, 내가 네 아버지 아브라함에게 맹세한 맹세를 지킬 것이다. 나는 네 씨를 하늘의 별들처럼 번성하게 할 것이고, 네 씨에게 이 모든 땅들을 줄 것이다. 그리고 네 씨로 말미암아 땅의 모든 민족이 복을 받게 될 것이다.
>
> 두려워하지 말라. 왜냐하면, 내가 내 종 아브라함을 위하여 너와 함께 있어서 너를 복주고 네 자손들을 번성하게 할 것이기 때문이다.[30)]

다음으로, 야곱에게 주어진 약속을 보라. 먼저, 그의 아버지 이삭의 축복을 통해서 그에게 주어진 약속은 이런 것이었다:

> 전능하신 하나님이 네게 복주어, 너로 번성하고 창대하게 하셔서, 네가 큰 무리를 이루게 하소서. 그가 아브라함의 복을 너와 네게 있는 네 씨에게 주셔서, 너로 하여금 하나님이 아브라함에게 주신 너의 머무는 땅을 차지하게 하시기를 원하노라.[31)]

다음으로, 하나님이 친히 어떻게 야곱을 축복하셨는지를 보라:

> 나는 전능한 하나님이다. 생육하고 번성하라. 한 민족과 여러 민족들이 네게로부터 나오게 될 것이다 … 내가 아브라함과 이삭에게 준 땅을 네게 줄 것이고, 그 땅을 네 후의 네 자손들에게 줄 것이다.[32)]

다음으로, 야곱이 요셉에게 한 말을 보라:

> 전능하신 하나님이 내게 나타나셔서 말씀하셨다. "보라, 내가 너를 생육하게 하고 번성하게 할 것이다 … 그리고 나는 너와 네 후의 네 씨에게 이 땅을 줄 것이다."[33)]

29) 창 12:2f.; 17:2, 6, 8; 22:16-18.
30) 창 26:3f.; 26:24.
31) 창 28:3f.
32) 창 35:11f.
33) 창 48:3f.

다음으로, 창세기의 끝부분과 출애굽기의 처음 부분에 나오는 화자의 해설을 보라:

> 이렇게 해서 이스라엘은 애굽 땅에 거하였다 … 그들은 거기를 차지하고서 지극히 생육하고 번성하였다 …
>
> 그러나 이스라엘 사람들은 생육하고 자손들을 많이 낳아 번성하여 지극히 강해졌기 때문에, 그 땅이 그들로 가득 찼다.[34)]

모세가 금송아지 사건 후에 이스라엘 백성을 위하여 중보기도 할 때에도, 이 동일한 주제는, 먼저 레위기, 다음으로는 신명기에 나오는 "계약" 본문들에서 갱신된 약속들이라는 형태로 다시 등장한다.[35)]

우리는 이러한 본문들로부터 두 가지 핵심을 이끌어낼 수 있다. 첫 번째는 아담에게 주어진 명령들이 그 후에는 약속들이라는 형태로 바뀌어 등장한다는 사실(새로운 명령이 야곱에게 주어지는 창세기 35:11은 예외이다)은 관점의 변화(shift of perspective) 같은 것이 일어났음을 보여준다는 것이다. "생육하고 번성하는 것"은 원래는 명령이었는데 이제는 선물이 된다. 아담의 자손들이 생육하고 번성하라는 하나님의 명령을 행할 수 없게 만든 어떤 일이 일어나서, 이제는 창조주 하나님이 그 일을 대신 해줄 수밖에 없었고, (창세기 17장에 의하면) 실제로 "넘치게" 그렇게 해주었다는 것이다. "생육하고 번성하는 것"이 자녀를 갖지 못하게 된 것(사라, 리브가, 라헬), 골육상잔(가인과 아벨, 에서와 야곱, 요셉과 그의 형제들), 큰 실수를 저지르게 된 것(애굽에서의 아브라함과 사라, 사라와 하갈, 애굽에서의 이삭과 리브가) 등에 의해서 거듭거듭 좌절되는 것처럼 보일 때에도, 이 약속이 부각되고 있음은 물론이다.[36)] 이 약속들에 대한 위협으로 보이는 이러한 일들의 절정은 당연히 창세기 22장에서 이삭이 거의 희생제물로 드려질 뻔한 일이었다 — 이것은 끔찍함과 동시에 장엄하고, 베일에 싸인 의미와 신비로 가득한 것이어서, 가장 초기부터 오늘날에 이르기까지 독자들을 매료시킴과 동시에 소망을 불러일으켜 온 장면이었다.[37)] 하지만 다음과 같은 것은 여전히 변함이 없었다. 즉, 아브라함의

34) 창 47:27; 출 1:7.

35) 출 32:13; 레 26:9; 신 1:10f.; 7:13f.; 8:1; 그리고 cf. 28:4, 63; 30:5, 16에 나오는 반영들.

36) Levenson, 1993, 91은 에덴 동산에서의 죄(하와가 "그 열매를 취하여 자기 남편에게 주었다," 창 3:6)와 사라가 아브라함에게 하갈을 준 것("그녀가 자기 여종을 데려다가 자기 남편에게 주었다," 창 16:3) 간의 병행을 주장한다.

37) 이 모든 것에 대해서는 특히 Levenson, 1993; Moberly, 2009를 보라.

생육, 그의 권속의 번성, 아담에게 주어진 복이 반복적으로 주어지는 것은 사방으로부터의 위협이 상존하는 가운데서도 늘 얻을 수 있는 어떤 것이 아니라, 여전히 기이한 선물이었다는 것이다.[38)]

두 번째는 하나님이 아브라함과 그의 권속에서 가나안 땅을 주겠다고 한 약속은 아담과 하와를 에덴 동산에 둔 것과 아주 밀접한 상관관계가 있다는 것이다. 이스라엘 사람이나 유대인 독자들에게는 이러한 연결관계는 분명했을 것이고, (많은 사람들이 창세기가 현재의 형태를 얻게 된 시기로 보는) 포로기 이후에는 더욱더 그러하였을 것이다. 하나님은 에덴 동산을 창설해서 아담에게 그 동산을 돌볼 책임을 맡겼지만, 그는 불순종하고 거기에서 쫓겨났다. 마찬가지로, 하나님이 이스라엘에게 가나안 땅을 주어 돌보게 하였으나, 그들은 불순종하여 포로로 끌려갔다. 따라서 이스라엘이 포로생활에서 돌아온 것은 에덴 동산으로 다시 돌아온 것과 같은 것이었고, 아브라함에게 주어진 원래의 약속들, 그리고 그 배후에 있던 인류에게 주어진 명령들이 다시 회복되었다는 것을 의미하는 것이었다. 이것은 실제로 다음과 같은 본문들의 취지이다:

> 야웨께서 말씀하신다. 너희가 그 날들에 이 땅에서 번성하고 창대하였을 때 …
>
> 그 때에 나는 내가 그들을 몰고 갔던 모든 땅으로부터 내 양 떼 중 남은 자들을 모아 다시 양 우리로 돌아오게 할 것이니, 그들이 생육하고 번성하게 될 것이다.
>
> 그들은 번성하고 생육하게 될 것이다. 그리고 나는 너희로 이전처럼 거하게 할 것이고, 이전보다 더 너희를 선대할 것이다. 그 때에 너희는 내가 야웨라는 것을 알게 될 것이다.
>
> 내가 그들을 향하여 신호하여 모아들이리니, 이는 내가 그들을 속량하였음이라. 그들은 이전처럼 그 수가 많게 될 것이다.[39)]

이렇게 아브라함과 그의 권속이 아담의 역할을 재현하고 있는 것이라면, 그것은 창조주 하나님이 바로 그들을 통해서 인류를 그 곤경으로부터 구원하기로 결정한 것임을 보여주는 것이다. 이것은 마이클 피쉬베인(Michael Fishbane)이 아담과

38) Levenson, 1993, 93f.은 추가적인 울림들을 더 이끌어낸다: 하나님이 하와의 산고를 "크게 더할" 것이라고 말하는 것과 마찬가지로(창 3:16), 역설적으로 하갈의 후손을 "크게 더할" 것이라고 말한다(16:10); 이 두 본문은 창세기 22장 폭발성 있는 장면을 향하여 나아간다.

39) 렘 3:16; 23:3; 겔 36:11; 슥 10:8. 예언서들에 나오는 "회복된 에덴 동산"의 그 밖의 다른 울림들에 대해서는 *NTPG*, 264를 보라.

노아와 아브라함에 대하여 쓴 글들 속에서 아주 잘 드러난다.[40] 그는 창세기 9:1-9에서 노아는 "창세기 1:26-31의 용어들과 표상들을 반영하여 설명되고 있는 회복된 세계, 갱신된 피조세계를 주재하는 새로운 아담"으로 묘사된다고 말한다.[41] 그는 노아가 태어날 때에 이 아이가 저주 받은 땅에 위로를 가져다 주리라는 약속을 받은 것으로 묘사된 것은 하나님이 인간의 죄로 인하여 땅을 저주하였다고 말하는 창세기 3장의 단어들을 반영하고 있는 것임을 지적한다.[42] 다음으로, 그는 이 서사 속에는 주의 깊게 설정된 대칭구조가 존재한다고 말한다. 즉, 창세기 화자는 아담으로부터 노아에 이르기까지를 열 세대로 설정한 것과 마찬가지로, 노아로부터 아브라함에 이르기까지도 열 세대로 설정한 후에, 이제 하나님은 아브라함에게 나타나서 "땅과 자손과 세계에 대한 복"에 관한 약속을 준 것이라고 설명하고 있다는 것이다. 피쉬베인(Fishbane)은 이렇게 말한다:

> "이러한 모형론적인 맥락 속에서 독자들은 아브라함에게 주어진 이 세 가지 복이 사실은 에덴 동산에서 땅과 인간의 번성과 인간의 수고에 대하여 내려진 시원적인 저주들에 대한 모형론적인 역전이라는 것을 눈치 채지 않을 수 없다."[43]

레벤슨(Jon Levenson)은 이것을 좀 더 자세하게 설명한다:

> 땅이 없던 사람이 온 땅을 유업으로 받게 될 것이고, 자녀를 못 낳는 아내를 둔 사람이 무수한 자녀를 갖게 될 것이다. 골육과 친척으로부터 끊어진 사람이 땅의 모든 족속들로부터 복되다는 말을 듣게 될 것이다.[44]

아담과 아브라함 간의 연결관계는 이렇게 단순히 아담의 타락과 저주, 에덴 동산으로부터의 추방 이후에 인류에 대한 하나님의 원래의 프로젝트가 아브라함을 통해 재개되었다는(resumptive) 의미만을 지니는 것이 아니라, 속량하는

40) Fishbane, 1988, 372; Fishbane은 이후의 성경의 신학 속에서 울려 퍼지게 될 주된 주제를 개시시킨 것으로서가 아니라, 단지 "전기적 성격의 모형론들"의 한 예로서 비역사적인 방식으로 이것을 제시하고 있기는 하지만.

41) Fishbane, 1988, 372.

42) 창 3:17과 5:29.

43) Fishbane, 1988, 372f. 우리는 애석하게도 창세기를 읽는 오늘날의 무수히 많은 서구 독자들이 이것에 실제로 귀를 기울이지 않아 왔다는 말을 하지 않을 수 없지만, 그러한 울림들에 귀를 열어 준 모든 사람들에게 감사를 표한다.

44) Levenson, 1993, 84.

(redemptive) 의미도 지닌다. 하나님은 에덴 동산에서의 치명적인 죄를 말소하기 위한 일을 진행해 나가는데, 특히 아브라함이 자신의 사랑하는 아들 이삭을 희생제물로 바치는 행위를 통해서 그러한 일을 이루어 나간다. 이 이야기의 다중적인 울림들은 후대의 유대 사상은 물론이고 기독교 사상 전반에도 여러 방향으로 반향되고 있지만, 자원해서 이삭을 희생제물로 드린 후에 아브라함에게 천사가 한 말 속에는, 장벽이 허물어져서, 이제 아브라함에게 주어진 약속은 그의 권속에게만이 아니라 좀 더 넓은 세계 속으로도 흘러갈 수 있게 되었다는 의미가 내포되어 있다:

> 야웨께서 말씀하신다. 내가 내 자신을 두고 맹세하노니, 네가 이것을 행하여 네 아들, 너의 독자를 아끼지 아니하였기 때문에, 내가 진실로 너를 복주어, 네 씨가 하늘의 별들과 바닷가의 모래처럼 무수하게 할 것이다. 그리고 네 씨는 그들의 원수들의 성문을 차지하게 될 것이고, 네 씨로 말미암아 땅의 모든 민족이 복을 얻으리니, 이는 네가 내 목소리를 청종하였음이라.[45]

달리 말하면, 이것은 아브라함과 그의 권속에만 초점을 맞추어서 세계의 파멸로부터 건짐을 받게 될 그들의 "속량"에 대해서만 말하고 있는 것이 아니라, 세계의 나머지도 아브라함으로 인하여 마찬가지로 복을 받게 될 것에 대해서도 말하고 있다는 것이다 — 앞으로 보게 되겠지만, 이러한 초점이 후대의 전통 속에서도 그대로 유지되었는지는 분명하지 않지만. 그렇다면, 이 모든 일은 어떻게 이루어지게 될 것인가? 이 질문으로 인해서, 창세기 자체 내에는 또 하나의 주된 주제가 도입되는데, 그것은 아브라함과 출애굽 간에 아주 밀접한 연결고리를 설정하는 것이었다. 먼저, 아브라함과 사라는 그들에게 하나님의 약속들이 처음으로 주어지고 나서 거의 직후에 애굽으로 내려간다. 그들은 기근으로 인해서 내려간 것이지만, 애굽 왕 바로는 사라가 아주 아름다운 것을 보고서, 그녀를 자신의 집으로 데려가지만, 야웨가 그의 집에 큰 재앙들을 내리자, 그녀를 아브라함에게 돌려주고 두 사람을 돌려 보낸다.[46] 출애굽에 관한 이후의 이야기를 알고 이 사건을 잠깐이라도 생각해 보는 사람이라면 누구나 아브라함과 사라는 그들의 후손들이 삼대 후에 겪게 될 일들을 미리 보여주고 있다는 것을 알 수 있다: 기근, 애굽에서의 체류, 재앙들, 출애굽. 이것은 우리가 "계약"에 대하여 말하는 극히 중요한 장(창세기 15장)에 나오는 약속, 즉 아브라함의 씨가 이방 땅에서 객으로 살게 될 것이고 사대 후에야 거

45) 창 22:16-18; Levenson, 1993, 140f.를 보라.
46) 창 12:10-20.

기에서 나와서 가나안 땅을 유업으로 받게 될 것이라는 약속을 위치시켜야 하는 맥락이다:

> 해가 지고 있을 때, 아브람에게 깊은 잠이 임하였고, 깊고 무시무시한 어둠이 그에게 임하였다. 그 때에 야웨께서 아브람에게 말씀하셨다. "너는 이것을 확실히 알아라. 네 자손이 그들의 것이 아닌 땅에서 객이 되고 거기에서 노예들이 되어 사백 년 동안 압제를 받게 될 것이다. 그러나 내가 그들이 섬기는 나라를 심판할 것이고, 그 후에 그들이 큰 재물을 가지고 나오게 될 것이다. 너로 말할 것 같으면, 너는 나이 들어 평안히 네 조상들에게로 돌아가 장사될 것이고, 그들은 사대만에 여기로 다시 돌아오게 될 것이다. 왜냐하면, 아모리 족속의 죄악이 아직 다 차지 않았기 때문이다.[47]

레벤슨(Levenson)은 이 신탁 속에서 "야웨는 아브람에게 그의 삶에 대한 해석을 제공해 주고 있다"고 설명한다. 아브람은 그 시점까지 현실적으로 자손을 얻기 어려운 상황 속에서 자손을 얻고자 하는 소망으로 살아 왔을 뿐만 아니라, "장차 자손들의 삶이 어떠할 것인지를 미리 보여주는 방식으로 자신의 삶을 살아 왔다. 계약을 맺는 의식의 중간에 주어진 예언을 통해서, 아브람의 삶은 그 자체가 예언적 상징행위와 비슷한 것이었음이 밝혀진다. 그것은 하나님이 자신의 섭리에 의해서 의도한 이스라엘 백성 전체의 장래의 삶을 자신의 일생을 통하여 미리 살아가는 삶이었다."[48] 그리고 그것은 하나님과 아브람 간에 맺어질 계약의 배경을 이룬다:

> 해가 져서 어두워졌을 때, 연기 나는 화로와 타는 횃불이 쪼갠 고기 사이로 지나갔다. 그 날에 야웨께서는 아브람과 더불어 계약을 맺고 말씀하셨다. "네 씨에게 내가 애굽의 강으로부터 저 큰 강 유프라테스 강에 이르기까지 이 땅, 곧 겐 족속과 그니스 족속과 갓몬 족속과 헷 족속과 브리스 족속과 르바 족속과 아모리 족속과 가나안 족속과 기르가스 족속과 여부스 족속의 땅을 주노라."[49]

그리고 이것은 후대의 많은 전통 속에서 울려퍼진 이 장의 서두가 지닌 온전한 의미가 무엇인지를 보여준다:

> 이 일들 후에 야웨의 말씀이 환상 중에 아브람에게 임하였다. "아브람아, 두려워하지 말

47) 창 15:12-16.
48) Levenson, 1993, 88.
49) 창 15:17-21.

> 라, 나는 너의 방패이고, 너의 상은 지극히 클 것이다." 그러나 아브람이 아뢰었다. "주 야웨여, 내게 무엇을 주시려 하십니까? 내게는 계속해서 자식이 없고, 내 집의 상속자는 다메섹 사람 엘리에셀입니다." 아브람이 또 아뢰었다. "당신이 내게 씨를 주지 아니하셨으니, 내 집에서 태어난 종이 내 상속자가 될 것입니다." 그러나 야웨의 말씀이 그에게 임하였다. "그 사람이 네 상속자가 되지 않을 것이다. 네 몸에서 날 자 외에는 아무도 네 상속자가 되지 못할 것이다." 그가 그를 밖으로 데리고 나가셔서 말씀하셨다. "하늘을 쳐다보고서 별들을 셀 수 있다면 세어 보라." 그런 후에, 그가 그에게 말씀하셨다. "네 씨가 이와 같을 것이다." 그리고 아브람은 야웨를 믿었고, 야웨께서는 그것을 그의 의로 여기셨다.[50)]

"상" 에 관한 약속; 무수한 "씨" 에 관한 약속; 헤아릴 수 없이 많은 피조된 천체들에 대한 비유로 뒷받침된 약속. 바로 이런 것들이 아브람이 "믿었던" 것이었다. 각각의 세대의 독자들이 야웨가 "그것을 그의 의로 여겼다"는 전례없는 구절 속에서 무엇을 들어 왔고 듣고 있든지 간에, 우리가 방금 살펴본 결말로 끝나는 이 장의 나머지 부분은 가장 분명하고 우선적인 의미를 우리에게 제시하고 있다. 이 약속의 말씀은 계약을 맺는 의식을 통해서 확증된다:

> 그 때에 야웨께서 그에게 말씀하셨다: "나는 이 땅을 네게 주어 소유하게 하려고 너를 갈대아인의 우르에서 이끌어 낸 야웨이다." 그러나 아브람이 아뢰었다. "주 야웨여, 내가 이 땅을 소유하게 될 줄을 무엇으로 알겠습니까?" 야웨께서 그에게 말씀하셨다. "삼 년 된 암소와 삼 년 된 암염소와 삼 년 된 숫양과 산비둘기와 집비둘기 새끼를 내게 가져오너라." 아브람이 그 모든 것을 가져다가 그 중간을 쪼개어 그 쪼갠 것을 마주 대하여 놓았고, 그 새들은 쪼개지 아니하였다. 육식조들이 그 사체들 위에 내려앉고자 할 때에는, 아브람이 그것들을 쫓았다.[51)]

하나님과 아브람이 계약을 맺는 의식은, 먼저 그가 제물들을 준비해 놓는 과정이 있고, 다음으로 연기 나는 화로와 타는 횃불이 쪼갠 제물들 사이로 지나가는 과정, 이렇게 두 부분으로 구분되고, 그 중간에 출애굽에 관한 약속이 주어진다. 이 장의 각각의 부분은 다른 모든 부분과 밀접하게 연결되어 있기 때문에, 후대의 세대들이 아브라함의 씨에 관한 약속, 땅에 관한 약속, 계약, 출애굽에 대하여 말할 때, 이 네 요소 중 어느 한 가지만 말하여도, 그들은 나머지 다른 요소들을 저절로 함께 연상하여 떠올릴 수 있었다.

50) 창 15:1-6.
51) 창 15:7-11.

이렇게 해서, 계약은 확증되고, 이 계약의 새로운 증표는 두 장이 지난 후에 주어진다:

> 야웨께서 아브람에게 나타나셔서 그에게 말씀하셨다. "나는 전능한 하나님이다. 너는 내 앞에서 흠 없이 행하라. 내가 내 계약을 나와 너 사이에 두어 너를 지극히 번성하게 하리라." 그 때에 아브람이 엎드렸더니, 하나님이 그에게 말씀하셨다. "이것이 내가 너와 맺은 나의 계약이니, 너는 많은 민족의 조상이 될 것이다. 이제 후로는 네 이름을 아브람이라 하지 아니하고, 아브라함이라 하리니, 이는 내가 너를 많은 민족의 아버지가 되게 하였음이라. 내가 너로 지극히 번성하게 하여, 네게서 민족들이 나게 할 것이고, 왕들이 네게로부터 나올 것이다. 내가 내 언약을 나와 너 및 네 대대 후손 사이에 세워서 영원한 계약을 삼고, 너와 네 후손의 하나님이 될 것이다. 내가 너와 네 후손에게 네가 거류하는 이 땅 곧 가나안 온 땅을 주어 영원한 기업이 되게 하고, 나는 그들의 하나님이 될 것이다."[52]

이 때에 주어진 증표는 물론 할례라는 증표였고, 이 하나님은 "이렇게 해서 나의 계약이 네 육체 속에서 영원한 계약이 될 것이다"라고 말한다.[53] 창세기 16장에서 하갈에게서 태어난 이스마엘도 크게 생육할 것이라는 축복과 약속을 받게 될 것이기는 하지만, 하나님과 아브라함의 계약에 의한 약속들을 물려받을 자는 물리적으로는 자녀를 가질 수 없었던 사라에게서 장차 태어날 아이였다:

> 네 아내 사라가 네게 아들을 낳으리니, 너는 그의 이름을 이삭이라 하라. 내가 그와 내 계약을 세우리니, 그의 후손에게 영원한 계약이 될 것이다 … 내 계약은 내가 내년 이 시기에 사라가 네게 낳을 이삭과 세울 것이다.[54]

이스라엘 백성이 자신들이 야웨로 알았던 하나님의 계약 백성이라고 인식하게 된 것이 실제로 어디에서 유래하였는지에 관하여 역사가들이 무엇이라고 말하든, 유대인들은 다소의 사울의 시대 훨씬 이전부터 이 위대한 서사를 그들의 신앙을 위해서는 닻이 되어 주고 그들의 소망을 위해서는 확고한 추진력을 제공해 주는 이스라엘 백성을 위한 기본 헌장으로 보았다. 하나님이 아브라함과 맺은 계약, 무수한 "자손"과 땅에 관한 약속, 노예생활로부터 건져 주겠다는 약속 — 그리고 이제 할례라는 계약의 증표. 따라서 노예생활 가운데 있던 이스라엘 백성이 하나님

52) 창 17:1-8.

53) 17:11, 13. "계약"이라는 단어는 17:1-14에서 적어도 8번 나온다.

54) 창 17:19, 21.

이 정한 때에 그들의 하나님에게 도와 달라고 부르짖을 때, 하나님이 아브라함과 맺은 계약을 언급하며 호소한 것은 전혀 이상한 것이 아니었다:

> 노예생활 중에서 그들이 도와 달라고 부르짖는 소리가 하나님께 올라갔다. 하나님은 그들의 신음 소리를 들으셨고, 아브라함과 이삭과 야곱에게 세운 자신의 계약을 기억하셨다. 하나님은 이스라엘 백성을 돌보셨고, 하나님은 그들을 기억하셨다.[55)]

그런 후에, 하나님은 모세를 불렀을 때, 이 약속에 가나안 땅의 현재 거민들에 관한 세부적인 내용을 조금 덧붙여서 이 약속을 또다시 언급한다:

> 하나님께서 말씀하셨다. "나는 네 조상의 하나님, 곧 아브라함의 하나님, 이삭의 하나님, 야곱의 하나님이다 … 내가 애굽에 있는 내 백성의 참상을 분명히 보았고, 그들이 자신들의 감독자들로 말미암아 부르짖는 것을 들었다. 대저 내가 그들의 고통을 알고, 그들을 애굽인에게서 건져내고 그 땅에서 이끌어내어, 아름답고 광대한 땅, 젖과 꿀이 흐르는 땅, 곧 가나안 족속, 헷 족속, 아모리 족속, 브리스 족속, 히위 족속, 여부스 족속의 지방에 데려가려고 강림하였다."[56)]

그러자 모세는 처음에는 걱정하며 머뭇거리다가 결국에는 자신의 사명을 확신하고서, 계약에 신실하신 야웨가 준 강력한 말씀을 가지고 애굽 땅으로 보내심을 받는다:

> 또한, 하나님께서 모세에게 말씀하여 이르셨다. "나는 야웨다. 나는 아브라함과 이삭과 야곱에게 전능한 하나님으로 나타났으나, 나의 이름인 야웨로는 내 자신을 그들에게 알리지 아니하였다. 또한, 나는 가나안 땅, 곧 그들이 객으로 머문 땅을 그들에게 주기로 그들과 계약을 맺었다. 또한, 나는 애굽인들이 노예로 잡아 두고 있는 이스라엘 백성의 신음 소리를 들었고, 나의 계약을 기억하였다. 그러므로 이스라엘 백성에게 말하라. "나는 야웨이고, 내가 애굽인들의 무거운 짐으로부터 너희를 해방시키며, 그들에 대한 노예생활로부터 너희를 건질 것이다. 나는 편 팔과 여러 권능 있는 심판의 역사들로 너희를 속량할 것이다. 나는 너희를 내 백성으로 삼고, 너희의 하나님이 될 것이다. 너희는 내가 애굽인들의 무거운 짐으로부터 너희를 해방시킨 너희의 하나님 야웨인 줄을 알게 될 것이다. 나는 내가 아브라함과 이삭과 야곱에게 주기로 맹세한 땅으로 너희를 데려가서, 그 땅을 너희의 기업으로 줄 것이다. 나는 야웨다."[57)]

55) 출 2:23-5.
56) 출 3:6-8; 또한, cf. 3:16f.
57) 출 6:2-8.

그런 후에, 이 이야기는 창세기 12장의 끝부분에서 아브라함이 축소판으로 겪은 바로 그 방식대로 정확히 진행된다: 애굽 왕 바로와의 대결, 재앙들, 출애굽. 단지 이번에는 죽임을 당하게 된 장자는 창세기 22장에서처럼 이삭이 아니라, 애굽 전역의 장자들이었다는 것만이 다를 뿐이었다. 이스라엘은 유월절 어린 양으로 인해서 속량을 받고, 장자들의 죽음을 면할 수 있었다. 어린 양의 피는 장차 있게 될 "속량"(노예 세계로부터 유래한 비유이지만, 여기에서는 애굽에서 이스라엘이 실제로 겪은 노예생활에 뿌리를 둔 것이다)을 미리 보여준 표징이었다.[58] 이렇게 해서, 이스라엘 자손들은 해방되어, 그들에게 주어진 "기업" 이자 아브라함에게 약속되었던 땅을 향한 긴 여정을 시작한다.

물론, 그 여정 중에 그들에게는 토라가 주어지고, 그것은 또 다른 이야기가 된다. 그리고 특히, 그들에게는 나중에 세워질 예루살렘 성전의 전신인 성막이 주어진다. 그러나 이 모든 것을 이렇게 자세하게 다시 재연하는 목적은 이러한 울림들을 지닌 이 이야기가 주후 1세기에 이르기까지 대대로 유대교 내에 여전히 강력하게 현존하고 있었다는 추가적인 성찰을 위한 토대를 놓기 위한 것이다. 각각의 요소는 중요하다. 아브라함과 그의 "씨"는 참된 인류이고, 그들 자신 속에 아담을 다시 집약했다가 거기에서 건짐을 받은 자들, 땅의 약속을 받은 자들, 노예생활과 포로생활로부터 건져 달라고 야웨에게 부르짖을 수 있는 자들, 옛적의 계약이 여전히 유효하고 유익한 자들이다. 실제로, 창세기와 출애굽기를 합쳐서 보면, 처음에는 에덴 동산에서 하나님이 아담 및 하와와 함께 하는 장면이 나오고, 마지막에는 하나님이 성막 중에서 이스라엘 백성 가운데 임재하는 장면이 나옴으로써, 처음과 끝이 만나 하나의 원을 그리고 있는 것과 마찬가지로, 우리가 본서의 제2장에서 좀 더 자세하게 보았듯이, 신명기의 마지막 장들에도 최후의 포로생활과 그 포로생활로부터의 최종적이고 위대한 속량에 관한 내용이 나오기 때문에, 현재 형태의 오경 전체도 처음과 끝이 만나 하나의 원을 그리고 있다고 할 수 있다. 아담과 하와가 에덴 동산에서 추방된 것, 아브라함이 애굽으로 갔다가 다시 돌아온 것, 아브라함의 자손들이 애굽으로 내려갔다가 다시 돌아온 것에 관한 이야기는, 나중에 포로로 끌려갔다가 다시 돌아올 훨씬 후대의 세대 — 이것은 계약에 의한 무시무시한 징벌과 그 후에 이루어진 계약 갱신의 위대한 역사일 것이었다 — 에서 다시 한 번 재현될 것이다. 우리가 본서의 제2장에서 이미 보았듯이, 이 본문들은 제2성전 시대 사람들에 의해서 — 물론, 모두에 의해서는 아니지만 많은 사람들에 의해서 —

58) 출 12:12f., 23-7.

바로 이런 식으로 읽혀지고 있었음을 보여주는 많은 증거들이 있다. 특히, 다소의 사울과 연관이 있던 진영에서.

또한, 아담과 아브라함을 연결시키는 예들도 제2성전 시대에 풍부하게 발견된다. 물론, 이 예들은 세계에 복을 가져다줄 통로로서의 아브라함이 아니라, 그의 육신적인 권속이 참된 인류인 근거로서의 아브라함에 그 초점을 맞추고 있기는 하지만, 이 시기가 특히 이교 세계가 유대인들을 박해하고 짓밟고 있던 때라는 것을 감안하면, 그것은 충분히 이해할 수 있는 일이다. 그러한 예들 중에서 몇 가지만 여기에서 살펴보는 것만으로도 충분할 것이다.[59] 벤시락서에서는 성전을 주재하는 대제사장을 모든 피조세계를 다스리는 아담과 같은 존재로 묘사한다.[60] 희년서는 아담을 아브라함이 아니라 야곱과 연결시키지만, 그 취지는 동일하다. 즉, 야곱과 그의 자손들은 아담의 참된 상속자들이라는 것이다.[61] 아담이 자신의 벗은 몸을 가린 것은 이스라엘이 벌거벗고 경주하는 이방인들의 관습을 거부한 것 속에 반영되어 있다.[62] 아브라함은 창조주 하나님이 자기를 "만물을 지으신 이를 닮은" 존재로 지어서, 자기로부터 "영원히 대대로 의로운 자손"과 "거룩한 씨"가 나오게 한 것에 대해서 하나님을 송축한다.[63] 나이가 든 아브라함은 아담까지 거슬러 올라가는 자신의 조상들이 행한 축복들을 사용하여 야곱을 축복하면서, 이 축복으로 말미암아 피조세계가 새로워질 것이라고 선언하고서는, "하나님이 노아와 아담에게 주셨던 복들"을 야곱에게 주시라고 기원한다.[64] 레위의 유언서는 장차 한 큰 제사장이 와서 피조세계를 새롭게 하고 이스라엘로 하여금 그 복을 유업으로 받게 할 것이라고 말한다:

> 그가 낙원의 문들을 열고, 아담 이래로 위협이 되어 왔던 검을 제거하고서, 성도들로 하여금 생명나무의 열매를 먹게 할 것이다 … 그 때에 아브라함과 이삭과 야곱이 기뻐하고 즐거워할 것이다.[65]

59) 여기에서 Scroggs, 1966의 저작은 여전히 중요하다; Scroggs는 일관되게 아브라함과의 연결고리들을 배제하고서, 아담에서 시내 산으로 곧바로 도약해 버리기는 하지만. 이후의 연구들을 위해서는 Levison, 1988; 2010을 보라. 후자의 책에는 최근의 참고문헌이 실려 있다.

60) 시락서에 대해서는 Hayward, 1991을 보라.

61) *Jub.* 2.23; 이것은 이스마엘과 에서에 의해서 야기되는 문제점들을 피하기 위한 것이다.

62) *Jub.* 3.30f.

63) *Jub.* 16.26.

64) *Jub.* 19.24f.; 22.13.

65) *T. Lev.* 18.10-14.

에녹1서에서 아담은 꿈속에서 흰 소로 등장하고, 족장들도 흰 소들인데, 그들의 자손들에 관한 길고 복잡한 이야기 후에 마침내 또 하나의 흰 소가 태어난다. 어떤 사람들은 이 흰 소가 메시야를 가리키는 것으로 본다.[66] 에스라4서에서 우리는 바울의 서신들이 씌어진 지 한 세대 후에 마침내 아담의 죄가 끼친 장기적인 결과들에 대하여 성찰하는 유대 전통을 만나는데, 거기에서 저자는 아담과 노아와 아브라함과 다윗이라는 핵심적인 인물들을 등장시켜서 그 이야기를 들려준다.[67] "아담에서 현재까지"에 관한 이 서사에서 핵심적인 순간은 "에스라"가 계약의 하나님에게 탄식하는 대목이다:

> 당신은 그와 영원한 계약을 맺으셨고, 당신이 그의 자손들을 결코 버리지 않겠다고 그에게 약속하셨습니다. 그리고 당신은 그에게 이삭을 주셨고, 이삭에게는 야곱과 에서를 주셨으며 … 하지만 당신은 그들에게서 그들의 악한 마음을 제거하셔서 당신의 율법이 그들 속에서 열매를 맺을 수 있게 하지는 않으셨습니다.[68]

그런 후에, "에스라"는 이스라엘은 아담의 참된 자손이라고 그 연결 관계를 명시적으로 설명한다:

> 여섯째 날에 당신은 가축들과 들짐승들과 기어 다니는 것들을 당신 앞에 내놓으라고 땅에게 명하셨습니다. 그리고 당신은 당신이 지은 모든 것들을 다스릴 자로서 이것들 위에 아담을 두셨습니다. 우리는 모두 그에게서 나온 자들이고, 당신이 택하신 백성입니다.[69]

하지만 이것은 유일신론에 선민론을 더함으로써 문제만을 더 증폭시킬 뿐이다. 그런데 어떻게 이 모든 것이 이렇게 지독하게 잘못되어 버린 것인가?

> 주여, 내가 이 모든 것을 당신 앞에 아뢴 것은 당신이 이 세계를 창조하신 것은 우리를 위한 것이라고 말씀하셨기 때문입니다. 아담에게서 나온 다른 민족들에 대해서는, 당신은 그들은 아무것도 아니고, 침과 같은 존재라고 말씀하셨고, 그들의 수가 많은 것을 양동이의 물 한 방울에 비유하셨습니다. 주여, 당신이 아무것도 아니라고 하신 이 열방들이 이제 우리를 주관하고 우리를 삼키고 있습니다. 당신이 자신의 장자이자 독자라고

66) *1 En.* 90.37; 위의 제2장에 나오는 논의를 보라.
67) *4 Ez.* 3.5, 10f., 13-15, 23, 26.
68) 3.15, 20.
69) 6.53f.

> 불러 왔고 당신을 위해 열심히 있으며 지극히 사랑스러운 당신의 백성인 우리는 그들의 손에 주어졌습니다. 세계가 진정으로 우리를 위해 창조된 것이라면, 왜 우리는 우리의 세계를 기업으로 소유하고 있지 않은 것입니까? 앞으로도 얼마나 오랫동안 이런 일이 계속되어야 하는 것입니까?[70]

이 선견자의 탄식에 대한 하나님의 응답은 그가 아브라함을 부른 데에는 구원의 목적이 있음을 분명히 보여 준다 — 물론, 그 구원은 이제 단지 아브라함의 권속만을 위한 것은 아니지만:

> 그래서 나는 나의 세계를 주목하여 보았고, 이 세계가 타락해서 구제불능이 된 것을 알았다. 나는 나의 땅이 거기로 들어온 자들의 술책들로 인해서 위태롭게 되었다는 것을 알았다. 그리고 나는 그들 중 얼마를 간신히 구해 내었고, 포도송이로부터 포도알 하나를, 큰 숲으로부터 나무 하나를 내 자신을 위하여 구원하였다. 그러므로 헛되이 태어난 무리는 망하게 될 것이지만, 내가 많은 수고를 하여 온전하게 한 나의 포도알과 나무는 구원을 받게 될 것이다.[71]

세계가 이스라엘을 위해 만들어졌다는 것, (달리 말하면) 이스라엘이 참된 인류이고 아담의 진정한 후예들이라는 이러한 비전은 다시 범위가 좁혀져서 그들 자신을 이스라엘의 진정한 후예들로 보는 일군의 무리들로 좀 더 구체적으로 초점이 맞춰진다. 따라서 우리는 이 주제가 쿰란 두루마리들 같은 문헌들 속에서 발견될 것이라고 예상할 수 있고, 역시 거기에도 이 주제가 등장한다:

> 하나님은 영원한 계약을 위하여 그들을 택하셨으니, 아담의 모든 영광이 그들의 것이 될 것이다.

> 하나님은 그의 기이한 신비들 안에서 그들의 죄를 사하셨고 그들의 악을 용서하셨다. 그는 이스라엘 내에서 그들을 위하여 확실한 집을 지어 주었으니, 그들 같은 자들은 이전 시대부터 지금까지 결코 존재하지 않았었다. 그것을 굳게 붙잡는 자들은 영원히 살게 될 것이고, 아담의 모든 영광이 그들의 것이 될 것이다.

70) *4 Ez.* 6.55-9. 세계가 이스라엘을 위하여 창조되었다는 사상에 대해서는 7.11; 8.44; 9.13을 보라.

71) *4 Ez.* 9.20-2; 비슷한 탄식은 *2 Bar.* 14.17-19에서도 발견된다. 살아남게 된 원래의 "몇몇"은 노아와 그의 가족이지만, "포도"와 "나무"는 분명히 아브라함과 그의 가족이다; 이 표상에 대해서는 시 80:8-19; 사 5:1-7 등을 보라. 이 본문들에 대한 자세한 논의는 Hooker, 1967, 49-56에서 찾아볼 수 있다.

당신은 그들로 하여금 아담의 모든 영광과 많은 날들을 유업으로 받게 해주실 것입니다.[72)]

이스라엘은 아담의 참된 후예들이고, 아브라함은 모든 것을 바로잡게 될 자라고 본 이러한 사고의 흐름 전체는 랍비들의 사고 속으로 곧장 유입된다. 그들은 애초부터 세계는 아브라함을 위해서 창조되었다고 말한다.[73)] 좀 더 구체적으로 말하자면, 처음부터 하나님은 세계가 잘못되는 경우에는 아브라함을 통해서 바로잡을 계획을 갖고 있었다는 것이다. 여기서 우리는 다시 한 번 적어도 우리가 창세기 속에서 암시되어 있는 것으로 보았던 좀 더 넓은 시각을 엿보게 된다:

아브라함은 왜 큰 사람으로 불리는가? 그는 최초의 사람 이전에 지음 받을 가치가 있는 인물이었기 때문이다. 그러나 찬송 받으실 거룩한 이께서는 이렇게 생각하셨다: "아마도 무엇인가가 잘못될 수도 있는데, 그런 일이 생긴다면, 그것을 바로잡을 자가 아무도 없게 될 것이다. 따라서 나는 먼저 첫 번째 아담을 지을 것이다. 그러면 그에게 무엇인가 잘못된 일이 일어나더라도, 아브라함이 가서 그 대신에 그 일을 바로잡을 수 있게 될 것이다."[74)]

나는 이것은 아담과 아브라함을 연결시키는 가장 분명한 서술들 중 하나이고, 이 시기 전체에 걸쳐 존재하였던 창세기에 대한 여러 읽기들 중에서 표준적인 읽기였을 것이라고 생각한다. (앞에서 말했듯이, 하나님의 목적이 아브라함을 통해서 인류 전체를 구원하는 것이었는가, 아니면 나머지 인류로부터[from] 아브라함의 권속을 건져내는 것이었는가 하는 문제 같이) 이러한 연결 관계가 어떤 식으로 작동하였는가 하는 문제에 대해서는 여러 가지 대답이 존재하였지만, 그 근저에 있는 다음과 같은 요지는 여전히 동일한 것이었다: 아브라함에게 주어진 약속들은 아담에 의해서 야기된 문제들과의 연관성 속에서 이해되었다. 하나님이 아브라함에게 그러한 약속을 하신 의도는 타락과 대홍수, 우상 숭배의 바벨탑이라는 재앙들 이후에 인간과 관련된 프로젝트를 다시 원래의 궤도로 되돌려 놓고자 한 것이

72) 1QS 4.23; CD 3.20; 1QH 4(이전에는 17).15 (tr. Vermes). 또한, 1QLit. Pr. 2.3-6; 4QpPs37 3.1f.를 보라; 이것들에 대해서는 *Climax*, 24 n. 30에 나오는 설명을 보라.

73) *Gen. Rabb.* 12.9; Neusner, 1985, 129는 이것은 "친숙한 논지"라고 말한다.

74) *Gen. Rabb.* 14.6. 이 강론은 계속해서 아브라함을 지붕 양쪽의 들보들의 무게를 떠받치는 대들보와 어떤 엉망진창인 집에 사는 사람들에게 합당한 행실을 가르치기 위하여 초빙된 덕스러운 여인에 비유한다.

었다. 야웨가 아브라함과 맺은 계약은 이러한 의도에 인을 쳐서, 이 하나님을 자신의 약속에 묶어두고, 아브라함의 권속을 이 하나님에게 묶어두며, 아브라함에게 이 약속들, 즉 새로운 에덴 동산인 땅에 초점이 맞춰져 있던 약속들, 위대한 속량의 역사인 출애굽에 의해서 성취될 약속들을 물려받을 "자손"을 주리라는 것을 보증하는 방식이었다. 이렇게 약속, 권속, 땅, 출애굽이라는 여러 주제들은 하나로 융합되고 압축된 채로 여러 세기에 걸쳐 울려 퍼졌고, 유대인들의 여러 다양한 삶과 사고 속으로 유입되었다 — 물론, 이 모든 것이 지향하고 있는 최종적인 지점이 어디일까에 대해서는 늘 의문이 제기되었지만. 앞으로 보게 되겠지만, 계약은 바울의 글들(특히, 아브라함이 중심적인 역할을 하는 로마서와 갈라디아서, 아담이 중심적인 역할을 하는 고린도전서 15장)을 읽을 때에 절대적으로 고려하여야 하는 본질적인 맥락을 형성한다.

2) 계약, 법정, "의"

하지만 그 최종적인 지점이 어디인지를 알기 위해서는, 우리는 먼저 핵심적인 용어들 및 주제들과 관련해서 확고한 결론들을 이끌어내지 않으면 안 된다. 이제부터 내가 "계약"이라고 말하거나, 바울의 신학을 그런 용어들로 설명할 때, 나는 창세기 15장과 17장, 출애굽기 2장과 3장과 6장에서 아주 강력하게 강조되어 있는 주제, 즉 아담의 문제에 대한 하나님의 대답으로서의 아브라함, "자손"과 땅에 관한 약속들, 아브라함의 권속으로 하여금 그 기업을 받기 위한 여정을 시작하게 해주는 수단으로서의 출애굽을 한데 묶은 주제를 지칭하고 있는 것이다. 이러한 맥락 속에서, 바울이 인간의 죄 문제에 대하여 말하거나, 에스라4서처럼 이 문제를 인류의 가장 먼 과거인 아담까지 거슬러 올라갈 때, 하나님의 계약에 관한 이 동일한 전통을 활용하고 있다는 것에 대하여 우리는 뜻밖이라고 이상하게 여겨서는 안 될 것이다. 몇몇 진영들 속에서 오해들이 끈질기게 지속되고 있다는 점을 고려하면, 이러한 융합된 주제들 내에서, "구원"은 "계약"의 목표가 되고, "계약"은 "구원"의 수단이 되는 가운데, 이 둘이 단단하게 서로 묶여 있다는 것은 내가 아무리 강조해도 지나친 것이 될 수 없다. 이 둘이 서로 상반되고 서로를 배제하는 것으로 보는 사람이 있다면, 그것은 우리가 지금까지 천착하여 온 사고의 흐름 전체에 그가 주의를 기울이지 못하였음을 보여주는 것일 뿐이다. 그리고 이것과 관련되어 있기는 하지만 다른 강조점을 하나 얘기하자면, 신약학자들은 지난 세기 내내 행해 왔던 것처럼 지금도 여전히 바울을 제2성전 시대의 계약 신학이라는 빛 아래에서 읽는 것에 대하여 거부감을 가질 이유가 이제는 전혀 없다는 것이다. 계약에 관한 표현들을 다른 어떤 것으로 바꾸어서 밋밋하게 만들어 버리거나, 계약을 지칭하는 것이 분명한 어구들을 보고서는, 바울이 반박하기 위한 목적으로 자기가 반대하였던(당연한 말이지만!) 초기의 "유대 기독교"의 정형어구들을 인용한 것으로 치부해 버릴 필요가 없다. 솔직히 말해서, 그러한 시도들은 이제는 수명을 다한 이전의 종교사적 프로젝트를 어떻게든 되살려 보려고 안간힘을 쓰는 것에 지나지 않는다.[75]

제대로 된 원래의 궤도로 되돌아가기 위해서는, 우리는 성경의 많은 맥락들 속에서 "의," 특히 하나님의 "의"라는 개념을 제자리로 돌려 놓는 데 도움이 되는 한 무리의 단어들과 어구들을 살펴볼 필요가 있다. 하나님의 성품과 활동의 여러 속성들을 나타내는 성경의 용어들은 서로 중복되고 겹치는 부분이 많기 때문에, 그것들을 서로 배타적이고 대립적인 것들로 보는 것은 잘못일 것이다. 우리는 하나님의 "의"('체다카'[tsedaqah]/'디카이오쉬네' [dikaiosynē])를 언급하였지만, 흔히 동일한 본문들에서 "심판" 또는 "정의"('미쉬파트' [mishpat]/'크리시스'[krisis]), "진실/진실함"('에무나'[emunah]/'알레테이아'[alētheia]), "인애"('라함'[raham] 또는 '헤세드'[hesed]/'엘레오스' [eleos]), 그리고 약간 다른 부류이기는 하지만 "구원"('테슈아'[teshu'ah]/'소테리아'[sōtēria]) 같은 용어들도 발견한다. 히브리어 본문과 칠십인역 모두에서 이러한 용어들은 서로 섞여 짜여 있는 것으로 보인다. 이 모든 것들은 서로 결합되어서, 한 분 유일하신 하나님의 성품이나 심지어 정체성에 대하여 말하고 있고, 단지 어떤 특정한 뉘앙스가 요구되는 맥락이냐에 따라서 그 때마다 특정한 속성이 언급되고 있는 것일 뿐이다. 따라서 우리는 이 하나님의 "구원"은 그의 구원 역사를 가리키고, 그의 "인애"는 그로 하여금 자기 백성의 이전의 죄들을 용서하고 끊임없이 또다시 그들에게 구애하게 만드는 속성이며, 그의 "진실하심"(이것은 "신뢰할 만함"[pistis – '피스티스']으로 표현될 수도 있다)은 그로 하여금 자신의 참된 의도를 말하게 하고 자기가 말한 것을 행하게 만드는 속성이고, 그의 "정의"는 이스라엘로 하여금 그가 언제나 옳은 일을 행할 것임을 믿을 수 있다는 것을 알게 해주는 속성이며, 무엇보다도 그의 "의"는 자기가 이전에 한 약속들, 특히 계약에 대한 그의 신실하심을 가리킨다고 말할 수 있다. 하지만 이 마지막 용어는 좀 더 자세하게 설명해서 그 의미를 밝힐 필요가 있다.

75) *Interpreters*를 보라. 내가 염두에 둔 것은, 예컨대 로마서 3:24-6에서 바울을 "계약적인" 사고를 하는 것으로 보는 것을 방해하고자 하는 필사적인 시도이다(Käsemann, 1980 [1973] ad loc. 등을 보라).

따라서 우리는 "의" — 히브리어 본문에서는 '체다카'(tsedaqah), 칠십인역에서는 '디카이오쉬네'(dikaiosynē) — 라는 용어가, 바울의 직간접적인 인용과 반영을 통해서 그의 사고에 원래부터 자연스럽게 자리 잡고 있음이 드러나는 핵심 본문들에서 어떤 기능을 하는지를 살펴보아야 한다. 우리는 그런 본문들에 속하는 것으로 당연히 창세기와 출애굽기를 들 수 있고, 거기에 특히 시편과 이사야 40-55장을 추가할 수 있다. 이 복잡하고 까다로운 단어들은 어떤 식으로 기능하였는가?[76] 물론, 우리는 여기에서 지면관계상 히브리어 성경이나 칠십인역에서 "의"와 연관된 모든 단어들은 그만두고라도, "의"를 언급하는 성경의 수많은 본문들조차 다 살피거나 설명할 수 없다는 것은 너무나 분명하다. 그러나 단지 요약적인 것이라도 해도, 우리는 적어도 어떤 핵심 정도는 말하지 않으면 안 된다.[77] 우리는 "의"와 관련해서 네 개의 의미층을 제시할 수 있는데, 거의 틀림없이 주후 1세기 유대인들은 이 네 가지가 서로 분리되어 있다고 느끼지 않았을 것이다: 일반적 의미, 법정적 의미, 계약적 의미, 종말론적 의미.

1. 이스라엘의 성경에 나오는 '체다카'(tsedaqah)/'디카이오쉬네'(dikaiosynē)라는 단어는 "올바른 행실"이라는 일차적인 의미를 지니고 있는 것으로 보인다. 그러나 그 강조점은 단지 법이나 추상적인 표준과의 암묵적인 부합에 두어져 있는 것이 아니고 — 물론, 이 점도 포함되어 있었겠지만 — 다른 사람들과의 올바른 관계라는 측면에 두어져 있다. 이것은 문제들을 불러일으킨다. 왜냐하면, 오늘날의 기독교 경건에 관한 담론 속에서 사람들은 흔히 "하나님과의 관계"라는 어구를 (a) 한편으로는 신자와 하나님(또는, 예수) 간의 "인격적인 친밀함"이라는 의미와 (b) 다른 한편으로는 전통적인 "칭의론" 속에서 신자가 (암묵적인) 하나님의 법정에서 지니고 있는 "신분"(status)이라는 의미 중에서 경우에 따라 그때그때 어느 쪽으로도 사용할 수 있었고, 그렇게 하면서도 전혀 부자연스러움을 느끼지 않아 왔기 때문이다. 당연히, 우리는 조심스럽게 첫 번째 의미는 친구들이나 부모자녀 간의 관계 같은 실제적인 "관계"를 가리키는 반면에, 두 번째 의미는 사람이 하나님이나 하나님의 법정에 대하여 갖고 있는 준사법적인 "관계"를 가리킨다고 말할 수 있다. 그러나 별로 놀랄 일도 아니지만, 이런 종류의 주의 깊고 세심한 구별은 현실

76) Schrenk, 1964 [1935]와 Seebass and Brown, 1978 [1971] 같은 사람들의 이전의 연구들은 최초의 개관에 도움이 되지만, 제2성전 시대를 배경으로 바울을 다루는 것이 아니기 때문에, 여전히 이전의 좀 더 교의학적인 논쟁들을 지향하고 있다. Onesti and Brauch, 1993는 약간 더 최신의 것들로 되어 있다.

77) 또한, Wright, 2002 [*Romans*], 398-401을 보라.

에서는 유지되기가 힘들다. (a) 서구의 개인주의와 (b) "이신칭의"가 예수의 죽음 이전에는 알려져 있지 않았다는 추가적인 인식이 서로 결합되자, 이 단어들과 의미들은 이 두 가지 선택지 사이에서 왔다갔다 하게 되었고, 바울이 그토록 자주 상기시키는 저 맥락, 즉 야웨와 이스라엘 간의 계약 "관계"라는 맥락은 여지없이 무시되어 버렸다.

2. 이 단어군은 사실 특별히 법정과 연결되어 있는 단어들이 아니었다 — 이런 말을 들으면 상당히 헷갈릴 수도 있겠지만. (의심을 피하기 위하여, 나는 우리가 여기에서 고대의 이스라엘 법정에 대하여 말하고 있는 것이고, 거기에서는 "공적인 소추를 담당하는 검사" 같은 존재가 없었으며, 모든 사건이 다 오늘날 우리가 "민사"사건이라고 부르는 것이었다는 것을 강조해 두고자 한다.) 재판관은 원고와 피고 간의 송사를 판결하여야 했는데, 재판관의 의무는 변호해 줄 사람이 아무도 없는 약자들을 특별히 눈여겨 보는 가운데, 송사를 율법에 비추어 공평하게(즉, 뇌물을 받거나 편파적으로 바라보지 않고) 심리해서, 잘못한 자를 벌하고 무죄한 자를 신원해 주는 것이었다. 재판관이 이렇게 송사를 판결하는 행위가 바로 '미쉬파트'(mishpat)/'크리시스'(krisis), 즉 "심판, 판단"이다. 그리고 재판관이 이 모든 것들을 합당하게 행할 때, 그는 "의롭다"(tsaddiq – '찻디크'/dikaios – '디카이오스')는 말을 듣게 된다. 또는, 이것을 다른 식으로 표현해 보자면, 그가 자신의 의무들을 합당하게 수행할 때, 그의 "의"(tsedaqah – '체다카'/dikaiosynē – '디카이오쉬네')가 드러난다. 따라서, "'체다카'와 '미쉬파트'(또는, '디카이오쉬네'와 '크리시스')를 행하여야 한다"는 말은 먼저 송사를 합당하게 판결한 후에 거기에 따라 적절한 조치를 취하여야 한다는 것을 의미한다.

한편, "의로운"이라는 단어가 재판관 앞에 있는 당사자들 중의 어느 한 쪽, 즉 원고나 피고에게 적용되는 경우에는, 서로 다르기는 하지만 미묘하게 연결되어 있는 두 가지 의미를 지닐 수 있었던 것으로 보인다. 즉, 한편으로 이 단어는 원고나 피고의 도덕적 성품을 가리킬 수 있었고, 이 경우에는, 그들이 "의롭다"는 것은 그들이 선한 성품을 지니고서 (특히 현재의 송사와 관련해서) 합당하게 행하였다는 것이다. 다른 한편으로, 이 단어는 재판관이 자신의 마음을 정하여 판결을 내렸을 때, 원고나 피고가 지니게 될 신분을 가리킬 수 있었다. 법정의 결정에 비추어 보았을 때, 당사자들 중 한 쪽은 "올바를" 것이고 다른 쪽은 "잘못되었을" 것이다. "의로운"과 "의"라는 단어들이 지닌 이 두 가지 의미 간의 관계는 복잡하고, 어느 한 의미를 다른 의미보다 더 우선시한다고 해서 특별히 더 유익이 있는 것도 아니다. 즉, "도덕적 성품"을 가리키는 의미를 일차적인 의미로 보고서 "판결 후의 신분"을 가리키는 의미를 부차적인 것으로 보거나, 법적 신분이라는 의미를 우위에 두고서 "도덕적 성품"과 관련된 의미는 법정의 결정을 반영하고 있음에 틀림없는 실제의 성품을 보여주는 것으로 이해하거나, 논의에 있어서 실제적인 유익은 없다는 것이다.

두 개의 유명한 성경 본문은 이것이 어떻게 작동할 수 있는지를 보여준다. 유다는 자신의 며느리인 다말이 혼외 임신을 했다는 말을 들었을 때, 재판관의 역할을 자임해서, 그녀를 화형에 처하라고 명한다. 그러나 다말이 유다가 바로 자신의 복중에 있는 아이의 아버지라는 것을 밝히자, 유다는 "그녀가 나보다 더 의롭다"고 선언하는데, 이 구절은 히브리어로 '초드카 밈멘니'(tsodqah mimeni), 직역하면 "그녀가 나와 다르게 의롭다"가 되고, 칠십인역에는 '데디카이오타이 에 에고'(dedikaiōtai ē egō), 즉 "그녀가 나보다 도리어 의롭다 함을 얻었다"로 번역되어 있다.[78] 히브리어 본문은 여러 가지로 해석될 수 있지만, 헬라어 본문은 이 구절의 의미가 다음과 같은 것임을 분명히 한다: 유다는 이 선명한 작은 장면을 제대로 기능하지 못하는 야곱의 권속에 관한 긴 일일 대중 드라마 내에 두고서, 마치 이것이 다말과 그와의 송사인 것처럼 보고, 가상의 법정이 그녀의 손을 들어주었다고 선언하고 있다. 달리 말하면, 그녀는 "의롭다는 판결을 얻었다"는 것이다. 유다가 애초에 다말에게 해주어야 할 것을 해주지 않고, 그녀를 창녀로 취급하여 임신하게 해놓고서도 양육의 책임을 지지 않은 것이 훨씬 더 큰 죄인 것은 분명할지라도, 어쨌든 다말이 창녀 노릇을 한 것 자체도 어떤 의미로든 도덕적으로 비난 받아 마땅한 일이었다는 것은 의심의 여지가 없다. 그러나 여기서의 핵심은 그런 것이 아니다. 유다는 다말이 자기보다는 덜 악하게 행하였다고 말하거나, (이것을 적극적으로 표현해 보자면) "도덕적으로 올바른 성품"이라는 관점에서 볼 때, 그녀가 자기보다 조금 더 많은 "의"를 소유하고 있다고 말하고 있는 것이 아니다. 또한, 내 생각에는, 그는 다말이 가족관계를 회복시키려고 어쩔 수 없이 그렇게 할 수밖에 없었다고 말하고 있는 것도 아니다.[79] 유다는 그녀가 옳고, 자기가 틀렸다고 말하고 있는 것이다. 그것은 준사법적인 판단이다. 이 송사는 결정이 났다.[80]

78) 창 38:26.

79) 예를 들면, Grieb, 2006, 60.

80) 따라서 Seifrid, 2001가 "그녀가 나보다 더 의롭다"는 NIV의 번역에 이의를 제기하고서, "이 서사는 정의를 두 당사자 간의 서로 반대되는 주장들의 문제로서 구체적인 형태로 묘사한다"고 결론을 내린 것은 옳다 — Seifrid가 이것을 공동체적인 규범들과 연결시키고 있는 것(실제로 이 규범에 따라 다말의 행위는 정당성을 확보하게 되었다)은 본질을 흐리고 있는 것으로 보이기는 하지만. Skinner, 1910,

두 번째 예는 그것을 더 분명하게 보여주는 것으로 생각된다. 다윗은 사울에게서 도망을 친다. 그와 그의 부하들은 깊은 동굴에 숨어 있고, 사울은 바로 그 동굴 속 앞쪽으로 들어가서 변을 본다. 다윗은 부하들의 재촉으로 인해서 마치 사울을 죽이려는 것처럼 그 동굴 뒷쪽에서 살금살금 기어가서는 사울의 옷자락만을 베어서 다시 돌아온다. 사울이 그 동굴을 떠나자, 다윗은 뒤에서 소리를 쳐서, 자기가 그에게 무엇을 행하였는지를 설명한다. 이번에도 두 당사자 간의 암묵적인 송사는 분명하게 드러난다:

> 야웨께서 나와 당신 사이를 판단하셔서, 나를 위하여 당신에게 보복하시기를 원합니다. 그러나 나는 내 손으로는 왕을 해하지 않을 것입니다 … 그러므로 야웨께서 재판장[dayin - '다인'/kritēs -'크리테스']이 되어, 나와 당신 사이에 심판하시고[shaphat -'샤파트'/diakstēs -'디악스테스'] 살피셔서, 나의 사정을 살펴 억울함을 풀어 주시기를 원합니다.[81)]

사울은 그와 다윗이 하나님의 법정 앞에 출두해 있다는 송사의 시나리오를 받아들여서, 그 송사에서 다윗이 이겼다는 것을 인정한다:

> 너는 나보다 더 의롭다. 왜냐하면, 나는 네게 악으로 되갚아 왔던 반면에, 너는 내게 선으로 되갚았기 때문이다.[82)]

여기서 나는 NRSV의 번역문은, 이 구절이 법정적 맥락 속에 위치해 있는 것이 분명함에도 불구하고, 두 인물의 도덕적 성품을 서로 비교하는 식으로 번역하고 있다는 점에서("나보다 더 의롭다"), 우리를 실망시키고 있다고 생각한다. 히브리어 본문은 우리가 앞에서 본 창세기 38장의 본문과 아주 비슷하게 되어 있다: '찻디크 앗타 밈멘니'(tsaddiq athah mimeni, "나라기보다는 도리어 네가 의롭다"). 달리 말하면, 율법과 관련된 모든 송사에서는 오직 한 쪽만이 "옳을" 수 있고, 이 경우에 "옳은" 쪽은 사울이 아니라 다윗이라는 것이다.[83)] 물론, 도덕적 성품은 판결에

454f.를 보라: "그녀를 끌어내어(38:24)는 "법정적 용어"로서, 이 장면을 비공식적인 법정 장면으로 이해하라는 의미이기 때문에, 이 핵심적인 문장은 "그녀가 나를 고소하는 것은 의롭다"로 해석되어야 한다. Skinner는 Kautzsch, 1910, para. 133b (430 n. 2)를 인용하는데, 그는 욥기 4:17; 32:2을 인용해서, '차다크 민'('tsādaq min)은 비교가 아니라, 단지 두 당사자 간의 관계만을 표현한다고 주장한다.

81) 삼상 24:12-15 [MT/LXX 24:13-16].

82) 삼상 24:17 [MT/LXX 24:18].

83) 하지만 칠십인역은 이번에는 그것을 반대로 해석한 것으로 보인다: '디카이오스 쉬 휘페르 에

대응된다. 그러나 유다와 다말의 경우에서와 마찬가지로 여기에서도, 일차적인 의미는 "판결"이고, "신분"은 그 결과로 도출되어 나온다.

여기에서 내가 말하고자 하는 요지는 다음과 같은 것이 '체다카'/'디카이오쉬네'(tsedaqah/dikaiosynē)에 관한 언어가 법정적 배경 내에서 작동하는 방식이라는 것이다. 첫 번째는 재판관 자신의 '디카이오쉬네'는 그가 송사를 심리하고 판결하는 방식에 관한 문제라는 것이고, 두 번째는 법정에 선 두 당사자의 '디카이오쉬네'는 판결이 어느 쪽의 손을 들어 주느냐 하는 문제라는 것이다 - 재판관이 자신의 직무를 합당하게 수행하고 있다면, 그 판결은 당연히 규범과 관련하여 그들이 행한 이전의 행위에 대응될 것임에 틀림없다. 물론, 어떤 사람이 실제로는 유죄인데도 법정에 의해서 무죄로 방면될 수도 있고, 다른 점들에서는 악한 성품을 지닌 자인데도 특정한 고소와 관련해서는 무죄일 수도 있다. 이 두 경우에 그 사람이 "의롭다"(dikaios – '디카이오스')고 선언된다는 사실은 "의롭다"거나 "옳다"는 판결은 전체적인 도덕적 성품에 관한 것이라기보다는 법정의 판결에 의해서 수여되는 신분의 문제라는 것을 분명하게 보여준다.

3. 이 용어가 야웨와 이스라엘 간의 일들과 관련해서 사용되는 경우에는, 그 의미가 불분명해진다. 왜냐하면, 야웨와 이스라엘은 계약에 의해 한데 묶여 있기 때문이다("계약"이라는 용어가 얼굴을 맞댄 현실 그 자체라면, 흔히 사용되는 "관계"라는 용어는 그 현실을 거울을 통해 희미하게 보는 것이다). 따라서 계약의 하나님이 자신의 호소를 듣고 악한 원수 앞에서 자기를 신원해 줄 것이라는 시편 기자의 일반적인 항변은[84] 하나의 민족으로서의 이스라엘에게 와서는 다음과 같은 아주 구체적인 항변이 된다: 야웨는 이스라엘을 압제하고 있는 이교의 열방들을 심판할 것이고, 자신의 계약 백성을 신원할 것이다.[85] 주지하다시피, 이것은 우리가 다니엘서 9장에서 발견하는 장면이다. 물론, (여러 다양한 성경 기자들이 흔쾌히 인정하고 있듯이) 이스라엘에게 닥친 환난은 그 자체가 계약의 결과, 즉 자기 백성이 신실하지 않을 때에 야웨가 행하겠다고 늘 말한(특히, 신명기의 마지막 장들에서) 바로 그것이라는 점에서, 상황은 복잡해진다. 그럼에도 불구하고, 야웨가 결국에는 새롭게 역사하여 반드시 이스라엘을 해방시키고 신원해야 할 수밖에 없는 이유로 제시되는 것은 야웨의 '체다카'(tsedaqah), 그의 '디카이오쉬네'(dikaiosynē)이다. 그 고전적인 본문은 다니엘서 7장에서 한 장이 지나서 나오

메' (dikaios su hyper eme).

84) 예를 들면, 시 26:1.

85) 예를 들면, 시 74:1-11, 18-23.

는 위대한 기도문인데, 우리는 앞에서 이 기도문이 제2성전 시대의 많은 유대인들에게 무슨 일이 그들에게 일어나고 있고 언제 그 일이 모두 끝날 것인지에 관한 단서를 제공해 주었다는 것을 이미 살펴본 바 있다.

이 기도는 정확히 하나님을 계약의 하나님으로 부르면서, (다말과의 관계에서 유다가 그랬듯이) 하나님은 옳고 이스라엘은 잘못되었다고 인정하는 것으로 시작된다:

> 크시고 두려워할 주 하나님, 당신을 사랑하고 당신의 계명들을 지키는 자들에 대하여 계약을 지키시고 인애를 베푸시는 이여, 우리는 범죄해 왔고 잘못 행해 왔으며 행악하고 반역해 왔습니다 … 주여, 의는 당신 편에 있고[leka adonai hatsedaqah -'레카 아도나이 핫체다카/soi, kyrie, hē dikaiosynē -'소이, 퀴리에, 디카이오쉬네'], 명백한 수치는 오늘날처럼 우리에게 임하여 있습니다 … 온 이스라엘이 당신의 목소리를 청종하기를 거부하고서, 당신의 율법을 범하고 딴 길로 갔습니다. 그래서 하나님의 종 모세의 율법에 기록된 저주와 맹세가 우리에게 부어졌으니, 이는 우리가 당신에게 범죄하였기 때문입니다 … 진실로 야웨 우리 하나님은 그가 행하신 모든 일에서 의로우십니다.[tsaddiq -'찻디크'/dikaios -'디카이오스']. 이는 우리가 그의 목소리에 불순종하였기 때문입니다.[86]

다니엘은 이 점을 분명히 한 후에, 이번에는 이 모든 것에도 불구하고 하나님이 이제 자기 백성을 포로생활에서 건져야 하는 이유로 하나님의 긍휼하심과 "의"를 그 근거로 제시한다:

> 권능의 손으로 당신의 백성을 애굽 땅에서 인도하여 내시고 오늘날까지 명성을 얻어 오신 우리 주 하나님이여, 우리는 범죄하였고, 우리는 악을 행하였습니다. 주여, 당신의 모든 의로우신 행사들을 따라[cecol tsidqotheka -'케콜 치드코테카'/kata tēn dikaiosynēn sou -'카타 텐 디카이오쉬넨 수'] 당신의 진노를 당신의 성 예루살렘에서 떠나게 하옵소서 … 우리는 우리의 의에 근거해서가 아니라, 당신의 크신 긍휼하심들에 근거해서 당신 앞에 간구를 드리는 것입니다.[87]

고딕체로 강조된 어구는 NRSV의 번역에서와 마찬가지로 히브리어 본문에서도 야웨의 "의로우신 행사들"을 가리키는 것으로 보인다. 그러나 칠십인역은 이 어구

86) 단 9:4-5, 7, 11, 14. 이 동일한 기본적인 논지는 *4 Macc.* 4.21에서 찾아볼 수 있는데, 거기에서는 수리아인들의 박해를 자신의 신실하지 못한 백성에 대한 하나님의 "의로우신" 징계로 이해한다.

87) 단 9:15-16, 18.

를 '디카이오쉬네'(dikaiosynē, "의")로 번역하였고, 흥미롭게도 테오도티온 역본(Theodotion version)은 '엔 파세 엘레에모쉬네 수'(en pasē eleēmosynē sou, "당신의 모든 긍휼하심 안에서")로 번역함으로써, 하나님의 이전의 행위들이 아니라 하나님의 속성을 가리키는 것으로 보았다.

이 부분과 관련된 바울의 사고의 원래의 맥락을 가장 잘 볼 수 있는 시편과 이사야서의 여러 본문들에서 하나님의 '디카이오쉬네'는 바로 그러한 의미, 즉 행위 속에서 드러난 속성을 가리키는 의미로 사용되고 있다는 것이 나의 견해이다. 오늘날의 영어 번역본들은 하나님의 성품의 한 속성으로서의 "하나님의 의"(특히 지금은 이스라엘과의 계약과 관련한 그의 신실하심)와 구체적인 행위들 속에서 드러나는 어떤 것으로서의 "하나님의 의"(다니엘서 9장의 경우에는 하나님이 자기 백성을 바벨론으로부터 구원하는 것) 간의 상호적인 연결 관계를 알기 때문에, 흔히 '체다카'/'디카이오쉬네'(tsedaqah/dikaiosynē)를 "구원"이나 그런 부류의 단어들로 번역하지만, 그러한 번역은 이사야서가 통상적으로 근거로 삼고 있는 것, 즉 그러한 행위들이 야웨가 이전에 이스라엘과 맺은 계약으로 인한 행위들이라는 사실을 드러내지 못한다. 오네스티(Onesti)와 브라우흐(Brauch)는 이렇게 말한다:

> 히브리 성경에서 "의"라는 개념은 계약이라는 맥락 안에서 하나님과 인간의 관계적 측면을 강조한다 … 히브리어에서 "정의"는 각 사람에게 자신에게 합당한 것을 주는 것이라는 헬라적인 고전적 관념 이상의 것을 의미한다. 통상적으로 이 단어는 계약에 대한 하나님의 신실하심의 증거로서의 야웨의 구원 행위들을 가리킨다. 히브리어에서 하나님의 의가 지닌 이러한 의미와는 달리, '디카이오쉬네'는 히브리어 단어만큼 유연하지 않다 … 이스라엘의 종교적 체험의 본질적인 구성요소는 야웨는 단지 율법의 주일 뿐만 아니라 율법에 신실하신 분이기도 하다는 것이었다. 하나님은 계약에 대하여 신실하셨다. 하나님의 의는 이 계약 관계에 부합하는 구원 행위들을 통해서 드러났다 … 의는 일차적으로 윤리적인 특질이 아니다. 도리어, 의는 계약 관계 내에서 올바르게 처신하는 하나님의 성품이나 행위를 특징짓는다 … 계약에 대한 하나님의 신실하심, 즉 하나님의 의는 야웨의 구원 행위들을 통해서 드러난다.[88]

야웨 자신과 그에 대한 그의 백성의 충성에 적용된 "계약"과 관련된 의미는 이렇게 성경과 후대의 유대적 사고의 많은 흐름들 속에서 울려 퍼진다. 아브라함과의 영원한 계약이라는 관점에서 보아진 계약의 하나님의 의는 만유에 대한 그의

88) Onesti and Brauch, 1993, 828f.

주권의 일부로서 자기 백성을 구원하는 행위로 표현된다.[89] 우리가 충분히 예상할 수 있듯이, 서로 다른 분파들은 이것에 대해서 서로 다르게 말한다. 쿰란 분파에서는 당연히, 이스라엘의 나머지 사람들은 여전히 죄를 깨닫지도 못하고 고백하지도 않고 있는 반면에, 하나님과의 계약은 자신들 속에서 갱신되었다는 이 분파의 믿음에 비추어서, 하나님의 신실하심을 해석하였다.[90]

4. 그러나 계약은 마지막 의미층이 아니다. 여기서 우리는 이미 제7장에서 살펴본 대로 여러 서사들이 서로 얽혀 있다는 것이 무엇을 의미하는지를 부분적으로 감지한다. 이스라엘의 하나님은 세계 전체의 창조주이기 때문에, 결국에는 이 세계를 바로잡을 책임이 있다. 하나님은 이스라엘을 위해서만이 아니라 피조세계 전체를 위해서 심판주로 행할 것임에 틀림없다. 이렇게 하나님의 "의"에는 세계 및 만유와 관련된 차원이 존재한다. 즉, 재판관이 순회재판을 열어 한 마을에 쌓여 있던 온갖 문제들을 단번에 해결하듯이, 창조주는 최후의 재판을 열어 온 세계를 심판하고 모든 것을 단번에 바로잡게 될 것이다. 시편에서 자주 송축되고 대선지서들 곳곳에도 스며들어 있는 이러한 믿음은 후대의 수많은 유대교 문헌들 속에서 반복된다.[91] 그러나 우리는 이것을 "계약"과 관련된 의미와 서로 상반되는 것으로 보아서는 안 된다. 우리가 창세기 속에서 창조와 계약이 강력하게 연결되어 있다는 것을 알게 될 때, 창세기는 우리에게 지금까지와는 다른 이야기를 들려준다. 야웨가 최종적으로 온 세계를 심판할 때, 이스라엘은 마침내 자신의 원수들의 참소에서 벗어나 옳다 함을 받고 신원함을 얻게 될 것이라는 소망이 바울 시대는 물론이고 그 이후에까지 지속될 수 있게 해준 것은 바로 그러한 연결 관계였다. 우리가 "묵시론적인" 저작들이라고 생각하는 글들이나 그런 것들과는 판이하게 다른 솔로몬의 지혜서 같은 글들을 막론하고, 거기에 여러 가지로 다양하게 표현되어 있는 이러한 종말론적인 비전은 이렇게 네 개의 의미층(올바른 행실, 법정, 계약, 만유 전체를 바로잡음) 모두를 한데 결합시킨다. 하나님의 종말론적인 심판은 궁극적으로 만유 전체를 바로잡는 법정이 될 것이지만, 아울러 계약이 끝까지 유효하였음을 궁극적으로 입증해 주는 계기도 될 것이다.

이것은 '디카이오쉬네'(dikaiosynē)라는 단어가 그토록 번역하기 어려운 단어

89) 예를 들면, *Jub.* 22.15; *Bar.* 5.9; *Pss. Sol.* 8.32; *T. Naph.* 8.3; 2 Macc. 1.24-9.

90) 예를 들면, cf.1QS 1.21-5: 전체로서의 이스라엘이 범죄하여, 하나님의 의로운 행사들을 무시해 왔지만, 공동체는 그들에 대한 계약상의 복을 주장하는 것의 일부로서 자신의 죄들을 고백할 것이다.

91) 예를 들면, *1 En.* 62.3; *4 Ez.* 7.33-5; 9.13. Josephus는 이 믿음을 반영한다: 예컨대, *War*, 7.323; *Ant.* 2.108; 11.55.

인 이유를 적어도 부분적으로는 설명해 준다. 간단히 말해서, 오늘날의 영어에는 (또는, 내 생각에는 독일어나 프랑스어에도), 폭넓은 윤리적이고 "관계적인" 의미를 집약해서 가지고 있고, 거기에 법정적인 뉘앙스가 추가되어 있으며, 게다가 하나님과 이스라엘 간의 계약이라는 추가적인 차원이 부여되어 있고, 장차 마지막에 모든 것을 바로잡게 될 최후의 심판을 미리 내다보는 세계관 속에 창조가 자리 잡고 있는 것을 표현할 단어나 어구가 없다는 것이다. 우리가 한편으로는 "하나님의 회복하시는 정의"(God's restorative justice), 다른 한편으로는 "계약에 대한 하나님의 신실하심"을 삼각형의 두 꼭짓점이라고 본다면, '체다카 엘로힘'(tsedaqah elohim) 또는 '디카이오쉬네 테우'(dikaiosynē theou)는 이 두 꼭짓점을 서로 연결시키고 결합시켜서 새로운 의미를 만들어내는 세 번째 꼭짓점이라고 할 수 있다. 바울에 대한 서구의 석의 전통들이 "하나님의 의"라는 어구와 관련된 바울의 용법을 이해하기가 너무 어렵다고 생각하게 되어 버린 것은 이 어구와 그 배후에 있는 '유스티티아 데이'(iustitia dei)라는 중세적인 개념이 너무나 오랫동안 이 세 가지 의미 중 어느 하나만을 담아내려고 애써 왔기 때문이고, 사실은 많은 진영들 속에서 너무나 오랫동안 이 어구의 의미를 파악하고자 하는 시도 자체를 완전히 포기해 왔기 때문이다.[92)]

하지만 일단 우리가 바울이 몸담고 살았던 제2성전 시대에서 성경을 읽은 방식에 눈을 돌리기만 한다면, 우리는 이 핵심적인 개념을 이해할 수 있게 될 뿐만 아니라, 하나님의 백성의 '체다카'(tsedaqah) 또는 '디카이오쉬네'(dikaiosynē)라는 관련 개념까지 이해할 수 있게 된다. 하나님의 백성의 "의"라는 개념도 마찬가지로 다양한 의미로 사용되지만, 거기에는 일정한 통일성이 있다. 이 단어가 어떤 차원에서는 우리가 대충 윤리적인 행실이라고 생각하는 것을 가리킨다는 것은 분명하다. 그러나 우리가 야웨의 백성인 이스라엘의 행실에 대하여 말할 때에는, "윤리"만으로는 충분하지 않다. 우리는 계약과 관련된 행동을 말하고 있는 것이다. 이

92) 이것은 오늘날의 몇몇 해석들을 반대하는 Carson의 변증(Carson, 2004, 50-2)에 의문을 제기한다. '디크-'(dik-) 단어군을 "계약"과 연결시키는 것은 "정의/의"를 "배제시켜 버리는" 것이라는 그의 주장은 말도 안 되는 당혹스러운 발언이다; 이것이 "Käsemann의 유산"이 행하고자 하는 것이라는 그의 함의는 아주 이상하다. 왜냐하면, (a) Käsemann은 바울에게 있어서 "계약" 관념들이 있었다는 것에 대하여 끊임없이 반대하였고, (b) Käsemann은 분명히 "새 관점"의 지지자가 아니었기 때문이다. "계약" 관념들은 '디카이오쉬네'(dikaiosynē)가 "십자가로부터 멀어지는 한 큰 걸음"이라는 것을 의미한다는 Carson의 "마지막 일침" — 그는 아무런 증거도 없이 내가 이렇게 말했다고 주장한다 — 은 그가 다른 사람들의 말을 들을 마음이 전혀 없다는 것을 보여줄 뿐이다. 십자가는 바울의 계약적이고 법정적인 신학의 바로 중심에 있다.

스라엘은 궁극적으로 재판장인 하나님에게 책임을 져야 하는 질서 있는 사회를 영위해 나가야 한다는 강력한 믿음을 지니고 있었기 때문에, 우리가 유다와 다말, 다윗과 사울 같은 예들에서 보았듯이, 이 단어는 암묵적인 법정 상황과 연결되기도 하고 그렇지 않기도 하는 등 유동적인 의미를 나타낸 까닭에, "의롭다"는 것은 어떤 때에는 "도덕적으로 올바르다"는 것을 의미할 수도 있었고, 어떤 때에는 법적인 의미에서 "옳다"는 것을 의미할 수도 있었다. 재판관이 자신의 직무를 제대로 합당하게 행하고 있는 경우에는, 후자는 전자를 함축하고 있는 것으로 받아들여질 있었다. 그리고 성경 시대의 많은 이스라엘 사람들과 그 이후의 많은 유대인들은 마지막에 온 세계가 그들의 하나님에게 자신의 행위를 해명하고 책임을 져야 한다고 믿었기 때문에, 이 모든 것은 종말론적인 틀 내에서 생각되었다. 이 일련의 복잡한 단어들의 서로 다른 각각의 측면들 중에서 어떤 것이 전면에 등장해서 거기에 수반된 사고의 세계를 불러일으키느냐 하는 것은 당연히 맥락에 따라서 달라졌지만, 이 단어가 지닌 의미들의 전체적인 그물망, 즉 법정적 의미, 계약적 의미, 만유의 종말론과 관련된 의미라는 세 가지 의미 전체는 서로를 배척하는 것이 아니라 도리어 서로를 강화하는 가운데 기본적으로 하나의 전체로서 통일성을 유지하고 있었다.

이 모든 것으로부터 우리는 하나님의 '디카이오쉬네'에 대한 호소는 바울의 세계에서 (이상하고 서글픈 일들이 왜 일어나는지 그 이유를 일정 정도 설명해 주는) 신정론(theodicy)과 (그럼에도 불구하고 궁극적으로 건져달라고 호소하는) 구원론(soteriology)이라는 두 가지 관점에서 기능하였다는 결론을 얻을 수 있다. "계약에 대한 하나님의 신실하심"은 그가 전에 출애굽기 2장과 3장과 6장에서 행하였던 일을 다시 행할 것이라고, 즉 아브라함과 이삭과 야곱에게 한 자신의 약속들을 기억하고서, 어떤 식으로든 그들에게 필요한 "새로운 출애굽"을 통해 역사하여 자기 백성을 해방시킬 것이라고 믿은 근거를 제공해 준 야웨의 속성이었다. 나는 이미 다른 글들을 통해서, 제2성전 시대의 중요한 본문들에 나오는 "하나님의 의"라는 어구가 (a) 하나님의 백성을 벌하여 이방 땅으로 보내어 포로생활을 하게 한 근거였던 계약 정의와 (b) 하나님이 그들의 죄를 용서하고 포로생활에서 다시 돌아오게 해 달라고 호소할 수 있는 근거였던 계약에 대한 신실하심을 둘 다 강조하고 있다는 것을 말한 바 있다.[93]

93) 단 9장; 스 9장 등에 대해서는 Wright, 2009 (*Justification*) ch. 3을 보라; 또한, 위의 제2장 제4절 3). 아마도 오늘날 가장 중요한 연구는 Williams, 1980이다. 중간시대 본문들에 대해서는 *T. Dan*. 5.7-

이것을 염두에 둔 가운데 (이사야서 40-66장 같은) 바울이 좋아하였던 본문들을 살펴보면, 우리는 그 본문들의 구절구절들이 이 주제가 어떤 의미인지를 아주 극명하게 드러내 주는 것을 발견하게 된다. 먼저 첫 번째 "종의 노래"의 일부를 살펴보자:

> 나는 야웨이니, 내가 의 가운데서 너를 불렀고 네 손을 잡아 너를 보호하였다.
> 나는 눈먼 자들의 눈을 밝히고, 갇힌 자들을 감옥에서 이끌어 내며,
> 흑암에 앉은 자들을 감방에서 나오게 하기 위하여,
> 너를 이 백성에게는 계약으로, 열방들에게는 빛으로 주었다.
> 나는 여호와이니, 이것은 내 이름이다. 나는 내 영광을 다른 자에게,
> 내 찬송을 우상들에게 주지 않는다.
> 보라, 이전의 일들이 이미 이루어졌고, 이제 내가 새로운 일들을 선포하노니,
> 그 일들이 시작되기 전에 너희에게 말해 주는 것이다.[94]

하나님의 "의"는 이스라엘의 실패에도 불구하고 하나님이 자신의 "가르침"을 강조해 온 이유이다.[95] 그리고 하나님 자신과 이교의 우상들 간의 대결 속에서는 오직 한 쪽만이 승자가 될 수 있다:

> 너희의 사정을 알리며 진술하고, 함께 의논하여 보라.
> 누가 이 일을 오래 전에 말하였느냐? 누가 그것을 옛적에 알게 하였느냐?
> 나 야웨가 아니었느냐?
> 나 외에는 다른 신이 없고, 나는 의로운 하나님이자 구원자이니,
> 나 외에 다른 이가 없다.
> 땅의 모든 끝들이여, 내게로 돌이켜 구원을 받으라. 왜냐하면,
> 나는 하나님이고, 다른 신이 없기 때문이다.
> 내가 나를 두고 맹세하였다.
> 의 가운데서 내 입에서 말이 나갔으니 돌아오지 않을 것이다:
> "내게 모든 무릎이 꿇겠고, 모든 혀가 맹세하리라."
> 장차 사람들이 내게 대하여 "의와 힘은 오직 야웨 안에만 있으니,
> 그에게 분노하는 모든 자는 그에게 나아가 부끄러움을 당하겠지만,
> 이스라엘 자손은 다 야웨 안에서 승리하고 자랑하리라."[96]

13; *1 En.* 95.7; 1QS 11.12; 1QH 4.37; 1QM 18.8을 참조하라.

94) 사 42:6-9.

95) 42:21.

96) 45:21-5.

마음이 완악하여 의에서 멀리 떠난 너희여, 내게 들으라.
내가 나의 의를 가깝게 하였으니,
그것이 멀지 않다. 나의 구원은 지체하지 아니할 것이다.
내가 나의 영광인 이스라엘을 위하여 구원을 시온에 두리라.[97)]

그렇기 때문에, 그 결과로서 초청하는 말이 나올 수 있다: 야웨의 "의," 즉 아브라함에게 약속하였던 것에 대한 그의 신실하심은 이제 약속된 새로운 피조세계, 회복된 에덴 동산이라는 형태로 전 세계적인 구원을 가져다줄 것이다:

의를 따르며 야웨를 찾아 구하는 너희는 내게 들으라.
너희가 떠내진 반석과 너희가 파내진 채석장을 바라보라.
너희의 조상 아브라함과 너희를 낳은 사라를 바라보라.
이는 내가 그를 불렀을 때, 그는 단지 혼자였지만,
내가 그에게 복을 주어 창성하게 하였기 때문이고,
야웨가 시온을 위로하되, 그 모든 황폐한 곳들을 위로하여,
그 황무지를 에덴 동산 같게, 그 광야를 야웨의 동산 같게 할 것이고,
그 가운데에 기뻐함과 즐거워함과 감사함과 노랫소리가 있게 될 것이기 때문이다.
내 백성이여, 내게 들으며, 내 나라여, 내게 귀를 기울이라.
이는 가르침이 내게서부터 나갈 것이고,
내 정의(mishpat - '미쉬파트')가 만민의 빛이 될 것임이라.
내가 나의 의를 신속하게 가깝게 하여, 내 구원이 나가고,
내 팔이 만민을 다스릴 것이고,
섬들이 나를 앙망하여 내 팔에 소망을 둘 것이다.
너희는 눈을 들어 하늘들을 보며, 그 아래의 땅을 보라.
왜냐하면, 하늘들이 연기 같이 사라지고 땅이 옷 같이 해어지며,
거기에 사는 자들이 하루살이 같이 죽을 것이지만,
나의 구원은 영원히 있고, 나의 의는 결코 끝나지 않을 것이기 때문이다.[98)]

야웨가 자기 백성을 구원하기 위하여 행할 때, 그것은 그의 "의," 즉 그가 자기 백성과 계약을 맺을 때에 약속한 신실하심이 드러나는 일이 될 것이다:

야웨께서 그것을 보셨고, 정의가 없는 것을 기뻐하지 않으셨다.

97) 46:12-13. NRSV는 이 경우들에서 '체다카' (tsedaqah)를 "의"가 아니라 "건져냄"으로 번역함으로써 사람들을 오도해왔다.

98) 51:1-6; 다시 한번, NRSV는 5절과 6절의 '체다카' (tsedaqah)를 "건져냄"으로 번역한다. 마찬가지로 56:1도 보라.

그는 아무도 없는 것을 보셨고, 중재자가 아무도 없는 것에 깜짝 놀라셨다.
그래서 그의 팔이 그에게 승리를 가져다주었고, 그의 의가 그를 붙들어 주었다.
그는 의를 흉패로 삼으셨고, 머리에는 구원의 투구를 쓰셨으며,
보복을 속옷으로 삼으시고 분노를 겉옷으로 삼으셨다 …
그는 구속자로서 시온에 임하여,
야곱의 자손 가운데에서 범죄에서 떠나 있는 자들에게 임하리라. 야웨께서 말씀하신다.
"내가 그들과 세운 나의 계약이 이것이니,
네 위에 있는 나의 영과 네 입에 둔 나의 말이
이제부터 영원하도록 네 입에서 … 떠나지 않을 것이다."[99]

물론, 이사야서에는 선지자가 이스라엘 백성의 "의"에 대하여 말하는 대목들이 많이 나온다. 그러나 이 본문들은, 시편 등에 나오는 많은 비슷한 본문들과 더불어, 주후 1세기의 저자가 하나님이 아브라함과 맺은 계약을 따라 베풀 구원에 대하여 말하면서, 하나님의 '디카이오쉬네'를 언급할 때, 그것은 (a) 하나님 자신의 속성에 대하여 말하는 것임과 동시에, (b) 좀 더 구체적으로는 계약에 대한 신실하심이라는 속성을 말하는 것이라는 주장을 밑받침해 주는 성경적 근거들이다. 하나님의 '디카이오쉬네'는 단지 하나님의 "긍휼하심"인 것도 아니고(만일 이것만이라면, 합당하지 않은 자들에게도 구원이 주어져야 한다), 단지 하나님의 "구원"인 것도 아니며(만일 이것만이라면, 야웨가 자기 백성을 구원하는 이유가 무엇인지가 설명되지 않는다), 단지 하나님의 "인애" 또는 "변함없는 사랑"인 것도 아니다(이것이 그 의미에 좀 더 가깝기는 하지만). 계약에 대한 하나님의 신실하심을 중심으로 해서 이 모든 것들과 그 이상의 것들이 한데 결합되어 있는 것이 하나님의 '디카이오쉬네'이다.

3) 계약의 목적: 이스라엘을 통해서 세계로

우리는 창세기에 대한 하나의 해석이었던 것으로 보이는 것 — 이것에 대해서 우리는 앞에서 이미 살펴보았었다 — 이 이사야서에 나오는 이 본문들 속에서 하나의 주제로 다시 반복되는 것을 발견하는데, 그것은 야웨가 이스라엘을 자기 백성으로 택하는 계약을 맺은 것은 단지 이스라엘만을 겨냥한 것이 아니라, 이 하나님이 이스라엘을 통해서(through) 이루고자 한 좀 더 넓고 큰 목적들을 염두에 둔 것

99) 59:15-21.

이었다는 것이고, 바울은 이것을 하나의 당연한 기정사실로 받아들였던 것으로 보인다. 이스라엘은 하나님의 "종"이다. 그런데 종을 두는 이유는 그 종을 자신의 가장 친한 친구로 삼기 위한 것이 아니라 — 물론, 그런 일도 일어날 수 없는 것은 아니지만 — 그 종을 통해서 자신이 의도한 어떤 일을 이루기 위한 것이다. 야웨가 이루고자 한 일은 그의 영광이 온 땅에 퍼져서 모든 민족이 그가 누구이고 무슨 일을 행해 왔는지를 보고 듣게 하는 것이었다. 이사야서에 나오는 이 유명한 본문들 — 그 중 하나는 우리가 이미 앞에서 인용한 것이다 — 이 그 일에 대하여 말하고 있는 것도 바로 그 때문이다:

> 나는 야웨이니, 내가 의 가운데서 너를 불렀고, 네 손을 잡고 보호하였다.
> 나는 눈먼 자들을 보게 하기 위하여 …
> 너를 이 백성에게는 계약으로, 열방들에게는 빛으로 주었다.[100]

이 동일한 주제는 두 번째의 "종의 노래"에서는 약간 더 범위를 넓혀서 서술된다:

> 이제 야웨께서 말씀하시니, 그는 야곱을 자기에게로 돌아오게 하고 이스라엘로 자기에게 모여 오게 하기 위하여,
> 태에서부터 나를 자신의 종으로 지으셨다.
> 나는 야웨 앞에서 존귀함을 입고, 내 하나님이 나의 힘이 되셨다.
> 그가 말씀하신다: "내가 너를 나의 종으로 삼아서, 야곱의 지파들을 일으키게 하고, 이스라엘 중에 살아남은 자들을 회복시키게 하는 것은 아주 쉬운 일이다.
> 내가 너를 열방에게 빛으로 주어, 나의 구원이 땅 끝까지 이르게 하리라."[101]

지금까지 성서신학의 많은 논의들에서는, 이 본문들이 "네가 복을 받게 될 때, 너희 모든 열방도 복을 받게 될 것이거나, 복 받기를 위하여 기도하게 될 것"이라는 아브라함에게 주어진 약속들 속에 담겨 있는 것으로 보이는 것과 동일한 소명을 표현하고 있다고 보는 것이 하나의 상식처럼 되어 왔다. 또한, 출애굽기에서 이

100) 사 42:6f. NRSV는 난외주에서 "이 백성에 대한 계약"이라는 어구에 대하여 이렇게 주해한다: "히브리어의 의미는 분명하지 않다." 이것은 아마도 "백성들"이 나올 것으로 기대하였던 대목에 단수형 "백성"이 나왔기 때문인 것으로 보이지만, 본문은 결코 불분명하지 않고, 아래의 서술에서 보여 주듯이, 그 다음에 이어지는 구절인 "열방에 대한 빛"이 그 가장 자연스러운 의미를 제공해 준다.

101) 사 49:5f.

스라엘 백성이 애굽에서 나와서 시내 산에서 토라를 수여받기 직전에 나오는 주목할 만한 말씀과 이 약속들을 연결시키는 것도 일상적인 것이 되어 왔다:

> 너희는 내가 애굽인들에게 어떻게 행하였는지와 내가 어떻게 독수리 날개로 너희를 업어 내게로 인도하였는지를 보아 왔다. 그러므로 이제 너희가 내 목소리를 청종하여 나와의 계약을 지키면, 너희는 모든 민족 중에서 나의 귀중한 소유가 될 것이다. 사실 온 땅은 나의 것이지만, 너희는 나를 위하여 제사장 나라가 되고 거룩한 민족이 될 것이다.[102]

이 본문들에 의하면, 하나님이 이스라엘을 특별히 부른 것은 창조주 하나님이 이스라엘을 통해서(through) 자신의 주권적인 통치를 세계에 펼치기 위한 것으로 보인다. 이스라엘의 특별함은 이 민족이 다른 민족들과 구별되어 "거룩한" 것이지만, 그것은 단지 그들만을 위한 것이 아니라, 좀 더 큰 실체, 즉 세계의 나머지를 위한 것이기도 하였다.

이 본문들을 이런 시각에서 읽는 것 — 그런 후에, "열방들에 대한 빛"이 되라는 이스라엘의 이러한 소명이 메시야 예수 안에서 성취되었다고 주장한다는 이유로 — 은 본질적으로 "기독교적인" 도식을 이 본문들에 덧씌워서, 어거지로 "대체주의적인"(supersessionist) 목적을 이루고자 하는 것이라는 주장이 최근에 제기되어 왔다. 나는 이것이 정확히 바울이 이 본문들 속에서 말하고 있는 것이라고 생각하기 때문에, 그러한 반론에 대하여 간단하게 논평할 필요가 있을 것 같다.[103]

첫 번째는 로울리(H. H. Rowley)가 두 세대 전에 "성경의 택정론"에 관한 꼼꼼한 연구서를 냈다는 이유로, 그를 "대체주의자"라고 비난하는 것은 옳지 않다는 것이다.[104] 사실, 로울리가 그러한 연구서를 써낸 것은, "택하심"이라는 단어가 강경노선의 이데올로기적인 칼빈주의(Calvinism)를 연상시켰고, 그 반발로 일종의 마르키온주의(Marcionism)를 낳아서, 이 단어에 대하여 오랫동안 나쁜 인상이 박혀 있던 영국의 신학 대중을 위한 것이었다고 할 수 있다. 우리는 20세기 중반에 개신교 신학의 많은 진영들에서는 구약성서를 거의 거들떠보지도 않은 채 단지 논증을 강화하기 위한 목적으로 몇몇 "증거 본문들"로만 사용하고, 성경의 서사 전체와 거기에 담겨 있는 신학적 동력에 대해서는 거의 외면해 왔다는 사실을 기억

102) 출 19:4-6.
103) 특히, Kaminsky, 2007을 보라.
104) Rowley, 1964 [1950].

하여야 한다. 로울리는 당시에는 이례적일 정도로 충실하고 분명하게 이스라엘의 성경으로 하여금 스스로 말할 수 있게 해주는 그런 신학을 실질적으로 부활시키고자 한 것인데도, 마치 그에게 반유대적인 어떤 편견이 있기라도 한 것처럼 비난하는 것은 가혹한 것으로 보인다.

두 번째는 조엘 캐민스키(Joel Kaminsky)가 하나님이 이스라엘을 선민으로 "택한" 것과 관련된 좀 더 폭넓은 목적에 관한 모든 사고를 다 배제한 채로 택정론을 재구성한 것은 그 자체로나 우리가 방금 언급한 본문들에 대한 설명으로나 설득력이 없다는 것이다. 그는 하나님을 특정한 자녀를 편애하는 부모처럼 다른 민족들보다 특별히 한 민족을 그냥 노골적으로 선호한 분이라고 설명하는 마이클 와이쇼그로드(Michael Wyschogrod)의 하나님관을 빌려와서, 그것이 이 하나님(?)이 얼마나 생생하고 믿을 만한 분인지를 보여주는 증표라고 주장하고 있기 때문에, 나는 그의 동료 유대인들 중에서도 기꺼이 그와 함께 하고자 하는 자들이 거의 없었을 것이라고 생각한다.[105]

세 번째는, 오늘날 바울이 실제로 말하고 있는 것에 근접하게 말하고자 하는 사람들은 누구든지 "대체주의자"라는 비난이 쏟아지고 있기 때문에, 우리는 (최소한) "대체주의"라는 것이 도대체 무엇을 의미하는지를 분명하게 규정할 필요가 있다는 것이다 — 이 점에 대해서는 여기에서보다 상당히 더 많은 것들이 말해질 수 있다. "대체주의"는 적어도 세 가지로 분류될 수 있다고 본다: "강경한" 대체주의, "포괄적" 대체주의, "유대적" 대체주의. 나는 이 중에서 마지막 세 번째의 것은 대체주의로 불리기에 부적절한 것임을 보여주고자 한다.

첫 번째는 "강경한" 대체주의이다. 이것은, 바울이 로마서 11장에서 이방 그리스

105) Kaminsky, 17, 67f.를 보라. 거기에서 그는 Wyschogrod, 1983, 64f.를 인용한다: "아버지는 공평한 재판관이 아니고 사랑이 있는 부모이고, 인간 아버지는 자신의 인격을 지닌 존재이기 때문에, 다른 사람들보다 자신의 자녀들을 향하여 팔이 굽고, 아주 솔직하게 말해서, 다른 사람들보다 자신의 자녀들을 더 사랑하는 것은 어쩔 수 없는 일이다." Kaminsky(67)는 이것을 요약해서, "하나님의 사랑이 어떤 식으로든 인간의 사랑과 같다면, 하나님이 모든 민족들과 모든 개인들에 대하여 동일한 사랑을 지닐 가능성은 없어 보인다"고 말한다. 그는 요셉 이야기를 사용해서, 택함 받지 못한 형제들은 "삶의 불공평성을 받아들일 정도로 충분히 성숙해야만," 그들과는 달리 택함 받은 형제들로부터 일정 정도 유익을 얻게 될 수 있다고 주장한다. Kaminsky의 논증 전체는 물론이고, 그의 이러한 주장에 대해서도 우리에게 할 말이 많지만, 여기에서는 단지 Bassler, 1982가 분명히 하였듯이, 한 분 유일하신 하나님에게는 "편애함이 없다"는 고대의 유대 사상은 바울에 의해서 분명하게 강조되었지만(롬 2:11; 3:29f.) 기독교적인 혁신이 아니었음이 분명하다는 것이다. *Jub.* 5.16; 33.18; *2 Bar.* 44.4 등과 비교해 보라; 이러한 사상은 특히 신 10:17; 대하 19:8로 거슬러 올라간다. 이 모든 것들 속에서 다른 많은 것들과 마찬가지로 강력하게 천명되고 있는 것은 이스라엘의 하나님은 "공평한 재판관"이라는 것이다.

도인들이 교만해서는 안 된다고 경고하였음에도 불구하고, 그 경고를 무시하고서, 유대인들은 이제 영원히 버림받았고, 이방인 신자들이 그들을 대체하여 하나님의 백성이 되었다고 가르친 것으로 보이는 초기 기독교의 일부 저자들에게서 발견되는 것이다.[106] 이것을 도식으로 나타내 보면, 다음과 같이 될 것이다:

이 도식에 의하면, 유대인들은 교회에서 설 자리가 없기 때문에, 초기 기독교에 들어와 있던 바울을 비롯한 여러 유대인들은 문이 닫히기 전에 들어온 운 좋은 사람들인 것이 된다. 나는 바울이 이런 식으로 생각하였다고 최근에 주장한 사람을 한 사람도 알지 못하고, 서구 교회에서 1950년 이래로 감히 이런 식의 주장을 편 사람이 있을 것 같아 보이지 않는다. 하지만 나는 진정한 "대체주의"가 실제로 존재한다면, 바로 이런 모습을 띨 것이라고 본다. 내 자신의 육감으로는, 그러한 견해는 주후 4세기와 5세기에 엄청난 지지를 얻었던 것 같다. 나는 시류를 따라서 재미 삼아 콘스탄티누스를 때리고 혹평하는 일 따위에 가담하고 싶지는 않지만, 기독교는 로마 제국의 국교가 되면서, 새로운 도전들과 유혹들에 직면하였고, 늘 그 도전들을 극복하거나 유혹들을 거부할 수 있었던 것은 아니었다고 말하지 않을 수 없다. 하지만 다른 분야들에서 너무나 자주 이런 일이 일어나고 있듯이, 신학계에서 지금 일어나고 있는 일도, 20세기 후반의 신도덕주의가 저 끔찍한 나치 이데올로기의 반유대주의(이것은 의도적으로 종종 "기독교적인" 옷을 빌려 입고 있지만 본질적으로 이교적인 것이었다)를 목격하고, 그것이 이전에 그 동일한 독소가 나타난 것들과 서로 연결되어 있다고 생각하고서, 그 모든 것들을 가장 초기 시대까지 소급시킨 것이었다. 이것은 역사적인 연구나 오늘날의 윤리와 상관없는 것이다. "강경한 대체주의"는 바울이 로마서 11장에서 이미 제시한 준엄한 경고를 따라 비난 받아 마땅한 것이지만, 통상적으로 오늘날의 성서학계에서는 발견되지 않는다.

그러나 "포괄적 대체주의"라 할 수 있는 현상이 오늘날에도 여전히 생생하게 존재하고 있고, 심지어 일부 신망 받고 있는 곳들에까지 침투해 있는데, 이것은 일종의 후기 바르트적인(그리고 아마도 "후기 자유주의적인") 신학과 맥을 같이하여, 예수 그리스도 안에서 일어난 일은 아주 철저하게 근본적으로 세계 속으로 뚫고

106) 통상적으로, 이것은 *Barn.* 4.7; 9.4; 14.1-5의 함의로 해석된다.

들어온 것 또는 "침입해 들어온 것"이기 때문에, 이전의 모든 것들 — 특히, "종교," 그 중에서도 "계약 종교"와 관련된 모든 것들 — 을 쓸모없게 만들어 버렸다고 포괄적으로 주장하는 것이다. 이 견해는 어떤 역사적 연속성이 존재한다는 것을 부정한다는 점에서 "강경한 대체주의"와 다르다. 즉, 이 견해는 "이스라엘이 교회로 대체되었다"고 말하는 것이 아니라, 이스라엘을 비롯해서 복음의 묵시론적 선포 이전의 다른 모든 것은 새로운 계시에 의해서 포괄적으로 무효화되었다고 말한다. 이러한 접근방식은 이전 세대의 몇몇 유명한 이름들과 결부되어 있는데, 그 중에서 에른스트 케제만(Ernst Käsemann)은 바울이 변증을 통해 공격하고자 했던 것은 '호모 렐리기오수스'(homo religiosus, "종교적인 인간"), 즉 인간의 연속성을 유지하고자 하는 모든 것(단지 "계약"만이 아니라) 속에서 옹호되는 "우리 모두 안에 있는 숨겨진 유대인"이었다고 주장하였다. 여기에서 우리는 교회를 구원을 베푸는 기관(Heilsanstalt)으로 전환시키고자 하는 그 어떤 종류의 "가톨릭적인" 시도에 대해서도 강하게 반대하는 개신교의 지속적인 관심을 감지할 수 있다.[107] 케제만의 이러한 "포괄적 대체주의"(물론, 당시에 그렇게 불린 것이 아니었음은 분명하지만)는 마틴(J. L. Martyn)이 자신의 갈라디아서 주석에서 열정적으로 부활시켰고, 폭넓게 바르트 전통으로 불릴 수 있는 진영에 속한 많은 사람들도 쌍수를 들어 환영해 왔다.[108] 우리는 이 문제를 이런 식으로 바라보는 것을 다음과 같은 도식으로 나타내 볼 수 있다:

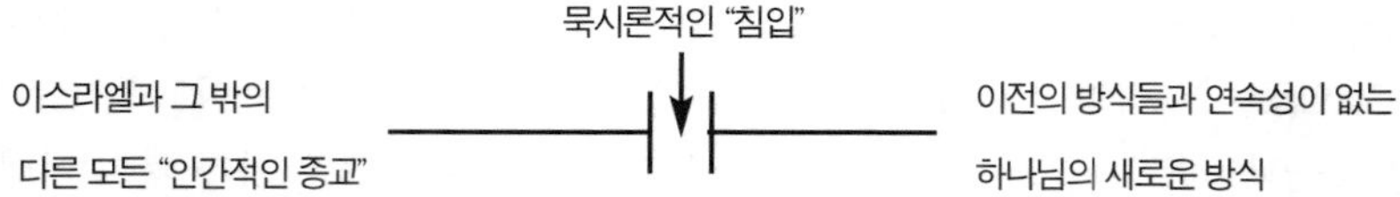

107) Käsemann이 이스라엘을 '호모 렐기리오수스'(homo religiosus)라고 한 것에 대해서는 Käsemann, 1969 [1965], 183-7을 보라: "이스라엘은 [바울에게 있어서] 본보기로서의 의미를 지니고 있었다; 그는 이스라엘을 통해서, 우리 모두 안에 감춰져 있는 유대인, 즉 하나님이 과거에 자신들에게 행한 것들을 토대로 해서 하나님에 대한 자신들의 권리들과 요구들을 정당화함으로써 망상 속에서 하나님을 섬기고 있는 우리 내면의 유대인을 친다"(186). 또한, Käsemann, 1980 [1973], 302도 보라.

108) 적어도 Barth의 위대한 로마서 주석의 전통 속에서. 후기 바르트, 예컨대 CD 4.1의 바르트가 이것을 인정했는지의 여부는 별개의 문제이다. 여기에서 이상한 것은 Käsemann의 "묵시론적" 이론의 Martyn의 판본에 열렬히 동조하는 사람들의 명단 속에는 Harink, 2003도 들어 있다는 것이다. 그는 자신 저작의 제4장에서 필자를 "대체주의"를 말하는 자라고 길게 비판함으로써, 그 밖의 다른 비슷하게 잘못된 비판들을 위한 포문을 연다(W. S. Campbell, 2008). 여기는 그것을 반박할 자리는 아니기 때문에, 단지 아이러니를 지적해 두고자 하는 것뿐이다.

하지만 이런 식으로 도식화해도, 묵시론적인 "침입"을 열렬히 지지하는 사람들은 복음 사건들을 통해서 "옛 시대"가 완전히 배제되고, 새롭게 개시된 "새 시대"는 다른 방식으로 작동한다고 주장하는 반면에, 이 도식은 마치 왼쪽에서 오른쪽으로의 어떤 연속성이 존재하는 것 같은 잘못된 인상을 줄 수 있다. 따라서 이 견해는 유대인들은 새로운 방식 내에서 환영 받지 못한다고 말하는 "강경한 대체주의"의 옛 성향을 전혀 지니고 있지 않고, 단지 유대적인 것, 또는 유대인들이 오랫동안 기다려 왔던 아브라함에게 주어진 약속들을 하나님이 언젠가는 이룰 것이라는 유대적인 소망에 집착하는 것은 잘못된 것이라고 말하는 것으로 보인다. 마틴(Martyn)에 의하면, 이것은 갈라디아 교회에서 바울의 대적들이 가르쳤던 것이었고, 바울은 그러한 연속성, 즉 모세는 말할 것도 없고 아브라함과의 그 어떤 연속성도 예수와 그의 죽음에 관한 "묵시론"에 의해서 이미 배제된 것이라고 역설하였다는 것이다. 새로운 실체는 이렇게 옛 실체를 "대체하였다." 자신들의 가르침으로부터 "대체주의"라는 결론을 도출해내는 것조차 거부하고 "폐기론"을 주장하고자 하는 마틴과 그의 추종자들의 시도는 실패한 것이다.[109)]

세 번째인 "유대적 대체주의"는 쿰란에서 발견된다.[110)] 이것은 창조주 하나님이 마침내 뜻밖이지만 예언을 성취하는 방식으로 역사하여, 자신의 갱신된 계약을 개시시켰고, 아브라함과 이삭과 야곱과의 분명한 연속성을 지닌 새로운 백성을 불렀

109) Martyn은 여기에서 문제점을 인식하고 회피하고자 시도한다(Martyn, 1997b, 204-8). 그러나 "종교"와 "묵시론" 간의 그의 기본적인 "이분법"(1997b, 78f., 이 논문은 1997a, 35-41에도 부분적으로 수록되어 있다)은 그를 그러한 방향으로 몰아갈 수밖에 없다. 왜냐하면, 그에게 있어서는 (Barth/Käsemann의 방식대로) "종교는 하나님의 침입해 들어오는 은혜에 의해서 끌어내지는 믿음이 아니라 하나님을 알고 하나님에게 영향을 미치고자 하는 인간의 미신적인 시도이기" 때문이다(1997b, 79). 그리고 Martyn에게 있어서 이것은 바울이 유대교의 한 형태를 제시하고 있던 갈라디아 교회의 "교사들"에게 반대하였을 때에 문제가 된 것이었다. 거기에서 문제가 되었던 것은 교회 내부의 문제였거나(80), 갈라디아에는 유대인이 없었기 때문에(82) 그것은 유대교에 대한 공격이 아니었다고 말하는 것은 너무나 분명한 기만이다: Martyn은 "이 서신이 유대교와 관련된 함의를 담고 있는 것"은 인정하고 있기 때문에(80, 강조는 원래의 것), 유대교가 여전히 "종교"라면, 이 비판은 그대로 성립된다. 어쨌든, 이 서신이 남부 갈라디아로 보내졌다는 주장은 지금은 압도적이고(Mitchell, 1993b, 3f.), 거기에는 유대인들이 많이 있었다.

110) Levenson, 1993, x을 보라: "기독교는 모든 점에서 유대교를 대체한 것이 아니라 유대교에 빚을 지고 있었다는 것을 보여준다." 달리 말하면, 유대교는 최근에 태어난 아들이 이전의 형을 대체하거나, (쿰란 공동체 같은) 새로운 운동이 하나님의 참된 백성을 대표하거나 구현하고 있다고 주장하는 서사 패턴을 언제나 포함하고 있었다. 우리는 심지어 미쉬나(Mishnah)조차도 "대체주의자"로 여길 수 있다. 왜냐하면, 미쉬나는 이전 세대들의 많은 유대인들이 알지도 못하였고 인정하지도 않았을 유대인이 되는 길을 말하고 있기 때문이다.

으며, 그들에게 새롭게 자신의 영을 부어 주었고, 그들로 하여금 그가 늘 생각해 왔던 새로운 방식으로 토라를 지킬 수 있게 하였으며, 그와 그의 천사들이 그들의 예배 속에서 그들 가운데 임재한다는 것(그들이 예루살렘 성전에 있지 않았지만)과 그들의 연합된 공동체가 "이스라엘"의 진정한 구심점이라는 것을 그들에게 보증하였다는 주장이다. 쿰란 공동체의 지체들은 물론 모두 유대인이었지만, 대다수의 유대인들은 이 공동체의 지체들이 아니었다. 하지만 다른 유대인들도 (대부분의 수도원 공동체들과 마찬가지로) 일정 기간의 시험과 견습 과정을 거쳐서 얼마든지 이 공동체의 일원이 될 수 있었다. 그들은 이 새로운 공동체의 특별한 책임들을 스스로 짊어지고 거기에 맞춰 살아가야 하였을 것이다. 이 공동체의 지체들은 유대 세계의 나머지 사람들을 위험스럽게 타협하며 살아가고 있는 자들로 보았고, 심지어 "열심" 있는 바리새인들에 대해서조차도 "부드러운 것들을 말하는 자들"로 규정하였으며, (이 점에 대해서는 견해가 나뉘기는 하지만) 제사장 계층 중에서 적어도 일부는 철저하게 타락하고 타협적인 삶을 살고 있다고 여겼다. 따라서 우리는 이러한 대체주의를 다음과 같은 도식으로 그려볼 수 있을 것이다:

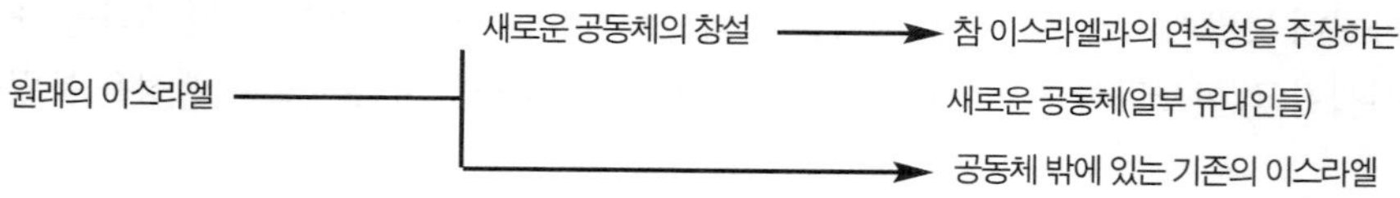

이런 종류의 패턴은 단지 쿰란에서만 발견되는 것이 아님은 물론이다. 우리는 주후 66-70년의 전쟁기에 존재하였던 소규모의 유대인 집단들과 분파들 중 다수는 그들 자신을 이것과 비슷한 방식으로 보았을 것이라고 추정해 볼 수 있다("보라! 여기에 메시야가 있다! 그를 따르는 자들은 참 이스라엘이고, 그 밖의 다른 모든 자들은 배교자들이다!"). 사회학적인 용어를 사용하자면, 이것은 모든 "분파"가 보이는 전형적인 입장이다.[111)]

우리는 이러한 입장을 과연 "대체주의"라고 할 수 있는가? 물론, 이 입장을 그런

111) 고대 세계 전반, 그리고 특히 유대교 및 초기 기독교와 관련해서 "분파주의"에 대한 연구가 최근에 급증해 왔다. 도움이 되는 연구로는 Elliott, 1995가 있는데, 그는 "분파"의 21가지 이상의 특성을 열거한다(81-4). 물론, "분파"라는 단어는 거의 언제나 문화보편주의적 관점에서(etic) 흔히 논쟁을 위해 사용되는 반면에, 그러한 "분파"에 속한 당사자들은 정의상 거의 언제나 그들 자신을 원래의 모체의 참된 계승자들로 여긴다. 좀 더 폭넓게 다룬 것으로는 Philip Esler의 연구를 보라: 예컨대, Esler, 1994, 특히 chs. 1, 4, 5.

식으로 불러도 무방하다고 할 수도 있지만, 이전의 두 입장 속에는 이스라엘과 이스라엘이 대표하는 모든 것이 완전히 새로운 것으로 대체되었다(replacement)는 명확한 인식이 존재하는 것과는 달리, 이 세 번째 입장은 철저하게 유대적인 특질을 지닌 성취(fulfilment) 개념이 존재한다. 하나님으로부터 약속을 받은 백성이라는 것이 어떤 민족의 존재 근거인 상황에서, 그 민족에 속한 사람이 "대체주의자"라고 불리는 것이 두려워서, 하나님이 약속하신 것들이 성취되었다고 주장할 수 없다면, 그것이 도리어 정말 이상한 일일 것이다. 세례 요한은 "대체주의자"였는가? 그리고 예수는? 물론, 하나님의 약속들이 성취되었다는 주장은 얼마든지 도전을 받을 수 있다: 당신이 생각하는 "성취"는 우리가 생각하는 것과 맞지 않는다거나, 당신이 약속의 "성취"라고 주장하는 사건들은 우리가 생각한 것과 같지 않기 때문에, 당신의 주장은 잘못된 것이다. 그러나 그러한 주장이 절대로 제기되어서는 안 된다는 생각은 마치 그 주장이 속한 세계관 전체가 자리 잡아 왔던 가지를 잘라내 버리는 것과 같아 보인다. 나는 "대체주의"라는 용어가 일정 정도 경멸의 의미를 내포하고 있는 현실에서, 쿰란의 신학을 "대체주의"라고 부르는 것은 너무 이상한 일이기 때문에, 그러한 세계관을 나타낼 수 있는 다른 방식을 생각해 볼 필요가 있다고 본다.

물론, (본서의 제6장 및 다른 글들에서) 나의 제안은 바울이 유대적인 선민론을 수정한 것은 쿰란에서 발견되는 것과 동일한 유형이라는 것이다. 여러분이 원한다면 그것을 "유대적 대체주의"라고 부를 수도 있겠지만, 그러한 표현은 내재적인 모순을 안고 있다는 것을 알아야 한다. 바울의 복음이 지닌 걸림돌은 결국 그가 이스라엘의 하나님이 자신이 약속한 것들을 십자가에 못 박힌 메시야를 중심으로 한 사건들을 통해서 성취하였다고 주장한 데 있었다. 예수가 이스라엘의 메시야였든 아니든, 이런 주장을 "대체주의"라고 부르는 것은 문제가 있다. 그리고 그가 메시야였느냐의 여부는 부활이라는 문제와 직결되어 있었음은 물론이다: 예수는 죽은 자 가운데서 다시 살아났느냐, 그렇지 않았느냐. 오늘날 그리스도인들로 하여금 예수가 이스라엘의 메시야였다고 말하는 것을 강제로 중단시키기 위한 한 가지 방법으로, 포스트모더니즘적인 도덕주의와 그 통상적인 무기인 언어적인 기름칠을 사용하고자 하는 것은, 우리가 여기에서 다룰 문제는 아니지만, 충분히 악하다. 주후 1세기의 역사가들로 하여금, 바울이 예수가 메시야였고, 이스라엘에게 주어진 하나님의 약속들이 예수 안에서 성취되었다고 생각하였다는 것을 강제로 부정하도록 만들기 위한 한 가지 방법으로, 그러한 도덕주의를 사용하고자 하는 것은, 그렇게 간단히 호락호락하게 통하지 않을 것이다.[112]

그렇다면, 우리는 바울은 하나님이 이스라엘을 통해서(through) 이루고자 한 어떤 목적을 위해서 이스라엘을 선민으로 택한 것으로 보았다고 말하고 있는 것인가? 그렇다. 사람들이 주장해 왔듯이, 그런 견해는 이스라엘 및 선민론이라는 개념을 "도구화하고" 있는 것이 아닌가? 그렇기도 하고, 그렇지 않기도 하다. 하나님이 자신의 목적을 위하여 어떤 사람이나 민족을 "도구"로 사용하는 것은 이스라엘의 성경에서 잘 알려져 있는 사실이다. 예컨대, 이사야서 10장에 나오는 앗수르, 이사야서 45장에 나오는 고레스가 그 예들이다. 그러한 "도구들"은 야웨와 그의 목적을 알지 못하였다.[113] 하지만 이스라엘은 야웨도 알고 그의 목적도 아는 것으로 상정되었고, 신실하고 순종하는 종이 되어서, 기쁘게 자신을 드려서 계약의 하나님의 목적들을 진척시킬 존재로 상정되었다. 이것은 적어도 성경의 전승과 성경 이후에 나온 비슷한 주제들에 대한 성찰들을 읽는 한 가지 방식이다. 그리고 나는 이것이 바울의 글에 나오는 (흔히 오해되고 있는) 다음과 같은 아주 중요한 본문을 읽는 올바른 방식이라고 본다:

> [17]너는 네 자신을 "유대인"이라 부르고, 네가 율법에 네 소망을 두고 있고, 하나님이 너의 하나님이라는 사실을 자랑하며, [18]하나님이 무엇을 원하시는지를 알고, 율법의 교훈을 따라 도덕적으로 합당한 분별을 할 수 있으며, 네 자신이 눈먼 자들의 인도자요 어둠 속에 있는 자들의 빛이요 [20]a어리석은 자들의 교사요 어린 아이들의 선생이라고 믿으니, 이것은 모두 율법 안에서 네가 지식과 진리의 대강을 지니고 있기 때문이다.[114]

우리는 제6장에서 이미 이 본문에 대하여 설명하였기 때문에, 여기에서는 내가 다른 곳에서 한 더 자세한 설명을 짤막하게 요약해서 제시하고자 한다.[115] 이 본문은 "유대인"은 자신이 세계의 나머지 사람들보다 도덕적으로 우월하기 때문에 자기에게는 "구원"이 필요하지 않다는 의미에서의 " '유대인'의 자랑"에 대하여 말하고 있는 것이 아니라, 유대인들은 이방인들의 빛이요 눈먼 자들의 눈을 뜨게 해줄 자요 어린 아이들의 교사라는 것, 즉 이사야서 42장에 묘사된 그런 백성이라는 의

112) Harink, 2003, ch. 4이 바울이 정확히 이것을 말하고 있는 본문들(예컨대, 롬 2:25-9; 고후 1:20; 갈 2:19f.; 빌 3:2-11)을 논의하기는커녕 언급조차 하지 않은 것은 특기할 만하다.

113) 적어도, 이것은 이사야서 45:4에서 야웨가 말하고 있는 것이다; 그러나 45:3에서는 "너로 하여금 네 이름으로 너를 부르는 이가 이스라엘의 하나님 야웨라는 것을 알게 하기 위한" 것이 그 목적이라고 말한다. 그 핵심은 야웨가 고레스를 부를 때, 그는 그 사실을 알지 못하지만, 언제까지나 알지 못해서는 안 된다는 것이다.

114) 롬 2:17-20.

115) *Perspectives*, ch. 30을 보라.

미에서의 " '유대인'의 자랑"에 대하여 말하고 있는 것이다. 토라는 "유대인"에게 지식과 진리의 대강을 제공해 준다. 그러므로 그것을 세계에 전하여 세계에 균형을 가져다주고 세계를 고치는 소명에 순종하는 것은 "유대인"의 책임이다.[116)]

바울이 이 본문에서 이스라엘의 소명으로 제시된 것들 중 그 어떤 것도 부정하지 않는다는 것을 아는 것은 아주 중요하다. 그는 이것이 진정으로 이스라엘의 소명이었고 지금도 여전히 그렇다고 믿고 있다. 하지만 주후 1세기의 많은 유대인들은 우리가 알고 있는 이 모든 것에 대하여 동의하지 않았을 것이다. 아마도 그들은 "당신들이 이사야의 이 예언들을 성취할 수 있다고 굳게 믿고 있는 것을 보니, 당신들은 바리새인들이 틀림없군!"이라고 말했을 것이지만, 우리로서는 그들이 실제로 그랬다는 것을 확인할 도리는 없다.[117)] 그러나 우리는 바울이 진정으로 그렇게 믿고 있었다고 확실하게 말할 수 있고, 다소의 사울도 유대인들의 소명을 실제로 그렇게 보았을 것이라고 추정해 볼 수 있다. 아브라함의 권속은 아담의 죄를 무효화하는 데 사용될 도구로 생각되었다. 앞에서 이미 보았듯이, 이러한 관념은 창세기와 출애굽기의 구성 속에 긴밀하게 짜여 있었을 뿐만 아니라, 바울 시대의 몇몇 흐름의 유대적 사고와 그 이후의 랍비들의 사고 속에도 견고하게 자리 잡고 있었다. 바울은 여기에서 그러한 관념과 마주하고 있다. 복음 안에서 드러난 "하나님의 진노에 관한 묵시"(로마서 1:18–2:16)에 의해 부각된 인간의 죄의 보편성을 감안할 때, 무엇이 행해질 수 있단 말인가? 신실한 유대인을 길러내어 내보내라. 이것이 이 모든 것을 바로잡기 위하여 하나님이 사용할 백성인 아브라함의 권속의 소임이다.

바울은 그러한 자랑은 실현될 수 없다고 경고한다. 로마서 2:21-24은 흔히 석의자들을 당혹스럽게 만들어 왔다: 여기서 바울은 모든 유대인이 간음하는 자들이거나 신전들의 물건을 도둑질하는 자들이라고 생각하는 것이 틀림없지 않은가? 그렇지 않다. 만약 그가 모든 유대인이 자신들의 죄로부터 구원 받을 필요가 있다는 것

116) Kaminsky, 2007, 147-57는 이사야서 40-55장 같은 본문들이 하나님이 이스라엘을 세계의 빛으로 부른 것에 대하여 말하고 있다는 것을 부인함으로써 쓸데없이 긁어 부스럼을 만드는 것으로 보인다. 이사야서 49:6의 의미는 더할 나위 없이 분명하다. 그것은 야웨와 그의 백성 간의 사랑의 관계를 훼손하는(156) "제국주의"(151)나 이스라엘의 "도구화"와 상관이 없다. 또한, 이것은 "선민으로서의 이스라엘의 지위를 세계의 모든 사람들에게로 확대시킴으로써 [이스라엘의] 독특성을 제거하고 있는" 것도 아니다(154); 특히 로마서에서 바울의 사고의 취지는 정확히 하나님의 변함없이 유일한 계획은 "먼저 유대인에게, 그리고 또한 마찬가지로 헬라인에게"(롬 1:16)라는 것이다. Kaminsky는 "히브리 성경의 신학적 언어를 그 자체로 독립적으로 이해하여야" 한다고 주장한다(158). 나도 동감이다.

117) 바울 시대의 유대인들이 선교 활동을 했는지, 만약 했다면 일부 또는 다수가 했는지 하는 문제에 대해서는 McKnight, 1991; Bird, 2010 등을 보라.

을 증명하고자 하고 있는 것이라면, 그렇게 생각하는 것도 혹시 맞을지 모르겠다. 하지만 바울에게는 그런 의도가 없었다. 그는 단지 모든 유대인이 알고 있듯이, 일부 유대인들의 현저한 잘못들로 인해서, 민족 전체가 선지자들로부터 규탄을 받았고, 민족의 소명조차도 이룰 수 없게 되었기 때문에, "유대인"의 민족적인 "자랑," 즉 이스라엘 전체에 주어져 있던 세계를 바로잡을 소명이 실현될 수 없다는 것을 보여주고자 한 것일 뿐이었다. 이방인들은 이스라엘을 보고서 이스라엘의 하나님을 찬양하기는커녕, 정반대로 이스라엘을 보고서 이스라엘의 하나님을 욕하였다.[118] 이런 말을 하는 것은 심각하고 중대한 일이었지만, 바울은 자신의 독자적인 권위로 그렇게 말하고 있는 것이 아니었다. 그는 이사야서 52:5을 인용하고 있고, 그렇게 함으로써 에스겔서 36:20도 반영하고 있다. 이것은 단지 "여기 좀 보아라, 너희 선지자들이 너희가 헛되이 자랑하는 것이 다 무너졌다고 말하고 있지 않느냐"는 취지로 말하고 있는 것이 아니라, 그것보다 한층 더 흥미로운 일을 하고 있는 것이다. 바울이 인용하거나 반영한 두 본문은 이스라엘의 하나님이 이스라엘의 죄악을 고발함과 동시에 그 치유책을 선언하는 일련의 사고의 흐름 중간에 등장한다. 그리고 이것이 이 대목에서 바울의 사고가 작동하고 있는 방식이라는 증거는 그가 그 직후에 극히 중요한 본문인 2:25-29에서 동일한 사고의 흐름을 보여주고 있다는 것이다.

먼저 에스겔서 36장에 나오는 본문을 살펴보자. 선지자는 이미 하나님의 백성을 이모저모로 규탄하고 질책하고 나서, 이제 이스라엘을 위해서가 아니라 하나님 자신의 이름을 위하여, 야웨가 장차 어떻게 자신의 구원을 나타내어서 열방들로부터 영광을 얻게 될 것인지에 관한 비전으로 눈을 돌린다. 이 예언은 우리가 현재의 장에서 지금까지 설명해 온 바로 그 전통에 서 있다:

> 그러나 그들은 열방들로 갔을 때, 간 곳마다 내 거룩한 이름을 더럽혔으니, 이는 사람들이 그들을 가리켜 "이들은 야웨의 백성인데도, 야웨의 땅에서 나와야 하였다"고 말하였기 때문이다. 그러나 나는 이스라엘 족속이 자신들이 간 열방들 가운데서 더럽힌 내 거룩한 이름에 대하여 관심을 가졌다.
>
> 그러므로 너는 이스라엘 족속에게 말하라 … 내가 열방 가운데서 더럽혀진 이름, 곧 너희가 그들 가운데에서 더럽힌 나의 큰 이름을 거룩하게 할 것이다. 내가 그들의 눈앞에서 너희로 말미암아 나의 거룩함을 나타낼 때, 열방이 내가 야웨인 줄을 알게 될 것이다. 주 야웨께서 말씀하신다. 내가 너희를 열방으로부터 취하고 모든 땅으로부터 모아서 너희 자신의 땅으로 데려다 줄 것이다. 내가 맑은 물을 너희에게 뿌리리니, 너희는 너

118) 롬 2:24.

희의 모든 더러운 것에서 정결하게 될 것이고, 나는 모든 우상 숭배에서 너희를 정결하게 할 것이다. 나는 너희에게 새 마음을 줄 것이고, 너희 속에 새 두고 새 영을 둘 것이다. 나는 너희 육신에서 돌 같은 마음을 제거하고 살 같은 마음을 줄 것이다. 나는 내 영을 너희 속에 두어, 너희로 내 율례를 따르게 하고(en tois dikaiōmasin mou poreuēsthe - '엔 토이스 디카이오마신 무 포류에스테') 내 규례를 주목하여 지켜 행하게 할 것이다(kai ta krimata mou phylaxēsthe kai poiēsesthe -'카이 타 크리마타 무 필락세스테'). 그때에 내가 너희 조상들에게 준 땅에서 너희가 살아가게 되리니, 너희는 내 백성이 되고, 나는 너희 하나님이 되리라.119)

바울은 이 본문을 염두에 두고 있었던 것일까? 거의 틀림없이 그랬을 것이다. 로마서 2장에서 바로 그 직후에 무엇이 나오는지를 주목해 보라:

25할례는 율법을 지키는(ean nomon prassēs -'에안 노몬 프랏세스') 자들에게는 진정한 유익이 있다. 하지만 네가 율법을 범하면, 네 할례는 무할례가 된다. 26한편, 무할례자들이 율법의 요구들을 지킨다면(ta dikaiōmata tou nomou phylassē - '타 디카이오마타 투 노무 퓔랏세'), 그들의 무할례는 할례로 여겨질 것이다, 그렇지 않은가? 27따라서 본래 무할례자들이지만 율법을 온전히 지키는(ton nomon telousa - '톤 노몬 텔루사') 자들이 율법 조문과 할례를 지니고 있지만 율법을 범하는 너 같은 자들을 심판하게 될 것이다.

28표면적인 유대인이 "유대인"이 아니고, 표면적인 육신의 할례가 "할례"가 아니다. 29이면적인 유대인이 "유대인"이고, "할례"는 마음의 문제이니, 문자가 아니라 영에 있다. 그런 사람은 사람들로부터가 아니라 하나님으로부터 "칭찬"을 얻는다.120)

달리 말하면, 에스겔의 회복 예언이 성취된 사람들이 여기에 있다는 것이다! 에스겔서의 본문들이 분명하게 반영되어 있고, 그 본문들의 의미도 아주 분명하게 드러난다 — 물론, 이 본문들이 그러한 의미를 지니고 있다는 사실이 회심 이전의 바울이나 "육신을 따라" 바울의 "골육의 친척들" 인 사람들에게는 환영받지 못했을 것이지만.121)

119) 겔 36:20-8.

120) 롬 2:25-9: 아래의 제10장 제2절 3), 제3절 2), 제4절 2), 제4절 3) (1), 제15장 제3절 1) 등을 보라. 위의 각주 112에서 보았듯이, Harink, 2003는 자기가 "대체주의"라고 생각하는 것을 지나치게 열을 내어 공격할 때에도, 선민론에 대한 바울의 재정의에서 가장 중요한 본문들 중의 하나인 이 본문을 언급하지 않는다.

121) W. S. Campbell, 2008, 104은 28절과 29절에 나오는 "유대인" 은 "할례를 받고 아브라함의 믿음으로 살아간다는 의미에서 진정한 유대인" 을 가리키는 것이라고 주장한다. 바울이 그런 사람들을 26f.에 묘사된 사람들과 동일한 것으로 여기고 있는 것으로 보인다는 사실은 그러한 주장에 문제점들을 발생시키는 것으로 보인다.

그렇다면, 이사야서로부터 실제로 인용된 또 다른 본문은 어떠한가? 바울이 이사야서에서 가져온 성경적 토대도 이번에는 로마서 3장으로 이어지는 좀 더 넓은 사고의 흐름 속으로 유입되어서 풍부한 결과들을 낳는다:

> 야웨께서 말씀하신다: "내 백성이 까닭 없이 잡혀간 것을 보았으니, 이제 내가 여기서 어떻게 할까?" 야웨께서 말씀하신다: "그들을 관할하는 자들이 떠들며, 계속해서 종일토록 내 이름을 멸시한다. 그러므로 내 백성은 내 이름을 알게 될 것이다. 그러므로 그 날에는 그들이 이 말을 하는 자가 나인 줄을 알게 될 것이다. 내가 여기 있다."
>
> 평화를 전하고, 좋은 소식을 가져다주며(hōs euaggelizomenos agatha - '호스 유앙겔리조메노스 아가타'), 구원을 알리고,
>
> 시온을 향하여 "네 하나님이 통치하신다"고 말하는 자의 산을 넘는 발이 어찌 그리 아름다운가.
>
> 들으라. 네 파수꾼들이 일제히 목소리를 높이니,
>
> 이는 야웨께서 시온으로 돌아오시는 것을 똑똑히 봄이라.[122)]

물론, 이사야서 본문은 계속해서 네 번째 종의 노래로 이어져서, 우리의 범죄로 인해서 상하고 우리의 죄악으로 인하여 찢겼다가, 높이 들려서 지극히 존귀하게 됨으로써, 열방들과 왕들을 놀라게 할 자, 즉 자신의 신실한 순종을 통해서 많은 사람들을 의롭게 하고, 많은 사람들의 죄를 짊어지고 범죄자들을 위해 중보기도할 의인을 묘사한다. 달리 말하면, 바울은 하나님의 의가 메시야 예수와 관련된 사건들, 특히 예수가 죽기까지 순종하여 자신을 희생제물로 드린 일을 통해서 드러났다는 "좋은 소식"을 아주 짤막하게 전할 목적으로, 로마서 4장의 끝에서 "예수는 우리가 범죄한 것 때문에 내어줌이 되고 우리를 의롭다 하시기 위하여 살아나셨다"고 말할 때까지, 이 이사야서 본문을 향해서 계속해서 내내 아주 신속하게 달려가고 있다는 것이다.[123)]

이 주목할 만한 이중의 "반영"과 관련해서 우리의 현재의 목적에 비추어 중요한 것은 세 가지이다. 첫 번째는, 바울은 이사야서와 에스겔서에 나오는 예언적 질책을 사용해서 자신의 동포인 유대인들을 책망하고 있는 것은 엄연한 사실이지만, 이미 소망으로 가득한 상황에서 그렇게 하고 있다는 것이다: 이스라엘이 지독하게 잘못되어 버린 것은 맞지만, 그것이 이 문제의 끝은 아니다. 야웨는 바로 지금도 모든 것을 바로잡기 위해서 속량의 큰 역사를 통해 일하고 있다. 두 번째는 에스겔

122) 사 52:5-8.
123) 롬 4:25; 이사야서 53장의 반영들에 대해서는 Wright, 2002 [*Romans*], 503f.를 보라.

서 본문에서 우리는 그 본문만이 아니라 바울에게서도 거듭거듭 발견되는 바로 저 "새 계약"과 관련된 표현 — 영, 마음에 두어질 율법, 이제 토라의 요구들을 지킬 수 있게 되리라는 것 — 을 어렴풋이 보게 된다는 것이다.[124] 이것은 에스겔서가 실제로 로마서 2:25-29에서 사용된 바울의 단어들의 배후에 자리 잡고 있다는 것을 아주 강력하게 보여준다 — 물론, 바울은 거기에서 역설적이게도 에스겔이 장차 하나님의 갱신된 백성이 할 것이라고 보았던 것을 행하고 있는 비유대인들에 대하여 말하고 있기는 하지만.[125] 세 번째는 이사야서 본문은 하나님의 궁극적인 구원 계획이 드러나리라는 것과 온 세계의 열방들에게 빛을 비추고자 하는 하나님의 계획이 결국 "종"의 순종을 통해서 개시되리라는 것을 극적으로 보여준다는 것이다. 하나님의 백성 전체가 실패했다고 해서, 아브라함의 권속을 통해서 세계를 구원하고 이스라엘을 통해서 열방들에 빛을 비추고자 한 하나님의 계획이 좌절되어 버린 것은 결코 아니었다. 이것이 정확히 바울이 이제부터 논증해 나가고자 하는 것이다.

그러나 우리는 그것을 살펴보기 전에 먼저 잠깐 멈춰 서서, 이스라엘의 모습을 결정한 "소명"이 지닌 몇몇 추가적인 측면들을 여기에서 집약적으로 요약해 볼 필요가 있다. 여기에 열거되는 각각의 요소는 자세하게 설명될 수도 있지만, 지금으로서는 아주 짤막하게 이것들을 일별해 보는 것이 중요하다.

1. 지금까지 개략적으로 살펴본 계약의 틀 내에서, 한 분 유일하신 하나님은 세계를 구원하기 위한 수단으로 사용할 백성으로 이스라엘을 부른 것이었기 때문에, 이스라엘은 바로 그 계약의 틀 내에서 한 분 유일하신 하나님을 마음과 뜻과 목숨을 다하여 사랑하겠다고 고백하는 "셰마" 백성이 되도록 부르심을 받았다.
2. 이스라엘은 창조주 하나님의 "지혜"에 의해서 빚어지는 백성이 되도록 부르심을 받았다. 이것도 우리가 이미 앞에서 살펴보았다. 바울 시대에 많은 사람들은 이 "지혜"가 토라에 담겨 있다고 생각하였다.
3. 이스라엘은 토라가 주는 생명이 그들 안에서 하나의 현실이 되는 그런 백성이 되도록 부르심을 받았다 — 사랑으로 기쁘게 순종하는 "삶"과 토라를 지키는 자들에게 약속된 "생명"이라는 두 가지 모두의 의미에서("생명나무"는 여전히 에덴 동산에 있는 상황이었기는 하지만).
4. 이스라엘은 살아계신 하나님이 황송하게도 그들 가운데 거하였던 백성이었다.

124) 예를 들면, cf. 롬 8:5-8; 10:5-13; 고후 3:1-6; 갈 5:16-26.
125) cf. 롬 9:30: "의"를 추구해 오지 않았던 이방인들은 "의"를 얻었다.

하나님은 처음에는 구름 기둥과 불기둥으로, 다음으로는 광야의 성막에, 마지막으로는 예루살렘 성전에 거하였다.

5. 이스라엘은 세계에 대한 야웨의 주권적 통치를 물려받은 백성이 될 것이었다. 약속의 땅은 이것을 보여주는 증표였지만, 이미 주후 1세기에 이르러서는 많은 유대인들이 아담과 아브라함의 연결 관계 내에 이미 함축되어 있었던 가능성, 즉 그 땅은 단지 장차 이루어질 피조세계 전체에 대한 야웨의 통치를 미리 보여주는 이정표 같은 것일 가능성을 어느 정도 감지하고 있었다.[126)]
6. 이스라엘은 노예생활과 출애굽, 포로생활과 회복이라는 패턴을 통해서 계약에 대한 야웨의 신실하심을 발견하는 백성이 될 것이었다(오경과 이미 앞에서 언급된 제2성전 시대의 저작들에 의하면).

하나님, 하나님의 지혜, 하나님의 생명, 하나님의 임재, 만유에 대한 하나님의 통치, 하나님의 신실하심. 이스라엘 자신이 알고 있었던 자기정체성에 속한 이 모든 요소들 하나하나는 바울과 동시대의 많은 유대인들이 계약에 대한 하나님의 신실하심이 새로운 출애굽이자 포로생활로부터 귀환을 가져다줄 위대한 속량의 역사를 통해 마침내 드러나게 될 저 새 날을 대망하고 있었다는 것을 의미하는 것이었다. 신명기 30장에 의하면, 에스겔서 36장에서 말하고 있는 것처럼, 하나님이 자기 이름을 위하여 계약의 은혜로 말미암은 새로운 일을 행함으로써, 이스라엘이 마음으로부터 토라를 지키게 될 때, 이 일이 일어날 것이었다. 그리고 주후 1세기의 압력, 즉 한편으로는 사회적이고 정치적인 압력, 다른 한편으로는 석의적이고 신학적인 압력을 고려해서, 우리는 다소의 사울과 그의 동시대인들이 직면하였던 문제는 다음과 같이 표현될 수 있었을 것임을 알 수 있다: 하나님이 아브라함과 맺은 계약이 존재한다는 것, 이스라엘 내에서 대다수의 사람들이 계약과 토라를 제대로 합당하게 지키지 않는 일이 만연되어 있다는 것, 성전이 부패한 제사장들에 의해 장악되어 있고 땅이 이교도들에 의해 지배되고 있는 상황으로 말미암아 현실이 계속해서 불투명하다는 것 — 이 모든 것을 감안했을 때, 야웨가 자신이 약속한 일을 언제 행할 것이고, 그 일이 어떤 식으로 행해질 것이며, 우리는 현재에 있어서 참된 이스라엘, 곧 저 새롭게 동터올 날의 증표들을 보여주고 있는 자들이 누구인지를 어떻게 알 수 있는가? 내가 앞 장의 끝 부분에서 논증하였듯이, 이것이 주후 1세기 초의 한 바리새인이 알고 있었을 것이라고 생각되는 "곤경"의 중심에 있었다.

126) 이것은 바울의 글에서는 로마서 4:13에 나오지만, 그 사상은 훨씬 더 오래된 것으로서, 시 72:8-11에 뿌리를 두고 있고, *Sir.* 44.21; *Jub.* 19.21; *2 Bar.* 14.13에서 발전되었다.

내가 거기에서 말하였고 이제도 살펴보겠지만, 이것은 다소의 사울이 다메섹 도상에서 받은 예기치 않은 정말 충격적인 새로운 계시를 중심으로 철저하게 수정되었는데, 그것은 하나님의 의가 이스라엘의 메시야의 신실한 죽음 안에서 이미 계시되었다는 것이었다. 이것은 "선민론"에 관한 그의 재정의의 바로 중심에 있었고, 또한 그의 "복음"의 바로 중심에 자리 잡고 있었다.

3. 선민론의 초점으로서의 이스라엘의 메시야

1) 서론: 이스라엘의 메시야로서의 예수

(1) 서론

이것은 나의 논증 전체에 있어서 중요한 수들 중에 속하는 한 수가 두어지는 지점이다. 바울은 계약의 하나님이 이스라엘을 부른 목적이 예수를 통해서 이루어졌다고 믿었다. 우리가 앞에서 살펴보았던 "선민 신학" 전체는 폐기되지 않았고, 단지 예수를 중심으로, 특히 그의 죽음과 부활과 즉위를 중심으로 새롭게 초점이 맞춰지고 재고되며 재편되고 개작되었다. 바울은 기독론이 지닌 몇 가지 의미를 첫 번째 주된 안경으로 사용해서, 이스라엘의 옛 선민론을 살펴보았다.

바울의 예수관이 실제로 얼마나 극적인 것이었는지를 말로 표현하기는 어렵다. 우리는 앞 장에서 바울이 예수 안에서 이스라엘의 하나님이 자기 백성을 해방시키기 위하여 친히 다시 돌아왔다고 믿었다는 것을 보았다. 이제 우리는 바울이 이스라엘에 대한 하나님의 계획이 예수를 통해서 성취되었다는 것도 믿었다는 것을 보게 될 것이다. 달리 말하면, 바울에게 있어서 예수는 아브라함의 하나님과 아브라함의 백성이 서로 만난 지점이었다. 즉, 예수는 유일신론과 선민론이 서로 만나는 지점이었다. 우리가 예수를 바울의 이러한 이중적 관점에서 이해할 때 — 그리고 우리가 성령에 대해서도 비슷한 방식으로 이해할 때 — 바울의 구원론에서 이전에 별개로 보였던 요소들은 서로 결합되어 새롭게 통일된 전체를 이루게 된다. 이렇게 해서, 우리는 제3부의 중심적인 장의 중심적인 절에 도달하였다. 이것은 바울 신학의 심장부이다. 이것은 모든 새들이 내려앉는 곳이다.

바울의 이해 속에서, 예수가 이스라엘에 대한 하나님의 계획을 이루고 성취하였다는 사실은 "메시야직"(Messiahship)이라는 개념 속에 집약되어 있다고 나는 본다. 바울 신학의 중심에는, 나사렛 예수가 하나님의 오랜 약속을 따라 다윗 가문에서 나오게 되어 있던 메시야, 즉, 이스라엘에게 맡겨진 최후의 싸움을 싸우고, 성전을 정결하게 하고 재건하며, 하나님의 정의와 평화를 세계 속에 견고히 세우고, 아브라함에게 주어진 옛 약속들을 이룰 자였다는 믿음이 자리 잡고 있다. 이 두 가지 주장 — 바울은 예수가 메시야라고 믿었다는 것과 이것이 그의 신학의 중심축이었다는 것 — 은 동시대의 믿지 않는 유대인들에게는 상식 밖의 주장이었고, 거의 정확히 정반대의 이유들로 인해서 지난 세기의 대다수의 서구 학자들에게도 상식 밖의 주장으로 들렸다. 바울과 동시대의 유대인들은 이스라엘의 메시야가 십자가에 못 박혔다는 것을 믿을 수 없었던 반면에, 오늘날의 대다수의 학자들은 십자가에 못 박힌 구주를 왜 굳이 "이스라엘의 메시야"라고 고집하는지를 이해할 수 없어 한다. 이 점을 확실히 하지 않고는 우리의 논증을 더 진척시킬 수 없기 때문에, 우리는 논증을 더 진행해 나가기 전에 먼저 이것을 설명하고, 이러한 관점이 옳다는 것을 입증하지 않으면 안 된다.

바울의 메시야 신앙과 그 의미를 설명하고 입증하는 이 첫 번째 과제는 큰 과제이기는 하지만, 내가 이 절에서 주로 다루고자 하는 두 번째 과제, 즉 바울은 왜 이스라엘의 메시야로서의 예수의 죽음이 내가 이제 논증하고자 하는 결과, 즉 선민론과 관련된 계획 전체를 그 정해진 종착지점에 다다르게 하는 결과를 가져왔다고 보았는지를 설명하는 과제에 비하면 아무것도 아니다. 당연히 이 작업은 석의와 주제 설명을 함께 섞어서 자세하게 논증하는 일이 되겠지만, 우리는 관련된 본문들과 주제들을 최근의 바울 연구의 역사에 비추어 보면 이례적인 시각으로 보일 수밖에 없는 관점에서 접근하게 될 것이다. 나는 이러한 작업을 통해서 해당 본문들의 의미가 좀 더 큰 맥락 속에서 분명하게 드러나고, 해당 주제들이 그 자체로 및 서로와 관련해서 통일적으로 파악될 수 있다는 확신이 여러분에게서 생겨나기를 바란다.

(2) 이스라엘의 메시야로서의 예수

예수가 메시야라는 것.[127] 오늘날 많은 석의에서 취하는 "최소주의적인"

127) 예컨대, Wright, 1991 [*Climax*] 41-9와 *Perspectives*, ch. 31에 나오는 예비적인 서술들을 보라. 별로 엄격하지 않은 신학적 과제들을 가지고서 바울의 공동체들을 연구해 온 일부 학자들이 바울에게 있어서 예수를 "메시야"로 보는 데 전혀 어려움이 없었다는 것은 주목할 만하다: 예를 들면, Meeks, 1983. 이 주제 전체는 Novenson, 2012의 연구에 의해서 이제 다시 살아나서 새로운 발판을 마련하게 되

(minimalist) 접근방식은, 바울이 예수를 메시야로 언급하는 대목이 로마서 9:5을 비롯해서 한두 번 나온다는 것을 마지못해 인정하기는 하지만, 그런 석의자들조차도 그런 본문을 바울이 염두에 두고 있던 좀 더 큰 구조 속에서 바라보고 있지 않기 때문에, 그러한 마지못한 인정은 무의미한 것으로 보인다.[128] 또한, 그들은 그 목록에 속하는 본문들의 수를 어떻게 해서라도 줄이기 위해서, 로마서 1:3과 15:12은 예수를 다윗 가문의 왕이라고 분명하게 언급하고 있음에도 불구하고, 전자는 바울이 반박하기 위해서 인용한 바울 이전의 정형어구이고, 후자는 단지 수사적인 미사여구에 불과한 것이라고 강변한다. 이렇게 본문들을 침묵시키는 방법들에는 여러 가지가 있다. 어떤 사람들은 고린도전서 1:23에서 '크리스토스 에스타우로메노스'(Christos estaurōmenos, "십자가에 못 박힌 그리스도")를 "걸림돌" 또는 "수

었다. 이전의 서술들 중에서 올바른 방향을 보여주는 것으로는 Dahl, 1992, 391f.이 있다; 또한, Dahl, 1974와 1991에 중복해서 게재된 그의 이전의 논문들도 참조하라. Charlesworth, 1992b는 바울이 메시야직에 대하여 말한 것들이 지금까지 얼마나 심하게 무시되어 왔는지를 보여준다: *The Messiah: Developments in Earliest Judaism and Christianity*라는 제목의 그의 방대한 분량의 책에서 바울에 대한 항목은 따로 없고 단지 몇 페이지로 다루어진다. 이러한 견해는 Chester, 2007에도 반영되어 있다; Chester는 바울이 예수가 메시야라는 것을 믿었고, 그것을 그의 가르침의 몇몇 요소들과 연결시켰다는 것에 동의하지만, 바울의 "주된 초점은 메시야로서의 예수에 두어져 있지도 않고, 메시야라는 범주는 그의 신학에서 두드러진 역할을 하지도 않는다"(109)고 말한다. 자세한 것은 아래를 보라.

128) 예를 들어, Hengel, 1992, 444를 보라: "여기에[즉, 고전 15:3f.] 나오는 '크리스토스'가 여전히 메시야를 나타내는 칭호인지, 아니면 — 바울의 다른 것들에 있어서 거의 언제나 그러하듯이 — 고유명사로 사용되고 있는지는 논란이 있다"(이것은 Hengel, 1983, 65-77, 179-88에서 인용된 것이다). Hengel이 계속해서 고린도전서 15장에 나오는 초기의 신앙고백이 지닌 메시야적인 의미를 단언하고 있다는 사실은 그가 이 용어를 전체적으로 배제하고 있는 것에 별 영향을 끼치지 않는다; 그는 유대교 밖의 사람들은 메시야직의 의미를 이해하지 못하였을 것이라는 오랫동안 친숙한 종교사적 논거를 사용한다. Chester의 비난(2007, 118)에도 불구하고, Hengel은 내가 바울에게서 찾아낸 메시야적인 의미를 망상으로 여기더라도, 나는 나의 이전의 견해를 고수한다(*RSG*, 555). 물론, Hengel은 일부 메시야적인 의미를 보고 있기는 하지만, 내가 천착하고 있는 모든 가능성들을 뿌리부터 거부한다. 예컨대, Hengel, 1983, 65-77; 1995, 1-7을 보라; "[바울은] 자신의 서신들에서 ['크리스토스'가 "메시야"를 의미한다는] 이 분명한 통찰에 대한 이유들을 제시하거나 그 통찰을 발전시킬 기회가 없었다"(1983, 67); "그 서신들에 나오는 모든 진술들은 그리스도가 예수를 가리키는 별칭이라는 것만을 알고 있기만 하면 다 알 수 있다"(68, Kramer, 1966을 인용해서); 그는 69에서는 또다시 Kramer를 인용해서, 바울이 "그리스도"에 관사를 붙여서 사용한 경우에도, 그것을 메시야로 해석할 만한 적절한 이유를 발견할 수 없다는 취지로 말한다(우리는 그것은 Kramer가 잘못된 방향을 바라보고 있었기 때문이라고 말할 수 있다); "'크리스토스'는 정확히 '고유명사'로서 '종말론적인 구원을 가져온 자'로서의 예수의 유일무이성을 표현하고 있다"(72); "바울에게서 이 이름이 칭호로 사용되고 있는 것을 찾아내고자 하는 시도는 별 의미가 없다"(76); 로마서 9:5에서 "그리스도" 앞에 관사가 붙어 있는 것이 이 단어가 칭호로 사용되고 있음을 보여주는 것이라고 본다고 해서 이 본문의 "의미가 더 나아지는 것도 아니고," "바울은 그 어디에서도 이 단어를 칭호로 사용하지 않기 때문에, 여기에서도 고유명사로 옮기는 것이 더 낫다"(1995, 4 n. 5).

치"라고 한 것을 하나의 분명한 예로 부각시켜 왔다. 왜냐하면, 유대인들에게 걸림돌이 된 것은 정확히 메시야가 십자가에 못 박혔다는 주장이었기 때문이다. 하지만 이 경우에도, 바울이 예수를 이스라엘의 메시야로 보았다는 것을 여전히 찬성하고자 하지 않는 사람들은, 바울은 십자가에 못 박힌 사람을 메시야라고 주장한 것이 아니라, 개개인의 구주로 받아들이라고 한 것이고, 이것이 유대인들에게 걸림돌이 되었던 것이라고 말할 것이다.

나는 다른 곳에서 초기 교회에서 메시야 신앙이 계속해서 널리 퍼져 있었다는 사실(정경의 네 복음서, 요한계시록, 안디옥의 이그나티우스, 왕족에 속한 자들이라는 죄목으로 도미티아누스 황제 앞에 끌려간 "예수의 형제들" 등등)은 예수가 메시야였다는 것이 기독교라는 새로운 운동의 첫 세기 전체에 걸쳐서 여전히 강력하고 중요한 개념이었다는 것을 아주 분명하게 보여준다고 주장한 바 있다.[129] 단지 이러한 관점에서만 보더라도, 성경에 푹 젖어서 이스라엘의 이야기를 말하고 다시 개작해서 말하며 예수를 가리키기 위하여 '크리스토스'(Christos)라는 단어를 매우 빈번하게 사용하는 바울이 메시야직이라는 개념을 의식의 차원 아래로 가라앉혀 버릴 수 있었다고 생각한다면, 그것은 정말 이상한 일일 것이다.[130] 그러나 나는 그러한 논증은 바울의 글들 속에 예수를 메시야로 언급하는 대목들이 있을 것임을 선험적으로 보여주는 것이라고 믿기는 하지만, 우리는 그러한 논증만으로는 세부적인 것들로 깊이 들어갈 수는 없다. 예수를 메시야라고 믿은 초기 기독교의 신앙

129) Wright, 1991 [*Climax*], 42와 참고문헌들. 이것은 '크리스토스' 라는 칭호는 "이내 단지 예수를 지칭하는 이름이 되었고," 이방 교회들이 거기에 어떤 의미를 부여하였더라도, 일반적으로 그것은 "기름 부음 받은 자," 따라서 "하나님과 가깝다는 것" 을 나타내는 의미로 받아들여졌을 것이라는 널리 퍼져 있는 전제(예컨대, Schnelle, 2005 [2003], 438f.)와 정반대이다. 그는 이 단어가 하나의 이름으로 사용되었다고 할지라도, "언제나 칭호로서 갖고 있던 원래의 의미와 관련된 뉘앙스를 지니고 있었다" 고 말하기는 하지만, 그것이 바울의 신학에서 어떤 의미를 갖는지를 말하지도 않고, 이 단어에 적극적인 역할을 부여하지도 않는다.

130) '크리스토스' 는 바울의 "주된" 서신들에 270회 가량 나오고, 에베소서와 골로새서와 데살로니가후서에 70회, 목회서신에 30회 가량 등장한다. 오늘날 제2성전 시대 유대교 분야에서 지도적인 전문가들 중의 한 사람인 John Collins는 이것을 토대로 해서, "이것이 바울이 예수를 메시야로 여겼음을 보여주는 충분한 증언이 아니라면, 단어들은 아무런 의미도 없다" 고 선언한다(Collins, 2010 [1995], 2). 또한, 그는 자신의 말을 밑받침하기 위하여 로마서 1:3f.와 Collins and Collins, 2008, 101-22를 인용한다. '크리스토스' 를 고유명사로 보는 자들 — Nestle-Aland Greek Testament에서 고유명사로 생각되는 경우에는 Christos로 표기하고(예컨대, 갈 3:24-9), 칭호로 생각되는 경우에는 christos로 표기하는(예컨대, 마 16:16) 관행을 포함해서(NA 25, 63)에서 제시된 이유는 이후의 판본들에서는 삭제되었지만, 이 관행은 계속되고 있다) — 에 대한 Agamben, 2006, 14-18의 균형 잡힌 비판과 비교해 보라(이것은 아래의 제10장 제3절 1) (4)에서 인용되었다.)

이 널리 퍼져 있었다는 사실은 학자들 가운데서 잘 알려져 있지만, 이것은 바울에게도 동일한 신앙이 있었다는 것을 인정하는 결과로 이어지지 않고, 그러한 신앙은 바울의 좀 더 발전된 신학에서 배제된 것으로 보아졌다.[131] 내게는 세 가지 좀 더 큰 논증이 떠오른다 — 물론, 이런 것들을 말하는 궁극적인 이유는, 이러한 관점들로 바라보지 않는다면 여전히 불분명한 것으로 남아 있게 될 수많은 것들을 선명하게 드러내기 위한 것이다.

첫 번째는 바울이 시편과 이사야서에서 가져온 "제왕" 본문들을 활용하는 방식을 살펴보는 것이다. 우리는 먼저 이미 앞에서 인용한 로마서 1:3-4에서 이것을 본다. 그 본문은 바울이 기선을 제압하기 위하여 한 번 사용하고 곧 버린 수에 불과한 것이라고 말하고자 하는 사람이 있다면, 우리는 이 본문이 주의 깊고 세심하게 작성된 이 큰 서신의 첫부분에서 이 서신의 주된 주제를 제시하고 선언하는 진술로서의 기능을 하고 있다는 것이 충분히 증명될 수 있다는 점을 지적하고자 한다.[132] 그리고 바울이 거기에서 반영하고 있는 성경 본문들이 시편 2:7과 사무엘하 7:12-14이라는 데에는 이론이 없다. 이 분은 다윗 가문에서 난 "하나님의 아들"이다. 바울은 사무엘하 7:12의 칠십인역 본문을 반영해서, 그는 죽은 자 가운데서 부활함으로써 "하나님의 아들"임이 확인되었다고 선언하는데, 사무엘하 7:12에서는 '카이 아나스테소 토 스페르마 수'(kai anastēsō to sperma sou), 즉 "그리고 내가 네 씨를 일으키리라/다시 살리리라"고 말하고, 그 뒤를 이어 14절에서는 '에고 에소마이 아우토 에이스 파테라, 카이 아우토스 에스타이 모이 에이스 휘온'(egō esomai autō eis patera, kai autos estai moi eis huion), 즉 "나는 그에게 아버지가 되고, 그는 내게 아들이 되리라"고 말한다. 다음으로, 시편 89:26-27은 이 약속을 송축하는 가운데, 다윗 가문의 왕이 야웨에게 "나의 아버지"라고 부르짖을 것이고, 야웨는 "내가 그를 내 장자로 삼으리라"고 선언할 것이라고 말한다.

그러나 로마서 1:3-4에서 특히 크게 울려 퍼지고 있는 것은 시편 2편이다. 열방들은 소동을 일으키고, 땅의 왕들과 통치자들은 "야웨와 그의 기름 부음 받은 자를

131) 예를 들면, Chester, 2007, 120f. 위의 앞 장에서 드러났을 것이지만, 나는 바울이 예수에 대하여 "지극히 높임을 받은 신적인" 존재라고 말하였다고 하는 Chester의 견해에 동의하지만, 나는 그러한 합당한 강조를 바울의 수정된 유일신론에 대한 이해 내에 위치시켰기 때문에, 내가 여기에서 바울의 수정된 선민신학에 대한 이해 내에 위치시키고 있는 결정적으로 중요하고 온전한 메시야적인 의미를 상대화시키거나 배제하지 않는다.

132) Wright, 2002 [*Romans*], 418; *RSG*, 242-5 등을 보라(Chester, 2007, 111가 이 논지를 "설득력이 없는" 것으로 보는 것은 아마도 이 논지가 설득력 있는 의미를 지니게 되는 좀 더 큰 석의적인 틀을 인정하려 하지 않기 때문일 것이다). 이제는 Kirk, 2008, 37-9 등을 보라.

대적하여"(kata tou kyriou kai kata tou christou autou – '카타 투 퀴리우 카이 카타 투 크리스투 아우투') 반역한다(2:2). 하나님의 반응은 그들을 비웃으며, 자기가 자신의 왕을 자신의 거룩한 산 시온에 세웠다고 선언하는 것이다(2:6). 그런 후에, 이 시편의 화자는 일인칭으로 바뀌고, 하나님이 세운 왕이 직접 이렇게 선언한다: "내가 야웨의 영을 전하노니, 야웨께서 내게 말씀하셨다: '너는 내 아들이라, 내가 오늘 너를 낳았다' (huios mou ei su, egō sēmeron gegennēka se – '휘오스 무 에이 쉬, 에고 세메론 게겐네카 세')." 그리고 이 기름부음 받은 왕은 계속해서, 야웨가 단지 이스라엘 땅(아브라함과 이삭과 야곱에게 약속된 "유업")만이 아니라 세계 전체와 모든 열방을 자신의 "유업"으로 주었다고 설명한다: "야웨께서 말씀하셨다. 내게 구하라. 내가 열방을 네 유업으로 줄 것이고(dōsō soi ethnē tēn klēronomian sou – '도소 소이 에트네 텐 클레로노미안 수'), 땅의 끝들(ta perata tēs gēs – '타 페라타 테스 게스')을 네 소유로 줄 것이다." 장차 이 왕은 그들을 확실하게 굴복시키고, 하나님의 진노의 위험성을 그들에게 경고할 것이다(2:9-12). 이 모든 것은 로마서에서의 전후 맥락과 부합한다. 왜냐하면, 바울은 예수가 "하나님의 아들"로 선언되었다는 것을 보인 후에, 자신의 사도직은 "모든 열방 중에서(en pasin tois ethnesin – '엔 파신 토이스 에트네신') 그의 이름을 위하여 믿음의 순종"을 생겨나게 하기 위한 목적이 있다는 것을 강조하기 때문이다. 바울은 이 서신의 핵심적인 본문들 중의 하나에서 자신의 사도직이라는 주제에 대하여 다시 말하면서, 바로 다음과 같은 대목에서 또다시 시편 2편과 맥을 같이하는 또 하나의 시편을 인용한다: "그들의 소리가 온 땅으로(eis pasan tēn gēn – '에이스 파산 텐 겐'), 그들의 말씀이 땅 끝까지(eis ta perata tēs oikoumenēs – '에이스 타 페라타 테스 오이쿠메네스') 퍼져나갔다."[133] 그리고 그는 서신의 도입부를 발전시켜 나가면서, 자기는 이 "복음"을 로마에 전하는 것을 부끄러워하지 않는다고 설명하고(그는 "현재의 세계 통치자인 로마 제국의 '신의 아들'의 본거지에"라는 말을 덧붙일 필요가 거의 없었을 것이다), 메시야로서의 예수에 관한 계시를 통해서, 하나님의 진노가 인간의 모든 불경건과 악에 대하여 새롭게 나타났다고 계속해서 설명해 나간다.[134]

로마서에서 이후의 맥락도 중요하다. "유업"이라는 주제는 처음에는 아브라함

133) 시 19[LXX 18]:5을 인용하고 있는 롬 10:18.

134) 롬 1:18; 2:16. 이 모든 것은 로마서 8:17f.와 더불어서, Chester가 시편 2편, 이사야서 11장 등은 "바울이 사용하지 않는 바로 그러한 본문들"이고, "그 본문들은 부재로 인하여 두드러진다"고 주장하는 것(2007, 114)이 얼마나 기괴한 주장인지를 보여준다(강조는 원래의 것).

에게 주어진 약속을 발전시키는 데(4:13에서 "땅"으로부터 "세계"로),[135] 다음으로는 8장에 나오는 정점에 해당하는 서술, 즉 "우리가 자녀들이면, 또한 상속자들(klēronomoi – '클레로노모이'), 곧 하나님의 상속자들이요, 메시야와 함께 한 상속자들(synklēronomoi de Christou – '쉰클레로노모이 데 크리스투')이니, 우리는 그와 함께 영광을 받기 위하여 고난도 함께 받는다."[136] 여기서 말하는 "유업"은, 시편 2편과 피조세계의 갱신에 관한 폭탄선언인 8:18-24에서와 마찬가지로, 세계 전체라는 것은 의심할 여지가 없다. 흥미로운 것은 바울이 사용한 '클레로노모스'(klēronomos)와 동일한 어원의 몇몇 단어들이 적어도 시편 2편의 기본적인 본문에서 "메시야" 주제와 밀접하게 연결되어 있는 "하나님 나라를 유업으로 받는 것"에 관하여 말할 때에 등장한다는 것이다.[137]

이제 로마서 15:1-13로 넘어가 보면, 오늘날 이 본문은 점차 이 서신의 뒷부분으로 밀려나 있는 수사적인 미사여구에 불과한 것이 아니라, 이 서신의 신학적 논증 전체의 종착지로 주의 깊게 설계된 것으로 보아지고 있다. 이 본문은 '호 크리스토스'(ho Christos)가 시편 68편을 따라 자기 자신을 기쁘게 하지 않고 이 백성의 치욕들을 스스로 짊어졌다고 말하는 것으로 시작한다.[138] 그리고 계속해서, '크리스토스'가 "하나님의 진실하심을 위하여, 족장들에게 주어진 약속들을 확증하고, 이방인들로 하여금 하나님께 그의 긍휼하심을 인하여 영광을 돌리게 하려고, 할례자들에게 종이 되셨다"고 말한다 — 우리는 이 요약적인 서사에 대해서 잠시 후에 좀 더 자세하게 설명할 것이다. 그런 후에, 3:10-18에 나왔던 일련의 성경 인용문들(catena)의 역순으로 된 일련의 네 개의 성경 인용문들이 나와서, 시편을 필두로 해서 토라를 거쳐 마지막으로 선지자들이 이방인들이 하나님의 백성의 찬송에 참여하게 될 것이라고 선언한다. 마지막 인용문은 이사야서 11장에서 가져온 것인데, 이 본문은 무작위적으로 선택되었다고 말하기 힘들다:

> 이새의 뿌리, 곧 열방을 다스리기 위하여 일어나시는(ho anistamenos archein ethnōn - '호 아니스타메노스 아르케인 에트논') 이가 있을 것이고, 열방은 그에게 소망을 둘 것이다.[139]

135) 위의 제9장 제1절과 제5절을 보라.
136) 8:17.
137) 고전 6:9, 10; 15:50; 갈 5:21; 엡 5:5.
138) 시 69:9 [LXX 68:8]을 인용하고 있는 롬 15:3.
139) 사 11:10을 인용하고 있는 롬 15:12.

1:3-4에서와 마찬가지로, 여기에서도 다윗 가문의 왕의 부활은 그가 장차 열방을 다스리게 될 것임을 보여주는 증표로 언급된다. 12절을 정점으로 하는 이사야서 본문 단락(11:1-10)은 중요한 메시야 예언들 중의 하나로서, 이새라는 줄기에서 나온 "가지"가 열방에 정의를, 자연세계에 평화를 가져다주고, 물이 바다를 덮음 같이, 온 땅을 "야웨를 아는" 것으로 충만하게 하기 위하여, 야웨의 영으로 무장하게 될 것임을 부각시킨다. 우리가 이 본문에 대한 결론을 소극적으로 표현해 본다면, 이렇게 될 것이다: 만일 바울이 사람들로 하여금 다윗 가문의 메시야가 자신의 부활을 통해서 자기가 세계의 진정한 통치자라는 것을 확증하고, 피조세계 전체에 대한 창조주의 계획을 성취한 것이라는 생각을 하지 못하도록 하고자 한 것이라면, 우리는 그가 이런 식으로 말하고 논증한 것은 너무나 이상하다고 말할 수밖에 없다는 것이다.[140)]

바울이 성경의 분명한 "메시야" 본문들을 사용해서 예수에 대하여 말하고 있음을 보여주는 또 하나의 본문은 우리에게 익숙한 고린도전서 15:20-28이다.[141)] 바울은 하나님의 나라가 예수의 통치라는 중간 상태를 거쳐서 오게 될 것이라는 주장을 전개하는 가운데 — 여기서 '바실레이아'(basileia, "왕적인 통치")라는 개념은 이 대목에서 충분히 독자적으로 "메시야"를 말하고 있는 것으로 보아야 한다 — 주후 1세기의 독자들 가운데서 가장 잘 알려진 "메시야" 본문이라고 할 수 있는 시편 110편에서 가져온 인용문을 여기 그 한복판에 갖다 놓는다:

> [24]그런 후에, 그가 모든 통치와 모든 권세와 능력을 멸하시고 왕적인 통치를 아버지 하나님께 바칠 때, 최종적인 끝이 온다. [25]그는 "자신의 모든 원수들을 자기 발 아래에 둘" 때까지 계속해서 다스려야 한다.[142)]

140) 당시까지의 바울의 선교 사역을 설명하는 그 다음에 이어지는 본문(15:14-21)도 마찬가지로 '크리스토스'를 온 세계에 전파하여 열방들로 하여금 그에게 순종하게 함으로써 네 번째 "종의 노래"(사 52:15: "그들에게 전파되지 않았던 것을 그들이 보게 될 것이고, 그들이 듣지 못했던 것을 깨닫게 될 것이다"; Wagner, 2002, 329-36을 보라)를 성취하게 되었음을 보여주는 등 메시야 본문들에 대한 암시로 가득하다. Jewett, 2007, 916은 이것은 "10:15-17에서 이미 사용되었던 이사야서 52장을 다시 사용하고, 1:1-15을 다시 효과적으로 사용하고" 있음을 보여준다고 지적한다.

141) Chester, 2007, 111는 이것이 "메시야적"이라는 것에 동의한다(비록 112에서는 이 본문 및 이것과 비슷한 다른 본문들은 "'크리스토스'를 메시야로 이해하지 않고도 여전히 완벽하게 읽혀질 수 있다"고 말하고 있기는 하지만). 그러나 그가 MacRae, 1987, 171f.의 말(내 생각에는 전혀 설득력이 없는)을 인용해서, 자기가 고린도전서 15장에서 바울이 "메시야 기대를 이 땅에서의 그 어떤 구체적인 실현을 떠나서 초월적인 차원으로 움직여 가고 있다"는 말을 더하고 있는 것(111)은 그가 얼마나 완전히 핵심을 벗어나 있는지를 잘 보여준다.

142) 시 110:1을 인용하고 있는 고전 15:24f.

바울의 일련의 사고의 흐름 전체는 이 시편과 완벽하게 일치한다. 하나님은 "내 주," 곧 메시야에게 "내가 네 원수들을 네 발 아래에 둘 때까지 내 오른편에 앉아 있으라"고 명한다. 달리 말하면, 하나님이 메시야를 통해서 친히 역사하여 자신의 모든 원수들을 다 무찌르는 동안에는, 메시야가 계속해서 세계를 다스려야 한다는 것이다. 바울은 여기에서 시편 2:9-11을 연상시키는 장면, 즉 이 왕이 나가서 자신의 통치에 반대하는 모든 자들을 멸하는 장면(시 110:5-7)을 포함해서, 이 시편 전체를 염두에 두고 있음이 분명하다. 하지만 바울이 생각하는 "원수들"은 전선에 나와 있는 인간 원수들이 아니라, 이미 앞에서 보았듯이, "마지막 원수들," 궁극적으로는 "사망" 자체이다. 그런 후에, 바울은 이 왕을 "아들"이라고 말하는 시편 2편을 반영하는 것들로 옮겨가서, 이 아들이 "모든 것을 자기 아래 두신 이"의 통치 아래에서 자신에게 합당한 자리로 돌아가게 될 것이라고 말한다. 빌립보서 2:6-11에 나오는 것과 아주 밀접하게 상응하는 이러한 일련의 서사적 과정의 목표는 메시야 예수를 왕으로 세워서 하나님의 통치를 확고히 세운 "하나님이 모든 것 안에서 모든 것이 되기" 위한 것이다. 바울이 이 본문 속에서 예수에게 배정한 서사적 역할은 이스라엘의 메시야라는 역할이라는 것은 추호의 의심도 있을 수 없고, 바울이 여기에서 직간접적으로 인용한 성경 본문들은 초기 기독교에서 메시야 본문으로 통상적으로 사용된 본문들이라는 것도 의심의 여지가 없다. 이러한 맥락 속에서 바울이 서두의 네 절(15:20-23)에서 네 번이나 예수를 '크리스토스'(Christos)로 지칭하고 있는데도, 그가 여기에서 예수를 "메시야"로 지칭하고 있는 것이라는 우리의 결론을 억지라며 난색을 표한다면, 그것은 유별나게 완고한 것이라고 말하지 않을 수 없다.

고린도전서 15장의 이 본문 속에서 간접적으로 인용되고 있는 또 다른 성경 본문은 시편 8:6(LXX 8:7)이다: "그가 만물을 자기 발 아래 두셨다"(panta hypetaxa hypo tous podas autou – '판타 휘페탁사 휘포 투스 포다스 아우투').[143] 이것은 분명히 만물을 "자기 발 아래" 둘 것이라고 말하는 시편 110:1을 반영하고 있는 것이기는 하지만, 단순히 피상적인 간접인용이 아니다. 시편 8편은 시편 기자가 아담과 하와에 관한 이야기를 가져와서, 하나님이 그들을 지어서 자기 손으로 만든 모든 것들을 다스리게 하고, "만물을 그들의 발 아래 복속시켜 두셨다"는 사실을 송축하는 시이다. 고린도전서 15:21-22에서 시작해서 45-49절에서 끝나는 바울의 좀

143) LXX: '판타 휘페탁사스 휘포카토 톤 포돈 아우투'(panta hypetaxas hypokatō tōn podōn autou).

더 큰 논증(그러나 주의 깊게 구성된 장 전체에 걸친 중요한 주제)은 하나님이 예수 안에서 아담의 죄와 그 결과라는 문제를 다루고 해결하였다는 것이다. 앞에서 보았듯이, 오경 자체를 시작으로 해서 랍비 유대교에 이르기까지의 강력한 사상 흐름에 의하면, 이것은 하나님이 이스라엘을 택한 목적이었다. 달리 말하면, 이 장 전체를 관통하고 있는 것은 창조주 하나님이 예수 안에서 자기가 이스라엘을 불러서 하고자 하였던 일을 행하였다는 것이다. 이제 "참된 인류"로서 만물을 자신의 발 아래 복속시키는 일을 행한 것은 이스라엘 전체가 아니라 이스라엘의 대표자였다. 여기에서 메시야의 역할과 인간의 역할은 완벽하게 일치한다.

이것은 우리를 바울이 좋아한 또 하나의 본문인 시편 8편으로 데려다 주는데, 시편 8편도 예수의 높아짐과 그가 장차 얻게 될 최후의 승리라는 맥락 속에 놓여져 있다. 단어상의 많은 반영들이 보여주듯이, 빌립보서 3:20-21은 앞에 나오는 2:9-11의 진술에 뿌리를 두고 있다.[144] 예수로 하여금 "우리의 현재의 몸을 변화시켜" "그의 영광의 몸 같이" 될 수 있게 해주는 능력은 "그로 하여금 만물을 자신의 권세 아래 둘 수 있게 해주는"(tou dynasthai auton kai hypotaxai autō ta panta – '투 뒤나스타이 아우톤 카이 휘포탁사이 아우토 타 판타') 바로 그 능력이다. 또한, 여기에서 우리는 2:6-11에서 (유일한 요소는 아니지만 중요하지 않은 것도 아닌) 하나의 요소인 아담 기독론을 반영하는 가운데 시편 8편을 간접적으로 인용하고 있는 것을 본다: 예수는 하나님의 참된 형상을 지닌 인간으로서 높임을 받아 아버지를 대신해서 온 세계를 다스리는 분이다. 앞 절이 강조하고 있듯이, 그는 '소테르'(sōtēr, "구원자")이자 '퀴리오스'(kyrios, "주") — 이 둘은 물론 카이사르에 대한 칭호였다 — 이고, 그는 '크리스토스'(Christos)이다. 로마서나 고린도전서의 본문들만큼 분명하지는 않을지라도, 이 본문도 창조주 하나님이 세계의 모든 권세들에 대하여 승리를 얻기 위하여 사용하였고 앞으로도 계속해서 사용할 메시야에 대하여 성경의 언어로 말하고 있다. 따라서 우리는 유대적인 대망 속에서 그러한 인물을 만난다면, 그 분이 누구인지를 안다. 즉, 그는 메시야이다.

이 모든 주제들 — 부활, "오른편에" 앉아 있는 것, 모든 능력과 권세에 대한 주권적 통치, 만물이 "그의 발 아래" 두어지는 것 — 은 에베소서 1:20-23에 결집되어 있다:[145]

144) 예를 들면, cf. Fee, 1995, 381-4; Bockmuehl, 1998, 236; 이전의 문헌들 중에서는 특히 Hooker, 1971을 보라.

145) 에베소서에 대해서는 위의 제1장 제2절 5)를 보라.

이것은 하나님이 메시야를 죽은 자 가운데서 다시 살리셔서, 하늘에서 자기 오른편에 앉히시고, 모든 통치와 권세와 능력과 주권, 현세에서만이 아니라 내세에서 일컬어지는 모든 이름 위에 뛰어나게 하셨을 때, 메시야 안에서 역사한 능력이었다. 그렇다. 하나님은 "만물을 그의 발 아래에 두셨고," 그를 만물 위의 머리로서 교회에 주셨다. 교회는 그의 몸이니, 만물 안에서 만물을 충만하게 하시는 이의 충만이다.

이제 이 본문의 요지는 분명하다. 이렇게 결합된 일련의 주제들을 그것들이 놓여져 있던 성경적 맥락 내에서 읽어 보면, 우리는 "이 모든 것이 말하고 있는 분은 이스라엘의 메시야"라고 말하지 않을 수 없게 된다.

따라서 예수가 이룬 일을 설명하기 위하여 성경 본문들을 이런 식으로 사용하고 있다는 것은 바울은 "메시야"를 지칭하기 위하여 '크리스토스'(Christos)라고 썼다고 말할 수 있는 첫 번째의 강력한 논거가 된다. 종속적인 것이기는 하지만 흥미로운 두 번째 주제도 이 점을 강력하게 뒷받침해 준다. 유대적인 지혜 전승 속에서, "지혜"는 특히 왕의 가문, 그 중에서도 다윗의 아들이자 후계자였던 솔로몬과 밀접하게 결부되어 있었다. 우리가 골로새서 2:3에서 예수를 "너희가 모든 감추어진 지혜와 지식의 보화를 발견할 곳"이라고 말하는 것을 발견할 때, 거기에 대한 자명한 설명은 그가 과거에 메시야였고 지금도 메시야라는 것이다. 2:2의 끝에서 '크리스토스'를 다소 강조적인 용법으로 도입한 후에, 2:3에서 그를 이렇게 소개한 것은 우리를 1장에 나오는 "지혜" 시로 데려가서, 이번에는 메시야에 관한 묵상으로 다시 한 번 읽어 보게 만든다. 이것과 연결된 또 하나의 논점(물론, 우리가 일단 성경적인 토대를 보기 시작하면 모든 것이 서로 연결되어 있기는 하지만)은 유대 전통 속에서 메시야는 다른 무엇보다도 특히 성전 건축자였고, 바울의 신학 속에서도 예수는 새로운 "성전"을 짓기 시작한 분이라는 것이다. 그러나 이 모든 것에 대해서는 나중에 차차 살펴보기로 하자.

우리가 앞서의 논점으로부터 하위논증을 발전시키는 것이 여기에서는 더 중요한데, 그럴 때에 우리는 바울의 글들에 나오는 몇몇 본문들의 서사의 흐름을 면밀하게 주목할 필요가 있다. 특히 갈라디아서를 보면 — 그런 본문이 이것 하나뿐인 것은 결코 아니지만 — '호 크리스토스'(ho Christos)로 지칭되는 예수는 제2성전 시대에서 메시야가 담당하였던 서사적 역할을 수행한다.[146] 여기에 아브라함에서 현재에 이르기까지 이스라엘에 관한 거대한 서사, 즉 약속들이 주어졌다가 좌절되고 탈선되었다가 다시 원래의 궤도로 돌아와서 성취될 길을 찾는 것에 관한 서사가

146) *Perspectives*, ch. 31을 보라.

있고, 그 약속들이 성취될 때가 도래해서, 마침내 성취되었고, 그 모든 것을 정해진 종착지에 도달하게 한 분, 즉 아브라함에게 약속된 "유업"(klēronomia – '클레로노미아')이자 이제는 온 세계의 사람들과 함께 공유하게 된 "유업"을 물려받게 한 분이 있다(갈 3:18, 29; 4:1). 이런 일이 어떻게 일어났는가? 그 일은 아브라함의 "자손," "곧 그리스도"(3:16)가 오심으로 말미암아 일어났고, '피스티스 예수 크리스투'(pistis Iēsou Christou)에 의거해서"(이 구절을 정확히 어떻게 번역해야 하는가 하는 문제는 여기서는 일단 보류해 두자) 신자들에게 주어지는 약속으로 말미암아 일어났다. 세례를 받아 '크리스토스'와 합한 많은 사람들이 '크리스토스'를 옷 입게 되었기 때문에, 이 모든 것이 성취될 수 있었다. 그들은 모두 '크리스토스' 안에서 하나이고, '크리스토스'에게 속한 자들은 아브라함의 자손이다. 이 '크리스토스'는 누구인가? 그 다음에 이어지는 보충설명을 위한 구절에서, 그는 "하나님의 아들"(4:4)이고, 성령을 받아서 하나님을 "아바, 아버지"라고 부르는 모든 믿는 자들과 아들로서의 자신의 신분을 공유한다. 따라서 그들은 단지 양자들인 것이 아니라, "상속자들"이다. 다시 한 번 내가 말해 두고자 하는 것은 첫째로 여기에는 아브라함에서 약속의 성취에 이르기까지의 이스라엘에 관한 이야기가 끊임없이 나온다는 것, 둘째로 이스라엘의 이야기를 성취에 도달하게 한 '크리스토스'라 불리는 분이 메시야라는 것을 부인하는 자들은 본문 자체가 말하고 있는 것(그리고 이 본문 속에는 로마서에 나오는 비슷한 본문들과 밀접한 울림들이 있다는 것)을 받아들이기를 완강하게 거부하는 것이라는 것이다. 하지만 이것을 인정하면, 앞으로 보게 되겠지만, 이 본문과 관련된 석의상의 몇몇 주된 난점들이 해결된다.[147)]

이 동일한 논증이 적용되는 또 하나의 본문은 로마서 9:6–10:13이다. 이 본문 전체의 의미를 놓고 지속적으로 벌어지고 있는 논쟁(이것에 대해서는 다음 장을 보라)에도 불구하고, 나는 여기에서 바울의 의도는 아브라함으로부터 현재에 이르기까지, 즉 다른 족장들을 거쳐서 모세와 선지자들, 그리고 포로기를 지나 메시야에 이르기까지 이스라엘의 역사에 관한 서사적 개요를 제시하는 것이라고 보는 것이 가장 유력한 견해라고 생각한다. 10:4에 나오는 '텔로스 가르 노무 크리스토스'(Telos gar nomou Christos, 통상적으로 "그리스도는 율법의 마침이다"로 번역된다)는 "그리스도"와 "율법"에 관한 추상적인 진술이 아니라, 이 본문과 유기

147) Sanders, 2008b, 328 n. 8과 대비해 보라: "하나님은 이전에 이스라엘을 선민으로 택한 것과는 아무런 상관 없이 온 세계를 구원하기 위하여 그리스도를 보냈다." 특히 제2성전 시대 유대교에서 다루어진 주제들에 아주 정통해 있는 사람이 이런 말을 하는 것은 정말 놀랍다; 내가 옳다면, 바울은 그리스도 안에서의 하나님의 선교를 정확히 이전에 이스라엘을 선민으로 택한 것의 성취로 본다.

적으로 연결되어 있는 중요한 구절인 9:5에 뿌리를 두고서 전개되고 있는 여기에서의 사고의 흐름 전체가 어디를 지향하고 있는지를 선언하는 절정에 해당하는 진술이다. 토라는 위대한 서사를 말하고 있고, 그 서사의 최종목적지이자 결론은 메시야이다. 따라서 그 후에 이어지는 것들은 이것을 한층 더 분명하게 보여주는 것들이 될 수밖에 없다. 신명기 30장에서 모세는 포로기의 저주가 마침내 끝나고 이스라엘이 새롭게 될 때에 율법이 새롭고 기이한 방식으로 성취될 것이라고 썼다. 바울은 이 본문을 '크리스토스' 안에서 일어난 일과 그 후에 그를 주로 고백하고 한 분 유일하신 하나님이 그를 죽은 자 가운데서 다시 살렸다고 믿은 사람들에게서 일어난 일을 가리키는 것으로 해석한다. 다시 말하면, 여기에서 우리는 "메시야"를 가리키는 헬라어 단어로 지칭되는 중심적인 인물이 마지막에 등장함으로써 끝나게 되어 있던 이스라엘에 관한 서사를 길고 자세하게 다시 수정해서 들려주고 있는 것을 본다는 것이다. 바울은 실제로 예수가 이스라엘의 메시야라고 믿었을 뿐만 아니라, 그러한 믿음은 그의 신학적 이해 전체 속에서 엄청나게 중요한 역할을 하였다는 결론을 거부하기는 극히 어렵다. 그런데도 이러한 결론을 여전히 거부하는 사람들은 무엇인가 선입견을 가지고서 이 문제를 바라보고 판단하고 있는 것이 아니냐는 항의에 직면하지 않을 수 없다.

물론, 바울이 그때그때 사안에 따라 비공식적으로 성경을 사용하였을 뿐만 아니라 다른 근거들 위에서 먼저 결론을 내려놓고서 그 결론에 권위를 부여하기 위하여 나중에 성경 본문들을 원래의 맥락에서 떼어내어 증거로 제시한 것이라고 보고자 단단히 결심한 사람들이나, 바울에게는 서사 신학이라는 것 자체가 없었고, 특히 이스라엘의 전체 역사가 최종적인 목적지를 향하여 절박하게 흘러왔다는 인식이나, 마침내 메시야 안에서 그 약속들이 성취되고 그 소망들이 이루어졌다고 본 시각도 없었다고 고집하기로 작정한 사람들에게는, 이 모든 결론은 아무것도 아닐 것이다.[148] 우리는 그런 사람들에게는 단지 "이러한 결론을 받아들일 때, 다른 모든 것들이 제대로 의미를 지니고 이해되는 것을 보라"고 말할 수 있을 것이지만, 어쨌든 우리가 여기서 제시하여야 할 한두 가지 논거들이 더 남아 있다.

먼저, 최근에 매튜 노벤슨(Matthew Novenson)이 제시한 언어학적인 증거가 있다. 그에 의하면, '크리스토스'(Christos)는 사실 (어떤 특정한 사람을 가리키는 데 사용될 뿐이고, 의미가 반드시 수반되는 것은 아닌) 고유명사도 아니고, ("스페인의 왕"이 스페인의 여러 왕들 중 누구라도 가리킬 수 있는 것과 같이, 의미는 확

148) *Perspectives*, ch. 32에 수록된 바울의 성경 사용에 관한 논문을 보라.

정되어 있지만, 가리키는 대상은 유동적인) "칭호"도 아니며, "칭호"의 몇몇 특징들을 지니고 있기는 하지만 기능이 다른 "경칭"이라는 것이다.[149] 영어로 1966년에 출간된 크라머(W. G. Kramer)의 저작이 "기독론적 칭호들"에 관한 논의에서 계속해서 준거점이 되어 왔다는 것은 (솔직히 말해서) 너무나 비정상적이다.[150] 그의 저작은 바울이 관련 단어들을 사용하는 실제적인 방식을 깡그리 무시하고서, 마치 그 단어들이 실제의 문장들과 논증들 속에서 사용된 것들이 아니라 수학의 기호들인 것처럼 분석하고자 시도하였기 때문에, 언제나 심각한 결함을 지니고 있었다. 노벤슨(Novenson)의 저작은 '크리스토스'라는 단어가 고대 말기의 헬라어 용법이라는 좀 더 큰 세계 내에서 언어학적으로 기능한 방식은 왕에 대한 "경칭"의 용법과 아주 잘 부합하고, 고유명사들의 용법과는 전혀 맞지 않는다는 것을 보임으로써, '크리스토스'에 관한 논의에 있어서 새로운 표준을 확립하였다. 초기 그리스도인들은 여전히 '크리스토스'라는 단어를 왕에 대한 칭호로 사용하였지만, 시간이 흐르면서 그 의미가 퇴색되어서 마치 예수를 가리키는 제2의 이름처럼 되어 버린 것에서 알 수 있듯이, "메시야," 즉 '호 크리스토스'(ho Christos)는 바울에게 있어서 단지 나사렛 예수라는 개인을 가리키는 것이 아니었다. '크리스토스'라는 단어 속에 내포되어 있는 왕이라는 의미는 바울의 글들에서도 사라지기는커녕, 도리어 중심적이고 근본적인 것으로 확고하게 자리 잡고 있었다. 이 단어는 종종 거의 고유명사 같은 기능을 하는 것처럼 보이지만(어떤 단어이든 아주 자주 사용하게 되면, 그 단어가 원래 지니고 있던 생생한 의미가 닳고 닳아서 무뎌질 수 있다), 이 단어가 지닌 원래의 의미들은 표면 아래 얕은 곳에 잠복해 있다가, 자주 아주 분명하게 표면 위로 드러난다. 우리는 이것과 동일한 현상을 분명하게 보여주는 예들을 쉽게 발견할 수 있다: "캔터베리 대주교"라는 어구는 흔히 캔터베리라는 특정한 지역과는 상관없이, 단지 현재 그 직책을 맡고 있는 사람을 가리키고자 하는 의도로 사용되지만, 잠깐만 생각해도, 이 어구가 캔터베리의 지리와 문화를 준거로 삼고 있다는 사실은 금방 복원된다. 이것을 보여주는 주후 1세기의 분명한 예는 "아우구스투스"(Augustus)이다. 율리우스 카이사르의 양자이자 후계자였던 옥타비아누스는 "카이사르"라는 이름(name)을 사용하였고, '임페라토르'(Imperator, "황제")라는 칭호(title)가 수여되었으며, 주전 27년부터는 "거룩하다, 숭배할 만하다"라는 의미에서 "신성한 자"를 의미하는 '아우구스투스'라는 경칭(honorific)으로 불렸다. 엄밀하게 말해서, '아우구스투스'는 이름이나 칭호가 아니라, "경칭"이

149) Novenson, 2012.
150) 이것은 Hengel, 1992, 445 n. 66 등에서 여전히 가장 먼저 언급되는 참고문헌이다.

었다. "아우구스투스"라는 단어는 흔히 옥타비아누스라는 특정한 인물을 가리키는 데 사용될 수 있었지만, 이 단어 속에 반영되고 내포되어 있던 "신의 아들"(divi filius – '디비 필리우스')이라는 의미가 결코 사라진 것이 아니었고, 통상적으로 그런 의미를 사람들에게 상기시켰다.[151] 이렇게 '크리스토스'라는 단어가 분명히 최초의 추종자들에 의해 '퀴리오스'라 불린 예수라는 특정한 인물을 가리키는 데 사용되었다고 할지라도, 적어도 이 운동의 첫 세기 전체에 걸쳐서, 이 단어는 원래의 반영들과 의미들을 그대로 지니고 있다가, 언제라도 쉽게 표면으로 표출되었을 것이다. 그리고 이 단어 속에는 현대의 바울 연구에서 아주 오랫동안 풀리지 않는 수수께끼로 남아 있는 것들 중의 하나에 대한 해법을 제시해 줄 것이라고 믿어지는 하나의 의미가 내포되어 있다.

(3) 이스라엘과 '합체된' 메시야로서의 예수

내가 특히 말하고자 하는 것은 이것이다(그리고 이것은 바울에게서 '크리스토스'는 "메시야"를 가리킨다는 논증이 제2성전 시대의 이스라엘의 선민론에 관한 앞서의 설명과 서로 만나는 지점이다). 바울의 글들이 구구절절이 말하고 있는 것은 메시야인 예수가 이스라엘의 정체성과 소명 전체를 친히 짊어졌다는 것이다. 이것은 예수의 "메시야직"과 마찬가지로 여전히 논란이 되고 이의가 제기되는 논점이기 때문에, 우리는 이것과 관련해서 무엇이 말해지고 있고 어떤 근거들이 제시되고 있는지를 분명히 할 필요가 있다. '엔 크리스토'(en Christō) 같은 어구들과 "메시야의 몸" 같은 표상들 속에 집약되어 있는 "합체 기독론"(corporate christology)에 관한 문제는 오랫동안 수수께끼가 되어 왔고, 이러한 기독론을 중심으로 삼아온 사

151) Novenson, 2012, 93-7을 보라. 영국 성공회에서는 "존경하는"(venerable)이라는 단어를 대부제들(archdeacons)에게 공식적으로 붙이기 때문에, '아우구스투스'(augustus, 헬라어로는 sebastos - '세바스토스')를 영어의 이 단어로 옮기게 되면, 우스꽝스러워지는 것은 말할 것도 없고, 문제가 복잡해진다. '아우구스투스'는 교황에 대한 경칭인 "성하"(his Holiness), 또는 (그리스 정교회의) 총대주교(Ecumenical Patriarch)를 부르는 데 사용되는 좀 더 거창한 "his All-Holiness"에 더 가까울 것이다.

152) 예를 들면, Schweitzer; Sanders. Dunn, 1998, 393은 Schweitzer의 "신비주의"의 인기가 사양길에 접어든 이유들을 제시한다(제1차 세계대전 이후에 심리학적 비판과 실존주의의 출현). Dunn은 Schweitzer의 "신비주의"가 가톨릭 신학자들이나 영적인 지도자들이 말한 "신비주의"와 동일한 것으로 전제하는 것으로 보이지만, 내 생각에는 그렇게 보는 것은 잘못이다. 또한, 우리는 개인이 집단주의적인 국가에 복종해야 한다는 전체주의(totalitarianism)도 마찬가지로 제1차 세계대전의 산물이라고 말할 수 있을 것이다. Schweitzer의 인기가 시들해진 진짜 이유는 그의 암묵적으로 고교회적이고 성례전적인 교회론이 학자들 가운데서 여전히 힘을 발휘하고 있는 개신교 자유주의 진영의 패러다임과 충돌하였기 때문이었다.

람들조차도 다른 연구자들을 확신시킬 만한 설명을 내놓지 못해 왔다.[152] 이것은 그동안 논문들과 연구서들을 통해서 제시되어 온 많은 제안들에 해당되는 말이다.[153] 내가 제시하고자 하는 것은, 앞으로 좀 더 자세하게 설명하겠지만 간단하게 말한다면, 두 개의 "알려져 있지 않은 것들"이 서로를 설명해 준다는 것이다. 즉, '엔 크리스토'에 관한 문제에 대한 "알려져 있지 않은" 해법은 예수의 메시야직이라는 통상적으로 "알려져 있지 않은" 바울의 특징과 서로 연결되어 있다는 말이다. 쉽게 얘기해서, 바울의 글들 전체에 스며 있는 "합체론적" 사고와 언어는 예수가 이스라엘의 메시야였다는 그의 믿음에 비추어 볼 때에 가장 잘 설명될 수 있다는 것이다.

나는 바울이 특히 두 가지를 말하기 위하여 "메시야직"이라는 개념을 활용하였다고 본다. 첫 번째는 아브라함의 백성인 옛 이스라엘의 소명과 숙명은 메시야, 특히 그의 죽음과 부활 안에서 성취되었다는 것이고, 두 번째는 유대인이든 헬라인이든 복음을 믿는 자들은 메시야와 하나가 되었고, 메시야, 특히 그의 죽음과 부활에 의해 정의된 것으로 보아졌다는 것이다. 바울의 "합체론적인" 언어의 전 범위는 다음과 같은 가설 위에서 철저하고 만족스럽게 설명될 수 있다: 바울은 하나님의 백성과 하나님의 메시야가, 한 쪽에 해당되는 것은 곧 그대로 다른 쪽에도 해당되는 그런 방식으로 서로 결합되어 있다고 보았다. 그리고 이것은 (구원사, "묵시론," 본성의 변화라는 주제들은 말할 것도 없고) "합체설"과 "칭의론," 바울의 구원론에 대한 "참여설적" 설명과 "법정설적" 설명 간의 밀접하고 긴밀한 연결 관계를 이해하는 결정적인 열쇠가 된다. 이것이 이 논점을 가능한 한 분명히 하는 것이 중요한 이유이다.

합체론적 메시야직에 관한 이러한 주장은 물론 새로운 것이 아니다.[154] 하지만

153) Moule, 1977, ch. 2은 그 핵심에 대한 완벽한 요약을 제공해 준다: 바울에 대해서는 특히 54-63, "그리스도의 몸"에 대해서는 69-89를 참조하라. Moule은 바울이 왜 이런 식으로 글을 썼는지에 대해서 새로운 주요한 가설을 제시하지 않고, 궁극적으로 이러한 내용들을 바울이 예수를 일개 인간 이상의 존재로 생각하였다는 것(62, 65) — 달리 말하면, "합체적" 언어는 궁극적으로 적어도 예수를 암묵적으로 "신적인 존재"로 보았다는 것 — 을 보여주는 증거로 여긴다. 내가 그러한 결론에 이의가 없다는 것은 앞 장으로부터 분명할 것이지만, 나는 '엔 크리스토'(en Christō)와 "그리스도의 몸"이라는 표현이 그런 식으로 해야 가장 잘 설명될 수 있다고 생각하지는 않는다. 이후의 중요한 연구로는 Wedderburn, 1985이 있다: 아래를 보라.

154) Dahl, 1941, 227을 보라. 그는 메시야에 대한 암시가 "그리스도의 몸"이라는 개념의 중심에 놓여 있다고 역설한다: "메시야 공동체는 그리스도 안에서 및 그리스도와 더불어 출현한다." 이러한 합체적 표현을 위한 전제는 "메시야와 메시야 공동체 간의 연합이라는 유대적인 개념에"(in dem jüdischen Gedanken von der Einheit zwischen Messias und messianischer Gemeinde)에서 발견된다(번역은

그동안 이 주장은 두 가지 명백한 이유들과 한 가지 그리 명백하게 드러나지 않은 이유로 인해서 주목을 받지 못해 왔다. 첫 번째는 바울 연구에서 "메시야"라는 범주를 사용하는 것은 불법으로 규정되어 왔다는 것이고, 두 번째는 "기독론"에 관한 학문적인 논의는 자연스럽게 예수의 "신성"이라는 문제에 집중되어 왔다는 것(또한, 심지어 초기 기독교에서조차도 "신적인" 칭호로 받아들여지지 않았던 "그리스도"라는 단어가 당연히 "신적인" 칭호인 것으로 받아들여져 왔다는 것)이다. 세 번째는 이스라엘의 소명이라는 개념과 기독론적인 토대 위에서의 "교회관"이라는 개념이 성경 연구의 많은 부분이 이루어져 온 자유주의적 개신교 진영에서 환영받는 손님들이 아니었다는 것이다. 그러나 이 시점에서 반론들이 제기될 것이다. 그리고 어떤 사람들은 이런 종류의 주장이 무시되어 온 진정한 이유는 증거의 부재 때문이라고 말할 것이다: 소위 유대적인 것이라고 하는 메시야와 그의 백성 간의 연합이라는 개념을 도대체 우리가 어디에서 발견할 수 있다는 말인가? "바울의 글들 속에 나온다"라고 대답한다면, 그것은 위험스러운 순환논법이 되지 않겠는가?

하지만 반드시 그런 것은 아니다. 우리가 주전 마지막 두 세기와 주후의 첫 두 세기에 일어난 메시야 또는 유사 메시야 운동들 속에서 바울에게서 발견되는 것과 같은 "합체론적인" 언어를 찾아 보아야 헛수고라는 것은 사실이다. 쿰란 두루마리들을 쓴 사람들은 장차 메시야가 임할 것이라고 믿었지만 — 아마도 두 개의 두루마리들에서 — 그들이 메시야와 "합하게" 될 것이라거나 "그 안에서" 발견될 것이라고 말하지는 않았다. 아키바 자신을 비롯해서 바르 코크바를 추종하였던 사람들은 그가 메시야라고 믿었지만, 우리는 그들이 그와 "합체되었다"고 말하였을 것이라고 생각할 수 없다. 제2성전 시대의 메시야 기대와 관련해서 통상적으로 인용된 성경 본문들(창세기 49장의 "규," 민수기 24장의 "별," 시편과 선지서들에 나오는 메시야 본문들)은 왕에 대한 그러한 소망에 형태와 색깔을 부여하였고, 장차 임할

필자의 것). Dahl은 Schmidt, 1919, 217-23; Rawlinson, 1931, 275ff.(sic: 실제로는, Rawlinson 1930, 225ff.)을 인용한다. Rawlinson에서 핵심 본문은 232에 나온다: 예수는 "오직 절대적으로 홀로 아브라함의 참된 자손이다 … 다른 모든 사람은 오직 새 이스라엘 안에서 그에게 모임으로써만 약속들을 유업으로 받을 수 있다." 내가 앞으로 논증하겠지만, "새 이스라엘"이라는 표현은 너무 나간 것이다; 바울은 기껏해야 "갱신된 이스라엘"이라고 말하였을 것이다. Rawlinson은 계속해서 이렇게 말한다(235): "'그리스도 안에' 있는 것과 새 이스라엘에 속하는 것은 이때부터는 동일한 것이다. 신약성서의 사상에 따르면, 유대인들이 아브라함 안에 있었고, 인류가 아담 안에 있었던 것과 마찬가지로, 새 이스라엘은 '그리스도 안에' 있다. 메시야, 즉 그리스도는 전에는 개인(나사렛 예수)이었지만, 이제는 그 이상의 존재이다: 그는 새 이스라엘을 대표하는 인물이자 새 이스라엘을 구성하는 인물로서 잠재적으로 새 이스라엘 전체를 포괄한다." 내게 이것은 제대로 핵심을 말하고 있는 것으로 보이지만, 근거가 충분하게 제시되지 않았다.

왕이 자기 백성을 위하여 권능으로 역사할 것임을 보여 주었지만, 장차 메시야가 와서 자기 백성을 자기 안에 집약하거나 합체할 것이라는 관념을 그 어떤 형태로든 포함하고 있지는 않았다.

좀 더 폭넓게 본다면, 우리는 일반적으로 고대인들, 그 중에서도 특히 유대인들은 "집단 인격"(corporate personality)이라는 개념을 지니고 있었다는 이전의 견해를 들 수 있는데, 이 견해는 개개인들과 집단, 특히 왕과 그의 백성 간에는 인격의 유동성이 존재하였다고 주장한다. 이 주제와 관련해서 이전에 풍미하였던 주장들은 날 선 비판에 직면해서 후퇴하긴 하였지만, 그것은 그 이론들을 입증해 줄 자료들이 없었다는 것을 의미하는 것이 아니라, 단지 그 이론들이 제대로 작동될 수 없었다는 것을 의미할 뿐이다.[155] 바울의 글들에서 흔히 주목을 받아 온 것들은 "아담 안에서"와 "아브라함 안에서"라는 합체론적 어구들이었는데, "그리스도 안에서"는 전자와는 밀접한 병행관계에 있고, 후자는 꽤 밀접한 유사성을 보여준다.[156] 그러나 그러한 어구들조차도 유비들일 뿐이고, 바울의 저 주목할 만한 표현방식인 "그리스도 안에서"라는 어구의 원천이나 기원을 보여주는 것은 아닌 것으로 보인다.[157]

따라서 나는 메시야와 그의 백성이 서로 결합되어 있다는 인식이 존재하였다는 것을 핵심적인 요소로 하는 가설을 세워서 바울의 "합체론적" 어구들을 설명하고자 할 때, 그러한 관념이 바울 시대에 이미 잘 알려져 있었다거나 널리 퍼져 있었다고 주장하고 있는 것이 아니다. 또한, 나는 합체론이 이미 존재해 있고 널리 이해되고 있는 상황에서 바울이 거기에 단지 "그리스도"라는 단어를 끼워 넣은 것뿐이라고 주장하고 있는 것도 아니다. 내가 주장하고 있는 것은 (앞 장에서 "고등 기독론"의 기원에 관한 나의 가설과 비슷하게) 예수의 죽음과 부활이라는 사건들이 바울을

155) Wedderburn, 1985, 97 n. 52은 Porter, 1965와 Rogerson, 1970을 인용해서, 일단 과장된 주장들을 벗겨내면, "집단 인격"(corporate personality)이 설명하고자 한 특정한 현상들이 남게 된다고 조심스럽게 말한다. 이전의 저작들 중에서는 Hooke, 1958(특히, 204-35)과 Johnson, 1967이 여전히 중요하다.

156) "아담 안에서": 고전 15:22; "아브라함 안에서," 또는 적어도 아브라함과 관련해서 "네 안에서": 갈 3:8(창 12:3; 18:18을 인용함) 다음에 믿음의 사람들이 "신실한 아브라함과 함께" 복을 받는다는 서술이 나오는 것은 바울이 "그리스도 안에서"와 "그리스도와 함께"를 결합해서 사용하는 것을 반영한 것이다(예를 들어, 롬 6:4-8, 11; 갈 2:19f.). 하지만 Wedderburn, 1985, 88이 주장하듯이, 갈라디아서 3:8, 14이 "'엔'(en)이 인명과 함께 사용된 용례"를 보여주고 있다는 것은 엄밀하게 말해서 사실이 아니다; 거기에서 '엔'(en)은 대명사와 함께 사용되고 있다. 로마서 9:7에 인용된 창세기 21:12에서 "이삭 안에서"라는 표현이 사용되고 있는 것도 보라(Wedderburn, 94 n. 26에서의 지적).

157) Wedderburn, 1985, 91.

그러한 방향으로 몰아가서 그로 하여금 이전의 본문들을 새로운 방식들로 읽을 수밖에 없게 만들었다는 것이다.

여기에서 중요한 것은 특히 부활이었다. 다소의 사울 같은 바리새인이 부활을 열렬히 믿고 신봉하였다는 것은 의심의 여지가 없지만, 그가 믿은 것은 종말에 있을 온 이스라엘의 부활이었을 것이다. 아무리 바리새인이라고 해도, 종말 이전에 어떤 사람이 개별적으로 죽은 자 가운데서 부활할 것이라고는 생각할 수 없었다.[158] 따라서 한 사람에게 이런 일이 일어났을 때(바울은 이것을 믿었다), 특히 이런 일이 메시야라고 자처하다가 처형당하였던 예수에게 일어났을 때, 그것은 즉시 이스라엘의 하나님이 이스라엘에게 행할 것으로 생각되어 왔던 일을 예수에게 행하였다는 것을 의미하는 것이었다. 그리고 바울에게 있어서 이것은 한편으로는 예수가 법정에서 사형 선고를 받은 자였다고 할지라도 결국 이스라엘의 메시야였다는 것을 보여주는 것이었고, 다른 한편으로는 이스라엘에 대한 하나님의 계획이 이 메시야, 이 예수 안에서 결정적이고도 유일무이하게 성취되었다는 것을 선포하는 것이었다. 메시야 예수 자체가 사실상 이스라엘이었다.[159] 그리고 예수가 자기 백성을 대표할 수 있었던 것은 정확히 그가 메시야였기 때문이었다.

따라서 "합체 기독론"의 기원은 앞 장에서 살펴보았던 "성육신 기독론"의 기원과 비슷하다. 예수가 영광 중에 자기 백성에게로 다시 돌아온 야웨라는 바울의 새로운 이해는 그로 하여금 다시 성경으로 돌아가서 이전에 알고 있기는 하였지만 새로운 방식으로 다가오는 본문들을 찾아낼 수 있게 해주었다. 마찬가지로, 예수가 이스라엘에 대한 하나님의 계획을 친히 담당할 자로 온 것이라는 그의 새로운 이해는 그로 하여금 성경, 특히 아브라함에 관한 이야기, 그리고 그 배후에 있는

158) 가능한 예외 — 헤롯이 예수를 부활한 세례 요한이라고 했다는 말(막 6:14-16) — 는 Wright, 2003 (*RSG*), 412 등에서 논의되었다. 좀 더 통상적인 견해는 다른 모든 사람들보다 먼저 자기가 부활할 것이라는 예수의 말을 듣고 제자들이 무슨 말인지를 몰라 혼란스러워 하였다고 전하는 마가복음 9:10에 나타나 있다(cf. *RSG*, 414f.). 사도행전 23:9에서 바리새인들은 바울을 풀어주려고 할 때, 바울이 살아 있는 예수를 만난 경험은 "영"이나 "천사"가 그에게 나타난 것이라고 말한다: 달리 말하면, 최근에 죽은 사람, 따라서 여전히 죽어 있는 사람의 유령이 나타난 것이라고 한 것인데, 사도행전 12:15에서 베드로를 위해 기도하던 교회는 베드로가 나타나자 처음에는 바로 그러한 유령이 나타난 것으로 생각하였다. 그들은 실제로는 단 한순간도 어떤 사람이 죽은 자들 가운데서 육체로 다시 살아날 수 있다는 생각을 하지 못하였다. *RSG*, 133f.를 보라.

159) 이러한 사고 노선과 병행되는 것은 Robinson, 1952, 58에 의해서 제시되었다: 다소의 사울은 부활한 예수가 "네가 왜 나를 박해하고 있느냐"(행 9:4; 21:7; 26:14)라는 말을 들었을 때, 예수와 박해 받는 교회 간에 모종의 일체성이 존재한다는 결론을 내렸다. 이것이 타당하다는 것은 의심의 여지가 없지만, 나는 그것이 "합체"와 관련된 바울의 믿음 및 표현들을 온전히 설명해 줄 수 있다고 생각하지 않는다.

아담에 관한 이야기로 다시 돌아가서, 이 두 이야기 속에서 이스라엘의 소명과 숙명이 저 한 사람의 소명과 숙명 안에 합체될 수 있다는 개념을 볼 수 있게 해주었고, 아브라함에 관한 이야기 속에서는 그러한 개념을 표현할 수 있는 언어적인 방식을 발견할 수 있게 해주었다. 나는 바울이 언제나 사람들이 "아담 안에" 있다거나 "아브라함 안에" 있다는 관점에서 생각해 오다가, 그 개념을 메시야에게 적용한 것이라고 생각하는 것보다는, 예수의 부활에 대한 믿음을 갖게 된 후에 성경 속에서 관련 본문들을 찾아보는 중에 그러한 개념에 도달하게 된 것이라고 믿는 편이 훨씬 더 자연스럽다고 생각한다.

그 개념과 관련된 성경적인 맥락들 중에서, 나는 "아브라함" 본문들보다 더 명시적으로 그러한 개념을 보여줄 뿐만 아니라 "왕"과의 관련성을 더 분명하게 보여주는 맥락을 전에 천착해 본 적이 있는데, 내가 알고 있는 한, 그러한 맥락은 제2성전시대 저자들에 의해서 사용되지 않았다(하지만 우리는 우리에게 남아 있는 그 시기의 자료들은 얼마 안 되고 어쩌다 우연히 남겨진 것이기 때문에, 이러한 자료들에 의거한 논증은 잃어버린 염소를 찾다가 두루마리를 발견한 한 목동에 의해서 그 반대증거가 나와서 언제라도 쉽게 무너질 수 있는 것임을 늘 염두에 두어야 하지만). 하지만 이 맥락은 이스라엘 백성 전체가 왕 "안에," 즉 다윗 "안에" — 그리고 다윗이 죽고 없을 때에는 그의 손자인 왕 "안에" — 있다고 말하는 분명한 "합체론적인" 관념을 보여준다.[160] 이 맥락과 관련된 의미심장한 배경은 다윗과 골리앗에 관한 서사이다: 다른 모든 이스라엘 사람들보다 머리와 어깨만큼 더 큰 사울이 왜 이 블레셋 거인과 싸우기 위하여 직접 나오지 않았는가? 우리는 사울을 대신해서, 이스라엘 민족 전체를 대표해서 홀로 이 싸움을 싸우는 소년 다윗을 발견한다. 사울이 쉽게 알았듯이, 다윗의 승리는 그가 왕이 되는 길을 향하여 큰 발걸음을 내딘 것이었다.[161] 우리는 다윗의 왕권이라는 이러한 배경 내에서, 압살롬의 반란 후에, 북부 지파 사람들이 남부 지파 사람들에게 불평할 때, "다윗 안에서" 또는 "그 왕 안에서"라는 합체론적인 어구가 갑자기 사용되는 것을 발견한다:

> 우리는 "그 왕 안에서"(bamelek -'바멜렉'/en tō basilei -'엔 토 바실레이') 열 분깃을 갖고 있고, 또한 "다윗 안에서"(bedawid -'베다윗'/en tō Dauid -'엔 토 다윗') 너희보다 더 많은 분깃을 갖고 있다.[162]

160) cf. *Climax*), 46f.

161) 삼상 17장; 적대감에 대해서는 삼상 18:6-9을 보라. 이 사건 전체는 사무엘이 은밀하게 다윗에게 기름을 부은 직후에 일어난다(16:13).

162) 삼하 19:43[MT 19:44]; 칠십인역(2 Kgds. 19:44)은 이 두 구절 사이에 '카이 프로토토코스 에고

이것은 곧장 베냐민 지파 사람 비그리의 아들 세바의 반란으로 이어진다. 베냐민은 남부 지파 중 하나였기 때문에, 거기에서의 반란은 북부 지파의 반란보다 다윗 왕국에 한층 더 큰 재난이 될 것이었다. 세바가 내건 슬로건도 "합체론"에 근거를 둔 것이었다:

> 우리는 다윗 안에서 아무런 분깃이 없고,
> 이새의 아들 안에서 아무런 유업(nahlah -'나할라'/klēronomia -'클레로노미아')이 없다!
> 이스라엘아, 각기 자신의 장막으로 돌아가라![163]

이 반란은 진압되었고, 왕국 전체는 다시 다윗과 솔로몬 아래에서 견고히 섰다. 그러나 솔로몬의 아들 르호보암이 왕이 된 후에, 북부 지파들이 왕을 찾아가서 하소연하지만 받아들여지지 않자, 앞에서 말한 것과 거의 동일한 "합체론적인" 어구를 사용해서 이렇게 말한다:

> 우리에게 다윗 안에서 무슨 분깃이 있느냐?
> 우리에게는 이새의 아들 안에서 아무런 유업이 없다.
> 이스라엘아, 너희의 장막으로 돌아가라.
> 다윗이여, 이제 너는 네 집이나 돌아보라.[164]

앞에서 보았듯이, "유업"이라는 관념은 메시야와 관련해서 바울에게 중요하였다: 메시야에게 속한 자들은 야웨가 시편 2편에서 약속한 "유업," 즉 (새로워진) 피조세계 전체를 함께 받는다. 따라서 내가 앞에서 이미 말하였듯이, 이 본문들은 주후 1세기에 통용되었던 관념들을 보여주는 증거로 인용될 수는 없겠지만, 적어도 바울이 한 분 유일하신 하나님의 백성 전체에게 일어날 것이라고 생각하였던 일, 즉 죽은 자 가운데서의 부활이 메시야로 자처하는 한 사람에게 일어났을 때, 그 의미가 무엇인지를 이해하려고 애썼을 때에 다시 생각해 볼 수 있었던 성경적 사고의 모판이 되었을 것이다. 골리앗 사건과 왕들에게 반기를 든 자들이 내건 슬로건들이 나오는 이러한 본문들 속에는, 왕이 자기 백성을 대표한다는 의미가 내포되

에 수' (kai prōtotokos egō ē sou, "그리고 네가 아니라 내가 장자이다")를 첨가한다. 이 나라에서의 "분깃들"이라는 사상에 대해서는 왕상 11:30f.를 참조하라.

163) 삼하 20:1. 나는 이것과 다음 인용문에서 히브리어 본문과 칠십인역을 좀 더 밀접하게 반영하기 위하여 NRSV를 수정하였다.

164) 왕상 12:16.

어 있거나, 역으로 (소년 다윗과 같은 경우에는) 홀로 나서서 이스라엘 민족의 싸움을 성공적으로 싸운 자는 이미 왕의 자격을 갖추고 있다는 의미가 내포되어 있다. 왕의 운명은 곧 그들의 운명이 되고, 왕의 유업은 곧 그들의 유업이 되며, 왕의 목숨은 곧 그들의 목숨이 된다. "왕 안에" 있다는 것, 또는 바울의 경우에는 "기름부음 받은 자," 곧 "메시야 안에" 있다는 것은 그가 다스리는 백성의 일원이라는 의미만이 아니라, 그에 의해서 정의되는 백성, 그에게 일어난 일들에 의해서 정의되는 백성, 한 분 유일하신 하나님이 그에게 약속한 것들에 의해서 정의되는 백성이라는 의미도 지닌다. 이제 보게 되겠지만, 이것은 바울이 '엔 크리스토'(en Christō)를 비롯한 합체론적인 언어를 사용하는 방식이다.

나는 (전에는) 이 흥미로운 성경 본문들이 바울의 그러한 어구들의 용법을 설명해 준다고 생각했었지만, 지금은 그렇게 생각하지 않는다. 그러나 일단 예수의 부활이 창조주 하나님이 온 이스라엘에 대하여 행하고자 하였던 일을 한 사람에게 행한 이유가 무엇인지에 관한 의문을 불러일으키고, 바울이 그것은 (a) 예수가 이스라엘의 메시야라는 것과 (b) 이스라엘 민족의 숙명이 예수 안에서 성취되었다는 것을 의미한다는 것을 아주 신속하게 깨닫게 되자, 이러한 본문들은 서구의 개인주의로는 즉시 이해하기가 힘든 하나의 맥락 또는 사고의 풍토, 즉 바울이 통상적으로 사용하는 합체론적인 언어가 명백하게 지니고 있던 의미를 그대로 드러내 주는 맥락으로 그에게 작용할 수 있었다.

따라서 나의 주장은 바울이 나사렛 예수를 진정으로 이스라엘의 메시야, 다윗 가문에서 나온 왕, 그런 의미에서의(앞에서 보았듯이, 물론 여기에 다른 의미들도 포함될 수 있기는 하지만, 적어도 이 의미만은 배제되지 않아야 한다) "하나님의 아들"로 이해하였다는 것이다. 바울은 예수를 자신의 부활을 통해서 메시야임을 확증받은 분, 이스라엘의 역사를 기이한 방식이기는 하지만 어쨌든 유대인들이 오랫동안 기다려 왔던 종착지로 이끈 분, 아브라함에게 주어진 약속들을 성취한 분, 세계 열방들을 유업으로 받은 분, 악의 모든 세력들과 맞서 싸워 이기고서, 약속을 받은 백성을 창설해서, 그들로 하여금 그들 자신 안에서가 아니라 "그 안에서" 이스라엘의 소명을 성취한 참 유대인(the True Jew)과 합체가 되어 그러한 약속을 받을 수 있게 한 분으로 이해하였다.

이러한 가설 전체를 밑받침해 주는 주된 논거는, 이런 시각에서 바라보았을 때, 통상적으로 서로 별개의 것이자 상반되는 것으로 보아져 왔던 바울의 구원론을 구성하는 여러 요소들이 한데 결합되어서 새롭고 주목할 만한 정도로 통일적인 전체를 이루게 된다는 것이다. 우리는 현재의 장의 나머지 부분에서 이것을 자세하게 살펴볼 것이지만, 그렇게 자세한 논의를 진행하기에 앞서 여기에서는, 우리의 논점을 아주 분명하게 보여주는 것으로 생각되는 세 개의 본문을 간단하게 인용하고, 그런 후에 합체론적인 핵심 본문들이 실제로 어떤 기능을 하는지에 대해서도 마찬가지로 짤막하게 살펴보고자 한다.

내 생각에는, 이것을 가장 분명하게 보여주는 본문은 로마서 3:1-26이다. 앞으로 보게 되겠지만, 바울이 직면해 있던 문제는 단지 보편적인 죄 문제만이 아니라, 이스라엘이 하나님의 소명에 대하여 "신실하게" 행하는 데 실패하였다는 문제도 있었는데(3:2-3), 이것은 메시야 예수의 "신실하심"으로 말미암아 하나님의 의가 나타남으로써 극적으로 해결되었다(3:21). 우리는 5:12-21에서 메시야의 행위를 "순종"으로 설명하면서 이러한 그림 전체를 요약하고 있는 것을 보기에 앞서, 먼저 그 복선인 3:24이 '디아 테스 아폴뤼트로시스 테스 엔 크리스토 예수'(dia tēs apolytrōsis tēs en Christō Iēsou, "메시야 예수 안에 있는 속량으로 말미암아")라는 의미심장한 구절을 통해서, 하나님이 이스라엘의 신실함을 통해 "속량"이라는 자신의 계획을 성취하고자 하였다고 말하는 것을 본다. 이 간단한 구절은 나중에 로마서 5-8장에서 자세하게 다루어질 하나님의 구원 행위에 관한 설명 전체에 대한 복선으로서, 바울은 나중에 나올 그 모든 설명을 이 간단한 구절로 아주 짤막하게 압축해서, 칭의에 관한 설명(3:21–4:25)에서 아주 요긴하게 사용할 수 있었다. 달리 말하면, "메시야 안에서," 즉 이스라엘과 관련된 하나님의 계획에 대한 그의 "신실하심"으로 말미암아 성취된 속량 행위로 인해서, 이제 모든 믿는 자들은 "의롭다"는 선언을 받게 되었다는 것이다.

이것은 갈라디아서 2:15–4:11의 논증 전체에서 몇몇 서로 얽혀 있는 방식들로 등장한다. 나는 이것을 다른 곳에서 이미 자세하게 설명하였기 때문에, 여기에서는 간단하게 말하고자 한다.[165] 갈라디아서의 논증은, 한편으로는 바울이 메시야 안에서 성취되었다고 선언한 아브라함에게 주어진 "약속들," 다른 한편으로는 바울이 이제 하나님이 정해 준 소임을 다해서 하나님의 백성을 정의하는 데 더 이상 아무런 유효한 역할을 할 수 없게 되었다고 선언한 이스라엘에게 주어진 "율법" 간의 구별을 중심축으로 해서 전개된다. 아브라함에게 약속된 이 단일한 권속은 '크리스토스'(Christos)라는 단어로 지칭될 수 있었다(3:16의 경우는 논란이 있고, 3:26-29의 경우에는 어느 정도 분명하다). 이 '크리스토스'는 성령으로 말미암아 하나님을 "아버지"라고 부를 수 있는 모든 자들과 저 아들로서의 신분을 공유하고

165) *Perspectives*, ch. 31을 보라.

있는 "하나님의 아들"이다(4:6-7). 이것은 (종종 주장되는 것과는 달리) 옛 이스라엘이 새 이스라엘로 대체되었다는 것과는 아무런 관련이 없고, (별로 주목받고 있지 못하고 있기는 하지만) 이스라엘 전체가 '크리스토스' 안에서와 '크리스토스'에 의해서 집약되고 재정의된다는 바울의 믿음과 전적으로 관련되어 있다. 실제로, 이것은 2:19-20에 나오는 결정적으로 중요한 요약이 말하고자 하는 모든 것인데, 이것에 대해서는 우리가 나중에 다시 자세하게 살펴볼 것이다. 다시 한 번 말하지만, "메시야 안에" 있다는 것과 "믿음으로 말미암아 의롭다 함을 얻는다"는 것은 이 본문 속에서 견고하게 결합되어 있다.

이 논점을 분명하게 보여주는 세 번째 본문은 빌립보서 3:2-11이다. 바울은 이전의 자기와 같은 유대인과 지금의 자기와 같은 유대인을 대비시키는 것으로 시작해서, "성령으로 말미암아 하나님을 예배하고, 왕 예수를 자랑하며, 육체를 신뢰하기를 거부하는 우리가 곧 '할례파'"라고 선언한다. 달리 말하면, 이스라엘이 어디에 있는지를 알고자 한다면, 이스라엘의 메시야를 바라보고, "할례파"를 찾고자 한다면, 이스라엘의 메시야에게 속한 자들을 바라보라는 것이다. "내가 지금까지 이익 항목에 기재해 왔던 모든 것들을 이제는 메시야를 인하여 손실로 계산한다"(3:7). 바울은 전에는 마지막 날에 신원받게 될 이스라엘 내에 자신의 자리를 확보하고 공고히 하고자 애써 왔었지만, 이제 이스라엘의 하나님에 의해 이미 신원함을 받은 메시야가 자기가 그러한 안전한 정체성을 발견할 수 있는 유일한 곳이라는 것을 발견한 것이었다. 우리가 로마서 3장이나 갈라디아서 3장에서와 마찬가지로 여기에서도, 메시야는 이스라엘의 숙명이 실현된 곳이자 수단이고, "할례파"의 지체로서의 신분을 확보할 수 있는 곳이자 수단이라고 말하는 것을 듣지 못한다면, 그것은 이 본문이 말하고자 하는 요지를 전혀 듣지 못한 것이다. 이렇게, 로마서와 갈라디아서에서와 마찬가지로, 여기에서도 다시 한 번, "칭의"에 관한 진술(아래에서 밑줄로 표시된 부분)은 "메시야 안에 있음"에 관한 좀 더 큰 진술(아래에서 고딕체로 표시된 부분) 내에 둥지를 틀고 있다:

> 사실, 메시야로 인해서 나는 모든 것을 잃는 고통을 당해 왔고, 지금은 그것을 쓰레기로 여기고 있는데, 이는 메시야가 나의 이익이 되게 하고 …
> **내가 그 안에서 발견되어서,**
> 토라에 의해서 정의된 내 자신의 계약상의 신분(dikaiosynē -'디카이오쉬네')이 아니라,
> 메시야의 신실하심으로 인해서 오는 계약상의 신분(dikaiosynē -'디카이오쉬네'),
> 곧 믿음에 주어지는 하나님으로부터 오는 계약상의 신분
> (tēn ek theou dikaiosynēn -'텐 에크 테우 디카이오쉬넨')을 얻기 위한 것이다.

> 이것은 그를 알고, 그의 부활의 능력을 알며, 그의 고난을 함께 하는 것을 아는 것을 의미한다. 이것은 그의 죽으심의 형태와 본에 참여하여, 어떻게 해서든지 죽은 자 가운데서 최후의 부활에 이르고자 하는 것을 의미한다.[166]

달리 말하면, 이것은 바울이 자기가 전에 이스라엘의 토라를 엄격하게 지켜서 얻고자 하였던 정체성과 소망을 이스라엘과 합체가 된 "메시야 안에서" 발견하였다는 것을 보여준다. "의롭다 함을 얻은" 신분, 즉 "의롭다"는 선언을 받고 한 분 유일하신 하나님의 백성의 지체가 되는 것은 '피스티스'(pistis), 곧 "신실하신" 메시야의 권속으로서의 정체성을 지니게 된 신자의 "믿음"에 의거하여 주어진다(아래를 보라). 이것은 비록 압축해서 표현되어 있기는 하지만, 하나님이 이스라엘을 택한 목적이 이스라엘의 메시야 안에서 성취되었다는 것을 바울의 다른 그 어떤 본문 못지 않게 분명하게 요약하고 있다.

우리는 그러한 그림 내에서, 그동안 석의자들을 너무나 많이 곤혹스럽게 해 왔지만, 일단 메시야/이스라엘과 관련된 중심적인 원리를 파악하기만 하면, 그 제대로 된 의미가 분명하게 드러나게 되는 합체론적인 어구들을 간단하게 일별해 볼 것이다.[167]

잘 알려져 있듯이, 바울은 '엔 크리스토'(en Christō, "메시야 안에서"), '에이스 크리스톤'(eis Christon, "메시야와 합하여"), '쉰 크리스토'(syn Christō, "메시야와 함께"), '디아 크리스톤' 또는 '디아 크리스투'(dia Christon 또는 dia Christou, "메시야로 말미암아") 등과 같은 표현들을 혼용해서 사용한다.[168] 이 어구들은 "메시야에게 속한"이라는 속격의 용법과 아주 밀접한 관련이 있고, 이것은 이미 합체론적인 언어가 어떤 목적으로 사용된 것인지에 대한 강력한 암시를 제공해 준다. 또한, 우리는 바울이 통상적으로 '엔 예수'(en Iēsou, "예수 안에서")라는 표현이 아니라, '디아 예수'(dia Iēsou, "예수로 말미암아")라는 표현을 흔히 사용하지만,[169] '디아 크리스톤'(dia Christon)이나 '디아 크리스투'(dia Christou)라는 표현

166) 빌 3:8b-11.

167) 나는 여기에서 *Climax*, 44-6에서 짧게 다룬 것을 보충해서 발전시키고 있다. 이 주제를 좀 더 자세하게 탐구할 때가 무르익었다.

168) 물론, "메시야로 말미암아"는 두 가지 방향으로 해석될 수 있다: '디아'(dia)는 속격과 함께 사용될 때에는 수단의 의미로 "~를 통해서"로 번역되고, 대격과 함께 사용될 때에는 이유의 의미로 "~ 때문에"로 번역된다.

169) 단 한 번 나오는 '엔 토 예수'(en tō Iēsou, "예수 안에서")는 그 특별한 문맥에 의해서 설명된다(엡 4:21). 갈라디아서 3:14에서 바티칸 사본(Vaticanus)에는 '엔 예수 크리스토'(en Iēsou Christō)로 되어 있지만, 거의 다른 모든 사본들은 '엔 크리스토 예수'(en Christō Iēsou)로 되어 있다.

은 종종 사용하기 때문에, 여기에서도 메시야와 관련된 의미가 작용하고 있는 것을 본다.[170)]

물론, 관련 어구들은 흔히 좀 더 긴 어구들로 사용되기 때문에(예컨대, '엔 크리스토 예수'[en Christō Iēsou] 또는 '디아 예수 크리스투'[dia Iēsou Christou]), 이러한 그림은 단순화시킨 것이다. 또한, 우리는 '퀴리오스'에 초점을 맞춘 어구들('엔 퀴리오'[en kyriō] 등등), 대명사들의 여러 용법들('엔 호'[en hō, "누구 안에서"], '엔 아우토'[en autō, "그 안에서"])도 여기에 포함시킬 수 있을 것이다. 격과 어순을 달리 해서 표현한 것들('크리스토스 예수스'[Christos Iēsous] 대 '예수스 크리스토스'[Iēsous Christos] 등등)은 순전히 운율을 위한 것이거나 별다른 의미가 없이 그렇게 하는 것이라는 주장은 그 자체로도 개연성이 없고 석의적으로도 근거가 없다.[171)] 사실, 바울은 매우 정확하고 정밀해서, '엔 크리스토'(en Christō, "메시야 안에서")를 사용할 곳에 '에이스 크리스톤'(eis Christon, "메시야 속으로")를 사용하지 않고, 그 반대로도 사용하지 않는다. (또한, 여담이지만, 그는 "메시야 안에 있다"를 "메시야가 우리 안에 있다"와 혼동해서 사용하지도 않는데, 이것에 대해서는 우리가 나중에 다시 살펴볼 것이다.) 일단 우리가 그의 글들에서 메시야직의 의미를 파악하게 되면, 그가 아주 정확하고 정밀한 언어를 밋밋하게 만들어 버리거나, 메시야가 쏙 빠진(그리고 흔히 탈유대화된) 우리의 신학적 이해라는 프로크루스테스의 침대에 맞춰 본문들을 잘라내 버리거나 늘릴 필요가 없게 된다.

갈라디아서 3:24, 26-29을 상당한 정도로 직역하였을 때, 바울의 핵심적인 "메시야" 어구들이 어떤 식으로 기능하는지를 눈여겨보라:

> 율법은 우리를 메시야에게로 (인도하는) 후견인이었으니, 이는 우리로 하여금 믿음으로 말미암아 의롭다 함을 얻게 하기 위한 것이었다 … 너희는 다 믿음으로 말미암아 메시야 안에서 하나님의 자녀들이니, 누구든지 세례를 받고 메시야 속으로 (들어온) 자들은 메시야를 옷 입었다. 유대인도 없고 헬라인도 없으며, 종도 없고 자유민도 없으며, "남자"도 없고 "여자"도 없으니, 이는 너희가 다 메시야 예수 안에서 하나이기 때문이다. 그러나 너희가 메시야에게 속해 있다면(ei de hymeis Christou - '에이 데 휘메이스 크리스투'), 너희는 아브라함의 자손이자, 약속을 따른 상속자들이다.

170) 예를 들면, 로마서 2:16에서는 하나님의 심판은 "메시야 예수를 통해서"(dia Christou Iēsou - '디아 크리스투 예수') 집행될 것이라고 말하는데, 이것은 시 2:9-11; 110:1-2, 5-6과 사 11:3-5, 그리고 *Pss. Sol.* 17.21-32; 18.7f.(또한, cf. 행 17:31) 등의 본문들로부터 온 것으로서, 종말에 심판을 집행한 자는 메시야라는 유대인들의 표준적인 믿음을 반영한 것이다.

171) 예를 들면, Kramer, 1966, 84-90, 133-50 등.

그런 후에, 4:7에서는 이렇게 말한다:

> 그러므로 너는 더 이상 종이 아니고 아들이다.

달리 말하면, 너희는 세례를 통해서 "메시야 속으로" 들어왔고, 그 결과 지금 "메시야 안에" 있고 서 있고 존재한다는 것이다. 이것은 그리스도인의 정체성에 관한 기본적인 서술이고, 분명히 이 본문과 이 장의 이전의 본문들 속에 나오는 칭의에 관한 바울의 서술을 밑받침하고 있다.

그러나 바울은 "메시야 속으로"라는 어구에 내포되어 있는 더 깊은 의미, "메시야"가 단지 개인이 아니라, 자신들의 정체성과 연합의 근거를 메시야 안에서 발견하는 백성을 분명하게 가리키는 지점까지 나아가는 것으로 보인다. (우리는 본서 제1장에서 이미 아주 중요한 빌레몬서 1:6의 본문 속에서 이것을 보았다.)[172] 이런 식으로 "메시야 속으로" 들어가는 것은 (어떤 이들이 주장하는 것과는 달리) 단지 최종적인 목적지라는 의미에서 "종말론적인" 것이 아니라,[173] 종말이 이미 개시되었고, "메시야"가 이미 한 개인의 실체를 넘어서서 공동체적 실체가 되었다는 의미에서 "종말론적"이다. 메시야 예수 안에서, 하나님은 인류를 한데 결합시켜서 하나의 새로운 연합체로 만들고자 하는 프로젝트를 개시시켰고, 메시야 예수를 믿는 자들은 그들의 이전의 모든 차이들을 초월하는 저 "믿음의 교제"(koinōnia tēs pisteōs – '코이노니아 테스 피스테오스') 속으로 호출된다.

이렇게 해서, 고린도 서신 전체에 걸쳐 나타나고 다른 글들에도 반영되어 있는 압축된 표현방식으로 되어 있는 고린도후서 1:21은 서글프게도 번역들에 의해서 그 의미가 모호해져 버리고 만다:

> 우리를 너희와 함께 메시야 속으로(eis Christon -'엔 크리스톤') (데려가서) 견고하게 하시고 우리에게 기름을 부으신 이는 하나님이시다.

대부분의 역본들은 여기서 '에이스 크리스톤'(eis Christon)을 "그리스도 안에서"로 번역하지만, 바울이 여기에서 말하고자 하는 것은, 그와 고린도 공동체 간에 벌어진 틈새들이 메워져야 하는데, 그들을 "메시야 속으로" 함께 데려가서, 즉 지

172) 위의 제1장 제1절 4).

173) 예를 들면, Stuhlmacher, 1975, 33. 이것이 그 배경에 있다는 것은 의심의 여지가 없다 — 나는 바울이 실제로 '크리스토스' (Christos)를 그런 식으로 사용하고 있는지에 대해서 확신할 수 없지만.

금은 이 여정의 목적지가 되고 있지만 원래는 "메시야 안에서" 그들이 소유하고 있어야 마땅한 연합 속으로 이끌어서 그 틈새들을 메울 분은 하나님이라는 것이다.[174] 갈라디아서 3:16을 비롯한 다른 곳들에서와 마찬가지로,[175] 여기에서도 '크리스토스'는 "메시야와 그의 백성," 또는 좀 더 정확히 말해서 "자기 백성의 대표자로서의 메시야," 즉 자신 속에 자기 백성이 함께 결합되어 집약되어 있는 분으로서의 메시야를 가리키고, 그 강조점은 이 무리의 연합(unity), 특히 전통적인 경계선들을 뛰어넘는 그들의 연합에 두어져 있다.[176] 빌레몬서의 사상 전체를 집약하고 있는 매력적인 절에서, 믿음의 '코이노니아'(koinōnia)는, 갈라디아서 3:28에 언급되어

174) 최근의 주석자들 중에서 Thrall, 1994, 2000, 151-9은 예상치 않은 '에이스 크리스톤'(eis Christon)의 문제점을 분명히 보고서, 여기에서 이 어구는 "그리스도 속으로" 들어간다는, 세례와 관련된 통상적인 의미가 아니라, 고린도전서 1:8f.을 가져와서 압축하여 종말론적인 의미로 사용하고 있는 것일 가능성이 있다고 주장한다. 고린도전서의 해당 본문에서 동일한 동사(bebaioō - '베바이오오')는 하나님의 백성이 다가올 심판의 날에 현재적으로 안전하다고 말하는 데 사용되고 있고, 하나님이 자기 백성을 메시야 예수의 '코이노니아'(koinōnia)로 부른다고 할 때에 즉시 하나님의 신실하심에 대하여 말한다(Thrall, 159). 또한, Furnish, 1984, 137을 보라: 그들 모두가 "그리스도의 몸으로" 합체되고 있다고 말하는 것은 이미 일어난 세례를 의미하기는 힘들고, 그 몸이 온전한 모습으로 세워져 가는 것을 의미한다. 내가 옳다면, 고린도후서 1:21과 여기 빌레몬서 1:6에서 바울이 말하고자 하는 의미는 '에이스 크리스톤'이 세례와 관련해서 통상적으로 지니고 있는 의미와 이러한 종말론적인 의미 간의 중간쯤에 위치해 있다고 할 수 있다: 현재에 있어서 하나님의 목적은 자신의 모든 백성이 그리스도 안에서 연합되는 것이고, 그러한 연합으로의 여정을 '에이스 크리스톤'(eis Christon), 즉 "메시야 속으로"의 여정으로 표현하는 것은 합당하다. 물론, 우리가 에베소서 4:12, 13, 15을 이 논증에 추가한다면(아래를 보라), 이 모든 것은 훨씬 더 분명해지지만, 그렇게 했을 때에는 추가적인 질문들이 제기된다 — 그리고 실제로 일부 사람들은 그것을 고린도후서와 빌레몬서 본문들에 대한 설명을 에베소서 본문에 따라 제시할 때의 약점으로 여길 수 있다! 이 어구를 세례와는 관계없는 다른 용법으로 사용하고 있음이 분명한 또 하나의 본문인 고린도후서 11:3은 메시야 백성의 특징이 되어야 할 "메시야에 대한" 일편단심의 헌신을 가리키기 때문에 사정이 다르다.

175) 갈라디아서 3:16에 대해서는 cf. *Climax*, ch. 8.

176) Wall, 1993, 200은 빌레몬서 1:6에서 '에이스'(eis)에 합당한 무게를 부여해야 한다고 보지만, 그것을 빌레몬 자신의 영적 성숙에만 적용하고, 그것이 연합의 문제와 어떤 관계에 있는지를 보지는 않는다. Ryan, 2005, 224은 다수의 견해의 전형을 보여준다: '엔 크리스토'(en Christō)가 나올 법한 곳에서 바울이 '에이스 크리스톤'(eis Christon)이라고 쓴 것은 순전히 "문체에 변화를 준 것"일 뿐이다(또한, Harris, 1991, 252f.를 보라). Dunn, 1996, 320은 빌레몬서 1:6에 나오는 이 어구를 "어색하다"고 말하고, 한두 가지 만족스럽지 못한 선택지들을 열거한 후에, 그럼에도 불구하고 "이 절의 나머지 부분에서 말해지고 있는 모든 것은 그리스도에 대한 그것들의 관계 때문에, 또는 좀 더 구체적으로 말하자면, '우리가 그리스도와 (좀 더 밀접한) 관계로 들어갔기' 때문에 유효하고 타당한 까닭에, 그 기본적인 의미는 분명하다"고 말하는데, 첫 번째의 것은 Harris, 1991, 253을 인용한 것이고, 두 번째의 것은 Moule, 1957, 142 등을 인용한 것이다. 여기에서나 다른 곳에서나, 이것이 '에이스 크리스톤'의 "기본적인 의미"가 아니고, '크리스토스'는 갈라디아서 3장에서와 마찬가지로 여기에서도 근본적인 차이들을 뛰어넘은 단일한 "메시야 권속"을 가리킨다고 나는 믿는다. 자세한 것은 위의 제1장 제1절 4)를 보라.

있는 전통적인 경계들을 뛰어넘어서, 노예 주인과 도망 노예 간의 예기치 않은 진정으로 충격적인 새로운 연합에 구체적으로 초점이 맞춰진 저 실제적인 연합을 만들어 내기 위한 것이다. 갈라디아서에서의 쟁점이 믿는 이방인들이 믿는 유대인들과 나란히 대등한 지체들로 그리스도의 권속에 속해 있는 것이냐 하는 것이었다면, 빌레몬서에서의 쟁점은 노예와 자유민의 문제였지만, 그 근저에서 작용하고 있는 신학은 동일하다. 에베소를 누가 썼든, 그 기자도 분명히 그러한 빛 아래에서 보고서, 하나님이 다양한 직분들을 준 목적은 "우리가 다" 미숙함에서 벗어나서 "하나님의 아들을 믿는 것과 아는 것에 하나가 되어 다 자란 어른이 되고 '크리스토스'의 충만한 분량까지 이르고 … 모든 점에서 머리이신 '크리스토스'에게까지 자라는" 것이라고 말한다.[177] 달리 말하면, 세례와 믿음을 통해서 "메시야 속으로"(eis Christon – '에이스 크리스톤') 처음으로 들어간 자들은 이제 메시야의 다른 모든 지체들과의 온전한 연합이라는 이후의 매우 도전적인 과제, 즉 바울이 "메시야 속으로"(eis Christon) 들어가는 움직임이라고 규정할 수 있었던 그런 과제를 계속해 나가도록 호출을 받고 있는 것이다.

우리는 이 모든 것이 로마서 전체 속에서 큰 규모로 전개되는 것을 볼 수 있다. 앞에서 말했듯이, 이 서신의 "처음과 끝"은 예수의 메시야적 부활과 전 세계적인 통치에 관한 쌍둥이 진술들이다(1:3-5; 15:12). 그리고 이런 식으로 틀이 짜여진 이 서신의 중심에는 세례를 통해서 "메시야 속으로" 들어가서 거기에서 생겨나는 온갖 유익들을 누리는 가운데 "메시야 안에" 있는 것이 무엇을 의미하는지에 대한 강해인 6-8장이 자리하고 있다. 우리는 이 모든 것을 때가 되면 자세하게 살펴보게 될 것이다.

(4) 결론: 바울과 메시야직

우리는 방금 바울이 예수를 이스라엘의 메시야로 여겼다는 것, 그리고 메시야가 이스라엘을 자기 자신 속에 집약시켜서, "그 안에" 있는 모든 자들이 그의 죽음과 부활로 표현된 그의 "신실하심"에 의해 정의되는 새로운 연대를 개시시켰다는 관점에서 그러한 믿음을 바라보고 표현하였다는 것을 살펴보았다. 이제 나는 이것이 바울이 하나님이 이스라엘을 선민으로 택하였다는 것에 관한 유대적인 신앙을 수정한 방식의 열쇠이자 토대였다는 것을 보이고자 한다. 그러한 틀 내에서, 그것은

177) 엡 4:13-15.

그의 유명한 칭의론의 열쇠이자 토대였다. 메시야와 이스라엘의 결합은 바울의 구원론적 믿음들의 심장부로 들어가서, 지금까지 통상적으로 각기 찢어져 있고 분산되어 있던 그의 사고와 글의 여러 요소들을 하나의 온전하고 통일적인 전체로 만들어내는 길을 제공해 준다.

또한, 나는 이 문제를 신학자나 "신약 전문가"로서가 아니라 언어학자이자 철학자로서 접근하고 있는 이탈리아 철학자 조르조 아감벤(Giorgio Agamben)의 날카로운 지적으로 다시 돌아가서, 이 논증의 끝을 장식할 것이다. 아감벤은 로마서와 발터 벤야민(Walter Benjamin)의 철학적인 글들에 대한 자신의 매력적인 비교 연구에서, '크리스토스'라는 단어가 바울 같은 저자에게서 단순한 고유명사로서 기능할 수 있었을 것이라고 생각해 온 자들에게 가차 없이 공격을 퍼붓는다:

> 바울의 본문을 읽거나 새롭게 번역할 때마다 반드시 먼저 기억해 두어야 할 것은 '크리스토스'는 고유명사가 아니라, 이미 칠십인역이 보여 주었듯이, 히브리어 '마쉬아흐'(mashiah, "기름부음 받은 자"), 즉 메시야를 헬라어로 번역한 것이라는 사실이다. 바울에게는 예수 그리스도는 낯선 것이었고, 오직 메시야 예수만이 친숙한 것이었다 … '크리스토스'라는 단어를 번역하지 않은 채로 내버려 둔 천 년의 전통은 결국 메시야라는 용어가 바울의 본문에서 사라지게 만드는 결과를 가져왔다 … 따라서 우리의 본문[즉, 아감벤 자신의 책] 속에 그리스도라는 용어가 한 번도 나오지 않는 것은 어떤 변증적인 의도가 있거나, 바울의 본문에 대한 유대적 읽기를 시도하고자 하는 것이 아니라, 로마 교황청의 출판 허가서가 있든 없든, 모든 번역자들이 따라야 하는 기본적인 언어학적 원칙에 따라 양심의 거리낌이 없게 하기 위한 것일 뿐이다. 우리는 특히 유대인에게 있어서의 메시야 같은 근본적인 개념과 관련해서, 바울의 삶의 언어학적 맥락 속에서 당시에 통용되고 있던 한 용어를 가져와서 고유명사로 만들어 버리는 것은 저자의 권한 밖에 있는 일이라는 것을 결코 잊어서는 안 된다.[178]

이 말을 오래 전에 대학교의 교수진들과 대학원생들이 보는 게시판들에 압정으로 꽂아놓지 않은 것이 애석하다. 그러나 우리는 이제라도 잃어버린 시간을 벌충하지 않으면 안 된다. 바울이 이스라엘이 하나님의 백성으로 택하심을 받은 것으로 보았다는 맥락 속에서, 앞 장에서 살펴보았던 대로, 그가 진정으로 예수를 단지 "주"로만 본 것이 아니라, 이스라엘의 메시야로 보았다고 한다면, 그것은 무엇을 의미하는가?

178) Agamben, 2006, 15-17(또한, 위의 제8장 제5절을 보라). 그는 Huby, 1957 [1940]를 자기가 염두에 둔 잘못의 예로 인용하지만, 오늘날의 서구 신약학자들의 2/3, 그리고 20세기에 글을 쓴 학자들의 적어도 3/4을 그 예로 들 수 있었을 것이다.

2) 이스라엘의 신실하신 메시야로서의 예수: 로마서 3장과 4장

신학적이고 석의적인 논증에서 유행이 시시각각 변하는 와중에서, '피스티스 크리스투'(pistis Christou, "그리스도의 믿음[신실하심]"? 또는 "그리스도를 믿는 믿음"?)의 해석 문제를 놓고서 지난 삼십 년 동안 열띤 논쟁이 있어 왔다는 것은 신기한 일이다. 이 문제는 하나의 질문으로 시작되었다가, 다음에는 최초의 주장이 나왔고, 그 이후에는 중요한 논제로 정착되어서, 우리가 믿기 어려울 정도로 격렬한 논쟁을 낳았다. 이 논쟁은 이제 사방으로 뿌려져서 모든 나무에 둥지를 틀려고 하고 있다.[179] 본서에서 다루어지는 대다수의 주제들과 마찬가지로, 이 주제에 대한 논의만으로도 한 권의 책을 쉽게 쓸 수 있겠지만, 그 책의 대부분은 모든 논증들과 모든 본문들과 모든 절들을 지금까지 아주 자세하게 다루어 온 사람들에 대한 각주들로 채워지게 될 것이다.

단 한 절만 빼고, 그야말로 모든 절이 다루어졌지만, 나는 바로 그 통상적으로 무시되어 온 절이 사실은 바울의 글에서 이 특정한 주제에 관한 가장 중심적인 진술로서 결정적으로 중요하다고 믿는다.[180] 우리는 바울이 특정한 사고의 흐름을 끌고 가다가 그 논증에서 결정적인 전환점이 되는 것들을 환기시키고 있는지의 여부를 대체로 알 수 있는데도, '피스티스 크리스투'(pistis Christou)에 관한 최근의 중심적인 논의들에서 로마서 3:2이 거의 아무런 역할도 하지 않아 왔다는 것은 흥미로운 일이다.[181] 그러나 로마서 3:2은 3:1-9의 고도로 압축되고 복잡하게 뒤엉킨 논증의 토대를 설정하는 절이고, (자신도 헷갈리며 횡설수설하는 말들을 바울에게 투영시키는 자들이 자주 하는 단언들에도 불구하고) 결코 뒤죽박죽이고 엉망진창인 구절이 아니다.[182] 특히, 이 절은 좀 더 크고 무게 있는 논의에 대한 단초를 열어

179) 이제는 Hays의 획기적인 저작의 제2판 서론(Hays, 2002 [1983], xxi-lii); Bird and Sprinkle, 2009에 수록된 자세하고 수준 높은 각주가 달린 일련의 논문들을 보라. Hays와 Dunn 간의 논쟁(Hays, 2002 [1983], 249-97)은 이제 서로 상반된 두 가지 주된 입장을 보여주는 전형적인 서술이다. 이전의 논의들을 다루고 있는 중요한 이전의 저작으로는 Hanson, 1974, 39-51이 있다.

180) 이하의 서술에 대하여 더 자세한 것은 Wright, 2002 [*Romans*], 452f.와 함께, *Perspectives*, ch. 30에 수록된 관련 논문을 보라.

181) 이것은 Bird and Sprinkle, 2009의 색인에서 거의 등장하지 않는다. Hays, 2002 [1983]조차도 이것을 논의하지 않는 것으로 보인다. Dunn, 1998, 384f.은 핵심 본문들에서 "논증의 흐름"은 '피스티스 크리스투'(pistis Christou)에 대한 "목적격적" 읽기를 밑받침한다고 주장하지만, 적어도 3:22에서의 "주격적" 읽기에 대한 가장 강력한 지지를 제공하고 있는 로마서 3장에서의 논증의 흐름이다.

182) Dodd, 1959 [1932], 71의 고전적인 진술을 보라: "이 단락 전체를 빼버린다면, 이 서신의 논증은 훨씬 더 훌륭해질 것이다." Schreiner, 2001, 215는 "목적격적 속격"으로 해석할 때 — 이것은 그가 내

서, 3:22의 결정적으로 중요한 진술이 나오게 만드는 역할을 한다. 따라서 독자들을 계속해서 긴장상태에 두지 않기 위하여, 여기에서 바울의 논증의 결론을 얘기하자면, 이스라엘에게 요구되었지만 제대로 수행할 수 없었던 "신실함"은 이제 이스라엘의 대표자인 메시야에 의해서 수행되었다는 것이다.

우리는 저 핵심적인 단락인 로마서 2:25-29에서 시작하여야 한다. 일단 우리가 그 단락이 실제로 어떤 식으로 작동하는지를 파악하기만 한다면, 즉 바울이 여기에서 사실 온갖 출신배경을 지닌 사람들이 "할례파"이자 "유대인"으로 여김을 받고 있다고 상정하고 있다는 것을 우리가 이해하기만 한다면, 바울이 왜 3:1의 질문을 던질 필요가 있었는지도 분명해진다: 유대인이라는 것이 도대체 무엇인가? 거기에 무슨 "유익"이 있는 것인가? 할례를 받으면 어떤 유익이 있는 것인가? 바울은 1:16에서 복음은 "먼저는 유대인을 위한 것이고, 또한 마찬가지로 헬라인을 위한 것"이라고 선언하고,[183] 복음이 메시야가 모든 사람을 공평하게 심판할 분이라는 것을 드러냄으로써, 하나님의 진노가 모든 사람, 곧 "먼저는 유대인에게, 그리고 또한 헬라인에게도" 나타났다고 선언한다(2:9-10). 그러나 그런 후에 — 여기가 이 서신에 대한 전통적인 읽기들이 파탄이 나기 시작하는 지점이다 — 그는 "유대인"인 사람들은 이스라엘이 세계의 빛이 되라고 부르심을 받은 것이 아니냐고 당연히 반문할 것이라는 데 동의한다(2:17-20). 이것이 이 문제에 대한 대답이 아닌가?

그리고 우리는 바울이 "그렇다"고 대답할 것임을 예상할 수 있다. 바울은 "유대인들의" 자랑에 동의하는 데 주저하지 않는다. 왜냐하면, 그들이 자랑하는 내용들은 그들의 성경 속에도 새겨져 있고, 그가 지니고 있던 세계관, 즉 하나님의 흔들릴 수 없는 약속들을 토대로 한 제2성전 시대의 세계관 속에도 새겨져 있기 때문이다. 요한복음에서 "구원이 유대인에게서 난다"고 말하고 있듯이,[184] 여기에서도 마찬가지이다: 하나님은 아브라함을 불러 소명을 주어서, 세계를 복주고 아담의 죄와 그 결과들을 무효화하겠다고 약속하였고, 이스라엘 전체가 하나님의 기대를 저버린다고 할지라도, 반드시 그 약속에 대하여 진실하게 행할 것이다. 정도 차이는 있지만, 이것이 이사야서 52장과 에스겔서 36장이 말한 것이었다. 그리고 이제 바울이 그

내 지지하는 것이다 — "로마서 3:21—4:12과 갈라디아서 2:16—3:9에서 사고의 흐름은 가장 좋아진다"고 주장한다. 이것은 앞으로 살펴보아야 할 과제이다. 나의 주장의 토대는 "주격적 속격"으로 읽을 때에 로마서 3:1-31은 더할 나위 없이 가장 잘 의미가 통하고, 그 초점인 3:2과 3:22도 잘 부각된다는 것이다.

183) Cranfield, 1975, 1979, 91을 보라: 1:16의 '테 프로톤 카이'(te prōton kai)라는 어구는 "기본적인 동등성"과 아울러 "부인할 수 없는 우선성"을 보여준다.

184) 요 4:22. 이것은 물론 우리가 "구원"을 어떤 의미로 사용하느냐에 달려 있다: Loewe, 1981을 보라.

것을 어떤 식으로 바라보고 있는지가 여기에 나온다:

> [1]그렇다면, 유대인이 어떤 이점을 지니는가? 할례라는 것이 도대체 어떤 유익이 있는가? [2]모든 점에서 아주 많다. 먼저, 유대인들은 하나님의 말씀을 맡았다. [3]그것으로부터 무엇이 도출되는가? 그들 중의 일부가 [그들에게 맡겨진 것에 대하여] 신실하지 않았다고 해서, 그들의 신실하지 않음이 하나님의 신실하심을 무효화시키는 것인가? [4]분명히 그렇지 않다! 모든 사람이 거짓되지만, 오직 하나님만은 참되시다고 하라. 성경은 말한다:
> "이는 당신이 말씀하시는 것에서 당신이 의로운 것으로 발견되고,
> 법정에 나갔을 때에 이기려 하심이라."[185)]

내가 이미 앞에서 강조했듯이, 여기에서 핵심 구절은 지금까지 통상적으로 무시되고 오해되어 온 2절이다. 바울은 유대인들에게는 한 분 유일하신 하나님의 말씀이 "맡겨졌다"고 말한다. 일부 주석자들은 바로 이 구절로 뚜벅뚜벅 걸어와서는, 이 구절이 가리키는 방향을 살펴본 후에, 그 길을 지나쳐서 다른 길로 가버리곤 하였고, 어떤 주석자들은 아예 이 구절 근처에 처음부터 얼씬거리지도 않았다.[186)] 바울은 "맡기다"라는 단어를 언제나 대중적인 헬라어에서 이 단어가 지니고 있던 것과 동일한 의미로 사용한다. 즉, 어떤 사람에게 어떤 것을 맡긴다는 것은 그들에게 어떤 것을 주어서 돌보게 하고 적절한 사람에게 넘겨주게 한다는 뜻이다. 바울은 고린도전서 9:17에 의하면 "사명"을, 갈라디아서 2:7에 의하면 "무할례에게 복음 전함"을, 데살로니가전서 2:4에 의하면 "복음"을 "맡았다."[187)] 여기서 그 어느 경우에도 이 사명 또는 이 복음의 최종목적지는 바울이 아니었다. 하나님이 그러한 사명이나 복음을 바울에게(to) 준 것은 바울을 통해서(through) 원래 의도되었던 다른 사람들에게 주기 위한 것이었다. 이것은 바울이 유독 자기와 관련해서만 "신탁들"(the oracles)이라는 표현을 사용하는 이유일 수 있다. 비록 이스라엘은 하나님의 말씀들이 단순한 "신탁들" 이상의 것임을 알고 있었을지라도, 이방 세계가 그들에게 "신탁들"로 보이는 것들을 이스라엘을 통해서 듣게 하는 것이 하나님의 계획이었다고 바울은 믿었다.[188)] 이 문장 전체의 취지, 그리고 2:17 이후의 본문들 전체의

185) 롬 3:1-4.

186) 어떤 사람들(예컨대, Dunn, 1988a, 131)은 여기에서 '피스트-'(pist-) 어근을 사용한 여러 단어들이 서로 밀접하게 연결되어 있다는 사실을 지적하지만, 그것은 별로 중요한 핵심이 아니다: Dunn은 이것을 "'피스티스'(pistis)의 개념을 중심으로 한 유희"로 보지만, "그 목적이 분명하지 않다"고 말한다 — 물론, 그는 계속해서 이 "신탁들"은 "다른 사람들을 위하여 보관하도록 유대인들에게 주어진" 것이라고 말하기는 하지만.

187) 또한, 딤전 1:11을 보라.

188) 특히, Manson, 1962a, 1962b을 토대로 논증하고 있는 Williams, 1980, 267f.를 보라; 또한,

취지는 일차적으로 "이스라엘의 죄책"에 관한 것이 아니라, 하나님이 이스라엘을 통해서 세계에 대하여 행하고자 한 계획에 관한 것이다.

이것은 내가 3절에 "그들에게 맡겨진 것에 대하여"라는 말을 추가한 이유이다. 바울은 그들의 "불신앙," 즉 그들이 메시야이자 주로서의 예수, 또는 그의 부활을 믿지 않은 것을 고발하고 있는 것이 아니다. 그리고 그가 3절의 하반절에서 "그들의 신실하지 않음"에 대하여 말할 때에도, 거기에는 다음과 같은 의미가 여전히 내포되어 있다: 그들이 아브라함과 이사야가 말한 그들의 소명이 요구한 것에 실패하였다는 것은 하나님이 신실하지 못하다는 것이 증명되었다는 것을 의미하는 것인가?

이것은 신정론이라는 잘 알려진 문제의 일종의 이차적인 판본이라는 것이 이제 분명해진 것으로 보인다. 이 문제의 통상적인 형태는 이런 식으로 진행된다: 창조주는 아브라함의 권속에게 약속들을 준다; 아브라함의 권속이 잘못 행한다; 그렇다면, 이제 이 하나님은 어떻게 편애한다는 비난을 듣지 않는 가운데 그들을 구원할 것인가? 이것은 또 다른 차원의 논증에서도 여전히 중요하지만, 바울은 그것을 일단 내버려 두고, 그것과는 상당히 다른 문제에 집중한다: 창조주는 아브라함을 통해서(through) 세계에 대하여 약속을 행한다; 아브라함의 권속은 "신탁들"을 전하는 데, 즉 달리 말하면, 원래 그들에게 맡겨졌던 역할인 "열방들의 빛이 되고 눈먼자들의 인도자"가 되는 데 실패한다(2:17-20); 그렇다면, 이제 이 하나님은 이스라엘을 통해서(through) 세계에 대하여 행한 약속들을 어떻게 지킬 것인가? 편지를 전해 주는 책임을 맡았던 사람이 믿을 수 없게 되어 버렸다면, 나는 당신에게 편지를 보내겠다고 한 나의 약속들을 그 동일한 우편 전달 체계를 통해서 어떻게

Stowers, 1994, 166f.를 보라. 이러한 인식에 근접한 또 한 명의 주석자는 Cranfield(1.179)이다. 그러나 그조차도 그가 세워 나가고 있었던 것으로 보였던 이 분명한 진술로부터 몸을 빼는 것으로 보인다: "유대인들에게 하나님의 참된 자기계기가 주어진 것은 그것을 잘 보관하였다가 온 인류에게 증언하고 전파하게 하기 위한 것이었다 … 오직 그들만이 인류에 대한 하나님의 메시지를 인류를 대신하여 받은 자들이었다." 각주(179 n. 3)에서 그는 "맡기는 것"과 "주는 것"은 차이가 있음을 강조하지만, 그런 후에는 그것을 어떻게 적용해야 할지를 모르는 것으로 보인다: "그들에게 [신탁들]이 주어진 것은 그것들을 그들이 좋은 대로 하게 하기 위한 것이 아니라, 그들에게 그것들을 맡긴 하나님의 뜻을 따라 그것들을 처리하게 하기 위한 것이기 때문에, 그들은 그것들과 관련해서 하나님에게 책임을 지게 될 것이다." Cranfield는 자신의 손가락으로 올바른 곳을 가리키기는 하였지만, 그런 후에는 이 본문이 "유대인들을 통한 하나님의 계획"이 아니라 "유대인들의 죄과"에 대하여 다루고 있다고 보고서, 이것을 거기에 맞추기로 한 것처럼 보인다. Jewett, 2007, 243은 "많은 주석자들이 받는 인상에도 불구하고, 바울은 모든 인간이 실패에 관한 자신의 논증으로부터 궤도를 이탈하지 않았다"고 말한다; 그러나 다른 많은 주석자들과 마찬가지로 실제로 궤도를 이탈한 것은 Jewett 자신이다. 왜냐하면, 여기서의 논증은 모든 인간의 실패에 관한 것이 아니라, 이스라엘이 세계의 빛이 되어야 한다는 자신의 사명을 신실하게 담당하는 데 실패하였다는 것에 관한 것이기 때문이다.

지킬 수 있는가?

따라서 3절 끝에 언급된 "하나님의 신실하심"은, 하나님이 약속한 복들을 전달할 책임을 맡은 백성이 그들 자신의 "신실하지 못함"으로 인해서 그를 실망시킨 것으로 보인다고 할지라도, 여전히 자기가 약속한 것들을 행하겠다고 하는 계약의 하나님의 확고한 결심을 보여주는 표현이다. 이것은 '피스티스'(pistis, "신실하심")라는 표현 대신에 '알레테이아'(alētheia, "참되심" 또는 "진실하심")가 사용되고 있는 다음 절의 첫부분에서 분명해진다.[189] 그런 후에, 이것은 삼차적인 논쟁으로 보이는 것을 만들어낸다: 이스라엘의 하나님이 이스라엘의 실패에도 불구하고 자기가 약속한 일들을 행할 것이라면, 이스라엘이 책망 받을 이유가 어디 있겠는가? 왜냐하면, 바울은 2:27에서 "토라를 온전히 지키는 무할례자"가 율법을 범하는 할례자들을 "심판할" 것이라고 말하고 있기 때문이다. 이것으로, 바울이 9:6-29에서 다시 다루게 될 문제들의 목록 전체가 완성된다 — 물론, 그는 현재의 본문에서는 이 문제들에 대하여 8절의 귀류법으로 간단하게 대답하며 끝내고 있지만(만약 사람들이 바울의 논증을 듣고서, "그렇다면, 선을 이루기 위해서 악을 행하여야 하겠네"라고 말한다면, 바울은 그런 사람들에게 해줄 말은 오직 하나, 즉 그렇게 말하는 자들은 심판 받아 마땅한 자들이라는 말밖에는 들려줄 말이 없다고 말한다!).

이렇게 해서, 바울은 2:17-20의 문제를 예비적으로 해결한다: 이스라엘은 세계를 복주기 위한 통로가 되도록 하기 위하여 택하심을 받은 것이 맞고, 이스라엘이 그러한 사명에 신실하지 못하였음에도 불구하고, 계약의 하나님은 이스라엘을 통하여 세계를 복주겠다는 그 약속에 신실하시리라는 것도 맞다. 그러나 바울은 이 하나님이 어떤 식으로 그렇게 할 것인가에 대해서는 아직 말하지 않는다. 하지만 바울은 우리로 하여금 이제 필요한 일이 무엇인지를 원칙적으로 알 수 있도록, 이 문제를 정리해 놓았다. 즉, 계약의 하나님이 이스라엘을 통해서 세계를 복주고자 한다면, 하나님에게는 신실한 이스라엘 사람이 필요하다는 것이다. 바울은 3:21-26에서 바로 그것이 이제 하나님이 행한 일임을 논증한다.

일단 우리가 '크리스토스'를 이스라엘의 대표자이자 이스라엘과 일체가 된 메시야로 이해하기만 하면, 이 문제는 술술 풀려나가게 된다. (a) 계약의 하나님은 이스라엘을 통하여 세계를 구원하고 복주겠다고 약속한다; (b) 현재의 이스라엘은 이

189) 영어에서는 "truth"와 "trust"는 의미가 서로 겹칠 뿐만 아니라 동일한 어근에서 나온 단어들이다. 바울에게 있어서 '피스티스'(pistis, "신실함" 또는 "신뢰할 만함")와 '알레테이아'(alētheia, "진리" 또는 "진실함")라는 단어들은 어원적으로 서로 관련되어 있지는 않지만, 그 의미가 상당한 정도로 겹친다.

사명에 신실하지 못하다; (c) 하지만 계약의 하나님은 신실하여서, 신실한 이스라엘 사람, 바로 그 "신실하신 이스라엘 사람"인 메시야를 줄 것이다. 오래 전에 나로 하여금 로마서 3:22이 메시야의 신실하심에 대하여 말하고 있는 것임을 확신하게 해준 것은 주어와 목적어, 전치사와 격변화에 관한 그 어떤 언어적인 논증들이나 어떤 신학적인 입장들이 아니라, 이렇게 단단하게 결합되어 통일적으로 전개되고 있는 일련의 사고의 흐름이었고, 이것은 여전히 내게 그런 확신을 주고 있다.

물론, 로마서 3:22에서 '피스티스 크리스투'(pistis Christou)를 이른바 주격적 속격으로 읽는 것에 내가 찬성한다고 해서, 그런 식으로 읽기만 한다면, 나머지는 어떤 식으로든 해석해도 좋다고 백지위임장을 건네는 것은 결코 아니다. 따라서 예컨대, 나는 바울이 여기에서 예수가 "믿음으로 말미암아 의롭다 함을 얻었다"고 말하고 있다고 생각하지 않는다. 여기에서 말해지고 있는 것은 예수의 신앙이나 믿음이 아니라, 이스라엘과 관련된 하나님의 계획에 대한 예수의 신실하심이다.[190] 또한, 내게는 "신자"가 메시야 예수의 복음에 대하여 인간의 믿음으로 응답하는 것을 어떤 식으로든 폄하하거나 평가절하하고자 하는 의도가 전혀 없다. 나의 의도는 그런 것과는 거리가 멀다. 로마서 3:22은 메시야의 신실하심으로 말미암아 모든 믿는 자들로 하여금 구원의 유익을 얻게 한 하나님의 역사에 대하여 말하고 있는 것이고, 이런 식으로 읽지 않으면, 이 구절은 동어반복이 되고 말 것이다. 메시야의 신실하심은 신자들의 믿음을 무효화하는 것이 아니라, 도리어 그 믿음을 원래 있어야 할 맥락 속에 둔다. 앞으로 보게 되겠지만, 이 구절의 취지는 메시야의 신실하심(pistis – '피스티스')은 그가 참된 이스라엘 사람이라는 것, 약속을 담당한 분이라는 것, 창조주가 처음에 이스라엘을 부른 목적을 마침내 이룬 분이라는 것을 보여주는 증거라는 것이다. 따라서 복음을 믿는 자들, 즉 "우리 주 예수를 죽은 자 가운데서 다시 살리신 이를 믿는"(4:24) 자들은 그들 자신의 '피스티스'(pistis)라는 결코 자의적이지 않은 저 표지를 지니고 있는 것이 합당한데, 이 '피스티스'는 그들이 모종의 종교적 체험을 해서 회심하였음이 분명하다는 것을 의미하기 때문도 아니고, "믿음"이라는 것은 이 하나님이 상을 주기로 작정한 내면의 어떤 특별한 공로가 되는 상태이기 때문도 아니며, 오직 이 '피스티스,' 즉 "신실함"은 (a) 언제나 이스라엘의 표지로 상정되어 온 것이었고, (b) 이제 예수의 표지가 되었으며, (c) 따라서 예수의 추종자들이 지녀야 할 유일하게 합당한 표지가 되었기 때문

190) 반대견해로는 Hanson, 1974, 45-51. 그는 "그리스도는" 율법에 의지해서 살아가는 것을 거부하고, "믿음으로 말미암아 살았고," 믿음으로 말미암아 의롭다 함을 받았다는 것을 논증한다.

이다. 이것에 대해서는 우리가 나중에 다시 살펴볼 것이다.

우리가 이 논증을 끝맺기 전에 먼저 기억해 두어야 할 것은 바울은 이스라엘의 소명에 관한 이 이차적인(하지만 절대적으로 중요한) 문제를 다루는 것과 마찬가지로, 1:18–2:16에서 설명한 인간의 죄라는 저 해묵은 엄청난 문제(좀 더 정확히 말해서, 우상 숭배와 음행의 문제)를 다루고 있다는 것이다. 따라서 (적어도) 두 가지 문제가 책상 위에 올려져 있고, 나는 로마서 3:21–4:25의 읽기가 난해해지고 혼란스럽게 된 것은 거기에 이 두 가지 문제가 서로 뒤엉켜 혼합되어 있기 때문이라고 본다.

첫째, 창조주 하나님은 세계를 복주겠다는 약속들을 행하였고, 바울은 2:1-11에서 사람들이 실제로 행한 일들에 의거해서 공평하게 심판을 받게 될 최후의 심판이 장차 있을 것임을 보여준다.[191] 그러나 3:19-20에 나오는 요약적인 진술이 보여주듯이, 유대인이든 이방인이든 모든 사람이 유죄인 상태로 법정 앞에 서 있는 것은 자명하다. 토라를 가지고 있다는 호소("우리에게는 열방들과는 달리 토라가 있다"[192])는 단지 상황을 더욱 악화시키는 것으로 보인다: "토라를 통해서 죄를 깨닫게 된다."[193]

둘째, 하지만 창조주 하나님은 그럼에도 불구하고 자기가 이스라엘을 통해서 세계를 구원할 것이라고 말해 왔다. 그것이 계약의 취지였고, 하나님은 그 계약을 폐기하지 않을 것이지만, "세계의 빛"이라는 유대인들의 자랑은 이스라엘의 신실하지 못함으로 인해서 실제로 실현되지 못하게 되었다. 창조주는 이중의 문제에 직면하는데, 하나는 (약속한 대로) 온갖 종류의 사람들은 그만두고라도, 과연 한 사람이라도 구원할 수 있겠는가 하는 것이고, 다른 하나는 어떻게 이스라엘을 통해서 사람들을 구원할 수 있겠는가 하는 것이다. 하나님이 이 두 가지를 할 수 없다면, 시편과 이사야서, 그리고 다니엘서 9장 같은 저 위대한 본문들 속에서 통상적으로 증언되고 있는 하나님의 특질 — 우리가 하나님의 '체다카'(tsedaqah) 또는 '디카이오쉬네'(dikaiosynē), 즉 이스라엘의 하나님의 "신실하심" 또는 "의"라 부르는 특질 — 은 근본적으로 의문시될 수밖에 없다.

191) 바울이 여기에서 말한 것은 그의 본심이 아니었다고 주장하거나, 2:7, 10에서 어떤 사람들이 "선을 행할" 가능성에 대하여 말한 것은 나중에 그것을 부정하기 위하여 하나의 "가설적인 범주"로 제시한 것이라고 주장하는 것은 석의적으로 궁지에 몰린 가운데 자신의 입장을 옹호하기 위해 편법을 사용하는 것일 뿐이다. 이 견해를 취하는 자들의 명단은 Schreiner, 1998, 114f.에 나와 있다; 그는 직접 이 입장을 검토하지만, 결국에는 배척한다.

192) 시 147:20.

193) 3:20; 이것은 물론 7:7-25에서 훨씬 더 자세하게 설명된다.

그렇다면, 우리는 로마서 3:21-22을 어떻게 읽어야 하는가? 이 본문을 이 두 가지 문제 — 결국에는 둘이 아니라 하나인 — 와 관련시켜서 읽어야 한다는 것은 분명하다. 첫 번째 문제와 관련해서는, 창조주는 여기에서 과녁을 빗나갔다는 것을 의미하는 '하마르티아'(hamartia, "죄")라는 일반적인 단어를 통해서 참된 인간이 되는 것에 실패했다는 것으로 뭉뚱거려서 표현된 보편적인 우상 숭배와 음행이라는 문제를 해결하여야 한다. 그러나 두 번째 문제와 관련해서는, 하나님은 그 문제를 신실한 이스라엘을 통해서 해결하여야 한다. 만일 하나님이 첫 번째 문제를 해결하지 못한다면, 창조와 관련된 프로젝트 전체는 끔찍한 실패와 실책으로 끝나 버리고 말 것이다. 하나님이 두 번째 문제를 해결하지 못한다면, 인류와 세계를 구원하고 회복하기 위한 수단으로서 이스라엘을 부른 것도 마찬가지로 끔찍한 실패와 실책으로 끝나 버리고 말 것이다. 그렇다면, 어떻게 해야 하나님은, 바울이 2:11에서 단호하게 얘기하였듯이, "사람들을 봐주는"(prosōpolēmpsia – '프로소폴렘프시아') 일이 없이, 후자(즉, 이스라엘에 대한 자신의 약속들을 성취하는 것)를 행함으로써 전자(즉, 세계를 '하마르티아'로부터 건져내는 것)를 이루어낼 수 있는가?

로마서 3:21-31이 그토록 압축되어 있는 이유는 바울이 이 두 가지 문제를 결합시켜서 한꺼번에 대답하여야 했기 때문이다. 이 두 가지 문제에 대한 대답은 동일하였다. 즉, 메시야는 신실한 이스라엘으로서 죽기까지 신실하게 행하였고, 이 메시야로 말미암아 계약의 하나님의 신실하신 정의는 이제 모든 사람에게, 즉 유대인과 이방인에게 똑같이 나타났다는 것이다.

우리는 3:21-31을 읽기 전에 먼저, 흔히 "하나님의 의"로 번역되는 '디카이오쉬네 테우'(dikaiosynē theou)의 의미에 대하여 예비적인 결론에 도달하는 것이 분명히 필요하다.[194] 나는 우리가 앞에서 살펴본 모든 것에 비추어서, 그리고 바울이 암묵적으로 환기시키고 있는 성경의 모든 본문들(우리는 이것을 제2장에서 살펴보았다)에 비추어서, 또한 바울의 현재의 논증의 정점과 결론(4:1-25)에 비추어서, '디카이오쉬네 테우'를 다음과 같이 이해하여야 한다고 본다: (a) 하나님 자신의 "의로움"(인간에게 허락되거나 전가되거나 다른 식으로 주어진 "의로움"의 상태

194) 여기는 분명히 이 논쟁의 기나긴 논의들에 뛰어들 수 있는 자리가 아니다. Jewett, 2007, 141f.은 그 주된 의미들 중의 하나인 계약의 울림을 빠뜨리고 있기는 하지만, 도움이 되는 요약을 제시한다. (의견이 일치하는 것은 결코 아니지만) 또 다른 유익한 요약들로는 Stowers, 1994, 195-203; Moo, 1996, 70-5; Witherington, 2004, 52-4; Keener, 2009, 27-9 등이 있다. 독일에서 벌어진 논쟁에 대한 이전의 요약인 Brauch, 1977도 좀 더 최근의 몇몇 해석들의 배후에 있는 전제들과 배경을 이해하는 데 여전히 유익하다.

가 아니라). (b) 아주 구체적으로 "신명기와 시편에서 및 이사야와 예레미야와 에스겔을 통해서 아브라함에게 약속한 일들을 행한다"는 의미에서의 계약에 대한 신실하심에 그 초점이 맞추어진 하나님 자신의 "의로움." (c) 이스라엘을 통해서 열방들을 복 주겠다고 한 계약상의 약속에 대한 신실하심이라는 의미에서의 하나님 자신의 "의로움." 또한, 이러한 단계들을 건너뛰거나 무효화시키는 것은 아니면서도, 그것들을 뛰어넘는 한 가지 의미가 있는데, 그것은 (d) 계약에 대한 하나님의 신실하심은 피조세계에 대한 하나님의 신실하심을 위해 정해진 수단이라는 것이다. '디카이오쉬네 테우'(dikaiosynē theou)가 지닌 창조와 관련된 차원은 우리 세대에서 에른스트 케제만(Ernst Käsemann)에 의해 널리 알려지게 되었고, 그가 이 어구를 개인의 칭의와 구원으로만 국한시키고자 하는 견해들에 반발하여 그렇게 한 것은 합당한 것이었다. 그러나 바울은 성경적인 전통, 그리고 그것보다 더 중요한 한 분 유일하신 하나님과 그 하나님의 신실하심이라는 개념에 대한 자신의 신실함으로 인해서, 피조세계 전체의 궁극적인 구원(로마서 8장)으로 가는 길목에서 아브라함과 맺은 계약에 대한 하나님의 신실하심 — 케제만은 이 점을 간과하였다 — 을 그냥 지나칠 수 없었고, 그럴 생각도 없었다.[195]

이것을 풀어서 표현하는 방법은 여러 가지가 있지만, 나는 여기에서 '계약의 하나님의 신실한 정의"(the faithful justice of the covenant God)라는 긴 표현을 사용하고자 한다.

따라서 우리가 로마서 2:17-20과 3:1-4을 진정으로 이해하였다면, 이제 우리는 로마서 3:21-22을 읽을 수 있는 준비가 된 것이다:

> [21]그러나 이제 (율법과 선지자들이 증언한 것이기는 하지만) 율법과는 상관없이 하나님의 신실한 계약 정의가 나타났다. [22]하나님의 신실한 계약 정의는 메시야 예수의 신실하심으로 말미암아 모든 믿는 자의 유익을 위해 작용된다.

다시 한 번 말해 두지만, 이것은 "종교적인 인식"이라는 의미에서의 예수 자신의 "믿음"이나, 하나님을 믿는 예수의 신앙이나, 예수가 자신의 선한 행위들을 의지하기를 거부한 것 등과는 아무런 상관이 없다. 그런 해석들은 '피스티스'의 의미를 그 문맥인 3:2-4로부터 떼어내서, 통상적인 기독교 교의학의 영역으로 가져옴으로써, 바울이 실제로 말하고 있는 것을 외면하는 것이다. 이것은 하나님의 구원 역사가 메시야의 구원 역사를 통해서 이루어졌다고 말하는 그 밖의 다른 핵심적인 본

195) Käsemann, 1969 [1965], ch. 7; 그리고 물론 1980 [1973], 24-30을 보라.

문들에도 그대로 적용되고, 마찬가지로 여기에도 적용된다. 현재의 논증의 요지는 하나님이 계약에 대하여(to) 신실하게 행한 일(우리는 "계약"은 인간의 죄를 해결하는 수단이라는 것을 기억하여야 한다)은 하나님이 계약을 통해서(through) 신실하게 행한 일이기도 하다는 것인데, 여기에서 "계약을 통해서"라는 어구는 아브라함의 백성인 이스라엘의 역할, 즉 이제는 오직 메시야가 담당하게 된 역할을 가리킨다. 앞으로 어떤 내용을 말하고자 하는지를 (흔히 그러하듯이 고도로 압축해서) 제시하고 있는 이 서두의 요약문 속에서, 바울은 창조주 하나님이 메시야 예수를 통해서 행한 역사, 달리 말하면 창조주 하나님이 "메시야 예수라는 인물 안에서의 이스라엘"을 통해서 행한 역사로 인해서 무엇이 성취되었는지를 보여준다. 그것은 이 역사로 말미암아, 곧 이 메시야로 말미암아, 아브라함과 이스라엘에게(to) 언제나 약속되어 왔고, 아브라함과 이스라엘을 통해서(through) 이루겠다고 약속되어 왔던 복들이 이제, 하나님이 언제나 의도해 왔던 대로, 세계 전체에 임하게 되었다는 것이다.[196]

왜 바울은 메시야가 행한 일, 또는 좀 더 정확하게 말해서 메시야를 통해서 하나님이 행한 일을 "신실하심"이라고 표현한 것인가? 그렇다면, 메시야가 "자신을 죽음에 내어준 것"(그가 이러한 표현을 통해서 예수의 십자가 처형을 가리키고자 하는 것임이 분명해 보인다는 점에서)이나 그런 비슷한 어구들도 "신실하심"과 연결시키는 것은 더더욱 가능하지 않겠는가? 예수의 죽음을 "신실하심"과 연결시키는 것 속에는 어떤 의미가 내포되어 있고, 그렇게 하는 것은 이치에 맞는 것인가?

첫 번째는 바울이 메시야의 "신실하심"이라고 말하는 것 속에는 메시야의 행위(또는, 수난)를, 이스라엘에게 주어졌지만 신실하게 수행하지 못하였던 하나님의 계획과 연결시키고자 하는 의도가 분명하게 존재한다는 것이다.[197] 이것은 우리가 내내 논증해 온 것이다.

그러나 이것은 두 번째 특징을 보여준다. 즉, 바울은 메시야의 죽음을 "신실하심"을 보여준 행위라고 말함으로써, 메시야를 통해서(이스라엘과 일체가 된 존재로서의 메시야를 통해서) 성취된 것은 계약의 하나님의 적극적인 의지와 뜻이었다

196) 바울이 사용한 바로 그 언어를 원어민으로서 사용한 헬라 교부들이 이 의미를 찾아내지 못하였다는 종종 제기되어 온 주장에 대하여, 나는 도리어 "그들이 바울이 제시하고 있는 유대적이고 계약적인 논증을 알았겠느냐"고 반문하고 싶다. 그들이 바울의 그러한 논증을 알지 못하였다면, 이 주제가 이런 식으로 흘러가는 것을 그들이 알아차리지 못하였다고 해도, 그것은 이상한 일이 아니다. 사실, Ian Wallis가 설득력 있게 보여 주었듯이(Wallis, 1995), 초기 교부들 중 다수는 실제로 "예수의 믿음"을 어떤 의미에서 기독교 믿음의 패러다임이자 원인으로 보았다: Hays, 2002 [1983], xlvii-lii을 보라.

197) Hays, 2002 [1983], xxx-xxxi을 보라.

는 것을 분명히 하고 있다는 것이다. 달리 말하면, 메시야의 죽음은 창조주와 대립 관계에 있는 한 인간에 의해서 행해진 일도 아니고, 창조주로 하여금 이전에는 생각하지도 않았던 어떤 일을 행하도록 설득하고자 한 것도 아니라는 것이다. 도리어, "신실하심"이라는 단어는 그 일이 창조주 하나님에게서 나와서(from), 이스라엘과 일체가 된 존재로서의 메시야를 거쳐서(through), 세계를 향하도록(towards) 되어 있던 일이라는 것을 의미한다.

세 번째는 "신실하심"이라는 개념은 바울로 하여금 5장에 이르러 자신이 지금까지 말해 온 것을 요약하는 지점에서, 아들의 죽음 안에서 드러난 하나님의 사랑에 대하여 말할 수 있게 해준다는 것이다. 왜냐하면, 이 말이 의미를 지니기 위해서는, (우리가 앞 장에서 보았듯이, 한 분 유일하신 하나님과 그 아들 간의 긴밀한 연결 관계와 아울러서) 창조주에게서 시작되어 예수의 죽음을 거쳐 죄악된 세계로 나아가는 어떤 흐름이 존재하여야 하기 때문이다.

네 번째는 "신실하심"이라는 개념은 메시야의 "순종"이라는 개념과 아주 밀접하게 연결되어 있다는 점에서, 우리는 여기서 5:12-21에 나오는 논증에 대한 또 하나의 요약을 본다는 것이다. 물론, (빌립보서 2:8에서와 마찬가지로) 이 지점에서 바울이 "순종"이라는 개념을 선택해서 사용한 이유는 특히 아담과의 대비 때문이기는 하지만(이 점은 로마서 5장에서는 명시적으로 제시되고, 빌립보서 2장에서는 암묵적으로 전제된다), 내가 흔히 지적해 왔듯이, "신실하심"과 "순종"은 그리 멀리 떨어져 있지 않고, 동일한 행위를 가리킨다. 그러나 "신실하심"이라고 할 때에는 그 초점이 맡겨진 일의 내용과 그 일이 파송자에게서 시작되어 "신실한"중보자를 거쳐 최종적인 수령자들에게로 움직여 가는 방향성에 맞추어지는 반면에, "순종"이라고 할 때에는 그 초점이 단지 최초의 파송자와 거기에 순종하는 중보자 간의 관계에 맞추어진다. 그러나 이 둘은 바울이 1:5과 16:26에서 복음이 그 청중들 속에서 효력을 발휘하여 생겨나게 만드는 것을 요약하는 표현으로 사용하는 "믿음의 순종"(hypakoē pisteōs – '휘파코에 피스테오스')이라는 저 유명한 어구에서 분명하게 결합되어 나온다.[198] 달리 말하면, 바울이 메시야 예수의 구원 행위(즉, 구원을 위한 죽음)를 "신실하심"의 행위로 지칭하는 것이 의미를 갖는 것은 단지 3:2-3에서 논증이 전환점을 맞기 때문만이 아니라, 좀 더 폭넓은 울림들 때문이기도 하다는 것이다.

198) 16:25-7의 본문상의 문제점들에 대해서는 최근의 것으로 후대의 삽입을 강력하게 논증하고 있는 Jewett, 2007, 997-1011을 보라. 이 어구가 원래의 것이라고 주장하는 다수 중에는 Moo, 1996, 936-41; Marshall, 1999 등을 참조하라.

그렇다면, 바울이 실제로 3:23-26에서 예수의 죽음에 관하여 말하고 있는 대목은 이스라엘을 대표하는 메시야의 신실하심을 보여주는 예수의 행위로서의 죽음에 대한 이러한 강조를 어떻게 반영하고 있는가? 물론, 먼저 3:23에는 인간의 죄악성에 관한 요약적인 진술이 나온다: "모든 사람이 범죄하여서"(5:12-21에서와 마찬가지로 여기서도 단순과거 시제는 아담의 죄를 가리키는 것 같다), "하나님의 영광에 미치지 못하게 되었다." 즉, 인간들은 하나님의 형상을 지닌 자들로서 창조주에 의해서 그를 대신하여 세계를 다스릴 소명을 받은 존재였는데, 그 소명을 수행할 수 없는 존재가 되어 버렸다는 것이다.[199] 그러나 이 진술은 이 장의 초점을 계약에 의거한 구원 계획을 담당해서 이끌어 나가게 되어 있던 도구(즉, 원래는 이스라엘, 그리고 지금은 신실하신 메시야)에서, 그러한 구원이 필요하게 만들었던 구체적인 문제로 옮겨 놓는다. '하마르티아'(hamartia, "죄")는 이 지점까지 거의 언급되어 오지 않았다. 2:12은 이미 앞에서 개략적으로 설명한 일반적인 문제를 요약하기 위하여 이 동사를 사용하고, 3:9과 3:20에 언급된 "죄"라는 단어는 이 지점으로 오기 위한 징검다리 역할을 한다. 따라서 여기에서 "죄"라는 단어는 마치 1:18-32에서 개략적으로 설명되고 2:1-11에서 교만한 도덕주의자를 추가로 포함시켜서 확대한 우상 숭배와 음행이라는 좀 더 큰 문제에 대한 요약인 것처럼 보인다.[200] 그러나 인간의 문제에 대한 이러한 요약적인 언급은 하나님의 해법에 관한 요약적인 언급과 서로 짝을 이룬다: '카리스'(charis, "은혜")라는 단어는 이 서신에서 여기에 처음으로 등장해서, 3:21에 나오는 "하나님의 신실하신 계약 정의의 계시"가 인간 속의 그 어떤 것을 조건으로 해서 일어난 일이 아니라 전적으로 거저 주어진 선물이라는 것을 보여준다.[201]

그렇다면, 로마서 3:21-26은 이러한 논증의 맥락 속에서 예수의 죽음의 의미를 어떤 식으로 설명하는가? 물론, 이 본문은 고도로 압축되어 있고 세부적인 내용들이 복잡하게 얽혀 있는 것으로 악명이 높지만, 우리가 모래알들을 살피는 동안에 해변을 보는 것을 놓치지 않으려면, 반드시 이 본문의 주된 특징들을 부각시켜야 한다.[202] 또한, 여기에는 우리가 알아두어야 할 엄연한 사실이 있는데, 그것은 로마

199) 하나님의 청지기직과 세계에 대한 통치권을 반영하는 것으로서의 "형상"이라는 관념에 대해서는 Middleton, 2005 등을 보라.

200) 권세로서의 "죄"에 관한 추가적인 질문은 5-8장에 등장한다 — 대안적인 분석으로서가 아니라, 현재의 분석 내에서 좀 더 심층적인 탐사로서.

201) 바울과 그의 좀 더 넓은 맥락 속에서의 "선물"에 대해서는 Barclay and Gathercole, 2006과 앞으로 나올 Barclay의 책을 보라.

서를 (인간이 죄를 범하여서, 하나님이 예수를 보냈고, 믿음이 있는 사람들은 죄 사함을 받는다고 말하는) "복음"의 한 쭈그러든 형태를 설명하는 서신으로 읽어 온 사람들은 흔히 이 본문을 마치 "십자가의 의미"에 관한 바울의 중심적인 진술인 것처럼 취급해 왔고, 이 본문을 기존의 신학적 패턴들에 꿰어 맞추기 위하여 최선을 다해 왔다는 것이다. 하지만 이 본문은 바울이 계약에 대한 하나님의 신실하심에 관한 좀 더 큰 논증의 일환으로서 거기에 기여하기 위하여, 예수의 죽음이 지닌 의미를 고도로 압축된 진술을 통해 제시하고 있는 본문인 것으로 보인다.

따라서 먼저 우리는 이 본문 전체에 걸쳐서 정확히 바로 그 주제가 엄청나게 강조되고 있는 것을 본다. 이러한 강조가 너무나 강력하였기 때문에, 어떤 희생을 치르더라도 계약과 관련된 개념들을 일체 배제하고자 하였던 20세기 중반의 신학 전통에서는, 이 고도로 압축된 본문의 여러 부분들을, 바울이 인용해서 (언제나 분명한 것은 아니지만) 수정한 바울 이전의 전승으로 규정하여 배제시켜 버렸다. 이 본문의 내용이 너무나 못마땅한 것이 아니었다면(이 경우에는 실존주의적인 루터파 신학이 유대적인 계약 신학을 철저히 배제하고자 하였다는 분명한 이유로 인해서) 결코 제기되지 않았을 이 필사적인 편법은 이제 하나의 역사적인 흥밋거리로 치부해서 폐기하는 것이 마땅하다.[203] 바울은 이 단락의 시작 부분에서 자기가 말하고자 하는 사건들은 하나님의 계약 정의, 즉 신실하심을 보여주는 것이라고 말하였는데, 우리가 실제로 거기에서 발견하는 것은 바로 그것이다. 바울의 글들에서는 통상적으로 그러하듯이, 이러한 압축된 단락을 이해하고자 한다면, 우리는 그 끝, 즉 그가 전개해 나가는 논증의 결론이 드러나는 지점을 보아야 한다. 그런데 우리는 3:26에서 그가 이 모든 일이 일어난 것은 "이 때에 [하나님의] 신실한 계약 정의

202) 자세한 것은 아래의 제10장 제4절 3) (7)에서 칭의에 관한 논의의 일부로서 이루어지고 있는 보완적인 설명을 보라.

203) 이것은 사실 약화되지 않은 채로 계속되지만: Jewett, 2007, 269-71는 몇몇 선구자들과 이론들을 언급하는데, 특히 Bultmann과 Käsemann에 의해서 대표되는 학파들을 언급한다. 사람들이 설교나 강연에서 — 심지어 각주에서! — 옛 것과 새 것의 손쉬운 교류를 만들어내고자 할 때에 어떤 대목에 위엄과 울림을 더하기 위해서 그렇게 하는 것처럼, 바울도 여기에서 전승 자료를 인용하고 있을 가능성이 얼마든지 있음은 물론이다. 이것은 독특한 어휘들에 의해서는 거의 증명되지 않는다; 로마서는 바울의 가장 긴 서신이기 때문에, 그가 다른 곳들에서 말하지 않았던 것들을 여기에서 말하지 않는다면, 그것이 도리어 이상한 일이 될 것이다(그리고 어쨌든 대부분의 서신들에는 독특한 단어들이 나오기 때문이다). 그 근저에 있는 핵심은 (로마서 1:3-4을 이 서신의 나머지 부분에는 적용되지 않는 단순한 전승을 가져와 사용한 것으로 치부하여 배제함으로써) 바울을 계약, 메시야직 등과 같은 "유대 기독교적" 관심들로부터 멀리 떼어놓고자 하는 것이다. 이것은 궁극적으로 이데올로기적으로 추진되어서 이제는 역사적으로 불신을 받게 된 F. C. Baur의 프로그램에 속한다.

를 나타내기 위한 것, 즉 자기도 의롭고, 예수의 신실하심을 의지하는 모든 자도 의롭다고 선언하기 위한 것"이라고 말하는 것을 발견한다.[204] 이 구절의 의미는 아주 분명하다. 하나님은 계약상의 약속들, 즉 세계 전체를 바로잡는 것과 관련된 약속들을 하였는데, 예수 안에서 그러한 약속들에 신실하게 행하였기 때문에, 창조주 하나님은 특히 여기에서 예수 자신의 신실하심이라는 관점에서 설명되는 자들을 "의롭다고 한다"는 점에서, 그 자신도 "의롭다 함을 얻는다."[205] 바울이 이 절의 마지막에서 '톤 에크 피스테오스 예수'(ton ek pisteōs Iēsou, 직역하면 "예수를 믿는 믿음[또는, 예수의 신실하심]으로부터 [나온] 자")라는 압축된 어구를 사용한 것은 정확히 3:22에 나오는 두 요소, 즉 속량함을 이루는 행위였던 예수 자신의 신실하심과 메시야 백성의 지체가 되었음을 보여주는 표지인 신자의 믿음을 한데 결합시키기 위한 것이다. 이것이 옳다면, 우리는 이 어구를 "예수의 신실하심에 참여하는 모든 자"로 의역할 수 있을 것이다.[206] 우리는 이 장의 나머지 부분에서 다시 "칭의"문제를 다루게 될 것이기 때문에, 현재로서는 메시야의 신실하신 행위는 하나님이 자신의 약속들에 대하여 신실하게 행해 왔다는 것을 의미한다는 것만을 지적해 두는 것으로 충분할 것이다.

이 짧은 단락의 처음(3:21-23)과 끝(3:26)을 살펴본 후에 3:24-25의 압축된 진술로 넘어가서 살펴보면, 우리는 예수의 신실하신 죽음(바울은 이것을 5:6-10에서는 하나님의 '아가페'[agapē, "사랑"]의 행위로 보고, 5:15-19에서는 메시야의 '휘파코에'[hypakoē, "순종"]의 행위로 본다)이 좀 더 구체적으로는 출애굽의 역사라는 것을 발견한다. 그것은 "속량"(3:24)이다. 유대적인 본문들에서 '아폴뤼트로시스'(apolytrōsis, "속량")는 하나님이 최초의 유월절에 이스라엘을 애굽에서 건져내는 역사를 행하여서 족장들에게 준 약속들을 성취하였던 저 위대한 순간과 직접적으로 결부된 맥락 속에서 사용된다.[207] 앞에서 보았듯이, 이 "속량"이 "메시야 예

204) 26절의 번역은 여전히 까다롭고 어렵다. "그리고"는 또 하나의 구절을 덧붙이는 의미를 지니는 것으로 보아야 하는가(이 경우에는 하나님의 정의에 대하여 말하는 구절과 예수를 믿는 사람들의 칭의에 대하여 말하는 구절, 이렇게 두 개의 구절이 나란히 위치하고 있는 것이 된다), 아니면 보충해설의 의미를 지니는 것으로 보아야 하는가(이 경우에는 하나의 구절에서 하나님의 정의에 대하여 말한 후에, 또 하나의 구절에서는 그것을 믿는 자들의 칭의라는 관점에서 설명하고 있는 것이 된다), 아니면 다른 식으로 보아야 하는가? 어떤 선택지들이 있는지에 대해서는 Jewett, 2007, 292f.를 보라; 그 의미는 여전히 추가적인 설명을 요구하기는 하지만, 후자로 보는 것이 더 나은 것 같다.

205) 3:5에서 시 51:4 [LXX 50:6]을 인용하고 있듯이.

206) Jewett, 2007, 293은 "예수를 믿는 믿음"을 선택한다.

207) 명사 '아폴뤼트로시스'(apolytrōsis)는 칠십인역에서 이런 의미로 사용되지 않지만, 동일 어근의 동사인 '뤼트로오'(lytroō)는 자주 그런 의미로 사용된다: 예를 들면, cf. 출 6:6; 15.13; 신 7:8; 13:5[6];

수 안에" 있다. 이 어구는 현재 단락의 계약적이고 법정적인 논증을 5-8장의 "합체론적" 설명과 한데 결합시켜서, 이스라엘에 대한 하나님의 계획과 이스라엘을 통하여 이루고자 한 하나님의 계획이 이제 메시야 안에서 성취되었다는 관념 안에 그 둘을 위치시키는 효과를 갖는다.

이 모든 것은 25절에 나오는 희생제사의 의미를 온전히 설명해 주는 것은 아닐지라도 그 맥락을 상당 부분 설정해 준다: '힐라스테리온'(hilastērion)은 성막이나 성전에서 희생제물의 피를 부어 속죄를 이루는 장소이다. 바울은 세 가지를 결합시키고 있는 것으로 보인다: 첫 번째는 구원과 "속량"이라는 계약 성취의 위대한 행위로서의 출애굽 자체이고, 두 번째는 좀 더 구체적으로 이스라엘 백성의 장자들의 죽음을 그 피로 막아준 유월절 어린 양이며, 세 번째는 성막이나 성전에서 "화목제"로 드려진 희생제사이다. 바울은 26절의 처음 부분에 나오는 어구(en tē anochē tou theou - '엔 테 아노케 투 테우')에서 하나님이 오래 참았다는 것을 강조한다. 즉, 하나님이 과거에는 사람들이 범한 죄들을 간과하거나 "그냥 넘겼지만," 이제는 이 대속의 희생제사를 통해서 그 죄들을 처리하였다는 것이다.[208]

따라서 이 문제를 다시 표현해 보면, 이렇게 된다: 어떻게 이 일련의 출애굽 모티프들 및 희생제사와 관련된 관념들이 결합되고 차곡차곡 쌓여서, 이스라엘을 대표하는 메시야의 신실하심에 관한 진술을 형성할 수 있었던 것인가? 그 대답은 바울이 네 번째 종의 노래 속에 이미 내포되어 있던 희생제사적인 의미를 어떤 의미에서 대속적인 것으로 생각되었던 순교자들의 죽음과 연결하여 다시 사용하였던 당시의 몇몇 주제들을 활용하였다는 데 있는 것으로 보인다.[209] 바울의 언어는 이 대목에서 그러한 자료들 중 그 어떤 것도 직접적으로 반영하고 있지 않지만, 그의 사고는 다음과 같이 전개되었던 것으로 보인다: (a) 선지자들이 이스라엘의 소명으로 보아 왔던 세계를 구원하기 위한 계획 속에는 언제나 이스라엘(또는, 이스라엘 내의 의로운 순교자들)이 이스라엘만이 아니라 세계 전체를 그 죄악된 반역의 상태로부터 건져내기 위하여 일종의 희생제물이 되어야 한다는 관념이 포함되어 있었다; (b) 그것이 바로 예수가 이스라엘의 대표자인 메시야라는 자격으로 드린 희생제사였다. 달리 말하면, 그것은 그가 하나님의 은혜의 계획, 즉 아브라함에게 주어진 약속들의 배후에 있었고 그러한 약속들로 표현된 바로 그 유일무이한 계획에 "신실하였다"는 것이 의미하는 것이었다.

15:15; 21:8; 24:18.

208) 자세한 내용과 좀 더 자세한 논증으로는 Wright, 2002 [*Romans*], 472-7을 보라.

209) 여기서도 *Romans*, 474-7을 보라.

이 모든 것은 바울이 자신의 사고 속에서 성경의 위대한 책들, 특히 그의 사고의 아주 많은 부분의 배후에 있었던 동시에 그런 사고들로 새롭게 표현된 창세기, 출애굽기, 신명기, 이사야서에 대한 통전적인 비전과 이해를 지니고 있었다는 전제에 의거해 있다. 따라서 우리는 바울과 같이 그러한 비전과 이해를 우리의 사고 속에 지니고 있을 때에만, 비로소 그의 글들을 읽어 나가는 동안, 그가 말하고자 한 좀 더 섬세한 부분들을 이해할 수 있게 된다. 충성스러운 유대인들이 바울 시대에 이르기까지의 수 세기 동안에 새롭고 위험한 상황들에 직면하면서, 성경의 이 책들에 나오는 많은 관념들이 새로운 방식들로 표현되어 왔다. 그러나 우리가 그 관념들을 한데 결합시켜서 보면, 적어도 바울의 사고 속에 있었던 것으로 보이는 그림의 개요를 볼 수 있는데, 그것은 한 분 유일하신 하나님의 계약상의 신실하심을 드러내고 확인시켜 줄 "속량"의 수단으로서의 이스라엘의 신실함이 무엇과 같은지에 관한 그림이다. 나는 이것을 몇 년 전에 이렇게 설명하였다:

> 우리는 이사야서 40-55장에서, 야웨의 계획 속에서 열방의 빛이 될 소명을 받은 이스라엘을 대표하여 고난 받게 될 인물, 그 고난과 죽음이 결국에는 명시적으로 희생제사적인 관점에서 보아지게 될 인물에게로 점점 더 팽팽하게 초점이 맞춰지는 가운데 하나님의 의에 대하여 길게 설명하고 있는 것을 보는데, 로마서 3:21-26에서도, 정확히 우리가 지금까지 살펴본 여러 요소들이 그런 식으로 결합되어 있어서, 그러한 맥락을 알지 못하면 헷갈릴 수밖에 없는 설명을 만나게 된다. 달리 말하면, 이교도들의 손에 의한 의로운 유대인의 폭력적인 죽음과 연결되어 사용되고 있는 3:25의 희생제사적인 언어는 당시의 순교자 이야기들이라는 맥락 내에서 제대로 된 의미를 지니게 되지만, 그러한 순교자 이야기들은 여러 경로를 통해 우리를 이사야서 40-55장으로 데려다주고, 거기에 도착한 우리는 로마서 3장에서 발견되는 바로 그러한 주제들을 만나게 된다는 것이다.[210]

이 모든 것이 열어 주는 관점이 바로 본서의 중심적인 관점이다. 즉, 그것은 창세기와 신명기의 계약 신학에 뿌리를 둔 유대적인 선민론이 구원을 목적으로 한 예수의 죽음과 부활에 토대를 두고서 메시야 예수를 중심으로 철저하게 재정의된 관점이다.

바울은 이러한 관점을 로마서 3:27-4:25에서 정교하게 설명하는데, 우리는 논증의 완성을 위해서 곧 그 부분을 요약해서 살펴보지 않으면 안 된다. 그러나 그렇

210) Wright, 2002 [*Romans*] 475. 계약에 대한 하나님의 신실하심이라는 관념은 명시적으로 언급될 때이든(46:13; 51:5f., 8 등) 언급되지 않을 때이든 이사야서 40-55장 전체에서 중심적이다. 왜냐하면, 이 대단락 전체는 다니엘서 9장과 마찬가지로, 죄로 인하여 포로생활을 하던 이스라엘이 하나님의 신실하심으로 말미암아 거기에서 해방될 것임을 다루고 있기 때문이다.

게 하기 전에, 우리는 먼저 여기에서 본서의 중심적인 주장들 중의 하나, 아마도 현재의 논쟁 속에서 가장 중요한 주제들 중의 하나인 것을 분명히 하고자 한다. 선민론에 관한 계약적 관점, 그리고 메시야 예수로 말미암은 그 재정의는 "사법론"과 "참여론"이라는 두 범주가 바울의 신학 속에서 각기 제자리를 찾아가서 함께 결합될 수 있게 해주는 좀 더 큰 범주를 제공해 준다. 달리 말하면, 19세기 이래로 시끄러운 소리를 내며 오랫동안 질질 끌어온 논쟁, 즉 바울이 "실제로는" "합체론적" 사상가였지만 종종 특정한 목적을 위해서 "사법론적인" 언어를 사용한 것인지, 아니면 그 정반대였는지 — 또는, 일부 극단적인 주장들에 의하면, 이 둘 중 어느 한 쪽의 언어와 논증들을 택한다면 다른 쪽의 것들은 완전히 배제되어야 하는 것인지 — 에 관한 논쟁은 제3의 좀 더 크고 더 성경에 뿌리를 둔 범주를 도입해서 설명하면 해결될 수 있고, 반드시 해결되어야 한다는 것이다. 이 범주는, 집 앞의 대문에서 1마일 떨어져 있는 거대한 산처럼, 이 전경 전체를 너무나 완벽하게 지배하고 있기 때문에, 많은 사람들은 이 범주를 흘끗 보거나 아예 쳐다보지도 않고서, 그저 자기 눈앞에 분명하게 보이는 집 앞에 있는 동산들에 모든 관심을 집중하여 왔다. 하지만 사실 그 동산들은 이 거대한 산에 딸린 작은 산들이라는 것, 어쩌면 이천 년 전에 이 거대한 화산이 분출하였을 때에 거기에서 흘러나온 용암이 식어서 생겨난 산들이라는 것이 결국 드러났다.

따라서 우리는 나의 중심적인 주장이 로마서 3장과 4장의 논증을 풀어내는 데 상당한 효과가 있다는 것을 볼 수 있다. 복음에 의해서 하나님의 의가 나타남으로써 배제되는 "자랑"(3:27)은 자신들은 도덕적으로 올바르기 때문에 "구원" 같은 것(또는, 적어도 이방인들과 동일한 방식으로의 "구원")은 필요하지 않다는 유대인들의 주장이 아니라, 하나님이 세계를 곤경에서 건져내기 위한 도구로 자신들을 택하였다고 하는 유대인들의 주장과 관련된 "자랑"이다. 여기에서도 우리는 또다시 곤경에 대한 해법으로서의 대답이 "곤경"에 관한 바울의 이전의 인식 가운데서만이 아니라 그 인식이 예수를 통해서 근본적으로 수정된 때에도 여전히 그의 사고 속에 자리 잡고 있는 것을 본다. 바울은 "자랑"은 '노모스 에르곤'(nomos ergōn, "행위의 율법")에 의해서가 아니라, '디아 노모스 피스테오스'(dia nomou pisteōs, "믿음[신실함]의 법에 의해서" 배제된다고 선언한다.

따라서 바울은 이스라엘을 하나님의 백성으로 구별하고 영원히 하나님의 종 된 백성으로 정의하고 있는 토라에 의거해서 유대인들의 "자랑"이 배제된다고 말하고 있는 것이 아니라, 메시야의 신실하심이 이 하나님이 처음에 이스라엘을 불러서 수여한 사명을 성취하여, 이제 갱신된 하나님의 백성을 특징짓는 중심적인 범주를 영원히 확정하였고, 그 범주 또는 표지가 바로 '피스티스'(pistis)이기 때문에, 유대인들은 더 이상 "자랑할" 수 없다고 말하고 있는 것이다. 이것이 "믿음의 토라"인데, 이 "토라"(즉, 하나님의 백성의 경계를 긋는 수단으로서 하나님에 의해 주어진 "계약 헌장")는 유대인들을 이방인들로부터 구별하였던 저 "경계표지들"로 구성되어 있지 않고(이것은 제임스 던[James Dunn]의 초기의 "새 관점"에 토대를 둔 통찰이었는데, 약간의 수정이 필요하긴 했지만, 여전히 그 기본적인 요지는 유효하다[211]), 메시야 자신의 범주였던 까닭에 "여기에 메시야의 백성이 있다"고 말하는 저 "경계표지"로 구성되어 있다. "그러므로 우리는 사람이 토라의 행위들과는 상관없이 '피스티스'로 말미암아 의롭다 함을 얻는다는 것을 인정한다"(3:28). 달리 말하면, 이 하나님이 오직 '피스티스'를 토대로 해서 "죄 사함을 받았고" "의롭다 함을 얻어" "계약의 지체"가 되었다고 선언한 자들만이 의롭다 함을 얻은 백성에 속한다는 것이다. 내가 3:26과 4:24-25에 대한 나의 읽기를 통해서 보여 주었듯이, 자기 백성이 그들 자신의 '피스티스'를 통해서 공유하게 되는 메시야의 신실하심이 바로 메시야의 백성의 지체임을 보여주는 기본적인 표지이다.

만일 이것이 그렇지 않다면(3:29은 오랫동안 넓게 보아서 "새 관점"이라고 할 수 있는 것에 의거한 읽기 내에서 핵심적인 전거가 되어 왔다), 한 분 유일하신 하나님은 오직 유대인들의 하나님으로 나타나게 되고, 이방인들의 하나님은 될 수가 없게 된다. "토라의 행위들"을 지키는 것이 궁극적으로 계약의 지체가 되는 데 중요한 것이었다면, 오직 토라를 소유한 백성, 즉 유대인들만이 그 지체가 될 수 있을 것이었다. 그러나 어떻게 그럴 수 있겠는가? 창세기나 이사야서에 나오는 설명은 그만두고라도, 바울 자신의 설명만을 보아도, 애초에 선민의 존재 이유는 한 분 유일하신 하나님이 그들을 통해서 세계 전체를 복주기 위한 것이었다. 여기에서 바울은 유대 신앙의 가장 근본적인 신앙고백인 "셰마"로 돌아간다: 하나님은 한 분인 까닭에, 유대인의 하나님이기만 한 것이 아니라 이방인의 하나님이기도 하다. 유일신론은 원래의 선민론의 토대일 뿐만 아니라, 기독론적으로 재정의된 선민론의 토대이기도 하다. 즉, 이 하나님은 할례자들을 '피스티스'에 의거해서 의롭다고 할 것이고, 무할례자들도 '피스티스'로 말미암아 의롭다고 할 것이라는 것이다. 경로는 서로 다르지만, 표지는 동일하다. 유대인들은 이미 계약의 지체들이기 때문에 새롭게 비준을 받을 필요가 있는 반면에, 이방인들은 외부로부터 들어오는

211) 특히, Dunn, 2008 [2005], chs. 3, 8, 17, 19(원래는 각각 1985, 1992, 1998, 2002에 출간되었다)을 보라.

것이기 때문에 입교를 할 필요가 있다.[212)]

바울은 이것이 지금까지 늘 토라의 의미였다고 말한다. 물론, 다소의 사울이나 그가 이전에 서 있었던 입장에 여전히 서 있는 자들의 관점에서 볼 때에는, 이러한 사고의 흐름 전체는 마치 토라를 뒤집어엎고 무너뜨리는 것처럼 보였을 것이다. 따라서 로마서 3:31의 주장("그렇다면 우리는 믿음으로 말미암아 율법을 폐기하는 것이냐? 분명히 그렇지 않다! 도리어 우리는 율법을 굳게 세운다")은 단지 "나는 이제 계속해서 나의 논점을 창세기에 대한 설명을 통해서 증명해 나갈 것"이라고 말하는 것이 아니라, 그것보다 훨씬 더 많은 것을 말하고 있는 것이다.[213)] 바울이 8장과 10장에서 또다시 훨씬 더 자세하게 말할 것이지만, 그것은 한 분 유일하신 하나님의 신실하신 계약 정의를 드러낸 메시야의 신실하신 죽음은 오경 자체의 주된 주제들과 그 이상을 이어받아서 성취한 것이라고 말하고 있는 것이다. 그것은 오경을 아직 성취되지 않은 예언으로 읽고서(앞의 제2장과 아래의 제11장을 보라), 이 지점이 그 이야기가 내내 지향해 온 바로 그 지점이라고 말한다.

그래서 바울은 아브라함으로 돌아간다.[214)] 아브라함은 믿음의 모범과 이신칭의의 모범 그 이상의 인물이었다. 창세기 12장, 15장, 17장, 22장으로 돌아가 보면, 그는 세계 전체에 울려 퍼지는 약속들을 하나님으로부터 받은 인물이었다. 바울은 갈라디아서 3장에서는 창세기 12장을, 로마서 8장에서는 창세기 22장을 인용하고, 여기에서는 계약과 관련된 주된 장들로서 중요한 창세기 15장과 17장에 집중한다. 이것을 보지 못하는 것은 바울의 사고의 흐름 전체를 놓치는 것이다. 바울은 하나님이 메시야 안에서 계약에 대한 자신의 신실하심을 나타내었다고 선언하고서, 이제 그 논점을 증명하기 위해서 계약 자체로 거슬러 올라간다.

사실, 로마서 4장에는 '디카이오쉬네'(dikaiosynē, "의")와 관련된 표현들을 "계약"이라는 관점에서 해석해서는 안 된다고 말하는 자들이 거짓말을 하고 있다는 것을 보여주는 핵심적인 절들이 나온다. 창세기 17:11에서 아브라함은 "계약의 표로"(en sēmiō diathēkēs – '엔 세미오 디아테케스') 할례를 받았다. 바울은 바로 그 본문에 의거해서, 아브라함이 아직 할례를 받지 않았을 때에 지니고 있던 "믿음의 의에 대한"(tēs dikaiosynēs tēs pisteōs – '테스 디카이오쉬네스 테스 피스테오

212) *Romans*, 483.

213) 이것은 3:31 — 그리고 실제로는 4장 — 에 대한 통상적인 "최소주의적" 읽기였다: 예를 들어, Käsemann, 1980 [1973], 105를 보라. 그는 "이 진술은 오직 4장으로의 이행을 위한 것으로 볼 때에만 의미를 지닌다"고 말하고 나서, 4장의 표제를 "아브라함의 이야기에 의거한 성경적 증거"로 붙인다.

214) *Perspectives*, ch. 33을 보라.

스') "표와 인침으로서" 할례를 받은 것이라고 말한다. 창세기 15장에서 이미 계약은 맺어졌다. 그 때에 이미 하나님은 무수한 "자손"에 관한 약속을 주었고, 아브라함이 그 약속을 믿었기 때문에, "그것을 그에게 의로 여기셨다"(창 15:6). 이제 우리는 바울이 "의"라는 저 단어를 아브라함이 하나님과 맺은 계약 속에서 지니고 있던 신분이나 지위(status)를 가리키는 방식으로 이해하고 있음을 본다. 달리 말하면, 바울은 계약 체결과 출애굽에 관한 약속을 묘사하는 창세기 15장의 나머지 부분 전체를 가져오는 수단으로 창세기 15:6을 이해하고 있다는 것이다.[215)]

따라서 이것은 우리로 하여금 로마서 4장의 서두의 단락에서 무슨 일이 진행되고 있는 것인지를 볼 수 있게 해준다. 나는 1절에 대한 탁월한 해석을 제시하고 있는 리처드 헤이스(Richard Hays)의 수정된 견해를 여전히 확고하게 지지한다: "우리는 아브라함이 인간적이고 육신적인 의미에서 우리의 조상임을 발견하였는가?"[216)] 여기에서 우리가 직면하는 질문은 이것이다: 하나님과 아브라함 간에 계약이 맺어졌다고 하자. 그렇다면, 누가 아브라함의 자손들인가? 로마서 4장이 던지는 질문은 "우리가 어떻게 해야 믿음으로 의롭다 함을 얻고 우리의 죄 사함을 얻을 수 있는가"하는 것이 아니다(물론, 7절과 8절이 보여 주듯이, 죄 사함은 중요한 하위 주제이기는 하지만). 거기에서 주된 질문은 이런 것이다: "누가 아브라함의 자손들인가? 우리가 계약의 지체들이 되었다면, 그것은 우리가 아브라함의 물리적인 권속으로 들어가야 한다는 것을 의미하는 것인가?" 이것은 갈라디아서에서 다루어지는 질문이기도 하다. 바울은 아브라함의 권속은 언제나 유대인과 이방인 모두를 포함한 전 세계적인 권속이 되도록 의도되었다는 것, 계약의 하나님은 메시야의 죽음과 부활을 통해서 바로 이 전 세계적인 권속을 만들어 내었고, 그들에게 아브라함이 지니고 있던 것과 동일한 표지인 '피스티스'(pistis), 즉 창조주 하나님이자

215) 또한, 열심으로 말미암은 비느하스의 행동이 "영원히 대대로 그에게 의로 여겨졌다"고 말하는 시편 106:31을 보라. 이것은 민수기 25:12f.에 대한 시편 기자의 요약이다(cp. Sir. 45.24; 1 Macc. 2.54): "그러므로 내가 그에게 내 평화의 계약을 주리니, 그와 그의 후손에게 영원한 제사장 직분의 계약이 될 것이다. 왜냐하면, 그가 자기 하나님을 위하여 질투하여 이스라엘 자손을 속죄하였기 때문이다." 이것은 분명히 지속적인 계약 관계를 보여준다: Watson, 2004, 177. "평화의 계약"에 대해서는 cf. 사 54:10; 말 2:4f.

216) 이것은 Hays의 원래의 주장에 대한 상당한 수정을 보여준다는 것을 주목하라(Hays, 1985; 이것은 Hays, 2005, 61-84에 재수록되었다; Wright, 2002 [*Romans*] 489f.를 보라); Hays는 그 이후의 저술가들이 그의 주장 속에서 지적해 왔던 문제점들 중 대부분을 해결한 나의 수정안을 받아들였다(좀 더 자세한 것은 *Perspectives*, 579-84). 대부분의 주석자들은 Hays의 주장이 올바르게 된 이유도 알지 못하고, 그의 주장이 이런 식으로 수정되었다는 것도 알지 못한다: 예컨대, Jewett, 2007, 307f.이 그의 견해를 당혹스러워하며 거부하고 있는 것을 보라.

생명을 수여하는 하나님을 믿는 특별한 종류의 "믿음"을 주었다는 것을 조목조목 증명한다(4:17-25).

로마서 4장에 대한 이러한 읽기는 그렇게 읽지 않는 경우에 난해한 본문으로 보이는 4:16-17을 전체적인 논증 속에 통합시켜 준다:

> [16]이것이 "믿음으로 말미암아" 되는 이유가 여기에 있으니, 이것이 은혜를 따라 될 수 있게 함으로써, 이 약속이 모든 권속, 곧 단지 율법에 속한 자들만이 아니라 아브라함의 믿음을 공유한 자들에게 유효할 수 있게 하기 위한 것인 바, 아브라함은 우리 모두의 조상이다. [17]그것은 성경이 말하고 있는 것과 같다: "내가 너를 많은 민족의 조상으로 삼았다." 이 일은 그가 믿은 하나님, 죽은 자들을 살리시고 존재하지 않는 것들을 존재하게 하시는 하나님 앞에서 일어났다.

이것은 (일부 역본들과 주석서들에서 삽입구로 처리하지만 결코 그런 삽입구가 아니고) 서두의 질문에 대한 바울의 대답에서 상당히 중심 가까운 곳에 자리하고 있다.[217)] 하나님의 이 약속은 "모든 권속에게"(panti tō spermati – '판티 토 스페르마티,' 직역하면 "모든 씨") 유효하여야 한다.

그렇다면, 아주 구체적이고 자주 반복되어 나오는 땅에 관한 약속은 어떠한가? 이 약속은 내내 전 세계적인 것이었다. 바울은 13절에서 "아브라함과 그의 자손에게 세계를 유업으로 받게 될 것이라고 한 약속"이라고 말한다. 세계를 유업으로 받는다? 이것은 시편 2편에 나오는 왕에게 주어진 약속을 연상시키지만, 유대 문헌들의 다른 본문들은 이미 이 약속을 아브라함에게 적용해 왔었고, 아브라함에게 주어진 약속은 창세기 3장과 11장을 역전시키는 것과 관련되어 있는 것으로 여겼기 때문에, 단지 조그만 땅 덩어리가 아니라, 실제로 창조주인 아브라함의 하나님이 만든 세계 전체에 대한 약속일 수밖에 없다는 것을 이미 알고 있었다.[218)]

한편으로는 무수한 "자손," 다른 한편으로는 무한한 "땅"의 결합 — 이것이 하나님이 아브라함에게 약속한 "상"이었다. 여담이긴 하지만 흥미로운 것이 하나 있는데, 그것은 4:4에 나오는 "상"에 관한 언급, 그리고 이어서 5절에서 "상들"을 얻는 것과 관련된 짤막한 논의가 종종 이 장이 결국에는 "내가 스스로의 힘으로 구원을 얻는 것인가, 아니면 거저 주어지는 것인가"라는 해묵은 의미에서의 "이신칭의" 문제에 관한 것임을 보여주는 증표로 받아들여져 왔다는 것이다. 이것은 핵심을

217) 자세한 것은 *Perspectives*, 579-84.

218) 이 주제를 언급하는 제2성전 시대의 다른 본문들에 대해서는 아래의 제10장 제4절 3) (7) 각주 661을 보라.

잘못 짚은 것이다. 바울이 로마서 4장 전체에 걸쳐서 다루고 있는 창세기 15장은 하나님이 아브라함에게 "그의 상(misthos – '미스토스')이 매우 클 것"이라고 선언하는 것으로 시작된다. 아브라함은 당혹스러워하며, 자기에게는 상속자가 없는데 그 말씀이 무엇을 의미하는 것이냐고 묻는다. 하나님은 거기에 대한 대답으로, 그에게 하늘의 별들과 같이 무수한 "자손"과 가나안 땅 전체를 주겠다고 약속한다. 이것이 "상"이다. 바울은 자신의 머릿속에 확고하게 박혀 있던 이 장의 이러한 언어를 사용해서, 거기로부터 부차적인 비유를 전개할 수 있었는데, 이것이 우연히 칭의를 "옛 관점"으로 설명하는 한 가지 방식과 중복되는 일이 벌어졌다. 그러나 "옛 관점"에 의거한 그러한 읽기는 창세기에 토대를 둔 바울의 계약적 읽기에 의해서 아무런 무리 없이 폐기될 수 있다. 다시 한 번 말하지만, 후자의 읽기 속에는 "죄 사함"이 포함되어 있다. 왜냐하면, 계약은 언제나 먼저 아담의 죄를 처리하는 것과 관련되어 있었기 때문이다. 따라서 구원은 자신의 행위로 "얻는" 것인가, 아니면 "거저 주어지는 것을 받는 것"인가 하는 것과 관련된 세세한 문제들은 실제로 당시의 일부 유대인들의 관심사(그리고 중세 후기의 훨씬 더 많은 유럽인들의 관심사)였지만, 분명히 바울의 일차적인 관심사가 아니었기 때문에, 우리는 그런 문제들로 깊이 파고들어갈 필요가 없다.[219)]

따라서 메시야 예수를 중심으로 한 선민론에 대한 재정의는 3:21–4:25에서 일차적인 초점들 중의 하나가 되고 있기는 하지만, 바울이 로마서 1-4장 전체를 묶어서 하나의 단일한 결론적인 진술로 표현할 때에 가장 생생하게 드러난다:

> [23]그러나 "그것이 그에게 의로 여겨졌다"는 것은 오직 아브라함을 위해서만 기록된 것이 아니라, [24]마찬가지로 우리 모두를 위해 기록된 것이었다. 그것은 우리에게도 의로 여겨질 것이니, 이는 우리가 우리 주 예수를 죽은 자 가운데서 살리신 이를 믿기 때문이다. [25]예수는 우리의 범죄들로 인하여 내어줌이 되셨고, 우리를 의롭다 하시기 위하여 살아나셨다.[220)]

이 마지막의 정형화된 진술에 이사야서 53장이 반영되어 있다는 사실은 바울이 무엇을 염두에 두고 있었는지에 관한 단서를 우리에게 제공해 준다. 예수의 추종자들의 믿음은 언제나, 적어도 바울에게는, 하나님이 예수를 죽은 자 가운데서 다시 살렸다는 믿음(10:9), 즉 여기에서는 "우리 주 예수를 죽은 자 가운데서 살리신

219) *Perspectives*, 558f., 584-8, 591f.를 보라.
220) 4:23-5.

이"를 믿는 믿음이라고 표현된 것이었다. 창조주이자 생명을 주는 이인 하나님을 믿은 아브라함의 믿음은 예수를 다시 살린 하나님을 믿는 그리스도인들의 믿음이라는 관점에서 이렇게 다시 잘 표현되고 있다. 동일한 하나님, 동일한 믿음, 동일한 칭의. 그러나 이것은 단순한 병행이거나 단순히 동일한 표지를 지니고 있는 것이 아니다. 이것은 이천 년 동안 내려온 오랜 약속의 성취에 관한 것이고, 아브라함에게 아담을 구원할 권속을 주겠다고 약속하였고 이제 정확히 바로 그 약속을 지켜 행한 하나님의 신실하신 계약 정의가 나타난 것에 관한 것이다. 이것은 우리로 하여금 3:24-26의 압축된 진술이 있은 후에, 어떻게 '디카이오쉬네 테우'(dikaiosynē theou, "하나님의 의")가 유대인들의 메시야의 죽음과 부활 안에서 나타난 것인지를 최종적으로 볼 수 있게 해주는 지점이다. 이것은 바울의 구원론에서 통상적으로 서로 나뉘어져 있던 여러 층들을 한데 결합시키는 주제이다. 이것은 바울이 이스라엘의 저 옛적의 선민론을 이스라엘의 메시야 예수를 중심으로 개작하고 수정한 방식이다. 그는 이것이 메시야의 신실하심이 하나님의 신실하심을 행동으로 나타낸 방식이라고 말한다.

3) 신실하신 메시야 예수와 토라 문제: 갈라디아서 2-4장

(1) 서론

우리가 방금 도달한 지점으로부터 곧장 로마서 5-8장으로 가서 살펴보는 것은 가능할 뿐만 아니라 실제로 흥미진진할 것이다. 내가 몇 페이지 앞에서 얼핏 얘기하였듯이, 본서의 전체적인 논증 가운데 일부는 "선민론"이 메시야와 성령을 중심으로 재정의되었다고 보는 이 계약적 관점은 (로마서 1-4장이 취하고 있다고 여겨지는) "사법적" 범주들과 (로마서 5-8장이 취하고 있다고 여겨지는) "참여적" 범주들 간의 전통적인 교착상태를 충분히 만족스러운 방식으로 해결할 수 있을 뿐만 아니라, 게다가 그러한 전통적인 두 관점에서 이루어진 무수한 석의들이 그동안 무시해 왔던 주제, 즉 바울이 자신의 많은 동시대인들과 마찬가지로 아브라함까지 거슬러 올라가서, 출애굽기와 신명기와 시편, 특히 이사야서의 안경을 통해서 해석하였던 유대적인 계약이라는 주제를 온전히 설명해 주는 관점을 제공해 준다는 것이다. 그러나 그런 희열은 조금 더 미루었다가 맛본다고 할지라도 큰 문제가 되지는 않을 것이기 때문에, 우리는 먼저 눈을 돌려서 또 하나의 연기 나는 수풀을 보아야 하는데, 이번에는 갈라디아서 2-4장이라는 수풀이다.

사실 거기에는 오늘날의 분석에서 사용되는 온갖 "범주들"이 즐겁게 서로 뒤범벅이 되어 엉켜 있다. 우리에게 로마서는 없고 오직 갈라디아서만 있었다면, "사법적" 표상들과 "참여적" 표상들, 또는 "인간론적" 관점, "구원사적" 관점, "묵시론적" 관점, "계약적" 관점, "변성론적" 관점 같은 것들을 오늘날 통상적으로 다루어지는 방식으로 서로 구별할 생각을 했을 사람은 아무도 없었을 것이다.[221] 갈라디아서 2-4장에는 이러한 요소들이 모두 (마치 눈을 가린 일곱 명의 요리사들이 모두 각자 자신이 좋아하는 재료들을 스튜 요리에 넣고자 하는 것과 같이) 서로 뒤죽박죽인 채로가 아니라, 일련의 질서정연하고 통일된 사고의 흐름 속에서 한데 결합되어 있다. 이것은 사실 로마서에도 그대로 적용되는 말이다 — 물론, 우리가 나중에 살펴보면 알게 되겠지만, 거기에서 말하고자 하는 것은 좀 더 미묘해서 파악하기 어렵기는 하지만.

이 시점에서 갈라디아서로 옮겨가는 것의 또 하나의 이점은, 그렇게 함으로써 우리는 바울의 구원론과 관련된 토라의 문제를 좀 더 직접적으로 다룰 수 있게 된다는 것이다. 이 문제는 바울의 재정의된 선민론에 관한 설명에서 중심적인 문제일 수밖에 없다. 왜냐하면, 토라는 당연히 원래의 신앙 속에서 중심적인 요소들 중의 하나였기 때문에, 그 신앙을 재정의한 것은 토라에 무슨 일이 일어났는지를 반드시 보여주어야 하고, "바울과 율법"에 관한 문제는 여러 논쟁들에서 가장 치열하게 논란이 된 문제들 중의 하나여서, 나는 현재의 장과 본서가 이 문제에 대한 새로운 시각을 제공해 주기를 소망하기 때문이다.[222] 제7장에서 분명히 하였듯이, 나는 지금까지 유대 율법에 관한 바울의 관점이라는 문제에 대답하고자 한 대부분의 시도들은 그의 세계관의 구조를 이루는 여러 서사들이 서로 얽혀 있다는 것과 토라에 관한 서사가 그 서사들 속에서 어디에 위치해 있는지를 볼 수 없었기 때문에, 그의 실제적인 사고와 접촉하는 데 실패하였고, 도리어 그의 사고가 엉망진창이라고 비난하기까지 해 왔다고 믿는다.

갈라디아서 2-4장으로 눈을 돌리면, 우리는 다음과 같은 친숙한 딜레마를 만나게 된다. 즉, 나는 이 경이롭고 도전적인 장들에 대한 자세한 주석서를 쓰는 것이

221) 사실, Martyn, 1997a은 "묵시론"을 위해서 마지못해 그렇게 하고, 내가 앞으로 보이겠지만, 오직 바울 자신의 믿음들의 몇몇 핵심적인 요소들을 바울의 대적들에게 돌리기 위하여 그렇게 한다. 갈라디아서 3장에 대한 일종의 "계약적" 읽기로는 cf. Hahn, 2009, 238-73. 나는 아케다(Aqedah) 사건이 3:13f.와 3:15-18의 배후에 있다는 것을 아직 확신하지 못하기는 하지만, Hahn의 읽기 가운데 많은 부분에 대체로 동의한다.

222) 예컨대, 선민론에 대한 유대적인 믿음에 관한 Sanders의 설명을 보라(Sanders, 1977, 87-101).

얼마든지 가능하고 그렇게 하고 싶은 마음이 간절한데도, 아래에서 지면 관계상 이 장들에 대하여 짧게 쓸 수밖에 없기 때문에, 이것은 갈라디아서를 그동안 집중적으로 연구해 온 사람들에게 좌절감을 안겨주게 되리라는 것이다. 나는 선민론에 관한 이스라엘의 신학이 메시야를 중심으로 재정의된 방식, 그리고 그러한 맥락 속에서 바울이 유대 율법이라는 문제를 다루는 방식과 관련해서 내가 지금 제시하고 있는 주장을 논증하는 데 꼭 필요한 점들에 집중하고자 한다.

(2) 갈라디아서 2:15-21

만일 내가 토라에 관한 나의 현재의 논지를 제시하기 위하여 한 본문만 선택하여야 한다면, 나는 주저 없이 갈라디아서 2:15-21을 택할 것이다. 이 본문은 어떤 사람이 죽었다가 새 사람이 되어 다시 나타나는 것을 그린 극적인 그림을 통해서만 담아낼 수 있는 토라에 대한 근본적인 재정의에 관한 것이다:

> [19]내가 율법으로 말미암아 율법에 대하여 죽었으니, 이는 하나님에 대하여 살기 위한 것이다. 나는 메시야와 함께 십자가에 못 박혔다. [20]나는 살아 있지만, 그것은 더 이상 내가 아니고, 내 안에 사시는 메시야이다. 내가 여전히 육신을 지니고 살아가는 삶은 나를 사랑하셔서 나를 위하여 자기 자신을 주신 하나님의 아들의 신실하심 안에서 살아가는 것이다.[223)]

바울은 여기에서 자신의 "종교적 체험" 그 자체를 자세히 들려주고 있는 것이 아니고, 하나님의 선민인 이스라엘에게 무슨 일이 일어났는지에 관한 이야기를 하고 있는 것이다. 그런데도 그가 거의 자전적인 문체를 사용하고 있는 것은, 마치 이 이야기가 다른 사람에 관한 이야기이고, 자기는 멀리서(또는, 높은 곳에서!) 바라보면서 초연하게 객관적으로 이야기를 들려주는 것 같은 인상을 풍기지 않기 위하여, 3인칭을 사용하여 이 이야기를 하고자 하지 않았기 때문이다. 중요한 것은 당연히 이 이야기는 자기 자신의 이야기였다는 것이다. 바울은 다메섹 도상에서의 체험과 그 직후의 며칠간의 체험을 통해서, 마치 자기가 죽었다가 다시 태어난 것 같이 느꼈을 것임은 의문의 여지가 없다. 그러나 우리가 여기에서 보는 것은 그런 "체험"에 관한 서술이 아니다. 그는 자신의 논증을 뒷받침하고 증명하기 위하여 (흥미롭게도 오늘날과 같은) "체험"이라는 범주에 호소하고 있는 것이 아니다. 베

223) 갈 2:19-20.

드로도 "체험"을 하였고, 바나바도 "체험"을 하였으며, 특히 야고보와 그가 보내서 예루살렘으로부터 온 사람들도 "체험"을 하였고, 물론 갈라디아 교인들도 "체험"을 하였다. 하지만 "체험"자체만으로는 아무것도 증명하지 못한다. 그들은 "바울이여, 당신에게 그런 일이 일어났지만, 우리가 체험한 것은 당신과 달랐다"고 말할 수 있었을 것이다. 바울에게 중요하였던 것은 그런 체험이 아니라, 메시야였고, 메시야의 죽음과 부활이 하나님의 선민이라는 범주와 관련하여 지니는 의미였다.[224)]

지금까지 갈라디아서를 읽어 온 사람들 중에서 이 서신의 2장이 무엇을 말하고 있는 것인지를 알지 못하는 사람이 혹시라도 있을까 해서, 그것에 대해서 짤막하게 설명해 두는 것이 좋을 것 같다. 바울은 지금의 터키 중부 지역에 있던 교회들(정확한 위치를 밝히는 것은 우리의 현재의 관심사가 아니다) 속에서 자신의 이방인 회심자들이, 오늘날의 학자들에 의해서 "선동가들," "교사들," "선교사들," "할례자들" 등 다양하게 지칭되지만, 거의 모든 학자들이 유대인들이라고 추정하는 사람들로부터, 바울이 전한 복음에는 결함이 있다는 말을 들었다는 소식을 접하고서 깜짝 놀라 그들에게 서신을 썼는데, 그들의 주장에 의하면, 바울의 복음 메시지는 갈라디아 교인들로 하여금 예수를 믿게 하기는 하였지만, 그들을 온전히 제대로 계약의 권속이 되게 하지는 못하였다는 것이다.[225)] 따라서 갈라디아 교인들이 아브라함의 백성에 속하기 위해서는, 창세기 17장을 비롯한 수많은 성경 본문과 전통에 따라, 남자들은 할례를 받아야 하고, (이 주장은 그렇게 비중 있었던 것은 아닌 것으로 보이기는 하지만) 아울러 유대인들의 다른 관습들도 지켜야 한다는 것이 그들의 주장이었다. 바울의 권위와 신뢰성은 땅에 떨어져 의심을 받게 되었고, 갈라디아에서 그가 전한 복음을 듣고 회심한 자들은 이제 그들의 조언을 따라 남자들은 할례를 받음으로써 유대인 공동체의 온전한 지체가 되려고 하였던 것으로 보인다.[226)]

224) 예를 들어, Schreiner, 2010, 170을 보라: "'나'는 대표의 의미로 사용된다." 하지만 나는 "율법에 대하여 죽는 것"은 암묵적으로 모든 신자들, 즉 유대인들은 물론이고 이방인들에게도 적용된다는 Schreiner의 주장에는 동의하지 않는다. 이방인들은 유대인들과 같은 방식으로 "율법 아래" 있지 않았다: 아래의 제10장 제4절 3) (10)을 보라.

225) 우리는 잘 알려져 있으면서도 여전히 흔히 무시되는 것을 지적하고자 하는데, 그것은 "유대화주의자들"(judaizers)이라는 단어는 원래 유대인처럼 되고자 하는 이방인들을 가리키기 때문에, 바울의 대적이었던 이 교사들을 가리키는 데 사용하는 것은 부적절하다는 것이다. 따라서 바울은 갈라디아서 2:14에서 베드로에게 이렇게 말한다: "네가 어떻게 이방인들을 강요해서 유대인처럼 살게 할 수 있느냐?" Mason, 2007을 보라.

226) 갈라디아 교회의 상황에 대한 다양한 재구성에 대해서는 Schreiner, 2010, 31-52; de Boer, 2011, 50-61; Hardin, 2008(그는 또다시 다른 견해를 제시한다); Barclay, 1987의 유익한 말에 나오는 서

바울의 대응 전략은, 이 서신의 처음 두 장에서 자신의 논증을 위한 정지작업의 일환으로, 특히 예루살렘 사도들과의 관계 속에서 자신의 삶과 사역을 설명하는 것으로 시작된다. 그런 후에, 그는 2:11-21을 이행단락으로 설정해서, 거기에서 자기와 베드로 간에 있었던 일과 그 때에 자기가 한 말들을 요약해서 설명하면서, 3장과 4장에서 논의되고 5장과 6장에서 적용될 중심적인 쟁점들을 아주 날카롭게 제기한다. 이 서신을 수사학적 관점에서 분석하는 것도 도움이 되어 오긴 했지만, 어쨌든 우리는 그런 분석들과는 상관없이 이 모든 것을 말할 수 있다.[227]

바울은 이런 식으로 정지작업을 함에 있어서, 자기가 예루살렘 사도들로부터 독립되어 있다는 것과 그들이 자기와 만났을 때에 자신이 전하는 복음의 내용에 대하여 동의하고 사역지를 서로 나누었다는 것, 이 두 가지를 강조해서 분명하게 밝힌다.[228] 그러나 핵심적인 내용은 그 후에 나오는데, 그것은 바울의 근거지였던 안디옥에서 일어난 사건으로서, 지금 갈라디아 교인들이 직면하고 있는 것과 기본적으로 동일한 쟁점에 그 초점이 맞추어진 사건과 관련된 것이었다. 그는 거기에서 일어난 사건, 그리고 자기가 베드로의 태도와 그런 태도의 배후에 있던 신학적 입장에 단호하게 반대하여 취한 자신의 신학적 노선을 짧게 설명함으로써, 안디옥 사건 자체에 대한 평가를 올바르게 정립함과 동시에 이 문제에 대하여 지금부터 제시하고자 하는 자신의 자세한 논증을 위한 무대를 설정하고자 하였다. 이러한 전략은 그때나 지금이나 효과가 있다. 갈라디아서 2:11-21을 면밀하게 살펴보면, 우리는 그가 이 서신 전체에 걸쳐서 직면해 있던 도전과 그 도전에 대답하기 위하여 제시하고 있는 신학을 볼 수 있게 된다. (바울과 베드로 간의 논쟁의 결과가 어떠하였고, 그 다음에 어떤 일이 일어났는지에 관한 추가적인 문제는, 우리가 여기에서 다루고자 하는 문제와는 너무나 동떨어진 것이다.)[229]

안디옥에서 쟁점이 되었던 것은, 아주 간단히 말해서, 다음과 같은 문제였다: 메시야를 믿는 유대인 신자들은 메시야를 믿는 비유대인 신자들과 동일한 상에 앉아 먹어도 되는가?[230] 이 때에 일어난 일에 대한 바울의 재구성은 네 단계로 이루어져

로 판이하게 다른 설명들을 보라.

227) Betz, 1979는 이 방향으로 공굴리기를 시작하였다 — 물론, 모두가 그의 결론들을 채택해 온 것은 결코 아니지만. 자세한 것은 특히 Witherington, 1998, 25-36을 보라.

228) 무관함: 1:11-24; 합의: 2:1-10.

229) 예컨대, Dunn, 1990, 129-82; Dunn 1993, 129-31을 보라. 그는 안디옥에서 바울의 주장은 통하지 않았다(즉, 베드로가 승복하지 않았다)고 결론을 내린다. 그리고 이 견해는 지금 "통설"이 되어 있다. 나의 현재의 논증은 그 어떤 것도 그러한 견해에 의해 이런저런 식으로 좌우되지 않는다.

230) 바울은 2:12에서 "이방인들과 함께 먹다가"라고 말하지만, 그의 논증의 나머지 부분에서는 거

있다.

첫 번째는 안디옥 교회는 그 때까지 내내 유대인이든 이방인이든 모두 함께 동일한 상에 앉아 먹어 왔었다는 것이다. 그들 가운데서는 메시야를 믿는 자들 사이에 민족적인 출신 배경을 근거로 한 차별은 존재하지 않았었다. 이후에 벌어진 일을 통해서 추정해 보건대, 이것은 이전에 이방인들과는 함께 먹어서는 안 된다는 금기에 익숙해져 있었던 유대인들에게는 상당히 파격적인 조치였다고 할 수 있다.[231)]

두 번째는 베드로는 안디옥에 와서 이렇게 정착되어 있던 관행을 기꺼이 받아들였다는 것이다. 바울은 이것을 자신과의 이전의 합의에 따른 것이라고 보는 것 같다.

세 번째는 "어떤 사람들이 야고보로부터," 즉 예루살렘으로부터 "왔다"는 것이다. 바울은 이 사람들이 정말 야고보가 지니고 있던 견해를 대변한 사람들인지에 대하여 자기가 의구심을 갖고 있음을 보여주기 위하여, "야고보가 어떤 사람들을 보냈다"고 직설적으로 말하지 않는 세심함을 보인다. 그 사람들이 도착하자, 베드로는 자신의 태도를 바꾸어서 — 이것이 그들이 어떤 말을 했기 때문인지, 아니면 단지 베드로가 그들이 무슨 생각을 하고 있는지를 알고 있거나 야고보가 무엇을 말했을지를 추정할 수 있었기 때문인지는 확실하지 않다 — "할례자들을 두려워하여 그 자리를 떴다"(2:12).

네 번째는 거기에 있던 (바울을 제외한) 나머지 유대인들도 베드로를 따라 그 자리에서 물러갔다는 것이다. 바울은 이렇게 행동한 그들을 "함께 외식하는 자들"(2:13), 또는 함께 연극을 하는 자들이라고 표현하면서, (사도행전에 의하면) 바울의 초기 선교 사역에 함께 하였고 어려울 때에 그에게 큰 도움을 주었던 "바나바조차도" 베드로를 비롯한 여러 사람들을 따라 물러갔다며 자신의 서글픈 심정을 내비친다.[232)]

여기서 쟁점이 무엇이었는지를 분명히 하는 것은 중요하다. 어떤 사람들이 터무

기에서 "이방인들"이 일반적인 이교도들이 아니라 이방인 신자들을 의미한다는 것을 분명히 한다. 고린도전서 10:27에서 그는 신자들이 불신자들의 식사 초대를 받아들이는 것을 흔쾌히 허락한다. 이것은 갈라디아서 2장에서 문제가 된 식사가 아마도 성찬을 포함한 그리스도인들의 교제 모임이었다는 것을 의미할 수 있다.

231) '아믹시아' (amixia, "[이방인들과] 섞이지 않음")라는 골치 아픈 문제에 대해서는 앞의 제2장 제3절을 보라.

232) cf. 행 9:27; 13:1-3, 42-52; 14:1-20.

니없이 주장해 온 것과는 달리, 이것은 사람들의 "식탁 예절"과 관련된 문제가 아니었고,[233] 다른 그 어떤 문제만큼이나 중요한 다음과 같은 문제였다: 메시야를 믿는 자들의 공동체는 한 몸인가, 아니면 두 몸인가? 유대인과 비유대인 간의 구분, 또는 메시야를 믿는 자들과 믿지 않는 자들 간의 구분 중에서 어느 쪽이 더 중요한 구분인가(전자가 중요한 것이라면, 메시야를 믿는 유대인들은 메시야를 믿지 않는 유대인들과 여전히 함께 앉아 먹을 수 있을 것이기 때문에)? 메시야를 믿는 믿음은 단지 유대교의 기본적인 틀을 전혀 건드리지 않고 고스란히 보존해서 지니고 있는 그 부분집합인 것인가, 아니면 유대교의 모든 것을 바꾸어 놓은 것인가?

바울에게 분명한 것이 한 가지 있었는데, 그것은 메시야를 믿는 자들의 공동체가 두 층으로 된 몸이라면, 그것은 이방인 신자들에게 유대교로 개종하라는 압력이 가해지고 있다는 것을 의미한다는 것이었다. 누군가가 실제로 이것을 말하고 있든지 없든지, 식탁을 따로 한다는 사실 자체는 핵심 집단과 주변 집단이 존재한다는 것을 분명히 보여주는 것이었다. 물론, 우리는 사람들이 실제로 이방인 신자들에게 "구원"을 받으려면 핵심 집단(온전히 유대적인 집단)에 속하여야 한다고 말하였는지의 여부를 알지 못한다. "구원"이나 그 비슷한 단어들은 갈라디아서에 등장하지 않고, 이것은 충분히 주목할 만한 것이기 때문에, 우리는 갈라디아 교회에서 일어난 일을 "구원"과 연결시키는 것은 조심하여야 한다.[234] (갈라디아서에서 중심적이고 아주 중요한 주제인 "칭의"에 관한 너무나 많은 논의들은 "구원"과 "칭의"가 거의 동일하다고 전제하지만, 바울에게는 분명히 그렇지 않았다.) 내 생각에는, 이방인 신자들은 이 몸의 지체들 중에는 실제로 핵심적인 집단이 존재하고, 신자들이라면 거기에 속하는 것이 아주 바람직한데, 그것은 유대교인으로 완전히 개종해서 온전한 유대인이 되는 것이라고 가르침을 받았을 가능성이 높아 보인다. 바울이 자기가 베드로에게 말했다고 우리에게 전해 주는 첫 번째의 것은 바로 그런 의미를 함축하고 있다. 즉, 그는 베드로가 그렇게 행하는 것은 "이방인들을 강제로 유대화시키는 것," 달리 말하면 유대인들이 되게 하는 것이라고 말한다. 베드로는 자기는 결코 그런 의도로 그렇게 행한 것이 아니었다고 항변하였을 것이지만, 바울이 한 말의 취지는 베드로의 행위는 이방인 신자들에게 유대인들이 되라고 무언의 압력을 가해서, 그들을 자신들에게 실질적으로 아무런 선택권도 없는

233) 그러한 주장들을 보기 위해서는 "새 관점"과 "식탁 예절"을 웹에서 검색해 보면 된다.

234) 그러나 사도행전 15:1에서는 비슷한 상황에서 예루살렘 교회의 강경파들이 이방인 회심자들이 할례를 받지 않는 경우에는 "구원 받을" 수 없다고 말하는 것을 참조하라.

궁지로 몰아갔다는 것이었다.

베드로의 행위에 대한 바울의 최초의 반론은 그 행위의 모순성을 지적하는 것이었다. 베드로가 앞서 보여준 행위와 지금 보여주고 있는 행위는 서로 정반대라는 것이다. (그렇기 때문에, 베드로는 "위선"을 행하고 있다는 비난을 받는다.) 야고보에게서 왔다고 하는 어떤 사람들이 등장하기 전까지는, 베드로는 유대인이었지만 유대인이 아닌 "이방인 같이 살아 왔었다"(2:14). 이것은 무엇을 의미하는가? 그것은 베드로가 우상들을 섬겨 왔고 이교 신전들에 다녔으며 바쿠스 축제에 참여해 왔다는 것을 의미하는가? 결코 그런 의미가 아니었을 것이다. 그것은 베드로가 그 시점까지는 유대인과 이방인이 함께 앉아 먹어서는 안 된다는 유대인들의 통상적인 금기를 무시하고 살아 왔었다는 것을 의미하는 것이었다. 따라서 그는 유대인들의 생활방식에서 한 가지 주된 경계표지를 완전히 잘라내 버린 것이었다. 그런데 그랬던 그가 이제 와서는 백팔십도로 태도를 바꾸어서, 메시야를 믿는 이방인 신자들에게 "유대인 같이 살아라"고, 달리 말하면, 토라를 지키는 아브라함의 자손들, 곧 하나님의 선민의 무리로 들어오라고 정신적인 압력을 가하고 있다는 것이다.

거기에 대한 바울의 반응은 선민론은 메시야를 중심으로 이미 재정의되었다는 것이다. 역설은 여기에 있었는데, 그것은 메시야는 유대교와 그 범주들의 세계, 특히 그 성경적 전통들의 세계 내에서 메시야가 의미해 왔던 것을 지금도 여전히 의미하고 있다는 사실이었다. 바울은 (어떤 사람들이 주장해 온 것과는 달리) "유대교적인 메시야"와 반대되는 "기독교적인 메시야"에 대하여 말하고 있는 것이 아니었다.[235] 그러한 구별은 존재하지 않았다. 중요한 것은 그는 예수가 이스라엘의 메시야라고 믿었고, 따라서 하나님의 선민 "이스라엘"은 이 메시야에게 속해 있는 자들(어떤 자들이 이 메시야에게 속해 있는 자들이냐 하는 것이 문제이기는 하지만)로 구성된다고 믿었다는 것이다. 그러나 "메시야"의 의미를 정의해 주는 성경의 전통들 속에서 우리는 아이러니를 만나게 되는데, 그것은 성경의 가장 위대한 전통들 중의 하나, 즉 특히 선지자들에게서 볼 수 있는 전통은 내부로부터의 근본적인 비판의 전통, 신명기 이래로 하나님이 전혀 예기치 않은 놀랍고 당혹스러운 방식들로 자신의 선민을 다시 빚어서, 그들을 위한 계획과 그들을 통해 이루고자 하는 계획을 성취할 것이라고 말해 온 비판의 전통이었다는 것이다.

바울은 자기가 하고 있는 말이 충격적인 말이라는 것은 물론이고, 그러한 전통

235) Novenson, 2014(출간 준비 중), ch. 2을 보라.

들도 아주 잘 알고 있었다. 이전에 베드로나 바나바, 그리고 아마도 야고보보다 더 유대교 전통을 고수하고자 하였던 강경파 바리새인이었던 그가 지금 선지자들의 증언이 실현되었다고 선언하고 있는 것이다. 하나님은 진정으로 자신의 선민을 재정의하였고, 이스라엘의 메시야를 중심으로 그렇게 하였다. 달리 말하면, "선민"은 일차적으로는 메시야 자신, 그리고 이차적으로는 그에게 속한 모든 자들로 구성된다. 이것이 전부이고, 모든 것은 거기에 달려 있다. 만일 당신이 주후 1세기 유대인이고, 예수가 진정으로 이스라엘의 메시야라는 것을 믿게 되었다면, 이스라엘이 메시야를 중심으로 재정의되었다는 말에 시비를 거는 일은 없었을 것이다. 그러나 당신의 세계관이 여전히 이스라엘과 열방들을 구별해 주는 상징들에 닻을 내리고 있었다면, "그것이 전부"라는 말이 무슨 의미이고, 어떻게 하면 이 새로운 몸에 속할 수 있는 것이냐고 당연히 시비를 걸었을 것이다.

바울은 그런 사람들과 싸울 준비가 되어 있었고, 그들이 무슨 말을 하고 어떤 행동을 보일지를 알고 있었다. 서두의 진술은 이 모든 것을 보여준다:

> [15]우리는 날 때부터 유대인들이고 "이방 죄인들"이 아니다. [16]그러나 우리는 사람이 유대 율법의 행위들에 의해서가 아니라, 메시야 예수의 신실하심으로 말미암아 "의롭다" 함을 얻는다는 것을 안다.[236)]

바울은 "의롭다 함을 얻는다"는 것이 무엇을 의미하는지를 우리에게 한 큐에 말해준다. 그것은 하나님으로 하여금 친히 당신이 "이스라엘"의 한 지체, "유대인," "계약의 권속"의 일원이고, 그런 의미에서 "의롭다"고 인정하게 만드는 것을 의미한다. 물론, "의롭다"는 것은 그 밖에도 다른 온갖 것들을 의미하기도 한다. 그러나 방금 말한 것이 여기에 나오는 "의롭다"는 표현의 중심적인 의미가 아니라면, 16절은 말도 안 되는 황당한 추론이 될 수밖에 없다. "우리는 날 때부터 유대인들이고 '이방 죄인들'이 아니다." 당신이 누구와 함께 먹을 수 있느냐에 관한 논쟁을 배경으로 해서, 사람들이 누구와 함께 먹어 왔느냐의 여부에 의해서 "유대인처럼 살았다"거나 "이방인처럼 살았다"고 말하는 맥락 속에서 "의롭다"는 단어를 사용한 것은, "의롭다 함을 얻다"라는 어구가 그 일차적인 의미에서 다른 어떤 것을 의미할 여지가 없게 만든다. 그러한 맥락 속에서 이 구절 전체는 "의롭다 함을 얻는" 두 가지 방법에 관한 문제는 당신이 어느 공동체, 어느 식탁 교제에 속해 있느냐에 관한 문제임에 틀림없다는

236) 갈 2:15f.

것을 보여준다. 당신은 메시야로서의 예수에게 충성을 맹세해 놓고서 유대교의 토라에 기반을 둔 식탁 교제에 속해 있는가? 당신이 그렇게 하고 있다면, 당신은 자신의 기본적인 정체성을 망각하고 있는 것이라고 바울은 말한다. 이제 중요한 것은 토라가 아니라 메시야이다. 칭의는 하나님의 백성의 지체라고 선언되는 것에 관한 것이고, 이 백성은 메시야와의 관계를 토대로 정의된다.

특히 중요한 것은 하나님이 계약을 토대로 해서 자신의 선민에 대하여 가지고 있던 계획을 성취한 메시야의 구원의 죽음이다. 바울은 토라냐 메시야와 그의 신실하심이냐, 둘 중의 하나를 선택하라고 말한다. 그리고 바울이 2:20에서 분명히 밝히고 있듯이, 여기에서 메시야의 "신실하심"은 그가 신실하심과 사랑 가운데서 자기 자신을 죽음에 내어 준 것을 가리킨다(아래를 보라). 하나님의 백성은 단지 메시야를 중심으로 재결집해야 하는 것이 아니다. 메시야가 자신의 소임을 성취한 방식, 즉 그의 죽음과 부활도 하나님 백성의 중심적인 특징이 되지 않으면 안 된다. 따라서 십자가와 부활은 선민을 새롭게 형성하는 데 있어서 핵심요소들이다. 예수가 진정으로 이스라엘의 메시야라면, "이스라엘"이 이제 그의 죽음과 부활의 본을 따라 형성되는 것은 당연한 일이다. 이것이 이 단락 전체가 지향하고 있는 논점이다.

물론, 16a절의 "메시야 예수의 신실하심"이라는 어구는 "메시야 예수를 믿는 믿음"으로 번역될 수도 있다. 나는 위에서 다룬 로마서 2:17-20, 3:1-4, 3:22에서의 사고의 흐름은 이 어구를 "메시야의 신실하심"으로 해석하는 것을 강력하게 지지해 주고 있다고 보지만, 현재의 문맥 속에서는 이 어구가 어느 쪽으로든 해석될 수 있다는 것은 사실이다. 어떤 사람들은 다음 행(2:16b)을 고려하면, 이 어구를 "메시야 예수를 믿는 우리의 믿음"을 가리키는 쪽으로 해석해야 한다고 말할 것이다. 왜냐하면, 바울은 계속해서 "이것이 우리도 메시야 예수를 믿은 이유"라고 말하기 때문이다.[237] 그러나 내게는 그것은 결정적인 논거가 되지 못하는 것으로 보인다. 내가 앞에서 로마서 3장의 본문을 다룰 때에 거기에 나오는 어구를 "메시야를 믿는 믿음"이 아니라 "메시야의 신실하심"으로 해석한 것이 옳다면, 여기에 나오는 이 어구도 예수에 대한 개인의 종교적 감정상태가 아니라, 죽기까지 순종한 예수의 신실하심을 가리킨다. 이 어구는 외적으로는 예수의 구원의 죽음을 가리키고, 내적으

237) 우리는 다른 표현법을 주목하여야 한다: 직역하면, "우리도 믿어 메시야 예수와 합하였다"(We too believed into Messiah Jesus). 이것은 3:25-9(특히, 3:26을 보라)에서 설명한 메시야의 연대 속으로 "들어갔다"는 의미를 강력하게 함축하고 있다.

로는 그가 자기 자신을 죽음에 내어줌으로써 계약에 대한 이스라엘의 신실함을 보여주는 최고의 행위를 실행하였다는 사실을 나타내는 방식이었다. 이것은 하나님의 오래된 구원 계획이 어떤 식으로 수행되어야 하였는지를 보여주는 것이었다.[238]

따라서 우리는 갈라디아서 2장 끝에서 예수의 죽음과 그 의미를 강조하고 있는 본문들과 바로 이 본문이 하나의 원으로 서로 연결되어 있다고 볼 수 있다. 즉, 메시야가 십자가에 못 박혀 죽은 것(2:19), 그가 자기 백성을 위하여 사랑 가운데서 자기 자신을 내어준 것(2:20), 그의 죽음은 결코 "헛된 것"이 될 수 없다는 것(2:21)-이 모든 것들은 자기 백성의 "칭의"의 수단으로서 2:16에 두 번이나 언급되는 그의 "신실하심"과 연결된다는 것이다. 우리는 2:19에서 "메시야의 신실하심"이 실제로 무엇을 의미하는지를 본다. 왜냐하면, 바울은 "나는 하나님의 아들의 신실하심 안에서 살아간다"고 말한 직후에, 이것이 무슨 의미인지를 설명하기 위해서, 그는 "나를 사랑하셔서 나를 위해 자기 자신을 주신"분이라는 말을 덧붙이고 있기 때문이다. 그는 19-21절에 나오는 이 삼중적인 서술을 명시적으로 "율법"과 대비시킴으로써, 우리가 16절에서 발견하는 것("사람은 유대 율법의 행위들에 의해서가 아니라 메시야 예수의 신실하심으로 말미암아 '의롭다' 함을 얻는다")과 정확히 동일한 대비를 제시한다.[239]

19-20과 21절에서 두 번 서술된 대비를 도식으로 표시해 보면 다음과 같다:

나는 율법에 대하여 죽었다	나는 나를 사랑하셔서 나를 위해 자기 자신을 주신 "메시야의 신실하심" 안에서 살아간다
"의"가 율법으로 말미암는다면	그렇다면, 메시야는 헛되이 죽으신 것이 된다

이것은 16절과 병행됨과 아울러 16절의 사고를 완성시킨다:

사람은 율법의 행위들에 의해서 "의롭게" 되는 것이 아니라	메시야의 신실하심으로 말미암아 되는 것이다

238) 여기에서 "메시야의 신실하심"을 올바른 이해로 채택함에 있어서, 나는 de Boer, 2011과는 달리, 이후에 언급되는 모든 "믿음"을 예수의 죽음을 가리키는 것으로 읽기를 원하지 않는다(de Boer는 192, 230 등에서 인간의 믿음을 가리킬 수 있다고 본다). 석의자들이 그러한 (극단적인?) 입장을 밀어붙여서, 2:16, 3:22 등과 같은 핵심 본문들에 나오는 이 어구를 "목적격적 속격"으로 해석하게 된다면(즉, 예수를 믿는 믿음), 그것은 불행한 일일 것이다.

239) Michael Gorman은 내게 이렇게 말하였다: 토라에 대한 다소의 사울의 관계는 "소유"의 관계였고, 메시야에 대한 사도 바울의 관계는 "참여"의 관계이다.

율법의 행위들을 토대로 해서가 아니라	메시야의 신실하심을 토대로 해서 우리는 "의롭다" 함을 얻을 수 있다.

달리 말하면, 나는 여기에서 여섯 가지 일들이 진행되고 있다는 결론을 얻는다. 첫째, 바울은 메시야의 구원의 죽음을 그가 사랑 가운데 자기 자신을 내어준 것이라는 관점에서 이해함과 동시에, 이스라엘의 하나님에 대한 계약상의 신실하심을 보여주는 위대한 행위로 해석한다.[240]

둘째, 바울은 메시야의 구원의 죽음을 선민 이스라엘에 관한 이야기 전체를 원래 하나님이 정한 초점으로 이끌어 와서(이것이 그가 21절에서 십자가에서 일어난 일을 언급하는 추가적인 방식으로 "하나님의 은혜"라고 말할 수 있었던 이유이다), 마침내 계약의 하나님에게 이스라엘의 "신실함"을 보여준 메시야를 중심으로 그 이야기를 재정의한 사건으로 이해한다.

셋째, 바울은 그러한 재정의를 메시야의 죽음과 부활의 결과로 이해한다. 이스라엘을 구분짓는 경계들은 단지 좀 더 느슨해지거나 좀 더 엄격해진 것에서 그치거나, 몇몇 핵심적인 부분들이 여기저기에서 조정된 데서 그친 것이 아니라, 근본적으로 다시 그려졌다. 이제 메시야 및 그의 죽음과 부활이 하나님의 백성을 구분하는 경계들이 되었기 때문에, 그 결과 이스라엘 — 여기에서 바울이 아주 강렬하게 자전적인 "나"로 지칭한 — 은 죽었다가 다시 새로운 생명으로 살아난 것이었다. 우리가 이것을 좀 더 넓은 논쟁들과 관련해서 말한다면, 이것은 (이른바 "묵시론적" 해석이 주장하는 것처럼) 이스라엘이 어떤 다른 것으로 대체된 것이 아니라, 이스라엘과 관련된 하나님의 목적이 이스라엘의 대표자인 메시야에 의해서 성취된 것이다.

넷째, 바울이 여기에서 자기가 죽었다가 새로운 생명으로 다시 살아났다는 것을 감동적으로 얘기한 것은 그 자체가 목적이 아니라, 이것이 메시야에게 속한 모든 자들에게 그대로 해당된다는 것을 설명하기 위한 것이었다. 그는 이제 자기가 메시야의 죽음과 부활에 참여하여 거기에 사로잡혀 있는 것을 발견한다. 즉, 그는 "메시야와 함께 십자가에 못 박혔고," 이제는 "나를 사랑하셔서 나를 위하여 자기 자신을 주신 하나님의 아들의 신실하심 안에서 살아가고" 있다. 메시야 속으로의 이러한 "참여"는 이 본문의 핵심이다. 나는 그것이 "의로움"이라는 신분과 그 신분

240) Gorman, 2009, ch. 2은 이것을 하나님에 대한 충성, 하나님에 대한 순종, 하나님에 대한 사랑이 하나로 결합된 계약상의 신실하심과 관련된 메시야의 행위의 정수로 보아야 한다는 것을 논증한다. 실제로 이러한 것들이 모두 거기에 존재한다 — 물론, 이것이 바울의 구원론이 어떻게 작동되는지에 관한 Gorman의 분석을 지지해 주는지의 여부는 좀 더 살펴보아야 하겠지만.

을 만들어낸 수단이었던 "의롭다고 선언하는" 하나님의 행위의 토대라고 본다.[241] 하지만 나는 "메시야 안에 있는 것"과 "의롭다 함을 얻는 것"은 동일한 것이라고 생각하지 않는데, 이것에 대해서는 나중에 살펴볼 것이다.

다섯째, 바울은 2:20a에서 미묘하게 다른 뉘앙스를 추가한다. 그는 이렇게 말한다: "나는 살아 있지만, '그것은 더 이상 내가 아니고, 내 안에 살아 계시는 메시야이다.'" 메시야가 이렇게 신자 안에 내주한다는 관념은 로마서 8:9-11 같은 다른 본문들에도 반영되어 있는데, 거기에서는 메시야의 내주와 ("메시야의 영" 또는 "메시야를 죽은 자 가운데서 살리신 이의 영"으로도 불리는) 성령의 내주가 상호대체적으로 사용된다. 또한, 이것은 4:19에 나오는 "메시야가 너희 속에 형성된다"는 개념에 대한 복선이기도 하다. 다시 한 번 말하지만, 이것은 바울이 "메시야 안에" 있는 것과 동일한 것도 아니고, "의롭다 함을 얻는 것"과 동일한 것도 아니다. 이것은 구원론을 이루고 있는 복합적인 총체, 즉 서로 구분되어 있기는 하지만 함께 엮여 짜여 있는 여러 층들의 일부인데, 이것에 대해서는 우리가 나중에 적당한 때에 좀 더 자세하게 설명할 것이다.

여섯째, "당신은 누가 이 권속에 속해 있는지를 어떻게 알 수 있는가"라는 질문에 대하여 바울은 합당한 대답을 가지고 있다. 즉, 이 권속이 메시야의 '피스티스'(pistis)에 의해서 재정의된 집단이라면, '피스티스'를 가지고 있는 자들이 이 권속의 지체들이라는 것은 분명하다. 이것이 그러하다는 것과 이 공동체는 다른 식이 아니라 그런 식으로 정의된다고 선언하는 것이 바로 바울이 "칭의"라는 표현을 통해서 말하고자 하는 것이다. 다시 한 번 말하지만, 이 새로운 실체의 토대는 이스라엘의 소명과 숙명을 기이한 방식으로 성취한 메시야의 죽음과 부활, 그리고 그 죽음과 부활 속으로의 신자들의 참여이다.

이러한 일련의 논증의 처음(2:16)과 극적인 결말(2:19-21) 사이에 있는 두 절은 안디옥, 그리고 암묵적으로는 갈라디아에서의 논쟁이라는 관점에서 그 결과들을 서술한다.

첫째, 2:17에서 바울은 메시야는 충성된 유대인들에게 "이방 죄인들"과 함께 앉아 먹도록 강제함으로써 그들로 하여금 스스로 "죄인들"이 되지 않을 수 없게 만들고 있다고 말하고 있는 것으로 보일 수 있다. 이것은 우리가 로마서 3:7-8에서 만난 비난과 (동일하지는 않지만) 비슷하고, 바울은 거기에서와 마찬가지로 여기에

241) 빌 3:9에서처럼(위를 보라): "내 자신의 의가 아니라 메시야의 신실하심으로 말미암은 의를 가져 그의 안에서 발견되기 위한 것이니."

서도 그러한 비난을 단칼에 부정해 버린다. 즉, 메시야는 "죄"를 짓게 하는 분이 아니기 때문에, 무슨 일이 진행되고 있는지에 대하여 무엇인가 다른 설명이 있어야 한다는 것이다.

둘째, 2:18에서 바울은 베드로가 안디옥에서 보여준 태도는 "자신이 허물었던 것들을 다시 세우는 것," 달리 말하면 유대 그리스도인들과 이방 그리스도인들을 구분하고 나누는 담을 다시 세운 행위였다는 중요한 지적을 한다. (바울은 안디옥에서 일어난 구체적인 사건과 그 신학적 의미를 여전히 생각하고 있음이 분명하다.)[242] 그러나 베드로가 토라 및 '아믹시아'(amixia, "이방인들과 어울리지 않아야 한다는 원칙") 등과 같은 규례들로 이루어진 담을 다시 세운다면, 토라는 그가 율법을 범하였다고 그를 고소하게 될 것이다. "나는 내가 범법자라는 것을 나타낸다"(parabatēn emauton synistanō – '파라바텐 에마우톤 쉬니스타노'). 즉, 바울은 베드로의 그러한 행위는 그가 단지 이교도들에게 적용되는 "죄인"이 되는 것에서 그치지 않고, 거기에서 한 걸음 더 나아가 율법을 범한 자인 "범법자"라는 것을 드러내는 것이라고 말한다. 베드로가 어떤 선택에 직면해 있는지는 분명하다. 그는 이방 그리스도인들과 함께 먹음으로써 "죄인"이 될 것인지, 아니면 그를 고소하는 토라를 다시 세움으로써 "범법자"가 될 것인지, 둘 중의 하나를 선택하여야 한다![243] 그러나 일단 여러분이 메시야가 이룬 일의 실체를 파악하였다면, 여러분은 그 선민 공동체는 그들 자신의 메시야 및 그의 죽음과 부활에 의해서 재정의되었다는 것을 알게 된다. 따라서 메시야에게 속한 모든 자들의 좀 더 넓은 교제는 단지 "죄인들"의 무리가 아니라, "용서받은 죄인들"의 무리이다. "그는 나를 사랑하셔서 나를 위해 자기 자신을 주셨고," 그 결과 죄에 대하여 죽은 후에 다시 살리심을 받아 새로운 생명, 즉 그 자신의 새로운 생명을 얻게 된 자기 백성을 만들어 내

242) 18절에서 바울이 대명사를 "우리"에서 "나"로 바꾸고 있는 것이 두드러진다. 나는 이것이 18절이 더 이상 베드로를 가리키는 것이 아니라는 것을 의미한다고 생각하지 않는다. "나"는 수사학적인 효과를 위한 것이고, 18절은 17절에 대한 보충설명으로 제시된다(gar - '가르'). Schreiner, 2010, 169를 보라: "바울은 계속해서 베드로를 상대로 말하고 있지만, 자기 자신을 유대 민족의 대표자로 지칭한다."

243) "죄"와 "범법"의 구별에 대해서는 로마서 5:12-14을 보라. 여기에서 "범법"은 무엇을 가리키는가? Hays, 2000, 242는 두 가지 견해를 제시한다: (a) 유대인/이방인이라는 담을 다시 세우는 것은 복음의 명령을 범하는 일이라는 것; (b) 그 담을 다시 세우는 것은 그가 지금까지 단일한 공동체를 세워 온 것이 사실상 범법이었다는 의미를 내포한다는 것. 나는 바울이 2:16c("율법의 행위로는 의롭다 함을 얻을 육체가 없을 것이다")와 3:10f. 22과 맥을 같이 해서, 베드로가 토라의 나뉜 세계로 돌아가는 것은 모든 것이 정죄되는 세계로 돌아가는 것이라고 말하고 있는 것일 가능성이 높다고 본다(물론, 롬 3:19f.; 4:15; 5:20; 7:7-25도 보라).

었다.

이것은 선민론이 메시야를 중심으로 재편된 방식이다. 바울은 아마도 그의 가장 초기의 것일 가능성이 높은 서신에 나오는 한 본문에서, 기독교 사상의 역사 속에서 가장 극적이고 폭넓게 교리적으로 재정의된 것들 중의 하나를 개략적으로 설명하는데, 이 본문은 고린도전서 8:6에서 이루어진 유일신론에 대한 재정의와 맞먹을 정도로 중요한 것임과 동시에, 오늘날의 사상으로는 받아들이기가 마찬가지로 어려운 것임이 증명되어 왔다. 그러나 우리는 고린도전서에 나오는 재정의와 마찬가지로 이 재정의도 무미건조하고 추상적인 교리와는 아무 상관이 없다는 것을 유의하여야 한다. 유일신론은 창조주 하나님을 사랑하는 것에 관한 것이었고, 바울의 재정의도 마찬가지로 거기에 초점이 맞추어져 있다. 선민론은 이 하나님에 의해서, 특히 그의 "아들"에 의해서 사랑받는 사람들에 관한 것이다. 바울에게 있어서 그것은 재정의에 있어서도 중심적인 것이었다: "하나님의 아들이 나를 사랑하셔서 나를 위해 자기 자신을 주셨다." 실제로 "사랑"에 관한 이러한 언급은 신명기 등에 대한 울림을 통해서, 이것이 하나님이 자기 백성을 택한 목적이라고 우리에게 들려주고 있음에 틀림없다.[244] 여기에서 유대적인 옛 가르침(계약의 하나님이 자기 백성을 사랑하여 택하였다는 것)은 극적으로 수정됨과 동시에 극적으로 재천명된다. 예수는 이스라엘의 메시야이기 때문에, 그의 운명은 이스라엘의 숙명과 소망을 실현하고 성취한 것으로 보아져야 한다. 그는 십자가에 못 박힌 메시야이기 때문에, 그러한 실현과 성취는 죽었다가 다시 살아나는 것이라는 표상으로만 표현될 수 있는 그러한 변화를 포함하고 있지 않으면 안 된다. 옛 정체성의 죽음과 새 정체성의 탄생 -이것은 바울이 "십자가에 못 박힌 메시야"가 자신의 동포 유대인들에게 "수치"이자 "걸림돌"이라는 것을 알고 있었다는 점에서 이상할 것도 없다.[245] 그것은 지금도 여전히 그러하다. 하지만 우리가 이 점을 파악하지 못한다면, 우리는 바울의 사고의 핵심을 보지 못한 것이다.

(3) 갈라디아서 3:1-4:11

(a) 서론

244) 신 4:37; 7:8; 10:15; 사 43:4; 63:9; 렘 31:3; 호 11:1; 말 1:2. 이 주제는 신명기의 본문들과 호세아서에 나오는 출애굽과 명시적으로 연결된다.

245) 고전 1:23; 갈 5:11. 이 "거리끼는 것"의 역사적이고 사회학적인 맥락에 대해서는 Barclay, 2011, 특히 chs. 6과 7을 보라.

갈라디아서의 중심적인 논증(3:1-4:11)은 본서의 현재의 장에서 다루어지고 있는 주제인 메시야 예수를 중심으로 한 "선민론"의 재정의에 관한 것이다. 따라서 우리는 이제 갈라디아서의 이 대단락을 전체적으로, 그리고 그 몇몇 부분들을 살펴보아야 한다. 다시 한 번 말하지만, 나는 바울이 외적으로는 예수를 가리키고, 내적으로는 이스라엘의 숙명과 목적을 성취할 자인 이스라엘의 메시야로서의 예수의 지위라는 의미를 나타내기 위하여 '크리스토스'(Christos)라는 용어를 사용하고 있다는 것(대부분의 주석자들이 무시하기로 작심한 것)을 하나의 공리로 전제한다 (다시 말하면, 전자는 '크리스토스'의 외연이고, 후자는 그 내포라는 것이다 — 역주).[246]

우리가 이 대단락 전체에 대한 관점을 얻고자 할 때, 가장 눈에 띄는 것들 중의 하나는 아브라함이 3장의 논증의 틀을 형성하고 있다는 것이다. 서두의 도전(3:1-5) 후에, 바울은 창세기 15장, 12장, 18장에서 가져온 인용문들을 연속적으로 신속하게 제시하는 가운데 아브라함을 소개한다.[247] 로마서 4장에서와 마찬가지로, 바울은 아브라함 서사가 지닌 의미를 설명하는 데 몰두하고 있는 것으로 보이고, 그렇게 할 때에 특히 세 가지를 염두에 두고 있는 것으로 보인다. 첫째, 그는 창세기 15장이 계약에 관하여 말하고 있는 장이라는 것을 알고 있었다. 즉, 그는 창세기 15장이 장래에 있을 출애굽이라는 속량의 역사에 관한 약속을 포함해서 하나님과 아브라함 간에 맺어진 계약에 대하여 말하고 있다는 것을 알고 있었다는 것이다. 둘째, 그는 아브라함이 전 세계에 걸친 권속이 그에게 주어질 것이라는 약속을 받았다고 역설한다. 즉, 하나님은 "아브라함 안에서" 모든 민족들을 복주겠다고 말하였다는 것이다.[248] 셋째, 그는 이 전 세계에 걸친 권속의 지체들이 자신들의 존립의 토대인 헌장에 충실한 경우에 드러나는 특징은 '피스티스'(pistis)라는 사실을 특별히 환기시킨다. 즉, 아브라함은 하나님을 믿었기 때문에, "믿음의 사람들은 신실한 아브라함과 더불어 복을 받는다"는 것이다.[249]

이것은 여기에서의 논증의 시작 부분이지만, 결말도 비슷하다. 이 장의 후반부에 속한 열 개의 절(3:19-28)에는 아브라함에 대한 언급이 나오지 않지만, 우리가

246) *Perspectives*, ch. 31을 보라.

247) 성령을 받는 것(3:2, 3, 5)은 3:14에 나오는 아브라함에게 주어진 약속 및 4:6f.에 나오는 (아브라함과 관련된) "유업" 개념과 밀접하게 연결되어 있다는 점에서, 우리는 3:1-5도 아브라함과 관련되어 있다고 볼 수 있을 것이다. Morales, 2010의 중요한 저작을 보라. 갈라디아서에서의 아브라함에 대해서는 *Perspectives*, ch. 33을 보라.

248) 창 12:3과 18:8을 인용하고 있는 3:8.

249) 3:9.

끝부분(3:29)에 도달하게 되면, 아브라함 -또는, 그의 권속 -이 내내 주제였다는 것이 분명해진다:

> [27]너희 중에 누구든지 세례를 받고서 메시야와 합한 자는 메시야를 옷 입은 것이다. [28]더 이상 유대인이나 헬라인도 없고, 종이나 자유민도 없으며, 남자나 여자도 없다. 너희는 다 메시야 예수 안에서 하나이다. 29너희가 메시야에게 속해 있다면, 너희는 아브라함의 권속(sperma - '스페르마, '직역하면 "씨")이고, 약속대로 유업을 이을 자(kat' epangelian klēronomoi - '카트 에팡겔리안 클레로노모이')이다.[250)]

따라서 우리는 이 장 전체가 다음과 같은 질문에 대하여 말하고 있는 것으로 이해하여야 한다: 정확히 누가 아브라함의 "씨"(sperma – '스페르마'), 즉 자손인가? 본격적인 논증의 시작 부분(3:6-9)은 이 "권속"은 계약의 권속, 많은 민족들로 이루어지는 전 세계적인 권속, 믿음의 권속이라고 선언하고, 결말 부분은 이 "권속"(sperma – '스페르마')은 메시야에게 속한 자들로 구성되고, 그들은 메시야 안에서 단일한 권속("모두 하나")이기 때문에, 거기에는 민족이나 사회적 신분이나 성별에 의한 차별이 존재하지 않는다고 선언한다. 만일 이것이 이 장을 구성하고 있는 것의 전부라면, 메시야를 중심으로 재정의된 선민론에 관한 이 진술이 안디옥 사건 및 갈라디아 교회의 상황에 대하여 말하고 있는 2:15-21과 관련하여 어떤 기능을 하는지를 파악하는 것은 꽤 쉬울 것이다.

그러나 당연히 바울은 그것보다 더 많은 것들을 말하지 않으면 안 되었다. 구체적으로 말한다면, 그는 이러한 틀 내에서 토라에 관하여 말하여야 하였다. 왜냐하면, 갈라디아 교회에서 바울의 대적들이 이방인 출신 회심자들에게 받아들이라고 촉구하고 있었던 것이 다름 아닌 토라, 즉 유대 율법이었기 때문이다. 이 본문은 바울과 관련된 문제들 중에서 가장 소화해내기 어려워서, 여러 세대의 석의자들이 잘못된 신학적 해석을 통해 이 본문 전체를 삼켰다가 소화시키지를 못하고 애를 먹어 온 지점으로서, 이제 우리는 메시야를 중심으로 해서 선민론이 재정의되었다고 한 우리의 설명을 통해서 이 문제에 도전해 보아야 한다.

바울은 갈라디아 교인들에게 만일 그들이 토라를 받아들인다면 그것이 어떤 결과를 초래하게 될 것인지에 대하여 경고할 필요가 있었다. 즉, 그들이 할례를 받으려는 것이 무슨 짓을 하려고 하는 것인지를 그들은 알아야 했다. 그들은 자신들이 하고자 하는 그런 행위가 의미하는 모든 것을 다 깨닫고 있지 못할 수 있었기 때문

250) 3:27-9.

에, 바울이 그들에게 그것을 설명해 줄 필요성은 절실한 것이었다.[251] 그의 논증은 네 단계로 진행된다.

첫째, 그는 토라가 처음에는 아브라함에게 주어진 약속들을 철저히 가로막고 방해하고자 위협하였지만, 메시야의 죽음이 그 문제를 해결하였다는 것을 보여준다(3:10-14).

둘째, 그는 아브라함에게 주어진 약속은 언제나 토라보다 우선하였다는 것을 역설한다. 한 번 이루어진 유언이 이후에 변경된 것들보다 우선적인 효력이 있는 것과 마찬가지로, 처음에 하나님이 아브라함과 맺은 계약은 훨씬 후대에 추가로 주어진 토라에 의해서 영향을 받을 수 없다는 것이다(3:15-18). 여기에서 "유언"으로 번역된 단어는 '디아테케'(diathēkē, "계약")라는 것은 의미심장하다. 왜냐하면, 바울은 이 장에서 창세기 15장을 준거로 삼고 있는 까닭에, 그러한 울림을 듣는 것은 자연스럽기 때문이다.[252]

셋째, 바울은 토라의 목적을 설명할 필요가 있었다. 하나님이 토라를 준 목적은 중요한 것이었지만, 본질적으로 소극적인(negative) 것이었다. 사실, 하나님은 토라를 통해서 아브라함에게 주어진 약속을 성취하고자 한 것이 결코 아니었다(3:19-22). 하나님이 토라를 준 데에는 다른 목적이 있었다.

넷째, 바울은 아브라함의 단일한 권속에 관한 마지막 진술에 이르기까지, 계약의 하나님이 메시야 안에서 행한 일과 토라가 어떤 관계에 있는지를 설명하여야 했다(3:23-29).

따라서 이것은 4:1-11에 나오는 동일한 질문들을 다른 식으로 접근할 수 있는 길을 열어 주는데, 이것에 대해서는 우리가 곧 살펴볼 것이다.

우리가 제6장에서 이미 보았듯이, 갈라디아서 3장과 4장 전체에 걸쳐서 바울이 말하고자 하는 것은 서사적인 것이다. 일단 여러분이 이 서사, 즉 아브라함을 시작으로 해서 메시야에 이르는 위대한 계약 서사가 어떤 식으로 작동하는지를 이해하기만 한다면, 여러분은 (a) 토라는 그 서사 내에서 꼭 필요한 자신의 고유한 역할을 해야 하였기 때문에 하나님이 준 것이었다는 것과 (b) 하나님이 정해 준 토라의 역

251) de Boer, 2011, 154, 164는 내가 이전의 저작에서 마치 바울이 모세의 토라와 메시야 안에서 새롭게 만들어진 공동체 간의 연속성을 보고 있다고 주장한 것처럼 말하지만, 나는 그러한 오해가 어떻게 일어나게 되었는지를 도무지 알 수 없다. 나의 주장은 언제나 바울은 복음을 모세 계약이 아니라 아브라함 계약을 성취한 것으로 보고 있다는 것이었다. 그리고 아브라함 계약은 언제나 믿음을 특징으로 하는 단일한 권속을 상정하는 반면에, 절대화된 모세의 토라 아래에서는 믿음과 믿음을 토대로 한 권속이라는 두 가지 요소 자체가 들어설 여지가 없다는 것이 바울의 논증이다.

252) Schreiner, 2010, 226f.: 자세한 것은 아래의 제10장 제3절 3) (3) (a), 특히 각주 266을 보라.

할은 이제 원래 계획에 따른 명예로운 끝에 도달하게 되었고, 이것은 토라에 어떤 "잘못된" 것이 있었기 때문이 아니라, 원래부터 토라는 영속적인 것으로 의도된 것이 아니었기 때문이었다는 것을 알 수 있게 된다. 후자는 바울이 특별히 강조할 필요가 있었던 것이었지만, 전자는 마르키온주의(Marcionism)로 빠지지 않도록 하기 위하여 아주 중요한 것이었다(그런데도 이원론적인 독자들은 막무가내로 끈질기게 큰 소리로 합창을 하고 있기는 하지만). 따라서 (b)에 의하면, 토라로 돌아가고자 하는 시도는 그 어떤 것이든 하나님의 시계를 거꾸로 되돌리고, 연극에서 이미 지나간 이전의 막으로 몰래 돌아가서, 메시야가 이미 와서 하나님의 목적을 이루었기 때문에, 아브라함에게 주어진 약속들이 메시야 안에서 이제 성취되었다는 것을 부인하고자 하는 것이 될 수밖에 없었다. 베드로가 직면하였던 선택도 동일한 것이었다: 재정의된 선택된 권속인 아브라함의 백성에 속할 것인가, 아니면 본질적으로 유대인이라는 민족으로 구성되는 권속 둘레에 토라의 담을 다시 세워서 메시야가 죽을 필요가 있었다는 것을 부인할 것인가(2:21).

따라서 갈라디아서 3장은 "은혜"와 "율법"간의 신학적인 대비, 또는 하나님을 율법주의적으로 보고서 그런 하나님을 기쁘게 해드리고자 애쓸 것인가, 아니면 하나님을 기쁘게 해드릴 수 없는 자인데도 은혜를 받았음을 인정하고서 그 은혜에서 오는 볕을 쬐며 기쁨을 누릴 것인가 하는 심리학적인 대비를 중심축으로 한 논증이 아니다. 실제로 이 본문 속에는 그러한 대비들의 울림이 있기 때문에, 후대의 신학자들이 그러한 함의들을 이끌어낸 것 자체는 사실 잘못된 것이 아니었다. 그러나 석의자들이 여기에서 바울이 제시하고 있는 중심적인 논증을 외면하고, 오직 그러한 부수적인 의미들을 이 본문의 중심적인 것으로 만들어 버린 것은 바울의 목소리를 경청하기를 거부하고, 그 대신에 그들 자신의 목소리가 그의 본문의 여러 부분들에 부딪쳐서 다시 되돌아온 메아리들을 경청한 결과였기 때문에, 그렇게 해서 잃게 된 것은 결코 하찮은 것이 아니었다. 왜냐하면, 그들의 그러한 석의로 말미암아, 이 단일한 권속이 한편으로는 메시야를 토대로 해서 옛 아브라함의 백성과 근본적인 연속성을 지니고 있고, 다른 한편으로는 십자가에 못 박힌 메시야를 토대로 해서 토라에 의해서 형성된 백성과 근본적인 불연속성을 지니고 있다는 것을 보여주고자 하였던 바울의 의도가 완전히 무시되어 버린 것이기 때문이다. 이러한 잘못된 결과는 여러 세기 동안 기독교 세계의 많은 부분을 물들여 오면서, 갖가지 암울한 폐단들을 양산하였고, 특히 적절한 수준에서의 불연속성을 강조하고자 하는 관심은 어느새 적절한 수준에서의 연속성마저도 부정하고자 하는 열심으로 변질되어 버렸다. 역사를 토대로 한 석의자들인 우리가 할 일은 바울이 이렇게 또는 저렇게 말했어야 하지 않는가 하고 제안하거나, 그에 대한 이해나 오해의 장기적인 결과들에 대하여 걱정하는 것이 아니라, 그가 실제로 무엇을 말하였는지를 우리의 최선을 다해 추적하는 데 있다는 것은 두말할 필요가 없다. 그리고 여기 갈라디아서 3장에서 바울이 토라에 관하여 말하고자 하는 요지는 토라가 (여러분으로 하여금 도덕적인 덫에 걸려들게 하여서) "잘못된" 신앙 행태인 "율법주의"를 만들어내거나 조장한다는 것이 아니라, 메시야의 신실하신 죽음과 부활이라는 사건이 도래함으로써, 토라가 원래 존재하도록 정해져 있던 기간이 끝나게 되었다는 것이다. 갈라디아 교인들이 할례를 받게 되면 토라로 되돌아가게 되는데, 그것은 마치 어떤 운전자가 뻥 뚫린 도로를 쌩쌩 달리다가 일부러 교통체증이 심해서 꽉 막혀 있는 도로로 들어가는 것과 같은 것이고(3:10-14), 제3자가 유언장을 멋대로 변경하였다고 해서 어떤 상속자가 자신이 합법적으로 물려받게 되어 있던 유산을 거절하는 것과 같은 것이며(3:15-18), 어른이 다시 자청해서 보모의 보살핌을 받으려고 하는 것과 같은 것이다(3:23-28). 우리는 이것들을 차례로 살펴볼 것이다.

(b) 갈라디아서 3:10-14

우리가 첫 번째로 살펴볼 것은 교통체증에 비유된 본문이다. 10-14절은 난해하기로 악명이 높지만, 우리가 먼저 이 장 전체를 본 다음에, 그 부분들을 살핀다면, 어려울 것도 없을 것이다. 서두와 결말을 보고서, 바울이 자기가 무엇을 말하고 있다고 생각하고 있는 것으로 보이는지를 알아낸 후에, 중간의 본문들이 어떤 식으로 작동하는지를 살펴보라.[253] 바울은 방금 앞에서 아브라함이 '피스티스'를 특징으로 한 전 세계적인 계약의 권속을 갖게 될 것이라고 말했었다(3:6-9). 이것은 그가 계약의 하나님이 메시야의 죽음을 통해서 성취한 것이라고 말하는 바로 그것이다. 13절에 나오는 그 사건에 관한 서술 다음에는 승리를 기뻐하며 맺는 결론인 것으로 보이는 것이 뒤따라 나온다. 즉, "이것은 아브라함의 복(이것은 아마도 '하나님이 아브라함에게 주겠다고 약속한 복과 아브라함을 통해서 이루겠다고 약속한 복'을 의미할 것이다)이 메시야 예수 안에서 이방인들에게 임하게 하고, '우리'(이것은 문맥상으로 앞서의 구절 속에 포함되어 있지 않았던 '우리 유대인들'을 의미하는 것임에 틀림없다)로 하여금 믿음으로 말미암아 성령의 약속을 받게 하기 위한

253) 이 본문에 대해서는 Wright, 1991 [*Climax*], ch. 7을 보라. 이제는 수많은 주석서들과 논문들 중에서 Wilson, 2007을 보라.

것" 이라는 것이다. 몇몇 다른 본문들에서와 마찬가지로, 이방인 신자들과 유대인 신자들 간의 이러한 구분은 두 개의 서로 다른 권속의 구분이 아니다. 또한, 이 본문은 이방인 신자들만이 아브라함의 복을 받는다거나, 유대인 신자들만이 약속된 성령을 받는다고 말하고 있는 것도 아니다. 바울은 이 두 집단이 하나의 단일한 권속으로(into) 들어오게 된 두 가지 서로 다른 경로를 구분하고 있는 것이다. 즉, 이방인들은 외부로부터 들어온 반면에, 유대인들의 경우에는 어떤 의미에서 그들은 이미 계약 안에 있었기 때문에, 성령을 받음으로써 — 성령을 받았음을 보여주는 첫 번째 증거가 바로 믿음이다 — 그 계약이 갱신되었다는 것이다. 이렇게 함으로써, 그는 각각의 집단에게 구체적으로 필요한 것들을 부각시키고 있다. 즉, 이방인들에게는 아브라함의 복을 유업으로 받는 것이 중요하고, 유대인들에게는 계약에 의거한 지체라는 지위나 신분을 갱신하는 것이 중요하다는 것이다.[254)]

따라서 메시야의 죽음은 아브라함에게 주어진 약속을 성취시켜서, 이방인들로 하여금 권속이 될 수 있게 해줌과 동시에, 유대인들로 하여금 새롭게 되어 갱신된 권속의 지체가 될 수 있게 해준다. 이렇게 하는 것이 필수적이었던 이유는 무엇인가? 그것은 토라가 그 길을 가로막고 서서 교통체증을 일으켜서, "아브라함의 복"이 그에게서 이 약속된 전 세계적인 권속에게로 자연스럽게 흘러가는 것을 방해하였기 때문이었다.[255)] 바울은 계약의 하나님이 시내 산에서 아브라함의 후손들에게 토라를 주었을 때, 토라는 진정으로 생명을 약속하긴 하였지만, 순종하지 않는 모든 자들에 대한 하나님의 저주를 경고하기도 하였다. 아브라함의 후손들은 하나님의 약속들이 열방으로 흘러갈 수 있게 할 책임을 맡은 자들이었지만, 그들 자신이 저주 아래 있었다.

여기에서 우리는 로마서 3:2과 거의 동일한 논지를 보는데, 유일한 차이점은 바울이 토라도 문제를 삼고 있다는 것이다. 우리가 본서의 제2장에서 보았듯이, 제2성전 시대 유대교에서 신명기의 저주들은 사람들이 종종 불순종해서 "저주를 받게" 될 수 있다는 모호한 경고가 아니라, 이스라엘에게 일어날 일에 대한 일련의 역사적 예언, 그리고 (그 예언된 것이 실제로 일어났었고, 이것을 모든 유대인들이 알

254) 좀 더 자세한 것은 아래를 보라. 계약 갱신과 성령에 대해서는 롬 2:25-9; 3:28-30; 7:4-6; 10:6-13; 고후 3:1-6; 엡 2:11-22 등을 보라.

255) 여기에는 아마도 "우리가 이방인들에게 말함으로써 그들이 구원 받는 일이 일어나지 않게 하고자"(살전 2:16a) 한 열심 있는 유대인들 — 이전의 바울을 포함해서 — 의 시도가 반영되어 있는 것 같다. 이것은 이 말이 무작위적이거나 터무니없는 고소가 아님을 보여준다. 이것에 대해서는 Barclay, 2011, 170-7을 보라.

고 있었다는 점에서) 그 결과들이 여전히 그들 민족의 삶 전체에 영향을 주고 있던 그러한 예언으로 널리 받아들여졌다. 이스라엘은 신명기적인 저주 아래 있었다. 일부 유대인들은 성전의 재건(벤시락은 이렇게 말하였을 것이다), 또는 마카베오 가문의 활약(많은 사람들이 처음에는 그렇게 생각하였지만, 시간이 흐르면서 그러한 열기는 시들해졌다), 또는 "의의 교사"를 통한 계약 갱신(쿰란 분파는 종말이 온전히 실현된 것은 아니지만 이미 개시되었다고 보았다)이 이제 그러한 저주를 제거하였다고 생각하기도 하였지만, 대부분의 사람들은 신명기의 마지막 여러 장들에서 경고하고 있는 저주들이 아직 제거되지 않은 것으로 받아들였던 것 같다. 필로(Philo)와 요세푸스(Josephus)는 둘 다 바로 그 마지막 장들이 여전히 성취를 기다리고 있는 예언이라고 보았다. 이것을 좀 더 적극적으로 표현해 본다면, 그들은 신명기 30장에 약속된 새로운 계약의 복이 임할 시대가 아직 도래하지 않았다고 보았다.[256]

따라서 바울은 이스라엘의 역사 전체를 되돌아보는 가운데 그 안에서, 계약 백성을 만들어내고자 하는 하나님의 최종적인 목적이 토라를 통해서는 결코 성취되지 못할 것이라는 두 번째 음성을 듣는다. 하박국 선지자는, 하나님이 아브라함을 향하여 및 아브라함에 대하여 말한 것과 맥을 같이하여, 장차 믿음의 유무에 의해서 계약의 지체가 되느냐 되지 못하느냐가 판가름나게 될 것이라고 선언한다.[257] 어떤 사람들은 바울이 (2:20에서와 같은) 메시야의 신실하심과 거기에 따른 삶이 이미 하박국서의 그 본문 속에 반영되어 있는 것을 알았을 것이라고 주장해 왔다.[258] 나는 그런 주장도 가능할 것이라고 보기는 하지만, 바울의 논증이 반드시 그런 식으로 작동하고 있는 것은 아니라고 생각한다. 도리어, 바울은 토라는 언제나 그 규례들과 율례들에 의해서 속박된 삶의 방식을 상정하였고, 레위기가 분명히 보여주듯이, 토라가 약속한 "생명"은 "그것들을 행하는" 자들에게 주어질 생명이라는 것을 지적한다.[259] 그 결과, 약속을 짊어진 이스라엘은 교통체증에 걸려 버렸

256) 위의 제2장, 특히 제4절 2) (3)와 3)을 보라.

257) 3:11에서의 합 2:4; 그리고 cf. 롬 1:17c. 하바국의 이 절에 대한 바울의 해석은 상당한 논의를 불러일으켜 왔다: 예컨대, Watts, 1999; Yeung, 2002, 196-25; Watson, 2004, 112-63을 보라.

258) Hays, 2000, 259; Hays, 2005, 119-42를 보라.

259) 레 18:5도 로마서 10:5에 인용되어 있는데, 이것에 대해서는 아래의 제11장 제6절 4) (2)를 보라(그리고 Barth, *CD* 2.2.245에 나오는 흥미로운 논의와 비교해 보라). 갈라디아서 3:11은 여전히 난해하지만, 세 가지 점이 두드러진다. (a) 바울은 2:16(cf. 롬 3:1f.)과 2:21을 반영하고 있다: 사람은 토라나 토라의 행위들에 의해서는 의롭다 함을 얻을 수 없다. (b) 이것으로부터 그는 다음과 같은 결론을 이끌어

기 때문에, 그 약속을 가지고 앞으로 나아가서 세계의 다른 민족들에게 전할 수 없게 되었다. 토라는 온전한 순종을 요구함과 동시에, 거기에 조금이라도 못 미치는 자들에게는 가차 없이 저주를 내림으로써, 이스라엘도 도저히 앞으로 나아갈 수 없었고, 그들이 짊어지고 있던 약속들도 열방에 전해질 수 없었다.

따라서 바울이 13절에서 말하고 있는 것은, 사람들이 흔히 생각해 온 것과는 달리, 메시야의 죽음이 가져다준 효과들에 관한 일반화된 진술이 아니다. 이 의미심장하고 심오한 말씀을 여러 가지로 적용할 수 있는 방식들이 존재한다는 것은 의심의 여지가 없지만, 우리가 할 일은 바울의 원래의 의미를 찾아내는 것이다. 그는 메시야가 "우리를 위하여"(hyper hēmōn – '휘페르 헤몬') 저주를 짊어졌다고 말하는데, 여기에서 "우리"는 앞에서와 마찬가지로 이스라엘 백성을 가리킨다. 이방인들은 "율법의 저주 아래" 있지 않았다. 모세의 율법은 이방인들에게 적용되지도 않았고, 그들은 신명기에서 말한 저주도 받지 않았으며, 비이스라엘 사람들에게 그러한 저주가 있었다고 할지라도, 그 저주는 아브라함에게 주어진 약속들이 세계 속으로 흘러들어가는 길을 가로막는 장애물이 되지 않았다. 메시야가 어떤 식으로든 이스라엘을 대표해서, 그들을 위하여 및 그들을 대신해서 합당하게 행하였다고 할 때에만, 13절은 그 의미가 제대로 통하게 된다. 석의자들과 신학자들은 흔히 "대표자"로서의 예수와 "대체자"로서의 예수 간의 부자연스럽고 불필요한 양자택일을 강요해 왔다. 그러한 문제는 여기에서 아주 분명하게 해결된다. 즉, 예수는 이스라엘의 대표자였기 때문에 합당한 대체자가 될 수 있었고, 그런 자격으로 다른 사람들에게 임할 저주를 자신이 담당함으로써, 그들로 하여금 이제 더 이상 저주를 짊어지지 않아도 될 수 있게 해주었다는 것이다. 다시 한 번 말하지만, 요지는 단지 "저주 아래" 있던 자들이 이제 더 이상 저주 아래 있지 않게 되었다는 것이 아니다. 그런 것은 13절이 말하고 있는 것이 아니다. 거기에서 말하고자 하는 것은 토라의 저주라는 교통체증에 막혀서 앞으로 나아갈 수 없었던 아브라함에게 주어진 약속이 이제 다시 길을 따라 목적지를 향하여 앞으로 나아갈 수 있게 되었다는 것이다. 메시야가 교통체증을 해결하고 길을 뚫어 놓았기 때문에, 이제 약속은 열방들에게

낸다: 토라 안에서는 아무도 의롭다 함을 얻을 수 없기 때문에, 의인들이 믿음으로 말미암아 살리라는 것은 분명하다('테오' [theō] 뒤에 쉼표를 찍고, '델론 호티' [dēlon hoti]를 하나의 어구로 읽어서; Wright, 1991 [*Climax*], 149; 그리고 지금은 Schreiner, 2010, 211f.와 그 밖의 다른 참고문헌들을 보라). (c) 토라는 온전한 순종을 요구하고서는(3:22을 보라) 이스라엘을 저주의 장소인 불순종의 감옥 속으로 몰아넣기 때문에(롬 11:32), 이 '피스티스'와 함께 할 수 없다. 주지하다시피, 이것은 고도로 압축되어 있지만, 갈라디아서 3장이 간단할 것이라고 기대하는 사람은 아무도 없다.

닿을 수 있게 되었다.

따라서 "저주"는 한 분 유일하신 하나님의 뜻을 거스르는 나쁜 율법이 모든 사람들, 또는 이스라엘, 특히 예수에게 덧씌운 나쁜 것이 아니었다. 이러한 이상한 관념은 바울 학계에서 장기간 홍행을 누리며, 흔히 실제로 바울의 독특한 신학의 기원을 설명해 주는 것으로 여겨지곤 하였다: (a) 바리새인이었던 그는 토라가 십자가에 못 박힌 예수를 저주한 것이라고 믿었다; (b) 다메섹 도상에서 그는 하나님이 예수를 신원하였다는 것을 발견하였다; (c) 그는 토라가 예수를 저주한 것은 잘못된 일이었다고 추론하였다; (d) 그는 자기가 늘 생각해 왔던 것과는 달리, 토라가 생명을 주는 선한 것일 수 없다고 추론하였다; (e) 그래서 그는 "토라에서 자유로운" 복음을 발전시켰다.[260] 그러나 이것은 바울이 여기에서는 물론이고 다른 그 어디에서도 말하고 있지 않은 것이다. 물론, 토라에 대한 그러한 부정적인 견해가 완전히 틀린 것임을 증명하기 위해서는, 우리는 그 밖의 다른 관련 본문들, 특히 로마서 7:7-8:4을 살펴서 좀 더 세밀하고 다초점적인 시각을 가질 필요가 있기는 하지만, 우리가 앞에서 분석한 바울의 서사 세계에 비추어 보면, 갈라디아서 3장만을 보더라도, 이미 그 점은 아주 분명하게 드러난다. 바울은, 너무나 모호하였을 뿐만 아니라 그럴 수밖에 없었던 이스라엘의 소명 내에서 토라가 수행해야 할 특정한 소임이 있었다고 보았다. 이스라엘은 인류와 관련된 좀 더 큰 문제를 해결하라는 소명을 받았지만, 이스라엘 자체가 바로 그 문제의 일부로 존재하면서 그 문제에 휘말려서 옴짝달싹할 수 없었다. 우리가 토라를 밋밋하게 만들어서 일반화된 도덕 기준으로 변질시켜서, 인간을 "의롭게" 만들고자 한 첫 번째 시도였던 칸트(Kant)의 정언명령의 초기 판본이 되게 할 때에만(물론, 이것은 바울의 사고와는 너무나 거리가 멀고, 바울의 사고에 대한 소묘조차도 될 수 없지만), 토라에 대한 그러한 부정적인 견해는 통할 수 있게 될 것이다. 갈라디아서 3장 전체의 요지는 토라는 하나님의 경륜에 있어서 핵심적인 중간 단계에 속한다는 것이다. 즉, 토라는 전 세계적인 약속을 짊어진 아브라함의 자손들이 점점 입지가 좁아져서 결국 하나의 점, 즉 그들의 대표자인 메시야라는 점으로 수렴되게 하는 꼭 필요한 작업을 수행하기 위하여 주어졌다. 바울이 3:22에서 분명히 밝히고 있듯이, 그렇게 되는 것이 꼭 필요한 일이었던 것은 그렇지 않으면 이스라엘은 단지 토라를 소유하

260) 좋은 예는 de Boer, 2011, 213f.인데, 그는 이 저주가 "하나님에 의해서"가 아니라 "율법에 의해서" 선언되고(강조는 원저자의 것), "그리스도는 율법의 저주에 대하여 승리해서, 인간의 삶에 대한 그 사악한 효과들을 종식시켰다"고 말한다. Hays, 2000, 260f.는 그러한 사고 노선을 "고도로 사변적인" 것이라고 말하지만, 그러한 평가는 너무 관대하다. 그것은 명명백백하게 잘못된 것이다.

고 있다는 이유만으로 자동적으로 모든 인류의 곤경으로부터 건짐을 받은 것처럼 보일 것이었기 때문이었다.

우리는 이 지점에서 2:19-21의 울림들을 크고 선명하게 듣게 된다: "토라로 말미암아 내가 토라에 대하여 죽었으니, 이는 나로 하여금 하나님에 대하여 살게 하기 위한 것이었다 … 왜냐하면, '의'가 토라로 말미암아 온다면, 메시야는 헛되이 죽은 것이 되기 때문이다." 바울은 자신의 이야기가 사실은 메시야의 죽음과 부활을 통해서 이스라엘 전체에 일어난 일을 그대로 구현하고 있는 것이라고 말한다. 토라의 고유한 역할은 거기에서 말하고 있는 "의"와 생명을 가져다주는 것이 아니라, 메시야가 올 때까지는 이스라엘이 그러한 목표를 달성할 수 없다는 것을 보여주고, 그 약속이 모든 신자들에게 똑같이 주어질 수 있도록 하기 위하여, "모든 것을 죄의 권세 아래 가두어 두는" 것이었다.[261] 여기 3:10-14에서와 마찬가지로, 2:19-21에 주어진 이 문제에 대한 대답도 메시야의 죽음과 부활, 그리고 육신을 따른 이스라엘이 그와 함께 죽고 다시 살아나는 것이다:

> 내가 메시야와 함께 십자가에 못 박혔다. 하지만 나는 살아 있다. 그러나 그것은 더 이상 내가 아니라, 내 안에 살아 계시는 메시야이다. 내가 육신 가운데 여전히 살아가는 삶은 나를 사랑하셔서 나를 위해 자기 자신을 주신 하나님의 아들의 신실하심 안에서 살아가는 것이다.

이 모든 것이 갈라디아 교인들에게 주는 메시지는 분명하다. 그는 이렇게 말하고 있는 것이다: 너희 갈라디아 교인들아, 메시야를 믿는 너희 이방인 신자들아, 너희가 메시야의 권속에 속하게 되는 기회를 갖게 된 것은, 오직 아브라함의 권속에게 저주를 내려서 아브라함에게 주어진 약속이 너희에게 이르는 길을 가로막고 있었던 토라가 메시야 자신의 죽음에 의해서 제거되었기 때문이었다! 따라서 너희 이방 그리스도인들이 할례를 받음으로써 다시 토라로 돌아가서 정식으로 토라를 짊어지고자 생각하는 것은 어처구니없는 일이다. 왜 너희는 일부러 교통체증으로 꽉 막혀 있는 길로 다시 돌아가서, 속량 받지 못한 이스라엘과 함께 거기에 앉아 발이 묶인 채로 꼼짝없이 옴짝달싹할 수 없는 상태가 되고자 하는 것이냐?

나는 나의 이전의 저작에서 이 본문에 대하여 설명하면서, 이스라엘의 신명기적 서사 내에서 "저주"의 역할을 강조한 바 있지만,[262] 지금도 여전히 그것을 강조하

261) 3:22; 또다시, cf. 롬 11:32.

고자 한다. 다른 많은 제2성전 시대 유대인들과 맥을 같이해서, 바울은 신명기의 마지막 장들을 (a) 복으로 이어지는 순종, (b) 저주로 이어지는 불순종, (c) 새로운 복으로 이어지는 새로운 순종이라는 비역사적이고 반복되는 "패턴"과 관련된 일반화된 경고가 아니라, 여러 가지 사건들이 서서히 전개되어 가다가 결국에는 포로생활이라는 "저주"를 맞게 된 후에 신명기 30장에 약속된 최종적인 속량을 받게 되는 일련의 단일하고 장엄한 서사에 관한 단선적인 예언으로 읽었던 것으로 보인다. 바울은 바룩서의 저자나 4QMMT의 기자나 당시의 다른 많은 유대인들과 마찬가지로, 포로기의 "저주"가 속량 받지 못한 이스라엘 위에 여전히 머물러 있다고 믿었다. 그러나 그는 이스라엘의 하나님이 메시야를 통해서 마침내 신명기 30장에 나와 있는 것 같은 최후의 계약 갱신을 이루었다고 믿었다. 이것을 잘 보여주는 것은 로마서 10:6-8인데, 이것에 대해서는 우리가 나중에 살펴볼 것이지만, 그러한 관점을 취하게 되면, 현재의 복잡한 단락도 기가 막히게 잘 의미가 통하게 된다. 즉, 메시야는 포로생활이라는 저주 아래 있는 바로 그 지점으로 와서, 자기 백성을 대신하여 그 저주를 짊어짐으로써, 아브라함의 권속에게 맡겨졌던 전 세계에 걸친 하나님의 계획을 저지하고 있던 길을 돌파하여, 마침내 그 계획이 성취되게 하였다는 것이다.

나는 이것이 우리가 방금 전에 이미 개략적으로 살펴본 14b절을 볼 수 있는 특정한 관점을 우리에게 제공해 준다고 본다. "저주"가 제거되면, 아브라함에게 주어진 복은 하나님이 언제나 의도해 온 대로 이방인들에게로 흘러들어갈 수 있게 된다(3:8)고 말하고 있는 이 절의 전반부에는 문제 될 것이 전혀 없다. 그러나 그렇다고 해도, 유대인들은 여전히 "저주" 아래 있게 되는 것인가? 그렇지 않다. 왜냐하면, 메시야는 유대인들이 계약 갱신의 때 — 바울이 신명기 30장이나 예레미야서 31장이나 에스겔서 36장이나 요엘서 2:32을 언급함으로써 상기시킬 수 있었던 바로 그 때 — 로 진입할 수 있는 길을 열어 주었기 때문이다.[263] 따라서 나는 3:14b("이는 우리로 하여금 믿음으로 말미암아 성령의 약속을 받게 하기 위한 것이었다")의 "우리"가 적어도 일차적으로는 유대인들을 가리킬 가능성이 높다고 본다. 즉, 지금 이방인들이 새 계약의 지체가 되는 일이 벌어지고 있는데, 이제 유대인들도 믿음으로 말미암아 그런 지체로서의 지위를 얻을 수 있다는 것이다. 다

262) 또다시 위의 제2장, 그리고 Wright, 1991 [*Climax*], ch. 7을 보라.

263) 예를 들면, 롬 2:25-9(신 30:6; 렘 31:33; cf. 신 30:12f.를 인용한 롬 10:6-8); 롬10:13(욜 2:32 [LXX 3:5]); 고후 3:3(렘 31:33; 겔 36:26); 이 목록은 상당한 정도로 확장될 수 있다.

른 곳에서와 마찬가지로, 서로 다른 두 개의 출발점과 서로 다른 두 개의 길이 존재하지만, 결국 그렇게 해서 도달하는 곳은 단일한 목적지이다.[264)]

(c) 갈라디아서 3:15-18

이것은 우리를 이 장의 중간 부분의 단락임과 동시에, 그 다음에 이어지는 짧은 단락인 19-22절과 매우 밀접하게 연결되어 있는 15-18절로 데려다 준다.[265)] 여기에서 표상이 바뀐다: 바울은 창세기 15장과 17장, 그리고 실제로는 출애굽기와 신명기로부터 "계약" 언어를 가져와서,[266)] 이 동일한 단어가 어떤 죽은 사람의 "유언"을 가리킬 수도 있다는 사실을 활용한다. (하지만 이 단어가 두 가지 서로 다른 "의미"를 지니고 있다고 말하는 것은 잘못이다. 왜냐하면, 여기에서 바울에게는 '디아테케'[diathēkē]라는 하나의 단어와 "유언을 쓴 이가 계약을 따라 쓴 유언"이라는 하나의 의미만이 존재하기 때문이다.)

바울의 논증은 또 하나의 교묘한 단어인 '스페르마'(sperma, "씨, 자손")를 축으로 삼는다. 앞에서 보았듯이, '스페르마'는 원어인 히브리어에서 '제라아'(zera')와 마찬가지로, 통상적으로 집합명사인 "권속"을 가리키는 역할을 한다.[267)] 이 단어는 흔히 "후손들"로 번역되지만, 그런 번역은 오도의 소지가 있다. 우리는 15-18절의 요지를 아주 간단하게 표현할 수 있다: (a) 하나님은 아브라함에게 두 권속이 아닌 단일한 권속을 약속하였다; (b) 율법은 두 권속으로 있으라고 위협한다(안디옥에서 베드로를 비롯한 유대인들이 무할례자인 신자들과 식탁 교제를 하다가 중간에 물러간 사건에서 이미 볼 수 있듯이); 그러나 (c) 율법은 하나님의 원래의 약속과

264) 3:14b이 유대인들과 이방인들을 똑같이 가리킨다는 견해에 대해서는 Hays, 2000, 262 등을 보라. 두 개의 서로 다른 출발점들이 동일한 종착지로 이어진다는 말에 대해서는 로마서 3:30과 비교해 보라.

265) Wright, 1991 [*Climax*], ch. 8을 보라.

266) 바울의 인용문들은 대부분 창세기 17장에 나온다. '디아테케' (diathēkē)라는 단어는 출애굽기 전체에 걸쳐 산재되어 있고, 레위기와 민수기에도 종종 등장한 후에, 신명기, 특히 신명기 29장에서 강력하게 강조된다. 나는 바울이 창세기를 이 장 전체의 틀로 사용해서, 10-14절에서는 신명기에 초점을 맞춘 후에, 15-18절에서는 "계약"에 대한 뉘앙스를 담고자 하는 의도 없이 '디아테케'라는 단어를 사용하고 있다는 주장은 단지 개연성이 떨어지는 것이 아니라 불가능하다고 본다.

267) 나는 여기에서 "권속"을 단지 공시적인 의미만이 아니라 통시적인 의미로도 사용한다. 즉, "권속"은 "사람들의 수평적 모임"만이 아니라 "수직적인 계보"도 의미한다는 것이다. 여기에서의 해석에 대해서는 *Climax*, ch. 8과 아울러, *Perspectives*, ch. 31에 수록된 "갈라디아서에서의 메시야직"에 관한 논문도 보라.

의도를 무너뜨릴 수 없다. 이것을 풀어서 설명해 보면, 이렇게 된다: 하나님은 아브라함에게 단일한 권속을 주고자 하였고, 바울이 이 장 전체를 한데 실로 꿰어 통합시키고 있는 3:27-29에서 역설하듯이, 바로 그것이 하나님이 메시야 안에서 행한 일이었다. 따라서 토라를 절대시해서, 원래 단일하여야 할 권속이 유대인들로 이루어진 권속과 이방인들로 이루어진 권속으로 나뉘는 일이 벌어지고, 게다가 이 권속의 정체성을 정의할 때에 민족적인 요소가 개입되면, 민족적이거나 지리적인 요인으로 인하여 추가적인 구분들이 생겨나는 것을 막을 수 없는 일이 벌어질 수밖에 없는데, 그런 식으로 더욱더 많은 분열들이 일어나게 해서는 안 된다.

바울은 '디아테케'(diathēkē)라는 단어가 지닌 다른 뉘앙스를 활용해서, 18절에서 "유업"(klēronomia – '클레로노미아')이라는 개념을 도입한 후에, 3:29에 나오는 승리에 찬 요약문("너희가 메시야에게 속해 있다면, 너희는 아브라함의 권속이기 때문에, 약속을 유업으로 받게 된다")에서 다시 이 개념으로 되돌아간다. 이것은 현재의 본문과 로마서 간의 많은 연결고리들 중의 하나인데, 로마서 4장과 8장에서 "유업"은 단지 온 세계의 일부분인 "땅"이 아니라, "모든 민족"으로 이루어질 "유업," 아브라함의 모든 권속이 공유하게 될 유업이다.[268)]

다시 한 번, 3:15-18의 짧은 논증의 틀은 안전해 보이지만, 그 중간의 세부적인 내용은 통상적으로 문제가 있는 것으로 여겨진다. 특히, "자손"이라는 단수형은 마침내 16절에서 한 사람을 가리키는 것으로 좁혀진다:

> 그것은 마치 여러 권속들을 가리키는 것인 양 "그의 자손들"이라고 말하지 않고, "네 자손에게"라고 말함으로써 단일한 권속을 가리키는데, 이는 메시야를 의미한다(hos estin Christos - '호스 에스틴 크리스토스').

이 절은 통상적으로 바울의 특이한(그리고 어떤 이들에 의하면, "랍비적인") 석의 방법론들을 보여주는 예로 언급되어 왔다. 즉, 그는 '스페르마'(sperma, "씨, 자손")라는 단어의 단수형으로부터 한 사람을 가리키는 것이라는 결론을 도출해 낸다! 이것은 얼마나 이상한 것인가? (실제로 이 본문은 "초기 그리스도인들 — 그리고 특히 바울 — 이 얼마나 이상하게 성경을 읽었는지를 보라"고 말하고자 한 사

268) 또한, 4:1-7도 보라. 로마서 8:17-26에서 바울이 "유업"이라는 표현 속에서 기본적인 메시야 본문인 시편 2편의 강력한 울림을 듣고 있음은 분명한데, 시편 2:8에서는 하나님이 메시야에게 "열방을 네 유업으로(dōsō soi ethnē tēn klēronomian sou - '도소 소이 에트네 텐 클레로노미안 수'), 땅의 끝들을 네 소유로 주리라"고 약속한다.

람들이 애호하는 본문이 되어 왔다.)[269] 그러나 사실은 전혀 이상하지 않다. 이것은 많은 석의자들과 마찬가지로, 바울도 '크리스토스'(Christos)라는 경칭이 지닌 합체론적 의미를 잊지 않고 있었음을 보여주는 것일 뿐이다.

실제로 갈라디아서 3장은 아마도 (a) 바울이 "메시야"를 가리키기 위하여 '크리스토스'라는 단어를 썼다는 것과 (b) (우리가 이 장의 앞부분에서 이미 보았듯이) 이 본문 전체에 걸쳐서 메시야의 역할이 정확히 합체론적인 것이라는 것을 가장 분명하게 보여주는 본문일 것이다. 갈라디아서의 논증은 하나님이 이스라엘을 택한 목적이 메시야 안에서 그 최종목적지에 도달하여 재정의되었기 때문에, 이제는 사람들이 자기가 이 권속의 지체라는 것을 확증하거나 공고히 하기 위해서 토라로 되돌아가는 것은 불가능하게 되었다는 것이다. 만일 토라로 되돌아간다면, 안디옥 사건이 보여 주듯이, 토라는 또다시 이 권속을 둘로 나누고 말 것이다.

사실, 3:16은 창세기 13장, 17장, 24장의 빛 아래에서 안디옥 사건을 바라본 것으로 읽을 때에 아마도 가장 잘 이해될 수 있을 것이다.[270] 베드로는 야고보에게서 온 유대인들 앞에서 슬금슬금 물러나서 토라라는 장벽을 다시 세워서 두 개의 권속을 만들어 내고 있다. 바울은 메시야와 그의 신실하신 죽음, 그리고 메시야 안에서의 선민의 정체성을 강조함으로써, 이 권속은 모두가 함께 앉아 먹는 단일한 권속이라는 사실을 역설한다. 사람들이 (바울로 하여금 율법의 경건과 믿음의 경건 간의 차이, 16세기에 제기된 칭의 모델과 구원의 확신 모델 간의 차이에 대하여 말하게 하고자 하는 성급한 마음에서) 그 맥락을 잊어버릴 때에는, 바울이 실제로 말하고 있는 초점을 무시하게 되고, 그 결과 바울의 핵심적인 동기나 메시야직이 지닌 대표성과 합체성이 시야에서 완전히 사라져 버리게 된다. (많은 개신교도들은 "합체론"을 인정하게 되면, "두 왕국"이 재결합되어서, 로마 가톨릭이나 "정치적인" 영역으로 가게 될 것을 두려워해서 여전히 "합체론적" 견해를 못마땅해한다.)

하지만 바울의 논증을 다시 전적으로 원래의 자리로 되돌려놓고서, 그 논증 자체로 하여금 독자적으로 말하게 해보라. 그러면 그 논증은 완벽하게 작동하게 된다: (a) 창조주이자 계약의 하나님은 단일한 권속을 의도하였고, 그런 권속을 아브라함에게 약속하였다; (b) 그 하나님이 이제 메시야 안에서 그 권속을 만들어 내었다; (c) 토라는 두 개의 권속을 만들어 낼 것이었다; 따라서 (d) 토라로 돌아가는 것

269) 이것의 온건한 판본은 Dunn, 2009 [1987], 109f., 173에서 찾아볼 수 있다. Barton, 2011 [1988], 29은 갈라디아서 3:16을 신약이 구약을 잘못 다루고 있는 방식을 보여주는 "낡은 예"로 여긴다.

270) "그리고 네 자손에게": 창 13:15; 17:8; 24:7.

은 이제 메시야 안에서 성취된 하나님의 원래의 의도를 거스르는 것이다. 달리 말하면, 토라는 하나님이 토라를 수여하기 거의 오백 년 전에 아브라함에게 준 약속을 무효화시킬 수 없다는 것이다(3:17).

3:18에 제시된 궁극적인 이유는 2:21과 밀접한 병행을 이룬다:

2:21 '디카이오쉬네' (dikaiosynē, "의")가 토라로 말미암아 오는 것이라면 메시야는 헛되이 죽으신 것이다	3:18 '클레로노미아' (klēronomia, "유업")가 토라로 말미암아 오는 것이라면 아브라함에게 주어진 약속은 무효가 될 것이다

이것은 다른 무엇보다도 특히 계약상의 신분으로서의 '디카이오쉬네'와 계약에서 약속된 유업으로서의 '클레로노미아'가 바울에게 있어서 서로 병행관계에 있음을 보여주고, 아브라함에게 주어진 약속과 메시야의 신실하신 죽음 간의 병행관계 — 이것은 이 장의 나머지 대부분에서 다루어지는 이중적인 주제이다 — 도 보여준다.

그러나 계약의 하나님이 언제나 아브라함을 위한 이 단일한 권속을 만들어 내고자 하였고, 토라가 하나님의 그러한 의도를 가로막는 것이었다면, 왜 하나님은 애초에 토라를 준 것인가? 이것은 바울이 지금 직면해 있는 자연스러운 질문이다.

(d) 갈라디아서 3:19-22

바울의 논증을 따라가는 사람이라면 누구나 이 시점에서 왜 토라가 꼭 필요하였던 것인지를 의아해할 수밖에 없다. 왜냐하면, 토라는 결국 첫째는 아브라함에게 주어진 약속이 그 최종목적지에 도달하는 것을 방해해 왔고(10-14절), 둘째는 단일한 "자손"을 만들어 내는 것을 방해해 온(15-18절) 것으로 보이기 때문이다. 바울은 자신의 글들 중에서 고도로 압축되었다는 면에서 그 유례를 찾아볼 수 없는 본문 속에서, 우리가 이미 지나가면서 잠깐 언급한 바 있고 로마서에 좀 더 자세하게 등장하는 한 논점을 암시하는데, 그것은 아브라함의 권속인 이스라엘 백성 자체가 "문제(the problem)의 일부"였다는 것이다. 그가 이것을 분명하게 명시적으로 말하지 않고 있다는 사실은 이 네 절을 이해하는 데 실질적으로 문제가 되어 왔다.[271)]

271) 랍비들의 수많은 논의들에서와 마찬가지로, 오늘날의 독자들에게 필요한 핵심이 빠져 있다: Danby 판본의 미쉬나(Danby, 1933)가 주는 기쁨들 중의 하나는 빠져 있는 핵심들을 보완해 주는 각주

하지만 일단 우리가 그 열쇠를 보충하기만 한다면, 문은 열리게 될 것이다.

통상적으로 그러하듯이, 우리에게 단서를 제공해 주는 것은 이 본문의 바깥쪽에 있는 절들이다. 바울은 3:19a에서 율법은 "범법들로 인해서"(17절이 보여 주는 것처럼, 계약에 대한 보충 문건으로서) "더해진" 것이었다는 말로 시작한다. 어떤 사람들은 로마서 5:20에서와 마찬가지로 여기에서도 바울은 율법이 범법을 더하기 위해서, 또는 적어도 추상적인 "죄"를 구체적인 "범법," 즉 계명들을 어기는 것으로 바꾸어 놓기 위해서 주어진 것으로 보았다고 말해 왔다. 그러한 해석도 불가능하지는 않지만,[272] 바울이 말하고자 한 것은 적어도 이런 것이었던 것으로 보인다. 즉, 하나님은 "단일한 자손"을 만들어 내고자 하였지만, 약속을 짊어진 민족이자 그 "단일한 자손"이 나와야 할 권속이었던 이스라엘 자체가 죄악에 물들어 있었기 때문에, 이스라엘을 통해서 자신의 의도를 성취할 수 없게 되었다는 것이다. 이 단락의 끝부분(3:22)은 이러한 시작 부분과 서로 연결되어 있다: "성경이 모든 것을 죄의 권세 아래에 가두었으니, 이는 약속이 … 믿는 자들에게 주어질 수 있게 하기 위한 것이었다." 바울이 3:19-22에서 토라에 관하여 말하고 있는 것은 이스라엘이 죄악에 물들어 있었다는 사실과 어떤 식으로든 관련되어 있다. 하나님은 마치 이스라엘에게 잘못된 것이 전혀 없다는 듯이, 아브라함의 권속을 통해서 자신의 좀 더 큰 목적들을 이루고자 하는 일을 계속해서 진행해 나갈 수는 없었다.

이것은 3:11-12에 나오는 하박국서와 레위기에 관한 논의와 연결되어 있다. 토라가 이스라엘 백성에게 그들이 죄악에 물들어 있고 율법을 범하고 있다는 것을 아주 명확하게 알려 준 것은 그 자체가, 약속을 받고 "자손"에 속하는 것이 결코 토라를 통해서는 되지 않고, 오직 '피스티스(pistis)를 토대로 해서만 가능하다는 것을 알려 주고자 한 하나님의 계획의 일부였다. 여기에서의 바울의 사고 속에는 이것을 포함한 더 많은 생각들이 들어 있었겠지만, 적어도 이것만은 꼭 들어 있었을 것임에 틀림없다.

여기에서 바울은 다시 한 번 메시야의 신실하심에 대한 언급을 추가하는데, 이번에 이러한 언급은 메시야가 이룬 일과 그 일이 아브라함의 권속을 만들어 내게

들이다. 바울 서신들에 대한 주석서에서도 종종 그렇게 할 필요가 있는데, 이것은 고전적인 예이다.

272) Hays, 2000, 266f.는 최소한 다섯 가지 이상의 대안들을 다룬 후에, 바울은 율법이 죄를 드러내거나 억제하기 위하여 주어진 것으로 보았다는 결론을 내린다. 율법은 범법들을 낳기 위하여 주어졌다는 Martyn의 결론(1997, 354)은 Hays가 생각하는 것보다 더 진실에 가깝고, Martyn 자신이 생각하는 것보다 더 하나님의 의도에 가까운 것 같다. Cf. 롬 5:20; 7:13-20; 9:30-3(특히, 본서 제10장 제3절 4) (3)와 제11장 제6절 4) (3)를 보라.

된 것에 대하여 말하는 3:24-29의 진술에 대한 복선 역할을 한다. 이렇게 19a절과 22절은 우리의 현재의 짧은 단락을 위한 틀을 설정한다. 즉, 토라는 이스라엘의 죄로 인해서 꼭 필요한 것이었다는 것이다. 이것은 하나님이 정한 치료책, 즉 (a) '스페르마'(sperma), 곧 하나님이 약속들을 준 권속, 3:16에서 이미 메시야와 그의 백성으로 정의된 권속의 도래(3:19)와 (b) "메시야 예수의 신실하심"(3:22)을 좀 더 선명하게 부각시킨다. 이것들은 정확히 동일한 것을 말하는 두 가지 서로 다른 방식이지만, 굳이 그렇지 않다고 하여도, 이미 서로 수렴되어 가고 있을 뿐만 아니라 이 장의 끝에 가서는 아주 완벽하게 서로 수렴될 두 개의 길이다. 메시야의 신실하심은 연합되고 갱신된 아브라함의 권속을 만들어 내고 정의한다.

이 작은 문단의 중간에 위치한 절들(3:19b-21)은 흔히 석의자들로 하여금 길을 잃게 만들어 왔고, 특히 바울이 여기에서 율법이 하나님에게서 기원하였다는 것을 부정하고, 천사들, 심지어 악한 천사들로부터 율법이 기원하였다고 말하고 있는 것으로 생각하게 만들어 왔다.[273] 하지만 바울은 결코 그렇게 말하고 있는 것이 아니다. 하나님이 율법을 이스라엘에게 수여할 때에 천사들이 도왔다고 말하는 유대 전승은 결코 그렇게 말하고자 하는 의도를 지니고 있지 않다. 바울은 율법이 약속들을 대적한다고 말하고 있는 것이 아니다. 물론, 그는 어떤 사람들이 그러한 잘못된 결론을 이끌어낼 수 있을 가능성이 있다고 보고는, 늘 사용하던 표현을 써서 그 점을 경고한다(21절의 '메 게노이토'[mē genoito, "결코 그렇지 않다"]). 그가 여기에서 밝혀내어서 고도로 압축된 형태로 요약하여 문제점으로 제시하고 있는 것은 토라가 생명을 주고자 하였지만 줄 수가 없었던 것은 토라 자체에 결함이 있었기 때문이 아니라, 토라를 받은 이스라엘이 지니고 있던 죄악된 인간 본성 때문이었다는 것이다. 물론, 바울에게 있어서 메시야는 율법이 할 수 없었던 것을 행하였지만, 이것은 이 짧은 단락에서 그가 명시적으로 말하고자 하는 요지는 아니었다.[274]

273) 토라가 이스라엘의 하나님이 아닌 다른 곳으로부터 왔다는 주장(예컨대, Martyn, 1997a, 354, 364-70)은 Hays, 2000, 267에 의해서 확고하게 거부된다. 하지만 De Boer, 2011, 226은 [3:19a]의 질문이 "이미 하나님이 율법을 주지 않았다는 것을 전제한다"고 말한다(강조는 원저자의 것) — 물론, 그런 후에 "분명히 생명을 수여하는 칭의의 도구로 주지는 않았다"고 근본적으로 수정하기는 하지만. 그는 갈라디아서에서 적어도 바울은 계약의 하나님이 다른 이유들로 인해서 율법을 주었을 것이라는 그 어떤 주장도 배척한다. 율법이 하나님에게서 온 것임을 부정하는 견해는 종종 에녹서 등에 나오는 전승들을 따라 3:19c에 언급된 천사들을 창세기 6장에 나오는 악한 천사들과 연결시킨다(하나님이 토라를 수여하는 것과 관련하여 선한 천사들이 그 일에 개입되어 있었다는 전승에도 불구하고; 예컨대, 신 33:2(LXX); 시 68:17[LXX 67.18]; *Jub.* 1.27-9; 행 7:38, 53; 히 2:2; 그 밖에 Martyn, 1997a, 357 n. 208에 나오는 본문들).

이것이 우리를 바울이 다른 두 핵심 본문들(로마서 7:7-8:11과 고린도후서 3장)에서 서로 다른 시각에서 반복하고 있는 주제의 한복판으로 데려다 준다는 사실은 우리로 하여금 우리가 이 분석에서 올바른 방향으로 가고 있다고 생각할 수 있게 격려해 준다. 로마서에서 바울은, 토라는 우리를 정죄하고 죽였지만, 그 잘못은 토라나 "나"(이스라엘)에게 있었던 것이 아니라, "죄" 자체, 즉 심지어 선민 내에서조차도 역사하고 있었던 아담적인 세력에 있었다고 역설한다. 따라서 토라는 생명을 약속하지만(7:7), "사람의 육신으로 말미암아 연약해서"(8:3) 생명을 줄 수 없었다. 달리 말하면, 토라는 "육신"의 죄악된 상태를 고칠 수 있는 치유책을 제공해 줄 수 없었다는 것이다. 바울은 이것이 하나님이 "육신에," 즉 메시야의 육신에서 죄와 사망을 단죄한 이유이다.

이러한 논증 전체는 앞에 나와서 배경 역할을 하는 2:15-21 및 뒤이어 나오는 4:1-7과 맥이 잘 통하고, 현재의 본문과도 잘 맞아떨어진다. 고린도후서 3장에서 바울은 자신의 직분과 모세의 직분을 대비시키고 있는 것처럼 보이지만, 사실은 자기 자신과 모세를 대비시키거나 복음과 율법을 대비시키는 것이 아니라, 자신이 대면하고 있는 백성, 즉 이제 마음에 새겨진 토라를 지니게 된 "새 계약"의 백성과 모세가 대면하고 있던 백성, 즉 그가 마음이 완악한 자들이라고 말하는 그 백성을 대비시키고 있는 것이다. 로마서와 고린도후서, 이 두 본문에서 문제가 되고 있는 것은 약속을 짊어진 선민이 당혹스럽게도 계속해서 죄를 짓고 있다는 것이다. 이렇게 갈라디아서 3:22에서와 마찬가지로 여기에서도 또다시, 토라가 죄악된 이스라엘에게 주어졌을 때, (의도적으로 의도된) 그 결과는 이스라엘 민족을 인류의 나머지 민족들과 마찬가지로 "죄"라고 하는 감옥에 가두어 버린 것이었다.[275]

따라서 19b-20절의 요지는 이런 것이다.[276] 바울은 3:16에서 말한 대로 아브라함에게 약속된 단일한 "자손"을 여전히 생각하고 있다. 그러나 앞에서 보았듯이, 율법은 그 단일한 "자손"을 만들어 내지 못한다. 그대로 내버려 두면, 율법은 이스라엘을 이방인들로부터 분리시켜서, 적어도 두 개, 실제로는 더 많은 "권속들"을 만들어 낼 것이다. (이렇게 여럿으로 분열된 "권속들"은, 2:17-18에서 말하고 있듯이, 다른 모든 권속들이 "죄인들"인 것과 마찬가지로 이스라엘도 "범법자들"이라는

274) 로마서 7:10("생명에 이르게 해야 할 계명")을 시작으로 8:2, 6, 10, 11에 이르기까지 이어지는 일련의 사고의 흐름을 참조하라: 메시야와 성령이 함께 율법이 줄 수 없었던 "생명"을 수여한다. 아래를 보라.

275) 3:22; cf. 롬 11:32.

276) 자세한 것은 Wright, 1991 [*Climax*], ch. 8을 보라.

추가적인 문제에 직면할 수밖에 없다.) 그러나 안디옥 사건에 관한 설명에서나 3:16에서부터 3:29에 이르기까지의 일련의 사고 속에서 바울이 일차적으로 관심을 두고 있는 것은 약속된 권속이 하나라는 것이고, 여기에서 볼 수 있는 것도 바로 그것이다. 율법은 천사들을 통하여 "한 중보자의 손으로," 즉 모세를 거쳐 주어졌다.[277] 하지만 모세는 단일한 권속의 중보자가 될 수 없다.[278] 야고보와 그로부터 안디옥에 온 사람들이 주장하였고, 베드로가 동의하였듯이, 모세는 유대인을 이방인으로부터 분리하는 율법의 중보자이다. 거기에 대하여 바울은 "아니다"라고 말한다. 아브라함의 하나님은 단일한 권속을 원하고, 따라서 그 권속은 토라에 의해서 형성될 수 없다. 이 하나님이 단일한 권속을 원한다는 것을 우리는 어떻게 아는가? 하나님은 한 분이기 때문이다. 로마서 3:30에서 말하고 있는 것처럼, 한 분 유일하신 하나님의 단일성은 유대인과 이방인이 하나된 권속의 단일성의 토대이다. 메시야와 성령을 중심으로 새롭게 이해된 유일신론은 선민에 관한 새로운 기독론적인 이해의 토대이자 원천을 제공해 준다.

물론, 바울은 이 모든 것을 매우 압축해서 표현하고 있다: '호 데 메시테스 헤노스 우크 에스틴, 호 데 테오스 헤이스 에스틴'(ho de mesitēs henos ouk estin, ho de theos heis estin). 우리가 이 구절을 어떤 식으로 읽든, 바울이 갈라디아 교인들, 그리고 회고적으로는 안디옥 사건에 관련된 베드로에게 하고 싶은 말은 이것이다: 토라를 따라가라. 그러면 너희는 나뉜 권속에 참여하게 될 것인데, 그것은 하나님의 최종적인 의도도 아니고, 하나님이 아브라함에게 약속한 것도 아니다. 최종적이고 단일한 권속을 고수하라 -너희 갈라디아 이방인 교인들은 복되게도 이미 그 권속에 합체가 되어 있다! 따라서 너희에게는 토라가 필요하지 않기 때문에, 토라를 받아들여서는 안 된다. 만일 너희가 토라를 받아들인다면, 그것은 아주 좋게 말해서 하나님의 종말론적인 계획과 관련하여 시계를 거꾸로 되돌리는 것이고, 아주 나쁘게 말해서 "메시야의 신실하심"으로 말미암아 생겨난 단일한 권속을 발로 차버리고 냉대하며 퇴짜를 놓는 것이다. 계약의 지체가 되는 것이나 아브라함에게 주어진 약속을 유업으로 받는 것이 토라로 말미암아 가능할 수 있었다면, 메시야의 신실하신 죽음은 불필요하였던 것이 되고, 따라서 아무짝에도 쓸모없는 것이

277) Schreiner, 2010, 242은 다른 많은 사변들에 반대하여 이것을 옹호한다.

278) 이것은 3:20의 '호 데'(ho de)를 19절의 '메시투'(mesitou)를 받는 주어로 읽고, 3:20의 '메시테스'(mesitēs)를 보어로 읽는 것이다: "하지만 그는 '일방'의 중보자가 아니다." '호 데 메시테스'(ho de mesitēs)를 주어로 읽고, 보어가 생략되었다고 보는 경우에도, 의미는 그리 달라지지 않는다: "하지만 중보자는 '일방'의 [중보자가] 아니다." *Climax*, 169f.를 보라.

되고 말 것이다. 이스라엘의 성경에 제시된 하나님의 오랜 기간에 걸친 은밀하고 기이한 계획 속에는 "모든 것"을 "죄"아래에 "가두어 두는" 것이 포함되어 있었다. 바울은 창세기 15장에 나오는 하나님의 오랜 기간에 걸친 은밀하고 기이한 계획을 하나의 먼 유비가 아니라, 자신이 말하고자 하는 핵심의 일부로 여기에 반영하고 있는데, 거기에서 하나님은 아브라함에게 정해진 때가 도래할 때까지 그의 자손들이 애굽에서 노예살이를 하다가, 마침내 때가 차면(4:4을 보라), 그들이 오랫동안 기다려 왔던 약속된 "유업"이 "메시야 예수의 신실하심으로 말미암아"(ek pisteōs Iēsou Christou – '에크 피스테오스 예수 크리스투') "믿는 자들"(tois pisteuousin – '토이스 피스튜우신')에게 주어질 것이라고 알려 준다. 이것이 바울이 3:22에서 두 발로 견고하게 안착해 있는 방식이다. 이렇게 해서, 그는 3장의 마지막 단락에서 이 모든 논증의 실들을 한데 엮어서, 한 분 유일하신 하나님의 백성에 대한 기독론적인 재정의들을 한바탕 돌풍처럼 제시할 토대를 놓을 수 있게 되었다.

(e) 갈라디아서 3:23-29

바울은 이 이야기를 다시 한 번 들려준다. 그것은 물론 이중적인 이야기이다. 첫 번째는 하나님이 약속하였고 섭리에 의해서 이끌어온 서사가 마침내 그 최종목적지에 도달하게 한 어떤 일이 일어났다는 것이다. 따라서 이제 이 서사 속의 이전 단계로 되돌아가는 것은 어리석은 짓이고 상황을 악화시키는 일이 될 수밖에 없었다. 이것은 아브라함에게 주어진 약속들과 메시야에 의한 성취 간의 연속성이라는 관점에서 이 이야기를 들려주는 것이다. 두 번째는 바울은 이 이야기를 정반대의 방향에서, 즉 한편으로는 모세와 토라, 다른 한편으로는 메시야, 이 둘 간의 불연속성이라는 관점에서 들려준다: 무엇인가 새로운 일이 일어났다는 것이다. 이스라엘이 토라로 말미암아 빠져 들어갈 수밖에 없었지만 사실은 하나님이 정한 것이었던 궁지와 곤경을 타개하기 위한 하나님의 새로운 역사가 일어났다는 것이다. 상황이 악화되어 가기만 하는 것처럼 보였던 저 기나긴 세월은 이제 지나가고, 받아들일 준비가 되어 있지 않은 세계에 갑자기 예기치 않게 새 시대가 임하였다. 내가 대체로 불신하고 배척하는 용어들을 사용해서 표현해 본다면, 우리는 바울이 여기에서 "정점에 도달한 구원사"에 관한 이야기를 "묵시론적 복음에 대한 선포"로 상쇄시켜 균형을 잡고 있다고 말할 수 있고, 그 반대로도 말할 수 있다.

바울은 상황이 어떠하였는지를 먼저 되돌아보라고 말한다: '피스티스(pistis)가 오기 전에는(여기서 그는 '피스티스'를 실체화하고 있기 때문에, 이 '피스티스'는 메시야가 임한 순간, 즉 저 위대한 변화의 때를 나타낸다), 우리(즉, 이스라엘 사람들/유대인들)는 영락없이 감옥에 갇혀 옴짝달싹할 수 없는 상태에서, 오직 하나님의 종말론적인 계획이 마침내 나타나게 될 날만을 고대하고 있었다. 토라는 유대인들을 계속해서 엄격한 감시 아래 두고서, (그들 자신의 역사와 거기에 수반된 예언들이 그들이 그렇게 될 소지가 농후하다고 역설하였고, 신명기 32장의 위대한 예언의 노래가 그들이 그럴 것이라고 말한 대로) 그들이 하나님의 계획으로부터 완전히 떠나게 되는 것을 막아 주고 있었다. 토라는 사실 '파이다고고스'(paidagōgos), 즉 보모 같은 존재였다. '파이다고고스'는 오늘날의 서구 세계에서는 거의 찾아볼 수 없는 직업이었지만, 옛 번역본들에서 "교사" 또는 "초등교사"라고 번역한 것과는 달리 그런 의미에서의 "선생"이나 "교사"는 아니었고, 어린아이들이 다치거나 해를 입지 않게 보호해 주고 등하교 길에 동행해서 지켜주는 소임을 맡은 고용인이었다.[279] 이 모든 것이 말하고자 하는 요지는, '피스티스'(pistis, "신실하심")가 옴으로써, "우리"는 다 자라게 되었기 때문에, 더 이상 '파이다고고스' 아래 있지 않다는 것이다.

이 암묵적인 서사 속에서조차도 우리는 이 때에 일어난 일이 지닌 이중적인 성격을 볼 수 있다. (a) 거기에는 정해진 기간이 이제 마침내 다 차서 최종목적지에 도달하였다는 의미가 내포되어 있다. (b) 거기에는 오랫동안 무수히 좌절을 겪으며 지루하게 전개되어 오던 시대가 새로운 사건에 의해서 갑자기 끝이 났다는 의미가 내포되어 있다. 이 권속은 다 자라 성년이 되었고, 성년이 되면서 훨씬 더 폭넓게 지체들을 얻게 되었다: "우리" 유대인들은 전에는 '파이다고고스' 아래 있었지만, 이제는 더 이상 '파이다고고스' 아래에 있지 않다. 왜냐하면, "너희는 다 믿음으로 말미암아 메시야 예수 안에서 하나님의 자녀들이기" 때문이다(3:26).[280] 너희의 믿음은 너희가 "메시야 안에" 있다는 것을 증명해 주는 증표라고 바울은 선언한다. 이것이 그가 이후의 절들에서 여러 가지 논거들로 밑받침하고 강화시키고 있는 주제이다.

279) '파이다고고스' (paidagōgos)에 대해서는 Witherington, 1998, 262-7에 나오는 유익한 보론을 보라. 다른 참고문헌들은 Hays, 2000, 269에 나와 있다.

280) "믿음으로 말미암아"와 "메시야 안에서"는 별개의 어구들이고, 각각은 "너희는 모두 하나님의 자녀들이다"를 수식한다는 데 주석자들 사이에서 어느 정도 의견일치가 이루어져 있다(달리 말하면, 바울은 "메시야를 믿는 믿음으로"라고 말하고 있는 것이 아니라는 것이다): Hays, 2000, 271; Schreiner, 2010, 256 등을 보라. De Boer, 2011, 245는 이것은 "어색한 병치"로서 "불필요한 중복"이라고 주장하지만, 그런 판단은 지나치게 가혹한 것으로 보인다. 바울이 여기에서 세례와 관련된 정형어구를 인용하고 있다는 그의 주장은 얼마든지 가능하기는 하지만 여전히 불확실하다.

따라서 요지는 점점 분명해지고 있고, 바울은 이제 결정적으로 중요한 마지막 절인 29절에 이르기까지 그 요지를 자세하게 설명하고 보강하며 강화해 나간다. 너희는 다 하나님의 자녀들이다. 이것은 기본적인 요지, 베드로가 들을 필요가 있었던 요지, 특히 갈라디아 교인들이 들을 필요가 있는 요지였다. 왜냐하면, 여기에서 "하나님의 자녀들"로 번역된 어구는 직역하면 "하나님의 아들들"이 되는데, 이 어구는 특히 출애굽 때의 이스라엘을 강력하게 반영하는 표현이기 때문이다.[281] 너희는 이미 하나님의 자녀들, 아브라함의 권속이기 때문에, 더 이상 다른 것들로 너희의 지위와 신분을 보강할 필요가 없다. 너희는 메시야 안에서 하나님의 자녀들이다. 너희는 이것을 어떻게 아는가? 그것은 너희가 메시야를 옷 입었기 때문이다(27절). 이것은 세례를 의미하는데, 아마도 물 속으로 들어가서 "죽음"을 겪고 "새 생명"으로 올라온 사람들에게 새로운 옷을 입혀 주는 실제의 의식과 연관되어 있을 가능성이 높다.[282] 따라서 이것은 안디옥 사건 및 갈라디아 교회의 도전과 직접적으로 관련된 구체적이고 실제적인 결론을 낳는다: 더 이상 유대인이나 헬라인도 없고, 더 이상 노예나 자유민도 없으며, "남자나 여자"도 없다.[283] 왜냐하면, "너희는 다 메시야 예수 안에서 하나이기" 때문이다.

"하나"! 이것은 3:15에서 시작해서 3:29에 이르기까지 이 장의 핵심이었고, 이것을 축으로 해서 이 장에서 많은 것들이 논의되었으며, 이것은 바울이 안디옥의 베드로와 이 서신의 수신자인 갈라디아 교인들에게 정말 들려주고 싶은 핵심이었다. 물론, 바울은 모든 민족적이고 사회적이며 성별과 관련된 구별들이 이제 아무런 의미도 없다고 말하고 있는 것은 아니다. 그는 자신의 글들의 많은 본문들에서, 사람은 다른 구조들 내에서와 마찬가지로 이러한 구별들 내에서도 지혜롭게 행하는 법을 배워야 한다고 분명히 말한다.[284] 그러나 그러한 구별이나 차이는 아브라함의 권속이 되는 것과 관련해서는 더 이상 전혀 고려대상이 될 수 없다. 이것이 그가 말하고 있는 것의 취지이다. 그리고 그는 이 장에서 지금까지 "의"와 관련된 표현들

281) Wright, 1991 [*Climax*], 43f.를 보라; 예컨대, cf. 출 4:22f.; 신 14:1f.; 호 11:1; Sir. 36.17; *3 Macc*. 6.28; *4 Ez*. 6.58.

282) "죽음을 통해서 생명으로"라는 모티프에 대해서는 물론 2:19-20을 참조하라. 초기 기독교의 세례 관행에 대해서는 Taylor, 2006 등을 참조하라.

283) Witherington, 1998, 27f.이 지적하듯이, 갈라디아의 그리스도인들이 유대인들의 정체성 표지들을 채택한 결과들 중의 하나는 여자들을 이류 시민들로 전락시킨 것이 될 것이다. 왜냐하면, 오직 남자들만이 할례라는 계약의 표를 지닐 수 있었기 때문이다.

284) 예를 들면, 고전 7장; 11:2-16; 엡 5:21-33; 골 3:18f. 이 대목에서 그를 일관성이 없다고 비난하는 것은 서로 다른 종류의 질문들을 뒤섞는 것이다.

을 많이 사용해 왔기 때문에, 어떤 사람들은 그가 자신의 "사법적인" 사고 틀을 설명하고 있는 것이라고 생각할 수도 있겠지만, 이 장의 마지막 몇 절에 나오는 것들은 분명히 "참여론적인" 표현들이다: "메시야 안에서," "세례를 받아 메시야와 합하였다," "메시야로 옷 입었다," "메시야에게 속하였다면 아브라함의 단일한 '자손'이다." 이 지점에서 "참여론적" 신학에 속한 것들이 "구원사적" 관점과 단번에 서로 결합되고, 이 둘은 함께 "계약적인" 사고 틀 내에서 각자의 의미를 발견한다. 따라서 갈라디아서 3장에서는, 바울의 사고에 속한 여러 범주들이 여러 갈래로 나누어졌다가 결국에는 끝에서 한데 수렴되고 결합되어서 풍성한 연합을 이룬다 - "풍성한 연합"은 그 자체가 이 장의 주제이기 때문에, 이 표현은 아주 적절한 것 같다.

하지만 이것은 갈라디아서가 바울의 사고를 기본적으로 "사법론적인" 것이라기보다는 "참여론적인" 것으로 보는 자들의 손을 들어 주고 있다는 것을 의미하는 것은 아니다 — 또한, 갈라디아서는 약속으로부터 성취로의 단절 없는 점진적인 "성취"라는 의미에서의 "계약적" 또는 "구원사적" 견해가 하나님이 통상적인 질서 속으로 유례 없이 급진적이고 예기치 않게 침입해 들어 왔다는 (오늘날의) 의미에서의 "묵시론적" 견해를 누르고 승리하였음을 보여주는 것도 아니다. 도리어, 정반대이다. 먼저 "사법론"과 "참여론" 간의 논쟁을 살펴보자. 이 장의 앞부분에서 사용된 사법적 범주들은 여전히 중요하고, 다른 것들로 대체되거나 축출된 것이 아니다. 그리고 "참여론적" 범주들은 여기에서 아이러니컬하게도 브레데(Wrede)와 슈바이처(Schweitzer)가 바울의 "사법론적" 용어들에 속한 것으로 보았던 것, 즉 이방인들이 단일한 권속에 합체된 상황을 변증할 목적으로 채택되고 있다. 사실, "사법론적" 범주들과 "참여론적" 범주들은 둘 다 그러한 기능을 갖고 있다. 왜냐하면, 이 둘은 그 자체가 바울의 좀 더 큰 범주, 즉 창조주 하나님과 아브라함 간의 계약 및 이제 그 계약이 성취되면서 생겨난 단일한 권속이라는 범주의 두 가지 기능들이기 때문이다. 다음으로, "계약론"과 "묵시론" 간의 논쟁을 살펴보자. 이 장의 전체적인 요지는 한 분 유일하신 하나님이 창세기에 나오는 원래의 계약에 관한 장들에서 아브라함에게 약속한 일을 행하였다는 것이다. 그러나 하나님은 그 약속을 성취하여, 우리가 메시야 안에서 보는 근본적으로 새로운 결과를 만들어 내기 위해서는, 토라의 껍질을 짓뭉개서 부수지 않으면 안 되었다. 메시야가 묵시론적 유대교에서와 마찬가지로 계약론에서도 그 중심에 위치해 있게 된 이유는 아마도 이러한 두 부류의 현대적인 범주들 간의 구별 자체가 주후 1세기 유대인들에게는 생소하였던 현대적인 구별이었기 때문일 것이다.

따라서 갈라디아서 3장은 메시야를 중심으로 한 선민론에 대한 바울의 재정의를 생생하게 표현해 주고 있는 핵심적인 본문 중의 하나라고 할 수 있다. 어떤 의미에서는 3장의 논증을 이어받고 있고 어떤 의미에서는 그 논증을 새로운 방향으로 확장하고 있는 4장의 시작 부분은 이 동일한 논점에 대한 추가적인 시각을 제공해 준다.

(f) 갈라디아서 4:1-11

"내가 이것을 다른 식으로 말해 보겠다"로 시작되는 4:1의 맨처음에 나오는 '레고 데'(legō de, 한글개역개정에는 "내가 또 말하노니")는 바울이 여기에서 한 번 심호흡을 한 후에, 앞에서 말해 온 것과 동일한 서사 내에서 몇몇 중요한 점들을 다시 한 번 중점적으로 부각시키는 방식으로, 자신의 전체적인 논증을 앞으로 진전시켜 나가고자 하고 있음을 보여준다. 앞에서 이미 보았듯이, 바울은 지금 아브라함과 그의 권속에 관한 앞서의 논증과 밀접하게 연결되어 있는 출애굽에 관하여 말하고 있다. 창세기 15장에 나오는 하나님의 약속 가운데 일부는 아브라함의 권속이 노예생활을 하다가 구원을 받게 될 것에 관한 것이었다.[285] 여기에서 이 권속의 "상속자"는 노예가 되거나, 거의 노예 같은 생활을 하게 되지만, 그것은 어린 상속자가 주인의 재산 전체를 "유업으로 물려받기" 위한 하나의 과정일 뿐이다. 바울은 3장의 마지막 절에 나오는 "유업"이라는 모티프를 가져와서, 4:1에서 핵심적인 용어로 삼음과 동시에 4:1-7의 틀로 삼는다. 즉, "유업"이라는 용어는 현재의 단락에 대한 결정적으로 중요한 결론으로 4:7에 다시 등장한다. 어린 "상속자"는 아버지가 정해 놓은 그의 성년식을 치를 때가 올 때까지는 당분간 후견인 아래에 두어진다. 하지만 이제 이 "상속자"는, 3:26에서 말하고 있듯이, 메시야에게 속한 모든 자들, 그리고 여기에서 성령이 내주하게 된 자들이라고 추가적으로 특징지어진(4:6-7) "아들들"로 이루어진 권속 전체를 가리킨다는 것이 드러난다.

바울은 여기에서 오랜 과정을 거쳐서 그 마지막 단계에서 메시야와 성령이 임하는 일련의 연대기적 순서를 염두에 두고 있다. 이것은 내게 너무나 분명해 보이기 때문에, 사람들이 여기에서 바울이 이른바 "묵시론적" 관점, 즉 아무런 준비과정이나 세워져 가는 과정도 없이, 하나님이 외부로부터 갑자기 현재의 세계 속으로 "침입해" 들어왔다는 관점을 보여주고 있다고 주장하면서, 이것을 부정하는 것을 보면, 나로서는 좀 황당한 마음이 든다.[286] 만일 그들이 주장하고 있는 것이 바울이 염두

285) 위의 제9장 제3절 2) (1)의 논의와 함께 특히 Keesmaat, 1999를 보라.

에 두고 있었던 것이라면, 나는 바울이 사람들을 오도하기로 작정하고서 아주 특이한 방식으로 그것을 표현한 것이라고 말할 수밖에 없다. 이것은 출애굽의 울림들을 사람들에게 일깨워 주는 이야기이다. 물론, 저 위대한 사건은 애굽에서 오랫동안 진행되어 오던 삶 속에 하나님이 갑자기 개입하여 심판하고 구원한 일들을 포함하고 있기는 하였지만, 이 이야기 전체는 이것이 하나님이 수백 년 전에 아브라함에게 약속하였던 일이었고, 이제 마침내 그 약속이 성취된 것이라는 믿음 위에서 서술된다.[287] 여기에서도 마찬가지이다. 즉, 이 이야기는 어린 아들이 성년으로 자라가는 과정에서, 성년식이라는 갑작스럽고 새로운 사건을 통해서 즉각적이고 중요한 변화가 일어나기는 하지만, 그것을 마른 하늘에 날벼락인 듯이 말하고 있지는 않다는 것이다.

바울에게 있어서 그것은 사실 연대기적인 성취의 문제였다: "때의 충만이 도래하였을 때"(hote de ēlthen to plērōma tou chronou – '호테 데 엘텐 토 플레로마 투 크로누'). 심지어 그는 특정한 때를 가리키는 '투 카이루'(tou kairou)라는 표현을 사용하지 않고, 일련의 시간이 흘러 그 기간이 채워져서 "충만"(plērōma – '플레로마')에 이르게 된 것을 보여주기 위하여 '크로누'(chronou)라는 단어를 사용한다.[288] 에스라4서에서는 이렇게 말한다:

> 그는 시대를 저울질해 오셨고, 시간들을 자로 재 오셨으며, 시간들을 세어 오셨다. 그는 분량이 다 찰 때까지는 그것들을 움직이거나 일으키지 않으실 것이다.

> 지존자께서는 자신의 시간들을 보셨다. 이제 그 시간들이 끝났고, 그의 시대들이 완성

286) 특히, Martyn, 1997a, 388을 보라. 그는 "때가 차자"를 "[하나님이] 택한 때에"로 바꾸고, "하나님이 만유의 부분적으로 이질적인 영역에 침입하였다"(강조는 원래의 것)고 주장함으로써, "아버지"가 어린 "상속자"가 성숙하게 될 때까지 오래 전에 때를 정해 놓았다는 것을 말하고자 한 이 장의 주도적인 비유를 망쳐 놓는다. 이 이상한 읽기를 유지하기 위해서, Martyn은 바울을 자신의 앞잡이로 내세운다: "바울은 점진적인 성숙이 아니라, 때에 맞춘 해방을 생각하고 있다"(389). 나는 "점진적인 성숙"이라는 관념을 주장하는 석의자를 단 한 사람도 알지 못한다.

287) 창 15:13-16을 인용하고 있는 출 2:23-5.

288) 이 본문 속에서 출애굽에 대한 그 어떤 암시도 인정하지 않는 de Boer, 2011는 먼저 "찼다는 것"은 실제로는 어떤 의미에서 "끝"을 의미한다고 말하고, 그런 후에는 "때가 찼다는 것"은 그 정반대의 것, 즉 "과거와의 깨끗한 단절"을 의미한다고 주장한다(262). 바울이 새로운 시대에 관하여 말하고 있다는 분명한 사실은, de Boer가 전제하는 것과는 달리, 하나님의 주관 아래 있었던 이전의 기나긴 시대라는 관념과 대립적인 것이 아니다. 고난과 기다림의 때(물론, "점진적인 성숙"의 때가 아니라)가 단축되었다는 관념은 묵시론적 종말론의 "선택적인 특징"이 결코 아니었고, 제2성전 시대의 대부분의 사고 속에 내재되어 있다(위의 2장에 나오는 여러 논의들과 바로 아래의 서술을 보라).

에 도달하였다.[289)]

유대 문헌에서 "묵시론적인" 것이 있다면, 그것은 분명히 에스라4서일 것인데,[290)] 에스라4서에 대한 가장 위대한 해설자들 중의 한 사람은 거기에 들어 있는 사상을 이렇게 설명한다:

> 확정된 때라는 관념은 이 시대의 많은 묵시론들과 유대교의 다른 맥락들 속에서 발견될 수 있다. 따라서 사람들은 역사를 일정수의 여러 시대들로 구분하는 모든 예언적인 환상들을 볼 수 있다 … 또한, 이 관념은 종말에 관한 계시를 가능하게 해 주기 때문에, 강렬한 종말론적 기대와 결합되었을 때, 묵시론적인 계시에 토대를 둔 이해와 관련해서 상당한 함의들을 지니게 되었다 … 하나님이 현세의 길이를 주관하고 결정한다는 관념이 존재한다. 그것은 확정되어 있기 때문에 알 수 있고 계시될 수 있다. 이러한 때들과 이 시대가 종말에 도달하게 될 것이다. 실제로 그 종말이 다가오고 있다.[291)]

따라서 우리는 당시의 "묵시론"이 아브라함으로 거슬러 올라가서 그에게 주어진 하나님의 약속들을 중심으로 해서 결국에는 (에스라4서 11장의 끝부분에 나오는 사자 환상이 증명해 주듯이, 유대적인 묵시론에서 메시야가 도래하는 순간으로 여겨진) "충만" 의 때에 이르게 되는 일련의 지속적인 역사의 흐름을 배제하기는커녕 전제하고 있는 것을 본다. 이 순간이 근본적으로 새로운 것이라고 할지라도, 그것은 이전에 흘러내려온 모든 것을 부정하는 것이 아니다. 이렇게 해서, 우리는 갈라디아서 4:4-5에 다다르게 된다:

> [4]때가 차자, 하나님은 자기 아들을 보내어 여자에게서 나게 하시고 율법 아래에 나게 하

289) *4 Ez.* 4.36f.; 11.44.

290) 또한, 이 점은 에스라4서가, 우리가 바울에게서 발견하는 것과는 다르고, 바울의 대적들의 견해에 더 부합하는 형태의 묵시론이라고 주장하는 (내 생각에는) 의심스러운 조치(de Boer, 1989)를 통해서는 회피될 수 없다.

291) Stone, 1990, 98, 352. 그는 3:9에 대한 주석(1990, 69)에서, 때가 정해져 있다는 견해를 보여주는 다른 본문들을 열거한다: 4:27, 33-4; 5:49; 6:5f.; 7:74; 13:58; 14:9; *2 Ap. Bar.* 21.8. 3:9에서 대홍수를 가리키는 "그 때에"라는 표현의 병행들은 8:41, 43; 10:16; 11:20; 14:32에 나온다. 우리는 통상적으로 "묵시론"으로 생각되지 않는 저작인 Tob. 14.5에 나오는 동일한 개념을 인용할 수 있다: "성취의 때들이 올 때" — 이 본문은 LXX BA 사본에는 '헤오스 플레로토신 카이로이 투 아이오노스' (heōs plērōthōsin kairoi tou aiōnos)로 되어 있고, S 사본에는 '후 안 플레로테 호 크로노스 톤 카이론' (hou an plērōthē ho chronos tōn kairōn)으로 되어 있다. 갈라디아서 4:4을 쓴 바울이 제2성전 시대의 이 두 본문이 보여주는 당시에 널리 알려져 있던 세계에 속해 있다는 것은 의심의 여지가 없다.

셨으니, [5]이는 율법 아래 있는 자들을 속량하시고, 우리로 아들의 명분을 얻게 하기 위한 것이었다.

이것은 하나님이 자신이 전에 한 약속들을 기억하고 자기 백성을 구원하였다는 점에서 출애굽 사건임과 동시에("노예들을 속량한다"는 것은 "하나님의 아들"로서의 이스라엘을 탄생시킨 출애굽을 나타내는 고전적인 모티프였다), 이스라엘의 문제에 대하여 오랫동안 기다려 왔던 해법이 갑자기 나타났다는 점에서 분명히 묵시론적인 사건이다. 이러한 모든 관점들에서 보면, 이 압축된 작은 문장은, 하나님이 아브라함에게 준 계약상의 약속들을 성취하기 위하여 행한 최초의 출애굽을 일깨워 주는 서사 내에서, 우리가 이미 살펴본 선민론에 대한 재정의의 모든 요소들을 담고 있다. 증명 완료(QED).

그러나 이것보다 더 많은 것이 이 문장 속에 들어 있다는 것은 두말할 필요가 없다. 원래의 출애굽 사건에서는 우선 토라가 꽤 긍정적인 역할을 하였다. 이스라엘은 시내 산으로 향하였고, 모세는 거기에서 율법을 받았다. 모세가 산에 올라가 있는 동안에, 아론이 금송아지를 만들었기 때문에, 율법이 말한 최초의 말은 심판의 말이기는 하였지만, 그 후에 토라는 구원 받은 백성에게 생명의 길을 보여준다는 의미에서 선한 것으로 여겨졌다. 하지만 여기 바울에게서는, 율법은 하나님의 백성을 노예로 잡아두고 있기 때문에, 그들이 새로운 출애굽을 통해서 거기에서 해방되어야 할 존재로 등장한다.[292] 이것은 바울이 안디옥에서 베드로가 이해하기를 바랐던 것의 중심에 있었고, 이제 갈라디아 교인들이 이해하기를 바라고 있는 것의 중심에 있다. 메시야를 믿는 이방인 신자들이 토라를 짊어지고자 하는 것은 애굽으로 돌아가서 노예생활을 다시 감수하고자 하는 것과 같았다.

이러한 아이러니컬한 상황(이것은 "우리" 유대인들이 '스토이케이아'[stoicheia], 즉 "세계의 원소들 아래" 있었다고 말하는 4:3에 통렬하게 반영되어 있다)은 3:19과 3:22에 설명된 기이한 상황 때문에 발생한다. 토라 자체에는 잘못된 것이 전혀 없었고, 사람들을 노예로 삼는 속성이 토라 자체 속에 내재되어 있는 것도 아니었다. 그러나 선한 토라가 이스라엘 백성에게 주어졌을 때, 그들은 죄악에 물든 자들이었기 때문에 토라 아래에서 노예가 될 수밖에 없었다. 이것이 토라가 할 수 있는 것의 전부였고, 토라가 그렇게 한 것은 선한 일이었다. 이러한 아이러니는 나중에

292) 물론, 이것은 Martyn 등이 그 어떤 연속성에 대해서도 부인함으로써 부각시키고자 하는 것이다 — 비록 그러한 부인이 실제로 아브라함의 아기를 모세의 목욕물과 함께 내버리는 것이 될지라도. Martyn, 1997a, 306("바울은 아브라함의 지도를 깨끗이 버리고 전진한다"), 343-5 등을 보라.

로마서 7장과 8장을 살펴볼 때까지는 제대로 설명될 수 없기 때문에, 우리는 여기에서는 바울이 유대적인 선민론을 메시야를 중심으로 재정의한 확실한 결과만을 말하는 것으로 만족하여야 하는데, 그것은 메시야에게 속한 자들은 토라 아래 있지 않다는 것이다. 메시야를 믿은 유대인들은 토라 아래에 있던 상태로부터 속량을 받은 것이고, 메시야를 믿은 이방인들은 토라 아래로 들어갈 필요가 없다.

이 단락은 성령이라는 관점에서 추가적인 재정의를 계속해 나가는데(4:6-7), 이것에 대해서는 우리가 나중에 다시 살펴볼 것이기 때문에, 여기에서는 그런 후에 4:8-11이 어떤 식으로 기능하는지만을 살펴볼 것이다.[293] 이렇게 메시야와 성령이 그 속량의 행위를 통해서 참 하나님을 계시하였다는 사실은 갈라디아 교인들에게 그들이 이러한 수단들을 통해서 "하나님을 알게 되었고" "하나님에 의해 아신 바 되었다"는 것을 말해 준다. 이것은 그들이 이미 도달해 있는 지점이다. 그런 그들이 그러한 영광스러운 자리에서 뒤로 물러나서 또다시 '스토이케이아'(stoicheia, "세계의 원소들")에 의해 지배되고 있는 세계 속으로 들어간다는 것은 어처구니없고 황당하기 짝이 없는 일이다.

이 모든 것은 우리를 마침내 바울의 삶과 사상의 심장부로 데려다 준다. 바울에게 있어서 예수는 이스라엘의 메시야이다. 그는 자신의 죽음으로 하나님의 구원계획을 성취한 신실하신 메시야이다. 우리는 예수의 이 사역이 토라와 어떤 관계에 있는지를 이미 살펴본 바 있다. 이것은 이제 우리로 하여금 핵심을 살펴볼 수 있도록 준비시켜 준다. 즉, 예수는 자신의 죽음을 통해서, 이스라엘의 하나님을 세계와 화해시킨 메시야라는 것이다. 물론, 갈라디아서 2:19-21 같은 아주 중요한 진술들, 고린도전서 15:2 등에 나오는 짤막한 요약들을 포함해서, 이것을 표현하고 있는 다른 본문들도 있다.[294] 하지만 그 모든 것의 중심에는 뭐니뭐니 해도 고린도후서와 로마서에 나오는 이 주제에 대한 길고 자세한 설명들이 자리 잡고 있다.

4) 하나님을 세계와 화해시킨 메시야로서의 예수

(1) 고린도후서 5:11—6:2

우리는 이제 아브라함과의 계약에 대한 하나님의 신실하심이라는 문제가 처음으

293) 위의 제9장 제3절 2) (1)를 보라.

294) 예컨대, 롬 14:8f.; 골 2:14f.; 살전 4:14; 5:10; 그리고 빌 2:6-8; 골 1:19f.에 나오는 십자가에 대한 깊은 묵상들.

로 아무런 역할도 하지 않는 것으로 보이는 다소 다른 본문을 살펴볼 것이다. 그러나 이 본문을 로마서와 갈라디아서의 빛 아래에서 읽을 때(나는 이렇게 하는 것이 옳다고 확신한다), 우리는 바울이 그리고 있는 좀 더 큰 그림을 분명하게 볼 수 있다.[295] 기본적으로, 그는 한 분 유일하신 하나님이 예언서들, 특히 이사야서를 통해서 약속하였던 온 세계와의 화해 사역을 메시야 예수를 통해서 성취하였다는 것을 논증하고 있다.[296] 이사야서와의 이러한 연결 관계는, 우리가 주의 깊게 살펴보면, 여기에서도 계약에 대한 하나님의 신실하심이 중심적인 주제로 등장하고 있다는 것을 보여준다. 다시 한 번 말하지만, 선민의 목적 — 이스라엘을 통해서 세계를 복주고자 한 하나님의 계약상의 계획 — 은 메시야를 통해서 성취되었다. 바울은 여기에서 바로 그러한 일이 지금 자신의 사도직을 통해서 수행되고 있다는 관점에서 이것에 대한 설명을 전개해 나가지만, 우리가 그 근저에서 이끌어 내어야 하는 것은 메시야가 이룬 일과 거기에 따른 이사야서의 선민론에 대한 재정의이다.

바울은 고린도후서 3-6장 전체에 걸쳐서와 마찬가지로 여기에서도, 자기를 대중들과 상대하는 것이 서투른 자라거나, 그가 떠난 후에 고린도에 온 새로운 교사들에 비해서 형편없이 열등한 자라고 비웃으며 조롱해 온 사람들에 맞서서, 자신의 사도직의 성격을 설명하고 있다.[297] 우리는 그가 자신의 사도직이 지닌 기이한 성격을 수정된 종말론의 틀 내에서 설명한 본문을 본다(5:1-11, 아래의 본서 제11장을 보라). 그는 자기가 사도로서 행한 모든 일을, 하나님이 십자가에 못 박혔다가 다시 살리심을 받은 분이자 메시야로서 장차 심판을 집행할 분인 예수 안에서 새 창조의 빛을 발하고 있다는 맥락에 비추어 보면서,[298] 이것이 자신의 사역이 현재와 같은 형태와 패턴을 취하게 된 이유를 설명해 준다고 말하는데, 그것은 모두 그가 갈라디아서 2장에서 언급한 것, 즉 메시야의 사랑 때문이다:

295) 내가 서문에서 암시하였듯이, 우리는 물론 각각의 서신을 독자적으로 다루어야 하기는 하지만, 어떤 작가나 화가를 연구할 때, 연대기적으로 인접한 작품들을 서로 비교해서 해석하는 것은 허용되는 것이 보통이다.

296) 이 본문에서 바울의 이사야서 사용에 관한 본격적인 연구로는 이제는 Gignilliat, 2007이 있다.

297) 바울의 사도직이 이 단락 전체의 주된 주제라는 것에 지금은 거의 모두가 동의한다. Hafemann, 2000a, 235, 241은 5:11-15과 5:16-6:2에 대하여 각각 "사역을 위한 바울의 동기부여"(Paul' s Motivation for Ministry)와 "바울의 사역의 결과들"(The Consequences of Paul' s Ministry)이라는 표제를 붙인다; Keener, 2005, 181는 5:11−6:10의 표제를 "끝까지 참고 인내하는 화해의 대사들"(Persevering Ambassadors of Reconciliation)로 붙인다.

298) 4:5f.; 5:10.

> [13]우리가 정신이 나가 있는 것이라면, 그것은 하나님을 위한 것이고, 우리가 정신이 온전하다면, 그것은 너희를 위한 것이다. [14]메시야의 사랑이 우리를 계속해서 압박하고 있다. 우리는 한 사람이 모든 사람을 대신하여 죽은 것이기 때문에, 모든 사람이 죽은 것이라는 확신에 이르게 되었다. [15]그리고 그가 모든 사람을 대신하여 죽으신 것은 살아 있는 자들로 하여금 다시는 그들 자신을 위하여 살지 않고 오직 그들을 대신하여 죽었다가 다시 살아나신 이를 위하여 살게 하기 위한 것이다.[299)]

"한 사람이 모든 사람을 대신하여 죽은 것이기 때문에, 모든 사람이 죽은 것이다." 이것은 아마도 우리가 원하는 예수의 죽음의 의미에 관한 바울의 중심적인 진술이다. 그리고 바울의 요지는 이것이 자신의 사도적 사역에서도 중심에 자리하고 있다는 것이다. 즉, 예수의 죽음, 그 방식, 그 죽음을 초래한 사랑은 한 분 유일하신 하나님이 온 세계와 관련해서 어떻게 행할 것인지에 관한 바울의 시각, 달리 말하면 "선민론," 계약과 관련한 하나님의 목적들, 그 목적들에 대한 하나님의 신실하심에 관한 바울의 시각을 근본적으로 변화시켜 놓았다는 말이다. 실제로 하나님은 메시야를 통해서 모든 목적들 중에서 가장 큰 목적, 즉 지금 "메시야 안에" 있는 각 사람에게서 어렴풋이 볼 수 있는 피조세계 자체의 갱신을 성취하였다(5:17). 이것은 메시야의 "사랑"이 이루어낸 것이었다.

이것은 두 가지 패턴으로 일어났는데, 첫 번째는 메시야의 사역이었고, 두 번째는 메시야가 이루어낸 것이 현실에서 구체적으로 열매를 맺게 하는 사도적 사역이었다. 신약성서에서 아주 자주 그러하듯이, 여기에서도 우리는 메시야가 이루어낸 유일무이한 일과 복음의 사역을 통해서 그 일을 현실화시키는 것이 서로 교차되고 있는 것을 본다. (이것은, 예수와 바울을 비슷한 과목을 가르치는 두 명의 교수라고 생각하는데도, 그들의 "가르침"이 서로 다른 점들이 있는 것에 대하여 의아해하고 헷갈려 하는 사람들에 대한 대답이다! 사람들이 현재의 본문을 내가 지금 설명하고 있는 방식으로 읽어 왔더라면, 그런 문제는 아예 생겨나지도 않았을 것이다.) 이 둘이 밀접하게 연결되어 있는 것은 분명하고, 이 두 가지 실체는 자신의 개인적인 사명에 대한 바울의 설명의 중심에 놓여 있다. 하나님은 메시야 안에서 유일무이하고 결정적으로 역사하였고, 바울의 사도적 사역은 그것으로부터 나와서 그것을 실행하고 현실 속에 구현시킨다. 바울은 이미 15절에서 이 이중적인 논점을 한 번 언급한 바 있다:

299) 고후 5:13-15.

(a) 그가 모든 사람을 대신하여 죽으셨으니

(b) 이는 살아 있는 자들로 하여금 다시는 그들 자신을 위하여 살지 않고 오직 그들을 대신하여 죽었다가 다시 살아나신 이를 위하여 살게 하기 위한 것이었다

따라서 그는 이 예비적인 진술을 "새로운 창조"라는 맥락(16-17절)과 그것이 모든 것과 모든 사람에게 제공해 주는 완전히 새로운 관점 내에 두고 있는 것이다. (우리는 바울이 자신의 사도적 사역의 성격에 관한 논증을 계속해 나가기 위하여, 여전히 기본적으로 "우리가 사람들을 어떻게 보아야 하는가" 에 관하여 말하고 있다는 것을 주목한다.) 그런 후에, 그는 이 이중적인 논점을 계속해서 반복적으로 얘기해 나가는데, 그 처음 두 번은 5:18과 45:19에서 이루어진다:

(a) [하나님은] 메시야로 말미암아 우리를 자기와 화해시키셨고

(b) 우리에게 화해시키는 직분을 주셨다.

(a) 하나님은 메시야 안에서 세계를 자기와 화해시키고 계시고,
그들의 범죄들을 그들에게 돌리지 아니하시고

(b) 우리에게 화해시키는 말씀을 맡기셨다.

바울은 여기에서 한 절(20절)을 추가로 삽입해서, 하나님과 메시야가 자기를 통해서 말하고 있다는 사실이 자신의 직분의 성격을 잘 말해 준다는 것을 좀 더 자세하게 설명한다. 즉, 자기는 자신의 권위로 말하는 것이 아니라, 자신이 대변하는 왕의 입으로서 말하는 "사신"이라는 것이다. 이렇게 이 단락의 모든 강조점은 메시야의 죽음 자체가 아니라, 화해를 위한 이 죽음이 사도적 사역을 통해서 전달되는 방식에 두어진다. 이러한 대비는 이미 18절에서 시작되어 19절까지 점진적으로 고조되다가 21절에서 정점에 도달하는데, 거기에서 메시야의 죽음이 가져다준 선민론 — 실제의 선민론 — 에 대한 재정의는 사도적인 사역을 통해서 현실화된다:

(a)메시야는 죄를 알지 못하였지만,
하나님은 우리를 대신하여 그를 죄로 삼으셨으니,

(b) 이는 우리로 하여금 그 안에서
계약에 대한 하나님의 신실하심을 구현하게 하기
위한 것이었다.

고린도후서 5:21에 대한 이러한 읽기는 논란이 될 수밖에 없는 것으로 증명되어

왔다.[300] 이 절은 신자의 죄는 메시야에게 전가되고 "그의 의"는 신자에게 전가되는 "전가된 의"에 관한 주된 진술로 오랫동안 이해되어 온 역사를 지닌 본문이다.[301] 그러나 우리가 6:2이 이사야서 49:8을 전거로 삼고 있다는 것을 고려하는 가운데, (2:17−7:1은 아니더라도) 5:11−6:2에 나타난 일련의 사고의 흐름 전체에 비추어서 이 본문을 연구하면 할수록, 그러한 전통적인 의미는 핵심을 완전히 빗나간 것임이 더욱 드러나게 되고, 사도가 계약에 대한 하나님의 신실하심을 구현하고 있는 것이라는 관념이 이 본문의 자연스럽고 올바른 의미로 더욱 선명하게 떠오르게 된다. 어쨌든, 일단 우리가 (a) "하나님의 의"를 "하나님으로부터 의롭다 함을 받는 상태"로 이해하는 통상적인 읽기를 버리고, 좀 더 개연성 있는 읽기인 "하나님 자신의 의로우심"으로 이해하고,[302] (b) 바울이 곧 인용하게 될 이사야서 40-55장에서 이 하나님의 의가 단지 피조세계에 대한 창조주의 신실하심만이 아니라, 좀 더 구체적으로 계약에 대한 하나님의 신실하심과도 연관되어 있다는 사실을 거기에 추가한다면, 이 본문이 그런 것을 강력하게 함축하고 있다는 것이 드러난다.[303]

300) 나의 원래의 설명에 대해서는 *Perspectives*(ch. 5; original: 1993)에 수록된 논문을 보라; cp. Wright, 2009 [*Justification*], 135-44(US edn., 158-67). Schreiner, 2001, 201("이상하고 전혀 개연성 없는 해석"; 또한, cf. Bird, 2007, 84, "그저 기괴할 뿐이다") 등의 반응을 보라: 그러나 Schreiner와 Bird는 좀 더 자세한 설명이 아니라, Wright, 1997 [*What St Paul*], 104f.에 나오는 아주 짤막한 요약만을 본 것으로 보인다. 또한, Keener, 2005, 187: "그들[새 계약의 일꾼들]은 '의롭다 함을 받은 자들' 로서가 아니라 하나님과 세계의 화해에 관한 메시지를 전하는 자들로서 '하나님의 의' 이다"; Hays, 2005, 148: "우리의 소명은 하나님의 의가 됨으로써 … 화해를 위한 하나님의 계약에 의거한 사랑을 세계에 가시적으로 나타냄으로서 화해의 메시지를 구현하는 것이다"(강조는 원래의 것). 이 관념을 급진적이고 정치적인 방향으로 발전시킨 Grieb, 2006는 (비록 그렇게 하는 데 난점들이 있다는 것을 보면서도) 5:21의 "우리"를 교회 전체로 확대해서 적용하고자 한다(65); 또한, Gorman, 2009, 87f도 보라. "우리"가 구체적으로 사도들을 가리킨다는 나의 인식은 전체 맥락과 논증으로부터 온 것이다. Hooker, 2008는 명시적으로 "계약"을 언급하기를 피하는 가운데서도 나와 비슷한 논증을 독자적으로 펴 왔다.

301) 물론, 이 읽기는 "하나님의 의"를 "메시야의 의"로 해석하는 것에 의거한 것이고, 고린도전서 1:30에도 불구하고, 그러한 해석은 여기에서 정당화될 수 없다. 그러한 주장을 하는 것은 단순히 "현학적인" 것이라고 하기 힘들다(Bird, 2007, 83, 반대견해로는 Gundry).

302) 이것은 Bultmann에 반대한 Käsemann의 논증이다: 특히 Stuhlmacher, 1966에 토대를 둔 Käsemann, 1969 [1965], ch. 7 등을 보라. Barrett, 1973, 180f.은 '디카이오쉬네 테우' (dikaiosynē theou)에 대한 Käsemann의 견해가 현재의 절에 대한 새로운 해석이 될 수 있을 가능성을 인정하기는 하지만(실제로 그렇다: Käsemann, 1969, 181, 그리고 자세한 것은 Hooker, 2008, 370f.를 보라) 거부한다.

303) Furnish, 1984, 340는 "묵시론적 유대교" 내에서 이 어구는 "하나님이 계약을 세우고 거기에 대한 자신의 신실하심을 지켜나갈 때의 권능과 일차적으로 결부되어" 있다고 말한다; 이것은 제2성전 시대에 이 어구의 의미에 대한 요약으로는 어느 정도 옳지만, 그가 인용하는 Käsemann과 Stuhlmacher의 입장에 대한 요약으로는 옳지 않다. 왜냐하면, 이 두 사람은 사실 "계약"과 관련된 의미들을 피하려고 애

이러한 최초의 강력한 가능성은 다른 고려사항들에 의해서 더욱 강화된다. 우리의 현재의 논증과 관련해서는 우리가 다음과 같은 것들만을 언급하는 것으로 충분하다.

첫 번째는 이 본문에 대한 이런 식의 읽기를 가장 강력하게 확증해 주는 것들 중의 하나는 그 직후에 나오는 절들인 6:1-2에 나온다. 여기에서 바울은 바로 두 번째 "종의 노래"로부터 흘러나오는 이사야서 49:8을 인용한다:

> 때가 되었을 때에 내가 네게 귀 기울였고
> 구원의 날에 내가 너를 도우러 왔다.

여느 때와 마찬가지로, 우리는 바울이 인용한 성경 본문들의 좀 더 큰 맥락을 주목하여야 하는데, 그랬을 때, 여기에서 그 결과는 극적이다. 이사야서에서 이 인용문 다음에 나오는 행들은 "종"을 "백성에 대한" 하나님의 계약을 실행에 옮길 자라고 말한다:

> 나는 땅을 견고히 하고 황폐해진 기업들을 분배하겠다고 한 백성에 대한 계약으로
> (LXX에는 '디아테켄 에트논'[diathēkēn ethnōn, "열방들에 대한 계약"]으로 되어 있다)
> 너를 주었고 너를 보호해 왔다 …
> 어떤 이들은 먼 곳에서, 어떤 이들은 북쪽과 서쪽에서,
> 어떤 이들은 시님 땅에서 올 것이다.[304)]

이사야서에서 바울이 인용한 본문 직전의 두 절에는 종의 사명이 이방인들에게까지 확대될 것임을 말하는 유명한 본문이 나온다:

> 너로 하여금 나의 종이 되어 야곱의 지파들을 일으키고
> 이스라엘의 생존자들을 회복시키도록 하는 것은 내게 매우 쉬운 일이다.
> 나는 (LXX에는 여기에 '에이스 디아테켄 게누스'[eis diathēkēn genous, "백성의 계약을 위하여"]가 첨가되어 있다) 너를 열방들에게 빛으로 주어, 내 구원이 땅 끝까지 이르게

쓰기 때문이다. Furnish, 338-59는 5:20f.를 6:1-10까지 이어지는 새로운 단락의 일부로 취급하지만, 6:2의 이사야 인용문이 5:21b에 대한 "계약적" 읽기를 강력하게 밑받침한다는 것을 보지는 못한다.

304) 사 49:8b, 12. "열방들의 계약"으로서의 종은 42:6에서도 발견된다. 이사야서 40-66장에서 '디아테케'(diathēkē) 주제에 대해서는 cf. 54:10; 55:3; 56:4, 6; 59:21; 61:8. "종"과 "계약"에 대한 구체적인 언급들은 여기 고린도후서 5:17에서처럼 "새 창조"에 관한 이사야서의 약속이라는 좀 더 큰 맥락 내에서 나온다: 특히, Beale, 1989; Kim, 1997을 보라.

할 것이다.
이스라엘의 구속자이시고 이스라엘의 거룩하신 이이신 야웨께서 열방들에 의해서 형편없이 멸시 받고 혐오를 받고 있는 자이자 통치자들의 노예인 자에게 이렇게 말씀하신다:

"왕들이 보고 일어서며, 고관들이 부복하리니,
이는 이스라엘의 거룩하신 이이신 신실하신 야웨가 너를 택하였음이라"
(LXX에는 '호티 피스토스 에스틴 호 하기오스 이스라엘, 카이 엑셀렉사멘 세'
[hotipistos estin ho hagios Israel, kai exelexamēn se]).[305]

계약의 하나님이 세계 전체를 구원하고자 하는 자신의 계획을 이스라엘을 통해서 이루기 위하여 이스라엘을 택하였다는 것은 "선민 신학"이다. 바울의 전체적인 요지는 메시야의 죽음 속에서 수행된 한 분 유일하신 하나님의 계약에 대한 이러한 신실하심이 지금 메시야를 대표한 사신으로서의 자신의 사도적 사역 속에서 구현되고 있다는 것이다. 그가 20절에서 말하고 있듯이, "하나님은 우리를 통해서 권면하고 계신다." 고린도후서 4:7-5:10에 비추어 볼 때, 이것이 단지 "우리가 큰 소리로 전하는 것을 통해서"만을 의미할 수 없다는 것은 분명하다. 그것은 "우리가 고난과 환난을 겪어가며 행하고 있는 사도적 삶을 통해서"를 의미한다.[306] 바울이 고린도 교인들에게 이해시키고자 하는 것은, 자기가 영위하고 있는 별로 영광스러워 보이지도 않는 이상한 사도적인 삶이야말로, 사실은 하나님의 영광과 사람들을 자기와 화해시키고자 하는 하나님의 신실하심이 드러나는 지점이고, 그러한 것들을 이루어내는 수단이라는 것이다. 주의 깊고 세심하게 차근차근 쌓아 올려진 이 이중적인 진술이 "이는 우리로 하여금 그 안에서 계약에 대한 하나님의 신실하심을 구현하게 하기 위한 것"이라는 결론으로 마무리되는 이유가 거기에 있다. 메시야의 신실하신 죽음에서 드러난 것은 계약에 대한 하나님의 신실하심이다.[307] 그리고 그것은 이제

305) 사 49:6f. Wilk, 1998, 96-101는 이사야서 본문을 주의 깊게 탐사하면서도, 그 본문이 5:21b과 관련하여 지니고 있는 함의를 보지 못하고, 거기에 나오는 '디카이오쉬네'(dikaiosynē)를 "구체적인 것을 대신한 추상," 즉 "칭의"를 의미하는 것으로 보는 데 만족한다(98). 이것은 다른 곳에서와 마찬가지로 여기에서 이사야서의 반영들과 바울의 정확한 언어 사용을 무시하는 것이다.

306) 이것이 5:20b("우리는 메시야를 대신하여 사람들에게 하나님과 화해하라고 호소한다")을 대부분의 번역본들처럼 고린도 교인들에게 하나님이나 바울과 화해하라고 권하는 갑작스러운 호소가 아니라, 일반적인 진술로 해석해야 하는 이유이다; 전자로 해석하면, 문맥상이 통하지 않고, 어쨌든 그러한 해석은 "호소한다"의 목적어가 "너희"라는 점에 의거하고 있지만, 그것은 근거가 없다(반대견해로는 Furnish, 1984, 339; Keener, 2005, 186f.; Keener는 6:1과 13:5을 인용하면서, 바울이 다른 곳에서와 마찬가지로 여기에서도 사실 고린도 교인들에게 화해하라고 강력하게 촉구하고 있는 것이라고 생각한다; 그러나 그가 제시한 본문들은 5:20과 동일한 것을 말하고 있는 본문들이 아니다).

사도의 신실한 고난의 삶 속에서 새롭게 구현되어 가고 있다.[308)]

로마서에 나오는 모든 용례에서 '디카이오쉬네 테우'(dikaiosynē theou)를 "계약에 대한 하나님의 신실하심"으로 번역해야 한다는 것이 이미 확고하게 증명된 것은 아니라고 할지라도, 문맥상으로나 성경적인 논거로나, 우리는 5:21에 나오는 이 어구가 그러한 의미를 지니고 있는 것으로 보지 않을 수 없다. 우리가 이 본문을 그런 식으로 읽지 않고, 신자들의 죄가 메시야에게 "전가되고," 메시야의 의가 신자들에게 "전가되는" 것을 말하고 있는 것으로 이해하는 통상적인 읽기를 받아들이게 되면, 그런 읽기는 다음과 같은 이유들을 설명할 수 없게 된다: (a) 메시야의 의가 아니라 하나님의 의라고 말하고 있는 이유; (b) 로마서 4:3-6에서처럼 "여겨지다"라는 동사가 아니라 "되다"(genōmetha – '게노메타')라는 동사가 사용된 이유; (c) 바울이 자신의 사도적 사역 및 "화해를 위한 권면"과 관련된 논증을 주의 깊고 길게 해오다가 그 정점에서 그러한 사도직이라는 소명이 지닌 신학적인 깊이에 관한 말을 한 것이 아니라, 이와 같은 것을 말해야 했던 이유. 설령 다른 본문들에서는 "전가된 의"라는 의미로 읽어야 할 타당한 논거가 존재한다고 할지라도, 이 본문의 경우에는 그러한 읽기가 (훨씬) 후대의 한 전통이라는 사실을 제외하면 타당한 논거가 전혀 존재하지 않고,[309)] 도리어 정반대로, 모든 증거들은 바울이 여기에서 마지막으로 고린도후서 3:1-6로부터 계약 갱신에 관한 관념을 가져와서, 하나님이 메시야를 통해서 자신의 계약에 속한 약속들을 성취하였다는 것을 단호하게 선언하고 있음을 보여준다. 그리고 그 결과는 메시야의 죽음을 통해서 세계에 "화해"를 가져다준 것이었다. 이것은 하나님이 이스라엘을 "택한" 목적(사 49:7)이 메시야 및 구원을 위한 그의 죽음을 통해서 성취되었다는 것을 의미한다. 그리고

307) 롬 3:21-6.

308) 고후 4:7-15; 4:13에서 신실함이 강조되고 있는 것을 주목하라. Gignilliat, 2007, 104f.는 이 읽기의 가능성에 대하여 언급하지만, Hafemann, 2000a, 248과 마찬가지로, 나의 설명은 5:21에 나오는 대비를 제대로 고려하지 못한 것이라고 말하면서(Grieb 2006, 65), 전통적인 읽기를 재확인하는 것으로 만족한다. 나는 5:21의 대비가 5:18과 5:19의 이전의 두 대비를 가져와서 강화시키는 방식을 제대로 고려하지 못하고 있는 것은 도리어 전통적인 읽기라고 본다; 또한, 전통적인 읽기는 이 본문 전체에 걸쳐 나타나는 바울 자신의 주제(메시야가 성취한 것을 구현하는 것으로서의 자신의 사도적 사역), 또는 그가 자신의 사도직을 특히 이사야서에서 가져온 "계약적인" 본문들과 "야웨의 종" 본문들을 토대로 해서 논증하고 있는 것을 제대로 고려하지 못하고 있다.

309) 이것은 하나님이 "우리를 대신하여 메시야를 죄로 삼으셨다"고 말하는 고린도후서 5:21a에 대한 나의 읽기에 아무런 영향을 미치지 않는다. 이 본문은 전통적인 "전가설"("우리의" 죄들이 메시야에게 "전가되었다"는 이론)을 적용할 수 있는 본문이다; 아래의 제10장 제3절 4) (3), 제4절 3) (1)를 보라.

이제 한 분 유일하신 하나님은 사도적 사역을 통해서 자신의 계약에 대하여 신실하게 행하고 있다. 사도들은 이러한 신실하심에 대해서는 단지 말만 하는 것이 아니라, 처음에 그 신실하심을 성취하기 위하여 메시야가 겪었던 고난들에도 동참하여 그 신실하심을 구현하고 있다(4:7-18; 6:3-10). 이것이 바울과 그의 동료 사도들이 실제로 "하나님의 의"가 "된다"고 말하는 것의 의미이다. 그들은 계약에 대한 하나님의 신실하심을 구현한다. 이 본문의 초점은 바울이 다루고 있는 구체적인 문제, 즉 그의 사도직의 성격에 관한 것이지만, 그 근저에 있는 신학적이고 석의적인 핵심은 이것이 메시야를 중심으로 수정된 "선민론"이라는 것이다.

물론, 우리는 현재의 장에서 전개해 나가고 있는 전체적인 논증의 이 단계에서, 바울이 예수의 죽음의 의미와 결과에 대하여 무엇을 말하고 있는지를 놓쳐서는 안 된다. 왜냐하면, 그의 주된 논증 — 메시야에 의해서 형성된 그의 사도적 사역에 대한 설명 — 이 의미를 지니는 것은 그 논증의 근저의 도처에 화해를 위한 예수의 죽음이 자리 잡고 있는 까닭이기 때문이다:

> 메시야의 사랑이 우리를 계속해서 압박하고 있다. 우리는 한 사람이 모든 사람을 대신하여 죽었기 때문에 모든 사람이 죽은 것이라는 확신에 도달하였다. 그리고 그가 모든 사람을 대신하여 죽으신 것은 살아 있는 자들로 하여금 다시는 그들 자신을 위하여 살지 않고 오직 그들을 대신하여 죽었다가 다시 살아나신 이를 위하여 살게 하기 위한 것이다.
>
> [하나님은] 메시야를 통해서 우리를 자신과 화해시키셨다 …
>
> 하나님은 메시야 안에서 세계를 자기와 화해시키시고, 그들의 범죄들을 그들에게 돌리지 아니하셨다 …
>
> 메시야는 죄를 모르셨지만, 하나님은 우리를 대신하여 그를 죄로 삼으셨다 … [310]

이것은 모두 메시야의 죽음을 통해서 하나님이 한 일에 관한 것이다. 또는, 로마서 8:35과 갈라디아서 2:20에 의하면, 이것은 한 분 유일하신 하나님의 구원과 화해를 위한 역사를 구현한 메시야의 사랑에 관한 것이다. 14절과 15절이 보여주듯이, 바울은 이것을 여러 가지 서로 다른 방식으로, 아니 실제로는 거의 동일한 방식으로 여러 번 반복해서 말하고 있지만, 이 모든 것은 결국 바울이 아주 자주 그

310) 고후 5:14f., 18, 19, 21.

러하듯이 이렇게 한 단계 한 단계 쌓아 올려서 그 정점에서 제시하는 진술로 귀결된다. 물론, "우리를 대신하여"라는 어구의 반복적인 사용이나, 이전의 서신에 나오는 복음에 관한 자신의 요약에 대한 반영들이 보여주듯이, 그는 고린도 교인들이 잘 알고 있었던 기독교의 기본적인 가르침을 간접적으로 인용한다.[311] 이렇게 그는 그것을 새롭게 설명하고 있는 것이 아니지만, 그들이 이미 알고 있는 가르침이 자신의 소명의 형태를 결정하고 그들이 보기에 뜻밖의 성격을 부여하고 있는 것임을 보여준다. 특히 5:21a의 핵심에 대해서 크레이그 키너(Craig Keener)는 이렇게 잘 표현하였다:

> 아마도 고린도 교인들은 그리스도의 죽음이 하나님의 진노를 달래서 인류를 하나님과 화해시켰다는 바울의 가르침에 친숙해 있었을 것이다(롬 5:9-11). 바울은 하나님이 "죄를 알지도 못한" 자를 죄로 삼았다고 말할 때(5:21; cf. 롬 3:20; 7:7), 흠 없는 희생제물이라는 개념과 이스라엘의 죄를 대신 짊어진 도피염소(레 1:3; 16:21-22)를 결합시켜서 그렇게 말했을 것이다. 바울은 조금 후에 6:2에서 이사야서의 "종" 본문을 인용할 것이었기 때문에, 자신의 죽음으로 이스라엘에 "평화"를 가져다줄 "종"(사 53:5-6)에 대해서도 생각하고 있었을 것이다.[312]

끝으로, 우리는 바울의 특징적인 결합들을 주목한다: 개개인에 선명하게 초점이 맞춰져 있지만 전 세계에 미치는 복음; (무관심한 신을 달래기 위한 일이라고 말하는 것이 아니라) 모든 것이 하나님이 하는 일이라고 역설하면서도 스스로 죄인을 대신하여 죽은 구주; 이미 이루어진 화해이지만(19절) 개개인들이 받아들일 필요가 있는 화해(20절). 이 세 가지 각각에 존재하는 두 축 중 어느 하나의 축을 강조하는 것은 참된 깊이를 희생시키고 겉보기에 알기 쉬운 "바울 신학"을 얻는 것이다. 바울이었다면, 그것은 복음 자체를 희생시킨 것이라고 말하였을 것이다.

(2) 로마서 5:6-21

고린도후서 5장에 나오는 메시야의 화해 사역에 관한 이러한 설명은 우리를 로마서로 다시 돌려보내서, 우리가 이전에 행하다가 떠났던 논증의 일부를 다시 집어 들고서, "화해"에 관한 바울의 또 하나의 위대한 진술을 살펴보게 만든다. 바울은

311) 순서를 주목하라: "모두를 위하여," "모두를 위하여," "그들을 위하여," 그리고 마지막으로 "우리를 위하여"(14, 15a, 15b, 21절); cf. 고전 15:3의 "그가 우리의 죄를 위하여 죽으셨다."

312) Keener, 2005, 187. 희생제사적 개념들과 관련해서 Keener는 Dunn, 1998, 217-9도 언급한다.

로마서 3:21-26에서 예수의 죽음을 계약에 대한 하나님의 신실하심을 드러내기 위한 예수의 "신실하심"이라고 설명한 후에, 3:21-4:25에서는 수정된 계약을 설명하고, 그것을 토대로 5장에서는 좀 더 큰 그림을 그리는 가운데 예비적인 결론들을 이끌어낼 수 있었다. 메시야의 죽음은 사람들을 의롭다고 하고자 하는 하나님의 목적을 드러낼 뿐만 아니라, 특히 하나님의 사랑을 드러낸다. 이것은 신약성서에서 아주 친숙한 주제이기 때문에, 주석자들이 하나님의 사랑이 이스라엘의 성경에서 선민론 및 계약 개념과 아주 밀접하게 연결되어 있다는 것을 제대로 성찰함이 없이, 그저 개개인과 관련하여 하나님의 사랑이 지닌 의미를 말하고서는 넘어가 버리기가 쉽다.[313] 하지만 바울에게 있어서 이것은 중심적인 개념이다.

로마서 5:6-11은 다른 대부분의 본문들과 마찬가지로 바울 신학의 핵심을 표현하고 있다고 할 만하다. 바울은 1-4장에서 이미 말한 것들을 한데 결합시켜서 이 단락을 한 단계 한 단계 쌓아나감으로써, 8:31-29에 나오는 최종적인 송영을 바라보는 가운데, 5:12-21에서 구원 계획 전체를 압축해서 요약적으로 제시할 준비를 해나간다:

> [6]이것은 모두 메시야께서 죽으신 것에 토대를 두고 있다: 우리가 여전히 연약할 때, 바로 그 때에 그는 경건하지 않은 자들을 대신하여 죽으셨다. [7]올곧은 사람을 대신하여 죽고자 하는 자를 발견하는 것이 쉽지 않고, 선한 사람을 위하여 용감히 죽는 자가 혹 있을지도 모른다. [8]그러나 우리가 여전히 죄인들이었을 때, 메시야께서 우리를 위하여 죽으신 것은 하나님께서 우리에 대한 자기의 사랑을 보여주신 것이다.
>
> [9]우리가 그의 피로 말미암아 의롭다 함을 얻은 것이기 때문에, 그로 말미암아 하나님의 다가올 진노에서 구원을 받게 되리라는 것은 두말할 필요가 없지 않겠는가! [10]우리가 원수들이었을 때, 우리는 그의 아들의 죽으심으로 말미암아 하나님과 화해하게 되었다. 그렇다면, 이미 화해를 이루게 된 우리가 그의 살아나심으로 말미암아 구원을 받게 될 것임을 두말할 필요가 없지 않겠는가! [11]그리고 그것이 전부가 아니다. 우리는 이제 우리로 화해를 이루게 하신 우리 주 메시야 예수로 말미암아 하나님 안에서 송축한다[또는, "자랑한다"; 2:17과 3:27에 나오는 동사와 동일하다].[314]

문맥상으로 볼 때, 이것은 이 서신의 논증이 이제 도달하게 된 것들을 요약하고 있는 이전의 단락(5:1-5)을 보충설명하고 있는 단락이다(6절의 gar - '가르'). 즉, 우리는 믿음으로 말미암아 의롭다 함을 얻고 하나님과 평화를 이루고 있고(5:1),

313) 위의 제10장 제3절 3) (3) (a) 각주 244를 보라.
314) 롬 5:6-11.

그 결과는 "하나님의 영광에 대한 소망"(5:2)이다. 1-11절에서는 아주 많은 것들이 다루어지고 있기 때문에, 우리는 바울의 주된 강조점을 놓치기가 쉽지만, 5:2이 단서를 제공해 준다. "소망"은 이 단락이 지향하고 있는 지점이고, 이 단락은 9절과 10절에서 마침내 그 지점에 도달한다.

그러나 이 단락의 핵심은 이 소망을 이미 일어난 어떤 일의 토대 위에 철저하고 완벽하게 세우는 것이다. 창조주 하나님의 계약에 의거한 사랑에 관한 성경의 서사의 정점으로 이해되는 메시야의 죽음은, 바울이 고린도후서 5:19에서 말했듯이, 이 하나님이 세계를 자기와 화해시킨 순간이자 수단이다. 여기에서 바울은 또다시 개개인과 깊이 결부된 의미에 초점을 맞춘다: "연약한 자들을 위하여," "경건하지 않은 자들을 위하여," "우리 죄인들을 위하여," "원수들을 위하여." 우리가 생각해낼 수 있는 그 어떤 범주도 생략되지 않는다. 이 단락을 읽으면서, 자기는 여기에서 자동적으로 배제되고 있다고 말할 수 있는 사람은 아무도 없다.

이 장의 서두의 단락은 5:5에서 끝난다: "소망이 우리를 부끄럽게 만들지 아니함은 우리에게 주어진 성령으로 말미암아 하나님의 사랑이 우리의 마음에 부어졌기 때문이다." 바울은 7:6까지는 성령을 다시는 언급하지 않고, 8장에서도 단지 장래의 것에 대한 맛보기로서만 성령을 언급할 뿐이지만, 5:6-11에서는 8장에서처럼 하나님이 "우리 안에서" 행하였고 행하고 있는 것이라는 관점에서가 아니라, 우리가 이것을 위한 객관적인 토대라고 부를 수 있는 것, 즉 하나님이 "우리를 위하여" 행한 일이라는 관점에서 소망의 토대를 설명한다. 6, 7, 8절에서 반복되고 있는 '휘페르'(hyper, "위하여")는 메시야가 행한 일, 아니 8절과 10절이 말하고 있는 것을 따르면, 하나님이 메시야 안에서 및 메시야를 통해서 행한 일을 돌아보라고 강력히 요구한다. 바울은 자기가 3:21-26에서 하나님이 자신의 "의"를 나타내기 위하여 "예수를 내어 주었다"(3:24)고 말한 것을 여기에서 다른 관점들로 말하고 있는 것임이 분명하다. 여기에서 하나님은 "자기 아들의 죽음을 통해서" "자신의 사랑을 증명한다"(5:8, 10은 8:32에 대한 복선이다). 이 동일한 실체는 두 개의 인접한 창문들을 통해서, 아니 동일한 창문을 통해서 한 번은 일출 때에 한 번은 일몰 때에 보아진다.

이 절들은 "속죄에 관한 이론" 자체를 제시하고 있는 것이 아니다. 이 절들의 문학적인 기능은 6-8장에서 다루어질 "메시야 안에서의 속량"을 위한 토대가 될 좀 더 큰 그림을 5:12-21에서 그리기 위하여, 이 서신에서 지금까지 논증해 온 것들로부터 예비적인 결론을 이끌어내는 것이다. 이 절들의 수사학적인 기능은 감사하고 송축하며 예배하라고 청중들을 초청하는 것이다. 이 절들의 신학적인 기능은 예수의 죽음이 지닌 여러 차원의 서로 얽혀 있는 의미들을 천착하는 것이다: 이것은 아무런 자격도 없는 자들에게 순전히 은혜와 사랑으로 주어진 선물이라는 성격을 지니고 있다는 것; 이것은 오랫동안 약속되어 왔던 이스라엘의 하나님의 구원의 사랑을 구현한 사건이라는 것; 이것은 특히 "연약한 자들"에게 하나님의 능력을 수여할 필요성,[315] "죄인들"을 용서할 필요성, 무엇보다도 "원수들"과 화해를 이룰 필요성에 초점이 맞추어져 있다는 것(6, 8, 10절); 이것은 메시야의 희생제사적 죽음을 통해서 사람들을 의롭다고 하는 기능을 한다는 것; 따라서 이것은 소망의 토대로서의 역할을 한다는 것. 바울이 예수의 죽음이 지닌 의미에 대하여 말할 수 있었고 실제로 다른 곳들에서 말하고 있는 것들은 이것보다 훨씬 더 많기 때문에, 그가 여기에서 말한 것들은 어떤 추상적인 이론이라고 할 수 없고, 이 단락에서 그가 전개해 나가고 있는 전체적인 논증의 일부일 뿐이다. 그러나 이 전체적인 논증 자체가 메시야의 죽음이 지닌 가장 깊은 의미들 중 몇몇을 보여준다. 바울은 이렇게 말하고 있다: 메시야의 죽음을 꼭 붙잡으라. 그러면 너희는 소망을 갖게 될 것이다.

9절과 10절에 표현되어 있는 이 후자가 바로 6절의 '가르'(gar)가 바라보고 있는 지점이다. 소망이 우리를 부끄럽게 만들지 않는 이유는 무엇인가? 앞에서 보았듯이, 5b절은 이 질문에 대답하기 위하여 성령의 역사를 미리 말하지만, 그것은 6-11절, 아니 6-8절에서 확증된 토대 위에 서서 9절과 10절이 주고 있는 다른 대답을 전제한다. 9절의 "그러므로"(oun – '운')는, "그의 피로 의롭다 함을 받았다"는 어구가, 6-8절로부터 결론을 이끌어내어서, 바울에게 있어서 그가 이 절들에서 말한 것("메시야가 경건하지 않은 자들과 죄인들을 위하여 죽었다")을 표현하거나 요약하는 또 다른 방식이라는 것을 보여준다. 바울은 고린도후서 5장에서처럼 여기에서도 역사 속에서 객관적으로 이루어진 일에 대하여 말하고 있는데, 이것은 물론 사람들이 "하나님과 화해를 이루려면"(고후 5:20) 믿을 필요가 있다는 것(5:1)을 희석시키기 위한 것이 아니라, 믿음이라는 그러한 반응이 화해의 결과를 가져다주는 근거가 그들 자신 외부의 어떤 것에 있다는 것을 확실하게 해두기 위한 것이다.

이것은 바울로 하여금 도입부인 1:16-17 이래로 처음으로, 이 모든 것이 구원으로 귀결되고 있다고 말할 수 있게 해준다. 마치 이전에 적군의 점령 하에 있던 어떤 도시의 국기 게양대에 마침내 왕의 국기가 올라가고 있는 것처럼, 그런 모습으로 이 주제는 마침내 등장한다. 로마서 전체에서 "칭의"와 "구원"(이 둘은 후대의 기

315) 여기에서는 이것을 말하지 않지만, 1:16은 이 본문에 나오는 것들과 매우 비슷한 관념들의 맥락 속에서 복음의 "구원에 대한 능력"에 대하여 말한다.

독교 담론에서는 흔히 거의 동의어로 사용되고 있지만, 바울은 통상적으로 그렇게 사용하지 않았다)이 함께 나오는 본문은 오직 세 개다. 첫 번째 본문인 1:16-17은 복음 안에는 하나님의 의가 나타나 있어서 믿음에서 믿음으로 이르게 하기 때문에 복음은 하나님의 구원하는 능력이라고 말하고, 우리가 현재 살펴보고 있는 본문이자 두 번째 본문인 5:9-10은 3:21-26에서 말한 예수의 죽음 안에서의 "하나님의 의의 나타남"을 토대로 해서, 우리는 그의 피로 의롭다 함을 얻었기 때문에, 장차 임할 진노에서 구원을 받게 될 것이라고 말한다. 세 번째 본문인 10:9-11은 신학적으로나 전체적인 구조상으로나 모든 점에서 앞의 두 본문만큼이나 중요하다:

> 네가 네 입으로 예수가 주라고 고백하고, 하나님이 그를 죽은 자 가운데서 살리신 것을 네 마음에 믿는다면, 너는 구원을 받게 될 것이다. 왜인가? 마음으로 믿는 것이 계약의 지체[dikaiosynē - '디카이오쉬네']가 되는 길이고, 입으로 고백하는 것이 구원에 이르는 길이기 때문이다. 성경은 말씀한다: "누구든지 그를 믿는 자는 부끄러움을 당하지 않을 것이다."

우리는 여기서 앞의 세 본문 간의 또 하나의 밀접한 연결고리를 본다: 1:16의 "나는 복음을 부끄러워 하지 않는다," 5:5의 "소망은 우리를 부끄럽게 만들지 않는다," 10:11의 "누구든지 믿는 자는 부끄러움을 당하지 않을 것이다." 이것은 마치 우리가 이 서신의 산 정상들 중의 하나에 서서, 다른 높은 봉우리들을 바라보고, 그 봉우리들을 서로 연결해 주는 길들을 내려다 보는 것과 같다. "구원" 및 그것과 동일한 어근의 단어들이 8:31-39에 나오지 않기는 하지만, 우리는 그 단락을 이러한 주제들이 서로 만나서 수렴되어 있는 또 하나의 본문으로 보아야 할 것이다(아래를 보라).

따라서 여기 5장에서 이 모든 것의 핵심은 구원이다. "구원"이라는 단어는 장래의 소망의 소극적인 축("~로부터의 구원")을 강조하기 때문에, 이런 의미에서 "하나님의 장래의 진노로부터"라는 어구가 나올 수밖에 없다.[316] 바울은 8:18-30에서처럼 5:2에서도 적극적인 축("~를 위한 구원")을 제시하여 균형을 맞추는데, 그것은 죄로 말미암아 상실되었던(3:23) "하나님의 영광"을 회복하기 위한 구원이다. 이제까지 "우리를 위한" 메시야의 죽음에 대하여 말해 왔던 바울은 10절 끝에서 주제를 바꾸어서, "그의 살으심으로 말미암아"(en tē zōē autou — '엔 테 조에 아우투') 우

316) cf. 살전 1:10.로마서의 구조 내에서 이것은 1:18-2:16의 문제에 대한 진정한 대답이다.

리가 구원을 받게 될 것이라고 말한다.[317)]

따라서 이 단락의 강조점은 9절의 요약, 10절의 더 깊은 설명, 11절의 송축에 두어진다. 그리고 우리는 이 더 깊은 설명 속에서, 5:1에 나오는 "하나님과의 평화"에 대한 설명도 발견한다. 즉, 고린도후서 5:18, 19, 20에서처럼, "원수들"이 이제 "화해를 이루게" 되었다는 것이다.[318)] 여러분이 인류의 곤경을 어떤 식으로 분석하든, 하나님의 사랑과 메시야의 죽음은 충분히 그 곤경을 해결하고도 남음이 있음을 증명해 왔다. "화해"라는 주제는, 그 단어 자체는 신약성서에서 드물게 나오고 히브리 성경에 등장하는 특징이라고 하기도 힘들지만, 그럼에도 불구하고 선지자들이 예언하였던 것의 아주 많은 부분을 집약하고 있는 것으로 보인다: "너희는 내 백성이 되고, 나는 너희의 하나님이 되리라."[319)] 이 주제는 성경에서 로마서와 매우 밀접하게 관련되어 있는 두 가지 다른 것과 긴밀하게 연결되어 있는데, 첫 번째는 야웨가 자기 백성과 함께 거한다는 것이고, 두 번째는 마음의 변화이다. 이 두 가지가 모두 여기 로마서 5장에 나온다: 5:2에서 말하는 "은혜로 나아감"은 성전 표상이고, 5:5에서 말하는 "마음에 부어진 사랑"은 선지자들이 약속한 변화를 가리킨다. 이 둘은 5:11에서 "하나님 안에서 송축한다"라는 관념 속에서 결합된다. 바울의 사역의 많은 부분은 서로 다른 사람들과 집단들 간의 "화해"와 관련되어 있다. 그것은 그가 빌레몬과 오네시모 사이에서 행하였던 것이었다. 그러나 그 모든 것은 하나님이 친히 자기 아들의 죽음을 통해서 이룬 저 궁극적인 "화해"에 뿌리를 두고 있다. 따라서 이 단락은 우리를 현재의 장의 주된 주제로 다시 데려다 준다. 즉, 이스라엘의 선민론은 이제 회복과 갱신에 관한 약속들이라는 예언적인 안경을 통해 보아지는 가운데 바울에 의해서 메시야(특히, 그의 죽음)와 성령을 중심으로 처음부터 끝까지 철두철미하게 수정되었다는 것이다.

5:11의 "자랑하다"(내가 여기서 "송축하다"로 번역한 이 단어는 2:17과 3:27에 나오는 "자랑하다"와 동일한 어원에서 나온 동사이다)는, 어쨌든 오늘날의 서구적인 사고에서 보면, 바울이 저 앞서의 본문들에서 제시하였던 것과 동일한 비판을 받을 만한 것으로 보일 수 있다. 하지만 여기에서 "자랑" 속에 있는 독소는 두 가지

317) '엔'(en)은 KNT에서처럼 "~에 의해서"로 번역될 수도 있지만, 6-8장에 나오는 합체적 의미들을 미리 내다보고 있는 것일 수도 있다.

318) 이것은 사실 신약 전체에서 이 어근이 나오는 유일한 또 하나의 본문이다. 로마서 11:15은 아주 중요한 예외이고, 고린도전서 7:11은 사소한 예외인데, 이것에 대해서는 아래의 제11장 제6절 4) (5) (b)를 보라.

319) 예를 들면, 출 29:45; 렘 24:7; 겔 36:28 외 다수.

에 의해서 해독된다. 첫 번째는 유대인과 이방인이 똑같이 죄에 물든 죄인들이라는 신분으로 전락하여, 그들 자신을 변호할 만한 말이 전혀 없는 궁지에 몰려 있고(3:19-20), 모든 것은 은혜에 속하는 까닭에, 바울이 여기에서 말하는 "자랑"은 다른 곳들에서 말하는 것과는 달리, 자기 자신이 아니라 주를 자랑한다는 뜻이라는 것이다.[320] 두 번째는 메시야 백성의 지체임을 보여주는 필수적인 표지 — 실제로 메시야에 의해서 형성된 표지 — 가 고난이라는 것이다(5:3; 8:17-25).

이것은 여기에 "특유한 걸림돌"이 존재하지 않는다고 말하는 것은 아니다. 물론, 그런 걸림돌이 존재한다. 하지만 그것은 유일신론 및 선민론의 영역으로부터 온다.[321] 유일신론과 선민론을 예수(그리고, 우리가 5:5에서 이미 보았듯이, 성령)를 중심으로 다시 그렸다고 해도, 그 수정된 그림 속에는 원래의 그림에 내재되어 있던 충격적인 속성이 더 많이 존재하지는 않는다고 하여도 적어도 그 정도만큼은 여전히 존재한다. 그런데 여기에 나오는 하나님의 사랑에 관한 바울의 시각은 선민론에 관한 그의 시각(그는 아마도 이사야의 시각이라고 말하였을 것이다) 속에 들어 있던 택하심의 사랑이라는 특성, 즉 하나님이 세계 전체를 구원하는 일을 특정한 백성을 통해서, 그리고 궁극적으로는 그 백성의 대표자를 통해서 특정한 방식으로 행하기로 선택한 사랑이라는 특성을 여전히 그대로 지니고 있다. (우리가 로마서 4장을 읽은 후에는 충분히 예상할 수 있듯이) 어떤 사람이 창조주 하나님이 아담의 모든 족속들을 구원하기 위하여 아브라함과 그의 백성을 불렀다는 생각을 갖고 있는 것은 그가 고대 이스라엘 사람임을 확증해 주는 품질보증표시 같은 것이었다.

따라서 바로 그 다음 문장이 계속해서 좀 더 큰 그림을 소개하고 있는 것은 전혀 놀랍거나 뜻밖의 일이 아니다. 이 대목은 우리가 마침내, 마치 그 아래에 있는 (종종 주어, 동사, 목적어 같은 사소한 구문론적인 특징들을 포함해서) 세부적인 모든 것들은 흐릿하게 보이고, 오직 큰 윤곽들만이 뚜렷하게 두드러져 보이는 높은 산 정상에 올라가 굽어 보고 있는 것처럼, 아담으로부터 메시야에 이르기까지의 서사 전체를 보게 되는 지점이다:

> 12그러므로 죄가 한 사람으로 말미암아 세계에 들어오고, 죄로 말미암아 사망이 들어와서, 이와 같이 모든 사람이 죄를 지었기 때문에, 사망이 모든 사람에게 퍼진 것과 마찬가

320) 고전 1:31.
321) Levenson, 2012, 27f.를 보라.

지로 … [13]율법이 없을 때에도 죄가 세계에 있었지만, 율법이 없었을 때에는 죄는 죄로 여겨지지 않았다. [14]그러나 아담으로부터 모세까지, 심지어 아담이 행한 것 같이 계명을 어겨 죄를 짓지 않은 자들에게도 사망이 지배하였으니, 아담은 장차 오실 자의 모형이었다.[322)]

바울이 마치 12절 끝에서 곁길로 샌 것 같이 보이는 이유는 실제로 그가 곁길로 샜기 때문이다. 그는 여기에서 자기가 시작한 문장을 마침내 18절에서 바로 그 지점으로 돌아올 때까지는 끝내지 않는다. 그러나(바울의 경우에는 언제나 "그러나"가 존재한다) 그가 아담과 메시야에 관한 그림을 그려나가다가 13절에서 갑자기 율법 문제를 거론하고 나선 것은, 그런 식으로 수사학적으로 옆에서 치고 들어오는 것을 통해서, "옆에서 치고 들어온"(그는 율법이 주어진 것을 5:20에서 이렇게 표현한다) 율법에 관한 신학적인 핵심을 효과적으로 제시하기 위한 것이었다.[323)] 그는 토라가 만들어낸 당혹감을 이런 식으로 좀 더 큰 서사 내에서 제시한다.

여기에서 사실 우리는 갈라디아서 3장과 동일한 영역 속에 다시 들어와 있다. 모세 율법은 아브라함-모세 그림 속으로 침입해 들어왔던 것과 마찬가지로, 아담-메시야 그림 속으로도 침입해 들어왔는데, 거기에는 이유가 있었다. 토라는 선민론이라는 기이한 교리의 일부이기도 하고, 바울은 지금 그 선민론을 메시야 예수를 중심으로 재편해 나가고 있다. 이 장 전체에 걸쳐서 바울의 요지는 한 분 유일하신 하나님이 아브라함을 불러 계약을 맺을 때에 계획하였던 것, 즉 아담을 구원하고자 하는 프로젝트를 메시야 예수라는 한 사람의 순종을 통해서 성취하였다는 것이다. 로마서 5:12-21은 선민론의 수정에 관한 요약적인 서술이다.

사실 이 하나님은 지금 자기가 아브라함에게 약속하였던 것보다 더 큰 일을 행하였다. 왜냐하면, 회복된 백성은 이제 단지 번성하여 그 수가 많아지고 그들 자신의 땅을 차지하게 되는 데서 그치는 것이 아니라, 메시야가 이룬 일로부터 유익을 얻게 된 백성은 장차 그와 더불어 만유를 다스리는 영광도 누리게 될 것이기 때문이다(5:17). 이것이 선민론이 메시야를 중심으로 수정된 방식이다:

[15]그러나 "이 선물은 그 범죄와 같지" 않다. 왜냐하면, 한 사람의 범죄로 인해서 많은 사

322) 롬 5:12-14.

323) 아이러니컬하게도, 그리스도 안에서의 하나님의 행위에 관한 Martyn의 설명에서 아주 중요한 "침입"이라는 개념은 바울의 글에서는 하나님이 아담으로부터 메시야에 이르기까지의 좀 더 큰 일련의 흐름 속을 뚫고 들어와 토라를 수여한 것과 관련하여 사용된다. 이것은 로마서 7-8장과 9-10장에서 해소된다(아래를 보라).

> 람이 죽었다면, 하나님의 은혜 및 한 사람 메시야 예수의 은혜로 말미암은 선물은 많은 사람에게 이루 말할 수 없이 차고 넘쳤기 때문이다. [16]또한, 이 선물은 한 사람의 죄로 말미암은 것과 같지" 않다. 왜냐하면, 한 범죄를 뒤이은 심판은 소극적인 판결을 초래하였지만, 많은 범죄들를 뒤이어 거저 주어진 선물은 적극적인 판결을 가져다주었기 때문이다. [17]한 사람의 범죄로 말미암아 사망이 그 한 사람을 통하여 지배하였다면, 계약의 지체가 되고 "의롭다 함을 얻는" 은혜와 선물을 차고 넘치게 받는 자들은 얼마나 더 한 분 메시야 예수를 통하여 생명 안에서 다스리겠는가.[324)]

이렇게 메시야의 순종은 하나님이 이스라엘을 선민으로 택한 목적과 인류를 구원하고 회복시키는 일을 성취한 수단이었다. 앞에서 보았듯이, 메시야의 "순종"이라는 개념은, 여기에서와 빌립보서 2:8에서, 외적으로는 바울이 예수의 죽음을 가리키는 것임과 동시에, 내적으로는 그 죽음이 (a) 아담의 불순종의 반대였다는 것과 (b) 좀 더 구체적으로는, 이스라엘을 선민으로 택하여 이끌고 온 계약의 하나님의 구원 계획에 대한 순종이었다는 의미를 드러내는 방식이었다:

> [18]그러므로 한 사람의 범죄로 말미암아 모든 사람이 정죄에 이른 것과 같이, 한 사람의 올바른 행위로 말미암아 모든 사람이 의롭다 하심을 받아 생명에 이르렀다. [19]한 사람의 불순종으로 말미암아 많은 사람이 "죄인"의 신분이 된 것 같이, 한 사람이 순종으로 말미암아 많은 사람이 "의롭다 함을 받는" 신분이 될 것이다. [20]율법이 옆에서 들어온 것은 범죄가 꽉 찬 분량까지 채워지게 하기 위한 것이었다. 그러나 죄가 더한 곳에, 은혜는 더욱 넘쳤으니, [21]이는 죄가 사망 안에서 지배한 것 같이, 하나님의 신실하신 계약 정의로 말미암아 은혜가 우리 주 메시야 예수로 말미암아 내세의 삶에 이르기까지 지배하기 위한 것이다.[325)]

우리는 이 본문을 근거로 해서, 사랑과 슬픔과 목적으로 가득한 극히 포괄적이고 다면적인 하나님과 인간에 관한 이야기를 말할 수 있겠지만, 그것은 다음 기회로 미루기로 하고, 여기에서는 다음과 같은 것만을 말해 두고자 한다. 즉, 메시야의 "신실하심"이라는 표현이 그의 죽음을 가리키는 가운데, 원래 이스라엘에게 요구되었지만 실패한 바로 그 "신실하심"을 하나님에게 드린 것임을 분명히 나타내는 방식이었던 것과 마찬가지로, 이 본문에서 메시야의 "순종"이라는 표현도 그의 죽음을 분명하게 가리키는 가운데, 그가 "순종하는 종"이었고 그 순종을 통해서 아담의 불순종의 결과들을 뒤집어엎고 무효화한 것임을 분명히 나타내는 방식이

324) 롬 5:15-17.
325) 롬 5:18-21.

었다는 것이다.[326] 그리고 하나님이 그러한 목적을 성취하기 위한 방식으로 정해 놓은 것은 언제나 아브라함 및 그의 "자손"의 택정(election)과 계약(covenant)이었다. 하나님은 자기가 "선민"안에서 행하겠다고 말한 바로 그 일을 메시야를 통해서 행하였다.

바울은 이러한 목적 내에서 토라에 맡겨진 역할이 무엇이었는지를 나중에 로마서 7장에서 분명하게 보여줄 것이지만, 여기에서는 고도로 압축되어 암호 같이 되어 있는 5:20을 통해서 표현하고 있다: "율법이 옆에서 치고 들어왔으니, 이는 범죄가 꽉 찬 분량까지 채워지게 하기 위한 것이었다(hina – '히나')." 바울은 여기에서 "이것이 하나님의 목적이었다"고 말하게 하기 위하여, '히나'라는 단어를 사용하였다. 우리는 여기에서 이미 앞에서 살펴본 갈라디아서 3:19과 3:22의 기이한 진술들과 비슷한 것을 본다. 즉, 메시야의 순종의 죽음에 관한 바울의 시각에 한층 더 큰 깊이를 더해 줄 어떤 일이 하나님의 경륜 가운데서 이스라엘이 중요한 역할을 한 단계와 관련해서 일어난 것으로 보인다는 것이다. 그러나 다시 한 번 우리가 유의할 것은 이것은 단지 "선민론"에 대한 수정작업의 일부일 뿐이라는 것이다. 율법은 이스라엘을 정의하는 가운데, 바로 그 이스라엘 내에서 아담의 범죄가 가득하게 만들었다. 바로 그 시점에서 메시야가 왔는데, 그것은 바로 거기에서 "은혜가 더욱 넘치게 하기 위한" 것이었다.

나는 끝으로 아주 중요한 것 한 가지만 더 말하고자 한다. 바울의 글들을 주석하는 사람들 중에서 다수는 그가 4장에서는 "의"에 대하여 말하는 것을 포기하였고, 5-8장에서는 더 이상 "사법적" 또는 "법정적" 범주들을 사용하지 않고, 이제 "합체적" 또는 "참여적" 범주들을 사용하고 있다고 주장해 왔다. 하지만 여기 5장의 정점에서 우리는 메시야 안에서 이루어진 한 분 유일하신 하나님의 역사에 대하여 말하는 방식이 이중적이지 않고 단일하다는 것을 발견한다. 즉, 그는 단지 "사법적" 범주를 사용하거나 단지 "참여적" 범주를 사용하는 것이 아니라, 본질적으로 계약적 범주를 사용하고, 그 안에서 "묵시론적" 범주와 "메시야적" 범주를 사용한다는 것이다. 여기에서, 그리고 (앞으로 보게 되겠지만) 로마서 5-8장의 다른 곳들, 특히 그 정점인 8:31-39에서 '디카이오쉬네'(dikaiosynē)라는 단어가 등장하는 것은 1-4장에서 끝나야 할 것이 이상하고 부자연스럽게 넘겨져 온 것이 아니다. 갈라

326) '휘파코에' (hypakoē)라는 단어는 칠십인역에는 없다. 하지만 "순종"이라는 개념은 통상적으로 이스라엘의 성경에서는 '아쿠오' (akouō) 또는 추상명사로는 '아코에' (akoē)로 번역된 어근 '셰마아' (shema')를 통해 표현된다. Rüterswörden, 2006 [1994-5]을 보라.

디아서 3장과 빌립보서 3장에서와 마찬가지로 여기에서도, 율법에 관한 언어는 바울의 사고 속에서 메시야와 그의 백성 속으로의 합체에 관한 언어와 밀접하게 결합되어 있다. 로마서 1-4장과 5-8장은 서로 다른 대안적인 속량의 패턴들이 아니고, 서로 연속되어 있는 하나의 논증이다. 그리고 바울은 5-8장에서 이러한 일련의 연속된 논증이 어떤 식으로 작동하는지를 보이고자 할 때에는, 1-4장에서 이미 행해진 긴 논증들을 요약적인 형태로 가리켜 보인다 — 그가 1-4장에서 특히 2:25-29, 그리고 또한 3:24 같은 압축된 어구("메시야 예수 안에서의 속량으로 말미암아")를 통해서, 자기가 나중에 5-8장에서 좀 더 자세하게 다루게 될 논증들을 미리 암시하며 복선을 깔아 놓고 있는 것과 마찬가지로. 앞에서 나는 그가 3:24에서 로마서 5-8장 전체를 압축하여 하나의 작은 금괴로 만들어서, 계약에 대한 하나님의 신실하심이 나타났다는 것에 관한 자신의 논증 내에 그것을 떨어뜨려 두었다고 말한 바 있는데, 지금 여기에서는 그 반대의 일이 일어나고 있다. "이는 은혜가 의로 말미암아 영생에 이르도록 지배하기 위한 것이었다." 또는, 내 자신의 번역에 의하면, "하나님의 신실하신 계약 정의로 말미암아 은혜가 내세의 삶에 이르기까지 지배하게 하기 위한 것이었다." 3:21−4:21에서와 마찬가지로 5:12-21에서도, 하나님의 의의 나타남은 창조 때로부터 새 시대에 이르기까지의 하나님의 계획에 관한 전반적인 진술 내에 두어진다. 그리고 이 모든 것은 "우리 주 메시야 예수로 말미암아" 일어난다. 여기에서 다시 한 번 우리는 메시야를 중심으로 수정되고 재편된 선민론을 본다.

(3) 로마서 7:1−8:11

바울은 다음으로 로마서의 특정한 논증 내에서, "메시야 안에 있는 것"이 실제로 무엇을 의미하는지에 관한 자신의 중심적인 그림을 그려나가야 하였고, 로마서 6장에서 그것을 설명하지만, 우리는 거기에 대해서는 나중에 살펴보기로 하고, 우리의 논증을 위해서는 6장을 건너뛰고 로마서 7장과 8장을 먼저 살펴보지 않으면 안 된다. 바울은 지금까지 토라에 대하여, 비록 사람들의 호기심을 자극하는 암호 같은 방식이긴 하지만, 모든 것을 다 말하였기 때문에, 이제는 율법이 하나님의 계획 속에서 정확히 어느 위치에 자리 잡고 있었는지를 설명할 때가 되었다.[327]

그것은 우리가 여기에서 다루고 있는 로마서 내에서만 완성되지 못한 일인 것이

327) Robinson, 1979, 79f.은 3:20, 31; 4:15; 5:13, 20; 6:14; 7:5f.를 인용해서, 이 점에 대하여 잘 말

아니라, 갈라디아서에도 그 길 위에 살피지 않은 돌들이 적어도 몇 개는 있고, 그 밖의 다른 곳들에도 수수께끼처럼 헷갈리는 것들이 있다.[328] 우리는 그러한 것들도 모두 원칙적으로 여기에서 논의할 것이다. 바울의 세계관을 형성하고 있는 다중적인 서사들(본서 제7장을 보라)이라는 관점에서 볼 때, 우리는 이제 "이스라엘" 서사의 중심에 가까이 다가와 있기 때문에, "메시야" 서사가 이스라엘의 특별한 문제를 해결하면서, 그것을 통해서, 이스라엘이 원래 담당해서 풀어내기로 되어 있었지만 도리어 더 악화시켜 왔던 아담의 문제를 해결하는 방식이 우리의 눈에 들어오기 시작한다. 따라서 우리는 로마서 7장으로 뛰어들어서 거기에 있는 많은 나무들 사이에서 길을 잃게 되기 전에, 우리가 숲의 어느 부분을 조사하고 있는 것인지를 상기할 필요가 있다. 우리는 바울이 여기에서 토라에 대하여 말하고 있는 것을 자세하게 분석하고자 하는 것이 아니고, 바울이 여기에서 늘 논란이 되는 "나"에 대하여 말하고 있는 것을 분석하고자 하는 것은 더더욱 아니며, 그가 메시야에 대하여, 즉 하나님이 이스라엘을 택한 목적이 메시야로 말미암아 열매를 맺게 되고, 거기에 따라 그 목적이 근본적으로 재정의된 방식에 대하여 어떻게 말하고 있는지를 살펴보고자 한다.

이것은 7:4-6에 이미 짤막하게 제시되는데, 우리는 그것을 이렇게 요약해 볼 수 있을 것이다. 즉, 계약의 하나님이 "새 계약"이라는 관점에서 이스라엘을 통해 이루고자 하였던 목적(신명기 30장; 예레미야서 31장; 에스겔서 36장)은 이제 메시야의 죽음과 성령의 주어짐을 통해서 성취되었다. 이렇게 해서, 우리는 로마서의 다른 관련 본문들, 특히 온전한 그림이 드러나기 위해서 필요한 2:25-29과 10:5-13의 지도 위에 위치하게 된다. 그러나 우리는 여기서 잠깐 바울이 7:4에서 어떤 변화가 일어난 것인지에 대하여 말하고 있는 것을 살펴보고자 한다: "너희는 메시야의 몸으로 말미암아 율법에 대하여 죽었으니, 이는 너희로 다른 이에게 속할 수 있게 하기 위한 것이다." 이것은 메시야를 중심으로 재정의된 선민론에 관한 또 하나의 진술이다.

바울은 7:1-3에서 개략적으로 묘사한 표상, 즉 남편이 죽어서 아내가 자유롭게 되어서 재혼을 할 수 있게 된 결혼한 부부에 관한 표상을 여기에서 발전시키고 있다. 그러나 실제 상황은 약간 더 복잡하다. 바울이 이 표상을 적용한 실제 상황에서

하고 있다. 아마도 그라면 3:21("율법과는 별개로")도 추가하였을 것이다.

328) 예를 들어, 고전 15:56("사망의 '독침'은 죄이고, 죄의 권능은 율법이다") — 우리는 로마서 7장이 없었다면 이 본문을 완전히 이해할 수 없었을 것이다. 엡 2:15; 빌 3:9; 골 2:14f. 등과 일정 정도는 고린도후서 3장의 논증에 나오는 율법에 관한 소극적인 진술들을 참조하라.

는, 죽음과 재혼이 동일한 사람에게 일어난다: "너희는 율법에 대하여 죽었으니 … 이는 너희로 다른 이에게 속할 수 있게 하기 위한 것이다." 이것은 분명히 그가 갈라디아서 2:19-20에서 "나는 메시야와 함께 십자가에 못 박혔다 … 그럼에도 불구하고 나는 살아 있다"고 말한 것과 아주 비슷하긴 하지만, 그 본문이 로마서 7장의 본문을 좀 더 잘 이해할 수 있게 해주는지는 얼핏 보아서는 분명하지가 않다. 어떤 사람들은 바울의 이 본문을 "헷갈리는 것을 넘어서서 황당하기까지 하다"고 비난하며 해석하기를 포기해 왔다.[329] 그러나 우리가 이 장을 바울이 이전에 말하였던 내용에 비추어서 읽어 보면, 그러한 비난은 근거가 없어진다.

단서는 로마서 6장에서 발견된다. 거기에서 "옛 사람"은 죄와 사망으로 특징지어지는 인류의 머리인 아담을 가리킨다.[330] 6:6은 "옛 사람"이 세례를 통해 죽은 것은 "죄의 육신적인 연대가 폐기되어, 우리로 하여금 이제 더 이상 죄의 노예가 되지 않게 하기 위한 것"이라고 말한다. 이것은 바울이 염두에 두고 있는 그림이다. "혼인" 표상은 6:3-14의 논지를 발전시킨다. 즉, 사람들은 율법으로 말미암아 "옛 사람" 또는 "옛 아담"에게 묶여 있다가, 죽음(신자들이 세례를 통해서 공유하게 되는 메시야의 죽음)을 통과함으로써, "옛 사람"으로부터 자유롭게 된다는 것이다. 그 죽음이 없다면, 율법은 여전히 사람들을 아담에게 묶어 놓겠지만, 세례를 통해 옛 아담이 죽음으로써, 율법은 이제 더 이상 사람들을 주장하지 못하게 된다. 율법은 첫 번째 남편이 아니라, "너"를 저 첫 번째 남편(아담)에게 묶어 놓는 존재이다.

율법에 의해서 아담에게 묶여 있는 "너"는 인류에 속한 어느 사람이 아니라, "유대인"이다. 여기서 우리는 잠시 2:17-20로 돌아가 보자. "유대인"은 토라 안에서 "지식과 진리의 대강"을 소유하고 있다고 주장한다. 그러나 토라와 선지자들은 그러한 주장에 이론상으로는 동의하지만, 그들을 향해 돌아서서 "유대인"이 토라를 지키지 않아 왔다고 고발한다(2:21-27). 마찬가지로, 3:20에서도 "율법으로 말미암아 죄를 아는 지식이 온다"고 말한다. 여기에서 또다시 우리는 바울이 선민론의 중심에서 만나는 문제에 접한다. 하나님은 어떤 목적을 이루기 위하여 이스라엘을 부르고, 이 민족과 그 목적이 계속해서 올바른 궤도에 있게 하기 위하여 그들에게 토라를 준다. 하지만 토라가 할 수 있었던 것은 이스라엘이 토라를 어겨 왔다고 선언하는 것뿐이었다. 이것이 아무리 사실이라고 할지라도 — 앞에서 보았듯이, 바

329) Dodd, 1959 [1932], 120. Keck, 2005, 175-7에서 이것을 제대로 수정한 것을 보라.

330) Dunn, 1988a, 360f.은 "6:18-22의 표상은 바울의 사고 속에 여전히 강력하게 존재한다"고 말하는데, 이것은 사실이지만, 거기와 현재의 본문의 근저에는 6:3-14의 신학이 자리 잡고 있다.

울은 메시야 예수의 복음 안에서 이것이 자기가 이전에 생각해 왔던 것보다 더 분명하게 사실이라는 것을 알았다 — 하나님이 이스라엘을 택하여 부르고 사명을 준 목적 전체는 유보되어 있는 것으로 보인다. 이제 본서의 제3장을 시작할 때에 우리가 있었던 지점으로 다시 되돌아가 보자. 무엇이 행해질 수 있는가? 어떻게 해야 계약의 하나님은 자신이 한 약속들, 즉 단지 이스라엘을 위하여(for) 하겠다고 한 약속만이 아니라 이스라엘을 통해서(through) 세계를 위하여 하겠다고 한 약속에 대하여 신실하게 행할 수 있는가? 이러한 질문들은 사라지지 않았다. 우리는 지금 이 질문들 아래를 깊이 파들어갔고, 하나님이 메시야 예수를 중심으로 선민론을 수정한 목적에 대한 바울의 이해에 거의 다다르고 있다. 이 본문은 고도로 압축되어 난해한 것으로 정평이 나 있지만, 바울 신학에서 보화를 캐낼 수 있는 가장 중요한 채석장은 내내 사람이 접근하기 힘든 이러한 잡목이 우거져 뒤엉켜 있는 곳 내부에 있다.

무슨 일이 일어난 것인지에 관한 바울의 분석은 세 단계에 걸쳐서 진행되는데, 로마서 7:7-12과 7:13-20에서 설명이 이루어지고, 결론은 7:21-25에서 주어진다. 여기에서 이 본문들을 자세하게 주석할 수는 없기 때문에, 나는 단지 현재의 논증 속에서 중요해 보이는 특징들만을 중점적으로 다루고자 한다. 다른 많은 차원들에서 추가적인 천착의 여지가 많다는 것은 의심의 여지가 없다.[331)]

첫째, 바울은 7:7-12에서 에덴 동산에서의 아담에 관한 이야기를 반영하는 방식으로 시내 산에서의 이스라엘에 관한 이야기를 들려준다.[332)] 달리 말하면, 그는 시

331) Wright, 2002 [*Romans*], 562-72와 *Climax*, ch. 10에 나오는 좀 더 자세한 논의를 보라. 나는 아주 주의 깊게 구조화된 논증에 따라 이 장의 단락이 7:7-12; 7:13-20; 7:21-5로 구분되어 있다고 전제한다(Jewett, 2007; 반대견해로는 Fitzmyer, 1993과 Byrne, 1996 — 그들은 NA 본문을 포함한 다수와 마찬가지로, 13절에서 단락이 끝난다고 본다). 또한, 나는 로마서 7장의 "나"는 심리학적 자서전의 한 형태(이렇게 보는 것은 흥미롭기는 하겠지만, 사람들은 자신의 "체험"은 다르다는 반응을 보일 수 있다는 점에서, 신학적인 논증에는 별 도움이 되지 않을 것이다)가 아니라, 갈라디아서 2:17-21에서처럼 바울이 마치 외인인 것처럼 3인칭을 사용해서 거리를 둔 채로 이스라엘에 대하여 말하고 있다는 인상을 주지 않기 위하여 사용한 수사학적 장치로 본다. 이렇게 해서, 바울은 마치 그들과 똑같은 유대인으로서 자기 일처럼 이스라엘에 대하여 회고적으로 말하면서, 그들의 상태에 대한 심리학적인 분석이 아니라 신학적인 분석을 제시하는 가운데, 유대인들은 율법을 수여받고(7:7-12) 기뻐하지만(7:13-20), 사실은 그들 자신에 대한 사형집행문에 더욱더 매달리고 있는 것이라고 말하고 있다는 것이 나의 전제이다. 바울이 신학적으로 보았을 때에 자신을 포함해서 "토라 아래에" 살았던 모든 사람들의 상태라고 이제 믿게 된 것을 표현하기 위하여 어떤 의미에서는 심리학의 언어를 사용하고 있는 것이라고 말하는 것도 아마 가능할 수는 있을 것이다.

332) 예컨대, Käsemann, 1980 [1973], 197: "7-13절은 일차적으로 토라 아래에 있는 사람들을 염두에 두고 있다 … 그리고 아담은 그들의 원형으로 묘사된다."

내 산에서 토라가 주어졌을 때에 이스라엘에게 일어난 일이 아담의 원죄의 재현이었다고 설명한다. 이 두 사건의 반향들이 여기에서 함께 울려 퍼지고 있지만, 이 본문의 주된 주제는 토라이고, 여기에서의 요지는 토라는 생명을 약속하기는 하지만, 계명이 존재하자마자 인간으로서는 거부하는 것이 불가능한 것으로 입증된 시험(temptation)도 존재하게 되었기 때문에, 사람들에게 사망을 가져다주었다는 것이다.

에덴 동산과 시내 산 간의 상호적인 울림은 아주 깊다. 토라는 마치 두 종류의 나무, 즉 생명을 약속하였지만 사람들이 결코 얻을 수 없었던 "생명나무"와 사망의 경고를 하였지만 사람들이 결코 지킬 수 없었던 "선악을 알게 하는 나무"를 결합시킨 것과 흡사해 보인다. 여기에서 에덴 동산의 "사탄" 및 모든 사람 안에 있는 (악한 '예체르'[yetzer]보다 더하면 더했지 결코 덜하지 않은) 죄악된 성향에 대하여 말하는 방식으로서의 역할을 하는 "죄"가 "나를" 속여서 "나를" 죽였다.[333] "생명을 가리켜 보여준 계명이, 내 경우에, 결국 사망을 가져다주는 것으로 밝혀졌다."

바울은 갈라디아서 3:19 및 3:22에서와 마찬가지로 여기에서도, 이것이 "계명," 즉 토라 자체의 결함이 아니라는 것을 역설한다. 계명은 진정으로 "생명을 약속하였다"(7:10 — 이 본문은 8:11에서 기분 좋은 정점에 도달하는 일련의 핵심적인 사고의 흐름이 시작되는 지점이다). 율법과 "계명"은 "거룩하고 올바르며 선하다"(7:12). 이것은 바울이 토라를 전적으로 선한 것 이외의 것으로 생각하고자 하지 않는 바리새인 출신이었기 때문에 단지 상투적으로 입에 발린 말을 하고 있는 것이 아니다. 그것은 사도가 된 지금에도 그에게 확고한 믿음이었다.

그렇다면, 문제는 어디에 있었던 것인가? 문제는 우리가 이스라엘의 "아담적 본성"이라고 부를 수 있는 것에 있었다. 달리 말하면, 문제는 "내" 안에 있었다. 이것이 바울이 13절에서 그 다음에 나올 질문에 대하여 주는 대답이다: "그렇다면, 저 선한 것이 내게 사망을 가져다준 것이냐?" 토라는 지극히 선한 것처럼 보이지만, 사실은 "내게" 사망을 가져다준 장본인이었는가? 7:14-20에 나오는 대답은 토라 아래에서 살아가는 사람은 끊임없이 두 마음을 지닐 수밖에 없는 것이 객관적인 신학

333) 일부 랍비들이 "선한 성향"(yetzer ha-tob — '예체르 핫토브')과 반대되는 것으로 본 "악한 성향"(yetzer ha-ra' — '예체르 하라아')에 대해서는 Strack and Billerbeck, 1926-61, 4.466-83; Marcus, 1986a 등을 보라. 로마서 7장에서 "바울은 두 성향에 관한 랍비들의 가르침을 반영하거나, 아마도 실제로 염두에 두고 있었을 것"이라는 Davies, 1980 [1948], 27의 주장은 호응을 얻지 못하였다: Dunn, 1988a, 391 등을 보라.

334) 나는 *Climax*, ch. 12에서, 로마서 7:13-20에는 가인(창 4:1-16)에 대한 반영들도 존재한다는 것

적 현실(심리학적 자의식은 반드시 그렇지 않을지라도)이라는 것이다. 독실한 유대인의 소명은 토라를 즐거워하는 것이다: 시편 19편과 시편 119편은 이러한 즐거움, 심지어 흥분이라고 할 수 있는 것을 집약해서 보여주는데, 바울은 이것을 부인하는 말을 단 한 마디도 하고자 하지 않을 것이다. 이스라엘이 토라를 기뻐한 것은 너무나 합당하고 올바르며 자신의 소명에 충실한 것이었지만, 그들이 그렇게 소중히 여긴 바로 그 토라는 이스라엘이 해법의 일부가 아니라 문제의 일부라는 것을 증언하는 존재이기도 하였다. 이스라엘도 아담 안에 있다.[334] 바울은 이 문제를 8:3에서 간접적으로 언급한다. 즉, 토라는 "인간의 육신으로 인하여," 달리 말하면, 이스라엘의 "육신으로 인하여 연약하였다"는 것이다. 이스라엘은 인류 전체와 동일한 정체성을 지니고 있었고, 이것은 토라가 이스라엘을 원래 의도하였던 백성으로 만들 수 없다는 것을 의미할 수밖에 없었다. 그것은 케제만(Käsemann)이 사용한 부적절한 표현인 "우리 모두 안에 감춰져 있는 유대인"이라는 문제가 아니었다. 문제는 유대인 안에 감춰져 있는 "아담"이었다.[335]

하지만 토라 아래에서의 이스라엘의 곤경에 관한 압축된 분석의 선두에 서 있는 것은 극히 중요한 본문인 7:13이다.[336] 이 본문에는 하나님이 율법을 준 목적을 진술하는 두 개의 '히나'(hina)이 나온다:

> 그렇다면, 저 선한 것이 내게 사망을 가져다준 것인가? 분명히 아니다! 정반대로, 율법은 죄를 죄로 드러내기 위한 것이었고, 죄가 저 선한 것으로 말미암아 역사하여 내 안에 사망을 만들어 낸 것이었으니, 이는 죄가 계명으로 말미암아 지극히 죄악되게 하기 위한 것이었다.

따라서 (바울이 회고해 볼 때) 이스라엘이 겪고 있는 문제는 단지 극복하기 어려운 문제 정도가 아니었다. 토라를 지키는 것이 절망감이 들 정도로 어렵다는 그런 문제가 아니었다. 토라는 선민론과 관련된 하나님의 목적의 일부로 주어졌지만, 그 목적 속에는 필연적으로 소극적이고 부정적인 요소가 포함되어 있었던 것으로 보인다.

을 논증하였다.

335) 위의 제10장 제2절 3)을 보라.

336) 바울이 이 논증을 고뇌어린 자전적인 분석의 형태로 제시한 이유 중의 일부는 아리스토텔레스 이후의 이교 도덕주의자들의 비슷한 서술들을 패러디해서, 그들이 느낀 곤경에 답함과 아울러, 좀 더 구체적으로는 독실한 유대인 — 그의 이전의 자기! — 에게 토라가 실제로 할 수 있는 것은 사람들을 헷갈려 하는 이교 도덕주의자들의 수준으로 끌어올려 주는 것이 전부임을 보여주기 위한 것이었다고 나는 믿는다. *Romans*, 553f.를 보라.

이것은 갈라디아서 3:19에서 바울이 율법은 "범법들로 인하여" 주어졌다고 말하고, 3:22에서 성경은 "모든 것을 죄의 권세 아래 가두어 두었다"고 말한 것 속에 이미 암시되고 있는데, 후자는 로마서에서는 11:32에 반영되어 있다. 특히, 바울이 로마서 5:20에 나오는 암호 같은 구절에서 암시한 것도 바로 그것이었다. 즉, 거기에서 그는 토라가 아담에서 메시야로 이어지는 흐름 속으로 끼어든 것은 "범죄를 더하기" 위한 것이었다고 말한다. 달리 말하면, 7:13에 나오는 두 번의 '히나'(hina)는 어떤 맥락도 없이 독립적이고 개별적으로 여기에 끼어들어온 것이 아니라는 말이다. 바울은 그리스도인이 된 후에 얻은 통찰을 통해서, 토라가 선민론과 관련된 전반적인 목적 내에서 소극적이며 부정적인 특별한 역할을 지니고 있었다는 것을 보여주는 진술들을 계속해서 제시한다.[337] 그리고 그는 토라가 지닌 이 소극적이고 부정적인 특별한 역할은 하나님에 의해 의도된 것이었다는 사실을 역설하는데, 이것은 나중에 로마서 9-11장에서 아주 자세하게 설명된다.

하나님의 목적은 죄로 하여금 정확히 토라를 통해 이스라엘 속에서 극성을 부릴 수 있게 해주는 것이었던 것으로 보인다. 혹시라도 이 말에 대하여 어떤 의심이 있을지 모르는 상황을 대비해서 미리 말해 두지만, 이것은 창조주가 죄를 "부추긴" 것이 결코 아니었고, 세계가 죄 속에 빠져 있는 현실을 그대로 드러내어서, 세계를 한 곳으로 유인하여 이끌고, 세계로 하여금 한 지점만을 바라볼 수 있게 하여, 바로 거기에서 죄가 처리될 수 있게 하기 위한 것이었다. 사실, 이것은 바울이 5:20-21에서 이미 지적한 것이었다 — 물론, 그 본문이 너무나 압축되어 아주 짤막하게 서술되었기 때문에, 그러한 논지를 놓치기가 쉬웠겠지만. 바울의 글들에서 흔히 그러하듯이, 우리는 압축된 진술을 이해하기 위해서는 좀 더 자세하게 풀어 쓴 본문을 살펴보지 않으면 안 된다.

이것은 이를테면 어떻게 "작동하는가?" 그리고 이것은 메시야를 중심으로 재정의된 선민론과는 어떤 관계에 있는 것인가?

자주 지적해 왔듯이, 여기에서 "죄"는 인간의 모든 악행과 우상 숭배와 음행을 모두 더한 것을 훨씬 뛰어넘는 그 무엇이다. 죄는 인류와 하나님의 선한 피조세계를 타락시켜 온 어둠의 세력이고, 실제로 "사탄"과 동일한데도, 바울이 인격을 조종하는 물리적인 힘이라고 말함으로써, 성장하고 팽창해서 좀 더 자신의 진면목을 제대로 나타내 보일 수 있는 그 무엇으로 묘사할 수 있었던 세력이다. 하나님은 왜

337) 이 대목에서 우리는 로마서 2:17-20과 9:30—10:13을 비교해 보아야 하지만, 여기에서 그렇게 하는 것은 본서의 목적을 한참 벗어나는 일이 될 것이다. 아래의 제11장 제6절 4) (2) (3)를 보라.

그러한 세력이 존재하도록 허용한 것인가? 여기에서 우리는 사실 바울이 기독론적으로 재정의한 선민론의 핵심 가까이에 와 있는데, 이것과 관련하여 바울은 메시야의 죽음에 대한 어지러울 정도의 나선형의 성찰 속에서 선민의 "곤경"과 "해법"을 다시 생각하고 수정하였다. 7:13에 나오는 두 번의 '히나'(hina, "~하기 위하여")는 5:20의 '히나'를 가져와서 자세하게 설명한다. 즉, 하나님의 목적은 죄를 단번에 처리하기 위하여 토라를 통해서 "죄"가 최대로 팽창할 수 있게 해주는 것이었다는 것이다. 바울로 하여금 나중에 회고하면서 경악을 금치 못하게 만든 것은, 이렇게 죄가 최대로 팽창하는 일이 바로 선민 이스라엘, 즉 하나님이 준 거룩하고 의로우며 선한 것이라고 믿고서 토라에 매달렸던 이스라엘 가운데서 일어났다는 사실이었다. 바울은 여기서 마치 계약의 하나님이 "죄"를 속인(그리고 예레미야가 엇비슷한 말을 했듯이, 이차적으로는 이스라엘을 속인) 것처럼 말하고 있는 것처럼 보인다. 왜냐하면, 그는 하나님이 이스라엘에게 토라를 주자, "죄"는 기회를 놓치지 않고 그 토라를 이용해서, 다름 아닌 하나님의 백성에게 자기가 퍼부을 수 있는 온갖 재앙을 다 퍼부었다고 말하는 것처럼 들리기 때문이다. 하나님이 죄에게 그런 기회를 허용한 것이 다 덫이고 함정이었다는 사실을 일단 배제하고 고려하지 않으면, "죄"는 자기 마음껏 활개를 칠 수 있는 기회를 얻어서, "'내' 안에 온갖 종류의 탐욕을 만들어 내었다"(7:8). 그러나 그것은 덫이었다. 그것은 "죄"를 처리하기 위한 하나님의 계획이었다. 그것은 바울에게 있어서 "선민론"이 실제로 의미하는 것이었다. 하나님이 그렇게 한 의도는 "죄"를 한 곳으로 몰아가서, 거기에서 심판하고 단죄하기 위한 것이었다.[338)]

바울은 정확히 어떤 식으로 "죄"가 이스라엘에서 장성한 분량까지 자라서, 이스라엘의 죄의 분량이 다 차게 된 것인지에 대해서는 여기에서 설명하지 않는다. 우리는 그것이 유대인들이 자신들의 메시야와 '에클레시아 투 테우'(ekklēsia tou theou)를 지독하게 반대하고 박해한 것과 관련이 있었을 것이라고 감히 추측해 볼

338) 이것이 그러한 모든 고뇌어린 실존주의적 분석들의 중심에 있는 바울이 말한 진리이다. 그들은 로마서 7장 속에 들어 있는 "이스라엘"과 관련된 차원 및 선민론에 대하여 다시 쓰고 있다는 것을 보지 못하고, 단지 자전적인 것 이상의 것으로만 봄으로써, 현재의 본문의 핵심을 탐사해 들어가는 데 필요한 신학적인 도구들을 부지불식간에 창고에 넣어둔 채로 자물쇠로 잠궈 버렸다. 그 고전적인 것으로는 Kümmel, 1974 [1929]이 있는데, 이 저작은 Bultmann이 1932년에 쓴 저 유명한 논문에 영향을 미쳤다(= Bultmann, 1960, 173-85, 또는 Bultmann 1967, 53-62; 또한, cf. Bultmann, 1951-5, 1.266f.에 나오는 날카로운 요약). 순전히 석의적인 관점에서 볼 때, 이러한 분석들이 지닌 문제점은 이 본문들의 "나"가 실제로 율법을 지킬 수 있었지만, 방법이 틀렸다는 주장이다 — 이것은 바울이 말하는 것과 정반대이다 (Schreiner, 1998, 373은 이것을 올바르게 지적하고 있다). 예언서를 희미하게 반영하고 있을 가능성에 대해서는 예레미야서 20:7을 참조하라.

수 있을 것이다.[339] 또는, 그것은 바울이 로마서 2장에서 말하고 있듯이, 너무나 많은 것들을 하나님으로부터 받아 왔으면서도 세계의 나머지 민족들과 다를 것이 없는 방식으로 행한 이스라엘 민족의 부적절한 행실과 관련되어 있었을 수도 있다. 그러나 어느 경우이든 핵심은 어떤 특정한 죄의 문제라기보다는(여기에서 "죄"는 특정한 잘못된 행위가 아니라 인간의 삶을 주장하는 세력을 가리킨다) 신화적인 현실의 문제인 것으로 보인다. 그리고 어쨌든 바울은 "그것을 행하는 것은 내가 아니라 내 안에 거하는 죄"라는 것을 분명히 하고 있다. 이것은 개인의 책임이라는 관점에서 보면 잘 이해가 가지 않는 말이다. 혀가 욕한 것이지 마음은 욕한 것이 아니라는 히폴리투스(Hippolytus)의 저 유명한 면책성 설명은 바울이 여기에서 말하고자 하는 것이 아니다.[340] 도리어, 바울이 말하고자 하는 취지는 선민으로서의 이스라엘의 소명은 가만히 있어도 자동적으로 "선한" 선민이 되어서 늘 순종하고 의도적이고 의식적으로 신실하게 행할 수 있는 그런 것이 아니었다는 것이다. 이상하게도, (우리는 금송아지 사건이나, 신명기 32장이나, 선지자들의 격렬한 규탄들을 통해서, 이스라엘이 반역의 민족이었다는 것을 알지만) 창조주 하나님은 이스라엘을 인류를 구원하기 위한 수단으로 불렀고, 이 하나님은 이스라엘에게 거룩하고 의로우며 선한 토라(토라의 선함에 대한 이러한 단언은 그 자체가 유대적인 유일신론과 유대적인 선민론에 대한 주목할 만한 단언이다)를 주었기 때문에, 한 분 유일하신 하나님이 단지 시내 산의 때로부터 메시야가 올 때까지의 기간 동안에 이스라엘이 악화되는 것을 막기 위해서만이 아니라, 자신의 경륜 속에서의 어떤 목적을 위해서 이 토라를 주었다는 것은 사실일 수밖에 없다. 이제 바울은 이 서신에서 가장 중대한 지점들 중의 하나에서, 그 목적이 무엇이었는지를 개략적으로 설명한다: 하나님은 이스라엘 속에서 죄가 장성한 분량으로 자라서, 마침내 그가 죄를 제대로 온전히 단죄할 수 있게 되도록 하기 위해서 이스라엘을 불렀다. 죄를 단죄하기 위해서는, 그런 과정이 반드시 필요하였다.

그렇다면, 죄는 어떻게 단죄될 것이었는가? 다시 한 번 말하지만, 그 대답은 하나님은 이스라엘의 대표자인 메시야 안에서 죄를 단죄하고자 하였다는 것이다. 이것은 토라를 포함한 선민론이 메시야의 십자가 죽음을 중심으로 철저하게 재정의되는 지점이다. 3:20("너희가 율법을 통해서 얻는 것은 죄를 아는 지식이다")에서

339) cf. 고전 15:9; cp. 딤전 1:15; cf. 살전 2:16. Jewett, 2007, 440-5, 449은 Jewett, 1971에서는 Kümmel이나 Bultmann과 비슷한 노선을 따랐지만, 이제는 바울이 유대인들의 열심(회심 이전의 그와 같은 부류들)과 이교도들의 명예 경쟁에 대하여 말하고 있는 것일 가능성을 천착해 들어간다.

340) Eurip. *Hippol.* 612.

5:20("율법이 옆에서 치고 들어온 것은 범법이 충만한 분량까지 채워지게 하기 위한 것이었다")을 거쳐서 7:13("나를 죽게 만든 것은 죄였으니 … 죄가 죄로 드러나게 하기 위한 것이었고 … 죄가 계명으로 말미암아 심히 죄 되게 하기 위한 것이었다")에 이르기까지 관통하는 일련의 사고의 흐름은 로마서 8:3에서 그 합당한 결론을 발견한다:

> 하나님은 율법이 (인간의 육신으로 말미암아 연약하여) 할 수 없었던 것을 하셨다. 하나님은 죄로 말미암아 자기 아들을 죄 있는 육신의 모양으로 속죄제물로 보내어, 바로 그 육신 안에서 죄를 단죄하셨다.

이것은 바울의 "속죄 신학"의 중심 가까이에 있다 — 이렇게 말하는 것은 이것이 선민론에 대한 그의 재정의의 중심 가까이에 있다고 말하는 또 다른 방식이다. 이 짤막한 서술이 "속죄"라는 저 추상적인 실체와 관련해서 바울의 다른 그 어떤 본문보다도 더 많은 요소들을 담고 있다는 것은 분명하다. 그런데 이상한 것은 오늘날 "바울의 속죄 신학"이라는 시장에서는 이 요소들 중 그 어떤 것도 유통되고 있지 않는 것으로 보인다는 것이다. 바울은 정확히 무엇을 말하고 있는 것인가? 나는 그가 적어도 여섯 가지를 말하고 있다고 보는데, 그 각각을 상당히 자세하게 설명할 수도 있겠지만, 여기에서는 짤막하고 분명하게 언급하는 것이 좋을 것 같다.

이것은 "대표"(representation)의 신학이지만, 여기에 표현된 이 신학은 이 개념이 흔히 의미하는 것보다 좀 더 미묘하고 파악하기 힘들다. "하나님의 아들"은 물론 예수를 가리킴과 동시에, 우리가 앞 장에서 살펴본 의미에서 그의 메시야적인 신분과 "신성"이라는 의미를 내포하고 있다. 그는 메시야로서 이스라엘을 대표하고, 이스라엘은 온 인류를 대표한다. 이것이 바울에 의해 재정의된 "선민론"이 작동하는 방식이다.

또한, 이것은 "대속"(substitution)의 신학이지만, 여기에서 말하는 것은 통상적인 의미에서의 대속이 아니다. 메시야의 죽음은 죄를 단죄하기 위한 수단이고, 이것은 두 절 앞에서 바울이 "메시야 안에 있는 자들에게는 정죄함이 없다"고 말할 수 있었던 이유를 설명해 준다. 하지만 바울은, 많은 설교자들이 말하는 것과는 달리, "하나님이 예수를 단죄하였다"고 말하지는 않는다. 도리어, 그는 "하나님이 자기 아들의 육신 안에서 죄를 단죄하였다"고 말한다. 이 둘은 상당한 차이가 있다.

또한, 이것은 "희생제사"(sacrifice)의 신학이지만, 여기에서 말하는 것은 통상적인 의미에서의 희생제사가 아니다. 여기에 나오는 희생제사는 레위기와 민수기에서 부지불식간에 저질러진 죄들("나는 그것이 죄라는 것을 알지 못하였다"), 또는 원하지 않았는데도 저지르게 된 죄들("나는 그것을 하지 않아야 한다는 것을 알고 있었고, 그것을 하려고 의도하지도 않았는데, 어쩌다 보니 그것을 하고 말았다")을 위해 마련된 속죄제사이다. 이러한 죄들과 정반대 되는 것으로는 뻔히 알면서도 "의도적으로 저질러진 죄들"이 있는데, 그런 죄들에 대해서는 그 어떤 희생제사도 마련되어 있지 않았고, 그런 죄들을 지은 사람들에게는 오직 "정죄함"만이 기다리고 있었다. 그러나 내가 오래 전에 논증하였듯이, 현재의 맥락 속에서 속죄제사를 언급하는 취지는 그것이 바울이 로마서 7장에서 분석하였던 바로 그 문제를 해결하는 데 적합한 희생제사라는 것이다: "나는 내가 행하고자 하는 선한 것을 행하지 않고, 내가 행하기를 원하지 않는 악한 것을 결국 행하고 만다."[341]

또한, 이것은 특히 "사법적인 형벌"(judicial punishment) 또는 "단죄"(condemnation)의 신학이라는 것이다. 내가 조금 전에 말했듯이, "죄"가 하나님의 아들의 육신 안에서 "단죄되었다"는 사실은 "메시야 안에 있는 자들에게는 정죄함이 없다"는 것을 의미한다. 정죄함이 전가되었음이 분명하다: 메시야 안에 있는 자들에게 '카타크리마'(katakrima)가 없는 이유는 한 분 유일하신 하나님이 메시야의 육신 안에서 죄를 "단죄하였기"(katekrinen – '카테크리넨') 때문이다.[342] 그러나 적어도 여기에서의 벌은 "내"가 받아 마땅하였던 벌이 아니라, "죄"가 받아 마땅하였던 벌이다. 로마서 7장 전체의 요지 중의 일부는 "나"를 "죄"로부터 분리시켜서, 잘못이 있어서 단죄되어야 할 것은 "죄"라는 것을 분명히 하는 것이었다.

이것은 하나님이 이스라엘을 "택하신" 목적에 관한 신학, 달리 말하면 "선민"(election)에 관한 신학이지만, 사람들이 생각하는 그런 식의 선민 신학은 아니다. 여기에서 우리는 바울이 선민론을 메시야를 중심으로 수정한 것의 중심에 다가가는데, 그렇게 했을 때, 그는 이스라엘이 "선민"의 지위를 박탈당하게 된 것을 발견하게 된 것이 아니라, 그것과는 정반대로, 메시야가 십자가에 못 박혔다는 사실에 비추어 보았을 때, 하나님은 "죄를 육신 안에서 단죄하는" 지점이 되는 역할을 맡

341) 이 모든 것에 대해서는 *Climax*, ch. 11을 보라; "고의적으로 범죄하는 것"에 대해서는 민수기 15:30 등을 보라; cf. 신 17:12, 그리고 예컨대, mKer. 1.2; 2.6; 3.2. Bryan, 2000, 142은 시내 산 이후로 이스라엘은 율법이 무엇을 말하고 있는지를 알았기 때문에, 이후에 그들이 범한 모든 죄는 "고의적으로 범죄한 것"이었다고 주장한다. 만일 그의 주장이 옳다면, Bryan(100-2) 자신이 보여주듯이, 토라에서 실수로 범한 죄와 고의적으로 범한 죄를 구별하고 있는 것은 이상한 일이다.

342) Jewett, 2007, 484이 '카테크리넨'(katekrinen)이 이 문장에서 "강조점"이라고 말한 것은 옳지만, 그런 후에 8:1과의 연결고리, 그리고 앞으로는 2:1-11, 뒤로는 8:31-9과 연결되는 탄탄한 사고의 흐름을 지적하지 않은 것은 이상하다. 예컨대, Moo, 1996, 477과 대비해 보라.

도록 이스라엘을 불렀고, 메시야가 바로 그 역할을 스스로 담당하였다는 경악할 만한 사실을 깨닫게 된 것이었다. 선민 신학들은 이 중심적인 사실을 놓치게 될 때에 상태가 안 좋아져서 서로에게 문제가 있다고 비난하게 된다. 하지만 문제를 해결하는 길은 다른 데 있다.

또한, 이것은 끝으로 "하나님의 승리"(divine victory)에 관한 신학이다. "죄"의 힘과 권세는 선한 피조세계를 파멸시켜 왔지만, 이 순간은 이스라엘 백성이 홍해를 건너는 순간이나, 유딧이 홀로페르네스의 목을 베는 순간 같은 승리의 순간이다. 또한, 이것은 승리자 그리스도(Christus Victor)를 내세우는 통상적인 속죄 신학들과 같기도 하고 같지 않기도 하다. 바울은 다른 두 본문에서 그런 것에 근접하게 나아가기는 하지만,[343] 여기에서는 승리의 분위기는 죄에 대한 단죄라는 사실 바로 뒤에 감추어져 있다. 하지만 비록 그것이 감추어져 있다고 할지라도, 우리는 로마서 8장에서 그러한 요소를 폄하해서는 안 된다. 5, 6, 7장에서 "죄"가 점점 더 존재감을 드러내며 문제를 일으켜 오다가, 이제 8장에서 사법적으로 단죄를 받고 있다는 사실은 우리가 요한계시록으로부터 알고 있는 승리의 의미를 지닌다: "우리 형제들을 고소하던 자가 쫓겨났다."[344] 바울이 로마서 8장의 끝에서 "넉넉히 이기는 자들"이라고 말할 때(8:37), 그것은 결코 새로운 것을 말하고 있는 것이 아니다. 그는 자기가 이 장의 서두의 여러 절들에서 말하였던 것이 의미한 것을 여기로 가져와서 다시 한 번 확인해 주고 있는 것일 뿐이다.[345]

내가 다시 한 번 강조하고자 하는 것은 이 모든 것은 정확히 메시야를 중심으로 개작되고 재고된 선민 신학이라는 것이다. 그것은, 바울이 지금 알았듯이, 한 분 유일하신 하나님이 이스라엘에 대하여 지니고 있었던 계약상의 목적에 관한 것이고, 그 목적이 이스라엘의 대표자로서의 예수 안에서 및 예수를 통해서 성취되고 재편된 방식에 관한 것이다. 바울의 사고와 마음속에서, 이것은 적어도 한 분 유일하신 하나님이 토라를 수여하였을 때에 이스라엘에게 주어진 기이한 소명이 이루어진 방식이었다. 이스라엘의 소명은 인류를 물들여서 파멸에 빠뜨린 저 큰 사기꾼인 "죄"를 단죄하고 패배시켜서 무너뜨리는 하나님의 역사가 일어날 장소가 되어 주는 것이었다. 바울은 이러한 목적이 이제 메시야 안에서 성취되었다고 선언한다.

이것은 우리가 바울에게 여전히 중심적이었던 확신, 즉 이 하나님의 목적은, 비

343) 고전 2:8; 골 2:13-15.

344) 계 12:10.

345) 8:32-4에 나오는 8:1-4의 반영들을 보라.

록 바울에 의해서 메시야를 중심으로 철저하게 수정되기는 하였지만, 한 분 유일하신 하나님이 처음에 이스라엘을 부를 때부터, 그리고 특히 토라를 줄 때에도 내내 지녀 왔던 바로 그 목적이었다는 확신을, 우리의 생각 속에서 확고하게 견지하여야 한다는 것을 의미한다. "이 시대의 통치자들"이 스스로 속아서 영광의 주를 십자가에 못 박고서, 그것이 그들에 대한 사망 선고라는 사실을 모르고 환호하고 즐거워하였던 것과 마찬가지로, 토라도 어느 시점에서 죄를 단번에 단죄하기 위하여, "죄"를 속여서, 죄로 하여금 기승을 부리며 마음껏 활개치게 하도록 유혹하는 일을 내내 계속해 온 것이었다.[346] 여기에서 우리는 또다시 우리가 앞 장의 끝부분에서 살펴 보았던 곤경-해법-곤경이라는 나선형 구조를 본다. 십자가에 못 박힌 메시야에 관한 계시는, 바울로 하여금, 자기가 이스라엘의 전통들에 대하여 알고 있던 모든 것을 총동원해서, 이스라엘의 하나님이 그 시점에 이르기까지 이전에는 그 누구도 생각하지 못하였던 방식으로 모든 일들을 어떤 식으로 해 왔는지를 성찰하게 만들었다. 따라서 우리는 "수정된 선민론"이라고 말할 때, 바울이 단지 원래의 선민론을 가지고 장난을 쳐서, 자신의 판이하게 다른 관념들을 걸어둘 하나의 편리한 벽걸이 정도로 이용하였던 것일 뿐이라고 생각해서는 안 된다. 그는 예수가 이스라엘의 메시야임이 계시됨으로써, 이스라엘 민족의 삶 속에서 중심이었던 위대한 사실, 즉 원래의 진정한 "선민론"이 마침내 드러났다고 믿었다.

다시 한 번 곰곰이 생각해 보라. 바울은 예수가 대중들 앞에 나타나기 전에도 이미 "악의 문제"가 존재한다는 것을 알고 있었지만, 마카베오 가문 사람들이 겪었던 것보다 더 많은 고난을 감수할 정도로 온 힘을 다해 토라를 지키면, 그 문제가 해결될 것이라고 생각하였을 것이다. 또한, 그는 이방인들이 사악한 우상 숭배자들이라는 것, 그리고 그들의 우상 숭배로 말미암아 세계에 끔찍한 해악을 입힐 수 있는 악의 세력이 활동하고 있다는 것도 알고 있었지만, 언젠가 메시야가 와서 그들 모두를 철장으로 쳐서 토기장이의 질그릇처럼 산산조각을 낼 것이라고 믿고 있었을 것이다. 또한, 그는 이스라엘(그리고 자기 자신)이 죄를 범하기 쉬운 성향을 지니고 있다는 것도 알고 있었지만, 희생제사 제도, 특히 속죄제사를 통해서 그러한 문제를 해결할 수 있을 것이라고 믿었을 것이다.

바울이 생각하지 못하였던 것, 그리고 우리가 알고 있는 한 당시에 그 누구도 결코 생각하지 못하였던 것은, 이 모든 꿈들과 소망들이 단지 하나님의 심판과 속량을 대신할 자이자 새로운 출애굽을 이끌 자인 메시야를 통해서만이 아니라, 우리가

346) 고전 2:8.

이미 살펴보았던 세 가지 의미(메시야, 이스라엘의 대표자, 한 분 유일하신 하나님의 내적 본질을 공유하는 이)에서의 "하나님의 아들"인 메시야의 육신 안에서 실현될 것이라는 사실이었다. 바울은 "하나님의 아들"의 저 수치스러운 죽음으로 인하여, 자기가 다른 "하나님의 아들"과 다른 "복음"의 본거지인 로마에 서신을 써서, 자기는 부활로 말미암아 권능으로 하나님의 아들로 확증된 다윗의 아들에 관한 "복음"을 부끄러워하지 않는다고 말하게 될 줄을 생각하지도 못했을 것이 분명하다. 우리가 로마서 1:3-4에서 시작해서, 3:21-4:25의 거대한 논증을 단숨에 건너뛰어서, 곧장 로마서 8:3-4로 들어가면, 거기에 관통하여 흐르는 하나의 사고의 흐름을 만나게 되는데, 그것은 하나님이 이스라엘과의 계약을 중심으로 진행해 온 경륜이 여기 묵시론적인 복음 사건들 안에서 마침내 실현되었다고 선언하고 있는 일련의 사고이다. 바울의 논증은 한 분 유일하신 하나님이, 자신의 신실하심을 보여주는 최고의 행위 속에서, 그리고 메시야의 신실하심을 통해서, 처음에 이스라엘을 자신의 선민으로 택한 진정한 목적과 의도를 드러내었다는 것이고, 그것은 여기 그의 가장 위대한 서신의 중심에 있다.

다시 한 번 우리는 바울의 구원론을 이런 식으로 접근하였을 때에 어떤 일이 벌어지게 되었는지를 주목해 볼 필요가 있다. 로마서 8:1-4에 나오는 결정적으로 중요한 진술은 전형적으로 법정적인 진술이다. 8:1과 8:3에서 '카타크리마'(katakrima, "정죄함")와 '카테크리넨'(katekrinen, "단죄하였다")이라는 동일한 어원에서 나온 단어들은 우리를 곧장 2:1-16의 대법정으로 돌려보내고, 이것은 지극히 의도적이다. 하지만 로마서 8장은 바울의 "합체론적" 기독론과 구원론의 바로 중심에 있는 것으로 여겨지고 있고, 실제로도 그렇다. 마찬가지로, 우리는 이 서신의 통상적인 대단락 구분에 따라서 볼 때, 그가 4장 끝부분이나 적어도 5장 처음 부분에 이르러서는 '디카오쉬네'(dikaiosynē) 및 그것과 동일 어원에서 나온 단어들을 사용하는 것을 중단하였음에도 불구하고, 8:1-11에서 '디카이오쉬네'와 그 동일 어원의 핵심적인 단어 하나를 매우 주의 깊게 의도적으로 사용하고 있다는 사실에 놀랄 필요가 없다 — 물론, 로마서 1-8장을 두 개의 서로 양립할 수 없는 대단락으로 쪼개고자 하는 사람들의 경고에 귀를 기울여 온 사람들은 놀라겠지만. 그러나 이번에도 바울이 그렇게 한 것은 지극히 의도적인 것이다. 다시 한 번 말해 두지만, 우리는 바울의 구원론에 대한 분석이 "사법적" 관점과 "참여적" 관점으로 양분된 것은 그 구원론의 근저에 있는 "계약적" 사고를 이해하지 못한 데서 기인한 것임을 알아야 한다. 그가 율법의 "올바르고 합당한 판결"이 이제 "우리가 육신을 따라서가 아니라 성령을 따라 살아갈 때에 우리 안에서" 이루어진다고 말할 때(8:4), 우리는 여기에 나오는

'디카이오마'(dikaiōma, "요구")를 1:32에서 "그런 일들을 행하는 자들은 죽어 마땅하다고" 하나님이 "정하신 것"이라고 했을 때의 '디카이오마'("정하신 것")를 그대로 반영한 말로 들어야 한다.[347] 결국, 로마서는 어떤 차원에서는 사망과 생명에 관한 것이다. "생명"은 여기 8:1-11의 주된 주제들 중의 하나이다. 율법은 "생명"을 약속하였지만(7:10) 줄 수 없었다(8:3). 하지만 "생명의 성령의 법"(8:2)은 "생명과 평화"(8:6)를 가져다주고, "메시야 안에" 있고 성령이 내주하는 자들의 죽을 몸들에 장차 "생명을 줄" 것이다.[348]

이 모든 것에서 핵심적인 절은 여러 세대 동안 주석자들을 당혹스럽게 해 왔던 8:10이다: "몸은 죄로 인하여 죽은 것이지만, 영은 '디카이오쉬네'로 인하여 살아 있다.[349] 이전의 번역본들은 여기에 나오는 '디카이오쉬네'를 "의"로 번역한다. 그렇게 번역하는 것까지는 좋은데, 그렇다면 그것은 무엇을 의미하는가? 나는 여기에서 또다시 바울은 이 서신의 다른 곳에서 자신이 전개해 나갔던 사고의 흐름 전체를 고도로 압축해서 현재의 논증의 중심에 갖다 놓은 것이라고 본다. 따라서 여기에서 '디카이오쉬네'가 메시야가 자기 자신을 죽음에 내어준 행위를 통하여 보여준 신실하심으로 말미암아 모든 믿는 자들에게 현재적으로 주어지는 "의롭다"는 판결을 가리킨다는 것은 의심의 여지가 없다. 이 한 행 속에서 바울은 자기가 이미 5:6-11에서 그랬던 것처럼, 3:21–4:25의 논증 전체를 가져와서, 자기가 이미 1:16-17에서 약속한 대로, 그 결과들을 이끌어내고 있다.[350] 로마서 3:24이 "그리스

347) 따라서 나는 8:4의 '디카이오마'(dikaiōma)가 8:5-8에서 설명되고 있는 일종의 내면적으로 율법을 지키는 것을 가리키는 것이 아니라(대부분의 주석자들과는 달리, 예컨대 Jewett, 2007, 485), 바울이 1:32과의 유비 속에서, 그리고 2:7, 10, 13b를 염두에 둔 가운데, "그런 일들을 행하는 자들은 살기에 합당하다"는 말을 통해 표현한 "의로운 작정하심"을 가리킨다고 생각한다. 바울은 토라의 실제적인 계명들을 가리킬 때에는, 로마서 2:26에 반영된 신명기 30:16에서처럼 통상적으로 복수형 '디카이오마타'(dikaiōmata)를 사용한다.

348) 여기에서 "생명"의 의미에 대해서는 Kirk, 2008, esp. 125-31 등을 보라.

349) Jewett, 2007, 492은 여기에서 단어의 병행은 사고 그 자체보다 더 엄격하다는 취지로 Lietzmann, 1971을 인용한다(Lietzmann은 "바울에게서는 흔히 그러하듯이"를 덧붙인다). Moo, 1996, 492는 5:21 등과의 연결고리를 보기는 하지만, 더 이상 발전시키지는 않는다.

350) 나는 이전에(2002 [*Romans*], 584) 여기에서 '디카이오쉬네'(dikaiosynē)는 하나님의 의를 가리킨다고 보았지만, 지금은 그럴 가능성이 희박해 보인다. Cranfield, 1975, 390는, 몇몇 번역본들처럼, 여기에 나오는 '디카이오쉬네'를 "칭의"와 비슷한 의미로 보고, 이것이 일리가 있다는 것은 의심할 여지가 없지만(반대견해로는 Käsemann, 1980 [1973], 224; 그는 여기에서 이 단어는 성령의 인도함을 받는 그리스도인들의 행실을 가리키고 있음에 틀림없다고 역설한다; 또한, Keck, 2005, 204를 보라), 바울이 여기에서 말하고 있는 것은 아니다. "영"에 관한 골치 아픈 문제(인간의 영, 아니면 하나님의 영?)에 대해서는 나는 여전히 바울이 여기에서 하나님의 영에 대하여 말함으로써, 특히 8:2과의 밀접한 연결고리를

도 안에 있음"이 칭의론의 중심에 있다는 것을 보여주었던 것과 마찬가지로, 로마서 8:10은 "의"— 이것은 하나님의 법정에서 8:1의 "정죄함"과 정반대 되는 판결이 내려짐으로써 얻게 된 신분이고, 로마서 4장에서 말한 "계약의 지체로서의 신분"이라는 개념을 수반한다[351] — 가 "그리스도 안에 있음"에 관한 논의의 중심에 있다는 것을 보여준다.

따라서 우리는 이제 "칭의"와 "그리스도 안에 있음," 또는 법정적 언어와 합체적 언어 간에는 서로 모순되는 것이 전혀 없다는 것을 알게 된다. 왜냐하면, 계약의 율법 및 메시야를 중심으로 수정된 선민론이 바울의 신학을 후대의 부적절한 범주들의 첨예한 대립으로 인한 불모지로부터 건져 내었기 때문이다. 이전의 도식들이 바울의 신학 속에서 토라의 위치가 불분명해 보였기 때문에 풀 수 없었던 문제가, 일반적으로는 다층적인 서사 구조를 지닌 그의 사고, 구체적으로는 계약을 중심으로 한 이스라엘에 관한 서사에 주목함으로써 해결되었다. 일단 우리가 먼저 이스라엘의 메시야로서의 예수, 다음으로는 이스라엘의 대표자인 메시야로서의 예수를 중심에 갖다놓고서, 그의 안에서 '카타크리마'(katakrima, "정죄함")와 '디카이오마'(dikaiōma, "요구, 판결, 정하심")를 본다면, 긍휼과 진실이 서로 만나게 되고, "묵시론"과 "구원사"도 서로 입을 맞추게 된다. 앞으로 보게 되겠지만, 그런 후에 성령의 내주라는 개념은 바울의 구원론의 죽을 몸 전체에 생명과 통일성을 부여해 줄 것이다.

5) 하나님의 사랑이 자기 백성을 안전하게 붙들어 주게 해주는 메시야 예수: 로마서 8:31-39

로마서 8장의 마지막 단락은 단지 이전에 나왔던 것들을 다시 말하고 있는 것이 아니라(물론, 그런 것들도 포함되어 있기는 하지만), 이 모든 것을 새롭게 표현한다. 여기에서 바울이 하나님의 "사랑"에 대하여 말할 때, 실제로 그는 신명기의 "선민론"범주들을 생각하고 있는 것이 분명하다. 그는 "누가 하나님이 택하신 자들을 거슬러(kata eklektōn theou – '카타 에클렉톤 테우') 고발하겠는가"라고 반문하

만들고 있다고 생각한다(Schreiner, 1998, 414f.는 Fee, 1994, 550f. 등을 따라서 이것을 강력하게 주장한다; 나는 Wright, 1991 [*Climax*], 202에서는 그렇게 생각하지 않았다).

351) 2:12f.에 나오는 대비들과 비교해 보라: 어떤 사람들은 "정죄를 받게" 될 것이고, 어떤 사람들은 "의롭다 함을 얻게" 될 것이다. 여기에서 "계약의 지체로서의 지위"에 대해서는 다시 한 번 *Climax*, 202를 보라.

고서는, 창세기 22장, 이사야서 50장, 시편 44장에 나오는 세 개의 본문을 메시야적으로 해석해서, 자신이 한 질문에 대하여 대답한다. 그러나 그것은 단지 "메시야적인" 해석이 아니라, "메시야 안에서의 하나님의 백성"과 결부된 해석이기도 하다. 그것은 8:17-21에서처럼 "메시야의 고난"에 참여함으로써 그의 영광에도 참여할 수 있는 "우리"에 관한 것이다.[352]

이 세 개의 주요한 성경 본문들(율법, 선지자, 성문서)에 관한 해석은 바울이 메시야 예수를 중심으로 선민론을 수정한 것의 중심과 닿아 있다. 우리는 이것이 민족적인 이스라엘 공동체로부터 다른 누군가(예컨대, 이방 "교회")에게로 "선민"의 지위가 "넘어간" 것을 말하고 있는 것이 아니라는 것을 아무리 강조해도 부족할 것이다. 그것은 정확히 이스라엘의 메시야로서의 예수에 초점이 맞춰지게 된 선민론이다. 사람들(바울 시대에서는 예수가 이스라엘의 메시야라는 것을 믿지 않았던 유대인들)이 바울의 언행에 대하여 반대하고자 하였다면, 그들이 시비를 걸고자 하였고 실제로 시비를 걸었던 것은 그가 예수를 메시야로 확신한 것이었다. 오늘날에는 " '교회'가 '이스라엘'을 대체해 버렸다"는 얼핏 보면 정치적인 성격을 띤 것 같은 불만 뒤에 비슷한 반론이 숨겨져 왔다. "교회"가 흔히 스스로 바로 그렇게 생각하는 죄를 범해 온 것은 의심의 여지가 없고, "신약학계"에서의 오늘날의 한 흐름, 즉 자신의 유대적인 뿌리를 완전히 부정하고서, 하나님이 이스라엘이 지닌 역사적 배경 전체를 다 무시하고서 예수 안에서 완전히 새로운 일을 행하였다고 주장하는 이른바 "묵시론"에 열광하는 자들도 그 가장 유력한 후보이다. 그러나 바울은 그런 것과는 전혀 관계가 없다. 예수의 부활(이것은 여기 8:34에서 언급된다)은 바울 신학의 닻이었다: 예수는 메시야이다. 따라서 "선민론"에 관한 모든 유대 전통들은 예수를 중심으로 수정되고 예수에 초점이 맞춰져야 한다. 이것은 엄청난 문제들을 제기하면서도 — 바울이 다음 장에서 제기하고 그 일부가 로마서 8장에서 이어지는 문제들이 역설적이게도 그러한 문제들을 불러일으키고 있다 — 아울러 통상적으로 제시되는 것들과 다른 대답을 제시한다.[353]

우리는 8:1-11에서와 마찬가지로 여기에서도, "그리스도 안에 있음"("합체적" 또는 "참여적" 언어)이라는 관념이 "정죄"와 "칭의"라는 관념들("법정적" 언어)과 서

352) Hays, 1989a, 57-63을 보라.

353) Hays, 1989a, 61: "바울이 행한 것은 한 마디로 이스라엘의 운명을 기독론적으로 해석한 것이다." 나는 Hays가 거기에서 설명하고 있는 로마서 11:21에 비추어 볼 때에 이 말은 정곡을 찌른 것이라고 믿는다; 그리고 여기에서 핵심은 이 해석은 이스라엘이 선민으로 택함 받은 것을 기독론적으로 해석하고 있는 로마서 8장 등으로부터 직접적으로 나온다는 것이다.

로 모순되는 것을 전혀 발견할 수 없다. 로마서 8:31-39은 로마서 5-8장에 대해서만이 아니라 로마서 1-4장에 대해서도 극적이고 적절한 결론이다. 바울이 8:32에서 이스라엘의 하나님이 자기 아들을 "내어주었다"고 언급한 것은 우리에게 4:24-25을 상기시킨다(그리고 잠시 후에 보겠지만, 바울은 4:24-25에서와 마찬가지로 여기에서도 아브라함을 생각하고 있는 것일 수 있다). "의롭다고 하신 이"는 한 분 유일하신 하나님인데, 누가 감히 "정죄할" 수 있겠느냐는 바울의 도전은 8:1-4을 거쳐서 저 앞에 있는 2:1-16로 연결되고, 그 빛 아래에서 3:21-26과 연결된다. 또한, 우리는 바울이 "그리스도 안에" 있는 자들을 붙들어 주어서 온갖 고난을 통과할 수 있게 해주는 성육신의 사랑에 초점을 맞추고 있는 것 속에서는 5:1-11의 울림을 듣는다. 이 단락 전체는 "그리스도 안에" 있다는 것이 무엇을 의미하는지에 관한 것이지만, 칭의가 그 중심에 놓여 있을 때에만 이 단락 전체는 올바른 의미를 지니게 된다.

선민론에 관한 유대 전통들은 당연히 성경 속에 깊이 뿌리 박고 있다. 그러한 전통들 중에서 가장 큰 존재감을 지니고서 이후의 모든 전통들에 대하여 역사적인 뿌리와 유효성을 부여하는 전통은 아브라함이 자신의 "독자" 이삭을 제물로 "드린" 사건 — 또는, 아브라함이 그렇게 하고자 하였을 때에 마지막 순간에 하나님이 그것을 제지하고서 숫양을 따로 준비하여 제물로 드리게 한 사건 — 이었다.[354] 많은 저자들은 심리적인 공포와 아울러서 계약과 관련된 의미로 가득한 이 옛 이야기 — 아브라함이 충성을 서약하고 순종을 드렸을 때, 하나님이 약속들을 재확인해 준 이야기 — 가 이스라엘 역사에서 후대의 중요한 "순간들"에 계속해서 울려 퍼지게 된 강력하고 감동적인 방식을 추적해 왔다. 그런 것들 중에서 유월절에 장자들을 대신한 어린양의 죽음이 가장 분명한 예였다.[355]

이 이야기는 세 시간 분량의 오페라를 만들어내고도 남을 만큼 많은 내용을 담고 있는데도, 고도로 압축되어서 단지 열아홉 절로 서술된다. 그 주된 서사는 이런 것이다:

> 이 일들 후에 하나님이 아브라함을 시험하셨다. 하나님이 "아브라함아" 하고 말씀하시자, 그가 "내가 여기 있습니다"라고 말하였다. 하나님이 말씀하셨다: "네 아들, 네가 사랑

354) 이삭은 물론 아브라함의 둘째 아들이었지만, 사라의 유일한 아들이었다; 이 이야기 속에서의 이상한 암울함의 일부는 앞의 장들에 나오는 이스마엘의 문제에 의해서 야기된다.

355) Levenson, 1993은 이제 고전적인 서술이다: 이제는 Ripley, 2010와 거기에 나오는 참고문헌을 보라.

> 하는 독자 이삭(LXX: ton huion sou agapēton, hon ēgapēsas - '톤 휘온 수 아가페톤, 혼 에가페사스'; 이렇게 칠십인역은 히브리어 본문의 '예히데카'[yehideka - "너의 하나밖에 없는"]를 '아가페토스'로 번역한다)을 데리고 모리아 땅으로 가서, 내가 네게 보여 줄 한 산 거기서 그를 번제로 드리라." 그래서 아브라함은 아침에 일찍 일어나 … 갔다.
>
> 이삭이 자기 아버지 아브라함에게 "아버지!" 하며 부르자, 그가 "내 아들아, 내가 여기 있다"고 말하였다. 이삭이 말하였다. "불과 나무는 여기에 있지만, 번제로 드릴 어린 양은 어디 있나요." 아브라함이 말하였다. "내 아들아, 번제로 드릴 어린 양은 하나님이 친히 준비하실 것이다." 이렇게 해서 두 사람은 함께 걸어갔다.
>
> 그들이 하나님이 그에게 보여 주신 곳에 이르렀을 때, 아브라함은 거기에 제단을 쌓고 나무를 벌여 놓고서, 자기 아들 이삭을 결박하여 제단 나무 위에 놓은 후에, 자기 아들을 죽이기 위하여 손을 뻗어 칼을 잡았다. 그러나 야웨의 사자가 하늘에서부터 그를 불러, "아브라함아, 아브라함아" 하였다. 아브라함이 "내가 여기 있습니다"라고 말하자, 그 사자는 말하였다. "그 아이에게 네 손을 대지 말라. 그에게 아무 일도 하지 말라. 네가 네 아들 네 독자까지도 내게 아끼지 아니하였으니(ouk epheisō tou huiou sou tou agapētou di'eme - '우크 에페이소 투 휘우 수 투 아가페투 디에메'; 여기에서도 칠십인역은 히브리어 본문의 '예히데카'[yehideka - "너의 하나밖에 없는"]를 '아가페토스'로 번역한다), 내가 이제 네가 하나님을 경외하는 줄을 알겠다." 아브라함이 눈을 들어 보니, 한 숫양이 그 뿔이 수풀에 걸려 있었다. 아브라함은 가서 그 숫양을 가져다가, 자기 아들을 대신하여 번제로 드렸다. 그래서 아브라함은 그 곳을 "야웨께서 준비하실 것이다"로 불렀고, 오늘날까지 사람들은 "야웨의 산에서 준비되리라"고 말한다.
>
> 야웨의 사자가 하늘에서부터 두 번째로 아브라함을 불러 말하였다. "야웨께서 말씀하신다. 내가 내 자신을 가리켜 맹세한다. 네가 이같이 행하여 네 아들 네 독자(tou huiou sou tou agapētou - '투 휘우 수 투 아가페투'; 여기에서도 '예히데카'는 칠십인역에서 '아가페투'로 번역된다)를 아끼지 아니하였기 때문에, 내가 진실로 너를 복 주어, 네 씨가 하늘의 별과 같고 바닷가의 모래와 같이 무수하게 할 것이고, 네 씨는 그들의 원수들의 성문을 차지할 것이며, 네 씨로 말미암아 땅의 모든 민족들이 복을 받을 것이니, 이는 네가 나의 목소리에 순종하였음이라."[356]

우리는 이 서사에 대해서 수천 가지를 말할 수 있겠지만, 여기에서는 두 가지만 말하고자 한다. 첫 번째는 우리는 본문에서 반복되고 있는 것들에 관심이 집중될 수밖에 없고, 화자도 그것을 의도한 것이라고 밖에는 결론을 내릴 수 없다는 것이다. 물론, 아브라함이 "내가 여기 있습니다"라고 한 대답도 세 번 반복되어 나오기는 하지만, 우리의 이목을 집중시키는 것은 "네 아들, 네 독자, 네가 사랑하는 자"라는 반복되는 어구이고, 그 중에서도 히브리어로 '야하드'(yahad, "하나"), 즉 사

356) 창 22:1-3, 7-18.

랑받는 특별한 단 한 명의 아들이 강조되고 있다는 것이다. 물론, 이것은 후대에 유대인들이 여러 가지로 다양한 사고들을 펼쳐나갈 수 있도록 무한히 비옥한 땅을 제공해 주었다.[357] 그런데 그러한 갖가지 사고들은 아브라함의 "씨"라는 문제, 이삭과 야곱으로부터 나온 사람들, 이 권속이 아브라함의 유효한 "희생제사"에 의해서 유지된 방식, 이삭이 기꺼이 "결박당하고자" 한 것(아브라함이 드리고자 하였던 희생제사가 마지막 순간에 중단되었다는 점을 감안하였을 때, 아버지와 아들이 기꺼이 이 희생제사를 관철하고자 한 것이 핵심적인 신학적 요소가 될 수밖에 없었기 때문에, 바로 이 요소가 이 전통에서 좀 더 두드러진 주목을 받았다)으로 거듭거듭 귀결되었다. 사실, 이 이야기는 이스라엘이 선민으로 택함 받은 것의 서사적 원천이자 신학적 하부구조가 되었고, 이스라엘이 택함 받았다는 개념의 중심에 인간의 생각을 뛰어넘고 실제로는 인간의 생각과 반대되는 기이하고 도전적인 개념, 즉 모든 것을 하나님이 준비하였다는 개념이 확고하게 자리 잡을 수 있게 해주었다. 하나님은 아브라함의 "씨"를 통해서 세계를 복 주고자 하였지만, 처음부터 이 씨와 이 복은 사람이 하나님에게 매달려서 얻어낼 수 있거나 당연히 받아야 하는 것으로 여겨질 수 있는 것이 아니라, 사람들의 예상이나 기대와는 전혀 상관없이 하나님이 "준비해서" 거저 주는 선물로 보아질 수밖에 없었다. 굳이 말할 필요도 없겠지만, 바로 이것이 여러 세기 동안 유대 민족의 역사 속에서 다중적인 의미를 지닌 채로 울려퍼져 온 것이었다.

두 번째는 바울이 로마서 8:32에서의 분명한 간접인용을 통해서 거슬러 올라간 것은 바로 이 이야기였다는 것이다. 그는 이 이야기에 로마서 4장에 나올 법한 의미를 부여하는데, 우리는 그가 이 정점의 순간을 위해서 의도적으로 4장에서는 이것을 말하지 않은 것이라고 결론을 내려도 무방할 것이다. 바울이 로마서 4장에서 아브라함의 믿음에 대하여 설명하면서, 창세기 22장에 대하여 언급하지도 않고 간접적으로 인용하지도 않은 것은 주목할 만한 일이다(4:24-25에 나오는 예수 및 그의 죽음과 부활에 관한 언급을 그러한 간접인용으로 보지 않는다고 하였을 때; 그

357) 먼저 Ginzberg, 1937 [1909], 1.279-86; 그리고 Ripley, 2010에 개략적으로 설명된 발전과정들을 보라. 랍비들이 모종의 "속죄적" 의미를 포함해서 이 주제를 풍부하게 발전시킨 것들은 기독교 이후의 것들임에 분명하지만(Davies and Chilton, 1978; Segal, 1984), 제2성전 시대에 흔히 이 이야기의 특징이었던 것들을 새롭게 다시 얘기한 것들이다(예컨대, *Jub.* 17, 18; 4Q225; 그리고 Ripley가 언급한 Philo, Josephus, Ps.-Philo, *4 Macc.*에 나오는 여러 본문들). 바울은 아마도 아케다 사건을 토대로 한 "속죄" 신학에 대응하지 않았을 것이지만, 그 내용과 거기에 대한 당시의 몇몇 유대적인 해석들을 염두에 두었을 가능성이 있다는 것을 부인할 필요는 없다(Fitzmyer, 1993, 531f.가 발전된 랍비 전통과의 관련성에 의문을 제기하는 것은 옳다).

러나 만약 그것이 그러한 간접인용이라고 하더라도, 이미 거기에는 전복적인 성향이 존재한다). 마찬가지로, 여기 8장에서 "자신의 독자를 아끼지 아니하신" 분이 계약의 하나님 자신이라는 것도 주목할 만한 일이다. 아브라함 대신에 하나님, 이삭 대신에 예수, 죽음의 회피 대신에 죽음의 수용. 이것은 바울이 여기에서 유대의 선민 신학에 있어서 저 가장 결정적으로 중요하였던 순간을 상기시킴과 동시에 상대화시키고 있는 것을 보여준다. 바울에게 새롭게 계시된 선민론을 위한 서사적 원천에 등장해서 그 선민론에 구체적인 신학적 형태를 부여한 "사랑하는 아들을 제물로 드린 제사"는 결국 아브라함이 이삭을 드린 제사가 아니라, 그것보다 무한히 더 큰 제사를 가리키는 것이고, 창세기 22장의 "아케다"(Aqedah) 사건은 단지 이 후자의 제사를 가리키는 많은 이정표들 중에서 가장 두드러지고 감동적인 이정표일 뿐이다.[358]

우리는 그 점을 아무리 강조해도 지나칠 수 없기 때문에 반복해서 말할 필요가 있다. 바울이 여전히 제2성전 시대 유대교 내에서이기는 하지만 이러한 중대한 조치를 수행한 것은 "교회"를 정당화하기 위해서나, 예수를 "교회의 메시야" 또는 "기독교 신앙의 메시야"로 보았기 때문이 아니라, 예수가 이스라엘의 메시야, 유대민족이 고대하던 바로 그 메시야라고 믿었기 때문이었다. 또한, 우리는 바울이 예수를 메시야로 여기게 된 것은 이방인들로 하여금 할례를 받게 하지 않은 채로 받아들이기 위한(이것에 대해서 우리는 이방인들을 어디로 받아들이기 위한 것이냐고 물을 수 있을 것이다) 자신의 독특한 계획과 관련된 변증적 의도 때문이 아니라, 오직 이스라엘의 하나님이 메시야를 자처하다가 십자가에 못 박힌 분을 죽은 자 가운데서 다시 살렸고, 이것을 통해서 자기가 메시야라는 그의 주장이 의심할 여지없이 증명되었기 때문이었다(롬 1:3-4).[359] 그리고 그가 이방인들을 할례 없이 받아들여야 한다는 것과 "메시야 안에" 있는 모든 사람들은 이제 "하나님이 택하신 자들"(8:33)이라는 것을 역설한 것은 그러한 믿음으로부터 나온 것이었다. "의가 율법으로 말미암아 왔다면, 메시야는 헛되이 죽은 것이다." 율법은 사람들에게 의를 가져다주지 못하였다.

바울은 여기에서 창세기 22장에 대한 새로운 읽기를 제공한 것처럼, 33절과 34절에서는 이사야서 50장에 대한 새로운 읽기를 제공한다.[360] 이 아주 중요한 예언

358) 아케다 사건이 현재의 본문에 반영된 것으로 읽거나 그것을 부인하는 여러 다른 방식들에 대해서는 Jewett, 2007, 536-8에 나오는 논의를 보라.

359) 반대견해로는 Levenson, 1993, ch. 15, 특히 209-13.

360) Wilk, 1998, 280-4를 보라; 반대견해로는 Jewett 2007, 541 — 그는 이사야서의 반영은 "다소

서 본문에 대한 그의 새로운 읽기는 거대한 진전을 보여주는 것이지만, 일단 우리가 그의 신앙의 기본 구조를 파악하기만 하면, 그것은 충분히 이해될 수 있다. 우리는 바울이 이사야서 49장에 비추어서 자신의 직분과 사역에 대하여 자주 말하였다는 것을 기억한다. 그는 예언서 본문들을 서로 고립된 독자적인 단편들로 여기고서 원자론적으로 생각하였던 것이 아니라, 일정 정도 단절 없이 하나로 이어진 연속적인 서사로 생각하였던 것으로 보인다 — 특히 이사야서의 이 중심적인 장들에 대해서는 분명히 그러하였다.[361]

우리가 알고 있는 한, 바울 시대의 유대교에서 이사야서에 나오는 "종의 노래들"을 읽는 주된 방식은 두 가지가 있었다. "메시야적인" 읽기가 있었다. 그러나 이 읽기에서는, 시편 2편과 거기로부터 유래한 사고의 흐름에서처럼, 메시야는 고난을 당하지 않았고, 도리어 계약의 하나님의 원수들(즉, 이방인들)에게 고통을 가하는 존재였다. "고난받는 종"이라는 관점에서의 읽기가 있었다. 이 읽기를 보여주는 초기의 가장 좋은 증거는 다니엘서에 나오는 순교 신학이지만, 거기에서의 "고난"은 메시야가 받는 고난이 아니었다. 내가 다른 곳에서 논증하였듯이, 주후 1세기에 이 두 가지 읽기는 이미 결합되어 있었다.[362] 여기에서 바울은 "종"을 장차 이스라엘의 하나님이 원수들을 심판하고서 자신들을 구원할 것을 믿는 가운데 고난을 받고 있는 백성으로 해석하는 두 번째 읽기를 가져와서 사용한다. 그러나 바울이 그렇게 한 것은 무엇보다도 이 백성이 장차 메시야와 함께 영광과 유업을 받기 위하여 그의 고난에도 참여하는 메시야의 백성이었기 때문이었다(8:17-18).

바울은 로마서 8장에서 이사야서 50장을 반영함으로써, 고난 받는 공동체를 이스라엘에게 준 하나님의 약속이라는 지도 위에 위치시킬 수 있게 되었을 뿐만 아니라, 이 약속을 자기가 방금 간접적으로 인용한 아브라함에 관한 이야기와 밀접하게 결합시킬 수 있었다. 이사야 선지자는 바로 다음 단락에서 이렇게 말한다:

> 의를 추구하는 너희는 내게 귀 기울여라. 너희가 떠내진 반석과 너희가 파내진 구덩이를 생각하여 보라.

멀고" "아주 희미하다"고 생각한다.

361) 바울은 특히 야웨의 종이 자기가 한 일이 "헛되다"(사 49:4)고 말할지도 모르지만, 이스라엘 지파들을 회복하고 열방의 빛이 되는 새로운 사명이 그 종에게 주어졌다는(49:6) 인식을 붙잡고 있는 것으로 보인다. 예를 들어, 갈 2:2; 4:11; 고전 15:58; 고후 6:2; 빌 2:16; 살전 3:5을 보라; 또한, cp. 사 65:23. 갈라디아서에 인용된 이사야서에 대해서는 Ciampa, 1998를 보고, 고린도후서 6장에 인용된 이사야서에 대해서는 Gignilliat, 2007을 보라.

362) *JVG*, ch. 12, 특히 588-91을 보라.

> 너희의 조상 아브라함과 너희를 낳은 사라를 생각하여 보라.
> 내가 불렀을 때, 아브라함은 홀홀단신이었지만, 나는 그에게 복 주었고 그를 창대하게 하였다.[363)]

바울이 앞에서 창세기 22장을 반영한 것이 그랬던 것과 마찬가지로, 이것도 로마서 9장에서 말하게 될 엄청난 문제를 보여줄 뿐만 아니라, 그 문제를 해결할 수 있는 수단도 보여준다. (9:30에서와 마찬가지로) 여기에서도 주어는 내내 "의를 추구하는 자들"(하지만 실제로는 의에 도달하지 못한 자들)이다. 그들이 자신들의 역사 속에서 하나님의 기이한 목적을 이해할 수 있기 위해서는 아브라함과 사라를 새롭게 이해하지 않으면 안 된다(9:6-9). 이사야서 51장은 이번에도 42장 및 49장과 맥을 같이하여, "종"이 부름 받은 구원 사역이자 그의 옳음을 입증해 줄 구원 사역은 먼 곳에 있는 나라들까지 미치게 될 것임을 강조한다(51:4-6).

이것은 우리를 36절에서 인용된 시편 44편(LXX 43편)으로 다시 데려다 준다. 우리는 이것을 앞에서 유일신론과 연결시켜서 다룬 바 있는데,[364)] 바울은 여기에서 다시 한 번 하나님의 백성에 관하여, 계약의 하나님에 대한 그들의 충성에 관하여, 그로 인한 그들의 고난에 관한여 말하는 본문들은 메시야 예수에게 속한 자들과 관련해서 이해할 때에만 제대로 이해될 수 있다고 주장한다.[365)] 그는 갈라디아서 2:20에서와 마찬가지로 이번에도 메시야와 관련된 "사랑"에 관한 언어를 마지막 절(8:39)에서 문맥에 맞춰 수정하여 사용해서, "메시야 우리 주 예수 안에 있는 하나님의 사랑"이라고 말한다. 이 "사랑"이라는 개념은 단지 계약의 하나님 편에서의 강렬한 감정, 즉 하나님으로 하여금 너그럽게 자기 자신을 내어주고 그 어떤 장애물이 있다고 할지라도 반드시 일을 성취하게 만드는 감정을 가리키는 것이 아니라, 성경에서 거듭거듭 송축되는 하나님의 '헤세드'(hesed)에 의해서 유지되는 하

363) 사 51:1f.

364) 위의 제9장 제2절 1)을 보라.

365) Jewett, 2007, 548은 로마 신자들 중 일부가 바울을 비롯한 유대 그리스도인들의 고난이 그들이 참된 제자들이 아니라는 것을 보여주는 것은 아닌가 하고 의문을 제기하였다고 할 때에만, 이 인용문이 의미를 지니게 된다고 주장한다. 그런 일이 일어났을 가능성이 없는 것은 아니지만, 나는 이 시편 전체의 좀 더 큰 맥락과 앞서 8:28에서의 이 시편의 반영(다시 한 번 위의 제9장 제2절 (i)을 보라)은 바울이 토라 및 선지자들의 글과 더불어서(32절과 34절) "성문서"로부터의 인용문을 제시하면서, 고난과 소망의 이 시편을 기도하는 가운데, 초기 기독교 운동 전체를 한 분 유일하신 하나님의 참된 백성의 지도 위에 위치시키고 있는 것이라고 본다. 또한, 이 시편을 창세기 22장과 연결시키고, 이 시편에 이사야서 53장이 희미하게 반영되어 있다는 것을 지적하는(이사야 53장은 시편 44편과는 거리가 멀지만, 8:34에 나오는 "종"에 대한 언급을 통해서 연결된다) Hays, 1989a, 57-63의 의미심장한 설명도 보라.

나님과 이스라엘 간의 계약과 연관되어 있다. 따라서 바울이 메시야 안에서의 하나님의 사랑을 언급한 것은, 33절에서 명시적으로 말하고 있듯이, 메시야와 그의 백성을 계약 백성, 즉 선민("택하신 자들")으로 규정하는 것이다.[366] 그리고 이것은 35-39절을 32절에 나오는 "아케다 사건"(Aqedah, "결박" 또는 "묶음"이라는 뜻으로, 아브라함이 이삭을 결박하여 하나님께 제물로 드리고자 한 사건을 가리킴 — 역주)에 대한 간접 인용과 밀접하게 연결시킨다. 왜냐하면, 앞에서 이미 보았듯이, 히브리어 본문에서(그리고 칠십인역에서는 한층 더) 강조점은 이삭이 "사랑하는" 아들이었다는 점에 두어져 있기 때문이다. 바울은 여기에서 하나님과의 관련 하에서의 메시야에 대하여 그 단어를 사용하지 않고, 대신에 '호 이디오스 휘오스'(ho idios huios, "하나님 자신의 아들"), 즉 하나님의 유일하고 특별한 아들로 지칭하는 쪽을 선택한다. 이 이야기 속에서 "사랑"은 이제 메시야의 모든 백성에게로 확대된다. 즉, 아들이 자기 자신을 내어주어 저 끔찍한 십자가에 못 박혀 죽었을 때, 아버지와 아들 간에 연합이 이루어졌고, 이 연합으로부터 계약에 의한 사랑이 뻗어나가서 저 큰 무리를 껴안게 된 것이다. "누가 우리를 메시야의 사랑에서 끊어 놓겠는가? … 모든 피조물 가운데서 아무것도 우리를 메시야 우리 주 예수 안에 있는 하나님의 사랑에서 끊어 놓을 수 없을 것이다."

이렇게 메시야 안에서 우리를 택한 하나님의 사랑은 그 길을 가로막는 모든 세력이나 권세를 다 이기고, 그 사랑의 대상들로 하여금 "넉넉히 이길 수 있게"(hypernikōmen – '휘페르니코멘,' 8:37) 해주는 승리하는 사랑이다. 로마서 8장과 아주 많은 것을 공통으로 갖고 있는 고린도전서 15:20-28에서와 마찬가지로, 여기에서도 바울은 현재의 때를, 메시야가 장차 사망이 패배하고 하나님이 "모든 것 속에서 모든 것"이 될 때에 완성될 승리를 계속해서 해나가고 있는 때로 본다. 바울은 로마서 5-8장의 논증을 송영으로 마무리하고 있는 이 결론부, 아마도 자신의 글들 중에서 그 어떤 본문보다도 가장 주의 깊고 세심하게 이 본문의 모든 부분들 속에서, "하나님의 택하신 자"라는 유대적인 범주가, 무엇보다도 첫 번째로는 메시야 안에서 및 메시야로서 재정의되었고, 두 번째 부차적으로 메시야의 백성을 가리키도록 재정의되었다는 것을 분명히 한다. 선민론은 모든 점에서 메시야를 중심으로, 특히 그의 죽음과 부활을 중심으로 수정되고 재편된다.

366) '카타 에클렉톤 테우'(kata eklektōn theou); 이 단어는 바울에게서 아주 드물게 나오지만, 그 실체는 도처에 있다. 유대교에서는 너무나 분명하게 이스라엘 민족이나 그 중에서 정결하게 된 자들로 이루어진 부분집합을 의미하였던 "하나님의 택하신 자들"은 여기에서는 마찬가지로 너무나 분명하게 "메시야 안에" 있는 자들을 가리킨다는 것은 너무나 명백하다.

우리는 이제 우리가 어느 지점까지 도달하였는지를 요약해 볼 수 있을 것이다. 분명한 것은 바울은 의도적으로 하나님의 선민에 관한 자신의 그림을 나사렛 예수를 중심으로 다시 그렸다는 것과 그렇게 할 때에 예수가 메시야라는 것을 확증해 준 죽은 자 가운데서의 그의 부활을 토대로 삼았다는 것이다. 이것은 바울로 하여금 예수의 십자가 사건이 아무리 역설적이고 예기치 않은 일이라고 할지라도 실제로 처음에 하나님이 이스라엘을 선민으로 삼은 목적, 즉 큰 규모의 악의 문제를 해결하고자 한 목적을 실제로 성취한 사건이라는 것을 이해할 수 있게 해주었다. 이러한 관점에서 바라볼 때, 우리는 각기 눈보라처럼 휘날리던 많은 주제들이 갑자기 하나로 결합되는 것을 볼 수 있다. 바울은 이런 식의 재정의를 통해서, 이스라엘과 관련된 하나님의 계획이 마침내 메시야 예수 안에서 성취되었는데, 이스라엘이 이전에는 전혀 생각할 수 없었던 방식으로 성취된 바로 이것이야말로 하나님이 원래 의도하였던 것이었음을 새롭게 표현한 것이었다.

6) 메시야, 이스라엘의 소망, 토라: 결론

바울에게 있어서 예수는 자기 백성에 대한 계약의 하나님의 신실하신 사랑을 구현하고 표현한 것이었다는 것을 우리는 이미 살펴본 바 있고, 바울은 예수와 자기 자신을 둘 다 이사야서의 중심적인 단락에서 부각된 "종"의 소명에 비추어서 생각하였다는 것도 이미 살펴본 바 있다.[367] 또한, 우리는 바울이 예수에 관한 진실을 이해하기 위해서 유대적인 "지혜" 전승들을 비중 있게 활용하였다는 것도 앞 장에서 살펴보았다. 이것은 어떤 차원에서는 수정된 유일신론의 표현이지만, 수정된 선민론의 표현이기도 하다. 왜냐하면, "지혜"는 토라라는 매개체를 통해서 이스라엘 가운데 거하게 된 것으로 여겨졌기 때문이다.[368] 몇몇 "지혜" 전승들에서와 마찬가지로, 이것은 예수를 창조주 하나님이 와서 자신의 거처로 삼은 곳으로 보아야 한다는 것을 의미하는 것이었다. 달리 말하면, 예수는 이스라엘의 삶의 심장부인 참된 성전이었다는 것이다:

> [19]아버지께서는 모든 충만으로 예수 안에 거하게 하시고,
> [20]그의 십자가의 피로 화해를 이루어,
> 만물, 곧 땅에 있는 것들이나 하늘에 있는 것들이

367) Hays, 1989a, 63을 보라.
368) Sir. 24 등. 위의 제9장 제3절 1)을 보라.

그로 말미암아 자기와 평화를 이루게 하기를 기뻐하셨다.[369)]

[9]그의 안에는 모든 충만한 분량의 신성이 육체로 거하였다.[370)]

이것은 우리가 앞에서 좀 더 자세하게 살펴본 것, 즉 예수가 창조주 하나님의 신실하신 사랑을 구현할 수 있었고, 그의 죽음은 바로 그 사랑의 표현, 실제로는 그 사랑의 고전적인 표현이자 그 사랑의 정의가 되는 표현이라는 것(롬 5:8-9)의 배후와 근저에 있는 것이다. 그리고 이것은, 이스라엘의 소망과 완벽하게 맥을 같이하여, 예수가 아담이 스스로 할 수 없었던 것을 아담을 위하여 행하여 "타락"을 역전시켜서, 인간으로 하여금 하나님의 형상을 회복하여 원래대로 하나님의 피조세계를 다스릴 수 있게 한 참된 인간이자 "참된 아담," 하나님의 형상을 지닌 자였다는 것을 의미한다.[371)] 로마서 8:17, 갈라디아서 3:29과 4:1, 7 같은 병행 본문들이 말하고 있듯이, 예수가 메시야로서 자신의 "유업"을 받을 때, 그 유업은 아브라함에게 약속된 "유업"(아브라함의 소임은 아담의 문제를 역전시켜서 "참 인류" 프로젝트를 다시 제 궤도에 올려놓는 것이었기 때문에)임과 아울러 아담 자신의 "유업"이기도 하다. 이렇게 메시야로서의 예수는 하나님이 왕으로 대표되는 이스라엘에게 약속하였던 모든 것, 즉 세계에 대한 통치권을 유업으로 받게 된다. 이 점에서 예수는 바울에게 있어서 창세기 1:26-28에서 아담이 서 있었던 그 지점에 서 있다.

그러나 바울에게 있어서 온 세계를 한데 묶는 일을 궁극적으로 성취한 것은 예수의 죽음이었다. 우리는 이것을 우리가 지금까지 살펴보아 온 본문들에서 확인할 수 있는데, 갈라디아서 2:15-21에서는 예수의 죽음이 유대인 신자들과 이방인 신자들이 동일한 상에서 함께 먹는 주된 이유라고 말하고, 3:10-14에서는 예수의 죽음이 아브라함의 복이 열방들에게 흘러들어갈 수 있는 길을 열어준 것이라고 말하며, 로마서 3:21-31에서는 예수의 속량을 위한 희생제사적인 신실한 죽음은 유대인과 이방인으로 하여금 믿음 안에서 연합하게 한 수단이라고 말한다. 그러나 이것은 우리가 아직 살펴보지 않은 본문들에서도 분명한데, 예컨대 에베소서 2:14-18에서는 예수의 죽음이 인류를 크게 둘로 나누었던 담을 헐어서, 이 둘을 한 분 유일하신 하나님과 화해시켜 한 몸이 되어 평화를 전하게 하였다고 말한다.

특히, 이 모든 것은 바울에게 있어서 예수가 지극히 역설적인 토라가 온전히 표

369) 골 1:19f.
370) 골 2:9.
371) 롬 5:14-21; 8:29; 고전 15:20-8; 빌 3:20f.

현된 곳이었다는 것을 의미한다. 우리는 토라를 생각하지 않고서는 이스라엘의 선민론을 생각할 수 없다. 우리는 바울이 선민론을 메시야를 중심으로 수정하고 재편하면서, 토라는 인간의 문제를 해결하고자 한 초기의 서투른 시도였기 때문에 지금은 유효하지 않은 것으로 치부한 것으로 생각해서는 안 되고, 근본적으로 새로운 맥락 안에서 지극히 역설적인 방식으로 재긍정한 것으로 보아야 한다. 물론, 토라는 복음처럼 "하나님의 의가 나타나게" 하는 수단이 되었던 것은 아니었다. 그럼에도 불구하고, "율법과 선지자들은 복음을 증언하였고"(롬 3:21), "믿음의 법"은 율법을 폐기하는 것이 아니라 도리어 견고하게 세운다(3:31). 이것은 단지 바울이 복음에 대한 증거 본문들을 성경에서 발견할 수 있었음을 의미하는 것이 아니다. 그것은 그가 생각한 방식이 아니었다. 도리어, 그것은 이스라엘의 선민론의 현장이자 하나님의 목적에 관한 서사였던 토라가 이스라엘의 대표자인 메시야 안에서 — 그의 죽음과 부활 안에서 — 결정적이고 명확하고 새롭게 표현되었다는 것을 의미하는 것으로 보인다. 바울에게 있어서 메시야의 삶 전체는 그 삶을 규정한 정점이었던 저 순간들을 포함해서 "순종"과 "신실하심"을 보여준 삶이었다. 토라는 하나님의 의를 드러내는 수단이 될 수 없었지만, 그럼에도 불구하고 그 의가 드러나게 한 저 순종의 신실하심을 증언해 주는 역할을 하였다.

이것은 정확히 무엇을 의미하는가? 우리는 바울의 글들을 비롯한 여러 곳에서 예수에게 죄가 없었음을 강조하는 눈에 확 띄는 정형문구들을 볼 수 있다.[372] 아주 최근에 공적인 삶을 살았던 그 어떤 사람에 대해서든 이런 식으로 말한다는 것은 충분히 주목할 만한 일일 수밖에 없다. 그러나 토라가 예수 안에서 새롭게 표현되었다는 관념은 예수가 죄 없는 삶을 살았다는 초기 그리스도인들의 믿음보다 훨씬 더 깊은 의미를 담고 있다.

첫째, 토라에 대한 고전적인 요약인 "셰마"(Shema)가 존재한다. 우리는 바울이 바로 그 셰마가 예수 안에서 온전히 표현되었다고 믿었음을 이미 앞에서 살펴본 바 있다. 고린도전서 8:6에 의하면, "셰마"는 예수 안에서 새롭고 명확하게 성취되었다.

둘째, 우리는 로마서 7:1–8:11, 특히 그 정점인 8:3-4이 계약의 하나님이 토라가 할 수 없었던 것을 자기 아들과 성령을 보내어 행하였다고 말하고 있는 것을 이미 살펴본 바 있다. 특히, 아들의 죽음을 통해서 "죄"의 권능을 부수는 데 꼭 필요하였던 "죄"를 단죄하는 일에 토라가 앞장을 섰다. 토라는 "죄"를 이스라엘과 결부된 함정

372) 고후 5:21a; cf. 요 7:18; 8:46; 히 4:15; 7:26; 벧전 2:22.

속으로 이끌어서(롬 5:20) 이스라엘 속에서 기승을 부릴 수 있게 함으로써, 이스라엘 안에서, 아니 메시야를 대표로 한 이스라엘 안에서 죄를 단죄할 수 있었다. 앞으로 보게 되겠지만, 이것은 우리가 로마서 9-11장을 이해하는 데 도움을 줄 결정적으로 중요한 한 수이다. 그러나 현재의 논의에서 중요한 것은 우리는 메시야 안에서 토라가 비록 예기치 않은 방식이긴 하지만 온전히 표현되고 있는 것을 본다는 것이다. 메시야가 하나님이 그의 육신에 죄를 정하고 단죄할 수 있도록 하는 기이한 사역을 수행할 때, 토라는 기뻐하는 표정을 짓는다. 왜냐하면, 토라는 생명을 주고자 한 자신의 원래의 의도를 사람들의 육신 안에 있는 죄로 인해서 이룰 수 없었는데, 메시야가 바로 그 죄를 제거해 주었기 때문이다.

따라서 이것은 바울이 로마서 10장에서 신명기를 새롭게 읽을 때에 극적인 역할을 한다. 앞으로 보게 되겠지만, 거기에서는 예수를 주로 고백하고 그가 죽은 자 가운데서 살아난 것을 믿는 것은 새 계약의 증표로서, 이스라엘이 자신의 부르심을 따라 토라를 지켜 행하는 삶을 사는 것과 동등한 것으로 여겨진다. 그리고 거기에서 "주"인 예수는 유대인과 이방인을 가리지 않고 모든 사람의 주로 등장한다. 즉, 바울은 이것도 이스라엘의 대표자로서의 예수라는 관념, 즉 예수가 자기 자신 속에 계약 하나님의 선민으로서의 이스라엘의 소명을 집약해서 가지고 있었던 것 중의 일부라고 보았다는 것이다. 물론, 이것은 유대인들을 이방인들로부터 분리시키는 토라의 역할이 폐기되고 지양되었다는 것을 의미하는 것이기도 하다.[373] 그러나 거기에서조차도 우리는 "성취"의 의미를 놓쳐서는 안 된다. 왜냐하면, (바울에 의하면) 바로 그 점에 있어서조차도 토라는 이스라엘이 성년이 될 때까지 안전하게 지키는 '파이다고고스'(paidagōgos)의 역할을 성실히 수행함으로써 하나님의 경륜에 기여하여 온 것이기 때문이다. 토라가 지닌 바로 그 특정한 역할이 폐기되었다는 것 자체가 성취의 일부이다.

따라서 바울의 성숙해진 사고 내에서, 예수는 신실하고 철저한 순종, 죽음에 이르기까지의 순종, 이스라엘이 행하여야 했지만 행하지 못했던 신실한 순종을 통해서 창조주이자 계약의 하나님을 섬긴 사람으로 드러났고, 그가 진정으로 "하나님의 아들," 기름 부음 받은 왕, 이스라엘의 대표자, 세계의 참된 주, 달리 말하면 메시야였다는 것을 보여주는 증표로서 제3일에 부활한 사람으로 드러났다. 예수가 토라가 기이하게 성취된 곳이자 이스라엘이 기이하게 구현된 곳이라면, 그것은 그런 것들을 훨씬 능가하는 놀라운 사실, 즉 예수는 계약의 하나님의 신실하심이 궁

373) 갈 2:15-21; 3:10-14, 15-22; 엡 2:14-18; 골 2:13-15.

극적으로 구현된 곳이었다는 사실 때문이었다. 새롭게 이해된 유일신론은 새롭게 수정된 선민론의 배후에 감춰져 있는 비밀이다. 하나님의 신실하심이 메시야를 통하여 이루어진 이스라엘의 신실함 안에서 구현된 것이기 때문에, 메시야에게 속한 사람들이 메시야에게 신실한 백성으로 정의되는 것은 너무나 당연한 일이다: '호이 에크 피스테오스 크리스투'(hoi ek pisteōs Christou, "메시야의 신실하심으로부터 나온 자들"). 그리고 이것은 바울의 가장 유명하면서도 오해되고 있는 가르침들 중의 하나를 여는 열쇠이다.

이 모든 것의 중심에 십자가가 서 있다는 것은 지독하게 역설적이다. 바울에게 있어서 십자가는 중심을 나타내는 표시이다: 이스라엘의 중심, 인류의 중심. 십자가는 모든 것의 중심이고, 모서리에 유혹되어 있는 마음들의 초점을 다시 잡아주는 분명한 선이며, 모든 것의 축이다. 물론, 십자가는 단순한 인간의 주장으로서, 한 제국이 자신의 선을 저기에 긋는 동안에, 자신의 선을 여기에 긋는 한 제국으로 보아질 수도 있고, 흔히 그렇게 보아져 왔다. 그러나 우리는 창조주 하나님이 수평의 선을 수직의 선으로 양분하는 표시인 십자가를 여기에 그었다고 바울이 믿은 이유에 대해서는 그 어떤 의심이 있어서도 안 된다. 결국, 십자가는 로마인들이 속국의 반역자들에게 가한 "극형"이었고, 그때까지 세계가 알고 있던 것 중에서 가장 큰 제국이 자신의 길을 가로막는 모든 자들에게, 특히 대안적인 제국, 또 다른 종류의 제국을 말하거나 실현해 가는 것으로 보이는 모든 자들에게 자신의 권위를 확실하게 각인시키는 방식이었다. 바울에게 있어서 예수의 범죄는 정확히 바로 그것이었다. 예수는 이스라엘의 꿈이었던 나라, 승리를 통해서 사망을 패배시키고 세계의 모든 권세들에게 책임을 물을 때에 세워지게 될 창조주 하나님의 나라를 대표하고 구현하였다:

> 이 현세의 통치자들 중에는 아무도 이 지혜에 대하여 알지 못하였다. 만일 알았더라면, 그들은 영광의 주를 십자가에 못 박지 않았을 것이다.[374)]

> 하나님은 통치자들과 권세들을 무장해제 시키고, 공개적으로 사람들의 구경거리가 되게 하여 모욕을 받게 하여, 그의 안에서 그들에 대한 승리를 축하하셨다.[375)]

> 하나님의 각종 극히 다양한 지혜는 교회로 말미암아 하늘에 있는 통치자들과 권세들에

374) 고전 2:8.
375) 골 2:15.

게 알려지게 되었다. 이것은 하나님의 영원하신 경륜이었고, 그가 우리 주 메시야 예수 안에서 그것을 이루셨다.[376]

바울에게 있어서 십자가는 "하나님의 신실하심"의 중심을 관통하는 화살 같은 것이었다. 십자가는, 아브라함이 자신의 유업이었던 온 땅을 응시하였던 것처럼, 이제 즉위한 메시야로 하여금 동쪽과 서쪽, 남쪽과 북쪽을 둘러볼 수 있게 해준 지점이었다. 그 땅들의 통치자들은 이제 그의 죽음으로 말미암아 패배하였기 때문에, "그의 이름을 위하여 신실한 순종"으로 호출될 수 있다.[377] 메시야는 "우리 죄를 위하여 자기 자신을 주었기" 때문에 "우리를 이 악한 현세로부터 건져낼" 수 있었다. 메시야가 계약의 하나님이 처음에 이스라엘을 부른 목적을 성취하였다는 것이 무엇인지를 이해하기 위해서는, 우리는 이 이중적인 진술에 나오는 모든 단어를 하나하나 다 큰 무게를 두고 살펴보지 않으면 안 된다.[378]

바울은 메시야가 특히 그의 죽음과 부활을 통해서 아브라함까지 거슬러올라가는 선민론의 문법 자체를 어떻게 재정의한 것인지를 보았다. 아브라함은 믿었고, 영원히 "의롭다" 함을 받았다. 그의 "씨"는 그들의 것이 아닌 땅에서 노예생활을 하게 되었지만, 하나님의 신실하심으로 인해서 유월절 사건이 일어났고, 약속대로 그들에게 유업이 주어졌으며, 장차 그들을 통해서 세계가 복을 받게 될 것이었다. 그들은 기다렸고, 시편과 선지자들은 평화에 대하여, 정의의 계약에 대하여 노래하였다. 하지만 그들에게는 포로생활이 닥쳐왔고, 소망은 사라졌으며, 짐승으로 상징되는 제국들이 연이어 일어났다. 그런 후에, 때와 눈물이 다 차자, 하나님은 자신의 독생자이자 지극히 기이한 왕을 보내어, 이스라엘을 위하여 그들이 할 수 없었던 일을 하도록 하였다. 그 아들은 순종과 신실함을 보여, 스스로 유월절 어린 양이 되었다. 그는 "씨"이자 "종"이며 "아들"이었고, 택함 받은 자이자 사랑 받은 자이며 승리한 자였다.

4. 성령을 중심으로 수정된 선민론: 의롭다 함을 받은 메시야 백성

376) 엡 3:10-11.

377) 창 13:14; cf. 28:14; 시 2:8; 롬 8:17; 1:5.

378) 갈 1:4(반대견해로는 Martyn, 1997a, 88-91; 그는 이 절을 둘로 나누고, 바울은 전반부만을 진정으로 인정하고 있다고 본다).

1) 서론

이제 나는 바울의 가장 유명한 가르침이자 많은 신학자들이 그의 사상의 중심이라고 보아 온 것을 다루고자 하는데, 대부분의 사람들이 생소하다고 느낄 그런 시각으로 거기에 접근하고자 한다. 나는 이러한 접근방법이 비록 생소해 보인다고 할지라도 우리로 하여금 그 가르침의 핵심에 곧바로 접근할 수 있게 해줄 것이라고 믿는다. 나는 "칭의론"을 포함한 좀 더 폭넓은 바울의 구원론을 그의 수정된 유대적 선민론이라는 관점에서, 그리고 우리가 방금 살펴본 기독론적인 이해, 특히 이번에는 성령을 중심으로 생각해 볼 것을 제안한다. 하나님이 이스라엘을 선민으로 삼은 것이 아브라함의 자손을 통해서 세계를 구원하겠다는 하나님의 엄숙하고 깨뜨려질 수 없는 약속이었다면, 바울은 그 약속이 메시야 안에서 성취되고 성령을 통해서 구체적으로 적용되었다고 보았다. 그리고 "칭의"는 바로 그러한 사역의 한복판에서 일어나고 있는 일이다. 방금 앞 장을 읽은 사람들은 내가 제시하고 있는 "칭의"에 관한 새로운 관점이 "유일신론"에 관한 바울의 새로운 관점의 토대들 위에 정확히 서 있다는 것을 아마 깨달을 것이다.

바울에 대한 해석사라는 관점에서 보면, 이러한 제안은 네 가지 중요한 것들을 이루는 것을 목표로 한다. 첫째, 이러한 접근방법은 우리로 하여금 논증의 세부적인 내용은 물론이고 논증의 구조를 통해서, 이스라엘에 관한 하나님의 계획, 즉 이스라엘 자신에 대한(for) 계획과 이스라엘을 통하여(through) 이루고자 하는 계획이라는 좀 더 기본적인 유대적 범주에 호소함으로써, 바울에 관한 "사법적" 관점과 "참여적" 관점 간의 팽팽한 대립을 단번에 해결할 수 있게 해준다. 즉, 우리는 "선민론," 특히 "계약"이라는 좀 더 큰 범주를 새롭게 제대로 인식해서 그러한 언어 내에 사법론적인 언어와 합체론적인 언어가 서로 나란히 둥지를 틀 수 있게 해줌으로써, 지금까지의 그러한 대립관계를 해결할 수 있다는 것이다. 둘째, 그 결과, 이러한 접근방법은 우리로 하여금 "칭의"를, 바울이 메시야를 이스라엘의 대표자로 본 관점 내에 확고히 위치시킬 수 있게 해준다. 즉, 전통적인 교의학의 용어들을 사용해서 표현하자면, 이러한 접근방법은 "칭의론"을 "그리스도 안에 있음"과 관련된 범주 내에 위치시키면서도, 브레데(Wrede)와 슈바이처(Schweitzer)를 거쳐 샌더스(Sanders), 그리고 지금은 캠벨(Campbell)에 이르기까지 추구해 온 전통과는 달리, 칭의론의 의미를 상대화시키거나 축소시키지 않아도 되게 해준다는 것이다. 셋째, 이러한 접근방법은 우리로 하여금, 메시야 안에 있는 하나님의 백성이 어떻게 죄와 사망에서 건짐을 받는지, 그리고 이제 그들은 진정으로 누구이고 어떤 자들인지에 관한 바울의 사고의 서로 다른 많은 측면들을 구별해내면서도, 그 측면들이 따로따로 놀거나 서로 충돌하지 않을 수 있게 해준다. 넷째, 이 모든 것을 통해서 우리는 (a) 바울의 칭의론과 구원론은 여전히 아브라함과 그의 "자손"에게 주어진 약속들에 뿌리를 두고 있다는 것(달리 말하면, 바울은 그러한 약속들을 다 제거해 버리고서 완전히 새로운 것을 만들어낸 것이 아니라, 철저하게 유대적인 신학자로 계속해서 남아 있었다는 것)과 (b) 바울의 그러한 관점은 민족으로서의 이스라엘을 "교회"로 대체한 것이 아니라, 민족적인 이스라엘과 그 선민으로서의 지위가 이스라엘 자신의 메시야 및 그의 죽음과 부활 안에서 영광스럽게 집약되어서, 이스라엘의 메시야로서의 예수와 관련해서 정의되는 "이스라엘"을 낳은 것으로 보았다는 것을 단언할 수 있다. 이것은 예수와 관련된 사건들이 역사적인 전례가 없는 새로운 일이었다는 주장에 조금이라도 못 미치면 받아들이려고 하지 않는 열렬한 "전면적 대체주의자"도 만족시키지 못할 것이고, 예수는 오로지 이스라엘의 메시야였다고 주장하는 것에 조금이라도 못 미치면 받아들이려고 하지 않는 열렬한 "반대체주의자"도 만족시키지 못할 것이다. 바울은 어느 한 편을 기쁘게 해주려고 하지 않았기 때문에, 우리도 그렇게 하고자 하지 않을 것이다. 우리는 단지 바울의 가르침들 중에서 가장 논란이 되고 있는 이것과 관련해서 그의 사고의 심층적인 구조와 석의적인 정합성을 보여줌으로써, 역사적이고 신학적인 연구의 기준을 충족시키는 것을 목표로 삼을 것이다.

본격적인 논의에 들어가기 전에, "칭의"라는 단어 자체가 여러 세기 동안 논쟁이 전개되는 과정에서 우여곡절을 겪어 왔다는 것을 주목할 필요가 있다. 칭의론의 역사를 심도 있게 다루어 온 한 전문가가 지적하였듯이, 기독교계의 논쟁들 속에서 이 단어가 원래 바울이 말하였던 의미를 잃어버린 지는 오래되었다. 즉, 이 논쟁들 속에서 사람들은 자기가 말하고 싶은 것을 마치 바울이 말한 것처럼 계속해서 주장해 왔기 때문에, 바울이 말한 칭의가 원래 무엇을 의미하였는지는 오리무중이 되어 버리고 말았다는 것이다. 이것은 마치 당신은 채소가게 주인에게 양파 3개를 사려면 얼마를 지불해야 하느냐고 물었는데, 그 주인은 양파를 어떻게 키워야 하고 어떻게 요리해야 가장 좋은지에 대하여 오랜 시간 동안 장광설을 늘어놓고 있는 것과 비슷한 상황이라고 할 수 있다.[379)]

"칭의"라는 단어가 가리키는 범위는 점차 확대되어서, 종종 창조주 하나님의 저

379) Wright, 2009 [*Justification*], 59f.(US edn., 79f.)에서 논의된 McGrath, 1986, 1.2f.를 보라. Wright, 1980 ("Justification," *Perspectives*, ch. 2에 재수록)에 나오는 나의 이전의 설명들을 참조하라.

신비한 은혜에서 시작해서 최종적인 구원에 이르기까지 구원론 전체를 가리키는 데 사용되어 왔다. 따라서 "칭의"는 통상적으로 "구원"과 혼동되어 왔다(이 문제는 특히 이사야서 40-55장에서 "의"와 "구원"이라는 단어들을 뒤죽박죽으로 번역한 많은 번역본들에 의해서 더욱 악화되었다).[380]

이것은 두 가지 위험스러운 결과를 낳아 왔다. 그 중 하나는 사람들이 바울의 구원론의 서로 다른 요소들이 어떻게 서로 연결되는지를 살펴보고자 할 때, 종종 "칭의"라는 단어를 그 모든 요소들을 포괄하는 용어로 사용해서, 그 요소들 중의 이런 저런 요소가 "구원론"의 중요한 일부가 아니라 "칭의론"의 핵심인 것처럼 부각시켰고, 그 요소가 지닌 실제적인 의미와 구원론 전체에서 행하는 특별한 역할은 도외시해 왔다는 것이다. 다른 하나는 사람들이 "칭의"라는 단어가 실제로 수행하는 구체적이고 특별한 역할을 파악한 후에는, 바로 그러한 의미를 모든 맥락으로부터 분리시켜서, 그것을 발판으로 삼아, 바울이 구원론과 관련하여 실제로 말하고 있는 모든 다른 서로 연결된 요소들을 상대화시키고 심지어 경고하는 데 사용하는 것이 가능해졌다는 것이다. 첫 번째 결과는 이 단어를 확대시켜서 너무 많은 것들을 포괄하게 만들었고, 두 번째 결과는 이 단어의 실제적인 의미에 맞추어 "칭의론"의 내용을 축소시키게 만들었다.

첫 번째 결과와 관련된 것으로는 한스 큉(Hans Küng)의 저 유명한 논의가 있는데, 그는 "칭의"를 확대시켜서 "사람들이 어떻게 구원을 얻게 되는가"를 의미하는 것으로 봄으로써, 결국에는 일반적인 수준에서 칼 바르트(Karl Barth)의 견해에 동의하게 된다.[381] 좀 더 최근에는, "칭의"의 실제적인 의미를 성령의 내적 변화의 역사에 초점을 맞추어 설명하는 주장들이 제기되어 왔다.[382] 두 번째 결과와 관련된 것으로는, 개신교가 원래 강조하였던 것을 엄격하고 단호하게 재천명하는 흐름이 있다. 그들은 "칭의"는 단지 하나님이 사람들의 믿음에 대하여 "의롭다"고 선언함과 동시에, 이 선언을 통해서 "그리스도의 의"가 신자에게 전가되는 것을 가리킨다고 주장하고, 여기에 다른 어떤 것 — "본성의 변화," "그리스도 안에 있음,"

380) 아주 주의 깊고 세심한 석의자인 Schreiner(1998, 68 n. 12)가 자기는 "의"와 "구원"을 날카롭게 구별하지 않는다고 말하는 것은 깜짝 놀랄 일이다.

381) Küng, 1964 [1957].

382) Gorman, 2009, ch. 2; 예컨대, 그는 "칭의"와 "화해"는 "동의어"라고 말한다(55). 아래를 보라. Gorman은 "함께 십자가에 못 박힘," "본성의 변화" 등등을 한데 결합시킨다 — 이것들은 사실 바울의 복잡한 관념들의 상호작용을 반영하는 것이다; 그러나 바울이 이 좀 더 복합적이고 복잡한 것을 가리키기 위하여 과연 "칭의"라는 단어군을 사용하였을지는 의문이다.

"교회론," "윤리" 등등 — 을 첨가하고자 하는 모든 시도는 사람들로 하여금 그들의 정체성 및 확신과 관련해서 오로지 한 분 유일하신 하나님의 주권적인 은혜에 의지하지 않고, 그들 자신과 관련된 어떤 것에 의지하도록 이끄는 것으로서 하나님의 대권을 희석시키는 위험한 행동으로 여긴다.[383)]

지면관계상 제한된 수의 대화 상대들과만 논쟁할 수밖에 없는 상황을 고려해서, 여기에서 나는 이 두 가지 입장에 대하여 제3의 선택지가 있음을 논증하고자 한다. 나는 "칭의"에 관한 바울의 언어가 그의 구원론의 다른 모든 측면들과 밀접하고 세심하고 일관되게 통합되어 있다는 첫 번째 관점에 동의한다. 또한, 나는 "칭의"라는 단어는 매우 구체적이고 명확한 의미를 지니고 있기 때문에, 우리가 그 의미를 확대시켜서 그러한 다른 측면들을 포괄하는 것은 불가능하다는 두 번째 견해에도 동의한다. 그렇다면, 이 둘은 서로 결합시킬 수는 없는 것인가?

우리가 바울의 기본적인 세 가지 요소를 모두 포함시킬 때에만, 그것들은 모두 결합될 수 있다. 너무나 많은 논의들이 다음과 같은 두 가지 요소에 국한되어서 전개되어 왔다: (a) 한 분 유일하신 하나님의 은혜와 (b) 메시야의 사역. 이 두 요소는 분명히 아주 중요하다. 그러나 바울에게 있어서 이 둘은 (c) 성령의 사역과 밀접하게 연결되어 있다. 앞에서 이미 보았듯이, 이것은 유일신론에 대한 그의 재정의의 핵심적인 부분이고, 그가 칭의에 관하여 말하고 있는 것은 선민론이라는 좀 더 큰 범주와 더불어서 그것으로부터 직접적으로 생겨난다. 사실, 성령은 칭의론에서 통상적으로 잊혀진 요소이지만, 나는 (한 분 유일하신 하나님과 메시야에 관하여 내가 이미 말해 온 모든 것을 액면 그대로 받아들인 가운데) 이런 시각에서 칭의론을 보게 될 때에만, 바울이 그린 그림 전체를 온전하게 볼 수 있게 된다고 확신한다.[384)]

2) 재정의된 선민론: 복음과 성령

우리가 이 논의를 시작하기에 적절한 지점은 "복음"이다. 바울은 자신을 복음과

383) 특히, Piper, 2002; 2007(이 저작에 대해서는 내가 *Justification*에서 다루었다); 다른 많은 것들 중에서 특히 Waters, 2004를 보라. 다양한 견해들을 모아놓은 두 개의 논문집은 Husbands and Trier, 2004와 McCormack, 2006b이다; 후자에 수록된 나의 논문은 *Perspectives*, ch. 18에 재수록되었다. 이른바 "새 관점"에 반대하여 전통적인 개신교 관점을 재천명하고 있는 방대한 저작으로는 Carson, O' Brien and Seifrid, 2001-4가 있다.

384) 이 모든 것에 대해서는 Vanhoozer, 2011의 유익하고 도발적인 저작과 동일한 책에 수록된 나의 응답을 보라.

관련된 인물로 정의한다. 그가 가장 심혈을 기울여 쓴 서신의 첫머리에서 자신을 지칭하는 표현으로 선택한 것은 "하나님의 복음을 위하여 구별된" 자라는 것었다. 그는 자신의 "복음"의 내용을 여러 가지 다양한 방식으로 말할 수 있었지만, 그 초점은 언제나 창조주 하나님이 이스라엘의 메시야인 나사렛 예수 안에서 자신의 약속을 성취하기 위하여 행한 것에 맞춰져 있다:

> [1]형제들아, 내가 너희에게 전한 복음을 너희에게 상기시키고자 한다. 너희는 이 복음을 받았고 그 위에 견고히 서 있다. [2]너희가 내가 너희에게 전한 메시지를 굳게 지키고 헛되이 믿지 않았다면, 너희는 그것으로 말미암아 구원을 얻을 것이다. [3]내가 처음에 너희에게 전해 준 것은 내가 받은 것이었으니, 즉 이런 것이었다: "메시야께서 성경대로 우리의 죄를 위하여 죽으셨고, [4]장사 지낸 바 되셨다가, 성경대로 제3일에 다시 살아나셨다. [5]그는 게바에게 보이셨고, 후에 열두 제자에게, [6]그 후에 오백여 형제에게 일시에 보이셨으니, 그 중의 대부분은 여전히 우리와 함께 있고, 어떤 사람들은 잠들었다. [7]그는 그 후에 야고보에게 보이셨고, 그 후에 모든 사도에게, [8]그리고 맨 나중에 만삭되지 못하여 난 자인 내게도 나타나셨다."[385)]

> [1]왕 예수의 종 바울은 사도로 부르심을 받아 하나님의 복음을 위하여 구별되었으니, [2]이 복음은 하나님이 선지자들을 통하여 성경에 미리 약속하신 것, [3]그의 아들에 관한 복음인데, 그 아들은 육신으로는 다윗의 씨로부터 나셨고, [4]성결의 영으로는 죽은 자들 가운데서 부활하여 능력으로 하나님의 아들로 선포되셨으니, 곧 우리 주 메시야 예수이시다. [5]그로 말미암아 우리가 은혜와 사도직을 받아, 그의 이름을 위하여 모든 열방 중에서 믿어 순종하게 하고 있고, [6]너희도 그들 중에서 메시야 예수에 의해 부르심을 받은 자들이다.[386)]

여기에서 복음은 서로 상당히 다른 두 가지로 정의되지만, 궁극적으로 내용은 단일하다: 예언에 의한 약속, 메시야 및 그의 죽음과 부활 안에서의 하나님의 행위, 그 결과로서 믿어 순종하는 것으로의 부르심.

우리는 이 각각의 요소를 좀 더 자세하게 살펴볼 수 있다. 예언에 의한 약속은 우리가 "복음"이라는 단어로부터 예상할 수 있는 것이다. 왜냐하면, 복음의 성경적 배경은 바울이 좋아하던 성경 본문들 중의 하나였던 이사야서의 중심적인 단락

385) 고전 1:1-8.

386) 롬 1:1-6. Bird, 2007, 69가 이 "복음 요약들" 중 어느 것도 칭의를 언급하지 않다고 지적하면서, 그것을 밑받침하기 위하여 Luther를 인용한 것은 옳다: "복음은 죽었다고 다시 살아나서 주로 확증된 하나님의 아들이자 다윗의 자손인 그리스도에 관한 이야기이다. 이것이 복음의 정수이다"(*LW* 35.118). 루터의 모든 추종자들이 이 말에 귀를 기울였어야 했다.

에서 발견되고, 거기에서 "복음"은 계약의 하나님이 자신이 오래 전에 한 약속들을 성취하여, 자기 백성을 포로로 사로잡고 있던 이교 제국을 패배시키고, 그들의 죄로 인하여 초래되었던 노예생활로부터 그들을 건져내어 그들에게 약속된 본향으로 보내는 것이고, 그렇게 함으로써 그의 주권적인 왕권, 그의 의, 그의 구원, 그리고 무엇보다도 그의 영광을 드러내는 것이기 때문이다. 그리고 이 모든 일은 "종"의 사역을 통해서 일어난다. 우리가 "복음을 전하는 자"를 두 번째로 만나는 것은 "종"의 고난과 죽음이 하나님의 백성의 죄사함과 해방을 가져다줄 것에 대하여 말하는 마지막 "종의 노래"가 나오기 직전이다.[387]

바울에게 있어서 "복음"이라는 단어가 놓여져 있던 또 하나의 맥락은 카이사르가 최고의 통치자로 군림하고 있던 세계였다. 그 세계에서는 카이사르의 출생과 즉위, 그리고 통치 자체를 "복음"이라고 말하였고, 내전의 혼란과 거기에 수반된 온갖 고통을 겪었던 사람들에게 실제로 그런 일들은 "복음"이었다. 바울 시대에 이르러서는 내전의 위협은 한동안 뒤로 물러나 있었기 때문에, "복음"이라는 개념은 사람들과는 상당히 거리가 먼 것으로서 통상적으로 제국들의 자화자찬에 해당하는 말로 냉소적으로 받아들여졌을 것임에 틀림없다.[388]

그러나 바울이 "복음"이라고 말하였을 때, 그것은 성경의 예언들을 성취한 사건이자 제국의 현실들에 대한 암묵적인 대결로서, 메시야로서의 예수의 삶, 특히 그의 죽음과 부활을 통해서 하나님의 나라가 도래하였다는 것을 선포한 "좋은 소식"이었다. 이 복음 메시지는, 오늘날의 많은 서구 기독교에서 "복음"이라는 단어가 가리키는 의미와는 달리, "어떻게 하면 구원을 얻을 수 있느냐"에 관한 개인주의적인 메시지를 훨씬 뛰어넘는 것이었다. 물론, 복음은 적용에 있어서는 철저하게 개개인에 대한 인격적인 것이었지만, 그것은 오직 복음이 먼저 다음과 같은 우주적이고 전 세계적인 의미를 지니고 있기 때문에 가능한 것이었다: 세계는 죽은 자 가운데서 부활한 새로운 주(lord)인 유대적인 메시야를 갖게 되었다. 앞에서 보았던 것처럼, 이것이 바울에게 있어서 "복음"은 인간의 모든 악에 대한 하나님의 의로운 심판에 관한 소식까지 포함하는 것이었던 이유이다. 시편이 반복적으로 역설하였듯이,[389] 도덕적이고 사회적인 혼돈의 세계 속에서, "심판"은 좋은 소식이다.

387) 사 52:13—53:12을 가리키고 있는 52:7; cf. 40:9; 41:27; 61:1; 또한, 60:6도 보라.

388) 위의 제5장에 나오는 자세한 내용. 제국들에 대한 문서를 통한 저항의 서로 다른 유형들이라는 문제에 대해서는 Scott, 1990과 Portier-Young, 2011, Part I을 보라.

389) 예를 들면, 시 67:4; 96:10-13; 98:7-9.

이제 바울에게 있어서 예수의 "복음"은 (a) 아브라함과 선지자들에게까지 거슬러 올라가고, (b) 창조주 하나님이 모든 것 가운데서 모든 것이 될 종말을 바라보며, (c) 메시야로서의 예수와 관련된 결정적으로 중요한 사건들에 그 초점이 맞춰져 있고, (d) 청중들에게 '휘파코에 피스테오스'(hypakoē pisteōs, "신실한 순종")로 응답하라고 도전하는 이야기를 들려주는 것이었다.[390]

따라서 바울의 복음에 관한 이러한 짤막한 논의는 그에게 있어서 "좋은 소식"으로 번역될 수도 있었던 저 "복음"은 창조주 하나님의 능력이었다는 것을 보여준다. 바울은 "복음은 하나님의 이러한 능력을 지니고 있다"거나 "복음은 이러한 능력을 전달한다"고 말하는 것이 아니라, "복음은 그러한 능력이다(is)"라고 딱 잘라서 말한다:

> [14]나는 헬라인들에게와 마찬가지로 야만인들에게도, 곧 지혜 있는 자들에게나 어리석은 자들에게나 빚진 자이다. [16]나는 복음을 부끄러워하지 않는다. 복음은 모든 믿는 자, 곧 먼저는 유대인에게, 그리고 마찬가지로 헬라인에게도 구원을 가져다주시는 하나님의 능력이니, [17]이는 복음에는 하나님의 계약 정의가 나타나서, 믿음에서 믿음으로 이르게 하기 때문이다. 이것은 성경에서 "의인은 믿음으로 말미암아 살리라"고 말하는 것과 같다.[391]

우리가 여기서 유념할 것은 로마서 1:16에 나오는 "복음"은 "어떻게 해야 구원을 받느냐"를 의미하는 것이 아니라는 것이다. 또한, 17절에 대한 몇몇 대중적인 읽기들과는 달리, 이 복음은 "어떻게 의롭다 함을 받느냐"를 의미하는 것도 아니다. 이 문장의 논리는 여기에서 말하는 "복음"은 바울이 1:3-4에서 이미 말한 것을 가리킬 수밖에 없다는 것을 의심할 여지 없이 분명하게 보여준다. 즉, 그가 앞에서 예수에 관하여 서술한 것이 복음의 "내용"이고, 지금 여기 1:16-17에서 서술하고 있는 것은 복음이 가져다주는 "효과"라는 것이다. 헬라어 본문을 보면, 이 본문은 '가르'(gar, "왜냐하면 … 때문이다")를 반복해서 사용해서 여러 구절들이 서로 구분된 하나의 문장으로 되어 있다: "나는 로마에 있는 너희에게 복음을 전하기를 간절히 원하는데, 이는 내가 복음을 부끄러워하지 않기 때문이고, 이는 복음이 구원을 주시는 하나님의 능력이기 때문이며, 이는 하나님의 '디카이오쉬네'(dikaiosynē)가 복음 안에 드러나 있기 때문이다." 이 여러 '가르' 절들을 "그러므로" 절들로 바꾸어

390) 예를 들면, 롬 1:5; 16:26.
391) 롬 1:14, 16-17.

서 역순으로 읽어보면, 이 본문은 이렇게 된다: "하나님의 '디카이오쉬네'가 복음 안에 드러나 있다. 그러므로 복음은 구원을 주시는 하나님의 능력이다. 그러므로 나는 복음을 부끄러워하지 않는다. 그러므로 나는 로마에 있는 너희에게 복음을 전하기를 간절히 원한다." 어느 쪽으로 읽어도, 결과는 동일하다. "복음"은 그 자체가 "어떻게 구원을 받느냐" 또는 "어떻게 의롭다 함을 얻느냐"에 관한 것이 아니다. "복음"은 하나님이 오래 전에 자신의 죽었다가 다시 살아나게 될 아들, 곧 메시야이자 세계의 주인 자기 아들에 관하여 약속한 좋은 소식이다. 이 메시지가 선포될 때, 다음과 같은 일들이 일어난다: (a) 창조주 하나님이 자신의 약속들을 지켰다는 점에서 "의롭다"는 것이 드러난다; (b) 유대인과 헬라인이 똑같이, 온갖 부류의 사람들이 하나님의 능력의 결과로 "구원"을 받는다; (c) 바울은 부끄러워하지 않는다(그는 헬라인들에게는 어리석은 것이고 유대인들에게는 거리끼는 것이 될 것을 뻔히 아는 메시지를 전하는 것이었기 때문에, 얼마든지 부끄러워할 수 있었는데도); (d) 그는 모든 곳에 어디든지 이 동일한 메시지를 전하고자 하는 마음이 간절하였지만, 특히 로마의 카이사르의 바로 코앞에서 복음을 전하기를 간절히 원하였다.

그렇다면, 이 "능력"은 어떻게 작동하는가? 바울은 자기가 오래 전에 약속된 십자가에 못 박혔다가 다시 살아난 이스라엘의 메시야로서의 예수에 관한 이야기를 사람들에게 들려주고, 그 예수가 지금 세계의 참된 주라고 선포할 때, 하나님의 영이 역사한다는 것을 전혀 의심하지 않는다. 그의 신학 속에는 복음과 성령이 견고하게 결합되어 있다. 바울은 자기가 먼저 사람들에게 예수를 전하면, 사람들이 자신의 메시지를 믿을 것인지 믿지 않을 것인지를 결정하고, 그런 후에야 이미 믿은 자들 위에 성령이 임한다는 일련의 순서를 상정하지 않는다. 바울에게 있어서 믿음은 그 자체가 한편으로는 성령을 통해서, 다른 한편으로는 복음의 말씀 — 이것을 그는 특히 저 수치스러운 사건의 충격적인 실체를 청중에게 일깨워 주고자 하는 경우에는 "십자가의 말씀"으로 표현하기도 한다 — 을 통해서 생겨나는 것이다.[392)]

바울이 이것에 대해서 말하는 중심적인 본문들 중 몇몇은 직설적이고 분명하기 때문에, 이것은 논란거리가 되어서는 안 된다. 복음을 믿는 믿음은 예수가 죽은 자 가운데서 부활하여 지금 세계의 참된 주라는 것을 믿는 믿음이고, 이것은 바울이 로마서 1:15-17과의 상호적인 공명으로 가득한 10:6-13에서 말하고 있는 것이다. 그러나 "성령으로 말미암지 않고는 아무도 '예수가 주이시다'고 말할 수 없다." 이것은 그가 성령의 은사들에 관한 논의를 시작할 때에 엉망진창으로 혼란스러워진

392) 고전 1:18—2:5.

고린도 교인들에게 제시한 기본적인 판별기준이다.[393] 이것은 우리로 하여금 바울이 로마서 10장에서 명시적으로 성령을 언급하지 않을지라도, 자신의 논증의 중요한 대목에서, 요엘서에서 계약의 하나님이 말일에 "모든 육체에 자신의 영을 부어 주실" 것이라고 하는 저 위대한 약속이 나오는 절 직후에 나오는 2:32("주의 이름을 부르는 모든 자는 구원을 얻으리라")을 인용하고 있다는 사실에 주의를 기울이도록 경각심을 일깨워 준다.[394] 나를 비롯한 여러 학자들은 이미 다른 곳에서, 우리는 바울이 다른 곳들에서 성령의 역사를 간접적인 방식으로 인용하듯이 여기에서도 그렇게 하고 있는 것이라고 이해하여야 한다는 것을 논증한 바 있다.[395]

특히, 우리는 로마서 2:25-29, 고린도후서 3장, 로마서 7:4-6 등과 같은 "새 계약" 본문들을 주목해 볼 수 있을 것이다. 이러한 본문들, 특히 바울이 메시야의 영을 갖고 있지 않은 사람은 메시야에게 속해 있는 것이 아니라고 역설하는 로마서 8:9-11로부터 분명한 것은 성령은 그리스도인이 최초의 경험을 하거나 최초로 믿음을 가진 뒤에 추가적으로 주어지는 선물이 아니라, 어떤 사람으로 하여금 처음에 한 분 유일하신 하나님이 예수를 다시 살렸다는 것을 믿을 수 있게 하고 예수가 주라는 것을 고백할 수 있게 하는 생명을 주는 힘이라는 것이다.

이것은 하나님이 능력의 말씀과 성령을 통해서 "선민"을 다시 택하였다고 바울이 가장 단호하게 선언하는 말들 중의 하나의 취지이다:

> [4]하나님의 사랑하심을 받은 형제들아,우리는 하나님이 너희를 택하신 것을 안다. [5]이는 우리의 복음이 말로만이 아니라 능력과 성령과 큰 확신으로 너희에게 이르렀음이라.[396]

"우리는 하나님이 너희를 택하신 것을 안다"는 헬라어로는 '에이도테스 텐 에클로겐 휘몬'(eidotes tēn eklogēn hymōn, "너희의 택하심을 아는데")이다. 우리는 "하나님의 사랑하심을 받은"이라는 호칭으로부터 그것을 추론할 수 있지만, 바울은 그것을 명시적으로 못박아 확증한다. 여기에서 우리는 "수정된 선민론"에 관한 명시적인 진술을 본다. "선민" 개념은 물론 성경에 뿌리를 두고 있지만, 바울은 복음을 듣고 받은 자들에게 기꺼이 새롭게 "선민"이라는 개념을 적용한다. '에클로게'(eklogē, "택하심"), 즉 (북부 헬라의 붐비는 항구에서 몇 안 되는 이방인들로

393) 고전 12:3.

394) 욜 2:28.

395) Wright, 2002 [*Romans*], 666; 그리고 Schreiner, 1998, 562 등을 보라. Fee, 1994가 로마서 10:13을 언급하고 있지 않다는 것은 놀라운 일이다.

396) 살전 1:4f.

이루어진) "선민"의 증표는 "복음"이 단지 공허한 "말"이 아니라, 능력과 성령, 그리고 "큰 확신"(plērophoria pollē – '플레로포리아 폴레')으로 그들에게 이르렀다는 것이다. '플레로포리아'라는 단어는 그 자체가 이미 "온전한 확신"을 의미하기 때문에, 거기에 '폴레'(pollē)라는 형용사를 첨가하는 것은 푸딩에 달걀이 뒤범벅이 되게 하는 것처럼 보이지만, 바울은 그렇게 함으로써 인간의 말로 표현할 수 있는 한도 내에서의 최대한의 확신, 즉 "온전하고 완벽한 확신"과 "총체적 확신"을 표현하고자 한 것이다. 성령이 무엇을 하였든 간에, 성령은 역사하였다.

바울은 몇 절 뒤에서 자신의 "복음"을 여기에서와는 다르지만 서로 관련이 있는 방식으로 설명한다:

> [데살로니가 신자들은] 우상을 버리고 하나님께로 돌아와서, 살아 계시고 참되신 하나님을 섬기며, 죽은 자들 가운데서 다시 살리신 그의 아들이 하늘로부터 강림하실 것을 너희가 기다리고 있다고 말하니, 그는 장래의 진노에서 우리를 건지시는 예수이시다.[397)]

이것은 우리가 로마서 1장과 고린도전서 15장에서 발견하는 동일한 메시지를 다른 시각에서 아주 짤막하게 말한 것이다. 하지만 등장하는 요소들은 동일하다: 창조와 계약의 하나님, 하나님이 죽은 자 가운데서 다시 살린 자기 아들, 장차 임할 심판의 날, 구원의 확신.

데살로니가후서는 사람들이 복음을 믿었을 때에 일어났다고 바울이 생각한 것을 앞에서 말한 것과 비슷한 압축된 표현으로 제시한다. 여기에서 그는 진리를 사랑하고 믿는 것을 거부하는 자들을 기다리고 있는 끔찍한 운명을 개략적으로 서술한 후에, 자기가 데살로니가 교인들에게 복음을 전하였을 때에 무슨 일이 일어났었는지를 다시 한 번 언급한다:

> [13]주께서 사랑하시는 형제들아, 우리가 항상 너희와 관련해서 마땅히 하나님께 감사할 수밖에 없는 것은 하나님이 처음부터 너희를 택하셔서 성령의 거룩하게 하시는 역사와 진리를 믿는 믿음으로 말미암아 그의 구원의 역사의 첫 열매들이 되게 하셨기 때문이다. [14]하나님께서 우리의 복음을 통해서 너희를 그렇게 부르신 것은 너희로 우리 주 메시야 예수의 영광을 얻게 하기 위한 것이었다.[398)]

따라서 "복음"은 계약의 하나님이 사람들을 "부르는" 데 사용하는 도구이다. 그리고 바울이 "부르다"라고 말할 때, 그것은 효력 있는 능력의 호출들을 의미한

397) 살전 1:9f.
398) 살후 2:13f.

다.[399] "성령"은 이 호출들 배후에 있는 추진력이고, "진리를 믿는 믿음"은 성령이 하나님의 목적을 이루기 위하여 사람들을 "구별함"에 있어서 하나의 핵심적인 요소인 그 첫 번째 결과이다. 궁극적인 영광은 최종목표이고, 재정의된 선민론은 전체적인 그림이다. 이 짤막한 서술은 실제로 로마서 8:28-30에 나오는 장엄한 요약(택하심, 부르심, 영화롭게 하심)을 미리 예감하게 해준다.

복음이 어떤 식으로 역사하는지를 바울이 단일한 정형문구로 말하고 있지 않다는 것은 분명하다. 그는 그것에 대하여 언급할 때마다 매번 약간씩 다른 것을 말하고 있어서, 우리는 그가 그것을 거듭거듭 주목하여 관찰하여서 그것에 대하여 여러 가지 다양한 방식으로 설명할 수 있게 되었다는 느낌을 받는다. 데살로니가전서로 돌아가 보면, 우리는 그가 그것을 이런 식으로 표현하는 것을 본다:

> 13그러므로 우리가 하나님께 끊임없이 감사함은 너희가 우리에게 들은 하나님의 말씀을 받았을 때에 단지 사람의 말로 받지 않고 하나님의 말씀으로 받았음이니 — 이것은 진실로 그러하다 — 이 말씀이 너희 믿는 자들 가운데에서 역사하고 있다.[400]

"하나님의 말씀이 역사하고 있다." 여기에서 헬라어 '에네르게오'(energeō, "역사하다")는 바울이 좋아하는 단어이다. 하나님은 베드로의 복음 사역을 통해서는 할례자들에게, 바울의 복음 사역을 통해서는 무할례자들에게 "역사한다."[401] 하나님은 메시야에게 "역사해서"그를 죽은 자 가운데서 다시 살렸고, 그 동일한 능력이 그의 백성 가운데서 역사하고 있다.[402] 바울은 빌립보 교인들에게 하나님이 너희 안에서 "역사하고" "자신의 기쁘신 뜻을 따라 역사한다"고 말한다.[403] 그리스도인들이 어떤 다양한 은사들을 행하든, 그리고 어떠한 직분을 맡아 행하든, 그들 모두 속에서 "역사하는"이는 동일한 하나님이다.[404] 바울은 우리의 현재의 주제와 관련해서 특히 인상적인 본문에서, 이 하나님이 복음이 처음 다다른 때에 그랬던 것과 같이 이제도 갈라디아 교인들 가운데서 능력 있게 "역사하고" 있다고 말한다:

> 2내가 너희에게서 알고 싶은 것이 딱 한 가지가 있다. 너희가 성령을 받은 것이 토라의

399) 여기에서 "부르심"의 의미에 대해서는 Kruse, 1993의 요약적인 서술과 거기에 나오는 이전의 참고문헌을 보라.

400) 살전 2:13.

401) 갈 2:8; cf. 골 1:29.

402) 엡 1:20; cf. 3:20.

403) 빌 2:13.

404) 고전 12:6.

> 행위들을 행함으로 말미암은 것이냐, 아니면 믿음을 낳은 메시지(ex akoēs pisteōs - '엑스 아코에스 피스테오스')로 말미암은 것이냐? [3]너희는 정말 분별이 없다. 너희는 성령으로 시작하였다가 이제 육체로 마치고자 하는 것이냐? [4]너희는 그토록 많은 괴로움을 정말 헛되이 받은 것이냐? 정말 헛되게 하고자 하는 것이냐? [5]너희에게 성령을 주시고 너희 가운데서 능력을 행하시는 이가 그렇게 행하시는 것이 너희가 토라를 행함으로 말미암는 것이냐, 아니면 믿음을 낳은 메시지(ex akoēs pisteōs - '엑스 아코에스 피스테오스')로 말미암는 것이냐?[405]

우리는 이 본문을 마치 그들이 처음에 복음을 듣고 믿었고, 그런 후에야 일종의 상으로 성령을 받았다고 말하고 있는 것으로 읽고 번역할 수도 있다 그러나 나는 그런 읽기는 잘못된 것이라고 확신한다. 여기에서 반복되고 있는 핵심 어구인 '엑스 아코에스 피스테오스'(ex akoēs pisteōs)는 분명히 그 자체로는 "믿음의 들음을 통해서," 즉 듣는 것과 믿는 것이 동시에 일어나는 그런 "들음을 통해서"를 의미할 수 있고,[406] 심지어는 "듣는 것과 믿는 것을 통해서"로 번역될 수도 있는데, 그랬을 경우에는 반드시 그런 것은 아니지만, 다음과 같은 일련의 순서를 상정하는 것도 가능해질 수 있다: 첫 번째로는 듣는 것이 있고, 두 번째로는 믿는 것이 일어나며, 세 번째는 성령을 받게 된다. 그러나 헬라어로 '아코에'(akoē)라는 단어는 "듣는 것," 즉 듣는 기능이나 듣는 행위, 심지어 듣는 기관인 귀를 의미할 수 있지만, "들려지는 것," 즉 보고, 소문, 메시지, 설명 등을 의미할 수도 있는데, '엑스 아코에스 피스테오스'(ex akoēs pisteōs)는 통상적으로 후자의 의미로 해석되고, 나는 그런 해석이 옳다고 믿는다.[407] 역사하는 것은 메시지 자체이고, 여기에서의 역사는 성령의 역사이다.

다음으로, 여기에서 두 번째 핵심 단어인 '피스테오스'(pisteōs)는 적어도 두 가지 의미를 지닐 수 있고, 또한 속격을 어떤 식으로 읽느냐에 따라 적어도 두 가지 의미로 해석될 수 있다. 즉, '피스티스'는 "믿음"을 의미할 수도 있고 "신실함"을 의미할 수도 있다. 그리고 속격도 "~에 관한"을 의미할 수도 있고 "~를 낳는"을 의미할 수도 있다. 따라서 이 어구는 다음과 같은 읽기들이 가능하다:

1. 믿음에 관한 메시지, 즉 믿음 자체에 관한 메시지. 바울은 메시야를 선포하고, 믿

405) 갈 3:2-5.

406) Hays, 2000, 251f.에 나오는 여러 선택지들에 대한 유익한 개요를 보라(좀 더 자세한 것은 Hays, 2002 [1983], 124- 32); de Boer, 2011, 174f.; 이 두 사람은 모두 인간의 듣고 믿는 행위보다 선포의 객관성을 강조한다. 또 다른 측면에 대해서는 Williams, 1989; Dunn, 1993, 154를 보라.

407) BDAG 36.

음은 그러한 선포의 내용이 아니라 결과이기 때문에, 이런 읽기는 불가능하다.

2. 믿음을 낳는 메시지. 이 읽기는 대단히 가능성이 높다. 왜냐하면, 로마서 1:15-17과 우리가 앞에서 데살로니가 서신들로부터 인용한 본문들은 복음 메시지가 믿음을 불러일으킨다는 것을 전제하고 있음이 분명하기 때문이다.
3. 신실함에 관한 메시지. 이것도 상당히 가능성이 있다. 우리가 앞에서 본 것처럼, 바울이 예수에 관한 이야기를 들려주는 방식 중의 하나는 바로 신실하심의 위대한 행위로서의 그의 죽음과 관련되어 있었다. 또한, 바울은 갈라디아서 2:16-21에서 메시야의 신실하신 죽음을 언급하고 있는 것일 가능성이 상당히 있다.
4. 신실함을 낳는 메시지. 이런 읽기는 가능하기는 하지만, 가능성은 희박하다. 바울은 복음을 믿는 자들은 "신실하게" 행하도록 부르심을 받은 것이라고 믿는다. 이것은 십중팔구 갈라디아서 5:22에 나오는 '피스티스' (pistis)의 의미일 것이다. 그러나 여기에서의 주안점은 갈라디아 교인들이 아브라함과 마찬가지로, 그들에게 전해진 복음을 믿었다는 데 두어져 있는 것으로 보인다.

따라서 가능성이 있는 선택지는 (2)와 (3)이고, 우리의 현재의 목적과 관련해서는 어느 쪽을 선택하느냐 하는 것은 별로 중요하지 않다. 어느 쪽이든 요지는 성령이 그들의 삶 속에서 역사할 때에 사용해 온 통로, 즉 계약의 하나님이 역사할 때에 사용해 온 통로는 메시야의 신실하심이라는 관점에서 표현된 메시지, 분명히 청중들에게 "믿음"을 낳는 결과를 가져온 메시지라는 것이다. 앞으로 보게 되겠지만, '피스티스'의 두 가지 서로 다른 의미 간의 우리에게 아주 커 보이는 간격 — 바울에게는 훨씬 더 작아 보였을 간격 — 을 이어주는 저 연결고리가 그 요지 중의 일부이다: 복음이 선포될 때, 성령은 선포되는 메시지를 통해서 역사한다. 그 결과는 이런 식이든 저런 식이든 "믿음"이다. 이것은 바울이 갈라디아서의 적어도 절반을 할애해서 말하고 있는 것이다. 바울은 갈라디아서에서 하나님이 아브라함에게 그의 권속에 관하여 준 약속들이 성취되었다는 것과 그 권속의 중심은 모세가 아니라 메시야라는 것에 관하여 말하는 아주 중요한 장(3장)의 처음 부분에서, 복음을 통한 성령의 역사를 그 토대로 본다. 그에게 있어서, 이것은 수정된 선민론이 현실에서 구체적으로 실현되는 모습이었다.

다시 형성된 권속을 만들어 내는 성령의 역사가 이렇게 바울의 복음으로부터 생겨나는 직접적이고 필수적인 결과들 중 하나라면, 우리는 그의 글들에서 "권속"에 대한 그러한 견해를 보여주는 진술들을 볼 수 있어야 한다. 몇몇 논쟁들, 특히 그의 칭의론의 틀을 이해하는 데 결정적으로 중요한 대단히 압축되어 있고 강력한 진술들 중의 하나는 로마서 2:25-29, 특히 그 마지막 절이다. 통상적으로 죄악의 보편성을 보여주는 대목으로 잘못 해석되고 있는 이 본문 가운데서, 바울은 이 서신의 많은 부분에서 계속해서 울려 퍼지게 될 성령을 중심으로 한 "선민론"의 한 판본을 개략적으로 묘사한다:

> 율법을 지키는 자들에게는 할례가 유익이 있다. 하지만 네가 율법을 범하면, 네 할례는 무할례가 된다. 마찬가지로, 무할례자가 율법의 요구들을 지킨다면, 그 무할례는 할례로 여겨질 것이 아니겠는가? 따라서 본래 할례를 받지 않았지만 율법을 성취하는 자들이 율법 조문과 할례를 가지고 있지만 율법을 범하는 너 같은 자들을 심판할 것이다.
>
> 표면적 "유대인"이 유대인이 아니고, 표면적 육신의 "할례"가 할례가 아니니, 물리적인 육신의 문제가 아니다. 이면적 "유대인"이 유대인이고, "할례"는 마음의 문제이니, 율법 조문이 아니라 성령에 있다. 그런 사람은 사람들에게서가 아니라 하나님에게서 "칭찬"을 받는다.

이것은 우리가 바울에게서 발견하는 그 어떤 진술보다도 더 선민론을 성령을 중심으로 수정하고 재편한 진술이다. 바울은 2:17-24에서 "유대인"의 "자랑"을 기각한 직후에 여기에서,[408] 이 서신의 현 시점에서 이후의 자신의 논증에 대한 정지작업으로서, "유대인"이 실패하였다고 해서, 계약의 하나님의 목적이나 경륜이 어떤 제약을 받게 되는 것이 아님을 보여 준다. 즉, 그는 선민이 여전히 존재한다는 점에서, 계약의 하나님은 "할례"라는 범주를 폐기한 것이 아니고, 빌립보서 3:3에서처럼 단지 재정의한 것이라고 말하고 있는 것이다. 또한, 그러한 재정의된 할례라는 관념은 바울이 하나의 가설로 제시한 후에 나중에 무효라고 선언하고 폐기해 버릴 그런 것도 아니었다.[409] 로마서의 "표면적 순차"(poetic sequence), 즉 이 서신에서 어떤 것들을 서술하고 있는 방식은, 여러 세대들이 잘못 생각해 왔던 암묵적인 "이면적 순차"(referential sequence), 즉 로마서 1:18–3:20은 오직 "모든 사람이 죄악되다는 것을 나타내 보이는 것"에 관한 내용이고, 3:21–4:25은 오직 "이신칭의"에 관한 것이며, 5-8장은 오직 "그리스도 안에 있음"(또는, 그런 부류의 것)에 관한 것이라는 교의학자들이 좋아하는 구원의 순서(ordo salutis)와 일치하지 않는다. 그것은 바울이 글을 쓰고 있는 방식이 아니다.[410] 그는 여기에서도 또다시

408) *Perspectives*, ch. 30에 수록된 논문을 보라.

409) 예를 들면, cf. Watson, 2004, 352f.; Watson은 "2:27-9에 나오는 기독교 특유의 어휘들은" 그러한 견해에 있어서 "난점"이라고 올바르게 보고 있다. 내가 보기에는, 그것은 치명적인 난점이다. Bell, 2005, 190-6은 2:27-9이 비그리스도인들을 설명하는 것이라는 설득력 없는 주장을 편다; 1:18-3:20 전체가 "모든 사람이 범죄하였다"는 것을 논증하고 있다는 사실은 바울이 그 논증 내에서 다른 주제들에 대한 암시들을 포함시킬 수 없다는 것을 의미하지 않는다.

나중에 자기가 좀 더 자세하게 설명할 내용들 — 이 경우에는 로마서 8장과 로마서 10장 — 을 미리 "빌려와서," "할례"와 "유대인"이 무엇을 의미하는지를 간략하지만 강력하게 보여준다. 다른 유대인 저자들, 특히 필로(Philo)도 할례와 그 의미라는 문제를 다루었지만, 바울은 여기에서 엄격하게 유대적이고 실제로 성경적인 논증들을 고수하면서도(달리 말하면, 플라톤적인 사고방식으로 옮겨가지 않으면서도) 필로를 비롯한 당시의 그 어떤 유대인보다도 훨씬 더 철저하게 할례의 의미를 수정하고 있다.[411]

이 수정된 선민론과 관련해서 우리가 주목할 것은 특히 네 가지이다. 첫 번째는 이제 "할례자"라 불리게 된 이 사람들은 실제로 "율법의 요구들을 지키고"(2:26) "율법을 성취한다"(2:27). 물론, 바울은 로마서에서 아직 그런 일이 어떻게 가능한 것인지에 대하여 설명하지 않았기 때문에,[412] 현재로서는 무할례자들이 율법의 계명들을 지킨다는 관념은 고린도전서 7:19의 경우처럼 모순된 말처럼 들린다.[413] 분명히 그는 다른 종류의 율법 성취를 염두에 두고 있고, 이것을 3:27과 8:5-8에서도 다시 한 번 모호하게 언급하고, 9:31-32에서도 한층 더 모호하게 언급한 후에, 10:5-13에서 갑자기 자신이 무엇을 말하고자 하는 것인지를 설명하고, 더 나아가 13:8-10에서는 그것을 좀 더 폭넓게 적용하는 수순을 밟는다. 이것이 어떤 결과를 낳는

410) "표면적"(poetic) 순차와 "이면적"(referential) 순차 간의 구별에 대해서는 *NTPG* 403f.에서 논의된 Petersen, 1985, 47-9를 보라. 이 점에 있어서의 착각은 바울이 이 서신에서 이렇게 빨리 사람들이 실제로 율법을 성취하는 것에 대하여 말했을 리가 없다고 생각한 해석자들을 당혹스럽게 만들어 왔다; 그러나 이것은 마치 이면적 순차인 것처럼 보이지만 표면적 순차로 취급되어야 한다(Moo, 1996, 176에 나오는 논의를 보라). 하지만 바울이 로마서 2장과 3장 전체에 걸쳐서와 마찬가지로 여기에서도 영리한 수사를 사용하고 있다는 사실은 "우리는 '복음'을 이 모든 것 속으로 끌어와서는 … 안 된다"(Bryan, 2000, 96)는 것을 의미하지는 않는다. 빌립보서 3장, 고린도후서 3장, 로마서 7:6에 나오는 병행들은 현재의 본문이 복음에 토대를 둔 바울의 중심적인 신학 내에 굳건히 속해 있다는 것을 보여준다. 이것은 그의 논증을 "너무 일찌감치 기독교화 하는" 것이 아니다(Byrne, 1996, 104); 또한, 이것은 "표면적" 순차와 "이면적" 순차를 혼동하는 것도 아니다. 현재의 본문은 "유대교 내부의" 논의(이것은 2:17-29의 대화에 함축되어 있다)임과 동시에, 이 서신의 좀 더 큰 범위에서 전개되고 있는 논증 내에서 중요한 한 수이다.

411) Barclay, 2011, ch. 3(orig. 1998), 반대견해로는 Boyarin, 1994. 바울이 "할례"와 "무할례"가 로마에서 논쟁적으로 들릴 수 있는 용어들이라는 것을 알았을 가능성은 아주 높기는 하지만(Marcus, 1989), 나는 이것이 그의 실제적인 논증을 형성하였다고 생각하지 않는다.

412) 이것이 Käsemann(1980 [1973], 73)이 26절이 이미 이방 그리스도인들을 가리킨다는 것에 반대하고, 29절에 가서야 그것을 허용하는 이유일 것이다(75); Käsemann은 그 어떤 종류의 "율법 성취"에 대해서도 반감을 보인다(예컨대, 76f.); 그러나 그런 태도는 불필요할 정도로 제한적인 것이다. 바울은 통상적으로 어떤 주제를 모호하게 슬쩍 도입하고서는, 한 단계씩 서서히 온전히 해명해 나가는 모습을 보여준다. Moo, 1996, 171은 조심스럽게 올바른 방향을 보여준다.

413) 위의 제6장 제2절 (i), 제7장 제6절, 그리고 아래의 제10장 제4절 3) (10), 제15장 제3절 2)를 보라.

지에 대해서는 우리가 적절한 때에 살펴볼 것이지만, 현재로서 말할 수 있는 것은 어떤 의미에서 율법을 지키면서도 할례 받은 유대인들이 아닌 "할례파"라 불리는 사람들이라는 범주가 존재할 것이라는 주장은 선민론에 대한 극적인 수정이라는 것이다. 그리고 바울은 이 짧은 단락에서 예수를 언급하고 있지 않지만(물론, 바울은 자기는 예수를 전제하는 것이라고 말할 것이다), 선민론을 수정한 장본인으로서의 성령을 언급한다.

두 번째는 바울은 이 "율법을 지키는 무할례자들"이 "율법을 범하는 할례자들"을 심판할 것이라고 말한다는 것이다. 고린도전서 6:2에서도 발견되는, 선민이 심판대에 앉는다는 관념은 다니엘서 7:22로 거슬러 올라가는[414] 선민론의 아주 구체적인 일부인데, 이것도 지금 다음과 같이 충격적인 방식으로 수정된다. 즉, 바울은 장차 유대인들이 세계의 열방들을 심판하게 되는 것이 아니라, 율법을 지키는 이 무할례자들이 율법을 범하는 저 유대인들을 심판하게 될 것이라고 말한다. (나는 우리가 여기에서 "율법을 범하는 자들"이라는 관념 자체도 재정의된 범주라고 보아야 한다고 생각한다.) 이 점과 관련해서 재정의된 선민론이 실제로 얼마나 강력한 폭탄발언이었던 것인지는 우리가 상상하기 어렵다.

세 번째는 바울은 "유대인"과 "유대인," 즉 표면적 유대인과 "이면적" 유대인을 대비시키고 있다는 것이다. 이것은 다른 무엇보다도 9:6에서 그가 "이스라엘"과 "이스라엘"을 구별하고 있는 것과 맥락을 같이한다. 그는 자기가 의미하는 것이 정확히 무엇인지를 보여주기 위해서, 히브리어로 "칭찬, 찬송"을 의미하는 "유대인"이라는 단어를 사용한 후에, "이면적 유대인"(Jew in secret)은 사람들로부터가 아니라 계약의 하나님으로부터 "칭찬"을 얻는다고 — 달리 말하면, 이 고상한 호칭을 얻는다고 — 선언한다.[415] "이면"(secret)에 대한 강조 속에는 하나님이 장차 사람들의 마음의 "은밀한 것들"(secrets)을 심판할 것이라고 말하는 2:16의 반향이 있고, 이러한 반향은 여기에서 "마음의 할례"에 대한 언급에 의해서 확증된

414) 또한, cf. Wis. 3.8; 4.16; *Jub.* 24.29; 1QS 8.6; 그리고 신약에서는 마 11:20-4; 19:28; 계 20:4.

415) Dunn, 1988a, 123; Fitzmyer, 1993, 323을 비롯한 다수의 학자들. Käsemann, 1980 [1973], 77은 그러한 관념은 "처음에 영국적인 전통"으로부터 온 것이라고 말하고, 로마 청중은 그것을 이해하지 못하였을 것임을 근거로 거부한다. 그것은 증명할 수 없는 것이고, 어쨌든 핵심을 벗어나 있다. "의도를 지닌 의사전달자들" 조차도 모든 청중들이 다 이해하지 못할 단어 유희를 사용할 수 있다(Barclay, 2011, 71은 Käsemann에 동의하여 이렇게 말한다). 이 본문이 유대적인 맥락이 아니라 Marcus Aurelius, 4.19.2; 12.11과 공명하고 있다고 하는 Käsemann(77)의 주장은 사람들은 바로 옆에 흐르는 강물이 있는데도 새는 물 항아리로 아주 먼 곳에서 물을 길어오고자 한다고 말한 Schweitzer의 비유가 딱 들어맞는 예이다.

다. 이것은 이 본문이 궁극적으로 무엇에 대하여 말하고자 하는 것인지를 우리에게 보여준다. 마음의 할례는, 이스라엘이 포로생활로부터 돌아오고, 계약에 따른 저주로부터 놓여나서, 계약의 하나님의 참 백성이 될 수 있기 위해서 꼭 필요한 것이라고 토라가 선언하였던 것이다. 신명기 30:6 및 거기에 의거한 것일 가능성이 높은 예언서 본문들에 대한 이러한 반영은[416] 마음의 갱신이라는 관점에서 계약의 회복에 대하여 말하는 일련의 본문들에 수반된다.[417] 우리는 이것이 여기에서 바울이 염두에 두고 있는 것임을 의심해서는 안 된다.[418] 이것은 "수정된 선민론"이지만, 선지자들이 약속하였던 것과 정확히 맥을 같이 한다.

마지막으로, 바울은 고린도후서 3:6에서 명시적인 "새 계약"이라는 맥락 속에서 사람들의 마음 안에서의 성령의 역사에 대하여 말한 직후에 나오는 그러한 대비를 여기에서도 행하고 있다는 것이다. 그가 말하는 "할례자"이자 "유대인"인 사람들 — 일부 역본들에도 불구하고, 그는 "갱신된" 또는 "참된"이라는 형용사들을 첨가하지 않는다 — 은 "율법조문이 아닌 성령 안에서"(en pneumati ou grammati – '엔 프뉴마티 우 그람마티') 그러한 지위를 누리고 있다. 이러한 대비는 오늘날의 영어에서 법이 실제로 말하고 있는 것을 무시해 버리기 위한 일종의 변명으로 격언처럼 자주 사용되어 왔기 때문에("법 정신" 대 "법 조문"), 우리는 그러한 통상적이고 관례적인 의미에서 한 발자국 뒤로 물러나서, 바울이 말하고자 한 것이 정확히 무엇인지를 새롭게 검토할 필요가 있다. 그는 이미 할례자가 율법의 '그람마'(gramma), 즉 "조문"을 가지고 있다고 말한 바 있다(2:27). 이것은 문맥상으로 유대인들이 조상대대로 물려받은 모세 율법을 지니고 있다는 것을 가리키고 있음에 틀림없다(2:19-20에서처럼). 고린도후서 3:6에서와 마찬가지로, 우리는 여기 2:29도 그 동일한 의미를 지니고 있는 것으로 보지 않으면 안 된다.[419] 또한, "조문

416) 또한, cf. 신 10:16; 레 26:41; 렘 4:4; 9:25f.; 겔 44:7, 9. 마음의 할례(또는, 그 결여)라는 주제는 신약(행 7:51)과 제2성전 시대 문헌들(1QS 5.5; 1QH 2.18; 1QpHab 11.13; 4Q177 185; *Jub.* 1.23; *Od. Sol.* 11.1-3; Philo, *Spec.* 1.305 등)에 반영되어 있다. 여기에서 종종 인용되는 *Migr. Abr.* 92는 다르게 말하고 있다.

417) 렘 31:33; 32:39f.; 겔 11:19; 36:26-8; 또한, 에스겔서 본문들은 성령이 주어져서 사람들을 변화시킬 것에 대하여 말한다.

418) 마찬가지로, "성령"과 "율법 조문"이 아니라(아래를 보라) 29절의 "영"과 28절의 "육체" 간의 바울의 암묵적인 대비는, 그가 이미 1:3-4에서 예수와 관련해서 말한 후에 8:5-8 등에서 발전시킨 것과 같은 그의 통상적인 대비에 속한다. 갈라디아서 4:21-31에는 그의 통상적인 대비들이 총동원되어 있다.

419) 하나의 책으로서의 '그람마'(gramma)의 의미, 그리고 (a) "살아 있는" 율법과 (b) 단순한 '그람마'가 된 "죽은" 율법 간의 대비를 보여주는 고전적인 병행들이 수록된 cf. BDAG, 205f.

과 성령"의 대비는, 어떤 사람들이 고린도후서 3장과 관련해서 주장해 온 것과는 달리, 단지 해석학적 방법론의 문제가 아니다. 그리고 설령 해석학적 방법론의 문제라고 하더라도, 그것은 토라를 단지 알고 있는 것만이 아니라 실제로 "지키고 성취하는"(롬 2:26, 27) 사람들이 마음의 근본적인 변화를 겪은 사람들이라는 원칙에서 있는 철저하게 새로운 "해석학적 방법론"이다.[420] 틀림없이 바울은 새로워진 마음으로부터 흘러나오는 순종이 진정으로 새로운 해석학적 활동을 구성한다고 말하였을 것이다. 그는 여기에서 모세 율법과 관련해서, 성령은 새 계약과 갱신된 선민 안에서 "율법이 행할 수 없었던 것"을 이룰 것이라고 말하고 있는 것이다. 물론, 그가 말하는 성령은 선지자들에 의해서 약속되고, 믿는 이방인들(우리가 이 본문만으로도 생각할 수 있듯이)만이 아니라 당연히 믿는 유대인들로도 구성되는 백성에게 부어진 성령이다.[421]

우리는 이러한 것들 중 그 어떤 것도 "유대교에 대한 비판"을 내포하고 있지 않다는 것을 아무리 강조해도 지나치지 않는다. 바울은 2:17-20에서와 마찬가지로 여기에서도 유대인이라는 것 자체에 어떤 잘못된 것이 있다거나, 유대교에 악한 것이 내재되어 있다고 말하고 있는 것이 아니다(모든 "종교"는 악하고, 유대교는 그 전형적인 예라고 말한 마틴[Martyn] 등의 주장은 여기에서 바울이 말하고 있는 것이 아니라는 것은 두말할 필요조차 없다![422]). 도리어, 케크(Keck)가 강조하듯이, "바울의 논증은 실제로 하나님이 공평하시다는 유대교의 확신의 표현이다."[423] 우리는 거기에서 한 걸음 더 나아가서, 로마서 2:25-29은 유대교의 성경에서 분명하게 말하고 있는 경고들과 약속들이 정확히 무엇을 의미하는지에 대하여 철저하고 주의 깊게 성찰한 결과로 나온 것이라고 말할 수 있다. 나중에 로마서 10:1-13이 분명히 보여 주겠지만, 그것은 성경의 종말론적 서사 자체를 철저하게 따른 것이다.[424]

420) 이 어구에 대한 교부들의 이해에 대해서는 Fitzmyer, 1993, 323을 보라.

421) Fitzmyer, 1993, 323이 여기에서 바울이 염두에 둔 "진정한 유대인"은 "마음에 할례를 받은 이스라엘 사람"이라고 주장하는 것은 이상하다. Fitzmyer가 "이스라엘 사람"이라는 표현을 확대된 의미로 사용하고 있는 것이 아니라면, 이것은 근거 없는 제한인 것으로 보인다: 이 본문 전체의 수사학적 전략은 여기에서 주어는 내내 이방인들이라는 것에 달려 있다. 예컨대, cp. 롬 4:11f.

422) 또는, 2:17-24을 "광신자"를 향한 말로 보는 Jewett.

423) Keck, 2005, 88.

424) 종말론과 관련된 이러한 말은 Barclay의 설명(2011, ch. 3)에 빠져 있다. 바울은 여기에서 "유대 전통의 역사적 연속성을 전복시키고자 위협하는" 방식으로 성경적인 언어를 확장시켰다는 그의 주장(79)은 내게는 바울의 핵심을 놓치고 있는 것으로 보이는데, 바울이 말하고자 하는 핵심은 성경 자체가 그러한 역사적 연속성 내에서의 근본적인 변화를 가리키고 있다는 것이다. 이스라엘의 하나님은 성경에

따라서 로마서 2장의 끝에 나오는 이 다섯 개의 절은 수정된 선민론을 고도로 압축해서 고전적으로 표현하고 있는 본문이다. 내가 지금까지 보여 주었듯이, 바울은 이 주제로 거듭거듭 되돌아갈 것이다. 그가 칭의 자체를 설명하기에 앞서 여기에서 이렇게 수정된 선민론에 관하여 말하고 있다는 것은, 적어도 로마서의 수사학적 전략 내에서는, 그에게 3장에서 법정적 비유들을 독자적으로 구축하고자 하는 의도가 없었음을 너무나 명확하게 보여준다. 즉, 그가 3장에서 말하고 있는 것, 즉 (a) 하나님의 의가 나타났다는 것과 (b) 모든 믿는 자는 의롭다 함을 받은 상태에 있다는 것(여기에서 (a)는 (b)의 토대이고, 둘은 동일한 것이 아니다)은, 3:24 자체가 선언하듯이, 갱신된 계약에 속한 권속의 창설 내에서 하나의 핵심적인 계기로 언급되고 있다는 것이다.

로마서 2장의 끝부분에 나오는 본문은 이 서신 전체에 걸쳐서 계속해서 울려 퍼진다. 들을 귀가 있는 자들은 3:27-31; 4:11-12; 4:16-17; 7:4-6(6절은 마치 독자들에게 2:25-29을 8장 끝까지 내내 염두에 두고 있어야 한다는 것을 상기시켜 주기라도 하려는 듯이 다시 한 번 성령/율법 조문의 대비에 대하여 말한다); 8:1-11; 8:27; 8:31-39 같은 본문들 속에서 그러한 울림들을 계속해서 감지하게 될 것이다. 그런 후에, 우리는 9-11장에서 이 동일한 것이 울려 퍼지는 소리를 한층 더 강하게 듣게 된다: 9:6에 나오는 "이스라엘과 이스라엘"에 관한 논의; 9:24-26에서 언급되고 있는 이방인들의 충격적인 편입; 9:30-33에서 이스라엘은 "율법에 도달하지" 못한 반면에 이방인들은 "'디카이오쉬네'(dikaiosynē)를 얻게" 되었다고 언급하고 있는 것; 그리고 무엇보다도 10:4-13에서 성령으로 말미암은 저 기이한 율법의 성취를 신명기 30장에 약속된 계약 갱신이라는 관점에서 설명하고 있는 것. 이 모든 것들은 2:5-29을 반영하는 방식들로 수정된 선민론에 대하여 말하고 있다. 이 본문들 중에는 칭의에 대하여 명시적으로 말하고 있는 것들도 있고, 그렇지 않은 것들도 있다. 그러나 이러한 주제들이 이 서신 전체에 걸쳐서 울려 퍼지고 있는 방식은, 적어도 이 서신 속에서, 바울은 자신의 칭의론을 성경의 오래된 선민론이 성령을 중심으로 분명하게 수정되었다는 인식 내에 명시적으로 위치시키고 있다는 것을 의심할 여지 없이 보여준다.

3) 믿음, 칭의, 하나님의 백성

서 언제나, 자기가 근본적으로 새로운 방식으로 행할 것이라고 약속하였고, 이 일이 지금 일어났다고 바울은 말하고 있다. 묵시론과 구원사(관용적인 용어를 사용하자면)는 여기에서 서로를 규정한다.

(1) 칭의의 형태

여기에서 및 다른 곳들에서 나의 일관된 주장은 바울의 신학 속에서 "칭의"와 관련된 언어 — 그가 사용한 '디카이오스'(dikaios)를 어근으로 한 여러 단어들 — 는 현재의 장의 주제인 재정의된 선민론 내에 자리를 잡고 있다는 것이다. 즉, "칭의"는 (a) 창조주 하나님이 어떤 목적을 가지고서 이스라엘을 선민으로 택하였다는 것, (b) 이 목적은 피조세계 전체를 바로잡고자 하는 창조주의 궁극적인 계획과 관련이 있다는 것, (c) 이 목적은 인간을 바로잡는 것을 통해서 실현될 수 있다는 것을 전제한다는 것이다. 내가 본서 제7장에서 이미 상당히 자세하게 설명한 바 있는 이러한 복잡한 사고 체계는, 우리에게는 복잡한 사고 틀로 보일 수 있지만, 바울에게는 모든 것이 아주 잘 들어맞고 간단한 것이었기 때문에, 간결한 요약문들 속에 담겨질 수 있었다.

그렇다면, 우리는 이 같은 논증을 어떤 식으로 진행해야 가장 최선의 결과를 얻을 수 있을까? 바울의 다른 주요한 주제들의 경우와 마찬가지로, 우리는 모든 관련된 본문들을 철저히 검토해서 결론들을 이끌어내는 방법과 먼저 작업가설을 세우고서 핵심적인 관련 본문들이 과연 그 가설을 지지하는지를 검토하는 방법 중에서 어느 한 쪽을 선택할 수 있는데, 나는 본서에서 후자의 방법을 선택해 왔다.[425] 또한, 우리는 지면관계상 온갖 주장들을 제시한 모든 사람들을 대화상대로 삼을 수 없기 때문에, 대화 상대도 선택하지 않으면 안 된다.[426]

425) 물론, 이 두 가지 방법론은 어느 것이나 *Perspectives*와 주석서들 등에 부분적으로 기록되어 있는 좀 더 큰 해석학적 나선형 구조로 진행된 오랜 세월의 성찰에서 자신의 자리를 차지하고 있다; 역사적 석의로부터 주제별 분석으로의 이동, 그리고 다시 그 역방향으로의 이동은 결코 끝이 나지 않는다. 나는 "칭의"가 역사신학과 조직신학에서 하나의 주제로 다루어지는 가운데 이루어져 가고 있는 주된 논의들을 당연히 알고 있고, 이하의 서술은 그러한 논쟁들과 상당한 정도로 연관되어 있을 수밖에 없다(대부분의 논쟁들은 성경을 절대적인 것으로 보고서, 바울이 실제로 말하고 있는 것들이 모든 것을 최종적으로 결정한다는 입장을 지니고 있기 때문에). 하지만 그런 것들을 일일이 자세하게 다루는 것은 물론 불가능할 것이다. 최근에 나오는 중요한 논문집으로는 McCormack, 2006b를 보라.

426) 나는 학자로서 오랫동안 암묵적으로, 그리고 때로는 명시적으로 Jimmy Dunn과 논쟁을 해 왔는데, 지금 여기에서 독자들은 특히 Dunn, 1998, 335-89를 참조하면 좋을 것이다. 우리는 흔히 "새 관점"(new perspective)이라는 지금은 별로 도움이 되지 않는 폭넓은 명칭 아래에서 도매금으로 취급되는 경향이 있기 때문에, 새 관점으로 불리는 학자들 간에 사고의 양방향의 많은 교류에도 불구하고, 적어도 내 생각에는, 우리의 불일치점들은 일치점들만큼이나 크다는 것을 주목할 필요가 있다. 나는 최근에 독일어로 나온 것들 중에서는 Schnelle, 2005 [2003], 454-72를 대표적인 것으로 본다. 우리는 "새 관점"을 언급해 왔기 때문에, 사람들은 흔히 그렇게 하지 않지만, 그러한 사고 노선의 초기 주창자는 George Howard였다는 것을 상기할 필요가 있다: 예컨대, Howard, 1967과 1969; 그리고 특히 Howard, 1970과

여기에서 나의 주장은 바울이 선민론을 메시야의 사역을 토대로 해서 성령의 사역을 중심으로 재정의한 것은 일련의 복잡하지만 분명한 관념들과의 관련 속에서 수행되었다는 것이다. 달리 말하면, 우리는 바울의 "이신칭의론"을 이 일련의 사고의 흐름이 형성하고 있는 서사의 주요한 꼭짓점으로 볼 때에만 "이신칭의"를 제대로 이해할 수 있는데, 칭의론 — 제대로 표현하자면, 메시야의 사역을 토대로 해서 현재에 있어서 믿음으로 말미암아 은혜로 주어진 칭의에 관한 설명 — 은 이 일련의 사고의 흐름 속에서 마지막 일곱 번째에 위치한 아주 중요한 요소라는 것이다. 저 마지막 수가 지닌 온전한 의미를 제대로 파악하는 데 꼭 필요한 그 앞의 여섯 수는 우리가 본서의 앞부분에서 이미 다루었기 때문에 여기에서는 간략하게 설명하고자 한다. 아래에 나오는 다소 압축된 요약은 유대교 내에서 "의"와 관련된 언어를 요약한 부분(위의 제2절 2)를 보라)을 다시 가져와서, 바울이 이제 그것을 메시야와 성령의 빛 아래에서 어떻게 수정하고 있는지를 보여준다. 이것은 (a) 바울이 칭의에 관하여 말하는 많은 것들을 설명해 주는 서사와 (b) 다소 투박하기는 하지만 논의를 위한 약어들로 사용하기에는 유익한 일련의 전문용어들을 제시한다.

그러면, 세부적으로 살펴보기로 하자. 나는 이후의 논의들에서 유익할 몇몇 전문용어들을 견명조체로 표시할 것이다.

1. **창조주 하나님은 마침내 피조세계를 개조해서** 모든 잘못된 것들을 바로잡고 세계를 자신의 임재로 충만하게 하고자 한다. 이것은 하나님의 모든 역사들이 지향하는 "끝" 또는 "최종목적지," 즉 "종말"이고, 이것을 말하는 것이 "종말론," 특히 장래에 하나님이 피조 질서를 바로잡는 것이 아니라 폐기처분할 것이라고 보는 "영지주의적인" 종말론과 구별되는 "**창조의 종말론**"이다.[427] 우리는 다음 장에서 이것에 대하여 좀 더 자세하게 살펴볼 것이다. 장래의 소망에 관한 바울의 가장 포괄적인 서

1979를 보라.

427) 나는 칭의에 관한 최근의 몇몇 설명들에서 등장해 온 "바로잡다"(rectify)라는 단어를 "올바르게 하다," "해결하다," "수선하다," "원래의 모습으로 되돌려놓다"라는 이 단어의 통상적인 의미로 사용한다. 이 단어는 암묵적으로 사법적인 뉘앙스를 지니고 있고, 하나님의 최후의 행위를 "심판"으로 보는 이유도 거기에 있다(시 96:10-13 등); 그러나 이 단어에서 강조점은 궁극적인 회복의 상태 및 원래의 것의 선함을 재천명한다는 함의에 두어져 있고, 그러한 목적을 이루기 위한 사법적 판결에 두어져 있지 않다. 하지만 나는 "바로잡다"와 "바로잡음"이라는 단어들이 바울의 좀 더 큰 그림에 속한 모든 요소들을 다 포괄하기에 충분하다고 생각하지 않는다 – 반대견해로는 Martyn, 1997a; Harink, 2003(이것에 대해서는 McCormack, 2006a를 보라).

술은 로마서 8장과 고린도전서 15장에 아주 자세하게 나온다. 일단 이러한 좀 더 큰 그림을 파악하게 되면, 우리는 빌립보서 3:20-21 등과 같은 다른 많은 본문들에서도 그러한 서술을 볼 수 있게 된다. 창조주의 이러한 의도와 만유를 바로잡는 그의 "정의"는 한 분 유일하신 하나님이 선에 대해서는 상을 주고 악은 벌한다는 "분배 정의"(iustitia distributiva)라는 중세 관념의 배후에 있다.

2. 이런 일이 일어나기 위해서는 인간이 "바로잡히지" 않으면 안 된다. 원래의 창조의 목적과 (지금에 있어서) 그 피조세계의 갱신과 회복을 가로막는 주된 문제점은 인간이 세계에서 하나님의 형상을 지닌 자들에 걸맞게 행하지 못한 데 있다. 따라서 하나님은 세계를 바로잡기 위해서는 먼저 인간을 바로잡지 않으면 안 되었다. (우리는 이러한 초점을 지닌 종말론을 "**인간론적 종말론**"이라고 부를 수 있을 것이다.) 이 문제점은 인간의 우상 숭배 및 거기에 따른 인간의 행실의 균열로 말미암은 것인데, 이것은 인간이 창조주가 원래 의도하였던 질서를 세계 속에서 실현하는 데 실패하였다는 것을 의미한다. (우상 숭배와 그 결과로서 생겨난 비인간화된 행실이라는 이러한 복합적인 실체가 바울이 "죄"라고 부르는 것인데, "죄"는 (a) 그러한 행실을 구현하는 구체적인 행위들, (b) 그런 식으로 행하는 자들이 살아가는 상태, (c) 사람들을 그런 식으로 몰고 가는 것으로 보이는 어둠의 세력을 가리킬 수 있다.)[428] 죄와 악의 문제에 관한 바울의 고전적인 서술이 로마서 1:18-2:16이라는 것은 두말할 필요가 없고, 이 서술은 3:9-20에서 다시 한 번 요약적으로 제시된다.[429] 그것은 로마서 5장에 나오는 아담적인 인간 본성에 관한 서술들, 에베소서 2:1-3 같은 다른 많은 본문들, 바울의 서신들 전체에 걸쳐 산재해 있는 이교도들의 인간 본성에 관한 다양한 설명들 속에서 묘사된다.[430] 본서 제9장에서 나는 바울이 메시야와 성령을 중심으로 유일신론을 재정의함으로써 이 문제에 관한 좀 더 넓고 깊은 비전을 갖게 되었다는 것을 논증한 바 있다. 나중에 기독교적인 "구원관"으로 이어진 바울 특유의 "구원관"을 낳은 것은 바로 이 문제였다. 내가 앞에서 여러 기회들을 이용해서 반복적으로 강조해 왔던 것처럼, 통속적인 기독교 어법과는 달리, "칭

428) 바울이 메시야의 죽음에 의해서 패배당했다고 본 인간이 아닌 악의 세력들("능력들")의 문제(골2:15)는 이 좀 더 큰 그림 내에서 이해하여야 한다: 위의 제9장 제1절, 제7절 1), 2) (2)를 보라.

429) 2:17-3:8은 다른 목적을 가지고서, 이스라엘의 죄악됨 자체에 대해서가 아니라, 이스라엘이 세계의 빛이 되어야 한다는 소명에 "신실하지" 못하였다는 것에 대하여 말하고 있다는 것을 나는 위에서 논증하였고, *Perspectives*, ch. 30에서 좀 더 자세하게 다루었다.

430) 예를 들면, 고전 5, 6장; 갈 5장; 엡 4:17—5:20; 빌 3:18f.; 골 3:5-11; 살전 4:4-6.

의"와 "구원"은 동일한 것이 아니고, 이 둘을 동일시하게 되면, 우리는 제대로 된 신학은 말할 것도 없고 제대로 된 석의조차도 궁극적으로 불가능하다는 것을 유념할 필요가 있다.[431] 이 단계에서 아래에서 "법정적 종말론"을 다루는 제4단계로 건너뛴다면, 문제는 단순해지겠지만, 그렇게 하는 것은 적어도 바울이 세심한 주의를 기울였던 그 근저에 있는 성경적 서사를 건너뛰어 버리는 것이 되고 말 것이다. 따라서 다음 단계는 계약 백성과 관련되어 있다.

3. **하나님이 그것을 성취하는 방식은 계약을 통해서였다.** 인간의 실패와 세계의 부패를 바로잡아서 세계를 바로잡고자 하는 하나님의 경륜은 아브라함과 그의 "자손"을 부르는 것에 초점이 맞춰져 있었다.[432] 이미 앞에서 보았듯이, 바울의 관점에서 볼 때, 창조주 하나님이 아브라함과 맺은 계약은 "창조의 종말론"을 실현하려는 목적으로 "죄"를 처리하기 위하여 선택한 수단이었다. 그렇기 때문에, 하나님은 아브라함에게 그가 전 세계적인 권속을 갖게 될 것이라는 약속을 준다 — 바울은 이것을 갈라디아서 3장과 로마서 4장에서 다룬다.[433] 이것은 피조세계 전체를 바로잡는 데 있어서 필수적인 한 수였다. 성경은 일단 이스라엘의 하나님이 그러한 약속들을 하였다면, 그 약속들에 대한 자신의 신실하심을 나타내어, 자기가 이스라엘에 대하여(for) 약속한 것뿐만 아니라 이스라엘을 통하여(through) 행하겠다고 약속

431) Sanders조차도 종종 이 대목에서 실수를 한다: 예컨대, Sanders, 1977, 451f., 545. 나는 O'Brien 같이 그토록 주의 깊고 세심한 학자가 내가 이 둘을 혼동하였다고 생각하리라고는 꿈에도 생각하지 못하였다(O'Brien, 2004, 288). 분명히 한 분 유일하신 하나님이 새로운 세계를 창조하고 죽은 자들을 다시 살리게 될 저 최후의 사건에서 그의 백성은 사망으로부터 궁극적인 "건짐"("구원)을 얻게 될 것이고, 그들에게 유리한 궁극적인 판결("칭의," 롬 2:13; 갈 5:5)을 받게 될 것이다. 또한, 분명히 바울은 현재적인 "칭의"에 대하여 말할 수 있었던 것과 마찬가지로 현재적인 "구원"에 대해서도 말할 수 있었다(예컨대, 롬 8:24). 따라서 이 두 용어는 동일한 사건 또는 사실을 가리킬 수 있다. 그러나 이 둘은 판이하게 다른 것들을 의미한다: 전자는 위험이나 곤경으로부터 건짐을 받는 것을 의미하고, 후자는 법정에서 옳다고 인정함을 받아 무죄판결을 받는 것을 의미한다. 내가 다른 곳에서 지적해 왔듯이, 로마서에서는 "칭의"와 "구원"은 둘 다 주된 주제들이지만, 갈라디아서에서는 "구원"은 다루어지지 않는다: 이것은 앞으로 생각해 보아야 할 것이다.

432) 이 항목 전체에 대해서는 특히 위의 제2장을 보고, 또한 현재의 장 제2절도 보라. Schreiner, 2010, 390-2가 갈라디아서와 관련해서 "칭의"를 요약하면서, 아브라함을 언급하고 있지 않은 것은 주목할 만하다. "의"를 계약적인 관점에서 이해하는 것의 중요성을 강조하는 Gathercole, 2006a와 대비해 보라.

433) 이 본문들과 거기에서 "의"와 "계약의 지체로서의 지위"의 결합(이것은 Bird, 2007, 74가 말한 것과는 달리 "문제점"이 아니다)에 대해서는, *Perspectives*, ch. 33에 수록된 "Paul and the Patriarch"을 보라. Bruce Longenecker는 다른 사람들이 분리해서 보는 바울의 사고의 여러 흐름들을 한데 통합시키는 의미심장한 방법들을 제시한다: 예컨대, Longenecker, 1998을 보라.

한 것도 반드시 이룰 것이라고 역설하였다. 달리 말하면, 이것은 "**계약의 종말론**"이다. "바로잡는 일"에 "계약"을 추가한 것은, 흔히 설명되어 왔던 것과는 달리, "수직적" 차원에 "수평적" 차원을 추가하였다고 하는 그런 문제가 아니다. 그런 설명은 핵심을 완전히 놓친 것이다. 여기서 핵심은 창조주 하나님이 인간과 세계를 구원하기 위한 수단으로 아브라함을 불렀다는 것이다. 따라서 여러분이 굳이 원한다면, 이것은 이중적으로 "수직적인" 주제라고 할 수 있다.[434)]

신명기를 비롯한 여러 곳에서 계약 백성을 죄로 인하여 벌하고 그 후에 긍휼을 베풀어 회복시킬 것이라는 관점에서 설명하고 있는 계약에 대한 하나님의 신실하심은, 바울의 여러 핵심적인 본문들에서는 한 분 유일하신 하나님의 의(tsedaqah elohim - '체다카 엘로힘,' dikaiosynē theou - '디카이오쉬네 테우')라는 관점에서 말해진다. 이 의는 하나님의 속성으로 보아졌고, 이 속성 때문에 창조주는 자신이 약속한 일들을 반드시 행할 것이라고 단언되었다.[435)] "계약"과 "계약에 대한 신실하심"이라는 주제는 '체다카'/ '디카이오쉬네'(tsedaqah/dikaiosynē)라는 개념의 "관계적" 측면이라고 흔히 말해져 온 것의 성경적 배경이다. "관계적"이라는 단어는 "칭의"가 "하나님과 어떤 사람의 관계"에 관한 것임을 암시한다는 점에서 모호하다.[435)] 그것은 아주 일반적인 의미에서 틀린 것은 아니지만, "계약"을 "관계"로 대체하는 것은 역사적인 토대로부터 상당히 물러가는 것이다.[436)]

바울 자신의 계약적 종말론은 바리새인들을 비롯한 다른 유대인들이 견지하였던 것으로 보이는 제2성전 시대 유대교의 기본적인 사상 노선을 철저하게 수정하여 발전시킨 것이다.[437)] 이 시기의 대부분의 유대인들은 어떻게 하면 자신들이 사후의 심판을 피하고 다른 세계에서 모종의 지극한 복을 누리게 될 것인지를 고민하였던 것으로 보이지 않는다. 즉, 그들은 오늘날의 서구 세계에서 "칭의"라는 단어와 단

434) 예를 들면, 놀랍게도 Bird, 2007, 1, 19, 113, 153. 계약은 단지 "교회론"에 관한 것이 아니다(O' Brien, 2004, 289f.). 또한, Moo, 2004, 187, 216을 보라. 어떤 사람들이 주장하는 것과는 달리, 나는 "온 세계가 이스라엘 안에 있다"고 말하고 있는 것이 결코 아니다; 도리어, 이스라엘은 창조주가 온 세계를 구원하고 복주는 수단이다(Vanhoozer, 2011, 244에서 재인용, Horton, 435).

435) 그 분명한 예들은 사 40-55장과 단 9장이다; 위의 제2장을 보라. 이 모든 것을 위한 토대 — 야웨가 자신의 "신실하심"을 보이게 될 "계약" 및 그 경고와 약속 — 는 레 26:1-45; 신 7:12—8:20; 11:26-8; 26:16—28:68 등의 본문들에서 발견된다. "계약"과 "의"를 분리하고자 하는 시도(예컨대, Schreiner, 2001, 199, 그는 Seifrid, 2000에 의거하고 있다)는 특히 이 둘이 떼려야 뗄 수 없을 정도로 얽혀 있는 창세기 15장을 바울이 중요하게 사용하고 있다는 사실에 의해서 실패할 수밖에 없다.

436) Dunn, 1993, 134를 보라. 이 관련 단어들에 대한 많은 연구들은, 몇 가지 점에서 결함을 보이고 있기는 하지만, 유익한 내용들을 제시하고 있는 Ziesler, 1972를 의존하고 있다.

437) 위의 제2장을 보라.

단히 결합되어 버린 질문들에 대하여 관심을 갖지 않았다는 것이다.[438] 그 대신에, 주후 1세기의 많은 유대인들은 주로 한 분 유일하신 하나님이 어떻게 그리고 언제 능력 가운데 임하여 자기 백성을 구원하고 자기 "나라를" 세워서, 사람들이 오랫동안 기다려 왔던 "내세"를 개시시키고, 세계를 다스리게 될 것인지에 대하여 관심을 가졌다. 이러한 맥락 속에서, 많은 사람들은 자기가 바로 그 "내세"에 참여하게 되는 것에 관심을 가졌다. 본서 제2장에서 이미 보았듯이, 그들 중 다수는 신명기 27-32장과 다니엘서 9장을 결합한 판본의 서사를 토대로 한 삶을 살아갔다. 달리 말하면, 그들에게는 오랜 동안의 "저주"와 "포로생활" 후에 "계약 갱신" 및 거기에 수반되는 구원과 속량의 새로운 위대한 순간이 올 것이라는 의식을 지니고 있었다는 것이다. 따라서 그들 중에는 다음과 같은 질문들을 제기한 사람들이 많았을 것이다: (a) 이스라엘의 하나님은 자신의 새로운 세계를 임하게 하여서, 자기 백성을 죽은 자 가운데서 다시 살려 그 세계에 참여하게 할 것이다; (b) 하지만 모든 유대인들이 그 새로운 세계에 참여하지 못할 것은 분명하다;[439] (c) 그렇다면, 우리는 누가 장차 부활하여 새롭게 하나님의 종말론적인 백성이 되어 다스리게 될 것인지를 현재에 있어서 어떻게 알 수 있는가? 이것이 바로 "행위"에 관한 질문들이 제기될 수 있는 맥락이다 — "칭의"는 제2성전 시대 유대교에서 주요한 주제가 아니었기 때문에(쿰란 문헌인 4QMMT에 그 유일하게 분명한 예가 나오는데, 이것에 대해서는 아래를 보라), 이러한 질문들은 드물게 제기되었을 것이기는 하지만.

다소의 사울은 빌립보서 3:5-6에서 개략적으로 설명되고 로마서 9:31과 10:2-3에서 암시된 율법을 토대로 한 계약상의 지위에 대하여 말함으로써, 이 질문에 대답하였을 가능성이 높다. 즉, 그는 현재에 있어서 진정으로 "열심"을 가지고서 토라를 지키는 것이야말로, 내세에 죽은 자 가운데서 부활하여, 한 분 유일하신 하나님의 통치 안에서 그의 백성이 되어 심판하고 다스리는 일에 참여하게 될 자임을 보여주는 증표라고 말하였으리라는 것이다. 당연히 할례는 문자 그대로 진정한 "증표"가 될 것이다. 할례는, 음식법들과 안식일 준수 같은 그 밖의 다른 민족적인 증

438) 이것은 물론 많은 혼란들의 원천이다: 사람들이 "바울은 '칭의'에 대하여 무엇이라고 말하였는가"라고 질문할 때, 그 질문은 통상적으로 "그는 어떻게 해야 사람들이 회심하고 '구원받아' '천국'으로 가는 안전한 수단을 확보할 수 있다고 말하였는가"를 의미한다. 이러한 질문들은 올바른 틀 안에서 재구성하는 경우에는 물론 중요한 질문들이 될 수 있지만, 바울이 "칭의"라는 단어 자체를 통해서 말하고자 하는 것은 아니다. 이 모든 것은 Carson, O'Brien and Seifrid, 2001에 수록된 많은 논문들의 질이 높은 수준임에도 불구하고 그 대부분이 핵심을 벗어나 있다는 것을 의미한다.

439) mSanh. 10.1-4를 보라. 거기에서는 서두에서 "온 이스라엘은 내세에 분깃을 가지고 있다"는 말을 하고나서 즉시, 내세에서 배제될 자들의 긴 목록을 덧붙여서, 그 말을 제한한다.

표들 및 그러한 것들 배후에 있는 토라와 성전에 초점이 맞추어진 생활방식 전체와 더불어서, 일련의 "토라의 행위들"을 형성하고 있었고, 사람들은 이 "토라의 행위들"을 근거로 해서, 그러한 행위들을 따라 살아가는 자들이 장래에 "의인들"(tsaddiqim – '찻디킴'/dikaioi – '디카이오이'), 즉 "계약의 지체들"로 선언될 자들이라고 말할 수 있었다.

하지만 기독교 이전의 유대인들이 "칭의"와 관련해서 그러한 "미리 주어진 표"에 대하여 말했음을 보여주는 증거는 별로 없다. 이것은 우리에게 다음과 같은 의문을 불러일으킨다: 바울의 특정한 칭의관만이 아니라, "칭의론"의 중요성은 말할 것도 없고 그 관념 자체가, 우리가 보아 온 다른 몇몇 관념들과 마찬가지로, 기독교적인 혁신의 산물이라는 것이 사실인가? 바울은 무에서 이 범주를 만들어낸 것인가? 그렇다면, 그는 왜 이전의 자기를 되돌아보면서, "율법의 행위로 말미암은 칭의"에 대하여 말하는 것인가? 그것은 전적으로 기독교적인 관념을 과거로 투사한 것이었는가? 여기서 우리는 다시 한 번 분명히 "곤경과 해법"이라는 질문에 직면한다. 그리고 이 질문에 대한 대답은 단순하게 양자택일식으로 대답하기에는 복잡하고 미묘하다.

"칭의" 비슷한 것에 관한 기독교 이전의 가장 분명한 서술은 4QMMT의 C난에 나온다.[440] 거기에서는 현재에 있어서 "토라의 행위들"을 지키는 자들은 그들에게 "의"로 여겨지게 될 것을 갖게 될 것이라고 말한다. 달리 말하면, 그런 사람들은 새 시대가 도래해서 모든 것이 드러나게 될 그 날에 계약의 권속이 될 자들로 현재에 있어서 여김을 받게 되리라는 것이다. 장래에 옳다 함을 받게 될 것을 미리 보여주는 증표라는 문제는 이렇게 제2성전 시대 유대교의 탁자 위에 이미 올려져 있었다. 나는 이 문제가 중심적인 것이었음을 보여주는 그 어떤 증거도 발견하지 못하였지만, 이 문제에 대한 관심은 존재하였고, 자신들의 현재의 주변적인 지위에도 불구하고, 새 시대가 도래했을 때에는 자신들이 참된 계약 백성이었음이 드러나게 될 것이라고 확신하고자 하였던 분파적인 집단들 속에서 그런 관심의 존재는 충분히 가능한 것이었다. 심지어 적어도 쿰란 분파 속에서는 모종의 갱신된 종말론이 존재하였다. 즉, 그들은 의의 교사가 그 길을 인도하고 있는 지금, 새 계약은 이미 은밀하게 개시된 것이라고 보았다. 그들은 이렇게 말하였을 것이다: "너희는 이러한 증표들과 상징들을 통해서 구별된 이 무리에 지금 속하라. 그러면 너희는 그 순간이 임하였을 때

440) *Perspectives*, ch. 21을 보라. Gathercole, 2004, 238 n. 38은 이 주제와 관련된 Dunn의 설명에 대하여 내가 제기한 이의들에 공감한다(Dunn, 2008 [2005], ch. 14 (orig. 1997)).

에 의롭다고 인정을 받게 될 자들 중에 있게 될 것이다." 우리는 다소의 사울 같은 강경파 바리새인들이 이것과 비슷한 은밀하게 개시된 종말론을 견지하고 있었고, 그 동일한 사상 노선은 그가 그리스도인이 된 후에도 여전히 유효하였을 것이라고 보지 않을 이유가 전혀 없다: 너희가 이런 식으로(즉, "열심"을 가지고) 토라를 지키는 일에 힘쓴다면, 너희는 분명히 내세를 유업으로 받게 될 것이고, 너희의 그러한 행위로 말미암아 내세가 도래하는 것을 앞당길 수도 있다.

누가 내세를 유업으로 받게 될 것인지를 말해 주는 현재에 있어서의 증표들이 이미 존재한다는 이러한 관념은 바울에게서 그대로 유지된다. 그의 "칭의론"은 그런 관념과 비슷한 형태를 지닌다. 그러나 메시야와 성령이 중심이 되면서, 그 내용은 네 가지 측면에서 철저하게 변화되었다.

첫 번째는 종말은 새롭고 극적인 방식으로 개시되었다는 것이다. 바울은 메시야의 죽음과 부활 및 성령 강림으로 인해서 새 시대가 이미 도래하였다고 믿었다. 바리새파와 에세네파가 소망하며 기다리고 있던 일은 이미 일어났다는 것이다. 누가 장래에 의롭다고 인정함을 받아 다스리고 심판하는 권세를 받게 될 것인가 하는 문제는 이미 대답되었는데, 장래에 그렇게 할 분은 메시야 자신이라는 것이다. 그는 왕으로서 다스리고 심판할 것이다. 그는 이스라엘을 자기 자신 속에 집약해 가지고서 의롭다 함을 얻은 자였다. 우리는 바울이 말하는 예수에 의해 이루어진 "그러나 이제는"(but now)이라는 현실은 근본적으로 새로운 것을 나타낸다는 것을 분명히 하지 않으면 안 된다. 다른 집단들(특히, 에세네파)도 모종의 개시된 종말론을 지니고 있었을 수 있지만, 이스라엘을 대표한 어떤 인물이 죽은 자 가운데서 다시 살아났다고 주장한 사람은 예수 외에는 아무도 없었다.

두 번째는 메시야의 죽음은 우연한 일(즉, 의롭다 함을 받기 위한 길로 가다가 어쩌다 우연히 일어난 일)이 아니었다는 것이다. 그가 죽었다는 사실, 특히 그 죽음의 방식은 계약의 하나님이 당시의 이스라엘을 있는 그대로 긍정할 수 없었음을 보여주는 것이었다. 심판과 저주, 궁극적으로는 포로생활에 관한 기이한 계약 이야기는 그 정점에 도달하였다. 나중에 부활 사건에 비추어 보았을 때, 십자가는 "문제"가 사람들이 생각해 왔던 것보다 훨씬 더 심각하였었다는 것을 의미하는 것이었다(우리는 이것을 본서 제9장에서 이미 살펴본 바 있다). 세계가 처한 곤경은 전체로서의 이스라엘 속에도 고스란히 그대로 존재하였다. 따라서 이스라엘이라고 해도 더 이상 내세를 기대할 수 없었고, 이미 열심 있는 유대인들이라고 해서 장차 도래할 하나님의 나라에서 살아갈 자격이 있다고 할 수도 없었다. 내세에 참여하기 위한 유일한 방법은 죽었다가 다시 살아나는 길밖에 없었다.

세 번째는 바울에게 있어서 성령 강림은 신명기 30장 및 그것을 반영한 예레미야서와 에스겔서에 나오는 약속들이 성취되었음을 보여주는 것이었다는 것이다. 메시야는 신원되어 의롭다 함을 받았지만, 오직 그만이 그런 것은 아니었다. 그는 자신의 지위와 역할을 자기 백성과 공유할 것이었다.[441] 이제 마음에 할례를 받은 백성이 존재하게 되었고, 그들의 공동생활과 개개인의 본성의 변화 속에서, 바리새파의 토라 준수와 연관되기도 하고 연관되지 않기도 한 새로운 형태의 기이한 "율법 준수"가 등장하였다. 이것은 현재에 있어서 "열심"을 가지고 토라를 지키는 것은 장래에 의롭다 함을 얻어서 계약에 참여할 수 있게 될 "의"를 지니고 있음을 보여주는 증표라고 보았던 바리새파의 소망과 일종의 병행이 되는 것이었다. 그러나 새로운 종류의 삶은 특히 계약의 하나님 자신이 새롭게 값없이 준 선물이었다는 점에서 완전히 다른 종류의 것이었다.[442] 특히, 이 백성의 표지가 된 첫 번째이자 가장 특징적인 증표는 유대인을 이교도로부터 구별해 주었던 "토라의 행위들"(또는, 4QMMT에서처럼 유대인들의 한 분파를 다른 무리들로부터 구별해 주었던 분파적인 "토라의 행위들")과는 아무런 상관이 없었다. 그 표지는 메시야의 표지, 즉 '피스티스'(pistis)였다. 이것은 '피스티스'가 아브라함의 단일한 권속, 곧 "의롭다 함을 얻은 죄인들"임을 보여주는 단일한 표지가 된 이유를 설명해 준다(현재의 장의 구성은 바로 이것을 설명하기 위한 목적으로 설계되었다). 달리 말하면, '피스티스'는, 로마서 3:2과 3:22에 의하면, 이스라엘에는 결여되어 있었던 것으로서, 메시야에 의해 주어진 이스라엘의 특성이다. 따라서 '피스티스'는 어떤 사람이 "메시야 안에" 있고 "메시야에게 속한" 메시야의 백성이라는 것, 즉 계약의 하나님이 장차 최종적으로 의롭다고 선언하여 부활의 생명을 주기에 앞서, 이 사람은 아브라함에게 주어진 계약에 의거한 죄 사함 받은 단일한 권속이라고 선언한 자들의 일원, 곧 계약 백성의 일원이라는 것을 보여주는 합당한 증표였다. 그러므로 우리는 바울이 이 '피스티스' 내에 포함시키고 있는 모든 것, 즉 십자가와 부활에 의해서 형성된 믿음과 신뢰와 신실함을 이 '피스티스'에 포함시켜야 한다.

네 번째이자 가장 급진적인 것은 '피스티스'에 의해서 구별된 마음에 할례를 받은 자들은 유대인과 이방인을 똑같이 포함하는 무리였다는 것이다. 이것은 갑자기 뜻밖에 확장된 것이 아니었고, 내내 하나님의 원래의 의도였다. 메시야는 온 세계의 주가 되기로 되어 있었고, 바울은 이 광대한 비전과 소망이 복음과 성령의 실제

441) 이것은 롬 5:17; 고전 6:2 같은 본문들에 대한 유일한 설명이다.

442) 빌 3:7-11.

적인 역사를 통해서 어떻게 구체적으로 실현되는지를 보았다.

이 실제적인 역사는 메시야의 죽음과 부활을 그의 백성 전체에게 적용하는 것을 포함하고 있었다. 메시야가 죽었다가 다시 살아났다면, 그것은 이제 메시야 백성 전체를 위한 본이 되어야 했다. 이스라엘(그리고 모든 유대인들)은 다시 살아나기 위해서 죽어야 한다. 그 죽음을 통해서 그들은 그 시점까지 그들을 바르게 지탱해 주어 왔던 하나님에 의해 주어진 민족적인 정체성 표지들에 대하여 작별을 고하게 될 것이었다. 또한, 동일한 이유로 그들은 자신들과 동일하게 죽었다가 다시 살아났을 뿐만 아니라 자신들과 마찬가지로 '피스티스'라는 표지에 의해서 구별된 모든 이방인들을 메시야의 기이하고 새로운 권속 내에서 동등한 지체들로 영접하게 될 것이었다. 이것은 바울이 복음은 "첫째는 유대인에게, 그리고 또한 마찬가지로 헬라인에게" 구원을 가져다준다고 말하였을 때에 정확히 그의 사고 속에 있었던 것이었다.[443)]

이러한 네 가지 핵심은 우리로 하여금 추가적인 중요한 성찰을 하지 않을 수 없게 만든다. 제2성전 시대 유대교와 초기 기독교에서의 "부활" 사상의 경우와 마찬가지로, 이전에는 주변적이었던 어떤 것이 이제는 중심적인 것이 되었다.[444)] 이러한 병행은 우연이 아니다. "칭의"는 주후 1세기 유대교에서 첨예한 주제가 아니었지만, 우리가 방금 전에 살펴본 여러 가지 이유들로 인해서(1: 메시야와 성령을 통해서 개시된 종말론; 2: "곤경"에 대한 근본적인 재정의; 3: 성령의 새로운 역사; 4. 믿는 유대인과 이방인을 대등한 조건 위에서 포괄하는 상징 세계가 다시 그려지게 된 것) 바울의 사역과 사고에 있어서는 첨예한 주제가 되었다. 이것은 이 모든 것이 "칭의"에 관한 기독교 이전의 유대인들의 사고 속에 통상적으로 존재하였던 결함을 바로잡는 시도임을 보여준다. 첫 번째는 기독교 이전의 유대인들이 "어떻게 해야 구원을 얻는가"에 관하여 무엇을 생각하였는지를 묻는 것은 이것과 동일한 질문을 하는 것이 아니라는 것이다. 두 번째는 그러한 유대인들이 바울이 말하고 있는 것과 같은 것에 대하여 말하고 있었다고 할지라도, 그들의 논의는 바울의 논의와 동일한 정도로 무게를 지니고 있지 않았다는 것이다.

우리가 시대착오적인 생각 속에서 제2성전 시대의 "칭의관"이라고 지칭하는 것을 바울이 네 가지 방향에서 근본적으로 수정하였다는 사실은, 우리가 이제 칭의론의 역사 내에서 하나의 새로운 이론으로서, 바울이 그것을 어떤 식으로 발전시

443) 롬 1:16.
444) cf. *RSG*, 477, 681.

키게 되었는지에 관한 가설을 제시할 수 있게 되었다는 것을 의미한다.[445] 바리새인이었을 때, 그는 마카베오1서 2장 같은 본문들이 보여주는 열심 있는 유대인들의 노선을 따라 "칭의론"을 생각하기 시작하였다. 따라서 그는 토라에 대하여 열심이 있는 사람들은 비느하스처럼 "하나님이 그들의 의로 여겨줄 그런 의"를 지니고 있다고, 즉 그런 사람들은 참된 계약의 지체들로서 장차 도래할 새 시대에 참여할 자들로 현재적으로 구별된 자들이라고 믿었다. 그러나 십자가에 못 박혔다가 다시 살아난 메시야와 성령의 강림이라는 사실은 새 시대가 예기치 않은 성격을 띠고서 이미 현재적으로 개시되었다는 것을 보여주었다. 그리고 그러한 예기치 않은 성격 가운데 일부는, 창조주 하나님이 이스라엘을 포함한 인류 전체의 전반적인 끔찍한 곤경으로 이제 드러나게 된 것을 사람들이 생각해 왔던 것보다 더 근본적인 방식으로 처리하였을 때에만, 새 시대가 도래할 수 있었다는 인식이었다.

그런 일이 어떻게 가능할 수 있는가? 고대 이스라엘의 문화는 분명한 대답을 보여주었다: 하나님의 법정. 한 분 유일하신 하나님이 심판대에 앉으면 될 것이다. 이것은 인간 재판관들이 인간 공동체들을 회복시키고 "바로잡는" 방식이었다. 따라서 재판장인 하나님도 그렇게 할 수 있으리라는 것은 분명하다. 그러나 이것은 또 하나의 분명한 질문을 불러일으킨다: 모든 사람이 다 죄인이지 않은가? 그렇다면, 재판장은 어떻게 해야 하는가? 옛 이스라엘과 제2성전 시대 유대교는 이렇게 대답하였을 것이다: 이 하나님은 아브라함과 계약을 맺었기 때문에, 아브라함의 자손은 살려두면 될 것이다. 시편들은 하나님의 법정에서 이스라엘을 원고로 하고 이교도들을 죄 지은 피고로 두고서, 이스라엘을 압제하는 원수들에게 원수를 갚아 억울함을 풀어 달라고 계약의 하나님에게 늘 부르짖지 않았던가? 계약은 이 법정적인 문제에 대한 대답이 될 것이었다. 그러나 바울은 분명히 그러한 선택지를 배제하였다. 모든 사람이 죄를 지었고, 재판장인 하나님은 공평하다.[446]

이렇게 해서 근본적으로 새로운 대답이 나온다. 메시야의 죽음이 이 문제가 사람들이 이전에 생각해 왔던 것보다 더 깊다는 것을 보여 주었다면, 더 깊은 해법을 드러내 줄 것도 메시야의 죽음일 것이다. 계약에 대한 하나님의 신실하심이 복음 안에서 나타났다. 계약은 이 법정적인 문제에 대한 대답이지만, 그 계약은 메시야의 신실하신 순종과 성령 강림을 통해서 성취되는 계약이어야 한다. 메시야의 죽음에 관한 바울의 성찰의 결과로, 우리가 앞에서 살펴본 대로 "곤경"이 얼마나 깊

445) 이 주제에 관한 이론들에 대한 개관으로는 Schnelle, 2005 [2003], 465-7을 보라.
446) 롬 3:19f.; 2:9-11.

고 근본적인 것인지가 드러났고, 거기에 따라 "해법"도 얼마나 깊고 근본적인 것이었는지가 드러나게 되었다. 바울은 일련의 계약적 사고 속에 이미 함축되어 있던 "의"와 "칭의"의 언어 속에서, 계약의 하나님이 유대인들의 죄를 포함한 인간의 죄라는 좀 더 깊은 문제를 메시야와 성령을 통해서 어떻게 처리한 것인지를 설명할 수 있는 완벽한 도구를 발견하였다.

사도 바울은 유일신론을 수정할 때와 마찬가지로 여기에서도, 복음 사건들로 인해서, 성경을 새롭게 살펴서, 제2성전 시대의 성찰 속에서는 중심적인 것들이 아니었지만 이제 그에게 무게 있게 다가온 본문들과 주제들을 찾아내었다. 그는 이 주제를 설명해내기 위해서, "계약" 담론에 다른 종류의 담론을 추가할 필요가 없었다. 계약은 이미 법정의 언어로 표현되어 있었다. 그리고 그가 한 분 유일하신 하나님과 그의 백성의 의(righteousness)의 "계약적" 의미를 철저하게 파헤쳤을 때, 그 의미는 그 "의"가 지닌 "법정적" 깊이를 드러내 주었다. 이 세 번째 단계(계약적 종말론)는 네 번째 단계(법정적 종말론)의 논의들에서 생략되는 것이 보통이지만, 사실은 그 네 번째 단계를 제대로 설명해 주는 틀이다. 나는 이 두 가지는 통상적으로 바울이 칭의에 대하여 말할 때에 함축되어 있지만, 계약적 의미가 갈라디아서와 빌립보서에서는 훨씬 더 두드러지는 반면에, 고린도전서에서는 법정적 언어가 암시되어 있고(이것은 흥미롭지만 흔히 주목을 받지 못해 왔다), 그 뒤를 이어 로마서에서는 이 두 가지가 서로 결합되어서 복잡하지만 통일적인 전체를 이루고 있다는 것을 곧 제시할 것이다.[447)]

4. 창조주 하나님이 인간을 바로잡고자 할 때에 사용하는 방식은 이런 것이 될 것이다. 계약은 인간의 보편적인 우상 숭배와 죄라는 문제를 해결하는 수단이 될 것이다. 인간의 실패와 피조세계의 부패로 인해서, 창조주는 모든 것을 "바로잡고자" 할 때, 한 인간 재판관이 어느 공동체에 "정의"를 다시 세우고자 할 때에 행하는 것과 동일한 방식으로 행할 것이다. 즉, 사안에 대한 심리가 이루어지고, 판결이 내려지고 선포되며 실행될 것이다. 고대 이스라엘의 인간 법정에서, 이것은 한 당사자에게는 "죄가 있다"고 선언하고 다른 당사자에게는 "의롭다"고 선언하는 것을 의미하

447) Bird, 2007, 153은 갈라디아서는 "새 관점"에 의거한 읽기에 더 적합하고, 로마서는 "개혁적인" 읽기에 더 적합하다고 주장한다. 나는 그의 말이 상당히 기괴하다고 본다; 그 말에 대하여 내가 단지 말하고자 하는 것은 갈라디아서는 실제로 "누가 아브라함의 권속에 속하는가"라는 문제에 집중하고 있고, 로마서와는 달리 "구원"을 결코 언급하지 않는 반면에, 로마서는 이 그림 전체를 새로운 방식으로 한데 통합해서 제시하고 있다는 것이다.

였다.[448] 우리는 이미 한 가지 중요한 점을 발견하는데, 그것은 한 분 유일하신 하나님이 "재판장"이라는 관념은 이 하나님을 "창조주"로 본 고대 이스라엘의 인식으로부터 직접적으로 생겨났다는 것이다. 바로 이 하나님은 창조주이기 때문에, 자신의 피조세계가 엉망진창이 되었을 때에 그 책임을 묻고 모든 것을 바로잡아 문제를 해결할 책임이 있다. 또한, 창조주인 이 하나님은 다른 존재가 가지고 있지 않은 방식으로 그런 문제를 해결할 능력과 권위를 지니고 있다. 이스라엘의 성경 속에 존재하고 있고 바울에게도 전해진 이러한 "법정적" 표상들은 단지 여러 잡다한 은유들 중의 한 가지에 불과한 것이 아니었고, 다른 어떤 사고방식(예컨대, "관계적")과 반대되는 "율법주의적" 사고방식인 것도 아니었다.[449] 그것은 우리가 오직 "법적으로" 또는 "법정적으로" 행하는 하나님만을 생각할 수 있다는 것을 의미하지 않는다 — 마치 하나님을 ("화해" 또는 "사랑" 같은) 다른 관점들에서 생각하는 것이 적절하다고 해서, 그것이 곧 하나님이 마지막에는 모든 것을 "바로잡게" 될 것이라는 "법적" 관점에서 하나님을 생각하는 것을 배제하는 것을 의미하지 않는 것과 마찬가지이다. 법정적 언어는 우리가 이미 언급한 하나님의 좀 더 폭넓은 경륜 전체의 다른 측면들과 잘 어우러지는 가운데, 그 중에서 하나의 중요하고 결코 배제될 수 없는 측면을 표현하고 있는 것이다. "법정"의 언어는, 창조주 하나님이 마침내 모든 것을 바로잡고자 하는 결연한 의지와 관련된, 아주 중요하고 중심적인 것이지만 다른 언어들로는 표현하기 어려운 것을 표현한다. 우리는 심지어 "칭의"를 이해하는 것과 관련해서도 법정을 유일한 기반으로 삼을 수는 없다. "칭의"를 이해하기 위해서는 법정적 관점 외에도 계약, 종말론, 참여적 관점 등등과 같은 다른 많은 것들이 필요하다. 마찬가지로, 우리는 "법정적" 언어를 주변화시켜서 형벌을 피해 보고자 해서도 안 된다.

따라서 고대 유대교 내에서 "법정적" 또는 "법정"으로부터 유래한 은유들을 통해서 창조주의 바로잡는(rectifying) 역사에 대하여 말한 것은 자연스럽고 합당한 것이었다. 하나님은 의로운 재판장으로서 모든 것을 바로잡을 것이고, 그렇게 함

448) 고대 이스라엘에는 "공적인 소추를 담당하는 사람"이 없었기 때문에, 모든 송사는 원고가 피고에 대하여 제기하여야 했다. 분명한 것은 그 둘 중 어느 한 쪽이 "옳은" 것으로 드러날 수 있었다는 것이다: 그 "옳은" 쪽이 피고라면, 피고에게는 "무죄방면"이 선언될 것이고, 원고가 옳은 것이 드러나는 경우에는, 그의 주장이 그대로 받아들여질 것이다.

449) 우리는 "법정적" 관념들을 "관계적" 관념들과 혼동해서는 안 된다. 앞에서 이미 보았듯이, "관계적"이라는 개념은 "계약"을 불분명하고 애매하게 표현한 것이다. 법정과 계약은 한데 통합되어 있고, 단지 계약의 "관계적" 언어가 "법정" 비유 속으로 침투해 들어가 있는 것이 아니다. 분명한 것은, 우리가 피고와 재판관 간의 "관계"를 생각하자마자, "법정" 표상은 더 이상 작동하지 않는다는 것이다.

으로써 법정적 의미에서의 자신의 "의"를 나타낼 것인데, 우리는 이것을 "**법정적 종말론**"이라고 부를 수 있을 것이다. 앞에서 이미 강조하였듯이, 성경적 관점에서 본 재판장의 "의"는 사건을 편파적이지 않고 공평하게 법에 따라 충실하게 심리해서 악을 벌하고 올바른 자들, 특히 아무런 힘도 없고 의지할 사람도 없는 자들(고아, 과부, 가난한 자들)의 억울함을 풀어 주는 데 있다. 창조주를 정의롭게 행하여 피조세계를 바로잡고 공평하게 행하는 재판장("하나님의 의")으로 묘사하는 바울의 법정적 종말론은 로마서, 특히 2:1-16에 아주 자세하게 나와 있다. 이 하나님은 "나의 복음을 따라 메시야 예수를 통해서" 사람들의 마음의 은밀한 것들을 심판할 것이다(2:16).[450] 그러나 이것에 대해서 말하고 있는 것은 단지 로마서만이 아니다. 하나님이 의로운 심판을 행하게 될 최후의 심판이라는 주제는 바울의 글들에서 거듭거듭 반복되어 나온다. 우리는 아래에서 여섯 번째 단계를 얘기할 때에 이것에 대해서 좀 더 언급할 것이고, 다음 장에서는 더 자세하게 다룰 것이다.[451]

이렇게 함으로써, 우리는 바울에게서 "**계약적인 동시에 법정적인 종말론**"을 발견하게 되고, "하나님의 의"라는 어구 속에서 한층 더 깊은 의미를 발견하게 된다.[452] 이 하나님은 단지 계약에 충실하게 행하는 것으로 그치지 않을 것이다. 하나님이 그렇게 행할 때, 그것은, 마치 인간 재판관이 한 사건을 최종적으로 해결하는 것과 마찬가지로, 모든 것을 바로잡는 수단이 될 것이다. 이렇게 하나님의 의가 지닌 법정적 의미는 계약이라는 맥락 속에서 나온 것일 뿐만 아니라(한 분 유일하신 하나님의 궁극적인 정의에 대한 이스라엘의 믿음; 이스라엘이 그 궁극적인 정의를 자신들의 구원과 신원의 근거로 삼은 것), 계속해서 계약이라는 맥락에 속해 있다. 물론, 계약 서사는 계약 백성도 다른 사람들과 마찬가지로 죄악에 물들어 있어서 하나님의 법정에서 죄인들일 수밖에 없다는 문제에 직면해 있지만, 법정이라는 무대는 그 점을 분

450) 계약에 대한 신실함과 법정적인 의(특히, 공평함)의 결합은 Kaminsky, 2007의 주장(창조주 하나님은 단지 "특정한 민족에 대한 특혜 조항"을 만들어 놓은 것일 뿐이다)을 이스라엘의 성경이라는 관점에서 볼 때에 개연성이 없는 것으로 만든다.

451) 예를 들면, 롬 14:10-12; 고후 5:10 등.

452) McCormack, 2004, 113-7은 칭의의 맥락으로서의 계약의 중요성을 강조한다(그러나 여기에서 "계약"은 내가 말하고 있는 것과는 다른 의미를 지니고 있다는 것이 나의 인식이다). 그 결과, 그는 "변성론"을 칭의론 내에 포함시키고자 하는데, 내가 아래에서 논증하겠지만, 그것은 바울에게 부합하지 않는다(또한, McCormack이 칼빈을 요약하고 있는 117을 보라: "하나님의 칭의 선언은 계시이고, 계시는 인간을 전인적으로 변화시킨다"). 나는 Vanhoozer, 2011, 251의 견해가 핵심에 더 가깝다고 생각한다. Fee, 1995, 322 n. 35가 "자기 백성에 대한 하나님의 계약상의 신실하심, 따라서 새 계약을 토대로 한 그와 그들의 관계"를 강조한 것은 정확히 옳지만, 그런 후에 그는 은근슬쩍 그것을 "법정적" 의미들과 대비시킨다. 나는 이 둘이 상호적으로 침투해 있고 서로를 해석해 준다고 생각한다.

명하게 드러내 줄 뿐만 아니라, 하나님의 해법을 드러내기에 적절한 모형을 제공해 줄 것이다. 로마서 1:18—4:25, 특히 3:21-31이 지금처럼 고도로 압축되고 복잡하게 된 이유 중의 일부는 계약과 법정이라는 이 두 가지가 거기에서 함께 다루어지고 있기 때문이다.[453)]

5. 이 모든 주제들은 마지막 날에 있을 하나님의 최후의 심판, 달리 말하면 "**최종적 종말론**"을 지향한다.[454)] 바울은 자신의 많은 본문들 속에서 우리가 앞에서 살펴본 네 가지 핵심들을 모두 집약해서, 유대인들의 기본적인 믿음을 재천명한다: (1) 창조주가 최종적으로 마침내 온 세계에 책임을 묻고 만유를 "바로잡게" 될 날이 올 것이다; (2) 그것은 인간을 최종적으로 "바로잡는 것," 달리 말하면 부활을 통해서 인간을 온전한 인간으로 다시 형성해서 새로운 세계에서 창조주의 통치에 참여하게 하는 일도 포함할 것이다; (3) 이것은 아브라함 계약의 궁극적인 성취가 될 것이고, 창조주이자 계약의 하나님이 아브라함의 "씨"를 통해서 온 세계를 온전히 최종적으로 영원히 복주는 순간이 될 것이다; (4) 부활, 즉 하나님이 인간을 사망 자체로부터 건져내어 하나님의 형상을 지닌 참된 인간으로 최종적으로 다시 형성하게 될 때, 법적이고 법정적인 의미에서의 궁극적인 신원(vindication)이 이루어질 것이다. 이 모든 일이 가능하게 되는 것은 계약의 하나님이기도 한 창조주 하나님이 마침내 계약 및 피조세계에 대한 자신의 신실하심(faithfulness)을 드러낼 것이기 때문이다. 이러한 요소들을 따로따로 분리시키고, 그렇게 해서 바울의 서신들에 나오는 핵심적인 본문들을 각각 분리시키는 것은 역사적인 석의보다 교의를 앞세우는 것이다.

바울이 로마서에서 제시하는 좀 더 큰 그림 내에서, 궁극적으로는 계약과 관련된 선언이기도 한 이 법정적 판결은 마지막 날에 공개적이고 최종적이며 공평하고 정의롭게 내려질 판결이다.[455)] 바울은 이것을 만물이 새로워지고 새 하늘과 새 땅이 견고히 서게 되는 것의 일부로 본다. 바울에 의하면, 장래의 판결은 "생명"을 수여하

453) Carson, 2004, 50-2는 늘 그렇듯이 나의 실제적인 글들을 거의 인용하지 않고, 나를 비롯한 여러 학자들의 견해를 개략적으로 설명하고 있지만, 그것은 내가 무엇을 말하고 있는지에 대하여 그가 귀기울이지 않았음을 보여주는 것일 뿐이다.

454) 이 모든 것에 대해서는 특히 Yinger, 1999; 그리고 그 배후에 있는 Snodgrass, 1986의 중요한 논문을 보라.

455) 이것과 관련해서 사람들이 흔히 잊어버리는 것은 고전 4:1-5이다(아래를 보라); 특히 4:5은 롬 2:16 및 2:29과 매우 가깝다. 한 성공회 신학자는 Collins, 2004, 180에서 17세기의 대주교의 표현 속에서 바울의 이러한 강조점에 반대하는 변증을 보고 빈정대듯이 즐거워한다.

는 것이 될 것이다. 이 때에 "사망"을 의미하였던 '디카이오마'(dikaiōma, "판결")는 "생명"을 의미하는 '디카이오마'로 바뀌게 될 것이다.[456] 이것이 로마서 8장이 정확히 다음과 같은 주제를 전개하는 이유이다: 이 사람들은 죽은 자로부터 육체로 부활하여 메시야의 영광에 참여하게 될 것이다(롬 8:17-30). 우리는 여기에서 또다시 법정적 관념과 계약적 관념이 서로 아구가 잘 맞아들어가는 것을 본다. 여기에서와 8:33-34에 나오는 "판결"은 분명히 "법정적인" 것이지만, "생명"과 "사망"의 두 가지 판결이라는 관념은 신명기 30:15-20 등에서 말하고 있는 것과 같은 "계약적인" 것임에 분명하다. 그리고 이 모든 것은 또다시 "합체적인" 것이다. "정죄함이 없다"는 판결은 정확히 "메시야 예수 안에서" 이루어진다.[457]

이 최종적인 칭의(final justification)는, 이 서신의 훨씬 앞쪽에서 로마서 2:5-11의 좀 더 큰 진술을 요약하고 있는 2:12-13과 연결되어 있다. 이 진술들은 분명하고 선명한데도, 어떤 사람들은 이 진술들은 바울이 나중에 잘못되었음을 증명하기 위하여 제시한 범주들일 뿐이라거나(이것은 아주 주의 깊고 세심하게 씌어진 서신에서 논증의 토대를 놓는 방식치고는 정말 이상하다), 바울은 여기에서 단지 자신이 동의하지 않는 유대적인 관점을 인용하고 있는 것일 뿐이라고 주장하며, 고려의 대상에서 제외해 버리지만, 그것은 잘못이다. 2:4-11 전체를 여기에 옮겨와 보자:

> [4]너는 하나님의 인자하심이 너를 회개하게 하고자 하시는 것임을 알지 못하느냐? [5]너는 너의 완고하고 회개하지 않는 마음을 따라 진노의 날, 곧 하나님의 의로우신 심판이 나타날 그 날에 네 자신에게 임할 진노를 쌓고 있다. [6]하나님은 "각 사람에게 그들의 행위들을 따라 갚아주실" 것이다. [7]사람들이 참고 선을 행하여 영광과 존귀와 썩지 않음을 구할 때, 하나님은 그들에게 내세의 생명을 주실 것이다. [8]그러나 사람들이 이기적인 욕망을 따라 행하여 진리에 순종하지 않고 대신에 불의에 순종하면, 진노와 분노가 있을 것이다. [9]악을 행하는 각 사람에게는 환난과 곤고가 있으리니, 먼저는 유대인에게요, 또한 헬라인에게도 마찬가지이다. [10]선을 행하는 각 사람에게는 영광과 존귀와 평화가 있으리니, 먼저는 유대인에게요, 또한 헬라인에게도 마찬가지이다. [11]하나님에게는 불공평함이 없으시다.

하나님의 공평하심과 "의로우신 심판": 이 둘은 재판관의 책임이라는 성경의 고전적인 관점에서 하나님 자신의 '디카이오쉬네'(dikaiosynē), 즉 그의 "의"의 본질

456) cf. 롬 1:32; 5:18(dikaiōsis zōēs - '디카이오시스 조에스'); 7:10; 8:4, 9-11. 위의 제10장 제3절 4) (3)를 보라.

457) 롬 8:1, 2.

458) 예를 들면, cf. 출 23:2f., 6-9; 레 19:15; 신 16:18-20; 24:17; 27:19; 시 82:2; 잠 18:5; 전 5:8; 사

적인 구성요소들이다.[458] "법정적" 종말론에 관한 이 세심한 진술은 그 다음에 나오는 하나님의 최종적인 "칭의"에 관한 진술(2:12-13)의 맥락으로서의 역할을 한다:

> [12]율법 밖에서 범죄한 자는 율법 밖에서 심판을 받게 될 것이고, 율법 안에서 범죄한 자는 율법을 통해서 심판을 받게 될 것이다. [13]하나님 앞에 의로운 자는 율법을 듣는 자들이 아니다. 의로운 자라고 선언될 자는 율법을 행하는 자들이다.

'호이 포이에타이 노무 디카이오테세타이'(hoi poiētai nomou dikaiōthēsetai) - "율법을 행하는 자들이 의롭다 함을 얻게 될 것이다." 이 말씀은 자신의 칭의를 의심하지 않았던 개신교도들의 마음에 공포를 가져다주어 왔다. 어떤 사람들은 바울서신에 그런 말씀이 나온다는 것은 그만두고라도 신약성서에 그런 말씀이 나온다는 것에 대하여 놀라움을 표현하여 왔다.[459] 몇몇 이론들이 어떻게 해서든지 이 말씀에 재갈을 물리거나 희석시키고자 애를 써 온 이유가 거기에 있다는 것은 두말할 필요가 없다.[460] 그러나 바울이 자신의 서신들의 다른 곳들에서도 정확히 그런 말을 하고 있음을 보여주는 많은 증거들이 존재한다. 따라서 문제는 이것이다: 바울이 "율법을 행한다"고 말했을 때에 그 의미는 무엇이고, 그랬을 경우에 "의롭다 함을 얻게 된다"는 것은 무엇을 의미하는가?

바울은 로마서 전체에 걸쳐서 "율법을 행하는 것"이라는 문제를 계속해서 반복적으로 말해 나가는데, 그가 이렇게 해서 쌓아 나간 사고는 10:6-11에서 그 정점에 도달한다. 이것에 대해서는 우리가 앞으로 다시 살펴볼 것이고, 현재에 있어서 우리가 강조해야 할 것은 이 다섯 번째 핵심, 그리고 궁극적으로는 일곱 번째 핵심에 아주 중요한 것으로서, 바울은 여기에서 문맥상으로 저 마지막 날, 곧 최후의 심판의 날에 있을 것임이 분명한 장래의 최종적인 "칭의"에 대하여 말하고 있다는 것이다. 즉, 바울은 여기에서 의롭고 공평한 재판장인 창조주 하나님이 대법정을 개정

10:2; 암 5:12. 재판관이 "한 사람에 대해서는 옳다고 선언하고 다른 사람에 대해서는 잘못이라고 선언하는" 것에 대해서는 신 25:1 등을 참조하고, 하나님이 이 일을 하는 것에 대해서는 왕상 8:32를 참조하라.

459) Eisenbaum, 2009, 237은 "어떤 학생은 바울이 율법을 행하는 자들은 의롭다 함을 얻게 될 것이라고 말할 수 있을 것이라고 믿지 않았기 때문에 자기가 읽고 있는 성경에 오자가 있는 것으로 생각하였다"는 말을 한다.

460) 예컨대, O'Brien, 2004, 268은 Avemarie, 2000, 274를 인용해서, 로마서 2장에 나오는 생명에 대한 약속은 3:9에서 말하고 있듯이 "'모든 사람이 죄 아래 있기' 때문에 결코 성취되지 않는다"는 취지로 말한다. Avemarie(ib.)는 1:18—3:20 전체를 "은혜와는 거리가 먼 것"(remota gratia)으로 본다: 이것은 큰 그림을 가지고서 세부적으로 너무나 명확한 것들을 잘라내 버리는 고전적인 예이다. 이 문제 전체에 대한 유익한 설명은 Bird, 2007, ch. 7에 나와 있다.

해서, 모든 사람이 살아온 삶 전체를 살펴보고서, 어떤 사람들에게는 "의롭다"고 선언하고 어떤 사람들에게는 불의하다고 선언하는 장면을 현재의 세계사의 최종적인 장면으로 보고 있다는 것이다.

이 "의로우신 심판"(dikaiokrisia – '디카이오크리시아,' 2:5)은 각 사람이 영위해 온 삶 전체에 대하여 내려질 것이다. 하나님은 "각 사람에게 그들의 행위들을 따라 되갚아 주실" 것이다. 바울은 고대 이스라엘의 사고 전체에 널리 퍼져 있던 이 성경적이고 전통적인 말씀을 한순간도 결코 훼손하지 않는다.[461] 창조주가 "공평하게"(롬 2:11) 행하게 될 "의로우신 심판"은 그 자체가 "하나님의 의"의 일부이다.[462] 이것은 우리가 다음 장에서 바울의 종말론을 다룰 때에 다시 살펴보게 될 고린도후서 5:10 같은 좀 더 짤막한 본문들 속에서 발견하는 것과 동일한 그림이다.

다음으로 우리가 주목해야 할 것은 장래의 판결과 현재의 판결 간의 지극히 중요한 차이 — 그리고 그러한 차이가 생겨나는 이유와 거기로부터 생겨나는 결과들 - 이다. 이것을 알기 위해서는, 우리는 잠시 본론에서 벗어나서, 로마서 1-8장의 전체적인 흐름을 간단히 짚어볼 필요가 있다.

로마서에서 말하는 장래의 칭의와 현재적인 칭의 간의 연관관계가 제대로 인식되지 못하고 그동안 흐릿하게 되어 버린 데에는 많은 요인들이 기여해 왔다. 첫 번째는 (이미 언급한 대로) 사람들은 바울은 모든 사람이 다 죄인이라는 3:19-20의 결론을 향하여 나아가는 과정에서 로마서 2장을 단지 부수적으로 활용하고 있는 것일 뿐이기 때문에, 그 결론인 3:19-20에서 말하고 있는 것과 다른 것들을 그 과정에서 말했을 리가 없다고 주장하면서, 2장을 고려 대상에서 완전히 제외해 버리거나 그 의미를 희석시키는 경향을 보여 주어 왔다는 것이다. 두 번째는 좀 더 구체적인 것인데, 바울에 대한 학문적인 읽기에서, 마치 "칭의"에 관한 언어가 "그리스도 안에 있음"에 관한 언어와 판이하게 다른 사고층에 속한다는 듯이 취급되어서, 그 결과, 앞에서 이미 보았듯이, "법정적" 사고와 "참여적" 사고는 양립할 수 없는 것으로 여겨져 왔고, 오늘날 "교회론"에 대한 "개인 구원론"의 본질적이고 암묵적인 승리를 그 동력으로 삼아서 승승장구해 온 경향이 존재해 왔다는 것이다. 이것은 바울이 "참여적인" 것으로 여겨져 온 본문들 속에서 "심판"이나 "정죄," 또는 "칭의"와 "의"에 대하여 말할 때에는, 사람들이 그의 말을 진지하게 받아들여 오지 않았다는 것을 의미하는 것이다.[463] 세 번째는 그러한 결과로서 로마서 1-4장을 5-8장으로

461) 욥 34:11; 시 62:12 [LXX13]; 잠 24:12; 또한, cf. 사 59:18; 렘 17:10; 21:14; 32:19; 겔 18:30; 33:20; Sir. 11.26; 16.12-14; 35.24; 51.30; *4 Ez.* 7.35.

462) Bassler, 1982에 나오는 논의를 보라.

부터 분리시키고, 그 둘을 12-16장은 물론이고 9-11장으로부터도 분리시켜서, 이 서신의 통일적인 논증에 있어서의 여러 단계들을 보여주는 이 대단락들을 서로 다른 신학을 말하고 있는 것으로 해석하는 경향이 있어 왔다는 것이다. 그러나 우리는 각각의 대단락이 로마서 전체에 기여하고 있는 바를 제대로 고려할 때에만, 바울의 좀 더 넓은 신학은 그만두고라도 로마서라는 서신 내에서 각각의 대단락이 차지하고 있는 위치를 이해할 수 있게 된다.

이 모든 것은 바울이 로마서 8장에서 정죄와 칭의의 언어로 되돌아갈 때, 2장과의 연결 관계가 흔히 무시되어 왔다는 것을 의미하는 것이었다. 하지만 이 둘 사이에는 연결 관계가 존재한다. 바울의 논증은 분명히 서로 다른 여러 단계들을 통과해 가기는 하지만, 그럼에도 불구하고 1장부터 8장에 이르기까지 아무런 단절 없이 관통하는 단일한 논증이다(물론, 그러한 논증이 9-11장을 거쳐 16장에 이르기까지 단절 없이 관통하고 있다는 것은 두말할 필요가 없다). 따라서 독자들은 8장의 저 유명한 서두인 '우덴 아라 뉜 카타크리마 토이스 엔 크리스토 예수'(ouden ara nyn katakrima tois en Christō Iēsou, "그러므로 이제 메시야 예수 안에 있는 자들에게는 결코 '정죄함'이 없다")라는 구절을 읽자마다, 그들의 사고는 그 즉시 2:2의 '크리마'(krima, "심판"), 그리고 이것을 이어받고 있는 5:16과 5:18(아담의 범죄를 따라 모든 인간에게 임한 '카타크리마'[katakrima, "정죄"])로 되돌아가야 한다. 즉, 그들은 8장에서 하나님이 메시야의 육신에 죄를 정하여 죄를 "단죄하였기" 때문에(8:3) 이 정죄함이 제거되었다고 선언하는 것을 보았을 때, 몇 장 앞에 소개된 문제가 마침내 해결되었다고 말하고 있는 것임을 알아차려야 한다는 것이다. 하나님은 육신에 죄를 정하여 죄를 "단죄하였다"(8:3). 여기에 나오는 '카테크리넨'(katekrinen)은 8:1, 다음으로는 5:16, 18, 다음으로는 2:1-11에 나오는 '카타크리마'(katakrima)와 밀접하게 연결되어 있다.[464]

이것이 8:34에 나오는 '티스 호 카타크리논'(tis ho katakrinōn, "정죄할 자가 누가 있겠는가?")이라는 질문에 대한 대답이 (그 질문 속에 분명하게 내포된 함의에 따라서) "아무도 없다"가 되는 이유이다. 이것은 수사학적으로 8:1의 공식적이고 논리적인 결론과 동일하다. 이렇게 8장에서 마침내 드러나는 일련의 사고의 흐름

463) 예를 들면, 롬 6:13, 16, 18, 19, 20; 8:10(모두 dikaiosynē - '디카이오쉬네'); 8:30(두 번), 33(dikaioō - '디카이오오'); 8:4(dikaiōma - '디카이오마').

464) cf. krinō - '크리노'(2:1[두 번], 3); katakrinō - '카타크리노'(2:1); krima - '크리마'(2:2, 3); dikaiokrisia - '디카이오크리시아'(2:5); 2:13의 krithēsontai('크리테손타이')와 dikaiōthēsontai(디카이오테손타이'), 그리고 2:16에 마지막으로 나오는 krinei('크리네이'). 또한, cf. 2:27의 경고. 바울은 8:1, 34에서 이 사고의 흐름 전체를 되돌아본다.

은 다름 아닌 2장에서 제시된 일련의 질문들에 대한 대답이다. 그런데 로마서 1-4장과 5-8장이 겉보기에 피상적으로 사고 유형이나 구원론 체계가 서로 다르게 보인다는 이유를 들어서, 이 둘을 서로 분리해 버린다면, 우리는 이러한 핵심을 놓칠 수 있다. 로마서 8장에서 우리는 장래의 심판으로 되돌아가서, 메시야로 인해서(아래의 여섯 번째 단계를 보라) 그 장래의 심판이 믿음을 근거로 선언되는 현재의 심판(아래의 일곱 번째 단계를 보라)과 일치한다는 것을 발견한다.

마찬가지로, 장래의 심판(구체적으로 말하자면, 이것은 모든 메시야 백성의 부활, 그리고 그 결과로서 하나님이 1:4에서 메시야에 대하여 선언하였듯이, 이제 그들에 대하여 "이는 진실로 내 아들이다"라고 "선언하는" 것이다)은 '디카이오마 투 노무'(dikaiōma tou nomou), 즉 "율법의 의로운 요구"와 일치할 것이다.[465] '카타크리마'(katakrima, "정죄")와 '디카이오마'(dikaiōma, "의로운 요구")는, 2:12-13에서 말하고 있는 '크리테손타이'(krithēsontai, "심판을 받다")와 '디카이오테손타이'(dikaiōthēsontai, "의롭다 함을 얻다")와 마찬가지로, 서로 정반대의 것이다. 즉, 한 쪽은 부정적인 판결과 (2:8-9에 나오는 경고들과 일치하는) 그 결과로서의 벌을 가리키고, 다른 한 쪽은 긍정적인 판결과 (2:7, 10에 나오는 약속들과 일치하는) 그 결과로서의 부활 생명을 가리킨다. 이 '디카이오마'는 "육신을 따르지 않고 성령을 따라 행하는 우리 안에서 성취될" 것이다. 그리고 이것은 2:25-29에서 "율법의 의로운 요구들을 지키는 무할례자"(hē akrobustia ta dikaiōmata tou nomou phylassē – '헤 아크로부스티아 타 디카이오마타 투 노무 필랏세') 또는 "율법을 온전히 지키는 본래적인 무할례자"(hē ek physeōs akrobustia ton nomon telousa – '헤 에크 퓌세오스 아크로부스티아 톤 노몬 텔루사')에 대하여 말하고 있는 것과 일치한다.

이 최종적인 판결을 바울의 눈으로 미리 바라볼 때, 성령의 역사를 생략하는 것은 -많은 사람들이 그렇게 하고자 시도해 왔지만 -불가능하다. 우리의 현재의 장의 이 절 전체는 사실 바울의 칭의론이 강력하게 메시야에 의거해 있는 것과 마찬가지로 강력하게 성령에 의거하고 있다는 사실을 부각시키기 위한 것이다. 즉, 여기 선민론에 대한 재정의의 중심인 칭의론에서 성령의 존재는 필수적이다. 이것은 바울이 이미 2:25-29에서 암시한 바 있고, 5:5과 7:4-6에서 처음으로 표면으로 드러나며, 그런 후에 8장에서 자세하게 설명된다. 일부 진영들에서, 마치 성령 없이도 기

465) 나는 여기에 나오는 '노모스'를, 바울의 글들에서 통상적으로 그러하듯이, 토라 자체를 가리키는 것으로 본다: 아래를 보라.

독교 신학을 조금이라도 이해할 수 있다는 듯이, 성령의 역할을 폄하하고자 한 경향은 늘 재앙으로 이어져 왔다. 그리스도인의 삶이 "하나님이 모든 것을 행하거나" 또는 "우리가 모든 것을 행한다"는 식의 제로섬 게임(zero-sum game)이 아니라는 것을 보여주는 것은 결국 성령의 역사이다. 이러한 잘못된 개념은 삶 전체를 토대로 한 최종적인 칭의에 관한 바울의 단호한 말들이 거론될 때마다 늘 제기된다. 왜냐하면, 바울의 그런 말들 속에는, "하나님이 모든 것을 행한다"고 말하기만 하는 사람들은 구원의 확신, 또는 심지어 구원 자체를 잃어버릴 수 있다는 끊임없는 함의가 내포되어 있기 때문이다. 우리는 아래에서 일곱 번째 단계를 다룰 때에 이것에 대해서 다시 살펴볼 것이다.

여기에서 우리가 특히 주목할 것은 최종적인 심판에서 어떤 사람들로 하여금 의롭다 함을 얻게 해줄 뿐만 아니라(2:13) 다른 사람들을 "심판하는" 일에 실제로 참여하게 해줄(2:27) "율법의 행위"는 성령의 역사의 결과라는 것이다(2:29). 앞으로 보게 되겠지만, 이것은 복음의 최초의 역사와의 결정적으로 중요한 연결고리를 형성한다. 바울은 그의 칭의 신학을 재구성하고자 하는 자들이 충분히 숙고하지 않는 빌립보서의 한 본문에서, "너희 안에서 선한 일을 시작하신 이가 메시야 예수의 날에 이르기까지 그 선한 일을 철저하게 완성하실 것"이라고 말한다.[466] 이것이 그가 로마서 8:10에서 몸은 죄로 인하여 죽은 것이지만, "영은 의로 말미암아 살아 있다"고 선언할 수 있는 이유이다. 이것은 곧바로 성령이 내주하는 모든 자들이 성령의 이끌림을 받아 부활하게 되는 것으로 귀결된다. 달리 말하면, "메시야 안에" 있는 자들, 곧 "메시야의 영이 거하는 자들"(물론, 이 두 어구는 동일한 것을 의미하는 것은 아니지만)은 이미 '디카이오쉬네'(dikaiosynē, "의")의 신분을 소유하고 있고, 장래의 부활이 그 신분을 확증해 줄 것이라는 것이다. 이렇게 "정죄"의 언어와 마찬가지로, "의"와 "칭의"의 언어도 8장에서 다시 거론된다: "의롭다고 하시는 이는 하나님이신데(theos ho dikaiōn – '테오스 호 디카이온'), 누가 정죄하겠는가?"[467] 로마서 8장 전체는 도처에서 "합체" 또는 성령의 역사에 관하여 말함과 동시에 "칭의"에 관하여 말한다.

이것은 (내가 앞서 말한 대로) 1:4의 선언을 반영하고 있는 8:12-17이 말하고 있는 핵심을 설명해 준다. 부활절 사건이 예수가 내내 "하나님의 아들"이었다는 것을 선언하였던 것과 마찬가지로, 현재에 있어서조차도 성령은 신자들의 영과 더불

466) 빌 1:6.
467) 롬 8:33.

어서, 그들이 "하나님의 자녀들"이라는 것을 증언한다. 장래의 부활 자체도, 말이 아니라 사건의 언어로 동일한 것을 말해 줄 것이다. 이것이 바울이 신자들이 "우리가 양자 될 것, 곧 우리 몸의 속량을 기다리고 있다"(8:23)고 말하는 이유이고, 메시야를 "많은 형제들 중에서 장자"(8:29)라고 말하는 이유이다. "양자됨"이라는 주제는 바울의 글들에서 비교적 드물게 나오는 것이기는 하지만, 여기에서와 갈라디아서 4장에서처럼 이 주제가 등장한 경우에는, 중심적인 주제로서의 무게를 지닌다. 우리는 "양자됨"을 메시야에 의해서 다시 형성된 계약 신학에서 하나의 핵심적인 초점으로 볼 수 있고, 이것이 바울이 로마서 9:4-5에서 이스라엘의 특권들을 열거할 때에 이 개념을 다시 언급하는 이유일 것이다.[468]

이 모든 것은, 로마서 2장에 나오는 최종적인 심판에 관한 주목할 만한 비전을 온전히 부각시킬 때에만, 비로소 제대로 의미를 지니게 된다. 하지만 그렇게 하지 않을 때에는, 바울의 글들 중에서 가장 위대한 장들 중의 하나인 로마서 8장은 성령과 그리스도인들의 행실과 우주적 종말론에 관한 일반적인 여러 단상들을 모아 놓은 글이 되고 만다. 사실, 그러한 요소들은 훨씬 더 크고 신학적으로 통일적인 담론 내에 주의 깊게 통합되어 있는 아주 중요한 특징들이다.

따라서 로마서 1-8장에 담겨 있는 바울의 비전은, "그리스도 안에" 있는 자들에게는 저 최후의 날에 "정죄함이 없을" 것이라는 사실이 강조되는 가운데, 각 사람이 살아 온 삶 전체에 의거한 장래의 심판에 관하여 말하는 지극히 중요한 서사를 그 틀로 삼고 있다(2:1-16; 8:1-11, 31-39). 그 날에 그들이 정죄를 받지 않게 되는 이유로, 바울은 흔히 그러하듯이 십자가와 성령을 든다(8:3-4). 즉, 그들의 삶은 메시야 안에서 성령의 인도함을 받아 순종과 양자됨과 기도와 궁극적으로는 영광의 삶을 살게 될 것이기 때문이다(8:5-8, 12-17, 18-27, 28-30). 이것은 "바울의 칭의론"과 다른 그 어떤 것이 아니고, 칭의론을 둘러싸고 있는 종말론적인 틀이다. 우리는 다른 서신들로부터 이러한 좀 더 큰 최종적 종말론의 여러 단편들을 알고 있다. 앞에서 이미 인용한 빌립보서는 물론이고, 고린도전서 4:1-5과 15:20-28에도 그러한 종말론이 나온다. 갈라디아서에는 장래의 "칭의"에 대한 극히 중요한 언급이 한 번 나오기는 하지만, 그것을 제외하면, 이 종말론에 대한 언급은 전혀 없다.[469] 그러나 여기 로마서

468) 바울의 글들에서 '휘오테시아'(hyiothesia)가 나오는 모든 본문은 롬 8:15, 23; 9:4; 갈 4:5; 엡 1:5이다. Byrne, 1979의 연구는 여전히 가치가 있다.

469) 5:5: 우리는 성령을 의지해서 믿음으로 말미암아 의의 소망을 간절하게 기다리고 있다(hēmeis pneumati ek pisteōs elpida dikaiosynēs apekdechometha - '헤메이스 프뉴마티 에크 피스테오스 엘피다 디카이오쉬네스 아펙데코메타'). 여기에서 "의"는 미래의 현실이고, 그것을 인내로써 기다림에 있

에는 그러한 종말론은 아주 자세하게 설명되고 있을 뿐만 아니라, 그 구성요소들이 아주 견고하게 통합되고 결합되어 있다. 이러한 통합적인 관점이 바울 신학의 성격과 관련하여 갖는 아주 중요한 의미를 다시 한 번 말하자면, 그것은 로마서 1-4장과 5-8장을 두 가지 서로 다른 사고 유형 또는 구원론 체계를 나타내는 것으로 보는 모든 신학 체계들을 무효로 만든다는 것이다. 로마서를 그런 식으로 단락 구분한 것은 바울의 좀 더 큰 지배적인 범주, 즉 하나님이 세계의 죄라는 문제와 그 결과들을 해결하기 위하여 아브라함과 맺은 계약과 거기에 수반된 약속들을 고려하지 않은 결과이다. 바울은 그 약속들이 계약의 하나님이 메시야 안에서 성취한 바로 그 약속들이라고 역설한다. 이 하나님의 신실하심은 로마서 1-8장의 근저에 있는 주제이면서도 동시에 "문제"로 제기되고, 그 해법은 로마서 9-11장 전체에 걸쳐서 제시된다.

이렇게 해서, 우리는 잠깐 본론에서 벗어나, 로마서의 내적 논리, 특히 사람들로부터 많은 사랑을 받아 온 8장과 통상적으로 무시되어 온 2장 간의 밀접한 연결 관계를 살펴보았기 때문에, 이제 드디어 논리적으로나 신학적으로 이 둘 중간에 오는 것들을 제대로 바라보고 평가할 수 있는 위치에 서게 되었다. 기독교 종말론의 핵심은 사람들이 소망해 왔던 "종말"이 메시야 안에서 이미 "현재적으로" 나타났다는 것이다. 종말은 개시되었다. 우리가 마지막 날에 선고될 판결을 현재에 있어서 미리 알 수 있게 된 것은 하나님이 약속한 미래가 메시야의 예기치 않은 죽음과 부활로 말미암아 현재 속으로 침입해 들어왔기 때문이다. 달리 말하면, 일단 우리가 이 일련의 처음 다섯 가지 단계들을 파악했다면, 우리는 먼저 여섯 번째 단계(메시야), 다음으로는 마침내 일곱 번째 단계("현재에 있어서의 칭의")를 들을 준비를 갖추게 된 것이라는 말이다.

6. 메시야 예수와 관련된 사건들은 유일무이하고 결정적인 행위를 통해서 하나님의 의를 드러낸 계시이다. 모든 것이 이것에 달려 있다 — 문자 그대로든, 논리적으로든, 인격적으로든, 그리고 무엇보다도 신학적으로든. 사람들이 오랫동안 기다려 왔던 장래의 사건이 메시야 안에서 현재 속으로 들어왔다(위의 제9장에서 우리가 메시야 자신과 관련하여 설명하였듯이). 이것은 한 분 유일하신 하나님이 예수와 관련된 사건들 안에서, 두 가지 의미(피조세계 전체를 바로잡기 위하여 서로 단단히 결합되어 합력해서 일하는 "계약에 대한 신실하심"과 "법정적 정의")에서 자신의 '디카이오

어서 성령의 역할은 로마서 8장을 정확히, 그것도 문자 그대로 반영하고 있다(cf. 롬 8:19, 23, 25).

쉬네'(dikaiosynē)를 나타내었다는 것을 의미한다. 하나님은 이스라엘의 메시야이자 이스라엘에게 맡겨져 있던 계약의 경륜을 짊어진 자인 예수의 육신에 죄를 정하여 단죄하였고, 그런 후에 부활을 통해서 예수를 신원하였다. 그렇게 함으로써, 이 하나님은 자신이 이스라엘을 통해서 하고자 하였던 계획을 메시야 안에서 성취하였는데, 이 메시야의 죽음과 부활은 그러한 계획을 성취하는 도구들이었을 뿐만 아니라, 그러한 계획이 최초로 성취된 사례이기도 하였다(예수의 죽음이 죄에 대한 단죄였고, 그의 부활이 새로운 창조의 시작이었다는 의미에서). 이 메시야는 세계를 바로잡고자 하는 창조주의 프로젝트를 결정적으로 개시시켰다.

여기에서 결정적으로 중요한 한 수는, 바울이 로마서 3:22에서 말하고 있듯이, 메시야가 아브라함의 씨를 통해서 세계를 복 주고자 한 하나님의 계약에 의거한 계획에 "신실하였다"고 선언한 것이다. 메시야의 "순종"으로도 표현된 메시야의 "신실하심"은 하나님의 경륜 속에서 이스라엘에게 주어져 있던 역할이 그에게 맡겨졌다는 것을 보여주는 증표이다. 물론, 바울에게 있어서 메시야의 신실하심을 구체적으로 보여준 것은 십자가 위에서의 그의 죽음이었다. 이 서사의 몇몇 판본들에서는 메시야를 '호 디카이오스'(ho dikaios, "그 의인")로 지칭한다.[470] 우리가 이 점을 중시하든 중시하지 않든, 우리는 여기에서 로마서 1:3-4의 주된 취지를 보게 되고, 바울이 바로 이 서신에서 그러한 도입부를 사용한 이유를 좀 더 분명하게 이해하게 된다. 부활은, 예수가 진정으로 내내, 우리가 앞 장에서 살펴본 모든 의미에 있어서의 "하나님의 아들"이었다는 하나님의 선언이다. 그런 의미에서 예수의 부활은 그 자체가 하나의 사법적인 선언이었다. 즉, 예수의 부활은, 메시야를 사칭하여 신성모독을 저지른 자로 단죄하였던 가야바와 빌라도의 법정에 의한 판결에 맞서, 그가 "의로웠다"고 선언한 것이었다는 말이다.[471] 그리고 그가 의로웠다면, 그는 진정으로 메시야였다는 것이 된다. 부활은 계약과 관련된 선언이었다. 그는 진정으로 이스라엘의 대표자였다. 이렇게 해서, "끝," "최종목적지," "종말"은 이미 현재 속에 들어와 있게 되었고, 이것은 한 분 유일하신 하나님의 새로운 계약 백성, 즉 죄사함 받은 인류를 어디에서 발견하고 찾아야 하는지를 알려주는 것이었다.

따라서 예수와 관련된 이러한 사건들과 그것들이 "복음"으로 선포된 것은 사람

470) Hays, 2005 [1989b], 119-42; Schreiner, 1998, 74; Watts, 1999에 대변되고 있는 여러 입장들을 보라.

471) 이것은 디모데전서 3:16의 '에디카이오테 엔 프뉴마티'(edikaiōthē en pneumati)의 배후에 있는 것으로 보인다.

들로 하여금 이 하나님이 이스라엘과의 계약 및 인간의 죄와 우주적 타락의 문제에 대하여 "의로우시다"는 사실을 갑자기 밝게 엿볼 수 있게 해주었다. 바울이 로마서 1:17과 3:21에서 하나님의 의가 나타났다고 말한 것이 바로 그것이다.[472] 우리는 이 모든 것을 "**개시된 법정적이고 계약적인 종말론**"이라고 말할 수 있을 것이다.

따라서 이러한 종말의 개시는 메시야 안에서 일어났다. 광야의 성막이 에덴 동산의 축소판이자 새로운 세계의 축소판이었던 것과 마찬가지로, 예수의 부활은 하나님이 피조 질서 전체를 결정적으로 바로잡은 순간을 생생하게 보여주는 사건이었다. 십자가 위에서 죄의 권세를 단죄한 하나님의 심판(롬 8:3)은 피조세계에게는 부활을 가져다준 판결이 되었다. 앞에서 이미 보았듯이, 메시야는 이렇게 온전한 의미에서 자신의 행위를 통해서 하나님의 신실하심을 드러낸 계시였다. 하나님이 내내 의도해 온 "최종목적지"가 메시야 안에서 현재 속으로 들어오게 되었다. 육신의 몸을 입은 메시야는 창조주와 계약의 하나님의 살아 있는 임재였다(골 1:19-20; 2:9). 그의 육신의 죽음은 죄에 대한 단죄의 무게를 짊어진 것이었고(롬 8:3), 그의 부활은 새 창조 전체의 시작이자 통로였다(고전 15:23). 따라서 그는 아브라함의 참된 "씨" 였다(갈 3:16, 19, 29).

이제 "아브라함의 씨"로 불리게 된 유대인과 이방인으로 구성된 권속 전체가 그러한 호칭을 갖게 된 것은 그들이 "메시야 안에" 있고 "메시야에게 속해 있기" 때문이다(갈 3:26-29). 그리고 메시야에게 속해 있음을 보여주는 증표는 물론 '피스티스'(pistis), 즉 한 분 유일하신 하나님이 예수를 죽은 자 가운데서 다시 살렸다는 것을 믿는 "믿음"이다(롬 4:24-25;10:9). 어떤 사람들이 생각하는 것과는 달리, 이 "믿음"은 창조주가 어쩌다 우연히 인정하게 된 자의적인 기준이거나 일종의 종교

472) 우리는 1:17의 '아포칼립테타이'(apokalyptetai, "계시되었다")와 3:21의 '페파네로타이'(pephanerōtai, "나타났다") 간에 의미상의 차이가 있는지를 물을 수 있다. 전자의 현재 시제는 바울이 복음을 선포하고 어떤 사람이 믿음으로 나아올 때마다 지금 계속해서 일어나고 있는 일에 초점을 맞추고 있는 것으로 보이고, 후자의 완료 시제는 예수와 관련된 사건들 속에서 이미 일어난 일, 지금도 계속해서 의미와 효과를 지니고 있는 과거의 사건에 초점을 맞추고 있다(Cranfield, 1975, 202). 이 두 단어가 의미상으로 미묘한 차이가 있는지에 대해서는 좀 더 많은 논의가 필요하다("계시되었다"는 이전에 눈에 보이지 않았던 것이 이제는 드러나 보이게 되었다는 데에 강조점이 있고, "나타났다"는 이전에는 오직 희미하게 보였던 것이 이제는 모든 사람들이 훤히 다 볼 수 있게 되었다는 데에 강조점이 있다). Cranfield는 '아포칼립테오'(apokalypteo)와 '파네로오'(phaneroō)는 이 시기에 거의 동의어였다고 주장한다. 나는 '아포칼립테오'는 어떤 사람이 복음의 진리에 붙잡혔을 때에 갑자기 생겨나는 믿음을 부각시키고 있는 것이고, 적어도 여기에서는 '파네로오'는 하나님의 의의 진상이 모든 사람들의 눈에 보이게 펼쳐지게 된 것을 나타내고 있을 가능성을 감히 제시하고자 한다(cf. 3:27-30).

적 특성이 아니다. 이 믿음의 인지적 내용(예수가 다시 살아났다는 것을 믿는 것)은 새 생명의 첫 번째 증표로서의 믿음의 성격과 부합하고(아래에 나오는 일곱 번째 단계를 보라), 무엇보다도 십자가가 수치스러운 패배가 아니라 영광스러운 승리임을 드러내준 부활이라는 빛 아래에서, 메시야의 신실하신 죽음은 죄에 대한 하나님의 궁극적인 심판 행위, 달리 말하면 인간을 죄와 사망에서 구원하여 아브라함의 복이 세계로 흘러나가게 하기 위한 계약적 행위였다는 것을 믿고 받아들이는 것이다.

이것이 바울이 사람들을 "의롭다고 하는" 하나님의 행위가 "메시야 예수 안에 있는 속량하심으로 말미암는" (롬 3:24) 것이라고 설명하는 이유이다. 일단 우리가 법정적 종말론을 계약이라는 주제와 결합시키기만 한다면, 더 이상 법정적 종말론에 속한 그 어떤 요소를 바울의 통상적인 "합체"라는 주제와 통합시키는 데 아무런 문제도 없게 된다. 따라서 발음상의 문제가 없다면, 우리는 이것을 바울의 "개시된/합체적이고/법정적이며/계약적인 종말론" 또는 "개시된-종말론적이고 법정적이며-계약적인 합체"라고 지칭할 수도 있을 것이다. 이것을 독일어로 표현한다면, 아마도 한결 더 쉬울 것이다. 또는, 우리는 지금까지 논의된 모든 것들을 염두에 두고서, 바울 자신의 표현을 따라서, 단지 "메시야 안에서 의롭다 함을 얻는 것"이라고 말할 수도 있을 것이다.

오직 메시야가 죽었다가 다시 살아나서, 계약에 의거한 창조주의 목적을 성취하고, 앞에서 우리가 논의한 모든 의미에서의 자신의 "의"를 세계 앞에 계시하였기 때문에, 창조주의 미래에 속한 경륜이 현재 속으로 들어오게 되었고, 마지막 날의 판결이 현재 속에서 미리 선언될 수 있게 된 것이었다(위의 다섯 번째 단계를 보라). 이제 마침내 우리는 현재에 있어서 믿음으로 말미암아 은혜를 인하여 의롭다 함을 받는다는 바울의 저 위대한 주제를 이해할 수 있게 되었다.

7. 바울은 사람들이 현재에 있어서 "의롭다 함을 받는" 것에 관하여 말할 때, 내가 위에서 개략적으로 설명해 온 종말론적이고 법정적이며 참여적이고 계약적인 사고의 틀 내에서 그렇게 말하고 있는 것이다. 또한, 그가 그렇게 말하는 것은, 자신이 여러 가지 서로 다른 논증들을 동시에 진행시키고 있기 때문에 생겨난 여러 다양한 시각에서, 계약의 하나님이 메시야 예수의 "복음"을 듣고 믿어 순종하는 모든 자들을 **현재적으로** "계약 내에서" "의롭다"고 선언한다는 것을 역설하기 위한 것이다.[473] 이렇게 장래에 있을

473) "복음에 순종하는 것" 에 대해서는 롬 10:16; 살후 1:8을 보라. 이것은 물론 로마서 1:5 등에 나

판결(위의 다섯 번째 단계를 보라)이 현재 속으로 들어오게 된 것은 메시야의 "신실하신" 죽음(위의 여섯 번째 단계를 보라)과 복음 안에서 성령으로 말미암은 역사(이것에 대해서는 이제 아래에서 보게 될 것이다)를 통해서 나타난 한 분 유일하신 하나님의 전적인 은혜 때문이다.

여기에서 우리는 몇 가지를 설명할 필요가 있는데, 사실 그 중 일곱 가지는 이 일곱 번째 단계 내에 둥지를 틀고 있다.

1) 첫째, 위에서 보았듯이, 동사 '디카이오오'(dikaioō, "의롭다고 하다")는 선언적이다. 통상적인 히브리 법정에서 재판관이 어떤 사람의 주장이 옳다고 판결하였다면, 그 판결에 의해서 그 사람은 "의로운"(히브리어로는 '찻디크'[tsaddiq], 헬라어로는 '디카이오스'[dikaios]) 것으로 여겨진다. 이 단어는 그 사람의 성품이나 행실을 가리킬 수도 있고(이것은 우리를 헷갈리게 한다), 바로 그러한 이유 때문에 그러한 판결이 내려진 것일 수도 있지만, 법정이라는 배경 내에서 '디카이오스'("의롭다")의 의미는 "이 사람은 행실이 올바르기 때문에 승소하는 것이 마땅하다"는 의미가 아니라, "이 사람이 법정에서 승소판결을 받았다"는 의미이다.[474] 달리 말하면, 법정적 맥락에서 "의롭다"는 선언은, "기존에 이미 사실인 것"을 "인정해" 주는 것이거나, 새로운 성품을 만들어 내는 것이 아니라, 새로운 신분을 창설하는 것이다. 법정적인 은유를 사용하자면, 그 시점까지 감방에 갇혀 있던 죄인들은 법정적 관점(따라서 법정이 대표하는 좀 더 넓은 사회의 관점)에서 죄를 지었다고 고발된 신분을 지니고 있었다. 하지만 이제 "의롭다"는 선언이 내려진 후에는, 그들은 이 공동체 속에서 새로운 신분을 얻게 된다. 법정은 그들의 주장이 옳다는 것을 받아들였고, 이제 그들은 "무죄이고" "의롭다." 그들은 고개를 들고 걸어다닐 수 있다. 그런 의미에서, 그들의 신분은 "바로잡혀졌다" — 물론, "바로잡혀졌다"고 말하는 것은 결국 "개인의 본성의 변화"라는 개념이 "칭의"의 의미 속에 내포되어 있다는 것을 암시할 수 있어서 혼란을 야기시키기 쉽기는 하지만. 여기에서 "바로잡혀졌다"는 것은 단지 공동체 내에서 그 사람이 지니고 있던 사회적 신분이 "바로잡혀서" 회복되었다는 것만을 의미한다.

이 새로운 신분을 가리키는 헬라어는 '디카이오쉬네'(dikaiosynē)이다. 어떤 사람이 "의"로 "여김을 받았다"는 것은 그가 재판관의 선언의 결과로서 "의"를 소유

오는 '휘파코에 피스테오스'(hypakoē pisteōs)와 동일 계열의 표현이다. 칭의의 서로 다른 측면들을 계약적인 차원 없이 포괄적으로 설명하고 있는 것은 Schnelle, 2005 [2003], 470에서 찾아볼 수 있다.

474) 이것은 Caird, 1976, 138에 의해서 분명하게 표현된다.

하게 되었다는 것을 의미한다.[475] 재판관이 "나는 이 사람이 '의롭다'(dikaios – '디카이오스')는 것을 발견한다"고 말할 때까지는, 그 사람이 아무리 아무 죄도 없고 올바르다고 할지라도, 그의 신분에는 그 어떤 변화도 일어나지 않는다. 재판의 끝에서 "의롭다"는 선언이 나오기 전에는, 그는 법정적인 맥락과 의미에서 그러한 신분을 소유하고 있지 않다. 여기에서 밴후저(Vanhoozer)의 말이 특히 도움이 된다. 그는 이렇게 말한다: "전가된 의(imputed righteousness)라는 말에는 신경 쓰지 마라. 우리가 분명히 해야 할 첫 번째의 것은, 더 좋은 용어가 생각나지 않아서 그러는데, 그것은 어법상의 의(locuted righteousness)라고 부를 수 있는 것이다."[476] 그는 한 세기 이상 동안 성서학계에서 그러한 문제들에 대한 최고의 전문가라고 할 수 있는 티슬턴(Thiselton)의 말을 인용한다: "의는 서술적인 언어가 아니라, 선언하고 판결하는 발화 행위이다." 재판관의 선언은 새로운 신분이나 상황을 창설해 내는 그 밖의 다른 발화 행위들과 동일한 기제를 따라 작동한다: "당신은 해고되었다"; "그들이 남편과 아내가 되었음을 나는 선포한다"; "나는 휴회를 선언한다."[477] 이러한 선언은 새로운 상황이나 새로운 상태를 창설하거나 만들어 낸다.[478]

내가 다시 한 번 강조해 두고자 하는 것은 이것은 "서술"이 아니라 "선언"이라는 것이다. "의롭다고 하는 것"은 어떤 사람의 성품을 가리키거나 서술하는 것이 아니라, 하나의 신분이나 지위를 수여하는 것이다. 그런 의미에서, 그것은 그것이 수여하는 신분이나 지위를 만들어 낸다. 그 선언이 이루어지기 전까지는, 우리는 그 관련된 사

475) 창 38:26; 삼상 24:17에 관한 이전의 논의를 보라.

476) Vanhoozer, 2011, 248(강조는 원래의 것).

477) Thiselton, 2000, 455f.; 그는 455-8에서 칭의와 관련된 언어 체계 전체가 어떻게 작동하는지에 관한 극히 중요한 내용을 말하고 있는데, 이 내용 속에 숨겨져 있는 것 중 1/3만 이끌어내어 설명해도, 본서보다 더 방대한 분량의 책이 한 권 나올 것이다. 그의 서술은 Searle, 1969과 Austin, 1975에 기반하고 있고, 여기에서는 Wolterstorff, 1995, 75-94 등을 인용해서 다루고 있다. Vanhoozer도 Searle, 1979, 26을 유익하게 인용한다.

478) 나는 "하나님이 불경건한 자를 새로운 피조물로 만들고," 그런 의미에서 "그 사람을 진정으로 의롭게 만든다"는 Käsemann의 설명(1980 [1973], 112f.)이 이러한 선언적 의미를 제대로 파악한 것인지가 의심스럽다. "의로운"이라는 단어는 적어도 영어에서는 너무나 그 의미를 파악하기 어려운 단어이고, 독일어의 gerecht도 마찬가지가 아닌가 생각한다: 이것은 마치 "의로운"이 "원칙적으로 도덕적으로 올바른 사람"을 의미하는 것처럼 보이는데, 이것은 Käsemann이 배척하였을 것으로 예상되는 트렌트 공의회의 견해와 일치한다. 또한, Schreiner, 2001, 205(이것은 Schreiner, 1998에서 제시한 자신의 견해를 수정한 것이다); Bird, 2007, 12-14에 나오는 논의를 보라. 이것은 "의롭다고 하다"(justify)라는 단어 대신에 "바르게 하다"(rectify)라는 단어를 사용하는 것이 위험하다는 것을 부각시켜 준다. 왜냐하면, "바르게 하다"라는 단어는 최종적인 "칭의," 즉 부활의 때까지는 칭의에서 실제로 일어나지 않을 일이 마치 이미 일어난 것과 같은 뉘앙스를 전해 주기 때문이다.

람을 "의롭다"고 말할 수 없지만, 그 시점 이후로는 그 사람을 의롭다고 말할 수 있고, 말하여야 한다.[479] 이렇게 "의롭다"는 신분, 또는 "의롭다"고 여겨지는 신분은 실제로 재판관의 선언에 의해서 창설된다는 점에서 그 선언의 결과이다. 어떤 사람이 "이제 의롭다는" 신분, 즉 '디카이오쉬네'(dikaiosynē)를 소유하게 되었다고 말하는 것은 바로 그런 것을 의미한다.

이 시점에서 우리가 그 어떤 시비도 없게 분명히 해두어야 할 것은 어떤 사람이 재판관의 선언의 결과로서 소유하게 된 이 "신분"은 재판관 자신의 "의"와 동일한 것이 될 수 없다는 것이다.[480] 재판관 자신의 "의"는 내내 공평함 가운데 법을 따라 공정하게 사건을 심리해서, 과부와 고아의 편에 서서, 악을 벌하고 선을 지지해 주는 데 있다. 이 "의"가 옳다고 인정받은 피고에게 어떤 식으로든 전가된다고 말하는 것은 어불성설이다. 재판관의 의가 피고에게 전가되었다면, 피고가 사건을 공정하게 심리한 것으로 여겨졌다는 것을 의미하는데, 그것이 말이 되지 않는다는

479) Schreiner, 2010, 155는 이것을 오해해서, 재판관들 자신은 그 누구를 "의롭게 만들지" 않는다고 말하는 것으로 보인다. 여기에서 "의"가 재판관의 판결에 의해서 수여되는 지위라면, 오직 바로 그러한 의미에서만, "어떤 사람을 의롭게 만들다"는 재판관이 재판에서 최종적으로 행하는 바로 그것이다. 마찬가지로, McCormack, 2004, 107은 "인간 재판관은 단지 어떤 일의 실제 상태이기를 바라는 것을 설명할 수 있을 뿐이기" 때문에 "인간 재판관의 심판은 결코 실효적이지 않고, 그 심판이 설명하고 있는 현실을 만들어 내지는 못하고, 이미 주어진 현실에 영합하고자 할 뿐이다"라고 생각한다(강조는 원래의 것). 그러나 Schreiner와는 달리, 그는 그런 후에 그것을 하나님의 판결과 대비시킨다: "하나님의 판결은 그것이 선언하고 있는 현실을 만들어 낸다는 점에서 다르다 … 따라서 하나님의 사법적 행위는 결코 단순히 사법적인 것이 아니고, 그 자체가 변화를 수반하는 것이다." 이것은 (a) 인간 재판관이나 하나님 재판관이나 둘 다 실제로 새로운 지위를 만들어 낸다는 점에서 잘못된 대비이고, (b) McCormack이 Gorman, 2009, 101과 흡사하게 지위의 변화를 본성의 변화(이것은 사실 분리될 수 없는 것이기는 하지만, "칭의"의 언어 자체가 가리키는 것은 아니다)와 혼동하고 있다는 점에서 잘못된 추론이다. 이것은 "칭의"라는 단어가 원래 지니고 있는 의미는 도외시한 채로 원래의 의미 바깥에 있는 것들을 도입하는 잘못을 범하는 것이다.

480) 예를 들면, 하나님 재판관의 중요성을 보기는 하면서도, 모호하고 본질적으로 비성경적인 표현들로 빠져 들어가는 Schreiner, 2001, 201을 보라. Vanhoozer, 2011, 258은 "종교개혁자들은 계약에 대한 그리스도의 신실하심의 지위에 대하여 말하였다"(강조는 원래의 것)고 말함으로써, 이 점을 배척하고자 한다. 이것에 대한 나의 답변은 (a) 종교개혁자들은 계약에 대해서 통상적으로 말하였던 것이 아니고, 특히 내가 이 용어를 사용해 온 의미로는 더더욱 그러하였다는 것; (b) 그리고 그들의 후계자들 중 다수는 계약과 관련된 관념들에 대해서는 알레르기 반응을 보여 주어 왔다는 것; (c) 그리고 더 중요한 것으로는, 종교개혁자들과 그들의 후계자들은 통상적으로 "그리스도의 의"와 "하나님의 의" 간의 차이를 숨기고서, 후자를 하나님의 백성의 "의로운 지위 또는 상태"로 잘못 해석하여, 하나님의 의에 대한 언급들(예컨대, 롬 3:21)을 그런 의미로 읽어서 전자를 말하는 것으로 읽음으로써, 바울이 실제로 말하고 있는 것은 그냥 넘겨 버리고, 그가 말하고 있지 않은 것은 중심적인 가르침으로 승격시켰다는 것이다.

것은 너무나 분명하다. 마찬가지로, 옳다고 인정받은 피고(또는, 옳다고 인정받은 원고)에게 적용된 "의"의 의미는 그 사람이 의롭다는 선언을 받았다는 것이기 때문에, 재판관에게 적용된 "의"의 의미와는 다르다. "의"의 의미가 이렇게 혼란스럽게 되어 버린 것은 중세 시대에 '유스티티아'(iustitia, "의")를 실체론적 관점에서 파악하여 일종의 특질 또는 심지어 어떤 실체로 정의한 결과, "의"가 사람들이 소유할 수 있고 공유할 수 있으며, 양도하거나 양도받을 수 있는 것이 되어 버렸기 때문이다. 이러한 잘못은, 좀 더 최근에 신자의 신분이 안전하다는 것을 단언하고자 하는, 인간적으로 충분히 이해할 수 있는 욕구에 의해서, 신자는 누구라도 포용하고 감싸줄 수 있는 널널한 겉옷 같은 "하나님의 의," 또는 심지어 바울이 결코 사용한 적이 없는 "그리스도의 의"를 옷 입고 있기 때문에, 그 신분이 영속적이라고 단언하게 됨으로써 고착화되어 왔다.[481] 하지만 앞으로 보면 알 수 있듯이, 바울은 신자들의 신분을 보장하고자 하는 목적과 관련하여 다른 방법들을 가지고 있다.

이렇게 "의롭다고 여김을 받는" 것이 기존의 어떤 성품에 대한 어떤 종류의 인정, 또는 이후의 성품의 변화에 관한 약속("바로잡음"이라는 표현에 의해서 여기에 함축되어 있는 것으로 생각될 수 있는)이 아니라 법정적 신분과 결부되어 있다는 사실은, 우리가 잘못된 판결의 경우를 생각해 보면, 쉽게 드러난다. 법정 사건에서 바람직한 것은 재판관이 실체와 부합한 판결을 내리는 것임은 두말할 필요가 없다. 즉, 이제 법정적인 의미에서 "의롭다"는 새로운 신분이 부여된 사람은, "선한 성품을 지니고 살아 왔다"는 의미에서, 특히 특정한 송사에서 제기된 죄목에 대하여 무죄하다는 관점에서 "의로운" 사람이었어야 한다는 것이다. 그러나 판결이 잘못되어서, 죄 있는 사람이 무죄 선고를 받아 방면된 경우에도, "의롭다"는 판결은 여전히 그 사람이 '디카이오쉬네'(dikaiosynē)의 신분 또는 지위를 소유하고 있게 되었다는 것을 의미한다. 그 사람이 실제로는 악명 높은 악한 인물로서 결코 선하게 살아오지 않은 자이고, 특정한 송사에서 제기된 죄목에 대해서도 실제로 그 죄를 지었지만, 운이나 뇌물이나 재판관의 무능으로 인해서 "의롭다"는 판결을 얻었다고 할지라도, 그가 법정에서 "의롭다고 선언된" 것은 여전히 사실이다.

바울이 복음을 믿는 모든 자들은, 방금 전까지만 해도 감방에 갇혀서 자신을 변호할 말이 하나도 없는 가운데 명백한 죄인으로 있었음에도 불구하고, "의롭다"

481) 이것과 관련해서 흔히 인용되고 많은 사랑을 받고 있는 이사야 61:10(cf. 욥 29:14; Bar. 5.2)은 계약 하나님의 의에 대하여 말하는 것이 아니라, 빌립보서 3:9(아래를 보라)의 경우와 마찬가지로, 계약 하나님의 선물인 의로운 지위 또는 상태(즉, 여기에서는 계약의 지체로서의 지위)에 대하여 말하고 있다.

(dikaios – '디카이오스')고 말하는 것을 듣고 있자면, 우리는 얼핏 바울이 방금 앞에서 말한 잘못된 판결에 대해서 말하고 있는 것이 아닌가 하는 느낌을 받을 수 있다.[482] 이것은 한 분 유일하신 하나님이 재판관으로서 절대로 하지 말아야 할 일이라고 성경이 말하는 바로 그것, 재판관에 대해서 하나님 자신이 그렇게 해서는 절대로 안 된다고 말한 것, 즉 죄인을 무죄로 방면하는 것을 친히 행하고 있는 듯이 보인다.[483] 이러한 역설은 특히 여러 세기 동안 개신교 사상이 그 무엇보다도 자랑해 온 것이다. 즉, 하나님은 사람들의 공적이나 공로, 자격과 관련된 모든 문제들을 하나도 따지지 않고, 아무런 자격도 없는 자들에게 오직 은혜로 거저 "의롭다"는 신분 또는 지위를 수여하여, "경건하지 않은 자들을 의롭다고 하였다"는 것이다.[484]

따라서 가장 먼저 분명히 해야 할 것은 법정적 의미에서의 "칭의"라는 단어는 의로운 하나님이 어떤 사람들에 대하여, 그들이 모든 면에서 하나도 "의롭지" 않다는 사실에도 불구하고, 그들을 지금 "의롭다"고 선언하였다는 것을 가리킨다는 것이다.

이러한 최초의 일련의 단선적인 사고의 흐름을 따라 생각하게 되면, 바울은 오직 인간의 죄와 칭의에 관하여 말하고 있다고 보기가 너무나 쉽다. 그러나 우리가 이미 자세하게 살펴본 것처럼, 그는 아브라함의 종말론적인 권속의 탄생, 유대인들이 자동적으로 그 권속에 속하는가 하는 문제, 이방인들이 그 권속으로 들어오려면 토라를 온전히 지켜야 하고, 특히 할례를 받아야 하는가 하는 문제에 대답하는 데에도 여기에서와 동일한 언어를 사용한다. 따라서 우리는 "법정적" 언어가 어떻게 작동하는지를 좀 더 정확하게 파악하게 되었기 때문에, 이제는 그 언어가 이러한 "계약적인" 문제들에 어떻게 적용되는지를 살펴보아야 한다. 하나님의 "의"라는 문제는 주후 1세기에 매우 첨예하게 제기되었지만, 창조주 하나님이 죄를 어떻게 해결할 것인가 하는 추상적인 문제가 아니라, 계약의 하나님이 어떻게 그리고 언제 자신의 약속들을 성취하고 자기 백성을 구원할 것인가 하는 계약적인 문제로

482) 롬 3:19f.: 법정 비유는 이 본문 전체에 걸쳐 분명하게 나타난다.

483) 예를 들면, cf. 출 23:2, 6, 7[ou dikaiōseis ton asebē heneken dōrōn - '우 디카이오세이스 톤 아세베 헤네켄 도론']; 레 19:15; 신 1:17; 10:17; 16:18-20; 24:17; 27:19; 대하 19:6f.; 시 82:2; 잠 17:15; 18:5; 24:23f.; 28:21; 전 5:8; 사 5:23[hoi dikaiountes ton asebē heneken dōrōn - '호이 디카이운테스 톤 아세베 헤네켄 도론']; 10:2; 렘 5:28; 암 5:12; 말 2:9. 한 분 유일하신 하나님의 심판에 대한 언급을 포함하고 있는 본문들로는 출 23:7; 신 1:17; 10:17; 대하 19:6f.가 있다.

484) 특히 Käsemann, 1980 [1973], 112f.; Jewett, 2007, 314f.를 보라. Jewett은 여러 주석자들에 반대하여, "믿음"은 그 자체가 "종교"의 편법적 형태가 아니라는 것을 강조한다.

제기되었다.[485)]

우리가 계약의 하나님의 이러한 "선언"을 지금까지 우리가 말해 온 모든 것에 비추어서 생각해 보면, 바울은 예수가 죽은 자 가운데서 부활하였을 때, 이 선언이 근본적으로 이루어졌다고 보았음이 분명해진다. 이 부활 사건은, 예수가 진정으로 이스라엘의 메시야였고, 이스라엘은 이 메시야를 중심으로 재편되고 있다는 선언으로 해석될 수밖에 없었다. 따라서 메시야에 관한 하나님의 계약적 선언은 복음의 선포와 성령의 역사를 통해서 이루어졌고, 이것은 신자들 안에서 되풀이되었다. 한 분 유일하신 하나님이 부활절 사건 때에 예수에 대하여 말하였던 것 -법정적 의미에서와 계약적 의미에서 예수를 "의롭다"고 선언한 것 -은 이제 "믿음을 토대로 해서"(epi tē pistei – '에피 테 피스테이') 사람들에 대하여 반복적으로 말해진다. 우리는 아래에서 이것을 좀더 살펴보지 않으면 안 된다.

바울의 신학에서 이 모든 것은 그가 절박하게 강조하고자 한 두 가지 실체가 서로 단단하게 연결되어 있었다는 것을 의미한다. 첫 번째는 하나님에 의해서 "의롭다"는 선언을 받은 모든 자들은 영속적으로 "의롭다"는 것이다. '디카이오쉬네'(dikaiosynē)의 신분이나 지위는 일시적이거나 잠정적인 것이 아니다. 그것은 마지막 날에 선고될 판결을 진정으로 미리 누리는 것이다. 이것이 후대의 그리스도인들이 "칭의"를 그리스도인이 지녀야 할 확신으로 보게 된 이유이다. 제대로 올바르게 말하자면, "칭의"는 "어떤 사람이 어떻게 해야 그리스도인이 될 수 있는가"에 관한 것이 아니라, "복음을 믿고 세례를 받아서 그리스도인이 된 사람이 마지막 날에 '의롭다'는 판결을 받게 될 것임을 확신할 수 있게 되는 것"에 관한 것이다. 하늘의 재판장은 이미 그러한 판결을 내렸고, 그의 말씀은 영원히 설 것이다. 두 번째는 이러한 선언과 이 '디카이오쉬네'라는 신분은 복음을 믿는 모든 자들에게 유대인이나 헬라인 같은 민족적 구별과는 상관없이 똑같이 동일한 토대 위에서 적용된다는 점에서, 아브라함의 전 세계적인 권속에 관한 계약상의 약속을 성취한 것이 된다는 것이다. 달리 말하면, 그것은 교회의 온전한 지체가 되기 위한 유일한 토대라는 것이다. 왜냐하면, 이러한 선언과 그 선언의 토대가 되는 '피스티스'(pistis)는 둘 다 창조주이자 계약의 하나님인 분의 갱신된 백성의 중심인 메시야 자신에게로 거슬러 올라가기 때문이다. 이 두 번째의 것은 갈라디아서의 주된 주제이다 — 물론, 갈라디아서에도 첫 번째의 것에 대한 반영들이 나오기는 하지

485) B. W. Longenecker, 1990을 보라.

만. 그리고 이 둘은 서로 완전히 결합되고 하나로 짜여져서 로마서의 주된 주제를 이룬다. 나는 바울이라면 두 번째의 것이 첫 번째의 것을 강화한다고 말하였을 것이라고 생각한다. 즉, 사람들은 단일한 권속의 지체로 받아들여짐으로써, 그들의 확신도 강화된다는 것이다. 이것은 '아가페'(agapē)가 지닌 의미의 일부이다.

이것은 우리를 곧장 우리가 설명할 필요가 있는 두 번째의 것으로 데려다 준다.

2) 설명을 필요로 하는 두 번째의 것은 바울에게 있어서 이 현재적인 판결은 철저하게 메시야의 과거의 사역에 의거하고 있다는 것이다(위의 여섯 번째 단계를 보라). 죽음까지 불사한 그의 신실하심(이것은 그의 "순종"이라고 표현할 수도 있다)은 인류와 세계의 구원이라는 이스라엘에게 맡겨진 사명이 마침내 성취되는 순간이다. 하나님이 약속한 미래는 십자가와 부활을 통해서 현재 속으로 침입해 들어오고, 바로 그의 "신실하심"으로 말미암아, 모든 신자들을 위한 한 분 유일하신 하나님의 궁극적인 판결과 계약에 대한 신실하심이 계시된다(롬 3:21-22). 바울은 십자가가 과거에 이루어진 단번의 성취라는 것을 여러 가지 다양한 방식으로 말한다. 그가 신자들의 현재적 신분이나 지위, 죄 사함, 계약의 지체 됨 등과 같은 다른 모든 것에 대하여 말하는 것들은 전부 이것을 토대로 삼는다. "의롭다"고 하는, 즉 "계약의 지체"가 되었다고 하는 현재적인 선언은 구원을 위한 메시야의 죽음에 의해 과거에 성취된 것에 토대를 둔 것이다.

우리는 현재의 절과 현재의 장 전체에서 이 점을 이미 강조한 바 있지만, 우리가 주목해야 할 것은 많은 논의들에서 "근거"니 "토대"니 하는 단어들이 여전히 등장하고 있다는 것이다("십자가는 칭의의 근거이다"라거나, "십자가는 믿음을 토대로 한다"는 등과 같은).[486] 우리는 이러한 단어들과 거기에 함축된 건축 은유를 절대화하여 파고들어서는 안 된다. 중요한 것은, 메시야의 실제적인 사역이 "죄 사함"을 가져와서, 아브라함과의 계약에서 약속된, 민족을 초월한 새로운 권속을 중심으로 한 새로운 세계를 연다는 역사적 서사이다. 성경적인 종말론을 확고하게 붙들면, 우리는 비종말론적인 용어들만을 신경질적으로 고집하는 것에서 해방될 수 있다. 특히, 위에서 보았듯이, 이 두 번째의 것은 메시야 자신의 "의" 또는 그의 "율법에 대한 순종" 같은 관념으로 실체화되어서는 안 된다.[487]

486) O' Brien 2004, 292f.를 보라.

487) 나는 이러한 방향(칼빈주의와 성공회 신학의 몇몇 흐름들이 보여 주듯이, "그리스도의 적극적인 순종")이 대세를 이루고 있는 이유들을 알고 있다. Vanhoozer의 은혜로운 주장(2011, 250f.)조차도, 바울이 그것을 결코 그런 식으로 표현하고 있지 않고 있고, 바울은 그러한 설명이 목표로 하고 있는 목적지에 판이하게 다른 수단을 통해서 도달하고 있다는 사실을 뒤집을 수는 없다. 신실한 자들은 "메시야 안

3) "의롭다" 고 선언된 사람들은 메시아와 합체된 사람들이다. 현재적인 칭의는 철저하게 십자가에 의한 과거의 성취에 토대를 두고 있지만, 메시야는 단지 자신의 성취를 통해서 새로운 가능성을 만들어 낸 역사상의 인물인 것이 아니다. 그의 백성은 오직 이 "메시야 안에서" 만 현재의 모습이 될 수 있다. 따라서 이러한 판결은 "메시야 안에서" 선언된다.[488] 우리는 살아 계신 하나님이 예수를 죽은 자 가운데서 다시 살렸을 때에 선언한 판결(로마서 1:4에서처럼, "그는 진정으로 내 아들이다")은 이 동일한 하나님이 메시야에게 합체되는 모든 자들에게 선언하는 판결이 된다고 말하는 것 속에서, 그러한 연결고리를 볼 수 있다. 즉, 하나님이 메시야에 대하여 말하는 것들은 "메시야 안에" 있는 자들에게도 그대로 적용된다는 것이다. 이것이 로마서 8장이나 갈라디아서 4장에 나오는 "양자됨" 이 별개의 범주라기보다는, 단지 "칭의" 의 의미를 천착해 나가는 한 가지 방식인 이유이다.[489]

바울이 칭의에 관한 자신의 각각의 주요한 설명들에서(단지 한 경우에만 여담으로) 칭의는 "메시야 안에서" 일어나는 그 무엇이라고 말하고 있는 것은 주목할 만하다:

> 그들은 메시야 예수 안에 있는 속량으로 말미암아 하나님의 은혜로 값없이 의롭다 함을 얻는다.
>
> 우리가 메시야 안에서 "의롭다" 함을 얻으려 하다가 "죄인들"로 발견된다면 …

에서" 의로운 자들로 여김을 받지만, 그것은 메시야가 스스로 계약에 따라 율법을 지켜서 얻은 "의" 를 소유하고 있어서 그 의를 자기 백성에게 나누어 줄 수 있거나 "전가할" 수 있기 때문이 아니라, 메시야가 죽은 자 가운데서 부활함으로써 보여 주었듯이, 계약 백성 전체는 메시야 안에 있었기 때문이다. 나는 "의" 라는 단어가 지닌 "계약의 지체로서의 지위/신실함" 이라는 의미를 바울이 염두에 두었던 의미들 중의 하나로 보기 때문에, 우리는 "메시야 안에" 있는 자들은 "계약의 지체로서의 지위/신실함" 을 지니고 있는 것으로 간주된다는 점에서 일종의 "전가된 의" 를 말할 수 있기는 하지만, 바울은 "전가" 를 주장하는 자들이 생각하고 있는 그런 것을 결코 말하고 있지 않다.

488) Hays, 2002 [1983], xxix-xxiii. 이 핵심은 칼빈에게로 거슬러 올라가는 것으로서, 현재의 논의 속에서 가장 중요한 것들 중의 하나이다(바울 자신이 그렇게 하고 있듯이, "합체적" 언어와 "법정적" 언어와 결합되어서). McCormack, 2004, 110이 이 관념을 단지 기능적인 것으로 이해해서, "나의 삶을 [그리스도의] 순종의 삶에 합치시키는 것 … 두 의지의 일체" 에 대하여 말하는 것은 잘못된 것으로 보인다. 그는 "그리스도와의 연합" 이라는 관념이 "그리스도의 존재에의 실질적인 참여" 를 의미하는 "순수한 존재에 대한 헬라적인 존재론" 을 애써 피하고자 한다(112); 그러나 Schweitzer가 생각하였듯이, 그러한 참여에 관한 히브리적인 개념은 있을 수 없는 것인가?

489) 이것은 개신교 전통 내에서 적어도 칼빈에게까지 거슬러 올라가는 것으로서 Vanhoozer, 2011에 의해서 올바르게 강조되고 있다. 나는 내가 이전의 글들에서 이것을 강조해 왔다고 생각하지만, 만일 충분히 분명히 한 것이 아니라면, 지금이라도 기꺼이 그렇게 하고 싶다. "양자됨" 에 대해서는 이제 Burke, 2006의 중요한 연구를 보라.

이는 내가 율법으로부터 오는 내 자신의 "의"가 아니라 메시야를 믿음으로[또는, 메시야의 신실하심으로] 말미암은 의, 곧 믿음에 의거해서 하나님께로부터 난 의를 가져서, 메시야를 얻고 그의 안에서 발견되려 함이다.[490]

달리 말하면, 메시야의 죽음은 신자에게 칭의가 일어날 수 있게 해주는 과거의 사건이고, 신자가 메시야와 합하여 사는 현재의 삶은 한 분 유일하신 하나님이 부활 사건에서 메시야에 대하여 행하였던 것과 동일한 선언을 이제 신자들에게 행하는 것을 가능하게 해주는 맥락이 된다는 것이다. 메시야의 '피스티스'(pistis)에 대하여 선언되었던 판결은 이제 "메시야 안에" 있는 자들의 '피스티스'에 대하여 선언된다. 메시야는 단번에 죄에 대하여 죽었다. 이 사람은 "메시야 안에" 있다. 그러므로 이 사람은 "죄에 대하여 죽은" 것으로 여겨진다. 이것이 바울이 정확히 로마서 6장에서 말하는 것이지만, 이것은 새로운 것이 아니고, 단지 그가 3장에서 말하였던 것을 다른 관점에서 다시 말하고 있는 것일 뿐이다. 우리가 3:24("메시야 안에 있는 속량")을 6장을 미리 간단하게 요약한 것으로 본다면, 6장은 사실 "다른 관점에서" 말하고 있는 것조차도 아니고, 이미 앞에서 암시하였던 것을 다시 풀어서 말하고 있는 것일 뿐이다. 이렇게 메시야의 죽음에 토대를 두고 현재적으로 이루어지는 "의롭다"는 선언은 "메시야 안에" 있는 모든 자들에게 주어진다.

하지만 이것은 메시야가 "의롭다"는 신분을 자기 자신 속에 소유하고 있어서, 이러한 "메시야의 의"가 신자들에게 "전가되는" 것이 아니다.[491] 종교개혁자들이 처해 있던 중세적인 시대 배경과 신자들로 하여금 그러한 "전가된" 의라는 관념을 믿게 해야 하는 목회적인 필요를 감안한다면, 나는 그런 식의 읽기에 대한 압박을 거의 피하기 힘들다는 것을 이해한다. 그러나 그것은 바울의 것이 아니다. (a) 바울은 메시야가 "의"를 소유하고 있다는 말을 결코 하지 않는다. 거기에 가장 근접한 본문이라고 할 수 있는 고린도전서 1:30에서, 그는 메시야가 "우리에게 지혜와 의와 거룩함과 속량함이 되셨다"고 말한다. 따라서 우리가 "전가된 의"라고 말하고자 한다면, 이 본문에 나오는 나머지 것들도 다 우리에게 전가되었다고 말해야 할 것이지만, 그렇게 하면 거기에서 도저히 이해할 수도 없고 말도 안 되는 일련의 혼란스러운 교리들이 탄생하게 되고 말 것이다. (b) "맞교환"(메시야는 우리를 대신하여 죄

490) 롬 3:24; 갈 2:17; 빌 3:8f.; 모두 상당히 문자적으로 직역되었다.

491) 최근의 수많은 논의들 중에서는 McGowan, 2006, 153f.에 나오는 유익한 역사적 설명을 보라; 그리고 Bird, 2007, ch. 4을 보라. Gundry, 2004가 "전가"라는 고전적인 개념을 다루고 있는 방식은 많은 문제점들을 또다시 일으키기는 하지만, 그 개념에 대하여 이의를 제기한 것은 내가 보기에는 옳다.

가 되고[전반절], 우리는 메시야 안에서 하나님의 의가 되었다는 것[하반절] — 역주)에 관하여 말하고 있는 고린도후서 5:21의 하반절은 "메시야의 의"가 아니라 "하나님의 의"라고 표현하고 있다. 그리고 이 본문은 "전가"에 관한 것이 아니라, 바울 및 그의 사도적 사역에 참여하는 자들이 새 계약의 일꾼들로서 저 하나님의 "의"가 되고 있다는 것, 즉 "하나님의 의"를 "구현하고 있다"는 것에 관한 것이다.[492] (c) 바울이 메시야에게 해당되는 것들이 "메시야 안에" 있는 자들에게 "돌려지고" 있다고 말할 때, 그 초점은 "의"가 아니라 죽음과 부활에 있다(롬 6:11). 이것은 실제로 "전가된 의"를 가르치는 자들이 어떻게든 확보해 내고자 하는 목회적인 필요를 위해서 "전가된 의"보다 훨씬 더 강력한 토대가 된다. 왜냐하면, 메시야에게 속해 있는 자들은 부활의 토대 위에 서 있는 것이기 때문이다.[493]

앞에서 보았듯이, 어떤 사람이 "메시야 안에" 있다는 증표는 세례와 믿음, 이 두 가지이다. 전자는 잠시 후에 살펴보기로 하고, 여기에서는 먼저 후자를 주목해 볼 필요가 있다. 우리는 "믿음"은 "좀 더 쉬운" 종류의 "행위," 즉 율법을 지켜야 한다는 좀 더 어려운 시험을 통과하지 못한 사람들이 행할 수 있는 그 무엇이라거나, "율법주의"와 반대되는 "믿음"은 창조주가 내내 원하여 왔던 종류의 종교적 태도였기 때문에 아브라함에게서 바로 그 믿음을 발견했을 때에 그에게 상을 주었던 것이라는 이전의 견해들을 폐기하여야 한다. 바울이 말하는 믿음은 메시야의 표지(標識)이다. 왜냐하면, 하나님의 목적을 성취한 것은 계약에 대한 메시야의 신실하심이라는 의미에서의 그의 신실하심, 곧 죽음을 불사한 순종이었기 때문이고, 믿음은 한 분 유일하신 하나님이 메시야를 죽은 자 가운데서 다시 살린 것을 믿는 믿음이기 때문이다.[494] "믿음"이라는 단어는 "네 방은 전망이 좋으냐?"는 문장에서 "전망"이라는 단어와 같은 기능을 한다. 즉, 믿음은 그 대상과의 관계 속에서 정의된다는 것이다. 방에서의 "전망"은 당신이 소유하고 있는 어떤 것이 아니다. 그것은 정확히 멀리 있는 풍경을 볼 수 있다는 것이다. 바울이 말하는 "믿음"도 그것이 자체 속에 소유하고 있는 어떤 "특질"로 인해서 소중하고 귀한 것이 아니다. 그것은 전적으로 그 대상에 의해서 정의된다. 믿음은 자기 자신으로부터 눈을 돌려서, 메시야 안에서 한 분 유일하신 하나님이 행한 유일무이한 단번의 행위를 바라보고, 거기에

492) 위의 제10장 제3절 3) (4)를 보라.

493) 좀 더 확대된 논의로는 Wright, 2002 [*Romans*], 533-41을 보라. 로마서 5—8장은 바울의 "확신을 위한 논증"이다; 그리고 그 중심에서 우리는 8:5-8, 12-17 같은 결정적으로 중요한 본문들을 발견한다.

494) 롬 4:24f.; 10:9.

모든 것을 다 걸 때에만 믿음이 된다. 그럴 때, 믿음은, 아브라함의 경우처럼, 권능의 창조주에게 영광을 돌리고, 하나님이 약속하신 것들을 행할 줄을 믿는 인간 본연의 삶의 증표가 되고,[495] 특히 진정으로 "율법을 행하게 되는" 새 계약의 증표가 된다.[496]

4) 이 모든 것은 성령의 역사로 말미암은 인격적인 실체 속에서 실현된다.[497] 이것만으로도 이 논의 전체에 "성령으로 말미암아 재정의된 선민론"이라는 표제를 붙이는 것이 정당화된다. 이 모든 것 속에서 성령이 차지하고 있는 위치는 흔히 오해되거나 심지어 깡그리 무시되기도 하지만, 그것은 바울에게 있어서 근본적인 것이었다. 성령은 메시야의 복음이 선포될 때에 사람들 속에서 역사하여 믿음을 만들어 내고, 모든 믿는 자들을 아브라함에게 약속된 죄 사함 받은 단일한 권속으로 묶어 낸다.[498] 바울은 성령으로 말미암지 않고는 아무도 "예수가 주시라"고 할 수 없다고 말한다. 그가 다른 곳에서 설명하고 있듯이, "예수가 주이시다"는 그리스도인의 가장 기본적인 신앙고백이고, 예수의 부활을 마음으로 믿고 있음을 보여주는 외적이고 언어적인 증표이다.[499] 바울은 데살로니가 교인들에게 이렇게 말한다: "복음이 너희에게 능력과 성령과 온전한 확신으로 왔고 … 너희 신자들 속에서 역사한 것은 결국 사람의 말이 아니라 하나님의 말씀이었다."[500] 그는 빌립보 교인들

495) 롬 1:18-26을 역전시키고 있는 4:18-22.

496) 롬 10:5-11.

497) Bird, 2007, 173은 이것은 장래의 칭의의 실질적인 원인을 기독론에서 성령론으로 이동시키는 효과를 가져온다고 말한다. 나는 그런 식으로 분리해서 말하는 것에 반대한다: 어쨌든 성령은 메시야 자신의 영이고, 성령이 행하는 모든 것은 여전히 모든 것의 토대로 작용하는 메시야의 사역을 적용함을 통해서 행해진다.

498) Jewett, 2007, 315: "성령은 복음에 대한 긍정적인 반응들을 불러일으키고, 사람들로 하여금 자신의 절망과 욕됨의 깊이를 알게 만들어서, 하나님을 "아바"라고 부르며 존귀한 "하나님의 자녀들"로 살아갈 수 있게 하는 존재로 이해되었다. 사람들은 Jewet의 사회학적인 "절망과 욕됨"을 좀 더 통상적인 신학적 분석에 통합시키고자 할 수 있겠지만, 믿음을 불러일으키는 성령의 주권적 사역에 대한 그의 설명은 받아들이는 데 무리가 없다. 또한, McCormack, 2004, 108을 보라: "바울은 믿음을 인간의 마음속에서 은혜에 의해서 만들어지는 하나님의 선물로 이해한다." 지당한 말씀이다(반대견해로는 성령이 주어지는 것은 칭의의 결과라고 주장하는 Schreiner, 2001, 194, 208이 있다). 역사적으로, 이것은 우리를 흔히 라틴어로 '오르도 살루티스'(ordo salutis, "구원의 순서")라는 표제 아래 고찰되는 여러 질문들, 즉 어떤 사람을 중생하지 않은 죄의 상태로부터 궁극적인 구원의 상태로 이끌어 주는 여러 요소들을 시간순으로 배열하고자 하는 시도로 데려다 준다(예컨대, McGowan, 2006을 보라). 어떤 사람들은 로마서 8:29f.이 그러한 방향을 암시하고 있다고 보지만, 바울은 그러한 문제들을 다루지 않는다.

499) 고전 12:3; 롬 10:9f. 여기에서도 성령은 로마서 10:13에 나오는 요엘서 2:32의 인용문을 통해서 이 논증 배후에 존재한다; 아래의 제11장 제3절 2), 제6절 4) (1) (2) (5)를 보라.

500) 살전 1:5; 2:13.

에게 그들의 고난은 그 자체가 하나님의 선물이라는 것을 설명하면서, 이전에 주어진 믿음이라는 선물과 고난을 한데 결합시키는데, 이것은 몇 단락 이전에 나오는 "너희 안에서 선한 역사를 시작하신 이가 그것을 철저하게 완성하실 것"이라는 진술과 서로 공명을 일으킨다.[501] 바울은 여기에서 믿음은 오로지 선물로 시작된 "선한 역사"의 시작이라고 말하는 것으로 보인다. 또한, 그는 "에베소서"라 불리는 회람용 서신에서 이렇게 말한다: "너희는 은혜에 의하여 믿음으로 말미암아 구원을 받았으니, 이것은 너희가 먼저 나서서 이루어진 것이 아니고 하나님의 선물이다."[502] 이것은 우리에게 다른 질문들을 불러일으키고, 그리고 실제로 바울 자신에게도 그랬을 것이다: 예컨대, 왜 어떤 사람들은 믿고 어떤 사람들은 믿지 않는 것인가?[503] 지금까지 이러한 의문을 품은 사람들 중 일부는 야코부스 아르미니우스(Jacobus Arminius)가 제시한 대답을 따라, "믿음"은 인간으로부터 오는 것이고, 그 결과로서 칭의와 성령이 주어지는 것이라고 말해 왔다. 또한, 어떤 사람들은 일종의 바르트적인 입장에 서서(바르트가 그러한 입장을 취했는지의 여부와는 상관없이), "칭의"는 시간이 존재하기 이전에, 또는 적어도 예수의 죽음과 부활이라는 유일무이한 사건들이 일어났을 때, 그리고 분명히 신자에게서 칭의와 관련된 어떤 일이 "일어나기" 이전에 이미 일어났다고 말해 왔다. 전자는 인간이 먼저 나서게 될 때까지 하나님의 역사를 미루고, 후자는 인간의 응답이 거의 필요 없다고 할 정도까지 하나님의 주도권(initiative)을 강조한다. 그러나 우리가 바울이 말하고 있는 것을 고수하고자 한다면, 그가 십자가에 못 박혔다가 부활한 예수를 주(主)로 선포할 때에 일어나는 성령의 역사를 사람들이 한 분 유일하신 하나님이 실제로 예수를 죽은 자 가운데서 다시 살렸다는 것을 믿게 하는 실효적이고 직접적인 원인으로 보았다는 것은 의심의 여지가 없다. 그리고 그것은 바울이 현재에 있어서 하나님의 판결과 직결되는 것으로 설명하였던 '피스티스'(pistis)였다는 것은 두말할 필요가 없다.[504] 따라서 부활로 말미암아 메시야를 중심으로 재정의된 선민론은 성령으로 인해서 "메시야 안에" 있는 모든 자들을 받아들일 수 있는 길이 열리게 된 것이다. 한 분 유일하신 하나님이 메시야 안에 있는 자들을 "의롭다"고 선언하는 근거가 되는 믿음은 그 자체가 복음의 선포로 말미암는 성령의 역사이다.

우리는 앞에서 말해 왔던 것들에 비추어서, 바울이 복음의 역사에 대하여 말할

501) 빌 1:29; 1:6.
502) 엡 2:8.
503) 예컨대, cf. 롬 10:14-21.
504) cf. 롬 10:9; cf. 4:24f.

때, 그가 성령에 대해서도 마찬가지로 말하였을 그런 것들을 말하고 있는 것임을 유의하여야 한다. 하나님이 메시야 안에서 단번에 행한 것은 성령의 능력으로 메시야가 이룬 일이 선포될 때에 공동체들과 개개인들의 삶 속에서 효력을 발휘한다. 따라서 로마서 3장과 4장, 갈라디아서 2장, 빌립보서 3장 같은 곳에서는 성령이 언급되고 있지 않지만, 성령이 묘사되고 있는 다른 본문들을 보면, 바울이 그런 곳들에서도 성령을 전제하고 있다는 것이 분명해진다. 그가 이런저런 경우에 자신의 신학을 압축해서 설명하고자 하였을 때, 비록 다른 사람들로부터 그가 어떤 것들을 빼먹고 쓰고 있다는 비난을 받을 것이라는 압박감이 심하였다고 할지라도, 모든 경우에 거기에서 말해야 할 모든 것들을 처음부터 끝까지 다 쓸 수는 없었으리라는 것은 두말할 필요가 없다.

이것은 "칭의"가 "중생"을 조건으로 하거나 그 결과라는 것을 의미하는가? "중생"은 바울이 칭의를 다루는 그 어느 본문에도 등장하지 않는 용어이기 때문에, 내가 좋아하는 표현 방식이 아니지만, 나는 종종 내가 그런 말을 한다는 비난을 받는다.[505] "중생"은 일차적으로 요한의 개념이다. 따라서 우리는 그런 개념을 바울의 세심한 언어와 범주들에 강제로 덧씌우지 않도록 조심하여야 한다. 물론, 사람들이 우려하는 것은 "칭의"가 어떤 식으로든 "내 안에 있는 어떤 것"(이를테면, "이후의 윤리적 변화"의 단초)을 조건으로 주어진다는 인상을 받는 것이다. 이것은 우리를 가장 초기의 종교개혁과 관련된 논쟁들로 데려다 준다.[506] 그러니까 그들은 자신들은 "칭의"라는 것은 하나님이 오로지 예수의 죽음과 부활에 근거에서 선언하는 것이고, 사람들은 단지 믿음으로 그 선언을 받아들이는 것일 뿐이라고 주장하는 반면에, 우리는 만인구원론(universalism)으로 통하는 길 위에 있는 것으로 보는 것인데, 만인구원론은 일부 진영들에서 아무리 인기가 있다고 할지라도, 극단적인 개혁 신앙을 신봉하는 비평가들에게는 혐오스러운 것일 뿐이다. 또한, 만인구원론은 로마서 2:1-11에 비추어 보아도 말이 되지 않는다.[507] 따라서 우리는 그들이 만인구원론으로 싸잡아 거부하는 것들을 좀 더 세분해서 구별해 볼 필요가 있다.

복음을 통해서 믿음의 최초의 단초를 만들어 내는 성령과, 그 후에 계속해서 역

505) Bird, 2007, 103f., 184를 보라.

506) cf. O' Brien, 2004, 292.

507) Martyn과 de Boer에 의해서 제기된 "귀정"(rectification) 신학에는 다음과 같은 종류의 보편주의가 내재되어 있다: 하나님이 세계를 "바로잡았다면," 명시적인 믿음의 존재 또는 부재는 별로 중요하지 않게 된다.

사하여, 이미 믿은 자로 하여금 로마서 2장과 3장과 8장과 10장에서 설명된 방식을 따라 "율법의 일을 행하게" 하는 성령은 서로 동일하다는 것은 사실이다.[508] 그런 점에서 바울은 빌립보서 1:6에서 "너희 속에서 선한 일을 시작하신 이가 메시야 예수의 날에 그 일을 철저하게 완성할 것" 이라고 역설할 수 있었다. 연속성이 존재한다. 이것에 대해서 바울은 성령이 계속해서 개개인들을 주관한다고 말하였을 것이다. 그러나 핵심은 복음으로 말미암은 성령의 역사를 보여주는 첫 번째 증표는 이후에 전개되는 모든 성령의 역사와는 그 성격이 다르다는 것이다. 그 첫 번째 증표, 예수가 주라고 하는 공공연한 고백, 창조주 하나님이 예수를 죽은 자 가운데서 다시 살렸다는 것을 마음속에서 처음으로 인식하는 것은, 우리가 이미 보았듯이, 자기 자신으로부터 눈을 돌려서, 메시야 안에서 하나님이 행한 역사를 전적으로 믿고 의지하는 것이다. 그렇게 자기 자신을 철저히 부인하고 하나님이 행한 일을 믿고 의지하는 것을, 마치 어떤 사람이 자신의 방으로부터의 전망을 "소유하려고" 하는 것 같이, 하나의 소유물로 변질시켜 버리는 순간, 그러한 믿음은 거짓된 것이 되어 버리고 만다. 하나님으로부터 "의롭다" 는 선언을 받는 근거가 되는 믿음은 자기를 부인하고 한 분 유일하신 하나님이 예수 안에서 행한 일을 전적으로 의지하는 것이다. 그 후에 오는 모든 것들, "성령의 열매" 를 낳기 위한 힘든 도덕적 행위, 육신의 일들을 죽이는 것 등등은, 이렇게 처음에 너무나 뜻밖에 지극히 낮아진 마음으로 복음에 근거해서 성령의 감동을 받아, 십자가에 못 박혔다가 부활한 예수가 주라고 고백하게 되는 것과는, 그 성격이 판이하게 다르다.

이후의 도덕적 행위는 중요하다. 그러나 바울이 말하는 것처럼, "믿음을 근거로 해서" 선언되는 "의롭다 함을 얻고" "죄 사함 받아" "계약의 지체" 가 되었다는 판결(빌 3:9)은 그러한 이후의 도덕적 행위을 조건으로 하는 것이 아니다. 여기에서 우리는 "칭의" 의 의미를 인격적인 갱신이나 심지어 '테오시스'(theōsis, "신화")라는 거기에 수반되는 사실로부터 엄격하게 구별하여야 한다(아래를 보라). "칭의" 는 그런 것들을 가리키는 것이 아니고, 하나님의 최초의 판결이다. 오직 그러한 최초의 판결을 듣고, 그것이 진정으로 무엇을 의미하는지를 이해한 사람만이, 더 나아가 계속해서 당연히 전적으로 성령의 능력 안에서, 바울이 로마서 8장과 갈라디아서 5장을 비롯한 여러 곳들에서 설명하고 있는 것들을 행할 수 있다.[509]

성령의 역사로 말미암아 현재적으로 '디카이오스'(dikaios, "의롭다")라는 판결

508) 아래의 제9장 제7절 (i)을 보라.

이 주어지는 이 최초의 믿음이 지닌 이러한 성격은, 단일한 권속의 지체가 되었고 최후의 심판에서 의롭다는 판결을 받게 될 것이라는 "확신"이 "우리 자신의 외부에" 있는 어떤 것, 즉 메시야 예수의 유일무이하고 두 번 다시 반복될 수 없는 죽음과 부활에 근거하고 있다는 것을 의미한다. 기독교에서 믿음이라는 것은 정확히 바로 그 죽음을 "나를 위한" 것으로 기쁘고 감사하는 마음으로 붙드는 것이다. 어떤 신학에서 '유스티티아 알리에나'(iustitia aliena, "타자의 의"), 즉 "내 자신의 의"와 반대되는 "다른 누군가의 의"를 말함으로써, 의를 실체화하고자 한 시도는, 바울이 빌립보서 3:9에서 말한 것을 자신들의 방식으로 다시 말하고자 한 용감한 시도이다: "토라에 의해서 정의된 내 자신의 '디카이오쉬네'가 아니라 믿음에 주어지는 하나님으로부터 오는 '디카이오쉬네'를 가지고." 그러나 거기에서 치명적인 잘못 — 우리는 성령을 중심으로 선민론을 재구성하는 데 초점을 맞추고 있기 때문에 이 잘못을 피할 수 있다 — 은 바울이 빌립보서 1:6을 비롯한 여러 곳에서 명시적으로 결합시켜 놓은 것들을 분리시켜 버렸다는 것이다. 나는 특히 바울이 "부르심"(일부 신학자들은 "실효적 부르심"이라고 부르는 것)에 대하여 말하는 지점에서 "중생"에 관한 내용이 이 대화 속에 끼어들면서 혼란이 발생하였다고 생각한다.[510] "부르심"의 핵심은 "새로운 종류의 종교적 체험을 누리라는 초대"가 아니라, 부활한 예수를 주로 인정하라는 주권적인 호출이다. 부르심은, 그것이 불러일으키는 "믿음"과 마찬가지로, 부르심을 받은 자 자신에 관한 것이 아니라, 전적으로 예수에 관한 것이다. 바울이 다른 곳에서 그리스도인의 이후의 모든 삶과 행위에 관하여 말하는 것은 그 부르심에 응답한 믿음에 그대로 적용된다: "하지만 이제는 내가 사는 것이 아니라, 내 안에 메시야께서 사시는 것이다"; "내가 한 것이 아니라, 나와 함께 하신 하나님의 은혜로 된 것이다"; "내 안에서 능력으로 역사하는 모든 힘을 가지고 수고한다."[511] 바울이 이런 식으로 말하는 것은 사람들이 종종 그리스도인의 삶을 제로섬 게임으로 이해해서(하나님은 이것을 조금 하고, 나는 저것을 조금해서, 우리는 서로 협동한다) 냉소적으로 말하는 "신인협동설"(synergism)을 지지하고 있는 것이 아니다.[512] 바울 자신이 고린도후서 6:1("우리가 [하나님과 함

509) 이것은 O' Brien, 2004, 292에 대한 대답이다. 그는 믿음을 성령의 역사의 결과로 보는 "순수한 효과"는 "확신의 토대를 훼손하는 것"이 될 것이라고 주장한다. 빌립보서 1:6의 바울은 거기에 동의하지 않을 것이다.

510) 롬 8:29; 갈 1:15 등.

511) 갈 2:20; 고전 15:10; 골 1:29. Cf. 엡 2:8: "이것은 너희의 주도로 일어나는 것이 아니고, 하나님의 선물이다."

512) Bird, 2007, 174는 로마서 5:1과 8:1에 나오는 확신에 관한 진술들은 예수의 역사임을 강조한

께] 일하는 자로서," '쉰에르군테스'[synergountes])에서 "신인협동"이라는 단어를 긍정적인 의미로 사용한다는 사실은 그만두고라도, 우리는 하나님의 생명과 인간의 생명의 합류가 바로 복음이 가져다주는 것임을 강조하여야 한다. 그러나 이것을 제대로 이해하기 위해서는, 우리는 다음 범주로 넘어갈 필요가 있다.

5) 다섯 번째의 기본적인 것은 세심한 주의를 요한다. 우리는 본성의 변화를 주장하는 변성론(transformation)을 어떻게 보아야 하는가? 옛적에 칭의를 놓고 개신교와 가톨릭 간에 벌어진 논쟁들은 흔히 칭의가 개인에 있어서의 본성의 변화에 선행하는 것이냐 아니면 그 이전에 이루어지는 것이냐에 관한 문제에 초점이 맞춰져 있었다. 개신교 진영은 통상적으로 칭의가 그러한 변화에 선행한다고 주장하면서, 칭의는 개인의 어떤 선행적인 행위에 따르는 것이 아니라 인간의 그 어떤 공로도 개입되지 않는 가운데 전적으로 은혜로 이루어지는 행위임을 분명히 하였다. 반면에, 가톨릭 진영은 "칭의"를 본성을 변화시키는 능력으로서의 "은혜"의 주입으로 보았다.[513] 하지만 그러한 논쟁들을 떠나서, 우리가 앞에서 이미 보았듯이, 바울에게 있어서 분명한 것은 다음과 같은 것들이다: (a) 어떤 사람에 대하여 "의롭다"고 선언하는 것을 의미하는 "칭의"는 "믿음에 의거해서"(epi tē pistei – '에피 테 피스테이') 이루어진다(빌 3:9); (b) 여기에서 "믿음"은 구체적으로 한 분 유일하신 하나님이 예수를 죽은 자 가운데서 다시 살렸고, 따라서 예수는 메시야이자 주라는 것을 믿는 것이다(롬 10:9-10); (c) 이 믿음은 복음으로 말미암아 성령의 역사를 통해서 생겨난다(롬 10:13-15); (d) 성령의 역사는 신자로 하여금 "아바, 아버지"라고 부르짖게 함으로써 양자가 되었음을 보여주는 최초의 결과를 낳는다(롬 8:15; 갈 4:6). 분명한 것은 이 그림에서 성령의 역사를 생략해 버리고 단순화시켜 버리고자 하는 그 어떤 시도도 통하지 않다는 것이다 — 그러한 생략이 서구 신학에서 아무리 "정상적인" 것이 되어 왔다고 할지라도.

바울에 의하면, 이 동일한 성령은 거기에서 그치지 않고 사람들에게 최종적인 부활을 가져다주고(롬 8:9-11), 바로 그 부활을 말하는 동일한 본문에서 "메시야의 영" 또는 심지어 "메시야" 자신으로 지칭된다.[514] 또한, 이 동일한 본문은 이 메시야

다. 그것은 맞는 말이기는 하지만, 이 두 본문은 성령의 역사로 설명한다 — 후자의 경우에는 특히 길게.

513) 이러한 대화를 최근까지 협조적으로 이어가고 있는 것 — 그러나 내 생각으로는 설득력이 없다 — 에 대해서는 Reumann, Fitzmyer and Quinn, 1982를 보라; 그리고 Lane, 2006의 의미심장한 논문을 보라. 물론, 여기에서 문제점 중의 일부는 "은혜"라는 단어가 쉽게 오해되고 있다는 것이다: 바울에게 있어서 이 단어는 한 분 유일하신 하나님의 지극히 인자하고 은혜로운 행위를 간략하게 말하는 방식이었지만, 사람들은 이 단어가 영적인 또는 초자연적인 모종의 실체를 가리킨다고 잘못 생각하기가 쉽다. Bird, 2007, 67 n. 33이 "의"의 "전가"와 "주입" 간의 잘못된 대비를 꼬집고 있는 것은 우리에게 도움

의 영의 내주는 모든 그리스도인들의 경험에서 기본적인 것임을 강조한다: "메시야의 영이 없는 사람은 메시야에게 속해 있는 것이 아니다"(8:9b). 이것은 갈라디아서 2:20에 나오는 저 유명한 진술과 동일한 맥락 속에 있다: "이제는 내가 사는 것이 아니라, 내 안에 메시야께서 사시는 것이다." 이 모든 것을 종합해 볼 때에 분명한 것은 바울에게 있어서 성령의 역사는 모든 그리스도인들의 실존에 기본적인 것이었고, 성령은 양자가 된 자녀로 하여금 한 분 유일하신 하나님을 "아바"라고 부르게 하고, 십자가에 못 박힌 메시야의 부활을 믿는 '피스티스'(pistis)를 갖도록 역사하며, "의롭다"(dikaios – '디카이오스')는 선언은 "메시야 안에" 있을 뿐만 아니라 메시야의 영이 내주하는 자들에 대하여 메시야 자신에 의해서 수여된다는 것이다. 바울이 성령에 관하여 말하는 그 밖의 다른 모든 것, 특히 로마서 8장의 여러 본문들에서 말하고 있는 것들은 바울이 메시야의 백성에게 꼭 있어야 한다고 말한 근본적으로 변화된 삶을 낳는 것도 바로 그 동일한 성령이라는 것을 우리에게 한 점의 의심도 없이 보여준다. 그리고 이 모든 것은 우리가 로마서 9장에서 본 것, 즉 메시야와 성령은 바울에게 이스라엘의 한 분 하나님과 관련된 새로운 의미를 제공해 주었다는 것에 의해서 잘 설명된다는 것은 두말할 필요가 없다. 이렇게 여럿을 하나로 통합해서 이제 막 생겨난 삼위일체론적 유일신론은 이 여럿을 하나로 통합하고 있는 바울의 구원론의 토대가 되고 있다.

여기서 어떤 사람들은 그렇기 때문에 "칭의"라는 단어는 실제로 성령의 내주로 인한 내적인 변화를 가리킨다고 주장해 왔다.[515] 내가 그러한 주장을 거부하는 것은 나에 대한 개신교의 신임장을 유지하기 위하여 무의식으로 튀어나온 태도가 결코 아니다. 그런 신임장은 오래 전에 이미 내게서 거두어졌다. 그들이 그렇게 한 것이 과연 옳은 일이었는지는 아마도 마지막 날에는 밝혀지게 될 것이다.[516] 내가 "칭의"를 성령에 의한 내적 변화와 동일시하고자 하는 주장을 거부하는 이유는 그런 주장은 칭의라는 단어 자체가 의미하는 것이나 맥락상으로 칭의가 의미하는 것과 다르기 때문이다. "칭의"는 하나님의 선언을 가리킨다. "의롭다"는 이 판결은 메시야의 죽음을 토대로 한 전적인 은혜의 행위로 선언된다.[517] 이러한 선언이 주어진

이 된다.

514) Gorman, 2009, 4가 여기에서 "서로 쉽게 바꾸어 쓸 수 있다"고 말한 것은 오도할 소지가 있다; 이 본문은 복잡하지만, 바울의 언어는 내내 정확하다.

515) Gorman, 2009, 2, 40, 44. 이상하게도, 동시에 Gorman은 아브라함의 위치, 또는 유대인과 이방인이 하나가 될 것에 대한 바울의 강조 등과 같은 칭의의 그 밖의 다른 핵심적인 차원들도 빠뜨리고 있는 것으로 보인다(예컨대, 53).

516) 나는 고린도전서 4:5도 상기시키고 싶다.

사람들은 예수에 관한 복음 메시지를 믿는 자들이고, 이 믿음은 성령의 역사를 보여주는 최초의 증표이다. 이것이 바울이, 마치 로마서 5-8장의 논증 전체를 요약이라도 하려는 듯이, "너희 속에서 선한 일을 시작하신 이가 메시야 예수의 날에 그 일을 철저하게 완성할 것"(빌 1:6)이라고 선언하는 이유이다. 이것은 핵심적인 구별을 제공해 준다. "칭의"는 인간 속에서의 그 어떤 변화를 토대로 선언되는 것도 아니고, 어떤 사람으로 하여금 한 분 유일하신 하나님을 "아바"라고 부르고 부활한 예수를 믿게 하는 성령의 역사의 최초의 시작을 가리키는 것도 아니다. 칭의는 계약의 하나님의 주권적인 선언을 가리킨다.

또한, "의롭다"는 형용사와 "의"라는 추상명사도 믿음을 낳는 마음의 최초의 변화의 날갯짓을 가리키는 것이 아니고, 신자가 하나님의 선언을 토대로 해서 그 순간 이후로 갖게 되는 "지위," 즉 죄 사함을 받고서 계약의 하나님의 단일한 백성의 온전한 지체가 된 것을 가리킨다. 바울이 로마서 5-8장 전체에 걸쳐서, 각 개인의 삶 전체에 대하여 장차 내려질 판결(롬 2:1-16; 8:1, 31-39)은 오로지 '피스티스'에 의거해서 내려지는 현재적인 판결(3:21-4:25)과 일치할 것이라고 논증할 수 있는 것은, 성령의 그러한 역사 덕분이다. 이것은 5-8장을 미리 요약해서 제시하고 있는 5:1-5의 요지이다. 이렇게 성령의 역사도 결정적으로 중요하고, 메시야 자신의 내주에 의한 내적 변화도 결정적으로 중요하지만, 이 둘 중 어떤 것도 "칭의"가 의미하는 것이 아니고, "의"라는 단어가 가리키는 것도 아니다.[518)]

만일 사람들이 그동안에 로마서 2:25-29에 좀 더 주의를 기울였더라면, 이러한 복잡하고 미묘하며 다소 괴롭기까지 한 논의는 필요하지 않았을 지도 모른다. 거기에서 바울은 로마서의 실제적인 논증 내에서 갱신된 계약의 백성에 속한다는 것

517) Seifrid, 2004, 149는 이 점을 오해해서, 내가 칭의를 "인간의 특질에 대한 선언으로 해석하고" 있다고 비난한다. 또한, 그는 동일한 대목에서 John Piper가 "종교개혁의 틀 밖에 서서"(149), "거의 트렌트 공의회의 견해에 가까운" 것을 주장하고 있다고 비난한다. 독자들이 스스로 판단해 보라. 아니, 고린도전서 4장에 비추어서, 아예 판단하지 않기를 바란다.

518) Schreiner, 2001, 192는 어떻게 해서 자기가 이전에 "의"는 법정적으로도 변성론적으로도 설명될 수 있다고 생각했고, 어떻게 해서 그러한 견해로부터 빠져나올 수 있었는지를 설명한다. 불행히도, 그러한 변화는 그를 "법정적인" 의미를 훼손하기는커녕 도리어 더 부각시켜줄 계약적 의미를 받아들이게 이끌지는 못하였다. Gorman, 2009, 54f.가 "사법적 표상은 좀 더 넓은 계약적이고, 관계적이며, 참여적이고, 변성론적인 틀" 내에서 이해되어야 한다"고 말한 것은 옳다(거기에 "묵시론적이고 구원사적인" 틀이 추가되었다면, 이 설명은 더욱 온전해졌을 것이다); 그러나 어떤 것을 하나의 틀 내에서 이해한다는 것은 그 단어의 의미 자체를 이해하는 것과 동일한 것은 아니다. 내 시계의 초침이나 분침은 시계라는 기제 전체와 내가 시간을 알아야 할 필요성이라는 틀 내에서 이해되어야 하지만, 초침이나 분침이 시계추, 또는 나의 매일의 일정과 동일한 것은 아니다.

이 무엇인지를 이미 개략적으로 서술하면서(우리가 현재에 있어서의 칭의를 공식적으로 설명하는 3:21-31에 가까이 가기 훨씬 전에), 신명기가 말하였던 마음의 할례를 거론하며, 이렇게 마음의 할례만 받는다면, 그 사람이 할례 받은 유대인이든 아니든, 누구라도 새로운 형태로 "율법을 지킬" 수 있게 된다고 말한다.

로마서 2:25-29에서 바울은 다음과 같은 질문을 던지며 감질나게 도발한다: 이렇게 "율법을 지키는 것"은 무엇으로 이루어지는가? 그리고 이 질문에 대한 대답은 로마서 10장에 가서야 비로소 최종적으로 분명해진다: 그것은 예수를 주라고 고백하고, 한 분 유일하신 하나님이 그를 죽은 자 가운데서 다시 살렸다는 것을 믿는 것으로 이루어진다. 그러나 우리는 바울로 하여금 자기식의 표현, 특히 그가 의도적으로 역설적인 방식으로 정형화시킨 표현을 말하게 하여야 한다. 그가 사람들이 메시야 안에서 은혜를 통해서(3:24) '피스티스'로 말미암아(3:25) 의롭다 함을 얻는다고 말하고 난 후에, 계속해서 '노모스 피스테오스'(nomos pisteōs, "믿음의 율법," 3:27)에 대하여 말할 때, 이미 2:25-29을 읽은 사람들은 그가 무엇을 말하고 있는지를 포착할 것임에 틀림없고, 10:1-13에 이르러서는 "이것이 그가 말하고자 했던 모든 것이구나"라고 생각하며, 고개를 끄덕이고 수긍하게 될 것이 틀림없다. 일단 여러 교회 전통들의 다중적인 잘못된 이해들을 한 켠으로 제쳐놓기만 한다면, 바울이 말하는 것은 그리 불분명하지 않다. 그는 한 곳에서 암호 같이 말하고 있는 것을 나중에 가서 좀 더 자세하게 설명하는 것이 보통이다.[519)]

내가 단호하게 말하고자 하는 것은 "본성의 변화"는 "계약의 지체로서의 지위"와 "구원"에 관한 바울의 온전한 그림의 일부라는 것이다. 메시야의 영의 내주는 모든 그리스도인의 실존에서 부차적이거나 부수적인 요소가 아니라 기본적인 요소이지만, 복음의 선포 안에서 및 그 선포를 통한 성령의 강력한 역사는 "칭의"와 동일한 것이 아니다. "칭의"는 한 분 유일하신 하나님이 예수의 죽음을 토대로, "이 사람은 진정으로 죄 사함 받은 나의 양자, 아브라함과 맺은 계약에 따른 권속의 지체이다"라고 선언하는 것이다. 그리고 현재적인 이러한 선언은 마찬가지로 "양자됨"(물론, 이 모든 것은 출애굽 때에 이스라엘이 "하나님의 아들"로 "입양된" 것을 반영한 언어이다[520)])으로 설명될 수 있는 최종적인 판결을 정확히 반영한 것이다: "성령의 생명의 첫 열매들을 가지고 있는 우리는 속으로 신음하며, 양자될 것, 곧 우리 몸의 속량을 고대하고 있다"(롬 8:23). 당신이 칭의를 어떤 식으로 바라보든, 그리고 당신

519) 바울의 율법관에 대해서 자세한 것은 아래의 제10장 제4절 3) (10)를 보라.
520) 출 4:22.

이 칭의 옆에 바울의 그 어떤 맥락을 갖다붙이든, 궁극적인 미래가 현재 속으로 들어오게 되었고, 이 둘은 성령에 의해서 서로 결합되어 있다는 칭의의 성격은 결코 변하지 않는다.

그렇다면, '오르도 살루티스'(ordo salutis), 즉 "구원 과정에서의 사건들의 순서"에 관한 가설에는 어떤 일이 벌어진 것인가? 이미 앞에서 말했듯이, "구원의 순서"는 로마서 8:28-30에 나오는 부분적인 요약이 그러한 방향을 가리키고 있기는 하지만, 바울이 직접적으로 말하고 있는 것은 아니고, 그의 여러 가지 진술들로부터 단일한 도식을 구축하고자 한 후대의 시도들의 결과이다. 그러나 나는 그의 대답은 꽤 분명하다고 생각한다. 물론, 우리는 사랑에 빠지는 순간을 정신분석학자나 생리학자가 여러 개로 세분하는 단계들로 나누어 설명할 수 있지만, 대부분의 사람들이 사랑에 빠질 때에 실제로 그런 단계들을 경험한다고 느끼지 못할 가능성이 높은 것과 마찬가지로, 신학자들에게는 서로 구별되는 연속적인 "순간들"로 구성되어 있는 것으로 보이는 일이, 새롭게 회심한 사람이나 복음을 전하고 있는 전도자에게는, 그 모든 것들이 하나로 뒤엉켜 있는 것으로 보일 가능성이 높다는 것을 기억하여야 한다. 그러나 우리는 비록 그 단계들이 현실처럼 흥미진진해 보이지 않는다고 할지라도, 적어도 그런 시도를 해볼 수는 있다.

첫 번째는 성령이 복음의 선포를 통해서 역사하는 단계이다.[521] 인간의 마음에 대한 성령의 이 강력한 역사는 바울이 "부르심"이라고 명명한 바로 그것이다. 두 번째는 개인이 그 "부르심"에 응답하여, "예수가 주시라는 것을 입으로 고백하고, 하나님이 그를 죽은 자 가운데서 살리셨다는 것을 마음으로 믿는" 단계이다. 이것은 아브라함이 가졌던 것과 같은 그런 믿음이다. 세 번째는 이 믿음으로 인해서 한 분 유일하신 하나님이, 계약상으로 그 사람이 권속의 지체라고 선언하고, 법적으로는 그 사람이 "의롭고" 죄 사함을 받았다고 선언하는 단계이다. 당연히 둘이 아니라 하나인 이러한 "선언들"을 가리키는 단어가 "칭의"이고, 이러한 선언들로부터 생겨난 현재적이고 양도될 수 없는 신분이 "의"이다. 이 신분이 최종적인 구원에 대한 확신 및 단일한 권속의 지체가 되었다는 확신을 위한 토대이다. 그리고 이 단일한 권속은 로마서 5:17에 의하면 장차 주권적인 하나님과 함께 세계를 다스리게 될 자들의 무리이다. "그는 부르신 자들을 또한 의롭다고 하셨고, 의롭다고 하

521) 물론, 바울은 이 "첫 번째" 항목 배후에서 하나님의 미리 아심과 계획이라는 아주 오래된 히브리적 개념으로 거슬러 올라가지만(롬 8:28f.), 자기가 그러한 것들을 어떻게 이해하는지는 결코 설명하지 않는다.

신 자들을 또한 영화롭게 하셨다"(롬 8:30).

이러한 일련의 단계를 다른 시각에서 바라보면, 우리는 이 모든 것이 메시야를 통해서와 메시야 안에서, 그리고 메시야를 위해서 일어난다는 것을 알게 된다: "하나님은 미리 아신 자들을 또한 자기 아들의 본을 따르는 자들이 되게 하기 위하여 미리 정하셨으니, 이는 그로 하여금 큰 권속 중에서 장자가 되게 하기 위한 것이었다"(8:29). 이것이 다른 무엇보다도 로마서 8장에서 말하고 있는 것처럼, 최초의 칭의와 최종적인 판결 간의 중간 상태가, 신자들이 그들을 대신하여 "신음하며" 기도해 주는 것을 비롯한 변화시키는 성령의 역사를 통해서, 거룩함과 고난의 십자가를 짊어지고 메시야를 본받아 살아가는 삶인 이유이다(8:26-27). 이러한 좀 더 큰 주제들은 바울이 "현재적인 칭의"를 통해서 말하고자 하는 것의 맥락과 배경을 이루는 것이기는 하지만, 그것들 중 어떤 것도 칭의와 동일한 것은 아니다. 칭의는 "의롭게 되고" "양자가 된" 새로운 신분을 만들어 내는 하나님의 선언이고, 이 선언으로 인해서 신자는 그리스도인으로서 순례길을 나설 수 있게 된다. 칭의는 모든 단계에서 메시야의 유일무이한 단번의 결정적인 역사를 전적으로 전제하고, 모든 단계에서 성령의 역사를 전적으로 필요로 한다. 이것이 재정의된 선민론의 맥동하는 심장부이다.

6) 믿음을 근거로 해서 내려지는 하나님의 선언 — 법정적 관점에서는 "의롭다"는 선언이자 계약의 권속이라는 관점에서는 "양자됨"의 선언 — 은 전통적인 장벽들을 뛰어넘어 이루어지는 "메시야 안에서의" 연합의 토대이다. 달리 말하면, 한 분 유일하신 하나님에 의해 내려지는 "의롭다"는 선언은 필연적으로, 그런 선언을 받은 모든 자들이 메시야의 백성, 로마서 2:29의 "이면적 유대인," 빌립보서 3:3의 "할례파"라는 선언이라는 것이다.

여기에서 현재의 논쟁에서 중요한 것은, 바울에게 있어서 "이면적 유대인" 또는 "할례파"는 기본적으로 메시야 자신을 가리키고, 오직 부차적으로만 메시야에게 속한 자들을 가리킨다는 것을 상기할 때, 이 점은 더욱 분명해진다는 것이다. 그러나 율법의 행위들이 아니라 메시야를 믿는 믿음을 근거로 해서 칭의가 주어진다는 것은 이제 분명하다. "경건하지 않은 자들을 의롭다고 하는" 이 칭의로 인해서, 모든 민족으로부터 큰 무리들이 이 단일한 메시야의 권속 안으로 들어오게 된다. 칭의를 통해서 주어지는 "의롭다"(dikaios – '디카이오스')는 판결은 메시야의 사람들은 전 세계적인 단일한 권속이라고 선언하는 것이다. 우리는 이것을 다음과 같이 한 층 더 강력하게 표현할 수도 있을 것이다: 하나님이 메시야의 죽음을 토대로 "모든 신자들의 유익을 위하여" "의롭다"고 선언하는 이유는, 도덕적이거나 민족적인 출신배경과는 상관없이, 계약의 하나님이 아브라함에게 약속하였던 전 세계적인 단일한 권속을 만들어 내기 위한 것이다. 이것이 유대인과 이방인이 "메시야 안에서" 서로 결합되어 있는 방식이고, 메시야의 백성이 온 세계에서 그의 역사, 그리고 그의 통치(5:17)에 참여하는 방식이다. 그들은 하나의 목적을 위하여 "구원받고," 현재적으로 "의롭다 함을 얻은" 것이기 때문에, 자신들이 "하나의 목적을 위해 구원 받은 권속"의 일부라는 것을 확신할 수 있다.

우리는 여기에서 칭의의 "계약적" 의미가 미래의 판결을 현재 속으로 미리 가져오는 "법정적" 틀 내에서 단언되고 있는 것을 본다. 달리 말하면, 위의 세 번째 단계(계약적 의미)는 네 번째 단계(법정적 의미)라는 동전의 이면임이 드러난다는 것이다. 우리는 "어떻게 사람들이 죄와 최후의 심판으로부터 구원을 받느냐" 하는 관점에서, 메시야 안에서의 아브라함과의 계약의 성취는 미래적이고 현재적인 법정적 판결이 내려지는 방식이라고 말할 수 있다. 하지만 처음에는 갈라디아서, 다음으로는 로마서에서 바울의 실제적인 논증들이라는 관점에서 보면, 우리는 이것이 정반대의 순서로 작동하고 있다는 것을 곧 알게 된다. 이 두 서신에서 바울의 논증들의 근저에 있는 핵심은 계약적인 것, 즉 어떻게 유대인들과 이방인들이 메시야 안에서 단일한 권속을 이루게 되는지에 관한 것이다. 그리고 그런 일이 일어나기 위해서는, "정죄"의 판결은 이미 "의롭다"는 판결로 대체되어 있어야 한다. 이것을 조금 단순화시켜서 다른 식으로 표현한다면, 이런 것이다. 우리가 "어떻게 내가 은혜로우신 하나님을 발견할 수 있는가"라는 16세기의 "법정적" 질문을 제기한다면, 그 대답은 "메시야와 성령이 계약에 따라 행하기 때문"이라는 것이다. 그러나 우리가 바울이 던진 것과 동일하게, "믿는 유대인들과 이방인들이 어떻게 메시야 안에서 한 몸을 이룰 수 있는가"라고 질문한다면, 그 대답은 "메시야의 신실하심으로 말미암아 모든 믿는 자들의 유익을 위하여, 하나님이 복음을 믿는 모든 자들을 '의롭다'(dikaioi – '디카이오이')고 선언하심으로써, '정죄함이 없다'는 장래의 판결이 현재 속으로 들어왔기 때문"이라는 것이다. 이것이 계약적 종말론과 법정적 종말론이 조화를 이루고 있는 바울의 개시된 종말론이다.

세계의 분열된 민족들 대신에 단일한 권속의 창설 — 이 바리새인에게는 유대인/이방인으로 나뉘어 있는 것이 세계의 가장 분명한 분열이었다 — 은 사실 바울이 엉망진창이 된 갈라디아 교인들에게 전하고 싶었던 중심적인 메시지였고, 그가 로마에 있는 교회에게 말하고자 하였던 것의 출발점이었으며, 바울이 빌립보서 3장에서 말하고자 한 것을 위한 도약대로 사용할 수 있었던 것이었다. 그리고 그러한 권속을 만들어 낼 수 있는 유일한 것은 "칭의," 즉 메시야를 믿는 믿음을 토대로 한 하나님의 "의롭다"는 선언이었다. 일단 우리가 처음 다섯 가지의 예비적인 단계들을 통과해 왔다면, 우리는 이 여섯 번째 단계야말로 그 모든 것들이 내내 지향해 왔던 것임을 깨닫게 될 것이 틀림없다. 메시야를 믿는 믿음을 토대로 "의롭다"고 선언을 받거나 여김을 받은 자들은 한 분 유일하신 하나님이 아브라함에 준 단일한 계약 권속을 이룬다. 로마서 2:17에 나오는 "유대인"의 소명은 메시야에게 맡겨졌다.

메시야 백성의 공동체는 이스라엘의 율법 및 그 율법이 요구하는 "행위들"에 의거해서 정의될 수 없다. 우리가 갈라디아서 2:16-18에서 보는 것처럼, 그렇게 될 수 없는 두 가지 이유는 서로 결합되어 있다. 하나는 "율법 안에" 있는 모든 사람이 율법을 범하였다는 것이고, 다른 하나는 이스라엘의 율법이 인류를 둘로 양분하였다는 것이다. 하나님의 은혜로 말미암은 새로운 역사에 의한 불경건한 자들에 대한 칭의는 단지 죄인들의 죄를 사하기 위한 하나님의 수단인 것만이 아니라, 동일한 이유로, 그리고 동일한 역사의 일부로서 단일한 아브라함 권속을 만들어 내기 위한 하나님의 수단이기도 하다. 사실, 계약에 의한 선언은 법정적 판결 덕분에 이루어질 수 있다. 즉, 한 분 유일하신 하나님이 "불경건한 자들을 의롭다고 선언하기" 때문에, 그들이 단일한 권속이 될 수 있다는 것이다. 한 분 유일하신 하나님이 이렇게 하였다는 사실은 바울이 예수의 복음을 이 한 분 유일하신 하나님이 "신실하시다"는 것을 선포하는 것으로 볼 수 있었던 주된 이유이다. 이 점에서 우리는 "하나님의 의" 자체는 단지 법정적인 것일 뿐만 아니라 계약적인 것이고, 이것들은 둘이 아니라 하나라는 것을 깨닫게 된다. 그리고 여기에서 우리는 마침내 역사적이고 교회적인 맥락 내에서 바울의 칭의론이 지니는 온전한 의미를 이해하게 된다. 그것은 주변적인 것이 아니라 중심적인 것이었고, 변증적인 것이기는 하였지만, 단지 변증적인 것만은 아니었다.[522]

따라서 이 여섯 번째 단계는 이 도식 전체와 더불어서 개시된 종말론에 대한 강조를 공유한다. 바울은 전체가 연합하여 한 분 유일하신 하나님을 예배하는 단일한 공동체에 관한 비전을 로마 교회 앞에 제시한다(15:7-13). 이것이 궁극적인 목표이고, 이 목표는 복음을 믿는 모든 자들이 다 동등하게 아브라함의 권속의 지체라는 하나님의 선언에 의해서 현재 속에서 이루어져 가고 있다. 내세의 생명이 신자들의 인격과 행실 속에서 미리 나타나야 하는 것과 마찬가지로,[523] 교회 전체의 현재적인 삶은 이미 그들에게 선언된 "의롭다"(dikaioi – '디카이오이')는 현재적인 판

522) Bird, 2007, 30이 나의 견해를 Wrede, Schweitzer 등과 한 묶음으로 처리해 버린 것은 잘못이다; Schreiner, 2001, 192-4도 보라.

523) 예컨대, 롬 6:1-14; 12:1-2; 13:11-14; 살전 5:1-11.

결을 토대로 한 궁극적인 연합에 선취적으로 참여하여야 한다. 믿는 유대인들과 믿는 이방인들은 이미 하나님이 인정하는 '디카이오쉬네'(dikaiosynē, "의")를 지니고 있기 때문에, 그들의 현재적인 '코이노니아'(koinōnia, "교제")는 그러한 사실을 반영하는 것이어야 한다. 이것이 갈라디아서 전체의 요지이고, 로마서 내에서는 14:1-15:13의 구체적인 논지이다. 장래의 판결이 현재 속으로 이미 들어와서, 메시야와 성령을 중심으로 선민론을 재정의하였다. 복음의 이러한 역사에 붙잡힌 자들은, 성령에 의해서 생겨난 메시야를 믿는 믿음이 그 지체 됨을 증명해 주는 유일한 증표인 단일한 권속으로서 현재적으로 살아가야 한다.

7) 이제 일곱 번째 단계만이 남아 있는데, 이것은 로마서와 고린도전서, 갈라디아서와 골로새서를 아는 사람들에게는 그렇지 않겠지만, 그렇지 않은 사람들에게는 의외의 것으로 다가올 수 있다. 신자들이 마지막 날에 있을 실제적인 사건(부활)을 미리 현재적으로 겪는 실제적인 사건은 "세례"이다.[524]

세례는 칭의가 말하고 있는 것을 외적이고 가시적으로 구현하는 행위이다(성례전에 관한 교과서들이 말하고 있듯이). 칭의는 한 분 유일하신 하나님에 의한 선언이고, 세례는 그 하나님의 말씀을 유형화시키고 가시화시킨다. 칭의와 마찬가지로, 세례는 하나님의 단일한 구원 역사의 근거이자 수단이었던 예수의 죽음과 부활을 생생하게 가리킨다. 칭의와 마찬가지로, 세례는, 온 교회로 하여금 이제 새로운 신자들을 통합하여, 예수가 주라고 고백하고, 한 분 유일하신 하나님이 그를 죽은 자가운데서 다시 살렸다고 단언하며, 그들 자신을 구원을 위하여 그가 이룬 일들을 전적으로 의지하고서 그 주권 아래에서 살아가는 데 헌신하게 하는 성령의 역사와 떼려야 뗄 수 없게 연결되어 있다.[525] 칭의와 마찬가지로, 세례는 온갖 출신배경을 지닌 사람들을 단일한 권속 — 이렇게 합체가 된 이 권속의 이름은 '크리스토스'(Christos)이다 — 이 되게 하고, 그들의 공동생활을 위한 토대를 제공해 준다.[526] 칭의와 관련해서 계약의 하나님은 모든 믿는 자를 "의로운" 것으로 "여기는" 반면에, 세례와 관련해서 바울은 로마 교인들에게, 메시야에게 해당되는 것들 — 구체적으로 말하자면, 그가 죄에 대하여 죽고 한 분 유일하신 하나님에 대하여 살게 된 것 — 이 그대로 그들에게도 해당된다고 "여기라"고 말한다.[527] 칭의는 순전

524) Schnelle, 2005 [2003], 465를 보라. 세례에 대해서는 위의 제6장 제3절 (iv); 그리고 Wright, 2002 [*Romans*], 533-6을 보라.

525) 고전 12:1-3, 12-13.

526) 갈 3:26-9의 맥락 속에서 3:27.

527) 롬 6:11과 4:3-5, 10f., 23f.; cf. 갈 2:19f.

히 값없이 주어지는 선물로서 "의"라는 새로운 신분을 주어서, 그리스도인이 앞으로 덕을 세워나가는 삶을 살아나갈 수 있는 확고한 발판을 마련해 준다고 한다면, 세례는 온 교회와 새로운 신자들에게 그들이 부활의 토대 위에 서 있다는 것을 알게 해주고 일깨워 준다. 칭의는 미래의 판결을 현재 속으로 가져다준다고 한다면, 세례는 미래의 부활을 현재 속으로 가져다준다 — 그리고 미래의 "판결"은 미래의 부활의 "법정적"차원이라는 것은 두말할 필요가 없다.[528] 우리가 제대로 이해하기만 한다면, 이 둘은 그리스도인의 삶 전체가 "메시야 안에" 있고, 그의 죽음과 부활에 뿌리를 두고 있으며, 성령의 역사 아래 있다는 것을 우리에게 확실히 알게 해준다. 이 둘은 동일한 문제에 걸려 있다. 즉, 칭의의 "객관성"과 "외인성"(extra nos)이 지나치게 강조되면, 실제의 도덕적인 삶은 말할 것도 없고 실제적인 믿음이 소홀해지게 될 수 있고, 세례의 효력의 "객관성"이 지나치게 되면, 마찬가지로 그리스도인의 실제적인 의무들에 대한 인식이 소홀해질 수 있다는 것이다. 바울은 첫 번째 문제에 대해서는 로마서 6장에서 다루고, 두 번째 문제는 고린도전서 10장에서 다룬다.

석의적인 관점에서 볼 때, 로마서 6장은 로마서 3장 및 4장과 밀접하게 연결되어 있는데, 갈라디아서 3장에서 이 동일한 주제들이 함께 다루어지고 있다는 사실이 이 점을 잘 보여준다. 다시 한 번 말해 두지만, 로마서 6-8장의 논증은 1-4장의 논증과 다른 종류의 구원론적 사고를 제시하고 있는 것이 아니고, 일련의 복잡하기는 하지만 단일한 사고의 흐름 중 일부이다. 세례는 이신칭의를 공적으로 보여주는 예식이고, 출애굽 사건들을 적극적이고 가시적으로 불러내는 예식인데, 이 출애굽 사건들은 예수의 죽음과 부활, 그리고 믿음을 가지고 단호하게 애굽을 뒤로 하고 떠나서 성령의 인도함을 받아 자신들의 유업을 향하여 나아가는 출애굽 백성들로 이루어진 믿음의 공동체 속에 새롭게 각인되었다. 칭의와 마찬가지로, 세례는 그리스도인의 믿음과 삶에서 강조되는 "이제"와 "아직"을 부각시키는 가운데, 이 둘을 적절한 균형 속에서 유지시킨다. 여기 로마서 6장에는 바울이 말하는 진정한 "전가"가 등장한다: "너희 자신을 죄에 대하여는 죽은 것으로, 메시야 예수 안에서

528) "현재적인 부활"은 오직 에베소서와 골로새서에서만 발견된다는 이전의 견해에도 불구하고, 그것은 로마서 6장에서 아주 분명하게 나타난다; "너희는 너희 자신을 하나님에 대하여 살아 있는 것으로 여겨야 한다"(6:11). 이것은 사실이 아닌 것을 사실로 상상하라고 하는 것이 아니다. 도리어, 이것은 (a) 6:5, 8의 직접적인 의미이고, (b) 6:12-14에 대한 필수적인 전주곡이다: 세례 받은 자들은 "죽은 자 가운데서 살아난 자들로서"(hōsei ek nekrōn zōntas - '호세이 에크 네크론 존타스') 하나님께 순복하여야 한다. 어떤 의미에서 그들이 이미 부활한 것이 아니라면, 이것은 단지 허구일 뿐이다. 자세한 것은 Catchpole, 2004; Gorman, 2009, 74-6; 그리고 Wright, 2002 [*Romans*], 538; 2003 [*RSG*], 251-4를 보라.

하나님에 대하여는 살아 있는 것으로 여기라."[529] 바울은 갈라디아서 2장에서는 세례를 언급하지 않지만, 로마서 6장을 아는 사람들은 어렵지 않게 갈라디아서 2:19-20에서 세례의 울림들을 감지할 수 있다. 우리는 앞에서 이미 그 본문을 여러 번 인용한 바 있지만, 여기에서 다시 한 번 인용하고자 한다:

> 나는 율법으로 말미암아 율법에 대하여 죽었으니, 이는 내가 하나님에 대하여 살기 위한 것이다. 나는 메시야와 함께 십자가에 못 박혔다. 하지만 나는 살아 있다. 그러나 이제는 내가 살아 있는 것이 아니라, 내 안에서 메시야께서 사시는 것이다. 그리고 내가 여전히 육체 가운데서 살아가는 것은 나를 사랑하셔서 나를 위해 자기 자신을 주신 하나님의 아들의 신실하심 안에서 살아가는 것이다.

이것은 "칭의"가 둥지를 틀고 있는 좀 더 큰 현실에 관한 진술이다. 이 모든 것들은 어떤 사람이 "그리스도인이 될" 때에 일어나게 되어 있고, 또한 실제로 일어난다. "칭의"는, 이제 "메시야 안에서" 발견되어 메시야의 죽음과 부활이 자신들의 것으로 "여겨지게" 된 사람들이 계약의 하나님에 의해서 아브라함에게 약속된 죄 사함 받은 단일한 권속이라는 선언이다. 그리고 세례는 그러한 선언을 가시적이고 구체적이며 상징적인 실천으로 전환시키는 행위이다. 따라서 예수를 십자가에 못 박혔다가 다시 살아난 주로 고백하는 예식 속에서 세례를 받은 자들은 개시된 종말이 실제로 그들 속에서 실현되어 살아 움직이는 작은 모형들이다. 또한, 바울은 하나님이 그들을 그 동일한 개시된 종말을 세계 속에 실현하는 주체들로 사용하고 있다고 생각하였다. 그러나 이것은 우리가 나중에 살펴보게 될 주제이다.

작은 모형들이라는 말이 나온 김에 하는 말이지만, 우리는 이제 내가 "칭의"에 관한 바울의 가르침에 대하여 말하고자 한 모든 것들을 다 담은 일곱 가지 단계로 이루어진 모형을 완성하였다. 따라서 이 모형이 구체적인 맥락들 속에서 어떤 식으로 작동하는지를 알아보기 위하여 관련 본문들을 살펴볼 때가 거의 된 것 같다.

하지만 그러한 본문들을 살펴보는 일에 본격적으로 뛰어들기 전에, 우리가 지금 어느 지점까지 도달해 있는지를 잠깐 점검해 볼 필요가 있다.

칭의라는 개념은 제2성전 시대의 선민론에서 기껏해야 주변적인 것이었다. (예컨대, 쿰란 공동체나 솔로몬의 시편 등과 같은) 서로 다른 분파들이 그들 자신을 어떤 의미에서 참된 남은 자들, 진정한 "이스라엘"이라고 생각하기 시작하였을 때

529) 롬 6:11.

를 제외하고는, 칭의라는 개념 자체가 필요하지 않았다.[530] 앞에서 이미 보았듯이, 바울에게 있어서 칭의는 변증적인 것일 수밖에 없없다는 사실에도 불구하고(아니, 그런 사실로 인해서) 중심적인 개념으로 떠올랐다. 이러한 고찰은 우리로 하여금 선민론에 대한 이러한 재정의가 우리가 앞 장에서 살펴본 유일신론에 대한 재정의와 매우 밀접한 병행을 이루고 있다는 것을 알 수 있게 해준다. 앞에서 이미 보았듯이, 바울에게 있어서, 주후 1세기의 한 바리새인의 특징이었던 창조와 계약의 유일신론은 메시야와 성령을 중심으로 재구성되었다. 그러한 틀 속에서 우리는 시온으로의 야웨의 귀환, 메시야의 부활과 즉위, 성령의 증언 사역이라는 주제들을 통해서 기독론의 기원을 추적할 수 있다. 이제 칭의는 어느 정도 동일한 토대들 위에 세워져 있다는 것이 드러난다. 칭의는 현실에서 일어난 계약의 하나님에 대한 새로운 계시("묵시!")를 토대로 한다. 칭의는, 메시야와 그의 백성이 새로운 계약 백성이라는 것과 그의 죽음으로 말미암아 궁극적인 원수가 패배당하였다는 것을 보여준 메시야의 부활을 통해서 드러났고, 복음이 선포될 때에 한 분 유일하신 하나님을 "아버지"라고 부르게 하고 메시야를 부활한 주로 영접하게 하는 믿음을 사람들에게서 생겨나게 하는 성령의 역사를 통해서 효력을 발휘한다. 우리는 바울에게서 유일신론과 선민론이 서로 결합되어 있다는 것을 이상하게 생각해서는 안 된다. "예수가 주이시다"라고 말하고 "계약의 하나님이 그를 죽은 자 가운데서 다시 살렸다"로 말하는 믿음은 (a) 이 수정된 유일신론을 성령의 능력을 힘입어서 환호하며 받아들이는 것임과 동시에, (b) "의롭다 함을 얻었다"고 말하는 표지를 드러내는 것이다.

처음에는 메시야를 중심으로(현재의 장의 앞부분에서 다루었듯이), 그리고 이제 복음과 성령의 역사를 통해서 이루어진 "선민"에 대한 이러한 재정의는, 로마서 3장과 4장, 갈라디아서 2장과 3장과 4장, 빌립보서 3:2-11의 주된 주제이다.[531] 우리는 그러한 핵심 본문들에 대한 다음과 같은 읽기는, 한 치의 오차도 없는 완벽한 석의라고 할 수는 없겠지만, 특히 종종 다른 방향들을 가리키는 것으로 생각되어 온 절들과 구절들에 대한 통일적이고 만족할 만한 설명을 제공해 줄 것이라고 말할 수 있다. 나의 제안들을 비판하는 자들이 있음에도 불구하고, 바울의 개별적인 본문들이 아니라 그의 글들 전체가 다 의미가 통하게 해주는 것이 언제나 최고

530) *Eerdmans Dictionary of Early Judaism* (Collins and Harlow 2010)에 "선민론"(election)에 관한 항목은 있지만 "칭의"(justification)에 관한 항목이 없다는 것은 주목할 만하다.

531) 나는 최근에 이것을 새롭게 서술하고자 애써 왔다(Wright, 2009 [*Justification*] chs. 5, 6, 7). 이하의 서술은 거기에서 내가 말한 것과의 연속성을 유지하면서 좀 더 발전시킨 것이다.

의 논증이라는 것이 여전히 나의 소신이다.[532)]

내가 이미 현재의 장의 앞부분에서 말했듯이, 로마서 9-11장에 대한 고찰은 뒤로 미루기로 한다. 이 대단락은 선민론에 대한 재정의와 연관되어 있는 것이 분명하지만, 논증이 아주 치밀하게 전개되고 있기 때문에, 거기에서 개별적인 주제들을 추출해내기가 쉽지 않다. 또한, 이 대단락은 종말론적인 지향성을 지니고 있기 때문에, 본서의 제11장에서 다루는 것이 자연스럽다.

따라서 나는 이제 다른 곳에서 이미 밟고 지나갔던 땅을 다시 지나갈 수밖에 없게 되었지만, 한두 가지 새로운 목표를 염두에 두고 그렇게 하고자 한다.

특히, 나는 바울의 칭의론의 기원과 발전에 관한 나의 잠정적인 가설을 여기에서 시험해 보고자 한다. "칭의" 언어는 갈라디아서와 빌립보서에서는 거의 전적으로 "계약"과 그 재정의라는 관점에서 설명되는 반면에, 로마서에서는 "법정" 표상과 결합되어 나온다. 따라서 내가 전개해 나가고자 하는 주장은, 우리가 제2성전 시대 유대교에서 알고 있는 유일한 종류의 "칭의"는 계약의 지체로서의 지위에 대한 재정의와 연관되어 있기 때문에, 바울은 갈라디아서에서 그러한 일차적인 의미로 칭의 언어를 사용한 후에, 거기에서 출발하여 그 이차적인 의미층인 법정적 의미를 살피고 발전시키는 쪽으로 나아갔다는 것이다. 따라서 칭의 언어는 "곤경과 해법"에 관한 우리의 설명과 연결되어 있다. 즉, 우리는 바울이 오늘날의 서구적인 의미에서 "어떻게 내가 의롭다 함을 얻을 수 있는가"라는 질문으로 시작한 것이 아니고, 처음에는 갈라디아 교회에서의 첨예한 논쟁, 그 후로는 여러 가지 그 밖의 다른 압력들을 거치면서, 모든 다양한 요소들을 온전히 통합하여 칭의에 관한 성숙한 견해에 도달하게 되었다고 본다. 아울러 분명한 것은 그가 고린도전서 4장을 쓸 당시에, 우리가 앞에서 보았듯이 칭의에 관한 자신의 사고의 많은 부분을 담고 있는 핵심 본문이 들어 있는 로마서 2장에 담을 관념들과 어구들이 이미 확고하게 그의 사고 속에 있었고, 그의 혀에서 맴돌고 있었다는 것이다.

그러나 우리는 이것을 차례차례 살펴볼 필요가 있다. 지금 주된 목표는, 일곱 가지 단계로 이루어진 칭의론이 이러한 본문들 속에 어떤 식으로 표현되어 있고, 바울의 구원론의 일곱 가지 주제들, 즉 "법정적" 종말론, "참여적" 종말론, 그리고 무엇보다도 "계약적" 종말론 및 그것들이 지닌 묵시론적, 인간론적, 구원사적, 변성론적 의미가 어떻게 전체적으로 통일되어 있는 가운데 서로 안에 둥지를 틀고 서

532) Bultmann의 『신약신학』에 나오는 바울에 대한 설명 전체에 걸쳐서 이 본문들 전체의 실제적인 논증들은 아주 드물게 언급되고 있다는 것은 특기할 만하다.

로 공명하는지를 일련의 짤막한 설명을 통해서 보여주는 것이다. 그리고 이 모든 일곱 가지 주제들이 현재의 설명을 요한계시록에 속한 내용처럼 들리게 만든다면, 그것은 결코 부적절한 것이 아니다. 왜냐하면, 바울은 결국 하나님의 의의 "계시"(apokalypsis – '아포칼립시스')라는 관점에서 그러한 칭의론과 구원론을 선포하는 것이기 때문이다.

(2) 갈라디아서 2:15–4:11

우리는 이제 갈라디아서의 중심적인 논증 속에서, 이스라엘의 선민론이 메시야만이 아니라 성령을 중심으로 재정의되는 방식을 살펴보아야 한다. 앞에서 보았듯이, 복음은 성령을 통해 역사해서 "믿음"을 낳고, 이 "믿음"은, 심지어 믿고 세례를 받은 메시야 백성 내에서조차도 여전히 유대인과 이방인을 갈라놓고자 하는 다른 모든 경쟁적인 경계표지들, 특히 식탁 교제와 할례라는 전통들을 물리치고서, 아브라함의 권속임을 보여주는 유일한 경계표지가 된다.

바울이 갈라디아서에서 "믿음"을 다루게 된 이유는, 그에게 있어서 믿음은 한편으로는 안디옥 사건에서 제기된 문제, 다른 한편으로는 갈라디아 교회의 문제에 대한 핵심적인 대답이었기 때문이다. 안디옥 문제(2:10-14)는 식탁 교제와 관련된 것이었다: 믿는 유대인들은 믿는 이방인들과 함께 먹어도 되는가, 그렇지 않은가? 안디옥 사건에서 베드로가 보여준 행동은 나중에 갈라디아 교회에서 일어나게 될 문제를 선행적으로 미리 보여 주는 것이었다: 이방인 (남자) 신자들은 하나님의 백성, 즉 아브라함의 권속의 핵심 집단에 가입하여야 하는가? 달리 말하면, 그들은 할례를 받고 "유대인처럼 되어야"하는 것인가? 이 두 경우에서 바울의 대답은 칭의, 믿음, 특히 예수 자신과 그의 죽음이라는 관점에서 — 그리고 앞에서 지적하였듯이, 세례도 명시적이든 암묵적이든 그 일부로 포함된다 — 표현된다. 그러나 전후 맥락으로 볼 때, 이러한 주제들이 이스라엘의 하나님의 백성의 지체가 되는 것과 연관되어 있다는 것, 즉 "계약적"성격을 지니고 있다는 것이 아주 분명하게 드러난다.[533]

안디옥에서, "야고보에게서 온 사람들"은 식탁 교제에 관한 문제에 대한 대답은

533) Schreiner, 2010, 150-76은 바울과 베드로가 실제로 직면해 있던 문제를 다루지 않고, 갈라디아서 2:15-21 전체를 오직 어떻게 죄인들이 "의롭게" 되는지에 관해서만 말하고 있는 것으로 보고 설명해 내고자 한다. 물론, 그것이 아주 중요한 것임은 분명하지만, 계속해서 3장의 주제가 되고 있는 믿는 이방인들의 지위라는 문제를 배제시킬 정도로 중요한 것은 아니다.

유대인의 기본적인 정체성 표지인 할례와 연관이 있다고 믿었고, 베드로와 바나바는 그 사람들이 오기 전에는 아무 문제 없이 멀쩡하게 이방인 신자들과 함께 먹고 있다가, 그들이 당도하자, 갑자기 그 식탁에서 물러나 버렸다. 이것을 본 바울은 경악하였다. 예루살렘에서 온 사람들에게 있어서 할례는 계약의 증표였고 선민임을 보여주는 핵심적인 표지였다. 하지만 바울은 선민론 자체가 이미 예수를 중심으로 다시 그려졌기 때문에, 할례는 예수의 추종자들 및 그들의 정체성과 아무런 상관이 없고, 할례를 대신해서 그 모래 위의 판이하게 다른 곳에 잘 그려진 다른 표지, 즉 메시야를 믿는 믿음이라는 표지가 있다고 보았다.[534)]

"우리는 날 때부터 유대인들이고 '이방 죄인들'이 아니다. 그러나 우리는 사람이 유대 율법의 행위들로 말미암아서가 아니라 메시야 예수의 신실하심으로 말미암아 '의롭다'는 선언을 받는다는 것을 안다."[535)] 바울은 2:16a에 나오는 이 말을 통해서, 자신이 안디옥에서, 그리고 갈라디아 교회에서의 논쟁에서, 그리고 예루살렘 공의회가 열릴 때마다, 아니 자신의 전 사역에 걸쳐서 확고하고 흔들림 없이 견지하였던 원칙을 천명한다.[536)] 우리가 현재의 장의 앞 부분에서 이미 살펴본 대로, 이 원칙은 선교의 필요를 위한 실용적인 목적(우리는 어떻게든 이방인들을 교회로 들어오게 하여야 하기 때문에, 그들이 쉽게 들어올 수 있는 길을 열어주어야 한다)

534) 이것은 "선교사들"이 바울에게 대항하는 상황에서 그도 그들과 "마찬가지로 당파적이고 고압적으로" 대응하고 있는 것(Eastman, 2006, 313)을 의미하는 것이 아니다. 첫째로, 이것은 바울은 올바르게 가르치고 있는 데 반해서, 그들은 잘못된 신앙을 가르치고 있었기 때문에, 그가 자신의 대적들에게 반론을 펴서, 종말론적인 성취를 선언하고 있음을 전제한다. (Eastman, 2010, 370은 Martyn, 1997a, 41을 따라서, 1:13, 2:15 같은 본문들을 포함한 갈라디아서의 논증 전체와 아브라함과 관련된 논증 전체에도 불구하고, "갈라디아서에는 유대적인 지평이 존재하지 않는다"고 주장함으로써, 바울을 반유대적으로 만들고자 하는 덫을 벗겨내고자 하지만, 이것은 터무니없는 시도이다.) 둘째로, 이것은 올바른 종류의 신앙을 판별하는 그의 기준은 오늘날의 모종의 "포용적인" 상대주의였던 반면에, 종말론적인 성취를 판별하는 그의 기준은 십자가에 못 박힌 메시야였다는 것을 전제한다. 4:17에서 이 선교사들에 대한 그의 반론은 그들이 "배타적"이라거나 "당파적"이라거나 심지어 "고압적"이라는 것이 아니었고, 하나님의 백성을 2:15-21에서처럼 (십자가에 못 박힌) 메시야라는 관점이 아니라 토라라는 관점에서 정의하고 있다는 것이었다. 갈라디아서에서와 마찬가지로 고린도 서신에서, 바울이 그러한 정체성 위협들에 대처하는 방식들은 오늘날의 자유주의적 상대주의의 엄격하고 융통성 없는 요구들을 거의 충족시켜 주지 않는다. Eastman에 대해서는 Dunne, 2013도 보라.

535) 여기에서 '에안 메'(ean mē)를 "그러나"로 번역한 것에 대해서는 R. N. Longenecker, 1990, 83f.; Dunn, 1993, 137f.와 대화하고 있는 Hays, 2000, 237을 보라. Hays는 최근에 내게, 요한계시록 21:27의 '에이 메'(ei mē)는 "~의 경우를 제외하고는 … 아니다"라는 읽기와 반대되는 "~이 아니라 ~이다"라는 읽기를 강력하게 지지해 주고 있다고 지적한 바 있다. 또한, 우리는 예컨대, 고린도전서 14:6과 비교해 볼 수 있을 것이다.

536) 하지만 cf. Campbell, 2011.

에서 나온 것도 아니고, 유대 전통들에 대한 느슨한 태도(마치 바울이 이방에 동화된 디아스포라 유대인의 전형이라는 듯이[537])에서 나온 것도 아니며, 십자가에 못 박힌 메시야가 이스라엘의 숙명과 정체성을 짊어지고서 십자가 위에서 죽음으로써, 인간의 모든 "정체성들"을 사형시키고, 그의 부활 생명을 따른 새로운 삶을 살 수 있게 해주었다는 사실에 뿌리박고 있었다. 그렇게 해서 우리가 이제 보는 것은 '피스티스 예수 크리스투'(pistis Iēsou Christou), 즉 "메시야 예수의 신실하심"(즉, 죽음을 불사한 신실하심)이 메시야 예수를 중심으로 재정의된 공동체의 고유한 표지가 되었다는 것이다. 바울은 "메시야 예수의 신실하심"에 부응하여, "이것이 우리가 메시야 예수를 믿어서, 유대 율법의 행위들을 근거로 해서가 아니라 메시야의 신실하심을 근거로 해서 '의롭다' 함을 받고자 하는 이유"(2:16b)라고 선언한다.

물론, 여기에 나오는 '에크 피스테오스 크리스투'(ek pisteōs Christou)를 "메시야를 믿는 믿음에 의거해서"로 번역하는 것도 가능하다. 사실, 나는 어느 쪽으로 번역해도 별 차이가 없다고 본다(각각의 견해를 지지하는 강경파들은 나의 이런 말에 분노하겠지만). 이 본문의 요지는 여전히 예수의 신실하신 죽음이 하나님의 백성을 재구성하였고, 따라서 신자들의 믿음이 이 백성의 지체임을 보여주는 표지가 되는 것이 합당하다는 것이다. 나는 '피스티스 크리스투'(pistis Christou)가 진정으로 여기 2:16을 비롯한 다른 곳들(예컨대, 3:22)에서 "메시야 자신의 신실하심"을 의미한다고 생각하지만, 갈라디아서의 많은 부분들에서 '피스티스'의 핵심은 그것이 메시야 공동체가 지닌 표지라는 것이다. 이렇게 메시야 공동체에 속한 사람들은 "믿음"의 사람들로 정의되지만, 여기에서 말하는 "믿음"은 오늘날에 통용되는 "종교적 신념"으로서의 "믿음"이 아니고(오늘날의 대부분의 사람들과 마찬가지로, 고대 세계의 대부분의 사람들도 모종의 "종교적 신념"을 지니고 있었다), 예수를 주로 고백하고, 한 분 유일하신 하나님이 그를 죽은 자 가운데서 다시 살렸다고 믿는 아주 구체적인 "믿음"이다.[538] 다시 한 번 말하지만, 바울이 말하는 이 "믿음"은 서구 신학(그리고 오늘날의 영어의 용법)이 "신실함"과 분리해서 말하는 "믿음"이 아니라, "이스라엘과 관련된 하나님의 경륜에 대한 메시야의 '신실하심'"에

537) Watson, 1986은 실용주의를 주장하였지만, 제2판(Watson, 2007 [1986])에서는 그것을 상당한 정도로 수정하였다. Barclay, 1996, ch. 13은 바울을 파격적인 디아스포라 유대인으로 본다; cf. 위의 제6장 제3절 2)와 (5).

538) 여담이지만, 이 "믿음"은 "참된 가르침을 믿는 것" — 예컨대, "이신칭의"에 관한 "올바른" 내용을 믿는 것 — 이 아니다. 나는 이것이 몇몇 신개혁파 저술가들 내에서의 문제점이라고 생각한다. 나는 다른 곳에서 이 문제를 다룬 바 있다(예컨대, Wright, 1997 [*What St Paul*, UK edn.] 159).

훨씬 더 가깝다. 하지만 어쨌든 "믿음"이든 "신실하심"이든 이 둘에 담겨 있는 실제적인 내용은 메시야의 죽음(그리고 부활)이다.

바울에게 있어서 이 공동체는 복음이 선포될 때에 성령의 역사에 의해서 생겨나는 메시야 예수를 믿는 믿음에 의해서 정의된다. 바울이 갈라디아서에서 일차적으로 말하고자 한 것은 이 "믿음"을 지닌 모든 사람들은 동일한 한 식탁에서 먹는 동일한 한 공동체에 속해 있다는 것이다. 갈라디아서 2장과 3장과 4장에 대한 우리의 이전의 설명들을 떠올려 보면, 우리는 이것이 그 핵심이라는 것을 안다. 그리고 이것이 바울이 "이신칭의"라고 했을 때에 의미하는 그것이다. 바울은 베드로에게 이렇게 말한다: "우리는 날 때부터 유대인들이고 '이방 죄인들'이 아니지만, 우리는 사람이 … 의롭다 함을 얻는다는 것을 안다"(2:15-16). 달리 말하면, "우리는 날 때부터 이 공동체에 속해 있고, 저 공동체에 속해 있지 않지만, 어떤 사람이 계약의 하나님이 자기 백성이라고 선언하는 사람들에 속해 있느냐 하는 문제는 ~라는 것을 안다"는 것이다.

따라서 우리는 "우리는 사람이 … 의롭다 함을 얻는다는 것을 안다"(16a)는 어구를 앞 절과는 다르거나 새로운 논점을 다루는 것으로 보는 것이 아니라, 바로 직전에 나오는 "유대인들이나 이방인들"(15b)이라는 어구와 밀접하게 연결시켜서 이해하여야 한다. 이미 앞에서 보았듯이, 이전 세대들이 해왔던 방식대로 행하는 것, 즉 식탁 교제와 관련된 쟁점이 전면에 중심적인 것으로 등장하게 된 안디옥 사건이라는 맥락을 무시하고서, 바울이 16절부터는 "어떻게 사람들이 의롭다 함을 얻게 되는가"(또는, 갈라디아 교인들이 이 주제를 결코 언급하지 않았다고 보고서, "어떻게 사람들이 구원을 받게 되는가")에 대하여 말하고 있는 것이라고 주장하는 것도 얼마든지 가능하다.[539] 그러나 갈라디아서에서 다루어지고 있는 문제와 밀접하게 연결시켜서, 이 단락 전체와 이 장의 끝에 이르기까지의 본문을 안디옥에서의 식탁 교제 논쟁에 관한 바울의 설명으로 읽어야 한다는 주장이 압도적으로 유력하다. 달리 말하면, 갈라디아서 2:16에서 "이는 우리가 의롭다 함을 얻기 위한 것이다"라는 어구는 단지 "이는 우리가 하나님 앞에서 의롭다는 신분을 얻기 위한 것이다"를 의미하는 것이 아니라는 것이다 — 물론, 이것은 이 어구의 핵심적인 의미 중의 일부라는 것은 분명하지만. 도리어, 이 어구가 전후맥락 속에서 제대로 작동하기 위해서는, 우리는 이 어구가 "이는 우리가 하나님의 단일한 권속의 지체들이라는 선언을 받기 위한 것이다"를 의미하는 것으로 보아야 한다. 단어들은 그 단어들이 사용된 문장들과 문맥들 속에서 의미를 지닌다는 점에서, 여기에서 사용된

539) Schreiner를 여러 예들 중의 하나로 언급하는 위의 각주 533을 보라.

'디카이오토멘'(dikaiōthōmen)은 모든 신자들이 자신의 권속의 일부라는 하나님의 선언을 가리키고 있음에 틀림없다. 이 어구가 이런 식으로 해석되지 않으면, 이 본문 전체는 제대로 의미가 통하지 않게 된다. 15절과 16절의 헬라어 본문의 문장 구조가 이것을 잘 보여준다. 왜냐하면, 이 본문은 주동사를 맨끝으로 보내고서, 이 두 절을 밀접하게 연결시키고 서로 결합시켜서 하나의 주제를 말하게 하는 구조로 되어 있기 때문이다. 이 본문을 직역해 보면, 다음과 같이 된다: "우리는 날 때부터 유대인들이고 이방 죄인들이 아니다. 그러나 사람이 … 의롭다 함을 얻지 못한다는 것을 알고 … 우리도 메시야 예수를 믿었다 … "[540] 다시 한 번 반복해서 말하자면, "우리도 믿었다"는 "유대인들이고 이방인들이 아니다"에 걸리고, "그러나"는 "사람이 … 의롭다 함을 얻지 못한다는 것을 알고"가 새로운 논점을 도입하는 것이 아니라, 유대인/이방인 문제를 다른 식으로 표현하고 있는 것임을 보여준다는 것이다.

이것을 보여주는 소극적인 증거는, 로마서 3:20과 마찬가지로 이 본문도 시편 143:2을 반영하고 있다는 것이다: "그 어떤 인생도 율법의 행위들로 말미암아 '의롭다'고 선언 받지 못할 것이다." 이것은 해당 시편을 정확히 인용한 것이 아니라 단지 반영한 것이고, 로마서에서 비슷하게 반영된 것보다 약간 더 거리가 있다: 해당 시편에서는 "당신이 보시기에는 그 어떤 산 자도 의롭다 함을 얻지 못할 것"이라고 말한다.[541] 바울은 로마서에서는 "율법으로 말미암아 죄를 아는 지식이 온다"는 것을 지적함으로써 이것을 밑받침하는 반면에, 여기에서는 그런 것을 명시적으로 말하지 않지만, 현재의 본문 이후부터 3:22(토라를 포함한 "성경이 모든 것을 죄 아래에 가두었다")에 이르기까지는 그런 취지의 말을 하는 것으로 보인다. 사실, 2:15에 나오는 이방 "죄인들"(hamartōloi – '하마르톨로이')에 대한 언급과 이 단어를 17절에서 다시 받아서 사용하고 있는 것은, "죄" 문제, 즉 유대인들이 이방인들을 자동적으로 죄인으로 취급하여 그들과 어울리면 똑같이 죄인이 될 수 있다고 생각하는 "죄"와 관련된 문제가 바울의 사고 속에 들어 있었음을 보여준다. 그러나 그 취지는 "그렇기 때문에 너희는 모두 죄인"이라는 것이 아니라, "죄로 인해서 너희는 너희 자신이 지닌 계약의 지체로서의 지위와 관련해서 너희가 생각하는 것보다 더 큰 문제에 직면해 있다"는 것이다. 갈라디아서에서 "죄"(hamartia – '하

540) Hays, 2000, 236f.를 보라.

541) 바울은 (로마서에서처럼) "율법의 행위들로 말미암아"를 추가하고 "주 앞에서는"을 생략하며, (또다시 로마서에서처럼) "모든 살아 있는 것"을 "모든 육체"(pasa sarx - '파사 사륵스')로 바꾸었다. 이것이 초래한 여러 복잡한 문제들은 우리의 현재의 관심사가 아니다: cf. Hays, 2000, 240f.

마르티아')라는 어근과 관련된 단어는 오직 이 본문과 그 밖의 다른 두 본문에만 나오고, 그 중 하나는 이 서신의 첫 머리의 정형문구에 나오기 때문에, 이 서신 전체에서 바울의 논증 전체는 일차적으로 죄들을 해결하고 죄인이 그 죄들로부터 건짐을 받는 문제에 관한 것이 아니라, 단일한 권속의 지체로서 동일한 식탁 교제에 참여하는 것에 관한 것임은 아주 분명하다.[542] 그는 "인간론적" 논점(유대인들을 포함한 모든 사람이 죄인이라는 것)을 전제하고 있지만, 그가 말하고자 하는 것은 "어떻게 죄인들이 구원받게 되는가"에 관한 것이 아니라, "어떻게 사람들이 계약의 권속의 지체들로 구별되는가"에 관한 것이다. 즉, "법정적이고" "인간론적인" 암시들이 "계약적" 의미 내에 내포되어 있다.

따라서 2:16의 요지는 이것이다. 메시야의 신실하신 죽음과 부활이 하나님의 백성을 재정의하였다면, 그렇게 재정의된 하나님의 백성을 구별하는 표지는 '피스티스'(pistis)이다: "사람은 유대 율법의 행위들로 말미암아서가 아니라 메시야 예수의 신실하심으로 말미암아(dia pisteōs – '디아 피스테오스') '의롭다'고 선언된다 … 이것이 우리도 메시야를 믿어서(eis Christon Iēsoun episteusamen – '에이스 크리스톤 예순 에피스튜사멘') 유대 율법의 행위들을 근거로 해서가 아니라 메시야의 신실하심을 근거로 해서(ek pisteōs Christou – '에크 피스테오스 크리스투') '의롭다' 함을 받고자 하는 이유이다." '피스티스'(pistis)라는 명사나 '피스튜에인'(pisteuein)이라는 동사는 16절에서 세 번 언급된 후에는 갈라디아서 2장에 다시 나오지 않지만, 이 확고한 진술은 이 장의 나머지 부분에 대한 해석에 영향을 미친다. "내"가 이렇게 메시야의 신실하신 죽음과 부활에 참여함으로 말미암아 재정의된 것이라면, 내가 거기에 참여해서 새로운 정체성을 얻었음을 보여주는 표지는 '피스티스'임이 분명하다. 바울이 안디옥에서 말하였던 요지였고, 이제 갈라디아 교인들에게 말하고 있는 요지는 이것이다: 모든 믿는 자들, 즉 자신들이 메시야의 신실하신 죽음과 부활에 따라 다시 지음 받았다는 것을 그러한 믿음을 통해 보여주는 모든 자들은 동일한 식탁 앞에 앉아 함께 먹는 단일한 권속이다. 특히 식탁 교제와 관련한 메시야 백성의 연합은 이렇게 복음 자체로부터 결코 타협될 수 없는 명령으로 흘러나온다.

542) 다른 용례들은 1:4; 3:22이다(아래를 보라). 예를 들어, 갈라디아서 3:10-14이 어떻게 사람들이 죄로부터 건짐을 받느냐에 관한 것이라고 주장한다면, 나는 거기에 그러한 내용이 암묵적으로 존재하는 것은 사실이지만, 그 본문의 핵심은 여전히 어떻게 "아브라함의 복"이 이방인들에게 임하고 약속된 성령이 부어지는지에 관한 것이라고 대답할 것이다. 죄를 해결하는 것은 하나님의 좀 더 큰 목적을 성취하기 위한 수단이다; 바울은 여기에서 후자를 설명하기 위하여 전자를 전제한다(그리고 종종 언급한다).

몇몇 진영들에서 숨을 가쁘게 몰아 쉬는 것이 가라앉기 전에, 내가 다시 한 번 말해 두고자 하는 것은, 동일한 식탁에서 먹는 것과 관련된 문제는, 일부 사람들이 종종 냉소적으로 주장하는 것과는 달리, 품위와 관련이 있고 신학적으로는 사소한 "식탁 예절"과는 아무런 상관이 없고, 바울이 이 서신의 도입부에서 말하였듯이, 전적으로 메시야가 "그들의 죄를 위하여 자기 자신을 주심으로써 악한 현세에서 건짐을 받은"[543] 사람들을 형성해내고 유지하는 것과 관련이 있다는 것이다. 바울은 도입부의 이 정형문구를 2장 끝에 나오는 자신의 강력한 호소의 중심에 반영한다: 하나님의 아들이 "나를 사랑하셔서 나를 위해 자기 자신을 주셨다."[544] 그러나 이것은, 여기서 바울이 말하는 것은 다음 둘 중의 어느 하나일 수밖에 없다고 주장하는 양자택일 식의 잘못된 구별을 강화시켜 주는 것으로 해석되어서는 안 된다: 동일한 식탁에 앉아 먹는 단일한 권속의 지체가 되었다는 것, 또는 죄 사함을 받았다는 것; "교회론" 또는 "인간론." 바울 신학 전체 - 우리는 이것을 창세기와 시편과 출애굽기와 신명기와 이사야서의 신학, 그리고 바울이 그것들을 복음이라는 렌즈를 통해서 다시 본 신학이라고 말할 수도 있을 것이다 - 의 핵심은 한 분 유일하신 하나님이 하나님의 백성을 통해서(through) 인류 전체의 곤경에 대한 해법을 마련하고자 하였다는 것이고, 하나님의 백성도 그러한 곤경을 공유하고 있었기 때문에, 그것은 그들 자신을 위한 해법이기도 하였다는 것이다.

갈라디아서에는 이러한 곤경에 대한 언급이 거의 없다. "죄"에 대한 언급도 거의 나오지 않고, "사망"에 관한 언급은 아예 나오지 않는다.[545] 이것이 "구원"에 대한 언급도 없는 이유임이 틀림없다 — 이것은 "구원"과 "칭의," 또는 실제로 로마서(여기에서는 "구원"이 주된 주제이다)를 갈라디아서와 일상적으로 혼동하는 자들에게 유익한 경고이다.[546] 바울이 갈라디아에 있던 메시야 백성들이 "구원받았다"고 믿었음은 의심의 여지가 없다. 그리고 바울이 비교적 드물게 사용하는 단어인 '엑사이레오'(exaireō, "건지다")가 사용된 1:4의 의미도 결국 그런 것이다.[547] 하

543) 1:4.

544) 2:20.

545) 죄: 1:4(이미 인용한 정형문구); 2:17("이방 죄인들"에 관한 논의의 맥락 속에서); 3:22("성경은 모든 것을 죄 아래에 가두었다" — 여기서 "죄"는 잘못된 행위가 아니라 사람들을 종으로 만드는 권세이다). 로마서, 특히 6장과 7장에 나오는 "죄"에 대한 말 그대로 수십 번의 언급과 대비해 보라.

546) de Boer, 2011, 28 n. 38은 갈라디아서는 "구원"의 언어를 사용하지 않는다고 지적하지만, 한 서신의 관념들을 다른 서신으로 가져와서 사용해서는 안 된다는 자신의 경고(2)에도 불구하고, "구원"이라는 단어를 "편의상의 약어"로 사용하고 있다고 말한다.

547) 이 어구가 바울에 있어서 특이하다는 사실은 반드시 그가 정형어구를 인용하고 있음을 의미하

지만 구원은 이 서신의 주제가 아니다. 이 서신은 갈라디아 공동체를 이미 의롭다는 선언을 받은 자들, 즉 하나님의 단일한 권속이자 아브라함의 참된 자녀들 중의 일부라고 선언된 자들로 이루어진 공동체라고 정의하는 것에 관한 것이다. 그러한 정의는 그 사람들의 죄가 이미 해결되었다는 것을 전제하지만, 죄로부터의 구원 자체가 이 서신의 주제인 것은 아니다. 이 서신에서 바울이 말하고자 하는 주제는 이 사람들이 '피스티스'(pistis)에 의해서 구별되었다는 사실이다. 그리고 그가 이 구별에 대하여 말하는 방식은 "칭의"에 관한 언어를 통해서이다. 바울의 가장 초기의 서신이라고 할 수 있는 것 속에 "칭의"에 관한 그의 가장 초기의 설명이 들어 있다는 것은 의심의 여지가 없는데, 여기에서 칭의의 일차적인 의미는 "계약적인" 것이기 때문에, "인간론적이고" "법정적" 의미들은 그 속에 담겨 있기는 하지만, 그런 관점들로 축소될 수는 없다. 우리가 이미 보았듯이, 바울은 힘들이지 않고 이것을 "합체적" 주제("메시야 안에서 의롭다 함을 얻고자 하다가," 17절) 및 "본성의 변화"와 관련된 주제("내가 살아 있기는 하지만, 그것은 더 이상 내가 아니라, 내 안에 메시야께서 사시는 것이다," 20절)와 통합시킨다. 그러나 그러한 것들은 "칭의" 자체의 의미를 말해 주지 않고, 한 무리의 구원론적 주제들에 속한 다른 요소들이 여기에서 중심적인 것, 즉 '피스티스'를 공유한 모든 자들은 부활한 메시야의 죽음을 토대로 해서 동일한 계약의 권속의 지체들이라는 정의와 어떤 관계에 있는지를 말해 준다.

다음으로, 이것은 자연스럽게 갈라디아서 3:1–4:11의 중심적인 논증으로 이어진다. 여기에서는, 우리가 이미 확증한 바 있는 메시야를 중심으로 한 하나님의 백성에 대한 재정의를, 메시야에게 속한 자들, 따라서 재정의된 "선민"으로 여겨져야 하는 자들이라는 관점에서, 서로 밀접하게 연결된 두 가지 방식으로 명시적으로 제시한다. 즉, 그들은 성령과 믿음에 의해서 구별된다는 것이다.

3장과 4장의 논증의 여러 대목들에서 성령이 명시적으로 등장함으로써, 내가 앞에서 이미 말했듯이, 갈라디아서 2장에 암묵적으로 함축되어 있던 것, 즉 재정의된 선민의 증표인 "믿음"을 만들어 내는 것은 복음이 선포될 때에 일어나는 성령

는 것은 아니다(de Boer, 2011, 29f.를 보라). 설령 그가 그렇게 하고 있다고 할지라도, 그것은 반드시 그가 거기에 반대하기 위하여 그것을 인용하고 있는 것을 의미하는 것은 아니다. 그는 "악한 현세"로부터 벗어나는 것에 대하여 말하고 있다는 점에서, 죄와 사망으로부터 건짐을 받는다고 할 때에 사용하는 "구원받다"라는 동사보다 이 동사가 더 적절하다. 후자는 건짐을 받는 사람이 처해 있던 상황을 암시하는 반면에, 전자는 건짐을 받은 사람에게 위협이 되었던 원수들을 암시한다. 이 둘은 동일한 사건을 가리킨다는 점에서는 분명히 아주 비슷하지만, 전달하는 뉘앙스는 서로 다르다.

의 역사라는 사실이 표면으로 드러나게 된다. 이것은 이 절 전체에서의 나의 논증의 근저에 있는 주제이다.

3:1-5에 나오는 서두의 화려한 수식어구들은 갈라디아 교인들이 성령을 받았다는 사실에 초점이 맞추어져 있다.[548] 대부분의 주석자들을 포함한 현대인들의 눈으로 보면, 이것은 기본적으로 "체험을 근거로 한 호소"처럼 보인다. 그들은 할례를 받지 않고도 성령의 임재를 보여주는 강력한 증표들 속에서 "성령을 받았다"(5절). 그런데 그들이 이제 와서 할례를 받을 필요가 어디 있겠는가? 이것은 바울 및 그의 회심자들에게 해당될 수도 있고 해당되지 않을 수도 있는 "종교적 체험"에 관한 오늘날의 견해를 전제한 해석이다. 그리고 더 중요한 것은 그러한 해석은 갈라디아 교인들이 처음으로 받은 성령과 아브라함에게 주어진 약속 간의 강력한 연결 관계를 무시하는 해석이라는 것이다. 이것은 3:14에서 명시적으로 분명하게 드러난다. 성령은 바울이 갈라디아서 3장의 나머지 부분에서 설명하고 있는 창세기 15장의 주된 주제들 중의 하나인 "유업"의 맛보기이자 보증이다. 그는 단지 "너희는 처음에 할례를 받지 않고도 놀라운 영적 체험을 하였는데, 왜 그런 식으로 쭉 나아가려고 하지 않는 것이냐"고 말하고 있는 것이 아니라,[549] 좀 더 구체적으로, "너희는 할례를 받지 않고도 이미 아브라함에게 약속된 유업을 장차 받게 될 것이라는 보증을 받았는데, 이제 와서 굳이 또 다른 종류의 보증을 받고자 하는 것이냐"고 말하고 있는 것으로 보인다. 이러한 해석은 3:6에서 사용된 '카토스'(kathōs, "~함과 같다")가 3:1-5과 그 이후에 나오는 것을 서로 연결시켜 주고 있는 것에 의해서 밑받침된다.[550] 그렇다면, 이러한 연결 관계는 실제로 어떤 작용을 하는가?

548) de Boer, 2011, 166f.는 성령을 받는 것이 이 단락 전체의 주된 주제라고 주장한다 — "약속"에 대한 바울의 언급들 배후에 이 주제가 존재한다고 전제해야 했지만. 그는 이것을 아브라함에 대한 긍정적인 읽기와 지나치게 밀착시키고자 하지 않기 때문에, 이것은 여러 가지 문제점들을 야기시키는 것으로 보인다 — 지면의 제약 때문에 그 문제점들을 여기에서 다룰 수는 없겠지만.

549) Witherington, 1998, 199는 "하나님의 초자연적인 역사를 근거로 제시하는 것"은 헬라-로마 세계에서 친숙한 논증이었다고 말한다. 그의 말이 사실일 수 있겠지만, 내가 보기에는, 아브라함에게 주어진 약속과의 연결고리도 마찬가지로 강력하다. R. N. Longenecker, 1990, 101f.는 이것을 "독단적인 논증"이라고 말한 Barrett, 1947, 2를 비판하면서, 그런 주장은 이 본문과 이 서신의 나머지 부분 간의 논증의 연속성을 보지 못한 데서 기인한 것이라고 말한다. 이것이 흔한 문제점이라는 것은 의심의 여지가 없지만, Longenecker 자신도 아브라함과의 구체적인 연결고리를 제대로 주목하지 못한 것으로 보인다.

550) '카토스'(kathōs)는 단지 마치 인용문을 도입하는 데 사용되는 정형문구라는 듯이, '카토스 게그랍타이'(kathōs gegraptai, "기록된 바와 같이")의 약어로 축소되어서는 안 된다(Witherington, 1998, 213; 이것에 반대하는 R. N. Longenecker, 1990, 112는 여기에서 아브라함을 단지 하나의 "예"로 본다; 또한, cf. Martyn, 1997a, 296f.; de Boer, 2011, 189). Dunn, 1993, 160은 이것을 인용문의 도입을 위한 정형어구로 보지만, "성령을 받는 것"과 "의롭다고 여김을 받는 것"을 "하나님과의 긍정적인 관계가 열

아브라함에게 원래 주어진 약속은 땅과 관련된 것이었다. 바울은 갈라디아서에서는 아니지만 로마서에서는, 자기가 지금 그것을 어떻게 보는지를 설명한다. 그는 그 약속이 한 나라가 아니라 온 세계에 미치는 것이라고 말한다.[551] 그는 갈라디아서 3장 끝에서 "유업"이라는 주제를 상당한 정도로 강조하고(3:29), 4:1-7에서 그 동일한 논점들을 다른 시각에서 설명한 후에 그 주제로 다시 돌아와서, 이번에는 성령과 유업 간의 연결 관계를 좀 더 명시적으로 밝힌다. 즉, 신자들이 한 분 유일하신 하나님을 "아바, 아버지"라고 부를 수 있고, 자신들이 "상속자들"임을 알 수 있는 것은 성령의 역사 때문이라는 것이다. 여기서 바울은 대단히 압축되어 있고 암시적인 그의 문체에도 불구하고, 이미 3:1-5에서 성령을 받은 것에 대하여 말함으로써, 단지 "종교적 체험을 근거로 호소하고" 있는 것이 아니라, "너희는 믿음을 낳은 메시지로 말미암아 이미 진정으로 아브라함의 상속자들이 되어 있는 것"이라고 전제하고 있는 것으로 보인다.[552] 따라서 갈라디아서 3:1-5은 아브라함 계약, 그리고 더 나아가 선민론 전체를, 성령을 중심으로 추가적으로 재정의하고 있는 것으로 읽혀질 수 있는 가능성이 있다.

선민론에 대한 재정의는 실제로 그가 창세기 15:6에서 가져온 인용문으로부터 즉시 결론을 이끌어내고 있는 3:6-9에서 들려주고자 한 메시지이다:

> 아브라함은 "하나님을 믿었고, 그것이 그에게 의로 여겨졌다." 그러므로 너희는 믿음의 사람들은 아브라함의 자손인 줄을 안다.[553]

바울은 여느 때와 마찬가지로 여기에서도 이것을 그 직후에 즉시 확대시켜서 설명한다:

> [8]성경은 하나님이 열방을 믿음으로 말미암아 의롭다 하실 것임을 미리 알았기 때문에,

리는 것을 설명하는 서로 다른 방식들"로 보고, 이 둘을 "암묵적으로 등치시키고" 있다는 것을 강조한다. 우리가 이것을 계약적인 언어로 다시 번역하기만 한다면, 이것은 올바른 핵심을 말하고 있는 것이 된다.

551) 롬 4:13; 위의 제10장 제3절 2); 그리고 Wright, 2002 [*Romans*], 495f.를 보라.

552) 이러한 결론은 성령을 장차 주어질 것(에베소서에서 이것은 명시적으로 유사 출애굽 서사인 기도문의 끝에 나오는 "유업"이다)의 '아르라본'(arrabōn, "보증금")이라고 말하는 고후 1:22; 5:5; 엡 1:14 같은 본문들에 의해서 더욱 강화된다. Dunn, 1993, 153은 성령 체험이 지닌 아주 중요한 인격적 성격(즉, 이것은 단지 "논리적인 추론물"이 아니라는 것)과 바울이 성령을 받는 것을 "이스라엘의 종말론적인 소망"에 대한 구약 예언의 성취로 보았다는 사실(사 32:15; 겔 37:4-14; 욜 2:28f.이 1QS 4.18-21 등과 같은 제2성전 시대 문헌들에서 사용되었다)을 강조한다. 또한, Williams, 1997, 85를 보라: 성령은 "종말에 있어서 신의 백성 속으로의" 합체를 보여주는 증표였다.

553) 3:6f.

먼저 아브라함에게 "열방이 네 안에서 복을 받으리라"고 선포하는 복음을 전하였다. 9그러므로 믿음의 사람들은 신실한 아브라함과 더불어 복을 받는다.[554)]

이것은 어떤 의미에서 이 장의 주된 논지이지만, 바울은 토라가 아브라함에게 주어진 약속들을 유업으로 받는 길이라고 고집하는 자들에게 대항하여 이 예비적인 결론을 밑받침하기 위해서는, 해야 할 일들이 많다는 것을 알고 있었다. 우리는 메시야가 이룬 일이라는 관점에서 이후의 단락들을 이미 살펴본 바 있지만, 이번에는 성령이라는 관점에서 다시 한 번 살펴보고자 한다.

갈라디아서 3:10-14은 토라가 아브라함에게 주어진 약속들을 효과적으로 막고 가두어서, (로마서 4:14-15에서처럼) 그 약속들이 좀 더 넓은 세계로 도달하지 못하게 하고 있음을 보여주면서, 토라와 이 믿음의 권속을 다시 한 번 서로 대립시킨다.[555)] 11절은 2:16을 반영하고 있다: "율법 안에서 의롭다 함을 얻을 자가 없다." 이것은 이제 하박국 2:4에서 암호 같은 표현으로 계시되어 있는 대답을 가리킨다: 사람들이 "의롭다 함을 얻을" 길이 열려 있다. 그러나 그것은 창세기 15장에서 이미 약속된 것으로서 율법과는 다른 길이다. 이 위기의 때에 하나님의 참된 백성은 그들의 '피스티스'로 말미암아 구별될 것이다. 바울은 레위기 18장으로 이것을 뒷받침한다: 토라는 순종이 "생명"을 얻는 길이라고 역설한다(바울과 우리가 나중에 살펴보게 될 역설적인 이유들로 인해서, 토라는 이렇게 할 수밖에 없었다). 그러나 그러한 순종이 드러지지 않는 곳에서는, 아브라함에게 주어진 약속들은 막혀 버리고 만다. 따라서 유대인들은 토라를 지킬 수 없기 때문에 약속들을 유업으로 물려받지 못하게 되고, 이방인들은 토라가 그들을 아예 처음부터 배제하고 있기 때문에 약속들 밖에 있는 것 같은 국면이 형성된다. 이때에 율법의 저주를 짊어진 메시야의 죽음은 "우리"를 율법의 저주로부터 놓여나게 해주어서, 아브라함의 복은 마침내 열방들에게로 흘러나갈 수 있게 되었는데, "이것은 우리로 하여금 믿음으로 말미암아 성령의 약속을 받게 하기 위한 것이었다"(이것이 우리의 현재의 목적과 관련해서 중요한 핵심이다). 여기에 로마서 2:25-29 및 로마서 4:9-17과 맥을 같이 하는 분명하게 재정의된 선민론이 있다: 계약은 하나님의 영으로 말미암아 갱신되고, 이제 아브라함의 갱신된 권속에 속하고자 하는 유대인들은 성령의 사람들과 믿음의 사람들이 되어야 한다. 바울이 여기에서 말하는 것은, 2:15-21에서와 마찬

554) 3:8f.
555) 좀 더 세부적인 것들은 위의 제10장 제3절 3) (3) (b)를 보라.

가지로, 이전에 문제(토라의 저주)가 있었는데, 이제 처리되고 해결되었다는 것을 전제한다. 그러나 주된 사고의 흐름은 아브라함에게 주어진 전 세계적인 권속에 관한 약속들이 어떻게 그 최종목적지에 도달할 수 있었는가 하는 문제이다. 바울은 이 것을 다음 절에서 '디아테케'(diathēkē, "계약")라는 관점에서 언급한다. 이제까지 우리가 전개해 온 설명 전체를 고려하였을 때, 우리는 그의 현재의 사고의 흐름을 "계약적인" 것이라고 부르는 데 주저해서는 안 된다 — 물론, "구원사적인" 것이라는 주장이 제기될 수 없는 것은 아니지만("구원사"라는 것이 점진적인 발전이나 "진보"를 의미한다고 주장하는 것에 대하여 오늘날 통상적으로 건강한 경고가 주어지고 있다는 것을 전제하였을 때). 바울이 3:14에서 상반절과 하반절 간의 균형을 맞추고 있는 것은 서로 다른 두 집단에게 요구되는 서로 다른 요구들에 대한 인식을 반영한 것일 수 있다. 즉, 이방인들에게는 "아브라함의 복"이 그들에게 흘러 들어가는 것이 요구되는 반면에, 유대인들에게는 성령을 받음으로써 계약의 지체로서의 그들의 지위를 갱신하는 것이 요구된다는 것이다. 또한, 하반절에 나오는 "우리"는 "믿는 유대인들과 믿는 이방인들을 모두 포함한 우리"를 의미할 수도 있다.[556] 어느 쪽이든, 상반절과 하반절은 서로 긴밀하게 연결되어 있다. 하나님은 아브라함을 통해서 열방을 복주겠다고 약속하였는데, 바울은 다른 곳에서 이것을 하나님이 아브라함으로 하여금 "세계를 유업으로 받게" 하겠다고 약속하였다는 관점에서 해석한다. 그런데 이제 열방의 신자들에게 성령이 주어짐으로써, 그 "복"이 마침내 열방에게로 흘러나가서, 아브라함에게 주어진 "약속"은 성취되어 가고 있다. 여기서 바울은, 아브라함에게 주어진 약속들을 유업으로 받고자 한다면, 유대인들도 그렇게 하여야 한다고 암묵적으로 말하고 있는 것이다.[557]

그 다음의 두 본문들은 앞에서 이미 다른 주제들과 관련해서 살펴본 바 있지만, 우리가 여기에서 지적하고 싶은 것은 이 단락은 22절에서 앞에서 말한 것과 동일

556) Hays, 2000, 262(두 번째 절은 모든 신자들을 가리킨다는 주장) 등과 Witherington, 1998, 240(물론 이방인들도 성령을 받는다는 것을 부정하지는 않지만, 오직 유대인 신자들만을 가리킨다는 주장) 간의 서로 다른 입장을 보라. Hays는 "성령 체험은 성경이 약속한 것, 즉 모든 열방에게 복이 주어질 것이라는 약속의 성취로 해석된다"고 말한다. Martyn, 1997a, 322-4는, 충분히 예상할 수 있듯이, 아브라함과 약속의 성취 간에 망망대해를 두고자 애쓴다.

557) Kwon, 2004, 108-11 등은 약속된 성령과 아브라함에게 주어진 약속 간의 연결 관계를 부정한다. Schreiner, 2010, 218 n. 100은 이것에 반대해서, 아브라함에게 주어진 약속은 하나 이상의 측면을 가질 수 있다고 주장한다; 나의 주장은 바울은 성령을 "세계를 유업을 받는 것"에 대한 맛보기로 보았다는 것이다. De Boer는 3:14의 두 구절을 동일시하고(2011, 195), 바울은 "그 땅을 유업으로 받게 될 수많은 물리적인 자손들에 관하여 바울에게 주어진 약속들을 무시한다"고 말한다(197 n. 283). 나는 그러한 약속들을 무시하고 있는 것은 바울이 아니라고 생각한다.

한 논점을 또다시 상기시키는 것으로 끝이 난다는 것이다: 성경은 모든 것을 죄 아래 가두어 두었는데, "이것은 그 약속이 … 믿는 자들에게 주어지게 하기 위한 것이다." 이 약속은 "단일한 씨" 인 메시야와 그의 신실하심으로 말미암아 주어진다. 따라서 "믿는 자들" 은 그들이 메시야의 백성, 곧 신실하신 메시야의 백성이라는 것을 보여주는 증표를 지닌 자들이다. 3:14b을 중심으로 한 이 단락의 맥락 전체는 바울이 3:1-5 및 4:4-7에서와 마찬가지로 이것을 성령의 역사라는 관점에서 기꺼이 풀어나가고자 하였다는 것을 강력하게 시사해 준다.

따라서 나는 그 다음에 나오는 두 단락(3:23-29과 4:1-7)도 앞에서의 흐름과 밀접한 병행 속에서 읽어야 한다고 본다. 4:1의 '레고 데'(legō de, "이것이 내가 의미하는 것이다" 또는 "나는 그것을 이와 같이 표현하겠다")는 바울이 여기서 실질적으로 다른 신학적 논점을 시작하고 있는 것이 아니라, 앞에서 지나온 땅을 또 다른 시각에서 다시 한 번 되짚어보고 있는 것임을 보여준다. 이것은 (a) 3:26에서 신자들이 이제 더 이상 "'파이다고고스'(paidagōgos) 아래" 있지 않은 이유를 설명하면서, "너희는 모두 하나님의 아들들" 이라는 것을 강조하고 있는 것과 (b) 4:1-7에서 "아들" 일지라도 다 클 때까지는 후견인 아래에 있어야 한다고 말하고 있는 것이 서로 연결되어 있는 것에 의해서 드러난다. 따라서 우리는 이 두 단락을 서로 연결해서 해석하여야 하고, 이 두 단락 전체에 걸쳐서 바울이 로마서 1-4장 및 로마서 5-8장과 대응되는 내용과 신학적 표현의 형태를 사용하고 있다는 것을 특히 주목하여야 한다. 달리 말하면, 여기에는 이른바 "사법적" 사고유형과 이른바 "참여적" 사고유형이 서로 혼합되어 있다는 것이다. 이 두 가지 사고유형은 선민론에 관한 바울의 고전적인 재정의에서 서로 결합되어 나온다. 즉, 바울은 여기에서 계약이라는 틀 내에서, 이스라엘의 하나님이 계속해서 약속해 왔고 늘 계획해 왔으며 사람들이 오랫동안 고대해 왔던 구원의 경륜이 묵시적으로 나타났다는 것을 말함과 아울러, 특히 사람들이 "메시야 안에서" 합체된 것에 대해서도 말하고 있다는 것이다. 다시 한 번 말해 두지만, 우리는 바울이 3:23-29에서 성령을 언급하지 않고 있다고 해도, 거기에 성령이 암묵적으로 전제되고 있음을 간과해서는 안 된다. 여기서 이렇게 잠복되어 있던 성령은 이 두 단락의 정점인 4:6-7에 이르러서 명시적으로 언급된다.

따라서 우리는 3:23-29에서 아브라함의 권속, 즉 선민에 대한 재정의를 발견할 수 있다는 것은 의심의 여지가 없다. 즉, 이미 앞에서 보았듯이, 바울은 여기에서 아브라함의 권속을 이스라엘의 메시야를 중심으로 재정의하고 있다는 것이다. 그가 이 권속을 메시야를 중심으로 재정의하는 방식으로 사용하는 것이 '피스티스'(pistis, "신실하심")라는 것은 분명하다. 그는 '피스티스'에 인격과 역사를 부여하여 의인화하고 있지만, 그 시간의 대부분은 노예생활 가운데서 보내졌기 때문에, 이것을 통상적인 의미에서의 "구원사"라고 말하기는 힘들다:

> 이 신실하심(pistis - '피스티스')이 오기 전에는, 우리는 율법 아래에서 보호받고 있었고, 장차 그 신실하심이 계시될 때까지 꼼짝없이 갇혀 있었다. 이같이 우리에게 율법은 메시야가 올 때까지 우리를 돌보는 보모 같았는데, 이것은 우리로 하여금 그 신실하심을 토대로 해서(ek pisteōs - '에크 피스테오스') 계약의 지체로서의 지위를 얻게 하기 위한 것이었다(hina dikaiōthōmen - '히나 디카이오토멘'). 그러나 이제 그 신실하심이 온 후로는, 우리는 더 이상 보모의 지도 아래 있지 않다. 왜냐하면, 너희는 모두 메시야 예수 안에서 믿음으로 말미암은 하나님의 자녀들이기 때문이다.[558)]

이것이 어떤 목적을 지니고서 한 번역이라는 것은 분명하지만, 이것과 같은 본문에 대한 모든 번역들은 먼저 어느 정도 꽤 선명한 전제들을 할 수밖에 없다. 내가 이 본문을 이런 식으로 번역한 이유 중의 일부는 바울이 (a) 메시야 및 그가 이룬 일과 (b) "신실하심"이라는 개념 간의 아주 밀접한 연결 관계를 의도하고 있다고 생각하였기 때문이고, 다른 일부는 우리에게 지금까지 친숙하였지만 이제는 오도하는 것으로 보이기 시작한 전제들을 한 번 크게 흔들어 보는 것이 중요하다고 생각하였기 때문이다. 특히 마지막 구절이 결코 쉽지 않다. 나는 "너희는 모두 메시야 예수 안에서 믿음으로 말미암은 하나님의 자녀들이다"라고 번역하였지만, '디아 테스 피스테오스 엔 크리스토 예수'(dia tēs pisteōs en Christō Iēsou)는 "메시야 예수를 믿는 믿음으로 말미암아"로 번역할 수도 있고, "메시야 예수 안에 있는 신실하심으로 말미암아"로 번역할 수도 있으며, 이 어구에 있는 두 요소를 두 번째 요소가 첫 번째 요소를 꾸미는 것이 아니라 서로 병행된 것으로 보고서, "너희는 모두 (a) 메시야 예수 안에서 (b) 믿음으로 말미암은 하나님의 자녀들이다"라고 번역할 수도 있다. 나는 이 본문을 붙들고 살아온 세월이 길어질수록, 세 번째 번역이 옳은 것이라는 생각이 더욱더 들기는 하지만, 이 세 가지 중 어느 쪽으로 번역을 한다고 해도, 우리의 현재의 논증에는 별 영향이 없다.[559)] 우리가 이 구절을 어떤 식으로 보든, 그 요지는 "메시야 안에" 있는 공동체의 표지는 분명히 '피스티스'(pistis)라는 것이다.

558) 3:23-6.

559) Hays, 2000, 271. Dunn, 1993, 202는 "그리스도 예수는, 이 아들이라는 지위의 사회적 맥락이었던 민족으로서의 이스라엘을 대체하였다"고 말한다.

우리가 확인한 논점을 다시 한 번 살펴본다면, 갈라디아서의 이 본문에서, 우리는 바울이 특히 로마서를 해석할 때에 종종 서로 다른 사고유형이나 서로 다른 유형의 구원론으로 여겨지는 것들을 자유자재로 넘나드는 것을 볼 수 있다는 것이다. 사람들이 "메시야 안에" 있다는 언급은 23-25절에서 정확히 믿음, 율법, 칭의와 결부되고, 그런 후에는 세례를 통해 "메시야 속으로 들어가고" "메시야를 옷 입는다"는 것과 연관해서 설명되며, "너희는 모두 메시야 안에서 하나이다"라는 말로 요약되는 공동의 삶을 가져오고(3:27, 28), 이 장의 끝부분에서는, 이렇게 메시야의 백성인 자들(여기에서는 '크리스투'[Christou]라는 속격이 다른 곳에서의 전치사 "안에"와 동일한 기능을 하고 있는 것을 주목하라)은 아브라함의 자손이자 하나님이 약속한 단일한 "자손"으로서 아브라함에게 약속된 유업을 이을 자들이라는 것으로 귀결된다. 이 합체론적(이것은 "계약론적"이라고 할 수 있는 것은 물론이지만, "교회론적"이라고 할 수도 있을 것이다) 결론은 모두 3:26에 나오는 "믿음으로 말미암아"라는 표제 아래 있다. 즉, 세례와 단일한 권속에 관한 모든 말들은 '피스티스'(pistis)를 전제한다는 것이다. 그리고 이 "믿음"이 무엇이고 어떻게 생기는지에 관한 추가적인 설명은 4:1-7에 나온다. 이 본문은 우리가 이 모든 것들이 서로 함께 어우러져서 연속적으로 등장하는 것을 볼 수 있는 지점이고, 이 모든 것 속에서 내내 원리로 작용하는 것은 성령이라는 것을 보여주는데, 이 성령을 통해서 — 또는, 성령이 메시야가 이룬 일들을 현실에서 실현하는 것을 통해서 — "선민론"은 재정의된다.

우리가 이미 보았듯이, 4:1-7은 수정된 출애굽 서사이다. 현재 노예생활을 하고 있는 "아들"은 계약 하나님의 역사(act)에 의해서 "속량되고," 이 하나님은 "유업"으로 향하는 여정을 위한 인도자로서 이 아들과 동행한다. 3:29의 "상속자들"로 하여금 4:7의 "유업"을 얻도록 하기 위하여 하나님의 임재로서 그 여정에 함께 하는 역할은 성령에게 맡겨져 있다. 로마서 8:15에서처럼 여기에서도, 성령은 이 속량함을 입은 백성으로 하여금 하나님을 "아바, 아버지"로 부를 수 있게 해줌으로써, 그들에게 자신들이 그러한 "믿음"으로 재정의된 출애굽 권속, 곧 "하나님의 자녀들"이 되었다는 것을 확신할 수 있게 해준다.[560] 아람어인 "아바"라는 단어를 사용해서 하나님을 아버지라 부르는 이러한 "고백"을 "믿음"의 표현이라고 보는 것이 바울 학자들에게는 생소할 수 있지만, 나는 그들이 그렇게 느끼는 것은 "사법적" 용어와 "참여적" 용어를 근거 없이 구분하고서, "사법적" 모형을 지지하는 사람들이

560) 출 4:22(cf. 호 1:10; 11.1; Sir. 36.17; *3 Macc.* 6.28; *Jub.* 1.23-5; *4 Ez.* 6.55-9; *Pss. Sol.* 17.26f.).

"양자됨" 같은 주제는 말할 것도 없고 성령을 언급하는 것조차도 "이신칭의"를 엄격하게 정의하는 데 끼어들지 않도록 단호하게 거부해 온 데서 기인하는 것이라고 생각한다. 하지만 나는 여기에서 및 로마서 8장의 유사한 본문 속에서 우리는 정확히 "믿음"의 표현을 보고 있는 것이라고 생각한다.

바울의 재정의된 유일신론이 고린도전서 8:6의 "한 분 하나님 아버지와 한 주 메시야 예수"로 이루어져 있다고 한다면, "믿음"이 예수를 부활한 메시야이자 주로 고백하는 것으로만 이루어져 있고, 이 하나님을 아버지라 고백하는 것이 거기에 포함되어 있지 않다고 말하는 것은 이상한 일일 것이다. 사실, 4:8-11이 보여 주듯이, 바울은 여기에서 이 재정의된 유일신론을 깊이 생각하고 있고, 온갖 형태의 이교에 대항해서 그러한 유일신론을 확고하게 천명하고 있는 것이다 — 물론, 바울이 여기에서 보여주고 있는 이교라는 것이 "날들과 달들과 절기들과 해들"을 중시하는 유대적 판본의 이교, 즉 이방인 신자들을 그들이 최근에 빠져나온 '스토이케이아'(stoicheia, "세계의 요소들")의 지배 속으로 다시 들어가게 하고자 한 유대교라는 것이 조금 당혹스럽기는 하지만. 따라서 나는 4:1-7에서 바울은 다음과 같은 것들을 수행하고 있는 것으로 본다: (a) 그는 자기가 이 시점까지 말해 온 "믿음"이라는 것이 정확히 무엇인지를 보여주고 있다; (b) 그는 이 믿음이 성령의 역사를 통해서 생겨난다는 것을 강조하고 있다(3:14에서처럼); (c) 그는 이 믿음이 유대인에게나 이방인에게나 똑같이 한 분 유일하신 하나님의 새로운 출애굽 백성이자 아브라함에게 약속된 계약 백성의 지체임을 보여주는 증표라는 것을 역설하고 있다. 여기에서 우리는 다시 한 번 성령을 통해서 재정의된 선민론을 본다. 또한, 우리는 여기에서 다시 한 번 계약적, 참여적, 변성적, 구원사적 모티프들이 인간론적이고 법정적인 색채가 그 배경 속에서 약하게 어른거리고 있는 좀 더 큰 논증 안에서 서로를 풍부하게 해주는 가운데 결합되어 있는 것을 본다.

(3) 고린도전서

개인숭배의 위험성에 관한 바울의 소극적인 경고들의 적극적인 측면인 그 자신의 사도적 소명에 관한 설명이 시작되는 부분에서, 우리는 그가 최종적이고 종말론적인 법정이라는 관점에서 말하고 있는 것을 발견한다. 이 본문은 그가 이런 종류의 것에 대하여 처음으로 명시적으로 말하고 있는 대목으로서, 로마서의 몇몇 핵심적인 특징들을 강하게 암시해 준다:

> 사람들은 우리를 메시야의 종들이자 하나님의 비밀을 맡은 집사장들로 여기는 것이 마땅하다. 그리고 거기에 따른 결론은 집사장들에게 가장 요구되는 것은 충성(pistos - '피스토스')이라는 것이다. 나는 너희에게나 그 어떤 인간 법정에 의해서 심문받는(anakrithō - '아나크리토') 것을 매우 작은 일로 여긴다고 말하였고, 나도 내 자신을 심문하지(anakrinō - '아나크리노') 않는다. 나는 나에 대해서 자책할 아무것도 알지 못하지만, 그것이 나를 의롭다고 해주지는 못한다(oude en toutō dedikaiōmai - '우데 엔 투토 데디카이오마이'). 나를 심문하시는 이는(ho anakrinōn me - '호 아나크리논 메') 주이시다.[561]

바울은 여기에서 모종의 집단에 의해서 심문을 받고 판단을 받게 될 가능성을 상정하고 있는 것으로 보인다. 여기에서 반복되어 나오는 단어인 '아나크리노'(anakrinō)는, 꼭 그런 것은 아니지만 적대적인 의도를 지닐 수 있고, "심문하다"(영어로는 interrogate)는 그러한 뉘앙스를 포착한 번역인 것으로 보인다. 바울은 나중에 "성도들"은 장차 천사들을 판단할 자들이기 때문에 지금 여기에서 사람들 간의 문제를 판단할 수 있어야 한다고 말할 것이지만(이것은 우리가 곧 다시 살펴보게 될 흥미로운 논점이다), 성도들이 실제로 바울에게 책임을 묻고 판단하게 될 자들이 될 것이라고 상정하지는 않는다. 어쨌든 그는 여기에서 6:1-5의 "이제"를 확고한 "아직"으로 견제하고 있다. 하나님의 집을 맡아 관리하는 집사장들인 사도들은 자신들의 '퀴리오스'(kyrios)에게 책임을 져야 하지만, 그의 판단은 마지막에 있을 것이다. 바울은 계속해서 이렇게 말한다:

> 그러므로 주께서 오실 때까지는 아무것도 판단하지 말라(mē pro kairou ti krinete - '메 프로 카이루 티 크리네테')! 그가 어둠의 은밀한 것들을 드러내시고, 마음의 의도들을 나타내실 것이다. 그 때에 각 사람은 하나님으로부터 칭찬을 받을 것이다.[562]

이것은 우리가 로마서 2:16과 2:29에서 발견하는 최후의 심판에 관한 것과 동일한 그림이다. 모든 마음의 은밀한 것들이 드러나게 될 것이고, 사람들로부터가 아니라 한 분 유일하신 하나님으로부터 "칭찬"이 주어지게 될 것이다.[563]

고린도전서 4장과 로마서 2장이 주제와 언어적 표현 양면에서 이렇게 밀접한 유

561) 고전 4:1-4. 고린도 교인들은 바울을 그의 수사학적인 솜씨로 "평가하고" 있었던 것으로 보인다(Witherington, 1995, 137f.; Hays, 1997, 66).

562) 고전 4:5.

563) Thiselton, 2000, 341f.는 로마서 및 갈라디아서와의 이러한 연결 관계를 옹호하는 반면에, R. F. Collins, 1999, 173 등은 이것을 다른 관점에서 고찰한다. 또한, 아래에 인용된 Fitzmyer도 보라.

사성을 지니고 있다는 사실은, 우리로 하여금 바울은 다른 모든 전도자들(그리고 많은 저자들)과 마찬가지로 흔히 매우 비슷한 것들을 때로는 수 년 간격을 두고서 서로 다른 경우들에서 말하였음에 틀림없다고 추정해야 한다는 것을 상기시켜 준다. 하지만 내가 앞에서 우리가 살펴본 그 어떤 의미에서의 "칭의"도 직접적으로 다루고 있지 않은 이 본문을 여기에서 인용한 이유는, 이 본문은 앞에서 우리가 바울의 칭의론이 어떻게 "작동하는지"에 대하여 그린 일곱 가지 소묘와 매우 깊이 연관되어 있는 두 가지의 것을 보여 주기 때문이다.

첫 번째는 이 본문은 바울이 "주" 예수가 재판장이 되고 한 분 유일하신 하나님이 그 때에 합당한 "칭찬"을 각 사람에게 주게 될 저 장래의 법정에 관한 이 통상적인 그림에 얼마나 익숙해 있는지를 보여준다는 것이다. 두 번째는 이 본문은 바울이 바로 그 최후의 심판을 근거로 해서, 장래에 내려질 판결을 현재에 있어서 미리 알 수 있다고 상정하는 데 익숙해 있다는 것을 보여준다는 것이다. 여기에서 바울은 고린도 교인들에게 사도들이 한 일에 대한 평가는 최후의 심판 때에 내려지게 될 것이기 때문에, 그 때가 이르기도 전에 그들이 나서서 사도들을 평가하거나 판단하려고 해서는 안 된다고 말하고 있다. 그는 여기에서 "심문"(interrogation)을 나타내기 위한 단어로, 로마서 2장에 나오는 "심판하다"(judging)와 관련된 여러 동사들과 맥을 같이하는 동사를 사용하고, 5절에서는 좀 더 명시적으로 "심판"에 대하여 말한다. 또한, 그는 "의롭다 함을 얻다"라고 말할 때에는, 우리가 이제 아주 잘 알게 된 '디카이오오'(dikaioō) 어근의 동사를 사용한다. 그리고 그가 판단받거나 심판받을 때에 기준이 되는 것은, 로마서 3:2에 나오는 이스라엘의 경우와 마찬가지로, "자신의 사명에 대한 신실함"이라는 의미에서의 그의 "피스티스'(pistis)이다(2절).[564] 이 논의 전체는, 우리가 로마서 2장을 현재적으로 알 수 있는 최후의 심판에서의 판결에 대하여 말하고 있는 것으로 보는 것이 옳다는 것을 확고하게 보여주는데, 바울이 여기에서 구원론에 대하여 말하고 있는 것이 전혀 아니라는 점을 고려하면 더욱더 그러하다. 이런 식의 사고방식은 바울에게 매우 익숙한 것이었음에 분명하다.

이 대목은 바울이 이 서신에서 장래의 최후의 심판에 관하여 말하고 있는 최초의 본문이 아니다. 앞 장에서 그는 이미 교회를 세우기 위하여 일하는 모든 사람들

564) Fitzmyer, 2008, 213은, "칭의는 '피스티스'(pistis)의 문제가 아니기 때문에," 이것은 통상적인 의미에서의 "칭의"에 관한 것이 아니라고 말한다. 그러나 2절에서 바울이 말하고 있는 것에 의하면, 이것이 말하고 있는 것은 바로 "칭의"이다. 바울의 "가르침들"은 그의 다른 모든 관심사들로부터 초연한 세계 속에서 살아가고 있는 것이 아니다.

에게 심판이 기다리고 있다고 썼다. "각 사람이 어떤 종류의 일을 하였는지를 불로 시험하게 될 날"이 장차 올 것이다.[565] 이것에 대해서는 우리가 본서의 다음 장에서 좀 더 자세하게 살펴볼 것이지만, 바울은 이후의 두 장에서, 그 장래의 심판이 현재적으로 교회의 삶 속에 가져와질 수 있고 가져와져야 한다고 말한다. 즉, 교회는 성도가 파렴치한 일을 행하였을 때, 한 분 유일하신 하나님이 장래에 세계의 나머지 사람들에 대하여 행하게 될 그런 심판을 자신의 지체들 중에서 현재적으로 행하여야 한다는 것이다:

> 외부 사람들을 판단하는 것에 대하여 내가 신경 쓸 이유가 어디 있겠는가? 내부 사람들은 너희가 판단해야 하지 않겠는가? 외부 사람들은 하나님이 판단하신다. "이 악한 자를 너희 무리로부터 쫓아내라."[566]

바울은 실제로 에게 해 저편에서 이미 이 범죄자에 대하여 선고를 내린다:

> 나는 이미 판단하였다는 것을 너희에게 알린다. 나는 육신적으로는 너희로부터 떠나 있지만, 영으로는 너희와 함께 있어서, 마치 내가 너희와 함께 있는 것처럼, 이런 일을 행한 자에 대하여 이미 판단하였다.[567]

따라서 교회의 내적 치리는 바울에 의해서 이미 선고된 판결과 장차 마지막 날에 내려지게 될 판결 사이에서 이루어지는 일종의 선취된 종말론(anticipated eschatology)이다. 바울의 칭의론이 실제로 어떻게 작동하는지를 이미 파악한 사람들은 이 모든 것이 칭의론의 경우와 아주 비슷한 형태로 작동하고 있다는 것을 알게 된다. "의롭다"는 판결이 마지막 날로부터 현재 속으로 들어와서, 메시야의 죽음과 부활 및 믿음을 토대로 한 하나님의 선언을 통해 역사 내에서 선고되는 것과 마찬가지로, 바울이 상정하는 교회의 치리는 최종적인 단죄를 현재 속으로 가져와서, 자기가 저 멀리서 이미 선고한 판결을 실행하여, 그 범죄자로 하여금 나중에 "구원을 얻을" 수 있게 하기 위하여, 현재적으로 여기에서 "판단하는" 것이었다:

> 너희는 그런 자를 사탄에게 내주어 육신이 멸해지게 하여야 하리니, 이는 그의 영이 주 예수의 날에 구원을 받게 하기 위한 것이다.[568]

565) 고전 3:13.
566) 고전 5:12f.
567) 5:3.

바울이 이 본문을 통해서 정확히 무엇을 말하고자 한 것이든 — 이것과 관련해서 주석자들의 견해가 서로 갈린다는 것은 이상한 일이 아니다 — 우리의 현재의 논의에서 중요한 것은 "심판"과 관련된 개시된 종말론, 즉 장래의 판결이 이미 현재 속에서 행해지고 있다는 것이다.

종말론적 심판과 신원에 관한 바울의 관념에 관한 논의들 속에서 늘 제시되는 것은 아니지만, 이것과 아주 비슷한 또 한 가지 관념은 11장에 나오는 성찬식에서의 행동에 관한 논의에서 발견된다:

> 너희가 주의 몸을 분별함이 없이 먹고 마신다면, 그것은 너희 자신에 대한 심판을 먹고 마시는 것이다. 이것이 너희 중에 약한 자와 병든 자가 있고 죽은 자도 있는 이유이다. 우리가 우리 자신을 어떻게 판단해야 하는지를 알았더라면, 우리는 판단을 받지 않았을 것이다. 그러나 우리가 주에 의해서 판단을 받는 것은 징벌을 받는 것이니, 이는 우리로 하여금 세계와 더불어 정죄함을 받지 않게 하기 위한 것이다.[569)]

여기에서도 우리의 현재의 목적은 그런 경우들에 있어서 실제로 무슨 일이 일어난 것으로 바울이 보고 있는 것인지에 대하여 설명하는 것이 아니기 때문에, 우리가 여기서 주목하는 것은 메시야의 백성과 관련된 장래의 판결 — 이 경우에는 "심판" — 을 최종적으로 처리해서 마무리하기 위하여 그 판결을 현재 속으로 가져오고 있다는 것이다.[570)] 장래의 정죄가, 바울이 5장에서 상정하고 있듯이 교회 자체에 의해서 부과되는 치리라는 형태로든, 아니면 여기에서처럼 하나님의 징벌이라는 형태로든 현재 속으로 들어올 때, 그것은 이미 자신의 칭의를 확신하고 있는 신자들의 기본적인 신분 또는 지위에는 영향을 미치지 않는다(6:11). 사실, 이것은 저 장래의 판결이 그대로 유지되게 하기 위하여, 어떤 성도에게 합당한 것으로 보일 수 있는 장래의 정죄를 지금 여기에서 처리하는 것이다.[571)]

장래의 심판을 현재 속으로 가져오는 것과 관련된 또 다른 본문은 고린도전서 6:1-6이다. 바울은 자기가 다른 곳에서 하나님 자신이나 주 예수에 의해서 수행될

568) 고전 5:5. Witherington, 1995, 158; Thiselton, 2000, 397-400 등에 나오는 논의를 보라.

569) 고전 11:29-32. Moule, 1964의 이전 논문은 여전히 가치가 있다. "징벌"은 긍정적인 역할을 위해 의도되었음이 분명하다: Thiselton, 2000, 898와 Hays, 1997, 202를 보라: "교회가 그러한 치리적인 분별력을 행사하는 곳에서는, 하나님의 심판은 회피된다; 교회가 그러한 분별력을 행사하는 데 실패하는 곳에서, 그들이 최종적인 정죄 아래 떨어지는 것을 막기 위하여 하나님의 심판이 개입된다."

570) 또는, Sampley, 2002, 936은 이것을 단지 "잠을 깨우는 소리"로 볼 수 있다고 주장한다.

571) 비슷한 사고의 흐름으로는 cf. 시 94:12f.; 히 12:3-11.

것이라고 말한 마지막 날의 심판에서, 메시야의 백성이 그 심판하는 일에 동참하게 될 것임을 전제하고, 고린도 교인들도 그런 사실을 알아야 한다고 생각한다. 따라서 바울은 신자들 간에 송사가 일어난 것을 보았을 때에 경악을 금치 못하는 반응을 보인다:

> 너희는 하나님의 백성이 세상을 판단하게 될 것임을 알지 못하는가? 세상이 너희에게 판단을 받게 되어 있는데, 너희는 정말 작은 일들을 판단할 능력도 없다는 말인가? 너희는 우리가 장차 천사들을 판단하게 될 것임을 알지 못하는가? 그런데 어떻게 일상적인 삶과 관련된 일들도 판단할 수 없다는 말인가?[572)]

본문에서 말하는 두 가지, 즉 그리스도인들은 장차 천사들을 판단하는 일에도 참여하게 되리라는 것, 따라서 현재에 있어서 일상적인 문제들을 "판단할" 수 있어야 한다는 것은 우리에게 생소해 보일 수 있지만, 첫 번째의 것은 유대 전통 속에서 잘 확립되어 있는 것으로서 적어도 다니엘서 7장까지 거슬러 올라가고, 초기 기독교에서도 가져와서 사용하였던 것이고,[573)] 두 번째의 것은 "종말," 좀 더 구체적으로는 "심판"이 메시야와 성령 안에서 이미 현재 속으로 들어 왔다는 바울의 인식으로부터 자연스럽게 도출되는, 조금은 놀랍지만 직접적인 결론이다. 이 단계에서 내가 보여주고자 하는 것은, 바울은 "칭의" 자체를 다루고 있지 않을 때조차도, 그의 사고는 통상적으로 장래의 심판의 날이 메시야 안에서 이미 현재 속으로 도래하였고, 성령의 능력 안에서 공동체에 적용되고 실행되고 있다는 것을 기본적인 전제로 해서 전개되고 있다는 것이다. 바로 그러한 기본적인 전제 위에서, 그는 장래에 이루어질 일들은 교회의 현재적인 삶 속에서 실현되어야 한다고 선언한다. 장래에 "하나님의 나라를 유업으로 받지 못할" 행동을 하는 자들은 현재적으로 교회 내에서 용납되어서는 안 된다. 역으로, 장래의 부활은 사람의 몸이 하나님이 현재적으로 영광을 받는 곳이 되어야 한다는 것을 의미한다.[574)]

그 밖에도 고린도 서신에는 선민론에 대한 재정의와 관련해서 특별히 중요한 본문이 두 개가 더 있다. 우리는 고린도후서 5:21에 대해서는 이미 살펴보았기 때문에, 그러한 재정의에 있어서 성령의 역할에 대하여 말하고 있는 가장 주목할 만한

572) 고전 6:2f.

573) 단 7:22, 27; cf. Wis. 3.8; Sir. 4.15; 1 QpHab 5.4; *1 En.* 1.9; 95.3; 104.2; *Test. Abr.* 1—4; cf. 마 19:28; 눅 22:30; 계 2:26; 20:4 등. Rosner, 1990은 이 주제는 출애굽기 18:13-17에서 모세가 자신의 재판을 도와 줄 보조 재판관들을 임명한 것을 반영한 것일 수 있다고 주장한다.

574) 5:12f.; 6:1-4, 9f., 13f.

설명들 중의 하나인 고린도후서 3장으로 눈을 돌리지 않으면 안 된다.

(4) 고린도후서 3장

바울이 고린도후서 3장을 통해서 설명하고자 하는 것은, 자신이 사도직을 수행해 온 방식은 자기가 초라하고 비루한 차선책을 택해서 나타나게 된 모습이 아니라, 그것이야말로 사도직의 진정한 모습이라는 것이다. 그의 논증은, "새 계약"에 관한 성경의 약속들이 성령으로 말미암아 고린도 교인들 속에서 실현되었고, 자기는 성령의 능력 안에서 사도로서 일을 해왔다는, 그의 설명을 축으로 해서 전개된다. 달리 말하면, 성령에 의해서 및 성령을 중심으로 재정의된 선민인 메시야의 백성이 바로 하나님이 오랫동안 약속해 왔던 갱신된 계약 공동체라는 것이다.

이것은 거의 논쟁의 여지가 없다 — 바울을 "계약적인" 관념들로부터 분리시켜 놓기를 원해 왔던 학자들은, 그는 이 대목에서 원래 자기가 원한 노선을 따라 말하고 있는 것이 아니라, 대적들에게 대응하기 위해서 자신의 본래의 논증에서 떠나서 그들에게 맞춰 논증을 전개해 나가고 있는 것이라고 주장할 수밖에 없었지만.[575] 하지만 그들의 그런 주장은, 그가 그 주장이 적용될 가능성이 거의 없는 다른 본문들(롬 2:25-29; 7:4-6)에서도 여기에서와 비슷한 표상들을 사용하고 있다는 사실과 부합하지 않는다. 이러한 일련의 사고 전체는 그때그때 변증적인 목적을 위해서 외부로부터 갑작스럽게 들여온 현란한 미사여구를 나열해 놓은 것이 아니라, 그의 중심적인 사고의 일부인 것으로 보인다.

바울이 고린도후서 3장에서 "새 계약"이라는 성경적인 관념을 설명하고 있다는 것을 분명하게 보여주는 첫 번째 증표는 3절에 나오는데, 거기에는 하나님이 자기 백성에게서 돌 같은 마음을 그들의 육신으로부터 제거하고 연한 살 같은 마음을 주어서 그들의 마음을 바꾸어 놓을 것이라고 말한 에스겔의 반복적인 예언이 반영되어 있다:[576]

> 너희가 우리를 사자들로 보내 전하게 한 메시야로부터의 편지, 곧 먹으로 쓴 것이 아니라 살아 계신 하나님의 영으로 쓴 편지, 돌판에 쓴 것이 아니라 마음판에 쓴 편지라는 것은 너무나 분명하다.

575) Thrall, 1994, 2000, 236-9에 나오는 논의를 보라.

576) 겔 11:19; 36:26. 이 장 전체에 걸쳐서 성경 본문들이 복잡하게 서로 엮어 짜여져 있는 것에 대해서는 Hays, 1989a, ch. 4을 보라.

에스겔도 두 개의 관련 본문 속에서, 하나님이 자기 백성에게 "새 마음과 새 영"을 줄 것에 대하여 말한다.[577] 그는 하나님의 백성이 처해 있던 이전의 돌 같은 마음의 상태와 그들이 새 마음과 새 영을 받아 마음으로부터 토라를 지킬 수 있게 될 새로운 상태를 대비시킨다.

바울은 출애굽기에 나오는 "돌판들"[578]을 에스겔서에 나오는 "돌 같은 마음들"과 서로 중복시키는 가운데, 시내 산에서 율법이 처음으로 주어진 때에 관한 기사와의 암묵적인 대화 속에서 이 그림을 발전시켜 나간다. 그는 자기가 고린도에서 해 온 사역은 살아 계신 하나님의 영이 사람들의 살 같은 "마음판들"에 쓴 새로운 종류의 "편지"를 만들어냄으로써, 그 예언적인 약속들을 성취하는 것이었다고 말한다.[579] 그리고 고린도 교인들은 그러한 성취를 보여주는 살아 있는 증거들이다: "너희는 우리를 사자들로 보내 전하게 한 메시야로부터의 편지이다."

여기에 에스겔서가 반영되어 있다는 사실을 고려하면, 우리는 바울이 이러한 이중의 압축된 진술을 통해서 무엇을 말하고자 하는 것인지를 알 수 있다. 즉, 바울의 청중들 — 엉망진창이고 말 안 듣는 고집불통이었던 고린도 교인들! — 은 이미 그 마음이 에스겔서의 예언대로 변화된 자들이라는 것이다. 살아 계신 하나님은 성령을 통해서 그들의 육신으로부터 "돌 같은 마음"을 제거하고 살 같은 마음을 주었고, 바로 그 동일한 역사의 일부로서, 그 마음판들에 "메시야로부터의 편지"를 새겨 놓았다. 우리는 이 본문 속에서, 좀 더 멀기는 하지만 여전히 똑똑히 들리는 또 다른 반향들을 들을 수 있는데, 그것은 예레미야서 31장으로부터 오는 반향들이다. 예레미야서 31장에 대한 반향이 분명하게 드러나는 6절에 앞서서, 우리는 3절에서 이미 바울이 그 관련 본문을 염두에 두고 있다는 것을 감지할 수 있다:

> 야웨께서 말씀하신다. 내가 이스라엘 집 및 유다 집과 새 계약을 맺게 될 날이 반드시 올 것이다 … 야웨께서 말씀하신다. 여러 날 후에 내가 이스라엘 집과 맺게 될 계약은 이것이니, 내가 나의 율법을 그들의 속에 두고, 그들의 마음에 기록하여, 나는 그들의 하나님이 되고, 그들은 내 백성이 될 것이다. 그들이 더 이상 "야웨를 알라"고 서로를 가르치거

577) 11:19의 MT는 '레브 에하드'(leb echad, "한 마음")로 되어 있지만, 일부 사본들은 18:31; 36:26에서처럼 '하다쉬'(hdsh)로 되어 있다.

578) 출 31:18; 32:15; 신 9:10f.

579) 나의 사역에서 나는 이 절의 끝에 나오는 '사르키나이스'(sarkinais)를 "육의"(fleshly)가 아니라 "맥동하는"(beating)으로 번역한 것은, '사르키노스'는 '사르키코스'(sarkikos)의 경우와는 달리, 경멸적인 뉘앙스를 지니고 있지 않다는 것을 분명히 하기 위한 것이다: 그 핵심은 "살아 계신 하나님"과 ("돌 같은"과 반대되는) 살아 있는 마음 간의 유사성이다.

> 나 말하지 않게 될 것이니, 이는 지극히 작은 자로부터 지극히 큰 자에 이르기까지 다 나를 알게 될 것임이라. 야웨께서 말씀하신다. 왜냐하면, 내가 그들의 죄악을 사하고, 다시는 그들의 죄를 기억하지 않을 것이기 때문이다.[580)]

고린도후서 3:3에서 예레미야서의 이 본문에 대한 반향은 "마음에 쓴다"는 관념을 통해서 이루어진다. 예레미야서에서 장차 마음판에 씌어지게 될 것은 토라라고 말하는 반면에, 바울은 "메시야로부터의 편지"라고 말하기는 하지만, 그 취지는 동일하다. 즉, 살아 계신 하나님이 성령을 통해서, 이 공동체를 그를 아는 백성으로 바꾸어 놓은 새 일을 행하였다는 것이다. 그리고 그것은 이제 4절과 5절에서 말하는 바울의 담대함의 근거가 된다. 즉, 이 하나님이 자기에게 사도직을 수행할 수 있는 "자격을 주었기" 때문에, 자기는 다른 누구로부터 그 어떤 종류의 다른 "자격증"도 받을 필요가 없다는 것이다. 고린도 교인들은 그가 사도로서의 자격을 갖추고 있는지에 대하여 의문을 품고 문제를 제기하였기 때문에, 그는 이렇게 이 문제를 드러내 놓고 말할 수 있었다. 바울 및 그의 사도직 수행을 돕는 동료들(1:1에서는 디모데가 이 서신의 공동 송신자라고 말한다)은 "율법 조문이 아닌 성령의" "새 계약의 일꾼들"(diakonoi kainēs diathēkēs – '디아코노이 카이네스 디아테케스') 이다. 그들의 복음 사역은 성령을 통해서 예레미야가 말한 "새 계약"을 실현하는, 달리 말하면 선민을 재정의하는 결과를 가져 왔다.

현대의 학계에서는 "문자와 영"이라는 어구의 의미를 둘러싸고 온갖 설이 난무해 오다가, 낭만주의 운동이 "문자와 영"을 외적인 형태와 내적인 느낌이라는 관점에서 피상적으로 구별하면서, 특정한 방향으로의 해석이 힘을 얻게 되었다:

> 낭만주의자들의 사고방식은 생각보다는 느낌, 좀 더 구체적으로 말해서 계산보다는 감정, 문자적인 평범한 의미보다는 상상력, 지성보다는 직관을 더 선호한다 … 철학 사조가 아닌 일반적인 낭만주의는 통상적인 합리성을 땅에 결박된 실용적인 임시변통으로서 진정한 세계에 관한 그림에서 많은 것들을 잘라내 버린 피상적이고 왜곡된 그림으로 여겨서 경멸한다. 시인들을 비롯한 그런 부류의 창의적인 천재들에게서 나오는 세계에 대한 직관적이고 심지어 신비적이기까지 한 인식은 그 어떤 이성적인 밑받침이나 설명을 필요로 하지 않는다.[581)]

많은 사람들이 바울을 그런 빛 아래에서 읽어 왔기 때문에, 필연적으로 잘못 읽

580) 렘 31:31-4.
581) Quinton, 1995.

을 수밖에 없었다. 왜냐하면, 바울은 셸링(Schelling, 1775-1854년)이나 콜리지(Coleridge, 1772-1834년)보다 한참 전에 태어나서, 낭만주의 철학의 혜택을 받지 못하였기 때문이다. "문자와 영"이라는 바울의 구별은 낭만주의의 그러한 구별과는 판이하게 다르고, 오늘날의 구어적 표현인 "법조문"과 "법정신"이라는 구별과도 판이하게 다르다. 오늘날 "법정신"이라고 하면, 기본적으로 어떤 사람이 법조문을 그대로 지켰다고 해도, 그 사람의 행동이 그 법조문의 문자적인 의미와 다르고 더 높은 원리인 원래의 법정신에 맞지 않는다면, 그것은 법을 지킨 것이 아니라는 것을 의미한다.[582] 바울이 말한 "문자와 영"이라는 어구가 적어도 부분적으로는 그런 식의 구어적인 표현에 영향을 주었다고 할지라도, 그것은 그가 이 어구를 통해서 말하고자 하는 것이 아니다.

바울은 여기에서 돌판에 새겨진 것으로서 청중들의 마음을 변화시킬 수 없는 모세 율법과 메시야 예수에 관한 복음의 선포를 따라 역사하여 청중들의 마음을 변화시켜서 율법 아래 있던 백성과는 다른 성격의 백성을 만들어 내고 있는 성령의 차이에 대하여 말하고 있는 것이다. 그 결과는 세 가지이다. 첫 번째는 에스겔서를 반영한 것으로서, 그들의 마음이 새로워짐과 동시에 정결해진다는 것이다. 두 번째는 예레미야서를 반영한 것으로서, 그들이 계약의 하나님을 아는 새로운 지식을 갖게 된다는 것이다. 세 번째는 출애굽기, 에스겔서, 예레미야서를 공통적으로 반영한 것으로서, 그들이 순종의 새로운 가능성을 갖게 된다는 것이다. 바울이 여기에서 "영"을 언급하는 것은, 낭만주의에서와는 달리, 조문보다 더 높은 원리에 호소해서, 사람들을 현실에서의 지루한 순종으로부터 해방시켜 주고자 하는 것이 아니다. 그것은, 그가 복음과 성령에 의해서 만들어져서, 새로운 유형의 공동체를 창설하는 토대가 되는, 하나님의 형상을 반영하여 온전하게 된 새로운 인간성(humanness)을 설명하는 방식이다.

바울이 자신의 사도직의 정통성을 의심하는 사람들에게 이런 것들을 말하고 있다는 것이 아이러니컬하기는 하지만, 어쨌든 그가 말하고자 하는 요지는, 성령이 내주하는 사람들은 수건을 벗은 얼굴로 서로를 바라볼 때에 그들 각자에게 "동일하게 반영되어 있는 분"을 보게 된다는 것이다.[583] 그러나 이것은 전부를 받아들이든지, 아니면 전부를 거부하든지 둘 중의 하나를 선택하라는 것이고, 그는 그런 식의 선택을 제시하는 것을 주저하지 않는다.

582) 따라서 바울은 단지 사람들은 성령으로 말미암아 이제 토라를 다르게 해석할 수 있다는 "해석학적 원리"를 언급하고 있는 것이 아니다; 아래를 보라.

583) Wright, 1991 [*Climax*], ch. 9을 보라.

바울의 기본적인 주장은 이것보다 더 분명할 수 없다. 즉, 성령은 "선민," 즉 계약에 의한 하나님의 백성으로서의 지위를 재정의하였기 때문에, 계약은 이제 모세 율법을 소유하거나 듣는 그런 문제와는 아무 상관이 없고, 성령에 의해서 일어나는 마음의 변화의 문제가 되었다는 것이다.

우리는 특히 출애굽기에 있어서 그 배경이 되는 맥락을 놓쳐서는 안 된다(많은 사람들이 이것을 놓쳐 왔지만).[584] 우리는 이것을 앞 장에서 살펴보았기 때문에, 여기에서는 간략하게만 언급하고자 한다. 바울은 이스라엘 백성이 금송아지를 만든 후에 일어난 일에 관한 이야기를 근거로 삼는다. 모세는 산에 올라가서, 토라의 돌판들만을 받은 것이 아니라, 이스라엘의 하나님이 자기 백성 가운데 거하기 위해 필요하였던 성막을 만드는 것과 관련된 지시들도 받았지만, 그들의 뻔뻔스러운 우상 숭배는 하나님의 임재가 그들과 함께 하지 못하게 되는 결과로 이어질 수 있었고, 만일 그렇게 되었다면, 그들은 한 천사의 인도를 받아 이 여정을 계속해야 했을 것이다. 그래서 모세는 하나님의 마음을 되돌리기 위하여 간절하게 기도하기 시작하고, 이스라엘은 결국 하나님의 백성이기 때문에, 이스라엘과 관련된 모든 것이 곧 그대로 하나님의 명성과 직결될 수밖에 없다고 호소한다. 하나님은 마음이 풀어져서, "내 임재가 그들과 함께 갈 것"이라고 말한다.[585] 이것이 계약의 하나님이 자신의 영광(그의 얼굴은 아니지만)을 모세에게 계시하는 시점이다. 이 일 후에 특히 두 가지 일이 일어났는데, 하나는 모세가 자신의 얼굴에서 빛이 났기 때문에, 백성들을 두렵게 하지 않기 위해서 자신의 얼굴을 수건으로 가려야 했던 것이고,[586] 다른 하나는 성막이 마침내 건설되어서, 하나님의 임재가 구름과 영광 속에서 강림하여 성막에 거하게 되고, 이스라엘 백성을 그들의 유업으로 인도하게 되었다는 것이다.[587] 물론, 이 대목에서 모호성이 존재한다. 왜냐하면, 하나님의 임재가 성막에 거하며 이스라엘 백성의 여정을 인도하게 되기는 하였지만, 성막은 여전히 진영 밖에 있었기 때문이다. 여기서 바울이 출애굽기를 반영한 것 속에는 상당한 정도의 대비의 의미가 함축되어 있다. 즉, "셰키나"(Shekinah)는 백성들과 분리되어서 성막에 거하였던 반면에, 이제 하나님의 성령은 갱신된 백성 속에 거하고 있다는 것이다.

584) 다른 많은 것들과 마찬가지로 이것에 대해서도, 나는 Scott Hafemann에게 빚을 졌다(물론, 그의 모든 결론들에 동의하는 것은 아니지만): 이 점에 대해서는 Hafemann, 1995, 225-31을 보라.

585) 출 33:14.

586) 출 34:29-35.

587) 출 40:34-8.

바울은 이 서사를 다시 성찰하는 가운데, 토라의 성취만이 아니라 성막에 관한 약속의 성취에 대해서도 말하고 있는 것이다. 앞 장에서 보았듯이, 수건을 벗은 얼굴로 주의 영광을 보는 자들(고후 3:18)은 자신들의 마음속에 "메시야 예수의 얼굴에 있는 하나님의 영광을 아는 지식의 빛"을 지닌 자들이다(4:6). 바울이 6:16-18에서 보여 주듯이, 그들은 새로운 성막 또는 성전이다. 이스라엘의 하나님이 모세의 기도 후에 유업을 향한 자기 백성의 여정에 동행하겠다고 한 약속은, 이제 하나님이 메시야 백성 내에 거하게 됨으로써 현실이 되었다. 이것은 바울이 출애굽기와 에스겔서와 예레미야서를 한데 결합시켜서, 그렇게 결합된 것을 성령의 빛 아래에서 다시 생각한 결과였다. 이것은 성령에 초점을 맞추어 재정의된 바울의 선민론의 중심적인 계기이다.[588]

우리는 고린도후서 3장이 분명히 "계약"과 "본성의 변화"라는 관점에서 서술되고 있기는 하지만, 그런 이유로 인해서 "사법적인" 성격이 약한 것은 결코 아니라는 것을 주목하여야 한다. 바울은 새 계약과 연결된 자신의 사역을, '카타크리시스'(katakrisis, "심판, 정죄")의 '디아코니아'(diakonia, "직분")와 대비되는 '디카이오쉬네'(dikaiosynē, "의")의 '디아코니아'(diakonia, "직분")라고 설명한다(3:9). 이것은 사망에서 생명으로 옮겨가는 "인간론적인" 결과를 가져온다(3:6). 여기에는 "참여적" 관점과 관련된 언어를 보여주는 명시적인 증표는 거의 없지만(이 장의 전후에 있는 장들에는 그런 언어가 많이 나온다), 우리는 옛 이스라엘의 수수께끼 같은 완악함으로부터 갱신의 예언들을 거쳐서 메시야와 바울의 사역에 이르는 "구원사적인" 관점, 그리고 예수의 얼굴에 하나님의 영광이 계시되어 있고(4:6), 복음을 통해서 열린 눈과 귀들이 하나님의 영광을 새롭게 볼 수 있다고 말하는(3:16-18) "묵시론적" 요소를 여기에서 엿볼 수 있다. 바울을 분석할 때에 종종 서로 배타적인 것으로 여겨져 온 여러 요소들은 여기에서 다시 한 번 아무런 문제 없이 통일적인 전체를 이루며 서로 결합되어 나온다.

(5) 빌립보서 3:2-11

고린도전서 4장은 구원이나 계약의 지체로서의 지위에 관한 논의와는 상관없는 간주곡 역할을 해 왔지만, 우리는 빌립보서를 통해서 다시 좀 더 친숙한 땅으로 돌아오게 되는데, 여기에서는 갈라디아서의 경우보다는 더 수월하게, 바울의 논증이

588) 고린도후서, 특히 논란이 있는 5:21에 대해서는 cf. 위의 제10장 제3절 3) 4).

오로지 "계약의 지체로서의 지위" 및 그 지위가 '피스티스'(pistis)를 중심으로 재정의된 것에 관한 것임을 알 수 있다. 여기에는 명시적으로 "구원"에 관한 것도 없고, 죄, 토라의 저주, 메시야의 죽음이 가져온 결과(그의 고난에 참여하는 것과 관련된 내용을 제외하면)에 관한 언급도 없지만,[589] 바울이 여기에서 설명하고 있는 순례길의 최종목적지는 "마지막 원수"로부터의 "구원"을 의미하는 부활이기 때문에, 그가 "구원"을 궁극적인 목적으로 염두에 두고 있다는 것은 분명하다. 그러나 이 본문의 강조점은 "그렇다면 나는 어떻게 해야 '구원을 받게' 될 것인가"가 아니라, "그렇다면 나는 어떻게 해야 내가 진정으로 계약 백성 안에 있다는 것이 증명될 수 있는 것인가"에 두어져 있다. 여기에서 부활은 3:2에 나오는 "우리가 '할례파'이다"라는 주장으로 시작되는 논증을 마무리하는 역할을 한다.[590] 이것은 "내가 어떻게 나의 구원을 얻었는가" 또는 "내가 어떻게 내 힘으로는 구원을 얻을 수 없다는 것을 깨달았는가"에 관한 주장이 아니라, 하나님의 백성의 지체로서의 신분이나 지위에 관한 주장이다. 이 주장은 두 가지 방식으로 제기되는데, 첫 번째는 메시야 및 그의 십자가 죽음과 부활에 의거한 것이고, 두 번째는 바울이 다른 곳에서 성령의 역사로 보았던 '피스티스'(pistis)를 기반으로 이루어진 메시야와의 인격적인 결합에 의거한 것이다.[591] 나는 이 본문 전체에 대한 던(Dunn)의 설명이 옳다고 본다: 이 본문은 그동안 무시되어 왔지만, 사실은 "막다른 길에 다다라서 거의 교착상태에 빠져 있는 [바울과 율법에 관한] 논쟁의 돌파구를 열 수 있는 주된 자원"이 될 수 있다.[592]

물론, 바울이 우리가 빌립보서 3:2-11에서 발견한 것을 아예 말하지 않았더라면 얼마나 좋았을까 하고 생각하는 학자들도 일부 있다.[593] 이 대목은 사도가 자신이

589) 이것에 반대하는 Cook, 2011, 358은 바울이 "율법을 지키면 죄의 속박으로부터 구원을 받게 될 것"이라고 주장한 대적들을 공격하고 있는 것이라고 본다. Cook이 빌립보서 3:2은 "기본적으로 바울의 갈라디아서의 핵심을 요약하고 있다"고 말한 것은 극적이다.

590) 이 주장이 로마서 2:29과 맥을 같이하고 있다는 것은 분명하다. 앞에서 보았듯이, 로마서 2:29은 고후 3:3-6 같은 본문들과 함께, 신 10:16; 30:6; 렘 4:4; 9:25f.; 겔 44:7, 9; *Jub.* 1.23; 1QpHab 11.13; 1QS 5.5; 1QH 10(=2).18; 23(=18).20; Philo, *Spec. Leg.* 1.305에서처럼, "마음의 할례"에 관한 성경적이고 유대적인 그림 전체를 암묵적으로 상기시킨다: Cousar, 2009, 69.

591) 우리가 3:2에서 볼 수 있듯이: "우리는 하나님의 영으로 섬긴다"(나의 사역에도 불구하고, 지금은 이것이 올바른 읽기라고 나는 믿는다: 예컨대, Caird, 1976, 134; Metzger, 1994 [1971], 547을 보라).

592) Dunn, 2008 [2005], 469 n. 2. Dunn이 쓴 장(ib., 469-90)은 상당 부분 핵심을 제대로 짚고 있다 — 물론, 나는 몇몇 대목들에서는 그가 너무 나갔다고 보기는 하지만(아래를 보라). 이하의 서술에서 Dunn에 대한 언급들은 이 장을 가리킨다.

593) Harink, 2003은 이 본문에 대한 나의 읽기를 강력하게 비판하면서도 정작 대안을 제시하지는

이전의 삶 속에서 누렸던 특권들과 지위를 지금 메시야 안에서 소유하고 있는 지위와 날카롭게 대비시키는 지점이다. 이 본문이 말하고자 하는 것을 정확하게 요약한다면, 그것은 "대체주의적"(supersessionist)일 수밖에 없다고 말하고자 하는 시도들이 통상적으로 있어 왔다. 던은 사실 거의 말할 필요조차 없는 너무나 당연한 것을 말한다:

> 메시야 예수의 강림과 이 예수를 믿는 자들의 마음속으로의 성령의 강림은 내세에 대한 이스라엘의 소망을 성취한 것이었다. 바울이 염두에 두고 있었던 것은 대체되어 폐기된 소망이 아니라 성취된 소망이었다.[594]

나는 이 말이 모든 의심하는 자들과 비판하는 자들을 다 만족시킬 수는 없을 것이라고 우려하기는 하지만, 어쨌든 이 말은 정확히 옳다. 바울이 예수가 이스라엘의 메시야라는 것을 믿었다면 — 우리가 그러한 믿음이 이 본문의 중심에 있다고 보지 않는다면, 바울의 글의 나머지 부분은 그만두고라도, 이 본문은 의미가 통하지 않게 된다 — 바울이나 그와 비슷한 입장에 있던 제2성전 시대 유대인들이, 이 메시야의 추종자들이 생겨나고 있는 상황에서, "이스라엘"은 마치 아무 일도 일어나지 않았다는 듯이 지낼 수 있다고 생각했을 것이라고 보는 것은 불가능하다. 예수가 아브라함으로부터 현재에 이르기까지의 이스라엘의 역사와 단절된 새로운 운동을 시작하였다고 생각하는 것이야말로 사실은 진짜 "대체주의"(supersessionism)로 가는 노선일 것이다.[595] 하지만 그러한 역사를 긍정하고 유효한 것으로 여기며, 비록 아무리 의외의 방식을 통해서이긴 하지만, 이스라엘의 메시야의 도래로 말미암아 이제 성취된 것으로 보는 것을 "대체주의"라고 부르는 것은 이

않는다(157f.). W. S. Campbell, 2008, 149f.에 나오는 짤막한 설명은 필자에 대한 Harink의 기괴한 비판을 되풀이한다(나를 비판하는 몇몇 사람들이 생각하는 것과는 정반대로, 그가 나를 "개인주의의 현대적인 자유주의적 형태"를 견지하고 있다고 비판하는 것은 적어도 새롭고 신선하기는 하다). 빌립보서 3:2-11을 이렇게 주변화시키는 것은, 위에서 언급한 대로, 이 문제의 핵심에 대하여 말하고 있지도 않은 Campbell, 2008, 104에 나오는 두 문장을 제외하고는, 이 두 사람은 어느 쪽도 로마서 2:25-9을 다루지 않는다는 사실과 맥을 같이 한다.

594) Dunn, 2008 [2005], 473(강조는 필자의 것). 하지만 나는 Dunn이 O' Brien, 1991, 358을 인용하면서, 그가 "할례"라는 단어에 정관사를 붙인 것은 배타적인 주장임을 나타내고 있는 것이라고 주장하며, 그를 "대체주의"의 한 예로 본 것이 과연 옳은 일인지는 잘 모르겠다. 나는 그가 실제로는 Dunn과 거의 동일한 것을 말하고 있다고 생각한다.

595) 물론, 이것은 우리가 Martyn, 1997a; 1997b 등의 저작에서 암묵적으로 발견하는 것이다: *Interpreters*를 보라.

용어를 냉소적으로 잘못 사용하고 있는 것이다. 아키바(Akiba)가 바르 코크바를 메시야로 여기고 이스라엘을 향하여 그 깃발 아래 모이라고 외쳤다고 해서, 그가 "대체주의자" 였다는 것인가? 바울은 단지 할례를 비롯한 토라의 여러 표지들만을 배제한 채로, 메시야의 정체성 및 자신이 이스라엘의 하나님에 대한 참된 예배라고 보는 생활방식을 보여 주고 있는 것이다.[596] 이것이 모든 점에서 바울을 특징짓고 있는 역설이다.

그러나 우리의 현재의 목적을 위하여 중요한 것은, 이렇게 해서 바울과 관련하여(갈라디아서 2:16-21에서처럼, 대표적인 사례로서) 선민론이 어떻게 재정의되었는지, 달리 말하면, 바울은 이 메시야를 중심으로 재정의된 계약 백성의 지체임을 보여주는 표지가 무엇이라고 설명하고 있는지를 보여 주는 것이다. 우리는 갈라디아서 3:23−4:7에서와 마찬가지로 여기에서도 종종 서로 다른 신학적 또는 구원론적 "체계들" 또는 범주들에 속한 것으로 생각되어 온 여러 사고층들이 서로 밀접하게 통합되어 있는 것을 본다: "할례" 와 "율법 안에서의 의" 같은 "계약적" 범주들, "메시야 안에" 있음 같은 "합체적" 범주들, "의" 에 관한 "법정적" 언어, "육신을 따른" 정체성의 폐기에 대하여 말하는 "인간론적" 언어, 메시야의 부활에 참여하기 위하여 그의 고난에 참여하는 것에 관하여 말하는 변성론적(transformational) 언어.[597] 그리고 이 모든 것은 이스라엘이 소망해 왔던 것이 이제 성취되었고 지금도 성취되어 가고 있다는 암묵적인 서사, 달리 말하면 모종의 "구원사" 내에 두어져 있다. 그리고 이것은, 단순히 역사적으로 연속적인 발전이나 진화일 수 없는 어떤 일이 일어났고, 이전에 있었던 모든 일들을 무가치하게 만들어 버린 판이하게 새로운 것이 하나님에 의해 주어졌다는 강력한 인식(아마도 "묵시론")과 균형을 이루고 있다. 이 모든 것들은, 다른 곳에서는 그리 분명하게 나타나지 않는 또 하나의 요소, 즉 이 서신의 앞부분에 나오는 1:21-23 같은 본문들에서 볼 수 있는 것과 같이, 메시야와 그의 백성의 친밀한 관계를 표현하는 메시야를 아는 지식이 각 신자에게 주어져 있다는 내용과 더불어서, 각자 수행해야 할 역할을 지니고 있다.[598] 우리는 "지식" 이라는 이 요소를 "변성론" 과 연결시킬 수 있고, 변성론이 그러한 요소를 포함하고 있다는 것은 의심의 여지가 없지만, 이 요소는 거기에서 좀 더 나아가고 있는 것으로 보인다.

596) Bockmuehl, 1998, 192를 보라.

597) cp. 롬 8:17. 현재의 본문 속에는 Gorman, 2009이 천착한 주제들이 다 들어 있다 - 물론, 그는 특별히 자신의 변성론적 칭의론을 발전시키기 위하여 이 본문을 사용하는 것은 아니지만.

598) 또한, 3:8에서 특이한 표현인 "내 주" 가 사용된 것도 주목하라: O' Brien, 1991, 388 등을 보라.

이 모든 것들은 바울이 지금 누구이고, 메시야의 모든 백성이 지금 누구인가(암묵적으로)에 관한 고도로 집약된 진술 속에서 서로 결합되어 있다. 바울은 4-11절에서는 단수형 "나"를 사용하지만, 그것은 3절에 나온 복수형 "우리"를 통해서 제기한 좀 더 큰 주장을 선명하게 부각시키기 위한 것이다. (바울은 갈라디아서 2장과 로마서 7장에서와 마찬가지로 여기에서도, 육신을 따른 자신의 동포들에 대하여 말하면서, "그들"이라는 표현을 사용하고 싶지 않았기 때문에, "나"라는 표현을 사용한 것이라고 볼 수 있을 것이다.)

우리는 선민론에 대한 바울의 재정의가 얼마나 단호하고 선명한 것이었는지를 이미 앞에서 보았다:

> [2]개들을 조심하라! "나쁜 짓 하는" 자들을 조심하라! "몸을 벤 자국이 있는" 무리, 즉 신체를 잘라낸 자들을 조심하라! [3]우리, 곧 성령으로 말미암아 하나님을 예배하고 메시야 예수를 자랑하고 육체를 신뢰하지 않는 우리가 "할례파"이다.[599)]

여기에서 "우리가 '할례파'"라는 말은, 로마서 2:29에서 "참된 할례"가 아니라 단지 육신에 표면적인 "할례"를 행한 자들은 "참된 유대인"이 아니라 표면적인 "유대인"일 뿐이라는 말을 상기시킨다. 육신의 할례를 고집하고, 그렇게 함으로써 "육체를 신뢰하는" 자들은 자신의 육신을 베어내고 잘라낸 자국을 남기기를 좋아하는 "몸을 벤 자국이 있는 무리들"이다. 갈라디아서 5:12과 더불어서, 이 본문은 아마도 바울이 자기가 이전에 서 있었던 자리에 서 있는 자들에 대하여 한 말들 중에서 가장 격한 말인 것 같다. 그러나 그 다음에 나오는 진술도, 좀 더 절제된 표현들로 감싸져 있기는 하지만, 그것과 동일한 준엄하고 단호한 대비를 보여주는 말이다:

> [4]너희는 생각하라. 나도 육체를 신뢰할 만한 자이다. 어떤 사람이 자기가 육체를 신뢰할 만하다고 생각한다면, 나는 더욱 그러하다. [5]할례를 받았느냐고? 팔일 만에. 족속? 이스라엘 사람. 지파? 베냐민. 혈통? 히브리인 중의 히브리인. 율법을 지키는 것? 바리새인. [6]열심? 나는 교회를 박해한 자였다. 율법 아래에서의 공식적인 지위(dikaiosynē- '디카이오쉬네')? 흠이 없는 자.
>
> [7]이 정도면 내 설명이 충분히 신뢰할 만하지 않는가? 아마도 그럴 것이다. 그러나 나는 내게 이익이었던 모든 것을 그리스도로 말미암아 다 손해로 여기게 되었다. [8]나는 그것이 괴상하다는 것을 알지만, 거기에서 더 나아가서, 모든 것을 손해로 여기고 있는데, 이

599) 빌 3:2f. 위의 제6장 제2절 1)을 보라.

> 는 내 주 메시야 예수를 아는 것이 다른 모든 것들을 다 합한 것보다 훨씬 더 가치가 있기 때문이다! 사실, 나는 메시야로 인해서 모든 것을 잃어버렸고 쓰레기로 여기고 있는데, 그것은 메시야가 나의 이익이 되게 하고, [9]내가 그의 안에서 발견되어서, 토라에 의해서 정의된 내 자신의 계약 신분을 갖는 것이 아니라(mē echōn emēn dikaiosynēn tēn ek nomou - '메 에콘 에멘 디카이오쉬넨 텐 에크 노무'), 메시야의 신실하심으로 말미암아 오는 계약 신분(alla tēn dia pisteōs Christou - '알라 텐 디아 피스테오스 크리스투'), 곧 믿음에 의거해서(epi tē pistei - '에피 테 피스테이') 주어지는 하나님으로부터 오는 계약 신분(tēn ek theou dikaiosynēn - '텐 에크 테우 디카이오쉬넨')을 갖기 위한 것이다. [10]이것은 메시야를 알고, 그의 부활의 권능을 알며, 그의 고난에 참여하는 것을 안다는 것을 의미한다. 그것은 그의 죽으심을 본받아서, [11]내가 어떻게 해서든지 죽은 자 가운데서 최종적인 부활에 이르려 한다는 것을 의미한다.[600]

이 본문 전체가 다루고 있는 문제는, "어떻게 해야 내가 하나님의 은총을 얻을 수 있는가"가 아니라, "내가 하나님의 백성의 지체라는 것을 보여주는 증표들은 무엇인가" 이다.[601] 그리고 갈라디아서 2장에서와 마찬가지로 여기에서도, 그 대답은 두 가지, 즉 소극적인 대답과 적극적인 대답으로 이루어져 있다. 첫 번째는 그 증표들은 육신을 따른 이스라엘을 구별해 주었던 그 증표들이 아니라는 것이고, 두 번째는 그 증표들은 어떤 사람이 메시야의 사람이자 성령과 믿음의 사람이라는 것을 보여주는 증표들이라는 것이다.

끝(3:11)에서부터 시작해 보자. 적어도 열심 있는 한 바리새인이 본 이스라엘의 소망은 죽은 자의 부활이었다. 그 소망은 이제 메시야 안에서 재확인되었다. 그러나 열심 있는 전형적인 유대인의 이 궁극적인 목표에 도달하는 통로는, 바울이 이전에 생각했던 것과는 달리, 토라의 준수가 아니라, 메시야의 죽음과 부활에 참여하는 것이었다. 갈라디아서 2:19-20에서와 마찬가지로 여기에서도, 계약 권속의 지체가 되기 위한 길을 열어 주고 그 본을 제시한 것은, 메시야의 "신실하심"을 보여준 중심적인 사건들인 그의 죽음과 부활이다. 바울은, 갈라디아서에서는 자기는 이미 죽었고 이미 새 생명을 얻었다는 사실을 되돌아보고 있다면, 여기에서는 메시야의 고난들에 참여하도록 자기에게 주어진 특권인 것으로 인식한 자신의 고난들을 통해 계속해서 죽음을 경험하는 것에 대하여 말하면서, 장래의 생명을 고대하는 모습을 보인다(물론, 10절에 나오는 "그의 부활의 권능을 알고"라는 표현은 바울이 그 장래의 생명에 현재적으로 이미 참여하고 있다는 것을 보여주는 것이기는 하지

600) 빌 3:4-11.
601) Dunn, 2008 [2005], 473.

만). 물론, 현재의 고난과 장래의 부활이라는 이러한 패턴은 제2성전 시대 유대교의 한 흐름, 특히 마카베오 순교자들의 이야기에 의해서 대변되는 흐름에서 전형적인 것이었다.[602)]

부활로 끝이 나는 일련의 사고의 흐름은 예수의 몇몇 비유들의 패턴을 따른 "여기는 것"(reckoning)으로 시작된다. 밭의 보화나 진주처럼, "내 주인 메시야 예수를 아는 것은 다른 모든 것을 합한 것보다 훨씬 더 가치가 있다"(3:8). 로마서에서는 이러한 의미로 사용되지 않는 명사인 이 "아는 것"은, 고린도전서 8:1-7과 갈라디아서 4:9에서 사용된 "아는 것"과 동일한 의미를 지닌다. 이 두 경우에 있어서, 바울은 사람들이 하나님을 "아는 것"에 대하여 말한 후에 즉시 방향을 바꾸어서, 정말 중요한 것은 너희가 하나님에게 알려진 것, 즉 하나님이 너희를 "아는 것"이라고 말한다.[603)] 그럼에도 불구하고, 메시야의 추종자들에게는 "아는 것"이 있다. 그들은 "아버지"이자 "주"인 분(고전 8:6)이자 자기 아들을 보내었고 그 아들의 영을 보낸 분(갈 4:4-7)인 "하나님을 안다." 이러한 "하나님을 아는 지식"은, 어떤 사람들이 생각하는 것과는 달리, "영지주의"로부터 유래한 것이 아니라, "하나님을 아는 것" 또는 "야웨를 아는 것"과 관련된 옛 이스라엘의 인식으로부터 유래한 것으로 보인다.[604)] 바울은 여기에서 그러한 언어를 가져와서, "그 언어를 기독교 특유의 내용물과 강력한 인격적 특성으로 채운다."[605)] 갈라디아서에서 바울은 이 "아는 것"을 "믿음"과 서로 연결하고 상응하게 하여서, 3:23-29을 4:1-11로 균형을 맞춘다. 고린도전서 8장에서는 "믿음"('피스티스'와 그 동일 어근의 단어들은 고린도전서 전체에 걸쳐서 드물게 사용된다)이 아니라 "아는 것"을 축으로 해서 논의가 전개되는 반면에, 그것과 병행을 이루는 로마서 14장의 논의에서 핵심적인 용어는 "믿음"이다. 그러나 여기 빌립보서에서는 9절과 10절이 서로 결합되어 있는 것은, "믿음"과 "아는 것"이 밀접하게 연결되어 있다는 것을 분명하게 보여주는 것으로 보인다. 10절의 처음 부분에 나오는 속격 구문(tou gnōnai auton – '투 그노나이 아우톤,' "그를 알기 위한")은 실제로 9절의 끝 부분에 나오는 하나님으로부터 "의롭다"는 신분 또는 지위를 받게 되는 근거인 "믿음"을 정의하는 역할을 한다.

따라서 핵심은 3:9의 주된 강조점인 "내가 그의 안에서 발견되기 위한 것"이라

602) cf. *RSG*, 150-3.

603) 고전 8:1-3; 갈 4:9.

604) 사 11:9; 렘 9:24. 바울에 있어서 "하나님을 아는 것"에 대해서는 cf. 롬 11:33; 고후 2:14; 4:6; 10:5; 그리고 특히 cf. 고전 13:12.

605) Caird, 1976, 137은 갈라디아서 2:20; 6:14과 비교한다.

는 어구, 달리 말하면 "내가 그의 안에 있다는 것을 증명하기 위한 것"(hina] heurethō en autō – '[히나] 휴레토 엔 아우토')에 있다.[606] 로마서 3:24("메시야 예수 안에"있는 속량함), 갈라디아서 2:17(메시야 안에서 의롭다 함을 얻고자 함), 3:26(너희는 다 "메시야 예수 안에서"하나님의 아들들이다)에서와 마찬가지로, 여기에서도, "위치"는 논리적으로 "지위"에 선행한다. 즉, 이 "곳,"즉 "메시야 안에" 있는 자들은, 갈라디아서 2:15-21에서처럼, 계약 백성의 지체로서의 지위를 수여받게 된다는 것이다. 물론, 3:4-6을 도입부로 한 이 단락 전체의 주제는, 바울이 여기에서 제시한 유대인들이 선민임을 보여주는 증표들로 여기는 범주들 중에서, 민족적 지위를 강조하고 있는 처음 여섯 개의 범주는 피하고, 일곱 번째 범주("율법 아래에서의 공식적인 지위")를 "종교개혁적인"의미로 해석해서 다른 모든 것들을 제치고 제시하는 것만으로는 유효하지 않는다는 것이다.[607] 그가 열거한 처음 여섯 가지 범주들, 즉 할례, 족속, 지파, 혈통, 분파(즉, 바리새파), 열심 중에서 "도덕적인 공로"와 관련되어 있는 것은 하나도 없다.[608] 따라서 이것은 "율법 아래에서의 의"와 관련해서 아무런 "흠이 없었다"고 한 바울의 주장은 자기에게는 "축적된 공로들이나 업적들"이 있다고 말하고자 한 것이 아니었음을 강력하게 시사해 준다.[609] 그가 말하고자 한 것은 앞의 여섯 가지 범주들과 마찬가지로 토라의 준수도 계약의 지체로서의 지위를 나타내는 증표로서의 역할을 하였다는 것이다. 또한, 바울은 여기에서 자기가 일생동안 죄 없는 완전한 삶을 살아 왔다고 주장하고 있는 것이 아니라, 유대인들에게 주어진 회개와 희생제사라는 통상적인 방법을 통해서 선민으로서의 자신의 지위를 "흠 없이"지켜 왔다고 주장하고 있는 것이다.[610] 이

606) Fowl, 2005, 154는 바울이 여기에서 이 서사의 주체가 되는 것으로부터 메시야가 주체인 이야기의 일부가 되는 것으로 옮겨가고 있다는 점을 지적한다.

607) 예를 들면, Seifrid, 1992, 173f.

608) 반대견해로는 O' Brien, 1991, 384, 394 등이 있다. O' Brien은 Sanders, 1983, 43-5에 대하여 대답하고 있지만, 그가 지적하듯이, Sanders는 "비율법주의적인" 읽기를 위한 최고의 논증을 제시한 것이 아닐 수 있다. Hooker, 2000, 526은 "율법주의적인 의"라는 NIV의 번역은 근거 없는 것임을 지적한다. 또한, Dunn, 2008 [2005], 476 n. 28도 보라.

609) 반대견해로는 Bockmuehl, 1998, 201-5. 나는 Bockmuehl이 그의 주석서에서, 심지어 그가 이 문제에 접근한 것으로 보이는 188에서조차도, 이 반복된 강조가 어떻게 유대인들의 민족주의적인 "열심"에 관한 그의 훌륭한 설명(194-201)과 부합하는지를 설명하지 않았다고 생각한다. 그가 201에서 말하고 있는 것에도 불구하고, 5-6절이 "토라의 요구들과 관련된 올바름이라는 인간의 특질"을 다루고 있는지는 분명하지 않다. 그가 인용하는 4QMMT는 그의 주장에 도움이 되지 않는다 — 내가 이미 이 본문에 대한 나의 논문에서 보여 주었듯이(지금은 *Perspectives*, ch. 21). 내가 보기에는, Dunn, 2008 [2005], 480은 이 대목에서 너무나 많은 양보를 하고 있다. 빌립보서 3:4-6은 내가 위의 제2장 제5절에서 설명한 바리새파의 입장, 즉 바울의 아주 많은 사고에서 배경이 되고 있는 입장에 관한 고전적인 진술이다.

모든 것은 태어날 때부터 이미 소유하고 있었고 토라의 준수를 통해서 구현되어 온 계약상의 지위(covenant status)와 관련된 문제였다. 이것이 그가 6절에서 말하는 '디카이오쉬네'(dikaiosynē, "의")의 의미이다. 이 모든 것의 취지는 바울이 계약 백성의 한 지체로서 자기가 최고의 신분에서 최고의 지위를 향유하고 있었다는 것을 부각시키기 위한 것이다.

그런 후에 그가 말하는 논지 — 이것은 빌립보서 2:6-7에서 보여준 기독론적인 전환점에 상응하고, 거기에 토대를 둔 이 단락의 전환점이다 — 는 계약 백성이 메시야를 통해서 및 메시야를 중심으로 재정의되었다는 것이다. 메시야의 "순종"을 보여주는 죽음(2:8)— 바울은 이것을 다른 곳에서는 하나님의 계획에 대한 메시야의 "신실하심"이라고 설명한다 — 은 이제 계약의 지체로서의 지위를 어디에서 발견하여야 하는지, 그리고 사람이 자기가 그러한 지위를 지니고 있다는 것을 어떤 식으로 확신할 수 있는지를 보여준다.[611] 사람은 새롭게 정의된 하나님의 백성에 속하기 위해서는, 메시야가 이스라엘의 소명을 홀로 성취하였음을 보여주는 증표인 '피스티스'(pistis, "신실하심")를 지니고서 "메시야 안에" 있어야 한다. 바울이 다른 곳에서와 마찬가지로 여기에서도 분명하게 보여주고 있듯이, "메시야 안에" 있다는 것은 "이스라엘 안에" 있다고 말하는 새로운 방식이다. 이러한 결론을 도출해내지 않는 것은 예수가 진정으로 메시야라는 것을 부인하는 것이고, 이것은 바울에게 있어서 예수가 죽은 자 가운데서 다시 살아났다는 것을 부인하는 것을 의미하였다.

여기서도 또다시, 좀 더 큰 맥락이 핵심적인 용어들의 의미를 결정하고 있다. 바울이 전에 소유하고 있었던 '디카이오쉬네 에크 노무'(dikaiosynē ek nomou, "율법으로 말미암는 의," 3:9)는 그가 3:4-6에서 제시한 "토라에 의해서 정의된 계약상의 지위"였다. 내가 방금 말했듯이, 그 본문에서 바울이 말하고 있는 것은, 사람들이 흔히 생각해 왔던 것과는 달리, 도덕적으로 올바른 일들을 행하고자 한 유대인들의 추구가 아니라, 많은 증거가 보여 주듯이, 계약상의 지위를 안전하게 보존하

610) Seifrid, 1992, 174; Dunn, 2008 [2005], 479f.를 보라.

611) 메시야의 "신실하심"에 대해서는 특히 위의 제10장 제3절 2)를 보라. 현재의 본문에 대해서는 O'Brien, 1991, 398f.(여기에서 채택한 읽기를 지지함); Fee, 1995, 325f.(이 읽기에 반대함)를 보라. Reumann, 2008, 495f.는 목적격적 속격으로 읽는 전통적인 읽기를 강력하게 지지한다(그의 전보식의 문체를 해독해낸다면); 그러나 그런 후에 그는 언제나 전통적인 루터파 읽기를 채택하는 안전한 길을 가는 경향을 보여 왔다. Hooker, 2000, 528은 메시야의 신실하심이 실제로 이스라엘의 하나님이 장차 신실할 자에게 약속한 "의"를 구성한다고 주장하는 것으로 보인다. 이것은 "전가된 의"의 새로운 판본을 제시한 것이다 — 그녀는 그러한 관념을 발전시키지는 않지만.

고자 한 바리새인들의 추구였다. 다른 곳에서와 마찬가지로 여기에서 '디카이오쉬네'(dikaiosynē, "의")의 의미를 결정하는 것은 바로 그것이다. "의"라는 표현은 분명히 "관계적인" 언어이지만, 여기에서의 "관계"는 계약 관계이고, 우리가 이미 앞에서 보았듯이, 바울에게 있어서 그 계약 관계는 늘 "법정적" 맥락과 정확히 부합하는 것이었다.[612] "의"는 아브라함이나 비느하스처럼 계약의 참된 지체라는 의미에서의 "의로운" 사람, 즉 '찻디크'(tsaddiq, "의인")로서의 지위이다. 바울은 자기는 여전히 이러한 "계약상의 지위"를 가질 필요가 있다는 것을 분명히 한다. "묵시론"이라는 단어에 매달려서 바울은 아브라함이나 계약이나 이스라엘의 이야기 전체와 아무 상관이 없기를 바라는 자들과는 달리, 바울은 "이스라엘"과 관련된 범주들을 폐기처분한 것이 결코 아니었다. 그는 한 분 유일하신 하나님과 이 한 분 유일하신 하나님의 백성을 새로운 시각에서 보게 되었지만, 어떤 사람들이 생각하기 좋아하는 것(그리고 어떤 사람들이 내가 그런 식으로 말했다고 비난해 온 것)과는 달리, "이스라엘"이라는 범주를 조금도 폐기하지 않았다. 오로지 그가 한 것은 선민론을 메시야 안에서 재정의한 것, 그리고 2:8이 말하고 있듯이, 자기에게 여전히 필요한 계약상의 지위를 오직 메시야의 "신실하심" 또는 "죽기까지 순종한 것"으로 말미암아 "메시야 안에서" 발견하게 된 것이었다. 현재의 본문은 2:6-11을 아주 밀접하게 반영하고 있고,[613] 실제로 현재의 본문의 핵심 중의 일부는 바울이 "그의 안에서" 발견되고자 한다고 했을 때의 "그"는 2:6-11의 "주 메시야 예수"라는 것이다(이것은 "그의 안에" 있는 자들이 부활을 소망하는 가운데 그의 고난에 참여해야 하는 이유이다). 우리는 현재의 맥락 속에서 "죄로부터의 구원"이 아니라 계약의 지체로서의 지위에 관하여 명시적으로 말하고 있는 고도로 압축된 이 "칭의론"이 메시야에 초점을 맞추고 있다는 것을 다시 한 번 보게 된다. 메시야는 "계약 지점"이고,

612) 이것은 이전투구 양상의 논쟁들 사이를 뚫고, 3:9의 '디카이오쉬네'(dikaiosynē)의 의미를 다루고 있는 Ziesler, 1972(예컨대, cf. O'Brien 1991, 396)까지 거슬러 올라간다. 첫 번째 용례는 "도덕적" 의미이고 두 번째 용례는 "법정적" 의미라고 주장할 필요는 없다. 둘 다 "계약적" 의미이다 — 이것은 (법정에서의 "지위"라는 유비 위에서) 법정적으로 해석되고, 참여와 변성을 포함한 관련 개념들과 (동일하지는 않지만) 밀접하게 연결되어 있다. Dunn, 2008 [2005], 483f.는 "하나님과의 관계"라는 관점에서, 율법은 믿음보다 덜 "직접적인" 수단이라고 말한다. 이것은 이 논의를 또다시 계약적 종말론이 철저하게 벗어나고자 하는 서로 다른 "유형의 종교들"에 대한 비교로 전락시키고자 하는 것이다. Käsemann, 1980 [1973], 24, 27은 "관계"라는 범주가 얼마나 애매모호할 수 있는지를 보여준다.

613) 나는 Hooker, 1971, 355-7로부터 이것을 조심하라는 경고를 받았지만, 지금은 많은 주석서들에서는 통상적으로 이 점에 대하여 말한다; 이것과 관련해서 아주 유익한 것으로는 Bockmuehl, 1998, 206; Dunn, 2008 [2005], 487 n. 69와 거기에 나오는 다른 참고문헌들; Hooker 자신도 생애의 반이 지난 후에는 그렇게 말한다(2000, 527).

"의"는 바로 그 지점 "안에" 있는 모든 자들에 대하여 이스라엘의 하나님이 선언하는 "계약상의 지위"이다 -로마서 6:2-11이 말하고 있듯이, 그들이 "거기에" 있다면, 메시야의 죽음과 부활이 그들에게 그대로 적용되는 것은 물론이다. "메시야에의 참여"와 "'의롭다'는 법정적 선언"은 단일한 전체의 두 부분이다. 그리고 그 단일한 전체는 메시야와 성령을 통해서 재정의된 계약의 지체로서의 지위이다.[614]

따라서 바울이 소유하고 있는 지위는 "하나님으로부터 오는 의롭다고 하는 지위"(hē ek theou dikaiosynē – '헤 에크 테우 디카이오쉬네')이다. 이 지위가 이제 믿음에 대하여 주어지거나, 믿음 위에 수여된다.[615] '디카이오쉬네 테우'(dikaiosynē theou, "하나님의 의")를 계약 하나님의 의가 아니라 계약의 지체로서의 의롭다는 지위를 가리키는 것으로 여겨서, 이 둘을 동일시하고자 한 이전의 시도들이 있었지만, '에크'(ek, "~로부터")라는 전치사는 그런 시도가 틀렸음을 분명하게 보여준다.[616] 로마서 3:21을 비롯한 다른 본문들에서와 마찬가지로 여기에서도, '디카이오쉬네'는 하나님 자신의 의를 가리키는 것이 아니고, "믿는" 자들, 즉 메시야 자신의 신실하심에 토대를 둔 메시야의 표지를 지니고 있는 자들에게(to) 하나님으로부터(from) 오는 지위이다.[617] 또한, '디카이오쉬네'라는 이러한 지위가 선언되는 근거가 되는 '피스티스'(pistis)는, 바울의 다른 곳들에서와 마찬가지로 여기에서도 복음을 통한 성령의 역사이다. 그것은 1:6("너희 안에서 선한 일을 시작하신 이가 메시야 예수의 날에 그 일을 철저하게 완성하실 것이다")에 분명하게 함축되어 있고, 바울이 새 계약의 지체가 되었음을 보여 주는 증표들 중의 하

614) Dunn, 2008 [2005], 487f.는 "법정적" 범주와 "참여적" 범주의 결합을 강조하지만, 그 근저에 있으면서 그것들을 하나로 묶는 계약적 주제를 강조하지는 않는다.

615) "~에게 주어진" 또는 "~에게 수여된"에 해당하는 동사는 본문에 나오지 않는다; 이것들은 내가 '에피 테 피스테이'(epi tē pistei)에 살을 붙인 것이다.

616) O'Brien, 1991, 397f.는 적어도 Bultmann 이래로 지속되어 온 노선에 반대하여 이렇게 말한다. 이 문제에 대하여 말한 불트만 학파 사람들 중에 Schreiner(2001, 200)가 끼어 있다는 것은 흥미롭고, 그의 신학적 입장 중 하나가 자기와 다른 사람들을 "바울을 너무 지나치게 전문적으로 읽는다"고 비난하는 일이라는 것은 한층 더 흥미롭다(어떤 단어가 "다른 관점들에 의해서 재단되었을" 때의 위험성에 대한 그 자신의 합당한 경고[206]를 보라). 물론, 빌립보서 3장은 로마서 3:21-31이나 10:2-4과 아주 비슷한 토대 위에 있지만, 바울은 다른 곳들에서와 마찬가지로 여기에서도 확실한 토대 위에서, 자기가 말하고자 하는 것을 아주 정확하게 말하고 있다. 하나님의 말씀을 단 한 음절이라도 절대로 변경하지 말라는 Tyndale의 격언이 생각난다. 또한, 하나님의 의가 "선물"이라고 말하는 것이 과연 Schreiner가 배척하고자 하는 "법정적" 범주 내에 속하는 것인지도 분명하지 않다: "선물"이라는 말에서 도대체 어떤 것이 "법정적"이라는 것인가?

617) Fowl, 2005, 154는 이 대목에서 평소답지 않게 헷갈리고 있는 것으로 보인다.

나로 "하나님의 영으로 예배하는 우리"를 제시하는 3:3에 좀 더 명시적으로 표현되어 있다. 성령의 인도함을 받아 우리가 드리는 그러한 예배는, 갈라디아서 4:7에서처럼, 바울이 '피스티스'를 통해서 말하고자 하는 것의 일부이다. 그리고 이 모든 것은 바울이 로마서 2:29에서의 재정의를 반영해서 단호하게 제시하는 "우리가 할례파이다"라는 주장에 기여한다. 우리가 이미 앞에서 보았듯이, 이것은 바울이 통상적으로 지니고 있던 개념인 계약 갱신 및 성령에 의해 이루어지는 마음의 변화와 맥을 같이한다.

빌립보서 3장은 이렇게 그 신학적 이해와 그것을 표현하는 언어에 있어서 갈라디아서 및 로마서와 완전히 부합한다. 케어드(Caird)가 한 세대 전에 보았듯이, 바울은 메시야의 사람이 된다는 것이 과거와 현재와 미래에 있어서 무엇을 의미하는지를 정확하게 표현하고 있다: "메시야 안에서" 이미 주어진 의롭다는 지위, 메시야의 고난에의 현재적인 참여, 장래의 부활.[618] 특히 갈라디아서 3장과 같이, 이 본문은 사람들이 종종 서로 배타적이고 대립적인 것으로 잘못 이해해 온 "사법론적" 신학과 "참여론적" 신학의 여러 요소들을 한데 결합시켜서, (계약론적이고 교회론적인) 일련의 단일한 사고를 제시한다. 이 본문은 궁극적으로는 부활을 그 정점으로 하는 구원론을 전제하지만, 여기에서의 핵심은 "이것이 사람이 구원받는 방식"이라고 말하는 것이 아니라, "이것이 사람이 자기가 계약의 지체임을 알게 되는 방식"이라고 말하는 것이다. 모든 것을 한데 결합시키는 중심적인 범주는 "사법적" 범주나 "참여적" 범주가 아니고(이 두 범주도 중요한 범주들이기는 하지만), "구원사적" 범주나 "묵시론적" 범주도 아니며(이 두 범주도 함축되어 있기는 하지만), "인간론적" 범주나 "변성론적" 범주도 아니다(우리는 이 두 범주가 바울의 실제적인 논증 배후와 저변에 서 있는 것을 볼 수 있기는 하지만). 바울이 여기서 논증하고 있는 것은 옛 이스라엘의 선민론, 달리 말하면 하나님의 백성이 지닌 계약상의 지위에 관한 것이다. 그는 이것이 이제 먼저는 메시야라는 관점에서, 다음으로는 "메시야의 고난에의 참여"와 더불어서 그가 다른 곳들에서와 마찬가지로 여기에서도 복음을 통한 성령의 역사와 결부시키고 있는 표지인 '피스티스'(pistis)라는 관점에서 재정의되었다고 믿는다. "이신칭의"는 바로 그런 것이다.

이제 로마서 자체를 살펴볼 때가 거의 된 것 같다. 그러나 그렇게 하기 전에, 우리는 먼저 다른 것 하나를 잠깐 살펴볼 필요가 있다. 골로새서는 "칭의"에 대하여

618) Caird, 1976, 138f.

그렇게 많은 말을 하고 있지는 않지만, 내가 이미 다른 곳에서 논증하였듯이, 바울이 빌립보서 3장에서 경고하고 있는 것과 동일한 위험성에 대하여 경고한다.

(6) 골로새서 2장

과연 골로새 교회에 "이단"이 있었는가? 있었다고 한다면, 그 이단은 무엇이었는가? 대부분의 학자들은, 비록 몹시 파악하기 어려운 것임이 입증되긴 하였지만, 어쨌든 거기에 이단이 있었다고 생각해 왔다.[619] 나는 전부터 모나 후커(Morna Hooker)의 견해를 따라서, 사실 구체적으로 당면한 절박한 위험은 없었고, 골로새서 2장에서의 바울의 경고는 특정한 지역에 있던 구체적인 위험이 아니라 잠재적인 위험에 대하여 말하는 좀 더 일반화된 것이었다고 보아 왔다. 그리고 나는 그가 빌립보서 3장에서와 마찬가지로 여기에서 염두에 두고 있던 잠재적인 위험은 갈라디아 교회에서 제기된 실제적인 위험, 즉 메시야의 권속으로 이미 들어온 자들이 회당으로 발길을 돌리게 될 위험과 연관되어 있었을 것이라고 생각한다.[620] 나는 골로새 교회가 갈라디아 교회와 같은 정도로 그러한 위험에 직면해 있었다고 생각하지 않지만, 바울은 그러한 문제가 소아시아 전체에 걸쳐서 얼마든지 일어날 수 있다는 것을 잘 알고 있었을 것이다. 나의 생각이 절반만 맞는다고 하여도, 이것은 골로새서 2장이 칭의나 성령을 언급하지 않고 있다고 할지라도, 메시야를 중심으로 한 선민론에 대한 바울의 재정의에 관한 전반적인 논의 속에 골로새서 2장을 반드시 포함시켜야 한다는 것을 의미한다.

나는 골로새서 2장의 주된 강조점들이 오직 회당의 세계에 관한 암호화된 묘사와만 부합할 수 있다고 본다. 바울은 8절에 나오는 최초의 경고(이것에 대해서는 우리가 나중에 살펴볼 것이다) 후에, 세 가지 기본적인 핵심들을 제시한다.

첫 번째는 왕이자 메시야인 분에게 속한 자들은 "신성의 모든 충만한 분량이 육체로 거하는"(9절) 분 안에서 충만하게 된다는 것이다. 우리가 앞 장에서 보았듯

619) 최근의 논의들 가운데서는 cf. Arnold, 1995; Dunn, 1996, 23-35(그리고 Dunn, 1995를 보라); Sumney, 1999, 192-208; Wilson, 2005, 35-58; Witherington, 2007, 107-11; Moo, 2008, 46-60; Bird, 2009b, 15-26.

620) Hooker, 1973; 나의 견해는 Wright, 1986b, 23-30, 100-28에 처음으로 발표되었고, 지금은 Dunn이 나의 견해를 받아들여 발전시키고 있다(앞의 각주를 보라). 나는 Wright, 2005a [*Fresh Perspectives*], 117에서 다시 이것에 주목하였다(Aletti, 1993, 18의 경고에도 불구하고). 지면관계상 여기에서는 본격적으로 활발한 토론을 할 수 없기 때문에, 골로새서 2장을 우리의 현재와 주제와 연결시켜서 고찰해 볼 가능성이 있다는 것만을 지적해 두고자 한다.

이, 이것은 성전 언어이다. 예수는 참된 성전이고, 그에게 속해 있는 자들은 어떤 식으로든 그러한 정체성에 참여하고 있다. 두 번째는 골로새의 그리스도인들은 포피를 잘라내는 할례가 아니라 새로운 종류의 "할례"를 받은 자들이기 때문에, "육의 몸," 즉 "육신적인" 정체성을 기반으로 한 이전의 연대를 벗어버린 자들이라는 것이다. 이 할례는 세례를 통해서 일어났다. 세례 가운데서 그들은 메시야와 함께 죽었다가 다시 살리심을 받았다(11-12절). 세 번째는 하나님이 메시야의 십자가를 통해서 토라와 관련된 문제 전체를 해결하였기 때문에, 이전에 "이방인들"이었던 그들에게 적대적이었던 토라는 이제 그들을 대적할 수 없게 되었다는 것이다(14-15절). 일단 우리가 이 복잡한 언어를 잘 헤치고 나아가기만 하면, 우리는 그가 말하고자 하는 세 가지를 만나게 되는데, 그것들은 정말 놀라운 것들이다: 성전, 할례, 토라. 이것은 오직 유대인들의 생활방식에 유혹되어 거기로 끌려가지 말라는 암호화된 경고로만 해석될 수 있다.

그 뒤에 이어지는 구체적인 경고들도 기본적으로 동일한 DNA를 지니고 있다. 먹을 것과 마실 것, 또는 안식일을 비롯한 특정한 성일들에 관한 문제는 다른 그 어떤 것보다도 유대교 체계의 일부일 가능성이 대단히 높다(16-19절). 어떤 것들을 만지거나 맛보거나 다루는 것을 금하는 구체적인 규례들은 많은 종교적 · 사회적 문화들과 관습들에 등장하지만, 다수의 주석자들이 이미 언급하여 왔듯이, 20-23절은 디아스포라 유대교의 일반적인 기조와 잘 부합한다. 그리고 많은 대목들에 나타나는 갈라디아서와 로마서의 반영들(예를 들면, 8절에서 '스토이케이아'[stoicheia, "세계의 요소들"]를 그들을 유혹할 수 있는 "전통들"과 나란히 언급하고 있는 것, 세례를 통해서 죽었다가 다시 살리심을 받는 것)은 우리가 올바른 방향으로 가고 있다는 것을 추가적으로 보여준다.

그렇다면, 그 경고는 어떤 식으로 작동하고 있는 것인가? 왜 바울은 자신의 공격 대상을 "철학과 헛된 속임수"로 규정하고 있는 것인가? 흔히 지적되어 왔듯이, 필로(Philo)와 요세푸스(Josephus)는 유대인들의 생활방식을 가리키기 위하여 "철학"이라는 표현을 사용하고, 우리가 본서의 제3장과 제4장에서 이미 보았듯이, 유대인들은 바울의 공동체들과 마찬가지로 당시에 "종교들"이 통상적으로 행하였던 것들을 거의 행하지 않았기 때문에, 유대인 공동체들의 생활방식을 가리키는 데에는 "종교"라는 표현보다는 "철학"이라는 표현을 사용하는 것이 더 자연스러운 일이었다.[621] 따라서 내가 앞에서 이미 말하였지만 여기에서 다시 한 번 말하고 싶은

621) cf. Philo, *De Somn.* 2.127; *Leg.* 156, 245; *De Mut. Nom.* 223; *Omn. Prob. Lib.* 88; Jos. *Ap.*

것은, 바울은 갈라디아서를 통해서 하였던 것을 골로새서에서도 또다시 하고 있다는 것이다. 그는 회당의 삶을 실제적으로 '스토이케이아'(stoicheia, "세계의 요소들") 및 음식법과 성일의 준수 같은 것들의 노예가 되어 있는 이교의 한 형태로 묘사하고 있고, 그런 유대인들과는 대조적으로, 메시야의 백성은 메시야의 죽음과 부활에 참여함으로써 그러한 노예생활로부터 벗어난 자들로 묘사하고 있다. 그는 특히 16-19절에서는 당시 소아시아의 유대인 공동체들에서 널리 행해지고 있던 특정한 생활방식들과 가르침들을 상당히 전문적으로 상세하게 설명하고 있음이 분명하다. 이제는 이전 시대에서 열렬히 주장되었던 "영지주의적" 가설들로 다시 돌아가는 길은 확실하게 봉쇄되었다.[622] 만일 바울이 좀 더 특정한 이교적 영향들에 대하여 경고하고자 한 것이라고 가정한다면, 그는 당시 소아시아 세계에서 행해졌던 몇 가지 현상들에 대하여 언급하는 것이 자연스러운 일인데도, 실제로는 그런 것들을 전혀 언급하고 있지 않다. 따라서 그가 회당의 유혹에 대하여 경고하면서, 아울러 지금 우리가 확실하게 알 수 없지만 당시에 행해졌던 모종의 기도와 금욕적인 관행들에 대해서 경고하고 있다고 보는 것이 최선의 해석이다. 그렇다고 본다면, 골로새서 2장은 "메시야를 중심으로 재정의된 선민론"을 보여주는 또 하나의 사례가 될 것이다.

이 본문의 기본적인 논증이 성전과 할례와 토라에 그 초점이 맞추어져 있는 것과는 별개로, 여기에서 핵심은 8절에 묻혀져 있다. 우리는 다른 곳들에서 바울이 선민론을 재정의하는 작업의 일환으로 자신의 논지를 전개하기 위하여 단어유희들을 사용하거나 만들어 내곤 하였다는 것을 안다. 예컨대, 그는 '유다이오스'(Ioudaios, "유대인")라는 단어를 가지고서, "칭찬"(히브리어로 "유다")은 사람들로부터가 아니라 하나님으로부터 온다고 말하거나(롬 2:29), '카타토메'(katatomē, "몸에 벤 자국이 있는 자들")가 아니라 메시야와 그의 백성이 진정한 '페리토메'(peritomē, "할례파")라고 말한다(빌 3:2-3). 따라서 그가 여기에서 그런 것들과 비슷한 단어유희를 사용하고 있다고 보는 것은 전혀 이상한 일이 아니다.[623] 나의 주장은 그가 여기에서 바로 그러한 목적으로 매우 드물게 사용되는 단

2.47; *War* 2.119; *Ant*. 18.11. 또한, cf. *4 Macc*. 1.1; 5.10, 22; 7.7-9.

622) 특히, Wilson, 2005, 49, 57을 보라: "골로새 교회의 '이단'이 어떤 발전된 영지주의가 아니라는 것은 의심의 여지가 없다 … 다른 한편으로 ['이단'에 관한] 가장 최근의 주장들이 모두 어떤 식으로든 유대교를 지목하고 있는 것은 의미심장하다."

623) 반대견해로는 Witherington, 2007, 154. 빌립보서 3:2의 본문도 '블레페테'(blepete, "조심하라")로 시작된다.

어를 사용하였다는 것이다. 그는 "아무도 철학을 사용해서 … 너희를 사로잡지 못하도록 조심하라"고 말하면서, "사로잡다"를 표현하기 위하여 '쉴라고게인'(sylagōgein)이라는 단어(실제로는 현재분사형인 '쉴라고곤'[sylagōgōn])를 사용하는데, 이 단어는 초기 기독교의 모든 문헌 중에서 오직 여기에만 나오는 단어이고, 고대 헬라의 여러 세기에 걸친 현존하는 문헌 속에서 이 단어가 사용된 경우는 이 대목을 포함해서 오직 세 번뿐이다.[624] 바울이 단지 "포로로 사로잡다" 또는 "포로로 삼다"고 말하고자 하였다면, 그가 사용할 수 있는 단어는 여러 가지가 있었다.[625] 그런데도 왜 그는 여기에서 이 거의 사용되지 않는 단어를 선택한 것일까?

나의 주장은 바울이 헬라어 '쉬나고게'(synagōgē, "회당")와 관련된 아이러니컬한 단어유희를 위해서 그런 단어를 사용하였다는 것이다. '쉬나고게'의 동사 형태는 존재하지 않지만, 그 동사 형태가 어떤 모습일지를 생각해내는 것은 어렵지 않은 일이었을 것이고, 사람들이 '쉴라고곤'(sylagōgōn, "사로잡아")이라는 단어를 듣고서 '쉬나고게'(synagōgē, "회당")를 연상하는 것도 어렵지 않은 일이었을 것이다. 따라서 이것은 "아무도 너희를 '회당으로 끌고가지' 못하도록 조심하라"고 말한 것이었다. 즉, 바울은 표면적으로는 '블레페테 메 티스 휘마스 에스타이 호 쉴라고곤'(blepete mē tis hymas estai ho **sylagōgōn**, "아무도 너희를 사로잡지 못하도록 조심하라")이라고 말하였지만, 사실은 '블레페테 메 티스 휘마스 에스타이 호 쉬나고곤'(blepete mē tis hymas estai ho **synagōgōn**, "아무도 너희를 회당으로 끌고가지 못하도록 조심하라")이라고 말한 것이다. 바울의 서신들은 무리들 앞에서 큰 소리로 봉독되었을 것이고, 이 두 단어는 음성학적으로 극히 유사하였다. 사실, 유음인 "람다"(λ)와 비음인 "뉘"(ν)의 음가는 아주 비슷해서, 음운학자들은 통상적으로 유음과 비음을 한데 묶어서 다룬다. 이 두 음은 어형변화의 형태도 아주 비슷하고, 음가가 서로 바뀌는 경우도 종종 있다.[626]

우리가 기억해야 할 가장 중요한 것은 이렇게 음운학적인 것이다. 하지만 눈으로 보기에도 이 두 알파벳은 서로 비슷하다. 헬라어 소문자로 쓰면, "뉘"를 거꾸로 뒤집어서 거기에 꼬리를 붙이면 "람다"가 된다. 헬라어 신약성서의 모든 초기 사

624) BDAG 955와 LSJ 1671은 다른 두 용례들만을 제시한다: 주후 3세기의 소설가 Heliodorus(10.35)와 주후 5세기경의 대중연설가 Aristaenetus(2.22).

625) 그는 고전 9:27에서는 '둘라고게오'(doulagōgeō), 롬 7:23; 고후 10:5에서는 '아이크말로티조'(aichmalōtizō)를 사용한다; cf. 딤후 3:6.

626) cf. Moulton and Turner, 1906-63, 2.103, para. 42. 나는 이 대목에서 자신의 언어학적인 솜씨를 보여준 Jamie Davies에게 감사한다.

본들에서 사용된 대문자로 쓰면, “람다”와 “뉘”는 한층 더 비슷해서, ‘쉬나고곤’(ΣΥΛΑΓΩΓΩΝ, “회당”)은 ‘뉘’(Λ)에 수직으로 선 하나만 그으면 ‘람다’(N)가 되기 때문에 ‘쉴라고곤’(ΣΥΝΑΓΩΓΩΝ, “사로잡아”)이 된다. 그러나 당시에 바울의 서신들이 대중 앞에서 읽게 할 의도로 씌어졌다는 것을 감안하면, 역시 일차적으로 중요한 것은 음성학적인 유사성이다.

바울이 정말 이것을 염두에 두고 있었는지를 증명하는 것은 물론 불가능하지만, 이런 종류의 가설이 처한 형편은 다 그렇다. 하지만 이러한 주장은 골로새서 2장에 대한 꼼꼼한 읽기와 아주 잘 부합하고, 바울이 다른 서신들에서 이것과 아주 유사한 두 경우에 동일한 단어유희를 사용하고 있는 것과도 맥을 같이하며, 이 본문 전체가 아이러니컬하고 암시적인 뉘앙스를 지니고 있는 것으로 보는 우리의 견해를 밑받침해 주는 장점을 지닌다. 신학적인 담론에서 단어유희 같은 것들이 사용되었을 리가 없다고 펄쩍 뛸 진지한 학자들은 당연히 이러한 주장을 반대하겠지만, 나는 여기에서의 그러한 단어유희는 그렇게 가볍게 기각해 버릴 성질의 것이 아니라고 생각한다.[627] 여기서 바울은 선민론 전체를 메시야를 중심으로 의식적으로 재구성하고 있었기 때문에, 자기가 얼마나 특별한 신학적 작업을 하고 있는지를 잘 알고 있었다. 그런 그가 기존의 선민론에 어떤 혁명적인 변화가 일어났는지를 구체적으로 보여주는 과정에서 꽤 특별한 단어유희들을 시도한 것은 그렇게 의외이거나 놀랄 만한 일은 아니다.

이제 우리는 이 모든 것을 다 마쳤기 때문에, 드디어 로마서를 살펴볼 차례가 되었다.

(7) 로마서 3:21–4:25

모든 서신 중에서 가장 위대한 서신인 로마서에서 가장 위대한 본문들 중의 하나인 로마서 3:21–4:25은, 바울이 1:16-17에서 이미 선언한 것과 동일한 믿음, 즉 성경을 통해 하나님이 한 약속들의 성취로서의 메시야 및 그의 죽음과 부활에 관한 메시지인 “복음”에 “하나님의 의”가 계시되어 있다는 믿음 위에 세워져 있다.[628] 이

627) 예를 들면, Moo, 2008, 185; 그리고 Bird, 2009b, 75에 나오는 좀 더 긍정적인 평가와 대비해 보라. Dunn, 1996, 147은 아무런 논평 없이 이 주장을 소개하기만 한다 - 하지만 이 주장은 그의 입장과 잘 부합한다.

628) 위에서 설명한 1:17(apokalyptetai - ‘아포칼립테타이’)과 3:21(pephanerōtai - ‘페파네로타이’) 간의 차이를 보라. 하나님의 의에 대해서는 위의 제7장 제3절, 제10장 제2절 2), 제3절 2), 제4절 3)

본문에 성령은 언급되고 있지 않지만, 바울은 자신이 이 서신과 갈라디아서의 몇몇 본문들에서 성령의 역사와 밀접하게 연결시키고 있는 몇 가지 주제들을 여기에서 사용한다. 이 본문은 성령을 중심으로 수정된 선민론에 대한 바울의 가장 철저한 설명을 제시하는 단일한 논증의 시작 부분으로서, 이 논증은 8장에서 그 정점에 도달한다.

아무리 이치에 맞지 않는 것처럼 보일지라도, 로마서 3:21과 그 이후의 논증에 대한 논의를 시작하기에 적절한 출발점은 로마서 3:20이다. 거기에서 바울은 시편 143:2[LXX 142:2]을 언급하는데, 비록 직접적인 인용은 아니지만, 그 본문을 떠올리지 않을 수 없을 정도로 그 울림은 강력하다: "당신의 앞에서 그 어떤 살아 있는 피조물도 의롭다 하심을 얻지 못할 것입니다"(ou dikaiōthēsetai enōpion sou pas zōn – '우 디카이오테세타이 에노피온 수 파스 존,' 시 143:2). 그는 이 구절 앞에 '엑스 에르곤 노무'(ex ergōn nomou, "율법의 행위로")라는 어구를 추가하고, '존'(zōn, "살아 있는 피조물")을 '사륵스'(sarx, "육체")로 바꾸는 한편, 여기에서는 이인칭이 아니라 삼인칭으로 말하고 있는 것이기 때문에, '수'(sou, "당신의")를 '아우투'(autou, "그의")로 바꾸어서, "율법의 행위로 그의 앞에서 그 어떤 육체도 의롭다 하심을 얻지 못할 것이다"라고 말한 후에, 자신이 추가한 "율법"과 관련해서, 이 문장의 끝에 "율법을 통해서는 죄를 아는 지식이 온다"는 말 -그가 나중에 특히 7장에서 다시 다루게 될 문제 -을 끼워 넣는다. (이것은 로마서 1-8장이 서로 다른 유형의 두 가지 신학을 서로 잇대어 봉합하고 있는 것이 아니라, 하나의 큰 흐름으로 전개되는 통일적인 논증임을 보여주는 많은 증표들 중의 하나로 보아져야 한다. 일단 우리가 이 점을 파악하기만 하면, 로마서 1-11장도 마찬가지로 하나의 단일한 통일적인 논증이라는 것을 알게 되고, 이윽고 그 이상을 알 수 있게 된다.)

흔히 지적되어 왔듯이, 이 본문에 나오는 시편 143:2의 이러한 반영은, 우리가 지금 다루고 있는 로마서 본문의 기저에 있는 주제가 하나님 자신의 "의"라는 것을 강력하게 밑받침해 준다.[629] 이 시편은 하나님을 불러내는 것으로 시작된다:

> 야웨여, 내 기도를 들으소서. 당신의 진실하심 안에서(en tē alētheia sou - '엔 테 알레테이아 수') 내 간구에 귀 기울이시고, 당신의 의 안에서(en tē dikaiosynē sou - '엔 테 디카

(1) (5) (7), 그리고 아래의 제11장 제2절 등을 보라.

629) Williams, 1980; Hays, 2005, 50-60을 보라.

이오쉬네 수') 내게 응답하소서.[630)]

이것은 하나님의 신실하심(pistis – '피스티스'), 진실하심(alētheia – '알레테이아'), 의(dikaiosynē – '디카이오쉬네'), 심판(epei pōs krinei ho theos ton kosmon – '에페이 포스 크리네이 호 테오스 톤 코스몬,' "그렇다고 한다면 어떻게 하나님이 세계를 심판하겠는가"), 또다시 진실하심(alētheia – '알레테이아'), 영광(doxa – '독사')이 연달아 나오는 로마서 3:3-7과 상당히 잘 맞아떨어진다. 로마서의 이 본문의 주제는, 한 분 유일하신 하나님이 의롭다는 것이 결국 밝혀지게 될 것이고, 이 하나님의 여러 가지 속성들이나 특성들도 지금은 사람들이 의심하고 있지만 결국에는 참되다는 것이 밝혀지게 될 것이라는 것이다. 바울은 이렇게 시편 143편의 도입부를 가져와 사용함으로써, 시편 기자가 자신의 무력하고 어찌할 수 없는 처지("당신 앞에서 의롭다 하심을 얻을 산 자가 없을 것이다")를 기반으로 해서, 진실하심과 의로우심이라는 하나님의 속성들에 호소해서, 한 분 유일하신 하나님은 그런 분이기 때문에 자기를 도와 줄 수밖에 없을 것이라고 한 일련의 사고의 흐름을 이어가고 있다. 따라서 바울은 다니엘서 9장, 에스라서 9장, 느헤미야서 9장의 위대한 기도들과 정확히 동일한 토대 위에 서 있다.[631)] 하나님의 백성들은 자신의 무력함과 어찌할 수 없음을 알기 때문에, 오로지 하나님의 진실하심과 의로우심에 매달릴 수밖에 없다. 이것은 로마서 3:20의 근저에 있는 논리이고, 이러한 논리는 계속해서 이어지는 본문들에 의해 확고하게 밑받침된다.

3:21–4:25을 하나의 통일된 전체로 보는 것은 중요하다. 로마서 4장은 단지 바울이 3:21-31에서 한 논증을 "성경을 근거로 증명하고 있는 것"이 아니고, 하나님이 지금 자신의 신실함을 보여 왔다고 바울이 논증하고 있는 저 계약이 하나님과 아브라함 사이에서 맺어진 이야기를 담고 있는 창세기 15장을 처음부터 끝까지 아주 자세하게 설명하고 있는 것이다.[632)] 제2성전 시대 유대인들의 사고 속에서 하나님이 아브라함과 맺은 계약의 목적이 아담의 죄를 무효화하고 그 결과들을 역전시키는 것이었음을 상기한다면, 우리는 여기에서와 5-8장에서 바울이 메시야 예수를 통해서 성취되었다고 말하고 있는 것이 바로 그 계약이라는 것을 깨닫게 된다. 이 모든 것은 우리로 하여금 "하나님의 의"라는 어구에 대한 성경 및 성경 이후의 읽

630) 시 143:1[LXX 142:1]. 여기에서 '알레테이아'(alētheia)는 히브리어 '에무나'(emunah), '디카이오쉬네'(dikaiosynē)는 '체다카'에 해당한다.

631) 위의 제2장 제4절 2) (2)를 보라.

632) 좀 더 자세한 것은 *Perspectives*, ch. 33의 "Paul and the Patriarch"를 보라.

기를 받아들이라는 강력한 압박이 된다. 이 어구는 이스라엘의 하나님이 수여하거나 하사하거나 나누어 주거나 전가한 인간의 어떤 지위(빌립보서 3:9에서 말하는 것과 같은 "하나님으로부터 오는 의")나, 하나님 앞에서 소유하고 있는 것으로 "여겨지는" 인간의 어떤 특성("하나님 앞에서 통하는 의")을 가리키는 것이 아니다.[633] 또한, 케제만(Käsemann) 등이 바울이 이스라엘의 계약 신학을 천명하였다는 주장을 틀어막기 위한 최후의 시도로 논증하였던 것과는 달리, 이 어구는 한 분 유일하신 하나님의 구원의 능력을 가리키는 것도 아니다.[634] 이 어구는 성경에서 이 어구가 지니고 있는 일차적인 의미, 즉 계약에 대한 하나님의 신실하심이라는 의미를 그대로 지니고 있다. 이것은 하나님의 계약 정의, 인간을 바로잡는 것을 통해서 세계를 바로잡고자 하는 하나님의 확고한 결의, 그리고 그러한 것 내에서, 토라와 관련해서 한 약속들, 창세기에서 전 세계에 걸친 권속을 주겠다고 아브라함에게 한 약속들, 신명기에서 이스라엘이 반역하면 포로생활을 하게 되는 저주를 내리고, 그런 후에 그들의 마음에 할례를 행하여 그 재앙에서 그들을 건져내겠다고 한 약속들에 대한 하나님의 신실하심을 포함하고, 실제로는 그런 것들에 초점이 맞추어져 있다.[635] 바울은 이 대단락과 이 서신 전체에 걸쳐서 선포하고 있는 것은, 바로 이것이 이스라엘의 하나님이 메시야 안에서 행하였던 일이고, 지금도 모든 믿는 자들을 위하여 복음과 믿음을 통해서 행하고 있는 일 — 그는 다른 곳들에서는 복음과 믿음을 통한 역사를 성령의 강력한 역사라고 설명한다 —이라는 것이다.

이것은 "선민론"에 대한 극적인 수정을 가져오는데, 여기에서는 "선민론"과 관

633) 첫 번째의 것은 전형적인 "기원의 속격"이고, 두 번째의 것은 "목적격적 속격"이다(이 경우에는 '디카이오쉬네' [dikaiosynē]가 "어떤 것을 행하다" 또는 "하나님을 설득하다" 같은 의미를 지닌 능동형 동사를 함축하고 있는 것으로 보아야 한다). 이것들은 논의에서 흔히 뒤섞인다. Wright, 1997 [*What St Paul*], 101에 나오는 도표를 보라.

634) Käsemann, 1980 [1973], *passim* (특히, 23-30)과 Käsemann, 1969 [1965], ch. 7. 전제는 Jewett, 2007, 319에 표현되어 있다: 계약을 언급한다는 것은 "야웨의 유일한 계약 당사자로서의 이스라엘의 탁월한 지위에 관한 전제를 견지한다"는 것을 보여주는 것이다 로마서 등에서 계약 갱신에 관한 바울의 설명은 그것이 얼마나 잘못되고 오도하는 것인지를 보여준다; 1:16의 균형("먼저는 유대인에게, 그리고 또한 마찬가지로 헬라인에게")은 바울이 이 문제를 어떻게 이해하였는지를 아주 잘 보여준다.

635) 독일 학계의 이전의 논쟁들에 대해서는 Brauch, 1977을 보라. 자세한 것은 Williams, 1980에 나오는 중요한 개관을 보라. Jewett, 2007, 272-5는 흥미롭게 혼합한 것을 제시한다: 그는 로마서 3:21의 '디카이오쉬네 테우' (dikaiosynē theou)를 주격적 속격으로 읽고서, 계약과는 상관없이 구약에 뿌리를 둔 "하나님의 구원 활동"을 가리키는 것으로 보고나서(272f.), 그런 후에 3:22에서는 "앞 절에서와 마찬가지로 여기에서도 목적격적 속격이 사용되고 있는 것으로 읽어서"(강조는 필자의 것), 믿음이 있는 "모든 사람들에게 주어지는 하나님으로부터 오는 의"를 가리키는 것으로 보아야 한다고 말한다. 그는 계속해서 사람들이 "하나님의 의에 가까이 나아가게" 되었다고 말하는 대목에서는(278), 성경적이고 유대적인 토

련된 표준적인 범주들인 (a) '호이 디카이오이'(hoi dikaioi, "의인들")와 (b) "아브라함의 자손"이 '피스티스'(pistis)라는 관점에서 재정의된다. 이 '피스티스'는 메시야 자신만이 아니라 그의 백성에게도 그대로 적용된다. 즉, 하나님의 신실하신 계약 정의의 이러한 나타남은 "모든 믿는 자들의 유익을 위한"(3:22) 것이었다. 왜냐하면, 메시야의 대속적인 희생제사는 하나님의 '디카이오쉬네'(dikaiosynē)가 하나님이 '톤 에크 피스테오스 예수'(ton ek pisteōs Iēsou — "예수를 믿는 믿음을 가진 자"와 "예수의 신실하심으로 말미암은 자"라는 의미를 동시에 지니는 어구 — 역주)를 의롭다고 하게 되는 토대가 된다는 것을 드러낸 것이기 때문이다(3:26). 이 후자의 어구는 3:22에 좀 더 자세하게 표현되어 있는 두 가지 의미를 하나의 어구 속에 담기 위한 일종의 축소판 같은 표현이다: (a) 메시야로서의 예수의 신실하심(3:2에 따르면, 이스라엘에게 맡겨졌지만 온전히 수행할 수 없었던 신실함)과[636] (b) 신자들의 믿음. 바울은 복음을 통해서 탄생한 하나의 새로운 공동체적인 실체, 새로운 사회적 공동체, 특권과 자랑과 명예와 수치를 규정하였던 이전의 모든 체계들이 그 안에서는 더 이상 작동하지 않는 어떤 실체를 상정한다.[637] 그리고 이 모든 일은 현재 속에서 일어난다. 그것은, 고린도후서 6:2에서 강조적으로 선언하고 있듯이, "지금"(3:21)이고, '엔 토 뉜 카이로'(en tō nyn kairō), 즉 "이 때에"(3:26) 일어나고 있는 일이며, 먼 훗날, 또는 마지막 날에 일어날 일이 아니다. 로마서 2장에서 아주 자세하게 설명된 마지막 날에 있을 판결은 로마서 3장의 배경 속에 존재하기는 하지만, 고린도전서 4장과는 다른 맥락 속에 있는 여기에서, 바울은 이 판결이 이미 현재 속으로 들어와 있기 때문에 지금 여기에서 들을 수 있는 것으로 상정한다. 메시야는 하나님이 약속한 죄에 대한 종말에 있어서의 단죄와 새로운 피조세계의 개시를 자기 자신 안에서 이미 실현하였기 때문에, 그런 종류의 "믿음을 지니고 있는" 모든 자들(이것은 4:24-25에서 좀 더 자세하게 정의된다)은 메시야의 부활 안에서 선언된 하나님의 판결(1:4)에 현재적으로 참여하게 된다.

이렇게 메시야의 신실하심과 신자들의 '피스티스'(pistis) 간의 연결 관계는, 갈라디아서 3장과 빌립보서 3장(위를 보라)에서 보여 주듯이, 우리가 느슨하게 "칭의"라고 생각하는 것이, 바울의 사고 속에서, 예수의 죽음과 부활이라는 메시야적

대를 완전히 내팽개친 것으로 보인다.

636) 여기에서 '피스티스 크리스투'(pistis Christou)에 대해서는 Jewett, 2007, 277을 보라.

637) 이것은 Jewett, 2007이 합당하게 강조하고 있는 것이다; 하지만 그런 후에 Jewett은 "율법주의적인 구원론을 피하기 위하여" 이것을 칭의의 "법정적" 의미와 대립시킨다(298) — 이것은 "율법주의"를 해법이 아니라 문제로 보는 통상적인 이론들을 피하고자 한다고 말하는 방식치고는 좀 기괴하다.

인 실체 속으로 신자들이 들어가서 합체되어 있다는 관념과 아주 밀접하게 결합되어 있다는 것을 보여준다 — 이것은 바울 신학의 형태와 성격에 관한 좀 더 큰 논쟁들에서 상당히 중요한 논점이다.[638] 바울이 어떻게 글을 쓰는지를 알면, 우리는 이 모든 것을 고도로 압축되고 밀집된 어구로 표현할 것임을 예상할 수 있는데, "메시야 예수 안에 있는 속량으로 말미암아"(3:24)라는 어구가 바로 그것이다. 이 어구가 실제로 의미하는 바를 풀어서 설명하는 데에는 5-8장 전체가 필요할 것이지만, 바울은 이후에 나올 5-8장의 대단락 전체가 하나님의 신실하심이 현재적으로 나타났다는 것에 관한 여기에서의 구체적인 논증 속에서 어떤 위치를 차지하고 있는지를 이 어구를 통해서 표현한다.

하지만 우리가 지금 초점을 맞추어야 할 것은 그가 여기 25절과 26절에서 예수의 죽음의 결과에 대하여 무엇이라고 말하고 있는가 하는 것이다.[639] 실제로는 "죽음"이라든가 "죽다"라든가 하는 단어들은 여기에 나오지 않고, "십자가"나 "십자가에 못 박히다"같은 단어들도 나오지 않는다. 예수의 십자가 죽음과 관련된 사건들을 구체적으로 가리키는 유일한 단어는 "피"이지만, 이 한 단어만으로도 우리는 이미 바울이 희생제사라는 관점에서 말하고 있다는 것을 알 수 있다. 그러나 우리는, 이 고도로 압축되고 밀집되어 있는 작은 구절이 설명하고 있듯이, 바울이 집중하고 있는 것은 예수의 죽음 안에서 드러난 "하나님의 의"라는 것을 의심하지 말아야 한다.[640] 그리고 바울이 5:9의 요약적인 진술 속에서 말하고 있듯이, 칭의를 성취한 것은 예수의 희생제사적 죽음이다.

현재의 본문이 고도로 압축되어 있는 이유는, 바울이 몇 가지 서로 다르지만 연관되어 있는 성경 및 성경 이후의 주제들에 대한 간접인용들과 반영들을 결합해서, (적어도) 세 가지를 한꺼번에 말하고 있기 때문이다. 그는 25절과 26절에서 "의"라는 단어의 주목할 만한 반복적인 사용을 통해서, 4장에서 좀 더 자세하게 설명될 계약에 대한 하나님의 신실하심의 나타남, 즉 하나님이 아브라함에게 약속한 것, 곧 이스라엘을 불러서 어둠을 밝힐 빛으로 삼아(2;17-20) 1:18−2:16에 묘사된

638) 또한, 이것은 역으로 이 서신 중에서 좀 더 분명하게 "합체적인" 단락인 6-8장에서 "칭의" 언어가 계속해서 사용되고 있는 것을 설명해 준다. 아래의 제10장, 특히 제3절 4) (2)와 (3), 제4절 3) (8)과 (9)를 보라.

639) 위의 제10장 제3절 2)를 보라. 칭의 주제의 일부인 현재의 설명은 메시야의 신실하심이라는 주제의 일부인 앞서의 설명을 밀접하게 보완한다.

640) 바울이 정형어구를 인용하거나 개작한 것이든 아니든, 당연히 나는 이 어구가 그가 말하고자 한 것을 정확히 표현하고 있었기 때문에 이 어구를 사용한 것이라고 믿는다.

세계를 바로잡겠다는 약속이 성취되었다는 것이, 이 논증의 전체적인 틀이라는 것을 부각시킨다. 그의 논증이 이렇게 복잡하게 된 주된 이유 중의 하나는, 성경과 성경 이후의 사고는 하나님이 이스라엘을 위하여(for) 행하겠다고 한 약속들을 지킴으로써 계약에 대한 자신의 신실하심을 나타낼 것이라고 생각했던 반면에, 그가 여기에서 논증하고자 한 것은 하나님은 늘 이스라엘을 통해서(through) 행하고자 하는 계획을 갖고 있었고, 이제 자기 자신을 죽음에 내어준 것에서 그 정점에 도달한 메시야의 "신실하심"을 통해서 바로 그 계획을 이루었다는 것이었기 때문이었다. 이렇게 바울은 이스라엘과의(with) 계약 체결 및 갱신과 연관되어 있던 주제들을 가져와서, 하나님이 이스라엘과의 계약을 통해서(through) 이루고자 하였던 목적에 관한 자신의 시각과 완전히 부합하는 방식으로, 창조주 하나님이기도 한 계약의 하나님이 이제 유대인과 이방인을 포함한 모든 사람들을 위하여 행한 일을 설명하고 있고, 이것은 모두 선민론에 대한 그의 재정의의 일부이다.

하나님의 의가 나타났다는 것이 다섯 절에 걸쳐서 최소한 다섯 번 언급되고 있는(그리고 동일한 어근에서 나온 동사가 두 번 사용되고 있는) 이 본문과 같이, 어떤 표현이 집중적으로 나오는 본문을 발견하였을 경우에, 우리가 반드시 해야 할 일은 그 동일한 주제가 집중적으로 표현되어 있는 다른 성경 본문을 찾는 것인데, 여기에서 가장 유력한 후보는 이사야서 40-55장이다. 물론, 거기에서는 '체데크'(tsedeq, "의")와 그 동일 어근의 단어들이 이 본문에서처럼 한 절에 평균적으로 한 개씩 나오는 것은 아니지만, 열여섯 장에 걸쳐서 30번 등장하고 있기 때문에, 이 대단락의 주된 주제들 중의 하나라고 하기에 충분하다고 할 수 있다.[641] 그리고 이 대단락 전체 내에서 여러 음조를 지닌 시 가운데 등장해서 잠시 모습을 감춘 후에 다시 등장해서 전개되어 나가다가 결국에는 정점에 도달하는 선율과 같은 인물은 두말할 필요도 없이 "야웨의 종"이다. 이 종은 이스라엘이기도 하고 이스라엘과 대척점에 있는 존재이기도 하다. 그는 이스라엘 백성을 그들의 포로생활로부터 건져내어 회복시킬 뿐만 아니라, 열방에게 빛이 될 것이다.[642] 그의 순종은 치욕적이고 충격적인 죽음으로 이어진다. 이것이 충격적인 이유는 그 죽음의 치욕적 성격 때문이기도 하고, 대속적 성격 때문이기도 하며,[643] 이스라엘의 성경에서는

641) cf. 형용사 '찻디크'(tsaddiq): 41:26; 45:21; 49:24; 53:11; 동사 '차다크'(tsdq): 43:9, 26; 45:25; 50:8; 53:11; 명사 '체데크'(tsedeq): 41:2, 10; 42:6, 21; 45:8, 13, 19; 51:1, 5, 7; 명사 '체다카'(tsedaqah): 45:8, 23, 24; 46:12, 13; 48:1, 18; 51:6, 8; 54:14, 17: 이 어근의 단어들은 30회 등장하는데, 그 중 몇몇은 여기저기에 함께 나온다.

642) 49:5-7; 그리고 49:7과 52:15 간의 연결 관계를 주목하라.

유일무이하게 등장하는 인신제사이기 때문이기도 하다.[644] 옛적에 이삭에게 일어날 뻔하였던 일이 이 종에게 실제로 일어난다. 그는 "많은 사람들을 의롭게 만들고" "그들의 죄악들을 짊어질" "의인"이다.[645] 이 대단락의 좀 더 큰 흐름 속에서 보면, 이 종이 자신의 사명을 성공적으로 수행함으로써, 계약(54장)과 피조세계(55장)의 갱신이 이루어지고, 원래 다윗과 맺어진 계약에 참여하고자 하는 "갈급한 모든 사람들"에게 공개적인 초대장이 보내진다.[646]

이 모든 것은 바울의 사고의 많은 대목들에서 울려 퍼지고 있기는 하지만, 아마도 그 어느 곳에서보다도 로마서의 이 대단락 속에서 가장 강력하게 울려 퍼지고 있는 것으로 보인다. 이것과 관련해서 말할 수 있는 것은 훨씬 더 많지만, 나는 이 정도만 말해도, 바울이 예수의 죽음을 희생제사적인 언어로 설명하면서, 이것이 하나님의 의가 나타난 방식이라는 것을 그 모든 행간 속에서 강조할 때, 그는 전체적으로는 네 번째 종의 노래를 정점으로 한 이사야서 40-55장, 구체적으로는 특히 야웨의 종이라는 인물이 중심적이고 비중 있는 지위를 차지하는 일련의 복잡한 간접인용과 반영들을 의도적으로 그 배경으로 설정하고 있다는 결론을 확증해 주기에 충분할 것이라고 생각한다. 바울이 "칭의"를 여러 가지로 다양하게 생각하였다고 할지라도, 분명한 것은, 그 핵심은 이스라엘을 위한, 그리고 이스라엘을 통한 하나님의 계약상의 계획의 성취에 있다는 것이다. 따라서 이러한 결론을 회피하고자 하는 시도들은 핵심을 놓치는 것이다.

이것은 우리가 앞에서 이미 보았던 주제, 즉 이 모든 것을 성취한 수단으로서의 야웨의 종 메시야의 신실하심이라는 주제를 다시 한 번 부각시킨다. 로마서 4장에서 말하고 있고, 5:6-11에서 요약적으로 제시되고 있듯이, 아브라함 계약이 성취되어서, "경건하지 않은 자들"을 단일한 계약 권속이 될 수 있게 한 것은 이 신실하심을 보여준 행위 때문이었다.[647]

우리는 이렇게 이사야서 40-55장과 로마서 3:21-26을 계약이라는 관점에서 읽어야 하고, 그렇게 했을 때, 이 본문 속에 두드러지게 등장하는 법정적 표상들은 계약적

643) "우리의 범죄들 때문에 상하셨고, 우리의 죄악들 때문에 으깨지셨다. 그가 벌을 받아 우리가 온전하게 되었고, 그가 상함으로 우리가 치유되었다 … 야웨께서는 우리 모두의 죄악을 그에게 담당시키셨다."

644) 사 53:10: "당신이 그의 생명을 속건제물로 삼으실 때." 히브리어로 '아샴' ('asham) 헬라어로 '페리 하마르티아스' (peri hamartias)는 통상적으로 "속건제"로 번역된다.

645) 사 53:11

646) 사 55:3.

647) 위의 제10장 제4절 3) (1)를 보라.

관점 속에 담기게 된다. 바울은 앞의 여러 단락들 속에서 인류 전체가 법정 앞에서 자신을 변호할 말이 전혀 없다는 것을 보여주기 위해서 인류의 죄를 마치 융단폭격을 하듯이 무수히 고소하고 나서, 인류가 처한 상황을 3:23에서 아담이라는 관점에서 요약해서 제시한다. 즉, 모든 사람이 범죄하였기 때문에, 하나님의 영광에 미치지 못하였다는 것이다. 이것은 이사야가 말한 것보다 더 심각한 "포로생활"이었지만, 바울은 이사야서 49장에 이미 상정된 좀 더 넓은 소명을 근거로, 야웨의 종의 죽음의 결과를 확장시켜서, 그것이 인류 전체의 죄를 담당하는 수단이었다고 말한다. 하나님에 의해 주어진 사명에 대한 이스라엘의 "신실함"의 실패로 인하여 의문시되었던 하나님의 "의"(3:2-3)는 메시야의 신실하심을 통해서 실현되었다. 하나님의 "인자하심과 오래 참으심"(2:4)은 그 시점까지 하나님이 죄를 벌하는 것이 마땅한데도 벌하지 않아 왔다는 것을 의미하는 것이었다. 이제 하나님은 일차적으로는 계약에 대한 하나님의 신실하심이라는 관점에서, 그리고 부차적으로는 하나님의 신실하심 내에서 암묵적인 법정적 배경 속에서 "예수의 신실하심으로 말미암은 자들" 또는 "예수의 믿음"을 지닌 자들을 가리키는 '톤 에크 피스테오스 예수'(ton ek pisteōs Iēsou)를 "의롭다고 선언하여" "바로잡는다"는 관점에서 "의로운" 것으로 보아진다. 신실하심으로 죄를 짊어진 종의 희생제사적인 죽음을 통해서 죄를 해결한 하나님의 역사는 이 본문의 핵심이고, 이것은 죄와 벌과 속죄에 관한 법정적 설명은 계약이라는 좀 더 넓은 주제 안에 위치하여야 하고, 이렇게 계약이라는 주제와 관련해서 볼 때에만 제대로 이해될 수 있다는 것을 의미한다.

로마서 4장에서 분명히 보여 주듯이, 아브라함의 단일한 권속의 지체임을 보여주는 표지인 "믿음"과 관련해서도 이것은 동일하다. 예수의 '피스티스'(pistis)는 복음을 믿는 모든 자들의 '피스티스'를 불러일으키고, 따라서 이 '피스티스'는 그들이 그가 "신실하심"으로 죄를 짊어지고 자신의 소명을 다한 결과에 참여하여 계약의 권속의 지체가 되었음을 보여주는 합당한 표지가 된다. "이신칭의"는 단지 "법정적"이거나 단지 "계약적인" 것이 아니고, 둘 모두에 해당한다. 왜냐하면, "이신칭의"가 어느 한 쪽에 해당한다면, 다른 한 쪽에도 해당될 수밖에 없기 때문이다. 우리가 마치 초점이 맞지 않는 안경을 쓴 자들처럼, 하나임이 너무나 분명한 것을 가지고 둘이라고 우기며 끝까지 고집한다면, 그것은 바울을 좌절시키는 일이 될 것이다.

이렇게 바울은 당시까지 야웨가 이스라엘을 선민으로 택한 것이 어떻게 확증될 것인지에 대하여 말하는 서술로 읽혀져 왔던 본문들을 가져다가, 자기가 그 본문들의 진정한 의도라고 생각한 것을 따라서, 야웨가 아브라함의 모든 권속을 선민으로 택한 것이 어떻게 성취될 것인지에 대하여 말하는 서술로 바꾸어 놓은 것으로 보인다. 이것은 그의 신학 전체만이 아니라 그의 해석학 전체의 특징이기도 하다.

이렇게 신자들에게 적용된 메시야의 대속적 죽음은 선민론이 어떻게 재정의되었는지를 드러내 준다:

> [27]따라서 자랑할 것이 어디 있는가? 그런 것은 있을 수 없다. 무슨 율법을 통해서이냐? 행위의 율법? 아니다. 믿음의 율법을 통해서이다! [28]율법의 행위와는 상관없이 믿음에 의거해서 의롭다는 선언을 받는다는 계산이 나온다.

"유대인"의 "자랑"(2:17에서처럼, 이것은 이러한 갑작스러운 질문을 설명해 주는 분명한 이유가 된다)은 배제된다. 앞에서 보았듯이, 이 "자랑"은 단지 "우리는 하나님의 선민이고 율법을 소유하고 있기 때문에, 자동적으로 도덕적으로 우월하다"라고 말하는 자랑이었던 것이 아니고, 좀 더 구체적으로 "우리는 하나님의 선민이고 율법을 소유한 백성으로서 눈먼 자들의 인도자이고, 어둠 속에 있는 자들의 빛이기 때문에, 인류의 문제에 대한 해법이다"라고 말하는 "자랑"이었다.[648] 바울은 지금까지의 논증 속에서, 이스라엘은 그러한 사명에 신실하지 못하였던 반면에, 메시야가 그 사명을 신실하게 수행한 것이기 때문에, 그러한 자랑은 당치 않은 것이라고 말한다. 메시야는, 이스라엘이 간절한 열망 속에서 멀리서 희미하게 보고서 가까이 다가가면 흔적도 없이 사라져 버리는 신기루 같았던 바로 그 "해법"을 성취하였다. 바울은 이 모든 것을 또 하나의 전형적으로 간결한 어구로 압축해서 제시한다. 그들이 "자랑하지" 못하게 된 것은 "행위의 율법"과 관련된 것이 아니다. 달리 말하면, 이스라엘은 단지 토라가 요구한 기준을 충족하는 데 실패하였기 때문에 자랑할 수 없게 된 것이 아니라는 것이다. 하나님의 목적을 진척시키는 수단으로서 율법이 내내 요구하였던 것은 메시야의 신실하심과 그의 백성의 믿음이었다. 이 때문에 거의 불가능할 정도로 압축된(하지만 바울 특유의) 어구가 등장한다: "믿음의 율법을 통해서"(dia nomou pisteōs – '디아 노무 피스테오스'). 바울은 이 모순어법(oxymoron, 서로 모순되는 단어를 나열하여 새로운 의미를 창출해내는 수사기법 — 역주)이 어떤 식으로 작동하는지를 9:30-10:13에 가서야 설명하기 때문에, 우리는 여기에서 '노모스'(nomos)가 율법을 의미하지 않는다고 봄으로써 미리 이 어구의 이

648) *Perspectives*, ch. 30을 보라.

상해 보이는 점을 제거하려고 하지 않는 것이 좋다.[649] 이스라엘의 자랑("우리가 인류의 문제에 대한 해법이다")이 배제되는 이유는 이스라엘이 할 수 없었던 일을 이스라엘의 하나님이 메시야를 통해서 이루어내었기 때문이다.[650]

바울은 이것을 다음과 같이 설명한다(3:28의 '가르'[gar]): "사람이 율법의 행위와 상관없이 '믿음으로 말미암아 의롭다는 선언을 받는다'는 계산이 나온다"(이 단어는 수학에서 사용된다). 달리 말하면, 지금까지의 논증 전체를 종합해 보면, 계약의 하나님은 이제 어떤 사람에게 '피스티스'(pistis)가 있다는 것이 그가 계약의 지체임을 보여주는 증표이고, 아브라함의 권속의 일부라는 증표이며, 그 사람의 죄가 메시야의 희생제사에 의한 속량에 의해서 해결되었음을 보여주는 증표라고 현재적으로 선언하고 있음이 분명하다는 것이다(3:24-26). 29절과 30절(서두에 나오는 '에'[ē, "또는"]는 앞 절과의 긴밀한 논리적 연결 관계를 보여준다)에 설명된 이유로 인해서, 이 모든 것은 "율법의 행위 없이" 일어날 수밖에 없다. 만일 그렇지 않다면, "셰마"를 토대로 한 유일신론이 제2성전 시대에 만연되어 있던 선민 신학(오늘날의 유대인들의 글들은 말할 필요도 없고)의 와중에서도 이 하나님이 실제로 이방인의 하나님이기도 하다고 엄연히 선언하고 있는데도, 이 하나님은 오직 유대인만의 하나님이 될 수밖에 없게 되기 때문이다.[651] 따라서 선민론은 단지 메시야와 그의 신실하신 죽음만이 아니라 메시야의 신실한 백성을 중심으로도 재정의된다.

이 새로운 백성은 물론 이방인들로만 구성되는 것이 아니라,[652] 그 지체임을 보여주는 표지인 '피스티스'를 나타내 보이는 유대인과 이방인 모두로 구성된다. 바로 그 동일한 표지를 통해서, 계약상의 지위는 갱신되기도 하고(할례자들은 "믿음을 통해서"[ek pisteōs – '에크 피스테오스'] 의롭다 함을 얻는다), 새롭게 얻어지

649) Jewett, 2007, 297은 "유대적인 율법 개념은 이렇게 양면적이 된다"고 주장하고, 4, 7, 8장에서 "자랑을 배제하는 율법 해석"의 발전을 보여준다. 그는 2:25-9과 10:1-13도 포함시켰을 것이다. 내가 보기에는, Jewett이 그런 후에 적어도 3:31에서 바울은 유대 율법이 아니라 "일반적인 법"을 염두에 두고 있다고 주장한 것(303)은 잘못된 것이다.

650) cf. 8:3: 한 분 유일하신 하나님은 메시야와 성령을 보냄으로써, 토라가 할 수 없었던 것을 행하였다.

651) Kaminsky, 2007에 대해서는 위의 제10장 제2절 3)을 보라.

652) 이것은 뚜렷한 "대체주의"(supersessionism)의 주장일 것이고(위의 제10장 제2절 3)을 보라), 여전히 일부 학자들은 대체주의자로 비난받는다. Jewett, 2007, 330이 Moo, 1996, 278f.와 Schreiner, 1998, 231은 "바울이 유대인들을 아브라함의 약속으로부터 배제시키고 있다고 믿는다"고 말한 것은 잘못이다: 그들은 Jewett과 마찬가지로, 바울은 "이방 신자들과 아울러서 유대인 신자들을 포함시킨다"고 말하고 있다.

기도 한다(무할례자들은 "믿음으로 말미암아"[dia tēs pisteōs – '디아 테스 피스테오스'] 의롭다 함을 얻는다). 논증이 진행될수록, 특히 7:1–8:11과 9:30–10:13에서 확실하게 입증될 바울의 주장은, 선민론에 대한 이러한 철저한 수정은 토라를 폐기하는 것이 아니라, 도리어 토라가 내내 의도해 왔던 것이라는 것이다(3:31).

그런 후에 뒤따라 나오는 로마서 4장 전체는 3장에서 설명된 "교리"에 대한 "성경으로부터의 증거"이거나, 한 믿음의 사람(아브라함)의 "경험"을 보여주는 초기의 사례이거나, 바울은 굳이 아브라함을 이 논증에 끌어들일 필요가 없었지만, 아브라함을 들먹이는 자신의 대적들에 대비하기 위하여, 부수적으로 아브라함과 관련된 것을 변증할 수밖에 없었던 것도 아니다.[653] 도리어, 로마서 4장은 바울이 갈라디아서 3장과 동일한 맥락 속에서 거기에서보다 더욱 자세하게 창세기 15장에 나오는 하나님과 아브라함 간의 계약을 설명하는 대목이다.[654]

좀 더 구체적으로 말한다면, 로마서 4장은 아브라함과의 이 계약이 이제 어떤 식으로 성취되고 있는지를 자세하게 설명한다. 메시야의 신실하신 죽음과 부활이 토대가 되어(4:24-25), 그 결과 한편으로는 죽은 자 가운데서 부활한 것과 같고, 다른 한편으로는 무에서 유를 만들어 낸 것과 같이(4:17), 아브라함 자신이 보여준 '피스티스'를 표지로 지닌 유대인과 이방인으로 구성된 단일한 권속이 탄생하게 되었다. 이 장 전체는 물론이고 여기에서 잠정적인 정점에 도달하는 이 서신의 여러 단락들(3:21로부터 시작되는 단락, 아니 1:8로부터 시작되는 단락, 실제로는 맨 처음부터 시작되는 단락)을 집약하고 있는 4:25에 나오는 "칭의"에 관한 언어는 법정적인 것임과 동시에 계약적인 것이다. 주잇(Jewett)은 비록 자신의 주석서를 지배하는 "존귀/수치" 문제라는 안경을 통해서이기는 하지만 이 점을 잘 보고 있다:

> 회심자들이 믿음 안에서 복음을 받아들일 때, 그들은 하나님 앞에서 의로운 것으로 "간주되고," 새로운 평등의 원리에 따라 존귀가 분배되는 공동체에 자리하게 된다 … 이

653) 아브라함은 창세기 17장 이전에는 "아브람"이었지만, 본서에서는 혼동을 피하기 위해서 일관되게 "아브라함"으로 지칭한다.

654) Carson, 2004, 51 n. 15는 히브리 성경에서 '베리트'(berith)와 '체데크'(tsedeq; sic: sc. tsedaqah -'체다카')가 서로 밀접하게 인접해서 나오는 경우는 거의 한 번도 없다"는 취지로, Seifrid, 2001, 424를 인용한다. 그는 바울이 선호하는 본문들 중의 하나였던 창세기 15장이 이 두 용어가 함께 나오는 곳들 중의 하나라는 것, 또는 로마서 4:11에서 바울은 칠십인역의 '디아테케'(diathēkē)를 '디카이오쉬네'로 대체한다는 것을 보지 못한다. 이 점과 관련해서 Seifrid을 좀 더 철저하게 반박하고 있는 것으로는 Bird, 2007, 36-9를 보라. Jewett, 2007은 "계약"을 오직 한 번, 그것도 부정적인 의미로 언급하는 가운데, 이 장 전체를 해석해 나간다.

> "우리의"[4:25에 나오는 "우리의 칭의"에서처럼]는 복음의 권능에 의해서 의롭다 함을 얻은 유대인과 이방인 신자들 모두를 포함한다 … 그들은 모두, 하나님이 "죽은 자들에게 생명을 주시고 없는 것을 불러 존재하게 하시는" 분이라는 아브라함의 믿음을 공유한 자들로서 아브라함에게 주어진 약속의 상속자들이다.[655]

주잇이 사용하고 있지는 않지만 그의 설명을 담아내는 데 적합한 범주들을 사용해서 달리 말한다면, 이것은 선민론이 재정의되었다는 것이다. 아브라함의 권속은 단지 메시야를 중심으로 재정의되었을 뿐만 아니라, 복음을 통한 성령의 역사에 의해서(1:16을 참조하라) 이 생명을 주는 하나님을 믿게 된 모든 자들을 포함하는 방식으로 재정의되었다.

따라서 로마서 4장은 철두철미하게 계약적이고, 비록 아브라함의 소명은 세계를 그 곤경으로부터 건져내는 수단이었다는 것이 그 핵심이기는 하지만, 거의 구원론적이라고 할 수 없다. 바울은 여기에서도 자신의 특유한 방식을 사용해서, 훨씬 더 길게 논증해야 할 내용을 간단하게 요약해서 제시하고 있는데,[656] 이 요약을 조금 더 자세하게 살펴보자. 바울은 하나님이 아브라함에게 "상"(15:1)을 약속하였다는 내용을 담고 있는 창세기 15장으로 우리를 데려간다. 아브라함은 자기에게는 아들이 없는데 어떻게 이 "상"을 유업으로 받을 수 있는지에 대하여 의문을 가졌고, 우리가 알고 있듯이, 이 "상"은 하나의 권속과 그들이 살 땅으로 이루어진 것이었다. 그런 후에, 하나님은 그에게 하늘의 별들처럼 많은 "자손"을 약속하였고(15:5), 아브라함은 하나님을 믿었는데, "그것이 그에게 의로 여겨졌다"(15:6). 따라서 이 믿음은 단지 이 하나님이 불가능한 일을 행할 수 있다고 믿는 것도 아니었고, 이 하나님이 죽은 자들을 살리고 존재하지 않는 것을 존재하게 할 것임을 믿는 것(이것은 좀 더 정답에 가깝기는 하지만)도 아니었다. 그것은 아브라함의 "상"과 관련된 문제였다 — 창세기 15:1과 여기 로마서 4:4이 말하듯이, 이 "상"은 한편으로는 아브라함에게 주어질 "유업," 다른 한편으로는 그의 무수한 "자손"을 가리킨다. 이것이 하나님이 아브라함에게 약속한 것이었고, 이것이 메시야의 사역을 토대로 해서 '피스티스'(pistis)를 속성으로 하는 권속의 창설을 통해 아브라함이 받게 된 것이었다. 잠시 후에 보게 되겠지만, 이것이 결국 로마서 4장이 말하고 있는 것이다.

로마서 4장을 이런 식으로 읽게 되면, 난해해 보였던 서두의 질문과 관련된 문

655) Jewett, 2007, 343.
656) *Perspectives*, ch. 33을 보라.

제가 풀린다.[657] 이 장은 아브라함의 권속에 관한 것이고, 계약의 하나님이 아브라함에게 약속하였던 "유업"이라는 문제에 관한 것이다. 달리 말하면, 이 장은 창세기 15장이 다루고 있는 내용, 특히 아브라함이 믿었던 약속임과 동시에, 바울이 '디카이오쉬네 테우'(dikaiosynē theou, "하나님의 의")에 대한 자신의 설명의 연속선 상에서 하나님의 신실하심과 관련시킨 약속에 관한 것이라는 말이다.

1절은 이렇게 되어 있다: "우리가 무슨 말을 하겠는가? 우리는 아브라함을 육신을 따른 우리의 조상으로 알아 왔는가?" 달리 말하면, 3:27-31에 설명된 철저하게 수정된 선민론에 따라, 우리가 하나님의 권속에 속하게 되었다면, (갈라디아의 회심자들이 생각했던 것처럼) 사람이 아브라함의 물리적이고 "육신적인" 권속에 속해 있다는 것은 무엇을 의미하는가? 그런 후에, 바울은 이 질문을 반대의 사실을 가정하는 진술을 통해서 밑받침한다(4:2). 즉, 만일 아브라함이 "행위로 말미암아 의롭다 함을 얻었다"고 한다면, 그에게는 "자랑할 만한 것"(kauchēma – '카우케마')이 있었을 것이라는 것이다. 그러나 바울은 실제로는 아브라함에게는 자랑할 만한 것이 "하나님 앞에서는 없었다"는 말을 재빨리 덧붙인다. ("하나님 앞에서"라는 어구는 이 논증 속에서 내내 중요한 것으로 자리 잡고 있다가, 17절에 나오는 주된 논증의 결론부에서 마침내 다시 등장한다.) 여기에서의 요지는 2:17의 "유대인"은 "자랑할 만한 것"이 없다고 할지라도, 하나님은 아브라함을 통해서 아담의 문제를 해결하고자 한 것으로 보아서, 적어도 아브라함에게는 "자랑할 만한 것"이 있지 않았겠느냐고 하는 생각에 대하여,[658] 아브라함은 단지 하나님이 그에게 준 약속을 믿은 것일 뿐이기 때문에 "자랑할 만한 것"이 없었다는 것이다. 따라서 여기에 나오는 "상"에 대한 언급은 "하나님에게 충분히 인정받을 만한 일을 한 자에게" 그 사람이 한 일을 하나님이 "공로로 인정하고서 주는 상"에 대하여 말하는 어떤 추상적인 사상체계와는 아무런 상관이 없고, 창세기 15:1을 염두에 둔 말이 분명하다: "아브람아, 두려워하지 말라, 나는 너의 방패이다. 네 상이 무척 클 것이다."[659] 4절의 취지("어떤 사람이 '일'을 하고서 얻은 '상'은 은혜가 아니라 당연히 받아야 할 보수로 여겨진다")는 펠라기우스주의자의 입장을 대변하고 있는 것이 아니라, 아

657) *Perspectives*, 579-84에 나오는 논의를 보라.

658) 다시 한 번 주목할 것은 이 "자랑"은 "나는 도덕적으로 대단히 덕 있는 사람이기 때문에, 내게는 구원 같은 것은 필요하지 않다"고 하는 자랑이 아니라, "하나님은 나를 통해서 세계를 구원하실 수 있다"는 자랑이다.

659) 반대견해로는 Gathercole(그리고 Seifrid는 논지가 아니라 참조를 주목한다). "방패"(magēn - '마겐') 개념에 대해서는 이스라엘은 "네 도움의 방패이신 야웨에 의해서 구원받는 백성"이기 때문에 원수들에 대하여 승리할 것이라고 말하는 신명기 33:29을 보라.

브라함의 "상," 즉 그에게 약속된 유업과 그 유업을 이을 자손은 그가 그런 것들을 받을 만한 자격이 있었기 때문에 하나님이 그에게 줄 수밖에 없는 그런 것이 아니었다는 것을 강조하는 것이다. 5절이 말하고 있듯이, 아브라함은 단지 하나님을 믿은 것일 뿐이었다. 바울은 "경건하지 않은 자들을 의롭다고 선언하시는 이를 믿는" 자들은 아무 일도 하지 않았는데도 "세계를 유업으로 받게 될 자"가 되는 지위를 얻는다고 말한다(4:13). 즉, "그들이 지닌 믿음이 그들에게 의로 여겨진 바가 되어서 의롭다 함을 얻게 된다."

석의 전통에서는 지금까지 통상적으로, 바울이 여기에서 하나님이 "경건하지 않은 자를 의롭다고 한다"고 말한 것은 하나님이 아브라함을 의롭다고 한 것을 가리키는 것으로 해석해 왔다. 아브라함은 이교에서 회심하여서, 이제 한 분 유일하신 하나님을 믿게 된 자였기 때문에, "경건하지 않은 자"로 지칭되었다는 것이다(이것만으로는 그를 "경건하지 않은 자"로 볼 충분한 근거가 되지 못하는 것으로 보이지만). 게다가, 아브라함은 당시에 할례를 받지 않은 자였다. 그러나 이것은 바울이 여기에서 말하고 있는 것이 아니다. 바울은 하나님이 아브라함에게 무수한 권속을 주어서, 그가 "많은 민족들의 조상"이 되게 하겠다고 약속하였을 때(로마서 4:17에 인용된 창세기 17:5의 본문), 이것은 아브라함에게 하나님이 "경건하지 않은 자들을 의롭다고 할" — 이런 의미에서는 "경건하였던" 아브라함 자신과 그의 육신적인 권속이 아니라, 정의상 "경건하지" 않았던 많은 민족들 — 것을 믿는 믿음을 요구하였다고 말하고 있다. 따라서 이것은 이 장이 다루고 있는 문제가 아브라함의 도덕적 상태에 관한 내적 분석을 통해서 "아브라함이 어떻게 의롭다 함을 얻게 되었는가"를 밝혀내고자 하는 것이 아니라, "아브라함이 하나님이 그에게 이 특별한 권속을 주겠다고 한 약속을 믿었다"는 것임을 보여준다.

우리는 이것을 이런 식으로 생각해 볼 수 있다. 하나님은 아브라함에게 그의 "상"이 무엇일지를, 즉 그가 세계를 유업으로 받게 될 것이고 많은 민족들의 조상이 될 것이라고 말해 주었다(4:13, 17). 아브라함이 하나님의 이 약속을 믿었다면, 그는 하나님이 "경건하지 않은 자들을 의롭다고 할" 것이라는 것, 달리 말하면 하나님이 현재에 있어서는 철저하게 자신의 권속 밖에 있는 것으로 보이는 이방인들을 결국에는 자신의 권속으로 들어오게 할 것이라는 것도 믿을 수밖에 없었다. 4:5에 대한 이러한 읽기는 우리가 방금 4:1을 3:27-30에 비추어서 읽은 것과 정확히 부합하고, 뒤에 나오는 시편으로부터의 인용문, 즉 다윗이 참된 하나님으로부터 죄사함을 받아 그들의 죄가 죄로 여김을 받지 않게 된 자들은 복된 자들이라고 선언하는 내용과도 무리 없이 잘 이어진다. (또한, 그러한 읽기는 바울이 아브라함 안에서 모든 민족이 복을 받게 될 것이라는 하나님의 약속을 "하나님이 믿음으로 말미암아 이방인들을 의롭다고 하실 것을 성경이 미리 내다본" 것이라고 해석하고 있는 갈라디아서 3:8과도 잘 부합한다.)

로마서 4:9-12에 의하면, 이러한 "복"은 무할례자들에게 주어진다. 바울은 여기에서 아브라함이 자신의 죄들을 사함 받을 필요가 있었다는 것에 대해서가 아니라, 계약의 하나님은 아브라함에게 준 약속이 이루어지려면 이방인들이 권속으로 들어와야 할 것이기 때문에, 그 약속을 이루기 위하여, "이방 죄인들"의 "죄들"을 사하게 될 것이라는 사실(갈라디아서 2:15을 보라)에 대하여 말하고 있다. 그는 그렇게 함으로써 4:9-11의 초점을, 아브라함은 할례라는 계약의 증표를 받는 바로 그 순간에도 이미 하나님으로부터 "의"로 여김을 받아 그의 권속으로 들어오게 될 무할례자들을 위한 모형이 되어 있었다는 사실에 계속해서 확고하게 맞춘다. 그런 후에, 그는 계약의 지체로서의 지위가 이제는 오직 이방인들에게만 주어지게 될 것이라고 생각하는 사람이 없도록 하기 위해서, 12절에서 할례자들도 아브라함이 무할례 때에 행하였던 것(즉, 하나님의 약속을 믿은 것)을 그대로 행하기만 한다면, 얼마든지 아브라함의 자손이 될 수 있다는 말을 덧붙임으로써, 이 그림 전체를 완성한다.[660]

선민론에 대한 이러한 철저한 재정의 — 바울에게 이것은 아무리 기존의 전통과 반대되는 것이었다고 할지라도, 창세기 15장에 대한 재정의가 아니라 원래의 합당하고 참된 읽기였다 — 는 마침내 "상," 즉 하나님이 아브라함에게 약속하였던 "유업"으로 되돌아간다. 물론, 창세기에서 말한 "유업"은 하나님이 약속한 땅이었다. 하지만 모종의 초기의 유대 전통 및 창세기 자체가 보여주는 사고의 흐름(아브라함/아담의 연결 관계) 속에서와 마찬가지로 여기에서도, "유업"은 세계 전체, 즉 '코스모스'(kosmos)이다.[661] 그리고 그 유업을 물려받게 될 자들은 전 세계에 걸친 아브라함의 "자손"(sperma – '스페르마')이다. 즉, 이것은 "하나님이 아브라함에게 그와 그 자손이 '코스모스'를 유업으로 물려받게 될 것이라고 한 약속"이다. 이것이 바울이 창세기 15장을 읽고 있는 방식이다. 그는 3:21("토라와는 상관없이")

660) 따라서 이것은 11:23과 대응된다: '에안 메 에피메노신 테 아피스티아' (ean mē epimenōsin tē apistia). 아래의 제11장 제6절 4) (1)과 (5)를 보라.

661) 유대교에서 "세계를 유업으로 받는 것"에 대해서는 cf. *Jub.* 17.3; 22.14; 32.19; Sir. 44.21; *1 En.* 5.7; *4 Ez.* 7.59. 특히, 위의 제2장, 특히 Wright, 2002 [*Romans*], 495f.를 보라. 이 약속은 "영적으로 해석되지" 않아 왔다. Dunn이 "좀 더 민족주의적인 이해"를 배제한 것은 옳지만, 이 약속을 "땅과는 상관없는 것"(Dunn, 1988a, 213, 그는 Davies, 1974, 179를 따른다)으로 설명한 것은 그가 "하나님의 피조질서의 회복, 하나님의 피조세계의 나머지에 대한 청지기로서의 아담의 지위를 인간이 회복하는 것"을 합당하게 강조한 것(ib.)을 훼손할 수 있다. 자세한 것은 Hester, 1968을 보라.

과 3:28("토라의 행위들과는 상관없이")의 핵심을 여기로 가져오고, 갈라디아서 3장의 좀 더 긴 논증을 반영해서, 세계를 유업으로 받을 것이라는 이 약속이 토라를 매개로 해서는 성취될 수 없다고 선언한다. 여기에서 극히 중요한 것은 "도덕적인 노력을 행하여서 도덕적인 업적을 성취하는 자들"과 "그렇지 않은 자들"간의 구별이 아니라, 유대인들(hoi ek nomou – '호이 에크 노무,' "율법에 속한 자들")과 "모든 자손"(pan to sperma – '판 토 스페르마') 간의 구별이다(4:16).[662]

따라서 갈라디아서 3장에서와 정확히 마찬가지로 여기에서도, "단일한 자손"과 "전 세계적인 유업"이 이 그림 전체를 지배한다. 만일 그 약속이 토라를 토대로 한 것이라면, 약속은 헛된 것이 되어 버릴 것이고, 아브라함의 "믿음"도 헛된 것이 되어 버릴 것이다. 왜냐하면, 만일 그렇게 된다면, 아브라함은 헛되이 믿었던 것으로 드러날 뿐만 아니라, 그가 가졌던 구체적인 믿음, 즉 계약의 하나님이 "경건하지 않은 자들을 의롭다고 선언하고서" 이방인들을 자신의 권속으로 불러서, 그 무수한 "권속"으로 하여금 "세계를 유업으로 받게"할 것이라는 믿음도 아무런 근거가 없는 것이 되어 버리고 말 것이기 때문이다. 만일 하나님이 그러한 유업을 받는 것과 아브라함의 "자손"이 되는 것을 토라를 매개로 하겠다고 작정한 것이라면, 그런 일은 절대로 일어날 수 없는 일이 되고 말 것이었다. 갈라디아서 3:22이 토라는 모든 것을 죄 아래 가두어 놓는다고 말하고 있는 것과 마찬가지로, 바울은 여기에서 토라는 "진노"를 불러올 뿐이라고 말한다. 따라서 가만히 내버려 두면, 토라는 하나님의 약속의 종언, 즉 많은 민족들이 아브라함의 자손이 되리라는 약속의 종언이자 세계 전체를 유업으로 받게 될 것이라는 약속의 종언을 의미한다. 그러나 바울은 나중에 자세하게 설명할 것을 여기에서 미리 "율법이 없는 곳에는 범법함도 없다"고만 감질나게 말할 뿐이다. 이 짤막한 요약은 6:14과 7:4-6에서 좀 더 자세하게 설명되고, 이 두 본문은 메시야가 자기 백성과 함께 공유하게 될 속량 받은 '코스모스'가 바로 "세계 전체에 걸친 유업"이라고 말하는 8:12-25로 이어진다.[663] 로마서 1-4장과 로마서 5-8장을 나누는 "통상적인"구분이 얼마나 허구적인 것인지가 여기에서 다시 한 번 드러난다. 왜냐하면, 바울은 로마서 1-8장 전체에 걸쳐서 내내 동일한 논증을 계속해서 이어가기 때문이다. 여기에서 길게 설명된 하나님과 아브라함의 계약은 바울의 구원론과 관련된 모든 다양한 범주들, 즉 법정적, 합체

662) Jewett, 2007, 312가 여기에서 "경건한 행위를 통해서 의가 얻어질 수 있는가" 하는 문제로 되돌아가는 것은 주목할 만하다.

663) Jewett이 올바르게 보고 있듯이(2007, 325f.).

론적, 인간론적, 구원사적, 묵시론적, 변성론적 범주들을 각각의 적절한 관점에서 볼 수 있게 해주는 최고의 거점을 제공해 준다.

이제 우리는 16절과 17절을 제대로 읽을 수 있게 되었다. 로마서 4장에 대한 "통상적인" 읽기들을 따르게 되면, 사람들은 아브라함의 자손과 하나님의 약속에 관한 복잡하게 뒤엉킨 잡동사니 같아 보이는 내용을 각자가 선호하는 범주들을 따라서 따로따로 볼 수밖에 없게 만든다.[664] 하지만 이 범주들은 바울이 말하고자 한 전체의 정수들을 각자의 위치에서 보여주는 것들이다 — 물론, 바울은 흔히 자기가 말하고자 하는 정수들을 펄펄 끓여서 거의 다 졸아들게 만들어 극히 농축된 형태로 보여 주지만: '디아 투토 에크 피스테오스 히나 카타 카린 에이스 토 에이나이 베바이안 텐 에팡겔리안 판티 토 스페르마티'(dia touto ek pisteos hina kata charin eis to einai bebaian tēn epaggelian panti tō spermati, 직역하면, "그러므로 믿음으로 말미암아, 따라서 은혜를 따라, 이는 그 약속이 모든 자손에게 유효하게 하기 위한 것이다"). 달리 말하면, 아담의 죄를 역전시켜서 세계를 위하여 모든 것을 바로잡은 것은 아브라함이 아니라, 한 분 유일하신 하나님이었다는 것이다. 만일 그것이 "믿음"이 아닌 다른 것을 통해서 이루어지게 되어 있었다면, 그것은 더 이상 하나님의 은혜로 말미암아 될 수 없었을 것이고, 이방인들은 아브라함의 "모든 자손"의 일부가 될 수 없었을 것이기 때문에, 약속된 대로 계약의 지체로서의 지위를 얻을 수도 없었을 것이다. 만일 사실이 4:13-15에서 말한 것과 정반대였다면, 달리 말해서, 만일 하나님이 아브라함에게 준 약속들을 성취할 수단으로 토라를 택하였다고 한다면, 그런 일이 일어났을 것이지만, 실제로는 "모든 자손"은 이제 "율법에 속한" "자손," 즉 아브라함의 권속의 일부인 유대인들만이 아니라, "아브라함의 믿음으로부터" 온 자들(이들도 "자손"이다)로도 구성되게 되었다.

아브라함은 이렇게 "우리 모두의 조상"이다. 석의를 건축하는 자들이 버린 돌이 사실은 가장 긴요한 모퉁잇돌이었고, 4:1의 질문에 대한 대답이었다. 바울은 하나님이 창세기 17:5에서 아브라함을 "많은 민족들의 조상"으로 삼겠다고 한 약속을 따라, 우리 모두, 곧 유대인과 이방인 모두의 조상이 되게 하였기 때문에, 우리는 아브라함을 "육신을 따른 우리의 조상"으로 여길 필요가 없다고 결론을 내리고 있다.[665] 이것은 아주 중요한 것이었기 때문에, 바울은 이례적으로 다음 절에서 이것

664) 예를 들면, NRSV는 "왜냐하면, '내가 너를 많은 민족의 아버지로 삼았다' 고 기록된 바와 같이, 그는 우리 모두의 아버지이기 때문이다"를 괄호로 처리한 후에, 17절의 나머지 부분을 대시 기호로 연결시킨다. 많은 번역본들에 전형적인 이러한 과격한 구두점 찍기는 번역자가 본문의 일련의 사고의 흐름을 이해하지 못하였음을 인정하는 것이다. 자세한 것은 *Perspectives*, 579를 보라.

을 다시 한 번 반복해서 말한다: 아브라함은 자기가 "많은 민족들의 조상"이 되리라는 것을 도저히 소망할 수 없는 상황 속에서 소망하였다. 이러한 반복은 이 장 전체가 무엇에 관한 것인지, 즉 이 장은 선민론이 재정의된 방식에 관하여 말하고 있는 장임을 너무나 분명하게 말해 준다. 이것은 한 분 유일하신 하나님이 이방인들을 아브라함의 "자손"에 포함시키기 위하여 늘 행하고자 해 왔던 것이고, 아브라함이 하나님이 행할 것이라고 늘 믿었던 것이었다. 이것이 바울에게 늘 의미해 왔었고 당시에도 여전히 의미하고 있었던 것은 한 분 유일하신 하나님 자신의 성품과 관련된 것이었다. 그리고 그 성품은 이 논의 전체가 다루고 있는 것이다. "믿음"의 성격은 사람이 어떤 종류의 하나님을 믿느냐에 따라 달라진다. 4:5에 나오는 하나님은 "경건하지 않은 자들을 의롭다고 하시는 하나님"이었고, 여기에 나오는 하나님은 "죽은 자를 살리시고 존재하지 않는 것을 불러 존재하게 하는 하나님"이며, 4:24-25에 나오는 하나님은 "우리의 범법함들을 인하여 내어줌이 되고 우리로 의롭다 함을 얻게 하기 위하여 다시 살아나신 우리 주 예수를 죽은 자 가운데서 다시 살리신 분"이다. 이것은 동일한 하나님을 서로 보완적인 세 가지 시각에서 본 것이라는 것은 두말할 필요가 없다.

이것은 4:2의 '알 우 프로스 테온'(all'ou pros theon, "그러나 하나님 앞에서는 없다")이 꽉 찬 의미로 사용되었다는 것을 보여준다. 아브라함에게는 "자랑할 만한 것"이 있었는가? 한 분 유일하신 하나님 앞에서는 없었다! 왜냐하면, 아브라함 자신에게는 세계의 문제를 해결할 수단이 없었고, 그 문제가 해결된 것은 오로지 그가 믿었던 하나님이 "경건하지 않은 자들을 의롭다고 하고" 은혜를 베풀며 죽은 자를 살리는 하나님이었던 까닭이었기 때문이다. 그리고 이것은 서두의 질문에 대한 최종적이고도 온전한 대답이 된다: 우리는 아브라함이 육신을 따른 우리의 조상이라고 알아 왔는가? 아니다, 아브라함은 "많은 민족들의 조상"이다. 계약의 하나님이 그에게 약속한 권속의 지체가 되는 것은 언제나 "믿음으로 말미암게" 되어 있었는데, 그것은 "그것이 은혜로 말미암아 되게 하기 위한 것이었다." 이것은 바

665) Sir. 44.19-21은 여기에서 긍정적으로나 부정적으로나 이 맥락의 중요한 일부이다: 아브라함은 "많은 민족들의 위대한 아버지"로서, 지존자의 율법을 지켰고, 그와 계약을 맺었으며, 시험 받을 때(달리 말하면, 아케다 사건)에 신실한 자로 증명되었다. 그런 후에, 하나님은 그에게 무수한 권속을 약속하였고, "바다에서 바다까지, 유프라테스 강에서 땅 끝까지를 유업으로" 주겠다 — 이것이 시편 72:8(cf. 89:25)에서 다윗에게 주어진 약속이었다 — 고 약속하였다. (또한, 시편 72:13에 나오는 창세기 12:3 LXX의 반영도 보라.) 바울은 아브라함의 율법 준수를 한쪽으로 제쳐놓고, (앞에서 보았듯이) 아케다 사건을 아브라함과 이삭으로부터 하나님과 예수에게로 이전시킨다; 그러나 그는 계약(바울에게 있어서 이것은 아브라함이 아니라 하나님의 주도로 맺어진 것이었지만) 및 전 세계를 포괄하는 약속은 그대로 유지시킨다.

울이 먼저는 이스라엘의 메시야와 관련된 사실을 토대로, 이제는 예수를 죽은 자 가운데서 다시 살린 하나님을 믿는 믿음으로 말미암아 아브라함의 권속이 된 백성을 고려해서, 제2성전 시대 유대교의 선민론을 철저하게 수정한 결과였다.

바울은 이것으로 이 장의 주된 논증을 끝마쳤기 때문에, 이제는 "우리 주 예수를 죽은 자 가운데서 살리신 이를" 믿는 모든 자들이 어떻게 아브라함의 믿음에 참여하게 되는지에 관한 설명(4:18-25)이라고 통상적으로 이해되고 있는 것으로 옮겨갈 수 있었다. 통상적으로 지적되고 있듯이, 이 본문도 1:18-25에 나오는 인간의 타락에 관한 설명을 명시적으로 역전시키는 내용과 그 결과 하나님의 권속 중에서 최초의 부부가 (이전에는 자녀가 없었음에도 불구하고) 많은 자녀를 얻게 된 것에 관한 내용을 포함하고 있다.[666] 이렇게 여기에는 창세기 15장에 나오는 여러 요소들이 한데 결합되어 있다: 아브라함의 믿음을 공유하게 된(바울은 성령에 의해서라고 말하였을 것이다) 모든 자들에게 한 분 유일하신 하나님의 선물인[667] 메시야로 말미암아 보증되고 있는 자손과 유업에 관한 모든 약속 — 재정의된 선민론.

이것은 우리를 마침내 바울의 글들 중에서 가장 유명하면서도 가장 오해되어 온 본문들 중의 하나로 데려다 준다.

(8) 로마서 5-8장

우리가 본서의 다음 장에서 로마서 9-11장을 다루게 될 것이지만, 나는 거기로 넘어가기 전에 로마서 5-8장에 관한 이 짧은 논의를 시작하고자 한다. 로마서 7:4-6은, 흔히 주요한 논쟁들에 의해서 이리 치이고 저리 치여서 관심 밖으로 밀려나 있기는 하지만, 우리가 다른 곳들, 특히 로마서 2:25-29과 고린도후서 3장에서 살펴본 바 있는 성령을 중심으로 재정의된 선민론의 여러 주제들을 서로 밀접하게 연결시키고 있다. 우리는 그 두 본문에서, 특히 전자의 본문에서, 빌립보서 3:2-11과 병행을 이루고 신명기 및 예레미야서에 나오는 약속들 및 의도와 관련해서 서로 직접적으로 연결되어 있는 선민론에 대한 대단한 재정의를 발견하였었다:

> 28표면적 "유대인"이 유대인이 아니고, 표면적 육신의 "할례"가 할례가 아니다. 29이면적 "유대인"이 유대인이고, "할례"는 마음의 문제이니, 율법 조문이 아니라 성령에 있다. 그

666) Wright, 2002 [*Romans*], 500; 그리고 예컨대, Adams, 1997a를 보라.
667) 4:25에서 "그가 내어줌이 되었다"(paredothē - '파레도테')는 "신성 수동태"이다.

러한 사람은 사람들로부터가 아니라 하나님으로부터 "칭찬"을 얻는다.[668]

우리가 다시 한 번 주목할 것은 바울은 "참 유대인" 또는 "진정한 유대인" 이라고 말하는 것이 아니라, 단지 "유대인" 이라고만 말하고 있다는 것이다. 바울의 이 주목할 만한 주장이 옳음을 증명해 줄 근거는 이스라엘의 성경 자체에서 발견된다. 마음의 할례에 관한 약속은 신명기 30장에 나오는 "새 계약"과 "포로생활로부터의 귀환" 에 관한 아주 중요한 본문의 일부이고, 성경의 다른 책들(특히, 예레미야서)도 바로 그 본문을 가져와서 사용하였다. 따라서 이것은 바울이 자신의 유대적 배경을 떠나서 새롭게 생각해 낸 관념이 아니었고, 유대인들의 거룩한 본문들에 의해서 설명된 믿음이었다. 바울은 바로 그러한 믿음을 가져와서, 메시야의 사역을 토대로 해서 메시야의 영으로 말미암아 일어났다고 자기가 믿은 것들을 설명해 나간다. 이스라엘의 메시야의 경우와 마찬가지로, 성령도 어떤 이질적이고 생소한 세력이었던 것이 아니라, 유대적인 유일신론의 한 분 유일하신 하나님이 새롭게 나타난 것이었다(오래 전에 약속된 것이기는 하지만).

로마서 2장에서 희미하게 제시된 후에 여기 로마서 7장에서 다시 다루어지고 있는(그리고 로마서 8장에서 더욱 자세하게 발전될) 성령을 통한 계약 갱신이라는 이러한 개념은 본서의 이 대목에서 우리가 제시한 주된 핵심이 옳다는 것을 분명하게 암시해 준다(물론, 우리는 여기에서 이 핵심을 자세하게 설명할 수 있는 형편이 되지 않는다). 바울은 로마서 4장의 끝에 이르기까지, 복음을 믿는 모든 자들은 유대인이든 이방인이든 상관없이 죄 사함 받아서 아브라함의 참된 권속이 된 자들이라는 자신의 논증을 전개해 왔다. 이것은 창조주이자 이스라엘의 하나님이 계약과 관련해서 보인 신실하심과 정의를 의미하는 "의"가 현재적으로 나타난 것이었다. 그러나 바울은 2장에서 최후의 심판에 관한 매우 정교하고 자세한 시나리오를 설명한 후에, 그것을 배경으로 칭의에 관한 그러한 논의를 진행해 온 것이었다. 마지막 날에 내려질 판결에 상응하는 판결이 어떻게 현재 속에서 내려질 수 있는 것인가? 현재적으로 선언된 판결이 나중에 뒤집어지거나 헛된 소망으로 끝나지 않을 것임을 보증해 주는 것들은 무엇인가? 그리고 한 분 유일하신 하나님이 이제 자신의 신실하심으로 말미암아 메시야 예수 안에서 이룬 약속은 단지 유대인과 이방인을 모두 포함하는 아브라함의 권속의 창설만이 아니라, 그들로 하여금 세계를 유업

668) 롬 2:28f. 위의 제6장 제2절 1), 제8장 제1절, 제10장 제2절 3)과 제3절 2), 제4절 2)와 3) (1), 아래의 제15장 제3절 1)을 보라.

으로 받게 할 것이라는 것도 포함하고 있었다고 한다면, 그런 일이 도대체 어떻게 성취될 수 있다는 말인가? 아마도 우리가 여기에서 알아두어야 할 가장 중요한 것은 로마서 5-8장은 우리가 1-4장에서 발견한 것들과는 다른 일련의 질문들과 대답들을 설명하고 있거나, 다른 유형의 신학("법정적인" 것과 반대되는 것으로서의 "참여적인" 또는 "신비적인" 것)을 사용하고 있는 것이 아니라는 것이다. 우리가 "교리" 자체에 관한 앞서의 짤막한 설명에서 보았듯이, 로마서 5-8장 전체는 바울이 여전히 "의" 및 그것과 연관된 주제들에 대하여 생각하고 있다는 것을 내내 암시해 주고 있다. 8:1에 나오는 극적인 성격을 띤 결론적인 진술과 그 결론의 실제적인 결과들에 대하여 말하고 있는 8:31-39은 바울이 4장의 끝에서 보류되었던 질문들에 대하여 대답하는 쪽으로 느리지만 확실하게 나아가고 있다는 것을 확증해 준다. (그는 자기가 나중에 9-11장에서 대답할 질문들도 서서히 축적해 가고 있음은 물론이지만, 이것에 대해서는 나중에 다시 살펴볼 것이다.) 그리고 독자들이 지금쯤은 충분히 예상할 수 있겠지만, 여기에서의 나의 논증은 로마서 5-8장에서 전개되는 바울의 사고의 근저에 있는 틀도 이미 앞에서 설명한 의미들에서 계약적이고, 그는 이 틀을 중심으로 해서 "법정적이고" "합체적인" 관념들만이 아니라, 우리의 다른 오랜 친구들인 "인간론적," "구원사적," "묵시론적," "변성론적" 관념들도 통합시키고 있다는 것이다. 사실은, 이 모든 요소들이 여기에서 특별한 생동감을 지니게 된 것은 이 장엄한 장들 속에서 그것들이 서로 얽히고설켜서 결합되어 있기 때문이다.

나는 2:25-29에서 이미 언급된 "새 계약" 주제가 전면에 등장하는 로마서 7장의 첫 부분에서 시작하고자 한다. 지금까지 주석자들에게 너무나 많은 불필요한 괴로움을 주어 왔던 "혼인 예화"가 나오는 7:1-6에서,[669] 바울은 이전에 "율법 안에" 있었다가 지금은 메시야의 죽음과 부활로 말미암아 변화된 삶을 살고 있는 자들(달리 말하면, 유대인이거나 개종자였다가 그리스도인이 된 사람들)에게 무슨 일이 일어난 것인지를 압축해서 요약적으로 제시한다. 그런 점에서 이 본문은 갈라디아서 2:19-20과 아주 밀접한 병행을 이루고 있기 때문에, 그 빛 아래에서 해석되어야 한다.

우리는 먼저 7:1-3과 관련해서 한두 가지를 분명히 해두고서 이 논의를 시작할 필요가 있다:

669) Wright, 2002 [*Romans*], 558f.를 보라.

> 나의 사랑하는 권속들아, 내가 율법을 아는 자들에게 말하는데, 너희는 율법이 사람이 살아 있는 동안에만 그 사람을 주관하는 줄을 분명히 알고 있다. 율법은 남편 있는 여자를 그녀의 남편의 생전에는 그에게 묶어 두지만, 그 남편이 죽으면, 그녀는 남편과 관련된 율법에서 벗어나게 된다. 따라서 그녀가 남편 생전에 다른 남자에게 가면 간음한 여자가 되겠지만, 남편이 죽은 경우에는 그 율법에서 자유롭게 되기 때문에, 다른 남자에게 갈지라도 간음한 여자가 되지 않는다.

우리가 첫 번째로 분명히 해두어야 할 것은 "율법"은 "첫 번째 남편"이 아니고, 남편과 아내를 한데 묶어 주는 존재라는 것이다. 두 번째는 바울은 5장(특히 5:12-21)과 6장(특히 6:6)에서 계속해서 전개해 온 사고의 흐름을 여기에서도 여전히 설명하고 있는 것이기 때문에, "첫 번째 남편"은 "아담" 또는 "옛 사람"(6:6)을 가리키는 것으로 보는 것이 가장 좋다는 것이다. 따라서 세 번째는 바울이 "죽은" 자를 제3자(6:6의 "옛 사람"; 7:2-3의 "전 남편")로 말하기도 하고, 일인칭("우리")으로 말하기도 하고, 이인칭("너희")으로 말하기도 하는 것은 자연스러운 일이라는 것이다. 이렇게 "우리"라고 말했다가 "너희"라고 말했다가 하는 것은 6장에서도 볼 수 있다: "우리"가 메시야와 함께 죽었다(6:2); "우리"가 그의 죽음과 합하여 세례를 받았다(6:3); "우리"가 그와 함께 장사되었다(6:4); "너희"는 너희 자신을 죄에 대하여 죽은 자로 여겨야 한다(6:11). 여기 7장에서도 마찬가지이다: "너희도 메시야의 몸으로 말미암아 율법에 대하여 죽었는데"(7:4a), 그것은 "우리"로 하여금 하나님을 위하여 열매를 맺을 수 있게 하기 위한 것이다(7:4b). 이것은 7:5-6에서도 비슷하다. 달리 말하면, "전 남편"은 "옛 사람" 또는 "옛 아담"이고, 6장에서 정확히 보여 주듯이, 이것은 "너희"와 다른 어떤 존재가 아니다. "너희"라는 의인화는 이전의 좀 더 일반적인 설명에 수사학적인 의미와 방향성을 부여해 준다. 바울이 2장과 현재의 장의 서두의 여러 단락들에서 지금까지 말해 온 모든 것들을 종합해 볼 때에 분명한 것은, 그는 아담 문제를 계약이라는 관점에서 접근하고 있다는 것이다. 우리가 로마서 2장과 3장과 4장을 통해서 이제 알고 있듯이, "육신에 따른" 계약 권속만으로는 그 해법을 제시할 수 없다. 그렇다면, 바울은 그 계약을 폐기하였는가? 아니다. 그의 논지 전체는 계약의 하나님이 자신의 신실하심을 따라 전에 약속했던 대로 계약을 갱신하였다는 것이다.

이제 이 작은 문제가 분명해졌기 때문에 — 우리가 앞 장들에 나타난 바울의 일련의 사고의 흐름을 충실히 따라가면, 이것은 비교적 분명하게 드러나게 된다 — 우리는 7:4-6에 그 핵심이 제시된 성령을 중심으로 한 선민론에 대한 재정의에 초점을 맞출 수 있다. 바울은 이렇게 말한다:

[4]마찬가지로, 너희도 메시야의 몸으로 말미암아 율법에 대하여 죽었는데, 이는 다른 이, 곧 죽은 자 가운데서 다시 살아나신 이에게 속하여, 우리로 하나님을 위하여 열매를 맺을 수 있게 하기 위한 것이다. [5]우리가 죽을 인생의 삶을 살았을 때에는, 율법으로 말미암는 죄의 정욕들이 우리의 사지들과 기관들 중에서 역사하여, 우리로 사망을 위하여 열매를 맺게 하였다. [6]그러나 이제 우리는 율법으로부터 놓여났고, 단단히 붙잡혀 있던 것에 대하여 죽었다. 그 목적은 우리가 이제 율법 조문의 옛 삶이 아니라 영의 새로운 삶으로 섬기게 하기 위한 것이다.

"너희"는 이제 두 인격으로 구성되어 있는 것으로 보인다: 죽은 인격과 이제 새 생명을 얻은 인격. 이 "너희"는 죽었다가 죽은 자 가운데서 다시 살아난 메시야로 말미암아 이 새로운 상태에 도달하게 되었다. 이 본문의 전반부는 갈라디아서 2:19("율법으로 말미암아 내가 율법에 대하여 죽었으니, 이는 하나님에 대하여 살게 하기 위한 것이다")과 아주 비슷하지만, 후반부는 거기에서 좀 더 나아간다. 바울은 갈라디아서 2:20에서는 "하지만 나는 살아 있다. 그러나 더 이상 내가 사는 것이 아니라, 내 안에서 메시야께서 사는 것이다"라고 말하는 반면에, 현재의 본문에서는 그것을 확장해서, 성령과 갱신된 인류, 이 두 가지에 대하여 말한다. "열매를 맺다"라는 어구는, 7:4b에서와 마찬가지로, 창세기 1:28에 대한 간접인용일 수 있다(5장부터 7:7-12에 이르기까지 아담에 관한 이야기가 계속해서 반영되고 있다는 점을 고려하면).[670] 이전에는 죄가 토라를 자신의 활동의 근거로 사용함으로써, 아담에 속한 인류는 사망을 위하여 열매를 맺고 살아 왔던 반면에(7:8), 메시야의 죽음은 "우리"를 노예로 삼았던 옛 인류와 토라로부터 해방시켰고, 그 결과 "율법 조문의 옛 생명"은 "성령의 새 생명"으로 대체되었다. 이 모든 것 및 다른 본문들에 대한 그 밖의 다른 많은 유비들 외에도, 바울은 자신의 유대적 배경 속에서 오직 한 가지만을 의미할 수 있었던 또 하나의 주제를 추가하는데, 그것은 메시야에게 속해 있는 자들은 이제 메시야와 혼인해서 열매를 맺을 수 있게 된 관계 가운데 있다는 것이다. 이것은 야웨와 그의 백성의 관계를 반영한 것임에 분명한데, 포로생활로 표현되는 "이혼"과 귀환으로 표현되는 "재혼"이라는 맥락 속에서 부각되는 주제이다.[671] 바울이 그러한 울림들을 의도하였다고 말할 수 있다면, 우리는 이 본

670) 바울이 사용한 단어인 '카르포포레오'(karpophoreō)는 칠십인역에서 거의 알려져 있지 않고, 창세기 1장에도 분명히 나오지 않지만, 이 단어의 울림들의 가능성에 대해서는 Jewett, 2007, 435를 보라.

671) 예컨대, cf. 사 50:1과 54:5-8; 호 1—2장, 예를 들어, 특히 2:16-19. 호세아 2:1, 23은 바울이 로마서 9:25f.에서 비슷한 맥락에서 인용한다.

문 전체는 "새 남편"이자 마지막 아담인 메시야로 말미암은 계약의 갱신에 관한 것이라고 보아야 한다.

고린도후서 3장 및 로마서 2:25-29과 맥을 같이하는 이 본문은 이렇게 바울이 선민론을 성령이라는 빛 아래에서 개작하고 수정한 것을 보여주는 추가적인 예이다. 이 본문은 그 자체로는 "사법적"이거나 "묵시론적" 주제들을 말하지 않지만, 그 전후의 본문들에는 그러한 주제들이 상당한 정도로 등장한다. 이 본문은 철저하게 "계약적"이고, 분명히 "참여적"이며 "변성론적"이다. 이 본문에는 구원사적 차원(옛 계약에서 새 계약으로의 이동)도 나오고, 분명히 인간론적 내용(육체의 정욕들로부터 성령 안에서의 새 생명으로)도 나온다. 또한, 이 본문에는 우리가 칭의론에서 보아 왔던 것과 동일한 성격의 개시된 종말론도 나오지만, 바울이 4장의 끝에 이를 때까지도 칭의에 관하여 말하는 것을 중단하지 않았다는 점을 감안하면, 이것은 별로 의외일 수 없다. 이 본문은 로마서 5장과 6장에 이미 나온 것들을 상당한 정도로 요약하고 있고, 8장에 나오게 될 것들을 향하여 나아간다. 따라서 이 본문은 좀 더 큰 단락 속으로 들어가는 적절한 입구로서의 역할을 하고, 그 큰 단락의 중심에 위치해 있다.

로마서 5-8장은 탄탄한 수사학적 솜씨로 구조화되어 있고, 그 정도 분량으로 된 바울의 그 어떤 글보다도 단연 가장 공식적으로 제시되고 주의 깊고 정교하게 서술되어 있기 때문에, 사도가 자신의 머릿속에서 즉흥적으로 떠오르는 일련의 사고들을 구술하면서, 여기저기에서 멈추고 기분 내키는 대로 방향을 바꾸거나 개별적인 "반론들"에 대답한 것들을 적어 놓은 글이라고 생각하는 것은 불가능하다. 이 대단락이 의도적인 탄탄한 구조로 짜여 있음을 분명하게 보여주는 것은 특히 서두와 결미(5:1-11; 8:18-30과 8:31-39)가 동일한 주제들을 부각시키고 있는 것이다. 이것은 바울이 흔히 먼저 의도적으로 앞에서 주제들을 천명하고 나서, 좀 더 깊이 논증을 철저하게 진행해 나간 후에, 마지막에 가서 그 주제들을 다시 요약해서 재천명하는 패턴과 일치한다.

또한, 우리가 주목해야 할 것은 이 대단락은 이 서신 전체에 걸친 논증 속에서 정확히 있어야 할 바로 그 지점에 위치해 있다는 것이다. 즉, 이 대단락은 어떤 교향곡에서 두 번째 동기처럼 그 자체로 완벽하고 탄탄한 통일성을 갖추고 있으면서도, 첫 번째 동기에 나오는 주제들과 동력을 가져와서 사용하고, 그것들을 다시 세 번째와 네 번째 동기로 전달해 준다. 5:1의 처음에 나오는 "그러므로"에서 시작해서 로마서 2장의 울림들로 가득한 끝부분의 화려한 문구에 이르기까지, 이 대단락은 로마서 1-4장과는 다른 또 하나의 대안적인 신학적 구조를 제시하는 것이 아니라, 도리어 계속해서 발전시킴과 아울러, 다른 한편으로는 출애굽 이야기를 새로운 방식으로 수정해서 다시 들려주는 가운데, 앞으로 나올 주제들을 부각시킨다. 로마서 5-8장은 이스라엘의 하나님이 이스라엘의 메시야를 통해서 행한 일을 설명하는데, 이것은 필연적으로 9-11장의 질문, 그리고 더 나아가 그 질문과 유기적으로 연결되어 있는 12-16장, 특히 그 중심인 14:1–15:13의 질문을 제기하게 된다.

달리 말하면, 로마서 5-8장은 1-4장과 9-11장, 그리고 실제로는 12-16장과 연결되어야만 그 원래의 의미를 지닐 수 있게 된다는 것이다. 물론, 여기에서는 모든 연결 관계들을 다 추적하거나 설명하는 것은 불가능하지만, 그런 연결 관계들이 존재한다는 것 자체를 인식하는 것은 아주 중요하다. 왜냐하면, 그러한 연결 관계에 대한 인식이 없으면, 5-8장 전체를 로마서로부터 통째로 따로 떼어내어, 거기로부터 1-4장의 "사법적" 언어 및 9-11장이 말하고 있는 "이스라엘" 차원으로부터 독립된 순전히 "참여적" 사고로 일관된 "바울의 구원론" 같은 것을 구축해도 아무런 문제가 없을 것이라고 생각하게 될 것이기 때문이다. 실제로 그런 방식으로 그러한 구원론을 제시하고자 하는 시도는 지금까지 보통은 암암리에, 하지만 때로는 대담하고 노골적으로 있어 왔지만, 그것은 석의적으로나 신학적으로 재앙이다.[672]

우선 로마서 1-4장과 5-8장과 9-11장의 요소들이 전부는 아니더라도 대부분이 갈라디아서 2-4장과 빌립보서 3장에서는 서로 분리되지 않고 탄탄하고 촘촘하게 함께 짜여진 채로 발견된다는 사실을 한 번 생각해 보라. (우리는 이미 앞에서 이것과 동일한 취지의 말을 담장 너머에서 하였지만, 여기에서 이것을 다시 한 번 상기할 필요가 있다.) 갈라디아서와 빌립보서의 두 본문에는 로마서 5-8장에 나오는 많은 요소들이 반영되어 있지 않은 것은 불가피한 일이지만, 우리는 그 두 본문에서 사람들이 서로 분리된 주된 주제들이라고 여겨왔던 것들(칭의, 그리스도 안에 있음, 세례, 아브라함의 권속에 관한 문제)이 물과 기름처럼 서로 섞이지 않은 채로 불편하게 따로따로 움직이는 요소들이 아니라, 동일한 담론 내에서 각자에게 맡겨진 역할을 하면서 서로를 떠받쳐주고 조화롭게 상호작용을 하는 통일된 전체의 여러 부분들로 작동하는 것을 본다. 바울이 로마서에서는 여러 사고 체계들을 분리해서 서술해 나갔지만, 갈라디아서와 빌립보서를 쓸 당시에는 그 모든 사고 체계들을 결합해서 서술해야 하겠다고 갑자기 마음이 바꾼 것이 아니라면, 우리는 그가 로마서의 여러 대단락들을 쓸 때에 전체적인 수사학적 필요로 인해서 각각의 대단락에서 서로 다른 특정한 주제들을 부각시켰지만, 사실은 그 모든 주제들이

672) Campbell, 2009의 최근의 주장에 대한 논의로는 *Interpreters*를 보라.

근본적으로 서로 다르거나 양립될 수 없는 것이라고 전혀 생각하지 않았을 것이라는 결론을 내리는 것이 자연스러울 것이다.[673] 그는 이 모든 대단락들 전체에 걸쳐서 성경에 토대를 둔 이스라엘의 계약 신학을 메시야와 성령을 중심으로 철저하게 다시 그리는 데 관심을 갖고 있었다. 그러한 프로젝트 내에서 이 모든 다양한 주제들은 여러 가지 서로 다른 방식들로 제시되거나 표현될 수 있었지만, 언제나 서로 양립하며 전체적으로 조화를 이루고 있었다.

특히, 우리가 바울은 선민으로서의 이스라엘을 메시야와 성령을 중심으로 어떤 식으로 재정의하였는가 하는 질문을 가지고서, 로마서 5-8장을 접근하게 되면, 우리는 그가 이 장들에서 살피고 검토하는 주제들 중 다수는 나중에 9:4-5에서 이스라엘의 특권들이라고 요약해서 열거하고 있는 주제들이라는 것을 주목하지 않을 수 없게 된다:

> [4]그들은 이스라엘 사람들이다. 양자됨, 영광, 계약들, 율법의 수여, 예배, 약속들이 모두 그들에게 속해 있다. [5]족장들은 그들의 조상들이고, 육신을 따라서는 메시야가 그들에게서 오셨으니, 그는 만물 위에 계셔서 세세에 찬양을 받으실 하나님이시다. 아멘.

"양자됨"은 8:12-17의 주된 주제이고, "영광"은 8:17-30의 주된 주제이다. "계약들"은 논란이 있기는 하지만, 나는 이 주제가 한편으로는 로마서 4장(아브라함)에서, 다른 한편으로는 로마서 7장(시내 산)에서 다루어지고 있다고 본다. "율법의 수여"는 로마서 7장을 비롯해서 이전의 여러 언급들과 연결된다. "예배"는 1:18-23에서는 인류가 창조주에게 드리기를 거부한 것이고, 4:18-21에서는 아브라함이 드렸던 것이지만, 이 단어는 성전 예배를 가리키는 것으로 보는 것이 더 자연스럽다. 그래서 나는 거기에서 말하는 "예배"는 하나님의 백성의 기도생활(8:15의 "아바"), 특히 8장에 나오는 성전 주제에 좀 더 미묘하게 암시되어 있다고 믿는다.[674] "약속들"은 "족장들"중 적어도 한 명이 언급되고 있는 로마서 4장과 연결된다. 메시야는 5-8장 전체의 주된 주제들 중의 하나이고, 이 대단락에 속한 모든 단락들은 "우리 주 메시야 예수로 말미암아"또는 "메시야 예수 안에서"라는 후렴구가 큰 종소리처럼 울려 퍼지는 것으로 끝이 난다. 메시야인 예수가 이룬 일들과 예수인 메시

673) 이것은 Gorman의 주장(2009, 102f.)과는 달리, 내가 로마서에서 바울의 구원론에 관한 좀 더 큰 시야 내에서 "참여"와 "칭의"의 결합을 잃어버린 것이 아니라, 단지 이 두 범주가 각각의 본문들 속에서 각자의 일을 어떻게 하고 있는지를 보여주고 있는 것임을 의미한다.

674) 또한, cf. 빌 3.3("우리는 하나님의 영으로 섬긴다"): 위의 제10장 제4절 3) (5)를 보라.

야와 연결되어 있는 삶은 이 서신 전체의 형식과 내용에 있어서 중심적인 것이다.[675] 바울은 로마서 9:4-5을 쓸 때, 자기가 지금까지 심혈을 기울여서 메시야 및 메시야에게 속한 모든 자들에게 돌려져야 한다는 것을 입증해 온 바로 그러한 특권들을 열거하고 있다는 것을 몰랐을 리가 없다. 이것이 그가 9:1-5에서 자신의 고뇌를 털어놓는 이유이다. 그러나 그것은 그가 다소의 사울이었을 때에 지니고 있던 "선민론"이 단지 메시야를 중심으로 재정의된 것만이 아니라, 성령을 통해서 메시야에게 속한 모든 자들을 중심으로 재정의되기도 하였다는 것을 알고 있었음을 의미한다.

하지만 이러한 것들은 5-8장에 좀 더 깊은 내용이 나온다는 것을 알려주는 지표들에 불과하다. 여기에서 우리가 첫 번째로 탐색해야 할 것은 특히 성령과 관련해서 칭의가 어떻게 "작동하는지"를 보는 것이고(이 장들은 이것을 이해하는 데 아주 중요하다), 두 번째는 바울의 사고에서 흔히 서로 분리된 요소들로 여겨져 온 것들, 특히 한편으로는 "사법적" 요소와 "참여적" 요소, 다른 한편으로는 "묵시론적" 요소와 "구원사적" 요소, 그리고 또한 "변성론적" 요소와 "인간론적" 요소가 본질적으로 계약적인 틀 내에서 어떻게 서로 결합되어 있는지를 보는 것이다.

첫째로, 우리는 계약 갱신을 보여주는 독특한 표지들을 주목한다. 이 대단락에서 바울은 "성령"이 믿음으로 말미암아 의롭다 함을 얻은 모든 자들로 하여금 성경적인 하나님의 백성으로 살아갈 수 있게 해준다는 자신의 견해를 처음에는 아주 조금씩, 그리고 나중에는 극적으로 발전시킨다. 우선, 그들은 한 분 유일하신 하나님을 진심으로 사랑할 수 있게 된다. 5:5이 이것을 말하고 있다는 주장은 논란이 있지만,[676] 8:28에 대해서는 논란이 없다. 앞 장에서 이미 보았듯이, 후자의 본문에서는, 이미 3:30에 암시되어 있을 뿐만 아니라 "믿음의 순종" 같은 개념들 배후에 있는 것으로 생각될 수 있는 "셰마"(Shema)가 울려 퍼진다. 전 세계에 걸쳐 있는 창조주 하나님의 이 백성은 성령의 역사로 말미암아 생겨난 믿음과 사랑 안에서 이스라엘의 매우 중심적인 특징인 예배를 하나님에게 드린다. 바울이 8:26-27에서 "마음의 기도"에 대하여 말한 것은, 경건한 사람들에게는 이미 가장 깊은 내밀한 삶이 되어 있어서 거의 무의식적이고 습관적으로 나오는 "셰마"의 기도를 암시한 것일 수도 있다. 다음으로, 그가 "하나님을 사랑하는 자들"이라고 말할 때, 우리는

675) 5:11, 21; 6:11, 23; 7:25a(그리고 cf. 7:4-6); 8:11, 17, 29, 특히 39. 물론, 메시야는 이 단락들 중 몇몇에서 길게 논의된다.

676) Wright, 2002 [*Romans*], 517을 보라.

그것을, 성령의 감동을 받아 드려지고 "마음을 살피시는 이"가 듣는 기도가 다름 아닌 메시야적으로 재정의된 "셰마"라는 것을 보여주는 증표로 받아들여야 한다.[677]

그러나 한 분 유일하신 하나님을 사랑하는 것은 이 장들에서 수행되고 있는 성령을 중심으로 한 선민론에 대한 바울의 재정의에서 중심적인 것이기는 하지만 결코 유일한 표지는 아니다. 7:6에서 암시되고 있는 새 계약 신학(위에서 보았듯이, 이러한 암시는 병행 본문인 고린도후서 3장에 의해서 확증된다)은 8장에서 설명되는 삶으로 봇물 터지듯이 터져 나오는데, 거기에서 "메시야 예수 안에 있는 생명의 성령의 율법"은 "메시야 안에" 있는 자들을 죄와 사망으로부터 해방시켜서, "생명과 평화" — 이 한 쌍의 추상물들은 흥미롭게도 성경의 계약 언어를 상기시킨다 — 를 특징으로 하는 "생각"을 지닐 수 있게 해 준다.[678] 특히 여기에서 우리는 제2성전 시대 유대교에서 친숙한 주제들을 발견한다: 새로운 출애굽, 고난, 유업, 율법의 성취, 성전 재건, 성결로의 부르심, 새 창조. 사실, "새로운 출애굽"은 모든 것을 포괄하는 주제이기 때문에, 로마서의 이 장들에 나타난 선민론에 대한 바울의 재정의를 설명하는 가장 좋은 방법은 바로 그 "새로운 출애굽"에 관한 서사를 해나가면서 거기에 차례대로 등장하는 주제들이 어떤 식으로 재정의되고 있는지를 제시하는 것이다.

이 "새로운 출애굽" 주제는, 로마서 및 갈라디아서에서와 마찬가지로, 아브라함에게 주어진 하나님의 약속에 뿌리를 두고 있다. 창세기 15장에 나오는 계약상의 약속들은 "자손"과 "유업"에 초점이 맞추어져 있었고, 족장 아브라함은 그의 자손이 먼저 노예생활을 하고 나서 건짐을 받아 약속의 땅으로 돌아오게 될 것이라는 말을 들었다. 유월절을 중심으로 한 이 일련의 사건들 — 홍해를 건너 노예생활로부터 해방되어, 시내 산에 이르러, 토라를 수여받고(이것과 관련하여 일어난 온갖 문제들과 더불어), 결국 구름 기둥과 불 기둥 가운데서의 야웨의 임재의 인도함을 받아 약속의 땅에 다다르게 된 것 -은 이제 6-8장에서 장엄하게 다시 재현된다(대부분의 주석자들의 눈에는 보이지 않겠지만).[679] 일단 무대가 설정되었기 때문에 — 메시야 예수 안에서 이제 성취된 아브라함에게 주어진 약속들(4장) 및 아담으

677) 위의 제9장 제3절 2) (3).

678) 예를 들면, 말 2:5; 또한, cf. 민 25:12; 사 54:10; 겔 34:25; 37:26; Sir. 45.24에 나오는 "평화의 계약." 예언서들에 나오는 이 본문들 중 다수는 로마서 8장에 강력하게 반영되고 있는 맥락들 속에서 나온다.

679) 이 주제에 대해서는 *Perspectives*, ch. 11에 수록된 "New Exodus"를 보라.

로부터 메시야에 이어지는 일련의 모든 것들에 대한 계시(5:12-21) — 이 이야기는 시작될 수 있다.

첫 번째는 홍해를 건넌 사건이다. 6장에서는, 죄에 매여 노예생활을 하고 있던 옛 아담에 속한 사람들이 세례의 물을 통해 해방되고, 이 때에 메시야가 "죄에 대하여 죽고" "하나님에 대하여 살아 있게 된 것"은 그대로 그들에게 옮겨져서 "적용된다." 따라서 메시야의 백성인 그들은 자신들에게 주어진 자유에 걸맞은 마음과 몸의 새로운 습관들을 배워야 할 해방노예들, 곧 새로운 출애굽 백성이다(6:12-23). 그들의 옛 삶의 방식들은 "열매를 맺지 못하는"(6:21) 것이었지만, 새로운 삶의 방식들의 "마지막"(telos – '텔로스')은 "영생," 곧 바울이 마침내 8장에서 자세하게 설명하게 될 내세의 삶이다. 이것은, 방식은 서로 다르기는 하지만, 갈라디아서 3:23-29 및 갈라디아서 4:1-7과 아주 비슷하다.

그런 후에, 해방노예들은 시내 산에 당도하고, 이 대목은 바울의 서사에서 다음 번 정류장이다. 여러 가지 것들이 아주 복잡하고 미묘하게 얽혀 있어서 오늘날의 대부분의 주석자들에게 여전히 애매모호한 것으로 남아 있는 여기 로마서 7장에서, 그는 시내 산에서의 이스라엘에 관한 이야기와 에덴 동산에서의 아담에 관한 이야기를 서로 엮어 짜는데, 이것은 성경에 나오는 두 가지 위대한 서사들을 사용해서 서로를 해석하게 하여 제3의 서사를 만들어내는 랍비들에게서 전형적으로 볼 수 있는 기법이다. 7:7-12에서, "생명이 되었어야 할 계명," 즉 (실제로 "생명"을 약속하였던)[680] 토라는 에덴 동산에 있던 금지된 나무, 그리고 여전히 건드려지지 않은 채로 남아 있는 신비한 생명나무와 병행관계에 있다. 아담과 하와가 뱀의 유혹을 받아 선악을 알게 하는 나무의 열매를 먹은 것과 마찬가지로, 이스라엘은 죄의 유혹을 받아 계명을 범한다:

> [8]율법을 떠나서는 죄는 죽은 것이다. [9]내가 전에 율법을 떠나 있을 때에는 살아 있었지만, 계명이 이르자, 죄는 살아났고, [10]나는 죽었다. 생명에 이르게 할 계명이 내게 대하여 도리어 사망을 가져다 주는 것으로 밝혀졌다. [11]죄는 계명으로 말미암아 기회를 붙잡고서, 나를 속였고, 그 계명을 통해서 나를 죽였다.[681]

이것은 정확히 5:20에서 말하고 있는 것과 똑같이, 토라 아래에서의 이스라엘에

680) Cp. 갈 3:21; cf. 레 18:5 등.
681) 롬 7:8b-11.

관한 이야기이다: "율법이 옆에서 치고 들어온 것은 범법함을 가득 채우기 위한 것이었다." 토라의 도래는 이스라엘로 하여금 아담의 죄를 재현하도록 몰아갔다. 이것과 그 일련의 함의들을 파악하는 것은 로마서 전체, 특히 재정의된 선민론이라는 문제를 파악하는 데 핵심이 된다.

이스라엘의 "타락"에 관한 이야기는 로마에 있던 이방 그리스도인들에게는 거의 남의 일이었고 따라서 흥미없는 일로 보였을 수도 있다. 나는 종종 오늘날의 서구 신학자들과 설교자들의 내면 속에 그런 식으로 바울의 말들을 이해하지 못하는 청중들로 상정된 로마 교인들의 모습이 들어 있어서, 바울이 유대적인 것과는 별 상관없는 우리 시대의 관심사들에 쉽게 적용될 수 있는 내용들을 그의 글들의 모든 면면에서 말해 주기를 바라는 것이 아닌가 하는 의구심이 든다. 그러나 바울이 "내가 율법을 아는 자들에게 말하는데"(7:1)라고 서두에 밝혔듯이, 이스라엘에 관한 이야기는 그에게 초미의 관심사였다. 왜냐하면, 이스라엘에 관한 이야기는 세계의 속량에 관한 이야기였기 때문이다. "율법을 아는 자들"은 그리스도를 믿는 유대인 신자들을 의미할 수도 있지만, 아마도 개종자들이나 하나님을 경외하는 자들이었던 이방 그리스도인들을 의미할 가능성이 많다. 어쨌든 여기서 바울은 이런저런 집단의 어떤 작은 규모의 관심사들을 훨씬 뛰어넘는 서사를 전개해 간다. 그가 이스라엘의 이야기를 하는 것은 어떤 때에 어떤 집단과 연관되어 있었던 문제를 다시 한 번 환기시키고자 하는 것이 아니다. 바울이라면 이것을 이렇게 말하였을 것이다: "너희가 어떻게 해야 너희에게 약속된 유업인 '영생'에 이르게 되는지를 알고자 한다면, 비록 얼핏 보기에는 (이방인들인) 너희에게는 별 상관이 없는 남의 일처럼 보인다고 할지라도, '구원은 유대인에게 속한 것'임을 배워야 하고, 이스라엘의 이야기가 실제로 어떤 식으로 작동하는지를 이해하여야 한다." 달리 말하면, 로마서 7장에 나오는 뿌리, 즉 지극히 유대적인 뿌리를 알지 못하면, 로마서 8장에 나오는 열매를 제대로 맛볼 수 없다는 것이다.

로마서 7장은 5:20에 나온 '히나'(hina, "~하기 위하여")를 반영한 아주 중요한 두 번의 '히나'가 나오는 13절에 초점이 맞추어져 있다.[682] 하나님의 목적은 계약의 하나님이 죄를 이 한 곳, 즉 이스라엘에게로 집중시켜서, 이 하나님의 아들인 이스라엘의 메시야의 육신 안에서 결정적으로 처리하는 것이었다(8:3). 로마서 9장에서 다시 한 번 다루어지게 될 이스라엘의 이야기가 지니는 의미가 여기에 있다. 즉, 이스라엘의 소명은, 하나의 민족으로서의 이스라엘이 아니라, 이스라엘의 메

682) 위의 제10장 제3절 (iv) (b)와 (c).

시야, 달리 말하면 자기 아들의 모습 안에서 이스라엘의 하나님에게 예정된 저 끔찍한 숙명을 짊어지는 데 있었다. 하지만 이스라엘이 자신이 이 숙명을 짊어져야 한다는 각오로, 하나님의 아들로 하여금 그 숙명을 짊어지게 하지 않고, 스스로 계속해서 짊어지고자 하고, 그 아들을 따른다고 자처하는 자들이 이스라엘의 그러한 지위를 영속적인 것으로 만들고자 한다고 하여도, 그러한 비극은 결코 사라지지 않고 반드시 오게 되어 있었는데, 로마서 9-11장이 말하고 있는 것이 바로 그런 것이다. 9-11장은 흔히 사람들이 따로 분리해서 이해하고자 해 왔지만, 사실 로마서 7장에 대한 그러한 이해 없이는 제대로 된 이해가 불가능하다. 하나님이 이스라엘을 택한 것은 "창조주 하나님이 자신의 마음에 드는 한 백성을 가지기" 위해서가 아니었고, 아담의 죄를 처리하기 위한 것이었다. 하나님이 이스라엘을 선민으로 삼고 그것을 인치기 위하여 토라를 준 것은 죄를 그 한 곳으로 몰아넣어서 바로 거기에서 죄를 성공적으로 단죄하기 위한 것이었다. 앞에서 보았듯이, 바울은 십자가에 못 박힌 이스라엘의 메시야를 중심으로 선민을 재정의하였다. 이제 그는 성령으로 말미암아 메시야의 백성으로 새롭게 등장한 자들을 중심으로 선민을 재정의한다.

그러나 이 이야기는 로마서 8장의 이 대목에 이르러 그 말미에서 또 한 번 요동을 친다. 아담의 후손들은 살인자 가인에게서 시작되었는데, 랍비들은 가인을 "두 마음"(leb wa-leb – '레브 와 레브')을 지닌 자의 고전적인 예, 즉 죄가 그 문에 웅크리고서 그를 원하지만, 그는 그 죄를 다스려야 할 자로 여긴다.[683] 가인에게 있었던 두 마음은 7:14-20에 나오는 "둘로 나뉜 자아"(divided self)에 관한 바울의 설명 속에 치밀하게 반영되어 있다. 이 본문은 일차적으로 인간의 일반적인 도덕적 무능력에 관한 설명이 아니다 — 물론, 이 본문 속에는 그 차원에서의 많은 울림들이 있기는 하지만. 또한, 이 본문은 분명히 바울이 회심 이전에 도덕적인 순종을 위하여 씨름하였지만 성공할 수 없었던 것에 관한 설명도 아니다. 이러한 장문의 신학적인 글에서 일차원적인 자전적 설명이 무슨 소용이 있겠는가? 만일 그런 식으로 논증을 해나가다가는, 자기는 그런 씨름을 경험한 적이 없다고 말하는 사람이 한 명이라도 나와서, 반대사례가 하나라도 존재한다는 것이 증명된다면, 그러한 논증 전체는 다 무너져 버리고 말 것이다. 또한, 이 본문은 스토아학파에서 말하는 "극기"(self-mastery)를 논하거나 그것을 한 단계 승화시키고자 하는 시도도 결코 아니다 -그러한 담론에 익숙한 사람들은 여기에서 그러한 반향들을 듣게 될 것이 틀

683) 이것에 대해서는 Wright, 1991 [*Climax*], ch. 12을 보라.

림없기는 하지만. 또한, 이 본문은 이스라엘은 하나님으로부터 율법을 받고서 그 율법을 지키려고 애를 씀으로써 한 분 유일하신 하나님 앞에서 행위의 의를 추구하게 되었다는 이른바 유대교의 "율법주의"의 "원죄"(metasin)에 대한 설명도 아니다(이것은 이전의 실존주의 신학이 좋아하던 해석이다).[684] 만일 그런 설명이 맞는 것이었다면, 바울은 "나는 옳은 것을 원할 수는 있지만, 행할 수는 없다"고 쓰는 것이 아니라, "나는 옳은 것을 행할 수 있지만, 그렇게 하고자 하지 않는다"라고 썼어야 한다. 또한, 로마서 7:13-20은 거룩하게 살기를 원하지만 그렇게 살지 못하는 그리스도인들의 통상적인 삶에 관한 설명이라고 많은 사람들이 주장하지만, 그런 주장도 옳지 않다.[685] 나도 전에는 이 본문을 그런 식으로 읽었지만, 지금은 더 이상 그렇게 읽지 않는다.[686]

그렇다고 해서, 나는 이 본문 속에서 그러한 모든 담론들의 반향을 들을 수 없다고 말하는 것은 아니다. 사실, 다른 모든 담론들을 반영하는 식으로 글을 쓰는 것은 바울의 글쓰기 방식의 일부이다. 그러나 그가 이 본문을 쓸 때에 훨씬 더 깊이 관심을 갖고 있었던 것은, 하나님의 백성에게 필연적으로 있어야 했던 여정, 즉 이제 생명의 열매를 맺게 된 나무의 깊고 어두운 뿌리를 기독교적인 시각에서 바라보는 가운데, "토라 아래 있는 이스라엘의 곤경"을 내부로부터(안전하게 일정 거리를 유지하며 손가락으로 가리키며 말하는 방식이 아니라, 수사적인 "나"라는 표

684) 이것은 Kümmel, Bultmann 등이 취한 노선으로 유명하다: Wright, 2002 [*Romans*] 554를 보라. Jewett, 2007, 468도 비슷한 견해를 취한다: "좌절감은 자기가 의롭다고 느낀 열심 있는 행위들을 행할 수 있는 힘이 없다는 데 있었던 것이 아니라, 명예를 좇고자 하는 경쟁적이고 죄악된 기제로 말미암아 선을 이루고자 하는 그러한 행위들을 할 함이 없다는 데 있었다." 달리 말하면, 로마서 7장에서 "내"가 행하고자 하는 "선한 일"을 할 수 없다고 말하는 것으로 보이는 대목에서, Jewett은 (실존주의적 노선을 사회문화적 지향성 안에서 개선해서) "나"는 토라가 원하는 열심 있는 행위들을 할 수 있지만, 그 행위들로는 궁극적인 "선"을 이루지 못한다고 주장한다. 이러한 해석은 독창적이기는 하지만 근거가 없다. 하지만 이스라엘의 율법 악용과 연결된 거대한 죄(meta-sin)라는 관념은 로마서 9:30-10:3에서 발견되고, 그 결과는 Jewett의 주장에서 그리 멀지 않다: 민족의 특권의 헌장인 토라를 악용하는 열심 있는 유대인들. 아래의 제11장 제6절 4) (1)-(4)를 보라.

685) 이 견해의 주창자들로 가장 잘 알려져 있는 학자들로는 Cranfield, 1975, 340-70과 Dunn, 1988a, 374- 412가 있다. 이러한 모든 주장들의 아킬레스건은 "내가 육신적이고 죄 아래 팔렸다"고 말하는 7:14과 그것은 그리스도인의 상태가 아님을 보여주는 6장의 강력한 진술들 간의 직접적인 모순이다.

686) 로마서 8:3에 나오는 '페리 하마르티아스'(peri hamartias)에 관한 나의 논문의 초판(*Studia Biblica*, 1978, vol. 3, ed. E. A. Livingstone; Sheffield: JSOT Press, 453-9)에는 Cranfield(또한, Dunn, 1975b)에 동의하는 마지막 각주가 포함되어 있었지만, 그 논문이 간행된 무렵에 나는 이미 Wright, 1991 [*Climax*], ch. 10과 Wright, 2002 [*Romans*], 561-72에서 설명한 입장으로 나의 생각을 바꾸었다. 나는 이 논문의 초판을 수정해서 *Climax*(ch. 11)에 수록할 때에는, 6:6의 "옛 아담" 또는 7:1-4의 "이전 남편" 같이 끝부분을 제거하였다.

현을 사용해서) 설명하는 것이었다.

이 본문의 요지는 이스라엘은 토라를 수여받았을 때에 진정으로 그 토라를 기뻐하였다는 것이다. "유대인" — 여기서 우리는 바울은 "자전적인 글"을 쓰고자 한 것은 아니지만, 자기가 말하고자 하는 것을 마치 내 일처럼 알고 있었다고 말해 두는 것이 좋을 것이다 — 은 진정으로 토라를 사랑하였다. 성경에서, 아니 온 세계에서 가장 위대한 시들 중의 두 편은 우리가 시편 19편과 119편이라 부르는 것들인데, 후자는 토라를 모든 가능한 시각에서 송축하고, 전자는 토라를 태양의 능력과 영광에 비교한다. 유대인들에게 토라는 바로 그런 것이었다. 이것을 인식하지 못하는 것은 마르키온(Marcion), 아니 피조 질서를 멸시하는 영지주의를 향하여 성큼 한 걸음을 내딛는 것이다. 그러나 창조주 하나님의 백성은 토라를 기뻐하지만, 이스라엘의 "육신적인" 실존과 토라는 근본적으로 어울리지 않는다는 것을 발견한다. 즉, 문제는 이스라엘도 "아담 안에" 있다는 것이다. 따라서 토라 아래에서의 이스라엘의 삶은 아담의 후손들의 삶과 다를 바가 없었고, 아니 오히려 하나님의 선한 의도에 의해서, "아담 안에" 있다는 것이 더욱 선명하게 드러났다. 거룩하고 선한 삶을 살기 위하여 토라에 매달릴수록 토라의 정죄에 의해서 자신들의 죄가 더욱더 선명하게 드러나게 됨으로써 이스라엘이 빠지게 된 곤경은 오직 하나의 목적만을 지니고 있었는데, 그 목적은 정죄였지만, 그 정죄는 "죄"를 정죄하는 것이었다.

이것이 바울이 이 곤경을 "그들"이라는 관점이 아니라 오직 "나"라는 관점에서 설명할 수밖에 없었던 이유였고, 그가 그런 식으로 설명하고자 하였던 이유였다. 이스라엘의 이러한 "곤경"은 유대인이라는 것이 잘못된 것이었다거나, 토라를 사랑하고 소중히 여기는 것이 어리석은 일이었다는 것을 의미하는 것이 아니었다. (여기에서 우리가 3장의 서두와 비슷한 지점에 와 있는 것을 주목하라.) 이것은 하나님이 자기 아들을 이스라엘의 대표자로 보내어, 이스라엘이 성취하지 못한 미완의 과제를 성취하고, 모든 의를 이루게 한 것, 즉 계약의 하나님이 자기 아들을 "죄 있는 육신의 모양으로" 보내어 "속죄제물로 삼아서," 그의 육신에 죄를 정하여, 이스라엘이나 토라가 아니라(이스라엘이나 토라는 단지 하나님이 정해 준 일을 한 것이기 때문에) 죄 자체를 정죄하고, 하나님을 계시하게 한 것이 하나님의 선한 역사였던 것과 마찬가지로, 이스라엘의 "곤경"도 바로 그러한 맥락 속에서 하나님이 자기 아들을 통해서 이룰 일을 위한 절대적으로 필요한 전주곡으로서 하나님에 의해 주어진 선한 소명이었다는 것을 의미한다. 7:13-20의 취지는 바울이 17절과 20절에서 반복해서 말하고 있는 진술 속에 드러나 있다: "이제는 그것을 행하는 자가 '내'가 아니라 '죄'이다." 이스라엘이 잘못된 것도 아니고, 토라가 잘못된 것도 아니다. 잘못된 것은 "죄" 이다. 따라서 처리되고 해결되어야 할 것도 "죄" 이다. 7:13-25에 설명된 싸움들은, 이스라엘 백성이 아브라함에게 주어진 약속을 짊어지고서, "한 사람의 순종" 으로 인해서 "많은 사람들" 이 "의롭게" 되어, 토라의 기이한 역사를 통해 죄가 차고 넘치는 곳에서 은혜가 더욱 차고 넘치게 풍성하게 될(5:20-21) 지점까지, 토라의 기이하고 어두운 때를 거쳐야 하였던(갈라디아서 3장이 말하고 있듯이) 숙명, 즉 이스라엘 백성에게 주어진 필연적인 소명에 관한 것이다. 이것은 진화의 과정을 거쳐서 순조롭게 발전해 가는 "구원사" 가 아니고, 고뇌와 당혹스러움으로 가득한 선민의 길고 지난한 단일한 이야기이다. 그리고 바울은 하나님의 아들 및 그의 십자가 죽음과 부활을 통한 새롭고 충격적인 계시의 빛 아래에서 이 이야기를 써내려 가고 있다.

따라서 7장의 요약적인 결론부(어떤 계산의 결과를 제시할 때에 사용하는 언어가 나오는 21절을 주목하라)는 율법, 즉 토라에 관한 것이다. 이 대목에 나오는 '노모스'(nomos)를 일반적인 "원리" 로 이해하고자 하는 시도는 이 본문을 잘못 읽어서 엉뚱한 결과를 도출해내고자 하는 어리석은 짓이다.[687] 이 장 전체는 토라가 이스라엘에 주어져서 이스라엘이 토라를 따라 살고자 하였을 때에 무슨 일이 벌어졌는지에 관한 치밀하고 세심한 설명이다. 이 결론부가 이전의 논의의 주된 주제와 아무 상관이 없다고 말하는 것은 모차르트의 교향곡인 "주피터"(Jupiter)의 마지막 동기를 록밴드를 위한 곡으로 편곡하는 것과 같다.

여기에서의 문제는 당연히 이 대목에서 둘로 나뉘어 있는 것처럼 보이는 "나" 가 아니라(물론, 앞에서 보았듯이, 17-20절에 가면, "나" 는 실제로는 둘로 나뉘어 있지도 않고 잘못되어 있지도 않으며, 잘못된 것은 "죄" 라는 것이 밝혀진다) 토라 자체이다:

> [21]그러므로 내가 토라에 대하여 발견한 것은 이것이니, 내가 옳은 것을 행하고자 할 때, 악이 함께 있는 것이다! [22]나는 나의 내밀한 자아로는 하나님의 토라를 즐거워하지만, [23]내 지체 속에서 또 하나의 "토라"가 내 마음의 토라와 싸워서, 나를 내 지체 속에 있는 죄의 토라 속으로 사로잡아 간다.[688]

이 본문을 완화시켜 보려고 애를 써보아야 아무 소용이 없다. 바울은 자기가 무엇을 하고 있는 것인지를 알고 있고, 그 극적인 효과도 철저하게 의도한 것이다.

687) Jewett, 2007, 469에 나오는 논의를 보라.
688) 7:21-3.

토라는 "나를" 간곡하게 설득해서 하나님을 사랑하라고 권하는 한편, "나를" 사로잡아 죄의 포로가 되게 만든다. 이것은 그가 갈라디아서 3:22에서 이미 말한 것이 아닌가? 토라는 "셰마"를 비롯한 여러 곳에서 생명과 사랑이라는 지극히 경이로운 것들을 약속하면서도, 모든 것을 죄 아래에 가두어 버린다. 메시야가 오기 이전에 이스라엘에게 주어진 소명은, 하나님의 형상대로 지음 받았지만 죄로 인하여 죽은 아담의 고뇌를 그대로 겪는 가운데, 메시야가 와서 단번에 그 고뇌를 해결해 줄 날을 손꼽아 고대하는 백성으로 살아가는 것이었다.

로마서 7장의 마지막에 나오는 본문에서 그러한 해결이 일어나기 위한 무대가 설정된다:

> 나는 얼마나 비참한 사람인가! 누가 나를 이 사망의 몸에서 건져낼 것인가? [25]우리 주 메시야 예수로 말미암아 하나님께 감사한다. 따라서 내 자신을 내버려두면, 나는 생각으로는 하나님의 율법을 섬기지만, 나의 인간적인 육신으로는 죄의 율법을 섬긴다.[689]

"내 자신을 내버려두면"(autos egō – '아우토스 에고')은 바울이 9장에서 "육신을 따른" 자신의 "동족"에 대한 자신의 고뇌를 설명할 때에 사용하는 어구이다(9:3). 우리가 2:17-3:9을 비롯해서 5:20 같은 이전의 암시들 없이는 7장을 이해할 수 없는 것과 마찬가지로, 7장이 없이는 9장을 이해할 수 없다. 또한, 7장은 9-11장에 나오는 것과 같은 그런 논의만이 적어도 예비적인 대답이 될 수 있는 많은 질문들을 제기한다. 이렇게 로마서는 여러 가지 복잡한 내용들이 세심하게 배열되어 있기 때문에, 우리는 그 은밀한 것들을 제대로 파악해내기 위해서는, 로마서를 순차적으로 깊이 있고 철저하게 뒤따라 가지 않으면 안 된다. 여기에 나오는 로마서 7장의 결론부는 탄식의 형태로 표현되어 있고, 그것은 당연한 것이다. 토라에 문제가 있는 것이 아니다. 문제는 토라를 담당하는 백성이 되도록 한 소명에 있는 것도 아니다. 문제는 아담에 속한 인류, 즉 6:6에 나오는 "죄의 몸"에 해당하는 "이 사망의 몸"이다. 이제 필요한 것은 바울이 7:7-8:11 전체를 미리 요약해서 제시한 7:4-6에 이미 암시되어 있다. 여기에 메시야를 중심으로 재정의되었고 이제 성령을 중심으로 재정의되고 있는 계약 백성에 관한 이야기, 즉 재정의된 선민론이 있다. 아담에 속한 인류가 지닌 문제는 메시야이자 주인 예수를 통해서 해결되었다. 이 아담에 속한 인류 내에서 원하지 않는데도 죄에게 포로로 사로잡혀서 당혹스러워 하고 있던 이스라엘은 이

689) 7:24f.

제 자신들이 사랑하는 토라가 바로 간수이자 재판관 역할을 해 왔고, 그것이 계약의 하나님이 처음부터 토라에게 부여한 일이라는 것을 발견하지만,[690] 그런 후에, 메시야와 성령을 통해서 자신들이 거기로부터 놓여나서, 토라가 약속하였던 생명을 마침내 얻을 수 있게 된 것을 발견한다.

바로 그 순간에 3:21–4:25의 취지와 정확히 부합하게, 토라 아래에서 살아오면서 토라가 자신들에게 오직 정죄만을 가져다주는 것을 경험하고 있던(3:19-20; 4:15; 5:20) 이스라엘은 계약의 하나님이 아브라함에게 약속하였던 백성으로 변화된다. 이 나무의 원 가지들은 외부로부터 접붙임 된 수많은 무리와 결합되어서, 이스라엘이 오랫동안 짊어져 오다가 이제는 메시야에게 집중된 고통으로부터 자라난 한 그루의 나무를 이루게 되었다. 이렇게 토라의 성취와 선민의 재정의를 가져다준 한 위대한 역사 안에서 성령으로 말미암아 새 계약 백성이 창설된 것이다:

> [1]그러므로 이제 메시야 예수 안에 있는 자들에게는 정죄가 없다. [2]이는 메시야 예수 안에 있는 생명의 성령의 율법이 죄와 사망의 율법에서 너를 해방하였기 때문이다.
> [3]하나님은 율법이 (인간의 육신으로 말미암아 연약하여) 할 수 없었던 것을 행하셨다. 하나님은 자기 아들을 죄 있는 육신의 모양으로 보내어 속죄 제물로 삼아, 바로 그 육신에 죄를 정하여 정죄하셨으니, [4]이는 우리가 육신을 따라서가 아니라 성령을 따라 살아갈 때, 우리에게 율법의 올바르고 합당한 판결이 성취될 수 있게 하기 위한 것이었다.[691]

우리는 이 폭발성 있는 강력한 순간에서의 메시야의 역할에 대해서 이미 말한 바 있다. 지금 여기에서의 핵심은 바울이 성령 안에서 및 성령을 통하여 선민론을 재정의하여, 7:13-25의 신학적인 '틀립시스'(thlipsis, "고난") 속에서 오랜 세월을 보낸 자들과 메시야가 올 때까지 내내 "메시야적인 고난들"을 감당하였던 이스라엘을 경외심과 감사함으로 바라보는 외부로부터 들어온 자들을 갱신된 하나님의 백성이라고 말하는 것이다. 하나님에 의해 주어진 율법의 목적은 이제 성령의 역사로 이어져서 마침내 성취된다. 즉, 내주하는 성령이 7:17, 18, 20의 내주하는 "죄"를 대체하게 됨으로써, 7:24의 "죽은 몸"이 성령에 의해서 다시 생명을 얻게 될 때, 8:4의 '다키아오마 투 노무'(dikaiōma tou nomou, "토라의 올바르고 합당한 판결")는 성취된다:

690) 이것은 갈 3:22; 롬 9:30-3의 취지이다; 그리고 현재의 맥락 속에서는 롬 5:20; 7:13. 이러한 사고의 흐름은 롬 11:32에서 정점에 도달한다. 아래에서 바울과 율법에 대한 설명을 보라.

691) 8:1-4.

> [10]그러나 메시야께서 너희 안에 계시면, 몸은 죄로 말미암아 죽어 있지만, 영은 계약 정의로 말미암아 살아 있는 것이다. [11]따라서 예수를 죽은 자 가운데서 살리신 이의 영이 너희 안에 살아 계시면, 메시야를 죽은 자 가운데서 살리신 이가 너희 안에 살아 계시는 그의 영으로 말미암아 너희 죽을 몸도 살리실 것이다.[692]

이것은 바울이 빌립보서 3:7-11에서 말한 것과 똑같다. 이스라엘의 궁극적인 소망이자 "내세의 삶"으로 들어가는 통로인 죽은 자 가운데서의 부활은 성령을 통해서 갱신된(여전히 고난을 받고 있기는 하지만) "선민," 즉 성령으로 말미암아 변화되어서 전 세계에 걸친 한 분 유일하신 하나님의 백성이 된 자들의 소망이다. 성령은 "토라가 육신으로 말미암아 연약하였기 때문에 할 수 없었던 것"을 행하고 있다. 즉, 토라는 생명을 주겠다고 약속하였지만(7:10), 원래 토라를 수여받았던 자들이 지니고 있던 아담적인 인간성으로 인해서, 실제로 그 생명을 줄 수 없었지만, 성령은 그들에게 그 생명을 주는 일을 하고 있다는 것이다. 우리는 갈라디아서 3장과 고린도후서 3장이 여기에서와는 다른 맥락 속에서이긴 하지만 정확히 동일한 것을 말하고 있는 것을 발견한다. 그 요지는, 하나님의 아들의 죽음이 저 아담적인 인간성을 처리하였기 때문에, 이제 메시야 백성에 속한(이 모든 것은 여전히 로마서 6장에서 세례를 받아 메시야와 합하게 된다는 합체론적 관점에 의거한 것이다) 모든 자들은 이전에 세례를 통해서 미리 맛본 장래의 몸의 부활(세례는 이것을 가리키는 이정표이다)에 성령으로 말미암아 참여하게 되리라는 것이다.

성령이 역사하고 있음을 보여주는 강력한 증표는 5-9절에 제시된다. 육신에 초점이 맞추어진 생각은 죽을 것이지만, 성령에 초점이 맞추어진 생각은 생명과 평화를 얻게 될 것이다. 육신이냐 성령이냐 하는 이 모든 것은 다시 한 번 신분 또는 지위에 달려 있다. 바울은 메시야 안에 있고 성령이 내주하는 자들은 '사륵스'(sarx)에 의해서 규정되지 않는다는 것을 분명히 한다: "하나님의 영이 너희 안에 살아 계시면, 너희는 육신에 있지 않고 성령 안에 있다."[693] 물론, 이것은 그들이 통상적

692) 8:10f. 7장과 8장의 두 가지 "내주" 간의 병행, 그리고 대비는 그동안 충분히 지적되어 오지 못하였다. 여기에서 "영"이 하나님의 영인가, 아니면 인간의 영인가 하는 문제와 "계약 정의"(dikaiosynē - '디카이오쉬네')와 이 서신에서 이 단어의 이전의 용례들과 관계에 관한 문제에 대해서는 Wright, 2002 [*Romans*], 584를 보라. 나는 그 사이의 십여 년 동안 여기에 나오는 '디카이오쉬네'에 대한 나의 생각을 바꾸었다: 이제 나는 이 단어의 배후에는 언제나 계약에 대한 하나님의 신실하심이 자리 잡고 있기는 하지만, 여기에서 이 단어는 신자의 지위 또는 상태를 가리킨다고 생각한다. "영은 의로 인하여 살아 있다"는 5:1-5에 대한 요약으로 볼 수 있다.

693) 롬 8:9; cf. 갈 2:19f.

인 인간의 "몸"을 지니고 살아가는 삶을 사는 것을 그쳤다는 것을 의미하는 것이 아니고, 단지 사람들을 늘 썩어짐과 죽음으로 이끌고, 허망함에 굴복하는 옛 피조 세계로 이끄는 '사륵스'(이 단어는 바울의 글에서 언제나 부정적인 의미를 지닌다)가 더 이상 그들의 삶을 규정하는 요인이 될 수 없다는 것을 의미한다. 그 대신에, 율법이 원래 약속하였던 "생명"이 마침내 그들에게 주어진다. 7:10("생명에 이르게 할 계명")에서 시작해서 8:1("메시야 예수 안에 있는 생명의 성령의 율법"), 8:6("성령에 [생각의] 초점을 맞추면, 너희가 생명과 평화를 얻게 될 것이다"), 8:10("영은 계약 정의로 인하여 살아 있는 것이다")을 거쳐, 8:11("메시야를 죽은 자 가운데서 살리신 이가 너희 안에 살아 계시는 그의 영으로 말미암아 너희 죽을 몸도 살리실 것이다")에서 그 정점에 도달하는 하나의 직선이 존재한다.

따라서 이것은 "새로운 출애굽"이야기에 속한 시내 산 요소이다. 메시야 안에 있는 하나님의 백성 전체와 관련해서 이 이야기를 들려주는 것 자체가 바울에게 있어서는 선민론을 재정의하는 엄청난 행위였다. 즉, 메시야의 백성인 "우리"속에서 이스라엘의 가장 위대한 서사가 우리가 늘 소망해 왔던 새로운 방식으로 실현되었다는 것이다. 우리는 새로운 성막이고(아래를 보라), 심지어 토라 자체도 지금 본향으로 가는 여정 가운데 있는 우리와 기쁘게 동행하고 있다. 이것은 성령을 중심으로 한 선민론에 대한 바울의 재정의의 중심이다. 로마서 8:1-11에서 여러 번 울려 퍼지는 2:25-29의 반향들은, 성령이 이 모든 일을 행하였고 행하고 있는 바로 거기에 진정한 "유대인"과 "할례파"가 있다는 요지를 생생하게 들려준다. 9:1-5의 탄식은 이러한 분석을 강력하게 확증해 준다. 왜냐하면, 만일 바울에게 이러한 재정의가 별로 분명한 것이 아니었다면, 그는 이렇게 심하게 탄식할 필요도 없었을 것이기 때문이다.

그러나 우리는 앞으로 더 나아가기 전에, 거의 부지불식간에 우리에게 스며들어 온 또 하나의 요소를 살펴볼 필요가 있는데, 그것은 이 갱신된 메시야 백성은 토라가 늘 의도해 왔던 것을 마침내 그 안에서 행할 수 있게 된 그런 백성일 뿐만 아니라, 새로운 성막이기도 하다는 것이다. 우리는 6장에서 바울의 '에클레시아'(ekklēsia)의 세계관 상징들을 다룰 때에 이 주제를 언급하였고, 초기의 유대적인 고등 성령론을 논증할 때에 이 주제를 발전시켰다. 우리는 이제 여기에서 이 주제로 다시 한 번 돌아가서, 살아 계신 하나님이 자기 백성 가운데 거하기로 하였다는 관념이, 메시야 안에 있고 성령으로 말미암은 하나님의 백성 전체에게로 옮겨졌다는 것과 관련해서 살펴보고자 한다.

이 대목에서 완전히 새로운 주제가 열린다. 최근까지만 해도 이 주제는 바울과 관련해서 불가능하다고 생각된 것이었지만, 성령에 의한 선민론의 재정의에 비추어 볼 때에는 가능할 뿐만 아니라 아주 중요한 것이 되었다. 살아 계신 하나님의 영이 그의 백성 내에 거하여 그들로 하여금 갱신된 성막(또는, 새로운 성전)이 되게 하는 것이라면(그러나 바울은 여기에서 광야의 성막이 중요한 역할을 하였던 출애굽 서사 내에서 말하고 있다는 것은 여전히 분명하다), 이러한 변화를 가져다주는 성령의 역사는 궁극적으로 '테오시스'(theōsis), 즉 "사람이 신이 되는 것"이라는 관점에서 말해질 수 있고 말해져야 한다.[694]

다시 한 번, 충격파가 인다. '테오시스'에 대하여 말하는 것은 개신교도들이 아니라, 가톨릭, 특히 동방정교회이다. 그러나 바울 자신이 그러한 방향으로 나아가고 있는 것이라면, 어떻게 하겠는가? 바울이 메시야의 영광을 아는 지식의 빛이 "우리 마음에" 비쳤기 때문에, 우리가 살아 계신 하나님의 생생한 임재를 서로 속에서 성령으로 말미암아 인식하게 된다고 말하면서, 고린도후서 3장과 4장에서 중요한 문제로 다루고 있는 것은 바로 그것이 아닌가? 그것은 하나님의 백성을 단지 살아 계신 하나님이 거하게 된 자들일 뿐만 아니라, 그런 일이 그들의 마음속에서 일어난 자들이라고 말하고 있는 것은 아닌가? 그렇다고 한다면, 이것은 "칭의"와는 어떤 관계에 있는가?

우리가 지금 로마서 8장에서 발견하는 것은 '테오시스'가 아닌가? 한 번 잘 생각해 보라:

> [9](너희 안에 하나님의 영이 살고 계시면[oikei en hymin - '오이케이 엔 휘민']) 너희는 성령의 사람들이다(누구든지 메시야의 영이 없는 자는 메시야에게 속해 있지 않다는 것을 주의하라). [10]그러나 메시야께서 너희 안에 계시면, 몸은 죄로 말미암아 죽어 있지만, 영은 계약 정의로 말미암아 살아 있는 것이다. [11]따라서 예수를 죽은 자 가운데서 살리신 이의 영이 너희 안에 살고 계시면[oikei en hymin - '오이케이 엔 휘민'] 메시야 예수를 죽은 자 가운데서 살리신 이가 너희 안에 살고 계시는 그의 영으로 말미암아[dia tou enoikountos autou pneumatos en hymin - '디아 투 에노이쿤토스 아우투 프뉴마토스 엔 휘민'] 너희 죽을 몸도 살리실 것이다.

이 본문의 요지는, 하나님의 백성에게는 하나님의 영이 내주하기(oikei en hymin – '오이케이 엔 휘민') 때문에 그들은 성전이라고 말하는 고린도전서 3:16이나, 하나님의 백성이 성전이 됨으로써 이 하나님이 자기 백성 가운데 "거하여"

694) 또는, Blackwell, 2011의 표제에서처럼, '크리스토시스' (Christosis).

(enoikēsō en autois – '에노이케소 엔 아우토이스') 그들 가운데서 다닐 것이라고 한 토라 자체의 약속[695]이 성취되었다고 말하는 고린도후서 6:16과 아주 비슷하다. 메시야가 자신의 영으로 그들 가운데 거하고 있다는 언급은 "너희 안에 계시는 메시야, 곧 영광의 소망"이라고 말하는 골로새서 1:27(이것에 대해서는 다음 장에서 살펴볼 것이다), 메시야가 "믿음으로 말미암아 메시야께서 너희 마음에 거하게(katoikēsai – '카토이케사이') 하라"고 말하는 에베소서 3:17에 대한 분명한 간접 인용이다. 물론, 골로새서에서는 하나님의 모든 충만이 메시야 안에 거한다(katoikēsai – '카토이케사이')고 말한다. 이렇게 우리는 지금 금송아지 사건 이후에 지어져서 그후로 몇백 년 동안 이스라엘의 하나님의 이동식 거처가 된 광야의 성막, 그리고 시편과 신명기의 서사에 의하면 한 분 유일하신 하나님이 "거하기로"한 예루살렘 성전에 초점이 맞추어진 성경의 큰 준거 틀에 접근해 들어가고 있다.[696]

로마서 8:9-11에 나오는 하나님의 백성 안에 "내주하는" 성령 또는 메시야에 관한 암시들은 "새로운 성전" 및 하나님의 백성의 '테오시스'(theōsis, "사람이 신이 되는 것")에 관한 바울의 신학을 말하기에는 너무나 빈약한 토대가 아닌가 하는 의구심이 있을 수 있다. 그러나 그러한 토대 위에 14-17절의 도덕적 도전을 제시해 나가는 것은 바울 자신이다. 거기에서 그는 "유업"을 받으러 가는 하나님의 백성의 여정이라는 관점에서, 그들에게 육신을 따라서 살지 말고 성령을 따라 살아가라고 권면한다:

> [12]그러므로 나의 사랑하는 권속이여, 우리는 인간의 육신을 따라 육신대로 우리의 삶을 살아야 하는 빚을 지고 있지 않다. [13]너희가 육신을 따라 살면 반드시 죽을 것이지만, 성령을 힘입어서 몸의 행실을 죽이면 반드시 살 것이다.
>
> [14]하나님의 영으로 인도함을 받는 모든 사람은 하나님의 자녀들이다. [15]너희는 노예의 영을 받아서 다시 두려워하는 상태로 돌아가야 하는 것이 아니다. 너희는 양자의 영을 받아서 "아바, 아버지"라고 부르짖는다. [16]그렇게 할 때, 성령은 친히 우리의 영과 더불어 우리가 하나님의 자녀인 것을 증언하신다. [17]우리가 자녀들이면 또한 상속자들

695) 고린도후서 6:16은 에스겔서 37:27(estai hē kataskēnōsis mou en autois - '에스타이 헤 카타스케노시스 무 엔 아우토이스')와 레위기 26:11(kai emperipatēsō en hymin - '카이 엠페리파테소 엔 휘민')을 합성해서 인용한다. Thrall, 1994, 477은 바울이 서두에서 사용한 단어인 '에노이케소'(enoikēsō)는 에스겔서의 '카타스케노시스'(kataskēnōsis)에 해당하고, 또한 고린도전서 3:16의 반영일 가능성이 있다고 주장한다. 그녀는 고린도후서 6:16 전체가 "계약" 언어의 냄새를 풍기고 있다고 지적한다: "바울은 이러한 성경적인 약속들이 자기가 새 계약의 사자로서 세운 공동체에서 성취되었다고 본다."

696) 예를 들면, 왕상 8:27(다수 중 하나); 그리고 시 132:8, 13f.; 135:21 등.

(klēronomos - '클레로노모스,' 이것은 "유업"을 의미하는 '클레로노미아'[klēronomia]의 동족어이다), 곧 하나님의 상속자들, 메시야와 함께 한 상속자들이니, 우리는 그와 함께 영광을 받기 위하여 고난도 함께 받는다.

여기에서 바울의 도전은 출애굽 서사의 연속이라는 관점에서 표현된다: 너희는 너희의 "유업," 너희에게 약속된 땅, 하나님이 아브라함에게 준 약속(4:13)의 성취를 향한 도상에 있는 것이기 때문에, 애굽으로 되돌아갈 생각은 아예 하지 말라! "너희는 노예의 영을 받아서 두려워하는 상태로 되돌아가야 하는 것이 아니다." 바울은 고린도전서 10장에서와 마찬가지로 여기에서도, 메시야 백성으로 하여금 그 광야 세대의 잘못들로부터 교훈을 얻도록 하기 위하여, 광야 유랑기의 이야기를 반영하고 있다. 특히, 그들은 성령의 감동을 따라 믿음의 표현으로 "아바"라고 부르짖으며[697] "아버지"라 부르는 바로 그 분이 자신들을 그의 "자녀들"로 양자 삼은 것도, 출애굽 이야기 속에 나오는 "이스라엘은 내 아들, 내 장자이다"[698]라는 말씀을 성취한 것임을 깨달아야 한다.

하지만 양자됨과 관련하여 약간의 수정이 있었기 때문에, 방금 내가 한 말도 약간 수정되어야 한다. 왜냐하면, 바울은 늘 그랬던 것처럼 여기에서도 선민론 중에서 우선 이스라엘의 메시야에 관한 부분이 이제 재정의되었다는 것을 분명히 하기 때문이다. 메시야는 "많은 형제들 중에서 장자"(8:29)이다. 그러나 여기에서 메시야가 장자라는 사실로부터 도출되는 "하나님의 자녀들"로서의 메시야 백성의 지위가 다시 천명되고, 그 결론, 즉 자녀들이라면, 상속자들, 곧 하나님의 상속자들이자 메시야와 함께 한 공동 상속자들이라는 것이 천명된다. 또한, 로마서 4:13에 처음으로 나오는 암시로부터 8:18-25에 나오는 자세한 설명을 통해서, "유업"이 세계 전체라는 것도 분명해진다. 바울에 의하면, 이것은 하나님이 아브라함에게 약속한 바로 그것이다. 이것은 근본적으로 메시야적인 시편 2편에서 하나님이 메시야에게 약속하였던 것이고, 이제 하나님이 자신의 모든 백성과 함께 하고자 하는 그것이며, "하나님의 상속자들이자 메시야와 함께 한 공동 상속자들"이 상속받게 될 바로 그것이다. 이 본문은 갈라디아서 3:21—4:7과 아주 비슷하고, 그 취지도 동일하다. 즉, 선민론은 먼저는 메시야를 중심으로, 이제는 성령의 역사를 중심으로 재정의되었다는 것이다.

697) 위에서 갈라디아서 4:6에 대한 설명을 보라.
698) 출 4:22.

그러나 광야를 통과하여 "약속의 땅"으로 가는 여정에서 성령의 "인도하심"을 받는다는 관념이 이 본문에 나온다는 것은, 이 본문이 하나님의 임재가 광야의 성막 안에 거하는 가운데 낮에는 구름 기둥으로, 밤에는 불 기둥으로 이스라엘을 인도하였다는 관점에서, 8:9-11의 암묵적인 성전 주제를 이어받고 있다는 것을 보여준다. "성령의 인도하심을 받는 모든 사람은 하나님의 자녀들"이라고 말하는 것은, 광야에서의 하나님의 "인도하심"이 이제 내주하는 성령의 "인도하심" 속에서 성취되었다고 말하는 것이다.[699] 그리고 이것은 바울이 이제 내주하는 성령이 교회 전체 및 메시야 백성 개개인 안에서 하나님의 생생하면서도 위험한 임재였던 불 기둥과 구름 기둥을 대신하고 있다고 보았다는 것을 의미한다. 우리는 고린도후서 3장으로부터 이미 이 모든 것들을 도출해낼 수 있었지만, 여기에서는 새 창조가 완성될 그 날까지 메시야와 성령을 통해서 새롭게 재현되고 있는 위대한 출애굽 서사의 중심에서 이 모든 것을 보게 된다.

그 자연스러운 결과는 물론 또다시 '테오시스'(theōsis), 즉 "사람이 신이 되는 것"이다. 그러나 최근에 강조되어 왔듯이, 그것은 끊임없이 육신을 죽이고 성령에 대하여 사는 삶을 살아감으로써 십자가를 지는 방식으로 "신이 되는 것"이다.[700] 바울은 6장 이래로 이 점을 말해 왔지만, 여기에서 및 다른 관련 본문들에서 이 점은 다시 천명된다. 특히, 우리는 메시야의 고난들이 그의 죽음에 "참여하거나" "본받는" 수단이고 부활로 가는 통로라고 말하는 빌립보서 3:9-11, 십자가를 지는 방식의 사도직에 관한 설명(4-6장)으로 곧바로 이어가기 위하여 메시야의 고난에 대하여 말하는 고린도후서 3장 같은 본문들을 생각해 볼 수 있을 것이다.[701] 현재의 본문 속에 나오는 일련의 비슷한 사고의 흐름은 우리가 동일한 영토에 들어 와 있다는 것을 보여준다: 우리가 그와 함께 고난을 받는다면, 그와 함께 영광을 받게 될 것이다(8:17). 따라서 이 본문은 하나님의 백성의 현재적인 고난과 신음을 하나님의 새로운 세계가 탄생하기를 고대하는 피조세계 전체의 신음이라는 좀 더 큰 그림 속에 두는 8:18-25의 "새로운 피조세계"에 관한 본문으로 이어진다. 이 모든 것은 제2성전 시대의 유대적인 정체성과 열망의 아주 많은 측면들을 상기시키기 때문에, 여기에서 무슨 일이 진행되고 있는지는 너무나 분명하다. 즉, 바울은 예수와 성령을 중심으로 이스라엘의 서사(창조주가 원래 의도한 대로 세계를 회복시킬 참된

699) Keesmaat, 1999, 66-74 등을 보라.

700) Gorman, 2001, 2009.

701) Fee, 1994, 869; Renwick, 1991을 보라; 그리고 엡 2:30에 대해서는 Fee, 686-90; 4:30에 대해서는 Fee, 712-4를 보라.

인류라는 주제를 포함한)를 수정해서 다시 들려주고 있는 것이다.

바울은 사람들의 마음속에서의 성령의 역사로 말미암아 사람들이 참된 "셰마"로 기도하며 하나님을 사랑하게 되었다는 것을 추가적으로 짤막하게 언급한 후에, 8:29에서 이스라엘에게 해당되는 모든 것들이 이제는 메시야와 성령 안에서 한 분 유일하신 하나님의 백성이 된 자들에게 그대로 다 적용된다는 충격적인 결론을 제시한다:

> [28]사실, 우리는 하나님이 그를 사랑하는 자들, 곧 그의 뜻대로 부르심을 입은 자들에게는 모든 것이 합력하여 선을 이루도록 역사하신다는 것을 안다. [29]하나님은 미리 아신 자들을 그 아들의 형상을 본받게 하기 위하여 미리 정하셨으니, 이는 그로 하여금 많은 형제 중에서 장자가 되게 하기 위한 것이었다. [30]또한, 하나님은 미리 정하신 그들을 부르셨고, 부르신 그들을 의롭다고 하셨으며, 의롭다고 하신 그들을 영화롭게 하셨다.[702]

창세기, 신명기, 이사야서, 시편(더 이상 열거할 필요도 없다!)을 아는 사람은 누구든지 바울이 이 위대한 단언들을 계약 백성에 관한 좀 더 크고 긴 서사로부터 직접적으로 가져온 것임을 금방 알 수 있다. 이 단언들은 무엇보다도 우선적으로 메시야에 관한 엄청난 단언들이다. 왜냐하면, 한 분 유일하신 하나님의 계약 백성의 정체성은 이제 메시야에게 맡겨졌기 때문이다. 따라서 그 당연한 결과로서, 이 단언들은 성령이 내주하는 자들에 관한 엄청난 단언들이다. 왜냐하면, 그들은 "메시야 안에" 있는 자들인 까닭에, 현재에는 유대인들과 이방인들로 이루어진 다소 기이하고 잡다한 무리처럼 보일지라도, 한 분 유일하신 하나님이 아브라함에게 약속한 단일한 권속이기 때문이다.

선민론은 재정의된다 — 메시야를 중심으로, 그리고 성령을 통해서.

그리고 이 모든 것은 로마서 5-8장이 그 이전에 1-4장에서 제시된 "칭의" 주제를 그 합당한 결론으로 발전시켰다는 것을 의미한다. '피스티스'(pistis)에 대하여 현재적으로 선언된 판결은 실제로 마지막 날의 판결과 일치할 것이다. 이것과 동일한 개시된 종말론은 이 도식 전체를 둘러싸고 있다. 즉, 로마서 5-8장이 없이는, 1-4장의 개시된 종말론은 아직 온전히 설명된 것이 아니라는 말이다. (이것이 5-8장을 "칭의론"의 일부로 다루지 않는 설명은 결국 2장도 주변으로 밀어낼 수밖에 없는 이유이다.) 바울이 2:1-11에서 경고하는 '카타크리마'(katakrima, "심판")가 "메시야 안에" 있는 자들에게서 제거된 이유는 "죄"에 필연적으로 수반되는 "정죄"가 메

702) 8:28-30.

시야의 죽음을 통해서 처리되었기 때문이다(8:3). 이것은 우리가 3:24-26; 4:25; 5:6-11; 7:4-6; 8:3에 나오는 십자가에 관한 압축된 진술들이 좀 더 온전한 암묵적인 이해 속에서는 모두 다 서로 연결되어 있고, 각각의 진술은 단지 그때그때 논증의 필요에 따라서 어느 한 측면만을 말하고 있는 것으로 읽을 것을 요구한다.

실제로 바울은 이 대단락의 거의 끝부분에 이르기까지 칭의론에 몰두한다. 바울이 8:34에서 제기하는 "누가 정죄하겠는가"라는 질문에 대한 암묵적인 대답은 "아무도 정죄할 수 없다"는 것이다. 왜냐하면, 메시야의 죽음과 부활, 그리고 지금 하늘에서의 중보기도를 통해서 "의롭다고 하시는 이는 하나님이시기" 때문이다(8:33-34). 우리는 바울이 자신의 방식으로 자신이 선택한 대목에서 "법정적"언어를 사용하고 있는 것을 존중해서 그대로 받아들이기만 한다면, 갈라디아서 3장이나 빌립보서 3장에서와 마찬가지이지만, 그것보다 훨씬 더 긴 논증 속에서, 그가 3:24("메시야 안에 있는 속량으로 말미암아 … 의롭다 하심을 얻었다")에서 보여준 것과 같은 "합체적"언어와 완벽하게 조화되고 서로 잘 맞아떨어지는 방식으로 "법정적"언어를 사용하고 있다는 것을 볼 수 있게 된다. 그리고 이 두 가지 언어는 본질적으로 계약적인 신학에 대한 전반적인 설명 내에서 사용된다.

따라서 "우리는 '피스티스'로 말미암아 의롭다 하심을 얻는다"는 진술과 "메시야 안에 있는 자들에게는 정죄가 없다"는 진술은 기능적으로 동등하다. 각각의 진술은 서로에 대한 밀접한 관계 속에서만 자신의 온전한 의미를 지닌다. 이 두 종류의 진술, 즉 로마서 1-4장과 5-8장을 마치 서로 다른 종류의 구원론을 얘기하고 있다는 듯이 서로 분리해서 설명하고자 하는 시도는, 바울이 이 서신에 특유하게 적용한 수사학적 전략을 마치 두 종류의 신학을 말하고자 한 것처럼 신학적 이분법으로 변질시키는 것이다.

이렇게 했을 때, 다른 요소들도 제자리를 찾아가게 된다. 인간론적 요소, 변성론적 요소, 그리고 우리의 오랜 친구들인 "묵시론적"요소와 "구원사적"요소는 로마서 5-8장에 많이 나온다. 다시 한 번 말하지만, 우리가 그러한 요소들을 "계약"이라는 주제 안에서 통일적으로 바라보면, 어떤 사람들이 그것들 서로서로를 대립시킬 때에 갖고 있었던 모나고 어색한 성격이 그것들에게서 사라지게 된다.

이 모든 요소들을 한데 묶는 가운데 마침내 표면으로 다시 등장해서 곡조를 원래의 기조로 회복시켜 주는 계약적인 주제는 "사랑"이다. 이것을 위한 분명한 배경은 이스라엘의 성경 속에 묘사되어 있는 야웨와 그의 백성 간의 관계이다.[703] 바

703) 부정과거(aorist) 시제로 되어 있는 "우리를 사랑하신 그로 말미암아"(8:37)는 갈라디아서

울은 5:1-11에서 이 주제를 미리 천명하고 나서, 여러 가지 내용의 온갖 시각들을 통해서 그 주제를 살핀 후에, 이 대단락 전체를 그 수사학적 정점으로 이끄는 시점에서 다시 이 주제로 돌아온다. 이 본문은 계약의 하나님을 변함없이 의지하라는 것에 관한 성경의 오랜 전통을 가져와서, 이 장에서 이 시점까지 설명해 온 메시야적인 주제와 결합시킨다:

> 누가 우리를 메시야의 사랑에서 떼어놓겠는가? 고난이나 역경이나 박해나 기근이나 헐벗음이나 위험이나 칼이겠는가? 성경은 말한다. "우리가 종일 당신 때문에 죽임을 당하고 있고, 도살 당할 양들 같이 여김을 받고 있다." 그러나 이 모든 일에서 우리는 우리를 사랑하시는 이로 말미암아 넉넉히 이긴다. 나는 사망이나 생명이나 천사들이나 권세자들이나 현재 일이나 장래 일이나 능력들이나 높음이나 깊음이나 다른 그 어떤 피조물도 우리를 우리 주 메시야 예수 안에 있는 하나님의 사랑에서 떼어놓을 수 없을 것임을 확신한다.[704)]

이스라엘의 선민론에 대한 최고의 표현이라고 할 수 있는 자기 백성에 대한 야웨의 깨뜨려질 수 없는 계약상의 사랑은 하나님의 아들에 그 초점이 맞추어져 있었고, 바로 그 아들 안에서 계시되었다. 이 깨뜨려질 수 없는 사랑은 성령으로 말미암아 "메시야 안에" 있는 모든 사람들의 안전한 안식처가 되었다.

이것은 "이신칭의"와 다른 어떤 것이 아니다. 환난을 당하여 두들겨 맞지만 믿고, 고난을 겪지만 성령을 힘입어 믿음을 지키며, 죽어가지만 죽음이 이미 패배당했다는 것을 아는 것이, 혹독한 현실 속에서의 칭의의 모습이다. 3:22의 '피스티스 크리스투'(pistis Christou, "메시야의 신실하심")는 8:35의 '아가페 크리스투'(agapē Christou, "메시야의 사랑")이고, 신자들이 '피스티스'로 화답할 때, 하나님의 '아가페'는 8:28에서처럼 그들로 하여금 성령으로 말미암아 "셰마"로 기도하게 하는 것으로 화답한다. 이 대목에서 유일신론과 선민론에 대한 바울의 수정은 하나님의 사랑에 대한 송축과 하나님의 승리에 대한 신뢰라는 전형적인 유대적 표현 안에서 서로 결합된다. 하나님 및 계약에 대한 그의 신실하심은 완전히 새로운 피조세계라는 종말론적 지평 내에서 메시야 안에서 계시되고 성령을 통하여 구현된다.

2:19f.에서처럼 십자가 사건을 가리킨다: Cranfield, 1975, 1979, 441; Jewett, 2007, 549를 보라. 여기에서 다시 등장하는 주제는 물론 이미 5:6-11에서 언급된 것이다. 메시야와 신자들 간의 관계를 위한 모델로서의 자기 백성을 향한 야웨의 사랑에 대해서는 Tilling, 2012를 보라.

704) 8:35-9.

로마서에는 "칭의"와 직접적으로 연관된 또 하나의 대단락이 있는데, 그것은 9:30-10:13이다. 이 대단락은 바울의 글들 중에서 메시야를 믿는 믿음이 계약 갱신의 확실한 증표이고, 칭의와 구원은 다른 관점들이 아니라 바로 그러한 관점에서 보아야 한다는 바울의 믿음을 가장 분명하게 보여주는 대목이기 때문에, 이 대단락을 다루어야만 몇 가지 중요한 의미에서 이 그림이 완성되지만, 우리는 다음 장에서 이 대단락을 좀 더 자세하게 다룰 것이기 때문에, 여기에서는 일단 한 쪽으로 치워두기로 하자.[705]

(9) 결론: 은혜로 말미암아 믿음을 통해 그리스도 안에서 얻어지는 현재적인 칭의

우리는 지금까지 선민론에 대한 바울의 재정의와 관련된 큰 규모의 주제들을 살펴보았고, 메시야를 중심으로 한데 결합되어 집결되어 있는 이 주제들은 성령의 역사로 말미암아 '피스티스'라는 일차적이고 중요한 표지를 지니고 있는 메시야 백성을 통해서 재현되고 있다는 것을 보았다. 일단 이러한 좀 더 큰 그림이 제대로 그려지게 되면, 이 동일한 현상을 보여주는 다른 좀 더 작은 규모이지만 중요한 표지들이 우리 눈에 들어오게 된다. 그러한 표지들은 그 자체로는 단지 눈썹을 치켜올리는 것 정도밖에 안 되는 것들이지만, 이 큰 그림 속에서 보게 될 때에는 바울이 무엇을 염두에 두고 있는지를 보여주는 진정한 이정표들로서의 역할을 할 수 있게 된다. 우리는 현재의 장을 요약한다는 의미에서 그러한 여러 표지들을 짤막하게 언급해 보는 것도 좋을 것 같다.

바울이 자신의 교회들을 부르는 통상적인 호칭 속에는 두 가지 분명한 언어적인 단서들이 등장한다. 첫째로, 그들은 "부르심 받은 자들"이다. 우리는 로마서 8:28에서 이 단어의 온전한 의미가 무엇인지를 보았지만, 바울은 교회를 이 단어와 동일 어근에서 나온 '에클레시아'(ekklēsia, "불러내진 자들")로 지칭하는 것은 물론이고, 여러 본문들에서 메시야의 백성을 "부르심 받은 자들"이라고 지칭한다. 로마서의 서두에 나오는 인사말에서, 그는 교회를 "메시야 예수의 것으로 부르심 받은 자들(klētoi Iēsou Christou - '클레토이 예수 크리스투')인 너희"로 지칭하고, 다음 절에서는 우리가 잠시 후에 살펴보게 될 다른 의미로 이 단어를 다시 사용한다.[706] 고린도전서 1장에 나오는 비슷한 인사말에서도, 후반부에서 좀 더 통상적으로 사용되는 "믿는 자들"이라는 표현을 대신해서 메시야의 백성을 지칭하는 방식

705) 아래의 제11장 제6절 4) (2)와 (3)을 보라.

으로 "부르심 받은 자들"이라는 단어가 사용된다: "부르심 받은 자들인 유대인들과 헬라인들에게."[707] 동일한 어근에서 나온 명사 "부르심"은 여러 본문들에서 동일한 의미로 사용된다.[708] 또한, 동사도 이런 의미로 더 자주 사용된다.[709] 이 단어가 지닌 이스라엘의 옛적의 "부르심"의 울림들은 특히 이사야서 40-55장에서 이 단어를 강력하고 통렬하게 만들어 주고,[710] 하나님의 "부르심"이 중심적인 주제들 중의 하나인 로마서 9-11장의 논의의 배경을 제공해 준다.[711]

여기에서 그 자연스러운 쌍동이 주제는 하나님의 백성이 거룩한 삶을 살도록 부르심을 받았다는 것이다. 바울이 윤리적인 권면을 담고 있는 여러 본문들에서 이 주제를 활용하고 있다는 것은 두말할 필요가 없지만, 아주 의미심장한 것은 그가 '하기오이'(hagioi), 즉 "거룩한 자들" 또는 "성도"라는 표현을 메시야 백성에 대한 일종의 호칭으로 사용하고 있다는 것이다. 로마서의 서두에 나오는 인사말에서 이 표현은 이스라엘을 가리키는 또 하나의 호칭인 "하나님의 사랑하심을 받아 성도로 부르심을 받은 자들"과 쌍을 이루어 나오는데,[712] 이 서신의 나머지 부분에서는 단지 "하나님의 백성"을 지칭하는 표현으로 사용된다.[713] 바울은 고린도 교인들에 대해서도 '클레토이 하기오이'(klētoi hagioi), 즉 "성도로 부르심을 받은 자들"이라는 호칭을 사용하지만, (내 생각에는) 그들은 실제로 성도로 불리기에는 갈 길이 한참 멀었다는 점에서 실질적으로 거룩하다는 의미에서가 아니라, 그들이 성도답게 행하든 행하지 않든, "부르심을 받아서" 하나님의 백성으로 구별되었다는 의미에서 "성도"라고 한 것으로 보인다.[714] 이와 동일한 패턴은 다른 서신들의 인사말

706) 롬 1:6f.

707) 고전 1:2, 24.

708) 고전 1:26; 7:20; 엡 1:18; 4:1, 4; 또한, 아마도 빌 3:14(약간 다른 의미이기는 하지만); 살후 1:11; 딤후 1:9.

709) 고전 1:9; 그리고 고전 7:15-24에 9번 — 거기에서 "부르심을 받았다"는 것은 "복음을 듣고 믿어 메시야 백성의 지체가 되었다"는 것을 나타내는 바울의 약어이다; 갈 1:6, 15; 5:8, 13; 엡 4:1, 4; 골 1:12; 3:15; 살전 2:12; 4:7; 5:24; 살후 2:14. 또한, cf. 딤전 6:12; 딤후 1:9.

710) 예를 들면, 사 42:6; 43:22; 48:12; 49:1; 51:2(아브라함의 "부르심"). 칠십인역에서 '칼레오'(kaleō)의 대부분의 용례들의 의미는 사람들의 이름을 실제로 부르는 것이고, 이것은 특히 로마서 9-11장에서도 의미가 있을 수 있다.

711) 9:7, 12, 24, 25, 26; 11:29.

712) 롬 1:7.

713) 롬 8:27; 12:13; 15:25, 26, 31; 16:15.

714) 고전 1:2; cf. 6:1, 2 - 여기에서 "성도들"은 다니엘서 7:18, 22, 27에 나오는 것을 가리키는 것임에 틀림없고, 다니엘서[에 대한 주후 1세기의 읽기들]에서 이스라엘 내의 의인들에게 돌려던 종말론적인 역할을 고린도에 있는 그리스도인 공동체에 돌리고 있다; cf. 고전 14:33; 16:1, 15.

에서도 반복되고,[715] 메시야 백성을 가리키는 데 사용되는 다른 통상적인 표현들에서도 반복된다.[716]

내가 다시 한 번 말해 두지만, 이러한 작은 이정표들은 우리가 지금까지 살펴 보아 온 좀 더 큰 실체를 가리켜 보여준다. 이제 이것을 요약해서, 이 재정의된 선민론의 서로 다른 여러 측면들을 구별해 볼 차례이다. 특히, 우리는 핵심적인 부분을 가능한 한 분명하게 밝혀야 한다. "현재적 이신칭의"에 관한 바울의 가르침은 이 좀 더 큰 재정의된 선민론 전체와 어떤 관계에 있는가?

나는 현재의 장 전체에 걸쳐서, 창조주 하나님의 선민이라는 것이 무엇을 의미하는지에 관한 고대 이스라엘과 제2성전 시대 유대인들의 인식이 바울의 이해 속에서는 변화되었다는 것을 논증해 왔다. 그는, 선민론이 이스라엘의 메시야인 예수를 중심으로, 특히 그의 십자가 죽음과 부활에 의해서 수정되었고, 더 나아가 강력한 복음 메시지를 통해서 온갖 배경을 지닌 다양한 부류의 사람들을 "불러서" 한 분 유일하신 하나님이 아브라함에게 약속하였던 단일한 권속에 속하게 한 메시야의 영을 중심으로 재형성되었다고 보았다. 나는 특히 "이신칭의"를 이해하기 위해서는, "믿음"이라는 것이 어떤 종교적인 특정한 태도(이를테면, "열심히 일하는" 것과 반대되는 "그저 믿고 의지하는 것")가 아니라, 메시야가 이스라엘의 "신실함"의 대표자로서 나타내 보인 "신실하심"(로마서 3:2과 3:22)을 반영하고 다시 담아내는 방식으로 하나님의 부르심과 복음에 대하여 "신실함"으로 응답하는 것임을 반드시 알아야 한다는 것을 논증하였다. 이 모든 것은 바울에게 있어서 "칭의"와 관련된 모든 것은 좀 더 큰 그의 신학과 단단하게 한데 결합되어 있고, 그 가운데서 자신만의 독특한 역할을 하고 있음을 보여주는 것이라고 나는 믿는다. 지금까지 우리는 재정의된 선민론을 보여주는 바울의 증거들을 거의 전부 다 살펴보았기 때문에, 이제는 "칭의"의 역할을 좀 더 정확하게 살펴볼 때이다.

앞에서 이미 보았듯이, 바울은 어떤 사람이 살아 온 인생 전체(이것은 메시야 백

715) 고후 1:1; 엡 1:1; 빌 1:1; 골 1:2.

716) 고후 8:4; 9:1, 12; 13:12; 엡 1:15, 18; 2:19(여기에서 '하기오이'[hagioi]는 구체적으로 이스라엘 백성이고, 이방인 신자들은 이제 거기에 합류하여 함께 교제하게 된 것이다; 그러나 로마서 15장 및 고린도후서 8장과 9장에서 예루살렘에 있는 "성도들"에 대한 언급이 나옴에도 불구하고, 바울이 이 명칭을 오직 유대인 신자들이나 예루살렘에 있는 신자들에게만 사용하였다는 것은 분명히 사실이 아니다); 엡 3:5, 8, 18; 4:12; 5:3; 6:18; 빌 4:21, 22; 골 1:4, 12, 26; 3:12(수정된 선민론의 모티프들이 함께 모여 있는 것은 주목할 만하다: "하나님의 택함 받고 거룩하며 사랑 받는 자들로서"[hōs eklektoi tou theou, hagioi kai ēgapēmenoi - '호스 에클렉토이 투 테우, 하기오이 카이 에가페메노이']; 살전 3:13(여기서 "성도들"은 이미 죽은 자들을 가리키지만; cf. 살후 1:10); 5:27; 딤전 5:10.

성의 경우에는 성령에 의해서 생성되고 유지되어 온 삶이 될 것이다)를 토대로 마지막 날에 내려지게 될 판결인 장래의 "칭의"와 오로지 메시야를 믿는 믿음을 토대로 선언되는 판결인 현재적인 칭의를 분명하게 구별한다. 바울이 거듭거듭 반복해서 그렇게 하고 있듯이, 일단 우리가 이 두 사건을 복음과 성령의 역사라는 좀 더 큰 그림 내에 위치시키고, 성경이 메시야의 백성에 대하여 말하는 모든 것은 그들이 "메시야의 백성"임과 아울러 "메시야 안에" 있는 자들이기 때문이라는 것을 분명하게 보기만 한다면, 우리는 거기에서 세 가지 연속된 단계가 서로 긴밀하게 연결되어 있는 가운데 각각 서로 다른 중요한 역할을 하고 있는 것을 분명하게 보게 된다. 이렇게 세 단계로 요약하고자 하는 것은, 내가 위에서 일곱 가지 단계로 좀 더 길게 제시한 것을 앞에서 행한 석의에 비추어서 한층 더 짤막한 형태로 다시 말하기 위한 것이다. 의구심을 피하기 위하여 우리가 다시 한 번 유념해야 할 것은, 바울은 이 세 가지 핵심이 메시야의 죽음과 부활이라는 기본적인 복음 사건들, 즉 이스라엘의 하나님이 죄를 처리하고서 자신의 새 창조를 개시한 사건들에 철저하게 의거하고 있다고 본다는 것이다. 바울은 그것을 갈라디아서 2:17에서 이렇게 표현한다: 메시야의 추종자들이 믿는 기본적인 입장은 자신들이 "메시야 안에서 의롭다 함을 받았다는 것"(dikaiōthēnai in Christō – '디카이오테나이 인 크리스토')이다.

1. 복음을 통한 성령의 능력의 역사가 있고, 이것은 사람들을 믿음으로 "부른다." 오직 이것을 토대로 해서만 사람들은 "의롭다"는 선언을 받고, 그 결과로서, 또다시 오직 그러한 토대 위에서, 아브라함의 권속, 즉 메시야의 백성의 온전한 지체가 된다. 이것이 믿음을 통해서 은혜로 말미암아 현재적으로 이루어지는 칭의이다. 메시야의 죽음과 부활로 인해서, 옛 하나님의 백성은 변화되었고, 그 문호가 온갖 부류와 조건의 사람들에게 열렸기 때문에, 성경의 성취인 예수의 죽음과 부활에 관한 복음 메시지는 사람들을 "믿음의 순종"으로 부르는 역사를 수행한다. 바울이 서로 단단하게 결합되어 있다고 본 두 사건, 즉 한편으로는 "메시야와 합한" 세례, 다른 한편으로는 믿음의 나타남(하나님을 "아바"라고 부름; 하나님이 예수를 죽은 자 가운데서 살렸다고 믿음; 예수를 주라고 고백함)은, 성령이 복음을 통해서 역사하였다는 것, 이 사람이 메시야와 함께 죽고 다시 살리심을 받았다는 것, 메시야의 죽음과 부활이 이 사람의 것으로 "여겨지거나 전가되었다"는 것(로마서 6:11), 이 사람이 "죄가 사망 안에서 지배하는" 영지 너머로 옮겨가서(로마서 5:21) 이제 권세 또는 영지으로서의 "죄"에 대한 그 어떤 의무로부터도

벗어났다는 것을 보여주는 필수적이자 충분한 증거들이다. 갈라디아서 2-4장의 논증의 관점에서는, 그런 사람은 최고참의 사도와 비교해도 조금도 손색 없는 메시야 권속의 온전한 지체가 된 것이고, 다른 모든 지체들과 한 상에서 먹을 자격을 갖춘 사람이다. (바울은 사도들 가운데 서열을 따지는 것을 못마땅해하는 말을 한 적이 있지만, 그것은 이것과는 다른 문제이다.)[717] 로마서 3장과 4장의 논증의 관점에서는, 그런 사람은 한 분 유일하신 하나님이 처음에 아브라함에게 약속하였던 권속의 합당하고 온전한 일원이다 — 물론, 메시야가 오기 전까지는 그 권속이 이런 모습일 것이라고 생각한 사람은 아무도 없었지만. 또한, 그런 사람은 아담으로부터 시작해서 인류 전체에 퍼지게 된 죄의 필연적인 결과인 진노와 궁극적인 사망에 관한 위협으로부터 벗어나 있다. 이렇게 믿음을 통한 은혜로 말미암은 칭의의 논리는 (a) 한 분 유일하신 하나님이 자신의 옛 약속들을 순전히 은혜로써 성취한 구원의 행위로서의 메시야의 신실하신 죽음과 부활에서 시작하여, (b) (복음과 성령을 통해서) 믿게 된 자들은 메시야의 백성, 믿음의 백성, 죄 사함 받은 백성, 아브라함의 백성이라는 선언을 거쳐서, 다시 (c) "만물이 말미암은"이로서의 메시야 자신으로 돌아가는 하나의 원을 그리게 된다. 이것이 메시야 예수의 복음 안에서 하나님이 준 최초의 현재적이고 극적으로 새로운 선물이다.

2. 이렇게 묘사되는 모든 백성이 결국에는 성령으로 말미암아 죽은 자 가운데서 다시 살리심을 받아, 메시야의 "유업," 즉 아브라함에게 약속된 전 세계적인 유업에 참여하게 될 것이라는 깨뜨려질 수 없는 약속이 있다. "너희 안에서 선한 일을 시작하신 이가 메시야 예수의 날에 그 일을 철저하게 완성하실 것이다."[718] 이 백성을 죽은 자 가운데서 다시 살릴 분은 성령, 즉 메시야에게 속한 모든 자들 안에 내주하는 성령이다(로마서 8:9). 따라서 우리는 이 동일한 성령이 이 백성으로 하여금 몸의 행실을 죽이고 "육신이 아니라 성령을 따라" 행할 수 있게 하는 것은, 장차 그런 일이 일어날 것임을 미리 보여주는 증표들 중의 하나라는 것을 주목하여야 한다.[719] 그렇기 때문에, 바울은 로마서 2:7에서 이 백성을 "선한 것을 인내로써 행하고 영광과 존귀와 영원히 썩지 않을 것을 구하는" 자들이자, 장차 "내세의 생명"(zōē aiōnios – '조에 아이오니스')을 받게 될 자들이라고

717) 갈 2:6, 9.
718) 빌 1:6.
719) 롬 8:4-8, 12-14.

말할 수 있었다.[720] 이 사람들은 "선한 것을 행하여" "영광과 존귀와 평강"을 받는 백성이고(2:10), "율법을 행하여" "의롭다고 선언 받게 될" 백성이다. 앞에서 이미 보았듯이, 개신교의 원리는 그 누구도 칭의에 조금이라도 기여하는 것으로 보이는 행위를 "행하는" 것을 결코 용납하지 않으려고 하였기 때문에, 석의자들은 그동안 이러한 엄숙한 진술들은 복음과는 상관없는 이질적인 것들이거나, 기껏해야 바울이 나중에 부정하기 위한 목적으로 일단 하나의 가설로 설정해서 제시한 것들이라고 설명할 수밖에 없었다. 그러나 2:7-10에 나오는 이러한 진술들과 2:25-29에 나오는 비슷한 진술들 간의 밀접한 상관관계(그리고 로마서 1:18-2:16이 이전의 석의자들이 생각했던 것과는 다소 다른 종류의 본문이라는 사실과 더불어서)는 우리가 그 진술들을 유대인들과 이방인들을 모두 포함하는 (2:10) 메시야를 믿는 백성에 대하여 미리 말하고 있는 것으로 읽어야 한다는 것을 보여준다. 그런 후에, 이 진술들은 2:25-29의 "새 계약" 언어(여기에서 초점은 메시야를 믿는 이방인들에게 두어지지만, 요지는 동일하다)에서 좀 더 자세하게 서술되고, 5-8장, 특히 8:4-17에서 다시 한 번 더 자세하게 서술된다. 따라서 로마서에서의 바울의 논증의 수사학적 순서가 "구원의 순서"(ordo salutis – '오르도 살루티스')에 따른 연대기적인 순서를 따르고 있다고 볼 이유는 석의 전통 외에는 전혀 없다 — 그러한 석의적이고 신학적인 전통들의 뿌리는 너무나 굳건해서, 그 잘못된 전제를 뿌리뽑기가 어렵기는 하지만.

3. (1) 성령의 역사의 시작과 (2) 그 승리의 결말 사이에서, 바울은, 어떤 식으로든 최초의 칭의 또는 그 최초의 칭의가 가져다주는 최종적인 칭의에 대한 확신에 기여하지는 않지만, 이미 믿음을 갖게 된 사람의 삶을 변화시키는 성령의 인도함을 받는 삶을 상정한다. 이러한 변화는 그런 사람으로 하여금 "육신의 욕심을 이루지 않고 성령을 따라 살" 수 있게 해주고(갈라디아서 5:16), 로마서 8장의 언어를 따르면, "육신의 생각"(phronēma tēs sarkos – '프로네마 테스 사르코스')이 아니라 "성령의 생각"(phronēma tou pneumatos – '프로네마 투 프뉴마토스')을 가질 수 있게 해준다. 따라서 그런 사람들은 "몸의 행실들을 죽이게" 될 것이다. 우리는 바울의 회중들에 관한 연구를 통해서, 그가 이런 일이 자동적으로 또는 쉽게 일어나지 않는다는 것을 알고 있었다는 결론을 내릴 수 있다.[721] 이것을 "윤

720) 통상적으로 "영생"으로 번역된다(그러나 플라톤적인 울림들 때문에 혼란이 일어난다). 위의 제2장 제4절 4)와 아래의 제11장 제2절을 보라.

721) 롬 8:13; 골 3:5, 9.

리"라고 부르는 것은 너무 피상적이고 얄팍하다. 왜냐하면, 이것은 "윤리"가 통상적으로 가리키는 ("규칙들"을 발견해내어서 지키고자 하는) 의무론적인 틀이나 (다수의 최대 행복을 산출해내어서 실행하고자 하는) 공리주의적이거나 결과주의적인 틀을 뛰어넘는 것이기 때문이다. 또한, 이것은 윤리를 "진정성"(authenticity)으로 축소시키는 실존주의, 윤리를 개인적인 선호나 편견으로 축소시키는 정서주의와 판이하게 다르게 작동한다.[722] 따라서 우리는 이것을 바울이 통상적으로 다루는 주제인 "본성의 변화"라고 말하는 편이 더 좋을 것이다:

> [3]또한, 우리는 고난 중에도 즐거워하는데, 이는 고난은 인내를, [4]인내는 잘 다듬어진 성품을, 성품은 소망을 낳는 줄을 알기 때문이다. [5]소망은 우리를 부끄럽게 하지 않는다. 왜냐하면, 우리에게 주어진 성령으로 말미암아 하나님의 사랑이 우리 마음에 부어졌기 때문이다.[723]

> [1]그러므로 나의 사랑하는 권속아, 내가 하나님의 자비하심을 의지하여 너희에게 권하고자 하는 것은 이것이니, 너희 몸을 하나님이 기뻐하시는 거룩한 산 제물로 드리라. 이와 같은 예배는 너희의 생각이 하나님의 생각과 일치하게 만들어 준다. [2]또한, 현세에 의해서 강요되는 형태에 너희 자신을 억지로 맞추지 말고, 너희의 생각을 새롭게 함으로써 변화를 받으라. 그러면 너희는 하나님의 선하시고 기뻐하시고 온전하신 뜻이 무엇인지 분별할 수 있다.[724]

나는 이 모든 것에 관한 글을 이미 다른 곳에서 썼다.[725] 현재의 목적을 위해서 중요한 것은, 바울이 유대적인 선민론을 수정할 때에 성령이 한 중요한 요인으로 작용하였다는 것을 알 때, 우리는 현재적인 이신칭의의 중심성과 유일무이성을 볼 수 있게 될 뿐만 아니라, 그것이 다른 두 가지 "계기들," 즉 장래의 궁극적인 칭의 및 성품이 변화된 삶과 맺고 있는 관계도 볼 수 있게 된다는 것이다.

이것은 오늘날의 논쟁들과 관련해서 중요하다. 어떤 사람들은 그동안 "믿음을 통한 은혜로 말미암은 칭의"가 모든 것을 포괄하고 모든 것에 다 적용되기 때문에, 행위에 따른 최후의 심판은 들어설 여지가 전혀 없음에 틀림없고, 따라서 후자에

722) "순리대로 행하는 것"을 강조하는 도덕정서설(emotivism)과 바울이 변화된 마음과 생각을 따라 행하라고 강조한 것 간의 피상적인 유사성에 대해서는 Wright, 2010 [*Virtue Reborn* (UK); *After You Believe* (US)], chs. 5, 6.

723) 롬 5:3-5.

724) 롬 12:1-2.

725) Wright, 2010(위의 제9장 제4절 3)에서처럼).

관한 바울의 진술들은 배제되거나 중화되어야 한다고 역설해 왔다.[726] 반면에, 어떤 사람들은 바울의 구원론 전체는 "사법적" 틀이 아니라 "참여적"틀을 제시하는 로마서 5-8장에 담겨 있기 때문에, "사법적"틀은 고려대상에서 제외되어야 한다고 주장해 왔다.[727] 또한, 어떤 사람들은 어떤 종류의 어떤 "행위"를 낳기 이전에 하나님의 법정에서 내려진 판결로서의 칭의에 대하여 말하는 고유한 "사법적"진술을 성품 또는 본성의 변화 — 그것이 미덕 윤리(virtue-ethics) 또는 '테오시스'(theōsis, "사람이 신이 되는 것")라는 관점에서 인식된 것이든, 또는 어느 정도 양자를 통합한 관점에서 인식된 것이든 — 라는 좀 더 큰 맥락, 즉 변성론 안에 포섭하고자 시도해 왔다.[728] 나는 본성의 변화가 중요하다는 데 동의하기 때문에, 그것이 믿음을 통한 은혜로 말미암은 칭의와 어떤 관계에 있는지를 보여주고자 노력해 왔지만, 이 둘은 동일한 것이 아니다. 우리는 바울이 아주 정확하게 사용하고 있는 '디카이오쉬네'(dikaiosynē, "의")라는 용어를 갑자기 확장해서, 구원론과 관련된 훨씬 더 큰 범위의 내용을 포괄하려고 해서는 안 된다 — 아무리 지금까지 교회가 자신의 뿌리인 유대적인 계약 신학을 망각하고서, 그런 방향으로 움직여 왔다고 할지라도. 한 가족이 바다 근처의 디즈니월드에서 휴가를 보내기 위해 여행을 떠난 것을 안 어린아이는 그들을 태운 차가 해안에서 해안으로 이동할 때에도, 한 부분을 전체로 착각해서, 자신이 "디즈니월드"에서 움직이고 있다고 잘못 상상할 수 있다. 나는 이 분야에서도 그런 일이 실제로 벌어져 왔다고 생각한다 -물론, 그러한 착각을 토대로 이론들을 제시한 사람들은 그 이론들 속에서 미키 마우스의 냄새가 난다는 것을 결코 인정하고자 하지 않겠지만. 이렇게 로마서 3:21-31은 로마서 5-8장과 동일한 일련의 논증의 일부이고, 갈라디아서 2:15-21은 갈라디아서 4-6장과 동일한 일련의 논증의 일부일지라도, 그리고 이 두 개의 좀 더 큰 논증들은 미덕으로 볼 수도 있고 '테오시스'로 볼 수도 있는 본성 또는 성품의 변화가 성령의 역사로 말미암아 일어난다는 논증을 전개하고 있다고 할지라도, 이것은 바울이 최초의 이신칭의에 대하여 말할 때, 그것을 매우 특별하고 고유한 사건으로 말하고 있다는 사실을 결코 훼손시키지 않는다. 그렇다면, 이 최초의 칭의는 무엇을 의미하는가? 그것은, 그 어떤 본성이나 성품의 변화가 일어나기 전에, 오로지 자신의

726) 나에 대한 Piper, 2007의 주된 비난은, 내가 로마서 2장의 언어에서 최종적인 "칭의"를 고집함으로써, "인간의 행위"를 이 등식 속으로 다시 가져와서, "확신"을 이른바 "그리스도의 전가된 의"가 아니라 "행함"과 결부시키고 있다는 것이다.

727) Campbell, 2009.

728) Gorman, 2009를 보라.

무력함을 깨닫고서 자기 자신에게서 눈을 돌려서 메시야의 구원 역사를 감사함으로 바라보는 최초의 '피스티스'(pistis)만으로, 그 사람이 죄 사함 받은 권속, 즉 그러한 믿음의 고백만이 그 권속의 지체임을 보여주는 증표인 권속으로 받아들여지게 된다는 것을 의미한다. 따라서 이러한 받아들여짐이 주는 개시된 종말론적 확신은 (현재적인 "무죄"판결이 장래에도 그대로 반복될 것이라는 점에서) 법정적인 것임과 동시에, (아브라함의 권속의 온전한 지체로서의 지위가 단번에 주어지고, 부활 때에 재확인될 것이라는 점에서) 계약적인 것이다. 이 두 차원은 실천적인 교회론에서 서로 결합되어 나타난다. 즉, 바울이 로마서 14장과 15장에서 권면하고 있는 "서로를 영접하는 것"은 "죄 사함"이 구체적이고 유형적인 형태로 현재적으로 나타난 모습이라는 것이다.

일단 우리가 전체적인 계약적 틀을 고려하게 되면, 최초의 칭의가 왜 그렇게 중요한지를 알게 된다. 그것은 단지 고전적인 개신교 신학의 관점에서 "확신"이 필요하기 때문만이 아니다 -물론, 이것도 여전히 중요하지만. 그것은 그러한 모든 신자들이 아브라함의 단일한 권속에 속해 있다는 것을 분명히 할 필요가 있기 때문이다. 바울은 안디옥과 갈라디아에서의 싸움들을 결코 잊지 않았다.

이러한 논증은 바울이 로마서 8장의 끝이나 갈라디아서 4장의 중간에서 도달한 것과 거의 동일한 핵심으로 우리를 서서히 한 단계씩 데려다 주고서는, 자연스럽게 "선민론"에 대한 그의 수정의 핵심이라고 할 수 있는 "육신에 따른 이스라엘"이라는 문제를 우리 앞에 제시한다. 하지만 이 문제를 여기에서 다룰 수 없는 데에는 현재의 장이 이미 포화상태일 정도로 길어진 것과는 또 다른 사정이 있는데, 그것은 바울이 특히 로마서 9-11장에서 이스라엘에 관하여 말하고 있는 것들은 그의 종말론에 속한 문제라는 것이다. 따라서 우리는 이 문제를 다음 장으로 미룰 수밖에 없고, 지금으로서는 짧게나마 우리가 다루어야 할 한 가지 좀 더 절실한 문제가 있다.

(10) 그렇다면, 토라는 어떠한가?

오래된 논쟁의 불길을 다시 지피는 것은 아마도 위험스러운 일이 되겠지만, 어쩔 수 없는 일이다. 우리는 본서의 제7장에서 바울의 세계관이 표현된 복잡하게 서로 얽힌 서사들을 다루면서, 이스라엘의 율법에 관한 바울의 이해에 대하여 말한 바 있지만, 이제 여기에서는 선민론에 관한 논의에 비추어서 그 문제를 다시 살펴볼 필요가 있다. 앞의 여러 대목들에서 나는 바울이 토라에 관하여 믿었던 것은, 이스라엘의 하나님이 자기 백성 안에서 및 자기 백성을 통해서 하고자 하였었고 이제는 메시야와 성령을 통해서 성취하였다고 그가 믿은 것의 한 기능이었다고 말한 바 있는데, 이제 우리는 이러한 실들을 하나로 꿰어야 하는 위치에 있다. 다행히도, 우리는 핵심 본문들에 대하여 이미 충분히 말하였기 때문에, 석의적인 과정들을 다시 밟을 필요는 없다. 마찬가지로, 여러 세대에 걸쳐서 이런저런 식으로 격렬하게 이루어져 온 "바울과 율법"에 관한 무수한 논쟁들에 대해서 논평하는 것도 부담되고 성가신 일이지만, 다행스러운 것은 그럴 필요가 없다는 것이다.[729] 나는 대부분의 저자들과는 달리, 이 논의를 "선민론"이라는 좀 더 큰 문제 내에 위치시키는 쪽을 택하였는데, 이것은 바울이 말하고 있는 복잡한 이야기들 내에서 토라의 서사적 역할들을 이해하고자 한다는 것을 의미한다(위의 제7장을 보라). 최근의 논쟁에서 주된 쟁점은 이런 것이다: 바울이 유대 율법에 대하여 말한 것들은 일관되고 통일적인가? 만약 그렇다면, 우리는 그 여러 부분들을 어떻게 설명해야 하는가? 어떤 사람이 바울이 율법을 선한 것으로 생각한 것인지 아니면 나쁜 것으로 생각하였는지가 유일하게 진정한 문제라고 생각한다면, 그는 관련 본문들을 절반만 이해하게 될 수밖에 없다. 이 단계에서 최선의 방법은, 토라가 계약과 관련된 하나님의 경륜에 관한 바울의 이해 속에서 토라가 수행하는 여러 가지 기능들을 일련의 명제들로 제시하는 것이다. 이러한 명제들을 뒷받침해 줄 석의적인 논증들은 현재의 장이나 제7장에 모두 나와 있다.

1. 우리가 손쉽게 찾을 수 있는 가장 중요한 출발점은 토라는 하나님에 의해 주어진 거룩하고 의로우며 선한 법이라는 바울의 단호한 선언이다. 그가 토라의 기능

729) 최근의 수십 년 동안 이루어진 주목할 만한 논의들로는 Dunn, 1998, 128-59, 625-9(이 처음 항목을 "기소 아래 있는 인류"라는 전체적인 범주 내에 두는 것이 이것을 온전히 제대로 다루는 것이냐 하는 것에는 의문이 있지만); Schnelle, 2005 [2003], 506-21("인간론: 자아를 위한 싸움"이라는 표제의 항목 안에서) 등이 있다. Schreiner, 2001에서 주된 논의가 이루어지고 있는 곳은 "하나님을 욕되게 함: 하나님의 율법을 범함"(103-25)이라는 표제의 장이다 — 물론, 율법에 대한 언급은 이 책 전체에 걸쳐 산재해 있지만. 1980년대에 나온 주된 저작들로는 Sanders, 1983과 Räisänen, 1986 [1983] 등이 있는데, 이 두 사람은 바울의 비일관성이 심각하다고 주장한다(이것에 대해서는 Wright, 1991 [*Climax*], ch. 1을 보고, 핵심적인 석의적 문제들에 대해서는 7-12장을 보라). 좀 더 시간을 거슬러 올라가면, Ridderbos, 1975 [1966]는 "죄 안에서의 삶"(91-158)의 일부로서 율법 문제를 서술한다 — 좀 더 뒤로 가면, "율법의 세 번째 용도"(278-88)에 관한 항목이 나오기는 하지만; Cranfield, 1979, 845-62는 여전히 개혁파 석의의 대작이다 — 내가 보기에는, 바울의 모습 전체를 온전히 설명했다고 보기는 어렵지만. Thielman, 1994는 중도적인 입장을 제시한다. Wolter, 2011의 핵심 항목(351-8)은 비록 짧기는 하지만, 이 문제를 다양한 각도에서 탐구한다.

들에 대하여 말한 것들 중에서, 어떤 사람들이 "부정적인" 견해라는 꼬리표를 붙인 그런 기능들조차도, 이 선언을 훼손시키지 못한다. 하나님이 이스라엘에게 토라를 수여할 때에 천사들이 도왔다거나 "중개인"을 통해서 주었다거나 하는 언급들도, 토라가 온전히 하나님이 준 것이고 하나님이 의도한 것이라는 사실을 조금도 손상시킬 수 없다.[730] 게다가, 바울은 토라를 단지 계명들의 집합체가 아니라, 하나의 "서사," 특히 출애굽에 초점이 맞추어져 있고, 최종적으로는 신명기의 끝부분에 나오는 계약에 의거한 경고들과 약속들로 정교하게 표현된, 창조와 계약, 아담과 아브라함에 관한 이야기로 보았다. 바울은 이 모든 것이 하나님에게 그 기원이 있고, 그 의도가 긍정적이며, 복음을 통해서 (비록 예기치 않은 방식들을 통해서이긴 하지만) 성취되었다는 것을 아주 단호하게 선언하였다.

2. 하지만 바울은 이렇게 선언한 가운데, 이 선언을 훼손하는 것이 아니라 설명하는 방식으로, 하나님이 이스라엘에게 토라를 준 데에는 특별한 목적이 있었다고 인식하였다. 물론, 만일 어떤 사람들이 하나님이 이스라엘에게 율법을 준 이유는 그들로 하여금 율법을 완벽하게 지켜서 자신들의 도덕적인 노력들을 통해 "구원을 얻을" 수 있도록 하기 위한 것이었다는 전제로 출발한다면(실제로 많은 사람들이 이렇게 하고 있다), 바울이 말하는 그 특별한 목적이라는 것은 그들에게 "부정적인" 것으로 비치게 될 것이다. 하지만 바울에게 있어서 그것은 토라에 꼭 필요하였던 "부정적 측면," 실제로는 하나님이 부여한 부정적 측면이었다. 그는 이렇게 말한다: "율법은 범법함들로 인하여 더해진 것이었다"; "성경은 모든 것을 죄 아래에 가두었다"; "율법이 옆에서 치고 들어온 것은 범법함을 꽉 채우기 위한 것이었다"; 율법이 주어진 것은 죄가 죄로 나타나고 계명으로 말미암아 "지독하게 죄악되게" 하기 위한 것이었다.[731] 바울의 설명에 의하면, 이렇게 해서 토라를 받은 백성 자체가 완악하다는 것이 드러난다.[732] 모세가 직면한 문제는 토라 자체가 나쁘다는 것이 아니라, 토라는 그 듣는 자들에 대하여 정죄를 선언할 수밖에 없고, 그것이 합당한 일이라는 것이었다. 토라도 이스라엘의 하나님도, 마음이 딱딱해서 완고한 것과 거기로부터 나오는 행실을 묵인할 수 없었다. 인간 입법자들은 이상적인 기준들을 그대로 적용하는 것이 아니라 사람들이 행할 수 있는 수준으로 낮추어서 입법을 하는 것이 보통이지만, 이스라엘의 토라는 그렇지

730) 갈 3:19f.
731) 갈 3:21, 22; 롬 5:20; 7:13.
732) 고후 3:14.

않았다. 이것이 토라 속에 이미 죄를 지었을 경우에 대비해서 회개와 희생제사 제도를 구비해 놓은 이유였고, 앞에서 보았듯이, 바울과 같은 사람들이 이전의 자신에 대하여 "흠이 없었다"고 말할 수 있었고, 누가가 사가랴와 엘리사벳에 대하여 "흠이 없었다"고 말할 수 있었던 이유였다.[733] 그러나 그렇다고 해서, 이것이 율법이 이스라엘 전체를 정죄하는 일을 그치게 될 것이라거나, 율법이 이스라엘을 정죄하는 것은 하나님의 뜻을 벗어나는 일이라는 것을 의미하는 것은 아니었다.

3. 율법이 지닌 이러한 "부정적인" 목적은, 바울이 하나님이 계약 백성을 창설하고 율법을 준 목적으로 보았던 것과 직접적으로 관련된 두 가지 기능을 처음부터 지니고 있었다. 첫 번째는 이 계획은 단지 순전한 백성을 창설하고 온전하게 하는 것이 결코 아니었고, 아브라함의 권속을 통해서 창조주가 세계의 나머지 사람들을 구원하고자 하는 것이었고, 구체적으로 그 계획은 토라의 사역을 통해서 "죄"를 한 곳으로 집중시켜 거기에서 단죄함을 통해서 성취될 수 있었다는 것이다. 로마서 7장과 8장에서 자세하게 설명되고 로마서 8:3에서 그 정점에 도달하는 이러한 일련의 사고는, 율법에 관한 바울의 다른 "부정적인" 진술들 속에 암시되어 있다. 두 번째는 메시야가 올 때까지 이스라엘을 감금상태 아래 — 또는, 바울 자신의 은유를 사용하자면, '파이다고고스'(paidagōgos)의 지배 아래 — 둘 필요가 있었다는 것이다. 바울의 관점에서 보면, 아무리 경건한 사람일지라도 사실 토라를 완벽하게 지킬 수 있는 가능성은 없었다: "율법을 통해서는 죄를 아는 지식이 온다."[734] 어떤 관점에서 보면, 이것은 이스라엘을 이교도들로부터 구별해 주는 또 하나의 표지로 해석될 수도 있었다. 즉, 율법 밖에 있던 이교도들은 죄를 지으면서도 죄를 알지 못하지만, 이스라엘은 율법이 있었기 때문에 죄를 깨달을 수 있었다는 것이다. 그런 의미에서 율법은 실제로 이스라엘을 둘러싼 울타리로서의 역할을 하였다. 그러나 바울에게 있어서 "율법을 통해서 죄를 아는 지식이 온다"는 것은, 좀 더 구체적으로, 토라를 받아들인 자들, 즉 유대 백성들 자신이 토라가 범법한 자들에게 선언한 계약상의 저주 아래 있다는 것을 의미하는 것이었다. 신명기에서 토라를 설명하는 정점에서 모세는 율법을 어기는 경우에는 그러한 저주가 이스라엘 위에 반드시 떨어지게 될 것이라고 경고하였었다.[735] "토라가

733) 빌 3:6; 눅 1:6.
734) 롬 3:20.
735) 신 28:45-68; 29:19-29; 32:4-42.

말하는 것들은 무엇이든지 토라 아래에 있는 자들(즉, 이스라엘)에게 말하는 것이다."[736]

4. 하지만 이렇게 서로 중복되고 얽혀 있는 율법의 서로 다른 기능들은 다소의 사울 같은 독실한 유대인들이 토라의 수여를 뭐가 뭔지 모를 당혹스러운 소명이 아니라 특권의 표지로 여길 수밖에 없었다는 것을 의미하는 것이었다. 그들은 토라는 이스라엘을 세계로부터 구별해 주었기 때문에, 이스라엘은 영원토록 구별된 민족이 될 것이라고 생각하였다. 이러한 구별을 보여주는 표지들은 주후 1세기에 유대인들에게나 비유대인들에게나 잘 알려져 있었다: 할례, 안식일, 음식법으로 이루어진 특별한 "토라의 행위들," 그리고 예루살렘과 그 성전이라는 지리적인 구심점, 널리 인식되어 있던 동족혼(자주 멸시되고 범해지긴 하였지만). 유대인들은 토라 전체를 지켜야 한다고 생각하였고, 토라가 이스라엘과 이방들을 계속해서 구분시켜 줄 것이라고 생각하였지만, 그 가운데서도 특히 그런 기능을 단연 두드러지게 지니고 있었던 것은 "율법의 행위들"이었다.[737] 사도 바울은 율법의 이러한 서로 다른 기능들을 한데 결합시켜서, 독실한 유대인(이전의 자기 자신)이 토라를 지키려고 무진 애를 썼던 바로 그 순간에도 사실은 토라를 범하고 있었던 것이라는 것이 토라의 선언이라고 결론을 내린다. 이것을 다른 식으로 표현하자면, 율법은 이스라엘을 (사람들이 생각한 것과는 달리) 야웨가 아니라 아담과 묶어 주는 혼인증서로서의 기능을 하였다는 것이다. 다소의 사울은 현재에 있어서 토라를 열심으로 지키는 것이야말로 장래에 계약 백성의 지체로서 죽은 자 가운데서 부활하게 될 자임을 보여주는 증표라고 말하였을 것이지만, 이제 사도 바울은 그런 식의 율법에 대한 열심은 "토라를 토대로 한 내 자신[즉, 민족으로서의 이스라엘]의 계약상의 지위"일 뿐이라고 말한다.[738] 사람은 아무리 사력을 다해서 "토라" 또는 토라에 토대를 둔 "의"를 추구한다고 할지라도, 사실은 결코 "토라를 성취하지" 못하게 되어 있다는 것이다. 따라서 그러

736) 롬 3:19. 이것 같은 본문들에 나오는 '노모스'(nomos)를 모든 사람들에게 적용되는 "일반적인" 법을 가리키는 것으로 보고자 하는 시도들은 특히 로마서 7장에서 이스라엘의 율법에 관한 바울의 많은 구체적인 논의들을 고려하지 못한 것으로 보아야 한다(예컨대, cf. Jewett, 2007, 303). '노모스'에 정관사가 붙어 있는지의 여부는 핵심이 아니다: 헬라어의 관사들은 영어의 관사들과 동일한 방식으로 작동하는 것이 아니다.

737) 이미 보았듯이, 4QMMT에서 그들이 주창하였던 "토라의 행위들"은 제2성전 시대 유대교 내의 한 집단을 다른 유대인들로부터 구별하기 위한 것이었다.

738) 빌 3:9.

739) 롬 9:30-3.

한 시도를 하는 사람은 누구든지 "넘어질"수밖에 없다.[739] 하지만 우리가 위의 (2)에서 말한 것으로 인해서, 그러한 넘어짐조차도 토라에 주어진 목적 중의 일부였음이 드러난다. 바울은 "이중적인 토라"에 대하여 말함으로써 이러한 역설들을 표현한다: 충성된 유대인이 기뻐하는 토라, 그의 아담적인 인간성에 역사하여 죄와 사망을 키우는 토라.[740]

5. 바울은 이러한 역설들과 수수께끼들 속에서 이스라엘의 기이한 소명을 분별해 내었는데, 그것은 토라는 하나의 서사라는 것이다. 그리고 그는 토라와 관련된 이스라엘의 소명이 이스라엘의 단일한 대표자인 메시야에게 옮겨졌다고 믿었다. 이것이 바울이 메시야가 율법의 저주 아래 죽었고, 메시야가 율법의 '텔로스'(telos), 즉 최종목적지였다고 선언하는 이유이다.[741] 많은 사람들이 생각해 온 것과는 달리, 바울이 메시야가 율법의 저주 아래 죽었다고 말한 것은, 율법이 자기 꾀에 넘어가서 도를 넘어 죄 없는 예수를 죽였다가, 나중에 예수가 부활하였을 때에 잘못된 것임이 입증되었다고 말하고자 한 것이 아니었고, 도리어 계약에 의거해서 꼭 필요하였고 합당한 저주가 이스라엘의 대표자인 메시야에게 떨어졌다고 말하고자 한 것이었다. 메시야는 이스라엘의 실패의 결과를 자신이 담당함으로써, 아브라함에게(to) 약속된 복만이 아니라 아브라함을 통해서(through) 온 세계에 약속된 복이 이제 이방인들에게로 흘러갈 수 있게 하였다. 이것은 하나님에 의해 주어진 율법이 자기가 해야 할 일을 다한 것이었고, 그렇게 해서 율법의 저주가 이스라엘을 대표한 예수의 죽음 속에서 그 목적을 달성한 후에는, 모세의 경륜 전체는 아브라함의 백성에 관한 이야기 내에서 하나의 긴 삽화로 자리 잡게 되었다. 율법은 하나님에 의해 주어진 것이기는 하지만 시간적으로 한정된 목적을 지니고 있었던 것으로 보인다. 따라서 일단 그 목적이 달성된 후에는, 율법은 계약 백성의 표지로서 더 이상 유효하지 않게 되었다. 오늘날의 학계의 기본적인 잘못들 중의 하나는 이러한 종말론적인 서사를 하나의 추상적인 도식으로 밋밋하게 변질시켜서, 율법은 나쁜 것이었는데 이제는 다행히도 효력이 상실되게 되었다거나(이것은 이전의 루터교에 속한 많은 사람들의 견해였다), 율법은 선한 것으로서 이제 성취되고 신원되었다고("개혁파"의 기본적인 견해) 보아 온 것이었다. 바울을 제대로 이해하는 유일한 길은, 이러한 질문들을, 그가 말하고 수정해서 말하는 좀 더 다면적인 이스라엘과 메시야에 관

740) 롬 7:13-25.
741) 갈 3:13; 롬 10:4.

한 서사 속에 위치시키는 것이다. 그렇게 할 때에만, 우리는 갈라디아서에 나오는 겉보기에 율법에 관한 "부정적인 견해" 처럼 보이는 모든 진술들을, 지금까지 많은 사람들이 그래 왔던 것과는 달리, 바울은 율법만이 아니라 아브라함에 관한 이야기도 배제하고 있다고 주장하는 기본적으로 영지주의적인 해석으로 나아가지 않는 가운데, 온전히 올바르게 해석해낼 수 있다. "율법의 저주"를 이해하기 위해서는 신명기적인 틀을 이해하여야 하고, 우리는 그 틀 내에서만 이 어구의 의미를 제대로 이해할 수 있다.

6. 포로생활은 회복에 의해 대체될 것이었다. 토라는 그런 일이 일어날 것이라고 말하였고, 자신의 이전의 부정적인 역할에도 불구하고, 저 큰 날이 왔을 때에 자기가 해야 할 역할이 여전히 있을 것이었다. 바울은 포로생활이 이스라엘 서사가 도달해야 하는 지점이라고 믿었지만, 신명기(그리고 이사야서와 다니엘서를 비롯한 다른 많은 본문들)는 포로생활 다음에 회복의 때가 올 것이라고 말하였다. 바울은 이 회복이 이제 메시야 안에서 일어났다고 믿었다. 유대인들과 이방인들이 복음에 의해서 예수를 부활한 주로 믿으라는 부르심을 받고 있음을 알았을 때, 바울은 바로 그러한 믿음이 토라의 참된 성취라는 것을 분명히 하였다. 다음 장에서 보게 되겠지만, 그는 로마서 10장에서 신명기 30장을 가져와서, 어떤 사람들이 예수를 주로 고백하고, 한 분 유일하신 하나님이 예수를 죽은 자 가운데서 다시 살렸다는 것을 믿을 때, 그들은 사실 토라가 포로생활로부터의 귀환과 계약의 갱신이 이루어질 때에 일어나게 될 것이라고 늘 말해 왔던 것을 행하고 있는 것이라고 말한다. 이것은 바울이 "믿음의 율법" 이라는 암호 같은 표현을 사용하여 토라에 대하여 말할 때, 그 말이 의미하는 것이다.[742]

7. 이것으로부터 사회, 아니 교회와 관련된 결과들이 즉시 따라나온다. 모든 믿는 자들은 이제 토라를 진정으로 지키는 백성, 달리 말하면 갱신된 계약에 속한 백성으로 구별된다. 메시야와 성령을 중심으로 재정의된 토라는 이 공동체를 형성하고 정의하는 자신의 기능을 여전히 보유하고 있다. 이것은 새로운 역설들을 낳는다: 할례나 무할례는 중요하지 않고, 오직 중요한 것은 "하나님의 계명들을 지키는" 것이다.[743] 그러나 우리는 새 계약에 관한 이러한 재정의를 통해서, 바울이 이전의 의미에서의 "토라의 행위들"(위의 (4)를 보라)에 의거해서 계속해서 계약

742) 롬 3:27.

743) 고전 7:19; cf. 롬 2:27: "율법을 성취하는 무할례."

공동체를 정의하고자 하는 그 어떤 시도에 대해서도 거부하는 것을 발견한다. 여기에서도 또다시 두 가지 이유가 있다. 첫 번째는, 만일 할례와 음식법 같은 토라의 행위들로 새 계약 백성을 정의한다면, 메시야와 성령을 통해서 이미 제거된 유대인/이방인의 구분이 그대로 유지되는 결과가 발생하게 된다는 것이다. "계명들과 규례들의 율법"은 이교도들을 가로막아 들어오지 못하게 하는 장벽 같은 기능을 하였지만, 이제 그 장벽은 허물어졌다.[744] 두 번째는 그렇게 할 경우에 이스라엘은 토라라는 "울타리"안에서 겉보기에 안전하게 살아갈 수 있는 것처럼 보이지만, 사실은 새 계약으로 옮겨갈 길이 막히게 된다는 것이다. 토라는 사람들 속에 있는 아담의 죄를 해결해 주지는 못하고 드러내기만 함으로써 단지 진노만을 가져다주었다.[745]

8. 이것은 메시야 백성이 사실상 토라를 지키는 방식에 관한 바울의 주목할 만한 발전된 진술들로 이어진다. 그들은 "율법이 정한 것들을 성취한다."[746] 메시야를 믿는 믿음은 실제로는 토라를 굳게 세운다.[747] 바울은 성령의 역사로 말미암아 사람들은 이전에는 불가능하였던 방식으로 토라를 제대로 지킬 수 있게 되었다는 말을 반복한다.[748] 이것은 우리가 위의 (6)에서 말한 "믿음"을 뛰어넘어서, 단지 마음의 변화만이 아니라 삶 전체의 변화로 이어지는 믿음에 대하여 말하는 것으로 보인다.

9. 일단 이것이 파악되기만 하면, 우리는 그러한 맥락 속에서, 바울이 어떻게 그 점을 발전시켜서, 새로운 형태의 토라 준수로서의 좀 더 폭넓은 범위의 윤리적 행실을 거기에 포함시킬 수 있었는지를 이해할 수 있게 된다. 성령은 '아가페'(agapē)를 낳고, 이 '아가페'는 토라를 성취한다 -유대인/이방인의 구분을 유지시켜 왔던 안식일 같은 몇몇 측면들이 이것과 관련해서 전혀 언급되지 않는다는 것은 흥미로운 일이다.[749]

744) 엡 2:14f.

745) 롬 4:15과 7:7-25; cp. 갈 2:17f. 이 두 가지(유대인과 이방인을 나누는 토라; 율법을 소유하고서 지키는 데 실패한 자들을 단죄하는 토라)를 한데 결합해서 보는 것은 "토라의 행위들"을 단지 외적인 상징들(이 점이 아무리 중요하더라도)로 축소시키는 것을 피하는 데 아주 중요하다. 나는 나의 이러한 조치가 나와 Gathercole, 2006a, 237-40 등의 틈새를 줄여줄 것이라고 생각한다.

746) 롬 2:7, 13 등을 되돌아보고 있는 2:26f.

747) 롬 3:31.

748) 롬 8:5-8. 이 모든 것이 작동하는 방식에 대해서 자세한 것은 아래의 제15장 제3절 1)을 보라.

749) 롬 13:8-10; 갈 5:14; cf. 5:23.

10. 이제 마침내 바울이 로마서 8:1-11에서 율법의 '디카이오마'(dikaiōma, "합당한 요구")가 성취되었다고 말한 의미가 분명해지는데, 그것은 생명을 주고자 한 토라의 목적이 부활을 통해서 성취되었다는 것이다. 바울은 토라의 목적은 "생명에 이르게" 하는 것이라고 이미 말한 바 있다.[750] 이제 성령으로 말미암아, 생명의 원리가 신자들의 마음속에 심어지게 되었을 뿐만 아니라, 그 궁극적인 성취도 보장된다. 그것은 단지 장래에 이루어질 일반적인 영광스러운 어떤 소망이 아니라, 오직 이스라엘에게만 주어진 특별한 소망이다. 이것이 정확히 빌립보서 3:2-11과 로마서 8:1-11의 요지이다. 바울이 성령이 신자들 안에 내주하여 그들로 하여금 새 생명 가운데서 살게 한다고 말할 때, 그것은 토라가 약속하였던 삶이 이제 마침내 성취되어 가고 있다고 말하고 있는 것이다. 토라는 "이것을 행하라 그리하면 살리라"고 말하지만, 바울은 "이것을 행하라"를 메시야와 성령을 중심으로 철저하게 재정의해서, 토라가 자신의 결함으로 인해서가 아니라 인간의 육신으로 인하여 연약하여 할 수 없었던 것을 이스라엘의 하나님이 메시야 안에서 행하였고, 또한 자신의 모든 백성 안에서 행할 것이라고 말한다. 토라의 약속이자 이스라엘의 소망은 "생명"이었고, 그것은 사실 다름 아닌 부활이었다.

5. 결론: 재정의된 선민론

이제 우리에게 남아 있는 것은, 우리가 지금까지 해 온 자세한 논의들을 토대로 해서, 현재의 장이 기여한 바울 문제와 관련된 좀 더 큰 세계를 보여주는 것이 전부이기 때문에, 이 결론을 길게 얘기할 필요는 없을 것이다.

첫 번째이자 가장 중요한 것은 바울이 계속해서 철저하게 유대적인 사상가로 남아 있었다는 것은 의문의 여지가 없다는 것이다. "육신에 따른 동족들"이 그의 결론에 대하여 아무리 이를 바득바득 갈았을지라도, 그의 논증 전체는 이스라엘의 한 분 유일하신 하나님이 자신이 한 말씀에 신실하였다는 것이었다. 하나님은 자기가 하겠다고 말한 것들을 행하였다 — 비록 자신의 계약상의 목적들을 메시야와 성령을 통해서 사람들이 예기치 못했던 극적인 방식으로 드러내고 성취하기는 하였지만. 바울의 글들에는, 자신의 논증을 성경으로부터의 인용문들을 통해서 "예시할" 뿐만 아니라(마치 그는 단지 성경을 증거본문으로 제시하는 자일 뿐이라는

750) 롬 7:10; cf. 갈 3:21.

듯이), 계약의 하나님이 성경이 내내 미리 말해 왔던 일들을 행하였다는 것을 논증하기 위하여 애쓴 흔적이 모든 곳에 면면이 배어 있다.

우리가 지금까지 보아 온 것은 사실 극도로 단순화된 "구원사"나 "묵시론"이 아니고, 재정의된 유대적 관점이다. 다음 장에서 좀 더 자세하게 보겠지만, 이스라엘의 서사는 단지 점진적으로 무리 없이 발전되어 온 "하나님의 권능 있는 행위들에 관한 역사"가 결코 아니었다. 그것은 하나님의 심판에 관한 역사, 이스라엘이 남은 자로 줄어들고, 계약 백성이 막다른 골목에 몰리게 된 것처럼 보이는 그런 역사였다. 물론, 이것은 "구원사"에 반대하는 최근의 운동이 지닌 강점이다. "구원사"와 "묵시론"이라는 명칭들은, 사실 그것들이 생각해 왔던 것과는 다른 좀 더 크고 풍부한 실체를 보여주는 반쯤 부러진 부적절한 두 개의 이정표들이다. 그리고 내가 앞에서 말해 왔듯이, 그 실체는 "메시야적"이고 "계약적"이라는 (서로를 정의해 주는) 표현들로 더 잘 설명될 수 있다 — 우리가 그 표현들을 그 속에 서로 다른 사고 유형을 숨기고 있는 트로이 목마들이 아니라, 바울이 말하고 있는 것들을 발견해내기 위한 도구들로 본다면.

우리가 "구원사"와 "묵시론"을 대립시키고, "참여적"관점과 "사법적"관점을 대립시키는 잘못된 태도를 청산하여야 하는 것과 마찬가지로, 이러한 분석을 행할 때, "옛"관점과 "새"관점 중 어느 하나를 택하기를 강요하는 저급한 양자택일 식의 태도도 뛰어넘어야 한다. 나는 그러한 시시한 말싸움을 계속해서 이어가는 데에는 관심이 없다. 나는 현재의 장, 아니 본서 전체를 통해서 바울에 대하여 분석하면서, 그의 사회적이고 문화적인 맥락 및 그 맥락 속에서의 그의 공동체들의 위치에 관한 두터운 역사적 설명을, 그가 지금 논란이 되고 있는 핵심적인 주제들, 특히 구원, 칭의, 율법에 관하여 말하였던 것에 관한 두터운 신학적 설명과 온전히 풍부하게 통합시킨 분석을 제시해 왔다고 믿는다. "옛 관점"에 속한 몇몇 저자들은 "새 관점"에서 생각하는 사람들로 분류되어 온 우리 중 일부가 죄, 구원, 속죄 등등 같은 개념들을 폐기처분하였다고 주장해 왔지만, 우리는 이제 그들의 주장의 정체가 무엇인지를 잘 알게 되었다. 또한, 어떤 사람들은 신학을 회피하기 위한 수단으로 "새 관점"에 의거한 분석의 여러 요소들을 사용하지만, 우리는 그런 시도도 마찬가지로 거부하여야 한다. 바울이 식탁 교제, 음식을 먹는 것과 관련한 '아디아포라'(adiaphora, "아무 상관 없는 것들"), 할례의 불필요성에 관한 여러 문제들을 결정해야 하는 압력이 강하게 작용하고 있던 현실의 공동체들을 다루고 있었다는 것은 두말할 필요가 없다. 그리고 사람들은 그러한 것들을 이전의 개신교적 의미에서 "행위로 말미암은 의"로 치부하여 아무 상관이 없는 문제들이라고 생각하는 것이 보통이다. 그러나 바울이 세계에서 가장 큰 쟁점들을 다루고 있다는 것도 두말할 필요가 없다: 창조주와 세계, 인간과 우상, 죄와 사망 및 그것들로부터의 궁극적인 구원, 이스라엘과 열방들, 그 중심에 있는 예수 및 그의 십자가와 부활, 성령의 수여 등에 관한 문제. 그리고 이 모든 것들이 서로 결합되어 있다는 것도 두말할 필요가 없다. 왜냐하면, 신학은, 창조주 하나님이 자기 백성 가운데 거함으로써, 그들의 공동체적인 삶이 단지 예배를 드리기 위한 실용적인 목적을 위해서 때때로 갖는 우연한 모임이 아니라, 풍성하게 재정의된 이스라엘의 중심적인 상징인 성전이 되게 하는 것이 하나님의 의도라는 것을 거듭거듭 보여 주기 때문이다. 이렇게 본서 제2부에서 분석한 세계관은 제3부에서 재정의된 신학과 온전히 통합된다. 이 둘은 단지 서로 나란히 함께 앉아서 한 무리를 이루고 있다는 의미에서 통합되어 있는 것이 아니다. 논증의 이 단계에 이르러서, 나는 우리가 그러한 세계관이 유지되기 위해서는 그러한 신학 같은 것을 필요로 한다는 것을 좀 더 분명하게 보게 되었다고 생각한다. 이 둘의 결합은 지금까지 바울에 대한 분석들 속에서 통상적으로 발견되는 잘못된 대립물들이 제거될 수 있는 방식으로 바울의 실천과 믿음의 세계를 설명해 준다.

특히, 현재의 장에서 우리는 언어와 사고에 있어서 "사법적인" 관점과 "참여적" 관점이 서로를 풍성하게 하는 가운데 통합되는 것을 보아 왔다. 이 학문 분과를 늘 따라다니며 심하게 괴롭혀 왔던 그 밖의 다른 주요한 대립물들의 경우와 마찬가지로, 우리는 이 둘도 바울 안에서 완벽하게 서로 조화를 이루며 공존하는 가운데 통합되어 있기 때문에, 서로를 대립시켜서는 안 된다는 것을 논증해 왔다. "사법적" 언어-로마서 3장을 관통하는 법정 은유, "심판"과 "의" 같은 표현들-는 단지 "많은 은유들 중의 하나"가 아니다. 왜냐하면, 이스라엘의 성경 및 바울이 그 성경을 읽은 방식 속에서, 한 분 유일하신 하나님이 세계를 "심판한다"는 개념은 절대적인 것이었기 때문이다. 만일 하나님의 심판이 없다면, 또다시 혼돈이 올 수밖에 없을 것이다. 따라서 창조주는 결국에는 모든 것을 바로잡을 수밖에 없다. "사법적" 언어는 단지 좀 더 근본적인 어떤 것에서 실용적인 목적으로 파생된 것에 불과한 것도 아니고, (브레데[Wrede]와 슈바이처[Schweitzer]가 생각했던 것과는 달리) 이방인들이 교회로 들어오게 된 것을 설명하기 위하여 도입된 것도 아니며, 결코 양도될 수 없는 가장 기본적인 것이다. 또한, 법정 언어는 불신자들에게 겁을 주어서 사이비 지성에 의거한 이상한 논리를 받아들이게 하여 모종의 회심으로 이끄는 데

751) Campbell, 2009가 주장하듯이.

사용될 합리주의적인 패러디로 축소될 수 없다.[751] 바울의 사법적 언어는 단순히 그런 것이 아니다. 마찬가지로, 바울은 "칭의"는 예수의 죽음과 부활이라는 메시야적인 사건들을 토대로 해서, 성령의 수단이 된 복음과 믿음과 세례를 통해서 사람들이 "메시야 안에" 있게 될 때에 일어나는 것임을 거듭거듭 분명히 한다. 슈바이처(Schweitzer)가 "칭의" 언어는 궁극적으로 "그리스도 안에" 있음과 관련된 언어 내에 속해 있다고 말하였을 때, 어쨌든 그의 기본적인 통찰은 옳았다 — 자신이 몇몇 다른 사람들과 마찬가지로 칼빈주의 전통의 후예라는 것이 결국에는 드러나긴 하였지만. 그가 잘못한 지점은 첫째는 "그리스도 안에" 있음과 관련된 실체를 "신비주의"로 규정한 것이었고, 둘째는 (a) "사법적" 언어를 "참여적" 언어 내에 두어야 한다는 것과 (b) 칭의의 기능을 교회 속으로의 이방인들의 편입과 관련된 바울의 논증에 비추어 이해해야 한다는 것을 올바르게 통찰하기는 하였지만, 거기에서 "칭의"는 핵심적인 논쟁들 속에서 단지 변증적 목적을 위한 도구로 사용된 것일 뿐이라고 본 것이었다. 여기에서 우리에게는 또다시 더 나은 범주들이 필요하다. 나는 현재의 장이 그러한 범주들을 제공하는 데 도움이 되었기를 소망한다. 우리는 본서의 결론 부분에 가서 다시 한 번 이것에 대해서 논의할 것이다.

하지만 현재로서는 우리는 가장 중요한 주제들 중의 하나를 다루는 가운데 그것에 대하여 말할 수밖에 없다. 나는 두 가지 끈질기게 유지되고 있는 어처구니없는 관념, 즉 바울이 '크리스토스'(Christos)라는 단어를 단순한 고유명사로 사용하였다고 보는 관념과 예수의 메시야직이라는 개념이 사도의 신학 속에서 아무런 역할도 하지 않는다고 보는 관념이 이제는 중단될 수 있는 토대를 놓았기를 소망한다. 이것을 다른 식으로 표현해 본다면, 이렇게 될 것이다: 많은 세대의 학자들이 바울의 글의 상당수에 스며들어 있는 풍부한 메시야적인 의미를 얼핏 볼 수조차 없었다는 것은 그러한 관념들을 가지고 성경을 읽는 것이 얼마나 잘못된 것인지를 보여주는 것이고, 그토록 많은 다른 쟁점들이 도저히 풀리지 않는 수수께끼처럼 되어서 지금까지 풀리지 않고 있는 이유를 설명해 준다는 것이다. 물론, 우리에게는 이 시점에서 해결을 기다리고 있는 큰 문제들이 있고, 그 중의 하나가 특히 정치와 관련된 문제이다: 예수가 메시야라면, 그것은 바울이 유대인들의 정치적인 꿈의 한 판본에 헌신하였다는 것을 의미하는 것인가? 이 문제에 대한 바울의 대답은 빌립보서 2:6-11, 고린도전서 15:20-28, 로마서 8장 같은 본문들에 나온다. 바울에게 있어서 메시야로서의 예수는 세계의 참된 주였다. 이것은 장차 올 왕에 관한 고대 이스라엘의 기대가 늘 말해 왔던 것이다. 바울은 그러한 믿음이 옳다는 것을 전적으로 인정하고, 그러한 기대가 예수 안에서 성취되었다고 믿고 송축한다. 십자가 위에서의 예수의 수치스러운 죽음은 권력, 제국, 나라, 주권에 관한 개념들 자체를 철저하게 재정의하였지만, 그의 부활은 비록 철저하게 재정의된 형태이긴 하지만 그 모든 것들을 철저하게 재천명하였다. 아마도 개신교의 자유주의적 신학의 대부분에서 부활을 거부하는 근본적인 이유도 거기에 있는 것 같다. 왜냐하면, 부활 사건은, 세계를 경영하는 것은 정치인들과 제국주의자들에게 맡겨두고, 교회는 "영적인 일"에만 전념해야 한다는 계몽주의적인 주류의 허구성을 폭로하기 때문이다.[752] 나는 그러한 입장의 허구성을 본서의 제12장에서 암묵적으로 드러낼 것이다.

그러나 현재의 장에서 고대의 유대적인 "선민론"에 대한 재정의의 일부로 본 기독론의 문제는 궁극적으로는 우리가 앞 장에서 고대의 유대적 "유일신론"에 대한 재정의의 일부로서 살펴본 기독론의 문제와 결합되어야 한다. 그동안 바울학계에서는 이 둘을 묵살해 버림으로써, 예컨대 초기 기독교에서의 예수에 대한 예배의 역사적 유래를 신으로 승격된 메시야에 관하여 말하는 (기독교 이전의) 관념들에서 찾고자 하거나, 바울의 합체적 기독론은 그 자체가 예수의 "신성"을 믿었음을 보여주는 증표라고 주장하는 등, 온갖 혼란이 지배해 왔다. 본서의 제9장에서 주장하였듯이, 나는 가장 초기의 그리스도인들이 신으로 승격된 인간(또는, 천사)에 관한 관념들이나 "지혜"같은 추상물들에서 시작해서, 주목할 만한 "체험들"을 토대로, 그것들을 예수에게 적용하여, 그의 "신성"에 관한 그림을 완성하였다고 믿지 않는다. 나는 그들이 이스라엘의 하나님이 친히 와서 행하겠다고 한 일들과 관련하여 한 약속들에서 시작하였고, 이스라엘의 하나님이 자기가 약속한 일들을 나사렛 예수 안에서 행하였다는 충격적인 믿음 속에서, 그러한 이야기들을 다시 수정해서 들려준 것임을 논증하였다. 그들은 인간들에 관한 이야기들을 하다가, 그들이 한 분 유일하신 하나님의 자리까지 승격할 수 있었다는 것을 발견한 것이 아니고, 한 분 유일하신 하나님에 관한 바로 그 이야기들을 이제는 한 인간에게 적용할 수 있게 되었다는 놀랍고 충격적이며 경이로운 믿음 속에서, 그 하나님에 관한 이야기를 한 것이었다.

"합체적인 메시야"에 관한 관점을 보여주는 진술들을 이 그림에서 제거한다고 해도, 그것은 여전히 진실로 남는다. 그러나 일단 우리가 현재의 장에서 행해 온 것처럼 그 요소를 이 결합물 속에 추가하면, 우리는 본서의 제9장에서 중심적인 역

752) cf. *RSG*, chs. 18f.

할을 했던 바로 그 주제로 우리 자신이 돌아와 있는 것을 발견하게 된다. 예루살렘 성전과 그 이전의 광야의 성막은 유일신론과 선민론을 한데 묶고 있었다. 즉, 황공하게도 자기 백성과 함께 거하였고 그렇게 거처를 함께 한다는 견지에서 알려지게 된 하나님은 자기 자신과 자신의 임재를 통해서 자기 백성에 대한 궁극적인 정의를 제공하였다. 하나님이 "예루살렘에 거하시는 하나님"이었다면, 이스라엘은 거기에서 하나님을 예배하라는 부르심을 중심으로 그 삶이 구조화된 백성이었다. 이스라엘의 성경 속에서 이러한 요소들은 성전을 짓거나 정결하게 하고 백성을 이끌어 하나님을 예배하는 데 앞장 설 책무가 주어진 왕이라는 인물과 사역 안에 서로 결합되어 있었다. 우리는 이러한 그림의 몇몇 특징들을 쿰란에서 볼 수 있기는 하지만, 기독교 이전의 유대인들이 이 모든 요소들을 그런 식으로 결합시켰음을 보여주는 분명한 증거는 전혀 없다. 그러나 바울은 가장 초기의 모든 그리스도인들이 예수의 메시야적인 삶과 죽음과 부활에 관하여 믿었던 것들이 지닌 의미들을 이끌어내었을 때, 유일신론과 선민론이라는 범주들을 한데 결합하여서, 성전이 새롭게 두드러지게 부각되는 하나의 통일적인 새로운 그림을 만들어내었다. 어느 날 야웨가 성전으로 다시 돌아와서 자기 백성을 구원하고 세계에 정의를 가져다줄 것이라는 약속은, 이제 그가 실제로 자기 백성의 대표자 안에서 및 대표자로서 다시 돌아왔다는 선포로 바뀌었다. 어떤 의미에서는 하나님 자신이 직접 성전을 짓고 거기에 거한 것이라고 할 수 있다. 하나님이 지은 성전은 나무와 돌이 아니라 살과 피로 지어졌다. 바로 이 지점에서 바울의 사고의 주된 주제들이 서로 만나 결합된다: 이스라엘의 하나님이 다시 돌아와서 자기 백성과 세계를 구원하고 그들과 함께 영원히 거하게 되었다; 하나님의 백성 이스라엘은 하나님이 그렇게 거처하는 수단과 형태가 된 메시야와 성령을 중심으로 재정의되었다.

바울이 이 모든 것을 결합해서 보여주는 본문에 가장 가까운 것은, 그가 하나님의 성전이 되어야 하는 교회의 소명에 관하여 성찰하는 가운데 갑자기 쏟아놓는 일련의 인용문들이다:

> 우리는 살아 계신 하나님의 성전이다. 하나님께서 그렇게 말씀하셨다:
>
> > 내가 그들 가운데 거하며 그들과 더불어 두루 행하여,
> > 나는 그들의 하나님이 되고 그들은 나의 백성이 될 것이다.
> > 그러므로 너희는 그들 중에서 나와서 따로 있으라. 주께서 말씀하신다.
> > 부정한 것을 만지지 말라.
> > 그러면 내가 너희를 기쁘게 받아,

> 나는 너희에게 아버지가 되고,
> 너희는 내게 자녀가 될 것이다.
> 전능하신 주께서 말씀하신다.[753)]

여기에서 마지막에 나오는 약속은, 계약의 하나님이 성전을 짓고자 하는 다윗의 계획과 관련해서 다윗에게 그의 아들에 관하여 말하면서, 그것을 자신의 모든 백성에 관한 약속으로 바꾸어 놓는 대목에서 가져온 것이다. 한 분 유일하신 하나님의 살아 계신 임재가, 성전 건축만이 아니라 부활, 하나님의 승리, 하나님의 나라에 관하여 말하는 일련의 만화경적인 약속들의 일부로서, 메시야의 백성에게 약속된다.

그러나 이 모든 것들은 고대 이스라엘과 제2성전 시대 유대교에 공통적이었던 장래의 소망의 여러 요소들이기 때문에, 우리는 이제 제3부의 마지막 장으로 넘어가야 한다. 유일신론은 메시야와 성령을 중심으로 수정되었고, 선민론도 마찬가지로 수정되었다. 이제 남은 것은 종말론이다.

753) 레 26:11f.; 겔 37:27; 사 52:11; 겔 20:34, 41; 삼하 7:14을 인용하거나 반영하고 있는 고후 6:16-18.

제 1 1 장

새롭게 그려진, 세계를 위한 하나님의 미래

1. 서론

많은 고대 유대인들은 특정한 내용과 형태를 지닌 소망에 매달렸다. 성경에 뿌리를 둔 이 소망은 단지 사후의 개인의 미래에 대한 것이 아니었고, 민족 전체, 그리고 더 나아가 피조 질서 전체의 회복과 갱신에 대한 것이었다.[1] 하지만 이 유대인들은 단지 이 소망의 내용에 의해서만이 아니라, 큰 규모의 소망을 가지고 있었다는 사실 자체에 의해서 이웃의 이교도들과 구별되었다. 고대 바벨론과 페르시아의 종말론에 관한 우리의 증거는 결코 우리가 원하는 정도로 현존하고 있지 않고, 상세한 비교 연구를 하기에는 분명히 충분하지 않기는 하지만, 무덤 너머의 삶에 대한 유대인들의 소망의 몇몇 요소들은 특히 동방 사람들 가운데 그 전례들과 병행들이 존재하였다는 것은 확실하다. 애굽에도 미래의 소망에 관한 특정한 전통이 있기는 하였지만, 그것은 단지 죽은 자들의 세계에서의 의미 있는 삶에 관한 것이었을 뿐이고, 세계는 말할 것도 없고 민족의 현재의 운명의 갱신에 관한 것은 전혀 아니었다.[2] 그러나 헬라와 로마 민족, 그리고 헬라 문화와 로마 제국이 아주 강력하게 침투한 땅들에는 유대 민족과 비교해서 미래에 대한 "소망이 없었다." 이것이 바울의 솔직한 평결이었다.[3] 그들이 "황금시대"를 말한다고 할지라도, 그런 시대는 먼 과거에 있었고 미래에 있지 않았다. 학자들이 "소망"이라는 단어보다는 "종

1) 주후 1세기 유대인들의 소망에 대해서는 *NTPG*, ch. 10; 그리고 위의 제2장, 특히 제4절을 보라.

2) 이 모든 것에 대해서는, 발전된 유대적인 신앙을 고대 페르시아 등에서 "유래한" 것으로 보고자 한 이전의 시도들이 이제는 설득력을 많이 잃은 것으로 보인다는 것을 지적하고 있는 *RSG*, 124f.를 보라. 또한, "정치적 종말론," "우주적 종말론," "인격적 종말론"을 구별하고, 많은 문화들의 다양한 신념들을 추적하는 Collins, 2000b를 보라.

3) 엡 2:12.

말론"이라는 단어를 더 선호하는 것이 관행이기 때문에, 그 항목의 명칭을 "종말론"으로 붙여서라도, 유대교 사전에 "소망"이라는 항목이 들어 있어야 하는 것이 마땅한데, 실제로는 그렇지 않은 것은 정말 이상한 일이다. 『옥스퍼드 고전 사전』(*Oxford Classical Dictionary*)에도 그런 항목이 없다.[4)]

"소망이 없다"는 평결은 처음에는 가혹해 보일 수 있다. 엘리시온 평야(Elysian fields, 헬라 신화에서 사후의 지복의 세계 — 역주)에서 동료 철학자들과 함께 대화를 나누는 것을 꿈꾸거나, 특히 이전에 살았던 삶보다 더 나은 운명으로 태어날 수도 있다는 환생의 소망 같이, 많은 사람들이 무덤 너머의 지극히 복된 삶을 소망하지 않았던가? 물론, 그랬다.[5)] 그러나 판단의 여지는 여전히 남아 있다. 왜냐하면, 헬라나 로마의 문헌들 속에는, 우리가 이사야서와 시편에서 발견하는 것 — 가장 분명한 본문들만을 본다고 하여도 — 에 조금이라도 상응하는 것이 나오지 않는다:

> 이새의 줄기에서 한 싹이 나고, 그 뿌리에서 한 가지가 날 것이다. 야웨의 영이 그의 위에 머물러 있으리니 … 그는 자신의 눈에 보이는 대로 심판하지 아니하고, 자신의 귀에 들리는 대로 판단하지 아니하며, 의로 가난한 자들을 심판하고, 공평으로 땅의 온유한 자들을 판단할 것이다 … 이리가 어린 양과 함께 살고, 표범이 어린 염소와 함께 누우며, 송아지와 어린 사자와 살진 짐승이 함께 있어, 어린 아이가 그것들을 인도할 것이다 … 그것들은 내 거룩한 산 모든 곳에서 해치지도 파괴하지도 않을 것이니, 이는 물이 바다를 덮음 같이, 야웨를 아는 지식이 땅에 충만할 것이기 때문이다.[6)]

> 바다와 거기 충만한 것과 세계와 그 중에 사는 자들이여, 외치라. 큰 물이여, 야웨 앞에서 박수를 치라. 산들아, 함께 즐겁게 노래하라. 왜냐하면, 야웨가 땅을 심판하러 임하실 것이기 때문이다. 그가 의로 세계를 판단하시고, 공평으로 만민을 심판하실 것이다.[7)]

인간의 불의와 "자연"의 폭력에서 해방된 세계; 대양들과 큰 산들이 새롭게 이루어지는 일들을 보며 즐거워하고 기뻐하게 될 그런 세계; 마침내 모든 것이 바르게 된 것을 만민이 송축하게 될 세계. 이것이 제2성전 시대 전체에 걸쳐서 유대적인 본문들 속에 다양하게 다시 표현된 고대 이스라엘의 비전이었다.[8)] 이것은 단지

4) 예외인 것으로 보이는 Virgil, *Ec.* 4에 대해서는 아래를 보라. 역사가 순환해서 황금시대가 결국에는 다시 출현한다는 사상에 대해서는 *JVG*, 451 n. 32를 보라. 이것들에 대해서는 Collins, 2000b를 보라.

5) *RSG*, 47-51, 77-80을 보라.

6) 사 11:1-4, 6-9.

7) 시 98:7-9.

8) Collins, 2010a 등을 보라.

세계 너머에 있는 소망이 아니었고, 세계에 대한 소망이었다. 이 차이는 지극히 중요하고, 앞에서 인용한 두 본문을 비롯한 수많은 본문들이 보여 주듯이, 참 하나님이자 이스라엘의 하나님은 하늘만이 아니라 땅의 창조주이기도 하다는 고대 이스라엘과 유대인들의 믿음에 뿌리를 두고 있다. 창조주 하나님은 조만간에 모든 것을 바로잡을 것이고, (여러분이 그러한 본문들 속에서 이미 느꼈겠지만) 그 때에 만유 전체가 안도의 한숨을 쉬게 될 것이다. 우리는 어린 양들과 이리들로부터 똑같이, 그것이 우리가 기다려 온 것이라는 말을 듣는다. 이러한 것들에 대하여 우리는 본서를 비롯한 여러 곳에서 이미 자세하게 말한 바 있다.[9]

이 유대적인 소망 안에는, 내가 20년 전에 『신약성서와 하나님의 백성』을 쓸 때에는 언급조차 하지 않았던 한 가지 요소가 들어 있다. 내가 『예수와 하나님의 승리』를 쓰면서, 예수 자신의 자기이해를 어떻게 표현해야 할지를 놓고서 고심하다가, 나를 비롯한 대부분의 사람들이 주후 1세기의 종말론을 탐구할 때에 대체로 무시해 왔던 한 주제를 발견하게 되었을 때, 이 요소가 갑자기 출현하였고, 나와 나의 몇몇 친구들은 깜짝 놀랄 수밖에 없었는데, 그 요소는 시온으로의 야웨의 귀환이었다.[10] 그 때 이후로 이 주제는 "새로운 출애굽"에 대한 유대인들의 소망이라는 원래의 고대적인 맥락 속에 놓여진 가운데 여러 저자들에 의해서 탐구되어 왔고, 이제는 원래 속해 있던 지점으로 완전히 돌아가서, 주후 1세기 유대인들의 이해만이 아니라 초기 그리스도인들의 이해 속에서도 중심적인 요소로 자리 잡게 되었다.[11] 마가가 하나는 말라기, 다른 하나는 이사야서에서 가져온 성경의 두 구절을 가지고서 세례 요한을 소개할 때, 이 두 구절이 "메시야"(그리고 그러한 인물의 길을 준비하기 위한 "전령관")의 도래가 아니라 야웨 자신의 강림에 대하여 말하고 있다는 사실을 무시해 버리는 것은 최근까지만 해도 쉬운 일이었다.[12] 이것은 복음서의 기독론에 대한 이해에 혁명적인 결과를 가져올 수밖에 없는 발견이다. 왜냐하면, 공관복음서는 "하등" 기독론을, 요한복음은 "고등" 기독론을 말하고 있다는 이전의 견해를 밀어내는 진리, 즉 마가와 마태와 누가도 요한과 마찬가지로 "고등" 기독론을 제시하고 있지만, 단지 이전 세대의 학자들이 이해할 준비가 되어 있지 않은 방식으로 표현한 것일 뿐이라는 진리가 동터 오고 있기 때문이다.[13] 고대

9) 위의 제2장 제4절 4); 그리고 특히 *NTPG*, ch. 10; *RSG*ⅰ, chs. 3 & 4; Wright, 2008 [*Surprised by Hope*]을 보라.

10) *JVG*, ch. 13. 위의 제2장 제4절 3), 제9장 제1절, 제3절 2) (4)와 (6), 그리고 아래를 보라.

11) 예컨대, cf. Watts, 2000 [1997].

12) 마가복음 1:2f.는 말 3:1; 사 40:3을 인용한다.

의 유대 전통들에서 하나님에 관한 역동적인 비전 — 하나님은 어느 시점에서 성전을 버리기는 하였지만 나중에 거기로 다시 돌아오겠다고 약속하였다는 관념 -은 최근까지만 해도 학계에 별 영향을 끼치지 못해 왔던 것으로 보인다. 하지만 이 관념도 고대의 유대적 비전을 헬라-로마 세계의 비전과 날카롭게 구별시키는 또 하나의 요소였다. 거기에서 신들과 여신들은 흔히 사람들이 이해할 수 없는 방식들로 행동하는 것으로 보였다는 것은 두말할 필요가 없지만, 특정한 신이 자신이 선택한 이 땅의 거처를 버리고 나서 나중에 거기로 다시 돌아오겠다고 약속하였다는 내용을 담은 좀 더 큰 규모의 서사에 관한 관념은 알려져 있지 않았다. 심지어 아테네가 굴욕적인 처지에 있던 주전 5세기 말의 암흑기에도, 아테나 여신이 자신의 도시를 버렸다가 나중에 다시 당당하게 돌아오겠다고 약속하였다는 말은 들리지 않는다.

우리가 앞에서 보았듯이, 이스라엘은 좀 더 큰 규모의 서사를 가지고 있었다는 사실 자체만으로도 어쨌든 세계의 나머지 민족과 확연하게 구별되었다.[14] 이스라엘의 오래 된 성경은 먼 과거와 궁극적인 미래를 포괄하는 이야기를 들려주었다. 그러한 이야기를 말하고, 그 이야기 내에서 살아가는 합당한 방식들을 찾아낸 것은, 이스라엘의 창조의 유일신론에서 자연스럽게 흘러나온 결과물이었다: 한 분 유일하신 하나님이 지은 세계는, 비록 수수께끼 같아서 잘 이해가 안 되고 흔히 비극적이기는 하지만, 여전히 이 하나님에게 속해 있고, 이 하나님에게 충성을 맹세한 백성의 소임 중의 일부는, 기도나 탄식으로, 또는 역사나 예언으로 그 이야기를 계속해서 말하는 것이었다.[15] 따라서 그 이야기를 말하고 그 이야기 안에서 살아가는 것은 이 한 분 유일하신 창조주 하나님의 계약 백성인 이스라엘에게 주어진 중심적이고 양도할 수 없는 숙명의 일부였다.

이렇게 이스라엘의 종말론은 유일신론과 선민론의 한복판에서 성장하였다.[16]

13) 곧 출간될 복음서에 관한 Richard B. Hays의 저작을 보라. 또한, Wright, 2012a [*HGBK*], ch. 5에 나오는 짤막한 설명도 보라.

14) 위의 제7장. 유일한 예외로 보이는 로마의 제국 서사에 대해서는 위의 제5장 제3절 3)을 보라.

15) 이 점을 알기 위해서는 단지 시편 89편이나 104-7편을 생각하기만 하면 된다.

16) Schechter, 1961 [1909]이 "종말론"을 별개의 장으로 다루지 않고, 장래의 소망을 선민 이스라엘 및 장차 도래할 하나님의 나라와 관련해서 여러 곳에서 설명하고 있는 것은 특기할 만하다. Montefiore and Loewe, 1974 [1938]에서는 "내세의 삶: 부활과 심판"(The Life to Come: Resurrection and Judgment)이라는 장을 따로 두고서, 우리가 여기에서 다룬 주제들을 부각시킨다. Schreiner, 2001, 453f.가 "종말론"을 별개의 주제로 다루어질 수 있기는 하지만, 실제로는 바울의 신학 전체의 특징을 이루고 있다고 지적한 것은 옳다.

세계를 책임지는 한 분 하나님이 있고, 이 하나님이 이스라엘을 자기 백성으로 불렀다면, 이 하나님이 모든 것을 바로잡고서 피조세계를 회복하고 갱신하게 될, 세계를 위한 미래가 있을 것임에 틀림없고, 그 미래에는 특히 하나님이 이스라엘에게 준 약속들이 성취될 것임에 틀림없다. 우리는 앞의 두 장에서, 바울이 자신의 유대적 유일신론과 선민론을, 한편으로는 메시야 예수, 다른 한편으로는 성령을 중심으로 다시 생각하고 재정의하였다는 것을 이미 보았기 때문에, 그가 고대의 유대적 종말론에 대해서도 동일한 것을 행하였을 것임을 예상할 수 있는데, 바로 그것이 정확히 우리가 그에게서 발견하는 것이다. 앞의 두 장이 한 분 유일하신 하나님과 그 한 분 유일하신 하나님의 백성에 관한 바울의 비전과 관련해서 행하였던 바로 그것을, 우리는 현재의 장에서 "소망"과 관련하여 행해나갈 것이다.[17]

바울의 종말론에 관한 논의들은 전통적으로 특히 세 가지 주제를 집중적으로 다루어 왔다. 바울은 정확히 무엇을 소망하였는가? 그러한 소망의 근거들은 무엇이었고, 바울은 그 근거들을 어떤 식으로 수정하였거나 폐기하였는가? 그가 짧은 기간에 걸쳐 여러 서신들을 쓰는 동안에, 그의 종말론은 발전을 하였는가?[18] 첫 번째 질문은, 좀 더 구체적으로 들어가면, "묵시론"과 "종말론"에 관한 질문을 불러일으킨다: 바울은 어떤 종류의 종말론을 지니고 있었고, 그것은 이전의 종말론과 어느 정도나 연속성과 불연속성 속에 있었는가? 특히, 그는 공간과 시간과 물질의 세계가 머지않아 종말을 고하게 될 것이라고 믿었던 것인가, 아니면 유대적인 묵시 전통에 속한 많은 저자들과 마찬가지로, 현재의 질서 내에서 (하나님의 새로운 행위를 통해서) 일어나게 될 극적인 변화를 설명하기 위하여 묵시론적인 표상들을 사용한 것이었는가? 우리는 초점을 좀 더 분명하게 하기 위하여 이렇게 질문해 볼 수 있을 것이다: 바울의 사고 속에서 "지금"과 "아직"은 서로 어떤 관계에 있었는가?[19]

이런 종류의 질문을 예수 및 복음서들과 관련해서 제기하였을 때에는, 학자들은

17) 이 논증의 훨씬 더 짧은 이전 판본은 Wright, 2005a [*Fresh Perspectives*]의 제7장에 개략적으로 설명되어 있다. 현재의 글에서 나는 이전의 판본에서 다루었던 문제들을 다르게 부각시키고 있고, 당시에는 지면관계상 다루지 못했던 두 가지 중요한 쟁점들을 다루고 있다.

18) 바울 신학을 전반적으로 설명한 글들은 통상적으로 당연히 종말론을 다룬다. 하지만 종말론이 바울 신학의 맨 마지막에서 첨부 형태로 다루어져야 하는 것인지(예컨대, Ridderbos, 1975 [1966], ch. 12; Dunn, 1998, §12, 18, 19; Schreiner, 2001, ch. 16; Schnelle, 2005 [2003], ch. 22; Wolter, 2011, ch. 9), 아니면 기본적인 범주로 다루어져야 하는 것인지는 여전히 해결이 되지 않고 있다. 본서에서는 종말론을 어떤 의미에서 이 두 가지 모두를 사용해서 다루고 있다.

19) 바울의 종말론에 대해서는 Kreitzer, 1987; 1993에 나오는 유익한 요약들과 분석들을 보라.

문제를 단순화시켜서, 예수는 단지 머지않아 나타날 것이지만 아직은 나타나지 않은 나라에 대해서만 말하였다고 주장하든가, 아니면 단지 이미 현존하는 나라에 대해서만 말하였다고 주장하는 것이 가능하였지만,[20] 바울의 경우에는 그러한 선택지는 배제되어 있다. 왜냐하면, 일반적으로 그가 쓴 것으로 인정되고 있는 일곱 개의 서신에서조차도 그 두 가지 모두가 발견되기 때문이다. 우리는 "지금"을 말하는 본문들과 "아직"을 말하는 본문들 중에서 어느 한 쪽만을 선택할 수 있는 처지에 있지 않다.

나는 이러한 모든 질문들은 주후 1세기의 유대인들의 소망이라는 모판 내에서 가장 잘 대답될 수 있다고 생각하게 되었다. 유일신론과 선민론의 경우와 마찬가지로, 종말론의 경우도 마찬가지이다. 즉, 무엇이 미래에 놓여 있는지, 그리고 그 소망이 어떻게 이미 현재 속에서 "개시되었는지"에 관하여 바울이 지니고 있던 비전 전체는, 그가 유대인들의 종말론적 신념들을 (a) 십자가에 못 박혔다가 부활한 메시야와 (b) 성령의 강림을 중심으로 수정하였다는 관점에서 볼 때, 제대로 이해될 수 있다는 것이다. 물론, 어떤 의미에서 바울의 신학은 그 자체가 철두철미 "종말론적"이다 — 그가 미래에 대하여 말하는 것에 자신의 모든 시간을 다 썼다는 의미에서가 아니라, 모든 핵심적인 주제들에 대한 그의 모든 사고가, 예수 안에서, 특히 그의 죽음과 부활을 통해서, 사람들이 기대해 왔던 "종말"이 역사 속으로 들어왔고, 예수가 이룬 일들을 구체적으로 현실화시키는 성령의 역사로 말미암아, 사람들이 오랫동안 기다려 왔던 갱신이 이미 일어나기 시작하고 있다는 믿음에 의해서 형성되었다는 의미에서. 이것은 앞의 두 장에 걸친 논의를 통해서 이미 분명하게 밝혀졌다. 유일신론 및 선민론과 관련해서 이스라엘의 성경에 약속되고 제2성전 시대에 소망되었던 것이, 비록 새롭고 충격적인 형태로이긴 하지만 이제 실현되었다.

그러나 (통상적으로 사용되는 전문적인 언어로 표현하자면) 이 종말론적인 소망은 진정으로 개시되기는 하였지만, 아직 완성되지는 않았다.[21] 나는 이상하게도 종종 "지나치게 실현된 종말론"을 말한다는 비판을 받아 왔지만, 현재의 장을 통해서 그러한 헛소문이 사라지게 되기를 바란다.[22] "아직"은 "지금"과 마찬가지로 중요하고 흥미롭다. 바울의 사고 속에서 "아직"의 영역을 살펴보면, 우리는 그 영역이

20) *JVG*, ch. 6을 보라.
21) 이 구별은 저 멀리 Ladd, 1974a, 1974b의 획기적인 저작까지 거슬러 올라간다.
22) Allison, 1999.

두 범주로 나뉘고, 두 번째 범주는 또다시 세분되어 있는 것을 발견하게 된다.

첫 번째는 고대 이스라엘의 소망 속에는 예수와 성령 안에서 즉시 성취되지 않은 것이 분명한 여러 측면들이 존재한다는 것이다. 바울 자신의 고난이 그에게 매일같이 상기시켜 주었던 것처럼, 바울의 세계에서 죄와 사망은 여전히 현존하는 실체들이었다. 이리들과 어린 양들은, 문자적으로든 비유적으로든, 아직 그들의 해묵은 싸움을 끝내지 못하였다. 피조세계는 정의나 평화로 뒤덮여 있지 않았다. 그러나 그러한 일들이 일어날 것이라는 비전은 사라지지 않았다. 도리어, 그러한 비전으로 통하는 새로운 길이 메시야가 이룬 일과 성령의 역사로 말미암아 이미 열려 있었다.

우리가 잠시 후에 다시 살펴보게 될 분명한 예를 들자면, 이것이 히브리 성경에서 말해 왔던 "야웨의 날"이 바울에게서는 "주 예수의 날"이 된 이유였다. 이렇게 이전의 소망에 속해 있었던 몇몇 측면들은 바울적인 새로운 형태로 "바뀌었다." 이러한 현상들을 연구해 보면, 우리는 방금 전에 언급하였던 세 가지 표준적인 질문들에 대답할 수 있게 될 것이다. 첫째로, 바울은 제2성전 시대 유대교의 세부적이고 복잡한 종말론적인 기대들을 공유하였고, 학자들이 종종 이것을 "묵시론"이라는 잘못된 용어로 지나치게 단순화시키는 것은 잘못이라는 것이다. 둘째로, 바울은 이것을 위해서 대체로 비유대적인 자료들이 아니라 성경적이고 유대적인 전통들을 사용하였다는 것이다(그의 종말론적인 언어 중 일부는 이교 세계의 관념들을 강력하게 반영한 것이긴 하였지만). 셋째로, 바울의 종말론이 직선적으로 "발전하였다"고 주장하는 것은 사실 그의 모든 사고의 미묘한 복잡성이나, (예컨대) 그로 하여금 데살로니가전서에서 상당한 분량의 종말론적인 가르침을 쓰게 만들고 갈라디아서에 나오는 내용을 말하게 하였던 상황적인 역학을 고려하지 않은 지나친 단순화라는 것이다.[23] 우리는 유일신론과 선민론에 관한 그의 비전 속에서 풍부한 것들을 압축해서 통일적으로 표현한 것을 볼 수 있었던 것과 마찬가지로, 종말론에 관한 그의 비전 속에서도 또다시 그러한 것을 본다.

두 번째는 성경의 관점에서 볼 때에 낯선 것이 아니기는 하지만, 새로운 방식으로 열린 종말론의 두 분야가 존재한다는 것이다. 이 두 분야는 "윤리"(ethics) 문제와 "민족"(ethnics) 문제라고 부를 수 있는 것, 즉 무엇을 행하고 어떻게 행하여야 하는가에 관한 문제와 이스라엘에 관한 문제이다.

23) 고린도전서와 고린도후서 사이의 기간에 바울에게 모종의 발전이 있었다는 문제에 대해서는 특히 *RSG*, chs. 6과 7을 보라.

첫 번째 문제는 다음과 같은 질문으로 표현해 보면 좋을 것이다: "종말"이 도래하였고, 고린도후서 1:20에서 바울이 말하고 있듯이, 모든 약속들이 메시야 안에서 "예"가 되었다고 한다면, 왜 메시야의 추종자들조차도 완전하지 않은 것인가? 왜 그들은 여전히 범죄하고, 우리는 그것을 어떤 식으로 이해해야 하는가? 이것은 바울의 윤리적 사고 전체를 개시된 종말론이라는 범주 안에 위치시킨다. 어떤 의미에서 이러한 질문은 친숙하다. 왜냐하면, 제2성전 시대의 많은 저자들은 선민 이스라엘이 거룩하다는 것이 무엇을 의미하는 것인지를 성찰하였기 때문이다. 하지만 바울에게는 새로운 틀이 있었다. 그는 자신이 직면한 새로운 상황을 메시야와 성령이 사람들의 생각과 마음과 뜻과 행위를 변화시켜서 그들을 성결로 부르고 있는 것으로 보았다. 본서의 제6장에서 보았듯이, 메시야 백성의 연합과 성결은 바울의 상징 세계의 중심에 있었다. 즉, 유대인들의 삶을 구별짓는 외적인 표지들(할례, 음식법, 안식일)은 더 이상 필요없게 되었지만, 이스라엘을 열방들로부터 구별시켜 주는 것으로 여겨진 도덕적인 표준들은 더욱 강화되었다.

마찬가지로, 이스라엘의 하나님이 자신의 약속들에 신실하였다면, 왜 이스라엘 전체 — 바울과 동시대에 살았던 대부분의 유대인들 — 는 하나님의 말씀을 배척해 온 것인가? 그리고 이스라엘의 하나님이 그것에 대하여 어떻게 할 것인가? 이것은 민족으로서의 이스라엘에 대한 바울의 성찰 전체를 개시된 종말론이라는 동일한 틀 안에 위치시킨다. 이번에도 어떤 의미에서 이 질문은 친숙하다. 왜냐하면, 제2성전 시대의 많은 저자들은 유대 민족의 분명한 실패들 및 그들의 하나님이 다음으로 무엇을 행할 것인가 하는 문제에 대하여 성찰하였기 때문이다. 그러나 바울에게는 새로운 틀이 있었다. 즉, 그는 이스라엘이 복음을 믿지 않은 것을 메시야가 성경의 약속들과 경고들을 성취하였다는 관점에서 분석함으로써, 어떻게 "온 이스라엘이 구원을 받게 될 것인가"에 관한 미묘하면서도 강력한 설명을 위한 정지작업을 하였다.

이 두 가지 문제 — 윤리와 이스라엘의 미래 — 는 여기에서 종말론과 관련되어 있는 것과 마찬가지로, 어떤 의미에서는 본서의 제10장에서 다루어진 "선민론"과도 관련되어 있다. 그러나 나는 우리가 이 문제들을 바울의 새롭게 수정된 종말론이라는 맥락 속에서 대답할 때에만, 이 문제들의 모든 차원들이 다 드러나게 될 것이라고 믿는다.

이 모든 흐름들이 흘러나오는 원천은 예수의 부활로 말미암아 이스라엘의 소망이 둘로 나뉘게 되었다는 바울의 믿음이다. 예수는 먼저 부활하여, 자기가 이스라엘의 메시야라는 것을 나타내었고, 나중에 그의 모든 백성은 바울이 "종말"이라고 부르는 때에 부활하게 될 것이었다.[24] 미래는 이미 현재 속으로 들어와서 아주 가까이 현존해 있는 동시에, 거울로 보는 것처럼 희미한 모습으로 미래로 남아 있다. 바울은 이렇게 미래가 갑자기 현재 속으로 돌입해 들어온 것은, 마치 섭리의 괘종시계에서 톱니바퀴가 잘못 어긋나서 정오가 되기 전에 정오를 울리게 된 것과 같이, 단지 이상한 실수로 일어난 일이 아니었다는 결론을 내린 것이었고, 어쩌다 보니 예기치 않은 상황 속으로 빠져들어서 개시된 종말론을 주장하게 된 것이 결코 아니었다. 즉, 그는 이미 실현되어 있는 것들을 성찰한 후에, 아직 실현되지는 않았지만 장차 메시야와 성령으로 말미암아 실현될 것들이 그 이미 실현된 것들과 어떤 관계에 있는지를 성찰하고서, 이 둘 사이의 시간 간격이 비록 아무리 예기치 않은 것이라고 할지라도, 그 자체가 하나님의 경륜 속에서 "특별한 목적"을 지니고 있는 것임을 설명하는 논증들을 제시하고자 하였다. 위에서 말한 것을 좀 더 보강해서 다시 한 번 말한다면, 우리는 그 특별한 목적이라는 것은 종말론적인 윤리 내에서 현재적으로 "성품"을 계발하는 것과 관련되어 있다고 할 수 있다. 현재라는 시간은 진정으로 인간다운 존재가 만들어지는 시간이고, 이것은 인간의 본질상 단번에 이루어질 수 있는 것이 아니다. 선민 이스라엘과 관련된 종말론 내에서, 유대인과 이방인이 모두 다 오직 긍휼하심으로 말미암아 구원을 받을 수 있게 하기 위해서는, 그들 모두를 "죄 아래"가둘 필요가 있었다. 개시된 종말론은 바울에게서 "[그의] 마음에 큰 슬픔과 끝없는 고통"을 불러일으켰지만(롬 9:2), 그는 그러한 시간 간격이 주어진 것 속에서 깜짝 놀랄 만하지만 분명한 하나님의 뜻을 분별할 수 있었다. 그것은 하나님이 자신의 구원 계획 전체가 특권이 아니라 긍휼하심으로 말미암도록 하기 위하여 내내 계획하였던 것이었다(롬 11:32). 현재라는 시간은, 이스라엘이 세계의 빛이 되라고 부르심을 받은 오랜 세월이 지난 후에, 이스라엘 자신을 구원하는 수단으로서 이방인들에 대한 선교가 행해지게 될 그런 시간이다.

따라서 세 분야가 있다: 예수와 성령을 중심으로 다시 그려진 고대의 유대적 소망의 특징들, 종말론적인 윤리, 이스라엘의 미래. 이 모든 것을 분명하게 보기 위해서는, 이 논의의 맥락이 되는 유대적 소망에 대하여 앞서 개략적으로 설명한 그림을 충분히 다시 살펴보는 것으로 시작할 필요가 있다. 그런 후에, 우리는 바울이 이스라엘의 소망이 어떤 식으로 메시야와 성령 안에서 이미 실현된 것으로 보았는지에 대해서 우리가 제9장과 제10장에서 설명한 것들을 다시 한 번 간단하게 되새

24) 고전 15:24.

겨 볼 것이다. 이것은 자연스럽게 "아직"의 문제, 즉 방금 전에 개략적으로 설명한 세 가지 좀 더 큰 범주들 안에서 여전히 미래에 속한 소망을, 메시야와 성령을 중심으로 재형성된 이스라엘의 기대라는 관점에서 어떻게 이해해야 하는가 하는 문제로 이어지게 될 것이다.

2. 이스라엘의 하나님, 그리고 소망에 관한 이야기

내가 이미 논증하였듯이, 제2성전 시대의 유대적 종말론은 야웨가 시온으로 돌아올 것이라는 성경에서 강조된 기대에 초점이 맞추어져 있었고,[25] 이 모판으로부터 주후 1세기 기독교 신학의 상당 부분이 생겨났다. 이스라엘의 소망은 예수와 성령을 통해서 이미 실현되었고, 또한 예수와 성령을 통해서 장차 실현될 것이었다.

이 모든 것에서 중심적이었던 것은, 우리가 제9장에서 살펴보았던 것, 즉 창조주 하나님이 메시야 예수 안에서 자신을 계시하였다는 바울의 믿음이었다. 따라서 원래 야웨와 관련되어 있던 성경적인 모티프들은 예수에게 적용해서 다시 표현될 수 있었고, 이것은 이와 동일한 일이 종말론에 특유한 모티프들과 관련해서도 일어날 수 있는 길을 열어 주었다.

또한, 한 분 유일하신 하나님 자신의 임재로서의 성령에 대한 바울의 이해는 "이제"와 "아직"으로 이루어진 그의 종말론을 형성시켰다. 하나님이 장차 친히 임재하여 역사할 것이라는 성경의 약속들 중 일부는 성령의 현재적인 강림을 통해 성취된 것으로 보아졌다. 이것도 우리는 이미 제9장과 제10장에서 살펴보았다. 아직 성취되지 않은 다른 약속들은 장래에 있을 동일한 성령의 역사를 통해서 실현될 것이었다.

따라서 현재의 장에서의 논증은 단지 이전의 두 장 위에 세워져 있는 것이 아니라, 거꾸로 그 두 장의 논증들에 기여하고, 우리가 거기에서 이미 그린 그림을 더욱 강화하고 더 꼼꼼하게 채우는 역할을 한다. 바울에게 있어서 유일신론, 선민론, 종말론은 서로 분리되어 있는 세 가지 주제(locus)가 아니었다. 마치 의사가 환자의 물리학, 화학, 생물학을 자신의 사고 속에서 서로 분리하듯이, 우리는 이 주제들을 분리해서 살펴보기는 하지만, 그것은 그것들을 계속해서 따로 독립적으로 살펴보기 위한 것이 아니라, 그것들이 하나의 전체로서 서로 맞물려 복잡하게 돌아

25) cf. Adams, 2006.

가는 것을 좀 더 온전히 이해하기 위하여 일단 분리해서 살펴보는 것일 뿐이다.

야웨가 마침내 예루살렘 성전으로 돌아와서 거하며 모든 것을 바로잡을 것이라는 포로기 이후의 소망은 "야웨의 날"이라는 훨씬 더 오래된 기대에 뿌리를 두고 있다. 우리는 아모스 선지자가 이 관념을 재해석해서, 원래는 이스라엘의 원수들에 대한 야웨의 승리에 관한 약속이었던 것을, 야웨가 장차 강림하여 심판할 때에 이스라엘의 죄를 준엄하게 물을 것이라는 경고로 바꾸어 말하는 것을 성경에서 볼 수 있기 때문에,[26] 이 관념은 적어도 주전 8세기에는 이미 존재해 있었다는 것이 잘 확증된다. 야웨의 "날"이라는 주제는 바벨론 포로기 전후의 여러 선지자들 중에 널리 퍼져 있었고, 이 주제를 언급하고 있는 대부분의 본문들은 동일한 취지를 지니고 있다. 흔히 하나님에게 열방들을 심판해 달라고 호소하였던 하나님의 백성 이스라엘 자신이 심판을 받게 될 것이라는 관념은 주후 1세기의 유대인들이나 그리스도인들이 새롭게 만들어낸 것이 아니었다.[27]

장차 도래할 그 "날"에 있을 심판이 어떤 모습일지에 대해서는 여러 가지 견해가 있었지만, 가장 두드러진 것은 군사적인 행동에 의한 심판일 것이라는 견해였고, 거기에는 이른바 "자연"의 재난들이나 예기치 않은 사건들이 일어날 것이라는 언급도 뒤섞여 있었다. 야웨는 창조주 하나님이기 때문에, 피조세계에 대하여 자신의 뜻대로 행할 수 있었다. 하나님의 모든 역사 중에서 가장 위대한 모형인 출애굽은 인간의 그 어떤 조력도 없이 성취된 것이었다. 그러나 하나님이 심판을 행하는 "통상적인" 방식은 왕들과 군대들, 전쟁들과 정복들에 의한 방식이었다. 야웨는 앗수르 왕을 회초리로 사용해서 자기 백성을 때리고, 그런 후에 이교도 왕의 교만을 심판할 것이며, 바벨론 왕으로 하여금 예루살렘을 점령하게 한 후에, 페르시아의 새로운 왕으로 하여금 예루살렘을 회복시키게 할 것이다.[28] 하지만 이와 동시에, 야웨의 장래의 역사에서 적극적인 측면, 즉 하나님의 백성을 사로잡았던 모든 강대국들을 무너뜨리고 이스라엘을 온전히 회복시키는 역사가, 이스라엘의 참된 왕, 즉 기름 부음 받은 다윗의 아들을 통해 성취될 것이라는 소망도 생겨났다.[29] 이미 시편 2편에 개략적으로 묘사된 그러한 시나리오는 주후 1세기 전체에 걸쳐서

26) 암 5:18-20.

27) 예를 들면, 사 2:12; 22:5; 렘 46:10; 겔 7:7; 13:5; 30:3; 욜 1:15; 2:11, 31; 3:14; 옵 1:15; 습 1:7, 14; 슥 14:1; 말 4:5; cf. 사 13:6; 겔 7:10; 12:23; 21:25; 22:4에서 "그 날" 또는 "그 날들"의 비슷한 효과. Hiers, 1992; Allison, 2007a에 나오는 짤막한 요약들과 참고문헌들을 보라.

28) 앗수르: 사 10:5-19; 바벨론: 렘 27:6-11; 페르시아(바사): 스 1:1-4(cf. 사 45:1-6).

29) 자세한 것은 *NTPG*, 307-20; cf. *JVG*, 481-9.

성경적이고 유대적인 소망을 표현한 수많은 견해들을 형성하였고 그 근저에 있었다.[30] 우리가 이스라엘의 성경 속에서 거듭거듭 볼 수 있듯이, 이 모든 것은 야웨가 창조주로서 인간을 자신의 형상을 지닌 자들로 짓고 인간을 통해 세계에 대한 자신의 통치권을 행사할 것이라는 비전에 뿌리를 두고 있다. 시편 8편에 대한 (초기 기독교적인 읽기를 포함한) 후대의 읽기들이 보여 주듯이, 세계에 대한 인간의 통치권에 관한 성경적인 비전은 메시야의 통치권에 관한 비전으로 생생하게 구체화된다.[31]

포로기 이전의 "야웨의 날"이라는 모티프를 변화시켜서 계승한 포로기 이후의 비전은 무엇보다도, 야웨가 예루살렘 성전을 버렸고 바벨론 사람들의 손에 넘겨준 후에, 성전이 재건되었는데도, 결코 다시 돌아오지 않았다는 당시의 보편적인 믿음에 의해서 형성되었다. 에스겔서의 끝부분에 아주 자세하게 묘사된 이러한 귀환에 관한 약속은, 에스겔서의 거의 처음 부분에서 하나님의 임재가 성전을 떠나는 극적인 장면과 서로 호응하며 균형을 맞춘다.[32] 그러나 하나님의 부재에 관한 가슴 아픈 인식과 그러한 부재가 영원히 지속되지는 않을 것이라는 약속들 — 경고들! — 은 계속해서 포로기 전체에 걸쳐서 울려 퍼지고, 말라기에서 생생하게 집약된다. 재건된 성전에서 제사장들은 지루해하며 무성의하게 복무하지만, 이스라엘의 하나님은 끝장이라고 선언하지 않는다. 최종적으로 경고할 사자가 올 것이고, 그 때에 "너희가 찾는 주께서 홀연히 성전에 임하실 것이다."[33] 그러나 몇 세기 이전의 아모스가 그랬듯이, 말라기 선지자도 이제 "그가 임하시는 날을 누가 감당할 수 있으며, 그가 나타나는 때에 누가 설 수 있을까"라고 말한다.[34]

야웨의 귀환에 대한 이러한 소망은 주후 1세기 전체에 걸쳐서 계속해서 조금도 약화되지 않았다.[35] 이것에 대해서 가장 분명하게 말하는 본문들 중에는, 하나님의 귀환을 이방 나라들에 대한 야웨의 왕적인 승리 및 이스라엘이 오랫동안 기다려왔던 "포로생활로부터의 귀환"과 곧장 연결시키는 본문들도 있다. 선지자들이 이

30) 단 7장; *Ps. Sol.* 17, 18 등.

31) 분명한 예들로는 롬 8:17-20; 고전 15:27; 엡 1:22; 히 2:6-9 등이 있다.

32) 겔 43:19에 초점이 맞추어진 40—48장과 이 도성이 "아도나이 샴마' (YHWH shamah, "야웨께서 거기에 계신다")로 불리게 될 것이라는 마지막에 나오는 약속(48:35). 셰키나가 성전을 떠나는 장면은 겔 10:1-22; 11:22-3을 보라.

33) 1:5, 11; 3:1(또한, cf. 4:5-6).

34) 말 3:2; cf. 암 5:18.

35) 관련 본문들에 대한 자세한 검토는 *JVG*, 615-24를 보라; 또한, cf. *HGBK*, ch. 5.

스라엘의 하나님이 "왕"이 될 것이라고 말한 것은 바로 이것을 의미하는 것이었다. 이사야서 52장은 이 모든 것에 대하여 말한다:

> 평화를 알리고 좋은 소식을 전하며 구원을 선포하여, 시온을 향하여 "네 하나님이 다스리신다"고 말하는 사자의 산을 넘는 발이 어찌 그리 아름다운가. 들어 보라! 네 파수꾼들이 목소리를 높여, 일제히 기뻐 노래하니, 이는 그들이 야웨께서 시온으로 돌아오시는 것을 똑똑히 보기 때문이다. 너 예루살렘의 폐허들아, 일제히 노래하라. 이는 야웨께서 자기 백성을 위로하셨고 예루살렘을 속량하셨기 때문이다. 야웨께서 열방의 목전에서 그의 거룩한 팔을 나타내셨고, 땅의 모든 끝들이 우리 하나님의 구원을 보게 될 것이다. 너희는 떠나고 떠나며 거기서 나오라. 부정한 것을 만지지 말라. 그 가운데에서 나오라. 야웨의 기구를 메는 너희여, 스스로 정결하게 하라. 야웨께서 너희 앞서 행하시며, 이스라엘의 하나님이 너희 뒤에서 호위하시리니, 너희가 황급히 나오거나 도망치듯 나오지 않을 것이다.[36]

"야웨의 날"과 관련된 여러 요소들을 토대로 한 야웨의 귀환에 대한 이러한 소망은 (제2성전 시대의 상당수의 글들에서처럼) "새로운 출애굽"에 관한 기대에 속한다.[37] 우리는 출애굽기 속에서, 이스라엘 민족을 이방의 지배로부터 해방시켜 줄 하나님의 위대한 역사와 시내 산에서 토라가 수여되는 장엄한 순간만을 발견하는 것이 아니라, 출애굽기의 정점이자 그 시점까지의 성경의 서사 전체의 정점으로서, 성막의 건설과 거기에 거처를 정한 계약의 하나님의 영광스러운 임재도 발견한다 — 금송아지와 관련된 이스라엘의 범죄로 인해서 하나님의 임재가 그들에게서 영원히 떠날 뻔하였던 아찔한 순간이 있었음에도 불구하고. (우리가 제9장에서 이미 보았듯이, 타협이 이루어졌다. 즉, 야웨는 이스라엘 백성과 동행하는 데 동의하였지만, 그의 성막은 진영 밖에 두어졌다.) 창세기의 처음 부분에서 창조주 하나님이 에덴 동산에서 최초의 인간들과 함께 한 것은 출애굽의 끝부분에 나오는 이 장면, 즉 새로운 형태의 인류인 아브라함의 권속이 자신들에게 주어진 "동산"인 약속의 땅으로 나아가는 여정에서 하나님이 동행하게 된 장면과 서로 호응한다. 모세가 성막과 그 설비에 관한 말을 마친 후에, 계속해서 다음과 같은 설명이 이어진다:

> "구름이 회막을 덮었고, 야웨의 영광이 성막을 가득 채웠다. 모세가 회막에 들어갈 수 없

36) 사 52:7-12.
37) cf. Wis. 10—18장.

> 었으니, 이는 구름이 회막 위에 덮였고, 야웨의 영광이 성막에 충만하였기 때문이었다 … 이 여정의 각각의 단계에서 이스라엘의 온 족속의 눈 앞에, 낮에는 야웨의 구름이 성막 위에 있었고, 밤에는 불이 구름 속에 있었다.[38]

나중에 보게 되겠지만, 이스라엘의 이후의 이야기에서 중요한 순간들마다, 이스라엘 백성, 그리고 그 후의 유대 민족은 이스라엘의 하나님의 기이하고 위험스러운 임재가 처음에는 성막에서, 다음으로는 예루살렘 성전에서 그들 가운데 거하게 된 상태를 가장 바람직한 모범적인 상태로 여기게 되었다.[39] 그들은 그런 상태를 가장 합당하고 마땅한 것이라고 믿었다. 그리고 어떤 이해할 수 있는 이유들로 인해서, 포로기와 그 이후에 그랬던 것처럼, 하나님의 그러한 임재가 떠나고, 그 결과 이스라엘 백성이 포로로 잡혀가는 일이 벌어지게 되었다면, 그들의 가장 큰 소망은 야웨의 귀환일 수밖에 없었다. 왜냐하면, 야웨의 귀환은 곧 민족의 회복이었고, 노예생활로부터 벗어나는 것이었으며, 평화와 번영, 새로운 출애굽을 뜻하는 것이었기 때문이다. 이렇게 "시온으로의 야웨의 귀환"은 고대의 유대적 소망의 다른 모든 측면들과 밀접하게 통합되어 있었다. 따라서 바울은 자신의 가장 위대한 서신 속에서 결정적으로 중요한 순간에 이 소망을 피력하는데, 어떤 사람이 이러한 맥락 속에서 "하나님의 영광의 소망"이라고 말한다면, 그는 우리가 말한 바로 그 소망에 대해 말하고 있는 것일 수밖에 없다. "영광," 즉 성막에 거하였던 야웨의 임재가 언젠가는 돌아올 것이고, 모든 육체가 함께 그것을 보게 될 것이다.

고대의 몇몇 저자들은 성막(나중에는 성전)에서의 야웨의 임재의 "충만"이라는 주제가 위로는 창조에 관한 이야기와 닿아 있고, 아래로는 장차 이루어질 한층 더 큰 "충만"과 닿아 있다고 보았다. 이것은 민수기에 나오는 의외의 "여담"에서, 야웨가 약속의 땅으로 들어가는 일에 반대하여 반란을 일으킨 이스라엘 백성의 죄를 사한다고 모세에게 확답을 줄 때에 이미 드러난다:

> 그 때에 야웨께서 말씀하셨다. "네가 구한 대로, 내가 죄를 사한다. 그러나 내가 살아 있는 것과 야웨의 영광이 온 세계에 충만할 것을 두고 맹세하건대, 내 영광과 애굽과 광야에서 행한 내 표적들을 보고서도 이렇게 열 번이나 나를 시험하고 내 목소리를 청종하지 않은 사람들은 내가 그들의 조상들에게 맹세한 땅을 결단코 보지 못할 것이고, 또한 나를 멸시한 자는 아무도 그것을 보지 못할 것이다."[40]

38) 출 40:34-5, 38-9.
39) 사 6장; 왕상 8장 등.
40) 민 14:20-3.

이러한 관념은 후대의 본문들에서 다양하게 반복되고, 흔히 이것이 그 직접적인 지평을 뛰어넘는 좀 더 큰 암묵적인 소망이라는 것을 보여주는 맥락들 속에서 반복된다. 야웨가 성막이나 성전에서 행하는 것들은 피조세계 전체 속에서 및 피조세계 전체를 위하여 행하고자 하는 것들을 보여주는 것이자 미리 맛보게 해주는 것이다.[41] 물론, 종종 이 동일한 관념은 원심력적인 모티프로 표현되는 것이 아니라, 세계의 열방들이 또다시 예루살렘에 거처를 정한 하나님을 예배하기 위하여 예루살렘으로 몰려올 것이라는 구심력적인 모티프로 표현된다.[42] 이렇게 이스라엘의 중심적인 상징은 창조주 하나님이 돌아와서 권능으로 임재한 가운데 자기 백성 가운데서 살게 될 것에 대하여 말하는 것이었을 뿐만 아니라, 아울러 시편과 이사야서가 보여 주듯이, 피조세계 전체를 새롭게 하겠다는 약속에 대하여 말하는 것이기도 하였다.[43] "새로운 출애굽"과 관련된 여러 주제들은 서로 다른 형태를 취하고 있기는 하지만, 다음과 같은 전체적으로 동일한 내용을 통해서 서로 결합되어 있다: 이스라엘의 하나님이 장차 임하여 자기 백성을 구원하고, 그들을 압제해 왔던 이교도들을 무너뜨리며, 그들로 하여금 마침내 토라를 지킬 수 있게 하고, 온 땅을 자신의 영광으로 충만하게 하며, 정의와 평화와 번영으로 특징되는 자신의 나라를 세울 것이다. 하지만 이 모든 주제들이 모든 본문들에서 다 발견되는 것이 아님은 물론이다. 주후 1세기의 많은 유대인들은 오랜 세월에 걸친 그들의 역정을 다 아는 우리에게는 아주 명백한 것들을 훨씬 불분명하게 인식하는 가운데 그들의 삶을 살았을 것임은 의심의 여지가 없다. 그러나 성경 본문들, 제2성전 시대의 문헌들, 그리고 후대의 랍비 문헌들 중 일부를 포함한 광범위하고 다양한 범위의 본문들에 걸쳐서, 이것과 관련하여 마치 한 가족처럼 서로 닮은 유사한 내용들이 등장하는 것으로 보아서, 우리가 지금까지 제시한 일반화된 전체적인 그림은 온전히 합당하다.[44]

41) 왕상 8:11; 대하 5:14; 7:1; 시 72:19; 사 6:3; 겔 10:4; 합 2:14; cf. 2 Macc. 2.8에 나오는 약속. 성전과 창조의 연결 관계에 대해서는 특히 Beale, 2004를 보라.

42) 슥 14:16-19(하지만 이 본문도 경고의 요소들을 담고 있다). 열방들의 순례(예컨대, 사 2:2-4(=미 4:1-4); 사 25:6-10; 56:6-8; 66:18-23; 슥 8:20-3)에 대해서는 특히 Donaldson, 1997, 187-97을 보라. 또한, 시바 여왕이 솔로몬을 찾아온 이야기의 상징적 역할도 주목하라(왕상 10장; 대하 9장: 후자에서는 9.23에서 왕상 10:24에 "땅의 모든 왕들"이 솔로몬을 찾아 왔다는 말을 덧붙인다). 스가랴서 8:23(사 45:14)에 대한 문자 그대로의 반영은 고린도전서 14:25에서 찾아볼 수 있다.

43) 여기에서도 다시 한 번 cf 시 96편; 98편; 사 55장.

44) 제2성전 시대에서 중요하였던 하나의 주제가 신약에는 나오지 않는 것으로 보이는데, 그것은 잃어버린 열 지파가 다시 모인다는 주제이다: 겔 37:15-28; 호 1:10f.; 슥 10:6-12 등을 보라. Starling, 2011은 바울이 호세아서 1:10과 2:23을 인용하고 있는 로마서 9:25f.에서 이 주제를 실제로 다루고 있을

네 가지 추가적인 주제들이 이 그림을 채워 넣는다.

(1) 첫째로, 모든 본문은 아니더라도 일부에서, 그리고 당시의 모든 정치적 움직임들은 아닐지라도 일부에서, 이러한 비전 전체의 성취에 있어서 핵심 주체로 여겨진 인물은 장차 올 왕, 즉 메시야였다.[45] 유대인들이 시편들을 노래하였다고 했을 때, 그들은 시편 2편의 고전적인 비전을 거의 간과할 수 없었을 것이다:

> 어찌하여 열방들이 공모하고, 민족들이 헛된 일을 꾸미는가?
> 땅의 왕들이 나서고, 통치자들이 서로 모의하여,
> 야웨와 그의 기름 부음 받은 자[meshiho -'메쉬호']를 대적하며 말하는구나.
> "우리가 그들의 묶어 놓은 것을 끊어 버리고, 그들의 결박을 벗어 버리자."
> 하늘에 앉아 계신 이가 웃으시고, 야웨께서 그들을 비웃으신다.
> 그 때에 그가 진노 가운데서 그들에게 말씀하시고,
> 분노 가운데서 그들을 두렵게 하며, 말씀하실 것이다.
> "내가 나의 왕을 내 거룩한 산 시온에 세웠다." 내가 야웨의 영을 전할 것이다.
> "야웨께서 내게 말씀하셨다. '너는 내 아들이다. 오늘 내가 너를 낳았다. 내게 구하라,
> 내가 이방 나라들을 네 유업으로 주고, 네 소유가 땅 끝까지 이르게 할 것이다.
> 너는 철장으로 그들을 깨뜨릴 것이고, 질그릇 같이 그들을 부수게 될 것이다.'
> 그러므로 왕들아, 지혜롭게 행하라. 땅의 통치자들아, 경고를 받으라.
> 야웨를 경외함으로 섬기고, 떨며 그의 발에 입맞추라. 그렇지 않으면,
> 그가 진노하실 것이고, 너희는 길에서 망하게 될 것이다.
> 왜냐하면, 그의 진노가 속히 발해질 것이기 때문이다.
> 야웨께로 피하는 모든 사람은 복이 있다.[46]

야웨의 기름 부음 받은 왕이 땅의 열방들을 다스릴 것이고 그들의 교만과 어리석음에 대하여 책임을 물을 것이라는 이 동일한 비전은 다른 곳에서도 다시 등장한다. 이 비전은 창조주 하나님이 자기 백성을 높이고 그들의 원수들로부터 해방시켜서 자신의 왕적인 통치를 모든 세계에 미치게 할 것이라는 좀 더 유대적인 소망을 표현하는 한 가지 방식으로서의 기능을 하고 있는 것이 분명하다. 따라서 모든 유대인들이 "메시야를 기다린" 것도 아니었던 것으로 보이고, 그러한 소망을 품은 자들이 서로 다른 방식으로 그 소망을 표현하였기는 하지만, 유대인들 가운데 존재하였던 그러한 기대들은 별개이거나 독립적인 현상이 아니라, 민족적 소망의

가능성을 탐구해 왔다.

45) 메시야 기대에 대해서는 *NTPG*, 307-20; *JVG*, 477-89; 위의 제10장 제3절 1)을 보라.

46) 시 2:1-11.

구심점을 형성하고 있었다.[47]

(2) "메시야"가 앞장서서 중요한 싸움을 수행한 결과로서 일어난 것이든, 메시야와는 상관없이 일어난 것이든, 그러한 위대한 해방이 일어났을 때, 그 시점은 계약이 갱신되는 바로 그 순간이 될 것이었다. 이것에 대해서는 우리가 위의 제2장에서 이미 자세하게 살펴본 바 있기 때문에, 여기에서 주목할 것은 계약 갱신이라는 관념이 오경, 특히 주후 1세기에 (적어도 요세푸스와 필로에 의해서) 이스라엘 민족의 초토화 및 그러한 심판 이후의 궁극적인 회복에 관한 일종의 장기적인 예언으로 여겨진 신명기의 마지막 장들까지 거슬러 올라간다는 것이다.[48] 계약 갱신이라는 이 동일한 주제를 다시 거론한 후대의 선지자들, 특히 예레미야와 에스겔은 명시적으로 포로기 이후의 회복 및 자기 백성에게로의 야웨의 귀환에 관한 예언들이라는 관점에서 이 주제를 거론하였다. 그들은 신명기와 맥을 같이하여, 사람들의 마음의 갱신(또는, "할례")이 마침내 이스라엘을 토라를 제대로 지킬 수 있는 백성으로 변화시킬 것임을 강조하였다. 우리가 유념해야 할 것은 계약 갱신이라는 관념은, 무엇보다도 먼저 계약의 선함에 대한 단언이고, 다음으로는 계약 자체가 이스라엘 백성으로 하여금 원래 그들이 부르심 받은 목적을 이룰 수 있는 백성이 될 수 있게 해주지 못하였다는 것(계약이 잘못되었기 때문이 아니라, 백성의 완악함으로 인해서)에 대한 단언이라는 것이다.

또한, 계약은 이스라엘의 하나님의 성품이 이스라엘과 관련하여 지니는 내밀한 의미를 보여준다. 이스라엘이 궁극적으로 구원을 받게 될 것은 이 하나님이 자신의 약속들을 지킬 것이기 때문이다: 아브라함에게 한 약속들, 출애굽기와 신명기의 약속들, 시편과 이사야서 등에서 한 약속들. 하나님을 계약을 지키는 하나님, 곧 신실하신 하나님으로 보는 이러한 시각을 가장 분명하게 표현한 방식들 중의 하나는, 성경에 반복적으로 나오지만 오늘날 흔히 오해되는 개념인 '체다카 엘로힘'(tsedaqah elohim), 또는 칠십인역에 나오는 '디카이오쉬네 테우'(dikaiosyne theou), 영어로는 통상적으로 "하나님의 의"로 번역되는 어구들이다.[49] 이 "의"는 다니엘서 9장

47) 예를 들어, 시 72편; 사 9:2-7; 11:1-16; 42:1-9; 61:1-11; 63:1-9.

48) cf. 신 30:1-20; 32:36, 43(백성의 상태에 대한 길고 통렬한 규탄이라는 맥락 속에서). 위의 제2장 제4절 2) (2) (3) (4)를 보라.

49) 이 어구에 대한 방대한 이차적인 논의에서 드러난 논점은 세 가지이다. 첫째, 바울은 '디카이오쉬네 테우' (dikaiosynē theou)를 다룰 때에 통상적으로 이 어구가 나오는 성경 본문들(특히, 시편과 이사야서)을 인용하기 때문에, 그러한 본문들의 맥락들 속에서 이 어구의 의미를 먼저 살펴볼 필요가 있다 (반대견해를 가진 사람들은 바울은 이 어구에 이전의 용례들과는 상관없이 새로운 의미를 부여하고 있

에 나오는 위대한 기도의 중추 역할을 하면서, 왜 포로생활이 이스라엘에게 임하게 되었는지를 설명해 줌과 동시에, 그 포로생활을 끝내 달라고 하나님에게 호소할 때에 근거로 제시되는 이유를 설명해 준다:

> 야웨여, 의는 당신 편에 있고, 공개적인 수치는 오늘날과 같이 우리의 얼굴에 떨어집니다 … 긍휼히 여기심과 죄 사함은 야웨 우리 하나님의 몫이오니, 이는 우리가 주께 패역하였기 때문입니다 … 하나님의 종 모세의 율법에 기록된 저주와 맹세한 것이 우리에게 부어졌으니, 이는 우리가 당신께 범죄하였기 때문입니다. 그는 지극히 큰 재앙을 우리에게 내리셔서 온 천하에서 일어난 적이 없었던 일이 예루살렘에서 일어나게 하심으로써, 우리와 우리의 통치자들을 쳐서 하신 자신의 말씀들을 확증하셨습니다 … 진실로 우리의 하나님 야웨께서 행해 오신 모든 일이 의롭습니다. 이는 우리가 그의 목소리에 불순종하였기 때문입니다.
>
> 권능의 손으로 당신의 백성을 애굽 땅에서 인도하여 내시고 오늘과 같이 명성을 얻으신 야웨 우리 하나님이여, 우리는 범죄하였고 악하게 행해 왔습니다. 야웨여, 당신의 모든 의로운 행사들을 생각하셔서, 당신의 분노와 진노를 당신의 성 예루살렘에서 떠나게 하옵소서 … 우리는 우리 자신의 의를 근거로 해서가 아니라, 당신의 크신 긍휼을 근거로 해서 당신 앞에 간구를 드립니다.[50)]

야웨는 "의로우시다": '핫체다카'(hatsedaqah) 또는 '헤 디카이오쉬네'(hē dikaiosynē)는 야웨 편에 있다. 왜냐하면, 하나님이 신명기에서 미리 말한 저주를 임하게 한 것[51)]도 하나님의 의를 나타낸 것이고, 하나님이 약속하였고 자신의 이전의 "의로운 행사들"(tsidqotheka – '치드코테카,' ten dikaiosynēn sou – '텐 디카이오쉬넨 수')을 통해 이미 미리 보여준 대로 긍휼과 죄 사함을 베풀어 주는 것

다고 주장한다). 둘째, 이 어구가 이스라엘과의 계약과는 무관하게 고대 유대교에서 "구원을 이루어내는 하나님의 권능"을 가리키는 하나의 "전문적인 용어"였다고 주장한 Käsemann과 그의 추종자들의 시도는 그들이 근거로 삼는 제2성전 시대 본문들 및 바울의 본문들에 대한 석의에서 실패하였다 – 물론, Käsemann이 이 어구가 믿음을 지닌 자들에게 주어지거나 간주되거나 전가된 "의"가 아니라 창조주 하나님의 의(그리고 하나님의 책임과 행위의 "우주적" 차원들)를 가리킨다고 이해한 것은 의심할 여지없이 옳지만. 셋째, 에스라4서 같은 책들의 맥락, 로마서 3:1-9과 4장, 특히 9-11장에 대한 석의는, 메시야와 성령의 사건들이 바울로 하여금 계약이 실제로 무엇을 의미하는지를 다시 생각하게 만들었음에도 불구하고, 바울이 사용한 이 어구의 의미가 아브라함과의 계약에 대한 하나님의 신실하심(재난들이 일어났을 때에 의문시되는)이라는 관념과 아주 밀접하게 연결되어 있다는 것을 보여준다. 이것에 대해서 더 자세한 것은 Käsemann, 1969 [1965], ch. 7; Brauch, 1977; Williams, 1980; Soards, 1987; 그리고 위의 제7장 제3절, 제10장 제2절 2), 제3절 2), 제4절 3) (1) (5) (7)를 보라.

50) 단 9:7, 8, 11-12, 14, 15-16, 18.

51) 단 9:11-13은 신 27-28장에 대하여 언급하고 있음에 분명하다.

도 하나님의 의를 나타내는 것이기 때문이다.[52] 이것은 쿰란 두루마리들이나 에스라4서 같은 제2성전 시대의 여러 본문들에 나오는 이 어구나 그 상당어구들의 온전한 의미가 무엇인지를 보여준다. 하나님의 '디카이오쉬네'(dikaiosynē)는 이스라엘이 큰 재난들을 겪을 때에 의문시되는 것이지만(이스라엘의 계약의 하나님은 그런 일들을 일어나지 않도록 막아 주었어야 하기 때문에), 그런 재난들이 일어난 이유를 설명해 주는 하나님의 속성이자(계약에는 언제나 어길 경우의 벌칙이 포함되어 있기 때문에), 하나님이 결국에는 긍휼을 베풀어 주리라는 것 — 그 긍휼이 많은 유대인들이 기대하거나 원해 왔던 것과 다른 형태를 띤다고 할지라도 — 을 믿을 수 있는 근거가 된다(계약에는 언제나 심판과 아울러 긍휼도 포함되어 있기 때문에).[53] 따라서 그들은 큰 곤경과 심한 재난을 겪는 상황 속에서 바로 그러한 하나님의 '디카이오쉬네'에 의문을 제기함과 아울러, 그것을 탄원의 근거로 삼는다. 하나님의 '디카이오쉬네'는, 우리가 지금 살펴보고 있는 그 밖의 다른 모든 주제들과 서로 완벽하게 잘 부합하는 가운데, 제2성전 시대의 유대적 종말론에서 중심적인 요소로 자리 하고 있었다.[54] 이스라엘의 하나님의 "의로우신 행사들"은 실제로는 구원의 능력을 베푼 큰 역사들을 가리키지만, 이 어구가 그러한 외연(denotation)을 지닌다고 해서, 그 행사들이 정확히 계약의 약속들을 성취하기 위하여 행해진 구원의 역사들이라는 이 어구가 지닌 내포(connotation)가 사라지거나 제거되는 것은 아니다.[55] 만일 이 행사들이 어떤 영속적인 계약이나 약속들과는 상관없이 일어난 여러 가지 "구원의 역사들"에 불과한 것들이었다면, 이 행사들을 지칭하는 다른 표현들이 존재하였을 것이다. 하지만 이 어구 속에 '디카이오쉬네'가 언급되고 있다는 것은, 그러한 행사들이 이스라엘의 하나님이 계약에 대하여 신실하게 행해 왔다는 사실을 드러내는 일들이었다는 것을 보여준다. 설령 우리가 하나

52) 9:16. '디카이오쉬넨' (dikaiosynēn)이라는 읽기는 칠십인역의 읽기이다: Theodotion 역본에는 '엔 파세 엘레에모쉬네 수' (en pasē eleēmosynē sou)로 되어 있다.

53) 에스라4서와 로마서에 나타난 하나님의 의에 대해서는 B. W. Longenecker, 1990; 1991을 보라.

54) 예컨대, "새 출애굽" 사상: 원래의 출애굽에서는, 야웨는 아브라함과 이삭과 야곱과 맺은 자신의 계약을 기억해서(출 2:24; 6:5), 거기에 따라 행한다.

55) cf. 시 7:9f.; 35:24; 40:10-12; 50:6; 97:6; 사 41:10; 51:1, 5f., 7f.; 54:17. 이것은 '체다카'(tsedaqah)/ '디카이오쉬네' (dikaiosynē)의 단어군들을 "건짐"이나 "구원" 같은 단어들로 옮기는 번역문들에 의해서 모호해지는 경우가 심심치 않게 일어난다. 이스라엘의 하나님의 권능 있는 행위들은 자기 백성을 "구원하는" 효과를 지니지만, 계약을 지키기 위한 행위들이라는 성격을 지니는데, '체다카' / '디카이오쉬네'는 바로 그러한 성격을 나타내 보여준다.

님의 의를 가리키는 히브리어나 헬라어 단어들의 의미를 밋밋하게 이해해서, 이 어구가 그러한 행사들이 단순히 야웨가 행한 "옳은" 일들을 의미하는 것이라고 할지라도, 하나님이 이스라엘을 구원하는 것이 "옳은" 일인 이유는, 정확히 하나님이 자기 백성과 특별한 관계 속에 있었기 때문이었다.

(3) 그런 일이 일어날 때, 그런 기대를 보여주는 흐름들 중 몇몇은 세계의 열방들이 그 일(열방들이 패배를 당하여 분쇄되는 것)을 단지 나쁜 소식으로만이 아니라 좋은 소식으로도 받아들이게 될 것이라고 보았다. 야웨는 이스라엘의 경계를 뛰어넘어서 영광을 받게 될 것이다.[56] 성경과 이후의 유대 문헌들에 나오는 많은 본문들은 열방들에 대한 장래의 심판에 대하여 계속해서 말하였지만, 그 중 일부 본문들은 그런 것과 병행되면서도 다른 비전을 보았는데(열방들의 운명이 여전히 이스라엘을 위한 하나님의 최종적인 큰 역사에 달려 있다고 본 점에서 서로 병행이 된다), 그것은 한 분 유일하신 하나님이 자기 백성을 회복시켰을 때, 열방들은 무리를 지어 시온으로 순례를 오게 되리라는 것이었다:

> 장래의 날들에 야웨의 전의 산이
> 모든 산들 중에서 가장 높은 산으로 굳게 설 것이고,
> 모든 작은 산들 위에 뛰어나게 될 것이며,
> 모든 열방들이 그 산으로 물 밀듯이 모여올 것이다.
> 많은 백성들이 오면서 말할 것이다.
> "오라, 우리가 야웨의 산에 오르며,
> 야곱의 하나님의 전에 이르자.
> 그가 그의 길들을 우리에게 가르치실 것이고,
> 우리가 그의 길들로 행할 것이다.
> 이는 교훈이 시온으로부터 나올 것이고,
> 야웨의 말씀이 예루살렘으로부터 나올 것이기 때문이다.
> 그가 열방 사이에 판단하시고
> 많은 백성들을 중재하시리니,
> 그들이 칼을 쳐서 보습을 만들고,
> 창을 쳐서 낫을 만들 것이다.
> 다시는 나라가 나라를 대적하여 칼을 들거나
> 전쟁을 연습하지 않게 될 것이다.[57]

56) 말 1:5; 1:14.
57) 미 4:1-3과 어느 정도 동일한 사 2:2-4; 또한, cf. 렘 3:17.

이러한 소망은 이사야서 11:1-10에 나오는 만유의 갱신에 관한 비전을 다른 식으로 표현한 것으로서, 이사야서 49장에 나오는 저 유명한 본문에서 다시 표현된다:

이제 야웨께서 말씀하신다 …
너를 나의 종으로 삼아
야곱의 지파들을 일으키게 하고
이스라엘 중의 생존자들을 회복시키게 하는 것은
매우 쉬운 일이다.
내가 너를 열방들에게 빛으로 주어,
나의 구원을 땅 끝까지 이르게 할 것이다.[58)]

이 동일한 비전은 여러 가지 다양한 방식으로 표현되는 가운데 계속해서 이사야서 전체에서 출몰한다. 야웨의 "종"은 11장에 나오는 장차 올 다윗 가문의 왕처럼 정의를 땅 끝까지 견고히 세울 것이다. 이방인들이 야웨에게로 돌아와 속할 것이고, 야웨의 전은 만민이 기도하는 집이 될 것이다.[59)] 이스라엘이 회복될 때, 열방들은 그 빛으로 올 것이고, 왕들은 그 서광으로 올 것이다.[60)] 그들은 자신들의 보화를 들고서 예루살렘으로 올 것이기 때문에, 야웨의 전이 찬란함으로 충만하게 될 것이다.[61)]

이 주제는 스가랴서에도 등장한다:

딸 시온아, 노래하고 기뻐하라.
이는 내가 와서 네 가운데에 거할 것임이라. 야웨께서 말씀하신다.
그 날에 많은 열방들이 야웨께 속하여 내 백성이 되고,
나는 네 가운데 거할 것이다.
그리고 만군의 야웨께서 나를 네게 보내신 것을 네가 알게 될 것이다.[62)]

만군의 야웨께서 이렇게 말씀하신다.
"백성들과 많은 성읍의 주민들이 올 것이고, 한

58) 사 49:5-6. "열방에 대한 빛"이라는 주제는 Wis. 18.4b; *T. Lev.* 14.4에서 짧게 반짝인다.
59) 사 56:6-8.
60) 사 42:3-6; 60:3-7; cf. 25:6-10a; 66:18-21.
61) 학 2:7.
62) 슥 2:10f.

성읍의 주민들이 다른 성읍의 주민들에게 가서,
'우리가 가서 만군의 야웨를 찾고 야웨께 은총을 구하자.
나도 지금 가고 있다'고 말할 것이다.
많은 백성들과 강대한 나라들이 예루살렘으로 와서
만군의 야웨를 찾고 야웨께 은혜를 구할 것이다."
만군의 야웨께서 이렇게 말씀하신다.
"그 날에는 말이 서로 다른 언어를 사용하는 열방들에서 온 열 사람이
유다 사람 하나의 옷자락을 붙잡고서,
'하나님이 너희와 함께 하심을 들었으니,
우리로 너희와 함께 가게 하라'고 말할 것이다."[63]

그 때에 예루살렘을 치러 왔던 열방들 중에 살아남은 모든 자들이 해마다 올라와서 그 왕 만군의 야웨께 경배하며 초막절을 지킬 것이다. 땅에 있는 족속들 중에 그 왕 만군의 야웨께 경배하러 예루살렘에 올라오지 않는 자들에게는 비가 내리지 않을 것이다.[64]

이러한 예언의 말씀들은 하나님이 열방들에 대하여 큰 승리를 거둘 것에 대하여 말하는 본문들에 의해 둘러싸여 있고, 겉보기에 긴장관계에 있는 것 같아 보이는 이러한 비전은 제2성전 시대 전체에 걸쳐서 계속되었기 때문에, 시편들은 세계의 열방들이 토기장이의 그릇처럼 산산이 분쇄될 것이고, 그런 후에 땅의 모든 끝들이 야웨를 기억하고 돌아올 것이라고 한 목소리로 말할 수 있었다.[65] 따라서 토빗서에 나오는 저 장엄한 감사 기도는 야웨가 포로생활 가운데 있던 자기 백성을 회복시키고, 열방들로 하여금 물 밀듯이 야웨를 경배하러 몰려들게 할 것이라는 비전에 대한 깊은 묵상으로부터 나온다:

한 밝은 빛이 땅의 모든 끝들에 비칠 것이고,
많은 열방들이 멀리에서 당신께 올 것이며,
땅의 가장 먼 곳들의 주민들이 그들의 손에 하늘의 왕을 위한 예물을 들고
당신의 거룩한 이름을 찾아 올 것입니다.
사람들은 세대를 이어 당신 안에서 기쁨의 찬송을 드릴 것이고,
당신이 택하신 성의 이름은 영원할 것입니다.[66]

63) 슥 8:20-3.

64) 슥 14:16f.

65) 시 2:9; 22:27f.; cf. 66:4; 67:3f.; 68:32; 72:8-11; 86:9; 102:22; 117:1.

66) Tob. 13.11. 동일한 것에 대한 암시는 *1 En.* 10.21; 57.3; 90.33; 91.14에도 나온다; 또한, cf. *4 Ezra* 13.13.

그리고 이것은 엄숙한 약속에 의해서 뒷받침된다:

> 이 일 후에 그들은 모두 포로생활로부터 돌아와 예루살렘을 장엄하게 재건할 것입니다. 이스라엘의 선지자들이 말해 왔듯이, 거기에 하나님의 성전이 재건될 것입니다. 그 때에 온 세계의 열방들이 다 회심하여(epistrepsousin - '에피스트렙수신') 진심으로 하나님을 경배할 것입니다. 그들은 모두 그들을 속여 그릇된 길로 인도해 왔던 우상들을 버리고, 의로움 가운데서 영원하신 하나님을 찬송할 것입니다.[67]

대략 동일한 시기에 나온 다른 본문들도 비슷한 관점들을 보여준다. 즉, 열방들은 반드시 실제로 시온으로 순례를 오지는 않는다고 할지라도, 종말에 이스라엘이 회복될 때에 그 결과로서 구원으로 나아오게 되리라는 것이다.[68] 이 주제가 쿰란 문헌들이나 외경들에서 특별히 두드러진 것은 아니라고 말하는 것이 옳다고 할지라도,[69] 당시의 유대인들이 이사야서 같은 책들을 계속해서 소중히 여기고 연구하였으며 시편들을 노래하였다는 사실을 기억하는 것도 또한 중요하다. 이스라엘의 하나님이 세계의 나머지 부분과 관련해서 이 모든 다양한 것들을 어떻게 성취하게 될 것인지는 불분명하였지만, 사람들은 하나님이 결국 그렇게 하리라는 것에 대해서는 유일신론만큼이나 전혀 의심의 여지가 없었다. 야웨는 한 분 유일하신 창조주 하나님이었기 때문에, 피조세계 전체를 바로잡는 것은 결국 그 하나님의 책임이었다. 그런 하나님이 장차 다시 돌아와서 예루살렘에서 영원히 거하겠다고 약속하였기 때문에, 열방들이 교훈을 배우기 위하여 먼저 호된 징계를 받든 그렇지 않든 하나님을 예배하러 예루살렘으로 오게 될 것임은 분명한 것이었다. 이러한 "시온으로의 열방의 순례"는 미래에 대한 비전의 일부로서 잘 발전된 것은 아니었지만 이런저런 방식으로 그 중요한 일부였다.[70]

67) Tob. 14.5-7.

68) Donaldson, 1990, 8.

69) cf. *T. Zeb.* 9.8; *T. Benj.* 9.2; *Sib. Or.* 3.767-95. Moo, 1996, 684가 이 전통의 가장 분명한 예로 인용한 *Pss. Sol.* 17.26-46의 비전은 내게는 의심스러워 보인다. 거기에서는 열방들이 "그의 영광을 보러 땅 끝들로부터 올" 것이라고 말하고 있기는 하지만(17.31), 이것은 외국인들과 외인들이 멀리 쫓겨나고(17.28), 열방들이 멍에 아래에서 섬기게 될 것(17:30)이라는 맥락 속에서 그런 식으로 묘사되고 있는 것이기 때문에, 이사야서 2장이나 스가랴서 8장의 비전과 다르다; 실제로 Schweitzer, 1968 [1930], 178은 이 본문을 이사야서와 스가랴서와는 반대로 "보편주의"를 배척하는 예로 인용한다. 자세한 것은 Donaldson, 1990, 9를 보라.

70) 이 전통에 대해서는 특히 Donaldson, 1990과 거기에 언급된 이전의 책들을 보라; 예컨대, Schoeps, 1961 [1959], 219-29.

(4) 장차 도래할 위대한 미래에 대하여 말하는 또 하나의 방식은 세계의 역사를 두 개의 연대기적인 기간, 즉 "현세"와 "내세"(또는, "새 시대")로 나누는 것이었다. 랍비 시대에 이르러서는 "두 시대론"은 잘 정립되어 있었고, "현세"와 "내세"의 구분-악이 승리하는 듯이 보이는 현재의 때와 악이 무너지게 될 미래의 때-은 잘 알려져 있었다.[71] 그러나 이러한 구분은 제2성전 시대로 거슬러 올라가고, 그 뿌리는 성경에 있었다.[72] 어떤 사람들은 종종 이것을, "묵시론"이라는 느슨하지만 별로 도움이 되지 않는 명칭으로 불리는 운동의 특징들 중의 하나인 "이원론"에 속하는 것이라고 주장하지만, 그런 주장은 결코 옳지 않다.[73] 실제로 "현재의 (악한) 시대"와 "장차 올 시대"를 구분하는 "두 시대론"은 제2성전 시대 유대인들의 세계 내에서 어느 한 운동이 독점하고 있던 것이 결코 아니었고, 그 세계 전체의 일부였다. 어떤 사람들은 다른 사람들보다 더 열정적으로 이러한 관념을 받아들였다는 것은 의심의 여지가 없지만, 이 관념 자체는 사람들이 "묵시록들"을 쓰는 것을 중지한 후에도 오랫동안 계속해서 조금도 약화되지 않고 열렬하게 행해졌던 세계에 관한 거대한 서사를 말하며 그 속에서 여러 가지 일들을 바라보는 유대적인 방식을 보여주는 것이었다. 한편으로 이스라엘이 처해 있던 위험천만하고 극도로 불확실한 상태, 다른 한편으로 성경에 나오는 굉장한 약속들을 감안했을때, 두 시대의 구분은 거의 피할 수 없는 일이었다. 유일한 대안(일부 사람들이 어느 때에 가서 이 대안을 받아들이게 된 것은 두말할 필요가 없다)은 모종의 영지주의였다. 즉, 공간과 시간과 물질로 이루어진 현재의 세계 내에서 아무런 미래가 없다고 한다면, 거기에 대한 해법은 다른 영역으로 완전히 도피해 버리는 것밖에 없다는 것이다. 따라서 우리가 여기서 주목해야 할 것은 "현세"와 "내세"의 구분은 그러한 존재론적인 "이원론"에 굴복하는 방식이 아니었고, 피조세계가 선하다는 것과 창조주가 결국에는 피조세계를 현재의 상태로부터 해방시킬 것이라는 믿음을 천명하

71) 이 핵심에 대한 고전적인 표현은 *4 Ezra* 7.50에서 발견된다: "지존자께서 한 시대가 아니라 두 시대를 만드셨다"; 또한, cf. *1 En.* 71.15; *2 Bar.* 14.13; mAb. 4.1; mSanh. 10.1; bBer. 9.5. de Boer, 2011, 30f. 등에는 다른 많은 전거들이 열거되어 있다. 이것에 대한 논의로는 cf. *NTPG*, 252-4; 299f.; Moore, 1927, 1.270f.; Schürer, 1973—1987, 2.495. Sanders, 1992, ch. 14은 종종 이상한 공백들이 보이기는 하지만, 이것에 대한 좋은 전체적인 그림을 보여준다.

72) *NTPG*, 299f.를 보라. 우리는 이사야서 2:2-5 같은 본문들을 인용할 수 있을 것이다.

73) cf. *NTPG*, 252-5. 거기에서 나는 "이원론"이라 불리는 열 가지 서로 다른 것들을 구별하였다. 내가 253에서 말한 것처럼, "오직 귀족 계층은 예외일 수 있겠지만, 실질적으로 제2성전 시대의 거의 모든 유대인들은 자신들이 슬픔과 포로생활의 때인 '현세'에 살고 있고, 장차 모든 잘못된 것들이 바로잡히고 이스라엘의 하나님이 자신의 나라를 세울 '내세'가 올 것이라고 믿었다."

는 방식이었다는 것이다. 즉, 피조세계의 현재의 모습이 언제까지나 지속되는 "모든 것"일 수 없고, 이스라엘의 하나님은 무엇인가 새로운 일을 행하기로 약속하였다는 것이다. 그리고 이 새 "시대"(헬라어로 aiōn – '아이온')는 새로운 "삶"을 의미할 것이었기 때문에, '조에 아이오니오스'(zōē aiōnios, "[내]세의 삶")는 자주 그리고 별 도움이 안 되게 "영생"으로 번역되어 왔다.[74]

(4) 네 번째이자 마지막 요소 — 이것은 일부 유대 진영들을 상당한 정도로 깜짝 놀라게 하고 두렵게 하였다 — 는 부활이었다. 나는 이것에 대해서도 이미 다른 곳에서 다룬 바 있기 때문에,[75] 우리의 현재의 목적을 위해서 주목해야 할 것만을 제시한다면, 그것은 "부활"은 제2성전 시대의 그 밖의 다른 유대인들의 기대들로부터 분리되어서 동떨어져 있던 독립적이거나 사변적인 약속이 아니었다는 것이고, 다른 것들과 마찬가지로 고대의 성경 및 창조주와 심판주로서의 야웨라는 쌍둥이 개념들에 깊이 뿌리를 두고 있었다는 것이다. 그런 하나님이 결국에 세계를 바로잡게 될 때, 자신이 만든 세계를 말살해 버리거나, 공간과 시간과 물질로 이루어진 피조질서가 (창세기 1장에서 말한 것과는 달리) 선한 것이 아니라 나쁜 것이라고 결정해 버린다면, 그것은 창조주로서의 하나님에게 합당한 일이 될 수 없을 것이었다. 현재의 육신을 지닌 삶이 끝나서 사람이 죽게 되면 새로운 육신을 지닌 삶이 시작된다는 것을 암시하는 것으로 받아들여질 수 있는 생각들이 이전에 존재하였고, 그러한 생각들은 나중에 종종 받아들여지기도 하였다. 그러한 생각들은 특히 다니엘서에서 생명을 얻게 되었고, 그런 후에 마카베오2서에서 장엄하게 표현되었는데, 이 두 책은 다소의 사울 시대에 대부분의 유대인들, 특히 바리새파에 속한 모든 유대인들에게서 부활에 관한 비전을 낳았고 지탱해 주었다.

이렇게 이 네 가지 주제는 야웨가 귀환하리라는 것과 그의 나라가 굳건히 세워

74) 이 어구는 다니엘서 12:2에서 부활 소망을 "내세"의 내용으로 하는 두 시대 도식의 맥락 속에서 처음으로 등장한다. 제2성전 시대 유대교 내에서는 cf. *Ps. Sol.* 3.12; 13.1; Wis. 5.15(장래에 도래할 "하나님의 나라"라는 맥락 속에서); 2 Macc. 7.9(여기에서는 최초의 순교자가 자신의 하나님이 그를 일으켜 세워 "영원한 새로워진 삶"(eis aiōnion anabiōsin zōēs - '에이스 아이오니온 아나비오신 조에스')을 살게 할 것이라고 주장하는데, 이것은 문맥상으로 분명히 부활을 가리킨다; cf. 7.14, 23, 29, 이것에 대해서는 *RSG*, 150-3을 보라); 4 Macc. 15.3; cf. 1QS 4.7. 요한의 글들에 나오는 "영생"에 대해서는 cf. *RSG*, 441, 463f. Cranfield, 1975, 147은 '조에 아이오니오스'(zōē aiōnios)를 단지 "최후의 복된 삶을 가리키는 포괄적인 용어"라고 애매모호하게 말한다. Dunn, 1988a, 85이 이 어구를 "끝 없는 삶"이라고 번역하고서, 이것은 유대인 특유의 두 시대론이 아니라 사후의 삶에 관한 플라톤적인 비전을 가리키는 것이었기 때문에, "헬라인들이 이해하기에 어렵지 않았을" 것이라고 말한 것은 잘못된 것이다.

75) *RSG*, 특히 chs. 3, 4. Sanders(1992, 298-303)가 "부활"을 유대적 종말론에 관한 그의 매우 현세적인 그림 속에 통합시키지 않은 것은 주목할 만하다.

지게 되리라는 것에 관한 비전, 즉 다소의 사울 같은 독실하고 열심 있는 바리새인이 지니고 있었을 것이라고 충분히 예상될 수 있는 비전을 구성하고 있었다. 유대인들의 이러한 소망은 여러 가지 잡다한 모티프들을 당시의 정치적인 필요라는 끈으로 한데 묶어 놓은 것이 아니었다 — 물론, 이 소망이 그런 식으로 표현되도록 한 데에는 정치적인 소망이나 야망이 작용하였다는 것은 두말할 필요가 없기는 하지만. 부활에 관한 이 비전은, 우리가 이미 앞에서 살펴본 두 가지 기본적인 믿음(유일신론과 선민론)을 표현하고 구체화하는 가운데 어느 정도 통일적인 전체를 형성하고 있었다. 이 비전은 승리라는 개념, 즉 애굽을 시작으로 바벨론과 그 이후의 여러 제국들을 포함한 모든 원수들에 대한 야웨의 승리, 열방들과 그들의 통치자들에 대한 메시야의 승리, 피조세계 전체 내에서 혼돈과 불의에 대한 창조주의 승리라는 개념을 부각시켰다. 이 비전에 동력을 부여한 것은 하나님의 신실하심이라는 개념이었다. 즉, 야웨가 이것을 하겠다고 약속하였기 때문에, 반드시 이것을 하리라는 것이다. 그러나 이 비전의 전면에 등장하는 것은 하나님의 "임재"라는 개념이었다. 즉, 야웨는 자기 백성 가운데 거하기 위하여 다시 돌아오리라는 것이다. 이 비전은 야웨의 백성인 이스라엘이 궁극적으로 신원 받게 될 것에 관한 것이라고 할 수 있지만, 사실 그 배후에는 유일신론 자체가 신원 받게 될 것이라는 관념이 자리 잡고 있었다:

> 그들은 내 이름을 부를 것이고, 나는 그들에게 응답할 것이다. 나는 "그들은 내 백성이다"라고 말할 것이고, 그들은 "야웨는 우리의 하나님이시다"라고 말할 것이다 … 야웨께서는 온 땅 위에 왕이 되실 것이다. 그 날에 야웨는 한 분이실 것이고, 그의 이름도 하나일 것이다.[76)]

이러한 소망은 아주 다양한 방식으로 표현되었다: 시편들, 비전들, 그런 일이 일어날 상황을 만들고자 하는 정치 운동들, 오경처럼 역사와 예언 양쪽으로 읽혀졌던 서사. 그들은 이 소망이 그들이 오랫동안 기다려 왔던 약속들을 성취해 줄 것이라고 기대하였을 뿐만 아니라, 새로운 것을 가져다줄 것이라고도 기대하였다. 선지자들이 가장 일반적으로 예언하였던 약속들 중의 하나는, 야웨가 언제나 행하고자 의도해 왔던 것을 행할 때, 이스라엘을 포함한 모든 자들이 다 깜짝 놀라게 되리라는 것이었다. 이것은 간헐적으로 경험되었다. 즉, 마카베오 혁명기에 살았던 사람들 중에서 적어도 일부는 옛 예언들이 마침내 성취되고 있다고 진심으로 믿었

76) 슥 13:9; 14:9.

고, 쿰란 분파는 그러한 약속들이 자신들의 공동체 속에서 은밀하게 미리 성취되었고 장차 좀 더 온전하게 성취될 것이라는 믿음으로 살아갔다.[77] 이스라엘의 이 옛 소망은 표현되고 기대되고 경험되면서(여러분은 강단에서 학자를 끌어내릴 수는 있지만, 학자에게서 강단을 빼앗아 버릴 수는 없다), 본문들에서만이 아니라 운동들, 기도, 믿음, 열심에 통합되어 그 속에서도 살아 숨 쉬게 되었다. 다소의 사울의 마음에 불을 지펴서, 토라를 중심으로 한 경건의 삶을 살게 만들고, 초기 교회를 열심으로 박해하게 만든 것도 바로 이 소망이었다.

이제 우리가 해야 할 작업은 비교적 단순하다. 나는 바울이 이러한 철저하게 유대적인 색채를 지닌 소망을 자신의 머리와 마음에 품고서, 그 소망이 예수와 성령 안에서 이미 성취되었고, 장차 좀 더 온전하게 성취될 것이라고 믿었다는 것을 논증할 것이다. 이 모든 것이 "이제"(now)와 "아직"(not yet)로 이루어져 있다는 것은 너무나 분명하고, 이 점은 흔히 지적되어 왔다.[78] 하지만 그렇게 자주 주목받지 못 해온 것이 있는데, 그것은 이러한 "이제"와 "아직"은 제2성전 시대 유대교, 아니 실제로는 이스라엘의 옛 성경에서 생생하게 살아 있었고 중심적인 것이 되어 있었던 소망에 대한 기독론적이고 성령론적인 수정을 아주 철저하게 구현하고 반영하고 있다는 것이다.

3. 실현되고 재정의된 소망

1) 예수를 통해서

바울이 유대적인 종말론을 어떻게 수정했는지를 이해하기 위한 출발점으로 삼기에 가장 좋으면서도 손쉬운 곳은 우리가 방금 전에 도달한 바로 그 지점이다. 역사가 계속해서 진행되고 있는 한복판에서 어느 한 사람에게 "부활"사건이 일어날 것이라고 생각한 사람은 아무도 없었다. "부활"을 기대한 사람들은, 새 시대가 동트고 하나님의 정의와 긍휼이 이스라엘과 세계를 뒤덮게 될 역사의 종말에 모든 사

77) 1 Macc. 14.4-15를 보라. 쿰란 공동체의 종말론에 대해서는 cf. *NTPG*, 203-9; *RSG*, 181-9.

78) cf. Aune, 1992, 602f. Aune이 바울과 그의 유대적 맥락 간의 주된 차이는 그에게는 내세는 이미 어떤 의미에서 현재적으로 도래하였다는 것이라고 말하는 것은 옳지만, 나는 이것이 그가 주장한 대로 두 시대 간의 구별을 "완화시키는" 결과를 가져왔다고는 생각하지 않다. 두 시대 간의 구별은 여전히 분명하다.

람들, 또는 적어도 믿는 자들에게 그 부활이 일어날 것이라고 기대하였다. 이 점은 자주 언급되어 왔지만, 사도 바울이 믿게 된 모든 것의 토대이기 때문에, 여기에서 다시 한 번 말해 둘 필요가 있다: 나사렛 예수가 죽은 자 가운데서 다시 살아났다면, 그것은 만유 전체가 완전히 미쳐서 비정상이 되었거나, "부활"이 예수라는 한 인물을 통해서 선행적으로 현재 속으로 들어왔고 다른 모든 사람들은 때가 되면 그의 뒤를 따라 부활하게 될 것이거나, 이 둘 중의 하나를 의미할 수밖에 없었다.

또한, 부활 사건 자체는 그다지 큰 의미가 없을 수도 있었기 때문에, 사람들은 이렇게 물을 수밖에 없었다: 왜 예수에게 부활이라는 사건이 일어난 것인가? 왜 그의 부활이 다른 사람들도 뒤따라 부활하게 될 것임을 의미하는 것이 되는가? 여기에서 우리는 부활 사건이 지닌 또 다른 핵심적인 함의들 중의 하나를 만난다. 즉, 예수가 메시야를 자처하고서 십자가에 못 박혔다가 죽은 자 가운데서 부활함으로써 자신의 말이 옳다는 것을 입증하였다면(이것은 창조주 하나님의 역사일 수밖에 없었기 때문에), 그는 결국 이스라엘의 메시야였다는 것이 된다.[79] 이미 앞에서 보았듯이, 이것이 사실이라면, 다른 모든 것은 새롭게 평가되어야 했다. 이스라엘의 소망이 실현되었고, 이스라엘의 소망이 재정의되었다. "보라! 지금이 바로 그 때이다! 보라! 구원의 날이 도래하였다!" 바울은 말일의 선지자를 자임하고서, 이스라엘의 옛 비전이 마침내 실현되었다고 선언한다.[80]

바울이 정확히 이런 방식들로 사고하고 있었다는 것 — 부활이 두 번에 걸쳐 일어난다는 것과 부활은 예수가 진정으로 메시야였다는 것을 의미한다는 것 — 은 두 개의 아주 중요한 본문들로부터 분명하게 드러난다. 우리는 이 본문들을 메시야로서의 예수의 지위에 관한 우리의 이전의 논의와 관련해서 이미 살펴보았지만, 여기에서 이러한 시각으로 이 본문들을 다시 한 번 보는 것은 중요하다. 후자를 먼저 살펴보자:

79) *RSG*, 554-63을 보라. 바울로 하여금 그의 신학의 특징인 메시야와 이스라엘의 저 단단한 결합을 해나가도록 강제한 것은 아마도 이것, 즉 바울이 하나님이 이스라엘을 위하여 행할 것이라고 기대해 왔던 것을 예수를 위하여 하고 있다는 것이었을 것이다(위의 제10장 제3절 1)을 보라).

80) 이사야서 49:8을 되돌아보고 있는 고린도후서 6:2; 위의 제10장 제3절 3) (3)과 4) (1)에 나오는 논의를 보라. 바울이 "이제"(now)를 강력하게 종말론적인 의미로 사용하고 있는 것에 대해서는 위의 제8장 제5절을 보라. "이제"는, 마치 시계의 초침과 분침이 자연스럽게 움직여서 자정에 도달하듯이, 그렇게 시간이 흘러가서 순조롭게 그 정점에 도달한 시점인 "이제"가 아니고, 새벽 3시에 전화가 울려서 손자가 태어났음을 알리는 그러한 깜짝 놀랄 만한 의의의 시점인 "이제"이다. 손자가 태어날 것임을 알고 있었지만, 바로 그 때일 줄은 예상하지 못한 일이다.

> 이 복음은 하나님이 선지자들을 통하여 자기 아들에 관하여 성경에 미리 약속하신 것인데, 그의 아들은 육신의 관점에서는 다윗의 자손으로부터 나셨고, 성결의 영이라는 관점에서는 죽은 자들 가운데서 부활함으로써 하나님의 아들임이 능력으로 입증되셨으니, 곧 우리 주 왕 예수이시다.[81)]

바울은 여기 자신의 가장 위대한 서신의 도입부에서 초기 기독교의 보편적인 믿음을 아예 처음부터 강력하게 선언한다. 즉, 부활은 예수가 진정으로 이스라엘의 메시야이고, 따라서 세계의 참된 주라는 것을, 하나님이 만천하에 공개적으로 선언한 사건이었다는 것이다. 또한, 우리가 주목할 것은 바울은 예수의 죽은 몸에 생명을 준(그리고 종말에 신자들의 몸에도 생명을 줄) 주체로 성령을 언급하고 있다는 것이다.[82)] 그리고 이 서신이 전개되어 가면서, (시편 2편과 맥을 같이해서) 열방을 자신의 "유업"으로 갖게 되고 자신의 지위를 자신의 모든 백성과 함께 공유하게 될 분으로서의 메시야인 하나님의 "아들"이라는 개념은, 이 서신의 정점이자 중심인 8:18-30에서 온전히 표현된다.

메시야로서의 예수의 지위는 바울이 또 하나의 기본적인 핵심, 즉 "부활"이 두 번에 걸쳐 일어나게 된다는 것을 설명하는 고전적인 본문에서도 중심적인 자리를 차지한다:

> 그러나 사실 메시야께서는 잠자고 있는 자들의 첫 열매로서 죽은 자 가운데서 다시 살아나셨다. 사망이 한 사람으로 말미암아 왔기 때문에, 죽은 자의 부활도 한 사람으로 말미암아 왔다. 아담 안에서 모든 사람이 죽은 것 같이, 메시야 안에서 모든 사람이 살아나게 될 것이다.
>
> 그러나 각각 차례를 따라 될 것이다. 메시야는 첫 열매로서 다시 살아나시고, 다음으로는 그가 왕으로 오실 때에 메시야에게 속한 자들이 될 것이다. 그런 후에는 종말이 와서, 그가 모든 통치와 모든 권세와 능력을 멸하시고 나라를 아버지 하나님께 바치게 될 것이다. 그는 "자신의 모든 원수를 자기 발 아래에 둘" 때까지는 계속해서 다스리실 것이다. 맨 나중에 멸망 받을 원수는 사망이다. "그가 만물을 자기 발 아래에 두셨다"고 하

81) 롬 1:1-4. "하나님의 아들"은 물론 메시야를 가리키는 것으로서, 시편 2:7을 비롯해서, 아들로서의 지위에 대한 약속과 더불어서 부활에 대한 암시("내가 너의 씨를 일으키리라")를 수반하는 사무엘하 7:12-14 같은 비슷한 본문들을 간접적으로 인용하고 있다. 문체적이거나 언어학적인 근거들 위에서 이 본문을 주변화시키고자 하거나, 이 본문은 바울 자신의 확신을 표현하는 것이 아니라, 단지 사람들의 기대를 표현하기 위하여 전통적인 정형문구를 가져와서 사용한 것이라고 보고자 하는 시도들은, 이 절들이 이 서신의 몇몇 핵심적인 요소들, 특히 이 서신의 신학적 결론인 15:12과 주제상으로 탄탄하게 연결되어 있다는 점에서, 실패할 수밖에 없다. 위의 제10장 제3절 1)을 보라.

82) 롬 8:11.

> 셨기 때문에, 만물을 자기 아래에 둔다고 말씀하실 때, 만물을 자기 아래에 두신 이가 그 중에 들지 아니할 것은 분명하다. 만물을 그에게 복종하게 하신 때에는, 그 때에 아들 자신도 만물을 자기에게 복종하게 하신 이에게 복종하게 되리니, 이는 하나님이 모든 것 속에서 모든 것이 되시게 하기 위한 것이다.[83)]

이 본문은 "부활"이 역사상에서 두 번에 걸쳐 일어날 것이라고 말하면서, 메시야와 그의 백성을 "첫 열매"라는 추수 은유를 통해 연결시킴으로써, 바울의 재정의된 유대적 종말론의 상당 부분을 보여주는 본문일 뿐만 아니라, 부활과 마찬가지로 둘로 나뉘게 된 "하나님의 나라"에 관한 바울의 비전과 관련해서도 고전적인 본문이기도 하다. 즉, 메시야의 나라는 이미 개시되어 역사 속에 존재하지만, 하나님이 "모든 것 가운데서 모든 것"이 될 최종적인 "하나님의 나라"는 여전히 미래에 이루어질 일이라는 것이다. 하지만 그것은 메시야가 이미 이룬 승리에 의해서 보증된다.[84)]

그러한 맥락 속에서 우리는 두 가지 추가적인 중요한 주제들을 발견한다: 현재에 있어서 성경에 토대를 둔 메시야의 승리의 통치 및 장래에 있을 그의 "왕으로서의 행차"(parousia – '파루시아'). '파루시아'에 대해서는 우리가 잠시 후에 좀 더 살펴볼 것이다. 그러나 바울이 예수가 왕으로서 반역한 무리들에 대하여 단번에 승리를 거두고서 그 승리를 공고히 하는 가운데 이미 세계를 다스리고 있는 것으로 보고 있다는 사실은, 무슨 일이 일어난 것인지를 분명히 보여준다. 이것은 다니엘서 7장에서 볼 수 있는 것과 같은 세계 통치에 관한 고대의 유대적 비전이다.[85)] 시편에서 말하고 있듯이, 이것은 메시야에 그 초점이 맞추어져 있다:

> 그에게 권세와 영광과 나라가 주어졌고, 모든 백성과 나라들과 다른 언어를 말하는 모든 자들은 그를 섬기게 되었으니, 그의 권세는 소멸되지 않을 영원한 권세이고, 그의 나라는 멸망하지 않을 나라이다 … 지극히 높으신 이의 성도들이 나라를 얻어서 영원토록 소유할 것이다 … 지극히 높으신 이의 성도들을 위한 판결이 주어졌고, 때가 이르자, 성

83) 고전 15:20-8. 궁극적인 하나님의 나라를 표현하고 미리 보여주는 메시야의 나라라는 주제는, Schechter, 1961 [1909], ch. 7, 특히 103이 보여주듯이, 유대적인 사상에 깊이 뿌리를 내리고 있다.

84) "하나님의 나라"는 바울의 글들에서 상대적으로 드물게 등장하지만, 이 어구가 나올 때, 그것은 분명히 그가 당연한 것으로 전제하는 개념이다. 롬 14:17; 고전 4:20; 6:9f.; 15:24, 50; 갈 5:21; 엡 5:5(여기에서 그는 "메시야와 하나님의 나라"라고 말한다); 골 1:13; 4:11; 살후 1:5. 롬 5:17, 21; 6:12-23; 고전 4:8; 15:23-8 등에 나오는 "왕과 관련된" 언어와 비교해 보라. 목회서신에서는 cf. 딤전 1:17; 6:15; 딤후 4:1, 18.

85) 위의 제2장 제4절 2)를 보라.

> 도들이 나라를 얻었다 … 나라와 권세와 온 천하 나라들의 위세가 지극히 높으신 이의 성도들에게 주어지리니, 그들의 나라는 영원한 나라일 것이고, 모든 권세자들이 그들을 섬기고 복종할 것이다.[86)]

> 내가 야웨의 영을 전하겠다. 그가 내게 말씀하셨다. "너는 내 아들이다. 오늘 내가 너를 낳았다. 내게 구하라. 내가 열방을 네 유업으로 주고, 땅의 끝들을 네 소유로 줄 것이다. 너는 철장으로 그들을 깨뜨릴 것이고, 토기장이의 그릇처럼 박살낼 것이다."[87)]

> 그가 바다에서부터 바다까지와 강에서부터 땅 끝까지 다스리리니, 그의 대적들은 그 앞에 무릎을 꿇을 것이고, 그의 원수들은 티끌을 핥을 것이다.[88)]

이러한 것들은 고린도전서 15:20-28의 배경에 자리 잡고 있는 주제들로서, 성경에 토대를 둔 바울의 그림을 완성할 여러 점들에 속한다. 그리고 이 고린도전서 본문의 전경에는 시편으로부터 가져온 두 개의 인용문들이 더 있는데, 하나는 "인자"의 통치와 연결되어 있는 것이고, 다른 하나는 메시야의 승리와 연결되어 있는 것이다:

> 야웨께서 내 주께 말씀하신다. "내가 네 원수들을 너의 발등상으로 삼을 때까지 내 오른편에 앉아 있으라 … 야웨가 네 오른편에 있어서 자신의 진노의 날에 왕들을 부수실 것이다. 그가 열방들 가운데서 심판을 행하여 열방들을 시체들로 채우실 것이니, 넓은 땅에 머리들을 흩어놓으실 것이다.

> 인간이 무엇인데, 당신은 인간을 마음에 두시는 것입니까? 인자가 무엇인데, 당신은 인자를 염려하시는 것입니까? 당신은 그를 하나님보다 조금 못하게 지으시고, 그를 영광과 존귀로 관 씌우셨습니다. 당신은 그에게 당신의 손으로 지은 것들을 다스리게 하셨고, 모든 것을 그의 발 아래에 두셨습니다.[89)]

86) 단 7:14, 18, 22, 27. 물론, 이것은 인간에게 짐승들을 다스릴 수 있는 권세가 주어졌다는 옛적의 주제 위에서 구축된 저 유명한 "인자" 환상이다. 우리는 제2성전 시대에서 발견하는 다니엘서 7장에 대한 새로운 읽기들을 통해서, 원래의 환상에서 상징이었던 것(거기에서 "인자 같은 이"는 "지존자의 거룩한 자들"을 나타내는, 문자 그대로 상징으로서의 역할을 한다)이 장차 도래할 메시야가 이스라엘 전체를 대표할 것이라는 믿음(예컨대, *4 Ezra* 11-12)으로 바뀌는 것을 볼 수 있다.

87) 시 2:7-9.

88) 시 72:8-9.

89) 시 110:1, 5-6(1절은 고전 15:25에 인용된다); 8:4-6(15:27에 인용됨). NRSV에서 후자의 본문은 복수형으로 표현됨으로써 포괄적이게 된다; 히브리어와 헬라어, 그리고 바울의 글에서 이 본문은 여기에서처럼 단수형으로 되어 있다. 바울은 여기에서 예수를 가리키기 위하여 남성 단수형을 사용한 것이 분명하기 때문에, 이 점을 분명히 드러나게 하는 것이 최선이다. 로마서 8:17-21에서 시편 2편과 8편을 결

이렇게 고린도전서의 이 본문은 바울이 다음과 같은 성경의 위대한 주제들을 결합시켰음을 모든 면에서 잘 보여준다: 아담, 창조, 짐승들에 대한 인간의 권세; 메시야, 열방들에 대한 그의 승리, 모든 것이 그에게 복종하게 될 때까지 계속될 그의 통치; 하나님의 모든 백성 앞에 놓여 있는 부활의 소망. 우리는 여기에서 이미 바울이 메시야로서의 예수를 아담과 연결시키고 있는 것을 볼 수 있고(22, 45-49절), 앞에서 이미 말했듯이, 바울이 부활을 예수가 메시야임을 증명한 사건으로 보고 있다는 것도 여기에서와 그 밖의 다른 곳들에서 아주 분명하게 드러난다. 이 본문이 고도로 압축된 형태로 추가적으로 보여주는 것은, 바울의 사고 속에서 아담과 메시야는 밀접하게 연결되어 있었다는 것이다. 그가 다니엘서 7장을 메시야적으로 읽고서 이 본문 속에 의도적으로 반영한 것이라고 우리가 결론을 내릴 수 있느냐 없느냐는 다른 문제이기는 하지만, 나는 그가 여러 주제들을 이런 식으로 결합시킨 것으로 보아서 그랬을 가능성이 아주 높다고 생각한다.[90] 요세푸스(Josephus)는 주후 1세기 중반에 많은 유대인들이 다니엘서가 "그 때에 세계 통치자가 유대 땅에서 일어날" 것이라고 예언한 것으로 보았음을 보여주는 분명한 증거들을 제시하면서, 비록 진정성이 의심되기는 하지만, 그것이 사실은 베스파시아누스(Vespasian)에 관한 예언이었다고 말한다.[91] 바울의 경우에는 그것이 예수에 관한 예언이고, 그 예언이 이미 성취되었다고 철저하게 믿었다는 것은 의심의 여지가 없다. 예수가 이미 세계를 다스리고 있다는 이러한 생각은, 바울의 개시된 종말론, 즉 기존의 유대적 소망을 철저하게 수정한 그의 비전의 중심 가까이에 자리잡고 있다.[92]

물론, 그것은 많은 사람들이 생각해 왔었던 그런 종류의 "통치"가 아니었다. 바울에 대한 정치적 읽기들이 배제되면서(그 결과로, 바울은 분명히 예수를 '크리스토스'라고 부르면서, 예수가 이룬 일들이 지닌 의미를 설명하기 위해서 성경에 나오는 메시야에 관한 약속들을 상기시키고 있는데도 불구하고, 사람들은 바울이 메

합해서 반영하고 있는 것을 주목하라.

90) 이 동일한 개연성은 바울이 예수 및 그가 메시야/세계 통치자로 즉위한 것과 관련하여 "돌"이라는 표상을 사용하고 있는 것을 통해서 드러난다. 이것은 분명히 시 118:22(cf. 막 12:10 par.; 행 4:11; 벧전 2:7)과 사 8:14; 28:16(롬 9:33에 인용됨)을 활용하고 있는 것이지만, 다니엘서 7장의 절정에 대한 복선인 단 2:34-5, 44-5과도 밀접하게 공명한다. *NTPG*, 291-7을 보라.

91) Jos. *War*, 6.312-14(그리고 cf. 3.399-408); cf. *NTPG*, 304, 312-4; 그리고 위의 제2장 제4절 2)를 보라.

92) 제2성전 시대에서 다니엘서를 기반으로 한 소망과 신명기 30장에 나오는 것과 같은 계약 갱신에 대한 이해 간의 밀접한 연결 관계에 관한 논의로는 위의 제2장 제4절 3)을 참조하라.

시야로서의 예수의 지위에 대하여 말하는 것을 피하였다고 주장하게 되었다), 이 대목에서 당연히 제기되어야 할 질문이 묻히고 말았다.[93] 또한, 바울에 대한 좀 더 최근의 "정치적" 읽기들은 사도로 하여금 현재의 일들에 대하여 말하게 하고자 하는 열심으로 인해서, 사도가 해주는 대답을 언제나 제대로 듣기가 쉽지 않다. 여기에서와 그 밖의 다른 몇몇 본문들에서 바울은, 예수가 이미 세계의 참된 주이자 왕이 되어서 다스리고 있다고 큰 소리로 분명하게 선언한다. 그렇다면, 그는 무엇을 말하고자 한 것인가?

바울은 우리와 마찬가지로, 그러한 주장이 사람들에게 터무니없이 들릴 것임을 잘 알고 있었다. 그는 한 번 온전히 죽었던 어떤 사람이 이제는 육신으로 다시 온전히 살아 있다는 것을 믿었을 뿐만 아니라, 이 세계에서 살인과 폭력이 여전히 계속되고 있고, 이 죽었다가 이제는 살아 있는 분의 핵심적인 대표자인 바울조차도 투옥과 박해를 겪고 있다는 사실에도 불구하고, 바로 그분이 이미 세계를 맡아 다스리고 있다는 것도 믿었다. 예수가 다스리고 있다는 주장은 바울의 서신들 전체에 걸쳐서 울려 퍼지고 있기 때문에, 우리는 그것을 그가 펜을 잠깐 잘못 놀린 것으로 치부해 버릴 수 없다. 유일하게 가능한 결론은, 바울에게 있어서 예수의 "통치"는, 시편 2편(사람들을 철장으로 부수는 것)이나 110편(왕들을 부수고 그 머리들을 깨뜨리는 것)에 묘사된 그림과 판이하게 다른 그 무엇이었다는 것이다. 그러나 흔히 그러한 것과 마찬가지로 여기에서도, 우리는 예언과 성취 간의 이러한 차이가 생긴 이유를, 서구의 많은 주석들이 생각해 왔던 지점, 즉 "정치"와 "경건"의 차이에 기인한 것이라고 여겨서, "통치"는 오직 신자들의 마음속에서, 또는 저 머나먼 "하늘"에서만 안전하게 일어나고 있기 때문이라고 생각해서는 안 된다. 그러한 생각은 영지주의로 가는 지름길이고, 실제로 많은 사람들이 그러한 생각을 하다가 나중에 바로 그 길로 가 버렸다. 정치적인 관점에서 말하자면, 그러한 생각은 아주 편리하고 대단히 안전한 것이었다.[94] 하지만 바울이 예수가 지금 세계를 다스리고 있다고 말하였을 때, 그것은 그러한 생각보다 훨씬 더 위험하고 전복적인(subversive) 것이었다. 즉, 그것은 이런저런 의미에서 카이사르(Caesar)가 세계의 궁극적인 통치자가 아니라는 것을 의미하는 것이었다. 내가 "이런저런 의미에서"라는 단서를 달았다고 해서, 우리는 바울의 믿음이 지닌 예리한 날을 무디게 해서는 안 된다.

93) 위의 제10장 제3절 1) (2)를 보라.
94) Wright, 2006b [*Judas*], ch. 5을 보라.

이 동일한 핵심은 사도행전에도 등장한다. 데살로니가에서 사람들이 바울에 대하여 "또 다른 왕 예수"가 있다고 말하고 다닌다고 고소하였을 때, 누가는 그러한 고소를 반박하고자 하지 않는다.[95] 바울은 계속해서 아테네로 넘어 가서 심각한 고소들에 맞서 자신을 변호할 때, 그것은 경쟁적인 신학들이 흉용한 위험한 바다를 항해하는 것과 같은 것이었지만, 또다시 "개시된 하나님 나라"에 관한 동일한 메시지를 전한다:

> [하나님이] 이제는 모든 곳에서 모든 사람들에게 회개하라고 명하신다. 왜냐하면, 하나님은 자신이 임명한 한 사람을 통해서 세계의 모든 사람들을 온전하고 합당한 정의로 심판할 한 날을 정해 놓으셨고, 이 사람을 죽은 자 가운데서 다시 살리심으로써 모든 사람에게 그 증거를 주셨기 때문이다.[96]

바울이 예수를 '퀴리오스'(kyrios)로 지칭할 때마다(로마서 1:5 이후로!), 이미 개시된 메시야의 주권적 통치가 마침내, 참 인간(메시야)이 등장하여 "짐승들"(열방)을 심판하고 세계를 바로잡게 될 것이라는 예언들을 성취한 것이라는 생각이, 그의 머릿속에 자리 잡고 있었음을 보여주는 강력한 증거들이 있다. 로마서 8:17-25에서 바울이 예수가 이미 세계를 다스리고 있고, 그의 백성들은 현재에 있어서는 대체로 신비한 신음으로 고통스러워하는 것과 말할 수 없는 탄식의 기도를 하는 것으로 그 통치에 참여할 뿐이지만, 장래에는 그와 함께 온전히 그의 나라를 다스리는 데 참여하게 될 것이라는 약속이 주어져 있다고 함으로써, "이제"와 "아직"을 말하고 있는 것에서 볼 수 있듯이, 바울은 온 세계에 대한 예수의 통치권이라는 의미에서의 메시야의 "유업"이라는 개념을 중심적인 것으로 여기고 있었음이 분명하다.[97] 바울에게 있어서 예수의 왕권은 이미 현재적인 실체였다. 시편 110편이 말하고 있듯이, 예수는 "하나님의 오른편에" 있다.[98]

이러한 표현들이 지닌 성경적인 울림들은, 바울이 하늘과 땅이 서로 만나는 것에 관한 고대의 유대적인 관념을 염두에 두고 있었다는 것을 아주 잘 보여주는 것임에 틀림없다. 따라서 그가 예수의 높아지심 또는 승천에 대하여 말할 때, 그것은 원시적인 형태의 공간 이동에 대하여 말하고 있는 것이 아니라, 예수가 지금 만유

95) 행 17:7.

96) 행 17:30-1. 이 강론 전체를 바울의 메시지에 대한 진정한 요약으로 읽을 새로운 가능성을 열어준 새로운 해석에 대해서는 Rowe, 2011을 보라.

97) 8:23, 26-7.

98) 롬 8:34.

를 다스리는 자리에 앉아 있다고 말하고 있는 것이다. 따라서 에베소서에서 우리는 고린도전서 15장에서와 동일한 주제들의 결합을 발견한다:

> 이것은 하나님이 메시야를 죽은 자 가운데서 다시 살리셔서, 모든 통치와 권세와 능력과 주권과 현세와 내세에서 불리는 모든 이름 위에 뛰어나게 하시고, 하늘에서 자신의 오른편에 앉히셨을 때에 메시야 속에서 역사하였던 능력이었다. 하나님께서는 "모든 것을 그의 발 아래에 두셨고," 만유 위에 교회의 머리로 주셨다.[99)]

또한, 빌립보서에서도 이 점은 마찬가지로 분명하게 표현되어 있다:

> 이제 하늘에 있는 자들과 땅에 있는 자들과 땅 아래에 있는 자들로
> 모든 무릎을 예수의 이름 앞에 꿇게 하시고,
>
> 모든 입으로 메시야 예수를 주라 시인하여
> 하나님 아버지께 영광을 돌리게 하셨다 …
>
> 우리는 하늘의 시민들이고, 거기로부터 오실 구원자, 곧 주 왕 예수를 간절히 기다리고 있다. 우리의 현재의 몸은 초라하고 낡은 것이지만, 그는 이 몸을 변화시키셔서 자신의 영광스러운 몸과 같이 되게 하실 것이다. 그는 만유를 자신의 권세에 복종하도록 만들 수 있게 해주는 그 능력으로 이 일을 하실 것이다.[100)]

이것은 골로새서에 나오는 예수의 세계 통치에 관한 온전한 진술로 우리를 데려다 준다:

> 하늘에 있는 것이나 여기 이 땅에 있는 것이나
> 모든 것이 그 안에서 창조되었다.
> 보이는 것들과 보이지 않는 것들
> — 보좌들과 주권들과 통치자들과 능력들 —
> 곧 만유가 다 그로 말미암아, 그리고 그를 위하여 창조되었다.
>
> 그는 만유보다 먼저 계시고,
> 만물이 그 안에서 함께 서 있다.
> 그는 가장 높은 자로서
> 몸인 교회의 머리이시다.

99) 엡 1:20-2.
100) 빌 2:10-11; 3:20-1.

그가 모든 것의 시작이고,
죽은 자들 가운데서 먼저 나신 이시니,
이는 친히 만물의 으뜸이 되기 위한 것이다.[101]

내가 다른 곳에서 이미 논증하였듯이, 이 본문이 속해 있는 골로새서의 이 장엄한 시는 유대적인 지혜 주제들을 미묘하게 수정해서 압축하여 표현해 놓은 것이다. 여기에 결합되어 나오는 주제들은, 유대 전통 속에서 (a) 궁극적으로 지혜로운 사람, (b) 다윗의 광대한 나라에 평화를 가져온 통치자, (c) 땅의 왕들이 예물을 가져와 바치고자 하였던 인물로서의 솔로몬에 대한 기억을 토대로 한 장차 올 왕에 대한 기대들과 밀접하게 연결되어 있었다. 또한, 이 주제들은 하나님이 장차 의인들을 신원하고 사람들을 노예로 삼은 폭군들을 무너뜨릴 것이라는 약속 및 창조와 그 안에서의 인간의 지위라는 주제와도 연결되어 있었다. 솔로몬의 지혜서가 이 모든 주제들이 한데 결합되어 나오는 또 하나의 본문이라는 것은 두말할 필요가 없다. 바울이 그 책을 의식적으로 반영하였든 그렇지 않았든, 그가 그 책과 동일한 유산을 공유하고 있었다는 것은 분명하다.

우리는 유대적인 종말론의 저 결정적인 요소를 개시시킬 메시야의 승리가 이미 얻어졌음을 아주 분명하게 말하는 진술들 중의 하나를 골로새서에서도 발견한다. 바울은 놀랄 만한 관점의 변화를 보이는 가운데 이렇게 선언한다:

(하나님이) 메시야 안에서 통치자들과 권세들에 대하여 승리하시고, 그들을 무장해제시켜서, 사람들의 구경거리가 되는 멸시를 당하게 하셨다.[102]

이것은 고린도전서에 나오는 암호 같은 구절과 무척 비슷한 것으로 보이는데, 거기에서 바울은 "현세의 통치자들"이 하나님의 감추어진 은밀한 지혜를 알지 못하였다고 말하면서, "만일 그들이 알았더라면 영광의 주를 십자가에 못 박지 않았을 것"이라고 쓴다.[103] 바울이 "현세의 통치자들"이라고 표현한 것이 가야바와 빌라도, 그리고 그들이 대변하던 권력 체계들을 의미하였다고 한다면, 이것이 보여주는 것은 이 "통치자들"은 예수를 십자가에 못 박았을 때에 사실은 그들 자신의 사형집행서에 서명하고 있었다는 것이다. 여기에서 우리는 유대인들의 종말론적

101) 골 1:16-18. 이 시에 대해서는 Wright, 1991 [*Climax*], ch. 5을 보라.
102) 골 2:15.
103) 고전 2:8.

인 기대들과 맥을 같이해서, 바울이 "현세"와 "내세"의 구분을 암시하고 있는 것을 발견한다. "현세"는 가야바와 빌라도 같은 사람들에 의해서 다스려지고 있지만, 내세는 예수에 의해서 다스려지고 있다. 두 "제국"이 동시에 나란히 존재한다. 갈라디아서 1:4(아래를 보라)에서와 마찬가지로 골로새서 1:13에서도, 바울은 하나님이 "우리를 어둠의 권세로부터 건지셔서 그의 사랑하는 아들의 나라로 옮겨 놓으셨다"고 선언한다.[104)]

어떻게 이런 일이 일어난 것인가? 바울은 거기에 대하여 전혀 의심도 없고 주저함도 없다. 그 일은 다시 살아난 메시야가 짊어졌던 십자가를 통해서 일어났다. 우리가 늘 기억해야 할 것은 부활이 없었다면 십자가는 단지 패배를 보여주는 사건으로 끝났을 것이고, 세계의 권세들은 여전히 건재하였으리라는 것이다. 십자가는 옛 시대의 권세들을 끌어내리고, 마침내 새 시대가 올 수 있게 한 승리이다. 여기에서 다시 한 번 우리는 바울에게 근본적이었던 어떤 것을 보게 된다. 즉, 사람들을 노예로 삼는 악한 권세들이 무너지고, 그 대신에 야웨의 나라가 굳게 서게 되리라는 것 등과 같이, 유대적 종말론이 미래에 일어날 것이라고 생각하였던 것이 예수의 죽음과 부활이라는 메시야적인 사건들 안에서 진정으로 개시되었다는 것이다. 그 결과, "현세의 통치자들"은 이제 "힘을 잃어 가고" 있다.[105)] 그들의 권세는 종언을 고하고 있고, 그들은 자기도 모르는 사이에, 언제나 "영광의 주"였고, 이제는 부활을 통해서 그 신분이 드러나게 된 메시야를 십자가에 못 박음으로써, 그러한 결과를 자초하였다. 바울이 기본적으로 다른 것을 다루고 있던 논증(물론, 결국에는 이 모든 것들이 다 하나로 결합되기는 하지만) 속에 이것에 대한 언급을 끼워 넣을 수 있었다는 사실은, 이것이 그의 사고 속에 얼마나 확고하고 견고하게 자리 잡고 있었는지를 아주 잘 보여준다.

현세의 통치자들에 대한 하나님의 승리이자 "내세"를 개시시킨 사건으로서의 십자가에 대한 언급(명시적인 언급만이 아니라 암묵적인 경우에도 마찬가지로)은, 우리를 이러한 "두 시대론"과 관련된 개시된 종말론에 대한 또 하나의 핵심적인 본문으로 데려다 주는데, 그 본문은 갈라디아서 1:4이다. 바울은 여기 자신의 가장 변증적인 서신의 고도로 의미심장한 도입부에서, 예수가 십자가 위에서 죽은 것에 대하여 다음과 같이 분명하게 선언한다:

104) 골 1:13; 다음 절은 정확히 갈 1:4("그는 악한 현세로부터 우리를 건지시기 위하여 우리 죄를 인하여 자기 자신을 주셨다")에서와 같은 "속량, 곧 죄 사함"이라는 관점에서 이것을 강화시킨다.

105) 고전 2:6.

메시야께서 하나님 곧 우리 아버지의 뜻을 따라 이 악한 현세로부터 우리를 건지시려고 우리 죄를 위하여 자기 자신을 주셨으니, 영광이 세세토록 그에게 있을지어다, 아멘.

바울은 여기에서 또다시 우리가 앞에서 언급한 유대적 개념과 맥을 같이해서, "현세"를 기본적으로 "악한" 시대라고 지칭한다. 하지만 우리는 그가 이원론적인 생각을 마음에 지니고 있었다고 생각하는 잘못을 범해서는 안 된다. 유대적인 사고 속에서 현세가 "악한" 것은 현재의 세계가 원래 어둡고 악한 곳이고 우리가 도피해야 할 곳이기 때문이 아니라, 원래는 하나님의 선한 피조세계였는데, 악의 권세가 침투하여 악으로 물들여 놓았기 때문으로 인식되었다.[106] 메시야가 "우리 죄를 위하여 자기 자신을 주었다"는 관념은 바울에게 있어서 "악한 현세로부터 우리를 건진다"는 것만큼이나 중심적인 것이었는데, 이것은 이 서신의 논증에서 정점에 해당하는 결정적으로 중요한 2:20에서, 메시야가 "나를 위해 자기 자신을 주셨다"는 관념이 다시 반복되는 것에서 분명하게 드러난다.[107] 메시야가 자기 자신을 준 까닭에 우리가 악한 현세에서 건짐을 받을 수 있는 것이기 때문에, 바울에게서 이 둘은 늘 함께 붙어 다닌다. 왜냐하면, 십자가 위에서 죄들이 처리된 까닭에, "악한 현세"의 권세가 무너질 수 있었던 것이기 때문이다. 그러나 여기에서도 다시 한 번 그 핵심은 분명하다. 예수를 그 주체이자 인도자로 해서, 이제 "내세"가 개시되었다는 것이다.[108] 이것은 "[장차 올] 시대의 삶"(zōē aiōnios – '조에 아이오니오스')은 궁극적으로는 미래의 일로서 갱신된 피조세계 내에서의 부활의 삶이지만, "메시야 안에" 있는 자들에게는 이미 확보된 것임을 의미한다.[109] 이러한 표현도, 바울이

106) "이원론"에 대해서는 *NTPG*, 252-6을 보라. 갈라디아서 1:4은 Martyn, 1997a의 구성에 있어서 핵심적인 본문인데, 이것에 대해서는 아래를 보라.

107) 이것에 반대하는 Martyn, 1997a, 95-7은 갈라디아서 1:4a에서 바울이 "우리 죄를 인하여 자기 자신을 주셨다"고 한 것은 그가 갈라디아 교회의 "교사들"이 제시한 전통들을 용인하고서, 그 전통들을 부정하는 것이 아니라 다른 빛 하에 두고자 하였다는 것을 보여주는 것이라고 주장한다.

108) 바울의 다른 곳들에서: 롬 12:2("현세에 의해서 강제되는 형태 속에 너희 자신을 억지로 맞추려고 하지 말라"); 고전 1:20("현세의 논쟁자가 어디 있는가?"); 3:18("자기가 현세에서 지혜롭다고 생각하는 자는 누구든지 어리석게 되어라"); 고후 4:4("이 세계의 신이 믿지 않는 자들의 마음을 눈멀게 하였다"). 바울이 현세를 "악하다"고 하는 것으로 보이는 다른 본문들로는 엡 6:13("이 어두운 시대")이 있다; cf.5:16의 "이것들은 우리가 살고 있는 악한 때들이다"(문자적으로는, "날들이 악하다"). "현재의 때"와 장차 도래할 때의 대비는 롬 8:18; 고전 2:6, 8; 7:26; 엡 2:2에서도 분명하게 나타난다. 이것은 바울의 근본적인 믿음을 중의 하나임이 분명하다. Schnelle 2005 [2003], 580이 바울은 이 유대적인 믿음을 "단지 불완전한 형태로 부분적으로만" 사용하고 있다고 주장하는 것은 주목할 만하다. 나는 바울이 이 믿음을 온전히 가져와서 기독론적으로 완전한 형태로 수정한 것이라고 말하고 싶다.

자기 자신을 제2성전 시대의 묵시론적 종말론 내에 확고하게 위치시키고서, "내세"가 예수 안에서 이미 도래하였고, 그의 모든 백성에게 주어졌다고 선언하고 있음을 보여주는 것이다.

이 모든 것이 사실이라면, 우리는 바울이 새로운 출애굽이 이미 일어났고 진행 중에 있다고 생각하였을 것이라고 예상할 수 있는데, 분명히 바울은 자신의 사고 속에 그러한 생각을 지니고 있었다. 우리가 방금 전에 본 본문에서 그가 하나님이 메시야 안에서 행한 일에 대하여 성찰할 때에 출애굽과 관련된 언어를 사용하게 된 것은 자연스러운 일이었다:

> 그가 우리를 어둠의 권세에서 건져내셔서 그의 사랑하는 아들의 나라로 옮기셨으니, 그 아들 안에서 우리가 속량함, 곧 죄 사함을 얻었다.[110]

좀 더 구체적으로 살펴보면, 출애굽은 메시야 안에서의 하나님의 역사에 관한 바울의 가장 결정적인 진술들 중의 하나에서 주된 배경을 이룬다:

> 우리가 어렸을 때에는 "세계의 원소들" 아래에서 "노예생활"을 하고 있었다. 그러나 때가 차자, 하나님께서 자기 아들을 보내어 여자에게서 나게 하시고 율법 아래에 나게 하신 것은 율법 아래 있는 자들을 속량하시고 우리로 아들의 명분을 얻게 하기 위한 것이었다.
>
> 너희가 아들이기 때문에, 하나님은 자기 아들의 영을 우리 마음 가운데 보내어 "아빠 아버지"라 부르게 하셨다. 그러므로 너는 더 이상 종이 아니고 아들이다! 네가 아들이면, 하나님으로 말미암아 유업을 받을 자이다.[111]

여기에는 "새로운 출애굽"에 관한 언어가 분명하게 나타나 있다. 즉, 그들은 하나님의 "속량하심"으로 말미암아, 노예생활에서 벗어나서 아들이 되었고, 그 결과 "유업"을 물려받게 될 "상속자들"이 되었다는 것이다.[112] 바울은 이것을 로마서 6-

109) cf. 롬 2:7; 5:21; 6:22, 23; 갈 6:8. 로마서의 좀 더 넓은 맥락을 고려하면, 바울은 다니엘서나 마카베오2서처럼(*RSG*, 109-15, 150-3) 이 "삶"의 내용물로서 새로운 피조세계 내에서의 부활을 생각하고 있다는 것은 의심의 여지가 없다. 이 대목에서 바울과 요한의 차이는, 요한은 "내세의 삶"이 "이미" 도래하였다는 것을 강조하는 반면에(예컨대, 3:15f., 36 등), 바울은 "이미" 도래하였다는 것에는 동의하지만, '조에 아이오니오스' (zōē aiōnios)의 미래적인 측면을 주로 강조한다는 것이다. 예컨대, 막 10:17, 30; 행 13:46, 48은 바울의 입장에 더 가깝다.

110) 골 1:13f. "속량"(apolytrōsis - '아폴뤼트로시스')은 통상적으로 하나님이 노예를 해방시킨 출애굽의 역사 속에서 이룬 일을 가리킨다(위의 제10장 제3절 2)를 보라).

111) 갈 4:3-7.

8장에서 좀 더 자세하게 발전시키는데, 거기에서 전개되는 논증의 모든 면면의 배후에는 출애굽 서사가 자리 잡고 있다. 로마서 6장에서는 "메시야 안에" 있는 자들은 노예생활에서 벗어나 자유를 얻게 된 것임을 설명하고, 로마서 7장의 이야기는 우리를 시내 산으로 데려가며, 로마서 8장에서는 갈라디아서 본문을 반영한 표현들을 사용해서, 메시야의 백성이 구름 기둥과 불 기둥이 아니라 성령의 "인도하심"을 받고 있다는 것과 그들이 출애굽에 속한 복인 "아들의 명분"을 얻은 후에, "유업"을 받으러 가는 길 위에 있다는 것을 강조한다.[113]

이것은 우리로 하여금 고린도전서 10장에 나오는 바울의 권면 같이 동일한 요지에 대한 좀 더 부수적인 언급들을 이해할 수 있게 해주는 좀 더 큰 맥락이다. 바울은 원래의 출애굽은 우리를 위한 "본보기"가 되게 하기 위하여 일어난 것으로서, 우리가 우리 자신의 순례길에서 그들과 동일한 잘못들을 범하지 않도록 경고하기 위한 것이었다고 말한다. 그들은 "모세와 합하여 세례를 받고서," 모두 "동일한 신령한 음식을 먹었고, 동일한 신령한 음료를 마셨다."[114] 달리 말하면, 교회를 구별시키는 표지들인 세례와 성찬은 출애굽 사건에서 유래된 것들이라는 것인데, 우리는 세례와 성찬에 관한 바울의 다른 진술들을 통해서 이것을 충분히 짐작할 수 있다.[115] 이렇게 세례와 성찬은 출애굽 여정에 오를 메시야 백성을 진수시켰다:

> 이런 일들은 그들에게 본보기로 일어난 것이었고, 말세를 만난 우리의 교훈을 위하여 기록되었다.[116]

달리 말하면, 새로운 출애굽의 백성이 되는 것은, 메시야 안에서 이미 개시된 "내세"의 백성이 되는 것과 서로 밀접하게 연결되어 있다는 것이다.[117] 모든 대목에서 그 결론은 동일한데, 그것은 유대인들이 기다려 왔던 일은, 비록 너무나 의외의 방식으로이기는 하지만, 하나님이 메시야 안에서 행한 일을 통해서 성취되었다는 것이다.

바울의 사고 속에서의 다른 모든 것과 마찬가지로, 이 모든 것은 이런저런 통로

112) 이 맥락 속에서 "아들로서의 지위"에 대해서는 출애굽기 4:22을 참조하라. "출애굽" 모티프에 대해서는 위의 제9장 제3절 2) (1)을 보라.

113) *Perspectives*, ch. 11; Wright, 2002 [*Romans*], 510-12를 보라.

114) 고전 10:2f.

115) 고린도전서 5:7에서 메시야는 유월절의 어린 양으로 등장한다; 위를 보라.

116) 고전 10:11.

117) "시대들의 끝들"에 대해서는 위의 제8장 제5절을 보라.

를 통해서 메시야의 십자가 안에서 이스라엘의 하나님이 이룬 일로 귀결된다. 이것도 바울의 개시된 종말론의 매우 중요하고 중심적인 요소이다. 십자가에 의해 이루어진 일에 관한 바울의 모든 진술들이 다 "새로운 출애굽" 주제 내에 편안하게 자리 잡는 것은 아니지만, (우리가 방금 언급한 것들을 포함한) 몇몇 진술들은 이사야서 40-55장 같은 출애굽 관련 본문들을 가져와서 사용하고 있음이 분명하고, 그 밖의 다른 진술들도 마찬가지이다. 적어도 서구 신학에서는, 마치 십자가가 본질적으로 추상적이거나 "영적인" 어떤 것이 그저 어느 때에 역사 속으로 표출되어 나온 것일 뿐이라는 듯이, 통상적으로 "대속" 이라 불리는 것을 탈역사적인 방식으로 보는 위험이 늘 존재해 왔다. 그러나 우리가 제2성전 시대 유대교를 염두에 둔다면, 바울이 "속량함" 이라고 말한 것의 실체는, 이스라엘의 하나님이 일반적으로는 악 전체, 특별하게는 자기 백성의 죄를 처리하기 위하여 역사 내에서 결정적으로 행한 것으로서, 그러한 장애물이 제거됨으로써, 새로운 창조가 예수의 부활에서 시작되어 만유가 새롭게 되는 완성에 이르기까지 지속될 움직임을 시작할 수 있게 되었다는 것을 의미하였고, 그 마지막에서는 한 분 유일하신 하나님이 "모든 것 안에서 모든 것" 이 될 것이었다. 따라서 십자가는 단지 하나님을 정의하는 것의 일부이거나(위의 제9장), 하나님이 이스라엘을 선민으로 택한 목적을 성취하기 위한 중심축(위의 제10장)이었던 것에서 그치는 것이 아니라, 바울의 개시된 종말론의 심장부에도 자리하고 있는 것이었다.

바울에게 있어서 이 모든 것은 한 분 유일하신 하나님이 이제 계약에 대한 자신의 신실하심을 직접 행동으로 보여 주었다는 것을 의미하는 것이었다. 하나님은 드디어 자신의 약속, 특히 아브라함에게 한 약속 및 거기로부터 파생된 다른 많은 약속들을 지켜내었다. 바울에게 있어서, 계약에 대한 하나님의 신실하심에 대하여 말하는 것은, 모세와의 계약을 있는 그대로 인정하고 받아들여야 한다는 것을 의미하는 것이 아니었다는 것은, 우리가 본서의 제7장에서 바울의 서사 세계를 분석한 것에 비추어 보면 분명히 드러나는 것이기 때문에, 우리는 여기에서 그것을 논증하기 위하여 굳이 애쓸 필요가 없다. 그리고 우리가 앞 장에서 이미 보았듯이, 복음과 율법 — 구체적으로 말해서, 모세 율법 — 의 관계는 훨씬 더 복잡하다. 따라서 우리는 여기에서 이스라엘이 기대하였던 것, 즉 한 분 유일하신 하나님이 계약에 대한 자신의 신실하심을 행동으로 보여주어서, 세계의 사악함을 심판하고, 자기 백성을 그러한 사악함과 그 결과들로부터 건져내며, 온 세계에 자신의 정의와 긍휼을 견고히 세울 것이라고 기대하였던 것이 메시야 안에서 성취되었다고 말하는 개시된 종말론에 집중하고자 한다. 다니엘서로부터 에스라4서와 그 이후까지 유대인들의 사고를 관통하고 있던 질문들, 즉 계약의 하나님이 자신의 약속들을 어떻게 성취할 것인지, 새로운 출애굽을 어떤 식으로 일어나게 할 것인지, 마침내 이스라엘의 포로생활을 어떤 식으로 끝낼 것인지, (에스라4서와 바룩2서의 경우에는) 최근의 충격적인 사건들은 하나님이 이 땅에서 무슨 일을 하고 있는지를 보여주는 것인지에 관한 질문들은 모두 다 "하나님의 의"(tsedaqah elohim – '체다카 엘로힘,' dikaiosynē theou – '디카이오쉬네 테우')에 관한 질문들이었다.

"하나님의 의"라는 영어식 표현은 대부분의 독자들에게 이 어구가 담고 있는 그러한 의미들을 즉각적으로 보여주지 않기 때문에, 우리는 뭐가 뭔지 모르는 곤혹스러움을 겪으며 분명한 옳은 대답을 찾지 못하게 되지만, 우리는 바른 대답을 찾기 위하여 최선을 다하여야 한다. 나는 어떤 본문들에서는 "하나님의 계약 정의"라는 표현을 사용하였고, 또 어떤 본문들에서는 "계약에 대한 하나님의 신실하심"이라는 표현을 사용하였다. 로마서 4장 전체, 그 다음으로는 로마서 9-11장이 역설하는 논지는, 하나님이 자기가 늘 행하고자 해 왔던 일이자 자기가 행하겠다고 늘 약속해 왔던 일을 메시야 예수와 관련된 사건들을 통해서 행하였다는 것이다 -비록 다소의 사울을 비롯해서 예수 이전의 그 누구도, 하나님이 그런 식으로 약속을 지킬 것이라고는 전혀 생각하지 못했던 방식으로, 그 일이 행해지는 했지만. 이것은 "구원사"와 "묵시론"이라는 저 불편한 범주들 간의 변증법이다. 즉, 하나님은 자기가 장차 충격적이고 예기치 않은 일을 행할 것이라고 늘 말해 왔고, 그가 메시야 안에서 행한 일이 바로 그 일이었다는 것이다. 메시야 예수 및 그가 보여준 죽기까지의 신실하신 순종에 관한 복음은 하나님의 신실하신 계약 정의를 행동으로 보여준 것이었지만, 유대인들도 마찬가지로 심판 아래 있었기 때문에, "먼저는 유대인에게, 그리고 마찬가지로 헬라인에게" 하나님이 자신의 신실하심을 나타난 것이었다.[118] 복음이 선포될 때마다, 그것은 거듭거듭 하나님의 이러한 계약 정의를 드러내는 것이라고 바울은 믿었다.[119] 바울이 메시야와 관련된 사건 전체를 "계약에 대한 하나님의 신실하심"을 드러낸 것이라고 말할 수 있었던 것은, 하나님이 아브라함에게만이 아니라 신명기 30장에서 한 약속들도 예수와 성령을 통해서 성취되었고 성취되어 가고 있었기 때문이었다.[120]

우리가 지금까지 계속해서 역설해 왔듯이, 궁극적으로 하나님이 애초에 계약이

118) 롬 1:16; 2:1-11.
119) 첫 번째에 대해서는 롬 3:21-6(사실은 3:21–4:25 전체); 두 번째에 대해서는 롬 1:16f.
120) 롬 10:3과 9:7f.(아브라함)과 10:6-9(신 30장). 아래의 제11장 제6절 4) (2)를 보라.

라는 것을 맺은 이유는, 창조주가 창세기 3장 이래로 직면해 왔던 문제를 해결하기 위한 것이었다. 이제 하나님은 피조세계 전체에 대한 자신의 목적을 성취하기 위해서 어떻게 해야 하였는가? 하나님이 아브라함을 불러 약속들을 준 것은 단지 아브라함과 그의 권속만을 위한(for) 것이 아니라, 창조주 하나님이 아브라함과 그의 권속을 통하여(through) 이루고자 한 좀 더 큰 목적들을 위한 것이었다. 그리고 분명히 그 중심에는 인간의 속량함, 즉 사람들을 죄악 및 악의 지배로부터 건져내고, 최후의 부활 때에 새로운 몸을 입게 하는 것이 자리 잡고 있었다. 그러나 속량함에 대하여 말하는 이러한 본문들이 분명히 보여주듯이, 하나님이 인간을 구원하는 목적은, 처음에 아브라함을 부른 목적과 마찬가지로, 그들 자신의 구원을 위한 것이 아니라, 그들을 통해서 세계를 구원하기 위한 것이었다. 따라서 종말이 개시되었다는 것은 새로운 창조가 완성된 것은 아니지만 적어도 결정적으로 시작되는 결과를 가져올 수밖에 없다.

우리가 바울의 글 속에서 발견하는 것도 바로 그런 것이다: "어떤 사람이 메시야 안에 있다면, 새로운 피조세계가 존재하는 것이다."[121] 대부분의 사람들은 이제 이 진술을 단지 관련된 "어떤 사람"에게 일어난 것을 가리키는 것이 아니라(물론, 이것도 그 일부라는 것은 두말할 필요가 없다), 개개인을 넘어서서, 복음이 열어 놓은 좀 더 큰 "새로운 피조세계"라는 실체를 가리키고 있는 것으로 읽게 되었는데, 나는 그러한 읽기가 옳다고 본다. 헬라어로는 이 진술은 단지 '에이 티스 엔 크리스토 카이네 크티시스'(ei tis en Christō kainē ktisis, "어떤 사람이 메시야 안에, 새로운 피조세계")로 되어 있다. 새롭게 창조된 한 사람의 인간은 거대한 새로운 종말론적인 현실을 보여주는 작은 창으로서의 기능을 한다. 하나님은 세계를 새롭게 하고 있고, 사람들로 하여금 그들 자신이 새로워지고(바울은 "너희의 사고를 새롭게 함으로써 변화를 받으라"고 말한다),[122] 그런 후에 그러한 갱신 사역의 주체들이 되도록 하기 위하여 그들을 부르고 있다. 그리고 그러한 새로운 피조세계에서는 "현세"의 특징이자 걸림돌이었던 인류의 여러 구분들은 제거되어야 한다. "할례나 무할례는 아무것도 아니다. 중요한 것은 새로운 피조세계이다."[123] 갈라디아서의 논증 전체는, 메시야 안에서 및 성령으로 말미암아 이 "새로운 피조세계"가 결정적으로 시작되었다는 전제 위에 세워져 있다. 결국, "메시야는 우리를 악한 현세로

121) 고후 5:17.
122) 롬 12:2.
123) 갈 6:15.

부터 건져내시려고 우리 죄를 위하여 자기 자신을 주셨다"(1:4)! 만일 "새로운 피조세계"가 여전히 미래에 있었다면, 바울의 대적들이 새 날이 오기를 기다리는 동안에 선민을 계속해서 안전하고 건전하게(그러나 "토라 아래에서" 로마서 7장의 모든 긴장관계들이 유지되는 가운데) 지켜 줄 민족적인 경계표지들을 고수하여야 한다고 주장한 것은 옳은 말이 되었을 것이다. 다른 곳들에서와 마찬가지로 여기에서도 바울이 민족적인 경계표지들을 고수하고자 한 자들에게 실제로 제시한 반론은, 그런 것들은 유효기간이 지났다는 것이었다. 인류를 여러 가지로 구분하는 것은 옛 시대에 속한 것인데, 새 시대가 이미 도래하였다 — 물론, 완성된 것은 아니지만. 바울의 사고 속에서는 새 시대가 도래하였다는 것과 완성되지는 않았다는 것은 언제나 긴장관계 속에 있었다. 우리는 "피조세계 자체가 썩어짐에 굴복하는 노예상태로부터 해방되어, 하나님의 자녀들이 영화롭게 될 때에 임하게 될 자유를 누리게 될" 때를 인내로써 기다리고 있다고 그는 말한다.[124] 우리가 바울의 신학에 나오는 "아직"을 제대로 이해하고자 할 때에는 언제나 그가 거듭거듭 역설하는 "이제"의 빛 아래에서 이해하지 않으면 안 된다. 하나님은 우리를 악한 현세로부터 이미 건져내었고, 우리를 그의 새로운 피조세계의 일부로 이미 만들었다고 바울은 말한다. 미래는 여전히 엄청나게 중요하지만, 우리는 바울이 "아직" 때문에 "이제"를 망각하였다고 생각해서는 안 된다.

이스라엘의 하나님이 메시야를 통해서 가져다준 이러한 엄청난 종말의 개시는 우리의 눈을 최종적인 하나의 지점으로 이끈다. 이 모든 일이 성경에 예언된 모든 것들을 풍부하게 성취하여, 그리스도인들의 실제적인 삶과 중간 시대의 모든 일들 속에서 일어난 것이라면, 시온으로의 이스라엘의 하나님의 귀환이라는 중심적인 주제에는 어떤 일이 일어난 것인가? 요한이 "말씀이 육신이 되어 우리 가운데 사셨다"(여기에서 영어의 "사셨다"는 헬라어 '에스케노센'[eskēnōsen, "자신의 장막을 치셨다"]을 부적절하게 번역한 것으로서, 요한이 원래 우리에게 들려주고자 한 뉘앙스를 살리고자 한다면, "우리 가운데 장막을 치셨다"로 번역하는 것이 적절하다)고 한 것에 해당하는 바울의 진술이 존재한다면(우리가 지금까지 설명해 왔던 모든 것을 감안한다면, 바울의 글들 속에 그런 진술이 나오지 않는다면, 그것은 정말 이상한 일일 것이다), 그것은 무엇인가?[125] 바울의 신학에서 기독론적인 "새로운 성전"은 어디에 있는가?

124) 롬 8:21.
125) 요 1:14.

우리는 이미 본서의 제9장에서 이 질문에 대답하였다. 이전 세대들은 바울의 글들 속에 고등 기독론이 존재한다는 주장에 대해서 의심의 눈초리를 보냈지만, 우리는 그가 이스라엘의 하나님이 메시야 예수 안에 및 메시야 예수로서 온전히 친히 임재하였다고 믿었다고 확실하게 말할 수 있다. 우리는 그의 글들 중에서 특히 두 본문 속에서, 하나님의 영광이 약속대로 다시 돌아와서 성전에 거하고 있다는 — 그 성전은 예루살렘에 세워진 건물이 아니라, 예수 자신이었지만 — 요한의 주제를 찾아볼 수 있는데, 고린도후서 4:5-6과 골로새서 1:15-20이 바로 그 주제를 분명하게 보여준다. 고린도후서 4장에서 성막에 거하는 하나님의 임재는, 바울이 메시야에 의해서 형성된 자신의 직분과 사역에 관하여 설명하고 있는 대목인 3-6장 전체에 스며들어 있는 새 계약과 새 창조라는 주제의 일부이다. 그리고 골로새서 1장과 2장에 나오는 "내주"와 관련된 언어는 성전에 거하는 셰키나(Shekinah)에 관한 언어를 가져와서 사용한 것이다. 이것이 포로기 이후의 유대교가 고대해 왔던 현실이라고 바울은 말한다. 계약의 하나님이 예수 안에서 및 예수로 다시 돌아왔다. 재정의된 유일신론과 재정의된 종말론은 서로 정확히 들어맞는다.

2) 성령을 통해서

바울이 야웨가 자기 백성에게로 돌아올 것에 관한 유대적인 소망이 예기치 않은 방식으로 성취되었다는 관점에서 사고하고 있다는 것을 가장 분명하게 보여주는 증표는, 그가 하나님의 영이 메시야의 백성 속에 내주하게 된 것을 또다시 "성전" 표상을 통해서 표현하고 있다는 것이다. 이것에 대해서도 우리는 이미 앞에서 살펴본 바 있다. 그는 세 번 이렇게 말하는데, 두 번은 교회 전체와 관련해서, 한 번은 개별 그리스도인들과 관련해서 그렇게 말한다.[126)]

바울이 이렇게 성전 표상을 사용한 것은 결코 우연이 아니었다(많은 주석자들이 과거에는 이것을 바울이 우연히 그런 은유를 사용한 것일 뿐이라고 보았지만). 왕년에 바리새인이었던 바울이 이 시기의 유대교에서 아주 중요하고 중심적이었던 성전 관념을 단지 많은 표상들 중의 하나로 가볍게 취급하였을 가능성은 거의 없다. 이 세 개의 본문 모두에서 성전의 성결이 강조되고 있고, 그 중 첫 번째 본문에서는 성전 건축이 강조되고 있다는 사실은,[127)] 바울이 이 세 본문에서 염두에 두

126) 성전으로서의 교회: 고전 3:16f.; 고후 6:16-18; 성전들로서의 그리스도인들: 고전 6:19f.

127) 고린도전서 3:10-15은 바울이 성전을 염두에 두고서 몇 절을 얘기한 후에 3:16f.에 가서야 성전

고 있었던 것은 실제로 이스라엘의 성전이었음을 보여주는 것이기 때문에, 우리가 이 세 본문을 고대의 유대적인 소망의 기이한 성취에 대하여 말하는 것으로 받아들이는 것은 단지 권장사항이 아니라 필연적인 것이다. 야웨가 마침내 다시 돌아왔지만, 그는 구름 기둥과 불 기둥으로 임재해 있는 것도 아니고, 예루살렘에 있는 헤롯 성전에 거하는 것도 아니다. 하나님의 강력하고 인격적인 임재가 자기 백성 안에 거하게 됨으로써, 그들 각자는 걸어다니는 성전이 되었고, 그들 전체로 이루어진 교회는 하나님께 찬송과 성결과 제사를 드리기 위한 단일한 몸이 되었다.[128)] 이것은 사람들이 오랫동안 기다려 왔던 이스라엘의 하나님이 친히 거하는 새로운 성전이다.

새로운 성전이라는 이 주제는 바울에게서 이렇게 메시야에게도 적용되고, 성령으로 충만한 그의 백성에게도 적용되기 때문에, 그가 이 둘 사이를 왔다 갔다 하는 것은 놀랍거나 이상한 일이 아니다. 그러한 본문들 중의 하나가 로마서 8:9-11인데, 거기에 나오는 성령의 "내주"라는 개념은, 그 본문 속에 "성전"주제가 암묵적으로 표현되고 있음을 보여주는 강력한 증표이다. 하지만 바울 학계에서 그동안 대체로 이 본문에 나오는 다른 주요한 관념들은 다루면서도 이 주제에 대해서는 다루지 않아 온 것은, 대부분의 석의자들이 이 논점을 완전히 놓쳐 왔음을 보여준다.[129)] 바울은 9절에서 하나님의 영이 "너희 안에 살고 계신다"(oikei en hymin – '오이케이 엔 휘민')고 말한 후에, 11절에서 예수를 죽은 자 가운데서 살린 이의 영이 "너희 안에 살고 계신다"(oikei en hymin – '오이케이 엔 휘민')고 또다시 반복한다. 하나님의 영이 어느 곳에 거처를 정하여 거하고 있다면, 그 곳은 성전이 된다. 만일 제2성전 시대의 유대인이, 장차 그런 일이 일어난다면, (성전이 하나님의 영이 거하기에는 한층 더 합당한 처소라는 생각에서) 그것은 성전이 재건되었음을 보여주는 것이 될 것이라고 말하였다면, 그것은 단지 미래의 기이한 사건에 대한 고립된 예언일 수는 없었다. 이것은 바울의 개시된 종말론을 보여주는 또 하나의 예이다. 이스라엘의 하나님은 오래 전부터 장차 성전이 재건될 것이고, 자기가 거기로 와서 거하게 될 것이라고 약속해 왔었다. 바울은 이러한 요소들을 새로운 방식으로 결합시켰지만(먼저는 내주, 다음으로는 재건), 그것은 유대적인 소망을 구

을 명시적으로 언급한 것임을 보여주는 그런 방식으로 건축 표상을 사용한다. 위의 제6장 제3절 2)를 보라.

128) 예를 들면, cf. 롬 12:1f.; 그리고 새로운 동족혼을 역설하는 고전 3:16f.; 6:19f.; 고후 6:16-18(위의 제6장 제2절 1)과 제3절 5)를 보라).

129) 위의 제9장 제4절 2)를 보라.

성하고 있던 요소들을 수정하고 개작한 것이었다.

이것은 골로새서에 나오는 꽤 의외의 또 하나의 본문으로 우리를 데려다 주는데, 이 본문도 통상적으로는 사람들이 이런 식으로 읽고 있지 않지만, 아마도 이런 식으로 읽기는 옳을 것이다. 자기 백성 가운데 살고 있는 메시야는 "영광의 소망"이다.[130] 나는 여기에서 "영광"은 단지 개별 그리스도인들이 기다리고 있는 "영광"이 아니라고 생각한다. 우리가 이미 보았듯이, 그것은 하나님 자신이 약속한 대로 온 세계에 차고 넘치게 될 이스라엘의 하나님의 "영광"이다. 이 "영광" — 이스라엘의 하나님의 직접적이고 주권적인 임재 — 은 다시 돌아와서 단지 예루살렘 성전이나 이스라엘 내에만 거하게 되는 것이 아니라, 피조세계 전체를 충만히 가득 채우게 될 것이다. 바로 그러한 미래의 "충만한 임재"를 보여주는 증표이자 맛보기로서, 메시야는 현재적으로 자기 백성 안에, 그리고 심지어 골로새라는 작은 성읍에서 새롭게 형성된 그리스도인들의 작은 무리 안에 거하고 있다. 자신의 영을 통해서 자기 백성 가운데 현재적으로 내주하는 "메시야"는, 야웨의 귀환에 관한 약속이 성취되기 시작하였음을 보여주는 것이다. 그리고 이것은 바울이 우리의 현재의 장 전체가 설명하고 있는 핵심을 가장 분명하게 보여주는 진술들 중의 하나인 본문에서, 하나님의 모든 약속은 메시야 안에서 "예"가 된다고 썼을 때에, 그가 말하고자 한 것의 일부이다.[131]

고린도후서에 관한 언급은 우리를 바울의 성령관을 보여주는 중심적인 장들 중의 하나로 다시 데려다 준다. 고린도후서 3장은 오랫동안 논란이 되어 왔다: 바울은 여기에서 왜 굳이 그토록 많은 시간을 할애해서 모세에 대하여 말하고자 한 것인가? 이 질문에 대한 하나의 통상적인 답변은, 그는 그렇게 하고자 하지 않았지만, 그의 대적들이 모세와 그 영광스러운 직분을 거론하며, 거기에 비해서 바울과 그의 별로 영광스러워 보이지 않는 직분을 폄하하였기 때문에, 어쩔 수 없이 모세에 대하여 많은 말을 할 수밖에 없었다는 것이다.[132] 이 경우에 그러한 답변은 실제로 이 질문에 대한 설명의 일부가 될 수 있을지도 모르고, 우리는 그러한 가능성을 결코 배제할 수는 없지만, 바울이 여기에서 이 주제를 전개해 나가는 것에 대한 충분한 이유가 되기는 힘들다. 왜냐하면, 바울은 자신의 대적이 반론을 제기하였을

130) 골 1:27. *Perspectives*, ch. 23을 보라.

131) 고후 1:20.

132) 물론, 바울의 대적들은 거울 속에 희미하게 보이는 그림자 같은 인물들이고, 바울에게 나타나는 여러 가지 현상들, 특히 학자들이 바울의 중심적인 사상과 아무런 상관없는 것들을 말하는 이유를 설명해 주는 편리한 수단으로 흔히 사용하는 인물들이다. 이 문제에 대해서는 Barclay, 1987을 보라.

때에 거기에 일일이 맞대응하기보다는, 훌륭한 체스 선수처럼, 새롭고 탁월한 한 수로 그 반론을 무너뜨릴 수 있는 사람이었고, 훌륭한 대중 연설가는 자신의 대적이 자신의 약점이라고 생각해서 마침 자기가 어떤 식으로든 말하고자 하였던 바로 그것을 가지고 공격해 올 때를 기다리는 법이기 때문이다.

사람들이 흔히 여기에서 놓치고 있는 것은, 여기서 바울은 모세가 이스라엘의 하나님이 자기 백성 가운데서 거할 것이라고 한 약속을 놓고서 하나님과 씨름하는 장면을 다루는 출애굽기 본문을, 다른 곳들에서(그는 이 주제를 여러 곳들에서 암시한다)보다 더 자세하게 설명하고 있다는 사실이다. 이것에 대해서는 우리가 본서의 제9장에서 이 주제에 대하여 설명한 부분을 참조하면 되겠지만, 우리의 현재의 목적을 위해서 특히 주목해야 할 것은, 바울은 고린도후서 4:7-12에서 현재적으로 내주하는 성령과 관련해서, 극적인 "이제"와 극적인 "아직"을 한데 결합시키고 있다는 것이다. 즉, 그가 "우리는 이 보배를 질그릇에 가지고 있다"고 말한 후에, 현재적으로 고통스러운 상태가 지속되고 있는 것에 관하여 설명하는 것은, 단지 자신이 방금 밝힌 영광스러운 진실을 상쇄시켜서 제거해 버리고자 한 것이 아니고, 그러한 고통 가운데서도 내적으로 새로워진 삶을 살아가는 것(4:16)은, 여전히 장래의 실체에 대한 이정표로서의 기능을 하는 현재적인 실체라고 말하고 있는 것이다.

갈라디아서와 로마서도 동일한 주제를 다루면서, 바울에게 있어서 성령의 임재는 야웨가 늘 약속하였던 대로 다시 돌아왔음을 보여주는 증표였음을 보여준다. 갈라디아서 4:1-7에서 바울은 노예들이 속량함을 받아서 이제 "아들들"이 되었다고 말함으로써, 출애굽 주제를 상기시킨다. 그러나 우리는 출애굽 주제 속에서, 단지 하나님의 이름(출애굽기 3:13-15)과 계약을 지키는 하나님으로서의 하나님의 본성(6:2-8; 34:6-7)이 새롭게 계시되는 것만이 아니라, 이 하나님이 자기 백성의 반역과 우상 숭배에도 불구하고 그들 가운데로 와서 거하겠다고 한 약속을 성취하고 있는 것도 발견한다. 바울은 여기 갈라디아서에서 메시야 및 여기에서 "자기 아들의 영"으로 표현된 성령과 관련해서 바로 그러한 그림을 발전시킨다. 즉 살아 계신 하나님이 자기 아들의 모습으로 와서 자기 백성을 구원하였고, 성령의 역사 안에서 그들 가운데 거하게 되었다는 것이다. 따라서 우리가 본서의 제9장에서 보았듯이, 바울은 이러한 복잡한 사고 전체를 "이제 너희가 하나님을 알게 되었을 뿐만 아니라, 하나님에 의해 알려지게 되었다"는 말로 표현할 수 있었다.[133] 4:8-11의 고

133) 갈 4:9(위의 제6장 제2절 2), 제9장 제2절 3)과 제3절 2)를 보라).

백을 그 뿌리에서 추동하고 있던 것은 바울이 지니고 있던 어떤 이상한 도식이나 새로운 편견이 아니라, 이스라엘의 소망이 하나님의 아들과 성령을 통해서 이미 성취되었다는 그의 확신이었다. 계약의 하나님이 다시 돌아와서 자기 백성 가운데서 거하고 있다.

우리가 앞에서 여러 차례 보았듯이, 바울은 이것을 사람들의 마음을 변화시키는 성령의 역사라는 관점에서 설명한다. 로마서의 나머지의 상당 부분의 배후에 자리하고 있는 짧지만 아주 중요한 본문인 로마서 2:28-29은, 이스라엘이 오랫동안 소망해 왔던 것이 이스라엘의 하나님에 의해서 성령을 통해 성취되었다고 역설한다:

> 표면적 유대인이 "유대인"이 아니고, 표면적 육신의 할례가 "할례"가 아니다. 이면적 유대인이 "유대인"이고, "할례"는 마음에 할지니, 성령에 있고 율법 조문에 있지 않다. 그러한 사람은 사람들로부터가 아니라 하나님으로부터 "칭찬"을 받는다.

달리 말하면, 신명기와 예레미야서와 에스겔서의 약속들(그리고 경고들)은 성취되었고, 이렇게 성취된 일은 유대인과 이방인 모두에게 똑같이 적용된다는 것이다.[134]

바울은 무할례자들의 편입을 옹호하는 자신의 논증에서, 그러한 약속들 및 경고들을 관통하는 주제를 자신에게 유리하게 사용한다. 즉, 갱신된 계약의 지체가 되는 것과 관련해서 선지자들에게 중요하였던 것이 마음의 할례였다는 것은, 이 문제와 관련해서 육신의 할례는 아무런 상관이 없다는 것을 분명하게 보여준다는 것이다. 육신의 할례는 새 계약의 권속의 표지인 "참된" 할례를 위한 필요조건이나 충분조건이 되지 않는다(그는 여기에서나 그 병행본문인 빌립보서 3:3에서 "참된"이라는 단어를 사용하고 있지 않지만). 이 본문은 이렇게 온통 개시된 종말론에 관한 것이다. 고대 이스라엘의 소망, 그리고 좀 더 최근에는 제2성전 시대 유대인들의 소망은, 성령의 역사를 통해서 마음의 변화를 받은 유대인과 이방인으로 구성된 권속의 탄생을 통해서 성취된다.

바울은 로마서를 계속해서 써 내려가면서 추가적으로 세 개의 본문(5:5; 6:17; 8:27)에서 이러한 마음의 변화에 대하여 암시하면서, 우리가 여전히 그 도상에 있다는 것을 보여준다. 그런 후에, 이 주제는 우리가 현재의 장의 마지막 절에서 다른 시각으로 살펴보게 될 본문에서 극적으로 전면에 등장하는데, 거기에서 바울은

134) 경고들: 신 10:16(cf. 레 26:41); 렘 4:4; 9:26; cf. 겔 44:7; 약속들: 신 30:6; 렘 31:33; 32:39f.; 겔 11:19; 36:26f.

자기가 현재에 있어서 믿지 않는 유대인들의 "구원"을 위하여 기도해 온 것에 대하여, 이스라엘의 하나님이 어떤 식으로 응답할 수 있고 응답할 것인지를 설명하면서, 신명기 30장에 나오는 "마음의 변화"와 관련된 내용을 가져와서 신명기 9:4("네 마음에 말하지 말라")과 연결시켜서, 다음과 같은 취지의 말을 한다:

> 네 마음에 "누가 하늘에 올라가겠느냐"(이것은 메시야를 끌어내리려는 것이다)라거나, "누가 무저갱으로 내려가겠느냐"(이것은 메시야를 죽은 자 가운데서 끌어올리려는 것이다)라고 말하지 말라. 그러면, 그것은 무엇을 말하느냐? "말씀이 네게 가까워 네 입에 있고 네 마음에 있다"(즉, 우리가 선포하는 믿음의 말씀). 왜냐하면, 네가 네 입으로 예수가 주시라는 것을 시인하고, 하나님께서 그를 죽은 자 가운데서 살리신 것을 네 마음에 믿으면, 구원을 받을 것이기 때문이다. 왜 그러한가? 계약의 지체가 되는 길은 마음으로 믿는 데 있고, 구원에 이르는 길은 입으로 시인하는 데 있기 때문이다.[135]

로마서 2장에서와 마찬가지로 여기에서도 말하고자 하는 요지는, 유대인과 헬라인의 구별이 없어졌기 때문에, 이 일은 모든 사람을 위한 것이라는 것이다(10:12). 7:1–8:11에 나오는 "새 계약"에 관한 장엄한 설명과 이 설명에 수반되는 모든 것으로부터 생겨난 이 본문은 바울의 개시된 종말론의 핵심 가까이에 있다고 할 수 있다. 하나님은 자기가 약속해 온 것을 마침내 행하였다 — 비록 그것이 그러한 약속에 매달려 왔던 백성들이 예상하고 기대해 왔던 것과 전혀 다른 모습이었다고 할지라도(10:2-4). 요세푸스(Josephus)가 그랬듯이, 바울도 신명기의 마지막 장들을 자기 시대에 실현된 종말론적인 예언으로 읽었다. 이스라엘의 소망의 실현은 시작되었다.[136]

여기에서 성령은 명시적으로 언급되고 있지 않지만, 능동적인 주체이다. 바울의 글들에서는 흔히 그러하듯이, 어떤 핵심 본문의 한 부분에 대한 짤막한 언급은 그 본문이 속해 있는 좀 더 큰 단락 전체에 대한 울림들을 수반한다. 우리가 방금 인용한 본문 직후에, 그는 유대인과 헬라인의 구별이 폐기된 것은, "동일한 주가 모든 사람의 주가 되어" 그를 부르는 모든 사람에게 긍휼과 은혜를 풍성히 부어주기 위

135) 롬 10:6-10. 좀 더 자세한 석의로는 아래의 제11장 제6절 4) (2)와 Wright, 2002 [*Romans*], 658-64를 보라.

136) cf. 롬 10:19에 인용된 신 32.21(야웨가 "그들의 끝이 무엇일지를 내가 보리라"[LXX deixō ti estai ep' autois ep' eschatōn - '데익소 티 에스타이 에프아우토이스 에프 에스카톤']로 말하는 32:20도 주목하라). Josephus 등이 이것을 이스라엘의 궁극적인 미래에 대한 먼훗날에 관한 예언으로 읽은 것은 놀라운 일이 아니다(이것과 관련해서 Josephus에 대해서는 위의 제2장 제4절 2) (4)를 보라).

한 것이라고 설명한다. 그런 후에, 그는 10:13에서 요엘서 2:32을 인용한다:[137] "주의 이름을 부르는 자는 누구든지 구원을 받을 것이다." 이것은 온갖 것들을 수반하고 포괄하게 될 계약 갱신에 관한 좀 더 긴 예언의 일부이다:

> 그 후에 내가 내 영을 모든 육체에 부어 주리니, 너희 자녀들이 예언할 것이고, 너희 늙은이는 꿈을 꿀 것이며, 너희 젊은이는 이상을 볼 것이다. 그 날에 내가 내 영을 남종과 여종에게도 부어 줄 것이다. 내가 징조들을 하늘과 땅에 베풀리니, 곧 피와 불과 연기 기둥일 것이다. 야웨의 크고 두려운 날이 이르기 전에, 해가 어두워지고 달이 핏빛 같이 변할 것이다. 누구든지 야웨의 이름을 부르는 자는 구원을 얻을 것이다. 왜냐하면, 야웨가 말한 대로, 시온 산과 예루살렘에 피할 자들이 있을 것이고, 남은 자들 중에 야웨의 부름을 받을 자들이 있을 것이기 때문이다.[138]

성령에 의해서 추진되는 "개시된 종말" 속에서 온갖 다른 새로운 일들이 벌어지기 시작하는데, 바울이 자신의 글들 전체에 걸쳐서 역설하고 있는 것은 특히 "행실의 변화"이다.[139] 그는 (마치 복음의 새 날이 동터 오지 않았다는 듯이) 토라 내에서 살고자 하는 자들을 반박하는 변증을 전개해 나가는 가운데서도, 믿고 성령의 인도함을 받는 자들에게서의 토라의 "성취"에 대하여 무수히 말한다. 그들은 "토라 아래에" 있지 않지만, 토라가 의도한 것을 행하고 있다.[140]

따라서 바울에게 있어서 이스라엘이 오랫동안 기다려 왔던 기대가 실현되기 시작하였다는 것은 의심의 여지가 없었다. 그가 전하는 복음을 믿는 자들은 원래의 출애굽 세대(고린도전서 10장) 같이, 그리고 에덴 동산에서의 최초의 부부 중 아내처럼(고린도후서 11:2-3), 메시야를 남편으로 하여 새 출발을 하고 있다.[141] 온전한 의미에서의 새 창조는 여전히 미래에 있고, 그것이 메시야 백성이 현재에서 "신음하는" 이유이다.[142] 그러나 그것이 이미 시작되었다는 것을 부정하는 것은 초기 기

137) 3:5 MT/LXX.

138) 욜 2:28-32(3:1-5 MT/LXX).

139) 예를 들면, 롬 6:12-23; 갈 5:16-26; 아래를 보라.

140) 예를 들면, 롬 2:26, 27(주목할 만한 정도로 명시적이다); 3:27, 31(주목할 만한 정도로 암호적이다); 8:4; 분명하게 함축되어 있는 8:7-9("육체에 초점이 맞추어진 생각은 하나님에 대하여 적대적이기 때문에, 하나님의 율법에 복종하지 않고, 사실 복종할 수도 없다 … 그러나 너희가 육체의 사람들이 아니라면 성령의 사람들이다"; 달리 말하면, 이것은 너희가 지금 "하나님의 율법에 복종하고" 있다는 것이다: 8:4의 의미도 이런 것일 가능성이 크다). 또한, 10:4-13; 13:8-10; 고전 7:19; 갈 6:2을 보라. "율법 아래" 있지 않다는 것에 대해서는: 갈 5:18. 이 주제 전체에 대해서는 위의 제10장 제4절 3) (10)를 보라.

141) 아담이 아니라 메시야와의 "새로운 혼인"에 대해서는 로마서 7:1-4을 보라. 이것에 대해서는 위의 제10장 제3절 4) (3)을 보라.

독교 운동 전체 및 그 안에 자리 하고 있는 바울의 신학이 앉아 있는 가지를 잘라 버리는 것이다.

따라서 바울은 이스라엘의 소망이 현재적으로 실현된 것으로 본다 — 비록 메시야와 성령을 중심으로 재정의되어 철저하게 새로운 방식으로이긴 하지만. 그러나 이렇게 실현된 것이 불완전한 것이라는 사실은 분명하고 중요하다. "아직"이 존재한다. 그리고 바울은 이것도 메시야적이고 성령론적으로 수정한 유대적 소망으로 표현하였다.

4. 예수와 성령을 통해 미래에 실현될 소망

현재적으로 이루어진 소망은 미래 속으로 그대로 이어진다. 즉, 현재와 마찬가지로 미래에 있어서도, 중심적인 약속은 야웨가 영광 중에 자기 백성에게로 돌아와서, 모든 원수들을 이기고, 만물을 완성하여, 마침내 자기 백성을 신원하고, 자신의 나라를 견고히 세우리라는 것이었다. 이 위대한 소망과 관련해서 바울이 중점적으로 행한 것은, "야웨의 날"에 관한 고대 이스라엘의 비전을 "메시야의 날" 또는 "주의 날" – 이 표현이 지닌 다의성에 대해서는 우리가 제9장에서 살펴본 바 있다 - 로 바꾼 것이었는데, 여기서 "주"는 분명히 메시야 예수를 가리키는 것이지만, 하나님 자신을 가리키는 칠십인역에서의 '퀴리오스'(kyrios)의 용법을 강력하게 반영하고 있는 것이기도 하다.[143)]

종종 바울은 "주의 날"이라는 온전히 성경적인 표현을 사용하기는 하지만, 흔히 거기에 예수라는 이름을 덧붙여 사용한다:

> [하나님께서] 너희를 우리 주 왕 예수의 날에 책망할 것이 없는 자로 끝까지 견고하게 하실 것이다.[144)]

> 너희는 그런 자를 사탄에게 내어주어 육신이 멸망받게 함으로써, 그의 영이 주 예수의 날에 구원을 얻게 하여야 한다.[145)]

142) 롬 8:23.
143) Dunn, 1998, 308은 이 용례를 지나가는 말로 언급하지만, 기독론적인 함의들을 회피한다.
144) 고전 1:8.
145) 고전 5:5.

> 우리 주 예수의 날에는 너희가 우리의 자랑이 되고 우리가 너희의 자랑이 될 것이다.[146)]

> 주의 날이 밤중의 도둑 같이 이를 줄을 너희는 아주 잘 안다.[147)]

> 주의 날이 이미 이르렀다고 너희에게 말하는 우리에게서 받았다고 하는 편지 때문에 … 갑자기 너희의 생각이 흔들리게 하지 말라.[148)]

또한, 바울은 종종 "메시야의 날"로 변형해서 사용하기도 한다:

> 너희 안에서 선한 일을 시작하신 이가 메시야 예수의 날에 그 일을 철저하게 완성하실 것이다.[149)]

> 너희가 메시야의 날에 진실하고 흠 없는 자들이 될 것이다.[150)]

> 그것이 내가 메시야의 날에 자랑할 바로 그것이다.[151)]

그리고 그는 종종 동일한 날을 가리키면서도, 여러 가지 내용들, 특히 심판의 경고 같은 것을 덧붙여서 단지 "그 날"이라고 표현하기도 한다:

> 너희는 진노의 날, 곧 하나님의 의로우신 심판이 나타날 그 날에 너희에게 임할 진노를 쌓아가고 있다.[152)]

> (내가 선포하는 복음에 따라) 하나님이 왕 예수를 통해서 사람들의 모든 은밀한 것들을 심판하시는 그 날에.[153)]

> 밤이 거의 지났고, 그 날이 거의 와 있다.[154)]

> 각 사람의 행위가 드러나게 될 것이니, 이는 그 날이 그것을 보일 것이고, 그것이 불 가운데서 드러날 것이기 때문이다.[155)]

146) 고후 1:14.
147) 살전 5:2.
148) 살후 2:2.
149) 빌 1:6.
150) 빌 1:10.
151) 빌 2:16.
152) 롬 2:5.
153) 롬 2:16.
154) 롬 13:12.

> 하나님의 성령을 실망시키지 말라. 이는 하나님이 해방의 날에 너희를 확인하기 위하여 성령으로 너희를 인치신 것이기 때문이다.[156]

> 주께서 그로 하여금 그 날에 주의 긍휼하심을 발견하게 하시기를 빈다.[157]

> 의로우신 재판장이신 주께서 그 날에 내게 [의의 면류관을] 상으로 주실 것이다.[158]

바울이 여기에서 표현하고 있는 사상 및 그가 "그 날"을 그러한 사상을 표현하는 좋은 방식이라고 보게 된 것을 설명하기 위해서는, 우리가 본서의 이전의 여러 장들에서 살펴본 내용 중 많은 부분을 다시 가져와서 말하여야 하지만, 중요한 핵심은 세계의 창조주이자 이스라엘의 계약의 하나님이 장차 심판과 긍휼을 베풀게 될 장래의 어느 "날"이라는 관념은, 앞에서 이미 보았듯이, 성경의 선지자들에게서 중요한 주제였다는 것이다. 바울은 메시야 예수가 이룬 일과 성령의 강림이 어떤 의미에서 새로운 날이 이미 동텄음을 의미한다고 믿었다: "구원의 날이 임하였다." 그러나 "부활"이 둘로 나뉘었듯이, "그 날"도 하나님의 약속들이 단지 기다려야 되는 것이 아니라 진정으로 성취되어서 복음을 통해 "이제" 실현되어 갈 수 있게 된 현재의 "날"과 이러한 실현이 완성이 되어서 창조주가 "모든 것 안에서 모든 것"이 될 장래의 "날"로 나뉘게 되었다. 우리는 이러한 구별을 하고 있는 고린도전서 15:20-28을 이미 앞에서 인용한 바 있는데, 거기에서 24절("그런 후에는 종말이 오리니, 그가 모든 통치자와 모든 권세와 능력을 멸하고 아버지 하나님께 그 나라를 바치게 될 때이다")에 나오는 "종말"(to telos – '토 텔로스')은 분명히 이 서신의 다른 곳에서 "그 날"로 지칭된 것과 동일한 때를 가리키는 것임에 틀림없다(위에서 인용한 본문들이 보여 주듯이). 물론, 고린도전서 15장은 그 "날"에 무슨 일들이 일어날 것인지에 대하여, 이것 외에도 풍부한 내용들을 담고 있지만, 이것에 대해서는 우리가 곧 다시 살펴볼 것이다.

그 날은 일차적으로 심판의 날이 될 것이다. "심판"은 "정죄"를 포함하기는 하지만, 그 날은 위에서 인용한 로마서 2:5이 말하고 있듯이, 단지 "정죄"에서 끝나지는 않을 것이고, 좀 더 오래된 성경적 의미에서의 "심판," 즉 모든 것들이 다 제자리를 찾고, 바로잡혀야 할 것들이 다 바로잡히게 되는 때가 될 것이다. 그 날은 모든 은

155) 고전 3:13.
156) 엡 4:30.
157) 딤후 1:18.
158) 딤후 4:8.

밀한 것들이 드러나고, 주의 백성들이 행한 일들의 진면목이 드러나며, 특히 자신이 한 일들을 통해서 열매를 맺은 자들이 합당한 상을 받는 때가 될 것이다(바울은 종교개혁 이후의 그의 추종자들 중 일부와는 달리, "상"이라는 관념에 대하여 거부감을 갖고 있지 않다). 위에서 인용한 여러 본문들을 종합해 보면, 그 날을 묘사하기 위하여 사용된 (고린도전서 3장에 나오는 "불" 같은) 서로 다른 표상들은 대체로 단지 표상들일 뿐인 것으로 보인다. 하지만 관련 본문들 중 하나에서는, 마치 구약에서처럼 이 "날"이 서로 다른 여러 "때들"로 구분되고, 그 중의 몇몇 "때들"은 현재의 세계사의 흐름 내에(within) 존재할 수 있다는 뉘앙스를 풍김으로써, 우리를 조금 혼란스럽게 한다:

> 영적인 감화로나 말로나 또는 우리에게서 받았다고 하는 편지로나 주의 날이 이미 이르렀다는 말을 들었다고 해서, 갑자기 너희의 생각이 흔들리거나 요동해서는 안 된다.[159]

이 본문이 말하고자 하는 핵심은 우리가 이미 충분히 말하였기는 하지만, 여기에서 다시 한 번 반복해 둘 필요가 있다. 즉, 데살로니가 교인들은 "주의 날이 이미 이르렀다"는 것을 그들에게 말해주는 어떤 메시지나 편지를 받았을 것인데도, "주의 날"이 공간과 시간으로 된 세계의 실제적인 소멸을 의미하는 것으로 생각하지 않았다는 것이다. 그리고 아마도 바울도 마찬가지로 그렇게 생각하지 않았을 것이지만, 이것을 밝혀내기 위해서는 그의 종말론을 좀 더 세밀하게 천착해 볼 필요가 있다.

특히, 우리는 예언 전통들이 어떻게 작동하는지를 우리보다 더 잘 알고 있었을 바울이, 기독교의 종말론에 존재하는 두 "때들"인 "이제"와 "아직"을 믿었을 뿐만 아니라, 메시야에 의한 단번의 성취와 장래의 궁극적인 "그 날"에 있을 완성 사이에서 특정한 성취의 때들이 있음을 믿었을 가능성을 숙고해 보아야 한다. 나는 이것이 데살로니가 서신이 말하고 있는 것이라고 생각한다. 바울이 예수가 다시 돌아오고 죽은 자들이 부활하게 될 궁극적인 "마지막 날"을 바라보고 있었다는 것은 분명하지만,[160] 그는 무엇인가 기이한 일이 은밀하게 일어날 아주 구체적인 때도 바라보고 있었다. 그는 유대인들이 예수를 제거하기 위하여 온 힘을 다했던 것과 마찬가지로, 복음이 전파되는 것을 막기 위하여 온 힘을 다하고 있는 것에 대하여

159) 살후 2:2.
160) 1:10; 2:19; 3:13; 4:13—5:11.

말하면서, "진노가 끝까지 그들에게 임하였다"고 선언한다.[161] 우리는 현재의 장에서 나중에 이 본문을 다시 살펴볼 것이기 때문에, 현재로서 우리가 주목할 것은, 바울은 여기에서와 위에 인용된 데살로니가후서의 본문에서, 마치 초기 그리스도인들이 예수가 예루살렘의 임박한 멸망을 예언하였다는 것을 알고 있어서, 그 끔찍한 사건이 일어났을 때, 예레미야가 육백 년에 그 비슷한 재앙을 해석하였던 것과 동일한 방식으로 그 사건을 해석한 것을, 반영하고 있는 것처럼 보인다는 것이다.[162]

우리는 "주의 날"이라는 개념에 대한 설명을 마치기 전에, 그 기본적인 신학적 핵심을 다시 강조해 둘 필요가 있다. 제2성전 시대에 "야웨의 날"은 "시온으로의 야웨의 귀환"이라는 강력한 울림을 지니고 있었는데, 우리가 "주 예수의 날"이라는 바울의 새로운 개념 속에서 발견하는 것도, 바로 그 동일한 소망을 수정해서 표현하고 있다는 것이다. 바울이 장래에 있을 예수의 날에 대하여 말하였을 때, 그것은 이스라엘의 하나님이 자기 아들을 통해서 최후로 다시 돌아와서, 온 세계 사람들에게 책임을 묻고, 그의 정의와 긍휼과 평화의 나라를 견고히 세우게 될 때에 대하여 말한 것이었다.

바울이 이 장래의 때를 가리키기 위하여 사용한 용어는 물론 사람들이 아주 잘 알고 있는 '파루시아'(parousia)이다.[163] 바울의 대부분의 전문용어들과는 달리, 이 용어는 성경적인 울림을 가지고 있지 않고, 헬라와 로마의 고대 세계에서 온 것으로서, 한 예로 어떤 친구가 마을의 다른 곳에 있는 것이 아니라 바로 내 방에 함께 있을 경우에 사용될 수 있는 것에서 볼 수 있듯이, 그 기본적인 의미는 "부재"와 반대되는 "임재"(presence)이다.[164] 하지만 그 친구가 멀리 떠나 있다가 돌아와서 내 집의 문앞에 나타났다면, 그의 "임재"는 여기에 도래한 결과로 인식하는 것이 합당하기 때문에, '파루시아'라는 단어는 "임재"라는 원래의 의미에서 약간 벗어나서 "도래, 왕림"(arrival)이라는 의미를 지니게 되었다.

161) 살전 2:16.

162) Perriman, 2010, 50f.는 석의적인 근거 이상으로 이 주제에 대하여 말하고 있는 것으로 보이기는 하지만, 대부분의 석의자들이 이것을 완전히 무시하기 때문에, 다시 균형을 잡을 필요가 있는 것 같다. 아래의 제11장 제6절 3)을 보라. 또한, 데살로니가후서 2:1-12에는 "불법의 사람"과 "막는 자"라는 주제 전체가 등장하는데, 이것에 대해서는 주석서들과 아울러 Ridderbos, 1975 [1966], 508-28을 보라.

163) 이하의 분석과 관련해서 세부적인 것은 cf. LSJ 1343; BDAG 780f.와 거기에 나오는 풍부한 참고문헌들. 핵심적인 쟁점들에 대한 요약으로는 Allison, 2007b, 296을 보라.

164) 고전 16:17; 고후 7:6, 7; 10:10 등에 나오는 "통상적인" 용법들과 비교해 보라; 바울 자신에 대해서는 빌 1:26; 2:12.

이런 의미의 '파루시아'는 온갖 경우에 사용되어서, 친구가 마을을 지나서 내 집에 온 경우만이 아니라, 왕이나 고관의 공식적인 국빈방문의 경우에도 사용될 수 있었다. 우리가 특히 주목할 만한 것은 바로 후자인데, 예컨대 '파루시아'는 카이사르나 로마의 어느 고관이 한 도시나 속주를 방문한 것을 가리키는 데에도 사용될 수 있었고, 그러한 방문을 마치고 로마로 돌아온 것을 가리키는 데에도 사용될 수 있었다.[165)]

이러한 잘 알려진 특정한 용법과 병행해서, '파루시아'는 신의 "나타남" 또는 "현현"을 가리키는 데에도 널리 사용되었다. (카이사르는 바울 시대에 신격화되는 길을 밟고 있던 중이었기 때문에, '파루시아'는 "황제"의 왕림과 "신"의 현현이라는 두 가지 의미를 동시에 지닐 수 있었다.) 이스라엘의 하나님과 관련된 눈에 띄는 용례는 요세푸스(Josephus)의 글에서 발견되는데, 그는 시내 산의 우레와 번개가 모세를 만나기 위한 이스라엘의 하나님의 "왕림," 즉 '파루시아 투 테우'(parousia tou theou)를 나타내는 것이라고 말한다.[166)] 마찬가지로, 요세푸스가 광야에서 성막이 지어지고 나서 일어난 일을 설명하는 부분도 흥미롭다:

> 그는 그들의 손님으로 와서 이 성소에 자신의 거처를 정하였다 … 하늘이 청명한 가운데, 오직 성막 위에만 어둠이 내려앉아 먹구름을 형성하고 있었는데, 그 구름은 겨울 폭풍에 의한 것과는 달리 그렇게 짙거나 깊지는 않았지만, 눈으로 그 안의 것을 꿰뚫어볼 수 있을 정도로 엷지도 않았다. 그러나 하나님의 임재를 원하고 믿었던 자들에게 하나님의 임재(theou dēlousa parousian - '테우 델루사 파루시안')를 계시하는 감미로운 이슬이 그 구름으로부터 방울방울 떨어졌다.[167)]

요세푸스는, 이 장면에 낭만적인 분위기를 더하고, 하나님의 "임재"가 오직 그것을 원하거나 믿었던 자들에게만 계시되었다고 말함으로써, 자신의 서술의 진의를 조심스럽게 감추고, 이 일이 객관적으로 일어난 현실이었다는 강력한 단언을 회피하는 것으로 보인다. 그러나 그렇다고 해서, 이 본문이 우리가 바울에 의해 수정된 제2성전 시대의 종말론이라는 주제 전체에 대하여 지금까지 말해 온 요지를 분명하게 확증해 주고 있다는 사실을 우리는 간과해서는 안 된다. 나는 지금까지 바울이 야웨가 돌아올 것이라는 약속의 궁극적인 성취라는 관점에서 미래를 보았

165) cf. Polybius, 18.48.4; *3 Macc.* 3.17; 군대의 도착에 대해서는 2 Macc. 8.12; BDAG 781에 나오는 다른 전거들.

166) *Ant.* 3.80; Thackeray ad loc. tr. "하나님의 강림."

167) *Ant.* 3.203.

다는 것을 논증해 왔다. 그리고 여기에서 요세푸스는 그러한 소망의 패러다임인 여러 계기들 중의 하나를 지칭하기 위하여 '파루시아'라는 단어를 사용하고 있다.[168]

바울은 '파루시아'가 지닌 이 두 가지 의미(왕이나 고관의 왕림과 신의 현현 또는 권능 가운데서의 임재)를 창의적인 방식으로 결합한 것으로 보인다. 바울에게 있어서 예수는 "부재"중이거나 멀리 떠나 있는 것이 아니었다. 그는 부활한 왕으로서 늘 임재해서 권능 가운데서 온 세계를 다스리고 있다. 그러나 어느 날 이 권능 가운데서의 임재는 새로운 방식으로 구체적으로 계시될 것이고, 그 때에 그가 이렇게 계시되는 것을 보는 자들은 그것을 마치 그가 실제로 멀리 떠나 있다가 "왕림한" 것처럼 느끼게 될 것이다. 타국에 있다가 다시 돌아와서 자신의 합법적인 왕권을 되찾은 왕처럼, 그는 잠시 방문하기 위해서가 아니라, 하늘과 땅을 하나로 결합시키기 위하여, 하늘로부터 "와서" 이 땅에 이르게 될 것이다:

> 우리는 하늘의 시민들이고, 거기로부터 오실 구원자, 주 왕 예수를 간절히 기다리고 있다. 우리의 현재의 몸은 초라하고 낡은 것이지만, 그가 그 몸을 변화시켜서, 그의 영광의 몸과 같게 하실 것이다. 그는 그로 하여금 모든 것을 자신의 권세 아래에 복종시킬 수 있게 해준 바로 그 권능을 통해서 이 일을 하실 것이다.[169]

그러나 이런 일이 일어날 때, 그것은 신의 "현현"과 같은 모습일 것이다. 왜냐하면, 앞에서 이미 보았던 것처럼, 그것은 바울이 이스라엘의 하나님이 인간의 몸을 입고 살아 있는 인간이 된 것으로 여겼던 바로 그분의 현현일 것이기 때문이다. 바로 그러한 이유로 인해서 우리가 아울러 주목해야 할 것은, '파루시아'와 동일한 이중적인 의미를 지닐 수 있었던(물론, 다른 뉘앙스들도 아울러 지니고 있었지만) '에피파네이아'(epiphaneia)라는 신의 "현현"[170] 또는 황제의 즉위를 가리키는 용어이다.[171] 이 추상명사는 "나타나게 하다"를 의미하는 동사 '파네로오'(pha-

168) 또한, 열왕기하 6:15-19이 만들어내는 효과를 요약하고 있는 *Ant.* 9.55을 참조하라: 엘리사는 하나님이 자기 종에게 "자신의 권능과 임재를 나타내시기를"[emphanisai tēn hautou dynamin kai parousian - '엠파니사이 텐 하우투 뒤나민 카이 파루시안'] 기도한다. 여기에서 '파루시아' (parousia)는 "도래, 왕림"이 아니라, 단지 "임재" — "하나님이 내내 거기에 계신다는 사실" — 를 의미한다.

169) 빌 3:20f. '파루시아' (parousia)나 '에피파네이아' (epiphaneia, 아래를 보라)는 둘 다 여기에 나오지 않지만, 이 본문이 바울이 다른 곳에서 이러한 단어들 및 그 비슷한 단어들을 사용해서 말하고 있는 사건을 서술하고 있다는 것을 의심할 사람은 아무도 없을 것이다.

170) Plut. *Them.* 30.

neroō)와 연결되어 있는데,[172] 이 명사와 동사는 둘 다, 바울을 포함한 초기 그리스도인들이, 예수가 그들로부터 멀리 떨어져 있어서 그들에게 돌아오기 위해서는 상당한 여정이 필요하다고 생각한 것이 아니라, 예수는 임재해 있지만 감추어져 있는 것일 뿐이기 때문에 나타나기만 하면 된다고 생각하였다는 사실을 우리에게 상기시켜 준다.[173]

'파루시아'(parousia)라는 단어는 성경 외적인 배경을 지니고 있음에도 불구하고, 바울이 그 단어에 채워 넣은 내용은 장래의 이 계기가 이스라엘이 기다려 왔던 야웨의 귀환을 통해서 그들의 오랜 소망이 실현되는 때가 될 것임을 아주 잘 보여준다:

> 메시야가 첫 열매로서 부활하고, 그런 후에 메시야에게 속한 자들이 그가 왕으로 올 때[parousia - '파루시아'] 부활하게 될 것이다.[174]

> 우리 주 예수께서 다시 한 번 임재하실 때[en tē autou parousia - '엔 테 아우투 파루시아'], 우리의 소망, 우리의 기쁨, 우리가 그의 앞에서 자랑할 면류관이 무엇이냐?[175]

> 그런 식으로 해서, 우리 주 예수가 그의 모든 성도들과 함께 다시 임재하실 때[en tē parousia tou kyriou hēmōn Iēsou - '엔 테 파루시아 투 퀴리우 헤몬 예수'], 너희의 마음은 강건해져서, 우리 아버지 하나님 앞에서 거룩함 가운데 흠이 없게 될 것이다.[176]

> 주께서 임재하실 때까지 여전히 살아 남아 있는[hoi perileipomenoi eis tēn parousian tou kyriou - '호이 페리레이포메노이 에이스 텐 파루시안 투 퀴리우'] 우리도 잠 자는 자들보다 앞서지 못할 것이다.[177]

171) 칼리굴라에 대해서는: *Inscr. Cos.* 391. '에피파네이아' (epiphaneia)에 대해서는 LSJ 669f.; BDAG 385f.를 보라.

172) BDAG 1048.

173) 예를 들면, 골 3:4; cf. 벧전 5:4; 요일 2:28; 3:2(phaneroō - '파네로오'); '에피파네이아' (epiphaneia)를 '파루시아' (parousia)와 결합시켜서, "그의 임재의 나타나심으로"(tē epiphaneia tēs parousias autou - '테 에피파네이아 테스 파루시아스 아우투')이라고 말하는 살후 2:8; BDAG는 여기에서 '에피파네이아' 는 "'파루시아' 가 일어날 때에 이루어지는 구원을 가리킨다"고 주장하지만, 그것은 이 절이나 이 단어들의 의미에 부합하지 않는다. 여기에서 '파루시아' 는 주의 "임재" 이고, '에피파네이아' 는 그 임재의 나타남 — 살후 2:8에서는 구원이 아니라 "불법한 자" 에 대한 심판을 위한 — 이다. '에피파네이아' 는 목회서신에서 상대적으로 자주 등장한다: 딤전 6:14; 딤후 1:10; 4:1, 8; 이것은 그 기자가 사람들이 송축하였던 카이사르의 '에피파네이아' 를 예수와 서로 대비시키고자 했기 때문인가? 특히 이것을 강조하고 있는 디도서 2:13을 보라.

174) 고전 15:23.

175) 살전 2:19.

176) 살전 3:13.

> 너희의 온 영과 혼과 몸이 우리 주 예수 메시야께서 오실 때에[en tē parousia - '엔 테 파루시아'] 흠 없게 보전되기를 바란다.[178]

> 우리 주 메시야 예수의 왕적인 임재[hyper tēs parousias - '휘페르 테스 파루시아스']와 우리가 그를 중심으로 모이게 될 것에 관하여 … [179]

> 주 예수께서 그 입의 기운으로 [불법한 자를] 죽이시고, 자신의 임재를 나타내심으로[tē epiphaneia tēs parousias autou - '테 에피파네이아 테스 파루시아스 아우투'] 그를 쓸어 버리실 것이다.[180]

이 본문들 속에는 다섯 가지가 서로 결합되어 나오는 것으로 보인다:[181]

1. 이전의 유대적 기대가 존재한다: 야웨가 자신의 모든 성도와 함께 다시 와서,[182] 이스라엘과 열방의 모든 잘못된 것들을 단번에 바로잡을 것이다.
2. 이 기대에 대한 메시야적 판본이 존재한다: 다윗의 아들이자 상속자가 자신의 입의 검과 입술의 기운으로 악인들을 멸할 것이다.[183]
3. 그런 후에, 바울은 이스라엘의 소망이 예수와 성령을 통해서 극적으로 개시되었다는 자신의 확고한 믿음(이것은 예수의 부활에 토대를 둔 것이다)을 근거로 해서, 이러한 것들 및 관련 전통들을 수정한다: 이 장래의 시나리오는 현재적으로 실현되었지만, 중요한 것은 종말론적인 "이제"와 "아직"의 구분이 생겨났다는 것이다.
4. 바울은 야웨가 예수 안에서 및 예수를 통해서 친히 임재하게 된 것으로 믿었기 때문에, 야웨의 "날" 또는 "강림" 또는 "나타남"에 관한 여전히 미래에 이

177) 살전 4:15. Dunn, 1998, 299f.가 이 시나리오 전체에서 가장 중요한 행위는 하나님 자신의 행위라고 강조하는 것은 옳지만, 그 이상의 도움은 주지 못한다. Schreiner, 2001, 460f.는 "휴거"에 대한 전통적인 문자적인 읽기가 확실한 것은 아니라고 유보하는 것으로 보인다. 이 논란 되는 본문에 대한 더 자세한 논의는 *RSG*, 214-19를 보라.

178) 살전 5:23.

179) 살후 2:1.

180) 살후 2:8; 위의 각주 173을 보라. 9절에서 이 "불법한 자"에 대해서도 '파루시아'라는 표현이 사용된다; 요한계시록에서 "짐승"이 어린 양의 패러디인 것과 마찬가지로, 이러한 용례는 예수의 '파루시아'와의 유비에 의한 것 같다.

181) Dunn, 1998, 295f.가 '파루시아'에 관한 바울의 가르침이 새롭다는 것을 본 것은 옳지만, 그 가르침이 야웨의 귀환에 관한 옛 유대적인 관념들에 뿌리를 두고 있다는 것은 보지 못한다.

182) 슥 14:5.

183) 사 11:4.

루어질 기대를 예수에게 적용하기는 어렵지 않았다. 이렇게 해서, '파루시아'(parousia)와 '파네로오'(phaneroō)가 지닌 "신의 현현"이라는 의미는 유지되었다.

5. 끝으로, 바울은 그러는 가운데서도 '파루시아'와 '에피파네이아'를 비롯한 관련 용어들이 카이사르 자신의 행차나 왕림, 또는 귀환을 나타내는 표현들로 익숙하게 사용되었다는 사실을 잊지 않고 있었을 것이다.[184)]

따라서 바울이 예수가 권능 가운데서 개가를 부르며 귀환하여, 온 세계에 대한 자신의 주권적인 통치를 견고하게 할 것이라고 말하고, 현재의 "세계 통치자"인 카이사르의 귀환이나 행차를 가리키는 데 흔히 사용된 언어를 예수에게 적용하였다는 사실로부터, 우리는 분명한 결론을 이끌어낼 수 있다. "야웨의 날"에 관한 고대 이스라엘의 기대가 야웨가 애굽이든 바벨론이든 이교의 폭군들을 무너뜨림으로써 자신이 세계의 진정한 통치자라는 사실을 나타낼 것이라는 소망을 포함하고 있었던 것과 마찬가지로, "주의 날"에 관한 바울의 기대도 이미 실현되어 있는 것, 즉 예수가 주이고 카이사르는 주가 아니라는 사실이 마지막 날에 마침내 드러나게 될 것이라는 기대를 포함하고 있었다.[185)]

최종적인 종말과 관련해서 이 모든 것의 직접적인 결과는 창조주인 계약의 하나님이 마침내 온 세계를 바로잡게 되리라는 것이다.[186)] 최근에 상당수의 학자들이 이 본문은 단지 바울이 복음이 얼마나 우월한지를 보여주기 위해서 인용한 유대 전승일 뿐이라거나, 나중에 모든 사람이 다 똑같이 죄악되다는 사실을 보임으로써 무효화시키고자 하나의 가설로 제시한 것이라거나, 또는 가장 최근에는 아주 극단적으로, 이 본문은 바울이 나중에 허를 찌르기 위해서 자신의 대적의 말로 꾸며서 슬쩍 끼워넣은 그에게 "어울리지 않는 말"의 일부라고 주장해 왔음에도 불구하고,

184) Ridderbos, 1975 [1966], 535f.가 여기에서 시내 산 표상과 황제 표상 중의 하나를 선택해야 한다고 한 것은 잘못이다. 유대적인 자료들과 이방 자료들을 절묘하게 결합시키고 있는 것은 바울의 천재성을 보여주는 것들 중의 일부이다.

185) 아래의 제12장을 보라.

186) 내가 알기로는, 미국에서는 사람들이 이 표현을 사용하지 않고, 대신에 "put the whole world right"이나 그 비슷한 표현을 사용한다. 나는 심지어 호주인들에게도 이 표현이 무엇을 의미하는지를 종종 설명해 주어야 한다는 것을 발견한다. 그런데도 내가 영국식 표현을 견지하는 이유는 "putting something to rights"라는 표현은 어떤 것 속에 있는 잘못된 것을 바로잡아서 제대로 돌아가게 한다는 의미만이 아니라, 정의의 개념도 지니고 있기 때문이다. 이 표현이 단지 기존의 편견을 또 다른 편견으로 바꾸는 것일 뿐인 후기 모더니즘적인 "권리 문화"로 해석될 위험에도 불구하고, 어떤 사람의 합당한 "권리들"을 회복하는 일이 우주적인 차원에서 수행된다는 관념이야말로 성경의 고유한 정의 개념이다.

나는 로마서 2:1-16에 나오는 내용이 바울의 진정한 생각이라는 것을 의심할 이유를 전혀 찾을 수 없다.[187] 도리어 사람들의 주장과는 정반대로, 이 본문 전체는 바울이 로마서의 각각의 대단락에서 앞으로 말하고자 하는 것들을 위한 토대의 일부로서 중요하다.

이 본문의 중요성은 특히 마지막 행, 즉 창조주 하나님이 "왕 예수를 통해서" 인간의 모든 은밀한 것들을 심판할 것이고 말하는 데 있다. 이것은 단지 전혀 바울적이지 않은 최종적인 시나리오에 바울적인 것을 덧붙인 것에 불과한 것이 아니었다. 도리어, 주후 1세기의 유대적 사고 속에서, 누군가가 예수가 부활하여 메시야로 등극하였다는 것을 믿었다면, 그가 많은 유대인들이 장차 이 세계에 임하게 될 것이라고 믿었던 심판을 한 분 유일하신 하나님이 바로 이 예수를 통해서 행할 것이라고 생각하는 것은 지극히 자연스러운 일이었다. 이 본문에서 강조점은 유대인과 이방인이 그 최후의 날에 절대적으로 동등한 위치에 서 있게 될 것이라는 바울 특유의 주제에 두어져 있다(이것은 주후 1세기의 유대교에서는 그렇게 특징적인 주제가 아니었다).

이 본문의 처음 여섯 절은 무대를 설정하는 역할을 한다:

> [1]그러므로 심판석에 앉아 있는 자는 누구든지 변명할 수 없다! 재판관으로 행하고 있는 너도 동일한 일들을 하고 있기 때문에, 네가 남을 심판한다면, 너는 네 자신을 정죄하는 것이다. [2]우리는 그런 일들을 행하는 자들에게 하나님의 심판이 진리대로 임한다는 것을 안다. [3]네가 그런 일들을 행하는 자들을 심판하면서 네 스스로 그런 일들을 행하는데도, 너는 정말 하나님의 심판을 피할 것이라고 생각하는 것이냐?
>
> [4]아니면, 너는 하나님의 인자하심과 용납하심과 길이 참으심이 풍성함을 멸시하는 것이냐? 너는 하나님의 인자하심이 너를 회개로 이끌고자 하는 것임을 알지 못하느냐? [5]너는 네 고집과 회개하지 않는 마음을 따라 진노의 날, 곧 하나님의 의로우신 심판이 나타날 그 날에 임할 진노를 네게 쌓고 있다. [6]하나님께서는 "각 사람에게 각자가 행한 대로 갚아주실" 것이다.

자기만족에 빠져 있는 도덕주의자를 잡기 위한 덫으로 제시되고 있는 서두의 단락(1-3절)은 장래의 심판을 당연한 것으로 전제하고, 하나님의 인자하심과 관용하심(하나님의 이러한 속성들은 제2성전 시대에서 친숙한 주제로서, 심판이 연기되

187) 이 세 가지 선택지에 대해서는 Sanders, 1983, 123-35; Käsemann, 1980 [1973], 73("여기에서 이 가능성은 적어도 현재의 맥락에서는 허구적이기도 하다"); Campbell, 2009, 547-71 등을 보라. Ridderbos, 1975 [1966], 553은 로마서 14:10f. 등에 나오는 병행을 인용하여, Lietzmann, 1971, 39f.가 취하고 있는 것 같은 "가설적인" 노선을 강력하게 반대하는 논증을 편다.

는 이유로 제시되곤 하였다)을 당연한 것으로 받아들이는 것을 경고하는 두 번째 단락(4-6절)은 장차 "진노의 날," 즉 "하나님의 의로우신 심판이 나타날 그 날"(5절)을 당연한 것으로 전제한다. 이것은 헬라어로는 '아포칼륍세오스 디카이오크리시아스 투 테우'(apokalypseōs dikaiokrisias tou theou), "하나님의 의로우신 심판의 계시의"날이다. 바울은 이미 현재적 사건으로서의 하나님의 진노의 계시(apokalypsis – '아포칼륍시스')에 대하여 말한 바 있다(1:18) -물론, 이것이 정확히 무엇을 의미하는지는 여전히 논란 중에 있지만.[188] 그러나 2:1-16은 분명히 추가적인 "묵시"가 있게 될 미래에 대하여 말하고 있다(우리가 헬라어에서 동음이의어인 '아포칼륍시스'를 번역하는 데 apocalypse라는 저 혼란스러운 현대 영어를 사용해서 말해 본다면). 창조주의 진노 아래 있는 현재 상태의 세계에서, 예수와 관련된 사건들을 통해서 어떤 의미에서 휘장이 걷어진 것은 사실이지만, 창조주의 의롭고 합당한 심판이 나타나서 선과 악을 구분하여, 세계로부터 악을 제거하게 될 때가 장래에 올 것이다. (우리는 성경의 여러 기자들과 맥을 같이 해서, 만일 창조주가 결국 세계로부터 악을 제거하지 않는다면, 과연 그런 하나님이 창조주이자 정의의 하나님으로 불릴 자격이 있는지에 대해서 심각한 의문이 제기될 것임을 안다.)[189] 그리고 6절이 말하고 있듯이, 장차 창조주의 의롭고 합당한 심판이 나타날 때,[190] "하나님이 각 사람에게 각자가 행한 대로 갚아 주실"것이라는 고전적인 원칙이 지켜질 것이다. 이 논란의 여지가 없는 공리(maxim)는 적어도 시편과 잠언으로 거슬러 올라가고,[191] 후대의 유대적 사고의 많은 갈래들 속에 반영된다.[192] 이 원칙은 바울에게서만이 아니라, 신약성서의 여러 다른 갈래들 속에서도 이런저런 형태로 다시 등장한다는 점에서, 비기독교적인 것이거나 기독교의 가르침에 못 미치는 것으로 여겨질 수 없다.[193] 오늘날 원래의 "이신칭의"에 관한 가르침을 현대

188) 위의 제9장 제7절 3)을 보라.

189) 이것에 대해서는 Cranfield, 1975, 1979, 108f.를 보라: 만일 하나님이 "우리의 악에 대하여 진노로 반응하지" 않는다면, "불의와 잔인함과 부패에 대한 진노"는 "도덕적인 악이 현존하는 세계에서 선하심과 사랑의 본질적인 요소"인 까닭에, "하나님이 과연 선하고 사랑이 있는 하나님일 수 있는가"라는 문제가 제기될 것이다.

190) '크리시스'(krisis)는 기본적으로 둘 이상의 것들을 놓고 결정한다는 의미이지만, 심판한다는 의미로 신속하게 옮겨갔고, 그런 후에는 좀 더 구체적으로 옳고 그름을 공식적으로 결정하는 법적 심판이라는 의미를 지니게 되었다.

191) 시 28:4; 62:12 [LXX 13]; 잠 24:12.

192) 예를 들면, 렘 17:10; 32:19; 50:15, 29; 욥 34:11; 전 12:14; Sir. 35.19 [LXX 35.22]; *T. Lev.* 3.2; *Pss. Sol.* 9.5.

193) 고후 5:10; 11:15; 마 16:27; 딤후 4:14; 벧전 1:17; 계 2:23; 18:6; 20:12f.; 22:12.

적인 패러디로 변질시켜서, 하나님이 인간의 행위를 보고서 어쩔 수 없다는 듯이 인간이 무슨 짓을 하든 다 "용납해" 주기로 작정하였다는 의미로 받아들이는 자들만이 이 원칙의 유효성을 부정할 수 있을 뿐이다.

바울은 이러한 예비작업을 끝낸 후에, 자기가 장래에 있을 저 최후의 심판이 어떤 식으로 이루어질 것이라고 생각하는지를 좀 더 자세하게 설명해 나간다:

> [7]사람들이 참고 선한 것을 행하여 영광과 존귀와 썩지 않는 것을 구할 때, 하나님은 그들에게 내세의 삶을 주실 것이지만, [8]사람들이 이기적인 욕심을 따라 행하여 진리를 따르지 않고 불의를 따를 때에는 진노와 분노가 있을 것이다. [9]악한 것을 행하는 각 사람에게는 환난과 곤고가 있으리니, 먼저는 유대인에게요, 또한 헬라인에게라. [10]선한 것을 행하는 각 사람에게는 영광과 존귀와 평강이 있으리니, 먼저는 유대인에게요, 또한 헬라인에게라. [11]하나님께서는 불공평함을 보이지 않으신다.

7절과 8절은 개별적이고 일회적인 행위들이 아니라 한 사람이 살아온 인생 전체의 기조라는 관점에서 일반적인 원칙을 천명한다. 우리가 주목할 것은 바울은 여기에서 지극히 유대적인 어구로 표현되어 있는 "내세의 삶"(zōē aiōnios – '조에 아이오니오스')을 인간의 궁극적인 지향점으로 보고, "진노와 분노"는 그러한 "삶"을 얻지 못한 자들의 몫이 될 것이라고 본다는 것이다.[194] 또한, 우리가 주목할 것은 첫 번째 범주에 관한 설명 속에는 인내를 가지고서 선을 행하는 것 및 영광과 존귀와 썩지 않을 것이라는 목표의 추구가 포함되어 있다는 것이다. 여기서 바울은 사람들이 그러한 것들에 반드시 온전히 도달해야 한다고 말하고 있는 것도 아니고, 그러한 것들을 당연한 권리로서 "얻는다"고 말하고 있는 것은 더더욱 아니다. 나는 이 모든 것이 바울이 자기가 사람들은 원칙적으로 스스로의 힘으로 "내세"에 참여할 지체가 되는 자격을 얻어야 한다고 말하고 있는 것이라는 의심을 받지 않기 위해서 미리 주의 깊게 혁신적으로 계획해서 말하고 있는 것이라고 생각한다. 그런 후에, 바울의 두 번째이자 좀 더 분명하게 혁신적인 것이 나온다. 그는 이번에는 이 이중적인 진술을 순서를 거꾸로 하여 다시 반복해서 말하면서(7절과 8절에서는 선한 자들을 먼저, 악인들을 나중에 언급하는 반면에, 8절과 10절에서는 악인들을 먼저, 선한 자들을 나중에 언급한다), "먼저는 유대인에게요 또한 헬라인에게"라는 것을 두 번 강조한다. 그런 후에, 그는 자신이 말하고자 한 핵심을 좀 더

194) '조에 아이오니오스' (zōē aiōnios)에 대해서는 위의 제2장 제4절 4), 제10장 제4절 3) 1), 제11장 제2절을 보라.

강력하게 각인시키기 위하여, 사람들에게 잘 알려져 있었기는 하지만 통상적으로 이런 식으로 적용되지는 않았던 또 하나의 성경적인 공리를 천명한다: "하나님은 불공평함을 보이지 않으신다."[195] 여기까지는 지극히 유대적이고, 또한 지극히 바울적이다. 즉, 바울은 메시야와 성령에 뿌리를 둔 자신의 좀 더 큰 규모의 신학에 비추어서 유대의 표준적인 주제를 온건하게 수정하고 있다.

그런 후에, 이방인과 유대인에 관한 논점은 2:12-16에서 추가적으로 확대된다:

> [12]율법 밖에서 범죄한 자는 율법 밖에서 심판을 받을 것이고, 율법 안에서 범죄한 자는 율법을 따라 심판을 받을 것이다. [13]하나님 앞에서 의로운 자는 율법을 듣는 자가 아니다. 의롭다고 선언을 받게 될 자들은 율법을 행하는 자들이다.

> [14]이 일이 어떻게 된 것이냐 하면, 이방인들은 태어날 때부터 율법을 가지고 있지 않지만, 율법이 말하는 것을 행할 때마다, 비록 율법을 가지고 있지 않더라도, 그들이 그들 자신에게 율법이 된다. [15]그들은 율법의 행위가 자신들의 마음에 씌어져 있다는 것을 보여준다. (내가 선포하는 복음에 의하여) 하나님이 왕 예수를 통해서 사람들의 모든 은밀한 것들을 심판하시는 그 날에, 그들의 양심이 증언을 하고, 그들의 생각들도 이런저런 길로 달려가서, 혹은 고발하기도 하고 혹은 변명하기도 할 것이다.

우리가 충분히 이해할 수 있듯이, 이 본문은 논쟁을 불러일으켜서, 어떤 사람들은 여기에서 "그들의 마음에 씌어진 율법의 행위"를 가지고 있는 이방인들은 "선한 이교도들"을 가리키는 것이라고 결론을 내렸고, 또 어떤 사람들은 (특히 바울이 나중에 가서 "선한 이교도들" 같은 것은 존재하지 않는다고 선언하고 있다는 것을 근거로 들어서) 여기에 나오는 "율법 밖에 있는 사람들"은 그가 2:26-29(이 본문에 대해서는 논란이 훨씬 덜하다)에서 말하고 있는 이방 그리스도인들을 염두에 두고서 미리 이렇게 표현한 것이라고 결론을 내렸다.[196] 나는 과거에 후자의 본문을 논증한 바 있고, 여전히 그 논증의 결과를 고수하고 있다 — 물론, 나는 바울이 이 문제를 잠시 논란거리가 될 수 있도록 개방해 둔 것과 스토아학파의 도덕주의자가 알아들을 수 있는 언어를 사용하여 표현한 것이 둘 다 대단히 의도적인 것이었다

195) 대하 19:7; Sir. 35.14f. [LXX 12f.]. 이 본문들은 신 10:17; 욥 34:19을 되돌아본다. 이 핵심은 신약성서에서 흔히 반복된다: 행 10:34; 갈 2:6; 엡 6:9; 골 3:25; 벧전 1:17. 이 주제 전체에 대해서는 Bassler, 1982를 보라.

196) 나는 Hultgren, 2010, 131을 읽기 전에는 원래 "전혀 논란이 되지 않는다"고 썼었다.

197) 이 모든 것에 대해서는 아래의 제14장 제2절 4); 그리고 *Perspectives*, ch. 9에 수록된 "The Law in Romans 2"를 보라.

고 생각하지만.[197]

내가 여기에서 말하고자 하는 요지는 위의 제10장에서 말한 것과 맥을 같이 하는 것으로서, 이 다섯 절은 바울이 말하는 "칭의"는 창조주 하나님이 사람들의 마음의 은밀한 것들을 심판하게 될 장래의 "그 날"에 일어나게 될 일을 가리키고 있다는 것을 너무나 분명하게 보여준다는 것이다. 로마서의 논증 내에서 이 논점이 차지하고 있는 위치를 근거로 말한다면, 우리는 이 최후의 심판이 바울이 로마서 3:21-4:25에서 말하는 개시된 종말론적 판결보다 어떤 의미에서 "일차적인 것"이라는 결론을 이끌어낼 수는 없다. (바울은 이 서신을 쓰면서, 자신의 신학을 일목요연하게 순서대로 제시한 것이 아니라, 그때그때마다 수사학적인 필요들을 고려해서 그 신학을 요약적으로 제시하는 기법을 사용하였다. 바울은 종교개혁 이후의 "구원의 순서"[ordo salutis]에 해당하는 도식을 따라 자신의 사고를 제시해 나가고자 한 것이 아니다.) 하지만 이 경우와 관련해서 우리가 말할 수 있는 것은, 3:21–4:25에 제시된 현재적인 판결은 수사학적으로나 논리적으로나 2:1-16과 연결되어 있는 것으로 보인다는 것이다. 달리 말하면, 3:21의 "그러나 이제는"은 바울이 미래에 일어날 일이라고 생각하였음이 틀림없는 하나님의 최후의 심판이 현재 속으로 들어 왔음을 보여준다. 그리고 이 장래의 심판에서 판단기준은 "율법을 행하였느냐" 하는 것이다(2:13-14).

이 본문이 그런 내용이었기 때문에, 바울이 여기에서 말한 것이 그의 진심이라는 것을 아주 많은 사람들이 부정해 왔다.[198] 바울의 복잡하게 압축된 논증들의 매듭을 풀기가 어렵다고 해서 잘라내 버리고서, 그의 사상에 천박한 "통일성"을 부여하는 것은 언제나 너무나 쉬운 일이지만, 그렇게 해서는 그의 사상이 지닌 진정한 깊이를 천착해 들어가는 일은 불가능할 수밖에 없다. 따라서 내 생각에는, 우선 그가 실제로 무엇이라고 말하고 있는지를 귀 기울여 듣고서, 이 서신이 전개되어 나감에 따라 그것이 어떤 식으로 설명되는지를 주시하고 살펴보는 것이 훨씬 더 좋다고 본다. 이 경우에 그는 2:26-27에서 "율법을 행하는" 이방인들에 대하여 좀 더 말하고 나서, 2:28-29에서 현재의 본문과 꽤 비슷해 보이는 방식으로 그것을 설명한다. 또한, 그는 3:27에서는 자기가 믿음 자체를 율법의 성취로 보고 있음을 암시하고 있고, 8:4-7에서는 율법을 지키는 서로 다른 종류의 방식들이 존재한다는 추가적인 암시를 보여준다. 그런 후에, 그는 10:6-10에서 신명기 30장에 대한 장엄

198) 위의 각주 187에서 언급된 Sanders와 Käsemann의 글들과 Eisenbaum의 논평(위의 제10장 제4절 3) (1) 각주 459)을 보라. Schreiner, 2001, 279-82는 "가설적인" 읽기가 매력적이기는 하지만 거부되어야 한다고 말하고, 조심스러운 균형을 제시한다(469-71).

한 석의를 통해서, 자기가 "율법을 행한다"고 했을 때에 그것이 무엇을 의미하는지를 최종적으로 밝힌다. 현재의 장에서 나중에 다루게 될 마지막 본문을 제외하고는, 나는 이 본문들을 앞의 장에서 이미 다룬 바 있다. 여기에서 나의 목적은 단지 2:1-16의 본문을 그 직접적인 맥락 속에서 및 바울 신학이라는 좀 더 넓은 맥락 속에서 제대로 된 의미를 지니게 하면서도, "이신칭의"와 충돌을 일으키는 것이 아니라 "이신칭의"가 지닌 종말론적인 지평을 말하고 있는 것 이해할 수 있는 방식으로 읽을 수 있다는 사실을 환기시키는 것이다. 하나님이 모든 사람들의 마음과 삶의 은밀한 것들을 심판하는 것을 포함해서 온 세계를 바로잡을 날이 올 것이다. 그리고 이 심판은 재판장인 메시야 예수를 통해서 유대적인 메시야 기대와 완벽하게 부합하는 방식으로 수행될 것이다.[199] 실제로 로마서 2:1-16은 유대인들의 전통적인 종말론을 구체화하고 있는 것이지만, 그 종말론은 메시야를 중심으로, 그리고 고대 성경에 뿌리를 두고 있기는 하지만 복음과 이방 선교에 대한 바울의 이해를 통해 그 초점이 새롭게 맞추어진 "사람들의 외적인 것들을 고려하는 것이 없다"(no respect of persons)는 원칙을 중심으로 재정의된 것이었다.

달리 말하면, 이것은 현재의 장 전체에 걸쳐 우리가 논증해 나가고 있는 명제, 즉 바울은 유대적인 종말론을 예수를 중심으로 수정하였다는 명제의 또 하나의 측면이라는 것이다. (방금 인용한 본문 속에는 성령에 대한 언급이 나오지 않지만, 2:25-29이 2:12-16을 좀 더 자세하게 설명하고 있는 것이라는 점에서, 우리는 이 본문 속에도 암묵적으로 성령이 전제되고 있다고 보아야 한다.) 이것은 우리가 본서의 제10장에서 말한 최종적인 칭의이다. 우리는 바울이 주의 깊고 철저하게 발전시킨 종말론에 비추어 볼 때에만, 이신칭의 같은 핵심적인 가르침들을 이해할 수 있다.[200]

어쨌든 바울이 장차 도래할 심판의 날에 관한 유대적인 개념을 확고하게 고수하고 있었다는 것은 의문의 여지가 없다. 그는 이 점을 로마서에서 나중에 다시 한 번 반복해서 언급한다:

> "주께서 말씀하신다. 내가 살아 있나니, 모든 무릎이 내게 꿇을 것이고,
> 모든 혀가 하나님께 찬송을 드리리라"고 성경이 말하고 있듯이,
> 우리가 다 하나님의[몇몇 사본들에는 "메시야의"로 되어 있다] 심판대 앞에 서서,
> 우리 각 사람이 자기 일을 하나님께 해명하여야 한다.[201]

199) 아레오바고 설교의 결론부(행 17:31)와의 놀라울 정도의 유사성을 주목하라; cp. 행 10:42.
200) 위의 제10장 제4절 3)을 보라.

바울은 고린도후서에서도 실질적으로 동일한 말을 한다:

> 이는 우리가 다 반드시 메시야의 심판대 앞에 출두하여, 각 사람이 선악간에 그 몸으로 행한 것을 따라 받기 위한 것이다.[202)]

고린도전서에 나오는 주목할 만한 본문도 로마서 2:12-16 및 2:29과 동일한 주제를 확증해 준다:

> 그러므로 주께서 오실 때 이전에는 아무것도 판단하지 말라! 그가 어둠의 은밀한 것들을 드러내고, 마음의 의도들을 나타내실 것이다. 그 때에 각 사람이 하나님으로부터 칭찬을 받을 것이다.[203)]

문맥상으로 볼 때, 이 본문은 본격적인 논증의 일부라기보다는, 그리스도인들이 바울과 아볼로를 어떻게 생각하는 것이 마땅한지를 강조하기 위하여 툭 던져진 말이다. 고린도 교인들이 그들 자신의 사도들과 교사들을 심판하는 자리에 앉을 위험에 처해 있는 상황 속에서, 바울은 그런 곳에는 아예 발도 들여놓지 말라고 말한다. 심판하는 것(judgment)과 신원하는 일(vindication)은 예수에게 위임된 하나님의 일이고, 예수는 정해진 때에 자신의 그러한 소임을 수행할 것이다.[204)]

바울이 신자들에게 그들이 장래의 심판에 참여하여 천사들과 사람들을 판단하게 될 자들로 생각하고, 심지어 현재에 있어서도 그런 역할을 해야 하는 자들로 생각하라고 권면하는 본문들은, 이 모든 것들을 한층 더 두드러지게 부각시킨다:

> 너희 중의 한 사람이 이웃과 더불어 다툼이 있는데, 불의한 자들 앞에서 고발하고자 하고, 성도 앞에서 하고자 하지 않는 일이 어떻게 벌어질 수 있는 것인가? 너희는 하나님의 백성이 세상을 판단하게 될 것임을 알지 못하느냐? 세상도 너희에게 판단을 받겠거든, 너희는 지극히 작은 일들을 판단하는 것조차도 제대로 감당할 수 없는 것이냐? 너희는 우리가 천사들을 판단하게 될 것임을 알지 못하느냐? 그러하거든 하물며 일상적인 일들이랴? 너희 가운데 형제간의 일을 판단할 만한 지혜 있는 자가 없다는 것이 정말 사실이냐?[205)]

201) 롬 14:10-12.
202) 고후 5:10; cp. 행 10:41.
203) 고전 4:5.
204) 또한, 1:5-10에 나오는 꽤 자세한 설명과 2:8-12에 나오는 적그리스도에 대한 장래의 심판에 관한 발전된 묘사를 보라.
205) 고전 6:1-3, 5.

이것은 한 가지 이상의 이유로 특별한 본문이다. 사람들은, 바울이 반복해서 "알지 못하느냐"고 반문하였을 때, 고린도 교인들이 "사실 우리는 그것을 알지 못한다"고 대답했을 가능성이 많지 않았겠느냐고 의구심을 표현한다. 바울이 하나님의 갱신된 백성이 장차 "다스리게" 될 것에 관하여 종종 언급하고 있다는 사실(로마서 5:17)은 이러한 "다스림"을 암시하는 그 밖의 다른 본문들도 전적으로 비꼬는 말이 아니라는 것을 보여주기는 하지만, 어쨌든 이것은 바울이 다른 곳에서 의도적으로 언급하고자 하는 그런 내용은 아니라는 것은 분명하다.[206] 이것에 대한 가장 유력한 설명은 바울은 다른 몇몇 초기 그리스도인들과 마찬가지로, 메시야의 장래의 통치에 그의 백성도 참여하게 될 것이라고 굳게 믿었다는 것이다.[207] 그가 그렇게 믿은 이유에 대한 가장 유력한 설명은, 다니엘서 7장 같은 본문들이 바울의 믿음 구조 속에 깊이 들어와 섞여 짜여 있었기 때문에, 그는 분명히 예수를 유일무이한 메시야이자 "하나님의 아들"이라고 보았으면서도, 예수가 물려받은 "나라" – "짐승들"에 의해 혼돈에 빠져 있는 세계에 하나님의 질서를 가져다 줄 주권적인 통치 –가 "성도들"에게 주어진 것으로 보았다는 것이다.[208]

또한, 나는 이것이 로마서의 논증의 정점에서 8장에 나오는 장엄한 종말론적인 진술의 중심에 자리 잡고 있지만 흔히 간과되는 어구에 대한 가장 좋은 설명이기도 하다고 생각한다. 즉, 몇몇 번역본들이 보여주는 것과는 달리, 인간을 제외한 피조물들은 나중에 "하나님의 자녀들의 영광스러운 자유"에 참여하게 되는 것이 아니다.[209] 사실, 이 어구의 의미가 무엇인지는 로마서 5:2에 이미 암시되어 있지만, 거기에서 대부분의 번역본들은, 내가 앞에서 논증하였듯이, "하나님의 영광의 소망"이라는 어구가 제2성전 시대의 한 유대인에게 의미하였을 관념에 대해서 제대로 말하기를 주저하는 것으로 보인다. 이사야서와 에스겔서 등을 알고 있던 한 유대인에게, "하나님의 영광의 소망"은 하나님의 영광이 마침내 성전으로 다시 돌아

206) 고전 4:8. 위의 제7장 제3절, 제8장 제2절을 보라.

207) 예를 들면, cf. 롬 5:17; 딤후 2:12; 계 5:10; 20:4; 22:5(cf. 3:21). 또한, cf. 마 19:28; 눅 22:28-30; *Pss. Sol.* 17.26, 29.

208) 다니엘서 7:18, 22, 27의 "거룩한 자들"이 원래 천사들을 가리키는 것이었다고 할지라도(예컨대, Collins, 1993, 304-19), 주후 1세기에 이르러서, 이 본문은 신실한 유대인들 전체를 가리키는 것으로 읽혀지고 있었다는 것은 분명해 보인다. 또한, 이것은 Wis. 3.8; Sir. 4.15 같은 본문들에 대한 최선의 설명이다.

209) NRSV: "하나님의 자녀들의 영광의 자유를 얻기를"; NJB: "하나님의 자녀들과 동일한 영광스러운 자유 속으로 들어가기를"; NEB: "하나님의 자녀들의 자유와 광채에 들어가기를."

와서 이스라엘을 열방 가운데서의 노예생활로부터 벗어나게 해줄 것이라는 소망을 의미하였다. 따라서 바울은 로마서 5장과 8장에서 피조세계 자체가 장차 임할 영광으로 인해서 "썩어짐의 종노릇"하는 데서 놓여나게 될 것이라고 말할 때, 자기가 두 가지 서로 밀접하게 연결된 사고의 흐름을 한데 결합해서 새롭게 표현하고 있는 것을 우리에게 들으라고 말하는 것이고, 또한 우리는 그것을 듣지 않으면 안 되는데, 첫 번째는 피조 질서 전체가 "애굽"에 있다가 이제 "출애굽"을 통해 거기에서 벗어나게 되리라는 것이었고, 두 번째는 최초의 출애굽의 경우와 마찬가지로, 초기 그리스도인들이 잘 알고 있었던 "새로운 출애굽"에 관한 반복된 예언들을 따라, 출애굽기 40장에서 광야의 성막에 와 거하였을 뿐만 아니라 이사야서 40장과 52장에서 장차 또다시 그렇게 할 것이라고 약속하였던 이스라엘의 하나님의 영광스러운 임재가 마침내 다시 돌아올 때, 그 일이 성취되리라는 것이었다.

"출애굽"과 "영광"이라는 이 이중적인 주제는 정확히 바울이 이 대목에서 말하고 있는 바로 그것이다. 그러나 여기서 "영광"은 이제 사람들로부터 동떨어진 어떤 대상도 아니고, 사람들이 눈으로 볼 수 있거나 볼 수 없는 그런 대상이 아니다. 그것은 우리가 고린도후서 3장에서 살펴본 것, 즉 성령으로 말미암아 영광이 이미 임재해 있고, 그것이 장래의 소망을 형성하고 있다는 것이다. 바울에 의해서 메시야와 성령을 중심으로 재정의된 장래의 소망으로 바뀐 "시온으로의 야웨의 궁극적인 귀환"은, 메시야와 더불어 고난을 받는 자들이 그와 함께 영광을 받게 되리라는 것이다(로마서 8:17). 따라서 "하나님의 영광의 소망 안에서 기뻐한다"(5:2)는 것은 하나님의 영광에 "참여한다"는 관점에서 보아져야 하지만, 이것을 제대로 이해하기 위해서는, 유대적인 소망을 생략하고서, "영광"을 대략적으로 "천국"과 거의 동의어로 취급하고서 "천국"을 중심으로 표현된 오늘날의 (통상적으로 모호한) 기독교적 소망으로 건너뛰지 않는 것이 중요하다. 바울은 여기에서 "천국"에 대해서 말하고 있는 것이 아니고, 피조세계의 갱신과 회복, 성령이 내주하여 역사하는 인간이 창조주 하나님 아래에서 그러한 목적 내에서 맡고 있는 역할에 대하여 말하고 있는 것이다. 시편 2편이 약속한 대로, 메시야는 온 세계를 "유업으로 받게" 될 것이다. 메시야는 아브라함의 참된 씨로서, 그 약속은 그에게 주어진 것이었다(로마서 4:13). 그리고 아브라함의 온전한 자손인 메시야 백성은 그 유업에 참여할 것이다. 왜냐하면, 성령이 그들 안에 거처를 정하고서, 그들로 하여금 창조주가 처음부터 자신의 형상을 지닌 인간에게 맡긴 일을 성취할 수 있게 해 주었기 때문이다.

따라서 장차 인간이 (로마서 1:25이 말하듯이 세계를 우상으로 섬기거나, 에베소서 5:3-5이 말하듯이 탐욕으로 세계를 착취하는 것이 아니라) 하나님의 통치 아래에서 세계를 경영하게 되어 있다면, 피조물들의 소망은 그러한 인간이 하나님으로부터 옛적에 받았던 소임을 다시 한 번 수행할 수 있게 되는 것이다. 이것이 피조물들이 하나님의 자녀들이 죽은 자 가운데서 부활하여 마침내 하나님이 창조한 세계를 경영하는 지혜로운 청지기들이 되기를 손꼽아 기다리는 이유이다(8:19). 하나님의 자녀들의 "영광"은 피조물들이 참여할 수 없는 것이다. 왜냐하면, "영광"은 피조세계 자체를 썩어짐으로부터 해방시켜서, "하나님의 자녀들이 영화롭게 될 때에 임할 자유를 누리게" 하는 영광스러운 통치를 가리키기 때문이다.[210] 나는 이것이 메시야의 백성이 그와 "함께 영광을 받는다"(8:17)는 것이 의미하는 것이라고 생각한다. 따라서 이것은 바울의 "아직," 즉 메시야와 성령을 중심으로 수정된 미래의 종말론적인 시나리오의 또 다른 일부이다. 사람들은 "하나님이 의롭다 하신 그들을 또한 영화롭게 하셨다"(8:30)는 것을 "현재적으로 의롭다 하심을 얻은 자들은 장래에 '천국'에 들어갈 것이 보장되었다"는 것을 의미하는 것으로 너무나 자주 받아들여 왔지만, 사실 이 구절은 그런 의미가 아니다. "영화롭게 하셨다"를 부정과거(aorist) 시제로 표현한 것은, 흔히 주장되는 것과는 달리, 미래에 일어날 아주 확실한 일을 마치 과거의 사건처럼 표현하는 "예언적" 용법이 아니다. "칭의"(justification)는 현재적임과 동시에 미래적이고, 이것은 어쨌든 로마서 8장의 핵심 중의 일부이다. "영화"(glorification)도 마찬가지이다. 그 요지는 이스라엘의 하나님이 인간을 의롭다 함과 동시에 바로잡았기 때문에, 이제 인간은 세계를 바로잡을 수 있는 존재가 되었다는 것이다. 현재적인 동시에 미래적이기도 한, 세계에 대한 그러한 통치는, 로마서 8장에서 바울이 "영광"이라는 표현을 통해서 나타내고 있는 것이다. 로마서 8:20-21에 시편 8:6-7이 반영되어 있다는 것은 여기에서 극히 중요하다:

> 당신은 그들[사람들]을 하나님보다 조금 못하게 지으셨다.

시편 기자는 이렇게 말한 후에 다음과 같은 말을 덧붙인다:

> 그리고 그들을 영광과 존귀로 관 씌우셨습니다.

210) NTE.

이 "영광과 존귀"는 바로 다음에 나오는 것 외에 다른 것이 아니다. 즉, 시편 기자는 바로 다음 절을 통해서 이 "영광과 존귀"가 무엇인지를 설명하고 있다는 것이다:

> 당신은 그들에게 당신의 손으로 지으신 것들에 대한 통치권을 주셨습니다. 당신은 만물을 그들의 발 아래에 두셨습니다(panta hypetaxas hypo tōn podōn autōn - '판타 휘페탁사스 휘포 톤 포돈 아우톤').

바울은 피조세계를 인간에게 "복종하게" 하고자 한 창조주의 의도를 인간의 타락으로 말미암아 피조세계가 "허무한 것"(mataiotēs – '마타이오테스')에 "굴복하게 된 것(8:20)과 대비시킨다. 하지만 인간이 죽은 자 가운데서 부활하여, 사망 자체와 사망을 가져다준 죄로부터 건짐받았을 때(8:10), 피조세계도 마침내 썩어짐에 굴복하는 상태에서 해방되어, 속량함을 받은 "하나님의 자녀들"의 통치 아래에서 자신의 원래의 위치로 회복될 것이다(8:21).

로마서 8장과 고린도전서 15장은 새 창조 또는 새로운 피조세계에 관한 바울의 비전에 대한 두 개의 위대한 설명들로서 쌍벽을 이루고 있다.[211] 로마서 8장에서 묘사하는 것은 새로운 세계가 태어나기 위한 산고이고, 고린도전서 15장에서 묘사하는 것은 사망 자체를 포함한 모든 악의 세력들에 대한 위대한 승리이지만, 그 결과는 하나님이 "모든 것 안에서 모든 것"이 되는 것으로서 서로 동일하다(고린도전서 15:28). 이것은 하나님이 모든 것이고 모든 것이 하나님이라고 말하는 범신론이 아니고, 억지로 말을 만들어서 표현해 보자면, "모든 것 안에서 하나님이 통치하는 것"을 종말론적인 목표로 하는 사상이다. 이 선지자는 세계가 이미 하나님의 영광으로 충만한 것을 얼핏 보았고, 언젠가는 물이 바다를 덮음 같이, 하나님의 영광이 새로운 방식으로 만유 가운데 충만하게 될 것이라고 보았다.[212] 우리는 이것이 "선한 하나님이 자신과 다른 세계를 창조한 이유가 무엇이며, 그것은 하나님이 완전하지 않다는 것을 의미하는 것이고, 하나님의 선하심을 훼손시키는 것이 아닌가?"라는 오래된 질문에 대한 대답의 단서라고 말할 수 있다. 즉, 창조주가 자신과 다

211) Schreiner, 2001은 표제를 통해서 바울을 "그리스도 안에 있는 하나님의 영광의 사도"로 환영하면서도, 8:18-30에 대해서는 아무런 설명도 제시하지 않는 것으로 보인다. 그는 "하늘의 유업"에 대하여 말하지만(328), 이것은 그가 로마서 8장에서 "유업"을 무엇이라고 말하고 있는지를 보지 못하였음을 보여주는 것이다. 거기에서 "유업"은 썩어짐으로부터 해방된 만유 전체이다.

212) 사 6:3; 11:9; 합 2:14(다른 비슷한 본문들은 위의 제2장 제5절을 보라).

른 세계를 창조한 것은 맞지만, 그 세계는 그의 창조의 권능과 사랑에 대하여 예배와 찬송으로 응답할 수 있는 역량을 지니고 있고, 특히 그의 숨, 그의 생명, 그의 영으로 충만해질 수 있는 역량을 지니고 있다는 것이다. 그리고 그런 일이 일어날 때, 그것은 "하나님의 영광의 소망," 즉 옛적의 이스라엘의 소망이 성취된 모습일 것이고, 그 소망을 메시야와 성령을 중심으로 수정하고 변화시킨 모습일 것이다. 그것은 메시야의 궁극적인 승리가 될 것이고, 하나님의 아들의 죽음으로 말미암아 부어진 하나님의 사랑이 모든 장애물들과 원수들을 이기는 그런 승리가 될 것이다. 그것은 메시야의 백성으로 하여금 그러한 것들을 이길 수 있게 할 뿐만 아니라 넉넉히 이길 수 있게 해줄 것이다(로마서 8:37).

우리는 이러한 그림들을 사용해서, 고린도후서 5:17과 갈라디아서 6:15에 나오는 "새 창조"에 대한 부수적인(그리고 감질나게 하는) 언급들에서 생략되고 압축된 부분들을 메워 넣을 수 있다. 바울이 요한계시록의 끝부분에 나오는 비전, 즉 창조주가 마지막 날에 썩어짐과 사망 및 이 둘을 불러일으키는 모든 것들을 제거하여, 만유 전체를 개조하는 모습을 그리고 있는 비전을 보았다면, 바로 그것이라고 무릎을 쳤을 것이다. 그것은 하나님의 약속이 메시야에 의하여 충격적인 방식으로 성취됨으로써, 계약을 중심으로 오랫동안 전개되어 온 어두운 이야기가 원래의 피조세계에 대한 승리의 재긍정으로 완성되는 비전이다.

그러한 성취를 구체적으로 구현하는 일은 성령을 통해서 이루어질 것이다. 로마서 8장은 "메시야 안에" 있는 자들을 장차 죽은 자 가운데서 다시 살리는 일은 성령에게 맡겨져 있다고 분명하게 말한다(8:10-11). 이것이 바울이 유대적인 종말론에 뿌리를 두고서 메시야와 성령을 중심으로 세밀하게 수정해서 재편한 "아직" 종말론의 중심적이고 주요한 주제라는 것은 두말할 필요가 없다. 나는 다른 곳에서 이 주제 및 거기로부터 도출되는 결론, 즉 현재의 죽음과 미래의 부활 사이의 "중간 상태" — 이것도 메시야와 성령을 중심으로 수정된 유대적 개념이다 — 를 아주 자세하게 설명한 바 있다.[213] 메시야 백성을 그들의 "유업"(이제는 "약속의 땅"이 아니라 피조세계 전체)으로 이끌며, 그들의 기도의 삶 속에서 그들 안에서 신음하며 대도하는 현재적인 성령의 역사는, 그들로 하여금 자신들이 장래에 피조세계를 다스리게 될 것임을 현재적으로 알게 해준다. 여기서 다시 한 번 바울은 고대의 유대적 기대의 한 흐름[214], 즉 문헌들 속에 자주 등장하는 것은 아니지만 창조의 유일

213) 이 모든 것에 대해서는 *RSG*, Part II를 보라. "중간 상태"에 대해서는 Ridderbos, 1975 [1966], 497-508도 보라.

신론이 취할 수 있는 가장 깊은 수준의 기대를 표현하고 있다고 할 수 있는 그런 흐름을 가져와서, 메시야와 성령의 빛 아래에서 새롭게 조명한다. 그가 반복적으로 강조하는 모든 메시야 백성의 육체적 부활에 대한 소망은, 메시야 안에서 이미 성취된 이스라엘의 소망이 성령으로 말미암아 그의 모든 백성 안에서 성취될 것이라는 극적이고 결정적인 주장을 형성한다.[215] 바울이 성령의 현재적인 임재를 '아르라본'(arrabōn), 즉 장차 주어질 모든 것에 대한 일종의 보증금, 또는 장차 얻게 될 것을 미리 맛보게 해주는 맛보기, 또는 최종적인 종착지를 보여주는 이정표라고 여러 번 말할 수 있었던 이유가 거기에 있었다.[216]

이제 미래에 관한 바울의 비전도 유대적인 기대를 철저하게 다시 그린 것이라는 사실이 분명해졌다. 이스라엘의 옛 소망은 성취되었고, 그러한 성취는 그 소망의 모습을 바꾸어 놓았다. 구약의 "야웨의 날"이 신약에서 "주 (예수)의 날"로 바뀌었을 때, 메시야의 십자가 죽음 안에서 죄에 대하여 내려진 현재적인 심판은 마지막 날에 내려질 미래의 궁극적인 심판을 보여준다. 이러한 변화는 새로운 범주를 탄생시켰다. 야웨의 귀환에 대한 소망이 메시야의 귀환에 대한 소망으로 바뀌면서, 메시야의 '파루시아'(parousia)와 이교도 황제나 신의 "행차" 또는 "임재"가 서로 좀 더 정면으로 충돌할 수 있는 가능성이 열리게 된 것이다. 바울은 그러한 가능성들을 사용하는 데 주저하지 않았다. 그리고 장래의 부활을 통해서 "마지막 원수"인 사망은 패배당하게 될 것이었다.[217] 이것은 바울이 로마서 8장과 고린도전서 15장에서 적극적으로 말하고 있는 것을 소극적으로 말하는 방식이다: 피조세계 전체가 썩어짐에 굴복하는 현재의 노예상태로부터 해방될 것이고, 한 분 유일하신 하나님이 "모든 것 안에서 모든 것"이 될 것이다. 바울은 아주 명시적으로 밝히는 경우는 거의 없지만, 이것은 "하나님의 나라"에 대한 고대의 유대적 소망을 복음에 초점을 맞추어 수정한 것이다. 유대적인 소망에 관한 궁극적인 비전인 이것은 메시야와 성령 안에서 현재적으로 성취되었고, 장래에도 동일한 방식으로 성취될 것이다.

따라서 우리는 바울의 종말론에 관한 세 가지 주된 질문들에 대한 우리의 앞서

214) 예를 들면, 이사야서 65:17-25 자체도 11:1-10; 66:22을 다른 식으로 다시 말한 것이다; cf. 벧후 3:13; *4 Ezra* 7.75.

215) 바울의 부활 소망에 대해서는 *RSG*, Part II(207- 398)에 나오는 모든 관련 본문들에 대한 자세한 논의를 보라.

216) 롬 8:23; 고후 1:22; 5:5. 엡 1:14.

217) 고전 15:26.

의 대답들을 다음과 같이 요약적인 방식으로 보충할 수 있다. 바울의 소망은 피조세계 전체, 그리고 그 안에서의 인간의 속량과 갱신이었다. 이것은 주의 "날"에 메시야를 통해서 수행될 하나님의 "심판"의 결과일 것이고, 그 판결은 "메시야 안에" 있는 자들에게는 이미 알려져 있다. 바울은 고대의 유대적 소망으로부터 단 한 치도 떠나지 않았고, 도리어 바로 그 소망이 메시야와 성령 안에서 성취되었다는 것을 자신의 글들에서 구구절절이 역설한 것이었다. 그는 '파루시아'(parousia) 같은 다른 관념들도 가져와서 사용하였지만, 미래에 대한 그의 기대와 관련된 모든 실제적인 요소들은 한편으로는 "성경," 다른 한편으로는 "복음"에 비추어서 온전히 설명될 수 있는 것들이었다. 시간이 흐르면서 그의 종말론이 발전하였는지에 대해서는 말하기가 어렵지만,[218] 나는 다른 곳에서 고린도전서와 고린도후서 간에 그러한 발전이 있었을 것이라고 전제하는 것은 잘못된 것임을 논증한 바 있다. 여러 서신들 간에 강조점에 있어서 상당한 차이가 존재한다는 것은 분명하다. 데살로니가서신들은 장차 도래할 "그 날"에 대하여 많은 것들을 말하고 있는 반면에, 갈라디아서는 거기에 대해서는 거의 아무것도 말하지 않고 있고, 그 밖의 다른 서신들은 이 둘 사이에 위치해 있다.[219] 바울은 통상적으로 이미 밟아 온 친숙한 영토를 새로운 시각에서 다시 바라보는 경우는 있어도, 동일한 주제를 두 번 말하는 경우는 거의 없다.

우리는 이제 바울의 사고 전체에서 가장 파악하기 난해한 주제들 중의 두 가지, 즉 윤리(ethics) 문제와 민족(ethnics) 문제를 그가 새롭게 수정하고 개작한 종말론 내에서 접근할 수 있게 되었다. 바울의 종말론은 그리스도인의 삶과 행실과 행위에 관한 그의 관점을 어떤 식으로 형성하였는가? 그리고 메시야와 성령 안에서의 하나님의 역사에 관한 그의 관점은 그로 하여금 "온 이스라엘"의 문제를 어떤 식으로 바라볼 수 있게 하였는가?

5. 종말론과 그리스도인의 삶

218) Ridderbos, 1975 [1966], 491f., 500 n. 33; Dunn, 1998, 310-13; Schnelle, 2005 [2003], 581-7 등에 나오는 논의들을 보라.

219) 갈라디아서에서 "하나님의 나라를 유업으로 받지 못할" 것이라는 경고(5:21)를 제외하면, 장래의 소망에 대한 유일한 언급은 5:5에 나온다: "우리는 성령을 의지해서 믿음으로 말미암아 의의 소망을 간절하게 기다리고 있다."

1) 서론

바울의 개시된 종말론에 의해서 제기되는 두 가지 두드러진 질문, 즉 (1) 그리스도인의 행실과 행위에 관한 질문과 (2) "이스라엘"의 미래에 관한 질문은 바울에게 있어서 실질적으로 새로운 질문들이었다. 유대인들이 계약의 하나님이 결국 자기 백성을 어떤 식으로 구원할 것인가에 관한 질문을 놓고 끊임없이 고민해 왔던 것과 마찬가지로, 유대인들과 이방인들은 똑같이 우리가 "도덕"이라 부르는 것과 관련된 질문, 인간의 행실과 행위에 관한 질문에 대해서도 끊임없이 논의해 왔다. 그러나 바울 이전의 유대 사상가들 중에서 우리가 현재의 장의 다음 절에서 살펴보아야 할 질문(메시야가 왔는데, 자기 백성 중 대부분이 그를 배척한다면, 무슨 일이 벌어지게 될 것인가 하는 질문)에 직면한 사람이 아무도 없었던 것과 마찬가지로, 바울 이전의 유대 사상가들 중에서 메시야가 왔고 성령이 주어졌는데도 인간은 아직 온전해지지 못했고 최종적인 종말도 여전히 나타나지 않은 "중간 시대"에 무슨 일이 일어날 것인가 하는 질문에 직면한 사람도 아무도 없었다고 말하는 것이 옳을 것이다. 마찬가지로, 비유대적인 사상가들 중에서도 인간의 행위에 관한 질문을 그런 식으로 제기한 사람이 아무도 없었다는 것은 두말할 필요가 없다.

여기서 사람들은 예외라고 생각되는 다음과 같은 것들을 제시할지도 모르겠다: 쿰란 두루마리들은, 새 계약이 이미 성취되었고, 성령이 주어졌으며, 새로운 율법이 적용될 새로운 성취가 이제 일어나고 있다고 믿었던 공동체의 존재를 보여주는 증거들을 제시하고 있고, 조금 뉘앙스가 다르기는 하지만, 벤시락서는 하나님의 지혜가 토라의 형태로 성전에 거하게 되었기 때문에, 성전 제의를 합당하게 행함과 아울러 토라를 합당하게 가르치면, 새로운 에덴 동산, 새로운 물댄 동산이 만들어질 것이라고 믿었다. 또한, 유대인들은 모든 계약 백성이 토라를 제대로 합당하게 지키게 될 때에 관한 옛 선지자들의 꿈을 받아들이고 상상하며 심지어 시도하기까지 하고 있었다.[220] 맞는 말이다. 그러나 바울은 이 질문을 판이하게 다른 방식으로 제기한다. 쿰란 공동체와 벤시락서에서는 궁극적인 목표는 토라를 지키는 것이고, 토라를 지키는 백성은 유대인들일 것이라고 전제하였다 — 비록 그 유대인들이 유대인 전체가 아니라 충성스러운 유대인들이나 남은 자들 같이 소수일지라

220) 예를 들면, 렘 31:31-7; 겔 36:16-38. 또한, 우리는 모세를 헬레니즘 철학의 관점으로 묘사해서, 그의 동시대인들로 하여금 토라를 새로운 방식으로 받아들일 수 있게 하고자 하였던 Philo의 시도도 추가할 수 있을 것이다.

도, 분명히 그런 백성은 유대인들밖에는 될 수 없다고 믿었다. 메시야와 성령을 토대로 수정된 바울의 선민론을 아는 사람은 누구나 분명하게 알 수 있듯이, 바울은 이 문제를 그런 것들과는 판이하게 다르게 접근한다. 바울에게 있어서 메시야는 이 땅에 왔고, 십자가에 못 박혔다가 죽은 자 가운데서 다시 부활하였으며, 이러한 역사를 통해서, 이전에는 도저히 뚫을 수 없을 것 같았던 돌로 된 장벽에 통로가 생겨났고, 그 너머에서 새로운 세계가 사람들에게 오라고 손짓하고 있었다. 그 세계는 비유대인들도 어떤 의미에서 "토라를 행할" 수 있게 된 세계였고, 유대인들도 믿음으로 말미암아 거기로 들어가 그 권속에 속할 수 있는 세계였으며, 토라가 더 이상 경계나 궁극적인 목표가 될 수 없는 세계였다. 신학적으로 말한다면, 그것은 18세기 화가가 피카소의 그림들로 가득한 방 속으로 들어간 것과 같은 것이었다. 거기에서는 모든 것들이 그 화가에게는 잘못된 것 같아 보이고 눈에 거슬리며 기겁을 하게 만드는 것들뿐이다. 그러나 메시야는 바로 그 새로운 세계 속으로 가장 먼저 앞장서서 들어가서 우리에게 들어오라고 손짓한다. 이것이 우리가 "윤리"라고 부르는 것을 바울이 보았던 방식이다. 우리가 알고 있는 한, 아무도, 심지어 예수조차도 바로 그 시점 이래로 윤리가 어떤 식으로 작동해야 하는지를 생각해 보라는 도전에 직면한 적이 없었다.[221)]

"윤리"라는 단어는 그 자체가 문제이다. 이 단어는 흔히 오직 하나의 접점에서만 바울을 만나는 방식으로 형성되어 온 지난 수 세기에 걸친 철학적인 논쟁들에서 생겨난 온갖 잡동사니를 오늘날의 담론 속으로 끌어들인다. 이것이 최근의 몇몇 저자들이 "윤리"라는 단어보다 "도덕적 비전" 같은 표현들을 더 선호해 온 이유이고, 내가 여기에서 "행실"과 "행위"라는 표현을 사용해 온 이유이다.[222)] 하지만 우리는 지금 여기에서 그러한 문제들을 자세하게 살펴볼 수는 없다. 우리의 과제는 바울을 이해하는 것이다. 그러나 그 언저리에는 또 다른 문제가 존재한다. 바울을 연구하는 모든 사람들은 그가 그리스도인으로서의 합당한 삶에 대하여 지대한

221) Bockmuehl, 2000, 162를 보라: 우리가 알고 있는 한, 예수는 이방인들이 자신의 추종자들의 무리 내에서 어떻게 행동해야 하는지에 관한 문제에 대해서는 단 한 마디로 말하지 않았다. 이것은 복음서들에서 발견되는 전승들이 일차적으로 초기 교회의 성찰이라고 보는 것이 잘못된 것임을 보여주는 많은 이유들 중의 하나이다: *NTPG*, 421f. 등을 보라.

222) "도덕적 비전": 예컨대, Hays, 1996b; 또한, cf. Meeks, 1996, 3. Ridderbos, 1975 [1966], 274는 계몽주의 전반, 그리고 특히 칸트가 관련 논쟁들을 어떤 식으로 왜곡시켰는지를 지혜롭게 설명한다. 물론, "윤리"라는 단어는 이 전통 속에서 아리스토텔레스에게까지 거슬러 올라간다(위의 제3장 제1절과 제2절 6)을 보라); 고대의 철학 학파들에서는 이것은 "무엇이 존재하는가"에 관한 설명인 "물리학"과 밀접하게 연결되어 있었다("직설법"과 "명령법"에 관한 아래의 제11장 제5절 1)을 보라).

관심을 갖고 있다는 것을 금방 알 수 있지만, 서구의 개신교 전통은 그 주제를 접근하는 것을 조심스러워해 왔고, 실제로 지나친 조심스러움을 보여 왔다고 할 수 있다. 서구의 개신교 전통에서는 바울의 구속 신학을 그의 사상의 주된 골격으로 이해하고, 그 신학의 중심에 "이신칭의"가 자리하고 있는 것으로 보았으며, "이신칭의"는 사람이 도덕적인 수행이라는 의미에서의 "행위"를 절대로 의지해서는 안 된다는 것을 의미한다고 생각하였다는 것을 감안하면, 하나의 주제로서의 "윤리"가 바울 신학을 다루는 책들의 뒷쪽으로 밀려나게 된 것은 별로 이상한 일도 아니다. 따라서 이 주제에 잠재해 있는 "행위로 말미암는 의"라는 위험 인자가 새어나가서 바울 신학 전체를 감염시키는 것을 원천적으로 차단하기 위해서, 서구 전통은 따로 살균실을 만들어서 거기에 이 주제를 가두어 두었다. 개신교 전통 속에 내재된 이러한 성향은 통상적으로 믿음과 순종을 연결해 주는 선들을 잘라내 버리는 경향을 보여 왔다.[223] 그러나 내가 앞에서 논증해 왔듯이, 우리가 바울을 이런 식으로 바라보는 것이 전체적으로 다 미묘하면서도 아주 심각하게 잘못된 것임을 깨닫고서, 그가 고대의 유대적인 유일신론, 선민론, 종말론을 메시야와 성령을 중심으로 재구성하고 수정하였다는 관점에서 그의 사고 전체를 이해하고자 한다면, 모든 것들이 지금까지와는 판이하게 다르게 보이기 시작한다.[224] 이것은 복음 속으로 교묘하게 "행위"를 끌어들여서, 교만한(또는, 염려스러운) 도덕주의의 삶을 또다시 재건하기 위한 전주곡이 결코 아니기 때문에, 걱정하지 않아도 된다. 그런 시도는 시대착오적인 것일 뿐이다. 일단 우리가 바울의 종말론이 어떤 식으로 작동하고, 도덕적인 행실과 도덕적인 노력(이것은 몇몇 해석 전통들 내에서 완전히 배제되어 왔지만, 사실은 바울에 있어서 주된 주제들 중 하나이다)이 그러한 종말론의 세계 내에서 어떤 식으로 다시 인식되고 있는지를 이해하기만 한다면, 사람들이 상상하는 그러한 위험성들은 모두 사라지고 만다.[225]

종교개혁과 계몽주의, 이 둘로부터 유래한 이것과 비슷한 또 하나의 문제는, 바울이 그리스도인의 행실에 관하여 말하는 모든 것들은, 공동체 전체 — 메시야 백

223) 이것이 사실이 아니고, 그리스도인들의 행실이 자신들의 행위의 중심 가까이에서 좀 더 바울적인 자리를 발견하는 것은 Ridderbos, 1975 [1966]과 Schreiner, 2001의 덕분이다. 또한, Bockmuehl, 2000, 147을 보라.

224) 분명한 것은 유대 식의 유일신론은 그 어떤 형태의 것이든 우상을 섬겨서는 안 된다는 첫 번째의 "윤리적" 의무를 포함하고 있다는 것이다.

225) Schnelle, 2005 [2003], 546이, 어떤 사람들이 복음으로 말미암아 "받아들여질" 때, 그 받아들여짐은 "무조건적인 것이지만 중요하지 않은 것은 아니다"라고 말한 것은 옳다.

성 전체와 종종 좀 더 넓은 사회 — 와의 관계성 속에서 말하는 것인데도 불구하고, 사람들은 흔히 "윤리"를 개인주의적인 것으로 인식해 왔다는 것이다.[226] (이것은 현재의 논의를 위의 제2부에서 행해진 바울의 세계관의 중심에 관한 나의 분석과 연결시켜 준다.) 내가 다른 곳에서 논증한 바 있듯이, 고대의 비유대 세계에서의 미덕 윤리와 바울에게서 그것에 해당하는 것 간의 주된 차이들 중의 하나는, 플라톤과 아리스토텔레스 이래의 전통 속에서 "미덕"은 기본적으로 한 개인의 문제였던 반면에, 바울에게 있어서는 공동체적인 문제였다는 것이다.[227] 바울의 명령법들 중 대부분이 복수형으로 되어 있다는 것은 결코 우연이 아니다. 마찬가지로, 사실 우리는 "칭의"(justification)에 관한 바울 자신의 사고의 흐름을 따라가다 보면, 창조주의 뜻인 지혜로운 질서를 자신 속에 구현하고 있는 공동체의 "정의"(justice)라는 좀 더 넓은 개념 속으로 들어갈 수밖에 없게 되어 있다. 그가 "사랑"에 대하여 말하며, 자신의 서신의 수신자인 교회들 속에서 그 사랑이 실천되게 하고자 할 때, 그것은 구체적으로 공동체 전체 내에서 일어나서 공동체 전체를 변화시키는 어떤 일에 대하여 말하고 있는 것이다.[228]

바울이 그리스도인의 행실에 관하여 말한 모든 것은 주의 깊고 세심하게 사고된 신학적이고 교회론적인 틀 내에서 말한 것이고, 구체적으로 말해서 이것은 그가 그리스도인의 행실에 관하여 말한 모든 것은 (흔히 명시적인) 수정된 종말론의 틀 내에서 말한 것임을 가리킨다는 것은 두말할 필요가 없다.[229] "부활"은 예수 안에서 이미 일어났지만, 예수 외에는 그 누구에게도 아직 일어나고 있지 않았기 때문

226) "공동체"는 Hays, 1996b의 포괄적인 분석에서 세 가지 초점들 중의 하나이다. 바울의 교회들과 좀 더 넓은 사회 간의 관계는 특히 로마서 12:14-13:10에서 다루어지는데(Wright, 2002 [*Romans*], 712-27을 보라), 이 본문은 원수를 스스로 갚지 말라는 것과 화평하게 지내는 방법을 배우라는 것에 관한 바울의 중요한 가르침이 나오는 주된 대목으로서, 이 주제는 다른 곳에서는 교회 생활과 결부되어 있지만, 여기에서는 외부와의 관계 설정과 결부되어 나온다(12:17-21; cf. 롬 14:17, 19; 15:13; 고전 14:33; 고후 13:11; 엡 2:14-17; 빌 4:7, 9; 골 3:15; 살전 5:3의 "제국의 평화"와 대비시키는 5:13). 이것에 대해서는 최근의 것으로 Swartley, 2006을 보라.

227) cf. Wright, 2010 [*Virtue Reborn/After You Believe*], 187f./216-18.

228) cf. Dunn, 1992; Gorman, 2011.

229) 바울에 있어서 신학과 윤리가 단단히 통합되어 있다는 것에 대해서는 Hays, 1996b, 18, 20, 46, 56 n. 1을 보라(그는 바울의 "윤리"가 잡다한 단편적인 교훈들을 무작위로 모아 놓은 것일 뿐이라고 보는 자들에 반대하여 이러한 논증을 편다); 이 논증의 배후에 있는 Furnish, 1968의 저작 전체를 참조하라: 그는 "사도의 윤리적 관심은 부차적인 것이 아니라, 그의 기본적인 신학적 확신들에 철저하게 통합되어 있기" 때문에, "바울의 윤리"를 그의 신학과 분리해서 분석하는 것은 문제가 있다고 말한다(13). Bockmuehl, 2000, 149는 고대 세계에서 모든 "윤리"는 "종교적" 색채가 아주 강해서, 헬레니즘의 도덕적 가르침들은 좀 더 큰 이교의 신들의 세계 내에 둥지를 틀고 있었다는 것을 지적한다.

에, 그가 이전에 상정하고 있던 연대기에 틈새가 생겨났고, 바울은 이 연대기적인 틈새 내에 그리스도인의 순례길을 위치시킴으로써, 당시의 유대인들과 비유대인들에게 친숙하였던 도덕적인 논증들에 새로운 형태를 부여할 수 있게 되었을 뿐만 아니라, 창조주 하나님의 섭리 속에서 그러한 틈새가 왜 꼭 필요하였는가 하는 질문에 대한 대답도 엿볼 수 있게 되었다. 하나님은 왜 사람들이 오랫동안 기다려 왔던 것을 단번에 완전하게 성취하지 않았는가? 바울의 대답은 인간에 대한 하나님의 깊은 배려를 보여준다. 즉, 한 분 유일하신 하나님은 자신의 새로운 피조세계를 경영하는 데 참여하게 될 인간이 바로 그 궁극적인 소임을 수행하는 데 필요한 성품을 계발할 수 있도록 하기 위하여 그렇게 하였다는 것이다. 우리가 조금만 생각해 보아도, "그리스도인의 윤리"에 관한 이러한 관점이, 바울을 비롯한 초기 교회의 교사들은 여러 전통과 선입견을 혼합해서 자의적인 "규칙들"을 만들어 내었다고 보는 통상적인 관점과 얼마나 큰 차이를 보이는지를 알 수 있다. 일단 우리가 바울의 도덕 세계가 개시된 종말론에 의해서 형성되었을 뿐만 아니라, 그가 그것을 개시된 종말론의 목적으로 인식하였던 것으로 보인다는 것을 이해하기만 한다면, 온갖 종류의 쟁점들은 새롭게 보이게 된다.

바울의 "종말론적인 윤리"를 이런 방식으로 다루는 관점은 종말론적인 윤리를 "임박한 '파루시아'"와 결부시키는 관점들과 근본적으로 다르다. 나는 다른 곳에서 후자의 기본적인 관념이 신학이나 윤리를 형성하는 요인이었다는 주장은 말할 것도 없고, 그 자체로 역사적 구성물이라는 주장도 잘못된 것임을 논증한 바 있다.[230] 바울에게 중요하였던 것은 일차적으로 이미 일어난 일, 즉 예수의 부활과 성령의 강림이었다. 우리가 방금 보았듯이, 종말론은 여전히 확고하게 미래적인 차원을 포함하고 있었지만, 내가 "종말론적인 윤리"라고 말할 때, 그것은 세계가 머지않아 종말을 고하게 될 것이라는 믿음에 의해서 결정된 윤리를 가리키는 것이 아니라, 최근에 일어난 일과 언젠가 일어나게 될 일에 의해서 형성된 "인간의 소명"이라는 의미를 지닌다.[231]

이것은 특히 바울의 윤리는 "직설법"과 "명령법"의 문제, 즉 우리가 이미 "메시

230) *NTPG*, 342f., 459-64를 보라; 또한, cf. *JVG*, 360-8. 고린도전서 7:29-31의 아주 중요한 본문(이 얇은 들보는 큰 무게를 지탱해 왔다)에 대해서 자세한 것은 Thiselton, 2000, 580-3을 보라.

231) 이 "이제와 아직"(now and not yet)은 바울이 우주적인 규모에서 어떻게 사고하였는지에 관한 것이지만, 국지적인 수준에도 마찬가지로 적용되었다: "[바울은] 자신의 공동체들이 여러 가지 악들의 노예로서 시작하였다고 말하는 집단적인 서사를 상정하였고, 그런 후에 그들의 변화된 실존의 목표지점을 추구하였다. 그는 그러한 서사의 한복판에서 글을 쓴다 …"(Thompson, 2011, 207).

야 안에" 있다는 사실과 우리가 지금 어떻게 행하여야 하는가 하는 것 간의 긴장관계에 관한 문제라는 자주 반복적으로 제기되는 주장과 관련해서도 도움이 된다. 두 세대 전에 루돌프 불트만(Rudolf Bultmann)이 제시한 이래로 끊임없이 반복해서 사용되어 온 이러한 표현은 물론 언어학적인 강점을 지니고 있기는 하지만, "신학"을 "직설법"과 등치시키고, "윤리"를 "명령법"과 등치시키는 것은 지나치게 단순화된 도식이다. 인간의 삶은 그러한 도식으로 표현할 수 있을 정도로 단순하지 않고 훨씬 더 복잡하다.[233] 사실, "직설법"과 "명령법"으로 쪼개는 현대적인 구분법은 바울 자신에게 있던 사고의 구분을 반영한 것이 아니라, 바울의 사고를 한편으로는 계몽주의 이후의 이론에 속한 범주들, 다른 한편으로는 고대의 비유대적인 윤리로 바꾸어 놓고자 하는 욕구를 반영한 것으로 보인다. 언어학적인 형태들을 강조하고 부각시키고자 하는 것은, 그러한 표현들의 근저에 있는 실체, 즉 예수의 부활을 통해 "종말"이 역사의 한복판으로 들어오게 된 것과 고린도전서 15:24("그때에 종말[telos – '텔로스']이 올 것이다")의 의미에서의 "종말"은 아직 도래하지 않았고 여전히 미래에 있다는 것 사이에 벌어져 있는 틈새로 인하여 생겨난 "종말론적인 긴장"을 일종의 탈신화화 내지 잠재적인 이교화를 통해 제거하고자 하는 것이다.[234]

또한, 바울의 "윤리"를 이런 식으로 새롭게 열린 "종말론적인 틈새"에 위치시키

232) Bultmann, 1995 [1924]. 예컨대, Ridderbos, 1975 [1966], 255-8; Furnish, 1968, 242-79; Dunn, 1998, 628-31; Burridge, 2007, 105f. 등에 나오는 논의들을 보라. 아마도 "직설법/명령법" 문제에 대하여 우리가 말할 수 있는 가장 긍정적인 것은 Wolter, 2011, 315의 논평이다: 이것은 선민과 토라의 관계에 대응된다.

233) 특히, 바울이 자신의 서신들을 "교리" 부분과 "윤리" 부분으로 나누었다고 보는 것은 잘못된 것이다(Dunn, 1998, 626f.; Burridge, 2007, 106). 그들은 종종 놀랍게도 그런 예들 중의 하나로 로마서를 들지만, 2:12-16, 25-9; 4:20-5; 6:2-23; 8:5-16, 그리고 실제로는 12:1-2; 14:1–15:13에서도 신학과 윤리가 단단히 통합되어 있음이 드러나기 때문에, 그들의 주장은 여지없이 무너진다. 실제로 그들의 주장에 가장 잘 부합하는 것으로 보일 수 있는 서신은 서신 전체가 두 개의 대단락으로 양분되어 있는 에베소서일 것이다(1-3장과 4-6장); 그러나 에베소서가 바울이 쓴 서신인가 하는 문제를 떠나서, 이 서신의 전반부에서도 "윤리"가 많이 다루어지고, 후반부에서도 "교리"가 많이 나온다.

234) Schnelle, 2005 [2003], 547f.는 "직설법/명령법"에 의거한 분석에 대한 세밀한 공격을 개시하면서, 그 부적절성을 보여주고, 그 대신에 "본성의 변화와 참여"의 패러다임을 제시한다(그의 이전의 논문인 Schnelle, 2001에서처럼). 나는 이것이 상당 부분 옳은 노선이라고 본다. 또한, 이제는 Zimmerman, 2007을 보라. 사람들은 한껏 부풀려진 "직설법"(is)와 "명령법"(ought) 간의 구분이 흔히 Hume과 Kant에게로 거슬러 올라가는 것으로 생각한다; 그러나 실제로는 이 두 사람은 경험적인 진리들과 도덕적 가치들 간의 인식론적 구별을 상정하기는 하였지만, 도덕적 가치는 일종의 실체로 서술될 수 있다고 믿었다. Hume 자신의 도덕적인 판단들의 거의 전부는 "is" 동사로 형성되어 있다. 다른 많은 것들과 마찬가지로, 이 부분의 서술도 Oliver O'Donovan 교수의 도움에 의한 것이다.

는 것은, 그리스도인의 행실과 행위에 관한 그의 사고의 기원을 알아내는 데에도 도움이 된다. 바울이 제시한 주된 신학적인 명제들은 단지 헬레니즘적인 잡다한 '파라이네시스'(paraenesis, "권면")를 긁어모아서 그때그때 교회들의 사정에 맞게 제시한 것일 뿐이라는 주장이 통하는 시대는 지나갔다.[235] 사실, 이 주제와 관련해서 이 단어가 널리 사용되고 있기는 하지만, 우도 슈넬레(Udo Schnelle)가 바울이 사용하였던 '파라클레시스'(paraklēsis, "위로")라는 표현을 사용하는 것이 더 낫지 않겠느냐고 문제를 제기한 것은 의심할 여지 없이 옳다.[236] 바울의 윤리 사상의 기원이라는 문제는 이전의 종교사적 노선을 따른 논쟁 속에서 한동안 비틀거려 왔다: 바울은 기본적으로 유대적인 사상가였는가, 아니면 헬라적인 사상가였는가? 그는 자신의 관념들을 성경(특히, 토라)에서 얻었는가, 아니면 그가 살던 주변의 문화에서 얻었는가?[237] 하지만 우리는 이러한 논의를 우리가 위의 제10장에서 개략적으로 살펴본 선민론과 토라에 관한 좀 더 큰 그림 내에 다시 위치시킬 필요가 있다. 그러한 관점에서 보면, 바울이 다른 모든 것들에서와 마찬가지로 "윤리"에서도 철저하게 성경적인 사상가였다는 것, 기존의 방식과 다른 새롭고 기이한 방식으로 토라가 성취되고 있음을 믿었다는 것, 그러한 토라의 성취가 메시야의 추종자들을 일종의 참된 인류로 만들었고, 이교도들은 종종 그들의 그런 모습을 보고서 자신들은 그렇게 할 수 없다는 것을 시인할 수밖에 없었다는 것이 분명해질 것

235) Hays, 1996b, 17이 그러한 이론들(M. Dibelius 등이 제시한)을 배척한 것은 옳다. "권면"을 의미하는 '파라이네시스'(paraenesis)라는 단어는 신약에서 발견되지 않고, 동일 어근에서 나온 동사는 사도행전에 두 번 나오기는 하지만(27:9, 22), 바울에 의해서 사용된 것은 아니다.

236) Schnelle, 2005 [2003], 556; 또한, Thompson, 2011, 59f.를 보라; 그러나 cf. Wolter, 2011, 311f. — 그는 '파라이네시스'의 기본적으로 발견학습적인 사용인 것으로 보이는 것을 옹호한다. 바울은 '파라클레시스'(paraklēsis)와 동일 어근의 '파라칼레오'를 자주 사용한다: cf. BDAG 764-6.

237) 성경에 뿌리를 둔 바울의 윤리에 대해서는 특히 Rosner, 1994; Bockmuehl, 2000, 145-73; Tomson, 1990; 그리고 특히, Thompson, 2011을 보라. 헬라-로마의 도덕적 권면의 세계에 대해서는 Malherbe, 1986; Meeks, 1986b; 1993; 1996 같은 중요한 저작들을 보라. Tuckett, 2000은 "바울과 성경"이라는 문제에 대하여 윤리적인 맥락들 속에서 몇몇 세부적인 난해한 질문들을 제기한다 — Tuckett가 Hays 등이 말하고 있는 좀 더 큰 맥락을 제대로 파악했는지는 의심스럽지만. Dunn, 1998, 662는 바울이 자신의 윤리를 말할 때에 성경을 사용했다는 것을 부정하는 것은 "20세기 석의에 있어서 신기한 일들 중의 하나"라고 말한다. 물론, 이 신기한 일은 마르키온주의에 가까운 읽기가 20세기의 석의를 암묵적으로 지배하고 있었다는 사실에 의해서 설명될 수 있다. "이신칭의"를 선호하여 "율법"을 배척하였던 이전의 루터파 신학으로부터 광범위한 문화적 규범들과 실천들을 "포용하기" 위하여 성경적 준거 전체를 상대화시킨 좀 더 새로운 자유주의적이거나 포스트모더니즘적인 신학으로 전환된 지금에 있어서도 이것은 여전히 살아남아 있다. "구체적인 규범들은 자유에 관한 바울의 메시지를 짓밟게 될 것"이라는 G. Strecker의 주장과 바울의 윤리를 "상황 윤리"로 규정하는 R. Scroggs를 포함하고 있는 Thompson, 2011, 12에 나오는 설명을 보라.

이다. 이것은 그가 자신의 좀 더 넓은 비유대적인 환경에서 유래한 주제들과 범주들 — 이러한 것들이 이제는 우리에게 잘 보일 것이다 — 을 자주 암시하고 있는 이유를 설명해 준다.[238)]

이것은 바울의 윤리의 기원에 관한 문제만이 아니라 우리가 그의 "공공 신학"(public theology)이라고 부를 수 있는 것에 관한 문제에 대해서도 (말하자면) 새로운 관점을 열어 준다. 바울 당시의 비유대적인 고대 세계에서 "윤리"는 "물리학"과 직결되어 있었다. 즉, 행위의 규범들은 "사물들이 존재하는 방식"과 서로 연관되어 있었다. 사실, 이것은 "직설법과 명령법"이 결합될 수 있게 해준 지점이었을 수 있다. 그러나 바울의 논점 전체는 새로운 세계가 예수 안에서 및 예수를 통해서 개시되었다는 것이었고, 이것은 오늘날 소위 "묵시론적" 해석의 강력한 준거점이다. 즉, 새로운 세계가 이미 탄생하여 존재하고 있었기 때문에, 바울은 모든 것을 새로운 빛 속에서 보았다는 것이다. "윤리"는 여전히 "물리학"과 연결될 수 있지만, "사물들이 존재하는 방식"이 예수와 관련된 사건들로 인해서 근본적으로 변화되었고, 그렇게 시작된 것이 장차 최종적으로 완성될 때에 추가적으로 근본적인 변화를 겪게 될 것이라는 의미에서만, 이 둘은 서로 연결될 수 있다. 따라서 "윤리"는 철저하게 다시 그려진 "물리학"과 연결되어서, 새로운 시대에서의 새로운 행위가 되어야 한다. 그러나 아울러 바울은 고전적인 유대적 토대들 위에 서서, 이 새로운 세계는 아무리 근본적으로 변화되었다고 할지라도 이전의 피조세계와의 연속성 속에 있는 새로운 피조세계라고 믿었다. 이것이 그의 "윤리"가 적어도 몇 가지 점들에서 당시의 비유대적인 윤리와 아주 유사한 이유이다(아래를 보라). 그의 목표와 소망은 자신의 교회들 속에서의 새로운 삶의 방식이 이교 세계에서 인간의 이상하고 기괴한 삶이 아니라 그들 자신이 아주 깊은 곳에서 열망하고 있던 것들을 실현해 주는 삶으로 칭찬받게 되는 것이었다. 우리는 아래의 제14장에서 이러한 문제들을 좀 더 자세하게 살펴볼 것이다.[239)]

따라서 바울의 윤리 사상에 관한 이러한 복잡한 그림은 "유대적이냐 헬라적이냐"라는 "기원이나 유래"와 관련된 문제를 지배적인 범주로 삼아서 살펴볼 수 있는 것도 아니고, 언어학적이고 문법적인 슬로건으로 지나치게 단순화시켜서 파악될 수 있는 것도 아니다. 그것은 우리가 앞 장에서 살펴본 재정의된 선민론 — 이것 자체도 바울의 수정된 유일신론에 뿌리를 두고 있다 — 의 종말론적이고 행위

238) 앞의 각주에 언급된 Meeks와 Malherbe의 저작들을 보라.
239) 이 모든 것과 관련해서 중요한 연구서로는 Rabens, 2010이 있다.

적인 측면에 관한 것이다. 우리가 현재의 장의 이 절의 나머지 부분에서 제시하고자 하는 것은 새로운 종류의 "물리학"— 새로운 피조세계! — 이라고 부를 수 있는 것에 의거해서 이렇게 매력적으로 발전시킨 새로운 종류의 "윤리"이다. 새로운 창조와 새로운 피조세계는 이미 개시되었고, 메시야 백성은 그 새로운 세계 내에서 어떻게 살아야 하는지를 배워야 한다. 그들은 "이미 새 시대에" 있다. 마찬가지로, 최종적인 새로운 피조세계는 아직 미래에 있기 때문에, 그들의 행실은 "아직" 현재적인 실체가 아닌 것을 내다보며 거기에 따라 살아가야 한다.

2) 이미 새 시대에

바울은, 역사의 한복판에서 어떤 사건이 일어나서, 사람들이 오랫동안 기다려 왔던 "새 시대" 또는 유대인들이 고대하던 "내세"가 이미 동텄다는 것에 대하여, 자신의 청중들에게 일말의 의구심도 남기지 않는다. 그는 자신이 쓴 가장 초기의 글에서, 예수는 "우리 아버지 하나님의 뜻을 따라 악한 현세로부터 우리를 구원하려고 우리 죄를 위하여 자기 자신을 주신"[240] 것이기 때문에, "현세에 의해서 형성된 본에 억지로 맞추어" 살아가지 않아야 한다고 쓰면서, 자신의 로마 청중들에게 "너희의 사고를 새롭게 하여 변화를 받아야" 한다고 강조한다.[241] 그가 "새로운 피조세계"에 대하여 말하며, 사람들에게 그 새로운 현실에 참여하고 있다고 말할 때, 그의 생각 속에 있었던 것은 이런 것이었다: 예수가 이룬 것을 통해서 어떤 일이 일어났고, "메시야 안에" 있는 사람들은 지금 그 일에 참여하고 있으며, "이 일"은 이전에는 생각할 수 없는 그런 현실이다. 즉, "현세"가 여전히 덜커덕거리며 굴러가고 있기는 하지만, "내세"가 이미 도래하였다는 것이다. 이것이 우리가 앞에서 말하였던 저 유명한 "시대들의 중복"(overlap of the ages)이다.[242] 우리가 앞 장에서 그린 그림 — 복음, 성령, 세례, 믿음에 의해서 재정의된 선민론 — 가운데 있는 사람들은 "지금은 어느 때인가"라는 마지막 세계관 질문에 봉착한다.

바울이 이러한 시대들의 중복을 표현하기 위하여 자주 사용하던 표상들 중의 하나는 새 날이 동터 왔다는 것이었다. 시차를 잘 아는 우리는 요하네스버그는 아직 한밤중이어도 홍콩에는 이미 해가 떠 있을 것임을 안다. 말을 타는 것이 가장 빠른

240) 갈 1:4.
241) 롬 12:2.
242) 위의 제7장 제3절과 제5절. "새로운 피조세계"에 대해서는 cf. 고후 5:17; 갈 6:15 등.

교통수단이었던 고대인들이 우리가 지금 시차로 인식하는 것을 이해하고 있었는지에 대해서는 나는 알지 못한다. 예컨대, 스페인에 살고 있던 한 로마인은 수리아에서 군복무를 하는 자신의 친구에게는 자기보다 한두 시간 먼저 해가 뜬다는 사실을 알고 있었을까? 어쨌든, 이것이 바울이 여기에서 사용하고 있는 표상이다. 즉, 그는 한밤중 가운데 있는 세계의 시민들에게 마치 동이 터서 새 날이 찾아온 것처럼 살아가라고 말하고 있다는 것이다. 밤은 지나가고 있고, 날이 곧 밝을 것이라고 그는 말한다. 이것은 우리가 앞에서 말한 "주의 날"과 연관되어 있음에 틀림없기 때문에, 신학적인 은유임과 동시에 환유로서의 성격도 지닌다. 바울은 어둠 속에서 숨기고 살아가는 삶과 누구에게나 떳떳하게 다 공개하며 살아가는 삶 간의 대비를 말하기 위하여 이 표상을 사용하는데, 이것은 그의 "윤리"가 단지 사적이고 은밀한 "기독교적 도덕"이 아니라, 당시의 이교 세계가 뼛속까지 잘 알고 있었던 건강하고 지혜로운 행실과 맥을 같이하고 있다는 것을 암시해 준다.[243] "어둠의 행위들"은 말하기조차 부끄러운 것이기 때문에 빛에 의해서 드러날 필요가 있다. 그는 초기의 찬송이었던 것으로 보이는 것을 가져와서 그러한 취지로 인용한다:

> 너 잠자는 자여, 깨어나라!
> 죽은 자들 가운데서 일어나라!
> 메시야께서 네 위에 비추실 것이다![244]

또한, 바울은 이 동일한 표상을 사용해서, 밤중에 도둑이 들지 않도록 깨어 있으라는 예수의 유명한 말씀을 반영하기도 한다 — 물론, 그는 자신의 특유한 방식으로 이 은유를 두세 개의 다른 은유들과 더불어서 사용하기는 하지만: 여자에게 해산의 고통이 이를 것이기 때문에(여기에는 "새 시대의 산고"라는 성경의 오래된 주제가 반영되어 있다), 우리는 술 취하지 말고, 그 날을 위해 무장하고 있어야 한다.

> 낮에 속한 백성인 우리는 스스로 절제하는 가운데 믿음과 사랑의 흉패를 붙이고 구원의 소망의 투구를 쓰고 있어야 한다.[245]

물론, 이러한 본문들에서 사용된 "자는 것"과 "깨어나는 것"에 관한 표상은 이

243) 롬 13:11-14. 위의 제3부 서론과 아래의 제14장 제2절 4)를 보라.
244) 엡 5:11-14.
245) 살전 5:1-11의 좀 더 큰 단락 내에서 5:8.

새로운 계기를 발생시킨 사건과 매우 밀접하게 연결되어 있다. 죽음을 "자는 것"으로 나타내고 부활을 "깨어나는 것"으로 나타내는 은유는 이미 유대 사상 속에서 잘 확립되어 있던 것으로서 다니엘서 12:2까지 거슬러 올라간다. 바울에게 있어서 예수의 부활은 "내세"를 동트게 하였고, 세례를 통해서 "메시야 안에" 있게 된 모든 사람들은 "낮에 속한 백성"으로 선언된 자들이었다. 부활은 메시야 백성이 지금 서 있는 기반으로서의 기능을 하였고, 그들은 거기에 서서, 마침내 참된 인간이 되는 법을 배울 수 있었다:

> 너희는 메시야 예수와 합하여 세례를 받은 우리 모두가 그의 죽으심과 합하여 세례를 받은 줄을 알지 못하느냐? 그것은 우리가 그의 죽으심과 합하여 세례를 받음으로써 그와 함께 장사되었다는 것을 의미하는 것이니, 이는 메시야께서 아버지의 영광으로 말미암아 죽은 자 가운데서 살리심을 받은 것과 같이, 우리도 새 생명으로 행하게 하기 위한 것이다. 왜냐하면, 우리가 그의 죽으심에서 연합한 자가 된 것이라면, 그의 부활에서도 연합한 자가 될 것이기 때문이다 …
>
> 우리가 메시야와 함께 죽었으면, 그와 함께 살 줄을 믿는다. 우리는 메시야께서 죽은 자 가운데서 살아나셨으므로 다시는 죽지 아니하시고 사망이 다시 그를 주장하지 못할 줄을 안다. 그가 죽으심은 죄에 대하여 단번에 죽으신 것이고, 그가 살아 계심은 하나님에 대하여 살아 계시는 것이다. 이와 같이, 너희도 너희 자신을 죄에 대하여는 죽은 자이고, 메시야 예수 안에서 하나님에 대하여는 살아 있는 자로 여겨야 한다.[246)]

"너희 자신을 … 하나님에 대하여 살아 있는 자로 여겨라." 여기서 바울은 세례받은 자들은 죄에 대하여 죽었지만, 그들의 "부활"은 미래로 연기하고 있는 것이라는 견해가 널리 받아들여지고 있지만, 이 구절 속에는 그런 의미가 없다.[247)] 만일 그런 견해가 사실이라면, 바울의 논증은 의미가 통하지 않게 될 것이다. 로마서 8:9-11이 말하고 있듯이, 장래에 부활이 있으리라는 것은 분명하다. 그러나 그들이 이미 "메시야 안에" 있고, 메시야가 죽었다가 다시 살아난 것이라면, 그들은 그들 자신을 "메시야 안에서" 또는 "메시야와 함께" 다시 살리심을 받은 자들로 "여겨야" 한다. 5절과 8절에서 사용된 미래 시제들은 연대기적인 미래가 아니라, "X가 사실이라면, Y도 사실일 것이다"라는 식의 논리적인 미래를 나타낸다. 바울이 자신의 독자들에게 그들이 이미 메시야와 함께 살리심을 받은 것으로 "여기라"고 촉구하는 요지는 그들의 행실이 근본적으로 변화되어야 한다는 것이다. 따라서 만일

246) 롬 6:2-5, 8-11.
247) Schnelle, 2005 [2003], 579와 많은 주석서들을 보라.

그들이 어떤 의미에서 이미 "죽은 자 가운데서 살아난" 것이 아니라면, 그는 그들에게 불가능한 일을 요구하고 있는 것이 될 것이다:

> 그러므로 죄가 너희 죽을 몸을 지배하지 못하게 하고 … 오직 너희 자신을 죽은 자 가운데서 다시 살아난 자들 같이 너희 지체를 … 하나님께 드리라.[248)]

따라서 이것은 우리가 골로새서 3장에서 발견하는 것과 실질적으로 동일한 요지이다. 바울은 2장에서 사이비 도덕론들은 거짓되고 무익한 것들이라는 것을 설명한 후에, 이제 여기에서 그런 것들과는 다른 길을 제시한다. 새로운 행실이 있으려면 새로운 신분이 그 토대가 되어야 하는데, 그것은 메시야의 죽음과 삶에 참여함으로써 얻어질 수 있는 것으로서, 새로운 인간 본성(human nature)과 "메시야를 옷 입는 것"이라는 관점에서 표현될 수 있다:

> 그러므로 너희가 메시야와 함께 다시 살리심을 받았으면, 위에 있는 것들을 찾으라. 거기에는 메시야께서 하나님의 오른편에 앉아 계신다. 위에 있는 것들을 생각하고, 땅에 속한 것들을 생각하지 말라. 이는 너희가 죽었고, 너희 생명이 메시야와 함께 하나님 안에 감추어져 있기 때문이다. 우리의 생명이신 메시야께서 나타나실 때, 너희도 그와 함께 영광 중에 나타날 것이다.
>
> 그러므로 너희는 땅에 속한 지체들을 죽여야 한다: 음란과 부정과 사욕과 악한 정욕과 탐심(탐심은 우상 숭배의 한 형태이다). 이것들로 말미암아 하나님의 진노가 불순종의 자녀들에게 임한다. 너희의 삶이 그런 것들로 이루어져 있던 전에는, 너희도 그와 같이 행하였다.
>
> 그러나 이제 너희는 이 모든 것들을 벗어 버려야 한다: 분노와 격노와 악의와 비방과 너희의 입에서 나오는 더러운 말. 서로에게 거짓말을 하지 말라. 너희는 인간의 옛 본성과 그 행위 양식들을 벗어 버렸고, 창조주의 형상을 따라 새롭게 되어서 너희에게 새로운 지식을 가져다주고 있는 새로운 인간 본성을 입었다. 이 새로운 인류 속에서는 "헬라인이나 유대인"이나 "할례파나 무할례파"나 "야만인이나 스키타이인"이나 "종이나 자유민"이라는 문제가 없다. 메시야가 모든 것이고 모든 것 안에 계신다![249)]

따라서 메시야의 부활은 총체적인 변화를 가져다주었다. 메시야와 함께 죽었다가 다시 살리심을 받은 사람들은 새로운 정체성을 갖게 된 것이기 때문에, 옛 삶에 속한 행동방식들을 죽여 없애야 마땅하다. 바울은 여기에서 어떤 차원에서 이미

248) 롬 6:12f.

249) 골 3:1-11.

실현된 것("너희는 옛 인간 본성을 벗어 버렸다")과 새로운 피조물로서의 도덕적 노력에 의해서 실현되어야 할 것("너희는 … 죽여야 한다") 사이를 왔다 갔다 하는 것처럼 보이지만, 그 분명한 함의는 전자가 이루어졌기 때문에 후자가 가능하다는 것이다. 그리고 그 이유는 로마서 6장에서와 마찬가지로 여기에서도 세례인 것으로 보인다.[250] 물론, 로마서(그리고 갈라디아서 3:25-29)에서와 마찬가지로 여기에서도 세례는 믿음과 밀접하게 결부되어 있다. 그러나 바울은 이전에는 불가능하였던 온갖 것들이 가능하게 되는 새로운 현실, 새로운 권속, 새로운 인류 속으로 들어가게 해주는 것은 세례라고 믿었다. 그는 다른 곳에서(특히 고린도전서 10장에서) 세례가 마치 주술처럼 작동하는 것처럼 여기는 사람들에게 정신 차리라고 일침을 놓는 말을 하기는 하지만, 그것은 그가 세례에 관하여 실제로 말한 것들을 그들이 무시해도 좋은 이유가 될 수는 없다. 바울에게 있어서 예수의 부활은 메시야에게만이 아니라 "메시야 안에" 있는 모든 자들에게 해당되는 것이었고, 세례는 교회에 더해지는 또 하나의 지체에게 부활의 진리가 적용될 뿐만 아니라, 온 교회가 이미 부활의 진리 가운데 있는 것을 송축하는 것이었다.[251] 그리스도인의 행실은 "내세"가 신자들에게 현실이 되게 한 저 과거의 사건을 기반으로 한 것이었다.

우리는 바울이 신자들에게 메시야를 본받으라고 하는 권면을 신자가 메시야와 합체되었다는 맥락 내에서만 이해할 수 있다. 좀 더 정확하게 말해서, 바울은 자신의 청중들에게 메시야를 본받고 있는 자기를 본받으라고, 또는 자기가 메시야를 본받고 있는 것에 그들도 참여하라고 권면하는 것이다.[252] 우리가 빌립보서 2:5-11을 3:2-11 및 3:17과 연결시키는 일련의 사고 속에서 볼 수 있듯이, 이것은 온갖 세세한 일상적인 삶이 아니라, 복음의 중심적인 사건들과 그 사건들이 만들어내는 생활방식에 적용된다. 바울은 메시야를 본받아서 자신의 특권들과 지위를 내려놓고, 빌립보의 그리스도인들에게 그것을 그들의 모범으로 삼으라고 권면한다. 이것은 우리가 고린도전서 8-10장 및 그 요약인 11:1에서 발견하는 것과 매우 비슷한 사고 노선이다. 특히, 이것은 우리가 많은 논란이 되어 온 빌립보서 2:5의 의미를 이해하는 데 도움이 되는데, 나는 앞에서 그 본문을 "이것이 너희가 메시야 예수에게 속해 있기 때문에 지니게 된 사고를 가지고 너희 자신 속에서 생각하여야 하는 방

250) 골 2:11-12은 2:13로부터 3:17까지의 논증 전체의 근저에 있다.

251) 위의 제6장 제3절 4)를 보라.

252) 고전 4:6, 16; 11:1; 빌 3:17; 4:9; 골 3:15; 살전 1:6; 2:14; 살후 3:7, 9; 그리고 엡 5:1에 나오는 "하나님을 본받음." Hays, 1996b, 31; Burridge, 2007, 144-8과 최근의 문헌들에 나오는 훌륭한 논의를 보라. 또한, Eastman, 2008의 의미심장한 연구도 보라.

식이다"라고 번역한 바 있다.[253] 그것은 사람들이 예수를 닮고자 함으로써 더 나은 사람이 되고자 하는 표면적인 차원의 "모방"을 의미하는 것이 아니고, 그들은 이미 "메시야의 사고"를 소유하고 있기 때문에(아래를 보라), 이렇게 공유되고 변화된 "사고"가 현실에서의 사고와 행위의 양식들로 표출될 수 있게 하여야 한다고 말하는 것이다(2:1-4이 보여주듯이).[254] 그 사고가 실제의 삶 속에서 표출되었음을 보여주는 외적인 증표들은 바울이 예수의 실제의 말씀들을 반영하고 있는 것으로 보이는 여러 본문들 속에서 찾아볼 수 있다.[255] 그러나 그 근저에 있는 실체는 메시야 백성은 예수의 성육신, 십자가 죽음, 부활, 높아지심에 관한 서사 내에 감싸여 있다는 것이다. 이것은 최근의 몇몇 저자들이 "십자가를 본받음"(cruciformity)이나 "그리스도가 됨"(Christosis)이라는 표현을 사용하기도 하고, 모나 후커(Morna Hooker)가 오랜 세월 동안 천착해 온 "교환론"(interchange)이라는 사고 노선이 등장하기도 하는 계기가 되었다.[256] 이 모든 것은 로마서의 논증이 그 정점에 도달하는 15:3, 15:5, 15:7에서 다시 나타나는데, 거기에서 바울은 메시야 공동체는, 성경에 미리 예언된 것임과 동시에 복음 사건들 속에서 실제로 구현된 메시야의 삶을 "따라" 형성된 두 규범, 곧 자기 자신을 기쁘게 하지 않는다는 소극적인 규범과 서로를 기꺼이 받는다는 적극적인 규범에 따라 살아가야 한다고 말한다:

> "강한" 자들인 우리는 마땅히 "약한" 자들의 연약함을 담당하고 자기 자신을 기쁘게 하지 않아야 한다. 우리 각 사람은 이웃을 기쁘게 하여 그에게 유익을 주고 그들의 덕을 세워야 한다.
> 메시야께서는 자기 자신을 기쁘게 하지 아니하셨다. 성경은 이렇게 말한다: "당신을 비방하는 자들의 비방이 내게 미쳤나이다." 무엇이든지 전에 기록된 것들은 우리의 교훈을 위하여 기록된 것이니, 우리로 하여금 인내로써, 또는 성경의 위로로써 소망을 가질 수 있게 하기 위한 것이다. 인내와 위로의 하나님께서 너희로 하여금 메시야 예수를 따라 서로 생각이 같게 하여 주셔서, 한마음과 한 입으로 하나님 곧 우리 주 메시야 예수의 아버지께 영광을 돌리게 하시기를 빈다.

253) 또는, Gorman, 2009, 11이 주장하듯이: "너희의 공동체, 곧 그리스도 예수 안에 있는 공동체에서 이 사고방식을 계발하라."

254) 예를 들면, Bockmuehl, 1998, 121-3; 그리고 그 배후에 있는 Hurtado, 1984; 또한, 지금은 Fowl, 1998; Dodd, 1998을 보라. 빌립보서 2:6-11에 대한 "윤리적" 읽기를 반대하는 Käsemann, 1968의 반론들은 Morgan, 1998, 59, 67이 잘 설명하고 있다: 그의 공격대상은 "우리를 옛 세계로부터 꺼내주지 않을" "윤리적 이상주의"였다. 오늘날 "윤리적" 읽기를 지지하는 사람들의 대부분은 Käsemann이 공격하였던 그런 것을 주장하고 있는 것이 아니다. 최근의 중요한 연구로는 Hood, 2013이 있다.

255) 바울 서신에 나타난 예수의 말씀들에 대해서는 Kim, 1993의 중요한 연구를 보라.

256) Hooker, 1990의 처음 네 장, 그리고 지금은 Hooker, 2013; Gorman, 2013에 나오는 유익한 짤막한 요약을 보라. "변성론"에 대해서는 위의 특히 제10장 제4절 3) (1)의 논의들을 보라.

> 그러므로 메시야께서 너희를 받아 하나님께 영광을 돌리신 것과 같이, 너희도 서로 받으라. 내가 그 이유를 너희에게 말하노니, 메시야께서는 하나님의 진실하심을 나타내기 위하여, 즉 조상들에게 주신 약속들을 확증하시고 열방들로 하여금 그의 긍휼하심으로 말미암아 하나님께 영광을 돌리게 하려 하기 위하여 할례자들의 종이 되셨음이라.[257]

여기에서 그 근저에 있는 논리는 빌립보서 2장의 논리(그리고 고린도후서 8:9에 나오는 메시야에 의해 형성된 관용을 보이라고 한 권면)와 매우 유사하다. 그리고 여기에서 바울이 염두에 둔 목적도 동일해서, 빌립보서에서는 가장 깊은 차원에서의 교회의 연합(2:1-4)이 그 목적이고, 로마서에서 서로 받으라고 하는 권면의 목적은 한 마음으로 예배를 드릴 수 있게 하기 위한 것이다.[258]

바울로부터 메시야를 본받으라는 권면을 아주 강력하게 받고 있는 이 새로운 공동체의 정체성은, 초기 그리스도인들의 사고를 지배하고 있던 서사, 즉 새로운 출애굽에 관한 서사와 결부되어 있다. 이미 앞에서 보았듯이, 로마서 6장은, 홍해를 통과한 이스라엘 백성처럼 세례의 물을 통과해서, 한편으로는 해방노예들이 되고, 다른 한편으로는 성령의 강력한 임재와 인도하심에 의해 "거룩함을 입어" 거룩한 백성이 된 사람들에 관한 것이다.[259] 물론, 이것은 또다시 수정된 "선민론"이라는 주제 전체와 연결되어서, 그들에게 분명한 의무들을 지운다:

> 그러나 이제 너희는 죄로부터 해방되어 하나님께 종이 되어 거룩함에 이르는 열매를 맺

257) 롬 15:1-9. 이것에 대해서는 특히 Thompson, 1991, 208-41을 보라.

258) Burridge, 2007, 148은 이 모든 것을 잘 설명하지만, 끝에 가서는 약간 다른 내용을 암시하는 것으로 보인다. 그가 바울은 예수의 말씀들보다는 행위들을 더 부각시키고 있고, 특히 십자가에 초점을 맞추고 있다고 말한 것은 옳다. 하지만 그가 거기에서 "다른 사람들, 특히 약자들에 대한 관심"을 거쳐서, 예수가 "다른 사람들을 받은 것, 즉 우리가 그의 공개적인 목회적 실천이라 불러온 것"으로 나아갈 때, 로마서 6:2-11과 좀 더 정면으로 맞부딪쳐 보았으면 하는 아쉬움이 남는다(Burridge는 이것을 102-7에서 설명하기는 하지만, "공개적인 실천"이라는 관념과 연결시키는 것으로 보이지는 않는다); 또한, 이상하게도 Burridge의 색인에는 나오지 않는 8:12-16도 참조하라. Burridge가 지적하듯이(176), 예수의 "공개적인 목회적 실천" 속에는, 사람들이 제자가 되기 위한 엄격한 도덕적 요구를 충족시킬 수 없어서 슬픈 기색으로 떠나가게 만드는 것들을 말하는 것도 포함되어 있었다(막 10:22).

259) "거룩하게 하다"와 그 동일 어근의 단어들은 기독교의 도덕 담론에서 긴 역사를 지니고 있지만, 주후 1세기 유대인에게 분명하였을 성전과 관련된 이 단어의 뉘앙스는 통상적으로 제대로 다루어지지 않는다(Johnson, 2009, 100에서 최소한도로 언급하고 마는 것이 그 예이다). 바울의 '하기아스모스'(hagiasmos) 단어군의 사용은 방금 언급한 고린도전서 6장의 본문과 로마서 8:9-11에서처럼 그의 새 성전 신학을 반영한 것이다. 성령이 내주하는 그리스도인은 성경적인 성소라는 의미에서 "거룩한 곳"이다. 이것이 바울에게 있어서 "성화"가 "영화"와 밀접하게 연결되어 있는 이유이다(하나님의 영광이 성소에 와서 거하기 때문에).

> 고 있으니 그 마지막은 내세의 생명이다. 죄의 삯은 사망이지만, 하나님의 은사는 메시야 예수 우리 주 안에 있는 내세의 생명이다.
>
> 그러므로 나의 사랑하는 권속들이여, 우리는 빚진 자이지만, 인간의 육신과 육신대로 살아야 할 빚을 진 것이 아니다. 너희가 육신을 따라 살면 반드시 죽을 것이지만, 성령으로써 몸의 행실을 죽이면 살 것이다.
>
> 하나님의 영으로 인도함을 받는 모든 사람은 하나님의 자녀들이다. 너희는 노예의 영을 받아서 또다시 무서워하는 상태로 되돌아간 것이 아니지 않느냐? 너희는 양자의 영을 받았기 때문에, 그 안에서 우리가 "아바 아버지"라고 부르짖는 것이다.[260]

달리 말하면, 너희는 홍해를 건너서 너희의 유업을 향하여 가는 길 위에 있는 것이기 때문에, 애굽으로 되돌아갈 생각은 아예 하지도 말라는 것이다. 이것은 바울의 수정된 종말론적인 서사 내에 위치해 있는 다가올 시대, 곧 "내세의 윤리"이다. 바울은 너희가 이 이야기 속에서 어느 지점에 있는지, 지금이 어느 때인지를 알면, 너희의 행실을 어떻게 해야 하는지에 관한 질문들에 대한 제대로 된 답이 나오게 될 것이라고 말한다. 광야에서 이스라엘 백성이 직면하였던 준엄한 선택을 재현하고 있는 로마서 8:12-16의 도전은, 사망에 이르는 길과 생명으로 통하는 길 중에서 하나를 선택하라는 것이다.[261] 만일 이 본문을 전후 맥락으로부터 떼어내서 읽는다면, 바울이 몇 장 앞에서 자신의 칭의론을 통해서 폐기하였던 공로를 기반으로 한 체계를 여기에서 다시 세우고 있다고 생각하는 것이 가능해진다. 나는 앞 장에서 그렇게 생각하는 것이 잘못된 것임을 설명한 바 있다.

이것은 우리를 그리스도인의 현재적인 행실에 관한 문제에 강력히 영향을 미치는 바울의 종말론의 또 하나의 특징으로 데려다 주는데, 그것은 "하나님의 나라"라는 요소이다. 바울에게 있어서 하나님의 나라는 통상적으로 미래적인 실체이기는 하지만(따라서 우리는 이것을 다음 항목에서 살펴볼 것이다), 그는 하나님의 나라를 그리스도인들이 거기에 따라 살아가야 하는 현재적인 실체로도 말할 수 있었다. 이것은 로마서 14:17에 분명하게 나타나 있다: "하나님의 나라는 먹는 것과 마시는 것이 아니고, 성령 안에 있는 정의와 평화와 기쁨이다." 아울러, 우리는 에베소서 5:5에 나오는 "메시야와 하나님의 나라"라는 암호 같은 언급은, 바울이 "메시야의 나라"를 고린도전서 15:25과 같이 현재적인 실체로 이해하고, "하나님의 나

260) 롬 6:22f.; 8:12-15.
261) cf. 신 3:15-20.

라"를 미래적인 실체로 이해하였음을 보여주는 것일 가능성이 높다는 것도 주목하여야 한다.[262] 하나님의 나라에 관한 그의 용법이 늘 엄격하게 "일관되지" 못한 이유는, 그가 "이미"와 "아직"이 서로 부딪쳐서 시끄러운 소리를 내고 있다는 것을 언제나 인식하고 있었기 때문이라는 것은 의심의 여지가 없다.

메시야의 부활이 바울에게 있어서 그리스도인의 "지위"와 "목표"를 결정하는 데 지극히 중요한 요인이었다면, 사람들로 하여금 그러한 지위를 행실로 나타낼 수 있게 해준 강력한 주체는 당연히 "성령"이었다. 아니, 실제로는 우리는 이것을 역으로 표현할 수 있다. 즉, 성령이 그리스도인들에게 주어졌기 때문에, "메시야 안에" 있는 사람들은 자신들의 현재적인 행실을 통해서 내세의 삶에 미리 참여할 수 있었다는 것이다. 성령의 역할은 앞에서 인용된 몇몇 본문들 속에서 이미 등장하였지만, 특히 갈라디아서 5장과 6장에서 주된 주제로 다루어진다. 나는 이것에 대해서 다른 곳에서 자세하게 썼기 때문에, 여기에서 그 내용을 다시 되풀이해서 말할 필요는 없을 것이다.[263] 하지만 우리가 주목해야 할 것이 한 가지가 있는데, 그것은 바울이 "육체의 일들"과 반대되는 "성령의 열매"에 대하여 말할 때, 오늘날의 일부 낭만주의적이거나 실존주의적인 사상가들이 생각하는 것과는 달리, 그런 열매들이 "저절로" 맺어지게 될 것이라고 말하고 있지 않다는 것이다.[264] 적어도 바울이 이해한 성령의 역사가 지닌 신비 중의 일부는 성령의 역사는 생각과 뜻과 결정과 행위를 포함한 인간의 도덕적인 노력을 무효화하지 않는다는 것이다. 아니, 도리어 성령의 역사는 그 모든 것들을 가능하게 만든다. 성령의 역사는 새로운 종류의 자유를 열어주고, 각각의 신자들이 부르심을 받은 새로운 행위들을 분별하고 실천할 수 있도록 돕고 격려하며 함께 해준다(아래를 보라). 이것이 바울이 자기가 힘에 지나도록 사역을 하였다고 말하면서도, 동시에 그것은 실제로는 자기 안에서 역사한 하나님의 능력이었다고 분명하게 선언할 수 있었던 이유이다. 그는 실제로 어떤 일에 닥쳤을 당시에는 자기가 힘겹게 사투를 벌인 것처럼 느껴졌지만, 되돌아보면 그 모든 힘이 하나님으로부터 왔다는 것을 알게 된 것이다.[265]

메시야 안에 있는 자들은 이미 하나님에 의해 주어진 새 시대의 일부라는 것이 무엇을 의미하는지와 관련해서, 우리가 마지막으로 주목하여야 할 중요한 것이 한

262) 잠정적인 메시야의 나라에 대해서는 cf. Aune, 1992, 603.

263) Wright, 2010 [*Virtue Reborn/After You Believe*].

264) 갈 5:19-23.

265) 고전 15:10, 58; 골 1:29; 열심히 애쓰고 포기하지 말라는 것에 대해서는 갈 6:9; 살전 5:14; 살후 3:6-13.

두 가지가 있다. 첫 번째는, 앞에서 이미 자주 보아 왔듯이, 메시야 안에 있고 성령이 내주하는 자들은, 바울이 "유대인," "할례파," 그리고 심지어 "하나님의 이스라엘"— 이 읽기가 옳다면 — 이라 부른 백성을 형성한다는 것이다.[266] 그는 고린도 교인들에게 "너희가 이교도들(ethnē – '에트네')이었을" 때에 관하여 말하면서, 그들이 그러한 출신배경에도 불구하고 옛적의 이스라엘 백성을 "우리의 조상들"이라고 말할 수 있는 "우리" 안에 포함될 수 있었다는 것을 전제한다.[267] 그는 자신의 주된 윤리적 태도에 대한 요약이라고 보아야 하는 아주 신중하게 쓴 단락 속에서 데살로니가 교인들에게, 그들은 더 이상 "하나님을 알지 못하는 이방인들 같이" 행해서는 안 된다고 호소한다.[268] 그는 교회가 주변 세계로부터 분리되어서, 하나님이 장차 유대인들을 포함한 모든 사람들을 심판할 때에 기준이 될 "일종의 성취된 유대적 기준"을 따라 살아가고 있다고 보았다:

> 따라서 본래 무할례자인데도 율법을 온전히 지키는 저들은 율법 조문과 할례를 가지고 있으면서도 율법을 범하는 자들을 판단하게 될 것이다.
>
> 너희가 무슨 일을 하든지 원망하는 것이나 시비가 없어야 한다. 그렇게 할 때, 아무도 너희에게 잘못했다고 말할 수 없을 것이고, 너희는 뒤틀리고 어그러진 세대 가운데서 하나님의 흠 없고 순전한 자녀들이 될 것이다. 너희는 생명의 말씀을 굳게 붙잡고서, 세상에서 빛들처럼 그들 가운데서 빛을 발하여야 한다.[269]

또는, 그는 좀 더 투박하게 이렇게 말하기도 한다:

> 그러므로 내가 말하고자 하는 것은 이것이니, 나는 주 안에서 이것을 증언하고 있다. 이제부터 너희는 어리석은 생각을 지닌 이방인들처럼 행해서는 안 된다. 그들의 이해력은 어두워졌고, 그들의 마음이 굳어져 있다는 사실로 인해서 그들 속에 깊이 자리 잡고 있

266) cf. 롬 2:29; 빌 3:3; 갈 6:16. 관련 논쟁들, 특히 로마서 9-11장에 대해서는 아래를 보라.

267) 고전 12:2; 10:1.

268) 살전 4:5. 데살로니가전서 전체, 그리고 특히 4장이 바울의 윤리에 대한 효과적인 요약으로서의 역할을 하는 것에 대해서는 Thompson, 2011, ch. 3을 보라. 실제로 4:5의 헬라어 본문에 나오는 정관사는 "하나님을 모르는 이방인들 같이"라는 의미를 암시하는 것일 수 있다. 즉, 이 하나님을 아는 이방인들도 있고 모르는 이방인들도 있는 것이 아니라, 이방인들은 정의상 참 하나님을 모르는 자들이다. 색욕과 우상 숭배 간의 밀접한 연결 관계는 색욕을 (일종의) 우상 숭배라고 말하고 있는 에베소서 5:5과 골로새서 3:5에 나오는 보충설명적인 말에 의해서 강화된다.

269) 롬 2:27; 빌 2:14-16.

> 는 무지함으로 인하여 그들은 하나님의 생명에서 끊어져 있다. 그들은 모든 도덕적인 감수성을 잃어 버렸고, 그들이 제멋대로 생각하는 것들에 그들 자신을 내어주었다. 그들은 온갖 더러운 것을 탐욕스럽게 따라간다.
>
> 그러나 그런 것은 너희가 왕에게서 배운 방식이 아니다 — 너희가 예수에 관한 진리를 따라 진정으로 그에 대하여 들었고 그 안에서 가르침을 받았다고 한다면! 그 가르침은 너희가 속이는 정욕들의 결과로서 썩어져 가는 너희의 이전의 생활방식, 곧 옛 인간성을 벗어버리고, 오직 심령이 새롭게 되어, 하나님이 의도하신 방식대로 지음 받아서 정의와 참된 거룩함을 나타내는 새 인간성을 입어야 한다는 것을 강조하는 것이었다.[270)]

물론, 여기에서 우리는 또다시 친숙한 역설을 만난다.[271)] 즉, 바울은 자신의 회심자들에게, 도덕적으로 무감각한 이교도들의 생활양식이라는 소용돌이치는 격류들을 거부하고, 철저하고 엄격한 유대적인 생활양식을 모든 점에서 유지하라고 강력히 권한다. 그러나 그는 그들에게 민족으로서의 유대인도 되지 말고, 할례를 받지도 말며, 음식과 관련된 금기나 안식일과 아무런 상관없이, 그렇게 행하라고 권한다. 그는 그들에게 성전과 토라, 그리고 유대인과 유대인이 결혼해서 유대인으로서의 삶과 생활방식이 유지되고 있는 가정에 초점이 맞추어진 유대인 같은 삶을 살라고 교훈한다. 바울은 유대인들의 궁극적인 대표자인 메시야가 자기 자신 안에서 유대인과 이교도 간의 온갖 도덕적 차이들이 그대로 유지되는 새로운 가정, 새로운 성전, 새로운 생활방식을 만들어 내었다는 것을 당연한 것으로 전제한다.[272)]

심지어 우리는 이것이 바울이 많은 논란이 되어 온 "가정 규범들"을 자신의 글 속에 포함시킨 진정한 이유라고까지 말할 수 있다.[273)] 바울은 메시야 백성이 단지 사회적으로 존경 받을 수 있는 가정생활을 살기를 원한 것이 아니었다 — 물론, 그는 그리스도인들이 이웃들에 의해서 기본적인 도덕 규범들을 잘 지키는 자들이라

270) 엡 4:17-24. "메시야를 옷 입는다"는 관념은 그 자체가 바울의 윤리의 "이제와 아직"을 표현하고 있는 것이다: 이 일은 원칙적으로 이미 일어났고(갈 3:27), 세례를 받은 자들은 자기가 그렇게 메시야를 옷 입고 있는지를 확인하고 점검하여야 한다(롬 13:14; 골 3:10).

271) 특히, 아래의 제6장과 제15장을 보라.

272) Sanders, 1983, 201f.가 Newton, 1985를 요약한 내용은 유익하다: "바울은 교회의 연합에 관심을 가졌고(그래서 율법 중에서 유대인과 이방인을 분리시키는 내용들을 부정하였다), 교회의 정결에도 관심을 가졌다(그래서 율법 중에서 우상 숭배와 음행에 의해서 야기되는 부정으로부터 교회를 정결하게 지켜 줄 측면들을 계속해서 강조하였다; 강조는 원래의 것). "유대인들과 헬라인들을 분리시키는 요소들은 유대인들이 폐기하여야 한다"고 한 것은 바울의 통상적인 원칙에 대한 주된 예외이다(Sanders, 1983, 178).

273) 엡 5:21—6:9; 골 3:18—4:1; 벧전 2:18—3:7. Cf. Towner, 1993; Boring, 2007; 아래의 제14장 제2절 4)를 보라.

는 평판을 듣게 되기를 원하였다는 것은 두말할 필요가 없지만.[274] 디아스포라 지역들에서 유대인들이 회당 생활에 의해서만 아니라 많은 부분 가정생활에 의해서도 이교도들과 구별되는 삶을 유지하였던 것과 마찬가지로, 바울은 하나님의 새로운 백성의 가정생활이 메시야를 따르고 본받는 실천이 끊임없이 반복적으로 가르쳐지고 유지되는 아주 중요한 장이 되어야 한다고 보았다. 따라서 그의 글들에 나오는 가정 규범들은, 아이들과 노예들에게 중대한 책임을 지우고, 남편들과 노예주들에게 당시의 문화를 뛰어넘는 엄격한 교훈들을 제시하는 등 기독교 특유의 여러 수정들과 놀랄 만한 혁신들이 보여 주듯이, 당시에 보편적이었던 사회 도덕을 기독교적으로 수정해서 제시한 것임에는 틀림없지만, 단지 거기에서 그친 것이 아니라, 그가 온 세계에 흩어져 살아가고 있던 메시야 백성을 근본적으로 "유대인"으로, 그리고 실제로는 갱신된 "유대인"으로 바라보았음을 보여주는 증거이기도 하다.[275]

우리는 도덕적인 삶에 관한 바울의 "성취된 유대적" 비전의 중심에서, 흔히 논란이 되어 왔지만 사실은 논란이 있어서는 안 되는 한 가지 핵심을 발견하는데, 그것은 메시야 안에 있고 성령이 내주하는 자들은 토라의 진정한 의도를 성취한 자들로 여겨지고 있다는 것이다.[276] 바울은 칭의를 가져다줄 수 없는 "토라의 행위들"과 사람들의 심령에 씌어져서 심지어 이방인들 가운데서도 토라가 원래 만들어내고자 한 것이었지만 속량함을 받지 못한 아담에 속한 "육신"으로 말미암아 만들어낼 수 없었던 생활양식을 만들어내는 "토라의 행위들" 간의 차이를, 우리가 원하는 만큼 정확하게 설명해 주지 않는다. (이것은 이전의 신학이 "도덕법"과 "의식법"이라는 부정확하고 오도할 여지가 있는 방식으로 구별해서 파악하고자 한 바로 그것이다.) 종교개혁 이후의 준마르키온주의적인(quasi-Marcionite) 세대들의 읽기들은, 유대 율법을 "나쁜" 것으로 규정하고서 이제 복음을 통해 "폐기된" 것이 그나마 다행이라는 태도를 취하고 있었기 때문에, 이 점에 관한 바울의 핵심적인 본문들을 진지하게 받아들이지 않는 사상 풍토를 조성해 왔지만, 우리는 그러한

274) 예를 들면, 롬 12:9-15.

275) 우리는 예컨대 노예들과 주인들에 대한 바울의 권면을 Sir. 33.25-30(하지만 33:31-3에서는 기조가 바뀐다)에 나오는 다소 다른 권면과 대비해 볼 수 있을 것이다.

276) 이것에 대해서는 Ridderbos, 1975 [1966], 278-88을 보라. 그는 특히 A. Nygren(그는 토라의 긍정적 의미를 모두 배제한다)과 H. Lietzmann(그는 그리스도인은 율법의 교훈 없이 자발적으로 행하여야 한다고 주장한다)에 반대하여 논증을 펴나간다; Dunn, 1998, 631-42; Schreiner, 2001, 321-9. 특히, Rosner, 2003, 214-16에 나오는 유익한 요약을 보라.

본문들에서 바울이 말하고자 한 것들을 그대로 받아들여야 한다. 이른바 "새 관점," 특히 제임스 던(James Dunn)의 기여가 많은 도움이 되어 온 지점이 바로 이 대목이다.[277] 몇몇 유대 랍비들은, 만일 이스라엘 전체가 딱 하루만 토라를 지킬 수 있다면, 메시야는 올 것이라고 말하였다. 바울은 그 말을 거꾸로 뒤집어서, 메시야가 이제 왔기 때문에, 그의 참된 백성은 진정으로 "토라를 지키게" 될 것이라고 말한다 — 물론, 이러한 방식으로 토라를 지키는 것은 그 랍비들이 생각해 왔던 방식이 아니겠지만:

> 무할례자들이 율법의 요구들(ta dikaiōmata tou nomou phylassē - '타 디카이오마타 투 노무 퓔랏세')을 지키면, 그들의 무할례는 할례로 여겨지게 될(logisthēsetai - '로기스테세타이') 것이 아니겠는가? 또한, 본래 무할례자인데도 율법을 온전히 지키는(ton nomon telousa - '톤 노몬 텔루사') 자들은 율법 조문과 할례를 가지고도 율법을 범하는 너를 판단할 것이다.
>
> 할례도 아무것도 아니고 무할례도 아무것도 아니며, 중요한 것은 하나님의 계명들을 지키는 것이다.
>
> 따라서 자랑할 것이 어디 있는가? 그런 것은 있을 수 없다. 무슨 율법으로냐? 행위의 율법으로냐? 아니다. 믿음의 율법으로다.
>
> 하나님이 자기 아들을 보내신 것은 … 우리가 육신을 따라서가 아니라 성령을 따라 살아갈 때, 우리에게 율법의 올바르고 합당한 판결(to dikaiōma tou nomou - '토 디카이오마 투 노무')이 이루어질 수 있게 하기 위한 것이었다.
>
> 인간의 육신에 의해서 결정되는 삶을 사는 자들은 육신과 관련된 일들에 몰두하고, 성령에 의해서 결정되는 삶을 사는 자들은 성령과 관련된 일들에 몰두한다. 너희가 육신에 몰두하면 죽을 것이고, 성령에 몰두하면 생명과 평안을 얻게 될 것이다. 육신에 몰두하는 생각은 하나님과 원수가 되고, 하나님의 율법에 굴복하지 않을 뿐만 아니라 할 수도 없다. 육신에 의해서 결정되는 자들은 하나님을 기쁘시게 할 수 없다.[278]

로마서 8장에는 여러 가지 관념들이 등장하기 때문에, 사람들은 흔히 그 핵심을 놓치고 말지만, 사실 그 핵심은 분명하다. 즉, "성령의 생각"은 토라에 순복한다는 것이다. 바울이 믿고 세례를 받아 메시야와 함께 죽었다가 다시 살리심을 받은 자들로 이루어진 메시야 공동체 밖에 있는 자들을 가리키기 위하여 사용한 표현인 "육신

277) Dunn, 2008 [2005], chs. 17, 19을 보라; cf. Wolter, 2011, 322f.

278) 롬 2:26f.; 고전 7:19; 롬 3:27; 8:3-8; cf. Hays, 2005, 149-51.

에 있는" 자들(7:4-6)은 "육신의 생각"을 지니고 있는데, "육신의 생각"이라는 표현은 그가 1:18-32에서 설명한 것들을 집약해서 요약적으로 표현한 것이다. 이 "육신의 생각"은 하나님의 율법에 복종하지도 않고 복종할 수도 없다. 그러나 이것으로부터 분명한 것은, "성령의 생각"은 2:25-29을 비롯한 여러 곳에서 말한 의미들에서 율법에 순복한다는 것이다. 이것이 "율법의 올바르고 합당한 판결"이 그들에게 선고되는 이유, 즉 바울이 8:9-11과 8:12-16의 두 개의 짤막한 단락들 속에서 보여주고 있듯이, 그들이 "생명을 갖게" 되는 이유이다. 이것은 분명히 토라에 나오는 본문들을 꼼꼼하게 찾아서, 그 본문들의 문자적인 의미를, 바울과 그의 공동체들이 직면할 수 있었던 온갖 문제들에 꿰어맞추어 적용한 것이 결코 아니다. 바울은 분명히 그렇게 하지 않았다.[279] 그는 (우상에게 바쳐진 음식을 먹는 문제에서처럼) 종종 토라에 대한 엄격한 해석을 뛰어넘는 좀 더 깊은 것을 추구한다.[280]

따라서 이것은 우리를 로마서에 나오는 "율법의 성취"에 관한 두 개의 추가적인 본문으로 데려다 준다. 첫 번째 본문은 우리가 아래에서 좀 더 자세하게 살펴보게 될 로마서 10:1-13의 중심에 나오고, 두 번째 본문은 조금 덜 복잡한 것으로서, 십계명을 요약해서, 그 모든 계명들이 사랑의 율법 안에서 성취되었다고 역설한다:

> 서로 간의 사랑의 빚 외에는 아무에게든지 아무 빚도 지지 말라. 네가 네 이웃을 사랑한다면, 너는 율법을 다 이룬 것이다. "간음하지 말라, 살인하지 말라, 도둑질하지 말라, 탐내지 말라" 한 것과 그 외에 다른 계명이 있을지라도, "네 이웃을 네 자신처럼 사랑하라" 고 하신 그 말씀 가운데 다 들어 있다. 사랑은 이웃에게 잘못을 행하지 않기 때문에, 사랑은 율법의 완성(plērōma nomou - '플레로마 노무')이다.[281]

이것은 갈라디아서에 요약되어 있다:

> 너희는 사랑으로 서로의 종이 되어야 한다. 왜냐하면, 율법 전체가 "네 이웃을 네 자신처럼 사랑하라"는 이 한 말씀에 요약되어 있기 때문이다.[282]

279) Schnelle, 2005 [2003], 552f. Schnelle는 이러한 표면적인 불일치들의 근저에 있는 "성취"의 좀 더 깊은 의미를 보지 못하고 있다고 나는 생각한다. 우리가 바울 및 초기 기독교에서 보는 것들은 나중에 "노아" 계명들 — 즉, 단지 아브라함의 권속만이 아니라 모든 인류를 위한 법들 — 로 불리게 된 것들을 가져와서 사용한 것들이라는 Bockmuehl, 2000, ch. 7의 논증은 바울이 자신의 윤리적인 교훈들을 위하여 토라의 계명들을 가져와 사용하였다는 자신의 인식을 밑받침하기 위한 독창적인 시도이다.

280) Meilander, 2011, 581-3은 이 문제를 오늘날의 조직신학적 관점에서 검토한다.

281) 롬 13:8-10; cf. Wolter, 2011, 338.

우리는 이 동일한 관념이 갈라디아서의 다음 장에 나오는 암호 같은 구절 속에도 들어 있다고 말할 수 있다:

서로의 짐을 지라. 그것이 메시야의 율법을 성취하는 길이다.[283)]

이 구절이 수사학적으로만이 아니라 신학적으로도 다음과 같은 의미를 지니고 있다는 것은 의심의 여지가 없다: "너희가 율법을 지키고자 한다면, 메시야의 율법으로 가라!" 후자의 어구가 논란이 되고 있다는 것은 잘 알려져 있지만, 우리는 바울이 자신의 글들 속에서 많은 중요한 순간들에, 너무 압축되어 있어서 쉽게 해독하기 어려운 어구로 자신이 말하고자 하는 것을 요약해서 제시한다는 것을 기억하여야 한다. 어떤 사람들은 그가 여기에서 예수의 사역이라는 렌즈를 통해서 재해석된 모세 율법을 가리키기 위하여 이 어구를 사용한 것이라고 주장해 왔고, 어떤 사람들은 그가 여기에서 염두에 두고 있었던 것은 단지 예수의 가르침뿐이었다고 주장해 왔으며, 또한 이러한 두 가지 주장을 중심으로 해서 수많은 변형된 견해들이 제시되어 왔다.[284)] 나는 나의 현재의 논증의 나머지 부분을 고려하였을 때, 그가 이 어구를 의도적으로 만들어내어 우리를 괴롭게 하고 있기는 하지만, 자기가 반복적으로 말해 왔던 어떤 것을 표현하기 위하여 이런 어구를 만들어낸 것이라는 것, 그리고 예수의 성육신과 삶과 죽음과 부활 전체는 외적인 "명령"으로 지켜져야 할 기준이었고, 분명하고 생생한 도덕적 가르침이 들어 있는 지점이었을 뿐만 아니라, 그리스도인들의 모든 삶을 형성하고 지도하여야 하는 내적 생명이기도 하였다고 본다. 우리는 그 근저에 있는 핵심을 의심해서는 안 된다. 바울은 메시야의

282) 갈 5:13f. 이것은 물론 "사랑"을 선두로 하는 "성령의 열매"에서 절정에 도달하는 일련의 사고의 흐름의 도입부이다. Witherington, 1998, 381은 여기에서 "요약되었다"로 번역된 헬라어는 갈라디아서 4:4에 나오는 '플레로마'(plērōma)와 동일한 어근에서 온 '페플레로타이'(peplērōtai, "성취되었다")이고, 이 단어는 "한 분 참된 하나님에 대한 사랑과 서로에 대한 사랑을 토대로 하나가 된 하나님의 백성을 낳고자" 한 토라의 기본적인 의도가 성취될 저 약속의 때를 가리키는 "종말론적인 언어"라는 점을 지적한다.

283) 갈 6:2.

284) 최근에 나온 짧지만 탁월한 개관과 요약으로는 Schreiner, 2010, 358-60이 있는데, 나는 그의 결론을 조금 더 강화시키고자 한다: 바울은 율법을 사랑과 연관시켜서 기독론적으로 해석하였지만, 그리스도의 삶과 죽음을 "사랑의 패러다임이자 실례이고 설명"으로 보았다(Schreiner, 2010, 360)는 데 동의하지만, 갈라디아서 1:16("내 안에서 그의 아들을 나타내시기를 기뻐하셨다")과 2:20("메시야께서 내 안에 사신다")에서 말하고 있듯이, 내적인 본성의 변화와 선을 행하고자 하는 의지가 주어지는 것 등에 대하여 좀 더 말할 필요가 있다.

백성이 "이전의 악한 시대"로부터 해방되어 "새 시대"로 들어가서, 주변 세계는 여전히 어둠 속에 있다고 할지라도, 빛의 기준들에 의해서 살아가야 할 책무가 주어진 "낮에 속한 백성"이 되었다고 이해하였다. 따라서 그는 그들을 갱신된 계약 백성, 토라의 온갖 부정적인 사역에도 불구하고, 그들의 마음과 삶 속에서 토라를 실제적으로 성취하는 백성으로 보았다.[285] 토라의 이러한 성취는 생명에 대한 토라의 약속의 궁극적인 성취인 부활 자체를 보여 주는 것이다. 그리고 메시야에 토대를 두고 성령에 의해서 추진되는 저 종말론적인 틀 안에서, 바울이 "메시야 안에" 있는 자들에게 기대하는 행실은 정확히 원래 하나님이 이스라엘에게 기대하였던 행실, 즉 토라를 성취했을 때에 나오는 행실이다. 메시야 백성은 "흠이 없어야" 한다.[286] 그들은 민족으로서의 유대인들을 세계의 나머지 사람들로부터 구별시킨 저 "율법의 행위들"에 의해서가 아니라, 토라가 보여 주었고 이제 한 분 유일하신 하나님이 메시야와 성령을 통해서 만들어낸 마음과 생각과 삶의 변화에 의해서 주변 세계의 사람들과 달라야 한다. 메시야 백성은 이미 새 시대에 살고 있다. 그들의 세례, 칭의, 성령의 내주에 의한 성화는 그들에게 그러한 삶을 살 수 있는 토대를 마련해 주었다. 이것은 바울의 종말론적인 윤리의 첫 번째이자 주된 요소이다.

3) 아직 완전하지는 않음: 개시되었지만 완성되지는 않음

개시된 종말론의 논리를 따른 두 번째 주된 요소는 어떤 점들에서 "새 시대"는 아직 도래하지 않았다는 것이다. 어떤 의미에서 이것은 문제로 보일 수 있었지만, 바울은 이것이 원칙적으로 좋은 일임을 분명히 한다. 만일 창조주가 이 세계에 대하여 지금 즉시 처분을 내린다면, 그 결과는 정죄함이 차고 넘치게 될 것이다. 하나님이 최종적인 완성을 미루는 이유는 그의 긍휼하심 때문이다. 바울은 "하나님의 인자하심이 너희를 회개로 인도하고자 하는 것임을 너희는 알지 못하는가"라고 말한다. 심판의 날은 장차 반드시 올 것이지만, 사람들이 제정신을 차리고 악에서 돌이켜 사는 길을 택할 수 있는 시간을 주기 위하여 보류되고 있다는 것이다. 그러나 그들이 이 주어진 시간을 제대로 사용하지 않는다면, 심판의 이러한 연기는 상황을 더욱 악화시켜서, 그들은 애굽 왕 바로처럼 그 마음이 완악해져서, 장차 심판이

285) 토라의 부정적인 사역에 대해서는 위의 제10장 제4절 3) (10)를 보라.

286) cf. 빌 2:15; 골 1:22; 살전 3:13; 5:23. 초기 기독교적의 "온전함" 개념에 대해서는 cf. Ridderbos, 1975 [1966], 265-72.

임할 때에 더욱더 핑계할 수 없게 될 것이다.[287] 따라서 바울은 단지 "분할된 종말"(divided eschatology)이라는 개념을 새롭고 기괴한 사실로 담담하게 받아들이는 것으로 만족하지 않는다. 두 종말 사이의 기간이라는 개념은 새로운 것이 아니고, 고대 유대 사상에서 이미 잘 알려져 있었다. 거기에서는 나중에 성취될 소망을 기다리는 것은 하나의 생활방식이 되어 있었고, 성경의 약속들과 그 최종적인 성취 사이의 오랜 시간 간격은 잘 알려져 있었으며 다양하게 해석되었다. 메시야의 오심과 최종적인 종말 사이의 시간 간격에 관한 관념조차도 전적으로 새로운 것은 아니었다. 우리는 에스라4서 속에, 그리고 성전을 정결하게 하고 궁극적이고 최종적인 싸움을 싸우는 것을 포함한 메시야의 사역이라는 개념 속에, 그러한 관념이 반영되어 있는 것을 발견한다.[288] 바울은 이러한 기존의 관념들 속에, 부활이 메시야 안에서 이미 일어나서, 부활의 능력이 복음을 통해서 성령에 의해 흘러나가서 사람들의 삶을 변화시키는, 이제까지와는 다른 종류의 중간 시기가 시작되었다는 자신의 믿음으로부터 나온 좀 더 특별한 내용을 채워 넣었다.

따라서 자신의 종말론에 내포되어 있는 "아직"이라는 요소에 대한 바울의 강력한 인식은, 그리스도인의 행실에 관한 그의 가르침에 가시적인 영향을 미쳤음이 분명하다. 그러나 "아직"의 요소는 단지 언제인지 알 수 없는 미래로 연기되어 있었던 것이 아니었다. 메시야 백성이 "아직"이라는 요소를 확신하고 있었다는 사실은, 그들이 현재에 있어서 거기에 선행적으로 참여하여야 한다는 것을 의미하였다.

그리스도인의 행실과 장래의 부활 사이에는 처음부터 결정적인 연결고리가 존재한다. 고린도전서 전체는 바울이 이 서신의 끝부분에 가서야 다루는 부활 주제에 의해서 지배되는데, 우리는 고린도전서 6장에서 그 두드러진 예를 본다:[289]

> 음식이 배를 위해 있는 것이 아니고, 배가 음식을 위해 있는 것이지만, 하나님은 배와 음식을 다 폐하실 것이다. 몸은 음행을 하라고 있는 것이 아니고, 오직 주를 위해 있는 것

287) 롬 2:4-6; 예컨대, Wis. 11.23을 보라. 악인들이 준비될 때까지 심판이 연기되는 것에 대해서는 cf. 창 15:16.

288) cf. *4 Ezra* 7.26-36: 일시적인 메시야의 나라와 메시야의 죽음 이후에, 일정 기간이 흐르고 나면, 모든 사람의 부활이 있게 될 것이다. 그 시점이 되면, "긍휼히 여기시는 것도 끝나고, 오래 참으시는 것도 거두어질 것이다"; "오직 심판만이 남게 될 것이고, 진리가 서게 될 것이며, 신실하심은 더욱 강력해질 것이다"(7.33f.).

289) 이 서신 전체의 주제로서의 부활에 대해서는 *RSG*, ch. 6을 보라. 현재의 본문에 대해서는 *RSG*, 288-90을 보라.

이며, 주는 몸을 위하여 계신 것이다. 하나님이 그의 권능으로 주를 다시 살리셨고 우리도 살리실 것이다 … 너희는 너희 몸이 하나님이 너희에게 주셔서 너희 속에 계시는 성령의 전이기 때문에, 너희가 너희 자신의 것이 아니라는 것을 알지 못하느냐? 너희는 하나님이 아주 값비싸게 사신 것이다! 그러므로 너희의 몸으로 하나님께 영광을 돌리라.[290]

여기에서의 핵심은 "연속성"이다. 이미 부활의 땅에 발을 디디고 서서 이 새로운 세계에서 살아가는 법을 배워야 하는 사람들은, 그들 속에 내주하는 성령이 메시야를 다시 살린 것과 마찬가지로 장차 그들도 다시 살릴 것이기 때문에, 그들이 현재에 있어서 자신들의 몸으로 행하는 것이 중요하다는 것을 상기할 필요가 있다.

이제 메시야의 죽음과 부활에 의해서 재정의된 본질적으로 유대적인 서사 내에서 자기가 어느 지점에 있는지를 아는 사람은, 자기가 아직 최종목적지에 도달하지 않아서 완전하지 않다는 것을 안다:

나는 내가 이미 얻었다고 하는 것도 아니고, 이미 온전히 이루었다고 하는 것도 아니다. 곧 예수께서 나를 붙잡으셨기 때문에, 나는 그것을 붙잡기 위하여 열심히 달려가고 있는 것이다. 나의 사랑하는 권속들이여, 나는 내가 그것을 잡은 줄로 여기지 않는다. 내게는 오직 한 가지 목표가 있는데, 그것은 뒤에 있는 것은 다 잊어버리고, 앞에 있는 것을 잡으려고, 왕 예수 안에서 하나님의 위로부터의 부르심이라는 상이 나를 기다리고 있는 최후의 푯대를 향하여 질주하는 것이다.[291]

여기에 나오는 "결승선을 향하여 질주하는 것"은, 바울이 사용한 경주 은유들 중의 하나로서, 종말론의 "아직"은 아무 일도 하지 않으면서 빈둥거려도 좋다는 것을 의미하는 것이 아님을 보여준다.[292] 그리고 이것은 아직 끝나지 않은 경주를 하고 있는 사람들에게 합당하지 않은 행실들이 어떤 것들인지를 선명하게 보여주는 진술을 즉시 불러일으킨다. 그들은 이미 도달한 지점을 유지하는 가운데, 아직 도달하지 않은 푯대에 비추어서 자신들의 행실을 만들어 나가야 한다.[293]

이것은 적극적인 측면과 마찬가지로 대단히 소극적인 측면도 가지고 있다. 우리

290) 고전 6:13f., 19f.
291) 빌 3:12-14.
292) 또한, 고전 9:24; 딤후 2:5; 4:7f.; 히 12:1f.를 보라; 이 표상에 대해서는 *4 Macc.* 6.10; 17.11-16.
293) 빌 3:15-16; 17-19.

는 위에서 바울이 어떤 의미에서 현재적인 "메시야의 나라," 그리고 또한 "하나님의 나라"를 믿고 있었지만, 통상적으로 후자에 대해서는 말할 때에는 궁극적인 미래를 염두에 두고 있었다고 말한 바 있다. 그가 "하나님의 나라"에 대하여 말할 때, 그것은 종종 "하나님의 나라"라는 미래와 양립될 수 없는 어떤 현재적인 생활양식들이 존재한다는 것을 경고하기 위한 것이다. 이것은 당근과 반대되는 채찍 같은 "소극적인 경고"에서 그치는 것이 아니라, 그런 것보다 훨씬 더 심각한 경고이다. 이것은 사람들에게 분석적 진리를 상기시킨다. 즉, 창조주가 자신의 나라를 건설하는 프로젝트를 끝마치게 될 때, 하나님의 성품을 반영하는 삶을 이미 몸에 체득한 자들만이 그 나라에서 살게 되리라는 것이다. 바울은 특정한 일들을 하는 자들이나 특정한 삶의 습관들이 몸에 배어 있는 자들은 "그 나라를 유업으로 물려받지 못할" 것이라고 말하는 식으로, 이것을 표현한다. 여기서 기독교 전통의 상당 부분이 지금까지 해 왔듯이, "그 나라를 유업으로 받는 것"을 "천국에 가는 것"으로 해석하는 자들에게는, 이것은 또다시 공로(merit)를 토대로 한 구원론(또는, 적어도 잘못[demerit]을 토대로 한 정죄!)으로 보일 수밖에 없다. 그러나 내가 지금까지 계속해서 논증해 왔듯이, 우리가 바울이 장차 하나님이 피조세계 전체를 통치하게 될 것이고 인간으로 하여금 그 통치에 참여하게 할 것임을 이런 언어로 표현한 것으로 본다면, 우리는 상당히 다른 그림을 볼 수 있게 된다. 즉, 우리가 앞에서 말한 하나님의 성품을 몸에 체득한 사람들은 장차 하나님이 자신의 주권적인 통치를 견고히 하고 자신의 지혜로운 질서를 그의 세계에 베풀 때에 사용할 자들이라는 것이다.[294] 바울은 하나님의 형상을 세계 속에 반영할 참된 인류의 형성을 생각하고 있다. 사람들로 하여금 이러한 형상을 지니게 하는 것을 방해하는 것들은, 세례를 통해 메시야와 함께 죽은 것, 성령의 거룩하게 하는 임재, 믿음에 대하여 "의롭다"고 선언하는 하나님의 판결을 통해서 제거되어야 한다:

> 너희는 불의한 자들이 하나님의 나라를 유업으로 받지 못할 줄을 알지 못하느냐? 미혹되지 말라! 음행하는 자들이나 우상 숭배하는 자들이나 간음하는 자들이나 어떤 종류이든 동성애를 행하는 자들이나 도둑들이나 탐욕스러운 자들이나 술에 취해 사는 자들이나 욕하는 자들이나 속여 빼앗는 자들은 하나님의 나라를 유업으로 받지 못할 것이다. 물론, 너희 중에도 이와 같은 자들이 있었지만, 주 왕 예수의 이름과 우리 하나님의 영 안에서 깨끗하게 씻음을 받아 거룩해지고 바르게 되었다.[295]

294) "유업"과 갱신된 만유에 대해서는 로마서 8:18-26을 보라(위의 제7장 제4절을 보라).

295) 고전 6:9-11. 모든 번역문들에서 이것의 요소들에 대해서는 물론 논란이 있다: 주석서들에 나오는 광범위한 논의들, 특히 Thiselton, 2000, 438-55; Fitzmyer, 2008, 254-8을 보라.

갈라디아서에서도 바울은 "육체의 일들"의 목록을 제시한 후에 이 동일한 요지를 다시 말하면서, "그런 일들을 행하는 자들은 하나님의 나라를 유업으로 받지 못할 것"이라고 선언한다.[296] 또한, 이것은 에베소서 5장에서 좀 더 확대된다:

> 너희는 이것을 알아야 한다. 음행하는 자나 더러운 일을 행하는 자나 탐욕스러운 자(달리 말하면, 우상 숭배자)는 메시야의 나라, 또는 하나님의 나라에서 유업을 얻지 못한다. 누구든지 헛된 말로 너희를 속이지 못하게 하라. 이런 일들로 말미암아 하나님의 진노가 불순종의 사람들에게 임한다.
>
> 그러므로 그들이 하는 일들에 참여하지 말라. 너희도 전에는 어둠이었지만, 이제는 주 안에서 빛이다! 빛의 자녀들처럼 행하라. 빛의 열매는 선하고 의로우며 진실한 모든 것이다. 주를 기쁘시게 할 것이 무엇인가를 잘 생각해서 실천하라.[297]

우리는 메시야의 나라와 하나님의 나라라는 이중적인 표현을 우리가 고린도전서 15:20-28에서 발견하는 것과 동일한 의미로 해석하여야 하는 것으로 보인다. 거기에서는 메시야는 이미 다스리고 있고, 마지막 원수인 사망을 포함해서 자신의 모든 원수를 다 무찔러 이기고 난 후에는, 그 나라를 그의 아버지 하나님에게 바칠 것이라고 말한다. 따라서 여기 에베소서 5장에서도 "메시야의 나라"는 현재의 교회 안에서 및 교회를 통한 "메시야의 현재적인 통치"를 가리키고(내가 위에서 말하였듯이), "하나님의 나라"는 고린도전서 6장과 갈라디아서 5장에서 말하는 한 분 유일하신 하나님이 "모든 것 안에서 모든 것"이 될 저 장래에 이루어질 나라를 가리키는 것으로 보인다.[298] 여기에서도 이 경고는 습관들 및 생활양식에 대하여 주어지고, 특히 참된 인간성을 파괴하는 성적 타락과 관련해서 주어지는데, 사람들은 믿음과 세례, 메시야 백성의 공동체로 들어가는 것을 통해서 그러한 성적 타락으로부터 건짐을 받아야 한다.[299] 우리가 다시 한 번 유념해야 할 것은, 바울은 통상적으로 단지 "그것을 행하지 말라!"고 말하기 위하여 악한 행위들의 목록을 제시하지는 않는다는 것이다 — 이것에 대해서는 우리가 조금 후에 다시 살펴볼 것이다. 그는 사람들로 하여금 그러한 생활양식의 노예로 살아가는 것을 피할 수 있게 해주는 두 가지가 있다고 말한다. 첫 번째는 메시야 안에서 우리가 누구인지를 기억하고, 종말론적인 서사 속에서 우리가 어느 지점에 있는지를 기억하는 것이

296) 갈 5:21.
297) 엡 5:5-10.
298) 하지만 cf. 롬 14:17(위의 제9장 제3절 2) (3), 제11장 제3절 1)을 보라).
299) 또한, 살전 4:3-5.

다. 즉, 우리는 이미 노예상태로부터 놓여났고, 성령에 의해서 "거룩하게 되었으며," 믿음을 토대로 "의롭다"는 선언을 받았고, "유업"을 약속 받은 자들이라는 것이다. 두 번째는 그것을 철저하게 생각해서 실천하는 것이다. 갱신된 인간성에 관한 바울의 비전의 중심에는 갱신된 사고가 자리 잡고 있다. 이것에 대해서 우리는 잠시 후에 다시 살펴볼 것이다.

이미 앞에서 보았듯이, 우리가 현재 속에서 미리 참여할 수 있고, 또한 참여하여야 하는 미래의 일들이 있지만, 아직 참여해서는 안 되는 미래의 일들도 있다. 메시야의 백성이 고집스러운 사람들과 반역한 천사들에 대한 심판에 참여하게 될 것이라는 놀라운 소식은, 한편으로는 바울이 자신의 청중들에게 그들 가운데서 사소한 분쟁들을 해결할 수 있는 사람들을 얼마든지 택할 수 있다고 도전할 수 있었던 근거였다.[300] 그러나 바울은 마찬가지로 최종적인 판단을 미루어야 하는 그런 일들도 있는데, 그런 일들에서 사람들이 지금 나서서 함부로 판단해서는 안 된다는 것을 분명히 한다. 사람들이 바울의 사도직에 대하여 평가하는 일도 그런 일들 중의 하나였다. 그런 종류의 판단은 마지막 날에 오직 주만이 할 수 있는 일이다:

> 그러므로 주께서 오실 때까지 그 전에는 아무것도 판단하지 말라. 그가 어둠의 은밀한 것들을 밝혀내시고 마음의 의도들을 드러내실 것이다. 그 때에 각 사람이 하나님에게서 칭찬을 받을 것이다.[301]

이것과 비슷하게, "심판" 또는 "판단"은 오직 주만이 가지고 있는 대권이라고 말하며 판단하기를 피하는 것은 로마서 12장과 14장에도 분명하게 드러나 있다. 로마서 12장은 원수를 갚는 일은 오직 주에게 속한 일이기 때문에, 사람이 직접 나서서 원수를 갚아서는 안 되고, 하나님의 진노가 자신이 정한 때와 방식으로 원수를 갚도록 맡겨 드려야 한다고 말한다.[302] 이것은 바로 다음 절에서 바울이 하나님은 인간 통치자들과 권세들에게 하나님 다음의 심판권을 수여하였다고 말하는 것과 밀접하게 연결되어 있다. 이것은 "심판"의 여러 층들을 구분하는 것이고, 사람들이 종말이 현재 속으로 들어왔다는 것을 지나치게 해석해서, (하나님이 관리들에게 위임하였고 장차 책임을 물을 심판권을 포함한) 창조주에게 속한 심판권을 현재적으로 행사하고자 한다면, 그것은 찬탈이 될 것임을 분명히 보여준다.[303] 마찬

300) 롬 2:27; 고전 6:1-6.
301) 고전 4:5.
302) 롬 12:19.

가지로, 로마서 14장에서는 바울이 음식이나 성일들 같은 '아디아포라'(adiaphora, "아무 상관 없는 것들")로 여기는 것들과 관련해서, 그리스도인들이 서로에 대하여 "판단해서는"안 된다고 말한다. 그는 약간의 야유를 섞어서, "너희가 너희의 판단력을 발휘하고자 한다면, 형제 앞에 어떻게 하면 장애물들이나 걸림돌들을 두지 않을 수 있을지를 생각하는 데 그 판단력을 발휘해라"고 말한다.[304] 교회의 연합이라는 좀 더 큰 시각에서 아주 중요한 역할을 하는 바울의 이러한 명령들은 전적으로 예수와 성령을 중심으로 수정된 종말론의 틀 속에서 이루어진다.

따라서 바울은 메시야의 추종자들은 "이제"와 마찬가지로 "아직"속에서 살아가는 법을 배워가야 한다고 역설하고 있는 것이다. 다시 한 번 말해 두지만, "이제"와 "아직"은 단지 시간을 구별하기 위한 표현이 아니다. "이제"와 "아직"사이의 시간 간격이 두어진 데에는 메시야에 의해서 형성된 목적이 있다. 특히 내가 다른 곳에서 미덕 및 성품 계발과 관련된 고대의 전통들을 기독교적으로 변화시킨 것이라고 할 수 있다고 논증하였던 바울의 윤리의 중심을 생각해 보면, 이것이 드러난다. 실제로 이것은 그의 윤리적 가르침이 주변 세계의 윤리적 가르침과 가장 근접하면서도 동시에 아주 흥미롭게도 뚜렷하게 구별되는 지점이다.[305] 플라톤과 아리스토텔레스 이래의 전통에서와 마찬가지로, 바울에게도 그가 염두에 둔 목표가 있었지만, 그의 목표는 아리스토텔레스의 목표였던 "행복"(eudaimonia – '유다이모니아')도 아니었고, 아리스토텔레스의 경우처럼, "인격수양을 통해서"고대 헬라의 군인이나 정치가에게 요구되었던 용기, 정의, 절제, 사려깊음 같은 주된 덕목들을 갖추게 되는 것도 아니었다. 바울의 목표(telos – '텔로스')는 하나님의 형상을 반영하는 성숙한 인간성, 장차 부활의 때에 재확인될 성숙한 인간성이었다.[306] 그러한 목표에 도달하는 것은 자기성취의 문제임과 동시에 자기부인의 문제였고, 그렇게 해서 만들어질 덕목들은 고대의 이교도들 중에서 그 누구도 긍정적인 성품이라

303) 롬 13:1-7: 아래의 제12장을 보라.

304) 롬 14:13; cp. 14:1-12에 나오는 "심판"에 관한 논의 전체. 거기에서 모든 것은 장차 도래할 종말론적인 심판과 관계 하에 놓여진다(14:10-12).

305) Wright, 2010 [*Virtue Reborn/After You Believe*], 특히. chs. 5, 6은 여기에서 다루어진 내용들에 관한 훨씬 더 자세한 논의를 제공한다. 자세한 것은 Harrington and Keenan, 2010; Thompson, 2011을 보라.

306) "덕목" 전통은 흔히 개신교 진영 안에서 평가절하 되어 왔지만, 내가 보기에는, 그것은 바울의 윤리에 관한 여러 설명들에서 분명하게 드러나는 공백을 메워줄 수 있다: 예를 들면, Dunn, 1998, 669는 "외적인" 측면들과 "내적인" 측면들을 조화시키기 위하여 애쓰고, Meilander, 2011, 583-6은 주류 "덕목" 전통을 설명하지만, 바울을 그것과 어떻게 조화시켜야 할지에 대해서는 어려움을 느낀다.

고 인정하지 않았을 네 가지를 포함하고 있었다: 인내, 겸손, 자비, 특히 '아가페'(agapē, "사랑").[307]

바울은 다른 초기 그리스도인들과 마찬가지로 아주 중요한 대목들에서 성품의 계발이라는 관점에서 이 네 가지를 언급할 수 있었다:

> 그[메시야 예수]로 말미암아 우리는 믿음으로 인하여 우리가 서 있는 이 은혜 속으로 들어와서, 하나님의 영광의 소망을 송축하고 있다.
>
> 그뿐만이 아니다. 또한, 우리는 환난 중에도 즐거워하는데, 이는 환난은 인내를, 인내는 연단된 성품을, 연단된 성품은 소망을 낳는 줄을 알기 때문이다. 소망은 우리를 부끄럽게 하지 않는다. 왜냐하면, 우리에게 주어진 성령으로 말미암아 하나님의 사랑이 우리 마음에 부어졌기 때문이다.[308]

여기에서 다시 한 번 우리는 바울이 메시야의 부활과 마지막 날 사이의 기간 동안에 메시야의 백성이 어떻게 행해야 한다고 생각하였는지를 볼 수 있을 뿐만 아니라, 그러한 기간이 왜 반드시 필요하였는지도 알 수 있다. 창조주가 새로운 세계를 다스릴 때에 인간이 동역자와 청지기로서 거기에 참여할 수 있도록 성장하고 성숙하기 위해서는 그러한 기간이 필요하였다는 것이다.[309] 앞에서 보았듯이, 바울이 하나님은 자기가 의롭다고 한 자들을 영화롭게 하였다고 말할 때, 거기에서 "영광"은

307) Blackburn, 2008 [1994], 381을 보라: 이 네 가지는 "고대 헬라인들에게 윤리적인 덕목들로서 잘 이해되지 않는" 것들이었을 것이다. 예컨대, Dunn, 1998, 665; Thompson, 2011, 106에 나오는 "겸손"에 대한 설명을 보라. 물론, 바울은 빌립보서 4:8에서 이교도들의 덕스러운 삶에 대하여 호의적으로 말한다(Schnelle, 2005 [2003], 556f.). 그러나 Schnelle는 근본적인 불연속성을 보지 못한다. 그는 "본질적으로 인간적인 것은 새롭게 만들어지거나 근본적으로 다르게 사고될 필요가 없는" 까닭에, 바울의 명령법은 "실제로 새로운 내용을 전혀 담고 있지 않다"고 말하는데(558), 나는 이 말은 그가 실제로 의도했던 것보다 더 신랄하게 말하고 있는 것은 아닌가 하는 생각이 든다(독일어 원문은 "das Humanum musste nicht neu erschaffen und bedacht werden"). 번역자인 M. E. Boring은 Schnelle에게 있어서 "바울의 윤리는 … 헬레니즘 유대교에 의해 주창된 윤리 및 헬라-로마의 윤리 전반과 철저한 불연속선상에 있지 않지만, 분명히 그런 것들로 환원될 수 있는 것도 아니다"라고 내게 말하였다(2013년 3월 7일에 나눈 사적인 대화). 나는 그 말에 동의하고 싶지만, 위에 인용된 Schnelle의 문장은 바울의 윤리와 그가 몸담고 있던 좀 더 넓은 세계의 윤리 간의 좀 더 강력한 동일시를 함축하고 있다고 생각한다. Betz, 1979, 282의 입장은 배제되어야 한다(그는 갈라디아서 5:19-25에 나오는 것과 같은 덕목 목록들은 "당시의 관습적인 도덕을 요약한" 것이라고 주장한다). "성적인 범죄들이 바울의 글들에는 모든 악덕 목록들에 등장하지만, 헬레니즘적인 악덕 목록들에는 등장하지 않는다"(Thompson, 2011, 94)는 이 한 가지가 그것을 잘 보여준다.

308) 롬 5:2-5.

309) 롬 5:17; 8:17-30.

그들이 피조세계에 대한 창조주 하나님의 통치에 참여하게 된 것을 포함하는데, 여기 이 본문 속에서도 그 초점은 거기에 맞추어져 있다. 창조주의 성품이 십자가에 못 박힌 메시야 안에서 계시되었기 때문에, 예수가 친히 반복해서 역설하였듯이, 이 세계가 경영되는 통상적인 방식은 전복되어야 한다. 바울은 교만과 압제 대신에 겸손과 섬김이 있어야 하고, 군사적인 승리 대신에 고난의 기이한 능력이 있어야 한다는 것을 지치지도 않고 계속해서 강조하고 역설한다.[310] 바울에게 있어서 유대적 맥락 속에서 고난은 그 자체가, 메시야 백성이 현세와 내세, 약속과 성취, 옛 세계에 대한 사망 선고가 이루어진 때와 악이 최종적으로 사라지게 될 때 사이에 끼어서 살아가고 있다는 것을 보여주는 증표였다. 따라서 바울은 "환난"이라는 유대적인 주제를 기독교적인 음조로 바꾸어서 자신의 종말론의 "아직"의 일부로서 연주하고 있는 것이다.[311] 그리고 환난 또는 고난은 헬라인들이나 라틴인들의 덕목들 중의 하나가 아니었을 것이기 때문에, 대단히 역설적인 것처럼 보였을지라도, 그가 고난을 결국에는 절망이 아니라 소망을 낳게 될 일련의 성품 계발의 출발점이라고 말할 수 있었던 이유 중 일부도 거기에 있었다. 바울에게 있어서 성품 계발은 메시야와 성령의 역사 안에서 이미 현재 속으로 들어온 약속된 미래로부터 오는 것이기 때문에, 무엇보다도 특히 종말론적인 것이었다.

따라서 바울에게 있어서 이러한 성품 계발의 길, 즉 참된 인간성이 성장하는 것이, 죽었다가 다시 살아나는 메시야적인 길을 포함하는 것이었음을 발견하는 것은 의외의 놀라운 일이 아니다. 이것은 바울이 다룬 주제, 즉 피상적인 방식으로가 아니라 마음과 성품과 생각과 삶의 변화라는 차원에서 메시야를 본받는 것의 일부였다.[312] 갈라디아서 2:19-10이 말하고 있듯이, 메시야 안에서 이미 죽고 다시 살리심을 받은 자들은 "육체와 함께 그 정욕들과 욕심들을 십자가에 못 박고"(갈 5:24), 이교적인 생활방식에 속한 것들을 죽이며(골 3:5), "몸의 행실을 죽이는"(롬 8:13) 법을 배워야 한다. 이것은 바울의 도덕적 담론에서 통상적으로 등장하는 주제인데, 이것이 어디로부터 왔는지는 분명하다. 이렇게 "죽이는 것"이 도덕적인 노력을 필요로 하고, 그러한 노력 자체가 "성령의 열매"의 일부라는 사실은, 그가 "성령의 열매"에 관한 목록 속에 "절제"(engkrateia – '엥크라테이아')를 포함시키고

310) 예를 들면, 롬 8:17-27; 고전 4:9-13; 고후 4:7-18; 6:3-13; 빌 1:29f.; 2:17f.; 3:10; 골 1:24f.; 살전 3:1-4.

311) Allison, 2007b, 298을 보라.

312) Schnelle, 2005 [2003], 548f.를 보라.

있다는 사실에 의해서 드러난다. "성령의 열매"가 "자동적으로" 나타나는 것이 아니라는 것은, 어떤 과실수를 잘 가꾸어 주지도 않고 약탈자들로부터 지켜주지도 않는 경우에는, 그 과실수가 계속해서 꽃을 피우고 열매를 맺을 수 없는 것과 같다.

바울은 메시야의 백성이 죽여야 할 구체적인 것들에 대해서 말할 때, 특히 두 분야, 즉 한편으로는 "분노에 찬 언동," 다른 한편으로는 "성적 타락"을 환기시킨다. 우리의 목적은 단지 바울이 메시야 백성들에게 명하는 것들이 메시야와 성령을 중심으로 한 그의 개시된 종말론을 구현하는 것과 관련되어 있음을 보여주는 것이기 때문에, 우리는 여기에서 이 두 가지를 자세하게 살펴볼 수는 없다. 바울은 갱신된 인류를 창조주의 원래의 의도가 마침내 성취될 새 창조와 새로운 피조세계라는 관점에서 보고, 이 새로운 세계가 메시야의 백성 안에서 선행적으로 도래한 것으로 본다. 분노에 찬 언동은 교회 내에서 새로운 세계가 이루어지는 것을 방해하고 파괴한다. 왜냐하면, 우리가 제2부에서 보았듯이, 바울에게 있어서는 교회의 연합이 기독교적 세계관의 중심적 상징이었기 때문이다. 성적인 부도덕은 창세기 1장과 2장에서 시작된 피조세계에 대한 하나님의 목적이 마침내 성취될 수 있는 새로운 피조세계에 관한 비전을 파괴한다. 따라서 바울의 장엄한 종말론적인 본문들인 로마서 8장과 고린도전서 15장의 배후에, 창세기 1장과 2장과 3장이 자리 잡고 있다는 것은 꽤 분명하다. 새로운 피조세계는 원래 하나님에 의해 의도된 방식으로 갱신된 피조세계이고, 현재의 세계가 폐기처분된 후에 등장하게 될 완전히 다른 세계가 아니다. 이것이 그의 성윤리가 성생활을 위한 정상적인 형태로서의 혼인에 아주 분명하게 초점을 맞추고 있는 이유이다.[313)]

또한, 바울이 독신으로 살 수 있는 가능성을 제기할 수 있었던 이유도 그의 윤리가 종말론적인 차원을 지니고 있었기 때문이다. 독신생활은 고대 세계에서 대체로, 특히 여성들의 경우에는 더더욱 본능과 반대되는 것이었다.[314)] 그런데도 바울이 독신생활을 허용한 것은 분명히 그의 종말론적인 관점과 연결되어 있다. 고린도전서 7장을 근거로 해서, 바울이 시공간으로 이루어진 세계가 머지않아 사라질 것이라고 생각하였다고 결론을 내리는 논증은 너무 지나친 것이다.[315)] 그러나 그는 분명히 현재의 때, 즉 주후 50년대 초반에 동부 지중해 세계 전역을 덮친 기근과

313) 특히, 고전 5:1-13; 6:9-21; 7.1-40; 갈 5:13-21; 빌 3:17-19; 골 3:1-11; 살전 4:3-8을 보라.
314) 고전 7:8, 25-40. 예컨대, Witherington, 1995, 173-81을 보라.
315) cf. *NTPG*, 342f., 459-64.

고통의 "현재의 때" 및 메시야의 첫 번째 강림과 두 번째 강림 사이의 "현재의 때"를 제한되고 잠정적인 것으로 이해한다. 사람은 단기적인 목표들이 아니라 창조주의 좀 더 긴 목적들을 생각하고서 행동하여야 하는데, 그것은 창조주의 미래의 세계 속에서 참된 인간성을 구성하게 될 성품들을 현재 속에서 만들어 가는 것이다.

특히, 바울이 "사랑"을 강조한 것은 유명하다. 그는 자기 자신을 주는 사랑을 표현하기 위하여, 다른 초기 그리스도인들과 마찬가지로, 이전부터 일반적으로 사용되고 있던 '아가페'(agapē)라는 단어를 사용한다.[316] "사랑"이라는 성품은 바울이 방언과 예언이 더 이상 필요하지 않게 될 미래 세계에서도 영원히 지속될 것들로 지목한 세 가지 중 하나였다. 물론, 현재에서 개시된 어떤 것이 미래의 새로운 피조세계에서도 그대로 지속되고 거기에서 중심적인 특징이 될 것이라는 사실은, 종말론적인 윤리가 지니고 있는 궁극적인 의미이다.[317] 그리고 사랑은 단수형의 "성령의 열매"를 구성하는 모든 성품들의 목록의 가장 앞자리에 자리 잡고 있다.[318] 사랑은 "율법의 완성"이다.[319] 사랑은 "메시야의 몸" 전체를 하나로 묶어 주는 끈이다. 따라서 고린도전서 12장 직후에 고린도전서 13장이 나오는 것도 우연이 아니고, 에베소서 4장에 나오는 "메시야의 몸"이라는 표상에 관한 진술이 그 몸이 "사랑 안에서 스스로를 지어간다"는 말씀으로 끝나는 것도 우연이 아니다.[320] 그리고 이 사랑은 매우 실천적인 것이다. 바울이 데살로니가 교인들에게 서로를 더욱더 사랑하라고 권면하였을 때, 그것은 서로에 대한 사랑의 감정을 더욱 고조시키라는 것이 아니라, 교회 내에서 금전적인 도움과 지원을 더욱 실천하라는 것일 가능성이 대단히 높다.[321] 예루살렘에 있는 유대 그리스도인들의 궁핍함을 돕기 위하여 이방 교회들로부터 헌금을 받아서 전달하고자 한 복잡하면서도 상당히 성가시고 힘든 프로젝트를 바울로 하여금 추진하게 만든 것도 "사랑"이었다.[322] 또한, 그는 빌립

316) '아가페'(agapē)와 그 동일 어근의 단어들에 대해서는 BDAG 5-7을 보라. 칠십인역의 성구사전을 한 번 얼핏 보기만 해도, 우리는 기독교 이전에 이 단어의 용례들은 우리가 요한이나 바울에게서 발견하는 것과 같은 고상한 의미를 결코 지니고 있지 않았다는 것이 드러난다; 따라서 바울이 "아가페"라는 용어를 칠십인역으로부터 가져와서 사용하였다"(Thompson, 2011, 180)고 말하는 것으로는 불충분하다. Ridderbos, 1975 [1966], 293은 바울은 여기에서 예수의 가르침과 아주 가깝다고 지적한다.

317) 고전 13:8-13.

318) 갈 5:22.

319) 롬 13:8-10; 갈 5:14.

320) 엡 4:16.

321) 살전 4:9-12.

322) 이 모금에 대해서는 아래의 제11장 제6절 4) (5) (b) (g), 제16장 제2절과 제3절을 보라.

보의 그리스도인들이 감옥에 갇혀 있던 그에게 보내준 것들 속에서, 참된 '코이노니아'(koinōnia)라는 형태로 된 사랑이 분명하게 드러난 것을 본다.[323]

따라서 유대교나 헬라-로마 세계에서는 결코 그렇지 않았지만, 그리스도인의 도덕적 삶에 관한 바울의 비전 속에서 논란의 여지 없이 분명하게 중심적이었던 것은 "사랑"이었다. "네 이웃을 네 자신처럼 사랑하라"는 물론 토라에 나오는 명령이고,[324] 황금률을 설명하는 여러 랍비들의 말들 속에도 반영되어 있다.[325] 그러나 우리는 사랑을 "모든 것을 한데 묶어서 완전하게 만드는" 성품으로 규정하여 모든 성품들 중에서 중심적인 것으로 파악하고자 하는 시도는 말할 것도 없고, 그런 개념 자체에 대하여 언급하고 있는 구절들을 제2성전 시대의 유대 문헌들 속에서 찾아볼 수 없다.[326] 따라서 우리는 쿰란 두루마리들이나 솔로몬의 지혜서, 그리고 솔로몬의 시편 속에서 고린도전서 13장 같은 시를 발견하기를 기대할 수 없고, 다른 사람들에 대한 관심은 기껏해야 직계 가족과 가까운 친지들에게만 미쳤던 고대 이교 세계 속에서도 그런 것을 발견할 수 없다.[327] "사랑" 계명이 이런 식으로 초기 기독교에서 맨윗자리로 올라가게 된 것은 우리가 바울의 신학 전체와 관련해서 보아왔던 다른 몇몇 특징들과 정확히 부합한다. 즉, 그것은 원래부터 옛 성경에 존재하였던 것이었지만, 메시야의 사역과 성령의 강림의 결과로서 새로운 방식으로 출현하게 된 것이었다.

물론, 바울, 그리고 실제로 요한의 글 내에서 "사랑"이 차지하는 중심적인 위치

323) 빌 1:9-11; 4:10-20.

324) 롬 13:9에 인용된 레 19:18; 갈 5:14; 마 22:39과 pars. 특히, cf. Furnish, 1972.

325) 예를 들면, Hillel(bShabb. 31a); cp. Tob. 4.15; Sir. 31.15. Cf. R. N. Longenecker, 1990, 243f.

326) 골 3:14. 주된 예외는 아마도 Philo, *Virt.* 51-174일 것이다. 그는 내내 인자함과 긍휼의 요소들을 부각시켜서 교만이나 오만과 대비시키는 방식으로 모세 율법을 설명한다. 동일한 내용의 훨씬 더 짧은 판본은 Jos. *Ap.* 2.209-14에서 발견된다. 율법의 성취로서의 '아가페'(이 경우에는 "지혜"에 대한 사랑)라는 관념에 대해서는 cf. Wis. 6.17f. 그리고 *T. Reub.* 6.8f.; *T. Iss.* 5.2; 7.6; *T. Gad* 4.2; 5.2f.; *T. Zeb.* 5.1; *T. Benj.* 3.3f.에서는 형제 사랑과 이웃 사랑을 명한다. 또한, *T. Gad* 4.7도 참조하라: "사랑의 영은 인류의 구원을 위한 오래 참으심을 통해서 하나님의 율법에 의해 작동한다"(Charlesworth, 1983, 815, tr. H. C. Kee); 또한, cf. *Aristeas* 227. 이 모든 것들은 중요하고, 종종 하나님을 사랑하고 이웃을 사랑하라는 "이중의 계명"의 증표들을 보여주기도 하지만, '아가페'가 초기 기독교에서 차지하고 있던 위치와 비교해서, 제2성전 시대의 유대교에서는 중심적이거나 주된 주제가 아니었다(이러한 견해에 반대하는 Thompson, 2011, 39f.는 이 주제에 대해서 지나치게 말하는 것으로 보인다; Tob. 4.13을 근거로 해서는 많은 것을 말할 수 없다).

327) cf. Wolter, 2011, 335-7. Wolter는 "사랑"이 "조직의 중심"일 가능성에 매달린다. 쿰란 공동체에서 범위가 그 지체들로 제한된 사랑의 계명에 대해서는 cf. 1QS 1.3, 9; 9.16, 21; CD 6.20f. 고대 헬라-로마 세계에서의 사랑에 대해서는 Klassen, 1992, 382-4에 나오는 요약을 보라.

는,[328] 문학적 구조와 강조되고 있는 주제라는 관점에서, 마가나 사도행전, 또는 히브리서나 요한계시록에서와는 다르고, 이것이 초기 기독교의 도덕관 전체를 "사랑"이라는 개념으로 다 포괄할 수 없는 이유라고 말하는 것은 옳다.[329] 그러나 예수가 죽음을 향하여 나아가는 것에 관한 마가의 묘사, 초대 교회가 유무상통하는 공동체였음을 얼핏 보여주는 사도행전의 서술, 요한계시록에 나오는 승리한 어린 양에 관한 묘사가 모두 다 요한과 바울이 '아가페'(agapē)라는 단어를 사용해서 요약하였던 바로 그것을 실제적으로 보여주고 있다고 말하는 것도 마찬가지로 옳다. 요한과 바울이 정상적인 궤도에서 벗어나 유독 튀는 모습을 보여준 것이 결코 아니었다. 그들은 십자가라는 좀 더 큰 도전을 "사랑"이라는 분명한 언어로 표현하고자 한 것이었고, 이 두 사람이 사용한 "사랑"이라는 단어가 진정으로 의미하였던 것은 바로 "십자가"에서 나타난 사랑이었다.[330] 헤이스(Hays)가 영어의 "사랑"(love)이라는 단어는 오늘날의 세계에서 너무나 일반화되고 산만하게 사용되고 있기 때문에, "십자가"의 "사랑"이라는 선명하고 도전적인 의미를 더 이상 드러내 줄 수 없다고 말한 것은 분명히 옳다. 내가 이전의 책에서 말하였듯이, "영어의 '사랑'이라는 단어는 동시에 너무나 많은 서로 다른 일들을 하고자 하기 때문에, 사람들은 이제 이 단어를 사용할 때에는 그 의미가 무엇인지를 구체적으로 알려주지 않으면 안 되게 되었다."[331] 그렇다고 해서, 이것이 헤이스가 사랑이라는 개념을 "거부하거나 포기하였다"는 것을 의미하는 것은 결코 아닌데, 그런 주장이 나돌고 있는 것은 이상한 일이다.[332] 정반대로, 바울이 신약의 윤리를 구성하는 데 사용한 세 가지 원리들 중에서 두 가지인 "공동체"와 "십자가"는 사실 '아가페'(agapē)에 관한 것이다. 문제는 우리가 "사랑"이라는 단어를 학문적인 차원에서나 통속적인 차원에서나 공동체 및 십자가와는 별 상관없는 방식들로 여전히 일상적으로 사용하

328) cf. 요 13:34f.; 요일 4:7f.

329) Hays, 1996b, 200-3.

330) 롬 5:6-11; cf. 요 3:16; 요일 3:1; 4:7-12.

331) Wright, 2010 (*Virtue Reborn/After You Believe*), 157f./183.

332) Burridge, 2007, 108f.는 핵심을 놓치고 있다: Hays는 "사랑"은 방금 주어진 이유들로 인해서 신약 전체의 전반적인 주제로서의 역할을 할 수 없다고 설명한다. Burridge가 바울에 대한 Hays의 설명은 "사랑을 전혀 포함하고 있지 않다!"(108, 느낌표는 원래의 것)고 말한 것은 이상하다. 그것은 Hays, 1996b, 35를 간과한 것이다. Burridge는 동일한 대목에서 Campbell, 2005, 117이 "Hays가 사랑을 폐기한 것에 대하여 논평하고" 있다고 말하지만, Campbell이 말한 것은 Hays는 Hauerwas를 비롯한 많은 학자들과 마찬가지로, "'사랑' 을 바울의 윤리, 그리고 더 폭넓은 윤리를 조직하는 중심적인 원리로 삼는 것을 포기하였다"(강조는 필자가 첨가한 것)는 것이었다.

고 있다는 것이다.[333)]

특히, 바울이 로마 교회와 고린도 교회를 향하여 나중에 '아디아포라'(adiaphora, "아무 상관없는 것들")로 불리게 된 것들을 가지고서 교회가 분열되어서는 안 된다고 가르쳤을 때, 그 목적은 "사랑"이었다. 우리가 (많은 은사들이 소용돌이치는 한가운데에서도 고린도전서 13장이 여전히 그 중심이 되고 있는 고린도전서 12-14장은 말할 필요도 없고)[334)] 로마서 14:1–15:13과 고린도전서 8-10장을 읽어 보기만 하면, 그가 이러한 논의들 전체에 걸쳐서 관심을 두고 있는 것은, 모든 지체의 양심을 일깨우는 것을 포함한 교회라는 "몸" 전체의 건강이라는 것이 분명해진다.[335)] 목회자로서의 바울은 양심은 예민한 기관이어서, 거칠게 다루면 장기간에 걸쳐 지속되는 손상을 입게 될 수 있다는 것을 알고 있었다. 이것도 복음의 "아직" 중의 일부이다. 바울은 새로운 피조세계에서는 그런 문제들이 사라지게 될 것이라고 생각하였다. 그러한 문제들이 여전히 상당한 비중을 차지하고 있는 세계와 교회 내에서 지혜롭게 행하는 법을 배우는 것은, 바울에게 있어서 아무도 자신의 "권리"를 주장하지 않고 서로에 대한 책임과 섬김에 전념하는 메시야에 의해 형성된 사랑을 향하여 나아가게 하는 또 하나의 추진력이었다.[336)]

이런 종류의 성품을 계발하는 데 있어서 바울이 무엇보다도 절대적으로 필요하다고 본 한 가지가 있었는데, 그것은 그리스도의 "마음" 또는 "생각"을 품는 것이었다. 그는 자신의 청중들에게 특히 도덕적 행실의 문제들과 관련해서 교묘하고 그럴 듯한 말에 속아넘어가지 말고 명료하게 사고하는 법을 배우고, 세상의 위험한 물결을 헤쳐나가는 데 필요한 지혜와 통찰을 얻으라고 거듭거듭 강조한다.[337)] 이

333) 또한, 우리는 Hays의 세 번째 범주인 "새 창조"도 자기 자신을 아낌없이 주는 창조주의 사랑 및 새로운 세계의 중심적인 특징인 삶의 방식이라는 측면에서 '아가페'에 관한 것이라고 말할 수 있다.

334) Hays, 1996b, 35는 우리가 위대한 사랑의 시를 발견하는 것은 7장에 나오는 혼인에 관한 논의의 맥락 속에서가 아니라, 교회의 연합에 관한 맥락 속에서라는 점을 지적한다.

335) Bockmuehl, 2000, 168은 바울은 여전히 "우상 숭배를 피하여야"(10:14) 한다고 역설하고 있다는 점에서, 고린도전서 8-10장은 '아디아포라'(adiaphora)에 관한 것이 아니라고 주장한다. 그러나 여기에서 핵심은 바울은 명령된 것들(우상 숭배를 하지 말라; 바울에게 있어서 이것은 우상의 신전에 가서 그들과 함께 우상 제물을 먹지 말라는 것을 의미한다)과 실제로 "아무 상관없는" 것들(시장에서 파는 것들은 아무것이나 먹어도 된다(10:23) — 이것은 율법을 지키는 유대인들에게는 허용되지 않은 일이었다)을 구별하고 있다는 것이다. "아무 상관없는 것들"과 관련된 핵심은 차이를 만들어내는 것들과 그렇지 않은 것들 간의 차이를 분별하여야 한다는 것이다.

336) 특히, 고전 8:7-13; 10:25–11:1을 보라.

337) 거의 무작위로 열거해 보면, 롬 16:17-20; 고전 3:18-23; 6:9; 14:20; 고후 11:3; 갈 6:7; 엡 4:14, 23; 5:6; 골 2:4, 8; 살후 2:3. 또한, "속임"에 대한 경고들도 보라: 엡 4:22; 골 2:8; 살후 2:10.

주제는 고린도전서 2장에 나오는 주목할 만한 주장 속에서 일종의 정점에 도달한다:

> 단지 인간적인 차원에서 살아가는 사람은 하나님의 영의 일들을 받아들이지 않는다. 그 일들은 영적으로 분별되어야 하는 것들이기 때문에, 그런 사람에게는 어리석은 것이고, 그들은 그 일들을 이해할 수 없다. 그러나 신령한 자들은 모든 것을 판단하지만, 다른 사람은 그들에 관한 진실을 분별할 수 없다. "누가 주의 마음을 알아서 주를 가르치겠느냐?" 그러나 우리는 메시야의 마음을 지니고 있다.[338]

바울의 사고 속에서 너무나 자주 그러하듯이, 여기에서도 그는 어떤 일이 인간의 연구와 숙고를 통해서 해낼 수 없는 새롭게 주어진 것이자 새로운 계시라는 사실과, 그럼에도 불구하고 그 일을 계발해 나가고 실행해 나가야 한다는 사실을 서로 결합시킨다. 만일 후자가 사실이 아니라면, 그는 서신 같은 것을 아예 쓸 필요가 없었을 것이고, 단지 자신의 회중들 속에 "메시야의 마음"을 만들어내도록 성령을 의지하면 되었을 것이다. 그러나 이 일은 그런 식으로 해서 되는 일이 아니었다. 그 이유는 바울이 실용주의자가 아니어서 자신의 이론대로 살아가는 데 실패하였기 때문이 아니라, 그의 이론은 한 분 유일하신 하나님은 자기가 이 세계 및 사람들의 마음과 삶 속에서 행하고자 하는 일들을 사람을 도구로 사용해서 행하기를 원한다는 것이었기 때문이다. 따라서 "메시야 안에" 있는 자들에게 메시야의 "마음"이 그들이 거듭날 때에 이미 주어져 있다는 것과, 그들이 그 마음에 거하고 발전시키며, 명료하게 생각하고, 미혹을 당하지 말며, 그들의 생각에 있어서 자라가고, 더 이상 어린아이처럼 생각하지 않아야 한다는 것을 깨우쳐 주는 목회자들과 교사들의 사역, 그리고 그 둘을 합한 것과 그 이상의 일을 행하는 사도의 사역이 필요하였다. 우리는 빌립보서 2:5과 관련해서 이것이 어떤 식으로 작동하는지를 이미 살펴보았고, 몇몇 사람들은 실제로 빌립보서 전체가 그리스도인 특유의 사고방식들을 발전시키고 유지시킬 필요가 있다는 것에 초점이 맞추어져 있다는 것을 논증해 왔다.[339] 바울은 그리스도인들이 장성한 분량까지 자라가게 하고자 하였고, 이것은 변함없이 늘 그의 목회 사역의 목표였다.[340]

338) 고전 2:14-16.

339) 또한, 마찬가지로 빌 1:9f.; 살전 5:21. Schnelle, 2005 [2003], 551; Fowl, 1990; 1998; Meeks, 1991; 아래의 제11장 제5절 3)을 보라.

340) 고전 14:20; 엡 4:14-16; 골 1:28; 4:12.

이것에 대한 이유, 그리고 그것이 무엇을 의미하는지에 대한 아주 자세하고 긴 설명은 로마서에서 발견된다. 최근의 한 저자는 로마서는 그리스도인으로서의 사고를 획득하는 것에 관한 설명을 넘어서서 일종의 치료수단이라고 보았다. 즉, 이 서신은 청중들이 이 서신을 반복해서 들으면서, 1장의 "어두워진 생각"에서 벗어나 12장의 "변화되고 새로워진" 생각에 이르게 되도록 의도되었다는 것이다.[341] 로마서는 단지 청중들에게 이 필수적인 변화에 대해서 가르치기 위한 것이 아니라, 실제로 그 변화를 이루어내기 위한 것이라는 주장이다. 이 매력적인 주장이 받아들여지든 그렇지 않든, 분명한 것은 생각이 결정적으로 중요한 역할을 한다는 것이 이 서신의 중심적인 주제라는 것이다:

> 창세 이래로 [하나님의] 영원하신 능력과 신성이 그가 만드신 만물에 보여 알려져 왔다. 그 결과, 그들은 변명할 수 없다: 그들은 하나님을 알았지만, 하나님으로 존귀하게 모시지도 않았고 감사하지도 않았다. 그 대신에, 그들은 무익한 방식으로 생각하는 것을 배웠고, 그들의 지혜롭지 못한 마음은 어두워졌다. 그들은 스스로 지혜롭다고 자처하였지만, 사실은 어리석게 되었다. 그들은 영원히 사시는 하나님의 영광을 썩어 없어질 사람과 새와 짐승과 파충류 모양의 우상으로 바꾸었다.
>
> 그래서 하나님께서는 그들의 마음의 정욕대로 더러움에 내버려 두셨고, 그 결과 그들은 자신들의 몸을 서로 욕되게 하였다. 그들은 하나님의 진리를 거짓 것으로 바꾸어, 피조물을 창조주보다 더 경배하고 섬겼다. 하나님은 영원히 찬송 받으실 이시다, 아멘 …
>
> 또한, 그들이 하나님을 아는 지식을 간직하기를 싫어하자, 하나님께서는 그들을 합당하지 않은 생각대로 내버려 두었기 때문에, 그들은 합당하지 않게 행하였다.[342]

바울은 여기에서 세 가지를 전제한다. 첫 번째는 인간의 생각은 원칙적으로 창조주 하나님에 관한 진리를 파악할 수 있다는 것이고, 두 번째는 생각은 행동을 결정한다는 것이며, 세 번째는 생각은 마음과 밀접하게 연결되어 있다는 것, 즉 추리능력은 인격 및 그 감정과 소원을 움직이는 중심과 연결되어 있다는 것이다. 바울은 이 세 가지 전제로부터 추가적인 세 가지를 논증하는데, 첫 번째는 우상 숭배는 마음을 어둡게 하고 명료하게 생각하지 못하게 하며 지혜와 어리석음을 도착시킨다는 것이고, 두 번째는 이것은 비인간화되고 비인간화시키는 행동을 불러온다는 것이며, 세 번째는 창조주는 이러한 과정이 자연스럽게 진행되도록 허용한다는 것이다. 즉, "합당하지 않은" 결정들은 "합당하지 않은" 생각, 곧 진리를 파악하고 그

341) Griffith-Jones, 2012.

342) 롬 1:20-5, 28.

빛 안에서 살아가는 데 합당하지 않은 생각을 낳는다는 것이다. 이것은 인류 전체의 문제점에 대한 그의 진단의 핵심적인 부분이다.

이미 앞에서 보았듯이, 로마서 4장에 나오는 아브라함의 믿음에 관한 바울의 설명은 로마서 1장에 대한 상당한 정도의 역전이다. 로마서 4장에는 "생각"이라는 단어는 나오지 않지만, 전체적으로 동일한 그림이 이번에는 적극적이고 긍정적인 형태로 제시된다:

> 그는 (백세나 되어 이미 거의 죽은 것이나 다름없었던) 자기 몸과 사라의 태가 죽은 것을 알고서도 믿음이 약해지지 않았다. 그는 하나님의 약속에 직면하였을 때에 불신앙으로 흔들리지 않았다. 도리어, 그는 믿음이 더욱 견고해져서, 하나님께는 자신이 약속하신 것을 이루실 능력이 있으시다는 것을 온전히 확신하고, 하나님께 영광을 돌렸다.[343)]

우리가 바울에게 이 본문을 요약해 달라고 하였다면, 그는 아브라함이 창조주 하나님에 대하여 명료하게 생각하는 법을 배웠고, 진리를 파악하였으며, 그의 생각은 "합당하지 않은" 것이 아니었기 때문에 그 역할을 제대로 해내었다는 말로 요약하였을 것이다.

그런 후에, 바울은 고도로 압축되어 있으면서 복잡다단한 본문인 로마서 7:7–8:11에서 인간의 "생각"의 딜레마를 제시하고 해결한다. 첫 번째는 인간의 생각은 포로로 사로잡혀 있기 때문에, 아무리 옳은 일을 하려고 해도 할 수 없다는 것이다:

> 나는 나의 속사람으로는 하나님의 율법을 즐거워하지만, 내 지체 속에 있는 한 다른 율법이 내 생각의 율법과 싸워, 내 지체 속에 있는 죄의 율법 속으로 나를 사로잡아 가는 것을 본다.
>
> 나는 얼마나 비참한 사람인가! 누가 나를 이 사망의 몸에서 구해줄 것인가? 우리의 왕과 주이신 예수로 말미암아 하나님께 감사하라. 그런즉, 나 홀로 내버려 두어졌을 때, 나는 내 생각으로는 하나님의 율법을 섬기지만, 나의 인간적인 육신으로는 죄의 율법을 섬긴다.[344)]

내가 다른 곳에서 논증하였듯이, 이것은 바울이 나중에 회고적으로 토라 아래에서의 이스라엘의 문제에 대하여 기독교적으로 진단한 것이다.[345)] 로마서 1장에서

343) 롬 4:19-21.
344) 롬 7:22-5.

설명된 "생각"과는 달리, 여기에 나오는 "생각"은 실제로 하나님에 의해 주어진 율법을 즐거워하기 때문에 "합당하지 않은" 것이 아니다. 그러나 "육신"이라는 관점에서 볼 때, 이스라엘도 아담에 속한 인류의 일부이기 때문에, 권능 있는 죄의 거점인 "육신"이 처리될 때까지는 소망은 있을 수 없고 오직 절망과 좌절만이 존재할 뿐이다. 하지만 복음은 바로 그러한 상태에 대한 치유책을 제공한다. 우리가 방금 전에 보았던 것처럼, "육신의 생각"은 창조주와 그의 율법에 대하여 적대적인 반면에, "성령의 생각"은 생명과 평안으로 이어지고, 마침내 "율법에 순복해서" "하나님을 기쁘시게 해드릴" 수 있다.[346] 이 마지막 결론이 도전받는 경우를 대비해서, 바울은 이러한 일련의 사고에 대한 영광스러운 결론에서 정확히 바로 그것에 대해서 말하면서, 로마서 1장에서 악에 대한 진단에 있어서 핵심적인 요소들이었던 것들을 역전시키고 있다는 것을 우리는 주목하여야 한다:

> 그러므로 나의 사랑하는 권속들이여, 내가 하나님의 긍휼하심을 의지하여 너희에게 권하는 것은 이것이다: 너희 몸을 하나님을 기쁘시게 해드리는 거룩한 산 제물로 드리라. 이와 같은 예배는 너희의 생각을 하나님의 생각과 일치하게 해준다. 또한, 너희는 현세에 의해서 형성된 생활양식에 너희 자신을 억지로 맞추지 말고, 오직 너희의 생각을 새롭게 함으로써 변화를 받아, 하나님의 뜻이 무엇인지, 선하고 하나님이 받으실 만하며 온전한 것이 무엇인지를 분별하도록 하라.[347]

여기서 우리가 다시 한 번 주목하여야 할 것은 참 하나님을 예배하는 것이 무엇보다도 최우선되어야 한다는 것이다. 다음으로 우리가 다시 한 번 주목하여야 할 것은 생각과 행동이 긴밀하게 서로 연결되어 있다는 것이다. 또한, 우리는 여기에서 다시 한 번 이 모든 것이 종말론 내에 자리하고 있는 것을 본다. 즉, "현세"는 신자들을 자신의 수중에 붙잡아 두고서 옛 생활양식을 따라 행하도록 강제하고자 하지만, 신자들은 생각을 새롭게 함으로써 전인적으로 변화를 받아야 한다. 이것은 미혹을 받지 말고 명료하게 생각하는 법을 배워야 한다는 바울의 통상적인 모티프의 핵심이다. 그리고 이것은 나중에 다루게 될 몇몇 실천적인 문제들의 핵심이기도 하다: "각 사람은 자신의 생각을 확정하여야 한다"(14:5).

345) 이 모든 것에 대해서는 Wright, 2002 [Romans], 549-72와 위의 제10장 제3절 4) (3)를 보라.

346) 롬 8:5-8.

347) 롬 12:1-2. 나는 바울이 말하고자 한 것들 중의 적어도 한 가지 측면을 드러내기 위하여, 악명 높게 난해한 어구인 '로기케 라트레이아'(logikē latreia)를 "너희의 마음을 하나님의 마음과 합하게 해주는 예배"로 의역하였다: 자세한 것은 Schnelle, 2005 [2003], 555; Jewett, 2007, 729-31을 보라.

바울의 글쓰기 사역 전체는 사실 로마서 12:1-2의 확대된 적용으로 볼 수 있다. 여기에 우리의 몸과 모든 것, 우리 자신 전체로 예배하는 것이 합당한 참 하나님이 계신다. 이미 개시된 내세의 지체들로서 명료하게 생각하는 법을 배우라. 하나님을 기쁘게 해드리는 참된 인간의 삶이 무엇과 같을 지를 이런 식으로 생각과 실천 속에서 발견하라. 그리고 특히, 하나님의 뜻이 무엇인지를 분별하라. 이러한 "분별하는 것"(dokimazein – '도키마제인')은 그리스도인의 자유에 관한 바울의 비전의 중심에 자리하고 있는데, 이 자유는 단지 죄와 사망의 치명적인 속박으로부터의(from) 자유인 것만이 아니라, 각 사람이 부르심 받은 대로 다양한 방식으로 하나님을 섬기기 위한(for) 자유이기도 하다. 우리는 로마서 12장에서 바울이 서두에서 일반적인 권면을 한 후에 바로 신속하게 여러 다양한 은사들과 부르심들에 대하여 얘기하는 것으로 넘어가는 것, 또는 그러한 일반적인 권면이 곧바로 고린도전서 12장에 나오는 "메시야의 몸"이라는 중심적인 표상과 공명하는 모습을 보이는 것을 이상하게 여겨서는 안 된다.[348] 이 두 분문을 비롯한 여러 본문들에 나오는 여러 가지 서로 다른 "은사들"(charismata – '카리스마타')은 그러한 자유의 한 측면이다. 즉, 사람들에게는 각기 다른 부르심들이 있기 때문에, 각 사람은 자신의 부르심이 무엇을 의미하는지, 자기가 좀 더 큰 전체 속에서 어디에 속해 있는지를 지혜롭게 생각하여야 한다. 이것이 바울이 로마서 12:3에서 그리스도인의 사고(thinking)에 대한 그의 압축된 짤막한 설명 속에서 역설하고 있는 것이다: "너희 자신에 대하여 너희가 마땅히 생각하여야 하는 것보다 더 높게 생각하지 말고, 오직 하나님께서 각 사람에게 나누어 주신 믿음의 분량대로 지혜롭게 생각하라(phronein eis to sōphronein – '프로네인 에이스 토 소프로네인')."

이것은 그리스도인들이 어떻게 생각하여야 하는지에 관한 특히 집중된 설명 — 이것에 대해서는 우리가 앞에서 이미 살펴보았다 — 이라고 할 수 있는 빌립보서에서 다시 전면에 등장한다.[349] 바울은 자신의 청중들이 그저 분명한 도덕 규범들에 순종하는 것 — 이런 사람들이 많았을 것이 분명하지만 — 이 아니라, 매일 선택해야 하는 일들 속에서 성령의 도움을 받은 실천적인 추론을 통해 "메시야의 생각"을 배워서, 이런저런 상황에서 어떻게 하는 것이 메시야의 본을 받는 것이 될지

348) 롬 12:3-8; cf. 고전 12:12-31.

349) cf. '프로네오'(phroneō): 빌 1:7; 2:2(두 번), 5; 3:15(두 번), 19; 4:2, 10(두 번). 여러 가지 서로 다른 의미들이 이것들 속에 포함되어 있지만, 집중적인 빈도는 여전히 주목할 만하다: Meeks, 1991; Fowl, 2005, 80-92를 보라.

를 스스로 생각해 보고 실천해 나가기를 원한다. 왜냐하면, 해당 지역의 교통 "규범들"을 알 때에만, 자동차로 그 지역을 마음껏 돌아다닐 수 있는 "자유"를 얻게 되는 것과 마찬가지로, 그들이 그런 식으로 도덕 규범들을 알게 될 때에만, 그들에게 주어진 자유가 분명하게 드러나게 되기 때문이다. 바울이 "너희 자신의 구원을 이루어 나가라"고 한 것은, 어떤 사람들이 걱정스럽게 생각하는 것과는 달리, "너희의 선한 행위들을 통해서 너희 자신을 구원하라"거나 "하나님으로부터 오는 '구원'을 얻으라"는 의미가 결코 아니고, "너희에게 이미 주어진 '소테리아'(sōtēria, '구원')가 너희의 실천을 통해서 현실 속에서 확연히 드러나게 하라"는 의미이다.[350] 그는 에베소서에서는 "주가 기뻐하실 일이 무엇인지를 곰곰이 생각해 보라"고 말한다. "분별하라"는 것이다.[351] 그런 후에, 그는 계속해서 "어리석은 자가 되지 말고, 주의 뜻이 무엇인지를 이해하라"고 말한다.[352] 또한, 그는 데살로니가 서신에서는 "모든 것을 시험해 보라"고 말한다.[353] 이것은 어떤 것들이 "선한 행위들"인지를 아는 것은 이미 주어져 있는 것이라기보다는 발견해 가는 것이고, 그런 식으로 발견해 가는 것을 실천에 옮김으로써, 장차 어떻게 "행해야" 하는지를 준비해야 하는 실천적인 행함(poiēma – '포이에마')이라는 것을 보여준다.[354]

이런 식으로 단지 최초의 원리들로부터 규범들을 추론해 내는 계산기라는 의미에서가 아니라, 구체적인 소명을 따라 새로운 일들을 해나갈 때에 지혜롭고 주의 깊게 생각하여 자신에게 이미 주어져 있는 자유를 확장시켜 나간다는 의미에서, 그리스도인으로서의 "생각"을 발전시켜 나간다는 개념은, 그리스도인의 성품 — 우리가 논의해 온 "덕목들"을 통해 형성된 "성품"이라는 의미에서 — 에 관한 바울의 비전의 중심에 자리 잡고 있다. 이러한 개념으로부터, 지켜야 할 규칙들을 나열하는 식의 윤리(성품이 아직 온전히 형성되지 않은 신자들이 또다시 어그러진 길로 가는 것을 막기 위하여 그러한 규칙들도 있어야 하기는 하지만)가 아니라, 사람들에게 여전히 흑암 가운데 있는 세계 속에서 낮에 속한 자들로서 생각하는 법을 가르치는 윤리가 탄생한다.[355] 바울은, 어떤 사람에게 물고기 한 마리를 주면 하

350) 빌 2:12: cf. 아래의 제12장 제3절 2).

351) 엡 5:10. 나는 여기에서 로마서 12:2에 나오는 것과 동일한 동사인 '도키마제인'(dokimazein)을 두 가지 표현으로 번역하였다: 이 동사는 어떤 것을 철저하게 숙고하여 특정한 상황에서 그 타당성을 알아내는 것을 가리킨다.

352) 엡 5:17.

353) 살전 5:21: 여기에서도 동사는 '도키마제인'(dokimazein).

354) 엡 2:10.

355) 덕목에 토대를 둔 기독교 윤리 내에서 "규범들"은 지속적으로 등장하지만 종속적인 위치를 점

루를 살아갈 수 있게 해주는 것이지만, 물고기 잡는 법을 가르치면 평생을 살아갈 수 있게 해주는 것이라는 옛 격언을 충분히 수긍하였을 것이다. 그는 사람들이 가까운 미래에 궤도에서 이탈하지 않고 원래의 궤도를 따라 잘 나아갈 수 있도록 하기 위하여, 때때로 그 상황에 맞는 가르침들을 단도직입적으로 주기도 하였지만, 그들에게 성령에 의해 새롭게 된 생각을 가지고서, 두 시대가 여전히 중복되어 있기는 하지만 이미 도래한 새 시대 속에서 살아가는 것이 무엇을 의미하는지를 철저하게 생각할 수 있도록 가르치는 데 훨씬 더 관심을 가지고 있었다. 사실, 그는 그들에게 "생각" 자체에 대하여, 그리고 자신들의 존재 전체를 전인적으로 하나님에게 제물로 바쳐 순종함에 있어서 "생각"의 역할에 대하여 되돌아보고 생각하도록 가르치는 데 관심을 가지고 있었다. 바울은 이것이 그가 그들에게 메시야의 생각을 가지라고 했을 때의 의미라고 말하였을 것이다.

내가 현재의 절의 이 항목 전체에 걸쳐서 주장한 것은, 그리스도인의 행실에 관한 바울의 성찰들과 가르침들은, 유대적인 종말론을 메시야와 성령을 중심으로 수정해서, 내세가 이미 도래하여서 모든 것을 변화시켜 가고 있다고 믿은 그의 수정된 종말론의 일부로 이해하는 것이 최선이라는 것이다. 따라서 바울은 모든 도덕적인 결단, "성령의 열매"를 보여주는 모든 싹, 고통스럽게 얻어진 모든 미덕 등과 같은 그리스도인의 행실들은 모두 다, 메시야가 이미 온전히 이룬 것을 성령이 그리스도인들의 삶 속에서 구체적으로 구현해 낸 것으로서, 토라가 원래 의도하였던 것을 새로운 차원에서 성취한 것이라고 본다.[356] 바울은 토라에 나오는 한 구절을 권위 있는 것으로서 그냥 인용할 수 있었다. 그의 글은 흔히 전보 같이 간결하다. 그는 통상적으로 토라가 어떤 의미에서 십자가에 의해서 폐기된 것이고, 어떤 의미에서 현재까지 유효한지에 관한 자신의 해석학적 이론을 설명하기 위하여 각주를 달지 않는다. 우리는 그가 여기저기에서 주는 단서들을 통해서 그러한 틈새를 메울 수 있을 뿐이다. 바울이 도덕 규범으로서의 토라를 완전히 폐기처분하였다거나 아무런 단절 없이 그대로 계승해서 발전시켰다고 주장하는 것은 어느 쪽이나 지나치게 단순화시키는 것이고, 바울이 메시야와 성령에 초점을 맞추고 있는 것을 주변으로 밀어내는 것이다. 그는 한편으로는 할례와 음식법 같은 민족적 정체성의 독특한 표지들, 다른 한편으로는 희생제사 같은 것들과 관련해서는 분명히 토라를

하고 있는 것에 대해서는 Wright, 2010 [*Virtue Reborn/After You Believe*], 171f. [US edn. 200f.]를 보라.

356) 토라에 대해서는 위의 제10장 제4절 3) (10)를 보라.

폐기하는 반면에, 이웃을 사랑하라는 계명이나 성생활과 관련된 엄격한 규범들 같은 것들과 관련해서는 토라를 강력하게 재긍정한다. 그러나 우리는 바울이 자신의 많은 동시대인들과 마찬가지로 토라 자체를 단지 계명들의 목록이 아니라 그런 것을 훨씬 뛰어넘는 어떤 것으로 보았다는 것을 결코 잊어서는 안 된다. 토라는 하나의 서사였고, 계명들은 계약 하나님의 백성이 어떤 존재인지를 보여주는 지표들로서, 그 서사 내에 끼워넣어져 있는 것들이었다. 바울은 그 서사가 메시야와 성령 안에서 성취된 것으로 보았다. 바로 그러한 성취 속에서 그가 토라 및 토라가 늘 만들어내고자 하였던 생활방식에 대하여 말하는 새로운 방식들을 발견하였다는 — 아직 온전히 설명하지는 않았을지라도 — 것은 의외의 놀랄 일이 아니다.

나는 특히 이 항목에서 바울이, 놀랍게도 메시야의 부활과 만유의 완성 사이에 존재하게 된 새로운 시간 간격을, 비록 예기치 않은 것이었지만 실제로 하나님의 계획에서 필수적인 것이었던 것으로 이해하였다는 것을 논증해 왔다. 그는 "이제"(메시야가 이미 죽었다가 다시 살아났고, 성령은 이미 주어졌으며, 그 날은 이미 동텄고, 메시야 백성은 "악한 현세"로부터 건짐을 받았다는 것)와 "아직"(우리는 우리에게 약속된 것을 아직 얻지 못하였고, 아직 온전해지지 못하였으며, 때가 오기 이전에는 아무것도 판단해서는 안 된다는 것)의 결합을 통해서, 자신의 윤리적 가르침과 관련된 모든 것을 형성하였다. 그리고 그는 이러한 예기치 않은 시간 간격은 특별한 목적을 지니고 있다고 보았다. 즉, 그것은 갱신된 생각과 성령에 의해 변화된 마음과 구체적인 삶 속에서의 순종을 통해서 사람들, 서로 간에 일치하고 창조주의 뜻에 부합하는 참된 인간성이 형성될 수 있는 시간이 필요하였기 때문이었다. 이것은 로마서 5-8장에서 "영광"이라는 단어로 요약된 종말론적 목적을 지니고 있다. 즉, 시편 8편이 말하고 있듯이, 창조주는 인간에게 자신의 세계를 맡기고자 하는데, 사람들이 "좀 더 큰 권속의 장자가 된 자기 아들의 형상"을 닮은 성품을 갖추게 되는 데에는, 메시야의 사역과 최종적인 새 창조 간의 연대기적인 간격이 필요하였다는 것이다.[357)]

우리는 바울이 직면하였던 또 다른 예기치 않은 시간 간격, 즉 유대인들이 메시야를 배척한 뒤에 이방인들이 하나님의 백성으로 편입되고 있는 기간에 대해서 곧 살펴볼 것이다 그는 자기가 도덕적 행실과 관련해서 행하였던 것과 아주 비슷한 방식으로 이 문제를 이해하고 분석하고 해결한다. 계약의 하나님은 "나의 '골육'을 시기하게 하여 그들 중 얼마를 구원하기 위하여" 현재의 때를 사용하고 있다. 그러

357) 롬 8:29.

나 우리는 그것을 살펴보기 전에 먼저 "아직"의 마지막 요소를 살펴보아야 한다. 싸움은 아직 끝나지 않았다.

우리는 바울이 종종 전쟁이라는 표상을 사용하는 것을 이상하게 생각해서는 안 된다. 그는 사람들이 자기가 로마서 12장에서 말한 대로 행하고자 할 때에 어떤 일이 벌어지는지를 그런 표상을 통해서 표현하고 있다. 즉, 그들은 이전에 몸담고 있다가 건짐을 받은 현세가 아니라 내세를 따라 살아갈 때, 그들 자신이 빠른 격류를 거슬러 헤엄치고 있다는 것을 발견하게 되리라는 것이다. 이것을 큰 싸움이라는 관점에서 생각하는 것은 유대 문헌들 속에 많은 전례들이 있고, 실제로 유대인들은 주후 66-70년과 132-135년에 걸쳐 두 번의 큰 싸움을 문자 그대로 경험하기도 하였다. 이러한 전통을 멀리 거슬러 올라가면, 우리는 우주적 전투에 관한 신화를 만난다.[358] 물론, 바울에게 있어서 이 싸움은 다른 모든 것들과 마찬가지로 메시야의 죽음과 부활에 의해서 재정의되었다. 바울이 이 표상을 가져와서 사용할 때, 그것은 단지 은유적인 것이 아니라, 방어를 위한 것이다. 흔히 지적되어 왔듯이, 그리스도인들에게 주어진 일련의 병기 중에서 유일한 공격용 병기는 하나님의 말씀을 뜻하는 "검"이다:

> 하나님의 전신 갑주를 입으라. 그러면 너희는 마귀의 간계를 능히 대적하고 굳게 설 수 있을 것이다. 우리가 싸우는 싸움은 혈과 육에 대한 것이 아니고, 통치자들과 권세들과 이 어두운 시대에 세상을 통치하는 권세들과 하늘에 있는 악의 영들에 대한 것이다.
>
> 그런 이유로, 너희는 하나님의 전신 갑주를 취하여야 한다. 그래야만, 악이 세력을 떨치고 있을 때, 너희는 능히 대적하고 해야 할 모든 일을 행한 후에 설 수 있다. 그러므로 견고히 서라! 진리의 띠로 너희의 허리를 동이고, 의의 흉패를 붙이라. 싸움을 위하여 너희 발에 신을 평안의 복음의 신을 준비하라. 이 모든 것에 믿음의 방패를 취하라. 너희가 그렇게 한다면, 능히 악한 자의 모든 불화살을 소멸할 수 있을 것이다. 구원의 투구와 성령의 검, 곧 하나님의 말씀을 취하라.
>
> 모든 기도와 간구로써 늘 성령 안에서 기도하라. 이를 위하여 늘 깨어 구하기를 항상 힘쓰며 여러 성도를 위하여 구하되 나를 위해서도 구하라.[359]

이 유명한 본문은 바울의 글들의 다른 곳에도 반영되어 있고, 여기에서는 추가적인 설명이 별로 필요하지 않다.[360] 우리의 목적을 위하여 중요한 것은, 바울은

358) Aune, 1992, 598.

359) 엡 6:11-19.

360) cf. 살전 5:8. 이사야서 59:17의 반영들은 중요하다: 이러한 병기들은 야웨가 자신의 결정적인 승리를 쟁취할 때에 사용하는 병기들이다. 또한, cf. Wis. 5.18.

"이제"를 강조함으로써 "아직"을 약화시키는 일이 결코 없다는 것이다. 그는 결코 자기만족에 빠지지 않는다. 사실, "아직"이 부각되는 것은 "이제" 때문이다. 만일 메시야가 결정적인 싸움을 싸워 이기지 않았다면, 그의 추종자들이 자신들의 싸움을 싸우도록 내몰리는 일도 없었을 것이다.

여기에서 우리가 주목해야 할 또 다른 한 가지는, 기도는 이 중간 시기의 삶 전체에서 필수적이고 중심적인 역할을 한다는 것이다. 이것은 종말론의 정점을 보여주는 본문인 로마서 8장에서 가장 강력하게 표현된다. 거기에는 성령이 이미 신자들의 변화된 마음속에 내주해 있다고 말하는 개시된 종말론의 "이제"가 세계와 교회가 똑같이 고통 속에서 신음하고 있다고 말하는 "아직"과 뒤섞여 있다. 바울은 메시야의 백성들이 성령을 의지해서 유일신론과 선민론이 메시야적인 새로운 형태로 서로 결합되어 있는 "셰마"를 계속해서 기도하며 마음으로부터 "하나님을 사랑한다"고 고백한다고 말하는 바로 그 시점에, 만유와 마찬가지로 신자들도 새 시대의 산고를 말로 표현할 수가 없어서 속으로 "신음한다"고 말한다. 한 분 유일하신 하나님이 세계의 고통의 한복판으로 와서, 세계의 슬픔과 근심을 짊어지고서 창조주 앞으로 나아오는 메시야 백성을 만들어 내었을 때, 여러 세기에 걸쳐서 이스라엘의 기도로부터 생겨난 탄식은 이제 신음하는 것으로 바뀐다:

> 성령은 우리 옆에서 우리의 연약함을 도우신다. 우리는 어떻게 기도해야 하는지를 알지 못하지만, 바로 그 성령은 말로 표현할 수 없는 신음으로 우리를 위하여 친히 간구하신다. 마음을 살피시는 이는 성령이 무슨 생각을 하시는지를 아시는데, 이는 성령이 하나님의 뜻대로 하나님의 백성을 위하여 간구하시기 때문이다.[361]

이것은 바울에게 있어서 종말론적인 윤리이고, 그 중심에 있다. 메시야의 본을 따라 형성되고 성령의 능력 주심을 따라 이루어지는 이런 기도를 하나님의 백성이 한다는 것 자체가, 우리가 이제까지 살펴보았던 것과 동일한 변화를 증명해 준다. 시간의 교차점, 즉 "이제"와 "아직," 현재와 미래 사이의 기이한 기간 위에 서 있도록 부르심을 받은 사람들은, 하늘과 땅이 서로 교차되는 곳에 서서, 현재의 피조세계의 고통과 곤혹스러움에 참여하는 한편, 새롭게 개시된 성령의 삶에도 참여하도록 부르심을 받는다. 로마서 8:26-27은 사실 8:9-11의 성전 신학의 결과물 중의 일부이다. 성전이 한 분 유일하신 하나님이 자기 백성 가운데서 거하기 위하여 선택한 곳이었던 것과 마찬가지로, 메시야에게 속해 있는 자들은 이 한 분 유일하신 하

361) 롬 8:26f.

나님이 이제 자신의 세계 한가운데 거하기 위하여 선택한 새로운 성전이다. 실제로, 이것은 "영화롭게 되는 것" 또는 "영광을 입는 것" (glorification)이 의미하는 것의 일부이다. 셰키나(Shekinah), 즉 하나님의 영광이 찬란한 불길과 빛이 아니라, 신자들이 아직은 제대로 알지 못해서 말로 표현하지 못하는 가운데 드리는 기도와 간구, 태어나기를 기다리는 태아의 울음 같은 소리 없는 신음으로 다시 돌아왔다. 이것이 신자들이 보고 느끼게 된 개시된 종말이다. 바울에게 있어서 에베소서 6장의 전투 표상과 로마서 8장의 말로 표현할 수 없는 신음의 기도는 서로 밀접하게 연결되어 있다. 이러한 현상들이 수많은 형태를 취한다는 것은 의심의 여지가 없다. 그러나 우리는 거기에서 언제나 한 가지 형태를 뚜렷하게 볼 수 있는데, 그것은 메시야와 성령을 중심으로 수정된 한 바리새파 유대인의 종말론의 모습이다.

예수의 복음은 바울에게 새로운 질문들을 불러일으켰고, 그 중에서 그리스도의 삶과 행실에 관한 질문은 가장 중요한 것들 중의 하나였다. 그는 자기가 유일신론과 선민론에 관한 질문들에 대답하였던 것과 전적으로 일치하는 방식으로 그 질문에 대답하였다. 사실, 그의 대답들은 많은 경우에 기독교적인 세계관 자체의 일부인 "상징적 실천"의 영역에 속한다. 예수의 추종자들이 행한 방식은 새 계약과 새 창조를 구현하는 것이었다. 물론, 그의 윤리적 가르침은 자기 주변의 세계에서 벌어지고 있던 좀 더 넓은 논의들을 가져와서 활용하는 방식으로 틀이 짜여 있었다. 이것에 대해서는 우리가 본서의 제14장에서 다시 살펴볼 것이다. 그러나 그 가르침의 뿌리는 유대적인 것이었고 메시야적인 것이었다.[362] 바울은 그 토대를 떠난 적이 결코 없었다. 이것이 복음이 불러일으켰던 또 하나의 주된 새로운 질문이 그에게 그토록 고통스러웠고 너무나 중요하였던 이유였다.

6. 재정의된 선민론의 종말론적 도전

1) 서론

362) cf. Thompson, 2011, 109: "바울은 헬라-로마의 도덕주의자들의 영향보다는 디아스포라에 있던 자신의 조상들의 영향을 더 많이 반영한다. 그는 성결법전, 율법에 대한 요약들, 유대적인 권면 전통에 빚을 지고 있다. 의심할 여지 없이, 예수의 낮아지심과 자기 부인의 사랑은 바울의 목록들에서 지배적인 특징인 사랑의 본질에 대한 좀 더 깊은 통찰들을 바울에게 제공해 주었다."

이스라엘에 관한 문제는 바울에게는 고통스럽고 중요한 것이었지만, 우리에게는 여전히 어렵고 논란되는 문제로 남아 있다. 그러나 우리는 이 문제를 피할 수 없다. 오랜 세월 동안 나는 바울의 글들에서만이 아니라 복음서들에 나오는 초기 기독교 사상의 여러 노선들이 로마서 8장만이 아니라 로마서 9-11장으로 수렴되는 것을 보아 왔다. 일단 여러분이 초기 메시야 운동이 유대적인 뿌리를 지니고 있다는 것을 진지하게 받아들이기만 한다면, 여러분은 이러한 쟁점들에 대하여 대답하는 것을 회피할 수 없다. 그리고 지금은 바울의 가장 위대한 서신의 수사학적 중심이자 정점으로 널리 인정되고 있는 로마서 9-11장의 이 세 개의 장은, 그가 이 주제에 대하여 생각하는 것들을 가장 자세하고 주의 깊게 말하고 있는 곳이다. 그리고 이 주제는 로마서 9-11장과 더불어서 흔히 한 묶음으로 언급되는 다른 두 본문, 즉 갈라디아서에 나오는 한 본문과 데살로니가전서에 나오는 한 본문에서도 다루어진다.

이것은 이 본문들, 특히 로마서 9-11장이 특정한 역사적 맥락이나 수사학적 의도 없이 그 자체로 독립되어 있는 깔끔하고 논리정연하게 씌어진 신학적 서술들이라고 말하는 것이 아니다. 결코 그렇지 않다. 역사와 수사학은 철저하게 고려되지 않으면 안 된다. 그러나 우리는 바울의 모든 서신들의 역사적 배경에 관하여 우리가 지금 알고 있는 것의 상당 부분이, 어떤 추정에 의한 선입견을 가지고서 의도적으로 분문을 읽어서 얻어진 결과라는 것을 상기하여야 한다. 우리는 로마서나 다른 서신들이 어떤 배경에서 보내지게 되었고, 어떤 목적으로 씌어졌는지 등등에 대한 것보다는, 바울이 로마서(또는 갈라디아서나 그 밖의 다른 서신들)에서 실제로 말하고 있는 것을 훨씬 더 많이 알고 있다. 이 모든 것을 감안하더라도, 그리고 내가 다른 곳들에서 그 서신들의 배경과 목적에 대하여 지금까지 글들을 써왔다는 사실에도 불구하고, 나는 그 서신들에 대한 새로운 석의적 설명을 위하여 해야 할 말이 상당히 많이 있다.

우리가 그렇게 할 때, 본서의 수사학적 필요들도 고려되어야 한다. 나는 몇몇 서로 판이하게 다른 압력집단들이 나를 지켜보는 상황 속에서 글을 쓰고 있는데, 그 각각의 압력집단들에 대하여 여기서 한 마디씩 해두는 것이 좋을 것 같다.

첫 번째는 "이신칭의"를 대체로 루터(Luther)나 웨스트민스터 신앙고백(Westminster Confession)이 말한 의미 그대로 받아들이고 있는 전통적인 개신교가 있다. 그들의 관점에서 보면, 내가 이스라엘, 아브라함과의 계약, 메시야 예수 안에서 그 계약의 성취, 하나님의 백성이 "메시야 안에" 있고 메시야가 보여주었던 '피스티스'(pistis, "신실하심")라는 표지를 똑같이 지니고 있기 때문에 계약의 지체로서의 지위를 누리게 되었다는 것을 강조하는 것은, "복음"과는 별 상관없는 것이고, "교회"를 분열시키는 위험한 주장이다. 적어도 로마서에 대한 많은 전통적인 개신교적 읽기들에서, 로마서 4장에 나오는 아브라함은 단지 "이신칭의론"의 "모범"이거나 "성경에 나오는 증거"일 뿐이다 — 나는 본서를 비롯한 여러 곳에서 그러한 읽기는 일고의 가치도 없는 것임을 논증하기 위하여 최선을 다해 왔다.

두 번째는 유대인 대학살 이후에 바울 서신, 특히 로마서를 "친유대적으로" 읽고자 하는 강력한 성향을 보여주는 진영이 있다. 그들은 내가 이스라엘 문제를 관심의 중심에 두는 것을 환영하겠지만, 그렇게 한 후에 내가 해나가는 것들에 대해서는 전혀 환영하지 않을 것이다. 그런 사람들로는 고 크리스터 스텐달(Krister Stendahl), 존 개거(John Gager), 로이드 개스턴(Lloyd Gaston)을 비롯해서, 파멜라 아이젠바움(Pamela Eisenbaum)과 윌리엄 캠벨(William Campbell) 같은 최근의 변증가들이 있는데, 그들은 이방인들이 그리스도인이 되는 것은 허용되지만 유대인은 여전히 유대인으로 남는 것이 하나님의 뜻이라고 하는 "두 계약론" – 바울이 이러한 견해를 제시하고 있다는 것이 그들의 주장이다 -에 못 미치는 그 어떤 해법도 "대체주의적"(supersessionist, 여기서 이 복 받은 단어가 다시 등장한다)이라고 규정하고 의심스러운 것으로 여긴다.[363] 이런 종류의 글은 특히 절반의 진리라고 해도 유일한 진리라고 주장하면 비진리가 되어 버리는 북미의 풍토에서 번성하고 있다. 북미에서 많은 세대 동안 교회의 입장은 하나님의 경륜 속에서 (스스로 비유대적인 집단으로 생각하는) 교회가 이스라엘을 "대체하였다"고 주장하는 "대체 신학"(replacement theology)이었고, 이러한 입장은 유대교를 나쁜 "종교" 또는 부적절한 "종교"라고 부정적으로 묘사함으로써 정당화되어 왔다. 또한, 그런 식으로 말해 온 그리스도인 사상가로 자처한 일부 사람들이 있어 왔다. 그러나 그러한 생각이나 주장 속에는, 초기 기독교를 기본적으로 18세기적인 의미에서의 "종교"로 보고서, 다른 "종교들"을 줄 세워 놓고서 기독교에 비추어 그 "좋은"점들과 "나쁜"점들에 대하여 말하는 것이 적절하다고 생각하는 함정이 둥지를 틀고 있다.[364] 최초의 그리스도인들에게 있어서 핵심은 "종교"가 아니었고, 예수가 진정으로 이스라엘의 메시야였다면 -그들은 부활이 이 사실을 증명해 주었다고 믿었다 - 이스라엘의 서사와 정체성은 이런저런 의미에서 "대체된"것이 아니라, 먼저는 예수 자신에 의해서, 다음으로는 그의 모든 백성 안에서 "성취되었다"는 사실을 받

363) Stendahl, 1995; Gager, 1983; Gaston, 1987; Eisenbaum, 2009; W. S. Campbell, 2008; 2012를 보라. 이 문제 전체에 대해서는 Hays, 1996b, 411-17; 2000, 308f.를 보라.

364) 위의 제4장을 보라.

아들이느냐 마느냐 하는 것이었다. 아키바가 바르 코크바를 메시야로 인정하였고, 그의 동료들 중 일부가 거기에 반대하였을 때, 과연 아키바나 그들은 아키바가 "유대교"라 불리는 어떤 것을 다른 그 무엇으로 "대체하고" 있다고 말하였겠는가? 분명히 그렇게 말하지 않았을 것이다.[365] 우리는 갈라디아서 같은 바울의 가장 날카로운 글 속에서조차도 "유대인"과 비유대인 간의 논쟁이 아니라, 유대인들 내부의 논쟁을 목격하고 있다는 것을 결코 잊어서는 안 된다. 또한, 그것은 그리스도인 내부의 논쟁이었던 것으로 보인다. 즉, 갈라디아서에 나오는 "선동가들"은 안디옥에서의 베드로와 마찬가지로 그들 자신을 예수의 추종자들로 여겼다는 것이다. 이후의 다시 읽기들(아마도 잘못된 읽기들)에서 이러한 본문들에 어떤 일이 일어났든지 간에, 이 본문들에 대한 역사적인 연구가 이루어지기 위해서는, 이 본문들을 시대착오적인 지나치게 단순한 여러 명제들로 축소시키지 말고, 그러한 차원들을 진지하게 고려하지 않으면 안 된다.[366]

이 두 극단 사이에는 수많은 입장들이 포진되어 있지만, 그 중 두 입장이 서로 판이하게 다른 이유들로 인해서 서구 진영에서 인기를 얻어 왔다. 첫 번째는 북미에는 19세기의 플리머스 형제단(Plymouth Brethren)에서 유래한 "세대주의"(dispensationalism) 전통이 여전히 상당한 정도로 저류하고 있다는 것이다. 성경의 서사에 대한 이러한 이해를 보여주는 적어도 한 형태에 의하면, 유대 민족에게 주어진 성경의 약속들 중 다수는 예수가 왔을 때에 결코 성취되지 않았고, 여전히 "종말의 때"에 문자 그대로(지리적인 의미에서의 "포로생활로부터의 귀환"과 실

365) 요약적인 말들은 종종 그 사람의 진짜 의도를 드러내 준다. Mark Nanos는 Bachmann, 2008 [1999]을 추천하는 짧은 글에서, Bachmann의 논증들은 대체 신학의 모퉁잇돌들은 물론이고, 바울의 목소리를 통해서 유대교에 대한 부정적인 견해들을 표출하기 위한 도구로 끊임없이 사용되어 온" 해석들에 도전한다고 말한다. 이런 식으로 질문을 설정하거나, 유대교의 "유산을 거부하거나 자기 것으로 받아들이는 것"에 대하여 경고하는 것(Bachmann, 2008 [1999], 123; 2012, 104)은, 최근의 여러 세기 동안 잘못 받아들여져 온 입장들의 관점에서는 아무리 옳을지라도, 초기 교회 전체가 성취를 강조함으로써 이스라엘의 전통들과 소망들에 대한 강력한 긍정적 평가를 전제하였던 초기 기독교에 대한 진정한 역사적 이해를 배척하는 확실한 길이다.

366) Hays, 2000, 300, 302. Martyn, 1997a, 450 n. 168에 나오는 "대체주의"(supersessionism)에 관한 설명이 일부 사람들의 생각에 대한 설명으로는 정확하다는 것은 의심의 여지가 없지만, Martyn은 (a) 바울이 이 본문에서 하나님의 백성에 관한 두 가지 이해로 제시한 것들 간에는 날카로운 대립이 존재한다는 것 — 즉, 바울은 유대교 내부의 논쟁에서 한 쪽 편을 취하고 있다는 것; (b) 그의 설명 내내 그 자신의 견해는 모든 "종교"(갈라디아서에 등장하는 이 분명한 예는 모종의 유대교였고, 기존의 유대교를 다른 어떤 것으로 "대체한" 것이었다)에 대한 반대와 폐기를 강력하게 주장하고 있다는 것을 보지 못하고 있다.

제적인 성전의 재건) 성취되기를 기다리고 있다. 이 자리는 그러한 견해들을 자세하게 설명하거나 비판할 자리는 아니고, 나는 부활에 관하여 쓴 나의 저서에서 그러한 입장에 내포된 암묵적인 종말론을 무너뜨리기 위하여 최선을 다하였기 때문에, 여기에서 그 논증을 되풀이할 필요는 없다고 생각한다.[367] 그러나 그러한 견해들이 남긴 유산은 여전히 강력해서, 많은 교회들과 교육 현장들에서는 그 견해들을 아무 생각 없이 당연한 것으로 전제해 버린다. 심지어는 자신의 출신배경으로 인해서 "종말의 때"에 관한 황당한 공상과는 거리가 먼 사람들 가운데서도 (a) "유대인들"은 어느 시점에선가는 "그들의 땅"으로 돌아갈 것임에 틀림없고, (b) 바울은 로마서 11장에서 그런 취지의 말을 하였다는 믿음을 굳게 견지하고 있다. (그리고 그들은 더 나아가 (c) 1940년대 후반에 이스라엘 국가가 세워진 사건은 바로 성경의 그러한 약속들의 "성취"의 시작이고, (d) 서구 열강의 중동 정책은 이 점을 철저하게 고려하여야 한다는 믿음을 지니고 있고, 그러한 믿음은 우리의 현재의 관심사와는 상관이 없기는 하지만, 바울의 글들을 논의하는 일부 진영들에서 지금도 여전히 강력한 영향력을 행사하고 있다.) 이렇게 로마서 11장은 지리적인 의미에서의 "귀환"에 대해서 실제로 아무것도 말하고 있지 않은데도 불구하고("구속자가 시온으로부터 올 것이다"라는 구절은 그런 의미가 아니다), 바울이 그 장에서 "유대인들의 최종적인 구원"에 대하여 어떤 식으로든 말하였을 것이라는 선입견은, 흔히 다른 점들에서는 훌륭함을 보여주는 몇몇 석의자들의 판단을 흐려 놓아 왔다.[368]

두 번째는 서구 세계의 많은 부분들에는 북미에서와는 판이하게 다른 분위기, 즉 상대주의와 보편주의가 존재한다는 것이다. 모든 신앙은 기본적으로 다 선한

367) *RSG*; *Surprised by Hope*. "세대주의"(dispensationalism)에 대해서는 Mason, 2000; Marsden, 2006 [1980] 등을 보라.

368) 나는 이 대목을 2009년 12월에 처음으로 썼다. 2011년 8월에 *New Yorker*는 엄격한 사실 확인 작업을 거쳐서, 당시에 공화당 대통령 후보였던 Michele Bachmann(내가 앞의 각주에서 인용한 독일 학자와는 다른 인물)에 관한 기사(Lizza, 2011)를 냈다. 그 기사는 Bachmann이 한때 이스라엘의 집단농장인 키부츠(kibbutz)에서 산 적이 있다고 하면서, "미국의 많은 복음주의자들은 이스라엘이라는 국가의 창설이 성경에 예언되어 있다고 믿는다"고 적었다. 그리고 그 기사는 보충설명 형식으로 깜짝 놀랄 말을 덧붙인다: "사도 바울은 로마서에서, 유대인들이 언젠가는 자신들의 고국 땅으로 다시 모이게 될 것이라고 말한다; 오늘날의 근본주의자들은 적그리스도의 출현과 아울러 이것이 휴거의 전조라고 본다." 정말 놀랄 일은, 바울이 로마서에서 유대인들이 자신들의 고국 땅으로 돌아가게 되리라는 것은 로마서의 실제 본문에서 결코 언급된 적도 없고 암시된 적도 없지만, 미국의 하위문화 속에서는 그것이 예언되었다는 것을 사실로 믿고 있다는 것이다. 이 기사를 쓴 기자나, 이 권위 있는 잡지의 편집자는 근본주의자들의 이러한 전제를 당연한 것으로 받아들이고 있음이 분명하다.

것이라는 인식이 보편화되어서, 모든 지각 있는 사람들은 이제 그것을 깨닫고 거기에 맞춰 행동한다.[369] 또한, 그들은 바울도 자신들과 같은 생각을 지니고 있었다고 말하며 자신들의 편으로 끌어들인다. 그의 서신들에는 그가 보편주의자는 말할 것도 없고 상대주의자의 모습을 조금도 보이지 않는 많은 본문들이 있지만, 그들은 그런 본문들을 다 무시하고서, 오직 그가 "모든 사람"을 강조하고 있는 본문들만을 집중적으로 부각시킨다: 한 사람의 넘어짐이 "모든 사람"에 대한 정죄를 가져왔고, 한 사람의 의의 한 행위가 "모든 사람"을 의롭다 함을 받게 하고 생명을 얻게 하였다; 하나님이 "모든 사람"을 불순종의 감옥에 가둔 것은 "모든 사람"에게 긍휼을 베풀기 위한 것이었다.[370]

이렇게 석의자들은 바울이 자기가 보편주의자나 상대주의자가 아님을 너무나 명시적으로 분명하게 말하고 있는 본문들에 대해서는 들은 체 만 체하면서도, 승리주의(triumphalism), 적어도 하나의 특정한 "구원의 길"이 유일한 길이라고 말하는 승리주의에 반대하기 위한 목적으로는 기세를 올리며 바울을 들먹인다. (그들이 말하는 "상대주의"는 그 자체가 계몽주의 이후의 진보적인 모더니즘의 오만한 승리주의이다.) 이렇게 해서, "유대인" 문제는 에른스트 케제만(Ernst Käsemann)의 판이하게 다른 주장과 이상하게 병행되는 방식으로 "종교적 인간" 일반에 관한 문제가 된다. 다만, 케제만에게 있어서 "종교적 인간"(homo religiosus)은 "우리 모두 속에 감추어진 유대인"으로서 나쁜 것이고, 반종교적인 예수의 복음에 의해서 무너뜨려진 것이었던 반면에, 상대주의적 또는 보편주의적 관점에서 모든 "종교들"은 결국 다 선한 것들이라는 것만이 다를 뿐이다(후자 중에서 보수주의적이거나 근본주의적인 분파는 종교가 선한 것이라고 생각하지 않지만, 일반적으로 상대주의자들은 그렇게 생각하는 사람들을 안타깝게 여기면서도, 그런 사람들도 비록 모더니즘적인 사상 검열의 불을 통과해야 하는 과정을 거치기는 하겠지만 결국에는 구원을 받게 될 것이라고 주장한다). 케제만의 석의 전통을 이어받은 손자 세대들 중의 일부가 그런 노선을 취하고 있음을 보여주는 몇

369) cf. Esler, 2001, 1205: "주후 1세기 지중해 세계의 여러 집단들에 속한 사람들과 거기에서 배제된 사람들 간에는 강력한 반감이 형성되어 있었다는 사실은 오늘날의 북미와 북유럽 문화에 대체로 생소하고, 오늘날에는 그러한 사실을 인정하고자 하지 않는 분위기가 팽배해서, 해석자들은 흔히 신약의 본문들 속에서 그 사실을 인정하기를 꺼린다." 이것은 물론 사실이지만, 오늘날의 문화 속에는 집단들이 서로를 "정형적으로 단순화해서 폭력적인 비방과 중상을 일삼는" 일이 별로 없다고 생각하는 사람은 텔레비전을 켜서 보기만 하면, 그런 생각이 쏙 들어갈 것이다.

370) 롬 5:18; 11:32.

몇 증표들이 있다.[371)]

우리가 여기에서 이런 문제들을 아주 잠시라도 다루는 것 자체가 우리의 현재의 작업이 지닌 역사적이고 석의적인 성격에 누를 끼치는 것으로 보일 수도 있지만, 나는 내 생애의 대부분을 그러한 논의들 가운데서 살아오면서, 이러한 압력들이 흔히 역사적 석의에 알게 모르게 악영향을 미치는 것을 보아 왔기 때문에, 차제에 이 문제들에 대해서 이렇게 말해 두는 것이 꼭 필요하다고 생각한다. 또한, 나는 나 자신도 온갖 종류의 이해관계들, 분파적인 견해들, 상황적인 관점들, 그리고 어떤 것이 사실로 밝혀지지는 않을지, 바울이 진정으로 무엇을 의미하였을지, 그것이 참일지와 관련해서 소망들과 두려움들을 지니고 있다는 것을 서둘러 고백하고자 한다(그렇게 하지 않는다면, 평론가들이 틀림없이 그렇게 말할 것이기 때문에). 역사적인 논의 속에 자전적인 글이 끼어드는 위험을 감수하고라도, 나는 이참에 내 얘기를 한두 가지 하려고 한다.

먼저, 나는 내 생애의 첫 이십 년 동안에 "유대인 문제"라고 하는 것에 대해서 알지 못하였다. 학교에는 유대인 친구들이 있기는 하였지만, 그들의 민족적 정체성과 종교는 당연한 것으로 받아들여져서, 사고나 행위의 편견을 형성하거나 논란을 불러일으키는 문제가 되지 않았던 것은 물론이고, 논평할 문제조차 되지 않았다. 나는 나의 첫 이십 년 동안에 딱 한 번 반유대적인 발언에 가까운 어떤 것(그것은 그가 유대인이라는 것을 내가 너무나 당연한 것으로 여겨온 한 유대인 친구를 겨냥한 것이었다)을 들은 기억이 있는데, 그 순간에 대하여 내가 기억하고 있는 것은, 나는 그 말이 너무나 어이없고 터무니없이 느껴져서 당혹스럽기만 하였다는 것이다. 좀 더 거시적으로는, 우리는 당연히 유대인 대학살에 대하여 들었지만, 그 일은 공포영화처럼 현실감이 없어서, 우리의 이해능력을 벗어나 있는 것이었다. 미국의 그리스도인들은 믿기 어렵겠지만, 나는 내가 자라난 교회나 나의 십대에 참여한 그리스도인들의 덜 공식적인 모임들에서 "이스라엘 문제"에 대해 단 한 번도 들어 본 적이 없었다.

내가 이십 대 때에 나치의 잔악무도한 대학살 이후에 유대 민족이 겪고 있던 곤경에 대하여 처음으로 진지하게 인식하고서 이 주제에 대한 소위 기독교적인 성찰들을 접하였을 때, 나의 본능적인 반응은 신약성서가 유대 민족의 위대한 미래에

371) 예를 들면, 우리는 J. L. Martyn보다 더 나간 사람들이 자신들이 기본적으로 바울의 보편주의라고 생각한 것을 지지해 왔다는 것을 생각해 보면 될 것이다. 그 분명한 예는 de Boer, 2011이다; 그가 갈라디아서 6:16에 대한 Martyn의 설명에 동의하지 않는다는 것은 아래를 보라.

대하여 미리 말하였을 것이고, 20세기의 사건들은 아마도 그것과 관련이 있을 것임을 어느 정도 흥분된 감정을 가지고 기대한 것이었다. 로마서 9-11장에 대한 나의 가장 초기의 연구들 중 몇몇은 나의 그러한 기대가 사실로 밝혀지기를 바라는 마음속에서 진행되었다. 하지만 애석하게도 나는 아무리 시도를 해보아도 그런 식의 석의로는 그 본문을 제대로 이해할 수가 없다는 것을 발견하였다. 나는 오로지 그런 이유들 때문에 그러한 견해를 포기하였다. 나는 주후 1세기의 이스라엘이나 20세기의 이스라엘에 대하여 여전히 감정적으로 동조하고 있었지만, 바울의 본문으로 하여금 마지막 순간에는 모든 유대인들, 아니 적어도 대다수의 유대인들이 대규모로 "구원을 받게" 될 것이라고 미리 말하도록 더 이상 강요할 수 없었다(물론, 로마서 11장이 "유대 땅으로의 귀환"에 관하여 미리 말하고 있느냐 하는 것은 아예 처음부터 문제가 될 수 없었다).

그 때 이후로 나는 특히 히브리 대학에 교환교수로 가 있던 기간을 포함해서 자주 중동을 방문하며, 내게 열려 있는 모든 시각으로부터 이 문제를 바라보아 왔다. 이러한 방문들은 (온건하게 표현하자면) 몇 가지 서로 다르거나 상반된 인상들과 관점들을 내게 더해 주었다.[372] 주후 1세기의 사건들에 대한 고도로 압축되고 서로 상반된 이 관점들은 내가 로마서 9-11장을 이해하려고 지속적으로 시도할 때에 균형을 잡아주는 역할을 해왔다. 나는 그 본문으로 다시 돌아갈 때마다, 나의 생각을 또다시 바꿀 것인가 말 것인가를 내 자신에게 묻는다. (이런 일은 다른 분야들에서도 내게 일어나 왔다. 생각의 중대한 변화들은 성숙한 학도로서 느낄 수 있는 흥분된 일이자 반드시 시도해야 하는 도전들 중의 하나이다.) 어떤 점들에서는 나는 나의 생각을 바꾸는 것을 아주 좋아한다고 할 수 있다. 나는 소수의 입장을 견지하는 것에서 자부심을 느끼는 것이 아니라, 역사가이자 석의자로서 본문에 충실해서 본문이 실제로 무엇을 말하는지를 이해하고자 하고, 본문 속에서 내가 듣고 싶은 것을 듣고자 하지 않는 것일 뿐이다.

"그러나 당신은 주교이기 때문에, '기독교적인' 견해를 취하고 있는 것이 아니냐"고 반문하는 사람들에게 내가 들려주는 대답은 "그 말이 맞지만, 적어도 나의 신앙 전통 속에서 내가 취하고 있는 '기독교적' 견해는 본문으로 하여금 내가 원하는 말을 하게 하는 것이 아니라 본문이 말하고자 하는 것을 말하게 하는 것"이라는 것이다. 결국, 따지고 보면 이러한 문제들에 대한 일정한 "기독교적" 견해라는 것

372) 다른 방식으로 이것에 대하여 성찰하고 있는 것들로는 Wright, 1999 [*The Way of the Lord*]를 보라.

은 없다. 바울이 내가 듣고 싶어 하지 않는 것들을 말하고 있는 것이 사실이라면, 나는 바로 그것을 받아들여 살게 될 것이다. 내가 바울이 듣고 싶어 하지 않는 것들을 말하고 있는 것이 사실이라면, 언젠가는 그가 나를 바로잡아 줄 것이다. 바울이 20세기가 듣고 싶어 하지 않는 것들을 말한다는 것이 사실이라면, 역사적 증거들을 몰래 조작해서 우리의 구미에 맞게 왜곡시키는 것보다는 사실 그대로를 공표하는 것이 더 낫다.

이 정도로 해두고, 이제 본론으로 들어가서, 로마서 9-11장을 다루기 전에, 갈라디아서와 데살로니가전서에서부터 시작해 보자. 우리가 첫 번째로 살펴볼 것은 바울의 변증적인 본문들 가운데서 가장 날카로우면서도 가장 난해한 것들 중의 하나이다.

2) 갈라디아서 4-6장

이 본문은 갈라디아서의 마지막 부분이다. 갈라디아서 4-6장이 이 서신의 이전 부분들과 어떤 관계에 있는지에 대해서는 의견이 갈린다. 나는 과거에는 주된 논증이 4:11에서 끝난다고 보는 견해를 따랐지만, 지금은 그 논증이 5:1까지 이어진다는 견해 쪽으로 기울고 있다. 어느 견해를 따르든, 우리의 현재의 목적에 별 영향을 미치지는 않지만, 우리가 단지 말해 두고자 하는 것은 갈라디아서 4:21–5:1에 나오는 사라와 하갈에 관한 "알레고리"는 3장의 처음에서 시작된 긴 논증의 결론부로 볼 수도 있고, 그 논증 후에 나오는 (아주 복잡한) 권면들로 넘어가기 위한 이행단락으로 볼 수도 있다는 것이다. 그러면 먼저 이 알레고리부터 살펴보자:

> [21]너희는 율법 아래에서 살고자 하는 것이냐? 좋다, 그렇다면 이것을 내게 말해 보라: 너희는 율법이 말하는 것을 들을 준비가 되어 있는가? [22]성경은 이렇게 말한다: 아브라함에게 두 아들이 있었는데, 하나는 노예 여자에게서, 하나는 자유민 여자에게서 났다. [23]여자 노예의 아들은 육체를 따라 났고, 자유민 여자의 아들은 약속을 따라 났다.
> [24]이것은 비유이다. 이 두 여자는 두 계약을 나타낸다. 하나는 시내 산으로부터 와서 노예 자녀들을 낳은 자이니, 그녀는 하갈이다. [25](시내 산은 아라비아에 있는 산으로서, 이 비유에서는 현재의 예루살렘에 해당하는 곳이다. 왜냐하면, 그녀는 자기 자녀들과 더불어 노예상태에 있기 때문이다.) [26]그러나 위에 있는 예루살렘은 자유민이고, 그녀가 우리의 어머니이다.
> [27]성경은 말한다:
>
> 자녀를 낳은 적이 없어 자식이 없는 자여, 즐거워하라.
> 산고를 모르는 자여, 소리 질러 외치라.

자식을 낳지 못하는 여자가
남편 있는 여자보다 자녀가 더 많도다!

28나의 권속들이여, 너희는 이삭의 계열을 따른 약속의 자녀들이다. 29그러나 지금의 사정도 그 때와 마찬가지여서, 육체를 따라 난 자가 성령을 따라 난 자를 박해하였다. 30그러나 성경이 무엇을 말하느냐? "노예 여자와 그녀의 아들을 내쫓으라. 왜냐하면, 노예 여자의 아들은 자유민 여자의 아들과 더불어 유업을 얻지 못할 것이기 때문이다." 31그러므로 나의 권속들이여, 우리는 노예 여자의 자녀들이 아니라, 자유민 여자의 자녀들이다.

5:1 메시야께서는 우리로 하여금 자유를 누릴 수 있게 하려고 우리를 해방시켜 주셨다! 그러므로 견고하게 서서, 너희 자신이 노예생활의 쇠사슬에 묶이지 않게 하라.

아브라함에게는 두 아들이 있었다. 이것은 어김없는 사실이다. 우리가 갈라디아 교회를 어지럽혔던 "선동가들"이 어떤 논리를 펼쳤을지를 올바르게 추측한 것이라면, 그들은 이 이야기를 근거로 삼아서, 이전에 이교도들이었던 갈라디아 교인들에게, 이방인 신자들은 아브라함의 권속 가운데서 단지 이류 시민들일 뿐이고, 이스마엘과 동일한 처지에 있기 때문에, 할례를 받아야만 이삭의 자녀들로 구성되는 계약상의 참된 권속으로 들어올 수 있다고 주장하였을 것이다.[373] 물론, 바울이 여기에서와 다른 곳에서 아브라함에 대하여 말한 것은, 단지 그의 대적들이 아브라함을 거론하며 그로 하여금 거기에 대하여 말하지 않을 수 없게 만들었기 때문이라는 주장은 잘못된 것이지만, 어쨌든 우리 자신의 선입견을 본문 속에 집어넣어서 읽는 "투영 읽기"(mirror-reading)의 위험성을 주의하는 가운데, 이런 식으로 추정해 보는 것은 최선은 아니겠지만 차선은 되는 것 같다.[374] 마찬가지로, 바울이 이것을 "비유"라고 말한 것에 지나치게 주목하는 것도 잘못된 것이다. 그가 사용한 '알레고루메나'(allēgoroumena, "비유")라는 단어는 모형론을 포함한 넓은 의미에서의 비유적인 말을 가리키는 것이기 때문에, 우리는 이것이 바울이 토라를 필로(Philo)와 동일한 방식으로 다루고 있다는 것을 보여주는 것으로 여겨서는 안된다. 필로는 사라와 하갈이 서로 다른 추상물들, 즉 "노예상태"와 "자유," "육체"

373) 17:25f.는 이삭이 태어나기도 전에 이스마엘이 할례를 받았다고 말하고 있기 때문에, 이것은 생각하는 것만큼 분명하지 않다.

374) 이 주제에 대한 획기적인 논문은 Barrett, 1976(= Barrett, 1982, ch. 9)이다. "투영 읽기"(mirror-reading)에 대해서는 Barclay, 1987(Nanos, 2002b, 367-82에서 재인용)의 유명한 논문을 보라. Barclay, 381은 대단히 엄격한 시험들을 적용한 후에, 바울의 대적들이 사라와 하갈에 관한 이야기들을 언급했을 "개연성이 있다"고 생각한다.

와 "영"을 나타내는 것으로 해석한 반면에, 이 비유를 사용한 바울의 목적은 청중들로 하여금 이 이야기 자체에 주목하지 않고, 마치 이 이야기가 개개인에 의해서 계발되어야 할 어떤 성품에 대하여 말하는 것으로 여겨서 거기에 주목하는 일이 없도록 하기 위한 것이 아니었다. 바울은 3:1-4:7을 이어받아서 여기에서도 계속해서 아브라함의 권속에게 약속된 실제적인 "유업"에 대하여 말하고 있는 것이다. 여기에서의 핵심은 개개인이 계발해야 할 내면의 어떤 성품에 관한 것이 아니라, 아브라함의 권속의 범위에 대한 공적인 획정에 관한 것이다.[375)]

바울이 여기에서 자신의 대적들이 창세기를 잘못 사용하고 있는 것에 대하여 직접적으로 반응하고 있는 것이든 아니든, 그 자신의 입장은 곧 분명하게 드러난다. 즉, 아브라함의 참된 자녀들은 "이스마엘 같은" 자녀들과 반대되는 "이삭 같은" 자녀들로서, "육체"에 의지해서 노예생활을 받아들이는 자들이 아니라, 하나님의 약속에 의지해서 자유를 누리는 자들이라는 것이다. 한편으로는 노예와 자유민, 다른 한편으로는 약속과 "육체"라는 이 두 대립물들은 이 본문의 대부분을 지배한다 -물론, 바울이 이러한 것들과 서로 연결될 수 있는 다른 대립물들도 염두에 두고 있었다는 것은 분명하고, 그 중에서 가장 분명한 것은 4:29에 나오는 "육체"와 "성령"의 대비이다. 노예/자유민의 대비는 바울이 성경의 서사에서 노예/자유민이 문제가 된 일, 즉 애굽으로부터의 해방을 다루었던 4:1-7의 주제를 가져와서 더욱 발전시킨 것이고,[376)] 마찬가지로 약속/육체의 대비도 3장에 나왔던 주제들을 가져온 것이다.[377)]

바울이 수사학적으로 노련하게 씌어진 4:12-20에서 사용한 기본적인 전략은, 둘 중의 하나를 택하라고 단호하게 요구하는 것이다. 우리는 여기에서 그가 "유대교"와 "기독교"에 관하여 말하고 있는 것이 아니라, 메시야가 이미 왔기 때문에 이제 중요한 것은 메시야 공동체들의 형성이라는 본질적으로 유대적인 믿음에 대한, 두 가지 서로 판이하게 다른 이해들에 관하여 말하고 있는 것임을 다시 한 번 확인한다. 갈라디아 교회를 어지럽혔던 "선동가들"은 메시야 공동체에 들어온 이방인들은 반드시 할례를 받아야 한다고 확신하였던 반면에, 바울은 그들은 할례를 받아

375) 여기에서 "알레고리"(allegory)에 대해서는 특히, Witherington, 1998, 321-3; de Boer, 2011, 295f.를 보라. Hays, 2000, 301f.가 바울이 여기에서 의도한 것은 "비유적인 의미"라고 말한 것은 옳다. 또한, 그가 모형론(typology)은 알레고리의 하위범주라고 지적한 것도 옳다(1989, 215). Betz, 1979, 243 n. 49는 은유를 극한까지 몰고 가면 알레고리가 된다는 취지로 Quintilian(9.2.46)을 인용한다.

376) 물론, 하갈은 애굽 사람이었지만(창 16:2f.; 21:9), 바울은 그녀와 나중에 애굽에서의 노예생활을 서로 연결시키고 있다는 증표를 보여주지 않는다.

377) Hays, 2000, 301.

서는 안 된다고 확신하였다. 바울의 말을 빌리면, 이렇게 "선동가들"은 "너희를 배제해서 너희로 하여금 그들에 대하여 열심을 내게"(4:17) 하고자 하였다. 달리 말하면, 베드로가 이방 그리스도인들에게 그와 함께 먹는 것을 허용하지 않았던 것과 마찬가지로(2:11-14), 그들은 사실상 제대로 된 아브라함의 권속이 되기 위해서는 이방 그리스도인들이 "유대인처럼 되어야" 한다고 주장하고, 그렇게 하기를 강요하고 있었다. 이것이 나중에 바울이 이 선동가들의 의도에 대해서 다시 말할 때, 그들은 "억지로 너희에게 할례를 받게 하려고 애쓰고 있다"(6:12)고 말하는 이유이다. 이제 바울은 둘 중의 하나를 택하라는 단호한 말로 이 문제에 답한다. 왜냐하면, 결국 배제되어야 마땅한 자들은 바로 그 선동가들이기 때문이다!

이러한 결론은 오늘날의 석의에서 일반화되어 있다.[378] 하지만 이것이 지금까지 도전을 받지 않을 수 있었던 것은 "선동가들" 자신의 견해만큼이나 "배타적인" 메시야 백성에 관한 견해를 제시하는 것으로 보였기 때문이다.[379] 그러나 실제로 그것이 바울의 입장이었다. 만일 바울이 갈라디아에 있는 "모든 사람이 상을 얻었고 장차 얻게 될 것"이라는 보편주의적인 결론을 제시하기 위해서 이 서신을 쓴 것이라고 단 한순간이라도 전제하는 사람이 있다면, 그는 (가장 분명한 본문들만을 열거해 본다고 해도) 갈라디아서 1:6-9, 2:11-21, 5:2-12, 6:11-17을 제대로 읽어내기가 어려울 것이다. 상식적으로 생각해 보아도, 우리는 사람들에게 저주를 선포하고 "심판을 받게" 될 것이라고 경고하는(5:12) 바울에게서 그러한 결론을 얻어낼 수 있을 것이라고 생각할 수 없다.[380] 하지만 우리는 그가 자신이 경고하는 가르침을 가르치는 자들의 "영원한 구원"의 문제가 아니라 그들에 대한 "치리"를 다루고 있는

378) R. N. Longenecker, 1990, 211-17; Witherington, 1998, 325-9; Hays, 2000, 303-6 등을 보라.

379) Eastman, 2006, 313은 포스트모더니즘적인 도덕론의 언어를 사용한다: "[바울은] 포괄적이고 자비로운 공동체들을 만들어내기보다는, 자신의 권위를 행사하여, 자신의 리더십과 가르침에 위협이 되는 자들을 쫓아낸다. 그러한 배타적인 권세가 4:30의 전략적 목적이라면, 어떤 의미에서 바울은 다른 선교사들보다 더 나을 것이 없다 … 그가 자신에게 반대하는 자들을 "내쫓는" 데 권세를 사용하는 것은 마찬가지로 분파적이고 고압적이다." 그러나 바울은 "선동자들"이 "분파적이거나 고압적"이라고 해서 그들을 반대하였던 것이 아니다. 그가 그들을 반대한 이유는 그들이 십자가의 거리끼는 것을 제거하여(5:11), 박해를 피하고자 하였고(6:12), 복음의 본질 전체를 오해하여(1:6-9), 그 "진리"를 부정하고(2:5, 14), 복음이 가져다주는 자유를 훼손하였기(5:1 등) 때문이었다. 이것은 자기와 다르거나 자기에게 동의하지 않는 목소리들을 "추방하거나 침묵시키는" 포스트모더니즘적인 죄(Eastman, 327)와는 상관이 없고, Eastman이 다른 곳에서 말하고 있듯이, "그리스도를 중심으로 한 바울의 복음은 배타적이고 자신의 주장을 그 어떤 변명도 없이 관철시키고자 한다"(329)는 사실과 상관이 있다.

380) 5:12에 나오는 날카로운 말들에 대해서는 아무 말도 하지 않는다.

것임을 유념하여야 한다. "구원" 자체는 이 서신에서 다루어질 문제가 아니었기 때문이기도 하지만, 어쨌든 단 한 번도 언급되지 않는다. 바울은 공동체의 건강에 관심을 갖는다. 다른 곳들에 나오는 그의 치리 방법들로부터 우리가 알고 있듯이, 그가 종종 과감한 조치를 취하여야 하였던 것도 다름 아닌 "궁극적인 구원"을 지키기 위한 것이었다.[381] 따라서 나는 우리가 갈라디아서 4:21-5:1도 그런 식으로 읽어야 한다고 본다. 즉, 이 대단락은 4:21의 "너희는 율법이 말하는 것을 들을 준비가 되어 있느냐"는 말씀으로 시작해서, "성경이 무엇이라고 말하느냐 노예 여자와 그녀의 아들을 내쫓으라"는 말씀에서 그 정점에 도달한다.

아마도 이 명령을 원래의 의도를 벗어나 지나치게 해석하지 않는 것이 중요할 것이다. 바울은 창세기 21:10을 인용하고 있지만, 단지 창세기에서 어느 한 본문을 떼어내 가져와서 갈라디아 교회의 상황에 적용하기 위하여 이 인용문을 여기에 추가하고 있는 것이 아니다.[382] 이 인용문은 직접적인 명령이라기보다는 강력한 암시이다. 하지만 강력하다. 왜냐하면, 바울은 수사학적으로 중요한 이 단락의 끝부분에 이 인용문을 두었기 때문이다. 그는 앞 절(4:29)에서 이스마엘에 의한 이삭의 "박해"와 현재의 상황 간의 병행을 이끌어 내었기 때문에, 이 인용문이 현재의 상황에 적용되어야 한다고 본 것이 분명하다.[383] 그는 "그러나 성경이 무엇이라고 말하느냐"라고 물음으로써, 그러한 병행되는 상황을 이 인용문과 연결시킨다. 4:21이 보여 주듯이, 이것은 갈라디아 공동체가 원래의 이야기에서 사라가 아브라함에게 하였던 말을 '그라페'(graphē), 즉 "성경" 말씀으로 듣고서 거기에 귀 기울이고 있다는 것을 분명하게 보여준다.

하지만 이러한 암시가 아주 강력해서 실질적으로 명령이나 다름없었다고 할지라도, 바울은 갈라디아 신자들 중에서 이미 선동가들의 말을 듣고 할례를 받은 사람들을 "쫓아내야" 한다고 말하고 있는 것이 아니다. 문제는 거짓 교사들이다 —

381) 고전 5:1-5(cf. 고후 2:5-11). 바울은 두 본문 모두에서 공동체의 부패를 막고 정결하게 할 필요가 있다는 것을 말하기 위하여 누룩 표상을 사용한다는 것을 주목하라: 고전 5:6-8; 갈 5:9. Eastman, 2006, 332는 바울이 아닌 바울의 허수아비를 세워놓고, 갈라디아서 4:30을 바울의 "분노와 거부의 목소리"로 읽고서, 이 본문이 "다른 선교사들과 그들의 추종자들을 성령의 삶과 하나님의 통치로부터 영구적으로 배제하는 최종적인 심판을 선고하는 것으로 보인다"고 주장한다. 그가 말하는 내용들은 본문에 언급되지 않는다.

382) 이 동사가 여전히 단수형이라는 사실은 별 상관이 없어 보인다(반대견해로는 Eastman, 2006, 324; 또한, Eastman, 2007, 133을 보라): 그렇게 하게 되면, 인용문의 의미가 제대로 통하지 않게 된다.

383) 창세기 21:9에서 이스마엘이 이삭에게 정확히 어떤 짓을 한 것인가라는 이상한 질문에 대해서는 Meeks, 1982, 69f.가 유익하게 논의하고 있는 랍비 전통들을 보라.

5:10이 보여 주듯이, 아마도 한 사람의 교사였을 수도 있다.[384] 그들의 가르침은 그들이 근거로 삼았던 아브라함의 권속의 본질에 대한 근본적으로 잘못된 이해를 토대로 한 것이었다. 그러한 잘못된 이해는, 우상에게 바쳐진 고기, 또는 어떤 음식을 먹어야 하느냐의 여부와 관련된 결정과는 달리, '아디아포라'(adiaphora –"어떻게 해도 아무 상관없는 일들")일 수 없었다.[385] "선동가들"이나 안디옥의 베드로는 바울이 "아무 상관없는 일들"로 여긴 것들을 가지고서, 교회 공동체를 유대인과 이방인으로 편 가르기를 하려고 하였고, 바울은 그러한 행위를 "복음의 진리" 자체를 부정하는 것으로 보았다. 그것은 메시야의 십자가 죽음을 사실로 인정하고자 하지 않는 위험천만한 일이었다. 이 서신에 나오는 다른 많은 본문들과 마찬가지로, 현재의 본문은 2:19-21("내가 메시야와 함께 십자가에 못 박혔으니 … 만일 "의"가 율법으로 말미암아 오는 것이라면, 메시야는 헛되이 죽으신 것이다")과 6:14("내게는 우리 주 메시야 예수의 십자가 외에 결코 자랑할 것이 없으니, 메시야로 말미암아 세계가 내게 대하여 십자가에 못 박혔고 나도 세계에 대하여 그러하였다") 사이에 놓여 있다. 우리가 창세기 인용문을 통한 바울의 암시를 제대로 이해하였다면, 우리는 이 본문의 취지가 단지 "너희는 그러한 다른 견해들에 귀 기울여서는 안 되고, 이삭의 자녀, 약속의 자녀, 자유와 성령의 백성으로서의 너희의 정체성 안에서 견고히 서야 한다"는 것이 아니고, 그런 것보다 훨씬 더 강력한 것, 즉 "너희는 다른 가르침을 배척하여야 하고, 그런 것을 가르치고 있는 자들을 내쫓아야 한다"는 것임을 알 수 있게 된다.[386]

(현재의 논의를 우리의 훨씬 더 큰 논증 내에 위치시킨다면) 이 모든 것은 앞 장에서의 우리의 논의에서 보았듯이, 선민론에 대한 분명한 재정의이다. 그리고 그것은 여느 때와 동일한 관점에서 이루어진다. 즉, 이삭의 자녀들의 "자유"는 메시야로 말미암아 얻어진 것이고,[387] 로마서 2:28-29이 말하고 있듯이, 그들은 육체가 아니라 성령이라는 관점에서 정의되는 백성이라는 것이다.[388] "육체," 즉 이방인 회

384) Perkins, 2001, 92f.(Eastman, 2006, 319f.에서 재인용)는 갈라디아의 그리스도인들, 즉 바울의 실제 청중과 "공동체에서 문제가 되는 견해들을 통해서 소동을 일으키고 있지만 쫓아내 버릴 수 있는 방문자들"을 구별한다.

385) 고전 8장; 롬 14장.

386) Eastman, 2006, 324, 327은 잘못된 대안을 제시하는 것으로 보인다: 바울은 추방이 아니라, 공동체가 굳게 서야 한다고 말하고 있는 것이다. 하지만 본문은 전자를 행한다면 후자가 훨씬 더 쉬워질 것이라고 말하는 것으로 보인다.

387) 5:1은 2:19-21, 3:13-14, 4:4-7에서 설명한 것들을 요약하고 있다.

388) 4:29은 3:2-5, 14, 4:6-7에서 말한 것들을 요약하면서, 5:16-26을 바라보고 있다.

심자들에게 할례의 필요성을 강조하는 자들은 참된 자녀들이 아니다. (우리는 여기에서 바울의 변증의 대상이 "유대인들" 또는 "유대교"가 아니라, 유대 기독교의 한 특정한 형태, 즉 믿는 이방인들에게 할례를 강요하였던 분파였다는 것을 다시 한 번 확인할 수 있다.) 따라서 이것은 메시야 — 특히, 십자가 — 와 성령을 중심으로 재정의된 선민론이다.

하지만 우리는 아직 이 난해한 본문의 핵심을 살펴보지 않았는데, 실제로 그것을 살펴보게 되면, 이 본문이 제2성전 시대 선민론에 대한 바울의 재정의와 관련해서만이 아니라, 본서의 현재의 장의 주제인 바울에 의해 수정된 제2성전 시대 종말론과 관련해서도 얼마나 중요한 것인지를 알 수 있게 된다. 아주 흔히 그러하듯이, 바울은 토라와 선지자들의 글을 나란히 인용하는데, 여기에서 예언서 본문은 강력한 울림을 지닌다. 27절에서 인용된 이사야서 54:1은, 성경 이후의 유대 사상 속에서 이미 포로생활 이후의 회복이라는 개념(이것은 여기서의 문맥 속에서 확인된다)만이 아니라, 한편으로는 사라(이 본문에는 창세기 11:30에 나오는 사라에게 자녀가 없었다는 언급이 반영되어 있다), 다른 한편으로는 "새 예루살렘"과도 연결되어 있었다.[389] 그렇다면, 바울은 이러한 여러 반향들을 사용해서 어떠한 화음을 만들어 내고 있는 것인가?

4:27에 나오는 이사야서 54:1로부터의 인용문은 이사야서의 중심적인 장들이 갈라디아서에서 반복적이고 통상적으로 사용되고 있는 것과 관련해서 이해되어야 하고, 사실 이 인용문은 3장의 처음, 또는 심지어 2장의 끝에서 시작되는 논증 전체에 대한 일종의 수사학적인 정점을 형성한다는 주장이 최근에 제기되어 왔다.[390] 이사야서 54장은 회복된 예루살렘에 대하여 말하고 있고, 유대교 전통에서는 이미 이사야서 51:1-3에서 명시적으로 언급된 사라와 관련해서 이해되고 있었다.[391] 그러나 이사야서 54장은 야웨의 종이 고난과 죽음을 겪은 후에 최종적으로 신원되고 높임을 받게 될 것에 대하여 말하는 이사야서 53장 직후에 나온다. 그리고 이러한 승리는 그 자체가 사람들이 오랫동안 기다려 왔던 야웨의 나라이다: 네 번째 "종의 노래"는 이사야서 52:7-12에 나오는 "복음" 선포를 설명해 주는 비전이었다. 그리고 이사야서 54장은 계속해서 야웨 자신이 예루살렘의 남편으로서

389) Witherington, 1998, 334; Hays, 2000, 304를 보라; 그리고 Willitts, 2005; Eastman, 2007, 141-55; Harmon, 2010, 173-85의 자세한 연구들. 사라는 구약에서 창세기 이외는에는 오직 이사야서 51:1-3에만 등장한다.

390) Harmon, 2010, 여기에서는 특히 177, 183을 보라.

391) Hays, 2000, 304를 보라.

(54:5), 그녀와 영원한 "평화의 계약"을 다시 맺게 될 것이라는 사실을 송축한다(54:10). 이것은 온 세계에 대한 복음의 초대로 이어지는데(55:1), 야웨는 이 복음을 통해서 장래의 모든 자들에게 다윗 계약을 견고히 하겠다고 약속한다(55:3).

이사야서 54장에는 이렇게 많은 주제들이 서로 결합되어서, 바울이 갈라디아서 전체에 걸쳐 말하고 있는 많은 주제들과 아주 많은 차원들에서 공명하기 때문에, 그가 인용한 이사야서 54:1이 단지 수사학적인 효과를 위하여 무작위로 선택한 증거본문이었다고 생각하기는 힘들다. 이 인용문은 메시야의 백성, 즉 야웨의 종의 백성은 "자녀가 없는 여자," 즉 사라의 "자녀들"이라는 분명한 주장을 담고 있다. 갈라디아서 3:6-9이 말하고 있듯이, 그들은 아브라함과 마찬가지로 하나님의 약속을 믿었기 때문에, "약속의 자녀들"이다. 특히, 이 약속의 자녀들은 진정으로 포로생활로부터 귀환한 백성인데, 이것은 이사야서 54장이 송축하였던 바로 그것이다. 이 포로생활로부터의 귀환은 "하늘의" 차원에서, 즉 창조주가 새롭게 행한 경륜 내에서 일어나서, 다시 한 번 "이제/아직"의 대비, 여기에서는 여전히 노예생활 가운데 있는(신학적으로, 그리고 아마도 바울의 견해로는 로마의 지배로 인하여) "현재의 예루살렘"[392]과 메시야와 성령으로 말미암은 계약 하나님의 역사에 의해 이미 이 땅 위에 견고히 세워진 "위에 있는 예루살렘"[393] 간의 대비를 낳았다. 예루살렘의 회복과 관련된 종말론은 약속과 성령과 자유를 특징으로 하는 새로운 메시야 공동체를 통해서 마침내 이루어졌다. 위의 제6장에서 보았듯이, 바울의 상징 세계에서 중심적인 것이었던 단일한 공동체에 관한 교회론은, 그 자체가 그의 개시된 종말론에서 중심적인 것이었다. 따라서 우리는 갈라디아 교회의 경우처럼 그 중심적인 상징이 공격을 받았을 때, 바울이 있는 힘을 다해서 방어하고자 한 것은 전혀 이상한 일이 아니었다. 중심적인 세계관 상징들이 공격을 받고 있는데도, 그것을 "용납하고" 가만히 참고 있기를 기대하는 것은 있을 수 없는 일이다. 바울이 이 모든 것을 "종말론" 내에 위치시키고 있다는 것이 이제 분명해진 것으로 보인다. 이것은 "종교의 유형들"에 관한 논쟁이 아니고, 종말론의 문제이다. 즉, 사람들이 오랫동안 기다렸던 "내세"가 메시야를 통해서 도래하였다고 믿느냐, 그렇지 않다고 믿느냐의 문제라

392) Hays, 2000, 303f. Schreiner, 2010, 302는 이것에 의문을 제기하지만, 바울은 현재의 예루살렘을 "여전히 광야 가운데" 있는 것으로 보았을 것이라고 말한다: 하지만 "광야" 백성은 아직 자신들의 유업을 받지는 못하였지만 정의상 애굽에서의 노예생활로부터 해방된 자들이라는 점에서, 이러한 견해는 이상하다.

393) "새 예루살렘" 또는 "하늘의 예루살렘"이라는 개념에 대해서는 cf. *4 Ezra* 7.26; 10.25-8; 13.36; *1 En.* 90.28f.; *2 Bar.* 4.2-6; 히 12:22; 13:14; 계 3:12; 21—2; 자세한 것은 R. N. Longenecker, 1990, 214를 보라.

는 것이다. 바울은 메시야의 죽음과 부활, 성령의 역사를 통해서 "내세"가 이미 도래하였다고 선언한다. 반면에, "선동가들"의 메시지 속에는 그런 일이 일어나지 않았다는 의미가 분명하게 함축되어 있었다. 이러한 복잡한 본문들과 문제들을 그 모든 것을 폭괄하는 바울의 개시된 종말론이라는 틀 내에 위치시킬 때, 우리는 그러한 것들을 "기독교/유대교" 간의 변증으로 취급하는 것은 애초부터 근거가 없는 일이었다는 것만이 아니라, 그렇게 근본적으로 잘못된 것에 반응하는 것은 계속해서 핵심을 놓치는 일이 된다는 것을 알게 된다. 또한, 이것은 이전의 모든 "종교"를 모조리 폐기처분하는 "묵시론적" 순간에 관한 것이 아니라, 옛 계약이 메시야와 성령 안에서 성취된 것에 관한 것이고, 그러한 성취의 근본적인 함의들을 회피하기 위하여 주후 1세기만이 아니라 21세기에서도 사용되는 다양한 전략들에 관한 것이다.

계약에 의거한 계획에 대한 언급은 우리를 지금 우리가 살펴보고 있는 본문의 마지막 단락, 즉 바울이 사라/하갈 주제를 소개하는 24절과 25절로 다시 데려다 준다. 바울은 이 여자들은 "두 계약"이라고 말하는데, 이 본문은 그가 이 어구를 사용하는 유일한 대목이다. 어떤 사람들은 그가 고린도후서 3장에서와 마찬가지로 여기에서도 예레미야서 31장에 언급된 "옛 계약"과 "새 계약"을 말하고 있는 것이라고 주장해 왔지만,[394] 그럴 가능성은 매우 희박하다. 고린도후서 3장에서 "옛 것/새 것"이라는 도식은 모세 경륜의 갱신을 가리키는 반면에, 여기 갈라디아서 3장에서는 원래의 아브라함 계약이 길게 설명되고 있기 때문에, 그러한 맥락은 "두 계약"이 옛 (모세) 계약과 그 갱신된 계약 간의 대비가 아니라, 창세기 15장과 갈라디아서 3장에 나오는 아브라함 계약과 모세를 통해서 맺어진 시내 산 계약 간의 대비임을 보여준다. 그러한 대비는 3:15-29에서 행해진 것이었는데, 현재의 본문에도 아주 잘 들어맞는다. 이러한 맥락 속에서 사라는 단지 알레고리적으로 아브라함 계약을 가리키는 인물이 아니라, 그 계약을 성취하는 수단의 일부이다. 즉, 사라는 여기에서 단지 은유가 아니라 환유라는 것이다. 그렇다면, 하갈은 무엇과 들어맞는가? 그것은 간단하다. 시내 산은 아라비아에 있는 산인데, 이스마엘의 어머니였던 하갈은 아라비아 사람들의 여조상이라는 것은 잘 알려져 있었다(적어도 바울은 그렇게 생각하였다).[395] 사라가 아브라함과 환유법적으로 연결되어 있었던 것과 마

394) Betz, 1979, 243-5.

395) Betz, 1979, 245 n. 70을 보라. 그는 갈라디아 교인들이 그러한 연결 관계를 생각할 수 있었을지에 대하여 의문을 제기한다(이것은 이미 Lagrange에 의해서 제기된 문제이다): 시 83(LXX 82):7; 대상 5:19을 보라. 이것은 4:25에서 짧은 읽기(to gar Sina horos estin en tē Arabia - '토 가르 시나 호로스 에

찬가지로, 하갈은 시내 산과 환유법적으로 연결되어 있었다. 여기에서 우리는 다시 한 번 3:23-29에서와 마찬가지로 바울의 수정된 종말론을 본다. 즉, 지금은 메시야가 이미 왔기 때문에, 우리는 더 이상 토라 아래에 있지 않다는 것이다. 그리고 우리가 더 이상 "현재의 예루살렘"으로부터 지시를 받지 않는다는 것도, 바울의 탁월한 변증의 결과이기는 하지만, 그의 동일한 수정된 종말론과 정확히 들어맞는다. 우리는 "죽어서 천국에 간다"는 의미에서가 아니라, 오랫동안 기다려 왔던 포로생활로부터의 귀환과 성전의 재건이 이미 일어났다는 의미에서 새 예루살렘에 속해 있다. 하늘에 있는 예루살렘이 메시야 예수라는 인물과 성령의 능력 안에서 땅으로 내려왔다. 따라서 이사야서 54장의 새로운 날, 곧 전혀 뜻밖이지만 오래 전에 약속되었던 사라/예루살렘의 자녀들이 야웨의 종의 사역을 통해서 탄생한 것을 송축하는 사람들은 바벨론으로 다시 돌아가고 노예생활로 다시 돌아가고자 하는 온갖 유혹들을 피하는 것이 마땅하다. "메시야께서 너희를 해방시키셨다"(5:1). 이것은 포로생활이라는 율법의 저주가 메시야의 대속적인 죽음에 의해서 풀렸다고 말하는 3:13-14과 실질적으로 동일한 요지이다. 모세의 토라는 메시야가 올 때까지 이스라엘 백성을 '파이다고고스'(paidagōgos)의 지배 아래 가두어서 감금시켜 놓고 노예로 삼았고, 권세들 아래에서 노예생활을 하게 하였으며, 포로생활이라는 저주 아래 있게 하였다.[396] 토라는 "멍에"였다. 이 단어는 종종 랍비들에 의해서 좋은 의미로 사용되곤 하였지만, 여기에서는 의도적인 반어법을 사용해서 노예생활을 가리키는 데 사용되고 있는 것으로 보인다.[397] 그러나 4:1-7이 말하고 있듯이, 노예들은 이제 해방되었다. 옛적의 출애굽 서사는 포로생활로부터의 귀환이라는 좀 더 새로운 현실 안에서 다시 실현되었다. 그리고 포로생활로부터의 귀환으로 인해서 얻어진 저 자유와 함께, 아브라함의 복은 이방인들에게 임하였고, 혈통과는 상관없이 믿음이 있는 모든 사람들에게 성령이 부어짐으로써, 제2성전 시대의 유대적 종말론은 진정으로 개시되었다. 사라/하갈 "알레고리"는, 사람의 머릿속에 한

스틴 엔 테 아라비아')를 지지할 수 있는 분명한 이유를 제공해 주는데, 다른 읽기들은 이 짧은 읽기에 의거해서 쉽게 설명된다(반대견해로는 R. N. Longenecker, 1990, 211f.; Dunn, 1993, 251f.; Witherington, 1998, 332f.; Hays, 2000, 302). Martyn, 1997a, 436-8; Schreiner, 2010, 301f.는 정관사에 대하여 상당히 당혹해 하면서, 내가 보기에는 잘못 해석하고 있는데, 사실 정관사에는 아무런 문제도 없다: 곡용을 하지 않는 명사인 '시나이'(Sinai, "시내 산")이 주어이고, 정관사는 앞 절에 나오는 동일한 단어를 받고 있음을 보여주는 것이다; '호로스'(horos, "산")는 보어이다. 자세한 것은 *Perspectives*, ch. 10, 특히 155 n. 12를 보라.

396) 3:10, 19, 22, 23, 24; 4:1-3을 보라.

397) 예컨대, cf. mAb. 3.5.

꺼번에 쉽게 담을 수 있는 것보다 더 많은 종소리들과 휘파람소리들에 의한 무수한 수사학적인 효과를 통해서, 바울이 갈라디아서 3장 전체에 걸쳐서 말해 왔던 것을 다시 한 번 말해 준다. 아브라함에게 주어진 약속은 성취되었다. 즉, "유업"은 그의 모든 "자손"에게 확보되었고, 시내 산의 율법은 유효기간이 지났다는 것이다.

그렇다면, 바울은 단지 메시야를 믿지 않는 유대인들은 아브라함에게 주어진 약속들을 유업으로 받지 못할 것이라고 말하고 있는 것이 아니라, 메시야를 믿으면서도 이방인 회심자들에게 할례를 강요하는 유대인들도 그 약속들을 유업으로 받지 못할 것이라고 말하고 있는 것인가? 이것은 우리를 우리가 방금 전에 있던 지점으로 다시 데려다 준다. 바울이 계속해서 "구원"에 대해서가 아니라, 그리스도인 공동체의 "치리"와 "본질"에 대하여 말하고 있는 것이라고 할 때, 이후의 본문은 의미가 통하게 된다. 바울은 5:1에 이르기까지 아브라함/시내 산 대비를 설명하면서, 갈라디아 교인들에게 아브라함에게로 가는 유일한 길은 시내 산을 거치는 길뿐이라고 말하는 교사들을 배척하고 내쫓으라고 강력히 촉구해 왔다. 이제 5:2-6에서 그는 일차적으로 구원론이 아니라 교회론을 다루면서, 지금 여기에서 메시야의 백성 내에는 할례를 역설하거나 할례를 받아야만 지체로서의 지위가 확고해질 것이라고 주장하는 자들이 들어올 자리가 없다고 말한다. 바울이 두 번의 '가르'(gar)가 이끄는 구절들을 통해서, 앞의 세 절에 대한 이유를 설명하는 것이 특징인 이 짧은 단락의 끝부분에서 시작해 보자:

> 5이는 우리가 성령을 의지해서 믿음을 따라 의의 소망을 간절히 기다리고 있기 때문이고, 6메시야 예수 안에서는 할례나 무할례가 아무런 힘도 없고, 중요한 것은 사랑을 통해서 역사하는 믿음이기 때문이다.[398]

여기에서 바울은 유대적인 선민론과 종말론을 메시야와 성령을 중심으로 재정의해서 곱게 접어 종이 가방에 담는다. 그가 "중요한 것은 사랑을 통해서 역사하는 믿음"이라고 말할 때, "중요한 것"은 "공동체에 대한 정의로서 중요한 것"을 의미한다. 할례 또는 무할례는 공동체 표지들로 여겨지고 있었다. 할례자는 공동체 "안에" 있는 것이었던 반면에, 무할례자는 공동체 "밖에" 있는 것이었다. 바울은 "그렇지 않다, 그런 것은 모두 다 지나갔다"고 말한다. 일련의 새로운 공동체 표지들이

398) 5.5f.

존재한다: (a) 지배적인 범주로서의 "메시야 안에 있음"; (b) 이 서신 전체에서 강조되고 있는 "믿음"; (c) "사랑을 통한 역사" – 이것은 갈라디아서에서 처음으로 언급된 것으로서 갑자기 주된 주제가 되고 있다.[399] 그는 지금은 유대인보다 이방인이라는 것이 더 중요하다고 말하고 있는 것이 아니라, 민족적인 배경이 무엇이냐 하는 것은 하나님의 백성의 공동체 내에서 전혀 중요하지 않다고 말하고 있는 것임을 우리는 유념하여야 한다. "할례나 무할례"는 이 서신 전체의 주된 주제들 중의 하나임이 분명한데, 그는 이 서신의 끝부분에서 또 하나의 기억할 만한 정의 속에서 이 어구를 다시 사용하고 있고, 아울러 고린도전서에서 여기와는 다른 맥락 속에서 이 동일한 어구를 사용하기도 한다.[400]

5절은 지금까지의 설명들을 되짚어 보면서, "소망," 곧 마지막 날에 얻게 될 장래의 "의"에 대하여 말하는데, 이 본문은 갈라디아서에서 이것들에 대하여 유일하게 언급하고 있는 대목이다. 이것은 재정의된 종말론을 한 마디로 압축해서 표현한 것이다. '디카이오쉬네'(dikaiosynē, "의"), 즉 마지막 날에 옳다고 인정함을 받게 될 것이라는 저 궁극적인 소망은, "토라의 행위들"과는 아무 상관이 없다. 그것은 성령과 믿음과 소망의 문제이다. 우리는 여기에서 로마서 5:1-5의 반향들을 분명하게 들을 수 있다.

5절과 6절은 2, 3, 4절에서 다양한 방식으로 네 번이나 강조되고 있는 핵심을 밑받침해 준다. 일단 우리가 5절과 6절에 나오는 "메시야 안에" 있다는 것이 무엇을 의미하는지를 알기만 하면, 이러한 메시야적인 정체성은 할례를 받아야 한다고 주장하는 자들에게는 해당되지 않고 아무 소용이 없다는 것이 금방 드러난다(2절). 전에 강경파 바리새인이었던 바울은 할례를 받는 것은 율법 전체를 지키겠다는 서약서에 서명하는 것으로서(3절), 새 예루살렘이 이미 견고히 세워졌는데도 불구하고, 바벨론에서 여전히 포로생활을 하면서 새 예루살렘을 건설하겠다고 필사적으로 애쓰는 것과 같다고 말한다. 그렇게 했을 때의 결과는 4절에 나오는데, 그런 사람들은 자신들은 메시야의 권속도 아니고, 성령의 인도함을 받는 권속도 아니며, "은혜"로 말미암아 개시된 새로운 피조세계 전체에 속한 자들도 아니라고, 자신들의 언행을 통해서 스스로 말하고 있는 자들이라는 것이다. 여기에는 또다시 이 서신의 이전 부분들, 즉 1:6과 2:21이 반영되어 있다. 즉, 한 분 유일하신 하나님은 처음부터 메시야의 "은혜"에 의거해서 그들을 부른 것인데, 율법으로 돌아가는 것은

399) 이 동사는 물론 2:20에 나온다.
400) 갈 6:15; 고전 7:19.

그 은혜를 저버리는 일이 된다는 것이다. 바울은 그들이 그런 식으로 율법으로 돌아갔을 때, 그 상태가 영원히 지속될 것이라고 말하고 있는 것이 아니고, 그들이 계속해서 그런 상태에 머문다면, 치명적인 것이 될 것이라고 말하고 있는 것이다. "사랑을 통해서 역사하는 믿음"만이 유일한 표지인 "은혜"라 불리는 거처를 떠나서, "율법"이라 불리는 옛 집으로 다시 돌아간 자들에게는 "유업"이나 "자유"또는 궁극적인 "의"에 관한 약속들은 주어지지 않는다.

갈라디아서에서 그 다음에 나오는 단락들은 바울의 수정된 종말론 내에서의 이스라엘에 관한 그의 견해라는 우리의 현재의 주제에 상대적으로 기여하는 것이 없기 때문에, 우리는 그 단락들은 신속하게 넘어가도 괜찮을 것 같다. 내가 단지 지나가는 말로 한 마디 하고 싶은 것은, 마치 로마서 7장으로부터 빠져나온 듯이 들리는 본문인 갈라디아서 5:17-18에 대한 통상적인 읽기에 나는 동의하지 않는다는 것이다:

> [17]육체는 성령을 거슬러 행하고자 하고, 성령은 육체를 거슬러 행하고자 한다. 이 둘이 서로 반대이기 때문에, 너희는 너희가 원하는 것을 행할 수 없다. [18]그러나 너희가 성령의 인도하심을 받는다면, 너희는 율법 아래에 있지 않다.[401]

바울은 다른 몇몇 본문들에서와 마찬가지로 여기에서도 자신의 암묵적인 삼단논법 중에서 소전제를 생략한다. 따라서 우리는 그가 로마서 8:9에서 그랬던 것처럼 "너희가 성령의 인도하심을 받는다면, 너희는 육신에 있지 않다"고 말한 것이라고 생각할 수 있다. 그런데 그가 그렇게 말하는 대신에, "너희는 율법 아래에 있지 않다"고 말한 것은, 로마서 7:5이 보여 주듯이, 그에게 있어서는 "육신에" 있는 것은 "율법 아래에" 있는 것과 직결되어 있기 때문이다. 메시야와 함께 죽었다가 다시 살리심을 받아서 "메시야 안에" 있는 자들(로마서 7:6은 여기에서 갈라디아서 2:19-20을 반영하고 있다)은 그러한 전문적인 의미에서 "육신에" 있지 않고, 그러한 "육신적인" 존재라는 관점에서 정의되지도 않으며, 그 대신에 메시야와 성령이라는 관점에서 정의된다. 우리는 5:16이 성령을 따라 살아가는 자들은 육체가 원하는 것들을 하지 않게 될 것이라고 선언하고 있는 것으로부터 충분히 예상할 수 있듯이, 이렇게 갈라디아서 5:17과 18절은 로마서 7:7-25과 로마서 8:1-11의 축소판처럼

401) 5:17-18. 이것에 대해서는 Wright, 2010 [*Virtue Reborn/After You Believe*], 163-71/189-98을 보라.

기능한다. 달리 말하면, 우리는 로마서를 비롯한 여러 곳들에서 본 좀 더 큰 규모의 개시된 종말론의 작은 불빛을 여기에서 또다시 보고 있다는 말이다.[402] 계약은 갱신되었고, 하나님의 백성은 변화되었다. 민족적 정체성, 따라서 할례에 초점이 맞추어진 의미에서나, 19절과 20절에 열거된 "육체의 일들"이라는 의미에서나, 육체를 따라 살아가는 것은 옛 세계에 머물러 있는 것이다. 바울의 종말론적 비전은 2:19에서 말하고 있는 것 같이 "육체를 십자가에 못 박고" "메시야에게 속해 있는" (5:24) 자들에 대한 것이다. 그들은 예수로 말미암아 "세상이 그들에 대하여 십자가에 못 박혔고 그들도 세상에 대하여 십자가에 못 박힌" 그런 사람들이 되는 것이 마땅하다. 그러나 이것은 이미 우리를 이 서신의 마지막 단락으로 데려다 준다.

바울은 자기 손에 직접 펜을 들고 글씨를 쓰면서(6:11), 마지막으로 한 마디를 안 할 수가 없었다. 그는 자기가 앞서 말했던 핵심으로 다시 돌아가서, "선동가들"은 단지 어떻게든 십자가를 회피함으로써 박해를 피하고자 하는 것일 뿐이라고 쓴다(6:12). 사실, 그들에게는 토라를 지킬 마음도 없고 지키지도 않는다. 적어도 그들은 1:14에 묘사된 다소의 사울이 토라를 지키고자 하였던 방식으로 토라를 지키지는 않는다! 그들은 단지 "육체를 자랑하고자" 하는 것일 뿐이다(6:13). 우리가 가설적인 역사적 상황을 어떤 식으로 재구성하든, 이것은 그가 그들이 "너희로 억지로 할례 받게" 하고자 한다고 말할 때의 의미이다.[403] 이것은 메시야의 십자가를 중심으로 선민론을 근본적으로 재정의하여 집약해서 제시하는 것으로 이어진다:

> [14]내게는 우리 주 메시야 예수의 십자가 외에는 결코 자랑할 것이 없으니, 세계는 메시야로 말미암아 내게 대하여 십자가에 못 박혔고, 나도 세계에 대하여 그러하다. [15]할례나 무할례는 아무것도 아니고, 중요한 것은 새로운 피조세계이다. [16]이 기준을 따르는 모든 자, 곧 하나님의 이스라엘에게 평강과 긍휼이 있을지어다.[404]

우리는 이 세 개의 절을 천천히 살펴보는 것이 좋을 것이다. 이것은 바울의 이해에 있어서 중요한 순간이다. 그는 자신의 논증을 다 마치고 나서, 비록 지치기는 했지만 만족하는 가운데, 지금 실들을 한데 꿰고 있다. 그러한 순간에 화자나 기자는 자신의 마음과 생각의 깊은 곳에서 우러나오는 것을 말하는 법이다.[405]

402) 반대견해로는 Barclay, 1988, 112; Hays, 2000, 326.

403) 6:12은 2:3과 2:14을 반영하고 있다. 역사적 상황에 대해서는 Jewett, 2002 [1970-1]; Hardin, 2008; 그리고 주석서들 중에서는 Schreiner, 2010, 30-51의 철저하면서도 주의깊은 개관을 보라.

404) 6:14-16.

405) Bachmann, 2008 [1999], 115가 16절은 "상당한 정도의 독립성"을 지닌다고 주장하는 것은 잘

가장 먼저 바울은 자기는 "자랑할 것"이 전혀 없다고 말한다. 이것과 분명히 병행되는 본문은 특히 로마서에 나오는 "유대인"의 "자랑"이고,[406] 바울이 예레미야서 9:22-23을 인용해서 "자랑하는 자는 주를 자랑하여야 한다"고 말하는 고린도전서 1:31도 또 하나의 가까운 병행 본문이다.[407] 고린도전서에서처럼 여기에서도, 갈라디아서 2:19-20에서 말한 것, 즉 메시야의 죽음은 곧 "나의" 죽음이라는 바로 그 동일한 이유로, "자랑해야 할 것"은 십자가에 못 박힌 주이다. 이제야 비로소 바울은 자기 자신을 대표로 내세운 "자전적 설명"인 2:19-20을, 메시야가 자기 자신을 죽음에 내어준 것은 하나님이 자기 백성을 "악한 현세"로부터 건져내는 수단이었다고 전 세계적 관점에서 말한 1:4과 결합시킨다. 이것이 어떻게 된 것이냐 하면, 골고다 위에서 일어난 일은 눈에 보이지 않는 훨씬 더 크고 암울한 싸움이 겉으로 표출되어 가시적으로 나타난 일이었다는 것이다. "세계가 내게 대하여 십자가에 못 박혔다." 고린도후서 5:17이 말하고 있듯이, 옛 것은 지나갔고, 새 것이 도래하였다. 복음이 드러내 보인 것은 "종교를 행하는 새로운 방식"도 아니었고, "구원 받는 새로운 길"도 아니었다. (우리가 앞에서 보았듯이, 이 서신에서는 "구원"이 언급되지 않는다.) 또한, 그것은 "하나님의 백성이 되는 새로운 길"도 아니었다 -물론, 그것을 포함하고 있는 것은 분명하지만. 복음이 드러내 보인 것은 "새로운 피조세계"였다. 새로운 세계가 탄생하였고, 그 안에서는 모든 것이 새로운 빛 속에서 나타난다. 이 점을 부각시킨 것은 미국에서 최근에 나온 바울에 관한 글들에서 강조해 온 소위 "묵시론"이 지닌 장점이다.

또한, 이 "새로운 피조세계"라는 것은 하나님의 백성을 정의하는 표지가 되었다. 할례나 무할례는 아무것도 아니고, 중요한 것은 새로운 피조세계라는 것이다! 이것은 이 서신 내에서는 5:6과 병행되고, 다른 서신에서는 고린도전서 7:19과 병행되는데, 우리가 본서에서 사용해 온 표현을 사용해서 그 핵심을 표현하자면, 종말론이 선민론을 정의한다는 것이다. 즉, "새로운 피조세계"에 속하느냐 아니냐 하는 것은 단일한 권속, 아브라함에게 약속된 "자녀"의 정체성을 결정하고, 그렇게 함

못이다 — 그러한 주장은, 어떤 관점에서 보더라도 6:11-17에서 요약적인 형태로 다시 진술되고 있는 것으로 보이는 이 서신의 사고 전체로부터 이 마지막 구절을 분리시키고자 하는 시도임이 분명하다. Eastman, 2010, 386은, 로마서 8장과 로마서 9장 간의 관계와 비슷하게, 6:16b에서 "초점의 이동"이 있다고 주장하는데, 이 주장의 문제점은 (a) 6:16이 단지 네 단어로 이루어져 있다는 것과 (b) 바울은 그런 후에 6:17에서 극적으로 원래대로 다시 "이동한다"는 것이다.

406) 롬 2:17; 3:27; cf. 4:2.

407) 또한, cf. 고후 10:17; 빌 3:3.

으로써, 한편으로는 할례라는 표지에 대한 유대인들의 자랑, 다른 한편으로는 무할례에 대한 이방인들의 자랑을 철저하게 상대화시킨다. (이것은 교회에 존재하는 지각 없는 반유대적인 정서나, 거기에 따른 친유대적인 반발 속에서, "유대인들"이 "이방인들"에 의해서 대체된 것인지가 문제가 되고 있는 상황 속에서 결코 사소한 것이 아니다. 바울은 "선동가들"이 취하고 있던 본질적으로 반종말론인 입장에 대해서와 마찬가지로, 이방인들의 그러한 말도 안 되는 "자랑"에 대해서도 강경한 태도를 취하였을 것이 분명하다.)

그러나 하나님의 백성은 여전히 하나님의 백성이라는 것이 중요하다. 바울은 이 서신의 모든 면면에서 하나님의 백성을 메시야 및 그의 죽음과 부활이라는 관점에서, 그리고 자신들의 '피스티스'(pistis)로 말미암아 메시야의 확대된 권속의 지체이자 아브라함의 단일한 참된 '스페르마'(sperma, "씨, 자손")로 선언된 자들이라는 관점에서 이해한다. 갈라디아서 1:1–6:15을 이런 식으로 읽는 사람은 누구든지, 바울이 16절의 끝에서 "하나님의 이스라엘에게"라고 말하였을 때, 거기에서 많은 것을 연상시키는 고귀한 단어인 "이스라엘"이 이제는, 아무리 변증적이라고 하더라도, "사랑을 통해서 역사하는 믿음"(5:6)과 "새로운 피조세계"(6:15)에 의해서 정의된 메시야의 믿음의 권속 전체 이외의 다른 것을 가리킨다고 생각하는 것이 문자 그대로 거의 불가능하다는 것을 발견하게 될 것이다 -그리고 이것을 증명해 주는 누적적인 증거들은 무수히 많다.[408)]

408) 이 대목에서 최근의 주석자들 중 대다수는 견해를 같이 한다: Betz, 1979, 322f.; Sanders, 1983, 174; R. N. Longenecker, 1990, 298f.; Williams, 1997, 167; Martyn, 1997a, 574-7; Witherington, 1998, 453; Hays, 2000, 346; Stanton, 2001, 1165(이 해석은 "지금 널리 받아들여지고 있다"); Bell, 2005, 179f.(Bell은 이것을 "대체 모델"이라고 명명함으로써 오도하기는 하지만); Schreiner, 2010, 381-3(풍부한 서지 자료); Cohen, 2011, 344(이것은 *Jewish Annotated New Testament*의 일부라는 점에서 더욱 흥미롭다); 또한, Ridderbos, 1975 [1966], 336; Barclay, 1988, 98 n. 34; Longenecker, 1998, 87f., 176f.(좀 더 폭넓은 가능성을 열어 놓고 있기는 하지만; 최근의 Longenecker, 2012, 16f.에서도 그런 입장을 취한다); Schreiner, 2001, 82f.; Schnelle, 2005 [2003], 589f.; Bird, 2012, 27. 흥미로운 것은 이것은 Nanos, 2002b에서 이 문제에 대해 언급하는 모든 사람들이 취하는 입장이라는 것이지만, Nanos 자신은 Nanos, 2002a에서 이 점을 다루지 않는다는 것이다. Dunn, 2008 [2005], 245, 252(이 논문들은 원래는 1993, 1994에 간행되었다)는 다수의 견해를 지지하는 것으로 볼 수 있지만, 그의 좀 더 자세한 설명(Dunn, 1993, 344-6)은 그가 로마서 11장에 대한 하나의 읽기 같은 견해, 즉 바울은 "하나님의 이스라엘"이라는 표현을 통해서, 유대인-이방인 신자들로 이루어진 교회와 아직 믿지 않는 유대인들을 가리킨다고 보는 견해를 취하고 있음을 시사해 주는데, 그는 갈라디아서에서 바울은 장차 믿게 될 유대인들(나는 그가 누구를 염두에 둔 것인지가 의아하다)을 배제하지 않고 있다고 지적한다. 이 문제와 관련된 논쟁사에 대해서는 Schreiner, loc. cit.와 Eastman, 2010, 369를 보라: 다수의 견해를 지지하는 주된 학자들로는 특히 Burton, 1921, 358; Richardson, 1969; Mussner, 1974를 들 수 있고, 가장 최근에 인상적인 것으로는 de Boer, 2011, 404-8(이 대목은 de Boer가 Martyn과 결별하고 있는 대목들 중의 하나라는 것이

이러한 입장이 옳다는 것을 보여주는 증거들은 여러 측면에서 많고 강력하다. 첫째로, 이 서신 전체에 걸친 누적적인 증거들이 있다.[409] 바울의 논증 전체는 한 분 유일하신 하나님에게는 두 권속이 아니라 하나의 권속만이 존재한다는 것, 그리고 이 단일한 "자손"은 유대인이나 헬라인, 노예나 자유민, 남자나 여자의 구별 없이 오로지 메시야 예수를 믿는 모든 자들로 이루어진다는 것이다. 앞에서 그는 이 단일한 권속을 자기가 전에 박해하였던 자들인 "하나님의 교회"(ekklēsia tou theou – '에클레시아 투 테우')라고 말한 바 있다(1:13).[410] 바울이 이 어구의 또 하나의 용례 속에서 이 어구를 흥미롭게도 "유대인들"과 "헬라인들"로부터 구별하여 사용하고 있다는 사실은, 그가 여기에서도 동일한 의미로 이 어구를 사용하고 있을 가능성을 강력하게 밑받침해 준다.[411] 그가 예루살렘과 안디옥에서 "복음의 진리"를 위하여 싸운 것은, 메시야를 믿는 유대인들과 이방인들이 오로지 메시야를 믿는 믿음에 의해서 정의된 단일한 권속의 지체가 되었음을 보여주는 증표로서 아무런 차별 없이 동일한 상에서 먹는 것을 확보하기 위한 싸움이었다(2장). 3장의 논증은, 하나님은 언제나 아브라함에게 이방인들도 똑같은 분깃을 갖게 될 단일한 권속을 약속하였고, 그러한 권속이 메시야와 성령을 통해서 만들어졌다는 것이었다. 즉, 믿음으로 세례를 받아 메시야 백성이 된 모든 자들은 약속의 참된 "상속자들"인 단일한 "자손"을 형성한다는 것이다. 4장은 그것을 여러 다른 시각에서 강

더욱 흥미롭다)이 있다. 다수의 견해는 "하나님의 이스라엘"을 현재의 유대 그리스도인들로 보는 견해(Richardson, 1969, 82-4 등), 모든 유대인들을 가리키는 것으로 보는 견해(Bachmann), 바울이 특별히 자신의 대적들과 그들의 추종자들을 가리킨 것이었을 가능성을 제기하는 견해(Burton) 등으로 다시 세분된다.

409) Eastman, 2010은 이상하게도 이것을 무시한다. 이것을 올바르게 보고 있는 Sanders, 1983, 174; Weima, 1993, 105; Schreiner, 2010, 383을 보라: "교회를 하나님의 이스라엘로 보는 결정적인 논증은 갈라디아서 전체의 논증이다."

410) '에클레시아'(ekklēsia)가 "회당"을 가리키는 통상적인 단어였다는 것을 기억하라. 그러므로 1:22에 재정의가 나온다: 유대 땅에 있는 메시야의 백성이 아닌 자들과 반대되는 메시야의 "회중들"(또한, cf. 고전 15:9; 살전 2:14). 1:13의 "하나님의 교회"가 "예루살렘에 있는 모교회"를 가리킨다는 De Boer의 주장(2011, 407f.)은 이상하다: 바울은 분명히 더 광범위하게 박해를 받았고, de Boer가 말하는 것(2011, 85-8)과는 달리, 나는 그가 예루살렘의 그리스도인들을 그런 식으로 지칭하였을 것임을 보여주는 합당한 증거를 보지 못한다.

411) 고전 10:32: "유대인들과 헬라인들과 하나님의 교회 앞에서 흠 없이 행하라." Thiselton(2000, 795)은 이렇게 말한다: "바울은 10:1-22에서 교회와 이스라엘의 연속성을 강조하였다; 이 맥락 속에서 하나님의 교회라는 어구는 불연속성도 아울러 환기시키는 것으로서, 하나님의 백성의 뿌리와 토대인 하나님의 약속과 계약은 여전히 이스라엘의 역사와 연속선상에 있기 때문에, 하나님의 백성은 이스라엘을 배제하는 방식이 아니라 부분적으로 재정의되고 있다"(강조는 원래의 것).

화시키고, 5장은 반어법적이고 논쟁적인 글을 신학적으로 문외한인 자들조차도 여기에서 말하고자 하는 요지를 놓칠 수 없는 수준으로 바꾸어 놓는다. 이렇게 이 서신 전체의 맥락은 모두 오직 한 길을 가리키고 있다.[412)]

갈라디아서의 마지막 단락의 맥락도 마찬가지이다 — 이것은 통상적인 읽기에 도전하는 자들에 의해서 흔히 무시되거나 폄하되기는 하지만,[413)] 이 단락은 실제로 세계를 속량하기 위한 메시야의 죽음, "분란을 일으키는 자들," 반복적으로 저주를 선언하는 말들이 나오는 이 서신의 무뚝뚝하고 논쟁적인 서두를 상당히 밀접하게 반영하고 있다.[414)] 우리가 16절의 마지막 여섯 단어, 즉 '카이 에피 톤 이스라엘 투 테우'(kai epi ton Israel tou theou, 직역하면, "그리고 하나님의 이스라엘 위에")를 제거한다면, 이 일곱 절이 이 서신의 나머지 전체를 요약하고 강조하는 것 이외의 다른 것을 행하고 있다고 생각할 수 있는 사람은 없을 것이다.[415)] 특히, 우리는 이것과 관련해서 흔히 무시되는 17절을 주목하여야 한다: "이후로는 아무도 나를 괴롭게 하지 말라. 나는 내 몸에 예수의 흔적들을 지니고 있다." 이것은 할례냐 무할례냐는 중요하지 않다고 한 6:15을 또다시 반어법적이고 논쟁적인 어법으로 강력하게 뒷받침하는 말이다. 즉, 바울이 지니고 있는 박해 받은 흔적들, 그가 메시야의 고난에 참여하고 있음을 보여주는 증표들만이 유일하게 의미 있는 육체와 관련된 표지들인 까닭에, 다른 말들을 하고자 하는 자는 누구든지 그를 "괴롭히는" 자라는 것이다.[416)] 그리고 이 단락의 이전 부분들인 6:11-15도 동일한 이야기를 동일한 어조로 들려준다. 만일 우리가 16절의 마지막 어구를 어떤 다른 의미로 읽는다면, 바울이 마치 어떤 말을 하는 도중에 지금까지와는 완전히 다른 어조로 어떤 것에 대하여 말한 것인 양, 우리는 그 어구를 그의 입에서 갑자기 엉뚱하게 튀어나온 말로 취급하는 것이 될 것이다.

412) 갈라디아서는 "속량의 역사에 대한 지향성"을 지니고 있기 때문에, 바울은 "유대교의 우선성"을 견지하고 있다는 Bachmann의 논증(2008 [1999], 101-6, 121-3)은 독일 등지에서 일반화되어 온 이 서신에 대한 탈유대적이고 비계약적인 읽기에 반대하는 논증이지만, 본서 전체에 걸쳐서 설명되고 있는 견해와 반대되는 논증은 아니다.

413) Sanders, 1983, 174: 6:12-13은 2:14을 상기시키고, 6:14은 2:20을 상기시킨다.

414) 1:4; 1:7; 1:8f.

415) Bachmann, 2008 [1999], 107이 6:11-17은 이전에 나온 구절들보다 "덜 공격적이고" "더 온건하다"고 주장하는 것은 잘못이다. 이 서신 전체에 걸쳐서와 마찬가지로 여기에서도 바울의 어조 속에는 비꼬는 의미와 목회적 관심이 혼합되어 있다. 그러나 이 단락의 모든 절들은 한결같이 이 서신 전체, 특히 마찬가지로 중요한 서두를 다양하게 반영하는 가운데 날카롭고 명확하다. 좀 더 자세한 것은 Weima, 1993, 90-2; Beale, 1999, 205를 보라.

416) 또한, cf. 4:12-14.

"이스라엘"이라는 단어 자체는 어떠한가? 바울이 자신의 서신들에서 이 단어를 드물게 사용하고 있고(로마서 9-11장을 제외하면), 갈라디아서에서는 오직 여기에서만 사용하고 있다는 것은 물론 사실이다.[417] 그러나 이 단어는 바울 당시의 헬레니즘-유대 세계에서 어쨌든 다의적으로 사용되었고,[418] '호이 유다이오이'(hoi Ioudaioi, "유대인들")와는 달리, 원래의 선민인 "이스라엘," 즉 야곱의 자손이, 북왕국의 열 지파가 사라져서, 오직 유다와 베냐민이라는 두 지파와 그들 중에 살았던 레위인들만이 남게 되었고, 그들조차도 바벨론으로 포로로 끌려간 후에, 전부가 아니라 일부만이 돌아왔다는 사실에 대한 강력한 기억을 여전히 간직하고 있었다. 따라서 엄밀하게 말해서 유다 지파만을 가리켰던 '유다이오스'(Ioudaios, "유대인")라는 단어는 그 의미가 확장되어서, 베냐민 지파와 레위 지파 중에서 포로생활로부터 돌아온 자들을 포함하게 되었고, 제2성전 시대에는 다양한 방식으로 사용되었는데, "유대인들"에 의해서는 그들 자신을 가리키는 데 종종 사용되었을 뿐이고, 도리어 비유대인들이 중동이나 디아스포라 지역에 있던 유대인들을 가리키는 데 더 자주, 그리고 때로는 경멸적인 의미로 사용되었다. 한편, "이스라엘"이라는 단어도 마찬가지로 다양한 방식으로 사용되기는 하였지만, 흔히 "유대인"이나 "유대인들"이라는 단어와는 주의 깊게 구별해서, 통상적으로 계약 백성이라는 원래의 성경적 의미를 상기시키는 맥락 속에서 사용되었고, 현재의 '유다이오이'(Ioudaioi, "유대인들")가 결국에는 "온 이스라엘이 내세에 분깃을 가지고 있다"고 할 때의 그 "이스라엘"이 될 것이라는 주장과 소망을 담고 있었다. 이 단어는 유대인들의 많은 분파들이 활동하였던 제2성전 시대 전체에 걸쳐서 암묵적으로 논쟁적인 성격을 띤 가운데 끊임없이 재정의되었고, 쿰란 분파로부터 랍비들에 이르기까지 모든 사람들이 자신에게 적용하고자 하였던 단어였음이 분명하다. 이 단어는 특히 메시야에 대한 기대나 메시야라는 주장과 결부되었고, 자신들의 무리가 메시야를 기다리는 이스라엘이라거나, 자신들은 "남은 자들"이고 궁극적인 이스라엘이 자신들로부터 나오게 될 것이라는 주장과 결부되었다. 물론, 대부분의

417) cf. 고전 10:28; 고후 3:7, 13; 엡 2:12; 빌 3:5. 많은 저자들이 이 대목에서 로마서 9-11장을 언급하는 것은 도움이 되지 않고, 갈라디아서는 독자적으로 해석되어야 한다고 역설하는 것은 옳다. 게다가, 많은 주장들에도 불구하고, 로마서 9-11장에서조차도 그 용법이 명확하거나 명료하지 않다: Davies, 1984, 343 n. 20을 보라.

418) 이하의 서술에 대해서는 여전히 매우 유익한 분석인 *TDNT*, 3.359- 91에 게재된 K. G. Kuhn and W. Gutbrod의 글을 보라. 마카베오1서의 용례들(유대인들은 자신들을 "이스라엘"로 지칭하고, 이교도들은 그들을 "유대인들"로 지칭한다)을 이 시기를 대표하는 용법으로 보는 것은 지나치게 단순한 생각이다(Stendahl, 1995, 4): 우선 마카베오2서만 해도 그 용법이 매우 다르다.

주석자들이 갈라디아서 6장에서 이 단어가 지니고 있다고 믿는 그런 의미로 "이스라엘" 이라는 단어를 사용하고 있는 전례는 제2성전 시대 문헌에는 나오지 않지만, 사실은 그런 전례는 있을 수 없었다. 왜냐하면, 바울 이전에는 아무도 메시야가 나타나서 십자가에 못 박힌 후에 탄생하게 된 하나님의 백성이 "이스라엘" 이라는 이름으로 불리게 될 줄은 꿈에도 생각하지 못했을 것이기 때문이다. 전례 없는 상황들이 전례 없는 결과들을 만들어낸다.[419)]

따라서 바울이 이 본문에서 "믿는 유대인들과 믿는 이방인들을 합한 아브라함의 자손 전체" 를 가리키기 위하여 "이스라엘" 이라는 단어를 사용한 것이라면, 이것은 논쟁적 성격이 짙은 재정의였을 것임에 틀림없다. 그러나 그것은 바울의 전체적인 관행으로 보아서나, 현재의 본문과 관련해서 이질적인 것이라고 하기 힘들다. 전체적으로 보아서, 우리는 이미 로마서 2:29에서는 "유대인," 로마서 2:26과 빌립보서 3:3에서는 "할례" 에 대한 그의 깜짝 놀랄 만한 재정의를 보아 왔다. 또한, 앞 장에서 우리는 고린도후서 6:16에 나오는 "성전" 언어 및 계약의 약속들과 관련한 주목할 만한 용법을 비롯해서, 다른 많은 재정의들을 살펴본 바 있다.[420)] 현재의 맥락 속에도 몇몇 전통적인 용어들에 대한 거의 획기적이라고 할 수 있을 정도의 첨예한 재정의들과 고도로 압축되고 집약된 어구들이 나온다. 예컨대, 오직 그가 전통적으로 중요한 "율법" 이라는 용어에 "메시야" 의 속격을 첨가해서, 중요하지만 쉽게 표현할 수는 없는 수정이 일어났음을 보여 주고자 만들어낸 용어라고 설명할 때에만 이해될 수 있는 6:2의 "메시야의 율법" 이라는 어구, "세계가 내게 대하여 십자가에 못 박혔고, 나도 세계에 대하여 그러하였다" 는 구절, "새로운 피조 세계" 라는 표현 등이 그런 것들이다. 또한, 우리는 거기에 '조에 아이오니오스'(zōē aiōnios)라는 어구도 추가해야 할 것이다. 이 어구는 이 서신의 다른 곳에서는 사용되지 않았지만, "내세의 삶" 이라는 유대적인 관념을 재정의한 것이다.[421)]

"하나님의 이스라엘" 이 "메시야의 율법" 과 마찬가지로 그러한 논쟁을 위하여

419) 나는 옥스퍼드의 Worcester College에서, 여자들이 처음으로 교우로 입학 허가를 받은 지 얼마 되지 않아서, 한 여자 교우가 기존의 남자 교우와 약혼하게 되었던 순간을 기억한다. 그 날 저녁에 내가 모인 사람들이 모두 일어서서 건배하자고 제안하자, 상급생이었던 한 변호사가 그런 선례가 없다는 이유로 반대하였다. 나는 이 사안의 성격상 선례가 있을 수 없다는 점을 지적하였다. (우리는 타협점을 찾아서, 자리에 앉은 채로 건배하였다.)

420) 이 병행들의 의미를 폄하하고자 한 Bachmann, 2008 [1999], 112의 시도는 실패한 것으로 보아야 한다.

421) 위의 제2장 제4절4), 제11장 제2절을 보라.

만들어낸 표현임을 보여주는 어떤 증표들이 존재하는가? 아니면, 이 어구는 바울의 대적들이 진정한 하나님의 백성이라고 보았던 "할례자들"을 가리키기 위하여 이미 사용하고 있던 표현이었던 것인가?[422] 후자의 주장이 강점이 있든 없든, 바울이 통상적으로 특히 유대적인 기도문들과 축복문들을 논쟁의 목적으로 재정의해서 사용하였다고 생각할 만한 근거는 아주 충분하다. 가장 먼저 생각해 볼 수 있는 것은, 바울은 6:2에서 "율법"이라는 단어에 "메시야의"라는 수식어를 붙여서 수정한 것과 마찬가지로, 6:16에서도 "이스라엘"이라는 단어에 "하나님의"라는 한정적 속격을 붙여서 수정한 것이라는 설명이 가능하다는 것이다. 앞에서 보았듯이, 바울은 "유대인"이나 "할례"같은 공동체를 정의하는 주요한 용어들에 형용사나 속격을 첨가하지 않고 그대로 사용하기도 하였기 때문에, 그런 첨가들이 있는 경우에는 모종의 재정의가 진행되고 있는 것이라고 보는 것이 옳을 것이다.

그러나 바울은 왜 "하나님의"라는 수식어를 붙여서 말하였을까? 갈라디아서 전체에 비추어 볼 때, 여기에서 그가 어떤 효과를 의도했다는 것은 의심의 여지가 없을 것 같다. 그는 1:13에서는 "하나님의 교회"라고 표현하고, 2:19에서는 "율법으로 말미암아 내가 율법에 대하여 죽은 것은 하나님에 대하여 살도록 하기 위한 것이었다"고 말한다. 이러한 대비는 다소의 사울에게는 말도 되지 않는 것이었겠지만, 바울에게는 십자가에 못 박힌 메시야를 개입시키는 효과를 지닌다. 또한, 뚝뚝 끊어지는 느낌이 있지만 사실은 그 의미가 분명한 3:20도 마찬가지인데, 거기에서는 중보자, 즉 모세는 아브라함에게 약속된 단일한 권속의 중보자가 아니지만, 하나님은 한 분이시기 때문에, 메시야 안에서 바로 그러한 단일한 권속을 만들어내고자 하였고, 실제로 만들어내었다고 말한다.[423] 또한, 우리에게는 4:7, 8, 특히 9절에서 "하나님"의 두드러진 역할도 참고가 될 수 있다. 거기에서는, "메시야 안에" 있는 자들은 하나님의 자녀들이자 상속자들이고, 하나님을 알게 되었을 뿐만 아니라 하나님에게 알려지게 되었기 때문에, '스토이케이아'(stoicheia, "세계의 원소들") — 이 단어가 어떤 의미로 사용되었는지에 대하여 그 어떤 논란이 있다고 할지라도, 바울의 생각 속에서는 갈라디아 교인들이 할례를 받고자 하는 것과 밀접하게 연관되어 있다는 것은 분명하다 — 로 다시 돌아가서는 안 된다고 말한다.

이 모든 것은 이 서신의 이전의 여러 계기들과 합쳐져서 우리에게 6:16b의 "하나님의 이스라엘"이라는 어구에 대한 가장 유력한 해석이 무엇인지를 보여준다.

422) 이 주장에 대해서는 cf. Betz, 1979, 323, 그리고 Weima, 1993, 105 등의 이후의 논의들.
423) 위의 제10장 제3절 3) (3) (d)를 보라. 이것은 Martyn, 1997a, 576이 말한 것과 비슷하다.

이 서신 전체에 비추어 볼 때, "하나님의 이스라엘"은 "믿음의 권속"(6:10), "할례나 무할례와 관련된 규례와 반대되는 새로운 피조세계에 속한 규례를 따라 행하는 자들"(6:15)를 의미하고 있음에 틀림없다.[424] 바울은 '사륵스'(sarx, "육체")에 의한 이스라엘이 아니라 하나님의 은혜를 구현한 메시야에 의해서 정의된 "이스라엘"에 대하여 말하고 있고(2:19-21), 이것이 옳다는 것은 고린도전서 10:18에서 말하는 "육신을 따른 이스라엘"이라는 암묵적인 대비에 의해서 더욱 강화된다 — 아무리 많은 주석자들이 이 가능성을 부정할지라도.[425] 바울의 글들 속에는 "성령을 따른 이스라엘"이라는 표현은 나오지 않지만(우리는 여기서 다시 한 번 로마서 2:25-29과 빌립보서 3:3을 참조해 볼 수 있을 것이다), 그런 것은 별로 중요하지 않다. 왜냐하면, 갈라디아서 4:21-5:1이 보여 주듯이, 바울은 몇 가지 서로 그 의미가 중복되는 용어들을 자신의 소매 속에 넣고 다니다가, 그때그때마다 자신의 뜻대로 활용할 수 있었기 때문이다. 그는 조직신학 분야의 박사논문이 아니라, 교회들의 상황에 맞춰 긴급하게 내용을 압축해서 서신들을 쓴 것이었다. 따라서 6:16b에 나오는 "하나님의 이스라엘"은 바울이 만들어낸 새로운 표현이었을 가능성이 대단히 높다.[426]

그렇다면, 16절은 실제로 어떻게 작동하는가? 전반부를 직역하면 "무릇 이 규례를 행하는 자들에게 평강이 있을지어다"가 되는데, 그 의미는 분명하다. 분명히 여기서 "규례"는 15절에서 말하고 있는 것, 즉 할례나 무할례를 따지는 규례가 아니

424) de Boer, 2011, 406은 "하나님의 이스라엘"이 "이 기준을 따를 모든 사람들"로부터 "멀리 떨어져 있다"는 것이 이 견해의 "심각한 문제점"이라고 주장한다. 그런 주장은 지푸라기를 붙잡고자 하는 것이다: (a) 일곱 단어라는 간격은 "멀리 떨어져 있다"고 할 만한 것이 못 된다; 바울의 논증들 중 다수는 전후로 훨씬 더 넓은 범위와 연결되어 있다; (b) '에프 아우투스'(ep' autous)가 "이 기준을 따를 모든 사람들"을 받고 있다는 것은 의심의 여지가 없고, 이것은 그 간격을 단지 두 단어(kai eleos - '카이 엘레오스')로 줄여준다.

425) Eastman, 2010, 368과 Bachmann, 2012, 87은 둘 다 Schrage, 1995, 442f.를 인용해서, 고린도전서 10:18에서 말하는 "이스라엘"은 "6-10절의 우상을 숭배하는 [이스라엘]"이라고 주장한다. 그러나 10:1-4에서와 마찬가지로 여기에서도 바울의 핵심은, 이스라엘이 "제단에 참여하여 먹었다"는 것이 그들의 이후의 반역을 보여준 것이라고 말하는 것이 아니다. 그는 단지 성경 속의 옛 이스라엘 전체의 모습을 있는 그대로 말하고 있는 것일 뿐이다. 암묵적인 대비는 바울이 10:1에서, 그리고 12:2에서는 소극적으로, 고린도의 그리스도인들을 민족으로서의 이스라엘과는 차별화하면서도 이스라엘의 이야기 내에 포함시키는 방식으로 이 이야기를 함으로써 생겨난다; cf. 10:32과 Wolter, 2011, 413f., 그리고 아래의 제11장 제6절 4) (5) (g)를 보라.

426) 이것을 "바울의 혁신"으로 보는 견해로는 Wolter, 2008, 155-8 등을 보라. 이 서신에서 여기에서 정점에 도달할 때까지 드러난 "하나님"이라는 단어의 용법에 비추어 볼 때, 나는 "하나님의 이스라엘"이 "선동자들"이 만들어낸 것을 바울이 가져와 사용한 것일 가능성은 적다고 본다.

라, 새로운 피조세계에 속하였느냐의 여부를 따지는 규례를 가리킨다. 또한, 여기에서 "무릇"은 6:12(직역하면, "무릇 육체를 과시하고자 하는 자들이 너희에게 할례를 받도록 강요하고 있다")에 나오는 "무릇"과의 의도적인 대비를 위한 것으로 보인다. 여기에 할례자들이라는 한 무리가 있고, 여기에 할례나 무할례를 따지지 않는 또 다른 무리가 있다는 것이다. 이 단락 전체는 이 두 무리 간의 대비를 중심으로 그 내용이 구성되어 있다.

이 문장은 '카이'(kai, "그리고")가 (이 절의 처음에 나오는 것은 제외하더라도) 중간에 두 번이나 나오기 때문에 그 의미를 파악하기가 쉽지 않은데, 직역하면 이렇다: "그들에게 평강, '그리고'(kai) 긍휼, '그리고'(kai) 하나님의 이스라엘에게." 헬라어 '카이'는 이미 말한 내용에 새로운 내용을 추가한다는 것을 보여주는 "그리고" 또는 "또한"으로 해석될 수 있을 뿐만 아니라, 이미 말한 내용이 또 다른 의미를 지닐 수 있음을 보여주는 "곧"으로 해석될 수도 있다. 달리 말하면, '카이'는 추가의 표지가 될 수도 있고, 강조의 표지가 될 수도 있다는 것이다.[427] 따라서 이 문장은 세 가지로 해석될 수 있다:

1. (a) 그들("이 규례를 따라 행하는 자들")에게와 (b) 하나님의 이스라엘("그들"과는 다른 무리)에게 평강과 긍휼이 있을지어다.

2. (a) "이 규례를 따라 행하는 자들"에게는 평강, 그리고 (b) "하나님의 이스라엘"("이 규례를 따라 행하는 자들"과는 다른 무리)에게는 긍휼이 있을지어다.

3. "이 규례를 따라 행하는 자들," 곧 "하나님의 이스라엘"(즉, 동일한 무리)에게 평강과 긍휼이 있을지어다.

이러한 선택지들 중에서 세 번째의 것이 이 서신 전체가 보여주는 바로 그것이라고 나는 생각한다. 이러한 해석은 문법적으로 아무런 문제가 없다. 사실, 두 번

427) 즉, 이른바 "보충설명의" '카이'(kai). 이 요약은 그 자체가 이미 지나친 단순화이다. BDAG 494-6에 수록된 '카이'(kai) 항목이 이것을 잘 보여준다(nb. 494: "'카이'는 여러 가지 용법으로 변화무쌍하게 사용되기 때문에 … "그리고"라는 번역으로는 그 의미를 제대로 살려낼 수 없고, 어떤 본문의 짧은 범위 안에서 사용되고 있는 이 단어들을 반복해서 "그리고"로 번역하는 것은 헬라어 구문법의 매혹적인 측면들을 포착할 수 없다"). Beale, 1999, 206 n. 7에 나오는 자세한 설명을 보라.

째로 나오는 '카이'는 (b)로 해석하는 것을 불가능하게 만들거나 적어도 매우 어렵게 만든다고 할 수 있다. 만일 바울이 "이 무리에게는 평안이, 저 무리에게는 긍휼이 있을지어다"라고 말하고자 하였던 것이라면, 두 번째 '카이'를 완전히 빼버리고, '에이레네 에프 아우투스'(eirēnē ep' autous, "그들에게는 평안이") '카이'(kai, "그리고") '엘레오스 에피 톤 이스라엘 투 테우'(eleos epi ton Israēl tou theou, "하나님의 이스라엘에게는 긍휼이")로 표현하였을 때, 그런 의미를 훨씬 더 분명하게 나타낼 수 있었을 것이다. '에이레네'와 '엘레오스' 사이에 두어진 "추가"의 의미를 지니는 첫 번째 '카이' 직후에 나오는 두 번째 '카이'는 "강조"의 의미를 지니는 것으로서, 어떤 새로운 요소를 도입하는 것이 아니라, 이미 언급된 것에 추가적인 차원의 의미를 제시하고 있는 것일 가능성이 대단히 높다.

이러한 가능성은 바울 당시에 유대인들 사이에서 이미 잘 알려져 있었던 것으로 보이는 이른바 "십팔축복기도문"의 마지막에 나오는 "우리에게, 곧 당신의 백성 이스라엘에게 긍휼과 평강을 보이소서"라는 기도 문구가 여기에 반영되어 있다는 사실에 의해서 더욱 강화된다.[428] 비슷한 정형문구들은 랍비들의 카디쉬 기도문(Kaddish d'Rabbanan)에서도 발견된다: "우리에게, 곧 온 이스라엘에게 하늘로부터의 풍성한 평강과 행복한 삶이 있게 하소서."[429]

물론, 그러한 기도문들은 두 개의 서로 다르기는 하지만 중복되는 무리를 상정하고 있다는 반론이 제기될 수 있다: (a) 이 기도문으로 기도하는 회중과 (b) "온 이스라엘"이라는 좀 더 큰 무리. 그리고 이것을 근거로 해서, 바울도 두 개의 무리를 염두에 두었을 것이라고 주장하는 것도 가능하다: (a) "이 규례를 따라 행하는 자들"과 (b) "현재는 이 규례를 따라 행하고 있지 않지만 장래에 그렇게 될 수 있는 저 유대인들."[430] 하지만 그러한 주장에 대해서는 분명한 반론들이 존재한다. 첫째

428) SB 3.579. 십팔 축복기도문(Eighteen Benedictions)이 생긴 연대를 아는 것은 우리의 목적을 위해서 중요하지 않지만, 나는 후대의 이러한 정형화된 기도문들이 제2성전 시대까지 거슬러 올라가는 오랜 전승들로부터 생겨난 것이라고 본다.

429) *ADPB* 16.

430) 이것은 De Boer, 2011, 407f.가 선호하는 해법이다. 물론, 이것은 적어도 Bachmann과 그와 비슷한 생각을 지닌 학자들의 소망을 충족시켜 주지는 못할 것이다. 그들에게 있어서는 장차 유대인들이 회심할 것이라거나 현재 율법을 지키는 유대 그리스도인들이 결국 바울의 관점을 받아들여야 한다는 생각 자체가 이미 "대체"나 "밀어내는 것"을 의미할 것이기 때문이다. 바울이 베드로에게는 유대인들에게 선교할 합당한 권한이 주어져 있음을 생각하고서(갈라디아서 2:7-9의 합의에 의하면, 그것은 바울의 관할지를 침범하는 것이 아니었다), "베드로의 선교에 의해 세워질 교회들"을 염두에 두고 있었다는 De Boer의 주장은 여기에 나오는 "이스라엘"이 "교회"를 의미한다고 말하는 스킬라(Scylla)와 바울이 여기에서 자신이 1:8f.에서 출교를 선언한 자들에게 복을 빌어 주고 있는 것으로 만드는 카리브디스

로, 설령 바울이 그러한 기도문을 간접적으로 인용하고 있는 것이라고 하더라도, 그는 당연히 "긍휼과 평강"의 순서를 바꾸고, 전에는 없던 "하나님의 이스라엘"이라는 표현을 만들어내어 사용하는 등, 기존의 기도문을 새롭게 수정해서 사용하였을 것이다. 따라서 그가 기도 속에서 두 개의 서로 중복되기는 하지만 별개인 무리들을 언급하는 패턴을 그대로 따랐을 것인지는 확실하지 않다. 둘째로, 그가 그러한 패턴을 따른 것이라고 해도, 그는 "메시야 안에 있는 모든 자들"을 가리키는 일반적인 서술이 아니라 자기가 갈라디아 교인들에게서 보고 싶어 하는 모습에 관한 구체적인 서술로서 먼저 "이 규례를 따라 행하는 자들"이라는 어구를 사용한 후에, "그들이 누구이고 어디에 있든, 메시야의 모든 백성"을 포괄하는 좀 더 큰 범주로서 "하나님의 이스라엘"이라는 표현을 사용한 것일 가능성이 있다. 셋째로, 우리는 바울이 유대인들의 옛 기도문들을 가져와서 새로운 목적을 위하여 사용할 수 있었다는 사실에 유념하여야 한다. 그는 고린도전서 10장에서처럼 믿는 이방인들을 이스라엘에 관한 이야기 속에 집어넣어서 이야기를 풀어나갈 수 있었던 것과 마찬가지로,[431] 믿는 이방인들을 유대인들의 기도문 속에 집어넣어 그들을 위하여 기도할 수 있었다. 우리는 제9장에서 이스라엘을 진정으로 유일신론을 믿는 백성으로 구별지었던 기도문인 셰마(Shema) 자체를 바울이 얼마나 깜짝 놀랄 정도로 수정하였는지를 살펴본 바 있다.[432] 또한, 우리는 갈라디아서 3:28에서 그가 당시에 잘 알려져 있던 회당 기도문에 대한 철저한 수정을 가하고 있는 것을 볼 수 있다. 왜냐하면, "유대인이나 헬라인, 노예나 자유민, 남자나 여자의 구별은 없다"는 그의 주장은, 유대인들이 자기가 이방인이나 노예나 여자로 태어나지 않게 해준 것에 대하여 드리곤 하였던 감사기도를 정면으로 반박하는 것이었기 때문이다.[433] (이런 감사기도와 비슷한 기도문들은 비유대 세계 안에서도 발견되기 때문에, 바울이 배척하고 있는 것은 단지 유대 전통들만이 아니다.)[434] 갈라디아서의 내용은 물론이고 그 기조로 볼 때, 나는 바울이 이 서신의 끝부분의 정점에서 이 서신을 집약하여 제시하는 순간에, 자기가 어릴 때부터 알고 있었던 기도문들, 즉 전에는 유대인

(Charybdis)라는 진퇴양난을 피하기 위한 용감한 시도 같아 보인다(de Boer는 나의 이러한 논평에 대하여 내게 서신을 보내서, 바울이 실제로 그들에 대하여 하나님의 "긍휼"을 빌었다고 말하였다). de Boer가 이 대목에서 로마서를 언급하며, 바울의 그러한 조치가 실제로 불법인 것은 아니었지만 분명히 위험한 것이었다고 처음부터 주장하고자 한 것은 아이러니컬하다(2011, 2).

431) Hays, 2000, 346 n. 302.

432) 위의 제9장 제3절 2) (3)를 보라.

433) *ADPB* 6f.; cf. SB 3.557-63: cf. tBer. 7.18; j.Ber. 13b; bMenah. 43b.

434) 예를 들면, Diog. *Laert. Vit. Philos.* 1.33; Plut. *Marius* 46.1.

과 이방인, 할례자와 무할례자 간의 구별을 강화시키는 역할을 했었지만, 이제는 십자가에 못 박힌 메시야와 성령으로 말미암아 그가 철저하게 배척하였던 그 기도문들을 반영하는 한편 철저하게 전복시키는 그런 기도문을 제시한 것일 가능성이 대단히 높다고 본다.[435]

"하나님의 이스라엘"을 "이 규례를 따라 행하는 자들"과 다른 무리라고 볼 근거가 없다면, "긍휼"이라는 단어가 "평강" 뒤에 놓여 있다는 것을 문제삼거나, 로마서 9-11장에서 이 단어에 부여된 것과 동일한 의미를 지니고 있다고 주장하며, 현재에 있어서는 바울의 복음에 저항하고 있는 어떤 무리에 대하여 하나님이 장차 그들에게도 구원을 베푸시게 될 것을 의미하는 것이라고 고집하는 것도 근거가 없다.[436] 바울에게 있어서 "긍휼"이라는 관념은 메시야의 복음과 분리될 수 없다.[437] 더 중요한 것은 "평강과 긍휼"은 이사야서 54장에 대한 또 하나의 반영일 가능성이 높다는 것이다. 바울은 이미 이 단락의 논증만이 아니라 이 서신의 중심적인 논증의 정점이라고 할 수 있는 4:27에서 이사야서 54:1을 인용한 바 있다. 이사야 선지자는 "온 땅의 하나님"이기도 한 "이스라엘의 거룩한 이"(54:5)가 만물을 새롭게 하겠다고 약속하는 장면의 한복판인 54:10에서 이렇게 선포한다:

> 큰 산들이 떠나가고, 작은 산들이 옮겨질지라도,
> 나의 긍휼(eleos - '엘레오스')은 네게서 떠나지 아니할 것이고,
> 나의 화평(eirēnē - '에이레네')의 계약은 옮겨지지 않을 것이다.
> 너를 불쌍히 여기시는 야웨께서 말씀하신다.

이 본문 및 성경의 다른 곳들과 제2성전 시대 문헌들에 나오는 비슷한 본문들이 이 대목에서 바울에 의해 반영되고 있기 때문에, 그가 그러한 본문들을 다른 곳들에서 반영하고 있는 방식을 감안하였을 때, 이것은 6:16b의 "하나님의 이스라엘"이 별개의 무리가 아니라 믿는 교회를 가리키는 것으로 보는 것에 대한 또 하나의

435) 그러한 기도문들은 "유대적인 색채가 아주 짙었다"는 Dunn의 지적(1993, 344)은 바울이 그러한 기도문들을 사용함으로써, "새 창조"를 토대로 한 그리스도 중심적인 자신의 입장을 약화시키고자 하였다는 것을 의미하지 않는다.

436) 반대견해로는 Eastman, 2010: 바울이 자신의 골육들에 대하여 "분명히" 느꼈을 것에 대한 설명(388)은 우리에게 바울이 실제로 이 서신에서 무엇을 썼는지에 대해서 아무것도 말해주지 않는다.

437) '엘레오스'(eleos)와 '엘레에오'(eleeō)라는 단어들은 로마서에서 유대인들과 관련해서만이 아니라(롬 9:15, 16, 18; 11:31, 32) 이방인들과 관련해서도 자주 사용된다(롬 9:23; 11:30, 31, 32; 15:9). 따라서 우리는 이 단어를 근거로 삼아서, 바울이 현재 믿지 않는 유대인들을 특별히 "긍휼히 여겼다"고 말해서는 안 된다 — 심지어 로마서를 근거로 해서 갈라디아서 6:16을 논증할 수 있다고 하더라도!

강력한 근거가 된다는 주장이 제기되어 왔다.[438]

따라서 다수설을 밑받침하는 근거가 압도적이다. 우리가 앞에서 본 것처럼, 이 다수설에 도전하는 것은 얼마든지 가능한 일이다. 많은 사람들은 이러한 다수설이 지닌 함의들을 너무나 잘 알고 있기 때문에, 안디옥에서의 베드로처럼 할례당을 두려워하여 물러나 버린다(물론, 인간적으로 말한다면, 육신의 연약함으로 인한 것이라고 하겠지만). 그러나 만일 바울이 이 뒤늦은 시점에서 갑자기 다른 무리 — 예컨대, 현재든 장래든 모든 유대인들이나 모든 유대 그리스도인들, 또는 그 부분집합 — 를 가리키기 위하여 "하나님의 이스라엘"이라는 표현을 사용한 것이라면, 한 마디로 말해서, 그것은 이 서신 전체를 말아먹고 엉망진창으로 만들어 버리는 일을 한 것이 될 것이다. 결국 그 지점에서 그런 식으로 끝낼 것이었다면, 그는 갈라디아서 3장과 4장을 왜 썼단 말인가? 그가 지금까지 두 개의 권속과 두 개의 "유업"을 주장하지 않고 단일한 권속임을 역설할 이유가 어디에 있었단 말인가? 그렇게 할 것이었다면, 그는 굳이 모세를 따르고자 하는 자들이나 모세 없이 아브라함을 따르고자 하는 자들을 말릴 필요도 없었을 것이 아닌가? 요컨대, 그는 사람들이 마치 메시야가 십자가에 못 박히지 않았다는 듯이 행동하는 것에 대하여 제동을 걸 이유가 없지 않았겠는가? 이런 것들이 그런 입장을 취하였을 때에 벌어질 일이다.

바울은 그런 것들 중 단 하나도 용납할 수 없었다. 그는 유일하게 중요한 표지들을 자신의 몸에 지니고 있었다. 그것은 할례를 받을 때에 생긴 칼 자국이 아니었고, 한 도시에서 사람들이 던지는 돌들에 맞아서 생긴 상처들과 또 다른 도시의 회당 사람들에 의해 두들겨 맞아 생긴 상처들, 여러 번 태장을 맞아 생긴 상처들 등등과 같은 박해로 인하여 상하고 찢긴 것들이었다[439] 바울의 몸 자체가 세계가 자기에 대하여 십자가에 못 박혔고 자기도 세계에 대하여 못 박혔다는 것이 무엇을 의미하는지를 생생하게 보여주고 있었다. 고린도후서에서 말하고 있듯이, 그는 "새로운 피조세계"의 사자가 되어 온 세계를 두루 다닐 때에 세계가 보이는 반응이 이런 것이라고 말한다.[440] "나는 메시야와 함께 십자가에 못 박혔다. 나는 살아 있기는 하지만, 그것은 더 이상 내가 아니고, 내 안에 사시는 메시야이다." 내 안에서 그렇게 사는 분은 십자가에 못 박힌 메시야라는 것이다. 이것이 선민론에 대한 종

438) Beale, 1999, 특히 208. 그가 제시하는 다른 본문들은 시편(LXX) 84:11; 124:5; 127:6; 스 3:11; 1QH 13.5; *Jub*. 22.9이다.

439) 6:17; cf. 고후 11:23-5; 물론, 우리는 바울이 거기에서 말하고 있는 것들 중에서 얼마나 많은 것을, 그가 갈라디아서를 쓰기 전에 겪었던 것인지를 알지 못한다.

440) 고후 5:17과 4:7-18; 6:3-10.

말론적으로 정향된 바울의 새로운 이해이다. 당시에도 논쟁이 일어났던 것과 마찬가지로, 지금도 논쟁은 일어난다.

3) 데살로니가전서 2장

이제 여기서 우리는 높고 깊은 논증과 감성을 지닌 갈라디아서를 떠나, 그것과는 완전히 다른 또 하나의 서신이자 석의자에게 상당한 도전들을 제시하는 서신을 만난다. 우리는 데살로니가전서가 복음의 능력 및 복음에 사로잡혔을 때에 일어나는 삶의 변화, 이 두 가지를 여러 가지 방식으로 집중적으로 다루고 있다는 것을 이미 살펴본 바 있다. 하지만 사람들이 메시야 예수를 믿게 되었을 때에 일어나게 될 것임을 바울이 알고 있었던 여러 가지 일들 중의 하나는 "박해"였다. 따라서 그가 데살로니가 교인들에게 그들 속에서 역사해 온 하나님의 말씀을 굳게 붙잡으라고 권할 때에 사용한 논거들 중의 하나는, 그들의 고난 자체가 그들 속에서 하나님이 역사하고 있다는 것과 그들이 지금까지 박해 받아 온 다른 신자들, 아니 실제로는 예수 자신이 서 있던 자리에 굳건히 서 있다는 것을 보여주는 것이라는 논거였다. 이 모든 것은 바울의 재정의된 선민론과 종말론을 보여주는 추가적인 증거를 제공해 준다.

그러나 바울은 그렇게 말하는 가운데, 그 이상의 무엇을 말한다. 이것은 단지 믿지 않는 유대인들에 대한 개인적인 좌절감의 표현이 아니라,[441] 그들이 하나님에 의해서 새롭게 계시된 종말론적인 경륜 내에서 어느 지점에 서 있는지에 관한 신학적인 판단이다:

> 나의 사랑하는 권속들이여, 너희는 메시야 예수 안에서 유대에 있는 하나님의 교회들을 본받은 자 되었으니, 그들이 주 예수와 선지자들을 죽이고 우리를 쫓아낸 유대인들에게 고난을 받음과 같이, 너희도 너희 동족에게서 동일한 고난을 받았다. 그들은 하나님을 기쁘시게 하지 아니하고, 모든 사람에게 대적이 되었으며, 우리가 이방인들에게 말하여 구원받게 하는 것을 금하여, 내내 그들의 죄를 가득 채웠기 때문에, 진노가 끝까지 그들에게 임하였다.[442]

441) 이 용어는 물론 지리적인 것이고 민족적인 것이 아니다.

442) 어쨌든, 나는 여기에서 후대의 삽입이나 필사자들의 수정이라는 관점에서 생각할 필요를 느끼지 못한다(그런 관점은 Pearson, 1971이 제기한 후로 여러 사람들이 받아들였지만, Donfried, 1984; Davies, 1984, 124-7; Weatherly, 1991; Malherbe, 2000, 164f.; Sänger, 2010, 135에 의해서 확고하게 반박되었다). 그런 관점은 너무나 오랫동안 학자들의 피난처가 되어서, 이 문제를 더욱더 깊이 파헤치는 것을 방해해 왔다. 사본들이 수정되곤 한다는 것은 의심의 여지가 없지만, 입증책임은 아무런 본문상의

바울이 자신의 격한 감정을 토로하고 있는 것으로 보이는 이 본문에서 몇 가지가 두드러진다. 첫 번째는 우리는 이러한 격한 감정의 표출이 "유대인들"을 성토하는 것이라고 생각하는, 사소한 것 같지만 지대한 영향을 미치는 잘못을 범해서는 안 된다는 것이다. 바울은 그 자신이 물론 유대인이었고, "메시야 예수 안에서 유대에 있는 하나님의 교회들(ekklēsiai – '에클레시아이')"로 묘사된 사람들도 유대인들이었다. 그는 여기에서 이웃 이교도들에게 박해를 받고 있던 데살로니가의 메시야 백성과 메시야를 믿지 않는 유대인들에게 박해를 받고 있던 유대의 메시야 백성 간의 병행을 이끌어내고 있다. 따라서 여기에는, 종종 주장되는 것과는 달리, "유대인들에 대한 좋지 않은 편향"이 존재하지 않는다.[443] 많은 사람들이 지적해왔듯이, 흔히 14절과 15절 사이에 찍힌 쉼표는 문법적으로 근거가 없다.[444] "주 예수와 선지자들을 죽인"이라는 어구는 "유대인들"이라는 어구를 수식하기 때문에, "유대인들, 그들이 … 죽였다"가 아니라, " … 죽인 유대인들"이 되어야 한다. 따라서 나는 위에서 "그들이 주 예수와 선지자들을 죽이고 우리를 쫓아낸 유대인들에게 고난을 받음과 같이, 너희도 너희 동족에게서 동일한 고난을 받았다"로 번역하였다. 달리 말하면, 바울은 여기에서 아주 구체적으로 말하고 있다는 것이다. 그는 유대에 있는 모든 유대인들(하물며, 모든 "유대인들"은 더더욱 아니다 — 바울과 최초의 모든 그리스도인들도 유대인들이 아니던가!)을 한꺼번에 싸잡아서, 그들이 모두 이 모든 범죄들을 저질렀고, "진노" 또는 "분노"가 그들 모두에게 무차별적으로 임하였다고 말하고 있는 것이 아니다. "그는 모든 유대인들에 대해서가 아니라, 자신들의 동족 유대인들을 박해한 유대인들에 대하여 말하고 있다."[445] 즉, 바울은 전에 예수를 강력하게 반대하여 죽음으로 몰고간 당시의 유대인들의 특정한 성향이 지금도 동일한 맥락 속에서 계속되어 이방인들에게 복음을 전하는 메시야 백성을 박해하고 있는 것이라고 아주 구체적으로 지적하고 있다는 것이다.

바울이 그렇게 유대 그리스도인들을 박해하였던 바로 그 사람들 중의 하나였었

증거도 없이 수정을 주장하는 자들에게 있고, 특히 그들은 누가 왜 여기에 그런 내용을 삽입하였는지를 설명할 책임이 있다. Watson, 2007 [1986], 81 n. 66이 바울이 "심지어 상대적으로 화평을 목적으로 하는 로마서 11장에서조차도" 시편 68:23f.를 인용할 수 있었다고 한다면, 데살로니가전서 2:14-16이 바울의 것이 아니라고 볼 이유가 전혀 없다고 지적한 것은 옳다.

443) Best, 1972, 122는 심지어 이 논평은 "반유대적"이라고까지 말한다. Fee(2009, 102f.)가 지적하듯이, 그것은 어떤 사람이 현재의 미국 대통령을 비판한다고 해서, 그 사람을 반미국적이라고 비난하는 것과 같다. 우리가 여기에서 보는 것은 "권속 내에서의 갈등"이다(Wolter, 2011, 416).

444) Fee, 2009, 95f.; 또한, cf. Gilliard, 1989.

445) Malherbe, 2000, 169.

다는 점을 생각하면, 이것은 정말 아이러니하다. 그가 이러한 유대인들의 무리가 저질러온 잘못들을 열거하는 것은 이방 선교에 대한 그들의 반대에서 절정에 달하는데, 이것은 사도행전에 의하면 특히 유대인들의 질시로 인해서 지역적인 박해의 대상이 되었던 데살로니가 교인들에게 일어난 일과 연결된다.[446] 바울이 전에 초기 교회를 박해한 것도 정확히 바로 이 지점에 위치한다.[447]

두 번째는 바울은 동족에 의한 유대의 메시야 백성에 대한 이러한 박해를 기독교에 대한 좀 더 오래된 반대, 특히 예수 자신에 대한 유대 사람들의 폭력적인 반대와 동일선상에 놓는다는 것이다. 20세기에 들어와서 두 세대에 걸쳐, 나사렛 예수는 로마 총독의 지시에 의해서 로마 군인들에 의해 십자가에 못 박혔다고 (복음서 기사들을 따라) 역설하는 데 몰두해 온 우리에게, 바울이 이 모든 일이 일어난 원인은 (역시 복음서 기사들에 따라) 유대 지도자들이 예수를 바로 그러한 운명에 내어주었기 때문이라고 입에 담아서는 안 되는 말을 하는 것을 듣는 것은 하나의 충격으로 다가온다.[448]

바울이 "주 예수를 죽이고"라는 어구 뒤에 "선지자들을 죽인"을 덧붙인 것은, 마태복음 5:12 등에서 발견되는 것과 같이 유대인들이 선지자들을 죽였다는 전통적인 고소를 가져와 사용한 것으로 보인다.[449] 2:16이 마태복음 23:32-33을 반영하고 있다는 점을 고려하면, 이러한 가능성은 더 높아진다. 거기에서 예수는 선지자들을 박해하였던 조상들을 언급하며, "그러므로 너희 조상들의 분량을 다 채우라"고 말한다. 죄의 분량을 "다 채우면" 심판이 임한다는 관념은 창세기 15장까지 거슬러 올라가는데, 거기에서는 아브라함의 자손들이 그들의 유업으로 돌아가는 것이 지체되는 이유를 "아모리 족속의 죄악이 아직 다 차지 않았기" 때문이라고 말한다.[450] 바울은 이러한 전통과 맥을 같이하여, 특정한 유대 지도자들과 활동가들이

446) 예를 들면, 행 17:5-14; 18:12-17.

447) 고전 15:9; 갈 1:13f., 23; 빌 3:6; 딤전 1:13; cf. 행 8:3; 9:1f., 21; 22:4f.; 26:9-11. 지금은 흔히 지적되고 있듯이, 바울이 회당에서 복음을 전하였다는 사도행전의 기사들에 관한 이전의 회의론은 자기가 회당에서 여러 번 처벌을 받았다고 하는 바울 자신의 증언(고후 11:24-7)에 의해서 직접적으로 반박된다; 또한, cf. 고전 9:20-2과 Meeks, 1983, 26; Sanders, 1983, 190-2; Malherbe, 2000, 175.

448) *JVG*, ch. 12을 보라.

449) 예를 들면, 마 21:35f.; 22:6; 23:34, 37; 행 7:52. 이것이 초기 기독교의 몇몇 선지자들을 죽인 것을 가리키는 것(Fee)일 가능성은 낮아 보인다. 쉼표가 찍혀 있지 않다는 것이 그의 견해를 한층 더 강력하게 밑받침해 주고 있기는 하지만, 유대인들이 선지자들을 죽인 것에 관한 옛적의 강력한 전승이 존재하는데도, 바울이 굳이 여기에서 초기 기독교의 선지자들이 죽임을 당한 것을 언급하고자 한 이유는 적어도 내게는 미스테리이다.

450) 창 15:16.

일종의 반구원사적인 운동을 주도하여, 하나님의 뜻에 대적하고서 궁극적으로 예수의 죽음을 가져왔고, 지금은 이방 선교를 반대하고 방해하고 있기 때문에, 이 모든 잘못들에 대한 책임이 그들에게 있다고 보고 있다. (바울은 그러한 운동을 로마서 7장을 연상시키는 관점에서 신학적으로 설명해서, 토라를 지키려고 그렇게 열심으로 집요하게 집착하는 것 자체가 실제로는 "죄"를 더 크게 쌓아가는 것이었다고 말할 수 있었을 것이라고 우리는 생각해 볼 수도 있다.) 여기서 중요한 것은 제2성전 시대 유대인들에게는 자신들이 역사 속에서 일련의 잘못들을 행하여 궁극적인 결산의 날에 자신들에게 임할 하나님의 진노를 쌓아가고 있다고 이야기하는 서사 전통이 이미 정립되어 있었다는 것이다. 바울은 그러한 전통을 환기시키며, 하나님의 진노를 자신이 이전에 지니고 있던 "열심"을 따라 행하고 있는 유대인들에게 돌린다.[451]

이것이 사실이라면, 그것은 이미 내게 16절의 통렬한 결론에 대한 올바른 읽기로 여겨지는 것을 강화시켜 준다: "진노가 끝까지 그들에게 임하였다." 분명히 해두어야 할 것은, 우리가 주후 70년 이후에 나온 문헌(바나바서, 또는 그 비슷한 본문)에서 이것과 같은 구절을 만났다면, 우리는 "진노"가 예루살렘 멸망을 가리키는 것이라고 주저 없이 말할 수 있다는 것이다. 우리가 그러한 결론을 내리는 것을 거부하는 이유는, 단지 우리가 데살로니가전서가 그러한 재앙 같은 사건이 일어난 20여년 전에 씌어졌다는 것을 확신하기 때문인가? 내가 다른 곳에서 논증하였듯이, 예수가 당시의 유대인들에게 자신의 하나님 나라 운동을 반대하면 로마의 진노를 이 도성으로 불러오는 결과를 맞게 될 것이라고 경고하면서, 실제로 예루살렘과 성전의 멸망에 관한 지극히 엄숙한 예언의 말씀들을 선포한 것이라면, 이 일

451) 예를 들면, cf. 단 8:23; *2 Macc.* 6.14; Wis. 19.3-5; *LAB* 26.1-3; 그리고 특히 많은 것을 시사해주는 *T. Lev.* 6.3-11에 나오는 병행. 거기에서 "레위"는 하몰의 아들들이 디나를 강간한 것에 대하여 벌 받는 장면을 설명한다(창 34:1-31). "레위"는 그들의 악은 이전의 죄들이 축적된 것이었다고 말한다: 그들은 유목민이었던 아브라함을 박해하였고, 그의 새끼 밴 가축들을 괴롭혔으며, "에블라엔"(Eblaen, 다른 곳에는 나오지 않는 미지의 인물)을 몹시 학대하였다. 그래서 본문은 "이것은 그들이 유목민들을 어떻게 대하였는지를 보여주는 것인데, 그들은 유목민들을 죽이고 그 아내들을 붙잡아 갔다"(6.10)고 말하고서, 이러한 악이 쌓인 결과에 대하여 이렇게 말한다: "하나님의 진노가 마침내 그들에게 임하였다" (ephthasen de hē orgē ep' autous eis telos - '에프타센 데 헤 오르게 에프 아우투스 에이스 텔로스'). (Tr. H. C. Kee in Charlesworth, 1983, 790.) 또한, Gaventa, 1998, 37을 보라. 이 본문과 데살로니가전서 2장이 서로 관련되어 있을 가능성은 희박하고, 이것은 하나님의 섭리가 축적된 죄를 어떻게 다루는지에 대한 제2성전 시대 유대인들의 통상적인 사고방식이었던 것으로 보인다. 그 병행은 우리가 주후 1세기의 특정한 사건을 데살로니가전서 2:16에 언급된 "진노"의 내용으로 보는 것이 옳다는 것을 보여준다(이 견해에 반대하는 Malherbe, 2000, 178f.는 '에이스 텔로스'[eis telos]를 "종말론적인" 것으로 본다). 바울에게 있어서 종말은 자주 이미 개시된 현실이었다.

은 이미 초기 기독교 운동에서 잘 알려져 있었을 가능성이 높다.[452] 스데반 같은 사람들이 예루살렘과 성전을 쳐서 말하였다는 이유로 고소되었다면, 초기 그리스도인들은 예수가 한 그 비슷한 말들을 기억하고서 그대로 말하고 다니는 자들로 평판이 나 있었을 것이다. 따라서 바울이 그러한 전통을 그대로 반영해서 말하였다고 보는 것은 내게는 불가능해 보이지 않는다. 이 본문이 우리가 그러한 것을 감지할 수 있는 유일한 대목이라는 사실(나는 여기에서 데살로니가후서에 대해서는 고려하지 않았는데, 그 이유는 부분적으로는 많은 사람들이 이 서신을 바울의 진정한 서신으로 확신하지 못하는 것을 감안한 때문이기도 하고, 부분적으로는 오늘날의 학계에서는 여전히 이 서신을 해석하기를 어려워하기 때문이기도 하다)은 그가 이와 같은 말을 할 수 없었다거나 하지 않았을 것임을 의미하는지는 않는다.

거의 30년 전에 로버트 주잇(Robert Jewett)에 의해 제시된 꽤 매력적인 대안은, 바울은 당시로 보아서 아주 최근에 일어나서 여전히 사람들의 기억에 생생하였던 좀 더 작은 규모의 한 비슷한 사건을 언급하고 있다는 것이다.[453] 벤티디우스 쿠마누스(Ventidius Cumanus)가 총독으로 재임하던 초기에, 한 어리석은 로마 군인이 유월절을 지키기 위해 모여든 큰 무리 앞에서 도발적인 몸짓을 해서, 참혹한 결과를 초래한 폭동을 불러일으켰다. 요세푸스(Josephus)는 한 기사에서는 이 폭동으로 인해서 이만 명이 죽었다고 말하고, 또 다른 기사에서는 삼만 명 이상이 죽었다고 말한다.[454] 바울이 그러한 사건을 유대 사람들이 이전에 메시야의 화평의 메시지를 경청하기를 거부한 것에 대한 하나님의 섭리에 의한 결과의 일부로 보았을 가능성은 얼마든지 있다.[455] 당시의 "열심 있는" 혁명가들은 하나님의 진노가 이스라엘에 대하여 계속해서 부어지고 있기 때문에, 폭력적인 수단을 통해서 하나님의 백성에게서 속임수와 부정을 제거하여 정결하게 함으로써 그 진노를 누그러뜨리고 하나님으로 하여금 그 진노를 거두게 할 필요가 있다고 보았는데, 다소의 사울도 바로 그러한 혁명가들 중의 일원이었을 것이다.[456] 따라서 그러한 언어와 표현에 익숙하였던 바울이 현재의 본문에서 예수와 그의 추종자들에 대한 그러한 폭력적인 행위들이 그 "진노"를 절정에 달하게 한 것이라고 선언하였을 수 있다. 이

452) *JVG*, ch. 8을 보라.

453) Jewett, 1986, 37f.와 Jewett, 2002 [1970-1], 340f.는 Johnson, 1941 등과 같은 이전의 논문을 언급하면서, 유대 땅에서 일어난 다른 폭력 사건들을 대안적인 선택지들로 철저하게 검토한다.

454) Jos. *Ant.* 20.105-12; *War* 2.223-7; 좀 더 큰 맥락에 대해서는 cf. *NTPG*, 175.

455) cp. 눅 19:41-4.

456) cf. 갈 1:13f.; 빌 3:6.

것은 정치와 섭리 간의 기이한 상관관계에 관한 주후 1세기 유대인들의 통상적인 사고방식이었고, 바울이 박해를 겪고 있던 자신의 교회들을 격려하면서, 유대에서 있었던 거의 비슷한 상황을 그런 식으로 상기시켰을 것이라고 보는 것은 충분한 근거가 있다. 따라서 이 본문은 바울이 "유대인"과 "할례"같은 단어들을 가져와서 수정한 것과 맥을 같이하여, 유대 전통을 수정한 또 하나의 예를 보여준다고 할 수 있다.

다시 한 번 말하지만, 요세푸스가 주후 70년의 재앙과 관련해서 폭력을 써서 말썽을 부렸던 유대 사람들을 책망하였다고 해서 반유대적인 사람이었다고 할 수 없는 것과 마찬가지로, 바울이 이렇게 말하였다고 해서, 그가 반유대적이었던 것은 결코 아니다. 바울이 그런 말을 들었다면 코웃음을 치면서, 엘리야가 "이스라엘을 괴롭히는 자여, 너냐"라는 아합의 말에 "이스라엘을 괴롭힌 것은 내가 아니라, 당신과 당신 아버지의 집이다"라고 대답했던 것처럼,[457] 그러한 고소는 그런 말을 한 사람에게 되돌아갈 것이라고 말하였을 것이다. 어쨌든, 그가 여기에서 말하고자 한 것은 유대 사람들이 예수와 최초의 그리스도인들을 반대하고 배척하였던 것은 "유대인들"이기 때문에 보인 전형적인 행동이 아니라, 어느 지역에서나 있을 수 있는 그리스도인들에 대한 반대의 전형이라는 것이다 — 데살로니가의 경우에는 비유대인이 그런 반대를 했다는 것에서 분명히 볼 수 있듯이.[458] 여기에서 우리의 난점 중의 일부는, 마치 좀 더 미묘한 입장들은 아예 존재하지도 않는다는 듯이, 모든 것을 "찬성"아니면 "반대"로 몰아가고, 특히 모든 윤리적이거나 신학적인 판단들을 특정한 "선입견들"과 "태도들"을 반영한 것들인 양 몰아가는 오늘날의 지극히 낮은 수준의 도덕적 담론에 의해서 야기된다. 지금 이 곳은 그런 것을 역으로 비판하는 담론을 펼칠 수 있는 자리는 아니지만, 그 문제점을 굳이 지적하는 이유는, 데살로니가전서 2:14-16과 관련해서 우리가 해석학적으로 꼭 말해야 할 것들을 말할 수 있도록 정지작업을 해서 공간을 확보하기 위한 것이다: (a) 이 본문은 바울의 것임이 분명하다는 것; (b) 이 본문은 결코 "반유대적인"태도를 보여주고 있지도 않고, "반유대주의적인"것은 더더욱 조금도 없다는 것; (c) 이 본문은 이전에 예수를 제거하기 위한 계획의 배후에 있었고 지금은 이방 선교를 반대하는 움직임의 배후에

457) 왕상 18:17f.

458) "너희 자신의 백성에게서"(hypo tōn idiōn symphyletōn - '휘포 톤 이디온 쉼필레톤,' 2.14)는 "동족"을 가리킨다는 것을 참조하라(BDAG 960). 이것은 지역의 유대인 무리가 바울과 그의 메시지에 반대하는 최초의 무리 속에 포함되어 있었음을 보여주는 사도행전 17:5-15을 약화시키지 않지만, 거기에서 보여주고자 하는 것은 지역의 비유대인들의 적대감이 그후에도 계속되었다는 것이다.

있는 (아마도 아주 소수의) 유대 사람들의 한 무리를 가리킨다는 것; (d) 바울은 옛 예언을 따라 한 예수의 말씀과 맥을 같이 하여, 그들의 그러한 행위가 악을 더욱 쌓아서, 장차 그들에게 임할 것이거나 이미 그들에게 임한 심판을 재촉하고 있는 것으로 보고 있다는 것;[459] (e) 하나님의 진노는 로마서 2:1-16에서 말하는 "최후의 종말론적인 심판"에 이르기까지라는 의미에서가 아니라, 그들 자신의 행위들의 비극적인 결과인 "진노"가 다 부어질 때까지라는 의미에서 "끝까지"(eis telos – '에이스 텔로스') 임하리라는 것.

여기에는 "유대인들"의 "궁극적인 미래"에 대한 언급은 전혀 나오지 않는다. 그것은 우리가 한편으로는 로마서 9-11장으로부터, 다른 한편으로는 오늘날의 관심으로부터 가져와서 이 본문에 들이대는 문제이지만, 이 대목에서는 고려조차 되지 않는다. 이 본문은 "유대인들"에 관하여 무엇인가를 말하고자 하는 "진술"이 아니라, 지역적인 반대에 직면한 데살로니가 교인들을 격려하기 위한 글이다. 그 함의는 조만간에 하나님의 섭리가 데살로니가 지역에서 일어나고 있는 지역적인 박해도 잘 처리하리라는 것이다. 하나님의 말씀이 그들 가운데서 역사하고 있다.[460] 바울은 하나님은 자기가 시작한 일을 끝까지 이룰 줄을 알고 있다.[461] 하지만 우리가 이 본문의 그리 멀지 않은 배후에서 들을 수 있는 것은, 바울이 로마서 12장에서 한 경고의 반향이다: 원수 갚는 것은 오직 하나님에게 속한 일이다. 하나님의 진노가 행악자들에게 임하였다거나 임할 것이라는 바울의 말 속에는, 사람이 분노하는 것은 합당하지 않다는 의미가 내포되어 있다.[462] 중동의 수많은 사람들이 비극적인 폭력을 겪고 있는 상황에서, (필자와 같이) 폭력이나 폭력의 위협 속에서 살아오지 않은 사람들은, 그런 것이 끊임없는 현실 그 자체였던 바울 같은 사람들에 대하여 신학적인 판단은 고사하고라도 도덕적인 판단조차 내릴 위치에 있지 않다.

한 초기 서신에 나오는 이 짧은 통렬한 본문(데살로니가전서 2장)은 한 후기 서신에 나오는 긴 본문(로마서 9-11장)과 그대로 직결된다. 대부분의 목회자들이 깨닫고 있듯이, 어떤 사람에게 쓰라리고 통렬한 말을 해주는 것과 그 사람을 위해 눈

459) 특히, 누가복음 19:42-4은 성경의 여러 예언들을 반영하고 있기는 하지만, 그 예언된 일들 중에는 실제로 일어나지 않은 일들도 포함되어 있기 때문에, 주후 70년의 "사건이 일어나고 나서" 씌어진 것으로 치부될 수 없다(*JVG*, 348f.를 보라).

460) 2:13; 2:14-16에서는 '가르'(gar)가 도입어로 사용되고 있다: 적어도 바울은 2:14-16이 유대 땅에서 일어난 사건들에 관한 독립적인 서술이 아니라, 그들 가운데서 일어나고 있는 일에 대하여 자기가 감사할 수 있는 이유에 대한 설명이라고 본다(Malherbe, 2000, 167).

461) 빌 1:6.

462) 롬 12:19-21(13:4과 함께!).

물을 흘리고 걱정하는 것 간의 거리는 그리 멀지 않다. 따라서 우리는 데살로니가전서 2장에서 로마서 9-11장으로 넘어갔을 때, 어떻게 이렇게 다를 수 있을까 하고 이상하다고 생각하거나, 데살로니가전서를 쓴 후에 바울의 생각이나 마음에 큰 변화가 있었을 것이라고 추정해서는 안 된다. 로마서 9-11장은 바울의 재정의된 종말론이 제기하는 계약과 관련된 도전이 마침내 자세하게 드러나는 지점이다.

4) 로마서 9-11장

(1) 서론

그 방대한 규모와 범위, 수많은 이차 문헌들, 치열한 논쟁이 벌어지고 있는 신학적이고 정치적인 주제들, 그리고 한편으로는 전체적인 사고의 흐름, 다른 한편으로는 석의와 해석에 관한 복잡한 세부적인 것들로 인해서, 우리는 로마서 9-11장에 의해 압도되기 쉽다.[463] 우리의 현재의 목적들을 위해서 나는 근본적으로 유대적인 가르침들에 대한 바울의 재정의와 연관된 몇 가지 쟁점들에 논의의 초점을 맞추고자 한다. 물론, 우리는 현재의 대단락을 바울의 수정된 "선민론"과 관련해서 다룰 수 있지만, 여기에서 "종말론"이라는 주제 아래에서 다루고자 하는 것은, 그가 로마서 9-10장에서 선민 이스라엘에 관한 이야기 및 계약과 관련된 하나님의 목적들을 수정해서 다시 들려주는 이유가, 그렇게 한 후에 미래를 내다보고서 "그렇다면 지금의 상황은 무엇인가"를 말하기 위한 것이라는 사실과 관련되어 있다. 달리 말하면, 이 장의 바로 앞 절의 처음 부분에서 보았듯이, 우리는 지금 바울의 수정된 유일신론과 선민론의 형태가 그에게 남긴 두 가지 질문, 즉 그렇다면 그리스도인들은 어떻게 행하여야 하는가 하는 질문과 하나님이 이스라엘을 선민으로 삼은 목적은 장차 어떻게 되는 것인가 하는 질문 중에서 두 번째를 마주하고 있다는 것이다. 바울 이전에는 그 누구도, 메시야가 왔는데도 그의 백성 중 대부분이 그를 알아보지 못하였다면, 제2성전 시대의 종말론이 어떤 영향을 받게 될 것인가 하는 문제에 직면해 본 적이 없었다. 바울은 이 대목에서 스스로 허허벌판에 서서, 유대적

463) 나의 이전의 읽기들 중에서: Wright, 1991 [*Climax*], ch. 13; *Romans*, 620-99. 나의 이러한 이전의 설명들을 알고 있는 사람들은 여기에서의 나의 논증이 다른 통로를 따라 진행되고 있다는 것을 알 것이다. 내가 최근의 문헌들, 특히 Bell, 2005와 Wilk and Wagner, 2010과 좀 더 세부적인 논쟁을 벌였다면, 현재의 논증은 한 권의 책으로 확대될 수 있었을 것이다.

인 종말론을 메시야와 성령의 빛 아래에서 조명하여 새로운 모델을 생각해 내어야 했다.[464)]

우리는 본서의 제3부 전체에 걸쳐서, 이 서신의 이전 부분에 나오는 몇 가지 사고 노선들이, 사람들이 통상적으로 생각해 온 것과는 상당히 다르게, 로마서 9-11장 내의 여러 요소들을 분명하고 선명하게 가리키고 있다는 것을 이미 보아 왔다. 지난 50년 동안 학계에서는 한 가지 좋은 변화가 일어났는데, 그것은 이전에는 보편적이었던 견해, 즉 로마서 9-11장은 이 서신의 나머지 부분과 아무 상관이 없다거나, 심지어는 바울이 우연히 지니고 있던 "유대인들"에 관한 옛 설교를 자신의 로마서의 이 대목에 통째로 집어넣기로 결정한 것이라는 말들을, 우리가 이제 더 이상 듣지 않게 되었다는 것이다.[465)] 그러한 엄청난 참사를 불러온 잘못된 읽기는, 그 후에 너무나 많은 일들이 일어나서 지형을 많이 바꾸어 놓았기 때문에 사실 지금 와서는 기억조차 하기 힘든 20세기 중반의 학계의 풍토에서 생겨났고, 그런 후에는 그 풍토 자체를 강화시키는 역할을 하였다. 지금 우리는 로마서의 이 장들이 수많은 비단실들로 이 서신 전체의 구조와 결합되어 있고 서로 얽혀 있다는 것을 인정하기 시작하였지만, 석의나 신학에서는 아직 실제적으로 그리 큰 진보를 이루어내지 못하였다. 어떻게 하면, 우리는 바울이 여기에서 하나님이 이스라엘을 선민으로 택한 목적, 무엇보다도 종말론적인 목적에 대하여 말하고 있는 것의 핵심과 중심을 발견해낼 수 있을까?

우리의 논의를 형성하고 우리의 논점들을 전개해 나가기 위해서는, 이 장들과 관련해서 네 가지 핵심을 먼저 예비적으로 말해 둘 필요가 있다.

1. 우선 로마서 전체가 일차적으로 하나님에 관하여 말하는 책이라면, 그것은 특히 로마서 9-11장에 해당하고, 그 중에서도 9장과 11장에 더욱더 해당된다. 여기에서 즉시 우리는 하나님의 말씀, 하나님의 자녀들, 하나님의 약속, 하나님이 선민을 세운 목적, 하나님의 부르심, 하나님의 사랑(과 증오), 하나님의 정의(또는 불의), 하나님의 긍휼, 하나님의 권능, 하나님의 이름, 하나님의 주권, 하나님의 뜻,

464) 성령은 9-11장에서는 표면적으로 언급되지 않지만, 10:12f.의 논증의 근저에서 볼 수 있다 — 이것에 대해서는 앞으로 살펴볼 것이다.

465) Dodd, 1959 [1932], 161-3. 여기에서 Dodd는 훨씬 더 넓은 범위의 학자들을 대변한다. 나는 1976년에 처음으로 독일의 Bonn을 방문해서, 저 위대한 Heinrich Schlier와 인사를 나누었던 때를 기억하는데, 그는 나의 박사논문에 대하여 물었다. 나는 로마서 9-11장과 이 서신의 나머지 부분 간의 연결 관계를 연구하고 있다고 말하였다. 그의 유일한 반응은 "대단한 용기야! 대단한 용기야!" 였다. 해당 관계에 대해서는 이제는 Schnelle, 2005 [2003], 591f.를 보라.

질그릇에 대한 토기장이의 권리 같은 하나님의 권리, 하나님의 진노와 능력, 하나님의 인내, 하나님의 영광, 하나님의 백성 등에 관한 문제를 발견한다.[466] 이것은 단지 9장만을 살펴본 것이다. 조금이라도 하나님에 대하여 관심이 있는 사람은 누구든지 여기에서 곰곰이 생각해 보아야 할 많은 것들을 발견할 수 있지만, 바울이 하나님에 대하여 말하고자 하는 것들은 거기에서 끝나지 않는다. 이러한 질문들은 우리를 10장의 처음 부분에 나오는 하나님의 '디카이오쉬네'(dikaiosynē, "의")에 관한 중심적인 논의로 데려가고, 그런 후에 10장 중간 전체를 관통하는 가운데 하나님에 관한 이후의 추가적인 논의를 위한 무대를 설정하는 핵심적인 내용으로 우리를 데려다 준다. 바울은 "하나님이 자기 백성을 버린 것인가"라고 묻고 나서, 명확한 대답을 내놓는다. 그 대답을 전개해 나가는 와중에서, 그는 마침내 질문들이 아니라 진술들, 즉 하나님의 인자하심과 엄위하심, 다시 한 번 하나님의 권능, 하나님의 장래의 목적들, 하나님의 은사들, 다시 한 번 하나님의 부르심, 하나님이 모든 사람을 "불순종"의 감옥에 가두어 둔 것은 그들 모두에게 긍휼을 베풀기 위한 목적이라는 것에 관한 진술들로 나아간다.[467] 이러한 전체적인 구조 — 질문하고 또 질문하고 다시 질문한 후에 마침내 하나님의 장래의 목적들에 관한 진술들을 제시하는 것 — 는 이 대단락 전체를 "종말론"이라는 주제 아래 다루는 것이 옳다는 것을 보여준다. 위에서 말한 질문들은 우리가 이미 살펴본 메시야와 성령을 중심으로 이루어진 개시된 종말론에 의해서 제기된 것들이고, 그 대답들도 마찬가지로 이스라엘의 소망을 전적으로 유일신론이라는 관점에서 다시 생각한 결과이다. 우리는 바울이 이 장과 이 대단락과 이 지점까지 이 서신에 나오는 논증들 전체를 "깊도다 하나님의 지혜와 지식의 부요함이여, 그의 판단은 헤아리지 못할 것이며 그의 길은 찾지 못할 것이로다"라고 찬탄하는 송영과 "만물이 주에게서 나오고 주로 말미암고 주에게로 돌아감이라"고 유대인들의 고전적인 유일신론의 형태로 하나님에게 영광을 돌리는 말로 요약하고 마무리하는 것을 보고 놀라지 않는다.[468] 이것은 이 대단락의 처음 부분에서 탄식의 형태로 이스라엘에게 주어진 복들을 말하고 있는 것을 찬송의 형태로 반영한 것이다.[469] 또한, 우리는 이 서신을 뒤돌아보면서, 이것이 "그의 아들의 복음"안에서 계시된 "하나님의 의"를 주제로 한다고 — 우리는 이 점을 결코 잊어서는 안 된다 — 공언한(1:3-5과 1:16-17) 서신의 정점

466) 9:6, 8, 8f., 11, 12, 13, 14, 15f., 17, 17, 18, 19, 21, 22, 22, 23, 25.
467) 11:22, 23, 24, 29, 29, 32.
468) 11:33-6.
469) 9:4f. Jewett, 2007, 556은 이 병행을 환기시킨다.

이라는 것을 깨달았을 때에 결코 놀라지 않는다. 따라서 이 대단락 전체는 하나님에 관한 것이다.[470] 우리가 광야에서 피어오르는 연기 가운데서 이러한 하나님의 임재를 만났다면, 그 앞에서 신발을 벗지 않을 수 없는 우리 자신을 발견하였을 것이다. 석의자들이 신발을 벗는 일은 좀체로 없지만(우리는 각주를 다는 것을 좋아한다), 그들에게도 기도생활을 비롯해서 석의 작업 이외의 삶이 있다는 점을 감안해서, 그러한 차원도 있을 것임을 조심스럽게 전제하고서, 이 대단락의 다른 서론적인 측면들을 계속해서 살펴볼 것이다.

2. 우리가 두 번째로 알아야 할 것은 특별히 인식에 문제가 없는 사람이라면 누구나 로마서 9장이 이스라엘의 이야기를 수정해서 다시 들려주는 제2성전 시대의 장르의 한복판에 속해 있다는 것을 금방 알 수 있다는 것이다(희년서, 필로 위서, 요세푸스 등과 사도행전 7장이나 히브리서 11장 같은 초기 기독교의 글들을 생각해 보라).[471] 아브라함이 나오고, 그런 후에는 이삭이 나오며, 리브가와 야곱과 에서를 거쳐, 우리는 모세로 넘어와서, 그가 애굽 왕 바로 앞에 서 있는 것을 본다. 그런 후에, 우리는 선지자들의 시대로 옮겨가서, 이스라엘 백성에 대한 그들의 생생한 질책(과 약속들)을 듣는다. 그런 후에, 이 이야기는, 말하자면, 모래 속으로 달려가는 것으로 보인다: 이스라엘의 자손들이 바닷가의 모래 같이 많을지라도, 오직 남은 자만이 구원을 받게 될 것이다(9:27). 그런 후에, 우리는 메시야를 만나게 되고(10:4), 사람들이 오랫동안 기다려 왔던 신명기 30장의 약속들(10:6-10)과 그 밖의 다른 핵심적인 예언들(10:11-13)이 메시야 안에서 성취된다. 이것이 이스라엘의 이야기를 다시 들려주는 다른 모든 것들과 마찬가지로 특정한 관점에서 다시 들려주는 이스라엘의 이야기라는 것은 논란의 여지가 있을 수 없다. 바울은 여기에서 일반적인 신학적 논점들을 다루고 있는 것인데, 단지 기가 막힌 우연으로, 또는 잠재의식 속에 있던 기억으로 인해서 이스라엘의 이야기처럼 보이지만 실제로는 전혀 그런 의도가 없었던 틀 내에서, 그러한 신학적인 논점들을 다루고 있는 것일 뿐일 가능성은 전혀 없다.[472] 이 장은 이스라엘의 이야기처럼 걷고, 이스라엘의 이야

470) 최근의 설명들 가운데서는 Grieb, 2010, 391 등을 보라.

471) 위의 제2장 제4절 2)를 보라.

472) Harink, 2003, 175f.는 "이스라엘의 이야기는 (Wright를 제외한 대다수의 독자들에게는) … 바울의 서신들에서 흔히 시야에 들어오지 않는 것으로 보인다"고 주장하면서, "바울 당시의 유대교 본문들로부터" 이 서사적 세계관을 구축하고 있다고 비난한다. 나는 그러한 비난을 받아들이지만, 한 가지 말해두고 싶은 것은 아브라함, 이삭, 야곱, 모세, 선지자들, 남은 자, 메시야, 새 계약이라는 일련의 흐름을 만들어낸 것은 제2성전 시대 유대인들이 아니었다는 것이다. Harink(176 n. 31)에 의하면, "Wright는 단지 그 이야기를 본문 속으로 끌어들여서, 바울의 논증을 거기에 강제로 꿰어 맞추지만," "이삭과 이스마

기처럼 말하고 … 이 장은 이스라엘의 이야기이고, 어느 한 시각으로부터 들려주는 이스라엘의 이야기이다.

그렇다면, 이 이야기에 무슨 일이 일어난 것인가? 이것은 바벨론 포로기로부터 미쉬나 시대와 그 이후까지의 시기 속에서 수많은 사상가들과 신비가들과 랍비들을 괴롭혔던 문제이다. 이 이야기가 교착상태에 빠져서 옴싹달싹도 하지 못하는 것으로 보이는 상황에서, 당신은 이 이야기를 어떤 식으로 들려줄 것인가? 거기에 대한 대답으로 그들은 새로운 신비들이 계시되었다거나, 새로운 가능성들이 출현하였다고 말하였다. 특히, 우리가 본서의 제2장에서 보았듯이, 사람들은 일련의 옛적의 예언들을 토대로 해서 묵시론적인 견해를 제시하기도 하였고, 다니엘서 9장을 근거로 해서 종말이 올 때를 연대기적으로 계산하기도 하였으며, 새로운 "지혜"를 의지하기도 하였고, 일부 선지자들이 장차 모든 것이 뒤집어지고 역전될 날, 곧 큰 격변을 통해서 기존의 세계가 무너지고, 하나님이 지금까지 감추어져 있던 자신의 신실하심을 드러낼 날이 올 것을 예언하였다고 말하기도 하였다. 사람들은 메시야가 나타날 것이라고 말하였다. 사람들은 이러한 예언들이 장차 계약이 갱신되어, 사람들의 마음이 부드러워져서 마침내 새로운 방식으로 토라에 순종하게 될 것에 대하여 말하고 있다고 생각하기도 하였고, 열방의 빛이 될 야웨의 종에 관하여 말하는 이사야서의 저 주목할 만한 본문들을 거론하기도 하였으며, 현재의 이스라엘이 이렇게 참담한 곤경 속에 빠져 있게 된 원인에 대해서도, 흔히 암호 같은 말이지만 강력하기도 한 설명들을 제시하기도 하였고, 이 모든 사고 노선들의 기원을 오경, 곧 아브라함, 출애굽, 모세, 신명기의 끝에 나오는 모세 자신의 예언들에 관한 저 단일하면서도 복잡한 위대한 이야기 속에서 찾기도 하였다. 통상적으로, 그들은 이 세계를 창조하고 이스라엘을 부른 한 분 유일하신 하나님이야말로 이 모든 약속들과 이 모든 가능성들을 성취할 유일한 최후의 보루라고 믿고서, 이 하나님에게 매달렸다.

바울은 9:26-29에서 이 이야기의 "끝"에 도달하고, 10:21에서 다시 한 번 새로운

엘과 야곱과 에서는 9:7-13에서 '계약 백성'의 역사 속의 인물들이 아니라, 하나님의 주권적이고 선택적이며 흔히 예상외의 역사를 보여주는 범례적인 사례들 또는 모형들로 등장하고"(177) 모세와 애굽 왕 바로 등등도 마찬가지이다(178f., 강조는 원래의 것). Harink의 진짜 목표는 다음과 같은 말에서 분명해진다(178): "바울은 과거의 이스라엘로부터 현재의 이스라엘을 거쳐서 미래의 이스라엘(이스라엘을 대체한 교회)로 이어지는 일련의 이야기를 추적하는 것이 아니다." 그러나 "대체"라는 관념은 나의 석의에 언제나 생소하고 이질적인 것이었다. Harink는 그 관념을 나의 본문으로 끌고 와서 거기에 나의 논증을 억지로 꿰맞추었다고 할 수 있다(Bell, 2005, 159f.가 그의 "대체 모델"이라는 어구로 그렇게 하였던 것과 마찬가지로).

"끝"에 도달한 후에도, 정확히 이러한 자원들을 활용해서, 이 이야기를 계속해서 끌고 나간다. 우리는 9:30-10:21에서 이사야서와 신명기를 토대로 해서 계약 갱신에 대하여 암시하는 그의 말들을 들을 때에 이상하게 여기거나 놀라지 않아야 한다. 왜냐하면, 우리는 바울의 사고방식에 대하여 우리가 이미 알고 있는 모든 것을 감안해서, 그가 이스라엘의 현재의 곤경을 예언들에 기초해서 암호처럼 설명할 것임을 예상하고 있어야 하고, 3장에서의 그의 이전의 논증 및 이스라엘의 암묵적 서사를 다시 들려주는, 모두는 아니지만 일부의 이야기들에서처럼, 여기 그의 논증에서 하나님의 의의 성취 또는 나타남으로서 메시야가 등장할 것임을 미리 예상할 수 있어야 하며, 바울이 신명기 30장으로 거슬러 올라가서 그 결정적으로 중요한 본문에 대한 자신만의 창의적인 다시 읽기를 제시할 것임을 알아야 하고, 그가 자신의 발에서 신발을 벗든 그렇지 않든 한 분 하나님, 한 분 주를 부를 것이라고 생각하여야 하기 때문이다. 달리 말하면, 9장의 서사적 틀을 감안하였을 때, 우리는 10장의 형태, 그리고 내용까지도 거울을 통해서 보듯이 희미하게나마 미리 볼 수 있어야 한다는 것이다.

그렇다면, 이 이야기는 거기로부터 어떤 식으로 진행되어 갈 수 있을까? 로마서 11장과 관련해서 진정으로 주목할 만한 것 — 나는 이것에 대해서 (나의 이전의 여러 시도들 속에서도) 충분히 말하지 않았다고 생각한다 — 은 여기서부터 바울은 독자적으로 자신의 길을 간다는 것이다. 그는 이 좀 더 큰 질문과 관련해서, 그가 회심자들에게 그들의 삶이 이제 무엇과 같아야 하는지에 대하여 말할 때에 서 있었던 바로 그 동일한 입장에 서 있다: 토라라는 울타리가 더 이상 존재하지 않거나, 이전과 동일한 방식으로 존재하지 않는 상황에서, 하나님의 갱신된 백성은 도대체 어떻게 되는 것인가. 성경에서든 제2성전 시대의 문헌들에서든, 메시야가 나타났는데도 이스라엘의 대부분이 메시야를 배척함으로써, 계약이 갱신되었는데도 대부분의 이스라엘이 그 계약에서 탈락하게 되었을 때, 무슨 일이 벌어질 것인가에 관한 질문에 대답해 주는 유대적인 본문들은 없었다. 시편 22편이나 이사야서 53편을 메시야적으로 읽은 사람들은, 메시야에 대한 모종의 배척이 일어났다는 사실을 추측할 수는 있겠지만, 그런 후에 어떤 일이 벌어지게 될 것인지를 생각할 수 있게 해주는 토대는 그들에게 주어지지 않았다. 따라서 바울은 새로운 세계, 지도도 없는 낯선 새로운 땅에 대하여 (그가 말하고 있듯이, 기도하면서) 생각하는 가운데, 그에게 주어진 최초의 원리들을 기반으로 삼아서, 다음 번에 무슨 일이 일어날 것이고 무슨 일이 일어나지 않을 것인지를 분별해 내어, 이스라엘의 이야기가 모든 사람의 입에서 일상적인 대화의 주제가 되지 않았을 뿐만 아니라, 그런 이야기가 나오면 냉소적인 웃음을 짓거나 별 얘기를 다한다는 반응을 보였을 로마에 있는 교회에게, 이 모든 것을 어떤 식으로 말할 수 있을지를 고민해야 하는 상황에 직면해 있었다.

최초의 원리들? 바울에게 있어서, 그것은 하나님을 의미하는 것이었고, 예수를 의미하는 것이었다. 세상을 떠난 크리스터 스텐달(Krister Stendahl)이 바울은 예수가 진정으로 메시야였다는 것을 머리로나 마음으로 받아들일 수 없었던 그러한 유대인들을 배려하고 그들에게 어떤 여지를 주기 위하여, 이 장들에서 의도적으로 예수에 관한 내용을 조심스럽게 제시하고 있다는 견해를 발표한 후에, 그러한 견해는 바울과 로마서에 대하여 글을 쓰는 한 흐름에서 상식처럼 되어 왔다. 나는 아무리 예를 갖추고 말한다고 할지라도, 그런 견해는 근본적으로 잘못된 것이라고 믿는다(그리고 나는 스텐달 등이 바울로 하여금 그렇게 노래하도록 시킨 이유도 잘 알고 있다).[473] 바울은 단지 이 논의의 핵심이 되는 대목에서 메시야 및 그의 죽음과 부활에 대하여 명시적으로 언급하지 않는 것일 뿐이고, 사실은 메시야는 이 논증 전체의 면면에, 특히 그가 새로운 방식으로 사고하면서, 조심스럽지만 소망을 가지고 앞으로 나아가야 할 때, 그 모든 길에 단단하게 섞여 짜여 있다. 그러나 이것을 좀 더 분명하게 보기 위해서는, 우리는 서론적으로 알아 두어야 할 세 번째 핵심을 살펴보아야 한다.

3. 세 번째 핵심은 너무나 분명한데도, 종종 도전을 받는다. 이 대단락 전체는 로마서 8장에서 바울이 직면한 두 가지 문제에 대한 대답인데, 그 두 가지 문제는 그의 동족 유대인들은 대체로 예수를 배척하였다는 것과 지금도 대체로 예수에 관한 복음 메시지를 배척하고 있다는 것이었다. 이 점과 관련해서 바울에 대한 새로운 접근방식을 주창하고자 해온 사람들은 이것을 폄하하고자 최선을 다해 왔지만, 이것은 피할 수 없는 문제이다. 바울이 여러 차례에 걸쳐 거듭해서 다시 돌아오는 기본적인 범주는 "불신앙"이라는 범주이다. 즉, 그들은 예수를 믿지 않았다는 것과

473) Stendahl, 1995, 38: "아마도 [바울은] 그리스도인들이 '그리스도의 깃발'을 흔들기를 원하지 않았기 때문에, 오직 하나님만을 언급하는 송영으로 끝낸 것 같다." (Stendahl이 바울의 글에서 그러한 송영은 이것이 유일하다고 말한 것은 잘못된 것이다: cf. 빌 4:20.) 그리고 이것은 어쨌든 바울의 수정된 유일신론을 무시하는 것이다(위의 제9장). 또한, Hultgren, 2010, 433이 9:30—10:17과 관련해서 한 말도 충격적이다: "이 송영은 그리스도를 전혀 언급하지 않는다 … 9장에서 11장까지 그리스도가 언급된 마지막 대목은 9:1-5이다." Keck, 2005, 282이 "9:5과 10:17을 제외한다면, 그리스도는 9-11장에서 전혀 언급되지 않는다"고 말하였을 때, 나는 "9:5-10:17을 제외한다면"을 "9:5과 10:17을 제외한다면"으로 잘못 인쇄한 줄 알았다 — 물론, 9:5-10:17은 9-11장의 거의 절반에 해당하고 결정적으로 중요한 중심 단락도 포함되어 있기 때문에, 그렇게 말하는 것은 별 의미도 없겠지만.

예수에 관한 메시지를 믿지 않았다는 것이다.[474] 그들은 믿음으로 말미암는 "의의 율법"을 추구하지 않았다(9:32). 그들에게는 10:6-13에서 설명된 "믿음"이 결여되어 있었다. 그들이 "다시 접붙임을 받으려면," 그것은 오직 그들이 "불신앙에 머무르지 않을" 때에만 가능하다(11:23). 그들은 "믿지 않았다"(10:21; 11:31). 이것은 바울이 동일한 핵심을 여러 가지 방식으로 말할 때에 그 중심에 있다: 그들은 걸림돌에 걸려 넘어졌다(9:32); 그들의 열심은 지식을 따른 것이 아니다(10:2); 그들은 "믿지 않고 말을 듣지 않는다"(이사야서 65:2을 인용하고 있는 10:21); 그들은 "걸려 넘어졌다"(11:11); 그들은 "범죄하였고"(11:11-12), 그 결과 "곤궁함"에 빠졌다(11:12). 이렇게 해서, 그들은 원 나무에서 부러진 가지들처럼(11:19-24) "버려졌다"(11:15). 이 모든 것은 그들이 "완악하게 된 것"임을 보여주는데(11:7, 25), 이 완악함은 바울의 믿지 않는 동족 유대인들을 "불순종"으로 인한(11:30-32) "원수들"로 만들어 버렸다(11:28). 별로 이상하거나 놀랄 일도 아니지만, 이 모든 것은 바울이 이런 상황으로 인해서 그들의 구원 자체가 위협을 받고 있다고 믿고서, 그들을 위한 끊임없는 큰 근심과 슬픔을 겪고 있었다는 것을 의미한다(10:1). 이 서신에서 이 시점까지, 특히 3장과 4장에서 그가 믿음에 관하여 말해 온 모든 것은, 아브라함의 진정한 권속임을 나타내는 유일한 증표이고, 그의 동족 유대인들에게 유일하게 결여되어 있는 것임을 보여준다. 바울이 11장에서 이 문제를 어떤 식으로 풀어나가고 있다고 우리가 생각하든, 이스라엘의 현재의 곤경에 대한 그의 분석이 통렬하고 확고부동하며 무시무시하다는 것을 보지 못한다면, 우리는 얻는 것이 없을 것이다.

4. 서론에서 우리가 살펴보아야 할 마지막 핵심은 이 대단락이 주목할 만한 정도로 세심하고 거의 예술적이라고 할 수 있는 구조로 되어 있다는 것이다. 그런 점에서 바울의 글들 중에서 이것과 필적할 수 있는 것으로는 고린도전서 15장을 들 수 있지만, 그 본문은 단지 58개의 절로 되어 있는 반면에, 이 본문은 90개의 절로 되어 있다. 구조 분석(이것은 내가 바울의 글에 들이대고 싶은 마음이 추호도 없는

474) Jewett, 2007, 557. Gaston, 1987, 92는 아주 격렬하게 항의한다: "9장에는 그런 것이 전혀 언급되고 있지 않는데, 어떻게 사람들은 9장이 이스라엘의 불신앙을 다루고 있다고 말할 수 있는 것인가?" 그는 무엇보다도 특히 9:1-29을 이 논의의 나머지 부분으로부터 분리할 수 있고, 만일 바울이 유대인들의 "불신앙"에 대하여 말한 것이라면, 그것은 "유대교" 자체에 대한 공격이 될 것이라고 전제한다. 만일 유대인들에게 이러한 "문제"가 없었다면, 바울이 9:1-5에서 마음이 찢기는 듯한 고통을 느낄 이유도 없고, 10:1에서 그런 식으로 기도할 이유도 없지 않았겠는가? Gaston은 전에 내게, 만일 바울이 11:23을 쓰지 않았더라면, 9-11장에 대한 자신의 견해가 유지되기 더 쉬웠을 것임을 인정한 바 있다; 그의 견해를 지지하는 Harink, 2003, 169f.는 압축된 각주(173 n. 24)에서 11:23을 건너 뛴다.

구조주의적인 분석과 반대되는 것이다)은 흔히 기만적인 것이기는 하지만, 바울이 강조점을 어디에 두고자 하였는지, 서로 다른 부분들을 어떤 식으로 주의 깊게 엮어서 글 전체의 구성을 완성하였는지를 알기 위해서는 종종 필요한 것이기도 하다.[475] 나는 이 대단락을 깊이 생각하면 할수록, 바울이 여기에서 내가 앞으로 제시할 구조를 주의 깊게 구성하였고, 그렇게 구성된 구조에 그의 논증 전체에서 아주 중요한 신학적인 내용을 담아내고자 하였다는 것을 점점 더 확신하게 된다.

이와 같이 생각하는 필자가 있다는 것 자체가 바울의 글을 읽는 일부 독자들에게는 새로운 소식일 수 있다. 우리는 바울의 서신들은 "상황에 맞춰" 씌어진 것들이고, 바울 자신이 직접 쓴 것이 아니라 그가 불러주면 다른 사람이 받아적은 것들이었다는 말을 자주 들어 왔다.[476] 이러한 말이 지닌 함의는, 토니 블레어의 신노동당이 1990년대 말과 2000년대 초에 영국 헌법을 땜질식으로 고친 것과 마찬가지로, 바울은 이리저리 두루 돌아다니면서 깊은 숙고 과정을 거치지 않고 생각나는 대로 서신들을 휘갈겨 썼다는 것이다. 우리는 로마서(그리고 특히 9-11장)는 그렇게 씌어진 것이 아니라고 아주 단호하게 말할 수 있다. 거기에는 분명한 구조가 있고, 글은 주목할 만한 정도로 균형이 잡혀 있으며, 의도적으로 수사학적 효과들이 사용되고 있고, 신학은 각 부분들이 서로 착착 들어맞아서 통일된 전체를 이루는 방식으로 글 속에 반영되어 있다. 바울은 더디오가 자신이 불러주는 것을 받아 적기 위해서 손에 펜을 들고 기다리고 있는 동안 방 안을 이리저리 왔다 갔다 하면서 처음으로 비로소 로마서를 어떻게 써야 할지를 구상한 것이 아니었다. 그는 회당들에서, 설교하는 자리들에서, 장막을 만드는 가게에서, 친구들의 집에서 이러한 논증을 무수히 생각하고 숙고하는 과정을 거쳤다. 그는 자기가 말하고자 하는 요지를 어떤 식으로 표현해야 할지를 여러 가지로 숙고하였고, 로마서를 쓰기 이전에 이미 모든 구상을 다 마쳐 놓았다.[477] 그러한 구상에는 이 서신의 세세한 구조를

475) 여기에서 우리는 특히 Aletti, 2010 [1992], 213-20을 인용할 수 있다. 나는 독자적으로 나의 결론들에 도달하였지만, 그 결론들이 이렇게 전문적인 분석가에 의해서 확증되는 것을 보는 것은 좋은 일이다.

476) 예를 들면, Stendahl, 1995, 6.

477) 예를 들면, Wagner, 2002, 269f.를 보라; 반대견해로는 Tobin, 2004, 319, 380, 특히 Watson, 2007 [1986], 322: "바울은 이스라엘이 선민이 된 것에 관한 자신의 긴 논의를 시작하고 있는 것이기 때문에, 그 자신도 이 논증이 자기를 어느 지점으로 데려다 줄지를 알지 못한다. 그는 글을 써가면서 통찰을 얻는다 … "(강조는 원래의 것). 만일 이 본문의 대칭구조가 너무나 주의깊고 세심하게 설계된 것이 아니었다고 할지라도, 나는 바울이 로마서를 쓰기 전에 여러 해 동안에 걸쳐서 현장에서 이러한 문제들에 직면하고 토론하고 가르친 것이 아니라고 생각하는 것을 믿을 수 없다. 바울은 의도적으로 우여곡절들이

결정하고 균형 있게 서술하는 것, 어떤 형태로 쓸 것인가 하는 것, 청중으로 하여금 중심적이고 중요한 것들에 자신들의 귀와 생각을 집중하게 할 수 있는 방법을 고안해내는 것 등등이 포함되어 있었다. 나는 이 대단락을 조지 허버트(George Herbert)의 한 시에 비유하고 싶을 정도이다.

로마서 9-11장에 대한 기본적인 분석은 어렵지 않지만, 실제로 해놓고 보면 인상적이다. 우리가 앞에서 이미 보았듯이, 서두와 결미는 각각 9:1-5과 11:33-36이다. 서두는 다섯 절로 되어 있고, 결미는 네 절로 되어 있는데, 둘 다 하나님에게 복을 구하는 기도로 끝난다.[478] 바깥쪽에 위치한 단락들, 즉 9장과 11장의 아주 긴 논증들인 9:6-29과 11:1-32도 마찬가지로 서로 균형이 아주 잘 잡혀 있는데, 후자가 약간 더 길기는 하지만, 그렇게 선명하게는 아니지만 둘 다 세 개의 "동기들"로 세분되어 있다. 따라서 거의 모두가 동의하고 있듯이, 이 대단락의 본론은 9:30-10:21로 구성된다.[479]

이 중심 단락 내에서도 동일한 패턴이 반복된다. 이방인들이 교회로 들어온 반면에 유대인들은 들어오지 못하게 된 역설을 강조하는 9:30-33은 동일한 주제를 다루면서 다른 것을 조금 더 추가한 10:18-21과 균형을 이루는데, 이 둘은 각각 4절로 되어 있다(단어수는 10:18-21이 더 많기는 하지만). 이 모든 것의 바로 중심에 더 가까이 근접해 있는 10장의 서두의 절들(10:1-4)은 어떤 의미에서 바울의 이방 선교에 대한 설명이 나오는 10:14-17와 균형을 이루는데, 여기에서도 이 둘은 각각 네 개의 절로 되어 있고, 전자는 이스라엘이 "알지 못한 것"에 대하여 계속해서 설명해 나가는 반면에, 후자는 이방인들이 들어오게 된 통로에 대하여 설명한다.[480]

있는 여정으로 청중들을 데리고 가는 방식으로(그리고 자기가 고통 중에서 기도하며 생각하였던 바로 그 과정을 재현하는 방식으로; Grieb, 2010, 396) 이 담론을 수사학적으로 구성하였지만, 로마서를 쓸 때에는 이미 이 여정의 처음과 끝을 다 알고 있었고, 어떤 식으로 논증을 제시해야 효과를 극대화할 수 있는지도 이미 알고 있었다.

478) Keck, 2005, 226; Jewett, 2007, 556; Wilk, 2010, 239-41을 보라. 이러한 대칭구조는 Tobin, 2004, chs. 9-12의 특이한 주장, 즉 실제의 대단락은 8-11장으로 구성되고(302), 8:31-39은 11:25-36과 대칭을 이룬다는 주장을 배제하는 것으로 보인다.

479) Aletti, 2010 [1992], 217f.; 그리고 Getty, 1988.

480) 이렇게 10:17과 10:18 사이에서 단락이 구분된다는 주장에 대해서는, 10:17이 10:8에 나오는 신명기 30:14의 인용문 속의 '레마'(rhēma)를 받아서 '레마 크리스투'(rhēma Christou)라는 표현을 사용하고 있는 것을 보라. 하지만 10:18이 시편 19편에서 가져온 인용문도 이 단어를 사용하고 있기 때문에, 아마도 우리는 10:18과 10:19 사이에서 단락이 구분되는 것으로 보아야 할 것 같다. 어느 쪽이든, 차이가 그리 크지는 않다. Dahl, 1977, 143 n. 24는 10:1에서 새로운 단락이 시작된다고 주장한다. 그 지점에서 어떤 단절이 있는 것은 분명하지만, 9:30의 '티 운 에루멘'(ti oun eroumen)이 9:6-29을 요약하는 가운데, 10:1-21과 그 이후를 가리키는 방식으로 좀 더 큰 단락의 시작을 알리고 있는 것으로 보는 것이

이렇게 해서, 구조상으로 이 모든 것의 중심에 10:5-13이 온다. 아홉 절로 이루어진 이 단락은 처음에는 레위기, 다음으로는 특히 신명기에 대한 석의로 시작해서, 이사야서와 요엘서를 근거로, "계약 갱신"이라는 위대한 주제를 상기시키는 것으로 끝이 난다. 그리고 이 모든 것의 중심, 바로 그 한복판에는 바울의 신학적 중심 주제를 이루는 진술이 온다: "네가 네 입으로 예수가 주이시라고 시인하고, 하나님께서 그를 죽은 자 가운데서 살리신 것을 네 마음에 믿으면 구원을 받을 것이다."

따라서 우리는 주의 깊게 구성된 교차대구법적인 구조를 여기에서 확인할 수 있다. 나는 세부적인 것들에 대해서는 몰라도, 전체적인 구조에 대해서는 논쟁의 여지가 없다고 생각한다:

9:1-5 11:33-36

9:6-29 11:1-32

9:30-33 10:18-21

10:1-4 10:14-17

10:5-13

10:9

예수에 대해서, 그리고 믿음과 구원에 대해서 말하고 있는 중심적인 본문인 10:5-13을 잠시만 생각해 보아도, 로마서 9-11장을 확고하고 깊게 (메시야에 관한 바울의 믿음이라는 의미에서) 기독론에 토대를 둔 진술 이외의 다른 어떤 것으로 읽는 것은 어떤 식으로도 불가능하다는 것이 드러난다. 이 한복판에 있는 본문은 위아래로 포진되어 있는 메시야에 대한 추가적인 언급들로 둘러싸여 있다(10:4의 "메시야는 율법의 마침이다"와 10:14의 "그들이 믿지 않는 이를 어떻게 부르겠는가"). 중심 본문의 아홉 개의 절들(10:5-13)에는 예수에 대한 언급이 최소한 일곱 번이나 나오기 때문에, 메시야 및 그로 말미암은 칭의와 구원이 9-11장 전체의 중심이라는 주장에 대한 그 어떠한 도전도 배제된다:

> [5]모세는 율법에 의해서 정의된 계약의 지체로서의 지위에 대하여, "율법의 계명들을 행하는 그 계명들 안에서 살 것이다"라고 쓰고 있다. [6]그러나 믿음을 토대로 한 계약의 지체로서의 지위는 그것을 이와 같이 말한다: "네 마음에 누가 하늘에 올라가겠느냐고 말하지 말라"(달리 말하면, 이것은 메시야를 모셔 내리려는 것이다), 또는 [7] "누가 깊은 곳으로 내려가겠느냐고

훨씬 더 좋을 것이다.

> 말하지 말라"(달리 말하면, 이것은 메시야를 죽은 자 가운데서 모셔 올리려는 것이다). [8]그러면 그것은 무엇을 말하느냐? "말씀이 네게 가까워 네 입에 있으며 네 마음에 있다"(즉, 우리가 전파하는 믿음의 말씀). [9]왜냐하면, 네가 네 입으로 예수가 주이시라고 시인하고, 하나님께서 그를 죽은 자 가운데서 살리신 것을 네 마음에 믿으면 구원을 받을 것이기 때문이다. [10]왜 그러한가? 계약의 지체가 되는 길은 마음으로 믿는 데 있고, 구원에 이르는 길은 입으로 시인하는 데 있기 때문이다. [11]성경은 말한다. "누구든지 그를 믿는 자는 부끄러움을 당하지 아니할 것이다." [12]유대인과 헬라인 간에는 차별이 없다. 왜냐하면, 동일하신 주가 모든 사람의 주가 되어, 그를 부르는 모든 사람에게 부요하시기 때문이다. [13]"누구든지 주의 이름을 부르는 자는 구원을 받을 것이다."

유대인과 헬라인 간에만 차별이 없는 것이 아니라, 로마서 9-11장과 로마서 1-4장 간에도 차별이 없고, 그런 점에서 로마서와 갈라디아서 간에도 차별이 없다. 우리는 지극히 친숙한 영토에 서 있다 -물론, 신명기에 대한 주목할 만한 석의는 제외하고. 사실, 바울은 다른 어느 곳에서보다도 여기에서 자신이 말하고자 하는 것을 아주 분명하게 말하고 있다. 그는 "칭의"와 "구원"을 밀접하게 서로 연결시키는 한편, 주의 깊게 구별한다; 그는 (a) 개인의 믿음과 고백에 대해서 말하는 한편, (b) 믿는 유대인과 믿는 헬라인이 한데 어우러져 있다는 것에 대해서도 말한다; 그는 토라를 예언적으로 읽고, 선지자들의 글을 또 다른 종류의 토라 성취(Torah-fulfilment)에 대하여 말하고 있는 것으로 읽음으로써, 율법과 선지자들을 결합시킨다.[481] 그는 성령을 명시적으로 언급하고 있지는 않지만, 13절에서 언급되고 있는 요엘서 2:32(LXX 3:5)은 사도행전 2장에서 오순절의 성령 강림이 계약이 메시야를 중심으로 갱신되었음을 보여주는 증표라는 것을 설명하기 위한 핵심적인 오순절 본문으로 등장하여 유명해진 본문 중의 일부이다. 바울은 이것을 자세하게 설명할 필요가 없었다.[482] 왜냐하면, 제2성전 시대의 유대교 세계에서의 사고의 흐름들을 알고 있던 사람이라면 누구든지 그러한 표지들을 이미 알아차렸을 것이기 때문이다. 이것은 신명기 30장의 성취, 달리 말하면, "계약 갱신"과 "포로생활의 종언"에 관한 것이다 -주석자들은 거의 언제나 이 점을 간과해 버리지만![483] 그것은 모든 믿는 자를 위하여 메시야의 복음 안에서 계시된 하나님의 의에 관한 것이다. 이것은 결국 바울이 저 앞에서 1:3-5을 토대로 하여 1:16-17에서 이 서신을 통해 말하겠다고 미리 말해 주었던 바로 그 주제이다. 그리고 바울은 여기에서 마침내 그

481) Watson, 2004, 329-41; Watson, 2007 [1986], 330 n. 46을 보라.
482) 예를 들면, cf. Rowe, 2000, 152-6.
483) 위의 제2장 제4절 2)를 보라.

주제로 다시 돌아와서 그 주제를 통해서 이스라엘의 불신앙이라는 문제에 대답한다.

이 장들에는 이스라엘에 관한 일련의 서사와 더불어서, 주의 깊게 통일적으로 구성된 교차대구법적인 구조가 들어 있다는 나의 주장이 옳다면, 우리는 중심에서 시작하여, 거기로부터 움직여 나가서 교차대구법의 여러 단계들을 살펴보는 것이 좋을 것이다. 따라서 우리는 중심에 있는 10:1-17(여기에서의 중심은 10:5-13이고, 그 중의 중심은 10:9이다)에서 시작해서, 9:30-33과 10:18-21로 나아가고, 거기로부터 바깥으로 움직여서 9:6-29을 살핀 후에, 마지막으로 11:1-32로 나아갈 것이다. 이렇게 하면, 우리는 마침내 서로 균형을 이루고 있는 가운데서도 판이하게 다른 송영들로 이루어진 가장 바깥쪽의 틀에 도달하게 된다. 그 틀인 9:1-5의 탄식과 11:33-36의 찬송은 이 대단락 전체에 걸쳐 내내, 그리고 특히 우리가 이제 살펴보고자 하는 본문(10:1-17)에 뚜렷하게 나타나 있다. 로마서 10:1-17은 이 대단락의 한복판에 있다. 나는 바울이 아주 의도적으로 이 대단락을 그런 식으로 구조화하였다고 믿기 때문에, 이 대목에서 시작하는 것은 의미가 있다.

(2) **포로생활, 칭의, 하나님의 의, 구원**: 10:1-17

9:1-5 11:33-36

9:6-29 11:1-32

9:30-33 10:18-21

10:1-4 10:14-17

10:5-13

10:9

우리는 본격적으로 논의를 시작하기 전에 잠시 시간을 갖고서, 본서의 앞부분(제2장)에서 무엇을 잠정적으로 전제하였고, 이제 무엇이 명백해졌는지를 분명히 해둘 필요가 있다.

우리는 조금 전에 로마서 9장에서 들려주는 이스라엘에 관한 서사가 교착상태에 빠져 옴짝달싹할 수 없게 되어 버린 것처럼 보인다는 말을 하였다. 그것은 물론 "포로생활" 때문이었다. 유대인들이 실제로 지리적인 포로생활을 겪게 된 것은 물론이고, 포로생활로부터의 완전한 귀환이 아닌 부분적인 귀환이라는 당혹스러운 일을 겪으면서, 신학적으로나 서사적으로나 모든 것이 엉망진창이 되어 버리고 알 수 없게 되어 버린 것이었다. 앞서 보았듯이, 이 시기에 중요한 저자들을 포함한 적어도 일부 유대인들은 "포로생활"이 아직 끝나지 않았다고 진정으로 믿고 있었다. 그 저자들 중에서 흥미롭게도 요세푸스(Josephus)와 필로(Philo)를 포함한 몇몇 저자들은 신명기 27-30장 및 신명기 32장과 33장에 나오는 모세의 예언들을 "말일에"(beacherith hayamim – '베아헤리트 하야밈') 이스라엘에게 일어날 일과 야웨가 이스라엘 안에서 및 이스라엘을 위하여 행할 일에 관한 장대한 스케일의 장기적인 경고들과 약속들로 다시 읽었다. 즉, "저주"는 계속될 것이고, 그런 후에 마침내 야웨가 사람들의 마음에 할례를 행하여, 그들로 하여금 그에게 순종하게 하고 그의 토라를 진심으로 지키게 할 것이라는 것이었다. 이것이 장차 하나님이 이스라엘의 운명을 회복시킬 방법이었다. 그리고 모세가 직접 경고한 대로, 이스라엘은 여전히 패역하고 고집스러웠기 때문에, 그런 일이 일어날 필요가 있었다. 이 포괄적인 서사를 이런 식으로 읽을 때에만, 4QMMT와 바룩서, 요세푸스와 필로의 본문들에서 신명기의 마지막 장들을 각기 다르게 사용하고 있는 것처럼 보이는 것들에 대한 통일적인 의미 파악이 가능해진다.[484)]

이러한 맥락을 감안한다면(그리고 바울 시대의 모든 유대인들이 그런 식으로 생각한 것은 아니고, 일부가 그랬고, 그들의 사고 세계가 바울 자신의 읽기를 위한 모판이 되었다는 것을 감안한다면), 바울이, 아브라함에게 주어진 약속과 그의 권속에 대하여 말한 로마서 9:7-9에서 시작된 긴 이야기가 대단원의 막을 내리는 10:6-8에서, 신명기 30장에 대한 자신의 다시 읽기를 들려주면서, 자기가 무엇을

484) Wagner, 2002, 254-7 and 166 n. 143 등을 보라. Lincicum, 2010, 153-8이 이 논의를 시작해 놓고서는 이러한 결론에 도달할 때까지 밀고 나가지 않은 것은 이상한 일이다. 이것은 그의 책에 Steck, 1967에 관한 언급이 없는 것과 맥을 같이 하는 것 같다. 마찬가지로, Waters, 2006을 보라. Jewett, 2007, 626(그는 Dunn, 1988b, 603-5를 따른다)은 이 본문이 제2성전 시대 유대교에서 어떻게 사용되고 있는지를 언급하지만, 그것이 바울의 논증에서 어떤 의미를 지니는지를 인식하지는 못한다. 이와는 대조적으로, Ciampa, 2007, 109는 비록 거의 덧붙이는 수준이기는 하지만 어쨌든 적어도 일시적으로 올바른 방향을 보여준다: "모세는 … 그들이 하나님께로 다시 돌아와서 포로생활을 끝을 보게 된 후에 … 하나님이 임재와 말씀이 자기 백성에게 회복될 장래의 어느 날을 내다본다." Bekken, 2007에 대해서는 아래를 보라. 4QMMT 및 Baruch과의 병행들에 대해서는 *Perspectives*, ch. 21에 수록된 나의 논문을 보라; 또한, Wright, 2002 [*Romans*], 658-63. Wagner, 2002, 115, 166은 쿰란 문헌에서 추가적인 병행, 즉 4Q504 frgs. 1-2 cols. 5-7, 특히 5.6-14를 제시하는데, 그 본문은 레위기 26:44f.와 신명기 30:1f.를 간접적으로 인용해서, "비유적으로 공동체가 '포로생활 가운데' 있다고 말하고, 거기에서 건져줄 것을 하나님에게 탄원하고"(Wagner, 166 n. 143), "하나님이 회개하는 이스라엘을 땅 끝들로부터 모으실 것을 확신한다"(Wagner, 115 n. 233). 우리는 5:15에서 공동체가 하나님이 "그의 성령을 우리에게 부어 주셨다"고 주장하는 것을 보는데, 이것은 계약 갱신의 고전적인 증표였다.

하고 있다고 생각했을지는 꽤 분명하게 드러난다.[485] 그는 자기가 그러한 맥락과 논증 안에서 2:25-29에서 행하였던 바로 그것을, 현재의 논증의 맥락 내에서 그러한 시각으로 행한 것이었다. 즉, 그는 성경에 나와 있는 자원들을 사용해서 이렇게 말하고 있다: 이것이 새 계약이고, 이것이 참된 토라의 성취이며, 이것이 마음의 할례이고, 이것이 율법 조문이 아닌 성령의 일이며, 이것이 우리가 "유대인"을 발견하는 지점이다(로마서 2:29). 신명기 27장과 28장에 나오는 것과 같은 포로생활의 저주는 지나갔고, 진정한 회복이 임하였다.[486] 우리가 이 대목에서 수렴된 좀 더 넓은 사고의 흐름을 이 그림에 추가한다면, 그는 이렇게도 말하고 있는 것이다: 이것이 우리가 "할례"(빌립보서 3:3)와 선민과 부르심 받은 자들과 아브라함의 "자손"(갈라디아서 3:29), 진심으로 하나님을 사랑하는 자들(고린도전서 8:3; 로마서 5:5) — 달리 말하면, 셰마(Shema) 백성 — 을 발견하는 지점이다. 여기 로마서 9-11장의 중심에는, 바울이 바리새인 시절에 알고 있었던 선민론에 무슨 일이 일어났다고 생각하는지를 가장 풍부하게 보여주는 진술이 자리하고 있고, 그것은 정확히 종말론적인 진술, 즉 그 선민론이 오랫동안 기다려 왔던 새 계약을 개시시킨 메시야를 중심으로 변화되었다고 말하는 진술이다. 또한, 그 선민론은 이제 요엘에 의해서 약속된 성령, 즉 사람들로 하여금 "주의 이름을 부를" 수 있게 해준 성령을 중심으로 수정되었는데, 우리는 앞에서 예수의 이름을 부르는 것은 곧 아브라함의 하나님을 부르는 것임을 보았었다. 새롭게 이해된 유일신론은 새롭게 이해된 선민론을 낳고, 이 둘은 오직 새롭게 이해된 종말론의 관점에 설 때에만 이해될 수 있다. 이것이 여기에서 바울이 행하고 있는 것 속에 깊이 내재된 신학적 구조이다. 따라서 로마서 9장에는 "하나님의 주권," 10장에는 "이스라엘의 책임"이라는 이전의 교리적 틀을 덧씌우고자 하는 것은 별 유익이 없을 뿐만 아니라, 실제로는 본문을 왜곡

485) 석의 전통을 아무리 잘 아는 사람일지라도, 바울은 실제로 신명기 30장을 인용하거나 사용한 것이 전혀 아니고, 단지 격언들을 반영한 것일 뿐이라고 주장해 온 유명한 저자들의 명단을 보면 놀라서 가쁜 숨을 몰아쉬게 된다: Sanday and Headlam, 1902 [1895], 289; Davies, 1980 [1948], 153f.; 그리고 Badenas, 1985, 253 n. 297에 언급된 학자들; Tobin, 2004, 344도 이제는 거기에 추가되어야 한다. Longenecker, 1991, 220 n. 2와 Bekken, 2007, 4 n. 11이 Barrett, 1971b [1957]을 포함시킨 것은 잘못이다. 왜냐하면, 그는 실제로 바울이 신명기 30장을 인용하고 있다고 말하기 때문이다(198). 신명기 30장에 대한 정말 희미한 반영은 도마복음 3장에서 찾아볼 수 있다(Elliott, 1993, 136).

486) Bekken, 2007, 16은 바울의 사고의 "종말론적인 측면"(그리고 187에서는, "종말론적인 관점")에 대하여 말하고, 이 방향을 보여주는 Philo의 본문들을 환기시키지만(예컨대, *Vit. Mos.* 2.288), 그의 다른 중요한 필로의 병행들이 이 좀 더 큰 종말론적인 서사 내에서 의미를 지닌다는 것을 전혀 보지 못한다. 그렇기 때문에, 4QMMT에 나오는 대단히 중요한 병행이 그의 저작에서는 단지 부유물에 지나지 않는 것처럼 다루어진다(2f., 118).

하는 것이다.[487] 이것이 나를 비롯한 여러 사람들이, 바울이 10:13에서 요엘서 2:32(LXX 3:5)을 인용한 의도가 장차 도래할 종말의 핵심적인 특징들 중의 하나로 성령에 대한 약속을 부각시키고 있는 요엘서 본문 전체를 그 준거로 사용함과 동시에 보여주기 위한 것이라고 확신해 온 이유이다.[488] 이것은 우리가 쿰란 분파 같은 "새 계약" 운동들과의 유비 속에서 예상할 수 있는 바로 그러한 이스라엘에 관한 서사를 유지시킨다.

따라서 우리는 바로 이 대목에서 "이신칭의"에 관한 분명한 진술을 발견하고서 의외라고 여겨서는 안 된다. 사실, 만일 서구 신학이 신명기 30장에 대한 바울의 읽기는 그만두고라도 로마서 9-11장 전체가 무엇을 다루고 있는지를 진정으로 알았더라면, 종교개혁의 가르침들 중에서 가장 위대한 이 가르침을 선전하기 위한 본문으로 로마서 3장이나 갈라디아서 3장이 아니라 로마서 10:9-13을 선택하였을 것이다. 이런 것들이 해석학의 아이러니이다. 이 본문 속에는 모든 것이 다 들어 있다(앞 장에서 보았듯이, 칭의론에서 대단히 중요한 2:25-29과 3:21-4:25, 그리고 어느 정도는 8:1-11과 8:31-39 위에 이 본문은 구축되어 있다): 하나님의 신실하심; 그 모든 것을 위한 토대이자 기초로서의 메시야의 사역; 하나님이 예수를 다시 살린 사건을 하나님이 "의롭다"는 판결을 하였음을 보여주는 확실한 증표라고 믿는 것; "예수는 주이다"라는 고백을, 오로지 믿음을 토대로 한 최초의 "칭의"로부터 메시야와 성령의 능력 안에서 살아온 인생 전체를 토대로 한 최종적인 "구원"으로 가는 도상에 있음을 보여주는(또한, 이 예수에 대한 전적인 순종을 보여주는) 공적이고 외적인 행위로 보는 것. 여기에 또다시 "칭의"가 또다시 바울의 재정의된 선민론의 중심에 나와서, 또다시 수정된 종말론 내에서 그것이 무엇을 의미하는지를 보여준다. (사람들이 이 본문이 아니라 로마서 1-4장에서 바울이 말하고 있는 것이 핵심이라고 본 이유는 구체적인 "법정" 표상이 거기에는 나오고 여기에는 나오지 않기 때문이었다.) 여기에는 이러한 기독론과 이러한 구원론으로 인해서 "유대인과 헬라인 간에 차별이 없다"는 강력한 단언이 나온다.

487) Watson, 2007 [1986], 322f.

488) 요엘서 2:28f.(LXX 3:1f.)를 보라: 이 본문 전체(2:28-32; LXX 3:1-5)는 사도행전 2:17-21에 인용된다; cp. 행 2:33; 10:45; 롬 5:5. Schreiner, 1998, 562를 보라: "바울은 분명히 요엘서의 예언을 예수를 메시야이자 주로 고백한 자들에게 성령이 부어지는 것과 동일시하였을 것이다." 그는 이 인용문 전체는 2:28(3:1)에서 "모든 육체"에게 성령이 부어질 것이라고 말하고 있는 것과도 연결되어서, 이방인들도 거기에 포함된다는 것을 강조하고 있다고 지적한다. Moyise, 2010, 75는 고린도전서 1:2에도 비슷한 반영이 존재한다고 주장한다; 또한, Fatehi, 2000, 232를 보라.

달리 말하면, 여기에는 그 무엇보다도 계약의 갱신이 나온다는 것이다. 그리고 여기에서는 바울이 '디카이오쉬네'(dikaiosynē, "의")라는 표현을 사용할 때에 무엇을 말하고자 하는지를 우리가 원하는 만큼 충분히 보여준다. 학자들은 여기에서 바울이 신명기 30장을 소개하는 방식을 보고서 혼란스러워해 왔다: 바울은 레위기 18장을 "모세"에게 돌리고서, '헤 에크 피스테오스 디카이오쉬네'(hē ek pisteōs dikaiosynē, "믿음에서 오는 의")를 신명기의 "화자"로 의인화시킨다.[489] 그러나 우리가 이미 살펴보아 왔던 제2성전 시대의 여러 다양한 유대 사상가들이 모두 알고 있었던 것과 같이, 이 본문은 포로생활로부터의 귀환과 계약의 갱신에 대하여 예언한 본문이었다. 따라서 바울은 로마서 4:11에서와 마찬가지로 여기에서도, 계약에 관하여 말하는 본문을 가져와서, '디카이오쉬네'(dikaiosynē)라는 관점에서 말하고 있는 것이다. 이것이 내가 다른 곳에서 10:6a를 "그러나 믿음을 토대로 한 계약의 지체가 되는 것은 그것을 이와 같이 말한다"고 번역한 이유이다. 우리가 위의 제2장에서 했던 것처럼, 제2성전 시대 종말론에서 신명기 30장의 역할을 제대로 파악하기만 하면, 이 장과 이 대단락 전체의 석의에 있어서 전통적인 문제점들은 하나하나 해결된다.[490] 이것에 비추어 보면, 로마서 10:1-13은 사실 바울의 중심적인 본문이다. 그리고 이 본문은 우리가 로마서 9-11장으로 알고 있는 주의 깊게 구성된 통일적인 전체의 중심이라는 것은 의문의 여지가 없다.

특히, 이 본문은 "하나님의 의"에 초점을 맞추고서, 그것이 무엇인지를 자세하

489) 이제는 저 유명한 Hays, 1989a, 1-5, 73-83을 보라. Hays는 이 모든 것을 "황당무계하고 솔직하지 않은 석의의 얼굴을 한 변덕스러운 해석 행위"(73f.)이고 "당혹스러운 것"으로서, 지혜 전통의 반영들은 "바울의 읽기가 생각보다는 덜 자의적이라는 것을 인상깊게 주장하고" 있기는 하지만(82), "그 논증은… 순전히 단언의 힘"과 "오늘날 역사에 민감한 독자들에게 특히 거슬리는 것으로 보이는" 비유적인 해석에 기대고 있다고 말한다. 그러나 일단 우리가 그 병행인 바룩서 3장에 나오는 지혜 전통(이것은 Suggs, 1967에 의해서 부각되고, Keck, 2005, 253에 의해서 중심적인 것이 되었다)을 하나의 독립적인 것이 아니라, 신명기 30장을 새 계약과 포로생활로부터의 귀환이라는 관점에서 읽는 제2성전 시대에 널리 퍼져 있던 읽기의 일부로서 바라보게 되면, 이 석의는 변덕스럽거나 황당무계하거나 솔직하지 않은 것임이 드러나고, 역사적으로 민감한 것처럼 보이지만 실제로는 그렇지 못한 독자들을 그들의 비참한 상태에서 벗어나게 해줄 수 있다. 이 석의를 "적절한 것"으로 평가한 cf. Stowers, 1994, 309; Tobin, 2004, 343.

490) 이것은 현재의 장이 Watson, 2004, 특히 ch. 7의 매력적인 연구에 대한 온전하거나 상세한 대답을 제시한다고 말하는 것이 아니다. 하지만 나는 바울이 여기에서 "이분법들"을 세우고 있는 것처럼 보이지만 사실은 극복하고 있다고 생각한다. 그는 로마서 3:27-30과 8:5-8에서처럼 여기에서도, 예수를 부활한 주로 믿는 믿음은 사실 "율법을 행하는 것"이라고 말하고 있다. 그가 재정의하는 것은 단지 "행하는 것"만이 아니라, 율법 자체이다(Watson, 2004, 331 n. 35에 나오는 Hays와 Wagner에 대한 논평들을 보라).

게 해명한다. 로마서 10:3이 여전히 논란 가운데 있을 수밖에 없는 이유는 특히, 바울이 한두 명의 서기관들이 바울이 한 대목에서 '디카이오쉬네'라는 단어를 너무 자주 사용한다고 생각해서, 그의 문체에 조금 손질을 가해서 생겨나게 된 이독 때문이다.[491] 나도 그런 교열자들을 접해 왔지만, 그들은 통상적으로 압축된 구절에 사용된 단어들이 모두 다 공통의 논지를 위해 실제로 자신의 몫을 해내고 있다는 말을 들으면 저항감을 보인다. 또한, 바울이 여기에서 "하나님의 의"에 관하여 말하고 있는 것들은 우리가 앞에서 로마서 3:21과 1:17에 관하여 논증하였던 것을 아주 분명하게 드러내 주고 밑받침해 주기 때문에, 여기서의 논증이 어떤 식으로 전개되어 마무리되고 있는지는 충분히 주목할 만한 가치가 있다. 여기에서나 거기에서나 "하나님의 의"를 사람들이 하나님으로부터 받는 의롭다는 지위로 보고 있다는 것은 의심의 여지가 없고, 실제로 여기에서나 거기에서나 그것이 계속해서 전제되고 있다.[492] 바울은 10:3에서 "하나님의 의"를 당시의 믿지 않는 유대인들이 "알지 못한" 그 무엇이라고 말할 때, 나는 그가 9:6 이래의 일련의 사고의 흐름 전체를 상기시키고 있는 것이라고 본다. 애초에 하나님의 의라는 질문을 야기시킨 것은 하나님이 이스라엘을 선민으로 택한 목적과 관련된 저 기이한 서사였고(9:14의 '메 아디키아 파라 토 테오'[mē adikia para tō theō, "하나님께 불의가 있는 것인가"]), 바울은 바로 그 동일한 서사를 통해서 그 질문에 대답하였다. 우리가 10:3의 "무지" 모티프를 이 장의 끝부분에 나오는 내용과 결합시켜서, 이 사람들이 무엇에 대하여 무지하였다고 바울이 생각하였던 것인지를 묻는다면, 다음과 같은 것들이 분명해진다: (a) 그들은 하나님이 그들의 역사 속에서 내내 무엇을 해 왔는지에 대하여, 달리 말하면 하나님이 단지 아브라함을 선택한 것만이 아니라, 그의 자손을 포로로 끌려간 남은 자들로 축소시킨 것을 통해서, 실제로 이스라엘을 선민으로 택한 자신의 목적을 이루어 왔다는 사실에 대하여 무지하였다는 것; (b) 그 연장선상에서, 그들은 십자가에 못 박힌 예수가 메시야였다는 사실에 대하여 무지하였다는 것. 로마서 1:17과 3:21-26에 의하면, 하나님의 의를 드러낸 것은 십자가에 못 박혔다가 부활한 예수(그리고 그에 관한 복음 메시지)였는데,[493] 우리는 여기에서도

491) 사본들은 상당히 나뉘어져 있기는 하지만, 대체로 긴 읽기를 지지하고 있는데, 이 긴 읽기는 더 어려운 읽기이기 때문에, 이 읽기를 택하는 것이 낫다는 것은 분명하다: 예컨대, Jewett, 2007, 606은 (ABDP 등의 사본들에서의) 생략을 중자탈락 현상(haplography)으로 돌린다.

492) 예를 들면, Bekken, 2007, 164; Hultgren, 2010, 382.

493) 유대인들의 "무지"에 대해서는 cf. 행 3:17.; cp. 13:27; 고전 2:8; 딤전 1:13; 좀 더 폭넓게는 눅 23:34; 요 16:3.

바로 그 동일한 핵심이 현재의 논증에 맞춰서 제시되고 있는 것을 본다.

바울은 하나님의 의에 대한 합당한 반응은 거기에 순복하는 것이라고 믿는다(10:3). 이것은 하나님의 의를 표현하는 색다른 방식이기는 하지만, 그 함의는 하나님의 주권적인 뜻이 그의 "의"를 드러낸 사건들 안에서 계시되었기 때문에, 그 사건들이 하나님의 뜻이었다는 것을 받아들이는 것이 충성의 길이자 지혜의 길이라는 것이다. 하지만 우리는 "하나님의 의에 대하여 순복하는 것"이 바울의 생각 속에서 메시야 예수의 복음을 믿고 세례를 받아 그와 합하는 것 이외의 다른 것을 가리킨다고 생각해서는 안 된다. 하나님의 의에 순복한다는 것이 지니는 의미는 그것이 충성스러운 유대인에게 어떤 결과들을 가져왔는지를 살펴볼 때에 가장 잘 드러난다. 그런 점에서 바울 자신이 걸어 왔던 여정을 생각해 보는 것보다 더 좋은 것은 없을 것이다: 바울은 "메시야와 함께 십자가에 못 박혔고"(갈라디아서 2:19), 메시야를 아는 지식으로 인하여 이전에 자기에게 이익이 되었던 모든 것들을 손해로 여기게 되었으며(빌립보서 3:7-11), 십자가라는 거리끼는 것을 기꺼이 받아들였고(고린도전서 1:23; 갈라디아서 5:11), 아브라함의 권속이 이전에 생각해 왔던 것보다 훨씬 더 규모가 크고 다양한 사람들로 이루어진다는 것(로마서 4:1-25; 갈라디아서 3:23-29)과 그 권속은 유대인이라는 민족적 정체성의 표지들에 의해서가 아니라 "메시야를 믿는 믿음"에 의해서 정의된다는 것을 발견하였다.[494] 물론, 이 모든 것은 이스라엘과의 계약 및 메시야를 통한 그 계약의 갱신에 관한 바울의 전체적인 신학의 일부이다.

바울은 자신의 동족인 믿지 않는 유대인들은 이렇게 "하나님의 의에 순복하는" 대신에 "그들 자신의 의를 공고히 하고자 하였다"고 말한다. 우리는 바울이 여기에서 특히 자신의 이전의 모습에 대하여 말하고 있다는 것을 상기하여야 한다. 그가 "하나님에 대한 열심"을 언급한 것이 분명히 보여 주듯이, 이 본문은 그의 이전의 모습에 대한 자전적인 색채가 아주 짙다.[495] 물론, 한 손에는 비텐베르크의 맥주잔을 들고, 한 손으로는 식사를 하면서, "그들 자신의 의"라는 어구를 문맥으로부터 떼어내서 어둠 속에서 그 배후에 있는 빛을 의지해서 얼핏 보는 사람들은, 유대인들이 토라를 지키기 위한 도덕적인 노력이라는 의미에서 "선을 행함"으로써 하

494) 롬 3:21—4.25; 갈 2:15—4:11; 빌 3:2-11.

495) 10:2, '젤론 테우'(zēlon theou); cf. 갈 1:14; 빌 3:6; cf. *Perspectives*, ch. 10에 수록된 "Paul and Elijah." Ortlund, 2012는 이스라엘의 민족적 특수성을 주장하는 데 초점을 맞추는 것에 반대하여 "옛 관점"에 의거한 읽기("열심"을 "토라에 대한 일반적인 순종"으로 읽는 것)를 복권시키고자 시도한다.

나님 앞에서 은총, 그러니까 "의"를 얻어내고자 하는 원시 펠라기우스주의(Pelagianism)의 죄를 범하였다고 바울이 말하고 있는 것으로 얼마든지 읽을 수 있다.[496] 그러나 9:30-10:21에는 그 어디에도 "선한 행위들"에 대한 언급이 없다는 것은 차치하고라도, 9-11장 전체의 서사에 비추어 보면, 그러한 읽기가 옳을 가능성은 극히 희박하다.[497] 바울이 여기에서 들려주고 있는 이야기는 이스라엘의 계약 서사에 대한 것이고, 이 서사가 메시야와 성령으로 말미암아 완전히 뒤집어져서 그 안에 이방인들을 포함하게 되었다는, 그 자신도 깜짝 놀랄 수밖에 없었던 사실에 대한 것이다. 따라서 믿지 않는 유대인들이 스스로 공고히 하려고 생각한 '디카이오쉬네'(dikaiosynē)의 지위는 오직 유대인들에게만 주어지는 "계약의 지체"로서의 지위였다. 이것이 문제였다. 그리고 이것은 제2성전 시대 유대교 전체에 걸쳐 큰 글자로 씌어져 있었고, 특히 다소의 사울과 "열심"있는 그의 동료들에 의해서 새겨져 있던 것이었다. 이것은 처음부터 바울에 관한 이른바 "새 관점"의 핵심적인 통찰들 중의 하나였다.

이 대목에서 분명히 해두어야 할 것(우리는 몇몇 속임수들을 모르지 않기 때문에)은, "계약의 지체로서의 그들 자신의 지위를 공고히 하고자 한다"는 관념 속에서 문제점을 찾아내는 것은, 후기 모더니즘의 "보편주의"가 지닌 겉보기에 높은 수준의 도덕적 기준을 토대로 해서 "분파주의"를 고집하는 미개한 유대인들을 깔보는 거만한 태도(이른바, "대체주의")와는 아무 상관이 없다는 것이다. 일부 사람들, 특히 이른바 "새 관점"에 속한 사람들 중에서 일부는 그러한 잘못된 선입견을 가지고서, 우리가 유대적인 사상을 생각하면서 누리고 있는 자유를 몰래 엿보고서는, 도리어 유대인들의 선민론을 옹호하고, 하나님이 아브라함을 부른 사건을 세계사의 가장 위대한 순간들 중의 하나라고 소리 높여 주장할 수도 있을 것이다. 그런 사람들은 그렇게 큰 소리로 떠들도록 내버려 두라. 그들이 그렇게 할수록, 이 대목에서 유대인들에 대한 바울의 비판과 그것을 분석해서 다시 표현해내고자 하는 나의 시도가 그러한 모더니즘적인 도덕으로 판단하는 것과 아무런 관련이 없다는 것이 더욱 뚜렷해질 것이다. 나는 철학자 알랭 바디우(Alain Badiou)가 자신의 저서인 『보편주의의 토대』(*The Foundation of Universalism*)에서 바울을 칭송하는 내용을 읽으면서, "바울을 그의 친구들로부터 구하소서"라고 부르짖었다.[498]

496) cf. Luther, 1971 [1516], 288f.

497) "행위들"은 9:12과 11:6에서 언급된다: 아래를 보라. Seifrid, 2007, 652f.는 Luther의 입장을 약간 수정한 판본을 제시한다.

(물론, 바디우가 바울 자신의 토대는 예수의 부활이었다고 반복해서 말하지만, 그는 예수의 부활이 꾸며낸 이야기라는 것을 자기도 알고 있고 그의 독자들도 알고 있다고 전제하고 있음을 무심코 드러낸다. 왜냐하면, 모더니즘적이거나 도덕적인 관점에서는, 바울이 말한 것들 중에서 예수의 부활은 "보편적인" 것과는 가장 거리가 멀고 가장 "분파적인" 것이기 때문이다.) 바디우가 말한 것과는 정반대로, 바울은 유대적인 선민론을 다시 생각하고 재인식한 사람이었고, 나사렛 예수가 이스라엘의 메시야라고 믿은 사람이었기 때문에, 모더니즘의 입장에서는 소위 가장 "분파주의적인" 사람일 수밖에 없다. 그는 메시야 안에서 자기가 보아 온 것들을 말하고자 하였는데, 그것은 자기가 보아 온 것들이 처음부터 내내 선민론의 참된 의미였다는 것, 살아계신 하나님은 오직 메시야 안에서 계약 갱신, 칭의, 생명, 새로운 피조세계를 제시하였고 이후에도 그렇게 하리라는 것이었다. 이러한 분파주의는 소위 유대적인 분파주의 — 전자는 후자에서 나왔고 후자를 성취한 것이라고 주장하였다 — 와 마찬가지로 모더니즘 진영에서 환영받지 못한다. 그것은 지금도 여전히 유대인들에게 거리끼는 것인 것과 마찬가지로, 볼테르와 루소, 칸트와 헤겔의 관점에서 그들 자신을 정의하는 자들을 포함한 헬라인들에게도 여전히 어리석은 것이다.[499]

앞에서 말한 것과 동일한 맥락에서, (이 길지만 아마도 꼭 필요한 여담을 계속해 나가자면) 이렇게 분파주의의 미덕을 역설하는 것은, 패권을 장악한 무미건조한 보편적인 것들보다는 분파성을 띤 구체적인 것들과 작은 이야기, 개별적인 특수성을 높이 치는 포스트모더니즘적인 도덕(흔히, 도덕 같지 않은 도덕)과 아무 상관이 없다. 대중문화와 관련된 이러한 유행들은 잠시 등장해서 종교와 그 밖의 다른 전통들의 이런저런 측면들에 자신들의 빛을 다양하게 산발적으로 흩뿌린 후에 사라지는 법이다. 그것들은 석의와 신학을 재조직하는 데 필요한 확고한 준거점들을 제공해 주지 않는다. 바울이 자신의 믿지 않는 동족 유대인들이 "하나님의 의를 알지 못하고 그들 자신의 의롭다 하는 지위를 공고히 하고자 하였다"고 말할 때, 그것은 포스트모더니즘적인 분파주의의 근대 이전의 유대적인 판본에 대항하여 모더니즘적인 보편주의의 우월성을 교묘하게 주장하고 있는 것이 아니다. 그는 단지 느슨하게 "보편주의"라고 할 수 있는 어떤 것, 즉 유대인과 헬라인, 노예와 자유민,

498) Badiou, 2003.

499) 이제는 특히 Levenson, 2012, 18-35를 보라. 본서는 이 매력적인 책이 제기한 핵심 쟁점들을 다룰 수 있는 자리가 아니다.

남자와 여자가 아무런 차별 없이 모두 함께 메시야의 단일한 백성이 될 수 있다고 말한 것일 뿐이다. 따라서 바울의 입장이 모더니즘적인 보편주의를 상기시킨다는 이유로 찬성하거나, 동일한 이유로 비판하는 것은, 마치 가이사랴에서 로마를 갈 때, 다른 모든 사람들은 대형 여객기를 타고 가는데, 바울이 돛으로 가는 범선을 타고 갔다고 해서, 그를 환경보호에 대한 감수성이 있는 인물로 추켜세우거나, 또는 그가 소아시아의 여러 교회에서 모은 헌금을 고린도에서 예루살렘으로 보낼 때, 다른 지각 있는 사람들 같았으면 전신환으로 부쳤을 텐데, 직접 그 헌금을 들고 예루살렘으로 갔다고 해서 그를 비난하는 것과 같이, 철저하게 시대착오적으로 생각하는 것이다.

뜬구름 잡는 얘기들은 이 정도로 하고, 현실 또는 적어도 본문으로 다시 돌아와 보면, 우리는 사실 바울이 로마서 10:6을 쓸 때, 성경이라는 담벼락에 부딪쳤다가 다시 튕겨져 나오는 상당히 흥미로운 작은 반향들 중의 하나를 들을 수 있다. 그가 갈라디아서 3:12에서 그랬듯이 여기에서 레위기 18:5을 인용한 것은, 갈라디아서 5:3에서처럼, "너희가 원하는 것이 토라 아래에서의 의, 즉 토라가 정의하는 계약의 지체로서의 지위라면, 그렇게 될 수 있는 유일한 길이 있는데, 그것은 너희가 율법에서 정한 모든 것을 '행하는' 것"임을 말하기 위한 것이었다. 그는 이 서신을 비롯한 여러 곳에서 그러한 야심이 지닌 문제점, 즉 그렇게 하는 것은 불가능하다는 사실을 충분히 자주 지적해 왔다. 그것은 로마서 7장에서 말한 "나"의 곤경이고, 바울이 갈라디아서 2:17-18에서 암호 같은 말로 짧게 지적하였듯이, 토라에 의해서 정의된 계약의 지체로서의 지위에 대한 자랑이 스스로를 기만하는 것인 이유이다. 그런 후에 바울은 신명기로 나아간다. 그러나 그의 출신배경과 관련해서 여러 가지 면에서 이 본문이 중요한 역할을 하였다는 점을 알고 있는 우리가 예상할 수 있듯이, 그는 곧장 신명기 30장으로 달려가서 거기에서 시작하는 것이 아니라, 우선 별 상관도 없어 보이지만 사실은 그가 10:3에서 언급하였던 입장에 대한 정면 도전을 담고 있는 한 수로 시작한다. 그가 맨처음에 꺼낸 경고는 신명기 9:4에서 가져온 것으로서, 거기에는 이렇게 되어 있다:

> 너는 "야웨께서 나를 인도하여 들여서 이 땅을 차지하게 하신 것은 나의 의 때문"이라고 마음속으로 말하지 말라. 야웨께서 네 앞에서 이 민족들을 쫓아내신 것은 그들의 악함 때문이다. 네가 들어가서 그들의 땅을 차지함은 네 의나 네 마음의 올바름 때문이 아니다. 네 하나님 야웨께서 그 민족을 네 앞에서 쫓아내심은 그들의 악함 때문이니, 이는 네 조상들인 아브라함과 이삭과 야곱에게 하신 맹세를 이루기 위한 것이다. 그러므로 너는 네 하나님 야웨께서 네게 이 아름다운 땅을 주어 차지하게 하신 것은 네 의 때문이 아니

> 라는 것을 알라. 너는 완고한 백성이다. 너는 광야에서 네 하나님 야웨를 진노하시게 하였던 것을 잊지 말고 기억하라. 너는 애굽 땅에서 나오던 날부터 이 곳에 이를 때까지 야웨를 거역해 왔다.[500)]

이 절들 속에는 많은 것들이 압축적으로 표현되어 있고, 그것들은 바울이 로마서 9-11장 전체에 걸쳐서, 특히 우리가 지금 살펴보고 있는 본문에서 말하고 있는 몇 가지 것들과 두드러진 유사성을 보여준다. 우선, 신명기의 이 본문은 야웨가 아브라함과 이삭과 야곱에게 한 맹세를 상기시킨다는 것이고, 또 한 가지는 이스라엘은 그대로 놔두면 완고하고 패역한 백성임을 분명히 밝히고 있다는 것인데, 이러한 고소는 모세가 신명기의 끝부분에서, 즉 바울이 10:19에서 인용한 신명기 32장의 저 위대한 "노래"를 통해서 하나님의 백성을 쳐서 고소한 것과 동일하다. 그러나 우리가 여기에서 특히 주목할 것은 이스라엘 이외의 민족들과의 관련성 아래에서 이스라엘 자신의 "의"라는 문제이다. 이스라엘이 그들 자신이 지니고 있다고 주장하고자 하지만 모세가 그렇지 않다고 경고할 때에 언급되고 있는 "지위"는, 이스라엘은 하나님의 율법을 지켜 왔기 때문에 다른 민족들보다 우월할 수밖에 없다는 것을 근거로 한 "의"의 지위이다. 우리는 이것이 바울이 10:3에서 "그들 자신의 의"라고 말한 것이나, 빌립보서 3:9에서 자기가 가지고 있다는 것을 부정하고 있는 "내 자신의 의"라고 생각할 수 있을 것이다. 모세는 다른 민족들이 실제로 악하기는 하지만, 이스라엘도 도덕적으로 특별히 내세우거나 자랑할 만한 것이 없다는 것을 분명히 함으로써, 이스라엘의 그러한 주장을 일축한다. 오경이 끝나는 지점, 곧 "율법의 끝" 또는 "최종 종착지"에서, 이스라엘은 약속의 땅을 유업으로 받게 될 것이지만, 그것은 이스라엘의 특별한 공로 때문이 아니라, 하나님이 족장들에게 한 약속 때문이다 — 이것은 바울이 나중에 다시 다루게 될 또 하나의 주제이다. 이렇게 신명기 9:4은 음악회장에서 아직도 잔잔하게 남아 있는 오케스트라의 잔향 같은 일련의 반향들을 표출해서, 독자들로 하여금 신명기 30장을 들을 수 있게 해 줄 맥락을 만들어낸다.

신명기 30장과 관련한 바울의 기본적인 주장은, 그 장 — 또는, 바울 당시의 많

500) 신 9:4-7. Cf. Hays, 1989a, 78f.; Lincicum, 2010, 155; Ciampa, 2007, 107. Watson, 2004, 338f.는 바울이 그 본문(그리고 신명기 8:17)으로부터 추가한 것들은 신명기 30장이 사실 "율법의 의"에 관한 것이라는 사실을 위장하기 위한 것이라고 주장한다. 나는 로마서 2:25-9 등과 맥을 같이 해서, 다른 해석을 제시한 바 있는데, 그것은 바울은 신명기 30장의 새 계약 아래에서 "율법을 행하는 것" 자체와 관련된 새로운 의미가 열렸다는 사실을 환기시키고 있다는 것이다.

은 유대인들의 표현을 사용하자면, 예언들 — 이 설명하는 이스라엘의 운명에 있어서의 큰 변화가 메시야 예수를 통해서 이미 일어났다는 것이다. 앞에서 이미 언급하였듯이, 신명기 30장은 이스라엘의 예언 역사의 전환점, 즉 너무나 많은 사람들이 제2성전 시대의 상당 기간 동안 기다려 왔던 순간이자 로마서 9:6-29에 나오는 바울 자신의 서사가 암묵적으로 기다리고 있었던 순간에 등장한다. 사실, 우리가 오경을 하나님의 백성에 관한 자세한 이야기를 역사와 예언 안에 담고 있는 것으로 본다면(그리고 우리가 본서의 제2장에서 보았듯이, 일부 유대인들이 그렇게 보았음을 보여주는 증거들이 있다), 바울이 9:6—10:13에서 행하고 있는 것은, 아브라함의 부르심에서 시작해서, "계약이 갱신됨으로써 마침내 이스라엘이 하나님의 백성으로 견고히 서게 된 순간"이라는 의미에서 "최종 종착지"(telos – '텔로스')에 이르기까지, 이스라엘에 관한 토라 자신의 이야기를 들려주고 있는 것이라고 할 수 있다. 바울은 '텔로스 가르 노무 크리스토스'(telos gar nomou Christos)라고 쓰고 있다(10:4). 즉, 메시야는 율법의 최종 종착지라는 것이다. 이 서사는 바로 이 지점을 향하여 내내 달려왔다. 메시야를 통해서, 예언들이 실현되었고, 계약이 다시 맺어졌으며, 포로생활이 끝났고, 하나님이 친히 역사하여 약속들에 대한 자신의 신실하심을 나타내었으며, 하나님의 백성은 이제 진심으로 토라를 지킬 수 있게 되었다.

어떻게 해서 그렇게 될 수 있었는가? 바울이 다른 곳에서 신명기가 예언하였던 마음의 할례에 대하여 말하면서, 그렇게 변화된 마음을 지닌 사람들은 "율법을 온전히 이루고" 그 계명들을 지킨다고 말한 것은 충분히 주목할 만하다.[502] 이제 그는 신명기 30:12-14을 읽으면서, 거기에서 자신이 알고 있는 패턴을 분별해내는데, 그것은 하나님 자신의 "말씀"의 계시인 메시야가 하나님으로부터 이스라엘에게로

501) 이 어구는 물론 엄청난 논의를 불러일으켜 왔고, 여기에 나오는 '텔로스'(telos)를 "마침"을 의미하는 것으로 보는 사람들(Schnelle, 2005 [2003], 346f.; Watson, 2004, 332 등)과 (주된 언어학적 논증들과 맥을 같이하여; 이것에 대해서는 Badenas, 1985, 38-80을 보라) "최종 종착지"로 보는 사람들(Keck, 2005, 248-50; Jewett, 2007, 619f.)로 양극화시켰다. 우리의 논증은 Jewett보다 훨씬 더 나아가서, 9:6로부터 시작된 이스라엘의 서사는 메시야에서 모세의 예언이 말한 "종착지"에 도달하였다는 의미도 포괄한다. Starling, 2011, 153f.는 (내가 보기에는) 이것을 전혀 파악하지 못한 채로 이 해법에 접근한다: "[그리스도는] 율법 시대 이후에 모세의 직분의 연속이나 연장으로서가 아니라, 모세 자신이 가리켜 보였고, 모세의 율법이 사람들의 마음에 새겨짐으로써 '성취될' (이미 의도된) 이 이야기의 다음 국면으로서, 그 모든 복들과 저주들을 가지고 임한다." 내가 옳다면, 바울은 모세 자신이 약속한 새로운 복들의 시대가 메시야와 더불어 도래하였다고 주장하고 있는 것이다.

502) 롬 2:26f.

와서, 이스라엘로 하여금 새로운 방식으로 하나님의 백성이 될 수 있게 한다는 패턴이다. 본서에서 다룰 수 있는 것은 아니지만, 이 옛 본문 속에서 은혜 신학이 암묵적으로 작용하고 있을 가능성에 대하여 좀 더 들여다볼 여지가 충분히 있다:

> 내가 오늘 네게 명령하고 있는 이 계명은 네게 그리 어려운 것도 아니고 멀리 있는 것도 아니다. 그것은 하늘에 있는 것이 아니니, 너는 "누가 우리를 위하여 하늘로 올라가서 그의 계명을 우리에게로 가지고 와서 우리에게 들려 주어 행할 수 있게 하겠는가"라고 말하지 말아야 한다. 또한, 그것은 바다 너머에 있는 것이 아니니, 너는 "누가 우리를 위하여 바다를 건너가서 그의 계명을 우리에게로 가지고 와서 우리에게 들려 주어 행할 수 있게 하겠는가"라고 말하지 말아야 한다. 그 말씀은 네게 매우 가까워서 네 입에 있고 네 마음에 있어서 네가 그것을 행할 수 있다.[503]

"~하기 때문에, 우리/네가 그것을 행할 수 있다"는 어구가 반복되고 있는 것을 주목하라. 칠십인역에서는 '포이에인'(poiein)이라는 흔한 동사를 여러 번 사용해서 이것을 표현한다. 그리고 이것은 바울이 자기가 방금 인용한 레위기 본문과의 연결고리를 만들기 위한 것이다: "그것들을 행하는 자"(ho poiēsas auta – '호 포이에사스 아우타')는 그것들 안에서 살게 될 것이다. 바울은 레위기는 유대교의 "율법주의적인" 형태이고 신명기는 "비율법적인" 형태라고 말하며, 이 둘을 서로 대립시키고 있는 것이 아니다. 도드(Dodd)가 두 세대 전에 생각하였고, 일부 사람들이 최근에 다시 주장해 온 것과는 달리, 바울은 오경에 두 가지 흐름이 담겨 있는 것으로 읽지 않는다.[504] 그가 신명기 30장을 사용해서 말하고자 하는 것은, 하나님은 계약 갱신에 관한 약속을 지키기 위하여, 스스로 나서서 "율법을 행하는" 새로운 길, 즉 하나님이 자신의 "말씀"을 보내어 율법을 "네 입과 네 마음에" 두어서 너로 하여금 율법을 "행할" 수 있게 하는 길을 직접 제시하였다는 것이다. 이것은

503) 신 30:11-14(이것은 NRSV를 수정한 것이다).

504) Dodd, 1959 [1932], 177은 바울이 레위기를 "딱딱하고 기계적인" 것으로 보고 신명기를 "예언적인 영을 더 많이" 지니고 있는 것으로 봄으로써 "현대의 비평학"을 미리 제시하고 있다고 축하한다. Watson, 2004, 314f., 331-3은 훨씬 더 복잡하고 정교한 수준에서이긴 하지만, 여전히 로마서 10:5에 인용된 레위기 18:5과 로마서 10:6-8에 인용된 신명기 30:12-14 간의 날카로운 대비를 역설한다. Watson(342)은 바울이 "신명기 본문 속에서 두 개의 목소리를 들었다"고 말한다. 그는 나중에 주목할 만한 논의에서, 신명기의 끝부분이 오랜 세월에 걸쳐 일어나게 될 포로생활과 귀환에 관한 예언의 일부를 형성하고 있는 방식들을 탐구한다(2004, 415-73). 이것은 실제로 그의 이전의 입장을 훼손하고, 오경의 서로 다른 강조점들에 대한 좀 더 밀착되고 종말론적으로 통합된 읽기를 제시하고 있는 것이라고 나는 생각한다.

바울이 계약을 중심으로 신명기를 담대하고 창의적이며 통일적인 방식으로 사용해서 제시하고 있다고 말하는 엄청난 주장이다.

이것이 그러한 사고를 발전시키고 있는 그 이후의 본문과도 얼마나 잘 부합하는지를 주목하라. 신명기의 이 본문에서 "말씀"을 가리키는 데 사용된 헬라어는 '레마'(rhēma)이다. 바울은 다른 곳에서는 이 단어를 거의 사용하지 않지만,[505] 이 단어는 로마서 10장에서는 거듭 반복해서 나오고, 정확히 하나님이 주도적으로 행하여 입으로 하는 말씀이라는 형태로 새로운 생명과 새로운 가능성들을 만들어간다는 의미로 사용되고 있다.[506] 이것은 희미하게나마 이사야서 55장에 나오는 "새 창조"에 관한 본문을 반영하고 있는데, 거기에서 헬라어로 '레마'로 되어 있는 "말씀"은 하늘로부터 비와 눈처럼 내려와서, 빈 손으로 야웨에게 돌아가는 법이 없고, 반드시 자신의 목적을 성취하여, 가시가 나 있는 땅에서 새로운 관목들이 싹을 틔우고 솟아나게 한다.[507] 바울은 10:8("말씀이 네게 가까워 네 입에 있고 네 마음에 있다")에서 신명기 30:14을 처음으로 인용한 후에, 거기에 "이것이 우리가 전파하는 믿음의 말씀이다"라는 설명을 덧붙임으로써, 바로 그 "전파"를 계속해서 설명해 나감에 있어서, "말씀"이야말로 사람들을 호출하여 듣게 하고 믿고 순종하게 하는 능력 있는 것이자 하나님의 주도권임을 분명히 한다. 신명기 30장의 백성, 곧 새 계약의 백성을 만들어내는 것은 "말씀"이라는 것이다.

그러나 이것이 그 끝이 아니다. 바울은 이방 선교에 대한 설명으로서 이사야서 52장을 인용하고(10:15), 지속적인 불신앙이라는 문제를 해명하기 위한 방법으로 이사야서 53장을 인용한(10:16) 후에, "그러므로 믿음은 들음에서 나고, 들음은 메시야의 말씀으로 말미암는다(dia rhēmatos Christou – '디아 레마토스 크리스투')"고 결론을 맺는다. 석의자들은 바울이 로마서 10:6-8에서 신명기 30장을 사용하고 있는 이유를 알아내기 위하여 씨름하다가 안도의 한숨을 내쉬고는, 바울이 이 핵심적인 단어를 바로 앞에서 사용하였다는 사실을 까맣게 잊어버린다. 그러나 바울에게 있어서는 이러한 일련의 사고의 흐름은 이 본문에도 계속해서 이어지고, 창조와 토라를 노래한 위대한 시편의 칠십인역 본문을 인용하고 있는 18절까지 이어진다: "그들의 소리가 온 땅으로, 그들의 말씀들(ta rhēmata autōn – '타 레마타 아우톤')이 땅 끝까지 퍼져나갔다."[508] 이것은 하나님의 권능의 '레마'(rhēma)가 이

505) 고후 12:4; 13:1(LXX의 인용문에서); 엡 5:26; 6:17.

506) 롬 10:8(두 번), 9, 17, 18; 바울 서신의 다른 곳에서는 고후 12:4; 13:1; 엡 5:26; 6:17.

507) 사 55:11.

러한 일련의 사고의 흐름 전체에 걸쳐서 맨앞에 자리하고 있다는 것을 분명하게 보여준다.

이제 분명해지고 있는 것은 세 가지이다. 첫 번째는 10:1-17(그리고 그 안에서 10:5-13)은 로마서 9-11장의 결정적으로 중요한 중심이라는 위치에 부합하는 진술을 하고 있다는 것이다. 두 번째는 이 본문은 우리가 이 서신의 다른 곳에서와 바울의 다른 서신들에서 발견하는 것과 정확히 동일한 칭의와 구원의 신학을 좀 더 분명하게 표현하고 있다는 것이다. 세 번째는 이 본문은 바울이 10:1에서 자기가 하고 있다고 말한 바로 그 기도(9:4에서 자기가 하지 않는다고 말한 기도와 반대되는), 즉 그가 자신의 믿지 않는 동족들로 "구원을 받게 하기 위한"(eis sōtērian – '에이스 소테리안') 진심에서 우러나온 기도에 대한 온전한 대답을 제시한다는 것이다. 이 마지막 것에 대해서는 우리가 이제 좀 더 살펴볼 필요가 있다.

앞에서 말했듯이, "구원"이라는 주제는 갈라디아서에서는 언급되지 않지만, 로마서에서는 그 시작 부분에서 주된 주제로 천명되고(1:16), 이 서신의 중심 부분에서 자세하게 설명된 후에(5:9-10; 8:24), 이제 여기에서는 정확한 조율이 다 끝난 상태로 정교하게 표현된다. 10:1-17은 마치 바울 자신이 한 기도에 의해서 제기된 질문, 즉 육체를 따라서 그의 골육인 자들(그리고 그가 이것은 비유대인들에게도 마찬가지로 적용된다는 말을 여러 번 하였다는 점에서 다른 모든 사람들도 여기에 포함된다)에게 이 "구원"이 어떻게 일어날 수 있을지에 대한 질문에 대한 그 자신의 기본적인 대답처럼 보인다. 그는 이스라엘의 하나님이 이스라엘의 메시야를 통해서 이스라엘의 구원을 위하여 어떻게 하였는지를 핵심적인 예언 본문들을 동원해서 아주 자세하게 설명한다. 이 본문에서 나는 구원과 관련된 대목들은 밑줄로 강조하였고, 9-11장 전체의 중심인 9절은 고딕체로 표시해 놓았다:

> [5]모세는 율법에 의해서 정의된 계약의 지체로서의 지위에 대하여, "율법의 계명들을 행하는 그 계명들 안에서 살 것이다"라고 쓰고 있다. [6]그러나 믿음을 토대로 한 계약의 지체로서의 지위는 그것을 이와 같이 말한다: "네 마음에 누가 하늘에 올라가겠느냐고 말하지 말라"(달리 말하면, 이것은 메시야를 모셔 내리려는 것이다), 또는 [7]"누가 깊은 곳으로 내려가겠느냐고 말하지 말라"(달리 말하면, 이것은 메시야를 죽은 자 가운데서 모셔 올리려는 것이다". [8]그러면 그것은 무엇을 말하느냐?"말씀이 네게 가까워 네 입에 있으며 네 마음에 있다"(즉, 우리가 전파하는 믿음의 말씀). [9]**왜냐하면, 네가 네 입으로 예수가 주이시라고 시인하고, 하나님께서 그를 죽은 자 가운데서 살리신 것을 네 마음에 믿으면 구원을 받을 것이기 때문이다.** [10]왜 그러

508) 10:18에 인용된 시 19:4[LXX 18:5].

한가? 계약의 지체가 되는 길은 마음으로 믿는 데 있고, 구원에 이르는 길은 입으로 시인하는 데 있기 때문이다. [11]성경은 말한다. "누구든지 그를 믿는 자는 부끄러움을 당하지 아니할 것이다." [12]유대인과 헬라인 간에는 차별이 없다. 왜냐하면, 동일하신 주가 모든 사람의 주가 되어, 그를 부르는 모든 사람에게 부요하시기 때문이다. [13]"누구든지 주의 이름을 부르는 자는 구원을 받을 것이다."

이러한 신학과 석의는 선교를 낳는다. 왜냐하면, 이사야서가 말한 불신앙은 여전히 끊임없이 지속되는 슬픈 일이 되겠지만(10:16-17), 사람들은 믿음을 필요로 하는데, 그러기 위해서는 들어야 하고, 듣기 위해서는, 누군가가 그들에게 와서 말씀을 전함으로써, 그들의 증언을 통해 권능의 '레마'(rhēma)가 신명기적인 역사를 일으키고, 마음에 할례를 행하여 믿음과 신앙고백을 낳는 성령의 역사를 일으켜야 하기 때문이다(10:14-15). 이 대목에서 우리가 주목하는 것은 10:1의 기도와 10:5-13에 나오는 신명기와 요엘서에 대한 해석 간의 이러한 연결 관계이다. 내가 주장해 온 대로, 이 본문이 진정으로 9-11장 전체의 중심이라면, 이것은 그 밖의 다른 석의적이고 신학적인 쟁점들에 대한 중요한 단서가 될 것이다.

특히, 이것은 만일 바울이 일부 진영에서 주장하는 "두 계약론," 즉 유대인들은 선한 유대인이 됨으로써 구원을 얻고, 이방인들은 그리스도인이 됨으로써 구원을 얻는다는 이론을 견지하고 있었던 것이라면, 9:1-5은 말할 것도 없고, 10:1의 기도도 애초부터 할 필요가 없었을 것임을 의미한다. 게다가, 그는 11:26에서 "온 이스라엘이 구원을 받을 것"이라고 말할 것이지만, "구원을 받는다"는 것이 어떤 것이고, 그것이 어떤 식으로 이루어질 것이라고 생각하는지에 대해서, 사실은 현재의 본문 속에서 이미 상당히 자세하게 우리에게 말해 준다. 로마서 9-11장 같은 주의 깊게 대칭적인 구조로 쓴 글에서는, 그 중심에 무엇이 놓여 있는지를 세심하게 주목하는 것이 중요하다.[509] 그리고 우리가 현재의 장에서 제시하고 있는 바울의 종말론에 관한 글에서는, 이 본문에 대한 석의를 시작할 때, 바울이 여기 자신의 논의의 중심에 옛 계약이 갱신된 방식에 대하여 설명하는 말을 두었다는 사실을 주목하는 것이 중요하다. 부활한 주 예수에 대한 믿음과 신앙고백은 갱신된 계약에 속해 있는 자들의 특징인 진정으로 "율법을 행하는 것"이다. 앞으로 보게 되겠지만, 바울이 신명기와 요엘서에서 갱신된 계약의 백성들이라고 예언한 자들의 반열에 이방인들이 포함된다는 것을 강조한 것(10:12)은 다음 장에서 그의 사고가 작동

509) 이 주제 전체에 대해서는 Rowe, 2000을 보라.

하는 방식을 분명하게 보여주는 이정표 역할을 한다. 10:4-17에서 설명되고 있는 이 종말론의 개시는 11장에서 설명될 이 종말론의 완성을 내다본다. 세 개의 장으로 이루어진 이 대단락 전체의 기본적인 질문은 10:1에서 제기되고, 거기에 대한 기본적인 대답은 10:2-13에서 주어진다.

(3) 놀라는 이방인들과 시기하는 유대인들: 9:30-33; 10:18-21

우리는 이제 카메라를 이 압축된 중심 본문인 10:1-17에서 빼서, 이 본문을 각각 9장과 11장의 대부분을 차지하는 두 개의 좀 더 긴 주된 단락들과 연결시키고 있는 위아래의 좀 더 짧은 단락들을 조명하여 잠시 살펴볼 것이다.

9:1-5 11:33-36

9:6-29 11:1-32

9:30-33 10:18-21

10:1-4 10:14-17

10:5-13

10:9

바울은 9:30-33에서는 논증의 다음 단계로 이행해 나가기 위하여 9:6-29에서 풀어 놓은 여러 실들을 한데 꿰는 작업을 한다. 그는 9:6-29의 대부분을 할애해서, 하나님이 이스라엘의 범위를 좁혀서 결국 "남은 자"로 축소되게 한 기이한 목적에 대하여 말해 왔다(이스마엘이 아니라 이삭이 선택된 것에 대하여 말하는 9:6-9에서 시작된 일련의 사고의 흐름은 9:27-30에서 끝난다). 그러나 그는 그러한 우울한 분위기 속에서도, 하나님이 그 동일한 과정 가운데서 이방인들을 자신의 권속으로 받아들일 준비를 하고 있었다는 것을 암시하였다(9:24). 로마서 9장의 끝에 나오는 네 절로 된 요약에서, 그는 세 가지 주도적인 주제들을 통해서 이것을 한데 묶어 결합시킨다: "의," 토라, 걸림돌. 여기에서 주된 핵심은 10:18-21에서와 마찬가지로, (전체로서의) "이스라엘"(바울은 자기와 같은 사람들이 현재의 "남은 자"를 구성하고 있다는 것을 11:1-6에서 지적한다)이 기이하게도 그들이 원하였던 곳에 도달하는 데 실패한 반면에, 그들 대신에 이방인들은 자신들이 거기에 도달해 있는 것을 발견하게 되었다는 것이다.

이방인들이 도달한 지점은 "의"(dikaiosynē – '디카이오쉬네')였다. 우리는 여기에서 다시 한 번, "의"라는 단어를 "하나님의 백성의 지체로서의 지위," 달리 말하면 "계약의 지체로서의 지위"를 가리키는 것으로 볼 때, 이 본문의 의미가 가장 잘 통하는 것을 발견한다. 바울은 갑작스럽고 뜻밖의 발언인 9:24(이것에 대해서는 아래를 보라)과 3:21-4:25에서의 차분하고 긴 설명을 가져와서는, 이방인들이 이 "의," 곧 계약에 의한 하나님의 권속의 지체로서의 지위를 얻게 되었다고 말한다. 좀 더 통상적인 방식으로 이 본문에 접근하는 석의자들은 여기에서 바울이 말하고자 한 의미에 도달하지 못할 것이지만, 바울이 염두에 두고 있던 기이하고 새로운 형태의 율법 성취에 비추어서 이런 식으로 이 본문을 읽는 사람들은 그 의미에 도달할 것이다. 왜 그러한가? 통상적인 석의자들은 로마서 9장의 계약 서사에 비추어서가 아니라, 추상적인 신학 체계에 비추어서 생각하기 때문이다. 그러한 접근방법은 바울이 "의를 추구한 이스라엘은 의에 도달하지 못하였다"고 말할 것이라고 기대하였겠지만, 실제로 그가 말하고 있는 것은 "의의 율법을 추구한 이스라엘은 율법에 도달하지 못하였다"는 것이다.[510] 바울은 그의 다수의 해석자들과는 달리, 자신의 논의 속에서 이미 율법의 긍정적 의미를 구축해 나감으로써, 자신이 10:6-8에서 부활한 주로서의 예수를 믿는 믿음이 사실은 신명기에서 말한 참된 율법 성취라고 폭탄선언을 하게 될 것에 대한 복선을 미리 깔아둔다. 이스라엘은 올바른 목표(토라)를 추구하고 있었지만, 수단(행위!)이 잘못되었다. 바울은 우리가 방금 전에 다루었던 레위기와 신명기에 대한 읽기에서 이미, 토라 자체는 실제로 도달될 수 있고, 이방인들은 (유대인 남은 자들과 더불어) 믿음으로 행하고 있기 때문에 실제로 토라에 도달하고 있다는 것을 암시하고 있다.

우리가 이 대목에서 로마서 7:1–8:11의 반향들을 듣지 못한다면, 우리의 올바른 해석을 도와줄 보청기를 다시 조율할 필요가 있다.[511] 우리는 저 앞에 있는 2장과 3장에서 시작되어서, 5:20과 6:14에서 넌지시 던지는 말들로 이어진 후에, 7:7-25에서 본격적으로 논의되는 나선형의 논증이, 여기 9장의 끝에서 다시 한 번 한 단계 풀리는 것을 본다. 거기에서는, 토라는 진정으로 하나님의 거룩하고 의로우며 선한 말씀인 까닭에, 이스라엘이 토라에 매달린 것은 올바른 것이었지만, 그들은 토

510) RSV가 "율법에 기반한 의를 추구한"(who pursued the righteousness based on law)이라고 번역한 것은 용서할 수 없는 일이고, "율법에 기반한 의를 위해 애쓴 이스라엘"(Israel, who did strive for the righteousness that is based on the law)이라는 NRSV의 번역도 마찬가지이다. 또한, cf. Sanders, 1983, 42; Zeller, 1984, 184; Fitzmyer, 1993, 577f.

511) Barrett, 1982, 140은 로마서 7장이 현재의 본문을 조명해 주고 있다고 지적한다 — 하지만 그는 내가 여기에서 하고 있는 방식으로 그 점을 발전시키지는 않는다.

라가 죄에게 그 기회를 주었고, 죄는 그 기회를 틈타서 토라에 매달린 자들을 속이고 죽였다고 말한다. 하지만 하나님이 그런 일이 일어나도록 허락한 데에는, 우리가 이미 보았듯이, 엄청난 긍정적인 목적이 있었는데, 그것은 "죄"로 하여금 한 곳에서 기승을 부리도록 유인한 후에, 거기에서, 즉 메시야의 "육신에서" "죄"를 단죄할 수 있도록 하기 위한 것이었다. 토라에 매달린 이스라엘은 토라를 성취하는 데 성공하지 못했지만, 하나님은 "토라에게는 불가능하였던 일"을 메시야와 성령 안에서 성공적으로 해내었다(8:3-4). 이렇게 여기에서 이스라엘은 토라를 추구하였지만 토라에 도달하는 데 실패하였다. 그러나 10:1-13에서는 바울은 메시야, 그리고 함축적으로는 성령의 계약 갱신의 역사를 통해서 새롭게 "토라를 성취하는 길"이 열렸음을 보여준다. 그리고 9:32-33의 "걸림돌"은, 현재의 일련의 사고의 흐름 속에서, 바울이 앞에서 하나님이 죄를 단죄하기 위하여 한 곳으로 유인하였다고 한 설명과 비슷한 역할을 하는 것으로 보인다.

두 본문 간의 주된 차이는 9:30-33에서는 바울이 더 이상 "죄"에 대하여 얘기하지 않는다는 것이다. 로마서 1-8장, 특히 5-7장에 집중적으로 등장하는 '하마르티아'(hamartia, "죄")와 그 동일 어근의 단어들은 이 대단락에서는 정확히 단 한 번 11:27에, 그것도 성경 인용문 속에서 등장한다. 그럼에도 불구하고, 우리는 매우 비슷한 일련의 사고의 흐름을 분명하게 볼 수 있다: 이스라엘은 토라에 매달려서 씨름하였지만, 결국에는 잘못되어 걸림돌에 걸려 넘어졌다 … 그리고 그런 후에 메시야가 왔고, 계약이 갱신되었다. 이렇게 로마서 9:30–10:13은 7:7–8:11, 특히 7:21–8:4에 나오는 일련의 사고의 흐름과 공명한다.

그렇다면, 바울은 이번에는 무엇에 대하여 말하고 있는 것인가? 무엇이 동일하고, 무엇이 다른가? 우리는 이러한 질문을 가지고서, 로마서 9-11장에서 가장 어두운 신비의 중심 가까이로 접근하고자 한다.

율법이 만일 이스라엘을 살게 할 수 있었다면 반드시 그렇게 하였을 것이라는 관념은 바울의 사고 속에서 갈라디아서 3:21로 소급된다. 달리 말하면, 이스라엘이, 아브라함의 육신의 자녀들은 율법을 소유하고 지키는 것을 통해서 하나님의 백성으로서의 지위를 영속적으로 보장받게 될 것이라고 여기고서, "의의 율법"으로서의 율법을 바라본 것은 옳은 일이었다는 것이다. 그러나 그들은 잘못된 방식으로 율법을 추구하였기 때문에, "율법에 도달하지 못하였다"고 바울은 선언한다. 그들은 "믿음이 아니라 '행위를 통해서'(hōs ex ergōn – '호스 엑스 에르곤')" 율법을 추구하고 좇아갔다. '호스'(hōs)가 이 모든 것을 말해준다: "마치 행위로 말미암는다는 듯이." 그러나 바울의 관점에서 볼 때에는, 율법은 언제나 "행위로 말미암아서는" 결코 이루어질 수 없었고, 오직 "믿음을 통해서"만 이루어지도록 되어 있었다. 여기에서 우리는 다시 로마서 3:27-31로 되돌아간다. 거기에서 바울은 "무슨 율법으로냐? 행위로냐? 아니라, 오직 믿음의 율법을 통해서이다"라고 하면서, 우리에게는 자랑할 것이 없다고 말한다. 왜냐하면, (로마서의 여러 부분들을 잠시 압축해서 말해 본다면) 바울은 율법이 하나님이 아브라함에게 한 약속들과 전 세계적인 단일한 권속의 창설을 통한 그 약속들의 성취 사이에 세워져 있는 거대한 장벽으로 보지만, 그가 구구절절이 역설해 왔듯이, 그 잘못은 토라 자체에 있는 것이 아니라, 토라를 수여받은 사람들, 아니 그들의 아담적인 본성에 있기 때문이다. 그들은 다른 모든 사람들과 마찬가지로 "아담 안에" 있다. 그러나 그들이 "의의 율법을 추구하는" 방식으로 "행위들"(안식일, 음식법, 할례 등)을 사용한 것은, 다른 사람들은 아예 접근도 하지 못하게 막아 놓고 오직 그들 자신만이 영원히 하나님의 백성으로서의 특권을 누리려고, 토라를 지키는 것과 관련된 표지들 중 일부를, 신명기 9장이 그들에게 그것들을 그런 식으로 사용하지 말라고 경고한 방식으로 사용한 것이었다.

그러나 이것 자체도 하나님의 경륜 밖에 있었던 것은 아니었다. 이것이 "걸림돌" 표상의 핵심이다. 이스라엘은 토라를 잘못 사용하였지만, 하나님은 이스라엘이 바로 그렇게 하도록 의도하였던 것으로 보인다.[512)] 여기서 우리는 또다시 로마서 7장으로 돌아가게 되는데, 이번에 우리가 주목하는 것은 7:13에서 반복적으로 사용되고 있는 '히나'(hina)는 5:20에서 사용된 극히 중요한 '히나'(hina)를 반영한 것이라는 사실이다.[513)] 그렇다면, 바울은 무엇을 말하고 있는 것인가? 토라의 목적이 죄를 증가시키는 것이었다는 것인가? "범법함을 극대화시켰다"는 것? 그렇다. 하나님의 목적 — 바울이 선민론 자체에서 하위 줄거리가 아니라 내내 주된 관념으로서 말하고 있는 것으로 보이는 것은 이제 마침내 메시야 안에서 계시된 바로 이 하나님의 목적이다 — 은 이스라엘을 통해서, 그리고 이스라엘 속에서의 토라의 기이한 역사를 통해서, 죄를 저 한 곳, 즉 이스라엘의 대표자인 메시야, 하나님의 화신인 메시야, 자기 "아들"의 인격을 입은 하나님에게로 몰아서, 하나님 자신 안에 죄를 정하여 단

512) Watson, 2007 [1986], 330은 이 본문에 대한 나의 이전의 설명이 그 초점을 하나님의 주권적인 행위에서 "'이스라엘의 잘못' 이라는 의심스러운 범주"로 이동시켰다고 걱정한다. 바울은 9:31과 10:3에서 "잘못"에 대하여 말하고 있기는 하지만, 나는 여기에서 Watson이 바울의 신학의 우선성, "이스라엘"이 행한 것에 대한 성경적 토대, "이스라엘"의 "잘못" 또는 "이스라엘"의 "책임"은 9:30—10:21의 표제로 적절하지 않다는 것에 대하여 말한 것들에 동의한다는 것을 분명히 해두고자 한다(또한, Watson, 323 n. 39를 보라).

513) 위의 제10장 제3절 4) (3)을 보라.

죄함으로써 "죄"를 처리하기 위한 것이었다. 이것이 7:7-8:11, 특히 7:13과 8:3-4의 요지이다. 이제 우리는 로마서 논증의 나선형 구조의 다음 단계에서 방금 살펴본 본문과 비슷하면서도 다른 9:30-10:4을 만난다. 이 본문은 이제 더 이상 메시야의 죽음이 죄에 대한 단죄를 가져왔다는 것에 대하여 말하고 있지 않고, 선민 이스라엘이 아브라함의 하나님의 주도로 이스라엘 자신의 메시야를 중심으로 재정의되고 재구성되어서, 원래 아브라함에게 주어졌던 약속들에서 (이스라엘 자신과 더불어서) 상정되어 있던 모든 이방인들을 포함하게 되었다는 것에 대하여 말하고 있다. 그리고 바울은 이것도 하나님의 계획이 실현되기 위해서는 꼭 필요한 일이었다고 본다. 세계가 구원을 받기 위해서는, 이스라엘이 "걸려 넘어져야" 했다. 이것은 9:32-33에 나오는 "돌" 표상만이 아니라, 9장과 11장의 상당 부분을 푸는 단서이다. 그리고 그것은 바울의 수정된 선민론이 그의 수정된 종말론을 탄생시키는 지점이다.

이것은 결정적으로 중요한 지점으로 이어진다. 바울은 9:32-33에서 토라가 "걸림돌"로서의 기능을 하였다고 말한 바 있지만, 우리는 33절의 끝에 나오는 이사야서 인용문("그/그것을 믿는 자는 결코 부끄러움을 당하지 않을 것이다") 속에서 메시야를 거론하고 있는 것도 들어야 한다(10:11에 반영된 이 절의 마지막 행인 "그를 믿는다"는 것이 지닌 의미와 그 밖의 몇몇 초기 기독교적인 용례들이 보여 주듯이). (우리가 주목해야 할 것은 이사야서 8:14의 "돌"은 하나님 자신을 가리키는 것으로 보인다는 것이다.)[514] 이것은 바울이 이사야서 8:14에서 인용한 이 동일한 구절에 "누구든지, 모든"을 뜻하는 '파스'(pas)를 첨가해서 10:11에서 다시 사용하고 있고,[515] 거기에서 믿음의 대상은 메시야 자신임이 분명하다는 사실에 의해 확증된다. 여기에서 우리는 바울이 이 장들 전체에 걸쳐서 설명하고 있는 기이한 상황의 중심 가까이에 있다. 그는 토라를 통한 하나님의 역사와 메시야 안에서의 하나님의 역사 간의 밀접한 연결고리를 발견한다. 이것을 다른 식으로 표현한다면, 바울은 유대인들이 메시야 자신 및 그에 관한 복음 메시지를 배척한 것은, 그들이 계약의 지체로서의 지위를 확보하기에 합당한 방식으로 토라를 "추구하지" 않은 것과

514) 신약의 다른 관련 본문들을 보라: 벧전 2:8; cf. 마 16:23; 18:6f.; 눅 17:1; 마 21:44(cf. 단 2:34f., 44f.). 다른 곳에서(베드로전서, 마태복음) 이 본문들은 시편 118:22f.(버려진 돌이 모퉁잇돌이 된다는 것)과 결합되어 있지만, 바울은 여기에서 그러한 방향으로 나아가지 않는다. 주석서들에 나오는 자세한 논의를 보라: Keck, 2005, 244f.; cf. Oss, 1989; Wagner, 2002, 126-45.

515) 10:4의 '판티 토 피스튜온티'(panti tō pisteuonti)에서 10:13의 (요엘서에서 가져온 인용문에 나오는) '파스'(pas)에 이르기까지의 일련의 사고의 흐름을 종합할 때.

맥을 같이함과 동시에, 그러한 사실을 드러내 준 것으로 보았다는 것이다. 또는, 이것을 또 다른 식으로 표현해 본다면, 유대인이든 이방인이든 어떤 사람이 신명기 30장에서 진정한 "포로생활로부터의 귀환"으로 여긴 '디카이오쉬네'(dikaiosynē, "계약의 지체로서의 지위")에 도달하고자 한다면, 지금 일부 이방인들은 지니고 있지만 많은 유대인들은 지니고 있지 않은 '피스티스'(pistis, "믿음")를 통해서 그렇게 하여야 한다는 것이다(9:30). 토라를 "행위들"에 의해 에워싸인 민족적 특권의 헌장으로 보고 추구하는 것으로는 거기에 도달할 수 없는데, 이것은 바울이 10:2-3에서 요약하고 있는 문제점이다. 메시야는 '텔로스 노무'(telos nomou, "토라의 최종 종착지")이다 — 바울이 로마서의 이 단계에서 '크리스토스'(Christos)라고 말할 때, 우리는 그 단어 속에는 그가 1-8장에서 메시야에 관하여 말하였던 모든 것이 한 묶음으로 들어 있는 것으로 들어야 한다. 두 개의 선이 서로 만나 수렴된다. 예수를 주로 시인하고, 하나님이 그를 죽은 자 가운데서 살렸다는 것을 믿는 것은, 오경 전체의 지향점인 '노모스 디카이오쉬네스'(nomos dikaiosynēs, "계약의 지체로서의 지위를 얻게 해주는 율법")에 도달하는 것이다. 역으로, 메시야를 배척하는 것은 토라에 도달하는 데 실패하고 돌에 걸려 넘어지는 것이다. 일부 이방인들은 이 둘 중에서 첫 번째 길로 가고 있는 반면에, 많은 유대인들은 두 번째 길로 가고 있다. 그리고 9:32-33의 요지는 이렇게 된 것도 하나님의 의도적인 역사라는 것이다. 하나님은 유대인들이 길을 가다가 걸려 넘어질 돌, 즉 토라와 메시야를 시온에 두었다. 그렇다면, 하나님은 왜 그렇게 하였는가? 바울은 우리가 곧 살펴보게 될 9:22-24에서 지극히 암호 같은 말을 통해서 그 이유를 암시한 것을 제외하면, 아직 이것에 대해서 본격적으로 말하지 않았다. 두 가지 가능성인 토라와 메시야를 서로 대립적인 것으로 보는 것은 잘못이다. 바울은 10장에서 이 둘 간의 매듭을 풀어서 이전에는 생각지도 못한 새로운 조화를 이루어낼 때까지, 이 둘이 서로 부딪쳐서 요란한 소리를 내도록 내버려 둔다.[516)]

로마서 9:30-33을 이런 식으로 10:1-17에 대한 도입부로 읽는 것은, 9-11장의 중심 단락에 대한 결론부, 달리 말하면 10:18-21을 살펴보는 것을 통해서 균형이 잡혀질 수 있다. 여기에서 바울은 하나의 시편, 또다시 신명기(이번에는 32장), 이사

516) Barrett, 1982, 144는 여기에서 "돌"이 가리키는 것은 토라라고 강력하게 주장하지만, 바울이 토라와 메시야를 한데 결합시키고 있는 것에 대해서는 전혀 보지 못한다 — 그리고 그는 9-11장이 말하고 있고, 바울이 여기에서 요약하고 있는 문제가 당시의 유대인들이 메시야를 믿지 않았다는 것이라는 사실도 고려하지 않는다. Keck, 2005, 245에 나오는 여러 입장들에 대한 요약을 보라.

야서(즉, 성문서, 율법서, 예언서)를 가져와서 사용한다. 그의 목적은 첫 번째로는 10:16에 언급된 불신앙에도 불구하고, 하나님의 말씀은 밖으로 나가서 자신이 해야 할 일을 하고 있다고 말하는 것이다. 시편 19편이 전반부에서는 창조 또는 피조세계(특히, 해)를, 후반부에서는 토라를 송축하는 대칭 구조로 되어 있는 것을 보고서, 바울은 창조를 통한 온 세계에 대한 하나님의 계시와 토라를 통한 이스라엘에 대한 계시의 관계를 숙고하였을 수 있다.[517] 이스라엘에게 주어진 특별한 계시는 온 인류에 대한 좀 더 큰 메시지 내에 있다. 온 인류에게 주어진 좀 더 큰 메시지를 관통하는 중심에서, 이스라엘은 언젠가는 이방인들이 몰려 들어와서 자신들로 하여금 시기하게 만들게 될 것임을 언제나 알고 있었다. 이것이 신명기가 말하였던 것이고, 모세가 경고하였던 것이다. 바울의 글들 속에 "대체"(supersession)에 관한 언급이 있다고 한다면, 그것은 아마도 여기 모세 자신으로부터 온 이 핵심적인 본문, 즉 이방인들이 들어와서 이스라엘로 하여금 시기나게 할 것이라고 말하는 본문일 것이다. 내가 내내 논증해 왔듯이, 바울은 이방인들이 들어와서 합한 메시야 권속이야말로 "유대인"이고 "할례파"라고 진정으로 생각하고 있었다고 할 때에만, 이 본문은 의미가 통하게 된다. 그러나 이 본문의 배경 속에서 마치 작은 북소리처럼 계속해서 들려오는 "대체주의"라는 잠재적인 비난은, 다음 장에서 바울이 "시기"에 관한 모세의 말을 사용하고 발전시킬 때에 완전히 사라지게 된다. 그것은 "대체"(replacement)가 아니라 성취(fulfilment)이다. 이것에 대해서는 우리가 곧 다시 살펴볼 것이다.

한편, 여기에 인용된 이사야서 본문(바울은 이사야 65:1을 두 부분으로 나누어서 인용한다)은 두 개의 결론을 나란히 제시하는데, 단지 이번에는 '노모스 디카이오쉬네스'(nomos dikaiosynēs, "의의 율법")라는 관점이 아니라 이스라엘의 하나님이라는 관점에서, 9:30에서 제시한 바로 그 핵심을 다시 반복한다. 즉, 이방인들은 야웨를 찾지 않았지만 발견한 반면에, 야웨의 백성이라고 하는 이스라엘은 여전히 "불순종하고 고집을 부리고"(apeithounta kai antilegonta – '아페이툰타 카이 안틸레곤타,' "순종하지 않고 거스르는 말을 하는") 있다.[518] 여기에서 바울은 엄청난 역설과 씨름하고 있다: (a) 한 분 유일하신 하나님이 한 백성을 선택하였다; (b) 오랜 시간 후에 하나님은 자기가 약속했던 대로 행하여, 그들에게 그들의 메시

517) 바울은 1:18-23에서 피조세계 속에서의 계시에 대하여 말하였다.

518) Nb. 행 13:45. 거기에서 비시디아 안디옥의 '유다이오이'(Ioudaioi)는 '젤로스'(zēlos)에 충만해서, 바울이 말한 것(antelegon - '안텔레곤')을 "반박하고 비방하였다." Bell, 1994, 312-17을 보라.

야를 보냈지만, 그들은 그를 배척하였다; (c) 이 하나님은 계약을 갱신하였고, 이전에 계약 백성이었던 자들 중 대부분은 그 갱신된 계약으로 들어오기를 거부하였다.[519] 이런 상황에서 바울은 이제 어디로 눈을 돌릴 수 있었을까? 그는 이 기이하고 예측할 수 없어 보이는 하나님이 지금까지 무엇을 해왔는지를 어떻게 이해할 수 있었을까? 이것은 아마도 바울의 종말론 전체에서 가장 큰 질문일 것이다. 하지만 우리는 이사야서에서 가져온 저 참담한 마지막 인용문 속에조차도 이 일이 앞으로 어떻게 전개될지를 보여주는 암시가 들어 있다고 말하는 것도 가능할 것이다. 바울이 10:19의 "내가 너희를 시기하게 만들 것"이라는 구절(신명기 32:21에서 가져온 인용문)을 다음 장에서 다시 사용하는 것과 마찬가지로, 우리는 10:21에 나오는 "내가 종일 내 손을 벌렸다"는 구절(이사야서 65:2에서 가져온 인용문)도 단지 하나님의 좌절감을 표현하는 몸짓이 아니라, 계속해서 그들에게 호소하는 몸짓으로 볼 수 있다. 이스라엘의 하나님은 탕자의 아버지 같이, 겉보기에 타당한 이유로 파티에 참석하기를 거절한 큰 아들을 설득해서 다시 데려오기 위하여 기꺼이 밖으로 나갈 것이다.[520]

궁극적인 종말론적 질문에 직면해서 거기에 따른 새로운 지혜를 모색해야 하는 상황에서, 우리가 아는 바울은 언제나 그 지혜를 메시야 안에서 발견할 수 있다고 기꺼이 대답할 것이다.[521] 메시야는 어떻게든 그 실마리들을 제공해 줄 것이다. 하나님의 의는 결국 메시야 안에서 및 메시야를 통해서 나타났다. 그렇다면, 그 실마리들은 어떤 것이고, 어떻게 찾을 수 있을까? 우리는 그 대답의 첫 번째 부분을 발견하기 위해서, 이 대단락에서 우리가 처음으로 만나는 긴 본문인 로마서 9:6-29로 돌아갈 것이다.

(4) 하나님의 기이한 목적을 짊어진 자들: 로마서 9:6-29

이 대단락의 교차대구법적인 구조를 다시 살펴보면, 첫 번째의 주된 하위단락인 9:6-29은 마지막 주된 하위단락인 11:1-32과 대칭을 이룬다:

519) 요한복음 1:10f., 그리고 마태복음 21:28-32; 22:1-14 같은 비유들의 분명한 반영들은 바울이 이 시점에서 초기 기독교에 대한 광범위한 박해들에 의해 위험한 처지에 놓여 있었던 것이 아님을 보여준다. 이 두 비유는, "돌"에 관한 예수의 경고(21:42)를 포함한 "악한 소작농들"에 관한 비유(마 21:33-46)에 의해서 분리되어 있다.

520) Keck, 2005, 261f.; 그리고 물론 눅 15:31f.를 보라.

521) 골 2:1-3.

9:1-5 11:33-36

9:6-29 11:1-32

9:30-33 10:18-21

10:1-4 10:14-17

10:5-13

10:9

바울은 9:6에서는 한 눈에 보아도 이스라엘에 관한 서사라는 것을 금방 알아차릴 수 있는 한 서사를 시작하고, 11장에서는 제2성전 시대의 종말론을 통해서 친숙해진 주제들인 속량의 때와 하나님의 경륜의 완성 같은 그 동일한 서사의 최종적인 끝을 의심할 여지 없이 분명하게 보여준다. 사실, 이와 같이 먼저 지금까지 이루어져 온 이스라엘에 관한 이야기를 말한 후에, 장래에 이루어질 일들을 바라보는 것은, 그러한 종말론이 통상적으로 작동하는 방식이고, 그것이 제2성전 시대 종말론에 대한 바울의 수정을 전체적으로 다룰 때, 우리가 본서의 바로 이 시점에서 9-11장을 고찰하는 이유이다.

우리는 9:30−10:13이 이 기본적인 서사의 두 요소 사이에 놓여 있는 것을 보았다. 이것은 이 서사 속으로 이제 침입해 들어와서는, 다른 모든 것들이 움직일 때에 그 중심축으로서의 기능을 하게 된 새로운 것, 즉 메시야에 관한 이야기이다. 사실, 우리는 크게 보아서, 9장은 과거를, 10장은 현재를, 11장은 미래를 다루고 있다고 말할 수 있다.[522] 그러나 10:5-13, 아니 실제로는 그 본문이 속해 있는 좀 더 큰 단락인 9:30-10:13은 그 자체로는 이 위대한 서사의 일부가 아니고, 이전에 일어났던 모든 일의 '텔로스'(telos, "최종 종착지"), 그리고 바울은 이런 표현을 사용하지 않겠지만, 이제부터 전개될 모든 일의 '아르케'(archē, "출발점")로서, 바로 이 이야기의 한복판에 놓여 있다. 이 본문은 메시야로 인한 계기, "그러나 이제는"의 계기, 갑작스럽게 찾아와서 새로운 종류의 시간을 만들어낸 안식일, 하늘과 땅이 서로 합쳐지게 된 때, "말씀," 즉 '크리스투 레마'(rhēma Christou, "메시야의 말씀")가 하늘로부터 뛰어 내려와서 가시나무를 방초로 바꾸는 역사, 사람들의 마음에 할례를 행하여 새롭게 함으로써 복음을 믿고 시인할 수 있게 하는 역사를 이루어낼 수 있는 때의 시작에 대하여 말한다. 메시야는 시간 안과 밖에 동시에 있어서, 시간 자체를 변화시키고, 그 결과 종말론도 변화시킨다. 이렇게 로마서 9-11장은

522) 예를 들면, Tobin, 2004, 321을 보라.

바로 그 문학적인 형태를 통해서, 한편으로는 "구원사"(또는, 이 단어로 표현할 수 있는 그 어떤 것), 다른 한편으로는 "묵시론"(또는, 이 단어로 표현할 수 있는 그 어떤 것)이 결합되어 있는 것을 보여준다. 하나님은 이스라엘 역사의 한복판에서 그 역사를 붕괴시키고 재편하는 방식으로, 자신이 언제나 약속해 왔던 일을 행하였다. 그리고 이러한 "수직적인" 붕괴에 비추어 볼 때에만, 아브라함으로부터 9장의 "남은 자"에 이르기까지, 그리고 "남은 자"로부터 11장에서의 족장들의 약속의 성취에 이르기까지 이어지는 "수평적인" 서사가 올바른 의미를 지니게 된다.

이 메시야와 관련된 계기는 그 이전의 때 및 그 이후의 때와 관련해서 서로 다른 성격을 지니기는 하지만, 그럼에도 불구하고 바로 이 서사의 중심에 있다. 이 점에서 우리는 로마서 9-11장이 단지 교차대구법적인 구조가 아니라, 이 거대한 수직선이 똑바르고 일직선으로 가운데를 관통해서, 가장자리와 모서리로 이끌리는 논증들을 그 초점을 다시 잡아 한데 결합시켜서, 과거(9:6-29)와 미래(11:1-32)로 퍼져 나가게 하는 십자가 형태의 구조를 이루고 있다고 볼 수 있다. 다른 모든 것은 예수의 동쪽이나 서쪽에 있고, 예수는 "너의 위치는 여기다"라고 말하는 화살이다.[523)]

이것은 공상 속에서의 개념임에 틀림없지만, 이 논증이 지닌 십자가 모양의 형태는 그 세부적인 진술들에도 영향을 미치는데, 우리는 이제 그러한 표제 아래에서 9:6-29을 살펴볼 것이다. 나는 바울이 모든 것을 관통하는 저 위대한 수직선이 그어진 것을 알았고, 그로 하여금 모든 것을 다시 생각하지 않을 수 없게 만들었던 바로 그 메시야 사건에 비추어서 아브라함의 권속에 관한 이야기를 다시 읽고서, 이것이 그 이야기가 내내 말해 왔던 것이라는 결론을 내린 것이라고 본다. "하나님의 말씀이 이루어지지 않았다는 것은 있을 수 없다." 따라서 하나님의 말씀이 이제 저 수치의 십자가에 못 박힌 메시야, '디카이오쉬네 테우'(dikaiosynē theou, "하나님의 의")를 계시한 분(3:21), 그를 배척하는 것은 "돌"에 "걸려 넘어졌음"을 의미하는 바로 그 분을 통해서 말해지고 들려졌다면, 우리는 선민에 관한 이야기가 오직 개시된 메시야적 종말론만이 드러내 줄 수 있는 방식으로 내내 이러한 십자가의 필연성을 어느 정도 반영해 왔을 것이라고 보지 않으면 안 된다.

다시 한 번 말하지만, 로마서 7장은 그 배경의 필수적인 부분이다. 거기에서 이스라엘의 문제는, 그들이 토라를 수여받아서 기쁨으로 지키려고 한 것은 옳은 것

523) 이 모든 것이 모더니즘적인 보편주의자와 포스트모더니즘적인 개별주의자를 둘 다 몹시 곤혹스럽게 하고 있다는 것은 의심의 여지가 없다; 그러나 Caroline이 무도회에서 춤을 추는 것보다는 대화를 갖는 것이 더 합리적일 것이라고 말하였을 때, Bingley가 그녀에게 말했듯이, 그것이 훨씬 더 합리적이라는 것은 틀림없지만, 무도회처럼 그렇게 가까이 있지는 않다.

이었지만, 도리어 "죄"가 토라가 준 기회를 활용해서 기승을 부리게 된 것을 발견하게 되었다는 데 있었다. 그러나 그렇게 된 것도 하나님이 계획한 것이었다(5:20; 7:13). 그것은 하나님이 이스라엘 안에서가 아니라 이스라엘의 대신이자 대표자인 메시야 안에서 죄를 단죄할 수 있기 위하여 취한 방식이었고, 이 때에 메시야가 이스라엘을 위하여 그렇게 행한 것은 합당한 일이었으며, 마찬가지로 이스라엘이 하고자 하였지만 스스로 할 수 없었던 일을 이스라엘을 대신하여 행한 것도 합당한 일이었다(8:3). 이제 우리는 여기 선민에 관한 이야기인 9:6-29에서, 바울이 11장 끝까지 계속해서 해명해 나가게 될 기이한 원리, 즉 이스라엘은 진정으로 "메시야의 백성"이라는 원리 — 이것은 갈라디아서 2:19에 나오는 "나는 율법으로 말미암아 율법에 대하여 죽었고, 메시야와 함께 십자가에 못 박혔다"의 공동체적인 판본이다 — 를 발견한다. 갈라디아서에서는 "그럼에도 불구하고 나는 살아 있다"는 구절이 추가로 덧붙여져 있지만, 그것은 11장에 가서야 일어난다. 현재로서는 바울은 십자가에 못 박힌 메시야라는 표제 아래에서 이스라엘에 관한 서사를 들려준다. 우리 같은 독자들의 눈에도 바울의 논증의 구조 속에 십자가가 새겨져 있는 것이 보인다면, 바울이 자신의 마음의 눈으로 역사의 면면들 전체에 걸쳐서 '스타우로스 투 크리스투'(stauros tou Christou, "메시야의 십자가")를 볼 수 있었으리라는 것은 두말할 필요가 없다. 메시야가 죽었을 때, 그것은 이스라엘이 아브라함의 때로부터 내내 알지 못하는 가운데 그들의 삶 속에서 계속해서 해 왔던 바로 그 일을 총체적으로 집약하여 스스로 행한 것이었다. 이스라엘이 "계약에 대한 하나님의 신실하심에 대하여 무지하였던" 것은 전혀 이상한 일이 아니었다. 예레미야를 생각해 보라. 만일 하나님의 백성이 계약에 대한 하나님의 신실하심이 어떤 것인지를 알았더라면, 그들은 많은 비극들을 피할 수 있었을 것이다. 이스라엘이 걸어온 운명은 메시야의 운명과 동일한 것이었다. 이스라엘이 내쳐지게 된 것은 세상을 속량하기 위한 것이었다.

일부 선민론들은 정치적으로 문제가 되는 것들을 말하기가 두려워서, 일련의 장애물들 가운데서 첫 번째 장애물을 만나는 순간 뒤로 물러나 버렸고, 그렇게 함으로써 로마서의 이 장들에서 바울이 이루어낸 놀라운 성과를 송두리째 놓쳐 버렸다. 바울은 여기에서 어떤 위대한 발전사관이나 헤겔적인 의미에서 "역사에 관한 신학"을 제시하고 있는 것이 아니다. 또한, 이것은 예정론이나, 결정론과 자유의지에 관한 철학적인 담론도 아니다. 이것은 살아 계신 하나님이 역사의 단단한 암벽 위에 자신의 이름을 새겨 놓은 것을 우리가 발견하게 되는 그런 본문이다. 그러나 우리는, 다메섹 도상에서 비친 눈이 멀 정도로 밝은 빛 속에서든, 아니면 12월의 어느 아침에 잔잔한 물결처럼 다가온 빛 속에서든, 우리가 메시야 안에서 그 이름을 알게 되었을 때에만, 그 이름을 읽는 법을 알 수 있게 된다.

나는 9-11장에 대한 바울의 전체적인 구도 속에서 9:6-29이 11:1-32과 병행을 이루고 있다는 것을 앞에서 이미 말한 바 있다. 이것은 단지 구조가 대충 비슷하다는 것이 아니다. 이 두 본문에는 서로 주제상으로 병행되는 것들과 9:30–10:13에는 없는 관념들이 많이 나온다. 이 두 본문은 족장들 및 하나님이 그들에게 한 약속들을 다루고 있고, 둘 다 하나님의 "부르심"과 하나님의 "긍휼," 그리고 그것들은 어느 것이나 "행위들"에 의거하지 않는다는 사실을 강조한다. 이 두 본문은 사람들을 "완악하게 하는" 하나님의 역사를 강조하는 한편, 하나님의 "오래 참으심"을 역설한다. 이 두 본문은 서로 약간 다른 의미에서이기는 하지만 "남은 자"를 부각시킨다. 또한, 이 두 본문은, 흥미롭게도, "이스라엘"이라는 단어를 두 가지 이상의 의미로 사용한다.[524] 이 주제들은 두 본문에 정확히 동일한 방식으로 분포되어 있지는 않다. 그럼에도 불구하고, 11장에서 바울은 어떤 의미에서 자기가 시작한 지점으로 거슬러 올라가면서 작업하고 있다고 할 수 있는데, 이것은 다음과 같은 도식을 통해서 금방 확인된다:

9:6-13
"이스라엘"과 "이스라엘"

11:25-32
"이스라엘"과 "이스라엘"

9:14-26
족장들
바로를 "완악하게 하심"
(하나님의 이름을 알게 하기 위하여)

11:11-24
족장들
남은 자가 아닌 자들을 "완악하게 하심"
(이방인들이 들어오게 하기 위하여)

9:27-29
남은 자

11:1-10
남은 자

모든 교차대구법적인 도식들이 그러하듯이, 물론 여러 가지 이유로 이러한 도식은 의문들을 불러일으킨다. 먼저, 내가 여기에서 사용한 단어들과 어구들은 바울이 이 각각의 본문들 속에서 행하고 있는 미묘한 논증들을 온전히 반영하거나 균형 있게 요약한 것들이 아니다. 또한, 9:14-29을 다시 세분하는 것과 관련해서도 어려운 문제들이 있는데, 나는 여기에서 그런 문제들을 해결하려고 시도하지는 않았

524) 이 모든 것에 대해서는 Aletti, 2010 [1992], 217을 보라. 그는 특히 11:25-32을 이전의 여러 단락들과 비교한다; 그리고 Aletti, 2012, 138.

다(이 단락 내에서의 논증은 27절에서만이 아니라 19절과 24절에서도 약간의 변화를 보인다). 특히, 9:6에서 두 번의 "이스라엘"이 서로 다른 의미로 사용된 것이 11:25-26에서의 비슷한 현상과 병행이 될 수 있다는 나의 주장 하나만을 듣고도, 이미 일부 진영들에서는 원통하다는 듯이 울며불며 이를 갈 것이다.[525] 또한, 좀 더 큰 단락들(9:6-20과 11:1-2) 간에는, 정확히 동일한 지점에 등장하는 것은 아니지만 공통적인 주제들이 나온다. 예컨대, 9:12과 11:6에서는 "행위로 말미암지 않는다"는 것이 강조되고, 9:15-16과 11:31-32에서는 "긍휼"이 강조된다. 9:17-18에 나오는 "완악하게 하는 것"이라는 개념과 병행되는 것들은 11장에서는 11:7과 25에 나온다(다른 단어를 사용하고 있기는 하지만). 그러나 병행들은 내내 두드러진다. 이러한 병행들은, 바울이 9:6에서 시작해서 일련의 주의 깊은 걸음으로 앞으로 나아가서 9:29에 도달한 후에는, 지금까지 걸어 왔던 걸음들을 단지 그대로 되돌아가는 것이 아니라 아주 철저하게 다시 이모조모로 되밟아 가는 방식으로 11장을 썼다는 것을 보여준다. 로마서 9:11-29의 서사적 개요는 아주 잘 알려져 있었던 반면에, 11장은 지금까지 아무도 말하지 않았던 이야기를 쓰는 것이었기 때문에 훨씬 더 힘든 일이었다. 어쨌든, 이러한 사실은 우리가 곧 직접 로마서 11장을 살펴보게 되면 좀 더 분명하게 드러나게 될 것이지만, 지금 여기에서는 9장에 나오는 병행들을 아는 것이 중요하다.

그렇다면, 9:6-29에서는 무슨 일이 진행되고 있는 것인가? 이렇게 말하면, 여러분 중에는 의외라고 생각하는 사람들이 있겠지만, 독실한 유대인 — 이를테면, 다소의 사울 같은 — 이 이 본문의 전체적인 서술에 대하여 시비를 걸기는 어려울 것이다.[526] 제2성전 시대 동안에는 이스라엘의 서사를 수정해서 다시 말하는 일이 많

525) Eastman, 2010, 377 n. 34는 9:6과 관련해서 이스라엘 내에서의 구분에 대하여 말하는 것은 혼란스럽게 하는 것이라고 말한다. 내가 보기에는, 바울이 "모든 이스라엘이 이스라엘인 것은 아니다"라고 말한 것에 직면해서, 그러한 구분은 결코 혼란스럽게 하는 것이 아니다. "그것은 아브라함의 약속의 자손들과 이방인들의 조상들이 된 아브라함의 자손들 간의 구분"이라는 그녀의 주장은 새로운 문제점을 낳는다: 이스마엘과 에서가 언제부터 모든 이방인들의 조상이었는가? 그녀는 내가 "민족으로서의 이스라엘과 '메시야와 그의 백성'인 이스라엘"을 구분하였다고 주장하지만(382 n. 51), 그런 주장은 민족으로서의 이스라엘이 후자의 범주로부터 자동적으로 배제된다는 의미를 담고 있고, 그것은 바울이 11:11-24에서 부정하고 있는 것이라는 점에서, 오도하는 것이다.

526) Jewett, 2007, 590이 9:14, 19에서 제기된 반론들은 실제로 "유대 정통주의의 관점"에서 볼 때에는 "받아들여질 수 없는" 것이었다고 지적한 것은 옳다. 또한, Johnson, 1989, 148을 보라. 이와는 대조적으로, Wolter, 2011, 425는 여기에서 바울은 이전의 자기와 대화하고 있는 것이라고 주장한다. Barclay, 2010은 로마서 9-11장과 지혜서를 날카롭게 대비하면서, 후자는 일종의 질서가 잡히고 대칭적인 도덕적이고 합리적인 우주를 전제하는 반면에, 전자는 하나님의 뜻은 사람이 예측할 수 없고 이해할

았고, 그 수정된 서사들은 이스마엘과 에서를 열외시키고서, 아브라함에서 시작해서 이삭을 거쳐 야곱에 이르는 일련의 선별의 과정을 들려주는 것이었다. 주후 1세기의 유대인들 중에는, 이삭과 마찬가지로 이스마엘도 똑같이 "아브라함의 자손"으로서 대를 이어가고 있다거나, 에서가 야곱과 동일한 "선민"으로서의 지위를 지니고 있었다고 생각한 사람은 아무도 없었을 것이다.[527] 또한, 그들은 하나님이 이스라엘을 괴롭히는 애굽 왕 바로에게 출애굽의 사건들을 통해서 온 세계에 자신의 이름과 권능을 나타낸 것은 합당한 일이었다는 데 모두 동의하였을 것이다. 그리고 그들은 이스라엘이 금송아지를 만들어서 숭배하였을 때, 하나님이 자신의 뜻을 따라 그들을 벌하거나 긍휼을 베푼 것도 합당한 일이었다는 데 틀림없이 모두 동의하였을 것이다(출애굽기 33:19을 인용하고 있는 9:15). 바울과 마찬가지로, 그들은 기이하게도 이스라엘이 왕정의 실패와 그 결과로서 포로생활을 겪게 된 것이나, 마치 토기장이가 질그릇을 다시 빚듯이, 야웨가 그러한 사건들을 통해서 이스라엘을 다시 빚은 것은 합당한 일이었다는 것에 대하여 깊이 묵상하였을 것이다. 바울이 9:6에서 9:23에 이르기까지 내내 이러한 이야기를 들려줄 때, 유대인이라면 누구나 고개를 끄덕이며 공감을 표시하였을 것이다. 왜냐하면, 그것은 그들의 이야기였기 때문이다.[528]

그런 후에, 다소의 사울과 육신을 따라 그의 골육인 자들이 예상하지 못했거나 인정할 수 없었을 새로운 것에 대하여 말하는 첫 번째 대목이 나오는데, 그것은 "영광을 위하여 미리 준비된 긍휼의 그릇들"은 "유대인들 중에서만이 아니라 이방인들 중에서도 부르심을 받은 우리"라고 말하는 대목이다(9:24). 이러한 발언은 바

수 없다는 것을 강조함으로써 그러한 전제를 전복시키는 것으로 보이기 때문에, (예컨대) Wis. 10.9-12에 나오는 야곱과 에서의 이야기는 로마서 9:10-13이 배제하는 것으로 보이는 도덕적 교훈을 가르친다고 말한다. Barclay(109)는 바울의 신학은 그리스도 사건이라는 "선물"로 인해서 "이러한 이상한 형태로 … 뒤틀렸다"고 말한다. 나는 바울이 이스라엘의 선민론, 그리고 실제로 "도덕, 정의, 이성"(Barclay 108)을 메시야를 중심으로 다시 생각하였다는 데 전적으로 동의하지만, 좀 더 깊은 차원에서는 대국적인 견지에서 수렴되고 있는 것을 본다: 이 이야기를 하는 것은 하나님이 세계를 다루시는 것들의 핵심이다. 내가 보는 한, 바리새인이 반대할 만한 주된 것은 9:24에서 하나님이 이방인들을 "부르셨다"고 한 것과 이방인들이 "포로생활에서 돌아오게 될 자들" 속에 포함될 것이라고 해석된 호세아서 2:1, 25(9:25f.)의 예언 정도일 것이다.

527) cf. *Jub.* 15.28-32; 20.11-13. 이스라엘 백성과 아브라함에게서 난 그들의 사촌들 간의 날카로운 구별은 시편 83:6-8 같은 본문들에서 더욱 강화된다. 제2성전 시대에 이스라엘의 이야기를 수정해서 다시 이야기한 것들에 대해서는 위의 제2장 제4절 2) (3) (4) (5)를 보라.

528) cf. Getty, 1988, 457: "바울은 이스라엘의 신학의 기본들을 공격하지 않은 채로, 이스라엘에 대한 자신의 이해를 넓혀서 거기에 이방인들을 포함시키고 있다."

울이 이것을 밑받침하기 위하여 호세아서 2장을 사용한 것과 더불어서(9:25-26), 격렬한 논란을 불러일으켰을 것이다.[529] 이것은 사도행전에서 유대인 무리들이 바울의 말을 조용히 경청하고 있다가, 그가 이방인들에 대하여 언급하는 대목에서, 갑자기 소동이 일어나서 그 자리가 엉망진창이 되어 버린 것과 같은 것이었다.[530] 그러나 이 단락의 마지막 세 절(9:27-29)에서는 또다시 그런 소동은 일어나지 않았을 것이다. 거기에서 선지자들이 "남은 자"에 대하여 말하면서, 이스라엘은 '휘폴레임마'(hypoleimma, 나누기를 한 후에 남은 수인 "나머지"), 나무를 베고 난 후에 남겨진 씨앗을 의미하는 '스페르마'(sperma)가 될 때까지 축소될 것이라고 하였다고 바울이 말하였을 때,[531] 그것은 단지 독실한 유대인들이 이미 알고 있는 것을 되풀이한 것에 지나지 않는 것이었다.

따라서 9:24에서 "영광을 받도록 미리 예정된 부르심 받은 자들" 중에는 이방인들도 포함되어 있다고 언급한 것을 제외한다면, 바울이 9:6-29에서 말한 것들은, 적어도 그가 10:3에서 염두에 둔 그런 부류의 유대인들, 즉 올바른 지식을 따른 것은 아니지만 "하나님에 대한 열심"을 지닌 유대인들 -바울 자신도 다메섹 도상에서 예수를 만날 때까지는 이런 부류의 유대인들 중의 한 사람이었다 -에게는, 논란이 될 내용이 전혀 아니었을 것이다. "내가 야곱은 사랑하였으나 에서는 미워하였다"는 명제에 대하여 이의를 제기하였을 유대인은 아무도 없었을 것이고(결국, 이 명제는 성경에 나와 있는 것이었기 때문에), 하나님이 애굽 왕 바로와 금송아지를 숭배한 자들을 단죄한 것은 합당한 일이었다는 것을 부정하고자 한 바리새인은 한 명도 없었을 것이다. 제2성전 시대에 예언서들을 연구한 유대인들 중에는, 토기장이인 하나님에게 질그릇을 자신의 뜻대로 빚을 권한이 있다는 것과 실제로 그렇게 한 것이 합당하다는 것에 대해서, 이의를 제기할 자는 아무도 없었을 것이다. 하나님이 오백 여년 전에 이미 열 지파를 소멸시키고, 그 나머지 중에서 다수를 온 세계에 흩어서, "오직 남은 자"만을 남겨 두었다는 것을 의심할 사람도 아무도 없었다.

이것은 우리에게 충분히 제기되지 않아 온 한 가지 질문을 남긴다. 그렇다면, 바울은 이 단락 전체에서 실제로 누구를 대상으로 말하고 있는 것인가? 그는 그들에

529) 특히 Starling, 2011을 보라.

530) 행 22:22.

531) cf. 사 6:13; 바울은 이것을 명시적으로 간접인용하고 있는 것은 아니지만, 여기에서 '스페르마'(sperma)라는 표현의 취지는 "권속 전체"라는 의미에서가 아니라 "남겨진 자들"이라는 의미에서의 "아브라함의 자손"을 가리키기 위한 것으로 보인다. 이것은 이사야서 1:9(바울이 명시적으로 인용하고 있는 것)로부터 4:2에 이르기까지 관통하고, 6:13에서만이 아니라, 바울이 9:27에서 인용하는 10:22 등에서도 다시 사용되는 주제와 함께 간다.

게 무엇을 말하고자 하고 있는 것인가?

이 질문에 대한 대답 중의 일부는 바울이 9:14과 9:19에 나오는 질문들을 던질 때에 그 암묵적인 대상이 누구냐와 관련되어 있을 것임에 틀림없다: 하나님이 야곱을 "사랑한" 것이 불의한 일인가? 하나님이 자신의 뜻을 따라 "완악하게 된" 자들을 책망하는 것이 불공평한 일인가? 나는 이러한 질문들을 제기한 사람들은 이방인들, 즉 이스라엘에 관한 이야기 전체가 유대 민족의 존재 자체는 아니라고 할지라도 선민이라는 개념 자체를 부정하는 것이라고 본 이방인들, 자신의 머릿속에서나 대중문화 속에서 일말의 도덕 철학을 지니고 있어서, 이스라엘에 관한 이야기를 듣고서는, 그 즉시 이렇게 원칙 없이 행하는 그런 하나님이 어디 있느냐며 강한 의문을 제기한 이방인들, 기독교의 메시지와 기독교적인 체험을 그 유대적인 뿌리로부터 완전히 떠난 것으로 여겼던 이방인들이었을 가능성이 높다고 본다.[532)]

이것은 이 장을 흔히 주장되는 방식과는 다소 다르게 읽는 방식이다. 많은 사람들은 9-11장이 이 서신에 어떤 식으로 통합되고 있는가 하는 문제에 대한 일종의 잠정적인 해법으로서, 바울이 다음과 같은 문제에 직면해 있었다고 주장해 왔다: 사람들은 1-8장에 제시된 약속들을 믿으려고 할 때, 하나님이 이스라엘에게 한 약속들이 이루어지지 못한 것으로 보이는 상황에서, 어떻게 그런 하나님을 믿고 신뢰할 수 있겠는가? 나는 그런 식의 관점으로는 바울의 논증이나 그의 좀 더 넓은 신학의 핵심을 포착할 수 없다고 생각한다. 이스라엘은 단지 하나님으로부터 과거에 약속을 받은 백성의 한 예가 아니다.[533)] 이스라엘 자신의 성경에서나 바울에게나, 이스라엘은 하나님이 세계를 복주기 위하여 부른 백성이었다. 바울이 이 단락에서 수행하고 있는 것은, 하나님이 메시야 안에서 어떻게 바로 그 일을 행하였고, 앞으로 행할 것인지, 그리고 그러한 기이하고 새로운 성취가 이스라엘 자신에게는 무엇을

532) 나는 다른 이유들에서이긴 하지만 Stowers, 1994, 287f. 등의 견해에 동의한다; 또한, Keck, 2005, 241을 보라. Nanos, 2010a, 349는 이 점을 파악하고 있기는 하지만, 내가 보기에는, 그 수사학인 의미를 오해한다. 바울은 2:7-11; 3:23, 27-30; 4:13-17, 특히 10:4-13에서 "아무런 차별이 없다"고 말한 것을 무효화하고 있는 것이 아니다. 그는 그러한 입장으로부터 위험스럽고 거짓된 결론을 도출해내는 것을 피하고 있다. 바울로 하여금 이스라엘 백성의 "신실함"은 새 날이 동터왔음을 인정하고(예수가 메시야라는 것을 믿지 않더라도) 이제 열방들에 대한 전령들이 되는 일에 동참하는 데 있다고 말하게 하고자 하는 Nanos의 시도(350 n. 25, 351, 364-6)는 실패한 것으로 여겨져야 한다. 10:14-17은 10:1-13에 온전히 의거해서, "전령들"은 예수를 부활한 주로 선포해서, 모든 사람들이 똑같이 그를 믿을 수 있게 하는 자들이라는 것을 분명히 한다. 만일 Nanos가 옳다면, 바울은 9:30-10:13에서 자신의 입장을 심각하게 잘못 말한 것이 될 것이다.

533) 나는 여기에서 특히 Käsemann(예컨대, Käsemann, 1969 [1965], 187)을 염두에 두고 있지만, 그는 훨씬 더 큰 읽기 전통의 대표자이다.

의미하는지를 보여주는 것이다.

나는 이것이 9:6-29을 접근하는 올바른 방식이라고 믿는다. 이렇게 했을 때, 우리는 바울이 11장에서 무엇을 말할지를 즉시 짐작할 수 있게 되는데, 실제로 그는 거기에서 이방인들이 교만하여져서, 이제는 거꾸로 민족으로서의 이스라엘을 공격하며, 이스라엘은 하나님이 계획한 미래에 그 어떤 분깃도 얻을 수 없다고 말할 위험성을 미리 경고한다. 따라서 바울이 로마서 9:6에서 "하나님의 말씀이 실패하지 않았다"고 말한 의미는, 단지 하나님이 한 일들을 무엇이든지 다 "옳다"고 해명하는 신정론과 연결되어 있는 것이 아니다. 그것은 로마에 있던 메시야를 믿는 이방인 신자들을 향하여 이렇게 말하는 것이다: "너희가 이스라엘에게 주어진 약속들을 유업으로 받게 되었다는 사실은, 그들의 역사와 그들의 성경, 그들의 선민으로서의 지위를 얕잡아 보아도 좋다는 것을 의미하는 것이라고 생각하지 말라. 도리어 그 반대로, 그들의 이야기 전체는 여전히 견고히 서 있고, 독자적으로 의미를 지니고 있으며, 너희의 이야기의 토대를 이루고 있다." 바울은 이스라엘의 옛 선민신학이 독자적으로 유효하다고 말하고자 하는 것이 아니라, 그 자체가 지닌 나름대로의 의미를 그대로 인정하고자 하는 것이다. 이것은 로마의 이방 그리스도인들이 반드시 고려하여야 할 사실이다. 헤이스(Hays)의 표현을 빌리면, 갈라디아서와 고린도전서 10장 등에서 말하고 있듯이, 그들은 자신들이 이스라엘의 이야기에 편입되었다는 것을 알아야 한다.[534] 이것은 이스라엘의 이야기이고, 그들은 너무나 운 좋게도 그 일부가 된 것이었다(11:11-24, 아래를 보라).

따라서 9:6-29과 관련된 나의 첫 번째 주장은, 바울이 이스라엘에 관한 이야기를 이런 식으로 하고 있는 이유는, 믿지 않는 유대인들을 "질책하기" 위한 것이 아니고, 그들 자신의 관점에서 그들의 이야기를 함으로써(9:24에서 갑자기 이방인들이 끼어 든 것을 제외하면), 이방인 질문자들(이방 그리스도인들을 포함한)로부터 쏟아질 것이라고 예상할 수 있는 비난에 맞서서, 이런 식으로 이 이야기를 하는 것을 적어도 잠정적으로는 옹호하기 위함이라는 것이다. 바울은 이방인 회심자들에게 성경을 가르치며 일이 어떻게 된 일인지를 설명할 때마다 이런 말을 수도 없이 했을 것임에 틀림없다. 여기에서 그가 말하고 있는 핵심은 유대인들의 기본적인 선민론을 훼손하고자 하는 것도 아니고, 이방인들의 편입에 대하여 미리 암시한 것 -물론, 이것은 그가 여기에서는 그렇게 하고 있지 않지만, 계약에 관한 성경 본문들을 통

534) Hays, 2000, 346 n. 302; cf. Keck, 2005, 225: "바울은 명시적으로 이방 그리스도인들에게 말할 때(11:13-24), 그들이 실제로 이스라엘에 포함되어 있다고 역설한다"(강조는 필자의 것).

해서 뒷받침될 수 있는 암시이다 — 한 가지를 제외하고는, 적어도 이 단계에서는 수정하고자 하는 것이 아니고, 도리어 견고하게 세우는 것이다.[535] 그는 이 서사를 수정하고자 하는 것이 아니라, 이방인들이 (양자됨, 영광, 계약들, 특히 메시야를 유업으로 얻음으로써) 들어오게 된 하나님의 경륜에 관한 이야기 전체가 다름 아닌 아브라함의 하나님이 거저 택하신 은혜를 베풀어 준 것에 관한 이야기라는 진실을 이 서사로부터 이끌어내어, 이방인들을 머쓱하게 하고자 하는 것이다. 심지어 그가 9:27-29에서 하나님이 이스라엘을 "남은 자"와 "씨"가 될 때까지 줄였다고 말하는 것조차도 이스라엘이나 하나님을 "나쁘게" 말하고자 하는 것이 결코 아니다. 그것은 역사상에서 일어난 일들을 "반유대적"이거나 "비유대적"으로 말하는 것이 아니다. 이 점에서 토라와 예언서와 성문서는 서로 일치한다. 인간의 죄, 그리고 이스라엘 자신도 아담의 범죄를 재현할 수밖에 없는 상황을 감안할 때, 하나님은 역사상에서 하나님이 행해 왔던 일들을 하지 않을 수 없었기 때문에, 그것은 하나님의 권한을 넘어서서, 심지어 의무라고까지 말할 수 있는 것이었다. 따라서 이 단락에 관한 나의 첫 번째 핵심은, 여기에서 바울이 일차적으로 "대상으로 삼은 청중"은 이스라엘 문제와 관련해서 영문을 알지 못해 당혹스러워하고 있던 로마의 이방 그리스도인들이었던 것으로 보인다는 것이다.

로마서 9:6-29의 논증은 9:7과 9:29에서 언급된 "씨"라는 단어에 의해서 통합되어 있다. 바울은 "모든 이스라엘이 사실 이스라엘인 것은 아니라는" 것,[536] "아브라함의 모든 자손들이 그의 '씨'가 아니고, 이삭에게서 난 자들만이 그의 씨라 불리게 될 것"임을 단언하는 것으로 시작해서, "만군의 주께서 우리에게 씨를 남겨두지 않으셨다면"이라는 말로 끝을 맺는다.[537] 이것은 우리를 이 단락과 관련된 두 번째 핵심으로 데려다 주는데, 그것은 바울이 자기가 여기에서 말하고 있는 선민으로서의 이스라엘에 관한 통상적인 서사 속에, 자신이 나중에 밝힐 좀 더 큰 경륜을

535) 로마서 2:25-9이 1-8장의 논증 내에서 수행하는 역할과 비슷하게, 9:24-6도 이렇게 현재의 주제와 관련한 역할과 9-11장 내에서의 역할을 동시에 수행한다.

536) Jewett, 2007, 575는 바울이 한 번도 사용하지 않는 "참 이스라엘"이라는 표현을 사용하지만 (그가 2:29에서 사용하는 "참 유대인"이라는 표현과 빌립보서 3:3에서 사용하는 "참된 할례"라는 표현도 마찬가지이다), 그것은 바울이 염두에 두고 있는 것을 표현한 것이다. 또한, Gaventa, 2010, 259가 일부 학자들(Moo, 1996, 573)이 9:6b을 정반대로 읽고 있는 것("이스라엘에 속한 모든 사람, 그들은 이스라엘이 아니다")을 지적하고 있는 것을 보라.

537) 이러한 수미쌍관법적 구조(inclusio)에 대해서는 Keck, 2005, 238을 보라. 내 생각에는, 이것은 9:7의 의미를 확증해 준다(Dunn, 1988b, 540; Tobin, 2004, 327; 반대견해로는 Hafemann, 1988, 44; Fitzmyer, 1993, 560): "자녀들"은 ("약속의 자녀들"과 "육신의 자녀들"로 구분되는) 좀 더 큰 범주인 반면에, "자손" 또는 "씨"는 "약속의 자녀들"과 동일시된다.

암시하는 것들이라고 할 수 있는 몇몇 특징들을 이미 구축해 두고 있다는 것이다. 이 이야기 속에서, 그는 주후 1세기에 제대로 교육을 받았거나 열심이 있던 유대인이라면 아무도 반대할 수 없는 방식으로, "아브라함의 자손" 내에서의 구별에 대하여 말한다. 즉, "이삭에게서 난 자들" 만이 아브라함의 "씨" 이기 때문에, 그들 모두가 "씨" (sperma – '스페르마')로 여김을 받는 것이 아니라는 것이다.[538] 이것은 "육신의 자녀" 와 "약속의 자녀" 간의 구별을 재도입해서, 오직 후자만이 진정한 '스페르마'(sperma, "씨, 자손")라고 말하고 있는 것과 같다. 우리는 바울이 여기에서 '스페르마 아브라암'(sperma Abraam, "아브라함의 씨[또는, 자손]")이라고 말할 때, 그가 로마서 4장과 갈라디아서 3장에서 역설하였던 것처럼, 메시야를 믿는 이방인들도 거기에 포함된다고 생각했던 것인지는, 현재의 본문만으로는 알 수 없다. 그는 여기에서 동일한 음들을 연주하기는 하지만, 피아노의 페달을 부드럽게 밟아서, 기조 자체를 조용하고 차분하게 유지해 나간다. 그러나 그 음들은 나중에 변조가 되어서 9:24에서는 잠시, 그런 후에 9:30–10:13에서는 우렁차게 울려 퍼지게 될 때에 다시 깨어나기 위해서, 여기에서 숨을 고르고 있는 것이다.

마찬가지로, 바울은 9:10-13에서도 제2성전 시대에 잘 교육을 받은 유대인이라면 전혀 반대할 수 없는 야곱/에서 시나리오를 설명해 나가면서도, 그 그림 속에 자기가 때가 되면 다루게 될 새로운 요소를 구축해 놓는다. 하나님이 이미 아무런 공로도 없는 백성을 택하여 부른 적이 있었다면, 이제 또다시 토라를 지니고 있지도 않고 지켜 오지도 않은 이방인들을 불렀다고 해서 문제 될 것은 전혀 없을 것이었다. 우리는 여기에서 들려오는 2:25-29의 반향들에 다시 한 번 귀를 기울여야 한다. 택하심(election)의 원리는 하나님이 내내 계획해 왔던 놀라운 일들과 관련해서 필수적인 토대이다. 아브라함에게 주어진 약속은 언제나 하나님이 믿음을 토대로 해서 이방인들을 의롭다고 하리라는 것(갈라디아서 3:8)과 하나님이 "경건하지 않은 자들을 의롭다고 하실" (로마서 4:5) 것임을 상정하였는데, 이제 택하심의 원리 자체도 동일한 길을 보여주는 것으로 보인다. 긍정적인 측면에서, 이것은 하나님이 인간의 "행위" 가 아니라 단지 그의 "부르심" 을 토대로 해서 놀라운 새 일들을 할 수 있다는 것을 의미한다. 따라서 9:11("하나님의 뜻이 행위로 말미암지 않고 오직 부르시는 이로 말미암아 서게 하려")은 그 자체가, 덜 암호 같기는 하지만 여전히 놀라운 9:24("그가 유대인들 중에서만이 아니라 이방인들 중에서도 부르신 우리")에 대한 고도로 암호화된 복선이다.

538) 족장과 함께 사용된 또 하나의 "안에서" 는 갈라디아서 3:8에 나온다.

그 부정적인 측면 — '테크나'(tekna, "자녀")와 '스페르마'(sperma, "씨")의 구별, 달리 말하면 "아브라함의 자녀"(이삭과 이스마엘 둘 다)와 약속의 계보인 "씨"의 구별, 궁극적으로는 9:6b의 한 "이스라엘"과 또 다른 "이스라엘"의 구별 — 은 바울이 일련의 민족적인 재난들을 통해서 야곱의 자손들(= 이스라엘) 중에도 구별이 생겨났다는 분명한 사실을 설명하고자 할 때에 제시된다. 제2성전 시대에 유대인들이 이 이야기를 수정해서 다시 들려주던 많은 판본들은 이스마엘과 에서를 배제시키는 것에는 기꺼이 함께 하였을 것이지만, 이 동일한 원리를 야곱의 자손들에게 적용하는 것에 대해서는 주저하였을 것이다.[539] 하지만 현재에 있어서 바울의 의도는 이 서사를 계속해서 그대로 쭉 따라가면서, 금송아지 사건이 있었던 모세 시대에서나, 선지자들이 활동하던 시대에서나, 하나님은 야곱의 권속을 훨씬 더 작은 수로 줄여나갈 수밖에 없었음을 보여 주는 것이었다. 그러나 그런 가운데서도 그 긍정적인 측면이 제시된다. 즉, 하나님은 자신의 절대주권을 통해서 아브라함의 씨를 줄여서 "남은 자"가 되게 하였듯이, 그 동일한 절대주권으로 뜻밖의 새로운 백성들을 불러서 자신의 권속의 일부가 되게 할 수 있고, 실제로 그렇게 하고 있다는 것이다.[540]

그 부정적인 측면은 9:14-18에서도 여전히 나타나는데, 여기에서도 바울은 자신이 인용하는 본문들의 서사적 맥락을 잘 알고 있기 때문에, 강경파 바리새인들을 포함한 유대인 청중들로부터 그 어떤 반대가 있을 것이라고 예상하지 않는다(만일 반대하는 사람이 있다고 하더라도, 그는 이 본문에 걸려 넘어진 것이겠지만). 이스라엘이 금송아지를 숭배하였을 때, 문제는 하나님에게 자기가 긍휼히 여기는 자들에게 긍휼을 베풀 권한이 있느냐 하는 것이 아니었고, 하나님이 그 중의 한 사람에게라도 긍휼을 베풀어야 하는 것인지, 아니면 그들을 모두 멸하고서 모세와 함께 다시 시작할 것인가 하는 것이었다.[541] 이 대목에서 모세가 기도한 기도 속에는, 바울

539) 희년서에 나오는 서사가 이삭을 이스마엘로부터, 야곱을 에서로부터 분명하게 분리시키지만, 야곱의 열두 아들들은 이 책이 쓰여질 당시에 이미 대부분이 사라지고 없었음에도 불구하고 다 긍정하고 있는 것과 비교해 볼 수 있을 것이다.

540) Keck, 2005, 239f.가 예언서들에서 "남은 자"라는 관념이 소망의 증표였다고 말하는 것은 옳다. 그러나 바울이 9:27-9에서 인용한 본문들은 그 무리를 단지 심판의 과정 후에 남겨진 작은 수의 무리로 지칭한다. 바울은 11:1-6에서는 실제로 이 관념을 긍정적인 방향으로 사용하지만, 9:27-9에서는 분명하지 않다.

541) 출 32:10. 바울은 금송아지 사건을 언급할 의도가 없었고, 그의 청중들도 결코 그렇게 이해하지 않았을 것이라고 보는 것(Harink, 2003, 170)은 토라에 대한 생각으로 가득 차 있었던 제2성전 시대 유대인들이 어떤 식으로 담론을 형성하였는지를 보지 못한 것이다.

이 자기가 하고 싶다고 말한 기도에 대한 반향이 존재한다.[542] 모세는 하나님에게 자기를 "당신이 써놓은 책에서 지워 달라"고 요청하였던 것과 마찬가지로, 바울은 자기가 자신의 동족을 위해서라면, "저주를 받아 메시야에게서 끊어져도 좋다" (anathema apo tou Christou – '아나테마 아포 투 크리스투')고 기도하고 있다고 말한다.[543] 이러한 반향은 믿지 않는 유대인들에 대한 비판을 논증 속으로 가져오는 효과를 지닌다. 즉, 그들은 광야에서 우상 숭배를 범한 세대와 같은 부류의 사람들이다![544] 하지만 출애굽기 32장의 반향은 로마서 9:3에서는 미미하고, 출애굽기 33장을 명시적으로 인용하고 있는 9:15에 이르러서야 비로소 증폭된다. 바울은 9:3을 받아 적게 할 때에 이미 이것을 염두에 두고 있었던 것이라고 볼 수 있지만, 이것은 그의 주된 취지를 흐리게 하지는 않는다.

여기에서도 그의 주된 강조점은 하나님에게는 이 모든 일을 할 수 있는 권한이 있다는 것이다. 특히, 그는 하나님이 애굽 왕 바로에게 한 말씀을 부각시켜서, 그 요지 중의 일부는 하나님의 권능을 나타내어 그의 이름을 온 세계에 알리는 것이었다고 설명한다. 여기에서도 또다시 바울은 앞으로 자신의 논증을 전개해 나가는데 중요한 요소들을 구축해 넣고 있다. 즉, 그는 하나님이 애굽 왕 바로를 "완악하게"한 것은 하나님의 이름을 온 세계에 알리기 위한 것이라고 명시적으로 말함으로써, 9:24은 물론이고 11:7-10, 11-15, 25과 관련한 복선을 깔아 둔다. 그러나 현재로서는 그는 엿듣고 있는 한 바리새인의 귀에 거슬릴 말은 하나도 하지 않고 있다. 그는 족장들에게 약속들이 주어진 때로부터 현재 소수의 "남은 자"가 될 때까지 이스라엘에게 일어났던 일들에 대하여 지극히 유대적이고 성경에 뿌리를 둔 분석을 제시하고 있다.

바울은 19절의 도덕철학적인 반론에 대한 대답으로 토기장이와 질그릇에 관한 비유를 드는 장면에서도, 그러한 비유를 탄생시킨 맥락을 여전히 염두에 두고 있다. 즉, 그는 "인간 일반"과 관련해서 하나님이 사람들을 자의적이고 변덕스러운 방식으로 다루고 있다고 말하는 것이 아니고, 이스라엘과 관련해서 이제 마침내 그들을 선민으로 택한 목적에 대하여 말하면서, 이 모든 "선택"은 그 자체가 목적이었던 것도 아니고, (중세 신학, 종교개혁의 신학, 청교도 신학에서 생각하는 것과 같이) 하나님이 구원 받을 사람들을 자의적으로 "선택하였다"는 의미도 아니며,

542) euchomēn - '유코멘': "내가 기도할 수 있었다?" "내가 기도하였을 것이다?" "내가 기도하곤 하였다?" Jewett, 2007, 560f.를 보라.

543) 출 32:32; 롬 9:3.

544) 또한, cf. (렘 2:11과 마찬가지로) 시 106:20을 반영하고 있는 롬 1:23.

오로지 하나님이 이스라엘을 선택하여 이런 식으로 빚어 가고 있는 것은 그들을 사용해서 자신의 좀 더 큰 목적을 이루기 위한 것이었다고 말한다.

하지만 하나님이 이 백성을 빚어 온 목적은 단지 세계를 하나님이 언제나 의도해 왔던 것과 같은 피조세계로 발전시키고자 하는 유쾌한 목적일 수만은 없었다. 이것이 "묵시론"이라는 현대적인 관념이 마찬가지로 현대적인 구성물인 "구원사"를 공격하는 지점이다. 아브라함의 부르심으로부터 새로운 피조세계에 이르기까지 순조롭게 발전해 나가는 일은 있을 수 없다. 하나님이 아브라함을 부른 것은 세계를 물들여 버린 악을 처리하기 위한 도구로 사용할 백성을 부른 것이다. 우리는 이러한 현대적이고 상대적으로 사소한 논쟁들의 중심에서, 훨씬 더 깊고 어두운 것을 발견하는데, 그것은 아브라함의 부르심이 하나님의 목적을 효과적으로 이루기 위해서는, 아브라함의 권속은 온 인류의 반역과 그 반역에 대한 하나님의 해법이 그들에게 동시에 새겨지는 그런 역사를 살아가는 자들이 되어야 하였다는 것이다. 이것이 바울이 11장의 중심에서 밝히게 될 폭탄선언이었고, 거기에서 종말론에 대한 기독론적 재정의는 그 정점에 도달한다.

우리는 특히 9:22과 9:23에서 다시 한 번 로마서 7장을 상기할 필요가 있다. 하나님이 이스라엘을 선택하고 그들에게 토라를 주었다고 해서, 이스라엘은 손쉽게 토라에 순종해서 하나님에게 특별한 자들로서의 지위를 영원히 누리는 "선민"이 될 수 있었던 것이 아니었다.[545] 로마서 5:20과 7:7-25에 의하면, 이스라엘의 특별함은, 역설적이게도 토라를 통해서 "죄"가 그들 속에서 기승을 부리고 최고조에 이르게 됨으로써, "아담 문제"가 선명하게 부각될 수 있게 하는 데 있었다. 우리가 듣고 싶어 하든 그렇지 않든, 바울은 데살로니가전서 2장에서, 그 죄가 최고조에 달한 모습은 유대인들이 예수를 로마인들에게 넘겨주어 죽게 한 것과 이방 선교가 진행되는 것을 가로막아서 하나님의 목적이 이루어지지 못하도록 방해한 것이었다고 말한다 — 그리고 전에는 바울 자신이 그런 일들에 앞장을 섰었다. 그 결과, 9:1-5과 10:1에서의 바울의 눈물과 근심과 기도는 로마서 5:20의 백성, 로마서 7장의 백성, "하나님을 향한 열심"을 지니고 있었지만 "지식을 따른" 것이 아니었던 백성, 하나님이 자신의 계약을 이루기 위하여 지금까지 무엇을 해 왔는지에 대하여 무지하여 로마서 7:24의 문제를 고조시키기만 해 왔던 백성을 위한 것이었다.

따라서 핵심은 이것이었다: "하나님이 … 하셨다고 해도, 우리가 무슨 말을 하겠

545) 여기서 Kaminsky가 Wyschogrod를 따라서 전통적인 유대인들의 "선민론"을 재진술한 것들은 바울이 10:3에서 반대하고 있는 바로 그것인 것으로 보인다(위의 제10장 제2절 3)을 보라).

는가" (9:22). 달리 말하면, 바울은 이 서사에 대한 새로운 해석, 즉 자신이 이스라엘의 역사 전체로부터 행해 온 선별 및 그 선별을 부각시켜 온 방식과 맥을 같이하지만, 복음 자체로부터 생겨난 자신의 인식에 부합하는 해석을 제시하기 시작한다는 것이다. 결국, 바울은 24절에서 이방인의 편입에 대하여 말할 때가 아니라, 이미 22절에서, 가만히 엿듣고 있던 바리새인이 걱정할 만한 것들을 말하기 시작한 것이라고 해야 할 것이다. 그는 이렇게 말한다:

> [22]하나님이 자신의 진노를 보이시고 자신의 능력을 알게 하고자 하여, 멸망받도록 하기 위하여 만들어진 진노의 그릇들에 대하여 오래 참으시고, [23]자신의 영광의 풍성함을 알게 하고자 하여, 영광을 받도록 하기 위하여 긍휼의 그릇들을 미리 준비하셨다고 하자 - [24]이 긍휼의 그릇들은 그가 유대인들 중에서만이 아니라 이방인들 중에서도 부르신 자들인 우리이다.

우리는 이것을 이렇게 표현해 볼 수 있을 것이다: 하나님이 좀 더 큰 목적들을 이루는 데에는, 애굽 왕 바로의 경우처럼, 세계를 물들인 악을 한 곳으로 모아 처리한 후에, 창조의 은혜의 새로운 선물로서 새로운 일이 출현하게 할 필요가 있었다고 생각해 보는 것은 어떨까? 로마서 7장이 말하고 있는 것처럼, 하나님은 죄를 한 곳으로 유인해내어서, 바로 거기에서 죄를 단죄할 필요가 있었던 것이라고 생각해 보는 것은 어떨까? 이스라엘의 역사 전체는 하나님이 속량함과 관련된 자신의 경륜을 이스라엘에 관한 이야기를 통해서 역사 속에 새긴 일종의 대규모의 예시였다고 생각해 보는 것은 어떨까? 달리 말하면, 선민론은 언제나 선민은 하나님이 세계를 구원하는 데 꼭 필요하였던 부정적인 일을 할 때, 즉 자신의 진노와 권능을 퍼붓지 않을 수 없었을 때, 그 진노의 대상이 되어야 한다는 것을 상정해 두고 있었다고 생각해 보는 것은 어떨까? 이것은 너무나 엄청난 말을 하는 것이었기 때문에, 우리는 바울이 빌레몬서에서 해석상 아주 중요한 문장 속에 "아마" (tacha – '타카')라는 단어를 끼워 넣은 것과 마찬가지로, 여기에서도 "하나님이 … 하셨다고 할지라도 우리가 무슨 말을 하겠는가" 라는 표현을 사용해서, 이 말이 단정적인 말이 아니고 마치 잠정적인 말인 듯한 뉘앙스를 풍기고 있는 이유를 쉽게 알 수 있다.[546] 따라서 "택하심" 이라는 것은 단지 하나님이 어떤 사람들은 뽑고 어떤 사람들은 버리거나, 어떤 사람들은 "사랑하고" 어떤 사람들은 "미워하는" 그런 것이 아니다. "선민" 은 하나님이 자신의 구속 사역을 해나갈 때에 그 도구로 사용되기 위하여 선별된 자들이다. 이것은 "선민" 이

546) 몬 1:15.

세계가 처해 있는 곤경으로부터 벗어나 있다는 것을 의미하지 않는다. 도리어 정반대로, 그것은 그들이 하나님의 기이한 섭리 속에서 세계의 곤경이 극대화되는 지점으로 인도될 것임을 의미한다.[547)]

우리는 바울의 이러한 주장이 지닌 충격적인 성격에 대하여 그 어떤 의심도 있어서는 안 된다. 9:17-18에서의 애굽 왕 바로에 관한 설명으로부터 9:20-23에 나오는 포로기 때의 이스라엘에 관한 설명(토기장이의 손에 들린 토기)에 이르기까지 이어지는 "완악하게 한다"는 관념은 일시적이거나 잠정적으로 "완악하게 하는 것"에 관한 것이 아니다. 애굽 왕 바로는 잠시 완악해졌다가, 그런 후에 완악함에서 벗어난 것이 아니었다. 바울은 다른 대목에서 하나님이 멸망받기에 합당한 자들에 대하여 오래 참고 있다고 말할 때(2:3-6), 그들 중 일부가 악에서 돌이키게 될 것이지만, 나머지 사람들은 자신들이 심판받기에 합당한 자들이 될 때까지, 하나님의 오래 참으심을 이용하여 계속해서 "완악하고 회개하지 않는 마음"으로 악을 행하게 될 것임을 알고 있었다(2:5). 앞에서 보았듯이, 이것은 제2성전 시대에 흔히 등장한 주제였다.[548)]

하지만 현재의 논증에서 나는 바울이 이스라엘이 "완악하게 된 것" — 9:20-29과 11:8에서 암시되고 있는 포로생활이라는 주제 전체 — 을 하나님의 구원 계획의 일부로 보았다고 생각한다. 그가 11장에서 설명하고 있듯이, 하나님이 세계를 속량하여서, "불신앙"의 감옥 속에 갇혀 있던 "모든 사람에게 긍휼을 베풀기" 위해서는(11:32), 이스라엘은 그렇게 될 수밖에 없었다.

바울은 그러한 관념을 어디에서 얻었을까? 이 관념은 정확히 우리가 로마서 5:20과 7-8장에서 보는 일련의 사고 속에 있었던 것은 아닐까? 그는 이런 일이 이스라엘의 대표자였던 메시야에게 일어난 일이었다는 것을 보았기 때문에, 그에게 이 관념이 생겨난 것은 아닐까? 로마서 8:4에 의하면, 메시야 자신은, 하나님이 죄 자체를 단죄하기 위한 목적으로, 이스라엘의 역사의 정점에서 죄가 절정에 달하게 하고, 심지어 너무나 역설적이게도 이스라엘로 하여금 메시야를 "넘겨주는" 죄 — 이것은 하나님이 메시야를 "넘겨주기" 위한 수단으로 사용되었다[549)] — 까지 범하게 한 지점이었다. 우리는 여기에서 신학적으로나 석의적으로 우리의 머리 위로 20피트

547) 이것의 "기독교" 판본에 대해서는 롬 8:18-27을 보라.

548) 데살로니가전서 2장에 대해서는 위의 제11장 제6절 (iii)을 보라. 예컨대, Keck, 2005, 234를 보라.

549) cf. 행 2:23; 3:13의 역설; cf. 3:17에 나오는 "무지" 모티프; "내어주다"라는 바울의 표현에 대해서는 이사야서 53:12을 반영하고 있는 로마서 4:25; 8:32을 참조하라.

(6m)나 되는 파도가 솟구쳐 부서지는 바다 같은 가능성들과 문제점들을 느끼고서 어느 쪽으로 헤엄쳐 가야 할지를 모르는 것이 당연하기 때문에, 나는 "~라고 한다면 어떻겠는가"라는 표현을 통해서 이러한 쟁점들을 다루고 있는 바울의 뒤를 그대로 따라가고 있다. 그러나 바울은 이 지극히 주의 깊게 구성된 서신을 쓰게 되는 것으로 귀결된 여러 해에 걸친 성찰과 논쟁 속에서, 하나님이 이스라엘을 택한 것과 관련된 종말론적인 새로운 문제를, 메시야를 택한 것과 동일한 맥락에서, 즉 이스라엘의 역사가 그 정점에 도달한 시점에서 이스라엘과의 관계 속에서의 메시야의 위치에 비추어서 접근하기로 결심한 것은 아닐까? 그리고 그것은 로마서 10:14-17이 보여주는 것 같이, 그가 메시야를 정확히 이사야서 52장과 53장의 "야웨의 종"이라는 인물이라는 관점에서 이스라엘의 대표자로 보았기 때문이 아닐까? 달리 말하면, "완악하게 하는 것"이라는 이 모티프는 하나님이 이스라엘의 특별함이나 세계의 빛이 되어야 하는 이스라엘의 부르심을 박탈하고 이스라엘을 배척한 것으로 읽혀져야 하는 것이 아니라, 도리어 정반대로 그 부르심을 성취한 것으로 읽혀져야 한다는 것이다. 이것은 메시야에게 일어난 바로 그것이었다.

이 모든 것이 사실이라고 할 때(적어도 우리가 바울이 정확히 그렇게 말하고 있는 10:4을 살펴보기 전에, 우리의 생각 속에서 하나의 가능성으로 받아들인다면), 우리는 9:5에서 메시야가 "육신을 따라서는 그들에게서 나셨다"고 한 것(이것은 1:3의 "육신을 따라서는 다윗의 자손"이라는 구절을 반영한 것으로서, 무대를 설정하기 위하여 정지작업을 하고자 하는 동일한 의도가 들어 있다)이, 오래 전 아브라함에게 주어진 약속들에 내포되어 있던 하나님의 전 세계적인 경륜을 이루고자 하는 기이한 계획이라는 관점에서 이스라엘의 이야기를 이해하고 다시 말하고자 하는 결심을 보여주는 것일 가능성을 엿볼 수 있다. 또한, 우리는 하나님이 특히 토라를 통해서 "메시야의 백성"인 이스라엘을, 자신이 악을 단죄하였다는 사실이 드러나게 하는 지점으로 삼음으로써, 그 계획을 성취하였을 가능성을 엿볼 수 있다. 바울은 이제 이스라엘의 역사와 목적을 메시야가 그들의 대표자일 뿐만 아니라 대리자이기도 하다는 관점에서 이해하게 된 것은 아닐까? 바울은 이스라엘 역사 전체를 십자가라는 렌즈를 통해서 다시 읽고 있었다고 한다면 어떨까?

이것이 사실이라면 — 바울이 이후에 말하고 있는 것들은 우리가 올바른 노선을 따라가고 있다는 것을 보여준다 — 우리는 이 단락 전체에 걸쳐서 무슨 일이 진행되고 있는지를 좀 더 분명하게 볼 수 있다. 로마서 7장에서 말하고 있듯이, 바울은 이스라엘의 "택하심"의 부정적인 측면, 즉 하나님이 이스라엘을 자신의 능력과 진노를 나타내 보이기 위한 그릇으로 선택한 것조차도 강력하게 긍정적인 의도를 지니고 있었다고 역설하는 방식으로, 이스라엘에 관한 이야기를 다시 들려주고 있다. 따라서 하나님의 이 긍정적인 의도는 이제 이 이야기의 표면 아래에서 끓어오르기 시작한다. 바울은 이 시점에서 그것을 계속해서 억눌러 둘 수 없었기 때문에, 이제 하나님이 자신의 영광의 풍성함을 알게 하기 위하여 미리 영광을 받도록 긍휼의 그릇들을 준비해 두었는데, 이제 "그가 부르신 자들" — 앞에서 보았듯이, 이것은 하나님의 백성을 가리키는 표준적인 방식이었다 — 중에 이방인들을 포함시켜서, 그 그릇들로 하여금 영광을 받게 하고자 한 자신의 목적을 이루기 위하여, 이스라엘을 멸망의 그릇으로 사용한 것이라는 말이 그의 입에서 터져 나온다.[550]

따라서 내가 현재의 목적들을 위하여 주의를 환기시키고자 하는 9:6-29의 세 가지 주된 특징들은 이런 것들이다. 첫 번째는 바울은 9:24-26에서 이방인들을 "귀환한 포로들"로 깜짝 편입시킨 것을 제외하고는, 제2성전 시대에서 교육을 잘 받은 유대인들이 반대하기 어려운 방식으로 이스라엘의 이야기를 다시 들려주고 있다는 것이다. 두 번째는 바울은 이 이야기를 들려주는 가운데 몇 가지 특징들을 부각시키고 있다는 것이다. 그는 "행위로 말미암지 않는 부르심"을 강조하고,[551] 복음이 전 세계로 전파되게 할 목적으로 하나님이 이스라엘을 "완악하게 한 것"임을 강조한다. 이러한 강조들은 9:24에서 갑자기 등장하는 의외의 반전, 즉 그가 거기에서 "이방인들의 편입"이라는 돌감람나무 가지가 이스라엘 자신의 이야기라는 참감람나무에 접붙임을 받은 것이라는 깜짝 발언을 해서, 이방 그리스도인들로 하여금 지금 그들이 지닌 지위는 그들이 이방인들로서 어떤 특별한 공로나 미덕이 있어서가 아니라, 이스라엘의 하나님이 놀라운 긍휼을 베푼 결과라는 것을 충분히 알게 하기 위한 사전 포석으로서의 역할을 한다. 물론, 이것은 바울이 11장에서 전개해 나갈 핵심이다. 세 번째는 이 모든 것은 이스라엘이 이런 식으로 버려진 것은 육신을 따른 메시야의 백성으로서, 메시야가 세계를 위하여 "버림받은" 것에 동참한 것이라는 이해를 중심으로 형성되어 있다는 것이다.

따라서 바울은 9:29의 끝에서, 이스라엘에 대한 하나님의 심판이 9:1-5에 제시된 문제를 야기한 역설을 낳은 지점에 도달한다. 하나님이 이스라엘을 소수의 "남은 자"로 축소시킨 것은, 비록 선지자들이 이미 예언한 대로 이루어진 것이기는 해도, 한 열심 있는 바리새인이 감당할 수 있는 것보다 훨씬 더 멀리 나간 것이었다: 메시

550) "부르심": 위를 보라. 그리고 예컨대, 9:11: "행위로 말미암지 않고 부르신 이로 말미암아."

551) Jewett, 2007, 600은 몇몇 주석자들을 따라서, 9:25에서 바울은 호세아서 2:25(LXX)의 '에로'(erō)를 '칼레소'(kalesō)로 바꾸었고, 그렇게 하기 위하여 구절들의 순서를 바꾸었다는 점을 지적한다. 이 대목에서 "부르심"이 결정적으로 중요한 주제라는 것은 분명하다.

야가 왔지만, 이스라엘 전체가 그를 배척하였다(예수 자신을 배척한 동시에, 예수에 관한 사도들의 복음을 배척하였다). 한편, 바울은 24절에서 이것을 오직 한 번 명시적으로 언급하고 있지만, 어쨌든 이방인들은 배척당한 북왕국을 이방인들의 공동체를 나타내는 것으로 보았던 호세아서 2장에 대한 확장된 읽기와 부합하게 "부르심을 받았다." 따라서 로마서 9장의 24-26절과 27-29절의 관계는 이사야서 65:1을 절반씩 나누어서 인용하고 있는 10:20과 10:21의 관계와 동일하다:

유대인들과 나란히 부르심을 받은 이방인들 (9:24-26)	남은 자로 축소된 이스라엘 (9:27-29)
하나님이 자기를 찾지 않았던 이방인들에게 나타남 (10:20)	불순종하고 거역하는 이스라엘 (10:21)

달리 말하면, 이스라엘의 하나님을 찾지도 않았고 하나님의 계약 백성 내에서의 지체로서의 지위도 찾지 않았던 이방인들은 이 두 가지를 다 얻은 반면에, 하나님에 대하여 열심이 있었고 계약의 지체로서의 지위를 간절히 원하였던 이스라엘은 "영원히 찬송 받으실 만유 위의 하나님이신 메시야"를 알아보지 못하였다는 것이다 -이것은 바울이 9:30-10:4에서 요약하고 있는 바로 그것이다. 이렇게 해서, 이스라엘은 "하나님의 의," 즉 하나님의 임재와 지속적인 경륜이라는 밝은 빛과 함께 골고다의 어둠도 그 중심에 담고 있던 계약에 의거한 계획을 인정하고 거기에 순복하는 것에도 실패하였다. 로마서 1-8장이 분명히 하고 있듯이, 메시야 예수의 십자가는 바울에게 있어서 하나님의 의와 하나님의 사랑이 아주 깊이 나타나 있는 지점이었다(5:6-11). 따라서 우리는 이 주제들이 여기에 이런 식으로 함께 결합되어서 나오는 것을 이상하게 여겨서는 안 된다.

그러므로 나는 9:6-29은 서로 얽히고 결합되어 있는 세 가지 방식으로 읽을 때에 가장 제대로 읽는 것임을 다시 한 번 말해 두고자 한다. 첫 번째는 유대적인 관점에서 볼 때에 이 본문은 통상적인 선민론을 대체로 논란의 여지 없이 서술해 나간 것으로서, 의외의 내용들에 관한 암시들이 나오기는 하지만, 그 이상으로 전면에 등장하지는 않는다는 것이다. 두 번째는 사심 없는 이방인 독자들이 볼 때에는 이 본문은 의도적으로 이방인 도덕주의자들이 특이하다고 생각하여 시비를 걸 수 있는 방식으로 하나님의 정의에 대하여 설명하면서, 유대적인 선민론을 훼손하는 것이 아니라 도리어 긍정함으로써, 바울이 11:11-32에서 직접적으로 다루고 있는 이방인들에게, 이 서사에서 그들의 위치는 아브라함의 권속과 그 지속적인 역사 속으로 갑자기 편입된 자들이라는 것을 환기시키고 있는 글이라는 것이다. 세 번째로 이 두 가지를 종합해 볼 때, 이 본문은 이스라엘의 대표자인 메시야를 "넘겨준" 사건, 즉 오로지 하나님이 이스라엘을 선민으로 택한 기이한 목적에 따라 계약에 의거해서 이스라엘을 "버리기로" 되어 있던 하나님의 계획의 의도적인 초점이자 정점으로서만 일어날 수 있었던 사건을 통해 세계를 구원하고자 한 것이 하나님의 목적이었음을 부각시키는 방식으로, 이 서신의 앞부분에서 전개되었던 주제들을 가져와서 이스라엘의 서사를 기독론적인 형태로 다시 말하고 있다는 것이다.

이것을 의심하는 사람이 있을 것을 대비해서 — 나는 종종 낙관론자라는 비난을 받지만, 여기에서는 현실주의자가 되고자 한다 — 우리는 11장을 본격적으로 살펴보기 전에, 바울은 현재의 상황을 정확히 다음과 같은 방식으로 요약하고 있다는 것을 말해 두고자 한다: "그들의 범법함으로 말미암아 구원이 열방들에게 이르렀다. 그의 범법함은 세계에게는 부요함을 의미하고, 그들의 빈곤함은 열방들에게 풍요함을 의미한다. 그들이 버려진 것은 세계에게 화해를 의미한다."[552] 바울은 여기에서 자기가 말하고자 하는 것을 자세하게 표현하고 있는 것이 아니라, 자신이 이전에 말하였던 것을 요약하고 있는 것으로 보인다(그가 5:12-21에서 예수의 죽음에 대하여 언급함으로써, 앞서 3:24-26, 4:24-25, 5:6-11에서 행한 좀 더 자세한 설명들을 요약하면서 다시 상기시키고 있는 것과 마찬가지로). 그리고 그가 그것을 말하였던 것으로 보이는 곳은, 특히 너무나 많은 자유주의 신학자들을 대경실색하게 만들어 왔던 것들(토기장이와 그릇, "하나님이 … 하셨다고 한다면 어떻겠는가"라는 표현, 하나님의 진노의 나타남과 하나님의 권능을 알게 함)에 초점을 맞추고서, 성경을 토대로 택하심과 그 목적에 대하여 길게 설명하고 있는 9:6-29이다. 달리 말하면, 바울이 11장에서 이스라엘의 "범법함," "넘어짐," "버려짐," "완악해짐" 등과 같이 자기가 이미 앞에서 말하였다고 생각한 것들을 다시 짧게 말할 때, 그것들은 자기가 9장에서 이미 말한 것들을 가리킨다는 것이다. 이것을 다른 식으로 표현해 본다면, 11장은 9장에 나오는 선민 이스라엘의 기이한 역사에 관한 이야기에 대한 "십자가 중심적이고(cruciform) 구속적인(redemptive)" 읽기를 확증해 준다는 것이다.

이러한 것들은 이 서신의 좀 더 큰 사고의 흐름 내에서 우리를 로마서 2장으로

552) 11:11, 12, 15. 아래를 보라.

다시 데려다 준다. 거기에서는 하나님의 "진노"가 인간의 모든 불의와 악에 대하여 부어질 것인데, 먼저 유대인에게, 그리고 또한 헬라인에게 그럴 것이라고 말하였다. 그러나 이 시점에서 그러한 그림을 개략적으로 그릴 때, 바울은 자기가 들려주는 서사 속에, 최종적으로 진노를 붓는 것을 미루어서, 더 많은 사람들이 회개에 이를 수 있게 하는 하나님의 '마크로투미아'(makrothumia, "관용하심" 또는 "오래 참으심")와 하나님의 "인자하심"에 관한 언급을 구축해 넣는다.[553] 이것도 로마서 11장에서 그가 이 문제를 풀어나갈 때에 기조가 될 것이다 — 물론, 사람들이 흔히 생각하는 방식으로는 아니지만.

이제 로마서 11장을 살펴보기로 하자. 바울은 로마서 11장 전체를 통해서 도대체 무엇을 하고자 하는 것인가?

(5) 온 이스라엘이 구원을 받으리라: 로마서 11:1-32

(a) 로마서 11장에 대한 서론

우리는 이제, 많은 주석자들이 일반적으로 동의하듯이, 우리가 방금 살펴본 본문을 보완하는 본문 앞에 와 있다. 이것은 이 대단락의 논증 전체가 지금까지 내내 달려왔던 지점이다.

9:1-5 — 11:33-36
9:6-29 — 11:1-32
9:30-33 — 10:18-21
10:1-4 — 10:14-17
10:5-13
10:9

앞에는 아무도 밟지 않았고 아무도 간 적이 없는 설원이 펼쳐져 있고, 뒤로는 유일하게 바울이 넘어지고 엎어지며 걸어온 발자취들이 남아 있는 눈 위의 길이 있을 뿐이다. 바울은 여기에서 머물러 있을 수 없다는 생각에 떠밀려서, 이제 질문들은 단

553) 2:4; cf. 벧후 3:9(베드로는 3:15에서 "우리의 사랑하는 형제 바울"이 썼다고 말한다); Wis. 11.23. 하나님의 인내라는 모티프는 전통적인 것이다: Wis. 15.1; Sir. 18.11; *P. Man.* 7; *4 Ezra* 7.74, 134.

지 수사학적인 장치가 될 수 없고, 아주 현실적인 나의 문제가 된다. 그는 계속해서 앞으로 나아가지 않으면 안 된다. 비극을 벗어나서 소망을 향하여 나아가야 한다. 그러나 소망은 이제 죽었다가 다시 살아난 인간의 얼굴을 하고 있다. 그렇다면, 이것이 그 의미인가? "그들이 받아들여지는 것은 죽었다가 다시 살아난 것이 아니고 무엇이겠는가?"

바울이 젊은 오네시모에게 주었던 권면은 이런 것이었을 것이다: 네가 다시 돌아온다면, 너와 다른 길로 온 사람들을 결코 업신여기지 말라. 하나님은 모든 사람으로 하여금 이제 동일한 긍휼을 얻게 하기 위하여 모든 사람을 가두어 두었다. 이것은 그가 이제 대체로 이방인들로 구성되어 있던 로마의 청중들(11:13에서 그는 명시적으로 이방인들에게 말한다고 적고 있다)에게 주는 권면, 아니 엄중한 경고이다. 내가 말해 왔듯이, 그들은 처음부터 도덕적인 근거들 위에서 이스라엘의 옛 선민론에 반대하였고, 그런 선민론은 메시야 안에서 무효가 되었다고 보았다. 메시야로 인한 최종적인 결과물만을 얻고자 하고, 그 근저에 있는 선민 신학을 무시해 버리고자 하는 시도는 지난 2000년 동안 수많은 신학들이 저질러 왔던 잘못된 방향 설정에 관한 이야기이다.

이것은 우리가 무쇠 같이 단단한 석의적 토대들 위에서, 바울은 하나님이 이제 자신의 계획을 바꾸었다고 단언하고 있는 것이라는 크리스터 스텐달(Krister Stendahl) 등의 주장을 확고하게 거부하여야 하는 지점이다.[554] 로마서 9장과 10장의 전체적인 핵심은 하나님이 자신의 계획을 바꾸었다는 것을 부인하고서, 이스라엘 중 그 누구도(다소의 사울도 물론 예외가 아니었다!) 이전에 그렇게 생각한 적이 없었을지라도, 하나님이 내내 계획하고 약속하고 생각해 왔던 것은 사실 그것이었다고 말하는 것이다. 그러니까, 이스라엘 중에서 메시야가 십자가에 못 박힐 것이라고 생각한 사람은 아무도 없었다는 말이다. 바울은 메시야를 중심으로 기존의 선민론을 다시 생각하였고, 지금은 동일한 토대 위에서 미래에 대한 이스라엘의 비전을 수정하고 있다. 그렇게 함에 있어서, 그는 아무도 자기가 새로운 "선민론"을 고안해 내었다고 말하지 못하도록 하기 위하여 세심하게 신경을 쓴다. 앞에서 보았듯이, 로마서 9장 6-29절은, 24절에 이방인들에 관한 말을 한 마디 집어넣은 것을 제외한다면, 유대인들의 표준적인 생각을 그대로 표현한 것이다. 그러나 그 요지는 대다수의 유대인들이 생각하고 있었던 것과 똑같이, "하나님의 계획"은 다름 아닌 메시야로 수렴된다는 것이다. 메시야가 올 것이라고 믿었던 제2성전 시대

554) Stendahl, 1976, 28.

의 유대인들은 메시야가 장차 와서 무엇을 하게 될지에 대하여 여러 가지 서로 중복되는 관념들을 지니고 있었다. 그러나 바울보다 한 세대 뒤에, 즉 주후 70년의 재앙이 있고 나서 얼마 후에 씌어진 에스라4서 7장에 나오는 기이한 비전을 제외한다면, 대다수의 유대인들은, 메시야가 하나님의 완전한 세계를 가져올 것이고, 그 때에 이스라엘은 구원과 신원을 받아서 메시야와 더불어 온 세계를 다스리게 될 것이라고 생각하였다. 따라서 바울이 예수가 메시야라고 믿었는데도, 대다수의 유대인들이 생각했던 것과 같은 일이 전개되지 않았기 때문에, 메시야가 온 이후의 이러한 새롭고 예상하지 못한 상황에 대한 설명이 필요하였다. 그러나 어떻게? 이 이야기를 10장에서 끝내는 것은, 그 이야기가 이사야서와 신명기를 통해서 아무리 잘 밑받침된 것이라고 할지라도, 바울이 알고 있던 로마에 있는 교회의 상황에 비추어 볼 때, 만족스러운 것이 될 수 없었다. 그래서 바울은 이것이 계약이 성취된 모습이고 선민 이스라엘이 자신의 역할을 다한 모습이라면, 이것을 이제 어떤 식으로 설명해야 하는지를 찾아내기 위해서, 단독으로 전인미답의 땅으로 담대하게 걸어 들어간다. 이것은 메시야와 성령을 중심으로 수정된 유일신론과 선민론에 비추어서 종말론을 새롭게 생각하고 그려내야 하는 지점이었다.

계약과 선민론을 메시야와 그의 죽음을 토대로 해서 이해하여야 한다면, 그것은 어떻게 이해되어야 하는가? 나는 바울이 이전에는 생각하지도 못하였던 문제인, 십자가에 못 박힌 메시야에 의해서 개시되었지만 아직 완성되지는 않은 종말이라는 문제를 천착해 들어갈 때, 그의 사고를 지배하고 있었던 것은 바로 이 질문이었다고 본다. 여기에서 나는 지금까지 부각되어 오지 않았던 로마서 11장의 핵심 요소들 중에서 일단 한 가지만 언급하고자 하는데, 그것은 바울이 이 서신의 앞부분에서는 하나님의 세계 구원 계획을 이루기 위한 도구로 부름 받은 백성으로서의 이스라엘의 역할을 천명하였던 것과 마찬가지로(2:17-24), 이 본문에서는 — 9:30-31과 완벽하게 맥을 같이하여 — 이방 그리스도인들을 바로 그 동일한 자리에 갖다 놓는다는 것이다. 유대인들에게 지금까지 일어난 일들은 이방인들의 구원을 위한 도구였다고 한다면, 이제 이방인들에게 일어나고 있는 일들은 이스라엘을 위하여 일어나고 있는 것이라는 말이다(11:11-14; 30-31). 이 본문 전체의 의미를 밝히는 데 중요한 것들을 풍부하게 담고 있는 이 주제는 학계에서 그동안 합당한 주목을 받아 오지 못하였다.

11장의 단락 구분은 이 장과 대칭을 이루고 있는 9장의 경우와 마찬가지로 그리 어렵지 않다. 바울이 1절과 11절에서 제시하는 질문들은 각각 한 단락의 시작을 알리는 신호들이다. 또한, 그는 25-32절 속으로 본격적으로 뛰어들기 전에, 24절에서 한 번 심호흡을 하며 호흡을 가다듬는 것으로 보인다. 11-24절 내에서는 많은 사람들이 17절이나 16절에서 작은 변화를 감지해 왔는데, 나는 16절을 새로운 단락이 시작되는 지점으로 보는 것이 더 낫다고 본다.[555] 우리가 로마서 9-11장 전체를 살펴볼 때에 중심에서 시작해서 밖으로 나아가는 방법을 사용했던 것과 마찬가지로, 나는 여기에서도 중심 단락인 11:15에서 시작해서, 밖으로 눈을 향하여 서로 아주 비슷한 이야기를 들려주는 11:11-12과 11:16-24을 살펴본 후에, 11:1-10로 나아가는 순서를 따르고자 한다. 그런 후에, 우리는 11:1-24 전체를 다시 한 번 개관하고 나서, 합당한 경외심을 갖춘 상태에서, 마지막으로 11:25-32의 "신비"에 다가갈 것이다. 이렇게 하고자 하는 이유는 부분적으로는 바울이 이 장을 쓴 방식을 분명하게 환기시키기 위한 것이기도 하지만, 다른 한편으로는 바울이 앞에서 무슨 말을 했는지를 충분히 알고 나서 25-32절로 나아가기 위한 것이다.

(b) 중심: 11:13-15

우리는 중심에서 시작한다:

11:1-10 11:25-32

11:11-12 11:16-24

11:13-15

우리는 11:1-32의 중심에서, 그리고 이 작은 중심 단락의 정점에서, 바울이 메시야에 관하여 다른 곳들에서 말해 왔던 것들을 아주 분명하게 반영하는 진술을 발견한다. 중심 본문 전체는 이렇게 되어 있다:

> 지금 나는 너희 이방인들에게 말하고 있다. 내가 이방인들의 사도이라는 점에서 내 직분을 기쁘게 여기는 것은 아무쪼록 "내 골육"을 시기하게 하여 그들 중에서 얼마를 구원할 수 있지 않을까 여기기 때문이다. 그들이 내쳐진 것이 세상에 대해서 화해를 의미하는 것이라면, 하물며 그들이 받아들여지게 되는 것은 죽은 자 가운데서 살아나는 것을 의미하는 것이 아니면 무엇이겠는가.[556]

555) Aletti, 2012, 139-71, 그리고 Jewett, 2007, 668, 671f.에 나오는 선택지들에 관한 논의를 보라. Keck, 2005, 262는 이례적으로 이 첫 번째 대단락은 12절까지 이어진다고 주장한다.

556) 11:13-15.

나는 이것이 바울이 이 서신 전체에 걸쳐서 말하고자 하는 것의 핵심이라고 본다. 우리는 이것을, 바울이 복선으로 의도했음이 분명한 9:5에 나오는 진술과 연결시켜서 이렇게 기독론적으로 요약해 볼 수 있다. 즉, 9:6-29이 이스라엘이 "육신을 따른" 메시야의 백성이 무엇을 의미하는지를 설명하고 있는 것이고, 9:30–10:13이 하나님이 "모든 사람의 동일한 주"(10:12)인 분을 믿는 믿음 안에서 계약을 갱신하였다는 것이 무엇을 의미하는지를 설명하고 있는 것이라면, 11:1-32은 이제 이스라엘이 "영원히 찬송 받으실 만유 위에 계시는 하나님"인 부활한 메시야의 백성의 일부로 부르심을 받았다는 것이 무엇을 의미하는지를 설명하고 있다는 것이다.[557] 바울이 선민 이스라엘을 메시야 예수의 빛 아래에서 다시 생각할 결심을 하였다면, 우리는 그가 오직 선민 이스라엘이 종말론적으로 무엇을 의미하는지를 설명하는 방식으로만 그렇게 할 수 있을 것임을 충분히 예상할 수 있다.

우리는 11:15이 로마서의 앞부분에서 예수 및 그의 구속 사역에 대하여 말할 때에 사용하였던 표현들을 얼마나 두드러지게 환기시키고 있는지를 분명하게 알 필요가 있다.[558] 11:15의 본문은 이렇게 되어 있다:

> 그들이 내쳐진 것이 세상에 대해서 화해를 의미하는 것이라면
> (ei gar hē apobolē autōn katallagē kosmou -
> '에이 가르 헤 아포볼레 아우톤 카탈라게 코스무'),
> 하물며 그들이 받아들여지게 되는 것은 죽은 자 가운데서 살아나는 것을 의미하는 것이 아니면 무엇이겠는가
> (tis hē proslēmpsis ei mē zōē ek nekrōn -
> '티스 헤 프로스렘프시스 에이 메 조에 에크 네크론').

우리가 이와 같은 표현을 마지막으로 만난 것은 이 본문에서와 비슷한 "하물며"

557) 이것은 9:5의 마지막 구절의 끊어 읽기와 의미는 좀 더 큰 맥락으로부터 독립적이라는 Keck의 주장(2005, 228f.)에 의문을 제기한다.

558) 여기에서 나는 Wright, 1980 ["Messiah and People of God"], 181f., 1991 [*Climax*], 247f., 특히 2002 [*Romans*], 681-3에 나오는 내용을 반복하면서 좀 더 풍부하게 설명하고 있는데, 나의 주장이 토대가 결여되어 있다고 말한 Jewett, 2007, 674 n. 70에 대한 대답이 되기를 바란다. Jewett(681)은 5:10-11과의 병행(이것이 그가 말하는 "토대"이다)을 지적하지만, 로마의 시민 제의에서의 "전 세계적인 화해"라는 주제로 빗나가 버린다(이 주제는 중요하지만, 바울 자신의 글에서의 상호 간의 연결 관계들을 모호하게 해서는 안 된다). Bell, 1994, 111f.(그리고 2005, 247f.)는 "이스라엘이 내쳐진 것"은 불순종 때문이지만, "메시야가 내쳐진 것"은 순종 때문인 까닭에, "이 둘은 서로 판이하게 다르다"는 근거 위에서 나의 주장에 반대한다. 실제로 여기서의 핵심이자 역설은 바울은 이스라엘을 육신을 따른 메시야의 백성, 즉 아담적인 정체성과 메시야적인 정체성이 결합되어 있는 지점으로 다루고 있다는 것이다.

(fortiori) 논증을 사용해서 승리의 기독론을 요약하였던 5:10이다:

> 우리가 원수 되었을 때에 그의 아들의 죽으심으로 말미암아
> 하나님과 화해하게 된 것이라면
> (ei gar echthroi ontes katēllagēmen tō theō dia tou thanatou tou hyiou autou -
> '에이 가르 에크투로이 온테스 카텔라게멘 토 테오 디아 투 타나투 투 휘우 아우투'),
> 하물며 이미 화해를 이루게 된 우리가 그의 살아나심으로 말미암아 구원을 받게 될 것은 말할 필요도 없지 않겠는가
> (pollō mallon katallagentes sōthēsometha en tē zōē autou -
> '폴로 말론 카탈라겐테스 소테소메타 엔 테 조에 아우투').[559]

로마서 5장은 1-8장만이 아니라 이 서신 전체에 추진력을 부여하는 심장이라고 할 수 있다. 달리 말하면, 우리는 이 본문에서 그러한 반향을 듣게 되는 것을 이상하게 생각해서는 안 된다는 것이다. 하지만 눈에 띄는 것은 여기에서 다음과 같은 기독론적인 강조점을 발견하게 된다는 것이다: 이스라엘은 메시야의 "내쳐짐"을 구현하였기 때문에, 이제 메시야의 "부활"에 참여하는 길도 발견하게 될 것이다.[560] 이스라엘이 그 부활에 참여하게 될 방식을 나타내기 위하여 바울이 사용하는 단어는 '프로스렘프시스'(proslēmpsis, "받아들여짐")이다. 바울이 이렇게 '아포볼레'(apobolē, "내쳐짐")와 '프로스렘프시스' 같은 "통속적이고" 일반적으로 사용되던 단어를 사용한[561] 이유는, 아마도 여기에서 이 서사의 두 요소를 나타내는 데 좀 더 전문적인 표현을 사용하는 것을 원하지 않았기 때문인 것 같다. 그러나 전체적인 핵심은 분명한데, 그것은 바울 자신이 처해 있던 신학적으로 전인미답인 땅 내에서 어떻게 해야 앞으로 전진해 나갈 수 있을지를 알려 주는 단 한 가지 분명한 이정표는, 메시야의 백성인 이스라엘이 메시야가 십자가에 못 박힌 것과 상응하는 삶을 역사 가운데서 겪어서 "세계의 화해를 위하여 내쳐지게" 된 것이라면, 우리는 마찬가지로 이스라엘에게는 메시야의 부활에 상응하는 사건도 일어나게 되리라는

559) "화해"(katallagē - '카탈라게') 주제에 대해서는 고후 5:19; 골 1:19f.도 참조하라.

560) 이것은 정확히 Hays, 1989a, 61가 말하고 있는 것이다: "바울이 한 것은 … 이스라엘의 운명을 기독론적으로 해석하는 것이었다 … 이스라엘은 세계를 위하여 배척을 받고 고난을 감당한다." 나는 이것은 Barth, 1936-69, 2.2.278f.의 해석(Cranfield, 1979, 556은 이 해석을 조심스럽게 따른다)과는 상당히 다른 해석이라는 점을 강조하여야 할 것 같다. 바르트의 해석은 이스라엘이 "치명적인 잘못"으로 예수를 십자가 죽음으로 내주었고, 이 사건을 통해서 하나님과 인류의 "화해"가 이루어졌다는 것이다.

561) apobolē('아포볼레') = "내침" 또는 "손실"(Jewett, 2007, 680 nn. 141-3을 보라); proslēmpsis('프로스렘프시스') = "다시 받아들임" 또는 "영접"(Jewett, 2007, 681).

것을 충분히 예상할 수 있다는 것이다. 이러한 예상은 11장에서 제시되고 있는 소망을 밑받침해 주고 떠받쳐 준다. 메시야는 이스라엘의 대표자로서 자기 자신 속에 이스라엘을 집약해 가지고 있기 때문에, 그에게 해당되는 것은 그들에게도 해당된다. 이것이 바울이 9:5에서 지금과 같이 말한 이유 중의 일부였다. 바울은 이 서신의 앞부분에서 메시야에게 속해 있는 모든 사람이 아브라함에게 약속된 복들을 유업으로 받게 된다는 것이 무엇을 의미하는지를 설명한 바 있다. 이제 그는 "육신을 따른 그의 백성"이라는 것이 무엇을 의미하는지를 설명해 나가고, 그 중심에서 선민으로서의 이스라엘의 지위를 긍정할 뿐만 아니라, 전 세계적인 구원을 가져오는 데 있어서 선민으로서의 이스라엘이 한 역할도 긍정한다. 이것은 우리를 로마서 내에서는 2:17-24로, 이스라엘의 성경에서는 창세기 12장과 이사야서 49장으로 다시 데려다 준다. 바울은 선민으로서의 이스라엘이 하나님의 전 세계적인 구원 계획의 초점이라는 것도 부정하지 않고, 선민 이스라엘을 부차적인 지위로 축소시키지도 않는다. 그는 선민 이스라엘을 메시야의 죽음에 비추어서 해석해 나가면서, 마찬가지로 재해석된 종말론적인 소망을 향하여 나아가는 길을 발견한다. 그는 유대인들의 전통적인 종말론을 폐기처분하고 있는 것이 아니라, 메시야를 중심으로 재정의하고 있다.

그는 이 모든 것이 무엇을 의미하게 될지를 아직 말하지 않았다. 우리가 여기에 나오는 '조에 에크 네크론'(zōē ek nekrōn, "죽은 자들 가운데서 살아나는 것")이 8:10-11에서 말하는 "부활," 달리 말하면 그들이 육체적으로 부활하는 것을 의미한다고 생각한다면, 그것은 성급한 판단이 될 것이다. 물론, 이 어구 속에는 그런 의미가 내포되어 있을 수도 있고, 그런 견해가 흔히 제시되기도 한다. 그 견해에 의하면, 모든 사람들이 다시 살아나게 될 최종적인 부활의 때, 또는 그 사건 직전에(이것이 본문에 더 가까운 것으로 보인다), 아직 살아 있는 모든 유대인들(또는, 지금까지 존재하였던 모든 유대인들)의 대규모의 회심이 일어나게 될 것이고, 우리가 데살로니가전서 4장과 고린도전서 15장을 통해서 알고 있는 이 부활은 로마서 8:18-26에서 말한 예수의 최종적인 "나타남"과 거대한 우주적 갱신의 때에 일어날 것이라고 한다. 그러나 11:15에 대한 이러한 해석을 거부해야 할 강력한 이유들이 존재한다.

첫 번째는 "죽은 자들 가운데서 살아나는 것"은 바울이 세례의 효과로 설명하고 있는 것이라는 것이다. 세례를 받은 사람들은 "죄에 대하여 죽고 하나님에 대하여 살아 있게" 된다.[562] 현재의 본문이 상정하고 있는 것은 현재 믿지 않고 있는 유대인

562) 롬 6:11.

들이 바울이 속해 있는 "남은 자" 속으로 합류하게 되는 것이기 때문에, 그가 말하고자 하는 것은 바로 이것일 가능성이 높다. 따라서 믿지 않는 유대인들이 세례를 받으러 나아온다면, 그럴 때마다 그것은 "죽은 자들 가운데서 살아나게 된 것"을 새롭게 보여주는 예가 될 것이다.

두 번째는 좀 더 구체적으로 말해서, 이것은 바울이 "율법에 대하여 죽고 하나님에 대하여 살아 있는" 유대인인 자기 자신에 대하여 사용하는 표현이라는 것이다. 이미 육신을 따라서는 아브라함의 권속의 지체였던 바울에게는, 자기가 메시야에게 속하게 되었다는 것이 의미한 것은 바로 그런 것이었다: "내가 토라로 말미암아 토라에 대하여 죽은 것은 하나님에 대하여 살기 위한 것이었다. 나는 메시야와 함께 십자가에 못 박혔다. 그럼에도 불구하고, 나는 살아 있지만, 내가 아니라 내 안에 메시야께서 살아 계시는 것이다."[563)]

세 번째도 좀 더 구체적인 것인데, 그것은 바울은 로마서 4장에서 아브라함에게 약속된 권속과 관련해서 "죽은 자들 가운데서 살아나는 것"이라는 표현을 사용한다는 것이다. 흔히 지적되고 있듯이, 그는 4:17에서 하나님이 "죽은 자들을 살리시는" 분이자 "존재하지 않는 것들을 불러 존재하게 하는" 분임을 보여준다. 이것은 흔히 불신앙에서 믿음으로 옮겨간 자들을 가리키는 것으로 해석되는데, 첫 번째 표현은 유대인들을 가리키고(아브라함의 권속 안에서 "죽은" 상태에 있던 그들이 다시 살리심을 받는다는 것), 두 번째 표현은 무에서 창조되는 이방인들을 가리킨다는 것이다. 이런 식으로 죽음에서 생명으로 옮겨진 유대인들은, 아직 육체적으로는 죽은 자 가운데서 살아난 것은 아니지만, 방금 말한 본문에서 바울이 고백한 것처럼, "메시야와 함께 죽음"으로써 "하나님과 함께 사는 새 생명"으로 옮겨간 통상적인 메시야 백성이다 — 이것은 마치 창세기 15장에서 아브라함에게 약속된 "자녀들"이 그와 사라의 "죽은 것이나 다름없는" 육신들에 생명이 주어짐으로써 태어난 통상적인 자녀들이었다는 점에서(4:18-21), 태어나서 죽은 후에 죽은 자 가운데서 다시 살리심을 받은 자녀들이 아니었던 것과 같다.

네 번째는 바울은 여기에서 어쨌든 이 서신의 나선형의 논증 속에서 바로 이 대목에 이르러서 이스라엘 민족의 집단적인 "내쳐짐"과 "다시 받아들여짐"에 관하여 말하고 있다는 것이다.

따라서 바울은 11:15에서 지금 자기가 이방 선교를 하는 동안에 "시기"의 결과로 자신의 "[육신을 따른] 골육" 중 일부가 예수를 부활한 메시야로 믿고 고백하는

563) 갈 2:19-20.

일이 벌어지게 될 때, 그것이 메시야 백성 전체에게 죽은 자들을 살리는 하나님의 능력을 보여주는 추가적인 증표가 되어 큰 기쁨과 송축을 불러일으키게 될 것이라고 말하고 있는 것일 가능성이 상당히 크다. 또한, 그는 메시야를 믿는 유대인들이 더 많이 들어옴으로써, 대다수가 이방인들인 공동체에 결여되어 있는 새로운 차원의 활력이 '에클레시아'(ekklēsia)에 더해질 것이라고 말하고자 했을 것이다.

이러한 설명이 정곡을 찌른 것인지의 여부와는 상관없이, 한 가지 분명한 것은 15절은 14절을 설명하고 있기 때문에(15절의 '가르'[gar]가 이것을 보여준다), 어떤 식으로든 14절의 "그들 중 얼마를 구원하는" 것과 연결되어 있을 수밖에 없다는 것이다. 15절은 앞 절과 다른 어떤 새롭거나 더 큰 논점을 말하고자 하는 것이 아니다. 따라서 새롭게 등장한 단어인 '프로스렘프시스'(proslēmpsis, "받아들여짐")는 14절에 나온 '카이 소소 티나스 엑스 아우톤'(kai sōsō tinas ex autōn, "그들 중 얼마를 구원하는")을 가리키는 것임에 틀림없다. 달리 말하면, 바울은 14절에서 "그들 중 얼마를 구원하기 위한" 것이라고 말한 후에, "그들이 받아들여지는 것이 무엇을 의미하겠는가"라는 말로 받은 것이라고 할 수 있다는 것이다. 이것은 그 자체로는 바울이 두 가지 서로 다른(연관되어 있기는 하지만) 사건들, 즉 첫 번째로는 그가 이방 선교를 하는 동안에 "시기"의 결과로서 "얼마간의" 유대인들이 점차 믿음을 갖게 되는 것, 두 번째로는 최종적인 부활의 때나 그 신호로서 유대인들의 대규모적인 회심을 염두에 두고 있었을 가능성을 배제하지 않는다.

그러나 그가 이 시점까지 써 온 내용 속에는 후자에 대한 그 어떤 언질도 없기 때문에, 굳이 후자로 해석하고자 한다면, 우리는 25-27절 — 이것에 대해서는 나중에 살펴볼 것이다 — 을 가져와서 거기에 비추어 본문을 읽지 않으면 안 된다. 따라서 15절 본문에 대한 가장 유력한 해석은, 한두 사람 이상의 유대인들이 "시기"가 나서, 이제 메시야 안에서 자신의 계약에 의거한 계획과 목적을 계시한 하나님을 믿게 될 때마다(10:1-13), 교회, 특히 이방인 지체들은 그 사건을 특이하거나 달갑지 않은 일이 아니라, "부활"의 또 한 측면으로서 축하하고 기뻐해야 할 일로 이해하고 받아들여야 한다는 것이다. 바울은 고린도후서 3장에서 자신의 직분이 "영광"을 드러내는 것임을 논증하여야 했던 것과 마찬가지로(영광이 계시되었다고 주장하는 것은 사람들이 볼 수 있든 없든 해가 이미 떴다고 주장하는 것과 같기 때문에, 이것은 얼핏 보기에는 기괴해 보이지만, 바울의 요지는 고난 받는 메시야 예수의 얼굴에서 하나님의 숨겨진 영광이 계시되었고, 사람들이 그것을 볼 수 없는 것은 그들의 눈이 멀어 있기 때문이라는 것이다), 여기에서도 더 많은 유대인들이 믿음을 갖게 되는 것을 불필요하고 바람직하지 못한 일로 보았던 사람들에게 맞서서, 유대인들이 믿게 되는 사건은 "죽은 자 가운데서 살리심을 받는 것" 으로서, 지금 여기에서 일어나고 있는 개시된 종말의 일부라는 것을 논증하여야 했다.

우리는 15절을 13절과 14절의 맥락 속에 위치시키고서, 전자가 후자를 설명하는 것을 볼 때, 15절에서 무슨 일이 진행되고 있는 것인지를 좀 더 분명하게 볼 수 있다. 로마서 9-11장 전체의 목표는 수사학적으로 이방인 청중을 겨냥해서, 하나님의 옛 백성에게 지금까지 일어난 일들은 내내 하나님의 계획의 일부였으며, 그들 자신도 그 계획 속에서 이스라엘을 "대체한" 것이 결코 아니고, 도리어 다행스럽게도 그 계획 속에 편입될 수 있었던 것임을 알게 하고자 하는 것이다.[564] 바울은 이전에 암묵적이었던 것을 이제 명시적으로 밝히는 가운데, 이 단락 전체의 핵심으로 접근해 간다:

> [13]지금 나는 너희 이방인들에게 말하고 있다. 내가 이방인들의 사도라는 점에서 내 직분을 기뻐하는 것은 [14]아무쪼록 내 골육을 시기하게 하여(hina parazēlōsō mou tēn sarka - '히나 파라젤로소 무 텐 사르카') 그들 중에서 얼마를 구원할 수 있을까 해서이다.[565]

바울은 "그들 중에서 얼마," 즉 지금 믿지 않는 유대인들 중 일부의 구원에 대하여 말하고 있다. 물론, 이것은 그가 10:1의 고뇌 어린 기도에서 제기하였던 질문과 직결되어 있다: 하나님은 어떻게 그들을 구원할 것인가? 10:2-13에 의하면, 하나님은, 제2성전 시대의 다른 유대인들도 정확히 이런 목적으로 인용하곤 하였던 본문인 신명기 30장에서 모세가 예언한 대로, 계약을 갱신함으로써 그 일을 할 것이다. 이것에 대한 바울의 해석은, 예수가 주라고 고백하고, 하나님이 그를 죽은 자 가운데서 다시 살렸다는 것을 믿는 자들 안에서 그 계약이 갱신된다는 것이다. 그런 사람들은 유대인이든 이방인이든(10:12) "의롭다 함을 받고" "구원을 얻게" 될 것이다. 따라서 그가 여기 11:14에서 "그들 중에서 얼마를 구원하기 위한" 것이라고 말할 때, 우리는 바로 그것이 그가 염두에 두고 있던 것이라고 결론을 내려야 하는데, 이것은 그가 결국 이방인들에게만이 아니라 유대인들에게도 사도이기 때문이 아니라(우리는 갈라디아서 2:7-9을 통해서, 바울과 다른 사도들 간에 사역지의 분할에 대한 합의가 있었다는 것을 알고 있다), 그의 이방인 사역 자체가 "그들을 시기하게 만들어서" "그들 중에서 얼마를 구원하는" 결과를 가져오게 될 것이었기 때문이다.[566]

564) Keck, 2005, 275: "편입은 … 대체가 아니다" (강조는 원래의 것).
565) 11:13-14.

"얼마"라는 단어는 바울이 바란 것이 그리 크지 않았음을 나타내는 것으로 보인다. 왜 그는 유대인들 모두를 구원하기를 바란다고 말하지 않았던 것일까? 결국에는 그가 나중에 11:26에서 그렇게 말하지 않았던가? 그러나 여기에서 사용된 "얼마"라는 표현은 고린도전서 9:22의 현실적인 결론과 부합한다: "내가 모든 사람들에게 모든 모양이 된 것은 모든 수단을 동원해서 얼마라도 구원하기 위한 것이다." 한두 사본들은 수사학적으로 볼 때에 바울의 원래의 의도라고 생각되는 것을 따라, "내가 모든 사람들에게 모든 모양이 된 것은 모든 수단을 동원해서 모든 사람을 구원하기 위한 것이다"(tois pasin gegona panta, hina pantōs pantas sōsō – '토이스 파신 게고나 판타, 히나 판토스 판타스 소소')로 이 본문에 대한 읽기를 수정하였다.[567] 그러나 바울은 거기에서나 여기에서나 그렇게 말하고 있지 않다.

이것은 첫 번째의 중요한 지적이다. 그러나 똑같이 중요한 두 가지가 더 남아 있다. 첫 번째는 바울이 "그들 중에서 얼마를 구원하기" 위해 사용하고자 한 수단은 그들의 "시기"라는 것이다. 이것은 10:19에 인용된 신명기 32:21로 거슬러 올라가는 모티프이다: "내가 백성 아닌 자들로써 너희를 시기나게 할 것이다."[568] 달리 말하면, 바울은, 모세가 경고한 대로, 하나님은 이스라엘에 속하지 않은 자들을 자기 백성으로 받아들여서, "양자됨과 영광과 계약들" 등등에 참여하게 함으로써, 이스라엘로 하여금 하나님을 떠나서 하나님의 의에 순복하지 않고 메시야의 복음을 믿기를 거절한 결과가 어떤 것인지를 깨닫게 만들 것이라고 말하고 있는 것이다. 달

566) Baker, 2005, 170-3은, '파라젤로소'(parazēlōsō)는 실제로 예수를 믿는 믿음으로 나아가게 하는 것이 아니라 멀어지게 하는 "열심을 부추기는 것"을 의미한다는 이유에서, "그들을 시기하게 만드는 것"과 "그들 중의 얼마를 구원하는 것" 간에는 인과 관계가 존재하지 않는다고 주장한다. 그가 번역문들이 그러한 인과 관계를 만들어내기 위해서 "그래서"(NEB) 또는 "그렇게 해서"(NRSV)라는 단어를 보충해 넣어야 했다고 지적한 것은 옳다; 바울의 본문은 단지 이렇게 되어 있다: "이는 내가 나의 골육을 시기나게 하고 그들 중 얼마를 구원하기 위한 것이다." 그러나 나는 '에이 포스'(ei pōs)가 14절의 전반절과 하반절 모두에 걸리기 때문에 이 둘을 분리하는 것은 불가능하고, 전반절의 사고는 자연스럽게 "구원하다"로 귀결되고, "그들 중 얼마"라는 표현은 "시기나게 하다"와의 적극적인 관계를 보여준다고 본다. 만일 바울이 "분노하여 열심을 부추긴다"는 의미에서 그들 중 일부를 "시기나게" 하고, 또 다른 일부를 믿음과 구원으로 이끌고자 한 것이었다면(왜?), 나는 그가 이 문장을 지금과는 완전히 다르게 썼을 것이라고 생각한다. 또한, '히나'(hina)가 동일한 종류의 연결 관계를 함축하고 있는 11:31도 보라.

567) 서구의 사본 전통(DFG latt)과 사본 33에는 '티나스'(tinas) 대신에 '판타스'(pantas)로 되어 있다(Did[pt]. Cl., 33은 '판타스'[pantas] 앞에 '투스'[tous]를 첨가한다). 또한, '판타 데 포이오'(panta de poiō)로 시작되는 다음 절을 주목하라. Robertson and Plummer, 1914 [1911], 193; Fee, 1987, 422의 좀 더 자세한 설명을 보라.

568) Bell, 1994의 자세한 연구를 보라.

리 말하면, "시기"라는 단어는 9장, 그 중에서도 특히 9:4-5과 공명하고 있다는 것이다. 거기에 이르기까지 로마서 전체에 걸쳐 바울이 말해 온 요지는, 이스라엘의 소명과 특권은 메시야에게 초점이 맞추어져 있기 때문에, "메시야 안에서" 모든 믿는 자들에게, 즉 먼저는 유대인에게, 그리고 또한 헬라인에게 주어져 왔다는 것이다. 이것은 9:1-5의 탄식을 불러온다. 바울은 처음에 들으면 깜짝 놀랄 이 현상(유대인들은 탈락되고 이방인들이 들어오게 된 것)을 옛 예언의 지도 위에 위치시켜 놓은 후에(9:30-33; 10:14-21), 이제 이방인들 가운데서의 자신의 사역은 좀 더 깊고 이차적인 목적을 지니고 있다는 것을 밝히는 방식으로 그 현상을 해석한다. 그것은 단지 이방인들이 아브라함의 단일한 믿음의 권속으로 들어오는 것에 관한 것이 아니고, "내 골육을 시기나게 하여 그들 중에서 얼마를 구원하기" 위한 것이다.

로마서 15:25-28에 그려진 바울의 마지막 사역, 즉 예루살렘에 전할 헌금을 모으는 일에 그가 그토록 많은 시간과 노력을 쏟은 이유 중의 일부도 "내 골육을 시기나게 하는" 것이었다는 주장이 제기되어 왔는데, 아마도 그는 이방 교회들의 헌금을 예루살렘에 있는 가난한 메시야 공동체에 전달하여 돕게 되면, 메시야를 믿지 않는 예루살렘 사람들 중에서 "시기하는" 마음이 생겨나게 될 것이라고 생각하였으리라는 것이다. 나는 그러한 주장은 11:11-14에 상정된 것보다 더 복잡하게 꼬아서 생각하는 것 같다는 인상을 받는다 — 물론, 이 두 가지가 서로 연결되어 있다는 주장이 불가능한 것은 아니긴 하지만. 또 어떤 사람들은 바울이 스페인("서바나")으로의 선교를 계획한 것도 유대인들로 하여금 "시기하게" 하고자 하는 의도가 작용한 것이라고 주장해 왔다. 그는 당시에 땅 끝으로 여겨진 스페인에서 사람들이 이스라엘의 메시야를 환영하고 받아들여 메시야 공동체에 참여하게 된다면, 유대인들의 대규모의 "시기"와 대규모의 "구원"을 촉발시킬 수 있을 것이고, 심지어 '파루시아'(parousia) 자체를 앞당기게 될 수도 있을 것이라고 생각하였으리라는 것이다. 이것은 종종 "시온으로의 열방들의 순례"라는 관념과 연결되어 왔다 — 바울은 시온 전승 전체가 메시야를 중심으로 철저하게 다시 그려졌다고 보았기 때문에, 그러한 전승을 사실상 전혀 사용하지 않고 있다는 것이 주목할 만한 일이기는 하지만.[569] 우리는 바울이 11:13-14에서 실제로 말하고 있는 것에 비추어 볼 때, 예루살렘을 위한 헌금과 스페인 선교 계획이 둘 다 바울의 이방인 사도직에 있

569) 이 주장에 대해서는 Aus, 1979; Bell, 1994, 337-46(Aus, 345f.의 논의를 포함한)을 보라. 이것은 Munck, 1959 [1954]의 이전의 이론을 수정한 것이다; 아래의 제16장을 보라. Cranfield, 1979, 766-8; Best, 1984, 21f.의 중요한 반응을 주목하라: 바울은 여전히 복음이 전해지지 않은 동쪽과 북쪽과 남쪽의 다른 많은 땅들에 대하여 무지하였을 수 없다.

어서 핵심적인 요소들로서 그가 염두에 두고 있던 것들 중의 일부였음에 틀림없다는 것을 인정해야 하기는 하지만, 그러한 주장을 받아들이는 데에는 신중하여야 한다고 나는 생각한다. 하지만 "내가 내 직분을 기뻐한다"는 그의 말이 단지 아직 이루어지지 않은 미래의 일들만을 가리킨다고 볼 필요는 없기 때문에, 나는 그가 이방인의 사도로서 장래에 수행할 사역만을 생각한 것이 아니라, 자신이 이미 이룬 일들까지 생각해서 이렇게 말한 것이라고 본다. 그리고 실제로 15:15-21이 보여주듯이, 그의 이 말이 자신이 이미 행한 일들을 가리킨다고 보는 것이 더 자연스럽다:

> [15]그러나 나는 하나님이 내게 주신 은혜로 말미암아 여러 가지 것들을 너희로 다시 생각나게 하기 위하여 몇 가지 것들을 아주 담대하게 너희에게 쓴 것인데, [16]이 은혜로 말미암아 나는 열방들을 위하여 메시야 예수의 일꾼이 되어, 하나님의 복음의 제사장 직분을 행하여, 열방들을 제물로 드리는 것이 성령 안에서 거룩하게 되어 받으실 만하게 할 수 있었다.
>
> [17]이것이 내가 왕 예수 안에서와 하나님의 임재 안에서 가지고 있는 기쁜 담대함이다. [18]나는 메시야께서 나를 통하여 말과 행위로, [19]표적과 기사의 능력으로, 성령의 능력으로 역사하셔서 열방들의 순종을 이루어내신 것 외에는 할 말이 없다. 나는 예루살렘으로부터 두루 행하여 일루리곤까지 메시야의 복음 전하는 일을 마쳤다. [20]나는 메시야의 이름을 부르지 않는 곳들에 복음을 전하는 것이었기 때문에, 남의 터 위에 건축하는 것을 피하였으니, [21]이것은 "주의 소식을 받지 못한 자들이 볼 것이고, 듣지 못한 자들이 깨달을 것이다"라고 성경이 말한 것과 같다.

우리는 이 본문에 비추어서 11:15을, 지금은 이스라엘이 메시야를 믿지 않지만 그 미래는 다를 것이라고 약속하고 있을 뿐만 아니라, 그것이 메시야를 믿는 이방인들에게 더 영광스러운 미래를 가져다줄 것이라고 약속하고 있는 것으로 읽어야 한다:

> 그들의 내쳐짐이 세계에게는 화해를 의미한다면, 그들이 받아들여지게 되는 것은 죽은 자들 가운데서 살아나는 것을 의미하는 것이 아니면 무엇이겠는가.

바울은 11:12에서 "하물며 그들의 충만함은 더한 것을 의미할 것이 아니겠는가"라고 말하여 암시한 것을 여기에서는 좀 더 명시적으로 드러내고 있다. 하지만 그는 아직도 여전히 아주 의도적으로 확실하게 말하지 않고 모호하게 말하고 있다. 그는 그 다음에 무슨 일이 일어날 것인지를 보여주는 자세한 지도를 펼쳐 보이지 않고, 어둠 속에서 자기 앞에 있는 전인미답의 땅을 조심스럽게 가리킨다. 이것이 그가 기존의 종말론을 다시 그려가는 방식이다.

이 모든 것으로부터 우리의 현재의 연구와 특히 연관되어 있는 두 가지가 드러난다. 첫 번째는 바울이 새롭게 회심한 이방인 신자들에게 새롭고 적극적인 역할을 부여하였다는 것이다. 그들의 존재 자체가 그의 "골육"을 시기나게 하여 그들 중 얼마를 구원하는 수단이 될 것이다. 달리 말하면, 메시야 백성인 이방인들은 이제 그들 자신이 다른 사람들의 구원을 위한 선민이 되었다는 것이다. 이스라엘은 세계를 구원하기 위한 선민이었고, 선민으로서의 그들의 소명은 메시야에 그 초점이 맞추어져 있었는데, 이방인 신자들이 메시야의 생명과 정체성에 참여하게 되었다. 따라서 이제 대담한 혁신이기는 하지만 완벽한 일관성 속에서, 바울은 이방인 신자들은 이제 자신들의 존재 자체를 통해서, 하나님의 종말론적인 경륜의 전개과정 가운데서 이전에는 생각하지도 못하였던 완전히 새로운 국면에서 중요한 역할을 하고 있는 것이라고 선언한다. 바울은 하나님이 세계를 구원하기 위한 목적으로 이스라엘을 자신의 선민으로 택하였다는 것(그리고 그들이 선민으로서의 소명을 수행하는 데 실패하였다는 것)을[570] 여전히 의심하고 있던 이스라엘에게 그들의 옛 성경을 통해서 상기시켜 주어야 했던 것과 마찬가지로, 이제 이방인들에게도, 그들이 놀랍게도 하나님의 계약에 의한 권속에 새롭게 편입되어 하나님의 백성으로서의 지위를 갖게 된 것은 단지 그들 자신을 위한 것이 아니라, 그들의 존재 자체를 통해서 하나님이 자신의 옛 백성에게 도전하기 위한 것임을 상기시켜 주어야 했다: 보라, 외인들이 너희의 약속들을 유업으로 받고 있다. 너희는 시기나지 않느냐? 우리는 여기서 또다시 누가복음 15장의 탕자의 비유에 나오는 "맏아들"을 보는 것 같다.

바울은 9장에서와 마찬가지로 여기에서도 전체에 걸쳐서, 이것은 하나님의 계획이 바뀐 것이 결코 아니라고 역설한다. 이것은 이 순간 이전에는 이런 대답이 주어질 이런 질문 자체가 결코 제기되지 않았을 뿐만 아니라 제기될 수도 없었기 때문에 이전에는 생각할 수도 없었던 신비가 예기치 않게 새롭게 추가로 계시된 것일 뿐이다.

두 번째는 바울이 여기에서 "내 골육을 시기나게 하기 위하여"(hina parazēlōsō mou tēn sarka – '히나 파라젤로소 무 텐 사르카,' 너무나 많은 번역들이 "내 골

570) 롬 2:17-24.

육"을 "나의 동족 유대인들" 등등으로 옮김으로써 그 의미를 밋밋하게 만들어 버린다)라고 말할 때,571) 우리는 9:3("나의 형제들, 곧 육신을 따른[kata sarka – '카타 사르카'] 나의 골육의 친척")과 9:5("육신을 따라서는[kata sarka – '카타 사르카'] 메시야가 그들에게서 나셨다")을 거쳐 로마서 7장의 울림을 듣게 된다는 것이다. 7:5–8:11의 흐름을 다시 상기해 보자:

> 5 우리가 육신 안에서 살아가고 있었을 때에는(hote gar ēmen en tē sarki - '호테 가르 에멘 엔 테 사르키'), 율법으로 말미암는 죄의 정욕이 우리 지체들과 기관들 중에 역사하여, 우리로 하여금 사망을 위한 열매를 맺게 하였더니 …
>
> 14 우리는 율법이 신령하다는 것을 안다. 하지만 나는 육신에 속하여(sarkinos eimi - '사르키노스 에이미') 죄의 권세 아래에서 노예로 팔렸다. 15 나는 내가 행하는 것이 이해가 되지 않는다. 나는 내가 원하는 것을 행하지 않고, 도리어 미워하는 것을 행하고 있다. 16 따라서 내가 원하지 않는 것을 행하고 있다면, 나는 율법이 선하다는 것을 시인하고 있는 것이다.
>
> 17 그러나 그것을 행하는 자는 내가 아니라 내 안에 거하는 죄다. 18 나는 내 속, 곧 나의 인간적인 육신에(en tē sarki mou - '엔 테 사르키 무') 선한 것이 거하지 않는 줄을 안다. 왜냐하면, 나는 선한 것을 원할 수는 있지만, 선을 행할 수는 없으며, 19 내가 원하는 선한 것은 행하지 않고, 결국 원하지 않는 악한 것을 행하고 말기 때문이다. 내가 원하지 않는 것을 행한다면, 그것을 행하는 자는 내가 아니라, 내 속에 거하는 죄이다 …
>
> 25 그런즉 내 자신이 생각으로는 하나님의 율법을, 나의 인간적인 육신으로는(tē de sarki -'테 데 사르키') 죄의 율법을 섬긴다.
>
> 1 그러므로 이제 메시야 예수 안에 있는 자들에게는 정죄함이 없다. 2 이는 메시야 예수 안에 있는 생명의 성령의 법이 죄와 사망의 율법에서 너를 해방하였기 때문이다.
>
> 3 율법이 인간의 육신으로 말미암아(dia tēs sarkos - '디아 테스 사르코스') 연약하여 할 수 없던 것을 하나님은 행하셨다. 하나님은 자기 아들을 죄 있는 육신의 모양으로(en tō homoiōmati tēs sarkos hamartias - '엔 토 호모이오마티 테스 사르코스 하마르티아스') 속죄제물로 보내셔서, 바로 그 육신에서(en tē sarki - '엔 테 사르키') 죄를 단죄하셨으니, 4 이는 우리가 육신을 따라서가 아니라(ou kata sarka -'우 카타 사르카') 성령을 따라 살아갈 때, 우리에게 율법의 올바르고 합당한 판결이 이루어질 수 있게 하기 위한 것이었다.
>
> 5 인간의 육신에 의해서 결정되는 삶을 사는 자는(hoi gar kata sarka ontes - '호이 가르 카타 사르카 온테스') 육신과 관련된 일들에 몰두하지만(ta tēs sarkos phronousin - '타 테스 사르코스 프로누신'), 성령에 의해서 결정되는 삶을 사는 자는 성령과 관련된 일들에 몰두한다. 6 육신에 몰두하면(to phronēma tēs sarkos - '토 프로네마 테스 사르코스') 죽을 것이지만, 성령에 몰두하면 생명과 평안을 얻게 될 것이다. 7 육신에 몰두하는 것(to phronēma tēs sarkos -'토 프로네마 테스 사르코스')은 하나님과 원수가 되고, 하나님의 율법에 굴복하지 아니할 뿐 아니라 할 수도 없다. 8 육신에 의해 결정되는 자들(hoi de en sarki ontes -'호이 데 엔 사르키 온테스')은 하나

571) RSV. cf. NRSV: "내 자신의 백성"; NJB: "내 자신의 혈연들"; REB: "내 종족의 사람들."

> 님을 기쁘시게 할 수 없다.
> 9그러나 너희는 육신의 사람들이 아니고(hymeis de ouk este en sarki -'휘메이스 데 우크 에스테 엔 사르키') 성령의 사람들이다(너희 안에 진실로 하나님의 영이 거한다면). 누구든지 메시야의 영을 가지고 있지 않은 자는 메시야에게 속해 있는 것이 아니다. 10그러나 메시야께서 너희 안에 계시면, 몸은 죄로 말미암아 죽은 것이지만, 영은 계약 정의로 말미암아 살아 있는 것이다. 11따라서 예수를 죽은 자 가운데서 살리신 이의 영이 너희 안에 거하시면, 메시야 예수를 죽은 자 가운데서 살리신 이가 너희 안에 거하시는 자신의 영으로 말미암아 너희의 죽을 몸도 살리실 것이다.

종종 지적되어 온 7:25과 9:3의 '아우토스 에고'(autos egō, "내 자신이")의 병행 관계는 사람들이 생각해 왔던 것보다 더 중요한 의미가 있는 것으로 보인다.[572] 다시 한 번 말하지만, 바울은 7장에서 자기가 말한 것과 동일한 내용을 9-11장에서 다시 말하고 있는 것이 아니고, 단지 약간 다른 관점에서 다시 되풀이하고 있는 것도 아니다. 그는 자신의 나선형 구조의 논증의 다음 단계로 움직여가서, 자기가 7장과 8장에서 그려낸 기본 설계도를 토대로 그 다음 단계를 말해 나가고 있는 것이다. 우리는 흥미롭게도 9:30—10:4과 7:7—8:4이 마치 가족처럼 서로 닮아 있다는 사실을 이미 살펴본 바 있는데, 이제 여기에서는 바울이 자신이 다루고 있는 문제를 "육신"이라는 관점에서 조명하고, 그 해법을 "부활"이라는 관점에서 보고 있다는 추가적인 유사성을 발견하게 된다:

> 토라가 "육신으로 말미암아 연약하여" 할 수 없었던 것을 하나님은 행하셨다 … 그러므로 너희는 육신에 있지 않고 성령 안에 있다 … 하나님이 자신의 영으로 말미암아 너희의 죽을 몸도 살리실 것이다 …

> 그렇게 해서 나는 "내 골육"(my flesh)을 시기하게 만들어서 그들 중에서 얼마를 구원하고자 한다. 그들의 내쳐짐이 세계에게는 생명을 의미한다면, 그들의 받아들여짐은 죽은 자 가운데서 살아나는 것이 아니고 무엇이겠는가?

그렇다면, 바울은 이번에는 무엇을 말하고자 하는 것인가? 그것은 하나님이 토라로 하여금 "죄"를 낳게 만든 원흉인 "육신"의 문제(7장)를 메시야를 통해서 해결하였던 것과 마찬가지로, 이제는 토라를 따라간 이스라엘로 하여금 "그들 자신의 의"에 대한 열심을 낳게 만든 장본인이었던(9:31; 10:3) "육신을 따른 이스라엘 자손"(9:8)이라는 추가적인 문제를 해결하였다는 것이다. 원래부터 있던 문제에 대

572) Wright, 2002 [*Romans*], 628을 보라.

한 하나님의 해법이 "부활"을 가져왔던 것과 마찬가지로(8:9-11), 새롭게 떠오른 문제에 대한 하나님의 새로운 해법은, 이스라엘이 "다시 받아들여져서"(proslēmpsis – '프로스렘프시스') 하나님의 한 백성, 아브라함의 단일한 권속으로 다시 받아들여지는 것이라는 의미에서의 "부활"로 귀결된다(11:15).

"그러면 이제 어떻게 되는 것인가"라는 질문에 대한 바울의 중심적인 대답이 여기에 나온다. 7장과 8장에 제시된 메시야의 구속 사역(이것 자체도 갈라디아서에 나오는 매우 비슷한 내용은 그만두고라도 앞서의 3장과 4장의 논증으로부터 추가적인 결론들을 이끌어 낸 것들이다)은 10장 끝에서 직면하게 될 질문에 대한 대답을 제공해 준다. 메시야는 하나님의 계획, 즉 예수의 죽음과 부활이라는 메시야적인 사건들을 가져온 계획만이 아니라, 이제 이방인과 유대인과 관련해서 아직까지 알려지지 않았던 미래를 보여주는 계획의 "신비"를 친히 "계시하였다." 그리고 로마서 2장 끝부분을 반영하고 있는 이 단서 가운데 일부는, 이방인들이 이스라엘의 하나님으로부터 긍휼하심을 받아 메시야를 믿는 자들로 존재하게 된 것 자체가 하나님의 계획과 경륜 속에서 사람들이 예상하지 못하였지만 사실은 아주 중요한 의미를 지니고 있었다는 것이다. 이것은 선민론에 대한 종말론적인 재정의를 보여주는 추가적인 증표이다. "메시야 안에" 있는 자들은, 비록 거기에 이제 막 들어온 이방인들이라고 할지라도, 장래에 이루어질 약속과 경륜을 짊어지고 있는 자들이다. 이것이 바울의 재정의된 종말론의 중심에 있다.

(c) 11:11-12

이번에는 11:13-15에서 카메라를 빼서, 그 양쪽에 접해 있는 본문들을 살펴보기로 하자. 우리가 첫 번째로 살펴볼 것은 11:11-12이다:

11:1-10 11:25-32

11:11-12 11:16-24

11:13-15

바울의 실제 서신의 일련의 사고의 흐름(이것은 우리가 중심에서 시작해서 바깥쪽으로 나아가면서 재구성하고 있는 것과 반대로 되어 있다) 속에서, 우리는 이 장의 두 번째 핵심 질문을 발견한다. 바울은 11:1에서는 사실상 유대인이 과연 구원받을 수 있는 것인지를 묻고 나서 "물론이다"라고 강한 긍정으로 대답하였다고 한다면(아래를 보라), 여기에서는 더 많은 유대인들이 구원받을 수 있는 것인지에 대하여 묻는다. "그들이 완전히 엎드러질 정도로 걸려 넘어진 것인가?" 우리는 (여기에서 "구원의 범위"에 관한 대단한 진술을 발견하고자 하는 사람들이 큰 소리로 합창을 한다고 할지라도) 바울은 결국 조직적이고 체계적인 논문이 아니라, 대부분이 이방인들로 구성된 로마에 있는 교회, 하나님이 유대인들과의 관계를 끝냈기 때문에 이제부터는 예수의 백성은 오직 이방인들로 구성될 것이라고 생각하는 사람들이 있는 것으로 강하게 의심되는 교회에 보낼 편지를 쓰고 있다는 것을 늘 잊어서는 안 된다. 달리 말하면, 바울은 하나님의 옛 백성이 이방인들로 이루어진 새 공동체에 의해 "대체되었다"는 그 어떤 생각에 대해서도 반대하고 있다는 것이다. 로마서 11장에 대한 아주 최근의 연구가 보여주는 아이러니는, 바울이 마르키온주의(Marcionism)의 초기 형태라고 할 수 있는 "대체주의" 신학을 공격하고 있는데도, 그가 그러한 관점을 공격하고 있다고 설명하는 사람들은 "대체주의" 신학을 주장하는 것으로 비난을 받는다는 것이다.[573] 바울이 말하고자 하는 전체적인 요지는 유대인들은 여전히 구원받을 수 있다는 것이다. 만일 그가 "유대인들은 현재로서는 구원받을 수 없지만, 마지막에는 그들 모두가 구원받게 될 것"이라고 말하고자 하였다면, 11:11-24을 지금과는 매우 다르게 썼거나, 아예 쓰지 않았을 것이다. 또한, 그가 그런 식으로 말하였다면, 그것은 현재 이방인들이 보여주고 있던 교만함에 대한 경고로서의 기능을 하지 못하였을 것이다.

우리는 방금 전에 11:15과 로마서 5장 간의 병행에 대하여 말하였는데, 11b절도 그러한 병행을 보여준다. 5:12-21에서는 아담의 범죄가 나중에 메시야의 구원 사역에 의해 극복된 문제를 야기시켰다고 말하는데, 여기에 언급되고 있는 이스라엘의 "범죄"는, 비록 그 결과는 서로 상당히 달랐지만, 저 옛적의 아담의 "넘어짐"을 재현한 것이다(5:20과 7:7-12에서 말하고 있듯이). 5장에서는 아담의 "범죄"에 대하여 이렇게 말한다:

> [17]한 사람의 범죄로(tō tou henos paraptōmati - '토 투 헤노스 파랍토마티') 사망이 그 한 사람을

573) Stowers, 1994, 313은 여기에서 Barrett의 석의는 "이방 기독교가 유대인들을 대체해서 하나님의 백성이 된 것에 관한 서사"에 의해 지배되고 있다고 주장한다. 우리는 그러한 고소를 특이하고 별난 것으로 만들기 위해서, Barrett이 말하고 있는 모든 것에 동의할 필요는 없다. Bell, 1994, 3f.는 나의 견해의 "배후에" "교회가 이스라엘의 역할을 담당하게 되었고, 이스라엘은 상속권을 박탈당하였다는 이론"이 자리 잡고 있다고 주장한다. 현재의 장과 본서가 거기에 대한 대답이 될 것이다: 나의 견해는 바울에게 있어서 십자가에 못 박히고 부활한 나사렛 예수가 이스라엘의 메시야였다는 것이다. 다른 모든 것은 이것으로부터 따라나온다.

> 통하여 왕 노릇 하였다면, 하물며 은혜와 계약의 지체로서의 지위를 선물로 차고 넘치게 받는 자들은 한 사람 메시야 예수를 통하여 생명 안에서 얼마나 더 왕 노릇 하겠는가.[574]

그런 후에, 즉시 추가적인 설명이 뒤따라 나온다:

> [18]그러므로 한 사람의 범죄로 말미암아(di' henos paraptōmatos - '디 헤노스 파랍토마토스') 모든 사람이 정죄에 이른 것과 마찬가지로, 한 사람의 의로운 행위로 말미암아 모든 사람이 의롭다 하심을 얻어 생명에 이르렀다.[575]

바울은 그 말이 끝나기가 무섭게 아담과 관련된 이 지도 위에 토라(따라서 이스라엘)를 갖다 놓는다:

> [20]율법이 들어온 것은 범죄가 꽉 차게 하기 위한 것이었다(hina pleonasē to paraptōma - '히나 플레오나세 토 파랍토마'). 그러나 죄가 더한 곳에 은혜는 더욱 넘쳤다 … [576]

로마서 5-8장의 관점에서 볼 때에 "문제"의 일부는, 이스라엘은 제대로 된 삶을 살기 위하여 토라에 매달렸지만, 돌아온 결과는 오직 죄로 말미암은 사망뿐이었다는 것이다. 그런 후에, 이 "문제"에 대한 해법은 8:1-11에서 제시되고, 이것은 8:12-30에서 "새로운 출애굽"과 "유업"을 말하기 위한 정지작업으로서의 역할을 한다.

그러나 로마서 9-11장의 관점에서 볼 때, 이스라엘의 '파랍토마'(paraptōma, "범죄")는 이제 다른 시각에서 보이게 된다. 즉, 이스라엘이 아담의 "범죄"를 재현한 것은 그 자체가 사람들이 속량되는 결과를 가져왔고, 아울러 이스라엘의 여정의 다음 단계는 하나님의 구속 계획에 "훨씬 더 많은" 풍미를 더해줄 것이다:

> [11]그들이 완전히 엎드러지기까지 걸려 넘어진 것이냐. 분명히 그렇지 않다. 그들이 범죄함으로(tō autōn paraptōmati - '토 아우톤 파랍토마티') 구원이 열방들에게 이르게 된 것은 이스라엘로 하여금 시기하게 하기 위한 것이었다. [12]그들의 범죄함이 세계에 대하여 풍성함을 의미하고(ei de to paraptōma autōn ploutos kosmou - '에이 데 토 파랍토마 아우톤 플루토스 코스무'), 그들이 빈곤하게 된 것이 열방들의 부요함을 의미한다면, 하물며 그들의 충만함은 얼마나 더한 것을 의미하겠는가![577]

574) 5:17.
575) 5:18.
576) 5:20.
577) 11:11-12.

이것은 오직 한 가지로만 설명이 가능하고, 그것은 우리가 9:6-29로부터 현재의 본문에 이르기까지 미리 얼핏 보게 된 굉장한 것이다. 즉, 이스라엘의 "넘어짐"은 정확히 육신을 따른 메시야 백성의 넘어짐이라는 것이다. 따라서 그것은 메시야의 십자가 죽음이 지닌 속량의 의미를 상당한 정도로 공유한다.[578] 바울은 이 장의 끝부분에서 이 논증 전체를 요약하면서 이렇게 말한다: "너희[이방인들]가 이제 그들[유대인들]의 불순종으로 말미암아 긍휼을 얻었다."[579] 앞의 11:11-12과 연결되어 있는 이 본문은 11:25-26에 계시된 "신비"가 이 장의 나머지 부분과 단절되어 있는 새로운 관념이 아니라, 11:11에서 11:32에 이르기까지 내내 설명되어 온 관념이라는 것을 보여주는 추가적인 증표이다.[580]

게다가, 갈라디아서 2:19에서 바울이 자신을 대표로 내세워서 "내가 메시야와 함께 십자가에 못 박혔다"(Christō synestaurōmai – '크리스토 쉬네스타우로마이')고 말한 것 속에는, 우리가 예상하지 못한 추가적인 의미가 있다. 바울은 다른 그 어디에서도 이스라엘의 "넘어짐"이 인류의 속량과 관련된 의미를 지니고 있다는 것을 암시조차 한 적이 없었다. 이제 마침내 우리는 로마서 9장에서 전개되어 온 그의 날카롭고 흔히 논란을 불러 일으키는 "선민론"이 어디를 향해 나아가고 있는지를 보게 된다. 그것은 어떤 사람들(이스라엘과는 상관없이 일반적으로)은 복음을 듣고 믿게 되고, 어떤 사람들은 그렇지 않은 이유에 관한 신비를 표현하기 위한 추상적인 "예정론"이 결코 아니었다. 바울은 그런 종류의 사변을 결코 권하지 않는다. 도리어, 그것은 (하나님이 아브라함을 택하고 부른 것을 시작으로 해서) 이스라엘이 선민이 된 것은 언제나 세계의 죄를 해결하기 위한 것이었다는 것, 이스라엘이 이삭에서 야곱으로 축소되고, 결국에는 '휘폴레임마'(hypoleimma, "남은 자")와 "씨"로 줄어든 것은 선민으로서의 이스라엘에게 처음부터 주어진 숙명이었다는 것, 이 "남은 자"는 더욱 줄어들어서 세계를 속량하기 위하여 "버림 받아야" 했던 메시야라는 한 점까지 좁혀지게 되었다는 것을 아주 구체적으로 말하고자 한 것이었다. "선민"의 핵심은 아담의 죄에 단단히 붙잡히거나 그 죄가 연쇄적으로 가져다줄 결과들을 신비한 방법으로 피하게 될 한 백성을 선택하거나 부른 것도 아니었고, 일부 저급한 주장들처럼, 하나님이 단지 자신의 친밀한 친구가 필요해서 한 백성을 선택한 것도 아니었으며, 오로지 하나님이 인류의 죄 및 온 피조세계

578) 다른 사람들이 메시야의 고난에 참여하고, 그러한 확대된 "메시야적" 고난들은 긍정적인 결과들을 지닌다는 관념은 물론 바울에 있어서 새로운 것이 아니다: 예를 들면, 고후 4:7-15; 골 1:24.

579) 11:30.

580) Wagner, 2010, 429: 바울은 "단지 자신이 내내 논증해 온 것을 분명하게 진술할 뿐이다."

에 미친 그 결과들을 해결하기 위해서는, 그 죄와 결과들을 어느 한 지점으로 집중시켜서 거기에서 패배시키고 단죄하여 이겨야 하는데, 이 때에 죄를 단죄하기 위한 바로 그 지점이 되도록 한 백성을 선택하고 부른 것이었다. 그런 까닭에, 로마서에서 3:24-26에서 시작되어서 8:3-4로, 그리고 이어서 10:3-4로 관통하는 흐름은, 5:6-11과 5:12-21에 의해서 밑받침된다. 여기에 하나님의 의, 곧 계약에 대한 하나님의 신실하심을 드러낸(apocalypticize) 메시야의 신실하심이 있다.

이것은 우리를 어디로 데려다 주는가? 특히 로마서에서 바울에게 대단히 중요한 본문이었던 신명기 32장은 하나님의 "패역한 자녀들"이 "하나님을 기만적으로 대해 왔다"고 말한다.[581] 바울이 메시야의 죽음과 부활을 광범위하게 천착해서 우리에게 보여주어 온 것은, 그러한 거짓됨조차도 하나님의 영광과 구원의 역사에 기여해 왔다는 것이다. 그가 3:2-3에서 말하고 있는 것이 바로 그것이다. 이스라엘 사람들에게는 하나님의 말씀이 "맡겨졌지만," 그들 중 일부가 신실하지 못했다고 해서, 그것이 하나님의 신실하심을 무효로 만들 수는 없다. 왜냐하면, 모든 사람이 다 거짓되다고 할지라도, 하나님은 참되실 것이기 때문이다. 달리 말하면, 이스라엘 전체가 어그러진 길로 가버린다고 할지라도, 하나님은 결국에는 이스라엘을 통해서 세계의 구원을 이루게 될 것이라는 말이다. 아니, 사실은 하나님은 이스라엘이 전체적으로 이 어그러진 길로 가게 함으로써, 세계의 구원을 이룰 것이다! 바울은 이것이 지금 이루어지고 있는 일이라고 말한다. 3:1-9의 질문들을 통해서 얼핏 볼 수 있었던 9-11장은 마침내 그 비밀들을 드러내었다. 우리는 로마서를 치밀하게 작곡된 하나의 교향곡으로 이해할 때에만, 그 여러 부분들을 제대로 이해할 수 있다.

따라서 바울에게 있어서 이것은 이스라엘이 결국 "완전히 엎드러지기까지 걸려 넘어진" 것은 아님을 보여주는 열쇠이자 보증이었고, 새로운 가능성을 약속해 주는 것이었다. 이스라엘의 불신앙, 메시야에 대한 배척, 아브라함에서 시작해서 메시야에 이르기까지 내내 선민으로서의 사명을 거부하고 "하나님의 의"를 인정하거나 복종하지 않아 온 것, 바울의 동시대인이었던 유대인들이 이방 선교를 방해하고자 헛된 노력들을 한 것 — 이 모든 것이 사실은 "열방들의 구원"을 위한 것임이 드러났다. 그는 다른 비유를 사용해서, 이렇게 말한다: 그들의 "범죄"는 "세계에 대해서는 풍성함"을 의미하였고, 그들의 "실패"(hēttēma – '헷테마')는 "열방

581) 신 32:5.

582) '헷테마' (hēttēma)는 매우 드물게 나오는 단어이다: LSJ에 의하면, 이 단어는 여기 외에는 오직 사 31:8(LXX); 고전 6:7에서만 발견되고, 그 의미는 "철저한 손실"이다(Keck, 2005, 269를 보라). 이 단어는 경주에서 지는 것 같이 "패배하다" 또는 "더 나쁘게 대우받다"라는 의미를 지닌 좀 더 자주 사용되

들에게는 부요함"을 의미하였다.[582] 그렇다면, 그들의 '플레로마'(plērōma, "충만함")는 무엇을 의미하겠는가?

바울은 11:15에 가서는 '아포볼레'(apobolē, "내쳐짐")와 '프로스렘프시스'(proslēmpsis, "받아들여짐")를 사용해서 표현할 것을, 여기 11:12에서는 '플레로마'(plērōma, "충만함")로 표현한다. 이 단어를 통해서 바울이 정확히 무엇을 표현하고자 했는지는 분명하지 않지만, 바로 그런 것을 표현하고자 했을 가능성이 높다. 메시야적으로 수정된 종말론일지라도, 어쨌든 종말론은 몇몇 분명하고 확고한 것들을 믿고서, 어둠 속을 미리 꿰뚫어 보는 것이지만, 다음에 정확히 무슨 일이 일어날 것인지에 대해서 말하는 것은 불가능하다. 바울은 하나님이 지금 믿지 않는 자신의 동족 이스라엘 사람들을 무수하게 구원할 것인지, 아니면 조금만 구원할 것인지에 대해서 그 어떤 예측도 하지 않고, 단지 (a) 하나님은 "얼마," 달리 말하면 현재보다는 상당히 더 많은 유대인들을 구원할 것이고, (b) 그것은 "충만함"(plērōma - '플레로마')으로 여겨질 것이며, (c) 그것은 바울도 그 일부인 작지만 점점 자라나는 "남은 자"의 온전한 수를 포함하는 것이 될 것이라고만 말한다. 그러나 여기에서, 이것은 그리 자주 지적되는 것은 아니지만, 바울은 육신에 따른 자신의 골육의 '플레로마'(plērōma, "충만함")나 '프로스렘프시스'(proslēmpsis, "받아들여짐") 외에 또 다른 것을 암시하는데, 그것은 유대인들의 충만한 수가 들어오는 것은 이방인들에게도 "훨씬 더 많은" 유익이 되리라는 것이다. 메시야의 죽음이 큰 복을 가져다주었지만 부활이 그것보다 훨씬 더 큰 복을 가져다준 것과 마찬가지로(5:10), 이스라엘의 "줄어듬"이 세계에 복을 가져다주었지만, 그들의 "충만함"은 그것보다 더한 복을 의미하게 될 것이다. 바울은 여기에서 이스라엘의 "충만함"으로 인하여 이방인들이 받을 복이 무엇인지를 의도적으로 구체적으로 말하지 않고, 단지 부활의 언어로 그것을 표현하는 것(11:15)을 제외하고는 일부러 모호하게 남겨둔다.

따라서 11:12은 이스라엘이 아담의 범죄를 재현하였다는 의미에서의 "아담"과의 병행을, 이스라엘이 메시야의 죽음과 부활을 재현하였다는 의미에서의 기독론적인 병행을 한데 결합시키고 있는 것으로 보인다. 나는 이것이 로마서 11장에서 바울이 직면한 새로운 종말론적인 질문에 대한 그의 기본적인 대답을 담고 있다고 보는데, 그것은 로마에 있는 메시야를 믿는 이방인 신자들의 "반유대적"이거나 유

는 '헷타오마이'(hēttaomai, BDAG 441)와 어근이 같다. Stowers, 1994, 312-16은 "경주에서 지다"라는 관념을 근거로 해서 지나치게 많은 것들을 주장한다: Wagner. 2002, 267f. n. 155를 보라.

대인에 대하여 냉소적인 태도를 겨냥한 이 대단락 전체의 수사학적 취지와 정확히 부합한다. 이방인들의 부르심은, 이제 그렇게 해서 부르심을 받은 이방인 신자들을, 특권을 누리는 편안한 자리가 아니라 엄중한 책임감이 수반되는 자리에 갖다 놓는다. 2:17에 나오는 "유대인"의 경우와 마찬가지로, 그들은 하나님이 이제 자신의 남은 목적들을 이루는 데 사용될 도구들이기 때문에, 그들 자신을 위해서가 아니라, 하나님이 그들을 통해서 일하도록 하기 위하여 존재한다. 이것은 이 장의 수사학적 정점인 11:17-24에 나오는 낮아짐(humility)으로의 부르심의 일부이다.

이스라엘의 '파랍토마'(paraptōma, "범죄함")에 대한 바울의 언급은 9장에 나오는 또 하나의 주제와 연결되어 있다. 바울은 그 장의 끝에서 선민에 관한 기이한 서사의 결과들을 요약하는 가운데, 걸림돌에 관하여 말하는 이사야서의 잘 알려진 본문을 언급한다:

> [32]그들은 걸림돌에 걸려 넘어졌으니, [33]그것은 성경이 말한 것과 같다:
> 보라, 내가 사람들로 하여금 걸려 넘어지게 할 돌과
> 사람들로 하여금 부딪쳐 넘어지게 할 바위를 시온에 둘 것이니,
> 그를 믿는 자는 결코 부끄러움을 당하지 아니하리라.[583)]

앞에서 지적하였듯이, "돌"은 토라와 메시야 둘 다를 가리키는 것으로 보인다. 그러나 여기에서 초점은 이스라엘을 "걸려 넘어지게 하는" 하나님의 목적에 두어져 있다. 여기 겉보기에 부정적인 것 같은 기이한 선민론 — 뼈가 보일 정도로 수척하게 만들기 위하여 선민으로 택하였다는 것 — 에 관한 긴 설명의 끝에서, 우리는 하나님이 이스라엘의 넘어짐을 계획하였다는 관점에서 메시야와 새 계약을 보는 핵심적인 설명의 이면에서 출현하는 진술(10:1-13)을 발견한다. 따라서 바울이 11:11에서 "그들의 넘어짐(paraptōma – '파랍토마')으로 말미암아"라는 말로 요약할 때, 우리는 9장의 그의 일련의 사고의 흐름이 어디를 향하고 있었는지를 알 수 있게 된다. ''파랍토마'라는 단어는 고전 헬라어에서 "큰 실수를 저지름," "궤도를 벗어남"이라는 비유적인 의미로 사용되었기 때문에, "범죄함," "잘못함"이라는 전문적인 의미를 지니게 되었지만, 사람들은 이 단어의 기본적인 의미가 "실족함," "미끄러져 넘어짐," "걸려 넘어짐"이라는 것을 쉽게 연상할 수 있었다.[584)]

583) 9:32b-33.

584) cf. BDAG 770("범죄, 행악, 죄")과 LSJ 1322("올바른 길로부터 떨어졌다"는 울림을 지닌 "실족, 실수, 잘못").

신약성서에 "복된 죄"(felix culpa)에 대하여 말하는 구절이 있다면, 그것은 아마도 이 대목일 것이다. 심지어 인류로 하여금 "위대한 구원자"를 오랫동안 기다리게 만든 아담의 죄에도 "복되다"고 할 수 있는 요소가 전혀 없었다. 왜냐하면, 내가 바울을 제대로 이해한 것이라면, 그는 아담이 범죄하지 않았더라도, 영원 전부터 "하나님과 동등하였던"분, "보이지 않는 하나님의 형상이자 모든 피조물 중에서 가장 먼저 난 자"인 그분은 어쨌든 "때가 다 찼을 때,"사람들을 속량하기 위해서가 아니라 완성된 피조세계를 영광 중에 다스리기 위하여 나타났을 것이라고 말하였을 것이기 때문이다.[585] 하지만 인류가 죄를 범하고, 그 결과 피조세계가 부패하고 썩어지게 되었기 때문에, 창조주 하나님은 그 문제를 해결하기 위하여 아브라함과 그의 권속을 불렀고, 마침내 아브라함의 씨이자 이스라엘의 대표자인 메시야로 친히 와서 그 문제를 해결하여야 하였다. 바울이 9-11장 전체에 걸쳐 말하고자 한 요지는, 하나님의 이러한 구속 역사 속에서 선민 이스라엘이 처음에 택함을 받은 것이나 그 이후에 남은 자로 축소된 과정이나 다 꼭 필요하였던 과정이었고, 비록 하나님이 "죄를 단죄한"(8:3) 곳은 이스라엘이 아니라 메시야의 육신이긴 하였지만, 메시야는 이스라엘의 대표자로서 그렇게 행한 것이기 때문에, 이스라엘의 역사는 세계의 속량을 이루기 위한 역사였다는 것이다. 구원사(Heilsgeschichte) 같은 것이 존재한다면, 그것이 존재할 수 있는 이유는 그 중심에 정죄사(Verdammungsgeschichte), 즉 이스라엘의 메시야가 세계를 구원하기 위하여 세계에 대한 정죄를 짊어진 것에 관한 이야기가 자리하고 있기 때문이다. 구원사가 존재한다면, 그것이 존재할 수 있는 이유는 오로지 하나님이 마침내 역사의 한복판에서 행한 근본적으로 새로운 일로 인해서, 그렇지 않았더라면 구원사가 될 수 없었을 역사를 구원사로 만들었기 때문이다. 따라서 하나님이 이스라엘 앞에 "걸림돌"을 놓은 것 자체도 이스라엘의 "내쳐짐"을 통해서 세계를 속량하기 위한 계획의 일부였다. 바울은 여느 때와 마찬가지로 여기에서도 자신이 앞서 언급하였던 주제를 상기시킴으로써 11:11-24의 논증을 진전시켜 나가고 있다.

(d) 11:16-24

이 모든 것은 우리를 로마서 11장의 주된 논지가 펼쳐지는 곳으로 다시 데려다 준

585) 여기에 함축되어 있는 "스코투스주의적인"(Scotist) 기독론에 대해서는 이제는 van Driel, 2008의 중요한 책을 보라. 나는 이 서지에 관련해서 Ivor Davidson 교수에게 감사한다.

다. 우리는 중심 본문인 15절(그 맥락을 설정해 주고 있는 도입부인 11:13-14과 함께)에서 시작해서, 그 앞에 있는 11:11-12을 살펴본 후에, 이제 바로 그 직후에 나오는 본문에 도달하였다:

11:1-10 11:25-32

11:11-12 11:16-24

11:13-15

이 본문에는 "첫 열매"와 "전체"에 관한 은유(11:16a)를 도입부로 해서, 많이 논의되는 "감람나무" 은유(11:16b-24)가 나온다:

> 첫 열매가 거룩하면 전체가 다 거룩하며,
> 뿌리가 거룩하면 가지들도 거룩하다.

바울이 여기에서 은유적인 표현을 사용하는 목적 중의 일부는 결국 수학적으로 정확하게 표현하기 위한 것이 아니라 어떤 것을 환기시키고자 하는 데 있다는 것은 분명하지만, 여기에서 그가 이 두 은유를 통해서 말하고자 하는 것이 정확히 무엇인지에 대해서는 많은 논의가 있어 왔다. "첫 열매"는 고린도전서 15:20에서 말하고 있는 죽은 자 가운데서 다시 살아난 메시야를 가리키는 것인가? 그렇다면, 그 요지는 그 자신도 유대인인 메시야가 바울이 11:1-6에서 말하는 "남은 자"의 시작이라는 것인가? 아니면, "첫 열매"는 은혜에 기반해 있기 때문에(11:6) 자랑할 이유가 없었던 상대적으로 소수인 작은 무리였던 "남은 자"를 가리키는 것인가? 아마도 그는 이 두 가지 모두를 염두에 두었던 것 같다. 또한, "뿌리"와 "가지들"이라는 표현과 관련해서도, 그는 "나무"(이것은 나중에 나온다)가 아니라 "뿌리"라고 말하고 있기 때문에, 그것은 아브라함, 하나님, 메시야, 남은 자 중에서 어느 것을 염두에 둔 표현인가?[586]

"감람나무" 은유에 비추어 볼 때, "남은 자"는 은혜로 말미암아 "나무"에 남아 있게 된 유대인 "가지들"일 것이기 때문에 "뿌리"일 수 없다는 것이 분명하기는 하지만, 다행히도 우리는 현재의 목적을 위해서는 이러한 논란이 심한 쟁점들을 굳이 여기에서 해결할 필요가 없다. 이 두 은유를 사용해서 바울이 말하고자 하는 요지

586) 나는 과거에 이러한 문제들에 대하여 여러 입장들을 취해 왔다(cf. Wright, 2002 [*Romans*], 683f.). 나는 사람이 자신의 생각을 종종 바꾸는 것은 허용되는 일이라고 믿는다.

는 실제로 분명하다, 즉, 그는 "전체"와 (지금은 꺾인) "가지들"이라는 표현을 통해서, 지금 "믿지 않는" 또는 "완악해진"(11:7) 유대인들에 대해서 말하면서, 그들이 온전한 의미에서 이미 "거룩함을 입었다"는 의미에서가 아니라,[587] 고린도전서 7:14에서 믿지 않는 배우자와 그러한 결혼을 통해 얻어진 자녀들이 "거룩하다"고 말하는 그런 의미에서[588] "거룩하다"고 말하고 있는 것이다. 그는 16절에 나오는 두 가지 은유 속에서 서로 다른 경로를 통해, 즉 한편으로는 11:1-7에 나오는 "남은 자"를 "첫 열매"에 비유하는 경로(메시야는 전면에 등장하지는 않지만 그 가까이에 있다), 다른 한편으로는 족장들을 "뿌리"에 비유하는 경로(로마서 4장에서 말하고 있듯이, 하나님이 족장들에게 준 약속들은 여전히 유대인들만이 아니라 이방 그리스도인들에게도 자양분의 원천이라는 점에서)를 통해 동일한 결론에 도달하고 있는 것일 가능성이 크다.[589] 두 은유 간의 주된 차이점은 감람나무 표상은 좀 더 은유적인 전개, 심지어 알레고리적인 전개를 해나가기가 더 쉽다는 것이다: 어떤 가지들은 꺾이고 어떤 가지들은 접붙임을 받는 와중에서도, 중요한 것은 "나무" 자체이다. 이 단락 전체에 걸쳐 주된 목적은 "그 가지들을 향하여 자랑하지 말라"(18절), "그것에 대하여 높은 마음을 품지 말라"(20절), "너희 자신을 대단하다고 생각하지 말라"(25절)고 말하는 것이다. 지금 믿고 있지 않은 유대인들조차도 "육신을 따라서는" 여전히 창조주 하나님으로부터 깨뜨려질 수 없는 위대한 약속들을 받은 백성의 일부이다. 그들은 존중을 받아 마땅하고, 유대인들의 메시야를 믿게 된 이방인들은 그들에 대하여 우월감을 지닐 이유가 없다. 하나님은 그들과의 관계를 끝장낸 것이 아니다. 그들은 "대체되거나" "유업을 박탈당한" 것이 아니다. 하나님은 그들 중 다수를 그들 자신의 메시야를 믿는 믿음으로 인도하였다. 우리는 이제 그들이 애초에 "완악하게" 된 이유들을 알 수 있게 되었다. 장차 하나님은 틀림없이 그들 중 더 많은 수를 믿음으로 인도할 것이다. 이것이 "감람나무" 은유의 강조점이다.[590]

587) 예를 들면, 롬 6:19; 고전 6:11; 살전 4:3 등.

588) 이것에 대해서는 예컨대 Fitzmyer, 2008, 299-301, 그리고 특히 Thiselton, 2000, 527-33와 해석사를 보라.

589) 이것은 실질적으로 Fitzmyer, 1993, 587의 입장이다. 나는 바울이 "뿌리"를 18절에서 다시 언급하는 것이 자랑하는 것을 막기 위해 경고하는 것이라는 사실이 의미심장하다고 본다: 네가 뿌리를 떠받치는 것이 아니라, 뿌리가 너를 떠받치는 것이다. 문맥상으로, 이것은 "뿌리"가 하나님이나 메시야가 아니라, 민족으로서의 이스라엘의 토대, 즉 족장들(cf. 28절)이라는 것을 함축한다(Bell, 2005, 276이 "뿌리"라는 단어 속에는 메시야적인 울림이 있음을 지적한 것은 옳지만: 사 11:10; 53:2).

590) Nanos, 2010a, 339f.는 "교회에 의해서 이스라엘이 대체되었다거나, 이스라엘과 교회가 융합되었다거나, 특히 이방 그리스도인들이 감람나무에 비유된 이스라엘에 접붙임이 되었다고 주장하는" 읽

믿지 않는 배우자와의 유비는 시사해 주는 바가 크다. 바울은 고린도전서에서 믿지 않는 배우자가 믿는 배우자에 의해서 아무리 "거룩하게 되었다"고 할지라도 자동적으로 구원받는 것이 아니라고 말하고 있는 것처럼, 여기에서도 지금 믿지 않는 유대인들이 반드시 구원받게 될 것이라고 말하고 있는 것이 아니다. 만일 그가 자신의 "믿지 않는" 동족 유대인들이 결국에는 반드시 구원을 받게 될 것이라고 믿었다면, 그는 그렇게 고민하고 아파할 이유가 없었을 것이고, 9:1-5은 공허한 말이 되어 버렸을 것이며, 10:1의 기도에 대한 대답으로 10:2-13에서 유대인들의 "구원"에 대하여 설명할 필요도 없었을 것이다. 그가 여기에서와 이 대단락 전체에 걸쳐서 말하고자 한 것은 "그들이 자동적으로 구원받게 될 것"이라는 것이 아니었고, 그들이 자동적으로 구원받지 못하게 된 것이 아니라는 것이었다. 이것이 이 장 전체, 그리고 어느 정도는 9-11장 전체의 수사학적인 논지이다.

바울은 어쨌든 로마 교회의 분위기가 어떠한지를 알고 있었다. 그는 어릴 때에는 소아시아의 다소에서 강경파 유대인으로, 그리고 나중에는 메시야를 전하는 유랑 전도자로서, 자신의 대부분의 생애를 이교 도시들에서 일하며 보내었다. 그는 이방인들이 유대인들을 어떻게 생각하는지를 누구보다도 잘 알고 있었다. 그는 대부분이 이방인들로 구성된 교회에 아무 말을 하지 않아도, 그들이 길거리에 있는 회당을 지나가면서 경멸하는 눈으로 바라볼 것임을 알고 있었고, 특히 유대인들이 이전에 도시에서 추방당했다가 최근에야 다시 돌아오는 것이 허용되었다면, 이방인들이 유대인들을 어떻게 대했을지를 잘 알고 있었다.[591] 내가 다시 한 번 강조하

기들, "요컨대, 이런 의미에서의 '이스라엘'이 '기독교'를 가리키는 환유법으로서의 역할을 하는" 그러한 읽기들을 피하여야 한다는 말로 시작한다. 이것은 바울이 로마서 1-4장, 갈라디아서 등등과 맥을 같이하여, 기독교 신앙은 이방인들이 아브라함의 믿음에 참여하는 것이라고 실제로 말하고 있는 것을 배제하는 것으로 보인다. Nanos가 여기에서와 372에서, 이후의 세대들은 이 본문을 바울의 의도를 반영하지 않는 방식들로 사용해 왔다고 말하는 것은 옳지만, 여기서 "나무"는 이스라엘이 아니라고 말한 것(340f.)은 대다수의 석의자들에게와 마찬가지로 내게도 분명하게 잘못된 것으로 보인다; 그는 이 알레고리는 그 자체가 "엉성하고"(269) "부적합하며"(371) "주변의 알레고리들 및 논증들과 잘 부합되지 않는다"(373)고 말함으로써, 은연중에 그것을 인정한다. Nanos가 통상적으로 "유대인"을 나타내기 위하여 "이스라엘 사람"이라는 표현을 사용하는 것(9:6b에도 불구하고)은 그 자체가 대다수가 바울의 자연스러운 의미로 보는 것을 피하기 위한 것으로 보인다. 로마서 14장의 "약한 자들"은 그리스도를 믿지 않는 유대인들이고, 그리스도를 믿는 이방인들은 그러한 유대인들의 회당에서 예배를 드리고 있었다는 그의 이전의 주장(Nanos, 1996)은 거의 지지를 얻지 못해 왔다.

591) Das, 2007, ch. 4; Esler, 2003b, ch. 4 등에 나오는 논의들과 서로 다른 견해들을 보라. 여기에서 나의 주장은 이러한 특정한 재구성에 영향을 받지 않지만, 분명히 잘 부합할 것이다(Wright, 2002 [*Romans*], 406-8을 보라).

고자 하는 것은, 이전의 전통들에 속한 해석자들이 아무리 진지한 마음으로 로마서 1-4장을 구원론에 관한 논문으로 바꾸어 놓고자 하고, 좀 더 새로운 전통들에 속한 해석자들이 아무리 진지한 마음으로 로마서 11장을 구원론에 관한 논문으로 바꾸어 놓고자 할지라도, 바울은 그런 논문을 쓰고 있는 것이 아니었다는 것이다. 그는 로마 교회에 문제가 일어날 것을 알고서, 그 문제의 싹을 자르기 위해서 편지를 쓰고 있는 것이었다.

따라서 그는 자신의 논증을 주의 깊게 구축해 나간다. 그는 믿는 유대인들로 이루어진 "남은 자"가 존재한다는 것을 확증한 후에(11:1-6), 우리는 기독론적인 렌즈를 통해서 하나님이 이스라엘에 대하여 그렇게 행한 이유를 얼핏 볼 수 있었기 때문에, 그것을 토대로 해서, 기독론 위에서 더 많은 유대인들이 마치 "죽은 자 가운데서 살아나는 것"처럼 "구원을 받아" "충만함"을 얻고 "다시 받아들여지게 될 것"을 기대할 수 있다는 것을, 모호하지만 충분히 환기될 수 있는 방식으로 말하였다(11:11-15). 나는 바울이 이 모든 것을 비록 주의를 환기시키고 흥미를 유발하는 방식으로 말하고 있기는 하지만, 의도적으로 모호하고 개략적으로 말하고 있는 것이라고 생각한다.[592] 그는 이 "충만함"이 어떤 것일지를 의도적으로 정확히 말하지 않고, 단지 자신의 목적은 "그들 중에서 얼마를 구원하는 것"이라고만 말할 뿐이다. 그러나 "감람나무" 은유는 이러한 일반적인 말들로부터 매우 구체적인 가르침들로 옮겨가기 위한 방식이다. 이것이 16절이 '가르'(gar)가 아니라 '데'(de)로 연결되어 있는 이유이다. 접속사 '데'는 16절이, 방금 앞에서 말한 것에 대한 보충설명이 아니라, 거기로부터 이끌어낸 결론이라는 것을 나타낸다. 이제 그는 하나님은 분명히 "꺾인 가지들" — 지금 "불신앙 가운데" 있는 유대인들(11:23) — 을 원래 그들이 붙어 있던 "나무"에 다시 접붙일 수 있다고 말하면서, 이것은 너희 이방인들을 접붙일 때보다 하나님에게 너무나 "자연스러운" 일이기 때문에, 3:27에서 유대인들에게 2:17-20에서 말한 "자랑"을 해서는 안 된다고 역설한 것과 마찬가지로, 여기에서는 이제 신학적으로 입장이 역전되었다고 해서 이방인들이 일종의 속물 근성을 발휘하여 유대인들을 깔보는 일이 있어서는 안 된다고 말한다.

그렇다면, "감람나무"는 무엇인가? 물론, 그것은 이스라엘을 가리키는 은유이다. 이스라엘을 감람나무에 비유하는 것은 성경에서 친숙한 것이고, 흔히 긍정적이고 매력적인 의미를 지닌다.[593] 이 표상의 전체적인 핵심은 갈라디아서 3장에서

592) Wagner, 2002, 271f.: "어느 정도 암호 같은"; 298 "다소 애매모호한."

593) 시 1:3; 52:8; 128:3; 호 14:6.

말하는 것과 같이 단일한 권속, 즉 족장들과 그들에게 주어진 하나님의 약속들에 뿌리를 둔 권속, 기이하게도 많은 "원 가지들"이 꺾여 나갔지만 많은 "다른 가지들"이 접붙임을 받은 권속이 존재한다는 것이다.[594] 이것은 바울이 이 서신 전체에 걸쳐서, 특히 4장에서 종종 말해 온 바로 그 권속이다. 9:30-10:13에서 말하고 있듯이, 놀랍게도 일부 이방인들은 이 권속 안으로 들어왔고, 마찬가지로 놀랍게도 일부 유대인들은 이 권속에서 빠져 나갔다. 바울이 여기에서 이제 메시야를 중심으로 철저하게 재편된 하나님의 옛 백성에 대하여 말하고 있다는 것에 대해서는 그 어떤 의문도 있을 수 없다. 미국 학계의 한 원로는 최근의 주석서에서 이것을 다음과 같이 표현하였다:

> 바울은 이방 그리스도인들이 믿음으로 말미암아 이스라엘 속으로 합체되었다고 역설하고 있다는 것은 물론 분명하다 … 바울은 [11:25이 말하듯이] 이방인들이 "들어오는" 것을 그들이 하나님의 백성 속으로 들어오는 것으로 이해하고 있었을 가능성이 높다 … 바울이 알고 있듯이, 이방인들은 복음을 받아들일 때에 자신들의 기존의 종교를 버려야 하지만(살전 1:9-10), 복음을 받아들인 독실한 유대인들은 종교를 바꿀 필요는 없고, 자신이 기존에 갖고 있던 종교를 재구성하기만 하면 된다. 이 두 무리는 함께 새로운 어떤 것, 즉 그리스도 사건을 하나님의 종말론적인 행위로 믿는 공통의 확신에 의해서 하나가 된 새로운 "백성"을 이룬다.[595]

"이방인들이 이스라엘 속으로 합체된다"는 것은 정확히 옳다. 이방인들이 들어가서 합체되는 하나님의 백성과 유대인들이 그 안에 머물러서 형성하고 있는 하나님의 백성, 이렇게 두 개의 "하나님의 백성"이 존재하는 것이 아니다. "감람나무"는 이것 이외의 다른 어떤 것을 의미할 수 없다. 그리고 그것은 우리에게 이 장 전체가 어디로 달려가고 있는지를 일깨워 준다.[596] 학계의 원로 중의 원로인 어떤 분

594) Nanos, 2010a, 354는 바울이 가지들이 "꺾였지만"(ekklaō - '엑클라오,' 11:17, 19, 20) 여전히 느슨하게 붙어 있는 것과 "잘려나가는 것"(ekkoptō - '엑콥토,' 11:22, 24; 이것은 "돌감람나무 가지들"이 자랑하기 시작하는 경우에 겪게 될 더 심각한 위협을 표현하는 말이다)을 구별하고 있다고 주장한다. 여기에 그러한 구별의 암시가 있을 수는 있지만, 이 주장에는 네 가지 문제점이 있다: (a) 19절은 "꺾인 것"이 이방인들이 접붙임 받을 수 있는 여지를 만들어 주었음을 보여준다; (b) 바울은 "원 가지들"의 운명과 자랑하는 이방인들이 맞게 될 운명을 병행시킨다(21절; Nanos도 이것을 알고서, 바울의 비유가 "여기에서 잘못되었다"고 밝힌 후에[364, 368], "나무 알레고리는 … 그 자체가 엉성하다"고 말한다[369]); (c) 그가 "너도 잘려나갈"(22절) 것이라고 말할 때, "~도"(kai - '카이')는 "잘려나가는 것"이 기본적으로 "원 가지들"이 이미 겪은 것과 동일한 운명이라는 것을 보여준다; (d) 바울은 이방인들이 "접붙임을 받는 것"이 "꺾인 가지들"이 불신앙 가운데 머물러 있지 않는 경우에 겪게 될 것과 동일한 것으로 상정한다(23f.).

595) Keck, 2005, 276, 279, 286(강조는 필자의 것).

은 그것을 이렇게 표현한다:

> 믿지 않는 유대인들은 무엇으로부터 잘려져 나간 것인가? 그들이 하나의 민족적인 실체로서의 유대 민족으로부터 잘려나가는 것은 불가능하기 때문에, 그들은 여전히 유대인들이다. 가지들이 꺾였다 … 그런데 참 이스라엘, 즉 그리스도를 믿은 남은 자에 속하기를 거부한 유대인들은 다수이다. 11:17의 "감람나무"는 아브라함을 뿌리로 해서 최초로 유대 그리스도인들로 이루어진 기독교 신자들의 공동체, 즉 교회를 상징한다 … 이방인들은 복음을 받아들임으로써, 감람나무, 즉 하나님의 백성에 접붙임을 받게 되었다. 그리고 이 감람나무는 … 아브라함이라는 뿌리와 연결되어 있다.[597]

케크(Keck)와 데이비스(Davies)는 정확히 동일한 것을 말하고 있는 것 같지는 않다. 케크는 믿는 이방인들이 "이스라엘" 속으로 합체된 것으로 보는 반면에, 데이비스는 믿는 이방인들이 감람나무라는 단일한 나무에 접붙임을 받았다고 보는 케크의 견해에 동의하기는 하지만, "참 이스라엘"을 유대인들 중에서 메시야를 믿은 남은 자로 한정시키는 것으로 보인다. 주잇(Jewett)도 이 동일한 실체에 대하여 세 번째 시각을 지니고 있다:

> 이스라엘의 우선권이 지속되고 있음을 인정하는 근거는 거룩하고 의로운 교회 공동체가 세계 속에 탄생하게 된 수단을 제공하였다는 것이다 … 이스라엘은 뿌리이고, 이방인 신자는 가지이다.[598]

그렇다면, 이방인 신자는 "이스라엘"의 일부가 되는 것인가? 그렇지 않다면, 이방인 신자는 어떤 의미에서 지금 그 뿌리에 속한 가지인 것인가?[599]

이 모든 것은 전체적으로 갈라디아서 3장의 요지와 매우 비슷하다. 즉, 아브라함에게는 하나의 권속이 있고, 모든 신자들은 거기에 참여한다는 것이다. 두 서신

596) (아마도 의외로) Bell, 2005, 297: "감람나무가 일차적으로 가리키는 것은 이스라엘임에 틀림없다 … 이방 그리스도인들은 이스라엘이라는 감람나무에 접붙임을 받았다."

597) Davies, 1984, 154f.(강조는 필자의 것).

598) Jewett, 2007, 683.

599) Hill, 2001, 1103은 "여기에서 바울이 ('영적인') 이스라엘로서의 교회를 지칭하고 있을 가능성은 결코 없다"고 단호하게 선언한다. 또한, cf. Nanos, 2010a, 360: "이방인들은 한 분 유일하신 하나님을 예배하는 데 이스라엘 사람들에게 합류한다 … 그러나 그들은 이스라엘도 아니고 … 이스라엘에 접붙임을 받은 것도 아니다." 그런 후에, 그는 믿는 이방인들은 "양자가 되어 … 하나님의 권속"(또는, "하나님의 좀 더 큰 권속," 376)이 된다고 말하지만(371), 그 차이나 이 "권속"과 "이스라엘" 간의 관계에 대해서는 설명하지 않는다.

간의 차이점은 이런 것이다. 갈라디아서에서는 바울은 이방인 신자들에게 육체적으로나 민족적으로나 유대인들이 되려고 해서는 안 된다고 경고한다. 만일 그들이 그렇게 한다면, 민족적인 토대를 고집하는 것이 되어서, 단일한 권속은 심각한 훼손을 입게 될 것이다. 로마서에서는 바울은 이방인 신자들에게 하나님이 점점 더 많은 유대인들을 원래 그들 자신에게 속하였던 권속 가운데로 다시 들어오게 할 수 없고 하지도 않을 것이라고 생각해서는 안 된다고 경고한다. 만일 그들이 그런 식으로 생각한다면, 이번에는 그 형태가 유대 민족이 아니라 비유대 민족으로 바뀐 것일 뿐, 여전히 민족적인 토대를 고집하는 것이 될 것이다.

따라서 케크의 표현방식을 따르면, 이 문제는 이런 것이다: "복음을 받아들인다"는 것과 "이미 지니고 있는 종교를 재구성한다"는 것은 무엇을 의미하는가? 바울은 로마서 3:21-4:25과 10:1-13에서 이미 그러한 질문들에 대하여 대답을 하였기 때문에, 여기에서는 단지 그것을 요약하기만 한다: "그들이 불신앙 가운데 머물러 있지 않는다면, 다시 접붙임을 받게 될 것이다"(11:23).

바울이 이 표상을 사용한 의도는 비교적 분명하다. 그러나 우리는 "감람나무" 표상의 배후에 있는 몇몇 성경 본문들, 그 중에서도 특히 한 본문의 뉘앙스를 놓쳐서는 안 되는데, 예레미야서 11장은 이 본문 속에서의 바울의 의도와 몇 가지 점에서 밀접하게 공명하고 있기 때문에, 그 핵심적인 요소들을 잠깐 살펴볼 필요가 있다:

> 야웨로부터 예레미야에게 임한 말씀이다. 너희는 이 계약의 말씀을 듣고, 유다 사람들과 예루살렘 주민들에게 말하라. 너희는 그들에게 이렇게 말하라. "이스라엘의 하나님 야웨께서 이와 같이 말씀하신다. 내가 너희 조상들을 애굽 땅에서 이끌어내던 때에 그들에게 명령한 이 계약의 말씀에 주의를 기울이지 않는 자는 누구든지 저주를 받을 것이다 … "
>
> 야웨께서 내게 "너는 이 모든 말을 유다 성읍들과 예루살렘 거리들에서 선포하라"고 말씀하셨다. "너희는 이 계약의 말씀을 듣고 행하라. 왜냐하면, 나는 너희 조상들을 애굽 땅에서 인도하여 낸 때로부터 오늘까지, 내 목소리에 청종하라고 엄히 경고하고 끊임없이 경고하였다. 하지만 그들은 순종하거나 귀를 기울이지 않았고, 도리어 각자가 악한 뜻의 완고함 가운데서 행하였다. 그래서 나는 내가 그들에게 행하라고 명령하였어도 그들이 행하지 아니한 이 계약의 모든 말씀이 그들에게 임하게 하였다."[600]

이것은 신명기 27-29장에 나오는 계약에 의거한 경고들을 분명히 반영한 것으로 보인다. 실제로 예레미야서 11:3은 바울이 갈라디아서 3:10에서 사용한 신명기

600) 렘 11:1-4, 6-8.

27:26의 인용문이다. 따라서 예레미야가 "그래서 내가 이 계약의 모든 말씀이 그들에게 임하게 하였다"고 말할 때, 그것은 그가 신명기의 저주들이 이 백성에게 임한 것으로 여겼음을 분명하게 보여준다 — 바울도 갈라디아서와 (신명기 29-30장과 32장의 사용을 통해서) 현재의 단락에서 그런 암시를 강력하게 내비친다. 그런 후에, 선지자는 이스라엘의 악행들의 긴 목록을 야웨로부터 받아서 백성들에게 전하고, 그 위에서 야웨는 예레미야에게 자기는 들을 마음이 없으니 이 백성을 위해 다시는 기도조차 하지 말라고 경고한다.[601] (이것은 9:3과 10:1에서 바울이 자신의 기도에 대하여 언급한 것과 희미하지만 통렬한 공명을 불러일으킨다.) 그런 후에, 감람나무에게 행복하고 좋았던 이전의 나날들을 언급하는 가운데, 그들이 초토화될 것이라고 선언하는 심판의 말씀이 나온다:

> 야웨께서는 전에는 너를 "좋은 열매 맺는 아름답고 푸른 감람나무"라고 부르셨으나, 큰 폭풍의 포효소리와 함께 그 나무에 불을 붙여 그 가지들을 태워 버리실 것이다. 너를 심은 만군의 야웨께서는 … 이스라엘 집과 유다 집이 행한 악으로 말미암아 네게 재앙을 선언하셨다.[602]

그 후에 선지자는 사람들이 자기를 죽이려 하고 있다는 것을 알고서, 자기가 "도살장으로 끌려가는 어린 양과 같은" 신세가 되었음을 발견한다:

> 그들이 나를 해치려고 음모를 꾸며서, "우리가 그 나무와 열매를 함께 없애고, 그를 산 자들의 땅에서 끊어서, 그의 이름이 다시는 기억되지 못하게 하자"고 말하는 것을 나는 알지 못하였다.[603]

그러나 예레미야는 그들과 그 땅이 초토화될 것이라는 예언들을 계속해 나간다.[604]

바울이 사용한 "감람나무" 표상은 예레미야의 이러한 예언들이 끝나는 지점에서 시작되는 것으로 보인다. 예레미야는 폭풍이 불어와서 가지들을 꺾고 태워 버릴 것이라고 예언하였다. 그러나 바울은 예레미야와 마찬가지로 신명기의 계약 서사를 따르고 있기는 하지만, 그에게는 추가적으로 할 말이 있었다. 그렇다, 가지들

601) 11:14-15.
602) 11:16-17.
603) 11:19.
604) 11:20-3.

이 꺾였고, 그 밖의 다른 일들도 뒤따랐지만, 그것이 이 이야기의 전부가 아니다:

> [17]가지들 중 일부가 꺾였고, 돌감람나무인 네가 그들 중에 접붙임이 되어, 참감람나무 뿌리의 진액을 함께 받는 자가 되었다면, [18]그 가지들을 향하여 자랑하지 말라. 너는 자랑할지라도 이것을 기억하라: 네가 뿌리를 보전하는 것이 아니고, 뿌리가 너를 보전하는 것이다.
>
> [19]나는 네가 이렇게 말할 것임을 안다: "가지들이 꺾인 것은 나로 하여금 접붙임을 받을 수 있게 하기 위한 것이었구나." [20]그 말이 지극히 옳다. 그들은 불신앙으로 인해서 꺾였고, 너는 믿음으로 말미암아 섰다. 높은 마음을 품지 말고, 도리어 두려워하라. [21]결국 하나님이 원 가지들을 아끼지 아니하셨다면, 너도 아끼지 않을 가능성이 아주 크다.
>
> [22]그러므로 하나님은 인자하심과 동시에 준엄하시다는 것을 명심하라. 하나님은 넘어진 자들에게는 준엄하시지만, 너희가 계속해서 하나님의 인자하심에 머물러 있는 한 — 그렇지 않으면, 너도 잘려나갈 것이다 — 너희에게 인자하시다. [23]그리고 그들도 불신앙 가운데 머물러 있지 않는다면, 다시 접붙임을 받을 것이다. 하나님은 그들을 다시 접붙이실 수 있으시다. [24]네가 원 돌감람나무에서 잘려서 본성을 거슬러 좋은 감람나무에 접붙임을 받았으니, 하물며 원 가지들인 이 사람들이야 얼마나 더 잘 그들의 원래의 감람나무에 접붙임을 받겠는가.[605]

이 유명한 본문은 많은 논의를 불러일으켜 왔지만, 실제로는 사람들이 생각하는 것만큼 그렇게 복잡하지 않다. 먼저 두 가지를 예비적으로 얘기해 두는 것이 도움이 될 것이다.

첫 번째는 바울은 자기가 설명하고 있는 내용이 "본성을 거스르는"(즉, 순리에 역행하는) 일임을 오늘날의 주석자들만큼, 아니 더 잘 알고 있었다는 것이다.[606] 그는 시골 사람이 아니라 도시 사람이었을 것이지만, 야생 가지를 좋은 감람나무에 접붙이는 것이 아니라, 좋은 가지를 돌 감람나무에 접붙여서, 그 좋은 가지가 돌 감람나무의 자양분을 받아서 열매를 맺게 하는 것이 순리라는 것을 너무나 잘 알고 있었다. 그런데도 그는 여기에 나와 있는 과정을 의도적으로 "본성을 거슬러"(para physin – '파라 퓌신') 설명함으로써(24절), 새로운 땅으로 조금씩 전진해 들어간다. 적어도 바울이 보기에는, 이 사건의 성격에 비추어 보았을 때, 하나님은 이전에 이와 같은 일을 한 적이 없었다.

두 번째는 우리는 바울이 여기에서 무엇을 말하고 있는지를 이해하기 위해서,

605) 11:17-24.

606) Jewett, 2007, 683-5; Nanos, 2010a, 355-8에 나오는 논의를 보라: 고대의 농사는 이전의 주석자들이 알고 있던 것보다 더 복잡하였다.

그가 로마 교회의 어떠한 상황을 상정하였던 것인지를 확인할 필요가 없다는 것이다. 앞에서 이미 말해서 우리가 충분히 알고 있듯이, 유대인들을 보는 로마 교인들의 통상적인 태도는 좋게 말해서 경멸하거나 상대도 하지 않으려고 하는 것이었고, 나쁘게 말해서 분노하며 눈을 흘기는 그런 것이었다.[607] 게다가, 우리가 데살로니가전서 2장을 살펴 볼때에 말하였듯이, 바울이 실제로 중동의 상황이 점점 더 악화되어 가고 있는 것을 알았다면, 메시야를 따르는 이방인 신자들을 포함한 로마 사람들이 "유대인들"을 한층 더 부정적으로 생각하기 시작하게 될 것에 대비하기 위해서, 이 문제를 정면으로 다루는 것은 중요하였을 것이다. 그러나 그가 이 본문 전체에 걸쳐서 간절한 호소를 개진해 나가고 있다는 사실은, 로마에 있는 메시야를 믿는 이방인 신자들 가운데서는 이미 "유대인들"은 잘려나간 것이나 마찬가지라고 생각하는 분위기가 형성되어 가고 있다고 믿고 있었음을 분명하게 보여준다. 그들 중에서 일부는 심지어 예레미야서를 인용해 가며 그런 말을 하고 있었을 수도 있다(이것은 증명될 수 없는 후안무치한 추측일 뿐이지만, 다른 사람들은 바울의 대적들이 어떤 본문들을 인용하였을 것이라고 아무렇지도 않게 추측하는 마당에, 내가 이번 한 번만 이런 추측을 한다고 해서 크게 문제가 될 것이 어디 있겠는가?). 그들은 아마도 저 믿지 않는 유대인들이 계약을 깨뜨려서 영원히 잘려나갔고, 나무와 열매가 동시에 죽어가고 있다고 말하였을 것이다. 성경의 도전을 가져와서 사용하기를 늘 좋아하였던 바울은 이제 곧 계약 문제로 다시 돌아가서, 예레미야 등이 계약에 대하여 무엇이라고 말하였는지를 보여줄 것이다.[608] 하지만 그는 먼저 감람나무라는 표상을 이런 식으로 자기 나름대로 발전시켜서 충격적인 메시지를 전한다.

이것은 세 단계로 움직인다. 우리가 이 단계들을 천천히 밟아가다 보면, 그가 무엇을 염두에 두고 있었는지가 보이게 될 것이다.

우리가 먼저 살펴보아야 할 것은 당시의 상황과 그 상황을 잘못 해석할 위험성이다(11:17-18). 대다수의 가지들은 꺾였고, 돌 감람나무 가지들인 이방인들은[609]

607) Wagner, 2002, 274 n. 178을 보라: 바울이 로마 교회에 존재하는 긴장관계들을 알고 있었던 것인지, 아니면 그 상황이 "단지 바울이 다른 곳에서의 자신의 경험에 비추어서 생각한" 것이었는지는 분명하지 않다. 이교들의 통상적인 반유대적 편견에 대해서는 Stern, 1974-84; 1976을 보라. Nanos, 2010a, 355가 "그리스도를 믿지 않는 이스라엘 사람들에 대하여 우월의식을 갖는 것은 바울이 로마에 있는 그리스도 안에서의 열방들의 지체들 가운데 존재할 것이라고 우려하였던 특별한 문제였다"고 말한 것은 분명히 옳다. 또한, Wiefel, 1991을 보라.

608) 렘 31:33f.를 인용하고 있는 11:27: 아래를 보라.

609) 드물게 사용되는 단어인 '아그리에라이오스'(agrielaios)는 가지나 가지들의 묶음이 아니라 실

조금 남아 있던 가지들에 접붙임을 받아서,[610] "참 감람나무 뿌리의 진액을 함께 받게" 되었다. 접붙임을 받음으로써 얻게 된 유익과 원래의 감람나무 자체에 여전히 존재하는 좋은 것에 대한 강조는 바울의 논증의 방향을 보여준다. 즉, 그가 이방인들이 바로 이 사실을 잊어버릴 위험성, 이방인들이 참 감람나무와 맺고 있는 관계를 무시할 위험성에 대하여 경고하는 방향으로 움직여 가고 있다는 것은 너무나 분명하다. "자랑하지 말라. 네가 자랑할지라도, 네가 뿌리를 보전하는 것이 아니라, 뿌리가 너를 보전하는 것임을 기억하라."

여기까지는 아무런 문제도 없고 아주 좋다. 갈라디아서가 말하고 있는 것처럼, 메시야를 믿는 이방인 신자들은 아브라함의 권속인 감람나무에 속하게 되었다. 바울이 다른 곳에서와 마찬가지로 여기에서도, 이방인 신자들을 이스라엘의 이야기 속으로 편입하고 있는 것이 아니라면, 이렇게 말하는 것은 어불성설이 되고 말 것이다. 이방인 신자들은 저 단일한 권속의 일부이다. 그들을 중심으로 이제부터 "새로운" 권속이 시작되었고 거기에서 유대인들은 환영받지 못하는 것도 아니고(바울은 로마에 있는 메시야를 믿는 이방인 신자들이 이렇게 생각할까봐 우려하고 있다), 이방인들로 이루어진 완전히 새로운 권속이 생겨난 것인데 거기에 아브라함의 이전의 권속 중 소수가 어떻게 하다 보니 포함되게 된 것도 아니었다. 그 단일한 권속은 "아브라함으로부터 시작된 바로 그 권속"이다. 이것은 최근에 바울에게 강제로 덧씌워져 온 여러 가지 거대 서사들에 대한 도전이다. 예컨대, 그러한 서사들 중 하나인 "묵시론"은 하나님이 이전의 모든 것을 다 폐기처분하고 완전히 새로운 것을 시작하는 것이라고 상정한다. 바울이 여기에서 말하고 있는 것은, 우리가 위의 제10장 전체에 걸쳐서 살펴본 수정된 선민론과 완전히 부합하고, 더 중요한 것은 2:25-29, 3:21-4:25, 특히 6-8장에 나오는 속량에 관한 위대한 서사 같이 로마서의 앞부분에 나오는 모든 관련 본문들과 온전히 맥을 같이한다는 것이다.

두 번째는 바울은 "(새로운) 가지들"이 자기가 말하고 있는 것에 대하여 제기할 수 있는 반론을 미리 제시한 후에, 그러한 반론이 근거 없는 것인 이유를 흥미롭게

제의 나무를 가리키지만, 여기서는 이것이 그 의미인 것으로 보인다.

610) '엔 아우토이스'(en autois); 따라서 "그들의 자리에" 또는 "그들 대신에"가 아니라, "그들 가운데." 이것은 "꺾인 자들 가운데"를 의미할 수 없고(이상하게도 Davies, 1984, 356 n. 6; Nanos, 2010a, 358f.는 이것을 "꺾인" 가지들은 실제로 꺾인 것이 아니라는 자신의 이론과 연결시킨다), "그것들 중의 일부가 꺾인 그 가지들 가운데"를 의미한다; Cranfield, 1979, 567; Dunn, 1988b, 661; Bell, 2005, 298을 보라. 따라서 11:17의 '쉰코이노노스'(synkoinōnos)에서 '쉰'(syn)은 에베소서 2:11-22에 상응한다: 메시야를 믿는 이방인 신자들은 이제 메시야를 믿는 기존의 유대인 신자들과 동일한 가지들이다.

설명하고 있다는 것이다(11:19-21). 그는 이방인 신자들이 "원 가지들이 꺾인 것은 나로 하여금 접붙임을 받게 하기 위한 것"이라는 반론을 제기할 것이라고 말한다. 달리 말하면, 그들은 하나님의 목적은 이방인들을 포함시키는 것이었고, 그러한 목적으로 새로운 가지들을 받아들일 공간을 만들기 위해서 원 가지들을 꺾어버린 것이라고 반론을 펼칠 것이라고 바울은 예상하였다는 것이다. 바울이 이 반론에 대하여 추가적으로 상당한 수정을 가한 것을 제외하고, 이 반론 자체만을 본다면, 그것은 "이방인들"이 "유대인들"을 "대체한" 것이 아니라 "이방 그리스도인들"이 "유대인들"을 진정으로 "대체하였다"는 주장으로 보아질 수 있고, 이 주장에 의하면, 메시야를 따르는 이방인 신자들은 여전히 운전석에 앉아 있는 것이 되고, 유대인들이 아니라 이방 그리스도인들이 이 새로운 운동의 실세이자 주도세력이 된다. 바울은 원 가지들이 꺾였고 다른 가지들이 접붙임을 받았다는 것과 이 두 사건 간에는 어떤 인과관계가 존재할 수 있다는 전제를 받아들인다. 결국, 그것은 그가 11:11-15에서 말하였던 것이다: 유대인들의 범죄함으로 말미암아, 구원이 열방들에게 이르렀다. 그러나 그는 자신의 논증을 전개해 나가기 위하여 그들이 말한 그러한 전제를 일단 받아들이고 나서(kalōs – '칼로스,' "좋다, 네가 그렇게 표현하고 싶다면 그렇게 하라"),[611] 그런 일이 어떻게 그리고 왜 벌어지게 된 것인지를 설명한 후에, 이방 그리스도인들이 새롭게 우월감을 가질 이유가 전혀 없다는 결론을 제시한다. "그들은 불신앙으로 말미암아(tē apistia – '테 아피스티아') 꺾였지만, 너는 믿음으로 말미암아(tē pistei – '테 피스테이') 견고히 서 있다." 이것은 이 논증에 덧붙여진 아주 중요한 첨가이다. 주석자들은 바울이 10:6-13에서 한 말을 잊어버렸을 것이지만, 바울 자신은 잊지 않았다. 로마서 9-11장의 문제 전체는 단지 "원 가지들," 또는 그들 중 다수가 "믿음을 갖지" 않았고, 예수의 부활과 주되심을 믿지 않았기 때문에 발생한 것이지만(10:6-13),[612] 이것은 로마 교회가 20-21절의 다소 강력한 어조로 경고받을 필요가 있었다는 것을 의미한다: 이 모든 것에 대하여 높은 마음을 품지 말고, 도리어 두려워하라. 하나님은 "원 가지들"에게 행하였던 것을 네게도 얼마든지 행할 수 있다. 바울은 로마에 있는 개별 신자들이 아니라 교회 전체를 향하여 이 말을 하고 있는 것으로 보인다: 네가 믿음 대신에 자랑을 갖고, 오직 메시야 안에서만 발견되는 정체성을 네 자신의 민족적 "정체성"으로 대체한다면, 너도 결국 잘려나가게 될 것이다(11:22).[613]

611) Jewett, 2007, 687은 이 단어의 여러 뉘앙스들을 논의한다; 또한, cf. Donaldson, 1993, 85.
612) 또한, 물론 cf. 3:2; 9:30-33; 10:18-21.

세 번째는 "하나님의 인자하심과 준엄하심"(11:22-24)이다. 여기에서 바울은 자신의 담론의 토대로 되돌아가는데, 그의 담론은 가지들에 대한 것도 아니고, 열방들과 민족들에 대한 것도 아니며, 일차적으로 하나님에 대한 것이다. 따라서 그는 하나님에 관한 이 용어들을 통해서 이 논의를 앞으로 진전시키고자 하고, 이 용어들을 통해서 이 서신의 처음부터 지금까지 이어져 온 일련의 사고의 흐름 전체를 상기시키고자 한다. 특히, 그는 2:4-5과 9:21-22에서와 마찬가지로 여기에서도,[614] 하나님의 인내라는 문제, 사람들이 하나님의 오래 참으심으로 인하여 생겨난 유예기간을 합당하게 사용하거나 사용하지 않았을 때에 초래될 상황을 다룬다. 그는 앞에 나온 그러한 본문들 중 하나에서, 하나님의 "인자하심"은 사람들을 회개로 이끌기 위한 것이라고 이미 말한 바 있는데(2:4b), 이제 여기에서는 하나님의 "인자하심"은 사람들을 믿음으로 이끌기 위한 것이라고 말한다. 원래의 가지들은 불신앙으로 말미암아 꺾였지만, 너는 믿음으로 말미암아 견고히 서 있다는 것이다(11:20). 우리가 방금 말했듯이, 이것이 메시야 백성에 속한 이방인들은 "잘려나가지 않기 위해서 하나님의 인자하심에 계속해서 머물러" 있어야 하고, 지금 믿지 않는 유대인들은 "다시 접붙임을 받기 위해서 불신앙 가운데 계속해서 머물러 있지 않아야" 하는 이유이다.

강조점은 "그들이 계속해서 불신앙 가운데 머물러 있지 않는다면"에 두어져 있다. 바울은 자기가 10:6-11:6에서 아주 주의 깊게 설명한 믿음 이외의 다른 길을 통해 그들이 "다시 접붙임 받을 수 있다"고 말한 적이 없고, 여기에서도 그렇게 말하고 있지 않다.[615] 바울이 "믿음"이라고 부르는 것(이것은 언제나 예수의 복음 안에서의 하

613) 내가 이 위협을 일시적인 치리의 위협으로 축소시켰다는 Nanos, 2010a, 370 n. 65의 주장은 잘못된 것이다: Wright, 2002 [*Romans*], 686을 보라. 바울이 로마서 8:38f.에 나온 것과 같은 개인적인 "확신"과 고린도전서 10:12 같은 꼭 필요한 경고 간의 세심한 균형을 유지하는 것에 대해서는 Haacker, 2003, 91을 보라.

614) 하나님의 오래 참음(anochē - '아노케')을 강조하는 3:26을 참조하라.

615) Jewett, 2007, 692는 이 점을 가볍게 언급하고 지나가면서, Käsemann(1980 [1973], 310f.)이 "은혜의 교리를 구체화하고, 믿음을 불러일으키는 교리적 가르침에 의거함으로써" "교리에 대한 올바른 이해를 가지고 있다고 생각되는 자들이 존경을 받고 힘을 얻게 만들고, 유대인들과 이방인들의 편견들을 건드리지 않은 채로 방치하고" 있다고 비난한다. 이것은 Käsemann을 공정하게 평가하고 있지 않은 것으로 보인다. 왜냐하면, 그도 Jewett과 마찬가지로 "하나님이 하실 수 있다(dynatos - '뒤나토스')"는 것을 역설하기 때문이다. Jewett의 진짜 문제는, 그가 모종의 보편주의를 향하여 내달리느라고, Käsemann(310)이 인정하는 것, 즉 믿지 않는 이스라엘에 대한 바울의 소망이 "여기에서 여전히 은혜 및 믿음과 결합되어 있는 것이 확실하다"는 것을 인정하지 않는 데 있는 것으로 보인다. 이런 식으로 Jewett은 자신의 사회학적인 명예/수치 도식을 앞세움으로써, 은혜와 믿음을 중심으로 한 바울의 신학적인 틀을 밀어내는 것으로 보인다.

나님의 계시와 직결되어 있다)을 거치지 않고 구원에 이르는 "또 다른 길"(Sonderweg)에 대해 얘기하는 것은 지금은 유행이 조금 지난 것 같다. 바울은 이것을 내내 분명히 해 왔고, 여기에서도 분명히 한다. 그는 "주의 이름을 부르는 자는 누구든지 구원을 받게 될 것"이라고 분명하게 선언하고, 이것이 무엇을 의미하는지를 로마서 10장에서 아주 분명하게 설명하였다.

그는 접붙임에 관하여 자기가 한 말들이 원예학적인 문제들을 다루고 있는 것이 아니라는 취지의 말을 덧붙인다(24절). 이러한 감람나무의 존재는 그 자체가 이미 충분히 기적이지만, 하나님은 거기에 한층 더한 이적도 행할 수 있다. 이렇게 해서, 바울은 자기가 로마 교회에게 다른 무엇보다도 들려주고 싶었던 메시지로 이 단락을 끝낼 수 있게 되었다: "하물며 그들이야 얼마나 더 자기 감람나무에 다시 접붙임을 받겠는가."

이 구절의 전반부와 후반부는 둘 다 중요하다. 전반부를 구성하고 있는 "하물며 그들이야 얼마나 더"라는 어구는 11:12에 나오는 비슷한 진술을 의도적으로 부정확하게 반영하고 있다: 이방인들을 외부로부터 들여온 하나님에게는 유대인들을 다시 데려다 놓는 것은 훨씬 더 쉬운 일이 될 것이다. 따라서 하나님이 유대 민족을 더 이상 용납하는 것은 이제 어렵지 않겠느냐는 생각은 처음부터 폐기되어야 마땅하다. 후반부는 이 감람나무가 그들 자신의 감람나무(tē idia elaia -'테 이디아 엘라이아')라는 것이다. 바울은 메시야를 믿는 이방인 신자들이 "참 감람나무"는 어떤 의미에서 "메시야를 중심으로 정의된 아브라함의 백성"이어야 한다고 생각해서, 아브라함의 육신의 자손들의 선천적인 자산이 아니라, 이제는 그들 자신의 자산이라고 생각하고자 하는 유혹이 상존하고 있다는 것을 알고 있었다. 하지만 그는 그렇지 않고, 원래의 감람나무는 "유대인들 자신의" 것이라고 말한다. 그는 자신이 시작했던 지점으로 다시 돌아왔다: "그들은 이스라엘 사람들이고, 양자됨과 영광 등등도 그들의 것이다." 9:4의 '혼'(hōn, "그들의 것")은 11:24의 '테 이디아 엘라이아'(tē idia elaia, "그들 자신의 감람나무")와 서로 상응한다. 이것이 진실이고, 그들이 "그들 자신의 의"(tēn idian dikaiosynēn - '텐 이디안 디카이오쉬넨,' 10:3)를 힘써 세우려고 한 것은 이러한 진실을 왜곡하고 패러디한 것이었다. 바울이 로마에서 메시야를 따르는 이방인들에게 알게 하고자 하는 것은 바로 이것, 즉 그들이 접붙임을 받은 바 그 "나무"는 여전히 이스라엘 자신의 나무, 아브라함과 그의 자손의 단일한 "나무"라는 것이다. 이스라엘의 계약 서사는, 아무리 성경에서 9:6-29에서처럼 암울한 어조로 얘기되었고, 따라서 다시 수정하여 말해질 필요가 있었던 것이라고 할지라도, 계속해서 하나님이 의도한 결코 폐기될 수 없는 구원 계획이었다. 이것은 3:1-9의 요지였고, 또한 11:16-24의 요지이기도 하다.

우리는 본문 속에 온갖 것들을 집어넣어 그 의미를 읽어내려고 하거나, 역사적인 배경에 대하여 추측하거나, 쓸데없이 복잡한 설명으로 빠져들지 않아도, 바울이 여기에서 무엇을 염두에 두고 있었는지를 알 수 있다고 나는 생각한다. 이 본문은 로마서의 네 개의 대단락 중 세 번째 대단락 내에서 전략적인 지점에 위치해서 이 서신의 수사학적인 정점을 형성하고 있기 때문에, 우리는 여기에서 바울이 로마서 전체에서 무엇을 염두에 두고 있었는지를 알 수 있다. 그는 그가 갈라디아 교회에서 직면하였던 것과 정반대의 문제에 직면해 있었다. 거기에서는 메시야를 믿게 된 이방인 신자들이 할례를 받고 "육신을 따른 아브라함의 자녀"가 되도록 강요를 받고 있었다. 여기에서는, 바울은 로마에서 메시야를 믿게 된 이방인 신자들이 유대교를 바라보는 지역 문화의 부정적인 시각에 영향을 받아, 믿지 않는 유대인들을 곱지 않은 시선으로 바라보고서, 예수에게는 발만 걸쳐 놓은 채 실제로는 예수로부터 떠나서, 이 운동의 가장 초기의 유대인 지체들을 배제한 채로 오직 이방인들로만 이 새로운 공동체를 구성해 나가고자 하는 분명한 움직임을 보이고 있는 것 같다는 영리한 의구심을 지니고 있었다.[616] 그것은 마르키온(Marcion)이 이 서신이 씌어진 후 백여 년 어간에 로마에서 가르쳐서 인기를 끌었던 것이었다. 신자들이 그 길을 따라서 조금만 내려가면 어떤 위험에 직면하게 될 것인지를 아는 데에는 바울에게 그 어떤 특별한 예언의 은사가 필요하지 않았다.

이 문제는 서구 세계에서 적어도 지난 70년 동안 기독교와 유대교의 논의에서 자주 출몰해 온 문제들과는 아주 다른 것이어서, 오늘날 우리는 바울이 여기에서 무엇을 말하고 있는지를 놓치기가 쉽다.[617] 그 핵심적인 질문은 "여러 가지 종교들은 다 똑같이 저 멀리 있는 신에게로 가는 유효한 길들인가"도 아니고, "어떻게 하면 그리스도인들은 유대인 대학살 이후의 세계에서 유대인들의 '시민권'을 긍정할 수 있는가"도 아니다. 바울이 제시하는 질문은 9:30–10:13에 설명된 이스라엘의 실패인 것처럼 보이는 것으로부터 도출된다. 앞에서 이미 보았듯이, 이것은 두 단계로 제시되는데, 첫 번째는 유대인은 과연 구원받을 수 있는가 하는 것이고(11:1-10), 두 번째는 더 많은 유대인들이 구원받을 수 있는가 하는 것이다(11:11-24). 여기에서 말하는 "구원"은, 10:1-13에 정확히 설명되어 있듯이, 메시야와 연관되어 있

616) Jewett, 2007, 686은 "반유대주의"(anti-Semitism)라는 시대착오적인 표현을 사용하지만, 그 기본적인 논지는 옳다.

617) Sievers, 1997은 로마 가톨릭 진영들 내에서의 논의들에 대한 유익한 내용을 제시한다.

고, 그의 부활을 믿는 믿음과 연결되어 있다. 오늘날에는, 예수는 이스라엘의 메시야였고, 지금도 여전히 이스라엘의 메시야로서, 자신의 "골육"이 자기를 그들의 메시야로 받아들이기를 갈망하고 있다고 주장하는 사람조차도, 반유대적인 인물로 낙인찍힐 위험성을 안고 있다. 만일 바울이 후기모더니즘이나 포스트모더니즘, 또는 탈자유주의적(postliberal) 논쟁들을 들었다면, 그는 어이없어 하며, 진짜 반유대적인 것은 그 정반대의 것, 즉 메시야로서의 예수의 죽음과 부활, 그가 '퀴리오스'(kyrios, "주")로 세계를 다스리고 있음을 믿는 것이 유대인들에게는 금지되어 있고 오직 이방인들에게만 주어진 훌륭한 종교적 선택지라고 말하는 주장, 달리 말하면, 유대인들은 "현재의 상태가 지극히 올바른" 것이기 때문에, 예수의 추종자들이 다름 아닌 죽은 자로부터의 그의 부활을 토대로 해서 그를 옛적에 약속된 메시야라고 말하는 것을 어떤 상황 아래에서도 그들에게 받아들이라고 할 필요가 없다고 말하는 주장이라고 말하였을 것이다.

여기에 나오는 감람나무 비유는 바울이 여기에서 마지막 순간에 하나님의 기가 막힌 이적을 통해서 유대인들이 대규모로 합류하게 될 것에 대하여 말하고 있다는 주장을 일축한다. 첫째, 그는 그렇게 다시 들어오게 될 자들은 "계속해서 불신앙 가운데 머물러 있지 않는" 유대인들로 한정될 것이라고 역설하고 있고(11:23), 이것은 10:6-13과 맥을 같이한다. 오늘날 대다수는 아닐지라도 많은 사람들은 이것을 '파루시아'(parousia, "재림")와 연결시켜 왔다.[618] 이것은 종말에 구원받게 될 이스라엘은 더 이상 "계속해서 불신앙 가운데 머물러 있지" 않을 것이고, 도리어 예수가 다시 그들에게 나타났을 때에 그를 메시야로 받아들이게 될 것이기 때문에, 이스라엘을 위한 "또 다른 길"(Sonderweg)을 주장한다는 비난을 피할 수 있는 것으로 보인다. 하지만 그러한 주장도, 정확히 바울이 11:11-15에서 말하고 있는 관념, 즉 이방 선교 자체가 유대인들을 "시기나게" 만들어서 현재적으로 그들 중 일부를 구원받게 할 것이라는 관념(이것은 오늘날 환영 받고 있지 못하다)을 회피하는 것이다. 그리고 이렇게 유대인들이 "다시 접붙임을 받는 것"을 '파루시아'의 때까지 미루는 것은 바울이 이 장 전체에 걸쳐서 역설하고 있는 핵심과 거의 부합하지 않고, 로마에 있는 이방 그리스도인들에게 그가 아주 구체적이고 따끔하게 경고하는 것과도 잘 들어맞지 않는다. 그는 11:13에서는 마치 화가 난 사람처럼 정색을 하고서 로마의 이방 그리스도인들의 면전에서 경고하고 있고, 11:17-24에서는 수사학적으로 의미 있는 2인칭 단수를 사용해서 그들의 반론을 날카롭게 맞받아치

618) 예를 들면, Hofius, 1990.

고 있다. 후자의 본문은 11:18에 그 초점이 맞춰져 있다: "자랑하지 말라." 그리고 이것은 우리가 곧 살펴보게 될 다음 본문의 서두로 곧바로 연결된다: "너는 잘못된 생각을 갖지 않아야 하고, 너희 자신을 대단하게 생각해서도 안 된다." 이방 그리스도인들은 하나님이 지금 믿지 않는 유대인들에게 믿음을 주어서 그들을 "감람나무"에 다시 접붙일 수 있고, 또한 그렇게 하고자 한다는 것을 깨달아야 한다는 것(11:23)이 바울이 11:1-24에서 그들에게 말해 주고자 한 핵심이라면, 그가 갑자기 그 어떤 유대인도 '파루시아' 때까지는 믿음으로 나아오지 않을 것이라고 말하였을 것으로 보는 것은 말이 되지 않을 것이다. 만일 그가 정말 그런 말을 했다면, 그런 말은 그의 경고와 권면에 그 어떤 힘도 보태주지 못하였을 것이 아니겠는가? 또한, 그 말을 들은 로마의 이방 그리스도인들은 어깨를 으쓱 하며 '파루시아'의 때까지는 유대인들을 무시해도 괜찮겠다고 생각했을 것이다 — 이것은 바울이 그토록 간절한 마음으로 경고하고 권면한 의도와 정반대의 결과를 낳는 것이다.[619]

물론, 우리가 로마서 9-11장을 일차적으로 구원론 또는 신정론에 관한 논문으로 여기고 접근한다면, 우리는 바울이 지금 "모든 사람이 구원받게 될 것이다"(또는, 적어도 "모든 유대인들이 구원받게 될 것이다")라고 말하고 있거나, "하나님이 종말에 가서는 모든 사람을 다 구원하는 너그러움을 보일 것이다"라고 말하고 있다는 결론을 쉽게 내릴 수 있을지도 모른다. 그러나 바울은 특정한 상황 속에서 특정한 서신을 쓰고 있는 것이기 때문에, 그에게 중요한 것은 장래에 일어날 갑작스러운 사건에 대해서가 아니라, 자신이 11:14에서 언급한 일("그들 중에서 얼마를 구원하는 것")과 거기에 따른 명령("자랑하지 말라")에 대해서 말하는 것이었다. 그리고 그런 것들은 종말에 마지막 순간에 가서야 유대인들이 구원받게 될 사건이 아니라, 바울 자신의 지속적인 사역과 결부되어 있던 것들이다. 결국, 그는 자신이 계획하고 있던 스페인 선교에 대한 지원을 바라고 있고, 그가 10:14-17에서 사도로서의 자신의 사역에 대하여 설명한 것도, 로마 교회가 힘을 합쳐서 후원해 주기를 바라고 있는 자신의 선교에 대한 설명의 일부로 읽혀져야 한다.

그렇다면, 바울이 11:26에서 "구원자가 시온에서 올" 것이라고 말한 것은 우리가 어떻게 보아야 하는가? 이것에 대해서는 우리가 곧 살펴볼 것이다. 하지만 먼저 우리는 11장의 서두를 다시 볼 필요가 있다. 바울은 거기에서 몇몇 핵심적인 범주들을 제시하고 나서, 나중에 바로 그 범주들에 비추어서 자신이 주안점을 둔 최종적

619) 또한, 11:26a를 "파루시아의 때에 모두가 구원받을 것"이라는 의미로 읽는 것이 오늘날 유행인데, 이것도 신학적으로 당혹스러운 것이다. 아래의 제11장 제6절 4) (5) (g)를 보라.

인 진술을 행한다.

(e) 11:1-10

이제 우리는 이 장의 처음으로 다시 돌아왔다:

11:1-10 11:25-32

11:11-12 11:16-24

11:13-15

앞에서 이미 말하였듯이, 11장의 처음 부분은 바울이 자신의 독자적인 길로 접어드는 지점이다. 10장 끝에서 말하고 있는 것처럼, 신명기 32장과 이사야서 65장의 예언들이 너무나 우려스럽게도 현실이 되었다면, 그 다음에는 무슨 일이 일어나게 되어 있는가? 9:30-33 및 그 대칭 본문인 10:18-21에 대한 겉핥기 식의 읽기가 보여주는 것처럼, 하나님의 선민으로서의 소명은 이제 아브라함의 육신의 권속으로부터 메시야를 믿는 믿음에 의해서 정의된 오직 이방인들로 구성된 권속으로 옮겨진 것인가?

이것은 새롭게 제기된 문제였기 때문에, 바울은 가능한 한 여러 가지 노선의 사고들에 입각해서, 그리고 특히 자신이 이미 확증한 바 있는 성경 본문들에 대한 해석에 의거해서, 이 문제에 대답하고자 한다. 이 서두의 단락과 9:6–10:21 간의 밀접한 연결고리들과 반향들을 추적하는 것이 중요하다. 이것은 새로운 땅이지만, 거기로 전진해 들어가는 길은 이전에 밟아 왔던 모든 것을 잊어버리고 어떤 새로운 것을 시도하는 것이 아니라, 지금까지 이미 말해 온 것들을 토대로 해서 그 위에 쌓아 올리는 것이다.

하나님이 자기 백성을 버린 것이냐는 질문에 대한 대답은 "물론, 그렇지 않다"이다 — 사실, 로마서 9장의 논증은 9:24의 아주 중요한 절에서 "그가 유대인들 중에서만이 아니라 이방인들 중에서도 부르신 우리"라는 말을 통해서 이미 이 점을 분명히 한 것이었다. "유대인들 중에서만이 아니라"는 유대인들이 반드시 거기에 포함되어 있다는 것을 의미한다! 이것은 "의의 율법을 추구하였지만 그 율법에 도달하지 못한" 9:31의 "이스라엘"이 이미 아브라함의 육신적인 권속의 부분집합이었음을 보여준다. 그것은 아주 중요한 예외, 즉 메시야를 믿고서 "하나님의 의에 복종하여" 놀랍게도 10:6-13에서 설명된 의미에서 "토라에 도달한" 자들을 제외한 "대다수의 유대인들," "전체로서의 이스라엘"을 가리킨다. 이것이 9:6b에서 두 "이스라엘"이 등장한 이유이다. 따라서 이 첫 번째 하위단락의 첫 번째 부분인 여기 11:1-6에서, 바울은 자기 자신이 "하나님이 자기 백성을 버렸다"는 주장이 틀렸음을 보여주는 분명한 증거라고 역설한다. 사무엘상 12:22에서 야웨가 베냐민 지파 사람 사울을 왕으로 택한 것이 그가 자기 백성을 버리지 않았다는 사실을 보여준 것이었듯이, 하나님이 다소의 사울을 부른 것도 바로 그러한 사실을 보여주는 증거로 제시될 수 있었다.[620] 따라서 바울의 사례는 이스라엘 전체가 잘려나간 것이 아니라는 사실을 보여주는 단지 단 하나의 무작위적인 사례가 아니었고, 그 사실을 생생하게 보여주는 성경의 울림을 제시해 주는 그런 사례였다.[621] 바울 자신이 "이스라엘 사람"이다. 이 단어는 9:4에서 이미 사용되었고, 지금은 9:6b에 나오는 두 번째 "이스라엘"이 지닌 의미와 서로 공명한다.[622]

그가 제시하는 설명은 왕정 말기의 서사들에 속하는 "남은 자"에 뿌리를 두고 있다. 좀 더 자전적인 암시들이 등장하고, 거기에는 우리가 다소의 사울이 "열심"의 위대한 모범들이었던 엘리야와 비느하스를 자신의 본으로 삼았고, 엘리야가 바알 선지자들과의 대결에서 승리한 후에 아합의 위협들에 대하여 하나님에게 하소연하였던 것과 마찬가지로, 그도 다메섹 도상의 일을 겪은 후에, 모든 것이 끔찍하게 잘못되어 있다고 이스라엘의 하나님에게 하소연하기 시작하였다고 생각할 만한 아주 타당한 근거가 나온다.[623] 그리고 하나님이 엘리야에게 준 응답은 이제 사

620) 여기에 존재하는 다중적인 반영들은 매혹적이다(그리고 Wagner, 2002, 221, 224 등이 제시한 것들을 뛰어넘는다): (a) 베냐민 지파 사람 사울이, 기름 부음 받았지만 아직 즉위하지는 않은 다윗을 박해하였던 것처럼, 다소의 사울은 그가 지금 메시야로 여기는 분을 박해하였다; (b) 사무엘이 이스라엘을 위하여 중보기도하였던 것처럼(삼상 7:5, 그리고 특히 12:19-25; 여기에 인용된 것은 12:22이다), 바울은 9:3, 10:1에서 비슷한 약속들과 경고들로 중보기도한다. "야웨께서 자기 백성을 버리지 않으실 것이다"의 반영들은 우리를 시 94[LXX 93]:14과 렘 31:37로 데려다 준다. Haacker, 2003, 88은 베냐민 지파가 600명으로 감소되었다가 회복된 사건을 다루고 있는 사사기 20-21장이 반영되어 있다고 주장한다. Jewett(2007, 653, 655)은 엘리야도 베냐민 사람이었다고 말한다; 나는 그 말의 진위에 대한 증거를 갖고 있지 않지만, 그의 활동이 북왕국에 집중되어 있었고, 그의 고향인 디셉이 요단 강 북쪽의 길르앗에 있었다는 점을 고려하면(왕상 17:1), 그의 주장이 옳을 가능성은 희박해 보인다.

621) 반대견해로는 Dunn, 1988b, 635; Esler, 2003a, 293f.(그는 바울이 여기에서 '민족적인 자부심'을 표현하고 있다고 주장하는데, 이것은 Dodd, 1959 [1932], 184의 이전의 견해로서 NEB에 반영되어 있다: "하나님이 자기 백성을 버리셨다고? 나는 그것을 믿을 수 없다! 내 자신이 이스라엘 사람이다 …"). 이것은 (앞의 각주에서 말한 것 같은) 성경의 반영들을 놓친 것으로서, 그 결과 Dunn은 자기는 베냐민과의 관련성을 찾을 수 없다고 말하게 되었다.

622) 또한, cf. 빌 3:5: '에크 게누스 이스라엘'(ek genous Israēl).

623) *Perspectives*, ch. 10을 보라.

도 바울이 된 다소의 사울에게 주어진 응답이기도 하였다: 여전히 "남은 자"(leimma – '레임마')가 있다. 엘리야가 자기만 "홀로 남았다"(kagō hypeleiphthēn monos – '카고 휘펠레이프텐 모노스')고 엄살을 부리자, 하나님은 "자신을 위해 삼천 명을 남겨 두었다"(katelipon emautō – '카텔리폰 에마우토')고 응답하였는데, 바울은 하나님의 이 말씀을 9:27에 이미 나온 '휘폴레임마'(hypoleimma, "남은 자")라는 단어를 가져와서 요약한다. 이렇게 "남은 자" 사상은 문서 예언만이 아니라 이스라엘의 서사에도 뿌리를 두고 있다. "열심"의 선지자 엘리야는[625] 하나님에게 충성된 남은 자가 있다는 말씀을 듣는다.

그리고 바울은 현재도 마찬가지라고 말한다. "이스라엘"의 전부가 불순종하고 거역한 것은 아니었고, 일부는 믿었고 고백하였다.[626] 그러나 이것은 "은혜의 택하심을 따른" 것이라고 바울은 이 이야기에 아주 중요한 해석을 덧붙인다. 바울이 전인미답의 땅으로 조심스럽게 나아가기 위하여 서 있는 최초의 지점은, 그가 8:6-13에서 이스라엘에 관한 서사를 들려주면서 언급하였던 지점이다. 야곱과 에서의 경우와 마찬가지로 지금도, "택하심에 있어서 하나님의 뜻"(9:11)은 "행위들로 말미암지 않고 부르시는 이로 말미암아" 견고히 서게 될 것이다(9:12). 사람들은 종종 로마서 11장은 로마서 9장과 상반된다고 말한다. 그러나 우리는 바울이 로마서 11장을 한창 진행시키고 있는 여기에서, 자기가 앞서 로마서 9장에서 놓아 두었던 정확히 바로 그 토대 위에서 논증을 전개해 가고 있는 것을 발견한다. 따라서 6절에서 그가 역설하고 있는 것("은혜로 말미암는 것이면 더 이상 행위로 말미암는 것이 아니니, 그렇지 않으면 은혜가 은혜이지 못할 것이다")은 로마서 4장에서 아브라함의 권속에 대하여 설명한 것과 강력한 공명을 일으킨다.[627] 이 시점에서 그는 자기가 1-4장에서 그 권속에 대하여 이미 말한 것으로부터, 또는 10:1-13에서 새 계약의 구원에 대하여 설명한 것으로부터 한 치도 벗어나지 않는다.

624) 여기서 그는 이사야서 10:22f.[21f. MT/EVV]를 호세아서 2:1[1:10 MT/EVV]와 결합해서 인용한다.

625) 그가 여기에서 인용하는 본문(왕상 19:10b, 14b)에서 우리는 "열심"에 대한 엘리야의 위대한 항변을 발견한다: "나는 만군의 하나님 야웨를 위하여 큰 열심을 가져 왔다"(10a, 또한 14a에서도 반복됨). 이것은 갈 1:13f., 빌 3:6에 나오는 바울 자신의 "열심"에 대한 주장 및 (이전의 자신처럼) "하나님을 향한 열심"을 가지고 있기는 하지만 참된 지식을 따르고 있지 않다는 그의 말(롬 10:2)과 공명한다.

626) 바울은 '아페이툰타 카이 안티레곤타' (apeithounta kai antilegonta, 사 65:2을 인용한 10:21)를 10:9f.의 "믿음과 고백"에 대한 일종의 이중적인 반대어로 본 것인가?

627) 4:4-6, 그리고 특히 4:16에 초점이 맞추어진 4:13-17: '에크 피스테오스 히나 카타 카린' (ek pisteōs hina kata charin).

따라서 이 "남은 자"라는 단어를 통해 바울이 말하고자 한 핵심은, 우리가 바울과 거의 동시대의 몇몇 유대적인 사고 속에서 발견하는 "남은 자" 사상과는 상당히 다르다. 거기에서는 "남은 자"는 다른 모든 사람들은 떨어져 나간 상황에서 끝까지 토라를 신실하게 지켜 온 소수의 유대인들을 가리키는 것이었다. 달리 말하면, 바울이 9:30-10:3에서 사용한 표현을 사용하자면, 그들은 "의의 율법"을 추구하는 데 온 힘을 기울였고, "행위를 통해서" 이 율법을 추구하였으며, 그렇게 해서 "그들 자신의 의"를 지켜나가는 데 성공하였다고 믿은 자들이었다. 이것은 바울이 4장에서와 마찬가지로 여기에서도 그 의가 "더 이상 행위로 말미암지 않고 은혜로 말미암는다"고 역설하면서 잘못된 것이라고 지적한 바로 그것이었다. 바울의 "남은 자" 신학은 쿰란 분파의 "남은 자" 신학과도 근본적으로 달랐다.[628] 바울은 은혜로 말미암아 택하심을 받은 남은 자라는 사상에 의거해서, 앞으로 전진해 나갈 수 있었다. 그에게 있어서 "남은 자"는 점점 더 줄어들고 작아지는 소수가 아니라, 훨씬 더 크게 될 어떤 것의 시작으로서의 소수였다. 이것이 11:11-15의 취지이다.

따라서 그것은 11:1-6의 취지이기도 하다. 그러나 지금 "은혜의 택하심을 따라 남은 자"가 있다는 사실은 중요한 구별을 낳는다: 한편에는 (바울 자신을 포함한) "선민" 또는 "남은 자"가 있고, 다른 편에는 "나머지"(hoi loipoi - '호이 로이포이')가 있다. 이것이 그가 11:7-10에서 개략적으로 설명하고 있는 것인데, 거기에서 그는 자신이 9:30-31, 10:3, 10:20(ho epizētei Israēl - '호 에피제테이 이스라엘,' "이스라엘이 구한 것")에서 이미 설명한 바 있던 이스라엘의 "추구"라는 문제로 다시 돌아온다. 나는 7절에 물음표를 두 개 사용하고 싶다. 7절에 대한 통상적인 읽기는 하나의 질문과 거기에 대한 대답으로 읽는 것이다: "그래서 어떻게 되었는가? 이스라엘은 자기가 구한 것을 얻지 못하였지만, 택하심을 받은 자들은 얻었다." 하지만 우리는 이렇게 읽는 것이 좋을 것이다: "그래서 어떻게 되었는가? 이스라엘은 자기가 구한 것을 얻지 못하였는가? 택하심을 받은 자들은 얻었다."[629] 이것은 단순히 문체의 문제가 아니다. 두 번째의 물음표가 없는 경우에는, 바울은 "이스라엘"과 "택하심을 받은 자들"을 구분해서, "이스라엘"은 자기가 구한 것을 얻지 못한 자들의 무리만을 가리키는 것이 되어 버린다. 하지만 두 번째 문장에 물음

628) 자세한 것은 Wright, 2002 [*Romans*], 676.

629) 로마서의 다른 곳을 보면, '티 운'(ti oun)으로 시작되는 질문이 있은 후에는 두 번째 질문이 뒤따른다: 3:9; 6:15. 또한, 마찬가지로 '티 운 에루멘'(ti oun eroumen)으로 시작되는 질문에도 통상적으로 두 번째 질문이 이어진다는 것을 참조하라: 4:1(*Perspectives*, 579-84를 보라); 6:1; 7:7; 9:14, 30(이것은 아마도 이러한 빛 하에서 재검토되어야 할 것으로 보인다); cf. 고전 10:19.

표를 붙이면, 바울은 정확히 9:6b(ou pantes hoi ex Israēl, houtoi Israēl – '우 판테스 호이 엑스 이스라엘, 후토이 이스라엘,' "이스라엘에 속한 모든 자들이 다 이스라엘인 것은 아니다")에서 그랬던 것과 마찬가지로, 여기에서도 하나의 "이스라엘"과 또 하나의 "이스라엘"을 구분하고 있는 것이 된다. "이스라엘은 그것을 얻지 못한 것인가? 택하심을 받은 자들은 얻었다." 달리 말하면, "택하심을 받은 자들"(hē eklogē – '헤 에클로게')은 그것을 얻은 "이스라엘," 9:6b의 두 번째 "이스라엘"로서, "이스라엘은 그것을 얻지 못하였는가"라는 질문에 대하여 "아니다, 얻었다"라는 긍정의 대답이라는 것이다. 바울은 자신이 이미 9:31과 10:3에서 말한 핵심, 즉 이스라엘 전체는 어떤 것을 구해 왔지만, 그것을 얻지 못하였다는 것을 여기에서 새로운 형태로 다시 표현하고 있다. 거기에서는 어떤 것을 구하지도 않았던 이방인들이 그것을 얻었던 것과의 대비였다면, 여기에서는 유대인들의 "남은 자," 곧 바울 자신처럼 "행위"가 아니라 은혜로 말미암아 그것을 얻은 "이스라엘"과의 대비이다. 지금 하나님의 뜻들과 약속들을 진전시켜 나가고 있는 것은 바울이 속한 이 "택하심을 받은 무리"(hē eklogē – '헤 에클로게')이자 두 번째 "이스라엘"이다. 11:16a에서는 그들을 훨씬 더 큰 "덩어리"에 속한 "첫 열매"로 표현한다.

이것은 우리를 다음과 같은 질문으로 데려다 준다: 그렇다면, "나머지"는 어떻게 되는 것인가? 이 장의 상당 부분에서 이런저런 모양으로 아주 중요하게 다루어지는 것은 바로 이 질문이다. 7b절부터 10절까지, 바울은 율법과 선지자들과 시편을 인용해서(이것은 분명히 우연이 아니고, 이 진술이 엄숙한 것임을 보여주는 것이다), "이 나머지"에게 무슨 일이 일어난 것인지를 설명한다. 달리 말하면, 이것은 자기가 이전에 지니고 있던 입장을 지금 지니고 있는 자들이 잘못되었음을 밝히는 새롭거나 추가적인 변증 같은 것이 아니라는 것이다. 그들에게 일어난 일은 이스라엘 자신의 전통들 속에 이미 예언되어 있었고 설명되어 있었다.

그 기본적인 주장은 "나머지"는 "완악하게 되었다"(epōrōthēsan – '에포로테산,' 7b절)는 것이다. 바울의 유대적인 세계에서와 그 자신의 사고 속에서, 이것이 무엇을 의미하고, "완악하게 되다"라는 표현이 어떤 식으로 작동하는지를 이해하는 것은 중요하다. 분명히 이것은 11:25을 이해하는 데 특히 중요한 것이기는 하지만, 우리는 나중에 나오는 그 본문에 대한 추정된 읽기를 가져와서 현재의 본문을 읽으려고 하기보다는, 거기에 도달하기에 앞서 몇 가지 매개변수들을 살펴보는 데 최선을 다하는 것이 좋을 것이다.

"완악하게 되다"라는 관념은 고린도후서 3장의 비슷한 대목에서도 발견된다. 거기에서 바울은 모세가 자기 얼굴에 수건을 쓰게 된 이유를, "이스라엘 자손들"

에게 "폐하여지고 있는 것의 최종적인 것"을 주목하지 못하게 하기 위한 것이었다고 설명하는데, 이것은 하나님을 만난 후에 모세의 얼굴에서 생겨났다가 점차 사라지고 있던 영광과 모세의 영광이 맛보기로 보여준 저 장래의 궁극적인 영광이라는 "최종적인 것"을 둘 다 가리키는 암호 같은 표현 방식이다(3:13). 바울은 이스라엘 사람들의 경우에 "그들의 마음이 완악하여"(epōrōthē ta noēmata autōn – '에포로테 타 노에마타 아우톤') 모세가 자기 얼굴에 수건을 쓴 것이었다고 설명한다(3:14). 나아가, 그는 "수건"으로 상징된 이러한 상태는 자기 시대까지도 지속되고 있다고 말한다. 즉, 그는 "수건이 그들의 마음에 덮여 있다"(3:15)고 말하는데, 이것은 그들의 마음이 완악하다고 말한 것과 같다. 이스라엘에게서 지속되어 온 이러한 불신앙의 상태는, 오직 성령에 의해 주어진 자유를 얻어서, "주의 영광," 곧 "메시야 예수의 얼굴에 있는 하나님의 영광을 아는 빛을 우리 마음에 비추신" 이를 볼 수 있게 될 때에만 변화되고, 이런 일은 "주께로 돌아갈 때마다" 일어난다(3:16-18; 4:6). 3:16은 출애굽기 34:34을 가져와서 성령이라는 관점에서 설명한다. 달리 말하면, 마음의 완악함이나 마음에 수건이 덮여 있는 것은, 성령이 예수의 얼굴에 있는 하나님의 영광을 계시할 때에만, 즉 바울이 다른 곳에서 메시야를 믿는 믿음을 가져다주는 하나님의 "부르심"과 예수의 복음의 역사라는 관점에서 설명하고 있는 것을 통해서만 변화될 수 있는 지속적인 상태라는 것이다.

로마서에서 "완악하게 되다"라는 표현이 나오는 다른 두 대목은 2장과 9장에 나오는 서로 아주 비슷한 본문들이다. 거기에서는 '포로시스'(pōrōsis)가 아니라 '스클레로테스'(sklērotēs)를 어근으로 한 단어가 사용되어서 동일한 단어인 것은 아니지만, 그 개념은 서로 밀접하게 연결되어 있다. 2장에서 "완악하게 되다"라는 표현은, 사람들이 하나님의 심판을 이미 받아야 할 정도가 되었지만, 하나님이 사람들을 회개하게 하려고 오래 참으심 가운데서 심판을 연기하고 있는데도, 그들이 회개하기를 거절하는 것을 가리키는 데 사용된다:

> [2]그런 일들을 행하는 자들에게 하나님의 심판이 진리를 따라 임하는 줄을 우리가 안다. [3]그러나 네가 그런 일들을 행하는 자들을 판단하고도 똑같은 일들을 행하고 있는데도, 네 자신은 하나님의 심판을 피할 것이라고 정말 생각하는 것이냐? [4]또는, 네가 하나님의 인자하심과 용납하심과 오래 참으심이 풍성함을 멸시하는 것이냐? 너는 하나님의 인자하심이 너를 회개하게 하기 위한 것임을 알지 못하느냐? [5]그러나 너는 네 완악하고 회개하지 않는 마음을 따라(kata de tēn sklērotēta sou kai ametanoēton kardian - '카타 데 텐 스클레로테타 수 카이 아메타노에톤 카르디안') 진노의 날, 곧 하나님의 의로우신 심판이 나타날 그 날에 임할 진노를 네게 쌓고 있다. [6]하나님께서 "각 사람에게 그들의 행위를 따라 보응하실" 것이다.[630]

여기 4절에서 반복적으로 사용된 "하나님의 인자하심"(chrēstotēs – '크레스토테스'와 to chrēston – '토 크레스톤')은 아주 비슷한 맥락 속에서 11:22에 반영되어 있다(최소한 3번 사용된 chrēstotēs – '크레스토테스'). 마찬가지로, 여기에서 사용된 하나님의 "오래 참으심"(makrothymia – '마크로튀미아')이라는 개념도 "완악하게 되다"라는 개념이 중요한 역할을 하는 또 하나의 본문인 9:14-23에 반영되어 있다:

> [17]성경은 바로에게 말한다: "내가 너를 세운 이유는 이것이니, 너로 말미암아 내 능력을 보이고, 내 이름이 온 땅에 전파되게 하게 하기 위한 것이다." [18]이렇게 하나님께서는 자신이 원하시는 자에게 긍휼을 베푸시고, 자기가 원하시는 자를 완악하게 하신다(sklērunei - '스클레루네이').
>
> [19]너는 내게 이렇게 말할 것이다: "그러면 하나님이 왜 사람들을 탓하시는 것인가? 누가 그의 뜻을 거슬러 설 수 있겠는가?" [20]일개 사람에 불과한 네가 하나님께 반문하는 것이냐? "그릇이 토기장이에게 '왜 나를 이같이 만들었느냐'고 말하겠느냐? [21]토기장이가 진흙 한 덩이로 하나는 귀히 쓸 그릇을, 하나는 천히 쓸 그릇을 만들 권한이 없느냐? [22]하나님이 자신의 진노를 보이시고 자신의 능력을 알게 하시려고, 멸망을 위해 준비된 진노의 그릇들을 지극히 오래 참으시고(en pollē makrothymia - '엔 폴레 마크로튀미아'), [23]영광을 위해 준비된 긍휼의 그릇들에 대하여 자신의 영광의 풍성함을 알게 하고자 하신 것이라면, 어떠하겠는가? [24]이 그릇들에는 하나님이 유대인들 중에서만이 아니라 이방인들 중에서도 부르신 우리가 포함되어 있다.

우리가 이미 지적하였듯이, "하나님의 인자하심"은 로마서 2장에서는 "회개"로 이끌기 위한 것이고, 로마서 11장에서는 "믿음"으로 이끌기 위한 것이다. 아울러, 하나님이 사람의 마음을 "완악하게 한다"는 표현은 17절에서 출애굽기 9:16을 인용해서 애굽 왕 바로에 대하여 말한 것을 요약해서 말하고 있는 것으로 보인다: 하나님은 자신의 능력을 나타내고 온 세계에 자신의 이름을 알리기 위하여 애굽 왕 바로를 "세웠다." 그러나 그런 후에 바울은 9:22-24에서 이것을 다시 받아서, "~라고 한다면 어떠하겠는가"(what if)라는 형식의 진술을 통해서, 선지자들이 말한 "토기장이와 그릇"의 순간들인 포로생활과 회복의 사건들은, 하나님이 자기가 애굽 왕 바로에게 행하였던 일, 그리고 실제로는 2장의 "완악하고 회개하지 않는 마음들"에게 행하였던 일을 이스라엘에 대하여 행하고 있는 것이라고 말한다. 즉, 하나님은 새 일을 행하기 위한 여건을 조성하기 위해서 큰 인내심을 발휘하고 있지만, 그 과정에

630) 롬 2:2-6.

서 2장에 나오는 남들을 판단하는 오만한 자들이나 9:17-18에 나오는 애굽 왕 바로처럼, 그들을 구원하고자 하는 하나님의 뜻을 고집스럽게 거절하는 자들을 "완악하게 하는" 일을 하고 있다는 것이다.[631] 그리고 데살로니가전서 2:16과의 흥미로운 병행은 이 본문의 요지가 무엇인지를 잘 보여준다: 이것은 사람들이 "그들의 죄의 분량을 채우는" 데 남은 시간을 사용하고 있다는 제2성전 시대의 통상적인 유대적 주제이다.[632]

따라서 로마서 11:7b의 핵심은 이러한 상황이 지닌 온전한 의미를 이끌어내는 것이다. "택하심을 받은 자들이 그것을 얻었다." 이것은 바울이 9:24과 11:1-6, 그리고 새 계약의 구원 계획 내에 유대인들을 포함시키고 있는 10:4-13에서 역설해 온 것이다. 그러나 "나머지는 완악하여졌다." 달리 말하면, 그들은 하나님의 구원 계획을 거부하고, 걸림돌에 걸려 넘어져서(9:32-33), 여전히 "하나님의 의에 대하여 무지한"(10:3) 상태에 있다는 것이다. 바울은 이것은 성경이 이미 이전부터 말해왔던 것이라고 역설한다.

바울은 성경에 의거한 논증을 토라, 즉 신명기 29:4에서 가져온 인용문으로 시작한다: "그러나 오늘날까지 야웨께서는 너희에게 깨닫는 마음이나 보는 눈이나 듣는 귀를 주시지 않았다."[633] 신명기 29장은 바울이 자신의 주의 깊게 구성된 논증의 중심(10:6-8)에 둔 아주 중요한 신명기 30장의 직전에 나오는 "저주"에 관한 긴 경고의 일부이다. 모세는 "저주"와 "포로생활"의 때에 대하여 예언하면서, 이스라엘은 애굽에서 하나님의 모든 이적들을 다 보았음에도 불구하고, 하나님이 이스라엘에게 알 수 있는 마음이나 볼 수 있는 눈이나 들을 수 있는 귀를 주지 않았다고 선언한다.[634] 신명기에 의하면, 30장에서 계약이 갱신될 때까지 이스라엘에게는 그러한 상태가 지속될 것이다. 자신의 (믿지 않는) 동족 유대인들에 대한 바울의 판단이 가혹하게 들릴지라도, 그는 원래의 서사 맥락에서 계약 본문들에 뿌리를 두고서 계약의 갱신과 구원의 때를 지향하는 용어들을 사용하여 그것을 조심스럽게 표현하고 있기 때문에, 바울의 수정된 종말론은 유일신론과 선민론이라는 뿌리를 떠난 것이 아니다.

바울이 다음으로 인용하는 성경 본문은, 이사야서에서 통상적으로 사용되는 볼 수 없는 눈과 들을 수 없는 귀라는 주제를 통해서 신명기의 본문과 연결되어 있는

631) Jewett, 2007, 586을 보라.
632) 위의 제11장 제6절 3)을 보라.
633) LXX 29:3.
634) 이 모든 것에 대해서는 Watson, 2004, 436; Seifrid, 2007, 670을 보라.

이사야서 29:10("하나님이 너희에게 혼미의 영[pneuma katanyxeōs – '프뉴마 카타닉세오스']을 부어 주셨다")이다.[635] 이것은 이사야서 전체에서 하나님의 의의 드러남, 그의 영광의 나타남, 특히 야웨의 종의 사역이라는 관점에서 설명된 하나님의 구원 사역을 위해 따로 구별된 이스라엘을 설명한 것이다. 끝으로, 바울은 시편을 인용하는데("그들의 밥상이 그들에게 올무와 덫과 거치는 것과 보응이 되게 하소서"), 원래의 본문은 (아마도 이스라엘 내에서) 의롭고 경건한 자들을 핍박하는 자들에게 하나님의 저주를 내려 달라고 기원하는 내용이다.[636] 우리는 이것을 바울이 갈라디아서 2:11-15과 4:17에서 말하고 있는 것과 같이, 메시야를 믿지 않는 유대인들과 일부 메시야를 믿는 유대인들이 민족적인 정체성을 근거로 해서 "식탁 교제"를 제한하고자 한 것을 우회적으로 비난한 것으로 보아야 할 것이다. "거치는 것"에 대한 언급은 9:32-33(그리고 이것을 통해서 11:11-12까지도)만이 아니라, 고린도전서 1:23과 갈라디아서 5:11도 가져와서 사용하고 있다. 이 인용문의 두 번째 대구(그들의 눈이 어두워져 볼 수 없게 하시고, 그들의 등은 영원히 굽어 있게 하소서")는 보지 못하는 눈에 관한 이사야의 예언을 반영하고 있다.

이것을 자세하게 풀어서 말해 보자: 만일 바울이 이스라엘의 "나머지"의 상태가 실제로 그렇게 나쁘지 않고, 그들은 당분간 그런 상태로 있다가 종말에는 마침내 모두 다 좋아지게 될 것이며, 이것은 잠정적인 상태이기 때문에 결국에는 모든 것이 잘 될 것이라고 말하고자 한 것이라면, 그는 정말 한참이나 이상한 방식으로 그것을 표현한 것이 될 것이다. 우리는 이 인용문의 마지막 행에 나오는 "영원히"(dia pantos – '디아 판토스')라는 어구에 너무 많은 것들을 집어넣어서 읽어서는 안 되지만, 굳이 그럴 필요도 없다.[637] 7절의 하반절부터 10절에 이르기까지의 본문 전체는, "나머지," 즉 현재에 있어서 "은혜로 택하심을 받은 자들"(eklogē charitos – '에클로게 카리토스')인 "남은 자"에 속하지 않은 유대인들이 신명기 29장과 32

635) cf. 사 6:9f., 그리고 예컨대 42:18-20과 42:7; 43:8.

636) 시 68:23f.; cf. 사 68:10을 인용하고 있는 15:3. 또한, cf. 롬 3:10-18! 그리고 시 35:8(36:2이 롬 3:18에 인용됨).

637) Jewett, 2007, 664f.는 "영원히"(RSV, NRSV, NEB, KNT)가 아니라 "지속적으로"(cf. REB, "쉬지 않고")라는 의미일 가능성이 높다고 주장한다. Keck, 2005, 267f.는 "영원히"라는 의미로 해석하는 것에 대하여 경고한다; 또한, Cranfield, 1975, 1979, 2.552와 거기에 인용된 다른 문헌들; Dunn, 1988b, 643f. 하지만 Wright, 2002 [*Romans*], 678을 보라: "다음 본문이 분명히 하고 있듯이, 바울은 민족으로서의 어떤 특정한 유대인들이 이러한 정죄에 종속되어 있다고 보는 것이 아니다; 그들이 믿음으로 나아올 여지는 언제나 존재한다. 영속적인 정죄는 … 십자가에 못 박힌 메시야를 배척한 데 있고, 그러한 배척을 묵인한 이런저런 개인에게 있지 않다 … 은혜가 은혜다우려면, 심판은 심판다워야 한다"

장이 요약해서 설명한 상태에 있는 것임을 잘 보여준다. 바울은 이러한 상태를, 2장에서는 하나님의 인자하심을 회개의 기회로 삼기를 거절하는 "완악하고 회개하지 않는 심령들"과 연결시키고, 9장에서는 하나님이 자신의 능력과 이름을 온 세계에 알게 하고자 하는 계획을 진행시키는 동안 오래 참으심으로 관용해 온 "완악한"자들과 연결시킨다. 로마서 11장의 좀 더 넓은 맥락은, 이것이 바울이 여기에서 다시 한 번 제시하고 있는 자신의 일련의 단절 없는 사고의 흐름이라는 것, 그리고 그가 특히 9장에서 그런 식으로 범주들을 설정한 것도 이런 식으로 이 지점에 도달하기 위한 것이었음을 우리에게 추호의 의심도 남김 없이 아주 분명하게 보여준다. 물론, 여기에 제시된 성경 인용문들, 특히 신명기에서 가져온 인용문은 "나머지"의 상태가 반드시 영속적인 것은 결코 아닐 것임을 암시하고 있다. 신명기 29장에 설명된 상태에 있는 사람들은 언제나 신명기 30장을 향하여 나아갈 수 있다. 이것이 바울이 로마서 10장에서 설명해 온 것이다.[638] 그러나 이 인용문들은, 그런 상태에 있는데도, 이제 메시야 안에서 일어나서 성령을 통해서 실현되어 가고 있는 계약 갱신 속으로 움직여 나가지 않는 자들에게는 아무런 소망이 없다는 것도 보여준다.

(f) 로마서 11:1-24: 바울은 무엇을 상정하는가?

이제는 우리가 마지막 주된 단락으로 넘어가기 전에, 먼저 이 장의 처음 스물네 개의 절들로부터 발견한 것들을 요약해 볼 때이다:

11:1-10 11:25-32

11:11-12 11:16-24

11:13-15

11:1-24에 의하면, 바울은 어떠한 근거들 위에서 다음에 일어날 일이 무엇일 것이라고 생각하였던 것인가? 나는 9-11장 전체의 중심이 기독론에 초점이 맞추어져

638) Hill, 2001, 1103이 "11:11-32에서 바울이 밝힌 '신비'는 1:1—11:10로부터 논리적으로 따라나오지 않는다"(강조는 원래의 것)고 주장하는 것은 잘못이다. 바울이 "은혜를 따라 남은 자"라는 범주를 주의깊게 설정한 것은 그런 사람들이 상당히 늘어날 것을 논증하기 위한 것이었다. 이미 보았듯이, 11-24절은 그 자체로는 25-32절에 대한 대다수의 해석을 지지하지 않기 때문에, Hill이 단지 25-32절만이 아니라 11-32절이 새로운 "신비"를 드러내고 있는 것으로 보는 것은 흥미롭다.

있는 10:1-17인 것과 마찬가지로, 11:1-32의 중심인 11:13-15도 본질적으로 기독론적인 것으로서, 5:10의 "화해" 주제와 5:15-21의 "아담" 본문들을 반영해서, 거기에서와 같이 여기에서도 "생명"의 약속(5:10, 21)으로 나아가고 있다는 것을 위에서 논증한 바 있다. 또한, 나는 이것이 바울이 9:5(그리고 그 배후에 있는 1:3-4)에서 강령적으로 선언하였던 주제를 좀 더 길고 자세하게 설명한 것이라고 말한 바 있다: 이스라엘은 "육신을 따른 메시야 백성"이고, 바울이 "시기나게 하고자" 하고 그 얼마를 구원하고자 하는 것은 "내 골육"이다(11:15). 이러한 "시기"는 9:30-31(이스라엘은 탈락하고 있고, 이방인들은 들어오고 있다), 특히 신명기 32:21(이것은 10:19에 인용되어 있다)에 초점을 맞추고 있는 10:18-21로부터 자연스럽게 흘러나온다.[639] 뒤를 돌아다보면, 이것은 9:4-5과 연결된다: 이스라엘의 특권들에 대한 바울의 목록은 그가 로마서 3-8장에서 메시야와 그의 백성에게 돌렸던 것들을 요약한 것이다. 조금 더 뒤로 멀리 돌아보면, 우리는 이 "시기"를, '호 유다이오스'(ho Ioudaios, "유대인")를 근본적으로 재정의하면서 "율법을 지키는 무할례자들"을 언급하고 있는 2:25-29과 연결시킬 수 있다.

그러나 이방인들이 아브라함의 단일한 권속 안으로 들어오게 되었다는 점에서, "시기"라는 모티프는 성경적인 것임과 동시에 자연스러운 것이기도 하기 때문에, 바울은 여기에서 단지 이 단어를 유대인들을 구원하기 위한 목적과 결부시켜서 긍정적인 것으로만 사용하고 있는 것은 아니고, 로마에 있는 이방 그리스도인들에게 자기가 1:16에서 말했던 것을 상기시키는 데에도 사용한다: "이 복음은 … 먼저는 유대인에게, 그리고 또한 마찬가지로 헬라인에게로다(Ioudaiō te prōton kai Hellēni – '유다이오 테 프로톤 카이 헬레니')." 현재의 단락은 그러한 세심한 균형을 유지하고 있다. 바울은 "또한 마찬가지로"가 지닌 의미를 결코 폄하하지 않는다. 유대인들로부터 "시기"를 불러일으키게 될 것은 바로 그것이기 때문이다. 그러나 여기에서 그의 강조점은 "먼저는 유대인에게"에 두어진다. 왜냐하면, 여기에서 그는 로마에 있는 이방 그리스도인들이 바로 그 점을 반드시 명심할 필요가 있다고 생각하였기 때문이다.[640] "시기"를 부정적인 것에서 긍정적인 것으로 바꾸어 놓을 때에 그의 핵심적인 조치는 "이방인들의 사도"로서의 자신의 직분조차도 유

639) 우리는 그 직전의 절인 신명기 32:20을 지적할 수 있다: 그들은 패역한 세대, 신실함이 전혀 없는 자녀들이다(huioi, hois ouk estin pistis en autois - '휘오이, 호이스 우크 에스틴 피스티스 엔 아우토이스'). 이것이 정확히 11:20, 23에서 이 문제에 대한 바울의 바로 그 분석이다.

640) 이러한 유대인-이방인 패턴은 2:1-11; 3:21—4:25; 특히 9:24; 10:4-13에서 반복된다.

대인들의 구원을 그 부차적인 목표로 삼고 있음을 보여주는 것이었다. 그는 자신의 직분을 그 자체가 아니라 그러한 목표에 기여한다는 점에서 "기뻐한다"(11:13). 이 대목에서 우리는 메시야 백성에 속한 이방인들이 "선민"이라는 것은, 하나님이 단지 그들을 위해서만이 아니라 그들을 통해서 자신의 구원 계획을 이루어 가는 그런 백성이라는 것을 발견한다. 바울은 이방인들이 복음을 믿는 것을 볼 때, "이것이 내 골육을 시기나게 하여 그들 중에서 얼마를 구원하게 될 것"이라고 생각한다(11:14b). 이 서신 전체의 흐름, 특히 9:1–11:10의 흐름에 비추어 보았을 때, 바울의 이 진술은, 그가 "그들의" 구원을 위하여 기도하고 있다고 말하면서, 이 "구원"이 장차 어떻게 성취될 것인지를 설명하고 있는 10:1-13, 그리고 더 나아가 믿음에 초점이 맞춰진 이러한 계약 갱신에 꼭 필요한 도구로서의 사도적 사역에 대하여 말하는 10:14-17과 연결되어 있음에 틀림없다. 이 말이 아무리 역설적으로 들릴지라도, 바울 자신의 이방 선교는 자신의 그러한 기도가 응답되는 수단이 될 것이다. 이것은 오늘날이나 바울 당시의 많은 사람들이 본능적으로 느끼는 것과 아무리 반대되는 것이었다고 할지라도, 엄연히 그의 논증의 중심에 자리 잡고 있었다.

어쨌든, 이것은 바울이 현실적인 관점에서 피력한 자신의 소망이었다. 그는 자신의 많은 동족들이 자기처럼 이전에 "완악해져" 있다가 결국에는 예수를 메시야로 인정하게 되었음을 알고 있었지만, 대다수의 유대인들은 여전히 복음 메시지를 거부하고 있다는 것도 잘 알고 있었다.[641] 11:1-6의 요지는, "남은 자"가 존재하고, 그 남은 자는 무한히 확대될 수 있다는 것이다. 11:14의 "얼마"는 고린도전서 9:22에서와 마찬가지로 결국 점점 줄어들어 얼마 남지 않게 될 것이라는 뉘앙스를 지니고 있는 표현이 아니고, 바울 특유의 확실한 소망과 건전한 현실주의적 생각의 결합에서 나온 표현이다. 그것은 11:16의 "떡덩이"와 "가지들"이 하나님의 구원이 미치지 못하는 곳에 있는 것이 절대로 아니라고 말하는 것이다. 하나님은 유대인들을 버린 것이 아니다. 그들은 길을 걷다가 "걸려 넘어지기는 하였지만"(11:11), 그렇다고 해서 "완전히 엎드러져서," 이제는 더 이상 9:6b의 두 번째 이스라엘의 일원이 될 수 없게 된 것이 결코 아니었다.

이것이 그가 이 장 전체에 걸쳐서 잠재적으로 반유대적인 성향을 지닌 로마의 그리스도인들에게 설득하고자 한 주된 논점이다. 그러나 그가 지금 믿지 않고 있

641) 예를 들면, 바울의 동족 중 여러 명을 포함하고 있는 로마서 16장에 나오는 명단을 보라(16:7; 11 —그리고 아마도 더 많이: 사도행전 18:2에서는 브리스길라와 아굴라(16:3)가 유대인들이라고 말한다). 또한, cf. 골 4:10f.

는 유대인들과 관련해서 기도하는 "구원"(10:1)은 여전히 믿음으로 말미암아 주어지는 구원이다(10:6-13; 11:23). 바울의 논증의 주된 취지는, "하나님은 이미 유대인들을 잘라내셨기 때문에, 그들을 다시 접붙이는 일은 있을 수도 없고, 하나님이 그렇게 하지도 않으실 것"이라고 말하는 모든 사람들(분명히, 이방 그리스도인들)에 맞서 단호하게 그렇지 않다고 말하는 것이었다. 이 복음은 여전히 "먼저는 유대인에게" 주어진다. 그들이 다시 돌아올 수 있는 문은 항상 열려 있고, 역설적인 것 같아 보여도, 이방인의 사도로서의 바울 자신의 직분도 그 자체가 그런 일이 일어나게 하는 수단의 일부이다. 그러나 어떤 사람들이 바울에게 "아주 좋습니다, 당신은 결국 종말에는 모든 유대인들이 구원을 받게 될 것이라고 말하고 있는 것이로군요"라고 말하게 될 때가 올 줄을 그가 알았더라면, 모든 증거들을 감안할 때, 그는 분명히 그런 주장에 대해서도 아주 강력하게 반박하였을 것임에 틀림없다.

따라서 이 모든 것은 얼마 안 되지만 아주 중요한 본문인 11:25-27을 가리킨다. 이 본문은 많은 갈매기들이 주변을 맴도는 어선처럼 많은 논쟁들이 집결되어 온 지점이다.

(g) "온 이스라엘이 구원을 받으리라": 11:25-27

로마서 11:1-32의 마지막 단락은 25-32절로 구성된다.

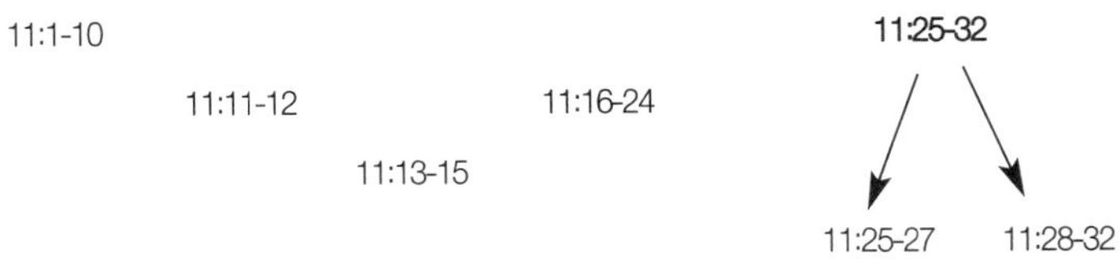

바울은 자신의 글들에서 처음 서두에서 고도로 압축된 진술을 제시하고 나서(이 경우에는 11:25-27), 그 진술을 설명하는 내용들을 전개한 뒤에, 그 핵심을 날카로운 수사학적 결론으로 표현하며 끝을 맺는 경우가 많다(11:28-32). 이렇게 서두의 압축된 진술이 의미하는 것은 그 후에 나오는 절들에서 설명되는데, 우리는 이 분명한 규칙성을 자주 망각한다. 따라서 우리는 이 규칙성을 염두에 두고서, 너무나 중요한 본문인 25-27절 속으로 뛰어들어가 보기로 하자. 나는 이 절들을 이렇게 번역하였다:

> [25]나의 사랑하는 형제들아, 너희는 잘못된 생각을 가지고서, 너희 자신을 대단하게 생각해서는 안 된다. 이것이 너희가 이 신비에 대하여 계속해서 무지하기를 내가 원하지 않는 이유인데, 그것은 이방인들의 충만한 수가 들어올 때까지 완악함이 이스라엘에게 한동안 임하게 되었다는 것이다. [26] "온 이스라엘이 구원을 받게 될" 방식이 이러하니, 성경이 이렇게 말한다:
>
> 구원자가 시온에서 와서
> 야곱에게서 경건하지 않은 것을 돌이키실 것인데,
> [27]이것이 내가 그들의 죄를 제거할 때에
> 그들과 맺을 내 계약일 것이다.

이 본문과 관련해서, 오늘날 대다수의 석의자들은 바울이 기본적으로 네 가지를 말하고 있다고 주장해 왔다. 첫 번째는 그는 자기가 이미 앞에서 말하였던 것에 추가하고자 하는 새로운 "신비," 심지어 앞에서 말하였던 것들 중 일부를 배제시키거나 상반되는 "신비"를 말하고 있다는 것이고,[642)] 두 번째는 이 "신비"의 내용과 관련된 것으로서, 대다수의 "이스라엘"이 "완악하게 된 것"은 단지 일시적인 것으로서, 종말에 그 완악함이 제거되었을 때, 이전에 "완악하였던" 자들이 대거 구원을 받게 되리라는 것이며, 세 번째는 이 큰 무리가 지금 존재하는 유대인 "남은 자"에 더해질 것인데, 바울은 이 유대인들 전체를 "온 이스라엘"이라고 표현하였다는 것이고, 네 번째는 예수의 '파루시아'(parousia) 때에 이런 일이 일어나게 될 것이라고 말하고 있다는 것이다.

물론, 그 외에도 다양한 주장들이 제기되어 왔다. 어떤 사람들은 이 "신비"가 11절로부터 시작된 일련의 사고 전체를 가리키는 것으로 보는데, 나는 나중에 밝히게 될 여러 가지 이유들로 인해서 이 견해에 공감한다. 어떤 사람들은 11:23이 말하고 있듯이 이 "구원"이 "믿음" — 이 "믿음"이 '파루시아'의 때에 갑자기 주어지는 것일지라도 — 으로 말미암아 이루어지게 될 것이라고 보는 반면에, 어떤 사람들은 이 "구원"이 사람들의 "믿음"을 포함해서 인간의 그 어떤 행위와도 관계 없이 하나님의 은혜와 능력으로 말미암는 새로운 역사를 통해서 이루어질 것이 틀림없다고 주장한다. 설령 여기에서 바울이 말한 "온 이스라엘"이 오직 유대인들만을 가리키는 것이라고 해도, 또다시 여러 선택지가 존재한다: 역사상에 존재하였던

642) Jewett, 2007, 695는 "신비"라는 단어를 거기에 해당하는 영어로 표현하면서, "온 이스라엘의 신비스러운 장래의 구원"이라고 말하는데, 이것은 이 단어의 의미를 다른 쪽으로 슬그머니 이용해서, 바울이 실제로 말하고 있는 것과 다른 것을 보여주는 것이다.

모든 유대인들? '파루시아'의 때에 살아 있는 모든 유대인들? 모두가 아니라 대부분의 유대인들? 등등.

나는 이 네 가지 주장 모두에 대하여 반론을 제기하고자 한다. 나의 주장이 아무리 인기가 없을지라도, 바울이 이 시점까지 세 장에 걸쳐(그리고 사실은 열한 장 전체에 걸쳐!) 치밀하고 길게 논증을 구축해 왔다는 전제에 뿌리를 둔 석의적 논거들은 한 번쯤 들어보는 것이 마땅할 것이다.

1. 첫 번째는 "신비"에 관한 것이다. 바울이 "나는 너희가 계속해서 이 신비에 대하여 무지하기를 원하지 않는다"고 말하였을 때, 그것이 자기가 이제부터 밝힐 새로운 "신비," 은밀한 지혜나 가르침을 가리킬 가능성은 희박하다.[643] 먼저, '가르'(gar)는 25절이 방금 앞에 나온 것을 계속해서 설명해 나가고 있다는 것을 보여준다. 지금 말하고 있는 것은 새로운 논점이 아니라, 11:16-24에서 말해진 것에서 도출해 내고 있는 또 하나의 사실이라는 것이다. 다음으로는, 흥미롭게도 12:3에 나오는 비슷한 내용에 대한 복선 역할을 하는 목적절(직역하면, "너희가 너희 자신을 넘어서서 지혜롭지 않도록 하기 위한 것이다")은 "감람나무" 비유와 11:11-24 전체의 취지를 가져와서, 그 경고를 되풀이하고 강화하는 것이고, 어떤 새로운 것을 도입하는 것이 아니라는 것이다. 한 세대 전에 요아킴 예레미아스(Joachim Jeremias)는 우리가 여기에서 보는 것은 흔히 생각하는 것과는 달리 "묵시론적 사변"이 아니라, "교만에 대한 경고"와 "권면"이 결합된 것임을 논증하였다.[644] 닐스 달(Nils Dahl)도 마찬가지이다:

> 바울은 도입부인 이 진술을 통해서 자기에게 계시된 신비를 밝히겠다고 말하지만, 정작 그가 본론에서 말하는 신비는 그가 지금까지 앞에서 해 왔던 논증들에서 도출되는 결론을 제시하는 것이다. 우리는 바울에게 어떤 갑작스러운 직통 계시가 주어졌다고 생각해서는 안 되고, 성경 속에 감추어져 있는 신비가 마침내 드러나고 설명될 수 있게 된 것이라고 생각해야 한다.[645]

643) 예를 들면, Bruce, 1963, 221. Jewett, 2007, 698이 "이 예언의 정확한 전거를 구체적으로 찾아내고자 하는 시도들은 지금까지 성공하지 못하였다"고 말하는 것은 별로 이상한 일이 아니다: 그것은 어둠 속에서 거기에 있지도 않은 검은 고양이를 찾아내고자 하는 또 하나의 사례이다. 이 서두가 강조되고 있다는 것에 대해서는 Jeremias, 1977, 195를 보라.

644) Jeremias, ibid.; 또한, Ridderbos, 1975 [1966], 358을 보라: "우리는 여기에서 그가 받은 어떤 특별한 계시나 심오한 비밀을 생각해서는 안 되고, 그가 하나님의 계획에 대한 통찰을 얻은 것이라고 생각하여야 한다." 바울은 묵시론의 언어를 사용할 때에만("apokalyptisch redet") 자신이 직면한 수수께끼를 풀 수 있었다고 말하는 Wolter, 2011, 427과 대비해 보라.

645) Dahl, 1977, 152는 쿰란 문헌들에서 성경에 나와 있는 것이지만 오직 영감 받은 해석자들만이

바울이 여기에서 말하고 있는 것은 실질적으로 새로운 어떤 것을 추가하고 있는 것이 아니라, 11절부터 시작되는 이전 단락 전체를 요약하고 거기에서 말해진 것의 의미를 이끌어내는 것이었다는 말은 정확히 옳다.[646] 이 본문은 이방인들의 교만에 대하여 경고하지만, 사실 바울은 이미 그러한 경고를 해 왔는데, 이 경고는 11:13 이래로 여러 시각에서의 질문에 등장한 후, 수사학적으로 강력한 2인칭 단수형을 사용한 17-24절에서 더욱 강화된다. 이 본문은 (남은 자를 제외한) 이스라엘이 "완악해진 것"에 대하여 말하지만, 사실 바울은 9:14-23에 나오는 "완악하게 됨"에 관한 본문을 토대로 하여 11:17에서 이미 그것에 대하여 말한 바 있다. 이 본문은 대다수의 유대인들에게 일어난 일의 결과로 이방인들이 "들어오게" 된 것에 대하여 말하지만, 사실 바울은 11:11-15에서 이미 유대인들의 "넘어짐"이 이방인들이 들어오게 되는 것으로 이어졌다는 것과 유대인들의 "내쳐짐"(apobolē – '아포볼레')이 세계의 "화해"(katallagē – '카탈라게')를 가져왔다고 설명한 바 있다(11:15). 이렇게 25절에 나오는 모든 요소는 단지 이전에 말해진 것들에 대한 요약일 뿐이다. 마찬가지로, 바울이 11:26b-27에서 성경 인용문들을 결합해서 말하고 있는 것, 즉 현재 "완악해진" 유대인들이 장차 회복되고 그들의 죄가 제거되리라는 내용도 12, 14, 15절에서 일반적인 관점에서 이미 설명된 것이고, "감람나무" 알레고리의 정점이자 현재의 짧은 본문으로 넘어오기 직전의 본문인 11:23-24에서는 핵심적인 주제로 등장한다. 따라서 이 성경 인용문들도 이미 말해진 것들에 대한 요약이다. 특히, 바울이 27절에서 예레미야서 31장과 이사야서 27장으로부터 가져온 인용문들을 결합해서 대단히 강조하고 있는 하나님과 이스라엘 간의 "계약"이라는 개념은, 신명기 30장을 강조하고 있는 10:6-13에서의 갱신된 계약에 대한 장엄한 설명까지 거슬러 올라가고, 그 직전의 장인 신명기 29장이 인용된 11:8에 함축되어 있는 약속을 가져와서 사용한 것이다. 9:6에서 시작된 이 단락 전체는 하나님이 자신의 말씀을 지켜 왔는지에 관한 문제를 다루고 있다. 사실, 로마서 11장에서 말하는 "신비"는, 9:6–11:10의 논증 전체를 토대로 해서 11:11 이래로 전개되어 오다가 그 마지막 하위 단락이 시작되기 직전에 단일한 진술(11:25-27)을 통해 집약적으로 표현된 일련의 사고 전체이다. 그리고 이 "신비"는 이전의 장들의 기독론에

알 수 있는 것을 가리키는 데 "신비"라는 말을 사용하는 것을 그 배경으로 인용한다; 그는 에베소서 5:32과 비교한다.

646) 물론, 우리는 다른 식으로 논증을 진행해서, 11:11-24은 우리가 11:25-27에서 발견하는 것을 내내 암시하고 있다고 해석할 수도 있지만, 그런 후에는 이전의 본문에서 좀 더 길게 말해진 것을 압축해서 표현하고 있는 11:25b-26a을 또 다른 식으로 해석하여 회피하는 것은 불가능하다.

뿌리를 두고 있다.

아무튼, 우리가 바울이 "신비"에 대하여 말하였을 때, 그가 이미 말한 것들에 더할 "새로운 가르침"에 대하여 말한 것이라고 생각한다면, 그것은 잘못이라는 것이다.[647] 바울은 "신비"라는 단어가 그런 식으로 사용될 수 있다는 것도 분명히 잘 알고 있었지만, 그 자신의 용례들 중 몇몇을 보면, 성경 및 복음에 대한 묵상을 통해 얻어진 통찰 같이 그런 것과는 다른 것을 가리키는 데 이 단어를 사용하고 있는 것으로 보인다.[648] 사실, 바울에게는 복음 자체가 "계시"였는데, 그것은 단지 예수가 다메섹 도상에서 그에게 친히 나타났기 때문만이 아니라, 선포된 복음이 하나님의 의를 "드러낸다"는 것 때문이었다.[649] 고린도전서에서는 그는 단지 예수와 그의 십자가 죽음에 대하여 전한 것뿐인데도, 자기가 그들에게 하나님의 신비를 전하였다고 쓰고 있다.[650] 그가 자신을 가리켜서 "하나님의 신비들을 맡은 자"라고 말할 때에도, 그 말의 의미는 위에서 말한 의미와 거의 동일한 것이다.[651] 그가 고린도 교인들에게 설명하고 있듯이, 거기에는 "특별한 효과"를 노리는 반어법적인 뉘앙스 이상의 그 무엇이 있는데, 결국 "하나님의 신비들"은, 그가 사람들에게 전하고 있을 뿐만 아니라 자신의 존재 전체로 구현하고 있는 지극히 현실적인 복음이다. 물론, 어떤 사람들은 하늘의 온갖 비밀들을 꿰뚫어 볼 수 있을 것이지만,[652] 바울에게 있어서 "신비들"이라는 것은 모두 메시야에 그 초점이 맞추어져 있고 집중되어 있다.[653] 실제로 메시야에 초점이 맞추어지지 않은 어떤 "신비"가 있을 수 있다고 생각하는 사람들은, 바울의 가장 중심적인 믿음들 중 일부에 대하여 의문을 제기할 수밖에 없게 될 것이다. 바울에게 있어서 "신비"는 "통상적인" 기독교 진리와 다른

647) 이것을 주장한 Bockmuehl, 1997 [1990], 170-5는 "이제까지 발표되지 않은 종말론적 지성의 가르침"(174)이라는 표현을 사용한다.

648) Bockmuehl, 174f.를 보라: "(많은 유대적인 예들에서처럼) 그 촉매는 현재의 관심사인 문제에 의해서 촉발된 성경에 대한 묵상이다: 그리고 그렇게 해서 얻어진 대답은 신비, 즉 계시의 선물로 설명된다." 우리가 이것을 "카리스마적인 석의"(Bockmuehl, 175 n. 88)라고 부르든 부르지 않든, 그런 석의는 나의 주장에 영향을 미치지 않는다. Bockmuehl이 바울은 "새로운 계시들을 온전히 전통적인 언어와 성경적인 추론으로 담아낸다"고 말한 것은 옳지만(174), 바울이 11:11-24에서 행한 것은 대다수가 선호하는 종말에 있을 대규모의 "유대인들의 구원"을 미리 말해 주는 것이 아니다.

649) 롬 1:17; 3:21.

650) 고전 2:1f. 이것은 몇 절 뒤에서 바울이 "신비 속에 감추어진 하나님의 지혜를 말하겠다"고 하면서 역설적이게도 곧바로 십자가에 대하여 말하고 있는 것(2:7f.)으로 인해서 더욱 강화된다.

651) 고전 4:1.

652) 고전 13:2; 14:2.

653) 예를 들면, 엡 1:9f.; 골 1:26f.(바울은 여기에서 1:15-20에 나오는 위대한 시를 요약하면서, 열방들 가운데 계시된 "신비"가 "너희 안에 있는 영광의 소망이신 메시야"라고 설명한다); cf. 2:2.

어떤 것이거나 별개의 지식 범주가 아니었고, 복음의 어떤 측면이 (a) 현실과 관련해서 다른 세계관들은 상상할 수조차 없는 놀라운 시각, (b) 믿음을 가지고 바라보는 자들을 변화시키는 시각, (c) 다른 식으로는 불분명하게 보일 수밖에 없는 하나님의 종말론적인 계획에 속한 수많은 점들을 하나로 결합시켜 주는 시각을 전해준다는 사실을 부각시키기 위한 표현방식이었다.

우리는 이 "신비" 속에 '파루시아'를 포함시킬 수도 있겠지만, 방금 인용한 본문들을 보면, 굳이 그럴 필요가 없는 것으로 보인다. 바울이 긴 논의 후에 자기가 지금 "신비"를 밝히고 있다고 선언하는 다른 두 본문 중 하나는 '파루시아'와 연관되어 있기는 하지만, 앞서의 논의는 이 둘을 반드시 연관시킬 필요는 없다는 것을 보여준다. 이 "신비" 속에는 메시야는 반드시 포함되어야 하지만, '파루시아'는 반드시 그럴 필요가 없다는 것이다. 바울이 "새로운 가르침"을 말하고 있음을 보여주는 예로서 종종 인용되는 고린도전서 15:51에서, 그가 엄숙하게 전하는 "신비"는 사실 자기가 이전의 50개의 절에서 설명해 왔던 것(즉, 예수의 부활에 토대를 둔 장래의 육체의 부활)과 완전히 다른 진리가 아니고, 동일한 내용을 새로운 시각에서 보아서(데살로니가전서 4:15-17에서처럼, 서로 다른 표상들을 사용해서), 그때까지도 살아 있는 사람들에게는 어떤 일이 벌어지게 될 것인지를 설명하는 내용이다. 이것은 바울로 하여금 고린도전서 15:54-55에서 이사야서 25:8과 호세아서 13:14로부터 가져온 인용문을 통해 자기가 거의 30개의 절이나 앞에 있는 26절에서 말하였던 것으로 되돌아가게 만든다: "사망은 멸망 받아야 할 마지막 원수이다." 달리 말하면, 여기에서 "신비"를 말한다는 것은 그가 지금까지 말해 왔던 것과는 상당히 다른 특별한 가르침을 새롭게 밝히는 것을 의미하는 것이 아니라, 자기가 이미 말해 왔던 것을 성경에 뿌리를 둔 특정한 시각으로 다시 한 번 좀 더 명료하고 깊게 청중들에게 들려주는 것을 의미한다는 것이다. 나는 로마서 11장의 26절과 27절에 나오는 여러 인용문들도 거의 동일한 효과, 즉 바울이 대략 40개의 절 앞인 10:1-13에서 말한 핵심들을 청중들에게 다시 환기시키는 효과를 지니고 있다고 본다. 따라서 "이것은 내가 그들의 죄를 제거할 때마다 그들과 맺는 내 계약일 것이다"(11:27)라는 구절은 신명기 30장에 대한 설명을 받아서 심화시키는 역할을 한다.

또 하나의 비슷한 본문은 이 점을 더욱 생생하게 보여준다. 에베소서 3장은 강령적인 1:8-10과 복음의 효과들을 요약하고 있는 2:11-22을 토대로 해서 전개된다. 후자의 본문에서 우리는 로마서 11장과 비슷한 관점을 발견하는데, 그것은 유대인과 이방인이 함께 하나님의 단일한 권속을 이루게 된 것은, 메시야 안에서 만유를

통일하고자 하는 하나님의 계획을 분명하게 보여주는 증표이자 정사들과 능력들에 대한 경고의 증표라는 것이다:

> 1:8 그는 모든 지혜와 총명을 우리에게 넘치게 하셔서, [9]자신의 뜻의 신비(mystērion - '뮈스테리온')를 우리에게 알게 하셨는데, 이는 그가 때가 찼을 때를 위한 청사진으로서 메시아 안에서 나타내고자 하신 것이니, [10]그의 계획은 만유 전체, 즉 하늘에 있는 것이나 땅에 있는 모든 것을 메시아 안에서 통일하는 것이었다.

> 3:2 나는 너희에게 전하라고 내게 주어진 하나님의 은혜의 계획에 대하여 어떤 식으로든 너희가 들었을 것이라고 생각한다. [3]그것은 하나님이 내게 계시하신 비밀한 목적으로서, 내가 이제 간단히 쓴 것과 같다.
>
> [4]너희가 그것을 읽으면, 내가 메시아의 신비(mystērion - '뮈스테리온')를 깨달은 것을 너희가 알 수 있을 것이다. [5]이것은 이전 세대들에서는 사람들에게 알려진 것이 아니었고, 하나님의 거룩한 사도들과 선지자들에게 성령으로 나타내신 것이다. [6]그 비밀은 이것이니, 이방인들이 복음으로 말미암아 이스라엘의 유업에 참여하게 되는 것이다. 즉, 그들이 메시아 예수 안에서 이스라엘과 함께 그 몸의 지체들이 되고, 약속에 참여하는 자들이 되는 것이다.
>
> [7]이것이 내게 주어진 하나님의 은혜의 선물을 따라 내가 섬기게 된 복음이니, 그것은 하나님이 자기 일을 이루시는 능력으로 말미암아 된 것이다.
>
> [8]나는 하나님의 모든 백성 중에서 지극히 작은 자이다. 하지만 그가 내게 이러한 소임을 선물로 주신 것은 아무도 측량할 수 없는 메시아의 풍성함에 관한 좋은 소식을 이방인들에게 전하는 자가 되게 하시기 위한 것이었다. [9]내 일은 만물을 창조하신 하나님 앞에 창세로부터 감추어져 있던 경륜의 신비(mystērion - '뮈스테리온')가 무엇인지를 모든 사람에게 분명히 하는 것이니, [10]그것은 교회를 통해서 하늘에 있는 통치자들과 권세들에게 하나님의 각종 지혜를 알게 하는 것이다. [11]이것은 하나님의 영원한 경륜이었는데, 하나님은 그것을 우리 주 메시아 예수 안에서 이루셨다.

바울이 에베소서 3장에서 '뮈스테리온'이라고 하면서 설명하고 있는 것은, 그가 이전의 장의 절반을 할애해서 자세하게 설명하였던 것, 즉 유대인과 이방인이 한 몸 안에서 서로 결합되었다는 것이다. 이것은 새로운 내용이 아니라, 자기가 방금 말한 것이 큰 능력으로 된 지극히 오묘한 것이고, 하늘과 땅 전체에 걸친 사건이며, 전대미문의 최초의 계시라는 점을 강조하고 있는 것이다. 서구의 학계에서는 대체로 종말론을 중시하고 교회론을 무시하여, 에베소서 3장의 "신비"(온갖 부류의 사람들이 서로 하나가 되어 하나님의 백성을 이루게 된 것)보다 고린도전서 15장의 "신비"(장래의 부활)를 선호하는 개신교 특유의 성향을 보여 왔다. 그러나 바울의 핵심 중의 일부 — 실제로는 두 서신 모두에서이지만, 특히 로마서에서 —

는 교회론(메시야 예수와 성령의 빛 아래에서의 유대적인 선민론에 대한 새롭고 온전한 이해)이 종말론(마찬가지로 비슷하게 이해된)과 하나부터 열까지 다 서로 연결되어 있다는 것이다. 본서의 현재의 장과 이전의 장을 서로 비교해 보면, 이 점이 분명하게 드러나겠지만, 여기에서 우리가 단지 지적하고 싶은 것은, 에베소서 1장과 3장이 (2:11-22을 가운데 두고서) "신비"라고 말하는 것, 그리고 골로새서와 로마서의 끝부분에 나오는 그 병행 본문들은[654] 그것들이 제시하는 신학이 우리가 바울의 "주요 서신들"에서 발견하는 것과 다른 종류의 신학임을 보여주는 설득력 있는 증거들이 되지 못한다는 것이다. 도리어, 그것들은 복음의 중심적인 사건들 자체가 창조주 하나님의 아주 오래된 비밀한 계획, "때가 찼을 때"와 "그러나 이제"의 순간을 위한 계획,[655] 하나님이 하늘과 땅에 있는 모든 것들을 통일시키고 특히 유대인과 이방인을 한 몸으로 결합시키고자 한 계획을 계시해 준 것이라는 바울 특유의 믿음의 표현들이다. 따라서 바울이 로마서 11:25에서 자기가 앞에서 이미 말한 것을 뛰어넘거나 거기에 상반되는 어떤 새로운 "계시"를 추가적으로 제시하고 있다는 주장은 배척되는 것이 마땅하다.

여기에 나오는 "신비"라는 표현에 대한 이런 식의 이해는 이미 11:25-27을 다수의 읽기와는 매우 다르게 읽어야 한다는 것을 암시해 준다. 하지만 우리는 그렇게 하기 전에, 먼저 두 번째 질문을 살펴보아야 한다. 바울이 "열방들의 충만한 수가 들어올 때까지 완악하게 된 것이 이스라엘 위에 한동안 임하였다"고 말한 것은 무엇을 의미하는가?

2. 다시 한 번 말하지만, 이 질문에 대한 통상적인 견해는, 분명히 11:7("나머지는 완악하게 되었다"[hoi de loipoi epōrōthēsan – '호이 데 로이포이 에포로테산'])을 받고 있는 이 "완악하게 된 것"(pōrōsis – '포로시스')은 이스라엘에게(즉, 이미 메시야를 믿은 바울 같은 "남은 자"를 제외한 모든 유대인들에게) 가해진 일시적이고 잠정적인 상태로서, 26절과 27절에 언급된 사건들을 통해서 "나머지"가 동일한 믿음을 갖고서 동일한 구원에 참여하여 "남은 자"와 합류하게 될 때에 제거되리라는 것이다.[656] (여전히 매우 인기 있는 또 다른 견해, 즉 이 "나머지"는 메

654) 골 1:15-20에서 이미 말한 것을 되돌아보고 있는 1:26f.와 2:2; 그리고 롬 16:25에 대해서는 Wagner, 2002, 164f. n. 140; 271 n. 166을 보라.

655) 갈 4:4을 보라.

656) Harink, 2003, 180-4는 "믿음"을 "개인이 스스로 자발적으로 움직여서 행하는" 그 무엇인 것으로 개인주의적으로 이해하고 있음을 보여주는 "믿음으로 나아온다"는 어구가 바울이 "부활한 주의 묵시를 통해서 한순간에 모든 것이 가로막히고 그 묵시에 사로잡혀 사명을 받게 된" 것과 반대되는 것임을

시야를 믿는 믿음과는 상관없이 "구원"을 얻게 될 것이라고 보는 견해는 23절에 의해서 배제되고, 마찬가지로 10:1-13과 1:16-17, 3:21−4:25, 그리고 바울이 앞서 하나님은 사람들을 외모로 판단하는 것(prosōpolēmpsia − '프로소폴렘프시아')이 전혀 없다는 것을 강조한 것에 의해서도 배제된다.[657] 만일 "모든 유대인들의 구원"이 믿음과는 상관없이 이루어진다면, 구원받지 못한 이방인들은 하나님이 불공평하다고 말하게 될 것이고, 이 경우에 바울은 로마서 4장과 갈라디아서 3장에서 아브라함의 예를 들어 분명히 그들의 손을 들어줄 것이다.)

따라서 우리는 이렇게 정리해 볼 수 있을 것이다. 로마서 11장 및 그 병행본문인 고린도후서 3장은 이스라엘이 이렇게 "완악하게 된 것"이 제거될 가능성이 실제로 있다고 바울이 보고 있음을 보여준다. 11:11-24의 전체적인 요지는, 현재에 있어서 "완악하게 되어" "나머지"의 범주에 속해 있는 유대인들이 실제로 "시기"가 나서, 10:1-13에서 말한 메시야를 믿는 믿음으로 나아와 구원을 얻게 될 가능성이 있다는 것이다. 달리 말하면, 신명기 28장에 머물러 있던 그들이 언젠가는 신명기 30장, 마음의 할례와 관련된 계약, 믿음에 의지해서 토라를 지키는 것으로 옮겨갈 수 있다는 것이다(10:6-9). 이것이 바울이 고린도후서 3:16에서 "주께로 돌아가면 수건이 벗겨진다"고 말한 것의 의미이다. 이런 일은 자기 입으로 모든 유대인들 중에서 가장 "열심"이 있었다고 말한 바울 자신에게 일어났기 때문에, 그는 이런 일이 자기가 이방인들의 사도로 활동하는 것에 자극을 받은 유대인들에게서 거듭거듭 일어나게 되기를 바랐다. 따라서 이스라엘 중에서 현재 "완악하게 된" "나머지"의 수는 앞으로도 전혀 변화가 있을 수 없고 고정되어 있다는 관념은 이 본문 속에 존재하지 않는다. 사실, 바울은 바로 그러한 관념에 맞서 논증을 전개하고 있다. 그러나 "완악하

발견한다. 그는 이것은 이스라엘에 대한 하나님의 관계를 묵시론적으로, "즉, 하나님이 주권적인 행위자로서 자신의 목적을 위하여 이스라엘을 가로막고 장악하여 주관하는 관계로" 읽지 못하는 결과를 가져온다고 말한다. 현재의 논의는 후자의 고소가 거짓임을 보여준다(cf. Watson, 2007 [1986], 329 n. 45). 전자에 대해서는 내가 복음에서 성령에 이끌린 "묵시"의 결과로서의 "믿음"에 관하여 위의 제10장에서 말한 것을 참조하라(롬 9-11장, 특히 9:32; 10:4, 9-13, 14, 16, 17; 그리고 특히 11:20, 23). "믿음으로 나아온다"는 어구는 어떤 사람들에게는 개인주의적이거나 자발적인 믿음을 연상시킬 수도 있을 것이지만, 나는 앞에서 말한 바울의 그러한 본문들을 요약하기 위하여 발견학습적으로 사용해 왔다. 다른 곳에서와 마찬가지로 여기에서도, W. S. Campbell, 2008, 149-51 Harink를 따라 불필요한 시궁창 속으로 들어갔다. 자세한 것은 아래를 보라.

657) Cosgrove, 1997, 32, 그리고 Sanders, 1978, 183; Wagner, 2002, 298 n. 238을 포함한 다른 많은 학자들; 반대견해로는 Stendahl, Gager, Gaston, 그리고 지금은 Jewett, 2007, 701f.를 포함한 다른 많은 학자들. "사람들을 고려하는 것"(respect of persons)에 대해서는 2:11과 위의 논의를 보라.

게 된" 유대인들이 그 완악함에서 벗어나려면 "주께로 돌아가야" 한다 — 또는, 로마서의 표현을 빌리면, "계속해서 불신앙에 머물러 있지" 않아야 한다.[658]

마찬가지로, 바울이 로마서 2장과 9장에서 전개해 나갔을 뿐만 아니라 고린도후서 3장에서도 또다시 표현한 "완악하게 된 것"이라는 개념은, 그 자체로는 이 "완악하게 된 것"이 일시적이고 잠정적인 상태로서 나중에 자동적으로 제거될 것이라는 관념을 내포하고 있지 않다. "이 질병은 결국 극복될 것"이라는 관념은[659] 최근의 석의 전통 속에 아주 견고하게 박혀 있어서, 아이러니컬하게도 그 자체가 이 본문을 읽는 데 있어서 도저히 깨질 기미가 보이지 않는 딱딱한 껍데기를 형성해 왔다. 우리는 마커스 보크뮤엘(Markus Bockmuehl)이 다른 맥락 속에서 말한 것을 상기해 보면, 그것을 금방 알 수 있다: "아마도 이것은 너무나 분명한 것인데도 잘 알려져 있지 않은 것을 보여주는 또 하나의 예인 것 같다."[660] 우리는 유대인들의 그러한 완악함이 일시에 모두 다 제거되는 일이 일어나기를 소망하겠지만, 그것은 "완악하게 된 것"이라는 개념이 작동하는 방식이 아니다. 앞에서 이미 보았듯이, 2:4-5의 "완악하고 회개하지 않는 마음"은 사람들이 그들을 회개로 이끌고자 하는 하나님의 "인자하심"을 거절할 때에 일어나게 된 것이기 때문에, "완악하게 된 것"은, 장차 회개가 없는데도 불구하고 갑자기 긍휼이 주어지게 될 것임을 보여주는 전조가 아니라, 심판의 전조였다. 이것은 한 나라의 죄가 "가득 찼을" 때에는 심판 외에는 다른 가능성이 남아 있지 않는 지경에 이르게 된 것이라는 성경의 오래된 관념(특히, 아브라함 서사와 거기에서 주어진 출애굽 약속에 나오는)과 맥을 같이 한다.[661] 마찬가지로, 9:14-23의 서사 속에서, 하나님이 이스라엘을 "남은 자"에 이르기까지 그 수를 줄이는 것과 관련해서 "진노의 그릇들"의 한 예로서 애굽 왕 바로의 마음을 완악하게 한 것은, 나중에 제거될 일시적인 상태가 아니라, 인간의 완악해진 마음과 하나님의 목적의 신비한 결합에 의해서 생겨난 상태였다. 앞에서 보았듯이, 바울은 이것이 이스라엘이 "육신을 따른 메시야 백성"으로서, 메시야의 십자가 죽음이 바울에게만이 아니라 이스라엘의 역사 속에도 새겨져 있는 결과라고 해석하였다.[662]

658) 이것은 11:14의 '티나스'(tinas)를 그런 식으로 이해할 때에만, 정확히 그럴 때에만 "개인주의적인" 것이 된다(Wagner, 2002, 279 n. 194): 믿음으로 말미암아 9:6의 두 번째 "이스라엘"의 일부가 되는 개인들이자 민족으로서의 이스라엘의 지체들.

659) Jewett, 2007, 700.

660) Bockmuehl, 1997 [1990], 174.

661) 창 15:16; cf. 마 23:32. 그리고 살전 2:16에 대해서는 위의 제11장 제6절 3)을 보라.

다시 한 번 반복해서 말하지만, 바울은 현재 "완악해져 있는" 모든 유대인들이 계속해서 그 상태에 머물러 있을 수밖에 없다고 말하는 것이 아니다. 도리어, 그는 로마에 있는 이방 그리스도인들이 그런 견해를 지니고 있지는 않은 것인지를 우려해서, 11:11에서 11:32까지 내내 그러한 견해가 잘못된 것임을 논증하고 있다. 실제로, 그가 이 서신 속에 고도로 집약되고 더할 나위 없이 진지한 이 단락을 배치한 목적 중의 일부는 바로 그러한 견해를 반박하는 논증을 펼치기 위한 것이다. 현재 완악함 가운데 있는 유대인들도 언젠가는 "시기가 나서" 메시야를 믿는 믿음으로 나아와 구원을 얻을 수 있다고 그는 역설한다. 그러나 우리는 이 주제와 관련해서 그의 말에 동의하고자 하는 열심이 지나친 나머지, 그가 한 말의 의미를 지나치게 받아들이거나 해석해서는 안 된다. "~할 때까지"가 이끄는 종속절("열방들의 충만한 수가 들어올 때까지")은 실제로 주절의 내용이 일시적이고 잠정적임을 보여주는 표지이기는 하지만, 그 자체로는 일단 그 조건이 충족되었을 때에 이스라엘 중에서 "완악하게 된" 자들에게 어떤 일이 일어나게 될 것인지를 우리에게 말해주는 것은 아니다. 최근의 석의자들 중에서 다수의 견해는, "~할 때까지"를 "완악하게 된 것"이 해제될 때를 보여주는 것으로 보아서, 그 때가 되면 "나머지"가 갑자기 완악함에서 벗어나서 (믿음이 있든 없든) 구원을 받게 될 것이라고 해석하는 것이었다.[663] 그러나 바울은 그렇게 말하고 있는 것이 아니기 때문에, 우리는 아무런 근거도 없이 그러한 견해에 동조해서는 안 된다

이 본문이 보여주는 것은 그러한 견해와는 정반대의 것이다. "완악함"이 존재한다면, 데살로니가전서 2:14-16이 말하고 있듯이, 그것은 심판이 가까웠음을 보여주는 것이다. 심판이 연기되고 있다면, 그것은 하나님의 인자하심과 오래 참으심 때문이다. 그리고 그러한 인자하심과 오래 참으심에 대한 합당한 반응은 그 기회를 계속해서 악용하거나, "완악하게 된 것"이 저절로 제거될 때까지 그러한 기회가 지속될 것이라고 여기는 것이 아니라, 그렇게 해서 얻어진 시간, 즉 심판이 연기됨으로써 유예기간이 생긴 것을 회개(2:40)와 믿음(11:23)을 위해 사용하는 것이다. 나는 성경에 아주 광범위하게 나오는 "완악하게 된 것"이라는 주제를 보여주는 본문들 중에서, "완악하게 된 것"이 결국에는 심판으로 이어지게 될 것이라고 보지 않는 본문을 단 하나도 알지 못한다.[664] (이 대목에서 "아, 그렇군요, 그러나

662) 갈 2:19f.; 6:17.

663) Jewett, 2007, 662는 Cranfield, 1979, 549를 인용해서, "완악하게 되는 것의 섭리적인 성격"을 인정한다.

그것이 바로 당신과 바울이 다른 것이죠"라고 말하며 로마서 11:25-27을 증거로 제시하는 사람이 분명히 있을 것이지만, 그렇게 하는 것은 논점을 회피하는 것이 될 뿐이다.)

바울은 11:11-32에서 이 유예기간을 합당하게 사용하지 않는 자들에게 장차 어떤 일이 일어나게 될 것인지에 관한 자신의 견해를 분명하게 밝히지 않는다. 그러나 11:7-10은 9:1-5이나 10:1과 마찬가지로 그 이야기를 들려준다. 만일 바울이 현재 "완악하게 된" 자들이 머지않아 하나님의 새로운 역사를 통해서 구원받게 될 것임을 진정으로 믿었다면(이것이 사실이라면, 그는 '파루시아'가 곧 있게 될 것이라고 기대하였다는 점에서 이 일도 속히 일어날 것이라고 생각하였을 것이다), 왜 그는 눈물을 흘린 것이며, 왜 끊임없는 마음의 고통이 자기에게 있다고 말한 것인가? 또한, 왜 그는 "그들의" 구원을 위하여 진심으로 기도하고, 그들이 구원 받기 위해서 어떻게 해야 할지에 대하여 왜 그토록 자세하게 말한 것인가(10:1-13)?[665] 이 모든 것에 대하여 유일하게 가능한 대답은, 석의적으로 볼 때에 기상천외한 다음과 같은 대답일 것이다. 즉, 바울은 로마서를 쓰기 직전까지만 해도 끊임없는 마음의 고통과 슬픔을 겪고 있었지만, 이 문제를 다시 한 번 철저하게 새롭게 생각했거나, 또는 로마서 11장의 24절을 다 쓰고 25절을 쓰기 전에 갑작스럽게 하나님으로부터 계시를 받아서, 로마서 11:25-27의 새로운 "신비"를 발견하고서, 이제는 더 이상 그렇게 마음 아파하고 슬퍼하지 않아도 된다는 것을 알게 되었다는 것이다.[666] 우리가 앞에서 이미 보았듯이, 이것은 정말 기상천외한 공상이고, 바울이 이 단락 전체를 극히 주의 깊고 세심하게 수사학적으로 구상하여 치밀하게 썼다는 것과, 11:25 전체가 그가 앞에서 말한 것들과 밀접하게 연결되어 있고, 어떤 새로운 내용을 제시하고 있는 것으로 보이지 않는다는 사실에 의해서 절대적으로 배제된다.[667] 만일 그러한 다수의 견해가 옳다면, 바울은 자신의 서기인 더디오에게 이 세 장을 찢어버

664) cf. 살후 2:6-12. 거기에서 "억제"라는 관념은 여기에서와 동일한 것은 아니지만, 마찬가지로 종말론적인 심판의 연기를 의미한다.

665) Jewett, 2007, 698은 이 점을 분명히 보기는 하지만, 해결하지는 못한다. Schreiner, 1998, 618을 보라: "바울이 언급하는 완악하게 된 것은 돌이킬 수 있는 것일 가능성은" 은혜로 말미암아 믿게 되는 자들의 경우를 제외한다면 "희박하다."

666) 예를 들면, Schnelle, 2005 [2003], 351은 이것의 한 판본을 제시한다.

667) Starling, 2011, 156은 11:26의 "이스라엘"은 "교회"를 의미할 수 없는데, 그런 해석은 이전 본문들의 전체적인 취지에 역행하는 것이 되기 때문이라고 주장한다. 11:17-24의 "감람나무"가 분명히 믿는 유대인들과 믿는 이방인들을 온전한 지체들로 가진 하나님의 백성의 단일한 공동체를 나타낸다는 것을 그가 보지 못한 것은 정말 이상한 일이다.

리고 처음부터 다시 쓰라고 말하였을 것임에 틀림없다. 아니, 바울은 더디오에게 이제까지 쓴 로마서 전체를 파기해서 쓰레기 통에 버리라고 말하였을 것이다-로마서 2, 3, 4장의 상당 부분은 그대로 다시 사용할 수 있긴 하였겠지만.

따라서 이 본문에 대한 석의는, 현재 "완악하게 된" 유대인들이 장차 갑자기 그 완악함에서 벗어나 구원을 얻게 될 것이라고 보는 다수의 견해와 정면으로 충돌한다. 석의적으로 볼 때, 11:25의 '아포 메루스'(apo merous)는 통상적으로 "일부에"라는 의미로 해석되어 왔지만("완악하게 되는 것이 이스라엘의 일부에 임하였다"), 시간적인 의미("한동안")로 해석하는 것도 가능하다.[668] 하지만 시간적인 의미로 해석되는 경우에도, 그것은 종말의 마지막 순간에 그들이 갑자기 "완악함에서 벗어나게 될" 것임을 가리키는 것은 아니다. 우리가 바울은 "완악하게 된 것"이 결국에는 최종적인 심판으로 이어지게 될 것으로 생각한 것이라고 본다면, 그가 9:1-5에서 고통스러워한 것과 10:1에서 그들을 위하여 간절하게 기도한 것이 가장 잘 설명될 수 있고, 사실 오직 그렇게 보아야만 온전히 설명될 수 있다.[669] 이러한 해석을 취하게 되면, "한동안"은 그들에 대한 심판이 유예되고 있음을 보여주는 것이 된다. 그러나 내 판단으로는, 바울은 11:1-7, 특히 7절에서와 마찬가지로 여기에서도, "완악하게 되는 것"이 이스라엘의 일부에 임하게 되었다고 말하고 있는 것일 가능성이 아주 높다.[670] 앞에서 보았듯이, 이것은 어떤 목적, 즉 한편으로는 이스라엘 중에서 "남은 자," 다른 한편으로는 바울의 이방 선교와 관련된 것으로서, 이방인들이 계속해서 "들어올" 뿐만 아니라, "남은 자"도 점점 더 많아져서 결국에는 "충만한 수"(12절)에 도달할 수 있게 하고자 하는 목적과 연관되어 있었다. 마

668) "부분"을 나타내는 것으로 보아서 "부분적으로 완악하게 된 것"으로 읽는 대안적인 읽기(REB; cf. Gaston, 1987, 143, "이스라엘이 이해하지 못한 것은 단지 몇 가지 것들이 있었다")는 핵심을 놓치는 것이다: 11:1-10에 비추어 볼 때, "부분적으로 완악하게" 된 것은 "부분적으로 잉태하였다"는 것과 같은 의미일 것이다. Wagner, 2002, 278은 "부분적인 무감각"으로 번역하지만, 나는 그가 Gaston과 동일한 견해를 의도하고 있는 것이라고 생각하지 않는다.

669) 가리키는 것은 서로 다르지만, 이것은 데살로니가전서 2:14-16과 병행된다; 위의 제11장 제6절 3)을 보라.

670) 이 어구는 롬 15:24에서는 "시간적인" 의미로, 롬 15:15; 고후 1:14; 2:5에서는 "부분을 나타내는"(또는, "양적인") 의미로 사용된다. Bell 1994, 128과 거기에 나오는 전거들을 보라. Bell은 '아포 메루스'(apo merous)가 '게고넨'(gegonen, Cranfield의 견해: 1979, 575; 이것은 내가 Wright, 2002 [*Romans*], 688에서 따른 견해이다)이나 '이스라엘'(Israēl, 이것은 내가 Keck, 2005, 279 등과 더불어서 강력하게 선호하는 견해이다)이 아니라, '프로시스'(pōrōsis)에 걸리는 것으로 보아야 한다고 주장한다. 바울은 9-11장의 교차대구법적인 구조가 그 결론부에 도달하게 됨에 따라서, 9:6에서 희미하게 암시된 "이스라엘" 내의 구분을 상기시키고 있다.

찬가지로, 이방인들도 계속해서 들어옴으로써 "충만한 수"에 이르게 될 것이다(25절). "때가 다 차서 충만하게 될 때"가 하나님이 역사할 때인 것과 마찬가지로, "사람들의 수가 다 차서 충만한 수가 되는 것"은 전 세계적인 하나님의 구원 계획이 완성되는 때이다. 이것이 10:14-18 이래로 고찰되어 왔고 11장 14절의 논증에서 핵심적인 역할을 하는 이방 선교의 과정이다. 그리고 그 선교는 하나님이 바울의 "골육"을 시기나게 하여 그들 중 얼마를 구원하기 위한 수단이라는 것을 바울은 11:14에서 이미 말한 바 있다. 따라서 이 두 가지 "충만"은 서로 연결되어 있다.

3. 나는 이것이 우리가 11:26a을 읽는 방식이 되어야 한다고 본다: '카이 후토스 파스 이스라엘 소테세타이'(kai houtōs pas Israēl sōthēsetai, "그리고 이와 같이 '온 이스라엘이 구원을 얻게 될 것이다'"). 이 대목에서 내가 지금 제시하는 방식으로 논증하는 석의자는 엘리야의 말을 인용하는 바울과 같은 심정을 느끼게 된다: "나만 홀로 남았습니다."[671] 물론, 그 말은 틀렸다. 칠천 명까지는 아니더라도, 적어도 … 하지 않은 사람이 일곱 명 이상은 남아 있을 것이다. 우리는 이 문장을 완성하지 않고 그대로 놓아두는 편이 더 좋을 것 같다. 어쨌든, 그것이 에세네파의 남은 자가 아니라 바울 같은 남은 자라면, 앞으로 그 수는 더 많아질 것이다.[672] 지금까지 다수의 견해는 너무나 강력하였기 때문에, 다음과 같은 것들은 통상적으로 논증되지 않고 그대로 전제되어 왔다: (a) 이것은 이제까지 설명된 적이 없는 새로운 사건을 가리킨다는 것, (b) 여기서 "온 이스라엘"은 오직 유대인들만을 가리킨다는 것, (c) 따라서 이것은 10:1-13에서 설명되었거나 11:14, 23에서 상정된 것과는 다른 구원 방식을 가리킬 수 있다는 것, (d) 이 일은 '파루시아' 때에 일어나게 되리라는 것.

이것들 중에서 마지막에 나오는 (d)는 우리가 11:26b-27에 나오는 성경 인용문들을 살펴보면서 네 번째 통상적인 전제(바울은 여기서 '파루시아'의 때에 일어나게 될 어떤 일을 생각하고 있다는 것)를 반박할 때에 다루어지게 될 것이다. 세 번째에 나오는 (c)에서 말한 것(믿음과는 다른 구원 방식)은 전후에 유대인 대학살에

671) 왕상 19:10. 14을 인용하고 있는 11:3.

672) 예를 들면, cf. Whiteley, 1964, 97f.; Glombitza, 1964-5; Giblin, 1970, 303; Jeremias, 1977; Martin, 1981, 134f.; Ponsot, 1982; Aageson, 1986, 284f.; Chilton, 1988(또한, cf. Chilton, 2004, 234: 바울은 "모든 이방인들을 … 이제 오직 믿음에 의거해 정의된 이스라엘 내에 … 포함시키고자" 한다); 이 명단을 든든하게 받쳐 주고 있는 저 유명한 Barth, 1936-69, 2.2.300(그리고 그의 배후에는 Irenaeus, Calvin 등 다수가 포진해 있다). 그 밖의 다른 사람들은 Moo, 1996, 721; Jewett, 2007, 701 n. 73에 언급되어 있다. 또한, 아래에 언급된 Donaldson, Keck(암묵적으로), Niebuhr, Wagner도 부분적으로 동의한다.

대한 반발이 절정에 달하였던 십 년에서 이십 년 전에 최고의 인기를 누린 후에, 지금은 어느 정도 누그러져 있는 상황이기는 하지만, 여전히 강력한 지지를 받고 있다.[673] 오늘날 11:26a을 아마도 '파루시아' 때에 이루어질 장래의 사건을 가리키는 것으로 보는 사람들은 대부분, 바울은 자신이 예수가 부활한 이스라엘의 메시아라는 것을 갑작스러운 계시를 통해 확신하게 되었던 것과 마찬가지로, 종말에도 유대인들에게 그것과 비슷한 일이 일어나서 예수를 믿게 될 것이라고 말한 것으로 본다.[674] 그러나 그런한 견해를 제대로 평가하기 위해서는 (a)와 (b)를 좀 더 면밀하게 들여다 보지 않으면 안 된다.

(a) 첫째로, 26a절은 바울이 이미 앞에서 말해 온 것에 더하여 앞으로 일어나게 될 추가적인 사건을 설명하고 있는 것인가, 아니면 그가 11:11-15과 11:16-24에서 말해 온 동일한 일을 또 다른 아이러니컬한 시각에서 설명하고 있는 것인가? 영역본들은 이 본문에 나오는 '카이 후토스'(kai houtōs)를 "그리하여"(and so)로 번역하였기 때문에, 장래의 일을 가리킨다고 본 첫 번째 선택지는 통상적으로 아무런 도전도 받지 않고 무사통과해 왔다.[675] 이러한 번역은 나름대로 정확한 것이라고 할지라도 빠뜨린 것이 있다. 왜냐하면, 바울이 사용한 헬라어 단어는 "그리고 이와 같이," 또는 내가 번역한 대로, "이것이 '온 이스라엘이 구원받게 될' 방식이다"라는 것을 의미하기 때문이다. 그러나 영어의 "so"는[676] "그리하여"를 의미할 수 있고, 이 의미는 '후토스'(houtōs)가 통상적으로 허용하는 의미가 아닌데도, 다수의 견해는 이런 해석을 옳은 것으로 전제해 왔다.[677] 이 견해에 의하면, 먼저 이방인들

673) 이제는 Jewett, 2007, 701. 통상적으로 정확한 Jewett이 "온 이스라엘"에서 "온"은 "예외들을 허용하지 않는다"고 단언한 것은 이례적이다; 우리는 단지 mSanh. 10.1-3만을 잠깐 보아도, 그 분명한 반대증거를 볼 수 있다. 거기에서는 "온 이스라엘"이라고 생각될 수 있는 사람들 중에서 내세를 유업으로 받지 못할 부류들(그 부류들 중 일부의 경우에는 논란이 있다)을 세 단락에 걸쳐 상당한 분량으로 열거한다. 구약에 자주 나오는 "온 이스라엘"도 그 점을 확인해 준다(예컨대, 출 18:25; 신 1:1; 5:1; 13:11; 29:2; 31:11; 34:12; 수 3:7; 삼상 3:20; 7:5; 25:1; 삼하 8:15; 왕상 8:62; 12:1; 18:19; 대상 9:1; 18:14; 29:21; 대하 12:1; 29:24; 단 9:11): 이 본문들은 통상적으로 "모든 개개인"을 의미함이 없이 큰 무리의 사람들을 가리킨다.

674) 예를 들면, Hofius, 1990, 36f.; Jewett, 2007, 701; Wolter, 2011, 432를 비롯한 다수.

675) RSV와 NRSV는 KJV, RV를 따른다: "그렇게 해서 온 이스라엘이 구원을 받을 것이다"; NEB는 부끄러운 줄도 모르고 이 구절을 의역한다: "그런 일이 일어났을 때, 이스라엘 전체가 구원을 받게 될 것이다"; REB는 거기에서 한 걸음 더 나아가, "일단 그런 일이 일어났을 때 … "라고 번역한다. NJB와 대비해 보라: "그리고 이것이 온 이스라엘이 구원 받게 될 방식이다."

676) 독일어의 "so"는 시간이 아니라 결과를 나타낸다. 그러나 루터역본의 1967년판은 "alsdann"("그런 후에")으로 되어 있는데, 이것은 분명히 잘못된 번역이다.

677) van der Horst, 2006, 176-80과 Jewett, 2007, 701은 '후토스'(houtōs)가 시간적인 의미로 사

의 충만한 수가 들어오고, 그런 후에 또 다른 몸인 "온 이스라엘"을 구원할 새로운 사건이 일어나게 된다.

이 다수의 읽기를 반박하는 논증의 일부는 이미 앞에서 제시된 바 있다. 만일 그런 읽기가 사실이라면, 왜 바울은 그토록 괴로워한 것인가? 바울이 자신의 동족 유대인들이 결국에는 모두 다 구원받게 될 것임을 내내 알고 있었다면 -특히, 다수의 견해가 생각하듯이, 바울이 이 일이 '파루시아'의 때에 일어날 것으로 생각하고, 가까운 장래에 그런 일이 일어날 것으로 기대한 것이라면 -왜 이것이 그에게 문제가 된 것인가? 하지만 '후토스'(houtōs)가 지닌 통상적인 의미로 이 본문을 읽으면, 위의 (a)는 반박될 수밖에 없다. 왜냐하면, 그런 식으로 읽는 경우에는, 바울은 여기서 장래에 일어날 어떤 추가적인 사건에 대하여 말하고 있는 것이 아니라, 11:25에 설명된 일들 — 이스라엘의 "일부"(apo merous – '아포 메루스')가 완악하게 된 것과 이방인들의 충만한 수가 들어올 때까지 유대인들이 벌게 된 시간적인 유예 — 은 하나님이 "온 이스라엘"을 구원하기 위한 수단이라고 말하고 있는 것임이 아주 분명해지기 때문이다.

이렇게 '후토스'를 "시간"을 가리키는 것으로 읽느냐, 아니면 "방식"을 가리키는 것으로 읽느냐에 따라서, 의미는 완전히 달라진다. 우리가 이것을 시간적인 의미로 읽는 경우에는, 이 본문은 그 이후에 벌어질 일에 대하여 설명하는 것이 된다: "그리고 그런 후에, 성경이 말하고 있는 것과 같이, 무엇인가 새로운 일, 즉 '온 이스라엘'의 구원이 일어나게 될 것이다." 그러나 우리가 이것을 방식을 의미하는 것으로 읽는다면, 이 본문은 앞에서 한 말을 되돌아보는 것이 된다: "그리고 11:11-24 전체에서 설명되고 11:25에서 요약된 것이 '온 이스라엘'이 구원 받게 될 방식이다." 그러나 이것은 우리를 지극히 중요한 어구로 데려다 준다.

(b) 11:25-27에 대한 다수의 읽기가 겉보기에 지니고 있는 것 같은 강점은 의심할 여지 없이 이 논의의 다른 곳에서 사용되고 있는 "이스라엘"이라는 단어가 유

용되고 있는 예외일 가능성이 있는 여러 예들을 제시한다; 그들은 BDAG 741f.와 Fitzmyer, 1993, 622f.가 이 단어는 절대로 시간적인 의미로 사용되지 않는다고 한 주장에 의문표를 찍는 데 성공하기는 했지만, 내 생각에는 그 예들 전부가 설득력이 있는 것은 아니다. 또한, Bell, 2005, 259f.를 보라. Davies, 1984, 347 n. 36은 '후토스'(houtōs)가 '토테'(tote, "그 때에")를 의미한다고 주장하지만, 그가 그 예로 제시하는 요한복음 4:6조차도 그의 주장을 거의 밑받침해 주지 못한다; 또한, Hofius, 1990, 33-5를 보라. Schreiner, 2001, 477 n. 14(그리고 481)는 자기는 '카이 후토스'(kai houtōs)가 시간적인 의미를 지닌다고 주장하는 것이 아니라, 단지 문맥상으로 시간적인 연속을 나타낸다고 주장하는 것이라고 말한다. 바로 그것이 지금 쟁점이 되고 있는 문제이다. 이것에 대해서는 Jeremias, 1977, 198이 이미 상당 부분 말하였다.

대인들, 오직 유대인들만을 가리키는 것으로 보인다는 것이다. 이 점과 관련해서 좀 더 정확한 설명을 얻는 것은 가능한가?

그렇다. 앞에서 보았듯이, 바울은 이 세 장 전체를 대단히 주의 깊고 세심하게 구성하였다. 그리고 그는 자신의 신학적인 핵심이 드러나 있는 이 위대한 역사적 서사에 관한 기사를, "이스라엘에 속한" 모든 사람들이 사실은 다 "이스라엘"이 아니라는(ou gar pantes hoi ex Israēl houtoi Israēl – '우 가르 판테스 호이 엑스 이스라엘 후토이 이스라엘,' 9:6b) 분명한 구별로 시작한다. 이러한 구별은 이 논의의 나머지 부분 위에 하나의 당혹스러운 물음표 같이 계속해서 걸려 있다: 육신을 따른 아브라함의 모든 자손들이 다 "이스라엘"이 될 수 있는 자격을 갖추고 있는 것이 아니라면, 도대체 누가 "이스라엘"이라는 말인가? 이것은 이 대단락 전체의 수사학적 구조 속에서 대칭점에 있는 9:6에서 말하고 있는 것과 아주 비슷한 11:26의 '파스 이스라엘'(pas Israēl, "온 이스라엘")이 "육신을 따른 아브라함의 모든 자손들"을 의미하는 것이 아닐 가능성을 이미 우리에게 강력하게 시사해 준다.[678]

이것과 관련해서, 9:6-13에서 말하는 것은 육신을 따른 아브라함의 권속 내에서의 선별의 과정에 관한 것이고, 이러한 과정은 9:14-29에서도 계속해서 이루어지지만, 거기에서 "이스라엘"은 여전히 이방인들이 포함되지 않은 육신을 따른 아브라함의 자손들의 부분집합을 가리키는 것이라는 반론이 제기될 수 있다. 그러나 아주 중요한 절인 9:24은 그것과는 다른 것을 보여준다. 즉, "하나님이 부르신 우리"는 그 범위가 확장되어 "유대인들 중에서만이 아니라 이방인들 중에서도" 부르심을 받은 자들을 포함한다는 것이다. 그리고 여기에서 "부르심"은 9:7과 9:11에 나오는 것과 같은 전문적인 용어이다: "네 씨는 이삭 안에서 부르심을 받게 될 것이다(klēthēsetai – '클레테세타이')"와 "택하심에 따른 하나님의 뜻이 행위로 말미암지 않고 오직 부르시는 이로 말미암아(tou kalountos – '투 칼룬토스') 서게 하기 위한 것이었다." 사실, 9:30과 10:19-20에 나오는 내용은 그가 9:24에서 말한 것을 가져온 것이다: 이방인들은 '디카이오쉬네'(dikaiosynē, "의")를 발견하였고, 더 나아가 하나님을 발견하였다("내가 나를 찾지 않은 자들에 의해 발견되었다," 10:20). 또한, 이것은 10:6-13의 의미이기도 하다. 이스라엘의 큰 소망이었던 신명기적인 계약 갱신은 유대인이든 이방인이든 예수를 '퀴리오스'(kyrios, "주")라 시

678) Keck, 2005, 280을 보라: "9:6에서 … [바울은] 역사 속에서의 "이스라엘"이라는 현상을 구원의 날에 구원 받게 될 이스라엘과 구분한다. 또한, 이 이스라엘이 이방인들의 '플레로마'(plērōma)가 접붙임을 받은 감람나무이고, 다시 접붙임을 받은 유대인들도 거기에 합류하는 것일 수 있다."

인하고 하나님이 그를 죽은 자 가운데서 다시 살렸다는 것을 모든 믿는 자들에게서 성취되었다. 믿는 이방인들은 지금 신명기적인 새 계약의 지체들에 속해 있는 자들이고, 하나님이 "부르신" 자들, 요엘서가 말한 대로 "주의 이름을 부르는" 자들, 2:25-29이 말한 대로 "율법을 이루는" 자들은 그들의 무할례가 할례로 간주되고 '유다이오스'(Ioudaios, "유대인")라는 이름이 주어진 자들이기는 하지만, 아브라함의 씨, 즉 "이스라엘"로 분류될 수는 없다고 말한다면, 그것은 정말 어처구니없는 말이 되고 말 것이다. 이것도 강령적으로 압축되어 있는 9:5에 이미 암시되어 있다. 바울은 9:5에서 메시야는 "육신을 따라서는 그들에게서 나셨고," "만물 위에 계셔서 영원히 찬송 받으실 하나님"이라고 말한 후에, 10:12에서는 그것을 다시 받아서, '호 가르 아우토스 퀴리오스 판톤'(ho gar autos kyrios pantōn), 즉 "왜냐하면, 바로 그는 모든 사람의 주이시기 때문이다"라고 극적으로 선언한다. 이방인 신자들은 이스라엘의 메시야를 "주"로 받아들였기 때문에, 이스라엘이 찾았던 것을 발견하였다고 바울은 말한다.

이것은 9-11장에서 "이스라엘"의 통상적인 의미는 "모든, 또는 대다수의, 또는 적어도 몇몇 유대인들"이라는 사실과 더불어 나란히 고려되어야 할 증거이다. 9:6에서 이스라엘을 둘로 구분하는 내용을 제외하더라도, 그러한 언급은 일곱 번 나온다.[679] 그러나 이 서신 전체에 걸친 일련의 사고의 흐름은 하나님의 백성을 가리키는 이 고상한 용어조차도 변증을 위해 제정의되었을 가능성을 계속해서 내내 보여준다.[680] 우리는 이미 관련 본문들을 살펴 보았는데, 2:25-29에서는 "할례"와 심지어 "유대인"까지도 재정의하고 있고, 4장 전체에서는 아브라함의 권속을 근본적으로 재정의하고 있으며, 9장은 4장의 논의를 가져와서 연결고리를 삼는다. 빌립보서 3:2-11("우리가 할례파이다," 3:3), 특히 갈라디아서에 나오는 병행본문들은

679) 9:27(두 번), 31; 10:19, 21; 11:2, 7.

680) 특히, Cosgrove, 1997, 23을 보라. 그는 여기에서 입증책임은 그가 "이스라엘 민족주의"(national Israelism)이라고 부르는 것을 주장하고자 하는 자들에게 있다고 역설한다. Donaldson, 1997, 236-47은 바울이 이방인 회심자들을 "재구성된 이스라엘로 개종한 자들"로 보기 때문에, "'그리스도 안에' 있는 이방인들은 … 아브라함의 권속의 지체들이고," 이렇게 해서 "이방인들은 재정의된 이스라엘의 온전한 지체들이 됨으로써 의와 구원에 참여한다"(247)고 주장한다. Wagner, 2002, 293에 나오는 논의를 보라. 하지만 Donaldson은 나의 읽기와는 거리를 두는데(345f. n. 41; 354f. n. 29), 이것은 내가 나의 입장을 충분히 명확하게 전달하지 못했기 때문일 수 있다. 나는 바울에게 있어서 현재의 상황(오직 소수의 회심자들이 있는)이 존재하는 모든 것이라고 말한 것이 아니라, 바울이 그러한 현재의 상황을 근거로 해서, 장래에는 더 많은 수, 즉 "충만한 수"의 회심자가 있게 될 것이라고 논증하고 있다고 말한 것이었다.

이 점을 한층 더 분명하게 보여준다. 앞에서 보았듯이, 갈라디아서 6:16은 메시야를 믿는 유대인들과 이방인들을 모두 포함한 아브라함의 권속 전체를 가리키기 위하여 "하나님의 이스라엘"이라는 어구를 사용한다.[681] 우리가 위에서 그랬던 것처럼 여기에서도 또다시 주목할 것은, 고린도전서 10:18에 나오는 "육신을 따른 이스라엘"이라는 흥미로운 언급이다. 바울은 거기에서 고린도에 있는 유대인과 이방인으로 구성된 '에클레시아'(ekklēsia, "교회")에게 교훈을 주기 위하여 출애굽 서사를 들려주는 가운데, 그들을 포함하는 의미에서 "우리"라는 표현을 사용하여, "우리 조상들"이 구름 아래에 있었고 바다를 통과하였다고 말한다. 바울이 이 '에클레시아'에게 그들 자신을 이 이야기를 하는 바로 그 백성으로 생각하고, 이 이야기 내에서 사는 법을 배우라고 가르치는 가운데, "육신을 따른(kata sarka – '카타 사르카') 이스라엘"에 대하여 언급한 것은 아주 중요한 것을 시사해 준다. 만일 그가 "이스라엘"이라는 단어를 오로지 "유대인들"을 의미하는 것으로 국한해서 사용하고자 하였다면, "육신을 따른"이라는 수식어를 "이스라엘"이라는 단어 앞에 굳이 붙일 필요가 없었을 것이다. 따라서 이것은 10:32에서 인류를 세 부류로 구분한 것과 일치한다: 유대인, 헬라인, 하나님의 교회(ekklēsia tou theou – '에클레시아 투 테우'). 분명한 것은 바울은 메시야 백성을 어느 하나의 호칭으로 부르지 않았다는 것이다. 그러나 그가 로마서 2-4장, 고린도후서 3장, 갈라디아서 전체, 빌립보서 3장에 나오는 자신의 명시적인 논증을 통해서 분명해진 것, 즉 이스라엘의 메시야 예수 안에서 한 분 유일하신 하나님이 땅의 열방들을 아브라함의 백성에 속하게 함으로써, 토라와 선지자들과 시편이 똑같이 표현해 온 이스라엘의 오래된 소망을 성취하였다는 것을 보여주는 방식들로 메시야 백성을 늘 지칭하고 있다는 것도 마찬가지로 분명하다. 바울은 이러한 믿음에 수반되는 많은 고통스러운 역설들을 너무나 잘 알고 있었지만, 그러한 믿음에서 한 발자국도 뒤로 물러나려고 하지 않았다.

또한, 우리가 11:11-24을 살펴보면서 보았듯이, 그 본문 전체, 특히 "감람나무" 비유는 독자들로 하여금 믿는 이방인들과 믿는 유대인들(특히, 더 많은 수의 유대인들)을 동일한 "나무"의 일부로 여기도록 권장한다 -앞에서 보았듯이, 11:26의 "이스라엘"이 믿는 이방인들을 포함한다는 것에 대하여 확신하지 못하는 사람들 중에서도 이 "나무"가 어떤 의미에서 "이스라엘"을 가리키는 것으로 보는 데에는

681) 위의 제11장 제6절 2)를 보라. 현재의 경우와 마찬가지로 그 경우에서도, 이 서신의 나머지의 논증을 무시할 때에만, 그 결론을 거부할 수 있다.

흔쾌히 동의한다. 이것은 로스 와그너(Ross Wagner)가 로마서 9-11장에 관한 자신의 자세하고 치밀한 연구에서 민족으로서의 유대인들이 최종적으로 교회로 들어오게 될 방식과 시기에 대해서는 나와 견해를 달리하면서도, 여기에 나오는 "이스라엘"이 재정의된 의미를 지닌다는 것에 대해서는 내 견해에 강력하게 동의하는 지점이다:

> 이 견해["온 이스라엘"이 믿는 이방인들을 포함할 수 있다는 견해]는 분명히 이방인들이 "들어온다"는 바울의 표현, 특히 이방인들이라는 "가지들"이 이스라엘이라는 "뿌리"에 접붙임을 받았다고 말하는 감람나무 비유와 연결시켜서 이 표현을 생각할 때에 도출될 수 있는 유력한 추론임에 분명하다 … 바울에게 있어서 "이스라엘"은 "이방인들의 충만한 수"가 들어오고 "구원자"가 시온에서 와서 "야곱"의 죄를 제거할 때에만 온전한 실체가 될 것이다.[682]

내가 특히 주목하는 대목은 이스라엘의 일부가 "완악해져" 있는 동안에 이방인들이 "들어온다"는 것에 대하여 와그너가 말하고 있는 내용이다: 특히 다시 한 번 감람나무 비유에 비추어 보았을 때, 만일 "이스라엘"이 존재하지 않는 것이라면, 이방인들은 어디로 "들어오고" 있는 것인가? 이것은 25절의 "이스라엘"은 오직 유대인들만을 가리키는 것이 분명하기 때문에, 26절의 "온 이스라엘"도 그런 의미로 사용되었을 수밖에 없다고 주장하는 것을, 사람들이 보통 생각하는 것보다 더 어렵게 만든다.[683] 따라서 26절의 "이스라엘"은, 19절에서 말하고 있는 것처럼, "꺾인 가지들"의 배제(exclusion)를 통해서 부분적으로 비워짐과 동시에 "돌감람나무 가지들"의 편입(inclusion)을 통해서 다시 채워진 "이스라엘"이다. 이것이 바울이 17-24에서 말하고자 하는 것이었다면(이 점에 대해서는 논란이 없는 것으로 보인다), 우리는 25b-26a절을 다음과 같이 주해할 수 있다(밑줄이 그어진 것은 11:11-15과 11:23-24에서 가져온 부분을 나타낸다):

682) Wagner, 2002, 278f.

683) 반대견해로는 Wagner(2002, 237 n. 65). "~안에 들어 있다"는 하나님 나라에 관한 예수 전승을 반영하는 바울 이전의 표현이라는 견해(Cranfield, 1979, 576; Käsemann, 1980 [1973], 313; Dunn, 1988b, 680; Moo, 1996, 718)는 "감람나무"와의 상당히 분명한 연결 관계(17, 19, 23, 24절의 "~에 접붙이다"를 주목하고, 25절의 '가르' [gar]를 기억하라; Jewett, 2007, 700은 이유를 설명하지도 않고 이 연결 관계를 "가능성이 별로 없다"고 본다), 그리고 "이스라엘"이라는 관념과의 연결 관계(Jewett, 701: "미리 정해진 수의 유대인과 이방인으로 채워진 종말의 교회")를 무시하는 것으로 보인다. 왠지 이것은 동산에 물을 주기 위하여 이미 동산에 흐르는 물이 있는데도 굳이 멀리까지 가서 물 새는 항아리로 물을 길어오고자 하는 것이라는 Schweitzer의 말이 나의 뇌리에 떠오르게 만든다(물론, 그는 다른 것에 대해서 이 말을 한 것이지만).

이방인들의 충만한 수가 바로 그 동일한 "이스라엘"로 "들어올" 때까지, 완악하게 되는 것이 "이스라엘"의 일부에게 임하였으니, 이는 지금 "완악하게 된" 자들의 아주 많은 수가 "시기하게" 되어서, 현재의 소수의 "남은 자"가 현재의 줄어든 상태에서 회복되어 "충만함"에 이르게 되게 하기 위한 것이다. 그리고 이것이, 전통적인 어구를 빌자면, "온 이스라엘이 구원을 받게 될" 방식이다.

"온 이스라엘!" 실제로 바울이 여기에 나오는 "이스라엘"이라는 단어를 이렇게 변증을 위하여 재정의된 의미로 사용하고 있는 것으로 보는 경우에, 10:4, 11, 13에서 "모든"이라는 단어가 반복적으로 사용되어서 11:32의 "모든"에 대한 복선 역할을 하고 있다는 점에 비추어 볼 때, "온 이스라엘"은 그 의미가 완벽하게 통하게 된다.[684] 실제로 우리가 "들어오다"를 감람나무, 즉 이스라엘에게로 "들어온다"는 의미로 해석한다면,[685] 통상적인 논증은 백팔십도 달라진다. 즉, 우리는 "25절의 이스라엘이 민족으로서의 이스라엘을 가리키기 때문에, 26절의 이스라엘도 동일한 의미를 지니는 것으로 해석되어야 한다"고 말하는 대신에, "25절의 이스라엘은 하나님의 백성 전체를 가리키고, 그 가운데서 많은 유대인들이 현재 '완악하게" 되었지만, 다른 한편으로는 많은 이방인들이 편입되고 있는 것을 말하고 있는 것과 마찬가지로, 26절의 '온 이스라엘'도 유대인과 이방인으로 구성된 실체를 가리키고 있음에 틀림없다"고 말하지 않으면 안 된다.[686]

먼저, 바울은 이 서신을 쓸 때에 다음과 같은 상황에 직면해 있었다:

684) Niebuhr, 2010, 43ff.를 보라: 바울은 10:13에서 "주의 이름을 부르는 자들"(이것은 그리스도 사건에 초점을 맞추고 있다)이라는 말을 통해서 "이스라엘"이라는 표현에 새로운 의미론적인 내용을 부여하였다. 이 점에 대해서는 특히 Rowe, 2000을 보라.

685) 또한, Keck, 2005, 279를 보라: "들어가는 것"은 "그들이 하나님의 백성 속으로 들어가는 것"을 가리킨다.

686) 또한, 이것은 나의 주장에 대한 Donaldson의 반론들(1997, 346f.)이 핵심을 벗어난 것임을 보여준다: 바울은 실제로 11:23f.와 11:25f.의 배경을 형성하는 11:14에서 그가 말한 현재의 "그들 중 얼마"가 현재보다는 상당히 더 많은 수가 될 것임을 상정하고 있는 것이기 때문에, 11:11-15에서의 그의 고양된(의도적으로 모호하게 표현되었지만) 언어는 정당화된다. 25절과 26절 간에는 "의미론적인 상당한 정도의 변화"가 요구되지 않는다. Schreiner, 2001, 477은 다수설을 옹호한다: 11:25에서 "완악하게 된 것은 '이스라엘' 에게 돌려지고, 구원은 '이방인들' 에게 돌려진다." "완악하게 된 것"은 이스라엘의 일부에 돌려지고, 이방인들에게 돌려지는 것은 "들어오는 것"이라고 말하는 것은 잘못이다. 나는 "온 이스라엘"을 이런 식으로 읽어야 한다는 나의 논증이 갈라디아서 6:16에 대한 나의 읽기에 토대를 둔 것(Eastman, 2010, 385 n. 63은 이렇게 주장한다)이 아니라, 단지 병행된다고 말한 것뿐임을 분명히 하고자 한다. 또한, 나의 논증은 11:25의 "맥락과 반대되는" 것(대부분의 주석자들이 이렇게 주장하는데, Bell, 2005, 260; Reinbold, 2010, 403 등이 그 예이다)이 아니고, 도리어 동일선상에 있다.

이스라엘

대부분의 유대인들이 현재 완악하게 되어 있음 | 소수이지만 자라가고 있는 남은 자 | 이방인들이 들어옴

이것은 바울로 하여금 다음과 같은 미래를 상정하게 만들었다:

온 이스라엘

시기/믿음을 통해서 엄청나게 늘어난 "남은 자" | 이방인들의 충만한 수

여기에 나오는 "온 이스라엘"에서 "온"(모든)은, 내 판단에는, 다른 본문들(특히, 갈라디아서 6:16)에서 바울이 어떤 단어가 재정의되었음을 보여주기 위하여 사용한 전형적인(그리고 특유의 암호 같은) 표지들 중의 하나로 보는 것이 가장 좋다.

따라서 11:26의 '파스 이스라엘'(pas Israēl, "온 이스라엘")은 단지 바울이 당시에 이미 통용되고 있던 "온 이스라엘은 내세에 분깃을 가지고 있다"는 어구를 가져와서 변증의 목적으로 재정의한 또 하나의 예일 가능성이 아주 높다. 랍비들이 바로 이 어구를 재정의해서 사두개파를 배제시킴으로써, 일부 유대인들이 그 경계 밖에 있는 것으로 여겼던 것과 마찬가지로,[687] 바울도 이 어구를 재정의해서, (1) 메시야를 믿는 유대인들(이미 이 범주에 속한 자기 자신을 비롯한 다른 모든 유대인들과 나중에 "시기"로 말미암아 믿게 될 훨씬 더 많은 수의 유대인들)과[688] (2) 메시야를 믿는 이방인들을 포함시켰다("먼저는 유대인에게, 그리고 또한 헬라인에게"). 또한, 바울은 랍비들이 경계 밖에 있는 것으로 여긴 자들을 "온 이스라엘"에서 배제시킨 것과 마찬가지로, 하나님의 인자하심과 오래 참으심으로 말미암아 유예 기간이 주어졌음에도 불구하고, 걸림돌에 걸려 넘어져서, 바울의 이방인 사도직을 통해서 일어나는 역사를 보고서도, 신명기 32장이 말한 방식으로 "시기하지

687) mSanh. 10.1.

688) Wagner, 2002, 279 n. 194는 "유대인들이 대규모로 그리스도에게로 돌아오는 것"은 "충만한 수의 이방인들이 들어온 것의 결과로서 그 후에 일어나게 될 일"이라고 주장한다(강조는 원래의 것). 그러나 "~의 결과로서"는 11:11-15, 특히 11:14에 걸리고, 거기에서 바울은 분명히 나중에 별개의 사건으로서 일어나게 될 어떤 일이 아니라, 자신의 사역의 지속적인 효과에 대하여 말하고 있다. 종말에 유대인들이 대규모로 메시야에게 돌아오는 일이 일어나게 될 것이라고 보는 대다수의 사람들은 여기에서 그것이 11:11-15에서 말하는 것처럼 이방인들이 들어와서 유대인들이 시기하게 된 결과가 아니라, '파루시아'(parousia)의 결과일 것이라고 본다(예컨대, Seifrid, 2007, 673).

도" 않고, 신명기 30장이 말한 방식으로 믿고 고백하지도 않으며, "하나님의 의에 굴복하지" 도 않고(10:3), 하나님에 의한 마음의 할례를 받지도 않으며, 계약의 갱신에 참여하지도 않고, 아브라함에게 주어진 약속들을 성취한 하나님의 역사를 받아들이지도 않는 유대인들을 배제시킨다. 물론, 바울은 이러한 다중적인 실패를 궁극적으로 이스라엘의 하나님의 측량할 수 없는 경륜으로 돌리지만, 이 모든 것에 대한 책임을 자신의 동시대의 유대인들의 잘못으로도 돌린다.

이것은 오늘날의 서구 전통에 서 있는 대부분의 석의자들이 듣고 싶어 해 온 것이 아니겠지만, 바울이 말하고자 하는 것이다. 데살로니가전서 2:16의 "하나님의 진노"가 마지막 날의 심판이 아니라, 구체적인 역사 내에서의 어떤 사건 또는 사건들을 가리킬 수 있는 것과 마찬가지로, 여기에 나오는 "온 이스라엘" 도 11:14 및 주변의 절들에서와 마찬가지로, 바울의 "골육" 의 점점 더 많은 수가 더 이상 계속해서 "불신앙에 머물러 있지" 않고 실제적이고 구체적인 "회심들" 을 일으키는 것을 가리킬 수 있다(11:23).

이 논점에 대한 논의를 마치면서 우리가 특별히 말해 두고자 하는 것은, 우리의 이러한 결론은 샌더스(Ed Sanders)가 삼십 년 전에 어떤 주해에서 논증한 것과 매우 유사하다는 것이다 -내 생각에는, 그의 논증은 그 이후의 논의에 영향을 미쳤어야 하는데 안타깝게도 그렇게 되지 않았다. 샌더스는 계속해서 "이스라엘" 이 "유대인들" 을 의미하는 것으로 보지만, 무스너(Mussner)와 스텐달(Stendahl) 등이 주장한 "두 계약 신학" 을 단호하게 거부하고서,[689] "오직 하나의 감람나무만이 존재하고, '가지'가 되는 조건은 이방인에게나 유대인에게나 '믿음'이다" 라고 말하고,[690] 11:13-36에 대한 가장 단순한 읽기는 다음과 같은 것이라고 결론을 내린다:

> 구원 받을 자들의 무리 속으로 들어가는 유일한 길은 그리스도를 믿는 믿음이다. 이방인들에 대한 선교는 간접적으로 "온 이스라엘"(즉, "그들의 충만한 수")의 구원으로 이어지게 될 것이다[이 대목에서 샌더스는 각주를 추가한다: "이것은 11:12의 plērōma - '플레로마,' 11:14의 tinas - '티나스,' 11:26의 pas - '파스'가 상호적으로 서로를 해석한다고 보는 것이다"]. 이렇게 해서 종말에 하나님의 계획 전체가 성취되어, 유대인과 이방인의 충만한 수가 동일한 근거 위에서 구원을 받게 될 것이다 …[691]

689) Sanders, 1983, 192-5.

690) Sanders, 1983, 195.

691) Sanders, 1983, 196. Sanders는 계속해서 자기는 만일 바울이 자기가 서신을 쓴 때에 일어난 모든 일을 볼 수 있었다면 그의 견해들이 바뀌었을 것이라고 생각한다고 말한다.

12절의 "충만한 수," 14절의 "그들 중에서 얼마," 26절의 "온 이스라엘"을 이렇게 서로 결합해서 보는 것이 아주 중요하다. 바울은 유대인들을 위한 두 가지 서로 다른 구원의 길, 즉 자신의 사역으로 말미암아(그리고, 당시에 바울은 자기가 최종적인 종말이 오기 전에 죽을 수도 있다는 사실을 받아들이고 있었다는 점에서는, 다른 사람들의 사역으로 말미암아) 일으켜질 "시기"를 통한 첫 번째 길과 '파루시아'의 때에 갑자기 주어질 새로운 계시를 통한 두 번째 길을 제시하고 있는 것이 아니다. 후자와 관련해서는, '파루시아'의 때에 살아 있는 모든 유대인들에게, 마치 바울이 예수의 갑작스러운 계시를 통해서 회심하였던 것과 같은 일이 일어나게 될 것이라면, 그 이전에 죽은 사람들은 어떻게 되는가 하는 "자의성"의 문제가 일어나거나, 하나님이 역사상 존재하였던 모든 유대인들을 '파루시아'의 때에 순식간에 다 구원을 하게 될 것이라면, 로마서 2:1-11, 3:27-30, 10:6-13에서 바울이 그토록 준엄하게 하나님의 공평하심을 외친 것은 어떻게 된 것인가 하는 "편파성"의 문제가 일어나거나, 그들의 구원이 자동적으로 이루어지게 될 것이라면, 믿음의 응답이 들어설 여지가 없게 되는 "강제성"의 문제가 일어나게 될 것은 너무나 뻔한 일이 아니겠는가? 그리고 그러한 주장은 11:17-24, 특히 11:25의 경고를 어떻게 밑받침할 수 있겠는가? 그러나 바울이 "온 이스라엘"이라고 말할 때, 이방 선교의 성공이 가져올 유대인들의 "시기"로 말미암아 본질적으로 동일한 구원의 수단을 통해서 현재보다 훨씬 더 많은 "충만한 수"가 들어오게 될 것임을 상정하고 있는 것이라면, 이 본문은 그 자체만이 아니라 9-11장의 나머지 부분, 특히 그 중심에 있는 아주 중요한 본문인 10:1-17과도 맥이 잘 통하게 된다.

4. 이 모든 것은 우리를 네 번째이자 마지막 쟁점으로 데려다 준다. 11:26a 직후에 나오는 성경 인용문들은 어떻게 되는 것인가? 그것들은 바울이 현재 믿지 않고 "완악하게 된" 유대인들과 관련해서 '파루시아' 때의 마지막 순간에 이스라엘의 대규모의 회심이 있을 것을 생각하고 있음을 분명하게 말하고 있는 것이 아닌가?

그렇지 않다. 우리는 26b절과 27절이 그러한 것을 말하고 있다고 할지라도, 거기에 내포된 함의는, 스텐달(Stendahl) 이후의 "두 계약론"적인 읽기와는 반대로, 바울은 현재 믿지 않는 유대인들은 자신들의 "불경건"을 제거하고 그들의 "죄"를 사함 받아야 한다는 것을 여전히 전제하고 있다는 것을 잠정적으로 미리 말해 두고자 한다. 그러나 여기에서 배제되는 것은 단지 두 계약론만이 아니다. 바울이 흥미롭게도 특히 이사야서 본문들을 수정하고 있는 것은 물론이고, 직접인용과 간접인용, 반영 등을 결합해서 글을 쓰고 있는 것은, 그가 11:14에서 말한 것과 동일한 사건(현재 믿지 않는 유대인들이 시기를 해서 결국에는 믿음으로 나아와 구원을 얻게 될 가능성)을 설명하고 있고, 자신이 10:6-13에서 이미 제시하였던 좀 더 큰 그림, 즉 직접적으로는 이사야서, 간접적으로는 예레미야서를 통해서 추가적으로 해석된 신명기적인 "새 계약"의 성취를 나타내고 있는 것임을 보여준다. 비록 9:4 이래로 논증 전체에 걸쳐 내내 저류해 오긴 하였지만, 여기 27절("그리고 이것은 그들과 맺은 내 계약일 것이다"[kai hautē autois hē par' emou diathēkē – '카이 하우테 아우토이스 헤 파르 에무 디아테케'])에서 성경 인용문을 통해 명시적으로 언급된 "계약"(diathēkē – '디아테케')은, 바울이 로마서 2:26-29, 4:1-25에서, 그리고 이제 현재의 대단락, 특히 10:6-13에서 설명해 온 것과 다른 별개의 "계약"도 아니고, 하나님이 전 세계적인 권속을 주기로 약속한 바 있는 아브라함과 메시야를 따돌리고서 이면에서 유대 백성과 맺은 "계약"도 아니라는 것은 분명하다. 그러한 별개의 계약의 존재를 주장하는 것은, 바울이 갈라디아서 전체에 걸쳐서, 특히 3장에서 반박하고 있고, 로마서 9:30-10:21에서 확고하게 배제한 그런 입장과 위험스러울 정도로 유사한 것이다. 바울이 여기에서 말한 계약은 바로 죄 사함을 위한 계약이고, 바울은 이 계약을 통해서 하나님이 처음에 아브라함을 부른 목적이 마침내 이루어졌다고 믿었다. 신명기 30장이 말한 것처럼, "저주"가 마침내 제거되고, 이사야서 27장과 예레미야서 31장이 말한 것처럼, 이스라엘의 죄가 사함을 받은 것도 바로 이 계약으로 말미암은 것이었다.

우리는 후자의 두 본문을 좀 더 자세하게 살펴볼 필요가 있다.[692] 이사야서 27장은 부활에서 정점에 도달하는 이스라엘의 속량을 예언하는 일련의 말씀들에 이어서 등장한다.[693] 이 장은 5장에 처음으로 나온 야웨의 포도원으로서의 이스라엘이라는 주제를 다시 가져와서 사용한다. 이 비유는 저 이전의 장에서만큼 무리없이 순조롭게 전개되지는 않지만, 나무로서의 하나님의 백성에 대한 표상이 거듭거듭 등장하는데, 처음에는 축복의 약속이라는 관점에서 등장한다:

> 야곱이 뿌리를 내리고, 이스라엘이 꽃을 피우고 가지를 내어, 온 세계를 열매로 채우게 될 것이다.[694]

그러나 이 표상은 나중에는 지속적인 심판이라는 관점에서 등장한다:

692) 이 모든 것에 대해서는 특히 Wagner, 2002, 280-98을 보라.
693) 26:19; cf. *RSG*, 116-18.
694) 27:6.

> 그 가지들이 말라서 부러지고, 여자들이 와서 그것들을 땔감으로 사용한다. 왜냐하면, 그들은 지각없는 백성이기 때문이다. 따라서 그들을 지으신 이가 그들을 불쌍히 여기지 않을 것이고, 그들을 조성하신 이가 그들에게 은총을 보이지 않을 것이다.[695]

바울은 이것과 병행되는 "감람나무"와 그 가지들에 관한 표상을 사용할 때, 하나님에 의해 회복된 후에 다시 심판을 받게 된 이 나무에 관한 비유를 염두에 두었을 가능성이 있다. 이것이 사실이든 아니든, 그가 위의 두 본문 사이에 나오는 한 절을 인용한 것은 그러한 가능성과 기가 막히게 잘 들어맞는다. NRSV에서는 이 본문의 마소라 본문을 이렇게 번역한다:

> 주께서 그들을 포로로 잡혀가게 하여 쫓아내심으로써 그들을 쳐서 싸우셨고, 동풍이 부는 날에 폭풍으로 그들을 옮기셨다. 그러므로 그가 제단의 모든 돌을 산산조각난 횟돌같게 하고, 아세라와 태양상이 다시 서지 못하게 할 때, 야곱의 죄책이 속함을 얻게 될 것이고, **그것이 그의 죄 없이함을 받게 된 온전한 열매일 것이다.**[696]

하지만 바울은 칠십인역을 염두에 두고 있었던 것으로 보인다: 마소라 본문의 "그것이 그의 죄 없이함을 받게 된 온전한 열매일 것이다"는 헬라어 본문에는 '카이 투토 에스틴 헤 율로기아 아우투, 호탄 아펠로마이 텐 하마르티안 아우투'(kai touto estin hē eulogia autou, hotan aphelōmai tēn hamartian autou), 즉 "내가 그의 죄를 없이할 때마다, 그것은 그의 복일 것이다"로 되어 있다. 바울은 이 마지막 구절을 반영하여, '아우톤'(autōn, "그들의")을 '아우투'(autou, "그의")로 바꾸어서, 이 절의 끝에 두고, 복수형 "죄들"을 단수형으로 바꾼다. 이렇게 해서, 이사야서 본문에서 하나님의 종말론적인 긍휼과 심판의 행위들이었던 것들은, 로마서 11장에 나오는 하나님의 인자하심과 준엄하심과 마찬가지로, 본문상으로나 신학적으로, 문맥상으로 이스라엘의 지속적인 우상 숭배의 제거를 의미하는 죄 사함의 양쪽에 포진하게 된다. 이것은 바울이 자신의 동족 유대인들이 복음을 믿는 것 및 "하나님의 의에 복종하기"를 거부한 것을 신명기적인 맥락 속에서 모세에 의해 예언되고 선지자들에 의해 지적된 해묵은 우상 숭배라는 관점에서 이해한 것과 잘 들어맞는다.

695) 27:11. 여기에서 칠십인역 본문은 마소라 본문과 별 관계가 없다.

696) 27:8-9. 강조된 어구(MT wezeh kol-periy hasir chatta' thō - '웨제 콜페리 하시르 핫타토')는 헬라어 본문에서는 판이하게 다르게 되어 있는데, 바울은 바로 그 헬라어 본문을 간접적으로 인용하고 있다: 아래를 보라.

물론, 죄 사함은 예레미야에 의해서 예언된 "새 계약"의 궁극적인 복이다.[697] 바울은 또 하나의 본문(고린도후서 3장)에서 이 주제를 반영하면서, 거기에서 메시야를 믿는 자들에 대하여 로마서 2:25-29과 7:4-6에서 말한 것과 아주 비슷한 관점에서 말하는 가운데, 메시야를 믿지 않는 유대인들이 현재 "완악하게 된 것"에 대하여 말한다. 예레미야는 이렇게 예언한다:

> 야웨께서 말씀하신다. 내가 이스라엘 집 및 유다 집과 새 계약을 맺을 날이 반드시 올 것이다. 이 계약은 내가 그들의 조상들의 손을 잡고 애굽 땅에서 인도하여 내던 날에 맺은 것과 같지 아니할 것이다. 나는 그들의 남편이 되었어도, 그들은 그 계약을 깨뜨렸다. 야웨께서 말씀하신다. 그러나 그 날 후에 내가 이스라엘 집과 맺을 계약은 이러하니, 내가 나의 율법을 그들의 속에 두고 그들의 마음에 기록하여, 나는 그들의 하나님이 되고, 그들은 내 백성이 될 것이다. 야웨께서 말씀하신다. 그들이 다시는 "야웨를 알라"고 서로를 가르치거나 서로에게 말하지 않게 될 것이다. 왜냐하면, 내가 그들의 죄악을 사하고 그들의 죄를 다시는 기억하지 않을 것인 까닭에, 가장 작은 자로부터 가장 큰 자에 이르기까지 다 나를 알게 될 것이기 때문이다. 야웨께서 말씀하신다.[698]

바울은 로마서 11:27에서 이 본문을 그대로 가져와서 인용하고 있는 것은 아니다. 그러나 예레미야가 다른 곳에서와 마찬가지로 여기에서도 신명기의 그림(하나님이 자기 율법을 자기 백성의 속에 두고 그들의 마음에 새기리라는 것)을 가져와서 사용하는 방식은, 로마서 2장과 7장은 물론이고 고린도후서 3장과도 공명을 일으킨다. 좀 더 구체적으로 말하면, 그것은 바울이 로마서 10:6-10에서 신명기 30장을 석의하고 있는 것과 정확히 일치한다. 따라서 그가 "내가 그들의 죄를 없이할 때마다, 이것이 그들과 맺는 내 계약일 것이다"라고 선언할 때, 우리는 이사야서 27장에서 가져온 인용문과 나란히 또는 그 안에서 예레미야서 31장의 강력한 반향을 들을 수 있어야 한다. 이것은 바울이 로마서 10장에서 신명기 30장을 인용한 의미를 한층 더 강화시킨다.

697) Dahl, 1977, 153. Wagner, 2002, 290이, 내가 이전의 논문(Wright, 1995 ["Romans and the Theology of Paul"], 61 = *Perspectives*, ch. 7, 120)에서, 바울은 여기에서 예레미야서를 인용하고 있다고 말한 것을 수정해 준 것은 옳지만, 그는 핵심을 놓치고 있다: 예레미야서 31:34(LXX 38:34)은 하나님이 죄악을 사할 것이라고 말하고 있고, 로마서 11:27은 하나님의 계약은 자기 백성의 죄를 사하는 데 있다고 단언하면서, 한 차원에서는 분명히 이사야서 59:21과 27:9을 인용하고, 다른 차원에서는 예레미야서 31:33-4과 강력하게 공명한다.

698) 렘 31[LXX 38]:31-4. 칠십인역에서 마지막 구절은 '카이 톤 하마르티온 아우톤 우 메 므네스토 에티' (kai tōn hamartiōn autōn ou mē mnēsthō eti)로 되어 있다.

이것은 우리를 이 절들에서 바울이 주안점을 둔 이사야서 59장의 인용문으로 데려다 준다. 여기에서는 바울이 이사야서 59장을 인용하였다는 것을 확인하는 데에는 아무런 문제가 없고, 정반대로 난점은 왜 바울은 이 장들 전체에 걸쳐서 자신의 목적에 너무나 잘 들어맞는 이 이사야서 본문 전체를 인용하지 않았는가 하는 것이다. 이것에 대한 대답은 바울은 다른 곳에서와 마찬가지로 여기에서도 단지 음 하나를 쳐서 그 본문 전체가 울려 퍼지게 한 후에, 서둘러서 이사야서 27장과 예레미야서 31장에 나오는 회복에 관한 약속들에서 발견되는 죄 사함이라는 또 다른 요소를 들여왔다는 것이다. 따라서 여기에는 사실상 그 이사야서 본문 전체가 인용되고 있는 것이다. 이사야 선지자는 정의(mishpat – '미쉬파트,' krisis – '크리시스')와 의(tsedaqah – '체다카,' dikaiosynē – '디카이오쉬네')의 부재에 대하여 탄식하면서, 이스라엘의 범죄함이 많고, 그들의 죄악들이 그들을 쳐서 증언한다고 선언하는 장에 이어서, 거기에서 야웨가 역사하여 자신의 의를 나타낼 것이라고 선언한다:

> 야웨께서 그것을 보셨고, 정의가 없는 것을 기뻐하지 아니하셨다. 그는 아무도 없는 것을 보셨고, 중재할 자가 아무도 없는 것에 경악하셨다. 그래서 그의 팔이 그에게 승리를 가져다주었고, 그의 의가 그를 붙들어 주었다. 그는 의를 흉패로 삼으셨고, 구원의 투구를 머리에 쓰셨으며, 보복의 속옷을 입으셨고, 분노의 겉옷을 걸치셨다. 그는 그들의 행위대로 갚으시되, 그의 대적들에게는 분노로, 그의 원수들에게는 보복으로 갚으실 것이고, 섬들에게 보복하실 것이다. 그래서 서쪽에 사는 자들이 야웨의 이름을 두려워하게 될 것이고, 해 돋는 쪽에 사는 자들이 그의 영광을 두려워하게 될 것이다. 왜냐하면, 야웨께서 그의 바람에 몰려 급히 흐르는 격류 같이 오실 것이기 때문이다.
>
> 구속자가 시온에 임하되,[699] 야곱의 자손 가운데 죄악에서 떠나는 자들에게 임할 것이다. 야웨께서 말씀하신다. 내가 그들과 세운 나의 언약이 이러하니, 네 위에 있는 나의 영과 네 입에 둔 나의 말이 이제부터 영원하도록 네 입에서와 네 후손의 입에서와 네 후손의 후손의 입에서 떠나지 아니하리라. 야웨께서 말씀하신다.[700]

하나님의 의가 나타나서, 심판과 긍휼을 가져다 주고, 계약의 갱신이 일어나게 하며, 성령을 부어 주고, 사람들의 입에 말씀들(rhēmata – '레마타')을 넣어줄 것

699) MT '우바 레치이욘 고엘' (wuba ltsiyon go' el); LXX '카이 헥세이 헤네켄 지온 호 루메노스' (kai hēxei heneken Ziōn ho rhuomenos). 칠십인역이 간단하게 '에이스' (eis)라고 하지 않고 '헤네켄' (heneken)이라고 했는지는 분명하지 않지만, 그 결과 바울은 마소라 본문의 "시온으로"와 칠십인역의 "시온을 위하여"를 근본적으로 조정하고 있다: 아래를 보라.

700) 사 59:15b-21.

이라고 말하고 있는 이 본문 전체는 분명히 바울의 마음에 쏙 들었을 것이다. 이 모든 것은 우리를 다시 한 번 10:1-13로 데려가서, 우리로 하여금 바울이 여기에서 어떤 다른 "해법"이나 구원의 다른 길을 제시하는 것이 아니라, 이미 거기에서 말한 것을 다시 재천명하고 있다는 것을 다시 한 번 역설하게 만든다.[701] 나는 바울이 이사야서 59장에 나오는 "이것이 그들과 맺은 내 계약이다"라고 말하는 음 하나를 친 후에[702], 이사야서 27장과 (함축적으로는) 예레미야서 31장으로 넘어간 것이, 이사야서 59장이 계속해서 말하고 있는 것으로부터 뒤로 물러나 발을 빼기 위한 것이 아니라, 도리어 그 반대였다고 생각한다. 즉, 그는 이사야서 59장을 당연한 것으로 전제하고 있었기 때문에, 슬쩍 언급하고 지나가서, "이스라엘"의 상당수가 현재 심판 아래 있지만, 그들의 죄가 사함 받을 수 있다는 메시지가 현재 "완악하게 된" 자들에게 절실하게 필요하였기 때문에, 바로 그 또 하나의 요소를 재빨리 여기에 도입하고자 한 것이다.

아울러, 바울은 이사야서 59:21을 수정해서, 구속자가 "시온을 위하여" 올 것이라는 내용을 "시온으로부터" 올 것이라고 바꾼다. (물론, 앞에서 이미 보았듯이, 바울은 다른 곳에서 야웨가 임할 것이라고 말하는 본문들을 가져와서, 예수가 임할 것이라고 말하는 본문들로 바꾸어 놓았다.) 이렇게 "시온을 위하여"가 "시온으로부터"로 바뀐 것은 우연이라고 할 수 없다. 이것은 이사야서의 또 다른 본문, 즉 세계의 열방들에게 심판과 평화를 가져다주기 위하여 시온으로부터 토라와 하나님의 말씀이 흘러나올 것이라는 약속을 담고 있는 본문을 반영하고 있는 것이라고 나는 다른 곳에서 말한 바 있다.[703] 또한, 그것은 이스라엘의 구원으로 끝이 나는

701) "성령"은 로마서 10장에 명시적으로 언급되지는 않지만, 바울이 10:13에서 요엘서 2:32[LXX 3:5]을 인용할 때에 성령의 역사를 염두에 두고 있었을 것이라고 결론을 내리는 것은 타당하다; 그리고 로마서 2:26-9과의 병행들도 동일한 방향을 보여준다. 위의 제11장 제6절 4) (1)을 보라.

702) '카이 하우테 아우토이스 헤 파르 에무 디아테케' (kai hautē autois hē par' emou diathēkē); 바울이 11:27a에서 인용한 것은 이사야서 59:21의 칠십인역 본문과 동일하다.

703) 사 2:3(= 미 4:2): '에크 가르 지온 엑셀류세타이 노모스 카이 로고스 퀴리우 엑스 예루살렘' (ek gar Ziōn exeleusetai nomos kai logos kyriou ex Ierousalēm). Wright, 1991 [*Climax*], 250f.를 보라. Wagner, 2002, 292는 이 이사야서 본문에서 이방 나라들이 먼저 시온으로 들어오고, 2:5에서 "야곱 집"이 그 뒤를 따르고 있음을 지적한 Seitz, 1993, 72를 환기시킨다. Donaldson, 1997, 329 n. 66은 나의 주장과는 반대로, "로마서 11:25-26에는 하나님의 말씀이 시온으로부터 이방인들에게로 나갈" 것이라고 말한 이사야서 2:2-3과 병행되는 것들이 전혀 없다"고 주장한다; 그러나 그러한 주장은 바울이 여기에서 '파루시아'에 대하여 말하고 있는 것이라는 선행적인 전제에 기반한 것이다. 바울이 (10:14-21; 11:11-15에서와 마찬가지로) 여기에서도 "나의 골육을 시기나게 하여 그들 중 얼마를 구원하게" 되는 결과를 가져올 이방인 선교에 대하여 말하고 있는 것이라고 할 때, 그것은 여기서의 맥락에 잘 부합한다: 아래를 보라.

(33:28-29) 모세의 축복문을 반영한 것일 수도 있다. 신명기 33:2은 "주께서 시내 산에서 오신다"(Kyrios ek Sina hēkei – '퀴리오스 에크 시나 헤케이')로 되어 있다.[704] 세 번째 선택지는 시편 14:7이다:

> 이스라엘의 구원이 시온으로부터 임하기를 원하노라!
> (LXX tis dōsei ek Siōn to sōtērion tou Israel -
> '티스 도세이 에크 시온 토 소테리온 투 이스라엘').
> 야웨께서 자기 백성의 운명을 회복하실 때,
> 야곱이 즐거워하고 이스라엘이 기뻐할 것이다.[705]

아마도 바울은 이 세 본문 모두를 염두에 두었을 것이고, 최소한 신명기, 이사야서, 시편(다시 한 번, 토라, 선지자들, 성문서)이 이렇게 서로 결합된다는 것을 알고 있었을 것이다. 어쨌든 결과는 동일하다. 그는 하나님이 "시온을 위하여" 어떤 일을 행할 것이라고 말하고 있던 약속을 하나님이 "시온을 통해서," 또는 "시온으로부터" 어떤 일을 행할 것이라고 말하는 약속으로 바꾸어 놓았다. 테리 도널드슨(Terry Donaldson)이 자신의 이전의 견해를 버리고 새롭게 논증하였듯이, 이방인들을 "포함시킨" 바울의 비전과 이방인의 사도로서의 그의 직분에 비추어 보면, 얼핏 보기에 이상하게 보일 수도 있겠지만, 그가 "시온으로의 열방들의 순례"라는 주제를 거의 사용하지 않는다는 것은 엄연한 사실이다.[706] 그러나 그 이유는 이제 드러나고, 바울이 예수와 성령을 중심으로 유대적 종말론을 재정의할 때에 그것이 핵심적인 요소를 구성한다고 나는 믿는다. 우리가 본서의 제3부 전체에 걸쳐 보아 왔듯이, 바울이 예수와 성령을 갱신된 성전, 즉 이스라엘의 하나님이 자신이 약속한 대로 다시 돌아올 장소이자 그렇게 하기 위한 통로로 보았다면, 열방들이 구원을 얻기 위하여 와야 할 장소로서의 지위를 지상의 예루살렘에 다시 부여하는 것(또는, 바울이 친숙하였지만 현재의 논의와는 상관이 없는 천상의 예루살렘으로 수정하는 것)을 통해서 이 강력한 신학을 무효화시키는 것은 말이 안 되는 일이었을 것이다.[707] 도리어 정반대로, 이제는 구원이 "시온으로부터" 나와서 "열방들에게

704) Cp. 1 En. 1.4에 나오는 비슷한 용례: cf. Wright, 2002 [*Romans*], 692 n. 463.

705) 시 14[LXX 13]:7; NRSV는 MT와 LXX에 나오는 의문문을 원하는 것에 대한 표현으로 바꾸어 놓았다. (Donaldson, 1997, 329 n. 66이 제시한) 시편 53:6은 "시온으로부터" 올 구원을 위하여 기도하지만, 거기에서 구원은 오직 이스라엘을 위한 구원이다.

706) Donaldson, 1993, 92; 1997, 101f.; 반대견해로는 Donaldson, 1986. Hays, 1989a, 162는 이러한 연결 관계를 전제한다.

로" 퍼져나간다고 말하는 것이 옳다. 바울은 이전의 구심력적인 전통을 다시 받아들여서 재긍정하고 있지도 않고,[708] 이스라엘의 하나님이 마침내 역사하여 자기 백성에게 준 약속들을 성취할 때, 이방 나라들이 구원을 위해서든 멸망을 위해서든 하나님의 통치 아래 들어오게 될 것이라는 옛 믿음을 폐기하지도 않는다.[709] 도리어, 그는 이 전통을 원심력적인 운동으로 바꾸어 놓는다: 이제 구속자는 복음을 가지고 "시온으로부터" 세계로 나아갈 것이고, 그 반사작용으로서(정확히 11:11-15에서 말하고 있는 것처럼) "야곱으로부터 불경건을 추방할" 것이다.[710] 바울은 자기는 이방인의 사도로서의 자신의 사명을 하나님 나라를 알리는 전령에 관한 이사야서의 약속의 성취로 이해한다는 것(이사야서 52:7을 인용한 10:15)과 열방들에 대한 자신의 그러한 사역은 "자기 골육"을 시기나게 하여 그들 중에서 얼마를 구원하기 위한 것임을 이 장들에서 이미 말한 바 있다. 이 모든 것은 바울이 로마서 11:26b에서 약간 수정하여 사용한 이사야서 59장의 두 행과 정확히 부합한다. 따라서 하나님의 계약은 이사야서 59장과 로마서 10장에서 말하고 있는 것처럼 성령과 말씀을 주는 것이 될 것이고, 좀 더 구체적으로 말한다면, 죄 사함을 수여하는 것이 될 것이다. "완악하게 된" 이스라엘은 현재의 상태로는 받아들여질 수 없다. 도리어, 아직도 여전히 신명기 27-29장의 상태에 있는 이스라엘은 신명기 30장으로 나아가야 한다(11:8이 말하고 있듯이). 그리고 그것은 메시야를 믿는 믿음을 갖게 되는 것을

707) 하늘의 예루살렘에 대해서는 갈라디아서 4:26을 보라. 후대의 일부 랍비들은 이것을 하늘의 예루살렘으로의 궁극적인 "순례"로 바꾸어 놓았다: 예컨대, bBB 75b(이것은 주후 3세기 말의 랍비였던 R. Jochanan에게 돌려진다).

708) 예를 들어, Davies, 1974, 217은 바울의 것이기는 하지만 이제는 정치적으로 옳지 않게 된 표현을 사용한다: "'그리스도 안에' 있는 삶은 종말론적인 이스라엘, 즉 그리스도로 말미암아 땅 및 그 땅과 결합된 율법과의 연결 관계를 뛰어넘는 이스라엘의 삶이다."

709) Donaldson, 1993, 92는 전통적으로 이방인들의 구원은 그들이 "이스라엘의 속량과 시온의 영광"을 본 결과라는 점에서, "이스라엘-이방인들"의 순서의 역전은 "전통의 토대 자체의 폐기"를 의미할 것이라고 주장한다. 이것은 특히 10:4-13에서 바울의 중심적인 논지, 즉 메시야와 관련된 사건들과 성령의 강림 속에서 바울은 정확히 이스라엘의 옛 소망의 성취를 보고 있다는 것을 무시하는 것이다. 이제 이방인들이 들어오고 있는 것은 바로 그것의 결과이다. Donaldson(1996, 684)에 대한 Moo의 대답, 즉 바울이 이사야서 59:20f.에서 가져온 인용문은 "시온으로의 순례"에 관한 가장 중요한 본문들 중의 하나인 이사야서 60:1-7과 붙어 있다는 지적은 옳다; 그러나 바울은 단지 그 전통을 반영하고 있는 것이 아니라, 메시야를 중심으로 근본적으로 수정하고 있다. 예컨대 Stuhlmacher와 Zeller 사이에 벌어진 이 쟁점에 대한 이전의 논쟁들에 대해서는 Sanders, 1983, 199f.를 보라.

710) 여기에서 "불경건"은 하나님이 "불경건한 자들을 의롭다고 하셨다"는 4:5를 반영한 것이다; 바울은 "야곱"을 이교도들과 동일한 입장에 있는 것으로 본다. "순례" 전승의 변화에 대해서는 cf. Dunn, 1988b, 680-2(여기서 내가 제시한 설명과는 조금 다르기는 하지만).

의미한다.

이렇게 26절과 27절에 나오는 여러 성경 인용문들 속에는 '파루시아'(parousia)에 대한 구체적인 언급은 전혀 없다. 물론, 바울은 예수가 다시 돌아와서 자기 백성을 장래의 진노로부터 건지게 될 것을 말할 때, '호 뤼오메노스'(ho rhuomenos, "구원자")와 동일한 어근에서 나온 동사를 사용한다는 것은 사실이다.[711] 그러나 그것은 그가 그러한 동사를 사용할 때마다 늘 예수의 "재림"을 가리킨다는 것을 의미하는 것은 아니다.[712] 사실, 우리가 다른 곳들에서 보아 왔듯이, 바울은 이제 예수를 생각함이 없이 하나님에 대하여 말하거나, 반대로 하나님을 생각함이 없이 예수에 대하여 말하는 것이 불가능하긴 하지만, 자기 백성을 구원하러 오는 이는 예수가 아니라 하나님 자신이라고 보아야 할 상당한 근거들이 존재한다.[713] 아마도 바울은 11:11-15에서와 마찬가지로 여기에서도 다시 한 번 의도적으로 이 예언의 세부적인 내용을 밝히지 않고 모호하게 놓아두고 있는 것 같다. 중요한 것은, 성경이 성취될 것이고, 죄 사함에 관한 계약이 이행될 것이며, 하나님의 말씀은 결코 실패하지 않으리라는 것이다(9:6a).

특히 설득력 있는 증거는 11:27의 끝에 나오는 이사야서 27장에서 가져온 인용문의 정확한 형태이다: '호탄 아펠로마이'(hotan aphelōmai, "내가 그들의 죄를 없이할 때마다"). 이 어구에 대한 자연스러운 읽기는 만물의 마지막 때에 일어날 일회적이고 유일무이한 하나의 사건이 아니라, 장래에 계속해서 반복하여 일어날 일들을 말하고 있다는 것이다. 물론, 이 어구는 "내가 저 단번의 역사를 행할 때마다"를 의미할 수 있지만, 마찬가지로, 고린도후서 3:15에서처럼, "사람들이 언제든지 그리고 아무리 자주 반복해서라도 '주께로 돌아올 때마다 수건이 벗겨질" 것임을 의미할 수도 있다.

이 모든 것의 요지 — 즉, 어떤 거창한 구원론이나 구원사의 도식을 집어넣지 않고, 오로지 로마서 11장의 실제 논증에 비추어 보았을 때의 이 본문의 취지 — 는 마지막 순간에 모든 유대인들이 대거 회심하게 될 것이라고 말하는 것이 아니라 (이것은 바울이 여기에서 강조하고 있는 주제와는 상관없는 것으로서, 만일 그가 여기에서 그런 말을 하고자 한 것이라면, 로마에 있는 이방 그리스도인들은 어깨를 으쓱 하면서, "하나님이 자기가 정한 때에 그렇게 한다고 하면 어쩔 수 없지"라

711) 살전 1:10.

712) 반대견해로는 Bell, 2005, 267.

713) 예를 들면, Fitzmyer, 1993, 624f.; Keck, 2005, 281f.; Wagner, 2002, 297; Sanders, 1983, 194를 보라. Jewett, 2007, 704는 '파루시아'에 관한 통상적인 견해를 재확인한다.

는 반응을 보였을 것이다), 하나님의 지속적인 뜻 가운데서 유대인들도 얼마든지 구원 받을 수 있다는 것을 다시 한 번 역설하는 것이다. 그리고 바울이 이렇게 한 것은 로마에 있는 이방 그리스도인들이 은혜를 진정으로 이해하게 되어서, 구원받는 사람들은 모두 하나님의 은혜로 말미암아 구원받는 것이고, 이것은 유대인이든 이방인이든 민족적인 출신배경이 그 자체로는 아무런 권리주장도 낳을 수 없다는 것을 의미한다는 것을 분명하게 깨닫도록 하기 위한 것이었다. 특히, 20절과 23-24절의 요지는 이방 그리스도인들은 그들이 이방인이기 때문이 아니라(바울은 그들이 이런 생각을 하게 될 것을 우려하고 경고하고 있다), 메시야를 믿는 사람들이기 때문에 "견고히 서 있는" 것임을 알아야 한다는 것이다. 마찬가지로, 그들은 유대인들은 하나님으로부터 영원히 잘려나간 자들이기 때문에 배척당해 마땅하다는 문화적인 압력에 직면하였을 때, 그러한 믿지 않는 유대인들이 "내쳐짐"을 당했을지라도 지금도 여전히 이방인들과 마찬가지로 "다시 받아들여져서" 은혜를 받을 수 있고, 그들은 "그들 자신의 감람나무"(24절)로부터 잘려나간 자들이기 때문에 더욱더 잘 다시 받아들여질 수 있다는 것을 늘 생각하지 않으면 안 된다.

이것은 바울이 강조하는 마지막 결론으로 이어진다.

(h) 모든 사람을 위한 불순종과 긍휼: 11:28-32

이 대단락의 마지막 다섯 절은 우리가 방금 말해 온 것들을 설명하면서, 이제까지의 이 서신의 논증을 수사학적으로 만족스러운 결론으로 마무리한다:

우리는 바울이 여기에서 교만하게 될 수 있는 가능성이 잠재되어 있던 로마의 신자들이 꼭 들어야 할 것을 강조하고 있다는 것을 다시 한 번 깨닫는다. 즉, 지금 유대인들이 "완악하게" 되어 있다고 할지라도, 우리는 그들이 영원히 하나님의 구원의 경륜에서 벗어나 있는 것이라고 보아서는 안 된다는 것이다. 여기에는 "선민"의 신비 및 복음에 비추어서 재편되고 수정된 바울의 선민론이 나온다:

> [28]복음으로 하면, 그들은 너희를 위하여 원수 된 자들이다. 그러나 하나님의 택하심으로 하면, 그들은 조상들로 말미암아 사랑을 입은 자들이다. [29]하나님의 은사와 하나님의 부르심은 무효가 될 수 없다. [30]너희가 전에는 하나님께 순종하지 않다가 그들의 불순종으로 말미암아 긍휼을 얻은 것과 마찬가지로, [31]그들이 지금 불순종하는 것은 너희에게 주어진 것과 같은 긍휼을 통해서 이제 그들도 긍휼을 얻게 하기 위한 것이다. [32]왜냐하면, 하나님이 모든 사람을 불순종 가운데 가두어 두시는 것은 모든 사람에게 긍휼을 베풀려 하시는 것이기 때문이다.

이 본문 속에 나오는 모든 단어가 다 중요하지만, 그 중에서도 가장 중요한 단어는 31절 끝부분("이제 그들도 긍휼을 얻게 하기 위한 것이다")에 나오는 "이제"이다. 초기의 일부 필사자들은 이 단어가 여기에 나오는 것을 이상하게 여겨서 아예 생략해 버리거나 "나중에"로 바꾸었지만, 바울은 "이제"라고 말했을 가능성이 대단히 높다.[714] 다시 한 번 말해 두지만, 그는 현재 "완악하게 된" 유대인들이 나중에 긍휼을 얻게 될 것이라고 말하고 있는 것이 아니고, "그들 중에서 얼마"(11:14)가 "시기하게" 되어서 믿음을 갖게 되어 구원에 이르게 될 가능성이 늘 열려 있다고 말하고 있는 것이다.[715]

마지막 절인 32절은 갈라디아서 3:22을 강력하게 연상시키는데, 이것은 바울이 실제로 이 대목에서 근본적으로 새로운 어떤 것을 말한 것이 아니라, 자기가 몇 년 전에 말하였던 하나님의 백성과 메시야의 사역에 관한 신학을 거기에서와는 다른

714) Metzger, 1994 [1971], 465는 조심스럽게 이것을 제시하고, Jewett, 2007, 694는 좀 더 강력하게 제시한다: "[nyn - '뉜' 이 추가된 사본들이] "이제"에 대한 세 번째 언급을 쓸데없이 추가하였을 것이라고 생각하기는 어렵다. 또한, Seifrid, 2007, 677을 보라. 그는 어려운 읽기(lectio difficilior)인 '뉜'(nyn)을 채택하여야 한다고 주장한다. 추가적인 '뉜' 의 첨가를 지지하는 학자들이라고 해서, 바울이 "온 이스라엘"의 구원을 하나님이 마지막 순간에(아마도 '파루시아' 의 때) 갑자기 이룰 어떤 일이 아니라, 현재의 경륜 내에서 이루게 될 일로 보는 이 본문 전체에 대한 읽기에서 그것이 갖는 비중을 모두가 다 제대로 이해하는 것은 아닌 것으로 보인다.

715) Barth, 1936-69, 2.2.305의 거의 설교에 가까운 강력한 말을 보라: "31절이 말하고 있는 유대인들을 향한 하나님의 긍휼하심의 나타남은 결국 미래의 일이기 때문에, 비평적으로 잘 입증된 이 절의 두 번째 '뉜' (nyn)이 여기에 나오는 것은 다소 적절하지 못해 보인다 … 그러나 [현재에 있어서 이방인들에게 주어지고 있는 긍휼하심은] 하나님이 유대인들에게 긍휼하심을 베풀기 위한 수단이라는 의미에서는, 후자는 이미 현재적이다." 이것은 "유대인 문제를 종말론의 영역으로 추방하는 것"을 배제한다. 그런데도 아이러니컬하게도, 로마서 11장에 대한 현재의 "다수의" 읽기는 그렇게 하고 있다. 만일 바울이 11:25f.에서 의도한 것이 '파루시아' 때의 구원이었다면, 11:31의 두 번째 '뉜' 은 '휘스테론' (hysteron)이 되어야 했을 것이다 - 우리는 실제로 한두 개의 사본에서 그러한 읽기를 발견한다. "다수설"은 초기의 일부 필사자에게서 그 선례를 가지고 있는 것으로 보인다. Dunn, 1988b, 677은 본문상의 문제에 대해서는 어떤 결정을 내리지 못하고, '뉜' 이 거기에 원래부터 있었던 것이라면, 그것은 이 최종적인 국면의 "종말론적인 임박성"을 강조하고 있는 것이라고 말한다(687). 그것은 이 단어의 실제의 의미를 거부하는 것이다.

논쟁적인 맥락에서 여기에서 좀 더 자세하게 개진해 나간 것임을 보여준다. 거기에서는 그는 이것을 이렇게 표현하였었다:

> 성경이 모든 것을 죄의 권세 아래에 가두었으니, 이는 메시야 예수의 신실하심으로 말미암아 임하는 약속을 믿는 자들에게 주기 위한 것이다.

긍휼과 믿음/신실하심이 서로 연결되어 있다는 것이 이 본문에 뚜렷하게 드러나 있기 때문에, 우리는 11:23에 비추어서, 이러한 연결 관계가 현재의 맥락 속에도 함축되어 있다고 보아야 한다. 바울은 20세기 신학의 논의들을 괴롭혀 왔던 "만인구원설"을 제시하고 있거나 쟁점으로서 다루고 있는 것이 아니다.[716] 다시 한 번 말하지만, 만일 그가 그런 식으로 생각했더라면, 그는 "육신을 따른 자기 골육"을 위하여 그토록 마음 아파하고 괴로워하며 눈물을 흘릴 필요가 없었을 것이고, 최근의 일부 해석자들이 시도해 왔던 것처럼, 로마서 2:1-16 같은 본문들을 깨끗이 지워 버렸을 것이다. 그는 메시야를 "하나님"(9:5)이자 "주"(10:12)로 섬기는, "먼저는 유대인, 그리고 또한 헬라인"으로 이루어진 "모든 백성"에 대하여 말하고 있다. 아마도 두 부류의 사람들로 중간이 쫙 갈라져 있는 사회들에서 살아 온 사람들만이, "유대인"과 "이방인"이 핵심적인 범주들로 자리 잡고 있던 바울의 세계, 즉 초기 기독교 세계에서 "모든 사람"이 어떤 식으로 들렸을 지를 제대로 이해할 수 있을 것이다. 따라서 그가 말한 "모든 사람"을 당시와는 판이하게 다른 신학적이고 구원론적인 질문들을 갖춘 오늘날의 서구 세계의 방에서 울려 퍼지게 하는 것은 시대착오적인 것일 수밖에 없다.

이렇게 해서, 육신을 따른 이스라엘은 메시야적인 본, 기독론적인 본을 따라 형성된 자신의 역사와 종말론을 발견하였다. 이스라엘은 메시야를 따라 "내쳐졌고," 이제 메시야와 마찬가지로 "다시 받아들여지도록" 초청을 받고 있다. 메시야의 빛 아래에서 본 선민 이스라엘이라는 존재가 한편으로는 독실한 유대인들, 다른 한편으로는 반유대적인 이교도들이 생각해 왔던 것과는 상당히 다른 존재라는 것이 밝혀졌을 때, 십자가와 부활이라는 본은 이스라엘의 역사 속에 새겨지게 되었다. 바울의 관점에서 볼 때, 하나님이 이스라엘을 선민으로 택한 것은 처음부터 세계를 속량하기 위한 것이었지만, 이스라엘은 그 자신이 그러한 속량함을 필요로 하는 존재였기 때문에, 하나님의 부르심에 "신실하거나" 순종할 수 없었다(3:2). 이스라엘의 대표자로

716) cf. Bell, 2005, 264f.와 많은 주석자들(예컨대, Jewett, 2007).

서의 메시야의 "신실하심"은 바로 그 전세계적인 속량을 성취하였다. 바울은 육신을 따른 이스라엘의 대부분이 지금 "완악하게 된"것은 하나님이 유대인들을 이방인들과 동일한 범주에 둔 것으로서, 즉 아무도 그 어떤 종류의 "특정 민족의 특혜조항"을 주장할 수 없게 하고, 모든 사람을 다 똑같이 온전히 하나님의 긍휼을 힙입어 구원을 얻을 수밖에 없는 처지에 둔 것으로서 필연적인 일이었다고 보았다.

따라서 11:28이 말하고 있듯이, 현재로서는 그들은 "너희로 인하여 원수 된 자들"일 수밖에 없다 - 이것은 바울이 11:11, 12, 15에서 이미 말한 것을 좀 더 과격한 방식으로 표현한 것이다. 신명기와 이사야서가 예언한 대로, 전체로서의 유대 민족은 메시야를 믿지 않았고, 그 결과 말씀이 이방인들에게로 넘어가게 되었다. 그러나 이것은 하나님이 이제 믿지 않는 유대인들을 영원히 구원받지 못할 자들로 여기고 있다는 것을 의미하지는 않는다. 이것은 바울이 11:11 이래로 강조해 오고 있는 주된 논지였다. 그들은 "자동적으로 구원을 받게 될 것"이라는 의미에서가 아니라, 11:16에서 그들을 "거룩하다"고 한 것과 고린도전서 7장에서 믿지 않는 배우자를 "거룩하다"고 한 것이라는 의미에서 여전히 "사랑받고 있는"자들이다. 달리 말하면, 그들은 조상들로 인하여 얼마든지 하나님에 의해 믿음으로 부름받을 수 있는 지점에 있는 자들이라는 것이다. 28b절("조상들로 말미암아 사랑을 입은")은 9:6-13과 그 배후에 있는 4장만이 아니라, 아마도 11:15b-24에 나오는 나무의 "뿌리," 또는 나무 자체와도 연결되어 있는 것으로 보인다. 달리 말하면, 믿지 않는 유대인들이 여전히 속해 있는 권속은 아브라함과 이삭과 야곱의 육신적인 권속이고, 그들에게 주어진 약속들은 거두어지지 않았다. 바울은 15:8에 나오는 동일한 주제를 반영하고 있는데, 거기에서 그는 자신의 복음 메시지를 다시 한 번 요약하면서, 메시야가 신실하게 종의 사역을 감당한 것은 "하나님의 진실하심을 위하여" "하나님이 조상들에게 한 약속들을 확증하여" "이방인들로 하여금 그 긍휼하심을 인하여 하나님께 영광을 돌리게 하기" 위한 것이었다고 선언한다 — 이것은 현재의 본문과 아주 비슷한 논지이고, 11장 전체에 대한 우리의 읽기를 놀라울 정도로 확증해 주는 논지이다. 그런 후에, 28절은 하나님의 신실하심에 관한 위대한 진술에 의해서 추가적으로 설명된다. 즉, 하나님의 신령한 은사들과 하나님의 "부르심"은 취소되거나 폐기될 수 없다는 것이다(29절). 하나님은 아브라함에게 그의 육신의 자손들이 지금까지는 그의 참된 권속에 속해 왔지만, 이제는 더 이상 그렇게 되지 않을 것이라고 말할 분이 아니라는 것이다. 또한, "부르심"은 9:7, 12과 9:24에 나오는 동일한 용어와 공명을 일으킨다. 하나님은 유대인들과 이방인들을 둘 다 "불렀고," 그 부르심은 취소되지 않으리라는 것이다.[717]

바울은 그 다음에 오는 한 쌍의 대구인 11:30-31에서 설명을 더 진전시켜 나간다: 너희(이방인들)는 이전에 하나님에게 불순종하였지만, 이제는 긍휼을 얻었다. 마찬가지로 유대인들이 지금 불순종하게 된 것도, 이제 하나님이 그들로 긍휼을 얻게 하기 위한 것이다. 이것의 의미는 분명하지만, 즉각적으로 분명하지 않은 것은 바울이 이 한 쌍의 대구 속에 끼워 넣은 다른 구절들을 어떻게 해석해야 하느냐 하는 것이다:

30: 이방인의 불순종	이방인들에게 주어진 긍휼 (유대인들의 불순종으로 말미암아)
31: 유대인들의 불순종	유대인들에게 주어진 긍휼 (이방인들에게 주어진 긍휼로 말미암아)

이 문장은 교차대구법적 구조로 배열할 수 있다:

A 너희는 불순종하였다
B 너희는 긍휼을 얻었다
C 그들의 불순종으로 말미암아
C 그들도 이제 불순종하였다
B 너희의 긍휼로 말미암아
A 따라서 그들도 이제 긍휼을 얻을 수 있다.[718)]

여기에서 문제는 그 의미이다: 유대인들은 "너희에게 주어진 긍휼로 말미암아" 어떤 식으로 불순종하였다는 것인가? ("~로 말미암아"라는 번역은 두 경우 모두에서 사용된 여격의 의미가 모호한 점을 고려한 것이다.) 30절은 11:11-15에 나오는 한 요소를 요약하고 있는 것이 분명하다. 즉, 하나님은 유대인들의 "넘어짐" 또는 "내쳐짐"을 이방인들에게 긍휼을 베푸는 수단으로 사용하였다는 것이다. 따라서 31절도 11:11-15에 나오는 동일한 동전의 다른 면을 요약하고 있는 것으로 볼 만한 강력한 근거들이 존재한다. 즉, 이방인들에게 주어진 긍휼은 유대인들로 하여금

717) Jewett, 2002, 708이 여기에서 "부르심"을 특히 유대인들과 관련 있는 것으로 해석하는 것은 옳다(9:7, 11[sic: 아마도 12], 24, 25, 26과 비교해서) — 9:24-6에서 이것과 관련된 동사는 "유대인들만이 아니라 이방인들에게도"에 걸리고, 다른 곳들에서의 이 단어의 용법에도 불구하고(빌 3:14; 살후 1:11). 다시 한 번 우리는 여기에서 바울의 목적은 하나님이 유대인들에게 끊임없이 관심을 가지고 있다는 것을 이방 그리스도인들에게 강조하는 것이었음을 기억한다.

718) 예를 들면, Wilcken 등을 따르고 있는 Dunn, 1988b, 687f.를 보라. 지금은 Moo, 1996, 734f., Schreiner, 1998, 627f., Jewett, 2007, 710이 이 견해를 따른다.

"시기하게" 해서 그들도 긍휼을 얻게 하는 수단이 될 것이라는 것이다. 사실, 이렇게 이 두 절은 11:11-15과 아주 밀접하게 연결되어 있기 때문에, 우리는 11:25-27에서 바울이 새롭거나 다른 내용을 소개하고 있는 것이 아니라, 단지 자기가 지금까지 내내 설명해 왔던 것의 온전한 의미를 이끌어내고 있는 것일 가능성이 대단히 높다는 것을 여기서 다시 한 번 보게 된다.[719] 따라서 나는 31절을 다음과 같은 취지로 옮기는 주석자들과 번역자들에 동의한다: "이와 같이 그들이 지금 불순종하는 것은 너희에게 주어진 긍휼로 말미암아 그들도 이제 긍휼을 얻게 하기 위한 것이다."

따라서 이것은 자연스럽게 이 논증의 마지막 절(11:32)로 이어진다: "하나님이 모든 사람을 불순종 가운데 가두어 두신 것은 모든 사람에게 긍휼을 베풀려고 하시기 때문이다." 하나님은 모든 사람을 공평하게 대한다. 바울은 이것을 로마에서 메시야를 따르는 이방인 신자들에게 적용해서, 그들이 이제 유대인들과 역전된 처지가 되었다고 해서, 유대인들이 이전에 지녔던 민족적인 교만을 그대로 답습해서는 안 된다고 경고한다. 그 어떤 종류의 교만도 있을 수 없다는 것이다. 모든 사람은 "불순종"의 감옥에 갇혀 있기 때문에, 하나님의 권속이 된 모든 자들은 오직 하나님이 그들에게 베푼 긍휼하심으로 인하여 그렇게 된 것임을 알게 된다. 바울은 메시야의 십자가와 부활, 그리고 자기가 그 위대한 사건으로 말미암아 얻게 된 계약에 대한 새로운 이해를 통해서 그것을 알았고, 이제 온 힘을 다해 수사학적 솜씨를 발휘하여 그것에 대하여 말하고 있다. 이것은 자신이 어릴 때부터 교육받아 그 가운데서 자라왔던 제2성전 시대 종말론에 대한 바울의 최종적인 개정판이다. 민족으로서의 이스라엘은 이제 더 이상 세계의 열방들이 시온으로 몰려오게 될 날을 기대해서는 안 된다. "열방들의 순례"라는 개념은 이제 역전되어서, 10:14-17이 말하고 있듯이, 사도들에 의한 선교가 "시온으로부터" 온 세계로 퍼져나가게 될 것이고, 그러한 선교의 열매들은 바울의 동족 유대인들을 "시기나게" 만들어서 자신들의 불신앙으로부터 벗어나게 만들 것이다. 이것은 예루살렘 교회를 위한 헌금에 대한 바울의 신학적 설명에도 그대로 반영되어 있다. 즉, 열방들은 유대인들의 신령한 복들에 참여하고 있기 때문에, 그들이 유대인들의 육신적인 필요들을 돕는 것은 옳고 합당하다는 것이다.[720] 어떤 의미에서는, 바울은 11:11-32만이 아니라, 9-

719) 얼핏 보면, 31절의 "따라서" 구절은 헬라어로 약간 이상해 보일 수 있지만, 비슷한 구문의 다른 예들이 존재한다: 예컨대, 고후 2:4; 갈 2:10; 골 4:16에서는 '히나'(hina)가 그것이 지배하는 절에 속한 단어들 뒤에 놓여 있다.

720) 롬 15:27.

11장 전체를 11:25-27에서 "신비"라고 요약한 것이라고 할 수 있다. 즉, 로마서 9-11장은 이스라엘의 소망에 대한 새로운 이해를 가져다준 메시야를 중심으로 재고되고 수정된 성경에 대한 새로운 읽기라는 것이다. 그는 이스라엘의 성경에 뿌리를 둔 선민론이라는 토대를 그대로 유지한 채로, 이스라엘에 관한 역사적이고 종말론적인 서사를 다시 말하면서, 이전에는 전혀 생각할 수 없었던 방식으로 전적으로 메시야를 중심으로 재편하였다. 이것이 그가 한 작업이었다.

(i) 끝과 시작: 11:33-36과 9:1-5

9:1-5 11:33-36

9:6-29 11:1-32

9:30-33 10:18-21

10:1-4 10:14-17

10:5-13

10:9

우리는 끝에서 시작을 엿볼 수 있다. 이 가장 주의 깊게 구성된 서신 중에서 이 가장 주의 깊게 구성된 대단락은 "탄식"과 "찬송"이라는 저 가장 유대적인 표현들 사이에 놓여 있다. 이 대단락은 많은 시편들처럼 탄식으로 시작해서 찬송으로 끝난다.[721] 저 유명한 서두-큰 슬픔, 끝없는 고통, 자신의 동족 유대인들이 구원 받을 수만 있다면 자기가 저주를 받아 메시야에게서 끊어져도 괜찮다는 말이 그의 입에서 저절로 흘러나오는 기도-는 바울의 골육들이 물려받은 하나님의 소중한 선물들의 목록을 중심으로 표현되어 있고, 저 유명한 결미-하나님의 헤아릴 수 없는 부요하심과 측량할 수 없는 길들-는, 구구절절이 성경 본문들이 울려 퍼지는 유대적인 지혜 전통과 좀 더 넓은 세계, 특히 스토아학파의 사변들이 결합된 주제들이 배어 있는 찬송으로 표현되어 있다. 바울은 여기에서 또다시 자기가 가장 잘 할 수 있는 것을 하고 있다. 즉, 그는 모든 생각을 사로잡아 메시야에게 복종하게 만드는 방식으로, 이스라엘의 옛 신앙을 예수와 성령을 중심으로 재고하고 다시 그려서 설명해 나간다.

따라서 9:5의 슬픔에 찬 송영과 11:33-36의 영광스러운 송영이 둘 다 예수와는

721) 예를 들어, Grieb, 2010, 396을 보라.

상관이 없는 글이라는 평가를 받아온 것은 정말 이상한 일이다. 많은 주석자들은 여전히 9:5을 두 부분으로 나누어서, 메시야는 "육신을 따라서 그들의 종족에 속하는" 반면에, "만물 위에 계신 하나님"은 "영원히 찬송을 받아 마땅한 분"이라고 말하고 있는 것으로 본다.[722] 우리는 앞 장에서 이것이 사실은 훨씬 가능성이 희박한 읽기라는 것을 보았고, 현재의 대단락에서도, 9-11장 전체가 사실은 이스라엘의 기이한 노정 — 나이 든 시므온이 말한 대로, 이스라엘 중에서 많은 사람들이 넘어지고 서는 것 — 및 이스라엘과 이방인들이 똑같이 구원에 이르게 될 길에 관한 기독론적인 읽기에 바탕을 두고 있다는 것을 보아 왔다. '호 가르 아우토스 퀴리오스 판톤'(ho gar autos kyrios pantōn). 즉, "동일한 주가 모든 사람의 주이다." 왜냐하면, "주의 이름을 부르는 자는 누구든지 구원을 얻게 될 것이기" 때문이다. 그리고 바울은 이 대단락의 중심인 10:9-13에서 야웨와 관련된 성경 본문들을 가져와서 예수에게 적용하고 있기 때문에, 여기에서 "주"는 예수를 가리킨다. 따라서 이 본문은 육신을 따라서는 유대인들의 메시야인 그는 영원히 찬송 받기에 합당한 만물 위에 계시는 하나님이라고 말하고 있는 것이고, 이것은 단지 앞으로의 논의 속에서 다루어지게 될 하나의 주제를 미리 말하고 있는 진술이 아니라, 바울이 자신의 수정된 종말론을 구축해 나갈 때의 신학적인 원칙이자, 신명기와 이사야서와 시편 등의 위대한 본문들을 다시 수정해서 읽을 때에 적용할 해석학적인 원칙을 미리 천명하고 있는 진술이다.

마찬가지로, 많은 사람들은 예수가 11:33-36에서 언급되고 있지 않다는 사실에 큰 의미를 부여해 왔지만, 우리는 세부적인 내용을 굳이 살피지 않아도(본서의 이 장은 로마서를 주석하기 위한 것이 아니라, 종말론을 다루는 장이기 때문에), 미안하게도 그들과 생각이 다르다고 말할 수 있다. 우리가 11:11-15과 관련해서 이미 보았듯이, 로마서의 이 논증의 이 단계에 이르기까지, 기독론은 바울의 사고의 피륙에 짜여져 있고, 모든 것의 핵심으로 자리잡고 있다. 그는 하나님의 지혜와 지식의 깊음과 부요함을 송축할 때, 사람들이 그 모든 감추어진 지혜와 지식의 보화를 발견할 수 있는 장소가 바로 메시야라는 것을 너무나 잘 알고 있다.[723] 그는 "누가 주의 마음을 알았는가"라고 반문할 때, 아무런 망설임도 없이 "우리가 메시야의 마음을 가지고 있다"는 말로 대답할 수 있었다.[724] 그리고 그가 "이는 만물이 그에

722) Wright, 2002 [*Romans*], 629-31; Jewett, 2007, 566-9에 나오는 논의와 위의 제9장 제3절 3) (3)를 보라.

723) 골 2:3.

게서 나오고 그로 말미암고 그에게로 돌아가기 때문이다"라고 결론을 지을 때, 우리는 그 자체가 메시야를 중심으로 재편된 이 기도 바로 밑에서, "우리에게는 한 하나님, 곧 아버지가 계시니, 만물이 그에게서 났고, 우리도 그를 위하여 있고, 한 주 메시야 예수께서 계시니, 만물이 그로 말미암고 우리도 그로 말미암아 있다"[725]는 말씀이 울려퍼지고 있는 것을 들을 수 있다. 샌더스(Ed Sanders)는 이것을 이렇게 표현한다:

> 우리가 그의 서신들 속에서 그를 만날 때 … 바울은 오직 한 분 유일하신 하나님, 즉 그리스도를 보내었고 "우리 주 예수를 죽은 자 가운데서 다시 살리신" 하나님을 알고 있었다 … 바울의 사고 속에서는 "하나님 중심적인" 내용과 "그리스도 중심적인" 내용 간에는 뚜렷한 구별이 존재하지 않는다.[726]

우리는 이 대단락을 시작할 때, 이 대단락은 모두 하나님에 관한 것임을 지적한 바 있는데, 바울은 이것은 이 대단락이 모두 예수에 관한 것임을 의미한다고 우리에게 말해 준다. 예수는 서두의 탄식의 이유이자 궁극적인 초점이었다. 메시야 예수는 '텔로스 노무'(telos nomou, "율법의 최종 종착지"), 즉 토라에 관한 서사 전체가 마침내 신명기 30장에서 말하는 계약 갱신에 도달할 때까지 움직여 온 최종 종착지였기 때문에, 바울이 신명기 30장을 예수의 부활과 즉위라는 그 정점의 사건들의 관점에서 해석한 것은 당연한 일이었다. 바울은 이스라엘의 대표자로서의 예수의 대속적인 죽음과 부활이 보여주는 본을 보고서, 이스라엘이 속량함을 입어서 열방들이 시온에서 벌어진 소동이 무엇인지를 알아보기 위하여 시온으로 오는 것이 아니라, 정반대로 이방인들이 속량함을 입어서 유대인들이 시기가 나서 애초에 그들 자신의 것이었던 "나무"로 다시 돌아가는 일이 벌어지게 된 것이라는 놀라운 "신비"를 깨달을 수 있었다. 구조적으로나 주제상으로나 신학적으로나 심지어 수사학적으로도, 메시야 예수는 바울이 하나님, 하나님의 백성, 세계를 위한 하나님의 미래에 대하여 지니고 있던 사고를 푸는 중심적인 실마리이다. 로마서 9-11장은 탄식과 찬송이라는 틀 속에 놓여서, 바울의 신학적 비전에 관한 삼중적인 설명을 완성하는 저 수정된 개시된 종말론을 집약해서 담아내고 있다.

724) 고전 2:16.
725) 고전 8:6. 위의 제9장 제3절 2) (3)를 보라.
726) Sanders, 1983, 194, cf. 41f.

7. 결론: 소망과 그 결과들

1) 서론: 바울의 수정된 소망

바울의 신학에 관한 우리의 개략적인 설명은 완전하다. 그는 유일신론, 선민론, 종말론 — 그리고 그것들이 서로 얼키고설킨 복잡한 관계들! — 을 메시야 예수와 성령, 그리고 그가 예수 안에서 "예"를 발견한 것으로 여긴 옛 성경에 비추어서 다시 생각하고 수정하였다. 이것은 그의 신학적 사고 전체를 통일시키는 중심이고, 그 위에서 그는 온갖 상황에 맞춰서, 서로 다른 많은 주제들을 다루기는 하지만, 모두 다 이 중심과 연결되어 통일된 전체를 이루는 논점들과 논증들을 발전시킨다. 나는 바울의 서신들을 그가 자신의 사고를 전개해 나가는 수단들로 보는 것이 아니라 -이것은 오늘날 책에 기반을 둔 학문적인 문화를 거꾸로 투사한 것이다 -믿음(또는, 신념)과 삶, 석의와 기도, 믿음과 사랑, 그리고 물론 소망으로 구성된 그의 좀 더 크고 풍부하며 조밀한 세계를 들여다보게 해주는 작은 창문들로 보게 되었다. 오늘날 바울을 읽는 역사가는 몇 개의 옛 가족사진첩을 발견한 사람과 같은 입장에 있다. 그는 그 사진첩들을 개별적인 사진들이 우연히 남겨진 것이라고 보는 안전한 쪽을 택할 수도 있고, 그 사진첩의 주인이었던 가족의 이야기를 복원하려고 시도할 수도 있다. 바울이 실제로 말하고 있는 것 외에 어떤 것을 알 수 있을 가능성을 부정하는 최소주의적인(minimalist) 입장은 누구에게나 언제든지 열려 있다. 그러나 그러한 입장은 엄격하게 제한된 실증주의적인 설명이 주는 "확실성"을 얻는 대신에, 이 본문들이 우리에게 감질나게 보여주는 훨씬 더 흥미롭고 복잡한 세계를 포기해 버리는 큰 대가를 치르게 된다. 나는 여기에서 바울의 사고는 여전히 한 분 유일하신 하나님이 자기 아들과 자신의 영을 통해서 자신의 오래된 약속들을 성취하였다고 믿은 주후 1세기의 한 바리새인의 사고로 남아 있었다는 가설에서 출발해서, 그 본문들이 얼핏 보여주는 것들을 따라가면, 어떤 일이 벌어지게 될지를 알아보고자 해 왔다. 나는 이 가설이 옳다는 것이 충분히 입증되어서, 사람들이 통상적으로 생각해 온 것보다 훨씬 더 큰 통일성을 바울의 사고에 부여하는 중심을 알아냈고, 그가 가장 관심을 보였던 주제들이 이제까지와는 다소 다르게 배열되어야 한다는 것을 발견하게 되었다고 본다.

특히, 우리는 현재의 장에서 바울이 실제로 이스라엘의 소망을 수정하였다는 것을 보아 왔다. 그는 자기가 젊고 열심 있는 바리새인으로서 굳게 붙잡고 있었던 그러한 소망이, 자신의 죽음과 부활을 통해 자신의 나라를 건설한 예수 및 사람들의 삶을 변화시키는 성령을 통해서 성취되었을 뿐만 아니라, 장차 예수의 재림 및 메시야의 모든 백성을 죽은 자 가운데서 다시 살리게 될 바로 그 동일한 성령의 역사를 통해서 온전히 성취될 것이라고 말하지 않을 수 없게 되었을 때, 그것이 무엇을 의미하는지를 철저하게 숙고하게 되었다. 유대인들은 오랜 세월 동안 여러 종류의 "이제와 아직"의 결합 속에서 살아왔고, 그 중에서 가장 분명했던 것은 그들은 "이제" 바벨론의 포로생활로부터 지리적으로는 돌아왔지만, 다니엘서 9장과 이사야서 40-55장 등과 같은 예언들은 여전히 "아직" 성취되지 않았다는 것이었다. 제2성전 시대의 유대인들이 전형적으로 지니고 있던 소망은 바로 그러한 형태의 소망, 즉 이미 개시되기는 하였지만 완성되지는 않은 소망이었다.[727] 바울은 그러한 "이제와 아직"의 소망들을 지금까지와는 다른 차원으로 변화시켰다 — 아니, 바울은 하나님이 그렇게 변화시켰다고 믿었다. 바울이 이 소망을 선포해야 했던 바깥 세상, 즉 새로운 종류의 종말론이 대중들의 의식 속에 이미 자리를 잡고 있었던 바깥 세상에서 직면한 모든 것들에 비추어 볼 때, 이 소망은 여전히 유대적인 색채를 짙게 지니고 있었다. 바울이 이 소망에 대해서 계속해서 가르쳐 나감에 따라, 이 소망 자체도 발전되었을 가능성도 있다(우리는 그의 서신들에 나오는 각각의 "짤막한 설명"[snapshot]이 나오기 위해서, 그는 수천 시간은 아니더라도 수백 시간의 가르침과 설명, 성경 연구, 논증과 기도가 있었을 것이라고 전제하여야 한다). 하지만 바울은 다른 어느 서신들에서보다도 로마서에서 이 소망에 대하여 더 많은 것을 설명하고 있지만, 거기에서는 자기 자신에 대한 것을 제외하고는(그는 빌립보서와 고린도후서를 쓸 당시에는 자기가 살아서 종말을 볼 수 없게 될 수도 있다는 것을 깨닫는다), 그 어떤 근본적인 변화도 발견되지 않는다. 이 소망은 여전히 유대적인 소망으로 남아 있었다: 모든 피조세계의 갱신의 중심적인 사건으로서의 죽은 자의 부활, 하나님의 세계가 정의와 기쁨으로 흘러넘치게 되리라는 것. 이 소망은 이 일이 예수를 통해서 일어났고, 이제 성령이 내주하게 된 사람들을 통해서 일어나고 있으며, 이 소망과 관련해서 장래에 일어나게 될 일들도 정확히 동일한 방식으로 일어나게 될 것이라는 믿음에 의해서 수정되었다. 그리고 물론, 이것은 소망이 옳다는 것이 확증되었다는 것을 의미하였다. 바울은 "하나님의 사랑이 우리에게 주어진 성령으로 말미암아 우리의 마음에 부어졌기 때문에, 소망은 우리를 부끄럽게 하지 않는다"고 썼다.[728] 바울에게 있어서 예수의 부활은 장래의 소망 전체에 대한

727) 예를 들면, cf. Watson, 2004, 137: "포로생활과 귀환이라는 역사적 현실에도 불구하고, [열두 선지서]에 나오는 포로기 이후의 글들은 너무나 자주 가까운 것처럼 보이지만 실제로는 결코 도래하지 않는 성취의 연기에 대한 증언들이다."

확실한 닻이었고, 성령은 장차 주어질 온전한 "유업"의 '아르라본'(arrabōn), 곧 "보증금"이었다.[729]

2) 바울 신학의 효과

우리가 이제 완성한 바울 신학에 관한 삼중적인 그림은 본서의 전체적인 논증 내에서 두 가지 방식으로 자리를 잡고 있다. 첫째로, 이 신학은 바울이 자신의 교회들의 세계관의 중심적인 상징이었던 하나로 연합된 거룩한 공동체가 번성하는 것은 그만두고라도 생존하기 위해서는 반드시 받아들여야 한다고 믿었던 것이었다. 둘째로, 하나님과 하나님의 백성과 하나님의 미래에 관한 바울의 중심적인 비전에 대한 이런 식의 이해는 우리로 하여금 지난 세기에 걸쳐 "바울 연구"를 중심으로 휘몰아쳐 왔던 많은 주된 논쟁들을 이해할 수 있게 해준다.

첫째로, 본서 제2부에서 나의 전체적인 논지는, 우리가 바울이 자신의 회심자들에게 반복해서 가르치고자 한 세계관을 연구해 보면, 그 중심적인 상징이 하나로 연합된 거룩한 공동체 자체라는 것을 발견하게 되지만, 이 공동체는 디아스포라의 유대인 공동체들에게 그들의 지속적인 공동생활을 위한 비교적 탄탄한 토대를 제공해 주었던 상징 표지들(할례, 음식법, 안식일, 민족적 정체성, 족내혼, 예루살렘 성전에 대한 충성) 중 어느 하나도 지니고 있지 않았다는 것이었다. 본서 제3부에서 나의 전체적인 논지는 바울이 기도하는 가운데 성경을 토대로 유일신론과 선민론과 종말론이라는 유대적인 기본 주제들을 천착해서 얻어낸 신학은 새롭게 형성된 공동체에 결여되어 있던 것을 공급해서, 우리가 지금 (회고적으로 보았을 때) "신학"이라고 부르는 것을 공동체와 그 세계관이라는 관점에서 이전에는 결코 지니지 못하였을 뿐만 아니라 지금도 여전히 기독교를 제외한 다른 곳에서는 지니고 있지 못한 지위로 올려놓기 위함이었다는 것이었다. 주후 1세기 유대인들이 토라를 연구한 것은, 토라가 공동체의 경계표지들을 제공해 주었을 뿐만 아니라, 그 연구자들을 하나님의 임재 속으로 데려다 주었기 때문이었다 -후자는 성전에서 멀리 떨어져 살아야 했던 디아스포라 유대인들에게는 아주 중요한 믿음이었다. 주후 1세기의 이교 철학자들은 신들과 관련된 문제들을 한편으로는 지적 호기심의 문제로, 다른 한편으로는 내적인 인품의 함양을 위한 수단으로 논의하였지만, 그러한

728) 롬 5:5.
729) 롬 8:23; 고후 1:22; 엡 1:14.

문제들은 기독교 신학이 처음부터 수행해야 했던 것과 같은 중요한 역할을 하지는 못하였다. 바울에게 있어서 하나님과 하나님의 백성과 하나님의 미래에 대하여 성찰하는 것은, 그로 하여금 자신의 공동체들 내에서의 목회적이고 실천적인 문제들, 특히 그들의 연합 및 성결과 연관된 문제들에 대하여 대답할 수 있게 해준 아주 중요한 활동이었다.[730] "신학"은 바울의 손에서 새로운 도전에 부응하는 새로운 학문분과로 태어났다.

바울의 가르침은 자신의 회심자들로 하여금 이러한 신학적인 작업을 스스로 계속해서 해나갈 수 있게 해주는 것을 목표로 하였던 것으로 보인다. 그는 심지어 자기가 다루는 비교적 몇 안 되는 문제들에 대해서조차도 모든 대답을 해주지 않는다. 그가 행한 것은 그의 청중들에게 신학적으로 사고하는 법을 가르치는 것이었다. 즉, 그는 이스라엘의 성경에 있는 위대한 서사를 출발점으로 삼아서, 메시야가 세계를 대상으로 자신의 죽음과 부활을 통해서 열방들 가운데서 하나님의 주권적인 통치를 견고히 세우고, "내세"를 개시시켜서, 유대인들과 이방인들을 똑같이 "악한 현세"로부터 건져내어, (메시야 자신으로 말미암아) 아브라함의 옛 백성과 직접적으로 연속선상에 있음과 동시에, 십자가로 말미암아 아브라함의 육신적인 권속 및 그 전통들과 근본적으로 불연속선상에 있게 된 단일한 권속이 되게 한 것을 계속해서 생각해 나가는 법을 그들에게 가르쳤다. 이렇게 해서 생겨난 근본적인 새로움이나, 바울의 회심자들이 자신들이 사로잡혀 있는 것을 발견한 새로운 생명과 힘은, 한 분 유일하신 이스라엘의 하나님이 한편으로는 메시야 예수, 다른 한편으로는 성령 안에서 역동적인 역사를 통해서 자신을 계시함으로써 일어나게 된 계약의 갱신과 새 창조의 효과로 이해하여야 하였다. 오직 아시아, 헬라, 로마의 작은 교회들이 그들의 사고에 있어서 그 정도까지 성장하였을 때에만, 그들은 이 새 창조에 의해서 요구되는 연합된 삶과 근본적인 성결의 삶을 살아야 할 그들의 소명, 그리고 이 두 가지를 통해서 이교 세계 전체에 하나님의 구원 역사를 증언해야 할 그들의 소명을 제대로 감당할 수 있을 것이었다. 신학은 바울이 자신의 교회들의 세계관에 깊이와 안정성을 부여하기 위하여 사용한 것이었다.

둘째로, 학계에서는 지난 세기 동안에 이 가장 강력하고 수수께끼 같은 주후 1세기의 활동가이자 사상가인 바울과 씨름하는 가운데 서로 다른 많은 학파들이 생겨나서 서로 다른 주장들을 제시해 왔는데, 나는 우리가 바울 신학을 앞에서 설명

730) 제2성전 시대의 주제들을 수정하여 재구성할 때에 연합과 성결이라는 주제가 얼마나 중요하였는지에 대해서는 특히 Newton, 1985에 의해 탐구되었다.

해 온 방식으로 이해하면, 그러한 서로 다른 많은 주장들을 하나로 통합시킬 수 있다고 믿는다. 먼저, 우리는 바우어(F. C. Baur) 이래로 상당한 영향력을 행사해 온 주장, 즉 바울은 이데올로기적인 이유들로 인해서든(율법주의적이고 "세상적인" 것이라는 이유에서) 실용적인 이유들로 인해서든(자신의 이방인 회심자들과는 아무 상관이 없고 이해할 수 없는 것이라는 이유에서) 자신의 유대적인 사고의 틀을 버렸다는 주장을 확실하게 잠재웠다. 진실은 그런 주장과는 정반대이다. 바울이 이방인들을 할례 없이 하나님의 백성 속으로 받아들여야 한다고 역설한 것은, "유대교"를 잘못된 종교로 치부하여 이데올로기적으로 배척한 것도 아니었고, "율법으로부터 자유로운"(이것은 대단히 교묘한 축약어이다) 복음을 통해서 더 많은 회심자들을 끌어 모으기 위한 실용적인 목적으로 그렇게 한 것도 아니었다. 그는 여전히 유대적인 색채가 짙은 사상가로 남아 있었고, 십자가에 못 박혔다가 다시 살아난 메시야와 갱신된 계약을 현실 속에 구현한 성령을 토대로 새로운 길을 그려나간 대목들에서는 특히 더욱 그러하였다. 바울이 이 두 가지 기본적인 사상들에 대하여 행한 작업은 둘 다 유대 성경에 토대를 둔 것이었고, 그가 창세기, 신명기, 이사야서, 예레미야서, 에스겔서, 시편에 예언되었다고 본 일종의 성취된 유대 사상을 만들어내는 것을 그 목표로 하는 것이었다. 사실, 바울이 좀 더 넓은 세계와 맞서 싸울 수 있었던 것은 그가 여전히 유대적인 사상가로 남아 있었기 때문이었다. 이 말이 역설처럼 들린다면, 그것은 단지 논의가 시작되기도 전에, 너무나 많은 종교사적 전제들이 한 유대 사상가가 세계를 위한 메시지를 들고 나가서 전하였을 가능성(이것은 솔로몬의 지혜서 같은 책들이 목적으로 한 것이자 제시한 것이었다)을 차단해 왔기 때문이다. 위의 제4장에서 보았듯이, 우리가 "종교"를 모든 것을 포착하기 위한 범주로 삼는다면, 바울에 대한 우리의 이해는 상당한 타격을 입게 된다.

바울은 유대적인 것이든 이교적인 것이든 당시의 사상 형태들과 맞서 싸웠다. 그의 논증들이 스토아학파의 사상 및 표현과 상호작용을 하는 듯이 보인다면, 그것은 그가 그것을 의도하였기 때문일 가능성이 많다. 그러나 그것은 그가 설파하고 있는 것을 스토아 사상의 일종의 유대적인 형태로 볼 때에 최선의 분석이 나올 수 있다는 것을 의미하지 않는 것은, 그가 말하고 있는 것을 모종의 영지주의로 볼 때에 최선의 분석이 나올 수 없는 것과 마찬가지이다.[731] 바울이 사실 충실한 유대

731) 아래의 제14장을 보라. 뒤돌아 생각해 보면, 불트만 학파가 지배하였던 시기에는 "영지주의적인 가설"이 정말 강력한 힘을 발휘하였다(특히, W. Schmithals의 저작들에서). 그 학파의 사망은 순수한

인이었느냐의 여부에 대한 논쟁은 의심할 여지 없이 계속될 것이다(아래의 제15장을 보라). 이것과 아주 흡사한 질문이 주후 1세기에 단지 바울에 대해서만 제기된 것은 아니었다. 많은 유대교 집단들과 랍비들은 서로에게 그렇게 물었고, 이러한 경향은 주후 66-70년의 로마/유대 전쟁에서 처음으로 절정에 달하였고, 다음으로는 주후 130년대에 바르 코크바 반란 때에 또다시 고조되었다. 바르 코크바는 메시야였는가, 아니면 이스라엘을 잘못된 길로 인도한 자였는가? 랍비들 중에서 매우 고명한 인물이었던 아키바는 바르 코크바가 메시야라고 믿었고, 그것으로 인해서 고난을 당하였다. 이교도들의 사도였던 바울은 십자가에 못 박힌 예수가 메시야라고 믿었고, 그것으로 인해서 고난을 당하였다. 그러나 아브라함의 충실한 지체가 되고자 한 것이 바울의 의도였다는 것에 대해서는 그 어떤 의심도 있을 수 없다. 그런데 그가 메시야를 발견하였다(또는, 하나님이 메시야를 계시하였다)고 믿었다면, 우리는 그가 어떻게 행하였을 것이라고 예상할 수 있는가?

바울이 기본적으로 유대적인 사상가였다면, 그는 어떤 부류의 유대 사상가였는가? 우리는 아래 제15장에서 이러한 질문들을 다시 살펴보겠지만, 여기에서 거기에 대한 대답을 짤막하게 요약해 보는 것이 좋을 것이다. 그는 메시야의 이름을 이제야 알게 되었다고 믿은 랍비였는가? 그는 하나님이 이전의 다른 모든 것을 탁자 위에서 치워 버리고 완전히 새로운 것을 세우기 위하여 세계 속으로 돌입해 왔다고 믿었던 묵시론자였는가? 그는 지금까지 전개되어 온 "구원사"가 아무런 문제 없이 순조롭게 그 종착지에 도달하였다고 말하는 서사를 들려준 자였는가? 이 각각의 주장은 다 취할 만한 점을 지니고 있기는 하지만, 그는 이것들 중 그 어느 것도 아니었다. 자기소개에 의하면, 그는 메시야의 사람이었다. 그러나 메시야가 십자가에 못 박혔다면, 메시야의 사람은 어떤 모습이어야 하는가에 대해서는, 기존의 유대교는 그에게 아무것도 준비시켜 주지 않았다. 바울은 파편들을 모아서 그 모습을 완성하여야 했고, 정확히 그가 그렇게 하고 있다는 것이 우리의 눈에 들어오게 될 때, 그의 가장 날카롭고 선명한 신학적 표현들 중 몇몇이 우리에게 다가오기 시작한다. 아마도 갈라디아서 2:15-21은 그러한 많은 예들 중에서 가장 분명한 예일 것이다. 바울이 그렇게 해서 쓴 글들을 보면, 우리는 적어도 그가 이 메시야에 관한 내용을 단지 기존의 사고 구조의 끝부분에 첨가하거나, 다른 모든 내용을 다 그대로 유지한 채로 마지막 장을 새롭게 써서 덧붙일 수 없었다는 것을 알게 된다. 모든 것은 다시 새롭게 씌어져야 했다. 메시야의 죽음과 부활 이외의 것은 어떤

역사의 승리이다.

것이든지 신자들의 사고방식과 삶을 규정할 수 없었다. 토라는 새로운 형태로 지켜져야 하였고, 실제로 새로운 형태로 지켜질 수 있었다(신자들은 마음으로부터 토라를 지킬 수 있게 되었고, 거기에는 할례 같은 기존의 토라 준수의 핵심적인 요소들이 끼어들 여지가 없었다). 새로운 종류의 "묵시"가 이미 일어났고 계속해서 일어나고 있었다(복음 사건들 자체와 지속적인 복음 선포 속에서 예수가 메시야라는 것이 계시되었다). 구원(salvation)이 있었고, 역사(history)가 있었지만, 이 둘은 바울이 이전에 생각해 왔던 것과 같은 그런 관계에 있지 않았다(역사는 구원사임과 아울러 정죄의 역사였고, 이 둘은 메시야에게서 그 '텔로스'[telos, "최종 종착지"]에 도달하였다). 그리고 이러한 역설의 중심에는 메시야와 관련된 사건들, 그리고 이 사건들의 선포가 있었다. 왜냐하면, 이러한 전통을 뒤엎는 충격적이고 근본적으로 새로운 사건들은 이스라엘의 하나님이 내내 약속해 왔던 것들이었기 때문이었다.

이 모든 것의 이면에는 모든 세세한 부분까지 메시야와 성령을 중심으로 다시 사고해서 만들어진 바울의 근본적인 의식이 자리잡고 있었는데, 그것은 하나님이 아브라함과 맺은 계약이 늘 상정해 왔던 것이었다. 하나님이 자신의 섭리를 통해서 이스라엘의 역사를 이끈 것은 이 계약에 의거한 것이었다. 그러나 이 계약은 아담적인 인류에 속한 한 가지(branch)와 맺어진 것이었기 때문에, 하나님은 이스라엘에게 이차적으로 수여한 토라에 비추어서, 이스라엘이 행하는 모든 것에 대하여 "아니다"라고 말할 수밖에 없었다. 이것이 로마서 7장에 묘사된 곤경이고, 늘 잘못된 때에(아마도 적어도 일부는 올바른 때에) 잘못된 방향으로 잘못된 것을 찾고 있던 유대 세계에 계약에 의거해서 메시야가 개입할 수밖에 없었던 이유이기도 하였다. 우리가 갈라디아서 2-4장, 로마서 2-4장, 9-11장과 관련해서 설명한 의미에서의 "계약 신학"을 성경적인 풍부한 틀로 사용하면, 최근에 "묵시론적 관점"으로 불려왔던 것과 이전에 종종 "구원사"라 불려왔던 것의 각각의 강조점들은, 비록 최종 종착지에 도달하려면 '메타노이아'(metanoia, "회심")의 과정을 거쳐야 하기는 하겠지만, 그대로 유지됨과 아울러 좀 더 확고하게 제자리를 찾을 수 있게 된다. 바울에게 있어서, 계약은 언제나 하나님이 이스라엘을 부른 것은 열방들을 위한 것이었음을 상정하고 있었다. 바울은 이런 의미에서의 계약이 메시야의 죽음과 부활 안에서 성취되었고, 자신의 사도적 사역을 통해서 이행되어 가고 있다고 믿었다.

랍비 바울에게 있어서 이러한 전망은 한층 더 황량한 것이었다. 바울 자신의 판단에 의하면, 바리새파 운동에 참여하였던 그와 그의 동료들의 특징이었던 토라에 대한 열심은 그들을 잘못된 방향으로 이끄는 것이었다. 그가 예수를 부활한 주로 믿는 믿음이야말로 신명기 30장이 말하였던 참된 토라의 성취라고 주장했을 때(로마서 10:6-8), 그가 그 논점과 거기로부터 따라나오는 수많은 논점들을 논증한 방식은, 우리가 탈무드는 말할 것도 없고 미쉬나(Mishnah)에서 발견하는 그 어떤 것과도 전혀 닮은 점이 없다. 그는 여전히 토라와 선지자들과 성문서로부터 가져온 성경 인용문들을 줄줄이 가져와 사용하였고, 여기저기에서 여러 랍비 문헌들에서 볼 수 있는 해석 전통들을 간접적으로 인용하였다. 그러나 이스라엘의 토라는 이제 기껏해야 새로운 계시 다음으로, 두 번째 바이올린을 연주하고 있을 뿐이다. 랍비들이 토라에게 돌렸던 야웨의 임재 방식이자 자기 백성의 인도자로서의 역할은 바울에게 있어서는 예수와 성령이 맡고 있는 것이었다. 토라는 바울의 사고 속에서 계속해서 다양하고 미묘한 역할을 하고 있기는 하지만, 다른 모든 것과 마찬가지로, 그 역할은 이스라엘의 하나님의 새로운 자기계시를 중심으로 철저하게 재편되고 수정되었다.

따라서 바울은 이방 선교를 맡은 유대 사상가였고, 역사적 전통에 관한 이스라엘의 인식을 완전히 새로운 계시에 관한 묵시론자들의 꿈과 한데 결합시킨 "계약 사상가" 였다. 특히, 그는 서구 신학이 행하고자 애써 왔던 방식으로, (a) 한 분 유일하신 하나님이 장차 온 세상을 호출하여 책임을 물을 것이고, 그러한 "법정적인" 심판은 현재 속으로 들어올 수 있다는 인식과 (b) 이 하나님은 메시야 안에서 사람들을 그들의 죄와 악한 현세로부터 건져내는 역사를 통해서 자기 백성을 재정의하였다는 인식을 결합시켰다. 바울은 자신의 사고 속에서 "법정적인" 범주와 "참여적인" 범주가 상호작용할 수 있게 하였다. 우리는 과연 바울은 우리가 설정해 놓은 "범주들" 을 정확히 구분되는 별개의 것들로 인식하였을까 하는 의구심이 드는 것이 사실이다. 하나의 복잡한 춤 속에서 모든 춤동작이 서로 결합되어 있고 따로 떨어져 있을 수 없듯이, 바울이 "메시야 안에서 의롭다 함을 얻는다" 고 말할 때, 거기에는 메시야의 죽음과 부활이 "그의 안에" 있는 자들에게도 그대로 적용된다는 요소와 성령이 복음으로 말미암아 사람들의 마음속에서 역사하여 만들어내는 '피스티스'(pistis)가 메시야 백성임을 보여주는 표지라는 요소가 서로 결합되어 있다 — 이것이 범주들이 서로 결합되어 작동하는 방식이다. 물론, 신학자들과 설교자들이 이런저런 식으로 단순화해서 말하기 위하여, 바울이 말하고 있는 것들 중에서 몇 가지 요소를 따로 떼어내어, 그들의 의도에 맞게 배열하는 것은 언제나 가능하다. 그러나 그렇게 했을 때에는 통상적으로 다른 요소들, 또는 이런저런 절들이나 단락들이 배제되는 일이 발생하게 된다. 우리는 본서의 이 세 장, 특히 그 중심인 제10장에서, 슈바이처(Schweitzer)가 구분한 "법정적인" 언어와 "그리스도 안에 있음"과 연관된 언어는 오늘날 그렇게 바라보는 사람들의 눈에만 나뉘어 있는 것일 뿐, 원래 바울의 사고 속에서는 나뉘어 있던 것이 아니었기 때문에, 어느 한 쪽을 선호해서 다른 한 쪽을 소홀히 해온 해석들 간의 반목은 도움이 되지 않을 뿐만 아니라 사람들을 오도하는 것임을 보여주고자 하였다. 또한, 나는 방금 앞에서 언급한 다른 특징들과 아울러서 이 두 범주를 서로 결합하여, 그러한 복합적인 사고 전체를 원래 그 사고가 속해 있던 자리, 즉 이스라엘과 관련된 하나님의 경륜 — 이스라엘과의 상호 작용 속에서, 이스라엘을 위하여, 그리고 이스라엘을 통하여 하나님이 이루어내고자 한 목적들 — 에 대한 바울의 새로운 메시야적 이해 내에 위치시키기 위하여, "계약"이라는 범주를 하나의 발견학습적인 범주로 사용할 것을 제안하였다. 더 나은 명칭들이 있을 수 있겠지만, "계약"이라는 명칭도 여전히 장점을 지니고 있다. 왜냐하면, 이 명칭은 특히 바울이 매우 강조하는 것, 즉 모든 것이 결국에는 하나님에 관한 질문으로 되돌아간다는 것을 부각시켜 주기 때문이다. 하나님에 관하여 우리가 말할 수 있고 바울이 말하고 있는 다른 모든 것들 가운데서, 바울 신학의 주된 실마리들 중의 하나이자, 그의 세계관을 강화시켜 주고 그의 선교에 동력을 불어넣어 주는 것들 중의 하나로 두드러지는 것은 "하나님은 신실하고 신실해 왔다"는 것이다.

3) 바울의 신학과 그의 세 세계들

바울의 신학에 관한 이러한 이해를 가지고, 우리는 마침내 그가 자신이 살았던 세 세계들과 어떤 관계를 맺고 있었는지를 살펴볼 수 있는 위치에 있게 되었다. 자신의 태생적인 유대교에 대한 그의 비판은, 유대교는 악하고 보잘것없으며 이류에 속하고 준펠라기우스적이며, 신령한 것이 아닌 육신적인 것에 속한다는 것이 아니었고, 종말론적인 것, 즉 이스라엘의 하나님은 자신의 약속들을 지켰지만, 이스라엘은 그것을 믿기를 거절하였다는 것이었다. "메시야는 자기 백성에게 왔지만, 그의 백성은 그를 받아들이지 않았다." 만일 바울이 요한복음의 서문을 읽었더라면, 그는 바로 이 대목에서 고개를 끄덕이며, "내가 로마서의 이 세 장 전체에 걸쳐 쓴 것이 바로 그것이었다"고 중얼거렸을 것이다. 물론, 바울이 하나님과 하나님의 백성과 하나님의 미래에 관한 유대 신학을 수정한 것은 많은 대목에서 논란의 소지를 안고 있었다. 그러나 쿰란 공동체가 한 분 유일하신 하나님이 그들과 은밀하게 계약을 다시 맺었다고 믿었고, 이스라엘의 나머지 사람들은 그 계약에서 배제되었다고 믿었던 것과 마찬가지로, 바울도 그렇게 믿었다. 그는 해가 이미 떠올랐는데도, 그의 동족 유대인들 중 대다수는 침실의 커튼을 그대로 내린 채로 걷어 올리지 않겠다고 고집을 부리고 있는 것이라고 믿었다. 우리는 아래의 제15장에서 특히 성경에 대한 그의 새로운 읽기들과 관련해서 그것에 대해 살펴볼 것이다.

헬라의 대중 종교와 철학의 세계와 관련해서, 근본적으로 수정된 바울의 유일신론과 선민론과 종말론은 그에게 암묵적으로, 또는 종종 직설적으로 대놓고 당시의 철학들, 특히 스토아 사상을 비판할 수 있는 견고한 지적 발판을 제공해 주었다.[732] 그러나 그의 진정한 공격대상은 대중문화, 곧 자기에게 충성하라고 아우성을 치고 서는 그렇게 충성을 바치는 자들을 비인간화시키는 많은 신들, 많은 주들, 많은 우상들이었다. 또한, 바울의 글들의 표면에 등장하지는 않지만, 그는 자기가 전하는 복음과 동방의 신비종교들 간의 암묵적인 충돌에 대해서도 알고 있었을 것이다. 그는 (예컨대) 기독교의 입교의식에 관한 자신의 이해가 어떤 의미에서 "신비종교들"이 차지하고 있던 자리를 잠식하고 있다는 것을 알고 있었을 것이지만, 자신의 메시지나 실천을 그러한 신비종교들로부터 가져온 것은 아니었다. 아테네에서의 그의 행적에 대한 누가의 묘사처럼, 나는 그가 도시에 가득한 우상들을 보고서 울분이 가득하여, 기회가 주어지면 좀 더 진지한 토론을 기꺼이 하고자 한 것으로 본다. 그러나 앞에서 이미 말했듯이, 소망의 차원에서는 그 어떤 다툼도 없었다. 고대 세계에서 유일한 소망은 "운명의 여신"(Fortuna)의 미소를 보거나, 엘리시움의 들판(Elysian fields)으로 피하는 것이었다. 바울은 그러한 선택지들을 능가하는 소망을 지니고 있었고 가르쳤으며 현실의 삶 속에서 누렸다. 왜냐하면, 그는 창조주이자 심판주인 하나님을 믿었고, 헬라-로마의 종교나 철학들 중에는 이 두 가지 믿음 가운데서 어느 하나라도 두드러진 역할을 하는 것은 없었기 때문이다. 우리는 아래의 제12장과 제13장에서 이 모든 것을 살펴볼 것이다.

바울이 새롭게 표현한 이스라엘의 소망과 관련해서 가장 눈에 띄는 것은, 의도한 것이 아닌데도 우연히 그 소망이 아우구스투스 시대의 실현된 종말론과 비슷한 것이 되었다는 것이다. 이렇게 해서, 우리가 위의 제5장에서 보았듯이, 바울은 트로이 전쟁으로부터 시작해서 아우구스투스에 이르기까지의 로마의 이야기에 사로잡혀 있던 세계에서, 아브라함으로부터 메시야에 이르기까지의 이스라엘의 이야기를 전하는 일이 벌어지게 되었다. 바울이 예수의 '파루시아'(parousia)와 '에피파네이아'(epiphaneia)에 대하여 말할 때, 그의 청중들은 예수와는 판이하게 다른 신의 화신(즉, 아우구스투스)에게 그러한 단어들을 적용하는 세계에 살고 있었

732) 고린도전서 4장에 대해서는 Hays, 2005, 19-21을 보라.

다. 우리는 바울의 수정된 유대 신학의 전체적인 모습을 생각할 때, 그가 자기 앞의 창세기, 이사야서, 다니엘서와 마찬가지로, 이교 제국이 모든 사람이 원하는 "미래"를 마련해 주고 있다고 주장하는 세계 속에서, 창조주 하나님과 하나님의 백성과 하나님의 미래에 관한 이야기를 전하고 그 이야기 속에서 살고 있었다는 것에 놀라서는 안 된다. 따라서 우리는 본서의 마지막 부가 시작되는 다음 장에서 바울과 로마 제국의 세계 간의 충돌을 살펴볼 것이다.

이것은 우리가 우리 앞에 펼쳐져 있는 바울의 세계관과 신학을 가지고서, 이제 그가 당시의 좀 더 넓은 세계 내에서 어느 위치에 있었는지를 알아보는 것을 시작하기에 좋은 출발점이다. 인내심을 가지고 걸러내고 초점을 맞추다 보면, 우리는 지금까지 살펴보아 왔던 수많은 세부적인 내용들을 차단하고서, 이를테면 "바울은 진정으로 무엇을 하였는가"라는 질문을 집중적으로 살펴볼 수 있게 될 것이다. 날개를 치며 제멋대로 숲 주위를 맴돌던 새들의 무리가 이제 한 곳으로 모여든다. 우리는 오직 바울을 우리가 제1부에서 살펴본 다중적이고 서로 중복되는 세계들 내에 역사적으로나 문화적으로나 지적으로나 위치시킬 때에만, 그의 삶과 사역의 구심점 역할을 하였던 초점을 보게 될 것이다. (과거와 미래의) 메시야의 승리, 성령의 역사, 거기에 따른 새 창조에 관한 바울의 종말론적인 비전은, 제라드 맨리 홉킨스(Gerard Manley Hopkins)가 더할 나위 없이 훌륭하게 표현한 지점으로 그를 데려다 주었다:

> 이런 모든 것에도, 자연은 결코 소진되지 않는다.
> 사물의 깊은 곳에는 가장 소중한 신선함이 살고 있다.
> 캄캄한 서쪽으로 마지막 빛이 꺼질지라도,
> 오, 동쪽의 갈색 가장자리 위로 아침은 다시 솟아오른다.
> 이는 성령이 따뜻한 품과 빛나는 날개로
> 몹쓸 세상을 품어주시기 때문이다.[733]

성령은 맨 꼭대기에 앉아 있는 새이고, 다른 모든 것들은 거기로 집중되고 모여든다.

733) Hopkins, "God' s Grandeur."

集中

가운데로 모임

가운데 점에서의 모임.
사려 깊은 가운데로의 모임.
우리의 날아다니던 공상들이 수렴될 때,
변덕들이 집으로 들어오고,
산만하게 나풀거리던 깃털들,
제멋대로인 새들의 무리들이
수풀을 돌며 날개 치다가
이제 한 곳으로 모여든다 …

한 곳으로 모인 심령이
내려 앉아 둥지를 튼다. 영점을 맞춤.
사고의 밀집.

베네딕투스가 전에 명명한 스타치오(statio)
두 일 사이에 잠시 머물러 있음;
습관을 깨는 습관,
제정신으로 돌아가기 위한 행위,
흐릿한 모서리들로부터
우리 자신을 모으는 순간.
걸러내고 초점을 맞추기 위한 인내.
차단함. 크게 봄.

맨 꼭대기에 앉은 새.
집중되고 모여듦.
우리의 지극한 현존.

미홀 오 쉴(Micheal O'Siadhail)

제 4 부

역사 속에서의 바울

서론

본서의 제4부는 부분적으로는 나의 머리에서, 그리고 부분적으로는 개략적인 초고에서, 원래는 지금 제3부를 구성하고 있는 세 장의 각각의 마지막 절들로 구상되었다. 제3부의 세 장, 특히 제10장의 분량을 한 번 보면, 독자들은 내가 왜 그러한 원래의 구상을 취소하는 결정을 내렸는지를 알 것이기는 하지만, 이하의 서술에서 나의 원래의 의도를 기억하는 것이 도움이 될 것이다. 어쨌든 나의 취지는 바울 신학의 주된 강조점들, 즉 그의 수정된 유일신론, 선민론, 종말론이 그가 살았던 세 세계, 즉 유대인들, 헬라인들, 로마인들의 세계와 어떤 관련을 맺고 있는지를 탐구하고자 하는 것이었다. 나는 제1부에서 이 세 세계를 독자적인 관점에서 살펴보았고(내가 그랬기를 바란다), 앞에서는 바울의 세계관과 신학을 최선을 다해 살펴보았기 때문에, 이제는 바울을 이 복잡하고 다차원적인 지도 안에 두는, 근본적으로 역사적인 작업을 완성하기 위해서 이 세계들로 다시 돌아왔다. 또한, 나는 독자들이 이 복잡한 책 안에서 방향 감각을 유지할 수 있도록 도울 필요가 있다는 것을 감안해서, 여기에서는 제1부에서 우리가 살펴보았던 것과 정반대의 순서로 이 세계들을 서술하였다. 적어도 여기에서는 이 책은 의도적으로 교차대구법적 구조로 되어 있어서, 내가 서문의 첫머리에 제시한 도표에서 볼 수 있는 것처럼, 제4부의 여러 장들은 제1부의 여러 장들과 서로 대칭구조를 이룬다.

미홀 오 쉴(Micheal O' Siadhail)의 세 번째 시는 이 마지막 단원에서 무슨 일이 진행되고 있는지를 설명해 준다. 우리는 제2장에서 새들이 머리 위에서 맴돌고 있는 것을 보았는데, 이것은 이스라엘과 그 역사를 지켜보는 하나님의 임재를 상징하는 것이다. 그런 후에, 우리는 제3장에서는 아테네의 올빼미에 대해서, 제4장에서는 소크라테스가 아스클레피오스(Asclepius)에게 빚진 수탉에 대하여, 제5장에서는 로마의 독수리에 대하여 살펴보았었다. 철학과 종교와 제국은 바울이 이스라엘의 하나님과 그의 메시야의 사도로서 가서 복음을 전하도록 부르심을 받았다고 믿었던 헬라-로마 세계의 주된 주제들 중 세 가지였다. 다음으로, 제2부와 제3부에서 나는 바울이 예수를 세계 — 모든 피조물, 모든 공간과 시간과 물질 — 의 중심이라고 보았다는 것을 살펴보았었다. 일본 문자들인 집(集, "모임")과 중(中, "가운데")이 결합되어서 집중(集中, "한 곳으로 모임")이 되듯이, 나무 위에 있던 새들은 이제 함께 모여들어서 하나가 된다. 바울의 사고의 밀집성 -너무나 많은 주제들이 모여들어 한 지점에 수렴되고 둥지를 틀고 있다는 것 -은 연구의 주제로서의 그를 매력적인 것으로 만드는 것임과 동시에, 연구자들을 좌절하게 만드는 것이다. 나는 이러한 서로 다른 요소들을 이런 식으로 배치해서, 그것들이 바울 자신의 사고 및 (특히) 그의 실제의 삶과 사역 속에서 어떤 식으로 함께 결합되어 있는지를 보여줌으로써, 흐릿한 모서리들로부터 중심으로 다시 돌아와서, 바울이 주후 1세기의 역사 속의 인물로서 어느 지점에 속해 있었는지에 관한 예비적인 결론들에 도달할 수 있기를 소망한다.

우리는 오랫동안 바울이 역사적으로 "유대적인" 사상가인가 "헬라적인" 사상가인가 하는 잘못된 양자택일식의 질문에 사로잡혀 왔다. 이러한 흑백논리는 19세기의 헤겔적인 개신교의 관점이 지닌 역사 연구의 도구로서의 유용성을 지나치게 맹신한 결과였다. 그러한 관점에는 어쨌든 바울 시대의 유대교는 물론이고, 헬라 세계와 로마 세계가 아주 다양한 입장과 관점들을 지니고 있었다는 중요한 사실에 대한 고려가 결여되어 있었다. 나는 본서의 제4부가 앞으로 우리를 기다리고 있는 훨씬 더 복잡하고 흥미로운 새로운 탐구 작업이 어떤 것인지를 보여주는 지표로서의 역할을 할 수 있기를 소망한다.

그러나 본서는 단지 지표일 뿐이다. 왜냐하면, 우리는 500페이지 분량의 또 한 권의 책을 써서 우리의 결론을 제시하지 않는 이상, 여기에서 아주 많은 것들을 걸러내고 어떤 일부에 집중하며, 아주 많은 것들을 잘라내고 어떤 일부를 자세하게 설명하는 방식을 택하지 않을 수 없기 때문이다. 우리는 제2부와 제3부를 토대로 해서, 바울이 제국과 종교와 철학, 그리고 궁극적으로는 자신의 원래의 유대적 배경과 관련해서 어느 지점에 있는지를 훨씬 더 광범위하게 추적하는 것도 가능할 것이다. 그러나 그것은 어디까지나 하나의 가능성일 뿐이고, 본서에서는 바람직하지도 않고 현실적이지도 않다. 따라서 내가 여기에서 하고자 하는 것은, 몇몇 선별된 토론 상대들과의 짤막한 대화를 통해서 몇 가지 것들에 대하여 집중적인 제안들을 해서, 역사적인 것이든 철학적인 것이든, 신학적인 것이든 석의적인 것이든, 아니면 실용적인 것이든, 앞으로의 지속적인 연구를 위한 자극을 주는 것이다.

비유를 바꾸어 말해 보자면(독자들은 아마도 새들이 이제부터는 다른 곳으로 이주할 것임을 알고 안도할지도 모르겠지만), 여기에서 나의 목표는 상당히 다른 각도에서 사도를 비추는 네 개의 조명들(spotlights)을 설치하는 것이다. 조명들은 종종 왜곡되기도 하고, 종종 특이한 그림자들을 드리우기도 하며, 종종 대상과 관찰자를 눈부시게 만들기도 한다. 그러나 사람들이 지금까지 너무나 자주 그래 왔던 것과는 달리, 어느 한 각도에서 비추는 하나의 밝은 조명을 설치하는 것보다는 네 개의 조명을 설치하는 쪽이 더 낫다. 우리는 그 조명들을 제12, 13, 14, 15장에 설치해 놓았기 때문에, 마지막 장에 가서는, 사도로서 활동하는 바울의 모습을 좀 더 선명하게 볼 수 있게 되기를 소망한다.

제 1 2 장

사자와 독수리: 카이사르의 제국 속에서의 바울

1. 서론

바울은 당시에 한 걸음을 내디딜 때마다, 카이사르가 통치하는 땅을 걷고 있었다. 그가 서신을 쓸 때마다, 그 서신들은 카이사르의 영토 내에 살고 있던 사람들, 즉 카이사르에게 세금을 바치고, 카이사르들이 그들의 지역에 가져다준 평화와 번영을 누리게 된 자들은 정말 운 좋은 자들이라는 말을 관리들로부터 입에 침이 마르도록 들으며 살고 있던 사람들에게 보내졌다. 바울은 카이사르의 수도인 로마를 오래 전부터 방문하기를 원하였다고 스스로 밝혔고, 사도행전에 따르면, 군인들의 호송 아래에서 죄수로 로마에 당도하여, 카이사르에게 직접 재판을 받을 때까지 카이사르의 군인들의 감시를 받는 가운데 연금 상태에 있었다.[1] 카이사르는 바울에게 중요하지 않은(insignificant) 존재였는가? 거의 그렇지 않았을 것이다.

그렇다면, 그 "중요성"(significance)이라는 것은 단지 외적인 사소한 환경의 문제였는가, 아니면 내적인 의미의 문제였는가? 사람들은 대다수의 목회자들이 자동차를 타고 교회에 가고 교구민들을 방문하며 어떤 경우에는 성경과 신학에 관한 보충수업을 듣기도 한다는 점에서, 동력장치인 자동차 엔진과 아스팔트의 발명이 서구 세계에서 지난 세기 동안 기독교 사역에서 "중요한" 역할을 해 왔다고 주장할 수 있다. 그러나 일부 목회자들이 자신이 타는 자동차가 지구를 오염시키고 있고, 아스팔트가 깔린 시골 지역들이 다른 생물들의 서식 환경을 파괴하고 있으며, 예수의 복음은 자동차와 도로를 반대하는 운동을 벌일 것을 요구하고 있다고 믿게 되었다면, 그들에게 자동차 엔진과 아스팔트의 발명은 별로 "중요한" 것이 아니게 된다.

1) 롬 1:9-15; 행 25:11f.; 27:1—28:16.

그렇다면, 카이사르는 바울에게 있어서 어떤 종류의 "중요성"을 지니고 있었을까? 카이사르의 세계는 단지 바울이 두루 다니며 모든 사람들에게 예수를 전하는 것과 관련해서 당연시되고 전제된 배경에 불과한 것이었는가? 또는, 카이사르의 세계는 복음 메시지와 그것이 탄생시킨 공동체들, 바울이 그 공동체들 안에서 반복해서 가르쳤던 세계관 속에서 적어도 암묵적으로는 이차적인 "중요성"을 지니고 있었는가? 아니면, 또 다른 어떤 선택지들이 존재할 수 있는 것인가? 앞에서 언급하였듯이, 1990년대에 신약학에서 사람들이 잘 가지 않았던 해변을 휩쓸었던 카이사르 탐구의 거센 파도는, 학문적인 열정이 종종 그러하듯이, 정도가 지나쳐서 폐해를 가져다주었는데, 지금은 그러한 탐구가 지닌 의미를 정상적으로 음미해 볼 수 있는 때가 되었다.[2] 그것은 일시적이고 기형적인 변덕이었는가, 아니면 조류가 밀려들어오고 있음을 보여주는 증표였는가?

물론, 이것은 학자들이 바울의 복음과 카이사르의 세계 간의 가능한 관계에 접근할 때에 사용해 오던 방식이 아니다. 종교사적 탐구의 초창기에는, 사람들은 종종 바울이 예수를 가리키는 데 "신의 아들"이나 (때때로) "구원자"라는 호칭들을 사용하고 자신이 전하는 것을 "복음"이라고 부른 이유는, 그러한 용어들이 자신의 청중들에게 친숙한 범주들이었기 때문이고, 지중해 세계 전역, 특히 바울이 활동하였던 동부 속주들에 광범위하게 퍼져 있었던 여러 다양한 카이사르 제의들 때문이었다고 주장하였다. 그러한 견해에 의하면, 바울은 유대적인 범주들을 자신의 이교도 청중들과는 아무 상관이 없고 부적절한 것들로 여기고서 재빨리 포기하고서, 그들에게 예수를 이해시키기 위하여, 그들의 문화에 속한 주제들과 관념들을 빌려다 사용하였다고 한다. 어떤 사람들은 여전히 예수에 관한 바울의 언어와 카이사르에 관한 주후 1세기 로마의 언어 간의 의미 중복에 "중요성"을 부여하는 것은, 바울의 언어의 "유래"에 대하여 말하는 것과 같다고 여긴다. 그러나 내가 여러 곳에서 논증하였듯이, "유래"(derivation)와 "대결"(confrontation)이 지니는 의미는 완전히 다르다. 나는 바울이 예수와 그의 복음에 관하여 말한 것들이 카이사르나 대중 종교의 수많은 "신들"과 "주들"에 관한 대중적인 언어로부터 유래하였다고

2) *Perspectives*, chs. 12, 16, 27에 수록된 나의 이전의 논문들; 그리고 최근의 논의들 가운데서는 Barclay, 2011, chs. 18, 19을 보라. Barclay는 로마 제국은 바울에게 "별로 중요하지 않았다"고 주장하면서, 나의 저작을 정면으로 비판하기 때문에, 나는 여기에서 그를 나의 주된 대화상대로 삼고자 한다. *New Documents*(Llewelyn and Harrison, 2012, 특히 25-29, 55-86)의 가장 최근호는 이 분야 전체와 관련된 중요한 문헌들과 논의들을 담고 있다; 나는 이것을 내게 일깨워 준 Peter Rodgers에게 감사한다. 최근의 저작들 중에서는 Fantin, 2011은 나의 관점에 더 가깝고, Harrill, 2012는 Barclay의 관점에서 더 가깝다.

생각한 적이 한순간도 없다는 것이 본서의 이 단계에 이르러서 분명해질 것이다(이것에 대해서는 다음 장을 보라). "유래"에 대하여 말한다면, 바울의 근본적인 관념들은 그의 태생적인 유대 세계로부터 왔고, 십자가에 못 박혔다가 부활한 메시야와 성령 강림을 중심으로 철저하게 재고되고 수정되었다는 것은 분명하다. 그러나 그렇다고 할지라도, 그가 종종 대중적인 이교 문화에서 들을 수 있는 주장들과는 판이하게 다른 주장을 가지고서 카이사르의 세계와 대결하는 방식으로 의도적으로 자신의 언어와 표현들을 형성하였는지의 여부에 관한 문제는 여전히 활짝 열려 있다. (내가 사용하는 "대결"이라는 용어는 우호적인 접촉이라는 한 축과 단도직입적인 배척이라는 또 다른 축은 물론이고, 그 사이에 있는 모든 단계들을 다 포괄해서 표현하는 단어이다.)[3)]

바울과 로마 제국 간의 대결이라는 문제에 대해서는, 지금까지 대략 세 가지 서로 다른 종류의 대답이 있어 왔다. 첫째, 어떤 사람들은 바울이 실제로 로마 제국을 열렬히 지지하는 자였다고 주장해 왔다. 그들은 그 가장 분명한 증거가 되는 본문으로 로마서 13:1-7을 제시하고서, 거기에서 바울이 "모든 권세는 하나님께서 정하신 것"임을 분명하게 선언하고 있다는 것을 근거로 해서, 바울은 로마 제국이 그 훌륭한 통치와 새로운 도로들, 정의에 대한 합당한 관심 등등을 통해서 기본적으로 복음에 유리한 환경을 조성해 주었을 뿐만 아니라, 복음의 진보에 실제적인 도움을 준 것으로 보았다고 생각하는 것이 가능하다고 주장한다. 이러한 관점에서 보면, 그 자신이 로마 시민이었던 바울은 당시의 시민사회와 제국의 체제를 그대로 인정하고 대단히 만족스러워하였기 때문에, 단지 그것들을 적절하게 활용해서, 사람들에게 예수를 전하고, 믿는 자들에게 제자도를 따라 살아가도록 권면하는 사역 — 제국의 이데올로기와는 완전히 다른 사역 — 을 수행해 나가고자 하였다는 것이 된다.[4)]

이 견해와 정반대의 극에 서 있는 것은 최근에 리처드 호슬리(Richard Horsley) 등이 주창하여 인기를 얻은 견해인데, 그들은 바울의 기본적인 메시지는 "제국"의 오만함과 잔혹함을 주된 공격대상으로 삼은 사회적이고 정치적인 항변의 메시지

3) Wright, 1997 [*What St Paul*], ch. 5, 특히 79f.에서 이전에 내가 한 말을 보라.

4) 예를 들면, Blumenfeld, 2001을 보라: 바울은 로마가 세계에 가져다 준 통일을 축하하고, 그것을 보존하고 강화시키고자 한다. 이 견해는 Tertullian(예컨대, *Apol.* 30-2; 그는 *Ad Scap.* 2에서 로마 제국은 세계만큼이나 장구할 것이라고 말한다)의 접근방식을 적어도 어느 정도 반영한 것이다 — 물론, Tertullian은 로마 황제는 한 분 유일하신 하나님에게 확고하게 종속되어 있다는 것도 분명히 하지만(*Apol.* 33.3). 오늘날 이러한 견해는 Ramsay, n.d., 124-7, 130-41에 의해 표현되었다; Dodd, 1958 [1920], 44-50에도 상당히 제한적이기는 하지만 그러한 견해가 암시된다.

였다고 주장해 왔다. 호슬리는 종종 마치 실제로는 바울의 관심이 "신학" 자체에 있지 않았고, 로마의 통치를 전복시키고, 로마의 패권 주장에 도전하는 데 있었다는 듯이 말한다.[5] 이와 같은 입장을 주창하고 옹호하는 사람은 누구든지 로마서 13:1-7이 그들을 당혹스럽게 만드는 반대증거임을 발견하게 될 수밖에 없었기 때문에, 어떤 사람들은 그 본문을 바울이 로마서를 쓸 당시의 황제들을 심기를 건드리지 않기 위하여 임시방편적으로 쓴 것으로 여기기도 하였고, 또 어떤 사람들은 대담하게도 이 본문을 후대에 본문 속으로 첨가된 것이라고 주장하는 등을 포함하여, 그 밖의 다른 비슷한 전략들을 시도해 왔다.[6] 우리 중의 어떤 사람들은 호슬리의 입장을 조금 수정해서, 로마와 카이사르에 대한 암묵적인 비판을 바울의 "신학"과 대립시키는 대신에 도리어 그 안에 통합시키는 견해를 제시하여, 바울의 유대 세계 속에서는 (a) 창조주 하나님이 권세자들을 세웠다는 단언과 (b) 그 권세자들이 실제로 행하는 것들에 대한 날카로운 비판이 반드시 서로 양립할 수 없었던 것은 아니었다고 주장해 오기도 하였다. 그러나 우리 시대에서 벌어진 한편으로는 "신학"과 "정치" 간의 양극화, 다른 한편으로는 미리 포장되어 있는 "좌익"과 "우익"의 정치적 전제들 간의 양극화는, 그러한 중도적인 해법을 이해하는 것은 말할 것도 없고 듣는 것조차 어렵게 만들어 왔다.[7]

세 번째 대답은 바울에게 있어서 로마와 카이사르가 지니고 있었던 유일한 "중요성"은, 단도직입적으로 말해서, 자동차와 도로가 그것들을 사용하는 사람들에게 있어서 지니는 "중요성"과 같은 것이었다는 것이다. 이 견해에 의하면, 바울에게는 요리해야 할 더 큰 고기가 있었다는 것이다. 즉, 그는 실제로 사람들로 하여금 그들이 살아가는 세계 속에 있는 우상들로부터 떠나게 하는 데 관심을 갖고 있었지만, 그 차원에서 그가 싸우고 있던 싸움들은, 이런 문화에서 또 다른 문화로 계속해서 부침을 거듭하는 정치적인 현실들이 아니라, 초자연적이고 "영적인" 세력들과 관련된 싸움들이었다는 것이다. 당시의 문화를 주도한 것은 로마였지만, 어제는 바벨론, 헬라, 애굽, 수리아였고, 내일은 다른 어떤 제국일 것이다. 그러나 예수의 복음은 늘 동일한 것이었을 뿐만 아니라, 그 능력이 어마어마하고 만유 전체에 미치는 것이었기 때문에, 바울에게 있어서 이 세계의 고만고만한 왕들은 하

5) 예를 들면, Horsley and Silberman, 1997; Horsley, 2004a; 2004b; Elliott, 1994; 2008; Crossan and Reed, 2004; Kahl, 2010 등을 보라. 이러한 움직임은 포스트모더니즘적이고 탈식민주의적인 읽기들 속으로 스며들어 있다: cf. Stanley, 2011; Marchal, 2012 등.

6) Jewett, 2007, 780-803에 나오는 선택지들과 논의의 개요를 보라.

7) *Perspectives*, ch. 12, 예를 들어 188-200; Wright, 2002 [*Romans*], 716-23을 보라.

나님의 긴급한 일로 자동차를 타고 가는 사람에게 도로의 구성요소인 자갈들 정도의 의미만을 지니고 있었을 뿐이었다는 것이다.[8)]

나는 내가 위의 제2장과 제5장에서 제시한 것이 이 주제 전체를 좀 더 세밀하고 정확하게 볼 수 있는 안목을 열어줄 어떤 새로운 길을 제시해 주고 있다고 믿는다. 우리가 이 논의를 계속해 나가기 위해서는 특히 세 가지 요소를 반드시 진지하게 고려하지 않으면 안 된다.

1. 첫 번째는, 당시의 이스라엘은, 성경에 깊이 뿌리를 두고 있었던 것이기는 하지만, 그의 시대에서 여러 가지 새로운 표현들을 발견해서, 언젠가는 민족으로서의 그들이 세계의 열방들을 다스리게 될 것이라는 믿음을 고백하고 있었고, 바울은 우리가 위의 제2장에서 살펴보았던 그러한 풍부한 유대 전통을 명시적으로 활용하고 있다는 것이다.[9)] 이러한 믿음은 언제나는 아니지만 종종 장차 이스라엘 민족의 소명을 스스로 짊어지고 구현하게 될 왕의 도래에 초점이 맞추어져 있었다. 로마의 권력이 그 대부분의 속국들에게 도저히 도전할 수 없는 것으로 보였을 것임에 틀림없는 바울 시대에서조차도, 이스라엘의 이 오래된 믿음은, 결국에는 이스라엘 백성들이 마침내 오랫동안 "지속되어 온 포로생활"에서 벗어나서 자유를 얻게 될 것이고, 흩어졌던 지파들이 다시 모이게 될 것이라는 널리 퍼진 열망과 더불어서, 필로(Philo)와 마카베오1서 같은 여러 다양한 문헌들 속에 표현되었다.

우리는 이러한 유대 세계 내에서, 바울의 글들 속에서 통상적으로 감지되어 온 두 가지 흐름을 발견한다. 한편으로는, 적어도 예레미야에게까지 거슬러 올라가는 전통이 있는데, 그 전통에 의하면, 유대인들의 현재의 포로생활과 노예생활은 이스라엘이 계약을 깨뜨리고 우상 숭배를 자행하며 죄를 지은 결과이기 때문에, 현재의 이교도 통치자들은 이 상황을 그렇게 보지 않겠지만, 사실은 이스라엘의 하나님의 뜻을 행하고 있다는 것이었다.[10)] 따라서 이 상황에 대하여 하나님의 백성이 보여야 할 합당한 반응은, 오직 그들의 기본적인 원리들이 위태롭게 되는 경우에

8) 이제는 Bryan, 2005; Kim, 2008을 보라. Barclay, 2011, ch. 19의 입장은 좀 더 미묘한데("Why the Roman Empire Was Insignificant to Paul" 이라는 표제에도 불구하고), 아래에서 논의될 것이다(제12장 제4절). 황제 제의는 바울의 세계와 관련해서 종종 생각되어 온 것보다 덜 중요하였다는 주장(Miller, 2010)은 지지를 받을 수 없을 것으로 보인다(위의 제5장을 보라).

9) 민족을 구성하는 것이 무엇이냐에 관한 모더니즘적인 전제들로 인해서, "민족"이라는 단어 자체가 파악하기 어렵고 애매모호하다. 우리는 시편과 예언서들에서 한편으로는 "열방들," 다른 한편으로는 한 분 유일하신 하나님의 백성이라는 관점에서 말해지는 것들을 가리키기 위하여 발견학습적인 의도로 이 단어를 사용한다.

10) 예를 들면, cf. 사 45:1-13.

만 체제에 대항하고, 평소에는 이교도 통치자들 아래에서 선한 시민들로 살아가는 것이었다.[11] 이것이 다니엘서 1-6장의 입장이다: 다니엘과 그의 친구들은 왕을 위하여 일하는 고위 공직자들이었고, 그들에게서 찾아낼 수 있는 유일한 흠은, 그들이 계속해서 오로지 그들의 하나님에게만 충성을 바치고 있었다는 것이다.[12] 그들은 황제들에게 "하늘의 하나님"의 주권을 상기시키고 임박한 심판에 대하여 경고하였다. 그리고 그 심판은 실제로 나중에 일어났다.[13] 그러나 예레미야가 포로 된 이스라엘 사람들에게 이교도들의 도시가 잘 되기를 구하라고 강력하게 촉구하였던 것과 마찬가지로, 다니엘과 그의 친구들은 계속해서 "체제 내에서" 일하였다고 할 수 있다.

다른 한편으로는, 심판에 대한 경고들은, 또 다른 종류의 서사가 성취될 때까지는, 즉 이교 제국의 교만이 극에 달해서, 마침내 한 분 참된 하나님의 심판에 의해서 무너지고, 하나님의 백성이 마침내 포로생활에서 벗어나 자유를 얻을 뿐만 아니라, 오랫동안 약속되어 왔던 세계에 대한 통치권을 얻게 될 때까지는 계속해서 고조될 수 있는데, 이것은 바벨론에 정착해서 그 도시가 잘 되기를 구하라는 명령과는 판이하게 다른 메시지를 낳는다. 따라서 그러한 본문들은 여러 다양한 맥락 속에서, 그들에게 서둘러서 바벨론을 떠나서 그 도시에 사는 자들처럼 부정하게 되는 것을 피하라고 명령하기도 하고,[14] 최후의 세계 제국은 점점 더 목청을 높이고 괴물처럼 되어가다가 마침내 갑자기 무너지게 될 것이라고 말하기도 하며,[15] 예레미야서 50장과 51장에 나오는 무시무시한 긴 예언의 말씀 속에는 바벨론의 멸망에 관한 가차없고 준엄한 예언이 등장하고, 심지어 참 하나님이 이스라엘을 병기로 사용하여 나라들과 왕국들을 부수고 짓뭉갤 것이라는 예언도 등장한다.[16]

이러한 이중적인 측면을 보여주는 묘사가 동일한 책들(특히, 다니엘서)에서 함께 결합되어서 광범위하게 나오는 것은 결코 일관되지 못한 것이 아니다. 이 두 가지가 서로 뒤섞여 있는 것은, 선지자들이 이교 제국들은 선하기 때문에 거기에 무조건적으로 순복할 것이 요구된다고 생각했다가도, 그것이 아니라 그 제국들은 악

11) 렘 29:4-7. Cp. *Mt. Pol.* 거기에서 Polycarp은 한 번은 카이사르의 "혼령"(genius)을 걸고 맹세하기를 거부한 후에(9.3), "우리는 하나님이 세우신 왕들과 권세들을 … 공경하도록 가르침을 받아 왔다"(10.2)고 말하면서, 총독에게 신앙에 대해서 토론할 것을 제안한다.

12) 특히, cf. 단 6:5.

13) 예를 들면, 단 4:19-27; 5:17-28.

14) 사 48:20; 52:11; cf. 슥 2:6-13; 계 18:4.

15) 단 7:8, 11, 19-22.

16) 특히, 시 2:9; 110:5f.에 나오는 메시야의 역할을 반영하고 있는 렘 51:20-3을 참조하라.

하기 때문에 불굴의 저항이 요구된다고 생각하는 등, 그들 자신의 마음을 정하지 못하고 왔다 갔다 했기 때문이 아니다. 그렇게 생각하는 것은 오늘날의 정치적(그리고 정치신학적) 논의들 속에 만연되어 있는 것과 같은 종류의 아무런 열매도 맺을 수 없는 양자택일식의 사고일 뿐으로서, 마치 어떤 사람은 반드시 철두철미 제도교회의 일원이거나, 철두철미 재세례파의 일원이어야 한다는 사고방식이다(물론, 나는 제도교회가 사람들이 일반적으로 생각하는 것보다 더 복잡하고, 재세례파도 결코 단색이 아니라는 것을 알지만, 이 비유에서는 상투적인 인식이 도움이 될 것이다). 어쨌든, 권세자들에게 순복하라고 명령하는 한편, 철저하게 대항하라고 명령하기도 하는 성경의 이 두 가지 입장은, 사실 동일한 서사에 속해 있다: 1) 현재로서는 하나님은 이교도 통치자들에게 주권을 주었고, 이스라엘은 하나님에 대한 그들 자신의 궁극적인 충성을 해치지 않는 한, 자신들이 거주하는 도시가 잘 되기를 구하는 삶을 살아가야 한다; 2) 그러나 하나님이 악한 이교도들을 무너뜨리고, 이스라엘을 건져낼 뿐만 아니라, 그들을 중심으로 새로운 대안적인 세계 왕국을 세울 때가 올 것이다. 종말론이 전부이고, 핵심 질문은 "지금은 어느 때인가"이다. 위의 제7장에서 보았듯이, 일단 우리가 이 이야기를 이해하기만 하면, 겉보기에 서로 다르게 보였던 입장들이 제자리를 찾아가서 원래의 의미를 드러낸다.

이 이중적인 믿음에 대한 고전적인 표현은 대략 바울과 동시대에 나온 솔로몬의 지혜서에서 발견된다:

> 그러므로 왕들아, 듣고 깨달으라.
> 　땅 끝들의 사사들아, 배우라.
> 많은 무리들을 다스리고 많은 나라들을 자랑하는 너희여,
> 　귀를 기울이라.
> 너희의 통치권은 주께로부터 너희에게 주어진 것이고,
> 　너희의 주권은 지존자로부터 주어진 것인 까닭에,
> 　그가 너희의 행위들을 살피시고,
> 　너희의 계획들을 심사하실 것이다.
> 너희가 그의 나라의 종들로서
> 　하나님의 뜻을 따라 제대로 다스리거나
> 　율법을 지키거나 행하지 않았기 때문에,
> 그가 두렵고 신속하게 너희에게 임할 것이고,
> 　혹독한 심판이 높은 지위에 있는 자들에게 임할 것이다.[17]

17) Wis. 6.1-5. 이 책 전체는 10-19장에서 출애굽 서사를 다시 들려주는 것을 통해서 이 점을 설명한다.

우리가 이교 제국에 관한 바울의 비전, 아니 이교 제국과 관련된 하나님의 뜻에 관한 바울의 비전을 이해하고자 한다면, 바로 이 복잡한 유대적인 서사가 우리의 출발점이 되어야 한다.

2. 두 번째는, 우리는 위의 제5장에서 제시한 핵심, 즉 우리가 느슨하게 "황제 제의"라고 요약할 수 있는 복잡하고 다양한 현상이 바울이 활동하고 있던 지역들에서 현저하게 성장하였다는 것을 다시 한 번 강조해 두어야 한다는 것이다.[18] 바울은 고린도 교인들에게 "많은 신들과 많은 주들"(8:5)에 대하여 썼을 때, 그 도시의 광장 서쪽 끝에 최근에 세워진 황제 신전을 생각하지 않을 수 없었을 것이고, 또한 그들이 그것을 생각하지 않기를 기대하지도 않았을 것이다.[19] 또한, 데살로니가 교인들에게 그들이 "우상들로부터 하나님에게로 돌아와서 살아 계시고 참되신 하나님을 섬기며 그의 아들이 하늘로부터 오기를 기다리고 있다"는 것을 상기시켰을 때에도, 그는 수많은 이교의 신들을 염두에 두었을 것임은 의심할 여지가 없지만, 한편으로는 헤라클레스(Hercules)에 관한 신앙, 다른 한편으로는 알렉산더 대왕의 주장을 반영해서[20] 이제 로마 황제가 '디비 필리우스'(divi filius, "신의 아들")로 자처하고서 사람들에게 자기를 신의 아들로 섬기라고 강력하게 밀어부치고 있었던 현실도 무시할 수 없었을 것이다. 이것에 대해서는 우리가 곧 살펴볼 것이다. 헬라와 소아시아에서 로마 및 특히 그 제1시민을 섬겨 행한 제의들이 지역마다 아무리 서로 다르고 다양하였다고 할지라도, 그러한 제의들은 바울이 사역하기 직전의 수십 년 동안 폭발적으로 성장해서, 특히 그가 복음을 전하고 가르쳤던 도시들에서 계속해서 번성하였다. 우리는 이러한 맥락 속에서 한 세기 전에 아돌프 다이스만(Adolf Deissmann)이 한 저 유명한 말을 상기할 수 있을 것이다:

> 우리는 사도 바울과 그의 동료 신자들이 당시에 큰 도시들에서 사람들의 마음과 생각을 움직이고 있었던 것에 눈을 감고 아무런 영향도 받지 않은 채로 세계를 누비고 돌아다녔다고 생각해서는 안 된다. 나는 [그의 저서인 『고대 동방으로부터 온 빛』의] 이 면면들은 이미 신약성서가 제국 시대의 책이라는 것을 많은 예들을 통해서 이미 보여 주었다고 생각한다. 분명히 우리는 제국 시대 초기의 그리스도인들이 제국에 널리 퍼져 있었던 제도들과 관습들에 친숙하였다는 것을 당연한 것으로 받아들일 수 있다 … [그런 후

18) 이것은 Miller, 2010의 최소한의 읽기와 반대된다.

19) 이 본문이 지닌 반제국적인 의미에 대해서는 Fantin, 2011, 225-31을 보라.

20) 알렉산더는 원래 Hercules, 따라서 제우스의 먼 후손으로 자처하였지만, 주전 331년에 이르러서는, 일종의 이중의 계보를 통해서 제우스의 직계 아들로 자처하기 시작하였다(*OCD* 59에 수록된 Bosworth의 글).

> 에, 다이스만은 작고 난해한 논점들의 몇 가지 예들을 설명한 후에, 이렇게 결론을 맺는다] 당시 사람들이 그러한 피상적이고 세부적인 내용들을 알고 있었다고 한다면, 제국이 황제를 신격화해서, 사람들로 하여금 온갖 가장 고상하고 화려하며 휘황찬란한 용어들을 총동원한 제의를 통해 황제를 숭배하여, 유일신론적인 양심을 지닌 모든 사람들로 하여금 아주 강력하게 반발하지 않을 수 없게 만든 황제 제의를 몰랐을 리 만무하다! … 이렇게 해서 황제 제의와 그리스도 제의 간에는 병행관계가 존재해서 어떤 것이 옳으냐 하는 논쟁이 생겨나게 되었고, 기독교가 칠십인역과 복음서들에서 가져온 오래된 단어들이 우연히 황제 제의에서 공식적으로 사용되던 개념들과 동일하거나 비슷하였기 때문에, 그 지점에서 그러한 논쟁은 첨예하게 느껴지게 되었다.[21]

우리는 그의 이 마지막 판단은 조금 수정될 필요가 있다고 보지만, 어쨌든 그가 말하고 있는 것은 전체적으로 보아 의심할 여지가 없다.

3. 세 번째는 우리는 계몽주의 이후의 서구 사상의 일방통행식의 전제들이 지닌 독을 해독하기 위해서는, "정치적인" 말과 행위로 불릴 수 있는 것들은 아주 다양하다는 것을 유의할 필요가 있다는 것이다. 한편으로는 미국의 사회적이고 정치적이며 문화적인 삶의 양극화가 점차 증대하고 있고, 다른 한편으로는 영국 정치가 계층에 토대를 두고서 지속적이고 암묵적으로 양극화되어 가는 상황 속에서, 영어권 독자들은 쉽게 속아 넘어가서, 자기가 전적으로 이 당파를 "지지하고" 저 당파를 "반대하여야" 하며, 그러한 문제들에 대한 진지하게 생각하는 사람이라면 누구나 모든 쟁점들에서 자기가 지지하는 당파의 노선을 따라야 한다고 생각하게 된다. 그러나 탈식민주의적인 연구들이 반복해서 보여 주어 왔듯이, 속국민들에게는 모든 종류의 선택지들이 열려 있다. 그들은 자신들을 억압하고 있는 체제에 동조할 수 있고, 그렇게 하는 것이 실제로 그들과 그들의 가족들에게 상당한 이익들을 가져다주는 것을 발견할 수 있다. 문제들은 흔히 복합적이어서, 결코 언제나 양극화될 수 있는 것이 아니다. 그러나 이것은 속국민들이 외세의 지배가 여전히 이질적인 것이고 궁극적으로는 압제적이며 바람직하지 않다는 깊은 인식을 어느 정도 견지하고 있지 않다는 것을 의미하지는 않는다. 마찬가지로, 압제하는 체제에 대하여 격렬하게 저항하는 사람들도 그러한 저항을 어떤 식으로 표현하고 구현하느냐 하는 관점에서는 서로 나뉠 수 있다. "숨겨진 지문"(hidden transcripts)이라는 개념이 유행되고 있다. 즉, 사람은 실제로는 아무 말도 하지 않으면서 많은 것을 말할 수 있다는 것이다. 물론, 이 개념의 문제점은, 음모설들의 경우와 마찬가지

21) Deissmann, 1978 [1908], 340-2.

로, 어떤 것이 숨겨질수록 사람들은 그것의 존재를 더욱 믿기 시작하기 때문에, 역사가들이 증거의 부재를 실제로는 증거가 숨겨져 있을 뿐이고 실제로 존재하는 것으로 다루어야 하는 어설픈 상황에 처하게 된다는 것이다. 이 개념에 의하면, 어떤 본문이 전복적인 접근방식을 취하고 있음을 적어도 어느 정도 보여주는 증표들을 나타내고 있는 경우에는, 정치적인 상상력을 제멋대로 발휘하지 않고서도 적절한 주의를 기울이기만 한다면, 우리는 그 본문과 관련 있는 다른 본문들도 그런 접근방식을 취하고 있는 것으로 볼 수 있게 된다.[22]

따라서 우리 앞에 놓인 과제는, 위의 제2장에서 설명한 것과 같이 바리새파에 속한 유대인이라는 배경을 지닌 바울 같은 어떤 사람이 위의 제5장에 설명된 세계에 직면해 있다고 상정한 후에, 위의 제2부와 제3부에 제시된 그의 새로운 세계관과 신학에 비추어서 그런 그의 모습을 그려나가는 것이다. 그렇게 했을 때, 그것은 바울의 핵심 본문들을 새롭게 검토하기 위한 맥락이 되어 줄 것이고, 최근의 한 논쟁가와의 짤막한 토론을 위한 맥락이 되어 줄 것이다.

2. 바울의 세계관 및 신학과의 관련성 속에서의 로마 제국

그렇다면, "바울과 제국"이라는 질문을 염두에 두고서, 본서의 제2부와 제3부를 다시 생각해 보는 경우에, 우리는 무엇을 말해야 하는가? 제6장과 제10장으로부터 즉각적으로 가장 먼저 분명하게 떠오르는 것은, 바울에게 있어서 메시야 예수에 관한 복음은 특정한 공동체를 창출해내고 유지하는 것이었다는 것이다. 바울에게 있어서, "메시야 안에"(en Christō, '엔 크리스토') 있는 사람들은 '코이노니아'(koinōnia, "교제")라는 단어가 보여주는 상호적인 유대와 의무를 지닌 하나의 "백성"이자 "형제들과 자매들"로 이루어진 권속을 구성하는 사람들이었다. '크리스토스'(Christos, "메시야")와 '퀴리오스'(kyrios, "주")로서의 예수에 대한 그들의 충성, 그리고 이러한 "교제" 내에서의 서로에 대한 그들의 충성은, 그들의 일차적인 정체성이었다. 본질상 이 공동체가 모두 동일한 토대 위에서 거기에 참여한 유대인들과 비유대인들, 부자들과 가난한 자들, 노예와 자유민, 남자와 여자 등 온갖 부류의 사람들로 구성되었다는 것은 현대 세계에서나 고대 세계에서나 놀라운 일

22) "숨겨진 지문"에 대해서는 지금은 널리 알려져서 논의되고 있는 Scott, 1990의 획기적인 저작을 보라.

이었다. 당시의 세계에 보편적으로 적용되고 있었던 구분선들을 뛰어넘어 이루어진 이 주목할 만한 연합은 믿음 및 행실과 관련된 동일하게 주목할 만한 확고한 경계들을 고수한 것에 의해서 균형을 이루고 있었다. 그러한 경계들이 어느 지점에 있어야 하느냐를 놓고는 많은 질문들이 존재하였지만(고린도전서의 상당 부분은 그런 종류의 질문들을 다룬다), 그러한 경계들이 존재한다는 것에 대해서 의심하는 사람은 아무도 없었다. 이렇게 바울은 "메시야 안에" 있는 사람들은 하나의 구별된 권속이고, 그런 존재로 살아야 한다는 것을 세계관의 문제로 전제하였고, 자신의 자세한 신학을 통해서 밑받침하였다.

이것 자체가 이미 고대 세계의 대부분의 사회적이거나 문화적인 집단들, 특히 로마 제국 자체를 떠받치고 있던 전제들에 대한 도전이었다. 사회적 신분과 지위를 무시하고 이례적으로 연합하여 한 신과 하나의 대의와 하나의 이상에 충성하는 데 자신의 삶을 바치는 사람들의 집단들은, 이미 기존의 사회적 · 문화적 · 정치적 질서에 대한 위협으로 여겨졌다. 우리에게도 오늘날 그러한 사례들이 있다. 2001년 9월 11일 이후로, 많은 항공사들은 승객들이 객실의 한 지점에 모이는 것을 금지하는 방침을 도입하였다. 이것은 갑작스러운 테러 행위를 방지하기 위하여, 서너 명의 오랜 친구들이 비행기에서 오랜 시간 동안 각각 다른 자리에 앉아 있다가 조리실 옆에 함께 모여 술 한 잔 하는 것도 불가능하게 되었음을 의미하는 것이었다. 이러한 규제는 현실에서 운용될 때에 아무리 터무니없는 결과를 가져온다고 해도, 사람들은 그것을 당연한 듯이 받아들인다. 마찬가지로, 고대 세계의 많은 도시들에서는, 무리들이 닫힌 문 안쪽에서 함께 모일 때, 그것도 거기에 모이는 사람들이 사회의 동일한 계층에 속한 사람들이 아닌 경우에는 더욱더, 당국이 그 무리들을 의심의 눈초리로 바라보는 것은 당연시되었고, 사람들은 그들이 무엇을 하려고 하는지에 대하여 의구심을 가질 수밖에 없었다. 로마 제국 자체가 사람들을 하나로 연합시켜서, 민족적인 경계를 뛰어넘어(물론, 노예와 자유민, 남자와 여자의 경계를 뛰어넘고자 하지는 않았지만) 카이사르와 로마에 대하여 충성을 바치게 하고자 하고 있었다는 것을 감안하면, 초기 그리스도인들이 로마 제국과 각 지역의 관리들로부터만이 아니라, 이웃 주민들로부터도 의심과 적대감을 겪어야 하였다는 것은 전혀 이상한 일이 아니었다.

따라서 바울의 세계관의 중심적 상징이었던 하나로 연합되고 거룩한 공동체는 이미 고대 세계의 여러 지역사회들의 암묵적인 전제들, 그리고 좀더 특별하게는 로마 제국에 대한 도전이었다. 바울의 교회들은 여전히 소규모였기 때문에 — 우리는 신자들이 실제로 얼마나 되었는지에 대하여 실망스러울 정도로 거의 정보를 가지고 있지 않지만, 대체로 수만 명 또는 수십만 명이 거주하던 도시들에서 각 공동체의 신자들의 수는 기껏해야 수십 명을 넘지 않았을 것임이 거의 확실하다 — 그 영향력이 미미하였을 것이고, 따라서 그들에게 가해진 위협도 그리 크지 않았을 것이다.[23] 그러나 네로 황제가 통치하고 있던 주후 60년대로 추정되는 바울의 생애 말기에 이르러서는, 적어도 로마의 그리스도인들은 네로가 도시에 닥친 재앙에 대한 책임을 전가시켜서 희생양으로 삼을 수 있을 정도로 그 수가 불어났다. 물론, 다른 이유들도 거론되었겠지만(예컨대, 전통적인 신들을 섬기지 않는다는 것도 분명히 한 가지 이유였을 것이다), 그들이 전통적인 정체성에서 벗어나서 자신들만의 강력한 정체성을 지니고 있는 집단으로 알려져 있었다는 사실은, 그리스도인들은 바울이 말한 그런 정체성을 지니고 있다는 것만으로도 이미 처음부터 사람들의 심기를 불편하게 만들고, 그런 후에는 화나게 만들며, 그런 후에는 의심의 눈초리로 바라보게 만들 수밖에 없는 존재였다는 것을 의미하였다. 우리는 굳이 국가 제의들, 황제 숭배 등과 같은 것들을 거론하지 않고도, 바울이 예수를 따르는 자들의 세계관으로 전제한 것과 유대적인 선민론을 재정의해서 그들에게 가르친 것만으로도, 그와 그의 공동체는 로마 제국만이 아니라, 고대 세계에서 통상적으로 공적인 삶에 뿌리 깊이 박혀 있던 많은 전제들과 충돌하는 길을 걸을 수밖에 없었다고 보아야 한다.

바울의 세계관의 중심적인 상징과 관련된 사정이 이러하였다면, 그 중심적인 서사의 사정은 한층 더 심각하였으리라는 것은 두말할 필요가 없다. 위의 제7장에서 이미 보았듯이, 바울의 서사 세계, 즉 그가 지니고 있었을 뿐만 아니라 자신의 공

23) 고대 세계의 인구수에 대한 추정은 악명 높게 문제가 많다. 안디옥과 에베소 같은 도시들에는 10만에서 30만 사이, 로마에는 백만의 인구가 살았던 것으로 보는 것이 통상적으로 가장 개연성이 있는 것으로 여겨진다(이 숫자에는 따로 계수되었던 것으로 보이는 노예들은 제외되었다). Augustus가 죽을 때에 추정된 로마 제국 전체의 인구수는 5,400만 명 정도 되었는데(물론, 노예들을 제외하고), 당시의 세계는 비교적 안정되어 있었기 때문에, 적어도 한 세기 후에도 인구 변동은 별로 없었을 것이다. 교회와 관련해서는, 오순절에 3,000명이 회심하였다는 누가의 보도가 의심스럽다고 할지라도, 그 때부터 얼마 후에 신자 수는 5,000명이었고, 또한 계속해서 늘어났기 때문에(행 2:41; 4:4; cf. 5:14; 6:7; 9:35; 11:21; 13:48), 우리는, 바울이 죽을 때쯤에는 로마 제국 전체에 걸친 그리스도인들의 전체 숫자는 기껏해야 10,000명에서 20,000명 사이였을 것이고, 그 대부분은 팔레스타인과 수리아에 집중되어 있었으며, 에베소 같은 도시들에 있던 교회들은 개교회가 수십 명으로 이루어져 있었고, 로마에는 가정교회들이 여기저기 산재해 있었는데 그들의 총수는 백 명에서 이백 명 사이였을 것이다(이것은 로마서 16장에 반영되어 있다). *OCD* 1223에 수록된 M. H. Crawford의 글; Stark, 1996; 2006, 64-70을 보라. Jewett(2007, 61f.)은 이것에 반대하고, 바울은 로마에 있던 교회들을 단지 다섯 곳만을 언급하지만(롬 16장), 실제로는 "십여 곳의 모임"이 산재해 있었고, 주후 64년에 이르러서는 로마에는 수천 명에 이르는 그리스도인들이 있었을 것이라고 주장한다.

동체들로 하여금 그들의 것으로 받아들이기를 원하였던 서사는 전 세계적이고 우주적인 것이었다. 그것은 한 분 유일하신 창조주 하나님, 단일한 인류, 그리고 그 인류의 중심에 아브라함과 그의 권속이 있다고 말하는 서사였다. 이 본질적으로 유대적인 서사 — 이것 자체가 이미 인류에 관한 다른 비전들에 대한 도전이었다! — 는 세계의 열방들 및 제국들과 관련해서, 우리가 방금 전에 살펴본 양면적인 태도를 지니고 있었다. 한편으로는, 포로생활 가운데 있거나 디아스포라에 있던 유대인들은 세계의 통치자들이 한 분 창조주 하나님에 의해 그 자리에 세움을 받았다는 것과 그들이 행하는 일들에 대하여 그 하나님에게 책임을 져야 한다는 것을 받아들였다. 따라서 그 하나님에게 충성을 맹세한 사람들의 소명은 그들이 처한 곳의 사람들과 나라가 잘 되도록 하기 위하여 일하는 것이었다. 하지만 다른 한편으로는(이미 앞에서 보았듯이, 다음과 같은 두 가지가 서로 어떻게 조화되는지를 이해하기 위해서는 서사적 세계관이 필요하다), 그들은 그 하나님은 열방들에게 책임을 물을 것이기 때문에, 교만한 이교도 통치자들이 마침내 심판을 받고, 그 대신에 한 분 유일하신 하나님의 백성이 세계에 대한 통치권을 받게 될 때가 올 것이라고 믿었다. 바울이 기본적인 것으로 전제하였던 유대적인 이야기는, 이렇게 현재에 있어서 인내하고 공민으로서의 덕목을 지키라는 "명령"과 현재의 통치자들이 심판을 받고 하나님의 백성이 그 대신에 통치하게 될 판이하게 다른 미래에 대한 "소망"을 동시에 말하고 있었다.

그러나 바울이 그 이야기를 자신의 세계관의 핵심으로 전제하여 들려주었을 때, 그 이야기는 새로운 형태를 지니고 있었다. 전혀 예기치 않았던 새로운 어떤 일이 일어났던 것이다. 위의 제7장과 제8장에서 보았듯이, 세계관 수준에서 그는 메시야의 죽음과 부활을 통해서, 이스라엘이 오랫동안 기다려 왔던 새로운 현실이, 비록 그를 비롯한 유대인들이 예상하였던 모습으로 온 것은 아니었지만, 어쨌든 마침내 도래하였다고 믿었다. "지금은 어느 때인가"라는 질문에 대하여, 그는 오랫동안 기다려 왔던 종말이 도래하였다는 것을 세계관 수준에서 전제하였고, 신학의 수준에서 논증하였다(아래의 제11장). "죽은 자들의 부활"이 메시야 안에서 이미 일어났다. 바울에게 있어서 이것은 예수가 이미 세계의 참된 주로 즉위하였다는 것만을 의미할 수 있었다. 통상적으로 그리스도인의 삶에 관한 그의 비전의 특징으로 여겨져 온 "이제"와 "아직"의 긴장관계는 세계의 통치자로서의 예수에 관한 그의 비전과 관련해서 한층 더 중요성을 지닌다. 분명히 "아직"이 여전히 존재하였고, 바울은 매를 맞으며 고통을 견딜 때마다, 감옥에서 지낸 순간순간마다, 여전히 우상 숭배와 폭정, 악행과 사망으로 가득한 세계를 바라볼 때마다 그러한 사실을 실감할 수밖에 없었다. 그러나 그의 글들에서 마찬가지로 분명하게 드러나는 것은, 이전에 없었던 "이제"가 존재한다는 것이었다. 그는 고린도 교인들에게 "메시야가 '자신의 모든 원수들을 자기 발 아래에 둘 때까지' 계속해서 다스려야 한다"고 썼다. 달리 말하면, 시편 기자가 약속한 대로, 비록 그 통치가 여전히 최후의 승리를 남겨 놓고 있기는 하지만, 예수는 이미 세계를 다스리고 있다는 것이다.[24] 유대인들의 미래의 소망과 관련된 다른 모든 것들에 대해서도, 바울은 그것들이 이미 도래하였다는 것을 믿음과 동시에, 그것들이 장차 완성되리라는 것도 믿었다. 그는 부활에 대해서만 그렇게 믿은 것이 아니었고, 세계의 이교 제국들과 관련된 하나님의 뜻과 계획에 대해서도 똑같이 그렇게 믿었다. 그는 바리새파 유대인으로서, 열방들이 이미 한 분 유일하신 하나님의 기이한 섭리적 통치 아래 있다는 것(그래서 그리스도인들은 이교도들의 통치 아래에서 당분간 평화롭게 살아야 한다는 것)도 믿었고, 한 분 유일하신 하나님이 머지않아 전 세계적인 격변을 통해서 자기 백성으로 하여금 세계를 다스리게 하리라는 것도 믿었다. 이러한 믿음의 두 측면 간의 긴장관계는 대략적으로 힐렐 학파와 샴마이 학파를 나누는 구분선이었다. 즉, 힐렐 학파는 이교 제국의 통치 아래에서 평화롭게 살아가는 데 만족하는 가운데 자신들의 "할라카"(halakah)를 사적으로 실천하는 것으로 만족하였던 반면에, 샴마이 학파는 지금은 위대한 혁명의 때라고 확신하였다. 물론, 주후 135년 이후에는, 소망의 서사는 최종적인 죽음을 맞이한 것으로 보였기 때문에, 힐렐 학파가 선택한 노선만이 유일하게 실천가능한 것이 되었다.[25]

사도 바울은 이제 그 이야기를 다른 식으로 들려주었다. 그 위대한 혁명은 이스라엘의 메시야의 죽음과 부활 속에서 이미 일어났다는 것이다. 그러나 그렇다고 하더라도, 분명하게 현실이 된 "이제"만 존재하는 것이 아니라, "아직"도 존재하였기 때문에, 힐렐 학파의 입장이라고 부를 수 있는 것의 여러 요소들이 여전히 남아 있었다. 예수는 이미 세계의 참된 주였지만, "현재 존재하는 권세들"은 여전히 하나님이 정하신 것이었다. 우리가 조금 후에 살펴보게 될 고린도전서 15:20-28과 로마서 13:1-7 간의 긴장관계는, 이스라엘의 이야기가 메시야의 십자가 죽음과 부활을 통해 예기치 않은 정점에 도달하였기 때문에 필연적으로 생겨날 수밖에 없었던 종말론적인 긴장관계이다. 따라서 바울의 세계관에 관한 서사, 그리고 세계관 질문

24) 고린도전서 15:25은 시편 110:1을 인용한다. 확고하게 개시되었지만 완성을 기다리고 있는 통치라는 관념에 대해서는 특히 *JVG*, 467-72와 Wright, 2011a [*Simply Jesus*], ch. 9을 보라.

25) Hillel과 Shammai에 대해서는 위의 제2장을 보라. 주후 135년 이후의 상황에 대해서는 cf. *NTPG*, 199f.

들, 특히 "지금은 어느 때인가"라는 질문에 대한 대답들은, 이교 제국의 해묵은 도전들 및 거기에 대한 합당한 대응이라는 문제와 관련해서 그를 세계관 지도 위의 새로운 지점에 위치시켜 놓았다. 이 새로운 지점은 우리가 주후 135년 이후의 랍비들로부터 알고 있는 그 어떤 것과도 일치하지 않는 것이었다 — 그들은 하늘나라를 위한 투쟁 및 이교 세력의 전복에 대하여 말하는 연속된 서사라는 관념을 이미 사실상 포기한 상태였다. (그래도 굳이 바울의 관점과 비슷한 것을 찾아본다면, 한편으로는 쿰란 공동체, 다른 한편으로는 바르 코크바에 의해 제시된 개시된 종말론을 들 수 있겠지만, 그것들과 바울의 관점은 많은 점들에서 상당한 차이들이 있었다.) 또한, 바울이 새롭게 얻게 된 이 관점은 우리가 계몽주의 이후의 서구 세계에서 통상적으로 행해져 온 교회와 사회의 관계에 관한 논의들 속에서 알고 있는 그 어떤 것과도 일치하지 않는다 — 거기에서 좌파 그리스도인들은 자신들의 마르크스주의적인 과제들에 부합하는 바울을 호출해내는 데 열심이고, 우파 그리스도인들은 로마서 13장을 들먹이며 정부들이 그들 자신이 필요하다고 생각하는 일들은 무엇이든지(예를 들면, 사람들에게 폭탄들을 퍼붓는 것) 할 수 있도록 밀어주느라고 열을 올린다. 바울에게 있어서 개시된 종말론은 새로운 형태의 바리새파적인/유대적인 정치적 도전의 생성을 촉진시켰다. 그리고 그 종말론이 지닌 "아직"의 측면은 여전히 "세계의 통치자들 아래에서 평화롭게 살아야" 한다는 것을 보여주는 것이었지만, "이제"의 측면은 무엇인가 새로운 일이 일어났다는 것을 보여주는 것이었다. 메시야가 "일어나 열방들을 다스리고 있다." 그 일이 이미 일어났고, 바울은 그 사실을 알려서 현실로 만들기 위하여 존재하였다.[26] 이것은 정치적으로 전복적인 것일 수밖에 없다 – 비록 그 전복의 성격이 우리가 생각해 온 그 어떤 모델들과도 부합하지 않기는 하지만. 그러나 한 가지는 분명하다. 다니엘서 7장은 네 괴물이 차례로 등장할 것에 대하여 말하였었다. 거기에 등장하는 네 번째 괴물에 대해서, 주전 160년대에 살았던 사람들은 누구나 그 괴물은 수리아라고 말하였을 것이고, 주후 1세기에 살았던 사람들은 누구나 로마라고 말하였을 것이다. 바울처럼 유대적인 묵시 전통에 깊이 들어가 있던 사람들에게는, 로마는 "별로 중요하지 않다"고 생각하는 것은 불가능하였을 것이다.[27]

바울이 자신을 비롯한 그의 공동체들이 그 속에서 살아가고 있다고 믿었던 서사

26) 롬 15:12.

27) 데살로니가후서 2장과 관련된 "묵시론"과 "정치"에 대한 Barclay의 논평들은 아래의 제12장 제3절 2), 특히 각주 53을 보라.

가 로마 및 그 제국과 충돌한 두 번째 지점은 세계관과 신학이라는 차원이었다. 바울은 갓 태어난 교회가 이스라엘에 관한 기나긴 서사 내에서 살아가고 있다고 이해하였다. 이 서사는 수많은 재난들과 잘못된 탈선들을 겪으면서도, 하나님의 무수한(그리고 "묵시론적인"!) 새로운 은혜의 역사를 통해서 마침내 그 정점에 도달하여 결정적인 성취를 이루었는데, 사실 그것은 처음부터 예정된 것이었고, 그 과정에서의 수많은 좌절과 실패들에도 불구하고, 거듭거듭 약속되어 온 것이었다. 메시야가 즉위하기 위해서는 십자가에 못 박혔다가 죽은 자 가운데서 다시 살아나게 되는 일이 있어야 한다고 생각한 사람은 아무도 없었지만, 이스라엘의 기나긴 서사는 마침내 기다렸던 왕의 도래에 의해 장엄한 결말에 도달하였다. 그러나 위의 제5장에서 보았듯이, 바로 그 동일한 시기에 로마 세계는 묘하게도 이 기이할 뿐만 아니라 이제 기이하게 성취된 유대적인 서사와 상응하는 새로운 방식으로 자신의 역사를 이해하는 법을 배워가고 있었다. 호라티우스(Horace), 리비우스(Livy), 그리고 누구보다도 베르길리우스(Virgil)는, 아우구스투스의 등장을 로마 공화정의 기나긴 역사 속에서 예기치 않게 왕으로 와서 그 역사를 정점에 도달하게 하여, 평화와 정의와 번영의 새로운 세계 질서를 가져다준 것으로 칭송하였다.[28] 다니엘서 및 거기에 의거한 에스라4서 같은 저작들 속에서 이미 가시화된 서사들의 충돌은 주후 60년대 말과 130년대 초에는 현실에서의 전면적인 충돌로 발전되었다. 그러나 그것은 바울의 글들 속에서는 또 다른 방향으로, 즉 그 결정적인 싸움이 이미 일어났고 승리를 거둔 것으로 보는 신학적인 설명으로 발전되기도 하였다.[29] 세계 통치에 관한 두 개의 병행되는 종말론적인 서사들이 궁극적으로는 공존할 수 없는 것은 자연스러운 일이었다. 로마의 역사가 참된 이야기로 우뚝 서고, 기독교 신앙은 로마의 깃발 아래로 피하여 "허용된 종교"로 존재하는 것에 만족하거나, 십자가에 못 박혔다가 다시 살아난 메시야에게서 정점에 도달한 이스라엘의 역사가 참된 이야기가 되고, 로마의 역사는 하나님의 전체적인 섭리 아래에서 기껏해야 진리에 대한 왜곡된 패러디로 남을 수밖에 없는 것, 이 둘 중의 하나만이 가능할 수 있었다. 느부갓네살이 정말 어렵사리 깨달았듯이, 인간의 왕국들은 하늘의 하나님의 선물이지만, 통치자들이 자신들에게 위임된 권세를 악용해서 자신을 높이고 과시하며 교만하게 행할 때에는, 하늘의 하나님에 의한 심판을 받게 될 것이었다. 바울은 십자가에 못 박힌 메시야에게서 그 충격적인 정점에 도달한 창

28) 위의 제3장 제2절 4) 5)를 보라.
29) 고전 2:8; 골 2:15; 아래를 보라.

조주 하나님과 그의 선민에 관한 기나긴 이야기를 들려주고 다시 들려주면서, 적어도 베르길리우스가 말한 서사가 교과서가 되어 버린 세계 속에서, 로마가 세계를 향해서 강력한 대안적인 서사를 제시하고 있다는 것을 모를 리가 없었다. 바울이 믿은 것을 믿게 된 사람들에게는, 로마는 결코 그들의 사역을 위한 별로 중요하지 않은 배경, 곧 일종의 사회문화적 벽지 정도에 불과한 것일 수 없었다. 로마는 전 세계를 통치하게 된 '디비 필리우스'(divi filius, "신의 아들")를 배출하여 온 세계에 평화의 정의를 가져다 준 신이 세운 도시와 나라와 문화에 관한 강력하고 기나긴 이야기를 제시하였고, 바울은 하나님이 세운 선민이 수많은 실패들과 비극들에도 불구하고 결국에는 '테우 휘오스'(theou hyios, "하나님의 아들")를 출현시켜서 온 세계에 평화와 정의를 가져오고 전 세계에 대한 통치권을 주장하게 된 기나긴 이야기, 곧 로마의 서사를 연상시키는 이야기를 들려주었다. 로마가 결국에는 왕이 갑자기 출현하여 온 세계를 변화시킴으로써 대단원의 막이 내려진 기나긴 이야기를 하게 되었을 때, 거기에 대항할 수 있는 유일한 경쟁자는 이스라엘과 그 메시야에 관한 바울의 이야기뿐이었다. 마찬가지로, 로마서 7장에 언급된 네 번째 괴물이 로마라고 보았을 때, 이스라엘의 서사에 맞설 수 있는 유일한 경쟁자는 제국의 서사인 것으로 보였을 것이다. 어느 쪽으로나, 로마는 바울에게 중요하지 않은 존재일 수 없었다. 로마는 바울의 복음에 관한 서사와 너무나 흡사한 일련의 병행들을 제시하고 있었기 때문에, 단지 유대적인 관점에서 보아서 항상 이교 제국들을 통해서 역사해 온 흑암의 세력이 현재 사용하고 있는 도구에 지나지 않는 여러 제국들 중의 하나 — 마침 그 시기에 등장한 한 평범한 제국 — 이었던 것이 아니었고, 예수에 관한 메시지와 그를 따르는 자들의 공동체를 아주 비슷하게 패러디한 존재로 보일 수밖에 없었다.

물론, 예수에게와 마찬가지로 바울에게도, 제국 및 "세계 통치"라는 개념은 십자가에 의해서 해체되고, 부활을 통해 판이하게 다른 형태로 다시 만들어졌다. 이제 예수는 세계의 참된 주권자이자 왕으로 받아들여지는 것이 마땅하였다 — 비록 그 주권의 성격이 사랑의 주권이라는 것이 드러나긴 했지만. 또한, 이것은 바르코크바의 개시된 종말론에서 "이제"의 요소였고 쿰란 공동체에서는 임박한 미래에 있을 일로 여겨졌던 거룩한 전쟁이, 바울에게 있어서는 그가 에베소서 6장에서 설명한 "싸움"으로 대체되었다는 것을 의미하는 것이기도 하였다. 이것에 대해서도, 우리는 그 결과로 생겨나게 된 새로운 종류의 역설들과 더불어서, 곧 다시 좀 더 자세하게 살펴보지 않으면 안 된다.[30)]

따라서 바울이 현실을 바라볼 때에 그 근저에 존재하였던 세계관, 그 중심적인 상징이었던 "메시야 안에서"(en Christō) 갱신된 하나님의 백성, 이스라엘과 메시야를 중심으로 형성된 그 중심적인 서사, 그 서사에서 결정적으로 중요하였던 개시된 종말론이, 로마의 저술가들과 건축가들과 세리들과 군대 지휘관들에 의해 표현된 제국의 세계관과 갈등을 빚고 충돌하게 된 것은 불가피한 일이었다. 이 둘 중 어느 쪽도 자신의 주장들을 제한함으로써 상대편 세계관이나 서사가 자유롭게 운신할 수 있는 여지를 주지 않았기 때문에, 조만간 서로 정면으로 대결하고 충돌할 수밖에 없었는데, 클라우디우스(Claudius) 황제가 유대인들을 로마에서 추방한 기이한 사건은 적어도 그 전조였다고 할 수 있다.[31] 그러나 바울의 신학 중에는 우리가 아직 고찰하지 않은 한 가지 요소가 남아 있다. 적어도 자신의 평가에 의하면, 바울은 유대적인 유일신론자였다. 우리가 위의 제9장에서 살펴본 한 분 유일하신 하나님에 대한 바울의 주목할 만한 정도로 성숙한 초기의 삼위일체적 이해는 그 자체로 제국의 새로운 황제 제의들의 주장들과 충돌할 수밖에 없었다. 많은 "신들"과 많은 "주들"이 있지만, "우리에게는" — 여기에서 "우리"는 이교 세계 및 예수를 메시야로 받아들이지 않은 유대 세계와 구별되는 교회의 표지로서 엄청나게 중요한 의미를 지닌다 — "한 분 아버지 하나님과 한 주 메시야 예수"가 있다고 썼다. 앞에서 보았듯이, 이것은 유대인들의 신앙고백의 중심적인 기도였던 셰마(Shema)를 의도적으로 수정해서 다시 쓴 것으로서, 예수를 유일신론의 중심에 놓음으로써 한 분 유일하신 하나님을 기절초풍할 정도로 기독론적으로 재정의한 것일 뿐만 아니라, 고린도 교인들의 충성을 요구하던 다른 모든 "신들"과 "주들"을 밀어내고자 하는 분명한 의도를 지닌 것이었다. 로마의 도시라는 것을 자랑스러워하고 새롭게 황제 신전들을 지어 자신들의 충성을 과시하며 갖가지 시합들과 축제들을 통해서 로마와 카이사르를 송축하고 있었던 고린도에서, 로마는 결코 중요하지 않은 존재일 수 없었을 것이다. 물론, 그 밖에도 다른 많은 "신들"과 "주들"이 있었다. 그러나 고린도 교인들은 그 누구도 바울이 말하고자 하는 핵심을 놓치지 않았을 것이다. 즉, 한 하나님과 한 주를 따르는 자들은 신이나 주라고 자처하는 다른 모든 존재들을 가짜로 여겨야 한다는 것이었다. 역사적으로 말해서, 그러한 것들 속에는 로마와 카이사르가 포함되었을 것임에 틀림없지만, 바울에게 있어서, 로마와 카이사르는 단지 많은 신들이 안치된 만신전에 추가된 중요하지 않은 존재

30) 사람들은 마치 바울이 실제로 일종의 근본적으로 평등한 무정부주의를 옹호했어야 한다는 듯이, 보편적인 통치라는 관념 자체에 대하여 반감을 보인다(예컨대, Marchal, 2012). 그러한 견해를 취하는 것은 물론 자유이지만, 그러한 견해를 바울의 본문들 속에서 발견하는 것은 불가능하다.

31) Suet. *Claud.* 25.4에 대해서는 cf. *NTPG*, 354f.

였던 것도 아니었고, 현재 진정으로 제국의 권력을 쥐고 있는 정말 중요한 존재인 흑암의 세력에 의해서 잠시 도구로 사용되고 있는 꼭두각시에 불과한 존재도 아니었고, 실제로 바울의 암묵적인 변론의 중심적인 공격대상이었다.[32)]

따라서 나는 제2성전 시대의 유대적인 세계관을 메시야를 중심으로 재정의한 바울 자신의 세계관과 신학의 내적 논리로 인해서, 그는 암묵적이든 명시적이든 로마 제국의 주장들과 서사와 정책들과 갈등과 충돌을 빚을 수밖에 없었다고 본다. 하지만 이 모든 것을 바울의 독특한(그리고 다시 한 번 말하지만, 메시야적인) 종말론 및 거기에 내포된 지극히 중요한 "이제/아직"의 균형이라는 틀 내에서 보는 것은 여전히 아주 중요하다. 단지 바울이 일반적인 의미에서의 "제국," 또는 구체적으로 로마 제국에 대하여 "우호적이었는가 적대적이었는가"라고 묻는 것은 의미가 없다. 다른 유대인들과 마찬가지로, 그는 한 분 유일하신 하나님이 인간의 권세들을 세웠고, 사람들로 하여금 그 권세들에 복종하도록 하였다고 믿었다. 또한, 다른 유대인들과 마찬가지로, 그는 한 분 유일하신 하나님이 그러한 권세들에게 책임을 묻고 심판할 것이라고 믿었다. 하지만 다른 대부분의 유대인들과는 달리,[33)] 그는 그러한 심판이 이미 일어났고, 이스라엘의 메시야는 이미 세계의 참된 통치자로 즉위하였다고 믿었다. 따라서 그는 자신의 사고의 다른 분야들에서와 마찬가지로, 지도에 없는 새로운 땅, 우리의 세계에서와 마찬가지로 그의 세계에서도 오해를 받기 쉬운 땅에 갑작스럽게 내던져졌다. 나는 바울이 제국에 대항하는 색채가 짙은 신학을 표현하기는 하였지만, 그것은 그가 강경파 바리새인으로서 이전에 친숙하였던 그런 유형의 신학은 아니었다고 믿는다. 또한, 나는 그가 하나님이 여전히 연약하고 잘못을 저지를 수밖에 없는 사람들을 통치자들로 세웠다는 유일신론적인 색채가 짙은 믿음을 표현하기는 하였지만, 그것은 포로생활을 하는 유대인들에게 바벨론이 잘 되기를 구하라고 말하였던 예레미야와 동일한 견해를 표명한 것은 아니었다고 믿는다. 정치와 제국에 관한 그의 이전의 유대적인 믿음에 내포되어 있었던 두 측면은 그에 의해서 메시야를 중심으로 철저하게 재고되고 수정되었다.

이 시점까지 나는 논증을 개략적으로 제시하는 전략을 사용하는 것으로 만족하는 가운데, 바울이 믿었던 것과 로마가 주장하였던 것을 감안하였을 때, 이 둘은 필연적으로 갈등을 빚고 충돌할 수밖에 없었다고 말할 수 있는 개연성이 너무나 충분하다는 것을 제시해 왔다. 그러나 역사는 단지 "~했을 것임에 틀림없다"는 말

32) "주로서의 예수" 대 "주로서의 카이사르"라는 잘 알려진 문제에 대해서는 이제는 Fantin, 2011을 보라.

33) 단명하였던 바르 코크바의 반란은 여기에서 예외라고 할 수 있을 것이다.

로 때울 수 있는 그런 성질의 것이 아니다. 지금까지 내가 말해 온 것은 바울이 실제로 말하고 있는 것들을 제대로 들을 수 있는 우리의 귀를 만들기 위해서 꼭 필요한 것이었을 뿐이다. 이러한 울림들을 들을 수 있는 방들을 마련해 놓지 않는다면, 우리는 바울이 말하는 핵심을 놓쳐 버리기 쉽다. 이제 역사적으로 제대로 구축된 공명실이 준비되었기 때문에, 우리는 본문들 자체로 나아갈 수 있게 되었다.

3. 예수는 주이시다, 그러므로 …

1) "통치자들"은 누구이고, 그들에게 무슨 일이 일어났는가?

나는 앞에서 통치자들이 이미 심판을 받았다고 말한 바 있다. 그들은 부족함이 보여서 심판을 받았고, 많은 사람들 앞에서 웃음거리가 되었다:

> [하나님께서는] 율법 조문들을 통해서 우리를 거스르고 대적해 온 증서를 지워 버리셨다. 그는 그것을 십자가에 못 박으셔서 제거하셨다. 그는 통치자들과 권세들을 무장해제시키고, 많은 사람들 앞에서 구경거리가 되어 멸시를 받게 하셔서, 십자가 안에서 그들에 대한 승리를 축하하셨다.[34]

이것은 물론 바울이 감옥에서 쓴 편지의 일부이다. 바울은 과도하게 실현된 종말론에 빠져서, 통치자들과 권세들이 실제로 무력화되었다고 생각할 위험이 없었다. 왜냐하면, 그는 여전히 쇠사슬에 묶여 있는 자였기 때문이다(4:3). 그럼에도 불구하고, 위의 두 번째 문장(15절)에 나오는 주목할 만한 진술은 새로운 세계가 이미 도래하였기 때문에, 옛 세계는 신자들과 아무런 상관이 없는 것으로 여겨야 한다는 좀 더 큰 담론의 틀 내에 위치해 있다. 바울은 인간의 전통들과 "세계의 원소들"이 너희를 사로잡아 포로로 삼고자 하지만, 메시야는 "모든 통치자들과 권세들의 머리"이기 때문에, 너희는 메시야 안에 있기만 하다면 이미 그 안에서 충만해져 있는 것이라고 선언한다(2:10). 메시야의 죽음과 부활, 그리고 너희가 세례를 통해서 그러한 사건들과 합체되었다는 것은 구체적으로 유대 율법의 계명들이나 고소들이 너희를 더 이상 주장할 수 없다는 것을 의미한다(2:13, 16-19, 20-23). 이러한 경고들은 모종의 유대적인 생활방식으로 유혹될 위험성을 겨냥한 것으로 보이기

34) 골 2:14-15.

는 하지만, 그 근저에서는 1장에 설명된 만유에 관한 비전에 뿌리를 둔 것이다. 십자가에 못 박힌 것은 단지 유대 율법의 조문들만이 아니었다. 통치자들과 권세들, 능력들은 예수를 십자가에 못 박음으로써 자신들을 괴롭히고 성가시게 하는 존재를 제거하였다고 생각하였지만, 사실 그것은 그들 자신의 사형집행서에 서명한 것이었다:

> 하지만 우리는 온전한 자들 중에서는 지혜를 말한다. 이것은 이 현세의 지혜도 아니고, 사라져 가고 있는 이 현세의 통치자들의 지혜도 아니다. 우리는 신비 가운데 감춰져 있는 하나님의 지혜를 말한다. 이것은 하나님이 우리의 영광을 위하여 창세 전에 미리 준비하신 지혜이다.
>
> 이 현세의 통치자들 중에서는 아무도 이 지혜를 알지 못하였다. 만일 그들이 알았더라면, 영광의 주를 십자가에 못 박지 아니하였을 것이다.[35]

이 본문은 바울이 "능력들"이나 "통치자들"에 대하여 말할 때, 그것이 단지 이른바 "영적인" 세력들을 가리키는 것이라고 생각하는 것을 불가능하게 만든다. 우리는 이것과 관련해서 흔히 간과되어 온 한 작은 어구로부터도 동일한 결론을 도출해낼 수 있다: 바울이 "하늘에서든 땅에서든 신들이라 불리는 자들"이 있다고 경멸적으로 말할 때, 그의 시대에서 "땅에서"라는 어구는 오직 카이사르들만을 가리킬 수 있다.[36] 바울은 한편으로는 올림포스의 신들을 염두에 두고서, 그 신들은 허구일 뿐이라고 말하고 있는 것이고, 다른 한편으로는 카이사르를 염두에 두고서, 자기가 신이라는 그의 신학적인 주장은 거짓이라고 말하고 있는 것이다. (카이사르의 정치적 주장들은 그의 군단들만큼이나 강력한 것이었다.) 이 점에서, 극히 평범한 인간이 신이라는 호칭 속에 자신을 숨기는 것은 기분나쁜 작은 귀신들이 허구적인 이교의 화려한 만신전 뒤에 자신을 숨기는 것과 비슷하다.[37] 이 자리는 인간의 "권세"와 초자연적인 세력의 "권세" 간의 상호작용과 관련된 복잡한 논쟁을 할 곳이 아니기 때문에, 우리가 말해 두고자 하는 것은 바울은 당시의 세계에서 살아가던 많은 사람들과 마찬가지로 우리와는 달리 이 두 권세를 명확하고 절대적으로 구별하고자 하지 않았으리라는 것이다. 그는 공식적인 이교의 "신들" 배후에서와 내부에서 '다이모니아' (daimonia, "귀신들")가 역사하고 있다고 본 것과 마찬가지로,[38] 표면상으로 권력을 휘두르는 실제 인간들의 배후와 내부에도 눈에 보이

35) 고전 2:6-8.
36) 고전 8:5.
37) 고전 10:20f.

지 않는 세력이 존재하여 역사하고 있다고 보았다.[39] 그가 전체적으로 크게 보여주는 풍경들 중에서 다음 세 가지는 그가 그 모든 것들을 하나로 묶어 인식하고 있음을 보여준다:

> 나는 사망이나 생명이나, 천사들이나 통치자들이나, 현재 일이나 장래 일이나, 능력들이나, 높음이나 깊음이나, 그 밖의 다른 그 어떤 피조물이라도 우리를 우리 주 왕 예수 안에 있는 하나님의 사랑에서 끊을 수 없으리라는 것을 확신한다.[40]

이것은 하나님이 메시야 안에서 역사하여 죽은 자들 가운데서 다시 살리시고 하늘에서 자기의 오른편에 앉히셔서 모든 통치와 권세와 능력과 주권과, 현세와 내세에서 일컬어지는 모든 이름 위에 뛰어나게 하셨을 때의 그 능력이었다. 하나님은 "만물을 그의 발 아래에 두셨고," 그를 만물 위에 교회의 머리로 삼으셨다.[41]

> 그는 보이지 아니하는 하나님의 형상이시고,
> 모든 피조물 중에서 가장 먼저 나신 이시다.
> 하늘에 있거나 여기 땅에 있는 모든 것이
> 그 안에서 창조되었다.
> 보이는 것들과 보이지 않는 것들
> ―보좌들과 주권들과 통치자들과 능력들―이
> 모두 다 그로 말미암아 그리고 그를 위하여 창조되었다.[42]

이 본문이 말해 주는 것들 중에서 두 가지가 우리의 현재의 논의와 관련이 있다. 첫 번째는 "통치자들"의 정체성에 관한 것이다. 여기에 언급된 "통치자들" 속에는 보좌에 앉아서 "신"으로 자처하고 있는 카이사르로부터 지방의 가장 하급의 관리에 이르기까지 모든 인간의 권세자들이 포함된다. 그러나 그들을 훨씬 더 큰 범주인 "능력들"에 포함시킴으로써, 그러한 모든 통치자들은 상대화된다. "일컬어지는 모든 이름." 바울 시대에 동방의 소아시아에서 특별히 일컬어졌던 하나의 이름이 있었고, 그와 그의 독자들은 그 이름을 알고 있었다. 물론, 바울은 암묵적으로 카이

38) 고린도전서 10:20에서처럼.

39) 나는 Barclay, 2011, 384f.에 의해 제시된 세심한 분석을 그 정도까지 동의한다; 아래를 보라. 이 주제 전체에 관한 주된 저작으로는 Wink, 1984가 있다.

40) 롬 8:38f.

41) 엡 1:20-22.

42) 골 1:15f.

사르를 다른 유형의 통치자들과 능력들의 긴 목록 내에 위치시킴으로써, 의도적으로 그를 강등시키고 그의 위상을 낮추고 있다. 카이사르는 많은 통치자들과 능력들 중의 한 사람일 뿐이다. 이것은 그 자체가 하나의 논증을 전개해 나간 것이었다. 한 명의 절대군주가 다른 모든 능력들을 자기에게로 끌어 모으기에 혈안이 되어 있고, 자신의 조각상들과 주화들을 만들어 자신을 제우스나 포세이돈, 또는 올림포스의 다른 고상한 신의 모습으로 치장하던 세계 속에서, 카이사르는 많은 통치자들과 능력들 중의 한 사람일 뿐이라고 암묵적으로 말한 것은 그 자체가 이미 계산된 모욕이었다. 이것은 로마서 13:1-7의 경우와 매우 흡사한 것으로서, 이 본문이 흔히 읽혀져 온 방식에 비추어 볼 때에 아이러니컬하다. 카이사르가 신으로 숭배받고 있던 시절에, "하나님으로부터 오지 않은 권세는 존재하지 않고, 모든 존재하는 권세는 하나님이 정하신 것이다"라고 말하는 것은 카이사르의 주장을 정면으로 부정하고 반박하는 것이었다.[43] 창조주는 자신의 권세를 세계 속에 반영하도록 하기 위하여 인간을 자기 형상을 따라 지었기 때문에, 인간 권세자들을 세우고서, 그들로 하여금 오직 그의 명령을 따라서만 권세 있는 직임을 맡게 하고, 그의 검열을 받게 하고자 하였다. 여기까지는 우리가 이미 앞에서 보았던 유대인들의 고전적인 입장이다.

하지만 두 번째로, 우리는 바울이 가장 큰 권세를 지닌 인간들을 포함한 그러한 권세자들에 관하여 무엇이라고 말하고 있는지를 유의하여야 한다. 그들은 이제 그들이 알든 모르든 그들을 세우고 판단하는 한 분 유일하신 하나님의 권세 아래 있을 뿐만 아니라, 메시야의 통치 아래 있다. 시편 2편과 110편을 비롯해서 다른 많은 유대적인 본문들에 약속되었던 일이 이미 일어난 것이다. 모든 것이 이미 "그의 발 아래에 두어져" 있다. 골로새서에서 말한 것처럼 그로 말미암아 그를 위하여 창조된 것들이, 에베소서에서 말한 것처럼 그의 발 아래에 굴복되었다. 우리가 그런 일이 어떻게 일어난 것이냐고 묻는다면, 골로새서는 통치자들과 권세자들이 그들의 교만함으로 인하여 무장해제 되어 많은 사람들 앞에서 공공연하게 부끄러움을 당하게 된 계기로 십자가를 부각시키고, 에베소서는 예수가 만물을 자기에게 굴복시킨 유일한 인간으로 세움 받게 된 수단으로 부활과 승천을 부각시킨다. 우리가 그런 일이 왜 필요하였는지를 묻는다면, 골로새서는 원래의 피조세계가 선하였음을 감안할 때, 모든 권세자들을 포함한 "능력들"은 하나님과 "화해하여야" 했거나

43) 롬 13:1. 우리는 주목할 만한 요한복음 19:11과 비교해볼 수 있을 것이다. Tert. *Apol.* 30-33에 나오는 약간 다른 서술을 보라.

(1:20), 메시야의 승리 안에서 패배를 당하여야 했던 것이라고(2:15) 말한다. 바울은 거기에 대하여 직접적인 대답을 주고 있지 않지만, 피조된 능력들이 창조주에 맞서 반역하고서는, 원래 그들에게 주어졌던 힘들을 창조주의 뜻을 거슬러 제멋대로 휘둘러 왔다는 것을 분명하게 믿고 있다. 이것이 그가 통치자들을 상대화시키는 또 다른 말 속에서, 궁극적인 진짜 원수는 인간이나 제도가 아니라, 그들의 배후에서 그들을 꼭두각시로 삼아 조종해서 자신들의 사악한 목적들을 이루고자 하는 반창조적인 흑암의 세력이라고 역설하는 이유이다:

> 우리가 싸우고 있는 싸움은 혈과 육을 상대로 하는 것이 아니라, 통치자들과 권세들과 이 어두운 시대에서 세계를 주관하는 능력들과 하늘에 있는 악한 영들을 상대로 하는 것이다.[44]

이것이 사도 바울과 그의 회중들이 부르심을 받은 싸움이, 마카베오로부터 바르코크바에 이르기까지 내내 유대적인 하나의 전통을 형성해 왔던 무장봉기 같은 사람들의 통상적인 저항이나 혁명의 문제가 아닌 이유이다. 바울은 그런 것과는 다른 종류의 싸움이 있고, 그 싸움을 위한 다른 종류의 무기가 있다고 믿었다: 진리의 허리띠, 정의의 호심경, 평안의 복음이라는 신발, 믿음의 방패, 구원의 투구, 하나님의 말씀이라는 검.[45] 이것은 바울이 또 하나의 본문에서 제국의 교만한 주장들을 너무나 헛된 자랑이라고 일축하고 나서, 메시야를 따르는 자들은 이미 동터온 새 날에서 살아가고 있다고 역설하고 있는 것과 아주 비슷하다:

> 낮에 속한 사람들인 우리는 스스로 절제하여, 믿음과 사랑의 호심경을 붙이고, 구원의 소망의 투구를 써야 한다. 왜냐하면, 하나님은 우리를 진노에 이르는 길 위에 두신 것이 아니라, 우리 주 메시야 예수로 말미암아 구원을 얻는 길에 두신 것이기 때문이다.[46]

바울의 이러한 관점의 변화, 즉 제국의 헛된 자랑을 일축하고 전혀 다른 종류의 싸움을 역설하고 있는 것은, 그가 메시야가 최후의 승리를 거두게 될 "마지막 원수들"은 바벨론이나 수리아나 로마가 아니라, "죄"와 사망"임을 강조하고 있는 고린도전서 15장에 나오는 고전적인 "묵시론적" 본문과 완전히 일치한다:

44) 엡 6:12.
45) 엡 6:14-17.
46) 살전 5:8.

> 그가 "자신의 모든 원수들을 자기 발 아래에 둘 때까지" 반드시 계속해서 왕 노릇 하시리니, 맨 나중에 멸망 받을 원수는 사망이다 …
>
> 사망의 "독침"은 죄이고, 죄의 능력은 율법이다. 그러나 우리 주 메시야 예수로 말미암아 우리에게 승리를 주시는 하나님께 감사한다![47]

이것은 우리가 복음서들에서 발견하는 것과 같은 메시야적인 싸움에 대한 재정의를 보여준다. 로마나 그 밖의 다른 어떤 제국을 "유일한" 원수로 규정하고서 그 원수를 무너뜨리는 데 온 힘을 기울이는 것은 번쩍거리는 갑옷과 창끝 배후에 숨어 있는 진짜 원수들을 보지 못하는 것이다. 예수는 "사람들의 육신을 죽이고 그 이후에는 더 이상 할 수 있는 것이 없는 자들을 두려워하지 말고, 사람들의 육신을 죽이는 데서 그치지 않고 더 나아가 그들을 게헨나에 던져 넣는 권한을 갖고 계신 분을 두려워하라"고 말한다.[48]

물론, 곤란한 점이 있는데, 그것은 기준이 제각각인 서구 모더니즘의 세계관 속에서는, 이런 말을 하면, 사람들로부터 욕을 먹는다는 것이다. 이런 말을 하는 사람들은 "당신은 바울이 카이사르에게는 아예 관심이 없었고, 오직 '영적인' 세력들에게만 관심이 있었다고 말하고 있는 것인가요?"라는 가시 돋힌 반문을 듣게 될 것이다. 어떤 사람들은 이와 같은 말을 "듣기"를 간절하게 바랄 것이지만, 어떤 사람들은 실망할 것이다. 그러나 내가 말하고자 하는 것은 거기에서 끝나지 않는다. 그리고 더 중요한 것은 바울이 말하고자 하는 것도 거기에서 끝나지 않는다는 것이다. 내가 어떤 사람들에게는 끔찍함 그 자체일 비유를 한 가지 들자면, 우리는 "사람들을 죽이는 것은 총이 아니라 사람들"이라는 말을 종종 듣는다. 그러나 많은 사람들이 총을 지닌 나라에서는 그렇지 않은 나라에서보다도 더 많은 사람들이 서로를 죽인다는 통계는 그러한 날카로운 대구법을 무색하게 만든다. 마찬가지로, 사람들의 삶을 파괴하는 것은 제국들이 아니라 그 배후에 있는 귀신들이라고 말하는 것은 잘못이다. 우리는 제국들은 결국 귀신 세력들에 의해 조종되는 우둔한 꼭두각시들이라고 말하고 싶을 것이지만, 흑암의 세력들이 오만방자한 폭정을 통해서 활동한다는 것은 여전히 사실이고, 이러한 경우에 바울도 흑암의 세력들은 혼란한 무정부상태를 통해서 역사한다는 말을 신속하게 덧붙였을 것임에 틀림없다. 이것이 고대이든 현대이든 정치의 문제이다.[49] 그리고 그것은 일면적인 분석으로

47) 고전 15:25f., 56.
48) 눅 12:4f.(par. 마 10:28f.). JVG 454f., 그리고 446-63의 좀 더 자세한 논의를 보라.

는 해결되지 않는다.

그렇다면, 우리가 이제 해야 할 일은 무엇인가? 그것은 바울이 메시야에 관하여 자기가 믿었던 것의 결과로서, 정치적 현실에 대한 유대인들의 양면적인 이해 — 통치자들은 한 분 유일하신 하나님이 세웠다는 것과 그들은 하나님 앞에서 책임을 져야 한다는 것 — 에 새로운 깊이와 초점, 그리고 무엇보다도 연대기적인 시기와 관련된 새로운 의미를 어떤 식으로 부여하였는지를 좀 더 선명하고 분명하게 이해하는 것이다. 옛 이스라엘은 땅에서 서로 치고박고 싸우는 왕들 위에 메시야가 만왕의 왕으로 즉위하게 될 것임을 노래하였는데, 바울은 이러한 즉위가 이미 일어났다고 믿었다. 선지자들은(그리고 어떻게 읽느냐에 따라서는, 오경도) 장차 왕이 와서 열방들을 다스리게 될 것이라고 말해 왔었는데, 바울은 그 왕이 이미 와서 다스리고 있다고 믿었다. 어떤 사람들이 원하는 것처럼, 이러한 사실을 "영적으로 해석한다면," 그것은 유대적인 사고의 틀 전체에 대한 거의 영지주의적인 짝퉁을 만들어내는 것일 수밖에 없다. 하지만 유대적인 사고와 바울의 이해 간에는 근본적인 차이점이 존재한다. 바울이 이미 일어났다고 믿은 승리는 유다 마카베오로부터 시몬 바르 코크바에 이르는 일련의 혁명운동의 경우처럼 메시야가 무력을 동원해서 얻어낸 것이 아니라, 역설적이게도 로마의 십자가 위에서 일어난 그의 수치스러운 죽음과 그 이후의 부활과 높아지심(exaltation)을 통해서 이루어진 것이었다. 이것으로 인해서, 바울은 메시야의 추종자들이 지금 이루어내어야 하는 승리는 정치적이고 군사적인 권력이 한 집단에서 또 다른 집단으로 옮겨진 것을 의미하는 그런 승리가 아니라, 그 권력 자체를 완전히 다른 성질의 것이면서도 사실은 훨씬 더 강력한 어떤 것으로 변화시키는 것이라는 것을 깨닫는다. 그가 자신의 가장 위대한 서신의 끝에서 말하고 있듯이, 피조세계를 뛰어넘는 힘이면서도 피조세계 전체 내에서 가장 큰 힘이 이제 드러나서 활동하고 있는데, 그 힘은 다른 모든 힘들을 이길 수 있는 유일한 힘이다. 바울에게 있어서 그 힘의 본질이자 이름은 "사랑"이었다.

2) 하나님의 묵시론적이고, 따라서 정치적인 승리

우리는 이제 이 모든 것을 염두에 둔 가운데, 반로마적인 암묵적 변증의 성격이 가

49) 고전적인 예는 Dio Cassius, *Hist.* 52에서 Agrippa와 Maecenas가 Augustus에게 조언하는 문제를 두고서 서로 논쟁을 벌인 것에 대한 기사이다.

장 분명하게 드러나는 두 개의 서신을 살펴볼 것이다. 이 두 서신은 로마서를 제외한다면 지리적으로 수도에 가장 가까운 도시들인 데살로니가와 빌립보에 보내진 서신들이라는 것은 중요한 것일 수도 있고 그렇지 않을 수도 있다.[50)]

데살로니가에 보내진 두 개의 서신은 그 "묵시론적인" 표현방식으로 인해서 유명한데, 이러한 특징은 두 번째 서신에 아주 분명하게 나타나기 때문에, 바울과 "묵시론"을 떼어놓고자 한 사람들은 이 두 번째 서신은 바울이 쓴 것이 아니라고 주장해 왔다. 그러나 "묵시론"이라는 용어를 둘러싸고 소용돌이쳐 왔던 온갖 오해들에도 불구하고, "묵시론"을 바울의 배경의 일부로 보아야 한다는 주장이 최근에 다시 힘을 얻어 왔고, 그러한 주장은 합당한 것이기 때문에, 나는 지금이 데살로니가후서가 바울의 저작이 아니라는 주장을 재고하기에 적절한 때라고 생각한다. 또한, 최근의 연구에서 제2성전 시대의 유대 세계에서 "묵시론"이 지닌 본질적으로 "정치적인" 의미도 제대로 강조되고 있기 때문에, 우리는 데살로니가에 보내진 두 서신이 바울의 진정한 서신 목록에 확고하게 포함되어야 하는 것은 물론이고, 그 서신들이 당시의 "정치적인" 세계에 일정 정도 개입하고 있는 것으로 보아야 할 가능성이 있다는 것을 말할 수 있어야 한다. 우리가 문학 장르의 문제에 비추어서, 시편들에 나오는 시들에서 하나님의 코에서 연기가 나온다고 말할 때에 그것이 문자 그대로의 밋밋한 의미를 지니는 것이 아니고, 예수가 자신을 "문"이라고 할 때에 자기가 진짜 나무로 만들어진 문이라고 말하는 것이 아니며, 창세기에서 하나님이 세계를 엿새만에 창조하였다고 할 때에 그것이 24시간으로 이루어진 6일을 의미하는 것이 아니라는 것을 아는 것과 마찬가지로, 우리는 문학 장르의 문제에 비추어서, 바울의 세계에서 "묵시론적인" 언어는 통상적으로 세계의 강대국들의 흥망성쇠를 암호적으로 말하는 방식이었다는 것을 알게 되었다(또는, 알았어야 한다). 결국, 다니엘서는 이 장르의 선두나 그 가까이에 서 있는 것이 아주 분명한 책이기 때문에, 다니엘은 네 괴물이 바다에서 올라오는 장면에 대하여 글을 썼을 때, 공상에 의거한 공포영화를 만들기 위한 대본을 쓰고 있었던 것이 아니었다. 우리는 다니엘서가 주후 1세기에 어떤 식으로 읽혀지고 있었는지를 알고 있고, 다니엘이 현실의 제국들, 그리고 그 제국들 중에서 최후의 가장 무시무시한 제국의 실제적인 멸망에 대하여 말하고 있었다는 것은 분명하다.[51)]

따라서 우리는 데살로니가후서 2장을 읽을 때, 그것이 당시의 사회정치적 현실

50) 북부 헬라에 있어서 로마의 존재감과 영향력에 대해서는 위의 제5장 제4절 (ii) (b)를 참조하라.
51) 다시 한 번 위의 제2장 제4절 2)를 보라.

과는 완전히 단절된 어떤 장래의 큰 사건에 관하여 황당한 공상에 의거하여 말하고 있는 "묵시론"이라고 생각해서는 안 된다. 내가 앞에서 자주 말해 왔듯이, 이 본문에 나오는 "주의 날"이 "세계의 끝"일 수 없다는 것은 분명하다. 만일 그것이 그런 것을 의미하는 것이었다면, 바울이나 데살로니가 교인들은 서신을 통해서 그런 것에 대하여 알리거나 알게 되는 것을 기대하지 않았을 것이다. 그러므로 우리는 이 본문이 (a) "묵시론적인" 언어를 통해서 표현하는 것이 최선인 (b) 사회정치적으로 중요하고 큰 사건들을 말하고 있는 것으로 보아야 한다:

> 나의 사랑하는 권속들이여, 우리가 너희에게 구하는 것은 우리 주 메시야 예수께서 왕으로 다시 오시는 것과 우리가 그 앞에 모이는 것에 관한 것이니, 영적인 감화로나 말로나 우리에게서 받았다고 하는 편지로나, 주의 날이 이미 이르렀다는 말을 듣는다고 해서, 갑자기 너희의 마음이 흔들리거나 불안해하거나 하지 말라는 것이다.
>
> 너희는 누구에게도 어떤 식으로든 속지 말라. 먼저 배교가 일어나고, 저 불법의 사람, 곧 멸망의 아들이 나타나기 전에는, 그런 일이 일어날 수 없다. 그는 이른바 모든 신들이나 제의 대상에 맞서 그들의 역할을 빼앗아 자기 것으로 만들어서, 하나님의 성전에 앉아, 자기를 하나님이라고 내세우는 자이다.[52]

이 본문이 "바울과 정치"에 관한 논의들에서 제대로 된 역할을 해 오지 않은 것은 아이러니이지만, 그것은 거의 전적으로 마르키온(그리고 불트만!)처럼 로마서 8:18-26 같은 "유대적인" 사고 형태들의 모든 흔적들을 지워 버리거나 주변으로 밀어내 버리고자 했던 이전의 반묵시론적인 관점을 토대로 해서, 데살로니가후서가 바울의 저작이 아니라고 치부한 편견 때문이었다는 것은 의심의 여지가 없다. 그러나 일단 우리가 바울이 철저하게 "묵시론적인" 사상가였다는 것을 깨닫고, "묵시론" 자체가 사회적이고 정치적인 비판을 담아내는 주된 그릇이었다는 것을 파악하게 된다면, 여기에서 무슨 일이 벌어지고 있는 것인지에 대한 의문은 사라지게 된다.[53] 바울이 여기에서 데살로니가 교인들에게 상기시키고 있는 것은, 악이

52) 살후 2:1-5.

53) 반대견해로는 Barclay, 2011, 380 n. 58이 있다. 그는 데살로니가후서 2장이 자신의 주장에 대한 예외인 것으로 보인다는 것을 인정하지만, 그 본문의 가치는 "논란이 없는 바울 본문들과는 판이하게 다르다"고 평가하고는, 그 본문은 "현재의 정치적 현실이 아니라 장래의 묵시론적 사건을 가리키는 것으로 보인다"고 말한다. 후자의 대비는 "묵시론"이라는 용어를 놀라울 정도로 비역사적인 용법으로 사용하고 있기 때문에 당혹스럽다(예컨대, Portier-Young, 2011을 보라). 또한, 본문들의 가치가 다르다는 주장도 다른 서신들에도 "묵시론적" 본문들이 많이 나오고, 어쨌든 바울의 서신들은 각 서신마다 많은 독특한 요소들을 지니고 있다는 점에 비추어보면 의심스럽다(예컨대, 하늘의 예루살렘과 지상의 예루살렘을 대비시키고 있는 갈라디아서 4장의 "알레고리"를 생각해 보라).

하나님의 세계로부터 최종적으로 박멸되기 위해서는, 먼저 그 악이 최고조에 달하여야 하고, 한 지점에 집중되어야 하며, 그렇게 해서 거기에서 처리될 수 있어야 한다는 것이다. 주후 1세기의 세계에서, 수많은 신들과 제의 대상들보다 자기가 우월하다고 주장하며 신전들에서 그 신들의 자리에 자기 자신을 앉히고, 특히 예루살렘 성전에서 하나님을 대신하여 그 자리에 앉아서, 자기가 신이라고 하는 사람에 대하여 말한다면, 그것은 분명히 로마 황제를 가리키는 것일 수밖에 없다. 여기에 묘사된 일들을 한 사람일 수 있는 가장 분명한 후보자는 가이우스 칼리굴라(Gaius Caligula) 황제이기 때문에, 이것이 또 다른 난제들을 만들어낸다는 것은 두말할 필요가 없다. 이 황제는 자기가 죽기 일 년 전인 주후 40년에, 그러니까 믿을 만한 연대기에 의하면, 사도 바울이 헬라 북부 지역을 방문하기 오래 전에, 예루살렘 성전에 자신의 신상을 세우려고 했다가 실패하였다. 따라서 최선의 추정은 이 엄청난 사건 및 이 사건이 의미하는 것을 (유대 세계 전체와 마찬가지로) 너무나 잘 알고 있었던 바울은 묵시론적인 표상들의 도움을 받아 안개 속 같은 미래를 꿰뚫어 보고서, 칼리굴라 황제와 그의 과대망상증적인 계획을 장차 반드시 일어나게 될 일에 대한 표상 또는 모형으로 활용하였다는 것이다. 즉, 바울은 장차 어떤 다른 폭군이 등장해서 칼리굴라 황제가 했던 것과 동일한 일을 저지르고자 하거나, 적어도 자기를 신이라고 하며 그 권세를 가로채려고 할 것임을 알았고, 칼리굴라의 광기 어린 시도를 표상으로 사용해서 그것을 표현하는 것이 적절할 것이라고 생각하였다는 것이다. 이 본문을 장차 일어날 일에 대한 문자 그대로의 정확한 예언으로 받아들여야 한다고 주장하는 것이 어리석은 일일 것임과 마찬가지로(에스라4서에 나오는 독수리가 지닌 날개들과 발톱들을 생각해 보라), 그것을 이유로 들어서, 이 본문을 "영적으로 해석해서," 현실의 제국들과 그들의 현실적인 신성모독들, 또는 특히 로마와는 아무 상관이 없다고 생각하는 것도 마찬가지로 어리석은 일일 것이다. 이 본문을 읽은 주후 1세기의 현명한 독자들은 이 본문이 분명히 로마와 카이사르를 가리킨다는 것과 로마와 카이사르가 악을 쌓아가서 그 악이 극에 달할 때에 심판이 임하게 될 것임을 "불법의 신비"(7절)를 볼 수 있게 해주는 렌즈를 통해서 보고 있다는 것을 알았을 것이다. 물론, 로마의 배후에는 사탄이 서 있고(9절), 이것은 다시 한 번 로마를 상대화시키고 있기는 하지만(로마/카이사르는 신이 아니고, 로마/카이사르는 사탄이 아니다), 그럼에도 불구하고 이 본문은 유대인이 생각할 수 있는 정도의 로마/카이사르에 대한 정치적인 비판을 담고 있다. 로마/카이사르가 신으로 자처하고 있는 대목은 로마/카이사르가 아주 분명하게 사탄의 꼭두각시로 활동하고 있는 지점이다.[54]

로마에 대한 이러한 분명한 "묵시론적" 언급은 우리를 데살로니가전서로 다시 데려다 준다. 왜냐하면, 우리가 현재의 장의 앞부분에서 살펴보았던 강력한 함의들이 거기에서도 발견될 수 있는 가능성이 충분히 존재하기 때문이다. 예수의 '파루시아' (parousia)에 대한 바울의 언급들은 카이사르의 '파루시아' — 그것이 식민지에 대한 공식 방문이든, 아니면 전쟁에서 승리한 후에 로마로 귀환하는 것이든 — 를 무대에서 밀어내는 것으로 볼 수 있다는 지적이 흔히 있어 왔다.[55] 그러나 로마의 자랑에 대한 좀 더 명시적인 언급이 여기 데살로니가전서 5:3에 나온다:

> 사람들이 "평안하다, 안전하다"고 말할 때, 임신한 여자에게 해산의 고통이 이름과 같이, 멸망이 갑자기 그들의 문전에 이르리니, 그들이 피할 기회를 얻지 못할 것이다.

그 날은 "주의 날"이 될 것이고, 밤중의 도둑 같이 임할 것이지만, 예수에게 속해 있는 사람들은 그들과는 다른 시계에 의거해서 살아가고 있고, 그 사람들에게는 해가 이미 떠 있다.[56] 그렇다면, "평안하다, 안전하다"고 선포하는 자들은 누구인가? 주화들을 비롯한 수많은 증거들은 상당히 확실한 한 방향을 가리킨다. 그것은 로마 제국의 표준적인 자랑이었다.[57] 여기에서도 바울은 또다시 두 가지를 동시에 행하고 있다. 첫 번째는 그는 마치 "내가 듣기에는, 여기저기 돌아다니면서, '평안하다, 안전하다' 고 말하는 '어떤 이들' 이 있다고 하던데 … "라고 말하며, 자랑하는 자들의 자랑을 일축하고 있다는 것이다. 그는 본격적이고 명시적인 공격을 통해서 그들을 비난하고 있지는 않지만, 여기에서 "어떤 이들"이 누구를 가리키는 것인지는 데살로니가 교인들도 누구나 다 알고 있었을 것이고, 우리도 누구나 알고 있다. 두 번째는 그는 이 세계의 교만한 폭군들과 그들이 온 세상 사람들에게 보호비 명목으로 금품을 갈취하는 것("우리가 말하는 대로만 하면, 너희는 아무 일 없이 편안히 잘 살게 될 것이다")은 옛 질서, 즉 밤의 세계의 일부이고, 이미 예수 안에서 동튼 새 날이 마침내 술에 취해 잠자고 있는 어둠의 시민들 위에 비칠 때에 그 세계는 사라지게 될 것이라고 선언하고 있다는 것이다.[58] 이것은 분명히 우리가 고린도전서 2장에서 발견한 것과 동일한 그림이다. 거기에서 바울은, 자신도 알지

54) 데살로니가후서 2장에 대해서는 이제 특히 Llewelyn and Harrison, 2012, 73-5에 나오는 J. R. Harrison을 보라.

55) 위의 제11장 제4절; 그리고 *RSG*, 213-19를 보라.

56) 살전 5:2, 4f.

57) 최근의 것으로는 Weima, 2012를 보라.

58) 5:4-7.

못하는 가운데 영광의 주를 십자가에 못 박은 "이 세계의 통치자들"은 제거되고 "없어질" 운명에 있는 자들이라고 말한다. 이 두 그림은 세계의 강대국들에 관한 이전의 유대적인 비전들로 거슬러 올라가는데, 그 비전들은 장차 한 분 유일하신 하나님이 세계를 심판하고, 자기 백성을 높여서, 그 강대국들로부터 권세를 빼앗아, 자기 백성에게 주어 이 세계를 다스리게 할 것이라고 보았다.[59)]

우리는 데살로니가후서 2장이 로마 황제들의 신성모독적인 자랑들을 "묵시론적으로" 및 정치적으로 거론하고 있는 것임을 확신할 수 있다. 또한, 우리는 데살로니가전서 5장이 헬라 북부 지역의 주민들이 너무나 잘 알고 있었던 로마 제국의 자랑, 즉 제국이 그들을 "보호해 주고 있다"는 자랑을 마치 시답지 않다는 듯이 취급함으로써 한층 더 강력하게 일축하고 있다는 것을 사실상 확신할 수 있다. 그렇다면, 헬라 북부지역에 보내진 또 하나의 서신, 즉 바울이 빌립보에 보낸 짧지만 우리의 눈을 휘둥그레지게 만드는 서신은 어떠한가?

다시 한 번 우리는 위의 제5장에서 설명한 배경과 맥락을 기억해내서, 빌립보가 아우구스투스(Augustus)가 내전에서 최종적으로 승리를 거두었을 때에 핵심적인 전장들 중의 하나였다는 것을 상기할 필요가 있다. 아우구스투스는 자기가 혼란 속으로 빠져 들어가고 있던 로마 세계 전체를 구해내서 평화와 번영을 가져다주었다고 주장하였고, 사람들은 그의 즉위를 "복음"으로 듣고 환호하였으며, 그의 후계자들은 "구원자"나 "주" 등으로 불렸다.[60)] 이러한 표현들은 헬라 북부지역에서, 특히 그 구성원들 중 일부가 옛 식민지 때부터 살아온 로마 시민들이었던 도시에서는 문자 그대로 일상적으로 통용되었을 것이다. 로마 시민이든 아니든, 빌립보와 그 주변 지역들의 모든 주민들은 축제들과 시합들, 조각상들과 신전들, 주화들, 금석문들과 포고문들을 통해서 주기적으로, 자신들이 카이사르의 세계 속에서 살아가고 있다는 것이 얼마나 큰 행운인지를 상기하였을 것이다.

우리는 바로 이러한 공명실 속으로 들어가서, 거기에서 바울의 최고조의 경고와 소망에 대한 의기양양한 선언을 "들으려고" 애써야 한다:

> 메시야의 십자가의 원수로 행하는 사람들이 여럿 있다. 나는 그들에 관하여 충분히 자주 말하였고, 지금도 울면서 또다시 거기에 대해 말하고 있다. 그들은 멸망에 이르는 길 위에 있고, 그들의 배가 그들의 신이며, 그들은 그들 자신의 부끄러움 속에서 영광을 발

59) 고전 2:6; 예를 들면, cf. 시 2편; 단 7장; Wis. 6.1-8.

60) 아우구스투스 시대부터 하드리아누스 시대에 이르기까지 사용된 "구원자"와 "구원"이라는 용어에 대해서는 이제 Llewelyn and Harrison, 2012, 76-85에 나오는 B. Bitner를 보라.

견하고, 그들이 늘 생각하는 것은 땅에 있는 것이 전부이다.

우리는 하늘의 시민들이고, 장차 거기로부터 오실 구원자, 곧 주 왕 예수를 간절히 기다리고 있다. 우리의 현재의 몸은 초라한 옛 것이지만, 그는 장차 그것을 변화시키셔서, 자신의 영화로운 몸과 같이 되게 하실 것이다. 그는 만물을 자기에게 복종시킬 수 있게 해주는 그 능력으로 이 일을 하실 것이다.[61]

우리는 바울이 18절과 19절에서 누구에 대하여 말하면서 울고 있는 것인가에 관한 질문은 한 쪽으로 밀어두고서, 우리의 현재의 논의와 관련해서 이 본문이 말해 주는 것만을 제시하고자 하는데, 그것은 그 사람들이 유대인들이든, 아니면 그리스도인으로 자처하는 사람들이든, 바울은 주후 1세기의 유대인들이 이교도들에 대하여 말할 때에 통상적으로 사용한 그런 표현들을 사용해서 그 사람들에 대하여 말하고 있다는 것이다. 그들의 생각은 온통 '타 에피게이아' (ta epigeia), 즉 "땅에 있는 것" 에 관한 것이다. 바울은 그들의 이러한 특징을 그리스도인들의 정체성과 대비시킨다: "우리는 하늘의 시민들이다" (hēmōn gar to politeuma en ouranois – '헤몬 가르 토 폴리튜마 엔 우라노이스'). 내가 다른 곳에서 논증하였듯이, 이것은 "따라서 우리는 이 땅을 떠나서 천국에 가기를 고대하고 있다" 는 것을 의미하지 않는다. 당시에 빌립보에 살았던 어떤 시민이 여러분에게 말해줄 수 있다면, 그들은 시민권을 가졌다는 것이 그런 뜻이 아니라고 말해 주었을 것이다. 로마 시민이 되었다는 것은 언젠가는 여러분이 빌립보를 떠나서 다시 로마로 돌아가 살게 될 것임을 의미하는 것이 아니었다. 로마 시민들로 이루어진 식민지는 원심력적이 아니라 구심력적으로 움직이는 공동체였다. 바울은 하늘의 "시민권" (politeuma – '폴리튜마')에 대하여 말함으로써 이미 그리스도인이 궁극적으로 충성해야 할 대상과 로마인이 궁극적으로 충성해야 할 대상 간의 대비를 시사하고 나서, 이 본문에 나오는 예수에 관한 설명을 통해 그 점을 한층 더 선명하게 부각시킨다. 카이사르가 적군에 의해 포위된 식민지를 구출하기 위하여 로마로부터 오는 것이 아니라, 예수가 하늘로부터 와서 세계를 변화시키고, 특히 자기 백성에게 새로운 몸들을 줄 것이다. 그가 '소테르' (sōtēr, "구원자")이고, '퀴리오스' (kyrios, "주")이며, '크리스토스' (Christos, "메시야"), 즉 온 세계를 다스리게 되어 있는 유대인의 왕이다.[62]

61) 빌 3:18-21.

62) Tiberius와 Nero 등에 의해서 황제의 칭호로 사용된 '퀴리오스' 에 대해서는 *TDNT* 3.1054f.에 수록된 Foerster의 글과 Oakes, 2001, 171f.; Fantin, 2011, 193, 196-202를 보라.

바울은 이것을 더욱 확실히 하기 위하여, 고린도전서 15장에서 그랬던 것과 마찬가지로 여기에서도 시편 8:6(LXX 8:7)을 반영해서 말한다. 바울의 히브리서와 동시대의 몇몇 유대인들에 의해서 메시야적인 의미로 해석된 이 시편은 "인자"로 표현된 인간에게 창세기 1장에서 하나님에 의해서 위임된 만물에 대한 통치권이 주어졌음을 재확인해 주는 시편이다:

> 당신은 그를 하나님보다 조금 못하게 지으시고 영광과 존귀로 관을 씌우셨습니다. 당신은 그에게 당신의 손으로 만드신 것들에 대한 통치권을 주셨고, 만물을 그의 발 아래 두셨습니다.[63]

바울은 이렇게 하늘에서와 마찬가지로 땅에서도 이루어지게 되어 있는 참된 "시민권"(politeuma – '폴리튜마')을 오로지 이 땅에만 속한 "시민권"과 대비시킨다. 그는 예수를 온 세계를 다스리게 되어 있는 성경에 약속된 메시야로 환호하면서, 그에게 "구원자"와 "주"라는 호칭을 부여한다.[64] 그는 우리가 방금 살펴본 데살로니가전서와 후서에 나오는 본문들에서 그랬던 것처럼, 여기에서도 메시야가 하늘로부터 올 것이라고 말한다. 그런데도 우리가 바울이 카이사르를 전혀 염두에 두고 있지 않고 있다고 말한다면, 그것은 그런 말에 대하여 의도적으로 귀를 막는 것이라고 할 수밖에 없다.[65]

이러한 결론은, 어떤 이들이 바울의 모든 신학의 핵심으로 보는 본문이자 어느 모로 보아도 초기 기독교의 글들 중에서 가장 주목할 만한 본문들 중의 하나라고 할 수 있는 것에 의해서 강력하게 밑받침된다. 바로 그 본문인 빌립보서 2:6-11은 집중적으로 연구되어 왔기 때문에, 우리는 다른 사람들이 연구해 놓은 것들을 언

63) 시 8:5f. 여기에 "그를"과 "그의"가 단수형으로 되어 있다는 것(NRSV에는 "그들을"과 "그들의")은 바울이 칠십인역을 따라서 이 본문을 인용하였다는 것이 분명함을 보여준다. Cp. 고전 15:27; 히 2:6-8. 바울은 여기에서와 고린도전서 15장에서도 다니엘서 7장을 간접인용하고자 한 것인가?

64) 특히 Oakes, 2001, 138-47, 160-5; 예컨대, 141을 보라: "구원하는 것과 능력 간의 연결 관계는 로마의 제국 이데올로기에서 중심적인 요소였다."

65) Barclay, 2011, 379는 "오늘날의 청중들은 이 본문 속에서 '로마 제국'의 소음이 그들의 감각적 인지기관들을 지배하는 가운데 '로마'의 반향을 들을 수 있을 것"이라고 주장한다. 그는 바울이 자신의 세계에 귀를 기울였을 때에 "다소 다른 소리들을 들었다"고 말한다. 우리는 아마도 이것을 뒤집어서 말해야 할 것이다: (a) 빌립보 교인들의 감각적 인지기관들은 의심할 여지 없이 로마와 그 제국의 수사를 잘 알아들을 수 있도록 조율되어 있었다(Oakes, 2001, 174: "제국 이데올로기는 도처에 존재하였다"); (b) 만일 바울이 그들에게 잘 알려져 있던 그러한 현실들을 상기하지 않기를 바랐다면, 당연히 그는 여기에서 예수 및 그의 현재적이고 미래적인 통치에 대하여 말할 때에 실제로 사용하고 있는 표현들을 사용하지 않았을 것이다.

급하는 것만으로도 충분한데,[66] 여기에서 우리가 주목해 보아야 할 것은 세 가지이다.

첫 번째로, 우리는 특히 이 본문의 전체적인 서사를 주목한다. 이 서사는 단지 예수가 하늘과 땅 위와 땅 아래의 모든 피조물로부터 경배를 받게 될 것이라고 강력하게 선언하는 데서 그치는 것이 아니라,[67] 예수가 어떤 특정한 경로를 통해서 만유에 대한 그러한 통치권을 얻게 될 것인지에 대하여 말한다. 메시야가 암울하고 끔찍한 소임을 맡아서 성취함으로써 지극히 높아지게 되었다고 하는 이 서사의 패턴은, 적어도 알렉산더 대왕 이래로 왕들과 황제들이 자신의 이야기를 들려줄 때에 사용하였던 바로 그 패턴이었다. 과연 본문의 6-8절에 나오는 성육신, 종됨, 죽음에 관한 이야기가 큰 시련들을 통과한 후에 황제의 자리에 앉게 된 인물들의 이야기를 사람들에게 상기시켜 주었을 것인지의 여부는 분명하지 않지만, 9절의 처음에 나오는 "그러므로"가 무엇을 의미하는지에 대해서는 의문의 여지가 있을 수 없다. 즉, 바울은 "그러므로"라는 단어를 통해서, 이것은 예수가 왕으로 즉위한 것이 얼마나 정당한 일인지를 말해 주는 서사라고 선언한 것이었고, 사람들도 쉽게 그것을 알아차렸을 것이다. 그것은 예수가 '퀴리오스'(kyrios)의 지위를 얻은 방식이었다. 이 서신이 봉독될 때에 빌립보 교회에서 듣고 있던 청중들의 대부분은, 카이사르가 다른 그 어떤 경쟁자들보다도 예수와 경쟁하는 인물이라는 것을 생각하였을 것이라는 강력하고 상세한 논증들이 제시되어 왔다.[68] 이 본문과 3:20-21 간의 병행이 강력하다는 것은, 사람들은 적어도 이 서신을 두 번째 들었을 때에는, 이 본문에서도 카이사르에 대한 울림을 한층 더 분명하게 들었을 것임을 의미한다. 이 본문은 권세를 합당하게 수여할 수 있는 권한을 지닌 이가 납득할 수 있는 합당한 이유로 인해서 예수에게 온 세계를 다스리는 권세를 주었다고 말한다. 이 본문 속에는 카이사르에 대한 전복적인 의도가 존재한다는 주장의 중심에는, 바로 이러한 서사, 즉 카이사르에 관한 이야기를 암시하면서 무대에서 밀어내는 방식으로 예수에 관한 이야기를 들려주는 서사가 있다.

그러나 그것이 전부는 아니다. 9절에서는 예수에게 "모든 이름 위에 뛰어난 이름"이 주어졌다고 말한다. 피터 오크스(Peter Oakes)는 이렇게 지적한다:

66) 거기에 대한 나의 이전의 설명들도 있다 — 나의 주요한 저작인 *Climax*, ch. 4에서, 나는 카이사르와 관련된 뉘앙스들을 완전히 무시하긴 하였지만.

67) 빌 2:10(Barclay, 2011, 379가 말한 것처럼 2:11이 아니라).

68) 특히, Oakes, 2001, 147-74를 보라.

> 아우구스투스(Augustus)와 '파테르 파트리아이'(Pater Patriae, "조국의 아버지")라는 호칭의 수여는 황제의 즉위 과정에서 아주 중요한 일부였다. 이 시기에 이러한 호칭들은 다른 통치자들과 분명하게 구별하기 위하여 오로지 황제에게만 주어졌다 … 로마의 정치라는 관점에서 볼 때, 율리우스-클라우디우스 시대에 "모든 이름 위에 뛰어난 이름"은 오직 황제에게만 속할 수 있었다.[69]

물론, 이 "이름"은 (위의 제9장에서 보았듯이) 바울의 세계에서 번역이 불가능하였던 야웨(YHWH)를 나타내는 칠십인역의 통상적인 역어였던 '퀴리오스'(kyrios, "주")였다. 바울의 다른 핵심적인 용어들 중 몇몇 — 금방 떠오르는 것은 '유앙겔리온'(euangelion, "복음")이라는 용어이다 — 의 경우에서와 마찬가지로, 우리는 '퀴리오스'의 경우에서도 성경적인 의미와 제국에서의 의미 간의 주목할 만한 융합을 발견한다.[70] 우리는 바울과 그의 청중들이 이 이중적인 의미 중에서 어느 "한 쪽"만을 의도하였거나 들었을 것이라고 생각해서는 안 된다. '퀴리오스'는 3:20에서와 마찬가지로 여기에서도 예수에게 적용된 호칭임과 동시에 카이사르를 가리키는 호칭이기도 하였다.

세 번째로, 우리는 특히 10절에서 이사야서 45:23을 인용하고 있다는 것에 주목한다. 이 인용문은 선지자 이사야가 이교의 큰 제국이었던 바벨론을 통렬하게 책망하고 있는 예언 중에 나오는 본문이다. 거기에서 야웨는 바벨론 제국의 우상들은 아무도 또는 그 어떤 것도 구원할 수 없지만, 자신은 땅의 모든 끝들이 돌아와 구원받아야 할 유일한 하나님, "의로우신 하나님이자 구원자"(dikaios kai sōtēr – '디카이오스 카이 소테르,' LXX)라고 선포한다.[71] 이것은 2:9-11을 3:20-21과 한층 더 단단하게 결합시키면서, 바울이 단지 전 세계에 대한 야웨의 주권에 대해서만이 아니라 이교 제국의 우상 숭배와는 확연하게 대조적으로 야웨야말로 참 하나님이고 유일한 "구원자"라고 말하는 성경적 주제들을 담고 있는 본문들을 의식적으로 가져와서 사용하고 있다는 것을 보여준다. 이 점을 소극적으로 다시 한 번 표현하자면, 만일 바울이 빌립보 교인들에게 메시야와 로마 황제 간의 병행들을 환기

69) Oakes, 2001, 170.

70) *Perspectives*, ch. 6에 수록된 나의 논문을 보라. 또한, Bauckham, 2008/9, 197 n. 37을 보라: "바울의 기독론적인 유일신론은 반제국적인 의미를 지니고 있었을 것임에 틀림없고, 이것은 그것을 식별해내는 데 핵심적인 본문이다"(Bockmuehl, 1998; A. Y. Collins, 1999; Hellerman, 2005도 인용해서). Bauckham, 2008/9, 145f.는 이후의 여러 세기에 이르기까지 이어진 기독론적 유일신론의 반제국적 의미를 추적한다.

71) 사 45:21f. "구원자"로서의 야웨라는 사상은 이사야서에서 두드러진다: 예를 들면, 43:3, 11; 45:15; 49:26; 60:16; 63:8.

시키고자 한 것이 아니었다면, 그가 여기에서 이런 식으로 말하고 있는 것은 아주 이상하다고 할 수밖에 없다는 것이다. 바울이 이 본문 속에서 예수를 "주"라고 했을 때에 사람들이 로마 황제를 연상할 수밖에 없었던 것은, 1930년대에 독일에서 새로운 운동의 지도자를 '데어 퓌러' (Der Führer)라고 지칭했을 때에 사람들이 예수를 연상할 수밖에 없었던 것과 같았다. (나치당은 실제로 이 단어를 오직 히틀러에게만 사용하고, 다른 곳에 사용할 때에는 반드시 거기에 다른 단어들을 덧붙여서 사용하게 하였다.) 이 단어를 예수에게 사용하였을 때와 로마 황제에게 사용하였을 때, 음성이 다소 다르게 들렸을 것이라고 주장하는 것은 구차한 변명일 것이다.

빌립보서 2:6-11에 대한 짤막한 고찰을 마치면서, 나는 마지막으로 한 가지 흥미로운 것을 덧붙이고자 한다. 바울은 이 본문의 바로 다음에 이어지는 구절들에서, 자신의 청중들에게, "너희 가운데서 역사하시는 이는 바로 하나님이니, 너희 자신의 구원을 이루라"고 강력히 촉구한다.[72] "구원을 이루라"는 이 말씀은 당연히 수많은 개신교인들의 등골을 서늘하게 만들어 왔다. 왜냐하면, 얼핏 보면, 이 말씀은 "오직 믿음으로만 의롭다 함을 얻는다"는 교리를 훼손하는 것처럼 보이기 때문이다. 바울이 이 말씀을 통해서 여기에서 말하고 있는 것은 그런 것이 아니다. "구원" (sōtēria – '소테리아')은 카이사르가 자신에게 충성을 바친 자들에게 준 것이었다. 빌립보 교인들은 예수가 모든 무릎이 그 이름 앞에 무릎을 꿇어야 하는 유일한 대상이라고 믿었기 때문에, 카이사르의 세계 내에서 살아가면서 일상생활의 세세한 실천들 속에서, 예수가 준 '소테리아'가 무엇을 의미하고 어떤 모습이며 어떻게 느껴지는지를 알아가야 하는 과제에 직면해 있었다.[73] 바울은 그들에게 그 과제를 해나갈 때에 지침이 될 수 있는 것을 제시하고 있기는 하지만, 짧은 서신 속에서 지침들을 제시하는 것 이상으로 모든 것을 세세하게 말해 주는 것은 거의 불가능하였다. 하지만 그는 한 분 참된 하나님이 그들 가운데서 역사하고 있기 때문에, 그들이 그들 자신의 "시민권"(politeuma – '폴리튜마')이 지닌 여러 가지 의미를 배워야 하는 것과 마찬가지로, 그들 자신의 "구원"이 지닌 여러 가지 의미도 알아가야 하고 알아갈 수 있다고 확신한다.

우리는 데살로니가전후서와 빌립보서의 전체적인 기여를 평가하기 전에 적어도, 내가 빌립보서 3장과 관련해서 몇 년 전에 제기하였던 질문을 다시 한 번 살펴

72) 빌 2:12f.
73) cf. 1:28.

볼 필요가 있는데, 그 질문은 바울이 3:17에서 자신의 청중들에게 자기가 그 동안 보여 준 "행실의 본"을 따라 "너희는 함께 나를 본받으라"(symmimētai mou ginesthe – '쉼미메타이 무 기네스테')고 강력하게 촉구하였을 때, 그가 염두에 두고 있었던 것은 정확히 무엇이었는가 하는 것이다. 물론, 이것은 그가 4:9("너희가 행하여야 하는 것들은 이것들이니, 너희가 내 안에서와 나를 통해서 배웠고 받았고 들었고 보았던 것이다")에서 말하고 있는 것과 내용상으로 대동소이한 일반적인 명령일 수도 있고, 단지 그가 18-19절과 20-21절을 구체적으로 대비시키고 있는 것, 즉 현재의 몸이 장차 메시야의 영광의 몸 같이 변화될 것임을 알고서, 배를 위해서 그리고 땅의 것들을 위하여 살지 말고, 하늘의 시민으로 살아야 한다는 것을 가리키는 것일 수 있다. 이러한 권면 — 장래의 부활을 기억하고서 너희의 몸을 거기에 합당하게 사용하라! — 은 고린도전서 6:12-14에서 말하는 것과 매우 흡사하다. 그러나 고린도전서에 나오는 또 하나의 병행본문에서 자기를 본받으라는 바울의 명령이 자신의 삶의 패턴을 설명하고 있는 긴 대단락 뒤에 나온다는 것은 흥미롭다. 빌립보서의 본문에서는 메시야를 본받으라는 말이 나오지 않지만, 거기에서는 그는 "내가 메시야를 본받고 있는 것 같이, 너희는 나를 본받으라"고 말한다(고린도전서 11:1). 그가 고린도 교인들이 본받기를 원하였던 자신의 행실의 구체적인 측면은 "자신의 유익을 구하지 않고 많은 사람의 유익을 구하고" 있는 것(10:33), 달리 말하면 메시야가 그랬던 것처럼, 복음을 위하여 자신의 권리들을 포기하고 살아가는 것(9:1-27)이었다. 이 대단락(고린도전서 8:1-11:1) 전체에서, 그는 우상의 신전들 및 시장에서 팔리고 있던 희생제사에 사용된 고기와 관련하여 교회가 직면한 도전들에 이 원칙을 구체적으로 적용한다. 즉, 믿음이 "강한 자들"은, 자신의 "권리들"을 행사한다면 믿음이 "약한 자들"이 "걸려 넘어지게" 될 경우에는, 그 권리들을 기꺼이 포기할 준비가 되어 있어야 한다는 것이다(8:13; 10:24, 28).[74] 우리는 빌립보서 3:17과 고린도전서 11:1 간의 이러한 병행관계로부터, 빌립보서 3:18-21은 표면적으로 읽으면 분명히 행실과 관련된 문제들을 다루고 있지만, 바울은 거기에 더하여 다른 무엇인가를 염두에 두고 있었을 수 있다는 결론을 내릴 수 있다.

특히, 나는 바울이 좀 더 구체적으로 그가 자신의 자전적인 이야기(3:4-11; 이것을 발전시킨 것이 12-16절이다)에서 제시하고 있는 모범을 염두에 두고 있었던 것은 아닌가 생각한다 — 이것은 내가 이 장에서 빌립보서에 대하여 지금까지 말한

74) cf. 롬 14:13-21.

모든 것이 받아들여지는 경우에만 유효할 것이기 때문에, 하나의 문제 제기 이상으로 만들기는 어렵겠지만. 그는 고린도전서 9장에서와 마찬가지로 여기에서도 자기가 자신의 "권리들"을 포기하였다는 것에 대하여 말하고 있다. 단지 차이점이 있다면, 그것이 거기에서는 사도로서의 "권리들"이었던 반면에, 여기에서는 유대인으로서의 자신의 이점들에 관한 것이라는 점뿐이다. 그는 유대인으로서의 자신의 특권들을 열거하고 나서, 자기에게 이익이 되던 이 모든 것들을 이제는 메시야로 말미암아 손해로 여기고, 도리어 메시야의 고난에 동참하는 쪽을 선택해서, 그의 죽음에도 참여하여, 궁극적으로 죽은 자의 부활에 이르고자 한다고 선언한다.

이 단락은 유대인으로서의 자신의 특권들을 사용하지 않기로 한 장본인이 바울이라는 점만 다를 뿐이지만, 2:6-11의 시와의 병행을 보여준다는 사실이 흔히 지적되어 왔다.[75] 이러한 병행은 아주 풍부한 방식으로 확장된다. 즉, 메시야는 하나님과 동등된 자신의 지위를 사용하지는 않았지만 포기하지는 않은 채로, 전혀 예기치 않았던 일을 행하고, 죽기까지 순종한 것이 높임을 받게 된 이유였던 것과 마찬가지로, 바울은 유대인으로서의 자신의 특권들을 사용하지 않기로 결심하였지만, 그럼에도 불구하고 유대인들의 메시야에게 모든 것을 걸고서, 지극히 유대적인(그리고 실제로는 바리새파적인) 부활의 복에 대한 소망 가운데서, 고난이야말로 장래의 신원으로 이어지는 길이라는 지극히 유대적인 믿음을 실천한다. 사실, 이 본문은 앞으로는 2:6-11, 뒤로는 3:20-21, 이렇게 양 방향으로 이어져 있다.

그런 이유로 인해서, 나는 바울이 자신의 청중들에게 자기를 본받으라고 강력하게 권하였을 때에 단지 육욕을 피하라는 것(3:18-19) 외에도 그 이상의 어떤 것을 염두에 두고 있었을 가능성 — 이것은 가능성 이상도 그 이하도 아니다 — 이 있다고 보게 되었다. 내가 과거에 탐구해 볼 가치가 있는 가능성으로 제안하였고 이제 여기에서 또다시 언급하고 있는 것은, 우리는 빌립보서 3장을 "잘 생각해서 적용하라"는 일종의 암시로 읽어야 한다는 것이다. 그의 청중들은 유대인들이 아니기 때문에, "그를 본받아서," 그가 했던 방식으로 유대인으로서의 특권들을 버리거나 철저하게 재해석할 수 없다. 하지만 그들에게는 공민으로서의 특권들이 주어져 있다. 우리는 그들 중에서 얼마나 많은 사람들이 로마 시민이었는지에 대해서는 알지 못하지만, (바울 당시의 많은 도시들과 마찬가지로) 빌립보 도시 전체는 그들이 로마 문화를 삶 속에서 구현하며 살아가고 있다는 것을 자랑스럽게 여겼

75) 2:6에 대한 이러한 읽기에 대해서는 Wright, 1991 [*Climax*], ch. 4을 보라, 이 읽기는 지금 많은 주석서들에 의해서 받아들여지고 있다.

다. 바울은 그들이 그렇게 해서는 안 된다고 말하고 있는 것이 아니다. 그는 다음 장에서 계속해서, "참되고 거룩하며 순전하고 매력적이며 좋은 평판을 듣고 있고 덕스러우며 칭찬할 만한 것은 무엇이든지" 눈여겨보고 곰곰이 잘 생각하라고 그들에게 말한다. 그는 (그런 의미에서) 이원론자가 아니다. 루스드라의 무리들이 바울을 숭배하다가 금방 돌변해서 그를 돌로 치려고 했고, 멜리데 섬에서 바울을 지켜보던 사람들이 처음에는 그를 위험스러운 범죄자로 취급하였다가 나중에는 신으로 보았던 것과 마찬가지로, 바울의 일부 독자들은 그를 전적으로 "친로마적인" 인물로 보거나, 전적으로 "반로마적인" 인물로 보는 경향이 있어 왔다. 내가 무수히 말해 왔듯이, 그런 식의 태도는 피상적이고 얕은 것이다(내가 이런 말을 하면, 오늘날 정치적으로 우파나 좌파에 속한 독자들은 모두 다 실망하고, 일부 비평가들은 바울이 제국에 대항하는 복음을 전하였다는 나의 말을 듣고는, 내가 바울이 시대를 잘못 태어난 마르크스주의자나 무정부주의자였다는 의미로 말한 것처럼 곡해하고서는 내 말에 귀를 막아 버린다). 바울의 글들 속에는 조건부 지지도 무수히 많고, 조건부 비판도 무수히 많다.[76] 우리가 빌립보서 3장에서 보는 것은 정확히 조건부 비판이다. 바울의 청중들은 "그들 자신의 구원"을 스스로 실제의 삶 속에서 구현해 나가야 하지만, 그들이 그렇게 행하고자 한다면, 그는 그들에게 자기가 권리들과 특권들을 포기한 것을 하나의 모범이자 모델로 제시할 것이고, 그들은 바로 그 지점에서 그들 자신의 구원을 구현해 나가는 일을 시작해 나가야 한다. 바울은 이런 식으로 암시적으로 글을 쓰는 것이 카이사르의 신성모독적인 주장들에 대한 자신의 생각을 자세하게 설명하는 편지를 쓰는 것보다 더 안전하였을 것이다.[77]

76) Barclay, 2011, 378 n. 55가 올바르게 지적하고 있듯이 — 물론, 나는 그가 거기에서 내가 "어휘 병행들에 대한 밋밋한 읽기"를 제시하였다고 주장한 것을 받아들일 수 없지만.

77) 나는 전에 3:1의 "너희에게 안전하다"(hymin de asphales — '휘민 데 아스팔레스')는 다른 식으로 해석하면 이상하지만, 여기에서처럼 해석하면 그 의미가 통한다고 주장한 바 있다. '아스팔레스'(asphalēs)는 아주 다양한 의미로 사용되기 때문에, 확실하게 말하는 것은 불가능하다. 그 어떤 주석서도 내가 취한 노선을 따르고 있지 않다는 Barclay의 반론(2011, 380 n. 59)은 이상하다: 만일 석의자들이 오직 이미 나와 있는 것들만을 재사용해야 한다면, 성경 연구는 아무짝에도 쓸데가 없게 될 것이다. 또한, 나는 여기에서의 나의 주장이 바울이 "복음을 가리고 있다"(381)는 것을 의미한다고 생각하지 않는다. Barclay가 지적하듯이, Philo와 Josephus를 포함한 많은 사람들이 황제 숭배를 포함해서 제국 통치의 여러 측면들을 비판하였지만(Barclay 381f.), 그렇다고 해서 그것이 바울이 이미 박해를 받고 있는 작은 회중에게 편지를 쓰면서, 직설적으로 말하는 것이 아니라 암시하는 말을 써보내야 하겠다고 결심하지 않았을 것임을 의미하지는 않는다. 로마 통치에 대한 Tacitus의 가혹한 발언들(*Agric.* 30.1–32.4, Calgacus의 연설을 통해서)은 바울 같은 사람으로 하여금 자기도 그런 식으로 해도 괜찮을 것이고, 자신의 청중들도 안전할 것이라고 생각하게 만들 수 있었던 선례로서의 역할을 할 수 없었다. 로마 통치 아래에서 사람들

그렇다면, 우리는 고린도전서, 에베소서, 골로새서에 대한 우리의 이전의 고찰에 비추어서, 데살로니가 서신들과 빌립보서에 대한 이러한 짤막한 고찰로부터 어떤 결론을 이끌어낼 수 있는가? 바울이 로마와 그 제1시민이 행하였고 당시에도 여전히 행하고 있던 신성모독적인 주장들을 조심하라는 경고를 자신의 청중들에게 주고 있다는 것은 분명하고, 그가 절대 권세에 대한 인간의 모든 주장을 끊임없이 상대화시켜서, 그러한 권세를 오직 예수에게만 돌리고 있음은 물론이다. 또한, 그가 다니엘서나 솔로몬의 지혜서 같이 하나님이 이교도 통치자들을 세웠다는 것과 장차 그들을 심판하게 될 것이라고 말하였다는 것도 두말할 필요가 없다. 오직 예수라는 이름을 제외한다면, 바울이 말한 것은 여기까지는 제2성전 시대의 수많은 유대인들이 말했을 것과 일치한다. 그러나 바울에게는 그들이 말한 것과는 다른 그 무엇, 즉 우리가 오직 초기 기독교의 신정정치라고 부를 수 있는 것, 바울이 유대적인 신학 전체를 근본적으로 수정하고 변화시킨 것과 정확히 동일선상에서 이교 제국에 대한 유대인들의 견해를 근본적으로 수정하고 변화시킨 것이 존재하였는데, 그것은 오랫동안 기다려 왔던 새 날이 이미 동텄다는 것이었다. 심판이 이미 내려지고 집행되었다. 예수가 십자가에 달렸을 때, 통치자들과 권세들은 이미 굴욕을 당하고 무력화되었다. 폭군의 최후의 병기인 사망 자체가 이미 패배를 당하였다. 따라서 "현세의 통치자들"은 이제 끝나가고 있는 밤의 일부, 이미 해체되는 과정 중에 있는 옛 세계 질서의 일부였고, 그 질서가 지닌 권세는 하나님의 사랑이라는 최고의 권세에 의해서 이미 패배당하였다.

따라서 바울은 사람들이 흔히 생각하는 것과는 달리(특히, 오늘날 "반제국적"이고자 하는 자들이 어떻게 해서든지 바울을 "반로마적인" 인물로 만들어서 자신들을 정당화하고자 하는 것과는 달리), "친로마적"이거나 "반로마적"인 입장보다 훨씬 더 무엇이라고 규정하기 어려운 미묘한 입장을 제시하고 있었다. 예수를 토대로 한 그의 종말론은 전통적인 유대적 입장이 지니고 있던 이중적 측면을 둘 다 수정하였다. 바울은 예레미야가 유대인들에게 "그들이 살고 있는 도시가 잘 되기를

은 언제나 방백들, 그리고 궁극적으로는 황제에게, 또한 이전 황제들의 사례에 호소할 수 있었다는 Barclay의 주장(382 n. 63)은 Tacitus의 공격에 비추어 볼 때에 도저히 생각할 수 없을 정도로 순진한 생각인 것으로 보인다. 바울 등이 종종 그런 호소를 하였다는 사실은 그가 자신의 청중들에게 자신 있게 권할 수 있는 순리를 따르는 공정한 제도가 존재하였다는 것을 의미하지는 않는다: 바울은 자신의 입장을 선명하게 밝히는 사람이었기 때문에, 그에게 안전이 보장되기만 하였다면, 얼마든지 자신의 입장을 선명하게 밝혔을 것이다(하지만 cf. 행 27:42f.!). 그가 사람들에게 공민으로서의 지위나 특권을 버려야 할 때가 올 수도 있다고 경고한 것은 반드시 제국의 제도 전체가 이미 썩었다는 것을 의미하는 것은 아니다.

구하라"고 말하였던 측면과 맥을 같이하여, 자신의 청중들에게 선한 시민들이 되어야 한다고, 즉 공적인 행실에 있어서 복음에 합당하게 행하여 모든 사람에게 선을 행하고 그들의 선한 이웃이 되어야 한다고 강력히 권면한다.[78] 특히, 앞으로 보겠지만, 그는 그들을 다스리는 권세자들과 법에 복종하고, 정해진 세금을 내라고 그들에게 말한다.[79] 그러나 차이점이 있다. 예레미야 시대의 바벨론에서는 바벨론의 권세자들이 다스렸지만, 포로생활을 하던 유대인들은 그들의 한 분 유일하신 하나님이 여전히 모든 것을 다스리고 있다고 믿었고, 단지 예레미야가 전하는 예언을 듣거나 신명기를 읽고서, 그들이 자신들의 죄로 인해서 포로생활을 하고 있는 것이고, 그들의 속량함이 이를 때에만 그들의 처지가 나아지게 될 것이라고 믿었다. 바울은 그 새로운 순간이 이미 도래하였다고 믿었지만, 예레미야에 의하면, 어둠의 많은 시간들이 장래에 여전히 있을 것이었다. 바울은 한편으로는 권세들에게 복종하라고 명령하면서도, 다른 한편으로는 밤은 벌써 지났고 낮이 이미 동터오고 있다는 것을 상기시키는 말을 함으로써, 균형을 잡는다.[80]

전통적인 유대적 입장의 두 번째 측면은 야웨가 언젠가는 이교의 통치자들을 (그리고 물론 유대인 통치자들도) 심판할 것이라는 약속이었다. 그런 일은 역사 속에서 종종 일어났고, 다니엘서는 느부갓네살 왕이 미친 것과 벨사살 왕의 몰락도 그러한 심판의 예들로 보고, 저 옛적의 최초의 속량함의 때에도 애굽 및 그 왕 바로에게 일어난 일도 그러한 심판으로 본다.[81] 그러나 제2성전 시대의 유대인들은 여전히 큰 날, 즉 네 번째 짐승이 단번에 심판과 단죄를 받게 될 그 때를 기다렸다. 네 왕국이 차례로 등장했다가 멸망한 뒤에 하나님의 나라가 올 것이라고 말하는 다니엘서 2장과 7장의 도식은, 그런 후에 하나님의 나라도 멸망하고 또다시 넷 또는 다섯 왕국이 일어나는 영원한 순환 구조를 상정하지 않는다. 하나님의 나라는 한 번 세워지면 영원히 존재하는 나라가 될 것이다. 제2성전 시대의 유대인들에게는 그러한 사건이 미래에 있었지만, 바울에게 있어서는 과거에 있었다. 이 점에 대한 그의 주장은 아주 명확해서 오해할 소지가 전혀 없다. 그는 하나님은 지금도 메시야 안에서의 자신의 개선행렬 속으로 우리를 이끌어들인다고 말한다. 이 하나님은 현세의 통치자들에 대하여 승리를 거두었기 때문에, 그들이 이제 무슨 짓을 하더라

78) 빌 1:27; 롬 12:14-18; 갈 6:10(cf. 엡 4:28); 살전 5:15; cf. 딤전 6:18.

79) 롬 13:1-7; 아래를 보라.

80) 롬 13:11-14; 살전 5:1-11.

81) 느부갓네살: 단 4장; 벨사살 : 단 5장; 애굽 왕 바로: 출 14-15장, cp. Wis. 10-19. 출애굽은 여전히 요한계시록에서 로마에 대한 다가올 심판에 관한 비전의 모델이다.

도, "이 모든 일들에서 우리는 우리를 사랑하신 이로 말미암아 넉넉히 승리를 거둔다."[82] 바울에게 있어서는 메시야는 복음으로 이미 다스리고 있고, 그런 말을 들으면 의심하며 계속해서 분노하는 통치자들과 권세들에게 그 사실을 보여주는 것은 교회의 연합과 성결이다.[83] 이것은 세계의 교만한 권세들이 장차 최종적으로 멸망하게 될 것임을 보여주는 증표이고, 메시야의 추종자들에게는 그들의 궁극적인 구원이 가까웠음을 보여주는 증표라고 그는 말한다. 특히, 사도 바울이 겪는 고난들은 새로운 세계가 탄생하고 있음을 보여주는 증표로서, 어떤 사람들에게는 사망의 냄새로, 어떤 사람들에게는 생명의 냄새로 인식된다.[84]

따라서 우리가 바울에게서 발견하는 것은 유대인들의 정치적 역설의 새로운 형태이다. 바울은 포로생활을 하면서 그 도시가 잘되기를 바라고 기도하는 것이 아니라, 이미 메시야로 말미암아 동튼 새 날에서 살아가고 있다. 그는 한 분 유일하신 하나님이 죄와 사망과 인간의 모든 악을 심판하기를 기다리고 있는 것이 아니었다. 심판은 이미 내려졌다. 바울이 정치적 비판을 행할 때, 그의 발걸음은 경쾌하다. 왜냐하면, 예수는 이미 다스리고 있고, 모든 무릎이 그의 이름 앞에 꿇게 되어 있기 때문이다. 우리가 바울의 세계관을 검토할 때에 보았듯이, 그는 이렇게 말하였을 것이다: 우리는 이제 더 이상 포로생활 가운데 있지 않다. 우리는 갱신된 인류의 새롭게 개시된 권속의 지체들로서, 왕이 귀환하여 세계를 변화시킬 날을 기다리고 있다. 그동안에, 우리는 로마의 신성모독적인 주장들을 수긍하는 잘못을 저질러서는 안 된다. 한 분 유일하신 하나님이 현세의 통치자들, 특히 (다니엘서 7장에 의하면) 일련의 네 제국 중에서 마지막 큰 제국(바울은 이 제국이 로마라고 본다)을 무너뜨리고 있다. 그 제국이 한 분 유일하신 하나님과 그의 백성과 그의 세계에 관한 참된 이야기를 패러디한 자신의 이야기를 들려줄 때, 우리는 그것을 아무 상관이 없거나 별 것 아닌 일로 치부해 버릴 수 없다. 복음 속에는, 로마이든 어떤 다른 나라이든 단순히 제국에 대항하는 것보다 훨씬 더 많은 것들이 들어 있다. 그러나 로마가 현재적으로 자신이 종교를 비롯해서 세계 전체를 장악하고 있다는 듯이 행동한다면, 바울에 의해 수정된 유대인들의 유서깊은 정치적 비판의 암묵적인 공격대상은 로마가 될 수밖에 없다.

82) 고후 2:14; 골 2:15; 롬 8:37.
83) 엡 3:10.
84) 빌 1:28; 고후 2:16.

3) 열방들을 통치하기 위하여 일어남

바울의 가르침과 신학은 모종의 "반제국적인" 수사로 축소될 수 없다. 그럼에도 불구하고, 그가 로마서를 쓸 때, 이 서신의 핵심적인 대목들에서 명시적으로 성경 전통들을 가져와서, 십자가에 못 박혔다가 부활한 예수가 온 세계의 충성을 받아 마땅한 주(lord)라는 그의 "복음"의 중심에 있는 아주 중요한 주장을 둘러서 여러 개의 말뚝들을 박아둔 것은 주목할 만하다. 이러한 성경 전통들은, 이교 사상에 맞서서, 한 분 유일하신 하나님의 백성이 언젠가는 세계의 통치자들이 될 것이라는 소망을 제시한 옛 이스라엘의 변증으로 거슬러 올라간다. 어떤 경우들에는 그 전통들은 이 소망의 초점을 시편 2편과 이사야서 11장을 비롯한 비슷한 본문들에 나오는 약속들을 성취할 장차 도래할 왕에 맞춘다. 물론, 이것으로부터 도출되는 소극적인 결론은 그 어떤 이교 왕이 이것과 비슷한 주장을 하는 경우에는 그 주장은 정면으로 반박되고 일축된다는 것이다. 주후 50년대 중반에 로마에 편지를 쓰는 사람은, 누구든지 거기에는 황제가 있고, 그의 전임자들은 그런 종류의 주장을 하였었고(특히, 최초의 황제였던 아우구스투스가 자신이 온 세계에 평화와 정의와 번영을 가져다주었다고 주장한 것), 현재의 황제도 동일하게 그 길을 가고 있으며, 바울이 활동하고 있던 지역들인 식민지들과 속주들도 어떻게든 그런 황제를 지지하고 황제의 환심을 사고자 하고 있다는 사실을 몰랐을 리가 없다.

여기서 다시 한 번 우리가 말해 두지 않으면 안 될 것은, 만일 바울이 그것을 염두에 두고 이 서신을 쓴 것이 아니라면, 그는 자신의 가장 위대한 서신을 정말 이상한 방식으로 쓴 것밖에 되지 않는다는 것이다. 이 서신의 서두와 신학적인 설명을 담고 있는 극적인 결미는, 그것을 처음 듣는 청중들에게 놀라움과 의구심을 불러일으키고 심지어 일부에게는 걱정이나 위기감을 불러일으켰을 것임에 틀림없는 방식으로 예수에 관하여 말한다:

> 왕 예수의 종 바울은, 사도로 부르심을 받아, 하나님의 복음을 위하여 구별되었으니, 이 복음은 하나님이 성경에서 선지자들을 통하여 그의 아들에 관하여 미리 약속하신 것이다. 그의 아들에 관하여 말하면, 육신으로는 다윗의 씨로부터 나셨고, 성결의 영으로는 죽은 자들 가운데서 부활하여 능력으로 하나님의 아들로 확인되었으니, 곧 우리 주 왕 예수이시다.
>
> 그로 말미암아 우리가 은혜와 사도의 직분을 받아, 그의 이름을 위하여 모든 열방 중에서 믿어 순종하게 해 왔다.
>
> 이 서신은 로마에서 하나님을 사랑하고 그의 성도로 부르심을 받은 모든 자들에게 보

내는 것이니, 하나님 우리 아버지와 주 왕 예수로부터 너희에게 은혜와 평강이 있기를.[85)]

그러므로 메시야께서 너희를 받아 하나님께 영광을 돌리신 것과 같이, 너희도 서로 받으라. 내가 그 이유를 너희에게 말하겠다. 메시야께서는 하나님의 진실하심을 나타내기 위하여 할례자들의 종이 되셨으니, 이는 조상들에게 주신 약속들을 견고하게 하시고, 이방인들도 그의 긍휼하심으로 말미암아 하나님을 찬송하게 하기 위한 것이다. 성경은 이렇게 말한다:

이것이 내가 열방 중에서 당신을 찬송하고 당신의 이름을 찬송하는 이유이다.

또한, 성경은 말한다:

너희 열방들아, 그의 백성과 더불어 함께 즐거워하라.

또한, 성경은 말한다:

모든 열방들아, 주를 찬송하고,
모든 백성들아, 그를 찬송하라.

그리고 이사야는 다시 한 번 이렇게 말한다:

이새의 뿌리,
곧 열방을 다스리기 위하여 일어나시는 이가 있으리니,
열방이 그에게 소망을 둘 것이다.

소망의 하나님이 모든 기쁨과 평강을 믿음 안에서 너희에게 충만하게 하셔서, 너희로 성령의 능력으로 말미암아 소망이 넘치게 하시기를 기원한다.[86)]

하나님의 복음, 하나님의 아들, 최고의 능력, 모든 열방들로부터의 전 세계적인 충성, 모든 열방이 한 분 유일하신 하나님을 예배하러 시온으로 오게 될 것이라는 옛 이스라엘의 꿈, 다윗 가문에서 난 왕이 와서 "열방들을 다스리기 위하여 일어날" 것이라는 좀 더 구체적인 오래된 비전. 아주 오랜 옛날부터 이스라엘의 이러한 소망은 단지 더 나은 시절이 오기를 갈망하는 모호한 꿈이 아니었고, 창조주 이스라엘의 하나님이 무슨 일이 있더라도 반드시 열방들을 자신의 통치 아래 두게 될 것이라고 믿은 확고하고 지속적인 믿음이었다. 이러한 믿음은 흔히 이스라엘의 하나님이 그러한 열방들의 현재의 악한 통치자들을 무너뜨릴 것이라는 부수적인 믿음을 수반하였다. 바울은 정확히 그러한 열망들을 가져와서, 그 소망이 마침내 이루어졌다고 선언한다. 예수가 부활하였고, 그는 열방들의 참된 통치자이고, 전에

85) 롬 1:1-7; 최근의 것으로는 Harrison, 2011, 146-50을 보라.

86) 롬 15:7-13은 시 18[LXX 17]:50; 신 32:43; 시 117:1; 그 절정에서는 사 11:10의 칠십인역 본문들을 인용하고 있다(이것에 대해서는 *RSG*, 266f.를 보라). 이것 이후에 바울은 주제를 바꾸어서 선교여행 계획에 대하여 말하고 마지막 인사를 전한다.

이스라엘의 하나님은 바로 그에게 세계를 유업으로 주겠다고 약속했었다. 물론, 로마서에는 이것보다 훨씬 더 많고 풍부한 내용들이 들어 있다.

이 본문들은 이것과는 판이하게 다른 주제를 주된 내용으로 다루고 있는 한 서신의 양 끝에서 바울이 의례적으로 적어 놓은 수사적인 말들이 아니다. 특히 아우구스투스 치하에서 행해졌던 로마의 엄청난 주장들, 즉 로마가 세계에 구원을 가져다주었고, 그렇게 해서 정의와 평화를 실현하였으며(즉, "정의"와 "평화"라는 두 신이 현현하였으며), 번영의 황금시대를 열었다고 하는 주장들, 이 모든 것들은 로마서에서 바울이 자신의 주된 주제를 선포하고 발전시킬 때에 곳곳에서 울려 퍼진다: "하나님의 아들"의 "복음"은 하나님의 정의를 묵시론적으로 드러내었고, 이것으로 말미암아 구원이 모든 믿는 자들에게 임하여(1:16-17), 그 결과 "평화"가 찾아왔고(5:1), 온 피조세계가 장차 썩어짐의 노예상태로부터 해방될 궁극적인 새로운 세계가 도래하였다(8:19-21). 우리는 여기서 굳이 이 주제를 더 이상 전개할 필요는 없다. 왜냐하면, 어차피 사람들은 이 본문들만으로도 그 속에서 그러한 메시지를 들을 수 있고, 듣지 못하는 사람들은 더 많은 본문들을 나열해도 전혀 듣지 못할 것이기 때문이다. 다시 한 번 말하지만, 바울은 단지 "카이사르도 어느 정도 할 수 있지만, 예수는 더 잘 할 수 있다"고 말하기 위해서 로마서를 쓰고 있는 것이 아니다. 그는 자기가 말하고자 하는 모든 것들을 얘기하는 과정에서, 아주 의도적이고 흔쾌히 예수의 복음으로 황제의 "복음"을 일축하고 있는 것이다. 이러한 주장에는 미심쩍거나 터무니없는 것이 전혀 없다. 이 단계에 이르러서, 바울은 수사학을 아주 잘 다루는 사람이었기 때문에, 그가 자신이 말하고자 하는 것이 동시에 여러 가지 역할을 해낼 수 있도록 하는 방식으로 표현하는 일은 그리 어렵지 않은 일이었다. 신문기자들이나 설교자들도 그런 일들을 할 수 있는데, 사도라고 왜 하지 못하겠는가?

특히, 나는 바울이 로마서 9장과 10장을 쓸 때에 수사학적으로 또 하나의 허를 찌르는 수를 두고 있을 가능성이 대단히 높다고 생각한다. 내가 위의 제11장에서 논증하였듯이, 로마서 9:6-10:21은 아브라함으로부터 당시에 이르기까지 — 또 다른 관점에서 보면, 바울은 신명기 30장의 약속과 신명기 32장의 경고가 자기 시대에 둘 다 성취되었다고 보았다는 점에서, 창세기로부터 신명기에 이르기까지 — 이스라엘의 이야기 전체를 거대한 규모로 장엄하게 다시 수정해서 들려주는 내용으로 되어 있다. 이스라엘에 관한 기이하고 어두운 이야기는 아브라함, 이삭과 이스마엘, 야곱과 에서, 모세와 애굽 왕 바로, 선지자들, 포로생활, 남은 자 … 그리고 '텔로스 노무'(telos nomou, "율법의 최종 종착지")이자 마침내 "하나님의 의"를 성취한 분인 메시야에 관한 이야기이다. 이것은 갑작스럽게 참된 왕이 등장하여, 새로운 종류의 제국이 세워지고, 왕의 전령관들은 전 세계로 나아가서 열방들에게 무슨 일이 일어난 것인지를 전하여, 그들의 충성(pistis- '피스티스')을 요구하고, 이사야가 말한 것처럼, 그들이 전혀 기대하지 않았을지라도, 그들을 불러 하나님의 권속으로 삼는 것으로 끝이 난 천 년에 걸친 기나긴 서사이다.[87] 이 서사가 아우구스투스 시대의 저술가들이 건국 시조들(특히 로물루스와 레무스라는 쌍둥이)로부터 시작해서 수많은 기이한 일화들을 거쳐 아우구스투스라는 황제가 등장하여 자신의 영토를 광활하게 넓히고 땅의 끝들로부터 신민들과 새로운 시민들을 받아들이게 된 것을 얘기한 기나긴 서사를 어느 정도 정확히, 그리고 적어도 개략적으로 반영하고 있는 것은 단지 우연인 것인가?

정말 기이한 우연이기는 하지만, 이것은 아마도 우연일 것이다. 어쨌든, 로마서 9-11장이 로마 제국의 위대한 서사를 은밀하게 일축하고 밀어내는 것보다 훨씬 더 많은 것들을 담고 있다는 것은 두말할 필요가 없다. 그러나 우리가 제국의 서사를 단지 모방으로 보고, 본질적으로 크게 중요하지 않은 대안적인 서사 정도로 치부해 버릴 수 있다고 할지라도, 잠깐 멈추어서 생각을 좀 해보면, 로마로 보내진 서신에서 그 서사는 그렇게 사소한 것일 수 없었을 것이다. 우리는 바울이 이 서신을 쓰고 나서 십여 년이 지난 후에 네로가 그리스도인들을 박해하게 된 정확한 원인을 알지 못한다.

우리는 바울이 바로 그러한 박해의 와중에서 죽임을 당한 것인지, 아니면 다른 시기에 죽은 것인지에 대해서도 알지 못한다. 또한, 네로의 박해가 끝난 후에는 여러 세대 동안 그리스도인들에 대한 조직적인 박해는 없었다. 그러나 우리는 그리스도인들이 반사회적인 사람들이라는 평판을 얻었다는 것에 대해서는 알고 있다. 그리고 그리스도인들 중에는, 종종 이교도들로부터 조롱거리가 되거나 핍박을 불러오곤 하였던 유대인들의 금기들을 지키지 않은 사람들이 많이 있었다는 사실을 감안하면, 우리는 로마의 작은 교회에는 사람들에게 의구심을 불러일으킬 만한 어떤 것이 있었을 것이라는 가설을 세우지 않으면 안 된다. 카이사르에 대한 충성이 삶의 주된 특징들 중의 하나였던 세계에서, 그리스도인들은 "그들 자신의 구원을 두렵고 떨리는 마음으로 구현해내면서," 예수가 주(lord)라면, 카이사르는 주가 아니라는 것을 이런저런 방식으로 깨닫게 되었을 것이다.

그렇다면, 바울은 로마서 13장의 저 유명한 본문에서 무엇을 말하고자 한 것이

87) 롬 10:20(cf. 9:30f.)은 사 65:1을 인용한다.

었는가?

> 각 사람은 다스리는 권세들에게 복종하여야 한다. 하나님으로부터 나지 않은 권세는 없고, 기존의 권세들은 하나님께서 정하신 것이다. 그러므로 권세를 거스르는 자는 누구든지 하나님이 세우신 것을 거스르는 것이고, 거스르는 자들은 심판을 자초하게 될 것이다. 왜냐하면, 통치자들은 선을 행하는 자들에게가 아니라 오직 악을 행하는 자들에게 두려운 존재들이기 때문이다.
>
> 네가 다스리는 권세를 두려워하고 싶지 않다면, 선을 행하라. 그러면, 권세는 너를 칭찬할 것이다. 권세는 너와 너의 유익을 위한 하나님의 종이다. 그러나 네가 악을 행하고 있다면, 두려워하라. 권세는 공연히 칼을 가지고 있는 것이 아니다. 권세는 하나님의 종이 되어, 행악자들에게 진노하심을 따라 보응하는 정의의 사자이다. 이것이 복종하지 않을 수 없는 이유이니, 벌을 피하기 위해서가 아니라 양심으로 인해서 복종하라.
>
> 너희가 조세를 바치는 것도 이것 때문이다. 세리들은 바로 이 일에 힘쓰는 하나님의 일꾼들이다. 따라서 각자에게 마땅히 주어야 할 것을 주라. 조세를 받는 자들에게는 조세를 바치고, 관세를 받는 자들에게는 관세를 바치라. 공경해야 할 자들을 공경하고, 존귀하게 대해야 할 자들을 존귀하게 대하라.[88]

이제는 분명하다. 이 본문은 일반적인 로마의 통치, 또는 바울이 이 서신을 쓰고 있던 당시의 로마의 구체적인 통치에 관한 논평도 아니고, "나는 로마인들이 지금 세계를 통치하고 있는 방식을 좋게 보아 왔고, 그 통치를 인정한다"고 말하고 있는 것도 아니며, 바울이 다른 상황 속에서는 또 다르게 말했을 상황에 맞춘 메시지도 아니다.[89] 이것은 외세의 통치 아래에서 어떻게 사는 것이 지혜롭게 사는 것이냐에 관한 유대적인 글의 고전적인 한 예이다. 예수가 요한복음 19:11에서 빌라도에게 한 대답이, 카이사르와 그의 부하들이 자기를 사형에 처하는 것이 옳은 일을 하고 있는 것임을 의미하지 않는 것과 마찬가지로, 바울이 여기에서 하고 있는 말은 로마의 현재의 통치 체제가 완벽하다는 것을 의미하지 않는다. 그것은 단지 한 분 유일하신 하나님은 사람들을 권세들로 세워서 자신의 세계를 통치하기를 원하시기 때문에, 한 분 유일하신 하나님의 백성은 그러한 권세들을 공경하여야 한다고 말하는 것이다. 하지만 우리가 사도행전에서 볼 수 있듯이(사도행전이 실제 역사를 어느 정도 사실적으로 묘사하고 있는가 하는 문제를 떠나서, 유대인들의 저 고전적인 양면적 입장을 반영하고 있는 것은 분명하다), 권세들을 공경하는 것은, 권세

88) 롬 13:1-7. Wright, 2002 [*Romans*], 716-23을 보라. 최근의 것으로는 Fantin, 2011, 261-5를 보라.

89) 예를 들면, Cassidy, 2001은 바울이 빌립보서를 쓸 때쯤 해서 자신의 생각을 바꾸었다고 주장한다.

들이 한 분 유일하신 하나님에 의해 심판을 받게 될 것이라는 믿음 — 그리고 한 분 유일하신 하나님의 백성이 어느 정도는 미리 심판을 수행한다는 점에서 "미리 참여하는 종말론"과 관련된 많은 함의들 — 과 한 짝을 이룬다. 초기 교회는 인간 권세들이 아니라 참 하나님에게 순복하여야 한다는 것을 분명히 하였다.[90] 하지만 그들은 통상적인 상황 아래에서는 그러한 권세들에게 기꺼이 순복할 자세가 되어 있었을 뿐만 아니라, 필요한 경우에는 그 권세들에게 그들의 합당한 소명을 일깨워 주는 역할도 할 준비가 되어 있었다.[91]

따라서 사람들이 흔히 그래왔던 것과는 달리, 로마서 13:1-7은 바울이 일반적으로는 제국, 구체적으로는 로마를 비판하지 않았다고 주장하기 위한 증거 본문으로 인용될 수 없다. 또한, 요한복음 19:11을 근거로 해서 그런 주장을 하는 것도 분명히 옳지 않다. 하지만 우리가 이 본문과 관련해서 주목해야 할 것이 세 가지가 있다. 첫 번째는 권세들에게 복종하라는 명령은 12:19-21에 나오는 사적인 복수를 금지하는 명령과 서로 연결되어 있다는 것이다(로마서 13:1-7은 흔히 그 맥락으로부터 떼어내져서 해석되어 왔지만, 원래의 맥락 속에 있을 때에만 원래의 의미를 드러내게 된다). 바울이 12:19에서 (신명기 32:35을 인용해서) 원수 갚는 것은 한 분 유일하신 하나님에게 속한 일이라고 말한 후에, 곧바로 신속하게 이 창조주 하나님이 공적인 권세들에게 행악자들을 벌하여 원수 갚는 일을 수행할 책무를 부여하였다고 말하고 있다는 것은, 이 둘이 서로 연결되어 있다는 것을 분명하게 보여준다. 무정부주의는 죄를 짓고도 벌을 받지 않는 경우가 생기는 것에 대한 일반적인 우려 또는 분노를 근거로, 사람들은 법을 그들 자신의 수중에 쥐고서 그들 자신을 스스로 지켜야 한다고 주장한다. 그런 주장의 대안은 모종의 권위 구조이다. 권세들이 자신의 소임을 다하든 그렇지 않든, 인간의 통상적인 삶, 특히 그리스도인들의 통상적인 삶에 있어서는, 권위의 구조 속에서 자신의 책임을 다하는 것이 아주 중요하다. 그리고 다니엘서 6장이 보여주는 것처럼, 한 분 유일하신 하나님의 백성은 오직 하나님에게만 충성을 바치는 것 외에는 흠 잡을 것이 없는 삶을 살아야 한다.

두 번째는 통치자들이 사람들에게 자신을 신으로 모시라고 주장하는 데 익숙해져 있는 세계에서, 그들이 그 자리에 있는 것은 한 분 유일하신 하나님이 그들을 거기에 앉혔기 때문이라고 말하는 진술은, 그들을 격하시키고 강등시키는 말이라

90) 행 4:19; 5:29.
91) 예를 들면, cf. 행 16:35-9; 23:1-11; 25:6-12; cp. 18:12-17; 19:35-41.

는 것이다(13:1). 우리는 이 점에 대해서 이미 말한 바 있지만, 여기에서 또다시 반복해서 말해 둘 필요가 있다.

세 번째는 외세의 지배 아래에서 어떻게 살아야 하는가에 관한 바울의 본질적으로 유대적이고 거의 예레미야 같은 설명은, 다른 곳에서와 마찬가지로 여기에서도, 그의 종말론에 의해서 근본적으로 변화되어 있다는 것이다. 그가 (데살로니가전서 5장에서와 마찬가지로) 13:11-14에서, 밤은 이제 거의 지났고 낮이 가까웠다고 말할 때, 그것은 12:14-18에서 말하는 것 같은 통상적인 사회생활이나 13:1-7에서 말하는 것 같은 공민으로서의 의무들을 소홀히 해도 된다는 것을 의미하는 것이 아니다. 하나님에 의해 주어진 새 날에서 탄생하고 있는 것이 사랑과 정의의 세계라면, 예수를 따르는 사람들은 현재에 있어서 그러한 사랑과 정의를 따라 살아감으로써 다가올 그 날을 준비하는 것이 합당하다. 그리고 12장이 13:1-7의 고유한 맥락의 일부인 것과 마찬가지로, 14장과 15장도 그러한 맥락의 일부이다. 바울은 14:4, 7-12에서는 모두가 하나님의 심판대 앞에 서게 될 것이라고 강조해서 말하고, 15:7-13에서는 부활한 메시야가 열방들을 다스릴 권한이 있는 합법적인 통치자라고 말한다. 문제들이 발생하는 것은 13:1-7을 그러한 맥락에서 떼어내어, "세상의 통치자들에 관한 바울의 견해" 또는 "바울의 정치 철학"을 보여주는 완결된 진술로 승격시킬 때이다.[92] 이 본문은 12-15장의 전체적인 틀 내에서 제한적인 역할을 하고 있는 진술로서, 창조주의 경륜 속에서 세상의 통치자들의 제한적이고 잠정적인 역할에 대하여 말하고 있는 것일 뿐이다.

우리가 살펴보아야 할 서신이 하나 더 남아 있다.[93] 갈라디아서는, 최근에 거기에서 다루어지고 있는 상황 및 바울의 논증과 관련해서, 로마가 이전에는 생각하지도 못했던 중요성을 지니고 있다는, 세 가지 서로 다르지만 아마도 수렴가능한 주장들로 인해서 논란의 중심이 되어 왔다. 최근에 특히 고고학과 지지학(地誌學)을 토대로 해서, 갈라디아서가 상당수의 유대인 공동체들이 존재하였던 로마의 이속주의 남부 지역에 있던 교회들에게 보내진 서신이라는 것이 좀 더 널리 받아들여지게 되면서,[94] "갈라디아 교회의 문제" 중의 한 요인은, 새롭게 급성장한 황제

92) Jewett, 2007, 786. 사람들이 마가복음 12:13-17 par.에 나오는 "가이사의 것은 가이사에게" 본문을 다루어 온 방식에 대해서도 우리는 비슷한 말을 할 수 있을 것이다. 그 본문은 하나님의 나라에 대한 전반적인 선포 내에서만 제대로 된 의미를 지니게 된다.

93) 나는 여기에서 고린도전서를 고찰 대상에서 제외하였지만, 고린도전서 8-10장도 로마의 제의를 배경으로 한 것이라는 주장이 있어 왔다: Winter, 2001, ch. 12; Fantin, 2011, 225-31, 244-6을 보라.

94) 위의 제10장 제2절 3)과 각주 109를 보라.

제의를 포함한 제국 이데올로기에 의한 사회적 압력이었을 가능성이 등장하였다. 따라서 우리는 다음과 같은 가능성을 생각해 볼 수 있다:

(a) 이교도 출신 그리스도인들은 로마나 카이사르와 관련된 축제들이나 제의에 참가하지 않아도 되도록 유대인들에게 부여된 권리가 자신들에게도 있다고 주장하였을 것이다.

(b) 의심의 눈초리로 바라보던 이웃들이나 지역 관리들은 이교도 출신 그리스도인들이 그러한 권리를 주장하는 것이 과연 합법적인 것인지에 대하여 문제를 제기하였을 것이다.

(c) 그 지역에서 그리스도인이 아닌 유대인들은 다른 사람들이 다른 근거로 그러한 권리를 주장하는 일이 벌어지면 자신들에게 주어진 권리조차도 위태롭게 될 것을 우려하였다.

(d) 그래서 유대인들은 이교도 출신 그리스도인들에게 "고유한 유대인"으로 "합법적으로 인정을 받아서" 로마의 축제들이나 제의에서 면제받고자 한다면 할례를 받으라는 압력을 가해 왔다.

(e) 바울은 이교도 출신 그리스도인들로 하여금 할례를 받게 하고자 하는 시도를, 메시야가 도래함으로써 그 수명을 다한 모세 시대의 경륜이라는 관점에서 "옛 시대"로 다시 돌아가고자 하는 것으로 여겼다.

(f) 그는 (제국의 축제들이나 제의에 참여하지 않음으로써 이교도들로부터 올 가능성이 농후한) 박해를 받는 것은 십자가에 못 박힌 메시야를 따를 때에 필연적으로 수반될 수밖에 없는 결과의 일부라고 여겼다.

(g) "또 하나의 복음"에 맞선 그의 변증 중에서 적어도 일부는 당시에 끈질기게 선전되고 있었던 카이사르의 "복음"과 관련된 것이었다.[95]

분명히 이것은 갈라디아 교회의 문제에 대하여, 주류 학계에서 통용되어 왔던 설명들이나, 저 멀리 교부 시대로 거슬러 올라가는 이 서신에 대한 학문적인 읽기 이전의 읽기들 중 그 어떤 것과도 근본적으로 다른 시각을 제시한다. 그런 이유 때문에, 우리는 이 견해를 무시해서는 안 된다. 이러한 견해가 제시될 수 있다는 사실, 그리고 갈라디아 지역에 로마의 제의들과 문화가 널리 퍼져 있었다는 것이 주목을 받고 있다는 사실은, 적어도 이 견해를 검토해 볼 필요성을 열어 준다. 그리고 갈라디아서가 이런 종류의 "정치적인" 색채를 지니고 있는 것으로 보는 것은,

95) 이 가설의 여러 가지 다른 형태들에 대해서는 Winter, 1994, ch. 7; 2002a; Hardin, 2008; Kahl, 2010 등을 보라. Griffith-Jones, 2004, 222-4의 짤막한 분석이 보여주듯이, Mark Nanos의 주장들(예컨대, Nanos, 2002a)은 안디옥의 상황에 대한 이런 노선의 사고와 상당한 유사성을 지닌다. 이 주장의 초기 판본들에 대한 유익한 논의는 Witherington, 1998, 447-9에서 찾아볼 수 있다.

최근에 이 서신을 "묵시론적" 맥락 속에서 읽고자 하는 시도들과 잘 들어맞는다 — 아이러니컬하게도, 그러한 읽기를 주창하는 자들은 자신들의 주장이 학문적인 외관을 잘 갖추고 있는 것으로 보이기 위하여 주후 1세기의 "묵시론"의 용어들이 정치적 의미를 지니고 있었다는 것을 제대로 살피려고 하지 않지만.

여기는 갈라디아서에 대한 이러한 "새로운 시각" 내에서의 여러 다양한 견해들을 설명하거나, 그 견해들의 다양한 가능성들을 석의적이고 역사적이며 신학적으로 검토할 자리는 아니다. 이 모든 것은 새로운 연구들이나 고고학적 발견을 통해서 사기로 판명될 수도 있고, 새롭게 수정되어야 할 수도 있을 것이기는 하지만, 나는 적어도 이 문제를 진지하게 검토해 볼 가치가 있다고 본다. 현재로서 우리가 할 수 있는 말은 이것뿐이다. 바울의 교회들의 삶 속에서 중요한 일들 중의 하나는, 그들이 로마의 축제들이나 제의에 어느 정도나 깊이 참여할 수 있느냐 하는 문제였다고 해도 과언이 아니라는 것이다. 고린도에서는 유대인 지도자들이 바울을 고소하였지만, 그 지역의 총독 갈리오는 그 일은 단순히 유대 율법에 속한 문제라는 이유로 그 고소를 기각하여, 결과적으로 그리스도인들의 활동과 선교를 합법화함으로써, 아가야 속주에 있는 그리스도인들은 이 문제와 관련해서 자연스럽게 유대인들과 동일한 권리를 인정받았다.[96] 하지만 우리는 다른 곳들에서도 비슷한 판결들이 있었을 것이라고 생각할 수 있는 근거가 전혀 없고, 도리어 모든 증거들을 감안할 때, 로마와 카이사르에 대한 공적인 충성이라는 문제는 그리스도인들에게 있어서 계속해서 꺼지지 않는 불씨로 남아 있다가, 결국 폴리카르포스(Polycarp, 주후 69-155년)의 순교에서 활활 타오르게 되었다고 보아야 한다.[97]

4. 바울과 카이사르: 결론

바울을 이러한 시각에서 보게 된 것은 오늘날의 학계에서 비교적 최근의 일이어서, 고고학을 필두로 해서 석의에 이르기까지 모든 분야에서 여전히 많은 연구들이 필요하고, 특히 정치적인 관념들을 철학적이고 신학적인 패러다임들과 통합하는 작업이 필요하다는 점을 감안할 때, 내가 잠정적으로 내릴 수 있는 결론은 이런

96) 행 18:12-17; 예를 들면, Winter, 1999를 보라; Haenchen, 1971, 540f.; Schnabel, 2012, 763f. 등에 나오는 논의를 보라.

97) *NTPG*, 346-8을 보라.

것이다. 오늘날 바울을 "제국에 대항한" 신학자로 읽기 위한 많은 논거들을 제시하고 있는 여러 견해들을 굳이 다 살펴보지 않더라도, 그가 때를 잘못 타고난 오늘날의 마르크스주의자였던 것이 아니라, 메시야 예수의 복음을 카이사르와 로마의 "복음"을 밀어내고 무너뜨리며 비합법화하고 일반적으로 전복시키는 것으로 보았다는 것은, 얼핏 보기에도 자명하고, 충분한 증거가 있는 주장이라는 것이다. "그들이 '평안하다, 안전하다' 고 말할 때 … "(데살로니가전서 5:3). 바울은 로마가 인간 정부에게 주어진 합당한 권세의 테두리를 벗어나서, 점점 더 오만방자한 주장들을 하고 있는 것을 볼 수 있었다. 로마 제국의 수사는 터무니없는 우상 숭배적인 주장들의 영역 속으로 들어가고 있었고, 제2성전 시대 유대인들이 외세의 지배 아래에 살아갈 때에 용인할 수 있는 정도를 넘어서 버렸다. 로마 제국의 체제는 그들이 갖추어 놓은 사법체계와 도로들, 우편업무 등을 비롯한 여러 편의 설비들이 제공해 준 유익들에도 불구하고, 에스라4서에서 다니엘서의 네 번째 괴물 역할을 하였던 악하고 잔인한 독수리로 여겨지기에 충분하였지만, 그들은 여전히 그러한 신성모독적인 주장들로 자신들의 체제를 보호하고 강화하고자 하였다. 로마는 자신의 감독과 명령을 통해 "영광의 주"를 십자가에 못 박은 이교 제국이었다. 로마는 바울에게 지금 다윗의 부활한 아들 안에서 성취된 아브라함의 권속에 관한 복음 이야기에 대한 주목할 만한 패러디로 보였을 것임에 틀림없는 그런 내용을 담은 자신의 이야기를 하는 도시였다. 로마는 단지 여러 제국들 중의 하나의 제국이 아니었다. 로마는 교만한 인간이 창조주를 거슬러 반역하고서 자신의 체제들과 도시들을 건설하여 그들의 힘으로 창조주의 세계를 다스리겠다고 나섰을 때에 나타나는 다면적인 현상(이것은 결국 "많은 머리를 지닌 괴물"에 대하여 오늘날의 탈신화화된 언어로 말하는 것이다)을 집약해서 구체적으로 표현한 존재였다. 그런데 이 새로운 바벨탑을 세운 자들은 무너졌고, 아브라함의 자손은 그 자들이 할 수 없었던 일을 성취하였다.

하지만 바울은 통상적인 종류의 혁명을 지지하거나 옹호하지 않았다. 만일 다소의 사울이 주후 50년대와 60년대를 거쳐 저 재앙을 불러온 전쟁에 이르는 시기까지 극우파 바리새인으로 예루살렘에 머물러 있었다면, 그가 혁명에 가담했으리라는 것은 거의 의심의 여지가 없다. 바울 자신의 정치적 사고 속에서의 가장 큰 혁명은 단지 메시야가 이제 도래하였다고 믿었기 때문에 일어난 것이 아니었다. 메시야가 왔다는 것 자체는 단지, 바르 코크바의 추종자들이 믿었던 것과 마찬가지로, "혁명이 이제 시작되었다"는 것만을 의미할 뿐이었다. 이스라엘의 하나님의 구원계획이 십자가에 못 박힌 메시야라는 형태를 빌려 묵시론적으로 계시되자, 훨씬 더 큰 변화가 일어났다. 종말은 단지 개시된 것에서 그친 것이 아니라, 그 형태 자체가 변화되었다. 성취된 방식이 달랐고, 승리를 거둔 방식도 달랐으며, 정치 신학도 달랐다.

바울에게 있어서 이것은 대결과 도전으로부터 뒤로 물러나는 것을 의미하는 것이 아니었다. 결코 그런 것이 아니었다. 그것은 단지 능력들과 권세들을 이미 심판하고 웃음거리로 만들어 버린 십자가의 본을 따라 이제 대결이 다른 형태를 띠게 되는 것을 의미하는 것이었을 뿐이다:

> 우리는 우리의 사역에 대하여 아무도 비방하지 않도록 하기 위하여, 그 누구의 길에도 걸림돌들을 두지 않고, 그 대신에 하나님의 종들로 자천하여, 많이 참는 것과 환난과 궁핍과 고생하는 것과 매 맞음과 갇힘과 난동을 당함과 힘들게 일하는 것과 자지 못함과 먹지 못함 가운데서도, 순전함과 지식과 넓은 아량과 인자함과 성령과 거짓 없는 사랑으로, 영광을 얻든 욕을 먹든, 비방을 받든 칭찬을 얻든, 하나님의 신실하신 역사를 좌우에 무기로 가지고서, 하나님의 능력을 힘입어 진리를 전하였으니, 우리는 속이는 자 같으나 참되고, 무명한 자 같으나 유명한 자이고, 죽어가는 자 같으나 보라 우리가 살아 있고, 징계를 받는 자 같으나 죽임을 당하지 아니하고, 근심하는 자 같으나 항상 기뻐하고, 가난한 자 같으나 많은 사람을 부요하게 하고, 아무 것도 없는 자 같으나 모든 것을 가진 자이다.[98]

> 우리는 단지 사람들일 뿐이지만, 단지 인간적인 방식으로 싸우지 않는다. 우리가 이 싸움을 위하여 사용하는 무기들은 단지 인간적인 것이 아니고, 견고한 요새들을 무너뜨릴 수 있는 하나님으로부터 오는 능력을 지니고 있다. 우리는 영리한 논증들과 하나님을 아는 것을 대적하여 세워진 모든 교만한 관념을 무너뜨린다. 우리는 모든 생각을 사로잡아 메시야에게 복종하게 한다 …[99]

다른 종류의 혁명. 다른 종류의 "전복"(subversion) — 바울은 이것이 더 능력 있고 효과적인 혁명이라고 말하였을 것이다.

따라서 이것은 오늘날의 열렬한 준마르크스주의자들이 주장하는 것과는 달리, 경건주의로의 도피가 아니었다. 그런 도피는 주후 2세기 영지주의자들이 택한 노선이다. 만일 바울이 행한 모든 것이 사람들에게 비정치적이고 탈역사화된 영성을 가르치는 것이었다면, 그는 사람들의 난동들이나 투옥이나 죽음의 위협 같은 것을

98) 고후 6:3-10.
99) 고후 10:3-5.

직면하거나 겪지 않아도 되었을 것이다.[100] 하나님의 나라 및 그 현재적인 실체와 장래의 완성에 관한 바울의 비전은 여전히 철저하게 현세적인 것으로 남아 있었다. 그것은 사람들이 장래에 하늘로 들어올려지거나, 현재 속에서 세상을 초탈한 영성으로 천국에 미리 참여함으로써, 이 땅에서의 삶과 규범으로부터 도피하는 것이 아니었고, 현재의 현실을 포기하는 것이 아니라 변화시키는 것이었다.

오늘날의 해석자들이 직면하는 문제는, 정치에 대한 기독교의 관점은 현실과 타협하는 것도 아니고 이원론적인 것도 아니기 때문에 제대로 인식하기가 어렵다는 것이다. 우리는 한편으로는 교회들이 "기존의 권력들"을 단호하게 긍정해서 교회의 증언에 철저하게 재갈을 물리는 모습도 너무나 자주 보고, 다른 한편으로는 교회들이 세상의 모든 권력을 두려워하여 뒤로 물러가서 사적인 모임들을 갖는 모습도 너무나 자주 본다. 계몽주의 이후의 세계에서 교회들의 모든 선택지들은 "제도교회"의 타협(compromise)이나 "재세례파"의 초탈(detachment) 중에서 어느 한 쪽에 속하는 것이었지만, 역사상의 재세례파의 모습이 사람들이 기대하였던 그런 모습이 전혀 아니었던 것과 마찬가지로, 콘스탄티누스 황제 아래에서와 그 이후에 교회가 역사 속에 정착한 모습도 사람들이 기대하였던 그런 모습이 전혀 아니었다. 바울의 구원론이 16세기의 양자택일식의 손쉬운 선택지에 들어맞지 않는 것과 마찬가지로, 세계 강대국들의 권세와 부활한 메시야의 권세에 관한 바울의 비전도 서구 모더니즘의 정치적 범주들에 쉽사리 들어맞지 않는다. 칭의와 관련된 질문들이나 바울과 정치에 관한 질문들이나 둘 다 사정이 비슷하다. 우리에게는 16세기의 질문들에 대한 19세기의 대답들이 아니라, 주후 1세기의 질문들에 대한 21세기의 대답들이 필요하다.

이것은 사실 존 바클레이(John Barclay)와 내가 일치하는 주된 논점들 중의 하나이다 — 나의 저작에 대한 그의 설명을 들어가지고는, 이것을 금방 깨닫지는 못할 것이지만. 그는 내게 자세하게 설명하고 비판할 수 있는 영광을 주었기 때문에, 관련된 핵심 논점들 중의 몇 가지를 여기에서 간단하게 얘기해 보는 것이 적절할 것이다.[101]

첫째로, 바클레이와 나는, 바울이 로마 제국 및 여신 "로마"와 황제 가족에 대한 제의들에 대하여 무엇을 생각하고 생각하지 않았던 것인지와는 상관없이, 그의 그

100) 이것에 대해서는 *RSG*, 534-51, 특히 548-50; 그리고 Wright, 2006b [*Judas*], 41-53을 보라.

101) Barclay, 2011, ch. 19; 또한, ch. 18도 본서의 제4장 및 5장과 마찬가지로, 로마의 종교와 황제의 토대를 제시하고 있기 때문에 유익하다. 이하의 서술에서 내가 참조한 Barclay의 저작은 바로 이 책이다. 나는 이하의 논점들에 관한 논의와 관련해서 Christoph Heilig에게 감사한다.

러한 모든 성찰들은 독립적이거나 고립된 현상이 아니라, 좀 더 넓은 이교의 종교와 사회의 세계 내에 위치해 있었을 것이라는 데 동의한다.[102] 나는 바로 그러한 관점에 서서, 위에서 제4장과 제5장을 썼다. 신약학계(내 자신의 이전의 좀 더 짧은 글들 중 일부를 포함해서)가 초기 기독교 내에서의 "황제 비판"의 가능성을 추구하는 데 지나치게 몰두하느라 이 점을 등한히 해 왔기 때문에, 이러한 균형은 분명히 회복될 필요가 있고, 그 일은 지금 행해질 수 있다. 또한, 나는 신약학자들은 "최초의 그리스도인들의 삶에서 구체적으로 로마의 정치종교적 특징들이 차지하였던 중요성"이 최근에 대두되어 폭발적인 관심을 받게 되기 전에는 이 문제를 "일반적으로 과소평가 해왔다"는 바클레이의 지적에 전적으로 동의한다.[103]

둘째로, 바클레이와 나는, 바울이 로마에 대하여 무엇을 생각했었든지 간에, 바울을 로마의 지배에 "찬성하였는가 반대하였는가"를 재는 밋밋한 저울에 올려놓는 것은, 그를 제대로 대우하지 않는 것이라는 데 동의한다.[104] 내가 이 주제에 관하여 쓴 나의 이전의 모든 논문들에서 논증하고자 해 왔던 것은, 인간 권세들이 한 분 유일하신 하나님에 의해 주어지고 의도된 것이라는 전형적으로 유대적인 "적극적" 이해(로마서 13:1-7; 골로새서 1:15-17)가, 현실의 권세들에 대한 마찬가지로 전형적으로 유대적인 날카로운 비판 — 특히, 그 권세들이 스스로를 신격화하는 방향으로 나아가는 경우에 — 과 어떻게 완벽하게 부합할 수 있는지를 최선을 다해(물론, 항상 성공한 것은 아니었지만) 보여주는 것이었다.[105] 바클레이는 로마서 8:31-39과 13:1-7을 동시에 놓고서, "로마 권력에 대한 고도로 세분화된 평가들"을 제시하는데, 이것은 내가 로마서 13장이 로마서 1:3-7, 15:7-13 등에 내재된 암묵적인 전복적 성향과의 피상적인 대비 가운데서 암묵적인 "그럼에도 불구하고"를 말하고 있는 것이라고 말함으로써 전하고자 한 의미와 거의 동일하다.[106] 로마에 대한 바울의 암묵적인 관여(또는, 그러한 관여의 결여)를 오늘날의 정치적 범주들을 사용해서 지도화할 수 있다는 전제 아래에서, 로마서 13장이나 골로새서 1장은 로

102) Barclay는, 내가 최근의 다른 몇몇 저자들과는 달리, 이 점을 분명히 하고자 해 왔다고 지적한다(370).

103) Barclay, 366.

104) Barclay, 367, 374, 376, 378 n. 55("지지" 또는 "전복"의 대안들), 384(오늘날의 정치 분석을 덧씌울 위험성), 386("단순한 반대도 아니고 순종도 아니다").

105) 실제로, 골로새서 1:15-20이 그러한 비판을 암호화해서 말하고 있다는 강력한 주장이 제기될 수 있다: 예컨대, Walsh and Keesmaat, 2004, 79-95를 보라.

106) Barclay, 385. Barclay가 이 본문들 속에 "로마"라는 단어가 나오지 않는데도, 이 본문들이 로마 권력에 대한 평가를 표현하고 있다고 보는 것은 좋은 일이다.

마를 "지지하는" 본문들로 규정하고, 반면에 빌립보서나 골로새서 2장은 "비판적인" 본문들로 규정하고서, 이 두 종류의 본문들이 서로 싸우는 것처럼 보는 입장이야말로, 내가 지금까지 거부해 온 바로 그것이다.

셋째로, 바클레이와 나는, 바울이 로마에 대하여 무엇을 말하였는지와는 상관없이, 그의 세계관 전체는 고대의 이교적인 종교와 권력의 체제 전체와 대립관계에 있어서, "그러한 상징 체계들이 지닌 정신적이고 실천적인 내용을 철저하게 배척하는" 한편, 그 대신에 "실존의 좌표들을 재구성한 새로운 현실"을 전하였다는 데 전적으로 동의한다.[107] 바클레이는 이것을 날카롭고 거의 화가 난 듯한 언어로 표현한다:

> 기독교로 하여금 대안적인 관점들에 대하여 그토록 "불관용적인" 태도를 취하게 만든 것은 이러한 근본적이고 전체주의적인 입장이다. 왜냐하면, 그리스도를 중심으로 한 "진리"에서 볼 때, 다른 모든 대안들은 아주 좋게 말해서 망상일 뿐이고, 아주 나쁘게 말해서 사탄적인 폭동일 뿐이기 때문이다 … 이 새로운 이데올로기는 단지 신으로 자처한 카이사르의 주장들에 도전하는 것에서 그치지 않고, 로마의 종교, 그리고 로마의 문명 전체의 구조에 대한 근본적으로 다른 대안을 제시하였다. 케이트 홉킨스(Keith Hopkins)의 말에 의하면, "기독교는 속주들에서의 로마의 통치가 의존하고 있던 공적인 축제들과 의식들의 날짜를 정하는 것과 관련된 제관들의 역법 전체를 전복시켜 버렸다. 기독교는 혁명 운동이었다." 바울은 그러한 혁명을 창설한 이념가라고 할 만한 인물이었다 … [108]

물론, 아이러니컬하게도, 우리는 그의 이러한 말을 바울의 세계관에 대한 상당히 이원론적인 설명을 보여주는 것으로 볼 수도 있지만, 나는 바클레이에게 그런 의도가 없었을 것이라고 생각한다. 그가 "전체주의적," "불관용적," "이데올로기," "이념가" 등과 같은 표현을 사용한 것은 바울을 철저하게 후기 모더니즘적인 틀 내에 두고 있는 것처럼 보일 위험을 안고 있다. 그러나 이것은 단지 다른 문화들의 사고 형태 속으로 들어가서 사고하고, 바클레이가 나중에 말하고 있듯이, 바울이 "로마 세계의 정치적 지형들을 어떻게 횡단할 수 있었는지 그 단면을" 보여주는 것이 얼마나 어려운 일인지를 보여주는 것일 뿐이다.[109] 그러나 그와 내가 둘 다 하

107) Barclay, 361.

108) Barclay, 362는 Hopkins, 1999, 78을 인용한다. 이러한 "전체주의적인 자세"가 바울이 포스트모더니즘적인 다원론 프로젝트의 동맹군임을 확인하고 싶어 하는 사람들의 반발을 불러일으키는 것은 당연하다(예컨대, Marchal, 2012).

109) Barclay, 385.

려고 애쓰고 있는 것이 바로 그것임은 분명하다.

그렇다면, 바클레이가 구체적으로 제시한 비평들은 무엇인가? 그는 쟁점들을 네 가지로 다시 틀을 짜는데, 그 첫 번째는 그가 "바울의 인식론"이라 부르는 것이고, 이것은 내가 "세계관"이라고 부르는 것과 아주 비슷한 관념인 것으로 보인다.[110] 이것과 관련해서, 그는, 우리는 고대 세계를 볼 때에 황제 제의를 로마의 패권을 나타내기 위한 교활한 표현으로 인식하지만, 바울의 해석 틀은 "우리의 그러한 후기 모더니즘적인 역사 해석과 이데올로기 분석 방식들과 달랐을" 것이라고 주장한다.[111] 로마가 바울의 세계의 도시들에서 눈에 띄는 전략적인 지점들에 황제를 모신 새로운 신전들을 세우거나, 고대 만신전의 이런저런 신의 모습을 한 카이사르를 주화들에 새겨넣고 조각상들로 만들어낸 것은 우리의 현재의 해석과 분석의 방식들로는 거의 제대로 해석되거나 분석되지 않는다. 우리가 우리 자신의 세계에 머물지 않고 바울의 세계 속으로 들어가면 갈수록, 우리는 더욱더 바울을 그 자신의 변화된 유대 세계 내에 위치시키게 되고(본서의 여러 부들을 통해서 우리는 그렇게 하고자 시도해 왔다), 그럴 때에 황제 제의와 관련된 것들은 이교 문화라는 일반화된 배경 속으로 희미하게 사라져 버리는 것이 아니라, 더욱더 크게 전면에 부각된다. 우리는 앞에서 인용한 다이스만(Deissmann)이 한 말, 즉 바울과 그의 일행은 눈을 감은 채로 돌아다닌 것이 아니라는 말을 기억한다. 내가 보기에는, 바클레이는 여기에서 마틴(Martyn)을 따라서, "묵시론"은 제2성전 시대의 유대교라는 현실관을 비롯해서 이전의 모든 현실관들을 다 무효로 만들어 버리는 것을 의미한다고 생각하는 덫에 걸려든 것으로 보이는 반면에, 나는 위의 제2장, 그리고 그 후에는 제2부와 제3부에서 바울과 관련해서, 우리는 "묵시론"을 유대적인 맥락에서든 바울적인 맥락에서든 이스라엘의 하나님의 새로운 계시, 특히 이교 세력의 어리석음과 신성모독을 그대로 드러낸 계시로 보아야 한다는 것을 논증한 바 있다.[112] 우리는 바울의 세계관 — 그의 "묵시론적 인식론"을 포함해서 — 을 연

110) "인식론"이라는 것은 본래 지식의 본질 또는 근거들에 관한 연구 또는 이론을 가리키지만, Barclay가 여기에서 말하고 있는 것은 "[바울이] [자신의 세계를] 보았던 관점"이고(Barclay 375), 이것은 미묘하면서도 상당히 다른 것이다. Barclay는 여기에서 Martyn, 1997b, 89-110의 한 유명한 논문을 따른다.

111) Barclay, 374.

112) Barclay, 384 n. 70은 자기가 미묘한 차이는 있지만 일정 정도 Martyn을 따르고 있다는 것을 보여준다: 그는 내가 바울을 "유일신론에 근거해서 이교를 비판하는 성경적이고 유대적인 전통과의 이데올로기적인 연속선 상에" 두고 있다고 생각하고서, 거기에 반대하여, "성경적인 범주들 자체를 강력하게 재형성하고 재적용하는 … 그리스도 사건에 의해 만들어진 만유에 대한 새로운 구분에 더 강조점을 두

구하면 할수록, (바클레이가 주장하듯이) "[바울에게 있어서] 정치적인 것은 삶의 모든 영역을 포괄하는 힘겨루기 속에 담겨 있다"는 것을 더욱더 알 수 있고,[113] 바울은 저 "묵시론적인" 세계관을 통해서, 다니엘서 7장에 대한 에스라4서의 읽기가 보여주는 것처럼, 이제 이스라엘의 메시야가 최후로 등장한 "괴물"인 마지막 이교 제국과 대결하고 있다는 것을 구체적으로 제시하고 있는 것임을 더욱더 알 수 있게 된다. 나는 바울에게는 로마의 과장된 주장들 그 자체에 정식으로 대응하는 모습을 보임으로써 로마를 대우해 주고자 하는 마음이 없었을 것이라는 데 동의한다. 이것이 아마도 바울이 우리가 방금 살펴본 비판적이고 전복적인 논평들을 할 때에 구체적으로 로마라는 이름을 언급하지 않은 한 가지 이유일 수 있지만, 우리는 더 나아가 암호화된 언어라는 문제를 생각하여야 하고, 이것에 대해서는 곧 살펴볼 것이다.

우리는 바클레이가 로마 제국은 바울에게 "별로 중요한 존재가 아니었다"고 말한 의미가 무엇인지를 이해하기 위해서는, 그의 첫 번째 주된 논점 내에서 이 말을 검토해 보아야 한다. 그는 바울의 신학이 "비정치적인" 것이었거나 "영적인" 것이었다는 것을 부인하고, 바울은 "능력들"이라는 단어로 포괄되는 존재들이 "정치적인 영역들을 둘러싸고 있고 그 속에 깊이 침투해 들어가서 곳곳에 자리잡고 부패시키고 있는" 것으로 보고 있다고 말한다:[114]

> 그에게 있어서 "정치적인 것"은 그리스도 사건이 부여한 인식론적인 관점에서 볼 때에 그 정체성과 이름이 분명하게 드러나는 다른 실체들과 혼합되어 있다. 이런 의미에서 로마 제국은 그 자체로는 바울에게 별로 중요하지 않은 존재였다. 즉, 로마 제국이 바울의 지도에 등장한다는 것은 분명하지만, 좀 더 중요한 "능력들"의 각기 다른 비호 하에서 그 하수인으로 등장할 뿐이다.[115]

고자 한다"고 말한다. 이것은 그가 이 본문에 대하여, "바울은 로마인들과 헬라인들 간에 중요한 차이가 있다고 보지 않고, 오직 '코스모스'(kosmos)와 십자가에 의해 만들어진 '카이네 크티시스'(kainē ktisis) 간의 절대적인 구별만을 중시한다"고 말한 것을 밑받침해 준다. 하지만 나는 단지 "이데올로기적인 연속성"을 말한 것이 아니라, 근본적인 수정을 말하였고, 바울은 분명히 로마인들과 헬라인들을 비롯한 다른 모든 사람들을 새로운 피조세계에 의해서 도전받는 '코스모스'의 일부라고 뭉뚱그려서 말하고 있기는 하지만, 로마가 종말론적이고 묵시론적인 위기의 때에 특별한 역할을 하고 있는 것으로 보고 있다고 생각할 만한 타당한 이유들이 있다고 주장하였다. 아래를 보라.

113) Barclay, 376.

114) Barclay가 2012년 9월 9일자의 사적인 편지에서: 그의 책 pp. 374, 376, 379, 386을 보라.

115) Barclay, 385.

나는 "능력들"이 "정치적인" 영역에 침투해서 "더 크고 포괄적인 세력권을 형성하고 포진되어 있다"는 그의 전제에는 동의하지만,[116] 그의 결론에는 동의하지 않는다. 그렇다면, 바클레이가 자신의 입장을 좀 더 자세하게 표현한 진술을 살펴보기로 하자:

> 바울은 … 정치적 현실을 포함한 현실의 틀을 다시 짜고, 세계에 대한 지도를 다시 그려서, 황제 제의와 로마 제국의 주장들을 상대적으로 중요하지 않은 것들로 축소시킨다 … 바울의 관점에서 볼 때, 로마 제국은 역사의 드라마에서 결코 중요한 등장인물이 아니었고, 앞으로도 아닐 것이었다. 왜냐하면, 로마 제국의 힘은 자기보다 훨씬 더 강력한 능력들(신적이거나 사탄적인)로부터 나왔고 거기에 의존해 있었기 때문이다. 그 능력들의 하수인이 로마라는 것은 전혀 중요한 것이 아니었고, 거기에는 새로운 것이나 다른 것이나 획기적인 것이 없었다 … 세계를 다스리거나 역사를 쓰거나 어떤 특별한 일을 한 주체는 로마가 아니었다.[117]

내가 도전하고자 하는 것은 그의 이러한 주장이다.

나는 바울에게 있어서 궁극적으로 중요했던 것은, 온갖 종류의 조직들과 체제들 안에서 및 그런 것들을 통해서 작용하고 있던 "능력들"이었다는 것에 동의한다. 나는 바울이 그 "능력들"을 메시야에게 패배하여 그의 개선행진 속에서 질질 끌려가는 신세가 된 포로들로 보았다는 것에 동의한다. 나는 바울이 로마의 신전들과 조각상들과 주화들 속에서 단지 로마가 아니라 어떤 종류의 것이든(그러나 특히 "사망") 로마를 통해서 역사하고 있던 "능력들"을 보았다는 것에 동의한다. 그럼에도 불구하고, 나는 바울이 이러한 "능력들"이 한꺼번에 몰려와서 로마 안에서 및 로마를 통해서 온갖 사악한 짓들을 자행한 것으로 보았다는 것에 대해서는 이의를 제기한다. 나는 (요세푸스가 이것을 알면서 영리하게도 의도적으로 숨겼던 것 같이) 바울도 거의 틀림없이 로마를 다니엘이 예언한 저 마지막 제국으로 보았다고 믿는다. 나는 바울이 몇몇 핵심 본문들에서 자신의 논증들을 전개해 나가는 방식을 보면, 그가 로마, 특히 그 황제의 주장들 속에서 예수의 주장들에 대한 놀라울 정도로 비슷한 병행과 패러디를 보았다는 것이 거기에 드러나 있다고 본다. 어쨌든 이전의 그 어떤 제국에서도 수 세기에 걸친 기나긴 서사의 정점에서 "신의 아들"과 "복음" 등등을 결합시켜 얘기하면서, 자신들에게 세계에 대한 통치권이 주어져 있으며, 자신들이 온 세계에 자유와 정의와 평화를 가져다주었다고 주장한

116) Barclay, 384.
117) Barclay, 386.

적이 없었다. 바울은 "능력들" — 우리가 이 존재들을 어떤 이름으로 부르든 — 이 로마 안에서 역사하고 있고, 그러한 존재들이 로마의 조각상들과 군인들, 군대들과 신전들, 심지어 카이사르 배후의 진정한 동력이자 정체라는 것을 의심할 여지 없이 믿었다. 그러나 이것은 단지 로마 자체가 바울에게 있어서 얼마나 특별하고 충격적으로 중요한 존재였는지를 보여줄 뿐이다. 요한계시록의 언어를 사용하자면, 바울은 로마 제국을 보았을 때, 그 "괴물"의 얼굴을 얼핏 볼 수 있었다.

로마는 실제로 아주 특별하고 중요한 존재였다. "능력들"이 집결해서 온갖 최고조의 사악한 짓들을 자행한 것은 로마 및 신을 자처한 황제의 오만방자함 안에서였다. 그리고 "능력들"의 그러한 "극도의" 사악함은 로마 황제에 대하여 말하는 언어와 (성경에 토대를 둔) 바울의 복음의 언어 간의 기괴할 정도의 병행들만이 아니라, 로마 제국의 서사와 바울이 예수 안에서 그 정점에 도달하였다고 믿었던 (성경에 토대를 둔) 서사 간의 간담이 서늘할 정도의 병행들에 직접적으로 반영되었다. 여기에서 우리는 마틴(J. L. Martyn) 등에 의해 제시된 의미에서의 "묵시론"과 내가 지금까지 논증해 온 주후 1세기의 유대적인 의미에서의 "묵시론" 간의 지속적인 싸움 속에서의 또 한 번의 중요한 순간을 만난다. 바클레이는 마틴의 견해를 노련하고 미묘하게 수정한 판본을 제시하는 가운데, 이전의 모든 "능력들"을 단번에 밀어내는 "묵시론적" 사건을 상정한다. 반면에, 나는 "묵시론"을 이전의 모든 서사들 — 이스라엘의 이야기와 아울러 "능력들"의 이야기를 포함한 — 이 산산이 부서지고 변화되어서 그 정점에 도달한다는 의미로 사용한 주후 1세기의 이해를 따른다. 예수가 단지 이스라엘의 서사에 있어서 암호 같은 존재인 것이 아니라, 계약 하나님의 아들인 것과 마찬가지로, 로마는 단지 별로 중요하지도 않고 상관도 없는 정치적 실체인 것이 아니라, "사망"의 능력이 "하나님의 아들"에게 역사하는 데 적극적인 역할을 한 저 마지막 괴물이다. 십자가는 이 모든 것의 중심에 있다. 마가가 로마의 한 백부장이 로마의 십자가 아래에서 예수가 "하나님의 아들"이었다고 선언하는 장면을 자신의 복음서에 기록하는 방식으로 그 점을 부각시켰던 것과 마찬가지로,[118] 내가 이미 논증하였듯이, 바울은 의도적으로 예수와 그의 복음에 관한 성경에 토대를 둔 자신의 진술들이 로마의 카이사르의 최고조에 달한 신성모독적인 주장들과 공명하는 가운데 그 주장들을 전복시키는 방식으로 그 점을 부각시킨다.

이 점에 있어서 나와 존 바클레이 간의 견해가 다른 것은 어떤 의미로는 약간의

118) 막 15:39.

편차 정도일 뿐이다. 우리는 아주 많은 논점들에서 서로 일치하고, 우리의 양측에서 우리를 공격하는 자들, 즉 한편으로는 바울의 복음을 전적으로 "비정치적인" 것으로 보는 자들, 다른 한편으로는 바울의 메시지가 혁명으로의 비신학적인 부름으로 이루어져 있다고 보는 자들보다 서로에게 훨씬 더 가깝다. 그 점에서 나는 종종 (케제만이 자신의 진정한 공격대상은 아마도 쿨만이었을 텐데도 스텐달을 공격하였던 것과 마찬가지로) 바클레이의 실제 공격대상은 마커스 보그(Marcus Borg)와 도미닉 크로산(Dominic Crossan)은 말할 것도 없고 리처드 호슬리(Richard Horsley)나 닐 엘리엇(Neil Elliott) 같은 사람들이 아닐까 생각한다. 왜냐하면, 그들은 흔히 좀 더 명시적으로 비신학적인 토대 위에서 반제국적인 분석을 제시하는 것으로 보이기 때문이다. 하지만 나는 그런 것에 개의치 않고, 나에 대한 공격을 기꺼이 흡수해서 내가 중화되기를 바랄 뿐이다.[119)]

바클레이의 두 번째 논지는 바울의 이른바 "정치적" 어휘들에 관한 것이다. 바울이 카이사르에 대하여 사용되었던 것과 비슷한 어휘들을 예수에게 사용하였다고 해서, 그것이 반드시 카이사르에 대한 그의 직접적인 비판을 의미하는 것은 아니라는 그의 말은 물론 지극히 옳다. 따라서 '바실류스' (basileus, "왕") 같은 단어를 세상의 통치자들과 예수와 심지어 하나님 아버지에게 사용하였다고 해서, 그것 자체가 그들 간의 직접적인 갈등과 충돌을 의미하는 것은 아니다.[120)] 하지만 전문용어들을 따로 떼어내서 볼 때에는 별 문제가 없어 보이지만, 문제는 여러 다양한 맥락들 속에서 그 용어들에 대하여 말하고 있는 내용들로부터 생겨난다. '퀴리오스' (kyrios, "주")라는 단어는 그 자체로는 온갖 것들을 의미할 수 있지만, 바울이 예수를 온 세계가 그의 이름을 인하여 충성을 바쳐야 할 대상이라고 말할 때, 우리는 이미 다른 영역으로 옮겨온 것이다. "프레지던트"(president)라는 단어는 미국

119) 그러한 판단이 방금 열거한 사람들을 제대로 평가한 것인지의 여부는 또 다른 문제이다. 적어도 Horsley는 자주 "신학"을 배척해야 할 것으로 규정하고, Stendahl 때로부터 생겨난 바울에 대한 사회학적 읽기가 우리를 "신학"에서 해방시켜 줄 것이라고 말해 왔다. Horsley, 2004b 등; Crossan and Reed, 2004; Elliott, 2008; Borg and Crossan, 2009를 보라.

120) 예를 들면, 딤전 2:2과 6:15(Barclay, 378은 Tert. *Apol.* 30-33에서 이것을 사용하고 있는 것을 인용한다). 또한, Barclay(377)가 사도행전 17:7("또 다른 왕")을 언급하면서, 이것은 일부 사람들이 "바울"을 어떤 식으로 들었는지에 관한 설명이라고 말한 것은 옳다; 하지만 나는 왜 그가 사도행전 1:1-11과 28:31에 비추어서 누가가 사람들의 그러한 평가를 잘못된 것이라고 여겼다고 생각하는지는 잘 모르겠다. 또한, '바실류스' (basileus)라는 표현은 바울에게 생소하지 않다: Barclay는 고린도전서 15:24f.에 나오는 동일 어근의 단어들을 언급하고 있고, 우리는 로마서 5:17-21에서도 비슷한 표현이 사용되고 있다는 것, 그리고 '크리스토스' (Christos)라는 표현 속에 담겨 있던 "왕과 관련된" 의미에 대한 새로운 평가(위의 제10장; cf. 롬 15:12)도 거기에 추가하여야 한다.

에서 선출된 국가의 수반을 가리킬 때만이 아니라, 수많은 기업들과 대학들, 골프 클럽들, 그 밖의 조직들에서 최고 책임자를 가리킬 때에도 사용된다. 그러나 만일 어떤 새로운 집단이 출현해서, 자신들이 미국 전체의 합법적인 후계자들이고, 그들의 지도자가 이 나라의 참된 통치자라고 주장하면서, 그 지도자를 "프레지던트"로 지칭한다면, 이 단어는 다소 다른 방식으로 생명을 부여받게 된다.

특히, 바클레이는 예컨대 빌립보서 2:6-11에 나오는 서사의 핵심을 완전히 무시하는 것으로 보인다. 이것은 단순히 하나의 단어와 관련되어 있는 것이 아니라, 예수가 세계의 통치권을 얻게 되고 모든 무릎이 그의 이름 앞에 꿇게 될 것에 관한 이야기 전체와 관련되어 있다. 빌립보서 전체에 대한 바클레이의 읽기는, 개별적인 본문들을 들어서, 이런저런 단어나 어구는 반드시 로마에 대한 반대를 보여주는 것은 아니라고 선언하는 식으로 진행된다. 그러나 바울은 이 서신에서 실제로 논증을 전개해 나가는 방식, 즉 공민으로서의 삶에 관한 용어들과 예수에 관한 용어들이 차곡차곡 쌓여서 2:10-11과 3:20-21에서 그 정점에 도달하는 방식을 통해서, 카이사르의 주장과 예수의 주장 간의 암묵적인 대립을 우리에게 전달한다. 바클레이가 오늘날의 학자들은 "'로마 제국'의 소음이 그들의 지각작용을 지배하고 있기" 때문에 로마에 대한 반향을 본문 속에 집어 넣어서 읽고 있다고 생각하는 것은 주목할 만하다.[121] 로마 제국은 아주 최근까지만 해도 학자들의 지각작용을 전혀 지배해 오지 못하였고, 로마 제국이 그나마 이 정도라도 다시 돌아오게 된 것은 그러한 것들을 만들어 내고자 하는 이데올로기적인 의도 때문이 아니라, 고고학적이고 역사적인 증거들 때문이었다.

또한, 여기에서 바울에 대한 나의 읽기를 주후 2세기의 증거와 대비시키는 것도 옳지 않다. 『폴리카르포스의 순교』(*Martyrdom of Polycarp*)에서, 문제의 핵심은 "무신론"이라는 일반적인 고소가 아니라, 그가 "카이사르가 주"(Kyrios Kaisar – '퀴리오스 카이사르')라고 말하거나 카이사르의 "신령"(tychē – '튀케')을 두고 맹세하고자 하느냐의 여부였다.[122] 그래서 로마 총독은 이 문제와 관련해서 폴리카르포스를 시험하기 위해서, "그리스도를 욕하겠느냐"고 묻고, 이때에 폴리카르포스의 저 유명한 대답이 등장한다:

> 나는 팔십육 년 동안 그의 종이었지만, 그는 내게 잘못한 것이 없으셨다. 그런데 어떻게

121) Barclay, 379.
122) *Mt. Pol.* 8.2; 9.2.

내가 나를 구원하신 나의 왕을 욕할 수 있겠는가?[123)]

"여기에는 카이사르와의 대비가 함축되어 있음이 분명하다"는 커솝 레이크(Kirsopp Lake)의 말은 옳다.[124)] '소테르'(sōtēr, "구원자")이기도 한 '바실류스'(basileus, "왕"): 이것은 카이사르가 주장하였던 것이고, 그리스도인들이 예수와 관련해서 주장하였던 것이다. 물론, 그렇다고 해서 이것 자체가, 바울이 고도로 로마화된 도시에 편지를 쓰면서, 예수가 '소테르'(sōtēr, "구원자")이고 '퀴리오스'(kyrios, "주")이며 '크리스토스'(Christos, "메시야")라고 말하며, 옛적의 메시야 예언에 따라 그는 만물을 자기에게 복종시킬 권세를 가지고 있다고 선언하였을 때, 그에게도 비슷한 대비의 의도가 있었다는 것을 증명해 주는 것은 아니지만, 내 판단에는 이미 개연성이 대단히 높은 것을 더욱 강화해 주는 역할을 하는 것만은 확실하다.[125)]

언제나 그러하듯이, 개별 단어들은 좀 더 넓은 맥락 내에 위치해 있을 때에만 그 원래의 의미가 드러나는데, 내가 이미 논증하였듯이, 바울의 서신들에 나오는 핵심 본문들의 맥락은 예수와 카이사르 간의 암묵적인 대결을 강력하게 가리키고 있다.[126)] 초기 그리스도인들에 대한 주된 고소와 비난은, 사람들이 일반적으로 섬기고 있던 신들 중 그 어느 신도 그들이 섬기지 않는다는 것이었고, 황제 숭배의 문제는 부차적인 것이었다는 바클레이의 주장에 대한 우리의 답변은, 카이사르를 숭배하는 것과 관련된 문제는 물론 좀 더 일반적으로 하나님 이외의 다른 신들을 섬기기를 거부한 것의 특별한 예이긴 하였지만, 폴리카르포스 같은 순교자들에 대한 재판들에서는 어떤 다른 특정한 신들, 예컨대 해당 지역이나 도시의 수호신들에 대한 언급이 나오지 않는다는 것은 분명한 사실이라는 것이다. 그리스도인들이 일반적으로 하나님 이외의 신들을 섬기기를 거부한 것은 중요한 일이긴 하였지만, 항상 문제가 되었던 것은 그리스도인들이 카이사르를 신으로 섬기기를 거부한 것

123) *Mt. Pol.* 9.3(나의 번역).

124) Loeb ad loc.

125) 빌 3:20f.; 위를 보라.

126) Barclay, 377이 인용한 『바울행전』(*The Acts of Paul*)에서, 바울이 사도행전 20:9-12에서 죽은 유두고를 살려낸 것과 같은 방식으로 죽음에서 다시 살려낸 네로의 잔 맡은 관리인 Patroclus는 네로 앞에서 그리스도 예수가 "하늘 아래 모든 나라들을 멸할" "만세의 왕"이라고 선언한다(Elliott, 1993, 386). 이것은 다니엘서에 특유한 묵시론적 언어이다. 바울행전이 주후 2세기에 나온 허구적인 저작이라고 할 때, 이 본문은 전 세계에 걸친 반제국적인 예수의 나라에 관한 다니엘서에 기반한 비전이 그 때까지도 여전히 지속되고 있었다는 사실을 증언해 준다.

이었다.[127)]

이것은 우리를 바클레이와 관련된 세 번째 도전, 즉 "암호화된 언어"와 "행간 읽기"의 문제로 데려다 준다. 내가 최근까지만 해도 제임스 스콧(James Scott)에 의해서 제시되고 리처드 호슬리(Richard Horsley) 등의 지지를 받은 "숨겨진 지문"(hidden transcripts)이라는 범주를 사용하지 않았다는 바클레이의 지적은 옳다.[128)] 옛 본문들은 말할 것도 없고 오늘날의 본문들 속에서도 어떤 종류의 감춰진 의미를 지도로 그리는 것은 고사하고라도 추적하는 일조차 지극히 어렵다는 것은 두말할 필요가 없다. 하지만 바클레이는 자기가 요세푸스(Josephus)와 관련하여 그렇게 할 수 있다고 분명하게 생각해서, 요세푸스가 자신의 뜻을 숨기지 않고 공개적으로 표현하는 진술들만이 아니라, 그의 간접인용들과 암시들, 여러 가지 서로 다른 어조들, 가능한 한 직설적으로 표현하고자 하지 않는 그의 태도들로부터도 그의 의도를 추적하고 있는 점을, 나는 지적하지 않을 수 없다:

> 요세푸스는 결코 로마 종교에 대해서 직접적으로 공격하지도 않고, 헬라인들을 비판할 때에도, 헬라인들의 "퇴폐성"과 그들 자신의 "검소성"을 대비시켰던 로마인들의 인식에 맞춰 안전하게 말한다. 아마도 요세푸스는 그리스도인들만큼 직설적일 수 없었을 것이지만, 그렇게 직설적으로 말하고 싶지도 않았을 것이다. 그 결과, 잘 조율된 그의 변증은 거기에 맞춰 조율되지 않은 귀들로는 표면적인 변증을 관통하여 저류하는 미묘한 뉘앙스들을 상당 부분 또는 완전히 듣지 못할 수 있다.[129)]

바클레이가 요세푸스에 대하여 이런 종류의 진술들을 할 수 있다면, 다른 사람들이 원칙적으로 바울에 대하여 그것과 동일한 종류의 분석을 제시하지 못할 이유가 전혀 없다. 또한, 요세푸스의 마음과 사고의 내적인 작용들을 그렇게 훤히 꿰뚫어 볼 수 있는 사람이, 마치 우리 모두가 그렇게 하는 것이 포스트모더니즘의 이데올로기의 별로 감춰지지 않은 지문에 의해서 금지되어 있다는 것을 알고 있지 않냐는 듯이, 바울에게서 "저자의 의도"를 알아내고자 하는 시도에 대하여 눈썹을 치켜뜨는 것은 옳지 않을 것이다.[130)] 특히, 요세푸스가 로마 종교에 대한 직접적인

127) 이것도 Kim, 2008, 60-64와 반대된다.

128) Barclay, 382는 Horsley, 2004a; Elliott, 2008; Kahl, 2010을 인용한다.

129) Barclay, 344(그의 책 ch. 17인 "Snarling Sweetly: A Study of Josephus on Idolatry"의 결론).

130) Barclay, 370, 378: 그가 "Wright는 … 자기가 바울의 서신들에서 사람들이 '들었을 것임에 틀림없는' 것들만이 아니라, 바울 자신이 의도한 것도 탐지해낼 수 있다고 자신한다"고 말하면서, "해석학적으로 저자의 의도를 함부로 단정하지 않는 사람들"과 대비할 때, 포스트모더니즘에서 말하는 불확실

비판을 영리하게 회피하였다는 바클레이의 잘 조율된 분석은, 바울에게서 진행되고 있었다고 생각한 것에 대한 나의 분석과 아주 비슷하게, 사람이 명시적이고 직설적으로 말할 수 없는 것에 대해서는 여러 가지 맥락을 통해 간접적으로 암시하고 싶어할 수 있다는 것을 보여준다. 바울은 꼭 필요한 경우에는(로마서 1:7, 15에서와 빌립보서 4:22에 나오는 "가이사의 집"에 대한 언급에서) 로마에 대하여 아주 공개적으로 대놓고 말할 수 있었지 않았느냐는 바클레이의 지적이 논지를 빗나간 것인 이유는 바울은, 거기에서 로마를 구체적으로 비판하고 있었던 것이 아니었기 때문이다.[131] 이것은 우리를 다시 암호화된 비판의 성격으로 데려다 주는데, 바클레이는 요세푸스의 속마음을 그토록 잘 헤아리면서도, 정작 바울의 속마음은 헤아리려고 하지 않는다. 바울은 로마를 복음 변증의 대상이라는 위치로 올려놓고자 하지 않았다는 그의 전체적인 논지에 대해서는 나는 옳다고 생각한다. 그러나 나의 논지를 제대로 표현하자면, 바울은 우리가 위에서 살펴본 본문들 속에서 로마 제국의 수사와 대비시키고자 하는 암묵적인 의도를 분명하게 드러내고 있는 것으로 보인다는 것이다. 내가 겪어온 삶에 비추어서 한 가지 말해두고 싶은 것은, 공적인 삶을 사는 사람들은 정치적으로 민감한 주제들에 대하여 말하거나 강의해야 하고, 그럴 때에 아주 자세하게 자신의 의도를 밝힐 것인지, 아니면 단지 신호만 보낼 것인지를 결정하여야 하는 경우들이 많다는 것이다. 여러분은 종종 선택하여야 한다. 여러분은 특정한 주제 전체를 자세하게 제대로 균형 있게 말해서 세심하게 오해들을 불식시킬 것인지, 아니면 꼭 필요한 것만을 짧게 암호처럼 말해서 듣는 사람들이 알아서 판단하고 생각하게 할 것인지를 선택하여야 한다. 나는 바울이 이 두 가지에 정통하였지만, 흔히 후자를 선택하였다고 생각한다.

바클레이가 필로와 요세푸스, 특히 타키투스에게서 가져와서 설명하고 있는 예들은, 이것을 반박할 수 있는 증거가 되기 힘들다.[132] 필로(Philo)는 신으로 자처한

성을 무시하는 것이냐며 눈썹을 치켜올리는 모습이 내 눈에 선하다. Barclay는 후자의 무리에 자기 자신을 포함시키지 않지만, 그의 말 속에는 독자들의 마음에 나의 지나친 자신만만함에 대하여 의심을 불러일으키고자 하는 의도가 강력하게 내포되어 있다. 거기에 대한 나의 대답은 나는 가설을 제시하는 다른 모든 사람과 마찬가지로, 나의 가설을 가능한 한 최대로 분명하게 제시하고서, 증거들에 비추어서 그 가설을 검토하고자 하는 것일 뿐이라는 것이다. Barclay가 이렇게 나를 비판하면서, 굳이 바울의 "의도"를 찾아내려고 할 필요 없이 본문의 좀 더 큰 맥락을 살펴보면 될 것이라고 적극적으로 해법을 제시한 것에 대하여, 나는 내가 하고 있는 것이 바로 그것이라고 대답하고자 한다: 내가 거듭거듭 강조하는 것은 각각의 단어들의 의미를 확정해 주는 것은 본문의 좀 더 큰 맥락(예컨대, 빌립보서 2장의 서사 전체)이라는 것이다.

131) Barclay, 375.

칼리굴라의 주장에 대하여 공개적으로 도전할 수 있었고, 요세푸스(Josephus)도 황제 제의는 한 분 유일하신 하나님에게나 인간에게나 유익하지 않다고 선언하면서 로마의 총독들을 비판할 수 있었으며, 타키투스(Tacitus)는 (브리타니카의 한 지도자의 입을 빌려서) 로마가 "평화"의 이름으로 무슨 짓을 했는지를 가차없이 맹렬하게 규탄할 수 있었다.[133] 다른 곳에서 역사적으로 민감하게 섬세한 읽기를 주장하였던 바클레이의 태도는 이 대목에서 갑자기 돌변한 것으로 보인다. 왜냐하면, 필로와 요세푸스와 타키투스는, 전과자로서 이리저리 부랑자처럼 떠도는 가운데 혼란스러운 작은 무리들에게 편지를 쓰는 유대인 사도와 같은 처지에 있지 않았기 때문이다. 만일 바울이 카이사르와 로마에 대하여 자신이 믿고 있던 모든 것을 그대로 솔직하게 다 썼다면, 그의 청중들 중에는 기겁하고 경악했을 사람들이 꽤 있었을 것이다. 어떤 사람들은 믿음이 흔들려서, 바울과 그의 공동체들이 "또 다른 왕 예수"가 있다고 믿는다는 것을 당국자들에게 고발했을 수도 있었을 것이다. 그는 편지를 어느 정도 모호하게 쓰는 편이 더 나았다. 왜냐하면, 그의 서신들이 당국자들의 손에 반드시 들어가게 될 것은 아니었지만(내가 다른 경우들에 주장했던 것처럼), 그런 경우를 대비해야 할 필요성이 있었을 뿐만 아니라, 양 무리들에게 글을 쓰거나 말을 하는 목회자로서, 사람들이 자신의 말이나 글을 잘못 알아듣고 오해해서, 무장을 하고 로마에 대항하라는 뜻으로 받아들여서, 맹목적인 투쟁에 나서거나 겁을 집어먹는 일이 없도록 주의해야 할 필요성도 있었을 것이기 때문이다.[134] 바클레이가 요세푸스의 미묘한 의도들에 대하여 "아마도"라는 단서를 붙여서 말할 수 있다면, 우리도 바울과 관련해서 그렇게 말하지 못할 이유가 없

132) Barclay, 381.

133) Philo, *Leg.* 357; Jos. *Ap.* 2.75; Tac. *Agric.* 30.5(Barclay, 382가 말한 것과는 달리, 이 연설 전체는 30:3—31:2이 아니라 30:1—32:4에 담겨 있다). Tacitus의 이 본문 속에서는 눈으로 보는 것보다 훨씬 더 많은 일들이 진행되고 있다.

134) 따라서 마치 카이사르의 권속에 속한 신자들에 대한 언급(빌 4:22)이 바울이 자신의 메시지들을 암호화하였다는 것을 반박하는 증거인 양, 거기에 주의를 환기시키는 것은 옳지 않다. 어쨌든 그 신자들은 당연히 빌립보에 있지 않았고, 이 서신이 쓰여진 도시(나는 그 곳이 에베소였다고 본다)에 있었다. 게다가, 바울은 Josephus와는 달리, 광범위하고 다양한 공적인 청중을 전제하지 않았지만(Barclay, 382f.), 비록 작은 무리들일지라도 그 속에는 서로 다른 부류의 다양한 사람들이 자신의 서신들을 듣게 될 것이라고 상정하였을 것임은 당연하다. 나는 라디오 방송과 사적인 모임 간의 차이를 안다; 그러나 사적인 모임에서도, 말을 주의 깊게 골라서 하고, 암호화된 표현을 사용하는 것이 상책인 경우들이 많다. 바울의 서신들은 전적으로 "공적인 담론"도 아니었고, 정확히 "사적인" 것도 아니었다. 외인들도 얼마든지 그리스도인들의 모임에 올 수 있었고 실제로 왔다(cf. 고전 14:23). 서로 다른 여러 모임들에서 읽혀지고, 동일한 무리 앞에서 여러 차례 큰 소리로 읽혀지도록 의도된 서신은 매번 읽혀질 때마다 더욱 "공적인" 것이 되어 간다.

을 것이다 — 사실, 바클레이 등의 반론들에도 불구하고, 필로도 (항상 그런 것은 아니었지만) 경우에 따라서는 암호화된 비판을 사용하였다.[135)]

내가 앞에서 바울이 로마 제국을 단지 여러 잡다한 이교 제국들 중의 하나가 아니라, 다니엘서의 도식에 나오는 매우 중요한 "네 번째 제국"으로 보고 있을 가능성이 있는 것으로 말하였던 바로 그 대목에서, 요세푸스도 또 하나의 흥미로운 예를 우리에게 제공해 준다. 요세푸스는 느부갓네살의 꿈에 나타난 거대한 신상에 대한 다니엘의 해석을 상당히 자세하게 설명하다가, 가장 중요한 대목에 이르러서는 갑자기 몸을 사리고 발을 뺀다:

> 그리고 다니엘은 왕에게 돌의 의미를 밝혔지만, 나는 그것에 대하여 말하는 것은 합당하지 않다고 생각해 왔다. 왜냐하면, 나는 다니엘이 장차 일어날 일에 대해서가 아니라 과거에 이미 일어난 일에 대하여 쓴 것이기를 기대하기 때문이다. 하지만 장차 일어날 감춰진 일들에 대하여 알고자 하고 좀 더 깊이 파헤쳐서 정확한 정보를 얻기를 아주 간절하게 원하는 사람은 수고스럽겠지만 다니엘서를 직접 읽어보라. 그러면 그는 거룩한 글들 속에서 그런 것들을 발견하게 될 것이다.[136)]

135) Goodenough, 1967, 21-41을 보라. Barclay, 381 n. 62는 Barraclough, 1980, 491-506을 Goodenough의 견해를 반박하는 것으로 여기고서 인용한다. 하지만 Barraclough는 Barclay이 생각한 것과는 좀 다르다. Barraclough는 Philo가 관련 본문(*Somn.* 2.90-109)에서 "로마인들을 비판적으로 본다"는 데 동의한다(492) — 그는 Barclay와 마찬가지로 바울은 좀 더 일반적인 "반이방인적인" 정서를 지니고 있었다고 말하지만. 또한, 그는 *Somn.* 2.48, 53, 55, 57, 62가 실제로 "이방인들의 교만함을 일반적으로 겨냥한 글에서 로마인들을 분명히 지적하면서," 그 두드러진 예로 "로마의 관행과 주장들을 들고 있다는 것을 인정한다(492f.). 또한, 그는 *Jos.* 79가 Goodenough가 제시하는 방식(496) — 그것은 대안적인 읽기에 대한 미묘한 차이가 있는 논증도 제시하고 있기는 하지만 — 으로 읽을 때보다 더 깊은 의미를 지니고 있다는 것도 인정한다. 그는 Philo가 요셉을 왕에 대한 헬레니즘적인 이상을 따라 묘사하고 있다는 Goodenough의 결론에 동의한다— 알렉산드리아의 로마 총독에 대한 암호화된 암시라는 주장에 대하여 문맥 및 표현과 관련된 논거들을 들어 반론을 펴지만(500). 특히, 그는 *De Somniis*이 "Flaccus라는 인물을 주제로 한 그의 저작에 자세하게 나오는 그 인물에 대한 비판을 담고" 있다는 것에 동의한다(501f.) — Flaccus라는 이름은 언급되지 않지만. 우리는 Philo가 유대인들이 안식을 지키지 못하게 하려고 애써 온 "지배층의 한 사람"을 알고 있다고(andra tina oida tōn hēgemonikōn - '안드라 티나 오이다 톤 헤게모니콘') 말하고 있는 *Somn.* 2.123과 비교해 볼 수 있을 것이다; 주석자들이 그 사람이 누구였는지에 대하여 서로 견해가 다르다는 사실은 Philo가 다른 경우들에 있어서는 노골적으로 대놓고 말할 수 있었지만, 어떤 때에는 모호하게 말하여야 하였고, 거기에는 그런 말을 한 이유가 있었음에 틀림없다는 것을 아주 잘 보여준다. Goodenough가 Philo의 사례를 지나치게 부각시켜서 과도한 결론을 이끌어내었다고 할 수 있지만, 그런 점을 수정하면, 그 근저에 있는 그의 논지는 여전히 유효하다. 사람들은 언제나 솔직하게 말하든지 애매모호하게 말하든지 둘 중의 하나여야 하고, 두 가지 모두를 행해서는 안 된다는 Barclay의 양자택일 식의 논법은 Philo나 Josephus에게 들어맞지 않고, 당연히 바울에게도 들어맞지 않는다.

136) *Ant.* 10.210.

여기에서 요세푸스가 제시한 변명은 단지 연막에 지나지 않는다. 마커스(Marcus)는 로엡(Loeb) 문고판에서 이렇게 말한다:

> 요세푸스가 쇠로 된 왕국을 멸한 돌의 의미에 대하여 언급을 회피한 것은 … 당시에 통용되던 유대인들의 해석이 이 돌을 로마 제국을 끝장낼 메시야 또는 메시야 왕국의 상징으로 보았기 때문이었다.[137]

이 문제에 대하여 그 어떤 의구심도 없도록 하기 위하여 우리가 말할 수 있는 것은, 요세푸스는 다니엘서의 정점인 7장과 관련해서도 정확히 동일하게 또다시 언급을 회피하는 모습을 보인다는 것이다. 요세푸스는 사자굴 속에 던져진 다니엘에 관한 굉장한 이야기를 꽤 자세하게 들려준 후에(다니엘서 6장), 샛길로 빠져나와서, 먼저 다니엘이 엑바타나(Ecbatana, 고대 메대 왕국의 수도)에 세운 경이로운 요새를 묘사하고, 다음으로는 다니엘은 장래 일들을 예언하였을 뿐만 아니라 그런 일들이 언제 일어나게 될 것인지와 관련해서 특정한 때에 대해서도 예언하였다는 점에서 선지자들 중에서 유일무이한 인물이라고 칭송한다.[138] 그런 후에, 그는 아무런 설명도 없이 다니엘서 7장을 통째로 건너뛰어서, 8장에 대한 설명을 시작하고, (로마 제국이 예루살렘 성전을 황폐하게 만들 것이라는 예언을 포함하고 있는) 다니엘서의 나머지 부분을 짤막하게 다룬다.[139] 만일 요세푸스가 다니엘서 7장을 해설하였더라면, 자기가 2장을 설명하면서 애써 피하였던 것과 동일한 문제에 봉착할 수밖에 없었을 것이다. 왜냐하면, 우리가 당시의 다른 본문들, 특히 에스라4서를 통해서 알고 있듯이, 주후 1세기에 다니엘서 7장은 하나님이 마지막 이교 제국을 무너뜨리고 메시야가 이끄는 선민으로 하여금 온 세계를 다스리게 할 것이라는 관점에서 읽히고 있었기 때문이었다. 요세푸스가 자기가 의도한 폭넓은 청중 중에서 적어도 한 부분을 의식해서, 그러한 것들에 대하여 언급하는 것을 회피하고 완전히 침묵하였을 뿐만 아니라, 어떤 때에는 직설적으로 말하고, 어떤 때에는 암호 같은 말로 표현하였다면, 다른 많은 사람들도 그것과 비슷하게 글을 썼을 것임은 너무나 당연하고, 그런 사람들 중에는 바울도 얼마든지 포함될 수 있었을 것이다.

이제는 거의 모든 사람이 로마와 그 신성모독적인 주장들을 직접적으로 전복시

137) Loeb ad loc.

138) *Ant.* 10.264-7.

139) *Ant.* 10.276; 이 대목에서 본문상의 문제들이 있기는 하지만, Marcus는 Loeb ad loc.에서 다행히 이 읽기를 기꺼이 지지한다.

키기 위해 씌어진 글이라고 생각하고 있는 암호화된 묵시론적 저작의 가장 분명한 예는 요한계시록이다. 그리고 바울의 글들에서와 마찬가지로, 요한계시록에도 로마라는 이름은 명시적으로 단 한 번도 거론되지 않지만, 로마를 가리키고 있음을 보여주는 증표들은 아주 분명하다. 예컨대, 일곱 개의 산들 위에 세워진 도시가 땅의 왕들을 다스리고 있고 전 세계로부터 모여드는 상인들을 환영하고 있다는 표현은 다른 선택의 여지를 남기지 않는다.[140] 그런데도 "로마"라는 단어는 등장하지 않는다. 그리고 요한계시록이 보여주는 또 하나의 흥미로운 점은 단 한 번도 성경을 명시적으로 인용하지 않고, 인용문임을 표시하는 정형어구들이나 "선지자 이사야가 말한 대로" 등과 같은 표현도 나오지 않는다는 것이다. 그러나 요한계시록은 처음부터 마지막까지 이스라엘의 성경 속에 푹 절여져 있기 때문에, 거기에 들어 있는 직접인용문들과 간접인용문들을 연구해야만, 그 책의 놀라운 의미가 제대로 드러나게 된다. 이것은 내가 간접인용들과 반영들을 탐지해내기 위하여 헤이스(Hays)의 판별기준들을 사용하고 있는 것과 관련한 바클레이의 논평에 대하여 적어도 부분적인 대답이 될 것이다.[141] 바울은 성경 본문들을 명시적으로 인용하고 있기 때문에, 그 밖의 다른 간접인용들과 반영들도 찾아낼 필요가 있다고 그가 지적한 것은 두말할 필요도 없이 옳지만, 요한계시록은 거기에 명시적인 직접인용문들이 나오지 않는데도 불구하고 그런 것들을 찾아낼 필요가 있다는 것을 보여준다. 마찬가지로, 나는 바울의 글들에 나오는 로마와 카이사르의 오만한 주장들에 대한 암시들은 아주 강력하기 때문에, 우리는 잘 드러나지 않는 그런 암시들까지도 적극적으로 찾아낼 필요가 있다고 보는 것이다.

내가 도전하고자 하는 바클레이의 네 번째이자 마지막 논지는 바울의 정치 신학에 대한 그의 설명이다. 이미 앞에서 지적하였듯이, 나는 현대화된 분석을 피하여야 한다는 그의 주장에 동의하고, 바울은 로마와 카이사르의 주장들에 대한 자신의 암묵적인 비판(이라고 내가 보는 것)을 제시할 때, 그러한 주장들을 존중해 주어서 독립적인 주제로 전면적으로 다루는 예를 갖추어 대하는 것이 아니라, 자신이 다루고 있는 다른 주제들에 대하여 말하는 가운데 그 말들이 지닌 강력한 함의를 통해서 간접적이고 주변적인 방식으로 그러한 주장들을 반박한다는 그의 주장에 동의한다. 바클레이는 "바울은 아우구스투스와 그의 후계자들의 주장들을 독립적으로 다루는 가운데 반박하는 방식을 통해서가 아니라, 예수의 십자가와 부활

140) 계 17:9, 18; 18:11-13.

141) Barclay, 380.

을 중심으로 씌어진 드라마에 등장하는 조역들로 격하시켜서 그들의 주장을 반박하는 방식을 통해서, 그들을 가장 깊은 차원에서 심대한 타격을 가한다"고 쓴다.[142] 여기까지는 나도 동의한다. 사실, 이것은 바울이 자신의 공격대상의 이름을 구체적으로 언급하지 않는 이유들 중의 하나이다. 나는 바클레이가 "바울이 아우구스투스와 그의 후계자들에게 심대한 타격을 가한다"는 데 적어도 동의하고 있는 것을 기쁘게 생각한다. 그러나 나는 이것이 바클레이의 저서의 표제처럼 "로마 제국이 바울에게 별로 중요하지 않았다"는 것을 의미하는 것은 아니라고 생각한다 — 그가 이것을 "상대적으로 중요하지 않다"는 것을 의미하는 것이라고 수정해서 말하고 있기는 하지만.[143] 바울은 유대인들의 묵시론적 언어와 표상들을 복원시켜서 재구성한 본문들인 로마서 5-8장과 고린도전서 15장 등에서, 창조주와 그의 피조세계를 무너뜨리려고 광분하는 궁극적인 세력들은 "죄"와 "사망"이고, "사망"은 이미 개시된 메시야의 통치의 마지막에 멸망받게 될 "최후의 원수"라고 말하고 있는 것은 사실이다. 그러나 요한계시록에서 메시야는 "사망과 음부의 열쇠들"을 이미 소유하고 있음에도 불구하고, 선견자 요한은 그 책의 상당 부분에서 메시야와 카이사르, 복음과 제국을 서로 대립하는 구조로 묘사함으로써 후자에 심대한 타격을 입히고 있다는 것을, 우리는 어떻게 설명하여야 하는가.[144] 유대적인 묵시론의 기독교 판본들이 로마 제국의 오만함을 철저하게 일축하며 그 진상을 드러내고 있다는 것은 로마 제국이 당시의 그리스도인들에게 별로 중요하지 않은 존재가 아니었음을 의미한다.

도리어 정반대로, 로마는 "능력들"이 어떤 존재인지를 아주 적나라하게 집약해서 보여준 그 구체적인 화신으로 등장한다. 바울이 글을 쓸 당시에, 오직 로마만이 전 세계적인 "복종과 충성"을 강제할 수 있었고, 오직 카이사르에 대해서만이 사람들은 그가 어떻게 '퀴리오스'(kyrios)와 '소테르'(sōtēr)로 환호받게 되었는지에 관한 찬란한 서사를 말할 수 있었으며, 오직 아우구스투스의 제국에 대해서만 시인들은 온 세계에 정의와 평화와 번영을 온 가져다준 왕의 등극으로 수백 년에 걸친 역사가 그 정점에 도달하게 된 이야기를 노래할 수 있었다. 이러한 것들은 바울이 예수를 주로 선포하고 복음에 의해 나타나고 형성된 정의와 평화의 새로운 세계에 대하여 전하고 다녔던 바로 그 세계에서 대리석에 새겨지고 주화들에 각인되

142) Barclay, 386f.
143) Barclay, 386(위의 논의를 보라).
144) 계 1:18을 보라; 5, 12-14, 19장에 나오는 암묵적이지만 일반적으로 인정되고 있는 대비.

고 공적인 축제들에서 송축된 주장들이었다. 아무리 바울이 카이사르의 주장들이 십자가의 새로운 계시를 통해서 무너졌다고 믿었을지라도, 그러한 주장들은 여전히 세계를 지배해 왔던 "능력들"의 공적이고 강력한 표현으로 남아 있었다. 헤로도토스(Herodotus)는 헬라인들이 페르시아인들에게 승리함으로써 주전 5세기 아테네 문명이 꽃 피울 수 있는 공간이 만들어졌다는 이야기를 하였다. 그러나 당시의 헬라인들은 그 누구도 어떤 의미에서든 페르시아 제국이 "별로 중요하지 않다"고 말하지 않았을 것이다.

따라서 다른 아주 많은 것들의 열쇠임과 동시에 이 모든 것의 열쇠는, 바울이 태어나서 자란 유대적 맥락을 이해하고, 그런 후에 십자가에 못 박히고 부활한 메시야에 대한 바울의 믿음에 의해서 그의 유대적 이해가 어떤 식으로 변화되었는지, 그 변화의 성격을 이해하는 것이다. 본서와 관련해서, 그것은 위의 제2장을 출발점으로 삼고, 제2부와 제3부에 비추어서, 권력과 정치의 문제들을 다시 생각해 보는 것을 의미한다.

나는 위에서 유대적인 맥락 속에서 바울은 유대인들의 고전적인 견해를 익혔을 것임을 논증한 바 있다. 첫 번째는 세계의 권력들은 그 자체로는 신적인 것은 아니지만, 자신의 세계를 인간으로 하여금 다스리게 하고자 한 한 분 유일하신 하나님에 의해 세움을 받았다는 것이고, 두 번째는 그러한 모든 세계 권력들은 언젠가는 그들의 빈번한 교만함과 신성모독과 폭정으로 인하여 엄격하게 추궁을 당하고 심판을 받게 되리라는 것이었다. 그런 후에, 나는 이러한 유대적인 입장의 두 측면이 바울 안에서 종말론적으로 철저하게 수정되었다는 것을 논증한 바 있다. 첫째로, 그는 (당시의 다른 대부분의 유대인들과 동일선상에서) 세계의 모든 권력들은 한 분 유일하신 하나님에 의해 만들어졌다는 것을 재천명하는 가운데, (이것에 대한 기독교 특유의 수정을 통해서) 그 권력들은 메시야 안에서 및 메시야로 말미암아, 그리고 메시야를 위하여 만들어졌고 메시야의 뜻들을 섬기기 위하여 만들어졌다는 내용을 거기에 덧붙였다. 바울은 적어도 그의 현존하는 글들 속에서는, 어떤 사람들이 생각하는 것과는 달리, 기존의 자신의 입장을 완전히 뒤집어엎는 혁명적인 방식으로 수정한 것이 아니었고, 그의 수정된 입장은 그의 출발점이었던 유대적인 입장과 일관성을 유지하는 가운데 이루어진 수정을 통해 얻어진 것이었다. 둘째로, 그는 한 분 유일하신 하나님의 장래의 심판이 이미 일어났고, 그 결과 "능력들"은 이미 메시야에게 포로로 잡혀서 그의 개선행렬 가운데서 쇠사슬에 묶여 수치스럽게 끌려가는 신세가 되어 있다고 보았다(바울이 감옥에서 이런 내용의 서신을 썼을 때, 이 말이 사람들에게 터무니없는 궤변으로 보였을 것임에 틀림없지만!). 메시야는 이미 세계를 다스리고 있고, "마지막 원수인 사망이 멸망 받게" 될 때까지 계속해서 다스릴 것이다.[145]

바울이 로마와 카이사르를 이러한 우주적인 지도 위에 위치시키고 있는 것은 그 자체가 이미 그들의 터무니없는 주장을 일축하고 제자리로 돌려놓고 있는 것이다. 그는 세계 및 우주와 관련된 그들의 자랑들을 조롱하고 있다. 그러나 이것은 로마와 카이사르가 바울에게나 그의 청중들에게 별로 중요하지 않은 존재들이었다는 것을 의미하지 않는다. 바울은 자신의 신학을 설명하는 주된 글들을 통해서, 나중에 기독교 신학으로 알려지게 된 것을 위한 토대를 놓았던 것과 마찬가지로, 분명한 함의를 통해서, 기독교의 정치적 비전이라고 불릴 수 있는 것을 위한 토대를 놓았는데, 그 비전은 마르크스주의적인 것이나 신보수주의적인 것도 아니었고, 제도교회적이거나 재세례파적인 것도 아니었으며, 우리의 오늘날의 얄팍한 범주화의 산물인 "좌파적"이거나 "우파적"인 것도 아니었고, 오늘날의 범주들과는 판이하게 다른 뉘앙스들과 차이들을 지니고 있는 가운데 여전히 매우 유대적인 그런 비전이었다.

많은 사람들이 카이사르와 로마를 열렬히 숭배하고 있던 세계에서, 바울은 그러한 모든 이기주의적이고 폭정을 지지하는 신성모독들을 허물어뜨리는 유대적인 유일신론을 재천명하였을 뿐만 아니라, 이 황제와 이 제국의 구체적인 주장들이 바로 그러한 좀 더 큰 범주들 내에 속하는 대표적인 것들이라는 암시를 반복해서 제시하였다. 많은 사람들, 특히 많은 경건하고 열심 있는 유대인들이 로마에 대항한 무력 혁명과 반란을 일으키기 위하여 온 힘을 쏟고 있던 세계에서, 바울은 결정적인 승리는 이미 얻어졌으며, 그것은 "폭력에 의한"(by violence) 승리가 아니라 "폭력 자체에 대한"(over violence itself) 승리였다고 역설하였다. 아마도 이러한 균형은 오직 한층 더 강력한 암시들과 시와 언어를 통해서만 유지될 수 있었을 것이다. 왜냐하면, 오늘날의 일부 연극들과 마찬가지로, 바울은 정말 중요한 역할을 하는 등장인물을 무대에 올리지 않고 도리어 무대에서 조금 떼어놓고 있기 때문이다.

"사망이나 생명이나, 천사들이나 통치자들이나 … 다른 그 어떤 피조물도 우리를 우리 주 왕 예수 안에 있는 하나님의 사랑으로부터 떼어놓을 수 없을 것이다." 바울은 사랑, 즉 이스라엘의 "메시야"이자 카이사르의 "주"인 십자가에 못 박혔다가 부활한 예수 안에서 계시된 한 분 유일하신 하나님의 사랑이 지닌 힘을 통해

145) 고전 15:26.

서, 로마의 권력과 오만한 주장들을 격하시키고 일축하며 전복시키고 무력화시킨다.

제 1 3 장

다른 희생제사: 바울과 "종교"

1. 서론

내가 독일을 처음 방문한 것은 1976년 봄이었다. 나는 옥스퍼드(Oxford) 대학의 신학부와 본(Bonn) 대학의 개신교 학부에 속한 교수들에 의해 조직된 합동 세미나의 첫 번째 모임을 위해 거기에 갔다. 그 주간에 내가 얻은 많은 통찰들 중에서 본서의 이 장과 특히 관련된 것이 한 가지 있다.

그 세미나에서 첫 번째로 본(Bonn) 대학 신학부의 중진 구약학자인 안토니우스 군네벡(Antonius Gunneweg)이 발표한 논문 제목은 "종교냐 계시냐? 구약성서의 해석학적 문제에 대하여"(Religion oder Offenbarung: Zum hermeneutischen Problem des Alten Testaments)였는데,[1] 이것은 칼 바르트(Karl Barth)의 신학에 의해서 더욱 강화된 개신교의 표준적인 전제를 기반으로 한 문제제기였다. 즉, 그러한 문제제기 속에는, "종교"는 인간이 하나님의 은총을 얻고자 하여 행하는 어떤 것인 반면에, "계시"는 하나님이 거저 베풀어 주는 은혜의 행위를 통해서 자신의 사랑이나 뜻을 인간에게 계시하기로 하였을 때에 일어나는 것이라는 전제가 깔려 있다.[2] 이러한 관점에서 본다면, 기독교는 인간의 노력이 아니라 하나님의 은혜를 추구하는 것이기 때문에 결코 "종교"가 아니었다. 따라서 이 질문은 구약성서가 그러한 "계시"로서의 성격을 공유하고 있는 것인지, 아니면 하나님을 기쁘게 하거나 알고자 하였던 인간의 노력을 보여주는 종교의 유대적인 판본으로 여겨져야 하는 것인지에 관한 것이었다.

이러한 논의를 20세기 독일에서의 논쟁들이라는 좀 더 큰 맥락 내에 위치시키는 것은 흥미로운 일이 될 것인데, 바울은 "종교적 인간"(homo religiosus – '호모 렐

1) 이후에 Gunneweg, 1977으로 출간되었다.

2) "종교"에 대한 Barth의 변증, 그리고 Martyn, 1997a와 b가 그것을 따르고 있다는 것에 대해서는

리기오수스')의 원형이었다는 다이스만(Deissmann)의 주장과 바울의 논쟁은 궁극적으로 바로 그러한 "종교적 인간"에 반대하는 것이었다는 케제만(Käsemann)의 주장의 대립은 그 한 예가 될 것이다. 이것에 대한 논평은 다음 기회를 기약하기로 하자. 내게 통찰을 준 것은 최근에 맨체스터 대학에서 옥스퍼드 대학으로 옮겨 온 제임스 바(James Barr) 교수의 반응이었다. 그는 영국에서 "종교"라는 단어는 이 논문의 독일어 제목에서 전제하고 있는 것 같은 부정적인 함의를 전혀, 또는 거의 지니고 있지 않다는 점을 지적하였다. 영국에서 "종교"는 "일부 사람들이 일요일 아침마다 행하는 것"이라는 의미에, 윤리적인 기준들과 개인적인 경건(이것은 아마도 "신비주의"라고 할 수도 있을 것이다)에 관한 약간의 전제들이라는 의미가 가미된 것을 가리킨다. 사람들은 종교에 참여하고자 하지 않을 수 있지만, 종교인들이든 아니든 "종교"를 나쁘거나 위험스러운 것으로 인식하지 않는다(종교가 지나치게 신비주의로 기울지만 않는다면).

물론, 시대는 변하였다. 좀 더 최근에는, 리처드 도킨스(Richard Dawkins) 같은 인물이 등장해서, "종교들"은 종교인들에게나 사회 전체에 해롭다고 말하였는데, 이것은 대륙의 개신교적인 입장을 한층 더 강화하고 정치화한 판본이다.[3] 또한, 일부 복음주의적이고 근본주의적인 진영들에서는 "종교"는 지루한 주류 교회들에서 일어나고 있는 것이고, 그들은 그런 것과는 판이하게 다른 것, 즉 외적인 형식이 아니라 하나님과의 살아 있는 관계를 누리고 있는 것이라는 인식이 점차 증대되어 왔다. 이러한 것들도 다른 곳에서 다루어져야 할 문제들이기는 하지만, 오늘날의 사고 속에서 "종교"라는 단어가 여러 가지 다양한 용법을 지니고 있다는 것은 현재의 장에서 논의되고 있는 주제와 연관이 있다. 왜냐하면, 그것은 우리가 논의하고 있는 대상보다 훨씬 후대에 생겨난 전제들과 편견들을 역사적 연구 속으로 끌어들일 위험성에 대하여 경고하는 것이기 때문이다. 이 장은 앞 장과 병행해서 다음과 같은 문제를 다룬다: 우리가 제2부와 제3부에서 살펴본 바울을 우리가 제4장에서 그린 그림 내에 두고자 할 때에 어떤 일이 벌어지는가? 달리 말하면, 나는 여기에서 "종교"에 대한 적어도 18세기 이후로 계속되어 온 이해를 다루고자 하는 것이 아니라, 저 이전의 장에서 논의된 주후 1세기의 "종교"와 바울의 관계를 검토하고자 한다는 것이다.

한편으로는 Ashton, 2000, 23-5(Ashton 자신의 견해 전체에 대해서는 아래를 보라), 다른 한편으로는 Griffiths, 2005, 674f.를 보라. Griffiths의 결론("기독교 사상에 대하여 종교라는 개념을 사용할 수 없다는 주장은 의심하는 것이 옳을 것 같다")에서 말하는 "종교"는 현재의 장에서의 나의 주제인 주후 1세기의

"종교"라는 관점에서 바울을 다루어 온 몇몇 저작들이 그러한 구별을 분명히 하지 않았기 때문에, 우리가 하고자 하는 작업은 훨씬 더 복잡하게 되어 버렸다. 초기 기독교에 관한 연구를 대학의 "종교학과들"에 맡겨놓은 것은, 우리 모두가 "종교"가 무엇인지를 알고 있다 — 예컨대, 종교는 정치나 "실생활"과는 별 상관이 없거나 아무 상관이 없다는 식의 — 는 함의를 지니고 있어서, 사람들이 이 주제를 인식하는 방식에 심대한 영향을 미쳐 왔다(이 영향은 대체로 은폐되어 있다). 초기 기독교의 전통적인 주제들을 우리가 "종교"라고 부르는 상자 속에 집어넣을 때, 여러 가지 일들이 일어난다.[4]

샌더스(Ed Sanders)의 『바울과 팔레스타인 유대교』(*Paul and Palestinian Judaism*)가 그 고전적인 예인데, 그 저서의 부제가 "종교 패턴들의 비교"(A Comparison of Patterns of Religion)라는 것은 의미심장하다. 샌더스의 이 저서는 내용면에서나 방법론적인 면에서나 기존의 연구를 훨씬 넘는 도약을 이루어내었지만, 그는 자신의 연구작업을 "종교 패턴들"에 관한 연구라고 확고하게 명명함으로써, 내게는 심각한 왜곡으로 보이는 것을 초래하는 데 책임이 있는 세 가지 것을 행하였다.[5]

1. 샌더스는, 그 어떤 설명이나 논의도 없이, 주후 1세기가 아니라 18세기에 속한 "종교"에 대한 암묵적인 정의를 사용한다. 그는 "종교"를, "기독교"나 "유대교" 같은 것이 무엇이고, 어떤 기능을 하며 무엇을 이룬다고 주장하는지에 관한 체계 전체를 가리키는 용어로 취급한다. 그는 몇 가지 질문들을 통해서 "종교"에 포함시킬 것을 걸러내고 있기는 하지만,[6] 고대 세계에서 "철학" 또는 "신학"의 일부로 여겨졌던 온갖 것들을 다 "종교"에 포함시킨다. 이것은 증거들을 왜곡시킨다 —

'렐리기오'(religio)가 아니라, 오늘날의 "종교" 개념이다.

3) 예를 들면, Dawkins, 2006.

4) 바울과 관련한 "종교"에 대한 대부분의 논의들은, 바울이 자신의 서신들에서는 물론이고, 사도행전과 목회 서신에서도, 라틴어 '렐리기오'에 해당하는 헬라어 단어들을 거의 사용하지 않는다는 이유로, 당시의 용어 사용 문제를 간과해 버린다: cf. '데이시다이몬'(deisidaimōn)/ '-모니아'(-monia, 행 25:19; 17:22); '유세베이아'(eusebeia)/ '-베오'(-beō)/ '-베스'(-bēs, 딤전 2:2; 3:16; 4:7, 8; 6:3, 5, 6, 11; 딤후 3:5; 딛 1:1 / 행 17:23; 딤전 5:4 / 행 10:2, 7); '트레스케이아'(thrēskeia, 행 26:5; 골 2:18). 따라서 이하의 서술은 바울 자신이 "종교"에 대하여 말한 것들을 주석하고자 하는 것이 아니라, 주후 1세기에 '렐리기오'로 표현된 헬라-로마의 종교 세계의 지도 위에 바울을 위치시키고자 하는 것이다.

5) 나는 위의 서문과 제2장 제2절에서 "유대교"라는 단어를 쓰지 않아야 할 이유들을 제시하였음에도 불구하고, 내가 이 논의에서 "유대교"라는 단어를 사용하는 것은 (다른 대다수의 학자들과 마찬가지로) Sanders도 이 단어를 사용하기 때문이다. Ashton, 2000, 27은 Sanders에 대하여 내가 여기에서 말하고 있는 것과 부합하는 비판적인 논평들을 제시한다.

다이스만의 경우도 마찬가지이지만. 이런 의미에서, 이 "종교"라는 다소 기본적인 망원경으로는 바울의 하늘에 떠 있는 가장 중요한 별들 중의 일부를 볼 수 없다.[7]

2. 샌더스는 "기독교적인" 범주들을 자신의 분석 속에 집어넣어 사용한다. 그는 자신의 목적은 "각 종교의 장점들을 각 종교의 관점에서 고찰하고 정의해서, 하나의 종교 전체와 그 부분들을 또 하나의 종교 전체와 그 부분들과 비교하는 것"이라고 밝히지만, 뜻밖에도 "기독교적인" 토대 위에 서 있는 범주들을 사용한다. 심지어 "'패턴' (pattern)이라는 용어는 하나의 종교가 어떻게 논리적인 출발점에서 논리적인 종착점으로 이동해 가느냐 하는 질문을 가리킨다"[8]는 그의 일반적인 진술조차도, "종교"는 그러한 여정을 수행하는 것에 관한 것이라는 의미를 이미 전제하고 있고, "종교"에 대한 이러한 이해는 아마도 본질적으로 (조상들의 유랑, 출애굽, 포로생활로부터의 귀환에 토대를 둔) 유대적인 인식, 또는 그것을 기독교적으로 수정해서 죄에서 출발해서 구원으로 나아가는 "여정"으로 보는 인식으로부터 나온 것으로 보인다. 그러나 아주 오래된 "종교"는 그러한 "논리적인 출발점"이나 "논리적인 종착점"을 가지고 있지 않았다 — 또는, 우리가 그런 것들을 볼 수 있다면, 그런 것들은 종교 자체의 일부가 아니라, 키케로 같은 사람이 집에 가서 한 권의 책을 쓸 때에 그 주제가 될 수 있는 그런 추상적인 성찰들일 뿐이었다. 특히, 샌더스는 "구원론"을 좀 더 큰 "종교"라는 범주에 포함시킨다.[9] 그가 적어도 고대의 유대교의 몇몇 분파들을 포함한 일부 종교들은 초기 기독교에 비해서 "구원론"과 그 관련된 교리들(죄, 장래의 삶 등)에 관심이 없었다고 본 것은 옳지만, 그는 "들어가는 것"(getting in)과 "머무는 것"(staying in)이라는 자신의 기본적인 범주들을 사용해서 논의를 진행해 나간다. 그는 "어떤 종교가 구성원들을 받아들이고 유지시키는 방식이 그 종교가 '기능하는' 방식이라고 할 수 있다"[10]고 말한다.

나는 이것이 많은 보수적인 개신교 진영에서 샌더스를 철저하게 배척하는 근본

6) "세계가 어떻게 만들어졌는가, 종말이 언제 올 것인가, 내세에서의 삶의 성격은 어떤 것이 될 것인가, 메시야의 정체성 등등의 사변적인 질문들"(Sanders, 1977, 17) 같은 것.

7) 예를 들면, Deissmann과 Sanders가 "어떤 사람이 그리스도 안에 있는 것"과 "그리스도가 어떤 사람 안에 있는 것" 간의 차이 — 바울에게는 중요하였지만 "종교"의 관점에서 볼 때에는 하찮은 구별 — 를 보지 못한 것. Sanders는 "그리스도 안에 있는" 체험이 "이스라엘 안에 있는" 체험과 어떤 관계에 있는지는 "생각보다 연구하기가 더 모호하다"고 말하고, 자신의 책에서 사용한 방법론으로는 그러한 과제를 감당할 수 없다고 인정한다: "우리는 유대적이고 바울적인 사상 속에서 종교가 어떤 식으로 나타나고 있는지를 분석하는 것으로 만족하여야 한다"(549).

8) Sanders, 1977, 17.

9) ibid.: "종교의 패턴은 이렇게 대체로 조직신학이 '구원론' 아래에 분류하는 여러 항목들과 관련

적인 이유가 아닌가 생각하고, 그리고 적어도 바로 이것과 관련해서 샌더스에게 항의하는 것은 정당하다. 그에 대한 항의가 정당한 이유는 "유대교를 부당하게 대우하였기" 때문이 아니다. 우리 모두가 그러하듯이 그가 지나치게 단순화시켜서 말하고 있다는 것은 의심의 여지가 없기는 하지만, 어쨌든 유대교의 실천은 하나님과의 계약 속에 암묵적으로 내포되어 있던 은혜에 대한 응답이라고 본 그의 기본적인 인식은 실질적으로 옳다. 그런데도 샌더스에 대한 항의가 정당한 이유는 두 가지인데, "새로운 관점"을 비판하는 사람들은 그 중에서 한 가지는 얼핏 보았지만, 내 생각에는 나머지 한 가지는 보지 못하였다.

그들이 얼핏 본 한 가지는, 샌더스가 유대교는 은혜의 종교라고 역설하였음에도 불구하고(초기 그리스도인들, 특히 바울이 아니었다면, 누가 그렇게 "은혜"를 중시하였겠는지를 생각하면, 이것도 물론 "기독교화된" 판단이라고 할 수 있다), 보수적인 개신교도들이 안토니우스 군네벡(Antonius Gunneweg) 또는 심지어 칼 바르트(Karl Barth)의 방식을 따라 "기독교"를 "종교"로 보는 것을 온 힘을 다해 배척하고 있던 바로 그런 시기에, 자신이 설정한 범주들을 따라서 "기독교"를 일종의 "종교"로 보았다는 것이다. 이렇게 보수적인 개신교도들이 "새로운 관점"에 대하여 몸서리를 치는 반응을 보였다는 것은, 샌더스가 (필자 같은 사람들과 마찬가지로) 유대교가 은혜의 종교였다는 것을 드러낸 것이 아니라, 기독교를 슬그머니 행위의 종교, 아니 "종교"("종교"라는 말 속에는 이미 "행위"에 토대를 둔 것이라는 전제가 내포되어 있다는 점에서)로 변질시킨 것으로 여겼음을 보여준다. 유대교를 행위의 종교라는 비난으로부터 구해내고자 하였던 샌더스는 이런 식의 반발에 봉착하였다. 그는 유대교를 기독교와 흡사한 것으로 만들려고 했지만, 사람들은 그가 기독교를 유대교와 흡사한 것, 또는 적어도 개신교의 표준적인 논쟁에서 등장하는 "유대교"로 만들어 버렸다고 생각하였다. 지금 여기에서 용어들이 정확하게 사용되고 있는 것은 아니기는 하지만, 어쨌든 우리가 말하고자 하는 중요한 요지는 샌더스에 의해서 사용된 "종교"라는 범주는 바울 서신들이 실제로 말하고 있는 내용들을 필연적으로 왜곡시킬 수밖에 없고, 나아가 제2성전 시대의 유대교 자체도 왜곡시킬 가능성 — 물론, 샌더스를 비판하는 보수주의자들이 통상적으로 생각해 온 그런 방식들로의 왜곡은 아니지만 — 이 있다는 것이다.

샌더스에 대한 항의가 정당한 두 번째 이유이자 "새로운 관점"을 비판하는 사람들이 보지 못한 또 하나의 이유는, 그의 그러한 분석은 단지 바울과 옛 유대교만을 왜곡시키기 때문만이 아니라, 종교가 "기능하는" 방식은 그 종교가 "구성원들을 받아들이고 유지시키는" 방식과 관련되어 있다는 말은 사실이 아니기 때문이다.

18세기적인 의미에서의 대부분의 "종교들," 그리고 주후 1세기적인 의미에서의 대부분의 "종교들"에서, 종교의 "기능"은 구성원들을 받아들이고 유지시키는 방식과는 아무 상관이 없었다. 심지어 정교한 입교의식들을 갖춘 고대의 신비종교들조차도 입교의식들이 의미하는 것보다 훨씬 더 많은 기능을 가지고 있었다. 아마도 샌더스는 기독교적이고 바울적인 관점에 서서, 한편으로는 "회심" 같은 어떤 것("들어오는 것")이 종교에서 계속해서 큰 부분을 차지하고, 다른 한편으로는 "종교"의 일상적이고 통상적인 실천을 "머무는 것"이라는 관점에서 생각하는 것이 합당하다고 보았던 것 같다. 그러나 고대 세계에서 대부분의 "종교"는 "회심"에 관한 것이 아니었고, 고대 "종교"를 신봉한 대부분의 사람들은 '폴리스'(polis, "도시")의 신들을 숭배하거나 그 이름을 부르면서 느슨한 의미에서 '폴리스' 안에 "머무는 것" 외에 다른 어떤 것에 머무는 것에 관심을 갖고 있지 않았다.[11] 이스라엘의 성경은 실제로 개인들이 어떤 행동을 하면 "그들의 백성 가운데서 끊어지게 될" 것이라고 엄중하게 경고하고, 마찬가지로 민족 전체가 하나님과의 계약을 계속해서 깨뜨리면 포로로 잡혀가게 될 것이라고 엄중하게 경고한다. 따라서 나는 주후 1세기의 많은 유대인들이 자리에 앉아서 "머무는 것"이라는 관념을 놓고 길게 또는 자세하게 토론을 벌였을 것이라고 생각하지는 않지만(쿰란 공동체는 예외일 수 있다), 이 관념은 유대적인 범주로 볼 수 있다. 그러나 좀 더 넓은 이교 세계에서는, 사람들이 낯선 종교나 위험한 철학을 도입하고자 했다는 죄명으로 이런저런 도시(특히, 로마)로부터 추방당했음을 보여주는 증거들이 있기는 하지만, "머무는 것"이라는 관념은 주후 1세기의 "종교" 세계 안에서 자연스럽게 자리잡고 있던 범주는 아니었다.

샌더스의 설명에는 또 하나의 아이러니가 있는데, 그는 바울에 대한 자신의 연구를 "들어가는 것"과 "머무는 것"에 그 초점을 맞춤으로써, 바울의 사고 및 그것보다 더 중요한 그의 실제적인 삶과 그의 교회들의 삶을 구성하고 있던 여러 요소들(예컨대, 그는 세례나 성찬을 자세하게 다루지 않는다)을 "종교"라는 표제 아래에서 검토하는 것이 합당하였을 것인데도 불구하고, 거의 무시해 버렸다는 것이다. 사실, 샌더스는 바울의 신학을 종교라는 표제 아래 다루고자 하였고, "종교" 자

되어 있다."

10) ibid.

11) Stowers, 2001, 91f.를 보라: "헬라의 '폴리스'(polis, '도시국가')의 시민이 된 애굽 사람은 종교적 관행들을 바꾸었고 문화적이고 사회적인 관계들의 전 범위를 채택하였지만, 우리는 그것을 '회심'이라고 부르지 않는다." Stowers는 "회심" 같은 것은 종종 미덕을 추구하는 심령의 싸움들과 결부되어 생각

체는 아예 한 쪽으로 제쳐놓고 다루지 않았던 것이다. 본서의 이 장은 부분적으로는 그러한 결핍을 치유하고자 하는 시도이다.

3. 또한, 이 모든 것의 결과로서, 샌더스는 유대교와 기독교가 궁극적인 종말에 관한 견해를 지니고 있었다는 점을 지적하는 것을 제외하면, 유대교와 기독교에 대한 그의 설명으로부터 종말론을 배제해 버린다. (심지어 그는 그런 것은 "종교의 패턴을 설명하는 데 중요한 논점이 아니다"라고 말한다.)[12] 사람들이 오랫동안 기다려 왔다가 이제 마침내 성취되거나 적어도 개시된 한 분 유일하신 하나님의 단일한 계획과 목적에 대한 믿음이라는 초기 기독교적인 의미에서의 종말론은, "종교"에 대한 18세기적인 분석이 차단하고 걸러내 버린 것들 중의 하나이다(그 이유는 아마도 계몽주의는 세계사가 볼테르, 루소, 토마스 제퍼슨의 저작을 통해 그 최고의 정점에 도달하였다고 본 나름대로의 종말론을 지니고 있었기 때문일 것이다). 샌더스는 "종교의 패턴들"이라는 관점에서 바울과 유대교를 비교함으로써, 초기 그리스도인들이 한편으로는 적어도 쿰란 분파, 다른 한편으로는 바르 코크바의 추종자들 같이, 이스라엘의 하나님이 오래 전부터 약속해 온 계획을 개시시켰거나 개시시키고 있다고 주장하였고, 그들 자신이 이 새로운 운동의 선봉에 있다고 주장하였다는 것을 보지 못하게 만들어 버린다. 바울을 주후 1세기의 유대적인 종말론의 세계에 위치시키는 것은 그를 연구할 때에 행해야 할 가장 중요한 것들 중의 하나이기 때문에, 이후의 학계에서 바울에 대한 샌더스의 설명이 상당히 한 쪽으로 기울었음을 발견해 온 것은 이상한 일이 아니다. 실제로 샌더스가 바울의 입장을 유대교와 대비해서 요약한 것을 다른 식으로 바꾸어 말한다면, 바울에 대한 샌더스의 설명에서 잘못된 것은 그 설명이 기독교에 대한 설명이 아니라는 것이다.[13]

샌더스에 대한 나의 비판은 요한을 전공한 학자였다가 은퇴 후에 바울에게로 관심을 돌린 존 애쉬튼(John Ashton)이 제시한 비판과 비슷하다.[14] "사도 바울의 종

되었다. 그러나 회심은 (a) "종교"가 아니라 철학에 관한 것이었고, (b) 공동체에 "들어가거나 거기에 머무는 것"이 아니라, 개인 자신의 진보에 관한 것이었다.

12) Sanders, 1977, 17. Sanders와 Schweitzer는 다른 많은 점들에서는 아주 가깝지만, 하나의 문제를 놓고 가장 큰 차이를 보인 것은 바로 이것인 것 같다.

13) Sanders, 1977, 552를 보라. 나는 Sanders의 설명, 특히 그의 결론(543-56) 속에는 감탄할 만하고 유익한 많은 내용들이 들어 있다는 말을 서둘러 덧붙이고자 한다. 그의 마지막 문장(555f.)은 정확히 옳을 뿐만 아니라, 그의 프로젝트가 바울에 관한 완전한 설명일 수 있다는 주장에 의문을 제기한다: "바울은 자신의 서신들에서 예수의 죽음과 부활을 기존의 도식에 대입시켜서, 거기에서 비슷한 기능을 해 온 다른 모티프들을 대신하게 하는 것이 아니라, 예수의 죽음과 부활이 지닌 의미를 토대로 자신의 복음과 신학에 대한 설명들을 해나간다."

교"에 대한 애쉬튼 자신의 설명은 다른 수단들을 통해서 신학을 하고자 하는 시도가 아니다(그와 나는 샌더스의 설명을 이론이 아니라 실천으로 보기 때문에). 애쉬튼은 기독교 조직신학, 특히 종교개혁 이후의 개신교 교의학의 여러 가지 질문들에 대한 대답을 찾기 위해서 바울을 천착해 온 오랜 전통을 한 쪽으로 단호하게 밀어놓고서, 그 대신에 바울을 그의 "종교 체험"이라는 관점에서 설명할 수 있다고 주장한다.

우리에게는 이것이 슈바이처(Schweitzer)에게로 되돌아가는 또 다른 길로 보이는데도, 애쉬튼은 자신의 비판 속에 슈바이처를 포함시켜서, 그가 이론상으로는 바울의 "신비주의"에 대하여 말하기는 하였지만, 사실은 여전히 바울을, 말로 표현할 수 없는 것들을 말로 표현하고자 애쓴 신비가라기보다는 논리적인 사고를 좇는 사상가로 묘사하고 있다고 주장한다.[15] 바울을 전자로 묘사하는 것이 애쉬튼이 취하는 노선이다. 그는 "주술사" 또는 "무당"을 뜻하는 "샤먼"(shaman)이라는 범문화적인 종교적 범주의 관점에서 사도 바울을 바라보아야 한다고 말하면서, 다메섹 도상에서 일어난 일을 통해서 바울은 일종의 죽었다가 다시 살아나는 체험을 하게 되었고, 그의 글들의 가장 중요한 특징들은 바로 이 체험에 비추어 볼 때 제대로 설명될 수 있다고 주장한다.[16] 애쉬튼은 바울을 "샤먼"이라고 부르는 것이 모든 사람의 입맛에 맞지는 않을 것임을 알고 있었기 때문에, 그런 사람들은 이것을 하나의 비유로 생각하라고 권한다.[17]

애쉬튼의 대담하고 혁신적인 주장 속에는 감탄스러운 것이 많이 있고, 특히 여러 문화에 대한 해박한 지식은 특히 그러하다. 그러나 그러한 주장은 주후 1세기의 실제의 역사에 비추어 보면 두 가지 심각한 문제점을 안고 있다. 첫째로, 애쉬튼이 중요한 근거로 삼는 "종교 체험"이라는 범주는 고대와 현대의 몇몇 "샤머니즘적인" 전통들과 관련해서는 어느 정도 통할 수 있는 여지를 지니고 있기 때문에, 신비종교들에 대해서는 적용될 수 있겠지만, 전체적으로 주후 1세기에서 "종교"의 세계라고 할 수 있는 것과는 별 상관이 없다. 애쉬튼은 바울이 자신의 관념들을 신비종교들로부터 가져오지 않았다는 학계의 통설을 받아들이면서도, 그럼에도 불구하고, "우연히 일어난 것 같은 여러 비슷한 현상들이 수렴되는" 지점으로서 "종

14) Ashton, 2000(이후에 인용된 Ashton의 저작은 이 책이다); Schweitzer와 Sanders에 대해서는 cf. 149-51.

15) Ashton, 144, 149.

16) Ashton, 10f., 135 등.

17) Ashton, 39f., 59, 214. 나는 한 주교가 수녀원 지붕 속에서 딱정벌레가 죽어가는 모습을 지켜보며

교 체험"이라는 범주를 공개적으로 사용해서, 바울의 체험이 그러한 종교 체험의 족보 속에서 어느 위치에 있다고 말하지는 않지만, 중요한 유사 예들을 제시하는 것은 이상한 일이 아니다.[18] 하지만 독자들은 애쉬튼이 ("신학"과 대비되는 것으로) 제시한 "종교 체험"이라는 범주를 들고 나올 때, 이전에 "느낌"을 교의 위에 두고자 하였던 슐라이어마허(Schleiermacher)의 프로젝트가 재상영되고 있는 것이라는 인상을 받을 수밖에 없다. 따라서 애쉬튼이 칼 바르트(Karl Barth)를 아주 심하게 비판하는 것도 이상한 일이 아니다.[19]

이것은 오로지 계몽주의 이후에 사용되고 있는 "종교"라는 범주 속에는 주후 1세기의 '렐리기오'(religio)에 속해 있지 않았던 것들이 포함되어 있어서, 이 두 범주가 서로 다르다는 것을 의미할 수 있을 뿐이다. 애쉬튼은 자신이 말한 것과는 다른 방식으로 자기가 바울을 읽고 있다는 것은 분명히 알고 있다. 그는 레이제넨(Räisänen) 등이 했던 것과는 달리, 바울이 그의 느낌과 감정들을 "합리화하여" 신학적인 논증으로 발전시켰다고 비난하고 있지는 않지만, 사실상 그의 연구는 그렇게 하고 있는 것과 마찬가지이다.[20]

둘째로, 애쉬튼은 자기가 바울을 설명할 수 있는 열쇠를 제시하고 있다고 주장하지만, 사실은 하나님의 의, 이신칭의, 메시야직, 성육신적인 기독론 등등 같은 바울의 주요한 주제들의 대부분을 다루지조차 않고, 특정한 본문들에 대한 석의를 제시할 때, 그 본문들이 한 서신 또는 한 장이라는 좀 더 큰 맥락과 어떤 식으로 조화되고 있는 것인지를 보이려는 시도조차 하지 않는다. 예컨대, 그가 로마서 8:23-30을 마치 앞에서부터 길게 이어져온 본질적으로 신학적인 논증의 정점이 아니라는 듯이 설명하는 것은 그 자체로 이미 그 본문을 잘못 읽고 있는 것이다.[21] 특히, 애쉬튼은 자기가 제2성전 시대의 여러 부류의 유대인들이 실제로 어떻게 생각하고 행동하였는지를 이미 파악하고 있다는 것을 보여주지도 않은 채로 아예 처음부터, 바울이 말하는 것들을 단지 유대적인 신앙을 수정한 것들이라는 관점에서 이해하

안쓰러워하는 수녀원장을 위로하기 위하여, "그것을 비유라고 생각하시면 아마 도움이 되실 것입니다"라고 말하는 장면을 그린 풍자만화가 기억난다.

18) Ashton, 14-16, 244.

19) Ashton, 24f., 60에서는 Martyn, 1997a와 그가 "종교"를 완전히 대체하는 것으로 "묵시론"이라는 범주를 오용하고 있는 것을 혹평한다.

20) 예를 들면, Ashton은 고린도후서 3:18과 관련 본문들에 대하여, "이것의 대부분은 엄밀하게 말해서 넌센스"라고 선언하고(28, 138), 현재 형태의 로마서 7:13-25을 자기모순적이라는 이유로 해체해서 자기 식으로 재구성한다(216-24). Ashton이 자기는 육체의 부활을 믿을 수 없다고 말하였다고 하더라도 (82), 바울의 사상을 역사적으로 서술하고자 하는 것이라면, 바울이 육체의 부활을 확고하게 믿었다는

는 것은 불가능하기 때문에, 우리가 바울을 다른 식으로 바라보는 것이 옳다고 선언한다.[22] 그의 논증에서 중심적인 위치를 차지하고 있음이 분명한 성령에 대한 그의 설명도, 성경적이고 유대적인 구체적인 맥락에 주의를 기울이지 않음으로써, 결함이 있을 수밖에 없다. 왜냐하면, 바울은 자신의 주목할 만한 "체험들"을 바로 그러한 맥락에 의거해서 해석하였기 때문이다. 이 모든 것은, 바울이 로마서 6장이나 갈라디아서 2:19-20에서 "죽고 다시 사는 것"에 대하여 생생하게 설명하여도, 애쉬튼은 그 본문들이 실제로 어떻게 작동하는지를 알지 못하고 있다는 것을 의미한다. 후자의 본문에 나오는 진술은 아주 생생하다: "내가 율법으로 말미암아 율법에 대하여 죽었으니, 이는 하나님에 대하여 살기 위한 것이다. 내가 메시야와 함께 십자가에 못 박혔지만, 나는 살아 있다. 그러나 이제는 내가 사는 것이 아니라, 오직 내 안에 메시야께서 사시는 것이다." 그렇지만 바울이 말하고자 한 전체적인 요지는, 이러한 "죽고 다시 사는 것"이 이제 "메시야 안에" 있게 된 모든 유대인들에게 일어난 일이라고 말하는 것이기 때문에, 이 체험은 오직 바울만이 겪은 독특한 체험이라고 할 수 없다. 만일 안디옥에서 베드로가, 또는 갈라디아에서 "선동가들"이 "바울이여, 당신은 주목할 만한 샤머니즘적인 체험들을 했지만, 우리에게 그런 체험을 기대해서는 안 되기 때문에, 당신이 말하는 것은 이치에 맞지 않는다"고 실제로 반박할 수 있는 것이었다면, 바울은 그들을 설득하려고 공연히 힘만 뺀 셈이 되었을 것이다.[23]

따라서 애쉬튼의 프로젝트는 몇 가지 점에서 아무리 매력적인 것이라고 할지라도 전체적으로 실망스러운 것이다. 그가 바울을 "설명하고자" 한 것이라면, 그의 시도는 분명히 실패하였다. 그의 시도는 기본적으로 오늘날의 관점에서 바라본 바울의 "종교 체험"을 탐구하고자 한 것이기 때문에(고대의 샤머니즘에서 얼마나 많은 유사 예들을 찾을 수 있을지는 모르겠지만, 어쨌든 애쉬튼은 그런 것을 그리 많이 찾아내고 있지는 않다), 주후 1세기적인 의미에서의 "종교"에 대한 설명이라기보다는, "심리학" 또는 "종교 심리학"으로 분류될 수 있는 설명이다.[24]

어떤 것들에 대한 "내적" 또는 "체험적" 측면은 자신의 본연의 위치에 놓여질 때에는 의심할 여지 없이 중요하다. 바울이 "마음" 및 그 은밀한 것들과 믿고 확신

사실을 중심적인 요소로 고려하는 것이 마땅하다. 또한, cf. Räisänen, 1986 [1983]; 2008.

21) Ashton, 138-41.

22) Ashton, 10f.

23) 위의 제10장 제3절 3) (2)를 보라.

24) Ashton(4f.)은 그의 관심은 이것과는 약간 다르다고 주장하는데, 이것은 그가 왜 Theissen, 1987

하는 것들에 대하여 말할 때에는, 최초의 지성적 원칙들로부터 최종적인 지성적 결론들로 옮겨가는 합리적 사고 과정으로 환원될 수 없는 인간의 상상과 의도와 직관이 생겨나는 깊은 샘들을 가리키고 있는 것이다. 하지만 "신학"에 대한 애쉬튼의 논증은 설득력이 없다(그리고 어떤 사람들은 그 저자 자신의 분석 방법론을 도리어 그 저자를 분석하는 데 사용하고 싶어할지도 모르겠다).[25] 내가 본서 전체에 걸쳐 논증해 온 핵심은, 바울은 실제로 하나의 통일적인 신학을 깊이 숙고하고 정교하게 공들여 표현하며 가르쳤고, 그 신학은 십자가에 못 박혔다가 부활한 메시야와 성령의 강림에 비추어서 "유대적인 신앙을 수정한 것"이었으며, 그의 공동체들이 말로는 표현할 수 없는 체험들에 직면하였을 때의 대체 활동으로 활용하기 위해서가 아니라, 그들이 그 안에서 살고 있는 현실인 이스라엘의 하나님 및 그의 계획과 목적들이라는 현실을 제대로 이해하기 위하여 이러한 것들을 철저하게 사고하는 법을 배우도록 강권하였다는 것이다. 바울은 우리가 본서의 제3부에서 살펴보았던 의미에서의 "신학"이 없다면, 자기가 자신의 공동체들에게 최선을 다해 반복해서 가르치고 있던 새로운 세계관은 견고하게 설 수 없을 것이라고 생각하였을 것임에 틀림없다. 잠시 후에 보게 되겠지만, 바울 자신에 의해서 다시 생각되고 수정된 "종교"도 동일한 목표를 염두에 두고 있었다.

바울이 여러 곳에서 마음(heart)만이 아니라 사고(mind)를 새롭게 해야 한다고 반복해서 말하고 있는 이유는, "신학"을 단지 교회에서 가르치고 교인들이 배워야 할 일련의 교의들이 아니라, 교회 전체가 수행해야 할 과제로 보았기 때문이었다. 후자를 전자로 변질시켜서, 신학적인 논증이라는 것들은 사실은 말로 표현하기가 아주 힘든 심오한 종교 체험을 겪은 사람이 읊조린 앞뒤가 잘 안 맞는 말들이 서로 뒤엉켜 있는 진술들이라고 말하는 것은, 역사적으로나 신학적으로나 종교적으로나 합당한 근거가 없다. 애쉬튼의 설명은 특히 지극히 개인중심적이어서, 그의 글을 읽는 사람들은 바울에게 있어서 메시야 백성의 공동체의 연합과 공동생활은 전혀 중요한 것이 아니었다는 느낌을 받게 된다. 우리는 바울의 온갖 종류의 "체험들"을 포함한 그의 삶 전체가 온전한 통일체의 일부였고, 그의 지성적인 논증들도

[1983]에 대해서는 지나가는 식으로 한 번 언급하고 말았는지 그 이유를 설명해 준다; 그러나 내 생각에는, 이것을 그의 연구과제에 포함시키는 것이 더 자연스러운 것으로 보인다.

25) "따라서 신학이 아니라 종교"라는 후렴구를 보라: Ashton, 25-8; 45; 121, 125, 126, 162f., 213, 234, 244. 그가 "신학은 '은혜'라는 단어와 마찬가지로 '구원'이라는 단어에서도 거기에 있던 모든 피를 다 빼버렸기" 때문에, "종교적인 구원 개념은 비유이고 오직 비유일 수 있다"고 말하는 것(158f.)을 보면, 우리는 도대체 그가 어떤 "신학"을 읽어 온 것인지 의아해하게 된다. "사람들은 신학적인 논증들, 즉 이국 땅에서 낯선 사람이 갑자기 나타나서 그들에게 쏟아내는 그런 논증들에 의해서 회심하는 것이 아니

그 통일체로부터 결코 분리될 수 없다는 것에 동의한다. 그러나 이것은 그러한 "체험들"을 그의 실제적인 논증들보다 우위에 놓는 것을 정당화해 주지는 않는다. 또한, 그렇게 하는 것은 특히 우리가 애쉬튼이 암묵적으로 토대로 삼고 있는 19세기적인 의미에서의 종교와는 판이하게 다른 것을 의미하였던 "종교"가 존재하고 있었던 주후 1세기의 세계 내에 바울을 제대로 위치시키는 데 도움이 되지 않는다.

초기 기독교라는 종교에 관한 판이하게 다른 또 하나의 설명은 게르트 타이센(Gerd Theissen)에 의해 제시되어 왔다. 타이센은 "종교"가 실제로 무엇인가 하는 질문에 대하여 샌더스보다 훨씬 더 민감하게 반응해서, 오늘날의 불가지론의 세계를 감안하며 글을 쓰는 가운데, 18세기와 주후 1세기의 관점을 둘 다 포함하는 "종교"에 대한 정의를 제시하고자 하여, "종교는 궁극적인 실체에 부응할 때에 삶 속에서 이득을 얻게 될 것임을 약속하는 문화적인 기호 언어"라고 말한다.[26] 이러한 정의에서 첫 번째 요소인 "문화적 기호 언어"에 대한 타이센의 설명은 아마도 우리의 논의를 위해 가장 중요한 부분일 것이다. 그는 종교는 기호 현상이라고 말한다. 즉, 종교는 "우리의 주의력을 지도하고, 우리가 얻은 인상들을 통일적으로 결합시켜서, 우리의 행동들과 연결시켜 주는" "기호들"의 체계로 작동한다는 것이다. 그는 인간은 그러한 체계들 없이는 생존할 수 없고, "오직 이런 식으로 해석된 세계에서만 우리는 살아갈 수 있고 숨쉴 수 있다"고 말한다.[27] 이러한 기호 체계는 흔히 "신화들"(그것들이 역사적 가치를 지니고 있는 것으로 여겨지느냐와는 상관없이)로 불리는 특유의 이야기들을 들려주고, "상징적인 잉여가치를 지니는" 행동 패턴들인 "의식들"(rites)에 관여하며, 모종의 "윤리"를 전제한다. 기호 체계는 자신의 고유한 기호 문법을 발전시켜서, 자신의 특유한 모티프들을 어느 정도 조직적인 방식으로 엮어 짜서, 다른 기호 체계들과 차별화된 자신만의 특성을 드러낸다. 타이센은 그러한 체계들은 좀 더 큰 문화의 일부라는 점을 지적하며(우리가 제1부에서 했던 것처럼), 이렇게 말한다: "종교들은 사회문화적 기호 체계들이기 때문에, 역사적인 것이고, 생겨났다가 사라지며, 나뉘었다가 결합되는 등, 그것들을 물려준 집단들의 역사와 밀접하게 결부되어 있다."[28] 지극히 옳은 말이다. 그런 후에, 타이센은 그 체계 내에서의 변화들은 무엇보다도 특히 "카리스마적인 인물들"에 의해서 일어나는데, 예수는 그 분명한 예라고 주장한다.

다"라는 그의 말(163) 속에는 어느 정도 진실이 담겨 있을 수 있지만, 그런 말은 바울에 대한 누가(또는, 어떤 사람)의 묘사를 보고서 대충 평가한 말인 것으로 보인다.

26) Theissen, 1999, 2.

27) ibid. Theissen은 Cassirer, 1944를 토대로 해서, 인간은 '아니말 심볼리쿰'(animal symbolicum),

일반적인 관점들에서 제시된 이러한 분석의 많은 부분은 주후 1세기가 "종교"로 이해한 것에 적용되고, 오늘날의 서구적인 사고 속에서 통용되고 있는 이 단어의 축소된 의미에 대하여 암묵적으로 도전하는 분석을 제시해 준다. 하지만 우리는 타이센이 "윤리"를 종교의 범주에 포함시킨 것에 대해서는 의문을 제기할 수 있다. 왜냐하면, 주후 1세기의 세계에서는 (유대 세계를 제외하면) 윤리는 "종교"가 아니라 "철학"의 영역이었기 때문이다. 또한, 종교를 "삶 속에서 이득을 얻게 될 것임을 약속하는" 것으로 정의한 타이센의 분석에 대해서도 우리는 비슷한 지적들을 할 수 있다. 즉, 이 점에 있어서 그는 좀 더 온건하기는 하지만 샌더스와 마찬가지로, 매우 일반화된 구원론을 토대로 하고 있는 것으로 보이는데, 그러한 구원론은 사실 주후 1세기의 현실을 제대로 반영하고 있지 않은 것이다(여기에서도 신비종교들은 예외일 수 있다).

타이센은 자신의 저서 전체에 걸쳐서 어떤 것을 환기시키는 강력한 은유를 사용하는데, 이 은유에 대한 그의 최초의 설명은 우리에게 그의 저서의 두 가지 목적을 일깨워준다. 그는 이렇게 말한다:

> [초기 기독교는] 역사의 한복판에 돌들이 아니라 여러 종류의 기호들로 세워진 기호 언어 — "기호로 이루어진 성당" — 이다. 모든 교회들이나 성당들과 마찬가지로, 그것도 처음부터 끝까지 인간들에 의해서 설계되었고 인간들에 의해서 지어졌으며, 인간들에 의해서 사용되고 보존된다. 그러나 우리가 고딕 양식으로 된 성당들을 돌로 이루어진 하나님에 대한 찬송으로 듣고 보지 않는다면, 그것들을 이해할 수 없는 것과 마찬가지로, 전에 이 기호로 이루어진 성당을 지은 자들이 그것을 위대한 찬송이자 초월적인 현실의 돌입에 대한 감사로 세웠다는 것을 우리가 잊는다면, 이 성당도 제대로 이해할 수 없다.[29)]

그런 후에, 타이센은 "세속화된 방문자들"이 그러한 "성당"을 찾는 것은 찬송에 합류하고자 하는 자들과 대화를 나누는 것이라고 본다. 그는 이 두 부류의 방문자들이 자신들의 관점에 대하여 서로 얘기를 나누고 성당에 대하여 이치에 맞는 대화를 나누는 것을 막을 것이 무엇이 있겠느냐고 반문한다. 다음은 타이센의 호교론적인 소망을 보여준다:

즉 해석된 표상 체계를 통해서 세계를 자신의 친숙한 곳으로 바꾸어 놓는 동물이라는 논증을 편다.

28) Theissen, 1999, 6.

29) Theissen, 1999, 17f. "초월적 실체의 돌입"(Irruption of transcendent reality)이라는 표현은 유대의 묵시론적 신앙, 또는 심지어 바르트적인 믿음을 탈신화화해서 지칭하고 있는 것처럼 들린다. 많은 종

> 여기에 제시된 초기 기독교의 이론에 관한 개요는 그러한 대화 — 초기 기독교의 신비한 기호 세계에 관한 대화 — 를 가능하게 만들기 위한 것이다. 어떤 사람들에게 이것은 역사적인 기념물들을 돌보는 일의 일부이고, 역사적인 기념물들을 돌보는 것은 매우 고상한 일이다. 그러나 내게 있어서는 초기 기독교에 대한 관심은 하나의 기념물을 돌보는 것 이상의 일이라는 말을 나는 덧붙이지 않을 수 없다.[30)]

따라서 타이센의 책은 바울의 종교를 포함한 "초기 기독교"에 대한 역사적 분석임과 동시에, 이 "기호로 된 성당"에 호기심을 가지고 둘러보러 온 "세속화된 방문자들"과 대화하고자 하는 시도이다. 나의 관점에서 볼 때, 나는 이러한 두 가지 목적을 결합시키고자 하는 그의 시도에 대해서 박수를 보내지만, 그런 시도가 타이센으로 하여금 샌더스처럼 너무 지나치게 "신학," 그리고 실제로는 "윤리"와 "종교" 쪽으로 기울게 하여서, 초기 그리스도인들, 특히 바울을 당시의 실제적인 "종교" 세계 내에 위치시키고자 하는 진정한 시도를 더욱 어렵게 만들었다고 할 수 있다.

타이센의 저서는 "초기 기독교" 전체를 다루고 있지만, 특히 바울과 관련된 그의 주장들은 내가 본서의 이 장에서 제시하게 될 동일하지는 않지만 비슷한 제안들에 대한 좋은 서론이다. 그는 자신의 지배적인 은유를 다시 한 번 사용해서, 초기 기독교의 역사를 연구하는 모든 사람들에 대해서 이렇게 말한다:

> [그들은] 새로운 종교적 기호 체계, 또는 또 다른 은유를 사용하자면, 기호로 이루어진 성당 건물의 기원을 좇아갈 수 있다. 그 성당 건물의 재료는 세 가지 서로 다른 형태의 기호들로 구성되어 있다: 신화와 역사로 이루어진 서사적인 기호 언어; 명령들과 평가들로 이루어진 처방적인 기호 언어; 초기 기독교의 성례전들인 세례와 성찬으로 이루어진 예전적인 기호 언어 … 신약성서에서 초기 기독교의 예전들에 대하여 언급하는 본문들은 단지 소수이기 때문에, [예전적인 기호 언어는] 흔히 과소평가되고 있지만, 한 종교의 기호 체계 전체는 그 예식들에 집중되어 있기 때문에, 사실은 아주 중요하다.[31)]

나는 이러한 지적이 옳다고 본다. 또한, 그러한 "예전들"은 공간 및 시간으로부터 독립되어 있어서, 사람들에게 평범한 공간과 시간을 구조화해서, 다른 종류의 시간을 체험할 수 있게 해주는 수단을 제공해 주며, 일상적인 목적들로부터 자유롭기 때문에, 혼돈과 염려를 막아주는 데 기여한다.[32)] "예전들"에 대한 그의 이러

교들은 "초월적 실체"가 현재의 세계 속으로 "돌입하였다"는 사상은 말할 것도 없고, "초월적 실체"와는 거의 상관없는 "기호의 성당들"을 짓는다.

한 설명 — 우리가 아래에서 살펴보게 될 그 중심적인 요소들과 그 밖의 다른 주변적인 요소들에 대한 설명 — 은 그의 최종적인 결론으로 이어지는데, 이 결론은 우리가 위의 제4장에서 고대 이교 세계에서 실제로 "종교"가 무엇이었는지에 대하여 살펴본 것과 아주 근접해 있다(그가 실제로 그렇게 말하고 있지는 않더라도): "초기 기독교의 기호 세계가 그 안에서 살아가는 사람들에게 신뢰할 만한 것이 되었던 것은 그 공리들이 하나의 공동체를 형성하는 데 기여하였기 때문이었다."[33] 그는 마지막에 자신의 지배적인 은유로 되돌아온다: 이 기호로 이루어진 "성당"은, 여전히 기도 한 마디 없이 떠나게 될 세속적인 여행자들이 방문할 수 있고, 최소한 그러한 방문자들이 기도가 처음에 그 성당을 건축한 주된 목적이었던 이유를 이해하기만 해도, 기뻐할 것이다.[34] 이러한 설명은 감동적인 호교론이고, 결정적으로 모든 것을 가상의 세속화된 독자들에게 "기독교적인" 요구들을 제시하는 언어로 표현하고 있기 때문에, 한층 더 감동적이다.

나의 목적은 다소 다르다. 나는 최근에 이루어진 바울의 "종교"에 대한 이 두 방향의 연구를 염두에 두고서, 이제 그런 것들과는 다른 대안적인 견해를 제시하고자 한다. 나의 견해는 샌더스보다는 타이센과 훨씬 더 많이 겹치겠지만, 나는 두세 가지 논점에서 타이센보다 꽤 많이 앞으로 더 나아가서, 우리가 앞 장에서 살펴보았던 정치적인 충성과 문화의 암묵적인 충돌이 어떤 식으로 종교적인 충성과 문화의 암묵적인 충돌로 나타나는지(이것은 별로 이상한 일이 아니다)를 보여주는 당시의 "종교" 세계 내에서 바울을 이해하는 방식을 제시하고자 한다. 그리고 이것은 우리가 본서의 다음 장에서 바울과 좀 더 넓은 철학 세계의 암묵적인 접전이라는 세 번째 요소를 살펴보기 위한 정지작업이 될 것임은 두말할 필요가 없다.

2. 종교들 가운데서의 바울

1) 서론

우리는 위의 제4장에서, 적어도 키케로(Cicero)에 의하면, 로마 세계의 종교는 주

30) Theissen, 1999, 18.

31) Theissen, 1999, 121.

32) Theissen, 1999, 121f. 그는 내가 "다른 종류의 시간"이라고 말하는 것을 "영원한 시간"이라고 말한다.

로 (a) 예전의 거행(특히 희생제사가 주된 것이지만, 그 밖에도 다양한 종교력에 따른 여러 축제들도 여기에 포함된다), (b) 점복술을 통해서 길흉을 점치는 것, (c) 시빌 신탁서 같은 거룩한 경전들을 연구하는 것으로 이루어져 있었다는 것을 보았다. 호메로스(Homer) 등과 같은 위대한 시인들의 글 속에 담겨 있는 고대 신화들은, 그 배후에서 그 기원과 내력에 대해서 설명해 주고 이런저런 도시들에게 그 유서 깊은 유산과 전통들을 일깨워 주는 역할을 함으로써 이러한 활동들에 기여하였다. 상당수가 방백들이나 공무를 맡은 관리들이 겸직하였던 여러 제관들의 집단들에 의해서 주의깊게 수행된 '렐리기오'(religio)의 목적은, 신들과 도시를 한데 결합시키고, '팍스 데오룸'(pax deorum, "신들에 의한 평화")를 공고히 하며, 하나의 기억할 만한 어구에 의하면, 사회 정책을 다른 수단을 통해서 수행해 나가는 것이었다. 당시의 문화 속에는 신들이 깊이 스며들어 있었고, '렐리기오'(religion, "종교")는 그것을 눈에 보이는 형태로 효과적으로 표현하는 방식이었다. 우리가 기억해야 할 것은 "종교"는 사람들에게 어떻게 행해야 하는지를 가르치는 것이 아니었다. 사람들은 그런 것을 원한다면, 철학자들에게로 가야 하였다. 종교는 종종 길흉을 점치는 복술이나 신탁을 통해서 현실의 정책들에 개입하기는 하였지만, 그 자체로는 현실의 정책들을 결정하는 것이 아니었다 — 물론, 흔히 다른 토대들 위에서 결정된 정책들을 구체적으로 실행에 옮기는 방식(예컨대, 전쟁의 시기를 어느 때로 잡느냐 하는 것 등)을 제시하기는 하였지만. 당시에는 신들 자체가 전체적인 사회 체계의 일부로 여겨졌기 때문에, 종교는 공민들의 평화와 화합이라는 궁극적인 선을 강조하고, 그러한 선을 이루어내고 유지해 나갈 수 있는 수단을 제공하였다는 점에서 태생적으로 보수적인 것이었다. 우리가 앞에서 이미 보았듯이, 기본적으로 이러한 구조 내에서, 개개인의 영성을 깊이 함양하는 것 및 장래에 대한 좀 더 명확하고 구체적인 소망을 제시하는 것은 "신비종교"의 몫이었다.

특히 개신교의 안경을 쓴 사람들이 얼핏 보면, 바울은 이 모든 것들과 아무런 상관이 없었던 것으로 보일 수 있다.[35] 우리가 이전의 장에서 보았듯이, 초기 그리스도인들은 짐승을 잡아서 희생제사를 드리지도 않았고(또는, 일부 그리스도인들이 그런 희생제사를 예루살렘 성전에서 여전히 드리고 있었다고 할지라도, 그것은 그리스도인이 해야 할 의무의 일부로 결코 여겨지지 않았다), 엄격하고 세세한 절차

33) Theissen, 1999, 303. 이것은 303-5에서 설명된다.

34) Theissen, 1999, 306f.

35) 이하의 서술에 대해서는 Stowers, 2001, 85-87에 나오는 비슷한 설명과 비교해 보라. Stowers는

를 따라 행해져야 할 예전을 발전시키지도 않았으며(성찬이나 주기도문의 초기 형태의 전통들이 여러 가지로 존재하였다는 사실을 생각해 보라!), 고대의 종교력에 해당하는 그런 것도 존재하지 않았다. 초기 그리스도인들은 신의 뜻이나 길흉을 알아내기 위하여, 새들의 내장을 들여다보지도 않았고, 새들이 날아가는 모양새를 관찰하지도 않았으며, 신탁서들을 참고하지도 않았다. 그들이 이스라엘의 성경을 사용한 방식은 이웃의 이교도들이 호메로스 등과 같은 시인들을 "활용하거나" 그들에 대하여 생각한 방식과는 판이하게 다른 것이었다. 그들은 한 지역의 '폴리스' (polis, "도시")의 화합을 목표로 해서, 자신의 삶에 질서를 부여하지도 않았고 그 '폴리스' 에 대하여 그 어떤 책임도 지지 않았다. 그들에게는 제관 계급이 없었다. 그들은 "신들" 이 실제로 존재한다고 믿지 않았기 때문에, 기도할 때에 그 신들의 이름을 틀리지 않고 제대로 발음하기 위해서 정확히 배우는 수고도 하지 않았다. 바울은 에바브로디도가 고침을 받았다는 것을 알았을 때, 에바브로디도가 아스클레피오스(Asclepius, 의술의 신)에게 수탉 한 마리를 빚졌다고 생각한 것이 아니라, 한 분 유일하신 하나님의 긍휼하심을 받은 증표로 여겼다. 바울이 "신비" 와 관련된 언어를 사용하였을 때, 그것은 어떤 것이 지금까지는 온 세계에 감춰어져 있다가 이제는 원칙적으로 계시되었다는 사실을 말하기 위한 것이었다. 넓게 보아서, 이것이 많은 사람들이 바울의 기독교를 포함한 가장 초기 기독교가 주후 1세기적인 관점에서는 "종교" 가 아니었다는 결론에 도달하게 된 이유이다. 바울과 동시대에 살았던 사람들도 초기 그리스도인들에 대하여 그러한 결론을 내리고서 그들을 "무신론자들" — 이 용어는 오늘날에는 어떤 사람들에게는 종교적인 미신에 휘둘리지 않는 의지가 굳은 사람들을 가리키지만, 당시에는 철저하게 반사회적인 사람이라는 낙인을 지닌 용어였다 — 로 규정하였다. "무신론자들" 은 정의상 다른 모든 사회적이고 공민적인 화합의 토대가 되었던 신들과 도시의 화합을 유지하는 데 아무런 역할도 하지 않는 사람들이었기 때문에, 사회의 안정과 안녕에 대한 잠재적인 위협으로 여겨졌다.

그럼에도 불구하고, 우리는 위의 제4장에서 제기한 질문을 제2부에 제시된 세계관 분석과 결합시킬 때, 상당히 다른 그림을 발견하게 되는데, 나는 바로 그 그림이 바울에게 있어서 다른 모든 것들이 그러하듯이 예수를 중심으로 재정의된 의미에서의 "종교" 라는 단어의 용법을 제대로 보여준다고 본다. 바울이 짐승들을 잡아서 제물로 바치는 것이 포함되어 있지 않은데도 희생제사와 관련된 언어를 사용한 것은, 거기에는 공간과 시간과 물질로 이루어진 현실들이 분명히 포함되어 있었기 때문이었다. 그는 하나님의 인도하심을 구하기 위하여 델포이 신전 같은 곳에 가지 않았지만, 자기가 하나님의 인도하심을 받고 있다고 믿었다. 그는 이스라엘의 성경을 사용하였지만, 그것은 키케로 등이 시빌 신탁서를 활용하거나, 호메로스 등과 같은 시인들에 대하여 생각하였던 것과 같은 종류의 것이 아니라, 자기가 새롭게 그려가고 있기는 하지만 적어도 일정 정도의 연속선상에 서 있고자 하였던 옛 원천들과 전통들에 대하여 말하기 위한 것이었다. 특히 몇몇 옛 서사들 — 우리는 잠시 후에 출애굽 이야기의 역할을 살펴볼 것이다 — 은 바울의 사고만이 아니라, 그와 그의 공동체들이 행하였던 어떤 일들에서 토대를 이루고 있었고, 바울은 그와 그의 추종자들이 행하고 있는 여러 가지 것들이 그들을 서로 묶어 줄 뿐만 아니라, 그들이 섬기는 한 하나님과 한 주와도 그들을 묶어 주고 있다고 여겼다. 고대 세계에서 "종교"가 신들과 인간들이 함께 참여한 공민적인 연합체로서 사람들을 한데 "묶어준" 신화들과 예전들을 포함한 기호들의 체계였다면('렐리기오' [religio, "종교"]가 '렐리가레' [religare, "한데 묶다"]와 연결되어 있었다고 전제할 때),[36] 위의 제2부 전체는 바울이 "메시야 안에"(en Christō – '엔 크리스토') 있는 자들의 공동생활을 바로 그런 것으로 보았음을 보여주는 증거들을 제공해 준다: '폴리튜마' (politeuma, "시민권")가 하늘에 있고, 근본적으로 새로운 종류의 희생제사, 판이하게 다른 종류의 예배, 옛 성경에 대한 중시, 기도들, 특히 세례와 성찬이라는 특별한 상징성을 지닌 "예전들"을 통해서 자신의 연합을 표현함과 동시에 강력하게 강화시키는 연합된 공동체.

온갖 종류의 다른 결과들은 이러한 결합으로부터 도출되었다. 적어도 바울에게는, 이것들은, 메시야에게 속해 있는 사람들은 새로운 종류의 '폴리스' (polis), 즉 지리적이고 민족적인 토대를 지니지 않았지만, 현실의 인간들이 공간을 뛰어넘고 시간을 뛰어넘어서, 바울이 "우리 조상들"이라고 말한 저 출애굽 세대와 "우리 조상"이라고 말한 아브라함까지 거슬러 올라가는 현실의 연합된 공동체인 '폴리스'라는 것을 보여 주는 것이었다. 달리 말하면, 우리가 "종교"에 대한 18세기적인 정의들을 과감하게 한 쪽으로 제쳐놓고서, 주후 1세기의 "종교"에 대한 정의가 무엇이었는지를 자문할 때, 우리는 바울이 우리가 '렐리기오' (religio)라고 부르는 것이 합당한 어떤 것 — 그것이 아무리 많이 재정의되었다고 할지라도 — 내에서 가르치고 활동하고 살았다는 것을 발견하게 된다는 것이다. 그리고 이 '렐리기오'는 당시 유대인들의 종교를 철저하게 수정한 것으로 보일 수밖에 없었다. 특히, 우리는 로마의 '렐리기오'가 신들과 인간들을 한데 묶어서 단일한 신정공동체를 만

"통상적인" 종교는 농업의 생산성, 따라서 공동체의 번영과 결부되어 있었다는 것을 강조한다. "개신교"

들어내었다고 보았던 것과 마찬가지로, 바울은 "한 주" 안에서 자신을 계시하였고 "한 성령"을 통해 역사하는 한 분 유일하신 하나님이 이 단일한 공동체를 자신에게 "묶는" 수단으로 이 '렐리기오'를 사용하고 있다고 믿었다는 것을 발견한다. 우리가 바울과 그의 공동체들을 주후 1세기의 눈으로 바라볼 때, 나는 이러한 결론들을 피할 수 없을 것이라고 본다.

예컨대, 이것은 빌립보서 2:1-4에서 바울이 연합을 그토록 강조해서 호소하는 이유의 일부이다. 물론, 그러한 호소는 (바울은 그렇게 부르지 않았지만) 다른 사람들이 그리스도인들의 토대를 이루는 "신화"라고 부르는 것, 즉 예수에 관한 간결한 이야기를 통해 뒷받침된다. 그리고 이것은 다시 한 번 다른 사람들이 "윤리"라고 부르는 것을 낳는다. 그런데 이러한 것들은 종교의 또 다른 이름들이 아니겠는가?

2) 세례 : 예수에 의해서 이루어진 출애굽

초기 기독교에 대한 타이센(Theissen)의 흥미진진한 설명과 관련해서 내가 주로 문제 삼는 것은, 그는 바울의 암묵적인 "종교"에 속한 몇 가지 특징들의 핵심적인 배경을 이루는 출애굽 이야기를 천착하는 데 충분한 지면을 할애하고 있지 않다는 것이다. 물론, 그는 이것을 알고 있지만, 아이러니컬하게도 호메로스(Homer)가 교육 받은 로마인들에게 그들의 존재의 토대가 되는 "신화"는 아니더라도 그들에게 여러 주제들과 표상들을 제공해 주는 먼 옛적의 원천이었다고 한다면, 출애굽 이야기는 그에게 그 정도도 되지 못하였던 것으로 보인다. 그러나 앞에서 다른 맥락들에서 다루었던 것을 보충할 겸해서 "종교"로서의 세례에 대하여 짤막하게 다루고자 할 때에 시작하기에 가장 좋은 지점은, 바울이 세례가 신자들을 한 하나님, 한 주, 한 성령과 교제하는 단일한 공동체로 한데 묶는 것으로 믿었음을 아주 분명하게 보여 주는 본문이다:

> 형제들아, 성령의 역사와 관련된 일들에 대하여, 나는 너희가 계속해서 알지 못한 채로 있는 것을 원하지 않는다. 너희도 알거니와, 너희가 여전히 이교도들로 있었을 때에는 말 못하는 우상들에게로 거듭거듭 끌려 갔었다. 그래서 내가 너희에게 분명히 해두고자 하는 것은 하나님의 영으로 말하는 자는 누구든지 "예수는 저주를 받으라"고 말하지 않고, 성령에 의해서가 아니면 누구든지 "예수가 주이시다"라고 말할 수 없다는 것이다.
>
> 성령의 은사들은 여러 가지이지만, 성령은 동일하고, 직분은 여러 가지이지만, 주는 동일하며, 사역은 여러 가지이지만, 모든 사람 가운데서 모든 일들을 이루시는 하나님

은 동일하다. 각 사람에게 성령을 나타내시는 취지는 모든 사람으로 하여금 유익을 얻게 하기 위한 것이다 …

나의 설명은 이러하다. 몸은 하나이지만, 많은 지체가 있고, 몸의 지체가 많지만, 한 몸인 것과 마찬가지로, 메시야도 그러하다. 왜냐하면, 우리는 모두 유대인이나 헬라인이나, 종이나 자유민이나 다 한 성령으로 세례를 받아 한 몸이 되었기 때문이다. 또한, 하나님은 우리 모두에게 한 성령을 주어 마시게 하셨다.[37]

"너희가 여전히 이교도들로 있었을 때에는": 여기에서 "이교도들"로 번역된 단어는 '에트네'(ethnē, "열방들")이지만, 문맥상으로 볼 때(여기에서는 "이교"의 예배를 설명하고 있다), 바울이 이 단어에 "종교적인" 색채를 부여해서, 그것과 비슷하지만 다른 어떤 것과 대비시키고 있다는 것은 분명하다. 이교 예배에서 황홀경 가운데서 사람들이 하는 말이 있는 것과 마찬가지로, 기독교 예배에도 황홀경 가운데서 사람들이 하는 말이 있는데, 이 둘 간의 차이는 전자는 예수를 배척하지만, 후자는 예수를 '퀴리오스'(kyrios, "주")로 환호하는 데 있다. 성령의 역사는 예배자들에게 자원하여 충성하는 마음을 주어 그들을 메시야와 한데 묶어 주는 데 있다. 앞에서 보았듯이, 세 가지 서로 다른 방식으로 지칭된 한 분 유일하신 하나님은 이 새로운 공동체의 공동생활에 참여하고, 이 공동체는 하나님의 생명에 참여한다: 각 사람 안에서 이 모든 일들을 행하는 동일한 영, 동일한 주, 동일한 하나님. 이것은 정확히 바울 당시의 고대 세계에서 '렐리기오'(religio, "종교")가 의미하였던 바로 그것이다 — 물론, 이것은 바울에 의해서 예수를 중심으로 재편된 것이지만.

이 본문 전체는 물론 모든 세례받은 자들로 구성된 "몸"의 연합에 관한 것이다. 바울이 사용한 "몸"이라는 표상과 스토아학파의 정치사상에 나오는 그 동일한 표상 간의 병행이 자주 지적되어 왔는데, 이것은 적어도 바울의 사고의 배후에 자리하고 있었을 것이고, 바울은 이 표상을 비슷한 의도로 사용하였을 것이다.[38] 하지만 그는 새로운 "몸," 즉 공민 생활에서 통상적인 구별들이었던 민족적이고 사회적인 계층 분류가 이제 더 이상 아무 상관이 없게 된 새로운 종류의 공민 공동체에 관하여 말하고 있다. 그러나 우리가 위의 제10장에서 살펴본 일련의 비슷한 사고의 흐름으로부터 알 수 있듯이, 바울의 사고의 전면에는, 세례라는 "종교적" 행위가 지닌 본래의 의미를 드러내 주는 "신화"인 저 옛적의 출애굽 서사가 존재한다:

의 통상적인 입장에 대해서는 위의 제4장에서 논의된 E. A. Judge를 보라.

36) 위의 제4장 제1절 각주 5를 보라.

> 형제들아, 나는 우리 조상들이 모두 다 구름 아래 있었고 모두 다 바다를 지났다는 것을 너희가 모르기를 원하지 않는다. 그들은 모두 다 모세와 합하여 구름과 바다에서 세례를 받았고, 모두 다 동일한 신령한 음식을 먹었으며, 모두 다 동일한 신령한 음료를 마셨다. 그들은 그들을 따르는 신령한 반석으로부터 마셨으니, 그 반석은 곧 메시야였다.[39)]

이 본문에서 물을 두 번이나 언급한 것(이스라엘 백성이 건넜던 홍해의 물과 광야에서 그들이 마신 반석에서 나온 물)은, 우리가 처음에 읽었을 때에 헷갈릴 수밖에 없게, 12장에서 "우리가 모두 다 세례를 받았고" "하나님이 한 성령을 주어 마시게 하셨다"고 두 번이나 언급한 것을 쉽게 해명해 주는 최고의 설명이다. 옛 이스라엘이 한 분 유일하신 하나님이 그들을 위하여 행한 속량의 역사와 그들 가운데 한 분 유일하신 하나님의 주권적이고 거룩한 임재에 의해서 "한 백성"이 되어, 광야 여정 속에서 구름 기둥과 불 기둥에 의한 하나님의 인도하심과 보호하심을 받았던 것과 마찬가지로, 바울에게 있어서는 메시야의 백성도 이와 같은 새로운 출애굽 백성이었다. 그리고 홍해를 건넌 것이 아브라함의 하나님이 애굽에서 데리고 나온 백성을 정의하는 것이었던 것과 마찬가지로, 세례는 실제로 메시야의 백성을 정의하는 것으로서, 그 백성과 합하였음을 보여주는 "외적이고 가시적인" 증표였다(이전의 신학 용어를 사용해서 표현하자면). 이 장의 나머지에서 은사나 직분이나 사역 등이 서로 다르더라도 사실은 모두가 다 하나로 연합되어 있다는 것에 대한 강조는, 단지 그 기본적인 핵심, 즉 예수와 성령을 중심으로 수정된 옛 출애굽 "신화"와 서로 공명하는 "종교적인" 세례 행위는 세례 받은 자들을 한 분 유일하신 하나님과 "묶어서," 단지 이론적이거나 "눈에 보이지 않는" 공동체가 아니라 현실의 공동체로 형성한다는 메시지를 강화시키는 것일 뿐이다. 바울은 후대의 교회 이론가들과 마찬가지로, 그러한 단언으로부터 파생하는 신학적이고 목회적인 첨예한 문제점들을 이미 알고 있었고, 이것이 그가 고린도전서 10장을 쓴 이유들 중의 하나이다. 그러나 우리는 이 짧은 본문을 통해서도 이미 그의 "종교"가 형태를 갖추고 있음을 발견한다.

바울의 "종교"는 기본적으로 로마의 종교에는 해당되지 않는 방식으로(신비종교들은 그 분명한 예외이지만) 입교의식이 필요한 종교였다. 고대 로마인들에게는 어린 시민이 성인으로서의 삶과 책임을 시작할 때에 치러야 할 여러 예식들이 있었지만, 로마인으로 태어난 사람이 신과 사람이 연합된 공동체에 "속하기" 위하여

37) 고전 12:1-7, 12-13.

거쳐야 하거나, 외국인이 도시의 공민 생활을 축하하고 유지하는 수단이었던 "종교적인" 축제들에 참여하기 전에 거쳐야 하는 "의식"은 내가 알기로는 전혀 없었다. '폴리스'(polis, "도시")는 "신비종교"가 아니었다. 이렇게 바울의 종교는 로마 종교와 그 어떤 외적인 형식상의 병행도 존재하지 않았기 때문에, 우리는 이전 세대들의 학자들이 바울의 종교의 입교의식이 로마 종교가 아니라 신비종교들로부터 "유래한" 것이 틀림없다고 단정하기가 얼마나 쉬웠을지를 알 수 있다. 어쨌든 신비종교들에서는 "입교의식"이 매우 발달되어 있었고, 그 의식을 거친 사람만이 거룩한 식사를 함께 하고 특정한 생활방식을 따르도록 서로를 격려하는 핵심 그룹의 구성원이 될 수 있었다. 그러나 바울의 종교가 신비종교들로부터 유래하였다는 것에 대한 상당히 많은 "반대증거들"이 있음에도 불구하고, 여전히 일부 사람들 사이에서는 그러한 주장이 타당하다는 공통된 인식이 존재하지만, 사실 세례에 대한 바울의 이해와 현존하는 증거들을 통해 우리가 알고 있는 실제의 "신비종교들" 간에는 그 어떤 연결고리도 존재하지 않는다.[40]

그렇다면, 바울의 세례관은 이교도가 유대교로 개종할 때에 행해졌던 세례 같은 유대적인 "결례들"(washings)로부터 "유래한" 것인가? 분명히 그렇지 않다. 그는 세례와 할례 간의 유비를 보여주는가? 어느 정도는 그렇다. 바울은 골로새서 2:11-12에서 그 점을 보여주지만, 그것은 그의 논증의 큰 흐름들에 영향을 미치고 있는 것으로 보이지는 않는다. 왜냐하면, 거기에서 그는 세례라는 관념을 예수의 죽음과 부활이라는 관점에서 발전시키는 반면에(우리가 아래에서 보게 될 로마서 6장에서처럼), 할례는 그러한 관념들과 단지 희미하게만 연결되어 있기 때문이다.[41] 세례는 세례 요한에게까지 거슬러 올라가는가? 분명히 그렇다. 그러나 세례 요한은 바울이 거듭거듭 암시하고 있는 훨씬 더 분명한 원천, 즉 출애굽으로 거슬러 올라가는 중간단계일 뿐이다.

요한의 세례는 사람들에게 상징적으로 출애굽을 상기시키는 것이었다. 이것은 우연이었을 수 없다. 요한은 이스라엘의 하나님이 새로운 백성, 또는 갱신된 백성을 부르고 있고, 머지않아 친히 그들 가운데 나타날 것이라고 믿었다. 세례가 물을 통과하는 것을 포함한다는 것은 아주 분명한데, 이것은 바울이 고린도전서 10:1에

38) Lee, 2006을 보라.

39) 고전 10:1-4.

40) Theissen, 1999, 129, 344f.는 좋은 예이다: 아래를 보라. 표준적인 "반증들"로는 Wedderburn, 1987a; 1987b; Wagner, 1967 [1962]을 보라. 특히, Betz, 1994를 보라. 그는 바울의 세례와 헬레니즘 세계 간에는 유비들이 존재하지만, 바울의 세례는 궁극적으로 복잡한 경로를 통해서 유대교로부터 유래하였

서 언급하고 있는 연결고리이다. 세례는 노예들을 해방시키는 것을 포함한다. 이것은 그가 로마서 6장에서 언급하고 있는 연결고리이고, 거기에서 세례는 그에 의해서 수정된 훨씬 더 큰 출애굽 서사의 일부로 등장한다. 출애굽에서 야웨의 살아 있는 임재가 예루살렘 성전의 전신인 광야의 성막에 거하며 애굽에서 나온 이스라엘 백성과 동행하였던 것과 마찬가지로, 세례는 성령의 강림과 은사를 가져온다. 오직 우리가 출애굽 이야기를 신화론이라는 어두운 그늘로부터 건져내어 제대로 조명할 때에만, 우리는 공동체로 들어가는 "입교"라는 바울의 관념이 어디에서 왔는지를 알 수 있게 된다. 유대인이든 이방인이든, 노예이든 자유민이든, (갈라디아서 3:28에서 말하고 있는 것처럼) 남자이든 여자이든, '크리스토스'(Christos, "메시야")에게 속하여 그 일부가 되고자 하는 자는 누구든지 똑같이 세례를 받아야 하고, 그렇게 세례를 받은 사람들은 이제 성령이 거하는 사람들, 즉 살아 있는 성전들이 된다. 바울을 포함한 최초의 그리스도인들이 당시의 이교 세계의 주류 "종교"(religio – '렐리기오')에는 없었던 입교의식을 필요로 하였던 이유는, 그들의 새로운 신비종교를 만들어 가고 있었기 때문이 아니라, 새로운 출애굽이 일어났고, 그 결과 '카이네 크티시스'(kainē ktisis, "새 창조")가 일어났다고 믿었기 때문이었다. 샌더스가 "들어가는 것"은 바울과 그의 교회들에게 있어서 엄청나게 중요하였다고 본 것은 옳고, 유대 세계에서 이 입교의식의 모델이 된 것은 출애굽에서 한 분 유일하신 하나님이 보여준 계약에 의거한 권능의 역사였다고 본 것도 옳다. 하지만 아이러니컬하게도 그는 바울이 세례를 통해서만이 아니라 자신의 칭의 신학 전체를 통해서 "들어가는 것"을 부각시킬 필요가 있었던 이유가, 유대교와 병행되는 새로운 종교를 건설하기 위한 것이 아니라, 한 분 유일하신 하나님이 자신이 약속했던 새 일을 마침내 행하였고, 이 새 일이 지닌 근본적으로 다른 성격은 모든 것의 새로운 시작을 요구한다고 믿었기 때문이었다는 사실을 이끌어내는 데는 실패하였다. 바울과 그 자신의 태생적인 유대교 간의 차이는 "종교"에 대한 비판이나 "종교"가 되고자 한 방식에 있었던 것이 아니라, 종말론에 있었다. 바울이 예수와 관련해서 자기가 믿었던 것을 토대로 해서 하나님의 백성에 관하여 믿었던 것은, 그가 세례 의식을 가르치고 행할 것을 요구하였다 — 그가 고린도 교회에서 문제를 일으킨 사람들에게 한 말을 보면, 실제로 직접 세례를 준 경우는 그리 많지 않았던 것으로 보이기는 하지만.[42]

따라서 "들어가는 것"은 종교와 관련된 일반적인 범주도 아니었고, 바울이 그

다고 주장한다(Betz는 그 근저에 있는 출애굽 서사와 그 의의를 보지 못하고 있지만).

범주를 가져와서 나름대로 활용한 것도 아니었다. 그것은 심지어 주후 1세기 유대인들이 고민하였던 범주도 아니었다. 저 유명한 『요셉과 아스낫』에 나오는 아스낫 같은 개종자들이나 회심자들의 사례는 그리스도인들의 "회심"이라는 관념과 부분적인 병행들을 보여주는 것 같다는 이유 때문에 학자들에 의해서 많이 논의되지만, 결국에는 헛된 시도가 될 뿐이다. 제2성전 시대 문헌들과 랍비 문헌으로부터 판단한다면, "들어가는 것"은 중요한 문제로 여겨지지 않았다. 그들은 심지어 출애굽조차도 그런 식으로 보지 않았다. 그들이 그런 식으로 볼 이유가 어디 있었겠는가? 바울이 출애굽으로 되돌아간 것은, 하나님의 오랜 계획이 메시야의 죽음과 부활 안에서 예기치 않게 충격적으로 드러난 까닭에 필연적으로 생겨날 수밖에 없었던 기독교적인 혁신으로 인해서, 우리가 바울에게서 알고 있는 형태의 "들어가는 것"이라는 관념이 생겨났고, 그 관념이 다른 관념들 사이에서 중요한 위치를 차지하게 되었기 때문이었다. 바울이 성경적인 표현들을 사용할 때에 거기에는 카이사르에 대항하는 울림들이 있었던 것과 마찬가지로, 여기에서도 바울은 출애굽에 토대를 둔 신학을 발전시키면서, 사람들이 '크리스토스'(Christos) "속으로 들어가는 것" 등에 대하여 말할 때에도, 카이사르와의 대결을 의식하고 있었을 가능성이 있다. 또한, 그는 복음을 통한 성령의 역사에 의해서 일어난다고 믿었던 "성품의 변화"도 일부 철학자들이 제시한 영혼의 투쟁과 일정 정도의 유비들을 지니고 있다는 것을 인식하였을 것이다. 그러나 세례를 통해서 상징화된 "들어가는 것"에 관한 바울의 신학은 그가 출애굽을 예수의 빛 아래에서 재해석한 것으로부터 유래하였다.

세례 의식이 지닌 본질적으로 "종교적인" 성격은 고린도전서에서 바울이 메시야 예수의 "이름"을 강조함으로써 부각된다. (우리는 이교에서 신에게 말하거나 신을 부를 때에 그 이름을 정확히 발음하는 것이 대단히 중요하였다는 것을 상기하여야 한다.)

> 메시야께서 산산조각으로 나뉘었느냐? 바울이 너희를 위하여 십자가에 못 박혔거나, 바울의 이름으로 너희가 세례를 받았느냐? 나는 그리스보와 가이오 외에는 너희 중 아무에게도 내가 세례를 베풀지 않았기 때문에, 너희 중에서 아무도 나의 이름으로 세례를 받았다고 말할 수 없다는 것을 하나님께 감사한다.[43]

그리고 바울은 메시야의 이름으로 세례를 받았다는 것을 메시야의 십자가와 긴

41) 할례에 대해서는 Bernat, 2010; Thiessen, 2011 등을 보라.

밀하게 연결시킨다:

> 핵심은 이것이니, 메시야께서 나를 보내신 것은 세례를 베풀게 하려는 것이 아니라, 오직 복음을 전하게 하려는 것이었다. 또한, 지혜의 말로 하지 않는데, 이는 그렇게 하면 메시야의 십자가가 그 권능을 잃게 될 것이기 때문이다.[44)]

바울은 더 나아가 이것을 (출애굽 백성에게 요구되는 성결에 토대를 둔) 공동체의 정체성에 대한 새로운 인식과 연결시키는데, 이러한 정체성은 고린도 교인들이 이해하기가 너무 어려운 것이어서, 바울이 강조해서 말하지 않을 수 없는 것이었기 때문이다:

> 너희는 주 왕 예수의 이름과 우리 하나님의 성령 안에서 깨끗하게 씻음을 받고 거룩하게 되었고 다시 올바르게 되었다.[45)]

이 본문이 우리가 위에서 살펴본 다른 본문들과 밀접한 유비들을 지니고 있다는 것은, 실제로 이 본문에서 언급되고 있는 것은 세례이고, 바울은 예수의 "이름" 안에서 한편으로는 성결이라는 관점에서, 다른 한편으로는 "칭의"라는 관점에서 출애굽의 함의들을 세례라는 관념으로부터 이끌어내고 있는 것일 가능성이 대단히 높다는 것을 보여준다. 그리고 나는 이러한 연결 관계가 바울이 세례를 "씻음"으로 여기게 된 이유를 우리가 이해하는 데 도움이 된다고 본다.[46)] 여기에도 성경적인 배경이 존재하고,[47)] 바울은 제2성전 시대 유대교에 특유한 "결례들"이 아니라, (a) 물을 통과한 것으로서의 출애굽 자체와 (b) 노예생활과 죄로 이루어진 옛 삶을 버리고 성령에 의해 새롭게 되는 것을 나타내는 강력한 상징을 형성하고 있던 개인의 갱신과 계약의 갱신에 관한 선지자들의 약속을 염두에 두고 있었을 가능성이 높다.

물론, 이 모든 것의 배후에는, 나중에 가장 초기의 교회에 의해서 곧 뒤따르게 된 사건들에 비추어서 해석된 예수 자신의 기이한 말씀들이 자리 잡고 있다. 예수는 자기에게는 받아야 할 "세례"가 있다고 암호 같은 말씀을 하였고, 나중에 뒤돌

42) 고전 1:13-17.
43) 고전 1:13-15.
44) 고전 1:17.
45) 고전 6.11.
46) cf. 엡 5:26; 딛 3:5; 벧후 1:9.

아보았을 때, 그 말씀은 그의 죽음을 가리키는 것이 분명하였다.[48] 예수의 그러한 말씀과 거기에 뒤이은 사건들, 예수의 공생애 사역의 시작을 알렸던 세례 요한의 극적인 사역, 예수의 죽음과 부활이 정확히 유월절에 일어났다는 사실이 한 지점으로 수렴된 것은, 신화와 역사와 예언적 상징이 폭발적인 힘으로 한꺼번에 쇄도하였다는 것을 의미하는 것이었다. 예수의 추종자들이 그의 부활과 성령의 강림을 통해서 개시되었다고 믿은 새로운 세계에서, 세례는 예수의 공생애 사역 — 이것은 하나님 나라 운동이었다 — 동안에 이미 지니고 있었던 것으로 보이는 의미를 그대로 유지하는 가운데, 한편으로는 출애굽의 울림, 다른 한편으로는 그의 죽음의 울림이 한층 더 강화된 의미를 지니게 되었다. 그러한 사건들이 있은 지 25년이 채 지나지 않아서 고린도 교회에 서신을 쓸 당시에, 바울은 이미 이런저런 논증을 통해서 세례의 의미들을 담은 샘을 차고 넘치게 만들어 놓고서, 거기에서 자기가 필요한 것을 길어 쓸 수 있었다. 그리고 그에게 주로 필요하였던 것은 회중들에게 자신의 세계관의 상징 체계 전체에서 중심적이었던 두 가지(이것에 대해서는 우리가 제2부에서 이미 살펴보았다), 즉 '에클레시아' (ekklēsia)의 "연합"과 "성결"을 상기시킬 수 있는 여러 가지 방식들이었다.

이것은 단지 한 공동체 또는 거기에 속한 개개인들의 재탄생이 아니라, "종교"라는 개념 자체의 재탄생이었다고 우리는 말할 수 있다. 바울은 자기 주변의 이교를 검토해 볼 겨를도 없었고 그런 것을 담아낼 만한 수단도 없었다. 오직 그는 온갖 부류의 사람들을 한 주를 통해서 한 분 유일하신 하나님과 연합하게 해주고 한 성령의 성전이 되게 해준다고 믿었던 의식, 천 년에 걸친 오랜 서사로부터 그 의미가 유래하였고 특정한 공동체를 한데 묶어주고 그 공동생활에 형태를 부여해 주는 효과를 지닌 의식을 실천하고 설명하였다. 로마의 지성인들이 이 모든 것을 들었다면, 그들은 이것은 우리 세계에서 우리가 생각하거나 경험해 온 그 어떤 것과도 판이하게 다르기는 하지만 어쨌든 '렐리기오' (religio)임에 틀림없다고 말하였을 것이다.

출애굽에 의해 형성된 노예생활로부터의 해방과 메시야의 새 생명 안에서의 그와의 연대에 관한 이러한 인식은 우리가 세례에 관한 바울의 또 다른 고전적인 본문에서 발견하는 바로 그것이다:

47) 예를 들면, 겔 36:25. 이것은 바울이 매우 친숙한 맥락이고(예컨대, 롬 2:25-9), 성령에 관한 약속을 담고 있기도 하다.

48) 막 10:38; 눅 12;50. *JVG*, 572f.를 보라. Hengel은 부활 사건 이후의 교회는 예수의 죽음에 대하여

> 너희는 메시야 예수와 합하여 세례를 받은 우리는 모두 그의 죽으심과 합하여 세례를 받은 것임을 알지 못하는가? 이것은 우리가 그의 죽으심과 합하여 세례를 받음으로써 그와 함께 장사되었다는 것을 의미함이니, 이는 메시야가 아버지의 영광으로 말미암아 죽은 자 가운데서 다시 살리심을 받은 것과 같이, 우리도 새 생명 가운데서 행하게 하기 위한 것이다. 왜냐하면, 우리가 그의 죽으심과 같은 모양에서 연합한 자가 되었다면, 그의 부활하심과 같은 모양에서도 연합한 자가 될 것이기 때문이다 …
>
> 그러므로 죄가 너희 죽을 몸을 지배하여 너희로 몸의 욕심들에 순종하게 만들지 못하게 하라. 또한, 너희의 지체들을 죄에게 내어주어 악한 목적을 위하여 사용되는 일이 없게 하여야 한다. 도리어, 너희 자신을 죽은 자 가운데서 다시 살아난 자들로서 하나님께 드리고, 너희의 지체들을 하나님께 드려서, 그의 계약의 의로운 목적들을 위하여 사용되게 하라. 죄가 너희를 지배하지 못하리니, 이는 너희가 율법 아래 있지 않고 은혜 아래 있기 때문이다.
>
> 그렇다면, 어떻게 하여야 하는가? 우리가 율법 아래 있지 않고 은혜 아래 있으니, 죄를 짓겠는가? 그럴 수 없다! 너희는 너희 자신을 종으로 내주어 누구에게 순종하든지, 네가 순종하는 자의 종이 된다는 것을 알지 못하는가? 죄의 종이 되어 사망에 이르거나, 순종의 종이 되어 의에 이르는 것이다. 너희가 전에는 죄의 종이었지만, 너희에게 전하여 준 교훈의 본을 마음으로 순종하여, 죄로부터 해방되어, 이제 하나님의 계약 정의의 종이 된 것을 하나님께 감사한다.[49]

이 본문은 "노예/자유민"의 대비를 더욱더 천착해 들어가고, 결국에는 우리가 앞에서 꽤 자세하게 살펴본 로마서 8:12-25에 나오는 고전적인 "출애굽" 본문으로 나아간다. 우리는 바울에게 있어서 세례는 한편으로는 출애굽, 다른 한편으로는 예수의 죽음과 부활이라는 두 중요한 축으로부터 그 의미를 획득하였다는 것을 의심해서는 안 된다. 바울은, 죽음과 부활을 통해서 죄로부터 해방된 것을 일차적인 특징으로 하고, 따라서 성결과 (고린도전서 등에서 말하고 있는) 연합이 그 일차적인 의무들에 포함되어 있는 새로운 연대이자 새로운 인류 속으로 사람들이 "들어가는" 수단으로 하나님이 준 것이 바로 세례라고 보았다. 이것은 '렐리기오'(religio, "종교")이고, 바울 판본의 '렐리기오'이다.

3) 살아 있는 희생제사

바울이 로마서 6장에서 사용하고 있는 언어는 우리가 또다시 일종의 '렐리기오'의 성격을 띤 것이라고 볼 수밖에 없는 또 하나의 특징을 보여준다. 그리스도인들은

말하고 해석할 때에 말을 삼가거나 모호한 태도를 취하지 않았기 때문에, 이렇게 모호한 말들을 만들어

짐승을 제물로 한 희생제사를 드리지 않았다. 그러나 바울은 "메시야 안에"(en Christō – '엔 크리스토') 있는 자들의 일차적인 의무, 즉 그들 자신의 몸, 그들 자신 전체를 한 분 유일하신 하나님에게 "드릴" 의무를 표현하기 위하여, 희생제사, 그리고 심지어 제사장직과 관련된 언어를 사용하는 것을 꺼리지 않았다. 이교 세계와 유대 세계에서 신들과 사람들이 한데 연합하여 공동체를 이루고 화목하게 함께 살아갈 수 있는 수단이자 인간의 삶의 가장 기본적인 토대였던 농업이 신들로부터 복을 받아서 지속적인 풍요를 보장받기 위한 수단으로서 짐승을 제물로 바치는 희생제사가 주기적으로 행하여졌던 것과 마찬가지로, 바울의 종교에서의 이 일차적인 의무는 거듭거듭 반복적으로 행해져야 하는 아주 중요한 것이었다. 우리가 방금 인용한 로마서 6장의 본문에서 바울이 우리의 몸을 하나님의 뜻을 이루기 위하여 하나님에게 "드리라"고 말할 때에 사용된 "드리다"(paristēmi/parastanō – '파리스테미' / '파라스타노')라는 단어는 폭넓은 범위의 의미를 지니고 있었지만, 훨씬 더 특별하게는 희생제사를 "드리다"를 의미하는 전문적인 용어로도 사용될 수 있었고,[50] 실제로 이 본문의 몇 장 뒤에서 바로 그러한 의미로 사용되고 있다:

> 그러므로 나의 사랑하는 권속들이여, 내가 하나님의 긍휼하심을 힘입어서 너희에게 권하는 것은 이것이니, 너희 몸을 하나님이 기뻐하시는 거룩한 살아 있는 희생제사로 드리라[parastēsai - '파라스테사이']. 그와 같은 예배는 너희의 생각을 하나님의 생각과 똑같게 해준다.[51] 또한, 현세에 의해서 강제된 형태에 너희 자신을 억지로 맞추어 행하지 말고, 생각을 새롭게 함으로써 변화를 받으라. 그러면 너희는 하나님의 뜻이 무엇인지, 선하고 받으실 만하며 온전한 것이 무엇인지를 분별해낼 수 있다.
>
> 내게 주신 은혜로 말미암아 너희 각 사람에게 말하노니, 너희 자신을 마땅히 생각할 그 이상으로 더 대단하다고 생각하지 말고, 오직 하나님께서 너희 각 사람을 위해 정해 놓으신 참된 기준인 믿음을 따라 제대로 생각하라. 우리가 한 몸에 많은 지체들을 가지고 있지만, 모든 지체가 서로 다른 기능을 가지고 있는 것과 마찬가지로, 우리 많은 사람도 메시야 안에서 한 몸이 되어, 우리 각 사람이 서로에게 속해 있다.[52]

바울이 가장 주의 깊게 계획해서 세심하게 균형을 맞춰 쓴 서신의 마지막 대단

내었을 가능성은 극히 희박하다고 논평한다.

49) 롬 6:2-5, 12-18.

50) 예를 들면, Diod. *Sic.* 3.72; Jos. *War* 2.89; *Ant.* 4.113.

51) 여기에서 나의 사역은 논란이 되고 있는 '로기케 라트레이아'(logikē latreia)라는 어구의 의미를 명확하게 하고자 하는 시도이다. 이 어구에 대해서는 Jewett, 2007, 729f.를 보라: 이 어구는 유대의 종교철학은 물론이고 헬라-로마의 폭넓은 전통을 향하여 메시지를 전하고자 하는 의지를 보여준다. 바울은 유대 제의의 '라트레이아'(9:4), 또는 헬라-로마 제의들에서의 유한한 우상들의 숭배(1:23)를 대신해서,

락의 첫머리에 두어진 이 본문은, 우리가 세례와 관련해서 이미 앞에서 말해 왔던 바로 그러한 핵심들을 강조하고 있다. 바울이 여기서 말하고 있는 것은 "종교"이다. 희생제사와 예배를 중심으로 단일한 공동체가 서로 간의 교제, 특히 예배 대상인 하나님과의 교제 가운데서 함께 결합되고 짜여 있는 것으로 묘사되고 있는 것은 "종교"일 수밖에 없다. 오늘날의 서구 세계에서 살아가는 우리는 종교적인 제사를 드리기 위해서 직접 짐승을 죽이는 일을 해본 적이 없을 뿐만 아니라, 그런 장면을 본 적도 없고, 심지어 짐승이 도살되는 것을 본 적이 없는 사람도 대다수이기 때문에, 바울이 여기에서 고린도의 그리스도인들에게 그들의 살아 계신 하나님의 성전이라고 말한 것이 얼마나 엄청난 일이었는지를 제대로 알 수 없는 것과 마찬가지로, 서두에서 바울이 비유를 사용해서 말한 것이 얼마나 충격적이고 극적인 것이었는지도 알기 어려울 것임은 의심의 여지가 없다. 희생제사는 바울 당시의 헬라-로마 세계에서 모든 도시에서 늘 행해진 일이었다. 사람들은 곧 도살되어 희생제물로 바쳐지게 될 짐승들을 흔히 볼 수 있었고, 얼마 전에 희생제물로 드려진 짐승들을 요리해서 먹는 냄새도 흔히 맡을 수 있었다. '폴리스'(polis, "도시")는 그러한 것들로 한데 묶여져 있었고, 개개인들도 그러한 것들을 통해서 자기가 섬기고자 하는 특정한 신들과 묶여 있었다.

"메시야 안에"(en Christō – '엔 크리스토') 있는 사람들이 할 일은 새 시대의 일, 새로운 피조세계의 일이었고, 그 일을 하기 위해서는 생각이 새로워질 필요가 있었다. 그리고 생각이 새로워지기 위해서는, 그들 자신의 "몸," 즉 공적인 존재로서의 한 개인 전체를 한 분 유일하신 하나님에게 바쳐야 하였다. 로마서 6장에서 말하고 있는 것처럼, 세례 안에서 일어난 죽음은 새로운 삶으로의 부활과 짝을 이루고 있었다. 새롭게 살아난 몸은 하나님에게 속한 것이었고, 하나님에게 드려져야 하였으며, 지금 시작되고 있는 새로운 경륜과 관련된 예배와 일을 위해서 사용되어야 하였다. 바울은 위에 인용된 본문과 그 다음에 나오는 좀 더 구체적인 권면들에서 이 권속의 "연합"을 다시 한 번 강조한다. 옛 피조세계의 도시들과 성읍들에서와 마찬가지로 이제 새로운 피조세계에서도 '렐리기오'(religio)가 창출해내고자 하는 것은 바로 그것이었다.

또한, 오늘날의 서구에서 살아가는 우리가 짐승을 바치는 희생제사라는 은유에 대하여 즉각적인 공감을 하지 못하는 것과 마찬가지로, 우리 중에서 종교개혁에 의해 세워진 교회들에 속해 있는 사람들은 바울을 읽을 때에 종교개혁 운동의 핵심적인 전제들 중의 하나였던 것, 즉 "희생제사"는 그 자체가 "사람들이 하나님의 은총을 얻으려고 행한 어떤 것"이었다는 전제, 달리 말하면 루터가 바울이 반박하고자 한 대상이었다고 본 "행위의 의"의 일부였다는 전제를 멀리할 필요가 있다는 것도 말해 둘 필요가 있는 것 같다. 특히, 그러한 전제 내에서 이차적인 문제이자 특별한 예로서, 종교개혁자들은 자신들의 성찬 신학에서, 바울과 히브리서 저자가 둘 다 강조하였던 것, 즉 예수의 죽음은 반복될 수 없는 단번의 사건이었기 때문에,[53] "미사의 희생제사"를 통해서 그 사건을 다시 일어나게 하고자 하는 시도는, 예수가 이미 유일무이하게 행한 일을 인간이 반복해서 행하고자 함으로써, "완성된 그리스도의 사역"을 모욕하는 신성모독적인 행위라는 것을 강조하였다. 우리 영국인들 중 다수가 어릴 때부터 알고 있는 성찬 예식은 "단번의 온전하고 충분한 희생제사이자 봉헌물이며 속죄"라고 말함으로써, 집례자가 이 예식을 주관하면서 무엇을 행하든, 그는 그리스도를 반복적으로 희생제물로 바치고자 하는 시도를 하고 있는 것이 아님을 의심할 여지 없이 분명히 한다.[54] 여기에서 우리의 관심은 중세 후기의 가톨릭에 대한 그러한 평가들이 정확한가의 여부에 있는 것이 아니라, 개신교 내에서의 그러한 변증의 유산이 오늘날의 성경학계를 여전히 지배하고 있다는 사실에 있다. 바울은 이것과 관련해서 야기된 그 어떤 문제점에 대해서도 단 한 점의 의혹도 없이 결백한 것으로 보인다. 물론, 그가 로마서 12:1에서 말하는 "희생제사"는 "하나님의 긍휼하심"이라는 맥락 속에서 일어나는 것이기는 하지만, 그는 유대인들의 희생제사 체계 전체에 대해서도 그렇게 말하였을 것이 거의 분명하다. 나는 그가 이 문제 전체에 대하여 샌더스(Sanders) 류의 대답을 했을 것이라고 생각한다. 즉, 성경이 희생제사 제의라는 관점에서 명한 모든 것은 실제로 일반적으로 율법을 지키는 것과 관련된 문제로서, 한 분 유일하신 하나님의 계약상의 사랑과 긍휼에 대한 응답의 문제였다는 것이다. 이교도들은 마치 그들의 희생제사를 통해서 신들로 하여금 자신들의 말에 귀를 기울이게 하거나 신들의 팔을 비틀어 자신들의 요구를 들어주게 할 수 있는 것처럼 말하고 썼지만, 그런 것은 이스라엘의 제의에 관한 바울의 견해가 아니었고, 그는 "종교"의 언어를 사용함으로써, 후대의 변덕스러운 신학 논쟁들에 자신을 볼모로 내준 것이 아니었다.

일단 여러분이 어떤 은유를 자유롭게 풀어 놓아 주기만 하면, 그 은유는 다른 은유들을 만나서, 은유로서 할 수 있는 최상의 것을 행할 수 있게 되는데, 이것은 바울에게서 특히 그렇다. 은유들을 한데 모아서 새롭게 배치해서, 거기에서 생겨나는 새로운 결과물을 보라. 우리는 이전의 장에서 바울이 성전 표상을 교회 및 개별

공동체의 유형적인 섬김을 … 진정으로 이치에 맞는 예배에 대한 인식을 성취한 것으로 제시한다."

52) 롬 12:1-5.

그리스도인들과 관련해서 새롭게 사용한 것을 살펴본 바 있는데, 그것은 동일한 바퀴에 속한 또 하나의 바퀴살임이 분명하다. 그러나 바울은 자신의 사역을 명시적으로 희생제사적인 관점에서도 말할 수 있었다:

> 나는 하나님이 내게 주신 은혜로 말미암아 몇 가지 것들을 너희에게 상기시켜 주기 위하여 아주 담대하게 썼는데, 이 은혜는 나로 하여금 열방들을 위하여 왕 예수의 일꾼이 되어서, 하나님의 복음의 제사장 직분을 행하여, 열방들을 제물로 드리는 것이 성령 안에서 거룩하게 되고 받으실 만한 것이 되게 하기 위하여 주어진 것이다.[55]

> 너희 믿음의 희생제사와 섬김 위에 내가 전제 같이 부어질지라도, 나는 송축하고, 너희 모두와 함께 송축할 것이다. 이와 같이, 너희도 송축하고, 나와 함께 송축하라.[56]

우리는 이 두 번째 본문의 마지막 행의 핵심을 놓쳐서는 안 된다 — 앞 장에서 보았듯이, 빌립보서는 바울이 특히 로마 제국을 염두에 두고 썼던 것으로 보이는 서신이라는 점에서. 바울의 세계에서 "송축한다"는 것은 단지 "행복하게 느낀다"거나 "시험에 합격하였을 때 샴페인을 터뜨린다"는 것을 의미하는 것이 아니었다. "송축한다"는 것은 축제들을 거행하는 것을 의미하였고, 행렬들을 이루어 행진하는 것을 의미하였으며, 화관들을 만들어 쓰고, 길거리에서 파티를 벌이며, 시합들을 하고, 경주를 하는 것을 의미하였다(바울은 앞 절에서 방금 자기가 달려 온 "경주"에 대하여 언급하였다). 그리고 "송축한다"는 것은 무엇보다도 희생제사를 바치는 것을 의미하였다. 축제는 참가자들이 그 축제의 주신을 모신 신전으로 가서, 거기에서 짐승들을 잡아 희생제물로 바치고, 그 위에 포도주를 붓는 전제를 행하는 등 온갖 부수적인 절차들을 행하는 희생제사를 정점으로 끝이 났다. 바울은 빌립보의 그리스도인들의 행동하는 믿음이 바로 그런 축제와 같은 것으로 본다. 송축이 진행되고 있고(그는 이 서신에서 이것을 거듭 반복해서 말한다), 그 송축의 중심에서, 예수에 의해서 형성된 그들의 '피스티스'(pistis, "믿음")는 희생제사(thysia – '뒤시아')이자 섬김(leitourgia – '레이투르기아,' 이 단어에서 "예전"을 뜻하는 liturgy가 유래하였다)이다. 이것이 예수 축제의 모습이다. 바울이 지금 당장 순교하라는 부르심을 받는다면, 그의 죽음은 이 모든 것 위에 부어지는 전제 같은 것이 될 것이고, 그것은 단지 송축을 더욱 고조시킬 따름이다. 바울이 전개하는

53) 예를 들면, cf. 롬 6:9f.; 히 9:26-28; 10:12-14.

54) 1994년에 최초의 여자 사제들이 서품될 때까지는 성공회에서 사제는 언제나 "그"(he)였다.

은유가 지닌 넉넉함과 여유로움은, 이교의 '렐리기오'(religio)가 날마다, 또는 주간 단위로, 또는 연례적으로 행하는 행사들 중에서 가장 중심적인 행사를 가져와서 메시야를 위하여 사용하는 넉넉함과 여유로움에서 온다.

특히, 이 은유는 바울이 빌립보서에서 반복적으로 강력하게 요구하는 교회의 연합과 연대라는 맥락 속에 두어질 때에 은유로서의 본연의 소임을 제대로 다할 수 있게 된다. 앞에서 이미 보았듯이, 빌립보서 2:1-4은 교회의 연합에 대한 가장 주목할 만한 호소들 중의 하나로서, 그 울림은 뒤로는 1:27-30에서 들을 수 있고, 앞으로는 2:12-18 전체로 울려퍼진다. 이 희생제사는, 이 작은 공동체가 박해에 직면해서 "그 자신의 구원을 이루어내는" 것을 배우고, (이교 공동체가 특히 축제와 희생제사의 때에 자신의 신들과 관련해서 그렇게 믿듯이) "너희 가운데 역사하시는 이가 하나님이시라는"(2:13) 것을 깨달을 때에 일어나는 것의 일부이다. 따라서 얼핏 보면 무작위적인 은유로 보이는 것을 통해서조차, 바울은 "종교"는 '폴리스'(polis)를 강화하고 연합시키는 것이라는 전제를 가지고서 계속해서 작업해 나가고 있다 — 이 '폴리스'는 메시야의 백성들로 이루어져 있고, 그들의 '폴리튜마'(politeuma, "시민권")는 "하늘에" 있어서, 하늘과 땅이 마침내 합쳐지는 그 날에 드러나게 되리라는 것(3:20-21)이 차이점이기는 하지만. 바울이 이 서신의 말미에서 빌립보 교인들이 그에게 보내준 선물에 대해서 감사하면서 이 은유로 다시 돌아올 때에도, 정확히 동일한 효과가 만들어진다. 그는 "이는 하나님을 기쁘시게 하는 향기롭고 귀한 제물로 드리는 희생제사와 같다"고 말한다.[57] 달리 말하면, 메시야의 백성의 '코이노니아'(koinōnia) 내에서 서로에게 후히 베푸는 것은, 공동체(이 경우에는 사도와 빌립보 교회)를 그런 일을 주도적으로 시작하고 그 결과에 기뻐하는 하나님과 한데 묶기 위해 하나님이 준비한 수단의 일부로서의 역할을 한다. 이것은 로마 세계의 공동체들이 희생제사를 통해서 인간과 신, 그리고 인간들 간의 유대를 강화하는 데 사용하였던 수단인 '렐리기오'(religio)의 기독교 특유의 판본이다.[58]

우리가 위에 인용한 두 본문 중에서 로마서 15장에서 가져온 첫 번째 본문은 약간 다른 뉘앙스를 지니고 있다. 이 본문이 일차적으로 간접인용한 것은 이교의 축제가 아니라, 유대인들이 절기 때마다 멀리 떨어져 있는 디아스포라 지역들로부터

55) 롬 15:15f.
56) 빌 2:17f.
57) 빌 4:18.

유대인들의 큰 절기들을 지키기 위하여 예루살렘으로 행렬을 이루어 오곤 하는 것이었다. 달리 말하면, 여기에서 바울은 유대인들의 "종교"를 그가 이미 (여러 본문들 중에서 특히) 로마서 10장에서 자세하게 설명한 종말론적인 비전에 맞추어 수정하여 제시하고 있는 것이다. 우리는 지금 신명기 30장에 약속된 계약 갱신이 이루어진 때에 살아가고 있기 때문에, 지금은 (바울 같은) 사람들이 이사야의 예언들을 성취한 이스라엘의 메시야를 세계에 전하라고 보내심을 받는 때이다. 그리고 그 동일한 예언들에서 사람들이 각지에서 한 분 유일하신 하나님을 예배하기 위하여 예루살렘으로 물밀 듯이 몰려올 것이라고 말하였던 것처럼, 바울은 이제 예루살렘에 있는 가난한 신자들을 돕기 위하여 모금한 헌금을 가지고 예루살렘을 향하고 있다. 바울은 상당한 수고와 (우리가 고린도후서에서 보는 바와 같이) 준엄한 자기 성찰과 주의 깊은 해명을 필요로 하였던 이 특별한 사역을 제사장직과 희생제사라는 비유 속에서 바라보는 것 같다. 빌립보서 2장에서 바울은 자기가 희생제물 위에 부어지는 전제가 되고자 한다는 뜻을 피력하였다고 한다면, 여기에서는 이방 그리스도인들은 희생제물이고, 그는 그 제물들을 제단에 바치러 가는 제사장이다. 우리는 이러한 그림 전체가 하나의 은유라는 것을 기억하여야 한다. 바울은 예루살렘이야말로 세계의 중심이라고 재천명한 것도 아니었고, 로마서 10장의 체계적인 설명이 보여주듯이, 바울의 선교는 기본적으로 구심력적인 것이 아니라 원심력적인 것이었다. 그러나 이 은유는 너무나 훌륭해서 그냥 지나칠 수가 없다.

다시 한 번 우리는 재탄생한 종교라고 할 수 있는 것을 목격하고 있다. "탄생"이라는 이 비유가 우리에게 어린 아기들을 연상시킨다면, 어린 아기를 욕조의 더러운 물과 함께 밖으로 내던져서는 안 된다는 오래된 격언을 생각해 보는 것이 적절할 것이다. 바울은 이교에서 행하는 모든 일들과 방식들을 배척하였다. 그러나 바울은 예수를 중심으로 수정되고 온전하게 된 것은, 희생제사를 드리는 것을 중심으로 해서 사람들과 하나님의 임재를 하나로 묶어서 하나의 공동체로서의 연대와 그 결과들을 낳는 "종교" 자체였다고 보았다. 바울에게 있어서 유대 "종교"는 이 새로운 실체를 가리키는 이정표였고, "이교"는 이교의 만신전의 왜곡되고 비인간화된 가짜 신들에 맞추어서 그 실체를 왜곡시킨 패러디였다. 그러나 "종교" 자체는 그렇지 않았다. 만일 바울이 자신의 청중들에게 "종교" 자체에 대하여 경고하고자 하였다면, 참된 희생제사, 새로운 제사장직, 희생제물 위에 부어지는 전제에 대하여 이런 식으로 말하지 않는 것이 좋았을 것이다.

물론, 이 모든 것은 예수가 하나님 아버지의 뜻에 순종하여 자신의 목숨을 내어줌으로써 드린 단번의 희생제사에 달려 있었다. 예수의 죽음이 지닌 희생제사적인 성격은 우선적으로 예수가 유월절에 죽은 것과 자신의 죽음을 유월절과 연관시켜 말하였다는 사실과 연결되어 있는 것으로 보이지만, 바울에게서나 그 밖의 다른 초기 기독교 저작들에서나 일련의 관념들을 사용한 조직적인 설명으로 자리잡고 있지는 않다(그러한 글들 중에서 다수는 이것을 알고 있었고, 관련된 개념들을 사용하고 있기는 하지만).[59] 바울은 교회의 부패에 직면하였을 때, 유월절이라는 주제를 사용하여, 교회를 부패시키는 요소를 반죽 덩어리 전체를 부풀어 오르게 하는 누룩에 비유하면서, 그들이 유월절 백성이 되기 위해서는 누룩을 제거하여야 한다고 말한다:

> 너희는 적은 누룩이 반죽 덩어리 전체에 퍼지는 것을 알지 못하느냐? 너희는 누룩 없는 덩이리이니, 새로운 덩어리가 되기 위해서는 묵은 누룩을 내버리라. 지금은 유월절이고, 유월절의 어린 양, 곧 메시야께서 이미 희생제물로 드려지셨되셨다. 이제 우리가 해야 할 일은 절기를 제대로 지키는 것, 즉 옛 삶의 누룩으로도 말고, 악하고 악의에 찬 누룩으로도 말고, 누룩 없는 떡, 곧 순전함과 진실함으로 지키는 것이다.[60]

메시야는 유월절의 희생제물이고, 그를 따르는 자들은 그것이 그들의 삶 전체에 대하여 무엇을 의미하는지를 잘 생각하여야 한다. 우리는 이것이 예수의 죽음에 대한 원래의 지배적인 희생제사 표상이었을 것이라고 볼 수 있지만, 결코 그것은 유일한 것은 아니다. 바울은 예수를 속죄제물이라고 말하기도 하고,[61] 화목의 장소이자 수단인 '힐라스테리온'(hilastērion)이라고 말하기도 하며,[62] 한 기억할 만한 본문에서는 하나님이 기뻐 받으시는 제물이었다고 말하기도 한다:

> 그러므로 너희는 사랑 받는 자녀들 같이 하나님을 본받는 자들이 되어야 한다. 메시야께서 우리를 사랑하셔서, 우리를 위하여 자신을 하나님에게 향기로운 제물과 희생제물로 드리신 것 같이, 너희도 사랑 가운데서 행하라.[63]

이 본문도 연합에 대한 명령으로부터 나와서, 즉시 성결의 필요성에 대하여 말하는 것으로 나아간다. 일반적으로 "종교"는 공동체의 연합(unity)과 관련된 것이

58) 마찬가지로, 고린도후서 8장과 9장도 하나님에 의해 주어진 "은사들"과 사람들이 본래부터 지닌 "은사들"이 모두 다 합쳐져서 공동체 전체의 유익을 위하여 사용되어야 한다는 것을 보여준다.

59) 예를 들면, cf. 히 9:11－10:18; 벧전 1:19; 요일 2:2; 4:10; 계 5:6, 9f.

60) 고전 5:6-8.

61) 롬 8:3(Wright, 1991 [*Climax*], ch. 11을 보라); 아마도 고후 5:21. 위의 제10장 제3절 4) (3)을 보라.

었고, 출애굽과 성전을 늘 염두에 두고 있었던 주후 1세기의 유대적인 "종교"는 성결(holiness)과 관련된 것이었다. 바울은 "종교"와 관련된 이 모든 것들을 통째로 가져와서, 메시야를 중심으로 재형성하고, 그 생생한 은유들을 요소요소에 배치한다.

4) 떡을 떼는 것

우리가 이제까지 출애굽, 세례, 희생제사에 관하여 말해 온 모든 것은, 바울이 "떡을 떼는 것," 곧 성찬에 대하여 말할 때에 새로운 초점을 얻게 된다. 그가 교회에서 주기적으로 거행된 식사와 결부된 두 가지 구체적인 문제점에 대하여 말하고 있는 고도로 압축된 짤막한 본문들은, 온전한 "바울의 성찬 신학"을 충분히 제시해 주고 있지는 못하지만, 우리에게 다음과 같은 것들을 충분히 볼 수 있게 해준다. 즉, 바울에게 있어서 이 공동의 식사는 (a) 예수 안에서 새롭고 기이한 방식으로 성취된 출애굽 이야기와 유월절 서사에 깊이 뿌리를 내리고 있었고, (b) 주와 그의 백성 간에 삶과 임재를 친밀하게 나누는 것으로 이해되었으며, (c) 공동체의 연합과 연대와 성결을 표현하기 위하여 의도된 것이었다. 이것은 바울이 '렐리기오'(religio)를 어떤 식으로 다시 생각하고 수정하였는지를 보여주는 고전적인 예이다. 바울은 유대적인 전통을 예수에 초점을 맞추어 수정하여서, 이교의 희생제사 식사들을 밀어내는 의식을 만들어내었는데, 이렇게 만들어진 성찬 의식은 이교의 희생제사 식사들과 혼동되어서도 안 되고, 그러한 이교의 식사들 속에 구현되어 있던 사회적 위계질서도 전혀 본뜨고 있지 않았지만, 그러한 식사들과의 유비를 통해서 설명될 수는 있다. 이것은 미묘하지만 아주 중요한 핵심이다.

여기에서 첫 번째 요소인 출애굽 맥락에 대해서는 우리가 이미 언급한 바 있다. 바울은 고린도 교인들에게 광야 시절의 이스라엘 백성 같이 행하지 말라고 경고하면서, 홍해를 건넌 일을 세례와 연결시키고, 광야에서 그들이 먹은 것을 성찬과 연결시킨다. 그는 "그들은 모두 구름과 바다에서 모세와 합하여 세례를 받았으며, 그들은 모두 동일한 신령한 음식을 먹었고, 동일한 신령한 음료를 마셨다"고 말한다.[64] 그런 후에, 그는 이것을 토대로 해서, 광야 세대의 특징이었고 고린도 교인들의 특징이 되려고 하는 음란한 행실을 경고하는 논증을 전개해 나간다(10:6-13). 바

62) 롬 3:24-6.

울이 그리스도인들은 시장에서 파는 그 어떤 고기도 다 먹어도 되지만(8:8; 10:25-27), 그들이 우상의 신전들로 들어가서 거기에서 행해지는 공동식사에 참여해서는 안 된다고 역설하는 것은 특히 그런 이유 때문이다. 그런 이유로, 바울은 메시야의 삶에 참여하는 것과, 빈 집에 웅크리고 숨어 있는 잡범들 같이 허울만 좋을 뿐 실체는 아무것도 없는 우상 숭배를 전면에 내세우고서 그 뒤에 숨어 있는 '다이모니아'(daimonia, "귀신들")의 삶에 참여하는 것이 양립할 수 없다고 단호하게 경고한다.

바울이 이러한 병행을 사용해서 말할 수 있었다는 사실은 그가 성찬에서 실제로 무슨 일이 일어나고 있다고 생각하는지에 대하여 많은 것을 말해 준다:

> 그러므로 내 사랑하는 자들아, 우상 숭배를 멀리하라. 나는 지식 있는 자들에게 말하는 것 같이 말하는 것이니, 너희는 내가 하는 말들을 스스로 판단하여야 한다. 우리가 축복하는 바 축복의 잔은 메시야의 피에 참여하는 것이다, 그렇지 않은가? 우리가 떼는 떡은 메시야의 몸에 참여하는 것이다, 그렇지 않은가? 떡은 하나이지만, 우리는 여럿일 수 있다. 그러나 우리는 모두 한 떡에 참여하기 때문에 한 몸이다.[65]

여기에서는 이렇게 신자들이 메시야의 몸과 피에 "참여하는" 것(sharing)은, 단지 이교도들이 신전에서의 공동 식사에 "참여한" 것을 모델로 한 것이 아니라, 이스라엘이 출애굽 때로부터 바울 당시에 이르기까지 "제단에서" — 여기서 "제단"은 한 분 유일하신 하나님을 우회적으로 가리키는 것이었다 — 일어나고 있다고 믿었던 "참여"(sharing)를 모델로 한 것으로 인식된다:

> 민족으로서의 이스라엘을 생각해 보라. 희생제물들을 먹는 자들은 제단에 참여하는 것이다, 그렇지 않은가? 그러므로 내가 무엇을 말하고 있는 것이냐? 우상의 제물이 사실이고, 우상이 실제로 존재하는 것이냐? 그렇지 않다. 그들이 희생제사를 드릴 때, 그것은 하나님이 아니라 귀신들에게 드리는 것이다. 나는 너희가 귀신들과 식탁교제를 함께 하는 자들이 되기를 원하지 않는다. 너희는 주의 잔과 귀신들의 잔을 겸하여 마실 수 없고, 주의 식탁과 귀신의 식탁에 겸하여 참여할 수 없다. 너희가 정말 주를 노여워하시게 하고자 하는 것은 아니지 않는가? 우리는 주보다 강하지 않다, 그렇지 않은가?[66]

바울에게서 흔히 그러하듯이 여기에서도, "참여하는 것"(sharing)은 '코이노니

63) 엡 5:1f.
64) 고전 10:2f.

아'(koinōnia, "교제")로 표현될 수 있다. 이스라엘 민족에서 "제단에 참여하는" 자들은 '코이노노이 투 뒤시아스테리우'(koinōnoi tou thysiastēriou, "제단의 참여자들")이고, "귀신들과 식탁교제를 함께 하는 자들"은 '코이노노이 톤 다이모니온'(koinōnoi tōn daimoniōn, "귀신들의 참여자들")이다. 바울은 "식탁에 참여하는 것"에 대해서 말할 때, 그것이 주의 식탁이든 귀신들의 식탁이든, '메테케인'(metechein)을 사용하기도 하지만, 의미는 거의 동일하다. 어느 경우에나 그 핵심은 공동의 삶에 참여하는 것과 연관되어 있다. 이스라엘 민족에게서 성전의 희생제사에 드려진 제물의 고기를 먹는 자들은 제단에서 자기 백성을 만나겠다고 약속하였던 이스라엘의 하나님의 삶에 참여하는 것이고, 이교의 희생제사에 바쳐진 제물을 먹는 자들은 자신들이 제우스나 아테나 등과 같은 신들의 삶에 참여하는 것으로 여긴 것(반면에, 바울의 분석에 의하면, 실제로 그들은 귀신들의 지저분하고 더러운 삶에 참여하고 있는 것이다)과 마찬가지로, "주의 식탁"에 참여하는 자들은 실제로 주의 삶에 참여하고 있는 것이다. 만일 이것이 사실이 아니라면, 하나님이 그런 것을 경쟁이라고 생각해서 노여워할 이유가 없을 것이다.[67] 이렇게 해서, 우리가 언급한 첫 번째 요소(출애굽 맥락)는 바울을 자연스럽게 곧장 두 번째 요소(주와 그의 백성 간에 이루어지는 삶과 임재의 친밀한 나눔)로 이끈다. 바울은 이 두 번째 요소를 배경으로 해서 세 번째 요소인 공동체의 연합과 연대와 성결을 호소한다. 우상의 신전들은 바울의 교회들에게 출입금지이지만, 우상에게 바쳐진 고기 자체는 하나님의 선한 피조물의 일부이기 때문에, 그런 사실을 아는 사람들은 아무런 문제 없이 먹을 수 있다. 그러나 신자가 우상 음식을 먹는 것을 동료 그리스도인이 보고 양심의 상처를 입을 수 있다면, 신자는 그런 음식을 먹지 않아야 한다.[68]

바울이 우상 제물을 먹는 것과 우상의 신전에 가는 것을 구별해서 전자는 허용되지만 후자는 허용되지 않는다는 말을 하는 가운데 거의 우연히 고린도전서 10장에 끼어들게 된 성찬에 관한 이러한 논의는, 11장에 나오는 성찬에 관한 본격적인 논의를 위한 길을 열어준다. 물론, 이 모든 것은, 앞으로는 이 서신의 서두까지 거슬러 올라가고, 뒤로는 12장("메시야의 몸")과 13장(사랑에 관한 시)과 14장(공예

65) 고전 10:14-17.

66) 고전 10:18-22.

67) "시기나게 한다"는 주제는 로마서 10:19 등에서 인용하고 있는 신명기 32:21에 나오는 것으로서 출애굽에 대한 또 하나의 간접인용이다. 이 본문 전체(일반적으로는 신 32장, 구체적으로는 32:10-21)는 중요하다; 바울이 고린도전서 10장에서 말하고 있듯이, 이 본문은 이스라엘 백성의 광야 유랑에 관한 이야기를 들려주면서, 이스라엘 백성이 '다이모니아'(daimonia)를 숭배함으로써 야웨를 격동하여 시기나

배는 혼란스러워서는 안 되고 질서가 있어야 한다는 것)에서의 정점으로 이어지는 교회의 연합에 관한 일련의 논증들 내에서 이루어진다. 여기에서 교회의 연합 중에서 위협 받고 있던 것으로 보이는 구체적인 측면은 하나의 교제 내에서 부자들과 가난한 자들 간의 연합이었다. 다소 압축된 도입부(11:17-22)에서는 이 문제가 확실하게 다루어지고 있고, 그밖에도 다른 것들도 다루고 있을 가능성이 있기는 하지만, 그런 것들을 더 자세하게 밝히는 것은 우리의 현재의 목적에서 벗어나는 것이다.[69] '에클레시아'(ekklēsia)가 성찬을 거행하기 위해서 모일 때, 각 사람은 자기가 먹을 음식을 가지고 왔던 것으로 보이는데, 이것은 부자들은 잘 먹을 수 있는 반면에, 가진 것이 없는 사람들은 부끄러움을 느껴야 하였다는 것을 의미한다(11:22). 계층과 부의 구별이 분명하였던 고대 세계에서 성찬과 관련된 이러한 상황과 일반 사회의 많은 경우들 간의 유사성은 너무나 분명한 것이었고, 바울 자신의 세계관의 중심적인 상징이었던 하나로 연합된 교회에 관한 비전 전체를 위험에 빠뜨리는 것이었다.

우리의 목적과 관련해서 중요한 절은 11:29인데, 거기에서 바울은, 사람들이 "이 몸을 깨달음이 없이" 먹고 마신다면, 그것은 심판을 먹고 마시는 것이라고 선언한다. 그런데 여기에서 말하는 "몸"은 무엇이고, 이 몸을 깨닫는다는 것은 무엇을 의미하는가? 문맥상으로 볼 때, "몸"은 하나로 연합된 공동체, 즉 메시야의 단일한 권속을 가리킬 가능성이 대단히 높다. 도입부인 11:17-22에서는 사회의 부적절한 계층 구분들이 성찬 모임의 순수성을 변질시키고 있다는 것을 강조하고, 이 장의 결론부인 11:33-34에서도 동일한 것을 말한다("서로를 귀한 손님으로 대우하여 서로 기다리라"). 또한, 다음 장이 서로 다른 많은 "지체들"을 담고 있는 단일한 연합체라는 의미에서의 "메시야의 몸"으로서의 '에클레시아'(ekklēsia)에 초점을 맞추고 있는 것도 중요하다. 이 모든 것은 아주 중요한 절인 11:29에서, 바울은, 자기가 10:17("우리는 여럿일 수 있지만, 우리는 모두 한 떡에 참여하기 때문에 한 몸이다")에서 이미 말한 것 같이, "이 식사를 먹고 마시는 우리는 단일한 몸이라는 것을 깨닫는다"는 의미에서 "이 몸을 깨닫는다는 것"의 중요성을 역설하고 있는 것임을 강력하게 시사해 준다. 따라서 그가 27절("합당하지 않게 떡을 먹거나 주의 잔을 마시는 자는 누구든지 주의 몸과 피에 대하여 죄를 짓는 것이다")에서 말하는 "합당하지 않음"은 이 경우에 17-22절에서 말한 것과 같은 이기적이거나 속물적인 행위를 가리키고 있음에 틀림없다 — 물론, 바울이 그 밖의 다른 온갖 "합당하지 않

게 하였다고 고소한다. Hays, 1989a, 94를 보라.

은" 행위들에 대해서도 동일하게 말하였으리라는 것은 의심의 여지가 없지만.

하지만 바울은 흔히 그러하듯이 얼핏 보면 꼭 필요하다고 생각될 수 있는 것보다 약간 더 많이 자기가 그렇게 말하는 근거를 제시한다. 그가 그렇게 한 덕분에, 우리는 확고하게 주후 1세기적인 의미에서의 "종교"에서 그가 당연한 것으로 여겼던 핵심을 들여다볼 수 있는 창을 얻게 되었다:

> 내가 주로부터 받아서 너희에게 전한 것은 이것이다. 주 예수께서는 자기가 잡히시던 밤에, 떡을 취하여 축사하시고 떼며, "이것은 내 몸이고, 너희를 위한 것이니, 이것을 행하여 나를 기념하라"고 하셨다. 그는 식후에 잔을 가지사 똑같이 행하시고서는, "이 잔은 내 피로 세운 새 계약이니, 이 잔을 마실 때마다 이것을 행하여 나를 기념하라"고 하셨다. 너희가 이 떡을 먹으며 이 잔을 마실 때마다, 너희는 주가 오실 때까지 그의 죽음을 전하는 것이다.[70)]

이것은 우리가 고린도전서 10장과 관련해서 이미 살펴본 것에 추가적인 내용을 더해주는데, 거기에서 출애굽 맥락은 바울이 성찬을 정확히 유월절 식사로 보지는 않았더라도, 그것과 밀접하게 관련된 것으로 보았음을 보여주는 강력한 증표를 제공해 주었다.[71)] 바울에게 있어서 다른 모든 것과 마찬가지로, 이것은 예수의 죽음을 중심으로 재형성되고 재고되었다. 앞 장이 '코이노니아'(koinōnia)라는 주제를 다루면서, 먹고 마시는 것을 주의 삶에 실제로 참여하는 것으로 보았다는 것은, 여기에 나오는 "기념"(amamnēsis – '아맘네시스')이라는 단어가 단지 기억에 도움을 주는 것이라는 의미보다 훨씬 더 깊은 의미를 지니고 있음을 보여주는 것일 수 있다. 바울은 성찬 행위를 과거를 돌아봄과 동시에 미래를 바라보는 개시된 종말론의 일부로 본다. 그는 "너희는 주가 오실 때까지 그의 죽음을 전하고 있는 것"이라고 말한다(26절). 이 "과거"로부터 흘러나와서 이 "미래"에 미리 참여하는 "현재"라는 의미에서 현재라는 때는, 주의 "임재"의 때, 주를 "전하는" 때이다. 귀신들에게 참여하는 것의 실체는 주에게 참여하는 것의 실체와 정면으로 충돌하는 것이라는 앞 장에서의 논증과 마찬가지로, 여기에서 주를 "기념하고 전하는 것"의 실체는 다음과 같은 경고에 특별한 힘을 실어준다:

> 그러므로 누구든지 주의 떡이나 잔을 합당하지 않게 먹고 마시는 자는 주의 몸과 피에

68) 10:28f.; cf. 8:7-13.

69) 위의 제6장, 특히 제6장 제3절 4)를 보라.

대하여 죄를 짓는 것이다. 각 사람은 자기 자신을 살피고 나서, 이 떡을 먹고 이 잔을 마셔야 한다. 너희가 이 몸을 깨달음이 없이 먹고 마신다면, 심판을 먹고 마시는 것이다. 이것이 너희 중에 약하고 병든 자가 여럿 있고 죽은 자도 일부 있는 이유이다. 우리가 우리 자신을 어떻게 살펴야 하는지를 알았다면, 심판을 자초하지 않았을 것이다. 우리가 주에 의해서 심판을 받는 것은 징계를 받는 것이니, 이는 우리로 하여금 세상과 함께 정죄 받지 않게 하기 위한 것이다.[72]

여기에서도 다시 한 번 바울은 자신의 중심적인 논증에 필요한 것보다 더 많은 것들에 대하여 말한다. 그의 주된 요지는 성찬이 주 및 그의 죽음에 실제로 참여하는 것이기 때문에, 주의 단일한 "몸"의 연합을 깨는 것은 무엇이든지 주에 대한 범죄라는 것이다.[73] 그러나 여기에서도 또다시 그는 종말론이라는 좀 더 큰 그림 내에서 이렇게 말하고 있다. 장차 최후의 심판이 있을 것이지만, 그리스도인들에 대해서는 메시야의 죽음 안에서 이미 판결이 선고되었듯이, 그리스도인이 되어서도 계속해서 죄를 지음으로써 장차 받게 될 "심판"도 미래로부터 현재 속으로 가져와지는 것이 마땅하다. 이것은 종말론과 심판에 관한 바울의 좀 더 큰 그림의 일부로서, 그에게 있어서는 '렐리기오'(religio)의 요소가 언제나 그러한 그림 내에 위치하고 있었음을 우리에게 상기시켜 준다.[74]

이렇게 성찬은, 바울에게 있어서, 전통적인 단어들로 가득한 의식, "창건 신화"를 재연하는 의식(이 경우에 "창건 신화"는 시간적으로 비교적 최근에 일어난 현실의 사건이었지만), 예배자들이 예배 대상인 신의 삶에 참여하는 의식(이 경우에 "신"은 최근의 기억 속의 인간이었지만), 선행된 희생제사에 의거한 의식(이 경우에 "희생제사"는 방금 말한 바로 그 동일한 인간이 십자가에 못 박힌 아주 기이한 희생제사였지만), 공동체를 한데 묶는 의식이기 때문에, 이 의식이 행해지는 동안에 존재하는 분열의 징후들은 이 의식의 존재목적 자체에 어긋나고 모순되는 그런 의식이고, 잘못된 방식으로 행해진 경우에는 공동체에 나쁜 결과들을 가져다주는 의식으로서의 기능을 하였음이 분명하다. 다시 한 번 말하지만, 바울이 하는 말들을 듣고 이해한 이교도들은 누구든지, 이러한 각각의 구성요소들로부터, 그리고 특히 이 구성요소들을 고도로 결합하고 압축해서 제시한 말들로부터, 바울이 전하는 것은 사람들이 이전에 생각해왔던 그 어떤 것과도 판이하게 다른 것이기는 하지만, 그럼에도 불구하고 '렐리기

70) 고전 11:23-6.
71) 또한, 물론 cf. 고전 5:7.
72) 고전 11:27-32.
73) Cp. 고전 8:12.

오' (religio)의 일부라고 결론을 내렸을 것이다. 마찬가지로, 이것을 지켜본 유대인들은 누구든지 이스라엘의 전통들, 특히 출애굽 서사가 바울이 전하는 것의 틀을 제공해 주었다는 것을 알아차렸을 것이다. 그러나 다시 한 번 말하지만, 예수 이전에는 이것과 같은 것을 생각한 유대인은 아무도 없었다.[75]

(아마도 바울이 "종교"를 철저하게 배척하였다고 우리가 전제한 것이라고 보고서) 이러한 논증에 이의를 제기하고자 하는 자들이 특히 눈여겨볼 것은, 우리가 그의 놀라운 기독론을 다룰 때에도 보았듯이, 분명히 그는 이러한 토대가 되는 것들을 당연한 것으로 받아들일 수 있었다는 것이다. 그는 단지 성찬이 고린도 교인들의 예배생활에 중심적인 것이라고 전제하고 있을 뿐만 아니라, 성찬이 이미 이러한 모든 특징들을 지니고 있다는 것을 전제한다. 성찬은 예수의 죽음으로 이어진 사건들("[그가] 잡히시던 밤에") 및 예수가 바로 그 순간에 거행하였던 식사와 거기에서 한 말씀들의 서사적 틀을 처음부터 갖고 있었다. 바울은 이것을 "주께로부터 받아서" 고린도 교인들에게 "전해 주었다"(11:23). 이것은 15:3과 마찬가지로, 개신교 진영들에서 심각한 의심을 받아 왔지만 바울에게는 아무런 문제가 되지 않았던 것으로 보이는 "전통" 또는 "전승"과 관련된 언어이다. 우리가 지닌 한편으로는 16세기적이고 다른 한편으로는 현대적인 신학적이고 문화적인 감수성 때문에, 우리는 주후 1세기의 관점에서 볼 때, 바울이 전하고 있었던 것은 새롭고 놀라운 것이기는 하였지만 여전히 '렐리기오' (religio)의 특징을 갖추고 있음을 알아볼 수 있는 그런 것이었다는 엄격하게 역사적인 결론을 이끌어내는 데 방해를 받아서는 안 된다.

5) 기도

성찬에 관한 바울의 설명은 그의 교회들이 어떻게 기도하였을 것인지를 별로 보여주지 않는다. 지금 이 자리는 성찬 예식의 초기 역사를 깊이 천착해 들어갈 수 있는 곳이 아니지만, 예수의 마지막 식사와 그가 그 자리에서 했던 말씀들에 대한 공적인 재현은 이미 그들의 공예배의 일부를 형성하고 있었던 것으로 보인다. 초기의 다른 성찬 예식들이 이것과 상당히 달랐을 수 있었다는 사실(이것은 자연스럽게 우리에게 디다케 9-10장을 연상시킨다)은 이것과 관련해서 별 의미가 없다. 우리

74) 현재와 장래의 "심판"에 대해서는 위의 제11장 제2절과 제4절을 보라. 이 점에 대해서는 cf. 고전 4:1-5.

의 목적을 위해서 중요한 것은 바울은 그의 공동체들 속에 기도가 중심적인 역할을 한 공동생활이 존재한다고 전제하고 있다는 사실이다. 바울의 세계 속에서 함께 기도하는 공동체들은 한데 묶여져 있었고, 한데 묶는 일은 '렐리기오' (religio)가 의미하였던 것이자 수행하였던 바로 그것이었다.

바울의 글들에 나오는 확고하게 또는 어느 정도 정형화되어 있는 기도문들의 존재는 잘 알려져 있다. 우리는 바울이 고린도전서 8:6에서 셰마(Shema)를 수정한 것에 대하여 이미 언급한 바 있고, 나는 바울이 그런 식으로 수정한 새로운 기도문은 단지 신학적인 정형문구로만이 아니라, 그 원형이 그런 것과 마찬가지로, 통상적인 기도문으로도 사용되었다고 주장한 바 있다: 한 하나님과 한 주의 이름을 부르며, 오로지 이 신에게만 충성을 다하겠다고 고백하는 기도문. 또한, 우리에게 실망스러운 것이 아니라면 매력적인 것이 될 '마라나 타' (marana tha, "우리 주여, 오소서!")라는 아람어로 된 부르짖음은 팔레스타인에서 예수의 첫 제자들 가운데서 이미 통용되다가 헬라어를 사용하는 교회들의 예배생활에서 번역되지 않고 그대로 사용되게 된 전통의 요소라고 볼 때에 가장 잘 설명될 수 있다.[76] 이것과 비슷한 예로 '아바' (abba)라는 부르짖음이 있는데, 바울은 이것이 예수의 복음으로 말미암아 성령이 내주하여 역사하고 있는 자들에게서 자연스럽게 나오는 부르짖음이라고 전제한다.[77] 이러한 예들은 너무나 적어서, 그 어떤 일반화된 결론을 내릴 수 있게 해주지 못하지만, 우리는 초기 교회에서의 기도문들은 하나님 또는 예수의 말씀들, 이름들, 칭호들로 구성되어 있었다는 것을 주목할 필요가 있다. 초기 교회가 아람어 형태의 기도문을 보존한 이유들 중의 하나는 아마도 고대 종교에 공통적이었던 인식, 즉 신에게 기도할 때에는 신을 부르는 말들을 정확하게 발음하는 것이 극히 중요하다는 인식이었을 것이다. 다시 한 번 말하지만, 바울의 '렐리기오' 는 당시의 그 어떤 '렐리기오' 와도 판이하게 다른 것이기는 하였지만, 그래도 여전히 '렐리기오' 였다는 것이다.

우리가 고린도전서 14장에서 갑자기 얼핏 보게 되는 영광스럽지만 혼란의 잠재성을 안고 있는 교회의 예배생활의 모습은 궁극적으로는 이것과 동일한 것을 다른 시각에서 말해 준다. 바울은 황홀경 속에서 말하는 현상, 즉 '글롯솔라리아' (glossolalia, "방언으로 말하는 것") 및 그 연관된 체험들이 당시의 "종교" 세계에서 흔한 일이라는 것을 잘 알고 있었다. 이것이 그가 결국에는 예수를 저주하는 것

75) cf. 1QSa 2.20f. 거기에서는 메시야가 떡과 포도주에 복을 줄 것이라고 말하지만, 공동체가 메시야의 삶과 죽음에 참여하게 될 것이라는 말은 물론 없다.

으로 끝나는 황홀경 속에서의 방언에 대하여 경고할 필요가 있었던 이유였다.[78] 이렇게, 오늘날의 일부 진영들에서는 "방언을 말하는 것"을 그리스도인들을 다른 종교들로부터 구별시켜 주는 어떤 것, 그리고 심지어 특히 성숙한 그리스도인들을 교회의 다른 지체들로부터 구별시켜 주는 어떤 것으로 여기는 반면에, 바울에게 있어서 방언은 기독교와는 판이하게 다른 집단들에서도 자주 체험되고 잘 알려져 있는 현상이었다. 성찬에서의 먹고 마심과 마찬가지로, 방언과 관련해서도 그리스도인들은 사람들이 그 모든 것이 무엇을 의미하는지를 묻기 전까지는 일반적인 차원에서 그들의 이웃들과 동일한 것을 행하고 있는 것이었다.

이것이 바울이 방언이라는 이 구체적인 "종교" 현상 및 그것과 관련된 방언 해석, 예언 등등을 다룰 때에 그 강조점을 교회의 "연합"에 두는 이유이다. 교회 전체는 사람들이 알아들을 수 있는 말들에 의해서 "세워져야" 한다.[79] 바울은 "하나님은 혼돈의 하나님이 아니라 평화의 하나님이시기" 때문에, "모든 일이 단정하고 합당한 질서 속에서 행해져야 한다"고 말한다.[80] 예배자들이 그저 자연스럽게 또는 자발적으로 감동을 받은 대로 행하고 말하는 거룩한 무정부상태를 주장하는 낭만적인 개신교도들의 꿈은 바울에게서 나온 것이 아니다. 훨씬 후대에 생겨난 문화적인 명령을 주후 1세기로 투영시키는 것은 정교한 예전들이나 교회의 위계질서들을 바울의 시대로 투영시키는 것만큼이나 모든 면에서 시대착오적인 것이다. 어쨌든 바울은 공예배에는 "계시들," "방언들," "방언 해석들"과 아울러서 시편을 노래하는 것과 "가르침"도 포함되어야 한다고 말한다.[81] 공식적인 때들도 있어야 하고 비공식적인 때들도 있어야 하는데, 후자는 혼란으로 빠져들어서는 안 된다. 우리는 여기에서 이것을 자세하게 천착해 들어갈 필요는 없고, 단지 핵심만 짚고 넘어가면 될 것인데, 그것은 바울이 처해 있던 좀 더 넓은 문화적 맥락 속에서 고린도전서 14장을 읽는 사람은 누구든지 사람들이 당시에 '렐리기오'라고 부르는 것의 한 측면에 대하여 바울이 말하고 있다는 것을 알 수 있다는 것이다. 바울과 그의 공동체들도 그것을 알았을 것이다. 예배(worship)와 기원(invocation)은 키케로가 '렐리기오'라고 말한 첫 번째의 것의 일부였다.

6) 길을 분별함

76) 고전 16;22, 이것에 대해서는 Thiselton, 2000, 1347-52를 보라.

77) 롬 8:15; 갈 4:6. 이것이 주기도문의 사용에 대한 암시인지의 여부는 말하기 불가능하다.

78) 고전 12:2f.

79) 고전 14:4, 5, 12, 26.

우리는 키케로가 '렐리기오'라고 부른 다른 두 가지도, 비록 근본적으로 다른 형태이긴 하지만, 바울에게서 등장한다. 키케로에게 있어서 '렐리기오'의 다른 두 측면은 길흉을 점치는 것과 옛적의 신탁들을 참조하는 것이었다. 물론, 바울은 점을 치지도 않았고, 새들의 내장(또는, 날아가는 모습)을 살피는 일도 하지 않았으며, 갑작스러운 우렛소리를 통해서 인도함이나 경고를 받게 될 것을 기대하지도 않았다. 그러나 그는 자신이 간절하게 필요로 할 때에 자기가 그 이름을 부르는 신이 자기를 인도하고 있다고 믿었다. 우리가 사도행전의 역사적 가치에 대하여 어떻게 생각하든, 바울이 회심한 때를 시작으로 해서, 자신이 탄 배가 좌초되기 직전에 천사로부터 염려하지 말라는 말을 들은 일에 이르기까지, 자신의 삶 속에서 여러 차례 주로부터 구체적인 지시를 받은 것으로 기록하고 있다는 것은 주목할 만하다.[82] 또한, 기록에는 전혀 나타나 있지 않지만, 바울에게 그러한 일들이 일어났을 것이라고 예상할 수 있는 순간들이 여러 번 있었다는 것도 주목할 만한 일이다. 바울과 실라와 디모데는 자신들이 어디로 가고 있는지를 전혀 알지 못한 채 소아시아를 벗어나 북쪽으로 갔다. 주로부터 그들에게 주어진 유일한 지시는 거기에서 말씀을 전하지 말고 거기로 가지 말라는 것이었다.[83] 다음 번에는 어디로 가고, 언제 이동할 것인가에 관한 바울의 결정들 중 다수는 순전히 실용적이거나 상식적인 근거들이라고 할 수 있는 것을 따랐던 것으로 보이는데, 그가 신체적으로 위협이나 공격을 받고 있어서 도시나 성읍을 급히 빠져나가는 것이 현명한 것으로 판단되는 경우에는 특히 그러하였다. 바울은 자신의 청중들에게 일들을 깊이 생각하여서 그리스도인으로서의 지혜로운 사고를 발전시키는 법을 배우라고 강력하게 권하기만 한 것이 아니라, 스스로도 그렇게 행하고 있었다.[84] 누가는 사도 바울의 선교활동을 끊임없는 "초자연적인" 인도하심이라는 관점에서 묘사하고자 하지 않았음이 분명하다 — 물론, 그런 종류의 초자연적인 "개입"이 종종 일어나기는 하였지만.

바울도 자신의 글들에서 그런 종류의 인도하심에 대해서는 직설적으로 말하지 않고 기껏해야 모호하게 암시하는 정도로 끝낸다. 그는 오랫동안 로마로 가고자 하였지만, 사정이 허락하지 않았다. 그의 여정들은 그때그때 어떤 갑작스러운 충동들에 의해서 결정된 것이 아니라(어떤 사람들은 그가 그런 식으로 행한 것이라

80) 고전 14:33, 40.

81) 고전 14:26.

82) cf. 행 9:3-6(cf. 22:6-11; 26:13-20), 12, 15-17; 11:27-30; 13:1-3; 16:7-10; 18:9-11; 19:21; 21:10-14; 23:11; 27:23-6.

고 주장하며 그를 비난하지만), 자기에게서 일어나는 하나님의 역사에 대한 전반적인 이해를 토대로 계획된 것이었다.[85] 하나님은 그를 격려하거나 특정한 방향으로 움직이도록 신호를 보낼 때에 여러 상황들을 사용하곤 하였다.[86] "계시"도 종종 주어졌던 것으로 보이지만, 그런 일은 아주 드물었다.[87] 바울은 자주 오직 일들이 끝나고 뒤를 돌아볼 때에야 거기에 하나님의 손길이 있었음을 본다.[88] 현재에 있어서 하나님의 뜻을 분별하고자 하는 시도는 언제나 "아마도"가 따라붙는다. 예컨대, 그는 오네시모에게 보낸 서신에서 빌레몬에 대하여 말할 때, "아마도 이것이 그가 너를 잠시 떠나게 된 이유일 것"이라고 쓴다. 섭리를 믿는다는 것은 흔히 "아마도"라고 말하는 것을 의미한다.[89]

이 모든 것은 바울은 매일매일에 있어서는 하나님의 뜻을 이교도들보다 더 잘 몰랐다는 역설적인 결론으로 귀결되는 것으로 보인다. 물론, 그는 "이교도들보다"라는 표현 대신에, "이교도들이 스스로 알고 있다고 생각한 것보다"라는 표현을 사용했을 것이지만, 이러한 대비는 여전히 흥미롭다. 하지만 바울이 로마서 12:1-2에서 말한 것처럼, "자신의 몸을 드리고" 그 생각을 새롭게 하는 자들은, 당시에는 그렇게 분명해 보이지 않을지라도, 사실은 자기가 성령의 인도하심을 받고 있다는 것에 대한 확신만이 아니라, 특히 바울의 주장대로, 성령의 인도하심이 이스라엘의 성경 및 예수와 관련된 사건들에 확고한 근거를 두고 있다는 확신에 의해서, 그러한 불확실성은 상쇄된다. 우리는 아래 제15장에서 바울과 성경의 관계를 살펴볼 것인데, 그에게 있어서 성경은 시빌의 신탁이나 그 밖의 다른 그 어떤 신탁보다 훨씬 더 큰 의미를 지니는 것이었다. 사실, 그는 오직 한 번 성경을 "하나님의 신탁들"이라고 표현하지만, 그 표현은 한 특정한 논증의 맥락 속에서 특별한 함의를 지니고 있다.[90] 내 판단으로는, 주위의 논증의 나머지 부분과 그 어떤 추론에 의해서도 연결되어 있지 않아서 종종 새로운 신탁들로 규정되는 본문들은 사실은 전혀 "신탁들"이 아니지만, 그의 글들은 종종 "신탁"의 문체가 지닌 뉘앙스들을 풍긴다.[91] 그는 성경을 사람들이 해독해서 무작위로 이런저런 상황에 적용해 주기를 기

83) 행 16:6f.

84) 위의 제11장 제5절을 보라.

85) 롬 1:13; 15:14-33; 고전 16:5-9; 고후 1:23—2:4. 이 고소에 대해서는 고후 1:17-22.

86) 고후 7:5-16; 살전 2:17—3:10.

87) 갈 2:1f.(cf. 행 11:27-30); 예를 들면, cf. 행 16:8.

88) 예를 들면, 빌 1:12-18.

89) 몬 1:15.

90) 롬 3:2; cf. *Perspectives*, ch. 30.

다리는 말씀들과 암호 같은 지혜들을 모아놓은 "신탁들" 정도로 본 것이 아니라, 성경은 그에게 그런 것을 훨씬 뛰어넘는 것이었다. 성경은 사람들로 하여금 단지 예수만을 바라보게 하는 것이 아니라 사도가 수행하는 활동 전체도 바라보게 만드는 방식으로(바울은 그렇게 믿었다) 한 분 유일하신 하나님 및 그의 세계와 그의 백성에 관한 이야기를 들려주는 것이었다. 바울은 당시의 이교들에서 행해진 복점(卜占)으로 인해서 당시의 이교도들과 비교해서 자신에게 부족한 것들을 이런 식으로 성경을 통해서 보완하였고, 그것은 그러한 복점의 기능을 훨씬 능가하는 힘을 발휘하였다.

특히, 예수와 관련된 최근의 사건들은 바울에게 자신의 삶과 소명이 어떤 식으로 형성되어야 하는지에 대하여 분명한 인식을 제공해 주었다. 이 점은 그가 자신의 사도직을 자세하게 해명하는 글들에서 예수 이야기를 이런저런 방식으로 반드시 거론하고 있다는 사실로부터 분명하게 드러난다.[92] 이렇게 성경은, 성경의 본래의 목적을 충격적인 방식으로 성취하고 있는 것으로서의 (통상적으로 암묵적인) 예수 이야기와 더불어서, 바울의 '렐리기오' (religio) 내에서 이교의 복점과 신탁, 신성한 책들이 담당하고 있던 역할을 수행하였다.[93] 다시 한 번 말하지만, 성경은 그런 것들과는 근본적으로 다른 종류의 것이었다. 그러나 한 지성적인 이교도가 바울에게 자신의 삶과 생각과 세계관에 대하여 말한 후에, 바울로부터 우리가 방금 열거한 것들에 대하여 들었다면, 그는 바울이 말한 것은 매우 이상한 종류의 '렐리기오' 이긴 하지만, 그렇더라도 어쨌든 '렐리기오' 임에 틀림없다는 결론에 도달하였을 것이다.

3. 바울과 "종교": 결론

91) Ashton, 2000, 189에서 논의된 Aune, 1983을 보라. 가장 잘 알려진 예는 바울이 로마서 11:25-7에서 "온 이스라엘"에 관하여 한 말이다(Ashton, 2000, 192f.). 이것에 대해서는 위의 제11장 제6절 4) (5) (g)를 보라.

92) 고후 2:14—6:13; 빌 2:6-11; 예를 들면, cf. 고전 11:1.

93) 우리는 Josephus가 (자신이 전쟁 중에 로마 편이 된 것에 대한 해명의 일부로서) 자기가 꿈을 통해서 특별한 통찰을 얻어, 옛적의 성경의 예언들이 오늘날 성취되었다는 것을 알게 되었다고 주장한 것과 비교해 보고 대비해 볼 수 있을 것이다(*War*, 3.350-4). 바울에게 있어서 그 결정적인 성취는 예수와 관련된 사건들 속에서 이미 일어났다. 이 두 사람의 주장 속에는 전 세계에 대한 통치에 관한 성경의 예언들이 이제 성취되었다는 주장이 포함되어 있다. Josephus에게 있어서는, 적어도 그의 기사의 표면에는,

우리는 핵심을 다 말하였기 때문에, 이제 그것을 짤막하게 요약할 수 있다. 우리는 제4장에서 살펴본 "종교"의 세계에 비추어서 바울의 세계관(제2부)과 신학(제3부)을 바라보면, 근본적인 비유사성과 아울러서 아마도 놀라울 정도의 유사성을 보게 된다. 그 차이점들은 아주 분명해서, 바울의 공동체들이나 그들의 이웃 이교도들에게나 분명하였을 것이다. 그리스도인들은 이교의 종교적 관습들에 참여하지 않았을 뿐만 아니라, 그들에게는 이교의 가장 중심적인 "종교적" 활동이었던 짐승을 바치는 희생제사에 해당하는 것도 없었다(유대인들과는 달리). 그러나 우리가 이미 보았듯이, 바울은 자신의 실천의 중심적인 요소들을 형성하고 있던 활동들에 대하여 말할 때, 당시의 '렐리기오'의 언어와 사고 형태들을 사용하는 것을 꺼리지 않았다. 일단 우리가 흔히 "행위의 의"에 대한 개신교의 두려움과 뒤섞여서, 현대적인 의미에서의 "종교"라는 용어가 아주 핵심적인 역할을 하였던 지난 두 세기 동안의 논쟁에서 발을 빼서, 바울을 그가 살았던 세계 내에 위치시키기만 한다면, 우리는 바울과 그의 공동체들, 그리고 그들의 이웃인 이교도들이 초기 그리스도인들의 중심적인 실천을 '렐리기오'의 한 형태로 보았을 것임을 알게 되는데, 이것은 득만 있고 실은 없는 시도이다. 모든 표지들은 거기에 존재한다.

무엇보다도, 우리는 유대인들과 이교도들이 자신들의 '렐리기오'를 자신들의 공동체의 연합을 밑받침하고 강화하는 것으로 보았던 것과 마찬가지로, 바울도 그의 공동체들이 그들의 예배의 일부로서 가장 특징적으로 행하였던 것들을 그런 것으로 보았다는 것을 알게 되었다. 이교의 '렐리기오'는 '폴리스'와 신들을 단일한 권속으로 한데 묶어 주었다. 바울은 자신의 수정된 유대적 유일신론의 한 하나님과 한 주를 믿었고, 한 성령이 이 믿음을 공유한 모든 자들에게 부어졌다고 믿었다. 그리고 그와 그의 공동체들이 행한 "종교적인" 일들, 특히 세례와 성찬은 공동체를 그 자체 안에서 및 이 한 하나님의 삶 안에서 한데 묶는 역할을 하였다. 물론, 이것은 신학자들이 종종 우려해 온 것과는 달리, 바울이나 그의 공동체들이 한 분 유일하신 하나님을 그들에게 묶어두려고 한 교묘한 시도가 아니었다. 바울이 이 한 분 유일하신 하나님과 관련해서 믿었던 것들 중의 일부는 예수 안에서 이 하나님이 온 세계로 하여금 영원히 전적으로 그에게 빚진 자들이 되게 하였다는 것이었다. 이것이 바울의 중심적인 모티프들 중의 하나가 "감사"인 이유이고, 빚이라는 개념 전체를 전면에 내세워서, 우리는 오직 사랑의 빚 외에는 아무 빚도 져서는

이 일이 이제 로마에서 일어나고 있었던 반면에, 바울에게 있어서는 이미 이스라엘의 메시야에게 일어났다.

안 된다고 말한 이유인 것으로 보인다.[94)]

이 모든 것은 바울과 그의 공동체들의 (주후 1세기적인 의미에서의) '렐리기오'(religio)와 주후 1세기 이교 공동체들의 '렐리기오' 간의 역사적 비교에 대한 학문적인 연구를 앞으로 해나갈 수 있는 가능성을 열어준다. 그러한 연구는 우리가 현재의 장의 시작 부분에서 언급하였던 프로젝트들이 온전히 분명하게 하지 않았던 두 가지를 분명히 한 가운데 진행될 필요가 있다. 첫 번째는 이런 의미에서의 '렐리기오'와 "신학"의 관계는 마치 자동차의 핸들과 지도의 관계와 같다는 것이다. 이 둘은 동일한 것도 아니고, 어느 한 쪽을 없애서 다른 쪽과 통합할 수 있는 것도 아니다. 이 둘은 서로를 필요로 한다. 신학이 없는 '렐리기오'는 방향을 잃고 제멋대로 표류하게 되고, '렐리기오'가 없는 신학은 추상적인 활동에 머물 수밖에 없게 된다. 두 번째는, 우리가 바울의 '렐리기오'를 특히 "비교학적" 방법론을 통해 좀 더 자세하게 연구하고자 한다면, 그의 '렐리기오'의 모든 면에 내재되어 있는 그의 신학의 아주 중요한 부분은 종말론이라는 것을 분명히 할 필요가 있다는 것이다. 바울은 자기가 다른 "종교들"보다 "우월한" "종교"를 창설하거나 거기에 참여하고 있는 것으로 보지 않았다. 그런데도 바울을 그런 식으로 보게 되면, 아이러니컬하게도 흔히 상대주의(relativism)에서 시작해서 대체주의(supersessionism)로 끝이 나버리고 만다. 바울은 세계를 창조한 한 분 유일하신 하나님이 이스라엘에게 한 약속들을 성취하기 위하여 근본적으로 새로운 방식으로 행하였다고 믿었다. 이미 앞에서 보았듯이, 이것은 "묵시론"이 자동적으로 모든 "종교"의 죽음을 의미한다고 전제한 사람들이 생각한 것과는 달리, 종말론적인 종교라고 할 수 있는 것들, 즉 한 분 유일하신 하나님의 근본적으로 새로운 행위를 송축하는 가운데, 예배자들의 공동체를 서로 간에 및 바로 그 하나님과 한데 묶어준 공동체적이고 개인적인 활동들로 표현된 새로운 세계, 새로운 세계관, 새로운 신학을 탄생시켰다.

이렇게 다중적으로 한데 묶는 것은 극히 중요하였는데, 바울은 그것을 자신의 가장 중요한 단어들 중의 하나로 지칭한다. 한 분 유일하신 하나님의 임재라는 의미에서와 바로 그 한 분 유일하신 하나님에 대한 내밀한 응답으로서, 예수의 추종자들의 상호적인 유대라는 형태로 즉각적으로 표현된 종말론적인 종교의 핵심에는, 바울이 '아가페'(agapē, "사랑")라고 부른 것이 있었다. 앞 장에서 이미 보았듯이, 이것은 기독교의 복음이 특히 그들의 특유한 "종교"와 "구원"으로의 초청을 통해서, 세계를 지배하고 있던 "능력들"에 대하여 제기한 암묵적인 도전의 일부였고, 바울과 그가 처해 있던 좀 더 넓은 환경 간의 또 다른 중요한 접전과 밀접하게 결합되어 있었다: 철학의 문제.

제 14 장

하나님의 어리석음: 철학자들 가운데서의 바울

1. 서론

바울과 세네카 간의 허구적이지만 시사해 주는 바가 클 만남을 새로운 시각에서 조명하는 글은 한 편의 훌륭한 역사소설이 될 것이다.[1] 이 저명한 로마인은 바울보다 나이가 약간 위였지만, 이 유랑하는 사도는 끝없이 돌아다니면서 투옥되기도 하고 태형을 맞기도 하고 잠을 못 잔 날들도 적지 않는 삶을 살아 왔기 때문에, 사람들이 바울을 보았다면, 그가 더 나이가 많은 것으로 오해하였을 것이다. 때는 주후 63년, 네로가 황위에 오른 지 9년이 되던 해였다. 세네카는 자신의 제자였던 네로와의 관계가 서먹해졌고, 결국에는 서로를 불신하는 지경까지 이르렀기 때문에, 궁정을 떠났을 수밖에 없었다. 공직에서 은퇴한 사람들이 통상적으로 어떻게 살아가야 하는지를 너무나 잘 알고 있던 그는 철학 연구에 여생을 바쳐 몰두하고 있었다. 한편, 바울은 죄수의 신분으로 로마에 당도하여, 재판을 기다리고 있었는데, 그도 자기가 그리 오래 살지 못할 것임을 예감하고 있었다. 그는 전에 로마에 있는 유대인 장로들에게 복음에 관한 자신의 설명을 들려주었는데, 이제는 비록 가택연금 상태에서이기는 하지만, 이방인 지성들의 견해들을 듣고 그들과 토론해 보고 싶다는 취지로 그들을 초청한다.[2] 호기심이 발동한 세네카는 그 초청을 받아들이기로 결심하고, 두 사람은 각자의 신념들을 설명하고 서로의 신념들을 자세히 살피는 데 여러 날을 보낸다. 이것은 세네카, 또는 키케로가 고대의 모든 철학의 근

1) 위의 제3장에서 보았듯이, 이 두 사람 간에 오고간 짧은 서신들의 모음이 Jerome와 Augustine의 시대에 알려져 있었다 — 이 서신들은 지금은 가짜인 것으로 여겨지고 있지만; 위의 제3장 제2절 4) (1)를 보라.

2) 사도행전 28:17-28은 유대 지도자들과의 만남을 서술한다: 이교도들에 대한 초대는 나의 가설적인 허구의 일부이다.

원지였던 소크라테스라는 모델을 따라 대화편으로 한 번 써보았음직한 그런 종류의 시나리오이다.

허구는 종종 우리로 하여금 당시의 의심할 여지 없이 확실한 사실들 중 일부를 삼차원적으로 볼 수 있게 해주는 현미경 같은 역할을 한다. 그러나 바울과 당시의 철학 세계 간의 접전과 관련된 "사실들"은 파악하기 힘든데, 적어도 처음에는 그렇다. 우리가 이 장에서 물어야 하는 것처럼, 우리가 알게 된 바울이 당시의 철학 세계에 대하여 어떤 반응을 보였을 것인지에 대하여 묻는다면, 우리는 그가 대번에 손사래를 치며 그런 말은 하지도 말라고 일축해 버렸을 것이라고 생각하기 쉽다:

> 너희가 알다시피, 십자가의 말씀이 멸망해 가고 있는 자들에게는 미친 것이다. 그러나 우리 – 구원을 받고 있는 자들 – 에게 그것은 하나님의 능력이다. 무릇 성경이 말하는 것은 이것이다:
>
> 내가 지혜 있는 자들의 지혜를 멸하고,
> 총명한 자들의 총명을 폐할 것이다.
>
> 지혜 있는 자가 어디 있느냐? 학자가 어디 있느냐? 이 현세의 변론가가 어디 있느냐? 하나님께서 이 세계의 지혜를 미련한 것으로 만들어 버리신 것을 너희가 알지 않느냐? 이 일이 어떻게 된 것이냐 하면, 하나님의 지혜에 있어서는 이 세계가 자기 지혜로 하나님을 알지 못하였기 때문에, 하나님께서는 우리의 전도라는 미련한 것으로 믿는 자들을 구원하시기를 기뻐하셨다는 것이다. 유대인들은 표적들을 구하고, 헬라인들은 지혜를 찾는다. 그러나 우리는 십자가에 못 박힌 메시야를 전하니, 유대인들에게는 거리끼는 것이고, 이방인들에게는 미련한 것이지만, 유대인들이든 헬라인들이든 부르심을 받은 자들에게는 똑같이 메시야는 하나님의 능력이자 하나님의 지혜이다. 하나님의 미련한 것이 사람보다 더 지혜롭고, 하나님의 약한 것이 사람보다 더 강하다.[3]

이것은 인간의 모든 수사의 미련함을 선언하는 또 하나의 훌륭하고 화려한 수사이다! 하지만 통상적으로 바울은 일차원적으로 글을 쓰는 사람이 아니기 때문에, 아마도 바울의 이 말 속에는 인간의 모든 지혜를 일축해 버리는 것이 아닌 그 이상의 의미가 함축되어 있을 것이다. 그는 계속해서 하나님의 미련한 것이 또 다른 고유한 "지혜"의 새로운 장르를 만들어내고 있다고 말한다:

> 하지만 우리는 성숙한 자들 가운데서는 지혜를 말한다. 이것은 이 현재의 세계의 지혜

3) 고전 1:18-25.

> 도 아니고, 이 현재의 세계의 통치자들, 즉 장차 사라지게 될 통치자들의 지혜도 아니다. 우리는 신비 중에 있는 하나님의 감추어진 지혜를 말한다. 이것은 하나님이 우리의 영광을 위하여 창세 전에 미리 준비하신 지혜이다.[4)]

바울이 고린도 교회에 보낸 두 서신의 이야기는 대체로 이런 것이다: 바울의 복음이 인간의 지혜에 빚지고 있는 것은 전혀 없다고 확고하게 부정하는 것, 그리고 오랜 세월 동안 감추어져 있다가 이제 계시된 대안적인 "지혜"를 조심스럽게 제시하는 것. 우리가 고린도 서신에서 그의 중심적인 논의들 중의 하나, 즉 그가 단지 인간적인 것일 뿐인 "지식"을 배척하는 내용 속에서 보는 것도 바로 그것이다. 그는 "지식은 너희를 붕 띄우지만(puff up), 사랑은 너희를 세운다(build up)"고 말한다:

> 누구든지 무엇을 "아는" 줄로 생각한다면, 그들은 아직도 마땅히 알아야 하는 방식으로 "알지" 못하는 것이다. 그러나 누구든지 하나님을 사랑한다면, 그들은 하나님에 의해 "알려진" 바 된 것이다.[5)]

이런 식으로 하나님의 지식, 그리고 그러한 지식에 대한 고유한 이름인 "사랑"에 의거해서 인간의 지식을 일축해 버리는 것은 고린도전서 13장의 지극히 아름답고 훌륭한 시에서 하나의 주제로 다시 등장한다:

> 사랑은 결코 실패하는 법이 없다.
> 그러나 예언은 폐기될 것이고, 방언도 그칠 것이며, 지식도 폐하여질 것이다.
> 우리는 부분적으로 알고, 부분적으로 예언한다.
> 그러나 온전한 것이 오면, 부분적인 것들은 폐기된다 …
> 우리가 지금 볼 수 있는 모든 것은 거울로 보는 것 같이 희미하게 반사된 것들이다.
> 하지만 그 때에는 대면하여 보게 될 것이다.
> 지금은 내가 부분적으로 안다.
> 하지만 그 때에는 주께서 나를 온전히 아시는 것 같이, 나도 온전히 알게 될 것이다.
> 그러므로 믿음, 소망, 사랑, 이 세 가지는 항상 있을 것이고,
> 그 중의 제일은 사랑이다.[6)]

4) 고전 2:6f.
5) 고전 8:1-3.
6) 고전 13:8-13.

바울의 세계관과 신학의 중심에는 "인식론적인" 혁명이 존재한다. 이것은 그가 단지 자기가 이전에 알지 못했던 것들을 이제는 알게 되었다는 차원의 것이 아니고, "아는 행위"(the act of knowing) 자체가 변화되었다는 것이다. 이것은 바울에 대한 최근의 몇몇 글들에서 중요한 하위주제였지만, 내 판단에는 온전히, 또는 도움이 될 정도로 파헤쳐지지는 못하여 왔다.[7] 바울은 그저 인간의 통상적인 지혜, 인간의 통상적인 지식을 무효화하고 있는 것이 아니라, 그 지혜와 지식을 어떤 차원에서는 비슷하고 어떤 차원에서는 근본적으로 다른 그 무엇으로 끌어올리고 있는 것이다. 바울은 이 새로운 "그 무엇"을 '아가페'(agapē, "사랑")라는 이름으로 부른다.[8]

인간의 통상적인 지혜에 대한 경고들은 골로새서 2장에서도 반복된다 — 하지만 여기에서도 바울은 아마도 한 번에 한 가지 이상을 말하고 있는 것으로 보인다:

> 아무도 철학과 헛된 속임수로 너희를 사로잡지 못하도록 조심하라. 그러한 것들은 사람의 전통과 "세계의 요소들"을 따른 것이고, 왕[메시야를 가리킴 — 역주]을 따른 것이 아니다. 그의 안에는 신성의 모든 충만이 육체로 거하고, 너희도 그의 안에서 충만하여졌으니, 이는 그가 모든 통치와 권세의 머리이시기 때문이다.[9]

그리고 이 새로운 지혜는 또다시 예수와 '아가페'라는 관점에서 설명된다.

> 나는 그들이 사랑 안에서 연합되어서 그들의 마음이 힘을 얻게 되기를 원한다. 나는 그들이 확실한 이해의 모든 풍성함을 경험하고 하나님의 신비인 메시야 왕을 아는 지식에 이르게 되기를 원한다. 그는 너희가 지혜와 지식의 모든 감추어진 보화를 발견할 곳이다.
>
> 내가 이것을 말하는 것은 아무도 그럴 듯한 말들로 너희를 속이지 못하게 하기 위한 것이다 …[10]

사실, 골로새서는 바울의 글들 중에서, 한편으로는 성경의 "지혜" 전통들, 다른

7) 지금은 Martyn, 1997b, 89-110에 수록된 J. L. Martyn의 저 유명한 논문인 "Epistemology at the Turn of the Ages"는 중요한 문제들을 제기하고 다루지만, 그 문제들을 영원히 해결한 것으로 여겨져서는 안 된다.

8) 사랑의 인식론이라는 관념에 대해서는 *NTPG*, 62-64, 그리고 이 주제를 발전시키고 있는 Middleton and Walsh, 1998, ch. 7; Walsh and Keesmaat, 2004, ch. 7을 참조하라.

9) 골 2:8-10. 이 본문 속에서의 복합적인 의미들에 대해서는 위의 제10장 제4절 3) (6)을 보라.

10) 골 2:2-4.

한편으로는 예수를 중심으로 형성된 바울의 우주관을 가장 자세하게 설명하고 있는 서신인데, 이것에 대해서는 우리가 나중에 다시 살펴볼 것이다.

그렇다면, 바울은 이교 세계의 모든 지혜와 이해와 통찰을 배척한 것인가? 결코 그렇지 않다. 참된 "지식"을 지닌 사람은 시장에서 파는 고기가 어디에서 나온 것인지를 불문하고 다 먹을 수 있는 것과 마찬가지로,[11] 메시야에게 속해 있는 사람들은 좀 더 넓은 세계 속에 있는 온갖 종류의 선한 것들을 알아보고 축하하며 배울 수 있다:

> 끝으로 형제들아, 너희가 깊이 생각해야 할 것들은 이런 것들이니, 무엇이든지 참된 것들, 무엇이든지 거룩한 것들, 무엇이든지 올바른 것들, 무엇이든지 순전한 것들, 무엇이든지 매력적인 것들, 무엇이든지 선한 평판을 받는 것들, 무엇이든지 덕스러운 것들, 무엇이든지 칭찬 받을 만한 것들이다.[12]

바울은 군대 전략의 비유를 사용해서 좀 더 공격적인 태도로 이것과 거의 동일한 것을 말할 수 있었다. 즉, 대적들이 그를 죽이기 위하여 사용하는 지적인 병기들은 나쁜 것으로 여겨서 부러뜨려 버리거나 내던져 버릴 것이 아니라, 긍정적인 용도로 전환하여 다시 사용할 수 있다는 것이다:

> 우리는 단지 인간일 뿐이지만, 단지 인간적인 방식으로 전쟁을 싸우지 않는다. 우리가 싸움을 위해 사용하는 무기들은 단지 인간적인 것이 아니고, 견고한 진들도 무너뜨릴 수 있는 하나님의 능력을 지니고 있다. 우리는 모든 영리한 이론들과 하나님을 아는 지식을 대적하여 높아진 모든 교만한 생각을 무너뜨리고, 모든 생각을 사로잡아 메시야에게 복종하게 만든다.[13]

달리 말하면, 바울은 여기에서 사람들이 주변의 문화로부터 이런저런 모티프를 가져와서 그때그때 별 생각 없이 사용하고 있는 것에 대하여 말하고 있는 것이 아니다. 그는 "거기에서 통용되고 있던" 관념들과 세계관들, 그것들의 현재의 모호한 입장, 그것들과 자신의 신념들의 관계에 대해서 잘 알고 있었다. 우리가 바울의 서신들 속에서 그가 철학 교사들 및 그들의 논증과 정면으로 대결하는 모습이 자주 등장할 것이라고 짐작하지만, 실제로는 그런 모습을 보지 못한다고 할지라도,

11) 고전 10:23-6. 바울은 8:7-10에서 이 "지식"(8:4-6에서 설명된)을 '그노시스'(gnōsis)로 표현한다.
12) 빌 4:8.
13) 고후 10:3-5.

그는 구체적이고 세부적인 질문들과 주제들은 물론이고, 자신의 전체적인 접근방식이 어떠하여야 하는지에 관한 거대 질문과 관련된 쟁점들을 철저하게 숙고하였음이 분명하다. 본서에서 현재의 장의 목적은, 바울이 자신의 서신들에서 말하고 있는 것들을 조심스럽게 탐사해서, 좀 더 넓은 세계와 접전을 보여주는 증표들을 찾아내어, 그러한 암시들을 토대로 해서, 그 배후에 있는 것들을 추측해 보는 것이다. 사실, 이것은 바울이 세네카와 했을 법한 논쟁을 향하여 조금씩 더 다가가는 것이다.

그러한 작업을 할 때, 우리는 바우어(F. C. Baur)가 바울과 그 밖의 나머지 초기 기독교를 헤겔의 이데올로기가 요구하는 두 상자 속에 억지로 구겨넣은 이래로 바울 학계를 끈질기게 따라다녔던 저 무익한 이분법적 사고를, 바라건대 영원히 뒤로 하고자 한다. 이미 앞에서 보았듯이, 그들이 사용하는 "유대교"와 "헬레니즘"이라는 명칭들은 위험스러울 정도로 시대착오적인 것임은 말할 것도 없고, 우리는 이제 바울이 속해 있던 "유대" 세계가 결코 통일적이지 않았던 좀 더 넓은 "헬레니즘" 문화의 확고한 일부였다는 것을 알고 있을 뿐만 아니라, 많은 학자들이 이제는 이러한 문제점들을 무시하는 경우에는 역사를 지나치게 단순화하는 데서 오는 엄청난 왜곡이 생겨날 수밖에 없다는 것을 잘 알고 있다.

좀 더 깊고 심각한 문제점은, 그동안에 학계에서는 겉보기에는 유효해 보이지만 역사적 근거가 없는 이 두 명칭을 두 가지 서로 경쟁하는 이데올로기들을 가리키는 데 사용하고, 그것을 프로크루스테스의 침대로 활용해서, 철학적이고 문화적이며, 특히 역사적인 왜곡을 통하여, 실제로는 서로 다른 사상가들을 거기에 억지로 꿰맞추어 설명해 왔다는 것이다. 최근에는 이 모든 것에 반대하는 목소리들이 점점 커져왔다 — 물론, 나는 그런 목소리를 내는 학자들조차도 진정으로 역사적인 탐구를 철저하게 수행하려면 어떻게 해야 하는지에 관한 모든 것들을 다 보지 못하고 있다고 생각하지만.[14]

하지만 우리는 바우어와 그의 추종자들에 의해 제시되고 이데올로기적으로 형성된 이분법을 배척하여야 한다고 해서, 당시에 존재하였던 진정한 이분법을 보여주는, 역사를 토대로 한 증거들을 무시할 자유는 없다. 예컨대, 우리는 마카베오 문헌이나 에스라4서를 그저 무시해 버릴 수는 없고, 주후 66-70년의 로마-유대 전쟁이나 주후 132-135년의 유대 혁명이 단순히 통상적인 반제국주의 혁명이 터져나온 사건들이었던 것처럼 말할 수는 없다 — 이 두 사건이 그런 성격도 지니고 있

14) 특히, Meeks, 2001과 Martin, 2001을 보라.

었다는 것은 두말할 필요가 없지만. 앞에서 이미 보았듯이, 주후 1세기의 대부분의 유대인들은 그들 자신을 비유대인인 이웃들과 상당히 다르다고 생각하였고, 대부분의 비유대인들도 다양한 방식으로 표출된 이러한 상당한 차이를 인식하고 있었으며, 당시의 많은 유대 사상가들과 저술가들은 여러 글들을 통해서 자신들이 특별히 유대적인 세계관이라고 본 것들을 서로 다른 다양한 장르들과 문체들로 상당히 자세하게 표현하였다. 물론, 이러한 문제들은 복잡적인 것이었고, 이러한 글들은 "외부에서" 들어온 관념들과 섞여 짜인 다면적인 문화의 일부였다. 많은 유대인들이 인식하였고 많은 비유대인들도 인식하였던 이분법은 아주 오랫동안 학계를 지배해 온 한 쌍의 헤겔적인 개념("유대교와 헬레니즘")과는 별 관계가 없었다. 위의 제3장 끝부분에서 이미 살펴보았듯이, 이 모든 것은 필로와 요세푸스, 또는 솔로몬의 지혜서에서 볼 수 있다. 19세기의 이분법적 왜곡들을 인식하고 배척한 후에, 주후 1세기는 단지 온갖 다양한 사람들이 온갖 다양한 것들을 행하는 가운데 서로 얽혀서 살아간 시대라는 식으로 밋밋하게 인식하는 것은 말이 되지 않을 것이다. 사실, 그런 방향으로 나아가는 것은 헤겔적인 이데올로기 대신에 또 다른 이데올로기, 즉 후기 모더니즘 또는 포스트모더니즘의 상대주의를 덧씌우는 것이 될 것이다. 늘 그렇듯이, 그러한 새로운 프로크루스테스의 침대를 마련한다면, 그 위에서 가장 큰 고통을 겪게 될 것은 유대적인 증거들이다.

그렇게 했을 때에 우리가 특히 잃어버리게 될 것은 서사에 대한 인식이다: (솔로몬의 지혜서에서처럼) 앞으로는 출애굽으로 거슬러 올라가면서도, 뒤로는 장래에 있을 진정한 "포로생활로부터의 귀환"까지 뻗어 있는 "자유"에 관한 유대식의 이야기.[15] 이러한 거대한 해방 이야기 내에 속해 있다는 인식은 제2성전 시대의 많은 문헌들에 걸쳐서 나타나고, 우리가 앞에서 보았듯이, 비유대 세계에서 이것과 유일하게 병행이 되는 중요한 이야기는 호라티우스, 리비우스, 특히 베르길리우스가 노래한 제국 서사였다.[16] 이 그림 중에서 이러한 결코 간과될 수 없는 확고하게 유대적인 요소를 고려하지 않고서 바울과 그의 세계를 다루는 글들은 저항을 받을 수밖에 없는데, 그 저항은 이데올로기나 신학이 아니라 역사로부터 온다.

앞에서 이미 보았듯이, 바울은 이 이야기 및 거기에 수반된 유대인들의 전형적인 자기인식들을 공유하고 있었기 때문에(그는 이것들이 폐기된 것이 아니라 메시야를 중심으로 수정되었다고 보았다), 우리는 바울이 솔로몬의 지혜서 같은 책들

15) 위의 제2장 제4절 3)을 보라.
16) 위의 제5장 제3절 3)을 보라.

과 비슷한 방식으로 당시의 좀 더 넓은 세계와 접전하였을 것이라고 예상할 수 있다(그의 메시야 신앙으로 인하여 그런 책들과 상당한 차이들이 있었겠지만). 따라서 우리는 솔로몬의 지혜서가 당시의 여러 철학과 접전해서, 플라톤의 사상을 빌려서 사용하는 한편, 에피쿠로스학파의 사상을 배척하고, 몇 가지 점들에서 스토아학파의 사상과 병행되는 모습을 보여주면서도, 이 모든 것의 근저에서는 계속해서 이스라엘의 하나님과 그의 백성과 그의 세계에 관한 이야기를 들려주었던 것과 마찬가지로, 바울도 어느 정도의 편차가 존재하기는 하겠지만, 그것과 비슷한 것을 행하였을 것이라고 충분히 예상할 수 있다.

그렇다면, 우리는 그러한 접전을 보여주는 지도를 어떤 식으로 그릴 수 있는가? 우리가 온갖 종류의 유사점들과 병행들을 지적하는 것으로 시작할 수 있다는 것은 분명하다. 그렇게 하는 것에는 잘못된 것이 없다. 그러나 본서 같은 책에서 우리는 거기에서 좀 더 뒤로 물러나서 좀 더 큰 그림을 볼 수 있는 기회를 가질 수 있다. 우리가 그렇게 했을 때, 바울이 우리가 위의 제3장에서 살펴본 사상가들 중 몇몇에 대하여 큰 존경심을 지니고 있었을 것이라고 생각하기는 힘들고, 도리어 열심 있는 바리새파 유대인이었던 그가 그 모든 것들을 '스퀴발라'(skybala, "쓰레기")로 여겨 폐기처분해 버렸을 것이라고 생각하기가 훨씬 더 쉽다. 하지만 그것은 바울이 몇몇 핵심적인 본문들에서 말하고 있는 것으로 보이는 것이 아니라는 것은 분명하다. 왜냐하면, 그는 무엇이든지 참되고 거룩한 것들은, 그것들이 어디에서 발견되든, 신자들이 곰곰이 생각해서 마음에 두어야 할 것들이라고 말하고 있는 것으로 보이기 때문이다. 물론, 바울은 자기가 하나님의 '프뉴마'(pneuma), 즉 메시야의 영으로 말미암아 모든 것들을 꿰뚫어 볼 수 있는 통찰과 모든 지혜를 부여받았다고 믿었다.[17] 이런 종류의 지혜로 인해서 바울에게는 "이 세계의 지혜"는 이미 어리석고 미련한 것으로 보였다.[18] 그러나 이 성령은 온 세계를 창조한 한 분 유일하신 하나님의 영이었기 때문에, 바울은 이 두 지혜가 서로 겹치고 일치하는 부분들이 있을 것이라고 예상하였다.[19] 그는 "모든 생각을 사로잡아 메시야에게 복종하게 만드는" 것이 자신의 권한이자 소명이라고 여겼을 것이지만, 세계에 존재하는 "생각들" 중에는 단지 그 손을 잡고 그들이 원래 있어야 할 집으로 데려오기만 하면 기꺼이 그 집의 종이 되고자 하는 것들이 많을 것이라고 판단하였을 것이다. 그리고 이것은 단지 "생각들"에만 해당되는 말이 아니라, 방법론들에도 똑같이 해

17) 고전 2:15f.
18) 고전 1:18—2:16.
19) 위의 제11장 제5절 3), 특히 각주 307에 인용된 Udo Schnelle가 한 말을 보라.

당되는 말이었을 것이다. 우리가 이제 천착해 보아야 할 것은 바로 이런 일이 어떻게 된 것이냐 하는 것이다.

따라서 병행들과 유사점들은 중요하고, 이것들은 바울의 목회적 언어 등등과 관련해서 특히 자연스럽게 윤리 분야에 구체적으로 초점이 맞추어진 가운데 많은 논문들과 연구서들에서 꽤 철저하게 다루어져 왔다.[20] 그러나 샌더스(Sanders)가 "종교의 패턴들"을 비교하는 작업과 관련해서 제시하였던 프로그램과 마찬가지로, 그럴 때에 요구되는 것은 하나의 그림 전체를 독립적으로 그려내고, 그런 후에 마찬가지로 독립적으로 그려낸 또 하나의 그림 전체와 비교하는 것이다. (나는 앞 장에서 샌더스가 사실 그러한 목표를 달성하지 못했지만, 목표 자체는 칭찬할 만한 것이라고 말한 바 있다.) 따라서 우리는 이제 제2와 제3부에서 살펴보았던 바울을 제3장에서 설명한 철학 세계와 나란히 두고서, 어떤 일이 벌어지는지 — 그리고 이 두 그림 간의 암묵적인 접전이 그의 서신들에서 실제로 어떤 식으로 표현되었는지 — 를 살펴보아야 한다. 이것은 나중에 바울의 서신들이라는 실제적인 증거에 비추어서 시험해 볼 가설들을 만들어내기 위하여, 이미 알려진 것(철학자들의 세계와 바울의 세계)에서 출발해서 알려져 있지 않은 것(이 둘 간에 일어났을 수 있는 잠재적인 접전)을 도출해내는 과학적인 방법론의 "논리"를 사용하는 것이다.

2. 철학자들에 대한 바울의 질문들

1) 서론

이 도전적인 과제에 자연스럽게 접근하는 데에는 두 가지 방법이 있다. 우리는 철학자들의 주장들을 독립적으로 확정한 후에, 바울이 그 주장들에 대하여 무엇이라고 말했을지를 살펴보는 방법을 택할 수도 있고, 바울의 세계관과 신학을 제시하고서, 철학자들이 그것들과 관련해서 그에게 무엇이라고 말했을지를 살펴보는 방법이 있다. 나는 첫 번째 길을 통해서 갈 것이다. 즉, 나는 위의 제3장에서 살펴본 주후 1세기 철학으로부터 시작해서, 제2부와 제3부에 비추어서 바울이 거기에 대한 반응으로 무슨 말을 했을지를 묻고자 한다. 그 과정에서 우리는 두 번째 방법 중 일부를 잠깐 살펴보게 될 것이고, 그것은 우리를 바울 시대의 지배적인 전통들 내

20) 예를 들면, Malherbe, 1987; 1989a와 b를 보라.

에서 생겨나는 몇몇 질문들로 이끌어 줄 것이다. 최근에 바울과 스토아학파의 철학자들에 관하여 글을 쓴 사람들조차도 이 주제를 이와 같은 통전적인 방식으로 접근하지 않아 왔다는 것은 다소 놀라운 일이다.[21]

앞에서 보았듯이, 철학자들은 자신들의 탐구 분야를 세 가지로 분류하였다: 물리학, 윤리학, 논리학. 플라톤 시대에 이르러 이미 하나의 주제로 거론된 "신학"은 "물리학" 아래 포섭되어 있었다. 즉, 신학은 "무엇이 존재하고," 세계 전체의 "본질"이 무엇인지를 묻는 "물리학"의 일부였다. 이 세 가지 주제들은 밀접하게 연관되어 있었다. 개인적으로든 사회적으로든 어떻게 행하여야 하는지에 관한 질문("윤리학")은 인간이라는 것이 무엇을 의미하느냐에 대한 분석을 포함한 세계에 대한 분석("물리학")과 직결되어 있었고, "논리학"은 "물리학" 및 "윤리학"의 결과들과 부합하는 인식론을 이해하고 사용하는 것을 다루었다. 이 세 가지 주제는 서로 다른 학파들이 특정한 쟁점들을 놓고 싸움을 벌이는 격전장으로서의 역할을 하였다.

우리가 바울로 하여금 자유롭고 허심탄회하게 철학자들에게 말해 보라고 한다면, 우리가 그에 대해서 알고 있는 모든 것은, 그가 이 세 가지 주된 주제들이나 각 학파들의 주장들의 세부적인 내용으로 들어가기 전에, 이미 이 세 가지 주제로 이루어진 기본적인 도식 자체에 대하여 이의를 제기하였을 것임을 보여준다. 바울은 "무엇이 존재하는가," 그것이 어떻게 존재하게 되었는가, 그 안에서 인간의 본질과 역할은 무엇인가에 관한 견해를 가지고 있었다. 그러나 그에게 있어서 "신학"과 관련된 아주 중요한 질문은, 그러한 도식으로 된 탐구 내에서 하나의 하위주제에 불과한 것이 아니라, "물리학"(그는 그것을 이렇게 부르지 않겠지만)보다 훨씬 더 큰 세계를 이루고 있었기 때문에, 도리어 "물리학"이 "신학" 아래로 들어가는 것이 합당하였다. 달리 말하면, 바울은 여전히 전통적인 유대인으로서, 한 분 유일하신 아브라함의 하나님은 만유 내에 있는 다른 모든 탐구 대상들 중의 하나인 것이 아니라, "만물이 그에게서 나오고 그로 말미암고 그에게로 돌아가는" 그런 존재라고 믿었다는 것이다.[22] 즉, 그는 이교 철학에서 "신"이라는 관념을 "물리학"이라는 범주에 귀속시킨 것 자체가 이미 한 분 유일하신 하나님이 어떤 존재인지를 제대로 알지 못한 데서 빚어진 것이기 때문에, "신"이라는 관념을 "물리학"의 범주

21) T. Engberg-Pedersen의 저작에 대해서는 아래를 보라.

22) 롬 11:36. 물론, 일부 철학자들도 이와 같은 것들을 말하기는 했지만, 바울은 전형적으로 유대적인 방식으로 그러한 진술을 이해하고 그 함의들을 추적하였다.

로부터 빼내고자 하였으리라는 것이다. 이 단 한 가지 조치만으로도, 그것은 이미 "신들"이 귀속되어 있던 "물리학"만이 아니라, 그 기본적인 분석과 밀접하게 통합되어 있던 "윤리학"과 "논리학"에 있어서도 근본적인 변화를 함축한다. 바울이 자신의 유대적인 전통과 완전히 결별하고자 한 것이 아니라면, 그에게 있어서 결코 "윤리학"은, 단지 세계나 인간의 "본질"이나 "본성"을 알아내어서, 거기에 따라서 살아가고자 하는 것일 수 없었고(물론, 그러한 요소를 늘 지니고 있다는 것은 물론이지만), 언제나 만유의 일부가 아니고 만유로부터 초연한 것도 아니지만 언제나 만유를 주권적으로 다스리며 만유와 역동적인 관계를 맺고 있는 한 분 유일하신 하나님으로부터의 직접적인 말씀과 명령을 포함하는 것이었다.

또한, 바울은 "논리학"과 관련해서도 철학자들에게 동의하지 않았을 것이다. 그에게 있어서 인식론은 결코 단지 감각기관들을 통해서 들어온 잡다한 정보를 어떻게 세계에 대한 하나의 통일적이고 지혜로운 설명으로 변환시켜야 하는지를 다루는 것이 아니었다. 한 분 유일하신 아브라함의 하나님은 계시의 신이다 — 한 분 유일하신 하나님은 세계의 창조자이기도 하기 때문에, 여기에서 "계시"(헬라어로는 "묵시")는 세계에 대한 관찰을 통해서 얻어진 지식과 반대되는 것은 아니지만. 하나님과 마찬가지로, 예수도 단지 우리의 인식의 대상들 중의 하나에 불과한 그런 존재가 아니었고, 지식의 보화들이 그 속에 감추어져 있는 그런 존재였다.

이렇게 바울은 마치 수업이 본격적으로 시작되기도 전에 어설픈 질문들을 하기 시작하는 집요하고 성가신 학생처럼, 고대의 철학이 다루었던 세 부문 자체에 대하여 문제를 제기하고자 했을 것임이 거의 틀림없다. 그는 본서의 앞부분에서 우리가 설명한 의미에서의 "신학"을 철학의 다른 모든 주제들보다 앞에 두고서, 거기에 비추어서 대답들은 말할 것도 없고 질문들의 의미 자체도 수정해야 한다고 주장하였을 것이다.

나는 지금까지 말해 온 모든 것을 하나의 가설로 제시한 것이다. 즉, 나는 우리가 그의 세계관과 신학에 관하여 알고 있는 것들로부터 시작해서, 우리가 당시의 철학에 대하여 알고 있는 것들로 나아갔을 때, 바울이라면 무엇이라고 "말했을 것인가"를 살펴보았다. 그러나 이것은 단지 상상이나 추측의 산물이 아니다. 그러한 가설을 밑받침해 줄 증거들은 아주 가까이에 있다:

> … 우리는 "우리 모두에게 지식이 있다"는 것을 안다. 지식은 너희를 붕 뜨게 만들지만(puff up), 사랑은 너희를 세운다(build up). 만일 누구든지 어떤 것을 "안다"고 생각한다면, 그들은 아직 그들이 마땅히 알아야 하는 방식으로 "아는" 것이 아니다. 그러나 누

구든지 하나님을 사랑한다면, 그들은 하나님이 "알아" 주신다.[23)]

> 하지만 그 때에는 너희가 하나님을 알지 못하여 본질상 신이 아닌 존재들에게 종 노릇 하였다. 그러나 이제는 너희가 하나님을 알게 되었을 뿐만 아니라 하나님이 "알아" 주시게 되었는데, 어찌하여 약하고 천박한 "세계의 원소들"로 돌아가서 다시 그것들에게 종 노릇을 하려고 하는 것이냐?[24)]

이것은 정확히 인식론적 질서에 대한 수정이다. 즉, 인간이 신들을 포함한 만유 전체 내의 온갖 것들에 대한 지식을 얻고자 해서는 안 되고, 이 모든 것에서 주도권을 쥐고 있는 "한 분 유일하신 하나님"이 존재한다는 것이다. 하나님이 우리를 "알" 때, 우리의 "지식"을 위한 맥락이 창출되고, 그 결과로 우리가 알게 되는 것은, 고립된 대상(하나의 나무, 또는 멀리 있는 별)에 대하여 가질 수 있는 "지식"이 아니라, "사랑"(agapē – '아가페')이다.

이것은 바울이라면, 철학자들이 제시한 세 가지 주제를 배열할 때, "논리학"(적절하게 수정된)을 맨앞에 두고자 했을 것임을 강력하게 시사해 준다. 그랬을 때, "우리가 사물들을 아는 방식"은 "우리가 알고 있는 것"의 기능이 된다. 우리가 어떤 음악의 주제나 어떤 형제나 도시의 어떤 거리를 "알" 때, 각각의 경우에서 "안다"라는 단어는 서로 다른 것을 의미하고, 우리가 그 지식을 얻는 수단도 서로 다를 것이다. 그러나 한 분 유일하신 하나님이 세계와 거기에 있는 모든 것에 대하여 가지고 있는 지식이 이 모든 것을 포괄하는 "지식"이라면, 그 결과 다른 모든 것은 새로운 빛 안에서 보여지게 될 것이다.

나는 이 모든 것을 바울 이전에 이렇게 선명하게 말한 사람이 있다는 것을 알지 못하지만, 독실한 유대인(이를테면, 솔로몬의 지혜서의 저자)이라면 이 모든 것을 말하였을 것이다. 그러나 바울이 철학자들에게 던지는 암묵적인 도전에는 두 번째 요소가 존재하는데, 그것은 메시야 예수 안에서 및 그로 말미암아 일어난 일들은 이제 개시된 새로운 세계에 걸맞는 새로운 종류의 지식을 탄생시켰다는 것이다:

> 그러므로 우리는 이 순간부터는 어떤 사람도 단지 인간적인 관점에서 보지 않는다. 우리가 전에는 심지어 메시야조차도 그런 식으로 보았지만, 이제는 더 이상 그렇게 보지 않는다. 이렇게 누구든지 메시야 안에 있으면, 새로운 피조세계가 존재한다! 이전 것들

23) 고전 8:1-3은 바울의 "수정된 셰마"로 이어진다(위의 제9장 제3절 2) (3)를 보라).
24) 갈 4:8f.

은 지나갔고, 보라, 모든 것이 새로워졌다.[25]

이 본문은 루돌프 불트만(Rudolf Bultmann)이 "역사적 예수"를 배척한 때로부터 루이스 마틴(J. Louis Martyn)이 "묵시론"을 들고 나올 때까지 여러 견해들을 밑받침해 주는 증거 본문으로 자주 거론되어 왔다.[26] 바울은 여기서 "우리가 어떤 것 또는 어떤 사람을 어떻게 알아야 하느냐"라는 문제를, 그가 메시야의 죽음과 부활을 통해서 일어났다고 믿은 "새로운 피조세계"에 비추어서 수정하고 있음이 분명하다. (좀 더 큰 맥락을 보면, 이 본문에서 문제가 된 구체적인 쟁점은 바울의 사도직을 어떻게 이해하여야 하는가 하는 것이었다. 그런데 고린도 교인들은 옛 피조세계의 관점에서 바울에게 말하고 있었고, 바울은 이제는 모든 것을 새로운 피조세계의 빛 하에서 바라보아야 한다고 역설한다.) 따라서 바울이 구체적인 내용들에 대한 논의로 들어가기에 앞서 전면에 부각시켰을 것임에 틀림없는 것은 이중적인 측면을 지닌 인식론적 변화이다. 즉, 이제는 모든 것 — "물리학," "윤리학," 심지어 "논리학" 자체 — 을 한 분 유일하신 하나님 및 부활한 메시야에 의해 개시된 새 피조세계의 빛 안에서 보아야 한다는 것이다.

따라서 우리는 먼저 인식론의 문제를 좀 더 자세하게 살펴보지 않으면 안 된다. 바울은 철학자들이 "논리학"이라고 지칭한 주제에 대하여 무엇이라고 말하였을까?

2) "논리학"과 인식론

아테네의 지혜로운 올빼미들은 어둠 속을 꿰뚫어보고서, 다른 사람들이나 짐승들이 볼 수 없는 것들을 보는 탁월한 능력을 지니고 있었다. 그러나 바울은 부분적으로는 이스라엘의 성경과 한 분 유일하신 하나님에 대한 성경의 이해로 인해서, 그리고 부분적으로는 그가 메시야에 관하여 믿었던 것들로 인해서, 이 어둠이 사람들이 생각해 왔던 것보다 더 깊다는 것과, 새 날이 이미 동텄기 때문에, 우리가 이전에는 볼 수 없었던 것들 — "하나님의 형상" 안에서 계시된 한 분 유일하신 하나님을 포함해서 — 을 볼 수 있게 되었다는 것을 알고 있었다.[27] 우리가 바울의 인식론 및 그가 그 인식론을 자신의 동시대인들의 견해들과 연관시키고 몇 가지

25) 고후 5:16f.
26) Martyn의 논문을 보라(위의 각주 7).
27) 고후 4:1-6; 골 1:15f.

점에서 그 견해들에 도전하였던 방식을 이해하려면, 그의 이 두 가지 인식 — 어둠이 사람들이 생각해 왔던 것보다 더 깊다는 것과 새 날이 동터왔다는 것 — 을 이해하는 것이 중요하다.

첫 번째는 바울은 어둠이 자기가 생각해 왔던 것보다 더 깊다는 것을 알았다는 것이다. 바울에게 있어서 이것은 단순히 지각 작용들이나 인간의 통상적인 삶의 표면적인 변덕들과 감정들에 의해서 어그러진 길로 가게 되는 그런 문제에서 그친 것이 아니라, 인간의 또 다른 종류의 눈먼 모습이었다:

> 우리의 복음이 여전히 "가려져" 있다면, 그것은 멸망해 가는 자들에게 가려져 있는 것이다. 거기에서 일어나고 있는 일은 이 세계의 신이 믿지 않는 자들의 사고를 눈멀게 하여, 하나님의 형상이신 메시야의 영광의 복음의 빛을 보지 못하게 하고 있는 것이다.[28)]

> 너희는 이제부터 이방인들 같이 어리석은 생각으로 행하지 않아야 한다. 그들의 이해력은 어두워져 있고, 그들의 마음이 완악함으로 말미암아 생겨나서 그들 속에 깊이 자리잡고 있는 무지함으로 인해서, 그들은 하나님의 생명으로부터 끊어져 있다. 그들은 모든 도덕적인 감수성을 다 상실한 상태이기 때문에, 그들 자신이 멋대로 생각하는 것들에 그들 자신을 맡겨 왔다.[29)]

> 너희가 배제되어 있던 때가 있었다! 너희는 너희의 생각과 악한 행실에서 원수들이었다.[30)]

이런 유형의 가장 자세한 진술은 다음과 같은 것이다:

> 하나님의 진노는 불의를 사용해서 진리를 억압하는 자들에 의해 자행되는 모든 불경건과 불의에 대하여 하늘로부터 나타난다. 하나님을 알 수 있게 해주는 것이 그들에게 분명하게 보인다. 왜냐하면, 하나님께서 그들에게 그것을 분명히 보이셨기 때문이다. 창세 이후로, 그의 영원한 능력과 신성은 그가 만드신 것들 안에서 보여져 왔고 알려져 왔다. 그렇기 때문에 그들은 변명의 여지가 없다. 그들은 하나님을 알았지만, 그를 하나님으로 모시지도 않았고 감사하지도 않았다. 도리어, 그들은 무익한 방식들로 생각하는 법을 배웠고, 그들의 지혜롭지 못한 마음은 어두워졌다. 그들은 그들 자신을 지혜롭다고 선언하였지만, 사실은 어리석게 되어 버렸다. 그들은 썩어지지 않는 하나님의 영광을 썩어질 사람과 새와 파충류와 기어다니는 동물 모양의 우상으로 바꾸어 버렸다 …

28) 고후 4:3f.
29) 엡 4:17-19.
30) 골 1:21.

> 그들은 하나님의 진리를 거짓 것과 바꾸어, 피조물을 창조주보다 더 경배하고 섬겼으니, 그는 영원히 찬송 받으실 이시다, 아멘 … 또한, 그들은 하나님을 아는 지식을 붙잡는 것을 합당하다고 생각하지 않았기 때문에, 하나님께서는 그들을 그 합당하지 않은 생각에 넘겨주셨고, 그들은 합당하지 않게 행하게 되었다 … [31]

이 마지막 본문 다음에는 그들이 행하는 합당하지 않은 일들이 한참이나 열거된다. 바울은 여기서 단순히 불신자들이 "어두워졌다"거나 그 생각이 눈멀었다고 말하고 있는 것이 아니고, 창세기 3장을 전면적으로 반영해서, 인간이 그러한 상태가 된 것과 관련된 일종의 역사적 기원론을 제시하고 있는 것이다. 또한, 그는 최초의 인간들이 피조세계를 관찰해서 하나님을 알았다고 말하고 있는 것이 아니라, 타락 이후로 인간이 하나님을 알지 못하게 되었다고 말하고 있는 것이다. 그는 사람들이 여전히 하나님을 아는 기본적인 지식을 지니고 있다는 것, 그리고 모든 사람은 그러한 지식을 덮어 버리고서 왜곡된 사고 패턴들을 배웠고, 그렇게 해서 생겨난 왜곡된 행동 패턴들이 그러한 왜곡된 사고 패턴들을 더욱 강화시키게 되었다는 것, 이 두 가지를 모두 말하고 있는 것으로 보인다. 로마서 1장에 나오는 이 단락이 지닌 모든 신비들을 다 파헤치는 것은 여기에서 우리가 해야 할 작업의 일부가 아니고, 그런 것들에 대해서는 이미 다른 곳에서 살펴보았다.[32] 중요한 것은 이 여러 본문들 모두에 걸쳐서 바울이 전체적으로 말하고자 한 요지인데, 그것은 참된 지식과 관련한 문제점은, 단지 사람들이 현상들에 의해서 속거나 잘못된 추론들을 하는 그런 문제가 아니라, 한 분 유일하신 하나님에 맞선 인간의 반역이 인간에게 있거나 있어야 할 참된 지식을 왜곡시키고 어둡게 하였다는 것이다. 바울이 철학자들에게 지혜는 단지 올빼미들처럼 통상적인 어둠 속을 꿰뚫어 보는 법을 배우는 문제가 아니라, 한 분 유일하신 하나님이 사람들에게 어둠 속을 꿰뚫어 보게 해주는 새로운 빛, 곧 새로운 피조세계의 빛을 가져다주고, "이 세계의 신"에 의해서 눈이 멀어 버린 사람들의 눈을 열어서 그 빛을 볼 수 있게 해주고 있는 문제라는 것을 말해 주고 싶었을 것이다.

이것이 인간의 왜곡된 사고와 행실에 대한 로마서 1장의 "초토화시키는" 분석과 대칭을 이루는 로마서 12장의 기본적인 권면이 "종말론적인 갱신"을 다루고 있는 이유이다. 바울은 이렇게 말한다:

31) 롬 1:18-23, 25, 28.

32) 위의 제9장 제7절 3); Wright, 2002 [*Romans*], 428-436을 보라.

> 너희는 현세가 정해준 형태에 너희 자신을 억지로 꿰어맞추지 말고, 그 대신에 너희의 사고를 새롭게 함으로 변화를 받아서, 하나님의 뜻이 무엇이고, 무엇이 선하고 기뻐 받으실 만하며 온전한 것인지를 분별할 수 있어야 한다.[33]

이것은 그가 로마서 8장에서 "육신의 생각"과 "성령의 생각"에 대하여 말하고 있는 것과 비슷하다:

> 인간의 육신에 의해서 결정되는 삶을 사는 자들은 그들의 생각을 육신과 관련된 일들에 집중하지만, 성령에 의해서 결정되는 삶을 사는 자들은 그들의 생각을 성령과 관련된 일들에 집중한다. 육신의 생각에 집중하면, 너희가 죽을 것이지만, 성령의 생각에 집중하면, 너희가 생명과 평안을 얻게 될 것이다. 육신에 집중하는 생각은 하나님과 원수가 되고, 하나님의 율법에 복종하지 않을 뿐만 아니라, 복종할 수도 없다. 육신에 의해서 결정되는 자들은 하나님을 기쁘시게 할 수 없다.
>
> 그러나 너희 속에 하나님의 영이 거하시면, 너희는 육신의 사람들이 아니라 성령의 사람들이다.[34]

새로워지지 않은 "사고," 곧 "육신의 생각"이 문제라면, 그 해법 — 이 어둠을 다시 보게 되는 길 — 은 성령이 마음(heart)이나 몸(body)만이 아니라 생각(mind) 속에서도 역사하는 것이다:

> 성령은 모든 것, 심지어 하나님의 깊은 것들까지도 찾아낸다. 이것을 생각해 보라: 어떤 사람 안에서 일어나고 있는 일을 그 사람 속에 있는 영 외에 누가 알겠는가? 하나님과 관련해서도 마찬가지이다. 하나님 안에서 일어나고 있는 일은 하나님의 영 외에는 아무도 알지 못한다. 우리는 세계의 영이 아니라 하나님으로부터 온 영을 받았기 때문에, 하나님께서 우리에게 주신 것들을 알 수 있다.
>
> 따라서 우리가 말하는 것은 이것이니, 우리는 인간의 지혜에 의해서 가르침 받은 말들이 아니라, 성령에 의해서 가르침 받은 말들을 사용해서, 신령한 것들을 신령한 사람들에게 해석해 주고 있다는 것이다.
>
> 단지 인간적인 차원에서 살아가는 사람은 하나님의 성령의 일들을 받지 않는다. 그런 일들은 그런 자들에게는 어리석은 것이고, 오직 영적으로만 분별되기 때문에, 그들은 그것들을 알 수 없다. 신령한 자들은 모든 것을 분별하지만, 다른 그 누구도 그들에 관한 진실을 분별할 수 없다. "누가 주의 생각을 알아서 주를 가르쳤느냐?" 그러나 우리는 메시야의 생각을 지니고 있다.[35]

33) 롬 12:2.
34) 롬 8:5-9.
35) 고전 2:10-16.

물론, 우리에게는 메시야를 통해서 한 분 유일하신 하나님의 생각에 접근할 수 있는 특권이 주어져 있다는 것은 엄청난 주장이다. 그러나 그런 주장은 바울에게 있어서 또 다른 문제를 일으키는 것으로 보이는데, 거기에 대해서는 우리가 잠시 후에 살펴볼 것이다.

고린도후서 2장에 나오는 주장은 일종의 "사적인" 인식론적 세계를 만들어내는 것으로 보일 수 있고, 바울이 성령에 의해 주어지는 내면의 "지식"의 성소에 대하여 말하면서, 그 성소를 소유한 자들은 인간의 통상적인 모든 지식을 뛰어넘을 수 있는 반면에, 그 성소를 소유하지 않은 자들은 복음에 접근할 수 없다고 말하는 것으로 해석될 수 있는 것처럼 보일 수 있다. 하지만 바울은 그런 것을 믿고 있는 것이 아님이 분명하다. 사실, 그는 정반대의 시각을 지니고 있다. 그에게 있어서는 대부분의 사람들이 살아가는 어둡고 위험한 "자연 세계"야말로 폐쇄된 사적 세계이다. 이 점에서, 그리고 오직 이 점에서만, 그의 인식론은 플라톤의 저 유명한 동굴에 관한 비유와 비슷하다고 할 수 있다.[36] 동굴 속에 있는 사람들은 일련의 왜곡된 그림자들과 반사된 것들만을 볼 수 있기 때문에, 그들의 지식은 제한된다. 하지만 동굴을 빠져나와서 빛 가운데 있게 된 사람들은, 자신들이 이전에 볼 수 있었던 희미한 형태들을 낳았던 것들을 포함한 모든 것을 분명하게 볼 수 있다. 바울은 자신의 권능의 복음이 선포될 때, 사람들의 눈이 열려서, 한 분 유일하신 하나님과 메시야의 실상만이 아니라, 그들의 의무들이 존재하는 분야들을 포함해서 이 세계의 나머지 부분의 실상들도 볼 수 있게 된다고 믿었다. 잠시 후에 좀 더 자세하게 살펴보겠지만, 바울은 자신이 믿은 하나님은 한 분 유일하신 창조의 하나님이기 때문에, 이 하나님을 아는 지식 — 또는, 그의 표현을 빌리면, 이 하나님에 의해서 알려진 바 되는 것 — 은 사람들의 눈을 열어서 온 세계를 있는 그대로 볼 수 있게 해준다고 믿었다.

바울은 자신이 "신령하지 않은 자들" 또는 "단지 인간적인 존재에 불과한 자들"이라고 부른 자들이 스스로는 자신들이 세계를 있는 그대로 보고 있다고 생각한다는 것을 알았을 것임에 틀림없다. 또한, 그는 자신의 그러한 진지한 말에 대하여, 그들이 사적인 환상 세계 속에서 살아가고 있는 것은 자신들이 아니라 바울과 그를 추종하는 자들이라고 응수할 것임을 알고 있었을 것이다. 그런데 그들이 이렇게 응수하는 말은 (예컨대) 신비종교들의 추종자들에 대한 바울 자신의 평결이었을 것이다. 철학자들이 "물리학"이라고 불렀던 것과 관련해서 바울이 믿고 있던 것, 즉 그가 메시야 예수로 알고 있던 분인 하나님의 두 번째 자아를 통해 온 세계

36) Plato, *Rep.* bk. VII.

를 창조한 한 하나님이 존재한다는 것은, 한 참된 성령에 의해서 새롭게 된 사고 속에서 이 한 하나님과 한 주를 아는 지식이 세계의 실상에 대한 비할 바 없고 유례 없는 지식을 제공해 준다는 것을 의미하는 것이었다. 철학자들이 논리학을 물리학과 연결시키고, 이 둘을 윤리학과 연결시켰던 것과 마찬가지로, 바울의 인식론은 하나님에 의해 창조된 현실에 관한 그의 이해를 정확히 반영한 것이었다.

이것은 이스라엘의 성경에서 발견되는 입장과 완벽하게 일치한다. 그리고 실제로 바울은 성경을 메시야의 빛 안에서 합당하게 읽으면,[37] 그것은 참된 지식의 주된 원천이 된다고 여겼다. 물론, 그가 성경을 읽은 방식은 당시에도 논란이 되었고, 오늘날에도 여전히 논란이 되고 있다. 그러나 그가 올바르게 해석된 성경을 자신이 사역해 나갈 확고한 토대로 여겼다는 데 의문을 제기할 사람은 거의 없을 것이다. 그리고 성경은 창조주 하나님을 그의 피조물을 통해서 알 수 있다고 말하였다. 따라서 바울이 성경에 특별한 지위를 부여하였다는 것이 의심할 여지가 없다고 할지라도, 우리는 성경을 통해 아는 것을 피조물을 통한 계시와 대립되는 것으로 보아서는 안 되고, 전자는 후자를 가리키고 있고, 서로 얽혀 있으며, 후자의 성취와 속량을 송축하고 있는 것으로 보아야 한다.[38] 이것이 바울의 창조의 유일신론이 작동하였던 방식이다.

하지만 일단 지식의 전제들이 정립되었을 때, 바울은 당시의 철학자들을 규정하였던 논리적 논증과 접전하기 위하여 아주 기꺼이 그 논증 속으로 뛰어들었다. 그러한 새로운 지식 안에서, 그리고 그 지식이 세계의 통상적인 지식을 무효화시키는 것이 아니라 자기 속에 포섭한다는 것을 보여주는 분명한 증표로서, 바울은 관념들과 주제들이 올바르다는 것을 확인하는 수단으로 통상적으로 사용되어 온 수사학적 도구들 중 일부를 사용할 수 있었고, 또한 실제로 사용하였다. 소크라테스(Socrates)가 사람들이 말한 것들을 좀 더 깊이 천착해 들어가서, 그 말들이 무슨 의미인지를 분명히 할 목적으로 "대화"(dialogues)라는 수단을 사용한 이래로, 여러 학파들은 이미 알려져 있는 것으로 여겨질 수 있는 것들로부터 출발해서 그것들로부터 도출될 수 있는 다른 것들을 알아내기 위한 목적으로 "논리"의 도구들을 사용해 왔었다. 앞에서 보았듯이, 질문과 대답으로 이루어지는 공개적인 논쟁을 재현하는 "논쟁체"(diatribe)는 하나의 주제를 철저하게 다루기 위한 논리 도구들

37) 고린도후서 3:14f.에서 말하듯이, "그 마음이 완고한" 자들의 맹목적이고 무모한 읽기와는 반대로; 위의 제10장 제4절 3) (4)를 보라.

38) 예컨대, 바울이 로마서 10:18에서 인용하는 시편 19편 등. 피조세계의 성취와 속량에 대해서는 물론 로마서 8:18-25을 참조하라.

중의 하나였다. 바울은 이 논쟁체를 드물게 사용하긴 하였지만, 그가 예컨대 로마서의 여러 부분에서 자신의 신학 중에서 가장 압축된 몇몇 분야들 — 특히, 이스라엘의 운명에 관한 문제 — 을 좀 더 깊게 천착하고자 하였을 때에 이 논쟁체를 사용하였다는 것은 주목할 만하다.[39)]

나는 이것을 토대로 삼아서 이런저런 방향으로 논증을 전개해 나갈 생각은 없다. 바울이 "논쟁체"를 사용하였다는 것은, 한편으로는 그가 뒷문을 통해서 스토아학파의 논리를 은근슬쩍 가져와서 사용하고 있다는 것을 의미하는 것도 아니고, 다른 한편으로는 자기가 스스로 부러뜨렸다고 선언한 막대기를 은글슬쩍 의지하는 모순된 언행을 보이고 있는 것을 의미하는 것도 아니다. 바울이 "우리가 메시야의 생각을 지니고 있다"고 한 것은, 그와 그의 회중들이 이제 알아야 할 모든 것들을 다 알았기 때문에, 더 이상 깊이 숙고하고 성찰할 필요가 없어졌다고 주장한 것이 아니라, 그와 그의 회중들의 사고가 성령에 의해서 변화를 받았기 때문에, 그들이 적어도 세계에 관한 온전하고 깊은 진리들을 이해할 수 있게 되었다고 주장한 것이었다. 그러나 그들이 그렇게 되기 위해서는 명료하게 사고할 필요가 있었고, 이 때에 "논쟁체"는 그들에게 도움이 될 수 있었다.

우리가 이것에 대하여 자세하게 설명하는 것은 우리의 목적을 벗어나는 것이기 때문에, 여기에서는 그가 이 도구를 사용한 것은 그가 지식 자체를 어떻게 이해하였는지를 우리에게 상기시켜 주는 역할을 한다는 것만을 지적하는 것으로 충분할 것이다. 참된 지식의 원천인 하나님으로부터 논쟁의 여지가 없는 새로운 정보를 자유롭게 얻을 수 있는 특권을 소유한 사람은 논증을 하지 않는다. 델포이 신전에서 일하던 아폴로 신의 여사제는 6보격의 시들로 신탁을 전하였는데, 논객들이 자신의 주장을 전개해 나가기 위하여 사용하는 '가르'(gar, "왜냐하면"), '운'(oun, "그러므로"), '디오티'(dioti, "때문에") 등을 비롯한 통상적인 연결사들을 사용하지 않는 것이 일반적이었다. 논증이 사용되는 것은 어떤 사람이 청중들에게 하나님의 진리를 전하고자 할 때가 아니라, 특정한 명제에서 시작해서 그러한 최초의 전제로부터 도출되는 다른 진리들 또는 동일한 진리의 다른 측면들을 사람들에게 확신시키고자 할 때이다. 바울은 얼마든지 논증할 필요가 없는 기본적인 진리들 — 예컨대, 예수의 죽음과 부활이라는 복음 사건들, 그리고 그 사건들이 한 분 유일하신 하나님의 '디카이오쉬네'(dikaiosynē, "의")와 '소피아'(sophia, "지혜")를 드러내 주었다는 것 — 을 그대로 선포할 수 있었는데도, 논증의 도구들을 흔

39) 이 "논쟁체"에 대해서는 위의 제3장 제2절 (iv), 제6장 제4절을 보라.

히 사용하였다는 것은, 그가 청중들에게 전하고자 한 명철과 지혜를 다른 모든 것들에 대한 그들의 이해와 서로 연결시키고 결합시키고자 했음을 보여준다. 그는 그들에게 사적인 작은 세계를 공유하자고 초청하고 있는 것이 아니라, 그들이 공적인 진리를 철저하게 사고할 수 있도록 돕고 있는 것이다.

따라서 바울은 당시의 철학자들에게, 그들이 모든 것을 철저하게 사고하여, 논리적인 단계들을 밟아서, 알고 있는 것에서 출발해서 알고 있지 않은 것으로 나아가는 목적은 옳고 합당한 것이지만, 그렇게 하였을 때에 다른 사람들을 어둠에서 해방시키는 것이 아니라 그들 자신조차도 덫에 걸려 어둠 속에 빠져 버릴 위험성이 상존한다고 말하고 싶었을 것이다. 무엇보다도, 그의 종말론적인 인식은, 밤은 이미 거의 지났고, 메시야에게 속해 있는 사람들은 다른 사람들에게는 여전히 수수께끼 같고 혼란스러운 것들을 명료하게 볼 수 있다는 것을 보여 주었다. 아테네의 올빼미들은 어둠 속을 볼 수 있다고 주장하겠지만, 새 날이 동터오기 시작하였기 때문에, 이제는 모든 것을 새롭게 보아야 하였고, 또한 볼 수 있게 되었다.

3) "무엇이 존재하는가": "물리학"에 대한 바울의 논평

고대 철학에서 탐구하였던 두 번째 범주는 "물리학"이라는 다면적이고 거대한 주제였다: "자연"(physis — '퓌시스')에는 무엇이 존재하는가. 이 장의 서론에 나오는 말들 속에서 이미 보았듯이, 한 분 유일하신 하나님은 세계의 일부가 아니라 세계의 창조자였기 때문에, 바울에게 있어서 "신" 또는 "신들"은 물리학에 포함되지 않았다. 그는 이 세계가 어떻게 존재하게 되었는지에 관한 문제를 정면으로 다룬 경우는 전혀 없지만, 다른 주제를 논의하다가 이 문제에 가까이 접근한 경우들을 보면, 그의 대답이 무엇이었을지는 분명하다. 그는 세계는 한 분 유일하신 하나님의 피조물이기 때문에, (범신론에서처럼) 그 하나님과 동일시되어서도 안 되고, (에피쿠로스학파의 견해처럼) 맹목적인 우연에 의해서, 또는 (일부 영지주의 체계들에서처럼) 악의적인 하위신에 의해서 생겨난 불행한 작품으로 보아져서도 안 된다는 고대의 유대적인 견해를 전제한다.

그러나 바울은 이러한 유대적인 견해에서 한 걸음 더 나아가, 하나님의 창조 사역을 도운 조력자였던 "지혜"에 관한 성경의 오래된 주제를 가져와서, 예수에 비추어서 — 또는, 나사렛 예수 안에서 및 나사렛 예수로서 인간이 된 저 신비한 이, 즉 한 분 유일하신 하나님의 두 번째 자아라는 관점에서 — 극적으로 해석하였다. 우리는 위의 제9장에서 이것을 이미 살펴보았기 때문에, 여기에서는 그것을 분명하게 보여주는 두 개의 본문을 언급하는 것만으로 충분할 것인데, 거기에서 바울은 한 분 유일하신 하나님이 세계를 어떻게 만들었는지에 관한 이론을 제시하는 것이 아니라, 단지 하나님의 형상을 지닌 아들 안에서 및 그 아들로 말미암아, 그리고 그 아들을 위하여 세계를 창조하였다는 것만을 말한다:

우리에게는 한 하나님, 곧 아버지가 계시니,
만물이 그에게서 났고, 우리도 그에 대하여 및 그를 위하여 있다.
또한, 한 주 메시야 예수께서 계시니,
그로 말미암아 만물이 있고, 우리도 그로 말미암아 살고 있다.[40)]

"그로 말미암아 만물이 있다"는 것이 핵심이었고, 이것이 바울을 한편으로는 그의 동족 유대인들(그들은 "지혜"를 한 분 유일하신 하나님의 일꾼으로 생각하긴 하였지만, 현실의 인간 존재로 생각하지는 않았다), 다른 한편으로는 그의 대화상대들인 이교도들로부터 구별시켜 주는 것이었다. 이것은 골로새서 1장의 위대한 시 속에서 극적으로 강화된다:

그는 보이지 아니하는 하나님의 형상이시고,
　모든 피조물보다 먼저 나신 이시다.
하늘과 여기 땅 위에 있는 모든 것들이
　그의 안에서 창조되었다.
보이는 것들과 보이지 않는 것들,
　즉 보좌들과 주권들과 통치자들과 권세들,
곧 만물이 다 그로 말미암아, 그리고 그를 위하여 창조되었다.[41)]

이것은 창조와 그 목적에 관한 기사로서 충분히 극적이지만, 여기에는 그 이상의 것이 담겨 있는데, 그것은 바울은 이 동일한 예수 안에서 이제 새로운 피조세계가 탄생되었다고 믿었다는 것이다:

그는 이 모든 것의 시작,
　곧 죽은 자들 가운데서 먼저 나신 이시니,
　이는 친히 만물의 으뜸이 되려 하심이다.
아버지께서는 모든 충만으로 예수 안에 거하게 하시고,

40) 고전 8:6; 위의 제9장 제3절 2) (3)를 보라.
41) 골 1:15f.

그의 십자가의 피로 평화를 이루셔서,
만물, 곧 땅에 있는 것들이나 하늘에 있는 것들이
그로 말미암아 자기와 화목하게 되기를 기뻐하셨다.[42]

공간과 시간과 물질로 이루어진 현세 자체가 선하다는 바울의 확고한 단언의 근저에는 바로 이러한 유대인들의 유일신론적인 창조론을 수정한 그의 판본이 자리잡고 있다. 이것이 부부의 연합이 그 자체로 선한 이유이고(고린도전서 7장), 우상들에게 바쳐진 것을 포함한 모든 고기가 그 자체로 선한 이유이며(고린도전서 8, 10장), 모든 시간과 모든 날들이 한 분 유일하신 하나님이 보기에 기본적으로 동일한 이유이다(로마서 14:5). 여기에서 우리는 바울의 갱신된 종말론 중에서 창조와 관련된 요소를 본다. 사람들은 새로운 피조세계가 이미 개시되었다면, 옛 피조세계에 속한 모든 것들은 유효하지 않게 되었을 뿐만 아니라 초라하게 변질되고 어떤 의미에서는 실제로 악하게 되어 버려서, 바울이 거기에서 피하라고 명하였을 것이라고 생각하기 쉽지만, 전혀 그렇지가 않다. 물론, 바울에게 있어서 옛 피조세계는 상대화되었고, 더 이상 문화적으로나 심지어 제의적으로도 중요한 의미를 지니지 못하지만, 그런데도 여전히 선하기 때문에, 우리가 감사함으로 받으면 얼마든지 누릴 수 있는 그런 세계이다.[43] 예수의 부활로 말미암아 이미 개시된 새로운 세계는 옛 세계의 궁극적인 중요성을 상대화시키면서도, 여전히 옛 세계가 본질적으로 선하다는 것을 재확인한다. 바울이 가져와서 사용한 성경 본문들을 보면 알 수 있듯이, 그는 피조 질서 전체를 하나의 정적인 관찰 대상이 아니라, 하나의 서사, 즉 오랫동안 기다려 왔던 새로운 국면이 이제 개시된 서사의 일부로 이해하였다.

그의 대화상대인 이교도들은 당연히 이 점을 이해할 수 없었을 것이다. 물론, 스토아학파에서는 장차 대화재가 일어날 것이고, 그런 후에는 세계가 완전히 새롭게 다시 시작될 것이라고 믿었다. 그러나 나중에 보게 되겠지만, 그러한 믿음은 바울이 새로운 피조세계에 관한 자신의 비전 속에서 말하고 있는 것과 동일한 것이 전혀 아니었다. 나는 바로 이 비전이야말로 그가 "물리학"을 논할 때에 그들에게 말하고 싶었을 것들의 핵심이었을 것이라고 생각한다.

창조의 유일신론의 이러한 종말론적인 판본은 바울의 사고 속에 깊이 배어 있었고, 로마서 8장이나 고린도전서 15장 같은 여러 고전적인 본문들에 등장하며, 그가 고

42) 골 1:18-20.
43) 롬 14:6; 고전 10:30.

대 철학에서 "물리학"의 주요한 주제들 중의 두 가지, 즉 인간이라는 것은 무엇을 의미하는가 하는 문제와 우리는 죽음을 어떻게 설명하여야 하는가 하는 문제를 설명할 때에 그 틀을 이룬다. 분명히 그는 인간은 창조주의 형상을 따라 지음 받았고, 이 형상은 다른 모든 것과 마찬가지로 메시야와 성령의 역사를 통해서 새로워져야 한다고 믿었다.[44] 이것은 고대에 널리 퍼져 있던 믿음, 즉 인간이 하나님과 상당히 밀접한 관계에 있었다는 믿음에 좀 더 정확한 초점과 서사적인 틀을 부여한다. 죽음과 관련해서는, 바울은 솔로몬의 지혜서가 말한 것에 확고하게 동의하였을 것인데, 거기에서는 에피쿠로스학파의 주장에 반대하여, 죽음은 결코 인간 존재의 끝이 아니라, 창조주가 장차 죽은 자들을 새롭게 "찾아올" 때까지 사후에도 죽은 자들(또는, 적어도 죽은 의인들)의 영혼을 돌보고 있다고 말한다.[45] 육체의 부활을 포함한 새로운 피조세계에 관한 바울의 비전은, 개인이 죽었을 때에 일어날 일에 관한 그 밖의 다른 고대의 비전들, 즉 플라톤이나 스토아학파 등등의 비전과 상당히 달랐다는 것은 두말할 필요가 없다.[46] 우리가 알고 있는 죽음은 바울에게 있어서는 선한 피조세계 속으로 침입한 존재였고, 이제는 메시야 안에서 패배당한 존재였다.

이 모든 것은 바울이 세계와 하나님 간의 관계 — 모든 세계관의 가장 중요한 특징들 중의 하나! — 를 당시의 모든 비유대적인 철학자들과는 상당히 다른 방식으로 인식하였다는 것을 의미한다. 그는 물질 세계를 뛰어넘어서 마치 베일에 가려진 것처럼 그 배후에 있는 초월적인 진리들을 보아야 한다고 한 플라톤(Plato)의 신념에 어느 정도의 공감을 표시했을 수도 있지만, 자신의 일부 동시대인들이 물질 세계는 본질적으로 악한 곳이기 때문에 벗어나기를 고대하여야 한다는 취지로 플라톤의 전통을 해석한 것에 대해서는 전혀 공감하지 않았을 것이다. 그는 "제1동인"(prime mover)에 관한 아리스토텔레스(Aristotle)의 논증 속에서, 피조세계는 창조주의 존재를 믿는 것이 타당하다는 근거를 제공해 준다는 자신의 견해와의 유사성을 인정하였을 것이지만, 이 창조주에 대한 메마르고 무인격적인 비전에 대해서는 확고한 반대의사를 천명하고서, 이스라엘의 성경에 나오는 인격적으로 공감하는 하나님, 이제는 메시야 예수 안에서 및 메시야 예수로서 알려지게 된 출애굽기와 이사야서와 시편의 하나님을 제시하였을 것이 분명하다. 그는 에피쿠로스

44) 롬 8:29; 골 3:10; cf. 고후 4:4-6.

45) Wis. 3.7; 위의 제3장 제3절과 *RSG*, 167f.를 보라.

46) *RSG*, ch. 2을 보라.

학파의 주장에 반대하여, 한 분 유일하신 하나님은 세계로부터 저 멀리 떨어져 초연하게 존재하는 것이 아니라, 세계 내에 임재하여 활동하고 있다고 역설하였을 것이다. 또한, 그는 세계는 비록 여정 가운데 있고 자신의 이야기를 들려주지만, 그 이야기는 세계의 원자 구조 전체가 궁극적으로 해체되는 것으로 끝나는 것이 아니라, 마침내 모든 잘못된 것들이 다 바로잡히고 완전히 새로운 세계의 탄생으로 끝나게 되어 있다는 것을 분명히 힘주어 말하였을 것이다. 그러나 그가 피조세계 내에 한 분 유일하신 하나님이 임재하여 활동한다고 말한 것은, 신이 모든 것들에 생기를 불어 넣어주는 신적인 '프뉴마'(pneuma) 또는 불기운으로 현존하는 것이기 때문에, 만물은 이미 "신적인" 존재들이고, "신성"은 모든 곳에 현존한다는 스토아학파의 주장과는 다른 것이었다. 바울이 믿은 하나님은 세계에 대하여 및 세계 내에, 특히 인간에 대하여 및 인간 내에 임재하지만, 세계나 인간 내에 담겨 있지는 않았다. 도리어, 하나님은 세계 및 인간과 나란히, 그리고 어떤 의미에서는 마주보고 임재하여서, 그들을 인도하고 그들에게 책임을 물으며 도전하고 힘을 주는 존재였다. 가장 놀랍고 충격적인 것은, 하나님은 당시 사람들의 기억 속에 생생하였던 예수 안에 임재하였다는 것이었고, 또한 하나님은 한편으로는 예수 안에서의 그의 임재와도 다르고, 다른 한편으로는 다른 모든 곳에서의 그의 임재와도 다른 특별한 방식으로, 지금 "예수의 영"이 내주해 있는 자들 속에 임재해 있다는 것이었다. 그러한 사람들은 '프뉴마티코이'(pneumatikoi), 즉 "성령으로 움직이는" 사람들인 반면에, '프쉬케'(psychē)를 내적인 원리로 살아가는 사람들은 '프쉬키코이'(psychikoi), 즉 예수에 의해서 형성된 신령한 삶이 아니라 통상적인 인간의 삶을 살아가는 사람들이다.[47)]

이 모든 것을 말하는 것은 분명히 우리에게와 마찬가지로 바울에게도 힘든 일이었을 것이다. 인간과 신의 경계에 다가가는 것은 언어의 경계에 다가가는 것이기도 한데, 예컨대, 그러한 문제는 그가 "하나님의 영이 우리의 영과 더불어 증언한다"고 말할 때에 생겨나고,[48)] 그가 그렇게 말하는 대신에, 하나님의 영이 사람의 "마음"에 거한다고 말할 때에도 그 문제는 오직 약간만 줄어들 뿐이다.[49)] 영어권 석의자들이 종종 "성령"을 대문자로 표시해야 하느냐, 아니면 소문자로 표시해야 하느냐 하는 질문을 던진다는 것 자체가, 이것과 관련해서 사고의 융통성이 존재한다는 것을 충분히 잘 보여준다. 그리고 이러한 융통성은 기독교 특유의 용어들

47) 특히, cf. 고전 2:14f. '프뉴마티코스'(pneumatikos)의 의미에 대해서는 아래를 보라.

48) 롬 8:16.

49) 예를 들면, 갈 4:6; cf. 롬 2:29 등.

에서 단지 하나님의 영(또는, 예수의 영)과 인간의 영 간의 상호관계에서만 발견되는 것이 아니라, '프뉴마' (pneuma)에 대한 이러한 기독교 특유의 제한적인 용법과 스토아학파적인 성격을 짙게 지니고 있었던 바울과 동시대의 사람들의 세계에서 통용되었던 용법 — 스토아학파에서는 신적인 불기운의 "숨"이 만물과 모든 사람(그들의 믿음이나 생활양식과는 무관하게)에게 내재되어 있다고 보았다 — 간의 상호관계에서도 발견된다.[50] 만일 우리가 바울에게 왜 그러한 잘 알려져 있던 단어를 선택해서 그 단어에 상당히 다른 의미를 부여하여 사용한 것이냐고 묻는다면, 아마도 우리는, 기독교 운동의 가장 초기의 나날들로부터 신자들이 자신들에게 새로운 힘이 주어지고, 인도하심에 대한 새로운 지각이 주어지며, 무엇보다도 한 분 유일하신 하나님의 임재를 경험하는 것과 동일한 방식으로 예수의 인격적인 임재를 강력하게 느꼈을 때, 그러한 기이한 현상들에 주어진 성경적인 설명들 속에서 그의 대답을 찾을 수 있을 것이다. 바울은 그러한 이유 때문에, 자기를 비롯한 예수의 추종자들이 경험하고 있는 것이 약속된 새 계약의 개시를 보여주는 증표라고 믿고서, 이 단어가 혼란을 줄 가능성이 농후하다는 것을 잘 알면서도, 계속해서 이 단어를 사용하게 된 것으로 보인다.[51]

특히, 바울은 온 세계가 한 분 유일하신 하나님에 의해 소환되어 심판을 받게 될 것이라고 믿었다. 이 세계는 최종적인 소멸을 향하여 무턱대고 돌진해 나가고 있는 것도 아니었고, 그 안에서 이미 활동하고 있는 불기운의 '프뉴마'가 다른 모든 것을 불로 변화시켜서 우주적인 대화재를 통해 완전히 새롭게 다시 시작되는 과정 속에 있는 것도 아니었다. 달리 말하면, 바울의 종말론은 에피쿠로스학파나 스토아학파의 비전과는 판이하게 달랐다. 다른 것들에서와 마찬가지로 이것과 관련해서도, 그의 세계관은 기본적으로 유대적인 것이었기 때문에, 세계를 창조한 한 분 유일하신 하나님이 창조주로서 세계를 바로잡을 — 즉, 세계를 심판하고 개조할 — 책임이 있다는 것을 전제하였다. 이 하나님은 성경에서 정확히 바로 그것을 행하기로 약속하였다. 그리고 위의 제11장에서 보았듯이, 바울은 자신의 세계관과 신학의 나머지 부분과 맥을 같이하여, 종말론적인 심판에 관한 이러한 비전을 이스라엘의 메시야인 예수를 중심으로 다시 생각하고 수정하였는데, 시편 2편에서 말하였듯이, 메시야 예수는 한 분 유일하신 하나님이 열방들에게 책임을 묻고 심판할 때에 그 일을 맡아 하게 될 이였다. 예수의 부활이 그가 진정으로 이스라엘의

50) 이것은 실제로 그리스도인들이 초기부터 "성령"을 "영"이라고 지칭한 이유를 설명해 주는 것일 수 있다.

51) 성령에 관한 바울의 표현들의 성경적이고 유대적인 뿌리에 대해서는 위의 제9장 제4절을 보라.

메시야라는 것을 세계에 대하여 선포한 것이라면, 바울의 종말론은 사실상 예수를 심판주로 선포하는 것이었다.[52)]

따라서 "물리학"의 문제와 관련해서 당시의 철학자들에 대한 바울의 암묵적인 접전이, 당시의 일부 유대인들이 취하였던 입장의 한 변형이었다는 것은 별로 이상한 일이 아니다. 이 점에 있어서 바울의 종말론은 솔로몬의 지혜서와 비슷하였다고 할 수 있다. 왜냐하면, 거기에서도 세계의 통치자들이 장차 한 분 유일하신 하나님 앞에서 심판을 받게 될 것이라고 말하고, 하나님이 자기 백성을 애굽에서 건져낸 것에 관한 옛 이야기를 모든 것의 토대가 되는 신화이자 패러다임으로 삼아서 다시 들려주고 있기 때문이다. 바울이 철저하게 기독교적으로 변화시켜서 논증하고 거기에 맞추어 삶을 살았던 이야기는 이런 것이었다: 예수 안에서 통치자들이 이미 심판을 받았고, 새로운 출애굽이 이미 일어났으며, 창조의 때와 이스라엘의 이야기 속에서 활동해 왔던 하나님의 "지혜"가 내주하는 권속이 탄생하였고, 이 지혜는 예수와 성령의 인도하심을 받는 그의 백성 속에 온전히 거하게 되었다. 그는 이것을 골로새서에서 이렇게 표현한다:

> 우리가 온갖 지혜로 각 사람을 교훈하고 각 사람을 가르치고 있는 것은 각 사람을 "왕" 안에서 다 성장한 완전한 자로 세우기 위한 것이다 … 나는 그들이 사랑 안에서 연합됨으로써, 그들의 마음이 힘을 얻기를 원한다. 나는 그들이 확실한 이해의 모든 부요함을 경험하고, 하나님의 신비인 메시야 왕을 아는 지식에 이르게 되기를 원한다. 그는 너희가 지혜와 지식의 모든 감춰진 보화를 발견할 곳이다.[53)]

따라서 만유에 대한 그의 비전 — "물리학"에 관한 철학적 논쟁들에 대한 그의 대답 — 은 철두철미하게 '아가페'(agapē)로 특징지어진다: 창조주 하나님으로 하여금 처음에 세계를 만들도록 이끈 넘쳐 흐르는 사랑, 메시야로 하여금 죽게 만든 철저하고 근본적인 사랑, 믿음과 소망 가운데서 메시야를 붙든 모든 자들을 한데 하나로 묶은 사랑. 현실에 대한 이러한 비전은, 당시의 "물리학"이 그랬던 것과 마찬가지로, 자연스럽게 세 번째 질문으로 이어졌다: 그렇다면, 인간은 어떻게 행하여야 하는가?

52) 물론, 이 모든 것은 바울이 아테네에서 말했을 것이라고 생각된 것을 누가가 짧게 요약한 것과 아주 잘 들어맞는다: 행 17:22-31(이것에 대해서는 Rowe, 2011을 보라).

53) 골 1:28; 2:2f.

4) "윤리학"

바울의 윤리학과 당시의 철학자들의 윤리학 간의 차이는 쉽게 요약될 수 있다. 그들은 사람이 일단 세계가 무엇이고 어떤 식으로 작동하며 인간은 실제로 어떤 존재인지("물리학")를 발견하고 이해하였다면("논리학"), 그 결과에 거스르지 말고 거기에 맞추어서 살아가는 것이 인간의 소임이라고("윤리학") 믿었다. 반면에, 바울은 세계가 메시야 안에서 새로워졌고, "메시야 안에" 있는 사람들도 하나님의 형상을 지닌 인간으로 새로워졌으며, 그런 사람들의 소임은 그 결과에 거스르지 말고 새로운 세계에 맞추어서 살아야 한다고 믿었다. 앞에서 보았듯이, 바울에게 있어서 이러한 갱신은 선한 피조세계의 폐기가 아니라, 변화와 성취(이것이 부활이 지닌 의미의 일부임은 물론이다)를 의미하는 것이었고, 이 갱신은 갑자기 어느 순간에 도래한 것이 아니라 지속적인 역사의 흐름 내에서 개시된 것이기 때문에, 바울이 새로운 피조세계에 맞추어 살아가는 삶이라고 보았던 것과 당시의 철학자들이 자신들이 알고 있는 세계에 맞추어서 살아가는 삶이라고 보았던 것 간에 상당한 간격이 존재하는 것은 당연한 일이었다. 바울에게 있어서 "기존의 피조세계"의 갱신은 기존의 피조세계의 "갱신"만큼이나 중요하였다. 만일 후자가 없다면, 기존의 세계는 끊임없는 에너지의 소모로 인하여 필연적으로 소멸될 수밖에 없게 되고, 전자가 없다면, 새로운 피조세계라는 관념은 모종의 영지주의로 전락해 버리게 될 것이다. 따라서 바울은 거듭거듭 그리스도인으로서의 합당한 행실을 판이하게 다른 틀 가운데서 설명하기는 하지만, 우리는 그의 "윤리학"과 당시의 철학자들의 "윤리학" 간에 온갖 종류의 병행들을 발견할 수 있다는 사실을 이상하게 생각해서는 안 된다. 따라서 바울과 당시의 철학자들을 설명하고자 한다면, 양자 간의 차이점들과 유사점들을 분명히 하지 않으면 안 된다.[54]

1. 먼저 차이점들을 살펴보자. 바울 특유의 주장은, 그리스도인들은 세례를 통해 메시야의 죽음과 부활에 참여한 자들이라는 새로운 정체성을 토대로 해서, 옛 세계가 지속되는 가운데 이미 동터 온 새 세계에 맞추어 살아가야 한다는 것이었다:

> 우리는 죄에 대하여 죽었다. 어떻게 우리가 여전히 그 가운데 더 살 수 있겠는가? 너희는 메시야 예수와 합하여 세례를 받은 우리 모두는 그의 죽으심과 합하여 세례를 받은 것

54) 바울의 "윤리"가 종말론 내에 있다는 것에 대해서는 위의 제11장 제5절을 보라.

임을 알지 못하느냐? 이것은 우리가 그의 죽으심과 합하여 세례를 받음으로써 그와 함께 장사되었다는 것을 의미하는데, 이는 메시야께서 아버지의 영광으로 말미암아 죽은 자 가운데서 살아나신 것 같이, 우리도 새 생명으로 행하게 하기 위한 것이다 … 그러므로 죄로 하여금 너희 죽을 몸을 지배하여 너희를 그 욕구들에 복종하게 하지 말라. 또한, 너희는 너희 지체들을 죄에게 내어주어 그 악한 목적을 위하여 사용되게 하지 말고, 도리어 너희 자신을 죽은 자 가운데서 다시 살아난 자들 같이 하나님께 드리고, 너희 지체들을 하나님께 드려서 그의 계약의 의로운 목적들을 위하여 사용되게 하라.[55)]

너희 자신을 현세가 정한 형태에 억지로 꿰어맞추지 말고, 도리어 너희의 사고를 새롭게 함으로써 변화를 받아, 하나님의 뜻이 무엇인지 무엇이 선하고 기뻐 받으시며 온전한 것인지를 분별하도록 하라.[56)]

몸은 음행을 위하여 있지 않고, 오직 주를 위하여 있으며, 주는 몸을 위하여 계신다. 또한, 하나님이 주를 다시 살리셨으니, 그의 권능으로 우리도 다시 살리실 것이다 …

너희는 너희의 몸이 너희 안에 있는 성령, 곧 하나님께서 너희에게 주신 성령의 전이기 때문에, 너희 자신의 것이 아님을 알지 못하느냐? 너희는 비싼 값으로 산 것이 되었다! 그러므로 너희의 몸으로 하나님께 영광을 돌리라.[57)]

메시야의 십자가의 원수들로 행하는 몇몇 사람들이 있다. 그들은 멸망 길에 있다. 그들의 신은 그들의 배이고, 그들은 자신들의 부끄러움 속에서 영광을 발견한다. 그들이 늘 생각하는 모든 것은 땅에 있는 것들이다.

우리는 하늘의 시민들이고, 거기로부터 오실 구원자, 곧 주 왕 예수를 간절히 기다리고 있다. 우리의 현재의 몸은 초라하고 낡은 것이지만, 그가 그것을 변화시켜서 그의 영광스러운 몸과 같이 되게 하실 것이다.[58)]

[옛] 생활방식은 속이는 욕심들의 결과로 썩어져 가고 있다. 너희는 너희의 심령에서 새롭게 되어야 하고, 하나님이 의도하신 대로 창조되어 가면서 정의와 참된 거룩함을 나타내는 새로운 인간성을 입어야 한다.[59)]

그러므로 너희가 왕과 함께 다시 살리심을 받았으면, 위에 있는 것들을 찾으라. 거기는 왕께서 하나님의 오른편에 앉아 계신다! 위에 있는 것들을 생각하고, 땅에 속한 것들을 생각하지 말라. 너희는 알지 못하는 것이냐: 너희는 죽었고, 너희의 생명은 왕과 함께 하나님 안에 감추어져 있다. 왕이 나타나실 때(그리고 그는 우리의 생명이시라는 것을 기

55) 롬 6:2-4, 12-13.
56) 롬 12:2.
57) 고전 6:13f., 19f.
58) 빌 3:18-21.
59) 엡 4:22-24.

> 억하라), 너희도 그와 함께 영광 중에 나타나게 될 것이다.
> 따라서 너희는 너희 가운데서 땅에 속한 부분들을 죽여야 한다 … [성적인 죄들과 입으로 범하는 죄들, 이렇게 두 개의 목록이 이어진다] … 너희는 옛 인간의 본성과 그 행동방식들을 벗어 버렸고, 새 것을 입었으니, 그것은 너희로 창조주의 형상을 따라 새롭게 되어 새로운 지식을 얻게 해주고 있다.[60]

> 너희는 합당하게 행하고 하나님을 기쁘시게 해드리는 방식을 우리에게 받은 대로 더욱더 계속해서 행하여야 한다. 너희는 우리가 주 예수로 말미암아 너희에게 어떤 교훈들을 주었는지를 안다. 하나님의 뜻은 이것이니, 그는 너희가 거룩하여 음란을 멀리하기를 원하신다. 너희 각 사람은 하나님을 모르는 이방인들 같이 정욕에 미치지 말고, 거룩함과 존귀함 가운데서 너희 자신의 몸을 절제하여야 하는지를 알아야 한다 … 그러므로 이것을 거부하는 자는 누구든지 사람의 명령을 거부하는 것이 아니고, 너희에게 자신의 성령을 주신 하나님을 거부하는 것이다.[61]

이것은 단지 거대한 빙산의 일각일 뿐이다. 바울의 글들에 나오는 많은 본문들은 동일한 준거틀의 존재를 보여주는 증거들을 제시한다: 창조주 하나님이 예수를 통해서 세계를 새롭게 하였고, 그의 성령을 통해서 여러분을 새롭게 하고 있기 때문에, 너희는 현재에 있어서 너희의 몸을 장래에 부활하였을 때의 정체성에 맞추어 사용하는 것이 마땅한데, 이것은 불가능한 것을 행하려고 애쓰는 것이 아니라, 세례를 통해 이미 주어진 새로운 정체성을 실현시키는 것이다.[62] 새로운 출애굽을 경험한 사람들은 첫 번째 출애굽 백성이 제대로 배우지 못하였던 것, 즉 애굽으로부터 해방되어 살아 계신 하나님의 거처가 되는 것이 무엇을 의미하는지를 배워야 한다.[63] "노예생활로부터의 구원"과 "새 성전 신학"의 이러한 결합은 각각의 대목에서 바울의 사고를 특징지으면서, 그가 역설하는 일반적인 기준들과 어린 교회들에게 주는 구체적인 명령들을 밑받침함과 동시에 거기에 방향성을 부여하는 강력한 서사틀을 제공해 준다. 바울은 메시야 안에서 만유와 관련하여 일어난 일(옛 세계가 지속되는 가운데 불안정하게 공존하는 전적으로 새로운 세계가 만들어진 것)과 메시야에게 속해 있는 사람들에게 개인적으로 일어난 일에 관한 복잡하지만 풍부하고 통일적인 비전을 지니고 있다. 이것이, 예컨대, 바울에게 있어서 고난이 그

60) 골 3:1-10.

61) 살전 4:1-8.

62) 로마서 6장은, 세례 받은 자들은 이미 "메시야와 함께 다시 살리심을 받은" 것이라고 말하는 에베소서 1장이나 골로새서 2-3장의 비전을 공유하고 있지 않다는 것이 학자들의 일반적인 생각이지만, 이것은 잘못된 인식이다. Wright, 2002 [*Romans*], 538을 보라.

토록 중요한 이유이다. 왜냐하면, 어떤 사람이 고난을 받고 있다면, 그것은 그 사람이 두 세계가 만나는 저 위험하기 짝이 없는 단층선에서 살아가고 있다는 것을 보여주는 증표이기 때문이다. 그가 개인의 삶에 관하여 말하는 것들("윤리학")은 정확히 그가 만유에 대하여 말하거나 함축적으로 시사하는 것들("물리학")을 조목조목 반영하고 있다. 바울과 그의 어린 교회들이 이 둘에 대해서 아는 것은, 그들의 이해가 성령에 의해서 밝아져서, 그들이 세계의 나머지 사람들에게는 여전히 모호한 것들을 알 수 있게 되었고, 그 모든 것들에 대하여 명료하고 적절하게 사고할 수 있게 되었기 때문이다("윤리학").

우리는 바울과 그의 교회들이 출애굽 백성으로서 토라를 지키는 데 온 힘을 다했을 것이라고 예상할 수 있는데, 거기에 대한 대답은 그들은 그렇게 했다고 할 수도 있고 그렇게 하지 않았다고 할 수도 있다는 것이다. 이것에 대해서는 우리가 다음 장에서 살펴볼 것이다. 어떤 의미에서 메시야와 성령은 신자들 안에서 및 신자들을 통해서 "토라가 행할 수 없었던 것"을 성취하여, 비록 다른 길을 통해서이기는 하지만 동일한 결과 — 사람들을 진정으로 하나님을 닮은 인간 본성과 거기에 걸맞는 삶으로 변화시키는 것 — 를 만들어내었다고 할 수 있다. 이것이 바울이 로마서 2장과 고린도후서 3장 같은 여러 본문들에서 암시하는 것이다.[64] 그러나 바울과 당시의 철학자들 간의 암묵적인 차이는, 그에게는 이스라엘의 하나님이 준 특별한 율법이 있었지만, 그들에게는 없었다는 것이 아니었다. 또한, 그 차이는 바울은 어느 정도 즉각적인 회심을 믿었던 반면에, 철학 전통에 서 있던 사람들은 도덕적으로 변화되어 가는 점진적인 과정을 추구하였다는 사실에 있었던 것도 아니었다. 잠시 후에 보게 되겠지만, 사실 이런 것들은 차이점이 아니라 유사점에 속한다. 암묵적인 차이점은, 그가 틀로 사용하는 관점, 즉 앞에서 보았듯이, 메시야 예수 안에서 성취되었고 이제 하나님의 '프뉴마'에 의해서 현실화되어 가고 있는 새로운 피조세계의 종말론, 그리고 좀 더 구체적으로는 예수 자신 및 그의 죽으심과 다시 살아나심을 통해서 드러난 그 종말론의 성격에 있다.[65] 내가 다른 곳에서 이미 논증하였듯이, 실제로 바울은 "덕목 윤리"(virtue ethic)라고 할 수 있는 것을 가르친다. 그는 도덕적인 진보를 믿고, 그러한 진보를 이루기 위해서는 고된 수고가 있어야 한다고 믿는다. 그는 플라톤과 아리스토텔레스에서 시작해서 키케로와 그 이후까

63) 고전 10:1-10; 롬 8:12-17.

64) 롬 2:25-9; 고후 3:3-18.

65) cf. 엡 4:21과 빌 2:6-11, 그리고 위의 제11장 제5절 1) (3)에 나오는 논의.

지 이어지는 고전적인 "덕목"의 전통을 가져와 사용하였지만, 그것을 개작하고 수정해서 기독교적인 색채를 입혔기 때문에,[66] 그의 덕목 목록의 맨앞에는 통상적으로 '아가페'(agapē), 즉 그가 메시야 안에서 계시되었다고 본 "사랑"이 자리한다. 초기 기독교의 다른 도덕주의자들과 마찬가지로, 그는 '아가페'와 같이 이교 세계에서 별로 알려져 있지 않았던 세 가지 다른 덕목들을 추가한다: 오래참음, 자비, 겸손. 우리는 여기에서 이러한 것들을 자세하게 살펴볼 필요는 없고, 단지 바울과 당시의 이교 철학자들 간에는 "틀"에 있어서 근본적인 차이가 있었던 것과 마찬가지로, 거기에 상응해서 "내용"에 있어서도 두드러진 차이가 있었다는 것만을 지적해 두면 될 것이다.[67]

2. 다음으로 유사점들을 살펴보자. 앞에서 지적하였듯이, 바울에게 있어서 새로운 피조세계는 기존 세계의 폐기와 대체가 아니라 갱신이었기 때문에, 그가 예수의 추종자들에게 기대하는 행실과 이교의 많은 도덕주의자들이 강력하게 권장하였던 행실 간에는 상당한 정도의 중복이 존재한다. 이 장의 첫머리에서 우리는 무엇이든지 참되거나 거룩하거나 옳거나 순전하거나 매력적이거나 좋은 평판을 듣거나 덕스럽거나 칭찬 받을 만한 것들에 대해서 생각하라는 바울의 적극적인 권면과 격려에 대해서 언급한 바 있다. 그는 그러한 권면을 구체적인 행실의 문제에 있어서 (세계를 본받지 말고) "그"를 본받으라는 명령으로 균형을 잡는다. 그러나 우리는 좀 더 넓은 비기독교적인 환경 속에 있는 모든 선하거나 가치 있는 것들을 유념하고 깊이 생각하라는 그의 공개적인 초청 속에서 "중복"이 존재한다는 분명한 암시를 받을 수 있고, 바로 그것이 우리가 실제로 발견하는 것이다. 그는 "선"과 "악"에 관한 일반적으로 널리 알려져 있던 신념들을 근거로 삼을 수 있었다. 그리스도인의 기준들은 결코 다른 모든 사람의 기준들과 전적으로 단절되어 있지 않다.[68] 바로 그 동일한 본문에서, 그는 로마의 그리스도인들에게 축하하는 자들과 함께 축하하고 슬퍼하는 자들과 함께 슬퍼하라고 강력하게 권면한다. 그리스도인들이 참여하지 않아야 할 축하들도 일부 있을 것이지만, 그는 기본적으로 선한 이웃이 되어야 하는 소명을 강조하고자 한다.[69]

66) Wright, 2010 [*Virtue Reborn/After You Believe*], *passim*을 보라. 바울에 있어서 "도덕의 형성"에 대해서는 이제는 Thompson, 2011을 보라.

67) *Virtue Reborn/After You Believe*, 특히 chs. 5, 6, 7을 보라. 고대의 이교 세계에 알려져 있지 않았던 초기 기독교의 네 가지 "덕목들"(인내, 정절, 겸손, 사랑)에 대해서는 *Virtue Reborn*, 114, 214-220(=*After You Believe*, 131f., 248-255)에서 논의된 Blackburn, 2008 [1994], 381을 보라.

68) 롬 12:9.

69) 롬 12:15.

우리는 바울의 그런 모습 속에서, 예수의 추종자들이 그들 주위의 사회 속에서 선한 평판을 얻기를 원하였던 주후 2세기의 호교론자들을 미리 본다. 그리스도인들은 까다롭고 골치아프거나 건방지고 잘난 체하는 사람들이 되어서도 안 되고, 그들 자신을 남들보다 우월하게 생각한다는 인상을 주어서도 안 된다.[70] 바울은 "지켜보고 있는 모든 사람에게 선해 보이는 것이 무엇일지를 깊이 생각해서, 가능하다면 모든 사람과 화목하게 살아라"고 말한다.[71] 그리스도인들은 "외인들에 대해서 지혜롭게" 또는 "외인들이 존경할 만한 방식으로 처신하고," 모든 기회를 활용해서 모든 사람에게 선을 행하며, 그 어떤 도전에 대해서도 새롭고 분명한 말로 대답하여야 한다. 그들은 예컨대 제때에 공공요금을 지불하지 않음으로써 남들의 빈축이나 불평을 사서는 안 된다.[72] 그들이 일차적으로 마음을 써야 할 대상은 형제 그리스도인들이기는 하지만, 외인들을 도울 수 있는 기회를 얻었을 때에는 열심으로 도와야 한다.[73]

우리는 남편들과 아내들, 부모들과 자녀들, 주인들과 노예들을 위한 지침들의 목록인 "가족 규범들"을 바로 그러한 맥락 속에서 이해하여야 한다고 본다.[74] 이러한 것들은 특히 종말이 이미 개시되었지만 아직 완성되지는 않은 때를 살아가고 있는 공동체를 위한 것이다. 바울은 예수의 추종자들에게 세상의 문화에 대항하여 세상 사람들과 근본적으로 다른 삶을 살라고 도전하는 것과 기존 문화의 도덕 기준에 맞춰 그냥 살아가는 것 사이의 경계선을 따라 걸어간다(어떤 사람들은 그가 여기에서 균형을 잃고 있는 것으로 보이기 때문에, 이 본문들은 그의 저작이 아니라고 주장한다).[75] 그는 예수의 추종자들이 어떤 비난을 받고 고소를 당하게 될지, 즉 세상 사람들이 복음을 왜곡하여, 그리스도인들이 기존의 사회나 문화, 또는 정치를 전복시키고자 한다고 말할 것이 틀림없다는 것을 잘 알고 있었기 때문에, 그의 공동체들이 그들의 공동생활, 특히 그들의 가족생활을 흠 잡을 데 없이 영위함으로써, 그들이 기본적으로 예수에게 충성한다는 것 이 한 가지 외에는 사람들이 그들을 비난할 여지가 없게 하기를 바랐다. 오늘날의 많은 저자들은 모든 도덕은 서구사회에서 21세기 초반의 자유주의적인 이상들로 귀결되는 것이 마땅하다고

70) 롬 12:16.

71) 롬 12:17f.

72) 골 4:5f.; 살전 4:11f.

73) 갈 6:10; 살전 3:12; 5:15; 이것은 아마도 엡 2:10의 의미의 일부이기도 한 것으로 보인다.

74) 위의 제11장 제5절 2)를 보라.

75) 핵심 본문들은 엡 5:21—6:9; 골 3:18—4:1이다.

생각한다는 듯이, 초기 그리스도인들은 그들이 실제로 말하였던 것으로 보이는 것보다 좀 더 분명하게 그런 이상들을 말해 주었어야 하였다고 생각하는 것으로 보인다. 이것은 우리가 바울이 말하고자 한 것들을 제대로 평가하기는커녕 이해하는 것조차 더 어렵게 만들어 왔다. 하지만 사람들이 흔히 지적하는 것은, 바울은 (단지 아내들과 자녀들과 노예들의 복종만이 아니라) 특히 아내들에 대한 남편들의 의무, 자녀들에 대한 부모들의 의무, 노예들에 대한 주인들의 의무를 강조하고, 곳곳에 "주 안에서"라는 어구를 추가하며, 에베소서 5장에서는 메시야와 그의 죽음을 본으로 삼아서 혼인에 관한 주목할 만한 신학을 세우는 등, 사람들이 당시에 생각하였던 가정 규범을 상당한 정도로 수정하였다는 것이다. 그는 당시의 도덕 사상 속에서 들을 수 있을 법한 것과 비슷한 것들에 대하여 말하고 있다고 할지라도, 그 전체적인 경향과 효과를 미묘하면서도 깊이 변화시키는 또 다른 차원을 추가하는 것이 보통이다.[76]

이것과 관련해서 무엇보다도 중요한 것으로 보이는 것은 그가 예수의 복음이 사람들을 "다시 제대로 된 인간으로 만드는"(rehumanizing) 능력을 지니고 있다는 것을 믿었다는 것이다. 그에게 있어서 복음은 사람들을 어느 정도 인간답게 만들기 위한 것이 아니라, 사람들을 새롭게 하여서 하나님의 형상을 지닌 참된 인간으로 변화시키기 위한 것이었다. 따라서 우리는 당시의 가장 훌륭한 철학자들이 강조한 도덕 기준들이 바울에게 반영되어 있을 것임을 예상할 수 있다. 우리는 술 취함, 성적인 타락, 분노와 폭력, 거짓말과 속임, 정직함과 근면함에 관한 많은 영리하고 지혜로운 말들을 바울에게서만이 아니라 키케로, 세네카, 에픽테토스에게서도 발견할 수 있다. 이러한 많은 병행들을 이상하게 여길 사람들은, 바울이 자신이 말하는 모든 것들을 한편으로는 토라, 다른 한편으로는 예수의 가르침에서 가져왔고, 이 두 원천은 이교 세계의 도덕 사상과 서로 중복되는 부분이 없이 완전히 다른 것이라고 생각하는 자들뿐일 것인데, 그런 생각들은 정말 터무니없는 것들이다. 그러나 다른 분야들에 "병행광"(parallelomania)이 있는 것과 마찬가지로, 여기에도 그런 자들이 있어서, 그들은 에픽테토스, 무소니우스 루푸스 등등의 글들 속에서 바울의 도덕적 가르침과 병행되는 대목들을 찾아내어 단순히 줄줄이 열거해 놓지만, 그런 것은 별 의미가 없다. (또는, 반대로 먼저 스토아학파의 도덕 사상을 설명한 후에, 그것과 병행되는 것들을 바울에게서 찾기도 하는데, 이것도 별 의

76) 이 노선을 따른 주장들에 대해서는 cf. Maier, 2005 등.

77) 예를 들면, Engberg-Pedersen, 그에 대해서는 아래를 보라.

미가 없는 것은 마찬가지이다.)[77] 핵심은 바울은 철학자들이 얼핏 엿보기는 하였지만 실제로는 도달할 수 없었던 참된 인간이 되는 길을 자기가 발견하였다고 생각하였다는 것이다. 예를 들어 보자면, 우리는 바울이 빌립보서 끝부분에서 자기가 자족이라는 의미에서 "만족하는"(autarkēs – '아우타르케스') 법을 배웠다고 역설하는데, '아우타르케이아'(autarkeia, "자족")의 상태는 견유학파와 스토아학파는 물론이고 (아마도 좀 더 분명하게) 에피쿠로스학파가 선호하던 덕목이었다. 에피쿠로스학파에서는, 자신들이 상상하였던 신들의 삶처럼, 세상으로부터 물러나서 고요하고 평안하며 초연하게 자족하며 살아가는 법을 배움으로써 그러한 상태에 도달하고자 하였다.[78] 견유학파와 스토아학파는 삶의 통상적인 즐거움들이 없어도 살아갈 수 있도록 그들 자신을 훈련해서 어떤 상태하에서도 만족할 줄 알게 됨으로써 그러한 상태에 도달하고자 하였다.[79] 이 점에 있어서 바울은 스토아학파와 좀 더 가까웠지만, 현저한 차이점은 그러한 특정한 목표에 도달하였다는 그의 주장은 "기독교 특유의 틀" 속에 위치해 있었다는 것이다:

> 나는 무엇이 부족하다고 말하는 것이 아니다. 나는 내게 있는 것으로 만족하는[autarkēs – '아우타르케스'] 법을 배웠다. 나는 비천에 처할 줄도 알고, 풍부에 처할 줄도 안다. 나는 모든 가능한 상황에서 배부름과 배고픔, 풍부와 궁핍에 처할 줄 아는 비결을 배웠으니, 이는 내게 능력을 주시는 이 안에서 나는 모든 것에 대처할 힘을 갖고 있다는 것이다.[80]

바울은 목표를 분명하게 천명하고 있지만, 아울러 거기에 도달하는 최선의 길은, 그 길이 아무리 힘들다고 할지라도, 예수를 따르는 것이라고 주장한다. 하지만 그는 에피쿠로스학파의 목표였던 '아타락시아'(ataraxia), 즉 "괴로움 없는 삶"이나 스토아학파와 견유학파의 목표였던 '아파테이아'(apatheia), 즉 사람이 더 이상 고통을 느끼지 않는 상태를 긍정하지 않는다. 바울은 많은 괴로움들과 많은 고난들을 겪었고, 그것들을 십자가에 못 박힌 예수를 따라야 하는 자신의 소명에 필연적으로 수반될 수밖에 없는 자연스러운 것일 뿐만 아니라, 참된 지식을 엿볼 수 있게 해주는 렌즈로 받아들인다. 철학자들은 고통을 피함으로써 참된 지식에 도달할 수 있다고 생각하였던 반면에, 바울은 고통을 껴안음으로써 참된 지식에 도달

78) Diog. *Laert.* 10.130에 나오는 Epicurus를 보라.

79) 예를 들면, *SVF*, 3.67.3; 3.68.5. Socrates는 '아우타르케스'(autarkēs)로 보아졌다: Diog. Laert. 2.24.

80) 빌 4:11-13.

할 수 있다고 생각하였다. 바울은 자신이 가는 길에서 당시의 철학자들을 종종 만나기는 하지만, 바울과 그들은 서로 다른 곳에서 출발하였고, 비록 중간에 서로 만난다고 할지라도, 또다시 헤어질 수밖에 없었다. 왜냐하면, 그들은 결국 '유다이모니아' (eudaimonia, "행복")의 도성을 향하여 가고 있었던 반면에, 바울은 십자가에 못 박혔다가 부활한 메시야의 도성을 향하여 가고 있었기 때문이다.[81] 여기에서도 다시 한 번 바울의 이러한 이해의 근저에 있었던 메시야 안에서 새로워진 인간에 관한 신학은 이것을 쉽게 설명해 준다. 그는 자신의 도덕의 틀을 주변의 철학들로부터 가져온 것이 아니고, 그리스도인들은 많은 점들에서 이전에 다른 사람들이 대략 설명해 놓은 참된 인간이 되는 길을 따라 걷도록 부르심을 받았다는 것 — 그리고 아마도 그 길을 좀 더 효과적으로 걸을 수 있다는 것 — 을 아는 것으로 만족한다.

나는 이 모든 것은 우리가 바울의 몇몇 본문들을 적어도 두 가지 초점에 맞추어 읽기를 요구한다고 생각한다. 바울이 이교 세계의 도덕주의자들의 목소리를 반영하고 있는 것으로 보이는 한 분명한 본문은 로마서 7장인데, 거기에서 바울은 아리스토텔레스(Aristotle) 이래로 내려온 오랜 계보를 따라, "나는 내가 하기 원하는 선한 일을 하지 않고, 결국에는 내가 하기 원하지 않는 악한 일을 하고 만다"고 탄식하는데(그는 여기에서 1인칭 단수형인 "나"를 사용해서 이것을 표현하고 있는데, 많은 석의자들과 마찬가지로 나는 그것을 자전적인 얘기라기보다는 수사학적인 장치로 이해한다),[82] 이 탄식은 '아크라시아' (akrasia, "의지의 연약함")에 관한 고전적인 문제이다.[83] 학자들은 바울이 여기에서, 그리고 아마도 다른 곳에서도 말하고자 하는 주된 취지는, 사람이 "메시야 안에" 있을 때에는 철학 학파들, 특히 스토아학파가 목표로 하였던 극기(self-mastery)에 도달할 수 있다는 것이라고 주장해 왔다. 나는 오직 다음과 같은 의미에서만 그러한 주장에 동의한다.

로마서 7:7-25, 그리고 실제로는 8:1-11에 이르기까지의 본문은, 일차적으로 이스라엘의 토라에 관한 논증이다. 내가 다른 곳에서 논증하였듯이, 이 본문에 등장하는 '노모스' (nomos)는 모두 다 이스라엘의 토라를 가리킨다 — 비록 처음에는 일부 본문들을 그런 식으로 읽을 때에 어색하고 당혹스러워 보이겠지만. 노예들이 물을 통과하여 자유를 얻은 것에 대하여 말하는 로마서 6장과 그들이 하나님에 의

81) 바울은 '유다이모니아' (eudaimonia) 자체에 관심이 없다. 그런데도 그가 거기에 관심이 있었다고 주장하고자 하는 시도는 Engberg-Pedersen이 그를 오해하는 많은 것들 중의 하나이다: 아래를 보라

82) 롬 7:19.

해 약속된 새로운 피조세계를 "유업으로 받게" 될 것에 대하여 말하는 로마서 8장 사이에서, 유월절 백성은 바울이 수정해서 다시 들려주는 거대한 출애굽 이야기의 일부로서, 시내 산에 가야 하였는데, 우리가 위의 제7장과 제10장과 제11장에서 설명하였듯이, 거기에서 토라와 관련된 기이한 진실을 발견한다.[84] 그런 후에, 바울은 계속해서 "율법이 할 수 없었던 것을 하나님이 하셨다"(8:3)는 것을 보여준다. 즉, 토라가 "인간의 육신으로 인하여 연약해서" 줄 수 없었던 "생명" — 달리 말하면, 이스라엘 백성은 토라를 있는 그대로 지키려고 했지만 다른 사람들과 마찬가지로 순종할 수 없었고, 따라서 토라가 약속하였던 생명을 얻을 수 없었다 — 을(7:10), 한 분 유일하신 하나님이 메시야 안에서와 성령으로 말미암아 사람들에게 주었다는 것이다.

그러나 논증의 이러한 좀 더 큰 틀은 말 그대로 틀일 뿐이다. 단지 이 본문에 대한 이러한 분석만을 제시하는 것은, 이 본문을 바울의 신령한 자전적인 글의 일부로 규정하고서는 그 후에 아무런 작업도 하지 않은 채 내버려 두는 것만큼이나(그 이상은 아니더라도) 부적절한 일이 될 것이다. 나는 앞에서 내가 개략적으로 설명한 본문은 어떤 의미에서 일종의 자전적인 글로서의 기능을 한다고 생각하지만, 바울은 바리새인이었을 때에 이 본문처럼 느꼈던 것은 전혀 아니었다. 사람들이 흔히 지적해 왔듯이, 빌립보서 3:4-6은 바울이 "열심 있는" 유대인으로 살아가는 동안에는 전혀 그런 식으로 느끼지 않았다는 것을 분명히 보여준다. 도리어, 이것은 바울이 신학적인 관점에서 과거를 회고하면서 쓴 자전적인 글이다. 즉, 바울은 자기가 바리새인으로 있었을 때에는 전혀 그렇게 느끼지도 않았고 그렇게 보지도 않았지만, 지금 "메시야 안에" 있는 사람으로서, 그 시절을 회고하면서 그 때에 실제로 무슨 일이 진행되고 있었는지를 분석하고서는 이 글을 썼다는 것이다. 그러나 이것조차도 그가 제시하여야 하는 완전한 분석 중에서 단지 일부일 뿐이다. 바울은 원숙한 모차르트처럼, 성악가들이 동시에 부를 서로 다른 여러 성부에 속한 악보를 쓸 수 있었고, 우리는 "음표가 너무 많다"고 불평한 저 오스트리아 황제의 영적인 후계자들에게 밀려서 그 점을 못 본 척하고 넘겨 버려서는 안 된다.[85] 현재의 장과 관련해서 중요한 것은 바울은, 주의 깊고 의도적으로 토라 아래에서의 독실한 유대인의 곤경에 대한 자신의 회고적이며 신학적인 분석을, 이교 세계의 도덕주의자들이

83) Wright, 2002 [*Romans*], 549-572; 그리고 Keener, 2009, 93f.와 고전적인 전거들을 보라.

84) 롬 5:20; 7:13; cp. 갈 3:19, 21f.

85) Shaffer, 1985 [1980], 37. 굳이 Emperor Joseph를 옹호하자면, 이 말은 황제 스스로 한 것이 아니라, 음모를 꾸민 Orsini-Rosenberg 백작이 황제의 입에 넣어준 것이다.

스스로 말한 잘 알려져 있던 딜레마에 비추어서 표현하였다는 것이다.

방금 전에 우리가 말한 적극적인 측면으로부터 도출되는 소극적인 측면은, 바울이 메시야 안에서 살아가는 삶이 실제로 무엇과 같을지를 "새로워진 인류"라는 관점에서 보았을 때, 그것은 비기독교적인 도덕주의자들이 인간의 도리라고 살짝 엿보았던 것들과 중복될 수밖에 없었다는 것이다. 창조의(그리고 이제는 종말론적인) 유일신론에 대한 바울의 믿음으로부터 도출될 수밖에 없었던 결론은, 인류가 메시야와 성령으로 말미암아 진정으로 회복되었다면, 그 결과가 나머지 인류가 최고의 선으로 보았던 것들과 모든 점에서 틀리다는 것은 말이 되지 않는다는 것이었다. 그래서 이제 동일한 것의 소극적인 측면으로서, 바울은 로마서의 많은 대목들에서 말하는 것처럼, 유대인도 아담 안에 있다는 것을 분명히 한다. 즉, 토라가 이스라엘에게 왔을 때, 이스라엘은 모든 인류에게 공통적인 죄를 재현할 수밖에 없었다(5:20; 7:7-12). 그 결과, 토라 아래에서의 이스라엘의 상태는, 아리스토텔레스가 '아크라시아' (akrasia, "의지의 연약함")라고 탄식하였던(그리고 미시적으로 분석하였던) 인간의 곤경, 또는 오비디우스가 '비데오 멜리오라 프로보쿠에, 데테리오라 세쿠오르' (video meliora proboque, deteriora sequor, "나는 더 선한 것을 보고 그것을 인정하기는 하지만, 더 악한 것을 따른다")[86]라고 못마땅하다는 듯이 말하였던 것에 대한 단지 유대적인 판본일 뿐이었다. 물론, 이것은 그 자체가 토라 아래에서의 이스라엘의 상태에 관한 바울의 논증의 일부이지만, 바울은 관련 이교 전통을 아주 잘 알고 있었고, 그의 전체적인 논증은 바로 그러한 문제도 아울러 다루고자 한 것임을 분명하게 보여준다. 결국, 그는 로마서 5:12-21에서 "모든 사람"의 상태가 어떠한지를 설명하는데, 이것은 이후의 5-8장 전체의 토대가 된다. 로마서 8장에서 강조되고 있는 구원은 민족으로서의 이스라엘에게만 국한된 것이 아니다. 우리는 바울의 논증을 단지 "극기"에 대하여 암호화된 표현으로 말하고 있는 것으로 밋밋하게 이해해서, 그는 그리스도인들은 이교도들이 도달할 수 없었던 지점에 도달할 수 있다고 약속하고 있는 것이라고 말할 수는 없지만, 마치 더럼에서 요크까지의 여정 속에는 에든버러에서 런던까지의 여정이 포함되어 있는 것과 마찬가지로, 그러한 차원이 그의 좀 더 큰 논증 내에 포함되어 있다는 사실을 무시할 수는 없다.

로마서의 많은 부분은 사실 다차원적이기 때문에, 이 서신 속에는 참조들과 울

86) Arist. *Nic. Eth.* 7; Ovid, *Met.* 7.20f.("나는 더 선한 것을 보고 그것을 인정하지만, 더 악한 것을 따른다").

림들이 무수히 많이 등장한다. 그러나 로마서 7장과 비슷한 방식으로 논의해야 할 또 다른 본문이 있다. 로마서 2장에는 바울이 어떤 식으로든 "율법을 지키는" 비유대인들에 대하여 말하는 대목이 두 차례 나온다. 나는 이 본문들에서 바울은 이방 "그리스도인들"을 염두에 두고 있는 것임을 다른 곳에서 논증한 바 있다. 이방 그리스도인들에 대하여 그렇게 말하는 다른 본문들에 대한 반영들, 이 논증 자체의 실제적인 취지 등을 종합해 보면, 그럴 가능성이 대단히 농후하다. 그러나 내가 전에 놓쳤을 수 있는 것은 다중적인 울림의 가능성이다.[87]

먼저, 로마서 2장의 끝에 나오는 잘 알려져 있는 본문을 보자. 이 본문은 우리가 앞에서 두 번 이상 논의한 본문으로서, 대부분의 학자들은 이 본문이 암호 같은 표현을 통해서 이방 그리스도인들에 대하여 말하고 있는 것이라는 데 동의한다:

> 무할례자들이 율법의 요구들[dikaiōmata — '디카이오마타']을 지킨다면, 그들의 무할례는 할례로 여겨질 것이 아니냐? 따라서 본래 무할례인 자들[hē ek physeōs akrobustia — '헤 에크 퓌세오스 아크로부스티아']이지만 율법을 온전히 지키는 자들이 율법 조문과 할례를 가지고 있지만 율법을 범하는 너 같은 자들을 심판할 것이다 … 이면적 유대인이 "유대인"이고, "할례"는 마음의 문제이고, 율법 조문이 아니라 성령에 있다. 그런 사람은 사람들로부터가 아니라 다만 하나님께로부터 "칭찬"을 얻는다.[88]

마지막 두 절은 로마서 7:4-6과 고린도후서 3:6에 반영되어 있고, 후자의 두 본문에서 바울은 그리스도인들에 관하여 말하면서, 성령으로 말미암아 그들의 마음에 율법이 씌어졌다는 "새 계약"의 주제를 상기시킨다.[89] 그리고 이것은 신명기 30장 등에서 약속된 새 계약의 복인 "마음의 할례"와 연결된다.[90] 따라서 로마서 2:26-29의 "율법을 지키는 무할례자들"이 이 서신 및 다른 곳들에서 나중에 좀 더 자세하게 설명되는 "마음에 할례를 받은" 이방 그리스도인들을 가리킨다는 것은 의심의 여지가 없다.[91]

로마서 2:12-16에 대해서도 동일한 설명을 하는 것은 얼핏 보면 더 어려운 일처

87) Wright, 2002 [*Romans*], 440-3, 448-50; 그리고 *Perspectives*, ch. 9을 보라.

88) 롬 2:26-9.

89) 고후 3:3은 겔 11:19; 36:26을 반영한다.

90) 신 30:6(cf. 10:16); cf. 렘 31:33; 겔 36:26f.(그 결과들 중의 하나는 관련된 사람들이 하나님이 '디카이오마타'[dikaiōmata] 안에서 행하게 되리라는 것이다, 36:17).

91) 로마서 2장에서 바울은 오직 모든 사람이 죄악되다는 것을 증명하는 데에만 관심이 있다고 말하는 것은 이것을 반박하는 논증이 아니다. 바울의 논증은 그런 것보다 훨씬 더 다면적이다: 여기서도 *Perspectives*, chs. 9, 30을 보라.

럼 보이지만, 이 본문도 그런 식으로 해석되어야 한다는 나의 생각은 확고하다:

> 율법 밖에서 범죄한 자는 누구든지 율법 밖에서 멸망할 것이고, 율법 안에서 범죄한 자들은 율법에 의거해서 심판 받게 될 것이다. 무릇 하나님 앞에서 의로운 자들은 율법을 듣는 자들이 아니다. 의롭다는 선언을 받을 자들은 율법을 행하는 자들이다.
> 이 일이 작동하는 방식은 이런 것이다. 이방인들은 태어날 때부터 율법을 갖고 있지 않지만, 그들이 율법이 말하는 것을 행할 때마다, 그들은 율법을 갖고 있지 않음에도 불구하고, 그들이 그들 자신에게 율법이다. 그들은 율법의 행위가 자신들의 마음에 씌어져 있다는 것을 보여준다. 그들의 양심도 여러 생각들이 서로 고소하기도 하고 변명하기도 하며, (내가 전하는 복음에 이른 바와 같이) 하나님이 왕 예수로 말미암아 사람들의 모든 은밀한 것을 심판하실 그 날을 증언한다.[92]

바울은 앞에 나오는 2:1에서 이교도 도덕주의자들("네가 누구이든지, 심판석에 앉아 있는 사람")을 향하여 말한 바 있는데, 그들은 바울이 1:18-32에서 인간이 도덕적으로 어떻게 와해되고 타락하였는지에 관하여 설명한 것을 듣고서 그에게 동의하여 그러한 행위들을 정죄하는 자들이다. 그런데 바울은 "잠깐!" 이라고 외치면서, "사실은 너희 자신도 이런저런 방식으로 이 모든 일을 행하고 있다"고 말한다. 유대인 도덕주의자들도 여기에 포함될 수 있겠지만 — 그들이 포함되느냐 포함되지 않느냐가 어느 쪽으로도 해석될 수 있다는 것은 바울이 여기에서 일부러 모호하게 표현하고 있을 가능성이 높다는 것을 보여준다 — 바울이 이교도 도덕주의자들을 대상으로 삼고 있다는 것은 의심할 여지 없이 분명하다. 이 장의 처음 열 개의 절이 수렴되는 지점이자 (위에 인용된) 이후의 다섯 개의 절이 보충설명으로 뒤따라 나오는 지점인 이 본문에서 바울의 주된 요지는, "하나님에게는 불공평함이 없으시다"(2:11)는 것이다. 그는 여기에서 하나님의 공평함이 어떤 식으로 작동할 것인지를 이렇게 말한다. 즉, 유대 율법은 유대인들에게 기준이 될 것이고, 비유대인들은 "율법 밖에서" 멸망하게 될 것이다(바울은 비유대인들에 대해서는 심지어 "심판받게" 될 것이라는 표현조차 사용하지 않는다). 중요한 것은 "율법을 행하는 것"이다 — 이것이 이 본문의 핵심이다: '호이 포이에타이 노무 디카이오테손타이'(hoi poiētai nomou dikaiōthēsontai, "율법을 행하는 자들이 의롭다 하심을 얻게 될 것이다").[93]

92) 롬 2:12-16.

93) 2:13. 이제 우리가 충분히 알 수 있듯이, 이 절은 요람에 있을 때부터 바울은 사람이 율법을 행함으로써 "의롭다 함을 받을" 수 없다고 믿었다고 가르침을 받아 온 사람들을 깜짝 놀라 기겁하게 만든다.

이것은 바울에게 분명한 질문을 하나 남긴다. "율법을 행하는 것"이 중요한 것이라면, 처음부터 이방인으로 태어난 이방인들(그들은 "태어날 때부터 무할례자들"이기 때문에, 2:7)은 율법을 갖고 있지 않은데, 어떻게 율법을 행할 수 있다는 것인가? 바울의 대답은 암호 같이 표현되어 있고, 그가 그렇게 암호 같은 표현으로 대답할 수밖에 없었던 이유는, 로마서 7장의 내용이 복잡하게 뒤엉켜 있는 이유와 비슷한데, 그것은 그가 한 번에 두 가지를 동시에 말하고 있기 때문이다.

첫 번째는 그는 나중에 2:26-29에서 말할 것을 여기에서 미리 하나의 복선으로 말하고 있다는 것이다. 이방인들이 성경에 약속된 "새 계약" 속으로 들어와서, 그 결과 "그들의 마음에 씌어진 율법의 행위"를 갖게 될 때가 올 것이다. 이것은 고린도후서 3:3, 그리고 그 배후에 있는 예레미야서와 에스겔서에 대한 반영들임이 분명하고, 로마서 2:26-29과의 밀접한 유사성은 그 가능성을 더욱 높여준다. 그들은 "본래"(physei – '퓌세이') 율법을 소유하고 있지 않지만,[94] "율법의 일들을 행한다."[95]

두 번째는 그는 새 계약 안에서 이루어질 이방인들에 의한 율법의 성취는 이교도 도덕주의자들의 원래의 열망들의 참된 성취가 될 것임을 아울러 보여주고 있다는 것이다. 바울이 "율법을 지키는" 이 기이한 방식을 이런 식으로 설명하는 이유는, 이교의 철학적인 도덕 사상의 세계, 특히 사람들은 "본성적으로" 법을 행하고, "그들 자신에게 법"이 된다고 말하였던 스토아학파의 도덕 사상을 향하여 메시지를 보내기 위한 것이었다.[96] 바울은 사실상 이렇게 말하고 있는 것이나 다름없다: 내가 2:1 이래로 계속해서 말해 왔던 이교도 도덕주의자인 너는, 네 자신 같은 사람이 "본성적으로" 율법을 지키고, 네가 "네 자신에게 율법"이 되는 것이 가능하다고 믿는데, 나는 너의 생각에 동의하기는 하지만, 네가 그렇게 되기 위해서는, 내가 나중에 설명하게 될 것과 같이, 너의 마음에 하나님의 율법이 씌어져야 한다. 이것만이 네가 진정으로 "네 자신에게 율법"이 될 수 있는 유일한 길이다.

이 미묘하게 뒤엉켜 있는 본문에 대한 이러한 양날의 해석이 받아들여진다면, 우리는 다음과 같은 결론에 도달할 수 있다. 바울은 글쓰기에 뛰어난 영리한 저술가였을 뿐만 아니라(로마서는 구구절절이 이것을 우리에게 일깨워 준다), 주후 1세기 이교의 도덕 세계의 이론들과 열망들과 표현들에 대해서도 잘 알고 있었다.

94) 2:14. 이것은 2:27의 '헤 에크 퓌세오스 아크로부스티아'(hē ek physeōs akrobustia)와 비슷하다.

95) '타 투 노무 포이우신'(ta tou nomou poiousin)은 2:26의 '타 디카이오마타 투 노무 퓔랏세'(ta dikaiōmata tou nomou phylassē) 및 2:27의 '톤 노몬 텔루사'(ton nomon telousa)와 병행을 이룬다.

96) Jewett, 2007, 213f.; 그리고 예컨대, Gathercole, 2002b를 보라.

그는 그 세계가 파산하였다고 선언하는 것이 아니라, 단지 무력하다고 선언한다. 로마서 2장과 몇몇 흥미로운 연결고리들을 갖고 있는 7장에서처럼, 그는 이교도 도덕주의자의 최고의 열망, 즉 그들의 윤리 세계들의 "미지의 신들"을 가져와서, 그들은 그것이 어떤 것인지도 모르고 무지한 채로 열망하고 있다고 선언한다. 따라서 이 본문 속에 나오는 스토아 사상에 대한 분명한 반영들은 바울이 단지 스토아학파의 몇몇 표현들을 가져와서 별 생각 없이 어떤 다른 것에 관한 논증에 활용하였음을 보여주는 것도 아니고, (1:18-3:20 전체의 취지와는 반대로) 이교 세계의 도덕주의자들 중에는 예수를 믿지도 않고 새 계약의 지체가 되지 않았어도 실제로 "의롭다 함을 받을" 정도로 "율법을 지키며" 살아가는 자들이 일부 있다고 생각하고 있음을 보여주는 것도 아니다.[97] 이 본문에 스토아 사상을 반영한 표현들이 나오는 것은, 바울이 거의 그들을 골려주는 수준에서 이교도 도덕주의자들에게 그들 자신의 언어로 말하고 있기 때문이다. 그는 이렇게 말하고 있는 것이다: 네가 네 자신에게 율법이 된다는 이상(ideal)은 말 그대로 신기루이다. 그러나 그것이 현실(reality)이 될 수 있다. 아리아드네(Ariadne, 테세우스에게 미로 탈출을 위한 실뭉치를 준 미노스의 딸 – 역주)의 실과 같은 이 서신을 따르라. 그러면 너는 빛으로 나오는 길을 발견할 것이다.

이 절에서 나는, 만약 바울이 이교 철학의 세 가지 주된 범주들인 논리학, 물리학, 윤리학에 대하여 문제들을 제기하고 대안적인 해석들을 제시하였다면, 단도직입적으로 이교 철학에 속한 것들은 모두 다 쓸모없는 것들이라고 선언한 것이 아니라, 이교 철학이 사고의 정확성과 명료성, 세계에 대한 설명의 진실성, 올바른 삶을 진정으로 추구한다는 점을 인정하고서, 거기에 대하여 여러 모로 신중하게 접근해 들어가는 방식을 택하였을 것임을 논증해 왔다. 이교 철학에 대한 이러한 평가에 대하여 바울은 아무런 이의가 없었다. 그가 이교 철학에 대하여 이의를 제기한 이유는, 이교도 도덕주의자들의 열망은 언제나 그 목표에 도달하는 데 실패할 수밖에 없고, 오직 메시야 예수를 통해서 자기 자신을 계시한 창조주 한 분 유일하신 하나님이 사람들의 눈과 사고를 열어주고, 이전에는 결코 생각하지 못했던 방식으로 그의 복잡하지만 통일된 진리를 드러내며, 그의 백성의 마음에 완전히 새로운 '프뉴마'(pneuma)를 주어서, 계약 갱신에 관한 자신의 오래된 약속들을 성취함으로써, 모든 인간의 마음의 가장 깊은 곳에 자리 잡고 있는 가장 큰 열망들을 성취하였다고 믿었기 때문이었다. 바울은 이러한 믿음을 여러 가지 방식으로

97) 반대견해로는 Dodd, 1959 [1932], 61f. 등.

표현하였지만, 그 중에서 두드러지는 것은 덕목들을 열거한 여러 목록들인데(이 덕목들은 사람들이 성령의 능력 안에서 의도적으로 선택하여 행하고 온전하게 해야 한다는 의미에서 "덕목들"이고, 사람들의 의지와 선택과 노력 없이 "자동적으로 이루어지는" 것들이 아니다), 거기에서 우리는 고대 후기의 좀 더 넓은 세계에서 유래한 많은 내용들을 감지하지만, 여전히 이교 세계에서 거의 볼 수 없는 특별한 핵심적인 요소들을 발견한다. 그 요소들에 대하여는 나는 이미 앞에서 말한 바 있다: 오래 참음, 겸손, 자비, 무엇보다도 '아가페'(agapē, "사랑"). "이 모든 것들 중에서 사랑이 가장 크다."

이교도 도덕주의자들이 사랑에 대하여 결코 말하지 않은 데에는 그럴 만한 이유가 있었고, 그것은 사랑이 바울에게 중심적인 것이 된 것과 동일한 이유로서, 예수와 관련된 것이었다. 이교도들 앞에는 50개 이상의 조각들이 빠져 있는 퍼즐이 놓여져 있어서, 그들이 그 퍼즐을 다 맞추고자 시도했을 때에는 꽤 많은 조각들이 엉뚱한 자리에 들어가 있을 수밖에 없었기 때문에, 궁극적으로 바울은 이교 철학에 대하여 시비를 걸지 않는다. 앞에서 이미 보았듯이, 바울 판본의 초기 기독교는 여러 가지 점에서 당시에 알려져 있던 다른 어떤 것들보다도 철학 학파에 가깝기는 했지만, 그는 새로운 "종교"를 고안해 내려고 하지 않은 것과 마찬가지로, "하나의 철학을 구축하고자" 하지도 않았다. 그는 지혜와 지식의 모든 보화가 예수 안에 있는 것을 발견하고서, 오직 예수만을 전하였다. 그는 이렇게 말하였다: 예수를 그 퍼즐의 중심에 놓아 보라. 그러면 지혜와 올바른 삶에 대한 너희의 모든 열망들은 마침내 제자리를 찾게 될 것이다. 그는 십자가에 못 박혔다가 부활한 "이스라엘의 메시야"이자 "세계의 주"인 예수에 관한 메시지를 설명하고 가르치며 변호하는 가운데, 이 메시지가 참되다면, 온갖 원천들로부터 나온 진리에 대한 온갖 파편적인 이해들이 이 메시지 안에 포괄될 것임을 알았고, 그의 표현들은 종종 그의 그러한 인식을 보여준다.

따라서 그는 예수의 복음을 중심으로 재형성된 "논리학"과 "물리학"과 "윤리학"의 관점에서, 그가 "정치"와 "종교"에 관하여 말한 것들이 제대로 된 의미를 지니게 만들어 주는 좀 더 큰 틀을 제시한다. 솔로몬의 지혜서와 마찬가지로, 그는 시편 2편의 소식을 가지고서, 회의론자들이나 에피쿠로스학파의 철학자들과 대결한다: 한 분 유일하신 하나님이 그의 메시야를 통해서 악한 열방들을 심판할 것이다. 하지만 솔로몬의 지혜서와는 달리, 그는 메시야가 누구인지를 알고, 그의 죽음과 부활이 이 대결 자체를 재편하였다는 것도 안다. 솔로몬의 지혜서와 마찬가지로, 그는 세계와 이스라엘에 관한 이야기를, 비밀한 능력인 "지혜"가 이 모든 일을 행하였고, 결국에는 위대한 출애굽을 통해서 하나님의 백성을 구원하고 악한 이교 제국을 무너뜨리게 될 것이라는 관점에서 다시 수정해서 들려준다. 모든 것 중에서 가장 강력한 권능을 지닌 말씀이 하늘로부터 강림하여, 사망과 대결하여 사망을 처리한 것이 아니라, 단번의 싸움에서 스스로 죽음을 짊어진 후에 다시 부활함으로써 승리하였다.[98] 바울은 출애굽 서사들을 예수를 중심으로 수정함으로써, 솔로몬의 지혜서의 메시지에서 말한 "대결 구도"를 "초대"로 바꾸고, 솔로몬의 지혜서가 "지혜"를 현실의 사람으로 의인화하여 당시의 철학들과 "접전"을 벌이는 것으로 묘사된 것을 "새로운 종합"으로 바꾸어서, 그 결핍되어 있던 메시지를 온전하게 만들 수 있었다. 한 분 유일하신 하나님은 단지 만물 속에 있는 신적인 요소인 것이 아니라, 천지의 창조주이다. 스토아학파의 범신론은 옳지 않다. 그러나 한 분 유일하신 하나님은 우리 중 그 누구로부터도 멀리 있지 않다. "우리도 그에게 난 자들이다." 이것은 에피쿠로스 사상이 들어설 여지를 없애 버리는 한편, 스토아 사상의 최고의 "종교적" 열망들로 하여금 새로운 거처를 발견하게 해준다.[99] 사람들은 플라톤학파나 회의론자들과 마찬가지로, 논증해 나가기에 충분한 증거가 없다고 생각할지도 모른다. 하지만 시편과 선지자들이 늘 말해 왔듯이, 한 분 유일하신 하나님은 자기가 세운 대리인인 메시야를 통해서 세계를 심판하였고, 메시야를 죽은 자 가운데서 다시 살림으로써, 그 심판이 사실임을 모든 사람들에게 분명하게 알렸다.

그들은 아테네에서 조롱하였고, 지금도 여전히 조롱하고 있다. 하지만 부활을 제거하면, 퍼즐은 엉망이 되어 버린다. 이것을 그들도 알고 있었고, 바울도 알고 있었다. 그러나 그때나 지금이나 사람들의 삶을 변화시키고, 이스라엘의 꿈만이 아니라 고대 철학의 열망들까지 성취하는 바울의 복음의 능력은, 적어도 부분적으로는 이 복음이 모든 사람들에게 어리석고 미련한 것으로 보일 수 있다고 할지라도, "성숙한 자들"이 소유할 수 있는 "지혜"라는 것을 보여주는 증표였다:

> 나의 말과 나의 선포는 설득력 있는 지혜의 말이 아니라, 성령에 의해서 강력하게 나타난 명백한 증거에 있었으니, 이는 너희의 믿음이 인간의 지혜가 아니라, 하나님의 능력에 있게 하기 위한 것이었다.[100]

98) cf. Wis. 18.15.

99) 예컨대, 우리는 "클레안테스의 제우스 찬가"(Hymn of Cleanthes), 또는 Epictetus의 고상한 기도(제3장 제2절4) (3)를 보라)와 비교해 볼 수 있을 것이다.

100) 고전 2:4f.

당시의 철학들에 대한 바울의 대답은 "너희는, 유대적이지만 거리낌이 있는 예수의 메시지를 이교의 사상 체계들에 맞출 수 없음은 말할 것도 없고, 유대적인 세계관을 비유대적인 세계관에 맞출 수도 없다"는 것이었다. 어떤 사람이 유대교/헬레니즘이라는 이분법을 뛰어넘을 것이라고 선언할 때의 위험성은, 그 말이 모든 차이들을 별 것 아닌 것으로 보는 신의 눈을 얻고자 하는 전형적인 계몽주의적 시도 같이 들린다는 것인데, 바울에게 있어서 이스라엘의 성경과 이스라엘의 하나님은 그런 식으로 밋밋하게 일차원적인 것으로 만들어 버릴 수 있는 것이 아니었다. 그러나 그런 것과는 정반대로, 복음으로 하여금 말을 하게 하고, 다른 모든 것을 복음 안에 포섭시키면, 거기에는 지혜만이 존재하게 되는 것이 아니라 능력도 존재하게 될 것이다:

> 유대인들은 표적들을 구하고, 헬라인들은 지혜를 찾는다. 그러나 우리는 십자가에 못 박힌 메시야를 전하니, 유대인들에게는 거리끼는 것이고, 이방인들에게는 미련한 것이지만, 유대인이든 헬라인이든 똑같이 부르심을 받은 자들에게는 메시야는 하나님의 능력이자 하나님의 지혜이다. 하나님의 미련한 것이 사람들보다 더 지혜롭고, 하나님의 약하심이 사람들보다 더 강하다.[101]

3. 최근의 연구에 있어서 바울과 스토아학파 철학자들

1) 서론

위의 제3장에서 보았듯이, 바울의 세계는 어떤 하나의 철학 전통에 의해 지배되지 않았다. 오늘날 여러 다양한 관념들의 단편들이 대중문화 속에서 소용돌이치면서 하나로 통합되지 않은 채로 공존하며 서로 충돌하기도 하고 결합되기도 하는 것과 마찬가지로, 지중해 세계 전체는 말할 것도 없고 한 도시에 속한 바울의 청중들조차도 어떻게 해야 명료하게 사고할 수 있고, 세계가 무엇으로 이루어져 있으며, 인간은 어떻게 행하여야 하는지에 관하여 획일적인 생각을 지니고 있었을 것이라고 추정할 근거는 전혀 없다. 이 작은 도시에는 당시의 네 개의 주된 학파들(플라톤의 아카데미학파, 아리스토텔레스의 소요학파, 스토아학파, 에피쿠로스학파)을 추종

101) 고전 1:22-5.

하는 자들이 서로 뒤섞여 있거나, 이 네 학파들의 서로 다른 요소들이 서로 구별됨이 없이 그들의 사고 속에 혼합되어 들어 있었을 것이다. 또한, 거기에는 그런 문제들에 대하여 확실한 해답을 주는 것이 가능하다는 것을 부정한 진지한 회의론자들도 있었을 것이고, 그런 어려운 문제들은 생각하기 싫다는 듯이 어깨를 으쓱하는 자들도 있었을 것이다. 앞에서 이미 보았듯이, 이러한 다양한 사고와 신념은 "정치"와 "종교"라는 두 개의 서로 중복되는 세계 속에 느슨하게 자리잡고 있었다. 그것은 혼란스러운 세계였고 혼란스럽게 만드는 세계였다.

그럼에도 불구하고, 우리는 바울이 방문하였거나 서신을 보낸 세계들에서는 대중적인 수준의 스토아 사상이 널리 퍼져 있었다는 것을 꽤 확실하게 말할 수 있다. 앞에서 에픽테토스(Epictetus) 같은 인물들을 다룰 때에 살펴보았듯이, 스토아학파의 "공식적인" 범신론은 사람들에게 신들은 단지 모든 사물과 모든 사람 속에 스며 있는 불기운의 '프뉴마'(pneuma)의 궁극적인 형태인 것이 아니라, 어떤 의미에서는 사람들과는 다른 "타자"인 것처럼 신들을 섬기고 신들에게 기도하는 것을 계속해 나갈 수 있는 많은 여지를 주었다. 대중적인 수준에서, 스토아학파는 세계를 바라보는 꽤 유연한 방식을 제공해 주었고, 아주 폭넓고 다양한 상황들 속에서 어떻게 행해야 하는지에 관한 많은 좋은 조언들을 주었으며(주후 1세기의 스토아학파는 대단히 실제적이고 실용적이었다), 일상생활의 골치아픈 문제들을 헤쳐나갈 수 있는 용기와 끈기를 선사하였다. 바울의 위대한 동시대인이었던 세네카(Seneca)는 다른 어떤 일들보다도 철학을 보편화시켜서 보통 사람들을 위한 삶의 지침이 되게 하는 일에 힘썼다.[102] 어쨌든 당시에는 에피쿠로스학파의 일원이 되는 것은 더 어려운 일이었다. 왜냐하면, 제대로 에피쿠로스학파의 일원이 되려면, 일상의 힘든 일들에서 벗어나서 평화로운 항구로 도피하여 평온한 삶을 살아가는 데 필요한 상당한 정도의 재력이 있어야 하였기 때문이다. 반면에, 스토아학파는 (비록 그 철학을 연구하고 실천하고자 한 사람들은 대체로 상류층 사람들이긴 하였지만) 모든 사람이 어느 정도 접근할 수 있는 요소들을 지니고 있었던 것으로 보였다. 따라서 바울은 고린도나 에베소 같은 도시들이나, 좀 더 작은 규모의 성읍들에 서신을 쓸 때, 자신의 청중들이 스토아 사상의 몇몇 기본적인 개념들을 알고 있어서, 자기가 한 말들을 그러한 맥락 속에서 "들을" 것으로 예상하였을 것이다 — 마치 오늘날 서구문화가 기본적으로는 에피쿠로스학파적이거나 적어도 이신론적이기 때문에, 사람들이 "신"이라는 단어를 세계와 인간으로부터 멀리 떨어진 곳에

102) Ross, 1974, 117을 보라. 내가 이 전거를 알게 된 것은 Lee, 2006, 200의 덕분이다.

서 초연히 살아가는 존재를 떠올리고, "윤리학"이나 "도덕"이라는 말을 들었을 때에는 "우리가 장난치는 것을 그치게 하기 위한 일련의 규칙들"을 떠올리는 것과 같이.

주후 1세기의 사람들이 바울이 말하는 것들을 스토아학파적인 귀로 "들었을" 가능성은 최근에 여러 학자들에 의해 깊이 연구되어 왔는데, 그러한 연구의 출발점으로 자연스럽고 합당한 지점들 중의 하나는 바울의 윤리학이고,[103] 하나님의 '프뉴마'(pneuma)에 관한 그의 표현들도 또 하나의 지점이다. 우리는 바울이 성령에 관하여 말한 것들의 주된 원천들은 결국 (a) 성경과 (b) 최초의 그리스도인들의 실제 체험이라고 결론을 내릴 수 있겠지만, 그는 자신의 청중들 중 다수에게 있어서 '프뉴마'라는 말은 만물의 핵심에 있는 궁극적으로 "신적인 정체성"과 마침내 만물을 태워 버릴 "뜨거운 숨"을 가리키는 것이었다는 사실을 알고 있었을 것임에 틀림없다.[104] 또한, 그는 교회를 메시야의 몸이라고 말했을 때, 그것이 일부 스토아학파에서 인류 전체를 하나의 권속으로 표현하고자 하였을 때에 사용한 표상이었고, 어떤 사람들에 의해서는 특정한 시민 공동체 같은 "정치체"(body politic)를 가리키는 데 사용되었던 표상이었다는 것도 알고 있었을 것임에 거의 틀림없다.[105] 일부 학자들은 당시의 청중들은 종말에 관한 바울의 비전, 특히 로마서 8:18-25에 나오는 장엄한 장면을, 장차 대화재가 일어나서 만물이 다시 새롭게 시작될 것이라고 본 스토아학파의 비전에 비추어서 들었을 가능성이 크다고 주장해 왔다.[106] 종말론에 관한 바울의 언어의 원천이 유대적인 묵시 전통들에 있었고, 바울은 그 전통들을 메시야와 그의 부활을 중심으로 재형성하였다는 점을 감안하면, 스토아학파의 비전을 반영하고자 하는 의도가 그에게 있었는지는 의심스럽기는 하지만, 어쨌든 그의 청중들 중 일부는 그가 말하는 것들이 당시에 잘 알려져 있던 스토아 사상의 주제와 비슷하다고 보았을 가능성은 얼마든지 존재한다.

물론, 바울 자신의 주된 주제들 중 일부는 스토아 사상을 포함한 이교 세계의 모든 주된 철학자들의 토대를 이루는 기본원리들을 뛰어넘는다. 기쁨에 관한 그의 비전은 쾌락에 관한 에피쿠로스학파의 비전과 근본적으로 다르고, 그가 고난을 순순히 받아들이는 것은 에피쿠로스 사상 및 스토아 사상과 다른 그의 주된 차이점

103) 예를 들면, Thorsteinsson, 2010을 보라. 이 분야에서 최근에 가장 큰 기여를 한 것은 Rabens, 2010의 저작이다.

104) 예를 들면, Martin, 1995를 보라. Engberg-Pedersen에 대해서는 아래를 보라.

105) 예를 들면, Lee, 2006을 보라.

106) Engberg-Pedersen에 있어서 이 견해에 대해서는 아래를 보라; 그리고 위의 제3장 제2절 (iii).

이다. 그가 이스라엘의 하나님을 세계와는 근본적으로 다른 타자임과 동시에 세계에 깊이 관여하는 존재로 믿은 것은 아카데미학파나 소요학파에 속한 범주들로는 담을 수 없는 것이었다. 그리고 인간의 삶의 궁극적인 목표에 관한 그의 비전도, 그 실제적인 내용에서나, 그 목표가 자기발견이나 인격도야에 관한 비전이 아니었다는 사실에서나, 앞에서 말한 두 학파와는 근본적으로 달랐다. 바울에게 있어서 그 목표는 "자아"를 이 그림의 중심에서 내리고, 그 대신에 메시야 및 그의 죽음과 부활을 그 자리에 앉히는 것이었다:

> … 내가 토라에 의해서 정의된 내 자신의 계약상의 지위가 아니라, 메시야의 신실하심으로 말미암아 오는 지위를 가짐으로써, 메시야가 나의 이득이 되게 하고, 내가 그의 안에서 발견되기 위한 것이다. 이것은 내가 그를 알고, 그의 부활의 권능을 알며, 그의 고난에 참여함을 아는 것을 의미한다. 그것은 그의 죽으심을 본받아, 어떻게 해서든지 죽은 자 가운데서의 최종적인 부활에 이르고자 하는 것을 의미한다.[107)]

마찬가지로, 한 분 유일하신 하나님과 한 주의 살아 계신 임재에 관한 바울의 비전, 그리고 그가 그것을 토대로 해서 예루살렘 성전과 관련된 충격적인 유비를 동원하여 교회와 개별 그리스도인들을 "성전들"로 본 것은 '프뉴마'(pneuma) 또는 '로고스'(logos)의 내주에 관한 스토아학파의 가르침과 상당히 유사점들이 있는 것으로 생각될 수 있다. 그러나 바울에게 있어서 이 둘 간에는 원천에 있어서나(하나님이 성막에 거한다는 성경적인 견해) 내용에 있어서나(인간 속에 자동적으로 존재하는 것이 아닌 하나님의 선물로서의 '프뉴마') 목표에 있어서나(현재에 있어서의 성결과 연합, 미래에 있어서의 부활) 근본적인 차이점들이 존재하였다. 그리고 십자가는 여전히 궁극적으로 거리끼는 것이었기 때문에, 고상한 철학 전통들을 맛이라도 본 자존감 있는 헬라인이나 로마인이라면 누구든지, 한 젊은 유대인이 사형판결을 받고 처참하게 죽어간 일이 한 분 참된 하나님의 궁극적인 계시라는 말에 경악할 수밖에 없었을 것이다. 바울을 당시의 철학들과 나란히 놓고자 하는 모든 시도는 이렇게 시작부터 큰 걸림돌을 만날 수밖에 없었다. 바울은 일차적으로는 주후 1세기의 도덕철학자였고, 부차적으로만 예수 및 그의 죽음과 부활이 지닌 의미와 효과에 관한 몇 가지 기이한 견해들을 말한 인물이었던 것이 결코 아니었다. 그의 중심에는 예수 및 그와 관련된 이러한 사건들이 있었다. 우리가 서로 다른 사상 체계들을 비교하고자 한다면, 한 쪽의 중심과 다른 한 쪽의 주변을 비교하

107) 빌 3:8-11.

는 것이 아니라, 중심과 중심을 비교하는 것이 마땅하다.

2) 잉버그 페데르센의 이분법을 넘어서?

(1) 해설

우리가 바울과 스토아학파에 관한 현재의 연구 동향을 생각할 때, 마치 수많은 마라톤 주자들 중에서 가장 앞서 달리는 주자처럼, 한 사람의 이름이 떠오른다. 네덜란드 학자인 트로엘스 잉버그 페데르센(Troels Engberg-Pedersen)의 생생하고 마음을 끌어당기는 문체는 이전 세대의 많은 사람들이 거의 완전히 무시해 버렸던 한 분야에서의 새로운 가능성들을 열어 주었다. 이 분야에서 연구해 온 사람들조차도 잉버그 페데르센의 주장들은 그들의 수수한 제안들을 훨씬 뛰어넘는다고 느끼는 것은 어쩌면 당연한 일이다. 최근의 한 주석자는, 그의 가장 최근의 저서는 "지적으로 흥분시키고 시의적절하며 논쟁적"이라고 평하면서, 그를 "세계에서 가장 훌륭한 바울 학자들 중의 한 사람"이라고 말하였다.[108] 이러한 주장들은 그 자체가 논란이 될 수 있겠지만, 잉버그 페데르센이 적어도 바울을 역사적으로 진지하게 다루는 글을 쓰고자 하는 사람들이 반드시 짚고 넘어가지 않으면 안 될 질문들을 제기하였다는 것은 의심의 여지가 없다. 그러한 사실은 이 대목에서 그의 저작을 자세하게 논의하는 것을 합당하게 만들어 준다. 왜냐하면, 우리는 지금까지 바울을 당시의 철학 학파들과 관련해서 살펴봄으로써 그러한 작업을 할 수 있는 정지작업을 마쳤기 때문이다.

잉버그 페데르센의 많은 저작들 중에서 바울에 관한 그의 명제와 관련해서 중심적인 서술들은 그가 2000년에 펴낸 책인 『바울과 스토아학파 철학자들』(*Paul and the Stoics*), 그리고 그 속편인 『사도 바울에 있어서 우주론과 자아』(*Cosmology and Self in the Apostle Paul*)인데, 후자에 붙어 있는 『물질적인 영』(*The Material Spirit*)이라는 부제가 그 책이 무엇을 다루고 있는지를 잘 보여준다.[109] 잉버그 페데르센은 고대 철학을 평생동안 연구해 온 학자로서 바울에게 다가가기 때문에, 만약 그에게 "병행광"의 위험성이 존재한다면, (많은 신약학자들과는 달리) 바울을

108) Engberg-Pedersen, 2010의 표지에 인용된 J. Barclay.

109) 아래의 서술에서 나는 *Paul and the Stoics*(Engberg-Pedersen, 2000)는 PS로, *Cosmology and the Self*(Engberg-Pedersen, 2010)는 CS로 줄여서 지칭할 것이다.

읽어 가는 가운데 스토아학파와 병행되는 것들을 찾아내는 방식이 사용된다 — 대부분의 신약학자들은 정반대의 방식을 취한다. 나는 위의 제3장과 여기에서 내가 그 자료들에 대하여 다룬 내용이 우리로 하여금 합당한 균형을 유지할 수 있게 해주기를 소망한다.

잉버그 페데르센은 바울이 철학자, 특히 스토아학파의 일원이 아니라는 점을 강조하지만, 바울이 자신의 회중들에게 자기가 최선이라고 믿은 생활방식을 권할 때에 당시의 철학 전통들, 특히 스토아학파의 전통들을 자유롭게 활용하였다는 것을 논증한다. 그는 『바울과 스토아학파 철학자들』의 시작 부분에서, 자기는 단지 개별적인 모티프들을 비교해서 검토하는 것이 아니라 (우리가 방금 말한 대로) 바울 전체와 스토아 사상 전체를 비교하는 것을 목표로, 바울의 "세계관"을 사회역사적 맥락 내에서 파헤쳐 보고자 한다고 말한다.[110] 그는 바울의 "삶의 양식과 상징 세계" 전체에 관한 그림을 구축해 보고자 하는 것이라고 말한다.[111] 잉버그 페데르센은 우리와는 판이하게 다른 방식으로 이 작업을 진행해 나가지만, 어쨌든 이것은 우리가 본서의 제2부에서 제시한 목표와 아주 비슷하게 들린다. 그는 자신의 연구는 샌더스(Ed Sanders)와 레이제넨(Heikki Räisänen)의 "새로운 관점"과 맥을 같이 하고 있지만, 특히 유대 사상에 관한 샌더스의 자세한 분석과 일정 정도 유사점들도 있는 반면에 차이점들도 상당히 있다고 말한다 — 하지만 그는 유대 사상에 관한 분석을 시도하지 않는다. 그는 자신의 시도는 바울을 "개신교" 전통,[112] 아니 실제로는 "신학" 전체로부터 구해내고자 하는 운동의 일부라고 주장한다.[113] 그는 자신이 "신학적"이 아닌 "자연주의적인" 접근방식을 택하고 있음을 강조하면서, 이것은 신학적인 의도를 가지고 읽으면 "역사적이고 비평적인 예리한 칼날"이 무디어지기 때문이라고 말한다.[114] 그는 고대의 견유학파 철학자들이 당시의 기득권층에 반항하여, "개들"로 자처하고서, 부자들과 고명한 인사들의 위선들을 보고 짖어댔던 것처럼, 어떤 의미에서 자신도 바울을 읽으면서, 유럽의 신학 전통에 대하여 그렇게 하고 있는 것이라고 말한다.[115] 나는 오늘날의 신학 전통들이 부요하

110) *PS*, 1f.

111) *PS*, 21.

112) *PS*, ix.

113) *PS*, 1: 그의 저작은 "전통적이고, 신학적인 것과는 다른 관점에" 서게 될 것이다. 여기서 쉼표는 데살로니가전서 2:14의 끝에 나오는 저 유명한 쉼표만큼이나 중요한 것으로 보인다(위의 제11장 제6절 3)을 보라).

114) *PS*, 2; cf. 29, 30, 43.

115) 위의 제3장 제2절 5); 그리고 *JVG*, 66-74를 보라.

거나 존경 받을 만한 것들인지는 모르겠지만, 잉버그 페데르센을 읽는 사람들은 현실의 쟁점들과는 아무런 상관 없이 바울을 신학적으로 해석한 것들에 대하여 짖어대는 그의 모습 속에서, 날카로운 비판과 계산된 경멸의 말들을 토해내는 디오게네스(Diogenes)의 모습을 연상하게 된다.

특히, 잉버그 페데르센은 자신이 편집한 논문 모음집의 제목처럼, 지금은 "유대교/헬레니즘의 이분법을 뛰어넘을" 때이고, 자기도 그렇게 하고 있다고 반복해서 주장한다. 이것은 19세기에 이데올로기에 휘둘린 학계가 만들어낸 무익하기 짝이 없는 거짓 이분법으로부터 바울을 구해내어서, 사실은 사도 바울은 유대적인 전통들과 비유대적인 전통들을 자유롭게 활용해서, 그에게 여전히 중요하였던 "묵시론적" 세계관을 비유대 세계, 특히 스토아 사상의 세계로부터 가져온 주요한 주제들 및 모티프들과 결합시킨 인물이었다고 설명하는 것을 의미한다. 잉버그 페데르센은 바울의 관념들이 이렇게 두 개의 원천으로부터 왔다는 것을 인정하지만, 우리가 그 둘 중의 하나를 선택해서, 바울을 "유대적인" 사상가나 "헬레니즘적인" 사상가 중 어느 하나로 만들려고 해서는 안 된다고 주장한다. 그가 첫 번째 책에서 제시하고 두 번째 책에서 다른 각도에서 더욱 강화한 기본적인 논증은, 바울은 기본적으로 스토아학파의 윤리학의 본질적인 구조 내에서 글을 쓰고 있기 때문에, 스토아학파가 합리성과 이성이라고 말한 대목에서 바울이 "하나님"과 "그리스도"라고 말하였다고 할지라도, "동일한 기본적인 구조가 스토아학파의 윤리학과 바울의 포괄적인 신학화를 한데 묶고 있다"는 것이다.[116]

잉버그 페데르센이 계속해서 사용하는 두 가지 사고 도구가 있고, 이 둘은 그의 연구 전체에 근본적인 영향을 미치고 있기 때문에, 우리는 이 두 가지 사고 도구에 대하여 평가해보지 않으면 안 된다. 첫 번째는 그가 "철학적 석의"라고 부르는 것인데, 이것은 "해석자가 고대의 맥락에서든 현대의 맥락에서든 철학적으로 의미 있는 해석 범주들을 적용하는" 것을 의미한다.[117] 나는 이 모든 것은 "의미 있다"는 것이 무엇을 의미하느냐에 달려 있다고 보는데(아마도 철학자들 자신도 이렇게 지적할 것이다), 잉버그 페데르센의 실제적인 작업에 의거해서 판단해 본다면, 그것은 바울의 "묵시론적인" 유대적 맥락의 많은 부분이 "의미 있지" 않은 해석 범주들이라는 것을 의미한다. 그는 이렇게 유대적인 맥락을 제거한 후, 그 대신에, 한편으로는 고대의 스토아 사상으로부터 가져온 범주들, 다른 한편으로는 오늘날의 문

116) *PS*, 47.
117) *CS*의 뒷표지에 인쇄된 광고문구에서.

화 분석, 특히 푸코(Foucault)와 부르디외(Bourdieu)에 의해 행해진 분석으로부터 가져온 범주들을 본문에 적용한다. 이것이 바울에 대한 역사적 분석이라는 관점에서 "의미 있는" 것인가 하는 질문은 우리가 나중에 반드시 짚고 넘어가야 할 문제이다.

첫 번째의 것과 밀착되어 있는 두 번째 사고 도구는 고 버나드 윌리엄스(Bernard Williams)가 개발한 범주, 즉 "우리가 실제로 택할 수 있는 선택지"를 구성하는 관념들과 신념들이라는 범주이다.[118] 솔직히 말해서, 이것은 문제가 더 심각하다. "우리가 실제로 택할 수 있는 선택지"를 구성하는 것이 잉버그 페데르센이 허용하는 것보다 더 많이 열려 있을 수 있다는 것만이 문제가 아니고(아래를 보라), 심지어 "우리"가 실제로 누구인가 하는 질문이 제기될 수 있다는 것도 문제의 전부가 아니다. 그는 자신의 글의 한 대목에서, "학자들은 … 그들 자신의 실존적인 이해관계가 학자로서 그들이 직업적으로 하는 작업에 정확히 어느 지점에서, 그리고 어떻게 연루되어 있는지를 그들 자신과 그들의 독자들에게 분명히 하여야 한다"고 지적하고, 자기는 그렇게 하였다고 주장한다. 그러나 그는 자신의 날카롭지 못한 각주에서, "물론, 아주 많은 것들이 '우리'가 누구이냐에 달려 있다"는 말을 툭 던지기도 한다. 독자들은 정말 그렇다고 생각하지만, 그런 후에 잉버그 페데르센은 "나는 그 문제에 대해서는 말하지 않을 것이다"라는 말로 그 각주를 마무리하고 만다.[119]

그러나 이러한 혼란스러움들과 분명한 발뺌이 눈에 보이는 것조차도 아직 그의 가장 깊은 문제점이 아니다. 그의 가장 깊은 문제점은 이것이다: "실제적인 선택지"라는 이 개념은 바울 및 그가 역사적인 스토아 사상과 맺고 있었을 수도 있고 그렇지 않았을 수도 있는 역사적 관계에 대한 역사적 분석 내에서 어떤 역할을 하고 있는가? 잉버그 페데르센은 역사비평이라는 이름으로 신학적 읽기들이라는 하루살이를 걸러낸 후에 느슨하게 형성된 "우리가 실제로 택할 수 있는 선택지"라는 낙타를 삼키는 일을 아무렇지도 않게 행한다. 내가 크게 잘못 생각하고 있는 것이 아니라면, 역사가의 임무는 세계관과 사고체계, 목표들과 동기들, 생각들, 좋아하는

118) *PS*, 16f.에서는 Williams 1985, 160f.를 언급한다. 그는 17-24 전체에 걸쳐서 이 관념을 강조하고, *CS*에서 "옹호될 수 있는" 것들이라는 관점에서 그것을 발전시키는 가운데, 여러 단계들에서 그것으로 되돌아오지만(예컨대, 2f. 6, 193), 그가 주후 1세기의 관념을 역사가로서 설명하는 것이 아니라 단순히 옹호하는 근거들이 무엇인지, 그리고 무엇에 대항하여 "옹호하고 있는" 것인지에 대해서는 전혀 말하지 않는다.

119) *PS*, 26, 309 n. 35.

것들과 싫어하는 것들이 우리와는 모든 점에서 상당히 달랐던 사람들의 사고 안으로 들어가서, 그들의 생각을 설명해내는 것이다. 나는 아리스토텔레스가 이것과 비슷한 말을 했다는 느낌을 갖는다. 실제로, 역사상의 인물들이 우리 자신과 비슷해 보일 때, 우리는 우리 자신의 세계관을 그들에게 투영해서, 우리가 듣는 모든 것은 우리 자신의 목소리가 저 멀리 있는 역사의 벽에 부딪쳐서 되돌아온 메아리일 위험성이 있다. 이것은 이 분야에서 늘 있어 왔는데, 그 중 한 예는, 종교개혁자들이 바울을 읽을 때에는, 16세기와 주후 1세기 사이에 쳐진 장벽이 사라지고, 바울이 직접 새로운 상황을 향하여 말하게 되었다고 본 바르트(Barth)의 주장이다.[120] 저 훌륭한 로널드 사임(Ronald Syme)이 아우구스투스의 출현과 통치를 20세기 중반의 저 악명 높은 폭정들과의 유비 속에서 바라보았을 때에도 비슷한 문제점이 발생하였다. 유비들은 도움이 될 수 있기는 하지만, 우리가 실제로 알고 있는 것보다 더 많이 "안다"고 생각하도록, 우리를 미혹시킬 수도 있다.[121]

이 경우에 있어서 잉버그 페데르센으로 하여금 이러한 방법론을 채택하도록 몰아간 것은 일종의 선교적 고려인 것으로 보인다 — 따라서 만일 그러한 선교적 고려에 의해서 바울에 대한 연구가 다른 방향으로 시도되었다면, 과연 그가 그 시도를 반대하였을까 하는 의심이 든다. 그는 우리가 20세기 초의 학계의 몇몇 측면들과 연결시키는 신약성서의 선포를 자신이 준비한 프로크루스테스(Procrustes) 침대에 맞춰 축소시키고자 하는 것으로 보인다:

> 우리는 그리스도 사건의 이야기에 대한 바울의 믿음, 즉 그가 그것을 이해한 직접적인 형태가 잘못되었다고 생각할 수 있고, 사실은 잘못되었다고 생각하여야 한다. 그러나 우리는 바울에게서 발견하는 "신학화"에 의해서 고무되어, 우리도 마찬가지로 그러한 "신학화"를 수행하여서, 철학적으로 의미 있는 방식으로 인간과 관련해서 그리스도 사건이 지닌 의미들을 캐내어, 그리스도를 믿는 삶의 형태의 특정한 형태를 우리의 동시대인들이 실제로 받아들일 수 있는 선택지로 제시하고자 할 수 있다.[122]

120) Barth, 1968 [1933], 7.

121) Syme과 Augustus에 대해서는 위의 제5장을 보라. 나는 (위의 제7장 각주 28에서처럼) 여기에서 다시 한 번 Lewis, 1964, vii에 주목한다: 우리는 어떤 모르는 단어를 만났을 때에는 사전을 찾아보지만, 아는 단어이기는 한데 의미가 변경된 단어를 만난 경우에는, 저자가 무엇에 대하여 말하고 있는지를 안다고 착각하게 된다.

122) *PS*, 304(그 책의 마지막 단락). 앞의 두 페이지는 이 단락에서 "바울이 사용하는 언어 유형인 실체적(substantive) 언어는 우리를 위한 실제적인 선택지가 아닌 반면에, 또 다른 유형인 인지적 언어는 우리의 실제적인 선택지이다"(303)라는 논증을 이끌어내기 위한 과정이다.

잉버그 페데르센이 어떤 것이 우리를 위한 "실제적인 선택지"인지 아닌지를 결정하기 위한 기준이 무엇이라고 생각하는지가 점차 분명해지고 있다는 것은 두말할 필요가 없다. 즉, 그는 철학적 분석이라는 외과의사의 수술용 칼을 사용해서, 바울의 글들 중에서 자기가 원하는 것들은 남겨두고, 자기가 원하지 않는 것들은 역사비평적인 날카로운 칼날을 잃지 않기 위해서 도려내야 할 "신학"으로 규정하여 잘라내 버린다. 그는 바울의 복음에 대한 전적인 "묵시론적" 이해는 잘라내야 하고, "인간론"과 "윤리"는 "신학"과 (두 번째 책에 언급되고 있기는 하지만) "우주론"으로부터 해방되기만 한다면 괜찮다고 생각하는 것 같다.

잉버그 페데르센이 인정하듯이, 이것은 불트만(Bultmann)의 "탈신화화" 프로그램과 아주 가깝다. 그는 몇 가지 방식으로 불트만과 거리를 두고 있기는 하지만, 이러한 병행이 필연적으로 야기시키는 문제점들을 과연 그가 해결하였는지는 의문이다.[123] 사실, 페데르센이 우리에게 생소해 보이는 어떤 것을 "역사적인" 것으로 취급한 것은 자신의 잘못이라고 한 말은 내게는 그가 역사적 방법론을 완전히 포기한 것 같이 들린다:

> 학자들은 흔히 여기에 나오는 바울의 관념[그는 "그리스도에의 참여"를 다루고 있다]이 마치 우리에게 즉각적으로 이해되고 어느 정도 수월하게 받아들여질 수 있는 것처럼 말한다. 그러나 그렇지 않다. 정반대로, 그 관념은 마치 우리를 위한 진정한 선택지와는 정말 거리가 먼 것처럼 보인다. 하지만 이러한 사실은 그 관념이 바울에게 무엇을 의미하였는지를, 우리의 실존으로부터 중립적인 역사적 작업의 일부로서 밝히는 일이 극히 어렵다는 것을 의미하는 것이기도 하다. 이 관념은 우리에게 너무나 생소하고 낯설어 보이기 때문에, 우리는 이 관념을 충분히 올바르게 파악해서 다른 비슷한 관념들과 결합시켜서 논증을 앞으로 더 진행시켜 나가도 되는지에 대하여 확신할 수 없다. 일정 정도의 담론의 공유가 결여되어 있다. 그러나 이것은 공유된 "현상들"에 의거해서 그 결여를 메울 수 없다는 것을 다른 식으로 말하는 것일 뿐이다. 이것과는 대조적으로, 우리가 앞으로 중점적으로 관심을 갖게 될 "인간론" 및 "윤리"와 관련된 관념들을 통해서는, 바울의 담론 수준을 공유할 수 있는 가능성이 훨씬 더 커진다. 따라서 이것을 전제하는 "현상론적" 읽기에 대한 길은 적어도 잠정적으로는 열려 있다.[124]

우리는 이런 식으로 "철학적 석의"를 활용해서 우리를 위한 "진정한 선택지"일 수 있는 것들을 찾고자 하는 시도는 그 자체가 이미 "역사적"이라기보다는 훨씬 더 "비평적"인 것으로 보인다고 평가할 수 있을 것이다. 즉, 그것은 아마도 물어뜯

123) *PS*, 18f. 외 다수를 보라.
124) *PS*, 27f.: 강조는 필자의 것.

는 것(bite)이라기보다는 짖어대는 것(bark)인 것 같다. 그것은 해석자가 어떤 사람의 사고의 특정한 흐름들을 "좀 더 중심적인" 요소들에 맞추어 "수정할" 수 있다고 주장하는 내용비평(Sachkritik)으로 알려져 있는 방법론을 급진적으로 적용한 것이다. 이것은 이미 해석자가 2천년 전에 그러한 사고를 하였던 사람보다 그 사고의 흐름이 어떻게 "작동하여야" 하는지를 더 잘 이해하고 있다는 것을 전제한다 — 이러한 전제는 다른 분야들에서는 터무니없는 것으로 여겨질 것이 거의 분명하다. 주후 1세기의 관념들을 오늘날의 사람들에게 어떻게 전하여야 하는가 — 사실, 그는 자신의 관념들을 권하는 것처럼 보이지만 — 하는 문제를 고민하는 것은 별개의 일이지만, 고대 철학을 전공한 사람이, 특정한 고대의 관념들이 우리를 위한 "진정한 선택지들"이 아니라면, 우리는 과연 그 관념들을 제대로 설명할 수 있을지를 걱정하여야 한다고 하소연하는 모습을 보는 것은, 우리에게 생소하고 낯설다. 이것이 버나드 윌리엄스(Bernard Williams)가 염두에 두고 있었던 것이 아님은 분명하다. 우리가 이미 공감하고 있는 관념들과 다른 어떤 관념들에 대하여 글을 쓰는 것이 어려운 일이라는 것은 이해가 간다. 이것은 역사상의 특정 인물이 어떻게 행동하였을지를 생각해서 그것을 재현하는 방식으로 연기해야 하는 사극 연기와는 반대로, 자신이 맡은 등장인물에 완전히 몰입해서 "자연스럽게 연기해야" 배역을 제대로 소화해낼 수 있는 철저한 "몰입 연기자"(method actor)의 딜레마이다.

잉버그 페데르센은 사실 역사서술과 관련해서, 우리를 위한 "진정한 선택지"인 관념들과 그렇지 않은 관념들 간의 구별을 바울의 사고에 대한 역사적 분석을 위한 지표로 취급하는 잘못을 저지르고 있는 것으로 보인다. 그는 바울의 인간론적이고 윤리적인 관념들은 "진정한 선택지"인 반면에, 그의 신학적이고 "묵시론적인" 관념들은 그렇지 않기 때문에, 그의 인간론적이고 윤리적인 관념들이 그의 사고의 진정한 중심을 형성하고 있다고 믿는 것으로 보인다. "나는 이것을 좋아하고, 적어도 그것과 공감할 수 있기 때문에, 그것은 바울이 진정으로 의도하였던 것임에 틀림없다." 물론, 잉버그 페데르센은 종종 이것과 아주 근접한 말을 하고 있기는 하지만, 결코 이렇게 형편없이 표현하지는 않는다. 그는 "묵시론적인" 관념들은 바울에게 있어서 계속해서 중요하였다는 것은 반복적으로 말하지만, 자기가 사도에게 있어서 그런 것들이 아닌 "진정으로" 중심적인 것을 발견해냈고, 바로 그것을 설명해 나가고 있다고 거듭거듭 주장한다. 이렇게 본론에 들어가기도 전에 심각한 질문들을 던지고 거기에 답해야 하는 것이 우리의 실정이다.

십 년 간격으로 씌어진 잉버그 페데르센의 두 권의 책은 바울의 사고의 서로 다르지만 상호보완적인(우리는 그렇게 믿는다) 측면들을 제시한다. 이 두 책에서 바울의 사고는 스토아 사상과의 병행들이라는 관점에서 설명되고, 그 근저에 있는 전제는 바울의 가장 기본적인 관념들은 스토아 사상으로부터 유래하였기 때문에, "유대교/헬레니즘의 이분법 너머에" 있다는 것이다.

잉버그 페데르센의 첫 번째 책인 『바울과 스토아학파 철학자들』(*Paul and the Stoics*)은 자신이 가지고 있는 정교한 모형에 비추어서 회심의 패턴을 분석하는 데 집중되어 있다. 그는 이 회심 모형에 대한 "인지적" 또는 "윤리적" 읽기를 제시한다. 즉, 그는 중요한 것은 어떤 사람이 무엇을 알거나 생각하고 있고, 거기에 의거해서 어떻게 행동하느냐 하는 것이라고 주장한다. 이 모형은 이 회심이 "하나님" 또는 '로고스' 또는 "이성"의 부름 또는 새로운 비전으로 말미암아 자기중심적인 최초의 상태로부터 변화된 것임을 보여준다. 이러한 회심으로 인해서, 다른 사람들에게 열려 있는 "애타주의"라는 새로운 존재 상태가 거기로부터 생겨난다.[125] 바울에게서든 철학 전통에서든, 그러한 회심은 되돌아가는 것이 불가능한 완전한 변화이기 때문에, 일단 일어난 경우에는 어중간한 상태나 "이미/아직"의 공존 같은 것이 아니라, "전부, 아니면 전무"이다.[126] 바울은 육신의 몸을 이미 떠났다. 그는 회심하였을 때에 우리가 모르는 어떤 일이 "그의 몸에서 일어났기" 때문에, "몸으로부터 벗어나" 있다.[127] 잉버그 페데르센은 이러한 모형을 먼저 스토아 사상에 적용하고(키케로의 『선악의 극한에 대하여』[*De finibus bonorum et malorum*] 제3권을 핵심 본문으로 사용해서), 그런 후에 빌립보서, 로마서, 갈라디아서에 적용한다. 그는 "나는 바울의 독자들이 이 … 모형이 바울의 사상 세계에서 꽤 중심적인 어떤 것을 포착해 내고 있다고 직감적으로 느끼게 되기를 바란다"고 말한다.[128] 독자들은 철학자라는 사람이 논증보다는 직감에 호소하는 것을 보고 놀랄 수 있겠지만, 그의 두 권의 저서를 읽어내려 갈수록, 그것이 그렇게 놀랄 일은 아니라는 것을 알게 된다.

잉버그 페데르센은 자신의 두 번째 책인 『사도 바울에 있어서 우주론과 자아』(*Cosmology and Self in the Apostle Paul*)에서는, 자신의 첫 번째 책에서 살펴본 인지적이고 윤리적인 주제들에 상응하고 그 주제들의 근저에 있는 "물리적인 패턴"이라고 생각되는 것들을 설명해 나간다. 여기에서 그는 자신의 책을 헌정한 데

125) 이 모델은 *PS*, ch. 2에서 설명되고, 175f.와 *CS*, 176-8에 요약되어 있다. "이타주의": 예컨대, *PS*, 56 외 다수.

126) *PS*, 8, 70f. 외 다수.

127) *CS*, 2f., 121f., 144.

128) *PS*, 40.

일 마틴(Dale Martin)을 따라서, 바울이 그토록 자주 말하고 있는 '프뉴마'(pneuma)의 "물리적" 본질을 강조한다. 플라톤 사상에서는 '프뉴마'라는 단어가 비물질적인 실체를 가리켰던 반면에, 스토아 사상에서는 모든 실체는 이런저런 의미에서 "물리적"이거나 "물질적인" 것이었기 때문에, 위의 제3장에서 보았듯이, '프뉴마'는 모든 실체와 모든 사람, 만유 자체에 내재된 불기운의 신적인 물질로 생각되었다. 잉버그 페데르센은 "비물질적인" 것이 아닌 "물질적인" '프뉴마'라는 관점에서 바울의 몇 가지 주제들을 설명하여, 도전적이고 두드러진 결과물들을 만들어낸다. 그는 바울이 말하고 있는 것은 "비유적인" 것이 아니라 "문자적인" 것이라고 거듭거듭 역설한다. 예컨대, 그는 바울이 말씀을 전하거나 서신들을 썼을 때, 이 "물질적인 '프뉴마'"가 그에게로부터 그의 청중들에게로 전해졌다고 믿었다. 잉버그 페데르센은 '코스모스'(kosmos)에 관한 바울의 견해가 아니라, 인간의 삶에 관한 자신의 전반적인 이론에 대하여 말하고 있기 때문에, 우리는 그의 책의 표제나 그 내용 속에 등장하는 "우주론"이라는 단어를 보면서 헷갈리게 된다. 왜냐하면, 잉버그 페데르센은 자신의 첫 번째 책에서와 마찬가지로 두 번째 책에서도 "자아"에 초점을 두고서, 바울과 스토아 사상에 있어서 "자아"에 관한 비전을 주로 다루고, 이 점은 에픽테토스(Epictetus)와 바울을 비교하는 주목할 만한 장에서 극명하게 드러나기 때문이다. 내가 보기에는, 그 장은 잉버그 페데르센의 분석들 중에서 가장 성공적인 것들 가운데 하나로서, 이 중요한 분야에 대한 이후의 연구들에서 반드시 고려되어야 한다.

그의 두 번째 책의 최후의 꽃은 피에르 부르디외(Pierre Bourdieu)의 "아비투스"(habitus)라는 개념을 설명하고 바울과 스토아학파에 적용하는 대목인데, "아비투스"라는 개념은, 클리포드 기어츠(Clifford Geertz) 또는 찰스 테일러(Charles Taylor)와 같은 방식으로, 사회적이고 물질적인 문화의 다중적인 측면들을 포괄할 좀 더 큰 개념 — 내가 계속해서 "세계관"이라고 지칭해 왔던 것 — 을 마련하고자 하는 시도이다. 잉버그 페데르센이 이 개념을 바울에게 적용해서 얻어낸 결과들이 우리가 옳다고 믿든 안 믿든, 내 판단에는, 그러한 방법론은 여전히 좋은 성과를 낼 수 있는 잠재력을 지닌 노선이기 때문에 계속해서 연구해 볼 가치가 있다.

(2) 비판

나는 잉버그 페데르센이 자신의 방법론을 설명할 때에 제기된 쟁점들 중 일부에 대해서는 이미 논평을 한 바 있기 때문에, 몇 가지 특별히 아주 심각한 점들을 지적하는 것으로 이 비판을 시작하고자 한다. 잉버그 페데르센은 철학자여서 핵심 용어들을 사용할 때에 명료하여야 하고, 논거들을 제시할 때에 선명하고 날카로워야 하는데도, 애석하게도 전혀 그렇지 않다는 점에서, 그의 이러한 결함들은 더욱 심각하다. 먼저, 그는 "은유적"이라는 단어와 "문자적"이라는 단어를 각각 "추상적"이라는 의미와 "구체적"이라는 의미로 끊임없이 사용함으로써, 자신이 좀 더 최근에 쓴 책을 망쳐 놓고 있다. 대중적인 담론에서는 이런 일이 아무리 흔히 일어난다고 할지라도, 진지하고 심각한 논의에서, 그것도 실제의 은유들을 논의하는 자리에서 그런 식의 표현을 사용하는 것은 혼란을 키울 수밖에 없다. 또다시 이런 말을 하는 것은 망설여지는 일이기는 하지만, 지금의 경우에는 어쩔 수 없는 것으로 보인다. 즉, 어떤 단어가 "은유적으로" 사용되고 있다는 사실은 그 은유가 가리키는 대상이 "물질적인" 것인지 아니면 "비물질적인" 것인지에 대하여 그 어떤 것도 우리에게 말해 주지 않고, 마찬가지로 어떤 단어가 "문자적으로" 사용되고 있다는 사실도 그 대상의 물질성 여부에 대하여 그 어떤 것도 말해 주지 않는다는 것이다. 우리는 구체적인 대상을 가리킬 때에도 은유를 사용할 수 있고, 추상적이고 비물질적인 대상들에 대해서도 문자적으로 말할 수 있다.[129] "은유적"이라는 표현과 "문자적"이라는 표현은 원래의 용법대로 특정한 단어들이 진정으로 의도한 대상과 비슷한 속성을 지닌 어떤 것을 가리키느냐, 아니면 그 대상 자체를 가리키느냐를 설명하는 데 사용하고, 그런 표현들 대신에 "추상적"이라는 표현과 "구체적인"이라는 표현을 사용했더라면, 그는 자신의 의도를 훨씬 더 명료하게 표현할 수 있었을 것이다.

"세계관"과 "우주론"이라는 단어들은 오늘날 여러 가지 의미로 사용되고 있기 때문에, 우리는 그가 이 단어들을 특이하게 사용한 것에 대해서는 좀 더 너그럽게 받아들일 수 있을 것이다. 그러나 잉버그 페데르센은 "세계관"과 관련해서는 기어츠(Geertz, 그는 이 이름을 인용하기는 하지만 제대로 다루지는 않는다)에서 시작

129) 걱정스러운 본문의 예들을 무작위로 들어보자: "[솔로몬의 지혜서의] 저자는 스토아 철학적인 관점에서 생각하는 것으로 출발하지만, 문자 그대로 스토아적인 그림의 맨 위에 플라톤주의적인 관점 ―이것은 비물질적인 관점을 의미한다 ― 을 추가하고자 한다"(23); "세례와 '프뉴마'(pneuma)는 본질적으로 서로 결합되어서, 모든 세례 받은 자들이 전적으로 문자적인 의미에서 '그리스도 안에' 있을 때에 귀속되는 하나의 물리적인 몸을 만들어낸다"(69); 또한, 96f., 174f., 그리고 자주. 그는 바울이 사용하는 그리스도와 함께 죽었다는 표현에 대해서 이렇게 말한다: "그 표현을 문자 그대로 받아들이려고 애써라. 그것이 의미하는 것은 바울이 … 문자 그대로 죽었다가 문자 그대로 (하늘에) 살아 있는 … 그리스도에 의해 충만해서 지금 살아가고 있다는 것이다"(162). 바울은 그리스도가 "문자 그대로 죽었다"는 말을 들었다면 깜짝 놀랐을 것이다.

해서, 테일러(Taylor) 등에 이르기까지 계속해서 활발한 논쟁이 벌어지고 있다는 것을 일정 정도 인식하고서, 나를 비롯한 여러 학자들이 강조해 온 "세계관 요소들"이라는 관점에서 자신은 어느 위치에 있는지를 확인하였더라면 좋았을 것이다.[130] 왜냐하면, 이러한 것들은 그가 결국 바울과 그의 동시대인들의 상징 세계를 지도화하는 것이 자신의 목적이라고 말한(그렇지만 이루어지지는 않은) 것과 상통하기 때문이다. "우주론"과 관련해서는 그가 이 단어를 다음과 같이 사용한 것은 이상하다:

> 한편으로는, 바울의 표현을 이해하는 기본적으로 은유적인 방식, 또는 은유적이지는 않더라도 적어도 인지적인 방식이 존재한다. 다른 한편으로는, 바울의 표현을 이해하는 비은유적이고 구체적이며 기본적으로 물리적인 — 나는 이것을 "우주론적"이라고 부를 것이다 — 방식이 있다.[131]

또한, 잉버그 페데르센은 바울이 "'프뉴마'에 관한 자신의 우주론을 사용하고" 있다고 말하고, 바울은 그리스도인의 정체성의 여러 단계들이 "철저하게 우주론적"이라고 믿었다고 말하기도 한다.[132] 이러한 용법들은 그 어떤 것도 통상적인 의미의 "우주론"과는 직접적으로 아무런 상관이 없기 때문에, 사람들은 그런 것들을 표현하는 데 더 좋은 용어가 있을 않았을까 하고 의아해할 수밖에 없다.

이것은 우리를 두 명의 옛 친구들인 "묵시론"과 "구원사"에게로 데려다 주는데, 이 두 용어에 대한 잉버그 페데르센의 용법도 특이하다. "묵시론"과 관련해서, 그는 다니엘서로부터 에스라4서에 이르기까지의 실제적인 "묵시론" 전통들에 대한 고려 없이 이 단어를 사용하는 오늘날의 일부 신약학자들의 (나쁜) 습관을 공유하고 있다. 위의 제2장에서 이미 보았듯이, 주후 1세기의 "묵시론"은 일부 학자들이 상상해 온 것과 같은 "세계의 종말"과 관련된 공상과는 별 상관이 없었고, 은유를 통해서 시공간상의 사건들에 신학적인 의미를 부여한 것과 관련이 있었다.[133] 제2성전 시대의 유대교를 전공한 일부 학자들이 그러하듯이, 그는 (스토아 사상의 "낙관주

130) 예컨대, *NTPG*, Part II. 이것은 *JVG*; 본서의 제2부에 적용되었다.

131) *CS*, 1.

132) *CS*, 156, 164.

133) 놀랄 일도 아니지만, Engberg-Pedersen(*CS*, 248 n. 5)은 Adams, 2007에 대하여 열광한다. 그는 거기에 의거해서, "묵시론"에 대한 자신의 "문자적인" 읽기를 고수하고, 묵시론적인 자료는 우리를 위한 "실제적인 선택지"가 아니라는 그의 판단을 수월하게 형성할 수 있었다. 위의 제2장 제4절 4)에 나오는 논의를 보라.

의"와 반대되는) "묵시론"의 "염세주의"에 대하여 말하고, 고린도후서 4장과 5장에 대한 새로운 읽기를 통해서, 이 본문은 "통상적인 '묵시론적인' 글들의 작동 방식과는 상당히 거리가 있다"고 말할 수 있었다.[134] 하지만 그는 자신이 이러한 "묵시론적인" 글들 속에 나타나는 전통들, 또는 예컨대 우리가 위의 제2장에서 설명한 것 같이, 그 전통들이 지닌 신학적이고 정치적인 무게를 이해하고 있다는 그 어떤 증표도 보여주지 않는다.

"구원사"와 관련해서는, 잉버그 페데르센은 먼저 예수의 때로부터 진행해서 궁극적인 종말을 향해 움직여가는 "역사"를 가리키는 데 이 어구를 사용하는데, 내가 아는 한, 이 어구를 이런 식으로 사용하는 사람은 오직 그뿐이다. 그런 후에, 그는 최후의 대화재를 향하여 앞으로 움직여 나간다고 하는 스토아학파의 시간 인식을 지칭하는 데 이 어구를 사용한다(이러한 용법도 오직 그에게만 독특한 것인가?).[135] 그는 이후에 족장들에게 하나님이 약속을 줄 때부터 메시야가 올 때까지 이어진 모종의 일련의 역사를 가리키는 좀 더 통상적인 의미에서 이 용어를 사용할 때, 바울은 "하나님이 그리스도 이전의 인류(또는, 적어도 유대인들)를 다루신 일들이 유대 성경에 증언되어 있기 때문에, 그러한 일들에 관한 그림도 그려내고자 할 수밖에 없었다"고 말한다.[136] 바울 당시의 유대 세계 내에서 아담, 아브라함, 모세의 위치를 아는 사람이라면 누구든지 마치 새삼스럽다는 듯이, 바울이 그러한 일들을 "그려내고자" 하였고, 심지어 그려내고자 "할 수밖에 없었다"고 말할 수 없었을 것이다.

이러한 것들은 독자들이 잉버그 페데르센이 제시하는 주된 명제들을 제대로 소화하거나 쉽게 이해하는 데 걸림돌들로 작용한다. 이렇게 단어나 용어들을 특이하게 사용하는 것으로부터 특이한 신학적인(또는, 아마도 "우주론적인") 아이러니가 발생하는데, 그것은 추측컨대 그로 하여금 바울의 "묵시론적" 사고가 우리를 위한 "진정한 선택지"가 아니라고 말할 수밖에 없게 만든 것은, 미래에 관한 그의 구체적인 비전이라는 것이다. 그러나 그는 자신의 그러한 비전을 "물질적인 '프뉴마'"로 대체한 후에, 세례, 복음전도 등등에 관한 상당히 구체적인 비전을 제시한다(하지만 많은 사람들은 그의 이러한 비전을 수긍하는 것은 고사하고라도 이해하기조차 어렵다는 것을 발견하게 될 것이다). "진정한 선택지들"이 중요한 것이라면, 우

134) *CS*, 94f., 50.
135) *CS*, 21.
136) *CS*, 12. 그는 바울이 그런 후에 "아담을 자신의 구원사적 도식에 추가하였다"(*CS*, 13)고 말한다.

리는 잉버그 페데르센이 자신의 첫 번째 책을 구성할 때에 중심적인 판별기준으로 삼았던 것과 관련해서 두 번째 책에서 일어난 일을 의아해하지 않을 수 없다.

석의 자체와 관련해서도, 잉버그 페데르센은 바울의 미묘하고도 복잡한 유대 세계를 주변화시킴으로써 바울을 상당히 불리한 처지로 빠뜨린다. 그는 자신의 관념들과 주제들을 바울의 본문들에 강제로 집어넣어서 중심적인 것들로 만들어서, 예컨대 빌립보서 3:4-11에는 '프뉴마'라는 단어가 한 번도 나오지 않는데도, 이 본문 전체는 사실은 '프뉴마'를 다루고 있는 것이라고 주장한다.[137] 그는 갈라디아서 2장과 관련해서는 석의는 "본문 자체가 직접적으로 다루고 있는 것에 밀착되어 있는" 것이 중요하다고 말하고 있음에도 불구하고, 독자들은 그 장에 대한 그의 논의를 읽어서는, 그 장이 기본적으로 무엇에 대하여 말하고 있는지를 결코 알 수 없다.[138] 전통에 대해서 짖어대고자 한다면, 당신은 자신이 공격 대상으로 삼고 있는 것에 대해서 알 필요가 있다. 로마서 7장에 대해서, "바울의 이 기사의 전체적인 요지는 그의 독자들로 하여금 자기가 자세하게 설명해 나가고 있는 자신의 체험들을 경험하게 하는 데 있고," "바울은 자기가 다른 곳에서 자신의 회심에 대하여 자동발생적이고 '프뉴마'적인 방식으로 일어났다고 설명하였던 것처럼, 자신의 독자들로 하여금 정확히 바로 그러한 방식으로 회심하게 하고자 애쓰고 있다"고 말하는 것은, 그가 본문을 읽는 데 실패하였음을 보여주는 것일 뿐이다. 로마서 7장에 대한 읽기가 아무리 논란이 심하다고 할지라도, 그런 것이 그 장의 "전체적인 요지"일 수는 없다. 잉버그 페데르센은 아마도 이것을 깨닫고서 기가 막힌 주관주의에 기대는 것 같다:

> 나는 이러한 읽기가 학자들에 의해서 대체로 거부될 것이라고 생각하지만, 내가 할 수 있는 대답은 정확히 그렇게 읽을 때에만 우리는 이 본문에서 무엇이 진행되고 있는지에 관한 바울 자신의 이해에 가장 가까이 다가가는 것이라는 강력한 확신이 내게 있다는 것이다. 만일 그가 지금 여기에 있다면, 그는 내 말에 고개를 끄덕였을 것이다.[139]

137) *CS*, 41-45, 147, 151. 물론, 나는 빌립보서 3:2에 언급된 성령이 그 뒤에 나오는 본문 속에 암묵적으로 전제되어 있다는 데 동의한다: 로마서 10:3에 나오는 동일한 현상에 대해서 위의 제11장 제6절 4)(1)를 보라. 이것이 논란이 될 때, 우리는 바울의 '가르'(gar, 통상적으로는 보충설명을 이끄는 도입어로 번역된다)를 마치 "대비"를 의미하는 것인 양(*CS*, 245 n. 41) 처리할 수는 없다. Engberg-Pedersen이 원한 대로, 바울이 주의 깊고 세심한 철학 사상가였다면, 그는 정반대의 내용을 제시하여 대비시키기 위하여, 논리적으로 핵심적인 용어들을 그런 식으로 사용하지는 않았을 것이다.

138) *CS*, 157-162(161에서 인용함). "푸코 식의 주체화 과정"(159)은 바울과 베드로가 안디옥에서 왜 견해가 서로 달랐는지 그 이유를 해명하는 것을 대신할 수 없다.

139) *CS*, 168f.

이것은 석의도 아니고 역사도 아니다.

그렇다면, 잉버그 페데르센의 주된 주장들은 무엇인가? 그의 첫 번째 책에 나오는 바울과 스토아학파에서의 회심에 관한 설명은, 솔직히 말해서, 너무나 일반화되어 있어서, 바울과 키케로(그가 여기에서 스토아 사상의 주된 자료로 사용하는 인물)를 비교하는 것은 말할 것도 없고, 바울이나 키케로를 이해하는 데에도 거의 쓸모가 없다. 솔로몬의 지혜서가 (잠언 등에 의거해서) 세계의 통치자들은 참된 지혜가 결여되어 있고 의인들을 박해하지만, 하나님의 지혜를 얻게 되면, 창조주의 길들을 배울 수 있다고 말한 것에도 정확히 그 동일한 모형을 적용해서 동일한 결론을 이끌어내는 것은 어렵지 않아 보이고, 제2성전 시대와 그 이후의 랍비들의 수많은 저작들에 나오는 토라의 가르침에 대해서 그 모형을 적용해서 그러한 결론을 이끌어내는 것도 가능하며, 쿰란 본문들에 그 모형을 적용해도 틀림없이 그러한 결론을 이끌어낼 수 있다. 또한, 한참을 더 나아가서, 나는 불교 전문가가 아니지만, 그 모형을 불교에 적용해서, 거기에서도 계몽되지 않은 상태로부터 계몽된 상태로의 변화에 관한 결론을 이끌어내는 것이 불가능할 이유가 전혀 없을 것이라고 본다. 따라서 그의 주된 주장들이 우리가 바울이나 스토아학파가 무엇을 말하였는지를 이해하는 데 도움을 주고 있다고 보기는 어렵다.

잉버그 페데르센이 사용하는 모형에는 또 하나의 문제점이 있는데, 그것은 그 모형이 바울이 실제로 알고 있던 스토아 사상에 적용되었는지의 여부를 우리는 알 수 없다는 것이다. 키케로의 저서인 『선악의 극한에 대해서』는 여기에서 잉버그 페데르센이 사용한 주된 자료이지만, 키케로는 다른 곳에서 자기 자신을 스토아학파 사람이 아니라 아카데미 학파의 일원으로 묘사하고 있고, 그가 자신의 대화록들에서 스토아학파의 논증들을 다른 사람(이 경우에는 "카토"[Cato])의 입에 집어넣어서 말하게 하고 있을 때에도, 우리는 거기에서 주전 1세기의 스토아학파의 철학자가 실제로 말하였을 것들을 듣고 있는 것인지를 확신할 수 없다. 요세푸스가 어떤 사람이 밝힌 입장을 당시에 "유대인들이 믿었던 것"을 정확히 표현한 것이라고 보도했다고 해도, 우리는 그의 말을 믿기 힘들다. 그리고 키케로는 바울보다 한 세기 전에 아주 멀리 떨어진 곳에서 글을 쓰면서, 다른 사람의 입에 그런 말들을 집어 넣었다. 이 모든 것을 받아들인다고 하여도, 우리는 잉버그 페데르센이 키케로의 글에서 발견하고자 한 그런 의미에서의 "회심"은 『선악의 극한에 대해서』라는 그의 저서에서 중점적으로 논의된 주제가 아니었고, 우리가 바울의 동시대인으로서 분명히 스토아학파의 철학자였던 세네카(Seneca)의 글을 수백 페이지를 읽는다고 하여도, 거기에서 잉버그 페데르센의 모형을 실제로 적용할 수 있는 본문을 발견하기가 쉽지 않다는 점을 지적하지 않을 수 없다.

사실, 키케로와 세네카는 잉버그 페데르센의 중심적인 주장들 중 하나, 즉 바울에게나 스토아 사상에서나 "회심"은 어떤 사람이 자신의 옛 생활을 영원히 청산하는 "전부 아니면 전무"의 계기였다는 주장을 훼손시킨다.[140] 물론, 철학자가 되고 싶어 하는 사람이라면 자신이 지니고 있던 이전의 세계관들과 헌신들을 다 버리고 새로운 도전을 받아들여야 하였을 것이다. 그리고 우리가 예컨대 디오 크리소스토무스(Dio Chrysostom)의 경우에서 볼 수 있는 것처럼, 그러한 계기는 실제로 회심과 같아 보였을 것이다. 그러나 그러한 변화로의 도전은, 우리가 위의 제3장에서 살펴본 인물들의 글들의 근저에 항상 있기는 하지만, 그 주요한 특징은 아니었다. 도리어, 우리가 키케로와 세네카 등이 쓴 글들의 면면에서 발견하는 것은, 어떻게 앞으로 나아갈 것인지, 이 도덕적인 문제 또는 저 나쁜 습관을 어떤 식으로 해결해야 하는지, 자신이 이미 하고 있는 헌신을 어떻게 더욱 깊게 할 것인지에 관하여 조언하는 내용이다. 이것이 플라톤 전통이나 아리스토텔레스의 전통에서 "덕목"과 관련하여 말하는 것임은 두말할 필요가 없다. 물론, 사람들은 시작을 해야 했지만, 습관이라는 것은 정의상 하룻밤 사이에 얻어지는 것이 아니고, 덕목은 정의상 습관이다. 잉버그 페데르센이 보았듯이, 이것이 바울의 글의 일정 부분(잉버그 페데르센이 생각한 만큼은 아니지만, 그래도 일정 정도의 분량은 된다)과 스토아학파의 철학자의 글의 상당 부분이 '파라이네시스'(paraenesis, "권면")로 이루어져 있는 이유이다. 시작한 사람들은 자신들이 이미 이룬 수준을 넘어서서 앞으로 나아가서 진보를 이루어야 한다. 따라서 거기에는 회심이 들어설 자리가 없다.

이 모든 것을 알게 되었을 때, 고대 스토아 사상의 지도적인 전문가가 잉버그 페데르센의 프로젝트를 "인상적이기는 하지만 … 전적으로 방향설정이 잘못되어 있다"고 평가한 것은 전혀 이상한 일이 아니다.[141] 아마도 이것이 잉버그 페데르센이 "계몽된" 오늘날의 학자들과 철학자들에게 호소하는 이유일 것이다. 그는 그런 사람들만이 자신의 주장을 이해해 줄 사람들이라고 생각하는 것 같다.[142]

마찬가지로, 바울도 자신의 삶에서 일어난 변화를 두 곳 이상에서 설명하고 있기는 하지만(갈라디아서 1장과 2장, 빌립보서 3장이 즉시 떠오르기는 하지만, 우리는 죄와 사망으로부터의 구원에 관하여 말하고 있는 에베소서 2:1-10도 들 수 있

140) *PS*, 8f., 38, 70f. 등.
141) Brennan, 2005, 231. Engberg-Pedersen은 이것을 *CS*, 249 n. 10에서 조심스럽게 인용한다.
142) *PS*, 26.

을 것이다), 그것이 그의 글과 가르침의 주된 주제였는지는 결코 분명하지 않다. 물론, 그는 사람들이 "우상들로부터 돌아서서 살아 계시고 참되신 하나님을 섬기게 된" 회심의 경험을 믿는다.[143] 그러나 그러한 회심 경험은 그가 당연한 것으로 여기고 전제하는 출발점일 뿐이고, 그의 신학의 주된 초점은 아니다. 아울러, 바울이 자신의 삶이나 다른 사람들의 삶 속에서 그러한 변화에 대하여 말할 때마다, 그 말의 중심에는 모든 사람이 그러한 변화를 경험해야 한다는 것 자체가 아니라, 언제나 예수가 있었다: "내 주 메시야 예수를 아는 것이 다른 모든 것들을 다 합친 것보다 훨씬 더 소중하기 때문에, 나는 모든 것을 손해로 여긴다."[144] 바울이 스토아학파 식의 "회심"(그가 알고 있던 스토아학파 사람들이 기꺼이 그런 방식으로 생각하거나 말하고자 했다고 가정하더라도)을 예수 복음의 강력한 메시지를 듣고 사람들의 삶이 혁명적인 변화를 겪게 되는 것과 동일한 종류의 것으로 인식했을지는 대단히 의심스러울 수밖에 없다.

어쨌든 바울의 삶에 있어서의 변화는 오직 자기 자신을 중심으로 살던 삶이 다른 사람들에게 열린 삶으로 변화된 것이었다는 것은 결코 사실이 아니다 — 이것은 "회심"에 관한 잉버그 페데르센의 설명과 관련해서 가장 흥미로운 것들 중의 하나이다. 물론, 그는 "메시야 안에 있는 사람"으로서, '아가페' (agapē, 이것은 잉버그 페데르센이 선호하는 단어인 "이타주의"와 동일한 것이 아니다)가 가장 중요하다고 믿었고 경험하였다. 그러나 그는, 갈라디아서와 빌립보서에 나오는 동일한 "회심" 본문들에서 우리에게 말해 주고 있듯이, 민족으로서의 이스라엘과의 연대 내에서 시작하였다. 그런 의미에서, 회심 이전의 그의 정체성 전체는 공동체적인 것이었다. 사실, 쿰란 공동체의 경우처럼, 이 변화를 "공동체적인" 것으로부터 "개인적인" 것으로의 변화로 보는 것이 잘못된 것이라고 할지라도, 한 사람이 "공동체적인" 이전의 정체성을 떠나서, 다른 정체성에 합류하는 과정에서는 "개인적인" 그 무엇이 존재하였다(쿰란 공동체에서나 바울에게서나, 그 이후의 "다른 정체성"이 이전의 정체성이 가리켜 왔던 참된 정체성으로 여겨졌다고 할지라도). 또한, 소위 이러한 비교의 또 다른 축에서, 잉버그 페데르센은 스토아학파의 철학자들은 일단 그들의 새로운 생활방식으로 철저하게 "회심한" 후에는 실제로 철저한 개인주의자들이었다는 것을 인정한다. 그들이 받아들여서 수정하여 사용한 아리스토텔레스적인 전통 전체로부터 우리가 알고 있듯이, 고대 철학에서 "덕목"은 기본적

143) 살전 1:9.
144) 빌 3:8.

으로 개인적인 추구였다.[145] 잉버그 페데르센은 스토아학파의 철학자들은 바울처럼 "공동체 지향적인" 사람들이었지만, 어떤 문제에 직접적으로 직면하였을 때에는, 그런 것은 표면적인 것이었음을 인정하지 않을 수 없었다고 주장한다:

> 하지만 이러한 스토아 철학자들[세네카, 에픽테투스, 무소니우스 루푸스, 디오 크리소스토무스] 중에는 스토아 사상을 실천하는 것을 공동체적인 프로젝트라고 생각하는 사람은 아무도 없었다. 그들의 스토아 사상은 정도 차이는 있었지만 기본적으로 "개인주의적인" 것이었다. 그들 중의 일부가 황제들에 대하여 "스토아학파를 기반으로 한 반대파"를 형성하고 있던 한 무리의 원로원 의원들과 접촉하였었다는 것은 사실이다. 여기에서 우리는 스토아 사상 속에서 어느 정도의 정치적 잠재력을 보게 된다. 그러나 제논(Zeno)이 직접적으로 생각하였고 크리시푸스(Chrysippus)가 간접적으로 생각하였던 공동체적인 프로젝트를 스토아학파의 철학자들도 생각하였다고 말한다면, 그것은 틀린 말이 될 것이다.[146]

잉버그 페데르센은 이 모든 스토아학파의 철학자들이 상류층 출신이었다는 사실을 토대로 해서 이것을 설명한다. 즉, 그들은 자신들의 철학을 좇아서 상류사회의 수준 높은 삶을 버리고 평범한 삶을 살 준비가 되어 있지 않았으리라는 것이다. 우리는 사도가 고린도 교인들에게 "너희 중에는 귀족으로 태어난 자들이 많지 않다"고 쓴 것만 보아도, 바울과 스토아학파의 철학자들 간의 차이에 대하여 많은 것을 알 수 있다.[147] 그러나 그런 후에, 잉버그 페데르센은 스토아학파가 개인주의였다는 자신의 원칙에 대한 예외를 만들어낼 궁리를 하다가 바울을 찾아낸다:

> 우리는 바울 시대에 공동체적인 프로젝트로서 스토아 사상을 실천하고자 한 시도를 발견할 수 있는가? 그렇다. 공동체를 창출해 내고자 한 바울의 프로젝트는 바로 그러한 시도에 필요한 모든 자격요건들을 다 갖추고 있다.[148]

여기에서 독자들은 — 역사가나 석의자는 그만두고라도 — 다시 한 번 숨을 급하게 들이마신다. 바울과 스토아학파의 철학자들을 한데 묶어주는 패턴이라고 주장되는 "회심" 모형은 고립된 자아에서 시작해서 공동체로 끝난다. 바울은 분명히 한 종류의 공동체에서 시작해서 또 다른 공동체에서 끝난 반면에, 스토아학파의

145) Wright, 2010 [*Virtue Reborn*/*After You Believe*] 176f./204f.에 나오는 논의를 보라.
146) *PS*, 78.
147) 고전 1:26.
148) *PS*, 78.

철학자들은 강력하고 탄탄하게 서로 엮여져 있던 공동체(그런 것이 존재하였다고 한다면)인 상류계층의 일원으로 시작하였다가 개인주의자들로 끝났다. 그런데 어떻게 이 "모형"이 이 둘을 한데 묶어서 설명해 줄 수 있다는 것인가? 그리고 어떻게 잉버그 페데르센의 책이 제시하고 있는 논증의 한복판에서 바울이 비교의 또 다른 축의 예로 인용될 수 있다는 것인가?

잉버그 페데르센의 좀 더 최근의 책은 "물질적인 '프뉴마'"에 초점을 맞추고 있다. 그는 '프뉴마'에 대한 바울의 많은 언급들(그리고 암시들)을 훨씬 후대의 기독교적 이해의 특징이었던 플라톤적인 "비물질적인" 이해(이것은 그가 제대로 본 것이다)와는 반대로 엄격하게 스토아학파적인 "물질성"이라는 관점에서 이해하고자 한다.[149] 그는 자신의 책의 제목에 "우주론"이라는 단어를 사용하였음에도 불구하고, "새로운 피조세계"라는 바울의 주된 주제, 또는 그 근저에 있는 창조 신학을 결코 다루지 않는다. 또한, 그는 『바울과 스토아학파의 철학자들』에 대하여 두 권의 책을 썼음에도 불구하고, 놀랍게도 거기에서 성경에 토대를 둔 유대적인 유일신론(그리고 그러한 주제에 대한 바울의 여러 변용들)과 주후 1세기 스토아 사상의 유연한 범신론 간의 차이들에 대하여 아무런 언급도 하지 않는다. 사람들은 당연히 그러한 차이들을 다루는 것은 잉버그 페데르센이 제시한 그러한 프로젝트에서는 기본적인 것에 속한다고 생각하였을 것인데도 말이다. 그 대신에, 그는 자신의 좀 더 최근의 책에서, 의심할 여지 없이 바울에게 있어서 중심적이었던 하나의 주제, 즉 부활로 얼른 눈을 돌린다.[150]

아마도 그 책 전체에서 독자들을 가장 깜짝 놀라게 만드는 말은 "바울의 스토아학파적인 부활"이라는 표현일 것이다.[151] 스토아학파의 철학자들은 우리가 알고 있는 고대의 다른 모든 비유대인들과 마찬가지로, "부활," 즉 육체적으로 죽은 사람이 다시 육체로 살아날 가능성을 믿지 않았다. 고대 세계에는 사후에 일어날 일

149) *CS*, 14-19를 보라. 다른 곳에서와 마찬가지로 여기에서도, Engberg-Pedersen은 다른 학자들은 '프뉴마'를 이해하기 위한 바울의 유대적이고 "묵시론적인" 맥락을 "철학적인" 맥락과 대비시키지만(Martin에 대해서는 16-18; Barclay에 대해서는 208f. n. 12), 우리는 "과거의 유대적이고 … 친기독교적이며 반철학적인" 설명들을 답습해서, 이것을 이분법으로 여겨서는 안 된다고 말한다(16). 거기에 대한 그의 반응은 "바울의 '프뉴마'에 대한 스토아 학파적이고 철학적인 이해가 증거들과 가장 잘 부합하고"(18), "그러한 그림과 히브리 성경, 그리고 하나님과 종말론에 대한 '묵시론적' 이해들 간에는 본질적인 대립이 존재하지 않는다"(18f.)는 것이다. 이 주장은 아래에서 살펴보게 될 부활에 대한 Engberg-Pedersen의 설명에 따라 서거나 무너진다.

150) *CS*, ch. 1(8-38).

151) *CS*, 98.

에 관한 온갖 종류의 가능성들이 유포되어 있었지만, (스토아학파의 철학자들을 포함해서) 많은 전통들에 속한 많은 저술가들이 그 문제가 제기될 때마다 분명하게 밝혔듯이, "부활" 사상은 그들에게 존재하지 않았다.[152] 그렇다면, 잉버그 페데르센은 어떤 의미로 바울이 말한 부활은 그 기본적인 방향성에 있어서 "스토아학파적"이라고 주장한 것인가?

그의 주된 작업은 고린도전서 15장에 나오는 두 본문을 나란히 놓고서, 전자의 본문에 비추어서 후자의 본문을 읽어내는 것이다. 먼저, 첫 번째 본문에서 우리는 바울이 우주 전체에서 발견될 수 있는 서로 다른 종류의 몸들에 대하여 설명하고 있는 것을 발견한다:

> 모든 육체가 다 같은 육체가 아니니다. 사람의 육체가 다르고, 짐승의 육체가 다르며, 새들의 육체가 다르고, 물고기의 육체가 다르다. 하늘에 속한 몸들(sōmata epourania – '소마타 에푸라니아')도 있고, 땅에 속한 몸들(sōmata epigeia – '소마타 에피게이아')도 있다. 하늘에 속한 것들에게 적합한 영광은 땅에 속한 것들에 적합한 영광과 다르다. 해의 영광이 다르고, 달의 영광이 다르며, 별들의 영광이 다르고, 별과 별의 영광이 다르다.[153]

여기에서 핵심적인 어구는 '소마타 에푸라니아'(sōmata epourania, "하늘에 속한 몸들")이다. 이것은 문맥상 땅에 있는 물체들과 대비되는 천체들(해, 달, 별들, 추가적으로 서로 구별되는 별과 별)을 가리키는 것임에 틀림없다.

그러나 잉버그 페데르센은 이것을 가져다가, 바울의 한 쌍의 본문 중에서 두 번째 본문을 해석하는 열쇠로 사용한다:

> 죽은 자의 부활도 그와 같다. 썩을 것으로 심고, 썩지 않을 것으로 다시 살아난다. 욕된 것으로 심고, 영광스러운 것으로 다시 살아난다. 약한 것으로 심고, 강한 것으로 다시 살아난다. 통상적인 본성의 화신(sōma psychikon – '소마 프쉬키콘')으로 심고, 영의 화신(sōma pneumatikon – '소마 프뉴마티콘')으로 다시 살아난다. 통상적인 본성이 그 화신을 가지고 있다면(ei estin sōma psychikon – '에이 에스틴 소마 프쉬키콘'), 영의 화신도 있다(estin kai pneumatikon – '에스틴 카이 프뉴마티콘').[154]

152) "부활" 및 사후의 삶에 대한 고대의 비유대 세계의 견해들의 의미와 관련해서 자세한 것은 *RSG*, 특히 ch. 2(32-84)을 보고, Seneca의 죽음관에 대해서는 54와 거기에 나오는 전거들을 보라.

153) 고전 15:39-41.

154) 고전 15:42-44.

잉버그 페데르센은 이 두 본문을 다음과 같이 결합시킨다:

> … 인간들은 먼저 "살과 피"의 물리적이고 감각능력을 지닌 존재로 "심겨진다," 즉 삶을 영위한다 … 하지만 결국 그들은 하늘, 그리고 추측컨대 하늘에 속한 몸들과 연결되어 있는 영원한 생명의 영광스러운 상태로 다시 살아나게 될 것이다. 따라서 기본적으로 바울은 사망과 연결되어 있는 땅에 속한 몸과 영원한 생명과 연결되어 있는 하늘에 속한 몸 간의 단일하면서도 직설적인 대비에 의거하고 있다.[155]

우리는 여기서 "추측컨대"라는 의미심장한 표현을 주목하여야 한다. 그가 여기에서 말하고 있는 것은 바울이 실제로 말하고 있는 것이 아니고, 바울의 사고의 흐름이 요구하거나 함축하고 있는 것도 아니다. 실제로, 바울의 본문 전체, 그리고 "부활"의 의미 전체는 그러한 해석을 단호하게 배제한다. 잉버그 페데르센이 알고 있듯이, '프쉬키코스' (psychikos, "혼적인") 사람과 '프뉴마티코스' (pneumatikos, "영적인") 사람의 대비는 이 서신의 앞에 나오는 본문으로 거슬러 올라가고, 거기에서 이것은 두 종류의 사람들을 가리키는 범주로서, 전자는 통상적인 사람을 가리키는 범주이고, 후자는 하늘에 있는 별들을 가리키는 범주가 아니다.[156] 그러나 잉버그 페데르센이 단언하고자 애쓰는 것은 바울이 말한 "부활"은 주후 1세기에 유대인이든 비유대인이든 다른 모든 사람이 알고 있었던 그 용어의 의미와는 다른 의미를 지니고 있었다는 것이다. 즉, 바울은 "하늘에 있는 몸"이라는 의미로 "부활"이라는 용어를 사용하였다는 것이다:

> [바울은] "혼적인" 몸과 "영적인" 몸을 대비하였을 때에 좀 더 정확한 관념을 염두에 두고 있었을 것임에 틀림없다. 이것은 그러한 대비가 그가 두 번째의 일련의 전제들 속에서 말한 "땅에 속한 몸들"과 "하늘에 속한 몸들" 간의 기본적인 대비 속에 이미 담겨 있었음을 보여준다. 15:39에서 언급된 "땅에 속한 몸들"이 예시해 주고 있듯이, "혼적인" 몸은 땅에 속해 있고, 15:41에서 언급된 "하늘에 속한 몸들"이 예시해 주고 있듯이, "영적인" 몸은 하늘에 속해 있다. 또는, 좀 더 정확하게 말하자면, "영적인 몸"은 해, 달, 별들과 같은 하늘에 속한 몸이다.[157]

이것은 바울이 이 본문에서 말하고 있지 않은 것인데도, 잉버그 페데르센은 이러한 읽기를 토대로 해서, (a) 바울이 "묵시" 문학을 따라서 "구원 받는 자들"을 하

155) *CS*, 27(강조는 원래의 것).
156) 고전 2:14f.; *CS*, 28.
157) *CS*, 28(강조는 원래의 것).

늘에 있는 별들로 보고 있고, (b) 그가 장차 그렇게 될 자들을 "영적인" 자들로 본 이유는, "자연의 위계질서의 사다리(scala naturae — '스칼라 나투라이')의 최상위에 있는 천체들이 명확하게 '프뉴마'로 이루어져 있다"고 본 스토아학파의 '프뉴마' 관을 염두에 두고 있었기 때문이라고 주장한다.[158] 그의 이러한 주장들은 둘 다 아무런 근거가 없다. 첫째로, 일부 유대인 저술가들은 (다니엘서 12:2-3에 나오는 비유를 문자적인 예언으로 해석해서) 의인들은 죽은 후에 하늘의 별들과 같이 된다고 생각하긴 하였지만, 그것은 주류 유대인들(그리고 바리새파)의 "부활관"이 아니었고, 바울을 비롯한 초기 그리스도인들 중에서 "부활"을 그런 식으로 이해한 사람은 아무도 없었다.[159] 둘째로, 중요한 것은 바울은 "부활"을 "하늘에 있는 것"을 의미하는 것으로 생각하지 않았다는 것이다. 잉버그 페데르센은 여기에서 단지, 아무리 오늘날의 서구 기독교에 널리 퍼져 있다고 할지라도, 주후 1세기의 믿음들에 대한 근본적인 오해일 수밖에 없는 그런 견해를 반복하고 있을 뿐이다. "부활"이라는 단어는 바울을 비롯한 모든 초기 그리스도인들에게 있어서 "하늘에 간다"는 것을 기발하게 표현하는 말이 결코 아니었고, 언제나 오직 실제로 육신을 입고 사는 삶의 갱신 — 이것은 재창조된 세계에서 육신을 입고 살아가는 삶을 의미하였다(아래를 보라) — 을 의미하였다.[160] 사실, 바울은 죽은 자들이 "하늘로 간다"는 말을 실제로 한 적이 없다. 그가 한 말들 중에서 거기에 가장 가깝다고 할 수 있는 것은 "이 모든 것을 떠나서 메시야와 함께 있고 싶다"는 자신의 소원을 피력한 것이다.[161] 그가 하늘의 시민권에 대하여 말하였을 때, 그것은 그가 하늘로 가기를 바란 것이 아니라, 메시야가 하늘로부터 와서 자신의 몸을 그의 몸과 같은 영광스러운 몸으로 변화시켜 줄 것을 바란 것이었다.[162] 잉버그 페데르센은 이 점을 놓쳤기 때문에, 우리가 여기에서 자세하게 설명할 필요조차 없는 거대한 오해들의 강 속으로 빠져들었다.[163]

158) *CS*, 20. 그는 "우리가 Cicero의 본문들에서 보았듯이"라는 말을 덧붙이지만, 그가 *CS*, 20에서 다룬 *de Nat. De.* 2는 "영"(spirit)이 아니라 "기"(aether)에 대해서 언급한다. 그는 213 n. 39에서 '프뉴마'와 "기" 간의 관계를 다루면서, 어떻게 이 둘을 동일한 것으로 만들고자 애쓰지만, 이 둘은 여전히 미묘하게 차이를 지니는 것으로 보인다.

159) cf. *RSG*, 110-12, 344-6. Cp. *2 Bar.*, 이것에 대해서는 cf. *RSG*, 161f.

160) *RSG*, *passim*, 그리고 예컨대, *Surprised by Hope*, chs. 1-3, 10.

161) 빌 1:23.

162) 빌 3:20f. Engberg-Pedersen(*CS*, 56)은 이 본문을 설명하면서 이 점을 보지 못한다.

163) 예를 들면, *CS*, 12, 43, 46, 50, 147, 162f., 181을 보라. 그는 88에서 고린도후서 12:1-5을 다루면서, "삼층천"이 가장 높은 하늘이었다고 주장하지만, 그럴 가능성은 매우 희박하다(Gooder, 2006을 보라).

잉버그 페데르센은 자신의 두 번째 책의 토대가 되는 고린도전서 15장에 대한 그러한 설명 속에서 두 가지 결정적으로 중요한 점들을 놓치고 있다.[164] 첫째로, 이 장 전체에 걸쳐서 바울은 유대식의 창조의 유일신론에 뿌리를 둔 새 창조를 설명하기 위하여 창세기 1, 2, 3장을 토대로 하고 있다. 이 대목에서 우리는 참된 "우주론"의 도움을 받아야 한다. 즉, 바울의 수정된 유대적인 창조의 유일신론과 스토아학파의 범신론적인 비전은 극과 극의 차이가 존재한다. 하지만 일반적으로 그러한 비교들을 행하는 경우와 마찬가지로, 이 두 견해는 여정의 일부에 대해서는 서로 동행할 수 있다. 바울이 창세기 2:7로부터 간접적으로 인용하고 있는 '프노에 조에스' (pnoē zōēs, "생명의 숨")와 만유 안에 내재되어 있는 "신적인" 힘인 스토아학파의 '프뉴마' (pneuma)가 바로 그것이다. 바울은 성경에 뿌리를 둔 새 창조에 관한 비전을 설명하면서, 의도적으로 다른 세계관들로부터 관념들을 가져와서 자신의 목적에 맞게 사용하였거나, 그러한 세계관들의 최고의 통찰들이 사실은 그들이 생각해 왔던 것보다 더 온전한 실체를 가리키고 있다는 것을 보여주고자 하였을 가능성은 거의 절대적이다. 그는 고린도후서 10:4-5에 나오는 자신의 강령적인 진술 속에서, 자기가 그러한 전략을 통상적으로 사용하고 있다고 분명하게 밝힌다. 그러나 모든 증표들은 다른 곳에서와 마찬가지로 이 장에서도, 그는 어떤 모호한 "묵시론적" 관념들을 배경으로 해서 거기에 비추어 스토아 사상을 설명하고 있는 것이 아니라, 의도적으로 예수에 비추어서 성경을 해석하고 있는 것임을 보여준다.

잉버그 페데르센이 놓친 결정적으로 중요한 또 하나의 것은 그 자신이 스스로 지적하고 있는 것이다. 그러나 그는 각주에서 이상한 말을 하며 그 점을 유야무야 넘겨 버린다.[165] 바울이 말한 '소마 프쉬키콘' (sōma psychikon)과 '소마 프뉴마티콘' (sōma pneumatikon)의 구별은 두 "몸"이 무엇으로 구성되어 있느냐, 즉 하나는 '프쉬케' 로 이루어져 있고, 다른 하나는 '프뉴마' 로 이루어져 있다고 말하는 그런 구별이 아니라, 두 "몸"을 활성화시키는 것이 무엇이냐, 즉 하나는 '프쉬케' 에 의

164) 고린도전서 15장에 대해서는 *RSG*, 312-61에 나오는 자세한 설명을 보라.

165) *CS*, 217 n. 73. 거기에서 그는 (a) "영적인"이라는 단어가 영으로 "구성되어 있다"는 뜻이 아니라, 영에 의해서 활기를 얻는다는 뜻을 지닌 것으로 읽는다고 올바르게 말하고, (b) 이것은 자기에게 Crouzel, 1976의 논문을 상기시켜 준다고 말하며, (c) "이것은 순수한 Bultmann이다"라고 평한다. Crouzel는 자신을 해명해야 하겠지만, 문제는 누가 이것을 말했느냐 하는 것이 아니다. '프뉴마티코스' (pneumatikos)의 의미는 Bultmann과는 아무 상관이 없고, 사전과 상관 있는 것이다. 이 본문에 대한 나의 읽기는 불트만적이라고 할 수 없다.

해서 활성화되고, 다른 하나는 '프뉴마' 에 의해서 활성화된다고 말하는 그런 구별이다. 구성물을 말하느냐 아니면 활성화 동력을 말하느냐 하는 이러한 결정적으로 중요한 차이는 RSV의 전통에 서 있는 번역들로 인해서 크게 모호해져 버렸는데, 놀랍게도 그 전통은 '소마 프쉬키콘' 을 "물리적인 몸" 으로 번역하고, '소마 프뉴마티콘' 을 "영적인 몸" 으로 번역하여 "물질적인" 몸과 "비물질적인" 몸이라는 플라톤적인 이원론을 강력하게 환기시킴으로써, 가장 초기의 기독교 저술가인 바울은 육체의 부활을 믿지 않았다는 잘못된 인식을 널리 확산시키는 데 자양분을 제공하였다. 적어도 잉버그 페데르센과 나는 그러한 읽기가 전혀 근거 없는 것이라는 데에는 서로 동의할 수 있다. 먼저, '프쉬케' 에 대하여 말하자면, 통상적으로 "혼" 으로 번역되는 이 단어는 플라톤 사상 내에서 어떤 것이 비물질적인 것이고 "물리적인" 것이 아니라는 것을 강조하고자 할 때에 사용할 수 있는 단어였다. 그러나 "물리적인 것" 에 관한 스토아학파의 이해는 바울이 여기에서 말하고 있는 것을 이해하는 데 진정으로 도움이 되는가?

이제 이 논증은 훨씬 더 깊이 들어간다. 나는 다른 곳에서 이것에 대해서 이미 설명한 바 있지만, 나의 설명을 오해하거나 유야무야 넘겨 버리는 사람들이 많아서, 그 역사적 근거를 다시 한 번 설명해 둘 필요가 있다.[166]

먼저, 어원학을 살펴보자. 문법학자들이 지적해 왔듯이, 헬라어에서 '-이코스' (-ikos)로 끝나는 형용사들은 윤리적이거나 기능적인 의미를 가리키는 경향을 보여준다. 여러분이 어떤 것을 구성하고 있는 물질이나 재료를 나타내는 형용사들을 사용하고자 한다면, '-이노스' (-inos)로 끝나는 형용사들을 사용하여야 한다.[167]

둘째로, 특히 철학자들과 의사들 사이에서 병행되는 용례들을 살펴보자. 아리스토텔레스는 "공기로 부풀어 오른" 자궁들을 가리킬 때, '휘스테라이 프뉴마티카이' (hysterai pneumatikai)라는 어구를 사용하는데, 이 경우에 그가 자궁들이 '프뉴마' 라 불리는 것으로 이루어져 있는 것으로 생각하였다고 생각할 사람은 아무도 없다.[168] 갈레노스(Galen)는 주전 3세기의 저술가였던 에라시스트라투스(Erasistratus)가 좌심실을 가리키기 위하여 '프뉴마티케' (pneumatikē)라는 표현을 사용한 예를 인용하는데, 여기에서 좌심실은 '프뉴마' 로 이루어져 있는 것이 아

166) *RSG*, 347-56, 특히 350-2를 보라.

167) Moulton and Turner, 1908–76, 2.359, 378. 고대의 헬라어 용례 전체에 걸쳐서 일반화시키는 설명들은 위험부담이 크지만, 이 용법은 사전에 나와 있는 세부적인 용법 설명들에 의해서 지지를 받는 것으로 보인다(아래를 보라).

168) Arist. *Hist. An.* 584b22.

니라 '프뉴마'를 전달하는 신체기관이다.[169] 마찬가지로, 주전 1세기의 저술가였던 비트루비우스(Vitruvius)는 "바람에 의해서 움직이는" 기계를 '프뉴마티콘 오르가논'(pneumatikon organon)이라고 표현하는데, 우리 중에서 그 기계가 바람으로 만들어졌다고 생각할 사람은 아무도 없을 것이다.[170] 아리스토텔레스의 용법을 따라, 이 단어는 거의 전이형용사처럼 사용되어서, 위장을 가스로 가득 차게 만드는 포도주라고 말할 때, '프뉴마티코스'(pneumatikos) 포도주라는 표현도 가능하였다.[171] 부사 '프뉴마티코스'(pneumatikōs)는 "한숨에"라는 의미로 사용될 수 있었다.[172] 리들과 스캇(Liddell and Scott)의 헬라어 사전에는 잉버그 페데르센(그리고 지난 세기 동안의 많은 학자들)이 고린도전서 15장에서 찾아내고자 하는 의미를 지지하는 용법이 없다.[173]

셋째로, 고전적인 석의를 살펴보자. 국제비평주석(The International Critical Commentary) 총서에 속한 고린도전서 주석서에서는 이렇게 말한다:

> 분명히, '프쉬키콘'은 그 몸이 '프쉬케'로 만들어져 있고 전적으로 '프쉬케'로 구성되어 있다는 것을 의미하지 않는다. 그리고 '프뉴마티콘'은 그 몸이 전적으로 '프뉴마'로 만들어져 있고 구성되어 있다는 것을 의미하지 않는다. 이 형용사들은 "~를 가지고 태어난" 또는 "~의 기관이 되도록 형성된"을 의미한다 … '프뉴마'는 … 장래의 몸의 생명원리이다.[174]

나는 이전에 이 본문을 다룰 때에 독일어와 영어로 된 동일한 취지의 다른 주석서들도 인용한 바 있다.[175] 이러한 주석서들의 설명에 티슬턴(Thiselton)의 주의 깊고 철저한 설명도 추가되어야 하는데, 그는 몇 가지 서로 다른 선택지들을 제시한 후에, 바울은 여기에서 단지 새로운 몸의 구성물에 대해서 말하고 있는 것이 아니라, "성령에 의해서 이루어질 성품이나 존재방식의 변화"에 대하여 말하고 있다는 것을 강력하게 논증한다.[176] 이 모든 것은 바울이 말한 부활에 관한 잉버그 페데르

169) Gal., *On the Usefulness of Parts* 6.12; cp. *Placita Philosophorum* 4.5.7.

170) Vitr. 10.1.1; cp. Gal. *Anim. Pass.* 2.3, '프뉴마티카 메카네마'(pneumatika mēchanēma).

171) Arist. *Pr.* 955a35.

172) Hermog. *Inv.* 4.1.

173) 하나의 예외는 Philo, *Abr.* 113일 수 있다; 그러나 거기에서 ('우시아'[ousia], "본성"을 수식하는) '프뉴마티케'(pneumatikē)는 '프쉬코에이두스'(psychoeidous, "혼 같은")와 대비되는 것이 아니라 서로 연결되어 있다.

174) Robertson and Plummer, 1914 [1911], 372.

175) Conzelmann, 1975 [1969], 283; Witherington, 1995, 308f.

176) Thiselton, 2000, 1275-81, 여기에서는 1279. Thiselton(1278)도 Barrett, 1971a [1968], 372("하나

센의 견해, 그리고 신자들은 "세계로부터 분리되어" "우주론적으로 상정된 '프뉴마' 적인 천체들의 하늘에" 있게 될 것이라고 한 그의 모든 말들이 틀렸음을 여실히 보여준다.[177] 그런 것들은 바울의 그 어디에서도 발견되지 않고, 바울의 사고에 철저하게 역행하는 것이다.

부활에 대한 잉버그 페데르센의 설명은 곧장 새 창조에 관한 바울의 비전에 대한 비슷한 설명으로 이어진다. 그는 바울이 말한 새 창조는 스토아학파의 가르침인 '에크퓌로시스' (ekpyrōsis), 즉 장차 있게 될 "대화재"를 토대로 해서 이해하여야 한다고 선언한다. 그는 자기는 바울이 스토아학파의 철학자라고 주장하고 있는 것이 아니라고 말하지만, 사실은 분명히 그렇게 말하고 있는 것으로 들린다:

> 또한, 물리적인 '프뉴마' 는 … 결국 문자 그대로 신자들로 하여금 땅 위에 있거나 달 아래의 하늘의 영역에 있는 모든 우주적인 반대 세력에 대하여 "승리"를 얻게 해줄 것이다. 그들은 변화를 받아서, 하나님의 강력한 사랑에 의해서 대화재를 통해 변화될 이 땅으로부터 옮겨질 것이다.[178]

잉버그 페데르센이 유대적인(또는, "묵시론적인") 관념들과 스토아학파의 관념들 간의 대비를 "해소하겠다"고 큰소리친 결과는 스토아학파의 관념들이 매번 이기는 쪽으로 결론이 난 것으로 보인다.[179] 그는 궁극적인 종말에 관한 바울의 비전을 이해하기 위해서는 로마서 8장에 나오는 우주적 비전과 고린도전서 3장에 나오는 "불"에 관한 경고를 한데 결합해서 보아야 한다고 주장하지만, 그것은 근본적으로 잘못된 주장이다. 이 두 본문은 성경을 원천으로 한 바울 자신의 언어와 표상들에서 유래하였다.

로마서 8장은 장래의 어떤 우주적인 변화에 관하여 말하는 독립적인 서술이 아니라, 1장 이래로 계속되어 온 일련의 사고 전체, 특히 (아브라함이 "세계를 유업으로 받게" 될 것이라는 약속을 받았다고 말하는) 로마서 4장, (죄와 사망의 지배가 은혜와 의, 그리고 심지어 하나님의 백성의 전 세계적인 통치로 대체되었다고 말하는) 로마서 5:12-21, (이제는 갱신되어 "썩어짐의 노예상태"로부터 해방된 만유라는 "유업"을 향하여 가는 출애굽 여정을 연상시키는 관점에서 하나님의 백성

님의 영에 의해서 생기가 불어넣어지는 새로운 몸")와 Wolff, 1996, 407("하나님의 영의 주관 아래 있는 몸")을 인용한다.

177) *CS*, 97.

178) *CS*, 96(강조는 원래의 것).

179) cf. *CS*, 212 n. 35.

을 묘사하는) 로마서 8:12-17을 되돌아보는 가운데 그 정점으로 주의 깊게 계획된 서술이다. 특히, 이 본문은 장차 왕이 와서 열방들을 자신의 "유업"으로 받게 될 것이라고 한 시편 2편의 메시야와 관련된 약속에 의거하고 있다. 이것은 모든 것 속에 내재된 신적인 불이 결국에는 다른 모든 요소들을 집어삼켜서 순수하게 함으로써 세계가 완전히 새롭게 다시 시작된다고 말하는 범신론적인 '에크퓌로시스'(ekpyrōsis)에 관한 가르침과는 천지차이이다. 이것은 그런 것과는 내용에 있어서만이 아니라 연대기라는 측면에서도 근본적으로 다르다. 왜냐하면, 스토아학파가 말하는 "대화재"는 무한히 반복적으로 일어나는 것인 반면에, 바울에게 있어서는 한 분 유일하신 하나님이 자신의 피조세계를 그 유일한 목표지점을 향하여 움직여 나가고 있는 것이기 때문이다. 이것은 잉버그 페데르센이 다루지조차 않는 스토아학파의 범신론(이것 자체는 물론 유일신론의 한 형태이다)과 바울이 메시야와 성령의 빛 아래에서 발전시킨 유대식의 창조의 유일신론 간의 근본적인 차이로 직결된다.

또한, 고린도전서 3:10-17에서 장차 하나님이 불로 쓰레기들을 다 태우고 나머지 것들을 순전하게 만들 것이라고 말하고 있는 것과 스토아학파의 대화재에 관한 표상 간의 느슨한 유비는 단지 표면적인 것일 뿐이다. 스토아학파의 가르침은 이미 모든 것에 내재해 있는 불기운의 '프뉴마'가 결국에는 다른 모든 요소들을 다 태워 버리게 되리라는 것이다. 우리가 잉버그 페데르센이 거듭거듭 "문자 그대로"라는 것을 강조하여 이탤릭체로 처리하고 있는 것을 곧이곧대로 믿을 수 있다면, 스토아학파의 철학자들은 그러한 가르침을 "문자 그대로" 받아들였던 것으로 보인다. 하지만 바울이 사용한 표상은 은유임이 분명하고, 불에 의해 건물, 좀 더 구체적으로 말하면 신전은 다 타 없어지고, 오직 귀금속들과 보석들만이 잘 정련되어 아무런 손상 없이 남게 될 것이라는 관념을 사용한다. 이 대목에서 바울은 한 무리의 스토아학파의 철학자들이 이런저런 것들을 놓고 논쟁을 하고 있던 저잣거리를 흘깃 보았을 수 있고, 그리고는 이렇게 말하였을 수 있다: "불이라고? 좋다, 내가 너희에게 장차 임하게 될 진짜 하나님의 불에 대하여 말해주마." 바울이 말한 불은 외부로부터 온다(그것은 모든 것 속에 있는 불기운에서 시작되지 않고, 외부로부터 "건물"로 보내진다). 그 불은 다른 기능을 한다(그것은 다른 모든 요소들을 불로 전환시키는 것이 아니라, 어떤 것들은 파괴하고 어떤 것들은 순수하게 정화한다). 그 불은 목표지점이 다르다(그것은 세계를 처음부터 다시 시작할 수 있는 상태로 만드는 것이 아니라, 영원히 지속될 수 없는 것들은 멸하고 영원히 지속될 수 있는 것들은 더욱 정화함으로써 구원의 조건을 마련한다). 불도 다르고, 목적도 다르다.

내가 잉버그 페데르센이 쓴 이 두 권의 책을 평하는 데 상당한 시간을 들인 것은 그 책들이 우리의 주제 전체에서 핵심적으로 중요한 것으로 여겨지는 하나의 질문을 다루고 있기 때문이었다: 이방인들의 사도는 당시의 지배적인 철학과 어떤 관계가 있었는가? 그 책들은 많은 지식을 동원해서 이 질문을 끈기있게 다루고 있기 때문에, 이미 이 주제에 대해서 말할 때에는 반드시 짚고 넘어가야 할 책들이 된 것으로 보인다. 그러나 그 책들은 잘못된 방식으로 논증을 진행해 나가고 있기 때문에, 우리는 그 책들이 중요한 쟁점들은 제시하고 있기는 하지만, 거기에 대한 대답들을 발견할 수 있는 길들을 제시하고 있지는 않다는 취지의 주의사항을 덧붙이지 않을 수 없다. 우리는 때때로 신학적인 전통들을 신랄하고 날카로운 비판대 앞에 세우기도 하고, 개들이 짖어대는 소리에도 귀를 기울일 필요가 있지만, 그런 작업들은 반드시 올바른 방향으로 행해져야 한다.

우리가 잉버그 페데르센에 대하여 훨씬 더 많은 것들을 말할 수 있다는 것은 두말할 필요가 없다. 예컨대, 잉버그 페데르센은 끊임없이 인지적인 앎과 지식이 바울이 중요하다고 생각하는 것의 중심이라고 말하지만, 바울은 (a) 중요한 것은 우리가 하나님을 아는 것이 아니라 하나님이 우리를 아는 것이며, (b) 지식은 우리를 우쭐하게 하고 부풀어 오르게 만들지만 사랑은 우리를 세운다고 말함으로써, 잉버그 페데르센의 생각이 틀렸음을 아주 분명하게 드러내 준다.[180] 이 동일한 모티프는 바울이 아리스토텔레스의 덕목론을 근본적으로 수정해서 제시한 것의 특징이기도 하다. 즉, 덕목의 목표는 '유다이모니아' (eudaimonia, "행복")가 아니라 메시야 자신이고, 저 장래를 향하여 뻗어나가기 위해서 현재에 요구되는 일차적인 덕목은 '아가페' (agapē, "사랑")라는 것이다. 이 모든 것은 바울이 당시의 철학 세계와 실제적으로 또는 암묵적으로 접전할 때에 기본적인 것들이었지만, 잉버그 페데르센이 그러한 질문들을 던지고 파헤치고자 하였음을 보여주는 증표는 전혀 없다.

또한, 그가 주후 1세기의 유대인들, 그들의 이야기들, 그들의 상징들, 그들의 정치적 현실과 열망들, 그들의 문헌들이 그러한 문제들에 대하여 말한 방식을 진정으로 이해하고 있었다는 것을 보여주는 증표도 전혀 없다. 그는 우리가 실제로 알고 있는 유대인들의 본문들이나 운동들 — 그러한 것들을 초기 기독교에서 개작하고 수정한 방식은 말할 필요도 없고 — 과 별 관계가 없는 "묵시론"이라 불리는

180) 예를 들면, cf. *PS*, 62.

일차원적인 마분지 조각을 가지고 작업한다. 또한, 그는 현재의 바울 연구에서 떠오른 몇몇 핵심적인 쟁점들조차 진정으로 이해하지 못하고 있다. 그는 자기가 샌더스(Sanders)와 슈바이처(Schweitzer)를 따라서 "칭의"와 "참여"의 이분법을 극복하였다고 주장하지만, 샌더스에 대해서는 아예 논의조차 하지 않고, 슈바이처에 대해서는 단지 짧게 다루고 있을 뿐만 아니라, 어쨌든 샌더스와 슈바이처는 그러한 이분법을 극복한 것이 아니라 도리어 더욱더 돌처럼 단단하게 고착화시켜 놓은 인물들이었기 때문에, 우리는 더 이상 할 말이 없다.[181]

특히, 그는 이 책들 및 다른 곳들에서 자기가 "유대교/헬레니즘의 이분법"을 뛰어넘었다고 내내 주장하지만, 그러한 주장은 사실이 아니다. 물론, 그러한 명명법을 사용한 19세기의 구조물들은 학계(그리고 좀 더 넓은 문화와 유럽 문명)에 타격을 주어 왔기 때문에, 우리는 그 모든 것을 피하여야 한다. 그러나 이것은 주후 1세기에 유대인들과 비유대인들, 또는 그들 각각의 상징 세계들과 특징적인 서사들 등이 서로 다르지 않았다는 것을 의미하는 것이 아니다. 물론, 이 "이분법"의 각각에 속한 것들은 또다시 세분될 수 있다. 유대인들은 비록 유동적이고 유연하기는 하였지만 서로 다른 흐름들과 분파들로 나뉘어서, 몇몇 중심적인 주제들에 대하여 조금씩 다른 견해들을 내놓았고, 비유대인들도 철학적으로나 종교적으로나 정치적으로 서로 다른 많은 흐름들과 학파들과 문화들과 하위문화들로 나뉘어 있었다. 우리가 필로(Philo)의 경우나 솔로몬의 지혜서의 경우에서 볼 수 있듯이, 당시의 유대적인 세계들과 비유대적인 세계들은, 마치 두 대의 자동차가 주차장에서 잠깐 서로 부딪쳤다가 각자의 길로 간 것처럼, 많은 점들에서 서로 충돌해서 상대방의 특색을 어느 정도 받아들여서 다시 자기 길을 갔을 것임에 틀림없다. 그리고 종종 그런 것보다 훨씬 더 깊은 충돌이 일어났으리라는 것도 의심의 여지가 없다. 나는 이 장의 앞부분에서, 바울은 자신의 글들의 여러 대목들에서 자기가 고린도후서 10장에서 말한 것, 즉 유대 세계의 외부로부터 관념들을 가져와서 자신의 복음을 설명하는 데 사용하는 것을 아주 의도적으로 행하였을 가능성이 아주 높다고 말한 바 있다. 그러나 잉버그 페데르센처럼, 극히 다양한 유대 세계를 "묵시론"이라는 단어로 축소해서, 바울의 사고와 글을 모두 "묵시론"으로 포섭한 후에, 그 모든 것들이 다 스토아 사상을 다시 쓴 것이라는 식으로 말하는 것은 역사상으로나 석의적으로나 근거가 없다.

따라서 잉버그 페데르센은 바울의 핵심에 가까이 다가가지도 못하였다. 그는 자

181) *CS*, 150을 보라(242f. n. 27도 함께).

기가 "그 모든 것을 다 포괄하여" 바울을 통일적으로 파악하고 "바울의 세계관의 핵심"에 대한 설명을 제시하였다고 주장함에도 불구하고,[182] 아이러니컬하게도 우리가 그의 책들 속에서 보는 것은 왕자가 아닌 햄릿, 또는 왕과 왕후와 유랑극단이 없는 덴마크 왕자이다. 어떤 사람이 겉으로는 바울이 실제로 어떤 사람이었는지를 설명하겠다고 하면서, "구원"이라는 개념은 바울의 신학적 담론에 속하는 까닭에 그에게 진정으로 중요하였던 것에 대한 분석과는 직접적으로 연관된 문제가 아니라고 말하며, "구원" 개념을 한 쪽으로 치워 버리는 것을 보았을 때, 우리가 달리 무슨 말을 할 수 있겠는가?[183] 또한, 그가 견유학파처럼 호탕하고 아무렇지도 않게 바울 연구에 있어서 중요한 대부분의 주제들에 대해서 그런 것들은 필요없다고 하면서 걷어치우는 모습을 보면서, 우리가 무슨 말을 하겠는가? 잉버그 페데르센은 바울의 핵심 용어들 중의 하나와 관련된 문제를 해결하고자 하면서, 이렇게 말한다:

> 우리는 무엇보다도 먼저 구원론, 기독론, 칭의, 은혜, 행위 등등의 전통적인 신학적 개념들 전체를 배제하기로 결심하기 전에, 과연 진보라는 것을 만들어낼 수 있을지 의아스럽다.[184]

물론, 그는 자신의 첫 번째 책의 시작 부분에서 앞으로 자기가 하고자 하는 것은 바로 이런 것이라고 말한다: "신학"을 배제하고, 그 대신에 바울의 "세계관," "우주론" 등등에 집중하는 방식으로 그를 탐구하는 것. 그리고 그의 두 권의 책은 실제로 그러한 과제를 수행한다. 즉, 그가 이렇게 따옴표로 묶어서 열거한 주제들은 『바울과 스토아학파의 철학자들』에서 길게 이어지는(그러나 특이한) 석의에서 손님으로 잠깐 등장하는 것을 제외하면 전혀 무대에 모습을 드러내지 않는다. 현대의 한 동시대인의 사고의 흐름을 재구성하는 일은 고대의 한 저술가의 사고를 재구성하는 것만큼이나 위험부담이 큰 일이지만, 잉버그 페데르센의 사고의 흐름에 대한 가설은 다음과 같이 제시될 수 있을 것이다: (a) 그는 네덜란드의 루터교 전통에 서 있기 때문에, 처음부터 바울에게 진정으로 중요한 것은 회심이라고 생각하였고, 지금까지 회심을 둘러싸고 구축되어 온 기존의 신학적인 구조물들이 몇 가

182) *CS*, 75f., 139, 89f., 137.

183) *PS*, 39.

184) *CS*, 245 n. 42. 우리가 특히 주목하는 것은 지금 다루고 있는 책들에는 바울에게 대단히 중심적인 것이었던 십자가에 대한 언급이 완전히 빠져 있다는 것이다.

지 점(통일성이라는 측면?)에서 실패하였다고 느꼈다; (b) 그는 고대와 현대의 철학을 연구한 끝에, 그 철학이 바울이 제시하지 않았던 "진정한 선택지들"을 제시한다는 것을 발견하였다; (c) 그는 회심 모형을 구축한 후에, 한편으로는 스토아학파의 저술가들에게서, 다른 한편으로는 바울에게서 "회심"을 찾아 내었다; (d) 그는 "물질적인 '프뉴마'"라는 스토아학파의 개념으로 무장하고서, 거기에 비추어서 바울을 다시 읽어내려고 최선을 다하였는데, 그렇게 하면서 이번에도 바울의 신학적인 개념들은 대부분 배제시켜 버렸다: 자, 보아라, 우리는 유대교/헬레니즘의 이분법을 뛰어넘었다. 하지만 그렇게 해서 실제로 일어난 일은 잉버그 페데르센이 스스로 만들어내고 작동시킨 이분법, 즉 한편으로는 그가 인간론, 윤리, '프뉴마'에 관한 스토아 사상의 한 판본을 오늘날의 철학과 문화 연구의 도움을 받아서 바울 속으로 집어넣어 읽어내고서 "진정한 선택지"라고 규정한 것, 다른 한편으로는 바울의 독자들 대부분이 석의적이고 역사적으로 타당한 근거들 위에서 그의 사상의 핵심을 구성하는 것으로 생각해 온 것들 중 대부분을 "진정한 선택지"가 아니라고 규정한 것 간의 이분법을 뛰어넘은 것이었다. 물론, 우리는 바울을 그의 좀 더 넓은 사회적·문화적·정치적 맥락들 속에 둘 필요가 있다(나는 잉버그 페데르센의 설명 속에서 정치적인 맥락에 무슨 일이 일어난 것인지가 의아하다). 그리고 우리가 부르디외(Bourdieu) 같은 사람들로부터 철저히 문화적인 맥락 속에서의 인간을 어떻게 이해하여야 하는지에 관하여 많은 것을 배울 수 있다는 것도 맞다. 나는 본서에서 그런 것 전부 또는 대부분을 하고자 애써 왔다. 그러나 나는 제2부의 세계관 연구를 토대로 해서, 바울은 자기가 발전시키고 가르치고 있던 세계관을 견고하고 통일적인 것으로 계속해서 남게 하기 위해서, 자신의 신학을 다시 생각할 필요가 있었다는 결론을 얻었다. 그런 까닭에, 제3부가 필요하였다. 나는 바울의 세계관과 신학에 관한 그러한 설명은 바울과 세네카, 또는 바울과 에픽테토스,[185] 또는 바울과 디오 크리소스토무스 등등 간의 가설적인 만남이라는 관점에서 여전히 좀 더 깊이 천착될 필요가 있다는 것은 인정한다. 현재의 장은 단지 그러한 가설적인 작업의 시작일 뿐이다. 나는 나의 이러한 작업을 통해서 다른 사람들이 자극을 받아 이 작업을 더욱 진척시켜 나가 주기를 바라고 있다.

185) 내가 지금 논의한 온갖 단점들을 인정하게 되면, Engberg-Pedersen의 장(*CS*, ch. 4, 106-38)은 흥미로운 출발점이다. 또한, Huttunen, 2009를 보라.

4. 결론

우리는 이제 이방인들의 사도가 이스라엘의 하나님과 십자가에 못 박혔다가 부활한 이스라엘의 메시야의 명령을 받고 보내심을 받은 세 개의 서로 중복되고 얽혀 있는 세계에 대한 검토를 끝냈다. 물론, 우리 시대의 정치와 종교와 철학이 깔끔하게 하나로 포장되어 존재하는 것이 아닌 것과 마찬가지로, 이 세계들도 하나의 깔끔한 전체를 이루고 있지 않았다. 한편으로는 오랜 세월이 지나서 되돌아보아야 한다는 사실, 다른 한편으로는 얼마 안 되는 자료들 때문에, 우리는 사도가 사람들이 북적대는 또 다른 도시 속으로 걸어들어가서 자신의 일을 할 만한 장소를 물색하고자 하였을 때에 그에게 보였을 당시 세계의 모습보다 더 통일된 그림을 우리가 "보고" 있다고 생각할 수 있다. 하지만 많은 연구들이 다른 세계들을 배제한 채로 오직 하나의 세계만에 매달려 왔거나, 이 세계들을 모종의 방식으로 뒤섞어서 보아 왔다는 것, 이 한 가지만을 감안하더라도, 이 세 개의 "세계들"과 바울의 가설적인(그러나 아마도 실제적이었을) 만남을 상정해 보는 것은 적어도 발견학습적으로는 어느 정도 가치가 있다. 나는 이 세 장이 적어도 앞으로 행해질 수 있고 행해져야 할 추가적인 연구를 위한 이정표들을 세워 놓았기를 소망한다.

내게 더 많은 지면이 허락되었더라면 다루고 싶었던 것들 중에서 일부를 얘기하자면, 나는 "정치"와 "종교"가 서로 겹치는 부분을 조금 천착해 들어갔고 — 구체적으로는, 황제 제의들로 생각되는 현상들과 관련해서 — 고대 철학에 있어서 "종교적" 요소(철학자들이 "신학"이라고 불렀을 것들을 포함한)가 정치와 종교라는 두 세계에서 중요하다는 것을 역설하는 일은 어느 정도 하였지만, 철학과 정치 간의 관계를 그런 관점에서 살펴보는 시도는 하지 않았다. 바울 당시의 여러 철학들이 공식적으로든 비공식적으로든 정치 제도들과 체제들, 그리고 반대 운동들이나 혁명을 발생시키고 견인하였던 방식들을 알아내고, 그러한 차원에서 바울이 자신의 세계들에 대하여 어떤 식으로 대응하였는지 — 또는, 어떤 사람들이 주장해 왔듯이, 그가 이 모든 것을 초월해서 좀 더 높은 것들에 몰두하였던 것인지 — 와 관련해서 무엇인가를 알아내는 것은 연구해 볼 만한 가치 있는 작업이 될 것이다. 나는 본서의 마지막 장에서, 적어도 바울이 부르심 받은 사명 속에는, 그의 동시대인들에게는 "정치"와 "종교"와 "철학"으로 구별되어 각각 따로 생각되어 온 것들이 그에게는 메시야에 의해서 형성된 통일적인 전체의 부분들로 보였기 때문에, 이 모든 것들을 새로운 인식하에서 통합하는 작업도 포함되어 있었다는 것을, 어느 정도 개략적으로 제시할 것이다.

바울이 자신의 핵심적인 관념들을 비유대적인 환경으로부터 가져온 것은 아니었지만, 그렇다고 해서 그 환경과 그의 관계는 단순히 "대결"(confrontation)로 규정될 수도 없었다. 이 문제는 훨씬 더 미묘하다. 실제로, 그는 자신의 주된 주제들을 비유대적인 정치, 종교, 또는 종교의 세계들로부터 가져오지 않았지만, 이 세계들을 자기와는 아무런 상관없는 세계들로 여기고서, 다른 쪽을 바라보는 가운데 이 세계들을 철저히 무시하고 지나쳐 버린 것도 아니었다. 또한, 그는 이 세계들이 머리끝부터 발끝까지 온통 다 잘못되었다고 말하지도 않았다. 그가 지혜와 지식의 모든 보화가 메시야 안에 감추어져 있다고 말한 것은, 모든 진리가 성경에 담겨 있다고 믿는 어떤 사람들이 생각하는 것과는 달리, 다른 모든 책들은 하나도 쓸모없으니 다 내던져 버리라는 것을 의미하는 것이 아니었다. 수많은 노선들과 수준들 속에서 이루어진 바울과 복잡다단한 비유대 세계와의 만남을 추적하고 좌표로 그려내고 평가하는 일은 우리가 앞으로 관심을 가져야 할 작업이다.

이제 나는 본서의 제4부를 제1부와 대칭되는 것으로 구성하고자 한 의도를 해명하고자 한다. 바울은 유대인으로 시작해서, 거기로부터 비유대적인 관념들, 종교들, 정치 체제들의 세계 속으로 나아갔다. 그는 자기가 이방인들의 사도가 되도록 부르심을 받았다는 것을 굳게 믿었다. 우리는 그러한 역사적 출발점을 염두에 둔 가운데, 그러한 체제들, 실천들, 관념들로 다시 돌아가서, 우리가 제2부와 제3부에서 알게 된 바울이 비유대 문화의 그러한 측면들에 어떤 식으로 개입하였을지, 그리고 실제로 어떻게 개입하였는지를 살펴보았다.

하지만 바울은 유대인들의 사도가 아니었다. 그는 자신의 사역이 "육신을 따른" 자신의 "골육"에 대하여 미칠 수 있는 모든 효과를 단지 자신의 주된 사역의 반사적인 결과로 보았다.[186] 그럼에도 불구하고, 그러한 반사적인 결과는 중요하였던 까닭에, 그의 가장 날카롭고 통렬한 논증들 중 몇몇을 낳았다. 이렇게 우리는 바울의 주된 사역이 그 사역 현장인 비유대 세계에 미쳤을 여러 가지 결과들을 간략하게 살펴보았기 때문에, 이제 바울의 신학에 관한 모든 연구들, 특히 본서의 제3부에서 우리가 제시한 것과 같은 논증을 끈질기게 괴롭혀 온 질문으로 돌아간다. 바울이 자신의 혈육과 벌인 반사적인 접전 — 우리가 이렇게 부를 수 있다면 — 의 주된 노선들은 무엇이었는가?

186) 롬 11:11-16: 위의 제11장 제6절 4) (5) (c) (d)를 보라.

제 15장

최초에 있던 자리를 알기: 바울과 그의 유대적 배경

1. 서론

우리는 바울의 세계를 탐구하는 여정들을 되짚어서 마침내 그 모든 것이 시작된 자리, 즉 주후 1세기의 유대 세계로 다시 돌아왔다. 하지만 현재의 장과 앞의 세 장 간에는 필연적인 비대칭성이 존재한다. 우리는 제12장에서는 바울과 로마 제국, 제13장에서는 바울과 고대 말기의 종교 세계, 제14장에서는 바울과 이교 철학자들에 비추어서, 우리가 제2부와 제3부에서 천착하였던 바울의 세계관과 신학이, 그가 선교사로 활동하였다고 말한 세계들과 어떠한 관계를 맺고 있었는지를 살펴보았다. 그는 자기가 새로운 비유대적인 운동을 창설한다고 생각하지 않았고, 자기가 선포하고 역설하는 메시지와 삶은 어떤 의미에서 엄격한 바리새파 유대인으로서 자기가 믿고 있었던 모든 것의 성취라고 보았다. 그는 자기가, 비록 근본적으로 변화된 판본이기는 하지만, 자신의 태생적인 생활방식을 좀 더 넓은 세계에 전파하고 있다고 믿었다. 따라서 그는 유대적인 배경 속에서 아무리 많은 시간을 보냈다고 할지라도, 유대인들에 대한 사도가 아니었고, 적어도 그 자신의 눈에는, 유대인들로부터 좀 더 넓은 세계로 파송 받은 사도였다. 그런 까닭에, 그와 유대 세계와의 접전은, 우리가 그를 위치시키고자 애써 온 다른 세계들과의 그의 접전과는 성격이 달랐다.

본서의 중심적인 논증들 중의 하나는, 바울은 유대적인 색채가 짙은 사상가로 확고하고 의도적으로 계속해서 머물러 있었다는 것이다. 이러한 주장은 당시에나 오늘날에나 도전을 받을 수 있다. 그러나 나는 그의 신학의 전 범위는, 그의 태생적인 유대적인 유산과 그가 살았던 헬레니즘 문화로부터 온 수많은 단편들이 무작위로 또는 실용적으로 융합된 결과물로서, 어떤 끈으로 서로 줄줄이 묶여 있는 가운데, 그가 그때그때마다 적절하다고 생각되는 것을 제시한 것이 아니라, 유대적인 유산의 중심적인 주제들인 유일신론과 선민론과 종말론을 성경에 기반해서 체계적이고 통일적으로 개작하고 수정해서, 이것이 인간의 온전하고 참된 삶이라고 주장하는 방식으로 다시 들려준 것으로 이해할 때에 제대로 파악될 수 있다는 것을 논증해 왔다. 본서의 제2부와 제3부가 바로 그러한 논증이기 때문에, 논증이 막바지에 이른 지금에 있어서, 내가 그러한 논거들을 다시 한 번 반복할 필요는 없을 것이기 때문에, 현재의 장을 이전의 세 개의 장을 서술했던 것과 거의 동일한 방식으로 구성해서 설명을 전개해 나갈 필요도 없을 것이다. "바울과 유대 세계" — 또는, 이것을 어떤 식으로 표현하든 — 의 문제는 "바울과 제국," "바울과 종교," "바울과 철학"의 문제와는 다른 종류의 것이다. 바울에게는 이 세계들을 대상으로 한 사명, (다시 한 번 말하자면) 주후 1세기 유대인들의 세계로부터 생겨난 사명이 있었다.[1] 따라서 그가 유대 세계와 관련해서 말해야 했던 모든 것은, 자신의 일차적인 소임으로부터의 반사작용에 의해서 생겨난 것들이었다.

나는 이 모든 것이 "종교"와는 거의 관계가 없고, "종말론"과 많은 관계가 있다는 것을 앞에서 논증한 바 있다. 나의 이러한 말은, 얼핏 들으면, 케제만(Käsemann), 마틴(Martyn) 등이 행한 분석들의 추진력이 된, "종교"에 대한 바르트의 반감, 그리고 실제로는 개신교계의 반감과 비슷하게 들릴 수 있다. 바울이 "유대교"를 "종교"로 보고서 유대교에 반대하고, ("종말론"이든 "믿음"이든) 다른 그 무엇을 주창하였다는 것은 사실이 아니다. 그런 말은 서구의 대체주의의 고전적인 형태이다: "유대인들은 '종교'에 매달렸지만, 바울은 그런 것과는 다른 더 나은 그 무엇을 제시하였다." 또한, 바울이 "종교"의 다른 형태들, 특히 유대교보다 우월하다고 생각한 새로운 종류의 "종교"를 주창하거나 제시하였다는 주장은 오늘날의 글들에서(특히, 바울과 "유대교"의 "종교 패턴들"을 비교한 샌더스[E. P. Sanders]를 추종하는 글들에서) 흔히 찾아볼 수 있지만, 그것은 사실이 아니다. 바울은 "종교"에 대해서 찬성이든 반대이든 "종교" 자체에 대하여 별 관심을 갖지 않았다. 종교를 놓고서 갑론을박하는 것 자체가 정신을 산만하게 해서 정작 말해야 할 것들을 말하지 못하게 만드는 것이다. "종교 대 종말론"이라는 관점에서든, 아니면 "이런 종교 대 저런 종교"라는 관점에서 문제를 제기하고 거기에 대하여 이

1) 이것은 이러한 일반적인 차원에서 Nanos, 2010b와 비슷한 것을 말하고 있는 것이다 — 물론, 우리의 관점은 이것과는 다르다. Frey, 2007은 독일에서 이루어진 이 주제에 대한 논의를 이전의 극단적인 관점, 즉 본질적으로 바울을 비유대적, 또는 반유대적인 인물로 보는 관점에서, 좀 더 복합적이지만 역사적으로 통일된 바울의 입장은 여전히 유대적인 색채가 짙은 것이었다는 관점으로 좀 더 진전시킨다 — 이것은 진정한 문제 제기를 위한 정지작업에 불과한 것이지만.

런저런 해법들을 내어놓는 것은 그 자체가, 이런저런 수단들을 통해서 "종교"를 중심적인 것으로 만들고자 해 온 현대의 서구 신학계가 끌어들인 문제점의 일부이다. 자신의 동족 유대인들에 대한 바울의 비판은, 그들의 "종교" 일반, 또는 그 구체적인 어떤 특징들에 대한 비판이 그 중심적인 것이거나 일차적인 것이 아니었다.

바울에게 중요했던 것은 나사렛 예수가 이스라엘의 메시야라는 믿음이었다. 이 점은 중요하기 때문에, 좀 더 정확하게 말한다면, 그것은 십자가에 못 박혔다가 부활한 나사렛 예수가 이스라엘의 메시야이자 세계의 참된 주라는 믿음이었다. 우리가 특히 바울의 글들로부터 그에 대하여 아는 모든 것들은, 장차 메시야가 나타나서 하나님이 옛적에 이스라엘에게 준 약속들을 성취할 것이라는 유대인들의 기본적인 신앙을 전제할 때에만, 그 하나하나가 제대로 된 의미를 지닐 수 있게 된다. 그리고 예수가 이스라엘의 메시야라는 것을 믿지 않았던 그의 동족 유대인들과의 충돌은, "종교" 차원이 아니라 메시야적인 종말론의 차원에서 일어났다: 그는 메시야가 이미 왔고, 오랫동안 기다려 왔던 새 시대가 개시되었다고 믿었던 반면에, 그들은 믿지 않았다. 이 지점에서, 그리고 이 정도로만, 바울은 한 세기 후의 아키바(Akiba)와 정확히 동일한 땅 위에 서 있었다. 왜냐하면, 아키바는 시므온 벤 코시바가 "별의 아들"이라고 생각하였던 반면에, 그의 반대자들은 그의 말이 틀렸다고 그를 정면으로 반박하고 그에게 대항하였기 때문이다. 이것에 대해서는 우리가 나중에 다시 살펴볼 것이다.

물론, 유대인들의 기존 체계에 대한 충격은, 단순히 특정한 인물을 놓고서 메시야인가 아닌가에 대하여 의견의 충돌이 있는 것으로부터 온 것이 아니라, 십자가에 못 박힌 사람을 메시야라고 주장한 것으로부터 왔다. 예수를 추종하였던 바울을 비롯한 초기 그리스도인들은 예수의 부활을 보고서, 어떤 사람이 다른 점들에서는 아무리 메시야임이 확실하다고 할지라도 십자가에 위에서 처형당했다는 사실 한 가지만으로 메시야일 수 없다고 여길 수밖에 없었던 기존의 유대교에서는 상상도 할 수 없었던 십자가에 못 박힌 메시야라는 개념을 진지하게 고려하고 결국 받아들이지 않을 수 없었다. 예수는 이교도들과 싸움을 벌여서 그들을 굴복시킨 것도 아니었고, 성전을 재건한 것도 아니었으며, 가시적인 정의와 평화의 제국을 건설한 것도 아니었다. 정반대로, 그는 메시야가 하게 되어 있던 그러한 소임들에서 실패하였을 뿐만 아니라, 그 과정에서 하나님의 저주를 받은 것으로 보였다. 하지만 그의 부활은 사람들의 그러한 인식을 변화시켜서, 빌라도가 십자가에 달린 예수의 머리 위에 박아놓은 명패를 하나님이 확증하였다고 여기게 하였고, 가장 초기의 그리스도인들의 몇몇 신앙고백들에서 암묵적으로 근거로 삼았던 이스라엘의 성경 본문들에 이 부활 사건이 반영되어 있다는 것을 일깨워 주었다.[2] 그의 부활은 빌라도가 십자가에 달린 예수의 머리 위에 써놓게 한 것, 즉 "유대인들의 왕"이라는 명패가 옳다는 것을 확증해 준 것이었다. 이것이 아무리 역설적이고, 아무리 충격적이며, 아무리 이전에는 상상할 수 없는 것이었다고 할지라도, 바울이 굳게 믿었던 것은 바로 그것이었고, 이 믿음은 그의 일생의 사역 전체의 형태와 내용을 결정하였다. 우리가 이렇게 바울을 그의 유대적 배경 안에 위치시킬 때, 다른 무엇보다 월등하게 두드러지는 것은 바로 이것이다.

만일 바울이 고대의 한 "종교"와 또 다른 종교를 비교해서 말하고자 하였더라면, (우리가 "종교"라고 부르는 것들을 비교하고자 하는 오늘날의 시도들과는 반대로) 유대 "종교"와 다양한 형태의 이교도들의 "종교"를 비교하는 것이 마땅하다고 여겼을 것임에 틀림없다. 이 문제와 관련해서 그에게는 다른 선택지가 없었을 것이다. 만일 사람들이 바울에게 이 두 종교를 "비교해" 달라고 요청하였다면, 그는 의심할 여지 없이 순전히 유대적인 유일신론, 그 근저에 있는 계약 서사, 단일한 성소, 인간에 대한 높은 평가와 거기에 근거한 높은 도덕 기준, 그리고 특히 여전히 넘볼 수 없는 놀랍고 탁월한 유대인들의 찬송의 책을 거론하면서, 이 모든 것들에 비하면, 고대 이교의 번잡하고 무질서한 삶은 비루하기 짝이 없고 엉망진창인 것이라고 말하였을 것이다. 그러나 두말할 필요 없이 여기에서 중요한 것은 바울은 "종교들"의 세계를 바라보고서 그것들 중의 하나를 선택한 것이 아니었다는 것이다. 바울이 하나의 종교를 선택하였다고 보는 것은 지극히 현대적인 관념이다. 바울은 유대인으로 태어났고, 유대적인 생활방식이 무엇보다도 참되다고 믿었다. 그에게는 아브라함의 하나님, 출애굽의 하나님, 시편들의 하나님, 선지자들의 하나님, 오랫동안 기다려 왔던 장래의 소망의 하나님, 곧 한 분 유일하신 창조주 하나님이 있었고, 인간이 되는 유일한 참된 길, 곧 이 한 분 유일하신 하나님에 대한 신실하고 지혜로운 순종의 길이 있었다. 만일 바울이 "종교들을 비교하고자" 하였다면(그가 이 질문을 이해하였을 것이라고 가정할 때), 그것은 그에게 식은 죽 먹기처럼 아주 쉬운 일이었을 것이고, 그 비교에서는 언제나 유대적인 생활방식과 예배방식이 승리하였을 것이다.

그러나 바울은 다메섹 도상에서 그에게 일어난 일 이전이나 이후나 "종교들을 비교하지" 않았다. 그가 다메섹 도상에서 그에게 나타난 예수를 회당들이나 다른 곳들에서 전하기 시작하였을 때, 그것은 새로운 "종교"를 "주창한" 것이 아니었다.

2) 예를 들면, 롬 1:3-4; 고전 15:3-8: 위의 제7장 제7절과 제8절을 보라.

또한, 그는 "지금까지는 너희가 '종교'를 가지고 있었지만, 이제는 내가 그런 것들과는 다른 종교를 제시하겠다"고 말한 것도 아니었다. 그는 유대인들이 내내 섬겨 왔던 하나님, 그들의 성경에 나오는 바로 그 하나님이 전에 약속하였던 일을 이제 마침내 행하였고, 하나님의 그러한 역사로 말미암아 새로운 세계 질서가 탄생되었다고 선포한 것이었다. 바울의 신학과 선교는 이러한 "기독론적으로 개시된 종말론"에 뿌리를 두고 있었고, 그러한 종말론에 의해 정의되었다. 예수 안에서 "끝"(the End)이 "가운데"(the Middle)에서 도래하였고, 그 결과, 모든 것이 달라졌다. 그것은 하나님이 내내 의도해 왔던 것이었다(물론, 이것은 일이 일어난 후에 뒤돌아 생각해 보았을 때에 알게 된다). 바울은 이 점을 아주 강력하고 단호하게 역설한다. 한 분 유일하신 하나님은 자신의 생각이나 계획, 자신의 궁극적인 목적들을 하루아침에 갑자기 바꾼 것이 결코 아니었다. 한 분 유일하신 하나님은 갑자기 충격적이고 예기치 않게 행한 것은 맞지만, 옛적부터 내내 자기가 그렇게 하겠다고 말해 왔었다. 그리고 바울은 이 일이 있고난 후에 뒤돌아보았을 때, 이 하나님이 지금까지 이 세계 전체에 대하여 진정으로 의롭게 행해 왔다고 생각할 때에만, 모든 것이 잘 들어맞고 의미를 지니게 된다는 것도 알게 되었다.

필연적으로, 이것은 바울이, 나사렛 예수가 죽은 자로부터 부활하였다는 것을 믿지 않았고, 따라서 예수가 이스라엘의 메시야라는 것을 믿을 이유도 없었던 동시대의 유대인들과 복잡하고 모호한 관계 속에 놓이게 되었다는 것을 의미하였다. 사도행전과 바울의 서신들은, 그가 아시아와 헬라에서 예수를 전할 때에 통상적으로 회당에서 먼저 시작하였고, 그런 후에 가까운 다른 시설들로 옮겨가서 그 사역을 계속하였음을 보여주기는 하지만, 그런 믿지 않는 유대인들에게 예수를 전하는 것은 그의 일차적인 소임이 아니었다.[3] 그가 데살로니가 교인들에게 일깨워 주고 있듯이, 그의 주된 메시지는 유대적인 색채가 짙은 것이었지만, 그 내용은 이교도들에게 우상들을 떠나서 참되고 살아 계신 하나님을 섬기고 예배하라는 것이었다.[4] 그가 예수를 믿지 않는 동시대의 유대인들에게 말할 것들이 있었다고 한다면, 그것은 그의 일차적인 소명으로부터 반사작용으로 나온 것들이었다. 그가 회심한 이방인 신자들에게 말할 때, 그러한 믿지 않는 유대인들에 대하여 말할 것들은 (갈라디아서, 빌립보서, 골로새서에서 볼 수 있듯이) 보충설명과 경고의 말들이었다. 흔히 바울 신학의 중심으로 여겨져 온 것, 특히 칭의와 율법에 관한 그의 가르침

3) 바울의 선교전략에 대해서는 아래의 제16장 제2절을 보라.

4) 살전 1:9f.

중 많은 부분은 그러한 범주들에 속한다: 바울은 이교도들에게 복음을 전할 때(그는 이 일에 대부분의 시간을 보냈다), 칭의에 대해서가 아니라 한 분 유일하신 하나님과 그의 아들 예수에 대하여 말하였다. "칭의"에 대한 언급이 등장하는 것은, 그가 이방인 회심자들에게 그들이 할례를 비롯한 유대인들의 전통적인 정체성 표지들과는 무관하게 진정으로 하나님이 아브라함에게 약속한 단일한 권속의 온전한 지체들이 되었다는 것을 설명하여야 할 때였다.[5] 그리고 예수를 믿기를 거부한 자신의 동족들에 대한 그의 비판(그는 이러한 비판을 하면서 심장이 멎는 듯한 고통과 슬픔을 느껴야 했다)도 바로 그 동일한 종말론으로부터 나온 것이었다. 큰 물이 빠져나가면서 이스라엘의 사정이 급변하였고, 바울은 그 큰 물을 타고 먼 바다로 나갔다. 그러나 그렇게 하지 않고 제자리에 머물러 있는 사람들은 영원히 얕은 물 속에서 참담한 삶을 살 수밖에 없게 될 것이었다.

바울은 자신의 이전의 삶에 비추어서, 예수를 믿지 않는 유대인들이 복음을 철저하게 배척하는 동기와 의도가 무엇인지를 잘 알고 있었다. 또한, 그는 예수를 믿는 유대인들과의 초기의 토론들의 경험(특히, 안디옥 사건과 예루살렘에서 사도들과 협의한 것)에 비추어서, 예수를 믿는 유대인들이 회심한 이교도들도 할례를 받음으로써 유대인으로서의 온전한 정체성을 지녀야 한다는 견해를 취하는 의도와 동기를 잘 알고 있었다. 이 모든 것들에 대해서는 우리가 이미 앞에서 꽤 자세하게 다룬 바 있다. 이제 우리는 이 특정한 경계면, 즉 "바울과 유대인들" 문제(바울이 자신을 유대인, 이스라엘 사람, 히브리인 중의 히브리인이라고 말한 것을 감안하면, 이런 식의 표현 자체가 잠재적인 오도의 가능성을 내포하고 있다)를 둘러싸고 소용돌이쳐 온 핵심적인 질문들 중 몇 가지를 좀 더 깊이 천착해 보지 않으면 안 된다.[6] 그런 이유에서 나는 이 장의 부제를 "바울과 그의 유대적 배경"이라고 붙였다.

우리는 오늘날의 정치적이고 문화적인 압력들을 잘 알고 있기 때문에, 바울에게는 "새로운 종교를 창설하고자" 하는 의도가 전혀 없었다는 점을 여기에서 다시 한 번 강조해 둘 필요가 있다.[7] 바울은 자기가 "유대교"(Judaism)라 불리는 어떤 것에 대항해서 "기독교"(Christianity)라 불리는 어떤 것을 창설하고 있다고 보지 않았다. 영어로 "-ity"나 -ism"이 붙은 단어들은 제2성전 시대 유대인들과 그들의

5) "칭의"는 고린도전서 6:11 등에서처럼 지나가는 말로 언급될 수 있었음은 물론이다.

6) "유대인": 행 21:39; 22:3; 갈 2:15; "이스라엘 사람": 롬 11:1; 고후 11:22; "이스라엘 족속": 빌 3:5; "히브리인": 고후 11:22; 빌 3:5. 로마서 2:28f.; 고린도전서 9:20에 대해서는 아래를 보라.

7) 반대견해로는 Betz, 1979, 320. 그는 바울이 "새로운 종교의 창설"을 전파한 것으로 본다. Bird, 2012, 23은 올바르게 보고 있다: "바울은 새로운 종교를 세우고자 한 것이 결코 아니었다."

이웃이었던 이교도들의 세계가 아니라, 이데올로기적으로 경도된 서구의 현대 세계에 속한다. 바울은 오직 이스라엘의 하나님을 알고 있었고, 그 하나님이 약속대로 돌아와서 자기 백성을 해방시키고 열방들을 자신의 소유로 주장하였다는 것만을 알고 있었다. 위의 제2장에서 보았듯이, 바울은 이스라엘의 성경에 의해서 형성된 다면적인 위대한 서사 속에서 살아가면서, 계약 갱신의 순간, "포로생활로부터의 귀환"의 순간, 신명기와 이사야서와 시편 등등이 성취될 순간을 대망하고 있다가, 이 모든 것이 예수 안에서 및 예수를 통해서 이미 성취되었으며, 성령을 통해서 실현되어 가고 있고, 장차 온전히 실현될 것임을 믿게 되었다. 그런 그가 순종하는 것 외에 다른 무엇을 할 수 있었겠는가? 그런 그가 자신을 포함한 신자들을 아브라함의 단일한 갱신된 권속의 지체들이라고 여기는 것 외에 다른 무엇으로 여길 수 있었겠는가?

이것은 우리가 그 신자들의 정체성에 대하여 말하는 최근의 몇몇 슬로건들을 눈여겨보아야 한다는 것을 의미한다. 사람들이 오늘날 흔히 "대체"(replacement) 신학들을 거론하면서, "교회"라 불리는 어떤 것이 "유대인들" 또는 "이스라엘"이라 불리는 어떤 것을 대체하였다고 말하거나,[8] 종종 "대체"(substitution) 신학들을 거론하면서, 하나님의 계획 속에서 "교회"(이번에도!)가 "이스라엘"이나 "유대인들"을 대신하게 되었다고 말하거나,[9] "교회"가 "이스라엘"을 대체했다는 입장을 언급하거나, 무엇보다도 특히 "교회" — 흔히 이방 교회 — 가 "유대인들"이나 "이스라엘"을 지양하였다고 말하면서 저 불행한 단어인 "대체"(supersession)를 입에 올릴 때,[10] 우리는 거기에서 주후 1세기로부터 훨씬 후대에 벌어졌을 수도 있는 일에 대한 증언을 발견할 수 있을지는 몰라도, 적어도 바울에게 적용될 수 있는 증언은 발견할 수 없다. 바울에게 무엇이 중요했느냐 하는 것은 너무나 명약관화하였는데, 그것은 예수가 이스라엘의 메시야인가 아닌가 하는 것이었다. 세 번째

8) Nanos, 2010a 등.

9) Bell, 1994; 2005에 나오는 여러 논의들을 보라.

10) Harink, 2003, ch. 4; W. S. Campbell, 2008(아래를 보라). 이제는 바울의 한 본문에 대한 "대체주의 이후의 해석"이라 불리는 것이 제시되기까지 한다: Rudolph, 2011을 보라(이 어구는 뒷표지에 나오는 그의 책에 대한 설명에서 등장한다). 바울 연구에 있어서 새로운 시대가 열렸다는 그러한 암묵적인 주장은 상당한 의문을 불러일으킨다. Longenecker, 2007은 그런 것과는 다르지만 좀 더 유익한 노선을 취해서, "대체"의 해로운 대안들과 점점 불신 받고 있는 "두 계약론"에 맞서 바울의 "온건한 대체주의"(supersessionism)라고 할 수 있는 것을 제시한다. 그러나 나는 "s"가 들어가는 단어는, 예컨대 Rudolph, 2011, 211에서처럼, 여전히 경멸적인 뉘앙스를 지니고 있는 것은 아닌지 의구심이 든다. 이 문제와 관련된 온갖 질문들에 대해서는 Zetterholm, 2009, 129-163에 나오는 개관을 보라.

선택지는 없었다(tertium non datur). 바울에게는, 예수가 "유대적인" 메시야와 반대되는 "기독교적인" 메시야일 수 있다는 관념은 존재하지 않았다. 그런 관념은 그리스도인들이 자신들의 메시지, 특히 자신들의 기독론을 탈유대화하는 과정에서 우연히 힘을 얻게 된 현대의 기괴한 개념일 뿐이다.[11] 그러나 예수가 진정으로 이스라엘의 메시야였다면, 주후 1세기의 유대인들이라면 누구든지, 그를 따르느냐 마느냐 하는 것은 각자에게 주어진 선택지라고 단 한순간도 생각할 수 없는 일이었을 것이다. 그들에게는 "우리 중의 일부는 예수가 메시야라고 생각하고, 일부는 아니라고 생각하기 때문에, 그런 것에 신경 쓸 필요가 없다"고 말할 여지가 없었다. 다윗 가문의 왕을 배척하는 것은 느밧의 아들 여로보암을 따라 위험하고 철저한 반역을 저지르는 것이었다.

나는 현대의 역사가들이 여러 개의 안경들을 통해서 바울과 그의 가르침을 되돌아보아 왔다고 생각한다. 우리는 먼저, "교회"에 여전히 많은 유대인들이 있었지만, 대체로 비유대적인 현상이 되었고, 또한 종종 그렇게 보아진 주후 2세기와 3세기와 4세기의 빛 아래에서, 바울을 바라보아 왔다.[12] 우리는 유대인 대학살 이후에 눈물로 김이 서린 서구 사상가들의 안경들을 통해서만이 아니라, 계몽주의 이후에는 역사가들이 착용한 "종교"라 불리는 왜곡된 안경들을 통해서도 그러한 세기들을 바라보아 왔다. 그런 후에, 기독교의 종말론은 계몽주의가 무시해 버리고자 하였던 것들 중의 하나였기 때문에, 우리는 끊임없이 종말론적인 범주들을 사회학적이고 종교적인 범주들로 대체해 왔다. 그런 후에는, 바울은 "대체주의자"였는가, 아니면 다른 그 무엇이었는가, 만약 대체주의자였다면, 구체적으로 그것은 무엇을 의미하였던 것인가 하는 것이 문제의 중심으로 떠올랐는데, 이것은 현대의 서구 "교회"가 그렇다고 대답해 온 메스껍고 위험스러운 질문이었다. 바울이 대체주의자였다는 인식은 거짓된 것이다. 현대에 속한 학자들이 주후 1세기의 종말론적인 신앙을 다른 것으로 대체하고 바꾸어서, 우리를 미혹하여, 주후 1세기의 유대인들이 예수에 관한 주장들을 배척한 것은 기본적으로 "종교들"의 충돌의 문제라고 생각하도록 만들 때에만, 유대교와 기독교의 문제에서 "대체"를 의미하는 단어들이

11) Novenson, 2014를 보라. 일단 우리가 바울에게 있어서 메시야 신앙과 기독론적 신앙이 하나이고 동일한 것임을 알게 되기만 한다면(위의 제9장 제3절, 제10장 제3절 1)을 보라), "명시적으로 기독론적인 관점에서" 인정하지 않을 수 없는 장래의 "메시야" 사건이 있을 수 있다고 말하는 것은 너무나 이상한 것이 된다(Pawlikowski, 2012, 172).

12) 하지만 유대인들은 계속해서 예수를 메시야로 믿는 새로운 신자들의 비옥한 원천이 되었다; Stark, 1996, ch. 3을 보라.

출현할 수 있다. 아이러니컬하게도, 우리가 (하나님의 나라가 하늘에서와 마찬가지로 땅에서도 임하여야 한다는) 원래의 유대적인 인식을 부정하고, 주후 1세기에 바울에게서 "실제로" 진행되고 있었던 일은 체제들, 결사들, "종교들"의 선택의 문제였다는 지극히 이교적인 전제로 "대체하는" 것은, 본질적으로 바울을 이교화시키고자(paganizing) 하는 운동에 굴복하는 것이다. 바울에 대하여 글을 쓴 이전 세대들의 많은 유대인 저술가들은 바울을 그런 식으로 보는 것을 거부하였다. 그들은 바울의 기본적인 주장들에 대하여 여전히 동의하지 않지만, 바울이 유대적인 색채가 짙은 방식으로 성경에 나오는 하나님의 약속들의 "성취"라고 본 일관된 입장을 견지해 나갔다는 것을 인정하였다.[13] 그러나 오늘날의 많은 저술가들이 행하는 것처럼, 우리는 바울이 "유대교에 대하여 많은 긍정적인 말들"을 했다는 것을 증명할 수 있기 때문에, 자신의 이전의 입장에 대하여 그 어떤 비판도 할 수 없었다거나, 이제 메시야에 의해서 성취되어 모든 것이 변화되었다는 주장을 제기할 수 없었다고 상정하는 것은, 유대교가 통상적으로 작동하는 방식 — 나는 일반화의 위험을 무릅쓰고 이런 표현을 사용하는 것이다! — 을 알지 못하는 것이다.[14]

아울러, 그러한 변증은 오늘날 서구의 반교회주의(antiecclesiasticalism)의 아무 근거 없는 냉소적인 부정적 태도로부터 동력을 빌려온 것이다. 특히, 제도교회에 대한 경멸이 유행병처럼 반복적으로 찾아드는 성서학계(그리고 이른바 "콘스탄티누스"의 교회에 대한 배척이 명예로운 일로 여겨지는 일부 재세례파 진영들)에서, "교회"라는 단어는 통상적으로 권력과 특권, 오만방자한 자만심과 소수자들에 대한 무시를 나타낸다. 그리고 물론, "교회"는 비유대인들로 구성된다. (아이러니컬하게도, 이것은 로마서 11:11-24에도 불구하고, 회심은 바람직하지 않다는 모더니즘적인 전제 위에서, 유대인들을 복음화시키는 것은 정치적으로 옳지 않다는 주장이 힘을 얻어, "메시야를 믿는 유대인들"은 두 "진영" 모두에게 당혹스러운 존재로서 버림받는 현상을 통해 더욱 강화된다.) 그런 후에, 이런 일들은 논쟁의 관점을 왜곡시켜서, 바울은 "이스라엘"을 (현대의 학자들이 말하는 의미에서의) 교회로 대체한 것인가 아닌가 하는 논점이 부각된다. 오늘날 서구 세계에서 "교회"로 인식하는 그런 "교회"는 바울 시대에 생각할 수 없는 것이었고, 실제로는 바울 이후의 여러 세대 동안에도 생각할 수 없는 것이었다. 다른 것들과 관련해서는 시

13) 예를 들면, Klausner, 1943, 591을 보라: 바울은 "자신의 가르침을 참된 유대교, 즉 진정한 유대교의 약속들과 확약들의 성취로 여겼다"; 또한, Sandmel, 1978, 336; Schoeps, 1961 [1959], 237.

14) 이 비평은 Bieringer and Pollefeyt, 2012a에 수록된 여러 논문들에 적용된다.

대착오적인 것이라고 지적하는 데 아주 재빠른 학자들이 여기 아주 분명한 시대착오적인 것에 대하여는 흔히 눈을 감고 있는 듯이 보이는 것은 흥미로운 일이다.

물론, 이것은 적어도 지난 오백 년 동안 온갖 종류의 교회들이 "유대인들," 그리고 많은 다른 문제들과 관련해서 형편없는 실적을 거두었다는 것을 부인하고자 하는 것이 아니다. 군대의 장군들이 전쟁이 얼마나 끔찍하고 역겨운 것인지를 가장 잘 말할 수 있는 사람들인 것과 마찬가지로, 제도교회의 지도자였던 사람들은 제도교회의 어리석음, 부패, 교만, 죄에 대한 비난들에 가장 기꺼이 동의할 수 있는 사람들이다. 제도교회의 그러한 틀 내에서, 일부 어리석거나 악한 기독교적이라고 하는 수사(rhetoric)는, 기본적으로 그리고 언제나 유대적인 생활방식과 유일신론, 토라, 공동체 의식에 대한 본질적으로 이교적인 배척이었던 것에, 문자적으로나 비유적으로나 기름을 부어 왔다. 그러나 우리가 교회의 이러한 잘못된 인식들을 토대로 해서, 바울이 자기가 무엇을 하고 있다고 생각했는지에 관한 우리의 역사적 판단을 가리거나, 바울의 신학을 현대적인 의미에서나 바울 당시의 고대적인 의미에서나 서로 다른 여러 "종교 유형들" 간의 충돌이라는 관점에서 그릇되게 파악한다면, 그것은 이른바 "옛 관점"(old perspective)이 중세 가톨릭 사상에 대한 자신의 반감을 바울에게 투영해서, 그가 말한 "토라의 행위들"을 그런 관점에서 이해하여 배척한 것과 같은 시대착오적인 행태를 통해 범죄하고 있는 것이다.

요컨대, 지금까지 일어난 일은 이런 것이다. 우리는 계몽주의와 유대인 대학살 이후의 안경들을 통해서, 주후 4세기의 크리소스토무스(Chrystostom)나, 16세기의 루터(Luther) 같은 교사들을 바라보아 왔다. 그런 후에, 우리는 그들의 빛 아래에서 바울을 바라보았다. 그런 후에, 우리는 바울이, 오늘날의 서구 사회가 "교회"와 결부시키게 된 죄, 즉 "유대인들"을 그 그림에서 삭제해 버리는 죄를 범했는지의 여부를 결정하고자 해 왔다. 그런 것은 역사적인 연구를 위한 조리법(recipe)이 아니고, 본서가 기본적으로 행하고 있는 것이 바로 역사이다.

우리가 이 질문을 역사적으로 접근하면, 모든 것이 지금까지와는 주목할 만한 정도로 다르게 보인다. 바울 전후의 한 세기에 존재하였던 운동들을 살펴보라. 일례로 쿰란 공동체를 생각해 보라. 그들의 두루마리들은 자신들의 공동체만이 "이스라엘"이고, 그들을 제외한 "이스라엘" 전체가 배교하였다고 본 하나의 분파를 증언하고 있다. 계약은 이미 갱신되었다! 이것은 선지자들이 미리 예언하였던 것이다! 포로기는 적어도 원칙적으로는 지나갔고, 이 무리는 다가올 새 날의 전위대이다. 이 분파의 지도자들과 지체들이 이 모든 것을 믿었다는 것은 논란의 여지가 없다.[15] 그렇다면, 이것은 "대체 신학"이었는가("대체"를 나타내기 위하여

"replacement," "substitution," "supersession" 중에서 어떤 단어를 사용하느냐와는 상관없이)? 사람들은 그런 단어들을 사용할 수 있었을 것이지만, 물론 그것은 이 분파가 그들 자신을 바라본 방식이 아니었고, 그런 단어들은 오늘날의 부정적인 뉘앙스를 전혀 지니고 있지 않았을 것이다. 그러한 단어들은 정적이고(static) 비종말론적인 체계들을 연상시키고, 그러한 체계들에 속한 단어들이다. 쿰란 분파의 "다메섹 문서"(Damascus Document)나 4QMMT 등과 같은 많은 두루마리들이 말하고자 한 요지는, 기이하면서도 흔히 비극적이었던 이스라엘의 역사에 관한 긴 서사가 그 정해진 최종 종착지에 도달하였다는 것이었다. 토라와 선지자들은 장차 도래할 갱신의 때와 의로운 남은 자에 대하여 예언하였는데 … 그 예언이 지금 성취되고 있다고 주장한 것이 비유대적이거나 반유대적인 것이었는가? 물론, 아니다. 그런 주장이 틀린 것일 수는 있고, 거짓된 소망이었을 수 있다. 시간이 모든 것을 말해 줄 것이다. 그러나 그런 주장은 오늘날 우리가 말하는 그 어떤 종류의 "대체주의"도 아니었다.[16] 이스라엘의 하나님이 마침내 자신의 약속들을 지켜 행하였다고 주장하는 것이 어떻게 유대인들이 축하해야 할 일 이외의 다른 어떤 것이 될 수 있겠는가?

또는, 바울 당시에서 한 세기 후에 등장한 바르 코크바를 생각해 보라. 이교의 어두운 세력에 의한 암운이 또다시 유대 땅에 드리워졌다. 로마의 새로운 황제는 유대인들이 자신들의 고유한 관습을 지키는 것을 금지시켰고, 유대 민족과 역사적으로나 신학적으로나 이 민족의 중심이었던 도성을 말살해 버리겠다고 위협하였다.[17] 이런 경우에 충성스러운 유대인이라면 어떻게 해야 했을까? 어떤 사람들은 예루살렘 멸망 후에 뒤따른 새로운 "포로기"(주후 70년에 시작된)가 거의 칠십 년 동안 지속되어 왔다는 사실을 계산해내고서는, 아마도 이것은 이제 마침내 사람들에게 잘 알려져 있던 예레미야의 예언이 성취될 날이 도래하였다는 것을 의미하는 것이라고 여겼다.[18] 어떤 사람들은 이제 막 떠오르는 젊은 지도자 시므온 벤 코시바(Simeon ben-Kosiba)가 진정한 이스라엘의 메시야인 별의 아들일 것이라고 믿

15) 하나의 분명한 예로서: CD 2.14—4.12.

16) 따라서 나는 Levenson(1993, x)이 초기 기독교의 "대체주의"는 단지 유대 세계 내에서 일어나고 있던 것 내에서의 하나의 변종에 불과한 것이었다고 말하는 의도를 알지만, "대체주의"라는 단어를 사용하는 것을 선호하지 않는다. 그런 단어는 20세기의 중엽과 말기에, "유대교"를 "종교"로 보고, 바울을 그러한 모든 "종교"와 반대되는 "묵시론적" 사상가로 본 사람들이 제시한 것과 같은 도식들을 지칭하는 데 더 적합하다.

17) 자세한 것은 *NTPG*, 165f.; 그리고 위의 제9장 제1절을 보라.

18) 렘 25:11; 위의 제2장 제4절 3)을 보라.

었다. 하지만 또 다른 사람들은, 사람들의 연대기 계산이 서로 다르다는 이유로, 또는 이전의 재앙 이후에 오직 개인적인 경건의 함양에만 몰두하고 정치에서는 손을 떼겠다고 이미 결심하였기 때문에, 그런 주장에 날카롭게 이의를 제기하고 반대하였다. 무엇이 행해져야 했는가? 아키바처럼 백성들에 의해서 당대 또는 전 역사상 가장 위대한 랍비로 여겨진 사람들이 벤 코시바가 메시야라고 믿었을 때, 그들에게는 오직 하나의 선택지만이 있을 수 있었다. 즉, 그들은 회의론자들과 조소하는 자들 앞에서 나서서, 믿음과 소망 가운데서 무력 항쟁에 나서야 한다고 외치면서, 벤 코시바를 따라 혁명을 수행해 나갈 수밖에 없었다. 이스라엘의 하나님이 마침내 자신이 약속한 구원자를 보낸 것이라면, 이제는 하나님 나라를 위해 일하기보다는 토라 연구에 몰두하고자 하였던 힐렐 학파의 랍비들을 비웃으며, 그 구원자의 깃발 아래 모여드는 사람들은 "대체주의자들"이라고 할 수 없었다. 이것은 "이스라엘"이라 불리는 어떤 것을 "대체"하거나 어떤 다른 것으로 "대신"하는 문제가 아니었다. 만일 벤 코시바가 메시야였다면, 그의 추종자들은 갱신된 이스라엘이었다. 이것이 아키바의 입장이었고, 그는 그것을 위하여 죽었다.[19]

바울은 정확히 이 지도 위에서 아키바가 서 있던 지점에 서 있었다. 그는 이스라엘의 하나님이 메시야 예수를 통해서 계약을 갱신하였다고 믿었다. 물론, 그가 틀렸을 수도 있다. 틀림없이, 그는 쿰란 분파가 계약 갱신이 그들 가운데서 이루어졌다고 생각한 것은 잘못된 것이라고 말하였을 것이다. 주후 135년 이후의 랍비들은 아키바와 그의 동료들이 바르 코크바를 지지한 것은 잘못된 일이었다고 선언하였다. 그들은 모두 틀렸을 수는 있지만, 비유대적이거나 반유대적인 것은 아니었다. 또한, 그들은 경멸적인 뉘앙스가 전혀 없는 역사적인 의미에서의 "대체주의자들"이었을 수는 있지만, 오늘날의 온갖 의미에서의 "대체주의자들"은 결코 아니었다. 바울을 포함해서 그들 모두는, 하나님이 자신의 계획을 따라 장차 임하여 심판과 긍휼을 행할 것임을 믿었다. 이사야는 나무들이 잘려나가고, 새 순이 그 나무들에서 솟아날 것이라고 예언하였었고, 세례 요한은 도끼가 나무 밑동에 놓였고, 하나님이 돌들로도 아브라함의 자손들을 만들어낼 것이라고 말하였었는데,[20] 이것들은 모두 심판과 갱신에 관한 예언적인 표현들이었고, 제2성전 시대 유대인들이 믿

19) 이 시기의 다른 거의 모든 것에 대해서 그러하였듯이, 아키바에 관한 (훨씬 후대의) 전승들의 역사적 가치에 대해서도 의심이 있어 왔다; 그러나 설령 그러한 전통들의 "역사성"이 부정된다고 할지라도, 메시야적인 종말론에 관한 논란되는 주장의 형태와 효과에 대하여 내가 말하고 있는 것은 여전히 유효하다. 이제는 Friedman, 2004; Yadin, 2010을 보라.

20) 사 6:13; 10:33—11:3; 마 3:9f./눅 3:8f.

고 대망하였던 것이었다.

물론, 그러한 주장들에 대해서는 어느 것이나 이의가 제기될 수 있었다. 서로 다른 집단들이 서로에 대하여 하나님에게 불충성하고 있다거나, 표적들과 성경을 잘못 읽고 있다고 비난할 수 있었는데, 쿰란의 두루마리들을 쓴 사람들은 바리새인들에 대하여 그런 식으로 말하며 비난하였다.[21] 그리고 바리새인들은 쿰란 분파에게 자신들이 받았던 비난을 고스란히 되돌려 주었을 것이다. 일반적으로 바리새인들의 후계자들로 추정되는 랍비들은 사두개인들에 대하여 그런 식으로 생각하였음이 분명하고, 예루살렘의 대재앙 속에서 마지막 사두개인이 사라진 지 오랜 후에도 그들에 대하여 계속해서 그런 식으로 생각하였다. 그리고 유대인들의 많은 집단들이 주후 66-70년의 저 마지막 비극적인 기간 동안에 서로에 대해서 그런 식으로 생각했다는 것은 틀림없는 사실이다. 서로 경쟁적인 분파들은 자신들이야말로 택함 받은 소수라고 생각하여, 서로를 출교하고 심지어 죽이기까지 하였다. 지난 백 년 동안에 생겨나 활동하였던 많은 "진정한 마르크스주의" 집단들과 우리 시대의 저 작지만 위험한 "진정한 아일랜드 공화국군"(Real Irish Republican Army) 같이, 한편으로는 성경의 약속들, 다른 한편으로는 사회 문제들에 의해서 혁명이 촉발되었을 때, 그들은 언제나 서로 자신들의 주장이 옳다는 것을 천명하기 위해서, 흔히 자신들이 "진정한 이스라엘"이라는 주장을 들고 나왔다. 다소의 사울이 예수의 추종자들이 신성모독을 자행하는 것을 저지하기 위한 목적으로 다메섹을 향하여 길을 떠났을 때, 그리고 사도 바울이 이스라엘의 하나님이 예수를 죽은 자 가운데서 다시 살렸다고 전하기 위하여 두루 다녔을 때, 그가 처해 있던 유대 세계는 이렇게 폭발 직전의 세계였다.

그러나 ("탈대체주의자들"은 말할 것도 없고) 자칭 반대체주의자들이라고 하는 사람들은 이렇게 말한다: 바울의 메시지는 달랐다. 그는 할례받지 않은 이방인들을 교회로 끌어들여서, 비유대인들로 구성된 "교회"를 창설함으로써, 그 어떤 유대인 집단도 행한 적이 없었던 일을 행하고 있었다. 쿰란이나 아키바, 그리고 그 중간에 있는 그 어떤 사람도, 비유대인들을 포함함으로써 그 결과 유대인들을 대체한 "갱신된 계약"을 생각한 적이 없었다. 물론, 바울은 "대체"라는 말을 단 한 번도 하지 않았다. 그 말에 가장 가까운 내용을 담고 있는 로마서 11:17에서, 그는 그것을 하나의 논점으로 삼아서, 이방인들이 그런 식으로 생각하는 것은 교만이라고 경고한다.[22] 그가 말하는 것은, 이스라엘의 하나님은 언제나 자기가 이스라엘에게

21) 위의 제2장 제2절을 보라.

준 약속들을 성취할 때에야 세계의 나머지도 마찬가지로 새로워지게 될 것이라고 약속하였고, 그것이 늘 하나님의 의도였는데, 바로 그 일이 지금 이방 선교를 통해서 일어나고 있다는 것이다 — 그는 이것에 대하여 말할 때에는 언제나 주의 깊고 세심하게, 성경의 가장 기본적인 본문들 중 몇몇을 근거로 제시하며 말하는 신중함을 보인다. 바울은, 갱신된 계약이 확대되어 그 지체가 되는 지위가 비유대인들에게도 주어지게 된 것은 그 자체가 지극히 유대적인 종말론의 한 부분이었다고 역설한다.

물론, 바울은 진정한 걸림돌이 어디에 놓여 있는지를 알고 있었다. 유대인들은 그 어떤 변화도 필요하지 않고 지금 있는 그대로 계속해서 살아가면 되고, 한 분 유일하신 하나님은 장차 그런 그들을 신원해 줄 것임을 내비치는 온갖 주장은 십자가에 못 박힌 메시야를 정면으로 부정하는 것이었다. 바울에게 있어서, 십자가는 단순히 어떤 고립된 사건이나, 다른 것들로부터 동떨어진 어떤 "속죄"의 기제이었던 것이 아니라, 이 서사 전체가 내내 진행해 온 최종종착지였다. 십자가는 바울에게 개인적으로나 대표자로서나(그는 자기가 유대인들을 대표한다고 믿었다) 이스라엘을 선민으로 택한 하나님의 목적에 대하여 많은 것들을 말해 주는 것이었다. 이것이 "남은 자"에 관한 바울의 이해가 쿰란에서 발견되는 그 어떤 이해와도 근본적으로 다른 지점이다. 다메섹 문서(Damascus Document)에서는, "남은 자"는 이스라엘 내에서 여전히 토라를 극도로 엄격하게 지키는 신실한 자들로 이루어진 작은 무리였고, 나머지 유대인들은 외인들이었다. 반면에, 바울은 그를 비롯한 예수를 믿는 유대인들은 자신들이 토라에 대한 "열심"을 통해서 최후까지 참된 이스라엘 사람들로 남은 자들이라고 본 것이 아니라, 자신들은 메시야와 함께 "죽었다가" "죽음"의 저편에서 새 생명으로 다시 살아난 자들이라고 보았다. 그리고 그 "부활"의 새로운 세계에서, 그들은 자신들이 메시야의 믿음에 의해서 구별된 모든 사람들과 이 메시야의 생명을 함께 나누고 있는 것을 발견하였다. 바울은 이것이 하나님이 내내 아브라함에게 약속해 왔던 것이었다고 역설한다. 쿰란 공동체는 그들 자신을 '야하드' (yahad), 즉 "한 공동체"로 보았는데, 이것은 바울이 메시야의 믿음을 공유한 유대인들과 이방인들로 이루어진 단일한 공동체를 보았던 방식이었다.

바울은 자신의 경험을 들어서 이 모든 것을 설명하는 것을 주저하지 않았다. 이것이 다메섹 도상에서 그에게 일어난 일, 아니 그가 다메섹 도상에서 자기에게 일어난 일에 대하여 말한 것을 연구하는 것이 단지 자전적인 관심이 아니라 신학적

22) 로마서 11:17에 대해서는 위의 제11장 제6절 4) (5) (d)를 보라.

인 관심에 속하는 이유이다.

2. 회심, 부르심, 또는 본성의 변화?

나는 우리가 이 문제를 아예 맨 처음에 다루었을 수도 있다고 생각한다. 그러나 내가 실제로는 지금에 와서야 이 문제를 다루는 이유는, 우리가 바울의 신학을 좀 더 온전히 이해하게 된 후에야, 그가 다메섹 도상의 사건에 대하여 말하고 있는 것을 제대로 이해할 수 있기 때문이다. 이 문제를 다루는 과정에서, 우리는 수많은 복잡한 샛길들, 특히 증명 불가능한 많은 이론들이 제시되어 온 바울의 "종교 체험"과 관련된 심리학이라는 샛길로 빠져들 수 있지만,[23] 여기에서 우리의 초점은 다메섹 도상에서 일어난 일에 관한 바울 자신의 견해에 맞추어져야 한다.

다메섹 도상의 사건을 어떻게 설명하거나 명명하느냐 하는 문제에 대한 현재의 논쟁은, 크리스터 스텐달(Krister Stendahl)이 바울을 오늘날의 서구 기독교의 범주들로 바라보는 것에 대하여 반대하는 논증의 일부로서 시작되었다.[24] 회고해 보면, 그의 요지는 분명한 것이었다. 즉, 교회가 오랜 세월 동안 다메섹 도상의 사건을 설명하는 데 사용해 온 "회심"이라는 단어는 심각할 정도로 시대착오적인 함의들을 지니고 있어서, 오늘날 이 단어가 지니고 있는 모든 통상적인 의미들은 우리를 잘못된 방향들로 데려간다는 것이다.[25] 이 쟁점에 관한 연구들은 최근에 많이 나와 있지만, 여기는 그것들을 검토할 수 있는 자리는 아니기 때문에, 나는 우리의

23) Segal, 1990, 285-300 등에 나오는 설명을 보라; 바울에 있어서 좀 더 폭넓은 심리학적 문제들에 대해서는 Theissen, 1987 [1983]을 보라.

24) Stendahl, 1976을 보라.

25) 어쨌든 사전의 정의들은 이 단어가 와 있는 현주소로 우리를 데려다 줄 것이다. *Merriam-Webster's Collegiate Dictionary*의 제10판(1998)은 현재의 논의에 적용될 수 있는 의미로 "종교에 대한 명확하고 결정적인 선택과 결부된 체험"이라는 의미를 제시하는데, 이것은 우리에게 실제적인 용법이 아니라, 기본적으로 세속적인 성격을 지닌 사전의 특성에 대해서 더 많이 말해 준다. 왜냐하면, 오늘날의 많은 그리스도인들은 자신의 회심을 "종교"로부터 다른 어떤 것, 예컨대 "신앙"으로 옮겨간 것으로 설명할 것이기 때문이다. *Merriam-Webster's New International Dictionary*의 제3판(1993)은 "하나의 신앙, 견해, 노선, 분파, 원칙으로부터 또 다른 것으로의 변화"라는 일반적인 의미를 제시한 후에, 좀 더 구체적인 의미로는 "어떤 사람이 기독교 신앙을 갖게 되는 것"을 제시하고, 다시 한 번 또 다른 일반적인 의미("어떤 사람의 느낌이나 관점이 무관심이나 반대의 상태에서 열심을 받아들이는 상태로 변화되는 것")를 제시한 후에, 또다시 좀 더 구체적으로 "신앙의 변화에 수반되는 종교적 지향에 있어서의 변화"라는 의미를 제시하지만, 이것도 여전히 아주 모호하다. *Oxford English Dictionary*에 나오는 관련 항목에서는 "어

현재의 목적에 맞추어서, 이 단어가 어떻게 사용되고 있는지에 대하여 내 자신이 생각해 본 세 가지 용법들을 제시하고자 한다.[26]

첫째로, "회심"이라는 단어는 (현대적인 의미에서의) 하나의 "종교"를 추종하던 사람이 기존의 종교를 버리고 또 다른 종교를 받아들이는 순간을 가리키는 데 사용될 수 있다. 회교도가 불교도가 되거나, 그 반대가 되는 경우가 그 예이다. 이러한 용법은 고대 세계에서는 거의 알려져 있지 않았다. 왜냐하면, 우리가 이미 앞에서 보았듯이, 현대적인 의미에서의 "종교들"은 그 자체가 이런저런 "신비종교들"에 가입한 사람들을 제외하고는 알려져 있지 않았고, 신비종교들과 관련해서도 미트라스(Mithras)나 이시스(Isis)를 숭배하는 제의에 참여하기 위해서, 자기가 기존에 숭배하였던 신들을 포기할 필요가 없었던 까닭에, 이런 의미에서의 "회심" 개념은 희박했을 것이기 때문이다.[27] 아이러니컬하게도, 이 "회심" 개념과 가장 가까웠던 것은, 비유대인이 이교의 신들을 버리고 유대인의 삶을 받아들일 때에 일어난 현상이었던 것으로 보인다.

"종교"를 바꾼다는 의미에서의 "회심"이 다메섹 도상에서 바울에게 일어난 일이었다고 생각한다면, 그것은 단지 시대착오적인 생각에서 그치는 것이 아니라, 그가 아주 의식적으로 "유대교"라 불리는 것으로부터 "기독교"라 불리는 것으로 옮겨갔다는 의미를 지닌다. 바울은 그렇게 하지도 않았고, 그렇게 표현하지도 않았다. 우리는 그가 그런 식으로 표현하지 않았을 것이라고 단호하게 말할 수 있다.[28]

떤 사람이 특정한 종교적인 신앙이나 신앙고백, 분파, 특히 거짓된 것으로 여겨지는 것에서 참된 것으로 여겨지는 것으로 바꾸는 것"이라고 정의한 후에, 좀 더 구체적으로 "죄인들이 하나님에게로 돌아오는 것; 죄악됨, 불경건, 세상적인 삶에서 하나님에 대한 사랑과 성결의 추구로의 영적인 변화"로 정의한다. 이러한 것들은 바울이 다메섹 도상에서 겪은 체험을 포함해서 주후 1세기의 현상들을 설명하기에는 너무나 무딘 도구들이다.

26) Chester, 2003, 3-42; Bird, 2010, 17-43(정의의 문제에 대해서는 특히 18-24)에 나오는 중요한 논의를 보라; 또한, Dickson, 2003, 8f. 등과 McClendon and Conniry, 2000을 보라.

27) 고전적인 연구는 여전히 Nock, 1961 [1933]이다. Nock도 특정한 철학을 받아들인 사람들의 "회심"과 유사한 경험을 다룬다. Fredriksen, 2010, 239f.가 "종교"가 사람들의 정체성의 분리될 수 없고 선천적인 측면이었던 곳에서, "회심"은 "사람들이 자신이 속한 민족을 바꾸는 것과 맞먹는" 것이었다고 역설하는 것은 옳다. 그녀는 유대교로의 회심을 "고대인들은 정치적인 동맹을 맺고, 유대적인 '폴리테이아'(politeia, '정치체') 속으로 들어가서 … 지금까지 이질적이었던 법들과 전통들을 받아들여 자신의 것으로 삼는 것으로 이해하였다"고 말한다. 그런 사람들은 신들과 사람들 간의 근본적인 관계들을 허물어 버리고, 지역의 신들에 대하여 등을 돌렸다.

28) 예를 들면, Roetzel, 2009, 407을 보라: "[바울]이나 사도행전은 … 바울의 행실에 있어서의 이러한 근본적인 전환을 하나의 종교를 배척하고 다른 종교를 택한 것 — 이것은 주후 1세기에 바울 같은 유대인에게 한 분 참 하나님을 떠나서 우상 숭배로 나아가는 것을 의미하였을 것이다 — 이라고 말하지 않

왜냐하면, 우리가 본서 전체에 걸쳐서 보아 왔듯이, 그에게 있어서 메시야의 백성에 속한다는 것은, 철저하게 유대적인 준거틀 내에서 의미를 지니는 것이었기 때문이다. 이것은 스텐달의 주된 논지였고, 증거는 강력하게 그의 편이다.[29]

현대의 서구 세계에서 "종교"의 포기가 대규모로 일어나면서, "회심"의 두 번째 의미가 생겨났다(이 의미는 Merriam-Webster의 「Collegiate Dictionary」에 실려 있다).[30] 이 경우에, 무신론자 또는 불가지론자는, "종교"의 세계 전체는 그들에게 봉해진 책이었기 때문에, 흔히 이전에는 생각할 수도 없었던 비물질적인 실체들을 갑작스럽게 보는 개인적인 체험을 통해서, 신앙과 실천의 공동체 속으로 들어간다. 그러한 순간을 지칭하기 위해서, 정확하게 정의되었다고 보기 힘든 여러 다양한 표현들이 사용된다(나는 내가 잘 알고 있는 "기독교적인" 표현들을 사용하지만, 예컨대 회교도가 된 사람들을 지칭하기 위한 회교식의 표현들이 존재할 것임은 의심의 여지가 없다): "믿음으로 나아가다," "신앙을 갖게 되다," "예수를 자신의 인격적인 구주로 발견하다," "거듭나다," "그리스도를 자신의 마음과 삶 속으로 영접하다," "교회에 나가게 되다" 등등. 그러한 순간은 흔히 내적인 갱신에 대한 인식, 하나님의 임재와 사랑 및 예수의 살아 계신 인격에 대한 지각, 기도와 성경과 그리스도인들 가운데서의 교제와 변화된 삶에 대한 소원의 발생 등에 의해서 특징지어진다. 사람들이 바울의 "회심"에 대하여 말할 때, 흔히 떠올리는 것은 바로 이런 종류의 이미지이다. 여기에는 분명히 문제점들이 존재한다. 왜냐하면, 이전에 종교를 가지고 있지 않다가 이런 식으로 "회심한 자들"은 원래부터 독실한 바리새인이었던 다소의 사울과 관련해서 모델이 되기 힘들기 때문이다.

따라서 우리는 오늘날 "회심"이 지닌 세 번째 의미로 나아가게 된다. 기독교로 회심한 현대의 서구의 사람들 중에는, 그러한 회심 이전에는 공식적인 기독교라는 "형식적인 종교"에 몸담고 있었던 경우가 많았다. 마르틴 루터를 비롯한 이전의 많은 사람들처럼, 그들은 자신들이 이전에 알고 있었던 것과는 날카롭게 대비되는 하나님의 은혜와 인격적인 사랑에 대한 새로운 체험을 한 사람들이었다. 그렇기 때문에, 여기서의 "회심"은 "종교"에서 "믿음"으로, 형식적으로 예전에 참석하던 명목상의 기독교인에서 생생한 내면의 실체를 지닌 그리스도인으로 옮겨갔다는

는다."

29) 하지만 Peace, 1999, 29(Chester, 2003, 155에서 재인용)가 Stendahl이 오늘날의 서구적인 인식들에 대하여 경고하면서도, 정작 자신은 오늘날의 서구적인 "회심" 개념에 의거해서, 바울에게 일어난 일을 "회심"으로 설명하기를 거부하고 있다고 비판한 것은 옳다.

30) cf. 위의 각주 25.

의미를 지닌다. 사람들의 이러한 체험은, 바울도 "종교"에서 "믿음"으로 옮겨갔고, 그런 후에 이제는 후자를 발견하였기 때문에, "유대교"라 불리는 것을 되돌아보면서, 자기가 이전에 몸담고 있던 "잘못된 것"으로 규정한 것이라는 허구(fiction)를 떠받치고 유지시켜 왔다. 우리는 본서에서 지금까지 바울의 사고를 계속해서 천착해 오면서, 그러한 틀(그리고 "묵시론적" 읽기로 자처하는 그 최근의 변종)이 잘못된 것임을 확인해 왔을 뿐만 아니라, 만일 실제로 바울이 그런 식으로 생각하였더라면, 그가 자신의 예수와 성령의 틀 내에서 "종교"의 요소들과 매우 흡사해 보이는 것들을 실천하고 가르치는 것(위의 제13장)을 우리는 볼 수 없었을 것이다. 그런데도 이러한 잘못된 읽기를 배경으로 해서, 다메섹 도상에서 바울에게 일어난 일에 대해서만이 아니라 "이신칭의" 자체에 대해서도, "옛 관점"에 의거한 견해가 표준이 되어 왔다. 그러한 현대의 서구 회심자들은, 이전에는 "종교"가 선행을 통해서 하나님을 압박하는 것이라고 생각해 오다가, "회심"을 통해서, 중요한 것은 하나님에게 보이기 위한 그들 자신의 행위가 아니라, 그들을 구원하는 하나님의 사랑이라는 것을 발견하였기 때문에, 사람들은 다소의 사울이 다메섹 도상에서 경험한 것은 바로 다음과 같은 것, 즉 선한 행실들을 통해서 하나님의 은총을 얻고자 애쓰다가, 결국에는 중요한 것은 하나님의 은혜와 거기에 응답하는 믿음이라는 사실을 깨닫게 된 것이었다고 생각하게 된 것은 자연스러운 일이었다. 이 모든 것은 잘 알려져 있고, 수많은 설교와 수많은 신앙 체계의 표준적인 식단이 되어 왔다. 하지만 이런 의미의 "회심"은 바울의 경우에는 심각하게 시대착오적인 것인데, 이것도 스텐달(Stendahl)의 논지 중의 일부였고, 그의 그러한 입장은 이른바 "새로운 관점"의 심장부 가까이에 있다: 다소의 사울은 혹독한 도덕적인 노력에 의해서 자신의 구원을 얻고자 애쓰지도 않았고, "은혜"와 "믿음"이라 불리는 이전에 알지 못했던 특질들에 대하여 배울 필요도 없었다. 우리가 앞에서 이미 보았듯이, 바울에게는 그런 것과는 판이하게 다른 일이 진행되고 있었다.[31)]

스텐달은 이러한 본질적으로 현대적인 "회심" 이해들은 제2성전 시대 유대교, 특히 바리새주의에 대한 깊은 폄하를 함축하고 있었다는 것을 기본적인 수준에서 지적한다. 그러한 이해들은 다소의 사울을 독자적인 도덕적 노력에 의해서 저 멀리 있는 신을 기쁘게 하고자 애쓴 이신론자(Deist)와 펠라기우스주의자(Pelagian)의 혼혈로 희화화하는데, 이러한 그림은 한 독실한 바리새인의 신학이나 경건을

31) 이 문제들에 대한 논쟁은 Kim, 2002; Dunn, 2008 [2005], ch. 15(orig. 1997) 등 간의 대화에서 부각되고 있다고 볼 수 있다.

제대로 올바르게 그려내지 못한 것이다. 스텐달은 다메섹 도상에서 바울에게 일어난 일이 하나의 "종교" 또는 한 특정한 신에게 등을 돌리고 또 다른 신을 받아들이거나 또 다른 신에 의해 받아들여진 그런 문제가 아니라, 그가 계속해서 섬겨 온 한 분 유일하신 하나님으로부터 뜻밖에 새로운 "부르심"("소명"이라는 의미에서)을 받은 그런 문제였다고 보고서, "회심"이라는 표현 대신에 "부르심"이라는 표현을 사용해야 한다고 주장하였다. 그 때에 바울은 하나님으로부터 비유대인들에게 한 분 유일하신 하나님에 대하여 전하라는 사명을 위임 받았다는 것이다. 이렇게 스텐달은 다소의 사울과 사도 바울 간의 연속성을 대단히 강조하고 부각시킨다: 동일한 하나님, 동일한 "종교," 동일한 포괄적인 서사, 그러나 단지 새로운 소임.

바울은 실제로 다메섹 도상에서 자기에게 일어난 일과 관련해서 하나님의 "부르심"을 언급한다:

> 그러나 내 어머니의 태로부터 나를 구별하셔서 그의 은혜로 나를 부르신 하나님이 그의 아들에 관한 복음을 열방들에 전하게 하기 위하여 그를 내 속에 나타내시기를 기뻐하셨을 때, 나는 그 즉시 혈육과 의논하지 않았으며, 또한 나보다 먼저 사도 된 자들을 만나려고 예루살렘으로 가지도 않았고 … [32)]

내가 보기에는, 이것은 바울이 다메섹 도상에서 자기에게 일어난 일에 대하여 명시적으로 언급한 유일한 대목(그가 단지 예수를 "보았다"고 한 본문들과 대비되는)이기 때문에, 우리는 이 본문을 토대로 해서 앞으로 나아가지 않으면 안 된다.[33)] 여기에는 회개나 믿음에 대한 언급도 없고, 그의 마음이 기이하게 뜨거워졌다는 언급도 없으며, "행위들"을 "믿음"으로 대체했다는 언급도 나오지 않는다. 옛적의 선지자들의 경우와 마찬가지로, "부르심"에 대한 언급만 존재한다. 즉, 한 분 유일하신 하나님이 "그의 아들"을 "내게"가 아니라 "내 속에 나타내셨다"는 것인데, 이것은 이 하나님이 바울을 통해서 하고자 한 일, 곧 열방들에게 복음을 전하는 일이라는 관점에서 설명된다. "나보다 먼저 사도 된 자들"이라는 말 속에는 무엇인가를 말해 주는 암시가 존재하는데, 그것은 이 유일무이한 기사는 다메섹 도상에서

32) 갈 1:15-17.

33) 나는 다른 곳에서, 고린도후서 4:1-6 또는 12:1-5을 그 사건에 대해 언급하고 있는 것으로 보는 것이 강력한 지지를 받고 있음에도 불구하고, 우리는 그렇게 보아서는 안 된다는 것을 논증한 바 있다: cf. *RSG*, 384-8. 로마서 7:7—8:11은 여전히 "육체에 있을" 때에 "율법 아래" 있는 것으로부터 "성령 안에" 있어서 새로운 성취를 발견하는 것으로 옮겨간 것에 대한 회고적인 분석으로 여겨지고 있지만, 바울의 회심에 관한 설명으로 보는 사람은 지금은 거의 없다: 위의 제10장 제3절 4) (3)를 보라.

바울에게 일어난 일이 그가 사도, 아니 "열방들에 대한 사도"로 부르심과 사명을 받았다는 것임을 말해 준다는 것이다. 한 종류의 활동(교회를 박해하는 일)이 중단되었고 또 다른 종류의 활동(하나님의 아들을 열방들에게 선포하는 일)이 시작되었다.

동일한 사건을 자기가 부활한 예수를 직접 보았다는 관점에서 짤막하게 언급하고 있는 두 본문도 그가 사도로 부르심을 받은 것에 대하여 말한다. "내가 예수 우리 주를 보았다, 그렇지 않은가?" 그는 이렇게 수사의문문을 사용해서, 고린도 교인들에게 자신의 사도로서의 자격을 상기시킨다(고린도전서 9:1). 또한, 그는 "맨 나중에 그가 내게도 보이셨다"(고린도전서 15:8)는 자신의 회상을 교회의 공식적인 부활 사건 전승에 덧붙인다. 그리고 이것은, 그가 계속해서 말하고 있듯이, 그를 "사도"로 세운 사건이었다.

하지만 후자의 본문에서, 그는 이러한 부활한 예수의 "나타나심"이 그에게 가져다준 근본적인 변화에 대해서도 말한다:

> 맨 나중에 만삭되지 못하여 난 자 같은 내게도 그가 나타나셨다.
> 나는 사도들 중에서 가장 작은 자이다. 사실, 나는 하나님의 교회를 박해하였기 때문에, "사도"라 불릴 자격이 없다! 그러나 내가 지금의 내가 된 것은 하나님의 은혜 때문이니, 내게 주신 그의 은혜가 헛되기는커녕, 도리어 나는 모든 사도보다 더 열심히 일하였지만, 그렇게 한 것은 내가 아니라, 나와 함께 하신 하나님의 은혜였다.[34)]

여기에서 우리는 바울이 갈라디아서에서 거듭거듭 강조하는 단어 하나를 보는데, 그것은 "은혜"이다. "하나님은 그의 은혜로 나를 부르셨다"(갈라디아서 1:15). 스텐달이, 바울은 예수가 자기에게 나타난 것의 결과로 자기가 특별한 사명과 소임을 받게 되었다고 말하고 있다고 한 것은 옳고, 그런 점에서 "은혜"는 (통상적인 "회심" 모형에서와는 달리) 바울에게 주어진 하나님의 새로운 권능의 역사가 아니라, 바울을 통해서 장차 주어질 하나님의 새로운 권능의 역사를 가리키는 것이라고 말할 수도 있다. 실제로, 바울은 다른 곳에서 단지 칭의나 구원과 관련해서만이 아니라, 자신의 사도적 소명과 관련해서도, 하나님의 "은혜"에 대하여 말한다.[35)] 그러나 모태에서 만삭 되지 못하여 태어난 것, 이전에 교회를 박해한 일, "내가 지금의 내가 된 것은 하나님의 은혜 때문"이라고 한 점 등과 같은 문맥은, 이 본문 속에

34) 고전 15:8-10. *RSG*, 382-4를 보라.

35) 롬 1:5; 15:15f.; 아마도 또한 12:3; 고전 3:10; 갈 2:9; 엡 3:2, 7; cf. 골 1:25.

는, 유대인으로 살다가 어느 날 예기치 않게 새로운 소명을 받게 되었다는 것 이상의 무엇인가가 더 깊은 의미가 있음을 보여준다. 바울은 이전의 자기가 백지 상태(tabula rasa)에서 믿음과 소망 가운데서 무엇인가를 기다리고 있다가 새로운 중요한 소임을 받게 된 것이라고 본 것이 아니었다. (우리는 예수의 어머니에 대해서도 그런 식으로 생각할지 모르지만, 누가가 그녀의 입술에 둔 찬송을 보면, 그녀도 분명한 목적의식을 갖고 있다가 소명을 받게 된 것임이 드러난다.)[36] 갈라디아서 1:14과 빌립보서 3:6에서, 바울은 자기가 새로운 메시야 운동을 적극적으로("열심으로") 박해하였다고 말한다. 그리고 그는 단지 그 이후의 자신의 믿음들에 비추어서 자신의 그러한 행동을 깊이 뉘우쳤다고 말하는 것이 아니라, 자기가 그렇게 한 것이 한 분 유일하신 이스라엘의 하나님이 행한 일을 정면으로 거역한 전형적인 죄였다고 말한다. 그것은 단지 자신의 기존의 "종교"를 수행한 일이었던 것이 아니라, 전면적인 반역이었다는 것이다. 메시야와 성령을 중심으로 변화된 바울의 관점에서 볼 때, 그것은 이스라엘의 하나님, 이스라엘의 성경, 이스라엘의 목적에 대한 근본적인 잘못된 해석을 보여주는 것이었다. 우리가 위의 제9장 끝부분에서 보았듯이, 이것은 그가 복음으로 인하여, "악의 문제"가 실제로는 얼마나 심각하고 깊은 것인지를 깨닫게 된 것 중의 일부였다.

그렇다면, 갈라디아서에서 그가 한 진술의 좀 더 큰 맥락은 어떤 것이었는가? 그것은 단지 그가 이전에는 "유대교"라 불리는 것에 속해 있다가, 이제는 어떤 다른 종교를 갖게 되었다는 것을 의미할 뿐인가? 대답은 "그렇다"이기도 하고 "아니다"이기도 하지만, 대체로는 "아니다"이다:

> 내가 이전에 "유대교"에 있을 때에 행한 일을 너희가 들었을 것이다. 나는 하나님의 교회를 심하게 박해하여 짓밟았다. 나는 내 동족 중에서 나의 연배에 있는 많은 사람들보다 유대교를 지나치게 믿어, 내 조상의 전통들에 대하여 지독하게 열심이 있었다.
>
> 그러나 하나님이 … 때에 … [37]

이것은 기만적인 단어들의 또 하나의 고전적인 사례이고, 그것이 내가 본문에서 첫 번째 나오는 "유대교"라는 단어에 따옴표를 붙인 이유이다. 우리는 이 본문 속에 나오는 "유대교"를 현대적인 의미에서의 "종교"를 가리키는 것으로 이해하기가 너무나 쉽다. 그러나 '유다이스모스'(ioudaismos, "유대교")라는 단어는, 바울

36) 눅 1:46-55.
37) 갈 1:13-15; 우리는 그 다음에 계속되는 것들을 바로 아래에서 다룰 것이다.

시대에서 그런 식으로 형성된 다른 단어들과 마찬가지로, 현대적인 의미와는 다른 방향을 가리킨다. 당시에 그러한 단어들은 하나의 "종교" 생활과 실천이 아니라, 하나의 생활방식을 적극적이고 열렬하게 옹호하고 실천해 나가는 것을 가리켰다.[38] 바로 그것이 바울이 이전에 행해 왔던 것이었다. 그는 단지 "유대인"이었던 것이 아니라, 자기가 배교이자 이교화된 것이라고 보았던 것에 맞서서 폭력적인 방식을 동원하여 유대적인 생활방식을 옹호한 인물이었다. 그는 자신의 유대적인 뿌리와 의미를 버린 것이 아니라, 단지 그것들에 대한 근본적으로 새로운 통찰을 얻은 것일 뿐이었다. 바울에게 있어서, 그가 15절에서 말한 "하나님"은, 그가 내내 섬겨 왔다고 생각하였던 바로 그 "하나님"이었다. 그는 다메섹 도상에서 자기에게 일어난 일에 대하여 설명할 때에 아주 미묘한 방식으로, 자신의 변화된 모습과 그가 이전에 "열심"을 보였던 풍부하고 깊은 조상들의 전통들 간의 불연속성이 아니라 연속성을 강조한다:

> 그러나 내 어머니의 태로부터 나를 따로 구별하시고 그의 은혜로 나를 부르신 하나님이 그의 아들에 관한 복음을 열방들에 전하게 하기 위하여 그를 내 속에 나타내시기를 기뻐하셨을 때, 나는 그 즉시 혈육과 의논하지도 않았으며, 또한 나보다 먼저 사도 된 자들을 만나려고 예루살렘으로 가지도 않았고, 아라비아로 갔다가 그 후에 다시 다메섹으로 돌아왔다.[39]

바울이 자기에게 일어난 일을 설명하고 있는 방식은 그가 말하고자 하는 핵심을 잘 보여준다. 그의 "부르심"은 선지자들, 특히 이사야서 49:1에 나오는 "야웨의 종"의 "부르심"을 반영하고 있다. 그리고 그 부르심에 대한 그의 반응 — "아라비아"로 갔다가 다시 다메섹으로 돌아온 것 — 은, 선지자 엘리야가 자신의 소임을 "열심"으로 행하다가 막다른 길에 봉착하였을 때에 보인 반응과 공명을 일으킨다.[40] 만일 바울이 다메섹 도상에서 자기에게 일어난 일로 인해서 자신은 유대적인 유산과 전통들에서 떠나게 되었다고 말하고자 한 것이라면, 그가 이런 식으로 행한 것은 정말 이상한 일이 될 것이다.

따라서 바울에게 있어서, 그 날에 실제로 일어난 일은 "부르심"을 받은 것이었

38) Mason, 2007; 그리고 위의 제2장 제2절에 나오는 이 주제에 관한 서술을 보라.

39) 갈 1:15-17.

40) 바울이 롬 11:3f.에서 또다시 반영하고 있는 왕상 19:1-18을 보라; cf. *Perspectives*, ch. 10. 여기에서 바울이 이사야서를 반영하고 있는 것들에 대해서는 특히 Ciampa, 1998을 보라.

다. 그러나 이것조차도 시대착오적인 말이 될 수 있다 – 나는 스텐달이 이 가능성을 충분히 다루지 않았다고 생각하지만. 바울이 옛적의 선지자들이 하나님의 "부르심"을 받은 일들을 염두에 두고 있었다는 것은 분명하다. 그러나 그에게 있어서 "부르심"은, 단지 하나님이 어떤 사람을 특정한 소임을 위하여 호출하였다는 의미에서의 "소명"을 가리키는 용어가 아니라, 복음 자체가 어떤 사람에게 효력을 발휘하였음을 가리키는 거의 전문적인 용어였다. "하나님은 미리 구별해 놓으신 자들을 또한 부르셨고, 부르신 자들을 또한 의롭다고 하셨다"(로마서 8:29). 여기에서 "부르심"은, 바울이 (무작위로 단어들을 선택해서 사용해서는 안 되고, 아주 명료하고 극명하게 표현해야 할 바로 그 순간에) 자기가 다른 곳에서 설명한, 복음과 성령의 변화시키는 역사에 의해서 일어나는 복합적인 사건을 나타내기 위하여 찾아낼 수 있었던 최선의 축약어였다.[41] 물론, 이 "부르심"이라는 단어는, 우리가 위에서 말한 두 가지 중 그 어떤 의미에서의 "회심"으로 환원될 수 없다. "부르심"은 통상적으로 하나님이 어떤 사람을 "부른" 목적과 결합되어 있다.[42] 그러나 바울에게 있어서 "부르심"은, 그가 다른 곳에서 좀 더 자세하게 설명한 것, 즉 어떤 사람의 방향을 단지 다시 잡아주는 정도에서 그치는 것이 아니라 그 사람을 변화시켜서 혁명적으로 바꾸어 놓는 하나님의 새로운 역사라는 의미를 포함하고 있음이 분명하다. 현대에 있어서 바울에 대하여 가장 철저하고 통찰력 있는 글을 쓴 유대인 저술가였던 고 앨런 시걸(Alan Segal)은 스텐달의 논지를 받아들이면서도, 고대적인 관점에서나 현대적인 관점에서나 "바울은 회심한 것이기도 하고 부르심을 받은 것이기도 하다"고 역설한다:[43]

> 그리스도인으로서의 바울의 인격적 체험에서 일차적인 사실은 그의 본성에 있어서의 엄청난 변화(transformation), 즉 그로 하여금 기독교를 박해하던 자에서 박해를 받으면서까지 기독교를 옹호하고 전파하게 만든 그의 회심이다. 바울을 제대로 읽어내고자 한다면, 우리는 바울이 바리새파 유대인이었다가, 새로운 묵시론적인 유대 분파로 회심한 후에, 헬레니즘적인 이방 그리스도인 공동체에서 이방인들 가운데서 유대인으로 살았다는 것을 인정하지 않으면 안 된다고 나는 생각한다. 실제로, 명목상으로 볼 때에는 회심자가 자신의 기존의 종교를 긍정하고 천명할 때조차도, 회심은 종교 공동체에서 일어

41) 위의 제10장 제4절 3) (1)을 보라. 우리는 고전 1:9; 7:15-24; 갈 1:6; 살전 2:12; 살후 2:14을 참조할 수 있을 것이다; 그리고 고전 1:26 등에 나오는 동일 어근의 명사 '클레시스'(klēsis, "부르심")도 참조하라.

42) 예를 들면, 롬 9:12; 갈 5:13; 엡 4:1, 4; 골 3:15; 살전 4:7; 살후 1:11.

43) Segal, 1990, 6.

나는 결정적이고 의도적인 변화(change)이다.[44]

여기에서 시걸은 내가 이 문제와 관련해서 조금도 도움이 되지 않는 범주라고 본 변화가 무엇인지를 정확하게 규정한다. 즉, 다메섹 도상에서 바울에게 일어난 것은 "본성의 변화"(transformation)였다는 것이다. "본성의 변화"(transformation)는 단지 점진적인 변화(change)를 뜻하지 않는다. 바울에게 있어서, "본성의 변화"는 그가 죽음과 부활이라는 생생한 용어들을 사용해서 설명한 어떤 일을 통해서 일어났다. 그가 로마서 6:2-11에서 세례는 메시야와 함께 죽었다고 다시 살리심을 받는 것을 의미한다고 극적으로 진술할 때, 우리는 이것이 그 자신에게 단순한 추상적인 관념이나 이상이었다고 생각할 수 없다. 그리고 그가 빌립보서 3장에서 자신의 현재의 삶과 이전의 삶 간의 극명한 대비를 제시할 때, 그것은 우리가 "회심"이라고 부르고자 하는 그런 종류의 변화(change)를 보여주는 것이 결코 아니다.[45] 시걸은 이것을 설명하기 위하여 "거듭남"(rebirth)이라는 표현을 사용하면서(바울은 그런 표현을 사용하지 않지만), 바울이 여기에서 자신의 "체험"을 설명하고 있는 것은 이 체험을 "일반화해서" 그리스도인 공동체 전체에 적용하기 위한 것이라고 역설한다. 이것은 시걸이 내내 강조해 온 것과 일치한다. 즉, 바울은 자기가 극적이고 급격한 방식으로 "회심하였기" 때문에, 이것이 이 새로운 운동 전체가 정의되어야 하는 방식이라고 믿게 되었다는 것이다.[46]

그의 말 속에는 어느 정도 진리가 들어 있기는 하지만, 나는 그의 말은 잘못된 것이라고 믿는다. 바울에게 있어서 중요하였던 것은 자기가 특정한 "체험'을 하였다는 것이 아니라, 이스라엘의 메시야가 십자가에 못 박혔다가 부활하였다는 것이었다. 바울은 모든 사람이 자기가 체험하였던 것을 동일하게 "체험하여야" 한다고 주장한 그런 부류의 복음전도자가 아니었다.[47] 그는 사람들이 메시야에게 일어난 일들과 그들이 메시야와 합하여 세례를 받음으로써 그들에게 일어난 일들을 철저하게 생각하고 분별해서 삶 속에서 실천하기를 원하였던 그런 부류의 선생이었다. 그는 "너희 자신을 죄에 대하여는 죽은 자요 메시야 예수 안에서 하나님에 대하여 살아

44) Segal, 1990, 6f. 바울이 한 유형의 유대교에서 또 다른 유형의 유대교로 "회심하였다"는 관념은 Frey, 2007, 321 등의 확고한 지지를 받고 있다.

45) 빌립보서 3장에 대해서는 위의 제10장 제4절 3) (5)를 보라.

46) Segal, 1990, 141; 예컨대, cf. 129.

47) Gaston, 1987, 139f.는 바울을 둘러싼 문제들은 다른 사람들이 "그가 다메섹 도상에서 받은 계시"를 공유하지 않았기 때문에 생겨난 것이라고 주장한다.

있는 자로 여겨라"고 말한다.[48] 시걸은 어떤 유대인들은 바울보다는 좀 덜 급격한 방식으로 예수를 메시야로 믿는 믿음을 갖게 되었을 수도 있지 않겠느냐고 조심스럽지만 통상적으로 자신의 견해를 내비친다. 하지만 바울은, 사적인 영적 체험으로서가 아니라, 사람들이 세례를 통해서 참여해야 할 공적인 메시야 사건으로서의 십자가를 중심으로 이루어진 결코 양도될 수 없는 "본성의 변화"(transformation)를 역설한다.

이것은 갈라디아서의 긴 도입부의 결론에서 전면에 등장한다. 2:11-14에 나오는 "안디옥 사건"에 관한 드라마, 2:15-21에서 바울이 베드로를 책망할 때에 사용하였다고 하는 고도의 수사적인 말들은, 오늘날의 독자들로 하여금, 이것들이 그 앞의 내용들, 특히 1:15-16에 나왔던 자신의 "부르심"에 관한 바울의 짤막한 설명과 연속성이 있다고 생각할 수 없게 만든다. 그러나 나는 우리가 2:19-20을 어떤 의미에서 그 이전의 본문과 함께 하나의 "원"을 형성하는 가운데, 실제로는 처음 두 장의 주된 주제들 중의 하나에 대한 결론부의 역할을 하고 있는 것으로 보아야 한다고 생각한다. 이 장들의 근저에는, 바울 자신의 인격과 사도직이 도전받고 훼손되고 있는 상황이 전제되고 있다. 그는 자신의 사도직과 복음이 진짜라는 것을 명확하게 설명하기 위해서, 이 서신의 첫 절부터, "나의 사도직은 어떤 인간적인 원천들로부터 나온 것도 아니고, 사람으로 말미암아 온 것도 아니며, 메시야 예수와 그를 죽은 자 가운데서 살리신 하나님 아버지로 말미암아 온 것이다"라고 선언하면서, 자기 자신의 이야기를 시작하고 있다. 나는 그가 2:18에서 수사학적으로 영리하고 노련하게 일인칭 단수로 전환한 것은 자기 자신의 이야기를 마무리함과 동시에, 이 서신의 본론에서 주된 강조점이 될 것에 초점을 맞추기 위한 것이라고 본다.

어쨌든 결국 그는 메시야의 십자가 죽음을 이 서신의 중추로 삼게 될 것이다(갈라디아서 3:1, 13; 4:5; 5:24; 6:12, 14). 따라서 그는 2:19-20에서 자기가 메시야와 함께 십자가에 못 박혔고 이제는 메시야의 새 "생명"을 얻게 된 것에 대하여 말할 때, "나는 이런 체험을 했으니, 너희도 그런 체험을 해야 한다"고 말하고 있는 것이 아니라, "이것이 이스라엘의 메시야가 십자가에 못 박혔다가 부활한 것이 모든 사람에게 의미하는 것이다"라고 말하고 있는 것이다. 그는 마치 자기는 메시야, 따라서 이스라엘에게 일어난 저 극적인 일과는 아무런 상관이 없다는 듯이 초연하고 냉정하게 삼인칭을 사용해서 그 일에 대하여 말하고자 하지 않는다. 따라서 우리는 그가 일인칭으로 썼다고 해서, 이것을 단지 "그 자신의 체험에 관한 기록"으로 치부

48) 롬 6:11.

해 버리는 잘못을 범해서는 안 된다. 만일 바울이 자신의 체험을 강조하고자 한 것이라면, 이 본문이 암묵적으로 전제하고 있는 상황 속에서는, 그의 그러한 전략은 아무 소용이 없었을 것이다. 왜냐하면, 베드로는 어깨를 으쓱 하며, "이보시게, 바울이여, 그것은 자네에게 해당되는 것일 뿐이고, 예수를 메시야로 믿는 우리 중 다수는 자네 같이 그런 식으로 믿게 된 것은 아니라네"라는 반응을 보였을 수 있고, 그렇게 해서 둘 간의 대화는 막혀 버렸을 수 있기 때문이다 — 나는 앨런 시걸도 나와 같은 생각일 것이라고 본다. 바울은 15절과 16절에서는 일인칭 복수형을 사용하다가("우리는 태생적으로 유대인들이고 '이방 죄인들'이 아니지만, 사람이 유대 율법의 행위들로 말미암아서는 '의롭다" 하는 선언을 받지 못한다는 것을 알고 … 이것이 우리도 메시야를 믿은 이유이다"), 18절에 가서는 일인칭 단수형으로 바꾸고 있다고 할지라도("내가 전에 허물었던 것들을 또다시 세운다면, 나는 내가 범법자라는 것을 드러내는 것이다"), 그가 말하고자 하는 전체적인 요지는, 이 모든 것이 베드로를 비롯해서 메시야를 믿는 다른 모든 유대인들에게 적용된다는 것이다. "나"라는 표현은 바울이 1:13에서 시작한 자신의 사도적 부르심에 대한 설명을 완결하는 좀 더 큰 단락 내에서 이것을 생생하게 보여주는 기능을 하지만, 그 근저에 있는 요지는 메시야와 관련된 것으로서, 그의 죽음과 부활이 "부르심"과 "회심" 등등을 포괄하는 "본성의 변화"라는 효과를 가져다주는 원천이라는 것이다:

> 내가 율법으로 말미암아 율법에 대하여 죽었는데, 이것은 하나님에 대하여 살기 위한 것이다. 나는 메시야와 함께 십자가에 못 박혔다. 하지만 나는 살아 있다. 그러나 이제는 내가 사는 것이 아니라, 오직 내 안에 메시야께서 사시는 것이다. 이제 내가 육체 가운데 사는 것은 나를 사랑하셔서 나를 위하여 자기 자신을 주신 하나님의 아들의 신실하심 안에서 사는 것이다.[49]

메시야의 십자가, 메시야의 신실하심, 메시야의 생명, 메시야의 사랑. 바울에게 있어서 다메섹 도상에서의 하나님의 "부르심"은, 그가 이스라엘을 재정의한 이 모든 실체들에 의해서 붙잡혔고 거기로 합체되었다는 것을 의미하는 것이었다. 그리고 바울에게 있어서는, 메시야와 관련된 그러한 사건들은, 베드로와 바나바에게나, "야고보로부터 온 어떤 사람들"(2:12)에게도 바로 그 동일한 것을 의미하였다 – 그들이 그 사실을 깨닫기만 한다면. 바울은 자기 자신의 "체험"을 투영해서 말하고 있는 것이 아니라, 메시야적인 사건들이 지닌 의미를 풀어 놓고 있는 것이었

49) 갈 2:19f.

다.

우리는 바울이 이 날카롭고 극적인 본문에서 말한 것의 심층을 들여다볼 때, 여러 현대적인 의미에서의 "회심"이 지닌 몇몇 측면들조차도, 비록 변화된 의미에서이기는 하지만, 사실 그의 말 속에 담겨 있다는 것을 깨닫게 된다. 바울은 하나의 "종교"에서 또 다른 '종교"로 옮겨간 것이 아니었다. 도리어, 메시야의 죽음과 부활이 진리를 드러내는 순간에, 유대적인 생활방식 전체의 목표와 의미가 재정의된 것이었다. 바울은 이스라엘의 성경 곳곳에서 선포되고 있던 한 분 유일하신 하나님과 그의 "은혜"를 믿는 것을 중단한 것이 아니었다. 그는 메시야 안에서 그 은혜가 자기에게 주어진 것을 보았고, 그 결과 이제 이스라엘의 성경을 완전히 새로운 빛 아래에서 볼 수 있게 된 것이었다. 그는 언제나 개인적으로 기도하면서 한 분 유일하신 하나님의 이름을 불러 왔고, 다메섹 도상에서의 체험 이후에도 계속해서 그렇게 하고 있다. 그는 믿음도 없고 최고의 신도 알지 못하고 있다가 처음으로 믿음도 갖게 되고 그 신도 알게 된 것이 아니었기 때문에, 현대적인 의미에서 "회심한" 것이 아니었다. 그러나 그는 이제 이 한 분 유일하신 하나님이 자기 아들을 보낸 분이고 그 아들의 영을 보내고 있는 분이라는 것을 알게 되었다(갈라디아서 4:4-7). 하지만 이 모든 것의 중심에는, 고대와 현대의 무수한 "회심들"에 공통된 주제가 자리 잡고 있는데, 그것은 압도적인 사랑에 대한 인식이다. 바울에게 있어서 "회심' 에 있어서 가장 깊고 내밀한 요소인 "사랑"이 "부르심"과 직결되어 있는 이유가 거기에 있다:

> 우리가 미쳐 있다면, 그것은 하나님을 위한 것이고, 우리가 정신이 온전하여 있다면, 그것은 너희를 위한 것이다. 왜냐하면, 메시야의 사랑이 우리로 하여금 거침없이 앞으로 나아가게 만들기 때문이다. 우리는 한 사람이 모든 사람을 대신하여 죽은 것이기 때문에, 모든 사람이 죽은 것이라고 확신하게 되었다. 그리고 그가 모든 사람을 대신하여 죽으신 것은 살아 있는 자들로 하여금 이제 더 이상 그들 자신을 위하여 살지 않고 오직 그들을 대신하여 죽었다가 다시 살아나신 이를 위하여 살게 하기 위한 것이다.[50]

우리는 메시야의 이러한 사랑을, 바울이 거듭거듭 근거로 제시하는 "객관적인 실체"라고 부르고 싶다. 그가 이것을 그의 주관적인 내면의 문제로 축소시키고자 하는 온갖 시도들을 거부할 것임은 두말할 필요가 없지만, 사실은 "사랑"이라는 개념 자체가 주관/객관이라는 이러한 양자택일식의 사고를 거부한다.[51] 바울은,

50) 고후 5:13-15.

다메섹 도상에서 자기에게 일어난 일의 중심에는, 부활한 예수를 실제로 "본" 것을 포함하는 인격적인 만남, 부활이 예수를 이스라엘의 메시야로 확증하고 선포하였다는 것을 알게 된 인지적인 앎, 예수의 죽음과 부활이 이스라엘이 열망해 왔던 것과 같이 이스라엘에 대한 재정의와 세계에 대한 통치를 가져다준 사건들이었다는 것을 알게 된 것, 마음의 "할례"를 받고(성경적인 표현을 빌리자면) 성령에 의해 주어진 사랑으로 마침내 한 분 유일하신 하나님을 사랑하고 셰마(Shema)를 지킬 수 있게 만들어준 인격적인 본성의 변화를 겪게 된 것이 자리 잡고 있다는 것을 역설한다.[52] 그것은 어떤 의미에서는 "부르심"이었고, 어떤 의미에서는 "회심"이었다. 바울 개인에게 갑자기 일어난 일은, 그가 갈라디아서 6:14에서 말하고 있듯이, 메시야의 죽음과 부활을 통해서 세계 전체, 좀 더 구체적으로는 이스라엘 전체에 일어난 일이었고, 그것은 열방에 대한 선교를 가져왔다. 하나님이 원래 이스라엘을 선민으로 택한 목적이, 비록 변화된 방식으로이긴 하지만, 성취되었다. 바울은 이러한 변화와 이러한 성취가 그에게서 효력을 발휘하였고, 그를 통해서 효력을 발휘하고 있다고 믿었다. 그리고 이 모든 일은 다메섹 도상에서의 예수의 계시로 말미암아 일어났다.

3. 바울과 유대적 "정체성"

1) 서론: "정체성" 문제

이 모든 것은 우리로 하여금 이제는 상당한 정도로 축적된 석의적 성과를 기반으로 해서 새로운 시각에서, 위의 제6장과 제7장에서 표면으로 떠오른 문제를 볼 수 있게 해준다. 내가 말하는 문제, 즉 바울의 "정체성"이라는 문제에 관한 논쟁은 첨예하면서도 종종 불쾌한 분위기 속에서 진행되어 왔는데, 그 이유는 특히 "정체성"에 관한 오늘날의 논의들은 공적인 담론들의 몇몇 분야들에서 중심이 되어 왔기 때문이다. 따라서 바울의 칭의론에 대하여 말하는 것이 오늘날의 교회의 몇몇 부분들에서 쟁점이 되고 있는 것들에 대하여 대답하는 방식이 된 것과 마찬가지로, "바울은 누구였는가" 또는 "바울은 자기가 누구라고 생각하였는가"에 대하여

51) "사랑의 인식론"에 대해서는 위의 제14장 제1절을 보라.

52) 롬 2:29; 5:5; 8:28.

말하는 것은 이러한 문제들에 대하여 지금까지와는 다른 시각으로부터 대답하는 방식이 되어 버렸다. 그 결과, 많은 것들이 이것에 의해 좌지우지되게 되었기 때문에, 그러한 상황에서 늘 그러하듯이, 역사적인 석의는 아주 어렵게 되어 버렸다.

어쨌든 우리는 이 문제를 다음과 같이 물을 수 있다: 바울은 어떤 의미에서 여전히 자신을 "유대인"으로 생각하거나 설명한 것인가?[53] 그는 그러한 "정체성"을 받아들인 것인가, 아니면 수정하고자 한 것인가, 아니면 멀리하고자 한 것인가, 아니면 이런 것들과는 다른 그 무엇이 있었던 것인가? 그 문제의 일부로서, 그는 "유대인"이라면 당연히 행할 것으로 여겨졌던 것, 즉 토라를 지키는 것을 계속하였던 것인가? 그가 계속해서 토라를 지켰다면, 당시에 "토라를 지키는 것"이 무엇인지를 놓고 의견이 분분하였다는 점을 감안해서, 그는 어떤 식으로, 그리고 어느 정도로 토라를 지켰는가? 그는 자기가 여전히 토라를 지킨다고 주장하기는 하였지만, 이전에 바리새인으로 살았던 때보다는 덜 엄격하게 토라를 지킨 것인가? 그는 당시의 일부 또는 대부분의 유대인들이 타협적인 방식으로 토라를 지킨다고 보았거나 토라를 완전히 폐기한 것으로 보았을 그런 일들을 스스로 행하였고, 다른 신자들에게 그렇게 행하도록 가르친 것인가? 아니면, 무엇인가?

얼핏 보면, 이러한 질문들에 대한 대답은 분명해 보일 수 있다. 육체적으로 볼 때, 바울은 여전히 과거의 그와 동일한 사람이었다. 그의 부모들은 여전히 그의 부모들이었다 — 물론, 그의 부모들은 그와 의절하였을지 모르지만(이것은 우리에게 아무런 정보도 없는 많은 것들 중의 하나이다). 그가 로마서 9:1-5에서 자신의 동족 유대인들을 생각할 때에 비통하고 고통스럽다고 했을 때, 거기에는 그와 가깝고 그가 사랑하는 사람들도 포함되어 있었을 것임은 의심할 여지가 없다. 그가 두 본문에서 역설하고 있듯이, 그는 여전히 히브리인이었고 이스라엘 사람이었으며 아브라함의 자손이었고 베냐민 지파 사람이었다.[54] 그는 갈라디아서에서는 자기 자신을 메시야의 죽음 및 부활과 합하여 세례를 받은 모든 사람에게 일어난 일

53) 요즘 유행하는 "정체성"이라는 표현에 대해서는 시대착오의 위험성을 지적하는 Dunn, 1999, 176에 나오는 설명을 보라 — 내가 보기에는, W. S. Campbell, 2008의 경우는 그런 위험성은 없다. 바울의 세계에서 "정체성"을 상당히 다른 뉘앙스로 사용한 것에 대해서는 이제 Sechrest, 2009, 21-109를 보라(예컨대, 141, 163에서 그는 "정체성"이라는 개념은 그 자체가 부단히 변천하고 있다고 지적한다) — 그가 내내 사용하는 "인종"과 관련된 단어군은 그 자체가 감정이 실린 것으로 생각될 수 있겠지만. 오늘날의 논의되고 있는 바울의 유대적 정체성이라는 문제의 토대를 탄탄하게 세운 것은 Niebuhr, 1992였다. Johnson Hodge, 2007의 저작은 비록 결국에는 대체로 불신받고 있는 Gaston과 Gager의 견해를 따르고 있는 것이 아쉽기는 하지만, 어쨌든 이 논의에 추가적으로 상당히 중요한 기여를 하고 있다.

54) 롬 11:1; 고후 11:22; cf. Sechrest, 2009, 41-45.

의 본보기로 사용할 수 있었고, 로마서에서는 자기 자신을 이스라엘 사람들 중에서 확고하게 "남은 자"에 속하는 사람들의 한 모범이자 아브라함의 육신적인 권속임과 아울러 "약속의 권속"에 속하기도 한 자들 중의 한 사람으로 거론할 수 있었다.[55] 그는 한 흥미로운 작은 본문에서는 자기 자신을, "잘못하고" 있는 유대인들을 지칭하는 "우리"의 일부로 포함시켜서 말하고 있는 것으로 보이고,[56] 한 유명한 본문에서는 안디옥에서 베드로와 벌인 날카로운 설전을 보도하면서, "우리는 태생적으로 유대인들이고 '이방 죄인들'이 아니다"라고 선언한다.[57] 이 모든 것이 무엇을 말하고 있는지는 얼핏 보면 논란의 여지가 없을 정도로 확실하고 분명해 보인다.[58]

그러나 서서히 의심들이 생겨나기 시작한다. 바울과 동시대에 살았던 유대인들은 과연 그를 "유대인"으로 여겼을까? 이것은 단지 그가 믿은 것들을 두고서 하는 말이 아니다. 의심할 여지 없이, 많은 유대인들은 이상한 사람들을 "메시야"로 착각하는 등 많은 이상한 것들을 믿었다. 그러나 지금과 마찬가지로 당시에도, 유대인들은 "믿음"의 세세한 내용들을 "유대인"이냐 아니냐를 판별하는 주된 기준으로 삼는 경우는 드물었다. 그들의 중요한 기준은 바울이 무엇을 하고 있고 무엇을 하고 있지 않느냐 하는 것이었을 것이다. 바울은 할례라는 계약의 증표를 요구함이 없이, 사람들을 아브라함의 권속으로 인정하고 받아들였다. 바울은 예루살렘에 있는 성소가 아니라, 예수를 추종하는 자들의 모임, 그리고 심지어 그 개개인들을 지칭해서 "성전"이라고 불렀다. 바울은 메시야의 믿음을 지닌 "권속"을 대가족으로 여기고서, 그가 이전에 유대인들의 족내혼을 역설하였듯이, 이제는 사람들에게 그 권속 "내에서 혼인할" 것을 역설하였다. 그는 안식일을 지킬 것인지 말 것인지는 메시야를 따르는 사람들에게는 선택사항이라고 보고서, 안식일에 대하여 별로 신경을 쓰지 않았던 것으로 보인다.[59] 이 모든 것은 디아스포라에 있던 유대인들의

55) 롬 9:8.

56) 롬 3:5; 하지만 어떤 사람들은 여기에 나오는 "우리"가 "우리 유대인들"을 의미하는 것인지, 아니면 좀 더 일반적인 진술인 것인지에 대해서 의문을 제기한다. Cf. Sechrest, 2009, 151f. 이것은 3:9에서도 동일하게 문제가 된다.

57) 갈 2:15. 여기에서 "태생적으로"라고 번역된 단어는 '퓌세이'(physei), 즉 문자 그대로 직역하면 "본성적으로"이다. 이것은 바울과 베드로에게 "주어진 것"이었고 그들의 출발점이었다.

58) 예컨대, Nanos, 2012, 106, 129.

59) 그가 계속해서 유대 역법을 "준수하였는가" 하는 문제와 만약 그랬다면 어떤 의미에서 그렇게 하였는가 하는 문제는 갈라디아서 4:9, 그리고 예컨대 고린도전서 16:8f.에 대한 논의들에 비추어 볼 때, 여전히 해결되지 않고 있다: Hardin, 2008, 120f.를 보라(반대견해로는 Thiselton, 2000, 1329f.). Hardin이 이 서신을 로마 제국의 축제들에 대한 경고로 읽는 것과 아울러서, 그가 여기에서 주의하라고 말하고 있

눈살을 찌푸리게 하였을 뿐만 아니라 그들의 화도 돋우었을 것임에 틀림없다.

게다가, 바울이 한 술 더 떠서, 메시야를 믿는 비유대인들과 식탁 교제를 함께 한 것은 불에 기름을 붓는 격이었다. 이것이 베드로와 바나바에게조차 문제를 일으켰다고 한다면(우리는 바울이 별 것 아닌 "안디옥 사건"을 얼굴을 붉힐 만한 사건으로 부풀렸을 것이라고 생각하기 힘들기 때문에, 이것은 실제로 그랬던 것으로 보인다), 우리는 이것이 다소의 젊은 사울에게는 더욱 심각한 문제를 일으켰을 것이라고 확신할 수 있다.[60] 그는 고린도에 있는 메시야 백성들에게, 이방인이든 유대인이든 누구로부터 식사 초대를 받든 거기에 응하고, 식탁에 차려져 나오는 것들은 어디에서 난 것이냐고 묻지 말고 무조건 먹되, 우상 제물을 먹는 문제에서 어떤 사람의 양심이 여전히 "약하여" 거리낌을 느끼는 경우에는 우상 제물이라고 밝힌 것은 먹지 말라고 권면하였다.[61] 이러한 권면을 통해서, 그는 무할례자들인 그리스도인들은 물론이고 믿지 않는 이방인들과 함께 먹는 것도 허용하였을 뿐만 아니라, 관련 본문들에 대한 직설적인 읽기를 통해서(이것에 대해서는 우리가 곧 자세하게 살펴볼 것이다), 성경이 "땅과 거기에 충만한 것이 주의 것"이라고 말하였다는 것을 근거로 삼아, 율법에서 부정한 음식이라고 한 것까지도 원칙적으로 먹어도 된다고 말하였다.[62] 고린도전서 8-10장과 로마서 14-15장에 나오는 논의들을 보면, 바울이 자신을 세계에 있는 것들을 여전히 정결한 것과 부정한 것으로 나누

는 것들을 보면, Rudolph(2011, 211)가 Hardin을 언급조차 하지 않는 Zetterholm, 2009, 127-63를 언급하는 가운데 Hardin을 자신의 동맹군이라고 주장한 것은 거의 옳지 않은 것 같다. 바울이 고린도전서 16장에서 오순절을 암시하고 있다는 것은 거의 증명되지 않는다. 이것은 오늘날의 무신론자들이 "부활절 이후에 보자"고 말했다고 해서, 그들이 예수의 부활을 믿는다거나, 그 부활을 송축하는 교회에 다닌다는 것을 의미하는 것이 아닌 것과 같다.

60) 위의 제2장 제3절과 제10장 제3절 3) (2)를 보라. 사람들이 반대 사례들(즉, 유대인들은 이방인들과 함께 먹는 것을 아무렇지도 않게 여겼다는 등)을 여기저기에서 찾아낸다면, 그것은 이상한 경우들을 제시할 수밖에 없다: Rudolph, 2011, 127은 기괴한 유딧 이야기를 제시한다(Jdth. 12.17-19). 유딧은 자기가 죽이고자 한 앗수르 장수 Holofernes와 함께 식사하기 위해서 자기가 먹을 음식을 직접 챙겨 가져왔다. 누가 물었다면, 유딧은 아마도 "나는 앗수르 사람을 죽이기 위해서 앗수르 사람들에게는 앗수르 사람처럼 되었다(비록 그들의 음식을 먹은 것은 아니라고 할지라도)"라고 말하였을 것이다. 또한, 통상적으로 인용되는 또 다른 사례인 *Let. Arist.* 128-69(Rudolph, 127-9)는 실제로 예외적인 상황들에서는 그 음식이 정결법에 맞는 음식이기만 하다면 이방인과 함께 먹는 것이 허용될 수 있다는 것을 보여 주지만, 그것은 어디까지나 여전히 통상적인 규범에 대한 예외이고, 그렇게 보아져야 한다. 디아스포라에서 실제로 행해진 것에는 광범위한 편차가 존재하였을 것은 의심의 여지가 없지만, '아믹시아'(amixia), 즉 공동 식사와 관련된 금기를 보여주는 증거들은 이교도들의 비방에 국한되어 있지 않다(Fredriksen, 2010, 249 등에게는 실례가 되겠지만).

61) 고전 10:25-30.

62) 시 24:1을 인용하고 있는 고전 10:26.

고 부정한 것에 대해서는 거리낌을 갖고 있었던 "약한 자들"이 아니라, 세계에 있는 모든 것들을 있는 그대로 선한 것으로 받아들인 "강한 자들"에 속한 것으로 여겼음이 분명하기 때문에(그럼에도 불구하고, 그는 적절한 경우에는 "약한 자들"에게 양보하였다), 그는 고린도의 이방 그리스도인들에게 율법에서 부정한 것으로 규정한 음식을 먹어도 좋다고 권면하였을 뿐만 아니라, 그 자신도 기꺼이 그렇게 하였고, 또한 다른 "유대 그리스도인들"이 이러한 패턴을 따라 행하는 것을 좋게 여겼던 것으로 보인다. 이 대목에서 바울 당시의 유대인들 중에는 분명히, 그가 "유대인"이기를 완전히 포기하였다고 말하는 사람들이 있었을 것이고, 오늘날에도 그렇게 말하는 사람들이 있을 것이다. 즉, 바울은 유대적인 정체성을 보여주는 가장 기본적인 표지들을 버렸다고 말이다.[63]

그렇다면, 바울도 자기 자신을 그렇게 보았던 것인가? 또다시 그러한 방향을 보여주는 신호들이 존재한다. 우리가 데살로니가전서 2:14-15을 어떤 식으로 끊어 읽든, 바울은 자기가 거기에서 말한 "유대인들"과 거리를 두고 있다는 것은 분명하다.[64] 우리가 로마서 10:1-3을 어떤 식으로 읽든, 바울은 자신의 동족들 중에서 "지식을 토대로 하지 않은 하나님을 향한 열심을 지닌" 사람들을 생각하고서 마음 아파하고 기도하고 있다는 것은 분명하다. 그는 양쪽을 다 경험하고 아는 자로서, 십자가에 못 박힌 메시야의 복음이 "유대인들에게 거리끼는 것"임을 인정한다.[65] 그는 자기가 독실하고 "열심" 있는 바리새파 유대인이었을 때에 지니고 있었던 신분과 관련된 온갖 주목할 만한 특권들과 상징들을 열거한 후에, 그것들은 모두 '스퀴발라'(skybala, 이 단어를 점잖게 번역하면 "거름더미"가 된다)라고 선언한다.[66]

63) 유대인들 내부의 논쟁의 성격에 대해서는 Rudolph, 2011, 38f., 52를 보라.

64) 위의 제11장 제6절 3)을 보라.

65) 고전 1:23; 갈 5:11. W. S. Campbell, 2008이나 Rudolph, 2011이 이 본문을 둘 다 전혀 언급하지 않는다는 것은 흥미롭다. Tomson, 1990은 갈라디아서 5:11을 언급하기는 하지만, 이 구체적인 논점을 다루지는 않는다.

66) 빌 3:4-6, 8. Rudolph, 2011, 45f.가 바울은 여기에서 "유대적인 것의 중요성을 간접적으로 시사하고 있다"고 말하는 것은 분명히 어떤 점에서는 일리가 있기는 하지만 기괴하다: (a) 바울은 이러한 정체성 표지들은 더 이상 중요하지 않다고 가능한 한 강력하게 말하고 있다; (b) 바울은 자신이 열거한 이전의 신분 표지들의 목록에 자기가 열심으로 교회를 박해하였다는 사실을 포함시키는데, 이제는 그러한 사실을 단지 자신의 새로운 신앙보다 "덜 중요한" 것으로 보는 것이 아니라, 끔찍하고 수치스러운 일로 여긴다(Dunn, 2008 [2005], 481에도 불구하고); (c) Rudolph는 우리가 어떻게든 유대적인 것이 여전히 "중요하다"고 말할 수 있다면, 토라를 준수하는 바울에 대한 그의 주장이 유지될 수 있을 것이라고 생각하는 것으로 보인다. Campbell, 2012, 45 n. 25(그리고 Rudolph, 2011, 45f.에 의해 인용된 그의 다른 글들을 보라)는 바울은 '스퀴발라'(skybala)라는 표현을 통해서 "자신의 유대적 속성들을 '쓰레기통에 던져넣고

무엇보다도 특히 갈라디아서 2장이 있다. 거기에서 바울은 "우리는 태생적으로 유대인들이고 '이방 죄인들' 이 아니다"라고 말한 직후에, 근본적인 재정의를 보여주는 "그러나"를 사용하여 계속해서 이렇게 말한다: "그러나 우리는 사람이 유대 율법의 행위들로 말미암아서가 아니라 메시야 예수의 신실하심으로 말미암아 '의롭다' 함을 받는다는 것을 안다."[67] 그런 후에, 그러한 재정의들 중에서 가장 과격하고 급진적이라고 할 수 있는 본문에서(우리는 이 본문을 이미 여러 번 살펴보았지만, 이상하게도 바울이 계속해서 "토라를 지키는" 유대인으로 남아 있었다고 주장하고자 하는 학자들의 논의들 속에서는 여전히 등장하지 않는다), 그는 "나는 율법으로 말미암아 율법에 대하여 죽었는데, 이것은 내가 하나님에 대하여 살기 위한 것"이라고 말하면서, 이런 일이 그가 메시야와 함께 십자가에 못 박힘으로써 일어났다고 설명한다. 우리는 이것에 대하여 얼마나 더 계속해서 명확히 해야 하는가? 나는 오늘날의 기독교-유대교의 관계에 관심을 갖고 있는 사람들이 이 본문을 두고서 서로 다투는 것을 충분히 이해할 수 있다.

나는 사람들이 이 본문은 아마도 수사학적인 의도에서 과장하여 한 말일 것이라고 생각하고자 하는 것도 충분히 이해할 수 있다.[68] 하지만 나는 사람들이 이 중요한 반대증거를 언급조차 하지 않는 가운데, 바울이 어떤 의미에서 토라를 지키는 유대인이었다는 논증을 전개해 나가고자 하는 것은 도무지 이해가 되지 않는다.[69] 또한, 나는 바울에게 있어서 예수를 메시야로 인정하는 것은 "토라에 대한 그 어떤

자" 한 것이 아니라고 주장하는데, "쓰레기"가 이 단어에 대한 또 하나의 역어일 수 있다는 점을 고려하면, 그런 주장은 이상하다. 그가 Bockmuehl, 1998, 207f.가 "개들을 위한 음식 부스러기들"이라는 해석을 지지한 것으로 인용한 것은 정직하지 못하다. 왜냐하면, Bockmuehl은 "그것은 더럽고 불쾌한 것으로서 버려진 것으로 언급되고 있다"는 것을 근거로 그러한 해석을 배척하기 때문이다.

67) 갈 2:16(위의 제10장 제3절 3) (2)를 보라). 의심을 피하기 위하여, 나는 이전의 문장에는 영어의 be 동사에 해당하는 헬라어 동사가 나오지 않는다는 것을 미리 말해둔다: 바울은 '헤메이스 퓌세이 유다이오이' (hēmeis physei Ioudaioi, "우리는 본래 유대인들")이라고만 썼다. 따라서 바로 뒤에 나오는 본문이 "그러나 더 이상 … 아니다" 또는 "동일한 의미로 더 이상 … 아니다" 중 어느 의미를 함축하고 있는지는 열려 있다. Sechrest, 2009, 168f.(바울은 이 정체성을 버린다; 또한, cf. 141); Hays, 2000, 236(바울은 그 위에 다르게 건축하기 위하여 지속적인 "유대적" 정체성을 긍정한다)을 보라.

68) 예를 들면, Nanos, 2002a, 321을 보라: 갈라디아 교인들은 "화자의 성품과 주제의 성격이 그의 말들과 맞지 않고, 기자의 의도가 그가 실제로 말한 것과 다르다는 것을 알았다." 바울이 반어법을 사용할 수 있었다는 것은 분명하지만, 이런 식으로 주장하는 것은 아주 얇은 역사라는 빙판 위에서 피겨스케이팅의 여러 번 돌기 기술을 구사하는 것과 같다.

69) 갈라디아서 2:19은 Tomson, 1990; W. S. Campbell, 2008; Rudolph, 2011의 색인에 나오지 않는다. W. S. Campbell이 스스로 말하고 있듯이(2008, 133), "우리는 정반대의 분명한 증언이 없는 상황에서 이러한 본문들을 그냥 지나칠 수 없다."

배척도 의미하는 것이 아니었다"고 주장하는 사람도 이해할 수 없다.[70] 바울이 자기가 "율법에 대하여 죽었다"고 말하는데도, 그것이 율법을 배척하는 것이 아니라고 한다면, 바울이 아무 의미도 없는 말을 한 것밖에 되지 않는다.[71]

바울은 자기가 갈라디아서 2:19-20에서 수사학적으로 의미심장한 "나"라는 표현을 앞세워서 말한 것을, 극히 중요한 본문인 로마서 7:4-6에서는 이인칭 복수형을 사용해서 되풀이하여 말한다. "너희도 메시야의 몸으로 말미암아 율법에 대하여 죽었고 … 이제 우리는 율법으로부터 놓여났고, 우리를 단단히 얽매고 있던 것에 대하여 죽었다."[72] 다음으로, 우리는 빌립보서 3장과 '스칸달론'(skandalon) 본문들이 지닌 함의들을 대충 얼버무려 말하고 지나가려고 하기보다는, 역사적 석의자들답게, 바울에 관한 핵심적인 논증들에서 중심적인 역할을 하고 있다는 것을 부정할 수 없는 갈라디아서와 로마서에 나오는 본문들을 포괄할 수 있는 틀 내에서 그 본문들을 바라보지 않으면 안 된다.

나는 위에서 바울이 자기가 이제 더 이상 율법 아래 있지 않다고 단호하게 진술하는 중심적인 이유는 비교종교학적인 것이 아니라 메시야적인 종말론, 즉 메시야가 와서 죽었다가 다시 부활하였고, "이스라엘"을 포함한 온 세계는 변화되었다는 것과 연관되어 있다는 것을 논증한 바 있다. 바로 이것이 바울이 갈라디아서 6:14에서 말하고 있는 것이다. 위의 제9장에서, 나는 이것이 바울에게 종말론적인 추론("우리는 지금 토라가 더 이상 유효하지 않은 새 시대에 있다")만이 아니라 실제적인 비판("토라 아래 있는 이스라엘은 나머지 인류와 마찬가지로 "아담적인" 인류임이 드러났다")을 위한 토대도 제공해 주었다고 말한 바 있는데, 이제 우리는 바로 그러한 맥락 속에서 바울에게 있어서는 좀 더 구체적으로 자전적인 것이었던 추가적인 차원의 비판을 볼 수 있다.

바울은 자신의 이전의 나날들에서 자기가 행하였던 폭력적인 행위들을 단지 잘못된 "열심"을 보여주는 사례(물론, 이러한 평가 자체도 옳은 것이기는 하지만)로만 보았던 것이 아니라, 토라를 지키려고 하였던 바리새주의, 더 나아가 이스라엘 전체가 철저하게 잘못된 길을 택해온 것을 보여주는 전형적인 사례로 보았던 것 같다. 다시 한 번 말해 두지만, 바울에게 있어서 이것은 유대인이라는 것, 또는 하나

70) Pawlikowski, 2012, 170.

71) Sanders, 1983, 177을 보라: "율법에 대하여 죽는 것"은 "폐기라는 의미의 회심의 언어로서 … 어떤 다른 것을 받아들이기 위하여 어떤 것을 포기하는 것이다."

72) Tomson, Campbell, Rudolph의 설명들에는 로마서 7:4-6도 빠져 있다.

님이 이스라엘을 부른 것에 어떤 잘못된 것이 있다는 것을 의미하는 것이 결코 아니었다.[73] 바울은 자기가 이전에 예수를 따르는 자들을 박해한 것을, 단지 한때의 잘못된 젊은 혈기가 아니라, 진정으로 유대인이라는 것이 무엇을 의미하는지를 근본적으로 잘못 해석하였음을 보여주는 징후로 보았다. 새로운 유대인으로 갱신된 그는, 유대인들의 메시야 및 그 메시야의 죽음과 부활이 일깨워준 이스라엘의 성경에 대한 새로운 읽기를 토대로 해서, 자기가 젊은 바리새인이었을 때에 유대인으로서 토라에 대하여 신실하기 위하여 요구된다고 믿었던 실천을 배척하였다. 따라서 로마서 2:17-24, 7:7-25, 9:30–10:21에 나오는 이스라엘에 대한 비판은, "유대인이라는 것 속에 무엇인가 잘못된 것이 있다"는 의미를 함축하고 있지 않다. 바울은 거듭거듭 그러한 평가를 명시적으로 배제한다. "잘못된" 것은 육신을 따라 바울의 골육인 유대인들이 "지식을 토대로 하지 않은 하나님을 향한 열심을 지니고" (10:2) 있었다는 것이다. "열심"에 대한 언급이 이 본문을 갈라디아서 1:13-14 및 빌립보서 3:6과 연결시키고 있는 것을 감안하면, 이 본문은 바울이 자신의 박해 활동에 대한 회상과 "열심"을 결합시키고 있는 자전적인 본문들과 아주 흡사해 보인다.[74]

폭력적인 "열심"을 이렇게 비판하고 있다는 점에서는, 바울은 요세푸스(Josephus)와 입장이 동일하였다고 할 수 있다. 요세푸스는 주후 66-70년의 재앙의 책임을 "열심당원들"의 성급한 폭력에 돌린다.[75] 또한, 그는 이 폭도들이 율법을 범하고 성전을 더럽혔다고 비난하기도 하는데, 이런 일들은 바울이 자신의 이전의 모습에 대하여 말한 것과 다른 것이다(물론, 사도행전에서는 유대인들이 그를 이런 식으로 비난하지만).[76] 그러나 중요한 것은 여전히 전체적이고 일반적인 취지이다. 요세푸스가 폭력적인 "열심"을 하나님에 대한 유대인들의 참된 충성에 대한 철저한 왜곡이라고 지적할 수 있었다면, 바울이 그렇게 동일하게 말한 것은 "반유대적인" 것이라고 하기 힘들다. 따라서 우리가 위의 제10장에서 언급하였듯

73) W. S. Campbell, 2008, 149-51은 내가 오늘날의 회심 도식을 바울에게로 투영함으로써, 바울과 그의 유대 세계 간의 "연속성"을 무시하고, 그 대신에 일종의 반유대주의를 만들어내었다고 주장한다. 그것은 나에 대한 기괴하기 짝이 없는 잘못된 설명이다. 도리어 오늘날의 범주들("차이," "타자성," "다양성" 등등)을 바울에게 투사하고 있는 것은 Campbell 자신이다. 그렇기 때문에, 그는 자신의 주장을 관철하기 위해서는, 이 서신들에 나오는 몇몇 핵심적인 본문들을 무시할 수밖에 없었다.

74) 고전 15:9. 이것은 엡 3:8; 딤전 1:13, 15에도 반영되어 있다.

75) *NTPG*, 170-81을 보라; 그리고 예컨대, Jos. *JW* 5.442f. Hengel, 1989 [1961], 16, 183-6은 다른 많은 본문들을 인용한다. 이 논의와 관련해서 나는 Jessiah Nickel에게 감사한다.

76) cf. 행 21:21, 28; 24:5f.

이, 이것은 바울이 갈라디아서, 빌립보서, 골로새서에서 반어법적인 표현들을 사용해서, 예수를 메시야로 인정하기를 거부하는 유대인들의 삶은 이방 세계 도처에서 볼 수 있는 것과 같은 그러한 "종교"로 변질되어 가고 있는 것이라고 말할 수 있었다는 견해를 강화시켜 준다.

그렇다면, 바울은 "유대인됨"(Jewishness) 및 그 비슷한 주제들과 관련해서 자기 자신에 대하여 무엇이라고 말하였는가? 우리는 그 증거들을 본서의 앞부분에서 이미 제시하였기 때문에, 여기에서는 간단하게 요약만 하면 될 것 같다. 내가 내내 논증해 왔듯이, 무엇보다도 가장 중요한 것은 바울이 철저하고 세심하게 생각해 낸 확고한 믿음, 즉 예수와 관련된 메시야 사건들 속에서 이스라엘의 하나님이 아브라함에게 준 계약에 의거한 약속들에 대하여 신실하게 행해 왔다는 믿음이었다. 물론, 이것은 갈라디아서를 아브라함에 토대를 둔 계약 신학과 반대되는 것으로 보는 오늘날의 전통들(대체로 독일과 미국)에 의해서 통상적으로 부정된다. 이것을 부정하는 그러한 입장은 실제로 바울이 "유대교"라 불리는 것을 배척하고 있다고 말하는 것에 거의 근접해 있다. 그러나 나는 바울이 하나님이 아브라함에게 약속하였던 일을 메시야 안에서 성취하였다고 실제로 단언하고 있다는 것은 의심의 여지가 있을 수 없다고 믿는다. 물론, 바울은 당시의 많은 다른 유대인 집단들이 행하고 있던 것, 즉 아브라함의 권속의 경계를 다시 그리는 일을 행하였다.[77] 그러나 아브라함과 그의 권속을 중심에 둔 것도 바울이 행할 수 있었던 일들 중에서 유대적인 것을 긍정하고 천명하는 일이었고, 그 권속의 경계를 다시 그린 것도 바울이 제2성전 시대의 또 하나의 전형적인 유대인이었음을 의미하는 것이었다.

특히, 바울은 아브라함에게는 두 개 이상의 권속이 있는 것이 아니라 오직 하나의 권속만이 존재한다고 역설한다 – 이것은 갈라디아서 3장의 주된 주제이다. 이렇게 말하는 것은 철저하게 유대적인 것으로서, 아브라함에게는 유대인들(그리스도인이든 아니든)로 구성되는 "계약"의 권속이 있고, "그리스도 안에" 있는 이방인들로 구성되는 또 하나의 권속이 있을 수 있다는 그 어떤 주장도 완벽하게 배제하는 것이다.[78] 우리는 로마서 2:25-28과 관련해서도 거듭거듭 이 동일한 것을 본

77) 로마서 4장과 갈라디아서 3장은, Fredriksen, 2010, 244처럼, 예수를 믿는 이방인 신자들은 "양자가 되어 이스라엘의 권속이 아니라 하나님의 권속이 되는" 것이기 때문에, "아브라함이 아니라 하나님이 그들의 '아바'가 되고, 이렇게 해서 예수를 믿는 유대인 신자들과 이방인 신자들은 "영을 따라서는"(kata pneuma) 동일한 하늘의 아버지를 두고 있지만, "육체를 따라서는"(kata sarka) 서로 구별이 된다고 말하는 것을 아주 어렵게 만든다. 내가 보기에는, 바울은 바로 그런 것을 부정하고 있다.

78) 예를 들면, Campbell, 2012, 53은 "바울은 아브라함의 자손들은 단일한 권속이 아니라 복수의 권

바 있는데, 거기에서 바울은 할례와 "계명들"이 하나님이 준 선한 것임을 역설한 후에, 신명기 및 예레미야서와 맥을 같이해서, 진정으로 중요한 것은 이러한 것들이 마음에서 일어나는 것임을 강조한다. 여기까지는 철저하게 유대적이다 – 물론, 바울은 그런 후에 이 문제를 개방해서, 육신적으로 "무할례자들"도 이 "마음이 새로워진" 백성의 일부가 될 수 있다고 말하기는 하고, 이것은 로마서 4장이나 로마서 10장, 또는 갈라디아서 3장에서 말하고 있는 취지이기도 하지만.[79] 고린도후서 3장과 빌립보서 3:2-11에 대해서도 비슷하게 말할 수 있는데, 우리가 다른 곳에서 보았듯이, 이 본문들은 고대 세계에서나 현대 세계에서나 유대인들의 삶의 통상적인 특징인 날카로운 내부 비판을 포함해서, 말하고 있는 것이나 말하는 방식에 있어서 철저하게 유대적이다.[80]

속들이라는 것을 논증하고 있다"고 주장한다 —— 이것은 바울이 갈라디아서 3:16-29에서 말하고 있는 것과 정반대되는 주장이다! 하지만 Campbell은 자신의 그러한 주장이 유지되기 어렵다는 것을 발견하는 것으로 보인다(49f.에서 그는 "신약에서 이방인들이 들어오는 것과 관련된 계약은 필연적으로 기독론적인 범주일 수밖에 없고, 교회론적으로는 사용될 수 없다"고 말한다; 그렇다면, 바울이 정확히 교회론적인 맥락 속에서 사용하고 있는 '엔 크리스토'[en Christō]를 비롯한 비슷한 교회론적인 정형문구들은 어떻게 된 것인가?). 그는 Beker, 1980, 96을 근거로 든다; 그러나 Beker는 바울이 로마서 4:13, 16, 18에서 이중의 "자손"을 말하고 있다고 (잘못) 주장하고 있기는 하지만(여기에서 '스페르마'[sperma]는 사실 언제나 단수이다), 로마서 4장에서 바울의 강조점은 "하나의 교회 속에서의 유대인과 이방인의 연합"에 두어져 있고, 갈라디아서에서 "그리스도는 유일한 자손이고, 모든 사람들은 그리스도 안에서 하나"라고 말하고 있다고 올바르게 지적한다.

79) Sechrest, 2009, 152 n. 3이 2:25-9이 이방 그리스도인들을 가리키는 것이라는 견해를 배척하는 것은 뜻밖이다. 2:26에서 바울은 율법을 "지키는" 것에 대하여 '퓔랏소'(phylassō)를 사용하기 때문에, "유대인들의 순종"을 가리키는 것임에 틀림없다는 그녀의 주장은 (a) 바울이 다른 곳에서 이 동사를 사용하는 것은 갈라디아서 6:13이 유일하기 때문에, 석의적으로 너무나 빈약한 토대에 의거하고 있고, (b) 여기에서 이 동사의 주어가 무할례자들이라는 사실을 무시하고 있는 것으로 보인다. 그녀는 Moo, 1996, 170 n. 21을 인용하지만, Moo의 주된 취지는 관련 단어들의 대부분이 일반적이고 모호하게 사용되고 있다는 것을 강조하는 데 있다. Moo는 이 대목에서 Sechrest와는 다른 자신만의 주장을 펴고자 한다는 점에서 (171), 여기에서 Sechrest의 주장은 Rudolph, 2011, 54의 입장과 마찬가지로 어려움을 겪을 수밖에 없다. 로마서 2:25-7은 "할례"(circumcision)와 "포피"(foreskin), 따라서 "유대인"과 "이방인"의 구별(비록 "그리스도 안에" 있는 사람들일지라도)은 여전히 "바울의 사고에서 기본적인" 것으로 남아 있다는 Rudolph의 주장(73f.)은, 이 본문의 전체적인 취지가 "그들의 무할례가 할례로 여겨지게 될 것이고"(2:26), 외적인 할례를 지닌 자들이 아니라 "율법조문이 아니라 성령 안에서" "이면적인" 할례를 받은 자들이 '유다이오스'(Ioudaios, "유대인")라는 것임을 감안하면, 깜짝 놀랄 만한 주장이다. 이 본문은 Rudolph가 말한 의미에서 바울은 토라를 지키는 자라는 견해를 지지해 주기는커녕, 도리어 그런 견해를 강력하게 배척한다.

80) cf. Rudolph, 2011, 38f. 그는 "정통파"(orthodox) 유대인과 "초정통파"(ultraorthodox) 유대인 간의 차이를 구별하는 오늘날의 경향에 대하여 말한다; cf. 52: "유대인들 내부에서의 분파적인 논쟁은" 흔히 날카롭고 과장된 수사를 사용해서 "현대에도 치열하게 전개되고 있다."

우리는 위의 제11장에서 이 모든 것의 결과들을 본 바 있다. 바울은, 메시야를 믿고 성령의 인도함을 받는 이방인들과 유대인들을 한 묶음으로 "유대인," "할례파," 심지어 종종 "이스라엘"(적절하게 재정의된: 갈라디아서에서는 "하나님의 이스라엘," 로마서에서는 "온 이스라엘")로 지칭할 수 있었다.[81] 특히, 우리가 많은 대목들에서 보아 왔듯이, 그는 계약의 갱신과 포로생활의 끝을 감안했을 때, "토라를 성취하는 것," "율법을 행하는 것," "계명들을 지키는 것"이 무엇을 의미하는지에 관한 명확하게 신명기적인 비전을 발전시킨다. 그는 "믿음의 율법"에 대하여 말할 수 있었다. 로마서 전체에서 가장 결정적인 순간들 중의 하나는, 그가 예수를 주로 고백하고 하나님이 그를 죽은 자 가운데서 다시 살렸다는 것을 믿는다는 관점에서 신명기 30장을 설명하는 대목인데, 앞에서 보았듯이, 이것은 그가 이 동일한 것을 이런저런 방식으로 암시하는 다른 많은 본문들을 한데 묶어 준다. 그가 거듭거듭 말하고자 하는 핵심은 이방인들은 할례를 받지 않고도 그렇게 할 수 있다는 것이다. 그리고 이 모든 것의 결말은, 어떤 사람이 바울을 이제 더 이상 토라를 지키지 않는 자라고 비난하였다면, 그는 그러한 비난을 정면으로 반박하면서, 자기는 메시야와 함께 십자가에 못 박힘으로써 "토라에 대하여 죽었기" 때문에, 토라의 지배 아래에서는 벗어났지만, 메시야 안에서 성령의 인도함을 받아 사는 삶이야말로 사실은 진정으로 토라를 지키는 삶이고, 신명기가 내내 말해 왔던 바로 그것이라고 선언하였으리라는 것이다. 그것은 특히 마음 깊은 곳에서 진심으로 "셰마"를 지키는 것으로 귀결되었다: 한 분 유일하신 하나님, 따라서 하나님의 한 백성.[82] 바울에게 결정적으로 중요하였던 것은, 메시야의 십자가는 자기가 자라나고 활동해 왔던 토라 준수의 세계가 지속되지 못하도록 그 길을 봉쇄한 반면에, 그가 로마서 8:1-11에서 말하고 있듯이, 부활과 성령으로 말미암아 토라를 지키는 새로운 형태가 출현하였다는 것이었다. 따라서 그는 거기에 철저하게 헌신하게 되었고, 무할례자인 이방인들도 거기에 온전히 참여할 수 있는 길이 열렸다고 믿게 되었다. 어떤 사람들처럼, 이것을 "유대적 정체성"이라 불리는 것을 "지워 버린 것"이라고 말한다면, 그것은 바울에게는 전혀 해당되지 않는 말이 될 것이다. 메시야가 왔고, 그의 안에서 및 그를 통해서 이스라엘의 하나님이 극적으로 역사하여, 옛적에 아브라함에게 한 약속들을 이루고, 이스라엘과 세계에 대하여 그들이 스스로 할 수 없었던 일을 행하였는데도, 토라를 지키는 옛 방식들과 "유대적 정체성"이라 불리는 것이 마치

81) 롬 2:29; 빌 3:3; 갈 6:16; 롬 11:26.
82) 롬 3:30; 갈 3:16-20.

이스라엘의 하나님의 목적들 및 약속들과 분리되어서 그 자체로 가치가 있다는 듯이(이 관념은 오늘날 "정체성," "차이" 등등을 송축하는 포스트모더니즘의 명령법으로 인해서 더욱 인기가 높다), 거기에 매달리는 유대인들을 보았을 때, 바울에게는 그들의 모습이, 어린 아들이 성장해 가는 것을 거부하고 미숙한 상태에 계속해서 머물러 있겠다고 고집하는 것과 같고(갈라디아서 4:1-7), 신랑이 전쟁터에서 집으로 돌아왔는데도 신부가 실제의 혼인생활을 하려고 하지 않고 여전히 이전처럼 저 먼 전쟁터에 있는 신랑을 걱정하는 삶을 살기를 고집하는 것과 같으며, 봄날 아침에 해가 이미 떴는데도 여전히 커튼을 굳게 내린 채로 계속해서 촛불을 켜두는 것과 같아 보였을 것이다. 그랬을 때, 요세푸스가 효과적으로 그랬던 것처럼, 바울은 그렇게 하면 집을 다 태워 먹을 위험이 있다는 말을 덧붙였을 것이다. 중요한 것은 종말론적인 메시야 사상(또는, 메시야적 종말론이라고 해도 좋다)이고, 그것은 유대 세계에 뿌리를 둔 비전으로서, 오직 충성된 이스라엘 사람이 된다는 것이 무엇을 의미하는지에 대한 성경에 토대를 둔 주후 1세기의 비전들의 변종이라고 할 때에만 이해될 수 있다. 메시야가 죽은 자 가운데서 부활하여 세계의 주가 되었다고 주장하는 것이 어떻게 "반유대적인" 것이 될 수 있겠는가? 바울은 유일하게 중요한 "정체성," 즉 메시야의 백성이라는 정체성과 분리해서 "유대적 정체성"이라 불리는 것을 구축하거나 매달리고자 하는 모든 시도들을 조소하였을 것이다. 로마서와 갈라디아서, 빌립보서와 에베소서에 나오는 그의 모든 핵심적인 논의들은 바로 그것에 관한 것이었다.

2) "유대인에게는 유대인 같이"?

그렇다면, 고린도전서는 어떻게 된 것인가? 거기에서 바울은, 유대인으로서 부르심을 받았다면 율법을 지키는 유대인으로 머물러 있어야 하고, 이방인으로서 부르심을 받았다면 하나님이 이방인들에게 준 계명들을 지켜야 하는 것이 "모든 교회들에서의 규례"라고 말하고 있지 않은가? 그리고 이것은 내가 지금까지 제시해 온 논증 전체가 틀렸음을 보여주는 것이 아닌가?

해당 본문은 고린도전서 7장에서 혼인에 관한 논의 속에서 등장한다. 거기에서 바울은 주의 재림이 가깝거나 환난이 임박한 현재의 때에 사람들은 자신의 사회적 또는 문화적 환경들을 성급하게 바꾸려고 해서는 안 된다고 논증한다. 그가 나중에 다시 말하고 있듯이, 여기에서 그의 요지는 현재의 때에 성급하고 경솔하게 혼인하거나 이혼하지 말라고 권면하는 것이었고(7:26-28), 이것은 좀 더 일반적인 원

칙을 혼인 문제에 구체적으로 적용한 것이다:

> 모든 것을 포괄하는 규례는 이것이니, 각 사람은 하나님이 부르신 그대로의 삶, 주가 정해 준 삶을 살아가야 한다. 이것이 내가 모든 교회에서 명한 것이다. 이미 할례를 받은 상태에서 부르심을 받은 사람은 굳이 그 흔적을 지우려고 하지 않아야 하고, 무할례의 상태에서 부르심을 받은 사람은 할례를 받으려고 하지 않아야 한다. 할례도 아무것도 아니고 무할례도 아무것도 아니다. 중요한 것은 하나님의 계명들을 지키는 것이다![83]

나는 과거에는 대부분의 석의자들과 마찬가지로, 19절을 의도적인 아이러니(irony)로 보았었다.[84] 바울은 할례가 그 자체로 "계명들" 중의 하나라는 것을 누구보다도 잘 알고 있었다. 따라서 그는 여기에서 할례는 유효하지 않다고 말하고 있는 것이다! 이 본문을 로마서 2:26-29 또는 로마서 10:5-13과 함께 놓고 보면, 우리는 이 본문이 지닌 놀라운 수사학적 의미를 알게 되는데, 그것은 바울이 "하나님의 계명들을 지키는 것"과 관련해서, 열심 있는 바리새인의 눈을 통해서 본 "토라 준수"의 문제를 뛰어넘는 좀 더 큰 비전을 지니고 있었다는 것이다. 여기에서 바울이 보여주는 수사는 내게 위대한 기독교 지도자였던 제임스 휴스턴(James Houston)이 탁자를 치면서, "우리는 '복음주의'는 잊어버리고 복음에 집중해야 하네"라고 말했던 것을 상기시켜 준다. 할례를 잊어버리고 계명들을 지키라!

하지만 이 본문을 앞에서와는 완전히 다르게 읽어야 한다는 주장이 제기되어 왔는데, 그들은 여기에서 바울은, 예수를 믿은 유대인들은 계속해서 철저하게 토라를 지켜야 하고, 예수를 믿은 이방인들은 후대의 랍비들이 이방인들에게 토라와 같은 것으로 여겼던 노아 계명들을 지켜야 한다는 하나의 보편적인 규례를 정립하고 있는 것이라고 주장한다. 특히, 피터 톰슨(Peter Tomson)은 이러한 해석을 잣대로 삼아서, 다른 본문들, 특히 고린도전서 9:19-23(이것에 대해서는 우리가 잠시 후에 살펴볼 것이다)을 해석하였다.[85] 그러나 그것은 거칠고 지나친 석의이다. 바울이 "유대인들"과 "이방인들"을 환유법적으로 가리키기 위하여 "할례"와 "무할례"라는 단어들을 사용하였다는 것을 인정한다고 하더라도, 그는 여기에서 문자 그대로 남자

83) 고전 7:17-19.

84) 예를 들면, Dunn, 2008 [2005], 336f.를 보라.

85) Tomson, 1990, 270-4; 또한, cf. Tomson, 1996, 267-9. Rudolph(2011, 205, 210)도 Tomson을 따른다(Bockmuehl, 2000, 170f.에 근거해서). Tomson은 "이 잣대는 고린도전서 9:19-23에 나오는 바울의 율법주의적인 언어를 해석하는 데 있어서 중요한 문학적 맥락으로서의 역할을 한다"(205, 강조는 원래의 것).

지체의 상태에 대하여 말하고 있는 것이다. 그는 갈라디아서에서 메시야를 믿는 이방인들에게 "할례를 받을 생각은 아예 하지도 말라"고 말했던 것과 마찬가지로, 여기에서는 메시야를 믿는 유대인에게, "너는 정확히 지금까지 해 왔던 그대로 토라를 지켜야 한다"고 말하는 것이 아니라, "너는 네가 이미 한 할례를 없애기 위한 수술을 할 생각은 아예 하지도 말아야 한다"(일부 헬라파들은 마카베오 시대에 실제로 그렇게 하였다)[86]고 말한다. 각 사람이 "자기가 부르심 받은 상태 그대로 지내는" 것(이것은 24절에서 말한 "규례"에 대한 그의 요약이다)은, "유대인들이 계속해서 토라를 지키는 것"이나, 이방인들이 노아 계명들을 따라 행하는 것과는 아무 상관이 없다. 바울은 이방인 회심자들이 "특히 성도덕과 관련해서 이제 더 이상 이방인들 같이" 살아서는 안 된다고 단호하게 말한다. 즉, 그는 이방인 신자들이 자신들의 이전의 삶과 행실을 그대로 계속해야 한다고 말하지 않는다![87] 달리 말하면, 바울은, 어떤 사람들이 그가 그렇게 말해 주었기를 몹시 바라는 것과는 달리, "유대인들과 이방인들은 각자의 생활방식을 고수하여야 한다"고 말하고 있지 않다는 것이다. 좀 더 구체적으로 말한다면, 그는 "유대인들은 계속해서 유대인답게 살아야 하고 이방인들처럼 살아서는 안 된다"고 말하지 않는다.[88] 실제로 바울이 갈라디아서 2:14에서 베드로에게, 그가 "이방인 같이 살아 왔었다고 말한 것은, 비판하는 말이 아니었다. 바울에게 있어서 그것은 "복음의 진리"의 일부였다. 고린도전서 7:19을 복음을 받아들이기 이전의 "일반" 유대인처럼 온 율법을 지키라고 한 명령으로 해석하는 것은, 바울이 다른 곳들에서 율법에 대하여 말한 주된 진술들을 정면으로 부정하고, 이미 허물었던 것들을 또다시 쌓아 올리는 위험을 감수하는 것이다.

이 모든 것은 이러한 논의들에서 특히 논란이 되어 온 본문으로 우리를 데려다 준다:

> 내가 실제로는 모든 사람으로부터 자유롭지만 내 스스로 모든 사람에게 종이 된 것은 더 많은 사람을 얻기 위한 것이다. 나는 유대인들을 얻기 위하여 유대인들에게는 유대인 같이 되었다. 내 자신은 율법 아래 있지 않는데도, 율법 아래 있는 자들에게는 내가 율법 아래 있는 자 같이 된 것은 율법 아래에 있는 자들을 얻기 위한 것이고, (나는 하나님 앞에서 율법 없는 자가 아니고, 메시야의 율법 아래에 있는데도) 율법 없는 자들에게

86) 1 Macc. 1.15; cf. Jos. *Ant.* 12.241.

87) 엡 4:17; 살전 4:5; cf. 고전 6:11. 이것은 노아에게 주어진 명령들과 중복될 수도 있지만, 나는 바울이 그런 이유 때문에 이 극적인 변화를 역설하고 있는 것임을 보여주는 증거를 보지 못한다.

88) Tomson, 1996, 267; Rudolph, 2011, 210.

> 내가 율법 없는 자 같이 된 것은 율법 없는 자들을 얻기 위한 것이다. 나는 약한 자들을 얻기 위하여 약한 자들에게는 약한 자 같이 되었다. 내가 모든 사람들에게 온갖 모습이 된 것은 어떻게 해서든지 몇 사람이라도 구원하기 위한 것이다. 내가 복음을 인하여 이 모든 것을 행하는 것은 복음의 유익에 참여하기 위한 것이다.[89]

바울의 본문들 중에서, 우리가 그 "자연스러운" 의미가 무엇인지를 주저 없이 말할 수 있는 본문은 그리 많지 않지만, 나는 이 본문은 그 의미가 아주 분명하다고 믿는다. 바울은 우리가 흔히 쓰는 말로 새로운 "정체성"이라고 할 수 있는 것 — 이 단어는 그 의미가 애매하긴 하지만, 이것보다 더 나은 단어를 생각하기가 어렵다 — 을 자기가 소유하게 되어서, "율법 아래" 있는 "유대인"으로서의 자신의 이전의 "정체성"은 적어도 최소한 철저하게 수정되었다고 이해하였다. 그러한 이전의 정체성은 그가 누구이고, 무엇을 할 수 있거나 할 수 없는지를 정의하는 것이 이제 더 이상 될 수 없었다. 그런데도 그가 "유대인들에게는 유대인 같이 된" 것은 오로지 선교의 목적을 위한 전략이었다.

"같이"(like)라는 단어가 몇몇 사본들에는 빠져 있지만, 그 단어가 본문에 있든 없든, 요지는 아주 분명하다. "유대인"이라는 것은 더 이상 바울의 기본적인 정체성이 아니었다. 그는 율법이 "그가 누구인지"를 가장 깊은 차원에서 정의할 수 없지만, "율법 아래 있는 자들," 즉 유대인들에게 선교하기 위한 목적으로, 자기가 율법 아래 있는 자 같이 되었다고 말함으로써, 이 사실을 뒷받침한다.[90] 이것은 그가 다른 곳들에서 말하고 있는 것과 완벽하게 부합한다: "너희는 율법에 대하여 죽었다"; "이제 우리는 율법으로부터 놓여났다"; 율법으로 말미암아 내가 율법에 대하여 죽었다"; 이제 그 신실하심이 왔기 때문에, 우리는 이제 "훈육자" 또는 "보모" 아래(hypo paigagōgon – '휘포 파이가고곤'), 달리 말하면 아브라함의 권속이 어린 동안에 그들을 돌보아 주었던 "율법" 아래 있지 않다.[91]

고린도전서 9장에 대한 이러한 읽기는 지속적으로 공격을 받아 왔다. 피터 톰슨(Peter Tomson)은 이 본문 전체에 대대적인 수술을 가해서, 근거가 아주 희박한 사본상의 증거를 토대로 "유대인 같이"라는 어구에서 "같이"(hōs – '호스')를 지

89) 고전 9:19-23. 고전적인 설명은 여전히 Chadwick, 1954-5이다. 그는 22절("모든 사람에게 모든 것")을 "바울 서신에 나오는 그 어떠한 본문만큼이나 진지한 것으로 보인다"고 말한다(274). 최근의 논의로는 Schnabel, 2004, 953-60; Sandnes, 2011 등을 참조하라.

90) 예컨대, Hays, 1997, 153을 보라: 바울은 이제 "모든 문화적인 충성들을 뛰어넘고" 있다.

91) 롬 4:4, 6; 갈 2:19; 3:25.

우고, 마찬가지로 빈약한 근거 위에서 "내 자신은 율법 아래 있지 않지만"이라는 어구 전체를 잘라내 버렸다.[92] 데이빗 루돌프(David Rudolph)는 이 본문이 분명하게 말하고 있는 것을 말하지 못하도록 입을 틀어막고자 하는 그러한 노골적이고 뻔뻔스러운 시도들로부터 한 발자국 물러났기는 하지만, 여전히 대다수의 사람들이 이 본문의 기본적인 취지라고 보아 온 것을 의도적으로 회피하고 보지 않으려 한다.[93] 그가 사용한 전략은, 오늘날과 마찬가지로 바울 시대에도 유대인들이 율법을 지키는 수준은 서로 달랐고 여러 가지였는데, 바울은 자기가 바리새인으로서 토라를 엄격하게 지켜온 것이 당시의 많은 유대인들이 "토라를 지키는" 방식이 아니라는 것을 아주 잘 알고 있었기 때문에, 어떤 의미에서 여전히 토라를 신실하게 지키는 것으로 보아질 수 있었던 그러한 여러 다양한 수준의 율법 준수에 자기를 맞추는 전략을 기꺼이 사용하였고, 이것이 이 본문에 나오는 바울의 표현들 속에 반영되어 있다고 주장하는 것이었다:

> 따라서 '토이스 휘포 노몬'(tois hypo nomon, "율법 아래 있는 자들")이라는 표현은 "바리새인들"을 지칭하는 것으로 보아야 한다. 그러면, "내 자신은 율법 아래 있지 않다"고 한 바울의 말은 그가 토라를 지키는 유대인이기를 중단하였다는 것을 의미하지 않고, 단지 그가 바리새인들처럼 토라의 기준들을 특별히 엄격하게 지키는 삶을 계속해서 자신의 일관된 생활양식으로 삼는 것을 중단하였다는 것만을 의미할 수 있다는 결론이 나온다.[94]

> 우리는 율법을 지키는 것이 유대인들에게 규범이 되어 있는 그런 사회 속에서는, 어떤 유대인이 다른 유대인들에게 "율법 아래" 있다고 말하는 것은, "특별히 열렬한 방식으로 율법을 지킨다"는 것, 즉 "율법에 대하여 열심이 있다"는 의미일 가능성이 높다는 것을 기억하지 않으면 안 된다.[95]

92) Tomson, 1990, 277-9는 (다른 무엇보다도) 교회가 점점 반유대적이 되어가면서, 그러한 것들이 더 많이 추가되었을 가능성이 높다는 근거가 희박한 논거를 사용한다. 우리가 증거를 갖고 있는 반유대적인 본문 수술(즉, Marcion이 행한)은 어떤 내용을 집어넣는 것이 아니라 잘라내 버리는 경향을 보여 준다; 그리고 어쨌든, Metzger가 지적하듯이(1994 [1971], 493), 필사자가 앞에 나온 '휘포 노몬'(hypo nomon)을 필사한 후에 두 번째로 나오는 그 동일한 어구로 건너뛰기는 아주 쉬운 일이었다. 또한, Thiselton, 2000, 701을 보라.

93) Rudolph, 2011, 153(Tomson의 수술에 반대하여); 그러나 Rudolph의 연구서의 제목이 *A Jew to the Jews*인 것을 보면, 우리는 그도 비슷한 것을 말하고 있음을 알 수 있다.

94) Rudolph, 2011, 158f., cf. 198-200.

95) Rudolph, 2011, 196(강조는 원래의 것). Rudolph는 오늘날의 유대 언어에서 '마소르티'(masorti, "전통적인")와 반대되는 "초정통적인"('하레딤' [haredim] 또는 '프룸' [frum])이라는 표현과의 병행을 지

우리는 바울이 특히 갈라디아서와 로마서에서 "율법 아래"라는 어구를 어떤 의미로 사용하고 있는지를 살펴보면, 이러한 주장이 얼마나 터무니없는 것인지를 알 수 있다.[96] 바울이 이 대목에서 유대인들 가운데서의 내부적인 구별을 말하기 위하여 암호화된 표현을 사용하고 있는 것임을 보여주는 증거는 없다. 사람들이 바울에 대한 재해석을 위한 우리의 길을 가로막기 위해서 일부러 이 본문을 단단한 장벽 — 그러니까 걸림돌 — 으로 사용하려고 작정한 것이 아니라면(많은 사람들이 그렇게 하고 있는 것으로 보인다), 이 본문을 그런 식으로 읽는다는 것은 거의 상상할 수 없는 일이다.

고린도전서 9장을 읽는 대안적인 방식들을 탐구해 온 또 한 명의 저자는 마크 나노스(Mark Nanos)이다. 그는 루돌프와는 판이하게 다른 방식으로 이 본문에 접근하기는 하지만, 내가 이 본문의 "자연스러운" 의미라고 본 것을 회피하고자 하는 것은 마찬가지이다. 최근의 한 논문에서, 그는 자기가 "바울 사상에 대한 전통적인 개념화"라고 부르는 것을 지적하면서, 그러한 모형은 바울에게 "이방인 같은 삶, 토라와 유대적 정체성으로부터의 자유라는 특권을 수여하지만," 그런 모습의 "바울"은 진정한 바울이 아니라고 혹평한다.[97] 이 본문에 대한 나노스의 읽기에 따르면, 그러한 모습의 바울은 "대단히 의심스러운 생활방식을 채택하는" 것이고, "기만적이고 위선적이며," "스스로의 가르침을 뒤집는 것이고," "효과 없는 미끼이자 말도 안 되는 전략"을 채택하는 것이며, "갑자기 변덕을 부려서 이제까지와는 완전히 정반대로 행동하는" 것이고, "도덕적인 파산"을 보여주는 것이기 때문에, 바울을 그런 식으로 묘사하는 것은 바울 사상(따라서 기독교)의 "중심에 뱀 같은 간사함"이 있다고 말하는 것이다.[98] 나노스는 만일 바울이 그런 식으로 가르친 것이라면, 그런 가르침을 따라 회심한 자들은 다음과 같은 모습일 수밖에 없을 것이라고 선언한다:

적한다. 그는 바울이 "당시의 '하레딤' 또는 '페룸'"을 지칭하기 위해서 "율법 아래"라는 어구를 만들어 내거나 빌려와 사용하였을 것이라고 주장한다(197). Rudolph는 바울이 "자기가 얻고자 한 이방인들 가운데서 '지극히 종교적'"이 되었다고 한 말(행 17:22)을 자신의 주장에 대한 근거로 삼지만, 그것은 맥을 잘못 짚은 것이다. 왜냐하면, 바울은 거기에서 유독 까다로운 아테네 이교도들을 그 밖의 다른 이교도들과 구별하고 있는 것이 아니라, 이교도들의 종교성 전체에 대하여 (냉소적인?) 논평을 하고 있는 것이기 때문이다.

96) Sechrest, 2009, 156: 이것은 그녀의 연구서의 제목인 *A Former Jew*의 토대이다.

97) Nanos, 2012, 108.

98) Nanos, 2012, 108f., 114f. 이것은 Chadwick, 1954-5이 대응하고 있는 잠재적인 비난이다.

> 그들도 바울과 동일한 관점에서, 즉 오직 유대인들을 기만하고 속이기 위하여 그때그때 편의적으로 카멜레온처럼 행동하는 방식을 채택하게 될 것이다. 이것은 끝없이 표리부동한 삶을 낳아서, 그들이 진리를 발견한 후에 계속해서 "그리스도인들"로 남아 있는 경우에는, 그들의 사회적인 건강함만이 아니라 심리적이고 영적인 건강에도 지속적으로 해로운 영향을 미치게 된다.[99]

나노스는 이 모든 것을 말한 후에, 그가 "바울 사상"이라고 부른 것에 대한 일장 연설로 들어가는데, 이것은 내게 리처드 도킨스(Richard Dawkins)가 성경의 하나님에 대하여 장광설을 늘어놓는 모습을 연상시킨다. 만일 실제로 "바울"이 그런 식으로 행하였다면, 그것은 "도덕적으로 정직하지 못한 위선이고, 잘못된 설명이며, 사기 치는 것이고, 일관되지 못한 것이며, 눈앞의 목적을 달성하기 위하여 편의에 의해서 원칙들을 뒤집어엎는 것"이라고 그는 말한다.[100] 나노스는 이 본문이 말하고 있는 것을 자신의 이론을 통해서 지워 버리기 위하여 이 모든 것들을 행한다. 그는 바울은 여기에서 말한 대로 실제로 행한 것이 아니라, 단지 그렇게 말만 했을 뿐이라고 주장한다. 바울이 여기에서 한 말은 "자신의 말이 아니라, 자신의 다양한 청중들이 옳다고 믿고 있던 것을 표현한 것으로서, 수사학적으로 그들의 확신에 맞장구를 쳐준 것이기는 하지만, 실제로 자기가 그런 식으로 행동하였다고 말하고 있는" 것은 아니라는 것이다.[101]

> 따라서 나는 이 본문[즉, 고린도전서 9:19-23)]은 바울이 다른 사람들의 생활방식에 맞춰서 그때그때 자신의 행동도 바꾸어서 행하였다는 의미에서 "~ 같이 행하였다"고 말하고 있는 것이 아니라, 바울이 다른 사람들의 세계관과 전제들을 고려하는 가운데 그들을 만나고, 자신의 확신들을 말하며 논리를 전개해 나갈 때에 수사학적으로 그들에게 맞춰서 대응을 하였다는 의미이다. 바울은 유대인 같이, 즉 유대인의 방식을 따라 유대인들과 만나서 말하고 논리를 전개해 나갔다. 이렇게 자신의 논리와 변증을 수사학적으로 펼쳐나감에 있어서, 바울은 실제로 각 사람에게 마치 그 사람의 입장이 된 것 같이 행할 수 있었고, 더 나아가 모든 사람에게 모든 것이 될 수 있었다.[102]

이것은 이 본문이 바울은 누구에게나 각 사람에게 맞추어서 효과적으로 의사를 소통하는 법을 알았다고 말한 것임을 의미한다. 나노스는 바울의 이러한 모습은

99) Nanos, 2012, 120.
100) Nanos, 2012, 139.
101) Nanos, 2012, 123.
102) Nanos, 2012, 130(강조를 비롯해서 다른 모든 것도 원래의 것이다).

오늘날 유대교와 기독교 간의 대화를 위한 올바른 접근법을 제공해 준다고 말한다:

> [그러한 대화는,] 상호적인 존중과 호혜적인 관계를 증진시키기 위해서는, 상대편의 입장에서 상대편을 이해하고, 자신의 전제들과 세계관을 서로 공유하고 있는 공통의 문화적인 관점에서 서로가 알아들을 수 있게 설명하고자 하여야 한다. 이러한 것들은 사람들이 거의 반대할 수 없는 목표들이다.[103)]

이 글을 읽고, 사람들은 그가 부정사들을 비정상적으로 사용하고 있는 것에 당혹함을 느끼지 않는다고 하더라도, 무엇인가 심기가 불편해지는 것을 느낄 것이다. 바울은 진심으로 이러한 주목할 만한 정도로 포스트모더니즘적인 행동방침들을 주창하고 모델로 제시하고 있는 것인가? 정말 바울이 그런 식으로 행하였고, 사람들도 그가 그런 식으로 행하고 있는 것을 알고 있었다면, (나노스 자신이 보고 있듯이) 왜 사람들은 바울을 반대하였던 것일까? 바울은 다른 맥락 속에서 직접 이렇게 말하였다: "만일 내가 지금까지 사람들을 기쁘게 해 온 것이라면, 나는 메시야의 종이 아닐 것이다"; "내가 지금까지 할례를 전해 왔다면, 사람들이 왜 나를 지금까지 박해하고 있겠는가? 만일 내가 그렇게 하였다면, 십자가라는 거리끼는 것이 제거되었을 것이다."[104)] 그러나 사람들은 바울을 반대하였다. 우리는 바울이 서로 문화적으로 공유하는 공통의 인식 하에서 서로가 알아들을 수 있는 관점에서 말한 것으로 인해서 거듭거듭 "사십 대에서 하나 감한 매"를 맞은 것이라고는 거의 생각할 수 없다.[105)] 어쨌든 나노스는 고린도전서 9장에 나오는 이 다섯 개의 절을 설명하면서, 이 절들이 그것들이 속해 있는 대단락 전체(이 해당 단락은 고린도전서 8:1부터 11:1까지라는 것이 통설이다)에서 행하는 역할을 망각하고 있는 것으로 보인다. 바울의 전체적인 요지는 자기는 다른 사람들을 위하여 자신의 권리들을 포기하는 것을 자신의 행동원리로 삼고 있다는 것이다. 그는 자기가 스스로 기꺼이 다른 사람들의 종이 되었다고 말한다. 나노스의 바울이 서로 문화적으로 공통된 인식을 토대로 알아들을 수 있는 방식으로 대화한 것은 그가 어떤 식으로 "종이 된" 것인가? 바울이 여기에서 말하고 있는 좀 더 큰 범위의 행동원리, 즉 출신배경이

103) Nanos, 2012, 139.

104) 갈 1:10; 5:11.

105) 고후 11:24 (cf. 신 25:3). Rudolph, 2011, 204 n. 128은 이러한 징벌의 이유들을 논의하면서, 우리는 확실하게 알 수 없다고 결론을 내린다(그러한 채찍질과 관련된 후대의 랍비 전통들에 대해서는 mMakk. 3.1-8을 보라).

어떠하든 그리스도인들은 어떤 종류의 음식이라도 자유롭게 먹을 수 있지만, 그들이 그렇게 함으로써 다른 사람을 걸려 넘어지게 한다면, 그 "권리"를 기꺼이 포기하여야 한다는 원리에, 그것이 어떻게 모델이 될 수 있다는 것인가? 물론, 이러한 행동원리를 위한 궁극적인 모델은, 빌립보서 2:1-11에 나오는 비슷한 논증에서와 마찬가지로, 예수 자신이고, 바울이 그들에게 "내가 메시야를 본받고 있는 것처럼, 너희는 나를 본받으라"고 간곡하게 촉구하는 것으로 이 대단락 전체를 마무리하는 이유도 거기에 있다.[106] 모든 사람들에게 그들의 수준에 맞추어서 대화하는 나노스의 "바울"이 포기하는 것은 아무것도 없다. 그는 단지 오늘날의 교양 있는 서구인 대화상대 같이 처신하고 있는 것일 뿐이다.

이 본문이 속해 있는 대단락 전체에 걸쳐서 바울의 관심은 물론 사람들을 화나게 하거나 심기를 건드리는 것을 피하고자 하는 것도 포함한다. 그는 이렇게 말한다: "유대인에게나 헬라인에게나 하나님의 교회에나 거치는 자가 되지 말고, 나와 같이 모든 일에 모든 사람을 기쁘게 하여, 자신의 유익을 구하지 아니하고 많은 사람의 유익을 구하여 그들로 구원을 받게 하라."[107] 이것은 실제로 그가 9:19-23에서 말한 바로 그것을 다시 한 번 요약하고 있는 것처럼 보이고, 갈라디아서 1:10에서 그가 그런 이유 때문에 비방을 받은 것을 보면, "모든 사람을 기쁘게 하려고 애쓴" 것은 그의 오래된 습관이었음이 분명하다. 따라서 우리는 바울이 (나노스가 아주 생생하게 묘사한 그런 방식으로) 사악하였거나, 사람들이 그의 "손바닥을 뒤집는 것 같이 변덕스러운" 행동을 꿰뚫어볼 것임을 깨닫지 못할 정도로 우둔하였다고 말하지 않을 수 없게 된다.

하지만 절대로 그런 것이 아니었다. 나노스는 다른 많은 석의자들처럼 이 본문을 오해한 것일 뿐이다. 그는 바울의 복음의 취지가 실제로 무엇이었는지를 알지 못하는 것으로 보인다. 그는 바울이 "이방인들에게나 동족 유대인들에게나 예수가 토라의 이상들과 약속들을 대표하는 자라는 것을 설득해서 그에게로 돌아오게 하고자 하였고," 따라서 바울은 당연히 "그러한 메시지의 본질적인 토대, 즉 토라를 지키는 것을 견지하였다"고 설명한다.[108] 그러나 바울이 예수를 토라를 대표하는 자로 보았다는 관념은 도대체 어디에서 온 것인가? 물론, 바울은 로마서 10장에

106) 고전 11:1.

107) 고전 10:32f.

108) Nanos, 2012, 106f. 그는 각주에서 또다시 이것을 시도한다: "바울이 토라를 폄하하였다면 … 그가 예수야말로 토라의 의로운 이상들을 행한 분이자 토라의 최종목적지라고 선포한다고 해서, 그것이 큰 의미를 지닐 수 있겠는가?"

서 메시야가 '텔로스 노무' (telos nomou, "토라의 최종 종착지")라고 말하고, 신명기 30장을 정확히 그러한 취지로 설명하고 있다는 것은 맞다. 그러나 바울은 토라를 단순히 일련의 명령들, 즉 생활양식으로 보지 않는다. 요세푸스가 그랬고, 다니엘이 그랬고, 쿰란 공동체가 그랬듯이, 그는 토라를 하나의 서사, 즉 시한폭탄 같은 대단원의 막을 향하여 질주해 가고 있는 서사, 바울의 경우에는 메시야 안에서 대단원의 막에 도달한 서사로 보았다. 그리고 메시야로 말미암아, 특히 "율법으로 말미암아 내가 율법에 대하여 죽고 하나님에 대하여 살게 되었기" 때문에, 모든 것이 달라졌다. 나노스의 가설적인 "바울"과는 달리, 실제로 바울은 사람들을 설득해서, "그가 더 우월하다고 믿은 명제적 가치들"을 받아들이도록 하려고 한 것이 아니었다.[109] 그는 사람들에게 십자가에 못 박혔다가 부활한 유대인들의 메시야가 세계의 주라는 것을 전하였고, 이것은 본질적으로 유대적인 메시지, 확고하게 성경적이고 유대적인 관점에 설 때에만 이해될 수 있는 메시지였지만, 셰익스피어의 작품에 나오는 독백이 "반짝, 반짝, 작은 별"보다 더 큰 폭발성을 지니는 것과 마찬가지로, 점잖고 예의바른 문화 간의 대화보다 더 큰 폭발성을 지닌 메시지였다. 나노스는 바울의 복음이라는 바람을 포스트모더니즘적인 도덕이라는 병에 담고자 하였지만, 그것은 불가능한 일이었다. 현실의 바울은 "비교종교학적인" 틀 안에서 "더 우월한" 명제들이나 "더 나은" 생활방식을 제시하고 논증한 것이 아니고, 종말론적인 메시야 사상을 제시한 것이었다.

사실, 나노스는 이 본문에서 말하는 바울의 행동과 주장이 지닌 의미를 유일하게 밝혀줄 수 있는 묵시론적이고 종말론적인 관점을 주도면밀하게 배제해 버렸다. 물론, 바울이 하나의 생활양식을 가르쳤다거나, 일련의 명제들을 받아들이도록 끈질기게 설득하였다고 한다면, 그는 앞뒤가 맞지 않는 그런 엄청난 표리부동한 행동원리를 가르친 도덕적으로 파산한 자라는 욕을 먹어도 당연할 것이다.[110] 그러나 그가 예수를 이스라엘의 메시야로 믿었고, 그 예수로 말미암아 "세계가 나에 대하여 십자가에 못 박혔고 나도 세계에 대하여 못 박혔다"고 믿었다면, 그는 어떤 삶을 살았을 것 같은가?

만일 그가 토라를 계속해서 지키는 것은 유대인 회심자들에게 주어진 절대적인 명령이라고 역설하면서, 계속해서 토라를 지키는 삶을 산 것이라면, 그는 갈라디

109) Nanos, 2012, 119.

110) 고대의 이교 철학자들, 특히 견유학파 철학자들은 종종 행실이 너무 자유분방하고 해이하다는 비난을 받았다: 특히 Plut. *Mor.* 96F-97을 인용하고 있는 Mitchell, 1991/2, 133-6; Keener 2005, 80f.를 보라.

아서 2:13에서 그가 베드로에게 하였던 것 같은 말을 할 수 없었을 것이다. 베드로는 바울과 마찬가지로 이방인들과 자유롭게 식탁교제를 하였다는 점에서 "이방인처럼 살아" 왔었고, 바울은 바로 그렇게 살아가는 것이야말로 "복음의 진리"가 요구하는 것이라고 믿었다. "이방인처럼 살고" 있던(달리 말하면, 비유대인들과 자유롭게 식탁교제를 할 뿐만 아니라, 우상에게 바쳐진 제물을 비롯해서 비유대인들의 음식도 함께 먹으며 살고 있던) 바울이 새로운 시가지로 가서 회당 공동체를 방문하였다면, 그것은 당연히 전략적인 행동일 것이었다. 그가 그러한 상황 속에서, 자기는 완전히 새로운 방식의 토라 성취를 믿고 있다는 이유로, 유대인처럼 처신하는 것을 거부하였다면, 그가 전한 메시지는 완전히 비유대적인 믿음과 실천을 가르치는 것이 되었을 것이다. 사실, 사도행전에 의하면, 바울이 바로 그런 가르침을 전하고 있다는 왜곡된 소문이 예루살렘에 파다하게 퍼져 있었다.[111] 그러나 바울에 대한 그러한 소문은 터무니없는 것이었다. 그가 전한 메시지와 그가 세운 공동체들의 삶은 여전히 본질적으로 유대적인 것이었고, 제2성전 시대의 많은 유대인들의 삶과 공통되는 주제들에 대한 새로운 극적인 변종으로서, 오직 유대적인 세계관 내에서 이해할 때에만 제대로 이해될 수 있었다. 그는 예수 안에서 이스라엘의 메시야가 왔고, 토라와 선지자들이 대망하였던 새로운 시대가 개시되었으며, 하나님이 아브라함에게 한 약속들을 성취하였다고 믿었다. 하지만 그가 당시의 유대인들이 토라를 지키는 통상적인 방식으로 보았던 것을 공개적으로 배척하는 방식을 취한다면, 자신의 동족 유대인들에게 이 믿음을 받아들이도록 설득하기는 어려울 것이었다. 이것이 그가 "유대인들을 얻기 위해서 유대인들에게는 유대인 같이 된" 이유였다. 물론, 바울은 하나님의 약속들에 대한 급진적인 성취가 토라에 대한 새로운 종류의 순종을 가져왔고, 토라와 관련된 것들 중에서 어떤 것들은 강화되고(예컨대, 셰마로 기도하는 것!), 어떤 것들은 배제되는 결과를 가져왔다고 믿었다.[112] 하지만 그가 처음부터 공개적으로 토라를 배척하는 식으로 복음을 전한다면, 그의 복음이 본질적으로 메시야에 관한 본질적으로 유대적인 "복된 소식"임에도 불구하고, 유대인들은 그 복음을 아예 들으려고 하지 않을 것이었다. 그가 자신의 머릿속에 있는 모든 것, 즉 결국 로마서를 통해서 아주 조심스럽지만 온전히

111) 행 21:21, 28.

112) 이러한 연속성들은 Fredriksen, 2010, 251f.이 올바르게 강조하고 있다: "이스라엘의 신 외에는 그 어떤 신도 섬겨서는 안 된다고 역설한 것"은 "규정적인 것으로서 타협될 수 없는 것이었고 독특하게 유대적인 것이었다." 그런 점에서, 그녀가 바울의 복음은 "율법에서 자유로운" 것이 아니었다고 말하는 것은 옳다.

만족스러울 만큼 다 설명해 놓은 것을 유대인들과의 첫 만남에서 그들에게 설명할 수 있었을까? 당연히 그럴 수 없었을 것이다. 실제로 그는, 나노스가 자신이 전통적인 "바울 사상"이라고 본 것을 향해서 퍼부은 독설들과 비난들에 못지않은 그에 관한 소문을 들은 예루살렘의 성난 무리를 향해서 자신의 진정한 견해와 의도를 설명할 수 없었다.[113] 그렇기 때문에, 그는 "유대인들에게는 유대인 같이" 되고자 하였는데, 여기에서 "유대인 같이"는 음식이나 안식일 등과 관련된 행동에서 그가 유대인의 기준을 따라 행한 것을 가리킨다. 우리는 오직 종말론적인 메시야 사상을 아예 처음부터 차단하고 봉쇄하는 틀 내에 있을 때에만, 바울의 이러한 행동을 일관성이 없고 표리부동한 것으로 보고 비난할 수 있다. 물론, 회당에 속한 사람들은 바울에게, "당신이 앞서 머문 성읍에서는 무할례자인 이방인들과 함께 온갖 종류의 음식을 가리지 않고 다 먹었다고 들었는데, 어떻게 된 일이오?"라고 따졌을 수도 있는데, 그러한 질문에 직면한 바울은 틀림없이 자기가 갈라디아서에서 말한 내용대로 자신의 행동을 변호하였을 것이다. 또한, 바울은 예컨대 고린도 교회에서는 이방인 신자들과 함께 자유롭게 식탁교제에 참여하다가, 어떤 유대인 가정이 그를 저녁식사에 초대하였다면, 그 가정에 가서는 율법에서 정결한 것으로 규정한 음식만을 그들과 함께 먹었을 것이다. 그런 경우에 그들이 그를 위선자라고 비난하였을까? 그는 돼지고기가 들어간 샌드위치를 스스로 만들어 들고 가서, 그 가족 사람들과 함께 먹는 것이 합당한 일이었을까? 그가 그렇게 하였다면, 어떤 유익이 있었을까? 아이러니컬하게도, 나노스는 "다른 사람들을 그들 자신의 관점에서 이해하는"

113) 사도행전의 관련 본문들에 대해서는 Barrett, 1998, 1012f.를 보라. Barrett은 사도행전 21:20-6에 나오는 상황, 특히 바울의 서원이 모호하다고 본다. 그러나 그도 Nanos와 마찬가지로, 일관성과 관련된 질문들을 제기하면서(물론, 이 문제점을 바울이 아니라 누가에게 돌리고 있기는 하지만), 누가의 "바울"은 서원을 통해서 "자기도 유대교에서 이해하는 그런 의미에서 율법을 지키고 있다고 … 거짓으로 말하고" 있다고 주장하고, 바울의 그러한 행동은 고린도전서 9장에서 스스로 말한 것에 해당되지 않는 것이라고 말한다. 나는 그러한 주장은 핵심을 미묘하게 잘못 짚고 있는 것이라고 생각한다. 사도행전 21:24에서 야고보는 바울이 서원한 것을 실행한다면, 그에 대한 고소들(21절에서 말하는 것처럼, 그가 유대인들에게 모세를 버리라고 가르친다는 것 등등)이 거짓이고, "너도 율법을 지키는 유대인처럼 합당하게 행하고 있다"는 것을 모든 사람이 알게 될 것이라고 말한다. 복음이 "먼저는 유대인을 위한" 것이라고 믿고 있던 바울이 이 말에 대하여 어떤 반응을 보였을 것 같은가? "이것을 행하라. 그러면 우리는 네가 토라에 충성하고 있다는 것을 알 것이다. 하지만 이것을 행하지 않는다면, 모든 사람이 네가 성경을 갈기갈기 찢어 버린 자라고 믿게 될 것이다!' 이러한 엄청난 부담을 안겨주는 위험스러운 양자택일의 상황에 직면해서, 바울은 주저없이 전자를 택하였을 것이다. 왜냐하면, 그가 믿고 있던 모든 것은 율법과 선지자들이 메시야 안에서 성취되었다는 전제 위에 구축된 것이었기 때문이다. 왜곡된 질문들과 거짓된 대안들을 제시하며 교묘한 술수로 생명을 위협하는 정치적/종교적 상황에 직면해 본 적이 없는 사람들은 가장 먼저 돌을 들어 바울을 칠 자격이 없다.

데 실패하였다. 그는 모든 것을 자신의 관점에서 보고서, 자기가 "전통적인 바울 사상"이라고 본 것을 비난하면서도 똑같이 비난 받아 마땅한 몹시 희화화된 또 하나의 "바울 사상," 또는 문화 간의 점잖고 예의바른 대화를 수행하는 가짜 "바울"이라는 대안을 역설하고 있다. 사도 바울에 대한 나노스의 그림이 올바르다면, 이 본문은 이렇게 끝났어야 할 것이다: "내가 여러 사람들에게 여러 모양이 된 것은 어떻게 해서든지 모든 사람의 심기를 건드리지 않는 가운데 모두 다 끌어들이기 위한 것이다." 만일 이 본문이 그런 식으로 끝났다면, 그것은 아마도 21세기 초에 훨씬 더 어울리는 것이 되었을 것이지만, 훨씬 더 바울답지 않은 글이 되었을 것이다.[114)]

이제 우리는 이 본문의 세부적인 것들을 분명하게 설명할 수 있게 되었다. 어떤 의미에서 바울이 실제로 "유대인"이라는 것은 두말할 필요가 없다. 그러나 그는 갈라디아서 2:15-21에서, 그것이 자신의 기본적인 "정체성"(우리가 이 표현을 굳이 사용하여야 한다면)이 아니라고 이미 선언한 바 있다. 그가 여기에서 무슨 말을 하고 있는지는 아주 분명하고, 문제될 것이 전혀 없다. 그는 여러 도시들을 돌아다니며 회당들에 갔을 때, 유대인들의 통상적인 관습을 따라 행하였던 것으로 보인다. (우리는 사도행전에 나오는 기사를 배척하지 않아야 한다. 만일 바울이 회당들에 가지 않았다면, 그는 회당의 처벌을 받지 않았을 것이다. 따라서 그가 회당의 처벌을 여러 번 받았다는 사실은, 그가 계속해서 자신을 어떤 의미에서 회당의 "일원"으로 여겼다는 것을 보여준다.) 복음 속에는, 이러한 상황 속에서 그에게 유대인들의 관습을 따르지 말라고 하는 내용이 전혀 없다. 그가 유대인들의 관습을 따르지 않았다면, 그는 아예 유대인들 사이에 모습을 드러내지 않았을 것이지만, 그것은 "먼저는 유대인에게"를 훼손하는 것이 되었을 것이다. 마찬가지로, 그는 (갈라디아서 2:19과 로마서 7:4에도 불구하고) 마치 자기가 "율법 아래" 있다는 듯이 처신하였는데, 거기에는 회당의 치리를 받는 것도 포함되었던 것으로 보인다.[115)] 그가

114) 여기에서 바울이 처한 딜레마에 대해서는 특히 Hays, 1997, 179를 보라: "여러 준거 집단들의 기준들에 자신을 맞추고자 하는 바울의 방침은 그러한 집단들이 실제로 함께 살고자 노력하지 않는 경우에만 유효할 것이다. 또는, 이 전략은 교회 내의 다른 모든 사람이 복음의 유연성에 관한 바울의 방침을 채택해서, 모두가 서로에게 맞추고자 하고 교회의 선교의 필요들에 맞추고자 하는 경우에 유효할 수 있다. 이것이 … 바울의 권면의 목표이다."

115) "유대인들"과 "율법 아래 있는 자들" 간에 어떤 차이가 있다면, 후자는 하나님을 경외하는 자들 또는 개종자들을 가리키거나(Witherington, 1995, 212; Hays, 1997, 153f.는 바울이 자기는 "율법 아래" 있지 않다는 입장을 분명히 하기 위해서 이 범주를 도입하였을 수 있다고 주장한다), '유다이오이'

'아피코로스' (apikoros, "이단"), 즉 유대인이었다가 변절한 자로 자처하고서, 아예 회당에 모습을 드러내지 않는 것은 얼마나 쉬운 일이었겠는가. 그러나 복음은 "먼저는 유대인에게, 그리고 또한 헬라인에게" 전해지게 되어 있었다. 나는 이러한 모습이 문화가 다른 곳에 가서 복음을 전하는 선교사들에게 제2의 본성이 되어야 하지 않을까 생각한다. 그렇게 했을 경우에, 일관성이 없고 표리부동하다는 비난을 받지 않을 수 없겠지만, 정말 일관성이 없고 표리부동한 것은 그런 선교사들에게 있는 것이 아니라, 그들을 바라보는 자들의 눈에 있는 것일 뿐이다. 바울은 자기가 갈라디아서 6:2에서 말하는 '노모스 크리스투' (nomos Christou, "메시야의 율법"), 즉 "서로의 짐을 지라"는 율법을 따라 일관되게 행동하고 있는 것이라고 주장한다. 나는 이것이 이 본문에 나오는 "메시야의 율법 아래"(en nomos Christou)라는 어구의 의미라고 생각한다.[116] 고린도전서 7:19(그리고 갈라디아서 4:21 같은 다른 본문들)에서처럼 여기에서도, 우리가 온건한 반어법을 들어야 한다는 것은 의심의 여지가 없다: 너희가 "율법" 아래 있고자 한다면, "메시야의 율법" 아래 있으려고 애쓰라! 또한, 우리는 바울이 "나는 하나님 앞에서 율법 없는 자가 아니지만"이라고 말할 때에 그러한 잘 사용하지 않는 이례적인 어구를 사용한 것을 악용해서, 마치 그가 여전히 유대인으로서 토라를 온전히 지키고 있다는 것을 단언하고 있는 것처럼 곡해해서는 안 된다. 이 어구는 헬라어로 '아노모스 테우' (anomos theou), 즉 직역하면 "하나님에 대해서 무법하지 않지만"으로 번역될 수 있기 때문에, 당연히 "하나님의 율법"을 직접적으로 가리키고 있다.[117]

자기가 "약한 자들"에게는 "약하게 되었다"는 바울의 진술은 고린도전서 8:9-13

(Ioudaioi)는 유대 땅에 사는 유대인들을 가리키고, "율법 아래 있는 자들"은 디아스포라 유대인들을 가리킨다고(Horsley, 1998, 131) 보는 것은 자연스러울 수 있다.

116) 예를 들면, Stanton, 2003, 173f.를 보라: "그리스도의 지배권 아래"; Fitzmyer, 2008, 371: "믿음에서 생겨나는 그리스도인들의 사랑은 … '그리스도의 율법'을 이루지만 … 그것은 오직 전적으로 유비적인 의미에서만 '율법'이다. 그것은 그리스도가 그에게 부르심을 받은 자들에 대한 자신의 주로서의 지위를 행사하는 방식이다."

117) Rudolph, 2011, 160이 여기에서 '노모스 테우' (nomos theou)가 무엇을 의미하는지를 묻는 것은 정직하지 않다. 왜냐하면, 그것은 바울이 사용하는 어구가 아니기 때문이다. Rudolph는 Thiselton, 2000, 704를 근거로 삼아서 자신의 해석(바울은 자기가 복음으로 말미암아 이방 죄인들과 어울리는 것이 " '하나님의 율법'에 대한 경시나 포기로 해석되어서는 안 된다"는 것을 분명히 하고 있다는 것)을 밑받침한다. 그러나 Thiselton은 바울이 자기가 율법폐기론자라는 것에 대하여 항변하고 있다는 데 동의하기는 하지만, 바울은 율법을 "거짓된 안전을 보장해 주는 수단으로 오용함으로써 사람들을 그리스도 안에서의 하나님의 은혜로부터 멀어지게 하는 것"에 대하여 반대하고 있다는 것도 분명히 하기 때문에, 결코 Rudolph의 주장을 밑받침하고 있다고 할 수 없다.

에 비추어 보면 쉽게 설명되지만, 여기에서 우리는 흥미로운 점을 보게 되는데, 그것은 그가 여기에서 말하는 "얻는다"는 것은 일차적으로 복음 전도와 관련지어 생각해서는 안 된다는 것이다.[118] 여기에서와 로마서 14-15장에 나오는 "약한 자들"은 몇몇 논란이 되는 문제들 대하여 여전히 거리낌을 갖고 있는 그리스도인들이고, 마땅히 그들의 양심을 존중되어야 한다.[119] 따라서 여기에서 바울은 단지 복음 전도자로서만이 아니라 목회자로서 말하고 있는 것이다. 단지 복음을 전하는 것만이 아니라, 우리가 메시야의 장성한 분량이라고 부를 수 있는 것에 이르도록 사람들을 성장시키는 것도 그의 소임이었다.[120] 그가 여기에서 개략적으로 설명한 전략은 좀 더 큰 전체적인 전략의 일부이다.

밤중에 짖기를 거부한 개처럼, 바울의 목록에 빠져 있는 범주가 하나 있는데,[121] 그것은 그가 "나는 강한 자들을 얻기 위해서 강한 자들에게는 강한 자 같이 되었다"고 말하지 않는다는 것이다. 아마도 그는 네 개의 범주(유대인들, 율법 아래 있는 자들, 율법 없는 자들, "약한 자들")로 충분하다고 생각하였을 것이다. 그리고 그가 그렇게 생각한 이유는 아마도 그는 자기 자신을 이미 "강한 자들"에 속한 것으로 추호도 의심 없이 보았다는 것이다. 바울 자신도 알았겠지만, 사실 그는 정확히 "강한 자들"의 입장에서 이런 말들을 하고 있는 것이다. 여기에서 "강하다"는 것은 도덕적인 용기나 억세고 강인한 성품과는 아무 상관이 없고, 전적으로, 이스라엘의 하나님이 십자가에 못 박힌 메시야 예수 안에서 자신을 온전히 그리고 최종적으로 계시하였다는 확신이 강하다는 것을 의미한다. 바울은 이미 "강한 자"였기 때문에, "강한 자 같이" 될 수 없었다. 이것은 그가 언급하고 있는 다른 범주들, 특히 회당에 순종하고 토라를 지키는 사람들이라는 통상적인 의미에서 "유대인"이라는 범주는 그가 원래부터 지니고 있던 "정체성"이 아니라, 필요할 때에 거기에 맞춰 사용할 수 있었던 "정체성"이라는 것을 아주 분명하게 보여준다. 우리는 그가 이렇게 말하고 이렇게 행하는 것은 결코 쉬운 일이 아니었을 것이라고 확신할 수 있다. 로마서 9:1-5은 그것이 쉬운 일이 아니었음을 분명하게 보여주고, 사도행전 21

118) Witherington, 1995, 204 n. 4 ad fin.

119) Nanos가 자신의 여러 글들에서 여기에 나오는 "약한 자들"은 사실 예수를 믿지 않는 유대인들을 가리키는 것이었다고 논증하고자 한 시도는 성공을 거두지 못하였다.

120) 골 1:28 등; 에컨대, cf. 고전 14:20.

121) 실제로는 다른 범주들도 있다: 그는 "헬라인들에게는 내가 헬라인이 되었다"고 말하지 않고, Chadwick, 1954-5, 261, 263에도 불구하고, "이방인들에게는 내가 이방인이 되었다"고 말하지도 않는다.

장은 그가 그렇게 행하는 것이 얼마나 쉽게 큰 위험을 자초하는 일이 될 수 있었는지를 보여준다. 그러나 이것은 고린도전서 9장 전체의 요지이기도 하다. 바울은 고린도 교인들에게 복음을 위하여 그들의 "권리"를 버릴 각오를 하라고 요청하고 있다. 그것은 그가 일상적으로 행하고 있던 것이었다. 그에게 있어서, "유대인 같이 되는 것"은, "하나님 앞에서 율법 없는"(anomos theou) 자가 아니라 분명하게 "메시야의 율법 아래" 있는 자로서 새로운 방식으로 살아갈 수 있는 자신의 "권리"를 보류하는 것을 의미하였다. 톰슨이나 루돌프나 나노스가 파악할 수 없었던 것으로 보이는 것은, 바울에게는 근본적으로 새로운 일이자 이스라엘의 옛 소망들을 철저하게 성취한 일이 일어났다는 것이다. 종말론적인 메시야 사상의 안경을 통해서가 아니라, 비교종교학의 왜곡된 렌즈를 통해서 보고 있는 사람들에게만, 바울은 일관되지 못하고 표리부동한 것처럼 보일 뿐이다. 또한, 바울이 세심하게 깊이 숙고해서 이렇게 행동하고 있는 모습은 고대 세계에서 바울 같이 분파주의를 극복하기로 결심한 자들에게 잘 알려져 있던 전략에 해당하는 것이지만, 분파의 관점에서 바라보는 자들에게는 일관되지 못하고 표리부동한 것처럼 보일 것이다.[122] 그의 일관된 목표는, 십자가에 못 박힌 메시야가 "유대인들에게는 거리끼는 것이고 이방인들에게는 어리석은 것"이라는 것을 뻔히 알면서도, 그 메시야를 전하고 따르는 것이었다.[123] 사실, 고린도전서의 앞부분에 나오는 그러한 진술은 우리가 지금 다루고 있는 논란되는 본문의 복선 역할을 하면서, 본서의 이 절의 최종적인 질문을 우리에게 가리켜 보여준다. 그렇다면, 바울은 "메시야에게 속해 있는 것"이 "유대인"이나 "이방인"과는 구별되는 또 다른 종류의 실체 또는 "정체성"을 구성한다고 생각한 것인가?

3) "제3의 종족"?

바울의 유대적 "정체성"을 둘러싼 논쟁이 만들어낸 유행어들 중에서, "제3의 종족"이라는 개념 — 예수의 추종자들을 "유대인들"이나 "이방인들"과 구별되는 새로운 독립된 집단으로 보는 관점 — 은 지난 세대에 유행처럼 퍼지며 공격을 받아 왔다. 이것은 "정체성"에 관한 논의를 첨예화된 형태로 부각시킨다.

샌더스(Ed Sanders)를 비롯한 몇몇 사람들은 바울이 "교회"를 "제3의 실체"로

122) 특히, Mitchell, 1991/2, 147-9를 보라.
123) 고전 1:23.

보았다는 것을 분명한 사실로 여겨 왔다. 샌더스는 바울이 "제3의 종족"이라는 표현에 만족해하였을 것이라고 생각하지는 않지만, 바울이 단언하고 있는 것은 거기에 가깝다고 본다:

> 바울의 견해 속에서, 교회는 아주 중요한 점들에서 제3의 독립된 집단이었고, 그의 실천 속에서는 한층 더 그러하였다. 교회는 이방인들이 육신에 따른 이스라엘에게로 더해지는 방식이 아니라, 유대인이든 헬라인이든 모든 사람이 그리스도를 믿는 믿음으로 말미암아 그리스도의 몸속으로 들어오는 방식으로 세워졌다. 입교를 인친 것은 세례였고, 할례와 율법의 수용이 결코 아니었다 … 그들의 행실을 지배하는 규범들은 부분적으로는 유대적인 것이었지만[샌더스는 여기에서 특히 성윤리를 염두에 둔다], 전적으로 유대적인 것은 아니었다. 이 점에서도 바울의 이방 교회들은 제3의 독립된 집단이었다. 이방인 회심자들은, 모든 엄격한 유대인들(그들이 그리스도인이든 비그리스도인이든)에게 통용되던 중요한 측면들과 분명하게 거리를 두어야 했다 그리스도인이 된 유대인들은 이방인 그리스도인과 어울리기 위해서는 율법의 여러 측면들을 포기하여야 했다. 바울의 의식적인 의도와는 반대되지만[샌더스는 여기에서 자기가 앞서 바울이라면 "제3의 종족"이라는 개념을 끔찍해 할 것이라고 한 것을 가리키는 것으로 보인다], 그의 실천에 의해서는 밑받침되는 그의 교회관은, 교회는 단지 유대인과 헬라인으로 구성되어 있기 때문만이 아니라, 중요한 점들에서 유대적이지도 않고 헬라적이지도 않기 때문에, 실질적으로 제3의 독립된 집단이라는 것이었다.[124)]

이것은 매력적이고 획기적인 글인데, 내가 이 글에 대해서 꼭 말하고 싶은 것은 세 가지이다. 첫째로, 이 글의 나머지로부터 분명한 것은, 샌더스가 "바울의 이방 교회들"이라고 말하였을 때, 그 교회들은 "오직 이방인들로만 구성된" 교회들이 아니라, "유대인들과 비유대인들로 구성되었지만 이방 땅에 있는 교회들"을 가리킨다는 것이다. 둘째로, 나는 샌더스가 여기서 이렇게 단호한 논증을 펼쳐나가는데도 불구하고, 왜 그는 바울이 교회를 "제3의 종족"이라고 생각하였을 것임을 의심하는지가 잘 이해가 되지 않는다(특히 우리가 "종족"의 의미를 세심하게 정의한 것에 비추어 보았을 때; 아래를 보라). 셋째로, 나는 바울이 이 새로운 독립된 집단이 중요한 점들에서 "유대적이지도 않고 헬라적이지도 않았다"는 대담한 서술에 반대하였을 것이라고 생각하지 않는다. 물론, 그것은 "유대적"이라는 것이 무엇을 의미하느냐에 달려 있기는 하지만, 우리가 익히 알고 있는 로마서 2:29은, 바울에게 있어서는 "메시야 안에" 있고 성령이 내주하는 자는 누구든지 '유다이오스'

124) Sanders, 1983, 178f. 바울이 "제3의 종족"을 거부했을 것이라는 언급은 173페이지에 나온다.

(Ioudaios, "유대인")로 불릴 수 있었다는 것을 보여준다. 그런 사람들은 이스라엘의 하나님을 섬기고 있었기 때문에, 적어도 그들의 행실 중에서 몇몇 측면들(우상 숭배와 음행을 피하는 것)은 거기에 따라야 하였다. "제3의 종족" 같은 것이 존재한다면, 이 종족이 그 구성요소들 중 하나와 맺고 있는 발생론적인 연결 관계는 이 종족이 다른 종족과 맺고 있는 연결 관계와는 판이하게 다르다.

"제3의 종족"이라는 개념을 내세운 주장은 강력한 반발들을 불러 왔다. 최근에 "바울과 유대교"에 관한 한 논문집의 편집자들은, 논문 기고자들 중의 한 사람이 샌더스가 삼십 년 전에 주장하였던 것을 실제로 거의 그대로 신봉하고 있는 것을 발견하고서는, 한 우아한 숙녀가 자기가 예뻐하던 조카가 합창단 소녀와 결혼할 것이라는 말을 듣고서 충격을 받고 경악해서 상기된 그런 목소리로, "예수를 믿는 새로운 집단을 제3의 종족이라고 생각할 수 있다니, 이 사람 정말 새대가리 아니야"라고 말하기도 하였다.[125] 동일한 맥락 속에서, 루돌프(Rudolph)도 바울이 "제3의 독립된 집단인 교회"에 속한 것으로 보는 이른바 "합의된 읽기"(consensus reading)가, 바울의 기독교가 "반유대적인 운동이었다"는 견해를 더욱 강화시켜서, "유대적인 실존의 불법화와 교회로부터 유대인들을 지우거나 대체하는 것"으로 귀결되고 있다고 분명하게 단언한다.[126] 이런 식으로 수사학을 사용하여 지나치게 장난하는 것은 역사적 석의에 아무런 도움도 되지 않는다. 루돌프, 나노스를 비롯한 많은 사람들은 유대인들이 유럽 등지에서 오랜 세월 동안 쓰라린 경험을 한 것에 대한 반발로 어쩌면 자연스럽게 의식적으로 그렇게 반응하고 있지만, 마치 바울로 하여금 루터와 칼빈 간의 논쟁을 중재하도록 강제할 수 없는 것과 마찬가지로, 그런 식으로 해서는, 주후 1세기에 비추어서 과연 바울이 무슨 말을 하고자 한 것인지를 알아낼 수는 없다. 그런데도 이른바 "후기대체주의적인"(post-supersessionist) 이러한 입장은 순항을 계속해서 새로운 "대세"가 되어 가고 있고, 그런 입장에 속한 사람들은 그들에 대하여 제기되어 온 그 어떤 항의에 대해서도 지금까지 귀를 틀어막고 듣지 않아 왔다(예컨대, 바울이 로마에서 잠재적인 반유대적인 성향을 감지하였을 때, 그는 유대인들은 믿음 안에서 "그들 자신의 감람나무"로 돌아올 수 있고 돌아오게 될 것임을, 달리 말하면 진짜 "반유대주의"는 유대인들이 메시야에게 속한 무리로 이루어지는 아브라함의 전 세계적인 권속 내에

125) Bieringer and Pollefeyt, 2012b, 10. 그 함의는 이런 것인 것 같다: 포스트모더니즘의 예복도 입지 않았는데, 어떻게 그 사람이 여기에 들어왔지?

126) Rudolph, 2011, 211.

서 설 자리가 전혀 없다고 주장하는 것임을 논증하였다는 사실을 아무리 지적해도, 그것은 그들에게 마이동풍일 뿐이다). 이런 말은 사람들이 듣고 싶어 하는 것이 아니겠지만,[127] 바울의 교리적 가르침들이라는 문제와 관련해서, 훨씬 후대의 완전히 다른 세계의 특징들을 가져다가 프로크루스테스의 침대로 사용하여 거기에 바울을 억지로 꿰어 맞추려고 해보아야, 그런 것은 유효하지도 않고 통하지도 않을 것이다. 그런 시도는 단지 역사적 석의가 반대해 온 것, 즉 신학을 교회가 좌지우지하였던 이전 시대의 최악의 특징들을 재현하는 것일 뿐이다. 중요한 것은 역사이다.

"제3의 종족"이라는 표현은 당연히 신약성서에 나오지 않는다. 거기에 가장 가까운 것은 베드로전서 2:9이다: "너희는 택함 받은 족속[genos eklekton – '게노스 에클렉톤']이요 왕의 제사장들이요 거룩한 나라요 하나님의 소유가 된 백성이다." "제3의 종족"이라는 표현 자체는 주후 2세기의 저술가들인 알렉산드리아의 클레멘스(Clement of Alexandria)와 아리스티데스(Aristides)의 글에 등장한다.[128] 실제로, 아리스티데스가 쓴 글의 헬라어 본문보다 더 우수한 것으로 평가되는 시리아 본문에서는, 그리스도인들을 "야만인, 헬라인, 유대인" 다음의 제4의 집단이라고 말한다.[129] 이러한 본문들과 그 유사한 본문들에서 말하고자 하는 요지는 주로 예배와 연관되어 있다. 즉, 그리스도인들은 유대인이나 헬라인과는 다른 방식으로 예배한다는 것이다.[130] 이렇게 해서, 주후 2세기에서 3세기로 넘어가던 시기에, 그리스도인들을 지금까지 존재해 왔던 것과는 다른 부류의 독립된 집단으로 보는 관념이 친숙한 주제가 되어서, 그 결과 주후 240년대 어간에 위키프리아누스(Pseudo-Cyprian)의 『유월절의 연대계산에 대하여』(*De Pascha Computus*)가 씌어진 무렵에는, 그는 "우리 그리스도인들은 제3의 종족이다"라고만 간단하게 말할 수 있는 정도가 되었는데, 그의 어조와 문맥은 이 무렵에는 이 어구가 잘 알려져 있었음을 보여준다.[131] 테르툴리아누스(Tertullian)는 이 어구가 성난 군중에 의해서 경멸적

127) Bird, 2012, 20f.를 보라.

128) Clem. *Strom.* 6.5.41.6; Aristides, *Apol.* 2.2. Sechrest, 2009, 13f.에 나오는 논의를 보라.

129) D. F. Wright, 2003, 134를 보라. 시리아 본문으로는 Arist. *Apol.* 15에 나온다. 자세한 것은 Richardson, 1969, 22f.를 보라.

130) D. F. Wright, 2003, 135f. 좀 더 폭넓은 쟁점들이 Buell, 2005에서 자세하게 다루어지고 있는데, 그는 초기 그리스도인들은 "그리스도인으로 살아가는 여러 가지 다양한 형태를 인간성의 보편적이고 가장 진정한 표현으로" 보고서 합법화하기 위하여, "보편적인 인간됨과 인간이 지닌 차별성과 관련된 표현들"과 아울러서 "민족과 관련된 추론을 사용하였다"고 주장한다(2).

131) Ps-Cyprian, *De Pascha Computus*, 17 [= Ogg 1955, 16], D. F. Wright 2003, 136에서 재인용. *Ep.*

인 의미로 사용되었다고 기록한다.[132] 따라서 우리는 외부 사람들이, 대체로 교육받지 못한 소규모의 그리스도인 무리가 그들이 볼 때에 우스꽝스럽고 본능에 반하는 방식으로 행동하고, 특히 특이한 방식으로 신을 예배한다고 여겨서, 그들을 조롱하고자 했을 때에 이 표현이 등장하였다는 것을 주목하여야 한다. 그리고 바로 그 점에서는 그 사람들의 주장은 분명히 옳았다. 왜냐하면, 고대 세계에서 그리스도인들처럼 그런 식으로 행하는 사람은 아무도 없었기 때문이다.

샌더스 등을 따르면, 바울이 "제3의 종족"이라는 어구 자체를 사용하지는 않았다고 할지라도 거기에 근접한 어떤 것을 주창한 것으로 볼 수 있는 강력한 근거가 존재한다. 제흐레스트(Sechrest)는 "바울의 신학은 종교적 신념과 실천의 변화를 민족과 종족의 정체성의 변화로 구성한다"고 결론을 내린다.[133] 이것을 보여주는 증거들은 본서의 여러 곳들에 산재해 있다. 바울이 갈라디아서 3장에서 아브라함의 권속, 아브라함의 "후사들"이라는 것을 보여주는 증표는 메시야를 믿는 믿음이라고 말한 것이 그러한 증거들 중의 하나이다. 우리가 위의 제10장 및 제11장의 마지막 절에서 논증한 것 중 상당 부분도 그러한 방향을 보여준다. 그러나 이 개념은 바울의 글 중에서 두세 개의 핵심 본문들 속에서 아주 선명하게 그 온전한 모습을 드러낸다. 그 첫 번째 본문은 우리가 바로 앞에서 살펴보았던 본문이다:

> 유대인은 표적을 구하고 헬라인은 지혜를 찾지만, 우리는 십자가에 못 박힌 메시야를 전한다. 메시야는 유대인에게는 거리끼는 것이고 이방인에게는 어리석은 것이지만, 유대인이든 헬라인이든 부르심을 받은 자들에게는 하나님의 능력이고 하나님의 지혜이다. 하나님의 어리석음이 사람보다 지혜롭고, 하나님의 약하심이 사람보다 강하다.[134]

이 놀라운 작은 본문은 경구적인 형태로 아주 많은 것들을 압축해서 담고 있다. 무엇보다도 이 본문은 이 문제를 다룰 때에 흔히 소홀히 되어 온 것, 즉 바울의 삶과 사역의 초점은 "체계"나 "종교," 또는 그 자체로 새로운 사회적 실체인 것을 만

Diog. 1.1에 의하면, 그리스도인들은 헬라의 신들도 섬기지 않고 유대인들의 미신(deisidaimonia - '데이시다이모니아')도 따르지 않는 "인류의 새로운 종족(genos - '게노스')이다." 그리고 5.17에서는, 그리스도인들은 유대인들에 의해서는 "딴 나라 사람들"(allophyloi - '알로퓌로이,' 칠십인역에서 이것은 "블레셋 사람들"을 가리킨다)로 공격받고, 헬라인들에 의해서는 박해를 받는다. *Mt. Pol.*은 그리스도인들은 "제3의" 종족은 아닐지라도 "종족"이라고 말한다(3.2; cf. 14.1; 17.1). Cf. Sechrest, 2009, 14.

132) Tert. *Scorp.* 10.

133) Sechrest, 2009, 15.

134) 고전 1:22-25.

들어내고자 하는 시도가 아니라, 한 사람, 곧 십자가에 못 박힌 메시야라는 것을 강조한다. 다른 모든 것은 이 메시야와의 관계 속에서 정의되고 규정된다. 이 메시야가 유대인들에게는 "거리끼는 것"이고 헬라인들에게는 "어리석은 것"이라는 사실을 희석시키고자 하는 그 어떠한 시도도 바울로부터 한참이나 멀어지는 것일 뿐이다.

고린도전서의 서두에 나오는 이 진술은 이미, 메시야에 의해 정의되고 메시야에게 속해 있는 사람들은, (a) 이스라엘의 메시야에 뿌리를 두고 있다는 점에서는 절대적으로 "유대적"이지만, (b) 십자가에 못 박혔다가 부활한 메시야를 중심으로 재정의되었다는 점에서는 유대인들에게 절대적으로 "거리끼는 것"이 될 수밖에 없는 그러한 "정체성"이 주어진다는 것을 보여준다. 유대 전통에 뿌리를 두고 있지만 재정의되었기 때문에, 연속성과 불연속성을 동시에 지니고 있는 것, 이것이 바울의 사고와 삶의 고전적인 표지들이다. 그리고 그러한 특징들은 그가 메시야 백성을 바라본 방식들이었다. 그들은 여전히 아브라함의 권속이다. 그는 대부분이 이방인들로 구성되어 있던 고린도의 그리스도인들에게, "우리 조상"이 모세와 함께 애굽에서 나왔다고 말한다. 고린도의 신자들은 "이방인들"이었지만, 이제는 더 이상 이방인들이 아니다(12:2). 그러나 바울 같은 유대인들에게는, "내가 메시야와 함께 십자가에 못 박혔다"는 원리가 적용되는데, 이것은 그들에게 "거리끼는 것"이었다. 따라서 이러한 이방인들과 유대인들로 이루어진 그리스도인들은 제3의 독립된 집단일 수밖에 없다.

우리가 고린도전서 8-10장의 긴 논의의 끝에서 그 비슷한 표현이 거의 꾸밈없이 사용되고 있는 것을 보고 놀라지 않아야 할 이유가 거기에 있다:

> 그러므로 너희는 먹든지 마시든지 무엇을 하든지 다 하나님의 영광을 위하여 하라. 유대인들과 헬라인들과 하나님의 교회 앞에서 욕먹는 자가 되지 말고, 나처럼 모든 일에 모든 사람을 기쁘게 하며, 자신의 유익을 구하지 아니하고 대다수의 사람의 유익을 구하여, 그들로 구원을 받을 수 있도록 애쓰라. 내가 메시야를 본받고 있는 것처럼, 너희는 나를 본받으라.[135)]

갈라디아서의 날카로운 결론부에 반영되어 있는 것도 정확히 그런 것이다:

> 내가 우리 주 메시야 예수의 십자가 외에 다른 것을 자랑한다는 것은 있을 수 없는 일이

135) 고전 10:31—11:1.

> 다. 메시야로 말미암아 세계가 나에 대하여 십자가에 못 박혔고, 내도 세계에 대하여 그러하였다. 할례도 아무것도 아니고, 무할례가 아무것도 아니다. 중요한 것은 새로운 새롭게 지음 받는 것이다. 이 규례를 따라 행하는 모든 자에게, 곧 하나님의 이스라엘에게 평화와 긍휼이 있기를.[136]

우리는 위의 제11장에서 이 마지막 어구를 자세하게 살펴본 바 있는데, 이 어구에서 말하고자 하는 것은 고린도전서의 두 본문에서 발견되는 요소들을 결합한 것, 즉 (사회학적 실험 자체를 위한 어떤 "포괄" 모형에 의거해서가 아니라) 메시야와 그의 십자가에 근거를 둔 삼중적인 구분(할례파, 무할례파, 새롭게 지음 받은 자들)이다. 그리고 바울이 갈라디아서 전체에 걸쳐서 말하고자 하는 것은, 메시야 사건들이 아직 준비되지 않은 유대 세계를 포함한 온 세계 속으로 돌입해 올 때까지는, 아무도 그것을 깨닫지 못했다고 할지라도, 그것이 이스라엘의 성경이 내내 약속해 왔던 것이라는 것이다.

따라서 고린도전서 10장에 대한 "자연스러운" 읽기, 즉 이 장을 유대인들과 헬라인들과 하나님의 교회가 세 가지 실체라고 말하고 있는 것으로 읽는 것을 거부할 이유가 없다.[137] 우리가 이미 보았듯이, 바울은 앞에서 고린도 교회를 출애굽 세대로 규정함(10:1)과 동시에, 그들이 "셰마"를 새로운 형태로 기도하는 백성이라는 것을 역설함으로써(8:6), 인류를 이렇게 셋으로 구분하기 위한 정지작업을 해 왔다. 또한, 그는 10:18에서 "민족으로서의 이스라엘"에 대하여 말하면서, "그들의" 실천으로부터 유비를 이끌어내어서 메시야 백성에게 적용함으로써, 이 두 집단을 차별화하기도 하였다. 나는 바울에 대하여 글을 쓰는 사람들이, 바울은 십자가에 못 박힌 메시야의 백성을, 유대인이나 헬라인과 다른, 메시야에 의해서 형성된 정체성을 지니고 있는 것으로 보았다는 분명한 결론을 이끌어내지 못하도록 방해한 것은, 유대인 대학살 이후에 사람들이 그런 식으로 말하는 것을 극도로 꺼려해 온 분위기 때문이라고 본다. 티슬턴(Thiselton)은 바울의 사고를 균형 있게 제대로 포착해내고 있다:

> 바울은 10:1-22에서 교회와 이스라엘의 연속성을 강조해 왔다. 그러한 맥락 속에서 "하나님의 교회"라는 어구는, "하나님의 백성"은 그 뿌리와 토대가 여전히 하나님의 약속과 계약에 있어서 이스라엘의 역사와의 연속성을 지니고 있기 때문에, 완전히 배타적인

136) 갈 6:14-16. Sechrest, 2009, 156은 이런 식으로 연결시킨다.

137) Fitzmyer, 2008, 403(Lindemann을 따라서)은 이것은 "하나님의 교회"가 유대인들 및 헬라인들과 더불어서 하나의 실체로 보아진 가장 초기의 예라고 지적한다.

> 관점에서가 아니라 부분적으로 재정의된 것이라는 뉘앙스를 풍기는 가운데, 아울러 불연속성도 환기시킨다.[138)]

우리는 "제3의 종족"이라는 관념 자체가 세계를 바라보는 유대인 특유의 방식을 전제하고 있는 것임을 유념하여야 한다 — 그런데도 이 점은 흔히 간과된다. 왜냐하면, 세계를 "유대인"과 "이방인," 또는 "유대인"과 "헬라인"(바울에게 있어서 "헬라인"은 흔히 "이방인"이라는 단어의 대용이었다)으로 구분한 사람은 유대인들 외에는 아무도 없었고, "제3의 종족"이라는 관념은, 인류를 이렇게 두 부류로 나누는 기본적인 이분법을 일정 정도 받아들이는 것에서 시작해서, 거기에서 한 걸음 더 나아가 그러한 이분법을 뛰어넘어 더 세분하여 삼분법으로 나아갈 때에만, 나올 수 있는 것이었기 때문이다. 따라서 메시야에 의해서 형성되어서 메시야를 따르는 새로운 집단이라는 관념은, 예수를 믿은 유대인들과 그렇지 않은 유대인들 간에 필연적으로 생겨날 수밖에 없었던 긴장관계가 아무리 심한 것이었다고 해도, 비유대적이거나 반유대적인 관념으로 여겨질 수 없다. 쿰란 공동체는 자신들을 악한 이교세계는 물론이고 대다수의 유대인들과 구별되는 "제3의 집단"의 초보적인 형태로 여겼다. 따라서 나는 바울 자신은 "제3의 종족"이라는 어구를 사용하지 않았고, 우리는 "종족"이라는 단어의 용법과 의미를 현대적인 관점에서가 아니라 고대적인 관점에서 바라보도록 세심한 주의를 기울여야 하지만, 그럼에도 불구하고 이 관념이나 이러한 관념이 담고 있는 내용은 바울적일 뿐만 아니라, 비록 특유의 역설적인 방식이긴 하지만, 전형적으로 유대적인 특성과 향취를 지니고 있다고 본다.[139)]

물론, 헬라인들도 통상적으로 세계를 "헬라인들"과 "야만인들"로 구분하였고, 바울은 그러한 구분 방식을 여러 차례 사용한다.[140)] 따라서 우리는 아리스티데스(Aristides)의 글의 시리아 역본이 그리스도인들을 야만인, 헬라인, 유대인 다음의 "제4의 종족"이라고 본 것을 이상하게 생각해서는 안 된다. 이것은 원래의 유대적

138) Thiselton, 2000, 795(강조는 원래의 것). 또한 예를 들어, Mitchell, 1991/2, 258을 보라: "1:18-31에서 말하고 있는 처럼, 유대인들과 헬라인들은 교회와는 별개의 존재들로 이해되어야 한다 — 이것은 이제 모든 그리스도인들의 일차적인 정체성이다."

139) 민족적 정체성에 관한 현대적인 견해들과 고대의 견해들은 Sechrest, 2009, chs. 2 and 3에서 주의깊고 명료하게 분석되어 있다.

140) 예를 들면, 롬 1:14; 또한, cf. 특히 골 3:11. 거기에서 그는 중요한 것은 메시야이고, 그가 "모든 것이고 모든 것 안에" 있다는 것을 다시 한 번 말하기 위해서, 적어도 네 가지 대립되는 쌍들(헬라인과 유대인, 할례자와 무할례자, 야만인과 스구디아인, 노예와 자유민)을 제시하고서, 그런 것들은 전혀 중요하지 않다고 말한다.

인 것이었던 관념이 새로운 맥락들 속에서 확장되어 사용된 예이지만, 우리는 그러한 용법 속에서도 여전히 유대적인 DNA를 분명하게 볼 수 있다.

사실, 바울은, 이 기이하고 새로운 집단 — 종교인지, 어떤 사회적 집단인지, 철학인지, 분파인지가 분명하지 않다는 의미에서 — 이 "유대인"이나 "헬라인"과 상당한 정도로 다르기는 하지만, 여전히 근본적으로는 유대적인 성격을 지닌 집단이라는 것을 분명히 한다. 그래서 그는 이 집단을 로마서 2:29에서는 '유다이오스'(Ioudaios, "유대인"), 빌립보서 3:3에서는 '페리토메'(peritomē, "할례파")라고 지칭하고, 특히 성도덕과 관련해서는 창조의 윤리에 대하여 말하며, 무엇보다도 토라에 나오는 약속들을 성취한 자들이라고 말하고, 로마서 11장에서는 "감람나무"라고 지칭한다.

지금까지는 제흐레스트(Sechrest)의 글이 도움이 되었지만, 여기에서부터 나는 그와 결별하고자 한다. 그녀는 바울에게 있어서 교회는 "민족적이고 사회적으로 특수한 완전히 새로운 존재"라고 주장하는데,[141] 이것은 캐럴라인 존슨 하지(Caroline Johnson Hodge)가 다른 종류의 나무를 사용해서, 이방인들은 유대인들로 이루어진 "권속의 나무"에 접붙임 된 종속된 가지라고 주장한 것을 그녀가 반박하는 가운데 나온 주장이다.[142] 그러나 나는 그녀의 반박이 도가 지나쳤다고 생각한다. 바울은 심지어 (유대인들이라는) 원가지들이 감람나무에서 잘려나갔을 때조차도 그 감람나무는 여전히 "그들 자신의 감람나무"라는 것을 역설한다.[143] 유대인이든 이방인이든 일단 가지들이 그 나무에 꼭 붙어 있게 되었다면, 그 가지들은 절대적으로 동등한 입장에 있게 되고, 바로 그러한 동등한 상태에서 살아가는 법을 배워야 한다는 것이 바울이 역설하는 것이다. 이것이 로마서 14장과 15장의 요지 중의 일부이다. 그러나 유대인과 이방인이 그렇게 되는 방식이나 그 과정에 대한 설명에 있어서는 여전히 중요한 차이가 존재하고, 이것은 이 방식이나 과정을, 이방인이 유대인을 "대체하였다"거나 "지워 버렸다"는 등으로 설명하며 유대인을 모욕하는 것이 거짓임을 아주 분명하게 보여준다. 바울은 아브라함은 메시야를 믿은 무할례자들의 조상임과 동시에, "할례를 받았을 뿐만 아니라, 아브라함이 무할례 때에 지니고 있던 믿음의 발자취를 따르는 할례자들"의 조상이라고 말한다.[144] 이 모든 일이 일어나게 된 것은, 아브라함이 믿었던 하나님, 즉 "죽은 자를

141) Sechrest, 2009, 210 (강조는 필자의 것).
142) Johnson Hodge, 2007, 143.
143) 롬 11:24.
144) 롬 4:12.

살리시고 존재하지 않는 것을 존재하게 하시는 하나님"이 아브라함을 모든 민족으로 이루어지는 단일한 권속의 조상이 되게 하기 위한 것이었다.[145] 내가 앞에서도 말해 왔었고, 지금 여기에서도 강조하고자 하는 것은, 바울은 이방인 한 사람이 믿음을 갖게 되었을 때에는 그 사건을 "새로운 창조"로 보았던 반면에, 유대인 한 사람이 "우리 주 예수를 죽은 자 가운데서 살리신 이"(로마서 4:24)를 믿게 되었을 때에 그 사건을 하나의 "부활" 사건으로 보았다는 것이다.[146] 이러한 이중의 이적을 통해서 형성된 "민족적이고 사회적으로 특수한 집단"이 새로운 것임은 두말할 필요가 없다. 그러한 공동체는 역사상에 존재한 적이 없었지만, 이제 존재하게 된 것이다. 그러나 바울이 특히 로마서 9-11장에서 끊임없이 논증하고 있는 것 중의 일부는, 이 새롭고 특수한 집단은 하나님이 애초에 아브라함에게 약속하였던 집단이라는 것이다. 이 집단은 현실의 공간과 시간과 물질이라는 관점에서 볼 때에는 "완전히 새로운" 것일 수 있지만, 바울은 하나님의 계획 속에서는 전혀 새로운 것이 아니라고 역설한다. 감람나무는 아브라함 이래로 존재해 왔고, 이방인들을 그 감람나무 속에 포함시키고자 한 것은 하나님의 계획 속에 늘 포함되어 있었다. 그것은 원래의 약속의 일부였다.[147] 바울은 진정으로 근본적인 불연속성은 이방인들의 "이전의 삶"과 그들이 이 감람나무에 새롭게 속하여 그 지체로서의 지위를 얻어 살아가는 삶 간에 존재한다고 보았다. 그리고 바울 같은 유대인에게 중요한 것은 "내가 메시야와 함께 십자가에 못 박혔지만, 나는 여전히 살아 있다"는 것이었다. 이것은 머리카락을 나누는 것 같이 보일 수 있지만, 바울에게 이것은 아주 중요하였다. 불연속성은 본질적인 것이기는 하지만, 연속성도 본질적인 것이다. 바울이 분명하게 보았듯이, 그러한 연속성이 없다면, 이방인들의 교만은 하늘을 찌를 것이었다.

그러나 우리가 로마서 9-11장에서 보았듯이, 이 문제에 대한 바울의 대답은 "유대인들은 지금처럼 그대로 사는 것이 좋다"고 말하는 것이 아니었고, 한 이방인이 복음을 믿게 될 때, 그 사람은 본질적으로 유대적인 저 감람나무에 합체되는 것인 반면에, 지금 믿지 않는 유대인들은 "더 이상 불신앙에 머물러 있지 않는다면," "그들이 원래 있던 감람나무"에 다시 접붙임을 받을 수 있게 된다는 것이었다.[148] 바울

145) 롬 4.17.

146) Wright, 2002 [*Romans*], 498.

147) 그런 한에서, 나는 Fredriksen, 2010, 251 n. 52에 동의한다: "바울의 복음은 뿌리 깊은 유대성(Jewishness) 안에서 및 그 유대성을 통해서 보편적인 속량에 관한 좋은 소식을 가져다준다 — 물론, 그녀와 나는 이러한 일반적인 진술이 실제에서는 어떤 기능을 하는지에 대해서는 서로 견해가 다르겠지만.

에게는 오직 하나의 감람나무만이 존재하였다. 왜냐하면, 오직 한 분 유일하신 하나님이 존재하고, 인간이 생각한 것보다 훨씬 지혜로운 하나님의 뜻은 이스라엘의 메시야, 즉 십자가에 못 박혔다가 부활한 나사렛 예수 안에서 온전히 계시된 까닭에, 메시야 백성의 "정체성"은, 바울의 사고의 다른 모든 것과 마찬가지로, 이스라엘의 하나님의 신실하심에 토대를 두고 있기 때문이다.

4. 바울과 이스라엘의 성경

1) 서론

이것은 우리를 마침내 바울에 관한 모든 논의들 위를 맴도는 질문이자, 지난 세대에 몇 가지 새로운 방식으로 표면에 떠올랐던 질문으로 데려다 준다. (우리가 바울의 성경 사용을 이해하는 방식은 그의 글의 좀 더 큰 윤곽을 이해하는 방식과 언제나 직결되어 있기 때문에, 서로 다른 모든 "관점들"이 출현한 후에야, 우리는 이 질문을 다룰 수 있다.) 본서의 마지막 부에서 논의되는 모든 주제들의 경우와 마찬가지로, 이 질문과 관련해서도, 지면관계상 우리는 이전의 논의에서 찾아낸 모든 실들을 다 한데 엮어서 본격적인 논의를 할 수 있는 여건이 되지는 못하지만, 적어도 간단한 요약 정도는 제시하지 않으면 안 된다.[149]

바울이 이스라엘의 성경을 잘 알고 있었고, 그의 서신들 모두는 아닐지라도 몇몇에서 자유롭게 자주 사용하였다는 것을 의심할 사람은 거의 없을 것이지만, 그가 성경을 사용한 방식을 놓고서는 견해가 갈린다. 그는 성경을 암기하고 있다가 필요할 때마다 그 본문들을 인용하였던 것인가, 아니면 그때마다 직접 찾아서 인용해야 했던 것인가? 그는 히브리어 성경을 사용하였는가, 아니면 칠십인역을 사용하였는가, 아니면 둘 다 사용하였는가? 그는 어떤 형태의 본문(들)을 사용한 것인가? 그는 성경 본문을 정확히 인용하고자 애썼는가, 아니면 전체적인 의미만을

148) 위의 제11장 제6절 4) (1)과 (5)를 보라.

149) *Perspectives*, ch. 32도 보라. Porter and Stanley(2008)에 의해 편집된 논문들의 최근호에도 몇몇 중요한 글들이 수록되어 있다: 예를 들면, DiMattei, 2008(위의 제2장에서 유대적 서사들에 대한 나의 연구는 그가 말하는 것들 중 일부에 도전하는 것이기는 하지만); Fisk, 2008(185, 그는 "[로마서를] 처음으로 읽거나 들은 사람들 중 다수는 바울이 인용하는 여러 성경 본문들을 이미 이전에 알고 있었거나 지속적으로 접하고 있었을 것이라고 생각하는 것은 불합리해 보이지 않는다"고 결론을 내린다).

가져와서 자유롭게 인용하고자 하였는가? 그는 자신이 인용한 본문들의 좀 더 큰 맥락을 알고 있었던 것인가, 아니면 단지 오늘날의 의미에서 증거 본문으로 사용한 것인가?[150] 그의 성경 사용은 제2성전 시대와 랍비들의 아주 다양한 유대 문헌들에서 찾아볼 수 있는 복잡한 성경 사용과 비교해서 어떠하였는가? 이 질문들을 자세하게 파헤친 연구서들이 지금까지 많이 나왔다. 하지만 일치된 견해는 그만두고라도, 다양하고 건강한 논의를 보여주는 징후도 보이지 않는 것이 현실이다.[151]

여기는 연구사를 다룰 수 있는 자리가 아니지만, 우리가 지적해 두어야 하는 것은, 이전의 논의들 중 상당수는 오직 좌뇌만을 활용한 분석 방법을 사용해서, 바울이 성경 인용문들을 가져올 때에 사용하였던 정형화된 도입문구들이나, 그가 사용하였던 정확한 본문 형태들, 구문과 어휘의 세부적인 특징 등과 같은 미시적인 부분들을 중심으로 이루어졌다는 것이다.[152] 하지만 주후 1세기의 가장 위대한 교사가 말하였듯이, "너희는 이것들을 행하여야 하되, 다른 것들도 소홀히 하지 않았어야 한다."[153] 그리고 이 경우에 있어서 "다른 것들"은 지난 삼십 년 동안에 다시 귀환해서, 처음으로 우뇌적인 분석의 전면적인 승리를 쟁취하였지만, 대경실색한 좌뇌의 반발이 뒤따랐고(철학이든 물리학이든 제약학에 관한 것이든, 이러한 논쟁들에서, 이러한 반발은 통상적인 일이다), 지금은 서로가 언제나 서로를 경청하는 것은 아니기는 하지만 어쨌든 대화가 계속되고 있다.[154]

우뇌의 귀환은 리처드 헤이스(Richard B. Hays)의 저작이 잘 보여준다. 헤이스는 『바울 서신에서의 성경의 반향들』(*Echoes of Scripture in the Letters of Paul*)에서, 바울의 몇몇 핵심적인 본문들을 가지고서, 바울은 흔히 성경 본문을 단지 아주 짧게 인용해서, 자신의 청중들로 하여금 그 본문의 좀 더 큰 맥락을 연상하고

150) 이것은 "의"와 "믿음"에 관한 바울의 핵심적인 두 인용문들, 즉 창세기 15:6과 하박국서 2:4에 대한 Sanders의 저 유명한 견해이다(예컨대, Sanders, 1978, 483f.를 보라). 바울이 "의"와 "믿음"을 연결시키려고, 자신의 기억을 더듬어서 이 둘을 서로 연결시킨 성경 본문들을 찾다가 이 두 본문을 찾아내어서는 갈라디아서와 로마서의 논증들 속에 끼워 놓은 것이라고 Sanders가 말하였다는 것을 나는 여러 번 들어 왔다. 이것은 Sanders가 제2성전 시대 유대교의 빛 아래에서 바울을 읽고자 한 자신의 프로그램을 일관되게 실천하는 데 실패한 여러 지점들 중 하나라고 나는 믿는다.

151) 가장 인상적인 저작들로는 Wilk, 1998; Wagner, 2002; Watson, 2004가 있다. 내 이름도 "W"로 시작되기 때문에, 나는 여기에서의 나의 논의도 그들의 저작의 추가적인 발전에 조금이라도 기여할 수 있기를 희망한다.

152) 예컨대, Ellis, 1957.

153) 마 23:23.

154) "우뇌"와 "좌뇌" 방법론들에 대해서는 무엇보다도 McGilchrist, 2009를 보라; 신약학과 관련해서는 Wright, 2012b ["Imagining the Kingdom"], 396-8.

생략하게 하고자 하는 방식으로, 성경을 인용하였다는 것을 논증하였다.[155] 헤이스는 "텍스트 간 교류"(intertextuality) 분야에서의 오늘날의 연구를 바탕으로, 단지 실제의 인용문들을 연구하는 것이 아니라 "반향들"(echoes)을 경청할 때에 해당 본문의 의미를 제대로 파악할 수 있음을 보여주는 대조 표준을 얻을 수 있는 방식들을 천착하였다. 바울의 몇몇 핵심 본문들의 기저에 있는 암묵적인 서사들에 관한 강력하고 도발적인 연구서를 이미 쓴 바 있는 그는 바울의 성경 사용을 이전의 원자론적인 시각과는 완전히 다른 시각에서 접근하였다.[156] 그는 바울의 본문의 각각의 절들을 그 자체의 좀 더 큰 맥락에 비추어서 읽을 뿐만 아니라, 바울의 성경 인용문들을 그 인용문들이 원래 있던 좀 더 큰 맥락에 비추어서 읽음으로써, 바울의 논증 전체와 성경 인용문들의 논증 전체라는 두 개의 좀 더 큰 맥락이 서로 복잡하게 뒤엉킨 신학적이고 서사적인 틀 내에서 각각의 절들을 읽어야 한다고 주장하였다. 바울의 성경 사용에 대한 이전의 많은 연구들은 바울 신학의 일정 정도 표준화된(흔히 개신교적인) 형태와 내용을 전제한 후에, 마치 바울이 "증거본문으로서의 성경 구절들"에 대한 언급으로 가득한 웨스트민스터 신앙고백(Westminster Confession)의 고대 판본을 쓰고 있는 듯이 여기고서는, 그가 자신이 말하고자 하는 것을 이런저런 성경 인용문들을 통해서 어떤 식으로 밑받침하거나 "증명하고자" 하였는지만을 물었다. 하지만 헤이스는, 바울은 성경의 어떤 책 전체나 대단락 전체에서 말하고 있는 이스라엘 성경의 서사 신학을 가져와서, 예수와 성령을 중심으로 재형성해내어, 초기 교회를 떠받치는 서사로서 다시 들려주고 있는 것이라는 큰 그림을 제시하였다. 헤이스와 그 이전의 많은 사람들 간의 차이는 애덤 스미스(Adam Smith)의 『국부론』(*The Wealth of Nations*)과 한 제조업 회사의 대차대조표 간의 차이이다.

비평가들이 이런저런 평가를 내릴 수 있겠지만, 여러분이 직접 『국부론』과 그 대차대조표를 비교해 보아야만, 과연 애덤 스미스에게 심각한 잘못이 있는 것인지를 알 수 있게 될 것이다. 헤이스의 읽기에 이의를 제기해 온 사람들 중에서 크리스토퍼 스탠리(Christopher Stanley)는 바울의 성경 사용에 대한 "최소주의적인" 대안을 발전시켜 왔는데,[157] 그의 주장은 바울의 청중들은 대체로 이방인들로 이루어

155) Hays, 1989a.

156) Hays, 2002 [1983]: 이 저작도 바울은 '피스티스 크리스투'(pistis Christou)라는 어구를 통해서 "그리스도를 믿는 믿음"이 아니라 "그리스도의 믿음[신실하심]"을 말하고자 하였다는 것을 강력하게 논증함으로써 이것과 관련된 지속적인 논쟁에 불을 지폈다.

157) Stanley, 1992와 2004. Stanley는 지속적인 연구와 토론을 활발하게 주도해 왔고, 그 성과가 지

져 있었고, 그것도 교육을 제대로 받지 못한 사람들이 많았기 때문에, 성경의 "반향들"이라고 할 수 있는 것들을 알았을 가능성이 희박하다는 것이다. 이것은, 우리가 바울이 성경을 인용한 목적이, 헤이스가 주장한 것과는 달리, 성경 인용문들이 가리키는 좀 더 큰 맥락을 아주 미묘하게 해당 본문 속으로 가져와서 복잡하게 뒤엉킨 논증을 해나가고자 한 것과는 판이하게 다른 것이었다고 보아야 한다는 것을 의미한다. 그렇다면, 우리는, 스탠리의 주장대로, 바울은 주로 수사학적인 효과를 위해서, 즉 자기가 말하고 있는 내용이 고대의 본문들에 의해 밑받침된다는 것을 자신의 청중들에게 나타내 보이려고 성경을 인용한 것이라고 결론을 내려야 한다. 만일 바울의 청중들이 그런 식으로 고대 본문들을 인용해서 논증하는 것이 중요한 의미를 지니고 있던 세계에서 살고 있었던 것이라면, 우리는 바울이 성경을 인용한 것이 대체로 그런 목적 때문이었을 것이라고 보는 것이 합당하다. 사실, 스탠리는 자신의 글의 한 대목에서, 바울은 자신의 청중들이 성경을 모른다는 사실을 전제하고 있었다고 말한다. 즉, 만일 청중들이 성경을 알고 있었다면, 바울은 여러 대목들에서 지금처럼 성경을 대충대충 장난하듯이 인용하며 넘어갈 수는 없었으리라는 것이다.[158] 이런 주장을 제기한 사람은 스탠리만이 아니었다.[159]

이곳은 스탠리, 또는 그가 편집하였거나 공동편집자로 참여해 온 심포지엄 논문집들을 가득 채우고 있는 많은 다른 필자들이 제시한 논점들을 자세하게 다루고 논평할 수 있는 자리가 아니다. 바울이 자신의 대담하고 별 설득력 없는 신학적인 서사에 수사학적으로 그럴 듯한 옷을 입히고 치장하기 위하여 성경을 인용하였다는 주장은 얼핏 들으면 호소력이 있는 것처럼 들릴 수도 있다. 그러나 바울이 자신의 서신들에서 실제로 말하고 있는 것, 즉 한 분 유일하신 이스라엘의 하나님이 예수 안에서 새롭고 결정적으로 역사하였다는 선포(우리가 본서 전체에 걸쳐서 보아왔듯이, 이것이 그의 선포의 전부였다)를 좀 더 면밀하게 살펴보면, 그런 주장은 거짓이라는 것이 드러난다. 왜냐하면, 바울이 말하고 있는 관념들이나 권면들은 성경과는 독립되어 있는 별개의 것이고, 성경은 그 독립적인 관념들이나 권면들에 대한 "권위 있는" 증언 또는 증거인 것이 아니라, 성경 자체가 바로 그 이야기의 일부이기 때문이다. 내가 이 주제에 관하여 쓴 나의 최근의 논문 속에 나오는 대목을 인

금은 두 권의 책 속에 담겨 있다: Porter and Stanley, 2008; Stanley, 2012.

158) Stanley, 2004, 135.

159) 예를 들면, Dunn, 1993, 185이 갈라디아서 3:16f.에 대하여 그렇게 언급한 것을 참조하라: "바울은 그것을 대충 넘어갈 수 있을 것이라고 생각할 수 없었을 것이다."

용해 보자면, "바울이 자신의 서신들을 쓰는 것과 관련해서 그에게 주어진 선택지들을 가설적인 독자들의 수준에 맞추어 제한하고자 하는 것은, 성서학을 너무나 오랫동안 괴롭혀 온 의심의 해석학(hermeneutic of suspicion)과 결부되어 있는 저 좌뇌적인 합리주의의 한 예이다."[160] 대다수의 저술가들은, 다른 분야들에서 활동하는 예술가들처럼, 최초의 청중들이 알아들을 수 있는 것보다 훨씬 더 많은 내용을 자신의 글 속에 집어넣는다. 어쨌든 바울의 서신들은 단지 일회적으로 읽고 버리도록 의도된 것이 아니었기 때문에, 청중들이나 그 청중들은 그의 서신들을 반복해서 읽고 들으면서, 그의 모든 가르침들을 놓고, 청중들 사이에서, 또는 청중들과 그 지도자들 사이에서 토론이 벌어질 수밖에 없었을 것이고, 특히 그의 가르침에서 중심적인 것은 아니었을지라도 두드러진 역할을 하였던 성경 인용문들의 의미를 놓고도 논의가 오고갔을 것임에 틀림없다. 바울은 자기가 쓰는 서신들이 지역교회들에서 읽혀질 것이고, 반복적으로 읽혀지게 될 것을 전제하였을 것임에 틀림없다. 그리고 지역교회에서는 신자들이 그 서신들의 내용을 이해할 수 있도록 도왔을 것이고, 그의 서신들 자체가 지역교회에서의 그러한 가르침을 촉진시켰을 것이다. 왜냐하면, 새로운 회심자들이었던 그들은 예수에 대해서, 그리고 그들 자신의 새로운 "정체성"에 대해서 더 많은 것을 알기 위해서는, 그의 서신에서 인용된 창세기와 신명기, 이사야서 등등을 공부할 필요가 있다고 느꼈을 것이기 때문이다.[161]

또한, 우리가 지금까지 말한 것은 개별 단어들 및 그 단어들이 낳는 공명들이라는 작은 단위들에서도 중요한 역할을 한다. 에른스트 케제만(Ernst Käsemann)이 바울이 로마서 2:29에서 두 언어를 가지고 단어유희를 하고자 하였는지를 물은 것은 유명하다. 왜냐하면, 거기에서 바울은 어떤 사람을 '유다이오스'(Ioudaios, "유대인")로 묘사하고, 그런 사람은 하나님으로부터 "칭찬"을 받는다고 말하는데, "칭찬"은 헬라어로는 '에파이노스'(epainos)이지만, 바울은 "유다"라는 이름이 히브리어로 "칭찬"을 뜻한다는 것을 알고 있었을 것이기 때문이다. 케제만은 이러한 단어유희를 "로마의 공동체는 거의 알 수 없었을 것"이라고 말한다.[162] 그러나 로마 교회(또는, 교회들)의 신자들이 거의 전부가 회당에 나간 적이 없는 이방인 회심자들로 구성되어 있었다고 할지라도, 우리는 여전히 조만간에 누군가가 바울

160) *Perspectives*, 549.

161) 예를 들면, Watson, 2004, 43 n. 30:("청중들이 알아듣는다면 바람직한 일이지만, 반드시 그래야 하는 것은 아니다"); 127f. n. 1.

162) Käsemann, 1980 [1973], 77.

이 그의 서신에서 무슨 말을 하고 있는 것인지를 그들에게 가르쳐 줄 수 있었을 것이라고 생각할 수 있다. 이러한 추정에 대하여 이의를 제기하는 사람들이 있다고 할지라도(이의를 제기해서는 안 되겠지만), 저자들은 흔히 독자들이 자기가 말하는 것을 알아들을 수 있을지 없을지를 고려하지 않고, 단지 자기가 말하고 싶은 것들을 자신의 글 속에 집어넣어 말하고자 한다는 것은 여전히 사실이다. 루이스(C. S. Lewis)의 나니아 연대기 속에 숨겨진 강력한 의미가 최근에 발견된 것이 바로 그러한 예이다.[163] 바울은 자신의 글들 속에서 특정한 공명(resonance)을 집어넣어 놓고서는, 마치 개봉되지 않은 편지처럼, 언젠가는 개봉되어 밝혀지게 되기를 끈기 있게 기다리도록 하였을 가능성이 높다. 탈굼 전문가인 마틴 맥나마라(Martin McNamara)는 그것을 이렇게 표현한다: "바울은 종종, 특히 긴장이 고조된 순간들에는, 자신의 독자들을 고려해서 쓰기보다는 자신의 풍성한 사고에서 흘러나오는 것들을 글로 썼던 것으로 보인다."[164]

다른 곳에서와 마찬가지로 여기에서의 나의 주장을 간단하게 개략적으로 제시하면 이런 것이다. 첫 번째는, 방법론과 관련해서, 정반대의 강력한 증거가 나오지 않는 한, 우리는 바울의 성경 사용이 메시야와 그의 백성에 대한 고대 이스라엘의 관계에 관하여 그가 믿었던 것과 적어도 대략적으로 일치하였다고 전제하여야 한다는 것이다. 이전의 "증거 본문"설과 좀 더 최근의 "수사효과"설은, 바울에게 있어서 이스라엘의 성경은 단지 하나님으로부터 주어진 권위 있는 말씀들이라고 여겨진 것들의 저장고였고, 그는 기본적으로 성경과 다른 어떤 것, 적어도 성경과는 상당한 차이가 있는 어떤 것에 관한 논증을 전개해 나가는 과정에서 그 논증을 밑받침하기 위하여 성경을 인용하였다는 것을 전제해 왔다. 이러한 견해들은, 바울의 복음은 예수를 인류의 일반화된 곤경에 대한 해법으로 보았고, 이스라엘의 이야기와 성경은 그 복음과 분리되어 있는 하나의 배경일 뿐이라고 보는 견해의 일부이다. 그 길을 따라 계속해서 좀 더 내려가게 되면(이 길은 마르키온[Marcion]으로 통한다), 사람들은 점점 더 성경을 해법의 일부가 아니라 문제의 일부로 보게 되고, 결국에는 바울은 자신의 대적들에 의해서 어쩔 수 없이 성경을 거론하지 않을 수 없게 된 때에만 자신의 논증 속에서 성경을 인용한 것일 뿐이라고 생각하게 된다. 이렇게 바울의 성경 사용에 대하여 어떤 사람이 어떤 식으로 말하고 있느냐 하는 것은 그 사람이 바울과

163) Ward, 2008의 주목할 만하고 너무나 설득력 있는 저작을 보라. 그는 나니아(Narnia) 연대기의 저자는 자신의 연작을 의도적으로 중세 시대에 일곱 "행성들" – 수성, 금성, 화성, 목성, 토성, 태양, 달 – 과 연결된 일곱 가지 정서와 결부시키기 위하여 일곱 권으로 썼다는 것을 보여준다.

164) McNamara, 1978, 36.

고대 이스라엘의 관계를 바라보는 좀 더 큰 그림 전체를 그대로 반영한다. 방법론상으로, 우리가 이 문제에 관한 현재의 짧은 논의를 본서의 이 대목에 와서야 비로소 하는 이유가 거기에 있다. 즉, 우리는 지금까지 우리가 다룬 다른 모든 것에 대한 전체적인 설명에 비추어 볼 때에만 이 질문을 제대로 이해할 수 있다는 것이다.

이러한 원칙 및 내가 본서의 제2부와 제3부에서 바울에 대하여 말한 모든 것을 감안해서 제시하는 나의 주장은, 이스라엘 성경에 대한 바울의 이해에 있어서 그 기본적인 틀은, 우리가 위의 제2장에서 살펴보았고 제7장에서는 바울과 관련해서 또다시 살펴보았던 "이스라엘의 계약 서사"였다는 것이다. 바울은 성경을 가지고 다른 많은 것들을 하고 있지만, 우리가 출발점으로 삼아야 할 넓은 토대는, 내가 본서 전체에 걸쳐서 설명해 왔듯이, 이스라엘의 하나님이 아브라함과 그의 권속에 관한 특별하면서도 흔히 암울하고 참담한 이야기를 예수 안에서 및 하나님의 영의 새로운 역사 안에서 그 정점에 도달하게 하였다는 바울의 믿음이다. 하나님은 아브라함에게 계약에 의거해서 엄숙한 약속들을 주었는데, 바울은 그 약속들이 이제 성취되었다고 믿었다. 하나님은 아브라함에게 단지 가나안 땅만이 아니라 온 세계를 유업으로 받게 될 전 세계적인 단일한 권속을 약속하였는데, 그 약속이 이제 이스라엘의 메시야의 통치와 성령의 이끌림을 받은 그의 추종자들의 선교를 통해서 이루어져 가고 있었다. 또한, 하나님은 자기 백성을 애굽에서 이끌어내어 노예생활로부터 건져내었고, 선지자들은 하나님이 장차 그 일을 또다시 행하여, 다니엘서 9장을 비롯한 많은 본문들이 기도해 왔듯이, 저 계속된 "포로생활"로부터 자기 백성을 건져낼 것이라고 거듭거듭 약속하였는데, 바울은 하나님이 이제 그 약속들을 성취하였다고 믿었다. 바울이 자신의 몇몇 핵심적인 주제들과 관련해서 가져와 사용한 강력하지만 좀 더 짧은 예언 본문들인 "12소선지서" 전체는, 창세기부터 열왕기하에 이르기까지의 거대한 서사와 마찬가지로, 결말을 지향하는 이야기였다:

> 포로기와 귀환이라는 역사상의 현실들에도 불구하고, 이 모음집 속에 들어 있는 포로기 이후의 글들은, 너무나 자주 그 성취가 거의 다 가까이 온 것처럼 보였지만 실제로는 결코 도래하지 않았다는 것에 대한 증언들이다.[165)]

165) Watson, 2004, 137; 해당 단락 전체(129-48)가 의미심장한 통찰로 가득하다.

특히, 나는 "바울과 토라"에 관한 통상적인 언쟁(사람들은 바울이 율법을 선한 것으로 생각하였느냐 나쁜 것으로 생각하였느냐 하는 질문으로부터 의미 있는 대답을 얻을 수 있을 것이라는 듯이, 이 질문을 놓고 입씨름을 해 왔다)을 뛰어넘어서, 제2성전 시대의 "읽기들"(그 한 예가 적어도 암묵적으로는 요세푸스의 읽기이다)과 맥을 같이하는 토라 자체, 즉 "오경," 특히 창세기와 신명기에 대한 바울의 읽기를 찾아낼 수 있다고 믿는다. 우리가 토라를 원자론적으로 읽어서 여러 자료들과 문서층들을 찾아내고 구분하는 꿈의 나라에서 깨어나서, 토라를 통전적으로 읽어서 창세기의 처음부터 신명기의 끝에 이르기까지 관통하는 좀 더 큰 서사를 찾아내면 낼수록, 우리는 바울이 우리보다 먼저 거기에 가서 이리저리 돌아다니다가, 신명기의 끝부분, 즉 위대한 계약 갱신에 대하여 말하는 30장과 거기에 따른 암울한 경고를 덧붙이고 있는 32장이야말로 아브라함 이야기가 내내 가리켜 왔던 지점이라는 것을 깨닫고서, 그런 이야기를 우리에게 다시 들려주고 있다는 것을 더 잘 깨달을 수 있게 된다. 바울이 로마서 9:6−10:21을 통해서 들려주고 있는 것이 바로 그것이다. 토라가 보여주는 그러한 서사의 흐름을 보지 못하는 것은, 메시야가 '텔로스 노무'(telos nomou), 즉 토라의 최종 종착지이자 목표지점이고 궁극적인 성취라고 말하는 바울의 진술의 온전한 의미를 놓치는 것이다.[166)]

마찬가지로, 우리가 바울이 메시야적인 성취를 여러 모양으로 암시하는 시편과 선지자들의 글에 나오는 핵심 본문들을 가져와서 이 단일한 서사의 흐름 속에 채워 넣고 있다는 것을 알지 못한다면, 그것은 바울이 자신의 교회들에 대한 자신의 사역과 소명이라고 생각하였던 것을 실제로 탈역사화하는(dehistoricize) 것임과 동시에 탈유대화하는(deJudaize) 것이다. 그가 "우리는 하나님의 상속자들이고 메시야와 함께 한 상속자들(klēronomoi − '클레로노모이')"이라고 선언할 때(로마서 8:17), 우리는 바울이 1:4에서 예수를 다윗 가문에서 태어난 "하나님의 아들"이라고 선포하면서 상기시킨 시편 2편을 떠올리고서, 이 "아들"에게 주어진 약속, 즉 아브라함에게 처음에 주어진 약속에 특별히 초점이 맞추어진 약속을 생각하지 않으면 안 된다: "내게 구하라. 내가 열방이 네 유업(klēronomia − '클레로노미아')이 되게 하고, 땅의 끝들이 네 소유가 되게 할 것이다." 이렇게 아브라함에서 시작되는 흐름은 메시야로 나아가고, 그런 후에는 거기에서 나와서 세계를 포괄한다:

166) 위의 제9장 제3절 3) (2)와 제11장 제6절 4) (3); 그리고 Wright, 1991 [*Climax*], 241-4에 나오는 이 입장에 대한 나의 이전의 진술을 보라.

메시야께서는 하나님의 진실하심을 보여주기 위하여, 즉 족장들에게 주신 약속들을 확증하고 열방들로 하여금 그 긍휼하심으로 말미암아 하나님을 찬송하게 하기 위하여 할례자들의 종이 되셨다. 그래서 성경은 이렇게 말한다:

내가 장차 열방 중에서 당신을 찬송하고
당신의 이름을 노래할 이유가 거기에 있다.

또한, 성경은 이렇게 말한다:

너희 열방아, 그의 백성과 함께 즐거워하라.

또한, 이렇게 말한다:

모든 열방아, 주를 찬송하고,
모든 백성들로 하여금 그를 찬송하게 하라.

또한, 이사야는 이렇게 말한다:

이새의 뿌리,
곧 열방을 다스리기 위하여 일어나는 이가 있을 것이고,
열방이 그에게 소망을 둘 것이다.[167]

토라와 선지자들과 성문서는 모두 다 한 목소리로 단일한 이야기를 들려주고 있고, 이 이야기는 온갖 우여곡절과 재난들과 실망들에도 불구하고 결국 성취에 도달하였다.

이 이야기는 앞으로는 아브라함으로부터 다윗에게로, 그리고 약속된 포로생활로부터의 귀환과 "새로운 출애굽"으로, 그리고 궁극적으로는 메시야만이 아니라 온 세계로 확장될 메시야의 통치로 뻗어나가고, 뒤로는 아브라함을 거쳐서 아담까지 뻗어 있다. 로마서 5:12-21은 물론 고전적인 본문이지만, 우리는 그 핵심을 놓쳐서는 안 된다. 아담은 단지 하나의 사례이거나, 이 이야기로부터 분리되어 따로 떨어져 있는 최초의 죄인인 것이 아니다. 창세기 자체가 아담에게 주어진 명령의 내용과 아브라함에게 주어진 소명의 내용을 통해서 이 두 사람을 연결시키고 있다.[168] 시편은 적어도 암묵적으로는 아담과 메시야를 연결시키고 있다. 즉, 시편 8편은 "인자"에게 주어진 소명을 창세기 1장에서 아담에게 주어진 소명의 관점에서 다시 한 번 반복해서 표현한다. 거기에 나오는 "인자"라는 어구는 모호한 표현임에도 불구하고, 적어도 주후 1세기의 유대인들은 그 어구가 그들이 오랫동안 기다려 온 왕을 가리킨다는 것을 알아차릴 수 있었다.[169] 따라서 바울이 고린도전서

167) 이 서신 전체를 요약하고 있는 롬 15:8-12은 시 18:49/삼하 22:50; 신 32:43; 시 117:1를 인용하고 있고, 그 정점에서는 사 11:10을 인용한다.

168) 위의 제10장 제2절 1)을 보라.

169) 시 8:4을 보라; cf. 80:17[MT 80:18]. "인자가 무엇이기에 당신은 그를 그토록 중시하십니까"라는

15:20-28에서, 시편 8:6(고전 15:25의 "그가 자신의 모든 원수를 자기 발 아래 두셨다"는 여기에 나오는 "그가 만물을 그의 발 아래 두셨다"를 가져와서 사용한 것이다)을 반영하고 시편 110:1을 인용해서, 아담과 메시야를 결합시킬 때, 그 인용문들은 단순한 "증거 본문들"이 아니다. 또한, 우리는 고린도의 청중들은 복잡한 사변을 알아들을 수 없었을 것이기 때문에(이것 자체도 의심스러운 주장이다), 바울은 실제로 이러한 성경 인용문들을 통해서 창세기와 시편, 그리고 아마도 다니엘서의 좀 더 큰 맥락들을 상기시키고자 할 수 없었을 것이라고 말할 수 없다.[170] 왜냐하면, 바울은 여기에서 자신의 신학에서 중심적이었던 메시야적인 종말론을 설명하고 있는데, 그 핵심은 "성경의 서사"가 새로운 창조, 즉 예수의 부활 안에서 이미 일어났고 또한 장차 그의 메시야적 통치를 통해서 일어날 새로운 창조를 통해 성취되고 있다는 것이었기 때문이다.

"바울과 성경"이라는 질문에 있어서 주된 문제점은 "바울과 율법"이라는 질문의 부분집합으로 제기되고, 내가 위의 제10장 끝부분에서 논증하였듯이, "바울과 율법"이라는 문제는 이스라엘의 이야기에 대한 바울의 읽기 및 그 이야기가 메시야 안에서 결말에 도달하게 된 기이한 방식이라는 서사적인 틀 내에서만 이해될 수 있다.[171] 그러나 "바울과 성경"이라는 질문과 관련된 온갖 종류의 문제들은 여전히 해결되지 않고 있기 때문에, 좀 더 자세하고 구체적으로 살펴볼 필요가 있고, 그렇게 하기 위해서는 한 권의 주석서나 일련의 논문들을 써야 할 것이지만, 나는 여기에서 그러한 좀 더 깊은 연구를 위한 하나의 출발점으로서, 그 누가 평가한다고 해도, 지금까지 바울과 성경이라는 주제에 대하여 씌어진 책들 중에서 가장 창의적이고 혁신적인 책들 가운데 하나로 여기지 않을 수 없을 저작에 대한 나의 짤막한 논평으로 대신하고자 하는데, 그 저작은 프랜시스 왓슨(Francis Watson)의 『바울과 믿음의 해석학』(*Paul and the Hermeneutics of Faith*)이라는 책이다.[172]

2) 해석학, 믿음, 하나님의 신실하심

자세하고 주의 깊게 연구해 볼 만한 가치가 있는 왓슨의 이 저작은 다음과 같은 세

구절에서 "인자"는 이 왕을 가리키는 것으로 보인다.

170) 어떤 사람들은 15:24에서 다니엘서 2:44의 반영을 감지해낸다(예컨대, Fitzmyer, 2008, 572).

171) 토라의 "서사적 역할들"에 대해서는 cf. Hays, 2005, 85-100(orig. 1996a); 그리고 위의 제7장.

172) Watson, 2004. 이후에 언급된 Watson의 저작은 다른 표시가 없다면 이 책을 가리킨다. 독자들이 앞으로 알게 되겠지만(Watson, xii, 376 n. 34), 이 말은 훨씬 더 길게 이어지는 대화의 일부이다.

가지를 탁월한 솜씨로 시도하고 있는 책이다. 첫째로, 그는 바울이 성경을 명석하고 똑똑하며 영리하게 읽은 사람이었던 것으로 이해하고자 한다. 즉, 사도는 성경에서 증거본문들을 찾아내거나 무작위로 성경을 인용한 사람이 아니었다는 것이다. 바울은 성경, 특히 모세 오경을 하나의 전체로서 보고 씨름하였다. 왓슨은 바울이 성경을 오늘날의 역사적 석의자가 아니라 랍비처럼 읽고 있다는 이유로, 그의 석의를 거부하고 배척해서는 안 되고, 바울은 자신의 대적들이 성경을 거론하였기 때문에 어쩔 수 없이 자신의 논증 속에서 성경을 거론할 수밖에 없었던 것도 아니라고 말한다.[173] 바울은 단순히 성경을 읽는 독자가 되는 것이 아니라 그러한 성경 읽기에 의해서 변화를 받는 것이 기독교 신앙의 중심적인 일부라고 믿었다.[174]

둘째로, 왓슨은 성경의 핵심 본문들에 대한 바울의 읽기를 동일한 본문들에 대한 제2성전 시대의 다른 읽기들, 즉 지혜서, 희년서, 필로(Philo), 요세푸스(Josephus), 바룩서, 에스라4서, 특히 쿰란 공동체의 읽기들과 비교함으로써, 바울의 성경 읽기를 이해하기 위한 풍부한 역사적 맥락을 제시한다. 그런 식으로, 그는 바울로 하여금 다른 몇몇 읽기들 및 읽기 유형들과 아주 중요한 대화를 하게 해서, 비록 바울은 솔로몬의 지혜서를 제외하고는 그 본문들을 알지 못하였지만, 그럼에도 불구하고 그 읽기들은 동일한 뿌리에서 갈라져 나온 여러 가지들로서, 비록 표현이 서로 다르기는 하지만 신학적으로 사촌 관계라는 것을 보여준다.

셋째로, 왓슨은 바울이 특히 토라를 읽은 방식과 관련해서 하나의 구체적인 주장을 제시하고 논증한다. 그의 논증에 의하면, 바울은 토라 내에 "이중성"이 존재한다는 것을 알고서, 두 개의 "목소리"를 듣고 그것들을 둘 다 제대로 다루고자 애썼다는 것이다.[175] 그는 자기가 말하는 "이중성"과 유사하게 사람들이 과거에 "양극성"을 주장하며, 마치 바울이 한편으로는 "약속," 다른 한편으로는 "율법" 같은 두 개의 추상적인 "체계들"을 대립시키고 있는 것처럼 취급하였던 것을 피해서, 바울이 들은 두 개의 "목소리들"은 토라의 본문 자체 속에 있고, 바울은 이 각각의 목소리를 합당한 방식으로 존중해서 들으려고 최선을 다했다고 말한다:

> 바울은 토라를 읽을 때, 자기가 토라 내에서 발견하는 두 가지 주된 긴장관계를 부각시키고자 한다: 무조건적인 약속과 시내 산 율법 간의 긴장관계, 그리고 율법이 제시한 생

173) Watson, 17.
174) Watson, ix.
175) Watson, 54f.

> 명과 율법의 저주 간의 긴장관계. 이것들은 창세기, 출애굽기, 레위기, 신명기라는 여러 책들 간에 존재하는 긴장관계들이다.[176)]

> 하나님이 아브라함에게 전 세계에 그 효과가 미치는 무조건적인 구원 역사를 약속하였다는 것에 모든 강조점을 두고서 토라를 읽는 읽기와, 사람들이 행해야 할 것과 행하지 말아야 할 것을 구체적으로 요구하는 명령이 시내 산에서 나왔다는 것을 중심에 두고서 토라를 읽는 읽기 간에 구별이 있는 것으로 보인다.[177)]

> 상반된 것들을 대립시키는 바울의 반립 해석학은 율법 자체 내에 있는 뿌리 깊은 긴장관계, 즉 사람들이 그 계명들에 순종할 수 있고 순종하여야 한다고 전제하는 "낙관적인" 목소리와, 인간의 삶에 의를 가져다주고자 하는 이 프로젝트는 실패할 수밖에 없다고 보는 "비관적인" 목소리 간의 긴장관계를 드러내었다고 주장한다.[178)]

> 바울이 인용한 본문들 – "의인은 없으니 한 사람도 없다," "의인은 믿음으로 말미암아 살게 될 것이다" – 은 양날을 지닌 성경 전체의 증언을 집약하고 있다.[179)]

이러한 모든 서술들의 근저에 있는 왓슨의 목적은 분명하다. 즉, 그는 바울이 먼저 "이신칭의"라 불리는 것을 믿게 되었고, 그런 후에 그것을 증명해 줄 성경 본문들을 찾아 나섰다는 그 어떤 주장에 대해서도 반대하고, "바울의 가르침은 … 성경에 대한 해석과 해석학 안에서의 활동"이라는 것을 주장하고 있는 것이다:

> 바울은 이 언어와 개념화가 성경에 의해서 생성된 것이고, 따라서 이것은 성경 자체가 근본적으로 이중성을 지니고 있음을 증언하고 있는 것임을 자신의 독자들에게 설득하고자 한다. 성경은 자신의 예언적 목소리를 통해서는, 하나님의 장래의 구원 역사의 (긍정적) 결과에 대하여 말하는 반면에, 율법의 목소리를 통해서는, 율법 자체가 이전에 촉진시켜 온 인간의 행위의 (부정적) 결과에 대하여 말한다. 성경의 이러한 이중적 증언은

176) Watson, 22(강조는 원래의 것). (이미 일반화의 기미가 끼어든다: 출애굽기의 전반부는 사실 아브라함에게 한 약속을 성취하기 위하여 자기 백성을 해방시키는 하나님의 행위에 관한 것이다.) Cf. 524: "바울의 읽기, 그리고 다른 읽기들은 모두 창세기의 족장 서사들과 출애굽기에 구술된 시내 산 계시 간의 편차를 보여준다. 이 편차는 율법을 창세기에 투사함으로써 극복될 수 있고, 또는 아브라함에게 주어진 약속의 절대적인 의미를 단언하는 데 사용될 수 있다: 어느 경우이든, 그것은 다양한 읽기들을 생성해내는 동일한 본문 현상이다."

177) Watson, 29: Watson은 여기에서 조심스럽게 루터에 대한 이중적인 평가를 제시하여, 어떤 것들에 대해서는 옳았고 어떤 것들에 대해서는 틀렸다고 말하여야 한다고 주장한다.

178) Watson, 66. 나는 "낙관주의"니 "비관주의"라는 말들을 사용하는 것이 도움이 되지 않는다고 본다. 왜냐하면, 관련된 읽기들은 독자들의 선행적인 태도와는 아무 상관이 없기 때문이다.

179) Watson, 73.

바울의 믿음의 해석학에서 근본적인 것이다.[180)]

이렇게 "성경 자체 내에 깊은 단층선," 즉 "성령 내부에서의 대립"이 존재한다. 성경 내에는 "어둠과 빛"이 함께 있다 — 물론, 이것들은 바울의 가설적인 대적들이 주장하였을 법한 지점, 즉 이스라엘과 이방인 사이의 경계선이 아니라, "하나님과 인간 사이의 경계선에" 위치해 있지만.[181)] 바울은 "모태에서 에서와 야곱이 서로 다투었듯이, 이 두 목소리가 … 서로 다투는 것을 들었다."[182)]

이 모든 것 속에서 왓슨은 여러 다양한 주장들을 제시한다. 그는 "행위/믿음"이라는 대립은 원래의 맥락 속에서는 바울과 (메시야를 믿는 자들을 포함한) 유대인들이 그들이 공유한 성경이 "실제로" 무엇에 대하여 말하고 있는지에 대하여 지니고 있던 서로 다른 견해를 집약해서 표현한 약어라고 주장하고서는, 그러한 대립은 기독교 이전의 제2성전 시대 유대인들 가운데서의 좀 더 큰 대립, 즉 하나님의 역사와 인간의 행위 간의 관계를 (성경에 비추어서) 어떻게 이해하여야 하느냐를 놓고 벌어진 대립의 일부라고 설명한다.

이 대목에서 오늘날의 독자에게 생겨나는 질문은, 왓슨이 과거에 그에게 아주 중요하였을 뿐만 아니라 현재에 있어서도 (몇 가지 점에서는) 다시 돌아간 것으로 보이는 이전의 개신교적 석의와 아주 판이하게 다른 것을 말하고 있는 것인지의 여부와, 다르다면 어느 정도나 다른 것인가 하는 것이다. 그가 이른바 다양한 형태의 "새로운 관점"에 속하는 요소들과 그 지지자들 중 일부를 비판하고 있는 것은 사실이지만, 그렇다고 해서 그가 단지 옛 관점을 석의적이고 역사적으로 정교하게 다듬은 판본을 제시하고 있는 것은 아니다.[183)] 그는 샌더스(Sanders) 이후의 학계의 분위기에 대해서, "율법의 계명들이 제2성전 시대 유대교에서 생명을 가져다주는 길로 인식되었을 것이라는 추정은 거부되어 왔다"고 말하는 등 종종 독선적으로 보일 수 있는 말들을 한다.[184)] (우리가 위의 제2장과 제10장에서 보았듯이, 그 모든 것은 사람이 현재의 칭의에 대해서 말하고 있느냐, 또는 최종적인 칭의에 대

180) Watson, 76.

181) Watson, 162, 331, 168.

182) Watson, 341. 그는 "목소리의 복수성"이라고 말한다(520).

183) 예컨대, Watson, 13, 16에 나오는 Sanders에 관한 그의 말을 보라. 하지만 그가 종교개혁자들과 바울 간의 간극을 "새 관점"의 "근본적인 교의"라고 말하는 것은 잘못이라고 나는 믿는다: 그러한 간극은 "새 관점"에 기반한 초기 저작의 결과가 아니라 토대였다.

184) Watson, 323.

해서 말하고 있느냐에 따라 달라진다.)[185] 나는 이러한 질문을 들으면, 도드(C. H. Dodd)가 로마서 10:5-6에 대하여 한 말이 생각난다. 도드는 그 본문들에 대하여 설명하면서, 바울은 신명기의 "예언자적인 정신"과 레위기의 "딱딱하게 기계적인" 예식에 의거한 의를 구분하는 19세기의 고등비평에 해당하는 것을 이미 행하고 있다고 예찬하며, 바울에 대한 여전한 지지를 과시한다.[186] 도드의 기가 막힌 오만방자함은 왓슨의 주의 깊고 역사적으로 민감한 읽기와는 천지 차이이다. 그러나 왓슨이 바울이 실제로 의도한 것을 읽어내었다고 하는 자신의 읽기가 결국 어느 정도나 기존의 읽기와 다른 것인지를 충분히 설명했는지는 의문이다.

왓슨은 토라를 본격적으로 다루기 전에, 먼저 바울의 하박국서 2:4의 사용을 자세하고 복합적으로 분석한 것을 제시하는데, 이 하박국서 본문은 내가 본서의 아주 앞부분에서 다루어야 했지만, 이 순간을 위해 남겨두었던 본문이다. 왓슨은 하박국서, 특히 이 본문은 바울이 무작위로 골라서 사용한 본문이 결코 아니라는 것을 논증하면서, 하박국서와 이 본문은 바울 당시의 유대 세계에서 이미 어떤 의미에서 "12소선지서"의 메시지 전체를 요약한 것으로 여겨지고 있었다고 강력하게 주장한다.[187] 왓슨은 특히 바울이 로마서 1:17 끝에서 인용한 이 본문이 이 절 전체의 의미를 지배하고 있는 것으로 보아야 한다는 것을 논증하면서, 주석자들은 순차적 해석의 방법론에 의해서 오도되어, 바울이 이 절의 상반절에 나오는 "하나님의 의가 믿음을 위하여 믿음으로 말미암아 나타난다"라는 구절에 의해서 말하고자 하는 것이 하반절에 나오는 "의인은 믿음으로 말미암아 살게 될 것이다"라는 구절에 의해서 결정되어야 한다는 것을 깨닫지 못하고 있다고 말한다.[188] 이렇게 여기에 인용된 하박국서 본문은 시금석으로서의 기능을 하기 때문에, 우리가 하박국서에 나오는 예언 본문이 밑받침해 주는 방식으로 "하나님의 의"를 해석하지 않는다면, 그것은 바울을 잘못 읽고 있게 된다는 것이다.

185) cf. Watson, 329: "레위기 본문은 생명이 율법의 준수에 달려 있다고 말한다. 이것은 계약, 하나님의 긍휼, 열방들로부터의 이스라엘의 구별에 관한 전제들과 온전히 양립할 수 있다." 나는 이것이 Sanders가 "계약적 율법주의"(covenantal nomism)라고 말한 것의 의미라고 생각한다. 따라서 Watson이 "이 분야에서 세워진 이분법들은 해체되어야 한다"고 결론을 내릴 때, 나는 그 말을 좀 더 세분해서 생각해 볼 필요가 있다고 본다: 누구에 의해서 세워진 어떤 이분법들?

186) Dodd, 1959 [1932], 177: "바울이 (현대적인 비평의 도움 없이) 오경 속에는 다른 부분들의 명백한 율법주의보다 더 깊고, 정신에 있어서 기독교와 아주 근접한 **층**이 존재한다는 것을 알았다는 것은 그의 대단한 통찰을 보여준다"(강조는 원래의 것).

187) Watson, 87, 101, 120.

188) Watson, 53.

그의 말을 들으면, 우리는 그의 견해에 반대하기 어려울 것 같은 느낌을 받는다. 하지만 그의 주장을 세부적으로 살펴보면, 나는 그의 견해에 반대할 수밖에 없음을 느끼게 된다. 그 이유를 말하기 전에, 나는 먼저 특히 바울이 토라 자체 내에서 "두 개의 목소리"를 발견하였다는 그의 주된 주장과 관련해서 왓슨의 전체적인 논증에 대하여 몇 가지 의문점들을 제시하고자 한다.

나는 왓슨이 정확히 올바른 방식으로 올바른 문제 제기를 했다고 본다. 반대증거가 나오기 전까지, 우리는 이스라엘의 성경에 대한 바울의 읽기가 제2성전 시대의 성경 읽기 전체와 맥을 같이한다고 전제하여야 한다 — 비록 바울 자신의 신학적인 관점의 세부적인 내용들로 인해서 그 읽기가 상당한 정도로 편차를 보이고 있다고 할지라도. 그리고 반대증거가 나오기 전까지, 우리는 바울이 개별적인 성경 본문들을 문맥에서 떼어내어 고립적이고 독립적으로 다룬 것이 아니라, 성경 전체, 성경의 큰 분류들, 그리고 각각의 책이라는 좀 더 큰 맥락 속에서 토라와 선지자들의 글과 시편을 정확하고 명석하게 읽어낸 것으로 보아야 한다. 이 두 쟁점에 대한 왓슨의 철저한 연구는 "바울과 성경"이라는 주제와 "바울과 토라"라는 주제에 관한 논의를 완전히 새로운 수준으로 옮겨 놓고 있음에 틀림없다. 그의 책을 평한 학자들은 "획기적"이라는 표현을 아주 기꺼이 사용하지만, 왓슨의 책은 그러한 평을 충분히 들을 만한 가치가 있다.

하지만 내가 왓슨의 설명이 성경을 "규범적인" 것으로 보는 데 지나치게 그 초점이 맞추어져 있고, 성경을 "서사"로 보는 데에는 지나치게 소홀히 하고 있다고 말한다고 해도, 그것은 전혀 이상하거나 놀랄 일은 아닐 것이다. 왓슨은 성경을 바울에게 있어서 "규범적인" 것이라고 말할 때, 통상적으로 추상물들로 옮겨가는 것으로 보인다: 성경은 "하나님과의 합당한 관계" 또는 "하나님이 정한 구원의 길"에 대하여 말해 주는 "구원을 위한 규범적인 진리"이다.[189] 왓슨이 바울의 메시지를 요약한 것들은 종종 거의 불트만적인 것으로 들리고, 그것이 내게는 큰 문제인 것으로 여겨지는데도, 그에게는 별 문제가 아닌 것으로 느껴지는 모양이다. 예를 들면, 그는 "하나님이 그리스도 안에서 생명을 주는 역사에 비추어 볼 때, 율법은 율법이 조건부로 제시한 생명을 얻고자 하는 인간의 행위가 지닌 한계들과 제한들을 드러내 보여준다"고 말한다.[190] 하지만 내가 그의 이러한 말 속에서 아쉽다고 느끼는 것은, 이 말 속에는 토라를 포함한 성경 전체를 이스라엘의 역사적이고 예언적

189) Watson, 26, 179 n. 14, 124, 163, 189.
190) Watson, 465.

인 서사, 즉 다소의 사울과 그의 동시대인들이 계속해서 진행해 나가고 있음에 틀림없다고 믿었지만, 갑자기 멈춰 서 버린 것처럼 보여서, 놀라고 두려워하는 가운데 신학적으로 대답을 찾고자 고심하고 있던 바로 그런 서사로 보는 인식이 결여되어 있다는 것이다.

내가 왓슨에게서 더욱 안타깝게 느끼는 것은 (우리가 위의 제7장에서 이미 보았듯이, 그가 바울에게 본질적으로 서사적인 요소가 존재한다는 것을 부인하고 있음에도 불구하고) 그는 몇몇 대목들에서 그러한 서사를 실제로는 인식하고 있다는 것이다.[191] 그는 12소선지서가 아직 도달하지 않은 어느 지점을 향하여 진행 중인 서사를 함축하고 있다고 말한다.[192] 그는 리처드 헤이스(Richard Hays)와 맥을 같이하여, 바울은 성경을 서로 분리되고 고립되어 있어서 문맥에서 떼어내어 독립적으로 인용할 수 있는 단편들로 구성된 것이 아니라, 전체로서 하나의 서사를 이루고 있다는 인식을 지니고 있었다고 본다 — 하지만 그런 후에 그는 "[바울의 글에] 나타난 성경 해석은 헤이스가 말한 무한한 하나님의 신실하심이 시사해 주는 것보다 덜 일관되고 더 단편적이다"라고 말하기는 하지만(이것은 "구원사" 비슷한 것들에 대한 이른바 통상적인 "묵시론적" 관점에서의 비판을 반영한 것으로서, 나는 나의 저작이나 헤이스의 저작이 전혀 무리가 없고 일관되다고 보지는 않는다).[193] 그는 바울이 "정경 내의 정경"을 주장하였다거나 "원시 마르키온주의적인 율법에 대한 배척"을 행하였다는 주장에 반대해서, 바울은 "오경은 하나의 서사를 풀어내고 있는 것"으로 보았다고 말하며, 나중에 그 서사는 "하나님이 이스라엘과 맺은 계약에 관한 이야기"라고 설명하기도 한다.[194] 특히, 그는 신명기 27-30장에 설명된 계약이 바울 당시에 이르기까지의 이스라엘의 역사 속에 새겨져 있다고 본 이른바 신명기적인 역사관도 지적한다(이상하게도 그는 그 가장 분명한 예라고 할 수 있는 4QMMT에 대해서는 전혀 언급하고 있지 않기는 하지만).[195] 그러나 성경의 근저에 흐르는 서사의 존재에 관하여 그가 이렇게 종종 보여준 이러한 인식들은 그 어느 것도 그의 전반적인 읽기에는 영향을 미치지 않는다. 왓슨이 토라에 대한 바울의 읽기에서 발견하였다고 말한 것, 즉 두 개의 목소리가 조화를 이루지 못하고

191) 위의 제7장 제1절을 보라.

192) Watson, 137, 140f.

193) Watson, 23.

194) Watson, 163 n. 61; 185.

195) Watson, 433, 455-60; 이 주제 전체에 대해서는 위의 제2장 제4절 2) (3)과 *Perspectives*, ch. 21을 보라.

계속해서 서로 긴장관계 속에 놓여 있는 모습을 내가 왓슨 자신에게서 본다고 말한다면, 그것은 너무 지나친 말이 될까. 즉, 그의 지배적인 목소리는 성경 속에는 서로 간의 대립을 해결하지 못한 채로 나란히 공존하는 두 원리가 있다고 말하는 소리이고, 성경의 근저에는 서사가 흐르고 있다고 말하는 그의 또 다른 목소리는 밖으로 잘 표출되지 못하고 희미한 소리로 남아 있는데, 내가 곧 설명하겠지만, 후자의 목소리가 지배적이 될 때, 이 두 목소리의 대립관계는 해소될 뿐만 아니라 이 두 목소리는 서로 합쳐져서 조화를 이루는 전체가 된다. 왓슨은 바울이 이러한 주제들을 어떻게 통합시키고 있는지를 보지 못함으로써 바울이 사용한 기법을 놓친 것이 아닌가 하고 내가 말하였듯이(예컨대, 12소선지서의 서사가 미완인 것은 사실 오경 자체의 예언적 서사가 여전히 미완인 것과 맥을 같이한다는 것), 나도 내가 왓슨을 읽는 데 어느 하나를 놓친 것일 수도 있겠지만, 나는 그가 인정하는 계약 서사가 어떻게 해서 그의 중심적인 주제인 첨예하고 지속적인 대립과 부합하는 것인지를 알지 못하겠다.[196] 특히, 왓슨은, 적어도 내가 보기에는 분명히 "두 번째 기회"가 아니라 계약의 갱신(covenant renewal)에 대하여 말하는 것으로 여겨지는 본문들에 대한 바울의 읽기를 결코 정면으로 다루지 않는다. 명시적인 서사 없이는, 종말론은 와해되어 서로 다른 여러 추상적인 도식들로 변해 버리고 만다.[197]

이것과 비슷하게, 내가 왓슨의 설명 속에서 일반적인 수준에서 아쉽게 느끼는 또 다른 것은, 그에게는 제2성전 시대의 사회정치적 맥락에 대한 좀 더 충분한 인식이 결여되어 있다는 것이다. 왓슨은 제2성전 시대의 유대인들이 단지 여럿이서 모여 앉아서 추상적인 "구원" 체계들을 토론한 것이 아님을 너무나 잘 알고 있다. 그는 "'민족적' 종말론과 '초월적' 종말론 간에는 양립할 수 없는 것이 존재하지 않는다"고 본다.[198] 그러나 그의 설명 속에서 우리는 바울 서신들을 포함한 그가 설명하는 본문들이 정치적으로 격동하는 위험한 세계, 즉 현대적인 의미에서 "어떻게 해야 우리가 구원을 받게 되는 것인가"라는 질문이 아니라, "무슨 일이 진행되

196) 계약 서사에 대해서는 Watson, 433, 455, 460f. 등을 보라.

197) 예를 들면, Watson, 335를 보라. 거기에서 그는 로마서 10:5-8을 "율법 프로젝트," 즉 "의와 생명으로 통하는 길"이자 "하나님의 실천" 등과 반대되는 것으로서의 "인간 특유의 실천을 전면에 내세우는" "모세의 원리"로서의 "율법의 지속적인 실천"이라는 관점에서 다룬다. 여기에서 Watson의 논지가 하나님이 그리스도 안에서 행하여 율법을 끝장내고 새로운 것을 개시시켰다는 것인 한에서, 그는 모종의 종말론적인 서사(하나님이 그리스도 안에서 행한 것을 보면, 율법은 잘못되었음에 틀림없다는 Sanders의 서사 같은)를 전제하고 있다. 하지만 신명기 30장을 사용하는 제2성전 시대 본문들이 강조하고 있는 것은 다름아닌 계약의 갱신이다.

198) Watson, 484.

고 있는 것인가," "이스라엘의 하나님은 어떻게 하고 있는 것인가," "하나님은 현재의 곤경으로부터 우리를 어떻게 건져내고자 하는 것인가," "우리는 무엇을 기다리고 있고, 그 일이 일어나게 하기 위해서 우리가 어떻게 도움이 될 수 있는 것인가," "우리는 현재 무엇을 해야 하는가"라는 질문들이 주류를 이루는 세계로부터 출현한 본문들이라는 느낌을 결코 받지 못한다.[199] 왓슨이 다른 학자들이 "제2성전 시대의 유대교"에서는 서로 다른 분파들이 "진정한 유대적인 성경 전통을 제시하기 위하여 서로 다른 견해들을 경쟁적으로 제시하는" 등 "신학적으로 동요하고 있었다"는 사실을 소홀히 다루고 있다고 비판한 것은 옳다.[200] 그러나 그런 말을 들은 독자들은, 당시의 유대교가 바울의 동시대인들 중 많은 수가 열망하고 있었던 대단히 현세적인 "구원"이 아니라, ("하나님의 행위와 인간의 행위"에 관한 추상적인 논의들로 가득한) 오늘날의 서구적인 의미에서의 서로 다른 "구원" 체계들을 제시하며 신학적으로 동요하고 있었던 것이라는 의미로 그 말을 받아들일 수 있다. 바울 시대에 제시된 성경에 대한 서로 다른 여러 가지 읽기들은 단지 신학적인 동요의 일부였던 것이 아니라, 종교적이고 철학적이며 특히 정치적인 동요의 일부이기도 하였다(이러한 표현도 똑같이 시대착오적인 표현이 될 위험성을 안고 있기는 하지만). 이 모든 것은 우리를 에스라4서를 비롯한 제2성전 시대의 다른 많은 문헌들에 의해 첨예하게 제기된 질문으로 되돌아가게 만든다: 하나님의 의는 어떻게 된 것인가? 이스라엘의 하나님은 어떤 식으로 자신의 약속들에 대하여 신실하게 행하게 될 것인가?

바울이 제2성전 시대의 유대교 내에서의 복잡하지만 통일적이었던 지배적인 서사들을 아주 잘 알고 있었고(위의 제2장), 그 서사들을 새롭고 창의적으로 사용하였다는 것(위의 제7장)에 대해서는, 내가 본서의 앞부분에서 이미 자세하게 논증한 바 있다. 내가 지금 여기에서 말하고자 하는 것은 바로 그러한 것이 그의 성경 사용에서도 정확히 그리고 또다시 통일적으로 반영되어 있다는 것이다. 그는 당시의 몇몇 문헌들이 보여주는 것과 마찬가지로, 창세기의 처음 부분에 나오는 장들을, 일찍부터 무엇인가가 잘못되어서 하나님이 그것을 바로잡기 위하여 아브라함을 부르게 된 것의 배경을 이루는 내용들이라는 관점에서 읽는다. 바울이 로마서 4

199) 나는 다른 곳에서 유대의 서로 다른 여러 "철학들"에 관한 Josephus의 저 유명한 설명은 사실 훨씬 더 정치적으로 초점이 맞추어져 있던 내용들(우리는 하나님의 다가올 역사에서 수동적인 역할을 하게 될 것인가, 아니면 하나님이 우리를 통해서 역사하는 것인가?)을 추상적인 범주들(예정론, 자유의지 등등)로 바꾸어 표현한 것이라고 말한 바 있다. 예를 들면, *NTPG*, 181f., 200f.; *RSG*, 175-81을 보라.

200) Watson, 26 n. 52.

장에서 하나님이 아브라함과 맺은 계약을 설명한 후에 조금 뒤로 물러서서, 로마서 5장에서 아담과 메시야라는 관점에서 이 그림을 요약하는 이유가 거기에 있다. 따라서 바울의 글에서 아브라함은 "모범"으로서의 역할을 하기는 하지만(우리는 로마서 4:18-25에서 그러한 모습을 적어도 어느 정도는 볼 수 있다), 아브라함과 관련하여 훨씬 더 중요한 측면은 창세기 15장에서 하나님이 아브라함과 맺은 계약이었는데, 그 이유는 이 계약은 이제 하나님이 자신의 신실하심을 나타내 보인 수단이 되었기 때문이었다. 여기에서 왓슨이 바울의 성경 인용문들에 대한 원자론적인 읽기들에 반대한 것은 절대적으로 옳다고 나는 믿는다. 바울은 단지 본문들을 무작위로 긁어모아서 사용하고 있는 것이 아니다.[201] 그러나 왓슨은 바울의 글들의 근저에 있는 진정한 틀로서의 역할을 하고 있는 "계약"이라는 주제를 결코 보지 못한다. 그는 바울에게 있어서 "결정적으로 중요한 문제는 이신칭의에 관한 그의 명제가 성경에 대한 설득력 있고 나무랄 데 없는 읽기를 낳을 수 있느냐 하는 것이다"라고 말하지만,[202] 나는 그가 완전히 거꾸로 잘못 말하고 있다고 느낀다. 왜냐하면, 바울은 자신의 논증의 중심적인 논지들 아래를 점점 더 깊이 파들어 가서, 자기가 칭의에 관하여 말한 것이 그 자체가 하나님이 아브라함과 맺은 계약의 산물이라는 것을 보여주고 있는 것이기 때문이다. 이렇게, 왓슨이 바울은 아브라함을 "경건한 모범"으로 치부해 버리는 통상적인 관점을 피하고 있다는 것을 보여준 것은 옳지만, 그럼에도 불구하고 아브라함은 여전히 "믿음"의 "모범"이다.[203] 또한, 왓슨은 바울이 아브라함을 하나님으로부터 전 세계와 관련된 약속을 받은 인물로 보고 있다는 것도 인정한다. "하나님과 아브라함은 둘 다 그들의 관계에 수반된 보편적인 미래라는 관점에서 이해된다."[204] 그러나 앞에서와 마찬가지로 이번에도, 나는 이러한 통찰이 왓슨의 논증의 본론 속으로 녹아들어 엮여 짜여 있는 것을 보지 못한다.

왓슨은 레위기와 민수기에 이르러서는, 레위기 18:5("이것들을 행하는 자는 그 것들로 말미암아 살리라")을 토라의 이러한 흐름 전체에 대한 요약으로 보는 매력

201) 예를 들면, Watson, 40-42를 보라. 그는 바울이 "창세기 15:6의 언어를 점진적으로 자신의 담론 속으로 동화시킨다"고 말한다(72); 내가 옳다면, 로마서 4장 전체는 창세기 15장 전체에 대한 해설이고, 15:6은 그 중심이자 열쇠이다.

202) Watson, 42.

203) Watson, 218을 보라: "아브라함은 하나님의 무조건적인 구원 역사를 선언하는 발화행위를 통해서 가능하게 되는 생활방식의 모범이다"; 220: "아브라함은 행위로 말미암지 않는 의의 모범이다 …"

204) Watson, 269.

적인 주장을 제시한다.[205] 또한, 그가 로마서 7장에서는 민수기가 직접적으로 인용되고 있지는 않지만, 광야에서 패역한 이스라엘 백성에게 토라에 의해 죽음의 심판이 내려졌다고 보도한 민수기의 기사가 그 배후에 있다고 주장한 것은 흥미롭다.[206] 하지만 나는, 우리가 바울이 토라에서 "두 목소리"를 발견한다는 왓슨의 주장에 가장 근접한 본문들을 바울의 글들에서 찾아본다면, 가장 유력한 후보가 바로 로마서 7장이라는 것을 지적하지 않을 수 없다. 거기에는 "내"가 기뻐하는 "하나님의 율법"(nomos tou theou – '노모스 투 테우')이 나오고, 이 첫 번째 율법과 싸워서 나를 포로로 사로잡는 또 하나의 율법, 즉 죄와 사망의 "율법"(nomos – '노모스')이 나온다. 이것은 왓슨의 논지와 부합하는 전형적인 진술이지 않을까? 로마서 7:23의 "다른 율법"은, 그것이 무엇을 가리키든, 바울이 7:7-12, 특히 7:13에서 토라 자체가 행하고 있다고 말한 것, 또는 "죄"가 토라로 말미암아 행하고 있다고 말한 것을 행하고 있다. 이것은 바울이, 아무리 아이러니컬하더라도, 왓슨의 "두 목소리" 이론에 동의하는 바로 그 지점이 아닐까?[207]

그러나 물론 중요한 것은 "두 목소리" 간의 이러한 긴장관계는 계약의 갱신을 통해서 해소된다는 것이다. 우리는 왓슨의 저작처럼 풍부한 내용을 압축해서 담고 있는 책에서 몇몇 해당 본문들을 빼먹었다고 해서 비판할 수는 없겠지만, 아무리 그래도, 나는 그가 로마서 8:1-11을 다루지 않은 것에 대해서는 놀라움을 금할 수 없다. 왜냐하면, 그 본문에서 바울은 로마서 7장에서 제기된 문제가 명시적으로 해결되었다고 선언하면서, 율법의 '디카이오마'(dikaiōma, "합당한 요구")가 이루어졌다고 말하며, 하나님의 율법에 복종하지도 않고 할 수도 없는 "육신의 생각"과 그렇게 할 수 있고 실제로 행하는 "성령의 생각"을 대비시킨다. 바울의 이러한 진술은 그가 무할례자들인 이방인들에 의한 "율법의 성취"에 대하여 말한 우리의 옛 친구 로마서 2:25-29과 정확히 일치한다.[208]

205) Watson, 315-29.

206) Watson, 356-80.

207) Watson, 376은 자신의 학부 논문에서 설명한 이 견해 같은 것이 자신의 이전의 지도교수를 "계속해서 오도하고" 있다고 후회하지만(Wright, 1991 [*Climax*], 198을 보라), 나는 1970년대에 로마서 7장에 관해 쓴 원고 전체에 대하여 나의 생각을 완전히 바꾸었고, 그의 이전의 견해들과의 공명들이 있었다면, 그것들은 모두 의도하지 않은 우연이었기 때문에, 그에게 안심하라고 말하고 싶다.

208) Watson, 352f., n. 57은 2:27-9이 "기독교 특유의 용어들"을 사용해서, "그의 익명의 의로운 이방인들을 마치 그리스도인들처럼" 묘사하고 있는 것으로 보이는 반면에, 자기에게는 "이 순종하는 이방인들은 비현실적인 가설임이 밝혀지는" 것이 더 적절해 보이는 문제와 씨름한다. 나는 그 문제는 10:5-8에 나오는 이 서사의 결말이 해결해 줄 것이기 때문에, 그러한 문제 제기는 불필요한 것이라고 생각한다(아

이 모든 것은 신명기를 다룰 때에 전면에 부각된다. 내가 앞서 말했듯이, 왓슨은 신명기가 바울 시대와 그 이후에 이르기까지의 이스라엘의 지속적인 삶을 해석하는 데 사용된 큰 규모의 서사를 제시하고 있다는 것과 제2성전 시대의 몇몇 사상가들도 그렇게 보았다는 것을 자신이 인식하고 있음을 종종 드러낸다. 포로생활과 회복, 그리고 다니엘서 9장에서 말한 계속되고 있는 포로생활이라는 관념은 "계약"에 대하여 말하고 있는 신명기 27-30장에 대한 제2성전 시대의 여러 다양한 읽기들 속에 확고하게 각인되어 있다. 다른 곳에서와 마찬가지로 여기에서도 암묵적인 서사는 결정적으로 중요하다: 모세는 이스라엘이 초기의 축복의 시기를 보내고 나면 죄를 범하여 그 벌로 포로생활을 하게 될 것이라고 경고한다(27-29장). 그런 후에, 극적인 갱신과 회복이 도래할 것이라는 약속이 나오는데, 왓슨이 말하는 것과는 달리, 이 약속은 "두 번째 기회"가 아니다.[209] 바울은 이 본문을 가져와서 사용할 때, 화자를 모세에서 "믿음의 의"로 바꾸지만, 이 본문에서 말하는 것을 본문 자체에서는 발견되지 않고 오직 왓슨의 읽기에서만(이 읽기에서는 계약, 포로생활, 회복, 갱신이라는 주제들이 이 대목에서 거의 완전히 제거된다) 발견되는 관념인 "두 번째 기회"로 수정해서 지칭하고, "모세가 지나치게 낙관적인 주장을 펴고" 있다고 말하는 것이 아니라,[210] 나중에 예레미야와 에스겔이 이 대목을 다루면서 말하였듯이, 장차 하나님이 마침내 사람들의 마음에 할례를 행하여 그들로 하여금 진심으로 그를 사랑하게 할 새로운 계기(moment)에 대하여 말한다. 장차 도래할 이 계기는 단지 하나님의 백성을 구성할 사람들에 있어서의 변화만이 아니라, 그들의 마음이 새롭게 되는 변화도 가져다줄 것이기 때문에, 그 때에 사람들은 이제 이런 저런 의미에서 토라를 지킬 수 있게 될 것이다.

이것은 "낙관적인" 것이 아니다. 내가 앞서 말했듯이, 내게는 그러한 범주들은 근본적으로 오도하는 것으로 보인다(즉, 이러한 범주들은 마치 레위기 18:5이 결국 일종의 원시 펠라기우스주의를 대변하고 있다는 듯한 인상을 준다). 신명기 30장은 "아마도 결국에는 모든 것이 다 잘될 것이다"라고 말하고 있는 것이 아니고, 장차 하나님의 새로운 역사가 인간의 성품을 근본적으로 변화시켜서 새로운 방식으로 토라를 성취하게 할 것이라고 말하고 있는 것이다. 내가 위의 제11장에서 논증하였듯이, 바로 이것이 바울이 로마서 10장에서 말하고 있는 것이다.

래를 보라).

209) Watson, 433, 438f., 471.

210) Watson, 439.

나는 토라에 대한 바울의 읽기를 풀 수 있는 가장 깊은 단서가 여기에 숨겨져 있다고 믿는다. 왓슨이 바룩서를 요약하면서 말하였듯이, "이스라엘의 역사 전체는 토라 자체 내에 이미 담겨 있다."[211] 바울이 로마서 10:19에서 그렇게 하고 있듯이, 신명기 32장을 이 그림 속에 추가할 때, 우리는 왓슨이 말한 것처럼 그렇게 말하지 않을 수 없게 된다. 요세푸스가 신명기 32장을 사건들에 관한 예언으로 보고서, 그 중 일부는 이미 일어났고 일부는 자기 시대에 일어나고 있다고 말한 것과 마찬가지로, 바울은 신명기의 정점에 해당하는 이 장을 단지 먼 과거에 지어진 시로 본 것이 아니라, 자신의 눈 앞에서 동족 유대인들의 불신앙에 직면해야 했던 당시의 현실에 대한 예언으로 보았다.[212] 신명기의 중심적인 대단락(5-26장)은 약속의 땅 내에서의 이스라엘의 삶을 지도할 율법들을 담고 있고, 27-34장은 "율법 아래 있는 이스라엘의 미래는 율법의 저주 아래 있는 미래"라고 말하고 있다고 말하는 것만으로는 충분하지 않다.[213] 4QMMT와 바룩서에 나오는 병행본문들이, 당시의 유대인들이 신명기적인 도식에 따라 포로생활을 계속하고 있다고 믿었음을 보여주는 다른 많은 자료들과 공명하는 가운데 분명히 보여주듯이, 율법의 궁극적인 저주는 포로생활 자체이고, 포로생활은 신명기 30장의 위대한 갱신을 통해서 제거될 수 있었다.

따라서 이스라엘의 성경에 대한 바울의 읽기의 정수를 보여주는 본문이라고 해야 할 로마서 9:6–10:21은 바울이 토라에 선지자들의 글과 시편을 한데 엮어 짜서 이스라엘의 성경을 메시야를 중심으로 다시 읽었다는 것을 잘 보여준다. 이 서사는 창세기로부터 신명기, 아브라함(9:7)에서 모세의 노래(10:19)까지 관통하는 가운데, 한편으로는 출애굽 사건들에 대하여 말하고, 다른 한편으로는 레위기의 중심적인 명령에 대하여 말한다. 이 서사의 중심적인 주장은 '텔로스 노무 크리스토스' (telos nomou Christos), 즉 "메시야가 율법의 최종 종착지"라는 것이다.[214] 메시야는 (계약에 의거한 포로생활을 포함하여) 오랜 세월 동안 이어져온 토라의 서사가 내내 달려온 지점이고, 이 메시야를 통해서 신명기 30장이 마침내 성취되었다. 그리고 그것을 계기로, 로마서 전체에 걸쳐서 암시된 새로운 방식으로 율법을 성취하는 길이 열렸다. 나는 이 모든 것을 다른 곳에서 이미 설명한 바 있다.[215] 나

211) Watson, 463.

212) Watson은 Jos. *Ant.* 4.303을 다루지 않는다(위의 제2장 제4절 2) (4)를 보라).

213) Watson, 426.

214) Watson, 332는 이것에 반대한다.

215) 위의 제10장과 제11장.

는 왓슨의 이 주목할 만한 책에 대한 이 짧은 논평에서 다른 많은 점들에서 그와 견해를 같이했듯이, 바울은 신명기가 이스라엘이 실제로 포로생활을 하게 될 것임을 분명하게 선언하고 있다고 보았다는 그의 견해에도 전적으로 동의한다.[216] 그러나 왓슨은 그것과 대등한 정도로 중요한 핵심, 즉 바울은 신명기 30장에서 말한 갱신이 메시야를 통해서 이미 일어났다고 보았다는 사실을 아예 보지 않거나, 적어도 발전시키지 않는다. 로마서 9-11장 속에 송축과 비탄이 함께 버무려져 있게 만든 것은, 신명기 30장이 성취되었지만, 믿지 않는 이스라엘에게는 여전히 신명기 32장이 적용되고 있다는 것이다. 어느 쪽이든, 핵심은 여전히 동일한데, 그것은 이것이 토라 전체에 대한 읽기라는 것이다. 왓슨이 자기는 성경 본문들에 대한 제2성전 시대 유대인 독자들의 읽기들과의 암묵적인 대화 속에서 성경 전체와 성경의 각 책들에 대한 바울의 읽기를 살펴보고자 한다고 말하면서, 우리에게 거기에 동참하라고 초대한 것은 제대로 방향을 잡아 말하고 있는 것이다. 우리는 실제로 그렇게 하는 것을 우리의 목표로 삼아야 한다. 그러나 나는 우리가 실제로 그의 말대로 했을 때, 우리는 바울의 성경 사용에 대하여 그가 제시한 것과는 판이하게 다른 읽기를 얻게 될 것이라고 믿는다.

그렇다면, 레위기의 요구는 어떻게 된 것인가? 신명기 30장이 성취되었기 때문에, 이제 레위기의 요구는 거기에 전적으로 삼켜졌기 때문에, 로마서 10:6-8은 레위기 18:5을 향하여, "이것이 그 요구를 이룬 방식이다"라고 말하고 있는 것인가? 이 질문에 대한 대답은 어떤 의미에서는 "그렇다"이고, 또 어떤 의미에서는 "아니다"이다. 신명기 32장은 바울과 동시대의 믿지 않는 유대인들에게 여전히 적용되고 있기 때문에, 우리는 그것을 앞서 바울이 로마서 9:30−10:4에서 이스라엘의 실패에 관하여 한 말들과 결부시키지 않으면 안 된다. 그 의미를 파악하기 어려운 본문인 9:31에서 바울은, 이스라엘은 "율법"에 의지해서 의를 추구하였기 때문에 "의"에 도달하지 못했다고 선언하는 것이 아니라, 이스라엘이 "행위들에 의지해서" 의를 추구하였기 때문에 "율법"에 도달하지 못하였다고 선언한다.[217] 토라가 지닌 기이한 목적에 대한 우리의 이전의 설명이 우리에게 도움이 되는 지점이 바로 지금이다. 로마서 5:20과 7:13, 그리고 아마도 특히 갈라디아서 3:22에서 말하고 있듯이, 하나님이 원래부터 계획하고 의도하였던 토라의 부정적인 역할은 그 자체가 좀 더 큰

216) Watson, 415.

217) Watson, 333은 만일 바울이 "의에 도달하지 못하였다"고 썼더라면, 이것은 더 분명해졌을 것이라고 말한다 - 물론, 그는 바울도 그것과 약간 다른 것을 말하고 있다는 것을 인정하지만.

서사 속에서의 하나의 계기였다. 왓슨이 주장한 "본문 속에 있는 두 목소리"에 대한 나의 대안적인 주장은, 바울은 이스라엘의 계약 서사 속에서 두 계기(moment)를 구분하고 있다는 것, 그리고 기이하게도 하나님의 섭리에 의해서 이 두 계기가 지금 서로 중복되는 가운데 공존하고 있다는 것이다. 메시야는 신명기 30장을 성취하여 계약의 갱신을 개시시켰고, 그것과 아울러, 다소의 사울이 꿈도 꿀 수 없었던 "토라에 도달하는 것"을 가능하게 하였다.[218] 그러나 믿지 않는 이스라엘은 여전히 "행위들"이라는 통로를 통해서, 달리 말하면 레위기 18:5에 대한 곧이곧대로의 읽기에 의거해서 "토라에 도달하려고" 시도하고 있었다. 이것은 바울이 그들이 하나님이 그들 앞에 둔 "걸림돌에 걸려 넘어졌다"고 말하였을 때의 의미의 일부이다. "두 목소리"는 두 가지 대안적인 행동방식도 아니고, 두 가지 서로 경쟁하는 구원 체계도 아니다. 그것들은 "이스라엘은 나의 종이고, 내가 그들 안에서 영광을 받을 것이다"라고 말하는 목소리와 "이스라엘도 아담 안에 있다"고 말하는 목소리이다 — 바울이 이런 표현을 좋아할지는 모르겠지만. 바울은 이 두 흐름이 메시야의 십자가에서 만났다고 믿었다 — 이상하게도 왓슨의 분석에는 메시야의 십자가가 중요한 역할을 하지 않는 것으로 보인다. 이것이, 왓슨이 아주 분명하게 보고 있듯이, 우리가 "바울의 성경 사용"을 마치 별로 중요하지 않은 부수적인 주제 또는 그의 사상과 표현의 바깥쪽에 있는 장식용의 모티프로 여길 수 없는 이유이다. 바울이 성경을 어떻게 읽고 있느냐 하는 것은 그가 복음, 그리고 실제로는 하나님 자신을 어떻게 이해하고 있는지 그 가장 깊은 실체를 보여주는 징후이자 이정표이다.

특히, 토라에 대한 바울의 읽기는 자의적이거나 원자론적인 것과는 한참이나 거리가 멀고, 비록 (4QMMT가 보여주듯이) 대부분의 이스라엘 사람들은 여전히 관심을 두고 있지 않았을지라도, 오랜 동안의 "포로생활" 후에 신명기 30장이 마침내 성취될 것이라는 제2성전 시대에 널리 퍼져 있었던 인식을 반영한 것이었다. 왓슨이 바울의 읽기 속에서 본 첨예한 대립들이 존재하는 것이 맞지만, 그것은 계약 서사가 일부는 해결되고 일부는 아직 해결되지 않았기 때문에 생겨난 것이다. 바울이 자신의 동시대인들에게 신명기 30장에 대한 과거의 "읽기를 고수하여" "두 번째 기회"가 여전히 남아 있는 것으로 보기를 원하였다는 것은 사실이 아니다. 왜

218) Watson, 505는 이것에 반대한다. 그는 바울은 신명기 30장을 근본적으로 다시 쓰고 있고, 그렇지 않았다면 레위기 18:5(에 대한 통상적인 읽기)과 더불어서 유효했을 사실을 사실상 무효화시키고 있다고 주장한다. 여기에서 무엇이 진행되고 있는 것인지를 알기 위해서는, 로마서 7:1—8:11 전체를 볼 절실한 필요성이 있다.

나하면, 그렇게 했을 때, 그 두 번째 기회는 또다시 신명기 32장이 적용될 새로운 계기가 될 뿐일 것이기 때문이다.[219] 바울이 말하고자 한 것은, 왓슨이 주장한 것과는 달리, "축복과 저주의 조건부 논리를 뛰어넘어, 하나님의 구원 행위라는 무조건적인 토대에 대한 최종적인 통찰로" 나아가라는 것이 아니었다.[220] 왓슨의 그러한 주장은 메시야를 중심으로 한 바울의 아주 구체적인 주장을 여기에서 모든 면에서 부적절한 일반적이고 추상적인 신학 원리로 바꿔치기하는 것이다. 바울의 주장은, 창세기 이래로 내내 내달려 왔던 서사 전체의 최종 목적지인 메시야를 통해서 토라가 마침내 최종 종착지에 도달하게 되었고, 신명기 30장에 예언된 위대한 계약 갱신이 메시야를 통해서 이루어졌다는 것이다(사실, 이것은 왓슨이 말한 무조건적인 하나님의 구원 행위에 해당하는 것이지만, 그것은 일반적인 원리가 아니라 구체적인 역사적 행위 내에서 이루어진다). 그것은 단지 "하나님이 이전과는 다르게 행하기로 선택한" 것이 아니다. 왜냐하면, 그런 식의 말은 마치 하나님이 자의적으로 중도에서 진로를 바꾸기로 결심한 것이라는 의미로 들리기 때문이다. 로마서 9-11장 전체는 바로 그러한 관념에 맞서 논증을 전개해 나간다. 하나님이 메시야 안에서 행한 일은, 아무리 충격적이고 뜻밖의 일로 여겨져서 여러 가지 혼란스러움과 문제점들을 야기시킨다고 할지라도, 하나님이 지금까지 내내 의도해 왔던 일이라는 것이다(그리고 바울은 이제 그렇게 믿고 있다). 이것은 실제로 바울이 하나님의 의, 또는 계약상의 신실하심이라고 이해하는 것의 일부이다.

이 모든 것은 우리를 로마서 1:16-17과 하박국서 2:4로부터 가져온 인용문으로 다시 데려다 준다. 하박국서의 이 본문이 바울에게 있어서 핵심 본문이라는 것은 분명하다. 그는 이 전략적으로 중요한 이 대목에서만이 아니라, 갈라디아서에 나오는 고도로 압축된 절들 중의 하나(3:11)의 심장부에서 이 본문을 인용한다. 이 본문은 그가 성경을 읽는 방식을 보여주는 또 하나의 지표로서의 기능을 하는 것으로 보인다:

> 나는 복음을 부끄러워하지 않는다. 이 복음은 모든 믿는 자에게 구원을 주시는 하나님의 능력이니, 먼저는 유대인에게, 그리고 또한 헬라인에게다. 이것은 하나님의 계약 정의가 복음에 나타나서 신실하심으로부터 신실하심에 이르게 하기 때문이다. 이것은 성경에서 "의인은 믿음으로 말미암아 살리라"고 말하고 있는 것과 같다.

219) Watson, 473은 이것에 반대한다.
220) Watson, 473.

모든 번역이 그러하듯이, 이 번역도 분명한 목적과 의도 아래에서 이루어진 번역임은 물론이다. 이 두 절은 바울이 앞으로 말하고자 하는 것들에 대한 표제로서의 역할을 한다. 신문기자들이 잘 알고 있듯이, 어떤 기사에서 표제는 흔히 그 내용을 쉽게 이해할 수 없을 정도로 압축되어 표현되기 때문에, 무엇을 말하고자 하는지를 알기 위해서는 그 표제 아래에 작은 글자로 인쇄된 내용을 읽지 않으면 안 된다. 따라서 나는 '디카이오쉬네 테우'(dikaiosynē theou)를 "하나님의 계약 정의"로 번역하였지만, 프랜시스 왓슨(Francis Watson)을 비롯한 많은 사람들은, 루터와 마찬가지로, 이 어구를 하나님 앞에서 의로운 것으로 여겨지는 지위, 즉 믿음으로 구성되는 "의"를 가리키는 것으로 읽는다. 마찬가지로, 나는 '에크 피스테오스 에이스 피스틴'(ek pisteōs eis pistin)을 한편으로는 하나님의 신실하심, 다른 한편으로는 신자의 신실하심을 가리키는 것으로 보고서, "신실하심으로부터 신실하심에 이르게"라고 번역하였지만, 왓슨을 비롯한 많은 사람들은 이 어구가 신자의 "믿음"을 이중적으로 가리키는 것으로 본다. 그리고 나는 하박국서 2:4에서 가져온 인용문인 '호 데 디카이오스 에크 피스테오스 제세타이'(ho de dikaios ek pisteōs zēsetai)를 "의인은 믿음으로 말미암아 살리라"로 번역한 반면에, 왓슨에 의해서 상당히 자세하게 논의된 긴 전통은, "믿음으로 말미암아"가 "의인"을 수식하는 것으로 보고서, 이 구절을 "믿음으로 말미암아 의로운 자는 생명을 얻게 될 것이다"로 번역한다. 누군가가 말했듯이, 이러한 것들에 대해서는 우리가 지금 굳이 자세하게 살펴볼 필요는 없다.[221]

하지만 '디카이오쉬네 테우 아포칼립테타이 에크 피스테오스 에이스 피스틴'(dikaiosynē theou apokalyptetai ek pisteōs eis pistin)이라는 구절의 의미는 그 직후에 나오는 하박국서 인용문의 의미에 맞추어 결정되어야 한다는 왓슨의 대담한 주장은 우리가 여기에서 살펴볼 필요가 있다. 그가 올바르게 말하고 있듯이, 우리는 이 절 전체를 그 구성부분들의 상호의존성을 충분히 고려하여 읽어야 한다.[222] 그러나 왓슨이 바울 서신과 특히 쿰란 문헌에서 사용된 하박국서 본문에 관한 논의를 백 페이지도 넘게 진행하고 있다고 하더라도, 그가 이 절의 "구성부분들"을 제대로 고려했다고 우리는 진정으로 확신할 수 있는가?[223]

221) 물론, 나는 이 모든 것들을 Wright, 2002 [*Romans*], 424-6에서 다루었다.

222) Watson, 52. 그는 43에서 한 걸음 더 나아가서 이렇게 말한다: 이 인용문은 "실제로 그 선행절을 낳는다. 이 예언 본문은 바울 자신의 단언이 생겨난 모판이다"(강조는 원래의 것). 바울의 칭의 교리의 기원에 관한 이 대담한 주장은 아주 자세하게 다루어질 필요가 있다.

나는 그렇지 않다고 생각한다. 먼저, 나는 하바국서 본문의 원래의 맥락에 대한 왓슨 자신의 읽기에서 발견되는 단서들을 말해 보고자 한다. 왓슨이 다음과 같이 말한 것은 옳다:

> 하박국은 특정한 대적에 관심을 두고 있기는 하지만, 하박국서는 갈대아 사람들 자체가 아니라, 그들이 표상하고 있는 신학적인 문제에 초점을 맞춘다: 하나님의 구원 행위가 계속해서 일어나고 있지 않다는 문제. 오직 이것만이 이 선지자가 망루에 올라가서 하나님의 말씀을 기다리면서 해결되기를 바라고 있는 문제였다.[224]

지당하신 말씀이다. 그러나 왓슨이 보지 못하는 것으로 보이는 것은, 하나님의 구원 행위가 일어나지 않는 것처럼 보이는 이러한 문제는 흔히 하나님의 신실하심 또는 하나님의 의라는 문제라는 관점에서 언급된다는 것이다. 이 대목에서 "신실하심"과 "의"라는 영어의 두 단어의 의미는 서로 중복되지만, 그 어느 쪽도 이 단어들이 나타내고자 하는 히브리어와 헬라어 단어들의 모든 뉘앙스를 다 담아낼 수 없다. 하지만 그런 것은 별로 중요하지 않다. 왜냐하면, 핵심은 다음과 같은 것들이기 때문이다: 이 절체절명의 위기의 때에 하나님은 지금까지 무엇을 하고 있는 것인가? 우리는 하나님이 자기 백성과의 계약에 의거한 약속들에 대하여 신실하게 행하여 반드시 역사할 것임을 알고 있지만, 과연 하나님은 언제 어떻게 행할 것인가? 그리고 또 하나의 중요한 난점이 있었다: 지금 같은 기다림의 때에, 과연 누가 하나님의 참된 백성으로 여김을 받게 될 것인가? 온 세계가 요동하여 산산조각이 나고 있다면, 우리는 누가 진정으로 하나님의 백성인지를 어떻게 알 수 있는가?[225] 이것은, 이사야서 40-55장에서든 다니엘서 9장에서든 에스라4서에서든 다른 그 어디에서든, "하나님의 의"에 관한 문제였다.

하지만 왓슨은, "하나님의 의"를 신자의 "의"로 보았던 불트만(Bultmann)과 "구원을 창출해내는 하나님의 능력"으로 보았던 케제만(Käsemann) 간의 이전의 논쟁이라는 틀 내에서, '디카이오쉬네 테우' (dikaiosynē theou)를 다룬다.[226] 그가

223) Watson, 33-163(세 장에 걸친 상당한 분량을 할애해서).

224) Watson, 141f.

225) 내가 Wright, 2009 [*Justification*], 157 [UK edn.], 182 [US edn.]에서 말했듯이, 내가 처음으로 하박국서 2:4을 좀 더 큰 맥락 속에서 이해하려고 생각하게 된 것은 내 친구 Peter Rodgers 덕분이다. 나는 나에 대한 그의 지속적인 지지에 대하여 늘 감사한다.

226) Watson, 49f.

케제만의 이론의 강점들, 특히 로마서 1:17의 "하나님의 의," 16절의 "하나님의 능력," 18절의 "하나님의 진노" 간의 병행관계를 주목한 것과, 그런 후에 케제만이 '에크 피스테오스 에이스 피스틴' (ek pisteōs eis pistin)을 어떻게 읽어야 할지를 몰랐다고 지적한 것은 옳다. 왓슨은 바울이 "하나님의 의"라는 어구를 통해서 정말 "하나님의 구원하는 능력"을 나타내고자 한 것이었다면, 하나님이 열방들 앞에서 자신의 "의"를 나타내는 것과 하나님의 구원을 알게 하는 것을 직접적인 병행관계 속에 두고 있는 시편 98:2 같은 본문을 인용해서 이 문장의 의미를 확실하게 못 박아 두는 편이 더 나았을 것이라고 평한다.[227] 하지만 왓슨은 바울이 여기에서 하박국서를 인용한 것이 제대로 된 의미를 지니기 위해서는, "하나님의 의"와 "믿음으로 말미암아"(ek pisteōs – '에크 피스테오스')를 단단히 묶어 두어야 한다고 역설한다. 그러나 '디카이오쉬네 테우' (dikaiosynē theou)에 대한 케제만의 읽기는 사실 루터나 불트만, 또는 왓슨 자신의 읽기에 대한 유일하거나 (성경적으로) 가장 자연스러운 대안이 아니다. 이 어구에 대한 읽기와 관련해서 케제만이 차단하고자 애쓰는 관점, 즉 하나님과 이스라엘의 계약 및 그 계약에 대한 하나님의 신실하심과 관련된 관점은, 하박국서나 에스라4서, 그리고 내가 위에서 자세하게 논증했듯이, 바울 자신에게 있어서 관심의 중심에 자리하고 있는 바로 그것이다. 재앙에 가까운 사건들에 직면해서, 하나님의 신실하심이 근본적으로 의문시되는 것으로 보였던 때에, 하박국서 2:4에서 하나님이 선지자에게 대답을 주고 있는 것은, 하나님이 어떻게 자신의 신실하심을 나타낼 것이고, 그 때에 누가 그의 신실한 백성으로 여김을 받게 될 것인가 하는 이 이중적인 질문에 대한 것이고, 바울이 로마서 1:17에서 — 마찬가지로 3:21-4:25과 그 정점인 9:6-10:21에서 — 상기시키고 있는 것은 하나님이 선지자에게 준 바로 그 이중적인 대답이다.

사실, 여러 복합적인 본문 증거들은 하나님 자신의 "의" 또는 "신실하심"이 애초에 하박국서 2:4의 좀 더 자연스러운 주제일 수 있다는 것을 보여준다. 칠십인역은 하박국서 2:4의 히브리어 본문인 '베에무나토' (be' emunathō, "그의 믿음/신실하심 안에서/말미암아")를 '에크 피스테오스 무' (ek pisteōs mou, "나의 신실함에 의거해서")로 옮긴다. 이것은 원래의 히브리어 본문 자체가 '베에무나티' (be' emunathi, "나의 믿음/신실함 안에서/말미암아")로 되어 있었음을 보여주는 것일 수도 있고(필사자의 실수로 이러한 차이가 나는 것은 비일비재한 일이었기

227) D. A. Campbell, 2008은 특유의 탁월하고 도발적인 글을 통해서, 바울은 사실 여기에서 이 시편을 반영하고 있음을 논증한다.

때문에), 번역자가 이것이 이 어구의 좀 더 자연스러운 의미라고 생각하였음을 보여주는 것일 수도 있다.[228] 분명한 것은, 로마서 1:17의 마지막 구절에 직면해서, (a) 이 구절은 오직 인간의 믿음을 가리키는 것으로만 해석될 수 있다고 주장하고서는, (b) 그러한 읽기를 토대로, 성경에서 잘 알려진 어구인 '디카이쉬네 테우' (dikaiosynē theou)에 지금까지 들어본 적이 없는 의미를 부여하는 것은, 아무런 근거가 없다는 것이다. 왓슨이 여기에서 사용하는 것과 같은 논증을 뒤집어서 얘기하자면, 우리는 이렇게 말할 수 있다: 만일 바울이 하나님 앞에서 "의"로 여겨지는 인간의 특질을 가리키기 위하여 "하나님의 의"라는 표현을 사용한 것이라면, 그는 적어도 헬라어 성경에서 하나님 자신의 "신실하심"을 가리키는 것으로 번역되어 있는 구절을 인용해서 자신의 논지를 밑받침하려고 하지 않는 편이 더 나았을 것이다.

어쨌든 하박국서의 좀 더 넓은 맥락은 단지 무지한 군대들이 신학적이고 실제적으로 혼란에 빠져서 밤중에 서로 충돌하는 것에 관한 것이 아니고, 2:4에 나오는 대답을 불러온 구체적인 질문을 담고 있다. 하박국 선지자는 1:13에서 송사를 처결해야 할 책임이 있는 야웨에게 이렇게 호소한다:

> 당신의 눈은 정결하셔서 악을 차마 보지 못하시며,
> 패역을 차마 보지 못하시는데,
> 어찌하여 속이는 자들을 방관하시며,
> 악인들이 자신들보다 더 의로운 자들을 삼키는데도 잠잠하십니까?

히브리 성경에 나오는 "~보다 더 의로운"이라는 어구들의 경우와 마찬가지로, 이 본문을 읽는 합당한 방식은 도덕적 대비 그 자체("이 사람들은 도덕 은행에 저축해 놓은 것이 저 사람들보다 더 많다")가 아니라, "이 사람들은 옳고, 저 사람들은 틀렸다"는 암묵적인 법정 시나리오로 읽는 것이다.[229] 하나님은 재판장으로 상

228) Watson, 153f.에 나오는 논의를 보라. 그는 최종적으로 이것이 인간의 신실함을 가리키는 것이라고 해야 하기는 하지만, 하나님의 신실하심이라는 개념은 실제로 상당히 개연성이 있는 선택지라는 것을 인정한다. 잘 알려져 있듯이, 이 절은 히브리서 10:38에서도 인용되고 있는데, 거기에서 사본들은 '호 데 디카이오스 무 에크 피스테오스 제세타이' (ho de dikaios mou ek pisteōs zēsetai)로 되어 있는 것, 거기에서 '무' (mou)가 빠져 있는 것, '무 에크 피스테오스' (mou ek pisteōs) 대신에 '에크 피스테오스 무' (ek pisteōs mou)로 되어 있는 것으로 나뉜다. 이것이 로마서 1장에 대한 논쟁을 혼란스럽게 하는 것이 아니라 무엇인가를 더해 준다면, 그것은 적어도 어떤 필사자들에게는 하나님 자신의 신실하심이라는 개념이 여기에서 '피스티스' (pistis)를 읽는 자연스러운 방식이었다는 것이다.

229) Watson, 150은 이것에 반대한다; 창 37:26과 삼상 24:17 등에 대해서는 위의 제10장 제2절 2)를

정되고, 하박국 선지자는 이스라엘의 송사를 그 법정으로 가져가면, 괴롭힘을 당하고 압제받는 자들인 이스라엘은 옳다 함을 받고, 속이는 자들과 악인들은 불의하다는 판결을 받게 될 것이라고 확신한다. 그는 이 송사에서 이스라엘이 이기고, 원수들이 질 것임을 자신한다. 이것이 여기에 나오는 선지자의 탄원에서 핵심적인 요소이다. 그는 정의(justice)를 원하고, 칭의(justification)를 원한다. 즉, 그는 이 송사에서 이스라엘(실제로는 2:4a의 "교만한 자들"과 대비되는 참된 이스라엘 사람들)의 손을 들어주는 판결이 나기를 원한다. 의로운 재판장은 이 송사를 그런 식으로 판결해야 할 의무가 있기 때문에, 이스라엘의 계약의 하나님은 이 송사에서 이스라엘의 손을 들어줄 의무가 있다. 하나님이 계약에 대하여 신실하게 행한다면, 그의 백성은 옳다 함을 받게 될 것이다. 즉, 하나님의 "의"는 그의 백성의 "의"를 가져올 것이다.[230] 바울은 바로 그러한 것과 하박국서에 대한 제2성전 시대의 종말론적인 읽기를 좀 더 큰 맥락으로 삼아서 하박국서 2:4을 읽고 있다.[231] 그리고 이것은 다른 무엇보다도 특히 하나님의 의와 인간의 의에 대한 언급들은 서로를 배제하기는커녕 도리어 함께 굳건히 결합된다는 것을 보여준다. 하나님은 의로운 재판장이고 자신이 맺은 계약에 신실한 당사자이기 때문에, 그의 백성이 지닌 계약의 지체들로서의 지위, 즉 그들의 "의"는 결국 하나님에 의해 확증될 것이다. 그리고 그들의 "의"는 현재에 있어서 미리 선언될 것이다. 아이러니컬하게도, 우리가 하박국서의 본문을 확실한 발판으로 삼아서, 로마서 본문 이전에 '디카이오쉬네 테우' (dikaiosynē theou)가 지니고 있던 역사적으로 놀랍고 혁신적인 의미를 소급해서 추론하는 것은 불가능하고, 도리어 우리는 이 어구가 지닌 통상적인 역사적 의미를 토대로 하였을 때, 하박국서 본문에서 모호하게 표현된 잠재적인 의미가 로마서 3:21–4:25에서 하나님의 신실하심과 인간의 믿음이라는 이 두 가지 모두에 대한 바울의 설명을 통해서 온전히 드러나게 되었다는 것을 알 수 있게 된다.

따라서 이것은 1:17a 등에서 바울이 언급한 '디카이오쉬네 테우' (dikaiosynē

보라.

230) 하박국서 1:13의 칠십인역 번역자는 마지막에 나오는 '밈멘누' (mimmennu, "그들보다")를 생략해서, 이 관용어구를 직설적인 도덕적 대비로 밋밋하게 만들어 버렸다; 그러나 2:4의 대답은 그 단어가 원래부터 이런 의미를 지니고서 본문에 있었다는 것을 보여준다.

231) 주목할 만한 것은 하박국서 1:13에 대한 쿰란 주석서는, 하나님의 법정이 아니라 인간의 법정이기는 하지만, 명시적인 법정의 시나리오를 제시하고 있다는 것이다: "그 해석은 압살롬의 집과 그 회의 지체들에 관한 것인데, 그들은 자신들의 회 가운데서 율법을 배척한 거짓의 사람이 의의 교사를 면박할 때에 그를 돕지 않고 침묵하였다" (1QpHab. 5.9-12, tr. García Martínez and Tigchelaar).

theou)를, 내가 위의 제10장에서 설명한 바와 같이, 하나님 자신의 "신실하심," 즉 계약에 대한 하나님의 신실하심이라는 관점에서 읽어야 한다는 것을 더욱 확증해 준다. 리처드 헤이스(Richard Hays)가 여러 해 전에 논증하였듯이, 이것은 바울이 로마서 3:20과 갈라디아서 2:16에서 시편 143편(LXX 142편)을 사용하고 있는 방식에 의해서 강력하게 밑받침된다. 바울은 단지 143:2("당신 앞에는 의로운 인생이 하나도 없습니다")을 인용할 뿐이지만, 그 절은 1절("당신의 의로 내게 응답하소서")과 직접적으로 연결되어 있고, 그리고 1절은 11절("당신의 의로 나를 환난에서 건져내소서")에 걸린다.[232] 바울이 시편의 이 본문을 인용한 직후에, 하나님의 '디카이오쉬네' (dikaiosynē)가 나타났다고 선언하고서는(3:21), 명확하게 하나님 자신의 "의"와 관련된 용어들로 계속해서 그것을 설명해 나갈 때(3:25-26), 우리는 그가 이 주제를 염두에 두고 있다는 것을 의심할 수 없다. 거기에서 바울은 또다시 이스라엘의 하나님의 의를 인간의 의(또는, 의의 부재)와 연결시킨다.[233] 바울이 인용한 시편 143:2은 로마서 1:18-3:20의 끝에 와서, 이제는 어쩔 수 없는 것으로 생각되었을 하나님의 심판이 임하게 하지 말아달라고 호소하는 기능을 함과 동시에, 시편 143:1에 대한 반영을 통해서, 계약에 대한 하나님의 신실하심에 의지해서 구원을 베풀어 달라고 호소하는 기능을 한다. 이러한 취지 전체는 다시 한 번 다니엘서 9장의 취지와 매우 흡사하다.

따라서 이것은 이번에는 지금까지 그 의미를 해석하기 난해하였던 1:17의 '에크 피스테오스 에이스 피스틴' (ek pisteōs eis pistin)을 이해하는 자연스러운 방식을

232) Hays, 1980(Hays, 2005, 50-60에 재수록됨). Watson은 이 시편에 대한 그의 유일한 논의(67)에서 Hays가 도출해낸 함의들을 피하는 데 성공하지 못하고 있다. 그는 이 시편에서 하나님의 의가 하나님의 긍휼과 동일시되고 있고, 로마서 3:4f.에서 하나님 자신의 의는 의문시되고 있다고 본다. 그러나 그가 Hays의 논증은 Käsemann의 이해를 보여준다고 말한 것은 잘못이다(문법적인 차원과 관련해서는 잘못이라고 할 수 없겠지만): 우리가 이미 보았듯이, Käsemann은 Hays가 주격적 속격의 읽기 — 이것에 대해서는 이 두 사람의 견해는 Bultmann(그리고 Watson)에 반대하여 서로 일치한다 — 에 합당한 의미라고 강조하는 계약에 대한 신실하심이라는 아주 중요한 주제를 차단한다. 로마서에 실제로 인용된 본문들에 비추어서 "하나님의 의"를 이해해야 한다는 Watson의 주장(강조는 원래의 것)은 로마서 1-4장 전체는 4장에서 창세기 15장을 다루면서 하나님이 이제 그 계약에 대하여 신실하심을 보여서 그 계약이 맺어졌다(바울은 이것을 논증한다)고 말하는 장면을 지향하고 있다는 성찰을 촉발시켰다. Watson은 바울이 하박국서 2:4을 토대로 "하나님의 의"라는 용어를 새롭게 만들어내어서, 하나님 앞에서 유효한 인간의 의를 가리키는 데 사용하였다고 볼 수밖에 없다는 것을 발견한다. 따라서 우리는 그가 하나님 자신의 의가 중심적인 주제로 다루어지고 있음에 틀림없는 로마서 3:25f.를 적절하게 설명하지 못하는 것(71, 75f.)을 볼 때에도 별로 놀라지 않게 된다.

233) 또한, 우리는 Pss. Sol. 2.6-21; 8.4-8, 23-32; 9.1-7; 10.5 등도 참조할 수 있을 것이다.

제공해 준다. 로마서 3장의 서두의 절들이 분명히 보여주듯이, 바울은 로마서 9장과 10장에서와 마찬가지로 여기에서도 하나님의 신실하심, 진실하심, 의, 정의라는 개념 전체를 다루고 있다.[234] 이 용어들은 서로 배타적인 것이 아니라, 서로를 정의해 주는 가운데 한데 얽혀 있다. 나는 바울이 이스라엘의 하나님이 여전히 자신의 신실하심을 나타내 보이고 있는 계약에 의거한 계획은 이스라엘 백성이 신실할 것을 요구하고 있는 것으로 보았다는 것과, 그가 3:21-26에서 설명하고 있는 것이 메시야의 "신실하심"(이것은 5:12-21에 나오는 메시야의 "순종"이라는 주제를 위한 복선이다)을 통한 이스라엘의 신실함이라는 것을 이미 다른 곳에서 논증한 바 있다.[235] 이것은 3:22에 대한 자연스러우면서도 풍부한 이해를 제공해 주는데, 그것은 계약에 대한 하나님의 신실하심이 "모든 믿는 자들 또는 모든 신실한 자들의 유익을 위하여 메시야 예수의 신실하심으로 말미암아"(dia pisteōs … eis pantas tous pisteuontas – '디아 피스테오스 … 에이스 판타스 투스 피스튜온타스') 나타났다는 것이다. 우리는 이 구절이 1:17에 나오는 고도로 압축되어서 표제로 사용된 어구와 연결되어 있다는 것을 아주 쉽게 알아볼 수 있다: 믿음을 지닌 자들의 유익을 위하여, 하나님의 신실하심을 토대로 해서, 하나님의 의가 나타났다.[236] 따라서 우리가 바울이 하박국서 2:4을 어떤 식으로 읽었을지에 대한 해석의 여러 선택지들 중에서 어느 것을 선택한다고 하더라도, 위에 제시된 하박국서의 맥락 전체는, 이스라엘의 하나님이 오직 '피스티스'(pistis)에 의해서만 정의되는 아브라함의 권속을 메시야를 통해서 창설함으로써 계약에 대한 자신의 신실하심을 보여주었다고 바울이 설명할 때, 그가 다루고 있는 주제의 전 범위를 밑받침해 준다.

바울이 하박국서 2:4을 인용할 때에 예수를 거기에서 말하는 "의인"으로 보았던 것이냐고 누가 묻는다면, 나는 그렇게 생각하는 것은 너무 나간 것 같다고 대답할 것이다(마치 왓슨처럼!).[237] 로마서 1:1-17의 맥락 속에서 그런 질문에 대한 대답을 이끌어낼 수 있는 사람은 틀림없이 아무도 없을 것이다. 바울이 3:22에서 "메시야의 신실하심으로 말미암아 하나님의 의"가 마침내 나타났다고 했을 때, "메시야의

234) *Perspectives*, ch. 30을 보라. 또한, 롬 15:8을 보라.

235) 또다시 *Perspectives*, ch. 30을 보라.

236) 이러한 이중적 사용의 병행예는 Philo *Abr*. 273에서 발견되는데, 거기에서는 "하나님은 신실한 아브라함에게 신실하시다"라고 말한다.

237) Hays, 1989b(이것은 Hays, 2005, 119-42에서 수정되었다); Campbell, 1994; Watson, 50-2에 나오는 이전의 논증들을 보라.

신실하심"은 "하나님의 의" 아래 포섭되기 때문에, 결국 요지는 "하나님이 예수를 내세웠다"는 것이다(3:25). 메시야의 신실하심은 계약에 대한 하나님의 신실하심을 온 몸으로 구현한 것이다. 그리고 그 하나님의 신실하심은 하바국에게 있어서는 갈대아 사람들의 침공에 의해서(그리고 에스라4서에서는 예루살렘의 멸망에 의해서), 그리고 바울 당시의 유대인들에게는 있어서는 사도가 1:17에서 언급하고 있는 저 충격적인 복음 사건들에 의해서 의문시되었다.[238)]

이렇게 해서, 결국 하박국서에 대한 바울의 사용과 관련한 나의 견해는 프랜시스 왓슨(Francis Watson)의 견해와 거의 정반대라는 것이 드러난다. 물론, 나는 그가 이 문제를 비롯해서 토라에 대한 바울의 읽기 전반에 걸친 문제를 창의적이고 유익한 방식으로 제기한 것에 대해서는 그에게 찬사와 감사를 표하지만, 하박국서 2:4을 믿음으로 이루어지거나 믿음으로 말미암아 오는 인간의 "의"라는 관점에서 읽어야 한다고 생각하지도 않고, 하박국서 2:4에 대한 읽기에 비추어 로마서 1:17a을 읽어야 한다고 생각하지도 않는다. 또한, 로마서에서 '디카이오쉬네 테우'(dikaiosynē theou)라는 어구 및 그 유사한 표현들과 관련된 관념들의 좀 더 폭넓은 용례들은 이 어구가 "계약에 대한 신실하심"이라는 의미에서의 하나님의 "의"를 가리킨다는 것을 충분히 보여주기 때문에, 우리는 하박국서를 확고한 토대로 삼아서, 이 어구의 의미를 찾아낼 필요가 전혀 없다. 우리가 이것을 염두에 두고서 하박국서로 되돌아가면, 이러한 해석이 하박국 선지자 자신의 상황에도 부합하고, 제2성전 시대에 있어서 하박국서에 대한 다시 읽기에도 부합한다는 것을 발견한다.[239)] 이스라엘의 하나님은 옳고, 그는 자기가 내내 아브라함에게 약속하였던 계약 백성을 복음을 통해서 탄생시켰다. 바울은 이스라엘의 성경을 하나의 방대하고 복잡한 서사, 즉 신실하신 창조주, 신실하신 계약의 하나님, 이스라엘의 메시야 안에서 자신의 옛 약속들을 지켜서, 오직 '피스티스'(pistis), 곧 복음에 의해서 생성되는 믿음 또는 신실함에 의해서 구별되는 백성을 창설한 하나님에 관한 이야기로 읽었다. 바울에게 있어서, 성경은 추상적인 진리("한 분 유일하신 하나님은 신실하시다")를 증언하는 책이 아니었고, 그 신실하심을 서사를 통해서 들려줌으로써, 십자가에 못 박혔다가 부활한 메시야를 근원과 초점으로 삼고 있는 신실한 권속으로 들어오라고 온 세계를 초청하는 책이었다.

238) 이 대목에서 자연스럽게 뒤따라 나와야 할 것, 즉 갈라디아서 3:11에서 하박국서 2:4을 사용한 것에 관한 논의는 우리가 여기에서 다룰 만한 지면이 없기 때문에, 나중에 나올 주석서를 기다릴 수밖에 없을 것 같다.

239) Watson은 여기에서 여전히 중요한 Strobel, 1961을 다루지 않는다

5. 결론

바울 같은 유대인은 없었다는 말은 아마도 맞을 것이다. 바울이 특이하고 파격적인 유대인이었다는 말도 어떤 관점에서는 맞다. 바울이 배교한 유대인이었다는 말은, 예수가 이스라엘의 메시야였다는 것을 당신이 믿는다면, 틀린 말이 된다. 바울은 진정으로 이스라엘 사람이었지만, 수사학적인 책략이 아주 풍부해서, 어떤 순간에는 갈라디아 교인들을 향하여 열변을 토했다가, 다음 순간에는 고린도 교인들을 괴롭히고, 그런 후에 로마 교인들 앞에는 이전에 유례가 없는 문서, 즉 오직 유대 세계의 심장부로부터 나왔으면서도 이전에 그 세계에 속한 그 어떤 사람도 결코 상상할 수 없었던 전망을 열어주는 문서를 내놓았다. 바울은 자신에 대한 일차적인 정의가 "유대인"일 수 없다는 것을 역설한다. 그의 일차적인 자기이해는 자기는 메시야의 사람이라는 것이었다. 그는 "메시야 안에"(en Christō) 있었고, 역으로 메시야는 그 안에 살고 있었기 때문에, 바울을 비롯한 모든 메시야 백성은 "메시야의 생각"을 지니고 있었다. 이러한 특별하고 이례적인 주장들은 오직 유대 세계 내에서만 이해될 수 있는 것이었지만, 그럼에도 불구하고 이 주장들에 의해서 그 세계는 이음새들을 따라 둘로 쪼개졌다. 그들은 자신의 배를 태워 버린 자들이었다. 다윗을 따라 아둘람 동굴로 간 자들처럼, 그들이 사울의 궁정으로 다시 돌아올 길은 없었다. 바르 코크바를 메시야로 믿고 환호하였던 자들처럼, 이제 그들은 자기는 사실은 힐렐 학파에 속한 자이기 때문에, 홀로 토라를 연구하고 실천하는 데 관심이 있고, 로마인들이 예루살렘을 점령하고 세계를 자신들이 원하는 대로 어떤 식으로 경영하더라도 그런 문제에는 관심이 없다고 말할 수 없었다. 우리는 예수가 지금 왕으로 다스리고 있기 때문에, 이스라엘, 그리고 일정 정도는 세계를 그의 통치라는 관점에서 보고 정의하지 않는다면, 저 지극히 불쌍한 사람들에 속한 자들일 수밖에 없다.

따라서 바울이 알고 있었던 "정체성"과 자신이 부르심을 받아서 행하지 않을 수 없다고 느낀 사역 — 그는 이것을 "열방들에 대한 사도"라는 축약어로 표현하였다 — 은 "종교적인" 것을 뛰어넘는 그 이상의 것일 수밖에 없었다. 그것은 "믿음" 또는 소망을 갖는 것 이상의 것이었다. 본서의 제4부의 면면에서 우리는 바울이 정치, "종교," 철학의 세계들, 그리고 주후 1세기의 다면적인 유대 세계에 대하여 중요한 할 말들을 가지고 있었다는 것을 보아 왔다. 그것은 단지 실제로는 어떤 다른 것에 "관한" "사명"으로부터 우연히 부산물로 생겨난 것이 아니었다. 우리가 이 장에서 지도로 나타내고자 해 왔던 바울의 온전히 성취된 유대적 정체성에 대해서 말하기 위해서는, 우리가 지금까지 살펴 온 모든 범주들 — 신학, 세계관, 문화, 정치, 종교, 철학, 유대 세계 자체 — 은 물론이고, 아마도 더 많은 것들이 필요할 것이다. 사실, 나는 우리의 후기모더니즘적인 담론이 바울이 자기가 수행하고 있다고 생각한 것을 표현하는 데 적절한 범주들을 과연 우리에게 제공해줄 수 있을 것인지에 대해서 의구심을 갖고 있기는 하지만, 이제부터 살펴보고자 하는 우리의 마지막 장을 통해서, 우리는 그런 범주들을 찾아내는 데 우리의 최선을 다하지 않으면 안 된다.

제 16 장

새 창조의 증표들: 바울의 목표들과 성취들

1. 서론

주후 1세기는 소란하고 위험스러운 세기였다. 황제의 권력은 또다시 고개를 쳐들었고, 사람들은 놀라 겁을 집어먹고 두려워하였다. 사람들은 이런저런 방식으로 도움을 구해 보았지만, 실용주의자들이나 이념가들이나 모두 똑같이 하룻밤 사이에 지지하는 편을 바꾸고 이전과는 딴 사람들이 된 모습만을 확인할 수 있을 뿐이었다. 어떤 사람들은 현실에서 도피하여 최선의 것을 소망하는 것으로 만족하였다. 새로운 시대, 즉 모든 것을 회복시켜줄 시대에 대한 오래된 갈망을 품고 있던 사람들은 역사의 "진보"에 대한 믿음을 잃어 가는 가운데, 단지 자신들이 매달릴 수 있는 소망이 아니라, 그들 자신이 헌신할 수 있고 남들에게도 권할 수 있는 행동노선을 애타게 찾았다. 너무나 자주 서로 다투는 강대국들의 틈바구니에 끼어 압박을 받았던 많은 유대인들이 직면한 질문은 이 모든 일을 어떻게 생각하여야 하느냐 하는 것(물론, 이것도 아주 중요한 것이기는 했지만)이 아니라, 무엇을 해야 하느냐 하는 것이었다. 오늘날 마르크스(Marx)는 부분적으로 불신을 받고 있기는 하지만, 그가 한 말들 중에는 우리가 여전히 상기해야 할 말도 있는데, 그것은 중요한 것은 단지 세계를 해석하는 것이 아니라 변화시키는 것이라는 말이다.

다소의 사울 같이 베냐민이라는 역사 속의 지파 이름을 지니고 있었던 한 사상가이자 행동가에게 있어서, 마르크스의 그러한 말은 어떤 판본의 옛 메시야 소망이 중요한 것이 아니라, 현재와 마찬가지로 과거도 회복시켜줄 수 있는 소망이 중요하다는 것을 의미하였다:

> 각 시대에서 전통을 압도하여 무력화시키고자 하는 현실영합주의에 맞서 전통을 구해내고자 하는 시도가 새롭게 만들어져야 한다. 메시야는 단지 구속자로만 임하는 것이

> 아니라, 적그리스도를 진압하여 굴복시키는 자로도 임한다. 이 원수가 이긴다면, 죽은 자들조차도 이 원수로부터 안전하지 못할 것임을 견고하게 확신하는 그러한 역사가만이 과거의 소망의 불씨를 되살릴 수 있는 선물을 받게 될 것이다. 그리고 이 원수는 승승장구하기를 멈춘 것이 아니다.[1]

달리 말하면, 단지 옛 이야기들을 말하면서, 역사상의 "진보"에 의지해서, 그 이야기들이 진행되어 나가다 보면, 우리는 우리가 가야 할 곳으로 가 있게 될 것이라고 생각하는 것만으로는 충분하지 않기 때문에, 다른 종류의 계기, 즉 단지 "시간 속에서의 어떤 변화"가 아니라 "시간 자체의 변화"를 모색하여야 한다는 것이다.

발터 벤야민(Walter Benjamin)이 그린 이 비전은 1940년에 파리에서 불안정한 망명 생활을 하던 그를 나치가 압박해 왔을 때에 쓴 글이다.[2] 그는 스탈린(Stalin)의 러시아가 히틀러(Hitler)의 독일과 불가침조약을 맺는 것에 환멸을 느끼고, 자신이 이전에 받아들였던 마르크스의 비전 전체에 대하여 회의를 품게 되어 스페인으로 망명하였지만, 그것은 그에게 좋은 일이 되지 않았다. 그는 독일의 비밀경찰이 그의 뒤를 바짝 쫓아 압박해 오는 것에 두려움을 느껴서 결국 자살하고 만다. 한 시대의 획을 그은 이 사상가는, 다른 점들에서는 자기와 너무도 달랐던 디트리히 본회퍼(Dietrich Bonhoeffer)와 무서울 정도로 비슷하게, 한 번 들으면 잘 잊혀지지 않는 특별한 날카로움을 지닌 말들을 남겼다. 모더니즘적인 유대인들은 하나님을 믿는 것을 포기하였을 때조차도, 심지어 과거까지 모두 다 회복시켜줄 수 있는 장래의 어떤 계기를 여전히 소망하고 있는 그들 자신의 모습을 발견하게 된다:

> 우리는 유대인들에게는 미래를 살펴보는 것이 금지되어 있었다는 것을 안다. 하지만 토라 및 여러 기도문들은 과거에 대한 기억을 통해 그들을 가르친다. 이것은 미래를 알기 위해 점쟁이들을 찾는 모든 사람들을 굴복시키는 미래가 지닌 주술적인 힘을 미래로부터 벗겨내 버렸다. 하지만 이것은 유대인들에게 미래가 균질의 텅 빈 시간으로 변하였다는 것을 의미하지는 않는다. 왜냐하면, 그들에게는 매순간이 메시야가 임할지도 모르는 좁은 문이었기 때문이다.[3]

지금은 우리가 20세기의 가장 매력적인 지성들 중의 한 사람에 대한 자세한 논의할 때가 아니지만, 벤야민은 메시야와 역사의 회복이 아주 중요한 역할을 해 온 옛 유대의 비전이 단지 "영성"이나 "종교," 또는 세계에 속한 것들이 더 이상 중요

1) Benjamin, 1968 [1940], 255.
2) 내가 알고 있는 가장 분명한 주석서는 Löwy, 2005이다.
3) Benjamin, 1968 [1940], 264.

하게 않게 되는 도피적인 구원을 다루고 있는 것이 아니라, 세계 자체 속에서 행동하라고 하는 도전을 다루고 있는 것임을 우리에게 일깨워 준다. 벤야민의 친구였던 한나 아렌트(Hannah Arendt)는 그것을 이렇게 표현한다:

> 우리는 이제 더 이상 과거에 좋았던 것을 우리의 유산이라고 부르며 취하고, 나쁜 것을 시간이 지나면 망각 속에 묻히게 될 짐이라고 생각하며 버릴 수 있는 여유가 없다. 서구 역사에서 저류하던 흐름이 마침내 표면으로 나와서, 우리의 전통의 존엄을 강탈해 가 버렸다. 이것이 우리가 살아가고 있는 현실이다. 그리고 이것이 혹독하고 잔인한 현재를 피하여 여전히 아무런 훼손도 없는 과거에 대한 향수 속으로 도망가거나 더 나은 미래에 대한 청사진 속에서 현재를 망각하고자 하는 모든 노력들이 헛된 이유이다.[4)]

아렌트와 벤야민은 지난 세기 중엽에 닥친 극단적인 위기상황 속에서 현재적으로 행동하는 것이 얼마나 절실한 일인지를 이해하였다. 우리는 역사상의 "진보"를 믿는 가운데 상황이 나아지기를 기다려서도 안 되고, 피안의 세계로 도피해서도 안 되며, 지금 무엇인가를 행하여야 한다는 것이다. 아렌트는 이렇게 말한다:

> [우리에게 필요한 것은] 오직 이 땅에서의 새로운 정치 원리, 또는 새로운 법 속에서만 발견될 수 있는 새로운 보증인데, 그 원리 또는 법은 인류 전체에 대하여 타당하면서도, 그 권력이 새롭게 정의된 영토 기반의 집단들에 뿌리를 두고 그 집단들에 의해서 통제되는 엄격하게 제한된 것이어야 한다.[5)]

우리는 굳이 이 비전의 틈새들을 많이 채워 넣지 않아도, 이것이 본질적으로 유대적인 비전이라는 것을 알 수 있다: 꼭 필요한 인간 권세들은 확고한 제한 아래에 둔 가운데 하나가 된 세계. 여기에서 "새롭게 정의된 영토 기반의 집단들"이라는 표현은 핵심에서 벗어나서 잘못 짚고 있는 것이다. 이 표현이 지닌 함의들이 얼마나 치가 떨리는 것인지를 알려면, 지난 두 세대 동안의 발칸 반도나 중동을 생각해 보기만 하면 된다. 그러나 아렌트나 벤야민이 말하고자 한 핵심은 이제 사람들은 이전처럼 살아갈 수는 없다는 것이다. 지금은 행동할 때이고, 행동할 수 있는 때이며, 구원의 날이다. 아니, 구원의 날일 수 있다.

4) Arendt, 1968 [1950], 1950의 서문(*ad fin.*). 그녀는 이전에 그 동일한 서문에서 이렇게 썼다: "이 책은 무모한 낙관론과 무모한 절망을 배경으로 씌어졌다. 진보와 파국은 동일한 메달의 양면이고, 이 둘은 믿음이 아니라 미신의 신조들이라는 말이 맞다."

5) Arendt, ibid.

이러한 일깨움, 그리고 베냐민 지파를 대표했던 저 이전의 인물에 대한 이 분명한 반영들은 우리를 20세기에서 마찬가지로 소란하고 위험스러웠던 주후 1세기로 다시 돌려보낸다. 바울이 정치와 종교와 철학의 세계들, 그리고 자신이 나고 자란 유대 세계와 명시적이거나 암묵적인 접전을 벌이는 모습을 그린 위의 마지막 네 장을 우리가 뒤로 조금 물러나서 본다면, 무슨 일이 벌어질까?

바울의 사상에 대하여 쓴 많은 책들은 그의 종말론이나 교회론, 또는 윤리를 설명하는 것으로 끝난다. 본서에서는 그러한 주제들을 다른 곳에서 이미 살펴보았지만, 본서를 그런 주제들을 다루는 것으로 끝내는 것이 부적절한 것은 단지 그런 이유 때문만은 아니다. 나는 지금까지 바울의 신학이 무엇이고 그 신학이 의미하는 것이 무엇인지를, 단지 그가 몸담고 있었던 좀 더 넓은 철학적, 문화적/종교적, 정치적 세계들, 특히 고대 유대교의 세계와 관련해서만이 아니라, 무엇보다도 그가 그 모든 현실을 바라본 토대가 된 세계관과 관련해서 논증해 왔다. 그가 썼던 안경들이자 그의 교회들에게 쓰라고 가르쳤던 안경들이었던 상징들, 실천, 이야기들은, 그가 핵심적인 세계관 질문들에 대하여 준 암묵적인 색채가 짙은 대답들과 함께, 모두 다 그의 삶과 사상, 사역과 기도, 특히 공동체들을 세우고 유지한 일이 모두 하나로 통합되어 있었음을 보여준다. 이제 우리는 바로 그 통합된 전체, 즉 그의 다면적인 인생 프로젝트를 간략하게 살펴볼 차례가 되었다.

바울의 신학 자체는 그러한 통합된 전체 내에서 자신의 고유한 역할을 수행한다. 이 "신학"은 단지 유대 신앙의 중심적인 요소들을 메시야와 성령을 중심으로 수정하고 개작해서 우아하게 체계적으로 조직해 놓은 것이 아니었고, 기도와 하나님으로부터 오는 힘이라는 생명의 피가 이 프로젝트 전체로 흘러들어가서 살아 움직이게 해주는 맥동하는 심장이었다. 최근의 한 저자가 정치력과 철학 작업 간의 관계라는 관점에서 쓴 글은, 바울에게 있어서 그것보다 한층 더 복잡하였던 관계, 즉 한편으로는 세계관과 신학 간의 관계, 다른 한편으로는 세계관/신학의 결합체와 유대적이고 비유대적인 것을 포괄한 좀 더 넓은 맥락들 간의 관계에 대해서도 어느 정도 적용될 수 있다:

> 독재자이든 대중에게 영합하는 지도자이든, 정치권력을 쥔 자들은 자신의 이데올로기를 정당화하거나 자신의 명성이나 위엄을 유지하거나 대대적인 선전활동을 그럴 듯하게 벌이기 위한 목적으로 철학의 목소리들을 징발하고자 해 왔다. 마찬가지로, 학계의 기득권층과 사변적인 사상가들, 대중들 가까이에서 활동하는 지성인들은 카리스마적인 지도자들에게 끌리는 것을 느껴 왔다 … [사상가들은] 자신의 사상을 실현하고자 하는 열망, 즉 실현되지 않는 경우에는 무력한 교설들과 주장들로 끝나버릴 것들을 현실 속

에서 실현함으로써 자신이 한 말들을 현실에서의 행동으로 바꾸어 놓고자 하는 열망이 가슴 깊이 [자리 잡고 있다]. 이렇게 자신들의 사상을 실현하고자 하는 열망은 사상가들을 끈질기게 따라다닌다. 그래서 현자들은 독재자에게 박수갈채를 보내고 그가 듣고 싶어 하는 말들을 들려줌으로써 환심을 사려고 한다. 세네카(Seneca)는 네로와 가까웠고, 체사레 보르자(Cesare Borgia)는 마키아벨리(Machiavelli)에게 매료되었으며, 사르트르(Sartre)는 마오쩌뚱의 야만성을 옹호하고 지지하였다.[6)]

바울을 예수의 전 세계적인 통치를 이데올로기적으로 정당화하는 이론을 제공한 철학자로 보는 것으로는 바울의 사상 전체를 모두 다 포괄할 수는 없겠지만, 그러한 관점 속에는 일말의 진리 이상의 것이 들어 있고, 그 진리는 통상적으로 사람들이 차단해 왔던 것이다. 바울은 독립적이고 고립된 사상가가 결코 아니었다. 서구의 학문 전통에 서 있는 고립적인 사상가들이 바울을 만났을 때에 그의 목회적인 기법 속에서 당혹감을 느끼고 그의 미묘한 역설들 속에서 앞뒤가 맞지 않는 모순을 느끼는 등 애로를 겪어 온 이유가 거기에 있다. 그는 행동하는 인물이었고 자신의 신학을 현실에서 실천하며 성취하는 인물이었다. 그는 사상가이자 행동가였기 때문에, 자신의 생각 자체를 예배의 한 형태로 보았고, 자신의 행동을 메시야에 의해서 이미 성취된 것을 현실에서 이루어내는 희생제사로 보았다. 그는 전인적으로 통합된 존재였다. 그에게서는 면도날 같은 지성과 열정적인 감성이 함께 일하였다.

따라서 우리가 현재의 장에서 마침내 그의 "행동"을 살펴보고자 한다고 해서, 그것이 이론을 실천으로 대체하고자 하는 것은 결코 아니고, 이데올로기를 실용주의로 대체하고자 하는 것은 더더욱 아니다. 바울의 사고의 심장부에는 "새 창조"(new creation)라는 목표가 자리 잡고 있었기 때문에, 그에게 있어서 "행동"은 궁극적으로 중요한 것이었다. 바울은 이 새 창조가 메시야의 부활로 이미 시작되었다고 믿었기 때문에, 새 창조는 정의상 그저 단순한 관념으로 머물러 있을 수 없었다. 새 창조가 시작된 것이 사실이라면, 그것은 우리가 역사적 현실이라고 부를 수 있는 것이 되어야 했다. 그래서 그는 복음을 전하고, 교회들을 세우고 돌보며, 권세들과 대결하고, 서신들을 썼다. 현재의 장에서 나는 바울의 실제적인 목표가 특정한 종류의 공동체들을 창설하고 유지하는 것이었다는 것, 그리고 그런 공동체들을 창설하고 유지하기 위한 수단이 화해라는 핵심적인 개념이었다는 것, 그리고

6) Steiner, 2013.

그가 성령이 내주하는 메시야 백성으로 여겼던 이러한 공동체들이 적어도 그의 사고 속에서와 역사적 진실 속에서는 새로운 종류의 철학과 종교와 정치를 새롭게 결합해서 구현하고 있는 새로운 종류의 현실을 이루고 있었다는 것, 그리고 우리가 앞 장에서 살펴보았던 현실 내에서 이 모든 것은 새로운 종류의 유대적인 것, 새 계약의 공동체, 새로운 종류의 기도에 뿌리를 둔 공동체였다는 것을 논증하고자 한다. 여러분이 좋다면, 이것을 실천적 교회론, 또는 선교론이라고 부르라. 하지만 오늘날 그러한 명칭들은 이미 철저하게 연구해서 정립해 놓은 이론을 단지 현실에서 실천한다는 의미를 함축하고 있는 것으로 받아들여질 수 있는 반면에, 바울에게 있어서는 한편으로는 복음의 충동과 명령법, 다른 한편으로는 공동체들과 신자 개개인들의 엄중한 현실들 간에는 언제나 서로 주고받는 복잡한 상호작용이 존재하였다.

그가 남긴 글들이 논문들이 아니라 서신들이라는 것이 중요한 이유가 거기에 있다(그는 천만다행이라고 말했겠지만). 로마서에서 빌레몬서에 이르기까지 그의 글들은, 그 글들이 씌어진 상황에 따른 목적을 달성하는 가운데, 단지 의사소통이라는 목표가 아니라 이 공동체들의 전체적인 목표를 구현한다. 그는 "주께서 자기에게 주신 권세는 허물어뜨리기 위한 것이 아니라 세우기 위한 것"이라고 말한다.[7] 그의 글쓰기는 그의 행동의 한 형태였다. 그는 세계나 교회를 설명하는 것이 아니라 변화시키는 데 관심이 있었다. 그의 삶 전체에서 중심적이었던 것은 "이제는"(now)라는 단어였고, 이 단어 앞에는 흔히 앞에서 말한 것과의 확연한 대비를 보여주는 "그러나"(but)라는 단어가 붙었다: "그러나 이제는."

내가 앞 장, 아니 실제로는 본서 전체에 걸쳐서 분명히 해 왔듯이, 이러한 통합된 비전은 본질적으로 유대적인 현실 인식이었다. 내가 방금 전에 인용한 책에서 말하였듯이, 정치와 철학을 융합하고 수렴하고자 한 시도가 일어난 곳이 독일의 제3제국이었다는 것은 결코 우연이 아니었다. 나치는 철학에 근거한 새롭게 통합된 형태의 공동체를 건설하고자 했을 때, 반유대주의(anti-semitism)를 기치로 내세우는 것이 이데올로기적으로 반드시 필요하다는 것을 발견하였다. 그들이 내건 반유대주의는 단지 실용적인 필요에 의해서 생겨난 것이 아니었다. 선민이 둘일 수는 없었다. 특히, 두 개의 역사가 있을 수 없었다. 나치가 들려주는 독일에 관한 새로운 이야기가 새롭게 우뚝 설 수 있기 위해서는, 토라를 불태우고 토라를 신봉하는 자들을 멸절시켜서 유대인들의 역사를 이 땅에서 지워 버려야 했다.[8] 그런 이유

7) 고후 13:10.

로, 20세기 대륙의 철학에서는 물론이고 오늘날에 이르기까지, 당대 최고의 철학자였던 마르틴 하이데거(Martin Heidegger)가 어떻게 그 정도로 깊이 나치에 헌신할 수 있었는지에 관한 질문을 놓고 고통스러운 논의와 토론이 벌어져 왔다.

실제로, 21세기의 신약학계의 문제이자 과제 중의 일부는, 계몽주의 이후에 유럽의 철학과 정치의 모판 전체(하이데거는 그 중심적인 상징 중의 하나였다)가 과거(심지어 신약성서까지!)를 자신의 궤도로 강력하게 끌어당겨 흡수해서, 과거로 하여금 자신의 고유한 빛을 발하지 못하게 하고, 그 대신에 계몽주의라는 희미하게 깜빡거리는 이데올로기적인 "빛"을 반사하고 반영하지 않을 수 없게 만들어 왔던 그 암울한 만유인력으로부터, 석의와 신학, 아니 실제로는 초기 기독교 역사 자체를 건져내어 해방시키는 일을 너무나 오랫동안 지체해 왔다는 것이라고 나는 본다. 역사로 하여금 분명한 것들, 즉 종종 무시되는 분명한 것들을 말하게 하기 위해서는, 과거를 현재의 독재로부터 해방시키는 일이 언제나 수행되지 않으면 안 된다. 그렇게 하기 위해서 우리는 늘 다른 방식들로 사고할 필요가 있다. 원숙하고 노련한 역사가들은, 과거라는 것은 "사람들이 그들과는 다르게 행하는 낯선 땅"이기 때문에, 역사가라는 것은 정의상 역사 속의 어느 지역의 언어를 무시하고 자신의 언어로 큰 소리로 떠들어대며, 그 지역의 전통이나 금기를 무시하고 자신의 관습을 따라 행동하는 것이 아니라, 그 곳에서 예의바른 손님으로 처신하는 법을 배워야 하는 자들이라는 것을 이미 오래 전부터 잘 알고 있었다.[9] 내가 이렇게 말하는 것은 물론 소박한 실재론으로 회귀하자고 하는 것이 아니라, 내가 이전의 책에서 논증하였듯이, 모든 외적인 지식에 대한 포스트모더니즘적인 비판을 충분히 인식하면서도, 그러한 지식이 아예 불가능하다고 단정하고 거기에 대한 접근을 차단해 버리는 것은 명백한 유아독존식 사고(solipsism)에 매몰될 위험이 있다는 것도 마찬가지로 인식하는 가운데, 적절한 "비판적" 실재론(critical realism)이라는 역사적 방법론을 적용해서 과거의 역사와 씨름하자는 것이다.[10]

따라서 내가 본서에서 시도해 온 바울에 대한 역사적 연구는 그 자체가 역사적인 석의를 계속해서 왜곡시켜 온 적어도 세 가지 패러다임들로부터 석의를 해방시키고자 하는 한 수일 것이다. 바우어(F. C. Baur)는 유대교와 헬레니즘이라는 두

8) 특히, Confino, 2012를 보라. 이것과 오늘날 바울에 대한 "신묵시론적" 해석자들의 주장들 간의 병행은 관심의 대상이거나 관심의 대상이어야 한다.

9) cf. Hartley, 1997 [1953], 5.

10) 물론, 이 주제는 이것보다 훨씬 더 복잡하고, 오늘날의 역사가들 가운데서 많이 논의된다(예컨대, cf. Bentley, 2006); 자세한 것은 *NTPG*, ch. 4을 보라.

"주의"(-isms)라는 틀을 설정해서 서로 대립시키고, 후자를 선호하는 가운데, 그러한 시대착오적인 틀을 사료들에 엄격하게 적용해서 사료들을 왜곡시켰다. 불트만(Bultmann)은 이것을 좀 더 진척시켜서, 자신이 이전에 암묵적으로 지니고 있던 이데올로기적인 편향을 발전시켜서, "바울"의 복음은 알맹이이고 "유대교"는 그것을 둘러싼 포장지라는 미명 하에, 초기 기독교의 핵심을 본질적으로 비유대적이거나 심지어 반유대적인 방식으로 해석함으로써, 자기가 지리적으로나 이데올로기적으로 하이데거(Heidegger)의 이웃사촌이라는 것을 유감없이 보여 주었다. 자칭 "묵시론" 학파(이 학파는 역사적 진보를 반대하는 이데올로기를 지니고 있음에도 불구하고, 지금은 3대의 계보를 자랑한다)는 소망의 사도인 바울에게, 마찬가지로 베냐민 지파의 이름을 지닌 20세기의 그의 사촌(발터 벤야민)이 품고 있던 절망적인 부정성(negativity)을 강제로 덧씌워 왔다. 이 세 가지는 모두, 내가 본서의 서두의 장에서 사용하였던 표상으로 되돌아가서 말해 본다면, 노예생활 또는 포로생활의 여러 형태들이고, 거기에서는 주후 1세기의 말들과 생각들과 문서들은 전혀 역사적이지 않은 지푸라기들을 섞어서 이데올로기적인 벽돌들을 만들어내도록 강요당해 왔다. 해방과 출애굽의 다른 형태들과 마찬가지로, 석의를 이러한 형태들의 포로생활로부터 해방시켜서 진정으로 역사적인 석의가 되게 하는 과제는 그 자체가 바우어나 불트만, "신묵시론자들"이 통상적으로 주변화시켜 왔던 유대적인 서사와 소망을 가득 내포하고 있다. 여기에서 많은 아이러니들 중의 하나는, "역사비평"을 추구해 온 자들이 스스로 그러한 노예와 주인이라는 표상을 내세워서, 자신들은 역사를 사용하여, 계몽주의 이전에 교의학의 노예로 살며 잠자고 있던 기독교를 깨어나게 하려고 한다고 주장해 왔지만, 사실은 적어도 현재의 유행 속에서 이른바 과거에 대하여 철저한 부정적 태도를 보이는 벤야민류의 "묵시론"은, 계몽주의 이후의 이런저런 이데올로기들을 사용해서, 역사를 노예로 삼아 그 목을 족쇄로 단단히 채운 가운데 세워진 "신학"이라는 것이다.

이 모든 것의 아이러니 중의 일부는, 20세기 중반의 여러 형태의 마르크스주의에 대한 발터 벤야민의 좌절과 고발은 그 자체가 유대인들 내부의 논쟁의 한 형태였다는 것이다. 물론, 유대인들의 해방의 역사에 대한 세속화된 헤겔적인 판본을 제시한 것은 마르크스였다. 그러한 서사와 그 서사가 지닌 두 가지 기본적인 요소는 다니엘서, 에녹1서, 에스라4서 같은 진정으로 "묵시론적인" 초기의 유대적인 책들에 공통적으로 나타난다(이 책들은 여러 가지 점에서 서로 차이가 나는데도 불구하고). 이 서사의 첫 번째 기본적인 요소는, 길게 이어져온 어두운 역사를 신명기와 다니엘서가 제시한 틀 내에서 보고서, 계약에 의거한 재앙의 때이자 하나님의 인내와 섭리의 때로 이해하고, 하나님의 약속들이 현재적으로 실현될 기미가 전혀 보이지 않아도, 그 약속들을 꼭 붙잡고서 인내하는 것만이 거기에 대한 합당한 응답이라고 여긴다는 것이다. 두 번째 요소는, 이스라엘의 하나님이 새롭고 충격적인 방식으로 행하여, "인자 같은 이"의 높아지심을 통해서든, 거대한 흰 소의 등장에 의해서든, 끔찍한 이교의 독수리와 대결하기 위하여 숲에서 유다의 사자가 출현하는 것을 통해서든, 결국에는 모든 것을 전복시키고, 해방의 새 시대를 개시시킬 갑작스러운 (메시야적인) 계기가 장차 있을 것이라고 말한다는 것이다. 이 새로운 "묵시"는, 동이 트고 서서히 밝아져서 마침내 정오에 이르는 방식이 아니라, 충격적으로 새롭고 급진적인 사건으로 도래할 것이다. 그럼에도 불구하고, 이 묵시는 사람들이 오랫동안 기다려 왔던 대로, 성경에 언급된 옛적의 계약에 의거한 약속들을 진정으로 성취하게 될 것이다.

우리가 이 그림을 19세기 어간으로 가져오고, 이 그림에서 하나님을 빼면, 우리는 거기에서 카를 마르크스(Karl Marx)를 발견한다. 마르크스는 하나님을 배척하였기 때문에, 과정 자체에 더 큰 무게를 둘 수밖에 없었다(우리가 계몽주의에 내재된 에피쿠로스 사상으로부터 충분히 예상할 수 있듯이). 이 혁명은 외부로부터의 어떤 새로운 것의 갑작스러운 돌입(irruption)의 결과로 이루어지는 것이 아니라(갑자기 나타나서 그런 일을 해낼 신[deus ex machina – '데우스 엑스 마키나']이 마르크스에게는 존재하지 않았기 때문에), 인간 사회의 표면 아래에서 서서히 축적되어 온 압력이 한계에 도달하였을 때에 사회라는 화산의 내부로부터의 갑작스러운 분출(eruption)의 결과로 이루어지게 될 것이었다. 이렇게 마르크스는 자신의 조상들인 주후 1세기의 묵시론자들보다도 역사의 긴 과정 자체가 지닌 힘을 훨씬 더 높이 평가하였다. 우리는 그들은 모든 것이 하나님의 섭리에 의해서 이루어진다는 것과 옛적의 약속들이 아직 성취되지 않았다는 믿음을 지니고 있었기 때문에, 그들의 믿음은 결국 역사가 인간의 개입 없이 스스로의 힘으로 흘러가서 결국에는 인간을 해방시키거나 메시야가 해야 할 일이라고 생각되어온 일을 하게 될 것이라고 본 헤겔적인 역사 내적 발전 이론으로 귀결되었을 것이라고 예상해 볼 수 있지만, 사실은 그렇지 않았다. 고대의 묵시론자들은 역사의 발전과 진보를 믿은 신학자들이 아니었다. 그들은 자신들의 하나님은 여전히 포로생활의 암울하고 당혹스러운 기다림의 세월을 주권적으로 주관하는 분이고, 결코 거기에 예속된 존재가 아니라고 믿었다. 그리고 그 기이한 주권 내에서 인간의 결정들과 행위들은 좋은 쪽으로든 나쁜 쪽으로든(후자가 더 많았지만) 아주 중요한 역할을 하였다.

그러나 마르크스는 이렇게 엇비슷하게 그의 선구자들이라고 할 수 있는 옛적의 묵시론자들과 상당한 정도로 달랐지만, 아이러니컬하게도 계몽주의 이후에 역사와 사회의 진보를 믿은 다윈과 같은 부류의 사상가들(그들은 마르크스와 판이하게 다르긴 했지만 동일하게 에피쿠로스적이었다)과 동일한 반열에 놓이게 되었는데, 그들은 "진보"를 신봉한 자들로서, 사회를 점진적으로 개선시켜서 인류 사회 전체를 "계몽시킬" 수 있다고 믿은 자들이었다. 19세기 말의 자유주의적인 신학자들은 이 서사를 기독교적으로 변형시켜서, "하나님"을 그 그림 속으로 복귀시키고, 그러한 "진보"를 내적으로 추진해 나가는 힘으로 상정하는 하나의 판본을 제시하였다(신학은 자연과 마찬가지로 공백을 싫어한다). 그러나 공식적으로 무신론이든, 아니면 이신론으로 자처하든, 그러한 모든 이론들은 실질적으로 역사의 진보 과정 자체를 신격화하였고, 그 이론들이 독일의 제3제국처럼 필연적으로 반유대적일 수밖에 없었던 이유가 거기에 있었다. 헤겔(Hegel)이 말했듯이, 유대교는 잘못된 종류의 "종교"였다. 계몽주의의 관점에서 보면, 유대교는 범주 오류였다. 18세기에 재정의된 의미에서의 "종교"는 민족과 영토에 관한 것이 아닌 것으로 상정되었고, 그랬기 때문에 나치 이데올로기는 거짓된 종교로 인식되지 않았다(그것이 거짓된 종교로 인식되었을 때에는 이미 때가 늦었다). 그러나 유대교는 계속해서 세계를 향하여, 역사의 세계를 비롯한 피조 세계와는 다르고 그 세계를 주관하는 하나님을 상기시켰다. 1900년대 초에 "순조롭게 발전해 나가고 있던" 자유주의 신학에 제동을 건 칼 바르트(Karl Barth)의 항변이 지닌 힘은 그가 본질적으로 유대적이고 성경적인 이러한 통찰을 회복시킨 것으로부터 온 것이었다.

그러나 어떤 사람들처럼, 바르트를 활용해서 묵시 이전의 모든 역사에 대하여 "아니다!"라고 말하는 것은, 주후 1세기의 "묵시론자들"을 포함한 고대의 유대 신학이나 예수나 바울이나 심지어 바르트도 제대로 다루는 것이 아니다(물론, 바르트는 내가 여기에서 지금 다루고자 하는 핵심은 아니지만). 그리고 마찬가지로 발터 벤야민이라는 비극적인 인물을 그런 용도로 이용하는 것은, 오늘날의 석의자들 중에서 현대적인 범주들을 고대 역사에 덧씌움으로써 덕을 보는 사람들에게는 구미가 당기는 일이겠지만,[11] 초기 유대 세계, 또는 그 가장 주목할 만한 변종의 주창

11) 이것의 예는 Harink, 2010이다. Harink는 복음을 좀 더 넓은 역사적 맥락 내에서 보고자 하는 그 어떤 시도도 거부하는 것으로 시작해서, 이미 예상된 일이지만, Barth의 로마서 주석을 극찬하고, Jewett과 필자의 주석들을 배척하면서, "Wright은 Jewett과 마찬가지로, 우리에게 바울의 상황에 맞춘 복음을 제시한다"(295)고 말하는 것으로 끝난다. Harink가 반복적으로 행하는 비난 중의 일부는, 내가 "점진적으로 이루어져 가는 구원사"를 주창하여, 오늘날의 사람들로 하여금 그들 자신을 지금까지도 계속해서 이어지고 있는 구원사 내에 위치시킬 수 있게 한다고 말하면서, Barth는 "복음이 시작된 바로 저 유일무

자인 바울, 그리고 또한 벤야민을 제대로 이해하는 데 실패하는 것이다.

결국, 벤야민은 20세기 중반의 여러 가지 형태의 마르크스주의가 파산하였다는 것을 인식하고서 거기에 반발한 것이었고, 그것은 사람이 다른 종류의 신, 이 경우에는 마르크스의 "진보"라는 신을 믿었다가 배신을 당하였을 때에 보이는 반응이었다(세월이 흘러서, 우리는 편안하게 과거를 되돌아보며 이렇게 겁없이 말할 수 있다!). 벤야민이 이 두 가문, 즉 "진보"를 꿈꾼 마르크스(Marx) 가문과 우월한 종족을 발전시키고자 한 꿈을 꾸었던 나치(Nazi) 가문에 재앙이 임하기를 소원하였던 이유가 거기에 있었다. 1940년에 이 두 가문이 맺은 마귀적인 동맹조약은, "역사"가 스스로의 힘으로 "가야 할 곳으로 나아갈" 수 있다는 꿈(마치 히틀러와 스탈린이 눈에 보이지 않는 변증법적이거나 신화론적인 "과정"의 예기치 않은 도구들이라도 된다는 듯이 여기는), 즉 역사가 외부의 도움 없이 자유와 정의의 새로운 시대만이 아니라, 과거의 잘못된 것들이 바로잡히게 될 새로운 세계를 낳을 수 있다는 꿈을 완전히 파괴해 버렸다. 시편과 이사야서에 표현된 유대적인 소망의 유산들에 매달렸던 벤야민은 그 소망이 그를 비롯한 그의 많은 동시대인들이 상상해 왔던 방식들을 통해서 도래할 가망성을 볼 수 없었기 때문에, 그때에 그에게 남은 유일한 소망은 완전히 새로운 "메시야 운동"뿐이었다 — 우리는 벤야민에게 있어서 메시야는 한 개인이 아니라, 집단 인격, 즉 이 계기를 포착해서 행동하여 위대한 속량과 회복을 가져다줄 한 무리의 사람들이었다는 것을 기억하여야 한다.

이 모든 것은 사도 바울에 관한 통상적인 논의들과는 거리가 먼 것처럼 보일 수 있지만, 높은 장벽이나 좁지만 빠르게 흐르는 강물의 양편에 있는 두 길이 서로 분리되어 있기는 하지만 가깝고 심지어 병행을 이루는 것과 마찬가지로, 그렇게 바울과 아주 가깝다. 주후 1세기 중반의 소란한 유대 세계에서는 20세기와 마찬가지로 제국과 역사, 소망과 메시야적인 속량이라는 급류들이 사람들을 이런저런 식으로 휩쓸어가고 있었고, 이론만이 아니라 문화, 생각만이 아니라 행동도 형성하고 재형성하고 있었는데, 우리는 바로 그러한 맥락 속에 바울을 두고자 시도해 왔다.

이한 때 내에서"(299) 자신의 주석서를 쓰고 있다고 대비시킨다. 하지만 Barth가 20세기 초의 대륙의 역사와 사상 세계를 배경으로 주석서를 썼다는 것이 너무나 분명하고, 그의 "아니요"와 마르크스주의의 혁명 프로그램이 부분적으로 병행된다는 점에 비추어 보면, 그의 주장은 너무나 이상하다. 물론, "묵시론적인" 신학자들에게는 그 어떠한 역사적 탐구의 노력도 없이 자신의 생각을 따라서 바울의 사상들을 평가하고 말하는 것이 자연스러울 것이다. 그들은 "역사"를 갑작스럽게 돌입해온 순수한 "묵시"를 훼손하는 위험스러운 것으로 보고서 배척한 후에, 자신들을 역사적 석의를 수행할 그 어떤 의무로부터도 해방되어서, 옛 문서들의 내밀한 의미에 접근할 수 있는 특권을 지닌 사람들로 여겨 왔다.

이렇게 우리는 바울을 그가 처해 있던 맥락 속에 두고 보아야 한다. (우리가 어떤 사람을 그가 처해 있는 맥락 속에 두고 보아야 한다고 주장하는 것은 그 사람이 자신의 환경에 의한 수동적인 희생양이어서, 무엇인가 깜짝 놀랄 만한 새로운 것을 말할 수 없다고 주장하는 것이 아니다.) 저 주후 1세기의 유대 세계는, 서로 다른 많은 사람들이 살았던 세계이기는 하지만, 그 모든 차이에도 불구하고, 요세푸스나 에스라4서의 저자 같은 사람들이 살았던 세계였다. 그리고 바로 그 세계 내에서 우리는 쿰란 두루마리들도 발견한다. 그 세계는 바울보다 한 세대 전에 갈릴리 사람 유다가 살았었고, 바울보다 한 세기 이후에 시므온 벤 코시바가 살아간 세계였다. 우리가 바울을 그러한 지도 위에 위치시키지 않는다면, 그것은 마치 하나님이 에스겔을 결코 편안하게 예언할 수 없는 전혀 딴판인 곳에 두기 위하여 그의 머리채를 낚아채어 옮겼듯이, 바울을 그 자신의 세계로부터 낚아채어 전혀 딴판인 세계에 두는 것이다. 벤야민을 비롯해서 20세기의 여러 사상가들을 활용해서, 바울을 해석하고자 해온 사람들은, 그들이 그렇게 하는 것이 그들 자신에게 유익이 되기 위해서는, 적어도 바울을 단지 무시간적인 구원론을 가르친 교사로 보는 것이 아니라, 삼차원 속에서 보려고 애써야 한다 — 하지만 그들은 종종 벤야민조차도 단지 묵시론적인 불연속성을 대변하는 인물로만 활용해 왔지만. 하지만 벤야민(그리고 아렌트)이 포기했던 것은 장차 세계를 바로잡을 메시야적인 계기에 대한 고대의 유대적인 소망이 아니었다. 그들이 포기했던 것은 헤겔과 마르크스가 그러한 소망을 희화화해서 제시한 비전이었다.

그러나 발터 벤야민(Walter Benjamin)은 저 깊은 강 또는 저 높은 장벽의 저편에 서 있었다. 첫 번째는 그는 "마치 하나님이 존재하지 않는다는 듯이"(etsi Deus non daretur) 전제한 가운데, 유대적인 실존과 유대적인(메시야적인?) 소명이라는 문제를 재인식하고자 애썼다는 것이다. 그의 주장은 자신의 주장을 떠받쳐줄 수 없었던 기둥들을 의지하고 있었다. 다소의 사울조차도 이스라엘의 하나님을 믿었고 신뢰하였기 때문에, "열심"에 의거한 폭력적인 행위들을 통해서 거룩한 백성을 정화해 나간다면, 하나님의 나라의 도래를 촉진시킬 수 있을 것이라고 소망하였다 — 이것은 벤야민이 그 동기에 대해서는 동의하지 않았을지라도, 충분히 이해하였을 비전이다. 또한, 두 번째가 중요한데, 그것은 벤야민은 여전히 메시야적인 계기, 즉 죽은 자들의 과거의 잘못들조차도 바로잡아 주게 될 그런 때를 내다보며 소망하고 있었다는 것이다. 사도 바울은 자기가 진정한 메시야적 계기라고 믿었던 것, 즉 십자가에 못 박힌 예수의 부활을 통해서 창조주 하나님이 사람들이 오랫동안 기다려 왔던 바로 그 일을 개시시켰다고 그가 믿은 것을 뒤돌아보았다. 베냐민 지파에 속한 이 두 사람은 거의 이천 년 가까운 세월에 의해서만이 아니라, 그들 각자의 신학과 종말론에 의해서도 서로 나뉜다. 발터 벤야민에게 있어서는 사람이 이제 소망할 수 있는 것은 오로지 전례 없는 행동에 의해서 도래하게 될 메시야적인 계기였던 반면에, 바울에게 있어서는 메시야는 이미 와서, 오랫동안 연기되었던 계약에 의거한 약속을 (대단히 역설적인 방식을 통해서이긴 하지만) 성취하였다.

이렇게 바울은 이스라엘의 기나긴 이야기를 다시 꺼내서, 역사 내적인 진보에 관한 19세기의 이야기, 또는 자체의 추진력으로 위에 있는 빛을 향하여 순조롭게 올라가는 여정에 관한 이야기가 아니라, 하나님이 마침내 약속들을 지킨 것에 관한 이야기, 장차 도래할 하나님의 나라를 진정으로 대망할 수 있게 된 것에 관한 이야기, 신명기가 경고하였고 다니엘서가 고백하였듯이 초토화와 멸망과 포로생활만을 가져다주는 것이 아니라, 모세와 선지자들이 예언하였듯이 갑작스럽게 예기치 않은 계약 갱신도 가져다 줄 계약에 대한 하나님의 신실하심에 대하여 말하는 이야기로 다시 들려줄 수 있었다. 하나님의 신실하심이 마침내 나타났고, 로마서의 논증 전체는 이 계시가 아무런 맥락도 없이 갑자기 눈부신 섬광처럼 나타난 것이 아니라는 사실에 의거하고 있다. 하나님의 계약 정의는 "율법과는 별개로" 나타났다는 것은 맞는 말이지만, "율법과 선지자들이 그것을 증언하였다"는 것도 맞는 말이다. 바울은 자기가 이것이 "율법과 선지자들의 증언을 받은" 것이라고 말한 것은 일차적으로 하나님이 아브라함과 맺은 계약을 가리키는 것임을 분명히 하였다.[12] 바울 시대에 이것을 부정하는 것은 마르키온(Marcion)을 향하여 성큼 다가서는 것을 의미하였다. 20세기나 21세기에 그것을 부정하는 것은, 우리가 새로운 "묵시" 운동의 기함으로서의 역할을 하는 저작인 마틴(Martyn)의 갈라디아서 주석에서 아주 분명하게 볼 수 있듯이, "기독교"는 비유대적이거나 심지어 반유대적이라는 신화를 영속화시키고자 하는 것을 의미한다.[13]

오늘날 바울을 "묵시론적으로" 읽고자 하는 거대한 함대는, 사실 케제만(Käsemann)이 당시의 풍토를 따라(이것은 또 하나의 아이러니이다) 발을 잘못 들여놓아, "묵시론"은 이전과는 완전히 다른 새로운 계시가 해석학적인 모든 공간을 다 차지하게 됨으로써 이전에 진행되어 왔던 모든 것이 들어설 여지가 전혀 없게 된다는 것을 의미한다는, 당시에 유행하던 개념을 받아들여 사용하였을 때에 발진

12) 롬 3:21은 3:21—4:25 전체의 맥락 속에 놓여 있다.
13) Martyn, 1997a: *Interpreters*을 보라.

을 시작하였다. 벤야민이 클레(Klee)가 그린 '앙겔루스 노부스'(Angelus Novus, "새로운 천사"), 즉 이전의 모든 "역사"를 쓰레기더미로 보는 천사를 상기시킨 것은 유명한데,[14] 이 그림을 보면서 우리는 바울이 빌립보서 3장에서 자신의 과거에 지녔던 특권들(베냐민 지파의 자손이었다는 것을 포함해서)을 응시하면서, 그 모든 것들을 '스퀴발라'(skybala, "쓰레기")라고 선언하는 모습을 떠올리게 된다. 그러나 이 유비는 단지 표면적인 것에 불과하다. 바울이 빌립보서 3장에서 말하고자 한 요지는, 이스라엘의 옛 소망 — 발터 벤야민이 그토록 갈망하였던 것인 메시야와 부활, 하나님이 심지어 죽은 자들의 운명까지도 책임져 주리라는 것 — 이 이미 성취되었기 때문에, 이제 "우리가 할례파"라는 것이었다. 따라서 바울은 스스로 메시야적인 계기 속에서 살아가는 가운데, 자신의 청중들에게 그들 자신을 그런 식으로 보라고 강력하게 권고한다. "지금이 바로 그 때이고, 구원의 날이 여기에 와 있다."[15] 케제만(Käsemann)은 자신의 루터파 신학으로 인한 여러 가지 이유들을 들어서, 바울의 믿음을 유대교적인 행위나 유산계급의 종교심(케제만에게 있어서는 이 둘은 거의 동일한 것이었다)으로 변질시키지 않기 위한 것이라는 명목하에 계약과 조금이라도 관련된 모든 개념을 다 배제시키기로 결심하고, 정작 고대의 묵시론자들은 결코 들어본 적도 없는 것인데도 현대 후기의 서구 세계에서는 계속해서 인기를 끌어 왔던 "묵시론"이라는 개념을 채택하였다. 그는 그렇게 하는 가운데, 우리가 벤야민으로부터 추측할 수 있는 것, 즉 그가 기독교의 기원에 관한 불트만(Bultmann)의 이론을 재구성할 때에 "영지주의"를 "묵시론"으로 대체하긴 하였지만, 실제로는 "묵시론"이 "영지주의"와 크게 다르지 않다는 것을 은연중에 인정하였다. 불트만에게 있어서는 영지주의가 적어도 초기 기독교의 계모 역할을 하였지만, 케제만에게 있어서 "묵시론"은 초기 기독교의 어머니였다. 표면적으로만 보면, 이것은 유대교가 지니고 있던 종교사적 맥락을 좀 더 분명하게 밝히는 데 한 발자국 더 나아간 환영할 만한 일로 여겨질 수 있었지만, 실제로는 케제만과 좀 더 최근의 그의 추종자들은 바울에게서 완성된 유대적인 비전이 가장 분명하게 드러나 있는 주제들, 즉 메시야직, 아브라함 계약, 한 분 유일하신 하나님의 신실하심이라는 주제들을 철저하게 차단해 왔다.

이 모든 것에 대한 대답은 역사를 포기하는 것이 아니라 역사적인 작업을 더 철저하게 행하는 것이다. 물론, 이것은 다른 모든 사람들은 "전제들"을 가지고 역사를 보더라도, 우리 영국의 경험론자들은 이런저런 생각을 버리고 오로지 "역사"만

14) Löwy, 2005, 60-8과 61에 수록된 그림을 보라.
15) 고후 6:2.

을 읽어내자는 것이 아니다. 내가 이 프로젝트의 시작 부분에서 시간을 내어, 역사 자체와 관련해서 "비판적 실재론"이라는 방법론을 자세하게 설명한 이유가 거기에 있고, 본서의 제1부에서 내 자신의 시대와 문화를 바울의 세계 속으로 투영하는 것이 아니라, 철저하게 실재론적인 역사서술을 통해서 바울의 세계 자체를 그 세계의 고유한 관점에서 설명하는 데 상당한 시간을 할애한 이유도 거기에 있다.

우리가 발터 벤야민을 고대의 유대 세계와 관련하여 볼 때, 그는 내게 바울이 아니라, 바르 코크바의 반란이 실패한 후에 절망에 빠진 유대인들을 상기시킨다. 그들은 자신들이 살고 있던 때가 주후 70년에 예루살렘이 멸망한 때로부터 대략 70년이 되는 해이고, 다니엘서 9장이 염두에 두고 있던 시점으로부터 대략 490년이 되는 해라는 것을 계산해 내었었다. 그들은 메시야적인 계기, 위대한 속량의 때, 즉 옛적의 순교자들이 죽은 자들 가운데서 부활하여 그토록 오랫동안 기다려 왔던 신원함(vindication)을 누리게 될 때를 대망해 왔었다. 그런데 그들의 그러한 소망은 물거품이 되고 말았다. 이러한 상황은 주후 2세기에 유대적인 영지주의가 출현한 이유를 가장 잘 설명해 준다. 그들에게는 이전에 진행되어 왔던 모든 것이 무가치한 것이었고, 역사는 쓰레기더미에 불과한 것이었다. 사람들은 성경에 나오는 영웅들과 악당들에 대한 평가를 지금까지와는 거꾸로 해서 성경을 읽어야 한다. 창조의 신은 악하고 기만적인 신이어서 믿을 만하지 않다.[16] 영지주의는 이스라엘의 하나님이 신실하다고 믿는 것이 아니라 실패하였다고 믿는다. 바르 코크바의 반란이 실패하여 와해된 것은 1940년에 벤야민을 절망의 나락 속에 빠뜨렸던 몰로토프-리벤트로프(Molotov-Ribbentrop) 조약과는 판이하게 다른 것이었음은 물론이다. 그러나 사도 바울이 주후 130년대와 1930년대에 절망에 빠진 이 두 유대인을 보았다면, 그들이 참된 메시야적인 계기가 나사렛 예수 안에서 이미 도래하였다는 것을 깨닫지 못하고 있다고 슬퍼하였을 것이다.

아이러니컬하게도, 이러한 차이를 만들어낸 것은 "부활"이었다. 벤야민의 모호하고 난해한 글의 표면 아래를 탐사해서, 그가 죽은 자들조차도 새로운 독재자들로부터 위협을 받고 있다고 말하면서, 자기는 그들의 옛적의 잘못들도 바로잡아줄 속량의 때를 소망한다고 했을 때, 정확히 무엇을 염두에 두고 그런 말을 한 것인지를 알아내는 것은 쉽지 않다. 십자가에 못 박힌 예수가 역사상에서 새로운 생명을 얻어 육신을 입은 채로 살아난 사건으로서의 예수의 부활에 대한 관념은[17] 케제만

16) 영지주의적 기원에 대해서는 Smith, 2005를 보라.

17) "육신을 벗은 상태로의 부활"에 대해서는 *RSG*, 477, 606f., 612, 678f.를 보라.

이전의 독일 신학에서 대부분 차단되고 봉쇄되어서, 단지 십자가에 못 박힌 이를 믿는 믿음의 출현을 상징적으로 나타내는 은유로서의 기능만을 하게 된 지는 오래 되었다. 따라서 벤야민 같이 세속적인 관점에 서 있던 사람들은 자신의 모든 기대를 전적으로 미래에 걸 수밖에 없었고, 그 미래가 정해진 때에 도래하지 않았을 때에는(이것은 "지연된 '파루시아'"의 세속적인 판본이라고 할 수 있다!), 절망 속으로 빠져들 수밖에 없었다.[18] 동일하게 베냐민 지파 출신이었던 사도 바울은 메시야가 이미 와서, 모든 악한 세력들에게는 하나님의 심판을, 고통 받는 하나님의 백성에게는 옳다고 하는 판결을 이미 내렸다고 선언하였다. 바울 이후에 거의 이천 년이 지난 때에 그의 친족인 한 사람도 전체적으로는 동일한 일련의 질문들을 놓고 씨름하였지만, 그에게 있어서는 상당한 분량의 중요한 요소들이 근본적으로 변경되거나 아예 빠져 있었다.

이렇게 발터 벤야민은 사도와의 부분적인 유비로서 대단히 시사해 주는 바가 클 뿐만 아니라, 최근에 이른바 "묵시론적인" 해석학파가 출현하여 지속적으로 인기를 끌고 있는 이유를 부분적으로 설명해 주는 데도 아주 많은 것을 시사해 준다. 그러나 바울과의 유비는 단지 부분적이고, 발터 벤야민에게서 빠져 있는 것들이 바울에게서는 중심적인 특징들을 이루는 것들이다: 사람들이 오랫동안 기다려 왔던 이스라엘의 하나님의 귀환과 지속적인 임재, 부활, 메시야 시대의 개시, 신자들이 이제 성취된 계약상의 약속들을 자신의 것으로 만들어 누리는 것. 베냐민 지파에 속한 이 두 사람이 우리에게 행하고 있는 것은, 우리가 그들의 전체적인 역사적 배경을 주목함이 없이 이러한 풍부하고 압축되어 있으며 흔히 모호한 주제들을 해석하는 것은 불가능하다는 것을 우리에게 일깨워 주는 것이다 — 발터 벤야민에 대하여 그런 말을 하는 것이 아무리 역설적인 것처럼 보일지라도. 달리 말하면, 우리는 그러한 주제들을 "바울과 율법"에 관한 논쟁들이나, 육체는 도외시된 채로 영적으로 구성된 서구화된 "구원론"의 여러 읽기들로 축소시킬 수 없다는 것이다. 그 주제들은 적어도 그것들이 처해 있던 정치적이고 종교적이며 철학적이고 문화적인 맥락들 안에서 보아질 것을 요구하고, 이것이 본서가 행하고자 시도해 온 바로 그것이다.

따라서 내가 본서의 이 마지막 장에서 제시하는 것은 통상적으로 생각해 온 것보다 좀 더 넓은 맥락을 배경으로 해서 바울의 목표들, 실제로는 그의 이룬 일들을

18) "연기된 '파루시아'(parousia)에 관한 신화"와 그것이 제2세대의 교회 속에서 야기하였다고 하는 마찬가지로 신화적인 위기(*NTPG*, 459-64를 보라)가 20세기 후반부에 독일 신약학계와 거기에서 파생된 분파들을 지배하였다는 것은 전혀 이상한 일이 아니다.

개략적으로 설명하는 것이다. 나는 이 총서의 마지막 책에서 전체를 요약하는 식으로 초기 기독교의 선교론이라는 문제를 좀 더 직접적으로 다루게 되기를 소망하고 있다. 내가 이 총서를 "신약성서 신학"으로 보지 않는 이유들 중의 하나는 신약성서에서 신학은 그 자체가 목적이 아니고, 예수를 따르는 자들의 공동체의 건강한 삶을 위해서 반드시 필요하고 결정적으로 중요한 중심적인 구성요소이기 때문이다(이것에 대해서는 내가 제3부에서 논증한 바 있다). 바흐(J. S. Bach)와 관련된 모든 역사적 작업의 궁극적이고 주된 목표가 그의 음악을 더욱 섬세하게 이해해서 연주하는 것이 되어야 하는 것과 마찬가지로, 신약성서에 대한 모든 역사적 작업의 궁극적으로 주된 목표도 기독교 선교와 제자도를 더욱 섬세하게 이해해서 실천하는 것이 되어야 한다. 본서의 이 단계에서 그러한 방대한 주제를 시작하는 것은 분명히 불가능하다. 따라서 우리가 그 대신에 할 수 있고 해야 하는 것은 본서에서 발전시킨 논증 전체의 여러 실들을 한데 꿰어서, 바울에 관한 우리의 그림을 마무리하는 동시에, 한편으로는 초기 기독교 선교, 다른 한편으로는 신학과 역사의 통합이라는 좀 더 큰 쟁점들을 개략적으로 보여주는 것이다.

2. 여러 차원에서의 바울: 화해의 사역

우리가 위에서 행한 베냐민 지파의 두 사람에 대한 성찰들은 우리로 하여금 우리가 위의 제1부에서 간단하게 소개한 후에 제12장부터 제15장에 걸쳐서 자세하게 살펴본 바울의 삶과 사역이라는 좀 더 큰 맥락을 다시 생각하게 만든다. 여기에서 중요한 것은, 우리가 바울의 목적들과 의도들 — 이것들은 『신약성서와 하나님의 백성』 제2부와 위의 제6장에서 개략적으로 제시한 이론적인 모형에서 살펴보았듯이, 실제적으로 그의 세계관으로부터 흘러나오는 것들이다 — 에 대하여 생각할 때는, 그것들을 좀 더 작은 틀 속에 구겨 넣고자 하는 모든 시도들을 거부하고, 이러한 좀 더 큰 틀 내에서 보아야 한다는 것이다.

나는 특히 현대 서구에서 통용되고 있는 "선교"나 "복음전도" 같은 단어들의 의미를 염두에 두고 있다. 물론, 이 단어들이 무엇을 의미하는지에 대해서는 상당히 많은 논의가 있어 왔지만, 일치된 견해는 발견되지 않는다. 이 두 단어는 서로 다른 여러 집단들이 어떤 이유에서 그들이 수행하여야 한다고 믿는(또는, 일부 상대주의자들의 경우에는 그들이 수행해서는 안 된다고 믿는) 서로 다른 여러 활동들에 붙이는 명칭들이다. 따라서 이 단어들의 의미는 어떤 활동을 가리키느냐에 따라 달라진다. 그러나 내가 보기에는, "바울이 무엇을 행하고 있었느냐" 하는 것에 관한 그림 전체는 오늘날의 서구 기독교를 이끌어나가고 있는 두 조종자에 의해서 철저하게 왜곡되어 왔기 때문에, 주후 1세기라는 맥락 속에서 바울을 바라보는 우리의 연구는 좀 더 크고 통합된 그림을 제시하는 쪽으로 적어도 어느 정도는 나아가지 않으면 안 된다.[19]

첫 번째는 중세 시대라는 긴 기간이 존재하였다는 것이다. 이 기간 동안에 그리스도인들의 눈은 "하늘에 가는 것"(가급적 연옥을 들러서 가는 데 시간을 씀이 없이)에 확고하게 고정되어 있었다. 물론, 성 프란체스코처럼 아래로부터 세계를 변화시키고자 하거나, 몇몇 교황들처럼 위로부터 또 다른 종류의 변화를 가하고자 하는 등, 현세 속에서 행하는 것이 중요함을 믿었던 사람들도 많았다. 그러나 십자군을 조직하거나 거기에 참여한 사람들의 동기를 살펴보면, 그들조차도 내세에서의 보상을 바랐다. 장차 하늘에서 누리게 될 지극한 복에 대한 약속은 실제로 대다수의 사람들에게 일상생활의 고통을 잊게 해주는 마약이었다 — 이 점에서는 마르크스가 한 저 유명한 조롱의 말은 어느 정도 정당하다고 할 수 있다![20] 오로지 영혼을 구원하거나 영혼을 만들어내는 기제에 있어서만 현세와의 접점을 갖고 있고, 다른 모든 것들에 있어서는 현세와 철저하게 단절된 채로, 본질적으로 플라톤적인 "영적인 천국"에 초점이 맞추어진 이러한 소망은, 부활 자체 및 초기 그리스도인들의 중심적인 주장과 믿음에 대한 서구 기독교의 이해를 천 년 동안이나 철저하게 왜곡시켜 왔다.[21] 그 결과, 서구 기독교는 바울을 "선교사" 또는 "복음전도자"로 인식하게 되었고, 이것은 바울을 철저하게 "영혼을 얻는 자"라는 관점에서 보게 만들어 왔다. 16세기의 종교개혁이 아무리 과거와의 단절을 보여 주었고, 종교개혁을 제대로 설명하기 위해서 아무리 많은 사회적, 문화적, 정치적 요인들을 고려하여야 한다고 할지라도, 바울에 대한 읽기와 관련해서, 그의 궁극적인 목표에 대한 이러한 기본적인 인식을 바꾸는 것은 종교개혁의 목적이 아니었다("천국"을 목표로 삼고서, "영혼"이 거기에 들어갈 수 있느냐 없느냐를 따지는 것은 바울이 결

19) Schnabel, 2004, Part V에 나오는 바울의 선교에 관한 방대하고 중요한 연구는 바울의 다면적인 사역의 서로 다른 차원들을 내가 여기에서 제시하고 있는 방식으로 통합하고자 하지는 않지만, 지금도 여전히 아주 중요한 문헌이다. 바울의 선교 신학과 메시지에 관한 최근의 다른 참고문헌들은 Porter, 2011, 171 n. 9에 나와 있다.

20) Marx, 2012 [1843-4], 5: "종교는 압제받는 피조물의 탄식이고, 심장 없는 세계의 심장이며, 혼 없는 상태들의 혼이다. 그것은 민중의 아편이다."

21) *RSG*, *passim*; Wright, 2008 [*Surprised by Hope*]을 보라. 유대 세계에서의 비슷한 항변에 대해서는 cf. Levenson, 1993.

코 말한 적이 없는 것들이다). 종교개혁의 목적은 단지 이런 종류의 "구원"을 발견할 수 있는 조건들을 바꾸는 것이었을 뿐이다. 그런 이유 때문에, 구체적으로 바울을 "칭의"의 관점에서 읽는 것이 강조되었다. 그러한 맥락 안에서 바울의 "선교" 또는 "복음전도"와 관련된 질문들을 던지는 것은, 그가 여러 곳을 두루 돌아다니며 장래 "천국"에서 살아가게 될 주민들을 어떤 식으로 모았느냐 하는 것을 묻는 것이었고, 그의 선교 전략은 의도적인 것이든 우연에 의한 것이든 그가 이 일을 행한 방식을 보여주는 것으로 여겨졌다.

이러한 서구적인 그림에 — 이 지점까지 본서를 읽어온 사람이라면 누구나 이 그림이 바울과 "칭의"를 제대로 다루고 있는 것이 아니라는 것을 잘 알 것이다 — 계몽주의는 추가적인 왜곡을 더하여, 하나님과 세계를 날카롭게 분리해 버렸다. 그리스도인들이 장차 가게 되어 있는 세계는 이 세계와는 완전히 다른 세계였기 때문에, 그리스도인이라는 "신분"으로는 현재의 세계를 바꾸려고 애쓸 이유가 없었다. 플라톤적인 종말론과 에피쿠로스적인 사상체계가 결합되었다. 하나님은 세계로부터 배제된 채로, 인간이 이 세계를 독자적으로 경영하는 것이 마땅한 일이었고, 하나님의 나라를 외치며 하나님의 지시를 받고 그 뜻이 "하늘에서와 마찬가지로 땅에서도" 이루게 하려고 하는 온갖 신정정치적인 주장은 위험스러운 이단으로 치부되었다. 많은 무신론자들은 하나님에 관한 소문이 이 세속의 낙원을 망치는 일이 벌어지지 않도록 하기 위하여 이러한 구분을 고집하였고, 많은 그리스도인들은 현세의 더럽고 추한 것들이 영적인 세계를 망치는 일이 벌어지지 않도록 하기 위하여 이러한 구분을 고수하였다. 이러한 맥락 속에서, 바울의 "선교"와 "복음전도"는 정의상 제국들의 흥망성쇠와 아무런 상관이 없었고, 권세들에게 진리를 말하고 통치자들에게 책임을 묻는 일도 있을 수 없었다. 그러한 노선을 따르는 기미가 보이는 온갖 주장들은 예수의 금언들, 즉 "가이사에게 속한 것은 가이사에게 주라"거나 "내 나라는 이 세계에 속한 것이 아니니다"라는 말씀들을 거역하는 것이 되었고, 로마서 13장에서 바울이 권세에 복종하라고 한 명령과도 배치되는 것으로 여겨졌다. 예수가 하나님의 뜻이 "하늘에서와 마찬가지로 땅에서도" 이루어질 것이라고 기도하라고 한 명령이나, 마태복음에서 부활한 예수가 하늘과 땅에 있는 모든 권세가 자신의 것이라고 말한 것 같은 불편한 진실들은 계몽주의 이후의 세계 내에서는 그리스도인에게서나 비그리스도인에게서나 쉽게 자취를 감추어 왔다.[22] 여기에서 우리는 "묵시론"과 관련된 오늘날의 다양한 대안적인 관념들

22) cf. 마 22:21과 그 병행본문들; 요 18:36; 롬 13:1-7; 마 6:10; 특히 28:18.

이 자라난 모판(seed-bed)을 본다. 하나님은 기본적으로 이 세계에 부재하고, "역사"에 보이지 않는 손을 뻗치지 않는 것도 분명하다. 하나님이 행하는 것이 있다면, 그것은 장차 갑자기 외부로부터 "침입해" 오는 일뿐이다. 이것은 주후 1세기의 유대적인 관념들과는 별 상관이 없고, 철저하게 현대의 철학과 문화의 흐름들을 반영한 것이다.

또한, 종교개혁과 계몽주의는 서로 결합되어서, "종교"와 관련된 바울의 목표들을 표현하는 용어들도 바꾸어 놓았다. 우리가 위의 제4장과 13장에서 보았듯이, "종교"라는 파악하기 힘든 단어는 여러 가지 의미들을 지녀 왔기 때문에, 오늘날에는 어떤 의미에서 "종교"라는 단어를 사용하고 있는 것인지에 대한 보충설명이 없이는, 이 단어가 무엇을 의미하는지를 거의 이해할 수 없다. 개신교도들은 통상적으로 "종교"를 "사람들이 하나님을 기쁘게 하기 위하여 행하는 것들"로 구성된 어떤 체계로 이해해서("하나님을 기쁘게 하다"는 표현 자체가 바울의 범주라는 것을 흔히 알아차리지도 못한 채로!), "종교"를 좀 더 고귀한 실체인 "믿음"과 대립시켜 왔고, 그런 후에는 이 개념을 주후 1세기로 투영해서, "유대교"가 바로 그러한 종교 체계라고 규정하고, 바울이 자신의 논증을 통해서 궁극적으로 타파하고자 했던 것이 '호모 렐리기오수스'(homo religiosus, "종교적 인간")였다고 주장해 왔다. 개신교의 이러한 태도는 "종교"라는 단어를 "미신"을 의미하는 것으로 사용하는 무신론자들의 통상적인 용법과 일맥상통한다. 계몽주의 이후의 사상가들 중에서 관용적인 입장에 서 있는 사람들은 모든 "종교"를 선하다고 보는 반면에, 불관용적인 입장에 서 있는 사람들(그리고 몇몇 유형의 개신교)은 모든 종교를 악한 것으로 본다. 그러한 틀 내에서 보면, 바울의 목표들과 관련된 질문은 달라진다: 바울은 "종교"를 선전하고자 한 것인가, 아니면 종교 대신에 다른 그 무엇을 제시하고자 애쓴 것인가? 혼란은 지속되고 있고, "종교와 정치"를 둘러싼 오늘날의 이전투구에 의해서 더욱 가중되고 악화되고 있다. 사람들은 "유대교"를 "잘못된" 유형의 종교로 보고 기독교를 "올바른" 유형의 종교로 보기도 하고, "유대교"는 "종교"이기 때문에, 유대교와 관련된 모든 것들을 다 잘못된 것이라고 본다.

이 모든 구분들과 혼란들은 바울의 진정한 목표들과 의도들로 되돌아가는 것을 어렵게 만들고 있지만, 바로 이 지점이 역사가 자기 자신을 올바르게 세워야 할 지점이다. 우리는 제1부에서는 바울 시대의 철학적이고 종교적이며 정치적인 세계에 관한 지도를 그려 보았고, 지금 여기 제4부에서는 우리가 제2부와 제3부에서 살펴본 바울을 저 좀 더 크고 더 혼란스러운 세계 내에서 그가 위치한 지점을 살펴보아 왔다. (여기서 나는 이러한 작업은 바울과 그의 복음을 그 배경이나 맥락이라는 관점에서 축소시키고자 하는 것이 결코 아니고, 바울이 헬라인들에게는 어리석은 것이었고 유대인들에게는 거리끼는 것이었던 복음을 선포할 때의 신선한 충격을 살펴보고자 하는 것임을 다시 한 번 강조해 두고자 한다. 바울이 전한 복음이 왜 어리석은 것이자 거리끼는 것으로 받아들여졌는지를 이해하기 위해서는, 곧바로 오늘날의 교회나 세계에 존재하는 요소들에 비추어서 복음을 생각하는 것이 아니라, 주후 1세기의 헬라 세계와 유대 세계를 알지 않으면 안 된다.)

당시의 헬라-로마의 철학, 종교, 정치의 세계들이 서로에게 영향을 미친 여러 가지 방식들을 지도로 그려내는 작업은 본서의 취급 범위를 넘어서서 한 단계 더 나아가는 일이었지만, 우리는 부분적으로 그 작업도 본서에서 행해 왔다. 우리는 본서의 여러 대목들에서 주후 1세기의 유대 세계와 이교 세계에서 "종교"와 "정치"가 어떤 식으로 상호작용을 하였는지에 대해서는 살펴보았지만, 철학들이 특정한 유형의 정부들을 어떤 식으로 정당화하였는지, 또는 역으로 여러 유형의 정치체제들 아래에서 살아가는 것이 철학적인 사고에 어떤 영향을 미쳤는지에 대해서는 별로 다루지 않았고, "종교"와 "철학" 간의 상호작용에 대해서도, 앞으로 우리가 어떤 방식들로 그 주제를 전개해 나가야 할지에 대해서는 어느 정도 충분히 말하였지만, 실제로 그 상호작용이 어떠하였는지를 아주 깊이 천착해 들어가지는 않았다. 또한, 바울 시대의 다른 유대인들이 이 동일한 좀 더 큰 세계들을 온 몸으로 겪고 살아가면서 어떤 다양하고 복합적인 방식들로 거기에 반응하였는지, 그리고 어떠한 서로 다른 제안들 — 예컨대, 폭력혁명이나 철학적 성찰, 메시야 운동들, 새로운 공동체들의 형성, 또는 후대의 랍비들처럼 세계로부터 떠나서 초연하게 살아가는 토라의 경건 등등 — 을 하였는지를 좀 더 깊이 파고들어가는 것도 좋았을 것이다. 주후 1세기의 유대인들은 21세기의 유대인들과 마찬가지로 단지 일련의 관념들이나 이론들이 아니라, 그런 것들보다 훨씬 더한 것에 관심을 가지고 있었다. 다시 한 번 말하지만, 그들은 단지 세계를 해석하는 것이 아니라 변화시키는 데 관심이 있었다.[23] 우리는 이 모든 것을 단지 읽기만 하는 데서 그치는 것이 아니라, 적어도 앞으로 우리가 좀 더 관심을 가져야 할 과제들이 어떤 것들인지를 보여주는 일련의 이정표들로 받아들여야 한다. 그러나 이제 우리가 여기에서 할 수 있는 것은, 본서에서 살펴본 여러 가지 것들을 바울에 초점을 맞추어 통합해서 바울의 전체적인 모습을 아주 간략하게라도 소묘해 보는 것이다.

23) Marx, 1932 [1845], no. 11.

나의 주장은 우리의 관점에서 볼 때에 바울의 목표들과 의도들은 다차원적이었다는 것이다. 바울이 "선교"와 "복음전도"를 하거나, 목회자와 교사로서 수고하거나, 자신의 생계를 위해 자기 손으로 일하거나, 끊임없이 여행하고, 쉬지 않고 기도하며, 감옥에서 고생하거나, 특히 서신들을 쓸 때, 그는 자기가 무엇을 하고 있다고 생각하였는가? 실제로, 이제 이러한 "목표들"은 그가 세계를 바라볼 때에 사용한 안경인 세계관의 일부였기 때문에, 자기가 무엇을 하고 있는 것인지를 의식하지 않았을 것이지만, 어쨌든 그는 무엇을 하고 있었던 것인가? 우리가 야구선수에게 다가가서 왜 이렇게 공을 치고 달리는 것이냐고 갑자기 질문을 던지면, 그가 당혹스러워할 것이 분명한 것과 마찬가지로, 당시에 어떤 사람이 바울에게 다가가서 지금 무엇을 하고 있는 것이냐고 묻는다면, 바울도 순간적으로 당혹스러워할 것이지만, 어쨌든 그에게는 목표들과 의도들이 있었을 것인데, 과연 그것들은 무엇이었는가? 그 야구선수에게서 "이러저러한 것이 내가 야구를 하고 있는 이유이다" 같은 대답을 이끌어내기 위해서는, 우리가 어떠한 질문들을 던져야 하는가?

여기에서 나의 주장은 완전히 새로운 것도 아니고, 만일 새로운 것이라고 하더라도, 사람들은 그렇다고 믿지 않을 것이다. 그러나 이런 식으로 문제에 접근하게 되면, 이 접근법은 지금까지 잘 알려져 있는 관점의 새로운 측면들을 드러내 주고, 실제로 우리로 하여금 우리가 처음에 설정하였던 과제, 즉 역사와 신학을 서로 밀접하게 결합시키는 과제를 수행할 수 있게 해준다. 나의 주장은 바울의 목표들과 의도들은 '카탈라게'(katallagē), 즉 "화해"라는 단어로 요약될 수 있다는 것이다. 내가 말하는 "화해"는 서너 가지 서로 얽혀 있는 차원들을 지니고 있다.[24)]

이 주장이 지닌 위험성은, 내가 앞서 언급하였던 것들과 같이, 이 주장도 바울의 소임을 축소해서 표현한 여러 판본들 중의 하나로 전락해 버릴 수 있다는 것이다. "'하나님과 화해하고 서로와 화해하라." 바울은 실제로 이렇게 요약될 수 있는 것들을 말하였고 행하였고, 적어도 한 번은 자신의 사역을 그런 식으로 요약하였다. 그러나 바울의 사역을 이런 식으로 표현하면, 사람들은 그의 목표들과 의도들이 현대 후기의 서구 기독교의 활기 없는 거실에 있는 다른 가구들을 옮기거나 건드릴 필요 없이 거기에 편안하게 추가될 수 있을 것이라고 생각할 수도 있다. 그러나 우리가 지금까지 논증해 온 것에 비추어 보면, 그런 식으로 생각하는 것은 이 논증

24) 형식적인 차원에서, "화해"에 대한 초점은 Martin, 1981의 이전의 주장을 반영한 것이다; 또한, cf. Stuhlmacher, 1977, 1999, 320f.; Marshall, 2007, 98-137(이 전거들에 대해서는 나는 Michael Bird에게 감사한다); Porter, 2011 등. 그러나 내가 아래에서 제시하는 내용들은 좀 더 넓은 영역 속으로 나아가고 있다고 나는 생각한다.

을 비웃고 조롱하는 수준의 반응이라고 할 수 있다.

사람들이 그런 식으로 생각할 위험성은, 오늘날의 사람들은 바울이 아브라함에게 주어진 하나님의 약속들이 성취되었음을 역설하였다거나, 그가 세운 메시야 공동체들이 당시의 복잡한 헬라-로마 세계 내에서 큰 파장을 일으켰으리라는 것을 전혀 고려함이 없이, 통상적인 서구의 "복음"과 그 복음의 직접적인 함의들에 비추어서 하나님과 인간의 "화해" 및 사람들 서로 간의 "화해"를 말하는 것이 몸에 밴 습관이 된 것으로부터 생겨난다. "화해"를 그런 식으로 이해하는 것은 본서의 제2-5장과 제12-15장을 본서의 가장자리를 예쁘게 꾸미고 있는 홍미로운 장식으로 여기는 것이다. 하지만 내가 말하고자 하는 전체적인 핵심, 그리고 내가 바울이 말하고자 한 핵심이라고 생각하는 것은, 그가 전한 복음은 본서에서 다루어진 그 어떤 것도 주변적인 것으로 치부하여 옆으로 제쳐놓지 않았다는 것이다. 우리가 "철학," "종교," "정치"라고 부르는 것, 그리고 바울과 그러한 것들의 접전들은, 마치 목공이 자신의 작업장에서 대패질을 할 때에 생겨나서 나중에 땔감으로 사용되거나 마구간에 깔아주는 짚으로 사용되는 대팻밥 같이, 바울의 "주된" 사역의 가장자리에서 생겨난 홍미로운 부산물들이나 부수적인 효과들이 결코 아니었다. 바울에게 있어서는 모든 것이 하나님의 새로운 세계의 밭에서 자라고 있었다. 그의 복음은 유대적인 창조의 유일신론에 뿌리를 두고 있었고, 그의 복음은 메시야 예수 안에서 완전히 새로운 피조세계가 탄생하였다고 선포하였으며, 그의 복음은 세계와 그 창조주와 인간의 모든 삶에 대한 진리를 담고 있었다(그는 그렇게 믿었다). 달리 말하면, 그의 화해의 복음은 우리가 따로 떼어내어 "정치"와 "종교"와 "철학"으로 이름 붙인 바로 그것에 "관한" 것이었다. 바울에게 있어서 "화해"는 그 모든 것을 포함하는 것이었고, 실제로 그 모든 것들을 화해시키는 것이었다. 그가 온 세계를 바라본 본질적으로 유대적인(또는, 유대적인 것을 완성한) 방식은 비유대적인 눈에는 (그때나 지금이나!) 삶의 서로 다른, 또는 서로 경쟁하는 측면들로 보일 수 있는 것들을 새롭게 하나로 통합시켜 주었다. 이렇게, 우리는 역사라는 천문대에 앉아 천체들을 표면적으로 관찰하여 서로 다른 별개의 별들로 추정해서 "철학," "정치," "종교"라는 이름을 붙였지만, 바울은 이제 그것들이 그 배후에 있는 좀 더 큰 단일한 빛, 곧 복음이라는 빛 안에서 빛나고 있는 작은 점들이라는 것을 알게 되었고, 그 결과 지금까지의 우리의 추정은 모두 뒤집어지고 전복되는 일이 벌어졌다. 바울에게 있어서 "새 창조"는 단지 어떤 사람이 "메시야 안에" 있게 될 때에 일어나게 되는 삶의 근본적인 변화를 과장해서 묘사한 허울 좋은 미사여구였던 것이 아니었다:

우리가 제정신이 아니라면 그것은 하나님을 위한 것이다. 그리고 우리가 제정신이라면, 그것은 너희를 위한 것이다. 왜냐하면, 메시야의 사랑이 우리를 그렇게 밀어붙이고 있는 것이기 때문이다. 우리는 한 사람이 모든 사람을 대신하여 죽었기 때문에, 모든 사람이 죽었다고 확신하게 되었다. 그리고 그가 모든 사람을 대신하여 죽으신 것은 살아 있는 자들로 하여금 다시는 그들 자신을 위하여 살지 않고 오직 그들을 대신하여 죽었다가 다시 살아나신 이를 위하여 살게 하기 위한 것이었다.

그러므로 우리는 이 순간부터 어떤 사람도 단지 인간적인 관점을 따라 보지 않는다. 우리가 전에는 메시야까지도 그런 식으로 보았지만, 이제는 더 이상 그렇게 보지 않는다. 이렇게 누구든지 메시야 안에 있다면, 새로운 피조세계가 존재한다. 이전 것들은 지나갔다. 보라, 모든 것이 새로워졌다!

이 모든 것은 하나님으로부터 온다. 그는 메시야로 말미암아 우리를 자기와 화해시키셨고, 우리에게 화해하게 하는 직분을 주셨다. 이 일이 어떻게 된 것이냐 하면, 하나님께서는 메시야 안에서 세계를 자기와 화해시키고 계시고, 그들의 죄를 그들에게 돌리지 아니하시며, 화해시키는 말씀을 우리에게 맡기셨다. 그래서 우리는 대사들이 되어 메시야를 대신하여 말하고 있는 것이고, 이것은 마치 하나님이 우리를 통하여 너희에게 권면하시는 것과 같다. 우리는 메시야를 대신하여 사람들에게 하나님과 화해하라고 간청한다. 메시야는 죄를 알지도 못하신 분이었지만, 하나님은 그를 우리를 대신하여 죄로 삼으셨는데, 이것은 우리로 하여금 그의 안에서 계약에 대한 하나님의 신실하심을 구현하게 하기 위한 것이다.

그러므로 우리는 하나님과 함께 일하는 자들로서, 특히 너희에게 권한다: 너희가 하나님의 은혜를 받을 때, 그 은혜가 헛되게 하지 말라. 하나님이 말씀하시는 것은 이것이다:

합당한 때가 되었을 때, 내가 너의 말을 경청하였고,
구원의 날에 너를 도우러 왔다.
보라, 지금이 바로 그 합당한 때이다. 보라, 지금이 구원의 날이다![25)]

바울의 글들에는 그가 자신이 무엇을 하고 있다고 생각하는지를 요약해서 제시한 많은 본문들이 있지만, 이 본문은 그러한 본문들 중에서 압권이라고 할 수 있다 — 특히, 고린도후서에서 그는 "자기가 무엇을 하고 있다고 생각하는지"를 새롭게 설명하여야 했고, 이 본문은 그 정점들 중의 하나이기 때문에. "제정신인" 것처럼 보이기도 하고 "제정신이 아닌" 것처럼 보이기도 하며, 사랑에 압도되어서 일반 사람들과는 다른 방식으로 행하고, 모든 것을 새로운 빛 하에서 보며, 새로운 세계가 탄생했다고 주장하고, 심지어 계약에 대한 하나님의 신실하심을 구현해 나가고 있다고 주장하는 것 — 이 모든 것은 사람들의 격렬한 반대에 직면해서 마음

25) 고후 5:13—6.2.

에 심한 고통과 괴로움을 느낀 사람이 자신의 세계관 안경을 갑자기 벗어 들고서, 그 안경에 대하여 설명하는 것처럼 들린다. 이것이 내가 세계를 보는 방식이고, 이것이 내가 세계관 내에서 모든 것을 인식하고 이해하는 방식이다. 내가 하고 있는 것이 내가 누구인지를 보여준다. 나는 이 일을 위해 왔다. 이 본문은 바울이 자신의 목표들과 의도들에 대하여 말하는 유일한 중심적인 진술은 아닐지라도 그러한 중심적인 진술들 중의 하나이다.[26]

이 본문에서 말하고 있는 모든 것들은 도피적인 구원론이나 경건이 아니라 바로 "새로운 창조"라는 관점이라는 틀 내에서 말해진다. "누구든지 메시야 안에 있다면, 새로운 피조세계가 존재한다. 또는, 이 구절을 좀 더 문자적으로 직역하면, 이렇게 된다(바울은 흔히 불필요한 단어들을 생략해 버린다): "어떤 사람이 메시야 안에 있다면, 새로운 피조세계." 이 새로움은, 발터 벤야민(Walter Benjamin)이 저 옛적에 살았던 자신의 사촌이 이미 선포했다는 사실도 깨닫지 못한 채로 갈망하였던 바로 그 메시야적인 새로움이다. 바울은 새 창조, 즉 피조세계 자체가 손꼽아 기다려 왔던 저 새로운 현실의 입구에 자기가 서 있다고 믿었다. 그러나 그는 단지 구경꾼이었던 것이 아니었다. 그는 새 창조가 이미 일어나고 있음을 보여주는 일들을 행하고, 그 일들을 선포하라는 부르심을 받았다: 메시야를 믿는 믿음과 세례를 통한 각 사람의 "새로운 창조"는 시편과 선지자들이 말하였던 좀 더 큰 "새 창조"를 보여주는 또 하나의 이정표였다. 고린도후서의 다른 본문들은 바울이 새로워지고 변화된 사람들의 출현에 의해 탄생되고 있는 완전히 새로운 세계라는 관점에서 사고하고 있었음을 보여준다. 그는 교회에 대하여 열심을 내고 질투하며, 메시야의 신부인 교회가 하와처럼 또다시 미혹되어 타락하지는 않을지를 걱정하며 노심초사하는 모습을 보인다:

> 나는 너희를 정결한 처녀로 한 남편인 메시야께 드리려고 중매하였다. 그러나 뱀이 그 간계로 하와를 미혹한 것 같이, 너희 마음이 메시야의 백성이라면 마땅히 지녀야 할 일편단심의 순수함에서 떠나 부패하지는 않을까 염려한다.[27]

만일 바울이 자신의 사도적 사역이 궁극적인 새로운 창조를 진전시키기 위한 일이라는 것을 진정으로 믿지 않았다면, 그는 이와 같은 글을 쓸 수 없었을 것이다. 그는 영혼들을 썩어져 가는 육신과 멸망할 운명에 놓여 있는 세계로부터 구원하는

26) 또한, 예컨대 cf. 고전 9:16f.: "내가 복음을 전하지 않으면 내게 화가 있으리라."
27) 고후 11:2f.; cp. 롬 7:1-6에 나오는 "새 남편" 표상.

일이 아니라, 사람들을 전인적으로 변화시켜서, 좀 더 큰 새로운 창조를 보여주는 증표들이자 그 사업을 해나갈 일꾼들이 되게 하고자 하는 일을 하고 있었다. 이것이 교회가 바울에게 중요하였던 이유들 중의 하나였다. 교회론은 우주론을 보여주는 이정표였다. 새로운 계약; 새로운 창조. 이것이 고린도후서 3장부터 5장의 근저에 저류하는 일련의 사고의 흐름이다.

우리는 이렇게 말할 때, 우리가 이미 앞에서 언급한 것들과 정반대의 위험에 즉시 직면하게 된다. 우리가 바울은 새 창조를 구현하기 위하여 일한 인물이라고 말하면, 사람들은 그를 단지 영예로운 사회활동가, 또는 전 세계를 활동무대로 한 정치가로 볼 위험이 있다. 우리가 바울은, 다가올 갱신된 세계를 지향할 뿐만 아니라 그 세계를 실제로 미리 구현하고 있는 공동체들을 창출해내고 유지시키는 것을 목표로 삼고 일하였다고 말하면, 예민한 서구 신학자들은 우리가 하나님의 사랑 및 장래의 심판을 통한 신원함 등등에 관한 메시지를 담고 있는 "복음"으로부터 멀어져 가고 있다고 생각한다. 그러나 결코 그렇지 않다. 우리가 고린도후서 5장에서 인용한 핵심적인 본문은 몇 절 앞에 나오는 진술, 즉 모든 사람이 메시야의 심판대 앞에 서게 될 것이라는 진술(5:10)에 뿌리를 두고서, 우리가 이미 보았듯이, 모든 사람을 위하여 죽은 "메시야의 사랑"에 관한 영광스러운 진술(5:14-15)로 시작된다. 사람들에게 "하나님과 화해하라"고 하는 바울의 근본적인 권면(5:20)은 바로 그러한 과정의 결론이다. 바울은 로마서 5:6-11에 나오는 복음 전체에 관한 요약적인 진술 속에서 이 점을 좀 더 분명하게 자세하게 보여준다. 다시 한 번 말해 두지만, 이 모든 것은 "우리를 대신하여 죄가 되셔서"(5:20) 모든 사람을 대신하여 죽은(5:14-15) 예수의 죽음에 토대를 두고 있다. 우리가 이 본문의 좀 더 큰 틀, 즉 이 본문에 표현된 바울의 좀 더 크고 통합된 목표들과 의도들을 주목할 때, 이 모든 것은 상실되는 것이 아니라, 도리어 하나도 빠짐없이 고스란히 보존된다.

물론, 그 좀 더 큰 틀 속에는 메시야 안에서 "하나님이 세계를 자신과 화해시키고 계신다"(5:19)는 바울의 극적인 진술도 포함된다. 이것은 단지 십자가로 말미암아 "세계가 내게 대하여 십자가에 못 박혔고 나도 세계에 대하여 못 박혔다"는 갈라디아서 6:14의 소극적인 진술만이 아니라, 애초에 하나님의 아들로 말미암아 창조된 만유 전체가 이제는 십자가 위에서의 그의 죽음에 의해서 화해를 이루게 되었다는 골로새서 1장의 적극적인 진술과도 온전히 맥을 같이한다.[28] 고린도후서가 골로새서와 아주 비슷한 내용을 보여주는 것은 이것이 처음이 아니지만, 여기에서

28) 골 1:15-20. 이것에 대해서는 위의 제9장 제3절 2) (4)를 보라.

이 두 서신은 둘 다 하나님이 메시야 안에서 행한 일이 우주적으로 행해진 것이기 때문에, "개인"에 적용되는 복음 메시지는 바로 그 맥락 속에 자리하게 될 때에만 온전하고 합당한 의미를 지닐 수 있다는 것을 분명하게 말해 준다. 골로새서 1:23이 보여주듯이, 바울은 어떤 기이한 의미에서 복음은 이미 하늘 아래의 모든 피조물들(ktisis – '크티시스')에게 전파된 것으로 믿었다. 모든 피조물은 하나도 빠짐없이 다 이미 복음을 들었다는 것이다. 피조세계 전체가 이 복음을 듣고서 그 성취를 기다리며 신음하고 있는 것은 전혀 이상한 일이 아니다. 이것은 바울이 거의 툭 던지듯이 말하고 있지만 그의 의도를 분명하게 보여주는 또 한 줄의 문장으로 이어지는데, 거기에서 그는 이 (우주적인) 복음의 종이라는 관점에서 자신의 소명을 설명한다.

따라서 바울이 자기가 단지 플라톤적인 천국의 주민을 모집하기 위해서 침몰해 가고 있는 세계로부터 사람들의 영혼을 낚아채듯이 건져내고 있는 일을 하고 있는 것으로 보지 않았다는 것은 이미 분명해 보인다.[29] 바울이 피조세계 전체와 관련된 자신의 소망에 대하여 여러 곳에서 말한 것들에 비추어 볼 때, 우리는 그가 하나님이 "세계"를 자기와 화해시키고 있다고 말한 것을 진지하게 받아들여야 한다. 바울은 이 말을 통해서 일부 신학 진영들에서 인기를 끌어 온 것과 같은 손쉬운 보편주의 또는 만인구원론을 말하고 있는 것이 아니다. 그의 서신들은 그 점을 아주 분명히 한다. 또한, 그는 자신의 복음을 통해서 세계의 통치자들이 갑자기 제정신으로 돌아와서, 다른 무엇보다도 그를 박해하는 일을 그치게 될 것이라고 생각한 것도 아니었다. 그는 우리가 현재 논의하고 있는 본문의 앞뒤에서 고린도 교인들에게 제시한 분명한 증거들, 즉 자기가 지금까지 겪은 고난들에 관한 목록이 보여주는 그러한 삶의 한복판에서 "우주적인" 복음을 전하고 있는 것이었다.[30] 현세에서는 메시야의 승리는 언제나 지극히 역설적인 모습일 수밖에 없다. 바울은 세계가 유토피아를 향한 길을 무리 없이 서서히 나아가기를 시작하였음을 보여주고 있다거나, 교회가 이제 승승장구하며 발전해 가기 시작하였음을 보여주고 있다는 말은

29) 나는 Bockmuehl, 2011(Perrin and Hays, 2011에 수록됨) 이 내가 이전에 이런 말을 했을 때, "천국에 가는 것" 같은 것을 완전히 배제하고자 하였다고 말하는 것을 보고 깜짝 놀랐다. 나는 다른 초기 그리스도인들과 부활을 믿었던 유대인들에게 있어서와 마찬가지로 바울에게 있어서도, 육체의 죽음과 육체의 부활 사이에 모종의 중간 상태가 상정되어야 한다고 오랫동안 주장해 왔고 그렇게 가르쳐 왔다(그리고 초기 그리스도인들은 통상적으로 "천국"이라는 용어를 그런 식의 의미로 사용하지는 않았지만, 우리는 얼마든지 그것을 "천국"이라고 부를 수 있을 것이다). Perrin and Hays, 2011, 231-4와 Wright, 2008 [*Surprised by Hope*], *passim*에 나오는 나의 말들을 보라.

30) cf. 고후 4:7-12; 6:4-13; cf. 11:22-33.

일언반구도 하지 않는다. 그러나 바울이 예수에 초점이 맞추어진 창조주 하나님의 복된 소식을 전파함으로써 탄생한 교회들은, 단지 어쩌다가 우연히 그 복음에 응답한 개개인들이 일시적으로 모여서 생겨난 것이 아니었다. 그 교회들은 특히 전통적인 경계들을 뛰어넘는 그들의 연합, 그들이 보여주는 성결한 삶, 하나님의 형상을 지닌 자로서의 인간의 소명을 제대로 행하는 그들의 모습, 특히 그들이 겪는 고난으로 인해서, 장차 온전히 도래하게 될 새로운 세계를 보여주는 증표들이자 맛보기들이다. 로마서 8장이 말하고 있듯이, 인간의 갱신은 온 피조세계의 갱신을 위한 서곡이자 수단이다.

따라서 복음전도자이자 목회자와 교사로서의 바울의 사역은, 우리가 제2부에서 보았듯이, 교회의 연합과 성결을 위한 것이었다. 그러나 교회의 연합과 성결은 그 자체가 이 좀 더 큰 목표를 위한 것이었다. "누구든지 메시야 안에 있다면, 새로운 피조세계가 존재한다!" 그리고 우리가 위의 제14장에서 보았듯이, 그러한 새로운 피조세계와 함께, 새로운 유형의 지식이 도래하였다:

> 그러므로 우리는 이 순간부터 어떤 사람도 단지 인간적인 관점을 따라 보지 않는다. 우리가 전에는 메시야까지도 그런 식으로 보았지만, 이제는 더 이상 그렇게 보지 않는다.[31)]

내가 위의 제14장에서 논증하였듯이, 이것은 바울이 어떤 사적인 세계, 즉 그를 비롯한 모든 사람들이 엄연한 현실이라고 말할 수 없는 환상의 땅에서 살고 있다는 것을 의미하는 것이 아니었다. 바울이 여기에서 말하고자 한 것은, 예수의 부활로 말미암아 개시된 새로운 피조세계는 옛 피조세계를 폐기하거나 대체한 것이 아니라 갱신한 것이기 때문에, 새로운 피조세계에서의 지식의 유형도 옛 피조세계의 지식을 더 깊고 참되고 풍부하게 한 것이라는 것이었다. 그리고 그렇게 지식이 더 깊어짐으로써, 거기로부터 온갖 결과들이 파생되었는데, 우리는 앞의 장들에서 바로 그 결과들을 설명하고자 시도한 바 있다.

특히, 복음을 통해서 탄생한 공동체들은 우리가 이전에 분리해서 따로따로 설명하였던 범주들을 하나로 통합하는 방식으로 그 새로운 세계를 구현할 것이었다. 그 공동체들은 실제로 새로운 세계관을 가르치고 그 모델을 제시하며 새로운 이해와 새로운 사고방식을 심어주는 일종의 철학 학파의 모습을 띨 것이었다. 그 공동

31) 고후 5:16; 위의 제14장 제2절 1)을 보라.

체들은 사람들을 훈련시켜서, 그들로 하여금 모든 사람이 이미 인정하는 덕목들을 실천하게 할 뿐만 아니라, 새로운 덕목들을 발전시키게 하고, 거기에다가 덕목 자체에 접근하는 새로운 방식, 즉 창조주의 의도를 마침내 실현하게 될 수단이 될 변화된 사고와 마음을 갖게 할 것이었다. 그 공동체들은 제사장들이나 희생제사들이나 성전들이 없음에도 불구하고, 자신들의 신성한 본문들을 읽고 연구하고 서로 엮어서 예전적인 실천의 단초들로 삼는 새로운 종류의 "종교"가 될 것이었다. 그 공동체들은 그러한 예배 속에서 하늘과 땅이 서로 결합되고, 하나님의 시간과 인간의 시간이 서로 융합되며, 물질 자체가 변화되어 풍부한 의미와 가능성을 지니게 된다고 믿었다. 이러한 공동체들은 '폴리스'(polis)가 될 힘이 없음에도 불구하고, 아니 실제로는 그런 힘이 없기 때문에, 새로운 종류의 '폴리스,' 즉 통상적인 경계들과 장벽들을 뛰어넘어서 카이사르와는 다른 '퀴리오스'(kyrios)를 섬기며, 인간이 되는 새로운 방식과 새로운 종류의 권세의 모델을 보여주는 사회적이고 문화적인 공동체가 되어 가는 도상에 있었다. 바로 그 도상에서 고린도후서는 그 길을 선도하고 있다 — 물론, 바울이 그 서신에서 저 유명한 강함과 약함의 대비를 통해서 말하고 있는 모든 것은 예수가 이미 말하였던 것을 가져와서 발전시키고 있는 것이기는 하였지만.[32] 우리가 바울의 교회들을 어떤 의미에서 철학 공동체들, 종교 집단들, 정치적 결사들로 인식하지 않는다면, 그것은 아마도 우리가 이 용어들을 바울의 세계에서 알려져 있던 의미가 아니라 현대적인 의미로 생각하고 있기 때문일 수 있다.

어쨌든 내가 말하고자 하는 것은, 우리가 제2부에서 살펴보았던 세계관과 우리가 제3부에서 살펴보았던 신학은 이러한 좀 더 큰 새로운 피조세계를 염두에 둔 바울에 의해서 설계되었다는 것이다. 그는 교회를 단지 현재의 세계에 대한 하나의 대안, 즉 도시생활에 지친 사람들을 위한 도피성의 시골 오두막집으로서가 아니라, 장차 도래할 세계의 선구적인 형태로서의 작은 세계이자 "소우주"로 보았다. 교회의 연합과 성결이 중요하였던 이유가 거기에 있었음은 물론이다. 그리고 예수가 이미 말했듯이, 이 소우주는 어두운 현재의 세계 속에서 비치는 불빛, 즉 등대불 같은 역할을 하게 되어 있었다. 갱신된 유대적이고 메시야적인 생활방식 안에서 "철학"과 "종교"와 "정치"가 모두 다 어우러지고 초월되는 새로운 방식으로 참 인간이 되는 새로운 길은, 다른 철학들, 종교들, 정치 체제들에 의지해서 살아가는 자들에게는 위협이 될 수밖에 없었기 때문에, 고난은 필연적인 것이었다. 그러나

32) 예를 들면, cf. 고후 12:9f.; 13:1-4; cf. 막 10:35-45 등.

그 길은 고난을 감당해도 좋을 만큼 동일한 정도로 강력한 매력을 지니고 있는 것으로 여겨졌다. 바울은 복음전도자였고, 그 일을 하도록 부르심 받은 다른 사람들에 대해서도 알고 있었지만, 그가 그의 공동체들로 하여금 밖으로 나가서 그들의 신앙을 열심히 알리고 전하기를 원하였음을 보여주는 증거는 의외로 거의 없다. 그는 자신의 공동체들이 지금으로서는 … 서로 연합되고 성결하게 사는 것만으로 충분하다고 생각했던 것으로 보인다.

우리가 지금까지 말한 모든 것은, 여러분이 들으면 금방 알아들을 수 있겠지만, 현재의 맥락 속에서는 아마도 의외일 수 있는 하나의 결론을 보여준다. 하나님과 세계 간의 화해의 장소; 사람들이 서로 화해될 수 있는 장소; 하나님이 피조세계 전체에 대하여 행하고자 하는 것의 증표로서 세계를 작은 그릇 속에 담고 있는 소우주; 하늘과 땅이 서로 만나고, 완전히 새로운 종류의 "종교"가 행해지며, 숨겨진 지혜의 샘들이 마침내 열리는 새로운 종류의 '폴리스'; 새로운 출애굽 백성으로서의 자신의 정체성을 송축하는 공동체. 우리가 바울의 여러 가지 다양한 설명들로부터 충분히 추측할 수 있듯이, 이 모든 것은 우리가 그의 목표들과 의도들을 "새로운 성전"을 건설하고 유지하는 소명이라고 요약할 수 있다는 것을 의미한다.[33] 바울 시대의 유대인들 중에는, 그들과 그들의 문화가 이렇게 전 세계로 흩어지게 된 것을 새로운 세계 질서의 증표로 본 사람들이 일부 있었다. 마찬가지로, 바울은 도처에 퍼져 있는 "성전" — 창조주 하나님이 성령을 통해서 살아 임재해 있는 가운데 촌락들과 도시들에서 모임을 갖는 작은 무리들 — 을 피조세계가 마침내 변화되었음을 보여주는 증표로 보았다. 내가 앞에서 논증하였듯이, 이것은 오늘날 로마서 8장으로 알려져 있는 저 풍부하면서도 압축된 장 내에 숨겨져 있는 중요한 주제들 중의 하나이다.

또한, 이 주제는 여기 고린도후서 5장에도 나온다. "하나님은 메시야 안에서 세계를 자기와 화해시키고 있다"(5:19). 이 의미심장한 구절은 단지 하나님이 메시야를 통해서 행하고 있는 일을 가리키는 것으로 해석될 수도 있지만, 골로새서 1:19("아버지께서는 모든 충만으로 예수 안에 거하게 하시고 … 그로 말미암아 모든 것을 자기와 화해시키기를 기뻐하셨다")와의 상당한 정도의 병행은, 이 구절이 바울의 좀 더 큰 성전 표상의 일부, 즉 우리가 위의 제9장에서 보았듯이, 예수와 성령에 대한 그의 이해의 심장부에 있는 시온으로의 야웨의 귀환이라는 주제의 일부라는

33) cf. 고전 3:10-17(위의 제6장 제2절 1)과 제3절 2)를 보라). 난상토론의 자리에서 나로 하여금 이 논점을 발견할 수 있도록 해 준 것에 대하여 Jamie Davies에게 감사한다.

것을 시사해 준다. (또한, 우리는 골로새서 1:27에서 그가 메시야가 그 한복판에 있는 곳들인 개별 교회들을 장차 임할 새로운 피조세계의 영광을 보여주는 이정표로 상정하고 있다는 사실도 기억한다.)[34] 그리고 물론 고린도후서 5장은 고린도후서 3장과 4장의 어깨를 딛고 서 있는데, 이 두 개의 장에서 바울은, 이스라엘을 위한 모세의 중보기도 후에 출애굽기의 끝부분에서 그 기도가 응답되어 일어난 일이 지금 궁극적으로 성취된 것이라는 관점에서, 예레미야서 31장의 "새 계약"을 열변을 토하며 설명한다. 금송아지 사건과 관련된 이스라엘 백성의 죄에도 불구하고, 출애굽기는 새롭게 만들어진 광야의 성막 안에 "셰키나"(Shekinah, "하나님의 영광")가 거하게 되는 것으로 막을 내림으로써, 창세기 1장에서 하나님이 피조세계 전체를 "성전"으로 건축하였다는 암묵적인 서사와 더불어 하나의 원을 완성함과 동시에, 장차 예루살렘 성전이 건설되어 하나님의 임재로 가득하게 될 것을 미리 보여준다(왕상 8:10-13). 바울은 이 주제 전체를 가져와 사용해서, 새로운 출애굽의 목표가 메시야와 성령을 통한 하나님의 영광의 도래라는 것을 보여준다:

> 우리가 다 수건을 벗은 얼굴로 거울을 보는 것 같이 주의 영광을 봄으로써, 너희가 주, 곧 성령으로부터 기대할 수 있듯이, 영광에서 영광으로 그 동일한 형상으로 변화되어 가고 있다.
>
> 우리는 우리를 전파하는 것이 아니라, 메시야 예수께서 주가 되신 것과 우리가 예수를 인하여 너희의 종이 된 것을 전파하는 것이니, 이것은 "어둠으로부터 빛이 비치라"고 말씀하셨던 그 하나님께서 메시야 예수의 얼굴에 있는 하나님의 영광을 아는 빛을 우리 마음에 비추셨기 때문이다.[35]

따라서 바울에게 있어서 "복음전도"는 단지 영혼을 구원하는 것이 아니었고, "선교"도 단지 기독교적인 이해를 세계에 좀 더 널리 알리는 것이 아니었다. 말하자면, 사도로서의 바울의 사역은 성막을 짓는 것이었고 성전을 짓는 것이었다. 이것은 고린도전서 3장에서 이미 분명하게 드러난다. 달리 말하면, 그는 하늘과 땅이 서로 만나 화해하는 "장소들" — 사람들 개개인과 사람들의 무리 — 을 만들어낸다는 관점에서 자신의 소명을 보았다. "하나님은 메시야 안에서 세계를 자기와 화해시키고 계시는데," 메시야는 자신의 희생제사를 통하여 화해를 이룬 하늘과 땅이 서로 만나는 새로운 성전이다. 바울의 소명은, 이 일이 일어났다는 것을 알리

34) *Perspectives*, ch. 23을 보라.
35) 고후 3:18; 4:5f.

고, 새로운 왕이 등극하였음을 알리는 전령관처럼 "메시야의 이름을 알려서"(아래를 보라), 성전을 짓는 일을 전 세계로 확대시키는 것이었다. 그에게 있어서 이것은 성경에서 선지자들이 잠깐씩 얼핏 본 것, 즉 장차 이교도들이 참 하나님을 예배하기 위하여 무리를 지어 예루살렘으로 몰려가게 될 것에 해당하는 것이었다.[36] 하지만 이번에는 "셰키나"가 세계를 향하여 나아가고 있고(우리가 잠시 후에 보게 되겠지만, 유대적인 소망이 이런 식으로 역전된 것은 바울의 선교 전략을 잘 설명해 준다), 그 결과, 세계의 도처에서 하늘과 땅이 이미 서로 만났고, 창조주와 만유가 마침내 화해하였음을 보여주는 증표들이 세워지고 있다.[37]

각각의 그리스도인은 이것을 보여주는 살아 있는 예가 될 것이었다("누구든지 메시야 안에 있다면, 새로운 피조세계가 존재한다"). 그러나 서구 기독교의 대체적인 이해는 개별 그리스도인을 목표로 보아 왔던 반면에, 바울은 개별 그리스도인들을 좀 더 큰 실체를 가리켜 보여주는 증표들로 본다. 그는 20절에서 자신의 사명을 생생하게 묘사한다: "우리는 메시야를 대신해서 사람들에게 하나님과 화해하라고 간청한다." 그는 하늘과 땅이 만나는 사건, 즉 성전 사건이 다시 한 번 일어나는 것을 보기를 갈망한다. 메시야의 희생제사적인 죽음은 온 세계를 향한 그의 사랑의 선물로서(14-15절) 이미 일어났기 때문에(21a절), 이제 "성전"은 화해의 장소가 될 수 있다. 바울은 이 모든 일 가운데서 자기가 맡은 역할을 세계관의 수준에서 이해하여 설정한 자신의 "목표"를 이사야서에 나오는 "종"의 표상을 활용하여, 자기는 계약에 대한 하나님의 신실하심을 구현해 내기 위하여 사도로 부르심을 받은 것이라고 말한다. "하나님의 신실하심"은 단지 바울의 가르침의 주된 주제인 것이 아니었고, 십자가에 못 박힌 메시야, 특히 그 메시야의 고난을 따르는 자로서의 자신의 삶의 숨겨진 내적 의미였다.[38]

이것이 가리키는 좀 더 큰 실체, 즉 새로운 피조세계는 연합되고 성결한 온 교회에 의해서 상징된다. 이 새로운 성전은 온 열방이 아브라함과 이삭과 야곱의 하나님을 예배하기 위하여 오게 될 곳이다. 이것은 로마서의 신학적 정점(15:7-13, 이것에 대해서는 아래를 보라)에 나오는 바울의 비전이고, 그는 이 비전을 이루기 위하여 지칠 줄 모르고 일하였고, 그가 쓴 여러 서신들의 주제도 바로 이 비전이었다. 특히, 바울의 목표의 심장부 가까이에 있었던 것은 분명히 유대인과 헬라인의 화해

36) 사 2:2-4; 66:18; 미 4:1-3; 슥 2:11; 8:20-3; 14:16.
37) 초기 교회에서는 이것도 성경에 약속된 것으로 보았다: cf. 말 1:5, 11, 14 등.
38) 고후 5:21(위의 제10장 제3절 3) (3) (e)를 보라), 그리고 4:7-12과 6:3-10.

였다. 유대인과 헬라인이 바울의 사고 속에서 여전히 분리되어 있었음을 보여주고자 하는 시도들이 여전히 행해지고 있음에도 불구하고(위의 제15장을 보라), 유대인과 헬라인의 구분은 제거되었다고 그가 반복해서 강조하고 있다는 것은 그 누구도 부정할 수 없다: "차별이 없다"; "유대인이나 헬라인이나 차별이 없다"; "할례나 무할례는 중요하지 않다"; "유대인이나 헬라인은 더 이상 없다"; "할례도 아무것도 아니고 무할례도 아무것도 아니다."[39] 물론, 바울은 여전히 이미 존재하는 차이들을 지혜와 겸손함으로 헤쳐나가야 한다는 것도 잘 알고 있었고, 실제로 로마서 11장과 로마서 14장에서 각각 다른 시각에서 그렇게 행한다. 그러나 이 모든 것은 좀 더 큰 비전을 위한 것이었고, 그는 이 비전으로부터 단 한순간도 뒤로 물러나려고 하지 않았는데, 그것은 애초에 예루살렘 성전에서 불렸던 노래들이 이제는 만민 중에서 참된 마음과 입술로부터 불려지게 될 새로운 성전이자 새로운 찬송의 집에 관한 비전이었다:

> 그러므로 메시야께서 우리를 받아 하나님께 영광을 돌리신 것과 같이 너희도 서로 받으라. 내가 그 이유를 말해 주겠다: 메시야께서는 하나님의 진실하심을 보여주기 위하여, 즉 조상들에게 주신 약속들을 확증하시고, 열방들로 하여금 그 긍휼하심으로 말미암아 하나님을 찬송하게 하기 위하여, 할례자들의 종이 되신 것이었다. 성경은 이렇게 말한다:
>
> 이것이 내가 열방 중에서 당신께 감사하고
> 당신의 이름을 찬송하게 될 이유이다.
>
> 또한, 성경은 이렇게 말한다:
>
> 너희 열방들아, 주의 백성과 함께 즐거워하라.
>
> 또한, 이렇게 말한다:
>
> 모든 열방들아, 주를 찬양하고,
> 모든 민족들아, 그를 찬송하라.
>
> 또한, 이사야는 이렇게 말한다:

39) 롬 3:22; 10:12; 고전 7:19; 갈 3:28; 6:15.

이새의 뿌리,
곧 열방을 다스리기 위하여 일어나시는 이가 있으리니,
열방이 그에게 소망을 두리라.[40)]

이 모든 것은 우리가 바울의 세계관의 핵심에 있는 "목표들과 의도들"에 속한 그의 사역의 여러 요소들을 통상적인 것보다 훨씬 더 통합적인 방식으로 볼 수 있는 유리한 고지를 만들어 준다. "화해의 메시지"를 포함한 "화해 사역"(고린도후서 5:18-19)은, 우리가 바울의 서신들과 사도행전의 면면에서 볼 수 있는 그의 활동들, 즉 그의 좀 더 깊은 동기들을 나타내 보여주는 징후들로서의 활동들을 가리키는 데 그가 직접 사용한 축약어였다. 우리가 방금 설명한 성전 비전에 비추어서 그 모든 것들을 이해할 때, 그 활동들은 풍부하고 다양한 면모들을 보여주는 가운데 하나의 통일된 전체를 이루고 있다는 것이 드러난다.

특히, 우리가 주목할 것은, 흔히 제각각 고립적으로 이해된 여러 특징들이, 이런 식으로 성전과 관련된 바울의 비전에 비추어 이해하는 경우에는 전체적으로 서로 결합되고 통합될 수 있다는 것이다. '아디아포라'(adiaphora, "아무 상관없는 것들") 및 그 주제와 관련된 문제들을 다루고 있는 고린도전서 8-10장과 로마서 14-15장에서의 그의 가르침, 갈라디아서에서 이방인들은 육신적으로 유대인처럼 될 필요가 없다고 격앙되어 제시한 그의 변증, 로마서에서 이방 그리스도인들이 또 다른 "가지들"인 유대 그리스도인들을 멸시해서는 안 된다고 한 좀 더 차분하면서도 효과적인 그의 논증, 고린도 교회에서 파당을 이루어 서로 다투고 있던 신자들을 화해시키려고 애쓰는 그의 모습, 빌립보서에서 진심으로 서로 하나가 되어 연합하라고 하는 그의 간곡한 호소 — 이 모든 것들은 하나님이 아브라함에게 약속하였고 메시야를 통해서 성취한 "단일한 연합된 권속"을 자신의 가르침과 모범을 통해서 이루어내고자 한 바울의 확고한 목표를 잘 보여준다. 예루살렘과 유대 땅에 있는 궁핍한 유대 그리스도인들을 위해 이방 교회들을 대상으로 "헌금"을 모아야 하겠다는 생각은 반짝 떠오른 아이디어에서 시작된 것이 틀림없지만, 세계관이라는 관점에서 볼 때, 이 일은 메시야 안에서 유대인/이방인의 연합이라는 "목표"로부터 생겨난 것이라고 보아야 한다.

사실, 바울은 고린도후서에서 자기가 다음에 고린도 교회를 방문할 때에 헌금이 이미 모아져 있기를 기대한다고 자신의 바람을 조심스럽게 제시하며 지극히 일반

40) 롬 15:7-12은 시 18:49(= 삼하 22:50); 신 32:43; 시 117:1; 사 11:1, 10을 인용하고 있다. 이렇게 바울은 성경에 뿌리를 둔 이 서신 전체의 비전을 토라와 선지자들의 글과 성문서로 마무리한다.

적인 관점에서 말할 뿐이고, 우리가 이 일이 지닌 "교회연합"과 관련된 목적이라고 부를 수 있는 것에 대해서는 전혀 자세하게 얘기하지 않는다:

> 이 섬김의 시험을 충족시킴으로써 너희는 두 가지 방식으로 하나님께 영광을 돌리게 될 것이니, 이는 첫째로는 메시야의 복음에 대한 너희의 신앙고백이 너희를 합당한 질서 속으로 데려다 주었기 때문이고, 둘째로는 너희가 그들을 비롯한 모든 사람과 참되고 진실한 교제(koinōnia — '코이노니아')로 들어가게 되었기 때문이다. 게다가, 이제 그들은 하나님이 너희에게 주신 차고 넘치는 은혜로 말미암아 너희를 위하여 기도하며 너희를 사모할 것이다.[41)]

왜 바울이 이 모금을 하게 된 실제적인 이유들과 그 근저에 있는 상징적인 이유들을 좀 더 자세하게 설명하지 않았는지에 대해서는 우리는 단지 추측만 할 수 있을 뿐이지만, 아마도 그것은 11:22과 그 주위의 본문들에 암시되어 있듯이, 예루살렘에 기반을 둔 일부 그리스도인들과의 껄끄러운 관계 때문이기도 하고, 고린도전서 1-4장에 반영되어 있듯이, 바울을 지지하는 자들과 베드로를 지지하는 자들 간의 암묵적인 경쟁을 고려하였기 때문일 것이다. 하지만 바울이 예루살렘의 그리스도인들이 궁핍한 상태에 있다는 사실에 대해서도 여기에서 마찬가지로 언급하고 있지 않고, 이미 고린도 교인들이 알고 있는 것으로 전제하고 있다는 점을 고려하면, 아마도 그는 이 일과 관련해서 로마서 15장에서 좀 더 자세하게 설명한 신학적이고 상징적인 의미도, 고린도 교인들이 알고 있는 것으로 전제하고 있는 것일 수도 있다:

> 하지만 지금 나는 하나님의 백성을 섬기기 위하여 예루살렘에 가고 있다. 마게도냐와 아가야 신자들이 예루살렘에 있는 가난한 신자들과 교제(koinōnia — '코이노니아')를 나누기로 기꺼이 결심하였다. 저희는 열심을 내어 이 일을 하였으니, 사실 저희는 그들에게 빚진 자들이다. 열방들이 유대인들의 영적인 복들을 나누어 가졌다면, 저희가 이 땅에서의 그들의 필요들에 봉사하는 것이 옳고 마땅하다. 따라서 나는 이 일을 마치고 모든 것을 다 마무리하였을 때, 너희를 거쳐서 스페인으로 가고자 한다 …[42)]

41) 고후 9:13f.

42) 롬 15:25-8. "해결되지 않은 것을 결말짓다"는 표현은 내가 단지 의역만이 아니라, 오늘날의 우리가 알아들을 수 없는 옛 은유(바울은 "이 열매를 그들에게 인쳤다"라고 썼다)를 그 맥락 속에서 비슷한 기능을 하는 현대적인 은유로 바꾸는 데에도 신경을 쓴 몇 안 되는 대목들 중의 하나이다. Jewett, 2007, 932를 보라: "예루살렘을 위한 헌금의 열매를 인친다는 것은 … 절도와 횡령을 막고 그 헌금을 안전하게 전달한다는 것이다 … 바울의 이러한 설명은 사실상 '내가 이 일을 온전히 다 마쳤을 때, 로마를 방문하고자 하는 오래 전부터의 계획을 이루기 위해 전력할 것' 이라고 말한 것이다."

여기서 우리는 또다시 '코이노니아'라는 주제를 만난다. 우리는 이 '코이노니아'가 바울에게 있어서 핵심적인 용어라는 것을 본서의 첫머리에서부터 내내 보아 왔는데, 그는 '코이노니아'를 단지 실생활에서 서로 필요한 것들을 나누는 실제적인 "목적"에서 그치지 않고, 메시야의 백성이 동의하고 이것을 위해서 힘을 합하여 일하기로 서약해야 하는 "목표"로 인식하고 있다. 바울이 여기에서 이 모금의 신학적이고 상징적인 "목적"에 대하여 말하고 있는 것들은, 우리가 그의 글들의 아주 많은 부분을 관통하고 있음을 이미 확인한 바 있는 "화해"라는 목표와 아주 밀접하게 결합되어 있기 때문에, 우리는 이 일이 이전에는 바울에게 없었다가 나중에야 추가적으로 생각해낸 것이 아니라, 그의 세계에 내재된 동기유발의 패턴 내에 처음부터 깊이 자리 잡고 있었다는 것을 확신할 수 있다. "화해"라는 목표가 이렇게 바울의 세계관 속에서 그의 핵심 목표들 중의 하나에 속한다면, 우리는 고린도후서를 쓸 당시에만 해도 바울과 그의 청중이 당연한 것으로 여겼던 하나의 프로젝트였던 이 모금이 사실은 세계관이라는 관점에서 볼 때에 하나의 "의도," 즉 원칙적으로는 "목표들"로부터 분리될 수 있기는 하지만, 이제는 당연한 것으로 받아들여질 정도로 그토록 밀접하게 그 "목표들"과 동일시된 것으로 분류되어야 한다고 말할 수 있다. 따라서 바울이나 그의 청중들에게 유일하게 남은 질문은 "내가 갈 때에 그 헌금이 다 준비가 되어 있겠는가" 하는 것과[43] "내가 그 헌금을 그들에게 전달하였을 때 과연 그들이 그 돈을 받겠는가" 하는 것이었다.[44]

나는 위의 제11장에서 바울이 이 헌금을 예루살렘에 전달하는 것을 통해서, 유대인들이 한꺼번에 대규모로 회심하는 모종의 사건, 그리고 아마도 심지어 '파루시아'까지도 일어나게 되기를 바라고 있었을 것이라는 주장을 반박한 바 있다.[45] 만일 그가 실제로 (이방인들이 얼마나 너그럽고 자비로운지를 유대인들에게 보여주어서, "나의 골육으로 하여금 시기나게 하여") 유대인들의 대규모의 회심, 그리고 이어서 '파루시아'까지 기대한 것이었다면, 그는 로마 교인들에게 자기가 이 헌금을 전달하는 일을 마친 후에는 스페인으로 가는 도중에 그들을 보러 들르겠다고 말하지 않았을 것이다. 마찬가지로, 나는 그가 자신이 계획한 스페인 선교를 그의 마지막 선교 사역으로 여겼고, 그런 식으로 해서 성경에서 말한 땅 끝까지의 선교를 완료함과 동시에 거기로부터 더 많은 헌금을 모아 예루살렘에 전달한다면, 유대인들의 대규모의 회심과 '파루시아'가 일어나게 될 것이라고 생각하였을 것

43) cf. 고전 16:1-4; 그리고 고후 8:10-12, 24; 9:3-5.

44) cf. 롬 15:31.

45) 예컨대, Munck, 1959 [1954]. Kim, 2011 등은 Munck의 견해를 수정해서 새롭게 제시한다.

이라고 보지 않는다.[46] 그러한 주장들은 부분적으로는 "임박한 '파루시아'"에 관한 지속적인 관념, 부분적으로는 로마서 11장과 로마서 15장 사이의 행간을 먼저 읽어낸 후에, 그러한 맥락 속에서 그 사이의 행들을 읽어서 서로 결합시켜 해석하고자 하는 시도로부터 생겨난다. 바울에 대한 해석을 담고 있는 모든 논문들이 그의 압축되고 간접인용이 풍부한 글의 행간을 읽는 것을 어느 정도 포함할 수밖에 없다는 점을 고려하더라도, 내가 보기에 이 경우에 있어서 그러한 주장들 속에 담겨 있는 이러한 두 가지 관념과 시도는 아무런 근거가 없다. 바울은 '파루시아'가 반드시 당장에 일어날 것이라고 생각하지 않았고, 자신의 선교 사역을 통해서 '파루시아'를 앞당기려고 애쓰지 않았다는 것은 확실하다.

그렇다면, 바울의 전략은 무엇이었는가? 왜 그는 어떤 지역들에는 갔고 어떤 지역들에는 가지 않았던 것인가? 그가 "이제는 이 지역들에서 내가 일할 여지가 없다"(로마서 15:23)고 한 말은 무슨 의미였는가? 그가 스페인으로 가려고 한 것은 성경이나 예언에서 말한 전체적인 선교 여정을 완성하기 위한 것이었는가, 아니면 단지 실용적인 결정이었던 것인가?[47]

물론, 바울이 자신의 선교 여정을 생각할 때에 옛적의 예언을 염두에 두었을 것임은 의심의 여지가 없다. 그는 로마서 15:21에서 이사야서 52:15을 인용해서 "주에 대하여 듣지 못하였던 사람들이 보게 될 것이고 듣지 못하였던 사람들이 깨닫게 될 것이다"라고 말한다. 그는 여기에서 자신의 의도를 아주 구체적으로 보여준다. 즉, 그의 "의도"는 "다른 사람의 터 위에 집을 짓는 것을 피하기 위하여, 사람들이 메시야의 이름을 들어본 적이 없는 곳들로 가서 복음을 전하고자" 하는 것이었다.[48] 이것은 물론 암호 같은 암시이지만, 우리는 이 말이 적어도 베드로와 관련이 있다고 보는 것이 거의 확실하게 옳을 것이다. 즉, 베드로가 로마에서 교회를 세웠다면, 바울은 다른 곳으로 가겠다는 것이다. 그가 이제 로마에 가고자 하는 것은 단지 로마 교회를 스페인으로 가기 위한 자연스러운 전초기지로 사용하기 위한 것일 뿐이었다.[49]

46) 예를 들면, Aus, 1979. 그는 이제 Jewett, 2007, 924의 지지를 받고 있다. 그 밖에도 다른 많은 학자들이 비슷한 견해를 취해 왔다: Sanders, 1983, 193 등.

47) Schnabel, 2004, 1320은 바울의 지리적 전략이라는 문제를 제기하지만, 그 문제에 대하여 대답할 수 있을지의 여부에 대해서는 여전히 조심스럽다; 또한, Schnabel, 1481을 보라. 나는 Kim, 2011, 23이 로마서 15:19을 "지구의 동쪽 반구에서" 복음을 온전히 전파해 왔다고 말한 것으로 해석하고 있다는 것을 이상하게 생각한다; 그것은 분명히 인도와 그 너머의 땅들이 아니라면 적어도 파르티아("바대")를 의미했을 것이다.

48) 롬 15:20.

이것은 이 때에 이르러서는 갈라디아서 2:1-10에서 바울이 다른 사도들과 합의한 분업 체계가, 단지 실제적인 이유들로 인해서이긴 하지만, 이미 무너졌다는 것을 보여주는데, 이것은 본격적으로 말해진 것이 아니라 다른 말 속에서 얼핏 드러난 것이기는 했지만, 중요한 것이었다. 베드로는 유대인들에게만 복음을 전하겠다고 한 합의를 지키지 않았음이 분명하고, 모든 증거들은 바울이 통상적으로 비유대인들에게만이 아니라 디아스포라 지역에 있던 유대인 회당들에서 말씀을 전하였다는 것을 보여준다. 사실, 그가 로마 교회에 쓴 서신에서 역설한 메시지는 이 복음은 "먼저는 유대인에게, 그리고 또한 헬라인에게" 전해져야 한다는 것이었다.[50] 그가 이런 말을 미리 해둔 것은 이방인 청중들이 로마서 11장의 대단원에 제시된 명령(이방 그리스도인들은 자신의 새로운 지위를 앞세워 교만해져서 "꺾인 가지들," 즉 믿지 않는 유대인들을 멸시하면 안 된다는 경고)을 받아들일 수 있도록 준비시키기 위한 목적이라는 것은 의심의 여지가 없기는 하지만, 이 말이 그의 실제적인 선교 정책에 대하여 말한 것이라고 볼 만한 타당한 근거가 있다. 왜냐하면, 바울은 이 말을 통해서 로마 교회의 청중들에게 자기가 전하는 복음이 실제로 어떤 식으로 작동하는지를 설명함으로써, 그들로 하여금 이 원리를 자신들의 상황에 적용할 수 있게 해줌과 아울러서, 자기가 이러한 원리를 실천에 옮겨서 다음 차례의 선교지로 나아가고자 할 때에 그들이 재정적으로 자기를 지원해 주는 것이 합당하다는 것을 넌지시 말해 주고 있는 것이기 때문이다.[51] 우리가 사도행전에서 보는 그림도 바로 이러한 것임은 물론이다: 바울은 어느 지역에 갔을 때에 먼저 회당들에 가서 복음을 전하고, 거기에서 쫓겨난 후에야 이방인 청중들에게로 향한다.[52] 이전의 학계에서는 흔히 특히 갈라디아서 2:1-10을 근거로 해서, 그리고 많은 학자들의 DNA 속에 여전히 잠복해 있는 이데올로기, 즉 바울은 원래의 "유대적

49) 15:23f.; 이 진술과 로마서 1:8-15에 나오는 진술 간에는 표면상의 긴장관계가 존재한다. 거기에서 바울은 자기가 "로마에 있는 너희에게도" 복음을 전하기를 간절히 바라고 있다는 말로 끝을 맺는다. 나는 후자의 어구를 바울의 좀 더 넓은 사역에 대한 일반적인 진술로 본다; 그는 약간 서투른 배려를 통해서 이미, 자기가 "너희에게 어떤 신령한 복을 나눠주어 힘을 주고자 한다; 즉, 나는 너희와 내가 공유하고 있는 믿음 안에서 너희에게 힘을 주고 너희에 의해서 힘을 받고자 한다"(1:11f.)고 설명하였다. Jewett, 2007, 134가 이 표면상의 모순은 1:13을 좀 더 면밀하게 살펴보면 사라지게 된다고 말한 것은 옳다.

50) 롬 1:17; cf. 2:9, 10.

51) 바울이 로마 교회가 스페인으로 "그를 보내주기"를 바란다고 말할 때(15:24), 그가 사용하는 단어인 '프로펨프테나이'(propemphthēnai)는 재정적인 지원의 의미를 지니고 있음이 거의 확실하다: Jewett, 2007, 925f.를 보라. 이것은 Jewett 자신의 이론을 선입견 없이 그대로 옮겨놓은 것이다(Jewett, 1988을 보라).

52) 예를 들면, 행 13:5; 13:14-52; 14:1-6; 17:1-5, 10-14; 18:4-7; 19:8-10.

인" 메시지를 "이방적인" 것으로 "변환해서," 성경에 근거한 왕적인 메시야라는 관념을 좀 더 넓은 고대 세계의 '퀴리오스' 제의를 따라 예수를 '퀴리오스'로 보는 관념으로 바꿔치기 하였다고 보는 관점을 근거로 해서, 사도행전의 이러한 기사들을 비역사적인 것으로 치부하여 배척하였다. 왜냐하면, 그러한 "바울"이라면 굳이 어느 지역에 갔을 때에 먼저 회당으로 발길을 향할 특별한 이유가 없었을 것이기 때문이다. 나는 위의 제9장을 비롯한 여러 곳에서 그러한 개념이 완전히 잘못되었다는 것을 충분히 설명하여 철저하게 반박하였다고 믿는다. 바울은 이스라엘의 하나님이 온 세계의 하나님이고, 이스라엘의 메시야가 세계의 참된 주라고 믿었기 때문에, 그가 전한 복음은 비유대 세계를 위한 유대적인 메시지일 수밖에 없었다 — 이것은 고전적인 종교사적 분석으로는 이해하기 어려운 것이었다. 우리가 선교와 관련된 그의 방법론과 실천을 이러한 기본적인 신학적 통찰에 의거해서 파악하고 이해한다면, 우리가 사도행전에서 발견하는 그의 기본적인 선교 패턴을 의심할 이유는 전혀 없게 될 것이다. 실제로 샌더스(Ed Sanders)가 30년 전에 지적하였듯이, 만일 바울이 회당 예배에 참석하지 않았다면, 그는 "사십 대에서 한 대 감한 채찍질"이라는 회당의 표준적인 끔찍한 벌을 계속해서 받는 일은 없었을 것이다.[53] 그는 계속해서 회당에 갔고, 그가 그렇게 했을 때, 그가 말하고 행한 것들(또는, 그가 다른 곳에서 말하고 행한 것으로 알려져 있었던 것들)은 중벌을 초래할 수밖에 없었다. 만일 이전의 패러다임이 옳다면, 그는 그런 고초를 겪지 않아도 되었을 것이다. 그는 스스로 말했듯이, 자기는 먼저 유대인에게 가서 전하고, 그런 후에야 헬라인에게로 가야 한다고 믿었다.

우리는 바울이 로마서를 이런 식으로 구성한 방식을 통해서, 그의 청중들이 바로 이것이 그가 나중에 스페인으로 가서도 계속해서 자신의 선교 원칙이 될 것임을 추론할 수 있게 하고자 한 것이라고 볼 수 있다. 이전의 주석서들은 스페인에는 로마인들의 정착지들이 많이 있었고,[54] 디아스포라 유대인들의 거주지들도 로마인들의 거주지들을 따라 분포되어 있었기 때문에, 스페인에도 이미 많은 유대인들이 있었을 것이라고 전제하곤 하였다. 요세푸스(Josephus) 등도 이 시기에 이르러서는 유대인들이 세계의 모든 곳에 거주하고 있었다는 것을 강력하게 암시하고 있

53) 고후 11:24; Sanders, 1983, 192를 보라: "바울은 계속해서 모습을 나타냈고, 분명히 사십 대에서 한 대를 뺀 태장을 맞았다. 그는 자기가 벌을 받아 마땅하다고 판단한 자들은 잘못한 것이라고 생각하였다는 것은 의심의 여지가 없지만, 자기가 원하기만 했다면, 얼마든지 유대인 사회로부터 완전히 물러나서 벌을 받지 않을 수도 있었다." 또한, Frey, 2007, 304를 보라.

54) 예를 들면, Käsemann, 1980 [1973], 383; Black, 1973, 177.

기는 하지만, 이것은 고고학적 유물이나 유적에 의해서는 입증되지 않았다.[55] 주잇(Jewett)은 바울은 "헬라-로마의 문화에 완강하게 저항하였던" 스페인을 선교하고자 하는 자신의 계획을 염두에 두고서, 자기가 헬라인에게나 야만인에게나 빚진 자라고 말하고 있는 것이라는 취지로, 로마서 1:14을 인용하지만, 만일 그의 말이 정말 옳다면, 바울이 자기가 헬라인에게 빚진 자라고 말해 놓고서는 헬라 본토로의 선교 여행을 계획하지 않은 이유는 우리가 어떻게 설명해야 하는가?[56] 또한, 바울은 두 절 아래에서 로마서에서의 자신의 주된 주제를 요약하면서, 복음은 "먼저 유대인에게, 마찬가지로 또한 헬라인에게도" 구원을 주는 하나님의 능력이라고 말하였는데(1:16), 만일 이 서신의 목적이 유대인들이 전혀 살고 있지 않은 지역으

55) cf. Jos. *Ap.* 2.282; *War* 2.398; 7.43; *Ant.* 14.115(동일한 취지로 Strabo를 인용한다)에 나오는 일반적인 서술들; 또한, Philo, *Flacc.* 45f.; Sib. Or. 3.271, 그리고 마찬가지로 Augustine이 *Civ. Dei* 6.11에서 Seneca를 인용한 것을 보라. (그리스도인들은 이미 모든 곳에서 발견될 수 있는 반면에, 유대인들이 거주하지 않는 나라들도 있기 때문에, 말라기 1:11은 유대인들에 의해서 성취되지 않았다고 주장하는 Just. *Dial.* 117과 대비해 보라.) 또한, 유월절에 "독실한 유대인들이 하늘 아래 모든 나라로부터" 예루살렘에 모였다고 말하는 사도행전 2:5을 참조하라. Jewett, 2007, 924는 Bowers, 1975의 여덟 페이지 짜리 논문과 Thornton, 1975의 동일한 제목의 한 페이지 짜리 글을 인용하면서, "최근의 연구들이 보여준 바와 같이"라고 말하며, 스페인에 유대인들이 있었다는 주장에 도전한다. Thornton은 고고학적 증거가 별로 없다는 점을 강조하는 것 외에는 이 문제에 기여하는 것이 없다(또한, Cranfield, 1975, 1979, 769 n. 1을 보라). Bowers(396, 400)는 주후 1세기의 증거인 Ibiza에서 출토된 팔레스타인제 손잡이가 둘 달린 항아리(amphora)의 가치를 폄하한다; 이것이 일차적으로 단지 교역이 있었음을 보여주는 증거라고 할지라도, 좀 더 넓은 지중해 세계에서 그러한 교역은 통상적으로 이주를 낳았다. 또한, 그는 Caligula가 Herod Antipas를 스펜인으로 추방해서 그가 거기에서 죽었다는 Josephus의 보도(*War* 2.183)를 폄하한다(Josephus는 *Ant.* 18.252에서 이것을 Gaul 지역의 Lyons으로 바꾸는데, Hoehner, 1980 [1972], 262 등은 Lyons이 스페인과 Gaul의 접경지역에 있던 Lugdunum Convenarum이었다는 주장으로 이 문제를 해결한다). 유대인의 한 왕을 어느 지역으로 추방하였다는 것이 반드시 거기에 이미 유대인 공동체가 존재하였다는 것을 의미하는 것은 아니지만, 그런 가능성도 배제될 수는 없다. Strabo와 Seneca의 증언도 Josephus와 Philo의 증언처럼, 비록 일반적인 서술로 되어 있기는 하지만, 스페인에 유대인들이 전혀 없었다고 생각하는 것을 이상하게 만든다. Bowers는 로마서 10:14-21에서 바울이 유대인들이 이제는 모두 복음을 들었기 때문에, 스페인 선교는 더 이상 유대인을 대상으로 할 수 없었다고 주장함으로써, 자신의 견해를 공고히 하고자 하지만(402), 그것은 오해에 기인한 것이다: (a) 10:14-18은 이방인들이 복음을 듣는 것에 관한 것이다; (b) 10:18은 어쨌든 복음 전도를 통한 것이 아니라, 시편 19:4에서처럼 자연 세계 내에서의 계시를 토대로 한 논증이다;(c) 바울은 10:19이 될 때까지는 복음에 대한 유대인들의 반발을 언급하지 않고, 그 때에 가서야 비로소 자기가 복음을 전한 지역들을 토대로 해서가 아니라, 오직 이사야서와 신명기를 토대로 해서 그 반발을 언급한다. 이것은 나중에 주후 70년과 135년의 재난들 이후에 강제 이주의 결과로서 스페인에 유대인들이 많이 거주하게 된 것이라는 Bowers, 400의 견해를 부정하는 것이 아니다.

56) Jewett, 2007, 924(롬 1:15을 잘못 인용하고 있다). Thornton, 1975는 이 시기의 스페인에 헬라어 금석문이 희소하다는 것을 강조한다.

로의 바울의 선교 여행을 위한 지원을 이끌어내는 것이었다면, 이 서신 전체의 주제를 요약하고 있다는 것으로 인정되고 있는 본문에서 그가 이런 식으로 말할 이유가 과연 있었던 것인지가 상당히 의문이다. 따라서 우리는 바울이 스페인에 상당수의 유대인 공동체들이 존재한다고 믿었을 것이라고 보아야 한다.

그렇다면, 그는 왜 스페인을 선교지로 선택한 것인가? 물론, 스페인은 당시에 알려진 세계의 끝이었다 — 바울의 선교여행 계획은 헤라클레스(Hercules)의 기둥들을 통과해서 그 반도의 서안까지 가는 것이었다기보다는 스페인의 동쪽 해안에 가는 것이었을 가능성이 훨씬 높아 보이기는 하지만. 어쨌든 그는 이탈리아 북서부 해안과 갈리아 지역의 남쪽 해안을 따라 대체로 육로를 택해 스페인으로 가는 계획을 세웠을 것이고, 어쩌다가 육로가 너무 빙 돌아가는 길이었던 경우에 지름길로 갈 필요가 있을 때에만 배를 이용하고자 하였을 것이다.[57]

하지만 로마의 항구였던 오스티아(Ostia)에서 스페인의 북동부에 있는 타라코(Tarraco)까지는 통상적으로 배로 4일이면 가는 길이었다. 스페인은 로마 제국에서 아주 중요한 근거지였기 때문에, 배가 자주 다녔고, 바울은 배를 타고 타라코로 직행하고자 했을 가능성도 충분히 있다. 타라코는 아우구스투스를 모신 거대한 새로운 신전이 도시를 지배하고 있던 곳이었기 때문에, 항구로 들어오는 배에서도 그 신전은 선명하게 보였다.[58] 그러나 다시 한 번 말하지만, 바울은 왜 스페인을 선교지로 선택한 것인가?

바울의 정신 지도가 어떤 식으로 작동했을 것인지를 분명하게 알기는 쉽지 않지만, 이사야는 "아주 멀리 있는 해변의 땅들"과 "땅의 끝들"에 복음이 전파될 것이라고 반복해서 언급하고 있고, 특히 그가 이 계획에 대하여 말할 때에 이사야서를 인용하고 있다는 것을 고려하면, 그가 그러한 본문들을 염두에 두고 있었을 가능성이 높다.[59]

그러한 본문들 중의 하나에는 일련의 지명들이 줄줄이 열거되고 있다:

> 나는 그들의 행위와 사상을 안다. 내가 장차 모든 나라와 언어를 모을 것이고, 그들은 와서 나의 영광을 볼 것이며, 나는 그들 가운데에 징조를 세울 것이다. 나는 그들 중에서 생존한 자들을 여러 나라, 곧 다시스와 뿔과 활을 당기는 룻과 두발과 야완, 나의 명성을

57) 사도행전 20:1-16에 의하면, 이것은 바울이 에게 해를 마지막으로 두루 다녔을 때의 패턴이었다.

58) '타라코'(Tarraco)에 대해서는 Schnabel, 2004, 1277f.와 거기에 나오는 다른 전거들을 참조하라. 주전 45년부터 로마의 식민지였던 이 도시는 히스파니아 키테리오르(Hispania Citerior) 속주의 주도였다. 티베리우스 황제가 거기에 아우구스투스의 신전을 짓도록 허락한 것에 대해서는 cf. Tac. *Ann.* 1.78.

59) 사 11:11, 12; 24:15; 41:1, 5; 42:4, 10, 12; 49:1; 51:5; 59:18; 60:9; 66:19.

듣지도 못하고 나의 영광을 보지도 못한 먼 해변의 땅들로 보낼 것이니, 그들이 나의 영광을 여러 나라들에 전파할 것이다 … 그들은 너희 모든 형제를 모든 나라에서 나의 성산 예루살렘으로 … 데려다가 야웨께 예물로 드리게 될 것이다.[60]

여기에 나오는 지명들이 어느 지역을 가리키는지를 우리가 곧바로 알기는 어렵고, 바울이 이사야서의 이 본문을 읽으면서 그 지역들이 어디인지를 지도상에서 가리킬 수 있었을지도 사실 의문이다. 성경에서 요나가 하나님의 명령에 순종하여 니느웨로 가지 않고 그 대신에 도망하고자 했던 곳으로 유명한 "다시스"는 북아프리카의 홍해 연안에 있었던 도시이거나, 심지어 바울의 고향이었던 "다소"를 가리키는 것으로 해석되어 왔다. 그러나 지금은 대다수의 학자들이 여기에 언급된 "다시스"가 스페인 남서부에 있던 "타르시스"(Tharsis)를 가리키는 것으로 본다.[61] "뿔"은 아프리카에 있었던 것으로 보이는데, 요세푸스는 여기에 나오는 "뿔"이 "리비아"(Libya)를 가리킨다고 말한다.[62] 또한, "리비아"는 "룻"이 있었던 곳이라는 주장도 제기되어 왔지만, 지금은 그러한 주장은 별로 호응을 받지 못하고 있고, 그 대신에 "룻"을 소아시아의 서부 해안에 있던 "리디아"(성경에서는 "루디아")를 가리키는 것으로 보거나, 애굽의 남부의 동부 아프리카 연안에 위치해 있었던 도시로 보는 견해가 제기되고 있다.[63] "두발"은 소아시아 동부, 그러니까 아마도 바울의 근거지였던 길리기아 지역에 있었을 가능성이 높다. "야완"은 "이오니아"(Ionia)를 가리키는 것으로 보이는데, 이 지역은 소아시아 서부 해변의 땅들과 섬들을 가리켰지만, 다니엘서 8:21이 씌어질 당시에는 "헬라" 본토를 의미하였기 때문에, 일부 현대역본들은 "야완"을 "헬라"로 번역하기도 한다.[64] 따라서 이사야서 66장을 바울의 선교 여행과 맞추려고 하는 시도는 상당히 부자연스럽고 억지스러운 것이 될 수밖에 없다. 왜냐하면, "룻"이 소아시아의 "리디아"를 가리키는 것으로 본다고 하더라도, 여기에 언급된 다섯 지역들 중에서 바울이 실제로 선교한 지역은 세 곳밖에 되지 않고, "다시스"를 바울이 이제 선교하고자 하는 스페인 지역

60) 사 66:18-20.

61) cf. 욘 1:3; cp. 시 72:10; 그리고 Hdt. 4.152 등을 인용하고 있는 cf. Elat, 1982.

62) Jos. *Ant.* 1.132f.

63) 렘 46:9; 겔 30:5은 이 도시가 아프리카에 있다는 것을 시사해 주고 있는 것으로 보이지만, 아카드어로 Luddu는 "루디아"를 가리킨다는 사실이 더 나은 단서일 것이다; Walker, 2000. 그러나 Sadler, 2009 등은 (리비아는 아닐지라도) 이 도시가 아프리카에, 즉 오늘날의 소말릴란드(Somaliland)에 있었을 것이라고 주장한다.

64) 예컨대, NRSV.

에 있는 곳으로 본다고 하더라도, 여전히 "뿔"은 설명이 되지 않고, 게다가 "룻"을 아프리카 지역에 있던 곳으로 본다면, "룻"도 설명이 되지 않게 된다. 따라서 우리가 이사야서 66장을 기준으로 삼아서, 바울이 실제로 선교여행을 했던 지역들이나 장래에 하기로 계획한 지역을 이해하고자 하는 것은, 서로 거의 일치하지 않기 때문에, 무리가 있다.[65]

하지만 이것은 우리가 살펴보고 있는 바울의 "목표들"과 관련해서는 또 하나의 중요한 질문을 불러일으킨다: 왜 바울은 북아프리카를 아예 언급조차 하지 않은 것인가? 그는 스페인 선교를 마치고 북아프리카 연안을 따라 돌아오면서 그 지역을 선교하고자 계획하였던 것인가? 만약 그런 것이 아니었다면, 북아프리카 해안은 그 해안선을 따라 헬라-로마의 성읍들과 도시들이 점점이 자리 잡고 있었고, 그러한 성읍들과 도시들 중에는 아주 오래되고 문화가 상당한 정도로 발달한 곳들도 꽤 있었으며, 그 대다수는 아니더라도 많은 곳들에 유대인 거주지들이 번성하였다는 점을 감안하였을 때, 그 이유는 무엇이었는가? 바울은 다른 누군가가 — 베드로가 아닌 다른 사도들 중의 어느 한 사람 — 이미 애굽으로부터 서쪽으로 여행하면서 교회들을 세웠을 것이라고 생각한 것인가? 우리는 알지 못한다. 또한, 우리는 바울이 자신의 선교여행의 출발점이었던 수리아의 안디옥을 관문으로 하는 동쪽 지역들과 땅들에 대해서는 무슨 생각을 하였던 것인지에 대해서도 전혀 알지 못한다. 리처드 보컴(Richard Bauckham)이 논증하였듯이, 야고보가 있던 예루살렘이 지리적으로 이 새로운 메시야 운동의 동쪽 변방이 아니라 중심으로 여겨졌다면, 바울은 그 중심에서 동쪽의 절반에 대한 선교활동에 대해서는 어떤 생각을 지니고 있었던 것일까?[66] 그리고 이러한 질문은 과연 중요한 것인가?

바울이 실제로 자신의 세계관이라는 안경을 통해서 세계를 보았다고 한다면, 그는 자신의 세계관에 깊이 뿌리박은 "목표"를 따라, 자신의 소명은 '파루시아' 이전에 온 세계를 회심시키는 것, 또는 적어도 온 세계를 대표하는 사람들을 회심시키는 것이라고 보았을 것이기 때문에, 이 질문은 중요하다고 할 수 있다. 바울이 만

65) Scott, 1995는 이 본문과 창세기 10장에 나오는 "민족 목록"을 토대로 해서, 바울은 자기가 "야벳의 아들들"에게로 가라는 부르심을 받은 것으로 보았다고 주장하였다. 이 주장은 이후의 논의에서 별 다른 지지를 받지 못해 왔다(하지만 예컨대, cf. Frey, 2007, 302f.; Rosner, 2011, 161f.). 나는 "바울의 선교여행의 모호한 궤적에 영향을 미친 것은 하나님의 영광이라는 관념이었고," 바울은 분명히 로마서 15장에서 이사야서 66:18-21을 반영하고 있다고 한 Rosner(161)의 견해에 동의하지만, 이것이 그가 예루살렘 중심의 관점을 견지하였음을 의미하는 것이라고는 생각하지 않는다.

66) Bauckham, 1995b.

유 전체가 이런저런 의미에서 메시야의 부활과 그로 말미암은 창조주 하나님의 승리에 관한 복음을 이미 들었다고 보았다는 것은 분명하고, 자기 자신을 단지 그 복음의 작은 부분이 아니라 그 복음을 섬기는 종으로 보았다는 것도 분명하다. 그러나 바울이 자신의 선교 활동을 요약하면서, "예루살렘으로부터 두루 행하여 일루리곤까지" 북서부 지역에 복음을 전하였다고 말하고 있는 것은, 온 세계를 회심시키는 것에 초점을 둔 서사와는 판이하게 다른 서사를 들려준다.[67] 이러한 서사는, 바울이 자기가 로마를 마지막으로 방문하고자 하는 것은 실제로 스페인 선교를 위한 전초기지로 삼기 위한 것이라고 역설하고 있음에도 불구하고, 로마를 향하여 가는 도상에 있는 바울의 모습을 보여준다. 또는, 적어도 이 서사는 의도적으로 로마 제국과 그 문화로 깊이 물들어 있는 지역들에서 예수의 이름을 전파하고 있는 바울의 모습을 보여준다. 그러나 후자의 모습을 생각한다면, 바울은 굳이 소아시아가 아니라 북아프리카 중부 지역에서 선교활동을 해도 되었을 것이다. 그런데 우리가 이미 보았듯이, 바울은 북아프리카 지역을 자기가 선교해야 할 지역으로 언급조차 하지 않고, 그가 북아프리카 지역에 가장 근접하게 다가간 것은 크레타("그레데") 섬에 가서 선교하고, 거기에 디도를 남겨둔 것이다. 하지만 크레타 섬은 헬라의 외곽지역이지, 아프리카의 초입 지역이 아니었다.[68]

따라서 나의 주장은 학계의 일부 논의에서 상정되어 온 종말론 속에서는 바울에게서 볼 수 있는 실제의 정치적 색채가 배제되어 왔다는 것이다. 물론, 그런 일은 비일비재하게 일어나 왔다. 우리가 이미 보았듯이, 바울은 '파루시아'를 앞당기기 위해서 "땅의 끝들"로부터 회심자들을 얻기 위해 애를 쓴 것이라는 주장은 그 자체로 심각한 문제점들을 안고 있지만, 그런 것은 차치하고라도, 바울이 자신이 현재 이룬 일들과 장차 이루고자 하고 있는 것들에 대하여 스스로 실제로 한 말들과 부합하지 않는다. 우리가 바울이 자신의 핵심적인 선교지로 꼽은 지역들을 다 열거해 본다면, 갈라디아, 에베소, 빌립보, 데살로니가, 고린도를 우선적으로 들 수 있을 것이고, 거기에다 일루리곤(로마서 15:19), 로마 자체, 스페인에 있는 로마의 도시들을 추가할 수 있을 것이다. 우리가 이 목록에서 보고 있는 것은 온 피조질서

67) 이것은 바울이 계속해서 예루살렘을 세계의 중심이라고 여겼다는 것(이전에는 그랬을 가능성이 높다)을 의미하지 않는다(예를 들면, 겔 5:5; 38:12; 그리고 cf. Frey, 2007, 302f. 등). 예루살렘은 여전히 중요하였지만, 이전처럼 중요하지는 않았다; 예루살렘에서 시작해서 일루리곤까지라는 관념(롬 15:19)은 예루살렘을 그 중심이 아니라 가장자리에 두는 것이다.

68) cf. 딛 1:5. 시편 72:10이 함축하고 있는 전 세계적인 비전 — 서쪽으로는 "다시스," 남쪽과 동쪽으로는 "스바와 시바" — 은 바울의 전략에서 아무런 역할도 하지 않았던 것으로 보인다.

를 저인망으로 훑고 있는 바울의 모습이 아니라, 카이사르의 권세가 가장 강력하였던 바로 그러한 지역들에 메시야 공동체들을 세우고 있는 바울의 모습이다.[69] 물론, 카이사르의 권세는 (애굽에 있던) 알렉산드리아와 ("아프리카" 본토에 있던) 카르타고(대략 현재의 "튀니지")에서도 강력하였다. 그러나 지도를 한 번 보면, 어느 쪽이 더 중요하고 우선적인 지역이었는지가 드러나고, 아마도 바울은 북아프리카 해안 지역은 여전히 새롭게 형성되고 있는 처녀지라고 생각하였을 수도 있다. 그는 이미 로마 제국의 중심에 자리한 중요한 지역들을 다니며 선교하는 일을 마쳤고, 이제는 그 심장부라고 할 수 있는 도시로 향할 차례였고, 거기에서 일을 마친 후에는 로마 제국의 거대한 영토의 가장 서쪽에 있는 핵심 지역으로 갈 계획이었다. 바울의 "목표들"을 이해하고자 한다면, 우리가 눈여겨보아야 할 곳은 바로 이 대목이다.[70]

물론, 이러한 선교전략은 부분적으로는 실제적이고 실용적인 이유 때문이었을 수도 있다. 바울은 로마 시민이었기 때문에 이 세계에서 자유롭게, 또는 적어도 비시민들보다는 더 자유롭게 여행할 수 있었고, 필요한 경우에는 로마의 질서나 지역의 방백들에게 호소하여 도움을 구할 수 있었다(그들이 그가 하는 말을 알아듣지 못하였다고 할지라도). 그러나 내가 위의 제5장과 제12장에 비추어서 주장하는 것은, 바울은 자신의 선교와 소명을, 그가 로마 교인들에게 전략적인 목적으로 말한 것 같이, 단지 메시야의 이름을 들어본 적이 없는 곳들에 복음을 전하는 것(로마서 15:20)에서 그치지 않고, 또 다른 '퀴리오스'(kyrios), 또 다른 세계 통치자, 또 다른 '바실류스'(basileus)의 이름이 유일한 주권자이자 왕으로 불리고 숭배되고 있는 곳들에 복음을 전하여야 하는 것으로 인식하였다는 것이다. "이 세계에서 일컬어지는 모든 이름 위에"라는 언급들이 바울의 글들에 나오는 것은 결코 우연이 아니다.[71] 그리고 이것은 바울의 복음의 핵심은 "이것이 구원 받는 방식"이라거나 "'파루시아' 이전에 빨리 승선하라"고 말하는 것이 아니라, "예수가 주이시다"

69) 이러한 주장은 White, 1999, 130-2(132: "그리스도의 대사로서 그에게 주어진 책무와 관련된 구체적인 범위는 로마 제국의 경계들로부터 영감을 받았을 가능성이 높다"); Crossan and Reed, 2004, 354-6; Magda, 2009, 52f. 같은 저자들에 의해서 서로 다른 시각들로부터 제시되고 있다. (클레멘스1서 5.6이 암시하고 있듯이) 바울이 실제로 스페인에 갔는지는 알 수 없다. 로마에 당도한 후에 추가적인 선교여행이 있었음을 보여주는 증거로 종종 인용되는 디모데후서 4:9-21은 역사적인 사실을 재구성하는 데에는 너무나 허약한 토대이다.

70) 바울의 사고와 행위가 지닌 "정치적" 차원을 어떻게 이해해야 하느냐 하는 문제에 대해서는 위의 제12장을 보라.

71) 엡 1:21; 빌 2:9-11.

라고 선포하는 것이라는 나의 견해를 더욱 강화시켜 준다. 땅의 끝들은 때가 되면 이것을 듣게 될 것이었다. 바울의 서신들을 통해서 "옛적에 예수가 주이심을 알리는 아름다운 발들이 영국의 푸른 산들을 넘어 누비고 다녔다"는 말을 할 수 있는 사람이 아무도 없다는 것은 부끄러운 일일 것이다 — 우리는 "실제로 그런 발들은 없었다"고 말할 수밖에 없기 때문에. 그러나 바울의 선교활동의 핵심은, 당시에 로마의 문화가 융성하고 지역과 지역, 또는 나라 간을 연결해 주는 도로들이 관통하는 그런 도시들에 메시야의 이름을 알리고 예수가 주시라는 것을 전하는 것이었다.

나는 이것이 바울이 동부 지역에 더 이상 "일할 곳이 없다"고 한, 어떻게 보면 이상하게 들릴 수 있는 그의 이러한 말을 설명해 준다고 생각한다. 많은 사람들이 복음을 들었지만, 대다수의 사람들은 거기에 믿음으로 응답하지 않았다. 그러나 예수는 거기에서 '퀴리오스'로 선포되었다. 바울의 사역은 '케뤼그마'(kērygma)를 전하는 '케뤼크스'(kēryx, "전령")로서의 사역이었다.[72] 그리고 이 모든 것은 본서 전체에 걸친 나의 주장, 즉 바울의 신학과 복음은 여전히 근본적으로 유대적이고 성경에 뿌리를 둔 메시지, 즉 유대의 메시야가 세계의 참된 주라는 메시지였고, 따라서 비유대 세계에 그런 메시지로 선포되어야 하였다는 것을 더욱 강화시켜 준다.[73]

그렇다면, 왜 바울은 이렇게 실제로 다소 좁은 의미에서의 로마 세계에 집중하였던 것인가? 그 이유는 실제적이고 실용적인 데에 있었다. 즉, 바울은 '키비스 로마누스 숨'(civis Romanus sum, "나는 로마 시민이다")라고 주장할 수 있는 세계에서 상대적으로 수월하게 여행할 수 있었을 뿐만 아니라, 새로운 사상들과 신앙들이 이 번화한 중심지들로부터 아주 먼 벽촌에 이르기까지 무역로들을 따라 전파

72) '케뤼크스'(kēryx)라는 명사는 바울 서신에서는 딤전 2:7과 딤후 1:11에만 나온다. 추상명사인 '케뤼그마'(kērygma)는 롬 16:25에 나오지만, 더 중요한 용례는 고전 1:21; 2:4; 15:14일 것이다. 그러나 동사 '케륏소'(kēryssō)는 바울이 자신의 부르심에 기본적인 활동을 설명하는 데 애호하였던 용어들 중의 하나였던 것으로 보인다: 롬 10:8, 14, 15; 고전 1:23; 9:27; 15:11, 12; 고후 1:19; 4:5; 11:4(두 번); 갈 2:2; 5:11; 빌 1:15; 골 1:23; 살전 2:19, 그리고 딤전 3:16; 딤후 4:2. Kim, 2011은 "전령"으로서의 바울을 다루고 있기는 하지만, 그 의미는 내가 여기에서 부여한 의미와는 다르다.

73) 이 주장은 Magda, 2009, ch. 4의 훨씬 더 모호한 주장들에 형태와 깊이를 더해 준다. 그녀가 "바울은 우연이긴 하지만 의식적으로 로마의 지리에 의거해서 사역한다"(82)고 주장한 것은 내가 보기에는 옳지만, 이것은 적어도 부분적으로는 그가 다소 출신으로서 거기에서 스토아 사상의 문도로서 "세계인이 되도록 가르침을 받았기" 때문이라고 말한다(83). 시편 2편이나 이사야서 11장을 익히 알고 있던 바울로서는, 이스라엘의 하나님이 기름 부음 받은 다윗 가문의 왕을 통해서 온 세계를 다스리게 될 것임을 굳이 스토아 철학으로부터 배울 필요는 없었을 것이다.

된다는 것을 알고 있었다. 그가 골로새에 있던 빌레몬에게 오네시모에 관하여 편지를 쓸 수 있었던 이유는 그가 이 두 사람을 만나서 두 사람을 회심시켰기 때문이지만, 그는 골로새라는 작은 성읍까지 깊이 들어가서 그들을 만났던 것이 아니라, 에베소라는 큰 도시에서 그들을 만났을 가능성이 아주 높다. 마찬가지로, 모에시아(Moesia), 사마르티아(Sarmatia) 등과 같은 황량한 북부 지역들은 빌립보와 데살로니가에서 접근할 수 있었을 것이고, 갈리아 지역과 심지어 브리타니아 지역조차도 이탈리아와 스페인에서 접근할 수 있었을 것이다. 로마의 대로들이 뚫려 있는 거점 도시들에 복음을 전하기만 하면, 나머지는 무역로들이 다 해결해 줄 것이다. 그러나 나는 바울이 로마의 핵심 지역들에 집중한 또 다른 이유, 좀 더 분명하게 유대적이고 석의적이며 신학적인 이유를 주장하고자 한다.

바울은 주후 1세기 중반의 다른 유대인들과 마찬가지로, 다니엘서 2장과 7장에 나오는 거대한 네 왕국에 관한 예언들을 알고 있었을 것임에 틀림없고, 그 예언들을 해독하여, 거기에 등장하는 네 번째 왕국이 로마라는 것도 쉽게 알았을 것이다. 또한, 에스라4서가 이러한 사실을 알고서 "사자"가 등장하여 "독수리"를 무찌르는 것으로 묘사하였듯이, 바울은 하나님의 나라가 갑자기 이 세계 속으로 돌입해 오는 것을 가로막고 방해하는 데 로마가 최선봉에 설 것임을 알았을 것이다. 그가 다니엘서 7장을 메시야적으로 해석해서, "인자"가 신원함을 받은 것이 "지극히 높으신 이의 성도들"이 이제 하나님의 나라를 얻고 있다는 것을 의미한다는 것을 알았다면, 아라비아(Arabia)의 사막들이나 저 멀리 떨어진 스키타이(Scythia)의 고원지역들에 그 나라가 도래하였음을 전하는 것은 별 의미가 없는 일이었다.[74] 우리가 사도행전에 나오는 바울에 관한 묘사를 역사적인 것으로 생각하든 비역사적인 것으로 생각하든, 중요한 것은 사도행전이 바울이 결국 로마에 당도해서, 거기에서 아무도 막는 사람이 없는 가운데, "하나님의 나라와 메시야 예수의 주권"을 담대하게 전파하였다는 말로 끝난다는 것이다.[75] 우리가 바울을 역사에 근거한 의미에서의 "묵시론적인" 사상가로 본다면, 그러한 주장이 의미하는 것은, 이스라엘의

74) 바울이 갈라디아서 1:17에서 "아라비아"로의 여행을 언급한 것을 복음전도를 위한 초기의 노력을 보여주는 것으로 이해하고자 하는 시도가 유행처럼 널리 퍼져 있지만, 나는 그러한 시도는 근거가 없다고 생각한다. 내가 다른 곳에서 이미 논증하였듯이(*Perspectives*, ch. 10을 보라), 나는 이 여행을 초기의 선교 여행이 아니라, 열왕기상 19장에 나오는 엘리야의 행적을 모델로 삼아 행한 것이라고 본다. 그러한 시도를 하는 사람들은 흔히 바울에 대한 "아레다 왕"의 적대감(고후 11:32)을 그 증거로 들지만, 이 사건은 다메섹이라는 도시와 관련된 것이기 때문에, 거기에서 남쪽으로 한참이나 더 내려가야 있는 "아라비아"와는 아무 상관이 없는 일이었다(예컨대, Schnabel, 2004, 1032-45; Magda, 2009, 101을 보라).

75) 행 28:31.

메시야의 갑작스러운 도래(그리고 십자가에서의 죽음과 부활)를 통해서 연속된 세계 제국들에 의한 어두운 밤이 지났고, 메시야가 그러한 제국들, 특히 그 마지막 제국에 대하여 책임을 묻고 심판할 새로운 날이 시작되었다는 것이다. 우리가 이것을 올바르게 제대로 이해하였다면, 우리는 바울이 메시야 안에서 새롭게 계시된 하나님의 신실하심을 알리는 전령으로서, 어떤 판이하게 다른 이름이 "불려지고 숭배되고" 있던 핵심적인 지역들에서 "메시야의 이름을 알려서 불려지게" 하는 데 자신의 총력을 집중할 가능성이 대단히 높다는 것을 실제로 예측하였어야 한다.[76)]

이 모든 것은, 바울이 자신의 중심적인 소명이라고 말한 "화해의 사역"이 단지 개개인들을 한 분 유일하신 하나님과 화해시키거나, 그러한 개개인들을 한데 모아서 교회라는 단일한 권속을 창설하는 것이 아니라는 것을 의미한다. 그러한 사역들은 그 자체로도 여전히 대단히 중요하고 중심적인 사역들이기는 하지만, 사실은 그것들 자체를 뛰어넘는 어떤 사역, 또는 그것들이 가리키고 있는 어떤 사역, 즉 피조세계 전체를 그 창조주와 화해시키는 사역 — 늘 그렇듯이, 이 사역은 하나님의 권세를 찬탈한 자들의 통치로부터 피조세계를 건져내는 것을 포함한다 — 을 위한 수단으로 계획된 것들이다. 이러한 가설은 우리의 신학과 석의가 흔히 분리해서 보아 왔던 바울의 주제들과 흐름들과 문화적 뉘앙스들이 사실 바울에게서는 서로 견고하게 결합되고 통합되어 있었다는 좀 더 폭넓은 주장으로 이어진다.

3. 통합과 화해

우리가 지금까지 말해 온 모든 것은, 바울 자신의 사고체계 내에서의 "목표들과 의도들" 속에서, 우리가 한편으로는 유대적인 것에 뿌리를 둔 메시야에 관한 복음으로 보아 온 것, 그리고 다른 한편으로는 바울의 복음과 카이사르 제국 간의 정치적 접전으로 보아 온 것, 이 두 가지는 서로 철저하게 통합되어 있었다는 것을 의미한다. 바울은 원래부터 우리가 "정치"라고 부르는 것과 우리가 "신학"이라고 부르는 것이 서로 분리될 수 있는 것으로 결코 보지 않았지만, 학자들은 너무나 오랜 세월 동안 이 둘을 완전히 별개의 것으로 보아 왔기 때문에, 그 점에서 우리는 이 둘의 통합을 "화해"라고 말해도 좋을 것이다. 달리 말하면, 우리가 위의 제12장에서 개략적으로 살펴본 정치적 접전은, 선교의 핵심은 다른 어떤 것(탈역사화된 "회심"

76) cf. 롬 15:20; 엡 1:21; 빌 2:9-11.

이나 '파루시아' 이전에 이방인들을 대표하는 자들을 서둘러 모으는 것)인데, 선교활동을 하다 보니 어쩌다 우연히 정치적 "함의"를 갖게 된 것이 아니라는 것이다. 마가복음 10:35-45의 저 유명한 단락에서 야고보와 요한이 권세를 욕심내자, 예수가 권세에 대한 근본적인 재정의를 통해 그들의 관념을 바로잡아 주면서, "인자가 온 것은 섬김을 받기 위한 것이 아니라 종이 되고자 하고 자기 목숨을 '많은 사람을 위한 속전으로 주기 위한 것이다"라는 말씀을 그 중심에 두었듯이, 우리는 이사야서에서도 이스라엘의 하나님이 열방들과 그들의 우상들을 굴복시키고 다스리게 될 것이라는 선포를 중심에 두고서, 예수와 그의 죽음에 관한 복음을 전하고 있음을 발견한다.[77] 바울이 로마서 15장에서 자신의 선교 전략을 요약하면서, 이사야서의 바로 그 동일한 단락을 인용할 때, 우리는 그가 그 동일한 복합적인 통합을 염두에 두고 있었을 것이라고 확신 있게 주장할 수 있다. 여기서 바울은 자신의 세계관이나 사고체계는 너무나 깊은 곳에 존재하여서 당연한 것으로 전제하고 말하고 있지만, 바로 그 차원에서 그의 "목표"는 카이사르의 주요한 영지를 두루 다니며 예수가 주시라고 전파하여, 메시야가 신원함을 받았다는 것과 이제 모든 무릎이 그의 이름 앞에 꿇게 될 것임을 전파하는 것이었다 — 그렇게 하는 것이 지금 당장에는 박해와 감옥과 죽음으로 이어진다고 할지라도.

바울의 그러한 "목표들"은 그에게 진실을 거침없이 말할 수 있는 거룩한 담대함(parrhēsia – '파르레시아')을 주었다. 그는 자신의 로마 시민권이 무엇을 의미하는지를 알고 있었기 때문에, 빌립보의 관원들에게, 그들이 자기 같은 로마 시민을 그런 식으로 대해서는 안 된다고 자신만만하게 호통을 칠 수 있었던 것과 마찬가지로, 지금 모든 권세를 다 쥔 양 허풍을 떠는 로마, 특히 카이사르 자신을 주관하는 궁극적이고 진정한 주는 예수라는 것을 알고 있었기 때문에, 확신을 가지고 담대하게 예수를 대변하고 예수를 위하여 살 수 있었다. 바울의 이 두 가지 모습, 즉 한편으로는 로마의 시민권이 주는 권리를 주장하고, 다른 한편으로는 하나님이 준 권세에 의거하여 카이사르의 허세를 공격한 것은, 특히 현대후기의 서구 정치의 이차적인 스펙트럼에서 볼 때에는 서로 모순되는 것처럼 보이지만, 성경 — 다니엘서를 생각해 보라 — 을 읽을 줄 아는 유대인들에게 이 둘은 아무런 어려움 없이 서로 잘 조화되는 것이었다. 유일한 주권자인 하나님은 인간 통치자들을 세워서 인간 세계의 질서를 유지하기를 원하지만, 그들이 자신들의 소명을 남용해서 그들 자신을 신격화할 때에는 그들에게 책임을 묻게 된다. 로마의 시민이자 메시

77) cf. 사 53:10-12을 인용하고 있는 막 10:45.

야의 사도라는 바울의 두 가지 신분은 저 유대적인 복합적인 신앙을 수정한 개시된 종말론적 판본과 정확히 부합한다. "바울"을 추상적으로 이해해서, 오직 좀 더 많은 영혼들을 구원하고자 하거나 '파루시아'를 앞당기고자 하거나, 비역사적인 "묵시"를 전파한 인물로 보았을 때에는 그의 사고나 행동의 근저에 있던 "목표들"을 알아내는 것이 불가능하지만, 우리가 본서에서 시도해 왔듯이, 바울을 그의 실제적인 역사적 맥락 속에 두게 되면, 우리는 그 목표들을 알 수 있게 된다.

또한, 그렇게 했을 때, 우리는 바울의 좀 더 넓은 맥락의 그 밖의 다른 두 차원을 통합하는 데에도 도움을 받게 된다. 그의 세계관의 궁극적인 상징 — 교회 자체 및 그 연합과 성결 — 은, 고대 세계에서 "종교"로 인식하고 있던 그 어떤 것과도 놀라울 정도로 달랐음에도 불구하고(희생제사도 없었고, 돌과 나무로 지어진 성전도 없었으며, 제사장단도 없었기 때문에), 우리가 "종교"라고 부를 수 있는 것의 흔적들을 여전히 지니고 있는 그러한 외적인 형태로 현실에서 표현될 수 있었다. 옛 "종교들"이 옛 사회 질서를 반영해서, 관원들이 제관을 겸하였던 것과 마찬가지로, 이 새로운 유사 종교도, 우리가 위의 제13장에서 살펴보았듯이, 메시야 안에서의 새로운 사회 질서, 즉 유대인이나 헬라인, 노예나 자유민, 남자나 여자의 구별이 없고, 모두가 다 메시야 안에서 하나인 질서를 반영한 것이었다. 바울 서신들의 상당 부분은 그 질서가 의미하는 것을 안내하고, 거기에서 생겨난 헷갈리는 것들을 교통정리 해주며, 그 과정에서 종종 발생하였던 혼란을 해결하는 데 할애되었는데, 이러한 것들은 기독론이나 칭의론 같은 범주들로 담아낼 수 있는 것보다 훨씬 더 광범위한 것이었다 — 물론, 기독론이나 칭의론이라는 핵심적인 "교리들"은 그 중심적인 상징과 탯줄로 연결되어 있기는 하지만. 또한, 바울이 자신의 모든 수고의 결과로서 보고자 하였던 것은 온갖 문화를 뛰어넘어 연합된 예배였다. "예배"가 어떤 의미에서 근본적으로 "종교적인" 활동이라는 것을 부정하고자 하는 것이 아니라면(그것을 부정하는 것은 바울의 세계에서 분명히 말도 안 되는 일로 보일 것이다), 우리는 바울이 자신의 본질적으로 유대적인 복음을 카이사르의 주장들에 대한 자신의 암묵적인 전복과 통합시키고자 하였을 뿐만 아니라, 이스라엘의 성경이 지향해 왔던 것이자 카이사르가 자기 나름대로의 방식으로 이루고자 애써 왔던 것, 즉 온갖 혈통과 부류에 속한 사람들이 한 분 유일하신 하나님을 예배하는 제의를 성취해 내려고 하였다는 결론을 내리지 않으면 안 된다. 이러한 다소 상당한 정도로 재정의된 의미에서의 "종교"는 바울이 행하고자 하였던 다른 모든 것들과 통합된다.

바울이 로마서 15장의 그 동일한 본문에서 우리에게 자신의 성숙한 선교 전략을

엿볼 수 있게 해주는 중요한 말을 지나가듯이 말할 때, 우리는 거기에서 이것을 본다. 그는 이렇게 말한다:

> 내가 열방들을 상대로 왕 예수의 일꾼이 되어 하나님의 복음을 위하여 제사장으로 일하는 것은 열방들을 제물로 올려드리는 것이 성령 안에서 거룩하게 되어 받으실 만한 것이 되게 하기 위한 것이다.[78)]

바울이 여기에서 느닷없이 반짝 제사장적인 언어를 사용하고 있는 것은 우리가 앞에서 보았던 이사야서 본문과 연결되는데, 거기에서 선지자는 예루살렘에서 계시될 하나님의 영광을 보기 위하여, 모든 나라에서 사람들이 무리를 지어 예루살렘으로 몰려들게 될 것이라고 말한다:

> 내가 장차 모든 나라와 민족들을 모으리니, 그들이 와서 나의 영광을 보게 될 것이고, 나는 그들 가운데 징조를 세울 것이다 … 야웨가 말하노라. 이스라엘 자손이 예물을 깨끗한 그릇에 담아 야웨의 집에 드림 같이, 그들은 너희의 모든 형제들을 모든 나라로부터 나의 성산 예루살렘으로 말과 수레와 교자와 노새와 낙타에 태워다가 야웨께 예물로 드릴 것이고, 나는 그들 가운데에서 얼마를 택하여 제사장과 레위인을 삼을 것이다. 야웨가 말하노라.[79)]

물론, 바울에게 있어서, 하나님의 영광은 예루살렘 성전이 아니라 예수와 성령 안에서 이미 나타났다. 따라서 그 결과로 지리적인 초점이 이동되어서, 이사야서 본문에서 언급된 구심력적인 선교는 이제 원심력적인 선교로 바뀌었다. 이것은 바울의 개작되고 수정된, 아니 실제로는 안과 밖이 뒤집어진 유대적 종말론의 또 하나의 측면이다. 그러나 핵심은 여전히 동일해서, 열방들이 새로운 희생제물이 되어서, 한 분 유일하신 하나님에 대한 예배 속에서 드려지게 되리라는 것이다.[80)] 위에서 우리는 바울이 이사야서의 이 동일한 본문에서 열거된 지역들 — 다시스, 뿔, 룻, 두발, 야완 — 을 자신의 선교지역을 선택하는 데 청사진으로 활용했을 가

78) 롬 15:16. "열방의 제물"이라는 어구는 "열방이 드리게 될 제물"이 아니라 "열방이라는 제물"을 의미한다: 아래를 보라. 이 본문에 대한 최근의 연구로는 Gibson, 2011이 있지만, 나는 여러 가지 점에서 그보다 더 앞으로 나아가고자 한다.

79) 사 66:18-21.

80) "이방인들의 제물"이라는 어구는 거기에서 목적격적 속격이 사용되고 있기 때문에, "이방인들이 드리는 제물"이 아니라 "이방인들로 이루어진 제물"을 의미한다는 것에 대해서는 Fitzmyer, 1993, 712; Moo, 1996, 890을 보라.

능성은 별로 없다는 것을 살펴보기는 하였지만, 그는 그 근저에 있는 핵심을 염두에 두고 있었을 것이다 – 물론, 이것은 인류 역사상에서 마지막으로 거대한 세계 제국인 로마가 자신의 메시야적 선포의 초점이 되어야 한다는 그의 인식에 의해서 수정되기는 하였지만. 마찬가지로, 그는 이사야서에서 예루살렘을 중심으로 이 비전을 전개해 나가고 있는 방식을 따르지 않고, 비유대 세계의 나라들을 제물로 드리는 제사장적 섬김이라는 동일한 관념을 새로운 종말론적인 상황에 맞추어 표현한다.[81] 이사야서의 이 본문은 계속해서 새 하늘과 새 땅에 대하여 말하고, "야웨가 말하노니" 거기에서 "모든 육체가 내 앞에 나아와 예배하게 될 것"이라고 말한다.[82] 바울은 로마서의 앞부분에서, 하나님이 아브라함에게 약속한 대로, 온 세계가 메시야와 그의 백성의 "유업"이 되었다는 것을 확증한 바 있는데,[83] 이제는 이전의 전 세계에 걸친 유대적인 소망에 속하였던 몇 가지 요소들을 새로운 형태로 한데 결합시킨다: 하나님의 말씀들이 해변에 있는 땅들에 이르게 될 것이고, 열방들이 희생제물들을 가지고 순례를 오게 될 것이며, 예루살렘으로 헌물들을 보낼 것이고, 이스라엘의 하나님이 궁극적인 주권자라는 것이 전 세계에 선포될 것이다.[84] 바울의 신학의 다른 모든 요소에 일어난 일들이 그의 선교 전략과 관련해서도 일어났다(그는 적어도 로마서에서는 그런 식으로 설명한다; 우리는 그의 사고 속에서 이 관념이 얼마나 오랫동안 형성되어 왔는지를 알 도리가 없고, 고린도후서 1:15-22에서 사람들이 그의 변덕을 비난하자 거기에 대하여 그가 대답한 것을 보면, 이 현재의 계획이 비교적 최근에 형성된 것임을 보여주는 것일 수도 있기는 하지만). 십자가에 못 박혔다가 부활한 메시야와 사람들에게 부어진 성령은, 다른 곳에서와 마찬가지로 여기에서도, 이사야서에 나오는 약속들이 변형되어 성취되었다는 것과 그것은 모든 것을 변화시키는 성취였다는 것을 의미하는 것이었다.

81) 바울이 모종의 로마 지도를 염두에 두었을 가능성에 대해서는 Jewett, 2007, 912f.를 보라. 나는 바울이 로마의 지리라는 관점에서 의식적으로 사역을 행해 나가고 있었다고 한 Magda, 2009, 82의 견해에 동의하지만, 그녀가 정치(카이사르의 영토에서 예수를 주로 선포하는 소명)가 아니라 철학(바울이 다소에서 스토아 철학으로부터 얻은 전 세계적인 비전)이라는 관점에서 이것을 설명한 것은 핵심을 놓치고 있는 것으로 보인다. 바울은 이사야서 11장과 시편 2편에서 보여주는 성경적인 전 세계적 비전과 스토아 철학의 범신론적인 세계주의 간의 차이를 알고 있었다.

82) 사 66:22f.

83) 롬 8:17-30; 4:13.

84) 이 "헌금"은 유대인들의 "성전세"의 기독교적인 판본도 아니었고, "모교회"에 의해 부과된 세금도 아니었으며(Fitzmyer, 1993, 722), 단지 "가난한 자들"(cf. 갈 2:10)을 돕기 위한 목적이 훨씬 컸다. 하지만 바울은 자기가 행해 나가고 있던 계획이 지닌 아이러니컬한 의미를 무시할 수 없었다.

바울은 자기 자신을 "전령"으로만이 아니라 "선지자"로도 보았음이 분명하다. 그러나 옛적의 선지자들에게 주어졌던 과제들은 이제는 복음에 의해서 요구된 놀라울 정도로 새로운 과제들로 바뀌었다.

이 모든 것이 행해지자, 즉 이 유대적인 메시야에 관한 메시지가 카이사르의 제국과 경쟁하는 유사 제국으로서의 공동체들을 탄생시키고, 유사 제의를 통하여 그 가시적인 형태를 창출해내고 유지시키게 되자, 복음과 정치와 종교는 이전에는 상상도 할 수 없을 정도로 새롭게 통합되었다. 모든 "결사들"(collegia – '콜레기아') 이 세심하게 규제되었고 종종 억압되었으며 자주 의심을 받은 세계에서, 바울의 복음에 의해 탄생한 공동체들이 정치와는 무관한 결사로 보아질 수 있는 방법은 없었다.[85] 그러나 한 가지 마지막 요소가 존재한다. 바울은 자기가 당시의 위대한 철학자들이 그들의 좀 더 넓은 세계와 관련해서 행해 왔던 방식으로, 저 크고 복잡한 전체를 섬기고 유지시켜 줄, 한 분 유일하신 하나님과 자신의 세계에 관한 통일적이고 통합된 비전을 생각해 내고 가르쳐야 한다는 것을 알았다. 여기에서 또다시 나는 지면관계상 헬라-로마 세계 속에서의 통합 모델들을 살펴볼 수 없다는 것이 아쉽다. 지면이 허락되어서, 우리가 키케로(Cicero) 같은 인물이 실제로 자신의 실천과 사고 속에서 정치와 종교와 철학의 세계(그는 이 각각의 세계에 깊이 관여한 인물이었다)를 실제로 어떤 식으로 통합해 내었는지를 좀 더 자세하게 살펴보았다면 좋았을 것이다. 그러나 우리는 적어도 바울이 그 세계들을 어떤 식으로 통합해 내었는지는 살펴볼 수 있다. 우리는 바울이 자신의 유대적인 정체성을 그대로 유지한 채로 당시의 위대한 철학 체계들, 특히 스토아학파의 철학과 암묵적으로, 그리고 종종 명시적으로 접전을 벌여서, "모든 생각을 포로로 사로잡아 메시야에게 복종시키려고" 최선을 다한 모습을 위의 제14장에서 이미 살펴본 바 있다. 이제 우리가 보는 것은 이러한 접전은 그 자체가 좀 더 넓은 범위의 화해 또는 통합의 일부였다는 것이다.

그런 일이 어떻게 일어났는가? "모든 진리는 하나님의 진리이다"라는 슬로건은 현대에 와서 만들어진 말이기는 하지만, 바울은 땅과 거기에 충만한 것이 다 주의 것이라는 진리에 의거해서, 모든 음식은 다 하나님의 음식이라고 기꺼이 말하였던

85) 로마 세계에서의 "동호회들"에 대해서는 Stevenson and Lintott, 2003 등을 보라. Augustus는 "결사들"(collegia)을 규제하는 법을 통과시켰고(*ILS* 4966), Trajan는 비두니아에서 결사들을 형성하는 것을 금지하였다(Pliny, *Ep.*, 10.34). 이것은 바울이 예수의 추종자들에게 오늘날 "정치 활동"이라고 불리는 것에 참여하기를 기대하였다는 것을 의미하지는 않는다(물론, 롬 13:1-7을 보라); 단순히 그러한 결사들을 형성하고 유지하는 것만으로도, 그것은 다른 모든 사회 질서들에 도전이 되었다.

것과 마찬가지로, 그 슬로건에 대해서도 전심으로 동의하였을 것이다.[86] 우리가 앞에서 보았듯이, "물리학"에 대한 바울의 비전은, 원래 함께 일하게 되어 있었던 하늘과 땅이 메시야 예수 안에서 서로 결합되었고, 메시야에게 속한 자들의 삶, 특히 예배 속에서 성령으로 말미암아 연합되는 통합된 만유에 관한 비전이었다. 유대적인 창조의 유일신론에 뿌리를 둔 "윤리학"에 대한 그의 이해는 새로운 피조세계를 탄생시키는 참된 인간적 실존에 관한 윤리학이었다. 그는 한편으로는 메시야의 죽음과 부활이 옛 피조세계를 왜곡시키고 파괴하는 죄와 썩어짐과 죽음을 처리하고 해결하였다고 역설하였지만, 다른 한편으로는 원래의 피조세계가 선하다고 단언하였다(그런 이유로, 그는 고전적인 유대적 성윤리를 아주 강력하게 강조하였고, 그가 이방인 회심자들이 이방인의 길을 버려야 한다고 말할 때에도 이것이 핵심이었다). 지식의 토대이자 과정인 논리학에 대한 그의 이해는 새로운 종류의 지식, 즉 십자가와 부활에 토대를 둔 지식으로 변화되었는데, 이 변화된 지식 속에서 로마서 12:2에서 말한 새로워지고 변화된 사고, 또는 고린도전서 2:16에서 말한 "메시야의 생각"은 새로운 세계의 실체들을 파악하고 도달할 수 있게 되었을 뿐만 아니라, 바로 그러한 관점에서 서서 옛 세계의 진정한 실상도 이해할 수 있게 되었다. 이 모든 것은 우리가 이미 앞에서 아주 자세하게 살펴본 것들이다. 여기에서 우리가 지적하고자 하는 것은, 학자들은 지금까지 바울의 복합적인 세계를 서로 별개인 많은 범주들로 나누어 이해해 왔지만, 실제로 그러한 범주들은 바울의 글들 속에서는 서로 겹쳐서 뒤엉켜 있는 가운데 화해를 이루고 통합되어 있다는 것이다.

이것의 많은 부분은 "바울 신학"에 관한 저작들 속에서 연구되는 것은 고사하고 통상적으로는 언급조차 되지 않아 왔다. 그러나 우리가 바울 신학의 저 엄청나지만 파악하기 힘든 실체를 심각하게 축소해서 설명하는 것을 계속해 나갈 생각이 아니라면, 우리는 유대적인 것의 날개를 타고서, 이전에 비유대적인 철학자들의 세계에서 "물리학"에 종속되어 있던 "신학"을 그 세계로부터 건져내어서, "신학" 자체로 하여금 스스로 키케로나 세네카의 철학들을 아우를 뿐만 아니라 훨씬 초월하는 새롭고 좀 더 큰 이해의 범주, 모든 실체를 다 포괄할 수 있는 비전을 제시하게 하는 것이 아주 중요하다. 우리는 특히 바울이 유일신론과 선민론과 종말론을 메시야와 성령을 중심을 극적으로 수정하여 설명함으로써, 저 유대적인 틀이 이전에 그 자체로는 할 수 없었던 것으로 보였던 것들, 즉 좀 더 넓은 세계를 포괄하는

86) 고전 10:26.

것과 그 세계에서 뭐가 뭔지를 몰라 당황해하는 도덕주의자들에게 도전하는 것과 그 세계에서 가장 지혜롭다고 하는 현자들의 허를 찔러 굴복시키는 것을 이제는 마침내 해낼 수 있게 되었다고 말할 수 있다. 바울이 로마서 7장과 8장에서 토라가 해낼 수 없었던 것이 이제는 놀랍게 새로운 방식으로 성취되었다고 말한 것은 하나님과 이스라엘과 미래에 관한 고대의 유대 사상 전체를 좀 더 깊고 풍성한 차원에서 실현한 것임이 드러났다. 바울이 로마서 8장에서 피조세계가 새로워졌다고 한 것은 이사야서와 시편이 증언하였던 바로 그 새로운 피조세계가 실현된 것이었다. 우리는 심지어 주기적으로 대화재가 나서 세계를 새롭게 한다는 스토아학파의 사상조차도, 바울의 관점에서 보면 엉망진창이고 대단히 잘못된 것이기는 하지만, 그럼에도 불구하고 이교의 도덕주의자들이 자신들의 이해 범위를 넘어서는 인간의 진정한 실존이라는 개념을 자신의 한계 내에서 나름대로 증언한 것이라는 점에서, 그 동일한 새로운 피조세계를 희미하게 증언한 것이었다고 말할 수 있다.

우리가 앞에서 이미 말하였듯이, 어떤 시각에서 보면, 로마서 8장은 온통 성전 신학에 관한 것이고, 아마도 "성전"은 바울의 선교활동의 근저에 있던 "목표들"을 보여주는 가장 빈번하게 출현하는 상징일 것이다. 성령이 와서 하나님의 백성 안에 "내주하게" 되었고, 저 광야에서 불 기둥과 구름 기둥과 성막이 옛적의 이스라엘을 그들의 약속의 땅으로 이끌었듯이, 이제 하나님의 백성을 그들의 유업으로 인도하고 있다. 그리고 그들의 유업 자체, 즉 새로워진 피조세계 전체는 원래의 성전이 가리켰던 실체이다. 사실, 창세기 1장에 나오는 창조 이야기는, 하나님이 자신이 거할 집으로 천지를 창조해서, 그 창조의 중심부이자 정점에서 자신의 형상을 지닌 사람들을 지어서 왕의 제사장으로 삼아, 피조세계 전체의 예배를 이끌고, 하나님의 지혜로운 질서를 그의 세계에 반영해서 다스리게 하고자 한 "성전" 비전이었다. "하나님이 자신의 뜻대로 부르신 자들"은 "그의 아들의 형상의 본을 따라 빚어지도록" 구별된 자들이다. 로마서 8:17-30에서 새로워진 인간을 메시야적인 "유업"인 새로워진 피조세계의 청지기(하나님 아래에서)로 묘사하고 있는 바울의 비전은 시편 2:8과 로마서 4:13을 반영한 것이다. 그 비전은 아브라함과 다윗 왕의 진정한 유업에 대하여 말한다. 그들에게 주어진 유업은 원래의 "동산"이나 중동의 한 뼘의 영토를 훨씬 뛰어넘어서, 때가 찼을 때에 로마의 호령 하에 출현하였던 도로들을 따라 멀리까지 펴져 나가는 것이었기 때문에, 사도로 하여금 예루살렘에서 출발하여 일루리곤을 두루 행하게 하였으며, 이제 로마로 눈을 돌리고, 그 너머로 카이사르 제국의 가장 먼 변방까지 바라보게 하였다. 바울의 목표는 "하나님의 나라를 위하여 성전을 건설하는 자"가 되는 것이었기 때문에, 그는 비유대 세계의 땅에 하늘과 땅이 마침내 만나게 될 작은 공동체들을 세워서, 이스라엘의 하나님의 영광이 거기로 돌아와서 빛을 발하며, 장차 하나님이 모든 것 가운데서 모든 것이 될 그 날을 전하고 예고하게 하고자 하였다.

바울은 그러한 목표를 가슴에 품고서, 십자가에 못 박혔다가 부활한 예수가 세계의 주라고 선포하였다. 복음을 전파하고자 한 그의 노력들은 자기가 원한다고 해서 피할 수 있는 것이 아니었던 그의 사명을 거듭거듭 이루어냈다(고린도전서 9:16-17). 복음은 분명히 헬라인들에게는 어리석은 것이고 유대인들에게는 거리끼는 것이자 걸림돌이었지만, 그는 자신이 복음을 선포할 때에 복음의 기이한 능력이 자신의 일을 이루어내는 것을 거듭거듭 목격하였다. 복음에 의해서 사람들의 삶은 변화되었다. 그들의 마음은 믿음을 지니게 되었고, 그들의 입술은 믿음을 고백하게 되었으며, 그들의 생각은 새로워졌다. 현대적인 서구의 바울 신학의 대부분은 바로 거기에 멈추었지만, 바울은 그렇지 않았다. 그는 특히 당시의 비유대 세계에 깊이 몸담고 있었을 뿐만 아니라 이스라엘의 성경에 철저하게 뿌리를 두고 있었기 때문에, 사람들의 그러한 변화된 삶들은 그들의 문화 전체(우리는 이것을 정치와 종교와 철학이라는 범주들로 요약하였지만, 인간의 삶의 모든 가능한 범주들로 얼마든지 확대될 수 있다)와 관련해서 변화되어야 한다고 보았다.[87)]

이렇게 저 좀 더 넓은 문화와 관련해서 "변화된" 사람들의 삶은, 사안의 성격상, 그리고 이제 메시야 안에서 갱신된, "하나님의 형상을 짊어지는" 것과 관련된 소명의 성격상, 본질적으로 그 문화를 "변화시키는" 쪽으로 나아가는 삶이 될 수밖에 없었다. 본질적으로 그들은 어두운 곳에서 등불들처럼 빛을 발하여, 참된 인간이 되는 이제까지와는 다른 길, 새로워지고 새롭게 하는 길, 메시야를 본받아 걸어가야 하고 그의 영을 통해서 권능을 받아 갈 수 있는 길이 있다는 것을 보여주는 삶을 살게 되어 있었다. 특히, 참된 인간이 되는 이 새로운 길은 사도의 삶을 모델로 삼아 닮는 삶이 되어야 하였다. "내가 메시야를 본받고 있는 것처럼, 너희는 나를 본받으라."[88)] 바울의 이 말 속에서 우리는 가장 근저에 있는 기반암을 만지게 된다. 바울의 가장 깊은 "목표들" 중의 하나는 한 점의 거짓도 없이 진심으로 이렇게 말할 수 있는 사람이 되는 것이었다.

따라서 우리가 바울은 메시야 안에서 연합되고 성결한 공동체들을 만들어내고

87) 훨씬 더 자세하게 살펴볼 가치가 있는 분명한 분야 중의 하나는 경제인데, 이것에 대해서는 최근에 나온 Longenecker, 2010의 중요한 저작을 보라.

88) 고전 11:1.

유지시키는 것을 "목표"로 삼았다고 말할 때, 우리는 바울이 오늘날 많은 사람들이 그러한 말을 들었을 때에 떠올리는 흔히 실망스러운 교회연합운동(ecumenism)이나 전투적인 윤리를 지향하였다고 말하고 있는 것이 아니고, 바울이 빌립보서에서 유오디아와 순두게, 골로새서에서 빌레몬과 오네시모, 고린도서에서 바울파, 베드로파, 그리스도파, 로마서에서 초기 마르키온주의적인 이방 그리스도인들, 갈라디아서에서 유대적인 이방인들이라 자처하는 자들에 직면하였을 때, 그의 생각의 저 뒤편에 있었던 좀 더 큰 실체에 대하여 말하고 있는 것이다. 바울이 자신의 사고의 깊은 곳에 품고 있던 그 실체는, 성령의 권능을 의지해서 십자가에 못 박혔다가 부활한 예수를 전함으로써, 어떤 관점에서 보면 "철학"처럼 보이기도 하고, 어떤 관점에서 보면 '코이노니아'(koinōnia)처럼 보이기도 하며, 어떤 관점에서 보면 새롭고 기이한 종류의 "종교"처럼 보이기도 하고, 어떤 관점에서 보면 새로운 '폴리스,' 카이사르와는 다른 '퀴리오스'에게 충성하는 사회문화적인 집단으로 보이기도 하는 공동체를 건설하는 것이었다. 메시야 백성에 관한 바울의 (지극히 유대적인) 비전 속에는 이 모든 것들과 그 이상의 것들이 망라되어 있다. 그의 세계관은 바로 그러한 공동체를 요구하였고, 그의 신학을 따라가다 보면, 바로 그러한 공동체가 유지될 수밖에 없었다. 바울의 사고 속에서, 이 모든 것은 메시야 안에 이미 존재하는 진리들이었고, 바울 자신과 그의 동역자들의 지침 없는 수고를 통해서 현실에서 실현되어야 할 진리들이었다. 왜냐하면, 바울 자신에게 주어진 영광스러운 사도적 사역은 한 분 유일하신 창조주 하나님이자 계약의 하나님에 관한 복된 소식을 땅의 끝들까지 전하여, 세계의 모든 곳에서 순전한 찬송의 제사가 드려지게 함으로써, 원래 하나님이 이스라엘을 부른 목적을 이루어 가는 것이었기 때문이다. 바울이 그러한 교회들을 카이사르의 영토 속에 건설하는 것을 목표로 삼은 것은 연합과 성결이라는 우리의 현대적인 언어로는 제대로 요약할 수 없는 저 큰 비전 때문이었다. 바울이 계속해서 어린 교회들에게 무엇을 생각해야 하는지만이 아니라 그것보다 더 중요한 것, 즉 어떻게 생각해야 하는지를 끊임없이 가르친 것은, 이제 개시되기는 했지만 결코 온전히 실현되지 못하였던 바로 그러한 소망 때문이었다. 그가 (고린도전서 11장에서) 공동체의 예배는 합당한 질서를 따라 드려져야 할 뿐만 아니라, 외부세계의 사회적이고 문화적인 분열과 차별에 도전하는 통합과 화해의 본이 되어야 한다고 역설한 것은 바로 그러한 목적 때문이었다. 우리가 복음에 의해서 탄생된 새로운 실체가 바울이 살았던 더 큰 세계들과 대결해서, 십자가에 못 박혔다가 부활한 메시야에 관한 본질적으로 유대적인 메시지를 통해서 그 세계들의 허를 찔러 굴복시킨 방식을 보게 될 때에만, 우리는 바울의 신학의 통일성과 정합성만이 아니라 그 엄청난 중요성을 이해할 수 있다.

결국, 바울의 신학은 별개의 여러 추상적인 범주들로 분류해 낼 수 있는 그런 것이 아니었고(물론, 그렇게 하는 것이 무엇이 진행되고 있는 것인지를 분명히 하는 데에는 종종 도움이 될 수 있기는 하지만), 사람이 구원받기 위해서는 구원에 관하여 무엇을 믿어야 하는지를 아주 세밀하게 정해준 그런 것도 아니었다. 그가 성경에 푹 잠긴 가운데 성찰한 모든 것들이 지향하였던 것은 이 좀 더 큰 실체였고, 서신들을 쓰는 것을 비롯한 그의 모든 활발한 선교와 목회 활동도 그 실체를 향한 것이었다. 이 실체 속에서는 치열한 사고와 기쁨으로 드리는 예배가 통합되고 화해되며 연합되어 있었다. 본서는 바울의 신학에 관한 책이지만, 바울이 살며 일하였던 유대적이고 헬라-로마적인 다중의 세계들, 즉 그가 전한 복음이 그 극적인 결과들(오늘날 유행하는 언어를 사용해서 표현한다면, "묵시론적인" 결과들)을 만들어 내었던 세계들 내에 그 신학을 확고하게 위치시키고, 그 세계들과의 관계 속에서 그 신학의 역동적인 목적들을 드러내 보이지 않고는, 바울의 신학을 제대로 올바르게 기술하는 것은 불가능하였다.

이 모든 것은 우리를 다시 마침내 우리 시대에서 서로 다른 여러 범주들을 사도에게 강제로 덧씌우는 현실로 데려다 준다. 내가 그러한 것들과 관련해서도 통합과 화해를 얘기하고자 한다고 해도, 이제는 아무도 놀라지 않을 것이다. 왜냐하면, 지난 세대들은 바울의 사상을 여러 가지 명칭을 지닌 별개의 여러 "범주들"로 구분하고서, 그러한 각각의 범주들을 구현하고 있다고 생각되는 바울의 본문들을 제시해 왔지만, 나는 바울 자신은 자신의 신학을 그러한 별개의 여러 범주들로 인식하지 않았을 것이라고 생각하기 때문이다. 이 대목에서 우리는 20세기 중반에 활동한 바울의 먼 사촌과 그의 친구들에게로 잠시 돌아가 보기로 하자.

발터 벤야민(Walter Benjamin)과 한나 아렌트(Hannah Arendt) 등이 1930년대와 1940년대의 위험하고 소란한 유럽에서 갈망하였던 것은 새로운 계기(moment), 메시야적인 계기, "진보"에 관한 얄팍한 약속들이나 "파국"에 관한 얄팍한 절망이 지배하지 않는 "이제는"(now)의 때였다. 우리가 앞에서 보았듯이, 아렌트는 엄격하게 재한된 정치권력을 통해서 작동하는 "이 땅에서의 새로운 법"이 절실히 필요하다고 명시적으로 말하였다. 주류 마르크스주의(Marxism)라는 낡아빠진 이단을 통해서 본 유대적인 색채가 짙은 현실관으로부터 직접적으로 생겨난 이러한 갈망은 제2성전 시대의 유대교 세계에 살고 있던 많은 사람들의 갈망 및 열망과 동일한 반열에 두어질 수 있다. 최근의 대륙의 역사에서나 제2성전 시대에서나 정말 중요하고 절박한 질문은 "무엇을 해야 하는가" 하는 것이었다. 이것은 다소의 사울이 던진 질문이었고, 거기에 대한 대답은 "열심"에 의거한 폭력적인 행위였다.

그러나 그러한 복잡한 현실과 상황을 도외시하고서, "묵시론"이라 불리는 관념을 추상화해서, "묵시론"은 단지 "진보"를 쓰레기더미로 치부하고 이전의 그 어떤 것과도 아무런 상관 없는 새로운 날의 도래를 선언한 것이라고 말하는 것은, 벤야민과 그의 친구들의 갈망이나 제2성전 시대 유대인들의 소망을 제대로 설명하는 것이 전혀 아닐 것이다. 우리가 이미 보았듯이, 사실 이것은 1930년대에 어떤 사람들이 행하였던 것인데, 그들은 과거에 대하여, 종교적인 과거에 대하여, 특히 유대적인 종교적 과거에 대하여 단호하게 "아니다"라고 말하였다. 벤야민 등이 헤겔적이거나 마르크스적인 결정론에 의한 거짓된 소망들을 거부하고 메시야적인 계기를 갈망했을 때, 그들은 세계가 언젠가는 바로잡히게 될 것이라는 고대의 유대적인 비전과 성취를 기다리는 그 약속들을 거부한 것이 아니라, 그러한 목표지점을 향하여 간다고 주장하였지만 사실은 가짜였던 노선들을 거부한 것이었다. 따라서 역사와 옛적의 약속들을 거부하고 배척한다는 의미에서의 "묵시론"을 증언하는 인물들로 그들을 내세우는 것은 얄팍한 짓일 뿐만 아니라 궁극적으로 어처구니없는 짓이다. 우리가 알고 있는 한, 제2성전 시대의 유대인들 중에서, 역사가 무리 없이 순조롭게 진보해서 결국에는 그러한 최종 목표지점에 온전히 도달할 것이라고 말한 헤겔이나 마르크스의 이론을 조금이라도 닮은 "묵시론"을 말한 사람은 한 명도 없었다. 그러나 그렇다고 해서, 그 유대인들이 계약의 역사라는 관념, 즉 온 세계를 속량하는 메시야적인 비전이 장차 이루어질 것이라고 말한 신명기와 다니엘서의 서사를 거부하고 배척한 것은 결코 아니었다. 물론, 우리가 위의 제2장에서 살펴보았듯이, 그러한 성경적인 서사의 핵심 중의 일부는 이 서사는 상당 기간 동안 어둠을 통과하게 되어 있다는 것이었다. 괴물들이 바다로부터 올라와서 하나님의 성도들과 싸움을 벌일 때, 성도들에게 포로생활과 징벌, 재난과 굴욕은 필연적인 일들로 보였다. 옛적의 구원사(Heilsgeschichte)를 와해시키고 밋밋하게 만들어서 모더니즘적이거나 결정론적인 "진보론"으로 변질시킨 후에, 그러한 토대 위에서 구원사라는 개념을 거부하고 배척하는 것은, 바울이 빌립보서 3:2에서 "개들을 조심하라"고 말한 것을, 그가 네 발 달린 짐승을 조심하라고 경고했다고 생각하는 것과 같다. 1930년대에 어떤 사람들이 실제로 성경적인 양의 옷을 입은 전체주의적인 이리였던 "구원사"를 주창하였다고 해서, 특히 역사비평학자들이 거기에 반발해서 (그들과 똑같이 얄팍하고 천박한) 정반대의 주장, 즉 오늘날의 "묵시론" 운동의 사도라고 할 수 있는 케제만(Käsemann)을 추종하고 나선 것이 정당화될 수는 없다.

그러나 이러한 현실은 "묵시론"이 주후 1세기에서 볼 수 있는 진정한 모습으로 돌아가고, 마찬가지로 "구원사"도 주후 1세기에서 볼 수 있는 진정한 모습으로 돌아가서, 이 둘이 서로 온전히 화해할 수 있는 길이 열려 있다는 것을 의미한다. 우리는 이 둘의 진정한 모습을 신명기 27-32장에서 볼 수 있고, 신명기의 본문을 가져와서 사용하고 있는 다니엘서에서도 볼 수 있으며, 신명기와 다니엘서를 가져와서 사용할 뿐만 아니라 그것들을 더욱 풍부하게 하고 있는 신약성서, 특히 바울에게서도 볼 수 있다. 그리고 이 둘은 내가 상대적으로 잘 사용되지 않는 단어를 축약어로 사용해서(사실은 "묵시론"과 "구원사"에 대하여 말하는 사람들도 이렇게 하고 있듯이) "바울의 본질적으로 계약적인 신학"이라고 부르는 것 속에서 서로 결합되고 통합된다. 나는 이 모든 것의 의미와 함의들을 본서 전체에 걸쳐서 설명하였기 때문에,[89] 내가 여기에서 하고 싶은 말은 단지, 모든 차원에서의 바울 신학에 관한 연구는 바울 자신이 결코 서로 구별되는 별개의 독립된 실체들로 인식하지 않았던 여러 범주들 간의 화해를 가져오는 것이 되어야 한다는 것이다.

계약적인 틀이 지닌 통합의 능력은 거기에서 한 걸음 더 나아가서, 옛적의 약속들과 그 중간의 소란스러운 역사들에 대한 이해와 갑자기 예기치 않게(하지만 이미 예언되어 있던) 돌입해 온 새로운 메시야적인 계기에 대한 이해를 쉽게 통합시켜 주고, 지금까지 "칭의론"(또는 "법정적") 범주들과 "참여론(또는, "합체론," 그리고 심지어 "신비적") 범주들로 구분되어 왔던 것들 간의 상호적인 관계를 설명해 주고, 이 두 범주가 밀접하게 연결되어 있다는 것도 밝혀준다. 우리에게 친숙한 이러한 범주 구분은 한편으로는 슈바이처(Schweitzer), 샌더스(Sanders), 그리고 지금은 더글러스 캠벨(Douglas Campbell), 다른 한편으로는 루터파를 비롯한 개신교 진영의 지속적인 석의 간의 단층선을 적나라하게 보여준다. 하지만 다시 한 번 말하지만, 그러한 날카로운 구분은 역사적으로나 석의적으로나 신학적으로 아무런 근거도 없기 때문에 결코 유지될 수 없다. "사법적" 범주와 "참여적" 범주는 둘 다 바울에게 있어서 성경에 대한 새로운 메시야적인 읽기에 전적으로 의존되어 있다. 즉, 이 두 범주는, 복음을 통해서 창설된 믿음을 특징으로 하는 단일한 권속의 정체성이 "메시야 안에" 있다는 것과, 예수 자신이 부활을 통해서 선언받았던 "의롭다"는 평결을 그들이 세례를 통해서 이미 얻었다는 것을 표현하는 방식들일

89) 나는 "계약" 신학은 바울이 모세 경륜을 절대화하였다는 것을 의미하지 않는다는 말을 또다시 할 필요는 없을 것이라고 본다. 갈라디아서 3장의 핵심은 바로 모세의 머리를 넘어가서 아브라함을 근거로 삼고 있는 것이다.

뿐이다. 따라서 "칭의론"을 아리우스주의(Arianism)적인 형태의 구원론으로 왜곡시켜서 배척하고, 그 대신에 모종의 합체론적이고 묵시론적인 체계를 옹호하거나, 바울의 합체론적인 언어를 초기 가톨릭의 이기주의적인 교회중심주의(ecclesiasticism)로 왜곡시켜서 배척하고, 그 대신에 거저 주어지는 값없는 은혜와 칭의에 관한 메시지를 옹호하는 것은 정당화될 수 없는 일이다. 그런 식으로 각자의 범주를 정해 놓고 서로 치고 박고 싸우는 이 얄팍하고 천박한 싸움은 지난 몇백 년 동안에 걸친 서구 교회에서의 운동들과 논쟁들에서는 상당한 의미가 있었겠지만, 바울이 실제로 말하고 있는 것과는 아무런 상관이 없는 것이었다. (사람들은 나의 이러한 말 자체조차도 그런 싸움의 한 형태로 생각할지 모르지만, 나는 이것과 관련된 논증들을 다른 곳에서 다루었다.)[90]

특히, 바울에 대한 "새 관점"과 "옛 관점"이라 불리는 것들 간의 싸움도 더 이상 지속할 필요가 없다. 어쨌든, 그러한 관점들은 둘 다 각자의 특이한 관점을 고집함으로써 사실을 오도하고 있다. 오늘날에는 느슨하게 말해서 "새 관점"이라고 할 수 있는 것도 많고, 마찬가지로 서로 상당히 다른데도 한결 같이 자신의 관점이 "옛 관점"이라고 말하는 것들도 많다. "새 관점"은 "사회학"이나 "비교종교학"으로 변질될 위험이 있기 때문에, 바울이 메시야의 십자가 안에서의 하나님의 역사와 사람들이 그 역사를 믿음으로 자신의 것으로 받아들여야 한다는 것을 강조하고 있는 것을 신학적으로 진지하게 고려해서, 그러한 것들을 중심적인 위치로 복귀시킬 필요가 있다. "옛 관점"은 계속해서 옛적의 유대적인 믿음들에 대한 왜곡된 이해를 토대로 해서, 바울의 본문들은 물론이고 옛 유대의 본문들까지도 그것들이 묻지 않았던 질문들에 강제로 대답하게 하고, 그것들이 실제로 직면하였던 문제들에 대하여 질문들을 제기하고 거기에 대답하였던 것들에 대해서는 무시하고 듣지 않아 왔기 때문에, 유대 문헌들과 바울의 본문들이 아브라함과의 계약을 성취하고 모세와의 계약을 완성하기 위한(로마서 10:4에 나오는 '텔로스' [telos]는 이 두 가지 의미를 다 지닌다!) 하나님의 뜻밖의 새로운 계시행위를 강조하고 있는 것을 신학적으로 진지하게 고려해서, 이것을 중심적인 위치로 복귀시킬 필요가 있다. 그러나 나는 본서에서의 논의가 지난 세대의 잘못된 양자택일식의 논의에 대하여 일련의 완전히 새로운 시각 — 이것은 거의 "관점"이라고 말할 수 있다 — 을 제시하였기를 소망한다. 항변들은 종종 지나친 것이라고 할지라도 흔히 꼭 필요하고,

90) *Interpreters*을 보라.

반발들은 종종 신랄하거나 단지 복고적인 것이라고 할지라도 종종 합당하다. 좀 더 온전한 통합과 좀 더 온전한 화해는 늘 바울의 "목표"였고, 나는 우리가 바울의 그러한 목표를 향하여 일정 정도 더 나아갔기를 소망한다.

끝으로, 나는 당시의 복잡한 세계들과의 관련성 속에서 바울을 역사적으로 분석할 때에 적절한 균형을 유지해 왔다고 믿는다. 우리는 실제로 다른 사람들이 시도해 오지 않은 방식으로, 이전의 헤겔적인 "유대교/헬레니즘(Judaism/Hellenism) 이분법"을 뛰어넘어 이 분석을 진행해 왔다. 또한, 나는 최근의 많은 학자들과 마찬가지로, 그러한 "~주의"(-ism)라는 용어들은, 첫째로는 그것들을 유사종교적인 운동들로 설명한다는 점에서, 그리고 둘째로는 그것들이 서로 중복되지도 않고 서로 얽혀 있지도 않다는 함의를 지니고 있다는 점에서, 그리고 셋째로는 특히 그러한 양분법을 행하면서 유대적인 것을 폄하하고 헬레니즘적인 것을 높이 평가하는 편향된 가치평가를 행한다는 점에서, 그 자체가 이미 깊이 오도하는 것임을 역설해 왔다. 이렇게 "헤겔주의"가 19세기에 득세하여 전횡을 일삼자, 그러한 광신적인 반유대주의에 반발하여 정반대로 친유대적인 운동이 일어나게 된 것은 어쩌면 당연한 일이었다. 이제 이 논의는 흔히 포스트모더니즘적인 혼돈, 그리고 심지어 도덕적인 혼돈으로 빠져들어서, 서로 다른 여러 학파들이, 결국 그러한 와중에서 희생양이 되었다고 할 수 있는 이 뿌리 없는 세계 속에서, 자신들이야말로 최후로 남겨진 높은 수준의 마지막 도덕적 토대라고 주장하며 서로 혈투를 벌이고 있다. 이것이 내가 본서의 제1부에서, 비록 간략하게 설명하느라고 기존의 방식들과의 차이를 제대로 충분히 드러내 보이지는 못하였을지라도, 역사를 다층적으로 설명하는 새로운 방식을 제시하지 않을 수 없었던 이유이다. 그리고 나는 역사에 대한 이러한 새로운 설명을 통해서, 우리가 제대로 된 관점에서, 바울의 신학의 진정한 본질과 성격, 즉 바울의 신학은 유대인들의 중심적인 믿음들을 메시야와 성령을 중심으로 새롭게 개작하고 수정한 것임을 볼 수 있고, 그러한 이해를 기반으로 해서, 지난 세대들 동안 바울을 놓고 서로 논쟁하며 싸움을 벌여 왔던 여러 분파들을 화해시킬 수 있다고 믿는다.

나는 이 모든 것을 쓰면서, 만일 내가 현재의 장에서 지금까지 말해 온 것들을 바울의 언어로 요약하고자 한다면, 아마도 에베소서 같은 것을 쓰는 것으로 끝을 맺게 될 것 같다는 생각을 하게 된다. 나는 내가 그렇게 한다고 해서 사람들이 나를 비난하며 불의하다고 말하지 않을 것이라고 믿는다. 우리가 다른 근거들 위에서 바울이 이 서신을 쓰지 않았다거나 썼을 리가 없다고 온전히 확신한다고 할지라도, 이 서신이 적어도 바울과 가까운 사람에 의해서 씌어졌다는 것은 대부분의 학자들이 동의한다. 왜냐하면, 이 서신은 의식적으로 바울의 사상을 본떠서 발전시키고, 그의 다른 서신들에 나오는 여러 측면들을 깊이 있게 활용해서, 그의 가르침에 대한 일반적이고 전체적인 요약을 제시하고 있기 때문이다. 에베소서 1장에 나오는 우주적인 비전은 2:1-10의 구원론적인 진술 및 그것과 주의 깊게 대칭적으로 배치되어 한 쌍을 이루고 있는 2:11-22의 교회론적인 진술의 틀을 이루고, 이 두 진술들은 3:1-13에 나오는 바울의 목표들에 관한 진술을 낳는다. 내가 다른 근거들 위에서 초기 기독교 세계관의 바울 판본의 심장부에 놓여 있다는 것을 논증한 바 있는 교회의 연합과 성결은 4:1–6:9에서 다루어지고 있고, 끝으로 영적인 전쟁에 관한 두드러진 진술과, 내가 3:14-21에 나오는 바울 자신의 기도와 더불어서 잠시 후에 살펴보게 될 기도하라는 마지막 권면이 나온다. 1:10에서 하늘과 땅이 서로 통일되게 하고자 하는 계획이라고 말하는 것에서 이미 등장하고 있는 "성전" 주제는 2:20-22에서 명시적으로 언급되고 있고, 이 서신의 많은 부분에서 저류하고 있다. 그리고 이 모든 것이 지닌 정치적이고 문화적인 목표는, 모든 나라와 민족의 사람들로 구성되는 회중이라는 새로운 실체를 "통치자들" 및 "권세들"과 대비시키는 3:10에서 명시적으로 드러난다. 이미 갈라디아서와 고린도전서를 썼고, 이제 고린도후서와 특히 로마서에 이어서, 머지않아 빌립보서와 골로새서와 빌레몬서를 쓰게 될 바울이 에베소의 감옥에 있으면서, 일정 정도 화려하고 현란한 아시아적인 문체를 채택해서, 자신의 기본적인 가르침의 많은 부분을 요약적인 형태로 집약하여, 이 지역의 모든 교회들에게 보낼 회람용 서신을 쓰려고 결심하였다면, 우리는 그 결과로서 나왔을 서신은 에베소서 같은 것이 되었을 것임을 쉽게 짐작할 수 있다. 그리고 바울이 "에베소서"를 이미 써둔 골로새와 함께 동일한 사자를 통해 가까운 라오디게아에 있는 교회에 전달하고자 하였다면, 그는 "에베소서"를 "라오디게아에 보내는 서신"으로 지칭하였을 가능성이 크다.[91] 고대 역사와 관련된 대부분의 것들이 그렇듯이, 이러한 가설은 여전히 증명이 불가능하기 때문에, 여섯에 여섯을 더해서 열다섯이 된다고 말하는 것일 가능성도 있지만, 열다섯이 아니라 열둘이라고 말하는 것이 될 수도 있다. 하지만 어쨌든 이러한 가설은 19세기의 자유주의적인 개신교 사상을 바울에게 덧씌워서, 거기에 비추어 보았을 때에 에베소서는 바울의 사상과 맞지 않고, 따라서 진정한 서신이 아니라고 선언하는 것보다는 훨씬 낫다.

그렇다면, 이것은 우리를 어느 지점에 두는가? 우리는 바울이 명시적으로 말한

91) 나는 이것을 Wright, 1986b [*Col. and Philem.*], 160에서 Lightfoot와 Caird를 인용해서 말하였다.

계획들 및 "화해의 사역"을 맡았다는 자신의 사명에 대한 진술과의 관련성 속에서 그의 목표들과 의도들을 이미 살펴본 바 있다. 그리고 나는 이것은 궁극적으로 성전 비전이었다고 주장한 바 있다. 즉, 바울은 한 분 유일하신 하나님이 온 세계 속에 자신의 영으로 말미암아 임재를 견고히 하고자 하고 있고, 그러한 임재를 구현할 공동체들을 복음을 통해서 탄생시키는 것이 자신의 소명이라고 믿었다는 것이다. 그러나 그러한 공동체들을 건설하는 일은 하나님과 세계 간의 화해, 하나님과 인간 간의 화해, 특히 사람들 서로 간의 화해를 이루어 나가는 일이었기 때문에, 대규모의 우주적 비전은 현실의 삶, 현실의 인간들 사이에서의 갈등들, 현실의 교회들과 개개인들의 모든 면면에서 드러날 수밖에 없었다. 이것은 우리가 시작했던 지점, 즉 우리가 본서의 첫머리에서 바울이 빌레몬과 오네시모를 메시야 안에서의 형제들로 한데 묶고자 단단히 결심한 것을 보았던 지점이고, 어떤 의미에서는 우리가 본서를 끝내야 하는 지점이기도 하다.

우리는 위의 제1장에서 진정한 의미에서의 어리석음을 발휘해서, 빌레몬과 오네시모가 역사와 신학의 역할을 처음에는 이런 방식으로, 다음으로는 저런 방식으로 수행하고 있는 것으로 볼 수 있는 가능성들을 타진해 본 바 있다. 본서를 끝내면서, 나는 내가 바울을 바로 그러한 좀 더 큰 화해의 탁월한 준거점으로 충분히 제대로 설명해 내었기를 소망한다. 역사, 그리고 역사의 한 가지로서의 석의는 너무나 오랫동안 신학으로부터 분리되어 왔고, 역사와 신학 간의 상호적인 의심과 비방은 광범위하게 만연되어 있어서 서로에게 심각한 타격을 입혀 왔다.

특히, 나는 바울과 그의 공동체들, 그리고 바울이 자신의 공동체들 속에서 반복해서 잘 가르치고자 최선을 다하였던 세계관에 대한 역사적 연구(제2부)를 바탕으로, 바울이 우리가 그의 신학이라고 부를 수 있는 완전히 새로운 종류의 학문, 즉 그가 성경을 토대로 해서 기도하는 가운데 하나님과 하나님의 백성과 하나님의 미래에 대하여 공동체적으로 성찰하여 교회들에 가르친 것들로 이루어진 신학을 발전시킬 수밖에 없었다는 것을 논증한 바 있다. 바울은 이 신학이 없다면, 연합되고 성결한 교회라는 세계관의 중심적인 상징은 한낱 환상에 불과하게 될 것이라고 믿었고, 이후에 전개된 교회의 역사는 그의 그러한 믿음이 옳았다는 것을 풍부하게 증언해 준다. 즉, 신학이 왜곡되거나 완전히 추방되었을 때, 교회의 연합과 성결은 훼손되거나 희미해지고, 종종 별 것 아닌 것으로 치부되기까지 한다. 신학이 일반적으로나 특정한 측면에서 역사로부터 분리되거나, 바울을 비롯한 초기 그리스도인들에 의해 씌어진 본문들에 대한 실제적인 역사적 석의로부터 분리될 때, 그 신학의 성격은 아주 철저하게 변질된다. 본서는 이러한 좀 더 큰 화해의 과제를 역사라는 측면으로부터 접근해서, 바울은 그의 실제적인(복잡하기는 하지만) 역사적 맥락 속에 두고, 그의 글들, 특히 그가 새롭게 제조해낸 "신학"에 대한 역사적이고 석의적인 설명을 제시하고자 시도해 왔다. 나는 신학적으로 유용한 부스러기들이 석의자들의 식탁에서 떨어지기를 바라고 — 또는, 석의라는 나사렛 동네로부터 무엇인가 선한 것이 나오기를 바라고 — 오랜 시간 동안 기다려 온 "신학자들"은, 바울에 대한 이러한 설명이 "기독교 신학"이라는 학문분과가 실제로 어떻게 그리고 왜 시작되었는지에 관한 새로운 가설을 제시하고, 기독교 신학의 중심적인 주제들인 기독론과 성령론, 구원론과 종말론을 비롯한 그 밖의 다른 "-론들"에 대한 새로운 연구 노선을 제시하는데 신학적으로 유익하다는 것을 발견하고서, 아마도 깜짝 놀라게 되기를 소망한다. 내가 이런 식으로 말하는 의도는 전적으로 내가 염두에 두고 있는 다중적인 화해들은 온갖 종류의 과제들, 특히 교회와 신학 간에 여전히 넓게 벌어져 있는 깊은 갈등의 골들과 관련된 과제를 지향하고 있다고 말하는 것일 뿐이다. 그동안에 바울에 대한 연구는 이러한 많은 갈등의 골들 때문에 어려움을 겪어 왔다. 이제는 그러한 과정이 역으로 진행되어서, 바울에 대한 연구가 그러한 것들의 화해의 도구가 되는 일이 벌어진다면, 그것은 좋은 일이 될 것이다.

4. 결론: 고귀한 만나

이 모든 것은 결론적으로 우리의 눈이 바울의 가장 깊고 변함없는 "목표"로 남아 있었던 실천이라는 관점에서 "바울이 진정으로 무엇을 행하였는가"를 바라보고 있음을 보여준다. 우리가 바울의 영혼이 생각하고 있는 것을 찾아내어 표현하고, 약속된 유업을 향하여 나아가는 순례길에 있는 그의 마음을 살피며, 그의 설명을 따라 하나님의 숨이 자기 안에서 신음하며 마음을 감찰하는 이가 말로 표현될 수 없는 그 신음소리를 듣고 있는 바로 그 순간에 그의 내면에 있는 가장 깊은 목표들과 의도들을 포착해 내고자 하였을 때, 우리는 만물이 듣고 두려워하는 일종의 곡조이자 그의 내면 깊은 곳에서부터 끊임없이 울려나온 곡조였던 것, 즉 내용에 있어서나 형식에 있어서나 헬라인들에게는 어리석은 것이고 유대인들에게는 거리끼는 것이었을 복음을 그의 속에서 찾아낼 수 있고, 그의 이 모든 행위들과 활동들은 다 그 복음으로부터 흘러나온 것임을 알게 된다. 우리는 몇몇 대목들에서 바울의 기도들은 단지 그의 신학적이거나 실제적인 가르침의 바깥쪽에 붙어 있는 경건한 행위였던 것이 아니라, 그 가르침의 핵심에 속한 것임을 지적한 바 있다. 기도는 종착지였고, 출발점이었다.

고린도전서 8:6에 나오는 대단한 갱신된 "셰마"는 그 분명한 첫 번째 예이다. 기독론적으로 수정된 유대 민족의 기도는 고도로 실천적인 가르침의 신학적 핵심을 형성한다: 아버지인 한 분 하나님, 한 주인 메시야 예수, 만물이 주로 말미암아 아버지에게서 나온다는 것.[92] 웨인 믹스(Wayne Meeks)가 30년 전에 보았듯이, 적절하게도 기도문의 형태로 된 이 수정된 유일신론은 바울의 사회문화적 비전의 중심에 있었다.[93]

마찬가지로, 얼핏 보면 지나치게 화려한 어구들로 장식되어 있는 것처럼 보이는 송영들은 단지 어떤 다른 것에 "관한" 논증을 다 마친 후에 경건하게 보이려고 마지막에 덧붙인 장식품들이었던 것이 아니라, 관련된 논증이 내내 전개해 온 것을 마지막으로 마무리하는 적절하고 합당한 결론에 속한 것들이었다. 이것을 보여주는 자연스러운 예는 로마서 9-11장의 처음과 끝에 위치해서 그 틀을 이루고 있는 시작 부분에서의 9:5의 송영과 결론 부분에서의 11:33-36의 송영인데, 이 두 송영은 이 놀랍고 탁월한 본문의 곳곳에 그 빛을 비추는 가운데, 이 본문의 중심에서 서로 만나, 다음과 같은 진술을 이끌어낸다: "네가 네 입으로 예수를 주로 시인하고, 하나님께서 그를 죽은 자 가운데서 살리신 것을 네 마음에 믿으면 구원을 받으리라 … 동일한 주가 모든 사람의 주이시고, 그를 부르는 모든 사람에게 부요하시며, 누구든지 주의 이름을 부르는 자는 구원을 받을 것이기 때문에, 유대인이나 헬라인이나 차별이 없다."[94] 칠십인역에서는 분명히 야웨를 가리키고 로마서 10장에서는 분명히 예수를 가리키는 '퀴리오스"(kyrios)를 기도 중에 부르는 대목은 9:1-5의 고통스러운 기도와 그 끝에 나오는 얼핏 보면 수수께끼 같은 송영이 크게 기뻐하며 송축하는 11:33-36의 송영이 만나는 지점이다. 여러분이 세계의 창조주인 한 분 유일하신 하나님이 계약에 신실하신 하나님이라는 것 — 이것은 로마서 9-11장, 그리고 일정 정도는 바울이 말하고 쓴 모든 것의 전체적인 핵심이다 — 을 믿는다면, 이 하나님에 대하여 쓰는 가장 적절하고 합당한 방식은 추상적인 강론이 아니라 기도와 찬송이다. 여기에서 바울은 옛적의 이스라엘에서 끊임없이 드렸던 기도의 삶을 메시야 백성의 갱신된 기도의 삶을 한데 결합시킨 그리스도인들의 기도문이 천지에 울려퍼지게 하여, 그가 교회를 세울 때와 마찬가지로 그의 글 속에서도

92) 위의 제9장 제3절 2) (3)를 보라.
93) Meeks, 1983, 164-70을 보라.
94) 롬 10:9, 12f.

성전을 세워서, 하늘이 이 평범한 세계 속에 출현하게 하고, 티끌로 만들어진 인간들이 새 생명의 옷을 입을 수 있게 하고 있다.

우리는 하나님의 사랑을 주된 주제로 하는 복음 속으로 깊이 파고들어가서, 지금까지 씌어진 가장 길고 탁월한 기도문들 중의 하나를 만들어 내고 있는 에베소서 3:14-21에 대해서도 동일한 말을 할 수 있다:

> 이것으로 인해서, 나는 하늘과 땅에 있는 각 족속에게 "족속"이라는 이름을 주시는 분인 아버지 앞에 무릎을 꿇고 있다. 나의 기도는 이것이다: 그가 그의 영광의 풍성함을 따라 그의 성령으로 말미암아 너희 속사람을 능력으로 강건하게 하시고, 믿음으로 말미암아 메시야께서 너희 마음에 계시게 하시며, 너희가 사랑 가운데서 뿌리가 박히고 터가 굳어져서 모든 성도와 함께 지식에 넘치는 메시야의 사랑을 알아 그 너비와 길이와 높이와 깊이가 어떠함을 깨닫게 하셔서, 하나님의 모든 충만하신 것으로 너희에게 충만하게 하시기를 기원한다.
>
> 우리 가운데서 역사하시는 능력대로 우리가 구하거나 생각하는 모든 것에 더 넘치도록 능히 하실 이에게 교회 안에서와 메시야 예수 안에서 영광이 대대로 영원무궁하기를 원한다! 아멘.

이것은 성전 언어이고, (초보적인) 삼위일체적인 언어이며, 우주적 언어이고, 믿음과 소망, 특히 무엇보다도 사랑의 언어이다. 여기에는 유일신론, 선민론, 종말론이 서로 결합되어 있다. 이것은 바울에게 있어서 중심적인 세계관 상징이자 예수가 주라는 것을 권세들에게 보여주는 증표(3:10-11)인 연합되고 거룩한 공동체의 맥동하는 심장이다. 후대의 부드러운 시 언어로 표현하자면, 이것은 부드러움, 평화, 기쁨, 사랑, 지극한 복이다. 바울이 자신의 청중들에게 "끊임없이 기도하라"고 말하고, 자기 자신도 그렇게 하고 있다고 말할 때, 그는 성전에서 날마다 드려졌던 제사와 분향을 반영한 이런 종류의 끊임없는 송축과 중보기도를 염두에 두고 있었던 것으로 보인다.[95] 이것은 유대인들의 아주 많은 기도문의 경우와 마찬가지로, 현재의 폐허더미 가운데서 드려진 소망의 기도였다. 바울은 감옥에 갇힌 채로, 자신이 에베소서 6:10-20에서 말하였듯이, "통치자들" 및 "권세들"과 씨름하며, "밖으로는 싸움들과 안으로는 두려움들"을 겪는 가운데서,[96] 자신의 가장 풍부한 사고의 핵심을 집약해서 표현하고 담아낸 기도문을 통해 하나님의 도우심을 구한

95) 살전 5:17; cf. 롬 1:9; 살전 1:3; 2:13; 마찬가지로, 롬 12:12; 엡 6:18; 빌 4:6; 골 4:2. 성전 예배와 동등한 것으로서의 기도에 대해서는 cf. 시 141:2; 단 9:21 등.

96) 고후 7:5.

다. 교회에서 일하는 모든 사람에게 잘 알려져 있는 "아직"(not yet)으로 인하여 불가피한 슬픔과 좌절은 언제나 복음의 "이미"와 "이제"(now)와 균형을 이루는 가운데, 그들로부터 기도와 소망을 불러일으킨다. 그 "이제"가 기도 속에서 일어나기 위해서는 반드시 신학이 있어야 하고, 그 "이제"가 신학 속에서 일어나기 위해서는 기도가 있어야 한다.

단지 기도만 있어서도 안 되고, 단지 신학만 있어서도 안 된다. 이 모든 것의 중심에 있어서 사고를 형성시키고 헌신에 불을 지피는 것은 "메시야 우리 주 예수 안에 있는 하나님의 사랑"(로마서 8:39)이다. 십자가에 못 박혔다가 부활한 메시야가 놀랍게도 하늘과 땅이 만난 자리, 즉 참된 성전이었고 새로운 창조의 출발점이었다면, 그리고 성령이 내주하는 사람들이 "셰마"를 지킬 수 있는 능력을 얻어서, 주권적으로 자기 자신을 준 하나님의 사랑에 응답하여 진심으로 하나님을 사랑함으로써, 신명기에서 말한 저 옛적의 비전을 성취하고, 아울러 이교의 철학자들 중에서 가장 분별 있는 자들조차도 단지 추측만 할 수 있었던 하늘과 땅의 깊은 관계를 발견할 수 있었다고 한다면, 그 사랑을 기쁜 마음으로 송축하는 것은 모든 목표들 중에서 가장 깊은 "목표"이자, 바울에게 있어서 오랫동안 선택이나 결정의 문제가 아니라 사고체계의 문제임과 동시에 마음의 가장 깊은 습성의 문제가 되었던 예배의 중심적인 행위가 된 것은 지극히 자연스러운 일이었다. "하나님의 아들이 나를 사랑하여 나를 위해 자기 자신을 주셨다." "메시야의 사랑이 우리를 강권하고 있다." "하나님이 우리에게 주신 성령으로 말미암아 하나님의 사랑이 우리 마음속에 부어졌다." "하나님께서는 우리가 아직 죄인들이었을 때에 메시야를 보내어 우리를 위해 죽게 하심으로써 우리를 향한 자신의 사랑을 나타내 보여주셨다." "누가 우리를 메시야의 사랑으로부터 떼어놓겠는가?" "사망이나 생명이나 … 그 어떤 피조물도 우리를 메시야 우리 주 예수 안에 있는 하나님의 사랑으로부터 떼어놓을 수 없을 것이다."[97] 현재나 미래와 마찬가지로, 과거도 속량되었다. 이 메시야적인 계기는 "진보"나 "파국"과 아무 상관이 없었다. 새로운 피조세계가 여기에 존재하고, 우리는 이제 찬송과 중보기도를 통해서 그 세계를 얼핏 보며, 무엇보다도 사랑 안에서 알게 된다. 사도적 소명은 바로 이 새로운 피조세계를 위해 일하는 것이었다.

이것은 기도의 언어이고, 따라서 신학의 언어, 즉 바울이 옛적의 유대적인 요소들을 가져다가 메시야와 성령을 중심으로 새롭게 빚어낸 "기독교 신학"이라 불리

97) 갈 2:20; 고후 5:14; 롬 5:5, 8; 8:35, 39.

는 새로운 것에 관한 언어이기도 하다. 허버트(Herbert)는 찬송은 계속해서 먹이지 않으면 죽는다고 말하였다. 갱신된 찬송인 바울의 송영들은, 역사적으로 여러 세계들이 서로 융합되어서 신학적으로 폭발성을 지닌 곳, 즉 아테네와 예루살렘 사이, 하나님의 나라와 세계의 여러 왕국들 사이, 빌레몬과 오네시모 사이, 역사와 신학 사이, 석의와 교회의 삶 사이, 하늘과 땅 사이에 자리하고 있다. 가운뎃점에서의 모임. 이것은, 계약에 대한 창조주 하나님의 신실하심을 단번에 드러낸 결정적으로 묵시론적인 사건이자, 세계사 속에 각인되고 메시야를 믿는 믿음을 지니고 "메시야 안에" 있는 모든 자들의 마음과 삶 속에 각인되어서 그 특성과 본성을 형성시키는 진리인 십자가의 형태로 조형되고 만들어진 언어이다. 바울에게 있어서 기도와 신학은 십자가에 못 박혔다가 부활한 메시야의 유일무이한 역사에서와 마찬가지로, 그의 개인적인 역사 속에서도 서로 만났다. 바울의 "목표들," 즉 그의 사도적 소명은 하나님의 신실하심을 모델로 한 것이었다. 집중되고 결집되어서, 기도는 신학이 되고, 신학은 기도가 되었다. 무엇인가가 이해되었다.

약어표/참고문헌

FULL BIBLIOGRAPHY OF WORKS REFERRED TO IN PARTS I–IV

Abbreviations

1. Stylistic Shorthands

ad fin.	at the end
ad loc.	at the [relevant] place
alt.	altered
b.	born
bib./bibliog.	bibliography
bk.	book
c.	circa
cf.	confer
ch(s).	chapter(s)
C*n*.	*nth* century
com.	commentary
contra	against
cp.	compare
d.	died
ed(s).	edited by
edn(s).	edition(s)
e.g.	for example
esp.	especially
et al.	and others
etc.	et cetera
f.	and the following (verse, page or line)
fl.	flourished
foll.	following
fr./frag.	fragment(s)
Gk.	Greek
Heb.	Hebrew
ib./ibid.	the same place
id./idem	the same person
introd.	introduction/introduced by
ital.	italics
loc. cit.	in the place cited
mg.	margin
MS(S)	manuscript(s)

n.	(foot/end)note
nb.	note well
n.d.	no date
orig.	original/originally
pace	with all due respect to different opinion
par(r).	parallel(s) (in the synoptic tradition)
passim	throughout
pt.	part.
pub.	published
qu.	quoting/quoted
R.	Rabbi
ref(s).	reference(s)
rev.	revision/revised by
sc.	presumably
sic	thus (acknowledging an error in original)
subsequ.	subsequent
s.v(v).	under the word(s)
tr.	translation/translated by
v(v).	verse(s)
vol(s).	volume(s).

2. Primary Sources

ADPB	*The Authorised Daily Prayer Book of the United Hebrew Congregations of the British Commonwealth of Nations*, tr. S. Singer. New edn. London: Eyre & Spottiswoode, 1962.
Ael. Arist.	Aelius Aristides (*Orat.=Oration*)
Aesch.	Aeschylus (*Ag.=Agamemnon; Eumen.=Eumenides; Pers.=Persians*)
ANF	*The Ante-Nicene Fathers*, ed. A. Roberts, J. Donaldson et al. 10 vols. Buffalo: The Christian Literature Publishing Company, 1887.
Apuleius	Apuleius (*Met.=Metamorphoses*)
Arist.	Aristotle (*De An.=De Anima; Hist. An.=Historia Animalium; Nic. Eth. =Nichomachean Ethics; Pol.=Politics; Pr.=Problems*)
Aristides	Aristides (*Apol.=Apology*)
Aristoph.	Aristophanes (*Birds=The Birds; Ecclesiaz.=Ecclesiazousae; Frogs=The Frogs*)
Aug.	Augustine (*Civ. Dei=City of God*)
Aulus Gellius	Aulus Gellius (*Noct. Att.=Noctes Atticae*)
AV	Authorized ['King James'] Version
Calpurnius Siculus	Calpurnius Siculus (*Ecl.=Eclogues*)
Cic.	Cicero (*Amic.=De Amicitia; Att.=Epistulae ad Atticum; De Div.=De Divinatione; De Leg.=De Legibus; De Nat. De.=De Natura Deorum; Ends=De Finibus Bonorum et Malorum; Har. Resp.=De Haruspicum Responsis; Part. Or.=De Partitionibus Oratoriae; Phil.=Philippicae*)
Clem.	Clement of Alexandria (*Strom.=Stromata*)

Danby	H. Danby, *The Mishnah, Translated from the Hebrew with Introduction and Brief Explanatory Notes*. Oxford: Oxford University Press, 1933.
Diels, *Vorsokr.*	H. A. Diels, *Die Fragmente der Vorsokratiker*. 6th edn. 3 vols. Hildesheim: Weidmann, 1951–2 [1903].
Digest	*The Digest of Justinian*. 4 vols., ed. A. Watson. Philadelphia: University of Pennsylvania Press, 1985.
Dio Cassius	Dio Cassius (*Hist.=Historia Romana*)
Dio Chrys.	Dio Chrysostom (*Orat.=Oration*)
Diod. Sic.	Diodorus Siculus
Diog. Laert.	Diogenes Laertius (*Lives/Vit. Philos.=Lives and Opinions of Eminent Philosophers*)
Dionysius of Halicarnassus	(*Ant. Rom.=Roman Antiquities*)
Ep. Diog.	*Epistula ad Diognetum*
Epict.	Epictetus (*Disc.=Discourses*; *Ench.=Encheiridion*)
Eurip.	Euripides (*Hippol.=Hippolytus*)
EV(V)	English Version(s) of the Bible
Gal.	Galen (*Anim. Pass.=Passions of the Soul*)
GM/T	F. García Martínez and E. J. C. Tigchelaar, *The Dead Sea Scrolls Study Edition*. 2 vols. Leiden: Brill, 1997–8.
Hdt.	Herodotus
Heraclit.	Heraclitus (presocratic philosopher) (*Ep.=Epistles*)
Hermog.	Hermogenes (*Inv.=On Finding*)
Hesiod	Hesiod (*Op.=Works and Days*)
Hippolytus	Hippolytus (*Ref. Omn. Haer.=Refutation of All Heresies*)
Homer	Homer (*Il.=Iliad*; *Od.=Odyssey*)
Hor.	Horace (*Ep.=Epistles*; *Epod.=Epodes*; *Carm.=Carmen Saeculare*; *Od. =Odes*; *Sat.=Satires*)
Ign.	Ignatius of Antioch (*Eph.=To the Ephesians*)
Inscr. Cos.	*The Inscriptions of Cos*, ed. W. R. Paton and E. L. Hicks. Oxford: Oxford University Press, 1891.
Iren.	Irenaeus (*Adv. Haer.=Adversus Haereseis*)
Jer.	Jerome (*De Vir. Ill.=De Viris Illustribus*)
Jos.	Josephus (*Ap.=Against Apion*; *War=The Jewish War*; *Ant.=Jewish Antiquities*)
JosAs	*Joseph and Aseneth*
Just.	Justin Martyr (*Apol.=Apology*; *Dial.=Dialogue with Trypho*)
Juv.	Juvenal (*Sat.=Satires*)
LAB	*Liber Antiquitatum Biblicarum* (=Pseudo-Philo)
Livy	T. Livy, *History of Rome* (*Praef.*='Preface')
Lucan	Lucan (*Bell. Civ.=Bellum Civile*)
Lucr.	Lucretius (*De Re. Nat.=De Rerum Natura*)
LW	*Luther's Works*. Minneapolis: Fortress; St Louis: Concordia. 1957– .
LXX	Septuagint version of the Old Testament
Macrobius	Macrobius (*Sat.=Saturnalia*)
Martial	Martial (*Epig.=Epigrams*)
MT	Masoretic Text (of the Hebrew Bible)

Mt. Pol.	*Martyrdom of Polycarp*
NH	Nag Hammadi
NPNF	*The Nicene and Post-Nicene Fathers*, ed. P. Schaff et al. 1st series: 14 vols; 2nd series: 13 vols. Buffalo: The Christian Literature Publishing Company, 1886–98.
NT	New Testament
NTA	*New Testament Apocrypha*, ed. E. Hennecke and W. Schneemelcher. 2 vols. London: SCM Press, 1963–5 [1959–64].
OGI	*Orientis Graeci Inscriptiones Selectae*, ed. W. Dittenberger. 2 vols. Hildesheim: Olms, 1960 [orig.: Leipzig: Hirzel, 1903–5].
Origen	Origen (*De Princ.=De Principiis*)
OT	Old Testament
Ovid	Ovid (*(Ep. ex) Pont.=Epistulae ex Ponto*; *Fast.=Fasti*; *Met.= Metamorphoses*; *Trist.=Tristia*)
Paus.	Pausanias (*Descr. Graec.=Description of Greece*)
Philo	Philo of Alexandria (*(De) Spec. Leg.=De Specialibus Legibus; Dec.=De Decalogo; Flacc.=In Flaccum; Fug.=De Profugis (or, De Fuga et Inventione); Leg.=Legum Allegoriae; (Migr.) Abr.=De Migratione Abrahami; De Mut. Nom.=De Mutatione Nominum; Omn. Prob. Lib.=Quod omnis probus liber sit; (De) Praem.=De Praemiis et Poenis; Post.=De posteritate Caini; Quaest. Gen.=Quaestiones in Genesin; Quis rer.=Quis rerum; (De) Somn.=De Somniis; Spec.=De Specialibus Legibus; Virt.=De Virtutibus; Vit. Cont.=De Vita Contemplativa; Vit. Mos.=De Vita Mosis*)
Philostr.	Philostratus (*Apoll.=Life of Apollonius of Tyana*; *VS=Vitae Sophistarum*)
Pind.	Pindar (*Ol.=Olympian Odes*; *Pyth.=Pythian Odes*)
Plato	Plato (*Apol.=Apology*; *Crat.=Cratylus*; *Phaedr.=Phaedrus*; *Protag.=Protagoras*; *Rep.=Republic*; *Tim.=Timaeus*)
Pliny	Pliny the Elder (*NH=Natural History*)
Pliny	Pliny the Younger (*Ep.=Epistulae*)
Plut.	Plutarch (*Alex.=Life of Alexander*; *Ant.=Life of Antony*; *Comm. Not.=de Communibus Notitiis*; *Mor.=Moralia*; *Peric.=Life of Pericles*; *Them.=Themistocles*; *Tranq.=De Tranquillitate Animi*)
Porphyry	Porphyry (*De Antr. Nymph.=De Antro Nympharum*)
Ps-Phil.	Pseudo-Philo, *Liber Antiquitatum Biblicarum*
RG/Res Gest.	*Res Gestae Divi Augusti*
SB	H. L. Strack and P. Billerbeck, *Kommentar zum Neuen Testament aus Talmud und Midrasch*. 6 vols. Munich: C. H. Beck, 1926–56.
Sen.	Seneca the Younger (*Ben.=De Beneficiis; Clem.=De Clementia; De Prov.=De Providentia; Ep.=Epistles; Ep. Mor.=Moral Epistles; N.Q.=Naturales Quaestiones*)
Suet.	Suetonius (*Aug.=Augustus; Calig.=Caligula; Claud.=Claudius; Dom. =Domitian; Gal.=Galba; Iul.=Julius Caesar; Ner.=Nero; Tib.=Tiberius; Vesp.=Vespasian*)
Tac.	Tacitus (*Agric.=Agricola*; *Ann.=Annals*; *Dial.=Dialogue on Oratory*; *Hist. =Histories*)
Tert.	Tertullian (*Ad Scap.=Ad Scapulam; Apol.=Apology; De Anim.=De Anima; Scorp.=Scorpiace*)

Val. Max.	Valerius Maximus
Vell. Pat.	Velleius Paterculus (*Hist.=Compendium of Roman History*)
Virg.	Virgil (*Aen.=Aeneid*; *Ec.=Eclogues*; *Georg.=Georgics*)
Vitr.	Vitruvius

3. Secondary Sources, etc.

AB	Anchor Bible
ABD	*Anchor Bible Dictionary*, ed. D. N. Freedman. 6 vols. New York: Doubleday, 1992.
ABRL	Anchor Bible Reference Library
AGJU	*Arbeiten zur Geschichte des antiken Judentums und des Urchristentums*
BDAG	*A Greek-English Lexicon of the New Testament and Other Early Christian Literature*. 3rd edn., rev. and ed. Frederick W. Danker, based on W. Bauer's *Griechisch-Deutsch Wörterbuch*, 6th edn., and on previous English edns. by W. F. Arndt, F. W. Gingrich, and F. W. Danker. Chicago and London: University of Chicago Press, 2000 [1957].
CD	Karl Barth, *Church Dogmatics* [ET of *KD*]. Edinburgh: T&T Clark, 1936–69.
DJD	*Discoveries in the Judaean Desert*
ESV	English Standard Version
Exp. T.	*Expository Times*
FS	Festschrift
HGBK	N. T. Wright, *How God Became King: The Forgotten Story of the Gospels*. San Francisco: HarperOne; London: SPCK, 2012.
IBC	Interpretation: A Bible Commentary for Teaching and Preaching
ICC	International Critical Commentary
IGR	*Inscriptiones Graecae ad res Romanas pertinentes*, ed. R. Cagnat et al. Paris, 1911–27.
ILS	*Inscriptiones Latinae Selectae*, ed. H. Dessau. Berolini, 1892–1916.
JB	Jerusalem Bible
JSJSup	Journal for the Study of Judaism Supplements
JSNTSup	Journal for the Study of the New Testament Supplements
JSOTSup	Journal for the Study of the Old Testament Supplements
JSPL	*Journal for the Study of Paul and His Letters*
JVG	N. T. Wright, *Jesus and the Victory of God* (vol. 2 of Christian Origins and the Question of God). London: SPCK; Minneapolis: Fortress, 1996.
KD	Karl Barth, *Kirchliche Dogmatik*
KJV	King James ['Authorized'] Version
KNT	N. T. Wright, *The Kingdom New Testament*. San Francisco: HarperOne, 2011 [US edn. of *NTE*].
KRS	G. S. Kirk, J. E. Raven and M. Schofield, eds., *The Presocratic Philosophers: A Critical History with a Selection of Texts*. 2nd edn. Cambridge: Cambridge University Press, 2007 [1957].
LCL	Loeb Classical Library (various publishers, currently Cambridge, MA and London: Harvard University Press).

LS	C. T. Lewis and C. Short, *A Latin Dictionary*. Oxford: Clarendon Press, 1996 [1879].
LSJ	H. G. Liddell and R. Scott, *A Greek–English Lexicon*, 9th edn. by H. S. Jones and R. McKenzie, with suppl. by P. G. W. Glare and A. A. Thompson. Oxford: Oxford University Press, 1996 [1843].
NA (25)	Nestle-Aland *Novum Testamentum Graece* (25th edn.)
NEB	New English Bible
NIB	*The New Interpreter's Bible*. 12 vols. Nashville: Abingdon, 1994–2002.
NIV	New International Version
NJB	New Jerusalem Bible
NovTSup	Novum Testamentum Supplements
NP	'new perspective' (on Paul)
NRSV	New Revised Standard Version
NTE	N. T. Wright *The New Testament for Everyone*. London: SPCK, 2011 [UK edn. of *KNT*].
NTPG	N. T. Wright, *The New Testament and the People of God* (vol. 1 of Christian Origins and the Question of God.). London: SPCK; Minneapolis: Fortress, 1992.
OCD	*The Oxford Classical Dictionary*, eds. S. Hornblower and A. Spawforth. 3rd edn. Oxford: Oxford University Press, 1996.
ODCC	*The Oxford Dictionary of the Christian Church*, ed. E. A. Livingstone. 3rd edn. Oxford: Oxford University Press, 1997.
OTP	*The Old Testament Pseudepigrapha*, 2 vols., ed. J. H. Charlesworth. New York: Doubleday, 1983, 1985.
REB	Revised English Bible
RSG	N. T. Wright, *The Resurrection of the Son of God* (vol. 3 of Christian Origins and the Question of God). London: SPCK; Minneapolis: Fortress, 2003.
RSV	Revised Standard Version
RV	Revised Version
SB	H. L. Strack and P. Billerbeck, *Kommentar zum Neuen Testament aus Talmud und Midrasch*. 6 vols. Munich: C. H. Beck, 1926–56.
SBL	Society of Biblical Literature
SVF	*Stoicorum Veterum Fragmenta*, ed. H. von Arnim. 4 vols. Leipzig: Teubner, 1903–24.
TDNT	*Theological Dictionary of the New Testament*, ed. G. Kittel and G. Friedrich. 10 vols. Grand Rapids: Eerdmans, 1964–76.
WUNT	Wissenschaftliche Untersuchungen zum Neuen Testament

A

PRIMARY SOURCES

1. Bible

Biblia Hebraica Stuttgartensia, ed. K. Elliger and W. Rudolph. 5th edn. Stuttgart: Deutsche Bibelgesellschaft, 1997 [1967].

Septuaginta: Id est Vetus Testamentum Graece iuxta LXX interpres, ed. A. Rahlfs. 2 vols. in 1. Stuttgart: Deutsche Bibelgesellschaft, 1979 [1935].

Novum Testamentum Graece, ed. B. Aland, K. Aland, J. Karavidopoulos, C. M. Martini, and B. M. Metzger. 27th edn., revised. Stuttgart: Deutsche Bibelgesellschaft, 1993 [1898].

The Holy Bible with the Books Called Apocrypha: The Revised Version with the Revised Marginal References. Oxford: Oxford University Press, n.d. [1898].

The Holy Bible, Containing the Old and New Testaments with the Apocryphal/Deutero~canonical Books: New Revised Standard Version. New York and Oxford: Oxford University Press, 1989.

The New Testament for Everyone. Tr. Tom Wright. London: SPCK, 2011 (US edn.: *The Kingdom New Testament*. San Francisco: HarperOne).

2. Other Jewish Texts

The Mishnah, Translated from the Hebrew with Introduction and Brief Explanatory Notes, ed. and tr. H. Danby. Oxford: Oxford University Press, 1933.

The Babylonian Talmud, ed. I. Epstein. 36 vols. London: Soncino, 1935–8.

The Minor Tractates of the Talmud, ed. A. Cohen. 2 vols. London: Soncino, 1965.

Midrash Rabbah, tr. and ed. H. Freedman and M. Simon. 2nd edn. 10 vols. London: Soncino, 1951 [1939].

Pesikta Rabbati, ed. M. Friedman. Vienna: Kaiser, 1880.

Pirḳê de Rabbi Eliezer, tr. and ed. Gerald Friedlander. New York: Hermon Press, 1965.

(For other rabbinic literature, and details of Targumim, etc., cf. Schürer 1.68–118.)

The Old Testament Pseudepigrapha, ed. J. H. Charlesworth. 2 vols. Garden City, NY: Doubleday, 1983–5.

The Apocryphal Old Testament, ed. H. F. D. Sparks. Oxford: Clarendon Press, 1984.

The Authorised Daily Prayer Book of the United Hebrew Congregations of the British Commonwealth of Nations, tr. S. Singer. New edn. London: Eyre & Spottiswoode, 1962.

Josephus: *Works*, ed. H. St. J. Thackeray, R. Marcus, A. Wikgren and L. H. Feldman. 9 vols. LCL, 1929–65.

Philo: *Works*, ed. F. H. Colson, G. H. Whitaker, J. W. Earp and R. Marcus. 12 vols. LCL, 1929–53.

Qumran: *Discoveries in the Judaean Desert*, ed. D. Barthélemy et al. 39 vols. Oxford: Clarendon Press, 1955–2002.

——, *Die Texte aus Qumran*, ed. E. Lohse. Darmstadt: Wissenschaftliche Buchgesellschaft, 1964.

——, *The Dead Sea Scrolls. Hebrew, Aramaic, and Greek Texts with English Translations*, ed. J. H. Charlesworth. 10 vols. Tübingen: Mohr; Louisville: Westminster John Knox Press, 1994–.

——, tr.: F. García Martínez, *The Dead Sea Scrolls Translated: The Qumran Texts in English*. Leiden: Brill, 1994.

——, tr.: G. Vermes, *The Dead Sea Scrolls in English*. 4th edn. London: Penguin, 1995 [1962].

3. Other Early Christian and Related Texts

Apostolic Fathers: *The Apostolic Fathers*, ed. and tr. J. B. Lightfoot. 5 vols. London: Macmillan, 1889–90. Reprint: Peabody, MA: Hendrickson, 1989.

——, *The Apostolic Fathers*, ed. and tr. Kirsopp Lake. 2 vols. LCL, 1965.

——, *Early Christian Writings*, tr. Maxwell Staniforth, introd. and ed. A. Louth. London: Penguin, 1987 [1968].

——, *The Apostolic Fathers*, 2nd edn., tr. J. B. Lightfoot and J. R. Harmer, ed. and rev. Michael W. Holmes. Leicester: Apollos; Grand Rapids, MI: Baker, 1989.

Aristides, *Apol.*: *The Apology of Aristides on Behalf of the Christians. From a Syriac Ms Preserved on Mount Sinai*, ed. with introd. and tr. with an appendix containing the main portion of the original Greek text, by J. A. Robinson. Texts and Studies I.i. 2nd edn. Cambridge: Cambridge University Press, 1893.

Augustine, *City of God*: *De Civitate Dei Libri XXII*, ed. B. Dombart and A. Kalb. Stuttgart: Teubner, 1981.

——, tr. in *NPNF*, 1st ser., 2.1–511.

——, *City of God*, tr. H. Bettenson. Harmondsworth: Penguin, 1972.

Hippolytus: in *ANF* 5.9–259.

Irenaeus: in *ANF* 1.309–578.

Jerome, *Liber de Viris Illustribus*, in *PL* 23.602–719.

Justin: in *ANF* 1.159–306.

——, *The Writings of Justin Martyr and Athenagoras*, tr. M. Dods, G. Reith, and B. P. Pratten. Edinburgh: T&T Clark, 1870.

——, *St. Justin Martyr: The First and Second Apologies*, tr. and introd. L. W. Barnard. New York and Mahwah, NJ: Paulist Press, 1997.

Nag Hammadi texts: *The Nag Hammadi Library in English*, ed. J. M. Robinson. Leiden: Brill; San Francisco: Harper & Row, 1977.

New Testament Apocrypha, ed. E. Hennecke and W. Schneemelcher. 2 vols. London: SCM Press; Philadelphia: Westminster Press, 1963–5 [1959–64].

——, *The Apocryphal New Testament: A Collection of Apocryphal Christian Literature in an English Translation Based on M. R. James*, ed. J. K. Elliott. Oxford: Clarendon Press, 1993.

Origen: in *ANF* 4.223–669.

Tertullian: in *ANF* 3.1—4.166.

——, *Apology* and *De Spectaculis*, tr. T. R. Glover, with Minucius Felix, *Octavius*, tr. G. H. Rendall. LCL, 1931.

4. Pagan Texts

Aelius Aristides, *Panathenaic Oration*, etc., ed. C. A. Behr. 4 vols. LCL, 1973–86.

Aeschylus, tr. and ed. H. Weir Smyth and H. Lloyd-Jones. 2 vols. LCL, 1956–7 [1922–6].

Apuleius: *Apuleius, the Golden Ass, or Metamorphoses*, tr. and ed. E. J. Kenney. London: Penguin, 1998.

Aristophanes, ed. J. Henderson. 4 vols. LCL, 1998–2002.

Aristotle, *De Anima*: *On the Soul*, ed. W. S. Hett. LCL, 1936.

——, *Nicomachean Ethics*, ed. H. Rackham. LCL, 1926.

——, *The Ethics of Aristotle*, tr. J. A. K. Thomson. Harmondsworth: Penguin, 1955.

——, *Historia Animalium*, ed. A. L. Peck and D. M. Balme. 3 vols. LCL, 1965–91.

——, *Politics*, ed. H. Rackham. LCL, 1932.

——, *Problems*, tr. R. Mayhew. 2 vols. LCL, 2011.

——, *The Complete Works of Aristotle*, ed. J. Barnes. 2 vols. Princeton: Princeton University Press, 1984.

Augustus, *see under* Velleius Paterculus.

Callimachus, *Hymns and Epigrams*, tr. G. R. Mair. LCL, 1921.

Cassius Dio: see Dio Cassius.

Cicero, *De Finibus Bonorum et Malorum*, tr. H. Rackham. LCL, 1914.

——, *De Natura Deorum*: *Cicero: The Nature of the Gods*, tr. H. C. P. McGregor. London: Penguin, 1972.

——, *De Natura Deorum* and *Academica*, ed. H. Rackham. LCL, 1933.

——, *De Re Publica*, *De Legibus*, tr. C. W. Keyes. LCL, 1928.

——, *Tusculan Disputations*, tr. J. E. King. LCL, 1927.

——, *Epistulae ad Atticum*, tr. D. R. Shackleton Bailey. 4 vols. LCL, 1999.

——, *De Amicitia* and *De Diviniatione*, tr. W. A. Falconer. LCL, 1923.

——, *Philippicae*, tr. D. R. Shackleton Bailey. 2 vols. LCL, 2010.

——, *De Haruspicum Responsis*, tr. N. H. Watts. LCL, 1923.

Dio Cassius: *Dio's Roman History*, tr. H. B. Foster and E. Cary. 9 vols. LCL, 1914–27.

Diodorus Siculus, tr. C. H. Oldfather et al. 10 vols. LCL, 1933–67.

Diogenes Laertius, *Lives of Eminent Philosophers*, tr. R. D. Hicks. 2 vols. LCL, 1925.

Dionysius of Halicarnassus, *Roman Antiquities*, tr. E. Spelman and E. Cary. 7 vols. LCL, 1937–50.

Epictetus: *The Discourses as Reported by Arrian, the Manual, and Fragments*, ed. and tr. W. A. Oldfather. 2 vols. LCL, 1978–9.

Epicurus: *Epicurea*, ed. H. Usener. Dubuque, Iowa: Reprint Library, n.d. [1887].

——, *Letters, Principal Doctrines, and Vatican Sayings*, tr. and ed. R. M. Geer. Indianapolis: Bobbs-Merrill, 1964.

Euripides: *Euripides*, tr. and ed. D. Kovacs. 5 vols. LCL, 1994–2002.

Galen, *Animae Passiones*, in *Galeni Scripta Minora* I, ed. J. Marquardt. Leipzig: Teubner, 1884.

——, *On the Usefulness of the Parts of the Body*, tr. M. T. May. Ithaca: Cornell University Press, 1968.

Heraclitus (presocratic philosopher): in Diels, *Vorsokr.* 1.67.
Hermogenes, *On Finding*, ed. H. Rabe. Leipzig: Teubner, 1913.
Herodotus, *The Persian Wars*, tr. A. D. Godley. 4 vols. LCL, 1989.
Hesiod, *Works and Days*, ed. with Prolegomena and Commentary by M. L. West. Oxford: Clarendon Press, 1978.
Homer, *The Iliad*, tr. A. T. Murray, rev. W. F. Wyatt. 2 vols. LCL, 1999 [1924–5].
——, *The Odyssey*, tr. A. T. Murray, rev. G. E. Dimock, 2 vols. LCL, 1995 [1919].
Horace: *The Satires of Horace*, ed. A. Palmer. London: Macmillan, 1885.
——, *Horace: Satires and Epistles; Perseus: Satires*, tr. and ed. N. Rudd. Rev. edn. London: Penguin, 1987 [1973].
——, S. Lyons, *Horace's Odes and the Mystery of Do-Re-Mi.* Oxford: Oxbow Books, 2007.
——, *Odes and Epodes*, tr. and ed. N. Rudd. LCL, 2004.
——, *Satires, Epistles, Ars Poetica*, tr. H. R. Fairclough. LCL, 1926.
Hyginus: *Fables*, ed. and tr. J.-Y. Boriaud. Paris: Les Belles Lettres, 1997.
Juvenal: *Juvenal and Persius*, tr. G. G. Ramsay. LCL, 1920.
——, *Juvenal. The Sixteen Satires*, tr. and introd. P. Green. London: Penguin Books, 1974 [1967].
Livy, *History of Rome*, tr. A. C. Schlesinger et al. 14 vols. LCL, 1919–59.
Lucan: *The Civil War*, tr. J. D. Duff. LCL, 1928.
Lucretius, *De Rerum Natura*, tr. W. H. D. Rouse, rev. M. F. Smith. LCL, 1992 [1975].
Marcus Aurelius: *Marcus Aurelius*, ed. and tr. C. R. Haines. LCL, rev. edn. 1930 [1916]
Martial: *The Epigrams*, tr. J. Michie. London: Penguin, 1978 [1973].
——. *Epigrams*, tr. D. R. Shackleton Bailey. 2 vols. LCL, 1993.
Ovid, *Fasti*, tr. J. G. Frazer. LCL, 1931.
——, *Metamorphoses*, tr. F. J. Miller. 2 vols. LCL, 1916.
——, *Tristia* and *Ex Ponto*, tr. A. L. Wheeler. LCL, 1924.
Pausanias, *Description of Greece*, tr. and ed. W. Jones. 5 vols. LCL, 1918–35.
Philostratus, *The Life of Apollonius of Tyana*, tr. F. C. Conybeare. 2 vols. LCL, 1912.
——, *Lives of the Sophists*, tr. W. C. Wright. LCL, 1921.
Pindar, *Odes*, etc., tr. J. Sandys. LCL, 1938.
Placita Philosophorum (Pseudo-Plutarch), ed. H. Diels, *Doxographi Graeci*, Berlin 1879, p. 273.
Plato, *Cratylus, Parmenides, Greater Hippias, Lesser Hippias*, ed. H. N. Fowler. LCL, 1926.
——, *Euthyphro, Apology, Crito, Phaedo, Phaedrus*, tr. H. N. Fowler. LCL, 1914.
——, *Laches, Protagoras, Meno, Euthydemus*, ed. W. R. M. Lamb. LCL, 1924.
——, *Laws*, tr. R. G. Bury. 2 vols. LCL, 1926.
——, *Lysis, Symposium, Gorgias*, tr. W. R. M. Lamb. LCL, 1925.
——, *Politicus, Philebus, Ion*, tr. H. N. Fowler and W. R. M. Lamb. LCL, 1925.
——, *Platonis Res Publica*, tr. J. Burnet. Oxford: Clarendon Press, 1902.
——, *The Republic*, tr. P. Shorey. LCL, 1935.
——, *Timaeus, Critias, Cleitophon, Menexenus, Epistles*, tr. R. G. Bury. LCL, 1929.
——, *The Collected Dialogues, Including the Letters*, ed. E. Hamilton and H. Cairns. Princeton, NJ: Princeton University Press, 1963 [1961].
Pliny the Elder, *Natural History*, tr. H. Rackham et al. 10 vols. LCL, 1938–62.
Pliny the Younger: *C. Plini Caecili Secundi Epistularum Libri Decem*, ed. R. A. B. Mynors. Oxford: Oxford University Press, 1963.
——, *The Letters of the Younger Pliny*, tr. and introd. B. Radice. London: Penguin, 1963.
Plutarch, *Lives*, tr. B. Perrin. 11 vols. LCL, 1914–26.

——, *Moralia*, tr. F. C. Babbitt et al. 16 vols. LCL, 1927–69.

Polybius, *Histories*, tr. W. R. Paton et al. 6 vols. LCL, 1922–7.

Porphyry, *De Antro Nympharum*, ed. A. Nauck. Leipzig: Teubner, 1886.

Quintilian, *Institutio Oratoria*, tr. H. E. Butler. 4 vols. LCL, 1920–2.

Seneca, *Apocolocyntosis* (with Petronius, *Satyricon*), tr. W. H. D. Rouse and E. H. Warmington. LCL, 1969 [1913].

——, *Apocolocyntosis*, ed. P. T. Eden. Cambridge: Cambridge University Press, 1984.

——, *Moral Essays*, tr. J. W. Basore. 3 vols. LCL, 1928–35.

——, *Epistulae Morales*, tr. R. M. Gummere. 3 vols. LCL, 1917–25.

Suetonius: *C. Suetoni Tranquili Opera*, vol. 1. *De Vita Caesarum Libri VIII*. Ed. M. Ihm. Stuttgart: Teubner, 1978 [1908].

——, *Suetonius*, tr. J. C. Rolfe. 2nd edn. 2 vols. LCL, 1997–8 [1913–14].

——, *Suetonius. The Twelve Caesars*, tr. R. Graves. London: Penguin, 1957.

Tacitus, *Annals*: *Cornelii Taciti Annalium ab Excessu Divi Augusti Libri*, ed. C. D. Fisher. Oxford: Clarendon Press, 1906.

——, *Tacitus. The Annals of Imperial Rome*, tr. M. Grant. London: Penguin, 1956.

——, *Histories*: *Cornelii Taciti Historiarum Libri*, ed. C. D. Fisher. Oxford: Clarendon Press, n.d.

——, *Tacitus. The Histories*, tr. K. Wellesley. London: Penguin, 1964.

——, *Agricola, Germania, Dialogus*, tr. M. Hutton and W. Peterson; rev. R. M. Ogilvie, E. H. Warmington, and M. Winterbottom. LCL, 1970 [1914].

——, *Histories and Annals*, tr. C. H. Moore and J. Jackson. 4 vols. LCL, 1925–37.

Valerius Maximus, *Memorable Doings and Sayings*, tr. D. R. Shackleton Bailey. LCL, 2000.

Velleius Paterculus, *Compendium of Roman History*, and the *Res Gestae Divi Augusti*, tr. F. W. Shipley. LCL, 1924.

Virgil, *Eclogues, Georgics, Aeneid and the Minor Poems*, tr. H. R. Fairclough, rev. G. P. Goold. 2 vols. LCL, 1999 [1916–18].

Vitruvius, *On Architecture*, tr. F. Granger. 2 vols. LCL, 1931–4.

B

SECONDARY LITERATURE

Aageson, J. W. 1986. 'Scripture and Structure in the Development of the Argument in Romans 9—11.' *Catholic Biblical Quarterly* 48:265–89.

Achtemeier, P. J. 1996. 'The Continuing Quest for Coherence in St. Paul: An Experiment in Thought.' Pp. 132–45 in *Theology and Ethics in Paul and His Interpreters: Essays in Honor of Victor Paul Furnish*, eds. E. H. Lovering and J. L. Sumney. Nashville: Abingdon.

Ackroyd, Peter R. 1968. *Exile and Restoration: A Study of Hebrew Thought of the Sixth Century BC*. London: SCM Press.

Adams, E. 1997a. 'Abraham's Faith and Gentile Disobedience: Textual Links between Romans 1 and 4.' *Journal for the Study of the New Testament* 65:47–66.

——. 1997b. 'Historical Crisis and Cosmic Crisis in Mark 13 and Lucan's *Civil War*.' *Tyndale Bulletin* 48.2:329–44.

——. 2000. *Constructing the World: A Study in Paul's Cosmological Language*. Edinburgh: T&T Clark.

——. 2002. 'Paul's Story of God and Creation: The Story of How God Fulfils His Purposes in Creation.' Pp. 19–43 in *Narrative Dynamics in Paul: A Critical Assessment*, ed. B. W. Longenecker. Louisville: Westminster John Knox Press.

——. 2006. 'The "Coming of God" Tradition and Its Influence on New Testament Parousia Texts.' Pp. 1–19 in *Biblical Traditions in Transmission: Essays in Honour of Michael A. Knibb*, eds. C. Hempel and J. M. Lieu. Leiden: Brill.

——. 2007. *The Stars Will Fall from Heaven: Cosmic Catastrophe in the New Testament and Its World*. London: T&T Clark.

Agamben, G. 2006. *The Time That Remains: A Commentary on the Letter to the Romans*. Stanford, CA: Stanford University Press.

Agosto, E. 2003. 'Paul and Commendation.' Pp. 101–33 in *Paul in the Greco-Roman World: A Handbook*, ed. J. P. Sampley. Harrisburg, PA: Trinity Press International.

Alcock, S. E. 1989. 'Roman Imperialism in the Greek Landscape.' *Journal of Roman Antiquities* 2:5–34.

——. 2001. 'The Reconfiguration of Memory in the Eastern Roman Empire.' Pp. 323–50 in *Empires: Perspectives from Archaeology and History*, eds. S. E. Alcock et al. Cambridge: Cambridge University Press.

Aletti, J. N. 1993. *Epître aux Colossiens*. Paris: Cerf.

——. 2010 [1992]. *God's Justice in Romans: Keys for Interpretating the Epistle to the Romans*, tr. P. M. Meyer. Rome: Gregorian and Biblical Press.

——. 2012. *New Approaches for Interpreting the Letters of Saint Paul: Collected Essays. Rhetoric, Soteriology, Christology and Ecclesiology*. Rome: Gregorian and Biblical Press.

Algra, K. 2003. 'Stoic Theology.' Pp. 153–78 in *The Cambridge Companion to the Stoics*, ed. B. Inwood. Cambridge: Cambridge University Press.

Allen, L. C. 1970. 'The Old Testament Background of (ΠΡΟ) ΟΡΙΖΕΙΝ in the New Testament.' *New Testament Studies* 17:104–8.

Allison, D. C. 1985. *The End of the Ages Has Come: An Early Interpretation of the Passion and Resurrection of Jesus*. Philadelphia: Fortress.

——. 1994. 'A Plea for Thoroughgoing Eschatology.' *Journal of Biblical Literature* 113:651–68.

——. 1998. *Jesus of Nazareth: Millenarian Prophet*. Minneapolis: Fortress.

——. 1999. 'Jesus and the Victory of Apocalyptic.' Pp. 126–41 in *Jesus and the Restoration of Israel: A Critical Assessment of N. T. Wright's* Jesus and the Victory of God. Downers Grove, IL.: InterVarsity Press.

——. 2005. *Resurrecting Jesus: The Earliest Christian Tradition and Its Interpreters*. London; New York: T&T Clark.

——. 2007a. 'Day of the Lord.' Pp. 46–7 in *The New Interpreter's Dictionary of the Bible*, vol. 2, eds. K. D. Sakenfeld et al. Nashville: Abingdon.

——. 2007b. 'Eschatology of the NT.' Pp. 294–9 in *The New Interpreter's Dictionary of the Bible*, vol. 2, eds. K. D. Sakenfeld et al. Nashville: Abingdon.

——. 2009. *The Historical Christ and the Theological Jesus*. Grand Rapids: Eerdmans.

——. 2010. *Constructing Jesus: Memory, Imagination, and History*. Grand Rapids: Baker Academic.

Ando, C. 2000. *Imperial Ideology and Provincial Loyalty in the Roman Empire*. Berkeley; Los Angeles; London: University of California Press.

——. 2008. *The Matter of the Gods: Religion and the Roman Empire*. London: University of California Press.

Arendt, H. 1968 [1950]. *The Origins of Totalitarianism: New Edition with Added Prefaces*. Orlando: Harvest Books (Harcourt).

Arnold, C. 1995. *The Colossian Syncretism: The Interface between Christianity and Folk Belief in Colosse*. Tübingen: Mohr.

Arzt-Grabner, P. 2001. 'The Case of Onesimus: An Interpretation of Paul's Letter to Philemon Based on Documentary Papyri and Ostraca.' *Annali di Storia dell'esegesi* 18:589–614.

——. 2003. *Philemon*. Göttingen: Vandenhoeck & Ruprecht.

——. 2004. 'Onesimus *Erro*: Zur Vorgeschichte des Philemonbriefes.' *Zeitschrift für die Neutestamentliche Wissenschaft* 95(1):131–43.

——. 2010. 'How to Deal with Onesimus? Paul's Solution within the Frame of Ancient Legal and Documentary Sources.' Pp. 113–42 in *Philemon in Perspective: Interpreting a Pauline Letter*, ed. D. F. Tolmie. Berlin: De Gruyter.

Ashton, J. 2000. *The Religion of Paul the Apostle*. New Haven and London: Yale University Press.

Asurmendi, J. M. 2006. 'Baruch: Causes, Effects and Remedies for a Disaster.' Pp. 187–200 in *History and Identity: How Israel's Later Authors Viewed Its Earlier History*, eds. N. Calduch-Benages and J. Liesen. Berlin: De Gruyter.

Athanassiadi, P., and M. Frede, eds. 1999. *Pagan Monotheism in Late Antiquity*. Oxford: Oxford University Press, Clarendon Press.

Atkins, Robert. 2010. 'Contextual Interpretation of the Letter to Philemon in the United States.' Pp. 205–21 in *Philemon in Perspective: Interpreting a Pauline Letter*, ed. D. F. Tolmie. Berlin: De Gruyter.

Audi, R., ed. 1999 [1995]. *The Cambridge Dictionary of Philosophy*. Cambridge: Cambridge University Press.

Aune, David E. 1983. *Prophecy in Early Christianity and the Ancient Mediterranean World*. Grand Rapids: Eerdmans.

——. 1992. 'Eschatology (Early Christian).' Pp. 594–609 in *Anchor Bible Dictionary*, vol. 2, ed. David N. Freedman. New York: Doubleday.

Aus, R. 1979. 'Paul's Travel Plans to Spain and the "Full Number of the Gentiles".' *Novum Testamentum* 21:232–62.

Austin, J. L. 1975. *How to Do Things with Words*. 2nd edn., eds. J. O. Urmson and Marina Sbisà. Cambridge, MA: Harvard University Press.

Avemarie, F. 2000. 'Review of K. Yinger, *Paul, Judaism and Judgment According to Deeds*.' *Journal of Theological Studies* 50:271–4.

Bachmann, M. 2008 [1999]. *Anti-Judaism in Galatians? Exegetical Studies on a Polemical Letter and on Paul's Theology*. Grand Rapids: Eerdmans.

——. 2012. 'Paul, Israel and the Gentiles: Hermeneutical and Exegetical Notes.' Pp. 72–105 in *Paul and Judaism: Crosscurrents in Pauline Exegesis and the Study of Jewish-Christian Relations*, eds. R. Beiringer and D. Pollefeyt. London: T&T Clark.

Badenas, R. 1985. *Christ the End of the Law: Romans 10.4 in Pauline Perspective*. Sheffield: JSOT Press.

Badiou, A. 2003. *Saint Paul: The Foundation of Universalism*. Stanford, CA: Stanford University Press.

Baker, M. 2005. 'Paul and the Salvation of Israel: Paul's Ministry, the Motif of Jealousy, and Israel's Yes.' *Catholic Biblical Quarterly* 67:469–84.

Balzer, K. 2001. *Deutero-Isaiah: A Commentary on Isaiah 40—55*. Minneapolis: Fortress.

Barclay, J. M. G. 1987. 'Mirror-Reading a Polemical Letter: Galatians as a Test Case.' *Journal for the Study of the New Testament* 31:73–93.

——. 1988. *Obeying the Truth: A Study of Paul's Ethics in Galatians*. Studies of the New Testament and Its World. Edinburgh: T&T Clark.

——. 1991. 'Paul, Philemon and the Dilemma of Christian Slave-Ownership.' *New Testament Studies* 37:161–86.

——. 1996. *Jews in the Mediterranean Diaspora from Alexander to Trajan (323 BCE — 117 CE)*. Edinburgh: T&T Clark.

——. 2002. 'Paul's Story: Theology as Testimony.' Pp. 133–56 in *Narrative Dynamics in Paul: A Critical Assessment*, ed. B. W. Longenecker. Louisville: Westminster John Knox Press.

——. 2004 [1997]. *Colossians and Philemon* (New Testament Guides, vol. 12). London: Continuum.

——. 2006. '"By the Grace of God I Am What I Am": Grace and Agency in Philo and Paul.' Pp. 140–57 in *Divine and Human Agency in Paul and His Cultural Environment*, eds. J. M. G. Barclay and S. J. Gathercole. London: T&T Clark.

——. 2010. 'Approaching Romans 9—11 from the Wisdom of Solomon.' Pp. 91–109 in *Between Gospel and Election: Explorations in the Interpretation of Romans 9—11*, eds. F. Wilk and J. R. Wagner. Tübingen: Mohr.

——. 2011. *Pauline Churches and Diaspora Jews*. Tübingen: Mohr.

Barclay, J. M. G., and S. J. Gathercole, eds. 2006. *Divine and Human Agency in Paul and His Cultural Environment*. London: T&T Clark.

Barker, M. 1992. *The Great Angel: A Study of Israel's Second God*. London: SPCK.

——. 2004. *Temple Theology: An Introduction*. London: SPCK.
Barnett, P. W. 1993. 'Opponents of Paul.' Pp. 644–53 in *Dictionary of Paul and His Letters*, eds. G. F. Hawthorne, R. P. Martin, and D. G. Reid. Downers Grove, IL.: InterVarsity Press.
Barraclough, R. 1980. 'Philo's Politics, Roman Rule and Hellenistic Judaism.' Pp. 417–553 in *Aufstieg und Niedergang der Römischen Welt*, vol. II.12.1. Berlin: De Gruyter.
Barram, M. 2011. 'Pauline Mission as Salvific Intentionality: Fostering a Missional Consciousness in 1 Corinthians 9:19–23 and 10:31—11:1.' Pp. 234–46 in *Paul as Missionary: Identity, Activity, Theology, and Practice*, eds. T. J. Burke and B. S. Rosner. London: T&T Clark.
Barrett, A. A. 1989. *Caligula: The Corruption of Power*. London: B. T. Batsford Ltd.
Barrett, C. K. 1947. *The Holy Spirit and the Gospel Tradition*. London: SPCK.
——. 1971a [1968]. *A Commentary on the First Epistle to the Corinthians*. 2nd edn. London: A&C Black.
——. 1971b [1957]. *A Commentary on the Epistle to the Romans*. London: A&C Black.
——. 1973. *A Commentary on the Second Epistle to the Corinthians*. London: A&C Black.
——. 1976. 'The Allegory of Abraham, Sarah, and Hagar in the Argument of Galatians.' Pp. 1–16 in *Rechtfertigung: Festschrift für Ernst Käsemann zum 70. Geburtstag*, eds. J. Friedrich, W. Pöhlmann, and P. Stuhlmacher. Tübingen: Mohr.
——. 1982. *Essays on Paul*. London: SPCK.
——., ed. and introd. 1987 [1956]. *The New Testament Background: Selected Documents*. Rev. edn. London: SPCK.
——. 1998. *Acts 15—28*. London: T&T Clark.
Barth, K. 1936–69. *Church Dogmatics*. Edinburgh: T&T Clark.
——. 1968 [1933]. *The Epistle to the Romans*, tr. Edwyn C. Hoskyns. Oxford: Oxford University Press.
Barton, J. 2011 [1988]. *People of the Book? The Authority of the Bible in Christianity*. 3rd edn. London: SPCK.
Barton, S. C., ed. 2007. *Idolatry: False Worship in the Bible, Early Judaism and Christianity*. London: T&T Clark.
Bassler, J. M. 1982. *Divine Impartiality: Paul and a Theological Axiom*. Chico, CA: Scholars Press.
——., ed. 1991. *Pauline Theology, Volume 1: Thessalonians, Philippians, Galatians, Philemon*. Minneapolis: Augsburg Fortress.
Bauckham, R. J. 1981. 'The Worship of Jesus in Apocalyptic Christianity.' *New Testament Studies* 27:322–41.
——. 1993. *The Climax of Prophecy: Studies on the Book of Revelation*. Edinburgh: T&T Clark International.
——. 1995a. 'James and the Jerusalem Church.' Pp. 415–80 in *The Book of Acts in Its First Century Setting*, eds. Richard J. Bauckham and Bruce W. Winter. Grand Rapids: Eerdmans.
——. 1995b. 'James at the Centre.' *European Pentecostal Theological Association Bulletin* 14:22–33.
——. 2001. 'Apocalypses.' Pp. 135–87 in *Justification and Variegated Nomism, Volume 1: The Complexities of Second Temple Judaism*, eds. D. A. Carson, Peter T. O'Brien, and M. A. Seifrid. Tübingen: Mohr.

——. 2008/9. *Jesus and the God of Israel: 'God Crucified' and Other Studies on the New Testament's Christology of Divine Identity*. Milton Keynes: Paternoster (2008); Grand Rapids: Eerdmans (2009).

Beacham, R. 2005. 'The Emperor as Impresario: Producing the Pageant of Power.' Pp. 151–74 in *The Cambridge Companion to the Age of Augustus*, ed. K. Galinsky. Cambridge: Cambridge University Press.

Beale, G. K. 1989. 'The Old Testament Background of Reconciliation in 2 Cor 5—7 and Its Bearing on the Literary Problem of 2 Corinthians 6:14—7:1.' *New Testament Studies* 35:550–81.

——. 1999. 'Peace and Mercy upon the Israel of God. The Old Testament Background of Galatians 6,16b.' *Biblica* 80:204–23.

——. 2004. *The Temple and the Church's Mission: A Biblical Theology of the Dwelling Place of God*. Downers Grove, IL: InterVarsity Press.

——. 2008. *We Become What We Worship: A Biblical Theology of Idolatry*. Downers Grove, IL: IVP Academic.

Beard, M. 2007. *The Roman Triumph*. Cambridge, MA: The Belknap Press of Harvard University Press.

Beard, M., and J. A. North, eds. 1990. *Pagan Priests: Religion and Power in the Ancient World*. Ithaca, NY: Cornell University Press.

Beard, M., J. North, and S. Price. 1998. *Religions of Rome, Vol. 1: A History*. Cambridge: Cambridge University Press.

Beckwith, R. T. 1980. 'The Significance of the Calendar for Interpreting Essene Chronology and Eschatology.' *Révue de Qumran* 38:167–202.

——. 1981. 'Daniel 9 and the Date of Messiah's Coming in Essene, Hellenistic, Pharisaic, Zealot and Early Christian Computation.' *Révue de Qumran* 40:521–42.

——. 1996. *Calendar and Chronology, Jewish and Christian: Biblical, Intertestamental and Patristic Studies. AGJU*, vol. 33. Leiden: Brill.

Beker, J. C. 1980. *Paul the Apostle: The Triumph of God in Life and Thought*. Philadelphia: Fortress.

Bekken, P. J. 2007. *The Word Is Near You: A Study of Deuteronomy 30:12–14 in Paul's Letter to the Romans in a Jewish Context*. Berlin: De Gruyter.

Belayche, N. 2011. '*Hypsistos*: A Way of Exalting the Gods in Graeco-Roman Polytheism.' Pp. 139–74 in *The Religious History of the Roman Empire: Pagans, Jews and Christians*, eds. J. A. North and S. R. F. Price. Oxford: Oxford University Press.

Bell, R. H. 1994. *Provoked to Jealousy: The Origin and Purpose of the Jealousy Motif in Romans 9—11*. Tübingen: Mohr.

——. 2005. *The Irrevocable Call of God: An Inquiry into Paul's Theology of Israel*. Tübingen: Mohr.

Benjamin, W. 1968 [1940]. *Illuminations*, ed. H. Arendt, tr. H. Zohn. New York: Schocken Books.

Benko, S. 1984. *Pagan Rome and the Early Christians*. Bloomington and Indianapolis: Indiana University Press.

Bentley, M. 2006. 'Past and "Presence": Revisiting Historical Ontology.' *History and Theory* 45 (October):349–61.

Berger, P. L., and T. Luckman. 1966. *The Social Construction of Reality: A Treatise in the Sociology of Knowledge*. Garden City, NY: Doubleday.

Bernat, D. A. 2010. 'Circumcision.' Pp. 471–4 in *The Eerdmans Dictionary of Early Judaism*, eds. J. J. Collins and D. C. Harlow. Grand Rapids: Eerdmans.

Best, E. 1972. *The First and Second Epistles to the Thessalonians*. London: A&C Black.

——. 1984. 'The Revelation to Evangelize the Gentiles.' *Journal of Theological Studies* 35(1):1–30.

Betjeman, J. 1982. *Uncollected Poems*. London: John Murray.

Bett, R. 2010. *The Cambridge Companion to Ancient Scepticism*. Cambridge: Cambridge University Press.

Betz, H.-D. 1973. '2 Cor 6:14—7:1: An Anti-Pauline Fragment?' *Journal of Biblical Literature* 92(1):88–108.

——. 1979. *Galatians: A Commentary on Paul's Letter to the Churches in Galatia*. Philadelphia: Fortress.

——. 1994. 'Transferring a Ritual: Paul's Interpretation of Baptism in Romans 6.' Pp. 84–118 in *Paul in His Hellenistic Context*, ed. T. Engberg-Pedersen. Edinburgh: T&T Clark.

Bickerman, E. J. 1979. *The God of the Maccabees: Studies on the Meaning and Origin of the Maccabean Revolt*. Leiden: Brill.

Bieringer, R. 1987. '2 Kor 5,19a und die Versöhnung der Welt.' *Ephemerides Theologicae Lovanienses* 63:295–326.

Bieringer, R., and D. Pollefeyt, eds. 2012a. *Paul and Judaism: Crosscurrents in Pauline Exegesis and the Story of Jewish-Christian Relations*. London: T&T Clark.

——. 2012b. 'Prologue: Wrestling with the Jewish Paul.' Pp. 1–14 in *Paul and Judaism: Crosscurrents in Pauline Exegesis and the Study of Jewish-Christian Relations*, eds. R. Bieringer and D. Pollefeyt. London: T&T Clark.

Bird, M. F. 2006. *Jesus and the Origins of the Gentile Mission*. London: T&T Clark.

——. 2007. *The Saving Righteousness of God: Studies on Paul, Justification and the New Perspective*. Milton Keynes: Paternoster.

——. 2008a. 'Tearing the Heavens and Shaking the Heavenlies: Mark's Cosmology in Its Apocalyptic Context.' Pp. 45–59 in *Cosmology and New Testament Theology*. London: T&T Clark International.

——. 2008b. *Introducing Paul: The Man, His Mission and His Message*. Downers Grove, IL: IVP Academic.

——. 2009a. *Are You the One Who Is to Come? The Historical Jesus and the Messianic Question*. Grand Rapids: Baker Academic.

——. 2009b. *Colossians and Philemon*. Eugene, OR: Cascade Books.

——. 2010. *Crossing Over Sea and Land: Jewish Missionary Activity in the Second Temple Period*. Peabody, MA: Hendrickson.

——. 2012. 'Salvation in Paul's Judaism?' Pp. 15–40 in *Paul and Judaism: Crosscurrents in Pauline Exegesis and the Study of Jewish-Christian Relations*, eds. R. Bieringer and D. Pollefeyt. London: T&T Clark.

Bird, M. F., and P. M. Sprinkle, eds. 2009. *The Faith of Jesus Christ: Exegetical, Biblical and Theological Studies*. Milton Keynes: Paternoster.

Black, M. 1973. *Romans*. London: Oliphants.

Blackburn, S. 2008 [1994]. *The Oxford Dictionary of Philosophy*. 2nd edn. rev. Oxford: Oxford University Press.

Blackwell, B. C. 2011. *Christosis: Pauline Soteriology in Light of Deification in Irenaeus and Cyril of Alexandria*. Tübingen: Mohr.

Blaschke, A. 1998. *Beschneidung: Zeugnisse der Bible und verwandter Texte*. Tübingen: Francke Verlag.

Bloom, J. J. 2010. *Jewish Revolts against Rome, A.D. 66–135: A Military Analysis*. Jefferson, NC: McFarland.

Blumenfeld, B. 2001. *The Political Paul: Justice, Democracy and Kingship in a Hellenistic Framework*. Sheffield: Sheffield Academic Press.

Bock, D. L. 1999. 'The Trial and Death of Jesus in N. T. Wright's *Jesus and the Victory of God*.' Pp. 101–25, 308–10 in *Jesus and the Restoration of Israel: A Critical Assessment of N. T. Wright's* Jesus and the Victory of God, ed. Carey C. Newman. Downers Grove, IL: InterVarsity Press.

Bockmuehl, M. N. A. 1997 [1990]. *Revelation and Mystery in Ancient Judaism and Pauline Christianity*. Grand Rapids: Eerdmans.

——. 1998. *The Epistle to the Philippians*. London: A&C Black.

——. 2000. *Jewish Law in Gentile Churches: Halakhah and the Beginning of Christian Public Ethics*. London: T&T Clark.

——. 2001. '1QS and Salvation at Qumran.' Pp. 381–414 in *Justification and Variegated Nomism, Volume 1: The Complexities of Second Temple Judaism*, eds. D. A. Carson, Peter T. O'Brien, and Mark A. Seifrid. Tübingen: Mohr.

——. 2011. 'Did St. Paul Go to Heaven When He Died?' Pp. 211–31 in *Jesus, Paul and the People of God: A Theological Dialogue with N. T. Wright*, eds. N. Perrin and R. B. Hays. Downers Grove, IL: InterVarsity Press; London: SPCK.

Boer, R. 2010. *Secularism and Biblical Studies*. Sheffield: Equinox.

Borg, M. J., and J. D. Crossan. 2009. *The First Paul: Reclaiming the Radical Visionary behind the Church's Conservative Icon*. San Francisco and London: HarperCollins and SPCK.

Boring, M. E. 2007. 'Household Codes.' Pp. 905–6 in *The New Interpreter's Dictionary of the Bible*, vol. 2, eds. K. D. Sakenfeld et al. Nashville: Abingdon.

Bornkamm, G. 1971 [1969]. *Paul*. London: Hodder & Stoughton.

Botha, P. J. J. 2010. 'Hierarchy and Obedience: The Legacy of the Letter to Philemon.' Pp. 251–71 in *Philemon in Perspective: Interpreting a Pauline Letter*, ed. D. F. Tolmie. Berlin: De Gruyter.

Bourdieu, P. 1977 [1972]. *Outline of the Theory of Practice*. Cambridge: Cambridge University Press.

Bousset, W. 1970 [1913]. *Kyrios Christos: A History of Belief in Christ from the Beginnings of Christianity to Irenaeus*, tr. John E. Steely. Nashville: Abingdon.

Bowers, W. P. 1975. 'Jewish Communities in Spain in the Time of Paul the Apostle.' *Journal of Theological Studies* n.s. 26(2):395–402.

Bowersock, G. 1973. 'Syria under Vespasian.' *Journal of Roman Studies* 63:133–40.

Boyarin, D. 1994. *A Radical Jew: Paul and the Politics of Identity*. Berkeley: University of California Press.

——. 2012. *The Jewish Gospels: The Story of the Jewish Christ*. New York: New Press.

Boyce, M. 1991 [1975]. *A History of Zoroastrianism*. Leiden: Brill.

Bradshaw, P. F. 2004. *Eucharistic Origins*. Oxford: Oxford University Press.

Brauch, M. T. 1977. 'Perspectives on "God's Righteousness" in Recent German Discussion.' Pp. 523–42 in *Paul and Palestinian Judaism: A Comparison of Patterns of Religion*, ed. E. P. Sanders. London: SCM Press.

Brennan, T. 2005. *The Stoic Life: Emotions, Duties, and Fate*. Oxford: Clarendon Press.

Brent, A. 1999. *The Imperial Cult and the Development of Church Order: Concepts and Images of Authority in Paganism and Early Christianity before the Age of Cyprian*. Leiden: Brill.

Briggs, A. 2011. *Secret Days: Code-Breaking in Bletchley Park*. London: Frontline Books.

Broadie, S. 2003. 'The Sophists and Socrates.' Pp. 73–97 in *The Cambridge Companion to Greek and Roman Philosophy*, ed. D. Sedley. Cambridge: Cambridge University Press.

Brooke, G. J. 2000. 'Reading the Plain Meaning of Scripture in the Dead Sea Scrolls.' Pp. 67–90 in *Jewish Ways of Reading the Bible*. Oxford: Oxford University Press.

Brown, W. P. 1999. *The Ethos of the Cosmos: The Genesis of Moral Imagination in the Bible*. Grand Rapids: Eerdmans.

Bruce, F. F. 1963. *The Epistle of Paul to the Romans: An Introduction and Commentary*. London: Tyndale Press.

——. 1977. *Paul: Apostle of the Free Spirit*. Exeter: Paternoster.

Brunschwig, J., and D. Sedley. 2003. 'Hellenistic Philosophy.' Pp. 151–83 in *The Cambridge Companion to Greek and Roman Philosophy*, ed. D. Sedley. Cambridge: Cambridge University Press.

Bryan, C. 2000. *A Preface to Romans: Notes on the Epistle in Its Literary and Cultural Setting*. Oxford: Oxford University Press.

——. 2005. *Render to Caesar: Jesus, the Early Church, and the Roman Superpower*. New York: Oxford University Press.

Bryan, S. M. 2002. *Jesus and Israel's Traditions of Judgment and Restoration*. Cambridge: Cambridge University Press.

Buell, D. K. 2005. *Why This New Race? Ethnic Reasoning in Early Christianity*. New York: Columbia University Press.

Bultmann, R. 1910. *Der Stil der paulinischen Predigt und die kynisch-stoische Diatribe*. Göttingen: Vandenhoeck & Ruprecht.

——. 1951–5. *Theology of the New Testament*, tr. Kendrick Grobel. London: SCM Press; New York: Scribner's.

——. 1954. '"The Bible Today" und die Eschatologie.' Pp. 402–8 in *The Background of the New Testament and Its Eschatology: In Honour of Charles Harold Dodd*, eds. W. D. Davies and D. Daube. Cambridge: Cambridge University Press.

——. 1957. *History and Eschatology: The Presence of Eternity*. New York: Harper & Brothers, Harper Torchbooks/Cloister Library.

——. 1958. *Jesus Christ and Mythology*. New York: Scribner's.

——. 1960. *Existence and Faith*, ed. Schubert M. Ogden. Living Age Books. New York: World Publishing, Meridian.

——. 1967. *Exegetica*. Tübingen: Mohr.

——. 1995 [1924]. 'The Problem of Ethics in Paul.' Pp. 195–216 in *Understanding Paul's Ethics*, ed. B. S. Rosner. Grand Rapids: Eerdmans.

Burke, T. J. 2006. *Adopted into God's Family: Exploring a Pauline Metaphor*. Downers Grove, IL: InterVarsity Press.

Burkert, W. 1985 [1977]. *Greek Religion*. Cambridge, MA: Harvard University Press.

——. 1987. *Ancient Mystery Cults*. Cambridge, MA: Harvard University Press.

Burnett, A. 1983. 'Review of R. Albert, "Das Bild des Augustus auf den frühen Reichsprägungen. Studien zur Vergöttlichung des ersten Princeps".' *Gnomon* 55:563–5.

Burney, C. F. 1925. 'Christ as the APXH of Creation.' *Journal of Theological Studies* 27:160–77.

Burridge, R. A. 2007. *Imitating Jesus: An Inclusive Approach to New Testament Ethics*. Grand Rapids: Eerdmans.

Burton, E. de W. 1921. *A Critical and Exegetical Commentary on the Epistle to the Galatians*. Edinburgh: T&T Clark.

Byrne, B. 1979. *'Sons of God' – 'Seed of Abraham': A Study of the Idea of the Sonship of God of All Christians in Paul against the Jewish Background*. Rome: Biblical Institute Press.

——. 1996. *Romans*. Collegeville, MN: Liturgical Press.

Byron, J. 2003. *Slavery Metaphors in Early Judaism and Pauline Christianity: A Traditio-Historical and Exegetical Examination*. Tübingen: Mohr.

——. 2004. 'Paul and the Background of Slavery: The Status Quaestionis in New Testament Scholarship.' *Currents in Biblical Research* 3:116–39.

Cadwallader, A. H., and M. Trainor, eds. 2011. *Colossae in Space and Time: Linking to an Ancient City*. Göttingen: Vandenhoeck & Ruprecht.

Caird, G. B. 1956. *Principalities and Powers: A Study in Pauline Theology*. Oxford: Oxford University Press.

——. 1976. *Paul's Letters from Prison*. Oxford: Oxford University Press.

——. 1980. *The Language and Imagery of the Bible*. London: Duckworth.

Calduch-Benages, N., and J. Liesen, eds. 2006. *History and Identity: How Israel's Later Authors Viewed Its Earlier History*. Berlin: De Gruyter.

Callahan, A. D. 1993. 'Paul's Epistle to Philemon: Toward an Alternative *Argumentum*.' *Harvard Theological Review* 86:357–76.

Calvin, J. 1960 [1559]. *The Institutes of the Christian Religion*. Vol. 2. ed. John T. McNeill, tr. Ford Lewis Battles. Philadelphia: Westminster Press.

——. 1961 [1552]. *Concerning the Eternal Predestination of God*. London: James Clarke.

Campbell, D. A. 1994. 'Romans 1:17 – a *Crux Interpretum* for the ΠΙΣΤΙΣ ΧΡΙΣΤΟΥ Debate.' *Journal of Biblical Literature* 113:265–85.

——. 2005. *The Quest for Paul's Gospel: A Suggested Strategy*. London: T&T Clark.

——. 2008. 'An Echo of Scripture in Paul, and Its Implications.' Pp. 367–91 in *The Word Leaps the Gap: Essays on Scripture and Theology in Honor of Richard B Hays*, eds. J. R. Wagner, C. K. Rowe, and A. K. Grieb. Grand Rapids: Eerdmans.

——. 2009. *The Deliverance of God: An Apocalyptic Rereading of Justification in Paul*. Grand Rapids: Eerdmans.

——. 2011. 'Galatians 5.11: Evidence of an Early Law-Observant Mission by Paul?' *New Testament Studies* 57(3):325–47.

Campbell, W. S. 2008. *Paul and the Creation of Christian Identity*. London: T&T Clark.

——. 2012. 'Covenantal Theology and Participation in Christ: Pauline Perspectives on Transformation.' Pp. 41–60 in *Paul and Judaism: Crosscurrents in Pauline Exegesis and the Study of Jewish-Christian Relations*, eds. R. Beiringer and D. Pollefeyt. London: T&T Clark.

Cancik, H. 1999. 'The Reception of Greek Cults in Rome: A Precondition of the Emergence of an "Imperial Religion".' *Archiv für Religionsgeschichte* 1(2):161–73.

Capes, D. B. 1992. *Old Testament Yahweh Texts in Paul's Christology*. Tübingen: Mohr.

——. 2004. 'YHWH Texts and Monotheism in Paul's Christology.' Pp. 120–37 in *Early Jewish and Christian Monotheism*, eds. L. T. Stuckenbruck and W. E. S. North. London: T&T Clark.

——. 2007. 'Pauline Exegesis and the Incarnate Christ.' Pp. 135–53 in *Israel's God and Rebecca's Children: Christology and Community in Early Judaism and Christianity. Essays in Honor of Larry W. Hurtado and Alan F. Segal*, eds. D. B. Capes, A. D. DeConick, H. K. Bond, and T. A. Miller. Waco: Baylor University Press.

Capes, D. B., A. D. DeConick, H. K. Bond, and T. A. Miller, eds. 2007. *Israel's God and Rebecca's Children: Christology and Community in Early Judaism and Christianity. Essays in Honor of Larry W. Hurtado and Alan F. Segal.* Waco: Baylor University Press.

Carleton Paget, J. 1996. 'Jewish Proselytism at the Time of Christian Origins: Chimera or Reality?' *Journal for the Study of the New Testament* 62:65–103.

Carroll, R. P. 1992. 'Israel, History of (Post-Monarchic Period).' Pp. 567–76 in *Anchor Bible Dictionary*, vol. 3, ed. David N. Freedman. New York: Doubleday.

Carson, D. A. 2001a. 'Introduction.' Pp. 1–5 in *Justification and Variegated Nomism, Volume 1: The Complexities of Second Temple Judaism*, eds. D. A. Carson, Peter T. O'Brien, and Mark A. Seifrid. Tübingen: Mohr.

——. 2001b. 'Summaries and Conclusions.' Pp. 505–48 in *Justification and Variegated Nomism, Volume 1: The Complexities of Second Temple Judaism*, eds. D. A. Carson, Peter T. O'Brien, and Mark A. Seifrid. Tübingen: Mohr.

——. 2004. 'The Vindication of Imputation: On Fields of Discourse and Semantic Fields.' Pp. 46–78 in *Justification: What's at Stake in the Current Debates*, eds. M. Husbands and D. J. Treier. Downers Grove, IL: InterVarsity Press.

Carson, D. A., P. T. O'Brien, and M. A. Seifrid. 2001–4. *Justification and Variegated Nomism: Vol. 1: The Complexities of Second Temple Judaism; Vol. 2: The Paradoxes of Paul.* Tübingen: Mohr; Grand Rapids: Baker Academic.

Casey, M. 1991. *From Jewish Prophet to Gentile God: The Origins and Development of New Testament Christology*. Cambridge: Cambridge University Press.

——. 1998. 'Review of *Jesus and the Victory of God* by N. T. Wright.' *Journal for the Study of the New Testament* 69:95–103.

Cassidy, R. J. 2001. *Paul in Chains: Roman Imprisonment and the Letters of St. Paul.* New York: Crossroad.

Cassirer, E. 1944. *Essay on Man*. New Haven: Yale University Press.

Cassuto, U. 1961–4. *A Commentary on the Book of Genesis*. 2 vols. Jerusalem: Magnes Press.

——. 1961. *The Documentary Hypothesis and the Composition of the Pentateuch*, tr. I. Abrahams. Jerusalem: Magnes Press.

Catchpole, D. 2004. 'Who and Where Is the "Wretched Man" of Romans 7 and Why Is "She" Wretched?' Pp. 168–80 in *The Holy Spirit and Christian Origins: Essays in Honor of James D. G. Dunn*, eds. G. N. Stanton, B. W. Longenecker, and S. C. Barton. Grand Rapids: Eerdmans.

Chadwick, H. 1954–5. '"All Things to All Men" (1 Cor. IX.22).' *New Testament Studies* 1:261–75.

Champlin, E. 2003. *Nero*. Cambridge, MA: The Belknap Press of Harvard University Press.

Chapman, D. W. 2008. *Ancient Jewish and Christian Perceptions of Crucifixion*. Grand Rapids: Baker Academic.

Charlesworth, J. H., ed. 1983. *The Old Testament Pseudepigrapha*. Vol. 1, *Apocalyptic Literature and Testaments*. Garden City, NY: Doubleday.

——., ed. 1985. *The Old Testament Pseudepigrapha.* Vol. 2, *Expansions of the 'Old Testament' and Legends, Wisdom and Philosophical Literature, Prayers, Psalms and Odes, Fragments of Lost Judaeo-Hellenistic Works.* Garden City, NY: Doubleday.

——. 1992a. 'From Messianology to Christology: Problems and Prospects.' Pp. 3–35 in *The Messiah: Developments in Earliest Judaism and Christianity*, ed. J. H. Charlesworth. Minneapolis: Fortress.

——., ed. 1992b. *The Messiah: Developments in Earliest Judaism and Christianity.* Minneapolis: Fortress.

Chesnutt, R. D. 2003. 'Covenant and Cosmos in Wisdom of Solomon 10—19.' Pp. 223–49 in *The Concept of the Covenant in the Second Temple Period.* Leiden: Brill.

Chester, A. 2007. *Messiah and Exaltation: Jewish Messianic and Visionary Traditions and New Testament Christology.* Tübingen: Mohr.

——. 2012. *Future Hope and Present Reality. Volume 1: Eschatology and Transformation in the Hebrew Bible.* Tübingen: Mohr.

Chester, S. J. 2003. *Conversion at Corinth: Perspectives on Conversion in Paul's Theology and the Corinthian Church.* London: T&T Clark.

Childs, B. S. 2001. *Isaiah: A Commentary.* Louisville: Westminster John Knox Press.

Chilton, B. D. 1988. 'Romans 9—11 as Scriptural Interpretation and Dialogue with Judaism.' *Ex Auditu* 4:27–37.

——. 2004. *Rabbi Paul: An Intellectual Biography.* New York: Doubleday.

Choksy, J. K. 1999. 'Zoroastrianism.' Pp. 755–7 in *Late Antiquity: A Guide to the Postclassical World*, ed. G. W. Bowersock, P. Brown, and O. Grabar. Cambridge, MA: The Belknap Press of the Harvard University Press.

Churchill, T. W. R. 2010. *Divine Initiative and the Christology of the Damascus Road Encounter.* Eugene, OR: Pickwick.

Ciampa, R. E. 1998. *The Presence and Function of Scripture in Galatians 1 and 2.* Tübingen: Mohr.

——. 2007. 'Deuteronomy in Galatians and Romans.' Pp. 99–117 in *Deuteronomy in the New Testament: The New Testament and the Scriptures of Israel*, eds. S. Moyise and M. J. J. Menken. London: T&T Clark.

Clark, A. J. 2007. *Divine Qualities: Cult and Community in Republican Rome.* Oxford: Oxford University Press.

Clements, R. E. 1965. *God and Temple.* Oxford: Blackwell.

——. 1984. 'Monotheism and the Canonical Process.' *Theology* 87:336–44.

Cohen, S. J. D. 1979. *Josephus in Galilee and Rome: His Vita and Development as a Historian.* Leiden: Brill.

——. 2011. 'The Letter of Paul to the Galatians.' Pp. 332–44 in *The Jewish Annotated New Testament: New Revised Standard Version*, eds. A.-J. Levine and M. Z. Brettler. New York: Oxford University Press.

Cohick, L. H. 2011. 'Citizenship and Empire: Paul's Letter to the Philippians and Eric Liddell's Work in China.' *Journal for the Study of Paul and His Letters* 1(2):137–52.

Coleiro, E. 1979. *An Introduction to Virgil's Bucolics with an Edition of the Text.* Amsterdam: Humanities Press.

Collins, A. Y. 1999. 'The Worship of Jesus and the Imperial Cult.' Pp. 234–57 in *The Jewish Roots of Christological Monotheism: Papers from the St. Andrews Conference on the Historical Origins of the Worship of Jesus*, eds. C. C. Newman, J. R. Davila, and G. S. Lewis. Leiden: Brill.

Collins, J. J. 1987. 'Messianism in the Maccabean Period.' Pp. 97–109 in *Judaisms and Their Messiahs at the Turn of the Christian Era*, eds. J. Neusner, W. S. Green, and E. S. Frerichs. Cambridge: Cambridge University Press.

——. 1993. *Daniel*. Minneapolis: Fortress.

——. 2000a. *Between Athens and Jerusalem: Jewish Identity in the Hellenistic Diaspora*. Grand Rapids: Eerdmans.

——. 2000b. 'Eschatologies of Late Antiquity.' Pp. 330–7 in *Dictionary of New Testament Background*, eds. C. A. Evans and S. E. Porter. Downers Grove, IL: InterVarsity Press.

——. 2010a. 'Eschatology.' Pp. 594–7 in *The Eerdmans Dictionary of Early Judaism*, eds. J. J. Collins and D. C. Harlow. Grand Rapids: Eerdmans.

——. 2010b [1995]. *The Scepter and the Star: The Messiahs of the Dead Sea Scrolls and Other Ancient Literature*. New York: Doubleday.

Collins, J. J., and A. Y. Collins. 2008. *King and Messiah as Son of God: Divine, Human and Angelic Messianic Figures in Biblical and Related Literature*. Grand Rapids: Eerdmans.

Collins, J. J., and D. C. Harlow, eds. 2010. *The Eerdmans Dictionary of Early Judaism*. Grand Rapids: Eerdmans.

Collins, K. J. 2004. 'The Doctrine of Justification: Historic Wesleyan and Contemporary Understandings.' Pp. 177–202 in *Justification: What's at Stake in the Current Debates*, eds. M. Husbands and D. J. Treier. Downers Grove, IL: InterVarsity Press.

Collins, R. F. 1999. *First Corinthians*. Collegeville, MN: Michael Glazier/Liturgical Press.

——. 2009. 'Servant of the Lord, The.' Pp. 192–5 in *The New Interpreter's Dictionary of the Bible*, vol. 5, eds. K. D. Sakenfeld et al. Nashville: Abingdon.

Confino, A. 2012. 'Why Did the Nazis Burn the Hebrew Bible? Nazi Germany, Representations of the Past, and the Holocaust.' *The Journal of Modern History* 84(2), June:369–400.

Conzelmann, H. 1960 [1953]. *The Theology of Luke*, tr. Geoffrey Buswell. London, NY: Faber, Harper & Row.

——. 1975 [1969]. *1 Corinthians: A Commentary on the First Epistle to the Corinthians*, tr. James W. Leitch. Hermeneia. Philadelphia: Fortress.

Cook, M. 2011. 'The Letter of Paul to the Philippians.' Pp. 354–61 in *The Jewish Annotated New Testament*, eds. A.-J. Levine and M. Z. Brettler. Oxford: Oxford University Press.

Corley, J. 2006. 'The Review of History in Eleazar's Prayer in 3 Macc 6:1–15.' Pp. 201–29 in *History and Identity: How Israel's Later Authors Viewed Its Earlier History*, eds. N. Calduch-Benages and J. Liesen. Berlin: De Gruyter.

——. 2009. 'Sirach.' Pp. 285–94 in *The New Interpreter's Dictionary of the Bible*, vol. 5, eds. K. D. Sakenfeld et al. Nashville: Abingdon.

Cosgrove, C. H. 1997. *Elusive Israel: The Puzzle of Election in Romans*. Louisville: Westminster John Knox Press.

Countryman, L. W. 1988. *Dirt, Greed and Sex: Sexual Ethics in the New Testament and Their Implications for Today*. Philadelphia: Fortress.

Cousar, C. B. 2009. *Philippians and Philemon*. Louisville: Westminster John Knox Press.

Cranfield, C. E. B. 1975, 1979. *A Critical and Exegetical Commentary on the Epistle to the Romans*. 2 vols. Edinburgh: T&T Clark.

Crook, J. A. 1996. 'Political History, 30 B. C. to A. D. 14.' Pp. 70–112 in *Cambridge Ancient History*, vol. 10, eds. A. K. Bowman, E. Champlin, and A. Lintott. Cambridge: Cambridge University Press.

Crossan, J. D. 1991. *The Historical Jesus: The Life of a Mediterranean Jewish Peasant*. San Francisco: Harper.

Crossan, J. D., and J. L. Reed. 2004. *In Search of Paul. How Jesus's Apostle Opposed Rome's Empire with God's Kingdom: A New Vision of Paul's Words and World*. San Francisco: HarperSanFrancisco.

Crouzel, H. 1976. 'Geist (Heiliger Geist).' Pp. 490–545 in *Reallexicon für Antike und Christentum*, vol. 9. Stuttgart: Anton Hiersemann.

Cullmann, O. 1962 [1951]. *Christ and Time: The Primitive Christian Conception of Time and History*, tr. Floyd V. Filson. London: SCM Press.

——. 1963 [1957]. *The Christology of the New Testament*. Rev. edn., tr. Shirley C. Guthrie and Charles A. M. Hall. London: SCM Press; Philadelphia: Westminster Press.

——. 1967 [1965]. *Salvation in History*. London: SCM Press; New York: Harper & Row.

Cummins, S. A. 2007. 'Divine Life and Corporate Christology: God, Messiah Jesus, and the Covenant Community in Paul.' Pp. 190–209 in *The Messiah in the Old and New Testaments*, ed. S. E. Porter. Grand Rapids: Eerdmans.

Cupitt, D. 1991. *What is a Story?* London: SCM Press.

Dahl, N. A. 1941. *Das Volk Gottes: Eine Untersuchung zum Kirchenbewusstsein des Urchristentums*. Oslo: Jacob Dybwad.

——. 1974. *The Crucified Messiah and Other Essays*. Minneapolis: Augsburg.

——. 1977. *Studies in Paul: Theology for the Early Christian Mission*. Minneapolis: Augsburg.

——. 1991. *Jesus the Christ: The Historical Origins of Christological Doctrine*. ed. D. H. Juel. Minneapolis: Fortress.

——. 1992. 'Messianic Ideas and the Crucifixion of Jesus.' Pp. 382–403 in *The Messiah: Developments in Earliest Judaism and Christianity*, ed. J. H. Charlesworth. Minneapolis: Fortress.

Danby, H. 1933. *The Mishnah, Translated from the Hebrew with Introduction and Brief Explanatory Notes*. Oxford: Oxford University Press.

Danker, F. W. 1982. *Benefactor: Epigraphic Study of a Graeco-Roman and New Testament Semantic Field*. St Louis: Clayton.

Das, A. A. 2007. *Solving the Romans Debate*. Minneapolis: Fortress.

Davies, G. I. 1991. 'The Presence of God in the Second Temple and Rabbinic Doctrine.' Pp. 32–6 in *Templum Amicitiae: Essays on the Second Temple Presented to Ernst Bammel*, ed. William Horbury. Sheffield: Sheffield Academic Press.

Davies, P. R. 1977. 'Hasidim in the Maccabean Period.' *Journal of Jewish Studies* 28:127–40.

Davies, P. R., and B. D. Chilton. 1978. 'The Aqedah: A Revised Tradition History.' *Catholic Biblical Quarterly* 40:514–46.

Davies, W. D. 1974. *The Gospel and the Land: Early Christianity and Jewish Territorial Doctrine*. Berkeley: University of California Press.

——. 1980 [1948]. *Paul and Rabbinic Judaism*. 4th edn. Philadelphia: Fortress.

——. 1984. *Jewish and Pauline Studies*. London: SPCK; Philadelphia: Fortress.

Davis, C. J. 1996. *The Name and Way of the Lord*. Sheffield: JSOT Press.

Dawkins, R. 2006. *The God Delusion*. London: Black Swan.

de Boer, M. C. 1988. *The Defeat of Death. Apocalyptic Eschatology in 1 Corinthians 15 and Romans 5*. Sheffield: Sheffield Academic Press.

——. 1989. 'Paul and Jewish Apocalyptic Eschatology.' Pp. 169–90 in *Apocalyptic and the New Testament: Essays in Honor of J. Louis Martyn*, eds. J. Marcus and M. L. Soards. Sheffield: Sheffield Academic Press.

——. 2011. *Galatians: A Commentary*. Louisville: Westminster John Knox Press.

de Vos, Craig S. 2001. 'Once a Slave, Always a Slave? Slavery, Manumission and Relational Patterns in Paul's Letter to Philemon.' *Journal for the Study of the New Testament* 82:89–105.

Deines, R. 2001. 'The Pharisees between "Judaisms" and "Common Judaism".' Pp. 443–504 in *Justification and Variegated Nomism, Volume 1: The Complexities of Second Temple Judaism*, eds. D. A. Carson, Peter T. O'Brien, and Mark A Seifrid. Tübingen and Grand Rapids: Mohr and Baker Academic.

——. 2010. 'Pharisees.' Pp. 1061–3 in *The Eerdmans Dictionary of Early Judaism*, eds. John J. Collins and Daniel C. Harlow. Grand Rapids: Eerdmans.

Deissmann, A. 1978 [1908]. *Light from the Ancient East: The New Testament Illustrated by Recently Discovered Texts of the Graeco-Roman World*. Grand Rapids: Baker Book House.

Derrett, J. D. M. 1988. 'The Functions of the Epistle to Philemon.' *Zeitschrift für die Neutestamentliche Wissenschaft und die Kunde der Ältesten Kirche* 79:63–91.

di Lella, A. A. 2006. 'Ben Sira's Praise of the Ancestors of Old (Sir 44–49): The History of Israel as Paraenetic Apologetics.' Pp. 151–70 in *History and Identity: How Israel's Later Authors Viewed Its Earlier History*, eds. N. Calduch-Benages and J. Liesen. Berlin: De Gruyter.

Dickson, J. P. 2003. *Mission-Commitment in Ancient Judaism and in the Pauline Communities*. Tübingen: Mohr.

Dillon, J. T. 2004. *Musonius Rufus and Education in the Good Life*. Lanham, MD: University Press of America.

DiMattei, S. 2008. 'Biblical Narratives.' Pp. 59–93 in *As It Is Written: Studying Paul's Use of Scripture*, eds. S. E. Porter and C. D. Stanley. Atlanta: Society of Biblical Literature.

Dodd, B. J. 1998. 'The Story of Christ and the Imitation of Paul in Philippians 2—3.' Pp. 154–61 in *Where Christology Began: Essays on Philippians 2*, eds. R. P. Martin and B. J. Dodd. Louisville: Westminster John Knox Press.

Dodd, C. H. 1946. *The Bible Today*. Cambridge: Cambridge University Press.

——. 1958 [1920]. *The Meaning of Paul for Today*. London: Fontana.

——. 1959 [1932]. *The Epistle of Paul to the Romans*. London: Collins/Fontana.

Donaldson, T. L. 1986. 'The "Curse of the Law" and the Inclusion of the Gentiles: Galatians 3.13–14.' *New Testament Studies* 32.

——. 1990. 'Proselytes or "Righteous Gentiles"? The Status of Gentiles in Eschatological Pilgrimage Patterns of Thought.' *Journal for the Study of the Pseudepigrapha* 7:3–27.

——. 1993. '"Riches for the Gentiles" (Rom 11:12): Israel's Rejection and Paul's Gentile Mission.' *Journal of Biblical Literature* 112:81–98.

——. 1997. *Paul and the Gentiles: Remapping the Apostle's Convictional World*. Minneapolis: Fortress.

Donfried, K. P. 1984. 'I Thessalonians 2:13–16 as a Test Case.' *Interpretation* 38:242–53.

Douthat, R. 2012. *Bad Religion: How We Became a Nation of Heretics*. New York: Free Press.

Downing, F. G. 1998. *Cynics, Paul and the Pauline Churches*. London, NY: Routledge.

——. 2000. *Making Sense in (and of) the First Christian Century*. Sheffield: JSOT Press.

Downs, D. J. 2006. 'Paul's Collection and the Book of Acts Revisited.' *New Testament Studies* 52:50–70.

Duff, T. 1999. *Plutarch's Lives: Exploring Virtue and Vice*. Oxford: Clarendon Press.

Dunn, J. D. G. 1975a. *Jesus and the Spirit: A Study of the Religious and Charismatic Experience of Jesus and the First Christians as Reflected in the New Testament*. London: SCM Press.

——. 1975b. 'Romans 7.14–25 in the Theology of St. Paul.' *Theologische Zeitschrift* 31:257–73.

——. 1978. 'The Birth of a Metaphor – Baptized in Spirit.' *Expository Times* 89:77–8; 134–8; 173–5.

——. 1980. *Christology in the Making: A New Testament Inquiry into the Origins of the Doctrine of the Incarnation*. London: SCM Press; Philadelphia: Westminster Press.

——. 1982. 'Was Christianity a Monotheistic Faith from the Beginning?' *Scottish Journal of Theology* 35:303–36.

——. 1988a. *Romans 1—8*. Waco: Word Books.

——. 1988b. *Romans 9—16*. Waco: Word Books.

——. 1990. *Jesus, Paul and the Law: Studies in Mark and Galatians*. London: SPCK.

——. 1992. 'The Justice of God: A Renewed Perspective on Justification by Faith.' *Journal of Theological Studies* n.s. 43:1–21.

——. 1993. *A Commentary on the Epistle to the Galatians*. London: A&C Black.

——. 1995. 'The Colossian Philosophy: A Confident Jewish Apologia.' *Biblica* 76:153–81.

——. 1996. *The Epistles to the Colossians and to Philemon: A Commentary on the Greek Text*. Grand Rapids: Eerdmans.

——. 1998. *The Theology of Paul the Apostle*. Grand Rapids: Eerdmans.

——. 1999. 'Who Did Paul Think He Was? A Study of Jewish Identity.' *New Testament Studies* 45(2):174–93.

——. 2002. 'The Narrative Approach to Paul: Whose Story?' Pp. 217–30 in *Narrative Dynamics in Paul: A Critical Analysis*, ed. B. W. Longenecker. Louisville: Westminster John Knox Press.

——. 2008 [2005]. *The New Perspective on Paul*. Grand Rapids: Eerdmans.

——. 2009 [1987]. *The Living Word*. 2nd edn. Minneapolis: Fortress.

——. 2010. *Did the First Christians Worship Jesus? The New Testament Evidence*. London: SPCK.

Dunne, J. A. 2013. 'Cast Out the Aggressive Agitators (Gl 4:29–30): Suffering, Identity and the Ethics of Expulsion in Paul's Mission to the Galatians.' In *Sensitivity to Out-siders: Exploring the Dynamic Relationship between Mission and Ethics in the New Testament and Early Christianity*, ed. J. Kok, T. Nicklas, D. Roth, and C. M. Hays. Tübingen: Mohr.

Eastman, S. G. 2006. '"Cast Out the Slave Woman and Her Son": The Dynamics of Exclusion and Inclusion in Galatians 4.30.' *Journal for the Study of the New Testament* 28 (3):309–36.

——. 2007. *Recovering Paul's Mother Tongue: Language and Theology in Galatians*. Grand Rapids: Eerdmans.

——. 2008. 'Imitating Christ Imitating Us: Paul's Educational Project in Philippians.' Pp. 427–51 in *The Word Leaps the Gap: Essays on Scripture and Theology in Honor of Richard B. Hays*, eds. J. R. Wagner, C. K. Rowe, and A. K. Grieb. Grand Rapids: Eerdmans.

——. 2010. 'Israel and the Mercy of God: A Re-Reading of Galatians 6.16 and Romans 9—11.' *New Testament Studies* 56:367–95.

Eco, U. 1979. *The Role of the Reader: Explorations of the Semiotics of Texts*. Bloomington, IN: Indiana University Press.

Egger-Wenzel, R. 2006. 'The Testament of Mattathias to His Sons in Macc 2:49–70. A Key-word Composition with the Aim of Justification.' Pp. 141–9 in *History and Identity: How Israel's Later Authors Viewed Its Earlier History*, eds. N. Calduch-Benages and J. Liesen. Berlin: De Gruyter.

Ehrenberg, V., and A. H. M. Jones. 1976 [1955]. *Documents Illustrating the Reigns of Augustus and Tiberius*. Oxford: Oxford University Press.

Eisenbaum, P. 2009. *Paul Was Not a Christian: The Original Message of a Misunderstood Apostle*. San Francisco: HarperOne.

Elat, M. 1982. 'Tarshish and the Problem of Phoenician Colonisation in the Western Mediterranean.' *Orientalia Lovaniensia Periodica* 13:56–69.

Elliott, J. H. 1995. 'The Jewish Messianic Movement: From Faction to Sect.' Pp. 75–95 in *Modelling Early Christianity: Social-Scientific Studies of the New Testament in Its Context*, ed. P. F. Esler. London: Routledge.

Elliott, J. K. 1993. *The Apocryphal New Testament: A Collection of Apocryphal Christian Literature in an English Translation*. Oxford: Clarendon Press.

Elliott, N. 1994. *Liberating Paul: The Justice of God and the Politics of the Apostle*. Maryknoll, NY: Orbis.

——. 2008. *The Arrogance of Nations: Reading Romans in the Shadow of Empire*. Minneapolis: Fortress.

Ellis, E. E. 1957. *Paul's Use of the Old Testament*. Edinburgh: Oliver & Boyd.

Elsner, J. 1991. 'Cult and Sculpture: Sacrifice in the Ara Pacis Augustae.' *Journal of Roman Studies* 81:50–61.

Engberg-Pedersen, T. 2000. *Paul and the Stoics*. Edinburgh: T&T Clark.

——., ed. 2001. *Paul beyond the Judaism/Hellenism Divide*. Louisville: Westminster John Knox Press.

——. 2010. *Cosmology and Self in the Apostle Paul: The Material Spirit*. Oxford: Oxford University Press.

Eshel, H. 2010. 'Bar Kokhba Revolt.' Pp. 421–5 in *The Eerdmans Dictionary of Early Judaism*, eds. J. J. Collins and D. C. Harlow. Grand Rapids: Eerdmans.

Eskola, T. 2001. *Messiah and the Throne: Jewish Merkabah Mysticism and Early Christian Exaltation Discourse*. Tübingen: Mohr.

Esler, P. F. 1994. *The First Christians in Their Social Worlds: Social-Scientific Approaches to New Testament Interpretation*. London: Routledge.

—— 1998. *Galatians*. London, NY: Routledge.

—— 2001. 'I Thessalonians.' Pp. 1199–212 in *The Oxford Bible Commentary*, eds. J. Barton and J. Muddiman. Oxford: Oxford University Press.

—— 2003a. *Conflict and Identity in Romans*. London: Routledge.

—— 2003b. 'Social Identity, the Virtues, and the Good Life: A New Approach to Romans 12:1—15:13.' *Biblical Theology Bulletin* 33:51–63.

Evans, C. A. 1997. 'Aspects of Exile and Restoration in the Proclamation of Jesus and the Gospels.' Pp. 299–328. In *Exile: Old Testament, Jewish, and Christian Conceptions*, ed. James M. Scott. Leiden: Brill.

——. 2008. 'John the Baptist.' Pp. 345–51 in *The New Interpreter's Dictionary of the Bible*, vol. 3, eds. K. D. Sakenfeld et al. Nashville: Abingdon.

Evans, C. A., and P. W. Flint, eds. 1997. *Eschatology, Messianism and the Dead Sea Scrolls*. Grand Rapids: Eerdmans.

Evans, C. A., and S. E. Porter, eds. 2000. *Dictionary of New Testament Background: A Compendium of Contemporary Biblical Scholarship*. Downers Grove, IL: InterVarsity Press.

Fantin, J. D. 2011. *The Lord of the Entire World: Lord Jesus, a Challenge to Lord Caesar?* Sheffield: Sheffield Phoenix Press.

Fatehi, M. 2000. *The Spirit's Relation to the Risen Lord in Paul: An Examination of Its Christological Implications*. Tübingen: Mohr.

Fee, G. D. 1987. *The First Epistle to the Corinthians*, ed. F. F. Bruce. The New International Commentary on the New Testament. Grand Rapids: Eerdmans.

——. 1994. *God's Empowering Presence: The Holy Spirit in the Letters of Paul*. Peabody, MA: Hendrickson.

——. 1995. *Paul's Letter to the Philippians*. Grand Rapids: Eerdmans.

——. 2007. *Pauline Christology: An Exegetical-Theological Study*. Peabody, MA: Hendrickson.

——. 2009. *The First and Second Letters to the Thessalonians*. Grand Rapids: Eerdmans.

Feeney, D. 2007. *Caesar's Calendar: Ancient Time and the Beginnings of History*. Berkeley and Los Angeles: University of California Press.

Fine, S., and J. D. Brolley. 2009. 'Synagogue.' Pp. 416–27 in *The New Interpreter's Dictionary of the Bible*, vol. 5, eds. K. D. Sakenfeld et al. Nashville: Abingdon.

Fishbane, Michael. 1988 [1985]. *Biblical Interpretation in Ancient Israel*. Oxford: Oxford University Press.

Fishwick, D. 1987. *Études Préliminaires aux Religions Orientales dans l'Empire Romain 108*. Vol. 1.1–2, *The Imperial Cult in the Latin West: Studies in the Ruler Cult of the Western Provinces of the Roman Empire*. Leiden: Brill.

Fisk, B. N. 2001. *Do You Not Remember? Scripture, Story and Exegesis in the Rewritten Bible of Pseudo-Philo*. Sheffield: Sheffield Academic Press.

——. 2008. 'Synagogue Influence and Scriptural Knowledge among the Christians of Rome.' Pp. 157–85 in *As It Is Written: Studying Paul's Use of Scripture*, eds. S. E. Porter and C. D. Stanley. Atlanta: Society of Biblical Literature.

Fitzmyer, J. A. 1993. *Romans: A New Translation with Introduction and Commentary*. New York: Doubleday.

——. 2000. *The Letter to Philemon*. New York: Doubleday.

——. 2007. *The One Who Is to Come*. Grand Rapids: Eerdmans.

——. 2008. *First Corinthians: A New Translation with Introduction and Commentary*. New Haven: Yale University Press.

Fletcher-Louis, C. H. T. 1999. 'The Worship of Divine Humanity as God's Image and the Worship of Jesus.' Pp. 112–28 in *The Jewish Roots of Christological Monotheism: Papers from the St. Andrews Conference on the Historical Origins of the Worship of Jesus*, eds. C. C. Newman, J. R. Davila, and G. S. Lewis. Leiden: Brill.

Flusser, D. 1988. *Judaism and the Origins of Christianity*. Jerusalem: Magnes Press.

——. 1996. 'Die Gesetzeswerke in Qumran und bei Paulus.' Pp. 395–403 in *Geschichte – Tradition – Reflexion: Festschrift für Martin Hengel zum 70. Geburtstag. Bd 1: Judentum*, eds. Hubert Cancik, Hermann Lichtenberger, and Peter Schäfer. Tübingen: Mohr.

Forbes, C. 2003. 'Paul and Rhetorical Comparison.' Pp. 135–71 in *Paul in the Greco-Roman World: A Handbook*, ed. J. P. Sampley. Harrisburg, PA: Trinity Press International.

Fossum, J. 1989. 'Colossians 1.15–18a in the Light of Jewish Mysticism and Gnosticism.' *New Testament Studies* 35:183–201.

Fowden, G. 1999. 'Religious Communities.' Pp. 82–106 in *Late Antiquity: A Guide to the Postclassical World*, eds. G. W. Bowersock, P. Brown, and O. Grabar. Cambridge, MA: The Belknap Press of the Harvard University Press.

Fowl, S. E. 1990. *The Story of Christ in the Ethics of Paul: An Analysis of the Function of the Hymnic Material in the Pauline Corpus*. Sheffield: Sheffield Academic Press.

——. 1998. 'Christology and Ethics in Philippians 2:5–11.' Pp. 140–53 in *Where Christology Began: Essays on Philippians 2*, eds. R. P. Martin and B. J. Dodd. Louisville: Westminster John Knox Press.

——. 2005. *Philippians*. Grand Rapids: Eerdmans.

France, R. T. 1971. *Jesus and the Old Testament*. London: Tyndale.

——. 2002. *The Gospel of Mark: A Commentary on the Greek Text*. Grand Rapids: Eerdmans.

Fredriksen, P. 2007. 'Mandatory Retirement: Ideas in the Study of Christian Origins Whose Time Has Come to Go.' Pp. 25–38 in *Israel's God and Rebecca's Children: Christology and Community in Early Judaism and Christianity. Essays in Honor of Larry W. Hurtado and Alan F. Segal*, eds. D. B. Capes, A. D. DeConick, H. K. Bond, and T. Miller. Waco: Baylor University Press.

——. 2010. 'Judaizing the Nations: The Ritual Demands of Paul's Gospel.' *New Testament Studies* 56:232–52.

Free Presbyterian Church of Scotland. 1970. *The Confession of Faith; the Larger and Shorter Catechisms; with the Scripture Proofs at Large, Together with the Sum of Saving Knowledge*. Inverness: The Publications Committee of the Free Presbyterian Church of Scotland.

Fretheim, T. E. 2007. 'God, OT View of.' Pp. 603–18 in *The New Interpreter's Dictionary of the Bible*, vol. 2, eds. K. D. Sakenfeld et al. Nashville: Abingdon.

Frey, J. 2007. 'Paul's Jewish Identity.' Pp. 285–321 in *Jewish Identity in the Greco-Roman World*, eds. J. Frey, D. R. Schwartz, and S. Gripentrog. Leiden: Brill.

Friedenreich, D. M. 2011. 'Food and Table Fellowship.' Pp. 521–4 in *The Jewish Annotated New Testament*, eds. A.-J. Levine and M. Z. Brettler. Oxford: Oxford University Press.

Friedman, S. 2004. 'A Good Story Deserves Retelling – the Unfolding of the Akiva Legend.' *Journal for the Study of Judaism* 2:55–93.

Friesen, S. J. 1993. *Twice Neokoros: Ephesus, Asia and the Cult of the Flavian Imperial Family*. Leiden: Brill.

——. 2001. *Imperial Cults and the Apocalypse of John: Reading Revelation in the Ruins*. Oxford; New York: Oxford University Press.

——. 2005. 'Satan's Throne, Imperial Cults and the Social Settings of Revelation.' *Journal for the Study of the New Testament* 27(3):351–73.

——. 2009. 'Paul and Economics: The Jerusalem Collection as an Alternative to Patronage.' Pp. 27–54 in *Paul Unbound: Other Perspectives on the Apostle*, ed. M. D. Given. Peabody, MA: Hendrickson.

Fuller, M. E. 2006. *The Restoration of Israel*. Berlin: De Gruyter.

Funk, R. W. 1967. 'The Apostolic *Parousia*: Form and Significance.' Pp. 249–68 in *Christian History and Interpretation: Studies Presented to John Knox*, eds. W. R. Farmer, C. F. D. Moule, and R. R. Niebuhr. Cambridge: Cambridge University Press.

Furnish, V. P. 1968. *Theology and Ethics in Paul*. Nashville: Abingdon.

——. 1972. *The Love Command in the New Testament*. Nashville: Abingdon.

——. 1984. *II Corinthians*. Anchor Bible. New York: Doubleday.

——. 1990. 'Paul the Theologian.' Pp. 19–34 in *The Conversation Continues: Studies in Paul and John in Honor of J. Louis Martyn*, eds. R. T. Fortna and B. R. Gaventa. Nashville: Abingdon.

Gager, J. G. 1983. *The Origins of Anti-Semitism*. Oxford: Oxford University Press.

Galinsky, K. 1996. *Augustan Culture: An Interpretive Introduction*. Princeton: Princeton University Press.

——., ed. 2005. *The Cambridge Companion to the Age of Augustus*. Cambridge: Cambridge University Press.

García Martínez, F., and E. J. C. Tigchelaar. 1997. *The Dead Sea Scrolls Study Edition. Vol. 1: 1Q1—4Q273*. Leiden: Brill.

——. 1998. *The Dead Sea Scrolls Study Edition. Vol. 2: 4Q274—11Q31*. Leiden: Brill.

Garnet, P. 1977. *Salvation and Atonement in the Qumran Scrolls*. Tübingen: Mohr.

Gärtner, B. 1965. *The Temple and the Community in Qumran and the New Testament*. Cambridge: Cambridge University Press.

Gasparro, G. S. 2011. 'Mysteries and Oriental Cults: A Problem in the History of Religions.' Pp. 276–324 in *The Religious History of the Roman Empire: Pagans, Jews and Christians*, eds. J. A. North and S. R. F. Price. Oxford: Oxford University Press.

Gaston, L. 1987. *Paul and the Torah*. Vancouver: University of British Columbia Press.

Gathercole, S. J. 2000. 'The Critical and Dogmatic Agenda of Albert Schweitzer's *The Quest of the Historical Jesus*.' *Tyndale Bulletin* 51:261–83.

——. 2002a. *Where Is Boasting? Early Jewish Soteriology and Paul's Response in Romans 1—5*. Grand Rapids: Eerdmans.

——. 2002b. 'A Law Unto Themselves: The Gentiles in Romans 2.14–15 Revisited.' *Journal for the Study of the New Testament* 85:27–49.

——. 2006a. 'The Doctrine of Justification in Paul and Beyond: Some Proposals.' Pp. 219–41 in *Justification in Perspective: Historical Developments and Contemporary Challenges*, ed. B. L. McCormack. Grand Rapids: Baker Academic.

——. 2006b. *The Preexistent Son: Recovering the Christologies of Matthew, Mark, and Luke*. Grand Rapids: Eerdmans.

——. 2010. 'Election.' Pp. 571–3 in *The Eerdmans Dictionary of Early Judaism*, eds. J. J. Collins and D. C. Harlow. Grand Rapids: Eerdmans.

Gaventa, B. R. 1998. *First and Second Thessalonians*. Louisville: John Knox Press.

——. 2003. *The Acts of the Apostles*. Nashville: Abingdon.

——. 2007. *Our Mother Saint Paul*. Louisville: Westminster John Knox Press.

——. 2008. 'From Toxic Speech to the Redemption of Doxology in Paul's Letter to the Romans.' Pp. 392–408 in *The Word Leaps the Gap: Essays on Scripture and Theology in Honor of Richard B. Hays*, eds. J. R. Wagner, C. K. Rowe, and A. K. Grieb. Grand Rapids: Eerdmans.

——. 2010. 'On the Calling-Into-Being of Israel: Romans 9:6–29.' Pp. 255–69 in *Between Gospel and Election: Explorations in the Interpretation of Romans 9—11*, eds. F. Wilk and J. R. Wagner. Tübingen: Mohr.

Gazda, E. K., and D. Y. Ng. 2011. *Building a New Rome: The Imperial Colony of Pisidian Antioch (25 BC–AD 700)*. Ann Arbor, MI: Kelsey Museum of Archaeology.

Geertz, C. 2000 [1973]. *The Interpretation of Cultures*. 2nd edn. New York: Basic Books.

Getty, M. A. 1988. 'Paul and the Salvation of Israel: A Perspective on Romans 9—11.' *Catholic Biblical Quarterly* 50:456–69.

Giblin, C. H. 1970. *In Hope of God's Glory: Pauline Theological Perspectives*. New York: Herder.

Gibson, R. J. 2011. 'Paul the Missionary, in Priestly Service of the Servant-Christ (Romans 15.16).' Pp. 51–62 in *Paul as Missionary: Identity, Activity, Theology, and Practice*, eds. T. J. Burke and B. S. Rosner. London: T&T Clark.

Gignilliat, M. 2007. *Paul and Isaiah's Servants: Paul's Theological Reading of Isaiah 40—66 in 2 Corinthians 5.14—6.10*. London: T&T Clark.

Gilbert, M. 1997. *The Last Pages of the Wisdom of Solomon*. Dublin: Irish Biblical Association.

——. 2006. 'The Origins According to the Wisdom of Solomon.' Pp. 171–85 in *History and Identity: How Israel's Later Writers Viewed Its Earlier History*, eds. N. Calduch-Benages and J. Liesen. Berlin: De Gruyter.

Gill, C. 2003. 'The School in the Roman Imperial Period.' Pp. 33–58 in *The Cambridge Companion to the Stoics*, ed. B. Inwood. Cambridge: Cambridge University Press.

Gilliard, F. 1989. 'The Problem of the Anti-Semitic Comma between 1 Thessalonians 2:14 and 15.' *New Testament Studies* 35:481–502.

Ginzberg, L. 1937 [1909]. *The Legends of the Jews*. 14th edn., tr. H. Szold. Philadelphia: Jewish Publication Society of America.

Glombitza, O. 1964–5. 'Apostolische Sorge: Welche Sorge treibt den Apostel Paulus zu den Sätzen Röm. xi 25ff.?' *Novum Testamentum* 7:312–18.

Golding, W. 1995. *The Double Tongue*. London: Faber & Faber.

Goldingay, J., and D. Payne. 2006. *A Critical and Exegetical Commentary on Isaiah 40—55*. Edinburgh: T&T Clark.

Goldstein, J. A. 1987. 'How the Authors of 1 and 2 Maccabees Treated the "Messianic" Promises.' Pp. 69–96 in *Judaisms and Their Messiahs at the Turn of the Christian Era*, eds. J. Neusner, W. S. Green, and E. S. Frerichs. Cambridge: Cambridge University Press.

——. 1995. 'The Judaism of the Synagogues (Focusing on the Synagogue of Dura-Europos).' Pp. 109–57 in *Judaism in Late Antiquity*, ed. J. Neusner. Leiden: Brill.

Gooch, P. W. 1997. *Reflections on Jesus and Socrates: Word and Silence*. New Haven: Yale University Press.

Goodenough, E. R. 1953–68. *Jewish Symbols in the Graeco-Roman Period*. New York: Pantheon.

——. 1967. *The Politics of Philo Judaeus*. Hildesheim: Olms.

Gooder, P. R. 2006. *Only the Third Heaven? 2 Corinthians 12.1–10 and Heavenly Ascent*. London: T&T Clark.

Goodman, M. 1994. *Mission and Conversion: Proselytizing in the Religious History of the Roman Empire*. Oxford: Oxford University Press.

Gordon, R. 1990. 'Religion in the Roman Empire: The Civic Compromise and Its Limits.' Pp. 233–55 in *Pagan Priests: Religion and Power in the Ancient World*, eds. M. Beard and J. A. North. Ithaca, NY: Cornell University Press.

——. 2011. 'Ritual and Hierarchy in the Mysteries of Mithras.' Pp. 325–65 in *The Religious History of the Roman Empire*, eds. J. A. North and S. R. F. Price. Oxford: Oxford University Press.

Gorman, M. J. 2001. *Cruciformity: Paul's Narrative Spirituality of the Cross*. Grand Rapids: Eerdmans.

——. 2004. *Apostle of the Crucified Lord: A Theological Introduction to Paul and His Letters*. Grand Rapids: Eerdmans.

——. 2009. *Inhabiting the Cruciform God: Kenosis, Justification, and Theosis in Paul's Narrative Soteriology*. Grand Rapids: Eerdmans.

——. 2011. 'Justification and Justice in Paul, with Special Reference to the Corinthians.' *Journal for the Study of Paul and His Letters* 1(1):23–40.

——. 2013. 'Paul and the Cruciform Way of God in Christ.' *Journal of Moral Theology* 2 (1):64–83.

——. 2014. *Becoming the Gospel: Paul, Participation and Mission*. Grand Rapids: Eerdmans.

Gosling, J. C. B. 1990. *Weakness of the Will*. London: Routledge.

Gowan, D. E. 1977. 'The Exile in Jewish Apocalyptic.' Pp. 205–23 in *Scripture in History and Theology: Essays in Honor of J. Coert Rylaarsdam*, eds. A. E. Merrill and T. W. Overholt. Pittsburgh: Pickwick.

Grabbe, L. L. 1979. 'Chronography in Hellenistic Jewish Historiography.' *Society of Biblical Literature Seminar Papers* 17.2:43–68.

——. 1992. *Judaism from Cyrus to Hadrian*. Minneapolis: Fortress.

——. 2003. 'Did All Jews Think Alike? "Covenant" in Philo and Josephus in the Context of Second Temple Judaic Religion.' Pp. 251–66 in *The Concept of the Covenant in the Second Temple Period*, eds. Stanley E. Porter and Jacqueline C. R. de Roo. Leiden: Brill.

Gradel, I. 2002. *Emperor Worship and Roman Religion*. Oxford: Oxford University Press.

Grant, R. M. 1988. *Greek Apologists of the Second Century*. Philadelphia: Westminster Press.

Greenblatt, S. 2011. *The Swerve: How the Renaissance Began*. London: The Bodley Head.

Grieb, A. K. 2006. '"So That in Him We Might Become the Righteousness of God" (2 Cor 5:21): Some Theological Reflections on the Church Becoming Justice.' *Ex Auditu* 22:58–80.

——. 2010. 'Paul's Theological Preoccupation in Romans 9—11.' Pp. 391–400 in *Between Gospel and Election: Explorations in the Interpretation of Romans 9—11*, eds. F. Wilk and J. R. Wagner. Tübingen: Mohr.

Griffith-Jones, R. 2004. *The Gospel According to Paul: The Creative Genius Who Brought Jesus to the World*. San Francisco: HarperSanFrancisco.

——. 2012. '"Keep up Your Transformation within the Renewal of Your Mind": Romans as a Therapeutic Letter.' Pp. 137–60 in *Experientia II*, eds. C. Schantz and R. Werline. Atlanta: Society of Biblical Literature.

Griffiths, P. J. 2005. 'Religion.' Pp. 672–5 in *Dictionary for Theological Interpretation of the Bible*, ed. K. J. Vanhoozer. Grand Rapids: Baker Academic; London: SPCK.

Grosby, S. E. 2002. *Biblical Ideas of Nationality: Ancient and Modern*. Winona Lake, IN: Eisenbrauns.

Gundry, R. H. 1980. 'The Moral Frustration of Paul before His Conversion: Sexual Lust in Romans 7.7–25.' Pp. 228–45 in *Pauline Studies: Essays Presented to Professor F. F. Bruce on His 70th Birthday*, eds. Donald A. Hagner and Murray J. Harris. Exeter: Paternoster; Grand Rapids: Eerdmans.

——. 2004. 'The Nonimputation of Christ's Righteousness.' Pp. 17–45 in *Justification: What's at Stake in the Current Debates*, eds. M. Husbands and D. J. Treier. Downers Grove, IL: InterVarsity Press.

Gunneweg, A. 1977. 'Religion oder Offenbarung: Zum hermeneutischen Problem des Alten Testaments.' *Zeitschrift für Theologie und Kirche* 74:151–78.

Günther, R., and R. Müller. 1988. *Das goldene Zeitalter: Utopien der hellenistisch-römischen Antike*. Leipzig: Kohlhammer.

Gurtner, D. M. 2009. *Second Baruch: A Critical Edition of the Syriac Text*. New York; London: T&T Clark.

Haacker, K. 1971–2. 'War Paulus Hillelit?' Pp. 106–20 in *Das Institutum Judaicum der Universität Tübingen in den Jahren 1971–72*. Tübingen: Mohr.

——. 1975. 'Die Berufung des Verfolgers und die Rechtfertigung des Gottlosen. Erwägungen zum Zusammenhang zwischen Biographie und Theologie des Apostels Paulus.' *Theologische Beiträge* 6:1–19.

——. 2003. *The Theology of Paul's Letter to the Romans*. Cambridge: Cambridge University Press.

Haenchen, E. 1971. *The Acts of the Apostles*. Oxford: Blackwell.

Hafemann, S. J. 1988. 'The Salvation of Israel in Romans 11:25–32: A Response to Krister Stendahl.' *Ex Auditu* 4:38–58.

——. 1995. *Paul, Moses and the History of Israel: The Letter/Spirit Contrast and the Argument from Scripture in 2 Corinthians 3*. Tübingen: Mohr.

——. 2000a. *2 Corinthians: The NIV Application Commentary*. Grand Rapids: Zondervan.

——. 2000b. 'Roman Triumph.' Pp. 1004–8 in *Dictionary of New Testament Background*, eds. C. A. Evans and S. E. Porter. Downers Grove, IL: InterVarsity Press.

Hahn, S. W. 2009. *Kinship by Covenant: A Canonical Approach to the Fulfillment of God's Saving Promises*. New Haven and London: Yale University Press.

Halpern-Amaru, B. 1997. 'Exile and Return in Jubilees.' Pp. 127–44 in *Exile: Old Testament, Jewish, and Christian Conceptions*, ed. James M. Scott. Leiden: Brill.

Hanson, A. T. 1957. *The Wrath of the Lamb*. London: SPCK.

——. 1974. *Studies in Paul's Technique and Theology*. London: SPCK.

Haran, M. 1995 [1978]. *Temples and Temple Service in Ancient Israel*. Winona Lake, IN: Eisenbrauns.

Hardin, J. K. 2008. *Galatians and the Imperial Cult*. Tübingen: Mohr.

Harink, D. K. 2003. *Paul among the Postliberals*. Grand Rapids: Brazos.

——. 2010. 'Time and Politics in Four Commentaries on Romans.' Pp. 282–312 in *Paul, Philosophy and the Theopolitical Vision*, ed. D. Harink. Eugene, OR: Cascade Books.

Harmon, M. S. 2010. *She Must and Shall Go Free: Paul's Isaianic Gospel in Galatians*. Berlin: De Gruyter.

Harrill, J. A. 1999. 'Using the Roman Jurists to Interpret Philemon: A Response to Peter Lampe.' *Zeitschrift für die Neutestamentliche Wissenschaft* 90(1):135–8.

——. 2009a. 'Philemon.' Pp. 497–9 in *The New Interpreter's Dictionary of the Bible*, vol. 4, eds. K. D. Sakenfeld et al. Nashville: Abingdon.

——. 2009b. 'Slavery.' Pp. 299–308 in *The New Interpreter's Dictionary of the Bible*, vol. 5, eds. K. D. Sakenfeld et al. Nashville: Abingdon.

——. 2012. *Paul the Apostle: His Life and Legacy in Their Roman Context*. Cambridge: Cambridge University Press.

Harrington, D. J. 1973. 'Interpreting Israel's History: The *Testament of Moses* as a Rewriting of Deut 31—34.' Pp. 59–70 in *Studies on the Testament of Moses*, ed. G. W. E. Nickelsburg. Cambridge: Society of Biblical Literature.

Harrington, D. J., and J. F. Keenan. 2010. 'Paul and Virtue Ethics: Building Bridges between New Testament Studies and Moral Theology.' Lanham, MD: Rowman & Littlefield.

Harris, M. J. 1991. *Colossians and Philemon*. Grand Rapids: Eerdmans.

Harrison, J. R. 1999. 'Paul, Eschatology and the Augustan Age of Grace.' *Tyndale Bulletin* 50 (1):79–91.

——. 2002. 'Paul and the Imperial Gospel at Thessaloniki.' *Journal for the Study of the New Testament* 25(1):71–96.

——. 2011. *Paul and the Imperial Authorities at Thessalonica and Rome. A Study in the Conflict of Ideology*. Tübingen: Mohr.

Hartley, L. P. 1997 [1953]. *The Go-Between*, ed. D. Brooks-Davies. London: Penguin.

Hatina, T. R. 1996. 'The Focus of Mark 13:24–27: The Parousia, or the Destruction of the Temple.' *Bulletin of Biblical Research* 6:43–66.

——. 2002. *In Search of a Context: The Function of Scripture in Mark's Narrative*. Sheffield: Sheffield Academic Press.

Hay, D. M., ed. 1993. *Pauline Theology, Volume 2: 1 and 2 Corinthians*. Minneapolis: Fortress.

Hay, D. M, and E. Elizabeth Johnson, eds. 1995. *Pauline Theology, Volume 3: Romans*. Minneapolis: Fortress.

Hays, R. B. 1980. 'Psalm 143 and the Logic of Romans 3.' *Journal of Biblical Literature* 99:107–15.

——. 1983. *The Faith of Jesus Christ: An Investigation of the Narrative Substructure of Galatians 3:1—4:11*. SBL Dissertation Series. Chico, CA: Scholars Press.

——. 1985. '"Have We Found Abraham to Be Our Forefather According to the Flesh?" A Reconsideration of Rom. 4:1.' *Novum Testamentum* 27:76–98.

——. 1989a. *Echoes of Scripture in the Letters of Paul*. New Haven: Yale University Press.

——. 1989b. '"The Righteous One" as Eschatological Deliverer: Hermeneutics at the Turn of the Ages.' Pp. 191–215 in *Apocalyptic and the New Testament: Essays in Honor of J. Louis Martyn*, eds. J. Marcus and M. L. Soards. Sheffield: JSOT Press.

——. 1996a. 'The Role of Scripture in Paul's Ethics.' Pp. 30–47 in *Theology and Ethics in Paul and His Interpreters: Essays in Honor of Victor Paul Furnish*, eds. E. G. Lovering and J. J. Sumney. Nashville: Abingdon.

——. 1996b. *The Moral Vision of the New Testament: A Contemporary Introduction to New Testament Ethics*. San Francisco: HarperSanFrancisco.

——. 1997. *First Corinthians*. Interpretation Commentaries. Louisville: John Knox Press.

——. 2000. 'The Letter to the Galatians: Introduction, Commentary, and Reflections.' Pp. 181–348 in *The New Interpreter's Bible*, ed. L. E. Keck. Nashville: Abingdon.

——. 2002 [1983]. *The Faith of Jesus Christ: The Narrative Substructure of Galatians 3:1—4:11*. 2nd edn. Grand Rapids: Eerdmans.

——. 2005. *The Conversion of the Imagination: Paul as Interpreter of Israel's Scriptures*. Grand Rapids: Eerdmans.

Hayward, C. T. R. 1999. 'Sirach and Wisdom's Resting Place.' Pp. 31–46 in *Where Shall Wisdom Be Found? Wisdom in the Bible, the Church and the Contemporary World*, ed. S. C. Barton. Edinburgh: T&T Clark.

Hayward, R. 1991. 'Sacrifice and World Order: Some Observations on Ben Sira's Attitude to the Temple Service.' Pp. 22–34 in *Sacrifice and Redemption: Durham Essays in Theology*, ed. Stephen W. Sykes. Cambridge: Cambridge University Press.

Hegel, G. W. F. 1837/1928. *Vorlesungen über die Philosophie der Geschichte*. In Sämtliche Werke, vol. 11. Stuttgart: Frommans Verlag.

——. 1991 [1821]. *Elements of the Philosophy of Right*. Cambridge: Cambridge University Press.

Hellerman, J. H. 2005. *Reconstructing Honor in Roman Philippi: Carmen Christi as Cursus Pudorum*. Cambridge: Cambridge University Press.

Hengel, M. 1974. *Judaism and Hellenism: Studies in Their Encounter in Palestine during the Early Hellenistic Period*, tr. John Bowden. London: SCM Press.

——. 1976. *The Son of God: The Origin of Christology and the History of Jewish-Hellenistic Religion*, tr. John Bowden. Philadelphia: Fortress.

——. 1979. *Acts and the History of Earliest Christianity*, tr. John Bowden. Philadelphia: Fortress.

——. 1983. *Between Jesus and Paul: Studies in the Earliest History of Christianity*, tr. John Bowden. London: SCM Press.

——. 1989 [1961]. *The Zealots: Investigations into the Jewish Freedom Movement in the Period from Herod 1 until 70 A.D.*, tr. by D. Smith. Edinburgh: T&T Clark.

——. 1991. *The Pre-Christian Paul*, tr. John Bowden, in collaboration with Roland Deines. London: SCM Press; Philadelphia: Trinity Press International.

——. 1992. 'Christological Titles in Early Christianity.' Pp. 425–48 in *The Messiah: Developments in Earliest Judaism and Christianity*, ed. J. H. Charlesworth. Minneapolis: Fortress.

——. 1995. *Studies in Early Christology*. Edinburgh: T&T Clark.

——. 2006. *Studien zur Christologie: Kleine Schriften IV*, ed. C.-J. Thornton. Tübingen: Mohr.

Henze, M. 2010. 'Baruch, Second Book of.' Pp. 426–8 in *The Eerdmans Dictionary of Early Judaism*, eds. J. J. Collins and D. C. Harlow. Grand Rapids: Eerdmans.

Héring, J. 1966 [1962]. *The First Epistle of Saint Paul to the Corinthians*, tr. A. W. Heathcote and P. J. Allcock. London: Epworth Press.

Herman, G. 1987. *Ritualised Friendship and the Greek City*. Cambridge: Cambridge University Press.

Hester, J. D. 1968. *Paul's Concept of Inheritance*. Edinburgh: Oliver & Boyd.

Hezser, C. 2005. 'Review of David Instone-Brewer, *Traditions of the Rabbis from the Era of the New Testament: Prayer and Agriculture*.' *Journal of Jewish Studies* 56.2:347–9.

Hickling, C. J. 1975. 'St Paul the Writer.' Pp. 85–96 in *St Paul: Teacher and Traveller*, ed. I. Bulmer-Thomas. London: The Faith Press.

Hiebert, P. G. 2008. *Transforming Worldviews: An Anthropological Understanding of How People Change*. Grand Rapids: Baker Academic.

Hiers, R. H. 1992. 'Day of the Lord.' Pp. 82–3 in *Anchor Bible Dictionary*, ed. D. N. Freedman. New York: Doubleday.

Hill, C. C. 2001. 'Romans.' Pp. 1083–108 in *The Oxford Bible Commentary*, eds. J. Barton and J. Muddiman. Oxford: Oxford University Press.

Hock, R. F. 1980. *The Social Context of Paul's Ministry: Tentmaking and Apostleship*. Philadelphia: Fortress.

——. 2003. 'Paul and Greco-Roman Education.' Pp. 198–227 in *Paul in the Greco-Roman World: A Handbook*, ed. J. P. Sampley. Harrisburg, PA: Trinity Press International.

Hoehner, H. W. 1980 [1972]. *Herod Antipas: A Contemporary of Jesus Christ*. Grand Rapids: Zondervan.
——. 2002. *Ephesians: An Exegetical Commentary*. Grand Rapids: Baker Academic.
Hoff, M. C. 1996. 'The Politics and Architecture of the Athenean Imperial Cult.' Pp. 185–200 in *Subject and Ruler: The Cult of the Ruling Power in Classical Antiquity (Festschrift D. Fishwick)*, ed. A. Small. Dexter, MI: Thompson-Shore.
Hofius, O. 1990. '"All Israel Will Be Saved": Divine Salvation and Israel's Deliverance in Romans 9—11.' *Princeton Seminary Bulletin* 11:19–39.
Holland, P. 1994. *The Oxford Shakespeare: A Midsummer Night's Dream*. Oxford: Oxford University Press.
Holowchak, M. A. 2008. *The Stoics: A Guide for the Perplexed*. London/New York: Continuum.
Honderich, T. 1995. *The Oxford Companion to Philosophy*. Oxford: Oxford University Press.
Hood, J. B. 2013. *Imitating God in Christ: Recapturing a Biblical Pattern*. Downers Grove, IL: InterVarsity Press.
Hooke, S. H. 1958. *Myth, Ritual and Kingship: Essays on the Theory and Practice of Kingship in the Ancient Near East and in Israel*. Oxford: Clarendon Press.
Hooker, M. D. 1959. *Jesus and the Servant: The Influence of the Servant Concept of Deutero-Isaiah in the New Testament*. London: SPCK.
——. 1959–60. 'Adam in Romans I.' *New Testament Studies* 6:297–306.
——. 1971. 'Interchange in Christ.' *Journal of Theological Studies* n.s. 22(2):349–61.
——. 1972. 'On Using the Wrong Tool.' *Theology* 75:570–81.
——. 1973. 'Were There False Teachers in Colossae?' Pp. 315–31 in *Christ and Spirit in the New Testament: Essays in Honour of Charles Francis Digby Moule*, eds. B. Lindars and S. S. Smalley. Cambridge: Cambridge University Press.
——. 1975. 'In His Own Image?' Pp. 28–44 in *What about the New Testament? Essays in Honour of Christopher Evans*, eds. Morna D. Hooker and Colin Hickling. London: SCM Press.
——. 1990. *From Adam to Christ: Essays on Paul*. Cambridge: Cambridge University Press.
——. 2000. 'The Letter to the Philippians: Introduction, Commentary, and Reflections.' Pp. 467–549 in *The New Interpreter's Bible*, vol. 11, eds. L. E. Keck et al. Nashville: Abingdon.
——. 2002. '"Heirs of Abraham": The Gentiles' Role in Israel's Story. A Response to Bruce W. Longenecker.' Pp. 85–96 in *Narrative Dynamics in Paul: A Critical Assessment*, ed. B. W. Longenecker. Louisville: Westminster John Knox Press.
——. 2008. 'On Becoming the Righteousness of God: Another Look at 2 Cor 5:21.' *Novum Testamentum* 50:358–75.
——. 2013. 'Conformity to Christ.' *Theology* 116(2):83–92.
Hopkins, K. 1999. *A World Full of Gods: Pagans, Jews and Christians in the Roman Empire*. London: Phoenix.
Horbury, W. 1998. *Jewish Messianism and the Cult of Christ*. London: SCM Press.
——. 2003. *Messianism among Jews and Christians: Biblical and Historical Studies*. London: T&T Clark.
——. 2012. 'Jewish Imperial Thought and Pauline Gospel.' Unpublished paper delivered at Annual Meeting of SNTS. Leuven.

Horrell, D. G., ed. 1999. *Social-Scientific Approaches to New Testament Interpretation*. Edinburgh: T&T Clark.
——. 2002. 'Paul's Narratives or Narrative Substructure? The Significance of "Paul's Story".' Pp. 157–71 in *Narrative Dynamics in Paul: A Critical Assessment*, ed. B. W. Longenecker. Louisville: Westminster John Knox Press.
——. 2005. *Solidarity and Difference: A Contemporary Reading of Paul's Ethics*. London: T&T Clark.
Horsley, R. A. 1998. *1 Corinthians*. Nashville: Abingdon.
——. 2004a. *Hidden Transcripts and the Arts of Resistance: Applying the Work of James C. Scott to Jesus and Paul*. Atlanta: Society of Biblical Literature.
——. 2004b. *Paul and the Roman Imperial Order*. Harrisburg, PA: Trinity Press International.
——. 2009. *Revolt of the Scribes: Resistance and Apocalyptic Origins*. Minneapolis: Augsburg Fortress.
Horsley, R. A., and N. A. Silberman. 1997. *The Message of the Kingdom: How Jesus and Paul Ignited a Revolution and Transformed the Ancient World*. New York: Grossett/ Putnam.
Howard, G. 1967. 'Notes and Observations on the "Faith of Christ".' *Harvard Theological Review* 60:459–65.
——. 1969. 'Christ the End of the Law: The Meaning of Romans 10:4ff.' *Journal of Biblical Literature* 88:331–8.
——. 1970. 'Romans 3:21–31 and the Inclusion of the Gentiles.' *Harvard Theological Review* 63:223–33.
——. 1979. *Paul: Crisis in Galatia. A Study in Early Christian Theology*. Cambridge: Cambridge University Press.
Hübner, H. 1984 [1974]. *Law in Paul's Thought*, tr. J. C. G. Greig. Edinburgh: T&T Clark.
Huby, J. 1957 [1940]. *Saint Paul. Épître aux Romains. Traduction et Commentaire*. Paris: Beauchesne.
Hultgren, A. J. 2010. *Paul's Letter to the Romans: A Commentary*. Grand Rapids: Eerdmans.
Humphrey, E. M. 2000. *Joseph and Aseneth*. Sheffield: Sheffield Academic Press.
——. 2007. 'Esdras, Second Book of.' Pp. 309–13 in *The New Interpreter's Dictionary of the Bible*, vol. 2, eds. K. D. Sakenfeld et al. Nashville: Abingdon.
Hurtado, L. W. 1984. 'Jesus as Lordly Example in Philippians 2:5–11.' Pp. 113–26 in *From Jesus to Paul: Studies in Honour of Francis Wright Beare*, eds. P. Richardson and J. C. Hurd. Waterloo, Ontario: Wilfrid Laurier University Press.
——. 1988. *One God, One Lord: Early Christian Devotion and Ancient Jewish Monotheism*. Philadelphia: Fortress.
——. 1999a. *At the Origins of Christian Worship: The Context and Character of Earliest Christian Devotion*. Carlisle: Paternoster.
——. 1999b. 'Jesus' Divine Sonship in Paul's Epistle to the Romans.' Pp. 217–33 in *Romans and the People of God: Essays in Honor of Gordon D. Fee on the Occasion of His 65th Birthday*, eds. S. K. Soderlund and N. T. Wright. Grand Rapids: Eerdmans.
——. 2003. *Lord Jesus Christ: Devotion to Jesus in Earliest Christianity*. Grand Rapids: Eerdmans.
——. 2005. *How on Earth Did Jesus Become a God? Historical Questions about Earliest Devotion to Jesus*. Grand Rapids: Eerdmans.

——. 2006. *The Earliest Christian Artifacts: Manuscripts and Christian Origins*. Grand Rapids: Eerdmans.

——. 2010. 'Monotheism.' Pp. 961–4 in *The Eerdmans Dictionary of Early Judaism*, eds. J. J. Collins and D. C. Harlow. Grand Rapids: Eerdmans.

Husbands, M., and D. J. Trier. 2004. *Justification: What's at Stake in the Current Debates*. Downers Grove, IL: InterVarsity Press.

Huttunen, N. 2009. *Paul and Epictetus on Law: A Comparison*. London: T&T Clark.

Instone-Brewer, D. 1992. *Techniques and Assumptions in Jewish Exegesis before 70 CE*. Tübingen: Mohr.

——. 2004. *Traditions of the Rabbis from the Era of the New Testament, Volume 1: Prayer and Agriculture*. Grand Rapids: Eerdmans.

Jacobson, J. 1996. *A Commentary on Pseudo-Philo's* Liber Antiquitatum Biblicarum *with Latin Text and English Translation*. Leiden: Brill.

Jenkins, D. E. 2002. *The Calling of a Cuckoo: Not Quite an Autobiography*. London: Continuum.

Jeremias, J. 1969. 'Paulus als Hillelit.' Pp. 88–94 in *Neotestamentica et Semitica: Studies in Honour of M. Black*, eds. E. E. Ellis and M. Wilcox. Edinburgh: T&T Clark.

——. 1977. 'Einige vorwiegend sprachliche Beobachtungen zu Röm 11, 25–36.' Pp. 193–205 in *Die Israelfrage nach Röm 9—11*, ed. L. de Lorenzi. Rome: Abtei von St Paul vor den Mauern.

Jewett, R. 1971. *Paul's Anthropological Terms: A Study of Their Use in Conflict Settings*. Leiden: Brill.

——. 1986. *The Thessalonian Correspondence: Pauline Rhetoric and Millennial Piety*. Philadelphia: Fortress.

——. 1988. 'Paul, Phoebe, and the Spanish Mission.' Pp. 142–61 in *The Social World of Formative Christianity and Judaism*, eds. J. Neusner, P. Borgen, E. S. Frerichs, and R. Horsley. Philadelphia: Fortress.

——. 2002 [1970–1]. 'The Agitators and the Galatian Congregation.' Pp. 334–47 in *The Galatians Debate: Contemporary Issues in Rhetorical and Historical Interpretation*, ed. M. D. Nanos. Peabody, MA: Hendrickson.

——. 2007. *Romans*. Minneapolis: Fortress.

Johnson, A. 2009. 'Sanctify, Sanctification.' Pp. 96–101 in *The New Interpreter's Bible Dictionary*, vol. 5, eds. K. D. Sakenfeld et al. Nashville: Abingdon.

Johnson, A. R. 1967. *Sacral Kingship in Ancient Israel*. Cardiff: University of Wales Press.

Johnson, E. E. 1989. *The Function of Apocalyptic and Wisdom Traditions in Romans 9—11*. Atlanta: Scholars Press.

Johnson, E. E., and D. M. Hay. 1997. *Pauline Theology, Volume 4: Looking Back, Pressing On*. Atlanta: Scholars Press.

Johnson, L. T. 1986. *The Writings of the New Testament: An Interpretation*. London: SCM Press.

——. 2001. *The First and Second Letters to Timothy: A New Translation with Introduction and Commentary*. New York: Doubleday.

Johnson, M. V., J. A. Noel, and D. K. Williams, eds. 2012. *Onesimus Our Brother: Reading Religion, Race and Culture in Philemon*. Minneapolis: Fortress.

Johnson, S. 1941. 'Notes and Comments.' *Anglican Theological Review* 23:173–6.

Johnson Hodge, C. E. 2007. *If Sons, Then Heirs: A Study of Kinship and Ethnicity in the Letters of Paul*. New York: Oxford University Press.

Jonas, H. 1963 [1958]. *The Gnostic Religion: The Message of the Alien God and the Beginnings of Christianity*. 2nd edn. Boston, MA: Beacon Press.

Jones, A. 2003. 'The Stoics and the Astronomical Sciences.' Pp. 328–44 in *The Cambridge Companion to the Stoics*, ed. B. Inwood. Cambridge: Cambridge University Press.

Jones, C. P. 1971. *Plutarch and Rome*. Oxford: Clarendon Press.

Judge, E. A. 1960. *The Social Pattern of Christian Groups in the First Century*. London: Tyndale (= 2008b, ch. 1).

——. 1960/1. 'The Early Christians as a Scholastic Community.' *Journal of Religious History* 1, 2:5–15; 125–37 (= 2008a, ch. 34).

——. 1968. 'Paul's Boasting in Relation to Contemporary Professional Practice.' *Australian Biblical Review* 16:37–50 (= 2008b, ch. 2).

——. 2008a. *The First Christians in the Roman World: Augustan and New Testament Essays*, ed. J. R. Harrison. Tübingen: Mohr.

——. 2008b. *Social Distinctives of the Christians in the First Century*, ed. D. M. Scholer. Peabody, MA: Hendrickson.

——. 2012. 'What Makes a Philosophical School?' Pp. 1–5 in *New Documents Illustrating Early Christianity*, vol. 10, eds. S. R. Llewelyn and J. R. Harrison. Grand Rapids: Eerdmans.

Kahl, B. 2010. *Galatians Re-Imagined: Reading with the Eyes of the Vanquished*. Minneapolis: Fortress.

Kaiser, O. 2006. '"Our Fathers Never Triumphed by Arms ..." The Interpretation of Biblical History in the Addresses of Flavius Josephus to the Besieged Jerusalemites in Bell. Jud. V.356–426.' Pp. 239–64 in *History and Identity: How Israel's Later Writers Viewed Its Earlier History*, eds. N. Calduch-Benages and J. Liesen. Berlin: De Gruyter.

Kaminsky, J. S. 2007. *Yet I Loved Jacob: Reclaiming the Biblical Concept of Election*. Nashville: Abingdon.

Kammler, H.-C. 2003. 'Die Prädikation Jesu Christi als Gott und die paulinische Christologie. Erwägungen zur Exegese von Röm 9,5b.' *Zeitschrift für die Neutestamentliche Wissenschaft und die Kunde der Älteren Kirche* 94:164–80.

Kampen, J. L. 1988. *The Hasideans and the Origin of Pharisaism: A Study in 1 and 2 Maccabees*. Atlanta: Scholars Press.

——. 2007. 'Hasidim.' Pp. 739–40 in *The New Interpreter's Dictionary of the Bible*, vol. 2, eds. K. D. Sakenfeld et al. Nashville: Abingdon.

Kärkkäinen, V.-M. 2012. *The Holy Spirit: A Guide to Christian Theology*. Louisville: Westminster John Knox Press.

Käsemann, E. 1964 [1960]. *Essays on New Testament Themes*, tr. W. J. Montague. London: SCM Press.

—— 1968. 'A Critical Analysis of Philippians 2:5—11.' *Journal for Theology and Church [= God and Christ: Existence and Province]* 5:45–88.

—— 1969 [1965]. *New Testament Questions of Today*, tr. W. J. Montague. London: SCM Press.

——. 1971 [1969]. *Perspectives on Paul*, tr. Margaret Kohl. London: SCM Press.

—— 1980 [1973]. *Commentary on Romans*, tr. and ed. Geoffrey W. Bromiley. Grand Rapids: Eerdmans.

——. 2010. *On Being a Disciple of the Crucified Nazarene*, eds. R. Landau and W. Kraus. Grand Rapids: Eerdmans.

Kautzsch, E. 1910. *Gesenius' Hebrew Grammar*. Rev. and ed. A. E. Cowley. Oxford: Clarendon Press.

Keck, L. E. 1984. 'Paul and Apocalyptic Theology.' *Interpretation* 38(July):229–41.

——. 2005. *Romans*. Nashville: Abingdon.

Kee, H. C. 1980 [1973]. *The Origins of Christianity: Sources and Documents*. London: SPCK.

Keener, C. S. 1993. *The IVP Bible Background Commentary: New Testament*. Downers Grove, IL: InterVarsity Press.

——. 2005. *1—2 Corinthians*. Cambridge: Cambridge University Press.

——. 2009. *Romans: A New Covenant Commentary*. Eugene, OR: Cascade Books.

——. 2012. *Acts: An Exegetical Commentary*. Grand Rapids: Baker Academic.

Keesmaat, S. C. 1999. *Paul and His Story: (Re)Interpreting the Exodus Tradition*. JSNT Supplement Series. Sheffield: Sheffield Academic Press.

Kenny, A. 1986. *A Stylometric Study of the New Testament*. Oxford: Clarendon Press.

——. 2010. *A New History of Western Philosophy*. Oxford: Oxford University Press.

Kiley, M. 1986. *Colossians as Pseudepigraphy*. Sheffield: JSOT Press.

Kim, S. 1981. *The Origin of Paul's Gospel*. Tübingen: Mohr.

——. 1993. 'Jesus, Sayings of.' Pp. 474–92 in *Dictionary of Paul and His Letters*, eds. G. F. Hawthorne, R. P. Martin, and D. G. Reid. Downers Grove, IL: InterVarsity Press.

——. 1997. '2 Cor. 5:11–21 and the Origin of Paul's Concept of "Reconciliation".' *Novum Testamentum* 39:360–84.

——. 2002. *Paul and the New Perspective: Second Thoughts on the Origin of Paul's Gospel*. Grand Rapids: Eerdmans.

——. 2008. *Christ and Caesar: The Gospel and the Roman Empire in the Writings of Paul and Luke*. Grand Rapids: Eerdmans.

——. 2011. 'Paul as an Eschatological Herald.' Pp. 9–24 in *Paul as Missionary: Identity, Activity, Theology, and Practice*, eds. T. J. Burke and B. S. Rosner. London: T&T Clark.

Kimelman, R. 1988–9. 'The Daily 'Amidah and the Rhetoric of Redemption.' *Jewish Quarterly Review* 79:165–97.

King, K. L. 2003. *What Is Gnosticism?* Cambridge, MA: The Belknap Press of Harvard University Press.

Kipling, R. 1927. *Rudyard Kipling's Verse: Inclusive Edition, 1885–1926*. London: Hodder & Stoughton.

Kirk, G. S., J. E. Raven, and M. Schofield. 1983 [1957]. *The Presocratic Philosophers: A Critical History with a Selection of Texts*. 2nd edn. Cambridge: Cambridge University Press.

Kirk, J. R. D. 2008. *Unlocking Romans: Resurrection and the Justification of God*. Grand Rapids: Eerdmans.

Klassen, W. 1992. 'Love (NT and Early Jewish).' Pp. 381–96 in *Anchor Bible Dictionary*, vol. 4, ed. D. N. Freedman. New York: Doubleday.

Klauck, H.-J. 2000 [1995/6]. *The Religious Context of Early Christianity*. Edinburgh: T&T Clark.

Klausner, J. 1943. *From Jesus to Paul*. New York: Macmillan.

Kleiner, D. E. E. 2005. 'Semblance and Storytelling in Augustan Rome.' Pp. 197–233 in *The Cambridge Companion to the Age of Augustus*, ed. K. Galinsky. Cambridge: Cambridge University Press.

Kloppenborg, J. S. 2008. 'Love in the NT.' Pp. 703–13 in *The New Interpreter's Dictionary of the Bible*, vol. 3, eds. K. D. Sakenfeld et al. Nashville: Abingdon.

Knibb, M. A. 1976. 'The Exile in the Literature of the Intertestamental Period.' *Heythrop Journal* 17(3):253–79.

——. 1987. *The Qumran Community*. Cambridge: Cambridge University Press.

Knox, J. 1935. *Philemon among the Letters of Paul*. Chicago: University of Chicago Press.

Koch, D. A. 1986. *Die Schrift als Zeuge des Evangeliums: Untersuchungen zur Verwendung und zum Verständnis der Schrift bei Paulus*. Tübingen: Mohr.

Koch, K. 1972 [1970]. *The Rediscovery of Apocalyptic: A Polemical Work on a Neglected Area of Biblical Studies and Its Damaging Effects on Theology and Philosophy*, tr. Margaret Kohl. London: SCM Press.

Koenig, J. 2000. *The Feast of the World's Redemption: Eucharistic Origins and Christian Mission*. Harrisburg, PA: Trinity Press International.

Koester, H. 1982a [1980]. *Introduction to the New Testament*. Vol. 1, *History, Culture and Religion of the Hellenistic Age*. Philadelphia: Fortress; Berlin: De Gruyter.

——. 1982b. *Introduction to the New Testament*. Vol. 2, *History and Literature of Early Christianity*. Philadelphia: Fortress; Berlin: De Gruyter.

——. 1990. *Ancient Christian Gospels: Their History and Development*. London: SCM Press; Philadelphia: Trinity Press International.

Kraemer, R. S. 1998. *When Aseneth Met Joseph: A Late Antique Tale of the Biblical Patriarch and His Egyptian Wife, Reconsidered*. Oxford: Oxford University Press.

Kramer, W. G. 1966. *Christ, Lord, Son of God*, tr. B. Hardy. London: SCM Press.

Kreitzer, L. J. 1987. *Jesus and God in Paul's Eschatology*. Sheffield: JSOT Press.

——. 1993. 'Eschatology.' Pp. 253–69 in *Dictionary of Paul and His Letters*, eds. G. F. Hawthorne, R. P. Martin, and D. G. Reid. Downers Grove, IL: InterVarsity Press.

——. 1996. *Striking New Images: Roman Imperial Coinage and the New Testament World*. Sheffield: Sheffield Academic Press.

Kruse, C. G. 1993. 'Call, Calling.' Pp. 84–5 in *Dictionary of Paul and His Letters*, eds. G. F. Hawthorne, R. P. Martin, and D. G. Reid. Downers Grove, IL: InterVarsity Press.

Kugler, R. A. 2001. 'Testaments.' Pp. 189–213 in *Justification and Variegated Nomism, Volume 1: The Complexities of Second Temple Judaism*, eds. D. A. Carson, Peter T. O'Brien, and Mark A. Seifrid. Tübingen: Mohr.

Kumitz, C. 2004. *Der Brief als Medium der* agapē: *Eine Untersuchung zur rhetorischen und epistolographischen Gestalt des Philemonbriefes*. Frankfurt am Main: Peter Lang.

Kümmel, W. G. 1974 [1929]. *Römer 7 und die Bekehrung des Paulus*. Munich: Kaiser.

Küng, H. 1964 [1957]. *Justification: The Doctrine of Karl Barth and a Catholic Reflection*, tr. T. Collins, E. E. Tolk, and D. Grandskou. London: Burns & Oates.

Kwon, Y.-G. 2004. *Eschatology in Galatians: Rethinking Paul's Response to the Crisis in Galatia*. Tübingen: Mohr.

Lacocque, A. 1979 [1976]. *The Book of Daniel*. London: SPCK.

Ladd, G. E. 1974a. *The Presence of the Future: The Eschatology of Biblical Realism*. Grand Rapids: Eerdmans.

——. 1974b. *A Theology of the New Testament*. Grand Rapids: Eerdmans.

Lampe, P. 1985. 'Keine "Sklavenflucht" des Onesimus.' *Zeitschrift Für die Neutestamentliche Wissenschaft und die Kunde der Älteren Kirche* 76:135–7.

——. 2003 [1987]. *From Paul to Valentinus: Christians at Rome in the First Two Centuries*, tr. Michael Steinhauser. London: T&T Clark.

Lane, A. N. S. 2006. 'A Tale of Two Imperial Cities: Justification at Regensburg (1541) and Trent (1546–1547).' Pp. 119–45 in *Justification in Perspective: Historical Developments and Contemporary Challenges*, ed. B. L. McCormack. Grand Rapids: Baker Academic.

Lang, B. 2004. 'On the "The" in "the Jews".' Pp. 63–70 in *Those Who Forget the Past: The Question of Anti-Semitism*, ed. R. Rosenbaum. New York: Random House.

Lawrence, J. D. 2006. *Washing in Water: Trajectories of Ritual Bathing in the Hebrew Bible and Second Temple Literature*. Atlanta: Society of Biblical Literature.

——. 2010. 'Washing, Ritual.' Pp. 1331–2 in *The Eerdmans Dictionary of Early Judaism*, eds. J. J. Collins and D. C. Harlow. Grand Rapids: Eerdmans.

Leary, T. J. 1992. 'Paul's Improper Name.' *New Testament Studies* 32(3):467–9.

Lee, A. H. I. 2005. *From Messiah to Preexistent Son: Jesus' Self-Consciousness and Early Christian Exegesis of Messianic Psalms*. Tübingen: Mohr.

Lee, M. V. 2006. *Paul, the Stoics, and the Body of Christ*. Cambridge: Cambridge University Press.

Lenowitz, H. 2001 [1998]. *The Jewish Messiahs: From the Galilee to Crown Heights*. New York: Oxford University Press.

Leon, H. J. 1995 [1960]. *The Jews of Ancient Rome*. New introd. Carolyn A. Osiek. Peabody, MA: Hendrickson.

Levenson, J. D. 1993. *The Death and Resurrection of the Beloved Son: The Transformation of Child Sacrifice in Judaism and Christianity*. New Haven: Yale University Press.

——. 2012. *Inheriting Abraham: The Legacy of the Patriarch in Judaism, Christianity, and Islam*. Princeton: Princeton University Press.

Levin, B. 1983. *Enthusiasms*. New York: Crown Publishers Inc.

Levine, A.-J. 2011. 'Bearing False Witness: Common Errors Made about Early Judaism.' Pp. 501–4 in *The Jewish Annotated New Testament*, eds. A.-J. Levine and M. Z. Brettler. Oxford: Oxford University Press.

Levison, J. R. 1988. *Portraits of Adam in Early Judaism: From Sirach to 2 Baruch*. Sheffield: Sheffield Academic Press.

——. 1997. *The Spirit in First-Century Judaism*. Leiden: Brill.

——. 2009. *Filled with the Spirit*. Grand Rapids: Eerdmans.

——. 2010. 'Adam and Eve.' Pp. 300–2 in *The Eerdmans Dictionary of Early Judaism*, eds. J. J. Collins and D. C. Harlow. Grand Rapids: Eerdmans.

Lewis, C. S. 1952. *The Voyage of the Dawn Treader*. London: Macmillan.

——. 1954. *English Literature in the Sixteenth Century Excluding Drama*. Oxford: Clarendon Press.

——. 1955 [1942]. *The Screwtape Letters*. London: Fontana.

——. 1960 [1942]. *A Preface to* Paradise Lost. London: Oxford University Press.

——. 1961. *An Experiment in Criticism*. Cambridge: Cambridge University Press.

——. 1964. *The Discarded Image: An Introduction to Medieval and Renaissance Literature*. Cambridge: Cambridge University Press.

Lichtenberger, H. 2006. 'Historiography in the Damascus Document.' Pp. 231–8 in *History and Identity: How Israel's Later Authors Viewed Its Earlier History*, eds. N. Calduch-Benages and J. Liesen. Berlin: De Gruyter.

Lietzmann, D. H. 1971. *An die Römer*. Tübingen: Mohr.

Lieu, S. 1999. 'Manichaeism.' Pp. 555–6 in *Late Antiquity: A Guide to the Postclassical World*, eds. G. W. Bowersock, P. Brown, and O. Grabar. Cambridge, MA: The Belknap Press of the Harvard University Press.

Lightfoot, J. B. 1868. *St Paul's Epistle to the Philippians: A Revised Text with Introduction, Notes and Dissertations*. London: Macmillan and Co.

——. 1876. *St Paul's Epistles to the Colossians and to Philemon*. 2nd edn. London: Macmillan.

——. 1904. *Notes on Epistles of St Paul from Unpublished Commentaries*. London: Macmillan.

Lightstone, J. 2006 [1984]. *Commerce of the Sacred: Mediation of the Divine among Jews in the Graeco-Roman Diaspora*. New edn. New York: Columbia University Press.

Lim, T. H. 2007. 'Deuteronomy in the Judaism of the Second Temple Period.' Pp. 6–26 in *Deuteronomy in the New Testament: The New Testament and the Scriptures of Israel*, eds. S. Moyise and M. J. J. Menken. London: T&T Clark.

Lincicum, D. 2010. *Paul and the Early Jewish Encounter with Deuteronomy*. Tübingen: Mohr.

Lincoln, A. T. 1990. *Ephesians*. Word Biblical Commentary, vol. 42. Waco: Word Books.

——. 2002. 'The Stories of Predecessors and Inheritors in Galatians and Romans.' Pp. 172–203 in *Narrative Dynamics in Paul: A Critical Assessment*, ed. B. W. Longenecker. Louisville: Westminster John Knox Press.

Lindemann, A. 2000. *Der Erste Korintherbrief*. Tübingen: Mohr.

Litwa, M. D. 2012. *We Are Being Transformed: Deification in Paul's Soteriology*. Berlin: De Gruyter.

Lizza, R. 2011. 'Leap of Faith: The Making of a Republican Front-Runner.' *New Yorker*, 15 and 22 August, 54–63.

Llewelyn, S. R., ed. 1998. *New Documents Illustrating Early Christianity, Volume 8*. Grand Rapids: Eerdmans.

Llewelyn, S. R., and J. R. Harrison, eds. 2012. *New Documents Illustrating Early Christianity, Volume 10*. Grand Rapids: Eerdmans.

Loewe, R. 1981. '"Salvation" Is Not of the Jews.' *Journal of Theological Studies* 22:341–68.

Logan, A. H. B. 2006. *The Gnostics: Identifying an Early Christian Cult*. London: T&T Clark.

Lohse, E. 1971 [1968]. *Colossians and Philemon*, tr. W. R. Poehlmann and R. J. Karris. Philadelphia: Fortress.

Long, A. A. 2003. 'Roman Philosophy.' Pp. 184–210 in *The Cambridge Companion to Greek and Roman Philosophy*, ed. D. Sedley. Cambridge: Cambridge University Press.

——. 2006. *From Epicurus to Epictetus: Studies in Hellenistic and Roman Philosophy*. Oxford: Oxford University Press, Clarendon Press.

Long, A. A., and D. N. Sedley. 1987. *The Hellenistic Philosophers, Volume 1: Translations of the Principal Sources with Philosophical Commentary*. Cambridge, UK; London; New York: Cambridge University Press.

Longenecker, B. W. 1990. 'Eschatology and the Covenant: A Comparison of 4 Ezra and Romans 1—11'. Unpublished doctoral dissertation, Durham University.

——. 1991. *Eschatology and the Covenant in 4 Ezra and Romans 1—11*. Sheffield: Sheffield Academic Press.

——. 1998. *The Triumph of Abraham's God: The Transformation of Identity in Galatians.* Edinburgh: T&T Clark.

——. 2002a. *Narrative Dynamics in Paul: A Critical Assessment.* Louisville: Westminster John Knox Press.

——. 2002b. 'Narrative Interest in the Study of Paul: Retrospective and Prospective.' Pp. 3–18 in *Narrative Dynamics in Paul: A Critical Assessment*, ed. B. W. Longenecker. Louisville: Westminster John Knox Press.

——. 2002c. 'Sharing in Their Spiritual Blessings? The Stories of Israel in Galatians and Romans.' Pp. 58–84 in *Narrative Dynamics in Paul: A Critical Assessment*, ed. B. W. Longenecker. Louisville: Westminster John Knox Press.

——. 2007. 'On Israel's God and God's Israel: Assessing Supersessionism in Paul.' *Journal of Theological Studies* n.s. 58:26–44.

——. 2009. 'Socio-Economic Profiling of the First Urban Christians.' Pp. 36–59 in *After the First Urban Christians: The Social-Scientific Study of Pauline Christianity Twenty-Five Years Later*, eds. T. D. Still and D. G. Horrell. London: T&T Clark.

——. 2010. *Remember the Poor: Paul, Poverty, and the Greco-Roman World.* Grand Rapids: Eerdmans.

——. 2012. 'Salvation History in Galatians and the Making of a Pauline Discourse.' *Journal for the Study of Paul and His Letters* 2(2):1–24.

Longenecker, R. N. 1990. *Galatians.* Dallas: Word Books.

——., ed. 2005. *Contours of Christology in the New Testament.* Grand Rapids: Eerdmans.

Löwy, M. 2005. *Fire Alarm: Reading Walter Benjamin's 'On the Concept of History'.* London, NY: Verso.

Lucas, J. R. 1976. *Freedom and Grace.* London: SPCK.

Lundquist, J. M. 2008. *The Temple of Jerusalem: Past, Present and Future.* Westport, CT: Praeger Publishers.

Luther, M. 1970 [1520]. *Three Treatises.* Philadelphia: Fortress.

——. 1971 [1516]. *Luther: Lectures on Romans*, tr. and ed. W. Pauck. Philadelphia: Westminster Press.

Lutz, C. E. 1947. 'Musonius Rufus, "The Roman Socrates".' *Yale Classical Studies* 10:3–147.

Lyons, S. 1996. *The Fleeting Years: Odes of Horace from the Augustan Age of Rome.* Stoke-on-Trent: Staffordshire University Press.

——. 2007. *Horace's Odes and the Mystery of Do-Re-Mi.* Oxford: Oxbow Books.

Macaskill, G. 2007. *Revealed Wisdom and Inaugurated Eschatology in Ancient Judaism and Early Christianity.* Leiden: Brill.

McClendon, J. W., and C. J. Conniry. 2000. 'Conversion.' Pp. 135–6 in *The Oxford Companion to Christian Thought*, ed. A. Hastings. Oxford: Oxford University Press.

Maccoby, H. 1986. *The Mythmaker: Paul and the Invention of Christianity.* London: Weidenfeld & Nicolson.

McConville, J. G. 1986. 'Ezra-Nehemiah and the Fulfillment of Prophecy.' *Vetus Testamentum* 36:205–24.

McCormack, B. L. 2004. 'What's at Stake in Current Debates over Justification? The Crisis of Protestantism in the West.' Pp. 81–117 in *Justification: What's at Stake in the Current Debates*, ed. M. Husbands and D. J. Treier. Downers Grove, IL: InterVarsity Press.

——. 2006a. '*Justitia Aliena*: Karl Barth in Conversation with the Evangelical Doctrine of Imputed Righteousness.' Pp. 167–96 in *Justification in Perspective: Historical Developments and Contemporary Challenges*, ed. B. L. McCormack. Grand Rapids: Baker Academic.

——., ed. 2006b. *Justification in Perspective: Historical Developments and Contemporary Challenges*. Grand Rapids: Baker Academic.

MacDonald, N. 2003. *Deuteronomy and the Meaning of Monotheism*. Tübingen: Mohr.

——. 2004. 'The Origin of "Monotheism".' Pp. 204–15 in *Early Jewish and Christian Monotheism*, ed. L. T. Stuckenbruck and W. E. S. North. London: T&T Clark International.

McGilchrist, I. 2009. *The Master and His Emissary: The Divided Brain and the Making of the Western World*. New Haven and London: Yale University Press.

McGowan, A. T. B. 2006. 'Justification and the *Ordo Salutis*.' Pp. 147–66 in *Justification in Perspective: Historical Developments and Contemporary Challenges*, ed. B. L. McCormack. Grand Rapids: Baker Academic.

McGrath, A. E. 1986. *Iustitia Dei: A History of the Christian Doctrine of Justification*. Cambridge: Cambridge University Press.

McGrath, J. F. 2009. *The Only True God: Early Christian Monotheism in Its Jewish Context*. Urbana, Chicago and Springfield, IL: University of Illinois Press.

McGrath, J. F., and J. Truex, comp. 2004. 'Early Jewish and Christian Monotheism: A Select Bibliography.' Pp. 235–42 in *Early Jewish and Christian Monotheism*, ed. L. T. Stuckenbruck and W. E. S. North. London: T&T Clark International.

McKnight, S. 1991. *A Light among the Gentiles: Jewish Missionary Activity in the Second Temple Period*. Minneapolis: Augsburg Fortress.

McLaren, J. S. 2005. 'Jews and the Imperial Cult: From Augustus to Domitian.' *Journal for the Study of the New Testament* 27(3):257–78.

McNamara, M. 1978. '"*To de (Hagar) Sina Oros Estin en Tē Arabia*" (Gal. 4:25a): Paul and Petra.' *Milltown Studies* 2:24–41.

MacRae, G. 1987. 'Messiah and Gospel.' Pp. 169–85 in *Judaisms and Their Messiahs at the Turn of the Christian Era*, eds. J. Neusner, W. S. Green, and E. Frerichs. Cambridge: Cambridge University Press.

Madeline, L., ed. 2008. *Correspondence: Pablo Picasso and Gertrude Stein*. London: Seagull.

Magda, K. 2009. *Paul's Territoriality and Mission Strategy*. Tübingen: Mohr.

Maier, H. O. 2005. 'A Sly Civility: Colossians and Empire.' *Journal for the Study of the New Testament* 27(3):323–49.

Malherbe, A. J. 1986. *Moral Exhortation, A Greco-Roman Sourcebook*. Philadelphia: Westminster Press.

——. 1987. *Paul and the Thessalonians: The Philosophic Tradition of Pastoral Care*. Philadelphia: Fortress.

—— 1989a. 'Greco-Roman Religion and Philosophy and the New Testament.' Pp. 3–26 in *The New Testament and Its Modern Interpreters*, eds. E. J. Epp and G. W. MacRae. Atlanta: Scholars Press.

—— 1989b. *Paul and the Popular Philosophers*. Minneapolis: Fortress.

—— 2000. *The Letters to the Thessalonians: A New Translation with Introduction and Commentary*. New Haven: Yale University Press.

Malina, B. J. 1993. *The New Testament World: Insights from Cultural Anthropology*. Rev. edn. Louisville: Westminster John Knox Press.

Malina, B. J., and J. H. Neyrey. 1996. *Portraits of Paul: An Archaeology of Ancient Personality*. Louisville: Westminster John Knox Press.

Manson, T. W. 1962a. 'Appendix 1. ΛΟΓΙΑ in the Greek Versions of the OT.' Pp. 87–96 in *Studies in the Gospels and Epistles*. Manchester: Manchester University Press.

——. 1962b. 'Appendix 2. ΛΟΓΙΑ in N. T. ' Pp. 87–104 in *Studies in the Gospels and Epistles*. Manchester: Manchester University Press.

Marchal, J. A., ed. 2012. *Studying Paul's Letters: Contemporary Perspectives and Methods*. Minneapolis: Fortress.

Marcus, J. 1986a. 'The Evil Inclination in the Letters of Paul.' *Irish Biblical Studies* 8:8–21.

——. 1986b. *The Mystery of the Kingdom of God*. Atlanta: Scholars Press.

——. 1989. 'The Circumcision and the Uncircumcision in Rome.' *New Testament Studies* 35:67–81.

Marsden, G. M. 2006 [1980]. *Fundamentalism and American Culture*. New York: Oxford University Press.

Marshall, I. H. 1993. 'The Theology of Philemon.' Pp. 175–91 in *The Theology of the Shorter Pauline Letters*, eds. K. P. Donfriend and I. H. Marshall. Cambridge: Cambridge University Press.

——. 1999. 'Romans 16:25–27 – an Apt Conclusion.' Pp. 170–84 in *Romans and the People of God: Essays in Honor of Gordon D. Fee on the Occasion of His 65th Birthday*, eds. S. K. Soderlund and N. T. Wright. Grand Rapids: Eerdmans.

——. 2002. 'Response to A. T. Lincoln: The Stories of Predecessors and Inheritors in Galatians and Romans.' Pp. 204–14 in *Narrative Dynamics in Paul: A Critical Assessment*, ed. B. W. Longenecker. Louisville: Westminster John Knox Press.

——. 2007. *Aspects of the Atonement: Cross and Resurrection in the Reconciling of God and Humanity*. London: Paternoster.

——. 2008. 'Lord's Supper.' Pp. 695–700 in *The New Interpreter's Dictionary of the Bible*, vol. 3, eds. K. D. Sakenfeld et al. Nashville: Abingdon.

Martin, D. B. 1995. *The Corinthian Body*. New Haven: Yale University Press.

——. 2001. 'Paul and the Judaism/Hellenism Dichotomy: Toward a Social History of the Question.' Pp. 29–61 in *Paul beyond the Judaism/Hellenism Divide*, ed. Troels Engberg-Pedersen. Louisville: Westminster John Knox Press.

Martin, R. P. 1981. *Reconciliation: A Study of Paul's Theology*. London: Marshall, Morgan & Scott.

——. 1997 [1967]. *A Hymn of Christ: Philippians 2:5–11 in Recent Interpretation*. 3rd edn. Downers Grove, IL: InterVarsity Press.

Martin, R. P., and B. J. Dodd, eds. 1998. *Where Christology Began: Essays on Philippians 2*. Louisville: Westminster John Knox Press.

Martyn, J. L. 1997a. *Galatians: A New Translation with Introduction and Commentary*. Anchor Bible, vol. 33a. New York: Doubleday.

——. 1997b. *Theological Issues in the Letters of Paul*. Nashville: Abingdon.

Marx, K. 1932 [1845]. *Theses on Feuerbach*. Moscow: Marx-Engels-Lenin Institute.

——. 2012 [1843–4]. *Critique of Hegel's 'Philosophy of Right'*. Chicago: Aristeus Books.

Mason, A. 2000. 'Dispensationalism.' Pp. 169–70 in *The Oxford Companion to Christian Thought*, ed. A. Hastings. Oxford: Oxford University Press.

Mason, S. 1994. 'Josephus, Daniel and the Flavian House.' Pp. 161–91 in *Josephus and the History of the Greco-Roman Period: Essays in Memory of Morton Smith*, eds. F. Parente and J. Sievers. Leiden: Brill.

——. 2001. *Flavius Josephus: Translation and Commentary, Volume 9: Life of Josephus*. Leiden: Brill.

——. 2007. 'Jews, Judaeans, Judaizing, Judaism: Problems of Categorization in Ancient History.' *Journal for the Study of Judaism* 38:457–512.

Mason, S., and L. H. Feldman, eds. 1999. *Flavius Josephus: Translation and Commentary, Volume 3: Antiquities 1–4* . Leiden: Brill.

Matera, F. J. 1999. *New Testament Christology*. Louisville: Westminster John Knox Press.

——. 2012. *God's Saving Grace: A Pauline Theology*. Grand Rapids: Eerdmans.

Matlock, R. Barry. 1996. *Unveiling the Apocalyptic Paul: Paul's Interpreters and the Rhetoric of Criticism*. Sheffield: Sheffield Academic Press.

May, A. S. 2004. *'The Body for the Lord': Sex and Identity in 1 Corinthians 5—7*. London: T&T Clark.

Meadors, E. P. 2006. *Idolatry and the Hardening of the Heart*. New York: T&T Clark.

Meeks, W. A. 1982. '"And Rose Up to Play": Midrash and Paraenesis in 1 Corinthians 10:1–22.' *Journal for the Study of the New Testament* 16:64–78.

——. 1983. *The First Urban Christians: The Social World of the Apostle Paul*. New Haven: Yale University Press.

——. 1986a. 'A Hermeneutics of Social Embodiment.' *Harvard Theological Review* 79:176–86.

——. 1986b. *The Moral World of the First Christians*. Philadelphia: Westminster Press.

——. 1991. 'The Man from Heaven in Paul's Letter to the Philippians.' Pp. 329–36 in *The Future of Early Christianity: Essays in Honor of Helmut Koester*, ed. B. Pearson. Minneapolis: Fortress.

—— 1993. *The Origins of Christian Morality: The First Two Centuries*. New Haven: Yale University Press.

—— 1996. 'The "Haustafeln" and American Slavery: A Hermeneutical Challenge.' Pp. 232–53 in *Theology and Ethics in Paul and His Interpreters: Essays in Honor of Victor Paul Furnish*, eds. E. H. Lovering and J. L. Sumney. Nashville: Abingdon.

—— 2001. 'Judaism, Hellenism and the Birth of Christianity.' Pp. 17–27 in *Paul beyond the Judaism/Hellenism Divide*, ed. T. Engberg-Pedersen. Louisville: Westminster John Knox Press.

Meggitt, J. J. 1998. *Paul, Poverty and Survival*. Edinburgh: T&T Clark.

—— 2002. 'Taking the Emperor's Clothes Seriously: The New Testament and the Roman Emperor.' Pp. 143–69 in *The Quest for Wisdom: Essays in Honour of Philip Budd*, ed. C. E. Joynes. Cambridge: Orchard Academic.

Meilander, G. 2011. 'Christian Theology: Ethics.' Pp. 576–88 in *The Blackwell Companion to Paul*, ed. S. Westerholm. Oxford: Blackwell.

Mellor, R. 1975. ΘΕΑ ΡΩΜΑ: *The Worship of the Goddess Roma in the Greek World*. Göttingen: Vandenhoeck & Ruprecht.

Mendels, D. 1992. *The Rise and Fall of Jewish Nationalism*. Grand Rapids: Eerdmans.

—— 1996. 'Pagan or Jewish? The Presentation of Paul's Mission in the Book of Acts.' Pp. 431–52 in *Geschichte – Tradition – Reflexion: Festschrift für Martin Hengel zum 70. Geburtstag. Bd 1: Judentum*, eds. H. Cancik, H. Lichtenberger, and P. Schäfer. Tübingen: Mohr.

Metzger, B. M. 1973. 'The Punctuation of Rom. 9:5.' Pp. 95–112 in *Christ and Spirit in the New Testament: In Honour of Charles Francis Digby Moule*, ed. Barnabas Lindars and Stephen S. Smalley. Cambridge: Cambridge University Press.

——. 1994 [1971]. *A Textual Commentary on the Greek New Testament*. 2nd edn. London and New York: United Bible Societies; Stuttgart: Deutsche Bibelgesellschaft.

Meyer, B. F. 1989. *Critical Realism and the New Testament*. Princeton Theological Monograph Series, vol. 17. Allison Park, PA: Pickwick.

Meyer, M. W., ed. 1987. *The Ancient Mysteries: A Sourcebook*. New York: Harper & Row.

Meyer, P. W. 1990. 'The Worm at the Core of the Apple: Exegetical Reflections on Romans 7.' Pp. 62–84 in *The Conversation Continues: Studies in Paul and John in Honor of J. Louis Martyn*, eds. R. T. Fortna and B. R. Gaventa. Nashville: Abingdon.

Middleton, R. J. 2005. *The Liberating Image: The Imago Dei in Genesis 1*. Grand Rapids: Brazos Press.

Middleton, R. J., and B. J. Walsh. 1998. *Truth Is Stranger Than It Used to Be: Biblical Faith in a Postmodern Age*. Downers Grove, IL: InterVarsity Press.

Mikalson, J. D. 2010 [2005]. *Ancient Greek Religion*. Chichester: Wiley-Blackwell.

Mildenberg, L. 1984. *The Coinage of the Bar-Kokhba War*. Aarau: Sauerländer Verlag.

Millar, F. 2002. 'The Emperor, the Senate and the Provinces.' Pp. 271–91 in *Rome, the Greek World, and the East, Volume 1. The Roman Republic and the Augustan Revolution*, eds. H. M. Cotton and G. M. Rogers. Chapel Hill: University of North Carolina Press.

Miller, C. 2010. 'The Imperial Cult in the Pauline Cities of Asia Minor and Greece.' *Catholic Biblical Quarterly* 72:314–32.

Minear, P. S. 1971. *The Obedience of Faith*. London: SCM Press.

Mitchell, M. M. 1991/2. *Paul and the Rhetoric of Reconciliation: An Exegetical Investigation of the Language and Composition of 1 Corinthians*. Louisville: Westminster John Knox Press.

Mitchell, S. 1993a. *Anatolia: Land, Men and Gods in Asia Minor, Volume 1: The Celts in Anatolia and the Impact of Roman Rule*. Oxford: Clarendon Press.

——. 1993b. *Anatolia: Land, Men and Gods in Asia Minor, Volume 2: The Rise of the Church*. Oxford: Clarendon Press.

——. 1999. 'The Cult of Theos Hypsistos between Pagans, Jews and Christians.' Pp. 81–148 in *Pagan Monotheism in Late Antiquity*, eds. P. Athanassiadi and M. Frede. Oxford: Clarendon Press.

Mitchell, S., and P. van Nuffelen, eds. 2010. *One God: Pagan Monotheism in the Roman Empire*. Cambridge: Cambridge University Press.

Mitchell, S., and M. Waelkins, eds. 1998. *Pisidian Antioch: The Site and Its Monuments*. London: Duckworth with the Classical Press of Wales.

Moberly, R. W. L. 2004. 'How Appropriate Is "Monotheism" as a Category for Biblical Interpretation?' Pp. 216–34 in *Early Jewish and Christian Monotheism*. London: T&T Clark International.

——. 2009. *The Theology of the Book of Genesis*. Cambridge: Cambridge University Press.

Moessner, D. 1989. *Lord of the Banquet: The Literary and Theological Significance of the Lukan Travel Narrative*. Harrisburg, PA: Trinity Press International.

Montefiore, C. G., and H. Loewe, comp. 1974 [1938]. *A Rabbinic Anthology*. New York: Schocken Books.

Moo, D. J. 1996. *The Epistle to the Romans*. Grand Rapids: Eerdmans.

——. 2004. 'Israel and the Law in Romans 5—11: Interaction with the New Perspective.' Pp. 185–216 in *Justification and Variegated Nomism, Volume 2: The Paradoxes of Paul*, eds. D. A. Carson, P. T. O'Brien, and M. A. Seifried. Grand Rapids: Baker Academic.

——. 2008. *The Letters to the Colossians and to Philemon*. Grand Rapids: Eerdmans.

Moore, G. F. 1927. *Judaism in the First Centuries of the Christian Era: The Age of the Tannaim*. Cambridge, MA: Harvard University Press.

Morales, R. J. 2010. *The Spirit and the Restoration of Israel*. Tübingen: Mohr.

Morgan, G. 2006. *69 A.D.: The Year of Four Emperors*. Oxford: Oxford University Press.

Morgan, R. 1973. *The Nature of New Testament Theology: The Contribution of William Wrede and Adolf Schlatter*. London: SCM Press.

——. 1998. 'Incarnation, Myth, and Theology: Ernst Käsemann's Interpretation of Philippians 2:5–11.' Pp. 43–73 in *Where Christology Began: Essays on Philippians 2*, eds. R. P. Martin and B. J. Dodd. Louisville: Westminster John Knox Press.

Most, G. W. 2003. 'Philosophy and Religion.' Pp. 300–22 in *The Cambridge Companion to Greek and Roman Philosophy*, ed. D. Sedley. Cambridge: Cambridge University Press.

Motyer, J. A. 1993. *The Prophecy of Isaiah*. Leicester: InterVarsity Press.

Moule, C. F. D. 1957. *The Epistles of Paul the Apostle to the Colossians and to Philemon*. Cambridge: Cambridge University Press.

——. 1964. 'The Judgment Theme in the Sacraments.' Pp. 464–81 in *The Background of the New Testament and Its Eschatology: In Honour of Charles Harold Dodd*, eds. W. D. Davies and D. Daube. Cambridge: Cambridge University Press.

——. 1977. *The Origin of Christology*. Cambridge: Cambridge University Press.

Moulton, J. H., and N. Turner. 1908 [1906]–76. *A Grammar of New Testament Greek*. Edinburgh: T&T Clark.

Moyise, S. 2010. *Paul and Scripture: Studying the New Testament Use of the Old Testament*. Grand Rapids: Baker Academic.

Müller, P. 2012. *Der Brief an Philemon*. Göttingen: Vandenhoeck & Ruprecht.

Munck, J. 1959 [1954]. *Paul and the Salvation of Mankind*, tr. Frank Clarke. London: SCM Press; Richmond, VA: John Knox Press.

Murphy, F. J. 2005. *The Structure and Meaning of Second Baruch*. Atlanta: Scholars Press.

——. 2010. 'Biblical Antiquities (Pseudo-Philo).' Pp. 440–2 in *The Eerdmans Dictionary of Early Judaism*, eds. J. J. Collins and D. C. Harlow. Grand Rapids: Eerdmans.

Murphy-O'Connor, J. 1978. 'I Cor. 8.6: Cosmology or Soteriology?' *Révue Biblique* 85:253–67.

——. 1991. '2 Timothy Contrasted with 1 Timothy and Titus.' *Révue Biblique* 98:403–18.

——. 1995. *Paul the Letter-Writer: His World, His Options, His Skills*. Collegeville, MN: Liturgical Press.

——. 1998 [1980]. *The Holy Land: An Oxford Archaeological Guide from Earliest Times to 1700*. 4th edn. Oxford: Oxford University Press.

Murray, O. 2001 [1986, 1988]. 'Life and Society in Classical Greece.' Pp. 198–227 in *The Oxford Illustrated History of Greece and the Hellenistic World*, eds. John Boardman, Jasper Griffin, and Oswyn Murray. Oxford: Oxford University Press.

Mussner, F. 1974. *Der Galaterbrief*. Freiburg: Herder.

Nanos, M. D. 1996. *The Mystery of Romans*. Minneapolis: Fortress.

——. 2002a. *The Irony of Galatians: Paul's Letter in First-Century Context*. Minneapolis: Fortress.

——., ed. 2002b. *The Galatians Debate: Contemporary Issues in Rhetorical and Historical Interpretation*. Peabody, MA: Hendrikson.

——. 2010a. '"Broken Branches": A Pauline Metaphor Gone Awry? (Romans 11:11–24).' Pp. 339–76 in *Between Gospel and Election: Explorations in the Interpretation of Romans 9—11*, eds. F. Wilk and J. R. Wagner. Tübingen: Mohr.

——. 2010b. 'Paul and Judaism: Why Not Paul's Judaism?' Pp. 117–60 in *Paul Unbound: Other Perspectives on the Apostle*, ed. M. D. Given. Peabody, MA: Hendrickson.

——. 2011. 'The Letter of Paul to the Romans.' Pp. 253–86 in *The Jewish Annotated New Testament: New Revised Standard Version*, eds. A.-J. Levine and M. Z. Brettler. New York: Oxford University Press.

——. 2012. 'Paul's Relationship to Torah in Light of His Strategy "to Become Everything to Everyone" (1 Corinthians 9.19–23).' Pp. 106–40 in *Paul and Judaism: Crosscurrents in Pauline Exegesis and the Study of Jewish-Christian Relations*, eds. R. Bieringer and D. Pollefeyt. London: T&T Clark.

Naugle, D. K. 2002. *Worldview: The History of a Concept*. Grand Rapids: Eerdmans.

Naylor, J. 2010. 'The Roman Imperial Cult and Revelation.' *Currents in Biblical Research* 8 (2):207–39.

Neill, S. C., and N. T. Wright. 1988 [1964]. *The Interpretation of the New Testament, 1861–1986*. 2nd edn. Oxford: Oxford University Press.

Neiman, S. 2002. *Evil in Modern Thought: An Alternative History of Philosophy*. Princeton: Princeton University Press.

Neumann, K. J. 1990. *The Authenticity of the Pauline Epistles in the Light of Stylostatistical Analysis*. Atlanta: Scholars Press.

Neusner, J. 1973. *From Politics to Piety*. Englewood Cliffs, NJ: Prentice-Hall.

——. 1985. *Genesis Rabbah: The Judaic Commentary to the Book of Genesis: A New American Translation*. Atlanta: Scholars Press.

——. 2004. *The Idea of History in Rabbinic Judaism*. Leiden: Brill.

Neusner, J., W. S. Green, and E. Frerichs, eds. 1987. *Judaisms and Their Messiahs at the Turn of the Christian Era*. Cambridge: Cambridge University Press.

Newman, C. C. 1992. *Paul's Glory-Christology: Tradition and Rhetoric*. Leiden: Brill.

Newman, C. C., J. R. Davila, and G. S. Lewis, eds. 1999. *The Jewish Roots of Christological Monotheism: Papers from the St. Andrews Conference on the Historical Origins of the Worship of Jesus*. Leiden: Brill.

Newton, M. 1985. *The Concept of Purity at Qumran and in the Letters of Paul*. Cambridge: Cambridge University Press.

Neyrey, J. H. 1990. *Paul, in Other Words: A Cultural Reading of His Letters*. Louisville: Westminster John Knox Press.

Neyrey, J. H., and Eric C. Stewart. 2008. *The Social World of the New Testament: Insights and Models*. Peabody, MA: Hendrickson.

Nickelsburg, G. W. E. 1972. *Resurrection, Immortality and Eternal Life in Intertestamental Judaism*. Cambridge, MA: Harvard University Press.

——. 1981. *Jewish Literature between the Bible and the Mishnah*. Philadelphia: Fortress.

Nicklas, T. 2008. 'The Letter to Philemon: A Discussion with J. Albert Harrill.' Pp. 201–20 in *Paul's World*, ed. S. E. Porter. Leiden: Brill.

Niebuhr, K.-W. 1992. *Heidenapostel aus Israel: Die Jüdische Identität des Paulus nach Ihrer Darstellung in Seinen Briefen*. Tübingen: Mohr.

——. 2010. '"Nicht alle aus Israel sind Israel" (Röm 9,6b): Römer 9—11 als Zeugnis paulinischer Anthropologie.' Pp. 433-62 in *Between Gospel and Election: Explorations in the Interpretation of Romans 9—11*, eds. F. Wilk and J. R. Wagner. Tübingen: Mohr.

Nock, A. D. 1961 [1933]. *Conversion: The Old and the New in Religion from Alexander the Great to Augustine of Hippo*. London: Oxford University Press.

Nordling, J. G. 1991. 'Onesimus Fugitivus: A Defense of the Runaway Slave Hypothesis in Philemon.' *Journal for the Study of the New Testament* 41:97–119.

——. 2004. *Philemon*. St Louis: Concordia.

North, J. A. 2011. 'Pagans, Polytheists and the Pendulum.' Pp. 479–502 in *The Religious History of the Roman Empire: Pagans, Jews and Christians*, eds. J. A. North and S. R. F. Price. Oxford: Oxford University Press.

Norton, J. D. H. 2011. *Contours in the Text: Textual Variations in the Writings of Paul, Josephus and the Yahad*. London: T&T Clark.

Novenson, M. 2012. *Christ among the Messiahs: Christ Language in Paul and Messiah Language in Ancient Judaism*. New York: Oxford University Press.

——. 2013. 'Paul's Former Occupation in *Ioudaismos*.' In *Galatians and Christian Theology: Justification, the Gospel, and Ethics in Paul's Letter*, eds. M. W. Elliott, S. J. Hafemann, and N. T. Wright. Grand Rapids: Baker Academic.

——. 2014. *The Grammar of Messianism*. Oxford: Oxford University Press.

Nowell, I. 2009. 'Tobit, Book of.' Pp. 612–17 in *The New Interpreter's Dictionary of the Bible*, vol. 5, eds. K. D. Sakenfeld et al. Nashville: Abingdon.

Oakes, P. 2001. *Philippians: From People to Letter*. Cambridge: Cambridge University Press.

——. 2005. 'Re-Mapping the Universe: Paul and the Emperor in 1 Thessalonians and Philippians.' *Journal for the Study of the New Testament* 27(3):301–22.

——. 2009. *Reading Romans in Pompeii: Paul's Letter at Ground Level*. London: SPCK.

O'Brien, P. T. 1991. *Commentary on Philippians*. Grand Rapids: Eerdmans.

——. 1993. 'Fellowship, Communion, Sharing.' Pp. 293–5 in *Dictionary of Paul and His Letters*, eds. G. F. Hawthorne and R. P. Martin. Downers Grove, IL: InterVarsity Press.

——. 2004. 'Was Paul a Covenantal Nomist?' Pp. 249–96 in *Justification and Variegated Nomism, Volume 2: The Paradoxes of Paul*, eds. D. A. Carson, P. T. O'Brien, and M. A. Seifrid. Grand Rapids: Baker Academic.

O'Donovan, O. M. T. 2002. 'Response to N. T. Wright.' Pp. 194–5 in *A Royal Priesthood: The Use of the Bible Ethically and Politically. A Dialogue with Oliver O'Donovan*, eds. C. Bartholomew et al. Carlisle: Paternoster.

——. 2005. *The Ways of Judgment*. Grand Rapids: Eerdmans.

Ogg, G., tr. and ed. 1955. *Pseudo-Cyprian,* De Pascha Computus. London: SPCK.

Ogilvie, R. M. 1986. *The Romans and Their Gods*. London: The Hogarth Press.

O'Neill, J. C. 1980. *Messiah: Six Lectures on the Ministry of Jesus*. Cambridge: Cochrane Press.

——. 1995. *Who Did Jesus Think He Was?* Leiden: Brill.

Onesti, K. L., and M. T. Brauch. 1993. 'Righteousness, Righteousness of God.' Pp. 827–37 in *Dictionary of Paul and His Letters*, eds. G. F. Hawthorne, R. P. Martin, and D. G. Reid. Downers Grove, IL: InterVarsity Press.

Ortlund, D. C. 2012. *Zeal Without Knowledge: The Concept of Zeal in Romans 10, Galatians 1, and Philippians 3*. London: T&T Clark.

O'Siadhail, M. 2010. *Tongues*. Tarset, Northumberland: Bloodaxe Books.

Osiek, C. 2000. *Philippians, Philemon*. Nashville: Abingdon.

Oss, D. A. 1989. 'The Interpretation of the "Stone" Passages by Peter and Paul: A Comparative Study.' *Journal of the Evangelical Theological Society* 32:181–200.

Padwick, C. E. 1930 [1929]. *Temple Gairdner of Cairo*. London: SPCK.

Passaro, A. 2006. 'Theological Hermeneutics and Historical Motifs in Pss 105–106.' Pp. 43–55 in *History and Identity: How Israel's Later Authors Viewed Its Earlier History*, eds. N. Calduch-Benages and J. Liesen. Berlin: De Gruyter.

Pawlikowski, J. T. 2012. 'A Christian–Jewish Dialogical Model in Light of New Research on Paul's Relationship with Judaism.' Pp. 163–73 in *Paul and Judaism: Crosscurrents in Pauline Exegesis and the Study of Jewish–Christian Relations*, eds. R. Bieringer and D. Pollefeyt. London: T&T Clark.

Peace, R. V. 1999. *Conversion in the New Testament: Paul and the Twelve*. Grand Rapids: Eerdmans.

Pearson, B. A. 1971. 'I Thessalonians 2:13–16: A Deutero-Pauline Interpolation.' *Harvard Theological Review* 64:79–94.

Peirce, C. S. 1958. *Collected Papers VII*. Cambridge, MA: Harvard University Press.

Pennington, J. T., and S. M. McDonough, eds. 2008. *Cosmology and New Testament Theology*. London: T&T Clark.

Perkins, P. 2001. *Abraham's Divided Children: Galatians and the Politics of Faith*. Harrisburg, PA: Trinity Press International.

Perriman, A. 2010. *The Future of the People of God: Reading Romans Before and After Western Christendom*. Eugene, OR: Cascade Books.

Perrin, N. 2010. *Jesus the Temple*. London: SPCK.

Perrin, N. and R. B. Hays, eds. 2011. *Jesus, Paul and the People of God: A Theological Dialogue with N. T. Wright*. Downers Grove, IL: InterVarsity Press; London: SPCK.

Pervo, R. I. 2009. *Acts: A Commentary*. Minneapolis: Fortress.

Petersen, D. L. 1995. *Zechariah 9—14 and Malachi: A Commentary*. Louisville: Westminster John Knox Press.

Petersen, N. R. 1985. *Rediscovering Paul: Philemon and the Sociology of Paul's Narrative World*. Philadelphia: Fortress.

Phua, R. L.-S. 2005. *Idolatry and Authority: A Study of 1 Corinthians 8.1—11.1 in the Light of the Jewish Diaspora*. London: T&T Clark.

Pickett, R. 1997. *The Cross in Corinth: The Social Significance of the Death of Jesus*. Sheffield: Sheffield Academic Press.

Piper, J. 2002. *Counted Righteous in Christ: Should We Abandon the Imputation of Christ's Righteousness?* Wheaton, IL: Crossway Books.

——. 2007. *The Future of Justification: A Response to N. T. Wright*. Wheaton, IL: Crossway Books.

Pitre, B. 2005. *Jesus, the Tribulation, and the End of the Exile: Restoration Eschatology and the Origin of the Atonement*. Tübingen: Mohr; Grand Rapids: Baker Academic.

Platt, V. 2011. *Facing the Gods: Epiphany and Representation in Graeco-Roman Art, Literature and Religion*. Cambridge: Cambridge University Press.

Pleket, H. W. 1965. 'An Aspect of the Imperial Cult: Imperial Mysteries.' *Harvard Theological Review* 58:331–47.

Poirier, J. C. 2008. 'The Measure of Stewardship: *Pistis* in Romans 12:3.' *Tyndale Bulletin* 59 (1):145–52.

Polaski, S. H. 1999. *Paul and the Discourse of Power*. Sheffield: Sheffield Academic Press.

Ponsot, J. 1982. 'Et Ainsi Tout Israël Sera Sauvé: Rom., XI, 26a.' *Révue Biblique* 89:406–17.

Porter, A. L. 2009. 'Temples, Leontopolis and Elephantine.' Pp. 509–10 in *The New Interpreter's Dictionary of the Bible*, vol. 5, eds. K. D. Sakenfeld et al. Nashville: Abingdon.

Porter, J. R. 1965. 'The Legal Aspects of the Concept of "Corporate Personality" in the Old Testament.' *Vetus Testamentum* 15:361–80.

Porter, S. E. 2011. 'Reconciliation as the Heart of Paul's Missionary Theology.' Pp. 169–79 in *Paul as Missionary: Identity, Activity, Theology, and Practice*, eds. T. J. Burke and B. S. Rosner. London: T&T Clark.

Porter, S. E., and C. D. Stanley, eds. 2008. *As It Is Written: Studying Paul's Use of Scripture*. Atlanta: Society of Biblical Literature.

Portier-Young, A. E. 2011. *Apocalypse Against Empire: Theologies of Resistance in Early Judaism*. Grand Rapids: Eerdmans.

Powell, M. A. 1993 [1990]. *What Is Narrative Criticism?* London: SPCK.

Price, S. R. F. 1984. *Rituals and Power: The Roman Imperial Cult in Asia Minor*. Cambridge: Cambridge University Press.

——. 1996. 'The Place of Religion: Rome in the Early Empire.' Pp. 812–47 in *Cambridge Ancient History*, vol. 10, eds. A. K. Bowman, E. Champlin, and A. Lintott. Cambridge: Cambridge University Press.

——. 1999. *Religions of the Ancient Greeks*. Cambridge: Cambridge University Press.

——. 2001 [1986, 1988]. 'The History of the Hellenistic Period.' Pp. 309–31 in *The Oxford Illustrated History of Greece and the Hellenistic World*, eds. John Boardman, Jasper Griffin, and Oswyn Murray. Oxford: Oxford University Press.

——. 2011. 'Homogeneity and Diversity in the Religions of Rome.' Pp. 253–75 in *The Religious History of the Roman Empire: Pagans, Jews, and Christians*. Oxford: Oxford University Press.

Prior, M. 1989. *Paul the Letter-Writer: And the Second Letter to Timothy*. Sheffield: Sheffield Academic Press.

Puerto, M. N. 2006. 'Reinterpreting the Past: Judith 5.' Pp. 115–40 in *History and Identity: How Israel's Later Authors Viewed Its Earlier History*, eds. N. Calduch-Benages and J. Liesen. Berlin: De Gruyter.

Punt, J. 2010. 'Paul, Power and Philemon. "Knowing Your Place": A Postcolonial Reading.' Pp. 223–50 in *Philemon in Perspective: Interpreting a Pauline Letter*, ed. D. F. Tolmie. Berlin: De Gruyter.

Quinton, A. 1995. 'Romanticism, Philosophical.' Pp. 778 in *The Oxford Companion to Philosophy*, ed. T. Honderich. Oxford: Oxford University Press.

Rabens, V. 2010. *The Holy Spirit and Ethics in Paul: Transformation and Empowering for Religious-Ethical Life*. Tübingen: Mohr.

Rainbow, P. A. 1991. 'Jewish Monotheism as the Matrix for New Testament Christology: A Review Article.' *Novum Testamentum* 33(1):78–91.

Räisänen, H. 1986 [1983]. *Paul and the Law*. Philadelphia: Fortress.

——. 2008. 'A Controversial Jew and His Conflicting Convictions.' Pp. 319–35 in *Redefining First-Century Jewish and Christian Identities: Essays in Honor of Ed Parish Sanders*, ed. F. E. Udoh. Notre Dame: University of Notre Dame Press.

Ramsay, W. M. n.d. *St. Paul the Traveller and the Roman Citizen*. London: Hodder & Stoughton.

Rankin, D. 1995. *Tertullian and the Church*. Cambridge: Cambridge University Press.

Rapske, B. M. 1991. 'The Prisoner Paul in the Eyes of Onesimus.' *New Testament Studies* 37:187–203.

Rawlinson, A. E. J. 1930. 'Corpus Christi.' Pp. 225–44 in *Mysterium Christi: Christological Studies by British and German Theologians*, eds. G. K. A. Bell and D. A. Deissmann. London: Longmans, Green & Co.

Reasoner, M. 1999. *The Strong and the Weak: Romans 14.1—15.13 in Context*. Cambridge: Cambridge University Press.

Reid, D. G. 1993. 'Principalities and Powers.' Pp. 746–52 in *Dictionary of Paul and His Letters*, eds. G. F. Hawthorne, R. P. Martin, and D. G. Reid. Downers Grove, IL: InterVarsity Press.

Reif, S. C. 2006. 'The Function of History in Early Rabbinic Liturgy.' Pp. 321–39 in *History and Identity: How Israel's Later Authors Viewed Its Earlier History*, eds. N. Calduch-Benages and J. Liesen. Berlin: De Gruyter.

Reinbold, W. 2010. 'Zur Bedeutung des Begriffes "Israel" in Römer 9—11.' Pp. 401–16 in *Between Gospel and Election: Explorations in the Interpretation of Romans 9—11*, eds. F. Wilk and J. R. Wagner. Tübingen: Mohr.

Reinmuth, E. 2006. *Der Brief des Paulus an Philemon*. Leipzig: Evangelische Verlagsanstalt.

Reiser, M. 1997. *Jesus and Judgment: The Eschatological Proclamation in Its Jewish Context*, tr. Linda M. Maloney. Minneapolis: Fortress.

Renwick, D. A. 1991. *Paul, the Temple, and the Presence of God*. Atlanta: Scholars Press.

Reumann, J. 2008. *Philippians: A New Translation with Introduction and Commentary*. New Haven: Yale University Press.

Reumann, J., J. A. Fitzmyer, and J. D. Quinn. 1982. *'Righteousness' in the New Testament: 'Justification' in the United States Lutheran–Roman Catholic Dialogue*. Philadelphia: Fortress.

Revell, L. 2009. *Roman Imperialism and Local Identities*. Cambridge: Cambridge University Press.

Richards, E. R. 2004. *Paul and First-Century Letter-Writing: Secretaries, Composition and Collection*. Downers Grove, IL: InterVarsity Press.

Richardson, G. Peter. 1969. *Israel in the Apostolic Church*. Cambridge: Cambridge University Press.

——. 1996. *Herod: King of the Jews and Friend of the Romans*. Columbia, SC: University of South Carolina Press.

Richardson, J. S. 2008. *The Language of Empire: Rome and the Idea of Empire from the Third Century BC to the Second Century AD*. Cambridge: Cambridge University Press.

——. 2012. *Augustan Rome 44 BC to AD 14: The Restoration of the Republic and the Establishment of the Empire*. Edinburgh: Edinburgh University Press.

Richardson, N. 1994. *Paul's Language about God*. Sheffield: Sheffield Academic Press.

Ricks, C., ed. 1999. *The Oxford Book of English Verse*. Oxford: Oxford University Press.

Ridderbos, H. N. 1975 [1966]. *Paul: An Outline of His Theology*, tr. J. R. de Witt. Grand Rapids: Eerdmans.

Riesenfeld, H. 1982. 'Faith and Love Promoting Hope: An Interpretation of Philemon v. 6.' Pp. 251–7 in *Paul and Paulinism: Essays in Honour of C. K. Barrett*, eds. M. D. Hooker and S. G. Wilson. London: SPCK.

Riesner, R. 2000. 'A Pre-Christian Jewish Mission?' Pp. 211–50 in *The Mission of the Early Church to Jews and Gentiles*, eds. J. Ådna and H. Kvalbein. Tübingen: Mohr.

Ripley, J. J. 2010. 'Aqedah.' Pp. 355–7 in *The Eerdmans Dictionary of Early Judaism*, eds. J. J. Collins and D. C. Harlow. Grand Rapids: Eerdmans.

Rives, J. B. 2007. *Religion in the Roman Empire*. Oxford: Blackwell.

Roberts, J. J. M. 1987. 'Yahweh's Foundation in Zion (Isa 28:16).' *Journal of Biblical Literature* 106:27–45.

——. 2009. 'Temple, Jerusalem.' Pp. 494–509 in *The New Interpreter's Dictionary of the Bible*, vol. 5, eds. K. D. Sakenfeld et al. Nashville: Abingdon.

Robertson, A. and A. Plummer. 1914 [1911]. *A Critical and Exegetical Commentary on the First Epistle of St Paul to the Corinthians*. 2nd edn. Edinburgh: T&T Clark.

Robinson, J. A. 1904 [1903]. *St Paul's Epistle to the Ephesians: A Revised Text and Translation with Exposition and Notes*. London: Macmillan.

Robinson, J. A. T. 1952. *The Body: A Study in Pauline Theology*. London: SCM Press.

——. 1976. *Redating the New Testament*. London: SCM Press.

——. 1979. *Wrestling with Romans*. London: SCM Press.

Röcker, F. W. 2009. *Belial und Katechon: Eine Untersuchung zu 2 Thess 2,1–12 und 1 Thess 4,13—5,11*. Tübingen: Mohr.

Roetzel, C. J. 2003. *Paul – a Jew on the Margins*. Louisville: Westminster John Knox Press.

——. 2009. 'Paul, the Apostle.' Pp. 404–21 in *The New Interpreter's Dictionary of the Bible*, vol. 4, eds. K. D. Sakenfeld et al. Nashville: Abingdon.

Rogerson, J. W. 1970. 'The Hebrew Conception of Corporate Personality: A Re-Examination.' *Journal of Theological Studies* 21:1–16.

Rosner, B. S. 1990. 'Moses Appointing Judges: An Antecedent to 1 Cor 1—6?' *Zeitschrift für die Neutestamentliche Wissenschaft* 82:275–8.

——. 1994. *Paul, Scripture and Ethics: A Study of 1 Corinthians 5—7*. Leiden: Brill.

——. 2003. 'Paul's Ethics.' Pp. 212–23 in *The Cambridge Companion to St Paul*, ed. J. D. G. Dunn. Cambridge: Cambridge University Press.

——. 2011. 'The Glory of God in Paul's Missionary Theology and Practice.' Pp. 158–68 in *Paul as Missionary: Identity, Activity, Theology, and Practice*, eds. T. J. Burke and B. S. Rosner. London: T&T Clark.

Ross, G. M. 1974. 'Seneca's Philosophical Influence.' Pp. 116–65 in *Seneca*, ed. C. D. N. Costa. London: Routledge & Kegan Paul.

Rowe, C. K. 2000. 'Romans 10:13: What Is the Name of the Lord?' *Horizons in Biblical Theology* 22:135–73.

——. 2005a. 'New Testament Iconography? Situating Paul in the Absence of Material Evidence.' Pp. 289–312 in *Picturing the New Testament*, eds. A. Weissenrieder, F. Wendt, and P. von Gemünden. Tübingen: Mohr.

——. 2005b. 'Luke-Acts and the Imperial Cult: A Way through the Conundrum?' *Journal for the Study of the New Testament* 27:279–300.

——. 2009. *World Upside Down: Reading Acts in the Graeco-Roman Age*. Oxford: Oxford University Press.

——. 2011. 'The Grammar of Life: The Areopagus Speech and Pagan Tradition.' *New Testament Studies* 57:31–50.

Rowland, C. C. 1996. 'Apocalyptic Mysticism and the New Testament.' Pp. 405–30 in *Geschichte – Tradition – Reflexion. Festschrift für Martin Hengel zum 70. Geburtstag. Bd 1: Judentum*, eds. H. Cancik, H. Lichtenberger, and P. Schäfer. Tübingen: Mohr.

Rowland, C. C., and C. R. A Morray-Jones. 2009. *The Mystery of God: Early Jewish Mysticism and the New Testament*. Leiden: Brill.

Rowley, H. H. 1964 [1950]. *The Biblical Doctrine of Election*. London: Lutterworth.

Rudolph, D. J. 2011. *A Jew to the Jews: Jewish Contours of Pauline Flexibility in 1 Corinthians 9:19–23*. Tübingen: Mohr.

Rüpke, J. 2007 [2001]. *Religion of the Romans*. Cambridge: Polity Press.

——. 2011. 'Roman Religion and the Religion of Empire: Some Reflections on Method.' Pp. 9–36 in *The Religious History of the Roman Empire: Pagans, Jews and Christians*, eds. J. A. North and S. R. F. Price. Oxford: Oxford University Press.

Russell, D. A. 1973. *Plutarch*. London: Duckworth.

Rüterswörden, U. 2006 [1994–5]. '*Šāma'*.' Pp. 253–79 in *The Theological Dictionary of the Old Testament*, vol. 15, ed. G. J. Botterweck. Grand Rapids: Eerdmans.

Ryan, J. M. 2005. *Philippians and Philemon*. Collegeville, MN: Liturgical Press.

Sacks, J. 2011. *The Great Partnership: God, Science and the Search for Meaning*. London: Hodder & Stoughton.

Sadler, R. S. 2009. 'Put.' Pp. 691–2 in *The New Interpreter's Dictionary of the Bible*, vol. 4, eds. K. D. Sakenfeld et al. Nashville: Abingdon.

Sailhamer, J. H. 1992. *The Pentateuch as Narrative: A Biblical-Theological Commentary*. Grand Rapids: Zondervan.

Salles, R. 2009. 'Chrysippus on Conflagration and the Indestructibility of the Cosmos.' Pp. 118–34 in *God & Cosmos in Stoicism*, ed. R. Salles. Oxford: Oxford University Press.

Sampley, J. P. 2002. 'The First Letter to the Corinthians: Introduction, Commentary, and Reflections.' Pp. 771–1003 in *The New Interpreter's Bible*, eds. L. E. Keck et al. Nashville: Abingdon.

——., ed. 2003a. *Paul in the Greco-Roman World: A Handbook*. Harrisburg, PA: Trinity Press International.

——. 2003b. 'Paul and Frank Speech.' Pp. 293–318 in *Paul in the Greco-Roman World: A Handbook*, ed. J. P. Sampley. Harrisburg, PA: Trinity Press International.

Sanday, W., and A. C. Headlam. 1902 [1895]. *A Critical and Exegetical Commentary on the Epistle to the Romans*. 5th edn. Edinburgh: T&T Clark.

Sanders, E. P. 1977. *Paul and Palestinian Judaism: A Comparison of Patterns of Religion*. London: SCM Press; Philadelphia: Fortress.

——. 1978. 'Paul's Attitude toward the Jewish People.' *Union Seminary Quarterly Review* 33:175–87.

——. 1983. *Paul, the Law and the Jewish People*. London: SCM Press; Philadelphia: Fortress.

——. 1990. 'Jewish Association with Gentiles and Galatians 2:11–14.' Pp. 170–88 in *The Conversation Continues: Studies in Paul and John in Honor of J. Louis Martyn*, eds. Robert T. Fortna and Beverley R. Gaventa. Nashville: Abingdon.

——. 1992. *Judaism: Practice and Belief, 63 BCE — 66 CE*. London: SCM Press.

——. 2007. 'God Gave the Law to Condemn: Providence in Paul and Josephus.' Pp. 78–97 in *The Impartial God: Essays in Biblical Studies in Honor of Jouette M. Bassler*, eds. C. J. Roetzel and R. L. Foster. Sheffield: Sheffield Phoenix Press.

——. 2008a. 'Comparing Judaism and Christianity: An Academic Autobiography.' Pp. 11–41 in *Redefining First-Century Jewish and Christian Identities: Essays in Honor of Ed Parish Sanders*, ed. F. E. Udoh. Notre Dame: University of Notre Dame Press.

——. 2008b. 'Did Paul's Theology Develop?' Pp. 325–50 in *The Word Leaps the Gap: Essays on Scripture and Theology in Honor of Richard B. Hays*, eds. J. R. Wagner, C. K. Rowe, and A. K. Grieb. Grand Rapids: Eerdmans.

——. 2009. 'Paul between Judaism and Hellenism.' Pp. 74–90 in *St Paul among the Philosophers*, eds. J. D. Caputo and L. M. Alcoff. Bloomington, IN: Indiana University Press.

Sandmel, S. 1962. 'Parallelomania.' *Journal of Biblical Literature* 81:1–13.

——. 1978. *Judaism and Christian Beginnings*. New York: Oxford University Press.

Sandnes, K. O. 2011. 'A Missionary Strategy in 1 Corinthians 9.19–23?' Pp. 128–41 in *Paul as Missionary: Identity, Activity, Theology, and Practice*, eds. T. J. Burke and B. S. Rosner. London: T&T Clark.

Sänger, D. 2010. '"Er wird die Gottlosigkeit von Jacob entfernen" (Röm 11,26): Kontinuität und Wandel in den Israelaussagen des Apostels Paulus.' Pp. 121–46 in *Between Gospel and Election: Explorations in the Interpretation of Romans 9—11*, eds. F. Wilk and J. R. Wagner. Tübingen: Mohr.

Schäfer, P. 1972. *Die Vorstellung vom Heiligen Geist in der rabbinischen Literatur*. Munich: Kösel-Verlag.

——., ed. 2003. *The Bar Kokhba War Reconsidered*. Tübingen: Mohr.

Schechter, S. 1961 [1909]. *Aspects of Rabbinic Theology: Major Concepts of the Talmud*. New edn. Introd. L. Finkelstein. New York: Schocken Books.

Scheid, J. 1990. *Romulus et Ses Frères: Le Collège des Frères Arvales, Modèle du Culte Public dans la Rome des Empereurs*. Rome: Ecole Française de Rome.

——. 2005. 'Augustus and Roman Religion: Continuity, Conservatism, and Innovation.' Pp. 175–93 in *The Cambridge Companion to the Age of Augustus*, ed. K. Galinsky. Cambridge: Cambridge University Press.

——. 2009 [2001]. 'To Honour the *Princeps* and Venerate the Gods: Public Cult, Neighbourhood Cults, and Imperial Cult in Augustan Rome.' Pp. 275–99 in *Augustus*, ed. J. Edmondson. Edinburgh: Edinburgh University Press.

Schmidt, R. 1982. 'Exil I. Altes und Neues Testament.' Pp. 707–10 in *Theologisches Realenzyklopädie*, vol. 10, eds. G. Muller, H. Balz, G. Krause. Berlin: De Gruyter.

Schmidt, T. 1919. *Der Leib Christi (Sōma Christou): Eine Untersuchung zum urchristlichen Gemeindegedanken*. Leipzig: Deichert.

Schnabel, E. J. 2004. *Early Christian Mission*. Downers Grove, IL: InterVarsity Press.

——. 2009. 'Pharisees.' Pp. 485–96 in *The New Interpreter's Dictionary of the Bible*, vol. 4, eds. K. D. Sakenfeld et al. Nashville: Abingdon.

——. 2012. *Acts*. Grand Rapids: Zondervan.

Schnelle, U. 1983. *Gerechtigkeit und Christusgegenwart: Vorpaulinische und paulinische Tauftheologie*. Göttingen: Vandenhoeck & Ruprecht.

——. 2001. 'Transformation und Partizipation als Grundgedanken paulinischer Theologie.' *New Testament Studies* 47:58–75.

——. 2005 [2003]. *Apostle Paul: His Life and Theology*, tr. M. E. Boring. Grand Rapids: Baker Academic.

Schoeps, H.-J. 1961 [1959]. *Paul: The Theology of the Apostle in the Light of Jewish Religious History*, tr. H. Knight. London: Lutterworth.

Schofield, M. 2003a. 'The Pre-Socratics.' Pp. 42–72 in *The Cambridge Companion to Greek and Roman Philosophy*, ed. D. Sedley. Cambridge: Cambridge University Press.

——. 2003b. 'Stoic Ethics.' Pp. 233–56 in *The Cambridge Companion to the Stoics*, ed. B. Inwood. Cambridge: Cambridge University Press.

Scholem, G. 1971. *The Messianic Idea in Judaism, and Other Essays on Jewish Spirituality*. New York: Schocken Books.

Schrage, W. 1995. *Der erste Brief an die Korinther. 2. Teilband, 1 Kor 6,12—11,16*. Solothurn; Düsseldorf; Neukirchen-Vluyn: Benziger.

Schreiner, T. R. 1998. *Romans*. Grand Rapids: Baker Academic.

——. 2001. *Paul: Apostle of God's Glory in Christ*. Downers Grove, IL: IVP Academic.

——. 2010. *Galatians (Exegetical Commentary on the New Testament)*. Grand Rapids: Zondervan.

Schrenk, G. 1964 [1935]. '*Dikē* etc.' Pp. 178–225 in *Theological Dictionary of the New Testament*, vol. 2, ed. G. Kittel. Grand Rapids: Eerdmans.

Schürer, E. 1973–87. *The History of the Jewish People in the Age of Jesus Christ (175 B.C.—A. D. 135)*. Rev. and ed. G. Vermes, F. Millar, and M. Black. Edinburgh: T&T Clark.

Schwartz, D. B. 2012. *The First Modern Jew: Spinoza and the History of an Image*. Princeton: Princeton University Press.

Schwartz, D. R. 1992. *Studies in the Jewish Background of Christianity*. Wissenschaftliche Untersuchungen zum Neuen Testament, vol. 60. Tübingen: Mohr.

——. 2007. '"Judaean" or "Jew"? How Should We Translate IOUDAIOS in Josephus?' Pp. 3–27 in *Jewish Identity in the Greco-Roman World/Jüdische Identität in der Griechisch-Römischen Welt*, eds. J. Frey, D. R. Schwartz, and S. Gripentrog. Leiden: Brill.

Schweitzer, A. 1912. *Paul and His Interpreters: A Critical History*, tr. W. Montgomery. London: A&C Black.

——. 1925 [1901]. *The Mystery of the Kingdom of God*, tr. W. Lowrie. London: A&C Black.

——. 1931. *The Mysticism of Paul the Apostle*. London: A&C Black.

——. 1954 [1906]. *The Quest of the Historical Jesus: A Critical Study of Its Progress from Reimarus to Wrede*, tr. W. B. D. Montgomery. London: A&C Black.

——. 1968 [1930]. *The Mysticism of Paul the Apostle*, tr. William Montgomery, with a preface by F. C. Burkitt. London: A&C Black; New York: Seabury Press.

Scott, J. C. 1990. *Domination and the Arts of Resistance: Hidden Transcripts*. New Haven: Yale University Press.

Scott, J. M. 1993a. '"For as Many as Are of Works of the Law Are under a Curse" (Gal 3:10).' Pp. 187–221 in *Paul and the Scriptures of Israel*, vol. 112, eds. C. A. Evans and J. A. Sanders. Sheffield: JSOT Press.

——. 1993b. 'Paul's Use of Deuteronomistic Tradition.' *Journal of Biblical Literature* 112:645–65.

——. 1993c. 'Restoration of Israel.' Pp. 796–805 in *Dictionary of Paul and His Letters*, eds. G. F. Hawthorne, R. P. Martin, and D. G. Reid. Downers Grove, IL: InterVarsity Press.

——. 1995. *Paul and the Nations: The Old Testament and Jewish Background of Paul's Mission to the Nations with Special Reference to the Destination of Galatians*. Tübingen: Mohr.

——., ed. 1997a. *Exile: Old Testament, Jewish and Christian Conceptions*. Supplements to the Journal for the Study of Judaism, vol. 56. Leiden: Brill.

——. 1997b. 'Exile and the Self-Understanding of Diaspora Jews in the Greco-Roman Period.' Pp. 173–218 in *Exile: Old Testament, Jewish, and Christian Conceptions*, ed. James M. Scott. Leiden: Brill.

——. 2005. *On Earth as in Heaven: The Restoration of Sacred Time and Sacred Space in the Book of Jubilees*. Leiden: Brill.

Scott, K. 1929. 'Plutarch and the Ruler Cult.' *Transactions and Proceedings of the American Philological Association* 60:117–35.

——. 1932a. 'The Elder and Younger Pliny on Emperor Worship.' *Transactions and Proceedings of the American Philological Association* 63:156–66.

——. 1932b. 'Humor at the Expense of the Ruler Cult.' *Classical Philology* 27:311–28.

Scroggs, R. 1966. *The Last Adam*. Oxford: Blackwell.

——. 1989. 'Eschatological Existence in Matthew and Paul: *Coincidentia Oppositorum*.' Pp. 125–46 in *Apocalyptic and the New Testament: Essays in Honor of J. Louis Martyn*, eds. J. Marcus and M. L. Soards. Sheffield: JSOT Press.

Searle, J. R. 1969. *Speech Acts: An Essay in the Philosophy of Language*. Cambridge: Cambridge University Press.

——. 1979. *Expression and Meaning: Studies in the Theory of Speech Acts*. Cambridge: Cambridge University Press.

Sechrest, L. L. 2009. *A Former Jew: Paul and the Dialectics of Race*. London: T&T Clark.

Sedley, D. N. 2003. 'The School, from Zeno to Arius Didymus.' Pp. 7–32 in *The Cambridge Companion to the Stoics*, ed. Brad Inwood. Cambridge: Cambridge University Press.

Seebass, H., and C. Brown. 1978 [1971]. 'Righteousness, Justification.' Pp. 352–77 in *The New International Dictionary of New Testament Theology*, vol. 3, ed. C. Brown. Exeter: Paternoster.

Seesengood, R. P. 2010. *Paul: A Brief History*. Chichester: Wiley-Blackwell.

Segal, A. F. 1977. *Two Powers in Heaven: Early Rabbinic Reports about Christianity and Gnosticism*. Leiden: Brill.

——. 1984. '"He Who Did Not Spare His Own Son": Jesus, Paul and the Akedah.' Pp. 169–84 in *From Jesus to Paul: Studies in Honour of Francis Wright Beare*, eds. G. P. Richardson and J. C. Hurd. Waterloo, Ontario: Wilfrid Laurier University Press.

——. 1990. *Paul the Convert: The Apostolate and Apostasy of Saul the Pharisee*. New Haven and London: Yale University Press.

——. 2003. 'Paul's Jewish Presuppositions.' Pp. 159–72 in *The Cambridge Companion to St Paul*, ed. J. D. G. Dunn. Cambridge: Cambridge University Press.

Seifrid, M. A. 1992. *Justification by Faith: The Origin and Development of a Central Pauline Theme*. Supplements to *Novum Testamentum*, vol. 68. Leiden: Brill.

——. 1994. 'Blind Alleys in the Controversy over the Paul of History.' *Tyndale Bulletin* 45:73–95.

——. 2000. *Christ, Our Righteousness: Paul's Theology of Justification*. Leicester: Apollos.

——. 2001. 'Righteousness Language in the Hebrew Scriptures and Early Judaism.' Pp. 415–42 in *Justification and Variegated Nomism, Volume 1: The Complexities of Second Temple Judaism*, eds. D. A. Carson, P. T. O'Brien, and M. A. Seifrid. Tübingen: Mohr.

——. 2004. 'Luther, Melanchthon and Paul on the Question of Imputation: Recommendations on a Current Debate.' Pp. 137–52 in *Justification: What's at Stake in the Current Debates*, eds. M. Husbands and D. J. Treier. Downers Grove, IL: InterVarsity Press.

——. 2007. 'Romans.' Pp. 607–94 in *Commentary on the New Testament Use of the Old Testament*, eds. G. K. Beale and D. A. Carson. Downers Grove, IL: InterVarsity Press.

Seitz, C. R. 1993. *Isaiah 1—39*. Louisville: John Knox Press.

Sevenster, J. N. 1961. *Paul and Seneca*. Leiden: Brill.

——. 1975. *The Roots of Pagan Anti-Semitism in the Ancient World*. Leiden: Brill.

Shaffer, P. 1985 [1980]. *Amadeus*. London: Penguin.

Shaw, G. 1983. *The Cost of Authority*. London: SCM Press.

Sherk, R. K. 1969. *Roman Documents from the Greek East: Senatus Consulta and Epistula to the Age of Augustus*. Baltimore: Johns Hopkins University Press.

——. 1984. *Translated Documents of Greece and Rome, Volume 4: Rome and the Greek East to the Death of Augustus*. Cambridge: Cambridge University Press.

Sherwin-White, A. N. 1969 [1963]. *Roman Society and Roman Law in the New Testament*. 3rd edn. Oxford: Oxford University Press.

Sievers, J. 1997. '"God's Gifts and Call Are Irrevocable": The Interpretation of Rom 11:29 and Its Uses.' *SBL Seminar Papers 1997*:337–57.

Sire, J. W. 2004. *Naming the Elephant: Worldview as a Concept*. Downers Grove, IL: InterVarsity Press.

Skarsaune, O. 2002. *In the Shadow of the Temple: Jewish Influences on Early Christianity*. Downers Grove, IL: InterVarsity Press.

Skinner, J. 1910. *A Critical and Exegetical Commentary on Genesis*. Edinburgh: T&T Clark.

Slater, W. J., ed. 1991. *Dining in a Classical Context*. Ann Arbor, MI: University of Michigan Press.

Smallwood, E. M. 1967. *Documents Illustrating the Principates of Gaius, Claudius and Nero*. Cambridge: Cambridge University Press.

——. 2001. *The Jews under Roman Rule: From Pompey to Diocletian: A Study in Political Relations*. Leiden: Brill.

Smith, C. 2003. *Moral, Believing Animals: Human Personhood and Culture*. New York: Oxford University Press.

——. 2010. *What Is a Person?: Rethinking Humanity, Social Life, and the Moral Good from the Person Up*. Chicago: University of Chicago Press.

Smith, C. B. 2005. *No Longer Jews: The Search for Gnostic Origins*. Grand Rapids: Baker Academic.

Smith, D. E. 2003. *From Symposium to Eucharist: The Banquet in the Early Christian World*. Minneapolis: Fortress.

Smith, J. K. A. 2009. *The Devil Reads Derrida: And Other Essays on the University, the Church, Politics, and the Arts*. Grand Rapids: Eerdmans.

Smith, R. L. 1984. *Micah—Malachi*. Word Biblical Commentary, vol. 32. Waco: Word Books.

Smith, R. R. R. 1987. 'The Imperial Reliefs from the Sebasteion at Aphrodisias.' *Journal of Roman Studies* 77:88–138.

——. 1990. 'Myth and Allegory in the Sebasteion.' *Journal of Roman Studies Supplement* 1:89–100.

Snodgrass, K. R. 1986. 'Justification by Grace – to the Doers: An Analysis of the Place of Romans 2 in the Theology of Paul.' *New Testament Studies* 32:72–93.

Soards, M. 1987. 'Käsemann's "Righteousness" Reexamined.' *Catholic Biblical Quarterly* 49:264–7.

Söding, T. 2001. 'Verheissung und Erfüllung im Lichte paulinischer Theologie.' *New Testament Studies* 47:146–70.

Soskice, J. M. 1985. *Metaphor and Religious Language.* Oxford: Clarendon Press.

Stanley, C. D., 1992. *Paul and the Language of Scripture: Citation Technique in the Pauline Epistles and Contemporary Literature.* Cambridge: Cambridge University Press.

——. 2004. *Arguing with Scripture: The Rhetoric of Quotations in the Letters of Paul.* New York: T&T Clark International.

——., ed. 2011. *The Colonized Apostle: Paul through Postcolonial Eyes.* Minneapolis: Fortress.

——., ed. 2012. *Paul and Scripture: Extending the Conversation.* Atlanta: Society of Biblical Literature.

Stanton, G. N. 2001. 'Galatians.' Pp. 1152–65 in *The Oxford Bible Commentary*, eds. J. Barton and J. Muddiman. Oxford: Oxford University Press.

——. 2003. 'The Law of Christ: A Neglected Theological Gem.' Pp. 169–84 in *Reading Texts, Seeking Wisdom: Scripture and Theology*, eds. D. F. Ford and G. N. Stanton. Grand Rapids: Eerdmans.

——. 2004. *Jesus and Gospel.* Cambridge: Cambridge University Press.

Stark, R. 1996. *The Rise of Christianity: A Sociologist Reconsiders History.* Princeton: Princeton University Press.

——. 2006. *Cities of God: The Real Story of How Christianity Became an Urban Movement and Conquered Rome.* New York: HarperSanFrancisco.

Starling, D. I. 2011. *Not My People: Gentiles as Exiles in Pauline Hermeneutics.* Berlin: De Gruyter.

Steck, O. H. 1967. *Israel und das gewaltsame Geschick der Propheten. Untersuchungen zur Überlieferung des deuteronomistischen Geschichtsbildes im Alten Testament, Spätjudentum und Urchristentum.* Neukirchen-Vluyn: Neukirchener Verlag.

——. 1968. 'Das Problem theologischer Strömungen in nachexilischer Zeit.' *Evangelische Theologie* 28:445–58.

——. 1993. *Das apokryphe Baruchbuch: Studien zu Rezeption und Konzentration 'kanonischer' Überlieferung.* Göttingen: Vandenhoeck & Ruprecht.

Stein, R. 2001. 'Review of *Jesus and the Victory of God* by N. T. Wright.' *Journal of the Evangelical Theological Society* 44:207–18.

Steiner, G. 1996. *No Passion Spent: Essays 1978—1996.* London and Boston: Faber.

——. 2013. 'How Private a Nazi? Review of Yvonne Sherratt, *Hitler's Philosophers* (Yale University Press, 2012).' *The Times Literary Supplement*, 22 February, 5.

Stendahl, K. 1976. *Paul among Jews and Gentiles.* Philadelphia: Fortress.

——. 1995. *Final Account: Paul's Letter to the Romans.* Minneapolis: Fortress.

Stern, M. 1974–84. *Greek and Latin Authors on Jews and Judaism.* Jerusalem: Israel Academy of Sciences and Humanities.

——. 1976. 'The Jews in Greek and Latin Literature.' Pp. 1101–59 in *Compendia Rerum Iudaicarum Ad Novum Testamentum*. Vol. 2, *The Jewish People in the First Century: Historical Geography, Political History, Social, Cultural and Religious Life and Institutions*, eds. S. Safrai and M. Stern. Philadelphia: Fortress.

Stettler, C. 2000. *Der Kolosserhymnus: Untersuchungen zu Form, traditionsgeschichtlichem Hintergund und Aussage von Kol 1,15–20*. Tübingen: Mohr.

Stevenson, G. S., and A. W. Lintott. 2003. 'Clubs, Roman.' Pp. 352–3 in *Oxford Classical Dictionary*. 3rd edn., eds. S. Hornblower and A. Spawforth. Oxford: Oxford University Press.

Still, T. D. 2011. *Philippians and Philemon*. Macon, GA: Smith & Helwys.

Stone, M. E. 1990. *Fourth Ezra: A Commentary on the Book of Fourth Ezra*. Minneapolis: Augsburg Fortress.

Stowers, S. K. 1981. *The Diatribe and Paul's Letter to the Romans*. Chico, CA: Scholars Press.

——. 1986. *Letter Writing in Greco-Roman Antiquity*. Philadelphia: Westminster Press.

——. 1994. *A Rereading of Romans: Justice, Jews, and Gentiles*. New Haven: Yale University Press.

——. 2001. 'Does Pauline Christianity Resemble a Hellenistic Philosophy?' Pp. 81–102 in *Paul beyond the Judaism/Hellenism Divide*, ed. T. Engberg-Pedersen. Louisville: Westminster John Knox Press.

Strack, H. L., and P. Billerbeck. 1926–61. *Kommentar zum Neuen Testament aus Talmud und Midrasch*. Munich: C. H. Beck.

Strobel, A. 1961. *Untersuchungen zum eschatologischen Verzögerungsproblem, auf Grund der spätjudisch-urchristlichen Geschichte von Habakuk 2,2 ff*. Leiden: Brill.

Stroup, G. W. 1981. *The Promise of Narrative Theology*. London: SCM Press.

Stuckenbruck, L. T., and W. E. S. North, eds. 2004. *Early Jewish and Christian Monotheism*. London: T&T Clark International.

Stuhlmacher, P. 1966. *Gerechtigkeit Gottes bei Paulus*. Göttingen: Vandenhoeck & Ruprecht.

——. 1975. *Der Brief an Philemon*. Einsiedeln/Neukirchen-Vluyn: Benziger/Neukirchener-Verlag.

——. 1977. *Historical Criticism and Theological Interpretation of Scripture: Towards a Hermeneutics of Consent*, tr. Roy A. Harrisville. Philadelphia: Fortress; London: SPCK.

——. 1986 [1981]. *Reconciliation, Law and Righteousness: Essays in Biblical Theology*, tr. E. Kalin. Philadelphia: Fortress.

——. 1999. *Biblische Theologie des Neuen Testaments. Band 2: Von der Paulusschule bis zur Johannesoffenbarung. Der Kanon und Seine Auslegung*. Göttingen: Vandenhoeck & Ruprecht.

Suggs, M. J. 1967. '"The Word Is Near You": Romans 10:6–10 within the Purpose of the Letter.' Pp. 289–312 in *Christian History and Interpretation: Studies Presented to John Knox*, eds. W. R. Farmer, C. F. D. Moule, and R. R. Niebuhr. Cambridge: Cambridge University Press.

Sumney, J. L. 1999. *'Servants of Satan,' 'False Brothers,' and Other Opponents of Paul*. Sheffield: Sheffield Academic Press.

Swartley, W. M. 2006. *Covenant of Peace: The Missing Peace in New Testament Theology and Ethics*. Grand Rapids: Eerdmans.

Syme, R. 1939. *The Roman Revolution*. Oxford: Oxford University Press.

Talmon, S. 1987. 'Waiting for the Messiah: The Spiritual Universe of the Qumran Covenanters.' Pp. 111–37 in *Judaisms and Their Messiahs at the Turn of the Christian Era*, eds. J. Neusner, W. S. Green, and E. S. Frerichs. Cambridge: Cambridge University Press.

Taylor, C. 2007. *A Secular Age*. Cambridge, MA: The Belknap Press of Harvard University Press.

Taylor, J. E. 2006. 'Baptism.' Pp. 390–5 in *The New Interpreter's Dictionary of the Bible*, vol. 1, eds. K. D. Sakenfeld et al. Nashville: Abingdon.

——. 2010. 'Therapeutae.' Pp. 1305–7 in *The Eerdmans Dictionary of Early Judaism*, eds. J. J. Collins and D. C. Harlow. Grand Rapids: Eerdmans.

Terrien, S. 2000. *The Elusive Presence: Toward a New Biblical Theology*. Eugene, OR: Wipf and Stock.

Theissen, G. 1982. *The Social Setting of Pauline Christianity: Essays on Corinth*, ed. and tr. John H. Schutz. Philadelphia: Fortress.

——. 1987 [1983]. *Psychological Aspects of Pauline Theology*, tr. John P. Galvin. Edinburgh: T&T Clark.

——. 1999. *A Theory of Primitive Christian Religion*. London: SCM Press.

Thielman, F. 1989. *From Plight to Solution: A Jewish Framework for Understanding Paul's View of the Law in Galatians and Romans*. Leiden: Brill.

——. 1994. *Paul and the Law: A Contextual Approach*. Downer's Grove, IL: InterVarsity Press.

——. 1995. 'The Story of Israel and the Theology of Romans 5—8.' Pp. 169–95 in *Pauline Theology, Volume. 3: Romans*, eds. David M. Hay and E. Elizabeth Johnson. Minneapolis: Fortress.

——. 2005. *Theology of the New Testament: A Canonical and Synthetic Approach*. Grand Rapids: Zondervan.

Thiessen, M. 2011. *Contesting Conversion: Genealogy, Circumcision, and Identity in Ancient Judaism and Christianity*. Oxford: Oxford University Press.

Thiselton, A. C. 1980. *The Two Horizons*. Exeter: Paternoster.

——. 1992. *New Horizons in Hermeneutics: The Theory and Practice of Transforming Biblical Reading*. London and New York: HarperCollins.

——. 2000. *The First Epistle to the Corinthians: A Commentary on the Greek Text*. Grand Rapids: Eerdmans; Carlisle: Paternoster.

——. 2007. *The Hermeneutics of Doctrine*. Grand Rapids: Eerdmans.

——. 2009. *The Living Paul: An Introduction to the Apostle and His Thought*. London: SPCK.

Thompson, J. W. 2011. *Moral Formation According to Paul: The Context and Coherence of Pauline Ethics*. Grand Rapids: Baker Academic.

Thompson, M. B. 1991. *Clothed with Christ: The Example and Teaching of Jesus in Romans 12.1—15.13*. Sheffield: Sheffield Academic Press.

Thornton, T. C. G. 1975. 'St. Paul's Missionary Intentions in Spain.' *Expository Times* 86 (4):120.

Thorsteinsson, R. M. 2006. 'Paul and Roman Stoicism: Romans 12 and Contemporary Stoic Ethics.' *Journal for the Study of the New Testament* 29:139–61.

——. 2010. *Roman Christianity and Roman Stoicism: A Comparative Study of Ancient Morality*. Oxford: Oxford University Press.

Thrall, M. E. 1994, 2000. *A Critical and Exegetical Commentary on the Second Epistle to the Corinthians*. Edinburgh: T&T Clark.

Tilling, C. 2012. *Paul's Divine Christology*. Tübingen: Mohr.

Tobin, T. H. 2004. *Paul's Rhetoric in Its Contexts: The Argument of Romans*. Peabody, MA: Hendrickson.

Tomson, P. J. 1990. *Paul and the Jewish Law: Halakha in the Letters of the Apostle to the Gentiles*. Assen: Van Gorcum; Minneapolis: Fortress.

——. 1996. 'Paul's Jewish Background in View of His Law Teaching in 1 Cor 7.' Pp. 251–70 in *Paul and the Mosaic Law*, ed. J. D. G. Dunn. Tübingen: Mohr.

Towner, P. H. 1993. 'Households, Household Codes.' Pp. 417–19 in *Dictionary of Paul and His Letters*, eds. G. F. Hawthorne, R. P. Martin, and D. G. Reid. Downers Grove, IL: InterVarsity Press.

——. 2006. *The Letters to Timothy and Titus*. Grand Rapids: Eerdmans.

Trebilco, P. R. 1991. *Jewish Communities in Asia Minor*. Cambridge: Cambridge University Press.

——. 2004. *The Early Christians in Ephesus from Paul to Ignatius*. Tübingen: Mohr.

Tuckett, C. M. 2000. 'Paul, Scripture and Ethics: Some Reflections.' *New Testament Studies* 46:403–24.

Turcan, R. 1996. *The Cults of the Roman Empire*, tr. Antonia Nevill. Oxford: Blackwell.

van der Horst, P. W. 2006. *Jews and Christians in Their Graeco-Roman Context*. Tübingen: Mohr.

van Driel, E. C. 2008. *Incarnation Anyway: Arguments for Supralapsarian Christology*. New York: Oxford University Press.

van Unnik, W. C. 1993. *Das Selbstverständnis der jüdischen Diaspora in der hellenistisch-römischen Zeit*. Leiden: Brill.

VanderKam, J. C. 1997. 'Exile in Apocalyptic Jewish Literature.' Pp. 89–109 in *Exile: Old Testament, Jewish, and Christian Conceptions*, ed. James M. Scott. Leiden: Brill.

Vanhoozer, K. 2010. *Remythologizing Theology: Divine Action, Passion and Authorship*. Cambridge: Cambridge University Press.

——. 2011. 'Wrighting the Wrongs of the Reformation? The State of the Union with Christ in St. Paul and Protestant Soteriology.' Pp. 235–59 in *Jesus, Paul and the People of God: A Theological Dialogue with N. T. Wright*, eds. N. Perrin and R. B. Hays. Downers Grove, IL: InterVarsity Press; London: SPCK.

VanLandingham, C. 2006. *Judgment and Justification in Early Judaism and the Apostle Paul*. Peabody, MA: Hendrickson.

Vermes, G. 1973. *Jesus the Jew: A Historian's Reading of the Gospels*. London: Collins.

——. 1997. *The Complete Dead Sea Scrolls in English*. Harmondsworth: Penguin.

——. 2009. *Searching for the Real Jesus*. London: SCM Press.

——. 2010. *Jesus in the Jewish World*. London: SCM Press.

Vermeylen, J. 2006. 'The Gracious God, Sinners and Foreigners: How Nehemiah 9 Interprets the History of Israel.' Pp. 77–114 in *History and Identity: How Israel's Later Authors Viewed Its Earlier History*. eds. N. Calduch-Benages and J. Liesen. Berlin: De Gruyter.

Vernezze, P. T. 2005. *Don't Worry, Be Stoic: Ancient Wisdom for Troubled Times*. Lanham, MD: University Press of America.

Vielhauer, P. 1966. 'On the "Paulinisms" of Acts.' Pp. 33–51 in *Studies in Luke-Acts: Essays Presented in Honor of Paul Schubert*, eds. L. E. Keck and J. L. Martyn. Nashville: Abingdon.

von Rad, G. 1962 [1957]. *Old Testament Theology: The Theology of Israel's Historical Traditions*, tr. D. M. G. Stalker. Edinburgh and London: Oliver & Boyd.

Waaler, E. 2008. *The Shema and the First Commandment in First Corinthians: An Intertextual Approach to Paul's Re-Reading of Deuteronomy*. Tübingen: Mohr.

Wacholder, B. Z. 1975. *Essays on Jewish Chronology and Chronography*. New York: Ktav.

Wagner, G. 1967 [1962]. *Pauline Baptism and the Pagan Mysteries: The Problem of the Pauline Doctrine of Baptism in Romans 6:1–11 in the Light of Its Religious-Historical Parallels*. Edinburgh: Oliver & Boyd.

Wagner, J. R. 2002. *Heralds of the Good News: Isaiah and Paul 'in Concert' in the Letter to the Romans*. Leiden: Brill.

——. 2010. '"Not from the Jews Only, but Also from the Gentiles": Mercy to the Nations in Romans 9—11.' Pp. 417–31 in *Between Gospel and Election: Explorations in the Interpretation of Romans 9—11*, eds. F. Wilk and J. R. Wagner. Tübingen: Mohr.

Wagner, J. R., C. K. Rowe, and A. K. Grieb, eds. 2008. *The Word Leaps the Gap: Essays on Scripture and Theology in Honor of Richard B. Hays*. Grand Rapids/Cambridge: Eerdmans.

Walker, L. L. 2000. 'Lud, Ludim.' P. 827 in *The Eerdmans Dictionary of the Bible*, ed. D. N. Freedman. Grand Rapids: Eerdmans.

Wall, R. W. 1993. *Colossians & Philemon*. Downers Grove, IL: InterVarsity Press.

Wallace-Hadrill, A. 1986. 'Image and Authority in the Coinage of Augustus.' *Journal of Roman Studies* 76:66–87.

——. 2008. *Rome's Cultural Revolution*. Cambridge: Cambridge University Press.

Wallis, I. G. 1995. *The Faith of Jesus Christ in Early Christian Traditions*. Cambridge: Cambridge University Press.

Walsh, B. J., and S. C. Keesmaat. 2004. *Colossians Remixed: Subverting the Empire*. Downers Grove, IL: IVP Academic.

Walsh, B. J., and J. R. Middleton. 1984. *The Transforming Vision: Shaping a Christian World View*. Downers Grove, IL: InterVarsity Press.

Walton, J. H. 2001. *The NIV Application Commentary: Genesis*. Grand Rapids: Zondervan.

——. 2003. 'The Imagery of the Substitute King Ritual in Isaiah's Fourth Servant Song.' *Journal of Biblical Literature* 122:734–43.

——. 2009. *The Lost World of Genesis One*. Downers Grove, IL: InterVarsity Press.

Ward, M. 2008. *Planet Narnia: The Seven Heavens in the Imagination of C. S. Lewis*. Oxford: Oxford University Press.

Ware, J. P. 2011 [2005]. *Paul and the Mission of the Church: Philippians in Ancient Jewish Context*. Grand Rapids: Baker Academic.

Waterfield, R. 2009. *Why Socrates Died: Dispelling the Myths*. London: Faber and Faber.

Waters, G. P. 2004. *Justification and the New Perspective on Paul: A Review and Response*. Phillipsburg, NJ: Presbyterian & Reformed.

——. 2006. *The End of Deuteronomy in the Epistles of Paul*. Tübingen: Mohr.

Watson, D. F. 1993. 'Diatribe.' Pp. 213–14 in *Dictionary of Paul and His Letters*, eds. G. F. Hawthorne, R. P. Martin, and D. G. Reid. Downers Grove, IL: InterVarsity Press.

Watson, F. B. 1986. *Paul, Judaism and the Gentiles: A Sociological Approach*. Cambridge: Cambridge University Press.

——. 2002. 'Is There a Story in These Texts?' Pp. 231–9 in *Narrative Dynamics in Paul: A Critical Assessment*, ed. B. W. Longenecker. Louisville: Westminster John Knox Press.

——. 2004. *Paul and the Hermeneutics of Faith*. London: T&T Clark.

——. 2007 [1986]. *Paul, Judaism and the Gentiles: Beyond the New Perspective*. Rev. and expanded edn. Grand Rapids: Eerdmans.

Watts, R. E. 1999. '"For I Am Not Ashamed of the Gospel": Romans 1:16–17 and Habakkuk 2:4.' Pp. 3–15 in *Romans and the People of God: Essays in Honor of Gordon D. Fee on the Occasion of His 65th Birthday*, eds. S. K. Soderlund and N. T. Wright. Grand Rapids: Eerdmans.

——. 2000 [1997]. *Isaiah's New Exodus in Mark*. Grand Rapids: Baker Academic.

Weatherly, J. A. 1991. 'The Authenticity of I Thessalonians 2.13–16: Additional Evidence.' *Journal for the Study of the New Testament* 41:79–98.

Wedderburn, A. J. M. 1985. 'Some Observations on Paul's Use of the Phrases "in Christ" and "with Christ".' *Journal for the Study of the New Testament* 25:83–97.

——. 1987a. *Baptism and Resurrection: Studies in Pauline Theology against Its Graeco-Roman Background*. Tübingen: Mohr.

——. 1987b. 'The Soteriology of the Mysteries and Pauline Baptismal Theology.' *Novum Testamentum* 29(1):53–72.

Weima, J. A. D. 1993. 'Gal. 6:11–18: A Hermeneutical Key to the Galatian Letter.' *Calvin Theological Journal* 28:90–107.

——. 2010. 'Paul's Persuasive Prose: An Epistolary Analysis of the Letter to Philemon.' Pp. 29–60 in *Philemon in Perspective: Interpreting a Pauline Letter*, ed. D. F. Tolmie. Berlin: De Gruyter.

——. 2012. '"Peace and Security" (1 Thess 5.3): Prophetic Warning or Political Propaganda?' *New Testament Studies* 58:331–59.

Weinstock, S. 1971. *Divus Iulius*. Oxford: Clarendon Press.

Wells, K. B. 2010. 'Grace, Obedience and the Hermeneutics of Agency.' Unpublished doctoral dissertation, Durham University.

Wendland, E. 2010. '"You Will Do Even More Than I Say": On the Rhetorical Function of Stylistic Form in the Letter to Philemon.' Pp. 79–111 in *Philemon in Perspective: Interpreting a Pauline Letter*, ed. D. Francis Tolmie. Berlin: De Gruyter.

Wengst, K. 1987 [1986]. *Pax Romana and the Peace of Jesus Christ*. London: SCM Press.

West, M. 1999. 'Towards Monotheism.' Pp. 21–40 in *Pagan Monotheism in Late Antiquity*, eds. P. Athanassiadi and M. Frede. Oxford: Clarendon Press.

Westerholm, S. 2004. *Perspectives Old and New on Paul: The 'Lutheran' Paul and His Critics*. Grand Rapids: Eerdmans.

White, J. L. 1999. *The Apostle of God: Paul and the Promise of Abraham*. Peabody, MA: Hendrickson.

White, M. J. 2003. 'Stoic Natural Philosophy (Physics and Cosmology).' Pp. 124–52 in *The Cambridge Companion to the Stoics*, ed. B. Inwood. Cambridge: Cambridge University Press.

Whiteley, D. E. H. 1964. *The Theology of St. Paul*. Philadelphia: Fortress.

Wiefel, W. 1991. 'The Jewish Community in Ancient Rome and the Origins of Roman Christianity.' Pp. 85–110 in *The Romans Debate: Revised and Expanded Edition*, ed. K. P. Donfried. Peabody, MA: Hendrickson.

Wilcken, R. L. 2003. *The Christians as the Romans Saw Them*. Rev. edn. New Haven: Yale University Press.

Wilk, F. 1998. *Die Bedeutung des Jesajabuches für Paulus*. Göttingen: Vandenhoeck & Ruprecht.

——. 2010. 'Rahmen und Aufbau von Römer 9—11.' Pp. 227–53 in *Between Gospel and Election: Explorations in the Interpretation of Romans 9—11*, eds. F. Wilk and J. R. Wagner. Tübingen: Mohr.

Wilk, F., and J. R. Wagner, eds. 2010. *Between Gospel and Election: Explorations in the Interpretation of Romans 9—11*. Tübingen: Mohr.

Williams, B. 1985. *Ethics and the Limits of Philosophy*. London: Collins Fontana.

Williams, M. 2004. 'Being a Jew in Rome: Sabbath Fasting as an Expression of Romano-Jewish Identity.' Pp. 8–18 in *Negotiating Diaspora: Jewish Strategies in the Roman Empire*, ed. J. M. G. Barclay. Edinburgh: T&T Clark.

Williams, M. A. 1996. *Rethinking 'Gnosticism': An Argument for Dismantling a Dubious Category*. Princeton: Princeton University Press.

Williams, S. K. 1980. 'The Righteousness of God in Romans.' *Journal of Biblical Literature* 99 (2):241–90.

——. 1989. 'The Hearing of Faith: ΑΚΟΗ ΠΙΣΤΕΟΣ in Galatians 3.' *New Testament Studies* 35:82–93.

——. 1997. *Galatians*. Nashville: Abingdon.

Williamson, H. G. M. 1985. *Ezra, Nehemiah*. Dallas: Word Books.

Willitts, J. 2005. 'Isa 54,1 in Gal 4,24b–27: Reading Genesis in Light of Isaiah.' *Zeitschrift für die Neutestamentliche Wissenschaft* 96(3):188–210.

Wilson, C. 2008. *Epicureanism at the Origins of Modernity*. Oxford: Clarendon Press.

Wilson, R. McL. 2005. *Colossians and Philemon*. London/New York: T&T Clark.

Wilson, T. A. 2007. *The Curse of the Law and the Crisis in Galatia: Reassessing the Purpose of Galatians*. Tübingen: Mohr.

Wink, W. 1984. *The Powers*. Vol. 1, *Naming the Powers: The Language of Power in the New Testament*. Philadelphia: Fortress.

——. 1986. *The Powers*. Vol. 2, *Unmasking the Powers: The Invisible Forces That Determine Human Existence*. Philadelphia: Fortress.

——. 1992. *The Powers*. Vol. 3, *Engaging the Powers: Discernment and Resistance in a World of Domination*. Minneapolis: Fortress.

Winter, B. W. 1994. *Seek the Welfare of the City: Christians as Benefactors and Citizens*. Grand Rapids: Eerdmans.

——. 1999. 'Gallio's Ruling on the Legal State of Early Christianity (Acts 18:14–15).' *Tyndale Bulletin* 50:213–24.

——. 2001. *After Paul Left Corinth: The Influence of Secular Ethics and Social Change*. Grand Rapids: Eerdmans.

——. 2002a. 'The Imperial Cult and Early Christians in Pisidian Antioch (Acts XIII 13–50 and Gal VI 11–18).' Pp. 67–75 in *Actes du 1er Congrès International sur Antioche de Pisidie, Collection Archéologie et Histoire de L'Antiquité*, ed. T. Drew-Bear, M. Tashalan, and C. M. Thomas. Lyon: Université Lumière-Lyon.

——. 2002b [1997]. *Philo and Paul among the Sophists: Alexandrian and Corinthian Responses to a Julio-Claudian Movement*. Grand Rapids; Cambridge, UK: Eerdmans.

Winter, S. B. C. 1987. 'Paul's Letter to Philemon.' *New Testament Studies* 33:1–15.

Wischmeyer, O. 2006. 'Stephen's Speech before the Sanhedrin against the Background of the Summaries of the History of Israel (Acts 7).' Pp. 341–58 in *History and Identity: How Israel's Later Authors Viewed Its Earlier History*, eds. N. Calduch-Benages and J. Liesen. Berlin: De Gruyter.

Wise, M. O. 2003. 'The Concept of a New Covenant in the Teacher Hymns from Qumran (1QHa x-Xvii).' Pp. 99–128 in *The Concept of the Covenant in the Second Temple Period*, eds. S. E. Porter and J. C. R. de Roo. Leiden: Brill.

——. 2010. 'Crucifixion.' Pp. 500–1 in *The Eerdmans Dictionary of Early Judaism*, eds. J. J. Collins and D. C. Harlow. Grand Rapids: Eerdmans.

Witherington III, B. 1994. *Paul's Narrative Thought World: The Tapestry of Tragedy and Triumph*. Louisville: Westminster John Knox Press.

——. 1995. *Conflict and Community in Corinth: A Socio-Rhetorical Commentary on 1 and 2 Corinthians*. Grand Rapids: Eerdmans.

——. 1998. *Grace in Galatia: A Commentary on St Paul's Letter to the Galatians*. Edinburgh: T&T Clark.

——. 2004. *Paul's Letter to the Romans: A Socio-Rhetorical Commentary*. Assisted by D. Hyatt. Grand Rapids: Eerdmans.

——. 2007. *The Letters to Philemon, the Colossians and the Ephesians. A Socio-Rhetorical Commentary on the Captivity Epistles*. Grand Rapids: Eerdmans.

Witte, M. 2006. 'From Exodus to David – History and Historiography in Psalm 78.' Pp. 21–42 in *History and Identity: How Israel's Later Authors Viewed Its Earlier History*, eds. N. Calduch-Benages and J. Liesen. Berlin: De Gruyter.

Wittgenstein, L. 1958. *Philosophical Investigations*, tr. G. E. M. Anscombe. New York: Macmillan.

——. 1967. *Zettel*, ed. and tr. G. E. M. Anscombe, ed. G. H. von Wright. Oxford: Blackwell.

Wolff, C. 1996. *Der erste Brief des Paulus an die Korinther*. Leipzig: Evangelische Verlagsanstalt.

Wolter, M. 2008. 'Von der Entmachtung des Buchstabens durch seine Attribute. Eine Spurensuche, ausgehend von Röm 2,29.' Pp. 149–61 in *Sprachgewinn. Festschrift für Günter Bader*, eds. H. Assel and H.-Ch. Askani. Berlin, Münster: Lit Verlag.

——. 2010. 'The Letter to Philemon as Ethical Counterpart of Paul's Doctrine of Justification.' Pp. 169–79 in *Philemon in Perspective: Interpreting a Pauline Letter*, ed. D. F. Tolmie. Berlin: De Gruyter.

——. 2011. *Paulus: Ein Grundriss seiner Theologie*. Neukirchen-Vluyn: Neukirchener Verlagsgesellschaft.

Wolterstorff, N. 1995. *Divine Discourse*. Cambridge: Cambridge University Press.

Woolf, G. 2001. 'Inventing Empire in Ancient Rome.' Pp. 311–22 in *Empires: Perspectives from Archaeology and History*, eds. S. E. Alcock, T. N. D'Altroy, K. D. Morrison, and C. M. Sinopoli. Cambridge: Cambridge University Press.

Wright, A. T. 2005. *The Origin of Evil Spirits: The Reception of Genesis 6:1–4 in Early Jewish Literature*. Tübingen: Mohr.

Wright, D. F. 2003. '"A Race Apart"? Jews, Gentiles, Christians.' *Bibliotheca Sacra* 160:131–41.

Wright, N. T. 1978. 'The Paul of History and the Apostle of Faith.' *Tyndale Bulletin* 29:61–88.

——. 1980. 'The Messiah and the People of God: A Study in Pauline Theology with particular reference to the Argument of the Epistle to the Romans.' Unpublished doctoral dissertation, Oxford University.

——. 1986a. '"Constraints" and the Jesus of History.' *Scottish Journal of Theology* 39:189–210.

——. 1986b. *The Epistles of Paul to the Colossians and to Philemon*. Leicester: InterVarsity Press; Grand Rapids: Eerdmans (= *Col. and Philem.*).

——. 1991. *The Climax of the Covenant: Christ and the Law in Pauline Theology*. Edinburgh: T&T Clark; Minneapolis: Fortress (= *Climax*).

——. 1992. *The New Testament and the People of God*. Christian Origins and the Question of God, vol. I. London: SPCK; Minneapolis: Fortress (= *NTPG*).

——. 1995. 'Romans and the Theology of Paul.' Pp. 30–67 in *Pauline Theology, Volume 3: Romans*, eds. David M. Hay and E. Elizabeth Johnson. Minneapolis: Fortress.

——. 1996. *Jesus and the Victory of God*. Christian Origins and the Question of God, vol. II. London: SPCK; Minneapolis: Fortress (= *JVG*).

——. 1997. *What St Paul Really Said*. Oxford: Lion; Grand Rapids: Eerdmans.

——. 1999. *The Way of the Lord*. London: SPCK; Grand Rapids: Eerdmans.

——. 2002. 'Romans.' Pp. 393–770 in *The New Interpreter's Bible*, vol. 10, ed. L. E. Keck. Nashville: Abingdon.

——. 2003. *The Resurrection of the Son of God*. Christian Origins and the Question of God, vol. III. London: SPCK; Minneapolis: Fortress (= *RSG*).

——. 2004. 'An Incompleat (but Grateful) Response to the Review by Markus Bockmuehl of *The Resurrection of the Son of God*.' *Journal for the Study of the New Testament* 26 (4):505–10.

——. 2005a. *Paul: Fresh Perspectives* (US title *Paul in Fresh Perspective*). London: SPCK; Minneapolis: Fortress (= *Fresh Perspectives*).

——. 2005b. 'Resurrecting Old Arguments: Responding to Four Essays.' *Journal for the Study of the Historical Jesus* 3(2):187–209.

——. 2006a. *Evil and the Justice of God*. London: SPCK; Downers Grove, IL: InterVarsity Press.

——. 2006b. *Judas and the Gospel of Jesus: Have We Missed the Truth about Christianity?* London: SPCK; Grand Rapids: Baker.

——. 2008. *Surprised by Hope*. London: SPCK; San Francisco: HarperSanFrancisco.

——. 2009. *Justification: God's Plan and Paul's Vision*. London: SPCK; Downers Grove, IL: InterVarsity Press (= *Justification*).

——. 2010. *Virtue Reborn* (US title *After You Believe*). London: SPCK; San Francisco: HarperOne.

——. 2011a. *Simply Jesus: Who He Was, What He Did, Why It Matters*. London: SPCK; San Francisco: HarperOne.

——. 2011b [2005]. *Scripture and the Authority of God: How to Read the Bible Today*. 2nd edn. San Francisco: HarperOne (UK edn. London: SPCK, 2013).

——. 2012a. *How God Became King: The Forgotten Story of the Gospels*. San Francisco: HarperOne; London: SPCK.

——. 2012b. 'Imagining the Kingdom: Mission and Theology in Early Christianity.' *Scottish Journal of Theology* 65(4):379–401.

——. 2013. *Pauline Perspectives*. London: SPCK; Minneapolis: Fortress (= *Perspectives*).

——. 2014. *Paul and His Recent Interpreters*. London: SPCK; Minneapolis: Fortress (= *Interpreters*).

Wright, R. B. 1985. 'Psalms of Solomon: A New Translation and Introduction.' Pp. 639–70 in *The Old Testament Pseudepigrapha, Volume 2*, ed. James H. Charlesworth. Garden City, NY: Doubleday.

Wyschogrod, M. 1983. *The Body of Faith: Judaism as Corporeal Election*. New York: Seabury Press.

Yadin, A. 2010. 'Akiba (Akiva).' Pp. 315–16 in *The Eerdmans Dictionary of Early Judaism*, eds. J. J. Collins and D. C. Harlow. Grand Rapids: Eerdmans.

Yarborough, O. L. 1985. *Not Like the Gentiles: Marriage Rules in the Letters of Paul*. Atlanta: Scholars Press.

Yeung, M. W. 2002. *Faith in Jesus and Paul: A Comparison with Special Reference to 'Faith That Can Move Mountains' and 'Your Faith Has Healed/Saved You'*. Tübingen: Mohr.

Yinger, K. L. 1999. *Paul, Judaism and Justification According to Deeds*. Cambridge: Cambridge University Press.

Young, F., and D. F. Ford. 1987. *Meaning and Truth in 2 Corinthians*. London: SPCK.

Zanker, P. 1988. *The Power of Images in the Age of Augustus*. Ann Arbor, MI: University of Michigan Press.

——. 2010. *Roman Art*. Los Angeles, CA: J. Paul Getty Museum.

Zeller, D. 1984. *Der Brief an die Römer*. Regensburg: Verlag Friedrich Pustet.

Zetterholm, M. 2009. *Approaches to Paul: A Student's Guide to Recent Scholarship*. Minneapolis: Fortress.

Ziesler, J. A. 1972. *The Meaning of Righteousness in Paul*. Cambridge: Cambridge University Press.

Zimmerli, W. 1978. *Old Testament Theology in Outline*. New York: Continuum.

Zimmermann, R. 2007. 'Jenseits von Indikativ und Imperativ: Entwurf einer "impliziten Ethik" des Paulus am Beispiel des 1. Korintherbriefes.' *Theologische Literaturzeitung* 132:259–84.

Since 1984
크리스챤다이제스트 출판그룹의 브랜드
크리스챤 다이제스트 기독교 도서 현대지성 교양&실용서

바울과 하나님의 신실하심 하

초판 인쇄 2015년 1월 10일
초판 발행 2015년 1월 15일

발행처 크리스챤다이제스트
발행인 박명곤
주소 경기도 파주시 회동길 152(출판도시) 4층 3호
전화 031-911-9864, 070-7538-9864
팩스 031-944-9820
등록 제406-1999-000038호

홈페이지 www.cdp1984.com
문의 cdp1984@naver.com
총판 (주) 기독교출판유통
전화 031-906-9191~4
팩스 0505-365-9191

크리스챤다이제스트 출판그룹은 우리 세대와 후세를 위한 가치 있는 콘텐츠 발굴을 위해 항상 노력하고 있습니다. 아이디어 또는 기획안이 있으면 저희 이메일 cdp1984@naver.com 으로 간단한 내용 소개와 연락처 등을 보내주세요.